中国人口普查
CHINA POPULATION CENSUS

2020

海南省人口普查年鉴

（上册）

HAINAN POPULATION CENSUS YEARBOOK 2020

（BOOK 1）

海南省人民政府第七次全国人口普查领导小组办公室 编
海　南　省　统　计　局

Compiled by
Office of the Leading Group of Hainan Province for the Seventh National Population Census
Hainan Provincial Bureau of Statistics

中国统计出版社
China Statistics Press

图书在版编目（CIP）数据

海南省人口普查年鉴. 2020. 上册 / 海南省人民政府第七次全国人口普查领导小组办公室, 海南省统计局编. -- 北京 : 中国统计出版社, 2023.3
ISBN 978-7-5230-0053-3

Ⅰ. ①海… Ⅱ. ①海… ②海… Ⅲ. ①人口普查－统计资料－海南－2020－年鉴 Ⅳ. ①C924.256.6-54

中国版本图书馆 CIP 数据核字(2022)第 217270 号

海南省人口普查年鉴-2020（上册）
Hainan Population Census Yearbook 2020 (Book 1)

作　　者/海南省人民政府第七次全国人口普查领导小组办公室　海南省统计局
责任编辑/周小睿
封面设计/李雪燕
出版发行/中国统计出版社有限公司
通信地址/北京市丰台区西三环南路甲 6 号　邮政编码/100073
发行电话/邮购（010）63376909　书店（010）68783171
网　　址/http://www.zgtjcbs.com/
印　　刷/河北鑫兆源印刷有限公司
经　　销/新华书店
开　　本/880mm×1230mm　1/16
字　　数/1158 千字
印　　张/48.25
版　　别/2023 年 3 月第 1 版
版　　次/2023 年 3 月第 1 次印刷
定　　价/880.00 元（全三册附光盘）

《海南省人口普查年鉴 2020》
编委会

编辑说明

在国务院第七次全国人口普查领导小组统一领导下，按照海南省人民政府第七次全国人口普查领导小组全面部署，各市县各有关部门精心组织、协同推进，全体普查人员艰苦努力、无私奉献，全省人民共同参与、积极配合，海南省第七次全国人口普查取得了圆满成功，获得了丰富详实的资料。为了满足社会各界的需要，现将汇总的数据资料编辑出版。

为便于读者使用本资料，现将有关情况说明如下：

一、普查对象和标准时点

第七次全国人口普查的普查对象指普查标准时点在中华人民共和国境内的自然人以及在中华人民共和国境外但未定居的中国公民，不包括在中华人民共和国境内短期停留的境外人员。普查标准时点为 2020 年 11 月 1 日零时。

二、普查表式

第七次全国人口普查采用长、短两种普查表。普查短表包括反映人口基本状况的项目，由全部住户（不包括港澳台居民和外籍人员）填报；普查长表包括所有短表项目和人口的经济活动、婚姻生育和住房等情况的项目，在全部住户中抽取 10%的户（不包括港澳台居民和外籍人员）填报。

三、资料主要内容

本资料分为三部分。第一部分是全部人口数据，主要反映人口的基本状况，分为八卷，共 196 张表；第二部分是普查长表数据，主要反映人口的各种结构情况，分为九卷，共 218 张表；第三部分是附录，主要是普查的有关规定和技术文件等。

四、数据汇总口径及推算说明

本资料是普查实际登记直接汇总的数据，不包括现役军人。

资料中各项指标的汇总结果未做任何误差校正，读者在使用时应考虑不同指标登记误差因素的影响。

由于普查长表是按户抽样并进行登记，因此人口总数以及各种人口结构数据的抽样比会存在略微差异，请读者使用本资料推算总体时，对采用的方法予以注意。

五、城乡划分规定

本次人口普查关于城乡的划分，按照国家统计局《统计上划分城乡的规定》执行。

六、其他

本资料中部分相对数由于单位取舍问题而产生的计算误差，均未做机械调整。本资料中空项表示无数字或数字很小。

目　录

上　册

第一部分　全部数据资料

第一卷　概要

第五卷　家庭

第六卷　死亡

第七卷 户口登记状况

第八卷 住房

中 册

第二部分 长表数据资料

第五卷　婚姻

下　册

第二部分　长表数据资料（续）

第六卷　生育

第七卷　迁移和户口登记地

第八卷　老年人口

第三部分 附 录

第一部分　全部数据资料

第一卷　概要

1-1 各地区户数、

地区	户数						
				合计			
	合计	家庭户	集体户	合计	男	女	性别比（女=100）
全省	**3200027**	**2961646**	**238381**	**10081232**	**5345081**	**4736151**	**112.86**
海口市	**989552**	**874099**	**115453**	**2873358**	**1509004**	**1364354**	**110.60**
秀英区	187110	166753	20357	567108	308226	258882	119.06
龙华区	299174	266353	32821	797684	418336	379348	110.28
琼山区	211436	191349	20087	655553	343395	312158	110.01
美兰区	291832	249644	42188	853013	439047	413966	106.06
三亚市	**337241**	**289639**	**47602**	**1031396**	**555441**	**475955**	**116.70**
海棠区	29876	25671	4205	113481	63713	49768	128.02
吉阳区	160871	131880	28991	447322	240267	207055	116.04
天涯区	113306	100496	12810	353698	187686	166012	113.06
崖州区	33188	31592	1596	116895	63775	53120	120.06
三沙市	**152**	**19**	**133**	**2333**	**1650**	**683**	**241.58**
儋州市	**282246**	**274963**	**7283**	**954259**	**513233**	**441026**	**116.37**
五指山市	38147	34929	3218	112269	58724	53545	109.67
琼海市	169820	161135	8685	528238	277477	250761	110.65
文昌市	186111	176384	9727	560894	287340	273554	105.04
万宁市	166861	160208	6653	545992	288309	257683	111.89
东方市	117916	110065	7851	444458	237437	207021	114.69
定安县	94271	91661	2610	284690	152404	132286	115.21
屯昌县	80006	77468	2538	255335	135161	120174	112.47
澄迈县	149630	141034	8596	497953	269329	228624	117.80
临高县	118249	114056	4193	420594	220713	199881	110.42
白沙黎族自治县	52007	51159	848	164699	88684	76015	116.67
昌江黎族自治县	72414	69391	3023	232124	123844	108280	114.37
乐东黎族自治县	136358	132448	3910	464435	248415	216020	115.00
陵水黎族自治县	99219	96090	3129	372511	198333	174178	113.87
保亭黎族苗族自治县	50971	49645	1326	156108	83127	72981	113.90
琼中黎族苗族自治县	58856	57253	1603	179586	96456	83130	116.03

人口数和性别比

单位：户、人

人口数								平均家庭户规模（人/户）
家庭户				集体户				
小计	男	女	性别比（女=100）	小计	男	女	性别比（女=100）	
9060930	**4759294**	**4301636**	**110.64**	**1020302**	**585787**	**434515**	**134.81**	**3.06**
2423976	**1251852**	**1172124**	**106.80**	**449382**	**257152**	**192230**	**133.77**	**2.77**
482812	254279	228533	111.27	84296	53947	30349	177.76	2.90
681620	351817	329803	106.67	116064	66519	49545	134.26	2.56
568031	295008	273023	108.05	87522	48387	39135	123.64	2.97
691513	350748	340765	102.93	161500	88299	73201	120.63	2.77
849784	**444824**	**404960**	**109.84**	**181612**	**110617**	**70995**	**155.81**	**2.93**
91544	48941	42603	114.88	21937	14772	7165	206.17	3.57
346914	180324	166590	108.24	100408	59943	40465	148.14	2.63
302809	157472	145337	108.35	50889	30214	20675	146.14	3.01
108517	58087	50430	115.18	8378	5688	2690	211.45	3.43
38	**31**	**7**	**442.86**	**2295**	**1619**	**676**	**239.50**	**2.00**
921368	**493142**	**428226**	**115.16**	**32891**	**20091**	**12800**	**156.96**	**3.35**
98535	51834	46701	110.99	13734	6890	6844	100.67	2.82
495087	257610	237477	108.48	33151	19867	13284	149.56	3.07
520842	265682	255160	104.12	40052	21658	18394	117.74	2.95
503158	266232	236926	112.37	42834	22077	20757	106.36	3.14
389457	205983	183474	112.27	55001	31454	23547	133.58	3.54
273757	146153	127604	114.54	10933	6251	4682	133.51	2.99
241246	127436	113810	111.97	14089	7725	6364	121.39	3.11
465601	249544	216057	115.50	32352	19785	12567	157.44	3.30
385511	203671	181840	112.01	35083	17042	18041	94.46	3.38
160920	86528	74392	116.31	3779	2156	1623	132.84	3.15
214380	113580	100800	112.68	17744	10264	7480	137.22	3.09
438478	233943	204535	114.38	25957	14472	11485	126.01	3.31
356491	189120	167371	112.99	16020	9213	6807	135.35	3.71
150468	79785	70683	112.88	5640	3342	2298	145.43	3.03
171833	92344	79489	116.17	7753	4112	3641	112.94	3.00

1–1a　各地区户数、

地　　区	户　　数			合　　计			
	合计	家庭户	集体户	合计	男	女	性别比（女=100）
全省	**1290895**	**1148204**	**142691**	**3761478**	**1967828**	**1793650**	**109.71**
海口市	**745356**	**661793**	**83563**	**2089572**	**1089393**	**1000179**	**108.92**
秀英区	126717	111394	15323	364832	196867	167965	117.21
龙华区	266222	235223	30999	700274	365851	334423	109.40
琼山区	144110	128848	15262	439671	229702	209969	109.40
美兰区	208307	186328	21979	584795	296973	287822	103.18
三亚市	**242614**	**208856**	**33758**	**696578**	**371216**	**325362**	**114.09**
海棠区	14423	12340	2083	50201	27893	22308	125.04
吉阳区	132614	112888	19726	360745	193112	167633	115.20
天涯区	80982	70037	10945	233310	121643	111667	108.93
崖州区	14595	13591	1004	52322	28568	23754	120.27
三沙市							
儋州市	**86709**	**83656**	**3053**	**278672**	**147405**	**131267**	**112.29**
五指山市	18601	16029	2572	51050	25486	25564	99.69
琼海市	60520	55189	5331	178091	92491	85600	108.05
文昌市	55187	49496	5691	163550	81808	81742	100.08
万宁市	32451	29632	2819	112075	58567	53508	109.45
东方市	49457	43553	5904	191890	101462	90428	112.20
定安县							
屯昌县							
澄迈县							
临高县							
白沙黎族自治县							
昌江黎族自治县							
乐东黎族自治县							
陵水黎族自治县							
保亭黎族苗族自治县							
琼中黎族苗族自治县							

人口数和性别比(城市)

单位：户、人

人口数								平均家庭户规模(人/户)
家庭户				集体户				
小计	男	女	性别比(女=100)	小计	男	女	性别比(女=100)	
3185994	**1637928**	**1548066**	**105.80**	**575484**	**329900**	**245584**	**134.33**	**2.77**
1773852	**908588**	**865264**	**105.01**	**315720**	**180805**	**134915**	**134.01**	**2.68**
303288	158271	145017	109.14	61544	38596	22948	168.19	2.72
590986	303345	287641	105.46	109288	62506	46782	133.61	2.51
375046	193190	181856	106.23	64625	36512	28113	129.88	2.91
504532	253782	250750	101.21	80263	43191	37072	116.51	2.71
567548	**292918**	**274630**	**106.66**	**129030**	**78298**	**50732**	**154.34**	**2.72**
41744	21893	19851	110.29	8457	6000	2457	244.20	3.38
287793	148662	139131	106.85	72952	44450	28502	155.95	2.55
190641	97083	93558	103.77	42669	24560	18109	135.62	2.72
47370	25280	22090	114.44	4952	3288	1664	197.60	3.49
263544	**138743**	**124801**	**111.17**	**15128**	**8662**	**6466**	**133.96**	**3.15**
40607	20471	20136	101.66	10443	5015	5428	92.39	2.53
157540	80326	77214	104.03	20551	12165	8386	145.06	2.85
139152	69451	69701	99.64	24398	12357	12041	102.62	2.81
92626	48715	43911	110.94	19449	9852	9597	102.66	3.13
151125	78716	72409	108.71	40765	22746	18019	126.23	3.47

1-1b 各地区户数、

地区	户数			合计			
	合计	家庭户	集体户	合计	男	女	性别比（女=100）
全省	**700154**	**645237**	**54917**	**2314503**	**1221821**	**1092682**	**111.82**
海口市	**81208**	**63770**	**17438**	**259667**	**137439**	**122228**	**112.44**
秀英区	24740	21862	2878	81021	43883	37138	118.16
龙华区	7398	6771	627	22097	12013	10084	119.13
琼山区	11028	9836	1192	37076	18733	18343	102.13
美兰区	38042	25301	12741	119473	62810	56663	110.85
三亚市	**8460**	**6788**	**1672**	**28276**	**15283**	**12993**	**117.62**
海棠区	2418	1839	579	9386	5208	4178	124.65
吉阳区	3044	2251	793	7959	4292	3667	117.04
天涯区	2584	2303	281	9552	5063	4489	112.79
崖州区	414	395	19	1379	720	659	109.26
三沙市	**152**	**19**	**133**	**2333**	**1650**	**683**	**241.58**
儋州市	**72173**	**68597**	**3576**	**237371**	**128033**	**109338**	**117.10**
五指山市	5390	4915	475	16595	8666	7929	109.29
琼海市	25935	24594	1341	84433	44175	40258	109.73
文昌市	56827	53867	2960	178312	92079	86233	106.78
万宁市	33902	32014	1888	113533	59884	53649	111.62
东方市	17318	16593	725	66046	35339	30707	115.08
定安县	37852	35721	2131	115856	61420	54436	112.83
屯昌县	34218	32108	2110	114523	59859	54664	109.50
澄迈县	90273	82367	7906	300915	162043	138872	116.69
临高县	55861	52921	2940	210779	109722	101057	108.57
白沙黎族自治县	11007	10534	473	32680	16733	15947	104.93
昌江黎族自治县	45524	43194	2330	140954	73656	67298	109.45
乐东黎族自治县	43958	41272	2686	145063	76753	68310	112.36
陵水黎族自治县	42029	39848	2181	158159	82935	75224	110.25
保亭黎族苗族自治县	19286	18374	912	54223	27780	26443	105.06
琼中黎族苗族自治县	18781	17741	1040	54785	28372	26413	107.42

人口数和性别比(镇)

单位：户、人

人口数								平均家庭户规模（人/户）
家庭户				集体户				
小计	男	女	性别比（女=100）	小计	男	女	性别比（女=100）	
2068412	**1084462**	**983950**	**110.22**	**246091**	**137359**	**108732**	**126.33**	**3.21**
193828	**101019**	**92809**	**108.85**	**65839**	**36420**	**29419**	**123.80**	**3.04**
68373	35489	32884	107.92	12648	8394	4254	197.32	3.13
19677	10576	9101	116.21	2420	1437	983	146.19	2.91
30549	15919	14630	108.81	6527	2814	3713	75.79	3.11
75229	39035	36194	107.85	44244	23775	20469	116.15	2.97
22106	**11585**	**10521**	**110.11**	**6170**	**3698**	**2472**	**149.60**	**3.26**
6047	3208	2839	113.00	3339	2000	1339	149.37	3.29
6221	3259	2962	110.03	1738	1033	705	146.52	2.76
8540	4444	4096	108.50	1012	619	393	157.51	3.71
1298	674	624	108.01	81	46	35	131.43	3.29
38	**31**	**7**	**442.86**	**2295**	**1619**	**676**	**239.50**	**2.00**
225344	**120385**	**104959**	**114.70**	**12027**	**7648**	**4379**	**174.65**	**3.29**
14201	7439	6762	110.01	2394	1227	1167	105.14	2.89
79001	41084	37917	108.35	5432	3091	2341	132.04	3.21
167176	85669	81507	105.11	11136	6410	4726	135.63	3.10
104314	54760	49554	110.51	9219	5124	4095	125.13	3.26
61187	32521	28666	113.45	4859	2818	2041	138.07	3.69
106510	56208	50302	111.74	9346	5212	4134	126.08	2.98
102946	53655	49291	108.85	11577	6204	5373	115.47	3.21
271877	144477	127400	113.40	29038	17566	11472	153.12	3.30
188518	98861	89657	110.27	22261	10861	11400	95.27	3.56
30421	15624	14797	105.59	2259	1109	1150	96.43	2.89
126842	65900	60942	108.14	14112	7756	6356	122.03	2.94
126689	66697	59992	111.18	18374	10056	8318	120.89	3.07
147475	77054	70421	109.42	10684	5881	4803	122.44	3.70
50429	25712	24717	104.03	3794	2068	1726	119.81	2.74
49510	25781	23729	108.65	5275	2591	2684	96.54	2.79

1-1c 各地区户数、

地区	户数						
				合计			
	合计	家庭户	集体户	合计	男	女	性别比(女=100)
全省	**1208978**	**1168205**	**40773**	**4005251**	**2155432**	**1849819**	**116.52**
海口市	**162988**	**148536**	**14452**	**524119**	**282172**	**241947**	**116.63**
秀英区	35653	33497	2156	121255	67476	53779	125.47
龙华区	25554	24359	1195	75313	40472	34841	116.16
琼山区	56298	52665	3633	178806	94960	83846	113.26
美兰区	45483	38015	7468	148745	79264	69481	114.08
三亚市	**86167**	**73995**	**12172**	**306542**	**168942**	**137600**	**122.78**
海棠区	13035	11492	1543	53894	30612	23282	131.48
吉阳区	25213	16741	8472	78618	42863	35755	119.88
天涯区	29740	28156	1584	110836	60980	49856	122.31
崖州区	18179	17606	573	63194	34487	28707	120.13
三沙市							
儋州市	**123364**	**122710**	**654**	**438216**	**237795**	**200421**	**118.65**
五指山市	14156	13985	171	44624	24572	20052	122.54
琼海市	83365	81352	2013	265714	140811	124903	112.74
文昌市	74097	73021	1076	219032	113453	105579	107.46
万宁市	100508	98562	1946	320384	169858	150526	112.84
东方市	51141	49919	1222	186522	100636	85886	117.17
定安县	56419	55940	479	168834	90984	77850	116.87
屯昌县	45788	45360	428	140812	75302	65510	114.95
澄迈县	59357	58667	690	197038	107286	89752	119.54
临高县	62388	61135	1253	209815	110991	98824	112.31
白沙黎族自治县	41000	40625	375	132019	71951	60068	119.78
昌江黎族自治县	26890	26197	693	91170	50188	40982	122.46
乐东黎族自治县	92400	91176	1224	319372	171662	147710	116.22
陵水黎族自治县	57190	56242	948	214352	115398	98954	116.62
保亭黎族苗族自治县	31685	31271	414	101885	55347	46538	118.93
琼中黎族苗族自治县	40075	39512	563	124801	68084	56717	120.04

人口数和性别比(乡村)

单位：户、人

人口数								平均家庭户规模(人/户)
家庭户				集体户				
小计	男	女	性别比(女=100)	小计	男	女	性别比(女=100)	
3806524	**2036904**	**1769620**	**115.10**	**198727**	**118528**	**80199**	**147.79**	**3.26**
456296	**242245**	**214051**	**113.17**	**67823**	**39927**	**27896**	**143.13**	**3.07**
111151	60519	50632	119.53	10104	6957	3147	221.07	3.32
70957	37896	33061	114.62	4356	2576	1780	144.72	2.91
162436	85899	76537	112.23	16370	9061	7309	123.97	3.08
111752	57931	53821	107.64	36993	21333	15660	136.23	2.94
260130	**140321**	**119809**	**117.12**	**46412**	**28621**	**17791**	**160.87**	**3.52**
43753	23840	19913	119.72	10141	6772	3369	201.01	3.81
52900	28403	24497	115.94	25718	14460	11258	128.44	3.16
103628	55945	47683	117.33	7208	5035	2173	231.71	3.68
59849	32133	27716	115.94	3345	2354	991	237.54	3.40
432480	**234014**	**198466**	**117.91**	**5736**	**3781**	**1955**	**193.40**	**3.52**
43727	23924	19803	120.81	897	648	249	260.24	3.13
258546	136200	122346	111.32	7168	4611	2557	180.33	3.18
214514	110562	103952	106.36	4518	2891	1627	177.69	2.94
306218	162757	143461	113.45	14166	7101	7065	100.51	3.11
177145	94746	82399	114.98	9377	5890	3487	168.91	3.55
167247	89945	77302	116.36	1587	1039	548	189.60	2.99
138300	73781	64519	114.36	2512	1521	991	153.48	3.05
193724	105067	88657	118.51	3314	2219	1095	202.65	3.30
196993	104810	92183	113.70	12822	6181	6641	93.07	3.22
130499	70904	59595	118.98	1520	1047	473	221.35	3.21
87538	47680	39858	119.62	3632	2508	1124	223.13	3.34
311789	167246	144543	115.71	7583	4416	3167	139.44	3.42
209016	112066	96950	115.59	5336	3332	2004	166.27	3.72
100039	54073	45966	117.64	1846	1274	572	222.73	3.20
122323	66563	55760	119.37	2478	1521	957	158.93	3.10

1-2 各地区分性别、

地区	人口数			居住本乡、镇、街道，户口在本乡、镇、街道		
	合计	男	女	小计	男	女
全省	**10081232**	**5345081**	**4736151**	**6531174**	**3470683**	**3060491**
海口市	**2873358**	**1509004**	**1364354**	**1132839**	**585546**	**547293**
秀英区	567108	308226	258882	259444	136157	123287
龙华区	797684	418336	379348	289049	147367	141682
琼山区	655553	343395	312158	247223	128708	118515
美兰区	853013	439047	413966	337123	173314	163809
三亚市	**1031396**	**555441**	**475955**	**504276**	**261685**	**242591**
海棠区	113481	63713	49768	66911	34674	32237
吉阳区	447322	240267	207055	154150	78491	75659
天涯区	353698	187686	166012	200399	104505	95894
崖州区	116895	63775	53120	82816	44015	38801
三沙市	**2333**	**1650**	**683**	**821**	**527**	**294**
儋州市	**954259**	**513233**	**441026**	**707751**	**382475**	**325276**
五指山市	112269	58724	53545	76257	40738	35519
琼海市	528238	277477	250761	388291	206422	181869
文昌市	560894	287340	273554	414798	214791	200007
万宁市	545992	288309	257683	466264	249347	216917
东方市	444458	237437	207021	339345	180946	158399
定安县	284690	152404	132286	244983	132626	112357
屯昌县	255335	135161	120174	206104	110546	95558
澄迈县	497953	269329	228624	385558	211043	174515
临高县	420594	220713	199881	345156	183317	161839
白沙黎族自治县	164699	88684	76015	138602	75484	63118
昌江黎族自治县	232124	123844	108280	167801	90167	77634
乐东黎族自治县	464435	248415	216020	414762	222113	192649
陵水黎族自治县	372511	198333	174178	329967	176973	152994
保亭黎族苗族自治县	156108	83127	72981	118185	64278	53907
琼中黎族苗族自治县	179586	96456	83130	149414	81659	67755

户口登记状况的人口

单位：人

居住本乡、镇、街道，户口在外乡、镇、街道，离开户口登记地半年以上			居住本乡、镇、街道，户口待定			原住本乡、镇、街道，现在港澳台或国外工作学习		
小计	男	女	小计	男	女	小计	男	女
3498161	**1849608**	**1648553**	**41684**	**20729**	**20955**	**10213**	**4061**	**6152**
1727190	**916663**	**810527**	**11708**	**6090**	**5618**	**1621**	**705**	**916**
305577	170988	134589	1932	1014	918	155	67	88
504250	268792	235458	3921	1978	1943	464	199	265
405570	213190	192380	2561	1411	1150	199	86	113
511793	263693	248100	3294	1687	1607	803	353	450
522883	**291619**	**231264**	**3949**	**2022**	**1927**	**288**	**115**	**173**
46287	28906	17381	273	131	142	10	2	8
291329	160836	130493	1734	895	839	109	45	64
151599	82322	69277	1564	805	759	136	54	82
33668	19555	14113	378	191	187	33	14	19
1505	**1116**	**389**	**7**	**7**				
242309	**128687**	**113622**	**3979**	**1971**	**2008**	**220**	**100**	**120**
35623	17798	17825	355	174	181	34	14	20
136503	69765	66738	1627	829	798	1817	461	1356
140698	70149	70549	1250	650	600	4148	1750	2398
76087	37460	38627	2856	1189	1667	785	313	472
102999	55352	47647	1973	1061	912	141	78	63
37978	19009	18969	1630	728	902	99	41	58
47698	23907	23791	1384	648	736	149	60	89
109176	56703	52473	2961	1465	1496	258	118	140
73404	36425	36979	1968	929	1039	66	42	24
25219	12771	12448	766	377	389	112	52	60
63373	33214	30159	850	426	424	100	37	63
47705	25288	22417	1872	967	905	96	47	49
41291	20782	20509	1176	541	635	77	37	40
37311	18539	18772	496	247	249	116	63	53
29209	14361	14848	877	408	469	86	28	58

1-2a 各地区分性别、

地区	人口数			居住本乡、镇、街道，户口在本乡、镇、街道		
	合计	男	女	小计	男	女
全省	**3761478**	**1967828**	**1793650**	**1413288**	**724720**	**688568**
海口市	**2089572**	**1089393**	**1000179**	**619590**	**312813**	**306777**
秀英区	364832	196867	167965	114531	58936	55595
龙华区	700274	365851	334423	208239	104233	104006
琼山区	439671	229702	209969	95637	48639	46998
美兰区	584795	296973	287822	201183	101005	100178
三亚市	**696578**	**371216**	**325362**	**290090**	**148324**	**141766**
海棠区	50201	27893	22308	31645	16723	14922
吉阳区	360745	193112	167633	114296	57657	56639
天涯区	233310	121643	111667	106260	53808	52452
崖州区	52322	28568	23754	37889	20136	17753
三沙市						
儋州市	**278672**	**147405**	**131267**	**112444**	**59534**	**52910**
五指山市	51050	25486	25564	23940	12154	11786
琼海市	178091	92491	85600	88893	46194	42699
文昌市	163550	81808	81742	84855	43294	41561
万宁市	112075	58567	53508	82380	43690	38690
东方市	191890	101462	90428	111096	58717	52379
定安县						
屯昌县						
澄迈县						
临高县						
白沙黎族自治县						
昌江黎族自治县						
乐东黎族自治县						
陵水黎族自治县						
保亭黎族苗族自治县						
琼中黎族苗族自治县						

户口登记状况的人口(城市)

单位：人

居住本乡、镇、街道，户口在外乡、镇、街道，离开户口登记地半年以上			居住本乡、镇、街道，户口待定			原住本乡、镇、街道，现在港澳台或国外工作学习		
小计	男	女	小计	男	女	小计	男	女
2330637	**1233943**	**1096694**	**15390**	**8325**	**7065**	**2163**	**840**	**1323**
1459970	**771324**	**688646**	**8838**	**4776**	**4062**	**1174**	**480**	**694**
248948	137214	111734	1251	682	569	102	35	67
488132	259647	228485	3472	1792	1680	431	179	252
342302	180057	162245	1647	968	679	85	38	47
380588	194406	186182	2468	1334	1134	556	228	328
403601	**221401**	**182200**	**2666**	**1402**	**1264**	**221**	**89**	**132**
18385	11094	7291	162	75	87	9	1	8
245008	134718	110290	1341	694	647	100	43	57
125913	67240	58673	1036	555	481	101	40	61
14295	8349	5946	127	78	49	11	5	6
165229	**87335**	**77894**	**976**	**528**	**448**	**23**	**8**	**15**
26920	13234	13686	173	89	84	17	9	8
88341	45908	42433	602	327	275	255	62	193
77634	37983	39651	623	352	271	438	179	259
29239	14643	14596	436	228	208	20	6	14
79703	42115	37588	1076	623	453	15	7	8

1-2b 各地区分性别、

地 区	人口数			居住本乡、镇、街道，户口在本乡、镇、街道		
	合计	男	女	小计	男	女
全省	**2314503**	**1221821**	**1092682**	**1698806**	**899023**	**799783**
海口市	**259667**	**137439**	**122228**	**141128**	**74381**	**66747**
秀英区	81021	43883	37138	53157	27824	25333
龙华区	22097	12013	10084	18305	9932	8373
琼山区	37076	18733	18343	25852	13641	12211
美兰区	119473	62810	56663	43814	22984	20830
三亚市	**28276**	**15283**	**12993**	**17246**	**8758**	**8488**
海棠区	9386	5208	4178	4994	2504	2490
吉阳区	7959	4292	3667	3651	1833	1818
天涯区	9552	5063	4489	7687	3965	3722
崖州区	1379	720	659	914	456	458
三沙市	**2333**	**1650**	**683**	**821**	**527**	**294**
儋州市	**237371**	**128033**	**109338**	**188874**	**100446**	**88428**
五指山市	16595	8666	7929	11641	6197	5444
琼海市	84433	44175	40258	66715	35304	31411
文昌市	178312	92079	86233	140965	73104	67861
万宁市	113533	59884	53649	96153	50923	45230
东方市	66046	35339	30707	58041	30966	27075
定安县	115856	61420	54436	89373	47869	41504
屯昌县	114523	59859	54664	76610	40549	36061
澄迈县	300915	162043	138872	213365	115338	98027
临高县	210779	109722	101057	161487	85101	76386
白沙黎族自治县	32680	16733	15947	22192	11477	10715
昌江黎族自治县	140954	73656	67298	84941	44948	39993
乐东黎族自治县	145063	76753	68310	118719	62710	56009
陵水黎族自治县	158159	82935	75224	137936	72379	65557
保亭黎族苗族自治县	54223	27780	26443	33496	17490	16006
琼中黎族苗族自治县	54785	28372	26413	39103	20556	18547

户口登记状况的人口(镇)

单位：人

居住本乡、镇、街道，户口在外乡、镇、街道，离开户口登记地半年以上			居住本乡、镇、街道，户口待定			原住本乡、镇、街道，现在港澳台或国外工作学习		
小计	男	女	小计	男	女	小计	男	女
604933	**317621**	**287312**	**8812**	**4418**	**4394**	**1952**	**759**	**1193**
117493	**62595**	**54898**	**980**	**431**	**549**	**66**	**32**	**34**
27601	15912	11689	255	143	112	8	4	4
3666	2011	1655	115	63	52	11	7	4
11108	5034	6074	110	54	56	6	4	2
75118	39638	35480	500	171	329	41	17	24
10969	**6501**	**4468**	**55**	**23**	**32**	**6**	**1**	**5**
4382	2699	1683	10	5	5			
4278	2448	1830	29	11	18	1		1
1849	1092	757	13	6	7	3		3
460	262	198	3	1	2	2	1	1
1505	**1116**	**389**	**7**	**7**				
47662	**27192**	**20470**	**790**	**373**	**417**	**45**	**22**	**23**
4886	2433	2453	61	33	28	7	3	4
17186	8671	8515	271	132	139	261	68	193
36011	18425	17586	285	141	144	1051	409	642
16670	8623	8047	585	283	302	125	55	70
7750	4253	3497	222	102	120	33	18	15
25958	13285	12673	504	257	247	21	9	12
37391	19055	18336	491	242	249	31	13	18
85724	45790	39934	1693	857	836	133	58	75
48440	24144	24296	832	467	365	20	10	10
10331	5162	5169	146	89	57	11	5	6
55459	28435	27024	489	250	239	65	23	42
25698	13694	12004	633	343	290	13	6	7
19923	10413	9510	290	139	151	10	4	6
20463	10147	10316	235	127	108	29	16	13
15414	7687	7727	243	122	121	25	7	18

1-2c 各地区分性别、

地 区	人 口 数			居住本乡、镇、街道，户口在本乡、镇、街道		
	合计	男	女	小计	男	女
全省	**4005251**	**2155432**	**1849819**	**3419080**	**1846940**	**1572140**
海口市	**524119**	**282172**	**241947**	**372121**	**198352**	**173769**
秀英区	121255	67476	53779	91756	49397	42359
龙华区	75313	40472	34841	62505	33202	29303
琼山区	178806	94960	83846	125734	66428	59306
美兰区	148745	79264	69481	92126	49325	42801
三亚市	**306542**	**168942**	**137600**	**196940**	**104603**	**92337**
海棠区	53894	30612	23282	30272	15447	14825
吉阳区	78618	42863	35755	36203	19001	17202
天涯区	110836	60980	49856	86452	46732	39720
崖州区	63194	34487	28707	44013	23423	20590
三沙市						
儋州市	**438216**	**237795**	**200421**	**406433**	**222495**	**183938**
五指山市	44624	24572	20052	40676	22387	18289
琼海市	265714	140811	124903	232683	124924	107759
文昌市	219032	113453	105579	188978	98393	90585
万宁市	320384	169858	150526	287731	154734	132997
东方市	186522	100636	85886	170208	91263	78945
定安县	168834	90984	77850	155610	84757	70853
屯昌县	140812	75302	65510	129494	69997	59497
澄迈县	197038	107286	89752	172193	95705	76488
临高县	209815	110991	98824	183669	98216	85453
白沙黎族自治县	132019	71951	60068	116410	64007	52403
昌江黎族自治县	91170	50188	40982	82860	45219	37641
乐东黎族自治县	319372	171662	147710	296043	159403	136640
陵水黎族自治县	214352	115398	98954	192031	104594	87437
保亭黎族苗族自治县	101885	55347	46538	84689	46788	37901
琼中黎族苗族自治县	124801	68084	56717	110311	61103	49208

户口登记状况的人口(乡村)

单位：人

居住本乡、镇、街道，户口在外乡、镇、街道，离开户口登记地半年以上			居住本乡、镇、街道，户口待定			原住本乡、镇、街道，现在港澳台或国外工作学习		
小计	男	女	小计	男	女	小计	男	女
562591	**298044**	**264547**	**17482**	**7986**	**9496**	**6098**	**2462**	**3636**
149727	**82744**	**66983**	**1890**	**883**	**1007**	**381**	**193**	**188**
29028	17862	11166	426	189	237	45	28	17
12452	7134	5318	334	123	211	22	13	9
52160	28099	24061	804	389	415	108	44	64
56087	29649	26438	326	182	144	206	108	98
108313	**63717**	**44596**	**1228**	**597**	**631**	**61**	**25**	**36**
23520	15113	8407	101	51	50	1	1	
42043	23670	18373	364	190	174	8	2	6
23837	13990	9847	515	244	271	32	14	18
18913	10944	7969	248	112	136	20	8	12
29418	**14160**	**15258**	**2213**	**1070**	**1143**	**152**	**70**	**82**
3817	2131	1686	121	52	69	10	2	8
30976	15186	15790	754	370	384	1301	331	970
27053	13741	13312	342	157	185	2659	1162	1497
30178	14194	15984	1835	678	1157	640	252	388
15546	8984	6562	675	336	339	93	53	40
12020	5724	6296	1126	471	655	78	32	46
10307	4852	5455	893	406	487	118	47	71
23452	10913	12539	1268	608	660	125	60	65
24964	12281	12683	1136	462	674	46	32	14
14888	7609	7279	620	288	332	101	47	54
7914	4779	3135	361	176	185	35	14	21
22007	11594	10413	1239	624	615	83	41	42
21368	10369	10999	886	402	484	67	33	34
16848	8392	8456	261	120	141	87	47	40
13795	6674	7121	634	286	348	61	21	40

1-3 各地区分性别的户口登记地在外乡镇街道的人口状况

单位：人

地区	户口登记地					
	合计			本县(市、区)		
	合计	男	女	小计	男	女
全省	**3498161**	**1849608**	**1648553**	**1006606**	**494216**	**512390**
海口市	**1727190**	**916663**	**810527**	**327479**	**163551**	**163928**
秀英区	305577	170988	134589	39431	19147	20284
龙华区	504250	268792	235458	82149	40867	41282
琼山区	405570	213190	192380	101172	51781	49391
美兰区	511793	263693	248100	104727	51756	52971
三亚市	**522883**	**291619**	**231264**	**35879**	**17669**	**18210**
海棠区	46287	28906	17381	1450	706	744
吉阳区	291329	160836	130493	23168	11549	11619
天涯区	151599	82322	69277	9377	4501	4876
崖州区	33668	19555	14113	1884	913	971
三沙市	**1505**	**1116**	**389**	**2**	**2**	
儋州市	**242309**	**128687**	**113622**	**175851**	**89147**	**86704**
五指山市	35623	17798	17825	6235	2833	3402
琼海市	136503	69765	66738	62386	30173	32213
文昌市	140698	70149	70549	66423	31784	34639
万宁市	76087	37460	38627	43380	20106	23274
东方市	102999	55352	47647	52572	26251	26321
定安县	37978	19009	18969	15377	7534	7843
屯昌县	47698	23907	23791	24939	12271	12668
澄迈县	109176	56703	52473	44162	21399	22763
临高县	73404	36425	36979	56112	27261	28851
白沙黎族自治县	25219	12771	12448	8234	3773	4461
昌江黎族自治县	63373	33214	30159	38317	19036	19281
乐东黎族自治县	47705	25288	22417	15159	7453	7706
陵水黎族自治县	41291	20782	20509	12622	4748	7874
保亭黎族苗族自治县	37311	18539	18772	12277	5213	7064
琼中黎族苗族自治县	29209	14361	14848	9200	4012	5188

1-3 续表 单位：人

地 区	户口登记地					
	本省其他县(市、区)			省 外		
	小计	男	女	小计	男	女
全省	**1403412**	**711040**	**692372**	**1088143**	**644352**	**443791**
海口市	**872350**	**444920**	**427430**	**527361**	**308192**	**219169**
秀英区	140324	73210	67114	125822	78631	47191
龙华区	269531	138432	131099	152570	89493	63077
琼山区	222291	112780	109511	82107	48629	33478
美兰区	240204	120498	119706	166862	91439	75423
三亚市	**224917**	**117179**	**107738**	**262087**	**156771**	**105316**
海棠区	12778	6941	5837	32059	21259	10800
吉阳区	128058	67229	60829	140103	82058	58045
天涯区	73900	38044	35856	68322	39777	28545
崖州区	10181	4965	5216	21603	13677	7926
三沙市	**607**	**437**	**170**	**896**	**677**	**219**
儋州市	**19128**	**9707**	**9421**	**47330**	**29833**	**17497**
五指山市	16218	7578	8640	13170	7387	5783
琼海市	38633	18641	19992	35484	20951	14533
文昌市	43309	20312	22997	30966	18053	12913
万宁市	16589	7867	8722	16118	9487	6631
东方市	20032	10355	9677	30395	18746	11649
定安县	16834	8162	8672	5767	3313	2454
屯昌县	14645	6667	7978	8114	4969	3145
澄迈县	34638	16979	17659	30376	18325	12051
临高县	12553	6403	6150	4739	2761	1978
白沙黎族自治县	9002	4385	4617	7983	4613	3370
昌江黎族自治县	13514	6779	6735	11542	7399	4143
乐东黎族自治县	14964	7625	7339	17582	10210	7372
陵水黎族自治县	13271	6546	6725	15398	9488	5910
保亭黎族苗族自治县	11331	5429	5902	13703	7897	5806
琼中黎族苗族自治县	10877	5069	5808	9132	5280	3852

1-3a 各地区分性别的户口登记地在外乡镇街道的人口状况(城市)

单位：人

地区	户口登记地					
	合计			本县(市、区)		
	合计	男	女	小计	男	女
全省	**2330637**	**1233943**	**1096694**	**617328**	**309227**	**308101**
海口市	**1459970**	**771324**	**688646**	**286907**	**143115**	**143792**
秀英区	248948	137214	111734	32577	15866	16711
龙华区	488132	259647	228485	79783	39707	40076
琼山区	342302	180057	162245	87968	45078	42890
美兰区	380588	194406	186182	86579	42464	44115
三亚市	**403601**	**221401**	**182200**	**28537**	**14170**	**14367**
海棠区	18385	11094	7291	588	257	331
吉阳区	245008	134718	110290	20364	10229	10135
天涯区	125913	67240	58673	6799	3307	3492
崖州区	14295	8349	5946	786	377	409
三沙市						
儋州市	**165229**	**87335**	**77894**	**138997**	**72026**	**66971**
五指山市	26920	13234	13686	4494	2013	2481
琼海市	88341	45908	42433	47643	23792	23851
文昌市	77634	37983	39651	44101	21212	22889
万宁市	29239	14643	14596	20905	9980	10925
东方市	79703	42115	37588	45744	22919	22825
定安县						
屯昌县						
澄迈县						
临高县						
白沙黎族自治县						
昌江黎族自治县						
乐东黎族自治县						
陵水黎族自治县						
保亭黎族苗族自治县						
琼中黎族苗族自治县						

1-3a　续表　　单位：人

地　区	户口登记地					
	本省其他县(市、区)			省　外		
	小计	男	女	小计	男	女
全省	**1015914**	**517204**	**498710**	**697395**	**407512**	**289883**
海口市	**754806**	**384330**	**370476**	**418257**	**243879**	**174378**
秀英区	121753	63200	58553	94618	58148	36470
龙华区	262056	134598	127458	146293	85342	60951
琼山区	191494	97897	93597	62840	37082	25758
美兰区	179503	88635	90868	114506	63307	51199
三亚市	**186386**	**96554**	**89832**	**188678**	**110677**	**78001**
海棠区	4515	2094	2421	13282	8743	4539
吉阳区	111927	58834	53093	112717	65655	47062
天涯区	64775	33170	31605	54339	30763	23576
崖州区	5169	2456	2713	8340	5516	2824
三沙市						
儋州市	**8039**	**3989**	**4050**	**18193**	**11320**	**6873**
五指山市	11997	5594	6403	10429	5627	4802
琼海市	20195	10153	10042	20503	11963	8540
文昌市	18161	8211	9950	15372	8560	6812
万宁市	3554	1802	1752	4780	2861	1919
东方市	12776	6571	6205	21183	12625	8558
定安县						
屯昌县						
澄迈县						
临高县						
白沙黎族自治县						
昌江黎族自治县						
乐东黎族自治县						
陵水黎族自治县						
保亭黎族苗族自治县						
琼中黎族苗族自治县						

1-3b 各地区分性别的户口登记地在外乡镇街道的人口状况(镇)

单位：人

地区	户口登记地					
	合计			本县(市、区)		
	合计	男	女	小计	男	女
全省	**604933**	**317621**	**287312**	**253583**	**124363**	**129220**
海口市	**117493**	**62595**	**54898**	**17127**	**8646**	**8481**
秀英区	27601	15912	11689	3997	2002	1995
龙华区	3666	2011	1655	887	441	446
琼山区	11108	5034	6074	3013	1488	1525
美兰区	75118	39638	35480	9230	4715	4515
三亚市	**10969**	**6501**	**4468**	**685**	**327**	**358**
海棠区	4382	2699	1683	200	116	84
吉阳区	4278	2448	1830	350	150	200
天涯区	1849	1092	757	108	49	59
崖州区	460	262	198	27	12	15
三沙市	**1505**	**1116**	**389**	**2**	**2**	
儋州市	**47662**	**27192**	**20470**	**20101**	**10412**	**9689**
五指山市	4886	2433	2453	891	419	472
琼海市	17186	8671	8515	6311	2903	3408
文昌市	36011	18425	17586	14578	7064	7514
万宁市	16670	8623	8047	9121	4512	4609
东方市	7750	4253	3497	2848	1402	1446
定安县	25958	13285	12673	12586	6205	6381
屯昌县	37391	19055	18336	22407	11178	11229
澄迈县	85724	45790	39934	35597	17740	17857
临高县	48440	24144	24296	38355	18829	19526
白沙黎族自治县	10331	5162	5169	4790	2170	2620
昌江黎族自治县	55459	28435	27024	36715	18149	18566
乐东黎族自治县	25698	13694	12004	10682	5338	5344
陵水黎族自治县	19923	10413	9510	7087	3111	3976
保亭黎族苗族自治县	20463	10147	10316	7464	3178	4286
琼中黎族苗族自治县	15414	7687	7727	6236	2778	3458

1-3b　续表

单位：人

地　区	户口登记地					
	本省其他县(市、区)			省　外		
	小计	男	女	小计	男	女
全省	**177574**	**90845**	**86729**	**173776**	**102413**	**71363**
海口市	**50482**	**26328**	**24154**	**49884**	**27621**	**22263**
秀英区	9171	4806	4365	14433	9104	5329
龙华区	1600	829	771	1179	741	438
琼山区	5071	1915	3156	3024	1631	1393
美兰区	34640	18778	15862	31248	16145	15103
三亚市	**4451**	**2531**	**1920**	**5833**	**3643**	**2190**
海棠区	1446	823	623	2736	1760	976
吉阳区	1869	1082	787	2059	1216	843
天涯区	845	464	381	896	579	317
崖州区	291	162	129	142	88	54
三沙市	**607**	**437**	**170**	**896**	**677**	**219**
儋州市	**7936**	**4517**	**3419**	**19625**	**12263**	**7362**
五指山市	2531	1122	1409	1464	892	572
琼海市	4924	2300	2624	5951	3468	2483
文昌市	12469	5991	6478	8964	5370	3594
万宁市	3449	1702	1747	4100	2409	1691
东方市	2184	1123	1061	2718	1728	990
定安县	9513	4961	4552	3859	2119	1740
屯昌县	9308	4408	4900	5676	3469	2207
澄迈县	24574	12613	11961	25553	15437	10116
临高县	7096	3606	3490	2989	1709	1280
白沙黎族自治县	3168	1613	1555	2373	1379	994
昌江黎族自治县	10822	5365	5457	7922	4921	3001
乐东黎族自治县	6862	3531	3331	8154	4825	3329
陵水黎族自治县	5745	2957	2788	7091	4345	2746
保亭黎族苗族自治县	6206	3121	3085	6793	3848	2945
琼中黎族苗族自治县	5247	2619	2628	3931	2290	1641

1-3c 各地区分性别的户口登记地在外乡镇街道的人口状况(乡村)

单位：人

地区	户口登记地					
	合计			本县(市、区)		
	合计	男	女	小计	男	女
全省	**562591**	**298044**	**264547**	**135695**	**60626**	**75069**
海口市	**149727**	**82744**	**66983**	**23445**	**11790**	**11655**
秀英区	29028	17862	11166	2857	1279	1578
龙华区	12452	7134	5318	1479	719	760
琼山区	52160	28099	24061	10191	5215	4976
美兰区	56087	29649	26438	8918	4577	4341
三亚市	**108313**	**63717**	**44596**	**6657**	**3172**	**3485**
海棠区	23520	15113	8407	662	333	329
吉阳区	42043	23670	18373	2454	1170	1284
天涯区	23837	13990	9847	2470	1145	1325
崖州区	18913	10944	7969	1071	524	547
三沙市						
儋州市	**29418**	**14160**	**15258**	**16753**	**6709**	**10044**
五指山市	3817	2131	1686	850	401	449
琼海市	30976	15186	15790	8432	3478	4954
文昌市	27053	13741	13312	7744	3508	4236
万宁市	30178	14194	15984	13354	5614	7740
东方市	15546	8984	6562	3980	1930	2050
定安县	12020	5724	6296	2791	1329	1462
屯昌县	10307	4852	5455	2532	1093	1439
澄迈县	23452	10913	12539	8565	3659	4906
临高县	24964	12281	12683	17757	8432	9325
白沙黎族自治县	14888	7609	7279	3444	1603	1841
昌江黎族自治县	7914	4779	3135	1602	887	715
乐东黎族自治县	22007	11594	10413	4477	2115	2362
陵水黎族自治县	21368	10369	10999	5535	1637	3898
保亭黎族苗族自治县	16848	8392	8456	4813	2035	2778
琼中黎族苗族自治县	13795	6674	7121	2964	1234	1730

1-3c　续表　　单位：人

地　区	户口登记地					
	本省其他县(市、区)			省　外		
	小计	男	女	小计	男	女
全省	**209924**	**102991**	**106933**	**216972**	**134427**	**82545**
海口市	**67062**	**34262**	**32800**	**59220**	**36692**	**22528**
秀英区	9400	5204	4196	16771	11379	5392
龙华区	5875	3005	2870	5098	3410	1688
琼山区	25726	12968	12758	16243	9916	6327
美兰区	26061	13085	12976	21108	11987	9121
三亚市	**34080**	**18094**	**15986**	**67576**	**42451**	**25125**
海棠区	6817	4024	2793	16041	10756	5285
吉阳区	14262	7313	6949	25327	15187	10140
天涯区	8280	4410	3870	13087	8435	4652
崖州区	4721	2347	2374	13121	8073	5048
三沙市						
儋州市	**3153**	**1201**	**1952**	**9512**	**6250**	**3262**
五指山市	1690	862	828	1277	868	409
琼海市	13514	6188	7326	9030	5520	3510
文昌市	12679	6110	6569	6630	4123	2507
万宁市	9586	4363	5223	7238	4217	3021
东方市	5072	2661	2411	6494	4393	2101
定安县	7321	3201	4120	1908	1194	714
屯昌县	5337	2259	3078	2438	1500	938
澄迈县	10064	4366	5698	4823	2888	1935
临高县	5457	2797	2660	1750	1052	698
白沙黎族自治县	5834	2772	3062	5610	3234	2376
昌江黎族自治县	2692	1414	1278	3620	2478	1142
乐东黎族自治县	8102	4094	4008	9428	5385	4043
陵水黎族自治县	7526	3589	3937	8307	5143	3164
保亭黎族苗族自治县	5125	2308	2817	6910	4049	2861
琼中黎族苗族自治县	5630	2450	3180	5201	2990	2211

1-4 各地区分性别、民族的人口

单位：人

地区	合计			汉族		
	合计	男	女	小计	男	女
全省	**10081232**	**5345081**	**4736151**	**8498241**	**4516722**	**3981519**
海口市	**2873358**	**1509004**	**1364354**	**2758597**	**1451963**	**1306634**
秀英区	567108	308226	258882	542077	294341	247736
龙华区	797684	418336	379348	765109	402637	362472
琼山区	655553	343395	312158	633798	333168	300630
美兰区	853013	439047	413966	817613	421817	395796
三亚市	**1031396**	**555441**	**475955**	**745176**	**407022**	**338154**
海棠区	113481	63713	49768	74532	43114	31418
吉阳区	447322	240267	207055	350062	190906	159156
天涯区	353698	187686	166012	235307	125865	109442
崖州区	116895	63775	53120	85275	47137	38138
三沙市	**2333**	**1650**	**683**	**2082**	**1484**	**598**
儋州市	**954259**	**513233**	**441026**	**879088**	**473361**	**405727**
五指山市	112269	58724	53545	41033	21618	19415
琼海市	528238	277477	250761	505083	267165	237918
文昌市	560894	287340	273554	551322	283396	267926
万宁市	545992	288309	257683	461278	244504	216774
东方市	444458	237437	207021	355026	190584	164442
定安县	284690	152404	132286	278595	149748	128847
屯昌县	255335	135161	120174	228768	121998	106770
澄迈县	497953	269329	228624	488129	264880	223249
临高县	420594	220713	199881	419063	220024	199039
白沙黎族自治县	164699	88684	76015	57160	30880	26280
昌江黎族自治县	232124	123844	108280	141560	75631	65929
乐东黎族自治县	464435	248415	216020	283951	151373	132578
陵水黎族自治县	372511	198333	174178	187201	99455	87746
保亭黎族苗族自治县	156108	83127	72981	52638	28540	24098
琼中黎族苗族自治县	179586	96456	83130	62491	33096	29395

1-4　续表 1　　单位：人

地　　区	蒙古族			回　族			藏　族		
	小计	男	女	小计	男	女	小计	男	女
全省	**4488**	**2301**	**2187**	**17089**	**8785**	**8304**	**654**	**323**	**331**
海口市	**2344**	**1141**	**1203**	**3306**	**1652**	**1654**	**348**	**165**	**183**
秀英区	438	226	212	669	354	315	38	19	19
龙华区	653	319	334	851	434	417	95	55	40
琼山区	399	192	207	541	264	277	59	25	34
美兰区	854	404	450	1245	600	645	156	66	90
三亚市	**1293**	**703**	**590**	**11780**	**6070**	**5710**	**134**	**71**	**63**
海棠区	109	76	33	247	145	102	16	10	6
吉阳区	871	475	396	1106	579	527	86	46	40
天涯区	269	127	142	10368	5313	5055	28	13	15
崖州区	44	25	19	59	33	26	4	2	2
三沙市	**4**	**3**	**1**						
儋州市	**94**	**49**	**45**	**208**	**119**	**89**	**28**	**14**	**14**
五指山市	69	35	34	147	64	83	8	3	5
琼海市	144	78	66	190	92	98	19	15	4
文昌市	61	29	32	99	50	49	20	11	9
万宁市	45	25	20	120	65	55	7	3	4
东方市	101	56	45	104	57	47	11	4	7
定安县	14	6	8	30	13	17	4	2	2
屯昌县	18	8	10	41	23	18	8	3	5
澄迈县	91	45	46	161	85	76	19	9	10
临高县	7	4	3	30	13	17			
白沙黎族自治县	8	3	5	27	17	10	10	5	5
昌江黎族自治县	38	22	16	541	309	232	8	5	3
乐东黎族自治县	53	30	23	92	43	49	7	2	5
陵水黎族自治县	58	39	19	105	67	38	11	3	8
保亭黎族苗族自治县	31	16	15	56	23	33	5	3	2
琼中黎族苗族自治县	15	9	6	52	23	29	7	5	2

1-4 续表 2

单位：人

地区	维吾尔族			苗族			彝族		
	小计	男	女	小计	男	女	小计	男	女
全省	**881**	**454**	**427**	**87733**	**45205**	**42528**	**4155**	**2184**	**1971**
海口市	**287**	**161**	**126**	**8946**	**4845**	**4101**	**1845**	**975**	**870**
秀英区	46	25	21	2745	1650	1095	400	248	152
龙华区	92	44	48	2242	1166	1076	357	179	178
琼山区	46	24	22	1375	726	649	248	136	112
美兰区	103	68	35	2584	1303	1281	840	412	428
三亚市	**541**	**264**	**277**	**6858**	**3673**	**3185**	**835**	**447**	**388**
海棠区	38	23	15	793	514	279	162	102	60
吉阳区	151	84	67	1799	941	858	396	215	181
天涯区	348	155	193	3874	1992	1882	206	90	116
崖州区	4	2	2	392	226	166	71	40	31
三沙市				**25**	**16**	**9**	**11**	**9**	**2**
儋州市	**7**	**4**	**3**	**2899**	**1515**	**1384**	**182**	**86**	**96**
五指山市	2	2		5683	2869	2814	33	18	15
琼海市	9	6	3	11360	5682	5678	90	53	37
文昌市	6	3	3	963	482	481	115	54	61
万宁市				7347	3669	3678	150	73	77
东方市	4	2	2	1764	977	787	111	54	57
定安县	2	1	1	2599	1325	1274	13	6	7
屯昌县				9255	4815	4440	29	16	13
澄迈县	11	5	6	1383	702	681	105	56	49
临高县				246	134	112	26	10	16
白沙黎族自治县				1820	916	904	31	14	17
昌江黎族自治县	1	1		675	336	339	238	135	103
乐东黎族自治县	2	1	1	3594	1908	1686	135	72	63
陵水黎族自治县	9	4	5	987	483	504	131	67	64
保亭黎族苗族自治县				6997	3544	3453	38	19	19
琼中黎族苗族自治县				14332	7314	7018	37	20	17

1-4 续表 3

单位：人

地 区	壮 族			布依族			朝鲜族		
	小计	男	女	小计	男	女	小计	男	女
全省	**61000**	**33187**	**27813**	**6800**	**3950**	**2850**	**1490**	**747**	**743**
海口市	**18224**	**10466**	**7758**	**2346**	**1410**	**936**	**728**	**347**	**381**
秀英区	5449	3288	2161	724	471	253	164	79	85
龙华区	5032	2835	2197	516	302	214	190	85	105
琼山区	3814	2188	1626	360	226	134	71	37	34
美兰区	3929	2155	1774	746	411	335	303	146	157
三亚市	**8571**	**4985**	**3586**	**1843**	**1069**	**774**	**511**	**267**	**244**
海棠区	2009	1211	798	326	203	123	41	19	22
吉阳区	3174	1825	1349	788	464	324	290	154	136
天涯区	2332	1313	1019	278	148	130	160	84	76
崖州区	1056	636	420	451	254	197	20	10	10
三沙市	**103**	**65**	**38**	**8**	**4**	**4**			
儋州市	**3570**	**1869**	**1701**	**207**	**122**	**85**	**11**	**10**	**1**
五指山市	509	248	261	47	21	26	14	6	8
琼海市	3266	1701	1565	488	295	193	51	22	29
文昌市	2399	1355	1044	401	232	169	25	12	13
万宁市	2651	1333	1318	124	68	56	18	12	6
东方市	1404	801	603	565	328	237	32	15	17
定安县	620	305	315	31	15	16	9	4	5
屯昌县	2293	1123	1170	27	12	15	9	1	8
澄迈县	1596	824	772	172	110	62	18	12	6
临高县	250	123	127	49	28	21	6	4	2
白沙黎族自治县	2442	1277	1165	38	13	25	1	1	
昌江黎族自治县	1352	732	620	103	60	43	9	6	3
乐东黎族自治县	2108	1135	973	143	64	79	16	8	8
陵水黎族自治县	919	486	433	104	54	50	19	11	8
保亭黎族苗族自治县	3695	1857	1838	62	23	39	10	8	2
琼中黎族苗族自治县	5028	2502	2526	42	22	20	3	1	2

1-4 续表 4

单位：人

地区	满族			侗族			瑶族		
	小计	男	女	小计	男	女	小计	男	女
全省	**9825**	**5027**	**4798**	**5398**	**3539**	**1859**	**10000**	**5435**	**4565**
海口市	**4603**	**2323**	**2280**	**2500**	**1641**	**859**	**2623**	**1441**	**1182**
秀英区	969	504	465	915	663	252	697	432	265
龙华区	1274	625	649	596	380	216	799	434	365
琼山区	656	350	306	335	213	122	496	278	218
美兰区	1704	844	860	654	385	269	631	297	334
三亚市	**3370**	**1739**	**1631**	**1243**	**855**	**388**	**1115**	**651**	**464**
海棠区	234	142	92	286	212	74	202	122	80
吉阳区	2041	1024	1017	587	380	207	511	302	209
天涯区	1004	518	486	241	169	72	314	178	136
崖州区	91	55	36	129	94	35	88	49	39
三沙市	**7**	**7**		**11**	**9**	**2**	**16**	**13**	**3**
儋州市	**192**	**109**	**83**	**232**	**141**	**91**	**963**	**538**	**425**
五指山市	139	67	72	63	34	29	270	137	133
琼海市	205	99	106	165	115	50	423	225	198
文昌市	120	66	54	157	100	57	506	287	219
万宁市	130	68	62	131	77	54	442	227	215
东方市	168	98	70	118	85	33	369	216	153
定安县	43	23	20	49	31	18	89	46	43
屯昌县	50	24	26	58	45	13	298	147	151
澄迈县	224	111	113	124	79	45	237	127	110
临高县	36	15	21	33	22	11	40	26	14
白沙黎族自治县	46	21	25	91	53	38	633	334	299
昌江黎族自治县	54	35	19	88	63	25	314	171	143
乐东黎族自治县	116	60	56	53	29	24	231	121	110
陵水黎族自治县	165	80	85	85	55	30	157	76	81
保亭黎族苗族自治县	101	52	49	76	41	35	441	233	208
琼中黎族苗族自治县	56	30	26	121	64	57	833	419	414

1-4　续表 5　　　　单位：人

地　区	白　族			土家族			哈尼族		
	小计	男	女	小计	男	女	小计	男	女
全省	**982**	**492**	**490**	**8273**	**4647**	**3626**	**774**	**392**	**382**
海口市	**513**	**242**	**271**	**4230**	**2291**	**1939**	**171**	**89**	**82**
秀英区	82	46	36	1094	688	406	42	30	12
龙华区	91	48	43	1042	541	501	39	18	21
琼山区	59	22	37	624	346	278	34	15	19
美兰区	281	126	155	1470	716	754	56	26	30
三亚市	**191**	**108**	**83**	**1740**	**1057**	**683**	**412**	**208**	**204**
海棠区	21	12	9	267	197	70	16	9	7
吉阳区	115	60	55	1000	561	439	126	58	68
天涯区	44	29	15	349	210	139	201	106	95
崖州区	11	7	4	124	89	35	69	35	34
三沙市	**6**	**6**		**10**	**8**	**2**			
儋州市	**53**	**23**	**30**	**393**	**221**	**172**	**61**	**42**	**19**
五指山市	17	7	10	78	41	37	3	1	2
琼海市	24	16	8	229	139	90	7	2	5
文昌市	35	21	14	119	74	45	11	4	7
万宁市	11	3	8	326	177	149	16	7	9
东方市	21	9	12	182	116	66	16	7	9
定安县	4	3	1	151	84	67	3		3
屯昌县	10	4	6	100	54	46	3	3	
澄迈县	24	12	12	152	78	74	15	3	12
临高县	7	5	2	20	10	10	2		2
白沙黎族自治县	6	2	4	54	24	30	7	5	2
昌江黎族自治县	17	15	2	84	46	38	7	5	2
乐东黎族自治县	15	4	11	84	48	36	23	10	13
陵水黎族自治县	17	8	9	91	46	45			
保亭黎族苗族自治县	7	2	5	76	43	33	8	4	4
琼中黎族苗族自治县	4	2	2	154	90	64	9	2	7

1-4 续表 6

单位：人

地 区	哈萨克族			傣 族			黎 族		
	小计	男	女	小计	男	女	小计	男	女
全省	**93**	**47**	**46**	**486**	**222**	**264**	**1355074**	**707048**	**648026**
海口市	**21**	**9**	**12**	**195**	**90**	**105**	**58973**	**26299**	**32674**
秀英区	5	1	4	27	14	13	9920	4758	5162
龙华区	3		3	56	31	25	17981	7825	10156
琼山区	4		4	34	14	20	12224	4958	7266
美兰区	9	8	1	78	31	47	18848	8758	10090
三亚市	**50**	**26**	**24**	**102**	**43**	**59**	**243938**	**125170**	**118768**
海棠区	7	3	4	15	9	6	33759	17330	16429
吉阳区	17	10	7	54	21	33	83453	41755	41698
天涯区	26	13	13	22	8	14	97927	51138	46789
崖州区				11	5	6	28799	14947	13852
三沙市							**34**	**16**	**18**
儋州市	**1**	**1**		**12**	**2**	**10**	**65770**	**34861**	**30909**
五指山市	2		2	10	3	7	64078	33518	30560
琼海市	3	2	1	15	8	7	6327	1695	4632
文昌市				15	4	11	4315	1049	3266
万宁市	1		1	8	6	2	72974	37894	35080
东方市				6	3	3	84077	43803	40274
定安县				6	2	4	2277	726	1551
屯昌县				4		4	14305	6855	7450
澄迈县				3		3	5319	2105	3214
临高县	1		1	1		1	729	269	460
白沙黎族自治县	1		1	14	6	8	102085	54993	47092
昌江黎族自治县	10	8	2	6	2	4	86864	46177	40687
乐东黎族自治县	3	1	2	8	5	3	173510	93332	80178
陵水黎族自治县				39	24	15	181563	96903	84660
保亭黎族苗族自治县				40	23	17	91605	48564	43041
琼中黎族苗族自治县				2	1	1	96331	52819	43512

1-4　续表 7　　　　单位：人

地　区	傈僳族			佤　族			畲　族		
	小计	男	女	小计	男	女	小计	男	女
全省	**191**	**100**	**91**	**234**	**132**	**102**	**846**	**496**	**350**
海口市	**50**	**22**	**28**	**60**	**37**	**23**	**310**	**183**	**127**
秀英区	6	3	3	14	11	3	57	38	19
龙华区	14	5	9	23	16	7	109	64	45
琼山区	7	4	3	11	5	6	63	36	27
美兰区	23	10	13	12	5	7	81	45	36
三亚市	**53**	**29**	**24**	**57**	**35**	**22**	**269**	**158**	**111**
海棠区	13	7	6	12	10	2	78	49	29
吉阳区	15	9	6	7	2	5	132	81	51
天涯区	11	4	7	16	9	7	48	24	24
崖州区	14	9	5	22	14	8	11	4	7
三沙市	**1**	**1**							
儋州市	**12**	**5**	**7**	**22**	**11**	**11**	**24**	**10**	**14**
五指山市	4	1	3	2	2		25	13	12
琼海市	2	2		1		1	6	3	3
文昌市	3	2	1	29	18	11	20	14	6
万宁市	9	6	3	9	4	5	13	4	9
东方市	2	1	1	5	3	2	31	20	11
定安县	7	4	3				2	1	1
屯昌县	1	1		1		1	8	6	2
澄迈县				6	4	2	48	32	16
临高县				1	1				
白沙黎族自治县	3	1	2	2	2		13	7	6
昌江黎族自治县	34	20	14	4	2	2	15	8	7
乐东黎族自治县	3		3	9	3	6	15	8	7
陵水黎族自治县	5	3	2	10	5	5	16	9	7
保亭黎族苗族自治县				13	4	9	16	10	6
琼中黎族苗族自治县	2	2		3	1	2	15	10	5

1−4 续表 8

单位：人

地　区	高山族			拉祜族			水　族		
	小计	男	女	小计	男	女	小计	男	女
全省	**121**	**55**	**66**	**371**	**235**	**136**	**453**	**236**	**217**
海口市	**47**	**21**	**26**	**91**	**57**	**34**	**218**	**122**	**96**
秀英区				45	29	16	46	28	18
龙华区	19	10	9	23	11	12	37	26	11
琼山区	11	4	7	6	5	1	22	11	11
美兰区	17	7	10	17	12	5	113	57	56
三亚市	**19**	**4**	**15**	**98**	**73**	**25**	**104**	**54**	**50**
海棠区	1		1	36	30	6	15	9	6
吉阳区	7	1	6	40	24	16	38	16	22
天涯区	11	3	8	16	13	3	7	4	3
崖州区				6	6		44	25	19
三沙市				**1**		**1**	**2**	**1**	**1**
儋州市	**3**	**1**	**2**	**32**	**19**	**13**	**14**	**8**	**6**
五指山市				6	4	2	8	3	5
琼海市				4	1	3	17	10	7
文昌市	1		1	6	3	3	8	5	3
万宁市	7	6	1	14	6	8	5	2	3
东方市	22	11	11	6	2	4	10	3	7
定安县				4	2	2	3		3
屯昌县							3		3
澄迈县	4	4		8	3	5	4	2	2
临高县	1		1	8	7	1	15	8	7
白沙黎族自治县							1		1
昌江黎族自治县				42	23	19	5	3	2
乐东黎族自治县	2		2	17	10	7	17	8	9
陵水黎族自治县	4		4	30	23	7	12	3	9
保亭黎族苗族自治县	11	8	3	3	2	1	3	3	
琼中黎族苗族自治县				1		1	4	1	3

1-4　续表 9　　　　单位：人

地　区	东乡族			纳西族			景颇族		
	小计	男	女	小计	男	女	小计	男	女
全省	**159**	**93**	**66**	**86**	**33**	**53**	**40**	**30**	**10**
海口市	**44**	**28**	**16**	**37**	**11**	**26**	**20**	**15**	**5**
秀英区	14	9	5	7	5	2	4	4	
龙华区	13	7	6	8	2	6	8	5	3
琼山区	6	4	2	3		3	2	2	
美兰区	11	8	3	19	4	15	6	4	2
三亚市	**102**	**60**	**42**	**29**	**18**	**11**	**14**	**13**	**1**
海棠区	19	13	6	5	4	1	3	3	
吉阳区	10	5	5	18	11	7	3	3	
天涯区	67	38	29	5	3	2	6	5	1
崖州区	6	4	2	1		1	2	2	
三沙市							**2**	**1**	**1**
儋州市	**1**		**1**	**4**	**1**	**3**	**1**	**1**	
五指山市									
琼海市				1		1			
文昌市	1	1					1		1
万宁市	1		1	4	1	3			
东方市	1	1		1		1			
定安县									
屯昌县									
澄迈县	6		6						
临高县	1	1							
白沙黎族自治县				1		1			
昌江黎族自治县							1		1
乐东黎族自治县	2	2		8	2	6			
陵水黎族自治县									
保亭黎族苗族自治县							1		1
琼中黎族苗族自治县				1		1			

1-4 续表 10

单位：人

地区	柯尔克孜族			土族			达斡尔族		
	小计	男	女	小计	男	女	小计	男	女
全省	**16**	**11**	**5**	**302**	**160**	**142**	**215**	**102**	**113**
海口市	**5**	**5**		**125**	**60**	**65**	**102**	**50**	**52**
秀英区	2	2		31	15	16	17	9	8
龙华区	2	2		25	12	13	40	19	21
琼山区				17	8	9	4	3	1
美兰区	1	1		52	25	27	41	19	22
三亚市	**8**	**4**	**4**	**41**	**21**	**20**	**67**	**35**	**32**
海棠区				11	5	6	3	2	1
吉阳区	1		1	17	11	6	42	24	18
天涯区	7	4	3	9	4	5	20	8	12
崖州区				4	1	3	2	1	1
三沙市				**1**	**1**				
儋州市				**12**	**6**	**6**	**11**	**4**	**7**
五指山市							2	1	1
琼海市				6	4	2	3	2	1
文昌市	3	2	1	11	5	6	1		1
万宁市				12	10	2	7	3	4
东方市				4	3	1	6	1	5
定安县				67	36	31	1		1
屯昌县				3	1	2			
澄迈县				4	3	1	4		4
临高县				1	1				
白沙黎族自治县									
昌江黎族自治县				1		1	1		1
乐东黎族自治县				3	1	2	2	1	1
陵水黎族自治县				8	7	1	5	3	2
保亭黎族苗族自治县				1		1	2	1	1
琼中黎族苗族自治县				2	1	1	1	1	

1-4　续表 11　　　　单位：人

地　区	仫佬族			羌　族			布朗族		
	小计	男	女	小计	男	女	小计	男	女
全省	**411**	**226**	**185**	**169**	**93**	**76**	**175**	**100**	**75**
海口市	**173**	**92**	**81**	**75**	**41**	**34**	**14**	**8**	**6**
秀英区	31	21	10	18	12	6			
龙华区	57	34	23	18	9	9	2		2
琼山区	38	19	19	11	6	5	4	3	1
美兰区	47	18	29	28	14	14	8	5	3
三亚市	**67**	**36**	**31**	**45**	**26**	**19**	**9**	**6**	**3**
海棠区	12	7	5	6	2	4	2	1	1
吉阳区	40	21	19	22	12	10	4	3	1
天涯区	14	7	7	10	5	5	3	2	1
崖州区	1	1		7	7				
三沙市							**1**	**1**	
儋州市	**35**	**19**	**16**	**29**	**12**	**17**	**3**	**1**	**2**
五指山市	2	2					1		1
琼海市	6	3	3	2	2		1		1
文昌市	13	5	8				2	2	
万宁市	13	5	8	3	1	2	1		1
东方市	13	8	5	1	1		1	1	
定安县	9	5	4				2		2
屯昌县	6	4	2	3	2	1			
澄迈县	16	10	6				1		1
临高县	1	1							
白沙黎族自治县	29	21	8				1		1
昌江黎族自治县	10	6	4	1	1		3	3	
乐东黎族自治县	3	1	2	8	5	3			
陵水黎族自治县	2	1	1	2	2		9	4	5
保亭黎族苗族自治县	6	4	2				126	74	52
琼中黎族苗族自治县	7	3	4						

1-4 续表 12

单位：人

地区	撒拉族			毛南族			仡佬族		
	小计	男	女	小计	男	女	小计	男	女
全省	**50**	**26**	**24**	**157**	**99**	**58**	**801**	**555**	**246**
海口市	**19**	**7**	**12**	**70**	**39**	**31**	**381**	**248**	**133**
秀英区	7	4	3	25	18	7	113	77	36
龙华区	1		1	13	4	9	81	51	30
琼山区	3		3	15	8	7	40	25	15
美兰区	8	3	5	17	9	8	147	95	52
三亚市	**23**	**15**	**8**	**36**	**28**	**8**	**219**	**174**	**45**
海棠区	3	2	1	10	8	2	52	39	13
吉阳区	2	2		20	16	4	94	74	20
天涯区	18	11	7	6	4	2	32	24	8
崖州区							41	37	4
三沙市							**1**	**1**	
儋州市				**11**	**7**	**4**	**26**	**17**	**9**
五指山市							5	5	
琼海市				14	8	6	10	8	2
文昌市				4	3	1	46	30	16
万宁市				2	1	1	17	12	5
东方市				4	3	1	34	28	6
定安县				1	1		3	3	
屯昌县				1		1	5	3	2
澄迈县	1		1	3	1	2	14	8	6
临高县	4	1	3				6	3	3
白沙黎族自治县				2	1	1	5	3	2
昌江黎族自治县				2	2		2	1	1
乐东黎族自治县	3	3		6	5	1			
陵水黎族自治县							12	6	6
保亭黎族苗族自治县							12	5	7
琼中黎族苗族自治县				1		1	3		3

1-4　续表 13　　　　单位：人

地　区	锡伯族			阿昌族			普米族		
	小计	男	女	小计	男	女	小计	男	女
全省	**190**	**96**	**94**	**18**	**10**	**8**	**21**	**5**	**16**
海口市	**96**	**51**	**45**	**11**	**9**	**2**	**11**	**3**	**8**
秀英区	18	9	9	2	2		1		1
龙华区	22	11	11	4	3	1	3	1	2
琼山区	12	9	3	1	1		3	1	2
美兰区	44	22	22	4	3	1	4	1	3
三亚市	**58**	**30**	**28**	**1**	**1**		**8**	**1**	**7**
海棠区	3	1	2				1		1
吉阳区	31	19	12	1	1		5	1	4
天涯区	21	9	12				2		2
崖州区	3	1	2						
三沙市									
儋州市	**6**	**6**							
五指山市	1	1							
琼海市	6	3	3						
文昌市	4	1	3	1		1			
万宁市	6	2	4	1		1			
东方市	1		1	3		3			
定安县	5	1	4						
屯昌县									
澄迈县	3		3						
临高县				1		1			
白沙黎族自治县									
昌江黎族自治县	1		1						
乐东黎族自治县	2	1	1				2	1	1
陵水黎族自治县									
保亭黎族苗族自治县	1		1						
琼中黎族苗族自治县									

1-4 续表 14

单位：人

地　　区	塔吉克族			怒　　族			乌孜别克族		
	小计	男	女	小计	男	女	小计	男	女
全省	**3**	**1**	**2**	**5**	**2**	**3**	**3**		**3**
海口市	**2**	**1**	**1**	**3**		**3**			
秀英区				2		2			
龙华区									
琼山区	1	1							
美兰区	1		1	1		1			
三亚市	**1**		**1**	**2**	**2**		**3**		**3**
海棠区									
吉阳区	1		1				1		1
天涯区				2	2		2		2
崖州区									
三沙市									
儋州市									
五指山市									
琼海市									
文昌市									
万宁市									
东方市									
定安县									
屯昌县									
澄迈县									
临高县									
白沙黎族自治县									
昌江黎族自治县									
乐东黎族自治县									
陵水黎族自治县									
保亭黎族苗族自治县									
琼中黎族苗族自治县									

1-4　续表 15

单位：人

地　区	俄罗斯族			鄂温克族			德 昂 族		
	小计	男	女	小计	男	女	小计	男	女
全省	**71**	**29**	**42**	**42**	**16**	**26**	**8**	**2**	**6**
海口市	**30**	**12**	**18**	**17**	**6**	**11**	**2**	**1**	**1**
秀英区	6	3	3	3		3			
龙华区	3	1	2	2	1	1	1		1
琼山区	1		1	7	4	3	1	1	
美兰区	20	8	12	5	1	4			
三亚市	**29**	**11**	**18**	**18**	**6**	**12**	**2**		**2**
海棠区	2	1	1	1		1			
吉阳区	21	8	13	14	6	8			
天涯区	5	2	3	3		3	2		2
崖州区	1		1						
三沙市	**1**		**1**						
儋州市									
五指山市	2		2						
琼海市	1		1						
文昌市				1	1		2	1	1
万宁市									
东方市	1	1		4	2	2			
定安县									
屯昌县	1	1							
澄迈县				2	1	1			
临高县	2	1	1				1		1
白沙黎族自治县									
昌江黎族自治县	1	1					1		1
乐东黎族自治县									
陵水黎族自治县									
保亭黎族苗族自治县	3	2	1						
琼中黎族苗族自治县									

1-4 续表 16

单位：人

地区	保安族			裕固族			京族		
	小计	男	女	小计	男	女	小计	男	女
全省	**1**	**1**		**10**	**6**	**4**	**84**	**29**	**55**
海口市				**8**	**5**	**3**	**12**	**9**	**3**
秀英区				1	1		2	1	1
龙华区				3	2	1	1	1	
琼山区							1		1
美兰区				4	2	2	8	7	1
三亚市	**1**	**1**		**2**	**1**	**1**	**7**	**4**	**3**
海棠区				1	1		1		1
吉阳区				1		1	1	1	
天涯区	1	1					5	3	2
崖州区									
三沙市									
儋州市							**5**	**1**	**4**
五指山市									
琼海市							7		7
文昌市							2		2
万宁市							25	8	17
东方市							2		2
定安县							2		2
屯昌县							4	1	3
澄迈县							2		2
临高县							2		2
白沙黎族自治县							2		2
昌江黎族自治县							2		2
乐东黎族自治县							6	2	4
陵水黎族自治县									
保亭黎族苗族自治县							4	4	
琼中黎族苗族自治县									

1-4　续表 17　　　　　　　　　　　　　　　　　　　　　　单位：人

地　区	塔塔尔族			独 龙 族			鄂伦春族		
	小计	男	女	小计	男	女	小计	男	女
全省	**6**	**2**	**4**	**2**	**2**		**15**	**6**	**9**
海口市	**4**	**2**	**2**	**2**	**2**		**6**	**4**	**2**
秀英区							1	1	
龙华区				1	1		3	2	1
琼山区				1	1				
美兰区	4	2	2				2	1	1
三亚市	**1**		**1**				**9**	**2**	**7**
海棠区							2	1	1
吉阳区							3		3
天涯区	1		1				4	1	3
崖州区									
三沙市									
儋州市									
五指山市									
琼海市									
文昌市									
万宁市									
东方市									
定安县									
屯昌县									
澄迈县									
临高县									
白沙黎族自治县	1		1						
昌江黎族自治县									
乐东黎族自治县									
陵水黎族自治县									
保亭黎族苗族自治县									
琼中黎族苗族自治县									

1–4 续表 18

单位：人

地区	赫哲族			门巴族			珞巴族		
	小计	男	女	小计	男	女	小计	男	女
全省	**27**	**15**	**12**	**2**		**2**	**1**	**1**	
海口市	**15**	**8**	**7**	**1**		**1**	**1**	**1**	
秀英区	1		1						
龙华区	1		1						
琼山区	2	1	1						
美兰区	11	7	4	1		1	1	1	
三亚市	**8**	**7**	**1**						
海棠区									
吉阳区	4	4							
天涯区	3	3							
崖州区	1		1						
三沙市									
儋州市									
五指山市									
琼海市	2		2	1		1			
文昌市									
万宁市									
东方市	1		1						
定安县									
屯昌县									
澄迈县	1		1						
临高县									
白沙黎族自治县									
昌江黎族自治县									
乐东黎族自治县									
陵水黎族自治县									
保亭黎族苗族自治县									
琼中黎族苗族自治县									

1-4 续表 19

单位：人

地 区	基诺族			未定族称人口			入 籍		
	小计	男	女	小计	男	女	小计	男	女
全省	**4**		**4**	**2411**	**1344**	**1067**	**75**	**25**	**50**
海口市	**1**		**1**	**482**	**291**	**191**	**13**	**3**	**10**
秀英区	1		1	128	86	42	4	1	3
龙华区				125	78	47	4		4
琼山区				82	51	31	1		1
美兰区				147	76	71	4	2	2
三亚市	**1**		**1**	**277**	**155**	**122**	**5**	**3**	**2**
海棠区	1		1	107	64	43	1	1	
吉阳区				96	50	46	4	2	2
天涯区				43	24	19			
崖州区				31	17	14			
三沙市				**6**	**4**	**2**			
儋州市				**33**	**16**	**17**	**4**	**1**	**3**
五指山市				5		5	1		1
琼海市				39	16	23	11	5	6
文昌市	1		1	44	18	26	1		1
万宁市				64	27	37			
东方市	1		1	222	132	90	3	1	2
定安县				38	11	27	7		7
屯昌县				18	10	8	5	1	4
澄迈县				30	12	18	13	6	7
临高县				4	2	2			
白沙黎族自治县				164	84	80	1	1	
昌江黎族自治县				25	13	12	4	2	2
乐东黎族自治县				178	114	64	5	2	3
陵水黎族自治县				734	406	328	1		1
保亭黎族苗族自治县				20	15	5			
琼中黎族苗族自治县				28	18	10	1		1

1－4a 各地区分性别、民族的人口(城市)

单位：人

地区	合计			汉族		
	合计	男	女	小计	男	女
全省	**3761478**	**1967828**	**1793650**	**3503496**	**1841742**	**1661754**
海口市	**2089572**	**1089393**	**1000179**	**2004450**	**1047802**	**956648**
秀英区	364832	196867	167965	345945	186525	159420
龙华区	700274	365851	334423	669296	350929	318367
琼山区	439671	229702	209969	424684	222554	202130
美兰区	584795	296973	287822	564525	287794	276731
三亚市	**696578**	**371216**	**325362**	**576670**	**311263**	**265407**
海棠区	50201	27893	22308	27600	16126	11474
吉阳区	360745	193112	167633	305322	165440	139882
天涯区	233310	121643	111667	195652	103231	92421
崖州区	52322	28568	23754	48096	26466	21630
三沙市						
儋州市	**278672**	**147405**	**131267**	**264565**	**140528**	**124037**
五指山市	51050	25486	25564	31738	16520	15218
琼海市	178091	92491	85600	173701	90500	83201
文昌市	163550	81808	81742	160397	80472	79925
万宁市	112075	58567	53508	108887	57143	51744
东方市	191890	101462	90428	183088	97514	85574
定安县						
屯昌县						
澄迈县						
临高县						
白沙黎族自治县						
昌江黎族自治县						
乐东黎族自治县						
陵水黎族自治县						
保亭黎族苗族自治县						
琼中黎族苗族自治县						

1-4a　续表 1

单位：人

地　　区	蒙古族			回　族			藏　族		
	小计	男	女	小计	男	女	小计	男	女
全省	**3150**	**1579**	**1571**	**14170**	**7238**	**6932**	**338**	**173**	**165**
海口市	**1908**	**914**	**994**	**2519**	**1267**	**1252**	**217**	**106**	**111**
秀英区	308	157	151	474	243	231	32	16	16
龙华区	623	304	319	808	414	394	91	52	39
琼山区	318	153	165	410	205	205	34	16	18
美兰区	659	300	359	827	405	422	60	22	38
三亚市	**934**	**504**	**430**	**11258**	**5771**	**5487**	**76**	**39**	**37**
海棠区	40	30	10	91	54	37	5	4	1
吉阳区	648	354	294	901	460	441	52	27	25
天涯区	233	111	122	10246	5246	5000	17	7	10
崖州区	13	9	4	20	11	9	2	1	1
三沙市									
儋州市	**35**	**18**	**17**	**64**	**34**	**30**	**2**	**2**	
五指山市	54	28	26	86	42	44	6	2	4
琼海市	76	41	35	98	51	47	16	14	2
文昌市	36	18	18	52	26	26	13	8	5
万宁市	17	8	9	18	9	9	1		1
东方市	90	48	42	75	38	37	7	2	5
定安县									
屯昌县									
澄迈县									
临高县									
白沙黎族自治县									
昌江黎族自治县									
乐东黎族自治县									
陵水黎族自治县									
保亭黎族苗族自治县									
琼中黎族苗族自治县									

1–4a 续表 2

单位：人

地区	维吾尔族			苗族			彝族		
	小计	男	女	小计	男	女	小计	男	女
全省	**666**	**323**	**343**	**11469**	**5936**	**5533**	**1792**	**928**	**864**
海口市	**215**	**113**	**102**	**6029**	**3234**	**2795**	**1070**	**567**	**503**
秀英区	37	17	20	1730	1050	680	261	161	100
龙华区	89	42	47	2075	1071	1004	330	163	167
琼山区	31	17	14	883	469	414	126	77	49
美兰区	58	37	21	1341	644	697	353	166	187
三亚市	**435**	**198**	**237**	**2436**	**1279**	**1157**	**505**	**252**	**253**
海棠区	19	12	7	285	159	126	64	34	30
吉阳区	79	37	42	1407	740	667	282	150	132
天涯区	334	147	187	579	289	290	133	53	80
崖州区	3	2	1	165	91	74	26	15	11
三沙市									
儋州市	**3**	**2**	**1**	**540**	**271**	**269**	**50**	**25**	**25**
五指山市	2	2		946	404	542	28	14	14
琼海市	9	6	3	681	322	359	34	21	13
文昌市	2	2		282	142	140	47	19	28
万宁市				139	43	96	15	6	9
东方市				416	241	175	43	24	19
定安县									
屯昌县									
澄迈县									
临高县									
白沙黎族自治县									
昌江黎族自治县									
乐东黎族自治县									
陵水黎族自治县									
保亭黎族苗族自治县									
琼中黎族苗族自治县									

1-4a 续表 3

单位：人

地区	壮族			布依族			朝鲜族		
	小计	男	女	小计	男	女	小计	男	女
全省	**21496**	**12220**	**9276**	**3129**	**1824**	**1305**	**1114**	**555**	**559**
海口市	**13114**	**7473**	**5641**	**1577**	**934**	**643**	**611**	**291**	**320**
秀英区	4121	2436	1685	510	328	182	108	53	55
龙华区	4622	2593	2029	473	273	200	177	79	98
琼山区	2225	1273	952	236	149	87	62	33	29
美兰区	2146	1171	975	358	184	174	264	126	138
三亚市	**5210**	**2998**	**2212**	**1064**	**613**	**451**	**408**	**215**	**193**
海棠区	1106	639	467	142	79	63	8	5	3
吉阳区	2570	1463	1107	593	356	237	252	132	120
天涯区	1259	714	545	161	84	77	143	76	67
崖州区	275	182	93	168	94	74	5	2	3
三沙市									
儋州市	**910**	**509**	**401**	**63**	**39**	**24**	**6**	**6**	
五指山市	316	148	168	30	9	21	12	4	8
琼海市	548	304	244	84	56	28	35	16	19
文昌市	631	354	277	111	60	51	13	7	6
万宁市	129	70	59	30	15	15	3	3	
东方市	638	364	274	170	98	72	26	13	13
定安县									
屯昌县									
澄迈县									
临高县									
白沙黎族自治县									
昌江黎族自治县									
乐东黎族自治县									
陵水黎族自治县									
保亭黎族苗族自治县									
琼中黎族苗族自治县									

1-4a 续表 4

单位：人

地区	满族			侗族			瑶族		
	小计	男	女	小计	男	女	小计	男	女
全省	**6966**	**3519**	**3447**	**3046**	**2000**	**1046**	**3365**	**1835**	**1530**
海口市	**3757**	**1875**	**1882**	**1890**	**1220**	**670**	**1900**	**1018**	**882**
秀英区	706	365	341	687	497	190	436	259	177
龙华区	1224	601	623	567	361	206	748	401	347
琼山区	533	283	250	230	139	91	321	182	139
美兰区	1294	626	668	406	223	183	395	176	219
三亚市	**2625**	**1330**	**1295**	**819**	**548**	**271**	**772**	**440**	**332**
海棠区	72	43	29	132	93	39	97	57	40
吉阳区	1651	816	835	468	299	169	444	258	186
天涯区	874	454	420	170	116	54	203	111	92
崖州区	28	17	11	49	40	9	28	14	14
三沙市									
儋州市	**82**	**48**	**34**	**71**	**52**	**19**	**226**	**121**	**105**
五指山市	120	60	60	46	26	20	110	54	56
琼海市	119	60	59	76	54	22	78	43	35
文昌市	69	34	35	61	44	17	119	64	55
万宁市	43	23	20	27	20	7	39	21	18
东方市	151	89	62	56	36	20	121	74	47
定安县									
屯昌县									
澄迈县									
临高县									
白沙黎族自治县									
昌江黎族自治县									
乐东黎族自治县									
陵水黎族自治县									
保亭黎族苗族自治县									
琼中黎族苗族自治县									

1－4a　续表 5　　　　单位：人

地　　区	白　族			土家族			哈尼族		
	小计	男	女	小计	男	女	小计	男	女
全省	**529**	**264**	**265**	**4982**	**2760**	**2222**	**262**	**131**	**131**
海口市	**330**	**155**	**175**	**3216**	**1717**	**1499**	**116**	**62**	**54**
秀英区	63	34	29	785	476	309	25	17	8
龙华区	87	47	40	993	509	484	38	18	20
琼山区	47	16	31	474	258	216	22	9	13
美兰区	133	58	75	964	474	490	31	18	13
三亚市	**127**	**71**	**56**	**1210**	**704**	**506**	**120**	**59**	**61**
海棠区	8	6	2	109	73	36	9	4	5
吉阳区	84	43	41	797	451	346	66	30	36
天涯区	32	20	12	256	145	111	42	23	19
崖州区	3	2	1	48	35	13	3	2	1
三沙市									
儋州市	**21**	**12**	**9**	**173**	**113**	**60**	**3**	**2**	**1**
五指山市	8	1	7	62	33	29			
琼海市	11	7	4	120	75	45	4	1	3
文昌市	20	12	8	75	43	32	6	1	5
万宁市				34	21	13	3	2	1
东方市	12	6	6	92	54	38	10	4	6
定安县									
屯昌县									
澄迈县									
临高县									
白沙黎族自治县									
昌江黎族自治县									
乐东黎族自治县									
陵水黎族自治县									
保亭黎族苗族自治县									
琼中黎族苗族自治县									

1-4a 续表 6 单位：人

地 区	哈萨克族			傣 族			黎 族		
	小计	男	女	小计	男	女	小计	男	女
全省	**45**	**18**	**27**	**230**	**101**	**129**	**177742**	**82664**	**95078**
海口市	**12**	**3**	**9**	**127**	**60**	**67**	**44738**	**19567**	**25171**
秀英区	4		4	17	10	7	8179	3957	4222
龙华区	3		3	49	25	24	17383	7628	9755
琼山区	1		1	21	11	10	8765	3711	5054
美兰区	4	3	1	40	14	26	10411	4271	6140
三亚市	**29**	**15**	**14**	**72**	**30**	**42**	**90664**	**44208**	**46456**
海棠区	2	2		5	3	2	20197	10338	9859
吉阳区	6	3	3	45	19	26	44554	21728	22826
天涯区	21	10	11	20	7	13	22615	10626	11989
崖州区				2	1	1	3298	1516	1782
三沙市									
儋州市				**3**		**3**	**11770**	**5577**	**6193**
五指山市	2		2	9	2	7	17422	8108	9314
琼海市	1		1	6	5	1	2340	885	1455
文昌市				8	2	6	1526	456	1070
万宁市	1		1	2	2		2655	1162	1493
东方市				3		3	6627	2701	3926
定安县									
屯昌县									
澄迈县									
临高县									
白沙黎族自治县									
昌江黎族自治县									
乐东黎族自治县									
陵水黎族自治县									
保亭黎族苗族自治县									
琼中黎族苗族自治县									

1-4a　续表 7　　单位：人

地　区	傈僳族			佤　族			畲　族		
	小计	男	女	小计	男	女	小计	男	女
全省	**83**	**41**	**42**	**86**	**53**	**33**	**532**	**311**	**221**
海口市	**37**	**17**	**20**	**40**	**25**	**15**	**255**	**150**	**105**
秀英区	6	3	3	9	7	2	42	29	13
龙华区	14	5	9	19	12	7	103	59	44
琼山区	6	3	3	5	2	3	56	32	24
美兰区	11	6	5	7	4	3	54	30	24
三亚市	**34**	**18**	**16**	**27**	**17**	**10**	**219**	**126**	**93**
海棠区	2	1	1	5	5		63	36	27
吉阳区	11	8	3	5	2	3	107	65	42
天涯区	8	1	7	14	7	7	47	24	23
崖州区	13	8	5	3	3		2	1	1
三沙市									
儋州市	**5**	**2**	**3**	**5**	**2**	**3**	**9**	**4**	**5**
五指山市	4	1	3	2	2		18	12	6
琼海市	1	1		1		1	1	1	
文昌市	1	1		10	6	4	11	8	3
万宁市				1	1		1		1
东方市	1	1					18	10	8
定安县									
屯昌县									
澄迈县									
临高县									
白沙黎族自治县									
昌江黎族自治县									
乐东黎族自治县									
陵水黎族自治县									
保亭黎族苗族自治县									
琼中黎族苗族自治县									

1-4a 续表 8

单位：人

地区	高山族			拉祜族			水族		
	小计	男	女	小计	男	女	小计	男	女
全省	**76**	**31**	**45**	**137**	**88**	**49**	**225**	**115**	**110**
海口市	**35**	**15**	**20**	**65**	**38**	**27**	**143**	**76**	**67**
秀英区				32	20	12	31	20	11
龙华区	11	5	6	22	10	12	36	25	11
琼山区	10	3	7	4	3	1	12	5	7
美兰区	14	7	7	7	5	2	64	26	38
三亚市	**17**	**4**	**13**	**59**	**43**	**16**	**59**	**30**	**29**
海棠区				15	12	3	7	4	3
吉阳区	6	1	5	30	19	11	26	11	15
天涯区	11	3	8	9	7	2	4	2	2
崖州区				5	5		22	13	9
三沙市									
儋州市	**2**	**1**	**1**	**1**	**1**		**4**	**2**	**2**
五指山市				6	4	2	7	3	4
琼海市				1	1		6	3	3
文昌市				1		1	1		1
万宁市				2	1	1			
东方市	22	11	11	2		2	5	1	4
定安县									
屯昌县									
澄迈县									
临高县									
白沙黎族自治县									
昌江黎族自治县									
乐东黎族自治县									
陵水黎族自治县									
保亭黎族苗族自治县									
琼中黎族苗族自治县									

1-4a 续表 9

单位：人

地区	东乡族			纳西族			景颇族		
	小计	男	女	小计	男	女	小计	男	女
全省	**112**	**69**	**43**	**40**	**16**	**24**	**27**	**20**	**7**
海口市	**33**	**21**	**12**	**21**	**7**	**14**	**17**	**12**	**5**
秀英区	10	6	4	7	5	2	2	2	
龙华区	13	7	6	7	2	5	8	5	3
琼山区	2	1	1				1	1	
美兰区	8	7	1	7		7	6	4	2
三亚市	**77**	**47**	**30**	**17**	**9**	**8**	**8**	**7**	**1**
海棠区	6	5	1	2	1	1			
吉阳区	7	5	2	9	5	4	3	3	
天涯区	64	37	27	5	3	2	4	3	1
崖州区				1		1	1	1	
三沙市									
儋州市	**1**		**1**				**1**	**1**	
五指山市									
琼海市				1		1			
文昌市							1		1
万宁市									
东方市	1	1		1		1			
定安县									
屯昌县									
澄迈县									
临高县									
白沙黎族自治县									
昌江黎族自治县									
乐东黎族自治县									
陵水黎族自治县									
保亭黎族苗族自治县									
琼中黎族苗族自治县									

1—4a 续表 10 单位：人

地 区	柯尔克孜族			土 族			达斡尔族		
	小计	男	女	小计	男	女	小计	男	女
全省	**15**	**10**	**5**	**137**	**66**	**71**	**138**	**65**	**73**
海口市	**4**	**4**		**82**	**38**	**44**	**76**	**36**	**40**
秀英区	2	2		18	9	9	5	4	1
龙华区	2	2		25	12	13	38	19	19
琼山区				9	4	5	2	1	1
美兰区				30	13	17	31	12	19
三亚市	**8**	**4**	**4**	**26**	**12**	**14**	**49**	**25**	**24**
海棠区				7	3	4			
吉阳区	1		1	14	8	6	37	21	16
天涯区	7	4	3	5	1	4	12	4	8
崖州区									
三沙市									
儋州市				**10**	**4**	**6**	**5**	**2**	**3**
五指山市							2	1	1
琼海市				5	3	2	2	1	1
文昌市	3	2	1	3	1	2			
万宁市				7	5	2			
东方市				4	3	1	4		4
定安县									
屯昌县									
澄迈县									
临高县									
白沙黎族自治县									
昌江黎族自治县									
乐东黎族自治县									
陵水黎族自治县									
保亭黎族苗族自治县									
琼中黎族苗族自治县									

1-4a 续表 11

单位：人

地区	仫佬族			羌族			布朗族		
	小计	男	女	小计	男	女	小计	男	女
全省	**201**	**111**	**90**	**106**	**58**	**48**	**17**	**9**	**8**
海口市	**116**	**65**	**51**	**59**	**32**	**27**	**8**	**3**	**5**
秀英区	19	12	7	14	10	4			
龙华区	50	31	19	18	9	9	2		2
琼山区	16	8	8	10	6	4	3	2	1
美兰区	31	14	17	17	7	10	3	1	2
三亚市	**43**	**21**	**22**	**36**	**20**	**16**	**6**	**4**	**2**
海棠区	5	2	3	3	1	2			
吉阳区	27	12	15	18	9	9	4	3	1
天涯区	10	6	4	10	5	5	2	1	1
崖州区	1	1		5	5				
三沙市									
儋州市	**18**	**12**	**6**	**9**	**4**	**5**			
五指山市	2	2					1		1
琼海市	3	2	1	1	1				
文昌市	5	3	2				1	1	
万宁市	4	1	3						
东方市	10	5	5	1	1		1	1	
定安县									
屯昌县									
澄迈县									
临高县									
白沙黎族自治县									
昌江黎族自治县									
乐东黎族自治县									
陵水黎族自治县									
保亭黎族苗族自治县									
琼中黎族苗族自治县									

1-4a 续表 12 单位：人

地区	撒拉族			毛南族			仡佬族		
	小计	男	女	小计	男	女	小计	男	女
全省	**31**	**16**	**15**	**84**	**60**	**24**	**431**	**302**	**129**
海口市	**11**	**4**	**7**	**43**	**27**	**16**	**246**	**154**	**92**
秀英区	7	4	3	15	12	3	79	51	28
龙华区	1		1	12	4	8	72	44	28
琼山区	2		2	8	6	2	22	15	7
美兰区	1		1	8	5	3	73	44	29
三亚市	**20**	**12**	**8**	**24**	**20**	**4**	**143**	**114**	**29**
海棠区	2	1	1	7	6	1	24	16	8
吉阳区				13	11	2	75	59	16
天涯区	18	11	7	4	3	1	17	14	3
崖州区							27	25	2
三沙市									
儋州市				**3**	**3**		**2**	**2**	
五指山市							3	3	
琼海市				8	5	3	5	4	1
文昌市				2	2		12	9	3
万宁市							7	6	1
东方市				4	3	1	13	10	3
定安县									
屯昌县									
澄迈县									
临高县									
白沙黎族自治县									
昌江黎族自治县									
乐东黎族自治县									
陵水黎族自治县									
保亭黎族苗族自治县									
琼中黎族苗族自治县									

1-4a　续表 13　　　　单位：人

地　区	锡伯族			阿昌族			普米族		
	小计	男	女	小计	男	女	小计	男	女
全省	**133**	**74**	**59**	**12**	**6**	**6**	**10**	**2**	**8**
海口市	**77**	**43**	**34**	**6**	**5**	**1**	**4**	**1**	**3**
秀英区	13	8	5	1	1		1		1
龙华区	20	10	10	4	3	1	3	1	2
琼山区	10	8	2	1	1				
美兰区	34	17	17						
三亚市	**45**	**25**	**20**	**1**	**1**		**6**	**1**	**5**
海棠区	1		1						
吉阳区	25	16	9	1	1		5	1	4
天涯区	17	8	9				1		1
崖州区	2	1	1						
三沙市									
儋州市	**2**	**2**							
五指山市	1	1							
琼海市	4	2	2						
文昌市	3	1	2	1		1			
万宁市	1		1	1		1			
东方市				3		3			
定安县									
屯昌县									
澄迈县									
临高县									
白沙黎族自治县									
昌江黎族自治县									
乐东黎族自治县									
陵水黎族自治县									
保亭黎族苗族自治县									
琼中黎族苗族自治县									

1-4a 续表 14

单位：人

地区	塔吉克族			怒族			乌孜别克族		
	小计	男	女	小计	男	女	小计	男	女
全省	**2**	**1**	**1**	**3**	**2**	**1**	**3**		**3**
海口市	**2**	**1**	**1**	**1**		**1**			
秀英区				1		1			
龙华区									
琼山区	1	1							
美兰区	1		1						
三亚市				**2**	**2**		**3**		**3**
海棠区									
吉阳区							1		1
天涯区				2	2		2		2
崖州区									
三沙市									
儋州市									
五指山市									
琼海市									
文昌市									
万宁市									
东方市									
定安县									
屯昌县									
澄迈县									
临高县									
白沙黎族自治县									
昌江黎族自治县									
乐东黎族自治县									
陵水黎族自治县									
保亭黎族苗族自治县									
琼中黎族苗族自治县									

1−4a 续表 15

单位：人

地区	俄罗斯族			鄂温克族			德昂族		
	小计	男	女	小计	男	女	小计	男	女
全省	**49**	**20**	**29**	**36**	**13**	**23**	**5**	**1**	**4**
海口市	**25**	**12**	**13**	**15**	**5**	**10**	**1**		**1**
秀英区	5	3	2	3		3			
龙华区	2	1	1	2	1	1	1		1
琼山区				7	4	3			
美兰区	18	8	10	3		3			
三亚市	**21**	**7**	**14**	**17**	**6**	**11**	**2**		**2**
海棠区									
吉阳区	17	5	12	14	6	8			
天涯区	4	2	2	3		3	2		2
崖州区									
三沙市									
儋州市									
五指山市	2		2						
琼海市									
文昌市							2	1	1
万宁市									
东方市	1	1		4	2	2			
定安县									
屯昌县									
澄迈县									
临高县									
白沙黎族自治县									
昌江黎族自治县									
乐东黎族自治县									
陵水黎族自治县									
保亭黎族苗族自治县									
琼中黎族苗族自治县									

1-4a 续表 16

单位：人

地区	保安族			裕固族			京族		
	小计	男	女	小计	男	女	小计	男	女
全省	**1**	**1**		**8**	**6**	**2**	**9**	**8**	**1**
海口市				**6**	**5**	**1**	**5**	**4**	**1**
秀英区				1	1				
龙华区				3	2	1	1	1	
琼山区							1		1
美兰区				2	2		3	3	
三亚市	**1**	**1**		**2**	**1**	**1**	**4**	**4**	
海棠区				1	1				
吉阳区				1		1	1	1	
天涯区	1	1					3	3	
崖州区									
三沙市									
儋州市									
五指山市									
琼海市									
文昌市									
万宁市									
东方市									
定安县									
屯昌县									
澄迈县									
临高县									
白沙黎族自治县									
昌江黎族自治县									
乐东黎族自治县									
陵水黎族自治县									
保亭黎族苗族自治县									
琼中黎族苗族自治县									

1－4a　续表 17

单位：人

地　区	塔塔尔族			独 龙 族			鄂伦春族		
	小计	男	女	小计	男	女	小计	男	女
全省	**4**	**1**	**3**	**2**	**2**		**10**	**5**	**5**
海口市	**3**	**1**	**2**	**2**	**2**		**5**	**3**	**2**
秀英区									
龙华区				1	1		3	2	1
琼山区				1	1				
美兰区	3	1	2				2	1	1
三亚市	**1**		**1**				**5**	**2**	**3**
海棠区							1	1	
吉阳区							2		2
天涯区	1		1				2	1	1
崖州区									
三沙市									
儋州市									
五指山市									
琼海市									
文昌市									
万宁市									
东方市									
定安县									
屯昌县									
澄迈县									
临高县									
白沙黎族自治县									
昌江黎族自治县									
乐东黎族自治县									
陵水黎族自治县									
保亭黎族苗族自治县									
琼中黎族苗族自治县									

1-4a 续表 18

单位：人

地区	赫哲族			门巴族			珞巴族		
	小计	男	女	小计	男	女	小计	男	女
全省	**21**	**13**	**8**						
海口市	**13**	**7**	**6**						
秀英区	1		1						
龙华区	1		1						
琼山区	2	1	1						
美兰区	9	6	3						
三亚市	**6**	**6**							
海棠区									
吉阳区	3	3							
天涯区	3	3							
崖州区									
三沙市									
儋州市									
五指山市									
琼海市	2		2						
文昌市									
万宁市									
东方市									
定安县									
屯昌县									
澄迈县									
临高县									
白沙黎族自治县									
昌江黎族自治县									
乐东黎族自治县									
陵水黎族自治县									
保亭黎族苗族自治县									
琼中黎族苗族自治县									

1-4a 续表 19

单位：人

地区	基诺族			未定族称人口			入籍		
	小计	男	女	小计	男	女	小计	男	女
全省	**3**		**3**	**692**	**416**	**276**	**10**	**6**	**4**
海口市	**1**		**1**	**316**	**200**	**116**	**3**	**2**	**1**
秀英区	1		1	78	56	22	1	1	
龙华区				103	68	35	1		1
琼山区				57	39	18			
美兰区				78	37	41	1	1	
三亚市				**152**	**88**	**64**	**4**	**2**	**2**
海棠区				59	37	22			
吉阳区				57	29	28	4	2	2
天涯区				28	17	11			
崖州区				8	5	3			
三沙市									
儋州市				**7**	**3**	**4**	**1**	**1**	
五指山市				4		4	1		1
琼海市				12	5	7	1	1	
文昌市	1		1	24	9	15			
万宁市				8	5	3			
东方市	1		1	169	106	63			
定安县									
屯昌县									
澄迈县									
临高县									
白沙黎族自治县									
昌江黎族自治县									
乐东黎族自治县									
陵水黎族自治县									
保亭黎族苗族自治县									
琼中黎族苗族自治县									

1-4b 各地区分性别、民族的人口(镇)

单位：人

地区	合计			汉族		
	合计	男	女	小计	男	女
全省	**2314503**	**1221821**	**1092682**	**2043459**	**1084879**	**958580**
海口市	**259667**	**137439**	**122228**	**247891**	**131375**	**116516**
秀英区	81021	43883	37138	78182	42266	35916
龙华区	22097	12013	10084	21851	11892	9959
琼山区	37076	18733	18343	35983	18354	17629
美兰区	119473	62810	56663	111875	58863	53012
三亚市	**28276**	**15283**	**12993**	**22651**	**12483**	**10168**
海棠区	9386	5208	4178	8308	4676	3632
吉阳区	7959	4292	3667	3705	2164	1541
天涯区	9552	5063	4489	9286	4935	4351
崖州区	1379	720	659	1352	708	644
三沙市	**2333**	**1650**	**683**	**2082**	**1484**	**598**
儋州市	**237371**	**128033**	**109338**	**220628**	**119243**	**101385**
五指山市	16595	8666	7929	6413	3415	2998
琼海市	84433	44175	40258	78079	41021	37058
文昌市	178312	92079	86233	175271	90694	84577
万宁市	113533	59884	53649	97764	51905	45859
东方市	66046	35339	30707	55208	29669	25539
定安县	115856	61420	54436	114460	60713	53747
屯昌县	114523	59859	54664	105761	55515	50246
澄迈县	300915	162043	138872	295762	159534	136228
临高县	210779	109722	101057	210193	109453	100740
白沙黎族自治县	32680	16733	15947	14737	7907	6830
昌江黎族自治县	140954	73656	67298	111527	58884	52643
乐东黎族自治县	145063	76753	68310	113956	60810	53146
陵水黎族自治县	158159	82935	75224	118095	62309	55786
保亭黎族苗族自治县	54223	27780	26443	26164	14064	12100
琼中黎族苗族自治县	54785	28372	26413	26817	14401	12416

1-4b　续表 1　　　　单位：人

地　区	蒙古族			回　族			藏　族		
	小计	男	女	小计	男	女	小计	男	女
全省	**596**	**306**	**290**	**1496**	**774**	**722**	**123**	**49**	**74**
海口市	**246**	**118**	**128**	**454**	**224**	**230**	**52**	**17**	**35**
秀英区	98	48	50	137	78	59	2		2
龙华区	4	1	3	9	6	3	1	1	
琼山区	14	7	7	11	4	7	3		3
美兰区	130	62	68	297	136	161	46	16	30
三亚市	**29**	**19**	**10**	**57**	**31**	**26**	**3**	**1**	**2**
海棠区	14	12	2	28	17	11	2	1	1
吉阳区	15	7	8	12	6	6	1		1
天涯区				15	7	8			
崖州区				2	1	1			
三沙市	**4**	**3**	**1**						
儋州市	**52**	**27**	**25**	**83**	**50**	**33**	**11**	**3**	**8**
五指山市	10	5	5	53	17	36	1		1
琼海市	20	14	6	40	20	20	1	1	
文昌市	17	8	9	15	9	6	3	2	1
万宁市	7	4	3	25	12	13	1		1
东方市	5	5		12	9	3			
定安县	10	4	6	18	9	9	2	2	
屯昌县	8	2	6	35	21	14	4	2	2
澄迈县	74	36	38	127	64	63	17	8	9
临高县	2	1	1	15	5	10			
白沙黎族自治县	3		3	7	6	1	3	1	2
昌江黎族自治县	31	18	13	407	223	184	7	4	3
乐东黎族自治县	19	9	10	35	15	20	4	1	3
陵水黎族自治县	30	19	11	47	28	19	8	3	5
保亭黎族苗族自治县	17	6	11	43	20	23	2	1	1
琼中黎族苗族自治县	12	8	4	23	11	12	4	3	1

1-4b 续表 2

单位：人

地区	维吾尔族			苗族			彝族		
	小计	男	女	小计	男	女	小计	男	女
全省	**51**	**26**	**25**	**13218**	**6483**	**6735**	**794**	**428**	**366**
海口市	**28**	**17**	**11**	**1078**	**581**	**497**	**336**	**177**	**159**
秀英区	3	3		328	203	125	63	47	16
龙华区				31	18	13			
琼山区	2	1	1	61	19	42	25	8	17
美兰区	23	13	10	658	341	317	248	122	126
三亚市	**1**		**1**	**73**	**41**	**32**	**19**	**10**	**9**
海棠区	1		1	41	20	21	15	7	8
吉阳区				20	13	7	2	1	1
天涯区				9	6	3	2	2	
崖州区				3	2	1			
三沙市				**25**	**16**	**9**	**11**	**9**	**2**
儋州市	**3**	**1**	**2**	**407**	**220**	**187**	**53**	**27**	**26**
五指山市				605	284	321	5	4	1
琼海市				3994	2059	1935	24	13	11
文昌市	1		1	312	151	161	27	13	14
万宁市				247	95	152	6	2	4
东方市	2	1	1	69	33	36	10	5	5
定安县				102	46	56	7	3	4
屯昌县				944	445	499	21	10	11
澄迈县	11	5	6	880	466	414	70	41	29
临高县				23	11	12	13	5	8
白沙黎族自治县				208	100	108	10	6	4
昌江黎族自治县	1	1		405	201	204	66	41	25
乐东黎族自治县				591	291	300	76	41	35
陵水黎族自治县	4	1	3	200	90	110	13	6	7
保亭黎族苗族自治县				695	274	421	18	11	7
琼中黎族苗族自治县				2360	1079	1281	9	4	5

1-4b　续表 3　　　　单位：人

地　区	壮　族			布依族			朝鲜族		
	小计	男	女	小计	男	女	小计	男	女
全省	**11874**	**6452**	**5422**	**1227**	**707**	**520**	**162**	**84**	**78**
海口市	**1640**	**954**	**686**	**364**	**213**	**151**	**79**	**39**	**40**
秀英区	580	363	217	76	48	28	47	23	24
龙华区	60	35	25	9	4	5	2		2
琼山区	244	127	117	22	16	6	4	2	2
美兰区	756	429	327	257	145	112	26	14	12
三亚市	**198**	**126**	**72**	**27**	**15**	**12**	**9**	**4**	**5**
海棠区	104	67	37	15	8	7	4	1	3
吉阳区	57	38	19	7	4	3	5	3	2
天涯区	26	15	11	3	2	1			
崖州区	11	6	5	2	1	1			
三沙市	**103**	**65**	**38**	**8**	**4**	**4**			
儋州市	**914**	**492**	**422**	**85**	**51**	**34**	**4**	**3**	**1**
五指山市	110	56	54	9	6	3	2	2	
琼海市	1100	592	508	125	70	55	1	1	
文昌市	1019	596	423	159	96	63	6	2	4
万宁市	477	248	229	38	22	16	1		1
东方市	167	97	70	64	36	28	2	1	1
定安县	146	72	74	10	6	4	5	2	3
屯昌县	394	199	195	12	7	5	8	1	7
澄迈县	839	468	371	139	88	51	15	10	5
临高县	119	66	53	6	5	1	4	3	1
白沙黎族自治县	289	169	120	5	3	2			
昌江黎族自治县	990	537	453	43	21	22	6	4	2
乐东黎族自治县	556	311	245	68	30	38	5	3	2
陵水黎族自治县	322	170	152	33	16	17	8	5	3
保亭黎族苗族自治县	1046	514	532	15	8	7	5	3	2
琼中黎族苗族自治县	1445	720	725	17	10	7	2	1	1

1–4b 续表 4

单位：人

地区	满族			侗族			瑶族		
	小计	男	女	小计	男	女	小计	男	女
全省	**1247**	**660**	**587**	**897**	**573**	**324**	**2188**	**1189**	**999**
海口市	**459**	**247**	**212**	**252**	**169**	**83**	**260**	**142**	**118**
秀英区	190	94	96	102	72	30	95	55	40
龙华区	4	2	2	6	2	4	14	8	6
琼山区	17	9	8	20	15	5	32	15	17
美兰区	248	142	106	124	80	44	119	64	55
三亚市	**61**	**32**	**29**	**20**	**14**	**6**	**22**	**15**	**7**
海棠区	19	12	7	13	11	2	14	8	6
吉阳区	36	16	20	5	3	2	8	7	1
天涯区	5	3	2	1		1			
崖州区	1	1		1		1			
三沙市	**7**	**7**		**11**	**9**	**2**	**16**	**13**	**3**
儋州市	**76**	**41**	**35**	**91**	**47**	**44**	**256**	**141**	**115**
五指山市	14	6	8	11	5	6	129	67	62
琼海市	19	12	7	31	20	11	137	74	63
文昌市	15	9	6	43	27	16	236	141	95
万宁市	20	12	8	26	14	12	44	19	25
东方市	3	2	1	11	8	3	57	25	32
定安县	23	10	13	35	21	14	33	14	19
屯昌县	34	16	18	48	39	9	61	27	34
澄迈县	201	99	102	109	69	40	160	90	70
临高县	21	11	10	16	10	6	14	10	4
白沙黎族自治县	12	4	8	11	8	3	46	22	24
昌江黎族自治县	43	28	15	62	42	20	247	138	109
乐东黎族自治县	47	24	23	16	7	9	53	32	21
陵水黎族自治县	84	42	42	37	23	14	35	17	18
保亭黎族苗族自治县	73	39	34	22	17	5	203	109	94
琼中黎族苗族自治县	35	19	16	45	24	21	179	93	86

1-4b　续表 5　　　　单位：人

地　区	白　族			土家族			哈尼族		
	小计	男	女	小计	男	女	小计	男	女
全省	**202**	**100**	**102**	**1278**	**687**	**591**	**145**	**79**	**66**
海口市	**97**	**45**	**52**	**558**	**309**	**249**	**24**	**11**	**13**
秀英区	9	6	3	209	142	67	8	7	1
龙华区				5	4	1			
琼山区	3	1	2	25	8	17			
美兰区	85	38	47	319	155	164	16	4	12
三亚市	**2**	**1**	**1**	**32**	**18**	**14**	**6**	**1**	**5**
海棠区	1	1		10	8	2	3	1	2
吉阳区	1		1	17	7	10	2		2
天涯区				4	2	2	1		1
崖州区				1	1				
三沙市	**6**	**6**		**10**	**8**	**2**			
儋州市	**23**	**9**	**14**	**138**	**67**	**71**	**56**	**40**	**16**
五指山市	1	1		11	5	6	2		2
琼海市	4	3	1	21	12	9	2	1	1
文昌市	5	3	2	15	10	5	1		1
万宁市	2	1	1	24	11	13	6	3	3
东方市	4	1	3	7	4	3	1	1	
定安县				20	8	12			
屯昌县	8	4	4	33	16	17	2	2	
澄迈县	13	6	7	122	67	55	9	3	6
临高县	4	2	2	3	1	2	1		1
白沙黎族自治县	2	1	1	22	9	13	3	2	1
昌江黎族自治县	10	9	1	69	36	33	6	4	2
乐东黎族自治县	7	2	5	44	26	18	15	6	9
陵水黎族自治县	8	3	5	47	23	24			
保亭黎族苗族自治县	3	1	2	32	16	16	5	3	2
琼中黎族苗族自治县	3	2	1	70	41	29	6	2	4

1-4b 续表 6

单位：人

地区	哈萨克族			傣族			黎族		
	小计	男	女	小计	男	女	小计	男	女
全省	**9**	**9**		**116**	**65**	**51**	**234063**	**117527**	**116536**
海口市	**4**	**4**		**33**	**18**	**15**	**5463**	**2595**	**2868**
秀英区	1	1		5	2	3	790	367	423
龙华区				1	1		89	33	56
琼山区				1	1		578	134	444
美兰区	3	3		26	14	12	4006	2061	1945
三亚市	**3**	**3**		**2**	**2**		**5016**	**2439**	**2577**
海棠区	1	1		2	2		770	343	427
吉阳区	1	1					4053	2015	2038
天涯区	1	1					187	81	106
崖州区							6		6
三沙市							**34**	**16**	**18**
儋州市	**1**	**1**		**4**	**1**	**3**	**14390**	**7516**	**6874**
五指山市							9213	4792	4421
琼海市	1	1		1		1	801	243	558
文昌市				3	1	2	1103	283	820
万宁市							14813	7526	7287
东方市				1	1		10402	5432	4970
定安县				2	1	1	949	495	454
屯昌县				2		2	7118	3537	3581
澄迈县				2		2	2263	938	1325
临高县							332	131	201
白沙黎族自治县				6	2	4	17155	8409	8746
昌江黎族自治县				4	1	3	26944	13418	13526
乐东黎族自治县				3	3		29394	15025	14369
陵水黎族自治县				30	19	11	39130	20149	18981
保亭黎族苗族自治县				23	16	7	25804	12640	13164
琼中黎族苗族自治县							23739	11943	11796

1-4b　续表 7　　　　单位：人

地　区	傈僳族			佤　族			畲　族		
	小计	男	女	小计	男	女	小计	男	女
全省	**51**	**27**	**24**	**36**	**16**	**20**	**112**	**66**	**46**
海口市	**10**	**3**	**7**	**7**	**3**	**4**	**31**	**17**	**14**
秀英区				3	2	1	11	7	4
龙华区							2	1	1
琼山区				1		1	2		2
美兰区	10	3	7	3	1	2	16	9	7
三亚市	**3**		**3**	**1**		**1**	**2**	**2**	
海棠区	3		3				2	2	
吉阳区				1		1			
天涯区									
崖州区									
三沙市	**1**	**1**							
儋州市	**5**	**3**	**2**	**6**	**2**	**4**	**10**	**3**	**7**
五指山市							5		5
琼海市									
文昌市	1	1		11	7	4	5	3	2
万宁市	1	1		2		2	2		2
东方市							2	2	
定安县	7	4	3						
屯昌县				1		1	6	5	1
澄迈县				4	2	2	15	12	3
临高县									
白沙黎族自治县							4	3	1
昌江黎族自治县	22	14	8				13	6	7
乐东黎族自治县				1	1		3	3	
陵水黎族自治县	1		1	2	1	1	3	2	1
保亭黎族苗族自治县							6	4	2
琼中黎族苗族自治县				1		1	5	4	1

1-4b 续表 8

单位：人

地区	高山族			拉祜族			水族		
	小计	男	女	小计	男	女	小计	男	女
全省	**17**	**7**	**10**	**55**	**30**	**25**	**85**	**43**	**42**
海口市	**3**		**3**	**5**	**3**	**2**	**45**	**24**	**21**
秀英区				2	1	1	10	4	6
龙华区									
琼山区							5	3	2
美兰区	3		3	3	2	1	30	17	13
三亚市				**1**		**1**	**1**	**1**	
海棠区							1	1	
吉阳区				1		1			
天涯区									
崖州区									
三沙市				**1**		**1**	**2**	**1**	**1**
儋州市				**9**	**6**	**3**	**5**	**3**	**2**
五指山市									
琼海市				1		1	7	4	3
文昌市							1		1
万宁市				4		4	4	1	3
东方市							1		1
定安县				4	2	2			
屯昌县							2		2
澄迈县	3	3		2	1	1	3	1	2
临高县							2	1	1
白沙黎族自治县									
昌江黎族自治县				6	4	2	3	3	
乐东黎族自治县	1		1	17	10	7	4	1	3
陵水黎族自治县	4		4	3	2	1	4	2	2
保亭黎族苗族自治县	6	4	2	2	2		1	1	
琼中黎族苗族自治县									

1-4b　续表 9　　　　　　　　　　　　　　　　　　　　　　　　单位：人

地　　区	东乡族			纳西族			景颇族		
	小计	男	女	小计	男	女	小计	男	女
全省	**17**	**9**	**8**	**11**	**4**	**7**	**4**	**2**	**2**
海口市	**6**	**4**	**2**	**5**	**1**	**4**	**1**	**1**	
秀英区							1	1	
龙华区									
琼山区	4	3	1						
美兰区	2	1	1	5	1	4			
三亚市	**4**	**3**	**1**						
海棠区	3	2	1						
吉阳区									
天涯区	1	1							
崖州区									
三沙市							**2**	**1**	**1**
儋州市				**2**	**1**	**1**			
五指山市									
琼海市									
文昌市	1	1							
万宁市									
东方市									
定安县									
屯昌县									
澄迈县	5		5						
临高县	1	1							
白沙黎族自治县									
昌江黎族自治县							1		1
乐东黎族自治县				4	2	2			
陵水黎族自治县									
保亭黎族苗族自治县									
琼中黎族苗族自治县									

1-4b　续表 10　　　　单位：人

地　区	柯尔克孜族			土　族			达斡尔族		
	小计	男	女	小计	男	女	小计	男	女
全省	**1**	**1**		**50**	**25**	**25**	**31**	**14**	**17**
海口市	**1**	**1**		**28**	**14**	**14**	**17**	**9**	**8**
秀英区				9	3	6	10	4	6
龙华区									
琼山区									
美兰区	1	1		19	11	8	7	5	2
三亚市				**3**	**1**	**2**	**1**	**1**	
海棠区				3	1	2	1	1	
吉阳区									
天涯区									
崖州区									
三沙市				**1**	**1**				
儋州市				**1**	**1**		**4**	**2**	**2**
五指山市									
琼海市				1	1				
文昌市				4	1	3			
万宁市				1	1				
东方市									
定安县				1		1	1		1
屯昌县				3	1	2			
澄迈县				4	3	1	4		4
临高县				1	1				
白沙黎族自治县									
昌江黎族自治县				1		1	1		1
乐东黎族自治县				1		1			
陵水黎族自治县									
保亭黎族苗族自治县							2	1	1
琼中黎族苗族自治县							1	1	

1-4b 续表 11 单位：人

地区	仫佬族			羌族			布朗族		
	小计	男	女	小计	男	女	小计	男	女
全省	**69**	**45**	**24**	**17**	**11**	**6**	**25**	**16**	**9**
海口市	**18**	**10**	**8**	**5**	**3**	**2**	**5**	**4**	**1**
秀英区	7	6	1	2	1	1			
龙华区									
琼山区	2	1	1	1		1			
美兰区	9	3	6	2	2		5	4	1
三亚市	**3**	**3**		**1**		**1**	**1**	**1**	
海棠区				1		1			
吉阳区	3	3							
天涯区							1	1	
崖州区									
三沙市							**1**	**1**	
儋州市	**10**	**6**	**4**	**2**	**1**	**1**			
五指山市									
琼海市	1	1					1		1
文昌市	2	1	1						
万宁市				2	1	1			
东方市	1	1							
定安县	5	3	2						
屯昌县				2	2				
澄迈县	10	8	2				1		1
临高县	1	1							
白沙黎族自治县	1	1							
昌江黎族自治县	9	5	4	1	1				
乐东黎族自治县	3	1	2	2	1	1			
陵水黎族自治县				2	2		1		1
保亭黎族苗族自治县	3	3					15	10	5
琼中黎族苗族自治县	2	1	1						

1-4b 续表 12 单位：人

地区	撒拉族			毛南族			仡佬族		
	小计	男	女	小计	男	女	小计	男	女
全省	**14**	**7**	**7**	**25**	**15**	**10**	**156**	**100**	**56**
海口市	**5**	**2**	**3**	**4**	**3**	**1**	**66**	**44**	**22**
秀英区				1	1		19	16	3
龙华区				1		1	3	3	
琼山区							8	4	4
美兰区	5	2	3	2	2		36	21	15
三亚市	**1**	**1**		**3**	**2**	**1**	**13**	**11**	**2**
海棠区	1	1		1	1		3	3	
吉阳区				2	1	1	2	1	1
天涯区							8	7	1
崖州区									
三沙市							**1**	**1**	
儋州市				**7**	**3**	**4**	**15**	**10**	**5**
五指山市							1	1	
琼海市				1	1		4	3	1
文昌市				2	1	1	26	15	11
万宁市							2	1	1
东方市							1		1
定安县									
屯昌县				1		1	1		1
澄迈县	1		1	2	1	1	14	8	6
临高县	4	1	3						
白沙黎族自治县									
昌江黎族自治县				2	2				
乐东黎族自治县	3	3		3	2	1			
陵水黎族自治县							3	1	2
保亭黎族苗族自治县							9	5	4
琼中黎族苗族自治县									

1-4b　续表 13

单位：人

地　　区	锡伯族			阿昌族			普米族		
	小计	男	女	小计	男	女	小计	男	女
全省	**21**	**8**	**13**	**1**		**1**	**4**	**1**	**3**
海口市	**10**	**4**	**6**	**1**		**1**	**2**	**1**	**1**
秀英区	4	1	3						
龙华区									
琼山区									
美兰区	6	3	3	1		1	2	1	1
三亚市	**1**		**1**				**2**		**2**
海棠区							1		1
吉阳区	1		1						
天涯区							1		1
崖州区									
三沙市									
儋州市	**3**	**3**							
五指山市									
琼海市	1		1						
文昌市									
万宁市									
东方市									
定安县	3	1	2						
屯昌县									
澄迈县	2		2						
临高县									
白沙黎族自治县									
昌江黎族自治县	1		1						
乐东黎族自治县									
陵水黎族自治县									
保亭黎族苗族自治县									
琼中黎族苗族自治县									

1-4b 续表 14

单位：人

地区	塔吉克族			怒族			乌孜别克族		
	小计	男	女	小计	男	女	小计	男	女
全省				**2**		**2**			
海口市				**2**		**2**			
秀英区				1		1			
龙华区									
琼山区									
美兰区				1		1			
三亚市									
海棠区									
吉阳区									
天涯区									
崖州区									
三沙市									
儋州市									
五指山市									
琼海市									
文昌市									
万宁市									
东方市									
定安县									
屯昌县									
澄迈县									
临高县									
白沙黎族自治县									
昌江黎族自治县									
乐东黎族自治县									
陵水黎族自治县									
保亭黎族苗族自治县									
琼中黎族苗族自治县									

1-4b　续表 15　　单位：人

地　区	俄罗斯族			鄂温克族			德 昂 族		
	小计	男	女	小计	男	女	小计	男	女
全省	**6**	**3**	**3**	**5**	**3**	**2**			
海口市				**2**	**1**	**1**			
秀英区									
龙华区									
琼山区									
美兰区				2	1	1			
三亚市									
海棠区									
吉阳区									
天涯区									
崖州区									
三沙市	**1**		**1**						
儋州市									
五指山市									
琼海市	1		1						
文昌市				1	1				
万宁市									
东方市									
定安县									
屯昌县	1	1							
澄迈县				2	1	1			
临高县	2	1	1						
白沙黎族自治县									
昌江黎族自治县									
乐东黎族自治县									
陵水黎族自治县									
保亭黎族苗族自治县	1	1							
琼中黎族苗族自治县									

1-4b 续表 16

单位：人

地区	保安族			裕固族			京族		
	小计	男	女	小计	男	女	小计	男	女
全省				**2**		**2**	**18**	**6**	**12**
海口市				**2**		**2**	**5**	**4**	**1**
秀英区							1	1	
龙华区									
琼山区									
美兰区				2		2	4	3	1
三亚市									
海棠区									
吉阳区									
天涯区									
崖州区									
三沙市									
儋州市									
五指山市									
琼海市							1		1
文昌市							1		1
万宁市							5	1	4
东方市									
定安县									
屯昌县							2	1	1
澄迈县							2		2
临高县									
白沙黎族自治县									
昌江黎族自治县							2		2
乐东黎族自治县									
陵水黎族自治县									
保亭黎族苗族自治县									
琼中黎族苗族自治县									

1-4b　续表 17　　　　单位：人

地　　区	塔塔尔族			独 龙 族			鄂伦春族		
	小计	男	女	小计	男	女	小计	男	女
全省	**2**	**1**	**1**				**1**	**1**	
海口市	**1**	**1**					**1**	**1**	
秀英区							1	1	
龙华区									
琼山区									
美兰区	1	1							
三亚市									
海棠区									
吉阳区									
天涯区									
崖州区									
三沙市									
儋州市									
五指山市									
琼海市									
文昌市									
万宁市									
东方市									
定安县									
屯昌县									
澄迈县									
临高县									
白沙黎族自治县	1		1						
昌江黎族自治县									
乐东黎族自治县									
陵水黎族自治县									
保亭黎族苗族自治县									
琼中黎族苗族自治县									

1-4b 续表 18

单位：人

地区	赫哲族			门巴族			珞巴族		
	小计	男	女	小计	男	女	小计	男	女
全省	**4**	**1**	**3**						
海口市	**1**		**1**						
秀英区									
龙华区									
琼山区									
美兰区	1		1						
三亚市	**1**	**1**							
海棠区									
吉阳区	1	1							
天涯区									
崖州区									
三沙市									
儋州市									
五指山市									
琼海市									
文昌市									
万宁市									
东方市	1		1						
定安县									
屯昌县									
澄迈县	1		1						
临高县									
白沙黎族自治县									
昌江黎族自治县									
乐东黎族自治县									
陵水黎族自治县									
保亭黎族苗族自治县									
琼中黎族苗族自治县									

1-4b　续表 19　　　　单位：人

地　区	基诺族			未定族称人口			入　籍		
	小计	男	女	小计	男	女	小计	男	女
全省				**485**	**269**	**216**	**31**	**13**	**18**
海口市				**57**	**26**	**31**	**3**		**3**
秀英区				13	9	4	1		1
龙华区				4	2	2	1		1
琼山区				8	1	7			
美兰区				32	14	18	1		1
三亚市				**3**	**1**	**2**			
海棠区				1		1			
吉阳区				1	1				
天涯区				1		1			
崖州区									
三沙市				**6**	**4**	**2**			
儋州市				**16**	**9**	**7**	**1**		**1**
五指山市									
琼海市				6	4	2	7	4	3
文昌市				6	3	3			
万宁市				9	4	5			
东方市				15	6	9			
定安县				9	4	5	4		4
屯昌县				9	6	3	2		2
澄迈县				18	5	13	9	6	3
临高县				2	2				
白沙黎族自治县				154	79	75	1	1	
昌江黎族自治县				20	9	11	4	2	2
乐东黎族自治县				132	93	39			
陵水黎族自治县				5	2	3			
保亭黎族苗族自治县				8	7	1			
琼中黎族苗族自治县				10	5	5			

1-4c 各地区分性别、民族的人口(乡村)

单位：人

地 区	合 计			汉 族		
	合计	男	女	小计	男	女
全省	**4005251**	**2155432**	**1849819**	**2951286**	**1590101**	**1361185**
海口市	**524119**	**282172**	**241947**	**506256**	**272786**	**233470**
秀英区	121255	67476	53779	117950	65550	52400
龙华区	75313	40472	34841	73962	39816	34146
琼山区	178806	94960	83846	173131	92260	80871
美兰区	148745	79264	69481	141213	75160	66053
三亚市	**306542**	**168942**	**137600**	**145855**	**83276**	**62579**
海棠区	53894	30612	23282	38624	22312	16312
吉阳区	78618	42863	35755	41035	23302	17733
天涯区	110836	60980	49856	30369	17699	12670
崖州区	63194	34487	28707	35827	19963	15864
三沙市						
儋州市	**438216**	**237795**	**200421**	**393895**	**213590**	**180305**
五指山市	44624	24572	20052	2882	1683	1199
琼海市	265714	140811	124903	253303	135644	117659
文昌市	219032	113453	105579	215654	112230	103424
万宁市	320384	169858	150526	254627	135456	119171
东方市	186522	100636	85886	116730	63401	53329
定安县	168834	90984	77850	164135	89035	75100
屯昌县	140812	75302	65510	123007	66483	56524
澄迈县	197038	107286	89752	192367	105346	87021
临高县	209815	110991	98824	208870	110571	98299
白沙黎族自治县	132019	71951	60068	42423	22973	19450
昌江黎族自治县	91170	50188	40982	30033	16747	13286
乐东黎族自治县	319372	171662	147710	169995	90563	79432
陵水黎族自治县	214352	115398	98954	69106	37146	31960
保亭黎族苗族自治县	101885	55347	46538	26474	14476	11998
琼中黎族苗族自治县	124801	68084	56717	35674	18695	16979

1-4c　续表 1

单位：人

地　　区	蒙古族			回　族			藏　族		
	小计	男	女	小计	男	女	小计	男	女
全省	**742**	**416**	**326**	**1423**	**773**	**650**	**193**	**101**	**92**
海口市	**190**	**109**	**81**	**333**	**161**	**172**	**79**	**42**	**37**
秀英区	32	21	11	58	33	25	4	3	1
龙华区	26	14	12	34	14	20	3	2	1
琼山区	67	32	35	120	55	65	22	9	13
美兰区	65	42	23	121	59	62	50	28	22
三亚市	**330**	**180**	**150**	**465**	**268**	**197**	**55**	**31**	**24**
海棠区	55	34	21	128	74	54	9	5	4
吉阳区	208	114	94	193	113	80	33	19	14
天涯区	36	16	20	107	60	47	11	6	5
崖州区	31	16	15	37	21	16	2	1	1
三沙市									
儋州市	**7**	**4**	**3**	**61**	**35**	**26**	**15**	**9**	**6**
五指山市	5	2	3	8	5	3	1	1	
琼海市	48	23	25	52	21	31	2		2
文昌市	8	3	5	32	15	17	4	1	3
万宁市	21	13	8	77	44	33	5	3	2
东方市	6	3	3	17	10	7	4	2	2
定安县	4	2	2	12	4	8	2		2
屯昌县	10	6	4	6	2	4	4	1	3
澄迈县	17	9	8	34	21	13	2	1	1
临高县	5	3	2	15	8	7			
白沙黎族自治县	5	3	2	20	11	9	7	4	3
昌江黎族自治县	7	4	3	134	86	48	1	1	
乐东黎族自治县	34	21	13	57	28	29	3	1	2
陵水黎族自治县	28	20	8	58	39	19	3		3
保亭黎族苗族自治县	14	10	4	13	3	10	3	2	1
琼中黎族苗族自治县	3	1	2	29	12	17	3	2	1

1-4c 续表 2

单位：人

地 区	维吾尔族			苗 族			彝 族		
	小计	男	女	小计	男	女	小计	男	女
全省	**164**	**105**	**59**	**63046**	**32786**	**30260**	**1569**	**828**	**741**
海口市	**44**	**31**	**13**	**1839**	**1030**	**809**	**439**	**231**	**208**
秀英区	6	5	1	687	397	290	76	40	36
龙华区	3	2	1	136	77	59	27	16	11
琼山区	13	6	7	431	238	193	97	51	46
美兰区	22	18	4	585	318	267	239	124	115
三亚市	**105**	**66**	**39**	**4349**	**2353**	**1996**	**311**	**185**	**126**
海棠区	18	11	7	467	335	132	83	61	22
吉阳区	72	47	25	372	188	184	112	64	48
天涯区	14	8	6	3286	1697	1589	71	35	36
崖州区	1		1	224	133	91	45	25	20
三沙市									
儋州市	**1**	**1**		**1952**	**1024**	**928**	**79**	**34**	**45**
五指山市				4132	2181	1951			
琼海市				6685	3301	3384	32	19	13
文昌市	3	1	2	369	189	180	41	22	19
万宁市				6961	3531	3430	129	65	64
东方市	2	1	1	1279	703	576	58	25	33
定安县	2	1	1	2497	1279	1218	6	3	3
屯昌县				8311	4370	3941	8	6	2
澄迈县				503	236	267	35	15	20
临高县				223	123	100	13	5	8
白沙黎族自治县				1612	816	796	21	8	13
昌江黎族自治县				270	135	135	172	94	78
乐东黎族自治县	2	1	1	3003	1617	1386	59	31	28
陵水黎族自治县	5	3	2	787	393	394	118	61	57
保亭黎族苗族自治县				6302	3270	3032	20	8	12
琼中黎族苗族自治县				11972	6235	5737	28	16	12

1-4c　续表 3　　　　　　　　　　　　　　　　　　　　　　　　　　　　　　　　　　单位：人

地　区	壮　族			布依族			朝鲜族		
	小计	男	女	小计	男	女	小计	男	女
全省	**27630**	**14515**	**13115**	**2444**	**1419**	**1025**	**214**	**108**	**106**
海口市	**3470**	**2039**	**1431**	**405**	**263**	**142**	**38**	**17**	**21**
秀英区	748	489	259	138	95	43	9	3	6
龙华区	350	207	143	34	25	9	11	6	5
琼山区	1345	788	557	102	61	41	5	2	3
美兰区	1027	555	472	131	82	49	13	6	7
三亚市	**3163**	**1861**	**1302**	**752**	**441**	**311**	**94**	**48**	**46**
海棠区	799	505	294	169	116	53	29	13	16
吉阳区	547	324	223	188	104	84	33	19	14
天涯区	1047	584	463	114	62	52	17	8	9
崖州区	770	448	322	281	159	122	15	8	7
三沙市									
儋州市	**1746**	**868**	**878**	**59**	**32**	**27**	**1**	**1**	
五指山市	83	44	39	8	6	2			
琼海市	1618	805	813	279	169	110	15	5	10
文昌市	749	405	344	131	76	55	6	3	3
万宁市	2045	1015	1030	56	31	25	14	9	5
东方市	599	340	259	331	194	137	4	1	3
定安县	474	233	241	21	9	12	4	2	2
屯昌县	1899	924	975	15	5	10	1		1
澄迈县	757	356	401	33	22	11	3	2	1
临高县	131	57	74	43	23	20	2	1	1
白沙黎族自治县	2153	1108	1045	33	10	23	1	1	
昌江黎族自治县	362	195	167	60	39	21	3	2	1
乐东黎族自治县	1552	824	728	75	34	41	11	5	6
陵水黎族自治县	597	316	281	71	38	33	11	6	5
保亭黎族苗族自治县	2649	1343	1306	47	15	32	5	5	
琼中黎族苗族自治县	3583	1782	1801	25	12	13	1		1

1-4c 续表 4

单位：人

地区	满族			侗族			瑶族		
	小计	男	女	小计	男	女	小计	男	女
全省	**1612**	**848**	**764**	**1455**	**966**	**489**	**4447**	**2411**	**2036**
海口市	**387**	**201**	**186**	**358**	**252**	**106**	**463**	**281**	**182**
秀英区	73	45	28	126	94	32	166	118	48
龙华区	46	22	24	23	17	6	37	25	12
琼山区	106	58	48	85	59	26	143	81	62
美兰区	162	76	86	124	82	42	117	57	60
三亚市	**684**	**377**	**307**	**404**	**293**	**111**	**321**	**196**	**125**
海棠区	143	87	56	141	108	33	91	57	34
吉阳区	354	192	162	114	78	36	59	37	22
天涯区	125	61	64	70	53	17	111	67	44
崖州区	62	37	25	79	54	25	60	35	25
三沙市									
儋州市	**34**	**20**	**14**	**70**	**42**	**28**	**481**	**276**	**205**
五指山市	5	1	4	6	3	3	31	16	15
琼海市	67	27	40	58	41	17	208	108	100
文昌市	36	23	13	53	29	24	151	82	69
万宁市	67	33	34	78	43	35	359	187	172
东方市	14	7	7	51	41	10	191	117	74
定安县	20	13	7	14	10	4	56	32	24
屯昌县	16	8	8	10	6	4	237	120	117
澄迈县	23	12	11	15	10	5	77	37	40
临高县	15	4	11	17	12	5	26	16	10
白沙黎族自治县	34	17	17	80	45	35	587	312	275
昌江黎族自治县	11	7	4	26	21	5	67	33	34
乐东黎族自治县	69	36	33	37	22	15	178	89	89
陵水黎族自治县	81	38	43	48	32	16	122	59	63
保亭黎族苗族自治县	28	13	15	54	24	30	238	124	114
琼中黎族苗族自治县	21	11	10	76	40	36	654	326	328

1-4c　续表 5　　　　　　　　　　　　　　　　　　　　　　　　　　　　单位：人

地　区	白　族			土家族			哈尼族		
	小计	男	女	小计	男	女	小计	男	女
全省	**251**	**128**	**123**	**2013**	**1200**	**813**	**367**	**182**	**185**
海口市	**86**	**42**	**44**	**456**	**265**	**191**	**31**	**16**	**15**
秀英区	10	6	4	100	70	30	9	6	3
龙华区	4	1	3	44	28	16	1		1
琼山区	9	5	4	125	80	45	12	6	6
美兰区	63	30	33	187	87	100	9	4	5
三亚市	**62**	**36**	**26**	**498**	**335**	**163**	**286**	**148**	**138**
海棠区	12	5	7	148	116	32	4	4	
吉阳区	30	17	13	186	103	83	58	28	30
天涯区	12	9	3	89	63	26	158	83	75
崖州区	8	5	3	75	53	22	66	33	33
三沙市									
儋州市	**9**	**2**	**7**	**82**	**41**	**41**	**2**		**2**
五指山市	8	5	3	5	3	2	1	1	
琼海市	9	6	3	88	52	36	1		1
文昌市	10	6	4	29	21	8	4	3	1
万宁市	9	2	7	268	145	123	7	2	5
东方市	5	2	3	83	58	25	5	2	3
定安县	4	3	1	131	76	55	3		3
屯昌县	2		2	67	38	29	1	1	
澄迈县	11	6	5	30	11	19	6		6
临高县	3	3		17	9	8	1		1
白沙黎族自治县	4	1	3	32	15	17	4	3	1
昌江黎族自治县	7	6	1	15	10	5	1	1	
乐东黎族自治县	8	2	6	40	22	18	8	4	4
陵水黎族自治县	9	5	4	44	23	21			
保亭黎族苗族自治县	4	1	3	44	27	17	3	1	2
琼中黎族苗族自治县	1		1	84	49	35	3		3

1-4c 续表 6 单位：人

地 区	哈萨克族			傣 族			黎 族		
	小计	男	女	小计	男	女	小计	男	女
全省	**39**	**20**	**19**	**140**	**56**	**84**	**943269**	**506857**	**436412**
海口市	**5**	**2**	**3**	**35**	**12**	**23**	**8772**	**4137**	**4635**
秀英区				5	2	3	951	434	517
龙华区				6	5	1	509	164	345
琼山区	3		3	12	2	10	2881	1113	1768
美兰区	2	2		12	3	9	4431	2426	2005
三亚市	**18**	**8**	**10**	**28**	**11**	**17**	**148258**	**78523**	**69735**
海棠区	4		4	8	4	4	12792	6649	6143
吉阳区	10	6	4	9	2	7	34846	18012	16834
天涯区	4	2	2	2	1	1	75125	40431	34694
崖州区				9	4	5	25495	13431	12064
三沙市									
儋州市				**5**	**1**	**4**	**39610**	**21768**	**17842**
五指山市				1	1		37443	20618	16825
琼海市	1	1		8	3	5	3186	567	2619
文昌市				4	1	3	1686	310	1376
万宁市				6	4	2	55506	29206	26300
东方市				2	2		67048	35670	31378
定安县				4	1	3	1328	231	1097
屯昌县				2		2	7187	3318	3869
澄迈县				1		1	3056	1167	1889
临高县	1		1	1		1	397	138	259
白沙黎族自治县	1		1	8	4	4	84930	46584	38346
昌江黎族自治县	10	8	2	2	1	1	59920	32759	27161
乐东黎族自治县	3	1	2	5	2	3	144116	78307	65809
陵水黎族自治县				9	5	4	142433	76754	65679
保亭黎族苗族自治县				17	7	10	65801	35924	29877
琼中黎族苗族自治县				2	1	1	72592	40876	31716

1-4c　续表 7　　单位：人

地　区	傈僳族			佤　族			畲　族		
	小计	男	女	小计	男	女	小计	男	女
全省	**57**	**32**	**25**	**112**	**63**	**49**	**202**	**119**	**83**
海口市	**3**	**2**	**1**	**13**	**9**	**4**	**24**	**16**	**8**
秀英区				2	2		4	2	2
龙华区				4	4		4	4	
琼山区	1	1		5	3	2	5	4	1
美兰区	2	1	1	2		2	11	6	5
三亚市	**16**	**11**	**5**	**29**	**18**	**11**	**48**	**30**	**18**
海棠区	8	6	2	7	5	2	13	11	2
吉阳区	4	1	3	1		1	25	16	9
天涯区	3	3		2	2		1		1
崖州区	1	1		19	11	8	9	3	6
三沙市									
儋州市	**2**		**2**	**11**	**7**	**4**	**5**	**3**	**2**
五指山市							2	1	1
琼海市	1	1					5	2	3
文昌市	1		1	8	5	3	4	3	1
万宁市	8	5	3	6	3	3	10	4	6
东方市	1		1	5	3	2	11	8	3
定安县							2	1	1
屯昌县	1	1					2	1	1
澄迈县				2	2		33	20	13
临高县				1	1				
白沙黎族自治县	3	1	2	2	2		9	4	5
昌江黎族自治县	12	6	6	4	2	2	2	2	
乐东黎族自治县	3		3	8	2	6	12	5	7
陵水黎族自治县	4	3	1	8	4	4	13	7	6
保亭黎族苗族自治县				13	4	9	10	6	4
琼中黎族苗族自治县	2	2		2	1	1	10	6	4

1-4c 续表 8 单位：人

地区	高山族			拉祜族			水族		
	小计	男	女	小计	男	女	小计	男	女
全省	**28**	**17**	**11**	**179**	**117**	**62**	**143**	**78**	**65**
海口市	**9**	**6**	**3**	**21**	**16**	**5**	**30**	**22**	**8**
秀英区				11	8	3	5	4	1
龙华区	8	5	3	1	1		1	1	
琼山区	1	1		2	2		5	3	2
美兰区				7	5	2	19	14	5
三亚市	**2**		**2**	**38**	**30**	**8**	**44**	**23**	**21**
海棠区	1		1	21	18	3	7	4	3
吉阳区	1		1	9	5	4	12	5	7
天涯区				7	6	1	3	2	1
崖州区				1	1		22	12	10
三沙市									
儋州市	**1**		**1**	**22**	**12**	**10**	**5**	**3**	**2**
五指山市							1		1
琼海市				2		2	4	3	1
文昌市	1		1	5	3	2	6	5	1
万宁市	7	6	1	8	5	3	1	1	
东方市				4	2	2	4	2	2
定安县							3		3
屯昌县							1		1
澄迈县	1	1		6	2	4	1	1	
临高县	1		1	8	7	1	13	7	6
白沙黎族自治县							1		1
昌江黎族自治县				36	19	17	2		2
乐东黎族自治县	1		1				13	7	6
陵水黎族自治县				27	21	6	8	1	7
保亭黎族苗族自治县	5	4	1	1		1	2	2	
琼中黎族苗族自治县				1		1	4	1	3

1-4c　续表 9　　　　单位：人

地　区	东乡族			纳西族			景颇族		
	小计	男	女	小计	男	女	小计	男	女
全省	**30**	**15**	**15**	**35**	**13**	**22**	**9**	**8**	**1**
海口市	**5**	**3**	**2**	**11**	**3**	**8**	**2**	**2**	
秀英区	4	3	1				1	1	
龙华区				1		1			
琼山区				3		3	1	1	
美兰区	1		1	7	3	4			
三亚市	**21**	**10**	**11**	**12**	**9**	**3**	**6**	**6**	
海棠区	10	6	4	3	3		3	3	
吉阳区	3		3	9	6	3			
天涯区	2		2				2	2	
崖州区	6	4	2				1	1	
三沙市									
儋州市				**2**		**2**			
五指山市									
琼海市									
文昌市									
万宁市	1		1	4	1	3			
东方市									
定安县									
屯昌县									
澄迈县	1		1						
临高县									
白沙黎族自治县				1		1			
昌江黎族自治县									
乐东黎族自治县	2	2		4		4			
陵水黎族自治县									
保亭黎族苗族自治县							1		1
琼中黎族苗族自治县				1		1			

1-4c 续表 10 单位：人

地区	柯尔克孜族			土族			达斡尔族		
	小计	男	女	小计	男	女	小计	男	女
全省				**115**	**69**	**46**	**46**	**23**	**23**
海口市				**15**	**8**	**7**	**9**	**5**	**4**
秀英区				4	3	1	2	1	1
龙华区							2		2
琼山区				8	4	4	2	2	
美兰区				3	1	2	3	2	1
三亚市				**12**	**8**	**4**	**17**	**9**	**8**
海棠区				1	1		2	1	1
吉阳区				3	3		5	3	2
天涯区				4	3	1	8	4	4
崖州区				4	1	3	2	1	1
三沙市									
儋州市				**1**	**1**		**2**		**2**
五指山市									
琼海市							1	1	
文昌市				4	3	1	1		1
万宁市				4	4		7	3	4
东方市							2	1	1
定安县				66	36	30			
屯昌县									
澄迈县									
临高县									
白沙黎族自治县									
昌江黎族自治县									
乐东黎族自治县				2	1	1	2	1	1
陵水黎族自治县				8	7	1	5	3	2
保亭黎族苗族自治县				1		1			
琼中黎族苗族自治县				2	1	1			

1-4c　续表 11　　　　单位：人

地　区	仫佬族			羌　族			布朗族		
	小计	男	女	小计	男	女	小计	男	女
全省	**141**	**70**	**71**	**46**	**24**	**22**	**133**	**75**	**58**
海口市	**39**	**17**	**22**	**11**	**6**	**5**	**1**	**1**	
秀英区	5	3	2	2	1	1			
龙华区	7	3	4						
琼山区	20	10	10				1	1	
美兰区	7	1	6	9	5	4			
三亚市	**21**	**12**	**9**	**8**	**6**	**2**	**2**	**1**	**1**
海棠区	7	5	2	2	1	1	2	1	1
吉阳区	10	6	4	4	3	1			
天涯区	4	1	3						
崖州区				2	2				
三沙市									
儋州市	**7**	**1**	**6**	**18**	**7**	**11**	**3**	**1**	**2**
五指山市									
琼海市	2		2	1	1				
文昌市	6	1	5				1	1	
万宁市	9	4	5	1		1	1		1
东方市	2	2							
定安县	4	2	2				2		2
屯昌县	6	4	2	1		1			
澄迈县	6	2	4						
临高县									
白沙黎族自治县	28	20	8				1		1
昌江黎族自治县	1	1					3	3	
乐东黎族自治县				6	4	2			
陵水黎族自治县	2	1	1				8	4	4
保亭黎族苗族自治县	3	1	2				111	64	47
琼中黎族苗族自治县	5	2	3						

1-4c 续表 12

单位：人

地区	撒拉族			毛南族			仡佬族		
	小计	男	女	小计	男	女	小计	男	女
全省	**5**	**3**	**2**	**48**	**24**	**24**	**214**	**153**	**61**
海口市	**3**	**1**	**2**	**23**	**9**	**14**	**69**	**50**	**19**
秀英区				9	5	4	15	10	5
龙华区							6	4	2
琼山区	1		1	7	2	5	10	6	4
美兰区	2	1	1	7	2	5	38	30	8
三亚市	**2**	**2**		**9**	**6**	**3**	**63**	**49**	**14**
海棠区				2	1	1	25	20	5
吉阳区	2	2		5	4	1	17	14	3
天涯区				2	1	1	7	3	4
崖州区							14	12	2
三沙市									
儋州市				**1**	**1**		**9**	**5**	**4**
五指山市							1	1	
琼海市				5	2	3	1	1	
文昌市							8	6	2
万宁市				2	1	1	8	5	3
东方市							20	18	2
定安县				1	1		3	3	
屯昌县							4	3	1
澄迈县				1		1			
临高县							6	3	3
白沙黎族自治县				2	1	1	5	3	2
昌江黎族自治县							2	1	1
乐东黎族自治县				3	3				
陵水黎族自治县							9	5	4
保亭黎族苗族自治县							3		3
琼中黎族苗族自治县				1		1	3		3

1—4c　续表 13　　　　　　　　　　　　　　　　　　　　　　　　　　　　　　单位：人

地　区	锡伯族			阿昌族			普米族		
	小计	男	女	小计	男	女	小计	男	女
全省	**36**	**14**	**22**	**5**	**4**	**1**	**7**	**2**	**5**
海口市	**9**	**4**	**5**	**4**	**4**		**5**	**1**	**4**
秀英区	1		1	1	1				
龙华区	2	1	1						
琼山区	2	1	1				3	1	2
美兰区	4	2	2	3	3		2		2
三亚市	**12**	**5**	**7**						
海棠区	2	1	1						
吉阳区	5	3	2						
天涯区	4	1	3						
崖州区	1		1						
三沙市									
儋州市	**1**	**1**							
五指山市									
琼海市	1	1							
文昌市	1		1						
万宁市	5	2	3						
东方市	1		1						
定安县	2		2						
屯昌县									
澄迈县	1		1						
临高县				1		1			
白沙黎族自治县									
昌江黎族自治县									
乐东黎族自治县	2	1	1				2	1	1
陵水黎族自治县									
保亭黎族苗族自治县	1		1						
琼中黎族苗族自治县									

1-4c 续表 14

单位：人

地区	塔吉克族			怒族			乌孜别克族		
	小计	男	女	小计	男	女	小计	男	女
全省	**1**		**1**						
海口市									
秀英区									
龙华区									
琼山区									
美兰区									
三亚市	**1**		**1**						
海棠区									
吉阳区	1		1						
天涯区									
崖州区									
三沙市									
儋州市									
五指山市									
琼海市									
文昌市									
万宁市									
东方市									
定安县									
屯昌县									
澄迈县									
临高县									
白沙黎族自治县									
昌江黎族自治县									
乐东黎族自治县									
陵水黎族自治县									
保亭黎族苗族自治县									
琼中黎族苗族自治县									

1-4c　续表 15　　　　单位：人

地　　区	俄罗斯族			鄂温克族			德 昂 族		
	小计	男	女	小计	男	女	小计	男	女
全省	**16**	**6**	**10**	**1**		**1**	**3**	**1**	**2**
海口市	**5**		**5**				**1**	**1**	
秀英区	1		1						
龙华区	1		1						
琼山区	1		1				1	1	
美兰区	2		2						
三亚市	**8**	**4**	**4**	**1**		**1**			
海棠区	2	1	1	1		1			
吉阳区	4	3	1						
天涯区	1		1						
崖州区	1		1						
三沙市									
儋州市									
五指山市									
琼海市									
文昌市									
万宁市									
东方市									
定安县									
屯昌县									
澄迈县									
临高县							1		1
白沙黎族自治县									
昌江黎族自治县	1	1					1		1
乐东黎族自治县									
陵水黎族自治县									
保亭黎族苗族自治县	2	1	1						
琼中黎族苗族自治县									

1-4c 续表 16

单位：人

地区	保安族			裕固族			京族		
	小计	男	女	小计	男	女	小计	男	女
全省							**57**	**15**	**42**
海口市							**2**	**1**	**1**
秀英区							1		1
龙华区									
琼山区									
美兰区							1	1	
三亚市							**3**		**3**
海棠区							1		1
吉阳区									
天涯区							2		2
崖州区									
三沙市									
儋州市							**5**	**1**	**4**
五指山市									
琼海市							6		6
文昌市							1		1
万宁市							20	7	13
东方市							2		2
定安县							2		2
屯昌县							2		2
澄迈县									
临高县							2		2
白沙黎族自治县							2		2
昌江黎族自治县									
乐东黎族自治县							6	2	4
陵水黎族自治县									
保亭黎族苗族自治县							4	4	
琼中黎族苗族自治县									

1-4c　续表 17　　　　单位：人

地　区	塔塔尔族			独 龙 族			鄂伦春族		
	小计	男	女	小计	男	女	小计	男	女
全省							**4**		**4**
海口市									
秀英区									
龙华区									
琼山区									
美兰区									
三亚市							**4**		**4**
海棠区							1		1
吉阳区							1		1
天涯区							2		2
崖州区									
三沙市									
儋州市									
五指山市									
琼海市									
文昌市									
万宁市									
东方市									
定安县									
屯昌县									
澄迈县									
临高县									
白沙黎族自治县									
昌江黎族自治县									
乐东黎族自治县									
陵水黎族自治县									
保亭黎族苗族自治县									
琼中黎族苗族自治县									

1−4c 续表 18

单位：人

地 区	赫哲族			门巴族			珞巴族		
	小计	男	女	小计	男	女	小计	男	女
全省	**2**	**1**	**1**	**2**		**2**	**1**	**1**	
海口市	**1**	**1**		**1**		**1**	**1**	**1**	
秀英区									
龙华区									
琼山区									
美兰区	1	1		1		1	1	1	
三亚市	**1**		**1**						
海棠区									
吉阳区									
天涯区									
崖州区	1		1						
三沙市									
儋州市									
五指山市									
琼海市				1		1			
文昌市									
万宁市									
东方市									
定安县									
屯昌县									
澄迈县									
临高县									
白沙黎族自治县									
昌江黎族自治县									
乐东黎族自治县									
陵水黎族自治县									
保亭黎族苗族自治县									
琼中黎族苗族自治县									

1-4c　续表 19

单位：人

地　　区	基诺族			未定族称人口			入　　籍		
	小计	男	女	小计	男	女	小计	男	女
全省	**1**		**1**	**1234**	**659**	**575**	**34**	**6**	**28**
海口市				**109**	**65**	**44**	**7**	**1**	**6**
秀英区				37	21	16	2		2
龙华区				18	8	10	2		2
琼山区				17	11	6	1		1
美兰区				37	25	12	2	1	1
三亚市	**1**		**1**	**122**	**66**	**56**	**1**	**1**	
海棠区	1		1	47	27	20	1	1	
吉阳区				38	20	18			
天涯区				14	7	7			
崖州区				23	12	11			
三沙市									
儋州市				**10**	**4**	**6**	**2**		**2**
五指山市				1		1			
琼海市				21	7	14	3		3
文昌市				14	6	8	1		1
万宁市				47	18	29			
东方市				38	20	18	3	1	2
定安县				29	7	22	3		3
屯昌县				9	4	5	3	1	2
澄迈县				12	7	5	4		4
临高县				2		2			
白沙黎族自治县				10	5	5			
昌江黎族自治县				5	4	1			
乐东黎族自治县				46	21	25	5	2	3
陵水黎族自治县				729	404	325	1		1
保亭黎族苗族自治县				12	8	4			
琼中黎族苗族自治县				18	13	5	1		1

1-5 各地区分年龄、性别的人口

单位：人

地　区	合　计			0岁		
	合计	男	女	小计	男	女
全省	**10081232**	**5345081**	**4736151**	**104030**	**57250**	**46780**
海口市	**2873358**	**1509004**	**1364354**	**28977**	**15962**	**13015**
秀英区	567108	308226	258882	6313	3498	2815
龙华区	797684	418336	379348	7783	4256	3527
琼山区	655553	343395	312158	6756	3750	3006
美兰区	853013	439047	413966	8125	4458	3667
三亚市	**1031396**	**555441**	**475955**	**10474**	**5695**	**4779**
海棠区	113481	63713	49768	1076	602	474
吉阳区	447322	240267	207055	4221	2259	1962
天涯区	353698	187686	166012	3761	2057	1704
崖州区	116895	63775	53120	1416	777	639
三沙市	**2333**	**1650**	**683**	**8**	**3**	**5**
儋州市	**954259**	**513233**	**441026**	**11662**	**6540**	**5122**
五指山市	112269	58724	53545	897	469	428
琼海市	528238	277477	250761	4884	2738	2146
文昌市	560894	287340	273554	5090	2814	2276
万宁市	545992	288309	257683	5726	3096	2630
东方市	444458	237437	207021	5177	2809	2368
定安县	284690	152404	132286	2937	1670	1267
屯昌县	255335	135161	120174	2773	1537	1236
澄迈县	497953	269329	228624	5788	3124	2664
临高县	420594	220713	199881	4327	2397	1930
白沙黎族自治县	164699	88684	76015	1494	828	666
昌江黎族自治县	232124	123844	108280	2471	1379	1092
乐东黎族自治县	464435	248415	216020	4498	2475	2023
陵水黎族自治县	372511	198333	174178	3371	1870	1501
保亭黎族苗族自治县	156108	83127	72981	1658	880	778
琼中黎族苗族自治县	179586	96456	83130	1818	964	854

1–5　续表 1　　单位：人

地　区	1–4岁			5–9岁			10–14岁		
	小计	男	女	小计	男	女	小计	男	女
全省	**525021**	**284862**	**240159**	**717973**	**392089**	**325884**	**666701**	**366361**	**300340**
海口市	**150050**	**81343**	**68707**	**190296**	**103839**	**86457**	**159206**	**88265**	**70941**
秀英区	33379	18249	15130	41685	22711	18974	32195	17746	14449
龙华区	41241	22301	18940	52219	28592	23627	43057	23828	19229
琼山区	34306	18586	15720	45580	24932	20648	40329	22604	17725
美兰区	41124	22207	18917	50812	27604	23208	43625	24087	19538
三亚市	**52039**	**28271**	**23768**	**64694**	**35453**	**29241**	**55019**	**30138**	**24881**
海棠区	5459	2956	2503	7778	4268	3510	6672	3552	3120
吉阳区	22339	12033	10306	26230	14346	11884	21280	11711	9569
天涯区	18260	9979	8281	22825	12481	10344	19824	10849	8975
崖州区	5981	3303	2678	7861	4358	3503	7243	4026	3217
三沙市	**58**	**31**	**27**	**77**	**47**	**30**	**67**	**37**	**30**
儋州市	**58691**	**32686**	**26005**	**78977**	**44923**	**34054**	**75765**	**43744**	**32021**
五指山市	4703	2525	2178	6730	3524	3206	7784	4035	3749
琼海市	24395	13490	10905	35564	19647	15917	34727	19437	15290
文昌市	24923	13418	11505	36598	19505	17093	34612	18609	16003
万宁市	27152	14908	12244	40597	22193	18404	38471	20952	17519
东方市	25596	13963	11633	33512	18701	14811	31364	17651	13713
定安县	14916	8017	6899	22567	12221	10346	22613	12191	10422
屯昌县	14158	7553	6605	21324	11206	10118	21199	11145	10054
澄迈县	27493	14759	12734	39563	21373	18190	36613	19802	16811
临高县	22727	12047	10680	33226	17692	15534	35455	18902	16553
白沙黎族自治县	7265	3846	3419	12243	6669	5574	13911	7614	6297
昌江黎族自治县	12214	6664	5550	16816	9203	7613	16350	9179	7171
乐东黎族自治县	23281	12471	10810	31527	17097	14430	30429	16496	13933
陵水黎族自治县	19818	10659	9159	29705	16006	13699	27736	14682	13054
保亭黎族苗族自治县	7426	3908	3518	10777	5713	5064	11170	5837	5333
琼中黎族苗族自治县	8116	4303	3813	13180	7077	6103	14210	7645	6565

1-5 续表 2

单位：人

地 区	15—19岁			20—24岁			25—29岁		
	小计	男	女	小计	男	女	小计	男	女
全省	**550785**	**306260**	**244525**	**596003**	**332069**	**263934**	**824566**	**446327**	**378239**
海口市	**174889**	**94124**	**80765**	**214917**	**113815**	**101102**	**263364**	**139684**	**123680**
秀英区	27814	15317	12497	31711	18486	13225	54207	29754	24453
龙华区	44035	24329	19706	55185	29399	25786	81833	42833	39000
琼山区	42466	22575	19891	44422	23367	21055	56170	29812	26358
美兰区	60574	31903	28671	83599	42563	41036	71154	37285	33869
三亚市	**54787**	**30960**	**23827**	**85851**	**47018**	**38833**	**103782**	**55547**	**48235**
海棠区	4689	2772	1917	8251	4934	3317	11190	6342	4848
吉阳区	29118	16406	12712	47533	25266	22267	45222	24099	21123
天涯区	16455	9092	7363	24423	13513	10910	36842	19364	17478
崖州区	4525	2690	1835	5644	3305	2339	10528	5742	4786
三沙市	**47**	**36**	**11**	**203**	**172**	**31**	**293**	**223**	**70**
儋州市	**55001**	**32236**	**22765**	**54748**	**32578**	**22170**	**82658**	**44945**	**37713**
五指山市	9720	4728	4992	5510	2636	2874	7323	3986	3337
琼海市	28268	16158	12110	21763	12864	8899	33948	18696	15252
文昌市	26192	14020	12172	22075	12397	9678	32684	17352	15332
万宁市	25029	14244	10785	23196	13672	9524	39606	22155	17451
东方市	25058	14441	10617	24156	13825	10331	37254	20240	17014
定安县	14028	8159	5869	11124	6613	4511	19218	10796	8422
屯昌县	13305	7253	6052	11296	6450	4846	16835	9150	7685
澄迈县	25736	15338	10398	25074	14629	10445	36338	20492	15846
临高县	26590	14617	11973	23208	13286	9922	31477	17000	14477
白沙黎族自治县	7558	4174	3384	6624	3801	2823	11438	6427	5011
昌江黎族自治县	10327	5846	4481	10421	6034	4387	17878	9820	8058
乐东黎族自治县	24004	13468	10536	25176	14727	10449	36199	20220	15979
陵水黎族自治县	16294	8983	7311	18078	10294	7784	31015	16799	14216
保亭黎族苗族自治县	6066	3241	2825	5685	3233	2452	11089	6042	5047
琼中黎族苗族自治县	7886	4234	3652	6898	4025	2873	12167	6753	5414

1-5 续表 3　　单位：人

地 区	30-34岁			35-39岁			40-44岁		
	小计	男	女	小计	男	女	小计	男	女
全省	**922158**	**494216**	**427942**	**851057**	**454656**	**396401**	**703273**	**374755**	**328518**
海口市	**292918**	**154027**	**138891**	**250135**	**130174**	**119961**	**201925**	**105000**	**96925**
秀英区	62972	34371	28601	52855	28841	24014	41979	23204	18775
龙华区	87577	45927	41650	71289	36859	34430	56531	29083	27448
琼山区	63521	33197	30324	57139	29564	27575	45930	23562	22368
美兰区	78848	40532	38316	68852	34910	33942	57485	29151	28334
三亚市	**111065**	**59927**	**51138**	**94158**	**51092**	**43066**	**76280**	**41645**	**34635**
海棠区	11519	6714	4805	9641	5554	4087	8441	4869	3572
吉阳区	50168	26656	23512	41435	22307	19128	32337	17593	14744
天涯区	38035	20221	17814	32660	17519	15141	26665	14228	12437
崖州区	11343	6336	5007	10422	5712	4710	8837	4955	3882
三沙市	**286**	**196**	**90**	**250**	**164**	**86**	**209**	**146**	**63**
儋州市	**84323**	**45368**	**38955**	**74414**	**40050**	**34364**	**63718**	**33732**	**29986**
五指山市	8752	4787	3965	9600	5473	4127	8192	4611	3581
琼海市	44701	23225	21476	43553	22439	21114	33928	17457	16471
文昌市	43023	22208	20815	41409	20641	20768	36446	18084	18362
万宁市	50198	27369	22829	47374	25600	21774	34154	18089	16065
东方市	37678	20168	17510	38482	20575	17907	35041	18906	16135
定安县	21896	11962	9934	21908	11911	9997	17643	9429	8214
屯昌县	19633	10497	9136	20662	11173	9489	16184	8751	7433
澄迈县	42335	23631	18704	39758	22579	17179	32276	17831	14445
临高县	30933	16668	14265	32646	17583	15063	29101	15476	13625
白沙黎族自治县	12874	7064	5810	14358	8016	6342	13059	7196	5863
昌江黎族自治县	19489	10441	9048	20348	10962	9386	18453	10016	8437
乐东黎族自治县	38695	21648	17047	40050	21877	18173	35774	19968	15806
陵水黎族自治县	35421	19525	15896	33191	18306	14885	25725	14276	11449
保亭黎族苗族自治县	13147	7261	5886	13696	7678	6018	12336	7007	5329
琼中黎族苗族自治县	14791	8244	6547	15065	8363	6702	12829	7135	5694

1-5 续表 4 单位：人

地区	45-49岁			50-54岁			55-59岁		
	小计	男	女	小计	男	女	小计	男	女
全省	**738400**	**392037**	**346363**	**746262**	**393118**	**353144**	**658404**	**342351**	**316053**
海口市	**217853**	**113840**	**104013**	**203805**	**107901**	**95904**	**168131**	**87095**	**81036**
秀英区	44442	24653	19789	41115	22508	18607	32244	17170	15074
龙华区	61621	31872	29749	56403	30060	26343	45268	23426	21842
琼山区	48300	25069	23231	45956	24135	21821	39520	20535	18985
美兰区	63490	32246	31244	60331	31198	29133	51099	25964	25135
三亚市	**82190**	**45139**	**37051**	**75756**	**41606**	**34150**	**57867**	**31086**	**26781**
海棠区	9387	5480	3907	9362	5423	3939	7195	4104	3091
吉阳区	34607	19165	15442	31139	17151	13988	22886	12276	10610
天涯区	28249	15048	13201	25574	13713	11861	20326	10639	9687
崖州区	9947	5446	4501	9681	5319	4362	7460	4067	3393
三沙市	**259**	**189**	**70**	**250**	**174**	**76**	**154**	**111**	**43**
儋州市	**64032**	**33590**	**30442**	**65159**	**34022**	**31137**	**59594**	**30729**	**28865**
五指山市	9493	5173	4320	9416	5013	4403	8211	4372	3839
琼海市	36585	18573	18012	42331	21631	20700	42280	21701	20579
文昌市	40532	20469	20063	46830	24011	22819	46763	23757	23006
万宁市	36981	19047	17934	39687	19931	19756	38806	19544	19262
东方市	33780	18263	15517	31294	16559	14735	25645	13122	12523
定安县	17308	9211	8097	21253	11210	10043	21359	11292	10067
屯昌县	15441	8303	7138	18834	10021	8813	19572	10343	9229
澄迈县	32452	17533	14919	35046	18476	16570	32620	16944	15676
临高县	28447	14973	13474	27781	14303	13478	25288	13032	12256
白沙黎族自治县	13390	7420	5970	14451	7671	6780	13254	7143	6111
昌江黎族自治县	19444	10491	8953	19452	10355	9097	15718	8380	7338
乐东黎族自治县	37870	20614	17256	37295	19510	17785	30952	16126	14826
陵水黎族自治县	25572	14283	11289	27185	14422	12763	23961	12439	11522
保亭黎族苗族自治县	13221	7341	5880	14393	7743	6650	12403	6615	5788
琼中黎族苗族自治县	13550	7585	5965	16044	8559	7485	15826	8520	7306

1-5　续表 5　　　　单位：人

地　区	60-64岁			65-69岁			70-74岁		
	小计	男	女	小计	男	女	小计	男	女
全省	**425099**	**216993**	**208106**	**376451**	**186885**	**189566**	**249109**	**124563**	**124546**
海口市	**106787**	**54569**	**52218**	**91636**	**45667**	**45969**	**58452**	**29758**	**28694**
秀英区	20023	10445	9578	16613	8554	8059	10169	5226	4943
龙华区	28300	14455	13845	23545	11569	11976	15389	7658	7731
琼山区	25029	12822	12207	21686	10866	10820	14057	7355	6702
美兰区	33435	16847	16588	29792	14678	15114	18837	9519	9318
三亚市	**35773**	**18216**	**17557**	**28116**	**13707**	**14409**	**17795**	**8673**	**9122**
海棠区	4304	2277	2027	3212	1623	1589	1945	950	995
吉阳区	13777	6974	6803	10395	5155	5240	6336	3137	3199
天涯区	12730	6413	6317	10229	4878	5351	6814	3248	3566
崖州区	4962	2552	2410	4280	2051	2229	2700	1338	1362
三沙市	**85**	**61**	**24**	**52**	**36**	**16**	**11**	**8**	**3**
儋州市	**37042**	**18604**	**18438**	**31702**	**15258**	**16444**	**18774**	**8920**	**9854**
五指山市	5082	2522	2560	4109	1986	2123	2611	1205	1406
琼海市	26842	13757	13085	27277	13945	13332	18079	9430	8649
文昌市	29671	15393	14278	31467	16204	15263	22470	11623	10847
万宁市	28190	14306	13884	26204	12862	13342	17714	8731	8983
东方市	16920	8560	8360	15328	7466	7862	10555	5074	5481
定安县	15400	8168	7232	14469	7453	7016	9762	5118	4644
屯昌县	13565	7097	6468	11589	6030	5559	7452	3770	3682
澄迈县	23263	11935	11328	22162	11178	10984	15130	8023	7107
临高县	18858	9455	9403	16321	8043	8278	11330	5699	5631
白沙黎族自治县	6799	3544	3255	5659	2785	2874	3787	1835	1952
昌江黎族自治县	8430	4286	4144	7515	3602	3913	5557	2531	3026
乐东黎族自治县	18511	9286	9225	16776	8191	8585	12250	5814	6436
陵水黎族自治县	17906	8934	8972	13821	6568	7253	9323	4464	4859
保亭黎族苗族自治县	7303	3693	3610	5417	2591	2826	3884	1744	2140
琼中黎族苗族自治县	8672	4607	4065	6831	3313	3518	4173	2143	2030

1—5 续表 6

单位：人

地 区	75—79岁			80—84岁			85—89岁		
	小计	男	女	小计	男	女	小计	男	女
全省	**157925**	**72360**	**85565**	**138306**	**59265**	**79041**	**82652**	**32906**	**49746**
海口市	**38380**	**17960**	**20420**	**31969**	**14437**	**17532**	**18648**	**7665**	**10983**
秀英区	6586	3057	3529	5515	2432	3083	3158	1250	1908
龙华区	10278	4771	5507	8464	3945	4519	4878	2148	2730
琼山区	9226	4325	4901	7871	3492	4379	4592	1876	2716
美兰区	12290	5807	6483	10119	4568	5551	6020	2391	3629
三亚市	**11389**	**5117**	**6272**	**8433**	**3628**	**4805**	**3936**	**1733**	**2203**
海棠区	1371	527	844	1156	444	712	569	234	335
吉阳区	3748	1709	2039	2706	1192	1514	1177	552	625
天涯区	4507	2074	2433	3215	1408	1807	1548	665	883
崖州区	1763	807	956	1356	584	772	642	282	360
三沙市	**10**	**6**	**4**	**7**	**4**	**3**	**5**	**4**	**1**
儋州市	**13864**	**6030**	**7834**	**12127**	**4914**	**7213**	**7848**	**2998**	**4850**
五指山市	1834	765	1069	1303	542	761	663	254	409
琼海市	10188	4830	5358	9874	4247	5627	6114	2324	3790
文昌市	13177	6447	6730	12450	5501	6949	9419	3442	5977
万宁市	8228	3880	4348	9161	4005	5156	5945	2468	3477
东方市	7157	3137	4020	5457	2216	3241	3025	1152	1873
定安县	6217	2927	3290	5277	2262	3015	3164	1214	1950
屯昌县	3845	1777	2068	4125	1758	2367	2358	945	1413
澄迈县	9615	4739	4876	8317	3789	4528	5121	2073	3048
临高县	7510	3528	3982	7019	2967	4052	4553	1801	2752
白沙黎族自治县	2808	1188	1620	2182	845	1337	1107	462	645
昌江黎族自治县	4291	1789	2502	3724	1535	2189	2063	894	1169
乐东黎族自治县	8498	3642	4856	7055	2776	4279	3607	1385	2222
陵水黎族自治县	5523	2467	3056	4774	1881	2893	2558	988	1570
保亭黎族苗族自治县	2682	1020	1662	2325	966	1359	1051	458	593
琼中黎族苗族自治县	2709	1111	1598	2727	992	1735	1467	646	821

1-5　续表 7　　　　单位：人

地　区	90-94岁			95-99岁			100岁及以上		
	小计	男	女	小计	男	女	小计	男	女
全省	**33854**	**11922**	**21932**	**10461**	**3197**	**7264**	**2742**	**639**	**2103**
海口市	**7712**	**2882**	**4830**	**2603**	**825**	**1778**	**705**	**172**	**533**
秀英区	1444	537	907	525	166	359	164	51	113
龙华区	1888	738	1150	694	241	453	206	46	160
琼山区	1884	719	1165	667	214	453	146	38	108
美兰区	2496	888	1608	717	204	513	189	37	152
三亚市	**1417**	**584**	**833**	**455**	**173**	**282**	**120**	**33**	**87**
海棠区	187	61	126	66	25	41	11	2	9
吉阳区	475	204	271	149	59	90	44	17	27
天涯区	525	227	298	177	60	117	54	10	44
崖州区	230	92	138	63	29	34	11	4	7
三沙市	**2**	**2**							
儋州市	**3030**	**1038**	**1992**	**954**	**286**	**668**	**176**	**42**	**134**
五指山市	240	98	142	75	18	57	21	2	19
琼海市	2245	715	1530	592	153	439	100	20	80
文昌市	4026	1178	2848	896	240	656	141	27	114
万宁市	2596	954	1642	795	259	536	182	44	138
东方市	1430	474	956	448	112	336	101	23	78
定安县	1217	457	760	349	110	239	65	13	52
屯昌县	888	317	571	242	76	166	55	9	46
澄迈县	2306	810	1496	717	228	489	230	43	187
临高县	2307	836	1471	926	276	650	564	132	432
白沙黎族自治县	323	114	209	97	36	61	18	6	12
昌江黎族自治县	862	339	523	251	87	164	50	11	39
乐东黎族自治县	1417	472	945	455	118	337	116	34	82
陵水黎族自治县	1085	347	738	390	124	266	59	16	43
保亭黎族苗族自治县	276	120	156	91	33	58	12	3	9
琼中黎族苗族自治县	475	185	290	125	43	82	27	9	18

1-5a　各地区分年龄、性别的人口(城市)

单位：人

地　　区	合　　计			0岁		
	合计	男	女	小计	男	女
全省	**3761478**	**1967828**	**1793650**	**37218**	**20572**	**16646**
海口市	**2089572**	**1089393**	**1000179**	**20519**	**11298**	**9221**
秀英区	364832	196867	167965	3802	2094	1708
龙华区	700274	365851	334423	6710	3673	3037
琼山区	439671	229702	209969	4454	2477	1977
美兰区	584795	296973	287822	5553	3054	2499
三亚市	**696578**	**371216**	**325362**	**6967**	**3808**	**3159**
海棠区	50201	27893	22308	498	278	220
吉阳区	360745	193112	167633	3469	1847	1622
天涯区	233310	121643	111667	2365	1323	1042
崖州区	52322	28568	23754	635	360	275
三沙市						
儋州市	**278672**	**147405**	**131267**	**3149**	**1791**	**1358**
五指山市	51050	25486	25564	397	207	190
琼海市	178091	92491	85600	1659	918	741
文昌市	163550	81808	81742	1388	799	589
万宁市	112075	58567	53508	1082	626	456
东方市	191890	101462	90428	2057	1125	932
定安县						
屯昌县						
澄迈县						
临高县						
白沙黎族自治县						
昌江黎族自治县						
乐东黎族自治县						
陵水黎族自治县						
保亭黎族苗族自治县						
琼中黎族苗族自治县						

1-5a　续表 1　　　　单位：人

地　　区	1-4岁			5-9岁			10-14岁		
	小计	男	女	小计	男	女	小计	男	女
全省	**201724**	**110170**	**91554**	**255665**	**141321**	**114344**	**214071**	**119980**	**94091**
海口市	**111594**	**60626**	**50968**	**141481**	**77597**	**63884**	**114544**	**63752**	**50792**
秀英区	21149	11583	9566	26794	14629	12165	20231	11197	9034
龙华区	36184	19579	16605	45048	24750	20298	36761	20406	16355
琼山区	24318	13288	11030	32131	17742	14389	26686	15113	11573
美兰区	29943	16176	13767	37508	20476	17032	30866	17036	13830
三亚市	**35657**	**19286**	**16371**	**42114**	**23082**	**19032**	**35338**	**19625**	**15713**
海棠区	2322	1209	1113	3296	1780	1516	3047	1641	1406
吉阳区	18715	10086	8629	21381	11748	9633	17382	9641	7741
天涯区	11975	6522	5453	14072	7649	6423	11946	6644	5302
崖州区	2645	1469	1176	3365	1905	1460	2963	1699	1264
三沙市									
儋州市	**18405**	**10268**	**8137**	**23054**	**13258**	**9796**	**20737**	**12242**	**8495**
五指山市	2159	1200	959	2831	1538	1293	2822	1448	1374
琼海市	9110	5101	4009	12305	6905	5400	10627	6095	4532
文昌市	7684	4179	3505	11152	5999	5153	9296	4983	4313
万宁市	5854	3278	2576	8229	4675	3554	7408	4175	3233
东方市	11261	6232	5029	14499	8267	6232	13299	7660	5639
定安县									
屯昌县									
澄迈县									
临高县									
白沙黎族自治县									
昌江黎族自治县									
乐东黎族自治县									
陵水黎族自治县									
保亭黎族苗族自治县									
琼中黎族苗族自治县									

1-5a 续表 2

单位：人

地区	15-19岁			20-24岁			25-29岁		
	小计	男	女	小计	男	女	小计	男	女
全省	**225739**	**122286**	**103453**	**249931**	**133505**	**116426**	**350189**	**181840**	**168349**
海口市	**114972**	**61594**	**53378**	**146883**	**77027**	**69856**	**201232**	**104440**	**96792**
秀英区	20258	10426	9832	20384	11559	8825	35436	19171	16265
龙华区	39311	21520	17791	49189	25834	23355	73534	38071	35463
琼山区	27976	15041	12935	31628	16299	15329	40904	21191	19713
美兰区	27427	14607	12820	45682	23335	22347	51358	26007	25351
三亚市	**36394**	**20408**	**15986**	**53837**	**29254**	**24583**	**72438**	**38276**	**34162**
海棠区	1714	1008	706	2824	1689	1135	4449	2600	1849
吉阳区	20808	11868	8940	31157	16607	14550	37612	19916	17696
天涯区	12120	6531	5589	17407	9514	7893	25623	13143	12480
崖州区	1752	1001	751	2449	1444	1005	4754	2617	2137
三沙市									
儋州市	**19390**	**11102**	**8288**	**15468**	**8917**	**6551**	**26197**	**13204**	**12993**
五指山市	6031	2776	3255	3123	1275	1848	3410	1774	1636
琼海市	15005	8607	6398	8865	5072	3793	12556	6379	6177
文昌市	14090	6758	7332	7702	3889	3813	10349	5201	5148
万宁市	6953	3752	3201	4408	2561	1847	8247	4312	3935
东方市	12904	7289	5615	9645	5510	4135	15760	8254	7506
定安县									
屯昌县									
澄迈县									
临高县									
白沙黎族自治县									
昌江黎族自治县									
乐东黎族自治县									
陵水黎族自治县									
保亭黎族苗族自治县									
琼中黎族苗族自治县									

1-5a 续表 3

单位：人

地 区	30-34岁			35-39岁			40-44岁		
	小计	男	女	小计	男	女	小计	男	女
全省	**400384**	**206030**	**194354**	**344629**	**176267**	**168362**	**277103**	**142880**	**134223**
海口市	**229590**	**118584**	**111006**	**193695**	**98903**	**94792**	**154641**	**79240**	**75401**
秀英区	42911	23115	19796	35875	19268	16607	28695	15654	13041
龙华区	80127	41631	38496	64543	33098	31445	50687	25912	24775
琼山区	47548	24474	23074	41978	21438	20540	33019	16852	16167
美兰区	59004	29364	29640	51299	25099	26200	42240	20822	21418
三亚市	**78071**	**41317**	**36754**	**64552**	**34251**	**30301**	**51505**	**27447**	**24058**
海棠区	4561	2667	1894	3900	2214	1686	3720	2094	1626
吉阳区	42435	22368	20067	34509	18381	16128	26744	14400	12344
天涯区	25981	13409	12572	21310	10999	10311	17141	8800	8341
崖州区	5094	2873	2221	4833	2657	2176	3900	2153	1747
三沙市									
儋州市	**27943**	**14014**	**13929**	**23943**	**12281**	**11662**	**20143**	**10460**	**9683**
五指山市	3695	1871	1824	3720	1923	1797	3258	1647	1611
琼海市	17962	8690	9272	16945	8259	8686	12899	6508	6391
文昌市	14862	7240	7622	13884	6553	7331	11696	5794	5902
万宁市	11301	5802	5499	10843	5580	5263	7837	4000	3837
东方市	16960	8512	8448	17047	8517	8530	15124	7784	7340
定安县									
屯昌县									
澄迈县									
临高县									
白沙黎族自治县									
昌江黎族自治县									
乐东黎族自治县									
陵水黎族自治县									
保亭黎族苗族自治县									
琼中黎族苗族自治县									

1-5a 续表 4

单位：人

地 区	45-49岁			50-54岁			55-59岁		
	小计	男	女	小计	男	女	小计	男	女
全省	**291189**	**152510**	**138679**	**264788**	**139742**	**125046**	**216260**	**111043**	**105217**
海口市	**164908**	**85825**	**79083**	**148084**	**78297**	**69787**	**118832**	**61003**	**57829**
秀英区	29715	16504	13211	26111	14382	11729	19882	10588	9294
龙华区	55129	28519	26610	49542	26512	23030	39379	20288	19091
琼山区	33503	17565	15938	29080	15311	13769	23118	11919	11199
美兰区	46561	23237	23324	43351	22092	21259	36453	18208	18245
三亚市	**56331**	**30544**	**25787**	**51458**	**27826**	**23632**	**39715**	**21060**	**18655**
海棠区	4521	2611	1910	4680	2652	2028	3851	2182	1669
吉阳区	28825	15878	12947	26031	14228	11803	19373	10334	9039
天涯区	18434	9566	8868	16382	8538	7844	13186	6770	6416
崖州区	4551	2489	2062	4365	2408	1957	3305	1774	1531
三沙市									
儋州市	**19122**	**9848**	**9274**	**17129**	**8818**	**8311**	**14344**	**7241**	**7103**
五指山市	4140	2025	2115	4328	2218	2110	3596	1913	1683
琼海市	12519	6452	6067	11763	6038	5725	11139	5505	5634
文昌市	11534	5871	5663	11947	6046	5901	11136	5486	5650
万宁市	7972	4093	3879	7511	3764	3747	6707	3316	3391
东方市	14663	7852	6811	12568	6735	5833	10791	5519	5272
定安县									
屯昌县									
澄迈县									
临高县									
白沙黎族自治县									
昌江黎族自治县									
乐东黎族自治县									
陵水黎族自治县									
保亭黎族苗族自治县									
琼中黎族苗族自治县									

1-5a　续表 5　　　　单位：人

地区	60-64岁			65-69岁			70-74岁		
	小计	男	女	小计	男	女	小计	男	女
全省	**136292**	**68558**	**67734**	**115653**	**56376**	**59277**	**71345**	**35634**	**35711**
海口市	**73071**	**36777**	**36294**	**60253**	**29354**	**30899**	**36927**	**18530**	**18397**
秀英区	11503	6037	5466	8920	4476	4444	5293	2718	2575
龙华区	23285	11738	11547	19349	9391	9958	11935	5871	6064
琼山区	13919	6905	7014	11541	5550	5991	7058	3569	3489
美兰区	24364	12097	12267	20443	9937	10506	12641	6372	6269
三亚市	**24275**	**12317**	**11958**	**19431**	**9455**	**9976**	**11640**	**5727**	**5913**
海棠区	2225	1186	1039	1707	857	850	1047	523	524
吉阳区	11435	5764	5671	8821	4344	4477	5146	2580	2566
天涯区	8256	4159	4097	6813	3237	3576	4188	2022	2166
崖州区	2359	1208	1151	2090	1017	1073	1259	602	657
三沙市									
儋州市	**9317**	**4621**	**4696**	**7615**	**3681**	**3934**	**4425**	**2116**	**2309**
五指山市	2411	1174	1237	2098	1058	1040	1313	634	679
琼海市	7196	3570	3626	6990	3414	3576	4707	2372	2335
文昌市	7302	3675	3627	7416	3679	3737	4742	2418	2324
万宁市	5213	2599	2614	5055	2439	2616	3130	1619	1511
东方市	7507	3825	3682	6795	3296	3499	4461	2218	2243
定安县									
屯昌县									
澄迈县									
临高县									
白沙黎族自治县									
昌江黎族自治县									
乐东黎族自治县									
陵水黎族自治县									
保亭黎族苗族自治县									
琼中黎族苗族自治县									

1-5a 续表 6 单位：人

地区	75-79岁			80-84岁			85-89岁		
	小计	男	女	小计	男	女	小计	男	女
全省	**43944**	**20599**	**23345**	**36456**	**16713**	**19743**	**19108**	**8263**	**10845**
海口市	**23318**	**10913**	**12405**	**19927**	**9273**	**10654**	**10191**	**4514**	**5677**
秀英区	3017	1375	1642	2818	1271	1547	1356	556	800
龙华区	7841	3658	4183	6532	3126	3406	3483	1617	1866
琼山区	4248	2034	2214	3635	1673	1962	1953	901	1052
美兰区	8212	3846	4366	6942	3203	3739	3399	1440	1959
三亚市	**7651**	**3495**	**4156**	**5590**	**2467**	**3123**	**2450**	**1091**	**1359**
海棠区	693	239	454	746	297	449	289	128	161
吉阳区	3187	1471	1716	2273	1015	1258	947	437	510
天涯区	2872	1359	1513	1935	887	1048	903	397	506
崖州区	899	426	473	636	268	368	311	129	182
三沙市									
儋州市	**3088**	**1401**	**1687**	**2695**	**1175**	**1520**	**1572**	**663**	**909**
五指山市	809	388	421	569	274	295	253	104	149
琼海市	2352	1121	1231	1892	865	1027	1095	456	639
文昌市	2629	1296	1333	2339	1092	1247	1600	628	972
万宁市	1361	700	661	1388	660	728	896	366	530
东方市	2736	1285	1451	2056	907	1149	1051	441	610
定安县									
屯昌县									
澄迈县									
临高县									
白沙黎族自治县									
昌江黎族自治县									
乐东黎族自治县									
陵水黎族自治县									
保亭黎族苗族自治县									
琼中黎族苗族自治县									

1-5a 续表 7

单位：人

地　区	90-94岁			95-99岁			100岁及以上		
	小计	男	女	小计	男	女	小计	男	女
全省	**7123**	**2717**	**4406**	**2148**	**690**	**1458**	**519**	**132**	**387**
海口市	**3559**	**1433**	**2126**	**1072**	**347**	**725**	**279**	**66**	**213**
秀英区	486	200	286	154	49	105	42	15	27
龙华区	1191	494	697	401	137	264	113	26	87
琼山区	711	275	436	218	73	145	45	12	33
美兰区	1171	464	707	299	88	211	79	13	66
三亚市	**825**	**350**	**475**	**265**	**106**	**159**	**74**	**24**	**50**
海棠区	80	28	52	28	9	19	3	1	2
吉阳区	355	147	208	104	39	65	36	13	23
天涯区	277	126	151	96	41	55	28	7	21
崖州区	113	49	64	37	17	20	7	3	4
三沙市									
儋州市	**688**	**235**	**453**	**209**	**61**	**148**	**39**	**8**	**31**
五指山市	68	32	36	15	6	9	4	1	3
琼海市	391	135	256	92	24	68	22	5	17
文昌市	636	177	459	141	42	99	25	3	22
万宁市	467	176	291	172	60	112	41	14	27
东方市	489	179	310	182	44	138	35	11	24
定安县									
屯昌县									
澄迈县									
临高县									
白沙黎族自治县									
昌江黎族自治县									
乐东黎族自治县									
陵水黎族自治县									
保亭黎族苗族自治县									
琼中黎族苗族自治县									

1-5b 各地区分年龄、性别的人口(镇)

单位：人

地区	合计			0岁		
	合计	男	女	小计	男	女
全省	**2314503**	**1221821**	**1092682**	**23605**	**13136**	**10469**
海口市	**259667**	**137439**	**122228**	**2542**	**1423**	**1119**
秀英区	81021	43883	37138	1049	606	443
龙华区	22097	12013	10084	223	122	101
琼山区	37076	18733	18343	355	209	146
美兰区	119473	62810	56663	915	486	429
三亚市	**28276**	**15283**	**12993**	**290**	**155**	**135**
海棠区	9386	5208	4178	101	51	50
吉阳区	7959	4292	3667	92	49	43
天涯区	9552	5063	4489	81	45	36
崖州区	1379	720	659	16	10	6
三沙市	**2333**	**1650**	**683**	**8**	**3**	**5**
儋州市	**237371**	**128033**	**109338**	**2830**	**1570**	**1260**
五指山市	16595	8666	7929	142	74	68
琼海市	84433	44175	40258	777	445	332
文昌市	178312	92079	86233	1650	900	750
万宁市	113533	59884	53649	1221	637	584
东方市	66046	35339	30707	807	458	349
定安县	115856	61420	54436	1084	631	453
屯昌县	114523	59859	54664	1246	700	546
澄迈县	300915	162043	138872	3426	1878	1548
临高县	210779	109722	101057	2034	1152	882
白沙黎族自治县	32680	16733	15947	336	182	154
昌江黎族自治县	140954	73656	67298	1404	787	617
乐东黎族自治县	145063	76753	68310	1308	746	562
陵水黎族自治县	158159	82935	75224	1419	809	610
保亭黎族苗族自治县	54223	27780	26443	562	303	259
琼中黎族苗族自治县	54785	28372	26413	519	283	236

1-5b　续表 1　　单位：人

地　区	1-4岁			5-9岁			10-14岁		
	小计	男	女	小计	男	女	小计	男	女
全省	**123709**	**67571**	**56138**	**173222**	**94822**	**78400**	**163207**	**89852**	**73355**
海口市	**12796**	**6983**	**5813**	**16494**	**8914**	**7580**	**14279**	**7963**	**6316**
秀英区	5558	3039	2519	6768	3727	3041	4802	2678	2124
龙华区	1145	639	506	1732	927	805	1547	875	672
琼山区	1679	876	803	2309	1209	1100	2305	1311	994
美兰区	4414	2429	1985	5685	3051	2634	5625	3099	2526
三亚市	**1597**	**931**	**666**	**1817**	**1025**	**792**	**1532**	**861**	**671**
海棠区	472	281	191	542	310	232	462	235	227
吉阳区	463	259	204	534	288	246	423	220	203
天涯区	585	348	237	660	372	288	586	371	215
崖州区	77	43	34	81	55	26	61	35	26
三沙市	**58**	**31**	**27**	**77**	**47**	**30**	**67**	**37**	**30**
儋州市	**14214**	**7950**	**6264**	**18838**	**10628**	**8210**	**17760**	**10335**	**7425**
五指山市	675	331	344	1017	531	486	1139	551	588
琼海市	4007	2205	1802	5886	3214	2672	5939	3261	2678
文昌市	8218	4434	3784	12142	6518	5624	12145	6548	5597
万宁市	5844	3187	2657	8931	4878	4053	8589	4622	3967
东方市	4037	2187	1850	5324	2936	2388	4737	2634	2103
定安县	6150	3376	2774	9010	4980	4030	8561	4739	3822
屯昌县	6853	3758	3095	10156	5462	4694	9216	4948	4268
澄迈县	17018	9255	7763	23825	12985	10840	20890	11438	9452
临高县	11574	6244	5330	17235	9337	7898	18166	9778	8388
白沙黎族自治县	1715	916	799	2539	1382	1157	2532	1386	1146
昌江黎族自治县	7555	4150	3405	10722	5962	4760	10368	5896	4472
乐东黎族自治县	7421	4025	3396	9639	5324	4315	8979	5038	3941
陵水黎族自治县	8644	4785	3859	12337	6773	5564	11280	6028	5252
保亭黎族苗族自治县	2744	1445	1299	3526	1914	1612	3365	1779	1586
琼中黎族苗族自治县	2589	1378	1211	3707	2012	1695	3663	2010	1653

1-5b 续表 2

单位：人

地区	15-19岁			20-24岁			25-29岁		
	小计	男	女	小计	男	女	小计	男	女
全省	**133571**	**74509**	**59062**	**126030**	**71025**	**55005**	**173477**	**93704**	**79773**
海口市	**24862**	**13142**	**11720**	**28679**	**14689**	**13990**	**19038**	**10517**	**8521**
秀英区	2140	1334	806	3852	2314	1538	6735	3654	3081
龙华区	852	528	324	1279	794	485	1837	1055	782
琼山区	2554	899	1655	2784	1199	1585	2464	1331	1133
美兰区	19316	10381	8935	20764	10382	10382	8002	4477	3525
三亚市	**983**	**585**	**398**	**2062**	**1181**	**881**	**3270**	**1735**	**1535**
海棠区	332	188	144	835	494	341	1141	612	529
吉阳区	327	205	122	732	415	317	1085	576	509
天涯区	274	160	114	432	232	200	915	488	427
崖州区	50	32	18	63	40	23	129	59	70
三沙市	**47**	**36**	**11**	**203**	**172**	**31**	**293**	**223**	**70**
儋州市	**12490**	**7234**	**5256**	**15013**	**8830**	**6183**	**20689**	**11270**	**9419**
五指山市	1902	923	979	556	301	255	988	543	445
琼海市	3704	2060	1644	3108	1817	1291	5388	2961	2427
文昌市	5220	3161	2059	6234	3623	2611	10113	5394	4719
万宁市	5089	3043	2046	4684	2717	1967	8403	4618	3785
东方市	3283	1988	1295	3824	2146	1678	5822	3179	2643
定安县	7139	4186	2953	4285	2539	1746	7839	4241	3598
屯昌县	6363	3357	3006	4709	2653	2056	7954	4102	3852
澄迈县	17275	10343	6932	14754	8513	6241	23007	12659	10348
临高县	14360	7843	6517	11578	6705	4873	15847	8402	7445
白沙黎族自治县	2328	1133	1195	1235	687	548	2469	1256	1213
昌江黎族自治县	7352	4093	3259	5814	3353	2461	10074	5327	4747
乐东黎族自治县	7851	4319	3532	7406	4360	3046	11076	6048	5028
陵水黎族自治县	6617	3800	2817	7678	4378	3300	13426	7158	6268
保亭黎族苗族自治县	3001	1451	1550	2041	1132	909	4052	2097	1955
琼中黎族苗族自治县	3705	1812	1893	2167	1229	938	3729	1974	1755

1-5b　续表 3　　　　单位：人

地　区	30-34岁			35-39岁			40-44岁		
	小计	男	女	小计	男	女	小计	男	女
全省	**198568**	**105608**	**92960**	**191147**	**101274**	**89873**	**158671**	**83493**	**75178**
海口市	**21442**	**11503**	**9939**	**19323**	**10369**	**8954**	**15966**	**8527**	**7439**
秀英区	8868	4653	4215	7889	4262	3627	5857	3269	2588
龙华区	1723	989	734	1713	893	820	1439	784	655
琼山区	2655	1462	1193	2587	1376	1211	2211	1121	1090
美兰区	8196	4399	3797	7134	3838	3296	6459	3353	3106
三亚市	**3422**	**1890**	**1532**	**2588**	**1428**	**1160**	**1868**	**1037**	**831**
海棠区	1210	686	524	883	512	371	633	359	274
吉阳区	1016	570	446	734	408	326	592	321	271
天涯区	1063	561	502	872	459	413	554	311	243
崖州区	133	73	60	99	49	50	89	46	43
三沙市	**286**	**196**	**90**	**250**	**164**	**86**	**209**	**146**	**63**
儋州市	**21549**	**11707**	**9842**	**19499**	**10579**	**8920**	**15979**	**8617**	**7362**
五指山市	1201	654	547	1342	769	573	1218	699	519
琼海市	7137	3728	3409	6878	3593	3285	5333	2780	2553
文昌市	13196	6783	6413	13274	6586	6688	11932	5972	5960
万宁市	10602	5637	4965	10320	5560	4760	7225	3851	3374
东方市	5526	3011	2515	5241	2899	2342	5015	2711	2304
定安县	9506	5092	4414	9667	5050	4617	7825	4032	3793
屯昌县	10100	5163	4937	10656	5537	5119	8029	4212	3817
澄迈县	27748	15159	12589	25287	14087	11200	19971	10962	9009
临高县	15691	8228	7463	16355	8541	7814	14801	7652	7149
白沙黎族自治县	2967	1508	1459	3036	1544	1492	2573	1247	1326
昌江黎族自治县	11679	5842	5837	12244	6174	6070	10985	5558	5427
乐东黎族自治县	11820	6331	5489	12148	6314	5834	11213	5975	5238
陵水黎族自治县	15628	8508	7120	14093	7409	6684	10733	5565	5168
保亭黎族苗族自治县	4651	2364	2287	4462	2335	2127	3967	2060	1907
琼中黎族苗族自治县	4417	2304	2113	4484	2336	2148	3829	1890	1939

1-5b 续表 4

单位：人

地区	45-49岁			50-54岁			55-59岁		
	小计	男	女	小计	男	女	小计	男	女
全省	**164790**	**86670**	**78120**	**172157**	**89008**	**83149**	**155485**	**79840**	**75645**
海口市	**17052**	**9227**	**7825**	**16908**	**8946**	**7962**	**14375**	**7497**	**6878**
秀英区	6041	3403	2638	5711	3147	2564	4649	2404	2245
龙华区	1555	832	723	1637	821	816	1255	664	591
琼山区	2501	1303	1198	2806	1392	1414	2789	1460	1329
美兰区	6955	3689	3266	6754	3586	3168	5682	2969	2713
三亚市	**2234**	**1155**	**1079**	**2081**	**1125**	**956**	**1589**	**794**	**795**
海棠区	724	400	324	711	398	313	493	266	227
吉阳区	566	293	273	479	255	224	329	163	166
天涯区	836	409	427	773	411	362	651	313	338
崖州区	108	53	55	118	61	57	116	52	64
三沙市	**259**	**189**	**70**	**250**	**174**	**76**	**154**	**111**	**43**
儋州市	**16581**	**8784**	**7797**	**16761**	**8925**	**7836**	**15209**	**7900**	**7309**
五指山市	1214	690	524	1401	749	652	1371	735	636
琼海市	5670	2890	2780	7181	3648	3533	7214	3693	3521
文昌市	13407	6833	6574	15288	7787	7501	15490	7925	7565
万宁市	7584	3918	3666	7958	3971	3987	7484	3720	3764
东方市	4721	2521	2200	4808	2477	2331	3834	1940	1894
定安县	7521	3897	3624	8624	4359	4265	8573	4358	4215
屯昌县	7255	3849	3406	7791	4091	3700	7771	3971	3800
澄迈县	19880	10760	9120	20848	10880	9968	18825	9537	9288
临高县	14905	7648	7257	13786	6992	6794	12427	6298	6129
白沙黎族自治县	2574	1337	1237	2561	1265	1296	2251	1165	1086
昌江黎族自治县	12013	6242	5771	12151	6364	5787	9648	5101	4547
乐东黎族自治县	12664	6648	6016	12373	6334	6039	9950	5234	4716
陵水黎族自治县	10654	5584	5070	11223	5681	5542	10312	5181	5131
保亭黎族苗族自治县	4421	2306	2115	5134	2642	2492	4323	2216	2107
琼中黎族苗族自治县	4181	2192	1989	5030	2598	2432	4685	2464	2221

1-5b 续表 5

单位：人

地区	60-64岁			65-69岁			70-74岁		
	小计	男	女	小计	男	女	小计	男	女
全省	**101654**	**51644**	**50010**	**91617**	**45648**	**45969**	**60030**	**30222**	**29808**
海口市	**9871**	**5090**	**4781**	**9074**	**4711**	**4363**	**5958**	**3069**	**2889**
秀英区	3233	1615	1618	2883	1515	1368	1703	833	870
龙华区	1033	544	489	944	494	450	729	389	340
琼山区	1994	1041	953	1735	909	826	1184	662	522
美兰区	3611	1890	1721	3512	1793	1719	2342	1185	1157
三亚市	**947**	**476**	**471**	**772**	**369**	**403**	**488**	**234**	**254**
海棠区	286	143	143	228	120	108	119	61	58
吉阳区	206	100	106	145	67	78	93	44	49
天涯区	378	196	182	333	149	184	233	107	126
崖州区	77	37	40	66	33	33	43	22	21
三沙市	**85**	**61**	**24**	**52**	**36**	**16**	**11**	**8**	**3**
儋州市	**8755**	**4366**	**4389**	**8166**	**3896**	**4270**	**4426**	**2114**	**2312**
五指山市	778	396	382	616	299	317	352	159	193
琼海市	4316	2232	2084	4306	2219	2087	2759	1425	1334
文昌市	9455	4986	4469	10100	5138	4962	7501	3916	3585
万宁市	5733	2847	2886	5274	2652	2622	3564	1791	1773
东方市	2367	1174	1193	2336	1164	1172	1589	784	805
定安县	5879	3010	2869	5232	2643	2589	3612	1898	1714
屯昌县	5638	2866	2772	4595	2353	2242	2663	1356	1307
澄迈县	13608	6888	6720	12641	6367	6274	8211	4307	3904
临高县	9247	4559	4688	8058	3939	4119	5162	2576	2586
白沙黎族自治县	1235	612	623	916	441	475	572	293	279
昌江黎族自治县	5175	2638	2537	4247	2009	2238	2992	1386	1606
乐东黎族自治县	5775	3023	2752	5115	2536	2579	3577	1712	1865
陵水黎族自治县	7714	3822	3892	6076	2915	3161	4071	1980	2091
保亭黎族苗族自治县	2476	1247	1229	1986	981	1005	1294	594	700
琼中黎族苗族自治县	2600	1351	1249	2055	980	1075	1228	620	608

1—5b 续表 6 单位：人

地区	75—79岁			80—84岁			85—89岁		
	小计	男	女	小计	男	女	小计	男	女
全省	**37581**	**17233**	**20348**	**33564**	**14406**	**19158**	**20170**	**8076**	**12094**
海口市	**3899**	**1918**	**1981**	**3225**	**1450**	**1775**	**2229**	**874**	**1355**
秀英区	1173	557	616	974	431	543	628	249	379
龙华区	530	261	269	430	190	240	275	115	160
琼山区	775	388	387	657	292	365	430	164	266
美兰区	1421	712	709	1164	537	627	896	346	550
三亚市	**320**	**148**	**172**	**227**	**90**	**137**	**121**	**38**	**83**
海棠区	99	48	51	56	23	33	36	11	25
吉阳区	56	25	31	45	20	25	23	9	14
天涯区	146	67	79	106	39	67	52	16	36
崖州区	19	8	11	20	8	12	10	2	8
三沙市	**10**	**6**	**4**	**7**	**4**	**3**	**5**	**4**	**1**
儋州市	**3109**	**1304**	**1805**	**2829**	**1094**	**1735**	**1743**	**650**	**1093**
五指山市	309	108	201	217	95	122	104	43	61
琼海市	1624	772	852	1638	670	968	1092	424	668
文昌市	4333	2149	2184	4050	1842	2208	2956	1116	1840
万宁市	1501	715	786	1683	782	901	1130	489	641
东方市	1128	494	634	837	356	481	481	175	306
定安县	2181	1052	1129	1697	743	954	1000	408	592
屯昌县	1295	606	689	1245	513	732	638	250	388
澄迈县	5093	2475	2618	4344	1978	2366	2616	1029	1587
临高县	3195	1473	1722	2941	1190	1751	1657	636	1021
白沙黎族自治县	391	180	211	233	99	134	159	72	87
昌江黎族自治县	2406	974	1432	2346	1005	1341	1182	548	634
乐东黎族自治县	2694	1095	1599	2273	960	1313	1189	518	671
陵水黎族自治县	2379	1086	1293	2078	827	1251	1104	431	673
保亭黎族苗族自治县	901	342	559	845	367	478	373	167	206
琼中黎族苗族自治县	813	336	477	849	341	508	391	204	187

1-5b　续表 7　　　　单位：人

地　区	90-94岁			95-99岁			100岁及以上		
	小计	男	女	小计	男	女	小计	男	女
全省	**8446**	**2950**	**5496**	**2923**	**915**	**2008**	**879**	**215**	**664**
海口市	**1121**	**434**	**687**	**426**	**157**	**269**	**108**	**36**	**72**
秀英区	324	126	198	137	51	86	47	16	31
龙华区	145	69	76	62	24	38	12	4	8
琼山区	207	87	120	84	38	46	11	4	7
美兰区	445	152	293	143	44	99	38	12	26
三亚市	**47**	**16**	**31**	**18**	**9**	**9**	**3**	**1**	**2**
海棠区	15	4	11	7	6	1	1		1
吉阳区	13	3	10	5	2	3	1		1
天涯区	16	8	8	5		5	1	1	
崖州区	3	1	2	1	1				
三沙市	**2**	**2**							
儋州市	**671**	**212**	**459**	**225**	**58**	**167**	**35**	**10**	**25**
五指山市	39	13	26	12	3	9	2		2
琼海市	359	114	245	95	21	74	22	3	19
文昌市	1268	380	888	300	78	222	40	10	30
万宁市	508	184	324	172	58	114	34	7	27
东方市	246	82	164	66	20	46	17	3	14
定安县	352	144	208	101	37	64	18	5	13
屯昌县	253	87	166	80	23	57	17	2	15
澄迈县	1152	394	758	386	126	260	110	23	87
临高县	846	277	569	524	157	367	390	95	295
白沙黎族自治县	37	17	20	18	9	9	3	2	1
昌江黎族自治县	448	202	246	124	43	81	25	2	23
乐东黎族自治县	426	164	262	139	42	97	27	7	20
陵水黎族自治县	483	152	331	191	57	134	19	6	13
保亭黎族苗族自治县	74	30	44	21	8	13	4		4
琼中黎族苗族自治县	114	46	68	25	9	16	5	3	2

1-5c 各地区分年龄、性别的人口(乡村)

单位：人

地区	合计			0岁		
	合计	男	女	小计	男	女
全省	**4005251**	**2155432**	**1849819**	**43207**	**23542**	**19665**
海口市	**524119**	**282172**	**241947**	**5916**	**3241**	**2675**
秀英区	121255	67476	53779	1462	798	664
龙华区	75313	40472	34841	850	461	389
琼山区	178806	94960	83846	1947	1064	883
美兰区	148745	79264	69481	1657	918	739
三亚市	**306542**	**168942**	**137600**	**3217**	**1732**	**1485**
海棠区	53894	30612	23282	477	273	204
吉阳区	78618	42863	35755	660	363	297
天涯区	110836	60980	49856	1315	689	626
崖州区	63194	34487	28707	765	407	358
三沙市						
儋州市	**438216**	**237795**	**200421**	**5683**	**3179**	**2504**
五指山市	44624	24572	20052	358	188	170
琼海市	265714	140811	124903	2448	1375	1073
文昌市	219032	113453	105579	2052	1115	937
万宁市	320384	169858	150526	3423	1833	1590
东方市	186522	100636	85886	2313	1226	1087
定安县	168834	90984	77850	1853	1039	814
屯昌县	140812	75302	65510	1527	837	690
澄迈县	197038	107286	89752	2362	1246	1116
临高县	209815	110991	98824	2293	1245	1048
白沙黎族自治县	132019	71951	60068	1158	646	512
昌江黎族自治县	91170	50188	40982	1067	592	475
乐东黎族自治县	319372	171662	147710	3190	1729	1461
陵水黎族自治县	214352	115398	98954	1952	1061	891
保亭黎族苗族自治县	101885	55347	46538	1096	577	519
琼中黎族苗族自治县	124801	68084	56717	1299	681	618

1-5c　续表 1　　单位：人

地　区	1-4岁			5-9岁			10-14岁		
	小计	男	女	小计	男	女	小计	男	女
全省	**199588**	**107121**	**92467**	**289086**	**155946**	**133140**	**289423**	**156529**	**132894**
海口市	**25660**	**13734**	**11926**	**32321**	**17328**	**14993**	**30383**	**16550**	**13833**
秀英区	6672	3627	3045	8123	4355	3768	7162	3871	3291
龙华区	3912	2083	1829	5439	2915	2524	4749	2547	2202
琼山区	8309	4422	3887	11140	5981	5159	11338	6180	5158
美兰区	6767	3602	3165	7619	4077	3542	7134	3952	3182
三亚市	**14785**	**8054**	**6731**	**20763**	**11346**	**9417**	**18149**	**9652**	**8497**
海棠区	2665	1466	1199	3940	2178	1762	3163	1676	1487
吉阳区	3161	1688	1473	4315	2310	2005	3475	1850	1625
天涯区	5700	3109	2591	8093	4460	3633	7292	3834	3458
崖州区	3259	1791	1468	4415	2398	2017	4219	2292	1927
三沙市									
儋州市	**26072**	**14468**	**11604**	**37085**	**21037**	**16048**	**37268**	**21167**	**16101**
五指山市	1869	994	875	2882	1455	1427	3823	2036	1787
琼海市	11278	6184	5094	17373	9528	7845	18161	10081	8080
文昌市	9021	4805	4216	13304	6988	6316	13171	7078	6093
万宁市	15454	8443	7011	23437	12640	10797	22474	12155	10319
东方市	10298	5544	4754	13689	7498	6191	13328	7357	5971
定安县	8766	4641	4125	13557	7241	6316	14052	7452	6600
屯昌县	7305	3795	3510	11168	5744	5424	11983	6197	5786
澄迈县	10475	5504	4971	15738	8388	7350	15723	8364	7359
临高县	11153	5803	5350	15991	8355	7636	17289	9124	8165
白沙黎族自治县	5550	2930	2620	9704	5287	4417	11379	6228	5151
昌江黎族自治县	4659	2514	2145	6094	3241	2853	5982	3283	2699
乐东黎族自治县	15860	8446	7414	21888	11773	10115	21450	11458	9992
陵水黎族自治县	11174	5874	5300	17368	9233	8135	16456	8654	7802
保亭黎族苗族自治县	4682	2463	2219	7251	3799	3452	7805	4058	3747
琼中黎族苗族自治县	5527	2925	2602	9473	5065	4408	10547	5635	4912

1-5c 续表 2 单位：人

地区	15-19岁			20-24岁			25-29岁		
	小计	男	女	小计	男	女	小计	男	女
全省	**191475**	**109465**	**82010**	**220042**	**127539**	**92503**	**300900**	**170783**	**130117**
海口市	**35055**	**19388**	**15667**	**39355**	**22099**	**17256**	**43094**	**24727**	**18367**
秀英区	5416	3557	1859	7475	4613	2862	12036	6929	5107
龙华区	3872	2281	1591	4717	2771	1946	6462	3707	2755
琼山区	11936	6635	5301	10010	5869	4141	12802	7290	5512
美兰区	13831	6915	6916	17153	8846	8307	11794	6801	4993
三亚市	**17410**	**9967**	**7443**	**29952**	**16583**	**13369**	**28074**	**15536**	**12538**
海棠区	2643	1576	1067	4592	2751	1841	5600	3130	2470
吉阳区	7983	4333	3650	15644	8244	7400	6525	3607	2918
天涯区	4061	2401	1660	6584	3767	2817	10304	5733	4571
崖州区	2723	1657	1066	3132	1821	1311	5645	3066	2579
三沙市									
儋州市	**23121**	**13900**	**9221**	**24267**	**14831**	**9436**	**35772**	**20471**	**15301**
五指山市	1787	1029	758	1831	1060	771	2925	1669	1256
琼海市	9559	5491	4068	9790	5975	3815	16004	9356	6648
文昌市	6882	4101	2781	8139	4885	3254	12222	6757	5465
万宁市	12987	7449	5538	14104	8394	5710	22956	13225	9731
东方市	8871	5164	3707	10687	6169	4518	15672	8807	6865
定安县	6889	3973	2916	6839	4074	2765	11379	6555	4824
屯昌县	6942	3896	3046	6587	3797	2790	8881	5048	3833
澄迈县	8461	4995	3466	10320	6116	4204	13331	7833	5498
临高县	12230	6774	5456	11630	6581	5049	15630	8598	7032
白沙黎族自治县	5230	3041	2189	5389	3114	2275	8969	5171	3798
昌江黎族自治县	2975	1753	1222	4607	2681	1926	7804	4493	3311
乐东黎族自治县	16153	9149	7004	17770	10367	7403	25123	14172	10951
陵水黎族自治县	9677	5183	4494	10400	5916	4484	17589	9641	7948
保亭黎族苗族自治县	3065	1790	1275	3644	2101	1543	7037	3945	3092
琼中黎族苗族自治县	4181	2422	1759	4731	2796	1935	8438	4779	3659

1-5c　续表 3　　　　　　　　　　　　　　单位：人

地　区	30-34岁			35-39岁			40-44岁		
	小计	男	女	小计	男	女	小计	男	女
全省	**323206**	**182578**	**140628**	**315281**	**177115**	**138166**	**267499**	**148382**	**119117**
海口市	**41886**	**23940**	**17946**	**37117**	**20902**	**16215**	**31318**	**17233**	**14085**
秀英区	11193	6603	4590	9091	5311	3780	7427	4281	3146
龙华区	5727	3307	2420	5033	2868	2165	4405	2387	2018
琼山区	13318	7261	6057	12574	6750	5824	10700	5589	5111
美兰区	11648	6769	4879	10419	5973	4446	8786	4976	3810
三亚市	**29572**	**16720**	**12852**	**27018**	**15413**	**11605**	**22907**	**13161**	**9746**
海棠区	5748	3361	2387	4858	2828	2030	4088	2416	1672
吉阳区	6717	3718	2999	6192	3518	2674	5001	2872	2129
天涯区	10991	6251	4740	10478	6061	4417	8970	5117	3853
崖州区	6116	3390	2726	5490	3006	2484	4848	2756	2092
三沙市									
儋州市	**34831**	**19647**	**15184**	**30972**	**17190**	**13782**	**27596**	**14655**	**12941**
五指山市	3856	2262	1594	4538	2781	1757	3716	2265	1451
琼海市	19602	10807	8795	19730	10587	9143	15696	8169	7527
文昌市	14965	8185	6780	14251	7502	6749	12818	6318	6500
万宁市	28295	15930	12365	26211	14460	11751	19092	10238	8854
东方市	15192	8645	6547	16194	9159	7035	14902	8411	6491
定安县	12390	6870	5520	12241	6861	5380	9818	5397	4421
屯昌县	9533	5334	4199	10006	5636	4370	8155	4539	3616
澄迈县	14587	8472	6115	14471	8492	5979	12305	6869	5436
临高县	15242	8440	6802	16291	9042	7249	14300	7824	6476
白沙黎族自治县	9907	5556	4351	11322	6472	4850	10486	5949	4537
昌江黎族自治县	7810	4599	3211	8104	4788	3316	7468	4458	3010
乐东黎族自治县	26875	15317	11558	27902	15563	12339	24561	13993	10568
陵水黎族自治县	19793	11017	8776	19098	10897	8201	14992	8711	6281
保亭黎族苗族自治县	8496	4897	3599	9234	5343	3891	8369	4947	3422
琼中黎族苗族自治县	10374	5940	4434	10581	6027	4554	9000	5245	3755

1-5c 续表 4

单位：人

地区	45-49岁			50-54岁			55-59岁		
	小计	男	女	小计	男	女	小计	男	女
全省	**282421**	**152857**	**129564**	**309317**	**164368**	**144949**	**286659**	**151468**	**135191**
海口市	**35893**	**18788**	**17105**	**38813**	**20658**	**18155**	**34924**	**18595**	**16329**
秀英区	8686	4746	3940	9293	4979	4314	7713	4178	3535
龙华区	4937	2521	2416	5224	2727	2497	4634	2474	2160
琼山区	12296	6201	6095	14070	7432	6638	13613	7156	6457
美兰区	9974	5320	4654	10226	5520	4706	8964	4787	4177
三亚市	**23625**	**13440**	**10185**	**22217**	**12655**	**9562**	**16563**	**9232**	**7331**
海棠区	4142	2469	1673	3971	2373	1598	2851	1656	1195
吉阳区	5216	2994	2222	4629	2668	1961	3184	1779	1405
天涯区	8979	5073	3906	8419	4764	3655	6489	3556	2933
崖州区	5288	2904	2384	5198	2850	2348	4039	2241	1798
三沙市									
儋州市	**28329**	**14958**	**13371**	**31269**	**16279**	**14990**	**30041**	**15588**	**14453**
五指山市	4139	2458	1681	3687	2046	1641	3244	1724	1520
琼海市	18396	9231	9165	23387	11945	11442	23927	12503	11424
文昌市	15591	7765	7826	19595	10178	9417	20137	10346	9791
万宁市	21425	11036	10389	24218	12196	12022	24615	12508	12107
东方市	14396	7890	6506	13918	7347	6571	11020	5663	5357
定安县	9787	5314	4473	12629	6851	5778	12786	6934	5852
屯昌县	8186	4454	3732	11043	5930	5113	11801	6372	5429
澄迈县	12572	6773	5799	14198	7596	6602	13795	7407	6388
临高县	13542	7325	6217	13995	7311	6684	12861	6734	6127
白沙黎族自治县	10816	6083	4733	11890	6406	5484	11003	5978	5025
昌江黎族自治县	7431	4249	3182	7301	3991	3310	6070	3279	2791
乐东黎族自治县	25206	13966	11240	24922	13176	11746	21002	10892	10110
陵水黎族自治县	14918	8699	6219	15962	8741	7221	13649	7258	6391
保亭黎族苗族自治县	8800	5035	3765	9259	5101	4158	8080	4399	3681
琼中黎族苗族自治县	9369	5393	3976	11014	5961	5053	11141	6056	5085

1-5c　续表 5

单位：人

地　　区	60-64岁			65-69岁			70-74岁		
	小计	男	女	小计	男	女	小计	男	女
全省	**187153**	**96791**	**90362**	**169181**	**84861**	**84320**	**117734**	**58707**	**59027**
海口市	**23845**	**12702**	**11143**	**22309**	**11602**	**10707**	**15567**	**8159**	**7408**
秀英区	5287	2793	2494	4810	2563	2247	3173	1675	1498
龙华区	3982	2173	1809	3252	1684	1568	2725	1398	1327
琼山区	9116	4876	4240	8410	4407	4003	5815	3124	2691
美兰区	5460	2860	2600	5837	2948	2889	3854	1962	1892
三亚市	**10551**	**5423**	**5128**	**7913**	**3883**	**4030**	**5667**	**2712**	**2955**
海棠区	1793	948	845	1277	646	631	779	366	413
吉阳区	2136	1110	1026	1429	744	685	1097	513	584
天涯区	4096	2058	2038	3083	1492	1591	2393	1119	1274
崖州区	2526	1307	1219	2124	1001	1123	1398	714	684
三沙市									
儋州市	**18970**	**9617**	**9353**	**15921**	**7681**	**8240**	**9923**	**4690**	**5233**
五指山市	1893	952	941	1395	629	766	946	412	534
琼海市	15330	7955	7375	15981	8312	7669	10613	5633	4980
文昌市	12914	6732	6182	13951	7387	6564	10227	5289	4938
万宁市	17244	8860	8384	15875	7771	8104	11020	5321	5699
东方市	7046	3561	3485	6197	3006	3191	4505	2072	2433
定安县	9521	5158	4363	9237	4810	4427	6150	3220	2930
屯昌县	7927	4231	3696	6994	3677	3317	4789	2414	2375
澄迈县	9655	5047	4608	9521	4811	4710	6919	3716	3203
临高县	9611	4896	4715	8263	4104	4159	6168	3123	3045
白沙黎族自治县	5564	2932	2632	4743	2344	2399	3215	1542	1673
昌江黎族自治县	3255	1648	1607	3268	1593	1675	2565	1145	1420
乐东黎族自治县	12736	6263	6473	11661	5655	6006	8673	4102	4571
陵水黎族自治县	10192	5112	5080	7745	3653	4092	5252	2484	2768
保亭黎族苗族自治县	4827	2446	2381	3431	1610	1821	2590	1150	1440
琼中黎族苗族自治县	6072	3256	2816	4776	2333	2443	2945	1523	1422

1-5c 续表 6

单位：人

地区	75-79岁			80-84岁			85-89岁		
	小计	男	女	小计	男	女	小计	男	女
全省	**76400**	**34528**	**41872**	**68286**	**28146**	**40140**	**43374**	**16567**	**26807**
海口市	**11163**	**5129**	**6034**	**8817**	**3714**	**5103**	**6228**	**2277**	**3951**
秀英区	2396	1125	1271	1723	730	993	1174	445	729
龙华区	1907	852	1055	1502	629	873	1120	416	704
琼山区	4203	1903	2300	3579	1527	2052	2209	811	1398
美兰区	2657	1249	1408	2013	828	1185	1725	605	1120
三亚市	**3418**	**1474**	**1944**	**2616**	**1071**	**1545**	**1365**	**604**	**761**
海棠区	579	240	339	354	124	230	244	95	149
吉阳区	505	213	292	388	157	231	207	106	101
天涯区	1489	648	841	1174	482	692	593	252	341
崖州区	845	373	472	700	308	392	321	151	170
三沙市									
儋州市	**7667**	**3325**	**4342**	**6603**	**2645**	**3958**	**4533**	**1685**	**2848**
五指山市	716	269	447	517	173	344	306	107	199
琼海市	6212	2937	3275	6344	2712	3632	3927	1444	2483
文昌市	6215	3002	3213	6061	2567	3494	4863	1698	3165
万宁市	5366	2465	2901	6090	2563	3527	3919	1613	2306
东方市	3293	1358	1935	2564	953	1611	1493	536	957
定安县	4036	1875	2161	3580	1519	2061	2164	806	1358
屯昌县	2550	1171	1379	2880	1245	1635	1720	695	1025
澄迈县	4522	2264	2258	3973	1811	2162	2505	1044	1461
临高县	4315	2055	2260	4078	1777	2301	2896	1165	1731
白沙黎族自治县	2417	1008	1409	1949	746	1203	948	390	558
昌江黎族自治县	1885	815	1070	1378	530	848	881	346	535
乐东黎族自治县	5804	2547	3257	4782	1816	2966	2418	867	1551
陵水黎族自治县	3144	1381	1763	2696	1054	1642	1454	557	897
保亭黎族苗族自治县	1781	678	1103	1480	599	881	678	291	387
琼中黎族苗族自治县	1896	775	1121	1878	651	1227	1076	442	634

1-5c 续表 7

单位：人

地区	90-94岁			95-99岁			100岁及以上		
	小计	男	女	小计	男	女	小计	男	女
全省	**18285**	**6255**	**12030**	**5390**	**1592**	**3798**	**1344**	**292**	**1052**
海口市	**3032**	**1015**	**2017**	**1105**	**321**	**784**	**318**	**70**	**248**
秀英区	634	211	423	234	66	168	75	20	55
龙华区	552	175	377	231	80	151	81	16	65
琼山区	966	357	609	365	103	262	90	22	68
美兰区	880	272	608	275	72	203	72	12	60
三亚市	**545**	**218**	**327**	**172**	**58**	**114**	**43**	**8**	**35**
海棠区	92	29	63	31	10	21	7	1	6
吉阳区	107	54	53	40	18	22	7	4	3
天涯区	232	93	139	76	19	57	25	2	23
崖州区	114	42	72	25	11	14	4	1	3
三沙市									
儋州市	**1671**	**591**	**1080**	**520**	**167**	**353**	**102**	**24**	**78**
五指山市	133	53	80	48	9	39	15	1	14
琼海市	1495	466	1029	405	108	297	56	12	44
文昌市	2122	621	1501	455	120	335	76	14	62
万宁市	1621	594	1027	451	141	310	107	23	84
东方市	695	213	482	200	48	152	49	9	40
定安县	865	313	552	248	73	175	47	8	39
屯昌县	635	230	405	162	53	109	38	7	31
澄迈县	1154	416	738	331	102	229	120	20	100
临高县	1461	559	902	402	119	283	174	37	137
白沙黎族自治县	286	97	189	79	27	52	15	4	11
昌江黎族自治县	414	137	277	127	44	83	25	9	16
乐东黎族自治县	991	308	683	316	76	240	89	27	62
陵水黎族自治县	602	195	407	199	67	132	40	10	30
保亭黎族苗族自治县	202	90	112	70	25	45	8	3	5
琼中黎族苗族自治县	361	139	222	100	34	66	22	6	16

1-6 各地区分性别、受教育程度的3岁及以上人口

单位：人

地区	3岁及以上人口			未上过学		
	合计	男	女	小计	男	女
全省	**9729218**	**5152846**	**4576372**	**304077**	**82475**	**221602**
海口市	**2774361**	**1455090**	**1319271**	**43924**	**13811**	**30113**
秀英区	545057	296159	248898	10860	3446	7414
龙华区	770729	403674	367055	11324	3567	7757
琼山区	632898	331012	301886	9204	2930	6274
美兰区	825677	424245	401432	12536	3868	8668
三亚市	**995884**	**536283**	**459601**	**16337**	**5380**	**10957**
海棠区	109799	61739	48060	1582	510	1072
吉阳区	432451	232326	200125	5120	1911	3209
天涯区	341095	180830	160265	7223	2187	5036
崖州区	112539	61388	51151	2412	772	1640
三沙市	**2298**	**1631**	**667**	**21**	**10**	**11**
儋州市	**914843**	**491288**	**423555**	**64678**	**13590**	**51088**
五指山市	109085	57051	52034	3642	995	2647
琼海市	511859	268324	243535	9892	3036	6856
文昌市	544202	278179	266023	13862	3779	10083
万宁市	527264	278008	249256	13590	3776	9814
东方市	427238	228056	199182	30751	8276	22475
定安县	274655	146872	127783	5975	1880	4095
屯昌县	245925	130012	115913	8698	2642	6056
澄迈县	479033	259066	219967	13679	3785	9894
临高县	405590	212570	193020	21137	5312	15825
白沙黎族自治县	159835	86030	73805	6712	1906	4806
昌江黎族自治县	223871	119286	104585	13372	3783	9589
乐东黎族自治县	448587	239776	208811	19052	5453	13599
陵水黎族自治县	359913	191549	168364	8320	2345	5975
保亭黎族苗族自治县	150862	80357	70505	4755	1241	3514
琼中黎族苗族自治县	173913	93418	80495	5680	1475	4205

1-6 续表 1

单位：人

地区	学前教育			小学		
	小计	男	女	小计	男	女
全省	**417084**	**225445**	**191639**	**1986102**	**943931**	**1042171**
海口市	**119806**	**64888**	**54918**	**443245**	**211881**	**231364**
秀英区	26651	14566	12085	102656	49871	52785
龙华区	33140	17957	15183	113723	55037	58686
琼山区	27498	14852	12646	105914	49887	56027
美兰区	32517	17513	15004	120952	57086	63866
三亚市	**39120**	**21424**	**17696**	**165326**	**83122**	**82204**
海棠区	4272	2362	1910	21825	10972	10853
吉阳区	16631	9014	7617	59786	30706	29080
天涯区	13710	7525	6185	60117	29832	30285
崖州区	4507	2523	1984	23598	11612	11986
三沙市	**31**	**16**	**15**	**71**	**44**	**27**
儋州市	**49173**	**27307**	**21866**	**247520**	**120975**	**126545**
五指山市	3433	1846	1587	20084	10063	10021
琼海市	19394	10652	8742	93057	42400	50657
文昌市	18642	9719	8923	110750	48151	62599
万宁市	22934	12409	10525	107000	48188	58812
东方市	19701	10731	8970	119503	59318	60185
定安县	11642	6236	5406	58220	26074	32146
屯昌县	11173	5878	5295	60830	27751	33079
澄迈县	22135	11773	10362	106889	48867	58022
临高县	18668	9846	8822	93870	42554	51316
白沙黎族自治县	5910	3161	2749	43334	21800	21534
昌江黎族自治县	8850	4751	4099	58972	28969	30003
乐东黎族自治县	17156	9190	7966	112680	54083	58597
陵水黎族自治县	17135	9198	7937	71470	33471	37999
保亭黎族苗族自治县	5713	2987	2726	31113	15594	15519
琼中黎族苗族自治县	6468	3433	3035	42168	20626	21542

1-6 续表 2 单位：人

地 区	初 中			高 中			大学专科		
	小计	男	女	小计	男	女	小计	男	女
全省	**4050000**	**2227745**	**1822255**	**1568761**	**911574**	**657187**	**736645**	**409354**	**327291**
海口市	**890262**	**482465**	**407797**	**563234**	**309410**	**253824**	**332409**	**175991**	**156418**
秀英区	198087	114777	83310	97279	55458	41821	50753	27059	23694
龙华区	226966	121912	105054	170658	91856	78802	105245	55517	49728
琼山区	225712	119576	106136	128335	72252	56083	71970	38962	33008
美兰区	239497	126200	113297	166962	89844	77118	104441	54453	49988
三亚市	**391099**	**216994**	**174105**	**184306**	**105082**	**79224**	**99582**	**53422**	**46160**
海棠区	53025	30473	22552	17191	10881	6310	7730	4339	3391
吉阳区	149040	83503	65537	86229	48314	37915	48388	25261	23127
天涯区	132826	71898	60928	65433	36232	29201	37226	20325	16901
崖州区	56208	31120	25088	15453	9655	5798	6238	3497	2741
三沙市	**1282**	**921**	**361**	**752**	**541**	**211**	**110**	**75**	**35**
儋州市	**350903**	**205552**	**145351**	**118454**	**73193**	**45261**	**46415**	**28933**	**17482**
五指山市	42873	23505	19368	23891	12712	11179	9401	4744	4657
琼海市	260703	136747	123956	80598	47835	32763	29514	17241	12273
文昌市	266575	138688	127887	90250	54508	35742	27596	14557	13039
万宁市	264609	140396	124213	81849	50928	30921	24742	14885	9857
东方市	156491	89664	66827	55417	33432	21985	27435	16414	11021
定安县	147747	81175	66572	34091	21338	12753	11227	6841	4386
屯昌县	125348	70260	55088	24066	14261	9805	10153	6039	4114
澄迈县	242481	136715	105766	58382	36690	21692	20624	12672	7952
临高县	206812	114864	91948	41758	25869	15889	14710	8944	5766
白沙黎族自治县	70661	39825	30836	20137	11916	8221	8539	4985	3554
昌江黎族自治县	89453	50354	39099	32592	19188	13404	13289	8011	5278
乐东黎族自治县	200993	111237	89756	60502	37105	23397	27845	16763	11082
陵水黎族自治县	190141	104237	85904	51126	29977	21149	13959	7993	5966
保亭黎族苗族自治县	70025	38393	31632	24022	13792	10230	9586	5349	4237
琼中黎族苗族自治县	81542	45753	35789	23334	13797	9537	9509	5495	4014

1-6　续表 3

单位：人

地　　区	大学本科			硕士研究生			博士研究生		
	小计	男	女	小计	男	女	小计	男	女
全省	**625359**	**331459**	**293900**	**36754**	**18190**	**18564**	**4436**	**2673**	**1763**
海口市	**350717**	**180938**	**169779**	**27385**	**13674**	**13711**	**3379**	**2032**	**1347**
秀英区	53390	28295	25095	4924	2433	2491	457	254	203
龙华区	101811	53815	47996	7087	3545	3542	775	468	307
琼山区	60057	30408	29649	3707	1846	1861	501	299	202
美兰区	135459	68420	67039	11667	5850	5817	1646	1011	635
三亚市	**95036**	**48468**	**46568**	**4585**	**2091**	**2494**	**493**	**300**	**193**
海棠区	3940	2087	1853	211	99	112	23	16	7
吉阳区	63672	31952	31720	3214	1446	1768	371	219	152
天涯区	23407	12278	11129	1060	492	568	93	61	32
崖州区	4017	2151	1866	100	54	46	6	4	2
三沙市	**30**	**23**	**7**	**1**	**1**				
儋州市	**36588**	**21159**	**15429**	**961**	**483**	**478**	**151**	**96**	**55**
五指山市	5527	3049	2478	206	120	86	28	17	11
琼海市	18015	10064	7951	615	301	314	71	48	23
文昌市	15945	8521	7424	515	217	298	67	39	28
万宁市	12205	7256	4949	291	140	151	44	30	14
东方市	17615	10039	7576	301	164	137	24	18	6
定安县	5566	3227	2339	167	92	75	20	9	11
屯昌县	5521	3113	2408	121	62	59	15	6	9
澄迈县	14363	8310	6053	432	229	203	48	25	23
临高县	8450	5103	3347	167	70	97	18	8	10
白沙黎族自治县	4413	2371	2042	122	61	61	7	5	2
昌江黎族自治县	7150	4133	3017	176	88	88	17	9	8
乐东黎族自治县	10139	5817	4322	207	118	89	13	10	3
陵水黎族自治县	7540	4210	3330	207	109	98	15	9	6
保亭黎族苗族自治县	5493	2912	2581	139	81	58	16	8	8
琼中黎族苗族自治县	5046	2746	2300	156	89	67	10	4	6

1-6a　各地区分性别、受教育程度的3岁及以上人口(城市)

单位：人

地　区	3岁及以上人口			未上过学		
	合计	男	女	小计	男	女
全省	**3630503**	**1896085**	**1734418**	**53637**	**17430**	**36207**
海口市	**2017766**	**1050209**	**967557**	**23649**	**8507**	**15142**
秀英区	351212	189440	161772	4794	1758	3036
龙华区	676820	353089	323731	7485	2668	4817
琼山区	424075	221077	202998	4123	1635	2488
美兰区	565659	286603	279056	7247	2446	4801
三亚市	**672487**	**358260**	**314227**	**9239**	**3183**	**6056**
海棠区	48590	27058	21532	762	253	509
吉阳区	348367	186520	161847	4123	1570	2553
天涯区	225158	117196	107962	3398	1072	2326
崖州区	50372	27486	22886	956	288	668
三沙市						
儋州市	**266909**	**140790**	**126119**	**7780**	**1804**	**5976**
五指山市	49583	24701	24882	696	240	456
琼海市	172245	89192	83053	1676	741	935
文昌市	158734	79122	79612	2431	825	1606
万宁市	108169	56327	51842	1327	423	904
东方市	184610	97484	87126	6839	1707	5132
定安县						
屯昌县						
澄迈县						
临高县						
白沙黎族自治县						
昌江黎族自治县						
乐东黎族自治县						
陵水黎族自治县						
保亭黎族苗族自治县						
琼中黎族苗族自治县						

1-6a　续表 1

单位：人

地　区	学前教育			小　学		
	小计	男	女	小计	男	女
全省	**160028**	**87588**	**72440**	**552216**	**270865**	**281351**
海口市	**89932**	**48912**	**41020**	**285917**	**140864**	**145053**
秀英区	16860	9261	7599	57936	29256	28680
龙华区	29137	15839	13298	89532	44247	45285
琼山区	19596	10673	8923	61660	30764	30896
美兰区	24339	13139	11200	76789	36597	40192
三亚市	**26622**	**14520**	**12102**	**98349**	**49273**	**49076**
海棠区	1803	964	839	9923	4910	5013
吉阳区	13819	7513	6306	47938	24793	23145
天涯区	8993	4902	4091	31563	15261	16302
崖州区	2007	1141	866	8925	4309	4616
三沙市						
儋州市	**15085**	**8393**	**6692**	**60666**	**29583**	**31083**
五指山市	1579	877	702	6297	3018	3279
琼海市	7271	4080	3191	22688	11139	11549
文昌市	5783	3155	2628	24295	11090	13205
万宁市	4897	2699	2198	16392	7716	8676
东方市	8859	4952	3907	37612	18182	19430
定安县						
屯昌县						
澄迈县						
临高县						
白沙黎族自治县						
昌江黎族自治县						
乐东黎族自治县						
陵水黎族自治县						
保亭黎族苗族自治县						
琼中黎族苗族自治县						

1-6a 续表 2

单位：人

地区	初中			高中			大学专科		
	小计	男	女	小计	男	女	小计	男	女
全省	**1148895**	**601918**	**546977**	**822663**	**444984**	**377679**	**437934**	**234752**	**203182**
海口市	**565409**	**296811**	**268598**	**456652**	**242371**	**214281**	**274662**	**145387**	**129275**
秀英区	113422	64490	48932	72813	39788	33025	39691	20858	18833
龙华区	181485	95420	86065	160257	85101	75156	102029	53567	48462
琼山区	127406	65060	62346	97421	52786	44635	57998	32026	25972
美兰区	143096	71841	71255	126161	64696	61465	74944	38936	36008
三亚市	**242073**	**132160**	**109913**	**146657**	**81397**	**65260**	**76102**	**40565**	**35537**
海棠区	23561	13465	10096	8345	5159	3186	2594	1429	1165
吉阳区	116842	64980	51862	77089	42641	34448	39879	20858	19021
天涯区	75364	39298	36066	53531	28736	24795	30801	16698	14103
崖州区	26306	14417	11889	7692	4861	2831	2828	1580	1248
三沙市									
儋州市	**95324**	**50918**	**44406**	**54609**	**30815**	**23794**	**17779**	**10397**	**7382**
五指山市	13081	6415	6666	15912	7922	7990	7307	3606	3701
琼海市	67348	32655	34693	42783	23140	19643	18656	10767	7889
文昌市	60855	29541	31314	40881	22188	18693	15299	7389	7910
万宁市	44288	21600	22688	26622	15178	11444	9210	5436	3774
东方市	60517	31818	28699	38547	21973	16574	18919	11205	7714
定安县									
屯昌县									
澄迈县									
临高县									
白沙黎族自治县									
昌江黎族自治县									
乐东黎族自治县									
陵水黎族自治县									
保亭黎族苗族自治县									
琼中黎族苗族自治县									

1–6a　续表 3

单位：人

地　　区	大学本科			硕士研究生			博士研究生		
	小计	男	女	小计	男	女	小计	男	女
全省	**421547**	**221455**	**200092**	**29910**	**14850**	**15060**	**3673**	**2243**	**1430**
海口市	**293867**	**153147**	**140720**	**24555**	**12315**	**12240**	**3123**	**1895**	**1228**
秀英区	41530	21921	19609	3810	1902	1908	356	206	150
龙华区	99181	52306	46875	6960	3483	3477	754	458	296
琼山区	52116	26211	25905	3289	1644	1645	466	278	188
美兰区	101040	52709	48331	10496	5286	5210	1547	953	594
三亚市	**69318**	**35196**	**34122**	**3756**	**1736**	**2020**	**371**	**230**	**141**
海棠区	1502	825	677	94	49	45	6	4	2
吉阳区	45726	22771	22955	2671	1225	1446	280	169	111
天涯区	20463	10725	9738	961	448	513	84	56	28
崖州区	1627	875	752	30	14	16	1	1	
三沙市									
儋州市	**15238**	**8655**	**6583**	**376**	**191**	**185**	**52**	**34**	**18**
五指山市	4513	2502	2011	174	107	67	24	14	10
琼海市	11380	6447	4933	408	198	210	35	25	10
文昌市	8815	4779	4036	335	132	203	40	23	17
万宁市	5335	3220	2115	86	46	40	12	9	3
东方市	13081	7509	5572	220	125	95	16	13	3
定安县									
屯昌县									
澄迈县									
临高县									
白沙黎族自治县									
昌江黎族自治县									
乐东黎族自治县									
陵水黎族自治县									
保亭黎族苗族自治县									
琼中黎族苗族自治县									

1-6b 各地区分性别、受教育程度的3岁及以上人口(镇)

单位：人

地区	3岁及以上人口			未上过学		
	合计	男	女	小计	男	女
全省	**2232854**	**1176709**	**1056145**	**75185**	**20081**	**55104**
海口市	**250987**	**132609**	**118378**	**5058**	**1447**	**3611**
秀英区	77349	41788	35561	1994	606	1388
龙华区	21307	11568	9739	658	158	500
琼山区	35925	18105	17820	736	227	509
美兰区	116406	61148	55258	1670	456	1214
三亚市	**27150**	**14652**	**12498**	**557**	**152**	**405**
海棠区	9035	5014	4021	196	47	149
吉阳区	7618	4105	3513	65	22	43
天涯区	9173	4846	4327	259	72	187
崖州区	1324	687	637	37	11	26
三沙市	**2298**	**1631**	**667**	**21**	**10**	**11**
儋州市	**227850**	**122759**	**105091**	**18141**	**4259**	**13882**
五指山市	16128	8436	7692	500	126	374
琼海市	81753	42658	39095	2078	589	1489
文昌市	172886	89105	83781	4477	1284	3193
万宁市	109547	57726	51821	2495	700	1795
东方市	63329	33834	29495	5444	1386	4058
定安县	111917	59189	52728	1649	611	1038
屯昌县	110066	57378	52688	2076	719	1357
澄迈县	289464	155756	133708	6539	1926	4613
临高县	203472	105681	97791	9423	2322	7101
白沙黎族自治县	31543	16126	15417	616	200	416
昌江黎族自治县	136051	70922	65129	5434	1334	4100
乐东黎族自治县	140216	74094	66122	4770	1307	3463
陵水黎族自治县	152784	79955	72829	3602	1028	2574
保亭黎族苗族自治县	52354	26779	25575	1269	351	918
琼中黎族苗族自治县	53059	27419	25640	1036	330	706

1-6b　续表 1

单位：人

地　区	学前教育			小　学		
	小计	男	女	小计	男	女
全省	**100765**	**54430**	**46335**	**463968**	**217749**	**246219**
海口市	**10353**	**5566**	**4787**	**43709**	**20193**	**23516**
秀英区	4749	2566	2183	16259	7793	8466
龙华区	916	492	424	4897	2176	2721
琼山区	1331	671	660	6753	2906	3847
美兰区	3357	1837	1520	15800	7318	8482
三亚市	**1092**	**647**	**445**	**6243**	**2993**	**3250**
海棠区	303	190	113	1825	923	902
吉阳区	319	176	143	1296	632	664
天涯区	422	257	165	2905	1335	1570
崖州区	48	24	24	217	103	114
三沙市	**31**	**16**	**15**	**71**	**44**	**27**
儋州市	**12162**	**6755**	**5407**	**62895**	**31130**	**31765**
五指山市	488	254	234	3145	1489	1656
琼海市	3156	1710	1446	16008	7341	8667
文昌市	6301	3256	3045	37015	16373	20642
万宁市	5079	2732	2347	21400	9716	11684
东方市	3223	1747	1476	18397	9118	9279
定安县	4899	2654	2245	18717	8673	10044
屯昌县	5473	2958	2515	20757	9705	11052
澄迈县	13804	7426	6378	57836	26675	31161
临高县	9924	5325	4599	46158	21540	24618
白沙黎族自治县	1399	766	633	5943	2890	3053
昌江黎族自治县	5815	3128	2687	28741	13454	15287
乐东黎族自治县	5730	3119	2611	30194	14269	15925
陵水黎族自治县	7621	4163	3458	29167	13763	15404
保亭黎族苗族自治县	2176	1146	1030	8284	4049	4235
琼中黎族苗族自治县	2039	1062	977	9288	4334	4954

1-6b 续表 2

单位：人

地区	初中			高中			大学专科		
	小计	男	女	小计	男	女	小计	男	女
全省	**981476**	**527463**	**454013**	**351658**	**210542**	**141116**	**144312**	**84736**	**59576**
海口市	**92489**	**51079**	**41410**	**40809**	**25231**	**15578**	**21725**	**11743**	**9982**
秀英区	27107	15680	11427	11114	6617	4497	6748	3607	3141
龙华区	11042	6309	4733	2405	1590	815	748	472	276
琼山区	17190	9182	8008	4455	2933	1522	3713	1407	2306
美兰区	37150	19908	17242	22835	14091	8744	10516	6257	4259
三亚市	**11088**	**6096**	**4992**	**4070**	**2610**	**1460**	**2713**	**1491**	**1222**
海棠区	3557	2023	1534	1579	990	589	1019	580	439
吉阳区	3000	1596	1404	1421	918	503	1062	556	506
天涯区	3708	2045	1663	971	636	335	582	328	254
崖州区	823	432	391	99	66	33	50	27	23
三沙市	**1282**	**921**	**361**	**752**	**541**	**211**	**110**	**75**	**35**
儋州市	**79061**	**46123**	**32938**	**27411**	**17427**	**9984**	**14508**	**9205**	**5303**
五指山市	6947	3868	3079	3612	1934	1678	760	421	339
琼海市	44471	23374	21097	10490	6472	4018	3253	1892	1361
文昌市	90962	47284	43678	23805	15215	8590	6463	3707	2756
万宁市	58214	30573	27641	14667	9350	5317	5495	3350	2145
东方市	27647	16217	11430	4911	3250	1661	2152	1276	876
定安县	53910	27652	26258	21083	12623	8460	7569	4635	2934
屯昌县	54830	28449	26381	15785	9094	6691	6991	4137	2854
澄迈县	140111	76626	63485	43333	26517	16816	16171	9842	6329
临高县	96179	51498	44681	25981	15477	10504	9803	5944	3859
白沙黎族自治县	10369	5170	5199	7050	3721	3329	3628	2050	1578
昌江黎族自治县	50869	26981	23888	27816	15854	11962	11038	6516	4522
乐东黎族自治县	54603	29272	25331	26797	15553	11244	12387	7308	5079
陵水黎族自治县	69384	36361	33023	29792	17094	12698	8339	4835	3504
保亭黎族苗族自治县	18827	9529	9298	12061	6366	5695	5689	3140	2549
琼中黎族苗族自治县	20233	10390	9843	11433	6213	5220	5518	3169	2349

1-6b　续表 3　　单位：人

地　区	大学本科			硕士研究生			博士研究生		
	小计	男	女	小计	男	女	小计	男	女
全省	**111811**	**59864**	**51947**	**3331**	**1654**	**1677**	**348**	**190**	**158**
海口市	**35309**	**16624**	**18685**	**1405**	**655**	**750**	**130**	**71**	**59**
秀英区	8554	4525	4029	755	360	395	69	34	35
龙华区	618	358	260	20	11	9	3	2	1
琼山区	1682	749	933	56	24	32	9	6	3
美兰区	24455	10992	13463	574	260	314	49	29	20
三亚市	**1346**	**646**	**700**	**38**	**15**	**23**	**3**	**2**	**1**
海棠区	539	255	284	16	5	11	1	1	
吉阳区	439	199	240	15	6	9	1		1
天涯区	320	170	150	6	3	3			
崖州区	48	22	26	1	1		1	1	
三沙市	**30**	**23**	**7**	**1**	**1**				
儋州市	**13154**	**7584**	**5570**	**439**	**225**	**214**	**79**	**51**	**28**
五指山市	647	331	316	27	12	15	2	1	1
琼海市	2247	1252	995	44	25	19	6	3	3
文昌市	3785	1953	1832	68	27	41	10	6	4
万宁市	2156	1280	876	38	22	16	3	3	
东方市	1526	824	702	25	14	11	4	2	2
定安县	3966	2274	1692	110	62	48	14	5	9
屯昌县	4064	2274	1790	80	39	41	10	3	7
澄迈县	11270	6534	4736	366	194	172	34	16	18
临高县	5904	3536	2368	92	36	56	8	3	5
白沙黎族自治县	2479	1305	1174	55	21	34	4	3	1
昌江黎族自治县	6196	3581	2615	129	67	62	13	7	6
乐东黎族自治县	5635	3205	2430	95	57	38	5	4	1
陵水黎族自治县	4755	2646	2109	116	60	56	8	5	3
保亭黎族苗族自治县	3940	2135	1805	98	58	40	10	5	5
琼中黎族苗族自治县	3402	1857	1545	105	64	41	5		5

1-6c 各地区分性别、受教育程度的3岁及以上人口(乡村)

单位：人

地区	3岁及以上人口			未上过学		
	合计	男	女	小计	男	女
全省	**3865861**	**2080052**	**1785809**	**175255**	**44964**	**130291**
海口市	**505608**	**272272**	**233336**	**15217**	**3857**	**11360**
秀英区	116496	64931	51565	4072	1082	2990
龙华区	72602	39017	33585	3181	741	2440
琼山区	172898	91830	81068	4345	1068	3277
美兰区	143612	76494	67118	3619	966	2653
三亚市	**296247**	**163371**	**132876**	**6541**	**2045**	**4496**
海棠区	52174	29667	22507	624	210	414
吉阳区	76466	41701	34765	932	319	613
天涯区	106764	58788	47976	3566	1043	2523
崖州区	60843	33215	27628	1419	473	946
三沙市						
儋州市	**420084**	**227739**	**192345**	**38757**	**7527**	**31230**
五指山市	43374	23914	19460	2446	629	1817
琼海市	257861	136474	121387	6138	1706	4432
文昌市	212582	109952	102630	6954	1670	5284
万宁市	309548	163955	145593	9768	2653	7115
东方市	179299	96738	82561	18468	5183	13285
定安县	162738	87683	75055	4326	1269	3057
屯昌县	135859	72634	63225	6622	1923	4699
澄迈县	189569	103310	86259	7140	1859	5281
临高县	202118	106889	95229	11714	2990	8724
白沙黎族自治县	128292	69904	58388	6096	1706	4390
昌江黎族自治县	87820	48364	39456	7938	2449	5489
乐东黎族自治县	308371	165682	142689	14282	4146	10136
陵水黎族自治县	207129	111594	95535	4718	1317	3401
保亭黎族苗族自治县	98508	53578	44930	3486	890	2596
琼中黎族苗族自治县	120854	65999	54855	4644	1145	3499

1-6c　续表 1　　　　单位：人

地　区	学前教育			小　学		
	小计	男	女	小计	男	女
全省	**156291**	**83427**	**72864**	**969918**	**455317**	**514601**
海口市	**19521**	**10410**	**9111**	**113619**	**50824**	**62795**
秀英区	5042	2739	2303	28461	12822	15639
龙华区	3087	1626	1461	19294	8614	10680
琼山区	6571	3508	3063	37501	16217	21284
美兰区	4821	2537	2284	28363	13171	15192
三亚市	**11406**	**6257**	**5149**	**60734**	**30856**	**29878**
海棠区	2166	1208	958	10077	5139	4938
吉阳区	2493	1325	1168	10552	5281	5271
天涯区	4295	2366	1929	25649	13236	12413
崖州区	2452	1358	1094	14456	7200	7256
三沙市						
儋州市	**21926**	**12159**	**9767**	**123959**	**60262**	**63697**
五指山市	1366	715	651	10642	5556	5086
琼海市	8967	4862	4105	54361	23920	30441
文昌市	6558	3308	3250	49440	20688	28752
万宁市	12958	6978	5980	69208	30756	38452
东方市	7619	4032	3587	63494	32018	31476
定安县	6743	3582	3161	39503	17401	22102
屯昌县	5700	2920	2780	40073	18046	22027
澄迈县	8331	4347	3984	49053	22192	26861
临高县	8744	4521	4223	47712	21014	26698
白沙黎族自治县	4511	2395	2116	37391	18910	18481
昌江黎族自治县	3035	1623	1412	30231	15515	14716
乐东黎族自治县	11426	6071	5355	82486	39814	42672
陵水黎族自治县	9514	5035	4479	42303	19708	22595
保亭黎族苗族自治县	3537	1841	1696	22829	11545	11284
琼中黎族苗族自治县	4429	2371	2058	32880	16292	16588

1-6c 续表 2

单位：人

地区	初中			高中			大学专科		
	小计	男	女	小计	男	女	小计	男	女
全省	**1919629**	**1098364**	**821265**	**394440**	**256048**	**138392**	**154399**	**89866**	**64533**
海口市	**232364**	**134575**	**97789**	**65773**	**41808**	**23965**	**36022**	**18861**	**17161**
秀英区	57558	34607	22951	13352	9053	4299	4314	2594	1720
龙华区	34439	20183	14256	7996	5165	2831	2468	1478	990
琼山区	81116	45334	35782	26459	16533	9926	10259	5529	4730
美兰区	59251	34451	24800	17966	11057	6909	18981	9260	9721
三亚市	**137938**	**78738**	**59200**	**33579**	**21075**	**12504**	**20767**	**11366**	**9401**
海棠区	25907	14985	10922	7267	4732	2535	4117	2330	1787
吉阳区	29198	16927	12271	7719	4755	2964	7447	3847	3600
天涯区	53754	30555	23199	10931	6860	4071	5843	3299	2544
崖州区	29079	16271	12808	7662	4728	2934	3360	1890	1470
三沙市									
儋州市	**176518**	**108511**	**68007**	**36434**	**24951**	**11483**	**14128**	**9331**	**4797**
五指山市	22845	13222	9623	4367	2856	1511	1334	717	617
琼海市	148884	80718	68166	27325	18223	9102	7605	4582	3023
文昌市	114758	61863	52895	25564	17105	8459	5834	3461	2373
万宁市	162107	88223	73884	40560	26400	14160	10037	6099	3938
东方市	68327	41629	26698	11959	8209	3750	6364	3933	2431
定安县	93837	53523	40314	13008	8715	4293	3658	2206	1452
屯昌县	70518	41811	28707	8281	5167	3114	3162	1902	1260
澄迈县	102370	60089	42281	15049	10173	4876	4453	2830	1623
临高县	110633	63366	47267	15777	10392	5385	4907	3000	1907
白沙黎族自治县	60292	34655	25637	13087	8195	4892	4911	2935	1976
昌江黎族自治县	38584	23373	15211	4776	3334	1442	2251	1495	756
乐东黎族自治县	146390	81965	64425	33705	21552	12153	15458	9455	6003
陵水黎族自治县	120757	67876	52881	21334	12883	8451	5620	3158	2462
保亭黎族苗族自治县	51198	28864	22334	11961	7426	4535	3897	2209	1688
琼中黎族苗族自治县	61309	35363	25946	11901	7584	4317	3991	2326	1665

1-6c　续表 3

单位：人

地　区	大学本科			硕士研究生			博士研究生		
	小计	男	女	小计	男	女	小计	男	女
全省	**92001**	**50140**	**41861**	**3513**	**1686**	**1827**	**415**	**240**	**175**
海口市	**21541**	**11167**	**10374**	**1425**	**704**	**721**	**126**	**66**	**60**
秀英区	3306	1849	1457	359	171	188	32	14	18
龙华区	2012	1151	861	107	51	56	18	8	10
琼山区	6259	3448	2811	362	178	184	26	15	11
美兰区	9964	4719	5245	597	304	293	50	29	21
三亚市	**24372**	**12626**	**11746**	**791**	**340**	**451**	**119**	**68**	**51**
海棠区	1899	1007	892	101	45	56	16	11	5
吉阳区	17507	8982	8525	528	215	313	90	50	40
天涯区	2624	1383	1241	93	41	52	9	5	4
崖州区	2342	1254	1088	69	39	30	4	2	2
三沙市									
儋州市	**8196**	**4920**	**3276**	**146**	**67**	**79**	**20**	**11**	**9**
五指山市	367	216	151	5	1	4	2	2	
琼海市	4388	2365	2023	163	78	85	30	20	10
文昌市	3345	1789	1556	112	58	54	17	10	7
万宁市	4714	2756	1958	167	72	95	29	18	11
东方市	3008	1706	1302	56	25	31	4	3	1
定安县	1600	953	647	57	30	27	6	4	2
屯昌县	1457	839	618	41	23	18	5	3	2
澄迈县	3093	1776	1317	66	35	31	14	9	5
临高县	2546	1567	979	75	34	41	10	5	5
白沙黎族自治县	1934	1066	868	67	40	27	3	2	1
昌江黎族自治县	954	552	402	47	21	26	4	2	2
乐东黎族自治县	4504	2612	1892	112	61	51	8	6	2
陵水黎族自治县	2785	1564	1221	91	49	42	7	4	3
保亭黎族苗族自治县	1553	777	776	41	23	18	6	3	3
琼中黎族苗族自治县	1644	889	755	51	25	26	5	4	1

1-7 各地区分性别的15岁及以上文盲人口

单位：人、%

地 区	15岁及以上人口			文盲人口			文盲人口占15岁及以上人口比重		
	合计	男	女	合计	男	女	合计	男	女
全省	**8067507**	**4244519**	**3822988**	**326988**	**77798**	**249190**	**4.05**	**1.83**	**6.52**
海口市	**2344829**	**1219595**	**1125234**	**43228**	**9924**	**33304**	**1.84**	**0.81**	**2.96**
秀英区	453536	246022	207514	11980	2932	9048	2.64	1.19	4.36
龙华区	653384	339359	314025	10321	2336	7985	1.58	0.69	2.54
琼山区	528582	273523	255059	8871	1958	6913	1.68	0.72	2.71
美兰区	709327	360691	348636	12056	2698	9358	1.70	0.75	2.68
三亚市	**849170**	**455884**	**393286**	**17101**	**4506**	**12595**	**2.01**	**0.99**	**3.20**
海棠区	92496	52335	40161	1326	313	1013	1.43	0.60	2.52
吉阳区	373252	199918	173334	4516	1241	3275	1.21	0.62	1.89
天涯区	289028	152320	136708	8327	2142	6185	2.88	1.41	4.52
崖州区	94394	51311	43083	2932	810	2122	3.11	1.58	4.93
三沙市	**2123**	**1532**	**591**	**1**	**1**		**0.05**	**0.07**	
儋州市	**729164**	**385340**	**343824**	**63385**	**12308**	**51077**	**8.69**	**3.19**	**14.86**
五指山市	92155	48171	43984	3340	783	2557	3.62	1.63	5.81
琼海市	428668	222165	206503	9729	2024	7705	2.27	0.91	3.73
文昌市	459671	232994	226677	13906	2748	11158	3.03	1.18	4.92
万宁市	434046	227160	206886	14988	3442	11546	3.45	1.52	5.58
东方市	348809	184313	164496	37304	10203	27101	10.69	5.54	16.48
定安县	221657	118305	103352	7413	1763	5650	3.34	1.49	5.47
屯昌县	195881	103720	92161	11494	3145	8349	5.87	3.03	9.06
澄迈县	388496	210271	178225	17857	4414	13443	4.60	2.10	7.54
临高县	324859	169675	155184	23353	5365	17988	7.19	3.16	11.59
白沙黎族自治县	129786	69727	60059	7607	2228	5379	5.86	3.20	8.96
昌江黎族自治县	184273	97419	86854	13361	3530	9831	7.25	3.62	11.32
乐东黎族自治县	374700	199876	174824	20475	5917	14558	5.46	2.96	8.33
陵水黎族自治县	291881	155116	136765	10869	2596	8273	3.72	1.67	6.05
保亭黎族苗族自治县	125077	66789	58288	5094	1219	3875	4.07	1.83	6.65
琼中黎族苗族自治县	142262	76467	65795	6483	1682	4801	4.56	2.20	7.30

1—7a 各地区分性别的15岁及以上文盲人口(城市)

单位：人、%

地 区	15岁及以上人口			文盲人口			文盲人口占15岁及以上人口比重		
	合计	男	女	合计	男	女	合计	男	女
全省	**3052800**	**1575785**	**1477015**	**44251**	**10024**	**34227**	**1.45**	**0.64**	**2.32**
海口市	**1701434**	**876120**	**825314**	**17257**	**4131**	**13126**	**1.01**	**0.47**	**1.59**
秀英区	292856	157364	135492	4422	1172	3250	1.51	0.74	2.40
龙华区	575571	297443	278128	4824	1059	3765	0.84	0.36	1.35
琼山区	352082	181082	171000	2724	694	2030	0.77	0.38	1.19
美兰区	480925	240231	240694	5287	1206	4081	1.10	0.50	1.70
三亚市	**576502**	**305415**	**271087**	**8410**	**2053**	**6357**	**1.46**	**0.67**	**2.35**
海棠区	41038	22985	18053	587	142	445	1.43	0.62	2.46
吉阳区	299798	159790	140008	3323	909	2414	1.11	0.57	1.72
天涯区	192952	99505	93447	3336	704	2632	1.73	0.71	2.82
崖州区	42714	23135	19579	1164	298	866	2.73	1.29	4.42
三沙市									
儋州市	**213327**	**109846**	**103481**	**6106**	**952**	**5154**	**2.86**	**0.87**	**4.98**
五指山市	42841	21093	21748	505	119	386	1.18	0.56	1.77
琼海市	144390	73472	70918	835	184	651	0.58	0.25	0.92
文昌市	134030	65848	68182	2001	393	1608	1.49	0.60	2.36
万宁市	89502	45813	43689	1207	246	961	1.35	0.54	2.20
东方市	150774	78178	72596	7930	1946	5984	5.26	2.49	8.24
定安县									
屯昌县									
澄迈县									
临高县									
白沙黎族自治县									
昌江黎族自治县									
乐东黎族自治县									
陵水黎族自治县									
保亭黎族苗族自治县									
琼中黎族苗族自治县									

1-7b 各地区分性别的15岁及以上文盲人口(镇)

单位：人、%

地　区	15岁及以上人口			文盲人口			文盲人口占15岁及以上人口比重		
	合计	男	女	合计	男	女	合计	男	女
全省	**1830760**	**956440**	**874320**	**80547**	**18655**	**61892**	**4.40**	**1.95**	**7.08**
海口市	**213556**	**112156**	**101400**	**6117**	**1395**	**4722**	**2.86**	**1.24**	**4.66**
秀英区	62844	33833	29011	2408	572	1836	3.83	1.69	6.33
龙华区	17450	9450	8000	897	201	696	5.14	2.13	8.70
琼山区	30428	15128	15300	784	172	612	2.58	1.14	4.00
美兰区	102834	53745	49089	2028	450	1578	1.97	0.84	3.21
三亚市	**23040**	**12311**	**10729**	**633**	**138**	**495**	**2.75**	**1.12**	**4.61**
海棠区	7809	4331	3478	130	17	113	1.66	0.39	3.25
吉阳区	6447	3476	2971	82	24	58	1.27	0.69	1.95
天涯区	7640	3927	3713	371	91	280	4.86	2.32	7.54
崖州区	1144	577	567	50	6	44	4.37	1.04	7.76
三沙市	**2123**	**1532**	**591**	**1**	**1**		**0.05**	**0.07**	
儋州市	**183729**	**97550**	**86179**	**18054**	**4087**	**13967**	**9.83**	**4.19**	**16.21**
五指山市	13622	7179	6443	493	111	382	3.62	1.55	5.93
琼海市	67824	35050	32774	1877	351	1526	2.77	1.00	4.66
文昌市	144157	73679	70478	4606	1020	3586	3.20	1.38	5.09
万宁市	88948	46560	42388	2995	694	2301	3.37	1.49	5.43
东方市	51141	27124	24017	6085	1536	4549	11.90	5.66	18.94
定安县	91051	47694	43357	1706	435	1271	1.87	0.91	2.93
屯昌县	87052	44991	42061	2197	521	1676	2.52	1.16	3.98
澄迈县	235756	126487	109269	8733	2131	6602	3.70	1.68	6.04
临高县	161770	83211	78559	10279	2315	7964	6.35	2.78	10.14
白沙黎族自治县	25558	12867	12691	674	206	468	2.64	1.60	3.69
昌江黎族自治县	110905	56861	54044	4887	960	3927	4.41	1.69	7.27
乐东黎族自治县	117716	61620	56096	4875	1256	3619	4.14	2.04	6.45
陵水黎族自治县	124479	64540	59939	4222	993	3229	3.39	1.54	5.39
保亭黎族苗族自治县	44026	22339	21687	1191	272	919	2.71	1.22	4.24
琼中黎族苗族自治县	44307	22689	21618	922	233	689	2.08	1.03	3.19

1-7c　各地区分性别的15岁及以上文盲人口(乡村)

单位：人、%

地　区	15岁及以上人口			文盲人口			文盲人口占15岁及以上人口比重		
	合计	男	女	合计	男	女	合计	男	女
全省	**3183947**	**1712294**	**1471653**	**202190**	**49119**	**153071**	**6.35**	**2.87**	**10.40**
海口市	**429839**	**231319**	**198520**	**19854**	**4398**	**15456**	**4.62**	**1.90**	**7.79**
秀英区	97836	54825	43011	5150	1188	3962	5.26	2.17	9.21
龙华区	60363	32466	27897	4600	1076	3524	7.62	3.31	12.63
琼山区	146072	77313	68759	5363	1092	4271	3.67	1.41	6.21
美兰区	125568	66715	58853	4741	1042	3699	3.78	1.56	6.29
三亚市	**249628**	**138158**	**111470**	**8058**	**2315**	**5743**	**3.23**	**1.68**	**5.15**
海棠区	43649	25019	18630	609	154	455	1.40	0.62	2.44
吉阳区	67007	36652	30355	1111	308	803	1.66	0.84	2.65
天涯区	88436	48888	39548	4620	1347	3273	5.22	2.76	8.28
崖州区	50536	27599	22937	1718	506	1212	3.40	1.83	5.28
三沙市									
儋州市	**332108**	**177944**	**154164**	**39225**	**7269**	**31956**	**11.81**	**4.08**	**20.73**
五指山市	35692	19899	15793	2342	553	1789	6.56	2.78	11.33
琼海市	216454	113643	102811	7017	1489	5528	3.24	1.31	5.38
文昌市	181484	93467	88017	7299	1335	5964	4.02	1.43	6.78
万宁市	255596	134787	120809	10786	2502	8284	4.22	1.86	6.86
东方市	146894	79011	67883	23289	6721	16568	15.85	8.51	24.41
定安县	130606	70611	59995	5707	1328	4379	4.37	1.88	7.30
屯昌县	108829	58729	50100	9297	2624	6673	8.54	4.47	13.32
澄迈县	152740	83784	68956	9124	2283	6841	5.97	2.72	9.92
临高县	163089	86464	76625	13074	3050	10024	8.02	3.53	13.08
白沙黎族自治县	104228	56860	47368	6933	2022	4911	6.65	3.56	10.37
昌江黎族自治县	73368	40558	32810	8474	2570	5904	11.55	6.34	17.99
乐东黎族自治县	256984	138256	118728	15600	4661	10939	6.07	3.37	9.21
陵水黎族自治县	167402	90576	76826	6647	1603	5044	3.97	1.77	6.57
保亭黎族苗族自治县	81051	44450	36601	3903	947	2956	4.82	2.13	8.08
琼中黎族苗族自治县	97955	53778	44177	5561	1449	4112	5.68	2.69	9.31

1-8 各地区家庭户规模

单位：户、%

地 区	家庭户户 数	一人户		二人户		三人户	
		户数	比重	户数	比重	户数	比重
全省	**2961646**	**663799**	**22.41**	**648854**	**21.91**	**589414**	**19.90**
海口市	**874099**	**232472**	**26.60**	**202620**	**23.18**	**179317**	**20.51**
秀英区	166753	40333	24.19	39053	23.42	33786	20.26
龙华区	266353	85350	32.04	62220	23.36	51606	19.38
琼山区	191349	42502	22.21	41750	21.82	40620	21.23
美兰区	249644	64287	25.75	59597	23.87	53305	21.35
三亚市	**289639**	**73439**	**25.36**	**68656**	**23.70**	**53104**	**18.33**
海棠区	25671	3221	12.55	5635	21.95	4708	18.34
吉阳区	131880	39837	30.21	33995	25.78	23861	18.09
天涯区	100496	24568	24.45	22482	22.37	18727	18.63
崖州区	31592	5813	18.40	6544	20.71	5808	18.38
三沙市	**19**	**10**	**52.63**	**6**	**31.58**	**2**	**10.53**
儋州市	**274963**	**58711**	**21.35**	**48997**	**17.82**	**49290**	**17.93**
五指山市	34929	7348	21.04	9046	25.90	7721	22.10
琼海市	161135	35070	21.76	36225	22.48	32436	20.13
文昌市	176384	40884	23.18	43069	24.42	34966	19.82
万宁市	160208	31095	19.41	36543	22.81	33035	20.62
东方市	110065	16337	14.84	21210	19.27	21681	19.70
定安县	91661	21247	23.18	20865	22.76	18188	19.84
屯昌县	77468	15785	20.38	17878	23.08	15878	20.50
澄迈县	141034	29789	21.12	30071	21.32	25888	18.36
临高县	114056	20257	17.76	21535	18.88	22075	19.35
白沙黎族自治县	51159	8848	17.30	11096	21.69	12004	23.46
昌江黎族自治县	69391	13860	19.97	15153	21.84	14761	21.27
乐东黎族自治县	132448	22088	16.68	26375	19.91	28303	21.37
陵水黎族自治县	96090	15928	16.58	14493	15.08	17254	17.96
保亭黎族苗族自治县	49645	9849	19.84	11314	22.79	10752	21.66
琼中黎族苗族自治县	57253	10782	18.83	13702	23.93	12759	22.29

1-8　续表 1

单位：户、%

地　区	四人户		五人户		六人户	
	户数	比重	户数	比重	户数	比重
全省	**521817**	**17.62**	**260663**	**8.80**	**144126**	**4.87**
海口市	**145841**	**16.68**	**62269**	**7.12**	**30309**	**3.47**
秀英区	29635	17.77	12233	7.34	6019	3.61
龙华区	39074	14.67	16482	6.19	7311	2.74
琼山区	36497	19.07	16061	8.39	8362	4.37
美兰区	40635	16.28	17493	7.01	8617	3.45
三亚市	**47358**	**16.35**	**21951**	**7.58**	**11922**	**4.12**
海棠区	5740	22.36	2712	10.56	1689	6.58
吉阳区	18808	14.26	7996	6.06	3784	2.87
天涯区	17056	16.97	8176	8.14	4495	4.47
崖州区	5754	18.21	3067	9.71	1954	6.19
三沙市						
儋州市	**50047**	**18.20**	**31518**	**11.46**	**17532**	**6.38**
五指山市	6756	19.34	2445	7.00	1010	2.89
琼海市	26136	16.22	14475	8.98	9978	6.19
文昌市	26576	15.07	14924	8.46	9320	5.28
万宁市	30098	18.79	14008	8.74	7724	4.82
东方市	23005	20.90	12450	11.31	6912	6.28
定安县	15309	16.70	7997	8.72	4486	4.89
屯昌县	12865	16.61	7149	9.23	4218	5.44
澄迈县	22901	16.24	13010	9.22	8413	5.97
临高县	22399	19.64	13234	11.60	7598	6.66
白沙黎族自治县	9886	19.32	4737	9.26	2710	5.30
昌江黎族自治县	13429	19.35	6215	8.96	3156	4.55
乐东黎族自治县	28017	21.15	14064	10.62	6746	5.09
陵水黎族自治县	20040	20.86	11414	11.88	7560	7.87
保亭黎族苗族自治县	9715	19.57	4148	8.36	2189	4.41
琼中黎族苗族自治县	11439	19.98	4655	8.13	2343	4.09

1-8 续表 2

单位：户、%

地区	七人户		八人户		九人户		十人及以上户	
	户数	比重	户数	比重	户数	比重	户数	比重
全省	**67554**	**2.28**	**30363**	**1.03**	**15807**	**0.53**	**19249**	**0.65**
海口市	**11349**	**1.30**	**4597**	**0.53**	**2423**	**0.28**	**2902**	**0.33**
秀英区	2643	1.58	1274	0.76	747	0.45	1030	0.62
龙华区	2471	0.93	925	0.35	425	0.16	489	0.18
琼山区	3216	1.68	1206	0.63	572	0.30	563	0.29
美兰区	3019	1.21	1192	0.48	679	0.27	820	0.33
三亚市	**6024**	**2.08**	**3118**	**1.08**	**1765**	**0.61**	**2302**	**0.79**
海棠区	885	3.45	459	1.79	269	1.05	353	1.38
吉阳区	1685	1.28	856	0.65	466	0.35	592	0.45
天涯区	2321	2.31	1182	1.18	655	0.65	834	0.83
崖州区	1133	3.59	621	1.97	375	1.19	523	1.66
三沙市							**1**	**5.26**
儋州市	**9173**	**3.34**	**4402**	**1.60**	**2315**	**0.84**	**2978**	**1.08**
五指山市	373	1.07	132	0.38	62	0.18	36	0.10
琼海市	3883	2.41	1487	0.92	756	0.47	689	0.43
文昌市	3829	2.17	1444	0.82	684	0.39	688	0.39
万宁市	3767	2.35	1706	1.06	974	0.61	1258	0.79
东方市	3907	3.55	1992	1.81	1075	0.98	1496	1.36
定安县	2041	2.23	800	0.87	344	0.38	384	0.42
屯昌县	1995	2.58	857	1.11	393	0.51	450	0.58
澄迈县	4977	3.53	2495	1.77	1438	1.02	2052	1.45
临高县	3924	3.44	1624	1.42	694	0.61	716	0.63
白沙黎族自治县	1153	2.25	433	0.85	177	0.35	115	0.22
昌江黎族自治县	1550	2.23	649	0.94	320	0.46	298	0.43
乐东黎族自治县	3388	2.56	1583	1.20	844	0.64	1040	0.79
陵水黎族自治县	4345	4.52	2243	2.33	1240	1.29	1573	1.64
保亭黎族苗族自治县	970	1.95	413	0.83	165	0.33	130	0.26
琼中黎族苗族自治县	906	1.58	388	0.68	138	0.24	141	0.25

1-8a　各地区家庭户规模(城市)

单位：户、%

地　　区	家庭户户　数	一人户		二人户		三人户	
		户数	比重	户数	比重	户数	比重
全省	**1148204**	**318824**	**27.77**	**264608**	**23.05**	**225470**	**19.64**
海口市	**661793**	**187565**	**28.34**	**153336**	**23.17**	**137659**	**20.80**
秀英区	111394	30016	26.95	27241	24.45	22747	20.42
龙华区	235223	77588	32.98	55143	23.44	45698	19.43
琼山区	128848	30310	23.52	26833	20.83	27901	21.65
美兰区	186328	49651	26.65	44119	23.68	41313	22.17
三亚市	**208856**	**61027**	**29.22**	**53441**	**25.59**	**37277**	**17.85**
海棠区	12340	1706	13.82	3115	25.24	2457	19.91
吉阳区	112888	35473	31.42	30142	26.70	20266	17.95
天涯区	70037	21009	30.00	17397	24.84	12305	17.57
崖州区	13591	2839	20.89	2787	20.51	2249	16.55
三沙市							
儋州市	**83656**	**23058**	**27.56**	**14482**	**17.31**	**13836**	**16.54**
五指山市	16029	4325	26.98	4877	30.43	3124	19.49
琼海市	55189	15791	28.61	11634	21.08	10224	18.53
文昌市	49496	13448	27.17	11511	23.26	9514	19.22
万宁市	29632	6121	20.66	6519	22.00	5915	19.96
东方市	43553	7489	17.20	8808	20.22	7921	18.19
定安县							
屯昌县							
澄迈县							
临高县							
白沙黎族自治县							
昌江黎族自治县							
乐东黎族自治县							
陵水黎族自治县							
保亭黎族苗族自治县							
琼中黎族苗族自治县							

1-8a 续表 1

单位：户、%

地区	四人户		五人户		六人户	
	户数	比重	户数	比重	户数	比重
全省	**182125**	**15.86**	**82859**	**7.22**	**41083**	**3.58**
海口市	**106497**	**16.09**	**44476**	**6.72**	**20284**	**3.07**
秀英区	18209	16.35	7371	6.62	3301	2.96
龙华区	33626	14.30	13939	5.93	6037	2.57
琼山区	25147	19.52	10593	8.22	5103	3.96
美兰区	29515	15.84	12573	6.75	5843	3.14
三亚市	**29088**	**13.93**	**13557**	**6.49**	**7086**	**3.39**
海棠区	2162	17.52	1265	10.25	818	6.63
吉阳区	15162	13.43	6319	5.60	2928	2.59
天涯区	9629	13.75	4694	6.70	2445	3.49
崖州区	2135	15.71	1279	9.41	895	6.59
三沙市						
儋州市	**14109**	**16.87**	**8302**	**9.92**	**4507**	**5.39**
五指山市	2292	14.30	847	5.28	366	2.28
琼海市	8574	15.54	4396	7.97	2616	4.74
文昌市	7398	14.95	3914	7.91	2238	4.52
万宁市	5602	18.91	2656	8.96	1367	4.61
东方市	8565	19.67	4711	10.82	2619	6.01
定安县						
屯昌县						
澄迈县						
临高县						
白沙黎族自治县						
昌江黎族自治县						
乐东黎族自治县						
陵水黎族自治县						
保亭黎族苗族自治县						
琼中黎族苗族自治县						

1-8a 续表 2

单位：户、%

地　区	七人户		八人户		九人户		十人及以上户	
	户数	比重	户数	比重	户数	比重	户数	比重
全省	**16372**	**1.43**	**7410**	**0.65**	**4086**	**0.36**	**5367**	**0.47**
海口市	**6524**	**0.99**	**2578**	**0.39**	**1301**	**0.20**	**1573**	**0.24**
秀英区	1147	1.03	530	0.48	328	0.29	504	0.45
龙华区	1837	0.78	687	0.29	299	0.13	369	0.16
琼山区	1732	1.34	657	0.51	299	0.23	273	0.21
美兰区	1808	0.97	704	0.38	375	0.20	427	0.23
三亚市	**3342**	**1.60**	**1753**	**0.84**	**957**	**0.46**	**1328**	**0.64**
海棠区	404	3.27	213	1.73	98	0.79	102	0.83
吉阳区	1219	1.08	615	0.54	324	0.29	440	0.39
天涯区	1158	1.65	601	0.86	326	0.47	473	0.68
崖州区	561	4.13	324	2.38	209	1.54	313	2.30
三沙市								
儋州市	**2356**	**2.82**	**1150**	**1.37**	**737**	**0.88**	**1119**	**1.34**
五指山市	113	0.70	39	0.24	31	0.19	15	0.09
琼海市	1017	1.84	435	0.79	225	0.41	277	0.50
文昌市	840	1.70	318	0.64	157	0.32	158	0.32
万宁市	694	2.34	321	1.08	205	0.69	232	0.78
东方市	1486	3.41	816	1.87	473	1.09	665	1.53
定安县								
屯昌县								
澄迈县								
临高县								
白沙黎族自治县								
昌江黎族自治县								
乐东黎族自治县								
陵水黎族自治县								
保亭黎族苗族自治县								
琼中黎族苗族自治县								

1–8b　各地区家庭户规模(镇)

单位：户、%

地　区	家庭户	一人户		二人户		三人户	
	户　数	户数	比重	户数	比重	户数	比重
全省	**645237**	**136918**	**21.22**	**136788**	**21.20**	**122389**	**18.97**
海口市	**63770**	**14171**	**22.22**	**15294**	**23.98**	**12281**	**19.26**
秀英区	21862	4353	19.91	4957	22.67	4599	21.04
龙华区	6771	1745	25.77	1567	23.14	1207	17.83
琼山区	9836	1965	19.98	2512	25.54	1893	19.25
美兰区	25301	6108	24.14	6258	24.73	4582	18.11
三亚市	**6788**	**1271**	**18.72**	**1486**	**21.89**	**1404**	**20.68**
海棠区	1839	366	19.90	424	23.06	347	18.87
吉阳区	2251	514	22.83	527	23.41	493	21.90
天涯区	2303	328	14.24	441	19.15	467	20.28
崖州区	395	63	15.95	94	23.80	97	24.56
三沙市	**19**	**10**	**52.63**	**6**	**31.58**	**2**	**10.53**
儋州市	**68597**	**16347**	**23.83**	**11872**	**17.31**	**11766**	**17.15**
五指山市	4915	991	20.16	1265	25.74	1102	22.42
琼海市	24594	4797	19.50	5520	22.44	4755	19.33
文昌市	53867	10927	20.29	13323	24.73	10504	19.50
万宁市	32014	6048	18.89	6937	21.67	6312	19.72
东方市	16593	2185	13.17	3116	18.78	3205	19.32
定安县	35721	8695	24.34	7955	22.27	6750	18.90
屯昌县	32108	6596	20.54	6720	20.93	6258	19.49
澄迈县	82367	18277	22.19	17454	21.19	14229	17.28
临高县	52921	8542	16.14	9252	17.48	9548	18.04
白沙黎族自治县	10534	2600	24.68	2177	20.67	2331	22.13
昌江黎族自治县	43194	9768	22.61	9901	22.92	9097	21.06
乐东黎族自治县	41272	8988	21.78	9101	22.05	8577	20.78
陵水黎族自治县	39848	8008	20.10	6107	15.33	6571	16.49
保亭黎族苗族自治县	18374	4610	25.09	4694	25.55	3806	20.71
琼中黎族苗族自治县	17741	4087	23.04	4608	25.97	3891	21.93

1-8b　续表 1　　单位：户、%

地　区	四人户		五人户		六人户	
	户数	比重	户数	比重	户数	比重
全省	**114018**	**17.67**	**61028**	**9.46**	**36001**	**5.58**
海口市	**10728**	**16.82**	**5228**	**8.20**	**3127**	**4.90**
秀英区	4065	18.59	1799	8.23	1006	4.60
龙华区	1158	17.10	564	8.33	271	4.00
琼山区	1524	15.49	869	8.83	580	5.90
美兰区	3981	15.73	1996	7.89	1270	5.02
三亚市	**1274**	**18.77**	**587**	**8.65**	**346**	**5.10**
海棠区	299	16.26	167	9.08	103	5.60
吉阳区	484	21.50	175	7.77	47	2.09
天涯区	433	18.80	216	9.38	171	7.43
崖州区	58	14.68	29	7.34	25	6.33
三沙市						
儋州市	**12206**	**17.79**	**7614**	**11.10**	**4167**	**6.07**
五指山市	912	18.56	355	7.22	166	3.38
琼海市	4060	16.51	2484	10.10	1726	7.02
文昌市	8346	15.49	4928	9.15	3241	6.02
万宁市	6158	19.24	2936	9.17	1731	5.41
东方市	3450	20.79	2044	12.32	1109	6.68
定安县	6068	16.99	3132	8.77	1679	4.70
屯昌县	5813	18.10	3095	9.64	1929	6.01
澄迈县	13363	16.22	7482	9.08	4905	5.96
临高县	10908	20.61	6697	12.65	3960	7.48
白沙黎族自治县	1870	17.75	835	7.93	442	4.20
昌江黎族自治县	7917	18.33	3481	8.06	1635	3.79
乐东黎族自治县	7770	18.83	3378	8.18	1559	3.78
陵水黎族自治县	7126	17.88	4377	10.98	3078	7.72
保亭黎族苗族自治县	3050	16.60	1198	6.52	612	3.33
琼中黎族苗族自治县	2999	16.90	1177	6.63	589	3.32

1-8b 续表 2

单位：户、%

地　区	七人户		八人户		九人户		十人及以上户	
	户数	比重	户数	比重	户数	比重	户数	比重
全省	**18163**	**2.81**	**8761**	**1.36**	**4711**	**0.73**	**6460**	**1.00**
海口市	**1426**	**2.24**	**632**	**0.99**	**362**	**0.57**	**521**	**0.82**
秀英区	497	2.27	247	1.13	138	0.63	201	0.92
龙华区	135	1.99	55	0.81	32	0.47	37	0.55
琼山区	267	2.71	98	1.00	59	0.60	69	0.70
美兰区	527	2.08	232	0.92	133	0.53	214	0.85
三亚市	**172**	**2.53**	**89**	**1.31**	**66**	**0.97**	**93**	**1.37**
海棠区	48	2.61	29	1.58	22	1.20	34	1.85
吉阳区	8	0.36	2	0.09	1	0.04		
天涯区	98	4.26	55	2.39	39	1.69	55	2.39
崖州区	18	4.56	3	0.76	4	1.01	4	1.01
三沙市							**1**	**5.26**
儋州市	**2183**	**3.18**	**1105**	**1.61**	**577**	**0.84**	**760**	**1.11**
五指山市	72	1.46	33	0.67	11	0.22	8	0.16
琼海市	684	2.78	280	1.14	150	0.61	138	0.56
文昌市	1423	2.64	574	1.07	289	0.54	312	0.58
万宁市	866	2.71	428	1.34	241	0.75	357	1.12
东方市	666	4.01	343	2.07	180	1.08	295	1.78
定安县	753	2.11	334	0.94	142	0.40	213	0.60
屯昌县	883	2.75	387	1.21	176	0.55	251	0.78
澄迈县	2883	3.50	1530	1.86	888	1.08	1356	1.65
临高县	2119	4.00	977	1.85	428	0.81	490	0.93
白沙黎族自治县	166	1.58	55	0.52	32	0.30	26	0.25
昌江黎族自治县	750	1.74	314	0.73	172	0.40	159	0.37
乐东黎族自治县	764	1.85	416	1.01	263	0.64	456	1.10
陵水黎族自治县	1897	4.76	1079	2.71	662	1.66	943	2.37
保亭黎族苗族自治县	237	1.29	91	0.50	42	0.23	34	0.19
琼中黎族苗族自治县	219	1.23	94	0.53	30	0.17	47	0.26

1−8c　各地区家庭户规模(乡村)

单位：户、%

地　　区	家庭户户　数	一人户		二人户		三人户	
		户数	比重	户数	比重	户数	比重
全省	**1168205**	**208057**	**17.81**	**247458**	**21.18**	**241555**	**20.68**
海口市	**148536**	**30736**	**20.69**	**33990**	**22.88**	**29377**	**19.78**
秀英区	33497	5964	17.80	6855	20.46	6440	19.23
龙华区	24359	6017	24.70	5510	22.62	4701	19.30
琼山区	52665	10227	19.42	12405	23.55	10826	20.56
美兰区	38015	8528	22.43	9220	24.25	7410	19.49
三亚市	**73995**	**11141**	**15.06**	**13729**	**18.55**	**14423**	**19.49**
海棠区	11492	1149	10.00	2096	18.24	1904	16.57
吉阳区	16741	3850	23.00	3326	19.87	3102	18.53
天涯区	28156	3231	11.48	4644	16.49	5955	21.15
崖州区	17606	2911	16.53	3663	20.81	3462	19.66
三沙市							
儋州市	**122710**	**19306**	**15.73**	**22643**	**18.45**	**23688**	**19.30**
五指山市	13985	2032	14.53	2904	20.77	3495	24.99
琼海市	81352	14482	17.80	19071	23.44	17457	21.46
文昌市	73021	16509	22.61	18235	24.97	14948	20.47
万宁市	98562	18926	19.20	23087	23.42	20808	21.11
东方市	49919	6663	13.35	9286	18.60	10555	21.14
定安县	55940	12552	22.44	12910	23.08	11438	20.45
屯昌县	45360	9189	20.26	11158	24.60	9620	21.21
澄迈县	58667	11512	19.62	12617	21.51	11659	19.87
临高县	61135	11715	19.16	12283	20.09	12527	20.49
白沙黎族自治县	40625	6248	15.38	8919	21.95	9673	23.81
昌江黎族自治县	26197	4092	15.62	5252	20.05	5664	21.62
乐东黎族自治县	91176	13100	14.37	17274	18.95	19726	21.64
陵水黎族自治县	56242	7920	14.08	8386	14.91	10683	18.99
保亭黎族苗族自治县	31271	5239	16.75	6620	21.17	6946	22.21
琼中黎族苗族自治县	39512	6695	16.94	9094	23.02	8868	22.44

1-8c 续表 1

单位：户、%

地区	四人户		五人户		六人户	
	户数	比重	户数	比重	户数	比重
全省	**225674**	**19.32**	**116776**	**10.00**	**67042**	**5.74**
海口市	**28616**	**19.27**	**12565**	**8.46**	**6898**	**4.64**
秀英区	7361	21.98	3063	9.14	1712	5.11
龙华区	4290	17.61	1979	8.12	1003	4.12
琼山区	9826	18.66	4599	8.73	2679	5.09
美兰区	7139	18.78	2924	7.69	1504	3.96
三亚市	**16996**	**22.97**	**7807**	**10.55**	**4490**	**6.07**
海棠区	3279	28.53	1280	11.14	768	6.68
吉阳区	3162	18.89	1502	8.97	809	4.83
天涯区	6994	24.84	3266	11.60	1879	6.67
崖州区	3561	20.23	1759	9.99	1034	5.87
三沙市						
儋州市	**23732**	**19.34**	**15602**	**12.71**	**8858**	**7.22**
五指山市	3552	25.40	1243	8.89	478	3.42
琼海市	13502	16.60	7595	9.34	5636	6.93
文昌市	10832	14.83	6082	8.33	3841	5.26
万宁市	18338	18.61	8416	8.54	4626	4.69
东方市	10990	22.02	5695	11.41	3184	6.38
定安县	9241	16.52	4865	8.70	2807	5.02
屯昌县	7052	15.55	4054	8.94	2289	5.05
澄迈县	9538	16.26	5528	9.42	3508	5.98
临高县	11491	18.80	6537	10.69	3638	5.95
白沙黎族自治县	8016	19.73	3902	9.60	2268	5.58
昌江黎族自治县	5512	21.04	2734	10.44	1521	5.81
乐东黎族自治县	20247	22.21	10686	11.72	5187	5.69
陵水黎族自治县	12914	22.96	7037	12.51	4482	7.97
保亭黎族苗族自治县	6665	21.31	2950	9.43	1577	5.04
琼中黎族苗族自治县	8440	21.36	3478	8.80	1754	4.44

1-8c 续表 2

单位：户、%

地 区	七人户		八人户		九人户		十人及以上户	
	户数	比重	户数	比重	户数	比重	户数	比重
全省	**33019**	**2.83**	**14192**	**1.21**	**7010**	**0.60**	**7422**	**0.64**
海口市	**3399**	**2.29**	**1387**	**0.93**	**760**	**0.51**	**808**	**0.54**
秀英区	999	2.98	497	1.48	281	0.84	325	0.97
龙华区	499	2.05	183	0.75	94	0.39	83	0.34
琼山区	1217	2.31	451	0.86	214	0.41	221	0.42
美兰区	684	1.80	256	0.67	171	0.45	179	0.47
三亚市	**2510**	**3.39**	**1276**	**1.72**	**742**	**1.00**	**881**	**1.19**
海棠区	433	3.77	217	1.89	149	1.30	217	1.89
吉阳区	458	2.74	239	1.43	141	0.84	152	0.91
天涯区	1065	3.78	526	1.87	290	1.03	306	1.09
崖州区	554	3.15	294	1.67	162	0.92	206	1.17
三沙市								
儋州市	**4634**	**3.78**	**2147**	**1.75**	**1001**	**0.82**	**1099**	**0.90**
五指山市	188	1.34	60	0.43	20	0.14	13	0.09
琼海市	2182	2.68	772	0.95	381	0.47	274	0.34
文昌市	1566	2.14	552	0.76	238	0.33	218	0.30
万宁市	2207	2.24	957	0.97	528	0.54	669	0.68
东方市	1755	3.52	833	1.67	422	0.85	536	1.07
定安县	1288	2.30	466	0.83	202	0.36	171	0.31
屯昌县	1112	2.45	470	1.04	217	0.48	199	0.44
澄迈县	2094	3.57	965	1.64	550	0.94	696	1.19
临高县	1805	2.95	647	1.06	266	0.44	226	0.37
白沙黎族自治县	987	2.43	378	0.93	145	0.36	89	0.22
昌江黎族自治县	800	3.05	335	1.28	148	0.56	139	0.53
乐东黎族自治县	2624	2.88	1167	1.28	581	0.64	584	0.64
陵水黎族自治县	2448	4.35	1164	2.07	578	1.03	630	1.12
保亭黎族苗族自治县	733	2.34	322	1.03	123	0.39	96	0.31
琼中黎族苗族自治县	687	1.74	294	0.74	108	0.27	94	0.24

1-9 各地区家庭户类别

单位：户、%

地 区	家庭户 户 数	一代户 户数	一代户 比重	二代户 户数	二代户 比重
全省	**2961646**	**1197762**	**40.44**	**1255462**	**42.39**
海口市	**874099**	**404316**	**46.26**	**357284**	**40.87**
秀英区	166753	73490	44.07	71270	42.74
龙华区	266353	138696	52.07	100543	37.75
琼山区	191349	78376	40.96	83057	43.41
美兰区	249644	113754	45.57	102414	41.02
三亚市	**289639**	**137641**	**47.52**	**109455**	**37.79**
海棠区	25671	9156	35.67	10653	41.50
吉阳区	131880	70323	53.32	47020	35.65
天涯区	100496	45900	45.67	39562	39.37
崖州区	31592	12262	38.81	12220	38.68
三沙市	**19**	**18**	**94.74**	**1**	**5.26**
儋州市	**274963**	**96786**	**35.20**	**121228**	**44.09**
五指山市	34929	14398	41.22	16858	48.26
琼海市	161135	64555	40.06	60152	37.33
文昌市	176384	75973	43.07	64172	36.38
万宁市	160208	59656	37.24	71470	44.61
东方市	110065	33483	30.42	53519	48.62
定安县	91661	37642	41.07	38366	41.86
屯昌县	77468	29877	38.57	33646	43.43
澄迈县	141034	54818	38.87	56672	40.18
临高县	114056	36660	32.14	54006	47.35
白沙黎族自治县	51159	17645	34.49	24113	47.13
昌江黎族自治县	69391	25190	36.30	32203	46.41
乐东黎族自治县	132448	41975	31.69	68330	51.59
陵水黎族自治县	96090	27052	28.15	43098	44.85
保亭黎族苗族自治县	49645	18732	37.73	23004	46.34
琼中黎族苗族自治县	57253	21345	37.28	27885	48.70

1-9　续表　　　　　　　　　　　　　　　　　　　　　　　　单位：户、%

地　区	三代户		四代户		五代及以上户	
	户数	比重	户数	比重	户数	比重
全省	**490557**	**16.56**	**17848**	**0.60**	**17**	
海口市	**109905**	**12.57**	**2594**	**0.30**		
秀英区	21508	12.90	485	0.29		
龙华区	26626	10.00	488	0.18		
琼山区	29054	15.18	862	0.45		
美兰区	32717	13.11	759	0.30		
三亚市	**41478**	**14.32**	**1064**	**0.37**	**1**	
海棠区	5649	22.01	213	0.83		
吉阳区	14295	10.84	242	0.18		
天涯区	14653	14.58	380	0.38	1	
崖州区	6881	21.78	229	0.72		
三沙市						
儋州市	**54339**	**19.76**	**2609**	**0.95**	**1**	
五指山市	3592	10.28	81	0.23		
琼海市	34626	21.49	1799	1.12	3	
文昌市	34590	19.61	1649	0.93		
万宁市	27828	17.37	1252	0.78	2	
东方市	22270	20.23	791	0.72	2	
定安县	15106	16.48	546	0.60	1	
屯昌县	13433	17.34	510	0.66	2	
澄迈县	28350	20.10	1193	0.85	1	
临高县	22843	20.03	547	0.48		
白沙黎族自治县	9106	17.80	295	0.58		
昌江黎族自治县	11618	16.74	380	0.55		
乐东黎族自治县	21392	16.15	751	0.57		
陵水黎族自治县	24649	25.65	1287	1.34	4	
保亭黎族苗族自治县	7652	15.41	257	0.52		
琼中黎族苗族自治县	7780	13.59	243	0.42		

1-9a 各地区家庭户类别(城市)

单位：户、%

地区	家庭户	一代户		二代户	
	户数	户数	比重	户数	比重
全省	**1148204**	**539450**	**46.98**	**456106**	**39.72**
海口市	**661793**	**313940**	**47.44**	**270688**	**40.90**
秀英区	111394	52406	47.05	46759	41.98
龙华区	235223	124501	52.93	87318	37.12
琼山区	128848	52263	40.56	58752	45.60
美兰区	186328	84770	45.50	77859	41.79
三亚市	**208856**	**108504**	**51.95**	**74328**	**35.59**
海棠区	12340	3977	32.23	5500	44.57
吉阳区	112888	61986	54.91	39365	34.87
天涯区	70037	37252	53.19	24564	35.07
崖州区	13591	5289	38.92	4899	36.05
三沙市					
儋州市	**83656**	**35255**	**42.14**	**33683**	**40.26**
五指山市	16029	8398	52.39	6145	38.34
琼海市	55189	24963	45.23	20331	36.84
文昌市	49496	22883	46.23	17769	35.90
万宁市	29632	10957	36.98	13107	44.23
东方市	43553	14550	33.41	20055	46.05
定安县					
屯昌县					
澄迈县					
临高县					
白沙黎族自治县					
昌江黎族自治县					
乐东黎族自治县					
陵水黎族自治县					
保亭黎族苗族自治县					
琼中黎族苗族自治县					

1-9a　续表

单位：户、%

地　区	三代户		四代户		五代及以上户	
	户数	比重	户数	比重	户数	比重
全省	**148954**	**12.97**	**3693**	**0.32**	**1**	
海口市	**75837**	**11.46**	**1328**	**0.20**		
秀英区	12007	10.78	222	0.20		
龙华区	23039	9.79	365	0.16		
琼山区	17474	13.56	359	0.28		
美兰区	23317	12.51	382	0.21		
三亚市	**25439**	**12.18**	**585**	**0.28**		
海棠区	2785	22.57	78	0.63		
吉阳区	11350	10.05	187	0.17		
天涯区	8021	11.45	200	0.29		
崖州区	3283	24.16	120	0.88		
三沙市						
儋州市	**14085**	**16.84**	**633**	**0.76**		
五指山市	1464	9.13	22	0.14		
琼海市	9570	17.34	325	0.59		
文昌市	8522	17.22	322	0.65		
万宁市	5365	18.11	203	0.69		
东方市	8672	19.91	275	0.63	1	
定安县						
屯昌县						
澄迈县						
临高县						
白沙黎族自治县						
昌江黎族自治县						
乐东黎族自治县						
陵水黎族自治县						
保亭黎族苗族自治县						
琼中黎族苗族自治县						

1-9b 各地区家庭户类别(镇)

单位：户、%

地区	家庭户户数	一代户		二代户	
		户数	比重	户数	比重
全省	**645237**	**243032**	**37.67**	**275181**	**42.65**
海口市	**63770**	**26352**	**41.32**	**26432**	**41.45**
秀英区	21862	7875	36.02	10165	46.50
龙华区	6771	2917	43.08	3051	45.06
琼山区	9836	3940	40.06	3846	39.10
美兰区	25301	11620	45.93	9370	37.03
三亚市	**6788**	**2499**	**36.81**	**2949**	**43.44**
海棠区	1839	713	38.77	750	40.78
吉阳区	2251	1007	44.74	1027	45.62
天涯区	2303	648	28.14	1011	43.90
崖州区	395	131	33.16	161	40.76
三沙市	**19**	**18**	**94.74**	**1**	**5.26**
儋州市	**68597**	**25729**	**37.51**	**29279**	**42.68**
五指山市	4915	1944	39.55	2348	47.77
琼海市	24594	9196	37.39	9191	37.37
文昌市	53867	21622	40.14	20089	37.29
万宁市	32014	11488	35.88	14528	45.38
东方市	16593	4669	28.14	8279	49.89
定安县	35721	14748	41.29	14833	41.52
屯昌县	32108	11673	36.36	14148	44.06
澄迈县	82367	32682	39.68	32601	39.58
临高县	52921	15284	28.88	25251	47.71
白沙黎族自治县	10534	4197	39.84	4772	45.30
昌江黎族自治县	43194	17167	39.74	19381	44.87
乐东黎族自治县	41272	15487	37.52	19807	47.99
陵水黎族自治县	39848	12388	31.09	15862	39.81
保亭黎族苗族自治县	18374	8283	45.08	7639	41.58
琼中黎族苗族自治县	17741	7606	42.87	7791	43.92

1-9b　续表　　单位：户、%

地　区	三代户		四代户		五代及以上户	
	户数	比重	户数	比重	户数	比重
全省	**122131**	**18.93**	**4886**	**0.76**	**7**	
海口市	**10629**	**16.67**	**357**	**0.56**		
秀英区	3726	17.04	96	0.44		
龙华区	786	11.61	17	0.25		
琼山区	1961	19.94	89	0.90		
美兰区	4156	16.43	155	0.61		
三亚市	**1300**	**19.15**	**40**	**0.59**		
海棠区	360	19.58	16	0.87		
吉阳区	213	9.46	4	0.18		
天涯区	628	27.27	16	0.69		
崖州区	99	25.06	4	1.01		
三沙市						
儋州市	**12980**	**18.92**	**609**	**0.89**		
五指山市	609	12.39	14	0.28		
琼海市	5881	23.91	324	1.32	2	0.01
文昌市	11595	21.53	561	1.04		
万宁市	5726	17.89	271	0.85	1	
东方市	3531	21.28	113	0.68	1	0.01
定安县	5931	16.60	209	0.59		
屯昌县	6086	18.95	200	0.62	1	
澄迈县	16377	19.88	706	0.86	1	
临高县	12087	22.84	299	0.56		
白沙黎族自治县	1535	14.57	30	0.28		
昌江黎族自治县	6466	14.97	180	0.42		
乐东黎族自治县	5785	14.02	193	0.47		
陵水黎族自治县	10962	27.51	635	1.59	1	
保亭黎族苗族自治县	2371	12.90	81	0.44		
琼中黎族苗族自治县	2280	12.85	64	0.36		

1-9c 各地区家庭户类别(乡村)

单位：户、%

地 区	家庭户 户 数	一代户 户数	一代户 比重	二代户 户数	二代户 比重
全省	**1168205**	**415280**	**35.55**	**524175**	**44.87**
海口市	**148536**	**64024**	**43.10**	**60164**	**40.50**
秀英区	33497	13209	39.43	14346	42.83
龙华区	24359	11278	46.30	10174	41.77
琼山区	52665	22173	42.10	20459	38.85
美兰区	38015	17364	45.68	15185	39.94
三亚市	**73995**	**26638**	**36.00**	**32178**	**43.49**
海棠区	11492	4466	38.86	4403	38.31
吉阳区	16741	7330	43.78	6628	39.59
天涯区	28156	8000	28.41	13987	49.68
崖州区	17606	6842	38.86	7160	40.67
三沙市					
儋州市	**122710**	**35802**	**29.18**	**58266**	**47.48**
五指山市	13985	4056	29.00	8365	59.81
琼海市	81352	30396	37.36	30630	37.65
文昌市	73021	31468	43.09	26314	36.04
万宁市	98562	37211	37.75	43835	44.47
东方市	49919	14264	28.57	25185	50.45
定安县	55940	22894	40.93	23533	42.07
屯昌县	45360	18204	40.13	19498	42.99
澄迈县	58667	22136	37.73	24071	41.03
临高县	61135	21376	34.97	28755	47.04
白沙黎族自治县	40625	13448	33.10	19341	47.61
昌江黎族自治县	26197	8023	30.63	12822	48.94
乐东黎族自治县	91176	26488	29.05	48523	53.22
陵水黎族自治县	56242	14664	26.07	27236	48.43
保亭黎族苗族自治县	31271	10449	33.41	15365	49.13
琼中黎族苗族自治县	39512	13739	34.77	20094	50.86

1-9c　续表　　　　单位：户、%

地　区	三代户		四代户		五代及以上户	
	户数	比重	户数	比重	户数	比重
全省	**219472**	**18.79**	**9269**	**0.79**	**9**	
海口市	**23439**	**15.78**	**909**	**0.61**		
秀英区	5775	17.24	167	0.50		
龙华区	2801	11.50	106	0.44		
琼山区	9619	18.26	414	0.79		
美兰区	5244	13.79	222	0.58		
三亚市	**14739**	**19.92**	**439**	**0.59**	**1**	
海棠区	2504	21.79	119	1.04		
吉阳区	2732	16.32	51	0.30		
天涯区	6004	21.32	164	0.58	1	
崖州区	3499	19.87	105	0.60		
三沙市						
儋州市	**27274**	**22.23**	**1367**	**1.11**	**1**	
五指山市	1519	10.86	45	0.32		
琼海市	19175	23.57	1150	1.41	1	
文昌市	14473	19.82	766	1.05		
万宁市	16737	16.98	778	0.79	1	
东方市	10067	20.17	403	0.81		
定安县	9175	16.40	337	0.60	1	
屯昌县	7347	16.20	310	0.68	1	
澄迈县	11973	20.41	487	0.83		
临高县	10756	17.59	248	0.41		
白沙黎族自治县	7571	18.64	265	0.65		
昌江黎族自治县	5152	19.67	200	0.76		
乐东黎族自治县	15607	17.12	558	0.61		
陵水黎族自治县	13687	24.34	652	1.16	3	0.01
保亭黎族苗族自治县	5281	16.89	176	0.56		
琼中黎族苗族自治县	5500	13.92	179	0.45		

1-10 各地区分性别、月份的出生人口
(2019.11.1-2020.10.31)

单位：人

地区	出生人口			2019年11月		
	合计	男	女	小计	男	女
全省	**104128**	**57303**	**46825**	**10783**	**5925**	**4858**
海口市	**28991**	**15969**	**13022**	**3044**	**1663**	**1381**
秀英区	6317	3499	2818	659	361	298
龙华区	7786	4258	3528	811	437	374
琼山区	6758	3751	3007	726	420	306
美兰区	8130	4461	3669	848	445	403
三亚市	**10490**	**5701**	**4789**	**1087**	**620**	**467**
海棠区	1077	602	475	132	79	53
吉阳区	4229	2260	1969	436	247	189
天涯区	3767	2061	1706	387	222	165
崖州区	1417	778	639	132	72	60
三沙市	**8**	**3**	**5**	**2**	**1**	**1**
儋州市	**11668**	**6544**	**5124**	**1273**	**708**	**565**
五指山市	897	469	428	90	50	40
琼海市	4885	2739	2146	512	273	239
文昌市	5095	2818	2277	473	257	216
万宁市	5733	3101	2632	575	316	259
东方市	5189	2817	2372	513	287	226
定安县	2938	1671	1267	282	160	122
屯昌县	2775	1539	1236	278	138	140
澄迈县	5800	3130	2670	561	329	232
临高县	4330	2398	1932	447	245	202
白沙黎族自治县	1495	828	667	164	95	69
昌江黎族自治县	2474	1381	1093	245	122	123
乐东黎族自治县	4502	2476	2026	502	266	236
陵水黎族自治县	3373	1871	1502	364	198	166
保亭黎族苗族自治县	1661	881	780	163	84	79
琼中黎族苗族自治县	1824	967	857	208	113	95

1-10　续表 1　　　　单位：人

地区	2019年12月			2020年1月		
	小计	男	女	小计	男	女
全省	**9998**	**5455**	**4543**	**9253**	**5113**	**4140**
海口市	**2845**	**1539**	**1306**	**2641**	**1477**	**1164**
秀英区	658	353	305	546	319	227
龙华区	756	411	345	715	385	330
琼山区	638	331	307	603	349	254
美兰区	793	444	349	777	424	353
三亚市	**1006**	**530**	**476**	**905**	**498**	**407**
海棠区	101	52	49	85	50	35
吉阳区	450	237	213	372	210	162
天涯区	334	181	153	313	165	148
崖州区	121	60	61	135	73	62
三沙市	**1**		**1**			
儋州市	**1098**	**642**	**456**	**993**	**525**	**468**
五指山市	81	34	47	73	41	32
琼海市	435	250	185	432	251	181
文昌市	524	309	215	431	242	189
万宁市	550	289	261	509	257	252
东方市	427	223	204	478	259	219
定安县	305	159	146	285	177	108
屯昌县	271	159	112	261	159	102
澄迈县	539	263	276	508	276	232
临高县	426	217	209	358	202	156
白沙黎族自治县	141	87	54	111	62	49
昌江黎族自治县	243	154	89	207	109	98
乐东黎族自治县	425	241	184	453	245	208
陵水黎族自治县	362	198	164	314	171	143
保亭黎族苗族自治县	137	58	79	161	96	65
琼中黎族苗族自治县	182	103	79	133	66	67

1—10 续表 2

单位：人

地　区	2020年2月			2020年3月			2020年4月		
	小计	男	女	小计	男	女	小计	男	女
全省	**8376**	**4679**	**3697**	**8405**	**4631**	**3774**	**8362**	**4570**	**3792**
海口市	**2283**	**1231**	**1052**	**2274**	**1242**	**1032**	**2355**	**1312**	**1043**
秀英区	510	303	207	527	301	226	539	295	244
龙华区	638	319	319	569	299	270	649	352	297
琼山区	524	288	236	534	302	232	554	316	238
美兰区	611	321	290	644	340	304	613	349	264
三亚市	**823**	**481**	**342**	**847**	**456**	**391**	**808**	**423**	**385**
海棠区	83	53	30	91	47	44	81	42	39
吉阳区	321	174	147	373	214	159	306	150	156
天涯区	304	185	119	293	148	145	302	157	145
崖州区	115	69	46	90	47	43	119	74	45
三沙市	**2**		**2**						
儋州市	**1026**	**580**	**446**	**1019**	**583**	**436**	**921**	**515**	**406**
五指山市	65	38	27	57	30	27	75	39	36
琼海市	428	245	183	368	212	156	393	211	182
文昌市	421	239	182	457	246	211	382	204	178
万宁市	458	260	198	481	265	216	474	251	223
东方市	425	227	198	408	221	187	436	240	196
定安县	236	138	98	222	129	93	229	127	102
屯昌县	220	124	96	241	139	102	202	111	91
澄迈县	458	251	207	439	256	183	467	255	212
临高县	350	209	141	327	176	151	354	192	162
白沙黎族自治县	107	65	42	140	78	62	114	57	57
昌江黎族自治县	174	101	73	198	109	89	198	113	85
乐东黎族自治县	364	198	166	368	198	170	368	198	170
陵水黎族自治县	294	159	135	284	147	137	279	156	123
保亭黎族苗族自治县	119	58	61	137	71	66	143	73	70
琼中黎族苗族自治县	123	75	48	138	73	65	164	93	71

1-10 续表 3 单位：人

地区	2020年5月			2020年6月			2020年7月		
	小计	男	女	小计	男	女	小计	男	女
全省	**8620**	**4749**	**3871**	**8293**	**4459**	**3834**	**8755**	**4778**	**3977**
海口市	**2353**	**1305**	**1048**	**2312**	**1256**	**1056**	**2473**	**1359**	**1114**
秀英区	515	277	238	525	271	254	549	314	235
龙华区	637	356	281	621	364	257	631	344	287
琼山区	538	292	246	523	275	248	597	337	260
美兰区	663	380	283	643	346	297	696	364	332
三亚市	**860**	**467**	**393**	**839**	**434**	**405**	**901**	**493**	**408**
海棠区	88	53	35	70	42	28	98	46	52
吉阳区	337	184	153	355	169	186	354	187	167
天涯区	327	173	154	291	154	137	321	195	126
崖州区	108	57	51	123	69	54	128	65	63
三沙市	**1**		**1**						
儋州市	**969**	**555**	**414**	**905**	**482**	**423**	**938**	**528**	**410**
五指山市	67	33	34	76	42	34	79	39	40
琼海市	438	235	203	356	194	162	418	249	169
文昌市	429	237	192	394	209	185	441	232	209
万宁市	503	268	235	479	247	232	471	262	209
东方市	434	224	210	440	245	195	426	222	204
定安县	249	149	100	223	124	99	199	92	107
屯昌县	229	131	98	222	113	109	221	130	91
澄迈县	453	224	229	484	259	225	468	231	237
临高县	379	206	173	353	189	164	352	204	148
白沙黎族自治县	117	60	57	108	55	53	133	70	63
昌江黎族自治县	201	121	80	192	99	93	213	115	98
乐东黎族自治县	399	235	164	348	196	152	400	209	191
陵水黎族自治县	278	148	130	284	173	111	311	178	133
保亭黎族苗族自治县	140	86	54	127	75	52	154	74	80
琼中黎族苗族自治县	121	65	56	151	67	84	157	91	66

1-10 续表 4

单位：人

地　区	2020年8月			2020年9月			2020年10月		
	小计	男	女	小计	男	女	小计	男	女
全省	**8735**	**4852**	**3883**	**7424**	**4118**	**3306**	**7124**	**3974**	**3150**
海口市	**2464**	**1383**	**1081**	**2058**	**1158**	**900**	**1889**	**1044**	**845**
秀英区	512	294	218	417	227	190	360	184	176
龙华区	683	392	291	565	308	257	511	291	220
琼山区	568	295	273	490	282	208	463	264	199
美兰区	701	402	299	586	341	245	555	305	250
三亚市	**884**	**474**	**410**	**774**	**409**	**365**	**756**	**416**	**340**
海棠区	89	53	36	92	49	43	67	36	31
吉阳区	312	156	156	315	167	148	298	165	133
天涯区	345	185	160	270	142	128	280	154	126
崖州区	138	80	58	97	51	46	111	61	50
三沙市	**1**	**1**		**1**	**1**				
儋州市	**904**	**509**	**395**	**858**	**476**	**382**	**764**	**441**	**323**
五指山市	77	38	39	75	41	34	82	44	38
琼海市	403	220	183	377	210	167	325	189	136
文昌市	436	260	176	386	215	171	321	168	153
万宁市	472	250	222	389	233	156	372	203	169
东方市	467	260	207	411	234	177	324	175	149
定安县	276	157	119	202	114	88	230	145	85
屯昌县	219	112	107	180	97	83	231	126	105
澄迈县	516	272	244	438	245	193	469	269	200
临高县	377	225	152	273	139	134	334	194	140
白沙黎族自治县	122	73	49	98	56	42	140	70	70
昌江黎族自治县	222	116	106	211	115	96	170	107	63
乐东黎族自治县	346	199	147	254	143	111	275	148	127
陵水黎族自治县	256	157	99	174	93	81	173	93	80
保亭黎族苗族自治县	140	73	67	123	63	60	117	70	47
琼中黎族苗族自治县	153	73	80	142	76	66	152	72	80

1-10a 各地区分性别、月份的出生人口 (2019.11.1-2020.10.31)(城市)

单位：人

地 区	出生人口			2019年11月		
	合计	男	女	小计	男	女
全省	**37243**	**20584**	**16659**	**3970**	**2180**	**1790**
海口市	**20527**	**11302**	**9225**	**2170**	**1173**	**997**
秀英区	3804	2094	1710	390	211	179
龙华区	6713	3675	3038	699	370	329
琼山区	4455	2477	1978	466	265	201
美兰区	5555	3056	2499	615	327	288
三亚市	**6981**	**3813**	**3168**	**751**	**428**	**323**
海棠区	499	278	221	70	37	33
吉阳区	3477	1848	1629	357	205	152
天涯区	2369	1326	1043	260	152	108
崖州区	636	361	275	64	34	30
三沙市						
儋州市	**3150**	**1792**	**1358**	**379**	**215**	**164**
五指山市	397	207	190	32	21	11
琼海市	1659	918	741	185	95	90
文昌市	1388	799	589	148	75	73
万宁市	1082	626	456	109	57	52
东方市	2059	1127	932	196	116	80
定安县						
屯昌县						
澄迈县						
临高县						
白沙黎族自治县						
昌江黎族自治县						
乐东黎族自治县						
陵水黎族自治县						
保亭黎族苗族自治县						
琼中黎族苗族自治县						

1-10a　续表 1　　　　单位：人

地　区	2019年12月			2020年1月		
	小计	男	女	小计	男	女
全省	**3663**	**1978**	**1685**	**3463**	**1920**	**1543**
海口市	**2037**	**1090**	**947**	**1916**	**1048**	**868**
秀英区	395	204	191	342	193	149
龙华区	665	366	299	614	330	284
琼山区	428	215	213	417	235	182
美兰区	549	305	244	543	290	253
三亚市	**681**	**362**	**319**	**600**	**334**	**266**
海棠区	44	24	20	36	22	14
吉阳区	375	190	185	299	170	129
天涯区	202	115	87	196	102	94
崖州区	60	33	27	69	40	29
三沙市						
儋州市	**322**	**185**	**137**	**310**	**172**	**138**
五指山市	36	13	23	36	20	16
琼海市	142	78	64	156	96	60
文昌市	139	81	58	126	75	51
万宁市	117	67	50	98	55	43
东方市	189	102	87	221	120	101
定安县						
屯昌县						
澄迈县						
临高县						
白沙黎族自治县						
昌江黎族自治县						
乐东黎族自治县						
陵水黎族自治县						
保亭黎族苗族自治县						
琼中黎族苗族自治县						

1-10a 续表 2

单位：人

地区	2020年2月			2020年3月			2020年4月		
	小计	男	女	小计	男	女	小计	男	女
全省	**3057**	**1717**	**1340**	**3063**	**1691**	**1372**	**2886**	**1585**	**1301**
海口市	**1664**	**898**	**766**	**1626**	**890**	**736**	**1629**	**908**	**721**
秀英区	319	192	127	325	179	146	317	174	143
龙华区	558	282	276	485	251	234	547	294	253
琼山区	340	186	154	370	216	154	353	203	150
美兰区	447	238	209	446	244	202	412	237	175
三亚市	**559**	**325**	**234**	**576**	**314**	**262**	**540**	**276**	**264**
海棠区	28	19	9	42	22	20	31	15	16
吉阳区	274	149	125	316	175	141	254	122	132
天涯区	202	126	76	185	97	88	197	107	90
崖州区	55	31	24	33	20	13	58	32	26
三沙市									
儋州市	**279**	**169**	**110**	**310**	**176**	**134**	**220**	**117**	**103**
五指山市	30	15	15	32	16	16	33	18	15
琼海市	145	89	56	128	74	54	120	59	61
文昌市	121	71	50	131	72	59	96	56	40
万宁市	94	57	37	100	61	39	84	54	30
东方市	165	93	72	160	88	72	164	97	67
定安县									
屯昌县									
澄迈县									
临高县									
白沙黎族自治县									
昌江黎族自治县									
乐东黎族自治县									
陵水黎族自治县									
保亭黎族苗族自治县									
琼中黎族苗族自治县									

1－10a 续表 3

单位：人

地 区	2020年5月			2020年6月			2020年7月		
	小计	男	女	小计	男	女	小计	男	女
全省	**3002**	**1667**	**1335**	**2927**	**1553**	**1374**	**3108**	**1740**	**1368**
海口市	**1659**	**934**	**725**	**1595**	**867**	**728**	**1742**	**951**	**791**
秀英区	315	167	148	302	153	149	331	190	141
龙华区	545	309	236	536	315	221	535	286	249
琼山区	359	189	170	345	178	167	397	235	162
美兰区	440	269	171	412	221	191	479	240	239
三亚市	**572**	**322**	**250**	**562**	**287**	**275**	**567**	**319**	**248**
海棠区	47	27	20	38	23	15	38	18	20
吉阳区	271	149	122	293	133	160	281	153	128
天涯区	211	122	89	186	101	85	196	120	76
崖州区	43	24	19	45	30	15	52	28	24
三沙市									
儋州市	**201**	**103**	**98**	**249**	**128**	**121**	**248**	**151**	**97**
五指山市	28	16	12	30	16	14	40	21	19
琼海市	151	80	71	108	57	51	136	79	57
文昌市	111	68	43	107	58	49	112	72	40
万宁市	92	49	43	91	46	45	99	59	40
东方市	188	95	93	185	94	91	164	88	76
定安县									
屯昌县									
澄迈县									
临高县									
白沙黎族自治县									
昌江黎族自治县									
乐东黎族自治县									
陵水黎族自治县									
保亭黎族苗族自治县									
琼中黎族苗族自治县									

1-10a 续表 4

单位：人

地区	2020年8月			2020年9月			2020年10月		
	小计	男	女	小计	男	女	小计	男	女
全省	**3110**	**1760**	**1350**	**2635**	**1436**	**1199**	**2359**	**1357**	**1002**
海口市	**1749**	**1007**	**742**	**1433**	**791**	**642**	**1307**	**745**	**562**
秀英区	317	185	132	244	133	111	207	113	94
龙华区	594	348	246	487	264	223	448	260	188
琼山区	368	205	163	313	174	139	299	176	123
美兰区	470	269	201	389	220	169	353	196	157
三亚市	**581**	**309**	**272**	**500**	**255**	**245**	**492**	**282**	**210**
海棠区	43	28	15	49	26	23	33	17	16
吉阳区	259	132	127	259	135	124	239	135	104
天涯区	215	111	104	153	76	77	166	97	69
崖州区	64	38	26	39	18	21	54	33	21
三沙市									
儋州市	**219**	**134**	**85**	**225**	**127**	**98**	**188**	**115**	**73**
五指山市	33	15	18	34	17	17	33	19	14
琼海市	140	76	64	125	65	60	123	70	53
文昌市	124	75	49	94	54	40	79	42	37
万宁市	83	51	32	65	39	26	50	31	19
东方市	181	93	88	159	88	71	87	53	34
定安县									
屯昌县									
澄迈县									
临高县									
白沙黎族自治县									
昌江黎族自治县									
乐东黎族自治县									
陵水黎族自治县									
保亭黎族苗族自治县									
琼中黎族苗族自治县									

1−10b 各地区分性别、月份的出生人口 (2019.11.1−2020.10.31)(镇)

单位：人

地　区	出生人口			2019年11月		
	合计	男	女	小计	男	女
全省	**23620**	**13146**	**10474**	**2415**	**1349**	**1066**
海口市	**2544**	**1424**	**1120**	**263**	**158**	**105**
秀英区	1050	607	443	127	75	52
龙华区	223	122	101	15	12	3
琼山区	355	209	146	35	29	6
美兰区	916	486	430	86	42	44
三亚市	**290**	**155**	**135**	**20**	**8**	**12**
海棠区	101	51	50	7	2	5
吉阳区	92	49	43	6	3	3
天涯区	81	45	36	7	3	4
崖州区	16	10	6			
三沙市	**8**	**3**	**5**	**2**	**1**	**1**
儋州市	**2830**	**1570**	**1260**	**284**	**153**	**131**
五指山市	142	74	68	15	5	10
琼海市	777	445	332	64	40	24
文昌市	1651	901	750	153	79	74
万宁市	1221	637	584	120	71	49
东方市	809	460	349	92	51	41
定安县	1084	631	453	110	66	44
屯昌县	1246	700	546	123	67	56
澄迈县	3433	1882	1551	343	200	143
临高县	2034	1152	882	220	123	97
白沙黎族自治县	336	182	154	30	18	12
昌江黎族自治县	1405	788	617	149	69	80
乐东黎族自治县	1309	746	563	158	90	68
陵水黎族自治县	1419	809	610	160	90	70
保亭黎族苗族自治县	562	303	259	49	29	20
琼中黎族苗族自治县	520	284	236	60	31	29

1-10b　续表 1　　　　　　　　　　　　单位：人

地　区	2019年12月			2020年1月		
	小计	男	女	小计	男	女
全省	**2320**	**1288**	**1032**	**2117**	**1204**	**913**
海口市	**230**	**131**	**99**	**254**	**156**	**98**
秀英区	103	62	41	106	69	37
龙华区	20	8	12	26	15	11
琼山区	32	15	17	34	22	12
美兰区	75	46	29	88	50	38
三亚市	**30**	**18**	**12**	**24**	**12**	**12**
海棠区	9	5	4	8	3	5
吉阳区	13	9	4	7	5	2
天涯区	7	3	4	8	3	5
崖州区	1	1		1	1	
三沙市	**1**		**1**			
儋州市	**259**	**144**	**115**	**237**	**120**	**117**
五指山市	14	9	5	9	5	4
琼海市	60	33	27	69	42	27
文昌市	167	102	65	137	74	63
万宁市	128	64	64	109	53	56
东方市	63	36	27	68	40	28
定安县	120	61	59	105	69	36
屯昌县	145	84	61	117	72	45
澄迈县	316	170	146	307	181	126
临高县	210	109	101	172	105	67
白沙黎族自治县	35	19	16	31	11	20
昌江黎族自治县	144	92	52	122	64	58
乐东黎族自治县	127	70	57	123	68	55
陵水黎族自治县	154	82	72	146	83	63
保亭黎族苗族自治县	56	27	29	50	31	19
琼中黎族苗族自治县	61	37	24	37	18	19

1-10b 续表 2

单位：人

地　区	2020年2月			2020年3月			2020年4月		
	小计	男	女	小计	男	女	小计	男	女
全省	**1949**	**1088**	**861**	**1881**	**1052**	**829**	**1957**	**1074**	**883**
海口市	**186**	**100**	**86**	**207**	**119**	**88**	**219**	**120**	**99**
秀英区	74	43	31	95	61	34	77	44	33
龙华区	20	11	9	11	5	6	24	16	8
琼山区	36	19	17	31	19	12	30	15	15
美兰区	56	27	29	70	34	36	88	45	43
三亚市	**29**	**15**	**14**	**25**	**20**	**5**	**21**	**11**	**10**
海棠区	13	7	6	10	6	4	10	5	5
吉阳区	7	4	3	7	7		6	2	4
天涯区	6	2	4	7	7		4	3	1
崖州区	3	2	1	1		1	1	1	
三沙市	**2**		**2**						
儋州市	**272**	**153**	**119**	**242**	**138**	**104**	**224**	**130**	**94**
五指山市	13	8	5	4	1	3	13	7	6
琼海市	82	43	39	62	38	24	60	30	30
文昌市	126	69	57	144	75	69	146	76	70
万宁市	81	42	39	103	51	52	114	53	61
东方市	79	46	33	52	31	21	70	39	31
定安县	87	52	35	75	41	34	93	56	37
屯昌县	97	58	39	95	54	41	95	50	45
澄迈县	294	159	135	259	146	113	273	147	126
临高县	166	102	64	159	91	68	179	97	82
白沙黎族自治县	27	18	9	24	13	11	27	13	14
昌江黎族自治县	107	62	45	111	63	48	114	68	46
乐东黎族自治县	107	56	51	107	58	49	110	61	49
陵水黎族自治县	132	74	58	131	69	62	119	74	45
保亭黎族苗族自治县	36	19	17	49	27	22	43	21	22
琼中黎族苗族自治县	26	12	14	32	17	15	37	21	16

1-10b　续表 3　　　　　　　　　　　　　　　　　　　　　　　　单位：人

地　区	2020年5月			2020年6月			2020年7月		
	小计	男	女	小计	男	女	小计	男	女
全省	**2031**	**1140**	**891**	**1893**	**1030**	**863**	**1961**	**1083**	**878**
海口市	**219**	**122**	**97**	**190**	**107**	**83**	**224**	**124**	**100**
秀英区	94	55	39	88	50	38	89	50	39
龙华区	16	7	9	20	12	8	28	14	14
琼山区	30	19	11	24	16	8	30	14	16
美兰区	79	41	38	58	29	29	77	46	31
三亚市	**24**	**13**	**11**	**26**	**11**	**15**	**25**	**14**	**11**
海棠区	3	2	1	9	3	6	10	5	5
吉阳区	8	4	4	10	4	6	7	4	3
天涯区	9	6	3	6	3	3	7	5	2
崖州区	4	1	3	1	1		1		1
三沙市	**1**		**1**						
儋州市	**271**	**159**	**112**	**228**	**115**	**113**	**224**	**120**	**104**
五指山市	7	1	6	16	9	7	10	4	6
琼海市	68	36	32	64	37	27	72	44	28
文昌市	134	67	67	132	73	59	146	73	73
万宁市	124	63	61	85	44	41	110	59	51
东方市	70	34	36	68	41	27	69	37	32
定安县	91	59	32	91	57	34	67	28	39
屯昌县	103	59	44	92	46	46	100	64	36
澄迈县	267	139	128	288	154	134	270	145	125
临高县	176	96	80	165	86	79	164	93	71
白沙黎族自治县	32	18	14	26	12	14	34	19	15
昌江黎族自治县	105	68	37	111	55	56	117	68	49
乐东黎族自治县	106	68	38	93	57	36	110	66	44
陵水黎族自治县	123	71	52	126	77	49	134	80	54
保亭黎族苗族自治县	58	35	23	45	24	21	46	22	24
琼中黎族苗族自治县	52	32	20	47	25	22	39	23	16

1-10b 续表 4

单位：人

地区	2020年8月			2020年9月			2020年10月		
	小计	男	女	小计	男	女	小计	男	女
全省	**1909**	**1063**	**846**	**1624**	**924**	**700**	**1563**	**851**	**712**
海口市	**186**	**95**	**91**	**199**	**115**	**84**	**167**	**77**	**90**
秀英区	75	34	41	67	39	28	55	25	30
龙华区	16	8	8	17	10	7	10	4	6
琼山区	23	13	10	30	18	12	20	10	10
美兰区	72	40	32	85	48	37	82	38	44
三亚市	**25**	**10**	**15**	**22**	**15**	**7**	**19**	**8**	**11**
海棠区	9	6	3	7	4	3	6	3	3
吉阳区	10	3	7	4	2	2	7	2	5
天涯区	6	1	5	10	8	2	4	1	3
崖州区				1	1		2	2	
三沙市	**1**	**1**		**1**	**1**				
儋州市	**208**	**119**	**89**	**211**	**123**	**88**	**170**	**96**	**74**
五指山市	13	6	7	14	10	4	14	9	5
琼海市	57	35	22	60	30	30	59	37	22
文昌市	141	91	50	121	66	55	104	56	48
万宁市	98	52	46	81	49	32	68	36	32
东方市	74	44	30	47	31	16	57	30	27
定安县	98	57	41	68	38	30	79	47	32
屯昌县	93	47	46	85	45	40	101	54	47
澄迈县	312	165	147	240	136	104	264	140	124
临高县	168	100	68	125	70	55	130	80	50
白沙黎族自治县	20	12	8	19	11	8	31	18	13
昌江黎族自治县	117	56	61	124	70	54	84	53	31
乐东黎族自治县	96	56	40	82	51	31	90	45	45
陵水黎族自治县	101	62	39	51	26	25	42	21	21
保亭黎族苗族自治县	54	27	27	40	20	20	36	21	15
琼中黎族苗族自治县	47	28	19	34	17	17	48	23	25

1-10c　各地区分性别、月份的出生人口 (2019.11.1-2020.10.31)(乡村)

单位：人

地　区	出生人口			2019年11月		
	合计	男	女	小计	男	女
全省	**43265**	**23573**	**19692**	**4398**	**2396**	**2002**
海口市	**5920**	**3243**	**2677**	**611**	**332**	**279**
秀英区	1463	798	665	142	75	67
龙华区	850	461	389	97	55	42
琼山区	1948	1065	883	225	126	99
美兰区	1659	919	740	147	76	71
三亚市	**3219**	**1733**	**1486**	**316**	**184**	**132**
海棠区	477	273	204	55	40	15
吉阳区	660	363	297	73	39	34
天涯区	1317	690	627	120	67	53
崖州区	765	407	358	68	38	30
三沙市						
儋州市	**5688**	**3182**	**2506**	**610**	**340**	**270**
五指山市	358	188	170	43	24	19
琼海市	2449	1376	1073	263	138	125
文昌市	2056	1118	938	172	103	69
万宁市	3430	1838	1592	346	188	158
东方市	2321	1230	1091	225	120	105
定安县	1854	1040	814	172	94	78
屯昌县	1529	839	690	155	71	84
澄迈县	2367	1248	1119	218	129	89
临高县	2296	1246	1050	227	122	105
白沙黎族自治县	1159	646	513	134	77	57
昌江黎族自治县	1069	593	476	96	53	43
乐东黎族自治县	3193	1730	1463	344	176	168
陵水黎族自治县	1954	1062	892	204	108	96
保亭黎族苗族自治县	1099	578	521	114	55	59
琼中黎族苗族自治县	1304	683	621	148	82	66

1-10c 续表 1

单位：人

地 区	2019年12月			2020年1月		
	小计	男	女	小计	男	女
全省	**4015**	**2189**	**1826**	**3673**	**1989**	**1684**
海口市	**578**	**318**	**260**	**471**	**273**	**198**
秀英区	160	87	73	98	57	41
龙华区	71	37	34	75	40	35
琼山区	178	101	77	152	92	60
美兰区	169	93	76	146	84	62
三亚市	**295**	**150**	**145**	**281**	**152**	**129**
海棠区	48	23	25	41	25	16
吉阳区	62	38	24	66	35	31
天涯区	125	63	62	109	60	49
崖州区	60	26	34	65	32	33
三沙市						
儋州市	**517**	**313**	**204**	**446**	**233**	**213**
五指山市	31	12	19	28	16	12
琼海市	233	139	94	207	113	94
文昌市	218	126	92	168	93	75
万宁市	305	158	147	302	149	153
东方市	175	85	90	189	99	90
定安县	185	98	87	180	108	72
屯昌县	126	75	51	144	87	57
澄迈县	223	93	130	201	95	106
临高县	216	108	108	186	97	89
白沙黎族自治县	106	68	38	80	51	29
昌江黎族自治县	99	62	37	85	45	40
乐东黎族自治县	298	171	127	330	177	153
陵水黎族自治县	208	116	92	168	88	80
保亭黎族苗族自治县	81	31	50	111	65	46
琼中黎族苗族自治县	121	66	55	96	48	48

1-10c　续表 2

单位：人

地　　区	2020年2月			2020年3月			2020年4月		
	小计	男	女	小计	男	女	小计	男	女
全省	**3370**	**1874**	**1496**	**3461**	**1888**	**1573**	**3519**	**1911**	**1608**
海口市	**433**	**233**	**200**	**441**	**233**	**208**	**507**	**284**	**223**
秀英区	117	68	49	107	61	46	145	77	68
龙华区	60	26	34	73	43	30	78	42	36
琼山区	148	83	65	133	67	66	171	98	73
美兰区	108	56	52	128	62	66	113	67	46
三亚市	**235**	**141**	**94**	**246**	**122**	**124**	**247**	**136**	**111**
海棠区	42	27	15	39	19	20	40	22	18
吉阳区	40	21	19	50	32	18	46	26	20
天涯区	96	57	39	101	44	57	101	47	54
崖州区	57	36	21	56	27	29	60	41	19
三沙市									
儋州市	**475**	**258**	**217**	**467**	**269**	**198**	**477**	**268**	**209**
五指山市	22	15	7	21	13	8	29	14	15
琼海市	201	113	88	178	100	78	213	122	91
文昌市	174	99	75	182	99	83	140	72	68
万宁市	283	161	122	278	153	125	276	144	132
东方市	181	88	93	196	102	94	202	104	98
定安县	149	86	63	147	88	59	136	71	65
屯昌县	123	66	57	146	85	61	107	61	46
澄迈县	164	92	72	180	110	70	194	108	86
临高县	184	107	77	168	85	83	175	95	80
白沙黎族自治县	80	47	33	116	65	51	87	44	43
昌江黎族自治县	67	39	28	87	46	41	84	45	39
乐东黎族自治县	257	142	115	261	140	121	258	137	121
陵水黎族自治县	162	85	77	153	78	75	160	82	78
保亭黎族苗族自治县	83	39	44	88	44	44	100	52	48
琼中黎族苗族自治县	97	63	34	106	56	50	127	72	55

1－10c 续表 3

单位：人

地区	2020年5月			2020年6月			2020年7月		
	小计	男	女	小计	男	女	小计	男	女
全省	**3587**	**1942**	**1645**	**3473**	**1876**	**1597**	**3686**	**1955**	**1731**
海口市	**475**	**249**	**226**	**527**	**282**	**245**	**507**	**284**	**223**
秀英区	106	55	51	135	68	67	129	74	55
龙华区	76	40	36	65	37	28	68	44	24
琼山区	149	84	65	154	81	73	170	88	82
美兰区	144	70	74	173	96	77	140	78	62
三亚市	**264**	**132**	**132**	**251**	**136**	**115**	**309**	**160**	**149**
海棠区	38	24	14	23	16	7	50	23	27
吉阳区	58	31	27	52	32	20	66	30	36
天涯区	107	45	62	99	50	49	118	70	48
崖州区	61	32	29	77	38	39	75	37	38
三沙市									
儋州市	**497**	**293**	**204**	**428**	**239**	**189**	**466**	**257**	**209**
五指山市	32	16	16	30	17	13	29	14	15
琼海市	219	119	100	184	100	84	210	126	84
文昌市	184	102	82	155	78	77	183	87	96
万宁市	287	156	131	303	157	146	262	144	118
东方市	176	95	81	187	110	77	193	97	96
定安县	158	90	68	132	67	65	132	64	68
屯昌县	126	72	54	130	67	63	121	66	55
澄迈县	186	85	101	196	105	91	198	86	112
临高县	203	110	93	188	103	85	188	111	77
白沙黎族自治县	85	42	43	82	43	39	99	51	48
昌江黎族自治县	96	53	43	81	44	37	96	47	49
乐东黎族自治县	293	167	126	255	139	116	290	143	147
陵水黎族自治县	155	77	78	158	96	62	177	98	79
保亭黎族苗族自治县	82	51	31	82	51	31	108	52	56
琼中黎族苗族自治县	69	33	36	104	42	62	118	68	50

1-10c　续表 4

单位：人

地　　区	2020年8月			2020年9月			2020年10月		
	小计	男	女	小计	男	女	小计	男	女
全省	**3716**	**2029**	**1687**	**3165**	**1758**	**1407**	**3202**	**1766**	**1436**
海口市	**529**	**281**	**248**	**426**	**252**	**174**	**415**	**222**	**193**
秀英区	120	75	45	106	55	51	98	46	52
龙华区	73	36	37	61	34	27	53	27	26
琼山区	177	77	100	147	90	57	144	78	66
美兰区	159	93	66	112	73	39	120	71	49
三亚市	**278**	**155**	**123**	**252**	**139**	**113**	**245**	**126**	**119**
海棠区	37	19	18	36	19	17	28	16	12
吉阳区	43	21	22	52	30	22	52	28	24
天涯区	124	73	51	107	58	49	110	56	54
崖州区	74	42	32	57	32	25	55	26	29
三沙市									
儋州市	**477**	**256**	**221**	**422**	**226**	**196**	**406**	**230**	**176**
五指山市	31	17	14	27	14	13	35	16	19
琼海市	206	109	97	192	115	77	143	82	61
文昌市	171	94	77	171	95	76	138	70	68
万宁市	291	147	144	243	145	98	254	136	118
东方市	212	123	89	205	115	90	180	92	88
定安县	178	100	78	134	76	58	151	98	53
屯昌县	126	65	61	95	52	43	130	72	58
澄迈县	204	107	97	198	109	89	205	129	76
临高县	209	125	84	148	69	79	204	114	90
白沙黎族自治县	102	61	41	79	45	34	109	52	57
昌江黎族自治县	105	60	45	87	45	42	86	54	32
乐东黎族自治县	250	143	107	172	92	80	185	103	82
陵水黎族自治县	155	95	60	123	67	56	131	72	59
保亭黎族苗族自治县	86	46	40	83	43	40	81	49	32
琼中黎族苗族自治县	106	45	61	108	59	49	104	49	55

1—11 各地区分性别、月份的死亡人口

(2019.11.1—2020.10.31)

单位：人

地　　区	死亡人口			2019年11月		
	合计	男	女	小计	男	女
全省	**34530**	**20576**	**13954**	**2321**	**1356**	**965**
海口市	**5627**	**3266**	**2361**	**385**	**223**	**162**
秀英区	1075	625	450	75	46	29
龙华区	1304	801	503	83	55	28
琼山区	1404	828	576	100	51	49
美兰区	1844	1012	832	127	71	56
三亚市	**3019**	**1937**	**1082**	**191**	**116**	**75**
海棠区	396	242	154	32	15	17
吉阳区	884	570	314	41	26	15
天涯区	1213	806	407	86	57	29
崖州区	526	319	207	32	18	14
三沙市						
儋州市	**3323**	**1944**	**1379**	**263**	**151**	**112**
五指山市	455	287	168	35	22	13
琼海市	2963	1620	1343	193	115	78
文昌市	3109	1564	1545	234	126	108
万宁市	2048	1267	781	116	67	49
东方市	1485	910	575	89	51	38
定安县	1247	726	521	95	58	37
屯昌县	1055	648	407	73	39	34
澄迈县	2172	1313	859	114	58	56
临高县	1363	820	543	81	49	32
白沙黎族自治县	689	465	224	40	21	19
昌江黎族自治县	1097	663	434	59	40	19
乐东黎族自治县	1528	921	607	93	56	37
陵水黎族自治县	1161	747	414	94	55	39
保亭黎族苗族自治县	1038	675	363	66	42	24
琼中黎族苗族自治县	1151	803	348	100	67	33

1-11 续表 1

单位：人

地区	2019年12月			2020年1月		
	小计	男	女	小计	男	女
全省	**2540**	**1482**	**1058**	**2227**	**1321**	**906**
海口市	**403**	**226**	**177**	**367**	**232**	**135**
秀英区	72	32	40	72	45	27
龙华区	100	65	35	78	54	24
琼山区	100	67	33	91	61	30
美兰区	131	62	69	126	72	54
三亚市	**262**	**150**	**112**	**238**	**162**	**76**
海棠区	42	23	19	29	17	12
吉阳区	78	43	35	68	50	18
天涯区	105	67	38	95	68	27
崖州区	37	17	20	46	27	19
三沙市						
儋州市	**248**	**149**	**99**	**191**	**105**	**86**
五指山市	34	26	8	47	25	22
琼海市	265	137	128	177	79	98
文昌市	248	126	122	255	115	140
万宁市	122	79	43	94	66	28
东方市	92	51	41	69	42	27
定安县	84	45	39	80	46	34
屯昌县	59	40	19	42	24	18
澄迈县	148	86	62	122	76	46
临高县	109	65	44	74	47	27
白沙黎族自治县	44	32	12	41	28	13
昌江黎族自治县	94	59	35	77	47	30
乐东黎族自治县	121	75	46	101	67	34
陵水黎族自治县	60	37	23	85	51	34
保亭黎族苗族自治县	61	41	20	67	43	24
琼中黎族苗族自治县	86	58	28	100	66	34

1-11 续表 2

单位：人

地区	2020年2月			2020年3月			2020年4月		
	小计	男	女	小计	男	女	小计	男	女
全省	**2795**	**1631**	**1164**	**2959**	**1743**	**1216**	**2711**	**1605**	**1106**
海口市	**425**	**247**	**178**	**499**	**273**	**226**	**486**	**273**	**213**
秀英区	77	49	28	106	52	54	94	59	35
龙华区	97	57	40	119	63	56	94	58	36
琼山区	108	59	49	121	75	46	120	64	56
美兰区	143	82	61	153	83	70	178	92	86
三亚市	**274**	**161**	**113**	**272**	**176**	**96**	**242**	**167**	**75**
海棠区	31	17	14	34	25	9	36	29	7
吉阳区	94	55	39	76	42	34	73	49	24
天涯区	111	68	43	116	82	34	92	61	31
崖州区	38	21	17	46	27	19	41	28	13
三沙市									
儋州市	**270**	**151**	**119**	**294**	**178**	**116**	**253**	**153**	**100**
五指山市	29	15	14	17	7	10	33	23	10
琼海市	243	127	116	239	120	119	223	133	90
文昌市	295	152	143	262	132	130	221	106	115
万宁市	179	110	69	169	108	61	150	90	60
东方市	113	67	46	128	83	45	106	56	50
定安县	99	58	41	98	56	42	103	58	45
屯昌县	89	63	26	118	70	48	86	54	32
澄迈县	171	104	67	194	122	72	188	118	70
临高县	84	49	35	96	59	37	125	71	54
白沙黎族自治县	51	34	17	54	33	21	54	33	21
昌江黎族自治县	83	40	43	107	61	46	66	38	28
乐东黎族自治县	111	60	51	110	63	47	128	76	52
陵水黎族自治县	76	49	27	94	55	39	98	63	35
保亭黎族苗族自治县	83	56	27	101	72	29	63	36	27
琼中黎族苗族自治县	120	88	32	107	75	32	86	57	29

1-11　续表 3　　单位：人

地　区	2020年5月			2020年6月			2020年7月		
	小计	男	女	小计	男	女	小计	男	女
全省	**3183**	**1882**	**1301**	**3072**	**1833**	**1239**	**2639**	**1621**	**1018**
海口市	**534**	**300**	**234**	**482**	**301**	**181**	**421**	**252**	**169**
秀英区	103	55	48	100	62	38	74	47	27
龙华区	132	81	51	99	70	29	104	61	43
琼山区	120	72	48	125	77	48	116	74	42
美兰区	179	92	87	158	92	66	127	70	57
三亚市	**252**	**163**	**89**	**264**	**159**	**105**	**233**	**155**	**78**
海棠区	33	20	13	33	16	17	23	15	8
吉阳区	69	44	25	88	62	26	68	46	22
天涯区	99	65	34	87	52	35	102	65	37
崖州区	51	34	17	56	29	27	40	29	11
三沙市									
儋州市	**322**	**191**	**131**	**298**	**178**	**120**	**231**	**139**	**92**
五指山市	39	23	16	38	23	15	35	19	16
琼海市	266	167	99	259	124	135	254	144	110
文昌市	260	120	140	252	129	123	229	126	103
万宁市	206	113	93	197	116	81	158	97	61
东方市	143	93	50	137	85	52	129	85	44
定安县	130	81	49	119	59	60	96	58	38
屯昌县	91	58	33	90	50	40	75	44	31
澄迈县	214	131	83	212	143	69	149	88	61
临高县	126	68	58	118	71	47	115	69	46
白沙黎族自治县	61	40	21	60	45	15	44	26	18
昌江黎族自治县	110	69	41	120	76	44	84	56	28
乐东黎族自治县	155	89	66	136	74	62	115	69	46
陵水黎族自治县	100	63	37	103	75	28	86	64	22
保亭黎族苗族自治县	72	46	26	107	74	33	106	67	39
琼中黎族苗族自治县	102	67	35	80	51	29	79	63	16

1-11 续表 4

单位：人

地区	2020年8月			2020年9月			2020年10月		
	小计	男	女	小计	男	女	小计	男	女
全省	**3073**	**1850**	**1223**	**3196**	**1950**	**1246**	**3814**	**2302**	**1512**
海口市	**491**	**270**	**221**	**508**	**280**	**228**	**626**	**389**	**237**
秀英区	98	59	39	86	44	42	118	75	43
龙华区	120	63	57	119	74	45	159	100	59
琼山区	108	60	48	140	76	64	155	92	63
美兰区	165	88	77	163	86	77	194	122	72
三亚市	**245**	**159**	**86**	**247**	**167**	**80**	**299**	**202**	**97**
海棠区	29	18	11	28	17	11	46	30	16
吉阳区	73	51	22	73	49	24	83	53	30
天涯区	99	63	36	102	71	31	119	87	32
崖州区	44	27	17	44	30	14	51	32	19
三沙市									
儋州市	**290**	**169**	**121**	**342**	**209**	**133**	**321**	**171**	**150**
五指山市	36	23	13	51	38	13	61	43	18
琼海市	266	149	117	262	140	122	316	185	131
文昌市	259	131	128	274	132	142	320	169	151
万宁市	212	139	73	191	129	62	254	153	101
东方市	170	105	65	139	91	48	170	101	69
定安县	104	59	45	111	72	39	128	76	52
屯昌县	100	68	32	103	67	36	129	71	58
澄迈县	211	123	88	196	113	83	253	151	102
临高县	111	64	47	139	96	43	185	112	73
白沙黎族自治县	58	46	12	74	46	28	108	81	27
昌江黎族自治县	92	56	36	94	60	34	111	61	50
乐东黎族自治县	132	85	47	137	84	53	189	123	66
陵水黎族自治县	113	77	36	114	77	37	138	81	57
保亭黎族苗族自治县	83	53	30	124	83	41	105	62	43
琼中黎族苗族自治县	100	74	26	90	66	24	101	71	30

1-11a　各地区分性别、月份的死亡人口
(2019.11.1-2020.10.31)(城市)

单位：人

地　区	死亡人口			2019年11月		
	合计	男	女	小计	男	女
全省	**5925**	**3608**	**2317**	**413**	**255**	**158**
海口市	**2623**	**1584**	**1039**	**201**	**124**	**77**
秀英区	362	214	148	25	15	10
龙华区	856	554	302	66	41	25
琼山区	392	244	148	33	20	13
美兰区	1013	572	441	77	48	29
三亚市	**1809**	**1164**	**645**	**114**	**72**	**42**
海棠区	206	128	78	15	6	9
吉阳区	656	424	232	36	23	13
天涯区	680	459	221	48	35	13
崖州区	267	153	114	15	8	7
三沙市						
儋州市	**222**	**132**	**90**	**16**	**9**	**7**
五指山市	69	45	24	4	2	2
琼海市	329	182	147	21	11	10
文昌市	419	225	194	31	22	9
万宁市	161	96	65	11	7	4
东方市	293	180	113	15	8	7
定安县						
屯昌县						
澄迈县						
临高县						
白沙黎族自治县						
昌江黎族自治县						
乐东黎族自治县						
陵水黎族自治县						
保亭黎族苗族自治县						
琼中黎族苗族自治县						

1-11a 续表 1

单位：人

地区	2019年12月			2020年1月		
	小计	男	女	小计	男	女
全省	**494**	**282**	**212**	**423**	**275**	**148**
海口市	**210**	**115**	**95**	**196**	**131**	**65**
秀英区	16	8	8	30	16	14
龙华区	76	48	28	68	52	16
琼山区	31	19	12	30	19	11
美兰区	87	40	47	68	44	24
三亚市	**152**	**89**	**63**	**157**	**111**	**46**
海棠区	24	14	10	18	11	7
吉阳区	56	30	26	52	38	14
天涯区	55	36	19	61	46	15
崖州区	17	9	8	26	16	10
三沙市						
儋州市	**12**	**6**	**6**	**9**	**5**	**4**
五指山市	8	8		5	2	3
琼海市	32	15	17	10	3	7
文昌市	43	25	18	34	19	15
万宁市	12	7	5	4	2	2
东方市	25	17	8	8	2	6
定安县						
屯昌县						
澄迈县						
临高县						
白沙黎族自治县						
昌江黎族自治县						
乐东黎族自治县						
陵水黎族自治县						
保亭黎族苗族自治县						
琼中黎族苗族自治县						

1-11a 续表 2

单位：人

地 区	2020年2月			2020年3月			2020年4月		
	小计	男	女	小计	男	女	小计	男	女
全省	**460**	**249**	**211**	**526**	**324**	**202**	**462**	**273**	**189**
海口市	**182**	**106**	**76**	**232**	**136**	**96**	**223**	**123**	**100**
秀英区	18	10	8	34	19	15	27	18	9
龙华区	69	40	29	83	47	36	63	37	26
琼山区	29	20	9	39	22	17	32	19	13
美兰区	66	36	30	76	48	28	101	49	52
三亚市	**169**	**97**	**72**	**169**	**111**	**58**	**143**	**96**	**47**
海棠区	14	9	5	18	13	5	16	13	3
吉阳区	76	43	33	56	33	23	57	37	20
天涯区	59	34	25	76	56	20	48	34	14
崖州区	20	11	9	19	9	10	22	12	10
三沙市									
儋州市	**14**	**7**	**7**	**19**	**13**	**6**	**25**	**14**	**11**
五指山市	5	1	4	2	1	1	7	4	3
琼海市	21	8	13	26	11	15	20	12	8
文昌市	38	16	22	41	25	16	22	10	12
万宁市	12	8	4	16	12	4	9	6	3
东方市	19	6	13	21	15	6	13	8	5
定安县									
屯昌县									
澄迈县									
临高县									
白沙黎族自治县									
昌江黎族自治县									
乐东黎族自治县									
陵水黎族自治县									
保亭黎族苗族自治县									
琼中黎族苗族自治县									

1－11a 续表 3

单位：人

地 区	2020年5月			2020年6月			2020年7月		
	小计	男	女	小计	男	女	小计	男	女
全省	**564**	**353**	**211**	**478**	**295**	**183**	**457**	**276**	**181**
海口市	**246**	**156**	**90**	**195**	**124**	**71**	**184**	**114**	**70**
秀英区	34	19	15	26	16	10	35	23	12
龙华区	78	59	19	56	40	16	59	38	21
琼山区	33	22	11	33	19	14	32	17	15
美兰区	101	56	45	80	49	31	58	36	22
三亚市	**157**	**102**	**55**	**163**	**99**	**64**	**143**	**86**	**57**
海棠区	16	12	4	11	6	5	16	10	6
吉阳区	52	33	19	68	43	25	50	32	18
天涯区	60	39	21	53	34	19	54	29	25
崖州区	29	18	11	31	16	15	23	15	8
三沙市									
儋州市	**29**	**16**	**13**	**19**	**12**	**7**	**16**	**10**	**6**
五指山市	7	4	3	4	4		6	2	4
琼海市	34	28	6	34	18	16	25	14	11
文昌市	36	18	18	28	14	14	42	22	20
万宁市	23	9	14	8	5	3	11	7	4
东方市	32	20	12	27	19	8	30	21	9
定安县									
屯昌县									
澄迈县									
临高县									
白沙黎族自治县									
昌江黎族自治县									
乐东黎族自治县									
陵水黎族自治县									
保亭黎族苗族自治县									
琼中黎族苗族自治县									

1-11a 续表 4

单位：人

地区	2020年8月			2020年9月			2020年10月		
	小计	男	女	小计	男	女	小计	男	女
全省	**542**	**327**	**215**	**520**	**334**	**186**	**586**	**365**	**221**
海口市	**256**	**152**	**104**	**224**	**137**	**87**	**274**	**166**	**108**
秀英区	49	30	19	29	16	13	39	24	15
龙华区	80	47	33	70	49	21	88	56	32
琼山区	25	17	8	37	26	11	38	24	14
美兰区	102	58	44	88	46	42	109	62	47
三亚市	**146**	**97**	**49**	**150**	**104**	**46**	**146**	**100**	**46**
海棠区	14	7	7	21	12	9	23	15	8
吉阳区	48	38	10	57	40	17	48	34	14
天涯区	57	34	23	54	40	14	55	42	13
崖州区	27	18	9	18	12	6	20	9	11
三沙市									
儋州市	**22**	**15**	**7**	**26**	**15**	**11**	**15**	**10**	**5**
五指山市	3	3		11	9	2	7	5	2
琼海市	30	18	12	37	20	17	39	24	15
文昌市	32	15	17	24	13	11	48	26	22
万宁市	18	8	10	19	15	4	18	10	8
东方市	35	19	16	29	21	8	39	24	15
定安县									
屯昌县									
澄迈县									
临高县									
白沙黎族自治县									
昌江黎族自治县									
乐东黎族自治县									
陵水黎族自治县									
保亭黎族苗族自治县									
琼中黎族苗族自治县									

1–11b 各地区分性别、月份的死亡人口
(2019.11.1–2020.10.31)(镇)

单位：人

地　区	死亡人口			2019年11月		
	合计	男	女	小计	男	女
全省	**6379**	**3701**	**2678**	**421**	**225**	**196**
海口市	**531**	**325**	**206**	**30**	**18**	**12**
秀英区	152	92	60	8	5	3
龙华区	73	47	26	2	2	
琼山区	136	83	53	9	5	4
美兰区	170	103	67	11	6	5
三亚市	**94**	**58**	**36**	**6**	**3**	**3**
海棠区	22	15	7	2	1	1
吉阳区						
天涯区	62	39	23	4	2	2
崖州区	10	4	6			
三沙市						
儋州市	**742**	**418**	**324**	**52**	**27**	**25**
五指山市	87	56	31	8	4	4
琼海市	365	200	165	16	8	8
文昌市	871	436	435	61	29	32
万宁市	264	157	107	14	4	10
东方市	198	121	77	15	9	6
定安县	290	167	123	17	8	9
屯昌县	251	139	112	20	9	11
澄迈县	896	514	382	47	23	24
临高县	399	238	161	31	19	12
白沙黎族自治县	51	29	22	3	1	2
昌江黎族自治县	455	278	177	30	19	11
乐东黎族自治县	277	172	105	17	11	6
陵水黎族自治县	261	162	99	35	18	17
保亭黎族苗族自治县	187	121	66	8	8	
琼中黎族苗族自治县	160	110	50	11	7	4

1-11b 续表 1

单位：人

地区	2019年12月			2020年1月		
	小计	男	女	小计	男	女
全省	**482**	**294**	**188**	**392**	**208**	**184**
海口市	**30**	**21**	**9**	**27**	**18**	**9**
秀英区	8	5	3	6	4	2
龙华区	6	4	2	1	1	
琼山区	7	5	2	9	8	1
美兰区	9	7	2	11	5	6
三亚市	**8**	**5**	**3**	**8**	**5**	**3**
海棠区	2	2		3	1	2
吉阳区						
天涯区	5	2	3	4	3	1
崖州区	1	1		1	1	
三沙市						
儋州市	**62**	**37**	**25**	**47**	**25**	**22**
五指山市	6	5	1	8	6	2
琼海市	30	14	16	24	9	15
文昌市	65	35	30	79	30	49
万宁市	17	13	4	8	4	4
东方市	11	6	5	3	1	2
定安县	21	12	9	17	8	9
屯昌县	15	7	8	11	6	5
澄迈县	69	36	33	50	31	19
临高县	33	23	10	23	12	11
白沙黎族自治县	2	1	1	2	1	1
昌江黎族自治县	48	32	16	32	21	11
乐东黎族自治县	26	16	10	15	11	4
陵水黎族自治县	14	11	3	13	8	5
保亭黎族苗族自治县	12	9	3	14	6	8
琼中黎族苗族自治县	13	11	2	11	6	5

1-11b 续表 2 单位：人

地区	2020年2月			2020年3月			2020年4月		
	小计	男	女	小计	男	女	小计	男	女
全省	**494**	**287**	**207**	**495**	**267**	**228**	**490**	**306**	**184**
海口市	**45**	**30**	**15**	**46**	**22**	**24**	**59**	**43**	**16**
秀英区	12	9	3	13	8	5	19	14	5
龙华区	8	5	3	4	1	3	11	8	3
琼山区	14	9	5	13	5	8	9	6	3
美兰区	11	7	4	16	8	8	20	15	5
三亚市	**7**	**5**	**2**	**9**	**5**	**4**	**10**	**7**	**3**
海棠区	2	1	1	3	2	1	2	2	
吉阳区									
天涯区	4	4		5	3	2	8	5	3
崖州区	1		1	1		1			
三沙市									
儋州市	**55**	**26**	**29**	**56**	**28**	**28**	**55**	**40**	**15**
五指山市	5	3	2	2		2	5	5	
琼海市	33	18	15	29	14	15	21	16	5
文昌市	79	46	33	65	29	36	60	27	33
万宁市	23	13	10	18	9	9	27	17	10
东方市	14	10	4	12	10	2	13	8	5
定安县	18	8	10	21	12	9	21	11	10
屯昌县	16	12	4	32	16	16	20	13	7
澄迈县	69	44	25	70	42	28	74	41	33
临高县	22	13	9	26	15	11	30	16	14
白沙黎族自治县	6	4	2	3	1	2	1		1
昌江黎族自治县	34	13	21	43	26	17	28	19	9
乐东黎族自治县	18	10	8	22	13	9	28	16	12
陵水黎族自治县	16	9	7	18	12	6	16	9	7
保亭黎族苗族自治县	17	11	6	11	6	5	10	8	2
琼中黎族苗族自治县	17	12	5	12	7	5	12	10	2

1-11b 续表 3

单位：人

地区	2020年5月			2020年6月			2020年7月		
	小计	男	女	小计	男	女	小计	男	女
全省	**574**	**342**	**232**	**607**	**339**	**268**	**525**	**326**	**199**
海口市	**54**	**27**	**27**	**53**	**34**	**19**	**40**	**24**	**16**
秀英区	19	8	11	17	11	6	11	5	6
龙华区	6	5	1	7	4	3	7	4	3
琼山区	15	9	6	10	7	3	9	7	2
美兰区	14	5	9	19	12	7	13	8	5
三亚市	**11**	**6**	**5**	**7**	**5**	**2**	**7**	**5**	**2**
海棠区	2	2		2	1	1			
吉阳区									
天涯区	8	4	4	3	3		7	5	2
崖州区	1		1	2	1	1			
三沙市									
儋州市	**76**	**52**	**24**	**68**	**33**	**35**	**63**	**39**	**24**
五指山市	8	5	3	9	5	4	5	3	2
琼海市	29	19	10	37	15	22	36	25	11
文昌市	72	37	35	86	41	45	65	38	27
万宁市	27	21	6	23	9	14	22	15	7
东方市	17	10	7	9	6	3	21	13	8
定安县	25	13	12	37	19	18	31	23	8
屯昌县	24	16	8	22	9	13	16	9	7
澄迈县	89	53	36	83	52	31	66	31	35
临高县	33	21	12	31	21	10	33	16	17
白沙黎族自治县	3	1	2	6	5	1	2	1	1
昌江黎族自治县	36	20	16	55	34	21	35	27	8
乐东黎族自治县	23	15	8	22	13	9	27	15	12
陵水黎族自治县	17	12	5	31	22	9	18	12	6
保亭黎族苗族自治县	13	5	8	23	13	10	24	17	7
琼中黎族苗族自治县	17	9	8	5	3	2	14	13	1

1-11b 续表 4

单位：人

地区	2020年8月			2020年9月			2020年10月		
	小计	男	女	小计	男	女	小计	男	女
全省	**568**	**324**	**244**	**597**	**353**	**244**	**734**	**430**	**304**
海口市	**40**	**20**	**20**	**47**	**26**	**21**	**60**	**42**	**18**
秀英区	11	5	6	10	5	5	18	13	5
龙华区	4		4	5	4	1	12	9	3
琼山区	6	5	1	20	11	9	15	6	9
美兰区	19	10	9	12	6	6	15	14	1
三亚市	**5**	**2**	**3**	**9**	**6**	**3**	**7**	**4**	**3**
海棠区	1		1	1	1		2	2	
吉阳区									
天涯区	3	2	1	7	4	3	4	2	2
崖州区	1		1	1	1		1		1
三沙市									
儋州市	**62**	**32**	**30**	**76**	**47**	**29**	**70**	**32**	**38**
五指山市	7	4	3	9	6	3	15	10	5
琼海市	28	13	15	30	16	14	52	33	19
文昌市	70	36	34	83	42	41	86	46	40
万宁市	29	19	10	28	14	14	28	19	9
东方市	32	20	12	16	9	7	35	19	16
定安县	25	16	9	27	20	7	30	17	13
屯昌县	29	20	9	19	9	10	27	13	14
澄迈县	85	44	41	76	42	34	118	75	43
临高县	33	17	16	42	30	12	62	35	27
白沙黎族自治县	4	3	1	6	3	3	13	8	5
昌江黎族自治县	40	26	14	37	27	10	37	14	23
乐东黎族自治县	26	19	7	21	10	11	32	23	9
陵水黎族自治县	20	9	11	31	21	10	32	19	13
保亭黎族苗族自治县	15	12	3	22	13	9	18	13	5
琼中黎族苗族自治县	18	12	6	18	12	6	12	8	4

1-11c　各地区分性别、月份的死亡人口
(2019.11.1-2020.10.31)(乡村)

单位：人

地　　区	死亡人口			2019年11月		
	合计	男	女	小计	男	女
全省	**22226**	**13267**	**8959**	**1487**	**876**	**611**
海口市	**2473**	**1357**	**1116**	**154**	**81**	**73**
秀英区	561	319	242	42	26	16
龙华区	375	200	175	15	12	3
琼山区	876	501	375	58	26	32
美兰区	661	337	324	39	17	22
三亚市	**1116**	**715**	**401**	**71**	**41**	**30**
海棠区	168	99	69	15	8	7
吉阳区	228	146	82	5	3	2
天涯区	471	308	163	34	20	14
崖州区	249	162	87	17	10	7
三沙市						
儋州市	**2359**	**1394**	**965**	**195**	**115**	**80**
五指山市	299	186	113	23	16	7
琼海市	2269	1238	1031	156	96	60
文昌市	1819	903	916	142	75	67
万宁市	1623	1014	609	91	56	35
东方市	994	609	385	59	34	25
定安县	957	559	398	78	50	28
屯昌县	804	509	295	53	30	23
澄迈县	1276	799	477	67	35	32
临高县	964	582	382	50	30	20
白沙黎族自治县	638	436	202	37	20	17
昌江黎族自治县	642	385	257	29	21	8
乐东黎族自治县	1251	749	502	76	45	31
陵水黎族自治县	900	585	315	59	37	22
保亭黎族苗族自治县	851	554	297	58	34	24
琼中黎族苗族自治县	991	693	298	89	60	29

1-11c 续表 1

单位：人

地　　区	2019年12月			2020年1月		
	小计	男	女	小计	男	女
全省	**1564**	**906**	**658**	**1412**	**838**	**574**
海口市	**163**	**90**	**73**	**144**	**83**	**61**
秀英区	48	19	29	36	25	11
龙华区	18	13	5	9	1	8
琼山区	62	43	19	52	34	18
美兰区	35	15	20	47	23	24
三亚市	**102**	**56**	**46**	**73**	**46**	**27**
海棠区	16	7	9	8	5	3
吉阳区	22	13	9	16	12	4
天涯区	45	29	16	30	19	11
崖州区	19	7	12	19	10	9
三沙市						
儋州市	**174**	**106**	**68**	**135**	**75**	**60**
五指山市	20	13	7	34	17	17
琼海市	203	108	95	143	67	76
文昌市	140	66	74	142	66	76
万宁市	93	59	34	82	60	22
东方市	56	28	28	58	39	19
定安县	63	33	30	63	38	25
屯昌县	44	33	11	31	18	13
澄迈县	79	50	29	72	45	27
临高县	76	42	34	51	35	16
白沙黎族自治县	42	31	11	39	27	12
昌江黎族自治县	46	27	19	45	26	19
乐东黎族自治县	95	59	36	86	56	30
陵水黎族自治县	46	26	20	72	43	29
保亭黎族苗族自治县	49	32	17	53	37	16
琼中黎族苗族自治县	73	47	26	89	60	29

1-11c　续表 2　　　　单位：人

地　区	2020年2月			2020年3月			2020年4月		
	小计	男	女	小计	男	女	小计	男	女
全省	**1841**	**1095**	**746**	**1938**	**1152**	**786**	**1759**	**1026**	**733**
海口市	**198**	**111**	**87**	**221**	**115**	**106**	**204**	**107**	**97**
秀英区	47	30	17	59	25	34	48	27	21
龙华区	20	12	8	32	15	17	20	13	7
琼山区	65	30	35	69	48	21	79	39	40
美兰区	66	39	27	61	27	34	57	28	29
三亚市	**98**	**59**	**39**	**94**	**60**	**34**	**89**	**64**	**25**
海棠区	15	7	8	13	10	3	18	14	4
吉阳区	18	12	6	20	9	11	16	12	4
天涯区	48	30	18	35	23	12	36	22	14
崖州区	17	10	7	26	18	8	19	16	3
三沙市									
儋州市	**201**	**118**	**83**	**219**	**137**	**82**	**173**	**99**	**74**
五指山市	19	11	8	13	6	7	21	14	7
琼海市	189	101	88	184	95	89	182	105	77
文昌市	178	90	88	156	78	78	139	69	70
万宁市	144	89	55	135	87	48	114	67	47
东方市	80	51	29	95	58	37	80	40	40
定安县	81	50	31	77	44	33	82	47	35
屯昌县	73	51	22	86	54	32	66	41	25
澄迈县	102	60	42	124	80	44	114	77	37
临高县	62	36	26	70	44	26	95	55	40
白沙黎族自治县	45	30	15	51	32	19	53	33	20
昌江黎族自治县	49	27	22	64	35	29	38	19	19
乐东黎族自治县	93	50	43	88	50	38	100	60	40
陵水黎族自治县	60	40	20	76	43	33	82	54	28
保亭黎族苗族自治县	66	45	21	90	66	24	53	28	25
琼中黎族苗族自治县	103	76	27	95	68	27	74	47	27

1—11c 续表 3

单位：人

地区	2020年5月			2020年6月			2020年7月		
	小计	男	女	小计	男	女	小计	男	女
全省	**2045**	**1187**	**858**	**1987**	**1199**	**788**	**1657**	**1019**	**638**
海口市	**234**	**117**	**117**	**234**	**143**	**91**	**197**	**114**	**83**
秀英区	50	28	22	57	35	22	28	19	9
龙华区	48	17	31	36	26	10	38	19	19
琼山区	72	41	31	82	51	31	75	50	25
美兰区	64	31	33	59	31	28	56	26	30
三亚市	**84**	**55**	**29**	**94**	**55**	**39**	**83**	**64**	**19**
海棠区	15	6	9	20	9	11	7	5	2
吉阳区	17	11	6	20	19	1	18	14	4
天涯区	31	22	9	31	15	16	41	31	10
崖州区	21	16	5	23	12	11	17	14	3
三沙市									
儋州市	**217**	**123**	**94**	**211**	**133**	**78**	**152**	**90**	**62**
五指山市	24	14	10	25	14	11	24	14	10
琼海市	203	120	83	188	91	97	193	105	88
文昌市	152	65	87	138	74	64	122	66	56
万宁市	156	83	73	166	102	64	125	75	50
东方市	94	63	31	101	60	41	78	51	27
定安县	105	68	37	82	40	42	65	35	30
屯昌县	67	42	25	68	41	27	59	35	24
澄迈县	125	78	47	129	91	38	83	57	26
临高县	93	47	46	87	50	37	82	53	29
白沙黎族自治县	58	39	19	54	40	14	42	25	17
昌江黎族自治县	74	49	25	65	42	23	49	29	20
乐东黎族自治县	132	74	58	114	61	53	88	54	34
陵水黎族自治县	83	51	32	72	53	19	68	52	16
保亭黎族苗族自治县	59	41	18	84	61	23	82	50	32
琼中黎族苗族自治县	85	58	27	75	48	27	65	50	15

1-11c　续表 4　　　　单位：人

地　区	2020年8月			2020年9月			2020年10月		
	小计	男	女	小计	男	女	小计	男	女
全省	**1963**	**1199**	**764**	**2079**	**1263**	**816**	**2494**	**1507**	**987**
海口市	**195**	**98**	**97**	**237**	**117**	**120**	**292**	**181**	**111**
秀英区	38	24	14	47	23	24	61	38	23
龙华区	36	16	20	44	21	23	59	35	24
琼山区	77	38	39	83	39	44	102	62	40
美兰区	44	20	24	63	34	29	70	46	24
三亚市	**94**	**60**	**34**	**88**	**57**	**31**	**146**	**98**	**48**
海棠区	14	11	3	6	4	2	21	13	8
吉阳区	25	13	12	16	9	7	35	19	16
天涯区	39	27	12	41	27	14	60	43	17
崖州区	16	9	7	25	17	8	30	23	7
三沙市									
儋州市	**206**	**122**	**84**	**240**	**147**	**93**	**236**	**129**	**107**
五指山市	26	16	10	31	23	8	39	28	11
琼海市	208	118	90	195	104	91	225	128	97
文昌市	157	80	77	167	77	90	186	97	89
万宁市	165	112	53	144	100	44	208	124	84
东方市	103	66	37	94	61	33	96	58	38
定安县	79	43	36	84	52	32	98	59	39
屯昌县	71	48	23	84	58	26	102	58	44
澄迈县	126	79	47	120	71	49	135	76	59
临高县	78	47	31	97	66	31	123	77	46
白沙黎族自治县	54	43	11	68	43	25	95	73	22
昌江黎族自治县	52	30	22	57	33	24	74	47	27
乐东黎族自治县	106	66	40	116	74	42	157	100	57
陵水黎族自治县	93	68	25	83	56	27	106	62	44
保亭黎族苗族自治县	68	41	27	102	70	32	87	49	38
琼中黎族苗族自治县	82	62	20	72	54	18	89	63	26

1–12 各地区家庭户的住房间数和面积

地 区	家庭户户 数(户)	家庭户人 数(人)	平均每户住房建筑面积(平方米/户)	平均每户住房间数(间/户)	人均住房建筑面积(平方米/人)	人 均住房间数(间/人)
全省	**2747332**	**8571760**	**106.01**	**2.87**	**33.98**	**0.92**
海口市	**811667**	**2275681**	**91.97**	**2.47**	**32.80**	**0.88**
秀英区	150478	441654	102.04	2.67	34.77	0.91
龙华区	249206	643301	77.60	2.18	30.06	0.85
琼山区	178714	536743	88.19	2.45	29.36	0.82
美兰区	233269	653983	103.74	2.67	37.00	0.95
三亚市	**257306**	**772659**	**101.73**	**2.76**	**33.88**	**0.92**
海棠区	18995	73016	165.61	4.32	43.08	1.12
吉阳区	120274	321233	77.83	2.23	29.14	0.84
天涯区	89981	278893	100.85	2.81	32.54	0.91
崖州区	28056	99517	163.78	3.81	46.17	1.08
三沙市	**3**	**6**	**110.00**	**3.33**	**55.00**	**1.67**
儋州市	**253086**	**875843**	**132.99**	**3.27**	**38.43**	**0.95**
五指山市	32288	93277	85.36	2.90	29.55	1.00
琼海市	151716	473372	102.71	2.68	32.92	0.86
文昌市	167675	500535	96.55	3.09	32.34	1.04
万宁市	151450	485049	106.72	3.03	33.32	0.95
东方市	104215	374785	121.98	3.57	33.92	0.99
定安县	85986	261189	99.31	2.25	32.69	0.74
屯昌县	72510	231231	108.49	2.51	34.02	0.79
澄迈县	130597	444031	129.20	3.01	38.00	0.88
临高县	105738	368254	118.86	2.69	34.13	0.77
白沙黎族自治县	47750	153276	100.50	3.25	31.31	1.01
昌江黎族自治县	64581	205091	91.83	3.14	28.92	0.99
乐东黎族自治县	122624	414895	139.99	3.94	41.37	1.16
陵水黎族自治县	88185	335228	114.95	3.19	30.24	0.84
保亭黎族苗族自治县	46089	142918	91.13	3.11	29.39	1.00
琼中黎族苗族自治县	53866	164440	98.18	3.05	32.16	1.00

注：本表数据为居住在普通住宅的家庭户。

1－12a　各地区家庭户的住房间数和面积(城市)

地　　区	家庭户户　数(户)	家庭户人　数(人)	平均每户住房建筑面积(平方米/户)	平均每户住房间数(间/户)	人均住房建筑面积(平方米/人)	人　　均住房间数(间/人)
全省	**1073785**	**3023662**	**90.19**	**2.47**	**32.03**	**0.88**
海口市	**624947**	**1693158**	**79.30**	**2.24**	**29.27**	**0.83**
秀英区	102862	283067	85.04	2.34	30.90	0.85
龙华区	221256	561014	74.50	2.11	29.38	0.83
琼山区	123285	363223	75.38	2.24	25.59	0.76
美兰区	177544	485854	84.69	2.33	30.95	0.85
三亚市	**189759**	**526989**	**86.47**	**2.36**	**31.14**	**0.85**
海棠区	10077	36315	136.05	3.66	37.75	1.02
吉阳区	104849	270620	70.91	2.08	27.47	0.80
天涯区	62584	175605	86.54	2.33	30.84	0.83
崖州区	12249	44449	178.50	3.94	49.19	1.09
三沙市						
儋州市	**76172**	**245834**	**155.73**	**3.54**	**48.25**	**1.10**
五指山市	14479	37578	79.82	2.38	30.76	0.92
琼海市	51826	150508	95.78	2.61	32.98	0.90
文昌市	47459	134598	85.05	2.69	29.99	0.95
万宁市	28010	89534	106.24	2.98	33.24	0.93
东方市	41133	145463	143.03	3.66	40.44	1.03
定安县						
屯昌县						
澄迈县						
临高县						
白沙黎族自治县						
昌江黎族自治县						
乐东黎族自治县						
陵水黎族自治县						
保亭黎族苗族自治县						
琼中黎族苗族自治县						

注：本表数据为居住在普通住宅的家庭户。

1-12b　各地区家庭户的住房间数和面积(镇)

地　区	家庭户户　数(户)	家庭户人　数(人)	平均每户住房建筑面积(平方米/户)	平均每户住房间数(间/户)	人均住房建筑面积(平方米/人)	人　均住房间数(间/人)
全省	**591118**	**1951148**	**122.22**	**3.09**	**37.03**	**0.94**
海口市	**56164**	**176372**	**135.59**	**3.21**	**43.18**	**1.02**
秀英区	19335	62428	134.12	3.08	41.54	0.95
龙华区	6072	18219	106.11	2.70	35.37	0.90
琼山区	8479	27715	140.86	3.45	43.09	1.05
美兰区	22278	68010	142.91	3.37	46.81	1.10
三亚市	**5739**	**19619**	**143.08**	**3.65**	**41.85**	**1.07**
海棠区	1260	4702	137.75	3.61	36.91	0.97
吉阳区	1989	5628	94.55	2.62	33.42	0.93
天涯区	2108	8020	184.88	4.40	48.59	1.16
崖州区	382	1269	182.65	4.91	54.98	1.48
三沙市	**3**	**6**	**110.00**	**3.33**	**55.00**	**1.67**
儋州市	**61431**	**211245**	**133.03**	**3.28**	**38.69**	**0.95**
五指山市	4640	13725	89.15	3.02	30.14	1.02
琼海市	22938	75055	117.40	2.93	35.88	0.90
文昌市	50964	160492	113.13	3.37	35.92	1.07
万宁市	30826	101740	111.71	3.19	33.85	0.97
东方市	15564	58687	128.35	3.66	34.04	0.97
定安县	32778	100634	104.32	2.49	33.98	0.81
屯昌县	29819	98061	117.76	2.72	35.81	0.83
澄迈县	75229	257618	138.30	3.14	40.39	0.92
临高县	48603	179824	138.19	2.81	37.35	0.76
白沙黎族自治县	9577	28466	92.08	2.84	30.98	0.96
昌江黎族自治县	39731	120643	87.51	2.80	28.82	0.92
乐东黎族自治县	37089	116462	139.54	3.61	44.44	1.15
陵水黎族自治县	36186	137263	134.22	3.32	35.38	0.87
保亭黎族苗族自治县	17000	47701	84.43	2.68	30.09	0.95
琼中黎族苗族自治县	16837	47535	85.80	2.63	30.39	0.93

注：本表数据为居住在普通住宅的家庭户。

1–12c　各地区家庭户的住房间数和面积(乡村)

地　　区	家庭户户　数(户)	家庭户人　数(人)	平均每户住房建筑面积(平方米/户)	平均每户住房间数(间/户)	人均住房建筑面积(平方米/人)	人　　均住房间数(间/人)
全省	**1082429**	**3596950**	**112.86**	**3.14**	**33.96**	**0.95**
海口市	**130556**	**406151**	**133.86**	**3.27**	**43.03**	**1.05**
秀英区	28281	96159	141.94	3.60	41.75	1.06
龙华区	21878	64068	100.97	2.73	34.48	0.93
琼山区	46950	145805	112.29	2.82	36.16	0.91
美兰区	33447	100119	178.80	3.97	59.73	1.33
三亚市	**61808**	**226051**	**144.75**	**3.90**	**39.58**	**1.07**
海棠区	7658	31999	209.09	5.29	50.04	1.27
吉阳区	13436	44985	129.36	3.41	38.64	1.02
天涯区	25289	95268	129.26	3.87	34.31	1.03
崖州区	15425	53799	151.63	3.69	43.47	1.06
三沙市						
儋州市	**115483**	**418764**	**117.97**	**3.09**	**32.53**	**0.85**
五指山市	13169	41974	90.11	3.44	28.27	1.08
琼海市	76952	247809	103.01	2.65	31.99	0.82
文昌市	69252	205445	92.22	3.17	31.08	1.07
万宁市	92614	293775	105.21	3.00	33.17	0.94
东方市	47518	170635	101.68	3.47	28.32	0.97
定安县	53208	160555	96.22	2.11	31.89	0.70
屯昌县	42691	133170	102.01	2.37	32.70	0.76
澄迈县	55368	186413	116.83	2.83	34.70	0.84
临高县	57135	188430	102.42	2.59	31.05	0.79
白沙黎族自治县	38173	124810	102.62	3.35	31.38	1.03
昌江黎族自治县	24850	84448	98.73	3.69	29.05	1.09
乐东黎族自治县	85535	298433	140.18	4.08	40.18	1.17
陵水黎族自治县	51999	197965	101.54	3.10	26.67	0.81
保亭黎族苗族自治县	29089	95217	95.04	3.36	29.04	1.03
琼中黎族苗族自治县	37029	116905	103.81	3.25	32.88	1.03

注：本表数据为居住在普通住宅的家庭户。

第一部分　全部数据资料

第二卷　民族

2–1　全省各民族人口及比重

单位：人、%

民　族	人口数	男	女	各民族人口占总人口的比重
总　计	**10081232**	**5345081**	**4736151**	**100.00**
汉　族	8498241	4516722	3981519	84.30
蒙古族	4488	2301	2187	0.04
回　族	17089	8785	8304	0.17
藏　族	654	323	331	0.01
维吾尔族	881	454	427	0.01
苗　族	87733	45205	42528	0.87
彝　族	4155	2184	1971	0.04
壮　族	61000	33187	27813	0.61
布依族	6800	3950	2850	0.07
朝鲜族	1490	747	743	0.01
满　族	9825	5027	4798	0.10
侗　族	5398	3539	1859	0.05
瑶　族	10000	5435	4565	0.10
白　族	982	492	490	0.01
土家族	8273	4647	3626	0.08
哈尼族	774	392	382	0.01
哈萨克族	93	47	46	
傣　族	486	222	264	
黎　族	1355074	707048	648026	13.44
傈僳族	191	100	91	
佤　族	234	132	102	
畲　族	846	496	350	0.01
高山族	121	55	66	
拉祜族	371	235	136	
水　族	453	236	217	
东乡族	159	93	66	
纳西族	86	33	53	
景颇族	40	30	10	
柯尔克孜族	16	11	5	
土　族	302	160	142	
达斡尔族	215	102	113	
仫佬族	411	226	185	
羌　族	169	93	76	
布朗族	175	100	75	
撒拉族	50	26	24	
毛南族	157	99	58	
仡佬族	801	555	246	0.01
锡伯族	190	96	94	
阿昌族	18	10	8	
普米族	21	5	16	
塔吉克族	3	1	2	
怒　族	5	2	3	
乌孜别克族	3		3	
俄罗斯族	71	29	42	
鄂温克族	42	16	26	
德昂族	8	2	6	
保安族	1	1		
裕固族	10	6	4	
京　族	84	29	55	
塔塔尔族	6	2	4	
独龙族	2	2		
鄂伦春族	15	6	9	
赫哲族	27	15	12	
门巴族	2		2	
珞巴族	1	1		
基诺族	4		4	
未定族称人口	2411	1344	1067	0.02
入　籍	75	25	50	

2-1a 全省各民族人口及比重(城市)

单位：人、%

民　族	人口数	男	女	各民族人口占总人口的比重
总　计	**3761478**	**1967828**	**1793650**	**100.00**
汉　族	3503496	1841742	1661754	93.14
蒙古族	3150	1579	1571	0.08
回　族	14170	7238	6932	0.38
藏　族	338	173	165	0.01
维吾尔族	666	323	343	0.02
苗　族	11469	5936	5533	0.30
彝　族	1792	928	864	0.05
壮　族	21496	12220	9276	0.57
布依族	3129	1824	1305	0.08
朝鲜族	1114	555	559	0.03
满　族	6966	3519	3447	0.19
侗　族	3046	2000	1046	0.08
瑶　族	3365	1835	1530	0.09
白　族	529	264	265	0.01
土家族	4982	2760	2222	0.13
哈尼族	262	131	131	0.01
哈萨克族	45	18	27	
傣　族	230	101	129	0.01
黎　族	177742	82664	95078	4.73
傈僳族	83	41	42	
佤　族	86	53	33	
畲　族	532	311	221	0.01
高山族	76	31	45	
拉祜族	137	88	49	
水　族	225	115	110	0.01
东乡族	112	69	43	
纳西族	40	16	24	
景颇族	27	20	7	
柯尔克孜族	15	10	5	
土　族	137	66	71	
达斡尔族	138	65	73	
仫佬族	201	111	90	0.01
羌　族	106	58	48	
布朗族	17	9	8	
撒拉族	31	16	15	
毛南族	84	60	24	
仡佬族	431	302	129	0.01
锡伯族	133	74	59	
阿昌族	12	6	6	
普米族	10	2	8	
塔吉克族	2	1	1	
怒　族	3	2	1	
乌孜别克族	3		3	
俄罗斯族	49	20	29	
鄂温克族	36	13	23	
德昂族	5	1	4	
保安族	1	1		
裕固族	8	6	2	
京　族	9	8	1	
塔塔尔族	4	1	3	
独龙族	2	2		
鄂伦春族	10	5	5	
赫哲族	21	13	8	
门巴族				
珞巴族				
基诺族	3		3	
未定族称人口	692	416	276	0.02
入　籍	10	6	4	

2-1b　全省各民族人口及比重(镇)

单位：人、%

民　族	人口数	男	女	各民族人口占总人口的比重
总　计	**2314503**	**1221821**	**1092682**	**100.00**
汉　族	2043459	1084879	958580	88.29
蒙古族	596	306	290	0.03
回　族	1496	774	722	0.06
藏　族	123	49	74	0.01
维吾尔族	51	26	25	
苗　族	13218	6483	6735	0.57
彝　族	794	428	366	0.03
壮　族	11874	6452	5422	0.51
布依族	1227	707	520	0.05
朝鲜族	162	84	78	0.01
满　族	1247	660	587	0.05
侗　族	897	573	324	0.04
瑶　族	2188	1189	999	0.09
白　族	202	100	102	0.01
土家族	1278	687	591	0.06
哈尼族	145	79	66	0.01
哈萨克族	9	9		
傣　族	116	65	51	0.01
黎　族	234063	117527	116536	10.11
傈僳族	51	27	24	
佤　族	36	16	20	
畲　族	112	66	46	
高山族	17	7	10	
拉祜族	55	30	25	
水　族	85	43	42	
东乡族	17	9	8	
纳西族	11	4	7	
景颇族	4	2	2	
柯尔克孜族	1	1		
土　族	50	25	25	
达斡尔族	31	14	17	
仫佬族	69	45	24	
羌　族	17	11	6	
布朗族	25	16	9	
撒拉族	14	7	7	
毛南族	25	15	10	
仡佬族	156	100	56	0.01
锡伯族	21	8	13	
阿昌族	1		1	
普米族	4	1	3	
塔吉克族				
怒　族	2		2	
乌孜别克族				
俄罗斯族	6	3	3	
鄂温克族	5	3	2	
德昂族				
保安族				
裕固族	2		2	
京　族	18	6	12	
塔塔尔族	2	1	1	
独龙族				
鄂伦春族	1	1		
赫哲族	4	1	3	
门巴族				
珞巴族				
基诺族				
未定族称人口	485	269	216	0.02
入　籍	31	13	18	

2-1c 全省各民族人口及比重(乡村)

单位：人、%

民 族	人口数	男	女	各民族人口占总人口的比重
总 计	**4005251**	**2155432**	**1849819**	**100.00**
汉 族	2951286	1590101	1361185	73.69
蒙古族	742	416	326	0.02
回 族	1423	773	650	0.04
藏 族	193	101	92	
维吾尔族	164	105	59	
苗 族	63046	32786	30260	1.57
彝 族	1569	828	741	0.04
壮 族	27630	14515	13115	0.69
布依族	2444	1419	1025	0.06
朝鲜族	214	108	106	0.01
满 族	1612	848	764	0.04
侗 族	1455	966	489	0.04
瑶 族	4447	2411	2036	0.11
白 族	251	128	123	0.01
土家族	2013	1200	813	0.05
哈尼族	367	182	185	0.01
哈萨克族	39	20	19	
傣 族	140	56	84	
黎 族	943269	506857	436412	23.55
傈僳族	57	32	25	
佤 族	112	63	49	
畲 族	202	119	83	0.01
高山族	28	17	11	
拉祜族	179	117	62	
水 族	143	78	65	
东乡族	30	15	15	
纳西族	35	13	22	
景颇族	9	8	1	
柯尔克孜族				
土 族	115	69	46	
达斡尔族	46	23	23	
仫佬族	141	70	71	
羌 族	46	24	22	
布朗族	133	75	58	
撒拉族	5	3	2	
毛南族	48	24	24	
仡佬族	214	153	61	0.01
锡伯族	36	14	22	
阿昌族	5	4	1	
普米族	7	2	5	
塔吉克族	1		1	
怒 族				
乌孜别克族				
俄罗斯族	16	6	10	
鄂温克族	1		1	
德昂族	3	1	2	
保安族				
裕固族				
京 族	57	15	42	
塔塔尔族				
独龙族				
鄂伦春族	4		4	
赫哲族	2	1	1	
门巴族	2		2	
珞巴族	1	1		
基诺族	1		1	
未定族称人口	1234	659	575	0.03
入 籍	34	6	28	

2-2 全省各民族分年龄、性别的人口

单位：人

年龄组	合计			汉族		
	合计	男	女	小计	男	女
总 计	**10081232**	**5345081**	**4736151**	**8498241**	**4516722**	**3981519**
0–4岁	629051	342112	286939	529171	289016	240155
5–9岁	717973	392089	325884	591968	324995	266973
10–14岁	666701	366361	300340	542081	300239	241842
15–19岁	550785	306260	244525	456403	256018	200385
20–24岁	596003	332069	263934	501429	281211	220218
25–29岁	824566	446327	378239	692635	375927	316708
30–34岁	922158	494216	427942	778694	416747	361947
35–39岁	851057	454656	396401	705096	375271	329825
40–44岁	703273	374755	328518	579333	307382	271951
45–49岁	738400	392037	346363	615321	325962	289359
50–54岁	746262	393118	353144	629242	332444	296798
55–59岁	658404	342351	316053	565591	295279	270312
60–64岁	425099	216993	208106	371482	191185	180297
65–69岁	376451	186885	189566	336141	168135	168006
70–74岁	249109	124563	124546	221087	112434	108653
75–79岁	157925	72360	85565	139946	65314	74632
80–84岁	138306	59265	79041	124154	54213	69941
85–89岁	82652	32906	49746	75240	30349	44891
90–94岁	33854	11922	21932	31006	11027	19979
95–99岁	10461	3197	7264	9651	2970	6681
100岁及以上	2742	639	2103	2570	604	1966

2–2 续表 1

单位：人

年龄组	蒙古族			回族			藏族		
	小计	男	女	小计	男	女	小计	男	女
总　计	**4488**	**2301**	**2187**	**17089**	**8785**	**8304**	**654**	**323**	**331**
0–4岁	374	195	179	1429	765	664	22	10	12
5–9岁	293	152	141	1632	872	760	20	12	8
10–14岁	151	76	75	1211	640	571	14	7	7
15–19岁	242	124	118	1161	608	553	118	59	59
20–24岁	577	313	264	1595	807	788	202	92	110
25–29岁	429	226	203	1509	778	731	53	27	26
30–34岁	590	301	289	1741	882	859	57	31	26
35–39岁	444	243	201	1361	729	632	36	21	15
40–44岁	261	141	120	1084	573	511	23	12	11
45–49岁	217	118	99	1052	511	541	36	18	18
50–54岁	215	107	108	934	480	454	24	8	16
55–59岁	231	97	134	757	376	381	26	15	11
60–64岁	187	79	108	534	245	289	6	3	3
65–69岁	132	62	70	468	225	243	10	5	5
70–74岁	63	29	34	297	139	158	3	2	1
75–79岁	42	21	21	163	84	79	1		1
80–84岁	26	10	16	100	43	57	3	1	2
85–89岁	10	5	5	46	22	24			
90–94岁	4	2	2	12	4	8			
95–99岁				2	2				
100岁及以上				1		1			

2–2 续表 2

单位：人

年龄组	维吾尔族			苗族			彝族		
	小计	男	女	小计	男	女	小计	男	女
总　计	**881**	**454**	**427**	**87733**	**45205**	**42528**	**4155**	**2184**	**1971**
0–4岁	26	15	11	4686	2478	2208	210	106	104
5–9岁	35	12	23	6531	3455	3076	175	80	95
10–14岁	19	8	11	7929	4005	3924	98	54	44
15–19岁	219	105	114	6176	3178	2998	282	140	142
20–24岁	225	124	101	5783	3078	2705	736	368	368
25–29岁	62	33	29	7143	3789	3354	413	232	181
30–34岁	73	40	33	8439	4454	3985	435	234	201
35–39岁	48	29	19	8568	4612	3956	398	199	199
40–44岁	24	18	6	7530	4083	3447	422	214	208
45–49岁	27	12	15	7101	3754	3347	410	233	177
50–54岁	27	12	15	5764	2919	2845	303	174	129
55–59岁	36	16	20	4377	2118	2259	181	97	84
60–64岁	31	15	16	2600	1241	1359	52	33	19
65–69岁	12	7	5	1968	874	1094	22	14	8
70–74岁	9	4	5	1232	518	714	9	4	5
75–79岁	4		4	730	270	460	5	1	4
80–84岁	2	2		597	192	405	2		2
85–89岁	1	1		357	119	238	1	1	
90–94岁	1	1		143	47	96	1		1
95–99岁				65	16	49			
100岁及以上				14	5	9			

2–2 续表 3

单位：人

年龄组	壮族			布依族			朝鲜族		
	小计	男	女	小计	男	女	小计	男	女
总 计	**61000**	**33187**	**27813**	**6800**	**3950**	**2850**	**1490**	**747**	**743**
0–4岁	2829	1550	1279	276	141	135	99	51	48
5–9岁	3311	1831	1480	284	148	136	93	43	50
10–14岁	3045	1705	1340	200	110	90	69	36	33
15–19岁	2387	1341	1046	321	163	158	47	32	15
20–24岁	3282	1849	1433	767	432	335	72	26	46
25–29岁	4115	2331	1784	545	340	205	87	32	55
30–34岁	5525	3156	2369	666	403	263	175	85	90
35–39岁	5208	2933	2275	703	419	284	143	80	63
40–44岁	5059	2765	2294	793	477	316	93	54	39
45–49岁	6894	3710	3184	989	595	394	97	54	43
50–54岁	8229	4354	3875	730	430	300	86	42	44
55–59岁	6481	3559	2922	336	189	147	121	53	68
60–64岁	2050	1089	961	124	69	55	95	51	44
65–69岁	960	414	546	50	25	25	95	45	50
70–74岁	486	180	306	7	5	2	55	35	20
75–79岁	388	107	281	7	4	3	35	14	21
80–84岁	477	166	311	2		2	21	12	9
85–89岁	236	127	109				4	1	3
90–94岁	29	16	13				3	1	2
95–99岁	9	4	5						
100岁及以上									

2–2 续表 4

单位：人

年龄组	满族			侗族			瑶族		
	小计	男	女	小计	男	女	小计	男	女
总 计	**9825**	**5027**	**4798**	**5398**	**3539**	**1859**	**10000**	**5435**	**4565**
0–4岁	778	405	373	261	147	114	617	305	312
5–9岁	621	307	314	241	117	124	696	394	302
10–14岁	359	195	164	169	87	82	600	327	273
15–19岁	460	224	236	222	131	91	584	312	272
20–24岁	755	384	371	575	318	257	677	375	302
25–29岁	838	440	398	474	338	136	871	492	379
30–34岁	1243	621	622	624	422	202	962	529	433
35–39岁	922	459	463	573	400	173	925	500	425
40–44岁	633	351	282	498	377	121	791	453	338
45–49岁	562	297	265	671	477	194	931	502	429
50–54岁	594	316	278	562	391	171	1019	538	481
55–59岁	598	284	314	310	211	99	768	415	353
60–64岁	595	282	313	85	54	31	273	158	115
65–69岁	446	234	212	47	30	17	112	59	53
70–74岁	195	114	81	17	12	5	54	27	27
75–79岁	113	61	52	17	4	13	34	12	22
80–84岁	69	29	40	30	15	15	53	22	31
85–89岁	33	18	15	19	6	13	26	15	11
90–94岁	6	2	4	2	2		5		5
95–99岁	3	3		1		1	2		2
100岁及以上	2	1	1						

2-2 续表 5 单位：人

年龄组	白族			土家族			哈尼族		
	小计	男	女	小计	男	女	小计	男	女
总　计	**982**	**492**	**490**	**8273**	**4647**	**3626**	**774**	**392**	**382**
0-4岁	68	31	37	563	288	275	25	12	13
5-9岁	54	22	32	472	232	240	24	12	12
10-14岁	29	18	11	352	195	157	22	10	12
15-19岁	88	45	43	510	255	255	30	14	16
20-24岁	213	88	125	1030	478	552	90	49	41
25-29岁	84	52	32	721	419	302	74	34	40
30-34岁	94	54	40	926	485	441	118	57	61
35-39岁	78	38	40	790	469	321	116	63	53
40-44岁	71	36	35	621	374	247	113	58	55
45-49岁	69	37	32	880	566	314	91	45	46
50-54岁	62	36	26	677	446	231	56	26	30
55-59岁	38	16	22	413	271	142	13	12	1
60-64岁	9	6	3	122	71	51			
65-69岁	8	5	3	83	48	35	1		1
70-74岁	9	4	5	51	23	28	1		1
75-79岁	2	2		25	10	15			
80-84岁	3	1	2	31	12	19			
85-89岁	3	1	2	5	5				
90-94岁				1		1			
95-99岁									
100岁及以上									

2-2 续表 6 单位：人

年龄组	哈萨克族			傣族			黎族		
	小计	男	女	小计	男	女	小计	男	女
总　计	**93**	**47**	**46**	**486**	**222**	**264**	**1355074**	**707048**	**648026**
0-4岁	3	1	2	22	11	11	86981	46278	40703
5-9岁	3		3	18	10	8	111101	59178	51923
10-14岁				18	8	10	110027	58474	51553
15-19岁	17	12	5	50	23	27	81035	43242	37793
20-24岁	24	15	9	90	33	57	76953	41520	35433
25-29岁	17	9	8	55	26	29	113700	60350	53350
30-34岁	7	3	4	54	25	29	120922	65215	55707
35-39岁	5		5	33	14	19	124884	67742	57142
40-44岁	5	1	4	31	11	20	105259	57006	48253
45-49岁	6	3	3	34	17	17	102305	54703	47602
50-54岁	1		1	32	19	13	97168	50058	47110
55-59岁	2	2		22	14	8	77665	39103	38562
60-64岁				11	6	5	46642	22304	24338
65-69岁	1		1	5	2	3	35753	16631	19122
70-74岁	1	1		3	1	2	25461	11000	14461
75-79岁	1		1	4		4	16371	6442	9929
80-84岁				3	1	2	12681	4525	8156
85-89岁				1	1		6649	2227	4422
90-94岁							2634	819	1815
95-99岁							728	202	526
100岁及以上							155	29	126

2-2 续表 7

单位：人

年龄组	傈僳族			佤族			畲族		
	小计	男	女	小计	男	女	小计	男	女
总 计	**191**	**100**	**91**	**234**	**132**	**102**	**846**	**496**	**350**
0—4岁	6	3	3	7	4	3	73	36	37
5—9岁	3	1	2	4	1	3	70	41	29
10—14岁	2	1	1	2	1	1	46	25	21
15—19岁	24	14	10	13	6	7	41	19	22
20—24岁	36	15	21	38	20	18	78	47	31
25—29岁	24	12	12	24	18	6	77	53	24
30—34岁	31	17	14	39	18	21	104	65	39
35—39岁	21	17	4	42	22	20	71	43	28
40—44岁	14	5	9	30	22	8	73	44	29
45—49岁	13	8	5	13	8	5	64	34	30
50—54岁	8	3	5	9	5	4	59	37	22
55—59岁	9	4	5	7	2	5	38	22	16
60—64岁				3	3		26	16	10
65—69岁				2	2		13	8	5
70—74岁							8	4	4
75—79岁							1		1
80—84岁				1		1	3	2	1
85—89岁							1		1
90—94岁									
95—99岁									
100岁及以上									

2-2 续表 8

单位：人

年龄组	高山族			拉祜族			水族		
	小计	男	女	小计	男	女	小计	男	女
总 计	**121**	**55**	**66**	**371**	**235**	**136**	**453**	**236**	**217**
0—4岁	8	2	6	9	5	4	20	11	9
5—9岁	8	3	5	3		3	22	12	10
10—14岁	6	4	2	4	3	1	17	10	7
15—19岁	5	2	3	30	22	8	26	12	14
20—24岁	9	4	5	40	27	13	78	35	43
25—29岁	8	5	3	44	31	13	39	13	26
30—34岁	15	8	7	60	43	17	48	25	23
35—39岁	10	7	3	61	38	23	51	30	21
40—44岁	8	5	3	52	26	26	37	24	13
45—49岁	8		8	34	15	19	45	26	19
50—54岁	8	5	3	18	16	2	26	13	13
55—59岁	17	4	13	14	9	5	31	16	15
60—64岁	2	2		1		1	9	7	2
65—69岁	4	2	2						
70—74岁	3	2	1	1		1	2	1	1
75—79岁	1		1				1	1	
80—84岁	1		1				1		1
85—89岁									
90—94岁									
95—99岁									
100岁及以上									

2-2 续表 9

单位：人

年龄组	东乡族			纳西族			景颇族		
	小计	男	女	小计	男	女	小计	男	女
总　计	**159**	**93**	**66**	**86**	**33**	**53**	**40**	**30**	**10**
0–4岁	9	4	5	9	4	5			
5–9岁	15	7	8	4	3	1	1	1	
10–14岁	9	9					1	1	
15–19岁	12	6	6	8	6	2			
20–24岁	35	19	16	31	10	21	9	5	4
25–29岁	24	16	8	13	4	9	3	3	
30–34岁	19	10	9	9	3	6	6	6	
35–39岁	11	6	5	4		4	5	3	2
40–44岁	10	7	3	1		1	8	6	2
45–49岁	9	7	2	3	1	2	2		2
50–54岁	5	2	3	1		1	5	5	
55–59岁	1		1	1		1			
60–64岁									
65–69岁									
70–74岁				1	1				
75–79岁				1	1				
80–84岁									
85–89岁									
90–94岁									
95–99岁									
100岁及以上									

2-2 续表 10

单位：人

年龄组	柯尔克孜族			土　族			达斡尔族		
	小计	男	女	小计	男	女	小计	男	女
总　计	**16**	**11**	**5**	**302**	**160**	**142**	**215**	**102**	**113**
0–4岁	2	2		21	15	6	19	11	8
5–9岁	3	2	1	9	5	4	13	8	5
10–14岁				15	10	5	8	3	5
15–19岁	3	1	2	17	9	8	7	4	3
20–24岁	3	3		34	16	18	15	8	7
25–29岁				31	20	11	21	11	10
30–34岁	3	2	1	33	16	17	33	16	17
35–39岁	1		1	17	6	11	18	12	6
40–44岁				17	8	9	11	6	5
45–49岁	1	1		29	17	12	6	2	4
50–54岁				36	19	17	6	3	3
55–59岁				24	13	11	21	4	17
60–64岁				4	2	2	17	7	10
65–69岁				3	2	1	10	3	7
70–74岁				3		3	3	2	1
75–79岁				5		5	2	1	1
80–84岁				3	1	2	3	1	2
85–89岁				1	1		2		2
90–94岁									
95–99岁									
100岁及以上									

2–2　续表 11　　　　单位：人

年龄组	仫佬族			羌族			布朗族		
	小计	男	女	小计	男	女	小计	男	女
总　计	**411**	**226**	**185**	**169**	**93**	**76**	**175**	**100**	**75**
0–4岁	19	13	6	14	6	8	13	5	8
5–9岁	25	14	11	9	8	1	12	7	5
10–14岁	15	9	6	10	3	7	9	3	6
15–19岁	19	9	10	7	4	3	8	4	4
20–24岁	47	19	28	16	12	4	17	11	6
25–29岁	48	32	16	22	10	12	17	10	7
30–34岁	41	21	20	22	11	11	26	13	13
35–39岁	43	24	19	17	10	7	14	10	4
40–44岁	39	15	24	9	4	5	18	12	6
45–49岁	40	26	14	14	10	4	12	8	4
50–54岁	37	22	15	10	6	4	14	9	5
55–59岁	30	17	13	10	5	5	8	5	3
60–64岁	3	2	1	5		5	5	2	3
65–69岁	3	1	2	3	3		1		1
70–74岁	1	1		1	1		1	1	
75–79岁									
80–84岁	1	1							
85–89岁									
90–94岁									
95–99岁									
100岁及以上									

2–2　续表 12　　　　单位：人

年龄组	撒拉族			毛南族			仡佬族		
	小计	男	女	小计	男	女	小计	男	女
总　计	**50**	**26**	**24**	**157**	**99**	**58**	**801**	**555**	**246**
0–4岁	5	2	3	7	3	4	28	13	15
5–9岁	3	2	1	5	2	3	26	8	18
10–14岁	4	3	1	5	3	2	9	5	4
15–19岁	7	2	5	3	2	1	42	21	21
20–24岁	7	3	4	14	6	8	122	77	45
25–29岁	8	5	3	12	8	4	103	74	29
30–34岁	5	3	2	16	11	5	66	48	18
35–39岁				18	13	5	59	40	19
40–44岁	5	2	3	16	11	5	65	53	12
45–49岁	1	1		28	18	10	128	102	26
50–54岁	2	2		21	16	5	78	60	18
55–59岁	2	1	1	9	5	4	60	45	15
60–64岁							8	5	3
65–69岁				1	1		3	2	1
70–74岁	1		1				1		1
75–79岁							1		1
80–84岁				2		2			
85–89岁							1	1	
90–94岁							1	1	
95–99岁									
100岁及以上									

2-2　续表 13　　单位：人

年龄组	锡伯族			阿昌族			普米族		
	小计	男	女	小计	男	女	小计	男	女
总　计	**190**	**96**	**94**	**18**	**10**	**8**	**21**	**5**	**16**
0–4岁	12	7	5	2	2				
5–9岁	15	6	9	2		2			
10–14岁	3	1	2						
15–19岁	6	4	2	2	1	1	7		7
20–24岁	21	10	11	2	2		7	2	5
25–29岁	18	10	8	4	2	2	3	1	2
30–34岁	23	17	6	2	1	1	2		2
35–39岁	19	9	10				1	1	
40–44岁	9	5	4	2		2	1	1	
45–49岁	13	4	9	1	1				
50–54岁	11	4	7	1	1				
55–59岁	12	4	8						
60–64岁	9	2	7						
65–69岁	8	5	3						
70–74岁	5	3	2						
75–79岁	3	3							
80–84岁	3	2	1						
85–89岁									
90–94岁									
95–99岁									
100岁及以上									

2-2　续表 14　　单位：人

年龄组	塔吉克族			怒　　族			乌孜别克族		
	小计	男	女	小计	男	女	小计	男	女
总　计	**3**	**1**	**2**	**5**	**2**	**3**	**3**		**3**
0–4岁				1		1			
5–9岁									
10–14岁				1	1				
15–19岁	1		1				1		1
20–24岁	2	1	1	1		1			
25–29岁				1		1			
30–34岁				1	1		1		1
35–39岁									
40–44岁							1		1
45–49岁									
50–54岁									
55–59岁									
60–64岁									
65–69岁									
70–74岁									
75–79岁									
80–84岁									
85–89岁									
90–94岁									
95–99岁									
100岁及以上									

2–2　续表 15

单位：人

年龄组	俄罗斯族			鄂温克族			德昂族		
	小计	男	女	小计	男	女	小计	男	女
总　计	**71**	**29**	**42**	**42**	**16**	**26**	**8**	**2**	**6**
0–4岁	4	3	1	2	2				
5–9岁	4	1	3	2	2				
10–14岁	5	3	2	3		3			
15–19岁	5	3	2	1	1		1		1
20–24岁	8	1	7	3	1	2	1		1
25–29岁	7	4	3	6	2	4	1	1	
30–34岁	6	2	4	6	1	5	2	1	1
35–39岁	4	1	3	5	2	3	1		1
40–44岁	5	1	4	4		4			
45–49岁	4	2	2	1	1				
50–54岁	5	1	4	1	1				
55–59岁	6	2	4	1		1			
60–64岁	2	2		6	2	4			
65–69岁	3	2	1	1	1				
70–74岁	2	1	1						
75–79岁									
80–84岁	1		1						
85–89岁									
90–94岁							2		2
95–99岁									
100岁及以上									

2–2　续表 16

单位：人

年龄组	保安族			裕固族			京族		
	小计	男	女	小计	男	女	小计	男	女
总　计	**1**	**1**		**10**	**6**	**4**	**84**	**29**	**55**
0–4岁							4	1	3
5–9岁							6	5	1
10–14岁							2	2	
15–19岁				4	1	3	2	1	1
20–24岁				3	2	1	6	5	1
25–29岁							2	2	
30–34岁	1	1					2	1	1
35–39岁				1	1		5	3	2
40–44岁							1	1	
45–49岁							7	1	6
50–54岁				1	1		7	3	4
55–59岁				1	1		7	1	6
60–64岁							4	1	3
65–69岁							8	1	7
70–74岁							8		8
75–79岁							6	1	5
80–84岁							3		3
85–89岁							2		2
90–94岁							2		2
95–99岁									
100岁及以上									

2–2 续表 17

单位：人

年龄组	塔塔尔族			独 龙 族			鄂伦春族		
	小计	男	女	小计	男	女	小计	男	女
总　计	**6**	**2**	**4**	**2**	**2**		**15**	**6**	**9**
0–4岁	1		1	1	1		1		1
5–9岁									
10–14岁							1	1	
15–19岁	1		1				1		1
20–24岁	2	2		1	1		1	1	
25–29岁	1		1				4	2	2
30–34岁							1		1
35–39岁							1	1	
40–44岁							3	1	2
45–49岁	1		1				1		1
50–54岁									
55–59岁							1		1
60–64岁									
65–69岁									
70–74岁									
75–79岁									
80–84岁									
85–89岁									
90–94岁									
95–99岁									
100岁及以上									

2–2 续表 18

单位：人

年龄组	赫 哲 族			门 巴 族			珞 巴 族		
	小计	男	女	小计	男	女	小计	男	女
总　计	**27**	**15**	**12**	**2**		**2**	**1**	**1**	
0–4岁	5	3	2						
5–9岁	2	2							
10–14岁									
15–19岁				1		1			
20–24岁	2	1	1				1	1	
25–29岁	2		2						
30–34岁	4	2	2						
35–39岁	2	2							
40–44岁	1		1						
45–49岁	2	1	1						
50–54岁	1		1	1		1			
55–59岁	1	1							
60–64岁	2	2							
65–69岁	2		2						
70–74岁	1	1							
75–79岁									
80–84岁									
85–89岁									
90–94岁									
95–99岁									
100岁及以上									

2–2　续表 19　　　　单位：人

年龄组	基诺族			未定族称人口			入籍		
	小计	男	女	小计	男	女	小计	男	女
总　计	**4**		**4**	**2411**	**1344**	**1067**	**75**	**25**	**50**
0–4岁				298	144	154	11	5	6
5–9岁				130	73	57	5	3	2
10–14岁				130	66	64	1		1
15–19岁				125	79	46	3	1	2
20–24岁	3		3	228	138	90	7	4	3
25–29岁				169	100	69	5	3	2
30–34岁				184	108	76	2	1	1
35–39岁				218	132	86	6	2	4
40–44岁	1		1	180	108	72	8	2	6
45–49岁				216	126	90	11	3	8
50–54岁				161	84	77	5		5
55–59岁				122	63	59	5		5
60–64岁				93	46	47	2	1	1
65–69岁				69	37	32	3		3
70–74岁				26	13	13	1		1
75–79岁				16	7	9			
80–84岁				30	14	16			
85–89岁				14	6	8			
90–94岁				2		2			
95–99岁									
100岁及以上									

2-2a 全省各民族分年龄、性别的人口(城市)

单位：人

年龄组	合计			汉族		
	合计	男	女	小计	男	女
总 计	**3761478**	**1967828**	**1793650**	**3503496**	**1841742**	**1661754**
0-4岁	238942	130742	108200	222145	121726	100419
5-9岁	255665	141321	114344	236952	131291	105661
10-14岁	214071	119980	94091	198688	111802	86886
15-19岁	225739	122286	103453	201745	110160	91585
20-24岁	249931	133505	116426	226460	122241	104219
25-29岁	350189	181840	168349	322623	169000	153623
30-34岁	400384	206030	194354	372822	192989	179833
35-39岁	344629	176267	168362	320020	164820	155200
40-44岁	277103	142880	134223	258063	133975	124088
45-49岁	291189	152510	138679	272692	143462	129230
50-54岁	264788	139742	125046	249694	132207	117487
55-59岁	216260	111043	105217	205156	105638	99518
60-64岁	136292	68558	67734	130174	65741	64433
65-69岁	115653	56376	59277	111355	54405	56950
70-74岁	71345	35634	35711	68884	34472	34412
75-79岁	43944	20599	23345	42449	20002	22447
80-84岁	36456	16713	19743	35334	16274	19060
85-89岁	19108	8263	10845	18645	8062	10583
90-94岁	7123	2717	4406	6972	2665	4307
95-99岁	2148	690	1458	2109	678	1431
100岁及以上	519	132	387	514	132	382

2–2a　续表 1　　　　单位：人

年龄组	蒙古族			回　族			藏　族		
	小计	男	女	小计	男	女	小计	男	女
总　计	**3150**	**1579**	**1571**	**14170**	**7238**	**6932**	**338**	**173**	**165**
0–4岁	285	145	140	1231	657	574	16	8	8
5–9岁	234	126	108	1448	772	676	11	6	5
10–14岁	113	55	58	1076	561	515	6	5	1
15–19岁	136	65	71	887	468	419	60	30	30
20–24岁	305	163	142	1179	598	581	99	49	50
25–29岁	309	159	150	1253	636	617	30	15	15
30–34岁	435	217	218	1444	715	729	30	16	14
35–39岁	344	185	159	1149	614	535	21	11	10
40–44岁	179	97	82	936	495	441	15	8	7
45–49岁	147	77	70	881	420	461	24	14	10
50–54岁	160	77	83	764	395	369	10	3	7
55–59岁	163	69	94	600	280	320	11	6	5
60–64岁	135	52	83	448	205	243	1	1	
65–69岁	98	45	53	375	181	194	2	1	1
70–74岁	44	21	23	239	112	127	1		1
75–79岁	31	15	16	141	70	71			
80–84岁	20	6	14	76	37	39	1		1
85–89岁	9	4	5	32	17	15			
90–94岁	3	1	2	9	3	6			
95–99岁				2	2				
100岁及以上									

2–2a　续表 2　　　　单位：人

年龄组	维吾尔族			苗　族			彝　族		
	小计	男	女	小计	男	女	小计	男	女
总　计	**666**	**323**	**343**	**11469**	**5936**	**5533**	**1792**	**928**	**864**
0–4岁	21	13	8	577	293	284	101	51	50
5–9岁	29	11	18	531	299	232	62	26	36
10–14岁	16	7	9	431	224	207	39	22	17
15–19岁	165	73	92	1341	664	677	128	57	71
20–24岁	153	76	77	1256	601	655	346	176	170
25–29岁	47	24	23	1282	627	655	226	117	109
30–34岁	57	31	26	1342	666	676	216	116	100
35–39岁	34	20	14	1236	638	598	175	80	95
40–44岁	21	15	6	1014	544	470	169	89	80
45–49岁	22	8	14	1032	592	440	147	91	56
50–54岁	24	10	14	672	389	283	96	53	43
55–59岁	27	11	16	420	230	190	56	34	22
60–64岁	25	11	14	142	76	66	15	9	6
65–69岁	11	6	5	100	46	54	7	4	3
70–74岁	8	4	4	43	26	17	5	2	3
75–79岁	3		3	20	9	11	4	1	3
80–84岁	2	2		15	5	10			
85–89岁	1	1		10	4	6			
90–94岁				3	2	1			
95–99岁				2	1	1			
100岁及以上									

2-2a 续表 3

单位：人

年龄组	壮族			布依族			朝鲜族		
	小计	男	女	小计	男	女	小计	男	女
总　计	**21496**	**12220**	**9276**	**3129**	**1824**	**1305**	**1114**	**555**	**559**
0-4岁	1031	543	488	134	68	66	80	41	39
5-9岁	1161	641	520	117	56	61	72	28	44
10-14岁	1026	566	460	71	34	37	54	28	26
15-19岁	1009	571	438	151	77	74	36	25	11
20-24岁	1500	798	702	387	212	175	45	13	32
25-29岁	1682	928	754	279	161	118	69	28	41
30-34岁	2251	1289	962	340	218	122	136	67	69
35-39岁	2222	1304	918	331	203	128	101	55	46
40-44岁	2059	1226	833	378	237	141	79	46	33
45-49岁	2483	1474	1009	414	245	169	74	42	32
50-54岁	2434	1422	1012	305	183	122	60	32	28
55-59岁	1580	936	644	142	82	60	88	39	49
60-64岁	500	278	222	50	29	21	63	33	30
65-69岁	253	111	142	22	14	8	68	32	36
70-74岁	111	52	59	2	2		41	25	16
75-79岁	75	26	49	6	3	3	27	10	17
80-84岁	84	30	54				14	9	5
85-89岁	29	21	8				4	1	3
90-94岁	5	3	2				3	1	2
95-99岁	1	1							
100岁及以上									

2-2a 续表 4

单位：人

年龄组	满族			侗族			瑶族		
	小计	男	女	小计	男	女	小计	男	女
总　计	**6966**	**3519**	**3447**	**3046**	**2000**	**1046**	**3365**	**1835**	**1530**
0-4岁	593	318	275	161	96	65	255	133	122
5-9岁	498	243	255	147	72	75	231	129	102
10-14岁	284	153	131	87	47	40	166	82	84
15-19岁	264	127	137	125	72	53	222	114	108
20-24岁	414	206	208	330	173	157	287	141	146
25-29岁	568	290	278	287	206	81	330	187	143
30-34岁	920	450	470	393	256	137	385	213	172
35-39岁	707	345	362	338	237	101	372	198	174
40-44岁	464	253	211	274	212	62	270	165	105
45-49岁	419	222	197	381	274	107	296	173	123
50-54岁	391	203	188	269	190	79	253	142	111
55-59岁	430	203	227	163	111	52	191	105	86
60-64岁	409	194	215	40	22	18	52	28	24
65-69岁	313	157	156	23	14	9	28	12	16
70-74岁	139	75	64	9	7	2	12	6	6
75-79岁	81	44	37	2	1	1	3	1	2
80-84岁	42	17	25	10	7	3	7	4	3
85-89岁	24	17	7	6	2	4	2	2	
90-94岁	3		3	1	1		3		3
95-99岁	2	2							
100岁及以上	1		1						

2–2a 续表 5

单位：人

年龄组	白族			土家族			哈尼族		
	小计	男	女	小计	男	女	小计	男	女
总 计	**529**	**264**	**265**	**4982**	**2760**	**2222**	**262**	**131**	**131**
0–4岁	36	16	20	396	204	192	10	6	4
5–9岁	34	14	20	319	164	155	9	3	6
10–14岁	21	12	9	206	114	92	8	2	6
15–19岁	41	24	17	295	150	145	16	9	7
20–24岁	115	44	71	569	261	308	36	17	19
25–29岁	45	27	18	447	248	199	25	10	15
30–34岁	53	27	26	617	317	300	51	29	22
35–39岁	44	21	23	537	327	210	28	14	14
40–44岁	41	24	17	368	215	153	32	16	16
45–49岁	30	17	13	508	324	184	30	16	14
50–54岁	29	17	12	351	240	111	13	7	6
55–59岁	17	6	11	198	114	84	2	2	
60–64岁	8	5	3	69	36	33			
65–69岁	4	4		55	29	26	1		1
70–74岁	6	3	3	28	10	18	1		1
75–79岁	1	1		12	5	7			
80–84岁	2	1	1	6	1	5			
85–89岁	2	1	1	1	1				
90–94岁									
95–99岁									
100岁及以上									

2–2a 续表 6

单位：人

年龄组	哈萨克族			傣族			黎族		
	小计	男	女	小计	男	女	小计	男	女
总 计	**45**	**18**	**27**	**230**	**101**	**129**	**177742**	**82664**	**95078**
0–4岁	1		1	10	3	7	11601	6289	5312
5–9岁	1		1	9	3	6	13621	7336	6285
10–14岁				6	3	3	11639	6184	5455
15–19岁	7	5	2	24	11	13	18902	9486	9416
20–24岁	13	7	6	48	20	28	15950	7487	8463
25–29岁	7	2	5	23	9	14	20271	8927	11344
30–34岁	4	1	3	25	15	10	18459	8159	10300
35–39岁	2		2	17	6	11	16629	6988	9641
40–44岁	2		2	14	6	8	12440	5083	7357
45–49岁	5	2	3	15	5	10	11293	4859	6434
50–54岁	1		1	16	11	5	9018	4019	4999
55–59岁	1	1		10	5	5	6831	3080	3751
60–64岁				4	2	2	4076	1796	2280
65–69岁				1		1	2883	1280	1603
70–74岁				2	1	1	1743	802	941
75–79岁	1		1	4		4	1071	405	666
80–84岁				2	1	1	821	311	510
85–89岁							339	127	212
90–94岁							119	40	79
95–99岁							32	6	26
100岁及以上							4		4

2-2a 续表 7

单位：人

年龄组	傈僳族			佤族			畲族		
	小计	男	女	小计	男	女	小计	男	女
总计	**83**	**41**	**42**	**86**	**53**	**33**	**532**	**311**	**221**
0-4岁	3	2	1	3	1	2	51	24	27
5-9岁	1	1					52	30	22
10-14岁	1	1		1	1		36	19	17
15-19岁	7	4	3	7	4	3	26	12	14
20-24岁	18	6	12	19	10	9	44	23	21
25-29岁	17	7	10	6	5	1	55	40	15
30-34岁	14	7	7	12	6	6	63	39	24
35-39岁	9	8	1	20	13	7	44	25	19
40-44岁	7	2	5	7	5	2	41	26	15
45-49岁	1	1		5	4	1	38	21	17
50-54岁	1		1	3	2	1	29	20	9
55-59岁	4	2	2	2	1	1	17	10	7
60-64岁							19	11	8
65-69岁				1	1		8	5	3
70-74岁							5	4	1
75-79岁							1		1
80-84岁							3	2	1
85-89岁									
90-94岁									
95-99岁									
100岁及以上									

2-2a 续表 8

单位：人

年龄组	高山族			拉祜族			水族		
	小计	男	女	小计	男	女	小计	男	女
总计	**76**	**31**	**45**	**137**	**88**	**49**	**225**	**115**	**110**
0-4岁	6	2	4	5	1	4	10	5	5
5-9岁	6	3	3	1		1	4		4
10-14岁	4	2	2	2	2		7	7	
15-19岁	3	1	2	10	8	2	13	6	7
20-24岁	7	3	4	14	9	5	45	20	25
25-29岁	5	2	3	11	10	1	17	5	12
30-34岁	7	3	4	28	18	10	29	16	13
35-39岁	8	5	3	24	15	9	27	14	13
40-44岁	5	2	3	21	13	8	20	11	9
45-49岁	4		4	13	5	8	21	14	7
50-54岁	5	3	2	3	3		11	6	5
55-59岁	11	2	9	4	4		16	9	7
60-64岁	1	1					4	2	2
65-69岁	1	1							
70-74岁	1	1		1		1			
75-79岁	1		1						
80-84岁	1		1				1		1
85-89岁									
90-94岁									
95-99岁									
100岁及以上									

2-2a　续表 9　　　　单位：人

年龄组	东乡族			纳西族			景颇族		
	小计	男	女	小计	男	女	小计	男	女
总　计	**112**	**69**	**43**	**40**	**16**	**24**	**27**	**20**	**7**
0–4岁	4	2	2	4	2	2			
5–9岁	8	5	3	3	2	1	1	1	
10–14岁	5	5					1	1	
15–19岁	10	6	4	4	3	1			
20–24岁	23	15	8	11	2	9	9	5	4
25–29岁	15	10	5	6	2	4	2	2	
30–34岁	15	6	9	4	2	2	4	4	
35–39岁	11	6	5	1		1	4	2	2
40–44岁	8	6	2	1		1	3	2	1
45–49岁	8	6	2	2	1	1			
50–54岁	4	2	2	1		1	3	3	
55–59岁	1		1	1		1			
60–64岁									
65–69岁									
70–74岁				1	1				
75–79岁				1	1				
80–84岁									
85–89岁									
90–94岁									
95–99岁									
100岁及以上									

2-2a　续表 10　　　　单位：人

年龄组	柯尔克孜族			土族			达斡尔族		
	小计	男	女	小计	男	女	小计	男	女
总　计	**15**	**10**	**5**	**137**	**66**	**71**	**138**	**65**	**73**
0–4岁	2	2		11	7	4	13	8	5
5–9岁	3	2	1	2	1	1	8	6	2
10–14岁				6	3	3	6	2	4
15–19岁	2		2	4	2	2	6	3	3
20–24岁	3	3		16	7	9	8	4	4
25–29岁				17	9	8	15	8	7
30–34岁	3	2	1	19	10	9	18	8	10
35–39岁	1		1	11	3	8	12	8	4
40–44岁				8	3	5	11	6	5
45–49岁	1	1		14	9	5	3	1	2
50–54岁				15	5	10	5	2	3
55–59岁				8	4	4	13	1	12
60–64岁				1	1		7	3	4
65–69岁				3	2	1	7	2	5
70–74岁				1		1	2	1	1
75–79岁				1		1	2	1	1
80–84岁							2	1	1
85–89岁									
90–94岁									
95–99岁									
100岁及以上									

2-2a 续表 11

单位：人

年龄组	仫佬族			羌族			布朗族		
	小计	男	女	小计	男	女	小计	男	女
总计	**201**	**111**	**90**	**106**	**58**	**48**	**17**	**9**	**8**
0-4岁	7	5	2	9	3	6	1		1
5-9岁	11	6	5	7	6	1			
10-14岁	5	3	2	8	2	6			
15-19岁	10	5	5	4	1	3	4	2	2
20-24岁	21	7	14	5	4	1	1		1
25-29岁	32	22	10	17	6	11	2	1	1
30-34岁	24	13	11	15	10	5	7	4	3
35-39岁	20	13	7	12	7	5	1	1	
40-44岁	23	11	12	6	3	3	1	1	
45-49岁	19	12	7	9	8	1			
50-54岁	13	6	7	5	4	1			
55-59岁	12	5	7	5	2	3			
60-64岁	2	2		2		2			
65-69岁	2	1	1	2	2				
70-74岁									
75-79岁									
80-84岁									
85-89岁									
90-94岁									
95-99岁									
100岁及以上									

2-2a 续表 12

单位：人

年龄组	撒拉族			毛南族			仡佬族		
	小计	男	女	小计	男	女	小计	男	女
总计	**31**	**16**	**15**	**84**	**60**	**24**	**431**	**302**	**129**
0-4岁	3	2	1	3	1	2	14	7	7
5-9岁	2	1	1	3	2	1	17	5	12
10-14岁	3	2	1	4	2	2	4	3	1
15-19岁	2		2				23	12	11
20-24岁	3	1	2	6	4	2	59	33	26
25-29岁	7	5	2	5	4	1	55	41	14
30-34岁	2		2	8	6	2	41	31	10
35-39岁				10	8	2	28	20	8
40-44岁	4	2	2	9	7	2	35	30	5
45-49岁	1	1		15	12	3	64	52	12
50-54岁	1	1		12	10	2	48	38	10
55-59岁	2	1	1	8	4	4	33	24	9
60-64岁							6	4	2
65-69岁							1		1
70-74岁	1		1				1		1
75-79岁									
80-84岁				1		1			
85-89岁							1	1	
90-94岁							1	1	
95-99岁									
100岁及以上									

2-2a 续表 13

单位：人

年龄组	锡伯族			阿昌族			普米族		
	小计	男	女	小计	男	女	小计	男	女
总　计	**133**	**74**	**59**	**12**	**6**	**6**	**10**	**2**	**8**
0–4岁	8	4	4	2	2				
5–9岁	11	6	5	2		2			
10–14岁	2	1	1						
15–19岁	5	4	1	1	1		3		3
20–24岁	11	5	6				5	1	4
25–29岁	13	7	6	3	1	2	1	1	
30–34岁	20	15	5	1	1		1		1
35–39岁	10	7	3						
40–44岁	8	4	4	2		2			
45–49岁	8	2	6						
50–54岁	7	4	3	1	1				
55–59岁	8	3	5						
60–64岁	8	2	6						
65–69岁	5	4	1						
70–74岁	4	2	2						
75–79岁	3	3							
80–84岁	2	1	1						
85–89岁									
90–94岁									
95–99岁									
100岁及以上									

2-2a 续表 14

单位：人

年龄组	塔吉克族			怒　族			乌孜别克族		
	小计	男	女	小计	男	女	小计	男	女
总　计	**2**	**1**	**1**	**3**	**2**	**1**	**3**		**3**
0–4岁									
5–9岁									
10–14岁				1	1				
15–19岁	1		1				1		1
20–24岁	1	1							
25–29岁				1		1			
30–34岁				1	1		1		1
35–39岁									
40–44岁							1		1
45–49岁									
50–54岁									
55–59岁									
60–64岁									
65–69岁									
70–74岁									
75–79岁									
80–84岁									
85–89岁									
90–94岁									
95–99岁									
100岁及以上									

2-2a 续表 15 单位：人

年龄组	俄罗斯族			鄂温克族			德昂族		
	小计	男	女	小计	男	女	小计	男	女
总　计	**49**	**20**	**29**	**36**	**13**	**23**	**5**	**1**	**4**
0–4岁	2	1	1	2	2				
5–9岁	4	1	3	2	2				
10–14岁	4	3	1	2		2			
15–19岁	3	2	1	1	1		1		1
20–24岁	5	1	4	2		2	1		1
25–29岁	6	4	2	6	2	4	1	1	
30–34岁	4	1	3	5	1	4	1		1
35–39岁	4	1	3	4	1	3	1		1
40–44岁	2		2	4		4			
45–49岁	2	1	1	1	1				
50–54岁	4	1	3	1	1				
55–59岁	5	2	3	1		1			
60–64岁				4	1	3			
65–69岁	1	1		1	1				
70–74岁	2	1	1						
75–79岁									
80–84岁	1		1						
85–89岁									
90–94岁									
95–99岁									
100岁及以上									

2-2a 续表 16 单位：人

年龄组	保安族			裕固族			京族		
	小计	男	女	小计	男	女	小计	男	女
总　计	**1**	**1**		**8**	**6**	**2**	**9**	**8**	**1**
0–4岁									
5–9岁							2	2	
10–14岁									
15–19岁				2	1	1			
20–24岁				3	2	1	3	2	1
25–29岁									
30–34岁	1	1							
35–39岁				1	1		2	2	
40–44岁									
45–49岁							1	1	
50–54岁				1	1		1	1	
55–59岁				1	1				
60–64岁									
65–69岁									
70–74岁									
75–79岁									
80–84岁									
85–89岁									
90–94岁									
95–99岁									
100岁及以上									

2–2a　续表 17　　　　单位：人

年龄组	塔塔尔族			独 龙 族			鄂伦春族		
	小计	男	女	小计	男	女	小计	男	女
总　计	**4**	**1**	**3**	**2**	**2**		**10**	**5**	**5**
0–4岁	1		1	1	1				
5–9岁									
10–14岁									
15–19岁	1		1						
20–24岁	1	1		1	1		1	1	
25–29岁							4	2	2
30–34岁									
35–39岁							1	1	
40–44岁							2	1	1
45–49岁	1		1				1		1
50–54岁									
55–59岁							1		1
60–64岁									
65–69岁									
70–74岁									
75–79岁									
80–84岁									
85–89岁									
90–94岁									
95–99岁									
100岁及以上									

2–2a　续表 18　　　　单位：人

年龄组	赫 哲 族			门 巴 族			珞 巴 族		
	小计	男	女	小计	男	女	小计	男	女
总　计	**21**	**13**	**8**						
0–4岁	5	3	2						
5–9岁	2	2							
10–14岁									
15–19岁									
20–24岁									
25–29岁	1		1						
30–34岁	4	2	2						
35–39岁	2	2							
40–44岁									
45–49岁	1		1						
50–54岁	1		1						
55–59岁	1	1							
60–64岁	2	2							
65–69岁	1		1						
70–74岁	1	1							
75–79岁									
80–84岁									
85–89岁									
90–94岁									
95–99岁									
100岁及以上									

2-2a 续表 19

单位：人

年龄组	基诺族			未定族称人口			入籍		
	小计	男	女	小计	男	女	小计	男	女
总　计	**3**		**3**	**692**	**416**	**276**	**10**	**6**	**4**
0–4岁				85	44	41	3	1	2
5–9岁				27	17	10			
10–14岁				32	19	13			
15–19岁				31	20	11			
20–24岁	2		2	88	50	38	3	1	2
25–29岁				66	42	24			
30–34岁				52	32	20			
35–39岁				54	38	16			
40–44岁	1		1	53	37	16	2	2	
45–49岁				62	39	23	1	1	
50–54岁				53	28	25			
55–59岁				20	15	5			
60–64岁				24	10	14	1	1	
65–69岁				21	15	6			
70–74岁				7	3	4			
75–79岁				4	1	3			
80–84岁				9	4	5			
85–89岁				3	2	1			
90–94岁				1		1			
95–99岁									
100岁及以上									

2-2b　全省各民族分年龄、性别的人口(镇)

单位：人

年龄组	合　计			汉　族		
	合计	男	女	小计	男	女
总　计	**2314503**	**1221821**	**1092682**	**2043459**	**1084879**	**958580**
0-4岁	147314	80707	66607	128814	70782	58032
5-9岁	173222	94822	78400	150291	82505	67786
10-14岁	163207	89852	73355	141170	78105	63065
15-19岁	133571	74509	59062	112918	63950	48968
20-24岁	126030	71025	55005	110929	63047	47882
25-29岁	173477	93704	79773	152249	82818	69431
30-34岁	198568	105608	92960	174579	93428	81151
35-39岁	191147	101274	89873	166569	88848	77721
40-44岁	158671	83493	75178	138111	73299	64812
45-49岁	164790	86670	78120	144391	76430	67961
50-54岁	172157	89008	83149	152623	79348	73275
55-59岁	155485	79840	75645	139831	72262	67569
60-64岁	101654	51644	50010	92786	47514	45272
65-69岁	91617	45648	45969	85061	42644	42417
70-74岁	60030	30222	29808	55816	28372	27444
75-79岁	37581	17233	20348	34994	16232	18762
80-84岁	33564	14406	19158	31568	13677	17891
85-89岁	20170	8076	12094	19054	7698	11356
90-94岁	8446	2950	5496	8053	2831	5222
95-99岁	2923	915	2008	2800	879	1921
100岁及以上	879	215	664	852	210	642

2-2b 续表 1

单位：人

年龄组	蒙古族			回族			藏族		
	小计	男	女	小计	男	女	小计	男	女
总 计	**596**	**306**	**290**	**1496**	**774**	**722**	**123**	**49**	**74**
0–4岁	42	24	18	115	63	52	5	2	3
5–9岁	28	13	15	122	66	56	2	2	
10–14岁	16	11	5	92	51	41	4	1	3
15–19岁	45	23	22	138	70	68	14	7	7
20–24岁	90	45	45	209	95	114	44	11	33
25–29岁	48	29	19	119	63	56	10	5	5
30–34岁	78	41	37	132	83	49	14	7	7
35–39岁	45	25	20	120	65	55	8	3	5
40–44岁	43	20	23	77	43	34			
45–49岁	30	16	14	87	40	47	3		3
50–54岁	26	12	14	73	40	33	4	2	2
55–59岁	39	12	27	64	34	30	8	5	3
60–64岁	32	17	15	47	21	26			
65–69岁	16	8	8	39	16	23	6	3	3
70–74岁	9	3	6	33	13	20	1	1	
75–79岁	3	2	1	13	8	5			
80–84岁	4	3	1	10	2	8			
85–89岁	1	1		5	1	4			
90–94岁	1	1							
95–99岁									
100岁及以上				1		1			

2-2b 续表 2

单位：人

年龄组	维吾尔族			苗族			彝族		
	小计	男	女	小计	男	女	小计	男	女
总 计	**51**	**26**	**25**	**13218**	**6483**	**6735**	**794**	**428**	**366**
0–4岁	2		2	736	405	331	41	27	14
5–9岁	2	1	1	1008	523	485	44	19	25
10–14岁				1137	579	558	20	8	12
15–19岁	8	3	5	1272	587	685	63	33	30
20–24岁	15	8	7	955	469	486	147	70	77
25–29岁	2	2		1053	521	532	68	44	24
30–34岁	6	2	4	1258	636	622	69	37	32
35–39岁	5	3	2	1354	666	688	83	41	42
40–44岁	1	1		1114	559	555	77	39	38
45–49岁	2	1	1	1049	504	545	71	42	29
50–54岁	1	1		806	379	427	56	39	17
55–59岁	5	3	2	597	293	304	42	21	21
60–64岁	2	1	1	337	147	190	8	6	2
65–69岁				217	98	119	3	1	2
70–74岁				123	49	74			
75–79岁				73	31	42	1		1
80–84岁				60	18	42			
85–89岁				47	15	32	1	1	
90–94岁				14	3	11			
95–99岁				7	1	6			
100岁及以上				1		1			

2-2b　续表 3　　单位：人

年龄组	壮族			布依族			朝鲜族		
	小计	男	女	小计	男	女	小计	男	女
总　计	**11874**	**6452**	**5422**	**1227**	**707**	**520**	**162**	**84**	**78**
0–4岁	588	329	259	57	29	28	10	5	5
5–9岁	687	382	305	61	30	31	13	8	5
10–14岁	627	350	277	51	30	21	5	4	1
15–19岁	591	305	286	69	28	41	4	1	3
20–24岁	541	311	230	141	80	61	9	4	5
25–29岁	747	443	304	82	50	32	5	1	4
30–34岁	1040	583	457	111	68	43	14	7	7
35–39岁	1025	570	455	115	68	47	22	14	8
40–44岁	955	498	457	134	80	54	8	4	4
45–49岁	1415	763	652	188	124	64	10	6	4
50–54岁	1536	840	696	125	68	57	7	3	4
55–59岁	1273	688	585	54	31	23	14	6	8
60–64岁	382	211	171	25	15	10	15	7	8
65–69岁	179	73	106	10	2	8	15	7	8
70–74岁	102	35	67	3	3		6	5	1
75–79岁	62	15	47	1	1		2	1	1
80–84岁	76	29	47				3	1	2
85–89岁	46	27	19						
90–94岁	2		2						
95–99岁									
100岁及以上									

2-2b　续表 4　　单位：人

年龄组	满族			侗族			瑶族		
	小计	男	女	小计	男	女	小计	男	女
总　计	**1247**	**660**	**587**	**897**	**573**	**324**	**2188**	**1189**	**999**
0–4岁	87	44	43	42	21	21	130	69	61
5–9岁	62	33	29	42	17	25	172	97	75
10–14岁	33	16	17	35	18	17	140	82	58
15–19岁	81	43	38	41	24	17	163	89	74
20–24岁	123	66	57	99	61	38	128	70	58
25–29岁	114	61	53	79	53	26	204	115	89
30–34岁	129	67	62	85	59	26	207	111	96
35–39岁	99	55	44	99	65	34	183	94	89
40–44岁	67	42	25	66	46	20	163	90	73
45–49岁	68	34	34	120	78	42	193	94	99
50–54岁	86	47	39	103	73	30	220	118	102
55–59岁	74	30	44	49	34	15	156	94	62
60–64岁	96	45	51	14	11	3	66	33	33
65–69岁	71	43	28	10	8	2	25	14	11
70–74岁	26	19	7	1	1		10	7	3
75–79岁	14	8	6	2		2	9	4	5
80–84岁	13	6	7	6	3	3	13	5	8
85–89岁	4	1	3	3		3	5	3	2
90–94岁				1	1		1		1
95–99岁									
100岁及以上									

2-2b 续表 5 单位：人

年龄组	白族			土家族			哈尼族		
	小计	男	女	小计	男	女	小计	男	女
总　计	**202**	**100**	**102**	**1278**	**687**	**591**	**145**	**79**	**66**
0-4岁	16	6	10	79	41	38	9	4	5
5-9岁	6	1	5	59	22	37	5	3	2
10-14岁	3	2	1	61	33	28	3	2	1
15-19岁	30	13	17	85	39	46	4	1	3
20-24岁	48	19	29	212	86	126	31	21	10
25-29岁	17	11	6	94	56	38	27	16	11
30-34岁	14	10	4	129	68	61	15	8	7
35-39岁	15	9	6	107	61	46	19	8	11
40-44岁	13	3	10	97	59	38	12	6	6
45-49岁	19	11	8	125	72	53	8	4	4
50-54岁	12	9	3	102	65	37	10	4	6
55-59岁	7	5	2	74	53	21	2	2	
60-64岁				21	14	7			
65-69岁				15	9	6			
70-74岁	2	1	1	12	7	5			
75-79岁				1	1				
80-84岁				4	1	3			
85-89岁									
90-94岁				1		1			
95-99岁									
100岁及以上									

2-2b 续表 6 单位：人

年龄组	哈萨克族			傣族			黎族		
	小计	男	女	小计	男	女	小计	男	女
总　计	**9**	**9**		**116**	**65**	**51**	**234063**	**117527**	**116536**
0-4岁				7	5	2	16404	8792	7612
5-9岁				3	3		20539	11060	9479
10-14岁				5	1	4	19763	10535	9228
15-19岁	2	2		7	4	3	17930	9237	8693
20-24岁	3	3		29	11	18	12092	6447	5645
25-29岁	1	1		15	11	4	18435	9339	9096
30-34岁	1	1		8	3	5	20560	10320	10240
35-39岁				6	5	1	21135	10592	10543
40-44岁				6	4	2	17624	8637	8987
45-49岁				11	6	5	16871	8371	8500
50-54岁				7	4	3	16272	7906	8366
55-59岁	1	1		6	4	2	13124	6230	6894
60-64岁				3	2	1	7794	3581	4213
65-69岁				1	1		5930	2713	3217
70-74岁	1	1		1		1	3875	1701	2174
75-79岁							2400	926	1474
80-84岁							1804	659	1145
85-89岁				1	1		998	327	671
90-94岁							372	114	258
95-99岁							116	35	81
100岁及以上							25	5	20

2–2b　续表 7　　　　单位：人

年龄组	傈僳族			佤　族			畲　族		
	小计	男	女	小计	男	女	小计	男	女
总　计	**51**	**27**	**24**	**36**	**16**	**20**	**112**	**66**	**46**
0–4岁	1		1	2	1	1	9	3	6
5–9岁	1		1	1		1	8	6	2
10–14岁							2	2	
15–19岁	12	6	6	2		2	9	3	6
20–24岁	9	3	6	6	2	4	8	6	2
25–29岁	5	4	1	4	4		10	4	6
30–34岁	6	3	3	6	2	4	17	11	6
35–39岁	8	7	1	7	2	5	9	8	1
40–44岁	4	2	2	4	3	1	4	3	1
45–49岁	4	1	3	1	1		10	5	5
50–54岁	1	1		1	1		17	8	9
55–59岁				2		2	5	3	2
60–64岁							3	3	
65–69岁							1	1	
70–74岁									
75–79岁									
80–84岁									
85–89岁									
90–94岁									
95–99岁									
100岁及以上									

2–2b　续表 8　　　　单位：人

年龄组	高山族			拉祜族			水　族		
	小计	男	女	小计	男	女	小计	男	女
总　计	**17**	**7**	**10**	**55**	**30**	**25**	**85**	**43**	**42**
0–4岁				3	3		5	4	1
5–9岁	1		1	2		2	11	6	5
10–14岁	1	1		1	1		5	1	4
15–19岁	1		1	3	2	1	5	1	4
20–24岁	1		1	6	4	2	16	8	8
25–29岁				7	4	3	11	5	6
30–34岁	3	2	1	4	2	2	7	4	3
35–39岁	1	1		8	4	4	5	3	2
40–44岁	1	1		13	5	8	4	4	
45–49岁	3		3	2	1	1	3	2	1
50–54岁	1	1		4	3	1	5	2	3
55–59岁	2	1	1	2	1	1	4		4
60–64岁							2	2	
65–69岁	2		2						
70–74岁							1		1
75–79岁							1	1	
80–84岁									
85–89岁									
90–94岁									
95–99岁									
100岁及以上									

2-2b 续表 9 单位：人

年龄组	东乡族			纳西族			景颇族		
	小计	男	女	小计	男	女	小计	男	女
总 计	**17**	**9**	**8**	**11**	**4**	**7**	**4**	**2**	**2**
0—4岁	3	1	2	1	1				
5—9岁	3	1	2	1	1				
10—14岁	1	1							
15—19岁									
20—24岁	6	3	3	6	2	4			
25—29岁	2	2							
30—34岁				3		3			
35—39岁									
40—44岁	2	1	1				2	1	1
45—49岁							1		1
50—54岁							1	1	
55—59岁									
60—64岁									
65—69岁									
70—74岁									
75—79岁									
80—84岁									
85—89岁									
90—94岁									
95—99岁									
100岁及以上									

2-2b 续表 10 单位：人

年龄组	柯尔克孜族			土族			达斡尔族		
	小计	男	女	小计	男	女	小计	男	女
总 计	**1**	**1**		**50**	**25**	**25**	**31**	**14**	**17**
0—4岁				3	3		6	3	3
5—9岁				2		2			
10—14岁									
15—19岁	1	1		7	4	3	1	1	
20—24岁				11	4	7	3	2	1
25—29岁				4	3	1	4	2	2
30—34岁				2	1	1	3	1	2
35—39岁							2	1	1
40—44岁				5	3	2			
45—49岁				7	4	3	2	1	1
50—54岁				4	2	2			
55—59岁				3		3	3	1	2
60—64岁				1	1		4	2	2
65—69岁									
70—74岁				1		1			
75—79岁									
80—84岁							1		1
85—89岁							2		2
90—94岁									
95—99岁									
100岁及以上									

2-2b 续表 11 单位：人

年龄组	仫佬族			羌族			布朗族		
	小计	男	女	小计	男	女	小计	男	女
总　计	**69**	**45**	**24**	**17**	**11**	**6**	**25**	**16**	**9**
0–4岁	4	3	1	3	2	1			
5–9岁	5	4	1	1	1		1		1
10–14岁	2	1	1						
15–19岁	5	2	3	1	1		2	2	
20–24岁	8	5	3	3	2	1	5	4	1
25–29岁	3	3		2	2		2	2	
30–34岁	10	4	6	2	1	1	3	1	2
35–39岁	10	8	2	2	1	1	3	2	1
40–44岁	5	2	3				2	1	1
45–49岁	7	6	1	1		1	1		1
50–54岁	5	3	2	2	1	1	4	3	1
55–59岁	5	4	1				2	1	1
60–64岁									
65–69岁									
70–74岁									
75–79岁									
80–84岁									
85–89岁									
90–94岁									
95–99岁									
100岁及以上									

2-2b 续表 12 单位：人

年龄组	撒拉族			毛南族			仡佬族		
	小计	男	女	小计	男	女	小计	男	女
总　计	**14**	**7**	**7**	**25**	**15**	**10**	**156**	**100**	**56**
0–4岁	2		2	2	1	1	6	2	4
5–9岁	1	1		1		1	3	1	2
10–14岁	1	1					2		2
15–19岁	4	1	3	2	2		10	5	5
20–24岁	1	1		2	1	1	29	16	13
25–29岁	1		1	3	1	2	18	12	6
30–34岁	3	3		2	2		9	6	3
35–39岁				5	3	2	12	8	4
40–44岁	1		1	2	1	1	10	8	2
45–49岁				3	2	1	33	24	9
50–54岁				2	1	1	14	10	4
55–59岁							8	6	2
60–64岁							1	1	
65–69岁				1	1		1	1	
70–74岁									
75–79岁									
80–84岁									
85–89岁									
90–94岁									
95–99岁									
100岁及以上									

2-2b 续表 13 单位：人

年龄组	锡伯族			阿昌族			普米族		
	小计	男	女	小计	男	女	小计	男	女
总　计	**21**	**8**	**13**	**1**		**1**	**4**	**1**	**3**
0-4岁	1	1							
5-9岁	1		1						
10-14岁	1		1						
15-19岁	1		1	1		1	2		2
20-24岁	5	2	3				1	1	
25-29岁							1		1
30-34岁									
35-39岁	2		2						
40-44岁	1	1							
45-49岁	1	1							
50-54岁	3		3						
55-59岁	2	1	1						
60-64岁									
65-69岁	2	1	1						
70-74岁	1	1							
75-79岁									
80-84岁									
85-89岁									
90-94岁									
95-99岁									
100岁及以上									

2-2b 续表 14 单位：人

年龄组	塔吉克族			怒族			乌孜别克族		
	小计	男	女	小计	男	女	小计	男	女
总　计				**2**		**2**			
0-4岁				1		1			
5-9岁									
10-14岁									
15-19岁									
20-24岁				1		1			
25-29岁									
30-34岁									
35-39岁									
40-44岁									
45-49岁									
50-54岁									
55-59岁									
60-64岁									
65-69岁									
70-74岁									
75-79岁									
80-84岁									
85-89岁									
90-94岁									
95-99岁									
100岁及以上									

2–2b　续表 15　　　　单位：人

年龄组	俄罗斯族			鄂温克族			德昂族		
	小计	男	女	小计	男	女	小计	男	女
总　计	**6**	**3**	**3**	**5**	**3**	**2**			
0–4岁									
5–9岁									
10–14岁	1		1	1		1			
15–19岁									
20–24岁				1	1				
25–29岁									
30–34岁	1		1	1		1			
35–39岁				1	1				
40–44岁	1	1							
45–49岁									
50–54岁									
55–59岁	1		1						
60–64岁	2	2		1	1				
65–69岁									
70–74岁									
75–79岁									
80–84岁									
85–89岁									
90–94岁									
95–99岁									
100岁及以上									

2–2b　续表 16　　　　单位：人

年龄组	保安族			裕固族			京族		
	小计	男	女	小计	男	女	小计	男	女
总　计				**2**		**2**	**18**	**6**	**12**
0–4岁							1		1
5–9岁							1	1	
10–14岁									
15–19岁				2		2	1	1	
20–24岁							2	2	
25–29岁									
30–34岁							1	1	
35–39岁							2		2
40–44岁									
45–49岁							2		2
50–54岁									
55–59岁							2	1	1
60–64岁							1		1
65–69岁							2		2
70–74岁							1		1
75–79岁							1		1
80–84岁									
85–89岁							1		1
90–94岁									
95–99岁									
100岁及以上									

2-2b 续表 17

单位：人

年龄组	塔塔尔族			独龙族			鄂伦春族		
	小计	男	女	小计	男	女	小计	男	女
总 计	**2**	**1**	**1**				**1**	**1**	
0–4岁									
5–9岁									
10–14岁							1	1	
15–19岁									
20–24岁	1	1							
25–29岁	1		1						
30–34岁									
35–39岁									
40–44岁									
45–49岁									
50–54岁									
55–59岁									
60–64岁									
65–69岁									
70–74岁									
75–79岁									
80–84岁									
85–89岁									
90–94岁									
95–99岁									
100岁及以上									

2-2b 续表 18

单位：人

年龄组	赫哲族			门巴族			珞巴族		
	小计	男	女	小计	男	女	小计	男	女
总 计	**4**	**1**	**3**						
0–4岁									
5–9岁									
10–14岁									
15–19岁									
20–24岁	2	1	1						
25–29岁	1		1						
30–34岁									
35–39岁									
40–44岁	1		1						
45–49岁									
50–54岁									
55–59岁									
60–64岁									
65–69岁									
70–74岁									
75–79岁									
80–84岁									
85–89岁									
90–94岁									
95–99岁									
100岁及以上									

2-2b　续表 19　　　　单位：人

年龄组	基诺族			未定族称人口			入籍		
	小计	男	女	小计	男	女	小计	男	女
总　计				**485**	**269**	**216**	**31**	**13**	**18**
0–4岁				72	29	43	5	2	3
5–9岁				29	13	16	3	2	1
10–14岁				22	15	7	1		1
15–19岁				32	17	15	2	1	1
20–24岁				50	29	21	2	1	1
25–29岁				24	14	10	5	3	2
30–34岁				35	24	11	1	1	
35–39岁				57	31	26	4	2	2
40–44岁				40	26	14	1		1
45–49岁				46	25	21	2	1	1
50–54岁				23	13	10	1		1
55–59岁				21	13	8	3		3
60–64岁				11	7	4			
65–69岁				9	4	5	1		1
70–74岁				5	3	2			
75–79岁				4	3	1			
80–84岁				2	2				
85–89岁				2	1	1			
90–94岁				1		1			
95–99岁									
100岁及以上									

2-2c　全省各民族分年龄、性别的人口(乡村)

单位：人

年龄组	合计			汉族		
	合计	男	女	小计	男	女
总　计	**4005251**	**2155432**	**1849819**	**2951286**	**1590101**	**1361185**
0-4岁	242795	130663	112132	178212	96508	81704
5-9岁	289086	155946	133140	204725	111199	93526
10-14岁	289423	156529	132894	202223	110332	91891
15-19岁	191475	109465	82010	141740	81908	59832
20-24岁	220042	127539	92503	164040	95923	68117
25-29岁	300900	170783	130117	217763	124109	93654
30-34岁	323206	182578	140628	231293	130330	100963
35-39岁	315281	177115	138166	218507	121603	96904
40-44岁	267499	148382	119117	183159	100108	83051
45-49岁	282421	152857	129564	198238	106070	92168
50-54岁	309317	164368	144949	226925	120889	106036
55-59岁	286659	151468	135191	220604	117379	103225
60-64岁	187153	96791	90362	148522	77930	70592
65-69岁	169181	84861	84320	139725	71086	68639
70-74岁	117734	58707	59027	96387	49590	46797
75-79岁	76400	34528	41872	62503	29080	33423
80-84岁	68286	28146	40140	57252	24262	32990
85-89岁	43374	16567	26807	37541	14589	22952
90-94岁	18285	6255	12030	15981	5531	10450
95-99岁	5390	1592	3798	4742	1413	3329
100岁及以上	1344	292	1052	1204	262	942

2–2c 续表 1

单位：人

年龄组	蒙古族			回族			藏族		
	小计	男	女	小计	男	女	小计	男	女
总 计	**742**	**416**	**326**	**1423**	**773**	**650**	**193**	**101**	**92**
0–4岁	47	26	21	83	45	38	1		1
5–9岁	31	13	18	62	34	28	7	4	3
10–14岁	22	10	12	43	28	15	4	1	3
15–19岁	61	36	25	136	70	66	44	22	22
20–24岁	182	105	77	207	114	93	59	32	27
25–29岁	72	38	34	137	79	58	13	7	6
30–34岁	77	43	34	165	84	81	13	8	5
35–39岁	55	33	22	92	50	42	7	7	
40–44岁	39	24	15	71	35	36	8	4	4
45–49岁	40	25	15	84	51	33	9	4	5
50–54岁	29	18	11	97	45	52	10	3	7
55–59岁	29	16	13	93	62	31	7	4	3
60–64岁	20	10	10	39	19	20	5	2	3
65–69岁	18	9	9	54	28	26	2	1	1
70–74岁	10	5	5	25	14	11	1	1	
75–79岁	8	4	4	9	6	3	1		1
80–84岁	2	1	1	14	4	10	2	1	1
85–89岁				9	4	5			
90–94岁				3	1	2			
95–99岁									
100岁及以上									

2–2c 续表 2

单位：人

年龄组	维吾尔族			苗族			彝族		
	小计	男	女	小计	男	女	小计	男	女
总 计	**164**	**105**	**59**	**63046**	**32786**	**30260**	**1569**	**828**	**741**
0–4岁	3	2	1	3373	1780	1593	68	28	40
5–9岁	4		4	4992	2633	2359	69	35	34
10–14岁	3	1	2	6361	3202	3159	39	24	15
15–19岁	46	29	17	3563	1927	1636	91	50	41
20–24岁	57	40	17	3572	2008	1564	243	122	121
25–29岁	13	7	6	4808	2641	2167	119	71	48
30–34岁	10	7	3	5839	3152	2687	150	81	69
35–39岁	9	6	3	5978	3308	2670	140	78	62
40–44岁	2	2		5402	2980	2422	176	86	90
45–49岁	3	3		5020	2658	2362	192	100	92
50–54岁	2	1	1	4286	2151	2135	151	82	69
55–59岁	4	2	2	3360	1595	1765	83	42	41
60–64岁	4	3	1	2121	1018	1103	29	18	11
65–69岁	1	1		1651	730	921	12	9	3
70–74岁	1		1	1066	443	623	4	2	2
75–79岁	1		1	637	230	407			
80–84岁				522	169	353	2		2
85–89岁				300	100	200			
90–94岁	1	1		126	42	84	1		1
95–99岁				56	14	42			
100岁及以上				13	5	8			

2–2c 续表 3

单位：人

年龄组	壮族			布依族			朝鲜族		
	小计	男	女	小计	男	女	小计	男	女
总　计	**27630**	**14515**	**13115**	**2444**	**1419**	**1025**	**214**	**108**	**106**
0–4岁	1210	678	532	85	44	41	9	5	4
5–9岁	1463	808	655	106	62	44	8	7	1
10–14岁	1392	789	603	78	46	32	10	4	6
15–19岁	787	465	322	101	58	43	7	6	1
20–24岁	1241	740	501	239	140	99	18	9	9
25–29岁	1686	960	726	184	129	55	13	3	10
30–34岁	2234	1284	950	215	117	98	25	11	14
35–39岁	1961	1059	902	257	148	109	20	11	9
40–44岁	2045	1041	1004	281	160	121	6	4	2
45–49岁	2996	1473	1523	387	226	161	13	6	7
50–54岁	4259	2092	2167	300	179	121	19	7	12
55–59岁	3628	1935	1693	140	76	64	19	8	11
60–64岁	1168	600	568	49	25	24	17	11	6
65–69岁	528	230	298	18	9	9	12	6	6
70–74岁	273	93	180	2		2	8	5	3
75–79岁	251	66	185				6	3	3
80–84岁	317	107	210	2		2	4	2	2
85–89岁	161	79	82						
90–94岁	22	13	9						
95–99岁	8	3	5						
100岁及以上									

2–2c 续表 4

单位：人

年龄组	满族			侗族			瑶族		
	小计	男	女	小计	男	女	小计	男	女
总　计	**1612**	**848**	**764**	**1455**	**966**	**489**	**4447**	**2411**	**2036**
0–4岁	98	43	55	58	30	28	232	103	129
5–9岁	61	31	30	52	28	24	293	168	125
10–14岁	42	26	16	47	22	25	294	163	131
15–19岁	115	54	61	56	35	21	199	109	90
20–24岁	218	112	106	146	84	62	262	164	98
25–29岁	156	89	67	108	79	29	337	190	147
30–34岁	194	104	90	146	107	39	370	205	165
35–39岁	116	59	57	136	98	38	370	208	162
40–44岁	102	56	46	158	119	39	358	198	160
45–49岁	75	41	34	170	125	45	442	235	207
50–54岁	117	66	51	190	128	62	546	278	268
55–59岁	94	51	43	98	66	32	421	216	205
60–64岁	90	43	47	31	21	10	155	97	58
65–69岁	62	34	28	14	8	6	59	33	26
70–74岁	30	20	10	7	4	3	32	14	18
75–79岁	18	9	9	13	3	10	22	7	15
80–84岁	14	6	8	14	5	9	33	13	20
85–89岁	5		5	10	4	6	19	10	9
90–94岁	3	2	1				1		1
95–99岁	1	1		1		1	2		2
100岁及以上	1	1							

2-2c 续表 5 单位：人

年龄组	白族			土家族			哈尼族		
	小计	男	女	小计	男	女	小计	男	女
总 计	**251**	**128**	**123**	**2013**	**1200**	**813**	**367**	**182**	**185**
0–4岁	16	9	7	88	43	45	6	2	4
5–9岁	14	7	7	94	46	48	10	6	4
10–14岁	5	4	1	85	48	37	11	6	5
15–19岁	17	8	9	130	66	64	10	4	6
20–24岁	50	25	25	249	131	118	23	11	12
25–29岁	22	14	8	180	115	65	22	8	14
30–34岁	27	17	10	180	100	80	52	20	32
35–39岁	19	8	11	146	81	65	69	41	28
40–44岁	17	9	8	156	100	56	69	36	33
45–49岁	20	9	11	247	170	77	53	25	28
50–54岁	21	10	11	224	141	83	33	15	18
55–59岁	14	5	9	141	104	37	9	8	1
60–64岁	1	1		32	21	11			
65–69岁	4	1	3	13	10	3			
70–74岁	1		1	11	6	5			
75–79岁	1	1		12	4	8			
80–84岁	1		1	21	10	11			
85–89岁	1		1	4	4				
90–94岁									
95–99岁									
100岁及以上									

2-2c 续表 6 单位：人

年龄组	哈萨克族			傣族			黎族		
	小计	男	女	小计	男	女	小计	男	女
总 计	**39**	**20**	**19**	**140**	**56**	**84**	**943269**	**506857**	**436412**
0–4岁	2	1	1	5	3	2	58976	31197	27779
5–9岁	2		2	6	4	2	76941	40782	36159
10–14岁				7	4	3	78625	41755	36870
15–19岁	8	5	3	19	8	11	44203	24519	19684
20–24岁	8	5	3	13	2	11	48911	27586	21325
25–29岁	9	6	3	17	6	11	74994	42084	32910
30–34岁	2	1	1	21	7	14	81903	46736	35167
35–39岁	3		3	10	3	7	87120	50162	36958
40–44岁	3	1	2	11	1	10	75195	43286	31909
45–49岁	1	1		8	6	2	74141	41473	32668
50–54岁				9	4	5	71878	38133	33745
55–59岁				6	5	1	57710	29793	27917
60–64岁				4	2	2	34772	16927	17845
65–69岁	1		1	3	1	2	26940	12638	14302
70–74岁							19843	8497	11346
75–79岁							12900	5111	7789
80–84岁				1		1	10056	3555	6501
85–89岁							5312	1773	3539
90–94岁							2143	665	1478
95–99岁							580	161	419
100岁及以上							126	24	102

2–2c　续表 7　　　　单位：人

年龄组	傈僳族			佤族			畲族		
	小计	男	女	小计	男	女	小计	男	女
总　计	**57**	**32**	**25**	**112**	**63**	**49**	**202**	**119**	**83**
0–4岁	2	1	1	2	2		13	9	4
5–9岁	1		1	3	1	2	10	5	5
10–14岁	1		1	1		1	8	4	4
15–19岁	5	4	1	4	2	2	6	4	2
20–24岁	9	6	3	13	8	5	26	18	8
25–29岁	2	1	1	14	9	5	12	9	3
30–34岁	11	7	4	21	10	11	24	15	9
35–39岁	4	2	2	15	7	8	18	10	8
40–44岁	3	1	2	19	14	5	28	15	13
45–49岁	8	6	2	7	3	4	16	8	8
50–54岁	6	2	4	5	2	3	13	9	4
55–59岁	5	2	3	3	1	2	16	9	7
60–64岁				3	3		4	2	2
65–69岁				1	1		4	2	2
70–74岁							3		3
75–79岁									
80–84岁				1		1			
85–89岁							1		1
90–94岁									
95–99岁									
100岁及以上									

2–2c　续表 8　　　　单位：人

年龄组	高山族			拉祜族			水族		
	小计	男	女	小计	男	女	小计	男	女
总　计	**28**	**17**	**11**	**179**	**117**	**62**	**143**	**78**	**65**
0–4岁	2		2	1	1		5	2	3
5–9岁	1		1				7	6	1
10–14岁	1	1		1		1	5	2	3
15–19岁	1	1		17	12	5	8	5	3
20–24岁	1	1		20	14	6	17	7	10
25–29岁	3	3		26	17	9	11	3	8
30–34岁	5	3	2	28	23	5	12	5	7
35–39岁	1	1		29	19	10	19	13	6
40–44岁	2	2		18	8	10	13	9	4
45–49岁	1		1	19	9	10	21	10	11
50–54岁	2	1	1	11	10	1	10	5	5
55–59岁	4	1	3	8	4	4	11	7	4
60–64岁	1	1		1		1	3	3	
65–69岁	1	1							
70–74岁	2	1	1				1	1	
75–79岁									
80–84岁									
85–89岁									
90–94岁									
95–99岁									
100岁及以上									

2-2c　续表 9　　单位：人

年龄组	东乡族			纳西族			景颇族		
	小计	男	女	小计	男	女	小计	男	女
总　计	**30**	**15**	**15**	**35**	**13**	**22**	**9**	**8**	**1**
0–4岁	2	1	1	4	1	3			
5–9岁	4	1	3						
10–14岁	3	3							
15–19岁	2		2	4	3	1			
20–24岁	6	1	5	14	6	8			
25–29岁	7	4	3	7	2	5	1	1	
30–34岁	4	4		2	1	1	2	2	
35–39岁				3		3	1	1	
40–44岁							3	3	
45–49岁	1	1		1		1	1		1
50–54岁	1		1				1	1	
55–59岁									
60–64岁									
65–69岁									
70–74岁									
75–79岁									
80–84岁									
85–89岁									
90–94岁									
95–99岁									
100岁及以上									

2-2c　续表 10　　单位：人

年龄组	柯尔克孜族			土　族			达斡尔族		
	小计	男	女	小计	男	女	小计	男	女
总　计				**115**	**69**	**46**	**46**	**23**	**23**
0–4岁				7	5	2			
5–9岁				5	4	1	5	2	3
10–14岁				9	7	2	2	1	1
15–19岁				6	3	3			
20–24岁				7	5	2	4	2	2
25–29岁				10	8	2	2	1	1
30–34岁				12	5	7	12	7	5
35–39岁				6	3	3	4	3	1
40–44岁				4	2	2			
45–49岁				8	4	4	1		1
50–54岁				17	12	5	1	1	
55–59岁				13	9	4	5	2	3
60–64岁				2		2	6	2	4
65–69岁							3	1	2
70–74岁				1		1	1	1	
75–79岁				4		4			
80–84岁				3	1	2			
85–89岁				1	1				
90–94岁									
95–99岁									
100岁及以上									

2-2c 续表 11

单位：人

年龄组	仫佬族			羌族			布朗族		
	小计	男	女	小计	男	女	小计	男	女
总　计	**141**	**70**	**71**	**46**	**24**	**22**	**133**	**75**	**58**
0-4岁	8	5	3	2	1	1	12	5	7
5-9岁	9	4	5	1	1		11	7	4
10-14岁	8	5	3	2	1	1	9	3	6
15-19岁	4	2	2	2	2		2		2
20-24岁	18	7	11	8	6	2	11	7	4
25-29岁	13	7	6	3	2	1	13	7	6
30-34岁	7	4	3	5		5	16	8	8
35-39岁	13	3	10	3	2	1	10	7	3
40-44岁	11	2	9	3	1	2	15	10	5
45-49岁	14	8	6	4	2	2	11	8	3
50-54岁	19	13	6	3	1	2	10	6	4
55-59岁	13	8	5	5	3	2	6	4	2
60-64岁	1		1	3		3	5	2	3
65-69岁	1		1	1	1		1		1
70-74岁	1	1		1	1		1	1	
75-79岁									
80-84岁	1	1							
85-89岁									
90-94岁									
95-99岁									
100岁及以上									

2-2c 续表 12

单位：人

年龄组	撒拉族			毛南族			仡佬族		
	小计	男	女	小计	男	女	小计	男	女
总　计	**5**	**3**	**2**	**48**	**24**	**24**	**214**	**153**	**61**
0-4岁				2	1	1	8	4	4
5-9岁				1		1	6	2	4
10-14岁				1	1		3	2	1
15-19岁	1	1		1		1	9	4	5
20-24岁	3	1	2	6	1	5	34	28	6
25-29岁				4	3	1	30	21	9
30-34岁				6	3	3	16	11	5
35-39岁				3	2	1	19	12	7
40-44岁				5	3	2	20	15	5
45-49岁				10	4	6	31	26	5
50-54岁	1	1		7	5	2	16	12	4
55-59岁				1	1		19	15	4
60-64岁							1		1
65-69岁							1	1	
70-74岁									
75-79岁							1		1
80-84岁				1		1			
85-89岁									
90-94岁									
95-99岁									
100岁及以上									

2-2c　续表 13　　　　单位：人

年龄组	锡伯族			阿昌族			普米族		
	小计	男	女	小计	男	女	小计	男	女
总　计	**36**	**14**	**22**	**5**	**4**	**1**	**7**	**2**	**5**
0—4岁	3	2	1						
5—9岁	3		3						
10—14岁									
15—19岁							2		2
20—24岁	5	3	2	2	2		1		1
25—29岁	5	3	2	1	1		1		1
30—34岁	3	2	1	1		1	1		1
35—39岁	7	2	5				1	1	
40—44岁							1	1	
45—49岁	4	1	3	1	1				
50—54岁	1		1						
55—59岁	2		2						
60—64岁	1		1						
65—69岁	1		1						
70—74岁									
75—79岁									
80—84岁	1	1							
85—89岁									
90—94岁									
95—99岁									
100岁及以上									

2-2c　续表 14　　　　单位：人

年龄组	塔吉克族			怒　族			乌孜别克族		
	小计	男	女	小计	男	女	小计	男	女
总　计	**1**		**1**						
0—4岁									
5—9岁									
10—14岁									
15—19岁									
20—24岁	1		1						
25—29岁									
30—34岁									
35—39岁									
40—44岁									
45—49岁									
50—54岁									
55—59岁									
60—64岁									
65—69岁									
70—74岁									
75—79岁									
80—84岁									
85—89岁									
90—94岁									
95—99岁									
100岁及以上									

2-2c 续表 15

单位：人

年龄组	俄罗斯族			鄂温克族			德昂族		
	小计	男	女	小计	男	女	小计	男	女
总　计	**16**	**6**	**10**	**1**		**1**	**3**	**1**	**2**
0–4岁	2	2							
5–9岁									
10–14岁									
15–19岁	2	1	1						
20–24岁	3		3						
25–29岁	1		1						
30–34岁	1	1					1	1	
35–39岁									
40–44岁	2		2						
45–49岁	2	1	1						
50–54岁	1		1						
55–59岁									
60–64岁				1		1			
65–69岁	2	1	1						
70–74岁									
75–79岁									
80–84岁									
85–89岁									
90–94岁							2		2
95–99岁									
100岁及以上									

2-2c 续表 16

单位：人

年龄组	保安族			裕固族			京族		
	小计	男	女	小计	男	女	小计	男	女
总　计							**57**	**15**	**42**
0–4岁							3	1	2
5–9岁							3	2	1
10–14岁							2	2	
15–19岁							1		1
20–24岁							1	1	
25–29岁							2	2	
30–34岁							1		1
35–39岁							1	1	
40–44岁							1	1	
45–49岁							4		4
50–54岁							6	2	4
55–59岁							5		5
60–64岁							3	1	2
65–69岁							6	1	5
70–74岁							7		7
75–79岁							5	1	4
80–84岁							3		3
85–89岁							1		1
90–94岁							2		2
95–99岁									
100岁及以上									

2−2c　续表 17　　　　单位：人

年龄组	塔塔尔族			独 龙 族			鄂伦春族		
	小计	男	女	小计	男	女	小计	男	女
总　计							**4**		**4**
0−4岁							1		1
5−9岁									
10−14岁									
15−19岁							1		1
20−24岁									
25−29岁									
30−34岁							1		1
35−39岁									
40−44岁							1		1
45−49岁									
50−54岁									
55−59岁									
60−64岁									
65−69岁									
70−74岁									
75−79岁									
80−84岁									
85−89岁									
90−94岁									
95−99岁									
100岁及以上									

2−2c　续表 18　　　　单位：人

年龄组	赫 哲 族			门 巴 族			珞 巴 族		
	小计	男	女	小计	男	女	小计	男	女
总　计	**2**	**1**	**1**	**2**		**2**	**1**	**1**	
0−4岁									
5−9岁									
10−14岁									
15−19岁				1		1			
20−24岁							1	1	
25−29岁									
30−34岁									
35−39岁									
40−44岁									
45−49岁	1	1							
50−54岁				1		1			
55−59岁									
60−64岁									
65−69岁	1		1						
70−74岁									
75−79岁									
80−84岁									
85−89岁									
90−94岁									
95−99岁									
100岁及以上									

2-2c 续表 19

单位：人

年龄组	基诺族			未定族称人口			入籍		
	小计	男	女	小计	男	女	小计	男	女
总 计	**1**		**1**	**1234**	**659**	**575**	**34**	**6**	**28**
0-4岁				141	71	70	3	2	1
5-9岁				74	43	31	2	1	1
10-14岁				76	32	44			
15-19岁				62	42	20	1		1
20-24岁	1		1	90	59	31	2	2	
25-29岁				79	44	35			
30-34岁				97	52	45	1		1
35-39岁				107	63	44	2		2
40-44岁				87	45	42	5		5
45-49岁				108	62	46	8	1	7
50-54岁				85	43	42	4		4
55-59岁				81	35	46	2		2
60-64岁				58	29	29	1		1
65-69岁				39	18	21	2		2
70-74岁				14	7	7	1		1
75-79岁				8	3	5			
80-84岁				19	8	11			
85-89岁				9	3	6			
90-94岁									
95-99岁									
100岁及以上									

2–3　全省各民族分性别、受教育程度的3岁及以上人口

单位：人

民　族	3岁及以上人口			未上过学		
	合计	男	女	小计	男	女
总　计	**9729218**	**5152846**	**4576372**	**304077**	**82475**	**221602**
汉　族	8202464	4354449	3848015	244633	64646	179987
蒙古族	4279	2192	2087	41	13	28
回　族	16277	8362	7915	656	159	497
藏　族	645	316	329	3	1	2
维吾尔族	875	452	423	9	7	2
苗　族	85109	43806	41303	6586	1578	5008
彝　族	4043	2134	1909	86	37	49
壮　族	59510	32362	27148	958	288	670
布依族	6652	3881	2771	205	62	143
朝鲜族	1429	715	714	6	2	4
满　族	9385	4806	4579	107	47	60
侗　族	5257	3452	1805	73	28	45
瑶　族	9664	5275	4389	202	73	129
白　族	944	477	467	14	6	8
土家族	7960	4487	3473	84	34	50
哈尼族	760	387	373	14	4	10
哈萨克族	93	47	46	2	2	
傣　族	472	214	258	5	2	3
黎　族	1305994	680858	625136	50182	15421	34761
傈僳族	191	100	91			
佤　族	230	130	100	5	4	1
畲　族	810	477	333	4		4
高山族	116	55	61			
拉祜族	366	231	135	13	7	6
水　族	442	230	212	10	4	6
东乡族	156	92	64	5	2	3
纳西族	81	30	51	3	1	2
景颇族	40	30	10			
柯尔克孜族	15	10	5			
土　族	292	153	139	3	1	2
达斡尔族	203	95	108			
仫佬族	405	221	184	5	1	4
羌　族	164	91	73	5	2	3
布朗族	167	97	70	19	7	12
撒拉族	49	26	23	3	1	2
毛南族	155	98	57	2		2
仡佬族	786	549	237	3	1	2
锡伯族	184	92	92	2	1	1
阿昌族	16	8	8			
普米族	21	5	16			
塔吉克族	3	1	2			
怒　族	5	2	3			
乌孜别克族	3		3			
俄罗斯族	68	27	41			
鄂温克族	41	15	26			
德昂族	8	2	6	2		2
保安族	1	1				
裕固族	10	6	4			
京　族	81	28	53	14		14
塔塔尔族	6	2	4			
独龙族	1	1				
鄂伦春族	15	6	9			
赫哲族	24	13	11			
门巴族	2		2			
珞巴族	1	1				
基诺族	4		4			
未定族称人口	2176	1227	949	102	33	69
入　籍	68	22	46	11		11

2-3 续表 1

单位：人

民族	学前教育			小学		
	小计	男	女	小计	男	女
总计	**417084**	**225445**	**191639**	**1986102**	**943931**	**1042171**
汉族	351178	190496	160682	1589081	743904	845177
蒙古族	236	126	110	401	216	185
回族	919	514	405	3627	1675	1952
藏族	16	6	10	85	41	44
维吾尔族	25	11	14	71	32	39
苗族	3036	1605	1431	32949	17016	15933
彝族	127	65	62	1059	559	500
壮族	1955	1076	879	13600	6639	6961
布依族	168	98	70	2110	1147	963
朝鲜族	61	30	31	133	71	62
满族	470	238	232	943	493	450
侗族	175	86	89	1089	681	408
瑶族	393	203	190	2348	1216	1132
白族	40	19	21	141	72	69
土家族	348	183	165	1324	745	579
哈尼族	20	12	8	267	130	137
哈萨克族	2		2	9	3	6
傣族	8	4	4	73	34	39
黎族	57603	30516	27087	335140	168356	166784
傈僳族	7	3	4	41	19	22
佤族	3		3	75	45	30
畲族	59	29	30	129	68	61
高山族	4	3	1	11	3	8
拉祜族	4	2	2	138	87	51
水族	10	6	4	115	52	63
东乡族	9	5	4	63	34	29
纳西族	2	1	1	5	2	3
景颇族				12	12	
柯尔克孜族	2	1	1	2	2	
土族	13	8	5	45	23	22
达斡尔族	11	5	6	17	10	7
仫佬族	18	14	4	78	42	36
羌族	14	9	5	28	18	10
布朗族	5	2	3	57	34	23
撒拉族	3	1	2	12	7	5
毛南族	6	2	4	29	16	13
仡佬族	17	7	10	159	104	55
锡伯族	12	5	7	13	6	7
阿昌族				3	1	2
普米族				1	1	
塔吉克族						
怒族	2	1	1			
乌孜别克族						
俄罗斯族	3	1	2	3	2	1
鄂温克族	1	1		4	3	1
德昂族				1	1	
保安族						
裕固族						
京族	3	2	1	31	10	21
塔塔尔族	1		1			
独龙族						
鄂伦春族	1		1	1	1	
赫哲族	3	2	1	1	1	
门巴族						
珞巴族						
基诺族						
未定族称人口	87	44	43	553	292	261
入籍	4	3	1	25	5	20

2-3　续表 2

单位：人

民　族	初　中			高　中			大学专科		
	小计	男	女	小计	男	女	小计	男	女
总　计	**4050000**	**2227745**	**1822255**	**1568761**	**911574**	**657187**	**736645**	**409354**	**327291**
汉　族	3334175	1835080	1499095	1399650	817393	582257	664217	372731	291486
蒙古族	680	398	282	578	284	294	734	375	359
回　族	5278	2872	2406	2289	1322	967	1400	798	602
藏　族	102	59	43	51	32	19	172	77	95
维吾尔族	161	92	69	98	48	50	373	188	185
苗　族	31536	17922	13614	6169	3323	2846	2657	1359	1298
彝　族	1527	869	658	339	200	139	355	159	196
壮　族	29471	16874	12597	7571	4405	3166	3264	1738	1526
布依族	2916	1952	964	402	244	158	276	141	135
朝鲜族	250	118	132	285	150	135	255	125	130
满　族	2002	1161	841	1542	784	758	1529	782	747
侗　族	2395	1814	581	625	402	223	349	185	164
瑶　族	3932	2331	1601	1444	818	626	663	333	330
白　族	268	155	113	97	58	39	129	67	62
土家族	2596	1726	870	1167	673	494	800	390	410
哈尼族	307	172	135	48	21	27	40	16	24
哈萨克族	17	10	7	19	7	12	25	15	10
傣　族	153	76	77	79	44	35	61	24	37
黎　族	629419	342293	287126	145480	80883	64597	58742	29551	29191
傈僳族	77	48	29	24	15	9	15	7	8
佤　族	106	61	45	18	11	7	12	4	8
畲　族	262	166	96	129	86	43	85	42	43
高山族	28	13	15	33	13	20	16	11	5
拉祜族	167	109	58	16	11	5	14	9	5
水　族	155	99	56	37	21	16	28	11	17
东乡族	52	38	14	14	6	8	5	1	4
纳西族	9	3	6	10	5	5	18	6	12
景颇族	17	11	6	6	5	1	3	2	1
柯尔克孜族	2	2		2	1	1	5	3	2
土　族	111	64	47	43	26	17	29	11	18
达斡尔族	37	15	22	29	11	18	38	18	20
仫佬族	157	95	62	48	25	23	39	18	21
羌　族	37	23	14	28	12	16	19	9	10
布朗族	64	41	23	9	7	2	7	2	5
撒拉族	7	5	2	10	6	4	5	2	3
毛南族	85	62	23	16	12	4	8	2	6
仡佬族	348	275	73	70	54	16	63	38	25
锡伯族	24	14	10	32	14	18	40	19	21
阿昌族	7	4	3	2	1	1	1		1
普米族	9	1	8	1		1	3		3
塔吉克族				1		1	2	1	1
怒　族	2	1	1						
乌孜别克族							2		2
俄罗斯族	10	4	6	13	8	5	18	6	12
鄂温克族	11	4	7	10	3	7	4	1	3
德昂族	1		1	2	1	1	1		1
保安族	1	1							
裕固族				4	2	2	1	1	
京　族	13	3	10	7	4	3	6	4	2
塔塔尔族				1		1	2	1	1
独龙族							1	1	
鄂伦春族	3		3	2	2		2		2
赫哲族				5	3	2	3	2	1
门巴族	1		1				1		1
珞巴族							1	1	
基诺族	2		2				2		2
未定族称人口	991	599	392	206	118	88	103	66	37
入　籍	19	10	9				2	1	1

2-3 续表 3

单位：人

民 族	大学本科			硕士研究生			博士研究生		
	小计	男	女	小计	男	女	小计	男	女
总 计	**625359**	**331459**	**293900**	**36754**	**18190**	**18564**	**4436**	**2673**	**1763**
汉 族	580481	310242	270239	34853	17408	17445	4196	2549	1647
蒙古族	1405	697	708	175	66	109	29	17	12
回 族	1926	939	987	163	73	90	19	10	9
藏 族	209	97	112	7	3	4			
维吾尔族	128	71	57	10	3	7			
苗 族	2061	948	1113	101	44	57	14	11	3
彝 族	520	231	289	25	12	13	5	2	3
壮 族	2568	1290	1278	112	45	67	11	7	4
布依族	553	228	325	21	9	12	1		1
朝鲜族	370	181	189	51	27	24	18	11	7
满 族	2422	1173	1249	310	105	205	60	23	37
侗 族	514	245	269	36	11	25	1		1
瑶 族	636	283	353	38	15	23	8	3	5
白 族	244	96	148	9	3	6	2	1	1
土家族	1454	650	804	161	68	93	26	18	8
哈尼族	61	31	30	2	1	1	1		1
哈萨克族	17	8	9	2	2				
傣 族	86	29	57	6		6	1	1	
黎 族	28783	13556	15227	610	266	344	35	16	19
傈僳族	24	7	17	2	1	1	1		1
佤 族	9	3	6	2	2				
畲 族	130	77	53	11	8	3	1	1	
高山族	21	12	9	3		3			
拉祜族	14	6	8						
水 族	81	35	46	5	2	3	1		1
东乡族	8	6	2						
纳西族	33	12	21				1		1
景颇族	1		1	1		1			
柯尔克孜族	2	1	1						
土 族	47	19	28	1	1				
达斡尔族	60	32	28	11	4	7			
仫佬族	58	24	34	1	1		1	1	
羌 族	30	15	15	2	2		1	1	
布朗族	6	4	2						
撒拉族	9	4	5						
毛南族	9	4	5						
仡佬族	121	68	53	5	2	3			
锡伯族	51	28	23	8	4	4	2	1	1
阿昌族	3	2	1						
普米族	7	3	4						
塔吉克族									
怒 族	1		1						
乌孜别克族	1		1						
俄罗斯族	18	5	13	3	1	2			
鄂温克族	11	3	8						
德昂族	1		1						
保安族									
裕固族	5	3	2						
京 族	7	5	2						
塔塔尔族	2	1	1						
独龙族									
鄂伦春族	4	3	1	1		1	1		1
赫哲族	11	5	6	1		1			
门巴族									
珞巴族									
基诺族									
未定族称人口	129	74	55	5	1	4			
入 籍	7	3	4						

2–3a　全省各民族分性别、受教育程度的3岁及以上人口(城市)

单位：人

民　族	3岁及以上人口			未上过学		
	合计	男	女	小计	男	女
总　计	**3630503**	**1896085**	**1734418**	**53637**	**17430**	**36207**
汉　族	3381999	1775077	1606922	50022	16203	33819
蒙古族	2988	1494	1494	31	7	24
回　族	13468	6876	6592	565	128	437
藏　族	332	168	164	2	1	1
维吾尔族	661	321	340	7	5	2
苗　族	11148	5771	5377	248	83	165
彝　族	1738	905	833	33	16	17
壮　族	20941	11928	9013	246	81	165
布依族	3057	1788	1269	94	27	67
朝鲜族	1063	528	535	5	1	4
满　族	6631	3343	3288	75	33	42
侗　族	2959	1942	1017	36	17	19
瑶　族	3219	1753	1466	67	29	38
白　族	508	258	250	3	1	2
土家族	4768	2651	2117	50	21	29
哈尼族	257	127	130	5	2	3
哈萨克族	45	18	27	1	1	
傣　族	225	100	125	2	1	1
黎　族	171153	79096	92057	2096	754	1342
傈僳族	83	41	42			
佤　族	84	52	32			
畲　族	506	299	207	2		2
高山族	72	31	41			
拉祜族	135	87	48	3	1	2
水　族	220	112	108	3		3
东乡族	111	69	42	2	1	1
纳西族	38	15	23	2	1	1
景颇族	27	20	7			
柯尔克孜族	14	9	5			
土　族	132	62	70	2		2
达斡尔族	130	60	70			
仫佬族	200	111	89	1		1
羌　族	105	58	47	1	1	
布朗族	17	9	8			
撒拉族	31	16	15	2	1	1
毛南族	84	60	24			
仡佬族	422	298	124	2	1	1
锡伯族	129	71	58	1		1
阿昌族	10	4	6			
普米族	10	2	8			
塔吉克族	2	1	1			
怒　族	3	2	1			
乌孜别克族	3		3			
俄罗斯族	47	19	28			
鄂温克族	35	12	23			
德昂族	5	1	4			
保安族	1	1				
裕固族	8	6	2			
京　族	9	8	1			
塔塔尔族	4	1	3			
独龙族	1	1				
鄂伦春族	10	5	5			
赫哲族	18	11	7			
门巴族						
珞巴族						
基诺族	3		3			
未定族称人口	627	382	245	28	13	15
入　籍	7	5	2			

2-3a 续表 1

单位：人

民族	学前教育			小学		
	小计	男	女	小计	男	女
总　计	**160028**	**87588**	**72440**	**552216**	**270865**	**281351**
汉　族	148888	81554	67334	510333	250082	260251
蒙古族	181	96	85	301	161	140
回　族	812	454	358	3175	1439	1736
藏　族	12	5	7	43	21	22
维吾尔族	17	9	8	58	23	35
苗　族	341	186	155	2576	1410	1166
彝　族	56	30	26	403	217	186
壮　族	712	387	325	4379	2359	2020
布依族	86	49	37	896	497	399
朝鲜族	42	18	24	113	57	56
满　族	360	187	173	694	357	337
侗　族	111	56	55	572	366	206
瑶　族	148	72	76	717	383	334
白　族	25	15	10	72	38	34
土家族	254	134	120	750	423	327
哈尼族	8	3	5	88	42	46
哈萨克族	1		1	4	1	3
傣　族	6	3	3	35	14	21
黎　族	7819	4255	3564	26353	12597	13756
傈僳族	3	2	1	11	6	5
佤　族	1		1	30	20	10
畲　族	40	20	20	81	42	39
高山族	3	3		7	2	5
拉祜族	1		1	68	43	25
水　族	6	2	4	48	19	29
东乡族	6	4	2	44	24	20
纳西族				4	2	2
景颇族				6	6	
柯尔克孜族	2	1	1	2	2	
土　族	7	3	4	17	8	9
达斡尔族	7	4	3	11	7	4
仫佬族	9	7	2	27	15	12
羌　族	12	7	5	18	10	8
布朗族	1		1	4	3	1
撒拉族	3	1	2	8	4	4
毛南族	3	1	2	13	8	5
仡佬族	9	2	7	84	52	32
锡伯族	10	4	6	9	6	3
阿昌族				3	1	2
普米族						
塔吉克族						
怒　族	1	1				
乌孜别克族						
俄罗斯族	2		2	3	2	1
鄂温克族	1	1		2	2	
德昂族						
保安族						
裕固族						
京　族	2	2				
塔塔尔族	1		1			
独龙族						
鄂伦春族						
赫哲族	3	2	1	1	1	
门巴族						
珞巴族						
基诺族						
未定族称人口	16	8	8	153	93	60
入　籍						

2-3a　续表 2　　　　单位：人

民　族	初　中			高　中			大学专科		
	小计	男	女	小计	男	女	小计	男	女
总　计	**1148895**	**601918**	**546977**	**822663**	**444984**	**377679**	**437934**	**234752**	**203182**
汉　族	1055657	555687	499970	771959	420200	351759	413164	223492	189672
蒙古族	437	247	190	419	201	218	525	260	265
回　族	4516	2437	2079	1864	1072	792	1037	613	424
藏　族	47	32	15	31	18	13	90	45	45
维吾尔族	123	68	55	87	42	45	282	129	153
苗　族	3872	2181	1691	2050	996	1054	911	404	507
彝　族	583	328	255	177	102	75	169	74	95
壮　族	9437	5800	3637	2917	1673	1244	1642	845	797
布依族	1269	877	392	223	123	100	146	70	76
朝鲜族	175	82	93	219	124	95	184	87	97
满　族	1367	779	588	1141	571	570	1024	510	514
侗　族	1281	990	291	381	234	147	207	111	96
瑶　族	1024	646	378	570	312	258	300	141	159
白　族	132	83	49	51	30	21	70	32	38
土家族	1391	942	449	738	404	334	492	229	263
哈尼族	78	45	33	23	9	14	25	8	17
哈萨克族	4	2	2	11	3	8	15	9	6
傣　族	65	34	31	34	17	17	30	12	18
黎　族	66378	29938	36440	39294	18590	20704	17271	7504	9767
傈僳族	33	18	15	15	9	6	7	2	5
佤　族	37	24	13	6	3	3	5	2	3
畲　族	133	89	44	94	61	33	59	29	30
高山族	16	6	10	16	4	12	11	6	5
拉祜族	48	32	16	8	7	1	4	2	2
水　族	67	50	17	26	14	12	12	5	7
东乡族	36	28	8	14	6	8	3	1	2
纳西族	4	2	2	6	4	2	7	1	6
景颇族	13	9	4	3	3		3	2	1
柯尔克孜族	2	2		2	1	1	4	2	2
土　族	38	20	18	23	13	10	18	8	10
达斡尔族	25	9	16	20	7	13	18	8	10
仫佬族	71	47	24	32	14	18	21	9	12
羌　族	21	14	7	19	9	10	14	7	7
布朗族	4	3	1				5	1	4
撒拉族	7	5	2	6	3	3	2	1	1
毛南族	49	38	11	11	9	2	3	1	2
仡佬族	185	153	32	42	33	9	25	18	7
锡伯族	17	11	6	25	12	13	27	16	11
阿昌族	3	1	2	2	1	1	1		1
普米族	5		5	1		1	1		1
塔吉克族				1		1	1	1	
怒　族	2	1	1						
乌孜别克族							2		2
俄罗斯族	5	2	3	9	5	4	15	5	10
鄂温克族	11	4	7	7	2	5	4	1	3
德昂族	1		1	2	1	1	1		1
保安族	1	1							
裕固族				4	2	2	1	1	
京　族	1	1		2	2		2	2	
塔塔尔族				1		1	2	1	1
独龙族							1	1	
鄂伦春族	1		1	2	2		2		2
赫哲族				5	3	2	2	1	1
门巴族									
珞巴族									
基诺族	1		1				2		2
未定族称人口	220	148	72	70	33	37	64	42	22
入　籍	2	2					1	1	

2-3a 续表 3

单位：人

民 族	大学本科			硕士研究生			博士研究生		
	小计	男	女	小计	男	女	小计	男	女
总 计	**421547**	**221455**	**200092**	**29910**	**14850**	**15060**	**3673**	**2243**	**1430**
汉 族	399947	211411	188536	28534	14293	14241	3495	2155	1340
蒙古族	935	456	479	135	53	82	24	13	11
回 族	1350	663	687	132	60	72	17	10	7
藏 族	102	43	59	5	3	2			
维吾尔族	78	43	35	9	2	7			
苗 族	1059	468	591	81	35	46	10	8	2
彝 族	294	127	167	18	9	9	5	2	3
壮 族	1516	743	773	83	35	48	9	5	4
布依族	329	140	189	14	5	9			
朝鲜族	272	129	143	40	23	17	13	7	6
满 族	1679	803	876	247	85	162	44	18	26
侗 族	344	162	182	26	6	20	1		1
瑶 族	356	157	199	31	11	20	6	2	4
白 族	145	55	90	8	3	5	2	1	1
土家族	945	431	514	128	55	73	20	12	8
哈尼族	27	17	10	2	1	1	1		1
哈萨克族	9	2	7						
傣 族	47	19	28	6		6			
黎 族	11558	5301	6257	365	150	215	19	7	12
傈僳族	12	4	8	1		1	1		1
佤 族	4	2	2	1	1				
畲 族	89	51	38	7	6	1	1	1	
高山族	17	10	7	2		2			
拉祜族	3	2	1						
水 族	54	21	33	3	1	2	1		1
东乡族	6	5	1						
纳西族	15	5	10						
景颇族	1		1	1		1			
柯尔克孜族	2	1	1						
土 族	26	9	17	1	1				
达斡尔族	42	22	20	7	3	4			
仫佬族	38	18	20	1	1				
羌 族	18	8	10	1	1		1	1	
布朗族	3	2	1						
撒拉族	3	1	2						
毛南族	5	3	2						
仡佬族	70	37	33	5	2	3			
锡伯族	31	18	13	7	3	4	2	1	1
阿昌族	1	1							
普米族	3	2	1						
塔吉克族									
怒 族									
乌孜别克族	1		1						
俄罗斯族	10	4	6	3	1	2			
鄂温克族	10	2	8						
德昂族	1		1						
保安族									
裕固族	3	3							
京 族	2	1	1						
塔塔尔族									
独龙族									
鄂伦春族	3	3		1		1	1		1
赫哲族	6	4	2	1		1			
门巴族									
珞巴族									
基诺族									
未定族称人口	72	44	28	4	1	3			
入 籍	4	2	2						

2-3b 全省各民族分性别、受教育程度的3岁及以上人口(镇)

单位：人

民 族	3岁及以上人口			未上过学		
	合计	男	女	小计	男	女
总 计	**2232854**	**1176709**	**1056145**	**75185**	**20081**	**55104**
汉 族	1972065	1045299	926766	67748	17818	49930
蒙古族	576	297	279	1	1	
回 族	1432	740	692	43	14	29
藏 族	120	47	73			
维吾尔族	51	26	25			
苗 族	12809	6264	6545	841	220	621
彝 族	776	416	360	16	10	6
壮 族	11576	6281	5295	155	48	107
布依族	1199	695	504	32	11	21
朝鲜族	155	80	75			
满 族	1205	639	566	13	7	6
侗 族	875	561	314	10	4	6
瑶 族	2120	1154	966	29	9	20
白 族	195	96	99	3	1	2
土家族	1228	660	568	9	4	5
哈尼族	139	78	61	1		1
哈萨克族	9	9				
傣 族	111	61	50	2	1	1
黎 族	224943	112604	112339	6237	1920	4317
傈僳族	51	27	24			
佤 族	35	16	19	1	1	
畲 族	109	65	44			
高山族	17	7	10			
拉祜族	53	28	25			
水 族	83	42	41			
东乡族	16	9	7	3	1	2
纳西族	10	3	7			
景颇族	4	2	2			
柯尔克孜族	1	1				
土 族	49	24	25			
达斡尔族	27	12	15			
仫佬族	68	44	24			
羌 族	15	10	5			
布朗族	25	16	9	1		1
撒拉族	13	7	6	1		1
毛南族	23	14	9			
仡佬族	153	99	54			
锡伯族	20	7	13			
阿昌族	1		1			
普米族	4	1	3			
塔吉克族						
怒 族	2		2			
乌孜别克族						
俄罗斯族	6	3	3			
鄂温克族	5	3	2			
德昂族						
保安族						
裕固族	2		2			
京 族	17	6	11	2		2
塔塔尔族	2	1	1			
独龙族						
鄂伦春族	1	1				
赫哲族	4	1	3			
门巴族						
珞巴族						
基诺族						
未定族称人口	426	241	185	32	11	21
入 籍	28	12	16	5		5

2–3b 续表 1

单位：人

民族	学前教育			小学		
	小计	男	女	小计	男	女
总 计	**100765**	**54430**	**46335**	**463968**	**217749**	**246219**
汉 族	87960	47673	40287	405861	189214	216647
蒙古族	30	18	12	42	25	17
回 族	65	37	28	243	126	117
藏 族	2		2	11	5	6
维吾尔族	2		2	3	2	1
苗 族	489	269	220	4236	2112	2124
彝 族	27	13	14	209	109	100
壮 族	398	214	184	2452	1194	1258
布依族	32	19	13	340	181	159
朝鲜族	7	4	3	13	8	5
满 族	58	27	31	109	58	51
侗 族	28	13	15	186	115	71
瑶 族	91	47	44	450	228	222
白 族	10	2	8	25	14	11
土家族	42	19	23	202	106	96
哈尼族	7	5	2	19	8	11
哈萨克族				1	1	
傣 族	1	1		11	5	6
黎 族	11460	6041	5419	49223	24049	25174
傈僳族	2		2	14	8	6
佤 族				7	4	3
畲 族	7	3	4	16	11	5
高山族				3	1	2
拉祜族	2	1	1	10	6	4
水 族	4	4		25	11	14
东乡族	1	1		4	1	3
纳西族	1	1				
景颇族				1	1	
柯尔克孜族						
土 族	3	2	1	6	2	4
达斡尔族	2	1	1	1		1
仫佬族	5	4	1	19	11	8
羌 族	1	1		2	1	1
布朗族				10	6	4
撒拉族				4	3	1
毛南族				6	3	3
仡佬族	3	1	2	28	22	6
锡伯族				2		2
阿昌族						
普米族						
塔吉克族						
怒 族	1		1			
乌孜别克族						
俄罗斯族						
鄂温克族				2	1	1
德昂族						
保安族						
裕固族						
京 族				5	1	4
塔塔尔族						
独龙族						
鄂伦春族				1	1	
赫哲族						
门巴族						
珞巴族						
基诺族						
未定族称人口	21	7	14	156	91	65
入 籍	3	2	1	10	4	6

2-3b　续表 2　　单位：人

民　族	初　中			高　中			大学专科		
	小计	男	女	小计	男	女	小计	男	女
总　计	**981476**	**527463**	**454013**	**351658**	**210542**	**141116**	**144312**	**84736**	**59576**
汉　族	873307	472359	400948	308601	187874	120727	125841	74831	51010
蒙古族	114	63	51	70	36	34	84	43	41
回　族	361	200	161	225	127	98	167	86	81
藏　族	26	11	15	13	8	5	17	6	11
维吾尔族	12	6	6	4	2	2	15	8	7
苗　族	4621	2361	2260	1425	702	723	636	334	302
彝　族	258	146	112	66	42	24	68	33	35
壮　族	5698	3250	2448	1728	972	756	628	347	281
布依族	528	345	183	93	65	28	54	30	24
朝鲜族	30	13	17	30	13	17	33	20	13
满　族	255	152	103	185	99	86	242	137	105
侗　族	393	282	111	99	68	31	59	32	27
瑶　族	883	517	366	349	190	159	164	93	71
白　族	49	25	24	21	15	6	24	16	8
土家族	359	230	129	172	98	74	122	71	51
哈尼族	77	50	27	11	5	6	4	1	3
哈萨克族				2	2		2	2	
傣　族	30	19	11	24	16	8	14	11	3
黎　族	94025	47155	46870	38439	20148	18291	16055	8592	7463
傈僳族	24	16	8	2		2	1	1	
佤　族	17	8	9	2	1	1	4	1	3
畲　族	46	28	18	12	8	4	10	4	6
高山族	1		1	4		4	5	5	
拉祜族	24	12	12	6	3	3	4	3	1
水　族	28	14	14	3	2	1	2	1	1
东乡族	6	5	1						
纳西族				1		1			
景颇族	1		1	2	1	1			
柯尔克孜族							1	1	
土　族	13	6	7	6	5	1	6	2	4
达斡尔族	7	3	4	3	2	1	7	3	4
仫佬族	26	18	8	3	3		5	3	2
羌　族	3	2	1				3	1	2
布朗族	8	5	3	2	2		1	1	
撒拉族				3	2	1			
毛南族	11	7	4	3	2	1	1	1	
仡佬族	65	47	18	14	8	6	17	9	8
锡伯族	2	1	1	4	1	3	4	1	3
阿昌族									
普米族	2		2						
塔吉克族									
怒　族									
乌孜别克族									
俄罗斯族	2	1	1	3	2	1			
鄂温克族				2	1	1			
德昂族									
保安族									
裕固族									
京　族	4		4				2	1	1
塔塔尔族									
独龙族									
鄂伦春族									
赫哲族									
门巴族									
珞巴族									
基诺族									
未定族称人口	152	100	52	26	17	9	9	5	4
入　籍	8	6	2				1		1

2-3b 续表 3

单位：人

民 族	大学本科			硕士研究生			博士研究生		
	小计	男	女	小计	男	女	小计	男	女
总 计	**111811**	**59864**	**51947**	**3331**	**1654**	**1677**	**348**	**190**	**158**
汉 族	99336	53805	45531	3089	1550	1539	322	175	147
蒙古族	214	103	111	20	7	13	1	1	
回 族	314	144	170	13	6	7	1		1
藏 族	51	17	34						
维吾尔族	15	8	7						
苗 族	552	263	289	9	3	6			
彝 族	128	61	67	4	2	2			
壮 族	501	247	254	14	7	7	2	2	
布依族	118	43	75	2	1	1			
朝鲜族	35	19	16	5	2	3	2	1	1
满 族	314	150	164	25	8	17	4	1	3
侗 族	95	45	50	5	2	3			
瑶 族	147	66	81	5	3	2	2	1	1
白 族	62	23	39	1		1			
土家族	302	122	180	16	6	10	4	4	
哈尼族	20	9	11						
哈萨克族	3	3		1	1				
傣 族	29	8	21						
黎 族	9385	4643	4742	111	52	59	8	4	4
傈僳族	7	1	6	1	1				
佤 族	3		3	1	1				
畲 族	16	10	6	2	1	1			
高山族	3	1	2	1		1			
拉祜族	7	3	4						
水 族	20	10	10	1		1			
东乡族	2	1	1						
纳西族	7	2	5				1		1
景颇族									
柯尔克孜族									
土 族	15	7	8						
达斡尔族	4	3	1	3		3			
仫佬族	9	4	5				1	1	
羌 族	5	4	1	1	1				
布朗族	3	2	1						
撒拉族	5	2	3						
毛南族	2	1	1						
仡佬族	26	12	14						
锡伯族	8	4	4						
阿昌族	1		1						
普米族	2	1	1						
塔吉克族									
怒 族	1		1						
乌孜别克族									
俄罗斯族	1		1						
鄂温克族	1	1							
德昂族									
保安族									
裕固族	2		2						
京 族	4	4							
塔塔尔族	2	1	1						
独龙族									
鄂伦春族									
赫哲族	4	1	3						
门巴族									
珞巴族									
基诺族									
未定族称人口	29	10	19	1		1			
入 籍	1		1						

2–3c　全省各民族分性别、受教育程度的3岁及以上人口(乡村)

单位：人

民族	3岁及以上人口			未上过学		
	合计	男	女	小计	男	女
总　计	**3865861**	**2080052**	**1785809**	**175255**	**44964**	**130291**
汉　族	2848400	1534073	1314327	126863	30625	96238
蒙古族	715	401	314	9	5	4
回　族	1377	746	631	48	17	31
藏　族	193	101	92	1		1
维吾尔族	163	105	58	2	2	
苗　族	61152	31771	29381	5497	1275	4222
彝　族	1529	813	716	37	11	26
壮　族	26993	14153	12840	557	159	398
布依族	2396	1398	998	79	24	55
朝鲜族	211	107	104	1	1	
满　族	1549	824	725	19	7	12
侗　族	1423	949	474	27	7	20
瑶　族	4325	2368	1957	106	35	71
白　族	241	123	118	8	4	4
土家族	1964	1176	788	25	9	16
哈尼族	364	182	182	8	2	6
哈萨克族	39	20	19	1	1	
傣　族	136	53	83	1		1
黎　族	909898	489158	420740	41849	12747	29102
傈僳族	57	32	25			
佤　族	111	62	49	4	3	1
畲　族	195	113	82	2		2
高山族	27	17	10			
拉祜族	178	116	62	10	6	4
水　族	139	76	63	7	4	3
东乡族	29	14	15			
纳西族	33	12	21	1		1
景颇族	9	8	1			
柯尔克孜族						
土　族	111	67	44	1	1	
达斡尔族	46	23	23			
仫佬族	137	66	71	4	1	3
羌　族	44	23	21	4	1	3
布朗族	125	72	53	18	7	11
撒拉族	5	3	2			
毛南族	48	24	24	2		2
仡佬族	211	152	59	1		1
锡伯族	35	14	21	1	1	
阿昌族	5	4	1			
普米族	7	2	5			
塔吉克族	1		1			
怒　族						
乌孜别克族						
俄罗斯族	15	5	10			
鄂温克族	1		1			
德昂族	3	1	2	2		2
保安族						
裕固族						
京　族	55	14	41	12		12
塔塔尔族						
独龙族						
鄂伦春族	4		4			
赫哲族	2	1	1			
门巴族	2		2			
珞巴族	1	1				
基诺族	1		1			
未定族称人口	1123	604	519	42	9	33
入　籍	33	5	28	6		6

2-3c 续表 1 单位：人

民 族	学前教育			小 学		
	小计	男	女	小计	男	女
总 计	**156291**	**83427**	**72864**	**969918**	**455317**	**514601**
汉 族	114330	61269	53061	672887	304608	368279
蒙古族	25	12	13	58	30	28
回 族	42	23	19	209	110	99
藏 族	2	1	1	31	15	16
维吾尔族	6	2	4	10	7	3
苗 族	2206	1150	1056	26137	13494	12643
彝 族	44	22	22	447	233	214
壮 族	845	475	370	6769	3086	3683
布依族	50	30	20	874	469	405
朝鲜族	12	8	4	7	6	1
满 族	52	24	28	140	78	62
侗 族	36	17	19	331	200	131
瑶 族	154	84	70	1181	605	576
白 族	5	2	3	44	20	24
土家族	52	30	22	372	216	156
哈尼族	5	4	1	160	80	80
哈萨克族	1		1	4	1	3
傣 族	1		1	27	15	12
黎 族	38324	20220	18104	259564	131710	127854
傈僳族	2	1	1	16	5	11
佤 族	2		2	38	21	17
畲 族	12	6	6	32	15	17
高山族	1		1	1		1
拉祜族	1	1		60	38	22
水 族				42	22	20
东乡族	2		2	15	9	6
纳西族	1		1	1		1
景颇族				5	5	
柯尔克孜族						
土 族	3	3		22	13	9
达斡尔族	2		2	5	3	2
仫佬族	4	3	1	32	16	16
羌 族	1	1		8	7	1
布朗族	4	2	2	43	25	18
撒拉族						
毛南族	3	1	2	10	5	5
仡佬族	5	4	1	47	30	17
锡伯族	2	1	1	2		2
阿昌族						
普米族				1	1	
塔吉克族						
怒 族						
乌孜别克族						
俄罗斯族	1	1				
鄂温克族						
德昂族				1	1	
保安族						
裕固族						
京 族	1		1	26	9	17
塔塔尔族						
独龙族						
鄂伦春族	1		1			
赫哲族						
门巴族						
珞巴族						
基诺族						
未定族称人口	50	29	21	244	108	136
入 籍	1	1		15	1	14

2–3c　续表 2　　　　单位：人

民　族	初　中			高　中			大学专科		
	小计	男	女	小计	男	女	小计	男	女
总　计	**1919629**	**1098364**	**821265**	**394440**	**256048**	**138392**	**154399**	**89866**	**64533**
汉　族	1405211	807034	598177	319090	209319	109771	125212	74408	50804
蒙古族	129	88	41	89	47	42	125	72	53
回　族	401	235	166	200	123	77	196	99	97
藏　族	29	16	13	7	6	1	65	26	39
维吾尔族	26	18	8	7	4	3	76	51	25
苗　族	23043	13380	9663	2694	1625	1069	1110	621	489
彝　族	686	395	291	96	56	40	118	52	66
壮　族	14336	7824	6512	2926	1760	1166	994	546	448
布依族	1119	730	389	86	56	30	76	41	35
朝鲜族	45	23	22	36	13	23	38	18	20
满　族	380	230	150	216	114	102	263	135	128
侗　族	721	542	179	145	100	45	83	42	41
瑶　族	2025	1168	857	525	316	209	199	99	100
白　族	87	47	40	25	13	12	35	19	16
土家族	846	554	292	257	171	86	186	90	96
哈尼族	152	77	75	14	7	7	11	7	4
哈萨克族	13	8	5	6	2	4	8	4	4
傣　族	58	23	35	21	11	10	17	1	16
黎　族	469016	265200	203816	67747	42145	25602	25416	13455	11961
傈僳族	20	14	6	7	6	1	7	4	3
佤　族	52	29	23	10	7	3	3	1	2
畲　族	83	49	34	23	17	6	16	9	7
高山族	11	7	4	13	9	4			
拉祜族	95	65	30	2	1	1	6	4	2
水　族	60	35	25	8	5	3	14	5	9
东乡族	10	5	5				2		2
纳西族	5	1	4	3	1	2	11	5	6
景颇族	3	2	1	1	1				
柯尔克孜族									
土　族	60	38	22	14	8	6	5	1	4
达斡尔族	5	3	2	6	2	4	13	7	6
仫佬族	60	30	30	13	8	5	13	6	7
羌　族	13	7	6	9	3	6	2	1	1
布朗族	52	33	19	7	5	2	1		1
撒拉族				1	1		3	1	2
毛南族	25	17	8	2	1	1	4		4
仡佬族	98	75	23	14	13	1	21	11	10
锡伯族	5	2	3	3	1	2	9	2	7
阿昌族	4	3	1						
普米族	2	1	1				2		2
塔吉克族							1		1
怒　族									
乌孜别克族									
俄罗斯族	3	1	2	1	1		3	1	2
鄂温克族				1		1			
德昂族									
保安族									
裕固族									
京　族	8	2	6	5	2	3	2	1	1
塔塔尔族									
独龙族									
鄂伦春族	2		2						
赫哲族							1	1	
门巴族	1		1				1		1
珞巴族							1	1	
基诺族	1		1						
未定族称人口	619	351	268	110	68	42	30	19	11
入　籍	9	2	7						

2–3c 续表 3 单位：人

民 族	大学本科			硕士研究生			博士研究生		
	小计	男	女	小计	男	女	小计	男	女
总 计	**92001**	**50140**	**41861**	**3513**	**1686**	**1827**	**415**	**240**	**175**
汉 族	81198	45026	36172	3230	1565	1665	379	219	160
蒙古族	256	138	118	20	6	14	4	3	1
回 族	262	132	130	18	7	11	1		1
藏 族	56	37	19	2		2			
维吾尔族	35	20	15	1	1				
苗 族	450	217	233	11	6	5	4	3	1
彝 族	98	43	55	3	1	2			
壮 族	551	300	251	15	3	12			
布依族	106	45	61	5	3	2	1		1
朝鲜族	63	33	30	6	2	4	3	3	
满 族	429	220	209	38	12	26	12	4	8
侗 族	75	38	37	5	3	2			
瑶 族	133	60	73	2	1	1			
白 族	37	18	19						
土家族	207	97	110	17	7	10	2	2	
哈尼族	14	5	9						
哈萨克族	5	3	2	1	1				
傣 族	10	2	8				1	1	
黎 族	7840	3612	4228	134	64	70	8	5	3
傈僳族	5	2	3						
佤 族	2	1	1						
畲 族	25	16	9	2	1	1			
高山族	1	1							
拉祜族	4	1	3						
水 族	7	4	3	1	1				
东乡族									
纳西族	11	5	6						
景颇族									
柯尔克孜族									
土 族	6	3	3						
达斡尔族	14	7	7	1	1				
仫佬族	11	2	9						
羌 族	7	3	4						
布朗族									
撒拉族	1	1							
毛南族	2		2						
仡佬族	25	19	6						
锡伯族	12	6	6	1	1				
阿昌族	1	1							
普米族	2		2						
塔吉克族									
怒 族									
乌孜别克族									
俄罗斯族	7	1	6						
鄂温克族									
德昂族									
保安族									
裕固族									
京 族	1		1						
塔塔尔族									
独龙族									
鄂伦春族	1		1						
赫哲族	1		1						
门巴族									
珞巴族									
基诺族									
未定族称人口	28	20	8						
入 籍	2	1	1						

2-4　全省各民族按户口登记地、性别分的户口登记地在外乡镇街道的人口

单位：人

民　族	户口登记地					
	合　计			省　内		
	合计	男	女	小计	男	女
总　计	**3498161**	**1849608**	**1648553**	**2410018**	**1205256**	**1204762**
汉　族	3192304	1705095	1487209	2201364	1117432	1083932
蒙古族	3211	1702	1509	700	329	371
回　族	6110	3260	2850	1610	840	770
藏　族	544	273	271	48	17	31
维吾尔族	790	405	385	46	23	23
苗　族	23433	11719	11714	9196	3282	5914
彝　族	3677	1993	1684	215	88	127
壮　族	40341	23178	17163	5383	2521	2862
布依族	6426	3808	2618	168	79	89
朝鲜族	1037	530	507	273	121	152
满　族	6979	3640	3339	1661	772	889
侗　族	4493	3090	1403	396	177	219
瑶　族	6355	3558	2797	1065	487	578
白　族	803	422	381	123	69	54
土家族	6362	3718	2644	889	427	462
哈尼族	703	370	333	15	8	7
哈萨克族	83	46	37	3	1	2
傣　族	341	157	184	64	26	38
黎　族	188804	79461	109343	186009	78149	107860
傈僳族	180	95	85	11	4	7
佤　族	204	119	85	6	2	4
畲　族	586	351	235	124	67	57
高山族	45	19	26	33	13	20
拉祜族	340	221	119	6	3	3
水　族	403	214	189	33	17	16
东乡族	158	92	66	1	1	
纳西族	71	28	43	10	5	5
景颇族	37	29	8	1		1
柯尔克孜族	14	9	5	3	2	1
土　族	199	109	90	17	9	8
达斡尔族	154	72	82	40	20	20
仫佬族	324	180	144	40	22	18
羌　族	113	67	46	30	18	12
布朗族	160	97	63	1	1	
撒拉族	48	26	22			
毛南族	141	97	44	12	5	7
仡佬族	751	532	219	37	19	18
锡伯族	136	69	67	36	15	21
阿昌族	14	9	5	2	1	1
普米族	20	4	16	1		1
塔吉克族	3	1	2			
怒　族	4	2	2	1	1	
乌孜别克族	2		2			
俄罗斯族	48	20	28	17	8	9
鄂温克族	27	8	19	7	2	5
德昂族	6	2	4	1		1
保安族	1	1				
裕固族	7	5	2	2	1	1
京　族	21	13	8	10	7	3
塔塔尔族	3	1	2	2		2
独龙族	2	2				
鄂伦春族	13	5	8	5	3	2
赫哲族	17	10	7	4	2	2
门巴族	2		2			
珞巴族	1	1				
基诺族	4		4			
未定族称人口	1084	660	424	296	159	137
入　籍	22	13	9	1	1	

2-4 续表　　单位：人

民族	户口登记地					
	省内			省外		
	其中市辖区内人户分离					
	小计	男	女	小计	男	女
总　计	**835883**	**418604**	**417279**	**1088143**	**644352**	**443791**
汉　族	802856	404230	398626	990940	587663	403277
蒙古族	434	204	230	2511	1373	1138
回　族	863	457	406	4500	2420	2080
藏　族	28	10	18	496	256	240
维吾尔族	34	15	19	744	382	362
苗　族	867	377	490	14237	8437	5800
彝　族	92	38	54	3462	1905	1557
壮　族	1265	594	671	34958	20657	14301
布依族	66	30	36	6258	3729	2529
朝鲜族	177	75	102	764	409	355
满　族	1158	525	633	5318	2868	2450
侗　族	195	84	111	4097	2913	1184
瑶　族	305	137	168	5290	3071	2219
白　族	73	41	32	680	353	327
土家族	497	241	256	5473	3291	2182
哈尼族	4	1	3	688	362	326
哈萨克族	2		2	80	45	35
傣　族	15	3	12	277	131	146
黎　族	26718	11417	15301	2795	1312	1483
傈僳族	2	1	1	169	91	78
佤　族	1	1		198	117	81
畲　族	60	35	25	462	284	178
高山族	15	8	7	12	6	6
拉祜族	1	1		334	218	116
水　族	17	9	8	370	197	173
东乡族				157	91	66
纳西族	4	2	2	61	23	38
景颇族	1		1	36	29	7
柯尔克孜族				11	7	4
土　族	8	5	3	182	100	82
达斡尔族	21	12	9	114	52	62
仫佬族	11	4	7	284	158	126
羌　族	18	10	8	83	49	34
布朗族				159	96	63
撒拉族				48	26	22
毛南族	5	2	3	129	92	37
仡佬族	19	8	11	714	513	201
锡伯族	17	9	8	100	54	46
阿昌族	2	1	1	12	8	4
普米族	1		1	19	4	15
塔吉克族				3	1	2
怒　族				3	1	2
乌孜别克族				2		2
俄罗斯族	15	7	8	31	12	19
鄂温克族	2		2	20	6	14
德昂族	1		1	5	2	3
保安族				1	1	
裕固族	1	1		5	4	1
京　族	2	2		11	6	5
塔塔尔族				1	1	
独龙族				2	2	
鄂伦春族	3	2	1	8	2	6
赫哲族	2	1	1	13	8	5
门巴族				2		2
珞巴族				1	1	
基诺族				4		4
未定族称人口	4	3	1	788	501	287
入　籍	1	1		21	12	9

2–4a 全省各民族按户口登记地、性别分的户口登记地在外乡镇街道的人口(城市)

单位：人

民族	户口登记地					
	合计			省内		
	合计	男	女	小计	男	女
总计	**2330637**	**1233943**	**1096694**	**1633242**	**826431**	**806811**
汉族	2184233	1163490	1020743	1533912	783549	750363
蒙古族	2131	1107	1024	507	243	264
回族	3975	2111	1864	1035	545	490
藏族	290	151	139	34	12	22
维吾尔族	603	292	311	30	15	15
苗族	9812	5201	4611	3779	1531	2248
彝族	1639	876	763	125	54	71
壮族	18583	10788	7795	3091	1443	1648
布依族	2975	1758	1217	90	40	50
朝鲜族	728	373	355	186	83	103
满族	4677	2417	2260	1171	534	637
侗族	2629	1789	840	254	109	145
瑶族	2721	1519	1202	642	310	332
白族	427	222	205	85	46	39
土家族	3960	2278	1682	640	310	330
哈尼族	242	121	121	9	5	4
哈萨克族	40	18	22	1		1
傣族	179	81	98	40	15	25
黎族	88040	37717	50323	87149	37340	49809
傈僳族	76	39	37	4	2	2
佤族	82	50	32	3		3
畲族	352	211	141	93	49	44
高山族	24	10	14	21	9	12
拉祜族	136	87	49	3	1	2
水族	206	107	99	14	6	8
东乡族	111	68	43			
纳西族	34	14	20	5	4	1
景颇族	27	20	7	1		1
柯尔克孜族	13	8	5	3	2	1
土族	112	55	57	11	6	5
达斡尔族	94	44	50	24	13	11
仫佬族	178	98	80	27	15	12
羌族	84	47	37	27	16	11
布朗族	14	8	6			
撒拉族	30	16	14			
毛南族	80	60	20	8	3	5
仡佬族	412	290	122	27	16	11
锡伯族	83	49	34	18	9	9
阿昌族	9	5	4	2	1	1
普米族	10	2	8			
塔吉克族	2	1	1			
怒族	3	2	1	1	1	
乌孜别克族	2		2			
俄罗斯族	29	12	17	12	6	6
鄂温克族	23	6	17	5	1	4
德昂族	5	1	4	1		1
保安族	1	1				
裕固族	6	5	1	2	1	1
京族	8	7	1	4	4	
塔塔尔族	1		1	1		1
独龙族	2	2				
鄂伦春族	9	5	4	4	3	1
赫哲族	12	8	4	1	1	
门巴族						
珞巴族						
基诺族	3		3			
未定族称人口	477	294	183	140	78	62
入籍	3	2	1			

2-4a 续表 单位：人

民族	户口登记地					
	省内			省外		
	其中市辖区内人户分离					
	小计	男	女	小计	男	女
总　计	**711732**	**357508**	**354224**	**697395**	**407512**	**289883**
汉　族	687587	346675	340912	650321	379941	270380
蒙古族	361	170	191	1624	864	760
回　族	764	415	349	2940	1566	1374
藏　族	23	10	13	256	139	117
维吾尔族	27	12	15	573	277	296
苗　族	672	298	374	6033	3670	2363
彝　族	74	29	45	1514	822	692
壮　族	1043	486	557	15492	9345	6147
布依族	51	22	29	2885	1718	1167
朝鲜族	147	64	83	542	290	252
满　族	956	433	523	3506	1883	1623
侗　族	162	72	90	2375	1680	695
瑶　族	249	113	136	2079	1209	870
白　族	59	32	27	342	176	166
土家族	413	201	212	3320	1968	1352
哈尼族	4	1	3	233	116	117
哈萨克族	1		1	39	18	21
傣　族	14	3	11	139	66	73
黎　族	18931	8368	10563	891	377	514
傈僳族	2	1	1	72	37	35
佤　族				79	50	29
畲　族	55	31	24	259	162	97
高山族	12	7	5	3	1	2
拉祜族	1	1		133	86	47
水　族	13	6	7	192	101	91
东乡族				111	68	43
纳西族	3	2	1	29	10	19
景颇族	1		1	26	20	6
柯尔克孜族				10	6	4
土　族	5	3	2	101	49	52
达斡尔族	18	9	9	70	31	39
仫佬族	8	3	5	151	83	68
羌　族	18	10	8	57	31	26
布朗族				14	8	6
撒拉族				30	16	14
毛南族	5	2	3	72	57	15
仡佬族	18	8	10	385	274	111
锡伯族	11	7	4	65	40	25
阿昌族	2	1	1	7	4	3
普米族				10	2	8
塔吉克族				2	1	1
怒　族				2	1	1
乌孜别克族				2		2
俄罗斯族	12	6	6	17	6	11
鄂温克族	1		1	18	5	13
德昂族	1		1	4	1	3
保安族				1	1	
裕固族	1	1		4	4	
京　族	2	2		4	3	1
塔塔尔族						
独龙族				2	2	
鄂伦春族	2	2		5	2	3
赫哲族				11	7	4
门巴族						
珞巴族						
基诺族				3		3
未定族称人口	3	2	1	337	216	121
入　籍				3	2	1

2–4b 全省各民族按户口登记地、性别分的户口登记地在外乡镇街道的人口(镇)

单位：人

民 族	户口登记地					
	合 计			省 内		
	合计	男	女	小计	男	女
总 计	**604933**	**317621**	**287312**	**431157**	**215208**	**215949**
汉 族	532855	283754	249101	376836	191534	185302
蒙古族	447	230	217	88	38	50
回 族	1092	574	518	372	200	172
藏 族	100	40	60	4	2	2
维吾尔族	46	24	22	4	2	2
苗 族	5045	2420	2625	2167	785	1382
彝 族	695	375	320	50	18	32
壮 族	7814	4446	3368	1126	517	609
布依族	1166	682	484	38	17	21
朝鲜族	123	64	59	29	14	15
满 族	969	517	452	210	95	115
侗 族	731	488	243	78	39	39
瑶 族	1346	748	598	209	85	124
白 族	175	86	89	24	13	11
土家族	1014	556	458	122	55	67
哈尼族	119	70	49	4	3	1
哈萨克族	8	8				
傣 族	65	36	29	15	9	6
黎 族	50161	21942	28219	49658	21718	27940
傈僳族	50	26	24	4	1	3
佤 族	34	16	18	1	1	
畲 族	82	47	35	17	8	9
高山族	7	2	5	6	2	4
拉祜族	37	20	17	3	2	1
水 族	73	38	35	2	2	
东乡族	17	9	8			
纳西族	6	2	4	1		1
景颇族	2	1	1			
柯尔克孜族	1	1				
土 族	43	22	21	4	2	2
达斡尔族	21	10	11	7	3	4
仫佬族	61	41	20	4	4	
羌 族	11	8	3	1	1	
布朗族	23	15	8	1	1	
撒拉族	13	7	6			
毛南族	20	13	7	2	2	
仡佬族	143	96	47	2		2
锡伯族	20	7	13	6	2	4
阿昌族	1		1			
普米族	3		3			
塔吉克族						
怒 族	1		1			
乌孜别克族						
俄罗斯族	5	3	2	1		1
鄂温克族	3	2	1	2	1	1
德昂族						
保安族						
裕固族	1		1			
京 族	8	5	3	4	2	2
塔塔尔族	2	1	1	1		1
独龙族						
鄂伦春族						
赫哲族	3	1	2	2		2
门巴族						
珞巴族						
基诺族						
未定族称人口	259	161	98	52	30	22
入 籍	12	7	5			

2-4b 续表

单位：人

民族	户口登记地					
	省内			省外		
	其中市辖区内人户分离					
	小计	男	女	小计	男	女
总　计	**52647**	**27118**	**25529**	**173776**	**102413**	**71363**
汉　族	50851	26339	24512	156019	92220	63799
蒙古族	31	12	19	359	192	167
回　族	35	17	18	720	374	346
藏　族	1		1	96	38	58
维吾尔族	2	1	1	42	22	20
苗　族	59	24	35	2878	1635	1243
彝　族	9	5	4	645	357	288
壮　族	87	51	36	6688	3929	2759
布依族	6	4	2	1128	665	463
朝鲜族	16	7	9	94	50	44
满　族	61	28	33	759	422	337
侗　族	12	5	7	653	449	204
瑶　族	25	12	13	1137	663	474
白　族	5	3	2	151	73	78
土家族	37	18	19	892	501	391
哈尼族				115	67	48
哈萨克族				8	8	
傣　族				50	27	23
黎　族	1397	585	812	503	224	279
傈僳族				46	25	21
佤　族				33	15	18
畲　族	1	1		65	39	26
高山族	1		1	1		1
拉祜族				34	18	16
水　族	2	2		71	36	35
东乡族				17	9	8
纳西族				5	2	3
景颇族				2	1	1
柯尔克孜族				1	1	
土　族	2	1	1	39	20	19
达斡尔族	2	2		14	7	7
仫佬族				57	37	20
羌　族				10	7	3
布朗族				22	14	8
撒拉族				13	7	6
毛南族				18	11	7
仡佬族				141	96	45
锡伯族	3	1	2	14	5	9
阿昌族				1		1
普米族				3		3
塔吉克族						
怒　族				1		1
乌孜别克族						
俄罗斯族				4	3	1
鄂温克族	1		1	1	1	
德昂族						
保安族						
裕固族				1		1
京　族				4	3	1
塔塔尔族				1	1	
独龙族						
鄂伦春族						
赫哲族	1		1	1	1	
门巴族						
珞巴族						
基诺族						
未定族称人口				207	131	76
入　籍				12	7	5

2–4c　全省各民族按户口登记地、性别分的户口登记地在外乡镇街道的人口(乡村)

单位：人

民　族	户口登记地					
	合　计			省　内		
	合计	男	女	小计	男	女
总　计	**562591**	**298044**	**264547**	**345619**	**163617**	**182002**
汉　族	475216	257851	217365	290616	142349	148267
蒙古族	633	365	268	105	48	57
回　族	1043	575	468	203	95	108
藏　族	154	82	72	10	3	7
维吾尔族	141	89	52	12	6	6
苗　族	8576	4098	4478	3250	966	2284
彝　族	1343	742	601	40	16	24
壮　族	13944	7944	6000	1166	561	605
布依族	2285	1368	917	40	22	18
朝鲜族	186	93	93	58	24	34
满　族	1333	706	627	280	143	137
侗　族	1133	813	320	64	29	35
瑶　族	2288	1291	997	214	92	122
白　族	201	114	87	14	10	4
土家族	1388	884	504	127	62	65
哈尼族	342	179	163	2		2
哈萨克族	35	20	15	2	1	1
傣　族	97	40	57	9	2	7
黎　族	50603	19802	30801	49202	19091	30111
傈僳族	54	30	24	3	1	2
佤　族	88	53	35	2	1	1
畲　族	152	93	59	14	10	4
高山族	14	7	7	6	2	4
拉祜族	167	114	53			
水　族	124	69	55	17	9	8
东乡族	30	15	15	1	1	
纳西族	31	12	19	4	1	3
景颇族	8	8				
柯尔克孜族						
土　族	44	32	12	2	1	1
达斡尔族	39	18	21	9	4	5
仫佬族	85	41	44	9	3	6
羌　族	18	12	6	2	1	1
布朗族	123	74	49			
撒拉族	5	3	2			
毛南族	41	24	17	2		2
仡佬族	196	146	50	8	3	5
锡伯族	33	13	20	12	4	8
阿昌族	4	4				
普米族	7	2	5	1		1
塔吉克族	1		1			
怒　族						
乌孜别克族						
俄罗斯族	14	5	9	4	2	2
鄂温克族	1		1			
德昂族	1	1				
保安族						
裕固族						
京　族	5	1	4	2	1	1
塔塔尔族						
独龙族						
鄂伦春族	4		4	1		1
赫哲族	2	1	1	1	1	
门巴族	2		2			
珞巴族	1	1				
基诺族	1		1			
未定族称人口	348	205	143	104	51	53
入　籍	7	4	3	1	1	

2-4c 续表

单位：人

民族	户口登记地					
	省内			省外		
	其中市辖区内人户分离					
	小计	男	女	小计	男	女
总　计	**71504**	**33978**	**37526**	**216972**	**134427**	**82545**
汉　族	64418	31216	33202	184600	115502	69098
蒙古族	42	22	20	528	317	211
回　族	64	25	39	840	480	360
藏　族	4		4	144	79	65
维吾尔族	5	2	3	129	83	46
苗　族	136	55	81	5326	3132	2194
彝　族	9	4	5	1303	726	577
壮　族	135	57	78	12778	7383	5395
布依族	9	4	5	2245	1346	899
朝鲜族	14	4	10	128	69	59
满　族	141	64	77	1053	563	490
侗　族	21	7	14	1069	784	285
瑶　族	31	12	19	2074	1199	875
白　族	9	6	3	187	104	83
土家族	47	22	25	1261	822	439
哈尼族				340	179	161
哈萨克族	1		1	33	19	14
傣　族	1		1	88	38	50
黎　族	6390	2464	3926	1401	711	690
傈僳族				51	29	22
佤　族	1	1		86	52	34
畲　族	4	3	1	138	83	55
高山族	2	1	1	8	5	3
拉祜族				167	114	53
水　族	2	1	1	107	60	47
东乡族				29	14	15
纳西族	1		1	27	11	16
景颇族				8	8	
柯尔克孜族						
土　族	1	1		42	31	11
达斡尔族	1	1		30	14	16
仫佬族	3	1	2	76	38	38
羌　族				16	11	5
布朗族				123	74	49
撒拉族				5	3	2
毛南族				39	24	15
仡佬族	1		1	188	143	45
锡伯族	3	1	2	21	9	12
阿昌族				4	4	
普米族	1		1	6	2	4
塔吉克族				1		1
怒　族						
乌孜别克族						
俄罗斯族	3	1	2	10	3	7
鄂温克族				1		1
德昂族				1	1	
保安族						
裕固族						
京　族				3		3
塔塔尔族						
独龙族						
鄂伦春族	1		1	3		3
赫哲族	1	1		1		1
门巴族				2		2
珞巴族				1	1	
基诺族				1		1
未定族称人口	1	1		244	154	90
入　籍	1	1		6	3	3

第一部分　全部数据资料

第三卷　年龄

3-1　全省分年龄、性别的人口

单位：人、%

年　龄	人　口　数			占总人口比重			性别比
	合计	男	女	合计	男	女	(女=100)
总　计	**10081232**	**5345081**	**4736151**	**100.00**	**53.02**	**46.98**	**112.86**
0–4岁	**629051**	**342112**	**286939**	**6.24**	**3.39**	**2.85**	**119.23**
0	104030	57250	46780	1.03	0.57	0.46	122.38
1	121368	66270	55098	1.20	0.66	0.55	120.28
2	126616	68715	57901	1.26	0.68	0.57	118.68
3	140455	76034	64421	1.39	0.75	0.64	118.03
4	136582	73843	62739	1.35	0.73	0.62	117.70
5–9岁	**717973**	**392089**	**325884**	**7.12**	**3.89**	**3.23**	**120.32**
5	136030	74110	61920	1.35	0.74	0.61	119.69
6	142590	77424	65166	1.41	0.77	0.65	118.81
7	144015	78560	65455	1.43	0.78	0.65	120.02
8	153923	84123	69800	1.53	0.83	0.69	120.52
9	141415	77872	63543	1.40	0.77	0.63	122.55
10–14岁	**666701**	**366361**	**300340**	**6.61**	**3.63**	**2.98**	**121.98**
10	136165	74905	61260	1.35	0.74	0.61	122.27
11	137992	76249	61743	1.37	0.76	0.61	123.49
12	137493	75303	62190	1.36	0.75	0.62	121.09
13	129196	70675	58521	1.28	0.70	0.58	120.77
14	125855	69229	56626	1.25	0.69	0.56	122.26
15–19岁	**550785**	**306260**	**244525**	**5.46**	**3.04**	**2.43**	**125.25**
15	123963	67849	56114	1.23	0.67	0.56	120.91
16	114417	63234	51183	1.13	0.63	0.51	123.54
17	103648	58623	45025	1.03	0.58	0.45	130.20
18	102605	57601	45004	1.02	0.57	0.45	127.99
19	106152	58953	47199	1.05	0.58	0.47	124.90
20–24岁	**596003**	**332069**	**263934**	**5.91**	**3.29**	**2.62**	**125.82**
20	109045	60628	48417	1.08	0.60	0.48	125.22
21	106223	59638	46585	1.05	0.59	0.46	128.02
22	116244	65500	50744	1.15	0.65	0.50	129.08
23	123828	69037	54791	1.23	0.68	0.54	126.00
24	140663	77266	63397	1.40	0.77	0.63	121.88
25–29岁	**824566**	**446327**	**378239**	**8.18**	**4.43**	**3.75**	**118.00**
25	154500	84295	70205	1.53	0.84	0.70	120.07
26	153968	83472	70496	1.53	0.83	0.70	118.41
27	166721	90338	76383	1.65	0.90	0.76	118.27
28	173774	93980	79794	1.72	0.93	0.79	117.78
29	175603	94242	81361	1.74	0.93	0.81	115.83

3-1 续表 1 单位：人、%

年 龄	人口数			占总人口比重			性别比
	合计	男	女	合计	男	女	(女=100)
30-34岁	**922158**	**494216**	**427942**	**9.15**	**4.90**	**4.24**	**115.49**
30	199406	106623	92783	1.98	1.06	0.92	114.92
31	188070	100992	87078	1.87	1.00	0.86	115.98
32	177100	95053	82047	1.76	0.94	0.81	115.85
33	183731	98596	85135	1.82	0.98	0.84	115.81
34	173851	92952	80899	1.72	0.92	0.80	114.90
35-39岁	**851057**	**454656**	**396401**	**8.44**	**4.51**	**3.93**	**114.70**
35	165395	88360	77035	1.64	0.88	0.76	114.70
36	175259	93467	81792	1.74	0.93	0.81	114.27
37	172531	92385	80146	1.71	0.92	0.80	115.27
38	178929	95390	83539	1.77	0.95	0.83	114.19
39	158943	85054	73889	1.58	0.84	0.73	115.11
40-44岁	**703273**	**374755**	**328518**	**6.98**	**3.72**	**3.26**	**114.07**
40	156618	83059	73559	1.55	0.82	0.73	112.91
41	151718	81491	70227	1.50	0.81	0.70	116.04
42	140448	74886	65562	1.39	0.74	0.65	114.22
43	121681	65037	56644	1.21	0.65	0.56	114.82
44	132808	70282	62526	1.32	0.70	0.62	112.40
45-49岁	**738400**	**392037**	**346363**	**7.32**	**3.89**	**3.44**	**113.19**
45	133330	70220	63110	1.32	0.70	0.63	111.27
46	146764	78042	68722	1.46	0.77	0.68	113.56
47	154946	82089	72857	1.54	0.81	0.72	112.67
48	156452	82918	73534	1.55	0.82	0.73	112.76
49	146908	78768	68140	1.46	0.78	0.68	115.60
50-54岁	**746262**	**393118**	**353144**	**7.40**	**3.90**	**3.50**	**111.32**
50	162928	85690	77238	1.62	0.85	0.77	110.94
51	151333	79988	71345	1.50	0.79	0.71	112.11
52	161214	84710	76504	1.60	0.84	0.76	110.73
53	131008	68782	62226	1.30	0.68	0.62	110.54
54	139779	73948	65831	1.39	0.73	0.65	112.33
55-59岁	**658404**	**342351**	**316053**	**6.53**	**3.40**	**3.14**	**108.32**
55	143185	74597	68588	1.42	0.74	0.68	108.76
56	143879	74488	69391	1.43	0.74	0.69	107.35
57	151873	79278	72595	1.51	0.79	0.72	109.21
58	140720	73319	67401	1.40	0.73	0.67	108.78
59	78747	40669	38078	0.78	0.40	0.38	106.80
60-64岁	**425099**	**216993**	**208106**	**4.22**	**2.15**	**2.06**	**104.27**
60	75627	38109	37518	0.75	0.38	0.37	101.58
61	76811	39886	36925	0.76	0.40	0.37	108.02
62	94482	48988	45494	0.94	0.49	0.45	107.68
63	93713	47961	45752	0.93	0.48	0.45	104.83
64	84466	42049	42417	0.84	0.42	0.42	99.13

3-1　续表 2　　　　单位：人、%

年　龄	人口数			占总人口比重			性别比
	合计	男	女	合计	男	女	(女=100)
65-69岁	**376451**	**186885**	**189566**	**3.73**	**1.85**	**1.88**	**98.59**
65	87664	44145	43519	0.87	0.44	0.43	101.44
66	84000	41394	42606	0.83	0.41	0.42	97.16
67	73376	36104	37272	0.73	0.36	0.37	96.87
68	70963	35113	35850	0.70	0.35	0.36	97.94
69	60448	30129	30319	0.60	0.30	0.30	99.37
70-74岁	**249109**	**124563**	**124546**	**2.47**	**1.24**	**1.24**	**100.01**
70	65752	33257	32495	0.65	0.33	0.32	102.34
71	55927	28466	27461	0.55	0.28	0.27	103.66
72	47840	23718	24122	0.47	0.24	0.24	98.33
73	42084	20741	21343	0.42	0.21	0.21	97.18
74	37506	18381	19125	0.37	0.18	0.19	96.11
75-79岁	**157925**	**72360**	**85565**	**1.57**	**0.72**	**0.85**	**84.57**
75	34284	16603	17681	0.34	0.16	0.18	93.90
76	32369	15447	16922	0.32	0.15	0.17	91.28
77	32053	14544	17509	0.32	0.14	0.17	83.07
78	30783	13595	17188	0.31	0.13	0.17	79.10
79	28436	12171	16265	0.28	0.12	0.16	74.83
80-84岁	**138306**	**59265**	**79041**	**1.37**	**0.59**	**0.78**	**74.98**
80	31117	13240	17877	0.31	0.13	0.18	74.06
81	27187	11619	15568	0.27	0.12	0.15	74.63
82	28873	12374	16499	0.29	0.12	0.16	75.00
83	26163	11350	14813	0.26	0.11	0.15	76.62
84	24966	10682	14284	0.25	0.11	0.14	74.78
85-89岁	**82652**	**32906**	**49746**	**0.82**	**0.33**	**0.49**	**66.15**
85	21924	8873	13051	0.22	0.09	0.13	67.99
86	18738	7523	11215	0.19	0.07	0.11	67.08
87	16757	6840	9917	0.17	0.07	0.10	68.97
88	13702	5241	8461	0.14	0.05	0.08	61.94
89	11531	4429	7102	0.11	0.04	0.07	62.36
90-94岁	**33854**	**11922**	**21932**	**0.34**	**0.12**	**0.22**	**54.36**
90	10713	4029	6684	0.11	0.04	0.07	60.28
91	7278	2555	4723	0.07	0.03	0.05	54.10
92	6432	2199	4233	0.06	0.02	0.04	51.95
93	5380	1828	3552	0.05	0.02	0.04	51.46
94	4051	1311	2740	0.04	0.01	0.03	47.85
95-99岁	**10461**	**3197**	**7264**	**0.10**	**0.03**	**0.07**	**44.01**
95	3248	1025	2223	0.03	0.01	0.02	46.11
96	2391	727	1664	0.02	0.01	0.02	43.69
97	1973	590	1383	0.02	0.01	0.01	42.66
98	1430	448	982	0.01		0.01	45.62
99	1419	407	1012	0.01		0.01	40.22
100岁及以上	**2742**	**639**	**2103**	**0.03**	**0.01**	**0.02**	**30.39**

3-1a 全省分年龄、性别的人口(城市)

单位：人、%

年龄	人口数			占总人口比重			性别比
	合计	男	女	合计	男	女	(女=100)
总 计	**3761478**	**1967828**	**1793650**	**100.00**	**52.32**	**47.68**	**109.71**
0-4岁	**238942**	**130742**	**108200**	**6.35**	**3.48**	**2.88**	**120.83**
0	37218	20572	16646	0.99	0.55	0.44	123.59
1	45444	24910	20534	1.21	0.66	0.55	121.31
2	48313	26261	22052	1.28	0.70	0.59	119.09
3	55602	30362	25240	1.48	0.81	0.67	120.29
4	52365	28637	23728	1.39	0.76	0.63	120.69
5-9岁	**255665**	**141321**	**114344**	**6.80**	**3.76**	**3.04**	**123.59**
5	50156	27644	22512	1.33	0.73	0.60	122.80
6	51948	28454	23494	1.38	0.76	0.62	121.11
7	51082	28232	22850	1.36	0.75	0.61	123.55
8	54374	30030	24344	1.45	0.80	0.65	123.36
9	48105	26961	21144	1.28	0.72	0.56	127.51
10-14岁	**214071**	**119980**	**94091**	**5.69**	**3.19**	**2.50**	**127.51**
10	45526	25685	19841	1.21	0.68	0.53	129.45
11	45307	25474	19833	1.20	0.68	0.53	128.44
12	44193	24783	19410	1.17	0.66	0.52	127.68
13	40339	22445	17894	1.07	0.60	0.48	125.43
14	38706	21593	17113	1.03	0.57	0.45	126.18
15-19岁	**225739**	**122286**	**103453**	**6.00**	**3.25**	**2.75**	**118.20**
15	45138	24386	20752	1.20	0.65	0.55	117.51
16	50582	26882	23700	1.34	0.71	0.63	113.43
17	46695	25610	21085	1.24	0.68	0.56	121.46
18	41186	22577	18609	1.09	0.60	0.49	121.32
19	42138	22831	19307	1.12	0.61	0.51	118.25
20-24岁	**249931**	**133505**	**116426**	**6.64**	**3.55**	**3.10**	**114.67**
20	44577	23844	20733	1.19	0.63	0.55	115.01
21	43690	23457	20233	1.16	0.62	0.54	115.93
22	49168	26446	22722	1.31	0.70	0.60	116.39
23	52619	28146	24473	1.40	0.75	0.65	115.01
24	59877	31612	28265	1.59	0.84	0.75	111.84
25-29岁	**350189**	**181840**	**168349**	**9.31**	**4.83**	**4.48**	**108.01**
25	65936	34664	31272	1.75	0.92	0.83	110.85
26	65549	34261	31288	1.74	0.91	0.83	109.50
27	69930	36205	33725	1.86	0.96	0.90	107.35
28	73131	37836	35295	1.94	1.01	0.94	107.20
29	75643	38874	36769	2.01	1.03	0.98	105.72

3-1a　续表 1　　　　单位：人、%

年　龄	人　口　数			占总人口比重			性别比
	合计	男	女	合计	男	女	(女=100)
30-34岁	**400384**	**206030**	**194354**	**10.64**	**5.48**	**5.17**	**106.01**
30	86204	44389	41815	2.29	1.18	1.11	106.16
31	81985	42295	39690	2.18	1.12	1.06	106.56
32	77064	39527	37537	2.05	1.05	1.00	105.30
33	80407	41362	39045	2.14	1.10	1.04	105.93
34	74724	38457	36267	1.99	1.02	0.96	106.04
35-39岁	**344629**	**176267**	**168362**	**9.16**	**4.69**	**4.48**	**104.70**
35	68966	35449	33517	1.83	0.94	0.89	105.76
36	70688	36098	34590	1.88	0.96	0.92	104.36
37	69281	35410	33871	1.84	0.94	0.90	104.54
38	72799	37090	35709	1.94	0.99	0.95	103.87
39	62895	32220	30675	1.67	0.86	0.82	105.04
40-44岁	**277103**	**142880**	**134223**	**7.37**	**3.80**	**3.57**	**106.45**
40	60717	30989	29728	1.61	0.82	0.79	104.24
41	60889	31550	29339	1.62	0.84	0.78	107.54
42	55285	28405	26880	1.47	0.76	0.71	105.67
43	48074	24957	23117	1.28	0.66	0.61	107.96
44	52138	26979	25159	1.39	0.72	0.67	107.23
45-49岁	**291189**	**152510**	**138679**	**7.74**	**4.05**	**3.69**	**109.97**
45	52452	26980	25472	1.39	0.72	0.68	105.92
46	58724	30741	27983	1.56	0.82	0.74	109.86
47	61590	32078	29512	1.64	0.85	0.78	108.69
48	60825	32005	28820	1.62	0.85	0.77	111.05
49	57598	30706	26892	1.53	0.82	0.71	114.18
50-54岁	**264788**	**139742**	**125046**	**7.04**	**3.72**	**3.32**	**111.75**
50	60282	31670	28612	1.60	0.84	0.76	110.69
51	55741	29461	26280	1.48	0.78	0.70	112.10
52	57639	30548	27091	1.53	0.81	0.72	112.76
53	44208	23315	20893	1.18	0.62	0.56	111.59
54	46918	24748	22170	1.25	0.66	0.59	111.63
55-59岁	**216260**	**111043**	**105217**	**5.75**	**2.95**	**2.80**	**105.54**
55	47858	25006	22852	1.27	0.66	0.61	109.43
56	47716	24629	23087	1.27	0.65	0.61	106.68
57	51915	26622	25293	1.38	0.71	0.67	105.25
58	44811	22742	22069	1.19	0.60	0.59	103.05
59	23960	12044	11916	0.64	0.32	0.32	101.07
60-64岁	**136292**	**68558**	**67734**	**3.62**	**1.82**	**1.80**	**101.22**
60	24015	11880	12135	0.64	0.32	0.32	97.90
61	24730	12612	12118	0.66	0.34	0.32	104.08
62	30085	15426	14659	0.80	0.41	0.39	105.23
63	30635	15361	15274	0.81	0.41	0.41	100.57
64	26827	13279	13548	0.71	0.35	0.36	98.01

3-1a 续表 2　　　　单位：人、%

年龄	人口数			占总人口比重			性别比
	合计	男	女	合计	男	女	(女=100)
65-69岁	**115653**	**56376**	**59277**	**3.07**	**1.50**	**1.58**	**95.11**
65	27382	13599	13783	0.73	0.36	0.37	98.67
66	26335	12850	13485	0.70	0.34	0.36	95.29
67	22306	10694	11612	0.59	0.28	0.31	92.09
68	21461	10382	11079	0.57	0.28	0.29	93.71
69	18169	8851	9318	0.48	0.24	0.25	94.99
70-74岁	**71345**	**35634**	**35711**	**1.90**	**0.95**	**0.95**	**99.78**
70	18839	9446	9393	0.50	0.25	0.25	100.56
71	16256	8212	8044	0.43	0.22	0.21	102.09
72	13821	6828	6993	0.37	0.18	0.19	97.64
73	11781	5853	5928	0.31	0.16	0.16	98.73
74	10648	5295	5353	0.28	0.14	0.14	98.92
75-79岁	**43944**	**20599**	**23345**	**1.17**	**0.55**	**0.62**	**88.24**
75	9320	4658	4662	0.25	0.12	0.12	99.91
76	9035	4380	4655	0.24	0.12	0.12	94.09
77	8894	4052	4842	0.24	0.11	0.13	83.68
78	8663	3928	4735	0.23	0.10	0.13	82.96
79	8032	3581	4451	0.21	0.10	0.12	80.45
80-84岁	**36456**	**16713**	**19743**	**0.97**	**0.44**	**0.52**	**84.65**
80	8535	3839	4696	0.23	0.10	0.12	81.75
81	7190	3305	3885	0.19	0.09	0.10	85.07
82	7628	3604	4024	0.20	0.10	0.11	89.56
83	6694	3081	3613	0.18	0.08	0.10	85.28
84	6409	2884	3525	0.17	0.08	0.09	81.82
85-89岁	**19108**	**8263**	**10845**	**0.51**	**0.22**	**0.29**	**76.19**
85	5221	2289	2932	0.14	0.06	0.08	78.07
86	4460	1947	2513	0.12	0.05	0.07	77.48
87	3908	1715	2193	0.10	0.05	0.06	78.20
88	2988	1244	1744	0.08	0.03	0.05	71.33
89	2531	1068	1463	0.07	0.03	0.04	73.00
90-94岁	**7123**	**2717**	**4406**	**0.19**	**0.07**	**0.12**	**61.67**
90	2290	927	1363	0.06	0.02	0.04	68.01
91	1526	575	951	0.04	0.02	0.03	60.46
92	1391	523	868	0.04	0.01	0.02	60.25
93	1079	396	683	0.03	0.01	0.02	57.98
94	837	296	541	0.02	0.01	0.01	54.71
95-99岁	**2148**	**690**	**1458**	**0.06**	**0.02**	**0.04**	**47.33**
95	673	228	445	0.02	0.01	0.01	51.24
96	472	139	333	0.01		0.01	41.74
97	417	115	302	0.01		0.01	38.08
98	305	114	191	0.01		0.01	59.69
99	281	94	187	0.01			50.27
100岁及以上	**519**	**132**	**387**	**0.01**		**0.01**	**34.11**

3-1b　全省分年龄、性别的人口(镇)

单位：人、%

年　龄	人　口　数			占总人口比重			性别比
	合计	男	女	合计	男	女	(女=100)
总　计	**2314503**	**1221821**	**1092682**	**100.00**	**52.79**	**47.21**	**111.82**
0-4岁	**147314**	**80707**	**66607**	**6.36**	**3.49**	**2.88**	**121.17**
0	23605	13136	10469	1.02	0.57	0.45	125.48
1	28355	15644	12711	1.23	0.68	0.55	123.07
2	29689	16332	13357	1.28	0.71	0.58	122.27
3	33023	18020	15003	1.43	0.78	0.65	120.11
4	32642	17575	15067	1.41	0.76	0.65	116.65
5-9岁	**173222**	**94822**	**78400**	**7.48**	**4.10**	**3.39**	**120.95**
5	32364	17615	14749	1.40	0.76	0.64	119.43
6	34347	18704	15643	1.48	0.81	0.68	119.57
7	34988	19081	15907	1.51	0.82	0.69	119.95
8	36897	20192	16705	1.59	0.87	0.72	120.87
9	34626	19230	15396	1.50	0.83	0.67	124.90
10-14岁	**163207**	**89852**	**73355**	**7.05**	**3.88**	**3.17**	**122.49**
10	33312	18302	15010	1.44	0.79	0.65	121.93
11	33598	18694	14904	1.45	0.81	0.64	125.43
12	33843	18490	15353	1.46	0.80	0.66	120.43
13	31507	17252	14255	1.36	0.75	0.62	121.02
14	30947	17114	13833	1.34	0.74	0.60	123.72
15-19岁	**133571**	**74509**	**59062**	**5.77**	**3.22**	**2.55**	**126.15**
15	31198	17171	14027	1.35	0.74	0.61	122.41
16	29056	16337	12719	1.26	0.71	0.55	128.45
17	25890	14772	11118	1.12	0.64	0.48	132.87
18	24351	13605	10746	1.05	0.59	0.46	126.61
19	23076	12624	10452	1.00	0.55	0.45	120.78
20-24岁	**126030**	**71025**	**55005**	**5.45**	**3.07**	**2.38**	**129.12**
20	23527	13028	10499	1.02	0.56	0.45	124.09
21	23053	13003	10050	1.00	0.56	0.43	129.38
22	24857	14314	10543	1.07	0.62	0.46	135.77
23	25826	14686	11140	1.12	0.63	0.48	131.83
24	28767	15994	12773	1.24	0.69	0.55	125.22
25-29岁	**173477**	**93704**	**79773**	**7.50**	**4.05**	**3.45**	**117.46**
25	31569	17303	14266	1.36	0.75	0.62	121.29
26	31803	17259	14544	1.37	0.75	0.63	118.67
27	35327	19141	16186	1.53	0.83	0.70	118.26
28	37046	19921	17125	1.60	0.86	0.74	116.33
29	37732	20080	17652	1.63	0.87	0.76	113.75

3-1b 续表 1

单位：人、%

年 龄	人口数			占总人口比重			性别比
	合计	男	女	合计	男	女	(女=100)
30-34岁	**198568**	**105608**	**92960**	**8.58**	**4.56**	**4.02**	**113.61**
30	42886	22669	20217	1.85	0.98	0.87	112.13
31	40611	21666	18945	1.75	0.94	0.82	114.36
32	37945	20267	17678	1.64	0.88	0.76	114.65
33	39442	21074	18368	1.70	0.91	0.79	114.73
34	37684	19932	17752	1.63	0.86	0.77	112.28
35-39岁	**191147**	**101274**	**89873**	**8.26**	**4.38**	**3.88**	**112.69**
35	36511	19289	17222	1.58	0.83	0.74	112.00
36	39207	20753	18454	1.69	0.90	0.80	112.46
37	38934	20840	18094	1.68	0.90	0.78	115.18
38	40129	21096	19033	1.73	0.91	0.82	110.84
39	36366	19296	17070	1.57	0.83	0.74	113.04
40-44岁	**158671**	**83493**	**75178**	**6.86**	**3.61**	**3.25**	**111.06**
40	35453	18423	17030	1.53	0.80	0.74	108.18
41	34308	18191	16117	1.48	0.79	0.70	112.87
42	31756	16790	14966	1.37	0.73	0.65	112.19
43	27390	14508	12882	1.18	0.63	0.56	112.62
44	29764	15581	14183	1.29	0.67	0.61	109.86
45-49岁	**164790**	**86670**	**78120**	**7.12**	**3.74**	**3.38**	**110.94**
45	29633	15507	14126	1.28	0.67	0.61	109.78
46	32261	17069	15192	1.39	0.74	0.66	112.36
47	34549	18027	16522	1.49	0.78	0.71	109.11
48	35264	18419	16845	1.52	0.80	0.73	109.34
49	33083	17648	15435	1.43	0.76	0.67	114.34
50-54岁	**172157**	**89008**	**83149**	**7.44**	**3.85**	**3.59**	**107.05**
50	37223	19172	18051	1.61	0.83	0.78	106.21
51	34444	17839	16605	1.49	0.77	0.72	107.43
52	36971	19087	17884	1.60	0.82	0.77	106.73
53	30656	15743	14913	1.32	0.68	0.64	105.57
54	32863	17167	15696	1.42	0.74	0.68	109.37
55-59岁	**155485**	**79840**	**75645**	**6.72**	**3.45**	**3.27**	**105.55**
55	33570	17161	16409	1.45	0.74	0.71	104.58
56	33915	17402	16513	1.47	0.75	0.71	105.38
57	34899	17959	16940	1.51	0.78	0.73	106.02
58	33829	17473	16356	1.46	0.75	0.71	106.83
59	19272	9845	9427	0.83	0.43	0.41	104.43
60-64岁	**101654**	**51644**	**50010**	**4.39**	**2.23**	**2.16**	**103.27**
60	17646	8914	8732	0.76	0.39	0.38	102.08
61	18214	9432	8782	0.79	0.41	0.38	107.40
62	22678	11697	10981	0.98	0.51	0.47	106.52
63	22416	11464	10952	0.97	0.50	0.47	104.67
64	20700	10137	10563	0.89	0.44	0.46	95.97

3-1b 续表 2

单位：人、%

年 龄	人口数			占总人口比重			性别比
	合计	男	女	合计	男	女	(女=100)
65-69岁	**91617**	**45648**	**45969**	**3.96**	**1.97**	**1.99**	**99.30**
65	21516	10754	10762	0.93	0.46	0.46	99.93
66	20569	10092	10477	0.89	0.44	0.45	96.33
67	17681	8843	8838	0.76	0.38	0.38	100.06
68	17106	8454	8652	0.74	0.37	0.37	97.71
69	14745	7505	7240	0.64	0.32	0.31	103.66
70-74岁	**60030**	**30222**	**29808**	**2.59**	**1.31**	**1.29**	**101.39**
70	16013	8164	7849	0.69	0.35	0.34	104.01
71	13494	6819	6675	0.58	0.29	0.29	102.16
72	11509	5753	5756	0.50	0.25	0.25	99.95
73	10119	5066	5053	0.44	0.22	0.22	100.26
74	8895	4420	4475	0.38	0.19	0.19	98.77
75-79岁	**37581**	**17233**	**20348**	**1.62**	**0.74**	**0.88**	**84.69**
75	8056	3906	4150	0.35	0.17	0.18	94.12
76	7803	3744	4059	0.34	0.16	0.18	92.24
77	7672	3429	4243	0.33	0.15	0.18	80.82
78	7308	3223	4085	0.32	0.14	0.18	78.90
79	6742	2931	3811	0.29	0.13	0.16	76.91
80-84岁	**33564**	**14406**	**19158**	**1.45**	**0.62**	**0.83**	**75.20**
80	7617	3226	4391	0.33	0.14	0.19	73.47
81	6564	2788	3776	0.28	0.12	0.16	73.83
82	6989	3017	3972	0.30	0.13	0.17	75.96
83	6428	2763	3665	0.28	0.12	0.16	75.39
84	5966	2612	3354	0.26	0.11	0.14	77.88
85-89岁	**20170**	**8076**	**12094**	**0.87**	**0.35**	**0.52**	**66.78**
85	5298	2161	3137	0.23	0.09	0.14	68.89
86	4528	1833	2695	0.20	0.08	0.12	68.01
87	4204	1687	2517	0.18	0.07	0.11	67.02
88	3294	1298	1996	0.14	0.06	0.09	65.03
89	2846	1097	1749	0.12	0.05	0.08	62.72
90-94岁	**8446**	**2950**	**5496**	**0.36**	**0.13**	**0.24**	**53.68**
90	2625	1013	1612	0.11	0.04	0.07	62.84
91	1782	611	1171	0.08	0.03	0.05	52.18
92	1558	527	1031	0.07	0.02	0.04	51.12
93	1369	451	918	0.06	0.02	0.04	49.13
94	1112	348	764	0.05	0.02	0.03	45.55
95-99岁	**2923**	**915**	**2008**	**0.13**	**0.04**	**0.09**	**45.57**
95	869	288	581	0.04	0.01	0.03	49.57
96	676	199	477	0.03	0.01	0.02	41.72
97	559	184	375	0.02	0.01	0.02	49.07
98	393	118	275	0.02	0.01	0.01	42.91
99	426	126	300	0.02	0.01	0.01	42.00
100岁及以上	**879**	**215**	**664**	**0.04**	**0.01**	**0.03**	**32.38**

3-1c 全省分年龄、性别的人口(乡村)

单位：人、%

年 龄	人口数			占总人口比重			性别比
	合计	男	女	合计	男	女	(女=100)
总 计	**4005251**	**2155432**	**1849819**	**100.00**	**53.82**	**46.18**	**116.52**
0-4岁	**242795**	**130663**	**112132**	**6.06**	**3.26**	**2.80**	**116.53**
0	43207	23542	19665	1.08	0.59	0.49	119.72
1	47569	25716	21853	1.19	0.64	0.55	117.68
2	48614	26122	22492	1.21	0.65	0.56	116.14
3	51830	27652	24178	1.29	0.69	0.60	114.37
4	51575	27631	23944	1.29	0.69	0.60	115.40
5-9岁	**289086**	**155946**	**133140**	**7.22**	**3.89**	**3.32**	**117.13**
5	53510	28851	24659	1.34	0.72	0.62	117.00
6	56295	30266	26029	1.41	0.76	0.65	116.28
7	57945	31247	26698	1.45	0.78	0.67	117.04
8	62652	33901	28751	1.56	0.85	0.72	117.91
9	58684	31681	27003	1.47	0.79	0.67	117.32
10-14岁	**289423**	**156529**	**132894**	**7.23**	**3.91**	**3.32**	**117.78**
10	57327	30918	26409	1.43	0.77	0.66	117.07
11	59087	32081	27006	1.48	0.80	0.67	118.79
12	59457	32030	27427	1.48	0.80	0.68	116.78
13	57350	30978	26372	1.43	0.77	0.66	117.47
14	56202	30522	25680	1.40	0.76	0.64	118.86
15-19岁	**191475**	**109465**	**82010**	**4.78**	**2.73**	**2.05**	**133.48**
15	47627	26292	21335	1.19	0.66	0.53	123.23
16	34779	20015	14764	0.87	0.50	0.37	135.57
17	31063	18241	12822	0.78	0.46	0.32	142.26
18	37068	21419	15649	0.93	0.53	0.39	136.87
19	40938	23498	17440	1.02	0.59	0.44	134.74
20-24岁	**220042**	**127539**	**92503**	**5.49**	**3.18**	**2.31**	**137.88**
20	40941	23756	17185	1.02	0.59	0.43	138.24
21	39480	23178	16302	0.99	0.58	0.41	142.18
22	42219	24740	17479	1.05	0.62	0.44	141.54
23	45383	26205	19178	1.13	0.65	0.48	136.64
24	52019	29660	22359	1.30	0.74	0.56	132.65
25-29岁	**300900**	**170783**	**130117**	**7.51**	**4.26**	**3.25**	**131.25**
25	56995	32328	24667	1.42	0.81	0.62	131.06
26	56616	31952	24664	1.41	0.80	0.62	129.55
27	61464	34992	26472	1.53	0.87	0.66	132.18
28	63597	36223	27374	1.59	0.90	0.68	132.33
29	62228	35288	26940	1.55	0.88	0.67	130.99

3-1c　续表 1　　　　　　　　　　　　　　　　　　　　　　　　　　单位：人、%

年　龄	人　口　数			占总人口比重			性别比
	合计	男	女	合计	男	女	(女=100)
30–34岁	**323206**	**182578**	**140628**	**8.07**	**4.56**	**3.51**	**129.83**
30	70316	39565	30751	1.76	0.99	0.77	128.66
31	65474	37031	28443	1.63	0.92	0.71	130.19
32	62091	35259	26832	1.55	0.88	0.67	131.41
33	63882	36160	27722	1.59	0.90	0.69	130.44
34	61443	34563	26880	1.53	0.86	0.67	128.58
35–39岁	**315281**	**177115**	**138166**	**7.87**	**4.42**	**3.45**	**128.19**
35	59918	33622	26296	1.50	0.84	0.66	127.86
36	65364	36616	28748	1.63	0.91	0.72	127.37
37	64316	36135	28181	1.61	0.90	0.70	128.22
38	66001	37204	28797	1.65	0.93	0.72	129.19
39	59682	33538	26144	1.49	0.84	0.65	128.28
40–44岁	**267499**	**148382**	**119117**	**6.68**	**3.70**	**2.97**	**124.57**
40	60448	33647	26801	1.51	0.84	0.67	125.54
41	56521	31750	24771	1.41	0.79	0.62	128.17
42	53407	29691	23716	1.33	0.74	0.59	125.19
43	46217	25572	20645	1.15	0.64	0.52	123.87
44	50906	27722	23184	1.27	0.69	0.58	119.57
45–49岁	**282421**	**152857**	**129564**	**7.05**	**3.82**	**3.23**	**117.98**
45	51245	27733	23512	1.28	0.69	0.59	117.95
46	55779	30232	25547	1.39	0.75	0.64	118.34
47	58807	31984	26823	1.47	0.80	0.67	119.24
48	60363	32494	27869	1.51	0.81	0.70	116.60
49	56227	30414	25813	1.40	0.76	0.64	117.82
50–54岁	**309317**	**164368**	**144949**	**7.72**	**4.10**	**3.62**	**113.40**
50	65423	34848	30575	1.63	0.87	0.76	113.98
51	61148	32688	28460	1.53	0.82	0.71	114.86
52	66604	35075	31529	1.66	0.88	0.79	111.25
53	56144	29724	26420	1.40	0.74	0.66	112.51
54	59998	32033	27965	1.50	0.80	0.70	114.55
55–59岁	**286659**	**151468**	**135191**	**7.16**	**3.78**	**3.38**	**112.04**
55	61757	32430	29327	1.54	0.81	0.73	110.58
56	62248	32457	29791	1.55	0.81	0.74	108.95
57	65059	34697	30362	1.62	0.87	0.76	114.28
58	62080	33104	28976	1.55	0.83	0.72	114.25
59	35515	18780	16735	0.89	0.47	0.42	112.22
60–64岁	**187153**	**96791**	**90362**	**4.67**	**2.42**	**2.26**	**107.11**
60	33966	17315	16651	0.85	0.43	0.42	103.99
61	33867	17842	16025	0.85	0.45	0.40	111.34
62	41719	21865	19854	1.04	0.55	0.50	110.13
63	40662	21136	19526	1.02	0.53	0.49	108.25
64	36939	18633	18306	0.92	0.47	0.46	101.79

3-1c 续表 2

单位：人、%

年　龄	人　口　数			占总人口比重			性别比
	合计	男	女	合计	男	女	(女=100)
65—69岁	**169181**	**84861**	**84320**	**4.22**	**2.12**	**2.11**	**100.64**
65	38766	19792	18974	0.97	0.49	0.47	104.31
66	37096	18452	18644	0.93	0.46	0.47	98.97
67	33389	16567	16822	0.83	0.41	0.42	98.48
68	32396	16277	16119	0.81	0.41	0.40	100.98
69	27534	13773	13761	0.69	0.34	0.34	100.09
70—74岁	**117734**	**58707**	**59027**	**2.94**	**1.47**	**1.47**	**99.46**
70	30900	15647	15253	0.77	0.39	0.38	102.58
71	26177	13435	12742	0.65	0.34	0.32	105.44
72	22510	11137	11373	0.56	0.28	0.28	97.92
73	20184	9822	10362	0.50	0.25	0.26	94.79
74	17963	8666	9297	0.45	0.22	0.23	93.21
75—79岁	**76400**	**34528**	**41872**	**1.91**	**0.86**	**1.05**	**82.46**
75	16908	8039	8869	0.42	0.20	0.22	90.64
76	15531	7323	8208	0.39	0.18	0.20	89.22
77	15487	7063	8424	0.39	0.18	0.21	83.84
78	14812	6444	8368	0.37	0.16	0.21	77.01
79	13662	5659	8003	0.34	0.14	0.20	70.71
80—84岁	**68286**	**28146**	**40140**	**1.70**	**0.70**	**1.00**	**70.12**
80	14965	6175	8790	0.37	0.15	0.22	70.25
81	13433	5526	7907	0.34	0.14	0.20	69.89
82	14256	5753	8503	0.36	0.14	0.21	67.66
83	13041	5506	7535	0.33	0.14	0.19	73.07
84	12591	5186	7405	0.31	0.13	0.18	70.03
85—89岁	**43374**	**16567**	**26807**	**1.08**	**0.41**	**0.67**	**61.80**
85	11405	4423	6982	0.28	0.11	0.17	63.35
86	9750	3743	6007	0.24	0.09	0.15	62.31
87	8645	3438	5207	0.22	0.09	0.13	66.03
88	7420	2699	4721	0.19	0.07	0.12	57.17
89	6154	2264	3890	0.15	0.06	0.10	58.20
90—94岁	**18285**	**6255**	**12030**	**0.46**	**0.16**	**0.30**	**52.00**
90	5798	2089	3709	0.14	0.05	0.09	56.32
91	3970	1369	2601	0.10	0.03	0.06	52.63
92	3483	1149	2334	0.09	0.03	0.06	49.23
93	2932	981	1951	0.07	0.02	0.05	50.28
94	2102	667	1435	0.05	0.02	0.04	46.48
95—99岁	**5390**	**1592**	**3798**	**0.13**	**0.04**	**0.09**	**41.92**
95	1706	509	1197	0.04	0.01	0.03	42.52
96	1243	389	854	0.03	0.01	0.02	45.55
97	997	291	706	0.02	0.01	0.02	41.22
98	732	216	516	0.02	0.01	0.01	41.86
99	712	187	525	0.02		0.01	35.62
100岁及以上	**1344**	**292**	**1052**	**0.03**	**0.01**	**0.03**	**27.76**

3-2 各地区人口年龄构成(一)

单位：人、%

地区	人口数				比重			
	合计	0-14岁	15-64岁	65岁及以上	合计	0-14岁	15-64岁	65岁及以上
全省	**10081232**	**2013725**	**7016007**	**1051500**	**100.00**	**19.97**	**69.59**	**10.43**
海口市	**2873358**	**528529**	**2094724**	**250105**	**100.00**	**18.39**	**72.90**	**8.70**
秀英区	567108	113572	409362	44174	100.00	20.03	72.18	7.79
龙华区	797684	144300	588042	65342	100.00	18.09	73.72	8.19
琼山区	655553	126971	468453	60129	100.00	19.37	71.46	9.17
美兰区	853013	143686	628867	80460	100.00	16.84	73.72	9.43
三亚市	**1031396**	**182226**	**777509**	**71661**	**100.00**	**17.67**	**75.38**	**6.95**
海棠区	113481	20985	83979	8517	100.00	18.49	74.00	7.51
吉阳区	447322	74070	348222	25030	100.00	16.56	77.85	5.60
天涯区	353698	64670	261959	27069	100.00	18.28	74.06	7.65
崖州区	116895	22501	83349	11045	100.00	19.25	71.30	9.45
三沙市	**2333**	**210**	**2036**	**87**	**100.00**	**9.00**	**87.27**	**3.73**
儋州市	**954259**	**225095**	**640689**	**88475**	**100.00**	**23.59**	**67.14**	**9.27**
五指山市	112269	20114	81299	10856	100.00	17.92	72.41	9.67
琼海市	528238	99570	354199	74469	100.00	18.85	67.05	14.10
文昌市	560894	101223	365625	94046	100.00	18.05	65.19	16.77
万宁市	545992	111946	363221	70825	100.00	20.50	66.52	12.97
东方市	444458	95649	305308	43501	100.00	21.52	68.69	9.79
定安县	284690	63033	181137	40520	100.00	22.14	63.63	14.23
屯昌县	255335	59454	165327	30554	100.00	23.28	64.75	11.97
澄迈县	497953	109457	324898	63598	100.00	21.98	65.25	12.77
临高县	420594	95735	274329	50530	100.00	22.76	65.22	12.01
白沙黎族自治县	164699	34913	113805	15981	100.00	21.20	69.10	9.70
昌江黎族自治县	232124	47851	159960	24313	100.00	20.61	68.91	10.47
乐东黎族自治县	464435	89735	324526	50174	100.00	19.32	69.88	10.80
陵水黎族自治县	372511	80630	254348	37533	100.00	21.64	68.28	10.08
保亭黎族苗族自治县	156108	31031	109339	15738	100.00	19.88	70.04	10.08
琼中黎族苗族自治县	179586	37324	123728	18534	100.00	20.78	68.90	10.32

3-2a 各地区人口年龄构成(一)(城市)

单位：人、%

地区	人口数				比重			
	合计	0-14岁	15-64岁	65岁及以上	合计	0-14岁	15-64岁	65岁及以上
全省	**3761478**	**708678**	**2756504**	**296296**	**100.00**	**18.84**	**73.28**	**7.88**
海口市	**2089572**	**388138**	**1545908**	**155526**	**100.00**	**18.58**	**73.98**	**7.44**
秀英区	364832	71976	270770	22086	100.00	19.73	74.22	6.05
龙华区	700274	124703	524726	50845	100.00	17.81	74.93	7.26
琼山区	439671	87589	322673	29409	100.00	19.92	73.39	6.69
美兰区	584795	103870	427739	53186	100.00	17.76	73.14	9.09
三亚市	**696578**	**120076**	**528576**	**47926**	**100.00**	**17.24**	**75.88**	**6.88**
海棠区	50201	9163	36445	4593	100.00	18.25	72.60	9.15
吉阳区	360745	60947	278929	20869	100.00	16.89	77.32	5.78
天涯区	233310	40358	175840	17112	100.00	17.30	75.37	7.33
崖州区	52322	9608	37362	5352	100.00	18.36	71.41	10.23
三沙市								
儋州市	**278672**	**65345**	**192996**	**20331**	**100.00**	**23.45**	**69.26**	**7.30**
五指山市	51050	8209	37712	5129	100.00	16.08	73.87	10.05
琼海市	178091	33701	126849	17541	100.00	18.92	71.23	9.85
文昌市	163550	29520	114502	19528	100.00	18.05	70.01	11.94
万宁市	112075	22573	76992	12510	100.00	20.14	68.70	11.16
东方市	191890	41116	132969	17805	100.00	21.43	69.29	9.28
定安县								
屯昌县								
澄迈县								
临高县								
白沙黎族自治县								
昌江黎族自治县								
乐东黎族自治县								
陵水黎族自治县								
保亭黎族苗族自治县								
琼中黎族苗族自治县								

3-2b　各地区人口年龄构成(一)(镇)

单位：人、%

地　　区	人　口　数				比　　重			
	合计	0-14岁	15-64岁	65岁及以上	合计	0-14岁	15-64岁	65岁及以上
全省	**2314503**	**483743**	**1575550**	**255210**	**100.00**	**20.90**	**68.07**	**11.03**
海口市	**259667**	**46111**	**187516**	**26040**	**100.00**	**17.76**	**72.21**	**10.03**
秀英区	81021	18177	54975	7869	100.00	22.43	67.85	9.71
龙华区	22097	4647	14323	3127	100.00	21.03	64.82	14.15
琼山区	37076	6648	25345	5083	100.00	17.93	68.36	13.71
美兰区	119473	16639	92873	9961	100.00	13.93	77.74	8.34
三亚市	**28276**	**5236**	**21044**	**1996**	**100.00**	**18.52**	**74.42**	**7.06**
海棠区	9386	1577	7248	561	100.00	16.80	77.22	5.98
吉阳区	7959	1512	6066	381	100.00	19.00	76.22	4.79
天涯区	9552	1912	6748	892	100.00	20.02	70.64	9.34
崖州区	1379	235	982	162	100.00	17.04	71.21	11.75
三沙市	**2333**	**210**	**2036**	**87**	**100.00**	**9.00**	**87.27**	**3.73**
儋州市	**237371**	**53642**	**162525**	**21204**	**100.00**	**22.60**	**68.47**	**8.93**
五指山市	16595	2973	11971	1651	100.00	17.92	72.14	9.95
琼海市	84433	16609	55929	11895	100.00	19.67	66.24	14.09
文昌市	178312	34155	113609	30548	100.00	19.15	63.71	17.13
万宁市	113533	24585	75082	13866	100.00	21.65	66.13	12.21
东方市	66046	14905	44441	6700	100.00	22.57	67.29	10.14
定安县	115856	24805	76858	14193	100.00	21.41	66.34	12.25
屯昌县	114523	27471	76266	10786	100.00	23.99	66.59	9.42
澄迈县	300915	65159	201203	34553	100.00	21.65	66.86	11.48
临高县	210779	49009	138997	22773	100.00	23.25	65.94	10.80
白沙黎族自治县	32680	7122	23229	2329	100.00	21.79	71.08	7.13
昌江黎族自治县	140954	30049	97135	13770	100.00	21.32	68.91	9.77
乐东黎族自治县	145063	27347	102276	15440	100.00	18.85	70.50	10.64
陵水黎族自治县	158159	33680	108078	16401	100.00	21.30	68.34	10.37
保亭黎族苗族自治县	54223	10197	38528	5498	100.00	18.81	71.05	10.14
琼中黎族苗族自治县	54785	10478	38827	5480	100.00	19.13	70.87	10.00

3-2c 各地区人口年龄构成(一)(乡村)

单位：人、%

地 区	人 口 数				比 重			
	合计	0-14岁	15-64岁	65岁及以上	合计	0-14岁	15-64岁	65岁及以上
全省	**4005251**	**821304**	**2683953**	**499994**	**100.00**	**20.51**	**67.01**	**12.48**
海口市	**524119**	**94280**	**361300**	**68539**	**100.00**	**17.99**	**68.93**	**13.08**
秀英区	121255	23419	83617	14219	100.00	19.31	68.96	11.73
龙华区	75313	14950	48993	11370	100.00	19.85	65.05	15.10
琼山区	178806	32734	120435	25637	100.00	18.31	67.36	14.34
美兰区	148745	23177	108255	17313	100.00	15.58	72.78	11.64
三亚市	**306542**	**56914**	**227889**	**21739**	**100.00**	**18.57**	**74.34**	**7.09**
海棠区	53894	10245	40286	3363	100.00	19.01	74.75	6.24
吉阳区	78618	11611	63227	3780	100.00	14.77	80.42	4.81
天涯区	110836	22400	79371	9065	100.00	20.21	71.61	8.18
崖州区	63194	12658	45005	5531	100.00	20.03	71.22	8.75
三沙市								
儋州市	**438216**	**106108**	**285168**	**46940**	**100.00**	**24.21**	**65.07**	**10.71**
五指山市	44624	8932	31616	4076	100.00	20.02	70.85	9.13
琼海市	265714	49260	171421	45033	100.00	18.54	64.51	16.95
文昌市	219032	37548	137514	43970	100.00	17.14	62.78	20.07
万宁市	320384	64788	211147	44449	100.00	20.22	65.90	13.87
东方市	186522	39628	127898	18996	100.00	21.25	68.57	10.18
定安县	168834	38228	104279	26327	100.00	22.64	61.76	15.59
屯昌县	140812	31983	89061	19768	100.00	22.71	63.25	14.04
澄迈县	197038	44298	123695	29045	100.00	22.48	62.78	14.74
临高县	209815	46726	135332	27757	100.00	22.27	64.50	13.23
白沙黎族自治县	132019	27791	90576	13652	100.00	21.05	68.61	10.34
昌江黎族自治县	91170	17802	62825	10543	100.00	19.53	68.91	11.56
乐东黎族自治县	319372	62388	222250	34734	100.00	19.53	69.59	10.88
陵水黎族自治县	214352	46950	146270	21132	100.00	21.90	68.24	9.86
保亭黎族苗族自治县	101885	20834	70811	10240	100.00	20.45	69.50	10.05
琼中黎族苗族自治县	124801	26846	84901	13054	100.00	21.51	68.03	10.46

3-3　各地区人口年龄构成(二)

单位：人、%

地　　区	人　口　数				比　　重			
	合计	0-15岁	16-59岁	60岁及以上	合计	0-15岁	16-59岁	60岁及以上
全省	**10081232**	**2137688**	**6466945**	**1476599**	**100.00**	**21.20**	**64.15**	**14.65**
海口市	**2873358**	**561148**	**1955318**	**356892**	**100.00**	**19.53**	**68.05**	**12.42**
秀英区	567108	119880	383031	64197	100.00	21.14	67.54	11.32
龙华区	797684	153356	550686	93642	100.00	19.23	69.04	11.74
琼山区	655553	135608	434787	85158	100.00	20.69	66.32	12.99
美兰区	853013	152304	586814	113895	100.00	17.85	68.79	13.35
三亚市	**1031396**	**191469**	**732493**	**107434**	**100.00**	**18.56**	**71.02**	**10.42**
海棠区	113481	21898	78762	12821	100.00	19.30	69.41	11.30
吉阳区	447322	78195	330320	38807	100.00	17.48	73.84	8.68
天涯区	353698	67773	246126	39799	100.00	19.16	69.59	11.25
崖州区	116895	23603	77285	16007	100.00	20.19	66.11	13.69
三沙市	**2333**	**220**	**1941**	**172**	**100.00**	**9.43**	**83.20**	**7.37**
儋州市	**954259**	**238999**	**589743**	**125517**	**100.00**	**25.05**	**61.80**	**13.15**
五指山市	112269	22668	73663	15938	100.00	20.19	65.61	14.20
琼海市	528238	106370	320557	101311	100.00	20.14	60.68	19.18
文昌市	560894	107446	329731	123717	100.00	19.16	58.79	22.06
万宁市	545992	118595	328382	99015	100.00	21.72	60.14	18.13
东方市	444458	101784	282253	60421	100.00	22.90	63.50	13.59
定安县	284690	67039	161731	55920	100.00	23.55	56.81	19.64
屯昌县	255335	62888	148328	44119	100.00	24.63	58.09	17.28
澄迈县	497953	115700	295392	86861	100.00	23.24	59.32	17.44
临高县	420594	102103	249103	69388	100.00	24.28	59.23	16.50
白沙黎族自治县	164699	37274	104645	22780	100.00	22.63	63.54	13.83
昌江黎族自治县	232124	50789	148592	32743	100.00	21.88	64.01	14.11
乐东黎族自治县	464435	95636	300114	68685	100.00	20.59	64.62	14.79
陵水黎族自治县	372511	85013	232059	55439	100.00	22.82	62.30	14.88
保亭黎族苗族自治县	156108	32774	100293	23041	100.00	20.99	64.25	14.76
琼中黎族苗族自治县	179586	39773	112607	27206	100.00	22.15	62.70	15.15

3-3a 各地区人口年龄构成(二)(城市)

单位：人、%

地区	人口数				比重			
	合计	0-15岁	16-59岁	60岁及以上	合计	0-15岁	16-59岁	60岁及以上
全省	**3761478**	**753816**	**2575074**	**432588**	**100.00**	**20.04**	**68.46**	**11.50**
海口市	**2089572**	**410804**	**1450171**	**228597**	**100.00**	**19.66**	**69.40**	**10.94**
秀英区	364832	76567	254676	33589	100.00	20.99	69.81	9.21
龙华区	700274	132619	493525	74130	100.00	18.94	70.48	10.59
琼山区	439671	93196	303147	43328	100.00	21.20	68.95	9.85
美兰区	584795	108422	398823	77550	100.00	18.54	68.20	13.26
三亚市	**696578**	**126562**	**497815**	**72201**	**100.00**	**18.17**	**71.47**	**10.37**
海棠区	50201	9554	33829	6818	100.00	19.03	67.39	13.58
吉阳区	360745	64627	263814	32304	100.00	17.91	73.13	8.95
天涯区	233310	42361	165581	25368	100.00	18.16	70.97	10.87
崖州区	52322	10020	34591	7711	100.00	19.15	66.11	14.74
三沙市								
儋州市	**278672**	**69805**	**179219**	**29648**	**100.00**	**25.05**	**64.31**	**10.64**
五指山市	51050	9523	33987	7540	100.00	18.65	66.58	14.77
琼海市	178091	36387	116967	24737	100.00	20.43	65.68	13.89
文昌市	163550	32165	104555	26830	100.00	19.67	63.93	16.40
万宁市	112075	24383	69969	17723	100.00	21.76	62.43	15.81
东方市	191890	44187	122391	25312	100.00	23.03	63.78	13.19
定安县								
屯昌县								
澄迈县								
临高县								
白沙黎族自治县								
昌江黎族自治县								
乐东黎族自治县								
陵水黎族自治县								
保亭黎族苗族自治县								
琼中黎族苗族自治县								

3–3b　各地区人口年龄构成(二)(镇)

单位：人、%

地　区	人　口　数				比　重			
	合计	0–15岁	16–59岁	60岁及以上	合计	0–15岁	16–59岁	60岁及以上
全省	**2314503**	**514941**	**1442698**	**356864**	**100.00**	**22.25**	**62.33**	**15.42**
海口市	**259667**	**49729**	**174027**	**35911**	**100.00**	**19.15**	**67.02**	**13.83**
秀英区	81021	18688	51231	11102	100.00	23.07	63.23	13.70
龙华区	22097	4881	13056	4160	100.00	22.09	59.08	18.83
琼山区	37076	6908	23091	7077	100.00	18.63	62.28	19.09
美兰区	119473	19252	86649	13572	100.00	16.11	72.53	11.36
三亚市	**28276**	**5419**	**19914**	**2943**	**100.00**	**19.16**	**70.43**	**10.41**
海棠区	9386	1623	6916	847	100.00	17.29	73.68	9.02
吉阳区	7959	1551	5821	587	100.00	19.49	73.14	7.38
天涯区	9552	1996	6286	1270	100.00	20.90	65.81	13.30
崖州区	1379	249	891	239	100.00	18.06	64.61	17.33
三沙市	**2333**	**220**	**1941**	**172**	**100.00**	**9.43**	**83.20**	**7.37**
儋州市	**237371**	**56690**	**150722**	**29959**	**100.00**	**23.88**	**63.50**	**12.62**
五指山市	16595	3506	10660	2429	100.00	21.13	64.24	14.64
琼海市	84433	17706	50516	16211	100.00	20.97	59.83	19.20
文昌市	178312	35769	102540	40003	100.00	20.06	57.51	22.43
万宁市	113533	26069	67865	19599	100.00	22.96	59.78	17.26
东方市	66046	15682	41297	9067	100.00	23.74	62.53	13.73
定安县	115856	26694	69090	20072	100.00	23.04	59.63	17.32
屯昌县	114523	29111	68988	16424	100.00	25.42	60.24	14.34
澄迈县	300915	69266	183488	48161	100.00	23.02	60.98	16.00
临高县	210779	52336	126423	32020	100.00	24.83	59.98	15.19
白沙黎族自治县	32680	7809	21307	3564	100.00	23.90	65.20	10.91
昌江黎族自治县	140954	32208	89801	18945	100.00	22.85	63.71	13.44
乐东黎族自治县	145063	29018	94830	21215	100.00	20.00	65.37	14.62
陵水黎族自治县	158159	35375	98669	24115	100.00	22.37	62.39	15.25
保亭黎族苗族自治县	54223	10878	35371	7974	100.00	20.06	65.23	14.71
琼中黎族苗族自治县	54785	11456	35249	8080	100.00	20.91	64.34	14.75

3-3c 各地区人口年龄构成(二)(乡村)

单位：人、%

地区	人口数				比重			
	合计	0-15岁	16-59岁	60岁及以上	合计	0-15岁	16-59岁	60岁及以上
全省	**4005251**	**868931**	**2449173**	**687147**	**100.00**	**21.69**	**61.15**	**17.16**
海口市	**524119**	**100615**	**331120**	**92384**	**100.00**	**19.20**	**63.18**	**17.63**
秀英区	121255	24625	77124	19506	100.00	20.31	63.60	16.09
龙华区	75313	15856	44105	15352	100.00	21.05	58.56	20.38
琼山区	178806	35504	108549	34753	100.00	19.86	60.71	19.44
美兰区	148745	24630	101342	22773	100.00	16.56	68.13	15.31
三亚市	**306542**	**59488**	**214764**	**32290**	**100.00**	**19.41**	**70.06**	**10.53**
海棠区	53894	10721	38017	5156	100.00	19.89	70.54	9.57
吉阳区	78618	12017	60685	5916	100.00	15.29	77.19	7.52
天涯区	110836	23416	74259	13161	100.00	21.13	67.00	11.87
崖州区	63194	13334	41803	8057	100.00	21.10	66.15	12.75
三沙市								
儋州市	**438216**	**112504**	**259802**	**65910**	**100.00**	**25.67**	**59.29**	**15.04**
五指山市	44624	9639	29016	5969	100.00	21.60	65.02	13.38
琼海市	265714	52277	153074	60363	100.00	19.67	57.61	22.72
文昌市	219032	39512	122636	56884	100.00	18.04	55.99	25.97
万宁市	320384	68143	190548	61693	100.00	21.27	59.47	19.26
东方市	186522	41915	118565	26042	100.00	22.47	63.57	13.96
定安县	168834	40345	92641	35848	100.00	23.90	54.87	21.23
屯昌县	140812	33777	79340	27695	100.00	23.99	56.34	19.67
澄迈县	197038	46434	111904	38700	100.00	23.57	56.79	19.64
临高县	209815	49767	122680	37368	100.00	23.72	58.47	17.81
白沙黎族自治县	132019	29465	83338	19216	100.00	22.32	63.13	14.56
昌江黎族自治县	91170	18581	58791	13798	100.00	20.38	64.49	15.13
乐东黎族自治县	319372	66618	205284	47470	100.00	20.86	64.28	14.86
陵水黎族自治县	214352	49638	133390	31324	100.00	23.16	62.23	14.61
保亭黎族苗族自治县	101885	21896	64922	15067	100.00	21.49	63.72	14.79
琼中黎族苗族自治县	124801	28317	77358	19126	100.00	22.69	61.99	15.33

第一部分　全部数据资料

第四卷　教育

4-1　全省分年龄、性别、受教育程度的3岁及以上人口

单位：人

年龄	3岁及以上人口			未上过学		
	合计	男	女	小计	男	女
总　计	**9729218**	**5152846**	**4576372**	**304077**	**82475**	**221602**
3	140455	76034	64421	35418	19208	16210
4	136582	73843	62739	10592	5576	5016
5-9岁	**717973**	**392089**	**325884**	**7942**	**4213**	**3729**
5	136030	74110	61920	4668	2441	2227
6	142590	77424	65166	1605	869	736
7	144015	78560	65455	599	312	287
8	153923	84123	69800	581	310	271
9	141415	77872	63543	489	281	208
10-14岁	**666701**	**366361**	**300340**	**2693**	**1500**	**1193**
10	136165	74905	61260	501	288	213
11	137992	76249	61743	626	345	281
12	137493	75303	62190	650	327	323
13	129196	70675	58521	508	310	198
14	125855	69229	56626	408	230	178
15-19岁	**550785**	**306260**	**244525**	**1441**	**892**	**549**
15	123963	67849	56114	317	181	136
16	114417	63234	51183	285	171	114
17	103648	58623	45025	277	175	102
18	102605	57601	45004	272	179	93
19	106152	58953	47199	290	186	104
20-24岁	**596003**	**332069**	**263934**	**1619**	**953**	**666**
20	109045	60628	48417	309	180	129
21	106223	59638	46585	314	179	135
22	116244	65500	50744	311	183	128
23	123828	69037	54791	314	195	119
24	140663	77266	63397	371	216	155
25-29岁	**824566**	**446327**	**378239**	**2148**	**1177**	**971**
25	154500	84295	70205	383	207	176
26	153968	83472	70496	403	237	166
27	166721	90338	76383	402	232	170
28	173774	93980	79794	467	250	217
29	175603	94242	81361	493	251	242
30-34岁	**922158**	**494216**	**427942**	**3065**	**1426**	**1639**
30	199406	106623	92783	570	286	284
31	188070	100992	87078	610	294	316
32	177100	95053	82047	543	256	287
33	183731	98596	85135	652	296	356
34	173851	92952	80899	690	294	396
35-39岁	**851057**	**454656**	**396401**	**4705**	**1823**	**2882**
35	165395	88360	77035	732	289	443
36	175259	93467	81792	837	329	508
37	172531	92385	80146	982	383	599
38	178929	95390	83539	1071	424	647
39	158943	85054	73889	1083	398	685
40-44岁	**703273**	**374755**	**328518**	**7851**	**2494**	**5357**
40	156618	83059	73559	1364	486	878
41	151718	81491	70227	1499	464	1035
42	140448	74886	65562	1551	514	1037
43	121681	65037	56644	1554	502	1052
44	132808	70282	62526	1883	528	1355

4–1 续表 1

单位：人

年　龄	3岁及以上人口			未上过学		
	合计	男	女	小计	男	女
45–49岁	**738400**	**392037**	**346363**	**12330**	**3234**	**9096**
45	133330	70220	63110	1986	538	1448
46	146764	78042	68722	2334	638	1696
47	154946	82089	72857	2425	627	1798
48	156452	82918	73534	2812	726	2086
49	146908	78768	68140	2773	705	2068
50–54岁	**746262**	**393118**	**353144**	**17719**	**4106**	**13613**
50	162928	85690	77238	3329	838	2491
51	151333	79988	71345	3365	806	2559
52	161214	84710	76504	3763	851	2912
53	131008	68782	62226	3540	793	2747
54	139779	73948	65831	3722	818	2904
55–59岁	**658404**	**342351**	**316053**	**19719**	**3946**	**15773**
55	143185	74597	68588	4071	859	3212
56	143879	74488	69391	4146	837	3309
57	151873	79278	72595	4210	850	3360
58	140720	73319	67401	4357	873	3484
59	78747	40669	38078	2935	527	2408
60–64岁	**425099**	**216993**	**208106**	**20776**	**3574**	**17202**
60	75627	38109	37518	2860	458	2402
61	76811	39886	36925	3325	573	2752
62	94482	48988	45494	4557	872	3685
63	93713	47961	45752	4848	844	4004
64	84466	42049	42417	5186	827	4359
65–69岁	**376451**	**186885**	**189566**	**27365**	**4774**	**22591**
65	87664	44145	43519	5513	960	4553
66	84000	41394	42606	5702	991	4711
67	73376	36104	37272	5521	962	4559
68	70963	35113	35850	5576	964	4612
69	60448	30129	30319	5053	897	4156
70–74岁	**249109**	**124563**	**124546**	**26680**	**5061**	**21619**
70	65752	33257	32495	5961	1121	4840
71	55927	28466	27461	5667	1121	4546
72	47840	23718	24122	5272	982	4290
73	42084	20741	21343	5056	933	4123
74	37506	18381	19125	4724	904	3820
75–79岁	**157925**	**72360**	**85565**	**26029**	**4903**	**21126**
75	34284	16603	17681	5033	962	4071
76	32369	15447	16922	4907	955	3952
77	32053	14544	17509	5401	1029	4372
78	30783	13595	17188	5458	1033	4425
79	28436	12171	16265	5230	924	4306
80–84岁	**138306**	**59265**	**79041**	**31753**	**5867**	**25886**
80	31117	13240	17877	6295	1135	5160
81	27187	11619	15568	6099	1138	4961
82	28873	12374	16499	6625	1203	5422
83	26163	11350	14813	6428	1197	5231
84	24966	10682	14284	6306	1194	5112
85岁及以上	**129709**	**48664**	**81045**	**44232**	**7748**	**36484**

4-1　续表 2　　　　单位：人

年　龄	学前教育			小　学		
	小计	男	女	小计	男	女
总　计	**417084**	**225445**	**191639**	**1986102**	**943931**	**1042171**
3	105037	56826	48211			
4	125990	68267	57723			
5–9岁	**170674**	**93100**	**77574**	**528036**	**288287**	**239749**
5	113918	62024	51894	17444	9645	7799
6	43468	23854	19614	95347	51471	43876
7	6819	3739	3080	134123	73126	60997
8	3884	2085	1799	146262	79893	66369
9	2585	1398	1187	134860	74152	60708
10–14岁	**7551**	**4071**	**3480**	**339538**	**188142**	**151396**
10	1922	1059	863	128319	70501	57818
11	1527	849	678	122312	67694	54618
12	1274	670	604	62668	35394	27274
13	1334	688	646	18306	10164	8142
14	1494	805	689	7933	4389	3544
15–19岁	**1747**	**975**	**772**	**14807**	**8695**	**6112**
15	943	499	444	3637	2048	1589
16	377	210	167	2764	1600	1164
17	165	106	59	2688	1594	1094
18	153	91	62	2820	1666	1154
19	109	69	40	2898	1787	1111
20–24岁	**422**	**247**	**175**	**16421**	**10279**	**6142**
20	110	68	42	2591	1656	935
21	73	42	31	2594	1702	892
22	62	41	21	3111	1971	1140
23	81	46	35	3697	2263	1434
24	96	50	46	4428	2687	1741
25–29岁	**382**	**205**	**177**	**29563**	**16761**	**12802**
25	105	53	52	5002	3019	1983
26	76	49	27	5368	3170	2198
27	70	34	36	6072	3466	2606
28	57	30	27	6474	3572	2902
29	74	39	35	6647	3534	3113
30–34岁	**336**	**168**	**168**	**48202**	**23977**	**24225**
30	73	28	45	8354	4369	3985
31	63	41	22	8885	4434	4451
32	68	35	33	9300	4567	4733
33	68	36	32	10534	5203	5331
34	64	28	36	11129	5404	5725
35–39岁	**286**	**156**	**130**	**70205**	**34157**	**36048**
35	60	35	25	12022	5857	6165
36	53	31	22	13871	6796	7075
37	66	33	33	14322	7094	7228
38	67	39	28	15358	7394	7964
39	40	18	22	14632	7016	7616
40–44岁	**280**	**124**	**156**	**82428**	**38634**	**43794**
40	55	28	27	15935	7566	8369
41	59	19	40	16147	7756	8391
42	54	24	30	16505	7795	8710
43	45	24	21	15627	7188	8439
44	67	29	38	18214	8329	9885

4-1 续表 3

单位：人

年 龄	学前教育			小 学		
	小计	男	女	小计	男	女
45–49岁	**378**	**147**	**231**	**112091**	**49857**	**62234**
45	65	28	37	19157	8701	10456
46	57	22	35	21625	9845	11780
47	67	30	37	23373	10512	12861
48	118	41	77	24431	10443	13988
49	71	26	45	23505	10356	13149
50–54岁	**454**	**168**	**286**	**143304**	**60688**	**82616**
50	69	29	40	28206	12008	16198
51	76	28	48	28139	12110	16029
52	112	42	70	31318	13295	18023
53	97	34	63	26915	11306	15609
54	100	35	65	28726	11969	16757
55–59岁	**584**	**198**	**386**	**128099**	**49566**	**78533**
55	130	50	80	29008	11735	17273
56	126	33	93	28384	11238	17146
57	135	46	89	28260	10874	17386
58	130	49	81	26553	9976	16577
59	63	20	43	15894	5743	10151
60–64岁	**442**	**147**	**295**	**97634**	**34002**	**63632**
60	64	25	39	15906	5517	10389
61	66	20	46	16507	5766	10741
62	107	37	70	21405	7510	13895
63	106	32	74	22200	7801	14399
64	99	33	66	21616	7408	14208
65–69岁	**518**	**155**	**363**	**110136**	**38230**	**71906**
65	116	39	77	23097	7955	15142
66	115	24	91	23515	7890	15625
67	95	36	59	22052	7678	14374
68	103	27	76	21945	7655	14290
69	89	29	60	19527	7052	12475
70–74岁	**513**	**135**	**378**	**90188**	**34604**	**55584**
70	134	41	93	22424	8349	14075
71	96	24	72	19757	7662	12095
72	102	22	80	17520	6700	10820
73	84	20	64	15954	6216	9738
74	97	28	69	14533	5677	8856
75–79岁	**388**	**98**	**290**	**63027**	**24273**	**38754**
75	72	17	55	13431	5431	8000
76	65	19	46	12933	5093	7840
77	84	20	64	12870	4965	7905
78	87	23	64	12323	4607	7716
79	80	19	61	11470	4177	7293
80–84岁	**524**	**122**	**402**	**58298**	**22617**	**35681**
80	105	23	82	12735	4656	8079
81	114	28	86	11286	4279	7007
82	113	24	89	12243	4745	7498
83	112	26	86	11204	4537	6667
84	80	21	59	10830	4400	6430
85岁及以上	**578**	**136**	**442**	**54125**	**21162**	**32963**

4-1　续表 4　　　　　　单位：人

年龄	初中			高中			大学专科		
	小计	男	女	小计	男	女	小计	男	女
总　计	**4050000**	**2227745**	**1822255**	**1568761**	**911574**	**657187**	**736645**	**409354**	**327291**
3									
4									
5-9岁	**11311**	**6484**	**4827**	**10**	**5**	**5**			
5									
6	2170	1230	940						
7	2474	1383	1091						
8	3190	1833	1357	6	2	4			
9	3477	2038	1439	4	3	1			
10-14岁	**307238**	**167754**	**139484**	**9652**	**4876**	**4776**	**16**	**9**	**7**
10	5409	3049	2360	8	4	4	3	2	1
11	13506	7350	6156	19	10	9	1		1
12	72849	38891	33958	48	17	31	1	1	
13	106991	58351	48640	2053	1160	893	2	1	1
14	108483	60113	48370	7524	3685	3839	9	5	4
15-19岁	**171153**	**103471**	**67682**	**263982**	**145430**	**118552**	**49008**	**24493**	**24515**
15	63524	36567	26957	53700	27575	26125	1689	892	797
16	30933	18485	12448	77307	41373	35934	2394	1239	1155
17	24160	15005	9155	68771	38316	30455	4714	2265	2449
18	25355	16103	9252	40494	23827	16667	15422	7524	7898
19	27181	17311	9870	23710	14339	9371	24789	12573	12216
20-24岁	**208810**	**126950**	**81860**	**116363**	**68869**	**47494**	**117818**	**61916**	**55902**
20	30376	19356	11020	20275	12426	7849	25172	13148	12024
21	33615	21297	12318	19857	12097	7760	21325	11338	9987
22	41340	25468	15872	22720	13540	9180	22219	11783	10436
23	46786	27903	18883	25150	14733	10417	23268	12089	11179
24	56693	32926	23767	28361	16073	12288	25834	13558	12276
25-29岁	**371913**	**207429**	**164484**	**162946**	**91348**	**71598**	**133192**	**69689**	**63503**
25	64863	37005	27858	31475	17789	13686	27149	14060	13089
26	67506	38032	29474	30557	17131	13426	25886	13449	12437
27	75896	42376	33520	32857	18368	14489	26653	13968	12685
28	80933	44754	36179	33898	18989	14909	26845	14183	12662
29	82715	45262	37453	34159	19071	15088	26659	14029	12630
30-34岁	**458093**	**246542**	**211551**	**169803**	**95327**	**74476**	**124743**	**67394**	**57349**
30	95705	51774	43931	38274	21312	16962	29621	15676	13945
31	91787	49781	42006	35393	19874	15519	26483	14286	12197
32	87794	47267	40527	32725	18552	14173	23888	12867	11021
33	93278	50059	43219	33292	18688	14604	23353	12779	10574
34	89529	47661	41868	30119	16901	13218	21398	11786	9612
35-39岁	**469274**	**249719**	**219555**	**140372**	**77754**	**62618**	**83377**	**45754**	**37623**
35	87868	46644	41224	27871	15626	12245	18557	10229	8328
36	96341	50900	45441	28222	15659	12563	17963	9955	8008
37	95466	51211	44255	28024	15333	12691	16474	9000	7474
38	99556	53036	46520	29502	16205	13297	16671	9018	7653
39	90043	47928	42115	26753	14931	11822	13712	7552	6160
40-44岁	**390480**	**208386**	**182094**	**120954**	**67889**	**53065**	**55449**	**30439**	**25010**
40	88924	47124	41800	26356	14563	11793	12746	6884	5862
41	84578	45570	39008	26616	14916	11700	12384	6740	5644
42	77701	41363	36338	24318	13728	10590	11165	6129	5036
43	66917	36024	30893	20948	11855	9093	9225	5082	4143
44	72360	38305	34055	22716	12827	9889	9929	5604	4325

4-1 续表 5

单位：人

年龄	初中			高中			大学专科		
	小计	男	女	小计	男	女	小计	男	女
45-49岁	**396879**	**211997**	**184882**	**127297**	**73035**	**54262**	**52071**	**30080**	**21991**
45	72065	38049	34016	22861	12862	9999	9946	5592	4354
46	79181	42338	36843	25245	14325	10920	10653	6080	4573
47	83375	44310	39065	26723	15212	11511	11029	6353	4676
48	83662	44632	39030	27143	15856	11287	10818	6386	4432
49	78596	42668	35928	25325	14780	10545	9625	5669	3956
50-54岁	**398016**	**214474**	**183542**	**117931**	**69437**	**48494**	**40014**	**24738**	**15276**
50	87041	46448	40593	27119	15774	11345	10053	5973	4080
51	80272	43253	37019	24529	14319	10210	8686	5329	3357
52	85324	45652	39672	25581	15139	10442	8830	5451	3379
53	70371	38047	32324	19506	11573	7933	6076	3886	2190
54	75008	41074	33934	21196	12632	8564	6369	4099	2270
55-59岁	**336187**	**180993**	**155194**	**122516**	**73544**	**48972**	**31271**	**19942**	**11329**
55	75886	40824	35062	22715	13494	9221	6654	4243	2411
56	74478	39852	34626	24996	14807	10189	7041	4449	2592
57	77636	41927	35709	28964	17273	11691	7686	4820	2866
58	70535	37950	32585	28914	17558	11356	6439	4184	2255
59	37652	20440	17212	16927	10412	6515	3451	2246	1205
60-64岁	**185870**	**101630**	**84240**	**93558**	**59253**	**34305**	**17668**	**11947**	**5721**
60	34667	18374	16293	16970	10263	6707	3324	2172	1152
61	34043	18815	15228	18046	11363	6683	3220	2223	997
62	41541	22974	18567	21129	13634	7495	3833	2601	1232
63	40341	22266	18075	20414	13058	7356	3803	2573	1230
64	35278	19201	16077	16999	10935	6064	3488	2378	1110
65-69岁	**156189**	**88066**	**68123**	**62227**	**41999**	**20228**	**13523**	**9149**	**4374**
65	36817	20427	16390	16988	11285	5703	3409	2259	1150
66	35171	19443	15728	14737	9858	4879	3231	2152	1079
67	30374	17086	13288	11564	7766	3798	2522	1722	800
68	29311	16791	12520	10654	7331	3323	2285	1574	711
69	24516	14319	10197	8284	5759	2525	2076	1442	634
70-74岁	**89238**	**54423**	**34815**	**30147**	**21225**	**8922**	**8593**	**6313**	**2280**
70	25544	15319	10225	8703	6218	2485	2089	1529	560
71	20586	12667	7919	7118	4973	2145	1900	1424	476
72	16773	10177	6596	5683	3975	1708	1819	1341	478
73	14118	8729	5389	4716	3282	1434	1480	1080	400
74	12217	7531	4686	3927	2777	1150	1305	939	366
75-79岁	**45709**	**27362**	**18347**	**14928**	**10057**	**4871**	**4805**	**3534**	**1271**
75	10758	6683	4075	3268	2266	1002	1075	795	280
76	9825	6127	3698	3032	2093	939	981	718	263
77	9101	5367	3734	3065	2049	1016	965	707	258
78	8392	4853	3539	2964	1949	1015	946	703	243
79	7633	4332	3301	2599	1700	899	838	611	227
80-84岁	**31456**	**18814**	**12642**	**10398**	**7365**	**3033**	**3363**	**2607**	**756**
80	7798	4474	3324	2737	1892	845	842	635	207
81	6296	3701	2595	2142	1526	616	699	537	162
82	6455	3920	2535	2162	1525	637	718	542	176
83	5650	3518	2132	1748	1273	475	574	460	114
84	5257	3201	2056	1609	1149	460	530	433	97
85岁及以上	**22184**	**13251**	**8933**	**5677**	**4161**	**1516**	**1734**	**1350**	**384**

4-1 续表 6

单位：人

年 龄	大学本科			硕士研究生			博士研究生		
	小计	男	女	小计	男	女	小计	男	女
总 计	**625359**	**331459**	**293900**	**36754**	**18190**	**18564**	**4436**	**2673**	**1763**
3									
4									
5-9岁									
5									
6									
7									
8									
9									
10-14岁	**12**	**8**	**4**	**1**	**1**				
10	3	2	1						
11	1	1							
12	3	3							
13	2	1	1						
14	3	1	2	1	1				
15-19岁	**48615**	**22285**	**26330**	**26**	**13**	**13**	**6**	**6**	
15	153	87	66						
16	357	156	201						
17	2870	1160	1710	2	1	1	1	1	
18	18076	8205	9871	11	4	7	2	2	
19	27159	12677	14482	13	8	5	3	3	
20-24岁	**129843**	**60907**	**68936**	**4607**	**1884**	**2723**	**100**	**64**	**36**
20	30188	13781	16407	20	10	10	4	3	1
21	28231	12895	15336	206	81	125	8	7	1
22	25573	12161	13412	890	343	547	18	10	8
23	22909	11129	11780	1600	664	936	23	15	8
24	22942	10941	12001	1891	786	1105	47	29	18
25-29岁	**116132**	**56394**	**59738**	**7661**	**3032**	**4629**	**629**	**292**	**337**
25	23516	11304	12212	1934	834	1100	73	24	49
26	22492	10758	11734	1573	605	968	107	41	66
27	23257	11296	11961	1380	533	847	134	65	69
28	23568	11596	11972	1376	532	844	156	74	82
29	23299	11440	11859	1398	528	870	159	88	71
30-34岁	**109079**	**55544**	**53535**	**7961**	**3379**	**4582**	**876**	**459**	**417**
30	25087	12447	12640	1534	643	891	188	88	100
31	23086	11524	11562	1587	666	921	176	92	84
32	20991	10742	10249	1613	675	938	178	92	86
33	20704	10740	9964	1665	697	968	185	98	87
34	19211	10091	9120	1562	698	864	149	89	60
35-39岁	**75352**	**41506**	**33846**	**6657**	**3331**	**3326**	**829**	**456**	**373**
35	16811	8986	7825	1330	617	713	144	77	67
36	16440	9038	7402	1376	679	697	156	80	76
37	15586	8522	7064	1433	710	723	178	99	79
38	15093	8420	6673	1448	760	688	163	94	69
39	11422	6540	4882	1070	565	505	188	106	82
40-44岁	**41815**	**24426**	**17389**	**3312**	**1922**	**1390**	**704**	**441**	**263**
40	10171	5796	4375	897	508	389	170	104	66
41	9504	5517	3987	772	421	351	159	88	71
42	8368	4874	3494	645	366	279	141	93	48
43	6687	3934	2753	547	336	211	131	92	39
44	7085	4305	2780	451	291	160	103	64	39

4-1 续表 7

单位：人

年 龄	大学本科			硕士研究生			博士研究生		
	小计	男	女	小计	男	女	小计	男	女
45-49岁	**34793**	**22031**	**12762**	**2115**	**1357**	**758**	**446**	**299**	**147**
45	6697	4108	2589	438	275	163	115	67	48
46	7153	4464	2689	432	276	156	84	54	30
47	7406	4688	2718	448	287	161	100	70	30
48	6979	4530	2449	415	255	160	74	49	25
49	6558	4241	2317	382	264	118	73	59	14
50-54岁	**26809**	**18094**	**8715**	**1672**	**1164**	**508**	**343**	**249**	**94**
50	6630	4286	2344	395	266	129	86	68	18
51	5833	3861	1972	375	247	128	58	35	23
52	5849	3971	1878	362	254	108	75	55	20
53	4191	2919	1272	258	185	73	54	39	15
54	4306	3057	1249	282	212	70	70	52	18
55-59岁	**18214**	**12767**	**5447**	**1510**	**1149**	**361**	**304**	**246**	**58**
55	4289	3065	1224	359	268	91	73	59	14
56	4274	2950	1324	353	258	95	81	64	17
57	4517	3130	1387	380	286	94	85	72	13
58	3456	2462	994	289	231	58	47	36	11
59	1678	1160	518	129	106	23	18	15	3
60-64岁	**8457**	**5882**	**2575**	**589**	**474**	**115**	**105**	**84**	**21**
60	1707	1194	513	106	88	18	23	18	5
61	1477	1025	452	115	93	22	12	8	4
62	1761	1237	524	127	105	22	22	18	4
63	1843	1261	582	127	100	27	31	26	5
64	1669	1165	504	114	88	26	17	14	3
65-69岁	**6098**	**4208**	**1890**	**355**	**271**	**84**	**40**	**33**	**7**
65	1615	1128	487	91	75	16	18	17	1
66	1419	957	462	100	71	29	10	8	2
67	1172	797	375	71	53	18	5	4	1
68	1028	728	300	55	40	15	6	3	3
69	864	598	266	38	32	6	1	1	
70-74岁	**3603**	**2682**	**921**	**125**	**100**	**25**	**22**	**20**	**2**
70	864	653	211	28	23	5	5	4	1
71	773	571	202	27	21	6	3	3	
72	643	498	145	22	17	5	6	6	
73	649	459	190	24	20	4	3	2	1
74	674	501	173	24	19	5	5	5	
75-79岁	**2960**	**2076**	**884**	**72**	**51**	**21**	**7**	**6**	**1**
75	626	433	193	18	13	5	3	3	
76	614	435	179	11	6	5	1	1	
77	552	394	158	14	12	2	1	1	
78	598	419	179	13	7	6	2	1	1
79	570	395	175	16	13	3			
80-84岁	**2447**	**1825**	**622**	**54**	**38**	**16**	**13**	**10**	**3**
80	591	413	178	12	10	2	2	2	
81	538	403	135	8	4	4	5	3	2
82	538	402	136	17	11	6	2	2	
83	433	329	104	12	9	3	2	1	1
84	347	278	69	5	4	1	2	2	
85岁及以上	**1130**	**824**	**306**	**37**	**24**	**13**	**12**	**8**	**4**

4-1a 全省分年龄、性别、受教育程度的3岁及以上人口(城市)

单位：人

年 龄	3岁及以上人口			未上过学		
	合计	男	女	小计	男	女
总 计	**3630503**	**1896085**	**1734418**	**53637**	**17430**	**36207**
3	55602	30362	25240	11529	6300	5229
4	52365	28637	23728	3101	1647	1454
5-9岁	**255665**	**141321**	**114344**	**2425**	**1337**	**1088**
5	50156	27644	22512	1419	760	659
6	51948	28454	23494	456	269	187
7	51082	28232	22850	203	114	89
8	54374	30030	24344	175	97	78
9	48105	26961	21144	172	97	75
10-14岁	**214071**	**119980**	**94091**	**934**	**555**	**379**
10	45526	25685	19841	200	124	76
11	45307	25474	19833	216	119	97
12	44193	24783	19410	206	113	93
13	40339	22445	17894	170	105	65
14	38706	21593	17113	142	94	48
15-19岁	**225739**	**122286**	**103453**	**418**	**282**	**136**
15	45138	24386	20752	105	64	41
16	50582	26882	23700	79	45	34
17	46695	25610	21085	77	58	19
18	41186	22577	18609	73	52	21
19	42138	22831	19307	84	63	21
20-24岁	**249931**	**133505**	**116426**	**426**	**259**	**167**
20	44577	23844	20733	85	46	39
21	43690	23457	20233	93	57	36
22	49168	26446	22722	67	43	24
23	52619	28146	24473	85	58	27
24	59877	31612	28265	96	55	41
25-29岁	**350189**	**181840**	**168349**	**505**	**297**	**208**
25	65936	34664	31272	92	43	49
26	65549	34261	31288	100	66	34
27	69930	36205	33725	91	59	32
28	73131	37836	35295	100	64	36
29	75643	38874	36769	122	65	57
30-34岁	**400384**	**206030**	**194354**	**549**	**255**	**294**
30	86204	44389	41815	100	56	44
31	81985	42295	39690	116	43	73
32	77064	39527	37537	88	43	45
33	80407	41362	39045	122	59	63
34	74724	38457	36267	123	54	69
35-39岁	**344629**	**176267**	**168362**	**692**	**262**	**430**
35	68966	35449	33517	108	50	58
36	70688	36098	34590	110	45	65
37	69281	35410	33871	143	53	90
38	72799	37090	35709	158	57	101
39	62895	32220	30675	173	57	116
40-44岁	**277103**	**142880**	**134223**	**1344**	**363**	**981**
40	60717	30989	29728	224	72	152
41	60889	31550	29339	280	78	202
42	55285	28405	26880	226	63	163
43	48074	24957	23117	291	74	217
44	52138	26979	25159	323	76	247

4-1a 续表 1

单位：人

年 龄	3岁及以上人口			未上过学		
	合计	男	女	小计	男	女
45-49岁	**291189**	**152510**	**138679**	**2217**	**548**	**1669**
45	52452	26980	25472	343	78	265
46	58724	30741	27983	414	109	305
47	61590	32078	29512	481	124	357
48	60825	32005	28820	483	109	374
49	57598	30706	26892	496	128	368
50-54岁	**264788**	**139742**	**125046**	**3010**	**677**	**2333**
50	60282	31670	28612	563	136	427
51	55741	29461	26280	621	136	485
52	57639	30548	27091	637	149	488
53	44208	23315	20893	572	122	450
54	46918	24748	22170	617	134	483
55-59岁	**216260**	**111043**	**105217**	**2935**	**589**	**2346**
55	47858	25006	22852	645	136	509
56	47716	24629	23087	609	124	485
57	51915	26622	25293	635	114	521
58	44811	22742	22069	639	139	500
59	23960	12044	11916	407	76	331
60-64岁	**136292**	**68558**	**67734**	**3091**	**529**	**2562**
60	24015	11880	12135	392	62	330
61	24730	12612	12118	494	92	402
62	30085	15426	14659	689	121	568
63	30635	15361	15274	744	139	605
64	26827	13279	13548	772	115	657
65-69岁	**115653**	**56376**	**59277**	**3963**	**652**	**3311**
65	27382	13599	13783	841	162	679
66	26335	12850	13485	838	131	707
67	22306	10694	11612	772	129	643
68	21461	10382	11079	812	136	676
69	18169	8851	9318	700	94	606
70-74岁	**71345**	**35634**	**35711**	**3248**	**619**	**2629**
70	18839	9446	9393	742	142	600
71	16256	8212	8044	734	149	585
72	13821	6828	6993	665	120	545
73	11781	5853	5928	618	109	509
74	10648	5295	5353	489	99	390
75-79岁	**43944**	**20599**	**23345**	**3024**	**537**	**2487**
75	9320	4658	4662	548	105	443
76	9035	4380	4655	599	106	493
77	8894	4052	4842	650	118	532
78	8663	3928	4735	633	119	514
79	8032	3581	4451	594	89	505
80-84岁	**36456**	**16713**	**19743**	**4043**	**746**	**3297**
80	8535	3839	4696	747	146	601
81	7190	3305	3885	756	140	616
82	7628	3604	4024	864	164	700
83	6694	3081	3613	850	155	695
84	6409	2884	3525	826	141	685
85岁及以上	**28898**	**11802**	**17096**	**6183**	**976**	**5207**

4-1a　续表 2

单位：人

年　龄	学前教育			小　学		
	小计	男	女	小计	男	女
总　计	**160028**	**87588**	**72440**	**552216**	**270865**	**281351**
3	44073	24062	20011			
4	49264	26990	22274			
5-9岁	**61931**	**34118**	**27813**	**187504**	**103676**	**83828**
5	43387	23853	19534	5350	3031	2319
6	14050	7798	6252	36722	19969	16753
7	2171	1194	977	47940	26501	21439
8	1439	800	639	51650	28507	23143
9	884	473	411	45842	25668	20174
10-14岁	**2684**	**1498**	**1186**	**106103**	**59926**	**46177**
10	738	417	321	42789	24112	18677
11	493	269	224	39832	22407	17425
12	448	250	198	17032	9887	7145
13	466	256	210	4376	2389	1987
14	539	306	233	2074	1131	943
15-19岁	**649**	**369**	**280**	**4896**	**2908**	**1988**
15	360	197	163	991	562	429
16	145	82	63	945	547	398
17	57	33	24	951	572	379
18	53	32	21	1022	615	407
19	34	25	9	987	612	375
20-24岁	**181**	**98**	**83**	**4747**	**3007**	**1740**
20	43	25	18	803	524	279
21	24	12	12	757	513	244
22	33	23	10	941	591	350
23	35	18	17	1048	657	391
24	46	20	26	1198	722	476
25-29岁	**137**	**65**	**72**	**7528**	**4300**	**3228**
25	49	23	26	1336	792	544
26	21	11	10	1449	859	590
27	23	11	12	1476	877	599
28	16	6	10	1613	908	705
29	28	14	14	1654	864	790
30-34岁	**115**	**50**	**65**	**11771**	**5853**	**5918**
30	33	10	23	2129	1145	984
31	22	10	12	2214	1140	1074
32	21	13	8	2173	1050	1123
33	17	6	11	2611	1248	1363
34	22	11	11	2644	1270	1374
35-39岁	**84**	**44**	**40**	**15438**	**7055**	**8383**
35	15	7	8	2756	1272	1484
36	19	8	11	3059	1417	1642
37	15	9	6	2969	1348	1621
38	26	15	11	3488	1584	1904
39	9	5	4	3166	1434	1732
40-44岁	**83**	**41**	**42**	**19087**	**8641**	**10446**
40	11	4	7	3481	1573	1908
41	14	5	9	3781	1767	2014
42	15	10	5	3731	1655	2076
43	20	12	8	3778	1698	2080
44	23	10	13	4316	1948	2368

4-1a 续表 3　　单位：人

年龄	学前教育			小学		
	小计	男	女	小计	男	女
45-49岁	**96**	**37**	**59**	**28583**	**12837**	**15746**
45	12	9	3	4679	2106	2573
46	15	6	9	5632	2597	3035
47	16	6	10	6003	2732	3271
48	35	12	23	6096	2613	3483
49	18	4	14	6173	2789	3384
50-54岁	**119**	**41**	**78**	**36121**	**16028**	**20093**
50	18	5	13	6861	3059	3802
51	20	7	13	7374	3293	4081
52	34	12	22	8119	3661	4458
53	21	7	14	6653	2915	3738
54	26	10	16	7114	3100	4014
55-59岁	**97**	**36**	**61**	**28552**	**11547**	**17005**
55	30	11	19	6886	2983	3903
56	22	7	15	6398	2664	3734
57	15	7	8	6534	2623	3911
58	18	7	11	5603	2126	3477
59	12	4	8	3131	1151	1980
60-64岁	**91**	**29**	**62**	**20909**	**7428**	**13481**
60	9	3	6	3190	1153	2037
61	19	5	14	3515	1263	2252
62	21	8	13	4627	1628	2999
63	28	9	19	5034	1794	3240
64	14	4	10	4543	1590	2953
65-69岁	**97**	**34**	**63**	**24195**	**7969**	**16226**
65	22	6	16	4986	1653	3333
66	17	6	11	5164	1728	3436
67	23	10	13	4824	1554	3270
68	20	6	14	4911	1602	3309
69	15	6	9	4310	1432	2878
70-74岁	**75**	**18**	**57**	**19137**	**6766**	**12371**
70	23	8	15	4746	1603	3143
71	13	3	10	4295	1540	2755
72	12	2	10	3810	1336	2474
73	12	1	11	3247	1201	2046
74	15	4	11	3039	1086	1953
75-79岁	**57**	**14**	**43**	**13388**	**4562**	**8826**
75	12	5	7	2749	1024	1725
76	8	2	6	2743	973	1770
77	10	2	8	2735	919	1816
78	12	2	10	2655	840	1815
79	15	3	12	2506	806	1700
80-84岁	**85**	**22**	**63**	**12780**	**4346**	**8434**
80	19	6	13	2758	869	1889
81	16	1	15	2422	819	1603
82	24	10	14	2687	956	1731
83	14	3	11	2452	847	1605
84	12	2	10	2461	855	1606
85岁及以上	**110**	**22**	**88**	**11477**	**4016**	**7461**

4-1a　续表 4

单位：人

年　龄	初　　中			高　　中			大学专科		
	小计	男	女	小计	男	女	小计	男	女
总　计	**1148895**	**601918**	**546977**	**822663**	**444984**	**377679**	**437934**	**234752**	**203182**
3									
4									
5-9岁	**3801**	**2187**	**1614**	**4**	**3**	**1**			
5									
6	720	418	302						
7	768	423	345						
8	1107	624	483	3	2	1			
9	1206	722	484	1	1				
10-14岁	**99925**	**55798**	**44127**	**4409**	**2192**	**2217**	**6**	**3**	**3**
10	1792	1028	764	3	1	2	1	1	
11	4756	2672	2084	9	6	3			
12	26492	14522	11970	12	8	4			
13	34470	19199	15271	854	494	360	2	1	1
14	32415	18377	14038	3531	1683	1848	3	1	2
15-19岁	**40044**	**24196**	**15848**	**133126**	**72069**	**61057**	**22177**	**11246**	**10931**
15	14732	8730	6002	27991	14364	13627	868	417	451
16	6878	4064	2814	41154	21521	19633	1208	553	655
17	5771	3490	2281	36016	19838	16178	2323	1022	1301
18	6114	3778	2336	18118	10590	7528	6809	3424	3385
19	6549	4134	2415	9847	5756	4091	10969	5830	5139
20-24岁	**53498**	**32131**	**21367**	**55352**	**31610**	**23742**	**58594**	**30746**	**27848**
20	7442	4669	2773	8895	5211	3684	11264	6083	5181
21	8336	5213	3123	9231	5454	3777	10166	5403	4763
22	10857	6591	4266	10928	6300	4628	11208	5826	5382
23	12084	7096	4988	12348	6976	5372	11962	6194	5768
24	14779	8562	6217	13950	7669	6281	13994	7240	6754
25-29岁	**97191**	**53201**	**43990**	**84122**	**45805**	**38317**	**76490**	**38805**	**37685**
25	17209	9758	7451	15705	8648	7057	15015	7681	7334
26	17711	9959	7752	15544	8546	6998	14575	7360	7215
27	19552	10667	8885	16875	9159	7716	15226	7693	7533
28	20827	11198	9629	17813	9616	8197	15556	7921	7635
29	21892	11619	10273	18185	9836	8349	16118	8150	7968
30-34岁	**129020**	**66928**	**62092**	**93527**	**49963**	**43564**	**78872**	**40537**	**38335**
30	25854	13650	12204	20662	11059	9603	18148	9201	8947
31	25737	13429	12308	19383	10438	8945	16464	8565	7899
32	24620	12722	11898	18085	9705	8380	15245	7756	7489
33	27152	14029	13123	18573	9855	8718	15108	7795	7313
34	25657	13098	12559	16824	8906	7918	13907	7220	6687
35-39岁	**130709**	**65695**	**65014**	**80488**	**41851**	**38637**	**54976**	**28362**	**26614**
35	24747	12570	12177	15651	8357	7294	12023	6221	5802
36	26411	13158	13253	15977	8321	7656	11751	6108	5643
37	26356	13422	12934	16033	8198	7835	10820	5546	5274
38	27948	13968	13980	17240	8856	8384	11192	5695	5497
39	25247	12577	12670	15587	8119	7468	9190	4792	4398
40-44岁	**114961**	**58250**	**56711**	**70171**	**36745**	**33426**	**36371**	**18803**	**17568**
40	24748	12321	12427	15300	7964	7336	8333	4243	4090
41	25047	12777	12270	15525	8154	7371	8221	4240	3981
42	22858	11497	11361	14075	7384	6691	7355	3795	3560
43	20161	10351	9810	12159	6403	5756	6009	3140	2869
44	22147	11304	10843	13112	6840	6272	6453	3385	3068

4-1a 续表 5

单位：人

年 龄	初 中			高 中			大学专科		
	小计	男	女	小计	男	女	小计	男	女
45-49岁	**123330**	**63247**	**60083**	**73627**	**39129**	**34498**	**34604**	**18909**	**15695**
45	22137	11170	10967	13284	6926	6358	6561	3444	3117
46	25048	12934	12114	14649	7698	6951	7092	3797	3295
47	26031	13220	12811	15507	8129	7378	7369	4039	3330
48	25759	13212	12547	15580	8456	7124	7129	3980	3149
49	24355	12711	11644	14607	7920	6687	6453	3649	2804
50-54岁	**114529**	**59068**	**55461**	**63969**	**34512**	**29457**	**25082**	**14873**	**10209**
50	25634	13146	12488	15282	8145	7137	6447	3682	2765
51	23818	12306	11512	13565	7349	6216	5543	3282	2261
52	24702	12729	11973	13853	7550	6303	5544	3275	2269
53	19634	10158	9476	10244	5561	4683	3684	2238	1446
54	20741	10729	10012	11025	5907	5118	3864	2396	1468
55-59岁	**89437**	**44499**	**44938**	**60567**	**32087**	**28480**	**19390**	**11574**	**7816**
55	21075	10700	10375	11579	6170	5409	4047	2447	1600
56	20117	10109	10008	12620	6673	5947	4330	2553	1777
57	21243	10564	10679	14742	7767	6975	4937	2910	2027
58	17918	8720	9198	13796	7300	6496	3943	2380	1563
59	9084	4406	4678	7830	4177	3653	2133	1284	849
60-64岁	**49294**	**24168**	**25126**	**44565**	**24202**	**20363**	**11410**	**7333**	**4077**
60	8537	4046	4491	8354	4340	4014	2130	1296	834
61	8757	4324	4433	8628	4693	3935	2091	1374	717
62	11064	5565	5499	9810	5503	4307	2472	1606	866
63	11065	5472	5593	9745	5292	4453	2461	1577	884
64	9871	4761	5110	8028	4374	3654	2256	1480	776
65-69岁	**45301**	**22265**	**23036**	**28533**	**16467**	**12066**	**8776**	**5695**	**3081**
65	10117	4922	5195	7865	4523	3342	2255	1429	826
66	10278	4949	5329	6822	3948	2874	2097	1336	761
67	8872	4345	4527	5315	3017	2298	1600	1030	570
68	8649	4298	4351	4797	2797	2000	1465	977	488
69	7385	3751	3634	3734	2182	1552	1359	923	436
70-74岁	**26573**	**13932**	**12641**	**14252**	**8588**	**5664**	**5282**	**3678**	**1604**
70	7465	3912	3553	3867	2347	1520	1340	942	398
71	6070	3219	2851	3389	2043	1346	1129	807	322
72	5004	2574	2430	2744	1652	1092	1105	769	336
73	4223	2240	1983	2284	1347	937	906	620	286
74	3811	1987	1824	1968	1199	769	802	540	262
75-79岁	**14480**	**7383**	**7097**	**7851**	**4564**	**3287**	**2896**	**1973**	**923**
75	3223	1751	1472	1663	981	682	647	448	199
76	3080	1650	1430	1575	936	639	591	409	182
77	2898	1411	1487	1614	930	684	575	383	192
78	2733	1338	1395	1593	914	679	574	399	175
79	2546	1233	1313	1406	803	603	509	334	175
80-84岁	**10248**	**5344**	**4904**	**5372**	**3386**	**1986**	**2029**	**1484**	**545**
80	2647	1304	1343	1419	867	552	490	345	145
81	2035	1045	990	1104	680	424	438	313	125
82	2096	1141	955	1088	706	382	439	312	127
83	1779	962	817	927	606	321	341	259	82
84	1691	892	799	834	527	307	321	255	66
85岁及以上	**6554**	**3626**	**2928**	**2728**	**1811**	**917**	**979**	**731**	**248**

4−1a　续表 6　　　　单位：人

年　龄	大学本科			硕士研究生			博士研究生		
	小计	男	女	小计	男	女	小计	男	女
总　计	**421547**	**221455**	**200092**	**29910**	**14850**	**15060**	**3673**	**2243**	**1430**
3									
4									
5–9岁									
5									
6									
7									
8									
9									
10–14岁	**9**	**7**	**2**	**1**	**1**				
10	3	2	1						
11	1	1							
12	3	3							
13	1	1							
14	1		1	1	1				
15–19岁	**24413**	**11208**	**13205**	**14**	**6**	**8**	**2**	**2**	
15	91	52	39						
16	173	70	103						
17	1499	597	902	1		1			
18	8992	4085	4907	5	1	4			
19	13658	6404	7254	8	5	3	2	2	
20–24岁	**73195**	**34001**	**39194**	**3870**	**1609**	**2261**	**68**	**44**	**24**
20	16032	7276	8756	11	8	3	2	2	
21	14923	6738	8185	153	61	92	7	6	1
22	14378	6785	7593	746	283	463	10	4	6
23	13684	6573	7111	1358	564	794	15	10	5
24	14178	6629	7549	1602	693	909	34	22	12
25–29岁	**77700**	**36744**	**40956**	**6032**	**2387**	**3645**	**484**	**236**	**248**
25	14918	7009	7909	1559	691	868	53	19	34
26	14810	6936	7874	1257	491	766	82	33	49
27	15563	7303	8260	1016	380	636	108	56	52
28	16004	7656	8348	1080	407	673	122	60	62
29	16405	7840	8565	1120	418	702	119	68	51
30–34岁	**79544**	**39409**	**40135**	**6270**	**2662**	**3608**	**716**	**373**	**343**
30	17932	8699	9233	1191	496	695	155	73	82
31	16658	8068	8590	1241	523	718	150	79	71
32	15428	7649	7779	1262	514	748	142	75	67
33	15338	7721	7617	1330	570	760	156	79	77
34	14188	7272	6916	1246	559	687	113	67	46
35–39岁	**56054**	**29924**	**26130**	**5497**	**2702**	**2795**	**691**	**372**	**319**
35	12463	6401	6062	1085	509	576	118	62	56
36	12102	6442	5660	1130	537	593	129	62	67
37	11608	6171	5437	1181	577	604	156	86	70
38	11399	6224	5175	1212	615	597	136	76	60
39	8482	4686	3796	889	464	425	152	86	66
40–44岁	**31611**	**18017**	**13594**	**2844**	**1624**	**1220**	**631**	**396**	**235**
40	7690	4288	3402	774	428	346	156	96	60
41	7204	4086	3118	672	363	309	145	80	65
42	6350	3610	2740	556	310	246	119	81	38
43	5080	2920	2160	462	279	183	114	80	34
44	5287	3113	2174	380	244	136	97	59	38

4-1a 续表 7

单位：人

年龄	大学本科			硕士研究生			博士研究生		
	小计	男	女	小计	男	女	小计	男	女
45-49岁	**26530**	**16380**	**10150**	**1809**	**1155**	**654**	**393**	**268**	**125**
45	4960	2954	2006	374	231	143	102	62	40
46	5414	3308	2106	386	244	142	74	48	26
47	5710	3516	2194	382	248	134	91	64	27
48	5342	3377	1965	337	202	135	64	44	20
49	5104	3225	1879	330	230	100	62	50	12
50-54岁	**20271**	**13358**	**6913**	**1399**	**968**	**431**	**288**	**217**	**71**
50	5075	3221	1854	330	218	112	72	58	14
51	4448	2860	1588	304	196	108	48	32	16
52	4378	2907	1471	311	217	94	61	48	13
53	3136	2121	1015	216	157	59	48	36	12
54	3234	2249	985	238	180	58	59	43	16
55-59岁	**13742**	**9503**	**4239**	**1285**	**996**	**289**	**255**	**212**	**43**
55	3225	2272	953	305	232	73	66	55	11
56	3265	2231	1034	289	215	74	66	53	13
57	3412	2325	1087	328	251	77	69	61	8
58	2604	1835	769	251	205	46	39	30	9
59	1236	840	396	112	93	19	15	13	2
60-64岁	**6402**	**4431**	**1971**	**452**	**375**	**77**	**78**	**63**	**15**
60	1303	898	405	80	66	14	20	16	4
61	1126	777	349	94	78	16	6	6	
62	1293	902	391	96	84	12	13	9	4
63	1439	980	459	94	77	17	25	21	4
64	1241	874	367	88	70	18	14	11	3
65-69岁	**4500**	**3052**	**1448**	**260**	**218**	**42**	**28**	**24**	**4**
65	1213	831	382	68	59	9	15	14	1
66	1036	685	351	77	62	15	6	5	1
67	846	565	281	51	42	9	3	2	1
68	767	534	233	37	30	7	3	2	1
69	638	437	201	27	25	2	1	1	
70-74岁	**2679**	**1942**	**737**	**83**	**75**	**8**	**16**	**16**	
70	635	472	163	18	17	1	3	3	
71	603	430	173	20	18	2	3	3	
72	461	356	105	15	14	1	5	5	
73	474	320	154	16	14	2	1	1	
74	506	364	142	14	12	2	4	4	
75-79岁	**2197**	**1525**	**672**	**46**	**36**	**10**	**5**	**5**	
75	463	331	132	12	10	2	3	3	
76	432	300	132	7	4	3			
77	401	279	122	10	9	1	1	1	
78	455	311	144	7	4	3	1	1	
79	446	304	142	10	9	1			
80-84岁	**1864**	**1356**	**508**	**25**	**20**	**5**	**10**	**9**	**1**
80	446	294	152	7	6	1	2	2	
81	414	305	109	2		2	3	2	1
82	421	308	113	7	5	2	2	2	
83	324	242	82	6	6		1	1	
84	259	207	52	3	3		2	2	
85岁及以上	**836**	**598**	**238**	**23**	**16**	**7**	**8**	**6**	**2**

4–1b　全省分年龄、性别、受教育程度的3岁及以上人口(镇)

单位：人

年　龄	3岁及以上人口			未上过学		
	合计	男	女	小计	男	女
总　计	**2232854**	**1176709**	**1056145**	**75185**	**20081**	**55104**
3	33023	18020	15003	7863	4366	3497
4	32642	17575	15067	2282	1222	1060
5–9岁	**173222**	**94822**	**78400**	**1666**	**877**	**789**
5	32364	17615	14749	994	520	474
6	34347	18704	15643	319	170	149
7	34988	19081	15907	116	55	61
8	36897	20192	16705	132	67	65
9	34626	19230	15396	105	65	40
10–14岁	**163207**	**89852**	**73355**	**676**	**366**	**310**
10	33312	18302	15010	105	56	49
11	33598	18694	14904	150	85	65
12	33843	18490	15353	184	88	96
13	31507	17252	14255	132	78	54
14	30947	17114	13833	105	59	46
15–19岁	**133571**	**74509**	**59062**	**312**	**196**	**116**
15	31198	17171	14027	63	31	32
16	29056	16337	12719	59	41	18
17	25890	14772	11118	75	50	25
18	24351	13605	10746	57	38	19
19	23076	12624	10452	58	36	22
20–24岁	**126030**	**71025**	**55005**	**382**	**223**	**159**
20	23527	13028	10499	86	53	33
21	23053	13003	10050	60	32	28
22	24857	14314	10543	79	50	29
23	25826	14686	11140	74	38	36
24	28767	15994	12773	83	50	33
25–29岁	**173477**	**93704**	**79773**	**485**	**274**	**211**
25	31569	17303	14266	78	50	28
26	31803	17259	14544	95	57	38
27	35327	19141	16186	92	47	45
28	37046	19921	17125	110	61	49
29	37732	20080	17652	110	59	51
30–34岁	**198568**	**105608**	**92960**	**745**	**359**	**386**
30	42886	22669	20217	135	68	67
31	40611	21666	18945	145	77	68
32	37945	20267	17678	130	62	68
33	39442	21074	18368	171	79	92
34	37684	19932	17752	164	73	91
35–39岁	**191147**	**101274**	**89873**	**1108**	**426**	**682**
35	36511	19289	17222	180	62	118
36	39207	20753	18454	189	74	115
37	38934	20840	18094	231	93	138
38	40129	21096	19033	256	106	150
39	36366	19296	17070	252	91	161
40–44岁	**158671**	**83493**	**75178**	**1745**	**541**	**1204**
40	35453	18423	17030	300	104	196
41	34308	18191	16117	337	95	242
42	31756	16790	14966	363	114	249
43	27390	14508	12882	344	118	226
44	29764	15581	14183	401	110	291

4-1b 续表 1

单位：人

年 龄	3岁及以上人口			未上过学		
	合计	男	女	小计	男	女
45-49岁	**164790**	**86670**	**78120**	**3112**	**705**	**2407**
45	29633	15507	14126	461	108	353
46	32261	17069	15192	595	142	453
47	34549	18027	16522	622	119	503
48	35264	18419	16845	737	161	576
49	33083	17648	15435	697	175	522
50-54岁	**172157**	**89008**	**83149**	**4866**	**1078**	**3788**
50	37223	19172	18051	881	203	678
51	34444	17839	16605	927	205	722
52	36971	19087	17884	1028	230	798
53	30656	15743	14913	977	216	761
54	32863	17167	15696	1053	224	829
55-59岁	**155485**	**79840**	**75645**	**5743**	**1154**	**4589**
55	33570	17161	16409	1148	234	914
56	33915	17402	16513	1203	238	965
57	34899	17959	16940	1211	263	948
58	33829	17473	16356	1302	251	1051
59	19272	9845	9427	879	168	711
60-64岁	**101654**	**51644**	**50010**	**5716**	**1081**	**4635**
60	17646	8914	8732	741	124	617
61	18214	9432	8782	858	160	698
62	22678	11697	10981	1269	270	999
63	22416	11464	10952	1372	254	1118
64	20700	10137	10563	1476	273	1203
65-69岁	**91617**	**45648**	**45969**	**7461**	**1467**	**5994**
65	21516	10754	10762	1557	283	1274
66	20569	10092	10477	1588	336	1252
67	17681	8843	8838	1477	294	1183
68	17106	8454	8652	1509	292	1217
69	14745	7505	7240	1330	262	1068
70-74岁	**60030**	**30222**	**29808**	**6476**	**1315**	**5161**
70	16013	8164	7849	1544	319	1225
71	13494	6819	6675	1433	317	1116
72	11509	5753	5756	1276	240	1036
73	10119	5066	5053	1134	227	907
74	8895	4420	4475	1089	212	877
75-79岁	**37581**	**17233**	**20348**	**6092**	**1168**	**4924**
75	8056	3906	4150	1135	221	914
76	7803	3744	4059	1154	226	928
77	7672	3429	4243	1291	250	1041
78	7308	3223	4085	1257	244	1013
79	6742	2931	3811	1255	227	1028
80-84岁	**33564**	**14406**	**19158**	**7633**	**1402**	**6231**
80	7617	3226	4391	1494	242	1252
81	6564	2788	3776	1465	278	1187
82	6989	3017	3972	1569	296	1273
83	6428	2763	3665	1611	299	1312
84	5966	2612	3354	1494	287	1207
85岁及以上	**32418**	**12156**	**20262**	**10822**	**1861**	**8961**

4-1b 续表 2

单位：人

年 龄	学前教育			小 学		
	小计	男	女	小计	男	女
总 计	**100765**	**54430**	**46335**	**463968**	**217749**	**246219**
3	25160	13654	11506			
4	30360	16353	14007			
5-9岁	**41010**	**22379**	**18631**	**127375**	**69744**	**57631**
5	27099	14742	12357	4271	2353	1918
6	10654	5843	4811	22750	12343	10407
7	1655	907	748	32478	17713	14765
8	920	498	422	34990	19127	15863
9	682	389	293	32886	18208	14678
10-14岁	**2132**	**1148**	**984**	**82631**	**45747**	**36884**
10	490	267	223	31226	17102	14124
11	429	242	187	29553	16454	13099
12	372	199	173	15595	8730	6865
13	399	210	189	4332	2390	1942
14	442	230	212	1925	1071	854
15-19岁	**506**	**285**	**221**	**3692**	**2144**	**1548**
15	264	141	123	898	498	400
16	108	61	47	707	390	317
17	50	37	13	672	387	285
18	57	30	27	717	432	285
19	27	16	11	698	437	261
20-24岁	**108**	**68**	**40**	**3870**	**2401**	**1469**
20	27	16	11	623	405	218
21	25	16	9	605	387	218
22	13	8	5	734	478	256
23	16	10	6	883	519	364
24	27	18	9	1025	612	413
25-29岁	**94**	**50**	**44**	**6769**	**3665**	**3104**
25	25	13	12	1114	655	459
26	16	9	7	1193	668	525
27	23	13	10	1438	782	656
28	14	6	8	1478	755	723
29	16	9	7	1546	805	741
30-34岁	**91**	**43**	**48**	**10572**	**5064**	**5508**
30	20	10	10	1877	948	929
31	18	12	6	1941	953	988
32	20	5	15	2091	994	1097
33	18	14	4	2267	1083	1184
34	15	2	13	2396	1086	1310
35-39岁	**67**	**36**	**31**	**15196**	**6845**	**8351**
35	17	10	7	2655	1205	1450
36	13	8	5	2963	1394	1569
37	18	8	10	3104	1392	1712
38	13	8	5	3261	1437	1824
39	6	2	4	3213	1417	1796
40-44岁	**56**	**26**	**30**	**17228**	**7376**	**9852**
40	14	9	5	3264	1417	1847
41	12	4	8	3458	1525	1933
42	11	5	6	3468	1507	1961
43	9	6	3	3298	1355	1943
44	10	2	8	3740	1572	2168

4-1b 续表 3

单位：人

年　龄	学前教育			小　学		
	小计	男	女	小计	男	女
45-49岁	**115**	**41**	**74**	**23795**	**9904**	**13891**
45	20	5	15	3870	1613	2257
46	21	6	15	4455	1914	2541
47	16	7	9	5013	2110	2903
48	37	14	23	5254	2096	3158
49	21	9	12	5203	2171	3032
50-54岁	**126**	**47**	**79**	**30817**	**12331**	**18486**
50	19	10	9	6091	2431	3660
51	26	10	16	5907	2378	3529
52	27	9	18	6721	2689	4032
53	30	11	19	5786	2309	3477
54	24	7	17	6312	2524	3788
55-59岁	**164**	**65**	**99**	**29167**	**10945**	**18222**
55	30	14	16	6401	2439	3962
56	35	10	25	6386	2479	3907
57	37	17	20	6319	2300	4019
58	40	16	24	6333	2373	3960
59	22	8	14	3728	1354	2374
60-64岁	**122**	**52**	**70**	**22913**	**7976**	**14937**
60	22	9	13	3590	1234	2356
61	12	4	8	3834	1347	2487
62	33	15	18	5010	1771	3239
63	27	11	16	5212	1868	3344
64	28	13	15	5267	1756	3511
65-69岁	**150**	**47**	**103**	**26257**	**9273**	**16984**
65	38	12	26	5547	1929	3618
66	36	8	28	5696	1904	3792
67	23	12	11	5211	1879	3332
68	27	6	21	5138	1826	3312
69	26	9	17	4665	1735	2930
70-74岁	**137**	**38**	**99**	**21295**	**8216**	**13079**
70	39	10	29	5311	2064	3247
71	29	10	19	4699	1801	2898
72	22	1	21	4103	1590	2513
73	20	6	14	3837	1467	2370
74	27	11	16	3345	1294	2051
75-79岁	**87**	**25**	**62**	**14868**	**5562**	**9306**
75	13	3	10	3127	1226	1901
76	13	4	9	3108	1195	1913
77	19	5	14	3073	1124	1949
78	24	8	16	2897	1044	1853
79	18	5	13	2663	973	1690
80-84岁	**137**	**27**	**110**	**14007**	**5392**	**8615**
80	22	4	18	3059	1061	1998
81	30	8	22	2651	971	1680
82	30	5	25	2977	1183	1794
83	26	3	23	2724	1089	1635
84	29	7	22	2596	1088	1508
85岁及以上	**143**	**46**	**97**	**13516**	**5164**	**8352**

4-1b 续表 4

单位：人

年 龄	初中			高中			大学专科		
	小计	男	女	小计	男	女	小计	男	女
总 计	**981476**	**527463**	**454013**	**351658**	**210542**	**141116**	**144312**	**84736**	**59576**
3									
4									
5－9岁	**3168**	**1820**	**1348**	**3**	**2**	**1**			
5									
6	624	348	276						
7	739	406	333						
8	854	500	354	1		1			
9	951	566	385	2	2				
10－14岁	**75086**	**41171**	**33915**	**2673**	**1416**	**1257**	**7**	**4**	**3**
10	1487	875	612	2	1	1	2	1	1
11	3460	1911	1549	5	2	3	1		1
12	17663	9464	8199	28	8	20	1	1	
13	26033	14232	11801	610	342	268			
14	26443	14689	11754	2028	1063	965	3	2	1
15－19岁	**40488**	**24460**	**16028**	**67825**	**37640**	**30185**	**9036**	**4710**	**4326**
15	15681	9049	6632	13796	7150	6646	471	288	183
16	7355	4416	2939	20174	11019	9155	573	372	201
17	5591	3485	2106	17958	10040	7918	928	539	389
18	5848	3740	2108	10560	6131	4429	2852	1393	1459
19	6013	3770	2243	5337	3300	2037	4212	2118	2094
20－24岁	**47585**	**28612**	**18973**	**23474**	**14281**	**9193**	**21834**	**12093**	**9741**
20	6791	4306	2485	4169	2652	1517	4433	2383	2050
21	7605	4828	2777	3981	2445	1536	3810	2212	1598
22	9533	5830	3703	4549	2784	1765	4279	2449	1830
23	10785	6373	4412	5018	3058	1960	4527	2435	2092
24	12871	7275	5596	5757	3342	2415	4785	2614	2171
25－29岁	**87617**	**47091**	**40526**	**33300**	**19016**	**14284**	**25322**	**13666**	**11656**
25	14655	8085	6570	6417	3691	2726	5074	2738	2336
26	15508	8362	7146	6222	3585	2637	4899	2642	2257
27	18061	9706	8355	6735	3859	2876	5089	2748	2341
28	19281	10340	8941	6846	3867	2979	5228	2864	2364
29	20112	10598	9514	7080	4014	3066	5032	2674	2358
30－34岁	**109908**	**57203**	**52705**	**35711**	**20611**	**15100**	**23482**	**13077**	**10405**
30	23109	11987	11122	7989	4580	3409	5619	3051	2568
31	22193	11700	10493	7398	4234	3164	5098	2781	2317
32	21096	10991	10105	6778	3991	2787	4400	2465	1935
33	22229	11611	10618	6999	4012	2987	4353	2465	1888
34	21281	10914	10367	6547	3794	2753	4012	2315	1697
35－39岁	**114696**	**59234**	**55462**	**30627**	**17665**	**12962**	**16244**	**9478**	**6766**
35	21214	10866	10348	5981	3443	2538	3606	2118	1488
36	23388	11963	11425	6221	3572	2649	3527	2085	1442
37	23280	12326	10954	6261	3581	2680	3247	1856	1391
38	24504	12618	11886	6344	3627	2717	3183	1839	1344
39	22310	11461	10849	5820	3442	2378	2681	1580	1101
40－44岁	**94795**	**49139**	**45656**	**26265**	**15324**	**10941**	**11371**	**6592**	**4779**
40	21870	11218	10652	5639	3201	2438	2580	1416	1164
41	20635	10816	9819	5773	3341	2432	2501	1435	1066
42	18958	9818	9140	5323	3149	2174	2247	1328	919
43	16092	8475	7617	4563	2703	1860	1933	1117	816
44	17240	8812	8428	4967	2930	2037	2110	1296	814

4-1b 续表 5

单位：人

年龄	初中			高中			大学专科		
	小计	男	女	小计	男	女	小计	男	女
45-49岁	**93188**	**48615**	**44573**	**28067**	**16806**	**11261**	**10779**	**6680**	**4099**
45	17037	8788	8249	4941	2901	2040	2070	1267	803
46	18295	9593	8702	5562	3318	2244	2142	1313	829
47	19582	10123	9459	5858	3478	2380	2293	1400	893
48	19792	10272	9520	6041	3632	2409	2265	1440	825
49	18482	9839	8643	5665	3477	2188	2009	1260	749
50-54岁	**96138**	**50225**	**45913**	**26599**	**16122**	**10477**	**9097**	**5858**	**3239**
50	20917	10778	10139	6067	3672	2395	2224	1361	863
51	19205	10033	9172	5403	3211	2192	1997	1279	718
52	20446	10620	9826	5799	3543	2256	1928	1247	681
53	17134	8931	8203	4533	2721	1812	1441	971	470
54	18436	9863	8573	4797	2975	1822	1507	1000	507
55-59岁	**83081**	**43536**	**39545**	**27604**	**17188**	**10416**	**6853**	**4802**	**2051**
55	18559	9706	8853	5179	3166	2013	1542	1065	477
56	18422	9633	8789	5608	3433	2175	1609	1127	482
57	18733	9825	8908	6350	3967	2383	1541	1053	488
58	17703	9314	8389	6511	4103	2408	1402	1015	387
59	9664	5058	4606	3956	2519	1437	759	542	217
60-64岁	**46959**	**25098**	**21861**	**21070**	**13881**	**7189**	**3653**	**2674**	**979**
60	8655	4474	4181	3699	2389	1310	699	506	193
61	8610	4644	3966	4027	2632	1395	661	496	165
62	10454	5654	4800	4814	3180	1634	805	587	218
63	10117	5474	4643	4675	3106	1569	778	584	194
64	9123	4852	4271	3855	2574	1281	710	501	209
65-69岁	**39523**	**21992**	**17531**	**14529**	**10195**	**4334**	**2742**	**1998**	**744**
65	9456	5141	4315	4010	2736	1274	668	478	190
66	8900	4824	4076	3454	2380	1074	660	479	181
67	7552	4221	3331	2688	1903	785	546	405	141
68	7410	4155	3255	2392	1714	678	468	344	124
69	6205	3651	2554	1985	1462	523	400	292	108
70-74岁	**22913**	**13730**	**9183**	**6912**	**5125**	**1787**	**1780**	**1383**	**397**
70	6518	3826	2692	2064	1527	537	411	318	93
71	5211	3115	2096	1599	1158	441	421	335	86
72	4332	2579	1753	1309	976	333	375	295	80
73	3650	2252	1398	1072	801	271	313	237	76
74	3202	1958	1244	868	663	205	260	198	62
75-79岁	**11832**	**6982**	**4850**	**3310**	**2414**	**896**	**977**	**774**	**203**
75	2759	1680	1079	721	553	168	215	166	49
76	2545	1579	966	682	508	174	193	150	43
77	2309	1335	974	700	496	204	192	148	44
78	2214	1258	956	653	459	194	192	156	36
79	2005	1130	875	554	398	156	185	154	31
80-84岁	**8418**	**4952**	**3466**	**2325**	**1779**	**546**	**758**	**629**	**129**
80	2125	1213	912	629	473	156	202	163	39
81	1731	984	747	479	378	101	150	125	25
82	1707	1008	699	495	357	138	161	130	31
83	1527	936	591	358	284	74	129	110	19
84	1328	811	517	364	287	77	116	101	15
85岁及以上	**6081**	**3603**	**2478**	**1364**	**1077**	**287**	**377**	**318**	**59**

4–1b 续表 6

单位：人

年 龄	大学本科			硕士研究生			博士研究生		
	小计	男	女	小计	男	女	小计	男	女
总 计	**111811**	**59864**	**51947**	**3331**	**1654**	**1677**	**348**	**190**	**158**
3									
4									
5–9岁									
5									
6									
7									
8									
9									
10–14岁	**2**		**2**						
10									
11									
12									
13	1		1						
14	1		1						
15–19岁	**11705**	**5069**	**6636**	**4**	**2**	**2**	**3**	**3**	
15	25	14	11						
16	80	38	42						
17	615	233	382				1	1	
18	4255	1837	2418	3	2	1	2	2	
19	6730	2947	3783	1		1			
20–24岁	**28381**	**13187**	**15194**	**380**	**152**	**228**	**16**	**8**	**8**
20	7395	3212	4183	2		2	1	1	
21	6944	3076	3868	22	6	16	1	1	
22	5591	2676	2915	74	36	38	5	3	2
23	4384	2195	2189	134	56	78	5	2	3
24	4067	2028	2039	148	54	94	4	1	3
25–29岁	**19035**	**9613**	**9422**	**788**	**306**	**482**	**67**	**23**	**44**
25	4017	2006	2011	179	62	117	10	3	7
26	3709	1876	1833	151	57	94	10	3	7
27	3693	1911	1782	184	72	112	12	3	9
28	3938	1961	1977	133	61	72	18	6	12
29	3678	1859	1819	141	54	87	17	8	9
30–34岁	**17129**	**8843**	**8286**	**849**	**366**	**483**	**81**	**42**	**39**
30	3960	1945	2015	159	70	89	18	10	8
31	3626	1830	1796	182	75	107	10	4	6
32	3228	1663	1565	178	85	93	24	11	13
33	3216	1737	1479	175	65	110	14	8	6
34	3099	1668	1431	155	71	84	15	9	6
35–39岁	**12572**	**7243**	**5329**	**569**	**304**	**265**	**68**	**43**	**25**
35	2711	1524	1187	131	53	78	16	8	8
36	2772	1576	1196	121	70	51	13	11	2
37	2660	1508	1152	121	70	51	12	6	6
38	2436	1380	1056	121	71	50	11	10	1
39	1993	1255	738	75	40	35	16	8	8
40–44岁	**6956**	**4322**	**2634**	**220**	**149**	**71**	**35**	**24**	**11**
40	1727	1018	709	54	37	17	5	3	2
41	1538	944	594	47	28	19	7	3	4
42	1346	841	505	29	20	9	11	8	3
43	1091	692	399	50	34	16	10	8	2
44	1254	827	427	40	30	10	2	2	

4-1b　续表 7　　　　单位：人

年　龄	大学本科			硕士研究生			博士研究生		
	小计	男	女	小计	男	女	小计	男	女
45-49岁	**5563**	**3801**	**1762**	**150**	**105**	**45**	**21**	**13**	**8**
45	1199	801	398	30	22	8	5	2	3
46	1159	761	398	26	18	8	6	4	2
47	1128	770	358	33	18	15	4	2	2
48	1103	776	327	33	26	7	2	2	
49	974	693	281	28	21	7	4	3	1
50-54岁	**4366**	**3238**	**1128**	**130**	**99**	**31**	**18**	**10**	**8**
50	999	696	303	22	18	4	3	3	
51	931	687	244	45	35	10	3	1	2
52	991	730	261	23	17	6	8	2	6
53	733	568	165	21	15	6	1	1	
54	712	557	155	19	14	5	3	3	
55-59岁	**2772**	**2077**	**695**	**87**	**63**	**24**	**14**	**10**	**4**
55	686	520	166	22	15	7	3	2	1
56	624	463	161	24	16	8	4	3	1
57	687	519	168	18	13	5	3	2	1
58	521	388	133	13	10	3	4	3	1
59	254	187	67	10	9	1			
60-64岁	**1148**	**825**	**323**	**61**	**48**	**13**	**12**	**9**	**3**
60	229	169	60	10	8	2	1	1	
61	200	141	59	9	8	1	3		3
62	275	203	72	12	11	1	6	6	
63	217	156	61	17	10	7	1	1	
64	227	156	71	13	11	2	1	1	
65-69岁	**903**	**642**	**261**	**48**	**32**	**16**	**4**	**2**	**2**
65	229	167	62	11	8	3			
66	222	155	67	12	5	7	1	1	
67	174	121	53	10	8	2			
68	151	111	40	8	5	3	3	1	2
69	127	88	39	7	6	1			
70-74岁	**495**	**400**	**95**	**19**	**13**	**6**	**3**	**2**	**1**
70	120	97	23	5	3	2	1		1
71	100	82	18	2	1	1			
72	88	69	19	3	2	1	1	1	
73	87	70	17	5	5		1	1	
74	100	82	18	4	2	2			
75-79岁	**403**	**301**	**102**	**10**	**6**	**4**	**2**	**1**	**1**
75	83	55	28	3	2	1			
76	106	81	25	1		1	1	1	
77	86	69	17	2	2				
78	68	53	15	2	1	1	1		1
79	60	43	17	2	1	1			
80-84岁	**272**	**218**	**54**	**12**	**7**	**5**	**2**		**2**
80	84	68	16	2	2				
81	53	41	12	4	3	1	1		1
82	48	38	10	2		2			
83	50	41	9	2	1	1	1		1
84	37	30	7	2	1	1			
85岁及以上	**109**	**85**	**24**	**4**	**2**	**2**	**2**		**2**

4-1c　全省分年龄、性别、受教育程度的3岁及以上人口(乡村)

单位：人

年龄	3岁及以上人口			未上过学		
	合计	男	女	小计	男	女
总　计	**3865861**	**2080052**	**1785809**	**175255**	**44964**	**130291**
3	51830	27652	24178	16026	8542	7484
4	51575	27631	23944	5209	2707	2502
5-9岁	**289086**	**155946**	**133140**	**3851**	**1999**	**1852**
5	53510	28851	24659	2255	1161	1094
6	56295	30266	26029	830	430	400
7	57945	31247	26698	280	143	137
8	62652	33901	28751	274	146	128
9	58684	31681	27003	212	119	93
10-14岁	**289423**	**156529**	**132894**	**1083**	**579**	**504**
10	57327	30918	26409	196	108	88
11	59087	32081	27006	260	141	119
12	59457	32030	27427	260	126	134
13	57350	30978	26372	206	127	79
14	56202	30522	25680	161	77	84
15-19岁	**191475**	**109465**	**82010**	**711**	**414**	**297**
15	47627	26292	21335	149	86	63
16	34779	20015	14764	147	85	62
17	31063	18241	12822	125	67	58
18	37068	21419	15649	142	89	53
19	40938	23498	17440	148	87	61
20-24岁	**220042**	**127539**	**92503**	**811**	**471**	**340**
20	40941	23756	17185	138	81	57
21	39480	23178	16302	161	90	71
22	42219	24740	17479	165	90	75
23	45383	26205	19178	155	99	56
24	52019	29660	22359	192	111	81
25-29岁	**300900**	**170783**	**130117**	**1158**	**606**	**552**
25	56995	32328	24667	213	114	99
26	56616	31952	24664	208	114	94
27	61464	34992	26472	219	126	93
28	63597	36223	27374	257	125	132
29	62228	35288	26940	261	127	134
30-34岁	**323206**	**182578**	**140628**	**1771**	**812**	**959**
30	70316	39565	30751	335	162	173
31	65474	37031	28443	349	174	175
32	62091	35259	26832	325	151	174
33	63882	36160	27722	359	158	201
34	61443	34563	26880	403	167	236
35-39岁	**315281**	**177115**	**138166**	**2905**	**1135**	**1770**
35	59918	33622	26296	444	177	267
36	65364	36616	28748	538	210	328
37	64316	36135	28181	608	237	371
38	66001	37204	28797	657	261	396
39	59682	33538	26144	658	250	408
40-44岁	**267499**	**148382**	**119117**	**4762**	**1590**	**3172**
40	60448	33647	26801	840	310	530
41	56521	31750	24771	882	291	591
42	53407	29691	23716	962	337	625
43	46217	25572	20645	919	310	609
44	50906	27722	23184	1159	342	817

4-1c 续表 1

单位：人

年 龄	3岁及以上人口			未上过学		
	合计	男	女	小计	男	女
45-49岁	**282421**	**152857**	**129564**	**7001**	**1981**	**5020**
45	51245	27733	23512	1182	352	830
46	55779	30232	25547	1325	387	938
47	58807	31984	26823	1322	384	938
48	60363	32494	27869	1592	456	1136
49	56227	30414	25813	1580	402	1178
50-54岁	**309317**	**164368**	**144949**	**9843**	**2351**	**7492**
50	65423	34848	30575	1885	499	1386
51	61148	32688	28460	1817	465	1352
52	66604	35075	31529	2098	472	1626
53	56144	29724	26420	1991	455	1536
54	59998	32033	27965	2052	460	1592
55-59岁	**286659**	**151468**	**135191**	**11041**	**2203**	**8838**
55	61757	32430	29327	2278	489	1789
56	62248	32457	29791	2334	475	1859
57	65059	34697	30362	2364	473	1891
58	62080	33104	28976	2416	483	1933
59	35515	18780	16735	1649	283	1366
60-64岁	**187153**	**96791**	**90362**	**11969**	**1964**	**10005**
60	33966	17315	16651	1727	272	1455
61	33867	17842	16025	1973	321	1652
62	41719	21865	19854	2599	481	2118
63	40662	21136	19526	2732	451	2281
64	36939	18633	18306	2938	439	2499
65-69岁	**169181**	**84861**	**84320**	**15941**	**2655**	**13286**
65	38766	19792	18974	3115	515	2600
66	37096	18452	18644	3276	524	2752
67	33389	16567	16822	3272	539	2733
68	32396	16277	16119	3255	536	2719
69	27534	13773	13761	3023	541	2482
70-74岁	**117734**	**58707**	**59027**	**16956**	**3127**	**13829**
70	30900	15647	15253	3675	660	3015
71	26177	13435	12742	3500	655	2845
72	22510	11137	11373	3331	622	2709
73	20184	9822	10362	3304	597	2707
74	17963	8666	9297	3146	593	2553
75-79岁	**76400**	**34528**	**41872**	**16913**	**3198**	**13715**
75	16908	8039	8869	3350	636	2714
76	15531	7323	8208	3154	623	2531
77	15487	7063	8424	3460	661	2799
78	14812	6444	8368	3568	670	2898
79	13662	5659	8003	3381	608	2773
80-84岁	**68286**	**28146**	**40140**	**20077**	**3719**	**16358**
80	14965	6175	8790	4054	747	3307
81	13433	5526	7907	3878	720	3158
82	14256	5753	8503	4192	743	3449
83	13041	5506	7535	3967	743	3224
84	12591	5186	7405	3986	766	3220
85岁及以上	**68393**	**24706**	**43687**	**27227**	**4911**	**22316**

4-1c　续表 2

单位：人

年　龄	学前教育			小　学		
	小计	男	女	小计	男	女
总　计	**156291**	**83427**	**72864**	**969918**	**455317**	**514601**
3	35804	19110	16694			
4	46366	24924	21442			
5-9岁	**67733**	**36603**	**31130**	**213157**	**114867**	**98290**
5	43432	23429	20003	7823	4261	3562
6	18764	10213	8551	35875	19159	16716
7	2993	1638	1355	53705	28912	24793
8	1525	787	738	59622	32259	27363
9	1019	536	483	56132	30276	25856
10-14岁	**2735**	**1425**	**1310**	**150804**	**82469**	**68335**
10	694	375	319	54304	29287	25017
11	605	338	267	52927	28833	24094
12	454	221	233	30041	16777	13264
13	469	222	247	9598	5385	4213
14	513	269	244	3934	2187	1747
15-19岁	**592**	**321**	**271**	**6219**	**3643**	**2576**
15	319	161	158	1748	988	760
16	124	67	57	1112	663	449
17	58	36	22	1065	635	430
18	43	29	14	1081	619	462
19	48	28	20	1213	738	475
20-24岁	**133**	**81**	**52**	**7804**	**4871**	**2933**
20	40	27	13	1165	727	438
21	24	14	10	1232	802	430
22	16	10	6	1436	902	534
23	30	18	12	1766	1087	679
24	23	12	11	2205	1353	852
25-29岁	**151**	**90**	**61**	**15266**	**8796**	**6470**
25	31	17	14	2552	1572	980
26	39	29	10	2726	1643	1083
27	24	10	14	3158	1807	1351
28	27	18	9	3383	1909	1474
29	30	16	14	3447	1865	1582
30-34岁	**130**	**75**	**55**	**25859**	**13060**	**12799**
30	20	8	12	4348	2276	2072
31	23	19	4	4730	2341	2389
32	27	17	10	5036	2523	2513
33	33	16	17	5656	2872	2784
34	27	15	12	6089	3048	3041
35-39岁	**135**	**76**	**59**	**39571**	**20257**	**19314**
35	28	18	10	6611	3380	3231
36	21	15	6	7849	3985	3864
37	33	16	17	8249	4354	3895
38	28	16	12	8609	4373	4236
39	25	11	14	8253	4165	4088
40-44岁	**141**	**57**	**84**	**46113**	**22617**	**23496**
40	30	15	15	9190	4576	4614
41	33	10	23	8908	4464	4444
42	28	9	19	9306	4633	4673
43	16	6	10	8551	4135	4416
44	34	17	17	10158	4809	5349

4-1c 续表 3 单位：人

年 龄	学前教育			小 学		
	小计	男	女	小计	男	女
45-49岁	**167**	**69**	**98**	**59713**	**27116**	**32597**
45	33	14	19	10608	4982	5626
46	21	10	11	11538	5334	6204
47	35	17	18	12357	5670	6687
48	46	15	31	13081	5734	7347
49	32	13	19	12129	5396	6733
50-54岁	**209**	**80**	**129**	**76366**	**32329**	**44037**
50	32	14	18	15254	6518	8736
51	30	11	19	14858	6439	8419
52	51	21	30	16478	6945	9533
53	46	16	30	14476	6082	8394
54	50	18	32	15300	6345	8955
55-59岁	**323**	**97**	**226**	**70380**	**27074**	**43306**
55	70	25	45	15721	6313	9408
56	69	16	53	15600	6095	9505
57	83	22	61	15407	5951	9456
58	72	26	46	14617	5477	9140
59	29	8	21	9035	3238	5797
60-64岁	**229**	**66**	**163**	**53812**	**18598**	**35214**
60	33	13	20	9126	3130	5996
61	35	11	24	9158	3156	6002
62	53	14	39	11768	4111	7657
63	51	12	39	11954	4139	7815
64	57	16	41	11806	4062	7744
65-69岁	**271**	**74**	**197**	**59684**	**20988**	**38696**
65	56	21	35	12564	4373	8191
66	62	10	52	12655	4258	8397
67	49	14	35	12017	4245	7772
68	56	15	41	11896	4227	7669
69	48	14	34	10552	3885	6667
70-74岁	**301**	**79**	**222**	**49756**	**19622**	**30134**
70	72	23	49	12367	4682	7685
71	54	11	43	10763	4321	6442
72	68	19	49	9607	3774	5833
73	52	13	39	8870	3548	5322
74	55	13	42	8149	3297	4852
75-79岁	**244**	**59**	**185**	**34771**	**14149**	**20622**
75	47	9	38	7555	3181	4374
76	44	13	31	7082	2925	4157
77	55	13	42	7062	2922	4140
78	51	13	38	6771	2723	4048
79	47	11	36	6301	2398	3903
80-84岁	**302**	**73**	**229**	**31511**	**12879**	**18632**
80	64	13	51	6918	2726	4192
81	68	19	49	6213	2489	3724
82	59	9	50	6579	2606	3973
83	72	20	52	6028	2601	3427
84	39	12	27	5773	2457	3316
85岁及以上	**325**	**68**	**257**	**29132**	**11982**	**17150**

4-1c　续表 4　　　　单位：人

年　龄	初　中			高　中			大学专科		
	小计	男	女	小计	男	女	小计	男	女
总　计	**1919629**	**1098364**	**821265**	**394440**	**256048**	**138392**	**154399**	**89866**	**64533**
3									
4									
5–9岁	**4342**	**2477**	**1865**	**3**		**3**			
5									
6	826	464	362						
7	967	554	413						
8	1229	709	520	2		2			
9	1320	750	570	1		1			
10–14岁	**132227**	**70785**	**61442**	**2570**	**1268**	**1302**	**3**	**2**	**1**
10	2130	1146	984	3	2	1			
11	5290	2767	2523	5	2	3			
12	28694	14905	13789	8	1	7			
13	46488	24920	21568	589	324	265			
14	49625	27047	22578	1965	939	1026	3	2	1
15–19岁	**90621**	**54815**	**35806**	**63031**	**35721**	**27310**	**17795**	**8537**	**9258**
15	33111	18788	14323	11913	6061	5852	350	187	163
16	16700	10005	6695	15979	8833	7146	613	314	299
17	12798	8030	4768	14797	8438	6359	1463	704	759
18	13393	8585	4808	11816	7106	4710	5761	2707	3054
19	14619	9407	5212	8526	5283	3243	9608	4625	4983
20–24岁	**107727**	**66207**	**41520**	**37537**	**22978**	**14559**	**37390**	**19077**	**18313**
20	16143	10381	5762	7211	4563	2648	9475	4682	4793
21	17674	11256	6418	6645	4198	2447	7349	3723	3626
22	20950	13047	7903	7243	4456	2787	6732	3508	3224
23	23917	14434	9483	7784	4699	3085	6779	3460	3319
24	29043	17089	11954	8654	5062	3592	7055	3704	3351
25–29岁	**187105**	**107137**	**79968**	**45524**	**26527**	**18997**	**31380**	**17218**	**14162**
25	32999	19162	13837	9353	5450	3903	7060	3641	3419
26	34287	19711	14576	8791	5000	3791	6412	3447	2965
27	38283	22003	16280	9247	5350	3897	6338	3527	2811
28	40825	23216	17609	9239	5506	3733	6061	3398	2663
29	40711	23045	17666	8894	5221	3673	5509	3205	2304
30–34岁	**219165**	**122411**	**96754**	**40565**	**24753**	**15812**	**22389**	**13780**	**8609**
30	46742	26137	20605	9623	5673	3950	5854	3424	2430
31	43857	24652	19205	8612	5202	3410	4921	2940	1981
32	42078	23554	18524	7862	4856	3006	4243	2646	1597
33	43897	24419	19478	7720	4821	2899	3892	2519	1373
34	42591	23649	18942	6748	4201	2547	3479	2251	1228
35–39岁	**223869**	**124790**	**99079**	**29257**	**18238**	**11019**	**12157**	**7914**	**4243**
35	41907	23208	18699	6239	3826	2413	2928	1890	1038
36	46542	25779	20763	6024	3766	2258	2685	1762	923
37	45830	25463	20367	5730	3554	2176	2407	1598	809
38	47104	26450	20654	5918	3722	2196	2296	1484	812
39	42486	23890	18596	5346	3370	1976	1841	1180	661
40–44岁	**180724**	**100997**	**79727**	**24518**	**15820**	**8698**	**7707**	**5044**	**2663**
40	42306	23585	18721	5417	3398	2019	1833	1225	608
41	38896	21977	16919	5318	3421	1897	1662	1065	597
42	35885	20048	15837	4920	3195	1725	1563	1006	557
43	30664	17198	13466	4226	2749	1477	1283	825	458
44	32973	18189	14784	4637	3057	1580	1366	923	443

4-1c 续表 5

单位：人

年 龄	初 中			高 中			大学专科		
	小计	男	女	小计	男	女	小计	男	女
45-49岁	**180361**	**100135**	**80226**	**25603**	**17100**	**8503**	**6688**	**4491**	**2197**
45	32891	18091	14800	4636	3035	1601	1315	881	434
46	35838	19811	16027	5034	3309	1725	1419	970	449
47	37762	20967	16795	5358	3605	1753	1367	914	453
48	38111	21148	16963	5522	3768	1754	1424	966	458
49	35759	20118	15641	5053	3383	1670	1163	760	403
50-54岁	**187349**	**105181**	**82168**	**27363**	**18803**	**8560**	**5835**	**4007**	**1828**
50	40490	22524	17966	5770	3957	1813	1382	930	452
51	37249	20914	16335	5561	3759	1802	1146	768	378
52	40176	22303	17873	5929	4046	1883	1358	929	429
53	33603	18958	14645	4729	3291	1438	951	677	274
54	35831	20482	15349	5374	3750	1624	998	703	295
55-59岁	**163669**	**92958**	**70711**	**34345**	**24269**	**10076**	**5028**	**3566**	**1462**
55	36252	20418	15834	5957	4158	1799	1065	731	334
56	35939	20110	15829	6768	4701	2067	1102	769	333
57	37660	21538	16122	7872	5539	2333	1208	857	351
58	34914	19916	14998	8607	6155	2452	1094	789	305
59	18904	10976	7928	5141	3716	1425	559	420	139
60-64岁	**89617**	**52364**	**37253**	**27923**	**21170**	**6753**	**2605**	**1940**	**665**
60	17475	9854	7621	4917	3534	1383	495	370	125
61	16676	9847	6829	5391	4038	1353	468	353	115
62	20023	11755	8268	6505	4951	1554	556	408	148
63	19159	11320	7839	5994	4660	1334	564	412	152
64	16284	9588	6696	5116	3987	1129	522	397	125
65-69岁	**71365**	**43809**	**27556**	**19165**	**15337**	**3828**	**2005**	**1456**	**549**
65	17244	10364	6880	5113	4026	1087	486	352	134
66	15993	9670	6323	4461	3530	931	474	337	137
67	13950	8520	5430	3561	2846	715	376	287	89
68	13252	8338	4914	3465	2820	645	352	253	99
69	10926	6917	4009	2565	2115	450	317	227	90
70-74岁	**39752**	**26761**	**12991**	**8983**	**7512**	**1471**	**1531**	**1252**	**279**
70	11561	7581	3980	2772	2344	428	338	269	69
71	9305	6333	2972	2130	1772	358	350	282	68
72	7437	5024	2413	1630	1347	283	339	277	62
73	6245	4237	2008	1360	1134	226	261	223	38
74	5204	3586	1618	1091	915	176	243	201	42
75-79岁	**19397**	**12997**	**6400**	**3767**	**3079**	**688**	**932**	**787**	**145**
75	4776	3252	1524	884	732	152	213	181	32
76	4200	2898	1302	775	649	126	197	159	38
77	3894	2621	1273	751	623	128	198	176	22
78	3445	2257	1188	718	576	142	180	148	32
79	3082	1969	1113	639	499	140	144	123	21
80-84岁	**12790**	**8518**	**4272**	**2701**	**2200**	**501**	**576**	**494**	**82**
80	3026	1957	1069	689	552	137	150	127	23
81	2530	1672	858	559	468	91	111	99	12
82	2652	1771	881	579	462	117	118	100	18
83	2344	1620	724	463	383	80	104	91	13
84	2238	1498	740	411	335	76	93	77	16
85岁及以上	**9549**	**6022**	**3527**	**1585**	**1273**	**312**	**378**	**301**	**77**

4-1c　续表 6　　　　　　　　　　　　　　　　　　　　　　　　　　　　　　　　单位：人

年　龄	大学本科			硕士研究生			博士研究生		
	小计	男	女	小计	男	女	小计	男	女
总　计	**92001**	**50140**	**41861**	**3513**	**1686**	**1827**	**415**	**240**	**175**
3									
4									
5–9岁									
5									
6									
7									
8									
9									
10–14岁	**1**	**1**							
10									
11									
12									
13									
14	1	1							
15–19岁	**12497**	**6008**	**6489**	**8**	**5**	**3**	**1**	**1**	
15	37	21	16						
16	104	48	56						
17	756	330	426	1	1				
18	4829	2283	2546	3	1	2			
19	6771	3326	3445	4	3	1	1	1	
20–24岁	**28267**	**13719**	**14548**	**357**	**123**	**234**	**16**	**12**	**4**
20	6761	3293	3468	7	2	5	1		1
21	6364	3081	3283	31	14	17			
22	5604	2700	2904	70	24	46	3	3	
23	4841	2361	2480	108	44	64	3	3	
24	4697	2284	2413	141	39	102	9	6	3
25–29岁	**19397**	**10037**	**9360**	**841**	**339**	**502**	**78**	**33**	**45**
25	4581	2289	2292	196	81	115	10	2	8
26	3973	1946	2027	165	57	108	15	5	10
27	4001	2082	1919	180	81	99	14	6	8
28	3626	1979	1647	163	64	99	16	8	8
29	3216	1741	1475	137	56	81	23	12	11
30–34岁	**12406**	**7292**	**5114**	**842**	**351**	**491**	**79**	**44**	**35**
30	3195	1803	1392	184	77	107	15	5	10
31	2802	1626	1176	164	68	96	16	9	7
32	2335	1430	905	173	76	97	12	6	6
33	2150	1282	868	160	62	98	15	11	4
34	1924	1151	773	161	68	93	21	13	8
35–39岁	**6726**	**4339**	**2387**	**591**	**325**	**266**	**70**	**41**	**29**
35	1637	1061	576	114	55	59	10	7	3
36	1566	1020	546	125	72	53	14	7	7
37	1318	843	475	131	63	68	10	7	3
38	1258	816	442	115	74	41	16	8	8
39	947	599	348	106	61	45	20	12	8
40–44岁	**3248**	**2087**	**1161**	**248**	**149**	**99**	**38**	**21**	**17**
40	754	490	264	69	43	26	9	5	4
41	762	487	275	53	30	23	7	5	2
42	672	423	249	60	36	24	11	4	7
43	516	322	194	35	23	12	7	4	3
44	544	365	179	31	17	14	4	3	1

4-1c 续表 7

单位：人

年 龄	大学本科			硕士研究生			博士研究生		
	小计	男	女	小计	男	女	小计	男	女
45-49岁	**2700**	**1850**	**850**	**156**	**97**	**59**	**32**	**18**	**14**
45	538	353	185	34	22	12	8	3	5
46	580	395	185	20	14	6	4	2	2
47	568	402	166	33	21	12	5	4	1
48	534	377	157	45	27	18	8	3	5
49	480	323	157	24	13	11	7	6	1
50-54岁	**2172**	**1498**	**674**	**143**	**97**	**46**	**37**	**22**	**15**
50	556	369	187	43	30	13	11	7	4
51	454	314	140	26	16	10	7	2	5
52	480	334	146	28	20	8	6	5	1
53	322	230	92	21	13	8	5	2	3
54	360	251	109	25	18	7	8	6	2
55-59岁	**1700**	**1187**	**513**	**138**	**90**	**48**	**35**	**24**	**11**
55	378	273	105	32	21	11	4	2	2
56	385	256	129	40	27	13	11	8	3
57	418	286	132	34	22	12	13	9	4
58	331	239	92	25	16	9	4	3	1
59	188	133	55	7	4	3	3	2	1
60-64岁	**907**	**626**	**281**	**76**	**51**	**25**	**15**	**12**	**3**
60	175	127	48	16	14	2	2	1	1
61	151	107	44	12	7	5	3	2	1
62	193	132	61	19	10	9	3	3	
63	187	125	62	16	13	3	5	4	1
64	201	135	66	13	7	6	2	2	
65-69岁	**695**	**514**	**181**	**47**	**21**	**26**	**8**	**7**	**1**
65	173	130	43	12	8	4	3	3	
66	161	117	44	11	4	7	3	2	1
67	152	111	41	10	3	7	2	2	
68	110	83	27	10	5	5			
69	99	73	26	4	1	3			
70-74岁	**429**	**340**	**89**	**23**	**12**	**11**	**3**	**2**	**1**
70	109	84	25	5	3	2	1	1	
71	70	59	11	5	2	3			
72	94	73	21	4	1	3			
73	88	69	19	3	1	2	1		1
74	68	55	13	6	5	1	1	1	
75-79岁	**360**	**250**	**110**	**16**	**9**	**7**			
75	80	47	33	3	1	2			
76	76	54	22	3	2	1			
77	65	46	19	2	1	1			
78	75	55	20	4	2	2			
79	64	48	16	4	3	1			
80-84岁	**311**	**251**	**60**	**17**	**11**	**6**	**1**	**1**	
80	61	51	10	3	2	1			
81	71	57	14	2	1	1	1	1	
82	69	56	13	8	6	2			
83	59	46	13	4	2	2			
84	51	41	10						
85岁及以上	**185**	**141**	**44**	**10**	**6**	**4**	**2**	**2**	

4–2　各地区分性别、受教育程度的15岁及以上人口

单位：人

地　　区	15岁及以上人口			未上过学		
	合计	男	女	小计	男	女
全省	**8067507**	**4244519**	**3822988**	**247432**	**51978**	**195454**
海口市	**2344829**	**1219595**	**1125234**	**30434**	**6472**	**23962**
秀英区	453536	246022	207514	7959	1842	6117
龙华区	653384	339359	314025	7494	1525	5969
琼山区	528582	273523	255059	6127	1245	4882
美兰区	709327	360691	348636	8854	1860	6994
三亚市	**849170**	**455884**	**393286**	**11193**	**2609**	**8584**
海棠区	92496	52335	40161	999	214	785
吉阳区	373252	199918	173334	3064	788	2276
天涯区	289028	152320	136708	5344	1161	4183
崖州区	94394	51311	43083	1786	446	1340
三沙市	**2123**	**1532**	**591**	**7**	**6**	**1**
儋州市	**729164**	**385340**	**343824**	**58969**	**10436**	**48533**
五指山市	92155	48171	43984	2893	585	2308
琼海市	428668	222165	206503	6504	1166	5338
文昌市	459671	232994	226677	9953	1634	8319
万宁市	434046	227160	206886	11020	2395	8625
东方市	348809	184313	164496	28585	7120	21465
定安县	221657	118305	103352	4187	949	3238
屯昌县	195881	103720	92161	6603	1565	5038
澄迈县	388496	210271	178225	10863	2300	8563
临高县	324859	169675	155184	18118	3720	14398
白沙黎族自治县	129786	69727	60059	5676	1359	4317
昌江黎族自治县	184273	97419	86854	11508	2771	8737
乐东黎族自治县	374700	199876	174824	16072	3900	12172
陵水黎族自治县	291881	155116	136765	6442	1332	5110
保亭黎族苗族自治县	125077	66789	58288	3738	704	3034
琼中黎族苗族自治县	142262	76467	65795	4667	955	3712

4-2 续表 1

单位：人

地　区	学前教育			小　学		
	小计	男	女	小计	男	女
全省	**7832**	**3181**	**4651**	**1118528**	**467502**	**651026**
海口市	**1897**	**843**	**1054**	**224844**	**91784**	**133060**
秀英区	627	294	333	55668	24272	31396
龙华区	490	222	268	54149	22254	31895
琼山区	321	142	179	52433	20202	32231
美兰区	459	185	274	62594	25056	37538
三亚市	**554**	**234**	**320**	**90374**	**41895**	**48479**
海棠区	76	29	47	12601	5928	6673
吉阳区	205	88	117	29984	14316	15668
天涯区	193	82	111	33528	15260	18268
崖州区	80	35	45	14261	6391	7870
三沙市				**12**	**7**	**5**
儋州市	**1402**	**488**	**914**	**150581**	**65185**	**85396**
五指山市	118	55	63	11312	5492	5820
琼海市	336	118	218	48844	17752	31092
文昌市	574	181	393	65848	24090	41758
万宁市	660	282	378	57228	20875	36353
东方市	177	74	103	78351	36182	42169
定安县	100	48	52	29550	10544	19006
屯昌县	230	83	147	33981	13564	20417
澄迈县	339	140	199	58730	22826	35904
临高县	313	148	165	51369	19807	31562
白沙黎族自治县	79	36	43	27280	13007	14273
昌江黎族自治县	167	63	104	38245	17499	20746
乐东黎族自治县	382	184	198	74076	33206	40870
陵水黎族自治县	327	141	186	35215	13985	21230
保亭黎族苗族自治县	84	31	53	17487	8313	9174
琼中黎族苗族自治县	93	32	61	25201	11489	13712

4-2　续表 2　　　　单位：人

地　区	初　中			高　中			大学专科		
	小计	男	女	小计	男	女	小计	男	女
全省	**3731451**	**2053507**	**1677944**	**1559099**	**906693**	**652406**	**736629**	**409345**	**327284**
海口市	**813810**	**440013**	**373797**	**559965**	**307855**	**252110**	**332406**	**175990**	**156416**
秀英区	183096	106403	76693	96666	55173	41493	50752	27059	23693
龙华区	206555	110589	95966	169779	91425	78354	105245	55517	49728
琼山区	205927	108553	97374	127540	71866	55674	71969	38962	33007
美兰区	218232	114468	103764	165980	89391	76589	104440	54452	49988
三亚市	**363856**	**202185**	**161671**	**183500**	**104682**	**78818**	**99580**	**53421**	**46159**
海棠区	49823	28799	21024	17094	10825	6269	7729	4338	3391
吉阳区	138509	77728	60781	85846	48121	37725	48388	25261	23127
天涯区	123001	66546	56455	65177	36115	29062	37225	20325	16900
崖州区	52523	29112	23411	15383	9621	5762	6238	3497	2741
三沙市	**1219**	**883**	**336**	**744**	**537**	**207**	**110**	**75**	**35**
儋州市	**316385**	**185778**	**130607**	**117716**	**72786**	**44930**	**46412**	**28930**	**17482**
五指山市	38982	21483	17499	23688	12626	11062	9401	4744	4657
琼海市	244464	127798	116666	80305	47677	32628	29514	17241	12273
文昌市	249353	129474	119879	89821	54282	35539	27596	14557	13039
万宁市	246538	130649	115889	81320	50648	30672	24741	14885	9856
东方市	141461	81163	60298	54861	33140	21721	27434	16413	11021
定安县	137060	75420	61640	33780	21175	12605	11227	6841	4386
屯昌县	115390	65126	50264	23869	14163	9706	10151	6038	4113
澄迈县	225147	127293	97854	57950	36476	21474	20624	12672	7952
临高县	190281	106177	84104	41433	25698	15735	14710	8944	5766
白沙黎族自治县	63699	36079	27620	19972	11824	8148	8538	4985	3553
昌江黎族自治县	81437	45824	35613	32284	19021	13263	13289	8011	5278
乐东黎族自治县	186001	103054	82947	59966	36824	23142	27845	16763	11082
陵水黎族自治县	177402	97542	79860	50775	29795	20980	13958	7993	5965
保亭黎族苗族自治县	64608	35651	28957	23928	13742	10186	9584	5347	4237
琼中黎族苗族自治县	74358	41915	32443	23222	13742	9480	9509	5495	4014

4-2 续表 3

单位：人

地区	大学本科			硕士研究生			博士研究生		
	小计	男	女	小计	男	女	小计	男	女
全省	**625347**	**331451**	**293896**	**36753**	**18189**	**18564**	**4436**	**2673**	**1763**
海口市	**350710**	**180933**	**169777**	**27384**	**13673**	**13711**	**3379**	**2032**	**1347**
秀英区	53387	28292	25095	4924	2433	2491	457	254	203
龙华区	101810	53814	47996	7087	3545	3542	775	468	307
琼山区	60057	30408	29649	3707	1846	1861	501	299	202
美兰区	135456	68419	67037	11666	5849	5817	1646	1011	635
三亚市	**95035**	**48467**	**46568**	**4585**	**2091**	**2494**	**493**	**300**	**193**
海棠区	3940	2087	1853	211	99	112	23	16	7
吉阳区	63671	31951	31720	3214	1446	1768	371	219	152
天涯区	23407	12278	11129	1060	492	568	93	61	32
崖州区	4017	2151	1866	100	54	46	6	4	2
三沙市	**30**	**23**	**7**	**1**	**1**				
儋州市	**36587**	**21158**	**15429**	**961**	**483**	**478**	**151**	**96**	**55**
五指山市	5527	3049	2478	206	120	86	28	17	11
琼海市	18015	10064	7951	615	301	314	71	48	23
文昌市	15944	8520	7424	515	217	298	67	39	28
万宁市	12204	7256	4948	291	140	151	44	30	14
东方市	17615	10039	7576	301	164	137	24	18	6
定安县	5566	3227	2339	167	92	75	20	9	11
屯昌县	5521	3113	2408	121	62	59	15	6	9
澄迈县	14363	8310	6053	432	229	203	48	25	23
临高县	8450	5103	3347	167	70	97	18	8	10
白沙黎族自治县	4413	2371	2042	122	61	61	7	5	2
昌江黎族自治县	7150	4133	3017	176	88	88	17	9	8
乐东黎族自治县	10138	5817	4321	207	118	89	13	10	3
陵水黎族自治县	7540	4210	3330	207	109	98	15	9	6
保亭黎族苗族自治县	5493	2912	2581	139	81	58	16	8	8
琼中黎族苗族自治县	5046	2746	2300	156	89	67	10	4	6

4-2a 各地区分性别、受教育程度的15岁及以上人口(城市)

单位：人

地区	15岁及以上人口			未上过学		
	合计	男	女	小计	男	女
全省	**3052800**	**1575785**	**1477015**	**35648**	**7591**	**28057**
海口市	**1701434**	**876120**	**825314**	**13914**	**3213**	**10701**
秀英区	292856	157364	135492	2965	744	2221
龙华区	575571	297443	278128	4228	925	3303
琼山区	352082	181082	171000	2064	526	1538
美兰区	480925	240231	240694	4657	1018	3639
三亚市	**576502**	**305415**	**271087**	**5800**	**1330**	**4470**
海棠区	41038	22985	18053	469	100	369
吉阳区	299798	159790	140008	2402	635	1767
天涯区	192952	99505	93447	2231	441	1790
崖州区	42714	23135	19579	698	154	544
三沙市						
儋州市	**213327**	**109846**	**103481**	**6585**	**1112**	**5473**
五指山市	42841	21093	21748	452	94	358
琼海市	144390	73472	70918	597	133	464
文昌市	134030	65848	68182	1291	209	1082
万宁市	89502	45813	43689	897	184	713
东方市	150774	78178	72596	6112	1316	4796
定安县						
屯昌县						
澄迈县						
临高县						
白沙黎族自治县						
昌江黎族自治县						
乐东黎族自治县						
陵水黎族自治县						
保亭黎族苗族自治县						
琼中黎族苗族自治县						

4-2a 续表 1 单位：人

地区	学前教育			小学		
	小计	男	女	小计	男	女
全省	**2076**	**920**	**1156**	**258609**	**107263**	**151346**
海口市	**1012**	**460**	**552**	**125827**	**52399**	**73428**
秀英区	153	73	80	28076	12876	15200
龙华区	396	184	212	38446	16037	22409
琼山区	173	83	90	24927	10213	14714
美兰区	290	120	170	34378	13273	21105
三亚市	**387**	**156**	**231**	**50365**	**22687**	**27678**
海棠区	47	18	29	6020	2808	3212
吉阳区	165	72	93	23748	11385	12363
天涯区	150	60	90	15527	6401	9126
崖州区	25	6	19	5070	2093	2977
三沙市						
儋州市	**276**	**128**	**148**	**33525**	**13716**	**19809**
五指山市	16	6	10	2735	1125	1610
琼海市	98	48	50	8200	2950	5250
文昌市	99	49	50	11120	4029	7091
万宁市	66	24	42	6734	2237	4497
东方市	122	49	73	20103	8120	11983
定安县						
屯昌县						
澄迈县						
临高县						
白沙黎族自治县						
昌江黎族自治县						
乐东黎族自治县						
陵水黎族自治县						
保亭黎族苗族自治县						
琼中黎族苗族自治县						

4–2a 续表 2

单位：人

地 区	初 中			高 中			大学专科		
	小计	男	女	小计	男	女	小计	男	女
全省	**1045169**	**543933**	**501236**	**818250**	**442789**	**375461**	**437928**	**234749**	**203179**
海口市	**510195**	**266094**	**244101**	**454288**	**241216**	**213072**	**274660**	**145387**	**129273**
秀英区	103923	59206	44717	72356	39581	32775	39690	20858	18832
龙华区	164121	85773	78348	159457	84711	74746	102029	53567	48462
琼山区	114204	57602	56602	96846	52499	44347	57997	32026	25971
美兰区	127947	63513	64434	125629	64425	61204	74944	38936	36008
三亚市	**224356**	**122417**	**101939**	**146050**	**81100**	**64950**	**76100**	**40564**	**35536**
海棠区	21996	12617	9379	8311	5136	3175	2593	1428	1165
吉阳区	108196	60212	47984	76732	42464	34268	39879	20858	19021
天涯区	69399	36027	33372	53337	28649	24688	30800	16698	14102
崖州区	24765	13561	11204	7670	4851	2819	2828	1580	1248
三沙市									
儋州市	**85248**	**44998**	**40250**	**54250**	**30617**	**23633**	**17778**	**10396**	**7382**
五指山市	11839	5772	6067	15781	7867	7914	7307	3606	3701
琼海市	62402	29855	32547	42614	23049	19565	18656	10767	7889
文昌市	56356	27152	29204	40675	22086	18589	15299	7389	7910
万宁市	40721	19572	21149	26442	15085	11357	9210	5436	3774
东方市	54052	28073	25979	38150	21769	16381	18918	11204	7714
定安县									
屯昌县									
澄迈县									
临高县									
白沙黎族自治县									
昌江黎族自治县									
乐东黎族自治县									
陵水黎族自治县									
保亭黎族苗族自治县									
琼中黎族苗族自治县									

4-2a 续表 3

单位：人

地区	大学本科			硕士研究生			博士研究生		
	小计	男	女	小计	男	女	小计	男	女
全省	**421538**	**221448**	**200090**	**29909**	**14849**	**15060**	**3673**	**2243**	**1430**
海口市	**293861**	**153142**	**140719**	**24554**	**12314**	**12240**	**3123**	**1895**	**1228**
秀英区	41527	21918	19609	3810	1902	1908	356	206	150
龙华区	99180	52305	46875	6960	3483	3477	754	458	296
琼山区	52116	26211	25905	3289	1644	1645	466	278	188
美兰区	101038	52708	48330	10495	5285	5210	1547	953	594
三亚市	**69317**	**35195**	**34122**	**3756**	**1736**	**2020**	**371**	**230**	**141**
海棠区	1502	825	677	94	49	45	6	4	2
吉阳区	45725	22770	22955	2671	1225	1446	280	169	111
天涯区	20463	10725	9738	961	448	513	84	56	28
崖州区	1627	875	752	30	14	16	1	1	
三沙市									
儋州市	**15237**	**8654**	**6583**	**376**	**191**	**185**	**52**	**34**	**18**
五指山市	4513	2502	2011	174	107	67	24	14	10
琼海市	11380	6447	4933	408	198	210	35	25	10
文昌市	8815	4779	4036	335	132	203	40	23	17
万宁市	5334	3220	2114	86	46	40	12	9	3
东方市	13081	7509	5572	220	125	95	16	13	3
定安县									
屯昌县									
澄迈县									
临高县									
白沙黎族自治县									
昌江黎族自治县									
乐东黎族自治县									
陵水黎族自治县									
保亭黎族苗族自治县									
琼中黎族苗族自治县									

4-2b　各地区分性别、受教育程度的15岁及以上人口(镇)

单位：人

地　区	15岁及以上人口			未上过学		
	合计	男	女	小计	男	女
全省	**1830760**	**956440**	**874320**	**62698**	**13250**	**49448**
海口市	**213556**	**112156**	**101400**	**4008**	**873**	**3135**
秀英区	62844	33833	29011	1633	403	1230
龙华区	17450	9450	8000	550	108	442
琼山区	30428	15128	15300	579	131	448
美兰区	102834	53745	49089	1246	231	1015
三亚市	**23040**	**12311**	**10729**	**434**	**85**	**349**
海棠区	7809	4331	3478	146	24	122
吉阳区	6447	3476	2971	38	9	29
天涯区	7640	3927	3713	223	49	174
崖州区	1144	577	567	27	3	24
三沙市	**2123**	**1532**	**591**	**7**	**6**	**1**
儋州市	**183729**	**97550**	**86179**	**16928**	**3574**	**13354**
五指山市	13622	7179	6443	399	76	323
琼海市	67824	35050	32774	1497	277	1220
文昌市	144157	73679	70478	3260	583	2677
万宁市	88948	46560	42388	2012	436	1576
东方市	51141	27124	24017	5168	1238	3930
定安县	91051	47694	43357	1044	288	756
屯昌县	87052	44991	42061	1250	268	982
澄迈县	235756	126487	109269	4937	1079	3858
临高县	161770	83211	78559	7997	1556	6441
白沙黎族自治县	25558	12867	12691	479	130	349
昌江黎族自治县	110905	56861	54044	4592	862	3730
乐东黎族自治县	117716	61620	56096	4078	932	3146
陵水黎族自治县	124479	64540	59939	2904	631	2273
保亭黎族苗族自治县	44026	22339	21687	968	187	781
琼中黎族苗族自治县	44307	22689	21618	736	169	567

4-2b 续表 1

单位：人

地区	学前教育			小学		
	小计	男	女	小计	男	女
全省	**2103**	**896**	**1207**	**253962**	**102258**	**151704**
海口市	**391**	**200**	**191**	**24563**	**9705**	**14858**
秀英区	320	165	155	8907	3784	5123
龙华区	15	8	7	2891	1072	1819
琼山区	21	10	11	3848	1311	2537
美兰区	35	17	18	8917	3538	5379
三亚市	**6**	**3**	**3**	**4084**	**1779**	**2305**
海棠区	2	1	1	1171	558	613
吉阳区	1		1	672	297	375
天涯区	3	2	1	2126	887	1239
崖州区				115	37	78
三沙市				**12**	**7**	**5**
儋州市	**410**	**157**	**253**	**39857**	**17905**	**21952**
五指山市	1		1	1881	853	1028
琼海市	37	10	27	8632	3294	5338
文昌市	222	67	155	21751	8141	13610
万宁市	109	42	67	10439	3718	6721
东方市	11	7	4	12022	5600	6422
定安县	34	17	17	7691	2573	5118
屯昌县	61	21	40	8509	3102	5407
澄迈县	201	94	107	29731	11288	18443
临高县	174	88	86	24329	9749	14580
白沙黎族自治县	5	1	4	2910	1233	1677
昌江黎族自治县	93	31	62	15661	6128	9533
乐东黎族自治县	93	41	52	18688	7882	10806
陵水黎族自治县	169	76	93	14401	5696	8705
保亭黎族苗族自治县	29	15	14	4084	1754	2330
琼中黎族苗族自治县	57	26	31	4717	1851	2866

4-2b 续表 2 单位：人

地 区	初 中			高 中			大学专科		
	小计	男	女	小计	男	女	小计	男	女
全省	**903222**	**484472**	**418750**	**348982**	**209124**	**139858**	**144305**	**84732**	**59573**
海口市	**85613**	**47223**	**38390**	**40414**	**25063**	**15351**	**21724**	**11742**	**9982**
秀英区	24780	14357	10423	11078	6598	4480	6748	3607	3141
龙华区	10212	5838	4374	2393	1581	812	748	472	276
琼山区	16083	8566	7517	4437	2924	1513	3713	1407	2306
美兰区	34538	18462	16076	22506	13960	8546	10515	6256	4259
三亚市	**10364**	**5691**	**4673**	**4052**	**2599**	**1453**	**2713**	**1491**	**1222**
海棠区	3347	1923	1424	1568	984	584	1019	580	439
吉阳区	2800	1493	1307	1419	916	503	1062	556	506
天涯区	3414	1855	1559	966	633	333	582	328	254
崖州区	803	420	383	99	66	33	50	27	23
三沙市	**1219**	**883**	**336**	**744**	**537**	**207**	**110**	**75**	**35**
儋州市	**71093**	**41507**	**29586**	**27262**	**17343**	**9919**	**14507**	**9204**	**5303**
五指山市	6345	3572	2773	3560	1913	1647	760	421	339
琼海市	41653	21843	19810	10455	6454	4001	3253	1892	1361
文昌市	84903	44044	40859	23695	15151	8544	6463	3707	2756
万宁市	54166	28434	25732	14530	9275	5255	5495	3350	2145
东方市	25351	14930	10421	4882	3233	1649	2152	1276	876
定安县	49736	25323	24413	20887	12517	8370	7569	4635	2934
屯昌县	50431	26126	24305	15658	9022	6636	6989	4136	2853
澄迈县	130050	71101	58949	42996	26339	16657	16171	9842	6329
临高县	87691	46937	40754	25772	15362	10410	9803	5944	3859
白沙黎族自治县	9043	4458	4585	6956	3666	3290	3627	2050	1577
昌江黎族自治县	45638	23962	21676	27545	15707	11838	11038	6516	4522
乐东黎族自治县	50134	26745	23389	26602	15446	11156	12387	7308	5079
陵水黎族自治县	64179	33614	30565	29609	16977	12632	8338	4835	3503
保亭黎族苗族自治县	17212	8712	8500	11997	6334	5663	5688	3139	2549
琼中黎族苗族自治县	18401	9367	9034	11366	6186	5180	5518	3169	2349

4－2b　续表 3　　　　　　　　　　　　　　　　　　单位：人

地　区	大学本科			硕士研究生			博士研究生		
	小计	男	女	小计	男	女	小计	男	女
全省	**111809**	**59864**	**51945**	**3331**	**1654**	**1677**	**348**	**190**	**158**
海口市	**35308**	**16624**	**18684**	**1405**	**655**	**750**	**130**	**71**	**59**
秀英区	8554	4525	4029	755	360	395	69	34	35
龙华区	618	358	260	20	11	9	3	2	1
琼山区	1682	749	933	56	24	32	9	6	3
美兰区	24454	10992	13462	574	260	314	49	29	20
三亚市	**1346**	**646**	**700**	**38**	**15**	**23**	**3**	**2**	**1**
海棠区	539	255	284	16	5	11	1	1	
吉阳区	439	199	240	15	6	9	1		1
天涯区	320	170	150	6	3	3			
崖州区	48	22	26	1	1		1	1	
三沙市	**30**	**23**	**7**	**1**	**1**				
儋州市	**13154**	**7584**	**5570**	**439**	**225**	**214**	**79**	**51**	**28**
五指山市	647	331	316	27	12	15	2	1	1
琼海市	2247	1252	995	44	25	19	6	3	3
文昌市	3785	1953	1832	68	27	41	10	6	4
万宁市	2156	1280	876	38	22	16	3	3	
东方市	1526	824	702	25	14	11	4	2	2
定安县	3966	2274	1692	110	62	48	14	5	9
屯昌县	4064	2274	1790	80	39	41	10	3	7
澄迈县	11270	6534	4736	366	194	172	34	16	18
临高县	5904	3536	2368	92	36	56	8	3	5
白沙黎族自治县	2479	1305	1174	55	21	34	4	3	1
昌江黎族自治县	6196	3581	2615	129	67	62	13	7	6
乐东黎族自治县	5634	3205	2429	95	57	38	5	4	1
陵水黎族自治县	4755	2646	2109	116	60	56	8	5	3
保亭黎族苗族自治县	3940	2135	1805	98	58	40	10	5	5
琼中黎族苗族自治县	3402	1857	1545	105	64	41	5		5

4–2c 各地区分性别、受教育程度的15岁及以上人口(乡村)

单位：人

地区	15岁及以上人口			未上过学		
	合计	男	女	小计	男	女
全省	**3183947**	**1712294**	**1471653**	**149086**	**31137**	**117949**
海口市	**429839**	**231319**	**198520**	**12512**	**2386**	**10126**
秀英区	97836	54825	43011	3361	695	2666
龙华区	60363	32466	27897	2716	492	2224
琼山区	146072	77313	68759	3484	588	2896
美兰区	125568	66715	58853	2951	611	2340
三亚市	**249628**	**138158**	**111470**	**4959**	**1194**	**3765**
海棠区	43649	25019	18630	384	90	294
吉阳区	67007	36652	30355	624	144	480
天涯区	88436	48888	39548	2890	671	2219
崖州区	50536	27599	22937	1061	289	772
三沙市						
儋州市	**332108**	**177944**	**154164**	**35456**	**5750**	**29706**
五指山市	35692	19899	15793	2042	415	1627
琼海市	216454	113643	102811	4410	756	3654
文昌市	181484	93467	88017	5402	842	4560
万宁市	255596	134787	120809	8111	1775	6336
东方市	146894	79011	67883	17305	4566	12739
定安县	130606	70611	59995	3143	661	2482
屯昌县	108829	58729	50100	5353	1297	4056
澄迈县	152740	83784	68956	5926	1221	4705
临高县	163089	86464	76625	10121	2164	7957
白沙黎族自治县	104228	56860	47368	5197	1229	3968
昌江黎族自治县	73368	40558	32810	6916	1909	5007
乐东黎族自治县	256984	138256	118728	11994	2968	9026
陵水黎族自治县	167402	90576	76826	3538	701	2837
保亭黎族苗族自治县	81051	44450	36601	2770	517	2253
琼中黎族苗族自治县	97955	53778	44177	3931	786	3145

4-2c 续表 1

单位：人

地　区	学前教育			小　学		
	小计	男	女	小计	男	女
全省	**3653**	**1365**	**2288**	**605957**	**257981**	**347976**
海口市	**494**	**183**	**311**	**74454**	**29680**	**44774**
秀英区	154	56	98	18685	7612	11073
龙华区	79	30	49	12812	5145	7667
琼山区	127	49	78	23658	8678	14980
美兰区	134	48	86	19299	8245	11054
三亚市	**161**	**75**	**86**	**35925**	**17429**	**18496**
海棠区	27	10	17	5410	2562	2848
吉阳区	39	16	23	5564	2634	2930
天涯区	40	20	20	15875	7972	7903
崖州区	55	29	26	9076	4261	4815
三沙市						
儋州市	**716**	**203**	**513**	**77199**	**33564**	**43635**
五指山市	101	49	52	6696	3514	3182
琼海市	201	60	141	32012	11508	20504
文昌市	253	65	188	32977	11920	21057
万宁市	485	216	269	40055	14920	25135
东方市	44	18	26	46226	22462	23764
定安县	66	31	35	21859	7971	13888
屯昌县	169	62	107	25472	10462	15010
澄迈县	138	46	92	28999	11538	17461
临高县	139	60	79	27040	10058	16982
白沙黎族自治县	74	35	39	24370	11774	12596
昌江黎族自治县	74	32	42	22584	11371	11213
乐东黎族自治县	289	143	146	55388	25324	30064
陵水黎族自治县	158	65	93	20814	8289	12525
保亭黎族苗族自治县	55	16	39	13403	6559	6844
琼中黎族苗族自治县	36	6	30	20484	9638	10846

4–2c 续表 2

单位：人

地 区	初 中			高 中			大学专科		
	小计	男	女	小计	男	女	小计	男	女
全省	**1783060**	**1025102**	**757958**	**391867**	**254780**	**137087**	**154396**	**89864**	**64532**
海口市	**218002**	**126696**	**91306**	**65263**	**41576**	**23687**	**36022**	**18861**	**17161**
秀英区	54393	32840	21553	13232	8994	4238	4314	2594	1720
龙华区	32222	18978	13244	7929	5133	2796	2468	1478	990
琼山区	75640	42385	33255	26257	16443	9814	10259	5529	4730
美兰区	55747	32493	23254	17845	11006	6839	18981	9260	9721
三亚市	**129136**	**74077**	**55059**	**33398**	**20983**	**12415**	**20767**	**11366**	**9401**
海棠区	24480	14259	10221	7215	4705	2510	4117	2330	1787
吉阳区	27513	16023	11490	7695	4741	2954	7447	3847	3600
天涯区	50188	28664	21524	10874	6833	4041	5843	3299	2544
崖州区	26955	15131	11824	7614	4704	2910	3360	1890	1470
三沙市									
儋州市	**160044**	**99273**	**60771**	**36204**	**24826**	**11378**	**14127**	**9330**	**4797**
五指山市	20798	12139	8659	4347	2846	1501	1334	717	617
琼海市	140409	76100	64309	27236	18174	9062	7605	4582	3023
文昌市	108094	58278	49816	25451	17045	8406	5834	3461	2373
万宁市	151651	82643	69008	40348	26288	14060	10036	6099	3937
东方市	62058	38160	23898	11829	8138	3691	6364	3933	2431
定安县	87324	50097	37227	12893	8658	4235	3658	2206	1452
屯昌县	64959	39000	25959	8211	5141	3070	3162	1902	1260
澄迈县	95097	56192	38905	14954	10137	4817	4453	2830	1623
临高县	102590	59240	43350	15661	10336	5325	4907	3000	1907
白沙黎族自治县	54656	31621	23035	13016	8158	4858	4911	2935	1976
昌江黎族自治县	35799	21862	13937	4739	3314	1425	2251	1495	756
乐东黎族自治县	135867	76309	59558	33364	21378	11986	15458	9455	6003
陵水黎族自治县	113223	63928	49295	21166	12818	8348	5620	3158	2462
保亭黎族苗族自治县	47396	26939	20457	11931	7408	4523	3896	2208	1688
琼中黎族苗族自治县	55957	32548	23409	11856	7556	4300	3991	2326	1665

4-2c 续表 3

单位：人

地区	大学本科			硕士研究生			博士研究生		
	小计	男	女	小计	男	女	小计	男	女
全省	**92000**	**50139**	**41861**	**3513**	**1686**	**1827**	**415**	**240**	**175**
海口市	**21541**	**11167**	**10374**	**1425**	**704**	**721**	**126**	**66**	**60**
秀英区	3306	1849	1457	359	171	188	32	14	18
龙华区	2012	1151	861	107	51	56	18	8	10
琼山区	6259	3448	2811	362	178	184	26	15	11
美兰区	9964	4719	5245	597	304	293	50	29	21
三亚市	**24372**	**12626**	**11746**	**791**	**340**	**451**	**119**	**68**	**51**
海棠区	1899	1007	892	101	45	56	16	11	5
吉阳区	17507	8982	8525	528	215	313	90	50	40
天涯区	2624	1383	1241	93	41	52	9	5	4
崖州区	2342	1254	1088	69	39	30	4	2	2
三沙市									
儋州市	**8196**	**4920**	**3276**	**146**	**67**	**79**	**20**	**11**	**9**
五指山市	367	216	151	5	1	4	2	2	
琼海市	4388	2365	2023	163	78	85	30	20	10
文昌市	3344	1788	1556	112	58	54	17	10	7
万宁市	4714	2756	1958	167	72	95	29	18	11
东方市	3008	1706	1302	56	25	31	4	3	1
定安县	1600	953	647	57	30	27	6	4	2
屯昌县	1457	839	618	41	23	18	5	3	2
澄迈县	3093	1776	1317	66	35	31	14	9	5
临高县	2546	1567	979	75	34	41	10	5	5
白沙黎族自治县	1934	1066	868	67	40	27	3	2	1
昌江黎族自治县	954	552	402	47	21	26	4	2	2
乐东黎族自治县	4504	2612	1892	112	61	51	8	6	2
陵水黎族自治县	2785	1564	1221	91	49	42	7	4	3
保亭黎族苗族自治县	1553	777	776	41	23	18	6	3	3
琼中黎族苗族自治县	1644	889	755	51	25	26	5	4	1

4-3 各地区分性别、受教育程度的16-59岁人口

单位：人

地 区	16-59岁人口			未上过学		
	合计	男	女	小计	男	女
全省	**6466945**	**3467940**	**2999005**	**70280**	**19870**	**50410**
海口市	**1955318**	**1027739**	**927579**	**7239**	**2621**	**4618**
秀英区	383031	210844	172187	2059	678	1381
龙华区	550686	288863	261823	1822	617	1205
琼山区	434787	227106	207681	1264	505	759
美兰区	586814	300926	285888	2094	821	1273
三亚市	**732493**	**398864**	**333629**	**3758**	**1335**	**2423**
海棠区	78762	45680	33082	302	115	187
吉阳区	330320	178563	151757	1294	501	793
天涯区	246126	131701	114425	1575	497	1078
崖州区	77285	42920	34365	587	222	365
三沙市	**1941**	**1406**	**535**	**6**	**5**	**1**
儋州市	**589743**	**319288**	**270455**	**22766**	**3937**	**18829**
五指山市	73663	39582	34081	587	244	343
琼海市	320557	169024	151533	1336	490	846
文昌市	329731	169673	160058	1291	569	722
万宁市	328382	176012	152370	1630	610	1020
东方市	282253	152675	129578	12040	3300	8740
定安县	161731	88326	73405	803	329	474
屯昌县	148328	80150	68178	1410	435	975
澄迈县	295392	163965	131427	1924	669	1255
临高县	249103	133618	115485	3948	1021	2927
白沙黎族自治县	104645	57637	47008	1504	549	955
昌江黎族自治县	148592	80740	67852	3448	1155	2293
乐东黎族自治县	300114	164905	135209	3679	1563	2116
陵水黎族自治县	232059	126979	105080	1151	416	735
保亭黎族苗族自治县	100293	55221	45072	597	246	351
琼中黎族苗族自治县	112607	62136	50471	1163	376	787

4-3 续表 1　　单位：人

地区	学前教育			小学		
	小计	男	女	小计	男	女
全省	**3926**	**1889**	**2037**	**641483**	**290566**	**350917**
海口市	**1001**	**517**	**484**	**123842**	**56642**	**67200**
秀英区	366	193	173	33974	16141	17833
龙华区	258	133	125	30271	13706	16565
琼山区	152	71	81	26940	11762	15178
美兰区	225	120	105	32657	15033	17624
三亚市	**333**	**158**	**175**	**59634**	**30649**	**28985**
海棠区	43	21	22	7886	4228	3658
吉阳区	121	57	64	20480	10829	9651
天涯区	119	53	66	22157	11057	11100
崖州区	50	27	23	9111	4535	4576
三沙市				**10**	**7**	**3**
儋州市	**771**	**278**	**493**	**106198**	**44288**	**61910**
五指山市	68	35	33	7135	4005	3130
琼海市	138	63	75	18411	7690	10721
文昌市	165	87	78	24712	10253	14459
万宁市	331	174	157	23529	9224	14305
东方市	110	43	67	57924	27073	30851
定安县	43	24	19	11165	4369	6796
屯昌县	88	42	46	17375	7249	10126
澄迈县	153	82	71	28023	11791	16232
临高县	160	81	79	28883	10995	17888
白沙黎族自治县	46	22	24	18725	9637	9088
昌江黎族自治县	69	33	36	26509	12575	13934
乐东黎族自治县	209	122	87	48062	23378	24684
陵水黎族自治县	169	93	76	16292	7496	8796
保亭黎族苗族自治县	24	14	10	10161	5714	4447
琼中黎族苗族自治县	48	21	27	14893	7531	7362

4-3　续表 2　　单位：人

地　区	初　中			高　中			大学专科		
	小计	男	女	小计	男	女	小计	男	女
全省	**3137281**	**1713394**	**1423887**	**1288464**	**735058**	**553406**	**685254**	**373553**	**311701**
海口市	**679813**	**366673**	**313140**	**465488**	**253166**	**212322**	**310568**	**161496**	**149072**
秀英区	159651	92538	67113	82357	46530	35827	47801	25095	22706
龙华区	172812	92831	79981	142323	76209	66114	98081	50823	47258
琼山区	171309	89440	81869	105490	58413	47077	67626	35974	31652
美兰区	176041	91864	84177	135318	72014	63304	97060	49604	47456
三亚市	**320594**	**178713**	**141881**	**158751**	**90404**	**68347**	**93227**	**49370**	**43857**
海棠区	44090	25624	18466	15101	9534	5567	7399	4114	3285
吉阳区	123457	69731	53726	74531	41885	32646	45287	23345	21942
天涯区	107856	58275	49581	56363	31107	25256	34822	18774	16048
崖州区	45191	25083	20108	12756	7878	4878	5719	3137	2582
三沙市	**1097**	**796**	**301**	**691**	**502**	**189**	**106**	**72**	**34**
儋州市	**277188**	**160527**	**116661**	**101616**	**61860**	**39756**	**44264**	**27272**	**16992**
五指山市	33437	18420	15017	18935	10043	8892	8252	4016	4236
琼海市	192934	99786	93148	63261	36042	27219	26989	15429	11560
文昌市	193764	98082	95682	69055	39913	29142	25110	12673	12437
万宁市	201593	105323	96270	66785	40430	26355	22607	13277	9330
东方市	124964	70890	54074	44680	26693	17987	25482	15041	10441
定安县	108912	59334	49578	25266	15156	10110	10050	5976	4074
屯昌县	95613	53106	42507	19146	10961	8185	9249	5335	3914
澄迈县	188622	105428	83194	44440	27130	17310	18323	10980	7343
临高县	161243	89050	72193	33129	19650	13479	13473	7943	5530
白沙黎族自治县	55346	30941	24405	16567	9559	7008	8022	4569	3453
昌江黎族自治县	71696	39725	31971	27159	15758	11401	12560	7408	5152
乐东黎族自治县	160740	87883	72857	51129	30658	20471	26355	15651	10704
陵水黎族自治县	150073	82312	67761	43992	25313	18679	13000	7297	5703
保亭黎族苗族自治县	55807	30731	25076	19659	11009	8650	8742	4752	3990
琼中黎族苗族自治县	63845	35674	28171	18715	10811	7904	8875	4996	3879

4-3 续表 3

单位：人

地区	大学本科			硕士研究生			博士研究生		
	小计	男	女	小计	男	女	小计	男	女
全省	**600499**	**313867**	**286632**	**35521**	**17231**	**18290**	**4237**	**2512**	**1725**
海口市	**337462**	**171635**	**165827**	**26649**	**13061**	**13588**	**3256**	**1928**	**1328**
秀英区	51563	27078	24485	4817	2348	2469	443	243	200
龙华区	97498	50733	46765	6872	3365	3507	749	446	303
琼山区	57923	28894	29029	3598	1762	1836	485	285	200
美兰区	130478	64930	65548	11362	5586	5776	1579	954	625
三亚市	**91330**	**46012**	**45318**	**4408**	**1952**	**2456**	**458**	**271**	**187**
海棠区	3719	1937	1782	201	92	109	21	15	6
吉阳区	61695	30653	31042	3104	1359	1745	351	203	148
天涯区	22145	11437	10708	1008	451	557	81	50	31
崖州区	3771	1985	1786	95	50	45	5	3	2
三沙市	**30**	**23**	**7**	**1**	**1**				
儋州市	**35853**	**20565**	**15288**	**941**	**470**	**471**	**146**	**91**	**55**
五指山市	5052	2710	2342	176	97	79	21	12	9
琼海市	16846	9203	7643	577	278	299	65	43	22
文昌市	15070	7855	7215	499	203	296	65	38	27
万宁市	11597	6820	4777	266	124	142	44	30	14
东方市	16752	9471	7281	279	148	131	22	16	6
定安县	5320	3046	2274	155	83	72	17	9	8
屯昌县	5319	2957	2362	114	59	55	14	6	8
澄迈县	13454	7655	5799	408	208	200	45	22	23
临高县	8106	4808	3298	144	63	81	17	7	10
白沙黎族自治县	4313	2299	2014	115	56	59	7	5	2
昌江黎族自治县	6997	4004	2993	139	73	66	15	9	6
乐东黎族自治县	9730	5530	4200	198	111	87	12	9	3
陵水黎族自治县	7184	3952	3232	186	93	93	12	7	5
保亭黎族苗族自治县	5170	2681	2489	121	68	53	12	6	6
琼中黎族苗族自治县	4914	2641	2273	145	83	62	9	3	6

4-3a　各地区分性别、受教育程度的16-59岁人口(城市)

单位：人

地　区	16-59岁人口			未上过学		
	合计	男	女	小计	男	女
全省	**2575074**	**1341717**	**1233357**	**11991**	**3468**	**8523**
海口市	**1450171**	**752544**	**697627**	**3973**	**1462**	**2511**
秀英区	254676	138252	116424	963	339	624
龙华区	493525	257092	236433	1273	455	818
琼山区	303147	156995	146152	590	265	325
美兰区	398823	200205	198618	1147	403	744
三亚市	**497815**	**266791**	**231024**	**2377**	**785**	**1592**
海棠区	33829	19498	14331	145	60	85
吉阳区	263814	141882	121932	1094	412	682
天涯区	165581	86242	79339	881	227	654
崖州区	34591	19169	15422	257	86	171
三沙市						
儋州市	**179219**	**93378**	**85841**	**2565**	**485**	**2080**
五指山市	33987	16855	17132	122	46	76
琼海市	116967	60085	56882	133	63	70
文昌市	104555	51529	53026	176	69	107
万宁市	69969	36245	33724	129	40	89
东方市	122391	64290	58101	2516	518	1998
定安县						
屯昌县						
澄迈县						
临高县						
白沙黎族自治县						
昌江黎族自治县						
乐东黎族自治县						
陵水黎族自治县						
保亭黎族苗族自治县						
琼中黎族苗族自治县						

4-3a 续表 1 单位：人

地区	学前教育			小学		
	小计	男	女	小计	男	女
全省	**1201**	**584**	**617**	**155732**	**71614**	**84118**
海口市	**550**	**280**	**270**	**73792**	**34455**	**39337**
秀英区	82	39	43	18626	9351	9275
龙华区	228	116	112	22820	10613	12207
琼山区	93	46	47	14718	6822	7896
美兰区	147	79	68	17628	7669	9959
三亚市	**228**	**101**	**127**	**32734**	**16411**	**16323**
海棠区	24	12	12	3462	1920	1542
吉阳区	95	45	50	16522	8724	7798
天涯区	98	40	58	9789	4360	5429
崖州区	11	4	7	2961	1407	1554
三沙市						
儋州市	**187**	**91**	**96**	**24033**	**10107**	**13926**
五指山市	6	3	3	1423	719	704
琼海市	59	28	31	3535	1575	1960
文昌市	61	37	24	4415	1911	2504
万宁市	32	16	16	2475	933	1542
东方市	78	28	50	13325	5503	7822
定安县						
屯昌县						
澄迈县						
临高县						
白沙黎族自治县						
昌江黎族自治县						
乐东黎族自治县						
陵水黎族自治县						
保亭黎族苗族自治县						
琼中黎族苗族自治县						

4-3a　续表 2

单位：人

地　区	初　中			高　中			大学专科		
	小计	男	女	小计	男	女	小计	男	女
全省	**877987**	**458485**	**419502**	**686958**	**369407**	**317551**	**405688**	**213438**	**192250**
海口市	**427030**	**224170**	**202860**	**381076**	**201398**	**179678**	**255142**	**132600**	**122542**
秀英区	91423	52369	39054	62010	33794	28216	37420	19379	18041
龙华区	137490	72662	64828	134201	71173	63028	95101	49056	46045
琼山区	97291	49288	48003	82193	44276	37917	54330	29547	24783
美兰区	100826	49851	50975	102672	52155	50517	68291	34618	33673
三亚市	**195344**	**107359**	**87985**	**126125**	**69958**	**56167**	**70828**	**37213**	**33615**
海棠区	19146	11044	8102	7134	4344	2790	2446	1330	1116
吉阳区	96001	53934	42067	66328	36800	29528	37028	19096	17932
天涯区	59542	31002	28540	46245	24829	21416	28683	15338	13345
崖州区	20655	11379	9276	6418	3985	2433	2671	1449	1222
三沙市									
儋州市	**73798**	**38488**	**35310**	**46813**	**26171**	**20642**	**16624**	**9523**	**7101**
五指山市	9407	4602	4805	12491	6217	6274	6290	2974	3316
琼海市	49966	23989	25977	35192	18667	16525	17100	9707	7393
文昌市	44275	20997	23278	33026	17520	15506	13978	6477	7501
万宁市	32092	15210	16882	21563	12054	9509	8486	4894	3592
东方市	46075	23670	22405	30672	17422	13250	17240	10050	7190
定安县									
屯昌县									
澄迈县									
临高县									
白沙黎族自治县									
昌江黎族自治县									
乐东黎族自治县									
陵水黎族自治县									
保亭黎族苗族自治县									
琼中黎族苗族自治县									

4-3a 续表 3 单位：人

地区	大学本科			硕士研究生			博士研究生		
	小计	男	女	小计	男	女	小计	男	女
全省	**402969**	**208492**	**194477**	**29020**	**14109**	**14911**	**3528**	**2120**	**1408**
海口市	**281687**	**144611**	**137076**	**23904**	**11763**	**12141**	**3017**	**1805**	**1212**
秀英区	40087	20958	19129	3719	1825	1894	346	198	148
龙华区	94937	49276	45661	6746	3304	3442	729	437	292
琼山区	50274	24909	25365	3206	1576	1630	452	266	186
美兰区	96389	49468	46921	10233	5058	5175	1490	904	586
三亚市	**66219**	**33134**	**33085**	**3613**	**1620**	**1993**	**347**	**210**	**137**
海棠区	1375	738	637	91	46	45	6	4	2
吉阳区	43905	21565	22340	2576	1149	1427	265	157	108
天涯区	19352	9987	9365	916	411	505	75	48	27
崖州区	1587	844	743	30	14	16	1	1	
三沙市									
儋州市	**14788**	**8301**	**6487**	**363**	**182**	**181**	**48**	**30**	**18**
五指山市	4083	2198	1885	147	86	61	18	10	8
琼海市	10568	5854	4714	382	180	202	32	22	10
文昌市	8258	4371	3887	326	124	202	40	23	17
万宁市	5096	3045	2051	84	44	40	12	9	3
东方市	12270	6978	5292	201	110	91	14	11	3
定安县									
屯昌县									
澄迈县									
临高县									
白沙黎族自治县									
昌江黎族自治县									
乐东黎族自治县									
陵水黎族自治县									
保亭黎族苗族自治县									
琼中黎族苗族自治县									

4-3b　各地区分性别、受教育程度的16-59岁人口(镇)

单位：人

地　区	16-59岁人口			未上过学		
	合计	男	女	小计	男	女
全省	**1442698**	**767960**	**674738**	**18435**	**4925**	**13510**
海口市	**174027**	**92337**	**81690**	**897**	**298**	**599**
秀英区	51231	28135	23096	323	106	217
龙华区	13056	7216	5840	108	27	81
琼山区	23091	11387	11704	109	35	74
美兰区	86649	45599	41050	357	130	227
三亚市	**19914**	**10821**	**9093**	**94**	**34**	**60**
海棠区	6916	3888	3028	33	10	23
吉阳区	5821	3177	2644	4	2	2
天涯区	6286	3301	2985	56	22	34
崖州区	891	455	436	1		1
三沙市	**1941**	**1406**	**535**	**6**	**5**	**1**
儋州市	**150722**	**82057**	**68665**	**7029**	**1547**	**5482**
五指山市	10660	5807	4853	63	25	38
琼海市	50516	26544	23972	366	103	263
文昌市	102540	53179	49361	462	201	261
万宁市	67865	36179	31686	270	124	146
东方市	41297	22423	18874	2019	498	1521
定安县	69090	36650	32440	215	104	111
屯昌县	68988	36121	32867	286	104	182
澄迈县	183488	100579	82909	861	323	538
临高县	126423	66580	59843	2418	572	1846
白沙黎族自治县	21307	10804	10503	158	57	101
昌江黎族自治县	89801	46880	42921	1485	317	1168
乐东黎族自治县	94830	50652	44178	945	342	603
陵水黎族自治县	98669	52346	46323	584	155	429
保亭黎族苗族自治县	35371	18268	17103	145	63	82
琼中黎族苗族自治县	35249	18327	16922	132	53	79

4-3b 续表 1

单位：人

地　区	学前教育			小　学		
	小计	男	女	小计	男	女
全省	**1063**	**520**	**543**	**140208**	**60177**	**80031**
海口市	**240**	**140**	**100**	**12666**	**5607**	**7059**
秀英区	205	119	86	5019	2319	2700
龙华区	3	2	1	1294	504	790
琼山区	14	7	7	1549	588	961
美兰区	18	12	6	4804	2196	2608
三亚市	**3**	**1**	**2**	**2935**	**1331**	**1604**
海棠区	1		1	887	427	460
吉阳区	1		1	457	224	233
天涯区	1	1		1536	659	877
崖州区				55	21	34
三沙市				**10**	**7**	**3**
儋州市	**240**	**86**	**154**	**29139**	**12702**	**16437**
五指山市	1		1	1091	592	499
琼海市	18	7	11	3711	1632	2079
文昌市	54	21	33	8532	3610	4922
万宁市	32	14	18	4254	1595	2659
东方市	4	3	1	8766	4044	4722
定安县	13	6	7	2779	1056	1723
屯昌县	20	9	11	4117	1663	2454
澄迈县	107	61	46	14339	5976	8363
临高县	105	55	50	14901	6080	8821
白沙黎族自治县	3		3	1834	867	967
昌江黎族自治县	42	14	28	9130	3586	5544
乐东黎族自治县	45	27	18	10908	4868	6040
陵水黎族自治县	92	54	38	6937	3005	3932
保亭黎族苗族自治县	11	7	4	1990	994	996
琼中黎族苗族自治县	33	15	18	2169	962	1207

4-3b　续表 2

单位：人

地　区	初　中			高　中			大学专科		
	小计	男	女	小计	男	女	小计	男	女
全省	**751815**	**399066**	**352749**	**285676**	**167503**	**118173**	**133547**	**76668**	**56879**
海口市	**70805**	**38575**	**32230**	**32425**	**19739**	**12686**	**20660**	**10981**	**9679**
秀英区	21081	12143	8938	9230	5410	3820	6281	3301	2980
龙华区	8468	4737	3731	1886	1179	707	670	408	262
琼山区	12716	6567	6149	3397	2129	1268	3598	1312	2286
美兰区	28540	15128	13412	17912	11021	6891	10111	5960	4151
三亚市	**9227**	**5019**	**4208**	**3667**	**2357**	**1310**	**2631**	**1435**	**1196**
海棠区	3017	1728	1289	1449	915	534	988	555	433
吉阳区	2536	1346	1190	1329	859	470	1043	544	499
天涯区	3010	1608	1402	813	534	279	552	310	242
崖州区	664	337	327	76	49	27	48	26	22
三沙市	**1097**	**796**	**301**	**691**	**502**	**189**	**106**	**72**	**34**
儋州市	**62823**	**36130**	**26693**	**23959**	**15033**	**8926**	**14052**	**8855**	**5197**
五指山市	5410	3034	2376	2785	1478	1307	669	361	308
琼海市	33309	17236	16073	7967	4708	3259	2951	1657	1294
文昌市	66335	33550	32785	17629	10767	6862	5841	3188	2653
万宁市	44230	22806	21424	12079	7502	4577	4893	2902	1991
东方市	22864	13269	9595	4077	2607	1470	2035	1180	855
定安县	39502	20001	19501	15958	9250	6708	6727	4027	2700
屯昌县	41418	21302	20116	12843	7216	5627	6311	3625	2686
澄迈县	109371	59294	50077	33658	20267	13391	14287	8491	5796
临高县	73221	39015	34206	21138	12280	8858	8901	5223	3678
白沙黎族自治县	7728	3753	3975	5686	2950	2736	3401	1880	1521
昌江黎族自治县	39442	20433	19009	23131	13018	10113	10389	5985	4404
乐东黎族自治县	42592	22326	20266	23083	13163	9920	11711	6799	4912
陵水黎族自治县	52697	27492	25205	25906	14650	11256	7772	4417	3355
保亭黎族苗族自治县	14494	7350	7144	9849	5111	4738	5104	2731	2373
琼中黎族苗族自治县	15250	7685	7565	9145	4905	4240	5106	2859	2247

4-3b 续表 3　　　　单位：人

地 区	大学本科			硕士研究生			博士研究生		
	小计	男	女	小计	男	女	小计	男	女
全省	**108454**	**57379**	**51075**	**3177**	**1546**	**1631**	**323**	**176**	**147**
海口市	**34847**	**16305**	**18542**	**1363**	**626**	**737**	**124**	**66**	**58**
秀英区	8284	4351	3933	742	354	388	66	32	34
龙华区	604	346	258	20	11	9	3	2	1
琼山区	1650	722	928	50	22	28	8	5	3
美兰区	24309	10886	13423	551	239	312	47	27	20
三亚市	**1318**	**629**	**689**	**37**	**14**	**23**	**2**	**1**	**1**
海棠区	525	248	277	16	5	11			
吉阳区	436	197	239	14	5	9	1		1
天涯区	312	164	148	6	3	3			
崖州区	45	20	25	1	1		1	1	
三沙市	**30**	**23**	**7**	**1**	**1**				
儋州市	**12968**	**7433**	**5535**	**434**	**221**	**213**	**78**	**50**	**28**
五指山市	615	306	309	24	10	14	2	1	1
琼海市	2148	1175	973	42	24	18	4	2	2
文昌市	3613	1812	1801	65	24	41	9	6	3
万宁市	2070	1213	857	34	20	14	3	3	
东方市	1503	806	697	25	14	11	4	2	2
定安县	3785	2146	1639	100	55	45	11	5	6
屯昌县	3911	2163	1748	73	36	37	9	3	6
澄迈县	10491	5980	4511	342	173	169	32	14	18
临高县	5649	3321	2328	82	31	51	8	3	5
白沙黎族自治县	2439	1274	1165	54	20	34	4	3	1
昌江黎族自治县	6051	3459	2592	120	61	59	11	7	4
乐东黎族自治县	5451	3070	2381	91	54	37	4	3	1
陵水黎族自治县	4568	2517	2051	106	52	54	7	4	3
保亭黎族苗族自治县	3689	1961	1728	83	48	35	6	3	3
琼中黎族苗族自治县	3308	1786	1522	101	62	39	5		5

4－3c　各地区分性别、受教育程度的16－59岁人口(乡村)

单位：人

地　区	16－59岁人口			未上过学		
	合计	男	女	小计	男	女
全省	**2449173**	**1358263**	**1090910**	**39854**	**11477**	**28377**
海口市	**331120**	**182858**	**148262**	**2369**	**861**	**1508**
秀英区	77124	44457	32667	773	233	540
龙华区	44105	24555	19550	441	135	306
琼山区	108549	58724	49825	565	205	360
美兰区	101342	55122	46220	590	288	302
三亚市	**214764**	**121252**	**93512**	**1287**	**516**	**771**
海棠区	38017	22294	15723	124	45	79
吉阳区	60685	33504	27181	196	87	109
天涯区	74259	42158	32101	638	248	390
崖州区	41803	23296	18507	329	136	193
三沙市						
儋州市	**259802**	**143853**	**115949**	**13172**	**1905**	**11267**
五指山市	29016	16920	12096	402	173	229
琼海市	153074	82395	70679	837	324	513
文昌市	122636	64965	57671	653	299	354
万宁市	190548	103588	86960	1231	446	785
东方市	118565	65962	52603	7505	2284	5221
定安县	92641	51676	40965	588	225	363
屯昌县	79340	44029	35311	1124	331	793
澄迈县	111904	63386	48518	1063	346	717
临高县	122680	67038	55642	1530	449	1081
白沙黎族自治县	83338	46833	36505	1346	492	854
昌江黎族自治县	58791	33860	24931	1963	838	1125
乐东黎族自治县	205284	114253	91031	2734	1221	1513
陵水黎族自治县	133390	74633	58757	567	261	306
保亭黎族苗族自治县	64922	36953	27969	452	183	269
琼中黎族苗族自治县	77358	43809	33549	1031	323	708

4－3c　续表 1　　　　单位：人

地　区	学前教育			小　学		
	小计	男	女	小计	男	女
全省	**1662**	**785**	**877**	**345543**	**158775**	**186768**
海口市	**211**	**97**	**114**	**37384**	**16580**	**20804**
秀英区	79	35	44	10329	4471	5858
龙华区	27	15	12	6157	2589	3568
琼山区	45	18	27	10673	4352	6321
美兰区	60	29	31	10225	5168	5057
三亚市	**102**	**56**	**46**	**23965**	**12907**	**11058**
海棠区	18	9	9	3537	1881	1656
吉阳区	25	12	13	3501	1881	1620
天涯区	20	12	8	10832	6038	4794
崖州区	39	23	16	6095	3107	2988
三沙市						
儋州市	**344**	**101**	**243**	**53026**	**21479**	**31547**
五指山市	61	32	29	4621	2694	1927
琼海市	61	28	33	11165	4483	6682
文昌市	50	29	21	11765	4732	7033
万宁市	267	144	123	16800	6696	10104
东方市	28	12	16	35833	17526	18307
定安县	30	18	12	8386	3313	5073
屯昌县	68	33	35	13258	5586	7672
澄迈县	46	21	25	13684	5815	7869
临高县	55	26	29	13982	4915	9067
白沙黎族自治县	43	22	21	16891	8770	8121
昌江黎族自治县	27	19	8	17379	8989	8390
乐东黎族自治县	164	95	69	37154	18510	18644
陵水黎族自治县	77	39	38	9355	4491	4864
保亭黎族苗族自治县	13	7	6	8171	4720	3451
琼中黎族苗族自治县	15	6	9	12724	6569	6155

4–3c　续表 2　　　　单位：人

地　区	初　中			高　中			大学专科		
	小计	男	女	小计	男	女	小计	男	女
全省	**1507479**	**855843**	**651636**	**315830**	**198148**	**117682**	**146019**	**83447**	**62572**
海口市	**181978**	**103928**	**78050**	**51987**	**32029**	**19958**	**34766**	**17915**	**16851**
秀英区	47147	28026	19121	11117	7326	3791	4100	2415	1685
龙华区	26854	15432	11422	6236	3857	2379	2310	1359	951
琼山区	61302	33585	27717	19900	12008	7892	9698	5115	4583
美兰区	46675	26885	19790	14734	8838	5896	18658	9026	9632
三亚市	**116023**	**66335**	**49688**	**28959**	**18089**	**10870**	**19768**	**10722**	**9046**
海棠区	21927	12852	9075	6518	4275	2243	3965	2229	1736
吉阳区	24920	14451	10469	6874	4226	2648	7216	3705	3511
天涯区	45304	25665	19639	9305	5744	3561	5587	3126	2461
崖州区	23872	13367	10505	6262	3844	2418	3000	1662	1338
三沙市									
儋州市	**140567**	**85909**	**54658**	**30844**	**20656**	**10188**	**13588**	**8894**	**4694**
五指山市	18620	10784	7836	3659	2348	1311	1293	681	612
琼海市	109659	58561	51098	20102	12667	7435	6938	4065	2873
文昌市	83154	43535	39619	18400	11626	6774	5291	3008	2283
万宁市	125271	67307	57964	33143	20874	12269	9228	5481	3747
东方市	56025	33951	22074	9931	6664	3267	6207	3811	2396
定安县	69410	39333	30077	9308	5906	3402	3323	1949	1374
屯昌县	54195	31804	22391	6303	3745	2558	2938	1710	1228
澄迈县	79251	46134	33117	10782	6863	3919	4036	2489	1547
临高县	88022	50035	37987	11991	7370	4621	4572	2720	1852
白沙黎族自治县	47618	27188	20430	10881	6609	4272	4621	2689	1932
昌江黎族自治县	32254	19292	12962	4028	2740	1288	2171	1423	748
乐东黎族自治县	118148	65557	52591	28046	17495	10551	14644	8852	5792
陵水黎族自治县	97376	54820	42556	18086	10663	7423	5228	2880	2348
保亭黎族苗族自治县	41313	23381	17932	9810	5898	3912	3638	2021	1617
琼中黎族苗族自治县	48595	27989	20606	9570	5906	3664	3769	2137	1632

4−3c 续表 3

单位：人

地 区	大学本科			硕士研究生			博士研究生		
	小计	男	女	小计	男	女	小计	男	女
全省	**89076**	**47996**	**41080**	**3324**	**1576**	**1748**	**386**	**216**	**170**
海口市	**20928**	**10719**	**10209**	**1382**	**672**	**710**	**115**	**57**	**58**
秀英区	3192	1769	1423	356	169	187	31	13	18
龙华区	1957	1111	846	106	50	56	17	7	10
琼山区	5999	3263	2736	342	164	178	25	14	11
美兰区	9780	4576	5204	578	289	289	42	23	19
三亚市	**23793**	**12249**	**11544**	**758**	**318**	**440**	**109**	**60**	**49**
海棠区	1819	951	868	94	41	53	15	11	4
吉阳区	17354	8891	8463	514	205	309	85	46	39
天涯区	2481	1286	1195	86	37	49	6	2	4
崖州区	2139	1121	1018	64	35	29	3	1	2
三沙市									
儋州市	**8097**	**4831**	**3266**	**144**	**67**	**77**	**20**	**11**	**9**
五指山市	354	206	148	5	1	4	1	1	
琼海市	4130	2174	1956	153	74	79	29	19	10
文昌市	3199	1672	1527	108	55	53	16	9	7
万宁市	4431	2562	1869	148	60	88	29	18	11
东方市	2979	1687	1292	53	24	29	4	3	1
定安县	1535	900	635	55	28	27	6	4	2
屯昌县	1408	794	614	41	23	18	5	3	2
澄迈县	2963	1675	1288	66	35	31	13	8	5
临高县	2457	1487	970	62	32	30	9	4	5
白沙黎族自治县	1874	1025	849	61	36	25	3	2	1
昌江黎族自治县	946	545	401	19	12	7	4	2	2
乐东黎族自治县	4279	2460	1819	107	57	50	8	6	2
陵水黎族自治县	2616	1435	1181	80	41	39	5	3	2
保亭黎族苗族自治县	1481	720	761	38	20	18	6	3	3
琼中黎族苗族自治县	1606	855	751	44	21	23	4	3	1

4-4　各地区分性别、受教育程度的25岁及以上人口

单位：人

地　　区	25岁及以上人口			未上过学		
	合计	男	女	小计	男	女
全省	**6920719**	**3606190**	**3314529**	**244372**	**50133**	**194239**
海口市	**1955023**	**1011656**	**943367**	**29719**	**6060**	**23659**
秀英区	394011	212219	181792	7834	1767	6067
龙华区	554164	285631	268533	7281	1400	5881
琼山区	441694	227581	214113	5937	1153	4784
美兰区	565154	286225	278929	8667	1740	6927
三亚市	**708532**	**377906**	**330626**	**10959**	**2475**	**8484**
海棠区	79556	44629	34927	967	200	767
吉阳区	296601	158246	138355	2985	737	2248
天涯区	248150	129715	118435	5260	1115	4145
崖州区	84225	45316	38909	1747	423	1324
三沙市	**1873**	**1324**	**549**	**7**	**6**	**1**
儋州市	**619415**	**320526**	**298889**	**58525**	**10150**	**48375**
五指山市	76925	40807	36118	2846	556	2290
琼海市	378637	193143	185494	6391	1096	5295
文昌市	411404	206577	204827	9822	1542	8280
万宁市	385821	199244	186577	10883	2312	8571
东方市	299595	156047	143548	28437	7032	21405
定安县	196505	103533	92972	4110	898	3212
屯昌县	171280	90017	81263	6515	1508	5007
澄迈县	337686	180304	157382	10692	2187	8505
临高县	275061	141772	133289	17890	3600	14290
白沙黎族自治县	115604	61752	53852	5614	1324	4290
昌江黎族自治县	163525	85539	77986	11431	2733	8698
乐东黎族自治县	325520	171681	153839	15870	3793	12077
陵水黎族自治县	257509	135839	121670	6346	1260	5086
保亭黎族苗族自治县	113326	60315	53011	3693	674	3019
琼中黎族苗族自治县	127478	68208	59270	4622	927	3695

4-4 续表 1

单位：人

地　区	学前教育			小　学		
	小计	男	女	小计	男	女
全省	**5663**	**1959**	**3704**	**1087300**	**448528**	**638772**
海口市	**1260**	**481**	**779**	**218210**	**87682**	**130528**
秀英区	482	210	272	54206	23332	30874
龙华区	318	124	194	52305	21170	31135
琼山区	171	57	114	50881	19245	31636
美兰区	289	90	199	60818	23935	36883
三亚市	**385**	**147**	**238**	**88121**	**40448**	**47673**
海棠区	51	18	33	12237	5706	6531
吉阳区	135	53	82	29199	13809	15390
天涯区	134	46	88	32615	14670	17945
崖州区	65	30	35	14070	6263	7807
三沙市				**10**	**5**	**5**
儋州市	**1126**	**331**	**795**	**144894**	**61732**	**83162**
五指山市	102	45	57	11099	5359	5740
琼海市	242	72	170	47730	17106	30624
文昌市	495	135	360	64745	23445	41300
万宁市	516	195	321	55900	20062	35838
东方市	131	47	84	76245	34881	41364
定安县	64	26	38	28894	10171	18723
屯昌县	189	57	132	33057	13024	20033
澄迈县	213	65	148	57118	21867	35251
临高县	178	70	108	49546	18760	30786
白沙黎族自治县	58	21	37	26814	12727	14087
昌江黎族自治县	127	40	87	37384	16979	20405
乐东黎族自治县	285	132	153	71854	31866	39988
陵水黎族自治县	140	46	94	33798	13125	20673
保亭黎族苗族自治县	68	20	48	17146	8092	9054
琼中黎族苗族自治县	84	29	55	24735	11197	13538

4-4　续表 2　　单位：人

地　区	初　中			高　中			大学专科		
	小计	男	女	小计	男	女	小计	男	女
全省	**3351488**	**1823086**	**1528402**	**1178754**	**692394**	**486360**	**569803**	**322936**	**246867**
海口市	**741293**	**395251**	**346042**	**429776**	**234098**	**195678**	**255474**	**136887**	**118587**
秀英区	165680	95124	70556	71030	40940	30090	43026	23183	19843
龙华区	185683	98134	87549	131745	70119	61626	87145	46076	41069
琼山区	188912	98143	90769	96739	54200	42539	49831	27790	22041
美兰区	201018	103850	97168	130262	68839	61423	75472	39838	35634
三亚市	**329109**	**180446**	**148663**	**141362**	**80223**	**61139**	**76111**	**41284**	**34827**
海棠区	45088	25753	19335	12998	8255	4743	4989	2936	2053
吉阳区	125098	69172	55926	65543	36013	29530	37993	20075	17918
天涯区	110729	59122	51607	50904	28445	22459	28113	15385	12728
崖州区	48194	26399	21795	11917	7510	4407	5016	2888	2128
三沙市	**1113**	**796**	**317**	**625**	**438**	**187**	**92**	**60**	**32**
儋州市	**269159**	**156453**	**112706**	**82954**	**52553**	**30401**	**36694**	**23402**	**13292**
五指山市	36098	19700	16398	14749	8339	6410	7083	3995	3088
琼海市	226662	117035	109627	60795	36805	23990	21509	12330	9179
文昌市	232668	119103	113565	70815	43678	27137	19909	11597	8312
万宁市	224972	117691	107281	64874	41375	23499	19423	11918	7505
东方市	120343	68617	51726	38803	24048	14755	21769	13285	8484
定安县	124718	68031	56687	25010	16007	9003	9184	5707	3477
屯昌县	101459	56937	44522	17225	10794	6431	8297	5057	3240
澄迈县	199460	111772	87688	41992	27084	14908	16751	10508	6243
临高县	161766	89837	71929	28496	18659	9837	11020	6957	4063
白沙黎族自治县	57187	32077	25110	15234	9349	5885	7051	4233	2818
昌江黎族自治县	73460	41029	32431	24264	14470	9794	11011	6773	4238
乐东黎族自治县	163614	89829	73785	44694	28226	16468	21419	13239	8180
陵水黎族自治县	160008	87464	72544	39949	23896	16053	11037	6482	4555
保亭黎族苗族自治县	60188	32898	27290	19407	11437	7970	8112	4608	3504
琼中黎族苗族自治县	68211	38120	30091	17730	10915	6815	7857	4614	3243

4-4 续表 3

单位：人

地　区	大学本科			硕士研究生			博士研究生		
	小计	男	女	小计	男	女	小计	男	女
全省	**446889**	**248259**	**198630**	**32120**	**16292**	**15828**	**4330**	**2603**	**1727**
海口市	**252345**	**137084**	**115261**	**23625**	**12117**	**11508**	**3321**	**1996**	**1325**
秀英区	46650	25082	21568	4657	2334	2323	446	247	199
龙华区	82377	44798	37579	6545	3349	3196	765	461	304
琼山区	45328	24994	20334	3398	1703	1695	497	296	201
美兰区	77990	42210	35780	9025	4731	4294	1613	992	621
三亚市	**57729**	**30609**	**27120**	**4272**	**1979**	**2293**	**484**	**295**	**189**
海棠区	3008	1648	1360	195	97	98	23	16	7
吉阳区	32271	16804	15467	3013	1368	1645	364	215	149
天涯区	19326	10405	8921	978	467	511	91	60	31
崖州区	3124	1752	1372	86	47	39	6	4	2
三沙市	**25**	**18**	**7**	**1**	**1**				
儋州市	**25097**	**15387**	**9710**	**822**	**428**	**394**	**144**	**90**	**54**
五指山市	4733	2684	2049	187	112	75	28	17	11
琼海市	14665	8368	6297	575	285	290	68	46	22
文昌市	12415	6842	5573	474	201	273	61	34	27
万宁市	8973	5544	3429	239	119	120	41	28	13
东方市	13597	7977	5620	247	143	104	23	17	6
定安县	4348	2596	1752	157	88	69	20	9	11
屯昌县	4423	2583	1840	103	53	50	12	4	8
澄迈县	11037	6595	4442	384	205	179	39	21	18
临高县	6012	3824	2188	136	58	78	17	7	10
白沙黎族自治县	3531	1961	1570	109	56	53	6	4	2
昌江黎族自治县	5673	3422	2251	158	84	74	17	9	8
乐东黎族自治县	7596	4488	3108	178	101	77	10	7	3
陵水黎族自治县	6028	3455	2573	190	104	86	13	7	6
保亭黎族苗族自治县	4572	2503	2069	124	75	49	16	8	8
琼中黎族苗族自治县	4090	2319	1771	139	83	56	10	4	6

4-4a 各地区分性别、受教育程度的25岁及以上人口(城市)

单位：人

地区	25岁及以上人口			未上过学		
	合计	男	女	小计	男	女
全省	**2577130**	**1319994**	**1257136**	**34804**	**7050**	**27754**
海口市	**1439579**	**737499**	**702080**	**13480**	**2941**	**10539**
秀英区	252214	135379	116835	2897	703	2194
龙华区	487071	250089	236982	4063	825	3238
琼山区	292478	149742	142736	1985	471	1514
美兰区	407816	202289	205527	4535	942	3593
三亚市	**486271**	**255753**	**230518**	**5656**	**1244**	**4412**
海棠区	36500	20288	16212	457	95	362
吉阳区	247833	131315	116518	2334	591	1743
天涯区	163425	83460	79965	2184	414	1770
崖州区	38513	20690	17823	681	144	537
三沙市						
儋州市	**178469**	**89827**	**88642**	**6456**	**1014**	**5442**
五指山市	33687	17042	16645	429	81	348
琼海市	120520	59793	60727	563	111	452
文昌市	112238	55201	57037	1264	192	1072
万宁市	78141	39500	38641	882	175	707
东方市	128225	65379	62846	6074	1292	4782
定安县						
屯昌县						
澄迈县						
临高县						
白沙黎族自治县						
昌江黎族自治县						
乐东黎族自治县						
陵水黎族自治县						
保亭黎族苗族自治县						
琼中黎族苗族自治县						

4-4a　续表 1　　　　单位：人

地　区	学前教育			小　学		
	小计	男	女	小计	男	女
全省	**1246**	**453**	**793**	**248966**	**101348**	**147618**
海口市	**578**	**213**	**365**	**121434**	**49710**	**71724**
秀英区	73	31	42	27239	12311	14928
龙华区	250	101	149	37026	15191	21835
琼山区	81	29	52	23923	9602	14321
美兰区	174	52	122	33246	12606	20640
三亚市	**261**	**92**	**169**	**48889**	**21752**	**27137**
海棠区	34	11	23	5850	2703	3147
吉阳区	104	43	61	23081	10960	12121
天涯区	105	33	72	14955	6041	8914
崖州区	18	5	13	5003	2048	2955
三沙市						
儋州市	**157**	**59**	**98**	**31343**	**12370**	**18973**
五指山市	7	1	6	2639	1067	1572
琼海市	38	14	24	7807	2722	5085
文昌市	69	30	39	10839	3867	6972
万宁市	40	10	30	6486	2080	4406
东方市	96	34	62	19529	7780	11749
定安县						
屯昌县						
澄迈县						
临高县						
白沙黎族自治县						
昌江黎族自治县						
乐东黎族自治县						
陵水黎族自治县						
保亭黎族苗族自治县						
琼中黎族苗族自治县						

4-4a　续表 2　　　　单位：人

地　区	初　中			高　中			大学专科		
	小计	男	女	小计	男	女	小计	男	女
全省	**951627**	**487606**	**464021**	**629772**	**339110**	**290662**	**357157**	**192757**	**164400**
海口市	**466173**	**239608**	**226565**	**359728**	**189107**	**170621**	**227732**	**120742**	**106990**
秀英区	94849	53369	41480	52789	29380	23409	33868	18023	15845
龙华区	148332	76429	71903	124967	65541	59426	84789	44599	40190
琼山区	104888	52058	52830	75759	40467	35292	42846	23647	19199
美兰区	118104	57752	60352	106213	53719	52494	66229	34473	31756
三亚市	**203006**	**109144**	**93862**	**114193**	**63003**	**51190**	**61367**	**32762**	**28605**
海棠区	20108	11392	8716	6861	4285	2576	1958	1104	854
吉阳区	97641	53553	44088	58657	31751	26906	33634	17684	15950
天涯区	62132	31671	30461	42455	22985	19470	23533	12678	10855
崖州区	23125	12528	10597	6220	3982	2238	2242	1296	946
三沙市									
儋州市	**75060**	**38873**	**36187**	**37705**	**21342**	**16363**	**14935**	**8824**	**6111**
五指山市	11155	5341	5814	9753	5108	4645	5571	3092	2479
琼海市	57527	27133	30394	30918	16603	14315	13422	7398	6024
文昌市	52599	24923	27676	29189	16036	13153	10423	5868	4555
万宁市	37800	17892	19908	20624	12001	8623	7954	4719	3235
东方市	48307	24692	23615	27662	15910	11752	15753	9352	6401
定安县									
屯昌县									
澄迈县									
临高县									
白沙黎族自治县									
昌江黎族自治县									
乐东黎族自治县									
陵水黎族自治县									
保亭黎族苗族自治县									
琼中黎族苗族自治县									

4-4a 续表 3

单位：人

地区	大学本科			硕士研究生			博士研究生		
	小计	男	女	小计	男	女	小计	男	女
全省	**323930**	**176239**	**147691**	**26025**	**13234**	**12791**	**3603**	**2197**	**1406**
海口市	**226290**	**122455**	**103835**	**21092**	**10860**	**10232**	**3072**	**1863**	**1209**
秀英区	36524	19531	16993	3627	1829	1798	348	202	146
龙华区	80464	43659	36805	6436	3293	3143	744	451	293
琼山区	39518	21680	17838	3015	1513	1502	463	275	188
美兰区	69784	37585	32199	8014	4225	3789	1517	935	582
三亚市	**49062**	**25897**	**23165**	**3474**	**1634**	**1840**	**363**	**225**	**138**
海棠区	1137	645	492	89	49	40	6	4	2
吉阳区	29633	15419	14214	2475	1149	1326	274	165	109
天涯区	17093	9159	7934	886	424	462	82	55	27
崖州区	1199	674	525	24	12	12	1	1	
三沙市									
儋州市	**12431**	**7141**	**5290**	**333**	**173**	**160**	**49**	**31**	**18**
五指山市	3951	2239	1712	158	99	59	24	14	10
琼海市	9823	5597	4226	389	191	198	33	24	9
文昌市	7496	4138	3358	323	127	196	36	20	16
万宁市	4275	2577	1698	69	38	31	11	8	3
东方市	10602	6195	4407	187	112	75	15	12	3
定安县									
屯昌县									
澄迈县									
临高县									
白沙黎族自治县									
昌江黎族自治县									
乐东黎族自治县									
陵水黎族自治县									
保亭黎族苗族自治县									
琼中黎族苗族自治县									

4-4b　各地区分性别、受教育程度的25岁及以上人口(镇)

单位：人

地　区	25岁及以上人口			未上过学		
	合计	男	女	小计	男	女
全省	**1571159**	**810906**	**760253**	**62004**	**12831**	**49173**
海口市	**160015**	**84325**	**75690**	**3932**	**840**	**3092**
秀英区	56852	30185	26667	1611	392	1219
龙华区	15319	8128	7191	539	105	434
琼山区	25090	13030	12060	559	127	432
美兰区	62754	32982	29772	1223	216	1007
三亚市	**19995**	**10545**	**9450**	**426**	**82**	**344**
海棠区	6642	3649	2993	140	22	118
吉阳区	5388	2856	2532	38	9	29
天涯区	6934	3535	3399	221	48	173
崖州区	1031	505	526	27	3	24
三沙市	**1873**	**1324**	**549**	**7**	**6**	**1**
儋州市	**156226**	**81486**	**74740**	**16838**	**3516**	**13322**
五指山市	11164	5955	5209	397	76	321
琼海市	61012	31173	29839	1484	268	1216
文昌市	132703	66895	65808	3229	561	2668
万宁市	79175	40800	38375	1990	421	1569
东方市	44034	22990	21044	5145	1221	3924
定安县	79627	40969	38658	1021	274	747
屯昌县	75980	38981	36999	1220	245	975
澄迈县	203727	107631	96096	4846	1016	3830
临高县	135832	68663	67169	7871	1491	6380
白沙黎族自治县	21995	11047	10948	470	125	345
昌江黎族自治县	97739	49415	48324	4553	843	3710
乐东黎族自治县	102459	52941	49518	4026	904	3122
陵水黎族自治县	110184	56362	53822	2872	605	2267
保亭黎族苗族自治县	38984	19756	19228	952	175	777
琼中黎族苗族自治县	38435	19648	18787	725	162	563

4-4b 续表 1

单位：人

地区	学前教育			小学		
	小计	男	女	小计	男	女
全省	**1489**	**543**	**946**	**246400**	**97713**	**148687**
海口市	**323**	**162**	**161**	**23973**	**9346**	**14627**
秀英区	288	145	143	8689	3650	5039
龙华区	13	6	7	2822	1029	1793
琼山区	8	5	3	3786	1270	2516
美兰区	14	6	8	8676	3397	5279
三亚市	**5**	**3**	**2**	**4017**	**1740**	**2277**
海棠区	1	1		1155	547	608
吉阳区	1		1	664	292	372
天涯区	3	2	1	2083	864	1219
崖州区				115	37	78
三沙市				**10**	**5**	**5**
儋州市	**351**	**123**	**228**	**38506**	**17059**	**21447**
五指山市	1		1	1856	838	1018
琼海市	32	7	25	8423	3173	5250
文昌市	194	49	145	21367	7908	13459
万宁市	71	22	49	10196	3564	6632
东方市	4	3	1	11684	5390	6294
定安县	20	9	11	7434	2434	5000
屯昌县	36	5	31	8163	2907	5256
澄迈县	105	33	72	28890	10788	18102
临高县	85	38	47	23313	9146	14167
白沙黎族自治县	3		3	2837	1188	1649
昌江黎族自治县	64	16	48	15305	5909	9396
乐东黎族自治县	57	21	36	18044	7512	10532
陵水黎族自治县	67	21	46	13766	5312	8454
保亭黎族苗族自治县	17	6	11	3995	1701	2294
琼中黎族苗族自治县	54	25	29	4621	1793	2828

4-4b　续表 2　　　　单位：人

地　区	初　中			高　中			大学专科		
	小计	男	女	小计	男	女	小计	男	女
全省	**815149**	**431400**	**383749**	**257683**	**157203**	**100480**	**113435**	**67929**	**45506**
海口市	**78886**	**42889**	**35997**	**26183**	**16235**	**9948**	**12350**	**7006**	**5344**
秀英区	22732	12959	9773	9157	5396	3761	5852	3126	2726
龙华区	9129	5144	3985	1746	1170	576	598	385	213
琼山区	14991	7905	7086	3655	2441	1214	1216	772	444
美兰区	32034	16881	15153	11625	7228	4397	4684	2723	1961
三亚市	**9390**	**5103**	**4287**	**3082**	**1969**	**1113**	**1980**	**1114**	**866**
海棠区	2976	1713	1263	1173	725	448	742	431	311
吉阳区	2553	1326	1227	1049	672	377	738	398	340
天涯区	3119	1688	1431	795	528	267	460	263	197
崖州区	742	376	366	65	44	21	40	22	18
三沙市	**1113**	**796**	**317**	**625**	**438**	**187**	**92**	**60**	**32**
儋州市	**60372**	**34766**	**25606**	**20019**	**13113**	**6906**	**11828**	**7614**	**4214**
五指山市	5936	3303	2633	1795	1074	721	621	362	259
琼海市	38772	20090	18682	8004	5113	2891	2509	1482	1027
文昌市	79417	40640	38777	20408	13149	7259	5186	3041	2145
万宁市	49640	25753	23887	11737	7621	4116	3944	2424	1520
东方市	21187	12413	8774	3307	2319	988	1638	1030	608
定安县	46058	23129	22929	15153	9130	6023	6558	4029	2529
屯昌县	45723	23399	22324	11264	6799	4465	6014	3595	2419
澄迈县	116714	63120	53594	30381	18873	11508	13368	8230	5138
临高县	74656	39474	35182	17686	10967	6719	7720	4776	2944
白沙黎族自治县	8334	4026	4308	4943	2717	2226	3248	1832	1416
昌江黎族自治县	42232	21867	20365	20991	12075	8916	9440	5625	3815
乐东黎族自治县	45306	23889	21417	20197	11859	8338	10229	6102	4127
陵水黎族自治县	58131	30108	28023	24548	14077	10471	6826	4008	2818
保亭黎族苗族自治县	16102	8047	8055	9330	5078	4252	5065	2808	2257
琼中黎族苗族自治县	17180	8588	8592	8030	4597	3433	4819	2791	2028

4-4b 续表 3　　单位：人

地区	大学本科			硕士研究生			博士研究生		
	小计	男	女	小计	男	女	小计	男	女
全省	**71723**	**41608**	**30115**	**2947**	**1500**	**1447**	**329**	**179**	**150**
海口市	**12998**	**7183**	**5815**	**1242**	**594**	**648**	**128**	**70**	**58**
秀英区	7725	4134	3591	730	350	380	68	33	35
龙华区	451	277	174	18	10	8	3	2	1
琼山区	816	483	333	50	21	29	9	6	3
美兰区	4006	2289	1717	444	213	231	48	29	19
三亚市	**1056**	**517**	**539**	**37**	**15**	**22**	**2**	**2**	
海棠区	439	204	235	15	5	10	1	1	
吉阳区	330	153	177	15	6	9			
天涯区	247	139	108	6	3	3			
崖州区	40	21	19	1	1		1	1	
三沙市	**25**	**18**	**7**	**1**	**1**				
儋州市	**7838**	**5037**	**2801**	**397**	**208**	**189**	**77**	**50**	**27**
五指山市	531	289	242	25	12	13	2	1	1
琼海市	1745	1017	728	38	21	17	5	2	3
文昌市	2837	1518	1319	56	24	32	9	5	4
万宁市	1564	975	589	30	17	13	3	3	
东方市	1050	603	447	15	9	6	4	2	2
定安县	3264	1899	1365	105	60	45	14	5	9
屯昌县	3485	1997	1488	68	33	35	7	1	6
澄迈县	9066	5381	3685	328	175	153	29	15	14
临高县	4425	2742	1683	69	27	42	7	2	5
白沙黎族自治县	2108	1139	969	49	18	31	3	2	1
昌江黎族自治县	5029	3010	2019	112	63	49	13	7	6
乐东黎族自治县	4513	2603	1910	84	49	35	3	2	1
陵水黎族自治县	3861	2169	1692	105	57	48	8	5	3
保亭黎族苗族自治县	3422	1879	1543	91	57	34	10	5	5
琼中黎族苗族自治县	2906	1632	1274	95	60	35	5		5

4-4c 各地区分性别、受教育程度的25岁及以上人口(乡村)

单位：人

地 区	25岁及以上人口			未上过学		
	合计	男	女	小计	男	女
全省	**2772430**	**1475290**	**1297140**	**147564**	**30252**	**117312**
海口市	**355429**	**189832**	**165597**	**12307**	**2279**	**10028**
秀英区	84945	46655	38290	3326	672	2654
龙华区	51774	27414	24360	2679	470	2209
琼山区	124126	64809	59317	3393	555	2838
美兰区	94584	50954	43630	2909	582	2327
三亚市	**202266**	**111608**	**90658**	**4877**	**1149**	**3728**
海棠区	36414	20692	15722	370	83	287
吉阳区	43380	24075	19305	613	137	476
天涯区	77791	42720	35071	2855	653	2202
崖州区	44681	24121	20560	1039	276	763
三沙市						
儋州市	**284720**	**149213**	**135507**	**35231**	**5620**	**29611**
五指山市	32074	17810	14264	2020	399	1621
琼海市	197105	102177	94928	4344	717	3627
文昌市	166463	84481	81982	5329	789	4540
万宁市	228505	118944	109561	8011	1716	6295
东方市	127336	67678	59658	17218	4519	12699
定安县	116878	62564	54314	3089	624	2465
屯昌县	95300	51036	44264	5295	1263	4032
澄迈县	133959	72673	61286	5846	1171	4675
临高县	139229	73109	66120	10019	2109	7910
白沙黎族自治县	93609	50705	42904	5144	1199	3945
昌江黎族自治县	65786	36124	29662	6878	1890	4988
乐东黎族自治县	223061	118740	104321	11844	2889	8955
陵水黎族自治县	147325	79477	67848	3474	655	2819
保亭黎族苗族自治县	74342	40559	33783	2741	499	2242
琼中黎族苗族自治县	89043	48560	40483	3897	765	3132

4-4c 续表 1

单位：人

地区	学前教育			小学		
	小计	男	女	小计	男	女
全省	**2928**	**963**	**1965**	**591934**	**249467**	**342467**
海口市	**359**	**106**	**253**	**72803**	**28626**	**44177**
秀英区	121	34	87	18278	7371	10907
龙华区	55	17	38	12457	4950	7507
琼山区	82	23	59	23172	8373	14799
美兰区	101	32	69	18896	7932	10964
三亚市	**119**	**52**	**67**	**35215**	**16956**	**18259**
海棠区	16	6	10	5232	2456	2776
吉阳区	30	10	20	5454	2557	2897
天涯区	26	11	15	15577	7765	7812
崖州区	47	25	22	8952	4178	4774
三沙市						
儋州市	**618**	**149**	**469**	**75045**	**32303**	**42742**
五指山市	94	44	50	6604	3454	3150
琼海市	172	51	121	31500	11211	20289
文昌市	232	56	176	32539	11670	20869
万宁市	405	163	242	39218	14418	24800
东方市	31	10	21	45032	21711	23321
定安县	44	17	27	21460	7737	13723
屯昌县	153	52	101	24894	10117	14777
澄迈县	108	32	76	28228	11079	17149
临高县	93	32	61	26233	9614	16619
白沙黎族自治县	55	21	34	23977	11539	12438
昌江黎族自治县	63	24	39	22079	11070	11009
乐东黎族自治县	228	111	117	53810	24354	29456
陵水黎族自治县	73	25	48	20032	7813	12219
保亭黎族苗族自治县	51	14	37	13151	6391	6760
琼中黎族苗族自治县	30	4	26	20114	9404	10710

4-4c 续表 2

单位：人

地区	初中			高中			大学专科		
	小计	男	女	小计	男	女	小计	男	女
全省	**1584712**	**904080**	**680632**	**291299**	**196081**	**95218**	**99211**	**62250**	**36961**
海口市	**196234**	**112754**	**83480**	**43865**	**28756**	**15109**	**15392**	**9139**	**6253**
秀英区	48099	28796	19303	9084	6164	2920	3306	2034	1272
龙华区	28222	16561	11661	5032	3408	1624	1758	1092	666
琼山区	69033	38180	30853	17325	11292	6033	5769	3371	2398
美兰区	50880	29217	21663	12424	7892	4532	4559	2642	1917
三亚市	**116713**	**66199**	**50514**	**24087**	**15251**	**8836**	**12764**	**7408**	**5356**
海棠区	22004	12648	9356	4964	3245	1719	2289	1401	888
吉阳区	24904	14293	10611	5837	3590	2247	3621	1993	1628
天涯区	45478	25763	19715	7654	4932	2722	4120	2444	1676
崖州区	24327	13495	10832	5632	3484	2148	2734	1570	1164
三沙市									
儋州市	**133727**	**82814**	**50913**	**25230**	**18098**	**7132**	**9931**	**6964**	**2967**
五指山市	19007	11056	7951	3201	2157	1044	891	541	350
琼海市	130363	69812	60551	21873	15089	6784	5578	3450	2128
文昌市	100652	53540	47112	21218	14493	6725	4300	2688	1612
万宁市	137532	74046	63486	32513	21753	10760	7525	4775	2750
东方市	50849	31512	19337	7834	5819	2015	4378	2903	1475
定安县	78660	44902	33758	9857	6877	2980	2626	1678	948
屯昌县	55736	33538	22198	5961	3995	1966	2283	1462	821
澄迈县	82746	48652	34094	11611	8211	3400	3383	2278	1105
临高县	87110	50363	36747	10810	7692	3118	3300	2181	1119
白沙黎族自治县	48853	28051	20802	10291	6632	3659	3803	2401	1402
昌江黎族自治县	31228	19162	12066	3273	2395	878	1571	1148	423
乐东黎族自治县	118308	65940	52368	24497	16367	8130	11190	7137	4053
陵水黎族自治县	101877	57356	44521	15401	9819	5582	4211	2474	1737
保亭黎族苗族自治县	44086	24851	19235	10077	6359	3718	3047	1800	1247
琼中黎族苗族自治县	51031	29532	21499	9700	6318	3382	3038	1823	1215

4-4c 续表 3

单位：人

地区	大学本科			硕士研究生			博士研究生		
	小计	男	女	小计	男	女	小计	男	女
全省	**51236**	**30412**	**20824**	**3148**	**1558**	**1590**	**398**	**227**	**171**
海口市	**13057**	**7446**	**5611**	**1291**	**663**	**628**	**121**	**63**	**58**
秀英区	2401	1417	984	300	155	145	30	12	18
龙华区	1462	862	600	91	46	45	18	8	10
琼山区	4994	2831	2163	333	169	164	25	15	10
美兰区	4200	2336	1864	567	293	274	48	28	20
三亚市	**7611**	**4195**	**3416**	**761**	**330**	**431**	**119**	**68**	**51**
海棠区	1432	799	633	91	43	48	16	11	5
吉阳区	2308	1232	1076	523	213	310	90	50	40
天涯区	1986	1107	879	86	40	46	9	5	4
崖州区	1885	1057	828	61	34	27	4	2	2
三沙市									
儋州市	**4828**	**3209**	**1619**	**92**	**47**	**45**	**18**	**9**	**9**
五指山市	251	156	95	4	1	3	2	2	
琼海市	3097	1754	1343	148	73	75	30	20	10
文昌市	2082	1186	896	95	50	45	16	9	7
万宁市	3134	1992	1142	140	64	76	27	17	10
东方市	1945	1179	766	45	22	23	4	3	1
定安县	1084	697	387	52	28	24	6	4	2
屯昌县	938	586	352	35	20	15	5	3	2
澄迈县	1971	1214	757	56	30	26	10	6	4
临高县	1587	1082	505	67	31	36	10	5	5
白沙黎族自治县	1423	822	601	60	38	22	3	2	1
昌江黎族自治县	644	412	232	46	21	25	4	2	2
乐东黎族自治县	3083	1885	1198	94	52	42	7	5	2
陵水黎族自治县	2167	1286	881	85	47	38	5	2	3
保亭黎族苗族自治县	1150	624	526	33	18	15	6	3	3
琼中黎族苗族自治县	1184	687	497	44	23	21	5	4	1

4–5 全省分年龄、性别的15岁及以上文盲人口

单位：人、%

年龄	15岁及以上人口			文盲人口			文盲人口占15岁及以上人口比重		
	合计	男	女	合计	男	女	合计	男	女
总　计	**8067507**	**4244519**	**3822988**	**326988**	**77798**	**249190**	**4.05**	**1.83**	**6.52**
15–19岁	**550785**	**306260**	**244525**	**2040**	**1241**	**799**	**0.37**	**0.41**	**0.33**
15	123963	67849	56114	569	320	249	0.46	0.47	0.44
16	114417	63234	51183	410	240	170	0.36	0.38	0.33
17	103648	58623	45025	334	214	120	0.32	0.37	0.27
18	102605	57601	45004	356	225	131	0.35	0.39	0.29
19	106152	58953	47199	371	242	129	0.35	0.41	0.27
20–24岁	**596003**	**332069**	**263934**	**2149**	**1300**	**849**	**0.36**	**0.39**	**0.32**
20	109045	60628	48417	383	220	163	0.35	0.36	0.34
21	106223	59638	46585	390	237	153	0.37	0.40	0.33
22	116244	65500	50744	418	256	162	0.36	0.39	0.32
23	123828	69037	54791	452	284	168	0.37	0.41	0.31
24	140663	77266	63397	506	303	203	0.36	0.39	0.32
25–29岁	**824566**	**446327**	**378239**	**3291**	**1823**	**1468**	**0.40**	**0.41**	**0.39**
25	154500	84295	70205	608	348	260	0.39	0.41	0.37
26	153968	83472	70496	579	339	240	0.38	0.41	0.34
27	166721	90338	76383	637	349	288	0.38	0.39	0.38
28	173774	93980	79794	695	369	326	0.40	0.39	0.41
29	175603	94242	81361	772	418	354	0.44	0.44	0.44
30–34岁	**922158**	**494216**	**427942**	**5206**	**2484**	**2722**	**0.56**	**0.50**	**0.64**
30	199406	106623	92783	900	461	439	0.45	0.43	0.47
31	188070	100992	87078	983	466	517	0.52	0.46	0.59
32	177100	95053	82047	925	456	469	0.52	0.48	0.57
33	183731	98596	85135	1154	534	620	0.63	0.54	0.73
34	173851	92952	80899	1244	567	677	0.72	0.61	0.84
35–39岁	**851057**	**454656**	**396401**	**8681**	**3748**	**4933**	**1.02**	**0.82**	**1.24**
35	165395	88360	77035	1374	601	773	0.83	0.68	1.00
36	175259	93467	81792	1609	701	908	0.92	0.75	1.11
37	172531	92385	80146	1780	762	1018	1.03	0.82	1.27
38	178929	95390	83539	1958	873	1085	1.09	0.92	1.30
39	158943	85054	73889	1960	811	1149	1.23	0.95	1.56
40–44岁	**703273**	**374755**	**328518**	**12910**	**4683**	**8227**	**1.84**	**1.25**	**2.50**
40	156618	83059	73559	2282	903	1379	1.46	1.09	1.87
41	151718	81491	70227	2510	930	1580	1.65	1.14	2.25
42	140448	74886	65562	2560	959	1601	1.82	1.28	2.44
43	121681	65037	56644	2531	914	1617	2.08	1.41	2.85
44	132808	70282	62526	3027	977	2050	2.28	1.39	3.28

4-5 续表　　　　单位：人、%

年　龄	15岁及以上人口			文盲人口			文盲人口占15岁及以上人口比重		
	合计	男	女	合计	男	女	合计	男	女
45-49岁	**738400**	**392037**	**346363**	**19083**	**5785**	**13298**	**2.58**	**1.48**	**3.84**
45	133330	70220	63110	3137	1023	2114	2.35	1.46	3.35
46	146764	78042	68722	3593	1130	2463	2.45	1.45	3.58
47	154946	82089	72857	3809	1188	2621	2.46	1.45	3.60
48	156452	82918	73534	4345	1264	3081	2.78	1.52	4.19
49	146908	78768	68140	4199	1180	3019	2.86	1.50	4.43
50-54岁	**746262**	**393118**	**353144**	**27525**	**7439**	**20086**	**3.69**	**1.89**	**5.69**
50	162928	85690	77238	5279	1503	3776	3.24	1.75	4.89
51	151333	79988	71345	5223	1457	3766	3.45	1.82	5.28
52	161214	84710	76504	5912	1595	4317	3.67	1.88	5.64
53	131008	68782	62226	5446	1418	4028	4.16	2.06	6.47
54	139779	73948	65831	5665	1466	4199	4.05	1.98	6.38
55-59岁	**658404**	**342351**	**316053**	**29452**	**6659**	**22793**	**4.47**	**1.95**	**7.21**
55	143185	74597	68588	6183	1473	4710	4.32	1.97	6.87
56	143879	74488	69391	6248	1459	4789	4.34	1.96	6.90
57	151873	79278	72595	6353	1467	4886	4.18	1.85	6.73
58	140720	73319	67401	6407	1411	4996	4.55	1.92	7.41
59	78747	40669	38078	4261	849	3412	5.41	2.09	8.96
60-64岁	**425099**	**216993**	**208106**	**28943**	**5579**	**23364**	**6.81**	**2.57**	**11.23**
60	75627	38109	37518	4233	792	3441	5.60	2.08	9.17
61	76811	39886	36925	4650	905	3745	6.05	2.27	10.14
62	94482	48988	45494	6434	1338	5096	6.81	2.73	11.20
63	93713	47961	45752	6636	1264	5372	7.08	2.64	11.74
64	84466	42049	42417	6990	1280	5710	8.28	3.04	13.46
65-69岁	**376451**	**186885**	**189566**	**36538**	**7012**	**29526**	**9.71**	**3.75**	**15.58**
65	87664	44145	43519	7365	1430	5935	8.40	3.24	13.64
66	84000	41394	42606	7699	1453	6246	9.17	3.51	14.66
67	73376	36104	37272	7393	1412	5981	10.08	3.91	16.05
68	70963	35113	35850	7343	1422	5921	10.35	4.05	16.52
69	60448	30129	30319	6738	1295	5443	11.15	4.30	17.95
70-74岁	**249109**	**124563**	**124546**	**34479**	**7004**	**27475**	**13.84**	**5.62**	**22.06**
70	65752	33257	32495	7844	1546	6298	11.93	4.65	19.38
71	55927	28466	27461	7300	1543	5757	13.05	5.42	20.96
72	47840	23718	24122	6810	1371	5439	14.23	5.78	22.55
73	42084	20741	21343	6512	1307	5205	15.47	6.30	24.39
74	37506	18381	19125	6013	1237	4776	16.03	6.73	24.97
75-79岁	**157925**	**72360**	**85565**	**31509**	**6512**	**24997**	**19.95**	**9.00**	**29.21**
75	34284	16603	17681	6254	1297	4957	18.24	7.81	28.04
76	32369	15447	16922	6043	1280	4763	18.67	8.29	28.15
77	32053	14544	17509	6476	1347	5129	20.20	9.26	29.29
78	30783	13595	17188	6561	1375	5186	21.31	10.11	30.17
79	28436	12171	16265	6175	1213	4962	21.72	9.97	30.51
80-84岁	**138306**	**59265**	**79041**	**36362**	**7279**	**29083**	**26.29**	**12.28**	**36.79**
80	31117	13240	17877	7400	1465	5935	23.78	11.06	33.20
81	27187	11619	15568	6994	1412	5582	25.73	12.15	35.86
82	28873	12374	16499	7570	1494	6076	26.22	12.07	36.83
83	26163	11350	14813	7244	1438	5806	27.69	12.67	39.20
84	24966	10682	14284	7154	1470	5684	28.65	13.76	39.79
85岁及以上	**129709**	**48664**	**81045**	**48820**	**9250**	**39570**	**37.64**	**19.01**	**48.82**

4-5a　全省分年龄、性别的15岁及以上文盲人口(城市)

单位：人、%

年　龄	15岁及以上人口			文盲人口			文盲人口占15岁及以上人口比重		
	合计	男	女	合计	男	女	合计	男	女
总　计	**3052800**	**1575785**	**1477015**	**44251**	**10024**	**34227**	**1.45**	**0.64**	**2.32**
15-19岁	**225739**	**122286**	**103453**	**436**	**278**	**158**	**0.19**	**0.23**	**0.15**
15	45138	24386	20752	134	83	51	0.30	0.34	0.25
16	50582	26882	23700	85	43	42	0.17	0.16	0.18
17	46695	25610	21085	61	41	20	0.13	0.16	0.09
18	41186	22577	18609	72	48	24	0.17	0.21	0.13
19	42138	22831	19307	84	63	21	0.20	0.28	0.11
20-24岁	**249931**	**133505**	**116426**	**405**	**250**	**155**	**0.16**	**0.19**	**0.13**
20	44577	23844	20733	87	51	36	0.20	0.21	0.17
21	43690	23457	20233	78	50	28	0.18	0.21	0.14
22	49168	26446	22722	72	44	28	0.15	0.17	0.12
23	52619	28146	24473	79	54	25	0.15	0.19	0.10
24	59877	31612	28265	89	51	38	0.15	0.16	0.13
25-29岁	**350189**	**181840**	**168349**	**530**	**282**	**248**	**0.15**	**0.16**	**0.15**
25	65936	34664	31272	110	44	66	0.17	0.13	0.21
26	65549	34261	31288	96	65	31	0.15	0.19	0.10
27	69930	36205	33725	98	56	42	0.14	0.15	0.12
28	73131	37836	35295	90	46	44	0.12	0.12	0.12
29	75643	38874	36769	136	71	65	0.18	0.18	0.18
30-34岁	**400384**	**206030**	**194354**	**661**	**287**	**374**	**0.17**	**0.14**	**0.19**
30	86204	44389	41815	126	65	61	0.15	0.15	0.15
31	81985	42295	39690	126	46	80	0.15	0.11	0.20
32	77064	39527	37537	107	54	53	0.14	0.14	0.14
33	80407	41362	39045	143	56	87	0.18	0.14	0.22
34	74724	38457	36267	159	66	93	0.21	0.17	0.26
35-39岁	**344629**	**176267**	**168362**	**996**	**382**	**614**	**0.29**	**0.22**	**0.36**
35	68966	35449	33517	157	62	95	0.23	0.17	0.28
36	70688	36098	34590	174	72	102	0.25	0.20	0.29
37	69281	35410	33871	197	81	116	0.28	0.23	0.34
38	72799	37090	35709	246	87	159	0.34	0.23	0.45
39	62895	32220	30675	222	80	142	0.35	0.25	0.46
40-44岁	**277103**	**142880**	**134223**	**1828**	**531**	**1297**	**0.66**	**0.37**	**0.97**
40	60717	30989	29728	297	99	198	0.49	0.32	0.67
41	60889	31550	29339	388	115	273	0.64	0.36	0.93
42	55285	28405	26880	339	102	237	0.61	0.36	0.88
43	48074	24957	23117	400	111	289	0.83	0.44	1.25
44	52138	26979	25159	404	104	300	0.77	0.39	1.19

4-5a 续表 单位：人、%

年 龄	15岁及以上人口			文盲人口			文盲人口占15岁及以上人口比重		
	合计	男	女	合计	男	女	合计	男	女
45—49岁	**291189**	**152510**	**138679**	**2933**	**776**	**2157**	**1.01**	**0.51**	**1.56**
45	52452	26980	25472	467	120	347	0.89	0.44	1.36
46	58724	30741	27983	548	154	394	0.93	0.50	1.41
47	61590	32078	29512	612	172	440	0.99	0.54	1.49
48	60825	32005	28820	666	168	498	1.09	0.52	1.73
49	57598	30706	26892	640	162	478	1.11	0.53	1.78
50—54岁	**264788**	**139742**	**125046**	**4227**	**1065**	**3162**	**1.60**	**0.76**	**2.53**
50	60282	31670	28612	772	191	581	1.28	0.60	2.03
51	55741	29461	26280	863	207	656	1.55	0.70	2.50
52	57639	30548	27091	949	255	694	1.65	0.83	2.56
53	44208	23315	20893	809	204	605	1.83	0.87	2.90
54	46918	24748	22170	834	208	626	1.78	0.84	2.82
55—59岁	**216260**	**111043**	**105217**	**4120**	**916**	**3204**	**1.91**	**0.82**	**3.05**
55	47858	25006	22852	935	207	728	1.95	0.83	3.19
56	47716	24629	23087	857	189	668	1.80	0.77	2.89
57	51915	26622	25293	897	208	689	1.73	0.78	2.72
58	44811	22742	22069	877	202	675	1.96	0.89	3.06
59	23960	12044	11916	554	110	444	2.31	0.91	3.73
60—64岁	**136292**	**68558**	**67734**	**3942**	**760**	**3182**	**2.89**	**1.11**	**4.70**
60	24015	11880	12135	515	95	420	2.14	0.80	3.46
61	24730	12612	12118	615	114	501	2.49	0.90	4.13
62	30085	15426	14659	886	167	719	2.94	1.08	4.90
63	30635	15361	15274	954	207	747	3.11	1.35	4.89
64	26827	13279	13548	972	177	795	3.62	1.33	5.87
65—69岁	**115653**	**56376**	**59277**	**4961**	**890**	**4071**	**4.29**	**1.58**	**6.87**
65	27382	13599	13783	1023	203	820	3.74	1.49	5.95
66	26335	12850	13485	1043	177	866	3.96	1.38	6.42
67	22306	10694	11612	1000	183	817	4.48	1.71	7.04
68	21461	10382	11079	988	171	817	4.60	1.65	7.37
69	18169	8851	9318	907	156	751	4.99	1.76	8.06
70—74岁	**71345**	**35634**	**35711**	**4156**	**846**	**3310**	**5.83**	**2.37**	**9.27**
70	18839	9446	9393	944	177	767	5.01	1.87	8.17
71	16256	8212	8044	913	214	699	5.62	2.61	8.69
72	13821	6828	6993	870	178	692	6.29	2.61	9.90
73	11781	5853	5928	783	145	638	6.65	2.48	10.76
74	10648	5295	5353	646	132	514	6.07	2.49	9.60
75—79岁	**43944**	**20599**	**23345**	**3784**	**753**	**3031**	**8.61**	**3.66**	**12.98**
75	9320	4658	4662	720	159	561	7.73	3.41	12.03
76	9035	4380	4655	755	147	608	8.36	3.36	13.06
77	8894	4052	4842	809	164	645	9.10	4.05	13.32
78	8663	3928	4735	788	160	628	9.10	4.07	13.26
79	8032	3581	4451	712	123	589	8.86	3.43	13.23
80—84岁	**36456**	**16713**	**19743**	**4647**	**892**	**3755**	**12.75**	**5.34**	**19.02**
80	8535	3839	4696	892	183	709	10.45	4.77	15.10
81	7190	3305	3885	858	156	702	11.93	4.72	18.07
82	7628	3604	4024	960	193	767	12.59	5.36	19.06
83	6694	3081	3613	945	167	778	14.12	5.42	21.53
84	6409	2884	3525	992	193	799	15.48	6.69	22.67
85岁及以上	**28898**	**11802**	**17096**	**6625**	**1116**	**5509**	**22.93**	**9.46**	**32.22**

4-5b 全省分年龄、性别的15岁及以上文盲人口(镇)

单位：人、%

年 龄	15岁及以上人口			文盲人口			文盲人口占15岁及以上人口比重		
	合计	男	女	合计	男	女	合计	男	女
总 计	**1830760**	**956440**	**874320**	**80547**	**18655**	**61892**	**4.40**	**1.95**	**7.08**
15-19岁	**133571**	**74509**	**59062**	**500**	**311**	**189**	**0.37**	**0.42**	**0.32**
15	31198	17171	14027	138	73	65	0.44	0.43	0.46
16	29056	16337	12719	106	63	43	0.36	0.39	0.34
17	25890	14772	11118	94	64	30	0.36	0.43	0.27
18	24351	13605	10746	81	53	28	0.33	0.39	0.26
19	23076	12624	10452	81	58	23	0.35	0.46	0.22
20-24岁	**126030**	**71025**	**55005**	**495**	**298**	**197**	**0.39**	**0.42**	**0.36**
20	23527	13028	10499	100	59	41	0.43	0.45	0.39
21	23053	13003	10050	80	47	33	0.35	0.36	0.33
22	24857	14314	10543	103	71	32	0.41	0.50	0.30
23	25826	14686	11140	100	59	41	0.39	0.40	0.37
24	28767	15994	12773	112	62	50	0.39	0.39	0.39
25-29岁	**173477**	**93704**	**79773**	**716**	**403**	**313**	**0.41**	**0.43**	**0.39**
25	31569	17303	14266	124	75	49	0.39	0.43	0.34
26	31803	17259	14544	124	70	54	0.39	0.41	0.37
27	35327	19141	16186	140	81	59	0.40	0.42	0.36
28	37046	19921	17125	161	84	77	0.43	0.42	0.45
29	37732	20080	17652	167	93	74	0.44	0.46	0.42
30-34岁	**198568**	**105608**	**92960**	**1116**	**555**	**561**	**0.56**	**0.53**	**0.60**
30	42886	22669	20217	192	99	93	0.45	0.44	0.46
31	40611	21666	18945	218	116	102	0.54	0.54	0.54
32	37945	20267	17678	198	106	92	0.52	0.52	0.52
33	39442	21074	18368	249	117	132	0.63	0.56	0.72
34	37684	19932	17752	259	117	142	0.69	0.59	0.80
35-39岁	**191147**	**101274**	**89873**	**1888**	**775**	**1113**	**0.99**	**0.77**	**1.24**
35	36511	19289	17222	306	111	195	0.84	0.58	1.13
36	39207	20753	18454	328	147	181	0.84	0.71	0.98
37	38934	20840	18094	379	162	217	0.97	0.78	1.20
38	40129	21096	19033	424	181	243	1.06	0.86	1.28
39	36366	19296	17070	451	174	277	1.24	0.90	1.62
40-44岁	**158671**	**83493**	**75178**	**2710**	**925**	**1785**	**1.71**	**1.11**	**2.37**
40	35453	18423	17030	471	177	294	1.33	0.96	1.73
41	34308	18191	16117	549	165	384	1.60	0.91	2.38
42	31756	16790	14966	541	200	341	1.70	1.19	2.28
43	27390	14508	12882	505	185	320	1.84	1.28	2.48
44	29764	15581	14183	644	198	446	2.16	1.27	3.14

4-5b 续表

单位：人、%

年龄	15岁及以上人口			文盲人口			文盲人口占15岁及以上人口比重		
	合计	男	女	合计	男	女	合计	男	女
45—49岁	**164790**	**86670**	**78120**	**4511**	**1183**	**3328**	**2.74**	**1.36**	**4.26**
45	29633	15507	14126	674	190	484	2.27	1.23	3.43
46	32261	17069	15192	872	238	634	2.70	1.39	4.17
47	34549	18027	16522	922	233	689	2.67	1.29	4.17
48	35264	18419	16845	1032	256	776	2.93	1.39	4.61
49	33083	17648	15435	1011	266	745	3.06	1.51	4.83
50—54岁	**172157**	**89008**	**83149**	**6961**	**1743**	**5218**	**4.04**	**1.96**	**6.28**
50	37223	19172	18051	1266	328	938	3.40	1.71	5.20
51	34444	17839	16605	1316	343	973	3.82	1.92	5.86
52	36971	19087	17884	1480	360	1120	4.00	1.89	6.26
53	30656	15743	14913	1417	358	1059	4.62	2.27	7.10
54	32863	17167	15696	1482	354	1128	4.51	2.06	7.19
55—59岁	**155485**	**79840**	**75645**	**7933**	**1770**	**6163**	**5.10**	**2.22**	**8.15**
55	33570	17161	16409	1573	378	1195	4.69	2.20	7.28
56	33915	17402	16513	1646	374	1272	4.85	2.15	7.70
57	34899	17959	16940	1718	396	1322	4.92	2.21	7.80
58	33829	17473	16356	1787	371	1416	5.28	2.12	8.66
59	19272	9845	9427	1209	251	958	6.27	2.55	10.16
60—64岁	**101654**	**51644**	**50010**	**7675**	**1558**	**6117**	**7.55**	**3.02**	**12.23**
60	17646	8914	8732	1059	205	854	6.00	2.30	9.78
61	18214	9432	8782	1184	241	943	6.50	2.56	10.74
62	22678	11697	10981	1703	385	1318	7.51	3.29	12.00
63	22416	11464	10952	1824	351	1473	8.14	3.06	13.45
64	20700	10137	10563	1905	376	1529	9.20	3.71	14.48
65—69岁	**91617**	**45648**	**45969**	**9635**	**1984**	**7651**	**10.52**	**4.35**	**16.64**
65	21516	10754	10762	1997	392	1605	9.28	3.65	14.91
66	20569	10092	10477	2076	437	1639	10.09	4.33	15.64
67	17681	8843	8838	1914	391	1523	10.83	4.42	17.23
68	17106	8454	8652	1921	399	1522	11.23	4.72	17.59
69	14745	7505	7240	1727	365	1362	11.71	4.86	18.81
70—74岁	**60030**	**30222**	**29808**	**8140**	**1682**	**6458**	**13.56**	**5.57**	**21.67**
70	16013	8164	7849	1934	403	1531	12.08	4.94	19.51
71	13494	6819	6675	1802	387	1415	13.35	5.68	21.20
72	11509	5753	5756	1584	312	1272	13.76	5.42	22.10
73	10119	5066	5053	1453	296	1157	14.36	5.84	22.90
74	8895	4420	4475	1367	284	1083	15.37	6.43	24.20
75—79岁	**37581**	**17233**	**20348**	**7312**	**1504**	**5808**	**19.46**	**8.73**	**28.54**
75	8056	3906	4150	1387	284	1103	17.22	7.27	26.58
76	7803	3744	4059	1411	287	1124	18.08	7.67	27.69
77	7672	3429	4243	1548	323	1225	20.18	9.42	28.87
78	7308	3223	4085	1503	305	1198	20.57	9.46	29.33
79	6742	2931	3811	1463	305	1158	21.70	10.41	30.39
80—84岁	**33564**	**14406**	**19158**	**8680**	**1667**	**7013**	**25.86**	**11.57**	**36.61**
80	7617	3226	4391	1751	309	1442	22.99	9.58	32.84
81	6564	2788	3776	1667	337	1330	25.40	12.09	35.22
82	6989	3017	3972	1782	351	1431	25.50	11.63	36.03
83	6428	2763	3665	1775	327	1448	27.61	11.83	39.51
84	5966	2612	3354	1705	343	1362	28.58	13.13	40.61
85岁及以上	**32418**	**12156**	**20262**	**12275**	**2297**	**9978**	**37.86**	**18.90**	**49.24**

4–5c　全省分年龄、性别的15岁及以上文盲人口(乡村)

单位：人、%

年龄	15岁及以上人口			文盲人口			文盲人口占15岁及以上人口比重		
	合计	男	女	合计	男	女	合计	男	女
总　计	**3183947**	**1712294**	**1471653**	**202190**	**49119**	**153071**	**6.35**	**2.87**	**10.40**
15–19岁	**191475**	**109465**	**82010**	**1104**	**652**	**452**	**0.58**	**0.60**	**0.55**
15	47627	26292	21335	297	164	133	0.62	0.62	0.62
16	34779	20015	14764	219	134	85	0.63	0.67	0.58
17	31063	18241	12822	179	109	70	0.58	0.60	0.55
18	37068	21419	15649	203	124	79	0.55	0.58	0.50
19	40938	23498	17440	206	121	85	0.50	0.51	0.49
20–24岁	**220042**	**127539**	**92503**	**1249**	**752**	**497**	**0.57**	**0.59**	**0.54**
20	40941	23756	17185	196	110	86	0.48	0.46	0.50
21	39480	23178	16302	232	140	92	0.59	0.60	0.56
22	42219	24740	17479	243	141	102	0.58	0.57	0.58
23	45383	26205	19178	273	171	102	0.60	0.65	0.53
24	52019	29660	22359	305	190	115	0.59	0.64	0.51
25–29岁	**300900**	**170783**	**130117**	**2045**	**1138**	**907**	**0.68**	**0.67**	**0.70**
25	56995	32328	24667	374	229	145	0.66	0.71	0.59
26	56616	31952	24664	359	204	155	0.63	0.64	0.63
27	61464	34992	26472	399	212	187	0.65	0.61	0.71
28	63597	36223	27374	444	239	205	0.70	0.66	0.75
29	62228	35288	26940	469	254	215	0.75	0.72	0.80
30–34岁	**323206**	**182578**	**140628**	**3429**	**1642**	**1787**	**1.06**	**0.90**	**1.27**
30	70316	39565	30751	582	297	285	0.83	0.75	0.93
31	65474	37031	28443	639	304	335	0.98	0.82	1.18
32	62091	35259	26832	620	296	324	1.00	0.84	1.21
33	63882	36160	27722	762	361	401	1.19	1.00	1.45
34	61443	34563	26880	826	384	442	1.34	1.11	1.64
35–39岁	**315281**	**177115**	**138166**	**5797**	**2591**	**3206**	**1.84**	**1.46**	**2.32**
35	59918	33622	26296	911	428	483	1.52	1.27	1.84
36	65364	36616	28748	1107	482	625	1.69	1.32	2.17
37	64316	36135	28181	1204	519	685	1.87	1.44	2.43
38	66001	37204	28797	1288	605	683	1.95	1.63	2.37
39	59682	33538	26144	1287	557	730	2.16	1.66	2.79
40–44岁	**267499**	**148382**	**119117**	**8372**	**3227**	**5145**	**3.13**	**2.17**	**4.32**
40	60448	33647	26801	1514	627	887	2.50	1.86	3.31
41	56521	31750	24771	1573	650	923	2.78	2.05	3.73
42	53407	29691	23716	1680	657	1023	3.15	2.21	4.31
43	46217	25572	20645	1626	618	1008	3.52	2.42	4.88
44	50906	27722	23184	1979	675	1304	3.89	2.43	5.62

4－5c 续表

单位：人、%

年 龄	15岁及以上人口			文盲人口			文盲人口占15岁及以上人口比重		
	合计	男	女	合计	男	女	合计	男	女
45－49岁	**282421**	**152857**	**129564**	**11639**	**3826**	**7813**	**4.12**	**2.50**	**6.03**
45	51245	27733	23512	1996	713	1283	3.90	2.57	5.46
46	55779	30232	25547	2173	738	1435	3.90	2.44	5.62
47	58807	31984	26823	2275	783	1492	3.87	2.45	5.56
48	60363	32494	27869	2647	840	1807	4.39	2.59	6.48
49	56227	30414	25813	2548	752	1796	4.53	2.47	6.96
50－54岁	**309317**	**164368**	**144949**	**16337**	**4631**	**11706**	**5.28**	**2.82**	**8.08**
50	65423	34848	30575	3241	984	2257	4.95	2.82	7.38
51	61148	32688	28460	3044	907	2137	4.98	2.77	7.51
52	66604	35075	31529	3483	980	2503	5.23	2.79	7.94
53	56144	29724	26420	3220	856	2364	5.74	2.88	8.95
54	59998	32033	27965	3349	904	2445	5.58	2.82	8.74
55－59岁	**286659**	**151468**	**135191**	**17399**	**3973**	**13426**	**6.07**	**2.62**	**9.93**
55	61757	32430	29327	3675	888	2787	5.95	2.74	9.50
56	62248	32457	29791	3745	896	2849	6.02	2.76	9.56
57	65059	34697	30362	3738	863	2875	5.75	2.49	9.47
58	62080	33104	28976	3743	838	2905	6.03	2.53	10.03
59	35515	18780	16735	2498	488	2010	7.03	2.60	12.01
60－64岁	**187153**	**96791**	**90362**	**17326**	**3261**	**14065**	**9.26**	**3.37**	**15.57**
60	33966	17315	16651	2659	492	2167	7.83	2.84	13.01
61	33867	17842	16025	2851	550	2301	8.42	3.08	14.36
62	41719	21865	19854	3845	786	3059	9.22	3.59	15.41
63	40662	21136	19526	3858	706	3152	9.49	3.34	16.14
64	36939	18633	18306	4113	727	3386	11.13	3.90	18.50
65－69岁	**169181**	**84861**	**84320**	**21942**	**4138**	**17804**	**12.97**	**4.88**	**21.11**
65	38766	19792	18974	4345	835	3510	11.21	4.22	18.50
66	37096	18452	18644	4580	839	3741	12.35	4.55	20.07
67	33389	16567	16822	4479	838	3641	13.41	5.06	21.64
68	32396	16277	16119	4434	852	3582	13.69	5.23	22.22
69	27534	13773	13761	4104	774	3330	14.91	5.62	24.20
70－74岁	**117734**	**58707**	**59027**	**22183**	**4476**	**17707**	**18.84**	**7.62**	**30.00**
70	30900	15647	15253	4966	966	4000	16.07	6.17	26.22
71	26177	13435	12742	4585	942	3643	17.52	7.01	28.59
72	22510	11137	11373	4356	881	3475	19.35	7.91	30.55
73	20184	9822	10362	4276	866	3410	21.19	8.82	32.91
74	17963	8666	9297	4000	821	3179	22.27	9.47	34.19
75－79岁	**76400**	**34528**	**41872**	**20413**	**4255**	**16158**	**26.72**	**12.32**	**38.59**
75	16908	8039	8869	4147	854	3293	24.53	10.62	37.13
76	15531	7323	8208	3877	846	3031	24.96	11.55	36.93
77	15487	7063	8424	4119	860	3259	26.60	12.18	38.69
78	14812	6444	8368	4270	910	3360	28.83	14.12	40.15
79	13662	5659	8003	4000	785	3215	29.28	13.87	40.17
80－84岁	**68286**	**28146**	**40140**	**23035**	**4720**	**18315**	**33.73**	**16.77**	**45.63**
80	14965	6175	8790	4757	973	3784	31.79	15.76	43.05
81	13433	5526	7907	4469	919	3550	33.27	16.63	44.90
82	14256	5753	8503	4828	950	3878	33.87	16.51	45.61
83	13041	5506	7535	4524	944	3580	34.69	17.14	47.51
84	12591	5186	7405	4457	934	3523	35.40	18.01	47.58
85岁及以上	**68393**	**24706**	**43687**	**29920**	**5837**	**24083**	**43.75**	**23.63**	**55.13**

第一部分　全部数据资料

第五卷　家庭

5-1　全省不同规模的家庭户类别

单位：户

家庭户规模	家庭户户数	一代户	二代户	三代户	四代户	五代及以上户
总　计	**2961646**	**1197762**	**1255462**	**490557**	**17848**	**17**
一人户	663799	663799				
二人户	648854	456563	192291			
三人户	589414	42268	523190	23956		
四人户	521817	22431	397977	100972	437	
五人户	260663	6128	107259	144866	2409	1
六人户	144126	2245	23268	114323	4289	1
七人户	67554	1246	6586	54974	4743	5
八人户	30363	717	2637	24190	2813	6
九人户	15807	489	1086	12759	1471	2
十人及以上户	19249	1876	1168	14517	1686	2

5-1a　全省不同规模的家庭户类别(城市)

单位：户

家庭户规模	家庭户户数	一代户	二代户	三代户	四代户	五代及以上户
总　计	**1148204**	**539450**	**456106**	**148954**	**3693**	**1**
一人户	318824	318824				
二人户	264608	193562	71046			
三人户	225470	14939	202484	8047		
四人户	182125	6056	141332	34635	102	
五人户	82859	2882	30605	48849	523	
六人户	41083	1254	6648	32232	949	
七人户	16372	655	2214	12527	976	
八人户	7410	356	968	5603	482	1
九人户	4086	217	401	3192	276	
十人及以上户	5367	705	408	3869	385	

5-1b 全省不同规模的家庭户类别(镇)

单位：户

家庭户规模	家庭户户数	一代户	二代户	三代户	四代户	五代及以上户
总 计	**645237**	**243032**	**275181**	**122131**	**4886**	**7**
一人户	136918	136918				
二人户	136788	94918	41870			
三人户	122389	5760	111091	5538		
四人户	114018	2425	88243	23255	95	
五人户	61028	1066	25363	34003	596	
六人户	36001	488	5507	28903	1103	
七人户	18163	320	1679	14895	1267	2
八人户	8761	207	721	6982	848	3
九人户	4711	166	306	3801	438	
十人及以上户	6460	764	401	4754	539	2

5-1c 全省不同规模的家庭户类别(乡村)

单位：户

家庭户规模	家庭户户数	一代户	二代户	三代户	四代户	五代及以上户
总 计	**1168205**	**415280**	**524175**	**219472**	**9269**	**9**
一人户	208057	208057				
二人户	247458	168083	79375			
三人户	241555	21569	209615	10371		
四人户	225674	13950	168402	43082	240	
五人户	116776	2180	51291	62014	1290	1
六人户	67042	503	11113	53188	2237	1
七人户	33019	271	2693	27552	2500	3
八人户	14192	154	948	11605	1483	2
九人户	7010	106	379	5766	757	2
十人及以上户	7422	407	359	5894	762	

5-2　各地区分年龄、性别的一人户

单位：户

地　区	合　计			14岁及以下		
	合计	男	女	小计	男	女
全省	**663799**	**368737**	**295062**	**24608**	**13735**	**10873**
海口市	**232472**	**131513**	**100959**	**6219**	**3396**	**2823**
秀英区	40333	24447	15886	1418	785	633
龙华区	85350	48687	36663	2100	1112	988
琼山区	42502	24174	18328	1089	615	474
美兰区	64287	34205	30082	1612	884	728
三亚市	**73439**	**42417**	**31022**	**1578**	**870**	**708**
海棠区	3221	1916	1305	106	64	42
吉阳区	39837	23586	16251	721	393	328
天涯区	24568	13623	10945	573	310	263
崖州区	5813	3292	2521	178	103	75
三沙市	**10**	**9**	**1**			
儋州市	**58711**	**31913**	**26798**	**2945**	**1632**	**1313**
五指山市	7348	4028	3320	173	92	81
琼海市	35070	18572	16498	1156	678	478
文昌市	40884	20809	20075	1659	944	715
万宁市	31095	15823	15272	1925	1065	860
东方市	16337	8451	7886	821	475	346
定安县	21247	12227	9020	1190	696	494
屯昌县	15785	8918	6867	831	478	353
澄迈县	29789	17129	12660	1331	741	590
临高县	20257	11258	8999	1153	651	502
白沙黎族自治县	8848	5198	3650	337	197	140
昌江黎族自治县	13860	7685	6175	698	412	286
乐东黎族自治县	22088	11893	10195	1057	574	483
陵水黎族自治县	15928	9085	6843	834	437	397
保亭黎族苗族自治县	9849	5430	4419	294	155	139
琼中黎族苗族自治县	10782	6379	4403	407	242	165

5-2 续表 1

单位：户

地区	15-19岁			20-24岁		
	小计	男	女	小计	男	女
全省	**17303**	**9968**	**7335**	**47000**	**25447**	**21553**
海口市	**5381**	**3005**	**2376**	**23278**	**12391**	**10887**
秀英区	862	524	338	3391	1978	1413
龙华区	2016	1092	924	9772	5056	4716
琼山区	1193	660	533	4199	2245	1954
美兰区	1310	729	581	5916	3112	2804
三亚市	**1323**	**779**	**544**	**6205**	**3293**	**2912**
海棠区	74	52	22	169	110	59
吉阳区	700	414	286	3623	1931	1692
天涯区	451	255	196	2147	1099	1048
崖州区	98	58	40	266	153	113
三沙市						
儋州市	**2863**	**1675**	**1188**	**4410**	**2419**	**1991**
五指山市	128	68	60	378	206	172
琼海市	940	516	424	2007	997	1010
文昌市	1000	561	439	1919	1007	912
万宁市	761	426	335	1077	613	464
东方市	542	331	211	781	433	348
定安县	514	307	207	659	396	263
屯昌县	503	280	223	706	410	296
澄迈县	823	507	316	1632	1002	630
临高县	734	455	279	837	535	302
白沙黎族自治县	270	151	119	316	178	138
昌江黎族自治县	453	279	174	712	416	296
乐东黎族自治县	402	242	160	657	354	303
陵水黎族自治县	323	196	127	578	342	236
保亭黎族苗族自治县	183	100	83	459	246	213
琼中黎族苗族自治县	160	90	70	389	209	180

5-2　续表 2　　　　单位：户

地　区	25-29岁			30-34岁			35-39岁		
	小计	男	女	小计	男	女	小计	男	女
全省	**81214**	**45790**	**35424**	**76707**	**46057**	**30650**	**56742**	**34288**	**22454**
海口市	**41199**	**23924**	**17275**	**34960**	**21805**	**13155**	**22196**	**13603**	**8593**
秀英区	6347	3927	2420	6179	4094	2085	4184	2736	1448
龙华区	17250	9837	7413	13802	8688	5114	8205	5115	3090
琼山区	7367	4454	2913	6115	3845	2270	3952	2349	1603
美兰区	10235	5706	4529	8864	5178	3686	5855	3403	2452
三亚市	**11593**	**6325**	**5268**	**11128**	**6633**	**4495**	**7785**	**4886**	**2899**
海棠区	309	182	127	341	203	138	280	190	90
吉阳区	6655	3667	2988	6590	3948	2642	4516	2903	1613
天涯区	4013	2150	1863	3612	2126	1486	2433	1468	965
崖州区	616	326	290	585	356	229	556	325	231
三沙市	**2**	**2**		**2**	**1**	**1**	**3**	**3**	
儋州市	**6794**	**3595**	**3199**	**6671**	**3723**	**2948**	**5106**	**2926**	**2180**
五指山市	628	338	290	592	360	232	577	398	179
琼海市	3343	1790	1553	3540	1951	1589	2900	1557	1343
文昌市	3002	1558	1444	3242	1732	1510	2652	1355	1297
万宁市	1928	1033	895	2386	1290	1096	2170	1194	976
东方市	1175	673	502	1250	734	516	1300	777	523
定安县	1051	582	469	1287	799	488	1308	844	464
屯昌县	1095	620	475	1182	692	490	1099	656	443
澄迈县	2370	1417	953	2692	1634	1058	2131	1353	778
临高县	1131	707	424	1202	748	454	1228	821	407
白沙黎族自治县	693	393	300	694	422	272	738	478	260
昌江黎族自治县	1143	662	481	1190	704	486	1152	708	444
乐东黎族自治县	1255	679	576	1562	947	615	1577	988	589
陵水黎族自治县	1149	591	558	1416	801	615	1326	774	552
保亭黎族苗族自治县	841	422	419	850	518	332	731	455	276
琼中黎族苗族自治县	822	479	343	861	563	298	763	512	251

5-2 续表 3 单位：户

地区	40-44岁			45-49岁			50-54岁		
	小计	男	女	小计	男	女	小计	男	女
全省	**46926**	**27654**	**19272**	**53915**	**32257**	**21658**	**53948**	**33242**	**20706**
海口市	**16431**	**9475**	**6956**	**18405**	**10556**	**7849**	**16680**	**9923**	**6757**
秀英区	3238	2025	1213	3526	2253	1273	3090	1958	1132
龙华区	5810	3402	2408	6507	3800	2707	5769	3551	2218
琼山区	2886	1606	1280	3131	1730	1401	2885	1722	1163
美兰区	4497	2442	2055	5241	2773	2468	4936	2692	2244
三亚市	**6346**	**3960**	**2386**	**7104**	**4393**	**2711**	**6441**	**4091**	**2350**
海棠区	248	152	96	335	224	111	329	220	109
吉阳区	3522	2289	1233	3842	2423	1419	3449	2240	1209
天涯区	2056	1209	847	2257	1343	914	2044	1217	827
崖州区	520	310	210	670	403	267	619	414	205
三沙市				**2**	**2**				
儋州市	**4439**	**2447**	**1992**	**4853**	**2765**	**2088**	**4837**	**2977**	**1860**
五指山市	570	344	226	821	502	319	818	480	338
琼海市	1997	1049	948	2321	1362	959	2683	1643	1040
文昌市	2274	1197	1077	2608	1483	1125	3208	1879	1329
万宁市	1869	1026	843	2436	1376	1060	2481	1480	1001
东方市	1275	744	531	1421	854	567	1315	773	542
定安县	1150	717	433	1333	850	483	1802	1171	631
屯昌县	940	578	362	1056	673	383	1350	855	495
澄迈县	1919	1214	705	2135	1335	800	2331	1535	796
临高县	1203	757	446	1386	892	494	1414	887	527
白沙黎族自治县	815	527	288	873	588	285	1053	679	374
昌江黎族自治县	1116	675	441	1264	773	491	1270	745	525
乐东黎族自治县	1775	1167	608	2292	1489	803	2143	1372	771
陵水黎族自治县	1242	740	502	1552	1004	548	1711	1134	577
保亭黎族苗族自治县	762	496	266	997	618	379	1189	788	401
琼中黎族苗族自治县	803	541	262	1056	742	314	1222	830	392

5-2 续表 4

单位：户

地区	55-59岁			60-64岁			65岁及以上		
	小计	男	女	小计	男	女	小计	男	女
全省	**47221**	**28491**	**18730**	**32082**	**18960**	**13122**	**126133**	**52848**	**73285**
海口市	**13248**	**7754**	**5494**	**8007**	**4684**	**3323**	**26468**	**10997**	**15471**
秀英区	2345	1450	895	1283	805	478	4470	1912	2558
龙华区	4317	2535	1782	2421	1391	1030	7381	3108	4273
琼山区	2453	1454	999	1620	999	621	5612	2495	3117
美兰区	4133	2315	1818	2683	1489	1194	9005	3482	5523
三亚市	**4608**	**2780**	**1828**	**2782**	**1575**	**1207**	**6546**	**2832**	**3714**
海棠区	243	165	78	190	123	67	597	231	366
吉阳区	2340	1449	891	1320	744	576	2559	1185	1374
天涯区	1550	869	681	994	540	454	2438	1037	1401
崖州区	475	297	178	278	168	110	952	379	573
三沙市				**1**	**1**				
儋州市	**4121**	**2437**	**1684**	**2479**	**1418**	**1061**	**9193**	**3899**	**5294**
五指山市	750	455	295	452	248	204	1461	537	924
琼海市	2783	1735	1048	2033	1258	775	9367	4036	5331
文昌市	3244	1945	1299	2442	1559	883	13634	5589	8045
万宁市	2633	1455	1178	2117	1162	955	9312	3703	5609
东方市	1193	645	548	1036	527	509	4228	1485	2743
定安县	1954	1317	637	1678	1119	559	7321	3429	3892
屯昌县	1457	954	503	1091	687	404	4475	2035	2440
澄迈县	2236	1414	822	1821	1109	712	8368	3868	4500
临高县	1476	911	565	1355	808	547	7138	3086	4052
白沙黎族自治县	936	595	341	508	324	184	1615	666	949
昌江黎族自治县	1184	707	477	657	385	272	3021	1219	1802
乐东黎族自治县	1883	1121	762	1361	685	676	6124	2275	3849
陵水黎族自治县	1320	855	465	1049	660	389	3428	1551	1877
保亭黎族苗族自治县	933	567	366	558	331	227	2052	734	1318
琼中黎族苗族自治县	1262	844	418	655	420	235	2382	907	1475

5-2a 各地区分年龄、性别的一人户(城市)

单位：户

地区	合计			14岁及以下		
	合计	男	女	小计	男	女
全省	**318824**	**176778**	**142046**	**7188**	**3897**	**3291**
海口市	**187565**	**106876**	**80689**	**3807**	**2040**	**1767**
秀英区	30016	18571	11445	695	371	324
龙华区	77588	44551	33037	1560	808	752
琼山区	30310	17455	12855	435	250	185
美兰区	49651	26299	23352	1117	611	506
三亚市	**61027**	**34637**	**26390**	**1255**	**678**	**577**
海棠区	1706	996	710	52	30	22
吉阳区	35473	20726	14747	636	341	295
天涯区	21009	11362	9647	476	252	224
崖州区	2839	1553	1286	91	55	36
三沙市						
儋州市	**23058**	**11536**	**11522**	**738**	**418**	**320**
五指山市	4325	2207	2118	91	45	46
琼海市	15791	8143	7648	418	233	185
文昌市	13448	6672	6776	321	175	146
万宁市	6121	3082	3039	318	176	142
东方市	7489	3625	3864	240	132	108
定安县						
屯昌县						
澄迈县						
临高县						
白沙黎族自治县						
昌江黎族自治县						
乐东黎族自治县						
陵水黎族自治县						
保亭黎族苗族自治县						
琼中黎族苗族自治县						

5−2a　续表 1

单位：户

地　区	15−19岁			20−24岁		
	小计	男	女	小计	男	女
全省	**7755**	**4272**	**3483**	**31623**	**16364**	**15259**
海口市	**4029**	**2171**	**1858**	**20712**	**10875**	**9837**
秀英区	554	330	224	2888	1662	1226
龙华区	1666	877	789	9365	4816	4549
琼山区	813	436	377	3584	1901	1683
美兰区	996	528	468	4875	2496	2379
三亚市	**1098**	**630**	**468**	**5431**	**2802**	**2629**
海棠区	24	17	7	70	45	25
吉阳区	612	353	259	3268	1691	1577
天涯区	413	231	182	1983	1003	980
崖州区	49	29	20	110	63	47
三沙市						
儋州市	**1377**	**784**	**593**	**2245**	**1110**	**1135**
五指山市	79	41	38	268	139	129
琼海市	506	274	232	1396	657	739
文昌市	352	178	174	955	464	491
万宁市	126	75	51	245	123	122
东方市	188	119	69	371	194	177
定安县						
屯昌县						
澄迈县						
临高县						
白沙黎族自治县						
昌江黎族自治县						
乐东黎族自治县						
陵水黎族自治县						
保亭黎族苗族自治县						
琼中黎族苗族自治县						

5-2a　续表 2　　　　单位：户

地　区	25-29岁			30-34岁			35-39岁		
	小计	男	女	小计	男	女	小计	男	女
全省	**57158**	**31940**	**25218**	**50224**	**29827**	**20397**	**32976**	**19238**	**13738**
海口市	**37397**	**21637**	**15760**	**31114**	**19394**	**11720**	**19171**	**11718**	**7453**
秀英区	5388	3352	2036	4969	3336	1633	3335	2199	1136
龙华区	16713	9562	7151	13334	8407	4927	7774	4830	2944
琼山区	6523	3964	2559	5272	3324	1948	3225	1921	1304
美兰区	8773	4759	4014	7539	4327	3212	4837	2768	2069
三亚市	**10204**	**5526**	**4678**	**9583**	**5638**	**3945**	**6523**	**4004**	**2519**
海棠区	135	82	53	145	77	68	129	88	41
吉阳区	6105	3334	2771	5881	3502	2379	4009	2532	1477
天涯区	3743	1990	1753	3301	1906	1395	2097	1222	875
崖州区	221	120	101	256	153	103	288	162	126
三沙市									
儋州市	**3740**	**1790**	**1950**	**3328**	**1608**	**1720**	**2368**	**1152**	**1216**
五指山市	464	245	219	377	201	176	326	184	142
琼海市	2378	1240	1138	2498	1309	1189	1860	921	939
文昌市	1740	880	860	1872	967	905	1420	659	761
万宁市	513	247	266	725	338	387	636	285	351
东方市	722	375	347	727	372	355	672	315	357
定安县									
屯昌县									
澄迈县									
临高县									
白沙黎族自治县									
昌江黎族自治县									
乐东黎族自治县									
陵水黎族自治县									
保亭黎族苗族自治县									
琼中黎族苗族自治县									

5-2a　续表 3　　　　单位：户

地　区	40-44岁			45-49岁			50-54岁		
	小计	男	女	小计	男	女	小计	男	女
全省	**24811**	**13806**	**11005**	**27211**	**15312**	**11899**	**24265**	**14100**	**10165**
海口市	**13919**	**7947**	**5972**	**15583**	**8852**	**6731**	**13592**	**7920**	**5672**
秀英区	2588	1622	966	2868	1837	1031	2432	1524	908
龙华区	5441	3176	2265	6070	3521	2549	5307	3237	2070
琼山区	2289	1247	1042	2396	1313	1083	1956	1117	839
美兰区	3601	1902	1699	4249	2181	2068	3897	2042	1855
三亚市	**5244**	**3174**	**2070**	**5809**	**3464**	**2345**	**5181**	**3187**	**1994**
海棠区	126	80	46	181	126	55	195	131	64
吉阳区	3130	2015	1115	3409	2120	1289	3029	1947	1082
天涯区	1699	939	760	1828	1014	814	1629	897	732
崖州区	289	140	149	391	204	187	328	212	116
三沙市									
儋州市	**1943**	**923**	**1020**	**1836**	**892**	**944**	**1614**	**892**	**722**
五指山市	342	163	179	455	213	242	476	245	231
琼海市	1162	545	617	1232	684	548	1141	655	486
文昌市	1071	506	565	1053	538	515	1099	580	519
万宁市	524	248	276	568	321	247	491	269	222
东方市	606	300	306	675	348	327	671	352	319
定安县									
屯昌县									
澄迈县									
临高县									
白沙黎族自治县									
昌江黎族自治县									
乐东黎族自治县									
陵水黎族自治县									
保亭黎族苗族自治县									
琼中黎族苗族自治县									

5-2a 续表 4

单位：户

地区	55-59岁			60-64岁			65岁及以上		
	小计	男	女	小计	男	女	小计	男	女
全省	**18602**	**10678**	**7924**	**10663**	**5970**	**4693**	**26348**	**11374**	**14974**
海口市	**10249**	**5897**	**4352**	**5409**	**3048**	**2361**	**12583**	**5377**	**7206**
秀英区	1762	1084	678	806	508	298	1731	746	985
龙华区	3865	2269	1596	1966	1095	871	4527	1953	2574
琼山区	1428	819	609	723	421	302	1666	742	924
美兰区	3194	1725	1469	1914	1024	890	4659	1936	2723
三亚市	**3735**	**2230**	**1505**	**2179**	**1204**	**975**	**4785**	**2100**	**2685**
海棠区	170	119	51	104	69	35	375	132	243
吉阳区	2049	1252	797	1146	634	512	2199	1005	1194
天涯区	1268	704	564	806	424	382	1766	780	986
崖州区	248	155	93	123	77	46	445	183	262
三沙市									
儋州市	**1294**	**708**	**586**	**704**	**388**	**316**	**1871**	**871**	**1000**
五指山市	460	271	189	272	148	124	715	312	403
琼海市	939	530	409	605	353	252	1656	742	914
文昌市	876	484	392	621	375	246	2068	866	1202
万宁市	449	262	187	359	202	157	1167	536	631
东方市	600	296	304	514	252	262	1503	570	933
定安县									
屯昌县									
澄迈县									
临高县									
白沙黎族自治县									
昌江黎族自治县									
乐东黎族自治县									
陵水黎族自治县									
保亭黎族苗族自治县									
琼中黎族苗族自治县									

5-2b　各地区分年龄、性别的一人户(镇)

单位：户

地　　区	合　　计			14岁及以下		
	合计	男	女	小计	男	女
全省	**136918**	**74301**	**62617**	**5949**	**3339**	**2610**
海口市	**14171**	**7878**	**6293**	**741**	**421**	**320**
秀英区	4353	2371	1982	400	234	166
龙华区	1745	962	783	123	78	45
琼山区	1965	1036	929	109	64	45
美兰区	6108	3509	2599	109	45	64
三亚市	**1271**	**735**	**536**	**36**	**20**	**16**
海棠区	366	232	134	7	6	1
吉阳区	514	312	202	10	4	6
天涯区	328	157	171	18	9	9
崖州区	63	34	29	1	1	
三沙市	**10**	**9**	**1**			
儋州市	**16347**	**9586**	**6761**	**723**	**382**	**341**
五指山市	991	579	412	24	16	8
琼海市	4797	2564	2233	139	83	56
文昌市	10927	5552	5375	460	266	194
万宁市	6048	3137	2911	343	174	169
东方市	2185	1125	1060	138	86	52
定安县	8695	4759	3936	440	271	169
屯昌县	6596	3533	3063	250	140	110
澄迈县	18277	10372	7905	692	389	303
临高县	8542	4440	4102	406	219	187
白沙黎族自治县	2600	1395	1205	89	49	40
昌江黎族自治县	9768	5207	4561	400	226	174
乐东黎族自治县	8988	4750	4238	321	186	135
陵水黎族自治县	8008	4127	3881	539	291	248
保亭黎族苗族自治县	4610	2313	2297	110	64	46
琼中黎族苗族自治县	4087	2240	1847	98	56	42

5–2b 续表 1　　　　单位：户

地 区	15–19岁			20–24岁		
	小计	男	女	小计	男	女
全省	**3307**	**1969**	**1338**	**6791**	**3860**	**2931**
海口市	**310**	**181**	**129**	**934**	**527**	**407**
秀英区	85	55	30	192	103	89
龙华区	45	26	19	91	53	38
琼山区	54	27	27	79	36	43
美兰区	126	73	53	572	335	237
三亚市	**20**	**13**	**7**	**62**	**37**	**25**
海棠区	7	4	3	17	10	7
吉阳区	4	3	1	35	22	13
天涯区	6	5	1	10	5	5
崖州区	3	1	2			
三沙市						
儋州市	**495**	**295**	**200**	**972**	**590**	**382**
五指山市	13	6	7	47	28	19
琼海市	119	73	46	215	110	105
文昌市	228	140	88	413	226	187
万宁市	133	72	61	178	94	84
东方市	88	53	35	111	61	50
定安县	154	89	65	318	177	141
屯昌县	166	93	73	340	173	167
澄迈县	429	274	155	1096	668	428
临高县	281	174	107	349	217	132
白沙黎族自治县	134	71	63	139	73	66
昌江黎族自治县	299	182	117	523	298	225
乐东黎族自治县	132	79	53	309	159	150
陵水黎族自治县	165	96	69	330	191	139
保亭黎族苗族自治县	85	48	37	260	131	129
琼中黎族苗族自治县	56	30	26	195	100	95

5-2b　续表 2　　单位：户

地区	25-29岁			30-34岁			35-39岁		
	小计	男	女	小计	男	女	小计	男	女
全省	**12163**	**6675**	**5488**	**13388**	**7730**	**5658**	**11148**	**6548**	**4600**
海口市	**1559**	**918**	**641**	**1574**	**954**	**620**	**1156**	**679**	**477**
秀英区	533	293	240	686	397	289	428	243	185
龙华区	111	62	49	112	65	47	110	67	43
琼山区	128	51	77	122	67	55	140	68	72
美兰区	787	512	275	654	425	229	478	301	177
三亚市	**160**	**85**	**75**	**193**	**121**	**72**	**125**	**80**	**45**
海棠区	51	30	21	56	35	21	31	19	12
吉阳区	86	37	49	110	70	40	68	46	22
天涯区	21	17	4	25	14	11	25	14	11
崖州区	2	1	1	2	2		1	1	
三沙市	**2**	**2**		**2**	**1**	**1**	**3**	**3**	
儋州市	**1826**	**1101**	**725**	**2097**	**1372**	**725**	**1622**	**1064**	**558**
五指山市	78	36	42	70	50	20	73	58	15
琼海市	372	197	175	369	199	170	309	185	124
文昌市	580	277	303	622	321	301	537	288	249
万宁市	393	215	178	475	232	243	488	268	220
东方市	132	81	51	133	82	51	123	77	46
定安县	566	285	281	691	393	298	686	402	284
屯昌县	683	353	330	726	384	342	630	335	295
澄迈县	1695	1003	692	2014	1179	835	1503	936	567
临高县	552	314	238	606	337	269	584	347	237
白沙黎族自治县	354	186	168	324	184	140	269	149	120
昌江黎族自治县	918	531	387	931	536	395	819	459	360
乐东黎族自治县	612	300	312	741	408	333	705	398	307
陵水黎族自治县	694	319	375	867	432	435	769	394	375
保亭黎族苗族自治县	539	247	292	526	291	235	399	218	181
琼中黎族苗族自治县	448	225	223	427	254	173	348	208	140

5–2b 续表 3

单位：户

地 区	40–44岁			45–49岁			50–54岁		
	小计	男	女	小计	男	女	小计	男	女
全省	**9883**	**5574**	**4309**	**11481**	**6645**	**4836**	**12016**	**7224**	**4792**
海口市	**934**	**531**	**403**	**1003**	**580**	**423**	**1042**	**675**	**367**
秀英区	297	167	130	287	158	129	288	182	106
龙华区	89	55	34	110	68	42	130	87	43
琼山区	118	60	58	127	67	60	140	89	51
美兰区	430	249	181	479	287	192	484	317	167
三亚市	**101**	**63**	**38**	**133**	**87**	**46**	**116**	**76**	**40**
海棠区	34	16	18	38	26	12	41	29	12
吉阳区	42	34	8	45	32	13	42	29	13
天涯区	17	7	10	42	24	18	28	14	14
崖州区	8	6	2	8	5	3	5	4	1
三沙市				**2**	**2**				
儋州市	**1332**	**798**	**534**	**1497**	**901**	**596**	**1508**	**973**	**535**
五指山市	51	37	14	103	73	30	119	76	43
琼海市	263	151	112	320	181	139	382	232	150
文昌市	598	331	267	697	387	310	867	522	345
万宁市	410	230	180	529	304	225	447	273	174
东方市	144	91	53	171	111	60	167	92	75
定安县	597	324	273	676	366	310	831	472	359
屯昌县	513	270	243	528	308	220	565	317	248
澄迈县	1286	783	503	1456	904	552	1483	960	523
临高县	563	309	254	693	395	298	681	395	286
白沙黎族自治县	255	125	130	238	130	108	230	125	105
昌江黎族自治县	731	391	340	891	490	401	952	504	448
乐东黎族自治县	788	457	331	1012	592	420	926	534	392
陵水黎族自治县	651	318	333	746	403	343	756	429	327
保亭黎族苗族自治县	351	195	156	414	212	202	483	281	202
琼中黎族苗族自治县	315	170	145	372	219	153	461	288	173

5-2b　续表 4　　　　单位：户

地　　区	55-59岁			60-64岁			65岁及以上		
	小计	男	女	小计	男	女	小计	男	女
全省	**11163**	**6622**	**4541**	**7799**	**4561**	**3238**	**31830**	**13554**	**18276**
海口市	**945**	**584**	**361**	**702**	**431**	**271**	**3271**	**1397**	**1874**
秀英区	231	137	94	173	98	75	753	304	449
龙华区	113	63	50	114	73	41	597	265	332
琼山区	180	107	73	156	100	56	612	300	312
美兰区	421	277	144	259	160	99	1309	528	781
三亚市	**67**	**37**	**30**	**59**	**37**	**22**	**199**	**79**	**120**
海棠区	17	10	7	17	14	3	50	33	17
吉阳区	21	12	9	17	10	7	34	13	21
天涯区	25	13	12	19	10	9	92	25	67
崖州区	4	2	2	6	3	3	23	8	15
三沙市				**1**	**1**				
儋州市	**1230**	**748**	**482**	**684**	**378**	**306**	**2361**	**984**	**1377**
五指山市	116	79	37	58	38	20	239	82	157
琼海市	468	312	156	326	204	122	1515	637	878
文昌市	996	600	396	723	460	263	4206	1734	2472
万宁市	497	271	226	420	231	189	1735	773	962
东方市	140	77	63	130	63	67	708	251	457
定安县	816	499	317	635	382	253	2285	1099	1186
屯昌县	561	342	219	404	231	173	1230	587	643
澄迈县	1301	775	526	1081	633	448	4241	1868	2373
临高县	674	374	300	601	328	273	2552	1031	1521
白沙黎族自治县	223	122	101	105	62	43	240	119	121
昌江黎族自治县	910	525	385	476	267	209	1918	798	1120
乐东黎族自治县	796	464	332	508	285	223	2138	888	1250
陵水黎族自治县	609	341	268	449	275	174	1433	638	795
保亭黎族苗族自治县	408	211	197	234	131	103	801	284	517
琼中黎族苗族自治县	406	261	145	203	124	79	758	305	453

5-2c 各地区分年龄、性别的一人户(乡村)

单位：户

地 区	合 计			14岁及以下		
	合计	男	女	小计	男	女
全省	**208057**	**117658**	**90399**	**11471**	**6499**	**4972**
海口市	**30736**	**16759**	**13977**	**1671**	**935**	**736**
秀英区	5964	3505	2459	323	180	143
龙华区	6017	3174	2843	417	226	191
琼山区	10227	5683	4544	545	301	244
美兰区	8528	4397	4131	386	228	158
三亚市	**11141**	**7045**	**4096**	**287**	**172**	**115**
海棠区	1149	688	461	47	28	19
吉阳区	3850	2548	1302	75	48	27
天涯区	3231	2104	1127	79	49	30
崖州区	2911	1705	1206	86	47	39
三沙市						
儋州市	**19306**	**10791**	**8515**	**1484**	**832**	**652**
五指山市	2032	1242	790	58	31	27
琼海市	14482	7865	6617	599	362	237
文昌市	16509	8585	7924	878	503	375
万宁市	18926	9604	9322	1264	715	549
东方市	6663	3701	2962	443	257	186
定安县	12552	7468	5084	750	425	325
屯昌县	9189	5385	3804	581	338	243
澄迈县	11512	6757	4755	639	352	287
临高县	11715	6818	4897	747	432	315
白沙黎族自治县	6248	3803	2445	248	148	100
昌江黎族自治县	4092	2478	1614	298	186	112
乐东黎族自治县	13100	7143	5957	736	388	348
陵水黎族自治县	7920	4958	2962	295	146	149
保亭黎族苗族自治县	5239	3117	2122	184	91	93
琼中黎族苗族自治县	6695	4139	2556	309	186	123

5-2c 续表 1

单位：户

地区	15–19岁			20–24岁		
	小计	男	女	小计	男	女
全省	**6241**	**3727**	**2514**	**8586**	**5223**	**3363**
海口市	**1042**	**653**	**389**	**1632**	**989**	**643**
秀英区	223	139	84	311	213	98
龙华区	305	189	116	316	187	129
琼山区	326	197	129	536	308	228
美兰区	188	128	60	469	281	188
三亚市	**205**	**136**	**69**	**712**	**454**	**258**
海棠区	43	31	12	82	55	27
吉阳区	84	58	26	320	218	102
天涯区	32	19	13	154	91	63
崖州区	46	28	18	156	90	66
三沙市						
儋州市	**991**	**596**	**395**	**1193**	**719**	**474**
五指山市	36	21	15	63	39	24
琼海市	315	169	146	396	230	166
文昌市	420	243	177	551	317	234
万宁市	502	279	223	654	396	258
东方市	266	159	107	299	178	121
定安县	360	218	142	341	219	122
屯昌县	337	187	150	366	237	129
澄迈县	394	233	161	536	334	202
临高县	453	281	172	488	318	170
白沙黎族自治县	136	80	56	177	105	72
昌江黎族自治县	154	97	57	189	118	71
乐东黎族自治县	270	163	107	348	195	153
陵水黎族自治县	158	100	58	248	151	97
保亭黎族苗族自治县	98	52	46	199	115	84
琼中黎族苗族自治县	104	60	44	194	109	85

5-2c 续表 2

单位：户

地 区	25-29岁			30-34岁			35-39岁		
	小计	男	女	小计	男	女	小计	男	女
全省	**11893**	**7175**	**4718**	**13095**	**8500**	**4595**	**12618**	**8502**	**4116**
海口市	**2243**	**1369**	**874**	**2272**	**1457**	**815**	**1869**	**1206**	**663**
秀英区	426	282	144	524	361	163	421	294	127
龙华区	426	213	213	356	216	140	321	218	103
琼山区	716	439	277	721	454	267	587	360	227
美兰区	675	435	240	671	426	245	540	334	206
三亚市	**1229**	**714**	**515**	**1352**	**874**	**478**	**1137**	**802**	**335**
海棠区	123	70	53	140	91	49	120	83	37
吉阳区	464	296	168	599	376	223	439	325	114
天涯区	249	143	106	286	206	80	311	232	79
崖州区	393	205	188	327	201	126	267	162	105
三沙市									
儋州市	**1228**	**704**	**524**	**1246**	**743**	**503**	**1116**	**710**	**406**
五指山市	86	57	29	145	109	36	178	156	22
琼海市	593	353	240	673	443	230	731	451	280
文昌市	682	401	281	748	444	304	695	408	287
万宁市	1022	571	451	1186	720	466	1046	641	405
东方市	321	217	104	390	280	110	505	385	120
定安县	485	297	188	596	406	190	622	442	180
屯昌县	412	267	145	456	308	148	469	321	148
澄迈县	675	414	261	678	455	223	628	417	211
临高县	579	393	186	596	411	185	644	474	170
白沙黎族自治县	339	207	132	370	238	132	469	329	140
昌江黎族自治县	225	131	94	259	168	91	333	249	84
乐东黎族自治县	643	379	264	821	539	282	872	590	282
陵水黎族自治县	455	272	183	549	369	180	557	380	177
保亭黎族苗族自治县	302	175	127	324	227	97	332	237	95
琼中黎族苗族自治县	374	254	120	434	309	125	415	304	111

5-2c　续表 3

单位：户

地　　区	40-44岁			45-49岁			50-54岁		
	小计	男	女	小计	男	女	小计	男	女
全省	**12232**	**8274**	**3958**	**15223**	**10300**	**4923**	**17667**	**11918**	**5749**
海口市	**1578**	**997**	**581**	**1819**	**1124**	**695**	**2046**	**1328**	**718**
秀英区	353	236	117	371	258	113	370	252	118
龙华区	280	171	109	327	211	116	332	227	105
琼山区	479	299	180	608	350	258	789	516	273
美兰区	466	291	175	513	305	208	555	333	222
三亚市	**1001**	**723**	**278**	**1162**	**842**	**320**	**1144**	**828**	**316**
海棠区	88	56	32	116	72	44	93	60	33
吉阳区	350	240	110	388	271	117	378	264	114
天涯区	340	263	77	387	305	82	387	306	81
崖州区	223	164	59	271	194	77	286	198	88
三沙市									
儋州市	**1164**	**726**	**438**	**1520**	**972**	**548**	**1715**	**1112**	**603**
五指山市	177	144	33	263	216	47	223	159	64
琼海市	572	353	219	769	497	272	1160	756	404
文昌市	605	360	245	858	558	300	1242	777	465
万宁市	935	548	387	1339	751	588	1543	938	605
东方市	525	353	172	575	395	180	477	329	148
定安县	553	393	160	657	484	173	971	699	272
屯昌县	427	308	119	528	365	163	785	538	247
澄迈县	633	431	202	679	431	248	848	575	273
临高县	640	448	192	693	497	196	733	492	241
白沙黎族自治县	560	402	158	635	458	177	823	554	269
昌江黎族自治县	385	284	101	373	283	90	318	241	77
乐东黎族自治县	987	710	277	1280	897	383	1217	838	379
陵水黎族自治县	591	422	169	806	601	205	955	705	250
保亭黎族苗族自治县	411	301	110	583	406	177	706	507	199
琼中黎族苗族自治县	488	371	117	684	523	161	761	542	219

5−2c 续表 4

单位：户

地区	55−59岁			60−64岁			65岁及以上		
	小计	男	女	小计	男	女	小计	男	女
全省	**17456**	**11191**	**6265**	**13620**	**8429**	**5191**	**67955**	**27920**	**40035**
海口市	**2054**	**1273**	**781**	**1896**	**1205**	**691**	**10614**	**4223**	**6391**
秀英区	352	229	123	304	199	105	1986	862	1124
龙华区	339	203	136	341	223	118	2257	890	1367
琼山区	845	528	317	741	478	263	3334	1453	1881
美兰区	518	313	205	510	305	205	3037	1018	2019
三亚市	**806**	**513**	**293**	**544**	**334**	**210**	**1562**	**653**	**909**
海棠区	56	36	20	69	40	29	172	66	106
吉阳区	270	185	85	157	100	57	326	167	159
天涯区	257	152	105	169	106	63	580	232	348
崖州区	223	140	83	149	88	61	484	188	296
三沙市									
儋州市	**1597**	**981**	**616**	**1091**	**652**	**439**	**4961**	**2044**	**2917**
五指山市	174	105	69	122	62	60	507	143	364
琼海市	1376	893	483	1102	701	401	6196	2657	3539
文昌市	1372	861	511	1098	724	374	7360	2989	4371
万宁市	1687	922	765	1338	729	609	6410	2394	4016
东方市	453	272	181	392	212	180	2017	664	1353
定安县	1138	818	320	1043	737	306	5036	2330	2706
屯昌县	896	612	284	687	456	231	3245	1448	1797
澄迈县	935	639	296	740	476	264	4127	2000	2127
临高县	802	537	265	754	480	274	4586	2055	2531
白沙黎族自治县	713	473	240	403	262	141	1375	547	828
昌江黎族自治县	274	182	92	181	118	63	1103	421	682
乐东黎族自治县	1087	657	430	853	400	453	3986	1387	2599
陵水黎族自治县	711	514	197	600	385	215	1995	913	1082
保亭黎族苗族自治县	525	356	169	324	200	124	1251	450	801
琼中黎族苗族自治县	856	583	273	452	296	156	1624	602	1022

5-3　各地区家庭户中民族混合户户数

单位：户、%

地　　区	家庭户户　数	单一民族户		二个民族户		三个民族户		四个及以上民族户	
		户数	占家庭户比重	户数	占家庭户比重	户数	占家庭户比重	户数	占家庭户比重
全省	**2961646**	**2818348**	**95.16**	**140994**	**4.76**	**2206**	**0.07**	**98**	
海口市	**874099**	**848274**	**97.05**	**25335**	**2.90**	**468**	**0.05**	**22**	
秀英区	166753	161413	96.80	5208	3.12	122	0.07	10	0.01
龙华区	266353	258609	97.09	7627	2.86	115	0.04	2	
琼山区	191349	185523	96.96	5697	2.98	125	0.07	4	
美兰区	249644	242729	97.23	6803	2.73	106	0.04	6	
三亚市	**289639**	**267701**	**92.43**	**21455**	**7.41**	**461**	**0.16**	**22**	**0.01**
海棠区	25671	21769	84.80	3736	14.55	162	0.63	4	0.02
吉阳区	131880	121641	92.24	10084	7.65	144	0.11	11	0.01
天涯区	100496	94190	93.73	6196	6.17	106	0.11	4	
崖州区	31592	30101	95.28	1439	4.55	49	0.16	3	0.01
三沙市	**19**	**19**	**100.00**						
儋州市	**274963**	**259810**	**94.49**	**14962**	**5.44**	**184**	**0.07**	**7**	
五指山市	34929	31295	89.60	3589	10.28	45	0.13		
琼海市	161135	155719	96.64	5326	3.31	84	0.05	6	
文昌市	176384	173076	98.12	3247	1.84	58	0.03	3	
万宁市	160208	148304	92.57	11752	7.34	151	0.09	1	
东方市	110065	107548	97.71	2473	2.25	42	0.04	2	
定安县	91661	89799	97.97	1852	2.02	10	0.01		
屯昌县	77468	71787	92.67	5612	7.24	69	0.09		
澄迈县	141034	137902	97.78	3089	2.19	43	0.03		
临高县	114056	113543	99.55	506	0.44	7	0.01		
白沙黎族自治县	51159	45451	88.84	5624	10.99	84	0.16		
昌江黎族自治县	69391	63614	91.67	5736	8.27	40	0.06	1	
乐东黎族自治县	132448	128886	97.31	3472	2.62	69	0.05	21	0.02
陵水黎族自治县	96090	84776	88.23	11218	11.67	91	0.09	5	0.01
保亭黎族苗族自治县	49645	42963	86.54	6553	13.20	127	0.26	2	
琼中黎族苗族自治县	57253	47881	83.63	9193	16.06	173	0.30	6	0.01

5-3a 各地区家庭户中民族混合户户数(城市)

单位：户、%

地区	家庭户户数	单一民族户		二个民族户		三个民族户		四个及以上民族户	
		户数	占家庭户比重	户数	占家庭户比重	户数	占家庭户比重	户数	占家庭户比重
全省	**1148204**	**1103617**	**96.12**	**44066**	**3.84**	**493**	**0.04**	**28**	
海口市	**661793**	**641907**	**97.00**	**19696**	**2.98**	**185**	**0.03**	**5**	
秀英区	111394	107697	96.68	3663	3.29	33	0.03	1	
龙华区	235223	228172	97.00	6972	2.96	78	0.03	1	
琼山区	128848	124951	96.98	3871	3.00	26	0.02		
美兰区	186328	181087	97.19	5190	2.79	48	0.03	3	
三亚市	**208856**	**194523**	**93.14**	**14143**	**6.77**	**179**	**0.09**	**11**	**0.01**
海棠区	12340	10338	83.78	1969	15.96	32	0.26	1	0.01
吉阳区	112888	104622	92.68	8155	7.22	103	0.09	8	0.01
天涯区	70037	66251	94.59	3745	5.35	39	0.06	2	
崖州区	13591	13312	97.95	274	2.02	5	0.04		
三沙市									
儋州市	**83656**	**79376**	**94.88**	**4205**	**5.03**	**68**	**0.08**	**7**	**0.01**
五指山市	16029	13657	85.20	2344	14.62	28	0.17		
琼海市	55189	54220	98.24	954	1.73	10	0.02	5	0.01
文昌市	49496	48823	98.64	668	1.35	5	0.01		
万宁市	29632	28710	96.89	916	3.09	6	0.02		
东方市	43553	42401	97.35	1140	2.62	12	0.03		
定安县									
屯昌县									
澄迈县									
临高县									
白沙黎族自治县									
昌江黎族自治县									
乐东黎族自治县									
陵水黎族自治县									
保亭黎族苗族自治县									
琼中黎族苗族自治县									

5-3b 各地区家庭户中民族混合户户数(镇)

单位：户、%

地区	家庭户户数	单一民族户		二个民族户		三个民族户		四个及以上民族户	
		户数	占家庭户比重	户数	占家庭户比重	户数	占家庭户比重	户数	占家庭户比重
全省	**645237**	**610942**	**94.68**	**33868**	**5.25**	**394**	**0.06**	**33**	**0.01**
海口市	**63770**	**62394**	**97.84**	**1352**	**2.12**	**22**	**0.03**	**2**	
秀英区	21862	21343	97.63	517	2.36	2	0.01		
龙华区	6771	6733	99.44	38	0.56				
琼山区	9836	9735	98.97	100	1.02	1	0.01		
美兰区	25301	24583	97.16	697	2.75	19	0.08	2	0.01
三亚市	**6788**	**6281**	**92.53**	**498**	**7.34**	**8**	**0.12**	**1**	**0.01**
海棠区	1839	1706	92.77	129	7.01	4	0.22		
吉阳区	2251	1934	85.92	312	13.86	4	0.18	1	0.04
天涯区	2303	2253	97.83	50	2.17				
崖州区	395	388	98.23	7	1.77				
三沙市	**19**	**19**	**100.00**						
儋州市	**68597**	**65529**	**95.53**	**3025**	**4.41**	**43**	**0.06**		
五指山市	4915	4390	89.32	519	10.56	6	0.12		
琼海市	24594	23789	96.73	793	3.22	11	0.04	1	
文昌市	53867	52990	98.37	865	1.61	10	0.02	2	
万宁市	32014	29599	92.46	2395	7.48	20	0.06		
东方市	16593	16260	97.99	326	1.96	5	0.03	2	0.01
定安县	35721	35366	99.01	354	0.99	1			
屯昌县	32108	29835	92.92	2245	6.99	28	0.09		
澄迈县	82367	81145	98.52	1212	1.47	10	0.01		
临高县	52921	52795	99.76	126	0.24				
白沙黎族自治县	10534	8735	82.92	1776	16.86	23	0.22		
昌江黎族自治县	43194	38466	89.05	4696	10.87	31	0.07	1	
乐东黎族自治县	41272	40094	97.15	1129	2.74	29	0.07	20	0.05
陵水黎族自治县	39848	34039	85.42	5778	14.50	31	0.08		
保亭黎族苗族自治县	18374	15359	83.59	2970	16.16	45	0.24		
琼中黎族苗族自治县	17741	13857	78.11	3809	21.47	71	0.40	4	0.02

5-3c 各地区家庭户中民族混合户户数(乡村)

单位：户、%

地区	家庭户户数	单一民族户		二个民族户		三个民族户		四个及以上民族户	
		户数	占家庭户比重	户数	占家庭户比重	户数	占家庭户比重	户数	占家庭户比重
全省	**1168205**	**1103789**	**94.49**	**63060**	**5.40**	**1319**	**0.11**	**37**	
海口市	**148536**	**143973**	**96.93**	**4287**	**2.89**	**261**	**0.18**	**15**	**0.01**
秀英区	33497	32373	96.64	1028	3.07	87	0.26	9	0.03
龙华区	24359	23704	97.31	617	2.53	37	0.15	1	
琼山区	52665	50837	96.53	1726	3.28	98	0.19	4	0.01
美兰区	38015	37059	97.49	916	2.41	39	0.10	1	
三亚市	**73995**	**66897**	**90.41**	**6814**	**9.21**	**274**	**0.37**	**10**	**0.01**
海棠区	11492	9725	84.62	1638	14.25	126	1.10	3	0.03
吉阳区	16741	15085	90.11	1617	9.66	37	0.22	2	0.01
天涯区	28156	25686	91.23	2401	8.53	67	0.24	2	0.01
崖州区	17606	16401	93.16	1158	6.58	44	0.25	3	0.02
三沙市									
儋州市	**122710**	**114905**	**93.64**	**7732**	**6.30**	**73**	**0.06**		
五指山市	13985	13248	94.73	726	5.19	11	0.08		
琼海市	81352	77710	95.52	3579	4.40	63	0.08		
文昌市	73021	71263	97.59	1714	2.35	43	0.06	1	
万宁市	98562	89995	91.31	8441	8.56	125	0.13	1	
东方市	49919	48887	97.93	1007	2.02	25	0.05		
定安县	55940	54433	97.31	1498	2.68	9	0.02		
屯昌县	45360	41952	92.49	3367	7.42	41	0.09		
澄迈县	58667	56757	96.74	1877	3.20	33	0.06		
临高县	61135	60748	99.37	380	0.62	7	0.01		
白沙黎族自治县	40625	36716	90.38	3848	9.47	61	0.15		
昌江黎族自治县	26197	25148	96.00	1040	3.97	9	0.03		
乐东黎族自治县	91176	88792	97.39	2343	2.57	40	0.04	1	
陵水黎族自治县	56242	50737	90.21	5440	9.67	60	0.11	5	0.01
保亭黎族苗族自治县	31271	27604	88.27	3583	11.46	82	0.26	2	0.01
琼中黎族苗族自治县	39512	34024	86.11	5384	13.63	102	0.26	2	0.01

5–4 各地区有60岁及以上人口的家庭户户数

单位：户

地区	合计	有一个60岁及以上人口的户				有二个60岁及以上人口的户				有三个60岁及以上人口的户
		小计	独自居住	只与未成年人口共同居住	其他	小计	只有一对60岁及以上夫妇居住	只有一对60岁及以上夫妇与未成年人口共同居住	其他	
全省	**968357**	**565068**	**158215**	**6971**	**399882**	**391513**	**135329**	**9266**	**246918**	**11776**
海口市	**223088**	**128776**	**34475**	**1496**	**92805**	**91446**	**31715**	**1787**	**57944**	**2866**
秀英区	39547	22962	5753	275	16934	16125	5316	323	10486	460
龙华区	57912	33638	9802	401	23435	23419	8509	455	14455	855
琼山区	53611	30790	7232	388	23170	22142	6943	506	14693	679
美兰区	72018	41386	11688	432	29266	29760	10947	503	18310	872
三亚市	**69312**	**41828**	**9328**	**343**	**32157**	**26871**	**9406**	**427**	**17038**	**613**
海棠区	8401	5350	787	36	4527	2991	838	41	2112	60
吉阳区	24556	15000	3879	139	10982	9339	3866	158	5315	217
天涯区	25633	15380	3432	129	11819	10028	3494	161	6373	225
崖州区	10722	6098	1230	39	4829	4513	1208	67	3238	111
三沙市	**3**	**2**	**1**		**1**	**1**			**1**	
儋州市	**86040**	**50015**	**11672**	**879**	**37464**	**34863**	**8656**	**1047**	**25160**	**1162**
五指山市	10764	6416	1913	45	4458	4243	2186	76	1981	105
琼海市	67938	38638	11400	436	26802	28300	10046	655	17599	1000
文昌市	82805	48386	16076	679	31631	32956	12058	985	19913	1463
万宁市	63154	34664	11429	462	22773	27483	11533	551	15399	1007
东方市	37605	20996	5264	212	15520	16264	5672	325	10267	345
定安县	38750	23441	8999	345	14097	14908	6369	429	8110	401
屯昌县	29665	17361	5566	266	11529	11977	4937	466	6574	327
澄迈县	58054	33105	10189	473	22443	24159	8323	743	15093	790
临高县	43899	25401	8493	375	16533	18273	6325	598	11350	225
白沙黎族自治县	16474	10538	2123	113	8302	5841	1806	194	3841	95
昌江黎族自治县	22436	13877	3678	209	9990	8373	2631	241	5501	186
乐东黎族自治县	45764	27202	7485	262	19455	18130	5967	324	11839	432
陵水黎族自治县	37246	22264	4477	174	17613	14440	2610	133	11697	542
保亭黎族苗族自治县	16361	10226	2610	89	7527	6027	2291	108	3628	108
琼中黎族苗族自治县	18999	11932	3037	113	8782	6958	2798	177	3983	109

5-4a 各地区有60岁及以上人口的家庭户户数(城市)

单位：户

地区	合计	有一个60岁及以上人口的户				有二个60岁及以上人口的户				有三个60岁及以上人口的户
		小计	独自居住	只与未成年人口共同居住	其他	小计	只有一对60岁及以上夫妇居住	只有一对60岁及以上夫妇与未成年人口共同居住	其他	
全省	**267312**	**153532**	**37011**	**1906**	**114615**	**110212**	**36607**	**1999**	**71606**	**3568**
海口市	**139514**	**80222**	**17992**	**910**	**61320**	**57494**	**18163**	**988**	**38343**	**1798**
秀英区	19870	11720	2537	134	9049	7938	2671	143	5124	212
龙华区	44969	25934	6493	300	19141	18333	6189	335	11809	702
琼山区	26040	14839	2389	164	12286	10911	2765	178	7968	290
美兰区	48635	27729	6573	312	20844	20312	6538	332	13442	594
三亚市	**44943**	**26401**	**6964**	**261**	**19176**	**18090**	**7066**	**313**	**10711**	**452**
海棠区	4301	2630	479	18	2133	1639	485	22	1132	32
吉阳区	19971	11900	3345	126	8429	7889	3443	142	4304	182
天涯区	15691	9151	2572	101	6478	6365	2661	121	3583	175
崖州区	4980	2720	568	16	2136	2197	477	28	1692	63
三沙市										
儋州市	**20420**	**12433**	**2575**	**305**	**9553**	**7640**	**1397**	**158**	**6085**	**347**
五指山市	4798	2646	987	28	1631	2092	1338	41	713	60
琼海市	15958	8806	2261	97	6448	6896	2155	127	4614	256
文昌市	17126	9852	2689	149	7014	6949	2357	181	4411	325
万宁市	10148	5340	1526	83	3731	4636	1631	80	2925	172
东方市	14405	7832	2017	73	5742	6415	2500	111	3804	158
定安县										
屯昌县										
澄迈县										
临高县										
白沙黎族自治县										
昌江黎族自治县										
乐东黎族自治县										
陵水黎族自治县										
保亭黎族苗族自治县										
琼中黎族苗族自治县										

5-4b　各地区有60岁及以上人口的家庭户户数(镇)

单位：户

地　　区	合　　计	有一个60岁及以上人口的户				有二个60岁及以上人口的户				有三个60岁及以上人口的户
		小计	独自居住	只与未成年人口共同居住	其他	小计	只有一对60岁及以上夫妇居住	只有一对60岁及以上夫妇与未成年人口共同居住	其他	
全省	**229841**	**133407**	**39629**	**1787**	**91991**	**93317**	**31394**	**2320**	**59603**	**3117**
海口市	**21763**	**12282**	**3973**	**175**	**8134**	**9179**	**3466**	**217**	**5496**	**302**
秀英区	6517	3554	926	62	2566	2844	899	63	1882	119
龙华区	2507	1502	711	27	764	974	452	28	494	31
琼山区	4295	2395	768	32	1595	1849	663	66	1120	51
美兰区	8444	4831	1568	54	3209	3512	1452	60	2000	101
三亚市	**1849**	**1133**	**258**	**13**	**862**	**705**	**228**	**14**	**463**	**11**
海棠区	469	276	67	2	207	190	68	2	120	3
吉阳区	427	293	51	2	240	133	65	2	66	1
天涯区	789	462	111	8	343	323	73	10	240	4
崖州区	164	102	29	1	72	59	22		37	3
三沙市	**3**	**2**	**1**		**1**	**1**			**1**	
儋州市	**20647**	**12254**	**3045**	**172**	**9037**	**8088**	**1996**	**236**	**5856**	**305**
五指山市	1641	977	297	6	674	643	321	10	312	21
琼海市	10693	6094	1841	74	4179	4427	1487	115	2825	172
文昌市	26134	15003	4929	218	9856	10673	3846	308	6519	458
万宁市	12164	6529	2155	87	4287	5391	2156	118	3117	244
东方市	5705	3105	838	31	2236	2538	839	47	1652	62
定安县	13336	7963	2920	121	4922	5207	2059	119	3029	166
屯昌县	10557	6097	1634	90	4373	4339	1459	175	2705	121
澄迈县	31262	17516	5322	213	11981	13295	4622	339	8334	451
临高县	19185	10890	3153	162	7575	8182	2464	241	5477	113
白沙黎族自治县	2556	1680	345	27	1308	867	257	22	588	9
昌江黎族自治县	12839	8132	2394	137	5601	4590	1593	129	2868	117
乐东黎族自治县	13134	8058	2646	84	5328	4916	1676	95	3145	160
陵水黎族自治县	15436	8993	1882	95	7016	6116	990	39	5087	327
保亭黎族苗族自治县	5485	3319	1035	34	2250	2119	1033	40	1046	47
琼中黎族苗族自治县	5452	3380	961	48	2371	2041	902	56	1083	31

5—4c 各地区有60岁及以上人口的家庭户户数(乡村)

单位：户

地区	合计	有一个60岁及以上人口的户				有二个60岁及以上人口的户				有三个60岁及以上人口的户
		小计	独自居住	只与未成年人口共同居住	其他	小计	只有一对60岁及以上夫妇居住	只有一对60岁及以上夫妇与未成年人口共同居住	其他	
全省	**471204**	**278129**	**81575**	**3278**	**193276**	**187984**	**67328**	**4947**	**115709**	**5091**
海口市	**61811**	**36272**	**12510**	**411**	**23351**	**24773**	**10086**	**582**	**14105**	**766**
秀英区	13160	7688	2290	79	5319	5343	1746	117	3480	129
龙华区	10436	6202	2598	74	3530	4112	1868	92	2152	122
琼山区	23276	13556	4075	192	9289	9382	3515	262	5605	338
美兰区	14939	8826	3547	66	5213	5936	2957	111	2868	177
三亚市	**22520**	**14294**	**2106**	**69**	**12119**	**8076**	**2112**	**100**	**5864**	**150**
海棠区	3631	2444	241	16	2187	1162	285	17	860	25
吉阳区	4158	2807	483	11	2313	1317	358	14	945	34
天涯区	9153	5767	749	20	4998	3340	760	30	2550	46
崖州区	5578	3276	633	22	2621	2257	709	39	1509	45
三沙市										
儋州市	**44973**	**25328**	**6052**	**402**	**18874**	**19135**	**5263**	**653**	**13219**	**510**
五指山市	4325	2793	629	11	2153	1508	527	25	956	24
琼海市	41287	23738	7298	265	16175	16977	6404	413	10160	572
文昌市	39545	23531	8458	312	14761	15334	5855	496	8983	680
万宁市	40842	22795	7748	292	14755	17456	7746	353	9357	591
东方市	17495	10059	2409	108	7542	7311	2333	167	4811	125
定安县	25414	15478	6079	224	9175	9701	4310	310	5081	235
屯昌县	19108	11264	3932	176	7156	7638	3478	291	3869	206
澄迈县	26792	15589	4867	260	10462	10864	3701	404	6759	339
临高县	24714	14511	5340	213	8958	10091	3861	357	5873	112
白沙黎族自治县	13918	8858	1778	86	6994	4974	1549	172	3253	86
昌江黎族自治县	9597	5745	1284	72	4389	3783	1038	112	2633	69
乐东黎族自治县	32630	19144	4839	178	14127	13214	4291	229	8694	272
陵水黎族自治县	21810	13271	2595	79	10597	8324	1620	94	6610	215
保亭黎族苗族自治县	10876	6907	1575	55	5277	3908	1258	68	2582	61
琼中黎族苗族自治县	13547	8552	2076	65	6411	4917	1896	121	2900	78

5-5 各地区有65岁及以上人口的家庭户户数

单位：户

地区	合计	有一个65岁及以上人口的户				有二个65岁及以上人口的户				有三个65岁及以上人口的户
		小计	独自居住	只与未成年人口共同居住	其他	小计	只有一对65岁及以上夫妇居住	只有一对65岁及以上夫妇与未成年人口共同居住	其他	
全省	**726707**	**475525**	**126133**	**4754**	**344638**	**246495**	**93695**	**4814**	**147986**	**4687**
海口市	**163284**	**104996**	**26468**	**960**	**77568**	**57190**	**21577**	**972**	**34641**	**1098**
秀英区	28476	18532	4470	171	13891	9756	3556	177	6023	188
龙华区	41980	26847	7381	260	19206	14803	5842	248	8713	330
琼山区	39587	25486	5612	249	19625	13849	4678	282	8889	252
美兰区	53241	34131	9005	280	24846	18782	7501	265	11016	328
三亚市	**48661**	**32549**	**6546**	**202**	**25801**	**15919**	**6350**	**212**	**9357**	**193**
海棠区	5984	4235	597	21	3617	1735	558	29	1148	14
吉阳区	16498	11061	2559	82	8420	5369	2556	68	2745	68
天涯区	18310	12166	2438	75	9653	6078	2405	81	3592	66
崖州区	7869	5087	952	24	4111	2737	831	34	1872	45
三沙市	**2**	**1**			**1**	**1**			**1**	
儋州市	**64269**	**42139**	**9193**	**620**	**32326**	**21675**	**5911**	**519**	**15245**	**455**
五指山市	7804	5241	1461	31	3749	2538	1435	30	1073	25
琼海市	52890	34074	9367	299	24408	18416	7123	344	10949	400
文昌市	66765	43972	13634	469	29869	22152	8732	515	12905	641
万宁市	47484	29447	9312	313	19822	17599	8162	284	9153	438
东方市	28536	18047	4228	163	13656	10341	3940	182	6219	148
定安县	29579	19968	7321	247	12400	9430	4474	224	4732	181
屯昌县	21838	14540	4475	176	9889	7183	3230	212	3741	115
澄迈县	44988	28962	8368	348	20246	15690	5933	411	9346	336
临高县	33310	21762	7138	268	14356	11462	4444	317	6701	86
白沙黎族自治县	12168	8578	1615	74	6889	3557	1219	94	2244	33
昌江黎族自治县	17601	11995	3021	144	8830	5547	1834	131	3582	59
乐东黎族自治县	35174	23295	6124	195	16976	11660	4161	164	7335	219
陵水黎族自治县	26827	18188	3428	113	14647	8434	1787	69	6578	205
保亭黎族苗族自治县	11860	8252	2052	55	6145	3578	1573	41	1964	30
琼中黎族苗族自治县	13667	9519	2382	77	7060	4123	1810	93	2220	25

5-5a 各地区有65岁及以上人口的家庭户户数(城市)

单位：户

地区	合计	有一个65岁及以上人口的户				有二个65岁及以上人口的户				有三个65岁及以上人口的户
		小计	独自居住	只与未成年人口共同居住	其他	小计	只有一对65岁及以上夫妇居住	只有一对65岁及以上夫妇与未成年人口共同居住	其他	
全省	**190849**	**121941**	**26348**	**1198**	**94395**	**67579**	**24365**	**984**	**42230**	**1329**
海口市	**98463**	**62853**	**12583**	**568**	**49702**	**34937**	**11834**	**503**	**22600**	**673**
秀英区	13480	8825	1731	79	7015	4573	1642	67	2864	82
龙华区	31948	20284	4527	187	15570	11396	4129	176	7091	268
琼山区	18275	11688	1666	99	9923	6476	1747	87	4642	111
美兰区	34760	22056	4659	203	17194	12492	4316	173	8003	212
三亚市	**31141**	**20154**	**4785**	**151**	**15218**	**10840**	**4776**	**149**	**5915**	**147**
海棠区	3093	2120	375	12	1733	964	324	17	623	9
吉阳区	13361	8694	2199	73	6422	4608	2286	62	2260	59
天涯区	11004	7006	1766	54	5186	3944	1846	57	2041	54
崖州区	3683	2334	445	12	1877	1324	320	13	991	25
三沙市										
儋州市	**14873**	**10161**	**1871**	**207**	**8083**	**4580**	**917**	**62**	**3601**	**132**
五指山市	3459	2127	715	17	1395	1316	893	18	405	16
琼海市	11836	7329	1656	63	5610	4404	1477	67	2860	103
文昌市	13087	8406	2068	86	6252	4548	1644	84	2820	133
万宁市	7442	4455	1167	57	3231	2923	1131	38	1754	64
东方市	10548	6456	1503	49	4904	4031	1693	63	2275	61
定安县										
屯昌县										
澄迈县										
临高县										
白沙黎族自治县										
昌江黎族自治县										
乐东黎族自治县										
陵水黎族自治县										
保亭黎族苗族自治县										
琼中黎族苗族自治县										

5-5b 各地区有65岁及以上人口的家庭户户数(镇)

单位：户

地 区	合 计	有一个65岁及以上人口的户				有二个65岁及以上人口的户				有三个65岁及以上人口的户
		小计	独自居住	只与未成年人口共同居住	其他	小计	只有一对65岁及以上夫妇居住	只有一对65岁及以上夫妇与未成年人口共同居住	其他	
全省	**173257**	**113207**	**31830**	**1168**	**80209**	**58720**	**21747**	**1201**	**35772**	**1330**
海口市	**16520**	**10541**	**3271**	**106**	**7164**	**5846**	**2433**	**117**	**3296**	**133**
秀英区	4834	3016	753	35	2228	1761	637	35	1089	57
龙华区	1939	1261	597	19	645	664	338	19	307	14
琼山区	3229	2066	612	21	1433	1143	435	31	677	20
美兰区	6518	4198	1309	31	2858	2278	1023	32	1223	42
三亚市	**1328**	**910**	**199**	**10**	**701**	**416**	**152**	**6**	**258**	**2**
海棠区	330	213	50	2	161	116	52		64	1
吉阳区	300	233	34	1	198	67	38	1	28	
天涯区	579	380	92	6	282	198	47	5	146	1
崖州区	119	84	23	1	60	35	15		20	
三沙市	**2**	**1**			**1**	**1**			**1**	
儋州市	**15453**	**10280**	**2361**	**112**	**7807**	**5043**	**1356**	**120**	**3567**	**130**
五指山市	1188	813	239	3	571	372	213	5	154	3
琼海市	8326	5384	1515	48	3821	2873	1050	60	1763	69
文昌市	21065	13611	4206	154	9251	7230	2807	173	4250	224
万宁市	9067	5563	1735	52	3776	3393	1497	59	1837	111
东方市	4462	2787	708	24	2055	1636	580	28	1028	39
定安县	9851	6546	2285	80	4181	3218	1438	62	1718	87
屯昌县	7385	4901	1230	56	3615	2449	898	76	1475	35
澄迈县	23759	15136	4241	151	10744	8445	3213	191	5041	178
临高县	14170	9130	2552	103	6475	4997	1690	116	3191	43
白沙黎族自治县	1752	1269	240	16	1013	478	166	10	302	5
昌江黎族自治县	9844	6847	1918	86	4843	2961	1083	68	1810	36
乐东黎族自治县	10022	6767	2138	61	4568	3172	1176	48	1948	83
陵水黎族自治县	11179	7412	1433	53	5926	3639	686	23	2930	128
保亭黎族苗族自治县	4009	2680	801	20	1859	1315	723	12	580	14
琼中黎族苗族自治县	3875	2629	758	33	1838	1236	586	27	623	10

5-5c 各地区有65岁及以上人口的家庭户户数(乡村)

单位：户

地区	合计	有一个65岁及以上人口的户				有二个65岁及以上人口的户				有三个65岁及以上人口的户
		小计	独自居住	只与未成年人口共同居住	其他	小计	只有一对65岁及以上夫妇居住	只有一对65岁及以上夫妇与未成年人口共同居住	其他	
全省	**362601**	**240377**	**67955**	**2388**	**170034**	**120196**	**47583**	**2629**	**69984**	**2028**
海口市	**48301**	**31602**	**10614**	**286**	**20702**	**16407**	**7310**	**352**	**8745**	**292**
秀英区	10162	6691	1986	57	4648	3422	1277	75	2070	49
龙华区	8093	5302	2257	54	2991	2743	1375	53	1315	48
琼山区	18083	11732	3334	129	8269	6230	2496	164	3570	121
美兰区	11963	7877	3037	46	4794	4012	2162	60	1790	74
三亚市	**16192**	**11485**	**1562**	**41**	**9882**	**4663**	**1422**	**57**	**3184**	**44**
海棠区	2561	1902	172	7	1723	655	182	12	461	4
吉阳区	2837	2134	326	8	1800	694	232	5	457	9
天涯区	6727	4780	580	15	4185	1936	512	19	1405	11
崖州区	4067	2669	484	11	2174	1378	496	21	861	20
三沙市										
儋州市	**33943**	**21698**	**4961**	**301**	**16436**	**12052**	**3638**	**337**	**8077**	**193**
五指山市	3157	2301	507	11	1783	850	329	7	514	6
琼海市	32728	21361	6196	188	14977	11139	4596	217	6326	228
文昌市	32613	21955	7360	229	14366	10374	4281	258	5835	284
万宁市	30975	19429	6410	204	12815	11283	5534	187	5562	263
东方市	13526	8804	2017	90	6697	4674	1667	91	2916	48
定安县	19728	13422	5036	167	8219	6212	3036	162	3014	94
屯昌县	14453	9639	3245	120	6274	4734	2332	136	2266	80
澄迈县	21229	13826	4127	197	9502	7245	2720	220	4305	158
临高县	19140	12632	4586	165	7881	6465	2754	201	3510	43
白沙黎族自治县	10416	7309	1375	58	5876	3079	1053	84	1942	28
昌江黎族自治县	7757	5148	1103	58	3987	2586	751	63	1772	23
乐东黎族自治县	25152	16528	3986	134	12408	8488	2985	116	5387	136
陵水黎族自治县	15648	10776	1995	60	8721	4795	1101	46	3648	77
保亭黎族苗族自治县	7851	5572	1251	35	4286	2263	850	29	1384	16
琼中黎族苗族自治县	9792	6890	1624	44	5222	2887	1224	66	1597	15

5-6 各地区有80岁及以上人口的家庭户户数

单位：户

地区	合计	有一个80岁及以上人口的户				有二个80岁及以上人口的户				有三个80岁及以上人口的户
		小计	独自居住	只与未成年人口共同居住	其他	小计	只有一对80岁及以上夫妇居住	只有一对80岁及以上夫妇与未成年人口共同居住	其他	
全省	**213167**	**183984**	**47967**	**946**	**135071**	**28922**	**13039**	**206**	**15677**	**261**
海口市	**44636**	**38283**	**9772**	**183**	**28328**	**6290**	**2930**	**35**	**3325**	**63**
秀英区	7541	6508	1724	33	4751	1013	498	10	505	20
龙华区	11448	9728	2678	54	6996	1695	786	12	897	25
琼山区	11183	9592	2010	43	7539	1583	669	8	906	8
美兰区	14464	12455	3360	53	9042	1999	977	5	1017	10
三亚市	**11086**	**9730**	**1625**	**36**	**8069**	**1354**	**566**	**5**	**783**	**2**
海棠区	1633	1450	225	6	1219	183	64	2	117	
吉阳区	3243	2819	498	13	2308	424	202		222	
天涯区	4248	3718	599	8	3111	528	229	2	297	2
崖州区	1962	1743	303	9	1431	219	71	1	147	
三沙市										
儋州市	**20584**	**17598**	**3602**	**142**	**13854**	**2964**	**980**	**33**	**1951**	**22**
五指山市	1971	1755	435	4	1316	215	125	1	89	1
琼海市	16038	13894	3600	59	10235	2133	995	10	1128	11
文昌市	22628	19653	5802	84	13767	2956	1314	19	1623	19
万宁市	14475	12151	3785	69	8297	2286	1262	18	1006	38
东方市	7895	6836	1523	36	5277	1048	434	10	604	11
定安县	8693	7677	2700	35	4942	1008	567	5	436	8
屯昌县	6399	5526	1656	33	3837	867	437	11	419	6
澄迈县	13912	11906	3412	76	8418	1992	948	21	1023	14
临高县	10648	9111	3225	66	5820	1527	802	9	716	10
白沙黎族自治县	3317	2970	470	12	2488	346	113	3	230	1
昌江黎族自治县	5835	5056	1240	23	3793	776	288	12	476	3
乐东黎族自治县	10377	9021	2358	48	6615	1334	555	5	774	22
陵水黎族自治县	7302	6404	1190	23	5191	870	247	7	616	28
保亭黎族苗族自治县	3278	2848	683	5	2160	429	209		220	1
琼中黎族苗族自治县	4093	3565	889	12	2664	527	267	2	258	1

5-6a 各地区有80岁及以上人口的家庭户户数(城市)

单位：户

地　　区	合　　计	有一个80岁及以上人口的户				有二个80岁及以上人口的户				有三个80岁及以上人口的户
		小计	独自居住	只与未成年人口共同居住	其他	小计	只有一对80岁及以上夫妇居住	只有一对80岁及以上夫妇与未成年人口共同居住	其他	
全省	**46992**	**40468**	**7753**	**200**	**32515**	**6465**	**2564**	**30**	**3871**	**59**
海口市	**23969**	**20490**	**3841**	**96**	**16553**	**3443**	**1382**	**16**	**2045**	**36**
秀英区	3014	2605	544	13	2048	404	193	1	210	5
龙华区	8044	6816	1379	41	5396	1208	491	9	708	20
琼山区	4302	3700	470	10	3220	598	201	2	395	4
美兰区	8609	7369	1448	32	5889	1233	497	4	732	7
三亚市	**6694**	**5794**	**1108**	**28**	**4658**	**898**	**409**	**2**	**487**	**2**
海棠区	900	783	141	4	638	117	43	1	73	
吉阳区	2548	2181	423	12	1746	367	179		188	
天涯区	2347	2033	393	6	1634	312	159	1	152	2
崖州区	899	797	151	6	640	102	28		74	
三沙市										
儋州市	**4449**	**3919**	**646**	**44**	**3229**	**523**	**112**	**5**	**406**	**7**
五指山市	728	626	145		481	101	65		36	1
琼海市	2904	2500	477	6	2017	401	148		253	3
文昌市	3806	3310	740	9	2561	492	200	3	289	4
万宁市	1916	1618	402	11	1205	294	140	2	152	4
东方市	2526	2211	394	6	1811	313	108	2	203	2
定安县										
屯昌县										
澄迈县										
临高县										
白沙黎族自治县										
昌江黎族自治县										
乐东黎族自治县										
陵水黎族自治县										
保亭黎族苗族自治县										
琼中黎族苗族自治县										

5–6b　各地区有80岁及以上人口的家庭户户数(镇)

单位：户

地　　区	合　　计	有一个80岁及以上人口的户				有二个80岁及以上人口的户				有三个80岁及以上人口的户
		小计	独自居住	只与未成年人口共同居住	其他	小计	只有一对80岁及以上夫妇居住	只有一对80岁及以上夫妇与未成年人口共同居住	其他	
全省	**51147**	**44129**	**12227**	**202**	**31700**	**6900**	**3078**	**45**	**3777**	**118**
海口市	**4866**	**4147**	**1374**	**14**	**2759**	**702**	**371**	**3**	**328**	**17**
秀英区	1341	1123	318	4	801	204	91	1	112	14
龙华区	579	490	251	1	238	88	53	1	34	1
琼山区	963	802	222	2	578	160	79	1	80	1
美兰区	1983	1732	583	7	1142	250	148		102	1
三亚市	**320**	**297**	**70**		**227**	**23**	**11**		**12**	
海棠区	80	70	19		51	10	6		4	
吉阳区	77	75	9		66	2			2	
天涯区	136	128	34		94	8	3		5	
崖州区	27	24	8		16	3	2		1	
三沙市										
儋州市	**4732**	**4097**	**846**	**29**	**3222**	**624**	**204**	**5**	**415**	**11**
五指山市	318	277	81		196	41	28		13	
琼海市	2603	2238	592	11	1635	363	168		195	2
文昌市	6967	6017	1765	22	4230	942	427	4	511	8
万宁市	2668	2227	635	14	1578	428	202	7	219	13
东方市	1251	1063	294	5	764	181	87	1	93	7
定安县	2592	2294	753	10	1531	295	158		137	3
屯昌县	1794	1587	384	6	1197	206	80	3	123	1
澄迈县	6929	5927	1643	32	4252	994	472	9	513	8
临高县	4068	3503	1100	20	2383	555	262	3	290	10
白沙黎族自治县	387	350	49	1	300	36	12		24	1
昌江黎族自治县	3392	2942	812	10	2120	448	171	5	272	2
乐东黎族自治县	2988	2598	807	15	1776	378	160	2	216	12
陵水黎族自治县	3018	2617	502	8	2107	378	102	3	273	23
保亭黎族苗族自治县	1129	970	260	2	708	159	81		78	
琼中黎族苗族自治县	1125	978	260	3	715	147	82		65	

5-6c 各地区有80岁及以上人口的家庭户户数(乡村)

单位：户

地区	合计	有一个80岁及以上人口的户				有二个80岁及以上人口的户				有三个80岁及以上人口的户
		小计	独自居住	只与未成年人口共同居住	其他	小计	只有一对80岁及以上夫妇居住	只有一对80岁及以上夫妇与未成年人口共同居住	其他	
全省	**115028**	**99387**	**27987**	**544**	**70856**	**15557**	**7397**	**131**	**8029**	**84**
海口市	**15801**	**13646**	**4557**	**73**	**9016**	**2145**	**1177**	**16**	**952**	**10**
秀英区	3186	2780	862	16	1902	405	214	8	183	1
龙华区	2825	2422	1048	12	1362	399	242	2	155	4
琼山区	5918	5090	1318	31	3741	825	389	5	431	3
美兰区	3872	3354	1329	14	2011	516	332	1	183	2
三亚市	**4072**	**3639**	**447**	**8**	**3184**	**433**	**146**	**3**	**284**	
海棠区	653	597	65	2	530	56	15	1	40	
吉阳区	618	563	66	1	496	55	23		32	
天涯区	1765	1557	172	2	1383	208	67	1	140	
崖州区	1036	922	144	3	775	114	41	1	72	
三沙市										
儋州市	**11403**	**9582**	**2110**	**69**	**7403**	**1817**	**664**	**23**	**1130**	**4**
五指山市	925	852	209	4	639	73	32	1	40	
琼海市	10531	9156	2531	42	6583	1369	679	10	680	6
文昌市	11855	10326	3297	53	6976	1522	687	12	823	7
万宁市	9891	8306	2748	44	5514	1564	920	9	635	21
东方市	4118	3562	835	25	2702	554	239	7	308	2
定安县	6101	5383	1947	25	3411	713	409	5	299	5
屯昌县	4605	3939	1272	27	2640	661	357	8	296	5
澄迈县	6983	5979	1769	44	4166	998	476	12	510	6
临高县	6580	5608	2125	46	3437	972	540	6	426	
白沙黎族自治县	2930	2620	421	11	2188	310	101	3	206	
昌江黎族自治县	2443	2114	428	13	1673	328	117	7	204	1
乐东黎族自治县	7389	6423	1551	33	4839	956	395	3	558	10
陵水黎族自治县	4284	3787	688	15	3084	492	145	4	343	5
保亭黎族苗族自治县	2149	1878	423	3	1452	270	128		142	1
琼中黎族苗族自治县	2968	2587	629	9	1949	380	185	2	193	1

第一部分　全部数据资料

第六卷　死亡

6-1　各地区分年龄、性别的死亡人口
(2019.11.1-2020.10.31)

单位：人

地　区	死亡人口			0岁		
	合计	男	女	小计	男	女
全省	**34530**	**20576**	**13954**	**120**	**67**	**53**
海口市	**5627**	**3266**	**2361**	**17**	**9**	**8**
秀英区	1075	625	450	4	1	3
龙华区	1304	801	503	6	4	2
琼山区	1404	828	576	2	1	1
美兰区	1844	1012	832	5	3	2
三亚市	**3019**	**1937**	**1082**	**21**	**8**	**13**
海棠区	396	242	154	1		1
吉阳区	884	570	314	9	2	7
天涯区	1213	806	407	9	4	5
崖州区	526	319	207	2	2	
三沙市						
儋州市	**3323**	**1944**	**1379**	**9**	**6**	**3**
五指山市	455	287	168			
琼海市	2963	1620	1343	2	2	
文昌市	3109	1564	1545	8	6	2
万宁市	2048	1267	781	7	5	2
东方市	1485	910	575	12	8	4
定安县	1247	726	521	2	2	
屯昌县	1055	648	407	3	3	
澄迈县	2172	1313	859	13	7	6
临高县	1363	820	543	3	1	2
白沙黎族自治县	689	465	224	1		1
昌江黎族自治县	1097	663	434	4	3	1
乐东黎族自治县	1528	921	607	5	2	3
陵水黎族自治县	1161	747	414	2	1	1
保亭黎族苗族自治县	1038	675	363	4	1	3
琼中黎族苗族自治县	1151	803	348	7	3	4

6-1 续表 1

单位：人

地　区	1-4岁			5-9岁			10-14岁		
	小计	男	女	小计	男	女	小计	男	女
全省	**77**	**47**	**30**	**66**	**43**	**23**	**84**	**58**	**26**
海口市	**7**	**4**	**3**	**4**	**1**	**3**	**9**	**4**	**5**
秀英区	1		1						
龙华区				1		1	3	1	2
琼山区	5	4	1	2		2	3	2	1
美兰区	1		1	1	1		3	1	2
三亚市	**10**	**5**	**5**	**7**	**1**	**6**	**7**	**4**	**3**
海棠区	1	1		1		1	1	1	
吉阳区	5	2	3	5	1	4	3	2	1
天涯区	3	2	1	1		1	2	1	1
崖州区	1		1				1		1
三沙市									
儋州市	**6**	**5**	**1**	**14**	**13**	**1**	**8**	**7**	**1**
五指山市				1		1	2	2	
琼海市	3	1	2	4	2	2	3	3	
文昌市	6	4	2	5	4	1	2		2
万宁市	5	4	1	4	3	1	9	6	3
东方市	5	1	4	5	4	1	13	10	3
定安县	5	3	2				4	3	1
屯昌县							6	4	2
澄迈县	6	5	1	5	5		4	3	1
临高县	5	5		2	1	1	6	6	
白沙黎族自治县				3	1	2			
昌江黎族自治县	2	1	1				1		1
乐东黎族自治县	4	2	2	5	2	3	4	3	1
陵水黎族自治县	4	3	1	3	2	1	4	2	2
保亭黎族苗族自治县	6	3	3	3	3				
琼中黎族苗族自治县	3	1	2	1	1		2	1	1

6-1　续表 2

单位：人

地　　区	15-19岁			20-24岁			25-29岁		
	小计	男	女	小计	男	女	小计	男	女
全省	**132**	**93**	**39**	**140**	**113**	**27**	**261**	**199**	**62**
海口市	**12**	**9**	**3**	**11**	**9**	**2**	**35**	**27**	**8**
秀英区	4	4		2	2		7	7	
龙华区	2	1	1	5	5		15	11	4
琼山区	2	2		2	2		5	4	1
美兰区	4	2	2	2		2	8	5	3
三亚市	**15**	**10**	**5**	**24**	**15**	**9**	**36**	**31**	**5**
海棠区	3	3		5	4	1	3	3	
吉阳区	3	2	1	7	4	3	17	14	3
天涯区	8	4	4	10	5	5	13	11	2
崖州区	1	1		2	2		3	3	
三沙市									
儋州市	**14**	**11**	**3**	**21**	**17**	**4**	**29**	**18**	**11**
五指山市	2	2		2	2		6	5	1
琼海市	8	4	4	6	4	2	16	12	4
文昌市	7	3	4	8	7	1	9	7	2
万宁市	8	6	2	6	6		12	8	4
东方市	11	10	1	10	10		17	13	4
定安县	5	4	1	2	2		6	3	3
屯昌县	3	1	2	1	1		6	5	1
澄迈县	10	6	4	7	5	2	15	10	5
临高县	6	3	3	7	7		8	5	3
白沙黎族自治县	4	4		4	4		11	10	1
昌江黎族自治县	4	2	2	5	4	1	10	9	1
乐东黎族自治县	10	9	1	8	5	3	14	11	3
陵水黎族自治县	4	4		10	8	2	11	7	4
保亭黎族苗族自治县	4	2	2	5	4	1	13	11	2
琼中黎族苗族自治县	5	3	2	3	3		7	7	

6-1 续表 3

单位：人

地　区	30-34岁			35-39岁			40-44岁		
	小计	男	女	小计	男	女	小计	男	女
全省	**369**	**288**	**81**	**583**	**481**	**102**	**786**	**641**	**145**
海口市	**40**	**29**	**11**	**46**	**40**	**6**	**69**	**46**	**23**
秀英区	11	7	4	13	12	1	15	11	4
龙华区	12	10	2	10	10		14	9	5
琼山区	8	5	3	7	6	1	15	10	5
美兰区	9	7	2	16	12	4	25	16	9
三亚市	**49**	**39**	**10**	**83**	**66**	**17**	**104**	**92**	**12**
海棠区	3	1	2	7	6	1	12	11	1
吉阳区	17	12	5	14	13	1	24	23	1
天涯区	18	16	2	44	31	13	46	38	8
崖州区	11	10	1	18	16	2	22	20	2
三沙市									
儋州市	**37**	**31**	**6**	**45**	**36**	**9**	**52**	**43**	**9**
五指山市	9	7	2	17	15	2	26	24	2
琼海市	22	12	10	32	26	6	41	32	9
文昌市	16	9	7	31	25	6	32	18	14
万宁市	22	16	6	39	33	6	49	35	14
东方市	20	17	3	38	31	7	48	41	7
定安县	12	9	3	15	14	1	18	12	6
屯昌县	15	10	5	25	19	6	22	18	4
澄迈县	20	15	5	31	23	8	36	31	5
临高县	13	10	3	19	17	2	29	23	6
白沙黎族自治县	13	13		14	11	3	27	22	5
昌江黎族自治县	12	11	1	22	17	5	44	39	5
乐东黎族自治县	19	16	3	31	26	5	55	51	4
陵水黎族自治县	20	16	4	29	25	4	44	34	10
保亭黎族苗族自治县	14	12	2	33	30	3	47	43	4
琼中黎族苗族自治县	16	16		33	27	6	43	37	6

6-1　续表 4　　　　单位：人

地　　区	45-49岁			50-54岁			55-59岁		
	小计	男	女	小计	男	女	小计	男	女
全省	**1247**	**1000**	**247**	**1708**	**1308**	**400**	**2033**	**1527**	**506**
海口市	**136**	**94**	**42**	**209**	**143**	**66**	**325**	**224**	**101**
秀英区	20	15	5	44	32	12	58	46	12
龙华区	41	30	11	53	40	13	83	56	27
琼山区	32	19	13	46	29	17	89	61	28
美兰区	43	30	13	66	42	24	95	61	34
三亚市	**160**	**135**	**25**	**221**	**184**	**37**	**180**	**138**	**42**
海棠区	20	15	5	22	19	3	22	15	7
吉阳区	57	47	10	77	63	14	66	48	18
天涯区	69	61	8	89	77	12	63	52	11
崖州区	14	12	2	33	25	8	29	23	6
三沙市									
儋州市	**118**	**95**	**23**	**149**	**107**	**42**	**207**	**166**	**41**
五指山市	28	24	4	26	22	4	40	33	7
琼海市	59	40	19	103	66	37	150	107	43
文昌市	59	43	16	83	62	21	112	76	36
万宁市	74	52	22	100	80	20	132	97	35
东方市	60	54	6	95	77	18	86	67	19
定安县	35	28	7	47	32	15	55	40	15
屯昌县	43	33	10	46	36	10	72	56	16
澄迈县	65	45	20	93	67	26	119	82	37
临高县	36	29	7	58	48	10	66	50	16
白沙黎族自治县	34	30	4	47	39	8	62	49	13
昌江黎族自治县	53	39	14	70	56	14	59	49	10
乐东黎族自治县	84	75	9	104	83	21	77	55	22
陵水黎族自治县	76	71	5	86	73	13	92	75	17
保亭黎族苗族自治县	67	62	5	84	64	20	96	75	21
琼中黎族苗族自治县	60	51	9	87	69	18	103	88	15

6-1 续表 5

单位：人

地区	60-64岁			65-69岁			70-74岁		
	小计	男	女	小计	男	女	小计	男	女
全省	**2211**	**1601**	**610**	**2952**	**2045**	**907**	**3106**	**2033**	**1073**
海口市	**322**	**231**	**91**	**472**	**345**	**127**	**490**	**330**	**160**
秀英区	65	52	13	92	64	28	104	69	35
龙华区	81	51	30	105	77	28	120	73	47
琼山区	78	64	14	115	86	29	132	100	32
美兰区	98	64	34	160	118	42	134	88	46
三亚市	**235**	**168**	**67**	**287**	**206**	**81**	**300**	**194**	**106**
海棠区	31	26	5	38	25	13	36	22	14
吉阳区	72	46	26	80	63	17	78	47	31
天涯区	100	69	31	120	86	34	143	102	41
崖州区	32	27	5	49	32	17	43	23	20
三沙市									
儋州市	**236**	**175**	**61**	**280**	**189**	**91**	**274**	**181**	**93**
五指山市	31	24	7	38	24	14	49	31	18
琼海市	171	113	58	252	176	76	275	182	93
文昌市	142	93	49	203	140	63	284	188	96
万宁市	141	111	30	182	131	51	201	137	64
东方市	91	69	22	125	91	34	123	85	38
定安县	84	65	19	127	87	40	114	73	41
屯昌县	80	60	20	117	79	38	86	47	39
澄迈县	130	87	43	199	140	59	211	148	63
临高县	98	69	29	113	75	38	118	87	31
白沙黎族自治县	52	36	16	57	37	20	59	36	23
昌江黎族自治县	56	45	11	81	54	27	97	63	34
乐东黎族自治县	91	66	25	119	82	37	143	69	74
陵水黎族自治县	102	84	18	98	64	34	93	59	34
保亭黎族苗族自治县	58	43	15	82	46	36	95	57	38
琼中黎族苗族自治县	91	62	29	120	79	41	94	66	28

6-1　续表 6　　　　单位：人

地　　区	75—79岁			80—84岁			85—89岁		
	小计	男	女	小计	男	女	小计	男	女
全省	**3677**	**2197**	**1480**	**5551**	**2950**	**2601**	**4983**	**2367**	**2616**
海口市	**659**	**409**	**250**	**1004**	**559**	**445**	**908**	**443**	**465**
秀英区	116	70	46	198	101	97	160	70	90
龙华区	168	98	70	213	138	75	194	123	71
琼山区	155	95	60	245	128	117	253	118	135
美兰区	220	146	74	348	192	156	301	132	169
三亚市	**341**	**195**	**146**	**452**	**239**	**213**	**299**	**135**	**164**
海棠区	41	15	26	75	48	27	45	21	24
吉阳区	80	53	27	140	73	67	84	38	46
天涯区	144	81	63	160	84	76	108	55	53
崖州区	76	46	30	77	34	43	62	21	41
三沙市									
儋州市	**339**	**183**	**156**	**506**	**262**	**244**	**521**	**256**	**265**
五指山市	52	23	29	46	25	21	42	15	27
琼海市	312	184	128	537	293	244	510	226	284
文昌市	281	182	99	527	259	268	664	265	399
万宁市	184	106	78	311	167	144	301	159	142
东方市	187	111	76	207	81	126	151	68	83
定安县	149	91	58	215	115	100	181	88	93
屯昌县	102	65	37	166	91	75	165	81	84
澄迈县	236	156	80	359	212	147	300	149	151
临高县	135	87	48	226	122	104	219	101	118
白沙黎族自治县	72	45	27	115	64	51	65	42	23
昌江黎族自治县	118	72	46	174	83	91	139	66	73
乐东黎族自治县	172	91	81	238	132	106	185	87	98
陵水黎族自治县	114	62	52	148	66	82	98	49	49
保亭黎族苗族自治县	116	65	51	154	78	76	106	54	52
琼中黎族苗族自治县	108	70	38	166	102	64	129	83	46

6-1 续表 7 单位：人

地　区	90-94岁			95-99岁			100岁及以上		
	小计	男	女	小计	男	女	小计	男	女
全省	**3033**	**1110**	**1923**	**1054**	**320**	**734**	**357**	**88**	**269**
海口市	**588**	**235**	**353**	**191**	**58**	**133**	**73**	**17**	**56**
秀英区	102	43	59	41	13	28	18	6	12
龙华区	121	51	70	40	10	30	17	3	14
琼山区	140	68	72	52	20	32	16	4	12
美兰区	225	73	152	58	15	43	22	4	18
三亚市	**126**	**46**	**80**	**41**	**16**	**25**	**21**	**10**	**11**
海棠区	20	3	17	4	2	2	5	1	4
吉阳区	33	12	21	9	2	7	4	3	1
天涯区	38	17	21	17	7	10	8	3	5
崖州区	35	14	21	11	5	6	4	3	1
三沙市									
儋州市	**307**	**101**	**206**	**112**	**35**	**77**	**39**	**7**	**32**
五指山市	23	4	19	10	4	6	5	1	4
琼海市	322	105	217	111	26	85	24	4	20
文昌市	469	141	328	128	26	102	33	6	27
万宁市	165	73	92	67	26	41	29	6	23
东方市	123	49	74	41	9	32	17	4	13
定安县	124	46	78	38	8	30	9	1	8
屯昌县	69	31	38	21	5	16	7	3	4
澄迈县	199	77	122	86	34	52	28	6	22
临高县	126	47	79	46	18	28	24	9	15
白沙黎族自治县	29	14	15	15	6	9	5	2	3
昌江黎族自治县	95	33	62	39	13	26	12	4	8
乐东黎族自治县	102	38	64	42	11	31	16	5	11
陵水黎族自治县	77	26	51	35	15	20	11	1	10
保亭黎族苗族自治县	34	19	15	14	1	13	3	2	1
琼中黎族苗族自治县	55	25	30	17	9	8	1		1

6–1a 各地区分年龄、性别的死亡人口
(2019.11.1–2020.10.31)(城市)

单位：人

地 区	死亡人口			0岁		
	合计	男	女	小计	男	女
全省	**5925**	**3608**	**2317**	**29**	**14**	**15**
海口市	**2623**	**1584**	**1039**	**10**	**6**	**4**
秀英区	362	214	148	2		2
龙华区	856	554	302	5	4	1
琼山区	392	244	148	1		1
美兰区	1013	572	441	2	2	
三亚市	**1809**	**1164**	**645**	**16**	**5**	**11**
海棠区	206	128	78	1		1
吉阳区	656	424	232	8	1	7
天涯区	680	459	221	6	3	3
崖州区	267	153	114	1	1	
三沙市						
儋州市	**222**	**132**	**90**	**1**	**1**	
五指山市	69	45	24			
琼海市	329	182	147			
文昌市	419	225	194			
万宁市	161	96	65			
东方市	293	180	113	2	2	
定安县						
屯昌县						
澄迈县						
临高县						
白沙黎族自治县						
昌江黎族自治县						
乐东黎族自治县						
陵水黎族自治县						
保亭黎族苗族自治县						
琼中黎族苗族自治县						

6-1a 续表 1 单位：人

地 区	1-4岁			5-9岁			10-14岁		
	小计	男	女	小计	男	女	小计	男	女
全省	**9**	**5**	**4**	**13**	**6**	**7**	**10**	**6**	**4**
海口市	**1**	**1**		**1**		**1**	**3**	**2**	**1**
秀英区									
龙华区				1		1	1	1	
琼山区	1	1							
美兰区							2	1	1
三亚市	**6**	**3**	**3**	**5**	**1**	**4**	**4**	**3**	**1**
海棠区	1	1					1	1	
吉阳区	3	1	2	4	1	3	3	2	1
天涯区	2	1	1	1		1			
崖州区									
三沙市									
儋州市				**2**	**2**				
五指山市									
琼海市	1		1	2	1	1			
文昌市	1	1		2	1	1	1		1
万宁市									
东方市				1	1		2	1	1
定安县									
屯昌县									
澄迈县									
临高县									
白沙黎族自治县									
昌江黎族自治县									
乐东黎族自治县									
陵水黎族自治县									
保亭黎族苗族自治县									
琼中黎族苗族自治县									

6–1a　续表 2

单位：人

地　区	15–19岁			20–24岁			25–29岁		
	小计	男	女	小计	男	女	小计	男	女
全省	**17**	**10**	**7**	**20**	**12**	**8**	**48**	**37**	**11**
海口市	**2**	**1**	**1**	**5**	**3**	**2**	**12**	**8**	**4**
秀英区							1	1	
龙华区	1		1	2	2		9	6	3
琼山区	1	1		1	1				
美兰区				2		2	2	1	1
三亚市	**11**	**7**	**4**	**12**	**7**	**5**	**26**	**23**	**3**
海棠区	2	2					2	2	
吉阳区	3	2	1	5	3	2	16	14	2
天涯区	5	2	3	7	4	3	8	7	1
崖州区	1	1							
三沙市									
儋州市							**1**	**1**	
五指山市							2	1	1
琼海市	1		1	3	2	1	1	1	
文昌市	1		1				2	1	1
万宁市	1	1					1		1
东方市	1	1					3	2	1
定安县									
屯昌县									
澄迈县									
临高县									
白沙黎族自治县									
昌江黎族自治县									
乐东黎族自治县									
陵水黎族自治县									
保亭黎族苗族自治县									
琼中黎族苗族自治县									

6-1a 续表 3

单位：人

地　　区	30-34岁			35-39岁			40-44岁		
	小计	男	女	小计	男	女	小计	男	女
全省	**49**	**35**	**14**	**81**	**67**	**14**	**97**	**75**	**22**
海口市	**13**	**10**	**3**	**23**	**20**	**3**	**33**	**24**	**9**
秀英区	1	1		3	3		5	5	
龙华区	6	5	1	8	8		10	8	2
琼山区	3	1	2	3	3		7	5	2
美兰区	3	3		9	6	3	11	6	5
三亚市	**26**	**21**	**5**	**39**	**32**	**7**	**37**	**31**	**6**
海棠区	1	1		4	4		3	3	
吉阳区	11	7	4	9	8	1	9	8	1
天涯区	10	9	1	18	14	4	15	10	5
崖州区	4	4		8	6	2	10	10	
三沙市									
儋州市	**3**	**2**	**1**	**1**	**1**		**1**	**1**	
五指山市	1		1	3	3		3	3	
琼海市	1		1	2	1	1	6	6	
文昌市	2	1	1	4	3	1	9	4	5
万宁市	1		1	6	6		3	3	
东方市	2	1	1	3	1	2	5	3	2
定安县									
屯昌县									
澄迈县									
临高县									
白沙黎族自治县									
昌江黎族自治县									
乐东黎族自治县									
陵水黎族自治县									
保亭黎族苗族自治县									
琼中黎族苗族自治县									

6-1a 续表 4

单位：人

地区	45-49岁			50-54岁			55-59岁		
	小计	男	女	小计	男	女	小计	男	女
全省	**210**	**160**	**50**	**292**	**226**	**66**	**408**	**293**	**115**
海口市	**73**	**49**	**24**	**103**	**75**	**28**	**183**	**125**	**58**
秀英区	7	5	2	20	13	7	30	24	6
龙华区	29	21	8	37	29	8	65	44	21
琼山区	14	10	4	13	8	5	30	23	7
美兰区	23	13	10	33	25	8	58	34	24
三亚市	**96**	**79**	**17**	**121**	**97**	**24**	**117**	**87**	**30**
海棠区	11	9	2	14	13	1	9	5	4
吉阳区	42	32	10	54	43	11	54	38	16
天涯区	38	34	4	43	34	9	35	29	6
崖州区	5	4	1	10	7	3	19	15	4
三沙市									
儋州市	**6**	**4**	**2**	**8**	**6**	**2**	**21**	**19**	**2**
五指山市	3	3		5	4	1	8	6	2
琼海市	11	6	5	12	7	5	21	13	8
文昌市	5	5		17	15	2	22	14	8
万宁市	4	2	2	7	6	1	11	8	3
东方市	12	12		19	16	3	25	21	4
定安县									
屯昌县									
澄迈县									
临高县									
白沙黎族自治县									
昌江黎族自治县									
乐东黎族自治县									
陵水黎族自治县									
保亭黎族苗族自治县									
琼中黎族苗族自治县									

6-1a 续表 5

单位：人

地区	60-64岁			65-69岁			70-74岁		
	小计	男	女	小计	男	女	小计	男	女
全省	**378**	**264**	**114**	**552**	**395**	**157**	**545**	**352**	**193**
海口市	**159**	**109**	**50**	**232**	**166**	**66**	**238**	**155**	**83**
秀英区	25	19	6	36	23	13	41	26	15
龙华区	52	35	17	66	45	21	79	53	26
琼山区	15	12	3	36	26	10	42	31	11
美兰区	67	43	24	94	72	22	76	45	31
三亚市	**126**	**90**	**36**	**192**	**136**	**56**	**181**	**121**	**60**
海棠区	8	7	1	21	14	7	18	14	4
吉阳区	48	31	17	63	48	15	61	38	23
天涯区	55	39	16	80	57	23	81	61	20
崖州区	15	13	2	28	17	11	21	8	13
三沙市									
儋州市	**13**	**11**	**2**	**17**	**10**	**7**	**18**	**8**	**10**
五指山市	7	6	1	5	4	1	8	5	3
琼海市	24	13	11	31	24	7	25	15	10
文昌市	19	11	8	36	27	9	36	23	13
万宁市	13	10	3	16	10	6	12	9	3
东方市	17	14	3	23	18	5	27	16	11
定安县									
屯昌县									
澄迈县									
临高县									
白沙黎族自治县									
昌江黎族自治县									
乐东黎族自治县									
陵水黎族自治县									
保亭黎族苗族自治县									
琼中黎族苗族自治县									

6-1a 续表 6

单位：人

地 区	75-79岁			80-84岁			85-89岁		
	小计	男	女	小计	男	女	小计	男	女
全省	**673**	**421**	**252**	**1029**	**569**	**460**	**812**	**418**	**394**
海口市	**325**	**198**	**127**	**498**	**291**	**207**	**398**	**218**	**180**
秀英区	32	21	11	68	38	30	56	22	34
龙华区	101	58	43	144	95	49	131	95	36
琼山区	52	31	21	73	39	34	57	31	26
美兰区	140	88	52	213	119	94	154	70	84
三亚市	**191**	**120**	**71**	**294**	**159**	**135**	**196**	**101**	**95**
海棠区	19	5	14	56	34	22	20	9	11
吉阳区	54	39	15	105	58	47	69	35	34
天涯区	83	50	33	93	49	44	65	42	23
崖州区	35	26	9	40	18	22	42	15	27
三沙市									
儋州市	**30**	**20**	**10**	**34**	**15**	**19**	**33**	**17**	**16**
五指山市	6	1	5	9	5	4	5	3	2
琼海市	38	26	12	52	30	22	47	17	30
文昌市	36	26	10	70	39	31	81	31	50
万宁市	9	6	3	29	14	15	19	10	9
东方市	38	24	14	43	16	27	33	21	12
定安县									
屯昌县									
澄迈县									
临高县									
白沙黎族自治县									
昌江黎族自治县									
乐东黎族自治县									
陵水黎族自治县									
保亭黎族苗族自治县									
琼中黎族苗族自治县									

6-1a 续表 7

单位：人

地 区	90-94岁			95-99岁			100岁及以上		
	小计	男	女	小计	男	女	小计	男	女
全省	**458**	**188**	**270**	**140**	**42**	**98**	**55**	**13**	**42**
海口市	**219**	**102**	**117**	**69**	**18**	**51**	**23**	**3**	**20**
秀英区	21	9	12	10	4	6	4		4
龙华区	80	41	39	22	4	18	7		7
琼山区	30	17	13	11	4	7	2		2
美兰区	88	35	53	26	6	20	10	3	7
三亚市	**76**	**26**	**50**	**25**	**10**	**15**	**12**	**5**	**7**
海棠区	9	1	8	3	2	1	3	1	2
吉阳区	25	10	15	6	2	4	4	3	1
天涯区	22	9	13	9	4	5	4	1	3
崖州区	20	6	14	7	2	5	1		1
三沙市									
儋州市	**26**	**11**	**15**	**5**	**2**	**3**	**2**	**1**	**1**
五指山市	2		2	1		1	1	1	
琼海市	34	13	21	11	5	6	6	2	4
文昌市	57	19	38	13	3	10	5	1	4
万宁市	17	8	9	8	3	5	4		4
东方市	27	9	18	8	1	7	2		2
定安县									
屯昌县									
澄迈县									
临高县									
白沙黎族自治县									
昌江黎族自治县									
乐东黎族自治县									
陵水黎族自治县									
保亭黎族苗族自治县									
琼中黎族苗族自治县									

6-1b　各地区分年龄、性别的死亡人口
(2019.11.1-2020.10.31)(镇)

单位：人

地　区	死亡人口			0岁		
	合计	男	女	小计	男	女
全省	**6379**	**3701**	**2678**	**18**	**12**	**6**
海口市	**531**	**325**	**206**	**2**	**1**	**1**
秀英区	152	92	60	1	1	
龙华区	73	47	26			
琼山区	136	83	53			
美兰区	170	103	67	1		1
三亚市	**94**	**58**	**36**			
海棠区	22	15	7			
吉阳区						
天涯区	62	39	23			
崖州区	10	4	6			
三沙市						
儋州市	**742**	**418**	**324**			
五指山市	87	56	31			
琼海市	365	200	165	1	1	
文昌市	871	436	435	2	1	1
万宁市	264	157	107			
东方市	198	121	77	2	2	
定安县	290	167	123			
屯昌县	251	139	112			
澄迈县	896	514	382	8	5	3
临高县	399	238	161			
白沙黎族自治县	51	29	22			
昌江黎族自治县	455	278	177	1	1	
乐东黎族自治县	277	172	105	1		1
陵水黎族自治县	261	162	99			
保亭黎族苗族自治县	187	121	66			
琼中黎族苗族自治县	160	110	50	1	1	

6-1b 续表 1

单位：人

地　区	1-4岁			5-9岁			10-14岁		
	小计	男	女	小计	男	女	小计	男	女
全省	**19**	**10**	**9**	**6**	**5**	**1**	**18**	**14**	**4**
海口市	**2**	**1**	**1**	**1**	**1**				
秀英区	1		1						
龙华区									
琼山区	1	1							
美兰区				1	1				
三亚市									
海棠区									
吉阳区									
天涯区									
崖州区									
三沙市									
儋州市				**3**	**2**	**1**	**2**	**2**	
五指山市							1	1	
琼海市				1	1		1	1	
文昌市	2	1	1						
万宁市	1	1					3	3	
东方市	2	1	1				3	3	
定安县	2	1	1				2	1	1
屯昌县							2	1	1
澄迈县	3	2	1	1	1		2	2	
临高县	1	1							
白沙黎族自治县									
昌江黎族自治县	1	1					1		1
乐东黎族自治县	1		1						
陵水黎族自治县							1		1
保亭黎族苗族自治县	3	1	2						
琼中黎族苗族自治县	1		1						

6-1b 续表 2

单位：人

地区	15-19岁			20-24岁			25-29岁		
	小计	男	女	小计	男	女	小计	男	女
全省	**28**	**20**	**8**	**17**	**15**	**2**	**50**	**38**	**12**
海口市	**3**	**2**	**1**				**8**	**6**	**2**
秀英区	2	2					1	1	
龙华区							3	3	
琼山区							1	1	
美兰区	1		1				3	1	2
三亚市	**1**		**1**						
海棠区									
吉阳区									
天涯区	1		1						
崖州区									
三沙市									
儋州市	**5**	**4**	**1**	**5**	**4**	**1**	**7**	**3**	**4**
五指山市	2	2					2	2	
琼海市	1	1		1	1		1	1	
文昌市	4	2	2	2	1	1	4	4	
万宁市	1		1				3	3	
东方市	3	3		2	2		2	2	
定安县	1	1					1	1	
屯昌县							1		1
澄迈县	2	2		3	3		9	6	3
临高县	2	1	1	1	1		1	1	
白沙黎族自治县									
昌江黎族自治县	1	1		1	1		2	1	1
乐东黎族自治县	1		1				1	1	
陵水黎族自治县				2	2		4	3	1
保亭黎族苗族自治县	1	1					1	1	
琼中黎族苗族自治县							3	3	

6-1b 续表 3 单位：人

地区	30-34岁			35-39岁			40-44岁		
	小计	男	女	小计	男	女	小计	男	女
全省	**57**	**46**	**11**	**112**	**89**	**23**	**142**	**111**	**31**
海口市	**2**	**2**		**4**	**4**		**6**	**5**	**1**
秀英区				2	2		2	2	
龙华区									
琼山区							1	1	
美兰区	2	2		2	2		3	2	1
三亚市	**1**	**1**		**3**	**2**	**1**	**4**	**3**	**1**
海棠区							1	1	
吉阳区									
天涯区	1	1		3	2	1	3	2	1
崖州区									
三沙市									
儋州市	**11**	**10**	**1**	**10**	**8**	**2**	**17**	**14**	**3**
五指山市	2	1	1	3	2	1	3	3	
琼海市	1	1		8	8		7	6	1
文昌市	2		2	14	13	1	10	6	4
万宁市	3	2	1	3		3	8	5	3
东方市	2	2		5	3	2	7	6	1
定安县	1	1		7	7		4	3	1
屯昌县				5	5		6	4	2
澄迈县	12	10	2	17	11	6	20	17	3
临高县	5	3	2	5	4	1	7	6	1
白沙黎族自治县	1	1					2	1	1
昌江黎族自治县	4	4		8	6	2	7	5	2
乐东黎族自治县	1	1		4	3	1	7	7	
陵水黎族自治县	3	2	1	12	9	3	5	4	1
保亭黎族苗族自治县	2	1	1	4	4		12	9	3
琼中黎族苗族自治县	4	4					10	7	3

6-1b 续表 4

单位：人

地 区	45-49岁			50-54岁			55-59岁		
	小计	男	女	小计	男	女	小计	男	女
全省	**214**	**168**	**46**	**274**	**212**	**62**	**376**	**263**	**113**
海口市	**13**	**9**	**4**	**19**	**16**	**3**	**32**	**23**	**9**
秀英区	2	2		6	6		8	6	2
龙华区	2		2	3	2	1	2	2	
琼山区	4	2	2	5	4	1	11	7	4
美兰区	5	5		5	4	1	11	8	3
三亚市	**8**	**7**	**1**	**8**	**7**	**1**	**3**	**2**	**1**
海棠区	2	2		2	1	1			
吉阳区									
天涯区	5	5		5	5		3	2	1
崖州区	1		1	1	1				
三沙市									
儋州市	**20**	**15**	**5**	**31**	**24**	**7**	**38**	**27**	**11**
五指山市	8	7	1	4	3	1	4	4	
琼海市	5	4	1	13	7	6	18	11	7
文昌市	17	14	3	25	18	7	34	19	15
万宁市	8	7	1	11	8	3	20	13	7
东方市	4	3	1	10	8	2	5	4	1
定安县	11	9	2	9	7	2	12	8	4
屯昌县	14	12	2	11	7	4	19	17	2
澄迈县	26	14	12	37	28	9	54	36	18
临高县	12	10	2	14	12	2	27	16	11
白沙黎族自治县	6	3	3	3	3		6	4	2
昌江黎族自治县	17	15	2	23	18	5	30	23	7
乐东黎族自治县	11	9	2	14	13	1	12	9	3
陵水黎族自治县	10	10		12	10	2	20	16	4
保亭黎族苗族自治县	15	13	2	14	11	3	26	17	9
琼中黎族苗族自治县	9	7	2	16	12	4	16	14	2

6-1b 续表 5

单位：人

地区	60-64岁			65-69岁			70-74岁		
	小计	男	女	小计	男	女	小计	男	女
全省	**427**	**305**	**122**	**548**	**368**	**180**	**602**	**390**	**212**
海口市	**22**	**18**	**4**	**40**	**28**	**12**	**38**	**26**	**12**
秀英区	9	6	3	11	7	4	10	6	4
龙华区	3	3		8	7	1	6	5	1
琼山区	4	4		13	10	3	14	10	4
美兰区	6	5	1	8	4	4	8	5	3
三亚市	**10**	**7**	**3**	**8**	**7**	**1**	**12**	**6**	**6**
海棠区	4	4		1	1		3	1	2
吉阳区									
天涯区	6	3	3	7	6	1	8	4	4
崖州区							1	1	
三沙市									
儋州市	**59**	**48**	**11**	**69**	**46**	**23**	**65**	**42**	**23**
五指山市	5	5		8	6	2	8	5	3
琼海市	21	11	10	32	25	7	43	29	14
文昌市	50	32	18	59	39	20	80	56	24
万宁市	28	18	10	26	20	6	30	19	11
东方市	13	9	4	14	12	2	20	15	5
定安县	17	13	4	25	16	9	34	21	13
屯昌县	25	16	9	30	17	13	28	13	15
澄迈县	58	36	22	83	52	31	88	61	27
临高县	29	23	6	33	20	13	40	31	9
白沙黎族自治县	5	4	1	3	2	1	3		3
昌江黎族自治县	25	19	6	38	22	16	33	24	9
乐东黎族自治县	14	12	2	23	17	6	26	14	12
陵水黎族自治县	21	17	4	25	19	6	24	14	10
保亭黎族苗族自治县	14	11	3	14	7	7	16	7	9
琼中黎族苗族自治县	11	6	5	18	13	5	14	7	7

6-1b　续表 6　　　　单位：人

地　区	75-79岁			80-84岁			85-89岁		
	小计	男	女	小计	男	女	小计	男	女
全省	**678**	**400**	**278**	**968**	**525**	**443**	**931**	**436**	**495**
海口市	**63**	**43**	**20**	**88**	**57**	**31**	**89**	**44**	**45**
秀英区	18	11	7	28	17	11	23	10	13
龙华区	13	10	3	11	7	4	7	4	3
琼山区	15	9	6	22	14	8	23	12	11
美兰区	17	13	4	27	19	8	36	18	18
三亚市	**12**	**5**	**7**	**13**	**6**	**7**	**8**	**4**	**4**
海棠区	2	1	1	2	2		3	1	2
吉阳区									
天涯区	8	4	4	8	3	5	4	2	2
崖州区	2		2	3	1	2	1	1	
三沙市									
儋州市	**83**	**43**	**40**	**117**	**58**	**59**	**105**	**47**	**58**
五指山市	11	4	7	8	7	1	9	2	7
琼海市	35	25	10	62	31	31	55	25	30
文昌市	83	48	35	125	62	63	174	65	109
万宁市	24	12	12	29	13	16	35	18	17
东方市	33	19	14	25	10	15	21	7	14
定安县	34	20	14	51	29	22	36	18	18
屯昌县	23	15	8	29	12	17	36	15	21
澄迈县	85	52	33	139	82	57	118	55	63
临高县	36	24	12	59	30	29	68	35	33
白沙黎族自治县	6	2	4	6	6		5	2	3
昌江黎族自治县	39	27	12	96	50	46	71	39	32
乐东黎族自治县	39	21	18	57	34	23	46	27	19
陵水黎族自治县	32	21	11	26	11	15	23	9	14
保亭黎族苗族自治县	27	13	14	20	14	6	12	9	3
琼中黎族苗族自治县	13	6	7	18	13	5	20	15	5

6-1b 续表 7 单位：人

地区	90-94岁			95-99岁			100岁及以上		
	小计	男	女	小计	男	女	小计	男	女
全省	**609**	**202**	**407**	**221**	**55**	**166**	**64**	**17**	**47**
海口市	**64**	**26**	**38**	**27**	**10**	**17**	**8**	**3**	**5**
秀英区	18	8	10	8	3	5	2	2	
龙华区	8	2	6	3	1	2	4	1	3
琼山区	12	6	6	8	2	6	2		2
美兰区	26	10	16	8	4	4			
三亚市	**2**	**1**	**1**				**1**		**1**
海棠区	1	1					1		1
吉阳区									
天涯区									
崖州区	1		1						
三沙市									
儋州市	**67**	**17**	**50**	**23**	**4**	**19**	**5**		**5**
五指山市	8	2	6	1		1			
琼海市	42	9	33	12	1	11	5	1	4
文昌市	135	46	89	41	6	35	8	3	5
万宁市	22	12	10	7	2	5	2	1	1
东方市	15	7	8	7	3	4	3		3
定安县	29	9	20	10	1	9	4	1	3
屯昌县	14	4	10	5		5	3	1	2
澄迈县	79	24	55	39	13	26	13	2	11
临高县	43	14	29	14	5	9	2	1	1
白沙黎族自治县	3		3	2	1	1			
昌江黎族自治县	35	14	21	17	5	12	5	2	3
乐东黎族自治县	16	4	12	3		3			
陵水黎族自治县	26	10	16	11	4	7	4	1	3
保亭黎族苗族自治县	4	1	3	1		1	1	1	
琼中黎族苗族自治县	5	2	3	1		1			

6–1c　各地区分年龄、性别的死亡人口
(2019.11.1–2020.10.31)(乡村)

单位：人

地　区	死亡人口			0岁		
	合计	男	女	小计	男	女
全省	**22226**	**13267**	**8959**	**73**	**41**	**32**
海口市	**2473**	**1357**	**1116**	**5**	**2**	**3**
秀英区	561	319	242	1		1
龙华区	375	200	175	1		1
琼山区	876	501	375	1	1	
美兰区	661	337	324	2	1	1
三亚市	**1116**	**715**	**401**	**5**	**3**	**2**
海棠区	168	99	69			
吉阳区	228	146	82	1	1	
天涯区	471	308	163	3	1	2
崖州区	249	162	87	1	1	
三沙市						
儋州市	**2359**	**1394**	**965**	**8**	**5**	**3**
五指山市	299	186	113			
琼海市	2269	1238	1031	1	1	
文昌市	1819	903	916	6	5	1
万宁市	1623	1014	609	7	5	2
东方市	994	609	385	8	4	4
定安县	957	559	398	2	2	
屯昌县	804	509	295	3	3	
澄迈县	1276	799	477	5	2	3
临高县	964	582	382	3	1	2
白沙黎族自治县	638	436	202	1		1
昌江黎族自治县	642	385	257	3	2	1
乐东黎族自治县	1251	749	502	4	2	2
陵水黎族自治县	900	585	315	2	1	1
保亭黎族苗族自治县	851	554	297	4	1	3
琼中黎族苗族自治县	991	693	298	6	2	4

6–1c 续表 1

单位：人

地区	1–4岁			5–9岁			10–14岁		
	小计	男	女	小计	男	女	小计	男	女
全省	**49**	**32**	**17**	**47**	**32**	**15**	**56**	**38**	**18**
海口市	**4**	**2**	**2**	**2**		**2**	**6**	**2**	**4**
秀英区									
龙华区							2		2
琼山区	3	2	1	2		2	3	2	1
美兰区	1		1				1		1
三亚市	**4**	**2**	**2**	**2**		**2**	**3**	**1**	**2**
海棠区				1		1			
吉阳区	2	1	1	1		1			
天涯区	1	1					2	1	1
崖州区	1		1				1		1
三沙市									
儋州市	**6**	**5**	**1**	**9**	**9**		**6**	**5**	**1**
五指山市				1		1	1	1	
琼海市	2	1	1	1		1	2	2	
文昌市	3	2	1	3	3		1		1
万宁市	4	3	1	4	3	1	6	3	3
东方市	3		3	4	3	1	8	6	2
定安县	3	2	1				2	2	
屯昌县							4	3	1
澄迈县	3	3		4	4		2	1	1
临高县	4	4		2	1	1	6	6	
白沙黎族自治县				3	1	2			
昌江黎族自治县	1		1						
乐东黎族自治县	3	2	1	5	2	3	4	3	1
陵水黎族自治县	4	3	1	3	2	1	3	2	1
保亭黎族苗族自治县	3	2	1	3	3				
琼中黎族苗族自治县	2	1	1	1	1		2	1	1

6-1c　续表 2　　单位：人

地区	15-19岁			20-24岁			25-29岁		
	小计	男	女	小计	男	女	小计	男	女
全省	**87**	**63**	**24**	**103**	**86**	**17**	**163**	**124**	**39**
海口市	**7**	**6**	**1**	**6**	**6**		**15**	**13**	**2**
秀英区	2	2		2	2		5	5	
龙华区	1	1		3	3		3	2	1
琼山区	1	1		1	1		4	3	1
美兰区	3	2	1				3	3	
三亚市	**3**	**3**		**12**	**8**	**4**	**10**	**8**	**2**
海棠区	1	1		5	4	1	1	1	
吉阳区				2	1	1	1		1
天涯区	2	2		3	1	2	5	4	1
崖州区				2	2		3	3	
三沙市									
儋州市	**9**	**7**	**2**	**16**	**13**	**3**	**21**	**14**	**7**
五指山市				2	2		2	2	
琼海市	6	3	3	2	1	1	14	10	4
文昌市	2	1	1	6	6		3	2	1
万宁市	6	5	1	6	6		8	5	3
东方市	7	6	1	8	8		12	9	3
定安县	4	3	1	2	2		5	2	3
屯昌县	3	1	2	1	1		5	5	
澄迈县	8	4	4	4	2	2	6	4	2
临高县	4	2	2	6	6		7	4	3
白沙黎族自治县	4	4		4	4		11	10	1
昌江黎族自治县	3	1	2	4	3	1	8	8	
乐东黎族自治县	9	9		8	5	3	13	10	3
陵水黎族自治县	4	4		8	6	2	7	4	3
保亭黎族苗族自治县	3	1	2	5	4	1	12	10	2
琼中黎族苗族自治县	5	3	2	3	3		4	4	

6−1c　续表 3　　　　单位：人

地　区	30−34岁			35−39岁			40−44岁		
	小计	男	女	小计	男	女	小计	男	女
全省	**263**	**207**	**56**	**390**	**325**	**65**	**547**	**455**	**92**
海口市	**25**	**17**	**8**	**19**	**16**	**3**	**30**	**17**	**13**
秀英区	10	6	4	8	7	1	8	4	4
龙华区	6	5	1	2	2		4	1	3
琼山区	5	4	1	4	3	1	7	4	3
美兰区	4	2	2	5	4	1	11	8	3
三亚市	**22**	**17**	**5**	**41**	**32**	**9**	**63**	**58**	**5**
海棠区	2		2	3	2	1	8	7	1
吉阳区	6	5	1	5	5		15	15	
天涯区	7	6	1	23	15	8	28	26	2
崖州区	7	6	1	10	10		12	10	2
三沙市									
儋州市	**23**	**19**	**4**	**34**	**27**	**7**	**34**	**28**	**6**
五指山市	6	6		11	10	1	20	18	2
琼海市	20	11	9	22	17	5	28	20	8
文昌市	12	8	4	13	9	4	13	8	5
万宁市	18	14	4	30	27	3	38	27	11
东方市	16	14	2	30	27	3	36	32	4
定安县	11	8	3	8	7	1	14	9	5
屯昌县	15	10	5	20	14	6	16	14	2
澄迈县	8	5	3	14	12	2	16	14	2
临高县	8	7	1	14	13	1	22	17	5
白沙黎族自治县	12	12		14	11	3	25	21	4
昌江黎族自治县	8	7	1	14	11	3	37	34	3
乐东黎族自治县	18	15	3	27	23	4	48	44	4
陵水黎族自治县	17	14	3	17	16	1	39	30	9
保亭黎族苗族自治县	12	11	1	29	26	3	35	34	1
琼中黎族苗族自治县	12	12		33	27	6	33	30	3

6-1c　续表 4　　单位：人

地　区	45-49岁			50-54岁			55-59岁		
	小计	男	女	小计	男	女	小计	男	女
全省	**823**	**672**	**151**	**1142**	**870**	**272**	**1249**	**971**	**278**
海口市	**50**	**36**	**14**	**87**	**52**	**35**	**110**	**76**	**34**
秀英区	11	8	3	18	13	5	20	16	4
龙华区	10	9	1	13	9	4	16	10	6
琼山区	14	7	7	28	17	11	48	31	17
美兰区	15	12	3	28	13	15	26	19	7
三亚市	**56**	**49**	**7**	**92**	**80**	**12**	**60**	**49**	**11**
海棠区	7	4	3	6	5	1	13	10	3
吉阳区	15	15		23	20	3	12	10	2
天涯区	26	22	4	41	38	3	25	21	4
崖州区	8	8		22	17	5	10	8	2
三沙市									
儋州市	**92**	**76**	**16**	**110**	**77**	**33**	**148**	**120**	**28**
五指山市	17	14	3	17	15	2	28	23	5
琼海市	43	30	13	78	52	26	111	83	28
文昌市	37	24	13	41	29	12	56	43	13
万宁市	62	43	19	82	66	16	101	76	25
东方市	44	39	5	66	53	13	56	42	14
定安县	24	19	5	38	25	13	43	32	11
屯昌县	29	21	8	35	29	6	53	39	14
澄迈县	39	31	8	56	39	17	65	46	19
临高县	24	19	5	44	36	8	39	34	5
白沙黎族自治县	28	27	1	44	36	8	56	45	11
昌江黎族自治县	36	24	12	47	38	9	29	26	3
乐东黎族自治县	73	66	7	90	70	20	65	46	19
陵水黎族自治县	66	61	5	74	63	11	72	59	13
保亭黎族苗族自治县	52	49	3	70	53	17	70	58	12
琼中黎族苗族自治县	51	44	7	71	57	14	87	74	13

6–1c 续表 5

单位：人

地区	60–64岁			65–69岁			70–74岁		
	小计	男	女	小计	男	女	小计	男	女
全省	**1406**	**1032**	**374**	**1852**	**1282**	**570**	**1959**	**1291**	**668**
海口市	**141**	**104**	**37**	**200**	**151**	**49**	**214**	**149**	**65**
秀英区	31	27	4	45	34	11	53	37	16
龙华区	26	13	13	31	25	6	35	15	20
琼山区	59	48	11	66	50	16	76	59	17
美兰区	25	16	9	58	42	16	50	38	12
三亚市	**99**	**71**	**28**	**87**	**63**	**24**	**107**	**67**	**40**
海棠区	19	15	4	16	10	6	15	7	8
吉阳区	24	15	9	17	15	2	17	9	8
天涯区	39	27	12	33	23	10	54	37	17
崖州区	17	14	3	21	15	6	21	14	7
三沙市									
儋州市	**164**	**116**	**48**	**194**	**133**	**61**	**191**	**131**	**60**
五指山市	19	13	6	25	14	11	33	21	12
琼海市	126	89	37	189	127	62	207	138	69
文昌市	73	50	23	108	74	34	168	109	59
万宁市	100	83	17	140	101	39	159	109	50
东方市	61	46	15	88	61	27	76	54	22
定安县	67	52	15	102	71	31	80	52	28
屯昌县	55	44	11	87	62	25	58	34	24
澄迈县	72	51	21	116	88	28	123	87	36
临高县	69	46	23	80	55	25	78	56	22
白沙黎族自治县	47	32	15	54	35	19	56	36	20
昌江黎族自治县	31	26	5	43	32	11	64	39	25
乐东黎族自治县	77	54	23	96	65	31	117	55	62
陵水黎族自治县	81	67	14	73	45	28	69	45	24
保亭黎族苗族自治县	44	32	12	68	39	29	79	50	29
琼中黎族苗族自治县	80	56	24	102	66	36	80	59	21

6-1c　续表 6　　　　单位：人

地　区	75-79岁			80-84岁			85-89岁		
	小计	男	女	小计	男	女	小计	男	女
全省	**2326**	**1376**	**950**	**3554**	**1856**	**1698**	**3240**	**1513**	**1727**
海口市	**271**	**168**	**103**	**418**	**211**	**207**	**421**	**181**	**240**
秀英区	66	38	28	102	46	56	81	38	43
龙华区	54	30	24	58	36	22	56	24	32
琼山区	88	55	33	150	75	75	173	75	98
美兰区	63	45	18	108	54	54	111	44	67
三亚市	**138**	**70**	**68**	**145**	**74**	**71**	**95**	**30**	**65**
海棠区	20	9	11	17	12	5	22	11	11
吉阳区	26	14	12	35	15	20	15	3	12
天涯区	53	27	26	59	32	27	39	11	28
崖州区	39	20	19	34	15	19	19	5	14
三沙市									
儋州市	**226**	**120**	**106**	**355**	**189**	**166**	**383**	**192**	**191**
五指山市	35	18	17	29	13	16	28	10	18
琼海市	239	133	106	423	232	191	408	184	224
文昌市	162	108	54	332	158	174	409	169	240
万宁市	151	88	63	253	140	113	247	131	116
东方市	116	68	48	139	55	84	97	40	57
定安县	115	71	44	164	86	78	145	70	75
屯昌县	79	50	29	137	79	58	129	66	63
澄迈县	151	104	47	220	130	90	182	94	88
临高县	99	63	36	167	92	75	151	66	85
白沙黎族自治县	66	43	23	109	58	51	60	40	20
昌江黎族自治县	79	45	34	78	33	45	68	27	41
乐东黎族自治县	133	70	63	181	98	83	139	60	79
陵水黎族自治县	82	41	41	122	55	67	75	40	35
保亭黎族苗族自治县	89	52	37	134	64	70	94	45	49
琼中黎族苗族自治县	95	64	31	148	89	59	109	68	41

6-1c 续表 7

单位：人

地区	90-94岁			95-99岁			100岁及以上		
	小计	男	女	小计	男	女	小计	男	女
全省	**1966**	**720**	**1246**	**693**	**223**	**470**	**238**	**58**	**180**
海口市	**305**	**107**	**198**	**95**	**30**	**65**	**42**	**11**	**31**
秀英区	63	26	37	23	6	17	12	4	8
龙华区	33	8	25	15	5	10	6	2	4
琼山区	98	45	53	33	14	19	12	4	8
美兰区	111	28	83	24	5	19	12	1	11
三亚市	**48**	**19**	**29**	**16**	**6**	**10**	**8**	**5**	**3**
海棠区	10	1	9	1		1	1		1
吉阳区	8	2	6	3		3			
天涯区	16	8	8	8	3	5	4	2	2
崖州区	14	8	6	4	3	1	3	3	
三沙市									
儋州市	**214**	**73**	**141**	**84**	**29**	**55**	**32**	**6**	**26**
五指山市	13	2	11	8	4	4	4		4
琼海市	246	83	163	88	20	68	13	1	12
文昌市	277	76	201	74	17	57	20	2	18
万宁市	126	53	73	52	21	31	23	5	18
东方市	81	33	48	26	5	21	12	4	8
定安县	95	37	58	28	7	21	5		5
屯昌县	55	27	28	16	5	11	4	2	2
澄迈县	120	53	67	47	21	26	15	4	11
临高县	83	33	50	32	13	19	22	8	14
白沙黎族自治县	26	14	12	13	5	8	5	2	3
昌江黎族自治县	60	19	41	22	8	14	7	2	5
乐东黎族自治县	86	34	52	39	11	28	16	5	11
陵水黎族自治县	51	16	35	24	11	13	7		7
保亭黎族苗族自治县	30	18	12	13	1	12	2	1	1
琼中黎族苗族自治县	50	23	27	16	9	7	1		1

6-2 各地区分性别、受教育程度的3岁及以上死亡人口
(2019.11.1-2020.10.31)

单位：人

地 区	3岁及以上死亡人口			未上过学		
	合计	男	女	小计	男	女
全省	**34363**	**20482**	**13881**	**7821**	**2353**	**5468**
海口市	**5607**	**3254**	**2353**	**880**	**185**	**695**
秀英区	1071	624	447	236	64	172
龙华区	1298	797	501	168	35	133
琼山区	1399	824	575	217	47	170
美兰区	1839	1009	830	259	39	220
三亚市	**2995**	**1928**	**1067**	**354**	**106**	**248**
海棠区	395	242	153	38	9	29
吉阳区	873	568	305	75	20	55
天涯区	1203	801	402	160	57	103
崖州区	524	317	207	81	20	61
三沙市						
儋州市	**3309**	**1934**	**1375**	**1314**	**406**	**908**
五指山市	455	287	168	122	28	94
琼海市	2958	1617	1341	478	99	379
文昌市	3099	1558	1541	596	94	502
万宁市	2038	1260	778	414	137	277
东方市	1470	902	568	568	221	347
定安县	1241	721	520	185	54	131
屯昌县	1052	645	407	215	71	144
澄迈县	2154	1302	852	484	166	318
临高县	1359	818	541	556	219	337
白沙黎族自治县	688	465	223	194	72	122
昌江黎族自治县	1091	659	432	399	148	251
乐东黎族自治县	1520	917	603	477	160	317
陵水黎族自治县	1156	743	413	197	61	136
保亭黎族苗族自治县	1029	672	357	189	52	137
琼中黎族苗族自治县	1142	800	342	199	74	125

6-2 续表 1

单位：人

地区	学前教育			小学		
	小计	男	女	小计	男	女
全省	**107**	**37**	**70**	**13134**	**7399**	**5735**
海口市	**13**	**1**	**12**	**2154**	**1073**	**1081**
秀英区	2		2	452	242	210
龙华区	4	1	3	416	209	207
琼山区	3		3	579	293	286
美兰区	4		4	707	329	378
三亚市	**9**	**3**	**6**	**1031**	**570**	**461**
海棠区	1	1		196	104	92
吉阳区	3	1	2	240	128	112
天涯区	4	1	3	397	233	164
崖州区	1		1	198	105	93
三沙市						
儋州市	**13**	**6**	**7**	**1105**	**769**	**336**
五指山市	1		1	136	94	42
琼海市	12	1	11	1258	583	675
文昌市	20	9	11	1460	664	796
万宁市	9	4	5	812	464	348
东方市	2	1	1	527	355	172
定安县	1		1	529	256	273
屯昌县	3	1	2	440	260	180
澄迈县	4	3	1	844	471	373
临高县	4	3	1	395	244	151
白沙黎族自治县	2	1	1	263	190	73
昌江黎族自治县	1		1	371	239	132
乐东黎族自治县	4	2	2	566	372	194
陵水黎族自治县	1		1	409	225	184
保亭黎族苗族自治县	4	1	3	376	239	137
琼中黎族苗族自治县	4	1	3	458	331	127

6-2 续表 2

单位：人

地区	初中			高中			大学专科		
	小计	男	女	小计	男	女	小计	男	女
全省	**10210**	**8055**	**2155**	**2387**	**2039**	**348**	**479**	**409**	**70**
海口市	**1617**	**1241**	**376**	**652**	**512**	**140**	**164**	**136**	**28**
秀英区	260	214	46	92	77	15	15	14	1
龙华区	384	293	91	211	159	52	63	57	6
琼山区	446	354	92	108	88	20	30	27	3
美兰区	527	380	147	241	188	53	56	38	18
三亚市	**1147**	**873**	**274**	**337**	**282**	**55**	**78**	**59**	**19**
海棠区	134	104	30	22	21	1	4	3	1
吉阳区	363	272	91	128	98	30	41	29	12
天涯区	448	343	105	149	129	20	29	23	6
崖州区	202	154	48	38	34	4	4	4	
三沙市									
儋州市	**660**	**560**	**100**	**172**	**154**	**18**	**35**	**33**	**2**
五指山市	140	115	25	45	40	5	8	7	1
琼海市	1020	770	250	160	138	22	22	19	3
文昌市	849	638	211	143	125	18	21	19	2
万宁市	672	537	135	122	110	12	8	8	
东方市	275	235	40	75	69	6	20	18	2
定安县	450	340	110	67	62	5	7	7	
屯昌县	333	261	72	44	36	8	13	12	1
澄迈县	666	528	138	129	110	19	24	22	2
临高县	322	272	50	66	65	1	12	11	1
白沙黎族自治县	184	162	22	36	31	5	8	8	
昌江黎族自治县	237	197	40	65	59	6	15	14	1
乐东黎族自治县	375	297	78	83	74	9	13	11	2
陵水黎族自治县	489	407	82	51	42	9	6	5	1
保亭黎族苗族自治县	370	298	72	78	73	5	10	7	3
琼中黎族苗族自治县	404	324	80	62	57	5	15	13	2

6–2 续表 3　　单位：人

地　区	大学本科			硕士研究生			博士研究生		
	小计	男	女	小计	男	女	小计	男	女
全省	**215**	**181**	**34**	**8**	**7**	**1**	**2**	**2**	
海口市	**121**	**100**	**21**	**4**	**4**		**2**	**2**	
秀英区	12	11	1	2	2				
龙华区	51	42	9				1	1	
琼山区	16	15	1						
美兰区	42	32	10	2	2		1	1	
三亚市	**36**	**32**	**4**	**3**	**3**				
海棠区									
吉阳区	21	18	3	2	2				
天涯区	15	14	1	1	1				
崖州区									
三沙市									
儋州市	**10**	**6**	**4**						
五指山市	3	3							
琼海市	8	7	1						
文昌市	10	9	1						
万宁市	1		1						
东方市	3	3							
定安县	2	2							
屯昌县	4	4							
澄迈县	3	2	1						
临高县	4	4							
白沙黎族自治县	1	1							
昌江黎族自治县	2	2		1		1			
乐东黎族自治县	2	1	1						
陵水黎族自治县	3	3							
保亭黎族苗族自治县	2	2							
琼中黎族苗族自治县									

6–2a　各地区分性别、受教育程度的3岁及以上死亡人口 (2019.11.1–2020.10.31)(城市)

单位：人

地　区	3岁及以上死亡人口			未上过学		
	合计	男	女	小计	男	女
全省	**5893**	**3593**	**2300**	**601**	**133**	**468**
海口市	**2613**	**1578**	**1035**	**227**	**46**	**181**
秀英区	360	214	146	61	11	50
龙华区	851	550	301	55	10	45
琼山区	391	244	147	33	10	23
美兰区	1011	570	441	78	15	63
三亚市	**1791**	**1158**	**633**	**135**	**41**	**94**
海棠区	205	128	77	20	6	14
吉阳区	647	423	224	42	10	32
天涯区	673	455	218	51	21	30
崖州区	266	152	114	22	4	18
三沙市						
儋州市	**221**	**131**	**90**	**55**	**12**	**43**
五指山市	69	45	24	8	1	7
琼海市	328	182	146	23	2	21
文昌市	419	225	194	54	4	50
万宁市	161	96	65	22	4	18
东方市	291	178	113	77	23	54
定安县						
屯昌县						
澄迈县						
临高县						
白沙黎族自治县						
昌江黎族自治县						
乐东黎族自治县						
陵水黎族自治县						
保亭黎族苗族自治县						
琼中黎族苗族自治县						

6-2a 续表 1 单位：人

地　区	学前教育			小　学		
	小计	男	女	小计	男	女
全省	**12**	**4**	**8**	**1859**	**880**	**979**
海口市	**4**	**1**	**3**	**798**	**357**	**441**
秀英区				116	62	54
龙华区	2	1	1	222	100	122
琼山区				120	52	68
美兰区	2		2	340	143	197
三亚市	**6**	**1**	**5**	**549**	**285**	**264**
海棠区				105	56	49
吉阳区	3	1	2	143	76	67
天涯区	3		3	199	110	89
崖州区				102	43	59
三沙市						
儋州市				**76**	**46**	**30**
五指山市				8	2	6
琼海市				117	43	74
文昌市	1	1		187	86	101
万宁市				48	21	27
东方市	1	1		76	40	36
定安县						
屯昌县						
澄迈县						
临高县						
白沙黎族自治县						
昌江黎族自治县						
乐东黎族自治县						
陵水黎族自治县						
保亭黎族苗族自治县						
琼中黎族苗族自治县						

6–2a　续表 2　　　　单位：人

地　区	初　中			高　中			大学专科		
	小计	男	女	小计	男	女	小计	男	女
全省	**2028**	**1465**	**563**	**956**	**747**	**209**	**270**	**220**	**50**
海口市	**825**	**588**	**237**	**491**	**363**	**128**	**151**	**125**	**26**
秀英区	103	77	26	55	41	14	11	10	1
龙华区	279	209	70	181	133	48	61	55	6
琼山区	139	102	37	61	45	16	26	23	3
美兰区	304	200	104	194	144	50	53	37	16
三亚市	**715**	**520**	**195**	**279**	**225**	**54**	**70**	**52**	**18**
海棠区	71	57	14	7	7		2	2	
吉阳区	274	195	79	122	92	30	41	29	12
天涯区	256	187	69	124	104	20	25	19	6
崖州区	114	81	33	26	22	4	2	2	
三沙市									
儋州市	**49**	**36**	**13**	**31**	**27**	**4**	**8**	**8**	
五指山市	25	18	7	20	17	3	6	5	1
琼海市	131	92	39	48	38	10	6	5	1
文昌市	133	94	39	29	27	2	11	9	2
万宁市	70	52	18	19	17	2	2	2	
东方市	80	65	15	39	33	6	16	14	2
定安县									
屯昌县									
澄迈县									
临高县									
白沙黎族自治县									
昌江黎族自治县									
乐东黎族自治县									
陵水黎族自治县									
保亭黎族苗族自治县									
琼中黎族苗族自治县									

6−2a　续表 3　　单位：人

地区	大学本科			硕士研究生			博士研究生		
	小计	男	女	小计	男	女	小计	男	女
全省	**159**	**136**	**23**	**6**	**6**		**2**	**2**	
海口市	**112**	**93**	**19**	**3**	**3**		**2**	**2**	
秀英区	12	11	1	2	2				
龙华区	50	41	9				1	1	
琼山区	12	12							
美兰区	38	29	9	1	1		1	1	
三亚市	**34**	**31**	**3**	**3**	**3**				
海棠区									
吉阳区	20	18	2	2	2				
天涯区	14	13	1	1	1				
崖州区									
三沙市									
儋州市	**2**	**2**							
五指山市	2	2							
琼海市	3	2	1						
文昌市	4	4							
万宁市									
东方市	2	2							
定安县									
屯昌县									
澄迈县									
临高县									
白沙黎族自治县									
昌江黎族自治县									
乐东黎族自治县									
陵水黎族自治县									
保亭黎族苗族自治县									
琼中黎族苗族自治县									

6-2b 各地区分性别、受教育程度的3岁及以上死亡人口(2019.11.1-2020.10.31)(镇)

单位：人

地区	3岁及以上死亡人口			未上过学		
	合计	男	女	小计	男	女
全省	**6347**	**3682**	**2665**	**1491**	**434**	**1057**
海口市	**528**	**323**	**205**	**106**	**26**	**80**
秀英区	151	91	60	40	15	25
龙华区	73	47	26	24	6	18
琼山区	135	82	53	21	3	18
美兰区	169	103	66	21	2	19
三亚市	**94**	**58**	**36**	**15**	**5**	**10**
海棠区	22	15	7	5		5
吉阳区						
天涯区	62	39	23	6	4	2
崖州区	10	4	6	4	1	3
三沙市						
儋州市	**742**	**418**	**324**	**312**	**89**	**223**
五指山市	87	56	31	18	2	16
琼海市	364	199	165	67	15	52
文昌市	868	435	433	156	24	132
万宁市	264	157	107	51	14	37
东方市	195	119	76	89	40	49
定安县	288	166	122	30	11	19
屯昌县	251	139	112	22	6	16
澄迈县	885	507	378	194	59	135
临高县	398	237	161	152	60	92
白沙黎族自治县	51	29	22	13	2	11
昌江黎族自治县	453	276	177	92	29	63
乐东黎族自治县	276	172	104	88	26	62
陵水黎族自治县	261	162	99	41	13	28
保亭黎族苗族自治县	184	120	64	30	7	23
琼中黎族苗族自治县	158	109	49	15	6	9

6-2b 续表 1 单位：人

地区	学前教育			小学		
	小计	男	女	小计	男	女
全省	**17**	**6**	**11**	**2290**	**1213**	**1077**
海口市	**2**		**2**	**210**	**117**	**93**
秀英区	1		1	55	26	29
龙华区				29	23	6
琼山区				48	22	26
美兰区	1		1	78	46	32
三亚市				**33**	**15**	**18**
海棠区				9	7	2
吉阳区						
天涯区				22	8	14
崖州区				2		2
三沙市						
儋州市	**2**	**1**	**1**	**247**	**174**	**73**
五指山市				31	22	9
琼海市	1		1	141	65	76
文昌市	3	2	1	374	152	222
万宁市	1	1		110	60	50
东方市				63	40	23
定安县				111	46	65
屯昌县	1		1	89	37	52
澄迈县	2	1	1	302	140	162
临高县	1		1	109	63	46
白沙黎族自治县	1	1		12	8	4
昌江黎族自治县				182	101	81
乐东黎族自治县				103	77	26
陵水黎族自治县				82	36	46
保亭黎族苗族自治县	1		1	50	28	22
琼中黎族苗族自治县	2		2	41	32	9

6-2b 续表 2

单位：人

地　区	初　中			高　中			大学专科		
	小计	男	女	小计	男	女	小计	男	女
全省	**1986**	**1534**	**452**	**448**	**395**	**53**	**92**	**79**	**13**
海口市	**159**	**133**	**26**	**42**	**41**	**1**	**5**	**3**	**2**
秀英区	35	30	5	18	18		2	2	
龙华区	15	13	2	5	5				
琼山区	58	49	9	6	6		1	1	
美兰区	51	41	10	13	12	1	2		2
三亚市	**36**	**28**	**8**	**8**	**8**		**2**	**2**	
海棠区	4	4		4	4				
吉阳区									
天涯区	28	21	7	4	4		2	2	
崖州区	4	3	1						
三沙市									
儋州市	**131**	**111**	**20**	**39**	**34**	**5**	**9**	**8**	**1**
五指山市	28	22	6	8	8		1	1	
琼海市	143	108	35	10	10		2	1	1
文昌市	280	209	71	46	39	7	6	6	
万宁市	93	76	17	9	6	3			
东方市	34	30	4	6	6		2	2	
定安县	123	87	36	18	16	2	5	5	
屯昌县	106	68	38	25	21	4	6	5	1
澄迈县	303	239	64	68	54	14	15	13	2
临高县	97	77	20	29	28	1	8	7	1
白沙黎族自治县	17	11	6	6	5	1	2	2	
昌江黎族自治县	119	93	26	46	40	6	12	11	1
乐东黎族自治县	61	50	11	21	17	4	3	2	1
陵水黎族自治县	110	88	22	25	22	3	1	1	
保亭黎族苗族自治县	73	57	16	22	22		6	4	2
琼中黎族苗族自治县	73	47	26	20	18	2	7	6	1

6-2b　续表 3　　单位：人

地　　区	大学本科			硕士研究生			博士研究生		
	小计	男	女	小计	男	女	小计	男	女
全省	**23**	**21**	**2**						
海口市	**4**	**3**	**1**						
秀英区									
龙华区									
琼山区	1	1							
美兰区	3	2	1						
三亚市									
海棠区									
吉阳区									
天涯区									
崖州区									
三沙市									
儋州市	**2**	**1**	**1**						
五指山市	1	1							
琼海市									
文昌市	3	3							
万宁市									
东方市	1	1							
定安县	1	1							
屯昌县	2	2							
澄迈县	1	1							
临高县	2	2							
白沙黎族自治县									
昌江黎族自治县	2	2							
乐东黎族自治县									
陵水黎族自治县	2	2							
保亭黎族苗族自治县	2	2							
琼中黎族苗族自治县									

6-2c 各地区分性别、受教育程度的3岁及以上死亡人口(2019.11.1-2020.10.31)(乡村)

单位：人

地区	3岁及以上死亡人口			未上过学		
	合计	男	女	小计	男	女
全省	**22123**	**13207**	**8916**	**5729**	**1786**	**3943**
海口市	**2466**	**1353**	**1113**	**547**	**113**	**434**
秀英区	560	319	241	135	38	97
龙华区	374	200	174	89	19	70
琼山区	873	498	375	163	34	129
美兰区	659	336	323	160	22	138
三亚市	**1110**	**712**	**398**	**204**	**60**	**144**
海棠区	168	99	69	13	3	10
吉阳区	226	145	81	33	10	23
天涯区	468	307	161	103	32	71
崖州区	248	161	87	55	15	40
三沙市						
儋州市	**2346**	**1385**	**961**	**947**	**305**	**642**
五指山市	299	186	113	96	25	71
琼海市	2266	1236	1030	388	82	306
文昌市	1812	898	914	386	66	320
万宁市	1613	1007	606	341	119	222
东方市	984	605	379	402	158	244
定安县	953	555	398	155	43	112
屯昌县	801	506	295	193	65	128
澄迈县	1269	795	474	290	107	183
临高县	961	581	380	404	159	245
白沙黎族自治县	637	436	201	181	70	111
昌江黎族自治县	638	383	255	307	119	188
乐东黎族自治县	1244	745	499	389	134	255
陵水黎族自治县	895	581	314	156	48	108
保亭黎族苗族自治县	845	552	293	159	45	114
琼中黎族苗族自治县	984	691	293	184	68	116

6-2c 续表 1

单位：人

地区	学前教育			小学		
	小计	男	女	小计	男	女
全省	**78**	**27**	**51**	**8985**	**5306**	**3679**
海口市	**7**		**7**	**1146**	**599**	**547**
秀英区	1		1	281	154	127
龙华区	2		2	165	86	79
琼山区	3		3	411	219	192
美兰区	1		1	289	140	149
三亚市	**3**	**2**	**1**	**449**	**270**	**179**
海棠区	1	1		82	41	41
吉阳区				97	52	45
天涯区	1	1		176	115	61
崖州区	1		1	94	62	32
三沙市						
儋州市	**11**	**5**	**6**	**782**	**549**	**233**
五指山市	1		1	97	70	27
琼海市	11	1	10	1000	475	525
文昌市	16	6	10	899	426	473
万宁市	8	3	5	654	383	271
东方市	1		1	388	275	113
定安县	1		1	418	210	208
屯昌县	2	1	1	351	223	128
澄迈县	2	2		542	331	211
临高县	3	3		286	181	105
白沙黎族自治县	1		1	251	182	69
昌江黎族自治县	1		1	189	138	51
乐东黎族自治县	4	2	2	463	295	168
陵水黎族自治县	1		1	327	189	138
保亭黎族苗族自治县	3	1	2	326	211	115
琼中黎族苗族自治县	2	1	1	417	299	118

6−2c　续表 2

单位：人

地　区	初　中			高　中			大学专科		
	小计	男	女	小计	男	女	小计	男	女
全省	**6196**	**5056**	**1140**	**983**	**897**	**86**	**117**	**110**	**7**
海口市	**633**	**520**	**113**	**119**	**108**	**11**	**8**	**8**	
秀英区	122	107	15	19	18	1	2	2	
龙华区	90	71	19	25	21	4	2	2	
琼山区	249	203	46	41	37	4	3	3	
美兰区	172	139	33	34	32	2	1	1	
三亚市	**396**	**325**	**71**	**50**	**49**	**1**	**6**	**5**	**1**
海棠区	59	43	16	11	10	1	2	1	1
吉阳区	89	77	12	6	6				
天涯区	164	135	29	21	21		2	2	
崖州区	84	70	14	12	12		2	2	
三沙市									
儋州市	**480**	**413**	**67**	**102**	**93**	**9**	**18**	**17**	**1**
五指山市	87	75	12	17	15	2	1	1	
琼海市	746	570	176	102	90	12	14	13	1
文昌市	436	335	101	68	59	9	4	4	
万宁市	509	409	100	94	87	7	6	6	
东方市	161	140	21	30	30		2	2	
定安县	327	253	74	49	46	3	2	2	
屯昌县	227	193	34	19	15	4	7	7	
澄迈县	363	289	74	61	56	5	9	9	
临高县	225	195	30	37	37		4	4	
白沙黎族自治县	167	151	16	30	26	4	6	6	
昌江黎族自治县	118	104	14	19	19		3	3	
乐东黎族自治县	314	247	67	62	57	5	10	9	1
陵水黎族自治县	379	319	60	26	20	6	5	4	1
保亭黎族苗族自治县	297	241	56	56	51	5	4	3	1
琼中黎族苗族自治县	331	277	54	42	39	3	8	7	1

6–2c　续表 3

单位：人

地　　区	大学本科			硕士研究生			博士研究生		
	小计	男	女	小计	男	女	小计	男	女
全省	**33**	**24**	**9**	**2**	**1**	**1**			
海口市	**5**	**4**	**1**	**1**	**1**				
秀英区									
龙华区	1	1							
琼山区	3	2	1						
美兰区	1	1		1	1				
三亚市	**2**	**1**	**1**						
海棠区									
吉阳区	1		1						
天涯区	1	1							
崖州区									
三沙市									
儋州市	**6**	**3**	**3**						
五指山市									
琼海市	5	5							
文昌市	3	2	1						
万宁市	1		1						
东方市									
定安县	1	1							
屯昌县	2	2							
澄迈县	2	1	1						
临高县	2	2							
白沙黎族自治县	1	1							
昌江黎族自治县				1		1			
乐东黎族自治县	2	1	1						
陵水黎族自治县	1	1							
保亭黎族苗族自治县									
琼中黎族苗族自治县									

6-3　各地区分性别、婚姻状况的15岁及以上死亡人口
(2019.11.1—2020.10.31)

单位：人

地　区	15岁及以上死亡人口			未　婚		
	合计	男	女	小计	男	女
全省	**34183**	**20361**	**13822**	**2400**	**2186**	**214**
海口市	**5590**	**3248**	**2342**	**219**	**190**	**29**
秀英区	1070	624	446	44	42	2
龙华区	1294	796	498	46	37	9
琼山区	1392	821	571	73	69	4
美兰区	1834	1007	827	56	42	14
三亚市	**2974**	**1919**	**1055**	**234**	**203**	**31**
海棠区	392	240	152	23	21	2
吉阳区	862	563	299	58	50	8
天涯区	1198	799	399	112	93	19
崖州区	522	317	205	41	39	2
三沙市						
儋州市	**3286**	**1913**	**1373**	**131**	**116**	**15**
五指山市	452	285	167	48	48	
琼海市	2951	1612	1339	150	136	14
文昌市	3088	1550	1538	151	130	21
万宁市	2023	1249	774	120	112	8
东方市	1450	887	563	124	115	9
定安县	1236	718	518	110	102	8
屯昌县	1046	641	405	72	67	5
澄迈县	2144	1293	851	180	172	8
临高县	1347	807	540	105	93	12
白沙黎族自治县	685	464	221	80	79	1
昌江黎族自治县	1090	659	431	84	80	4
乐东黎族自治县	1510	912	598	152	138	14
陵水黎族自治县	1148	739	409	182	158	24
保亭黎族苗族自治县	1025	668	357	134	127	7
琼中黎族苗族自治县	1138	797	341	124	120	4

6−3 续表 单位：人

地区	有配偶			离婚			丧偶		
	小计	男	女	小计	男	女	小计	男	女
全省	**19215**	**13794**	**5421**	**424**	**362**	**62**	**12144**	**4019**	**8125**
海口市	**3337**	**2383**	**954**	**67**	**55**	**12**	**1967**	**620**	**1347**
秀英区	603	446	157	12	10	2	411	126	285
龙华区	836	599	237	22	19	3	390	141	249
琼山区	820	579	241	10	6	4	489	167	322
美兰区	1078	759	319	23	20	3	677	186	491
三亚市	**1812**	**1356**	**456**	**41**	**34**	**7**	**887**	**326**	**561**
海棠区	236	169	67	10	8	2	123	42	81
吉阳区	554	415	139	12	9	3	238	89	149
天涯区	736	564	172	16	14	2	334	128	206
崖州区	286	208	78	3	3		192	67	125
三沙市									
儋州市	**1914**	**1352**	**562**	**43**	**34**	**9**	**1198**	**411**	**787**
五指山市	245	179	66	6	6		153	52	101
琼海市	1562	1078	484	27	26	1	1212	372	840
文昌市	1574	1077	497	20	17	3	1343	326	1017
万宁市	1212	884	328	26	24	2	665	229	436
东方市	812	613	199	12	10	2	502	149	353
定安县	629	427	202	18	14	4	479	175	304
屯昌县	615	441	174	10	9	1	349	124	225
澄迈县	1229	840	389	28	26	2	707	255	452
临高县	721	532	189	24	24		497	158	339
白沙黎族自治县	390	302	88	5	5		210	78	132
昌江黎族自治县	578	438	140	21	16	5	407	125	282
乐东黎族自治县	809	579	230	22	16	6	527	179	348
陵水黎族自治县	572	406	166	13	10	3	381	165	216
保亭黎族苗族自治县	543	400	143	20	18	2	328	123	205
琼中黎族苗族自治县	661	507	154	21	18	3	332	152	180

6—3a 各地区分性别、婚姻状况的15岁及以上死亡人口(2019.11.1—2020.10.31)(城市)

单位：人

地 区	15岁及以上死亡人口			未 婚		
	合计	男	女	小计	男	女
全省	**5864**	**3577**	**2287**	**218**	**168**	**50**
海口市	**2608**	**1575**	**1033**	**65**	**45**	**20**
秀英区	360	214	146	7	5	2
龙华区	849	549	300	24	15	9
琼山区	390	243	147	13	12	1
美兰区	1009	569	440	21	13	8
三亚市	**1778**	**1152**	**626**	**102**	**83**	**19**
海棠区	203	126	77	9	9	
吉阳区	638	419	219	32	26	6
天涯区	671	455	216	45	33	12
崖州区	266	152	114	16	15	1
三沙市						
儋州市	**219**	**129**	**90**	**2**	**2**	
五指山市	69	45	24	5	5	
琼海市	326	181	145	13	8	5
文昌市	415	223	192	18	15	3
万宁市	161	96	65	5	5	
东方市	288	176	112	8	5	3
定安县						
屯昌县						
澄迈县						
临高县						
白沙黎族自治县						
昌江黎族自治县						
乐东黎族自治县						
陵水黎族自治县						
保亭黎族苗族自治县						
琼中黎族苗族自治县						

6-3a 续表 单位：人

地区	有配偶			离婚			丧偶		
	小计	男	女	小计	男	女	小计	男	女
全省	**3765**	**2736**	**1029**	**78**	**60**	**18**	**1803**	**613**	**1190**
海口市	**1698**	**1235**	**463**	**44**	**34**	**10**	**801**	**261**	**540**
秀英区	227	173	54	6	4	2	120	32	88
龙华区	574	428	146	19	16	3	232	90	142
琼山区	268	196	72	3		3	106	35	71
美兰区	629	438	191	16	14	2	343	104	239
三亚市	**1129**	**839**	**290**	**23**	**17**	**6**	**524**	**213**	**311**
海棠区	116	88	28	8	6	2	70	23	47
吉阳区	433	317	116	9	6	3	164	70	94
天涯区	434	335	99	6	5	1	186	82	104
崖州区	146	99	47				104	38	66
三沙市									
儋州市	**156**	**104**	**52**	**3**	**2**	**1**	**58**	**21**	**37**
五指山市	50	36	14				14	4	10
琼海市	197	133	64	2	2		114	38	76
文昌市	234	166	68	2	2		161	40	121
万宁市	102	73	29	4	3	1	50	15	35
东方市	199	150	49				81	21	60
定安县									
屯昌县									
澄迈县									
临高县									
白沙黎族自治县									
昌江黎族自治县									
乐东黎族自治县									
陵水黎族自治县									
保亭黎族苗族自治县									
琼中黎族苗族自治县									

6-3b　各地区分性别、婚姻状况的15岁及以上死亡人口
(2019.11.1—2020.10.31)(镇)

单位：人

地　　区	15岁及以上死亡人口			未　　婚		
	合计	男	女	小计	男	女
全省	**6318**	**3660**	**2658**	**380**	**349**	**31**
海口市	**526**	**322**	**204**	**24**	**21**	**3**
秀英区	150	91	59	6	6	
龙华区	73	47	26	5	5	
琼山区	135	82	53	6	6	
美兰区	168	102	66	7	4	3
三亚市	**94**	**58**	**36**	**7**	**6**	**1**
海棠区	22	15	7			
吉阳区						
天涯区	62	39	23	7	6	1
崖州区	10	4	6			
三沙市						
儋州市	**737**	**414**	**323**	**28**	**22**	**6**
五指山市	86	55	31	13	13	
琼海市	362	197	165	18	17	1
文昌市	867	434	433	44	37	7
万宁市	260	153	107	13	11	2
东方市	191	115	76	16	16	
定安县	286	165	121	25	24	1
屯昌县	249	138	111	8	7	1
澄迈县	882	504	378	47	46	1
临高县	398	237	161	27	26	1
白沙黎族自治县	51	29	22	1	1	
昌江黎族自治县	452	276	176	14	14	
乐东黎族自治县	275	172	103	18	16	2
陵水黎族自治县	260	162	98	35	31	4
保亭黎族苗族自治县	184	120	64	22	21	1
琼中黎族苗族自治县	158	109	49	20	20	

6-3b 续表

单位：人

地区	有配偶			离婚			丧偶		
	小计	男	女	小计	男	女	小计	男	女
全省	**3598**	**2513**	**1085**	**79**	**66**	**13**	**2261**	**732**	**1529**
海口市	**316**	**238**	**78**	**1**	**1**		**185**	**62**	**123**
秀英区	86	65	21				58	20	38
龙华区	42	34	8				26	8	18
琼山区	84	60	24				45	16	29
美兰区	104	79	25	1	1		56	18	38
三亚市	**61**	**43**	**18**	**2**	**2**		**24**	**7**	**17**
海棠区	14	11	3	1	1		7	3	4
吉阳区									
天涯区	44	30	14	1	1		10	2	8
崖州区	3	2	1				7	2	5
三沙市									
儋州市	**389**	**284**	**105**	**10**	**9**	**1**	**310**	**99**	**211**
五指山市	43	31	12	3	3		27	8	19
琼海市	203	139	64	1	1		140	40	100
文昌市	465	297	168	9	9		349	91	258
万宁市	158	109	49	2	2		87	31	56
东方市	103	71	32	3	3		69	25	44
定安县	140	93	47	6	3	3	115	45	70
屯昌县	146	101	45				95	30	65
澄迈县	534	352	182	14	13	1	287	93	194
临高县	234	170	64	5	5		132	36	96
白沙黎族自治县	36	25	11				14	3	11
昌江黎族自治县	269	201	68	11	8	3	158	53	105
乐东黎族自治县	158	122	36	3	2	1	96	32	64
陵水黎族自治县	133	92	41	2		2	90	39	51
保亭黎族苗族自治县	106	72	34	4	3	1	52	24	28
琼中黎族苗族自治县	104	73	31	3	2	1	31	14	17

6-3c　各地区分性别、婚姻状况的15岁及以上死亡人口(2019.11.1-2020.10.31)(乡村)

单位：人

地　区	15岁及以上死亡人口			未　婚		
	合计	男	女	小计	男	女
全省	**22001**	**13124**	**8877**	**1802**	**1669**	**133**
海口市	**2456**	**1351**	**1105**	**130**	**124**	**6**
秀英区	560	319	241	31	31	
龙华区	372	200	172	17	17	
琼山区	867	496	371	54	51	3
美兰区	657	336	321	28	25	3
三亚市	**1102**	**709**	**393**	**125**	**114**	**11**
海棠区	167	99	68	14	12	2
吉阳区	224	144	80	26	24	2
天涯区	465	305	160	60	54	6
崖州区	246	161	85	25	24	1
三沙市						
儋州市	**2330**	**1370**	**960**	**101**	**92**	**9**
五指山市	297	185	112	30	30	
琼海市	2263	1234	1029	119	111	8
文昌市	1806	893	913	89	78	11
万宁市	1602	1000	602	102	96	6
东方市	971	596	375	100	94	6
定安县	950	553	397	85	78	7
屯昌县	797	503	294	64	60	4
澄迈县	1262	789	473	133	126	7
临高县	949	570	379	78	67	11
白沙黎族自治县	634	435	199	79	78	1
昌江黎族自治县	638	383	255	70	66	4
乐东黎族自治县	1235	740	495	134	122	12
陵水黎族自治县	888	577	311	147	127	20
保亭黎族苗族自治县	841	548	293	112	106	6
琼中黎族苗族自治县	980	688	292	104	100	4

6-3c 续表

单位：人

地区	有配偶			离婚			丧偶		
	小计	男	女	小计	男	女	小计	男	女
全省	**11852**	**8545**	**3307**	**267**	**236**	**31**	**8080**	**2674**	**5406**
海口市	**1323**	**910**	**413**	**22**	**20**	**2**	**981**	**297**	**684**
秀英区	290	208	82	6	6		233	74	159
龙华区	220	137	83	3	3		132	43	89
琼山区	468	323	145	7	6	1	338	116	222
美兰区	345	242	103	6	5	1	278	64	214
三亚市	**622**	**474**	**148**	**16**	**15**	**1**	**339**	**106**	**233**
海棠区	106	70	36	1	1		46	16	30
吉阳区	121	98	23	3	3		74	19	55
天涯区	258	199	59	9	8	1	138	44	94
崖州区	137	107	30	3	3		81	27	54
三沙市									
儋州市	**1369**	**964**	**405**	**30**	**23**	**7**	**830**	**291**	**539**
五指山市	152	112	40	3	3		112	40	72
琼海市	1162	806	356	24	23	1	958	294	664
文昌市	875	614	261	9	6	3	833	195	638
万宁市	952	702	250	20	19	1	528	183	345
东方市	510	392	118	9	7	2	352	103	249
定安县	489	334	155	12	11	1	364	130	234
屯昌县	469	340	129	10	9	1	254	94	160
澄迈县	695	488	207	14	13	1	420	162	258
临高县	487	362	125	19	19		365	122	243
白沙黎族自治县	354	277	77	5	5		196	75	121
昌江黎族自治县	309	237	72	10	8	2	249	72	177
乐东黎族自治县	651	457	194	19	14	5	431	147	284
陵水黎族自治县	439	314	125	11	10	1	291	126	165
保亭黎族苗族自治县	437	328	109	16	15	1	276	99	177
琼中黎族苗族自治县	557	434	123	18	16	2	301	138	163

6-4　全省分年龄、性别的死亡人口状况
(2019.11.1-2020.10.31)

单位：人、‰

年　龄	平均人口			死亡人口			死亡率		
	合计	男	女	合计	男	女	合计	男	女
总　计	**10051258**	**5329589**	**4721669**	**34530**	**20576**	**13954**	**3.44**	**3.86**	**2.96**
0-4岁	**648192**	**352220**	**295972**	**197**	**114**	**83**	**0.30**	**0.32**	**0.28**
0	115780	63427	52353	120	67	53	1.04	1.06	1.01
1	123490	67244	56246	25	12	13	0.20	0.18	0.23
2	133742	72622	61120	22	15	7	0.16	0.21	0.11
3	141223	76256	64967	18	14	4	0.13	0.18	0.06
4	133957	72671	61286	12	6	6	0.09	0.08	0.10
5-9岁	**720194**	**393794**	**326400**	**66**	**43**	**23**	**0.09**	**0.11**	**0.07**
5	141523	77084	64439	10	7	3	0.07	0.09	0.05
6	141601	77034	64567	15	10	5	0.11	0.13	0.08
7	152500	83132	69368	13	7	6	0.09	0.08	0.09
8	146303	80612	65691	12	9	3	0.08	0.11	0.05
9	138267	75932	62335	16	10	6	0.12	0.13	0.10
10-14岁	**661106**	**362909**	**298197**	**84**	**58**	**26**	**0.13**	**0.16**	**0.09**
10	136791	75427	61364	12	7	5	0.09	0.09	0.08
11	138828	76272	62556	16	9	7	0.12	0.12	0.11
12	133799	73328	60471	11	9	2	0.08	0.12	0.03
13	127436	69867	57569	15	11	4	0.12	0.16	0.07
14	124252	68015	56237	30	22	8	0.24	0.32	0.14
15-19岁	**541908**	**302086**	**239822**	**132**	**93**	**39**	**0.24**	**0.31**	**0.16**
15	120354	66097	54257	26	15	11	0.22	0.23	0.20
16	107161	60214	46947	30	21	9	0.28	0.35	0.19
17	103458	58304	45154	30	26	4	0.29	0.45	0.09
18	103129	57679	45450	26	18	8	0.25	0.31	0.18
19	107806	59792	48014	20	13	7	0.19	0.22	0.15
20-24岁	**624576**	**346953**	**277623**	**140**	**113**	**27**	**0.22**	**0.33**	**0.10**
20	109106	60880	48226	20	20		0.18	0.33	
21	112151	63372	48779	19	17	2	0.17	0.27	0.04
22	117227	65743	51484	26	23	3	0.22	0.35	0.06
23	134665	74374	60291	33	23	10	0.25	0.31	0.17
24	151427	82584	68843	42	30	12	0.28	0.36	0.17
25-29岁	**846182**	**456906**	**389276**	**261**	**199**	**62**	**0.31**	**0.44**	**0.16**
25	153468	83431	70037	39	28	11	0.25	0.34	0.16
26	158761	86220	72541	43	34	9	0.27	0.39	0.12
27	171582	92835	78747	63	53	10	0.37	0.57	0.13
28	174572	94068	80504	63	46	17	0.36	0.49	0.21
29	187799	100352	87447	53	38	15	0.28	0.38	0.17

6-4 续表 1

单位：人、‰

年 龄	平均人口			死亡人口			死亡率		
	合计	男	女	合计	男	女	合计	男	女
30-34岁	**907184**	**486264**	**420920**	**369**	**288**	**81**	**0.41**	**0.59**	**0.19**
30	196779	105780	90999	58	46	12	0.29	0.43	0.13
31	183387	98334	85053	72	59	13	0.39	0.60	0.15
32	182449	97958	84491	82	60	22	0.45	0.61	0.26
33	176925	94704	82221	74	57	17	0.42	0.60	0.21
34	167644	89488	78156	83	66	17	0.50	0.74	0.22
35-39岁	**846793**	**452154**	**394639**	**583**	**481**	**102**	**0.69**	**1.06**	**0.26**
35	172532	92403	80129	88	72	16	0.51	0.78	0.20
36	172498	91912	80586	118	97	21	0.68	1.06	0.26
37	174644	93416	81228	124	99	25	0.71	1.06	0.31
38	171249	91492	79757	117	101	16	0.68	1.10	0.20
39	155870	82931	72939	136	112	24	0.87	1.35	0.33
40-44岁	**691803**	**368327**	**323476**	**786**	**641**	**145**	**1.14**	**1.74**	**0.45**
40	157477	84165	73312	164	141	23	1.04	1.68	0.31
41	146404	78293	68111	140	116	24	0.96	1.48	0.35
42	126756	67701	59055	143	114	29	1.13	1.68	0.49
43	129287	68704	60583	154	127	27	1.19	1.85	0.45
44	131879	69464	62415	185	143	42	1.40	2.06	0.67
45-49岁	**754227**	**400418**	**353809**	**1247**	**1000**	**247**	**1.65**	**2.50**	**0.70**
45	140149	74054	66095	204	153	51	1.46	2.07	0.77
46	150911	80167	70744	253	207	46	1.68	2.58	0.65
47	158694	84198	74496	241	199	42	1.52	2.36	0.56
48	148770	79330	69440	250	204	46	1.68	2.57	0.66
49	155703	82669	73034	299	237	62	1.92	2.87	0.85
50-54岁	**737198**	**387864**	**349334**	**1708**	**1308**	**400**	**2.32**	**3.37**	**1.15**
50	156131	82513	73618	345	265	80	2.21	3.21	1.09
51	164375	86326	78049	346	269	77	2.10	3.12	0.99
52	140209	73650	66559	328	251	77	2.34	3.41	1.16
53	134384	70989	63395	324	246	78	2.41	3.47	1.23
54	142099	74386	67713	365	277	88	2.57	3.72	1.30
55-59岁	**622554**	**323643**	**298911**	**2033**	**1527**	**506**	**3.27**	**4.72**	**1.69**
55	145020	75454	69566	384	285	99	2.65	3.78	1.42
56	146761	76419	70342	454	353	101	3.09	4.62	1.44
57	152333	79957	72376	473	362	111	3.11	4.53	1.53
58	101720	52852	48868	419	313	106	4.12	5.92	2.17
59	76720	38961	37759	303	214	89	3.95	5.49	2.36
60-64岁	**433059**	**221291**	**211768**	**2211**	**1601**	**610**	**5.11**	**7.23**	**2.88**
60	76018	39011	37007	318	228	90	4.18	5.84	2.43
61	88551	45980	42571	409	307	102	4.62	6.68	2.40
62	97006	50162	46844	478	352	126	4.93	7.02	2.69
63	87800	44201	43599	531	395	136	6.05	8.94	3.12
64	83684	41937	41747	475	319	156	5.68	7.61	3.74

6-4 续表 2

单位：人、‰

年 龄	平均人口			死亡人口			死亡率		
	合计	男	女	合计	男	女	合计	男	女
65–69岁	**366849**	**182497**	**184352**	**2952**	**2045**	**907**	**8.05**	**11.21**	**4.92**
65	88253	43973	44280	570	395	175	6.46	8.98	3.95
66	78027	38669	39358	582	417	165	7.46	10.78	4.19
67	73454	36286	37168	594	414	180	8.09	11.41	4.84
68	62415	31041	31374	566	388	178	9.07	12.50	5.67
69	64700	32528	32172	640	431	209	9.89	13.25	6.50
70–74岁	**234518**	**117191**	**117327**	**3106**	**2033**	**1073**	**13.24**	**17.35**	**9.15**
70	63244	32404	30840	671	442	229	10.61	13.64	7.43
71	50595	25119	25476	614	400	214	12.14	15.92	8.40
72	44693	22330	22363	600	412	188	13.42	18.45	8.41
73	39991	19819	20172	615	384	231	15.38	19.38	11.45
74	35995	17519	18476	606	395	211	16.84	22.55	11.42
75–79岁	**157211**	**71175**	**86036**	**3677**	**2197**	**1480**	**23.39**	**30.87**	**17.20**
75	33033	15951	17082	656	405	251	19.86	25.39	14.69
76	32422	15062	17360	705	442	263	21.74	29.35	15.15
77	31955	14551	17404	727	440	287	22.75	30.24	16.49
78	29243	12461	16782	772	451	321	26.40	36.19	19.13
79	30558	13150	17408	817	459	358	26.74	34.90	20.57
80–84岁	**136682**	**58639**	**78043**	**5551**	**2950**	**2601**	**40.61**	**50.31**	**33.33**
80	29087	12402	16685	944	529	415	32.45	42.65	24.87
81	29578	12863	16715	1078	589	489	36.45	45.79	29.26
82	27686	11859	15827	1141	578	563	41.21	48.74	35.57
83	25935	11287	14648	1223	672	551	47.16	59.54	37.62
84	24396	10228	14168	1165	582	583	47.75	56.90	41.15
85–89岁	**78392**	**31183**	**47209**	**4983**	**2367**	**2616**	**63.57**	**75.91**	**55.41**
85	20425	8233	12192	1100	551	549	53.86	66.93	45.03
86	18192	7427	10765	1030	494	536	56.62	66.51	49.79
87	15198	6062	9136	1019	486	533	67.05	80.17	58.34
88	12983	4990	7993	931	441	490	71.71	88.38	61.30
89	11594	4471	7123	903	395	508	77.89	88.35	71.32
90–94岁	**30795**	**10677**	**20118**	**3033**	**1110**	**1923**	**98.49**	**103.96**	**95.59**
90	8918	3240	5678	825	348	477	92.51	107.41	84.01
91	7028	2457	4571	675	246	429	96.04	100.12	93.85
92	6209	2203	4006	584	201	383	94.06	91.24	95.61
93	4890	1566	3324	509	172	337	104.09	109.83	101.38
94	3750	1211	2539	440	143	297	117.33	118.08	116.98
95–99岁	**9471**	**2855**	**6616**	**1054**	**320**	**734**	**111.29**	**112.08**	**110.94**
95	2834	901	1933	300	95	205	105.86	105.44	106.05
96	2351	702	1649	253	73	180	107.61	103.99	109.16
97	1643	479	1164	199	62	137	121.12	129.44	117.70
98	1432	425	1007	157	47	110	109.64	110.59	109.24
99	1211	348	863	145	43	102	119.74	123.56	118.19
100岁及以上	**2364**	**543**	**1821**	**357**	**88**	**269**	**151.02**	**162.06**	**147.72**

6-4a 全省分年龄、性别的死亡人口状况
(2019.11.1-2020.10.31)(城市)

单位：人、‰

年龄	平均人口			死亡人口			死亡率		
	合计	男	女	合计	男	女	合计	男	女
总计	**3747484**	**1960265**	**1787219**	**5925**	**3608**	**2317**	**1.58**	**1.84**	**1.30**
0-4岁	**246532**	**134839**	**111693**	**38**	**19**	**19**	**0.15**	**0.14**	**0.17**
0	42953	23522	19431	29	14	15	0.68	0.60	0.77
1	46036	25132	20904	2	1	1	0.04	0.04	0.05
2	52049	28475	23574	1		1	0.02		0.04
3	56107	30652	25455	4	3	1	0.07	0.10	0.04
4	49387	27058	22329	2	1	1	0.04	0.04	0.04
5-9岁	**254476**	**140999**	**113477**	**13**	**6**	**7**	**0.05**	**0.04**	**0.06**
5	52342	28834	23508	1	1		0.02	0.03	
6	50578	27719	22859	4	2	2	0.08	0.07	0.09
7	54461	30035	24426	1		1	0.02		0.04
8	50363	28249	22114	3	1	2	0.06	0.04	0.09
9	46732	26162	20570	4	2	2	0.09	0.08	0.10
10-14岁	**212532**	**118604**	**93928**	**10**	**6**	**4**	**0.05**	**0.05**	**0.04**
10	45131	25531	19600	1		1	0.02		0.05
11	45070	25222	19848	1		1	0.02		0.05
12	42683	23788	18895	2	1	1	0.05	0.04	0.05
13	38996	21853	17143	4	4		0.10	0.18	
14	40652	22210	18442	2	1	1	0.05	0.05	0.05
15-19岁	**226684**	**122665**	**104019**	**17**	**10**	**7**	**0.07**	**0.08**	**0.07**
15	49332	26299	23033	3	1	2	0.06	0.04	0.09
16	48905	26530	22375	4	2	2	0.08	0.08	0.09
17	44040	24162	19878	5	4	1	0.11	0.17	0.05
18	40482	22084	18398	3	2	1	0.07	0.09	0.05
19	43925	23590	20335	2	1	1	0.05	0.04	0.05
20-24岁	**262621**	**139891**	**122730**	**20**	**12**	**8**	**0.08**	**0.09**	**0.07**
20	44300	23690	20610	2	2		0.05	0.08	
21	46791	25238	21553	1	1		0.02	0.04	
22	50080	26956	23124	6	5	1	0.12	0.19	0.04
23	56976	30312	26664	5	2	3	0.09	0.07	0.11
24	64474	33695	30779	6	2	4	0.09	0.06	0.13
25-29岁	**360151**	**186615**	**173536**	**48**	**37**	**11**	**0.13**	**0.20**	**0.06**
25	65621	34433	31188	9	5	4	0.14	0.15	0.13
26	67064	34965	32099	7	6	1	0.10	0.17	0.03
27	71680	37045	34635	11	9	2	0.15	0.24	0.06
28	74396	38414	35982	9	7	2	0.12	0.18	0.06
29	81390	41758	39632	12	10	2	0.15	0.24	0.05

6-4a 续表 1

单位：人、‰

年 龄	平均人口			死亡人口			死亡率		
	合计	男	女	合计	男	女	合计	男	女
30—34岁	**392351**	**201922**	**190429**	**49**	**35**	**14**	**0.12**	**0.17**	**0.07**
30	85219	44096	41123	10	8	2	0.12	0.18	0.05
31	79772	40917	38855	8	5	3	0.10	0.12	0.08
32	79664	40977	38687	12	9	3	0.15	0.22	0.08
33	76722	39362	37360	8	7	1	0.10	0.18	0.03
34	70974	36570	34404	11	6	5	0.15	0.16	0.15
35—39岁	**339752**	**173545**	**166207**	**81**	**67**	**14**	**0.24**	**0.39**	**0.08**
35	70400	36153	34247	10	9	1	0.14	0.25	0.03
36	69320	35204	34116	19	16	3	0.27	0.45	0.09
37	70839	36160	34679	16	9	7	0.23	0.25	0.20
38	68844	35294	33550	17	15	2	0.25	0.43	0.06
39	60349	30734	29615	19	18	1	0.31	0.59	0.03
40—44岁	**272720**	**140736**	**131984**	**97**	**75**	**22**	**0.36**	**0.53**	**0.17**
40	62574	32295	30279	18	15	3	0.29	0.46	0.10
41	57606	29680	27926	18	15	3	0.31	0.51	0.11
42	50096	25850	24246	22	16	6	0.44	0.62	0.25
43	50885	26397	24488	15	11	4	0.29	0.42	0.16
44	51559	26514	25045	24	18	6	0.47	0.68	0.24
45—49岁	**295206**	**155020**	**140186**	**210**	**160**	**50**	**0.71**	**1.03**	**0.36**
45	55678	28892	26786	29	18	11	0.52	0.62	0.41
46	59820	31216	28604	47	38	9	0.79	1.22	0.31
47	62762	32971	29791	37	32	5	0.59	0.97	0.17
48	58123	30736	27387	40	33	7	0.69	1.07	0.26
49	58823	31205	27618	57	39	18	0.97	1.25	0.65
50—54岁	**258309**	**136236**	**122073**	**292**	**226**	**66**	**1.13**	**1.66**	**0.54**
50	57540	30357	27183	63	47	16	1.09	1.55	0.59
51	59877	31669	28208	70	53	17	1.17	1.67	0.60
52	48411	25532	22879	62	49	13	1.28	1.92	0.57
53	45213	23955	21258	46	36	10	1.02	1.50	0.47
54	47268	24723	22545	51	41	10	1.08	1.66	0.44
55—59岁	**203762**	**104266**	**99496**	**408**	**293**	**115**	**2.00**	**2.81**	**1.16**
55	47831	24935	22896	87	62	25	1.82	2.49	1.09
56	50010	25649	24361	91	66	25	1.82	2.57	1.03
57	50587	25931	24656	101	74	27	2.00	2.85	1.10
58	31516	15966	15550	83	61	22	2.63	3.82	1.41
59	23818	11785	12033	46	30	16	1.93	2.55	1.33
60—64岁	**138442**	**69772**	**68670**	**378**	**264**	**114**	**2.73**	**3.78**	**1.66**
60	24645	12430	12215	48	33	15	1.95	2.65	1.23
61	27860	14298	13562	69	53	16	2.48	3.71	1.18
62	31362	15885	15477	95	61	34	3.03	3.84	2.20
63	28056	13956	14100	78	61	17	2.78	4.37	1.21
64	26519	13203	13316	88	56	32	3.32	4.24	2.40

6-4a 续表 2

单位：人、‰

年 龄	平均人口			死亡人口			死亡率		
	合计	男	女	合计	男	女	合计	男	女
65-69岁	**111654**	**54414**	**57240**	**552**	**395**	**157**	**4.94**	**7.26**	**2.74**
65	27377	13396	13981	115	83	32	4.20	6.20	2.29
66	24261	11758	12503	107	76	31	4.41	6.46	2.48
67	22328	10798	11530	111	80	31	4.97	7.41	2.69
68	18956	9256	9700	103	77	26	5.43	8.32	2.68
69	18732	9206	9526	116	79	37	6.19	8.58	3.88
70-74岁	**66802**	**33483**	**33319**	**545**	**352**	**193**	**8.16**	**10.51**	**5.79**
70	18308	9316	8992	122	78	44	6.66	8.37	4.89
71	14675	7224	7451	93	60	33	6.34	8.31	4.43
72	12667	6374	6293	112	71	41	8.84	11.14	6.52
73	11250	5632	5618	107	68	39	9.51	12.07	6.94
74	9902	4937	4965	111	75	36	11.21	15.19	7.25
75-79岁	**43717**	**20262**	**23455**	**673**	**421**	**252**	**15.39**	**20.78**	**10.74**
75	9080	4478	4602	129	86	43	14.21	19.21	9.34
76	8880	4172	4708	130	87	43	14.64	20.85	9.13
77	9009	4178	4831	127	77	50	14.10	18.43	10.35
78	8177	3568	4609	152	96	56	18.59	26.91	12.15
79	8571	3866	4705	135	75	60	15.75	19.40	12.75
80-84岁	**35264**	**16231**	**19033**	**1029**	**569**	**460**	**29.18**	**35.06**	**24.17**
80	7807	3610	4197	183	109	74	23.44	30.19	17.63
81	7755	3591	4164	205	106	99	26.43	29.52	23.78
82	7140	3308	3832	217	116	101	30.39	35.07	26.36
83	6586	3044	3542	244	139	105	37.05	45.66	29.64
84	5976	2678	3298	180	99	81	30.12	36.97	24.56
85-89岁	**17764**	**7655**	**10109**	**812**	**418**	**394**	**45.71**	**54.60**	**38.98**
85	4841	2080	2761	186	99	87	38.42	47.60	31.51
86	4279	1889	2390	175	88	87	40.90	46.59	36.40
87	3334	1446	1888	190	95	95	56.99	65.70	50.32
88	2844	1201	1643	124	66	58	43.60	54.95	35.30
89	2466	1039	1427	137	70	67	55.56	67.37	46.95
90-94岁	**6388**	**2399**	**3989**	**458**	**188**	**270**	**71.70**	**78.37**	**67.69**
90	1867	718	1149	131	61	70	70.17	84.96	60.92
91	1485	582	903	105	46	59	70.71	79.04	65.34
92	1291	491	800	88	32	56	68.16	65.17	70.00
93	982	333	649	74	27	47	75.36	81.08	72.42
94	763	275	488	60	22	38	78.64	80.00	77.87
95-99岁	**1927**	**603**	**1324**	**140**	**42**	**98**	**72.65**	**69.65**	**74.02**
95	560	179	381	49	16	33	87.50	89.39	86.61
96	488	139	349	31	11	20	63.52	79.14	57.31
97	353	109	244	29	9	20	82.15	82.57	81.97
98	284	100	184	19	4	15	66.90	40.00	81.52
99	242	76	166	12	2	10	49.59	26.32	60.24
100岁及以上	**430**	**108**	**322**	**55**	**13**	**42**	**127.91**	**120.37**	**130.43**

6-4b　全省分年龄、性别的死亡人口状况
(2019.11.1-2020.10.31)(镇)

单位：人、‰

年　龄	平均人口			死亡人口			死亡率		
	合计	男	女	合计	男	女	合计	男	女
总　计	**2307127**	**1217844**	**1089283**	**6379**	**3701**	**2678**	**2.76**	**3.04**	**2.46**
0-4岁	**152727**	**83492**	**69235**	**37**	**22**	**15**	**0.24**	**0.26**	**0.22**
0	26811	14879	11932	18	12	6	0.67	0.81	0.50
1	29016	15993	13023	6	3	3	0.21	0.19	0.23
2	31426	17263	14163	8	4	4	0.25	0.23	0.28
3	33210	17924	15286	3	2	1	0.09	0.11	0.07
4	32264	17433	14831	2	1	1	0.06	0.06	0.07
5-9岁	**174017**	**95406**	**78611**	**6**	**5**	**1**	**0.03**	**0.05**	**0.01**
5	33594	18355	15239	1	1		0.03	0.05	
6	34302	18687	15615	1	1		0.03	0.05	
7	36724	20082	16642						
8	35589	19689	15900	3	2	1	0.08	0.10	0.06
9	33808	18593	15215	1	1		0.03	0.05	
10-14岁	**162301**	**89283**	**73018**	**18**	**14**	**4**	**0.11**	**0.16**	**0.05**
10	33500	18526	14974	4	2	2	0.12	0.11	0.13
11	33914	18655	15259	3	2	1	0.09	0.11	0.07
12	32728	17979	14749	4	3	1	0.12	0.17	0.07
13	31251	17113	14138	3	3		0.10	0.18	
14	30908	17010	13898	4	4		0.13	0.24	
15-19岁	**129342**	**72331**	**57011**	**28**	**20**	**8**	**0.22**	**0.28**	**0.14**
15	30664	17054	13610	5	3	2	0.16	0.18	0.15
16	26817	15301	11516	6	5	1	0.22	0.33	0.09
17	25419	14324	11095	7	5	2	0.28	0.35	0.18
18	23247	12876	10371	7	4	3	0.30	0.31	0.29
19	23195	12776	10419	3	3		0.13	0.23	
20-24岁	**131173**	**73679**	**57494**	**17**	**15**	**2**	**0.13**	**0.20**	**0.03**
20	23663	13175	10488	2	2		0.08	0.15	
21	24178	13847	10331	3	3		0.12	0.22	
22	24740	14202	10538	3	3		0.12	0.21	
23	27678	15457	12221	6	5	1	0.22	0.32	0.08
24	30914	16998	13916	3	2	1	0.10	0.12	0.07
25-29岁	**179151**	**96449**	**82702**	**50**	**38**	**12**	**0.28**	**0.39**	**0.15**
25	31605	17217	14388	9	7	2	0.28	0.41	0.14
26	33193	18073	15120	11	8	3	0.33	0.44	0.20
27	36725	19823	16902	4	4		0.11	0.20	
28	37396	19879	17517	19	14	5	0.51	0.70	0.29
29	40232	21457	18775	7	5	2	0.17	0.23	0.11

6－4b 续表 1 单位：人、‰

年 龄	平均人口			死亡人口			死亡率		
	合计	男	女	合计	男	女	合计	男	女
30－34岁	**195825**	**104091**	**91734**	**57**	**46**	**11**	**0.29**	**0.44**	**0.12**
30	42486	22653	19833	8	7	1	0.19	0.31	0.05
31	39369	20919	18450	12	11	1	0.30	0.53	0.05
32	39112	20879	18233	11	9	2	0.28	0.43	0.11
33	38074	20226	17848	10	7	3	0.26	0.35	0.17
34	36784	19414	17370	16	12	4	0.43	0.62	0.23
35－39岁	**190815**	**101001**	**89814**	**112**	**89**	**23**	**0.59**	**0.88**	**0.26**
35	38372	20368	18004	10	7	3	0.26	0.34	0.17
36	38872	20638	18234	20	16	4	0.51	0.78	0.22
37	39139	20820	18319	27	19	8	0.69	0.91	0.44
38	38983	20555	18428	21	19	2	0.54	0.92	0.11
39	35449	18620	16829	34	28	6	0.96	1.50	0.36
40－44岁	**155776**	**81974**	**73802**	**142**	**111**	**31**	**0.91**	**1.35**	**0.42**
40	35585	18713	16872	37	33	4	1.04	1.76	0.24
41	33220	17602	15618	20	16	4	0.60	0.91	0.26
42	28456	15040	13416	27	21	6	0.95	1.40	0.45
43	29123	15265	13858	25	19	6	0.86	1.24	0.43
44	29392	15354	14038	33	22	11	1.12	1.43	0.78
45－49岁	**169027**	**88707**	**80320**	**214**	**168**	**46**	**1.27**	**1.89**	**0.57**
45	30971	16317	14654	39	30	9	1.26	1.84	0.61
46	33719	17699	16020	37	31	6	1.10	1.75	0.37
47	35141	18390	16751	44	32	12	1.25	1.74	0.72
48	33911	17775	16136	43	33	10	1.27	1.86	0.62
49	35285	18526	16759	51	42	9	1.45	2.27	0.54
50－54岁	**170281**	**87978**	**82303**	**274**	**212**	**62**	**1.61**	**2.41**	**0.75**
50	35648	18502	17146	46	37	9	1.29	2.00	0.52
51	37279	19270	18009	54	41	13	1.45	2.13	0.72
52	32464	16635	15829	57	41	16	1.76	2.46	1.01
53	31552	16371	15181	57	44	13	1.81	2.69	0.86
54	33338	17200	16138	60	49	11	1.80	2.85	0.68
55－59岁	**147036**	**75567**	**71469**	**376**	**263**	**113**	**2.56**	**3.48**	**1.58**
55	34305	17645	16660	74	48	26	2.16	2.72	1.56
56	33992	17433	16559	84	64	20	2.47	3.67	1.21
57	35529	18424	17105	76	53	23	2.14	2.88	1.34
58	24911	12782	12129	76	52	24	3.05	4.07	1.98
59	18299	9283	9016	66	46	20	3.61	4.96	2.22
60－64岁	**103994**	**52876**	**51118**	**427**	**305**	**122**	**4.11**	**5.77**	**2.39**
60	17787	9145	8642	64	47	17	3.60	5.14	1.97
61	21267	10978	10289	74	54	20	3.48	4.92	1.94
62	23189	11989	11200	91	64	27	3.92	5.34	2.41
63	21195	10581	10614	109	82	27	5.14	7.75	2.54
64	20556	10183	10373	89	58	31	4.33	5.70	2.99

6-4b 续表 2

单位：人、‰

年 龄	平均人口			死亡人口			死亡率		
	合计	男	女	合计	男	女	合计	男	女
65–69岁	**89056**	**44530**	**44526**	**548**	**368**	**180**	**6.15**	**8.26**	**4.04**
65	21641	10705	10936	97	69	28	4.48	6.45	2.56
66	18897	9487	9410	116	81	35	6.14	8.54	3.72
67	17669	8716	8953	99	68	31	5.60	7.80	3.46
68	15075	7546	7529	119	74	45	7.89	9.81	5.98
69	15774	8076	7698	117	76	41	7.42	9.41	5.33
70–74岁	**56125**	**28221**	**27904**	**602**	**390**	**212**	**10.73**	**13.82**	**7.60**
70	15160	7743	7417	137	90	47	9.04	11.62	6.34
71	12277	6109	6168	126	84	42	10.26	13.75	6.81
72	10660	5360	5300	119	82	37	11.16	15.30	6.98
73	9559	4800	4759	115	68	47	12.03	14.17	9.88
74	8469	4209	4260	105	66	39	12.40	15.68	9.15
75–79岁	**37537**	**16934**	**20603**	**678**	**400**	**278**	**18.06**	**23.62**	**13.49**
75	7839	3722	4117	129	73	56	16.46	19.61	13.60
76	7788	3623	4165	134	83	51	17.21	22.91	12.24
77	7614	3450	4164	137	81	56	17.99	23.48	13.45
78	6874	2933	3941	125	71	54	18.18	24.21	13.70
79	7422	3206	4216	153	92	61	20.61	28.70	14.47
80–84岁	**32851**	**14126**	**18725**	**968**	**525**	**443**	**29.47**	**37.17**	**23.66**
80	7015	2942	4073	165	106	59	23.52	36.03	14.49
81	7133	3141	3992	193	108	85	27.06	34.38	21.29
82	6645	2843	3802	210	107	103	31.60	37.64	27.09
83	6250	2736	3514	190	99	91	30.40	36.18	25.90
84	5808	2464	3344	210	105	105	36.16	42.61	31.40
85–89岁	**19041**	**7592**	**11449**	**931**	**436**	**495**	**48.89**	**57.43**	**43.24**
85	4911	1996	2915	206	117	89	41.95	58.62	30.53
86	4431	1812	2619	180	78	102	40.62	43.05	38.95
87	3748	1474	2274	181	85	96	48.29	57.67	42.22
88	3114	1215	1899	192	89	103	61.66	73.25	54.24
89	2837	1095	1742	172	67	105	60.63	61.19	60.28
90–94岁	**7645**	**2601**	**5044**	**609**	**202**	**407**	**79.66**	**77.66**	**80.69**
90	2158	792	1366	153	53	100	70.90	66.92	73.21
91	1700	591	1109	143	48	95	84.12	81.22	85.66
92	1542	523	1019	121	42	79	78.47	80.31	77.53
93	1266	404	862	93	31	62	73.46	76.73	71.93
94	979	291	688	99	28	71	101.12	96.22	103.20
95–99岁	**2650**	**819**	**1831**	**221**	**55**	**166**	**83.40**	**67.16**	**90.66**
95	805	275	530	59	13	46	73.29	47.27	86.79
96	635	190	445	60	15	45	94.49	78.95	101.12
97	467	136	331	40	12	28	85.65	88.24	84.59
98	416	125	291	31	9	22	74.52	72.00	75.60
99	327	93	234	31	6	25	94.80	64.52	106.84
100岁及以上	**757**	**187**	**570**	**64**	**17**	**47**	**84.54**	**90.91**	**82.46**

6-4c 全省分年龄、性别的死亡人口状况
(2019.11.1-2020.10.31)(乡村)

单位：人、‰

年龄	平均人口			死亡人口			死亡率		
	合计	男	女	合计	男	女	合计	男	女
总计	**3996647**	**2151480**	**1845167**	**22226**	**13267**	**8959**	**5.56**	**6.17**	**4.86**
0-4岁	**248933**	**133889**	**115044**	**122**	**73**	**49**	**0.49**	**0.55**	**0.43**
0	46016	25026	20990	73	41	32	1.59	1.64	1.52
1	48438	26119	22319	17	8	9	0.35	0.31	0.40
2	50267	26884	23383	13	11	2	0.26	0.41	0.09
3	51906	27680	24226	11	9	2	0.21	0.33	0.08
4	52306	28180	24126	8	4	4	0.15	0.14	0.17
5-9岁	**291701**	**157389**	**134312**	**47**	**32**	**15**	**0.16**	**0.20**	**0.11**
5	55587	29895	25692	8	5	3	0.14	0.17	0.12
6	56721	30628	26093	10	7	3	0.18	0.23	0.11
7	61315	33015	28300	12	7	5	0.20	0.21	0.18
8	60351	32674	27677	6	6		0.10	0.18	
9	57727	31177	26550	11	7	4	0.19	0.22	0.15
10-14岁	**286273**	**155022**	**131251**	**56**	**38**	**18**	**0.20**	**0.25**	**0.14**
10	58160	31370	26790	7	5	2	0.12	0.16	0.07
11	59844	32395	27449	12	7	5	0.20	0.22	0.18
12	58388	31561	26827	5	5		0.09	0.16	
13	57189	30901	26288	8	4	4	0.14	0.13	0.15
14	52692	28795	23897	24	17	7	0.46	0.59	0.29
15-19岁	**185882**	**107090**	**78792**	**87**	**63**	**24**	**0.47**	**0.59**	**0.30**
15	40358	22744	17614	18	11	7	0.45	0.48	0.40
16	31439	18383	13056	20	14	6	0.64	0.76	0.46
17	33999	19818	14181	18	17	1	0.53	0.86	0.07
18	39400	22719	16681	16	12	4	0.41	0.53	0.24
19	40686	23426	17260	15	9	6	0.37	0.38	0.35
20-24岁	**230782**	**133383**	**97399**	**103**	**86**	**17**	**0.45**	**0.64**	**0.17**
20	41143	24015	17128	16	16		0.39	0.67	
21	41182	24287	16895	15	13	2	0.36	0.54	0.12
22	42407	24585	17822	17	15	2	0.40	0.61	0.11
23	50011	28605	21406	22	16	6	0.44	0.56	0.28
24	56039	31891	24148	33	26	7	0.59	0.82	0.29
25-29岁	**306880**	**173842**	**133038**	**163**	**124**	**39**	**0.53**	**0.71**	**0.29**
25	56242	31781	24461	21	16	5	0.37	0.50	0.20
26	58504	33182	25322	25	20	5	0.43	0.60	0.20
27	63177	35967	27210	48	40	8	0.76	1.11	0.29
28	62780	35775	27005	35	25	10	0.56	0.70	0.37
29	66177	37137	29040	34	23	11	0.51	0.62	0.38

6-4c 续表 1

单位：人、‰

年 龄	平均人口			死亡人口			死亡率		
	合计	男	女	合计	男	女	合计	男	女
30–34岁	**319008**	**180251**	**138757**	**263**	**207**	**56**	**0.82**	**1.15**	**0.40**
30	69074	39031	30043	40	31	9	0.58	0.79	0.30
31	64246	36498	27748	52	43	9	0.81	1.18	0.32
32	63673	36102	27571	59	42	17	0.93	1.16	0.62
33	62129	35116	27013	56	43	13	0.90	1.22	0.48
34	59886	33504	26382	56	48	8	0.94	1.43	0.30
35–39岁	**316226**	**177608**	**138618**	**390**	**325**	**65**	**1.23**	**1.83**	**0.47**
35	63760	35882	27878	68	56	12	1.07	1.56	0.43
36	64306	36070	28236	79	65	14	1.23	1.80	0.50
37	64666	36436	28230	81	71	10	1.25	1.95	0.35
38	63422	35643	27779	79	67	12	1.25	1.88	0.43
39	60072	33577	26495	83	66	17	1.38	1.97	0.64
40–44岁	**263307**	**145617**	**117690**	**547**	**455**	**92**	**2.08**	**3.12**	**0.78**
40	59318	33157	26161	109	93	16	1.84	2.80	0.61
41	55578	31011	24567	102	85	17	1.84	2.74	0.69
42	48204	26811	21393	94	77	17	1.95	2.87	0.79
43	49279	27042	22237	114	97	17	2.31	3.59	0.76
44	50928	27596	23332	128	103	25	2.51	3.73	1.07
45–49岁	**289994**	**156691**	**133303**	**823**	**672**	**151**	**2.84**	**4.29**	**1.13**
45	53500	28845	24655	136	105	31	2.54	3.64	1.26
46	57372	31252	26120	169	138	31	2.95	4.42	1.19
47	60791	32837	27954	160	135	25	2.63	4.11	0.89
48	56736	30819	25917	167	138	29	2.94	4.48	1.12
49	61595	32938	28657	191	156	35	3.10	4.74	1.22
50–54岁	**308608**	**163650**	**144958**	**1142**	**870**	**272**	**3.70**	**5.32**	**1.88**
50	62943	33654	29289	236	181	55	3.75	5.38	1.88
51	67219	35387	31832	222	175	47	3.30	4.95	1.48
52	59334	31483	27851	209	161	48	3.52	5.11	1.72
53	57619	30663	26956	221	166	55	3.84	5.41	2.04
54	61493	32463	29030	254	187	67	4.13	5.76	2.31
55–59岁	**271756**	**143810**	**127946**	**1249**	**971**	**278**	**4.60**	**6.75**	**2.17**
55	62884	32874	30010	223	175	48	3.55	5.32	1.60
56	62759	33337	29422	279	223	56	4.45	6.69	1.90
57	66217	35602	30615	296	235	61	4.47	6.60	1.99
58	45293	24104	21189	260	200	60	5.74	8.30	2.83
59	34603	17893	16710	191	138	53	5.52	7.71	3.17
60–64岁	**190623**	**98643**	**91980**	**1406**	**1032**	**374**	**7.38**	**10.46**	**4.07**
60	33586	17436	16150	206	148	58	6.13	8.49	3.59
61	39424	20704	18720	266	200	66	6.75	9.66	3.53
62	42455	22288	20167	292	227	65	6.88	10.18	3.22
63	38549	19664	18885	344	252	92	8.92	12.82	4.87
64	36609	18551	18058	298	205	93	8.14	11.05	5.15

6–4c 续表 2 单位：人、‰

年 龄	平均人口			死亡人口			死亡率		
	合计	男	女	合计	男	女	合计	男	女
65–69岁	**166139**	**83553**	**82586**	**1852**	**1282**	**570**	**11.15**	**15.34**	**6.90**
65	39235	19872	19363	358	243	115	9.12	12.23	5.94
66	34869	17424	17445	359	260	99	10.30	14.92	5.67
67	33457	16772	16685	384	266	118	11.48	15.86	7.07
68	28384	14239	14145	344	237	107	12.12	16.64	7.56
69	30194	15246	14948	407	276	131	13.48	18.10	8.76
70–74岁	**111591**	**55487**	**56104**	**1959**	**1291**	**668**	**17.56**	**23.27**	**11.91**
70	29776	15345	14431	412	274	138	13.84	17.86	9.56
71	23643	11786	11857	395	256	139	16.71	21.72	11.72
72	21366	10596	10770	369	259	110	17.27	24.44	10.21
73	19182	9387	9795	393	248	145	20.49	26.42	14.80
74	17624	8373	9251	390	254	136	22.13	30.34	14.70
75–79岁	**75957**	**33979**	**41978**	**2326**	**1376**	**950**	**30.62**	**40.50**	**22.63**
75	16114	7751	8363	398	246	152	24.70	31.74	18.18
76	15754	7267	8487	441	272	169	27.99	37.43	19.91
77	15332	6923	8409	463	282	181	30.20	40.73	21.52
78	14192	5960	8232	495	284	211	34.88	47.65	25.63
79	14565	6078	8487	529	292	237	36.32	48.04	27.93
80–84岁	**68567**	**28282**	**40285**	**3554**	**1856**	**1698**	**51.83**	**65.62**	**42.15**
80	14265	5850	8415	596	314	282	41.78	53.68	33.51
81	14690	6131	8559	680	375	305	46.29	61.16	35.64
82	13901	5708	8193	714	355	359	51.36	62.19	43.82
83	13099	5507	7592	789	434	355	60.23	78.81	46.76
84	12612	5086	7526	775	378	397	61.45	74.32	52.75
85–89岁	**41587**	**15936**	**25651**	**3240**	**1513**	**1727**	**77.91**	**94.94**	**67.33**
85	10673	4157	6516	708	335	373	66.34	80.59	57.24
86	9482	3726	5756	675	328	347	71.19	88.03	60.28
87	8116	3142	4974	648	306	342	79.84	97.39	68.76
88	7025	2574	4451	615	286	329	87.54	111.11	73.92
89	6291	2337	3954	594	258	336	94.42	110.40	84.98
90–94岁	**16762**	**5677**	**11085**	**1966**	**720**	**1246**	**117.29**	**126.83**	**112.40**
90	4893	1730	3163	541	234	307	110.57	135.26	97.06
91	3843	1284	2559	427	152	275	111.11	118.38	107.46
92	3376	1189	2187	375	127	248	111.08	106.81	113.40
93	2642	829	1813	342	114	228	129.45	137.52	125.76
94	2008	645	1363	281	93	188	139.94	144.19	137.93
95–99岁	**4894**	**1433**	**3461**	**693**	**223**	**470**	**141.60**	**155.62**	**135.80**
95	1469	447	1022	192	66	126	130.70	147.65	123.29
96	1228	373	855	162	47	115	131.92	126.01	134.50
97	823	234	589	130	41	89	157.96	175.21	151.10
98	732	200	532	107	34	73	146.17	170.00	137.22
99	642	179	463	102	35	67	158.88	195.53	144.71
100岁及以上	**1177**	**248**	**929**	**238**	**58**	**180**	**202.21**	**233.87**	**193.76**

第一部分　全部数据资料

第七卷　户口登记状况

7-1 全省按现住地、户口登记地、

现住地	户口					
	合计			省内		
	合计	男	女	小计	男	女
全省	**3498161**	**1849608**	**1648553**	**2410018**	**1205256**	**1204762**
海口市	**1727190**	**916663**	**810527**	**1199829**	**608471**	**591358**
秀英区	305577	170988	134589	179755	92357	87398
龙华区	504250	268792	235458	351680	179299	172381
琼山区	405570	213190	192380	323463	164561	158902
美兰区	511793	263693	248100	344931	172254	172677
三亚市	**522883**	**291619**	**231264**	**260796**	**134848**	**125948**
海棠区	46287	28906	17381	14228	7647	6581
吉阳区	291329	160836	130493	151226	78778	72448
天涯区	151599	82322	69277	83277	42545	40732
崖州区	33668	19555	14113	12065	5878	6187
三沙市	**1505**	**1116**	**389**	**609**	**439**	**170**
儋州市	**242309**	**128687**	**113622**	**194979**	**98854**	**96125**
五指山市	35623	17798	17825	22453	10411	12042
琼海市	136503	69765	66738	101019	48814	52205
文昌市	140698	70149	70549	109732	52096	57636
万宁市	76087	37460	38627	59969	27973	31996
东方市	102999	55352	47647	72604	36606	35998
定安县	37978	19009	18969	32211	15696	16515
屯昌县	47698	23907	23791	39584	18938	20646
澄迈县	109176	56703	52473	78800	38378	40422
临高县	73404	36425	36979	68665	33664	35001
白沙黎族自治县	25219	12771	12448	17236	8158	9078
昌江黎族自治县	63373	33214	30159	51831	25815	26016
乐东黎族自治县	47705	25288	22417	30123	15078	15045
陵水黎族自治县	41291	20782	20509	25893	11294	14599
保亭黎族苗族自治县	37311	18539	18772	23608	10642	12966
琼中黎族苗族自治县	29209	14361	14848	20077	9081	10996

性别分的户口登记地在外乡镇街道的人口

单位：人

登记地								
市辖区内人户分离			省内流动人口			省外		
小计	男	女	小计	男	女	小计	男	女
835883	**418604**	**417279**	**1574135**	**786652**	**787483**	**1088143**	**644352**	**443791**
577532	**289029**	**288503**	**622297**	**319442**	**302855**	**527361**	**308192**	**219169**
77504	38130	39374	102251	54227	48024	125822	78631	47191
137878	68399	69479	213802	110900	102902	152570	89493	63077
194874	99596	95278	128589	64965	63624	82107	48629	33478
167276	82904	84372	177655	89350	88305	166862	91439	75423
82500	**40428**	**42072**	**178296**	**94420**	**83876**	**262087**	**156771**	**105316**
3399	1727	1672	10829	5920	4909	32059	21259	10800
50902	25375	25527	100324	53403	46921	140103	82058	58045
23486	11013	12473	59791	31532	28259	68322	39777	28545
4713	2313	2400	7352	3565	3787	21603	13677	7926
			609	**439**	**170**	**896**	**677**	**219**
175851	**89147**	**86704**	**19128**	**9707**	**9421**	**47330**	**29833**	**17497**
			22453	10411	12042	13170	7387	5783
			101019	48814	52205	35484	20951	14533
			109732	52096	57636	30966	18053	12913
			59969	27973	31996	16118	9487	6631
			72604	36606	35998	30395	18746	11649
			32211	15696	16515	5767	3313	2454
			39584	18938	20646	8114	4969	3145
			78800	38378	40422	30376	18325	12051
			68665	33664	35001	4739	2761	1978
			17236	8158	9078	7983	4613	3370
			51831	25815	26016	11542	7399	4143
			30123	15078	15045	17582	10210	7372
			25893	11294	14599	15398	9488	5910
			23608	10642	12966	13703	7897	5806
			20077	9081	10996	9132	5280	3852

7-1a 全省按现住地、户口登记地、

现住地	户口					
	合计			省内		
	合计	男	女	小计	男	女
全省	**2330637**	**1233943**	**1096694**	**1633242**	**826431**	**806811**
海口市	**1459970**	**771324**	**688646**	**1041713**	**527445**	**514268**
秀英区	248948	137214	111734	154330	79066	75264
龙华区	488132	259647	228485	341839	174305	167534
琼山区	342302	180057	162245	279462	142975	136487
美兰区	380588	194406	186182	266082	131099	134983
三亚市	**403601**	**221401**	**182200**	**214923**	**110724**	**104199**
海棠区	18385	11094	7291	5103	2351	2752
吉阳区	245008	134718	110290	132291	69063	63228
天涯区	125913	67240	58673	71574	36477	35097
崖州区	14295	8349	5946	5955	2833	3122
三沙市						
儋州市	**165229**	**87335**	**77894**	**147036**	**76015**	**71021**
五指山市	26920	13234	13686	16491	7607	8884
琼海市	88341	45908	42433	67838	33945	33893
文昌市	77634	37983	39651	62262	29423	32839
万宁市	29239	14643	14596	24459	11782	12677
东方市	79703	42115	37588	58520	29490	29030
定安县						
屯昌县						
澄迈县						
临高县						
白沙黎族自治县						
昌江黎族自治县						
乐东黎族自治县						
陵水黎族自治县						
保亭黎族苗族自治县						
琼中黎族苗族自治县						

性别分的户口登记地在外乡镇街道的人口(城市)

单位：人

登记地

市辖区内人户分离			省内流动人口			省外		
小计	男	女	小计	男	女	小计	男	女
711732	**357508**	**354224**	**921510**	**468923**	**452587**	**697395**	**407512**	**289883**
503195	**251173**	**252022**	**538518**	**276272**	**262246**	**418257**	**243879**	**174378**
64355	31627	32728	89975	47439	42536	94618	58148	36470
132618	65759	66859	209221	108546	100675	146293	85342	60951
170961	87496	83465	108501	55479	53022	62840	37082	25758
135261	66291	68970	130821	64808	66013	114506	63307	51199
69540	**34309**	**35231**	**145383**	**76415**	**68968**	**188678**	**110677**	**78001**
1277	606	671	3826	1745	2081	13282	8743	4539
46489	23311	23178	85802	45752	40050	112717	65655	47062
19262	9112	10150	52312	27365	24947	54339	30763	23576
2512	1280	1232	3443	1553	1890	8340	5516	2824
138997	**72026**	**66971**	**8039**	**3989**	**4050**	**18193**	**11320**	**6873**
			16491	7607	8884	10429	5627	4802
			67838	33945	33893	20503	11963	8540
			62262	29423	32839	15372	8560	6812
			24459	11782	12677	4780	2861	1919
			58520	29490	29030	21183	12625	8558

7-1b 全省按现住地、户口登记地、

现住地	户口					
	合计			省内		
	合计	男	女	小计	男	女
全省	**604933**	**317621**	**287312**	**431157**	**215208**	**215949**
海口市	**117493**	**62595**	**54898**	**67609**	**34974**	**32635**
秀英区	27601	15912	11689	13168	6808	6360
龙华区	3666	2011	1655	2487	1270	1217
琼山区	11108	5034	6074	8084	3403	4681
美兰区	75118	39638	35480	43870	23493	20377
三亚市	**10969**	**6501**	**4468**	**5136**	**2858**	**2278**
海棠区	4382	2699	1683	1646	939	707
吉阳区	4278	2448	1830	2219	1232	987
天涯区	1849	1092	757	953	513	440
崖州区	460	262	198	318	174	144
三沙市	**1505**	**1116**	**389**	**609**	**439**	**170**
儋州市	**47662**	**27192**	**20470**	**28037**	**14929**	**13108**
五指山市	4886	2433	2453	3422	1541	1881
琼海市	17186	8671	8515	11235	5203	6032
文昌市	36011	18425	17586	27047	13055	13992
万宁市	16670	8623	8047	12570	6214	6356
东方市	7750	4253	3497	5032	2525	2507
定安县	25958	13285	12673	22099	11166	10933
屯昌县	37391	19055	18336	31715	15586	16129
澄迈县	85724	45790	39934	60171	30353	29818
临高县	48440	24144	24296	45451	22435	23016
白沙黎族自治县	10331	5162	5169	7958	3783	4175
昌江黎族自治县	55459	28435	27024	47537	23514	24023
乐东黎族自治县	25698	13694	12004	17544	8869	8675
陵水黎族自治县	19923	10413	9510	12832	6068	6764
保亭黎族苗族自治县	20463	10147	10316	13670	6299	7371
琼中黎族苗族自治县	15414	7687	7727	11483	5397	6086

性别分的户口登记地在外乡镇街道的人口(镇)

单位：人

登记地								
						省外		
市辖区内人户分离			省内流动人口					
小计	男	女	小计	男	女	小计	男	女
52647	**27118**	**25529**	**378510**	**188090**	**190420**	**173776**	**102413**	**71363**
31119	**15990**	**15129**	**36490**	**18984**	**17506**	**49884**	**27621**	**22263**
7878	3999	3879	5290	2809	2481	14433	9104	5329
1609	815	794	878	455	423	1179	741	438
4379	2120	2259	3705	1283	2422	3024	1631	1393
17253	9056	8197	26617	14437	12180	31248	16145	15103
1427	**716**	**711**	**3709**	**2142**	**1567**	**5833**	**3643**	**2190**
376	217	159	1270	722	548	2736	1760	976
650	299	351	1569	933	636	2059	1216	843
307	148	159	646	365	281	896	579	317
94	52	42	224	122	102	142	88	54
			609	**439**	**170**	**896**	**677**	**219**
20101	**10412**	**9689**	**7936**	**4517**	**3419**	**19625**	**12263**	**7362**
			3422	1541	1881	1464	892	572
			11235	5203	6032	5951	3468	2483
			27047	13055	13992	8964	5370	3594
			12570	6214	6356	4100	2409	1691
			5032	2525	2507	2718	1728	990
			22099	11166	10933	3859	2119	1740
			31715	15586	16129	5676	3469	2207
			60171	30353	29818	25553	15437	10116
			45451	22435	23016	2989	1709	1280
			7958	3783	4175	2373	1379	994
			47537	23514	24023	7922	4921	3001
			17544	8869	8675	8154	4825	3329
			12832	6068	6764	7091	4345	2746
			13670	6299	7371	6793	3848	2945
			11483	5397	6086	3931	2290	1641

7-1c 全省按现住地、户口登记地、

现住地	户口					
	合计			省内		
	合计	男	女	小计	男	女
全省	**562591**	**298044**	**264547**	**345619**	**163617**	**182002**
海口市	**149727**	**82744**	**66983**	**90507**	**46052**	**44455**
秀英区	29028	17862	11166	12257	6483	5774
龙华区	12452	7134	5318	7354	3724	3630
琼山区	52160	28099	24061	35917	18183	17734
美兰区	56087	29649	26438	34979	17662	17317
三亚市	**108313**	**63717**	**44596**	**40737**	**21266**	**19471**
海棠区	23520	15113	8407	7479	4357	3122
吉阳区	42043	23670	18373	16716	8483	8233
天涯区	23837	13990	9847	10750	5555	5195
崖州区	18913	10944	7969	5792	2871	2921
三沙市						
儋州市	**29418**	**14160**	**15258**	**19906**	**7910**	**11996**
五指山市	3817	2131	1686	2540	1263	1277
琼海市	30976	15186	15790	21946	9666	12280
文昌市	27053	13741	13312	20423	9618	10805
万宁市	30178	14194	15984	22940	9977	12963
东方市	15546	8984	6562	9052	4591	4461
定安县	12020	5724	6296	10112	4530	5582
屯昌县	10307	4852	5455	7869	3352	4517
澄迈县	23452	10913	12539	18629	8025	10604
临高县	24964	12281	12683	23214	11229	11985
白沙黎族自治县	14888	7609	7279	9278	4375	4903
昌江黎族自治县	7914	4779	3135	4294	2301	1993
乐东黎族自治县	22007	11594	10413	12579	6209	6370
陵水黎族自治县	21368	10369	10999	13061	5226	7835
保亭黎族苗族自治县	16848	8392	8456	9938	4343	5595
琼中黎族苗族自治县	13795	6674	7121	8594	3684	4910

性别分的户口登记地在外乡镇街道的人口(乡村)

单位：人

登记地								
						省　　外		
市辖区内人户分离			省内流动人口					
小计	男	女	小计	男	女	小计	男	女
71504	**33978**	**37526**	**274115**	**129639**	**144476**	**216972**	**134427**	**82545**
43218	**21866**	**21352**	**47289**	**24186**	**23103**	**59220**	**36692**	**22528**
5271	2504	2767	6986	3979	3007	16771	11379	5392
3651	1825	1826	3703	1899	1804	5098	3410	1688
19534	9980	9554	16383	8203	8180	16243	9916	6327
14762	7557	7205	20217	10105	10112	21108	11987	9121
11533	**5403**	**6130**	**29204**	**15863**	**13341**	**67576**	**42451**	**25125**
1746	904	842	5733	3453	2280	16041	10756	5285
3763	1765	1998	12953	6718	6235	25327	15187	10140
3917	1753	2164	6833	3802	3031	13087	8435	4652
2107	981	1126	3685	1890	1795	13121	8073	5048
16753	**6709**	**10044**	**3153**	**1201**	**1952**	**9512**	**6250**	**3262**
			2540	1263	1277	1277	868	409
			21946	9666	12280	9030	5520	3510
			20423	9618	10805	6630	4123	2507
			22940	9977	12963	7238	4217	3021
			9052	4591	4461	6494	4393	2101
			10112	4530	5582	1908	1194	714
			7869	3352	4517	2438	1500	938
			18629	8025	10604	4823	2888	1935
			23214	11229	11985	1750	1052	698
			9278	4375	4903	5610	3234	2376
			4294	2301	1993	3620	2478	1142
			12579	6209	6370	9428	5385	4043
			13061	5226	7835	8307	5143	3164
			9938	4343	5595	6910	4049	2861
			8594	3684	4910	5201	2990	2211

7-2 全省按户口登记地、年龄、性别分的

年 龄	户口					
	合 计			省 内		
	合计	男	女	小计	男	女
总 计	**3498161**	**1849608**	**1648553**	**2410018**	**1205256**	**1204762**
0-4岁	**168075**	**92154**	**75921**	**132980**	**73228**	**59752**
0	17800	9856	7944	15174	8400	6774
1	31991	17569	14422	25696	14170	11526
2	35845	19725	16120	28251	15660	12591
3	41396	22581	18815	32391	17729	14662
4	41043	22423	18620	31468	17269	14199
5-9岁	**202607**	**111825**	**90782**	**159898**	**88591**	**71307**
5	39747	21869	17878	30718	16962	13756
6	40324	22107	18217	31960	17571	14389
7	40568	22354	18214	32342	17865	14477
8	43210	23861	19349	34234	19006	15228
9	38758	21634	17124	30644	17187	13457
10-14岁	**173905**	**96850**	**77055**	**140188**	**78310**	**61878**
10	37094	20727	16367	29616	16709	12907
11	36918	20672	16246	29433	16542	12891
12	35565	19892	15673	28696	16086	12610
13	32289	17976	14313	26233	14621	11612
14	32039	17583	14456	26210	14352	11858
15-19岁	**267039**	**143191**	**123848**	**216131**	**115817**	**100314**
15	47486	25574	21912	42528	22723	19805
16	59948	32337	27611	54390	29118	25272
17	53966	29695	24271	47928	26199	21729
18	47759	25778	21981	36166	19502	16664
19	57880	29807	28073	35119	18275	16844
20-24岁	**290564**	**149935**	**140629**	**187071**	**92995**	**94076**
20	62383	31716	30667	35404	18160	17244
21	57570	29570	28000	33470	17093	16377
22	55158	28949	26209	35594	17831	17763
23	54638	28558	26080	38431	18848	19583
24	60815	31142	29673	44172	21063	23109
25-29岁	**351681**	**177367**	**174314**	**259864**	**120960**	**138904**
25	66378	33716	32662	48670	22880	25790
26	65817	33141	32676	48767	22822	25945
27	70829	35594	35235	52293	24318	27975
28	73662	37145	36517	54994	25543	29451
29	74995	37771	37224	55140	25397	29743

户口登记地在外乡镇街道的人口

单位：人

登记地					
其中市辖区内人户分离			省外		
小计	男	女	小计	男	女
835883	**418604**	**417279**	**1088143**	**644352**	**443791**
54210	**29798**	**24412**	**35095**	**18926**	**16169**
6604	3640	2964	2626	1456	1170
10460	5738	4722	6295	3399	2896
11437	6285	5152	7594	4065	3529
13167	7198	5969	9005	4852	4153
12542	6937	5605	9575	5154	4421
60389	**33558**	**26831**	**42709**	**23234**	**19475**
11880	6567	5313	9029	4907	4122
12241	6728	5513	8364	4536	3828
12001	6622	5379	8226	4489	3737
12784	7120	5664	8976	4855	4121
11483	6521	4962	8114	4447	3667
53948	**30478**	**23470**	**33717**	**18540**	**15177**
11052	6354	4698	7478	4018	3460
11289	6406	4883	7485	4130	3355
11164	6325	4839	6869	3806	3063
10325	5806	4519	6056	3355	2701
10118	5587	4531	5829	3231	2598
67792	**37790**	**30002**	**50908**	**27374**	**23534**
15628	8643	6985	4958	2851	2107
18695	10225	8470	5558	3219	2339
15914	8976	6938	6038	3496	2542
9609	5503	4106	11593	6276	5317
7946	4443	3503	22761	11532	11229
50591	**26577**	**24014**	**103493**	**56940**	**46553**
8002	4465	3537	26979	13556	13423
8088	4462	3626	24100	12477	11623
9829	5237	4592	19564	11118	8446
11413	5908	5505	16207	9710	6497
13259	6505	6754	16643	10079	6564
79588	**36980**	**42608**	**91817**	**56407**	**35410**
15004	7201	7803	17708	10836	6872
15044	7157	7887	17050	10319	6731
15914	7371	8543	18536	11276	7260
16723	7619	9104	18668	11602	7066
16903	7632	9271	19855	12374	7481

7-2 续表 1

年 龄	户口					
	合 计			省 内		
	合计	男	女	小计	男	女
30-34岁	**391464**	**201436**	**190028**	**274654**	**129083**	**145571**
30	86056	43610	42446	61425	28491	32934
31	80564	41400	39164	56592	26598	29994
32	75100	38663	36437	52600	24700	27900
33	77894	40591	37303	53633	25531	28102
34	71850	37172	34678	50404	23763	26641
35-39岁	**326827**	**170176**	**156651**	**235960**	**112075**	**123885**
35	65954	34466	31488	47355	22695	24660
36	67843	35205	32638	49682	23620	26062
37	65075	33803	31272	47774	22730	25044
38	68118	35481	32637	48781	23085	25696
39	59837	31221	28616	42368	19945	22423
40-44岁	**260371**	**137732**	**122639**	**174067**	**82804**	**91263**
40	56856	29492	27364	40881	19307	21574
41	56132	29711	26421	38664	18524	20140
42	51959	27305	24654	34951	16541	18410
43	45677	24475	21202	28969	13842	15127
44	49747	26749	22998	30602	14590	16012
45-49岁	**272511**	**149097**	**123414**	**156057**	**76211**	**79846**
45	50099	26876	23223	29678	14025	15653
46	55287	30217	25070	31675	15418	16257
47	57234	31260	25974	33371	16303	17068
48	56352	30952	25400	32082	15875	16207
49	53539	29792	23747	29251	14590	14661
50-54岁	**247347**	**137571**	**109776**	**134389**	**67341**	**67048**
50	56565	31167	25398	31459	15616	15843
51	51548	28640	22908	28368	14229	14139
52	54046	30241	23805	28986	14603	14383
53	41391	23065	18326	22427	11288	11139
54	43797	24458	19339	23149	11605	11544
55-59岁	**189552**	**102342**	**87210**	**110316**	**55140**	**55176**
55	43440	23891	19549	24272	12037	12235
56	42564	23071	19493	24361	12098	12263
57	45541	24565	20976	25435	12761	12674
58	37489	20079	17410	23327	11754	11573
59	20518	10736	9782	12921	6490	6431
60-64岁	**114327**	**59885**	**54442**	**67128**	**33705**	**33423**
60	20890	10871	10019	12132	6015	6117
61	20432	10764	9668	12167	6077	6090
62	25170	13499	11671	14927	7723	7204
63	25503	13369	12134	14855	7488	7367
64	22332	11382	10950	13047	6402	6645

单位：人

登记地					
其中市辖区内人户分离			省　　外		
小计	男	女	小计	男	女
86570	**39863**	**46707**	**116810**	**72353**	**44457**
18833	8640	10193	24631	15119	9512
17728	8105	9623	23972	14802	9170
16647	7620	9027	22500	13963	8537
17264	8055	9209	24261	15060	9201
16098	7443	8655	21446	13409	8037
75806	**35018**	**40788**	**90867**	**58101**	**32766**
15269	7159	8110	18599	11771	6828
15676	7210	8466	18161	11585	6576
15079	6915	8164	17301	11073	6228
16006	7438	8568	19337	12396	6941
13776	6296	7480	17469	11276	6193
61842	**28563**	**33279**	**86304**	**54928**	**31376**
13632	6244	7388	15975	10185	5790
13531	6309	7222	17468	11187	6281
12423	5664	6759	17008	10764	6244
10765	4989	5776	16708	10633	6075
11491	5357	6134	19145	12159	6986
63024	**29769**	**33255**	**116454**	**72886**	**43568**
11228	5151	6077	20421	12851	7570
12576	5895	6681	23612	14799	8813
13679	6370	7309	23863	14957	8906
13160	6327	6833	24270	15077	9193
12381	6026	6355	24288	15202	9086
55215	**27399**	**27816**	**112958**	**70230**	**42728**
13087	6277	6810	25106	15551	9555
11951	5879	6072	23180	14411	8769
11960	6073	5887	25060	15638	9422
9077	4578	4499	18964	11777	7187
9140	4592	4548	20648	12853	7795
44223	**22158**	**22065**	**79236**	**47202**	**32034**
9751	4841	4910	19168	11854	7314
9745	4875	4870	18203	10973	7230
10393	5238	5155	20106	11804	8302
9227	4634	4593	14162	8325	5837
5107	2570	2537	7597	4246	3351
26645	**13495**	**13150**	**47199**	**26180**	**21019**
4928	2441	2487	8758	4856	3902
4993	2530	2463	8265	4687	3578
5803	2975	2828	10243	5776	4467
5886	2996	2890	10648	5881	4767
5035	2553	2482	9285	4980	4305

7-2 续表 2

年 龄	户口					
	合 计			省 内		
	合计	男	女	小计	男	女
65-69岁	**94400**	**47662**	**46738**	**56362**	**27585**	**28777**
65	22064	11395	10669	13145	6519	6626
66	21599	10885	10714	12636	6121	6515
67	18558	9261	9297	11007	5300	5707
68	17434	8712	8722	10542	5155	5387
69	14745	7409	7336	9032	4490	4542
70-74岁	**57532**	**29824**	**27708**	**37467**	**19660**	**17807**
70	15238	7847	7391	9979	5142	4837
71	13095	6788	6307	8531	4491	4040
72	10940	5634	5306	7163	3726	3437
73	9672	5024	4648	6241	3317	2924
74	8587	4531	4056	5553	2984	2569
75-79岁	**34885**	**17123**	**17762**	**23430**	**11546**	**11884**
75	7542	3922	3620	4952	2629	2323
76	7254	3679	3575	4781	2459	2322
77	7023	3427	3596	4760	2324	2436
78	6776	3178	3598	4621	2168	2453
79	6290	2917	3373	4316	1966	2350
80-84岁	**28493**	**13767**	**14726**	**21379**	**10372**	**11007**
80	6602	3063	3539	4827	2263	2564
81	5714	2761	2953	4236	2075	2161
82	5950	2892	3058	4397	2147	2250
83	5274	2616	2658	4099	2004	2095
84	4953	2435	2518	3820	1883	1937
85-89岁	**16068**	**7535**	**8533**	**13174**	**6152**	**7022**
85	4115	1936	2179	3273	1537	1736
86	3709	1772	1937	3012	1441	1571
87	3371	1586	1785	2774	1301	1473
88	2611	1175	1436	2184	981	1203
89	2262	1066	1196	1931	892	1039
90-94岁	**6815**	**2929**	**3886**	**6021**	**2563**	**3458**
90	2109	967	1142	1822	827	995
91	1409	612	797	1216	523	693
92	1291	548	743	1164	491	673
93	1103	443	660	985	398	587
94	903	359	544	834	324	510
95-99岁	**2613**	**926**	**1687**	**2433**	**852**	**1581**
95	747	276	471	689	256	433
96	573	197	376	530	177	353
97	484	174	310	457	160	297
98	412	143	269	383	132	251
99	397	136	261	374	127	247
100岁及以上	**1085**	**281**	**804**	**1049**	**266**	**783**

单位：人

登记地					
其中市辖区内人户分离			省外		
小计	男	女	小计	男	女
21324	**10642**	**10682**	**38038**	**20077**	**17961**
5164	2617	2547	8919	4876	4043
4878	2450	2428	8963	4764	4199
4168	2010	2158	7551	3961	3590
3781	1869	1912	6892	3557	3335
3333	1696	1637	5713	2919	2794
13016	**6695**	**6321**	**20065**	**10164**	**9901**
3546	1812	1734	5259	2705	2554
2953	1529	1424	4564	2297	2267
2470	1263	1207	3777	1908	1869
2135	1099	1036	3431	1707	1724
1912	992	920	3034	1547	1487
8259	**3926**	**4333**	**11455**	**5577**	**5878**
1749	904	845	2590	1293	1297
1692	804	888	2473	1220	1253
1670	784	886	2263	1103	1160
1623	758	865	2155	1010	1145
1525	676	849	1974	951	1023
6915	**3260**	**3655**	**7114**	**3395**	**3719**
1579	750	829	1775	800	975
1379	651	728	1478	686	792
1460	686	774	1553	745	808
1313	622	691	1175	612	563
1184	551	633	1133	552	581
4009	**1729**	**2280**	**2894**	**1383**	**1511**
1004	450	554	842	399	443
952	430	522	697	331	366
795	324	471	597	285	312
662	270	392	427	194	233
596	255	341	331	174	157
1779	**692**	**1087**	**794**	**366**	**428**
574	231	343	287	140	147
364	146	218	193	89	104
329	136	193	127	57	70
292	103	189	118	45	73
220	76	144	69	35	34
590	**182**	**408**	**180**	**74**	**106**
180	59	121	58	20	38
126	33	93	43	20	23
111	40	71	27	14	13
91	28	63	29	11	18
82	22	60	23	9	14
148	**32**	**116**	**36**	**15**	**21**

7-2a 全省按户口登记地、年龄、性别分的

年 龄	户口					
	合 计			省 内		
	合计	男	女	小计	男	女
总 计	**2330637**	**1233943**	**1096694**	**1633242**	**826431**	**806811**
0-4岁	**116858**	**64204**	**52654**	**94421**	**52144**	**42277**
0	12664	7000	5664	10982	6060	4922
1	22093	12100	9993	18098	9936	8162
2	24661	13539	11122	19855	10981	8874
3	28790	15812	12978	22968	12695	10273
4	28650	15753	12897	22518	12472	10046
5-9岁	**140674**	**78402**	**62272**	**113207**	**63434**	**49773**
5	27863	15481	12382	21941	12243	9698
6	28053	15494	12559	22688	12569	10119
7	28038	15524	12514	22835	12695	10140
8	29945	16714	13231	24188	13596	10592
9	26775	15189	11586	21555	12331	9224
10-14岁	**118431**	**66793**	**51638**	**96769**	**54798**	**41971**
10	25680	14624	11056	20902	12022	8880
11	25228	14247	10981	20435	11619	8816
12	24139	13684	10455	19753	11225	8528
13	21841	12246	9595	17922	10073	7849
14	21543	11992	9551	17757	9859	7898
15-19岁	**169969**	**91317**	**78652**	**139382**	**74548**	**64834**
15	30989	16649	14340	27662	14736	12926
16	39587	20757	18830	35667	18531	17136
17	36076	19627	16449	32005	17268	14737
18	29751	16312	13439	22889	12541	10348
19	33566	17972	15594	21159	11472	9687
20-24岁	**186860**	**97984**	**88876**	**126224**	**64452**	**61772**
20	36083	18980	17103	21611	11583	10028
21	34590	18217	16373	21367	11232	10135
22	36074	19084	16990	24416	12434	11982
23	37627	19811	17816	27338	13775	13563
24	42486	21892	20594	31492	15428	16064
25-29岁	**246168**	**126937**	**119231**	**185013**	**90031**	**94982**
25	46719	24090	22629	34899	17050	17849
26	46317	23925	22392	34797	17096	17701
27	49329	25445	23884	37124	18107	19017
28	51337	26497	24840	38972	18942	20030
29	52466	26980	25486	39221	18836	20385

户口登记地在外乡镇街道的人口(城市)

单位：人

登记地					
其中市辖区内人户分离			省外		
小计	男	女	小计	男	女
711732	**357508**	**354224**	**697395**	**407512**	**289883**
47018	**25856**	**21162**	**22437**	**12060**	**10377**
5738	3160	2578	1682	940	742
9050	4929	4121	3995	2164	1831
9854	5426	4428	4806	2558	2248
11412	6268	5144	5822	3117	2705
10964	6073	4891	6132	3281	2851
52904	**29485**	**23419**	**27467**	**14968**	**12499**
10392	5763	4629	5922	3238	2684
10713	5913	4800	5365	2925	2440
10523	5787	4736	5203	2829	2374
11182	6255	4927	5757	3118	2639
10094	5767	4327	5220	2858	2362
47095	**26624**	**20471**	**21662**	**11995**	**9667**
9799	5657	4142	4778	2602	2176
9853	5602	4251	4793	2628	2165
9757	5519	4238	4386	2459	1927
8961	5030	3931	3919	2173	1746
8725	4816	3909	3786	2133	1653
53921	**30019**	**23902**	**30587**	**16769**	**13818**
12718	7032	5686	3327	1913	1414
14903	8041	6862	3920	2226	1694
12961	7243	5718	4071	2359	1712
7489	4307	3182	6862	3771	3091
5850	3396	2454	12407	6500	5907
41468	**22284**	**19184**	**60636**	**33532**	**27104**
6072	3527	2545	14472	7397	7075
6369	3598	2771	13223	6985	6238
8167	4424	3743	11658	6650	5008
9617	5103	4514	10289	6036	4253
11243	5632	5611	10994	6464	4530
67256	**31982**	**35274**	**61155**	**36906**	**24249**
12703	6240	6463	11820	7040	4780
12682	6215	6467	11520	6829	4691
13374	6328	7046	12205	7338	4867
14161	6623	7538	12365	7555	4810
14336	6576	7760	13245	8144	5101

7-2a 续表 1

年龄	户口					
	合计			省内		
	合计	男	女	小计	男	女
30-34岁	**271464**	**141849**	**129615**	**194339**	**94907**	**99432**
30	59683	30959	28724	43492	21151	22341
31	55835	29129	26706	39942	19524	20418
32	52069	27138	24931	37263	18148	19115
33	54129	28509	25620	38062	18723	19339
34	49748	26114	23634	35580	17361	18219
35-39岁	**223587**	**117287**	**106300**	**164473**	**80022**	**84451**
35	45311	23882	21429	33219	16354	16865
36	46238	24205	22033	34479	16815	17664
37	44558	23388	21170	33270	16293	16977
38	46902	24552	22350	34163	16478	17685
39	40578	21260	19318	29342	14082	15260
40-44岁	**175458**	**92997**	**82461**	**119523**	**57795**	**61728**
40	38806	20288	18518	28388	13699	14689
41	38264	20313	17951	26851	13088	13763
42	34724	18240	16484	23811	11420	12391
43	30567	16364	14203	19770	9559	10211
44	33097	17792	15305	20703	10029	10674
45-49岁	**179901**	**97664**	**82237**	**105383**	**51623**	**53760**
45	32765	17412	15353	19876	9444	10432
46	36732	20013	16719	21550	10612	10938
47	37839	20457	17382	22584	11010	11574
48	37256	20299	16957	21698	10724	10974
49	35309	19483	15826	19675	9833	9842
50-54岁	**158400**	**86742**	**71658**	**87527**	**43609**	**43918**
50	36613	19913	16700	20903	10328	10575
51	33455	18335	15120	18853	9430	9423
52	34314	18914	15400	18663	9378	9285
53	26288	14404	11884	14379	7210	7169
54	27730	15176	12554	14729	7263	7466
55-59岁	**120750**	**63327**	**57423**	**70698**	**34614**	**36084**
55	27517	14675	12842	15503	7506	7997
56	27203	14447	12756	15647	7689	7958
57	29174	15279	13895	16510	8127	8383
58	24034	12437	11597	15023	7362	7661
59	12822	6489	6333	8015	3930	4085
60-64岁	**73123**	**36929**	**36194**	**42271**	**20529**	**21742**
60	13178	6616	6562	7537	3618	3919
61	13119	6677	6442	7790	3781	4009
62	16066	8269	7797	9407	4661	4746
63	16350	8239	8111	9345	4540	4805
64	14410	7128	7282	8192	3929	4263

单位：人

登记地					
其中市辖区内人户分离			省　外		
小计	男	女	小计	男	女
73751	**34463**	**39288**	**77125**	**46942**	**30183**
15972	7467	8505	16191	9808	6383
15067	7012	8055	15893	9605	6288
14194	6572	7622	14806	8990	5816
14704	6934	7770	16067	9786	6281
13814	6478	7336	14168	8753	5415
65061	**30284**	**34777**	**59114**	**37265**	**21849**
13027	6154	6873	12092	7528	4564
13360	6190	7170	11759	7390	4369
13016	6040	6976	11288	7095	4193
13868	6495	7373	12739	8074	4665
11790	5405	6385	11236	7178	4058
53369	**24716**	**28653**	**55935**	**35202**	**20733**
11756	5388	6368	10418	6589	3829
11789	5525	6264	11413	7225	4188
10637	4844	5793	10913	6820	4093
9288	4356	4932	10797	6805	3992
9899	4603	5296	12394	7763	4631
54720	**25849**	**28871**	**74518**	**46041**	**28477**
9708	4469	5239	12889	7968	4921
10928	5141	5787	15182	9401	5781
11887	5534	6353	15255	9447	5808
11435	5475	5960	15558	9575	5983
10762	5230	5532	15634	9650	5984
47620	**23458**	**24162**	**70873**	**43133**	**27740**
11339	5401	5938	15710	9585	6125
10417	5095	5322	14602	8905	5697
10259	5172	5087	15651	9536	6115
7790	3903	3887	11909	7194	4715
7815	3887	3928	13001	7913	5088
37969	**18917**	**19052**	**50052**	**28713**	**21339**
8328	4103	4225	12014	7169	4845
8399	4190	4209	11556	6758	4798
8980	4490	4490	12664	7152	5512
7976	4000	3976	9011	5075	3936
4286	2134	2152	4807	2559	2248
22842	**11442**	**11400**	**30852**	**16400**	**14452**
4215	2049	2166	5641	2998	2643
4307	2183	2124	5329	2896	2433
5006	2525	2481	6659	3608	3051
5029	2526	2503	7005	3699	3306
4285	2159	2126	6218	3199	3019

7-2a 续表 2

年龄	户口					
	合计			省内		
	合计	男	女	小计	男	女
65-69岁	**61938**	**30267**	**31671**	**35999**	**16893**	**19106**
65	14461	7243	7218	8408	4015	4393
66	14232	6997	7235	8108	3808	4300
67	12112	5812	6300	6960	3194	3766
68	11470	5547	5923	6751	3153	3598
69	9663	4668	4995	5772	2723	3049
70-74岁	**36372**	**18081**	**18291**	**22550**	**11161**	**11389**
70	9726	4859	4867	6092	2984	3108
71	8320	4121	4199	5148	2555	2593
72	6897	3409	3488	4326	2116	2210
73	6094	2984	3110	3724	1857	1867
74	5335	2708	2627	3260	1649	1611
75-79岁	**21458**	**10111**	**11347**	**13633**	**6333**	**7300**
75	4675	2363	2312	2924	1499	1425
76	4415	2136	2279	2770	1333	1437
77	4276	1972	2304	2728	1234	1494
78	4179	1897	2282	2685	1197	1488
79	3913	1743	2170	2526	1070	1456
80-84岁	**16755**	**7742**	**9013**	**11864**	**5438**	**6426**
80	4000	1749	2251	2751	1213	1538
81	3405	1561	1844	2348	1079	1269
82	3528	1676	1852	2467	1157	1310
83	3036	1453	1583	2252	1048	1204
84	2786	1303	1483	2046	941	1105
85-89岁	**8428**	**3782**	**4646**	**6521**	**2854**	**3667**
85	2266	1015	1251	1698	750	948
86	1993	895	1098	1527	675	852
87	1762	790	972	1367	589	778
88	1276	560	716	1004	432	572
89	1131	522	609	925	408	517
90-94岁	**2891**	**1160**	**1731**	**2402**	**924**	**1478**
90	965	395	570	779	298	481
91	610	241	369	492	190	302
92	544	229	315	463	190	273
93	440	161	279	373	135	238
94	332	134	198	295	111	184
95-99岁	**898**	**303**	**595**	**808**	**265**	**543**
95	293	103	190	261	93	168
96	190	56	134	174	48	126
97	159	55	104	145	47	98
98	141	49	92	124	42	82
99	115	40	75	104	35	69
100岁及以上	**254**	**65**	**189**	**235**	**57**	**178**

单位：人

登记地					
			省外		
其中市辖区内人户分离					
小计	男	女	小计	男	女
18235	**8947**	**9288**	**25939**	**13374**	**12565**
4388	2178	2210	6053	3228	2825
4185	2076	2109	6124	3189	2935
3571	1705	1866	5152	2618	2534
3246	1567	1679	4719	2394	2325
2845	1421	1424	3891	1945	1946
10899	**5449**	**5450**	**13822**	**6920**	**6902**
2998	1498	1500	3634	1875	1759
2478	1247	1231	3172	1566	1606
2075	1033	1042	2571	1293	1278
1772	892	880	2370	1127	1243
1576	779	797	2075	1059	1016
6876	**3165**	**3711**	**7825**	**3778**	**4047**
1434	727	707	1751	864	887
1401	646	755	1645	803	842
1379	624	755	1548	738	810
1361	612	749	1494	700	794
1301	556	745	1387	673	714
5812	**2656**	**3156**	**4891**	**2304**	**2587**
1326	604	722	1249	536	713
1152	513	639	1057	482	575
1242	567	675	1061	519	542
1102	519	583	784	405	379
990	453	537	740	362	378
3159	**1318**	**1841**	**1907**	**928**	**979**
811	353	458	568	265	303
752	327	425	466	220	246
641	260	381	395	201	194
516	207	309	272	128	144
439	171	268	206	114	92
1281	**461**	**820**	**489**	**236**	**253**
422	155	267	186	97	89
269	94	175	118	51	67
246	99	147	81	39	42
190	63	127	67	26	41
154	50	104	37	23	14
388	**113**	**275**	**90**	**38**	**52**
125	38	87	32	10	22
85	22	63	16	8	8
73	23	50	14	8	6
61	17	44	17	7	10
44	13	31	11	5	6
88	**20**	**68**	**19**	**8**	**11**

7-2b 全省按户口登记地、年龄、性别分的

年 龄	合计			户口 省内		
	合计	男	女	小计	男	女
总 计	**604933**	**317621**	**287312**	**431157**	**215208**	**215949**
0–4岁	**29810**	**16464**	**13346**	**23590**	**13086**	**10504**
0	2992	1678	1314	2539	1437	1102
1	5721	3210	2511	4568	2585	1983
2	6391	3614	2777	5027	2864	2163
3	7371	4015	3356	5805	3158	2647
4	7335	3947	3388	5651	3042	2609
5–9岁	**37346**	**20400**	**16946**	**29790**	**16251**	**13539**
5	7055	3865	3190	5497	3008	2489
6	7380	3999	3381	5893	3197	2696
7	7590	4205	3385	6100	3360	2740
8	8006	4349	3657	6389	3479	2910
9	7315	3982	3333	5911	3207	2704
10–14岁	**33899**	**18535**	**15364**	**27926**	**15241**	**12685**
10	7040	3803	3237	5656	3048	2608
11	7093	3922	3171	5798	3209	2589
12	6935	3783	3152	5726	3104	2622
13	6392	3527	2865	5304	2932	2372
14	6439	3500	2939	5442	2948	2494
15–19岁	**57050**	**30530**	**26520**	**47287**	**25843**	**21444**
15	11012	6008	5004	10130	5523	4607
16	13888	7835	6053	13019	7329	5690
17	11790	6609	5181	10824	6076	4748
18	9503	4930	4573	7325	3899	3426
19	10857	5148	5709	5989	3016	2973
20–24岁	**47154**	**23592**	**23562**	**28409**	**13926**	**14483**
20	11623	5527	6096	5888	2920	2968
21	10407	5112	5295	5512	2846	2666
22	8750	4544	4206	5426	2716	2710
23	7859	4084	3775	5388	2566	2822
24	8515	4325	4190	6195	2878	3317
25–29岁	**51662**	**25124**	**26538**	**38386**	**16808**	**21578**
25	9086	4513	4573	6683	2978	3705
26	9364	4520	4844	6962	3019	3943
27	10380	5004	5376	7661	3354	4307
28	11241	5483	5758	8468	3739	4729
29	11591	5604	5987	8612	3718	4894

户口登记地在外乡镇街道的人口(镇)

单位：人

登记地					
其中市辖区内人户分离			省外		
小计	男	女	小计	男	女
52647	**27118**	**25529**	**173776**	**102413**	**71363**
3111	**1736**	**1375**	**6220**	**3378**	**2842**
383	213	170	453	241	212
621	362	259	1153	625	528
686	382	304	1364	750	614
724	411	313	1566	857	709
697	368	329	1684	905	779
3437	**1898**	**1539**	**7556**	**4149**	**3407**
679	384	295	1558	857	701
714	388	326	1487	802	685
668	370	298	1490	845	645
704	380	324	1617	870	747
672	376	296	1404	775	629
3259	**1871**	**1388**	**5973**	**3294**	**2679**
584	339	245	1384	755	629
676	384	292	1295	713	582
675	386	289	1209	679	530
660	373	287	1088	595	493
664	389	275	997	552	445
5449	**3041**	**2408**	**9763**	**4687**	**5076**
1073	643	430	882	485	397
1548	860	688	869	506	363
1226	689	537	966	533	433
853	480	373	2178	1031	1147
749	369	380	4868	2132	2736
3797	**1892**	**1905**	**18745**	**9666**	**9079**
754	366	388	5735	2607	3128
757	388	369	4895	2266	2629
709	373	336	3324	1828	1496
737	354	383	2471	1518	953
840	411	429	2320	1447	873
4895	**2233**	**2662**	**13276**	**8316**	**4960**
900	423	477	2403	1535	868
948	437	511	2402	1501	901
998	450	548	2719	1650	1069
1012	461	551	2773	1744	1029
1037	462	575	2979	1886	1093

7-2b 续表 1

年 龄	户口					
	合 计			省 内		
	合计	男	女	小计	男	女
30-34岁	**62152**	**30889**	**31263**	**44294**	**19712**	**24582**
30	13601	6615	6986	9773	4248	5525
31	12840	6400	6440	9210	4081	5129
32	11830	5882	5948	8337	3698	4639
33	12269	6237	6032	8623	3940	4683
34	11612	5755	5857	8351	3745	4606
35-39岁	**55326**	**28375**	**26951**	**41151**	**19269**	**21882**
35	10785	5503	5282	7915	3689	4226
36	11595	5869	5726	8761	4053	4708
37	11253	5755	5498	8582	4006	4576
38	11475	5905	5570	8428	3968	4460
39	10218	5343	4875	7465	3553	3912
40-44岁	**44102**	**23045**	**21057**	**31224**	**14848**	**16376**
40	9683	4928	4755	7294	3397	3897
41	9466	4937	4529	6851	3276	3575
42	8870	4634	4236	6271	2972	3299
43	7647	4033	3614	5198	2515	2683
44	8436	4513	3923	5610	2688	2922
45-49岁	**45536**	**25180**	**20356**	**28056**	**14107**	**13949**
45	8568	4674	3894	5474	2693	2781
46	9000	4944	4056	5570	2768	2802
47	9463	5225	4238	5848	2946	2902
48	9477	5234	4243	5801	2931	2870
49	9028	5103	3925	5363	2769	2594
50-54岁	**42480**	**23767**	**18713**	**25259**	**12898**	**12361**
50	9625	5356	4269	5826	2982	2844
51	8773	4872	3901	5226	2638	2588
52	9283	5199	4084	5477	2793	2684
53	7136	3994	3142	4293	2184	2109
54	7663	4346	3317	4437	2301	2136
55-59岁	**33172**	**18268**	**14904**	**20677**	**10634**	**10043**
55	7541	4283	3258	4545	2360	2185
56	7449	4047	3402	4601	2309	2292
57	7635	4193	3442	4538	2344	2194
58	6720	3702	3018	4414	2297	2117
59	3827	2043	1784	2579	1324	1255
60-64岁	**20786**	**11051**	**9735**	**13265**	**6791**	**6474**
60	3708	1950	1758	2371	1191	1180
61	3666	1969	1697	2296	1178	1118
62	4708	2593	2115	3012	1623	1389
63	4694	2504	2190	3014	1535	1479
64	4010	2035	1975	2572	1264	1308

单位：人

登记地					
其中市辖区内人户分离			省　　外		
小计	男	女	小计	男	女
5358	**2563**	**2795**	**17858**	**11177**	**6681**
1167	539	628	3828	2367	1461
1089	505	584	3630	2319	1311
1037	494	543	3493	2184	1309
1118	563	555	3646	2297	1349
947	462	485	3261	2010	1251
4738	**2333**	**2405**	**14175**	**9106**	**5069**
985	497	488	2870	1814	1056
1023	507	516	2834	1816	1018
926	444	482	2671	1749	922
900	432	468	3047	1937	1110
904	453	451	2753	1790	963
3723	**1826**	**1897**	**12878**	**8197**	**4681**
826	405	421	2389	1531	858
761	377	384	2615	1661	954
786	385	401	2599	1662	937
652	315	337	2449	1518	931
698	344	354	2826	1825	1001
3609	**1823**	**1786**	**17480**	**11073**	**6407**
657	327	330	3094	1981	1113
723	344	379	3430	2176	1254
762	377	385	3615	2279	1336
763	402	361	3676	2303	1373
704	373	331	3665	2334	1331
3306	**1777**	**1529**	**17221**	**10869**	**6352**
784	418	366	3799	2374	1425
664	346	318	3547	2234	1313
721	388	333	3806	2406	1400
562	308	254	2843	1810	1033
575	317	258	3226	2045	1181
2662	**1391**	**1271**	**12495**	**7634**	**4861**
630	328	302	2996	1923	1073
568	287	281	2848	1738	1110
552	301	251	3097	1849	1248
553	290	263	2306	1405	901
359	185	174	1248	719	529
1559	**826**	**733**	**7521**	**4260**	**3261**
288	155	133	1337	759	578
271	129	142	1370	791	579
333	191	142	1696	970	726
367	188	179	1680	969	711
300	163	137	1438	771	667

7-2b 续表 2

年龄	户口					
	合计			省内		
	合计	男	女	小计	男	女
65-69岁	**16967**	**8816**	**8151**	**10966**	**5578**	**5388**
65	4064	2170	1894	2620	1361	1259
66	3905	1992	1913	2484	1221	1263
67	3271	1712	1559	2083	1067	1016
68	3106	1574	1532	2046	1031	1015
69	2621	1368	1253	1733	898	835
70-74岁	**10508**	**5615**	**4893**	**7302**	**3937**	**3365**
70	2806	1493	1313	1952	1049	903
71	2359	1260	1099	1662	897	765
72	2040	1061	979	1420	756	664
73	1742	970	772	1198	658	540
74	1561	831	730	1070	577	493
75-79岁	**6241**	**3128**	**3113**	**4481**	**2226**	**2255**
75	1359	705	654	935	480	455
76	1316	704	612	937	503	434
77	1269	642	627	910	456	454
78	1206	553	653	901	398	503
79	1091	524	567	798	389	409
80-84岁	**5271**	**2571**	**2700**	**4202**	**2047**	**2155**
80	1226	597	629	947	453	494
81	1052	513	539	832	412	420
82	1124	540	584	906	436	470
83	1014	477	537	848	391	457
84	855	444	411	669	355	314
85-89岁	**2920**	**1341**	**1579**	**2479**	**1138**	**1341**
85	742	340	402	620	283	337
86	647	314	333	544	264	280
87	641	285	356	540	239	301
88	476	216	260	413	187	226
89	414	186	228	362	165	197
90-94岁	**1335**	**556**	**779**	**1233**	**510**	**723**
90	385	187	198	353	174	179
91	277	116	161	252	104	148
92	231	86	145	212	74	138
93	223	87	136	208	82	126
94	219	80	139	208	76	132
95-99岁	**759**	**257**	**502**	**729**	**243**	**486**
95	180	67	113	169	62	107
96	166	51	115	159	48	111
97	164	57	107	159	55	104
98	117	40	77	112	37	75
99	132	42	90	130	41	89
100岁及以上	**457**	**117**	**340**	**451**	**115**	**336**

单位：人

登记地					
其中市辖区内人户分离			省　　外		
小计	男	女	小计	男	女
1412	**747**	**665**	**6001**	**3238**	**2763**
393	214	179	1444	809	635
312	148	164	1421	771	650
268	138	130	1188	645	543
245	141	104	1060	543	517
194	106	88	888	470	418
853	**457**	**396**	**3206**	**1678**	**1528**
219	113	106	854	444	410
191	104	87	697	363	334
163	82	81	620	305	315
150	78	72	544	312	232
130	80	50	491	254	237
508	**260**	**248**	**1760**	**902**	**858**
120	62	58	424	225	199
104	50	54	379	201	178
104	55	49	359	186	173
96	50	46	305	155	150
84	43	41	293	135	158
420	**220**	**200**	**1069**	**524**	**545**
92	49	43	279	144	135
84	51	33	220	101	119
83	44	39	218	104	114
92	36	56	166	86	80
69	40	29	186	89	97
308	**129**	**179**	**441**	**203**	**238**
74	33	41	122	57	65
67	25	42	103	50	53
61	21	40	101	46	55
52	22	30	63	29	34
54	28	26	52	21	31
167	**68**	**99**	**102**	**46**	**56**
55	27	28	32	13	19
30	11	19	25	12	13
24	9	15	19	12	7
37	15	22	15	5	10
21	6	15	11	4	7
59	**23**	**36**	**30**	**14**	**16**
11	4	7	11	5	6
17	4	13	7	3	4
12	7	5	5	2	3
9	5	4	5	3	2
10	3	7	2	1	1
17	**4**	**13**	**6**	**2**	**4**

7－2c　全省按户口登记地、年龄、性别分的

年　龄	合　计			户口 省　内		
	合计	男	女	小计	男	女
总　计	**562591**	**298044**	**264547**	**345619**	**163617**	**182002**
0–4岁	**21407**	**11486**	**9921**	**14969**	**7998**	**6971**
0	2144	1178	966	1653	903	750
1	4177	2259	1918	3030	1649	1381
2	4793	2572	2221	3369	1815	1554
3	5235	2754	2481	3618	1876	1742
4	5058	2723	2335	3299	1755	1544
5–9岁	**24587**	**13023**	**11564**	**16901**	**8906**	**7995**
5	4829	2523	2306	3280	1711	1569
6	4891	2614	2277	3379	1805	1574
7	4940	2625	2315	3407	1810	1597
8	5259	2798	2461	3657	1931	1726
9	4668	2463	2205	3178	1649	1529
10–14岁	**21575**	**11522**	**10053**	**15493**	**8271**	**7222**
10	4374	2300	2074	3058	1639	1419
11	4597	2503	2094	3200	1714	1486
12	4491	2425	2066	3217	1757	1460
13	4056	2203	1853	3007	1616	1391
14	4057	2091	1966	3011	1545	1466
15–19岁	**40020**	**21344**	**18676**	**29462**	**15426**	**14036**
15	5485	2917	2568	4736	2464	2272
16	6473	3745	2728	5704	3258	2446
17	6100	3459	2641	5099	2855	2244
18	8505	4536	3969	5952	3062	2890
19	13457	6687	6770	7971	3787	4184
20–24岁	**56550**	**28359**	**28191**	**32438**	**14617**	**17821**
20	14677	7209	7468	7905	3657	4248
21	12573	6241	6332	6591	3015	3576
22	10334	5321	5013	5752	2681	3071
23	9152	4663	4489	5705	2507	3198
24	9814	4925	4889	6485	2757	3728
25–29岁	**53851**	**25306**	**28545**	**36465**	**14121**	**22344**
25	10573	5113	5460	7088	2852	4236
26	10136	4696	5440	7008	2707	4301
27	11120	5145	5975	7508	2857	4651
28	11084	5165	5919	7554	2862	4692
29	10938	5187	5751	7307	2843	4464

户口登记地在外乡镇街道的人口(乡村)

单位：人

登记地					
其中市辖区内人户分离			省外		
小计	男	女	小计	男	女
71504	**33978**	**37526**	**216972**	**134427**	**82545**
4081	**2206**	**1875**	**6438**	**3488**	**2950**
483	267	216	491	275	216
789	447	342	1147	610	537
897	477	420	1424	757	667
1031	519	512	1617	878	739
881	496	385	1759	968	791
4048	**2175**	**1873**	**7686**	**4117**	**3569**
809	420	389	1549	812	737
814	427	387	1512	809	703
810	465	345	1533	815	718
898	485	413	1602	867	735
717	378	339	1490	814	676
3594	**1983**	**1611**	**6082**	**3251**	**2831**
669	358	311	1316	661	655
760	420	340	1397	789	608
732	420	312	1274	668	606
704	403	301	1049	587	462
729	382	347	1046	546	500
8422	**4730**	**3692**	**10558**	**5918**	**4640**
1837	968	869	749	453	296
2244	1324	920	769	487	282
1727	1044	683	1001	604	397
1267	716	551	2553	1474	1079
1347	678	669	5486	2900	2586
5326	**2401**	**2925**	**24112**	**13742**	**10370**
1176	572	604	6772	3552	3220
962	476	486	5982	3226	2756
953	440	513	4582	2640	1942
1059	451	608	3447	2156	1291
1176	462	714	3329	2168	1161
7437	**2765**	**4672**	**17386**	**11185**	**6201**
1401	538	863	3485	2261	1224
1414	505	909	3128	1989	1139
1542	593	949	3612	2288	1324
1550	535	1015	3530	2303	1227
1530	594	936	3631	2344	1287

7-2c 续表 1

年 龄	户口					
	合 计			省 内		
	合计	男	女	小计	男	女
30-34岁	**57848**	**28698**	**29150**	**36021**	**14464**	**21557**
30	12772	6036	6736	8160	3092	5068
31	11889	5871	6018	7440	2993	4447
32	11201	5643	5558	7000	2854	4146
33	11496	5845	5651	6948	2868	4080
34	10490	5303	5187	6473	2657	3816
35-39岁	**47914**	**24514**	**23400**	**30336**	**12784**	**17552**
35	9858	5081	4777	6221	2652	3569
36	10010	5131	4879	6442	2752	3690
37	9264	4660	4604	5922	2431	3491
38	9741	5024	4717	6190	2639	3551
39	9041	4618	4423	5561	2310	3251
40-44岁	**40811**	**21690**	**19121**	**23320**	**10161**	**13159**
40	8367	4276	4091	5199	2211	2988
41	8402	4461	3941	4962	2160	2802
42	8365	4431	3934	4869	2149	2720
43	7463	4078	3385	4001	1768	2233
44	8214	4444	3770	4289	1873	2416
45-49岁	**47074**	**26253**	**20821**	**22618**	**10481**	**12137**
45	8766	4790	3976	4328	1888	2440
46	9555	5260	4295	4555	2038	2517
47	9932	5578	4354	4939	2347	2592
48	9619	5419	4200	4583	2220	2363
49	9202	5206	3996	4213	1988	2225
50-54岁	**46467**	**27062**	**19405**	**21603**	**10834**	**10769**
50	10327	5898	4429	4730	2306	2424
51	9320	5433	3887	4289	2161	2128
52	10449	6128	4321	4846	2432	2414
53	7967	4667	3300	3755	1894	1861
54	8404	4936	3468	3983	2041	1942
55-59岁	**35630**	**20747**	**14883**	**18941**	**9892**	**9049**
55	8382	4933	3449	4224	2171	2053
56	7912	4577	3335	4113	2100	2013
57	8732	5093	3639	4387	2290	2097
58	6735	3940	2795	3890	2095	1795
59	3869	2204	1665	2327	1236	1091
60-64岁	**20418**	**11905**	**8513**	**11592**	**6385**	**5207**
60	4004	2305	1699	2224	1206	1018
61	3647	2118	1529	2081	1118	963
62	4396	2637	1759	2508	1439	1069
63	4459	2626	1833	2496	1413	1083
64	3912	2219	1693	2283	1209	1074

单位：人

登记地					
其中市辖区内人户分离			省外		
小计	男	女	小计	男	女
7461	**2837**	**4624**	**21827**	**14234**	**7593**
1694	634	1060	4612	2944	1668
1572	588	984	4449	2878	1571
1416	554	862	4201	2789	1412
1442	558	884	4548	2977	1571
1337	503	834	4017	2646	1371
6007	**2401**	**3606**	**17578**	**11730**	**5848**
1257	508	749	3637	2429	1208
1293	513	780	3568	2379	1189
1137	431	706	3342	2229	1113
1238	511	727	3551	2385	1166
1082	438	644	3480	2308	1172
4750	**2021**	**2729**	**17491**	**11529**	**5962**
1050	451	599	3168	2065	1103
981	407	574	3440	2301	1139
1000	435	565	3496	2282	1214
825	318	507	3462	2310	1152
894	410	484	3925	2571	1354
4695	**2097**	**2598**	**24456**	**15772**	**8684**
863	355	508	4438	2902	1536
925	410	515	5000	3222	1778
1030	459	571	4993	3231	1762
962	450	512	5036	3199	1837
915	423	492	4989	3218	1771
4289	**2164**	**2125**	**24864**	**16228**	**8636**
964	458	506	5597	3592	2005
870	438	432	5031	3272	1759
980	513	467	5603	3696	1907
725	367	358	4212	2773	1439
750	388	362	4421	2895	1526
3592	**1850**	**1742**	**16689**	**10855**	**5834**
793	410	383	4158	2762	1396
778	398	380	3799	2477	1322
861	447	414	4345	2803	1542
698	344	354	2845	1845	1000
462	251	211	1542	968	574
2244	**1227**	**1017**	**8826**	**5520**	**3306**
425	237	188	1780	1099	681
415	218	197	1566	1000	566
464	259	205	1888	1198	690
490	282	208	1963	1213	750
450	231	219	1629	1010	619

7-2c 续表 2

年 龄	户口 合 计 合计	男	女	省 内 小计	男	女
65-69岁	**15495**	**8579**	**6916**	**9397**	**5114**	**4283**
65	3539	1982	1557	2117	1143	974
66	3462	1896	1566	2044	1092	952
67	3175	1737	1438	1964	1039	925
68	2858	1591	1267	1745	971	774
69	2461	1373	1088	1527	869	658
70-74岁	**10652**	**6128**	**4524**	**7615**	**4562**	**3053**
70	2706	1495	1211	1935	1109	826
71	2416	1407	1009	1721	1039	682
72	2003	1164	839	1417	854	563
73	1836	1070	766	1319	802	517
74	1691	992	699	1223	758	465
75-79岁	**7186**	**3884**	**3302**	**5316**	**2987**	**2329**
75	1508	854	654	1093	650	443
76	1523	839	684	1074	623	451
77	1478	813	665	1122	634	488
78	1391	728	663	1035	573	462
79	1286	650	636	992	507	485
80-84岁	**6467**	**3454**	**3013**	**5313**	**2887**	**2426**
80	1376	717	659	1129	597	532
81	1257	687	570	1056	584	472
82	1298	676	622	1024	554	470
83	1224	686	538	999	565	434
84	1312	688	624	1105	587	518
85-89岁	**4720**	**2412**	**2308**	**4174**	**2160**	**2014**
85	1107	581	526	955	504	451
86	1069	563	506	941	502	439
87	968	511	457	867	473	394
88	859	399	460	767	362	405
89	717	358	359	644	319	325
90-94岁	**2589**	**1213**	**1376**	**2386**	**1129**	**1257**
90	759	385	374	690	355	335
91	522	255	267	472	229	243
92	516	233	283	489	227	262
93	440	195	245	404	181	223
94	352	145	207	331	137	194
95-99岁	**956**	**366**	**590**	**896**	**344**	**552**
95	274	106	168	259	101	158
96	217	90	127	197	81	116
97	161	62	99	153	58	95
98	154	54	100	147	53	94
99	150	54	96	140	51	89
100岁及以上	**374**	**99**	**275**	**363**	**94**	**269**

单位：人

其中市辖区内人户分离			省外		
小计	男	女	小计	男	女
1677	**948**	**729**	**6098**	**3465**	**2633**
383	225	158	1422	839	583
381	226	155	1418	804	614
329	167	162	1211	698	513
290	161	129	1113	620	493
294	169	125	934	504	430
1264	**789**	**475**	**3037**	**1566**	**1471**
329	201	128	771	386	385
284	178	106	695	368	327
232	148	84	586	310	276
213	129	84	517	268	249
206	133	73	468	234	234
875	**501**	**374**	**1870**	**897**	**973**
195	115	80	415	204	211
187	108	79	449	216	233
187	105	82	356	179	177
166	96	70	356	155	201
140	77	63	294	143	151
683	**384**	**299**	**1154**	**567**	**587**
161	97	64	247	120	127
143	87	56	201	103	98
135	75	60	274	122	152
119	67	52	225	121	104
125	58	67	207	101	106
542	**282**	**260**	**546**	**252**	**294**
119	64	55	152	77	75
133	78	55	128	61	67
93	43	50	101	38	63
94	41	53	92	37	55
103	56	47	73	39	34
331	**163**	**168**	**203**	**84**	**119**
97	49	48	69	30	39
65	41	24	50	26	24
59	28	31	27	6	21
65	25	40	36	14	22
45	20	25	21	8	13
143	**46**	**97**	**60**	**22**	**38**
44	17	27	15	5	10
24	7	17	20	9	11
26	10	16	8	4	4
21	6	15	7	1	6
28	6	22	10	3	7
43	**8**	**35**	**11**	**5**	**6**

7-3 全省按现住地、性别分的户口登记地在外省的人口

单位：人

现住地	户口登记地					
	合计			北京		
	合计	男	女	小计	男	女
全省	**1088143**	**644352**	**443791**	**14836**	**7735**	**7101**
海口市	**527361**	**308192**	**219169**	**9080**	**4794**	**4286**
秀英区	125822	78631	47191	4488	2247	2241
龙华区	152570	89493	63077	1739	966	773
琼山区	82107	48629	33478	743	388	355
美兰区	166862	91439	75423	2110	1193	917
三亚市	**262087**	**156771**	**105316**	**2194**	**1152**	**1042**
海棠区	32059	21259	10800	362	181	181
吉阳区	140103	82058	58045	1042	566	476
天涯区	68322	39777	28545	708	361	347
崖州区	21603	13677	7926	82	44	38
三沙市	**896**	**677**	**219**	**5**	**4**	**1**
儋州市	**47330**	**29833**	**17497**	**240**	**136**	**104**
五指山市	13170	7387	5783	293	142	151
琼海市	35484	20951	14533	699	338	361
文昌市	30966	18053	12913	334	163	171
万宁市	16118	9487	6631	475	236	239
东方市	30395	18746	11649	184	88	96
定安县	5767	3313	2454	83	43	40
屯昌县	8114	4969	3145	38	23	15
澄迈县	30376	18325	12051	479	239	240
临高县	4739	2761	1978	86	45	41
白沙黎族自治县	7983	4613	3370	42	27	15
昌江黎族自治县	11542	7399	4143	18	14	4
乐东黎族自治县	17582	10210	7372	79	38	41
陵水黎族自治县	15398	9488	5910	327	159	168
保亭黎族苗族自治县	13703	7897	5806	152	80	72
琼中黎族苗族自治县	9132	5280	3852	28	14	14

7-3　续表 1

单位：人

现住地	户口登记地								
	天津			河北			山西		
	小计	男	女	小计	男	女	小计	男	女
全省	**3871**	**2156**	**1715**	**23884**	**13617**	**10267**	**11970**	**6599**	**5371**
海口市	**1972**	**1062**	**910**	**11088**	**6131**	**4957**	**6274**	**3346**	**2928**
秀英区	423	234	189	3096	1894	1202	1078	620	458
龙华区	525	282	243	2445	1361	1084	1524	803	721
琼山区	232	115	117	1393	809	584	868	476	392
美兰区	792	431	361	4154	2067	2087	2804	1447	1357
三亚市	**940**	**547**	**393**	**6731**	**3968**	**2763**	**2918**	**1705**	**1213**
海棠区	116	72	44	730	517	213	324	206	118
吉阳区	561	323	238	4246	2411	1835	1587	898	689
天涯区	230	131	99	1489	869	620	912	546	366
崖州区	33	21	12	266	171	95	95	55	40
三沙市	**1**	**1**		**29**	**22**	**7**	**6**	**5**	**1**
儋州市	**126**	**87**	**39**	**798**	**527**	**271**	**480**	**284**	**196**
五指山市	61	32	29	515	274	241	182	96	86
琼海市	134	69	65	850	468	382	342	176	166
文昌市	50	27	23	420	258	162	192	104	88
万宁市	97	48	49	408	236	172	151	83	68
东方市	61	34	27	550	322	228	187	119	68
定安县	42	30	12	196	102	94	164	83	81
屯昌县	15	9	6	126	66	60	28	14	14
澄迈县	177	108	69	974	559	415	542	293	249
临高县	15	8	7	102	54	48	39	20	19
白沙黎族自治县	8	3	5	59	37	22	56	29	27
昌江黎族自治县	16	10	6	109	78	31	60	38	22
乐东黎族自治县	19	12	7	199	105	94	95	57	38
陵水黎族自治县	74	36	38	318	183	135	146	81	65
保亭黎族苗族自治县	56	28	28	280	157	123	72	42	30
琼中黎族苗族自治县	7	5	2	132	70	62	36	24	12

7–3 续表 2

单位：人

现住地	户口登记地								
	内蒙古			辽宁			吉林		
	小计	男	女	小计	男	女	小计	男	女
全省	**11107**	**5928**	**5179**	**20362**	**10717**	**9645**	**25301**	**13087**	**12214**
海口市	**4742**	**2455**	**2287**	**7542**	**3849**	**3693**	**8861**	**4581**	**4280**
秀英区	953	531	422	1562	814	748	1845	1020	825
龙华区	1260	672	588	2255	1149	1106	2418	1270	1148
琼山区	698	371	327	1033	566	467	1267	680	587
美兰区	1831	881	950	2692	1320	1372	3331	1611	1720
三亚市	**3791**	**2059**	**1732**	**8317**	**4428**	**3889**	**8780**	**4616**	**4164**
海棠区	337	212	125	934	547	387	990	534	456
吉阳区	2346	1256	1090	4407	2311	2096	4456	2298	2158
天涯区	946	492	454	2680	1393	1287	2852	1523	1329
崖州区	162	99	63	296	177	119	482	261	221
三沙市	**7**	**7**		**22**	**21**	**1**	**16**	**13**	**3**
儋州市	**268**	**153**	**115**	**587**	**373**	**214**	**764**	**417**	**347**
五指山市	191	96	95	288	139	149	558	277	281
琼海市	392	210	182	592	301	291	824	403	421
文昌市	116	71	45	278	159	119	391	209	182
万宁市	144	74	70	277	157	120	623	301	322
东方市	397	225	172	647	346	301	1395	688	707
定安县	98	53	45	73	38	35	243	119	124
屯昌县	28	16	12	79	39	40	205	96	109
澄迈县	385	200	185	439	241	198	703	371	332
临高县	37	20	17	47	21	26	135	73	62
白沙黎族自治县	25	16	9	129	69	60	197	92	105
昌江黎族自治县	85	61	24	96	63	33	135	81	54
乐东黎族自治县	109	58	51	262	129	133	418	216	202
陵水黎族自治县	132	71	61	369	184	185	500	256	244
保亭黎族苗族自治县	118	62	56	267	134	133	432	212	220
琼中黎族苗族自治县	42	21	21	51	26	25	121	66	55

7-3 续表 3 单位：人

现住地	户口登记地								
	黑龙江			上海			江苏		
	小计	男	女	小计	男	女	小计	男	女
全省	**55006**	**27287**	**27719**	**2226**	**1257**	**969**	**17946**	**11784**	**6162**
海口市	**12563**	**6287**	**6276**	**1230**	**676**	**554**	**9287**	**5731**	**3556**
秀英区	2245	1193	1052	234	126	108	2249	1514	735
龙华区	3411	1647	1764	388	219	169	2726	1693	1033
琼山区	1791	937	854	146	79	67	1209	760	449
美兰区	5116	2510	2606	462	252	210	3103	1764	1339
三亚市	**26558**	**13239**	**13319**	**453**	**278**	**175**	**4291**	**2889**	**1402**
海棠区	807	471	336	46	29	17	747	567	180
吉阳区	14823	7352	7471	242	157	85	2387	1534	853
天涯区	9786	4858	4928	157	87	70	974	654	320
崖州区	1142	558	584	8	5	3	183	134	49
三沙市	**23**	**14**	**9**	**1**	**1**		**66**	**50**	**16**
儋州市	**1301**	**665**	**636**	**62**	**39**	**23**	**1287**	**1063**	**224**
五指山市	1561	740	821	55	30	25	192	120	72
琼海市	2090	987	1103	87	47	40	394	273	121
文昌市	526	261	265	68	37	31	384	254	130
万宁市	883	430	453	51	24	27	255	180	75
东方市	4018	1937	2081	26	16	10	353	273	80
定安县	156	72	84	3	3		81	51	30
屯昌县	260	138	122	10	6	4	118	74	44
澄迈县	1045	544	501	66	36	30	491	343	148
临高县	161	79	82	9	5	4	68	37	31
白沙黎族自治县	316	155	161	14	6	8	39	28	11
昌江黎族自治县	337	180	157	10	8	2	132	97	35
乐东黎族自治县	1167	570	597	22	11	11	87	56	31
陵水黎族自治县	576	292	284	30	17	13	160	118	42
保亭黎族苗族自治县	1361	644	717	24	14	10	126	80	46
琼中黎族苗族自治县	104	53	51	5	3	2	135	67	68

7—3 续表 4

单位：人

现住地	户口登记地								
	浙江			安徽			福建		
	小计	男	女	小计	男	女	小计	男	女
全省	**20549**	**12375**	**8174**	**34981**	**21115**	**13866**	**48092**	**30303**	**17789**
海口市	**9923**	**5824**	**4099**	**18721**	**11037**	**7684**	**19433**	**12036**	**7397**
秀英区	2078	1306	772	3131	1913	1218	4366	2812	1554
龙华区	2797	1674	1123	4609	2671	1938	7115	4487	2628
琼山区	1582	925	657	3236	1948	1288	2767	1699	1068
美兰区	3466	1919	1547	7745	4505	3240	5185	3038	2147
三亚市	**4253**	**2586**	**1667**	**8137**	**5047**	**3090**	**14599**	**9107**	**5492**
海棠区	510	363	147	480	301	179	2509	1599	910
吉阳区	2720	1572	1148	5322	3293	2029	5557	3453	2104
天涯区	796	489	307	1955	1202	753	3386	2112	1274
崖州区	227	162	65	380	251	129	3147	1943	1204
三沙市	**17**	**12**	**5**	**34**	**25**	**9**	**50**	**35**	**15**
儋州市	**937**	**588**	**349**	**1801**	**1180**	**621**	**2326**	**1522**	**804**
五指山市	182	114	68	331	188	143	474	295	179
琼海市	480	295	185	946	588	358	1081	707	374
文昌市	1687	1002	685	594	349	245	1077	707	370
万宁市	412	247	165	756	465	291	552	362	190
东方市	516	344	172	1033	641	392	1629	1077	552
定安县	76	42	34	96	56	40	217	147	70
屯昌县	61	36	25	166	103	63	382	266	116
澄迈县	451	276	175	789	496	293	682	468	214
临高县	130	88	42	116	70	46	215	140	75
白沙黎族自治县	59	34	25	79	47	32	384	243	141
昌江黎族自治县	396	286	110	204	139	65	349	240	109
乐东黎族自治县	229	138	91	241	138	103	2377	1488	889
陵水黎族自治县	542	334	208	294	176	118	1612	1029	583
保亭黎族苗族自治县	125	82	43	504	291	213	528	340	188
琼中黎族苗族自治县	73	47	26	139	79	60	125	94	31

7-3 续表 5

单位：人

现住地	户口登记地								
	江西			山东			河南		
	小计	男	女	小计	男	女	小计	男	女
全省	**44912**	**26531**	**18381**	**21363**	**12778**	**8585**	**85589**	**52867**	**32722**
海口市	**25509**	**14923**	**10586**	**10744**	**6092**	**4652**	**40686**	**24397**	**16289**
秀英区	3847	2342	1505	2217	1359	858	10484	6652	3832
龙华区	8977	5332	3645	2579	1474	1105	11346	6844	4502
琼山区	3768	2209	1559	1479	872	607	6023	3619	2404
美兰区	8917	5040	3877	4469	2387	2082	12833	7282	5551
三亚市	**9295**	**5591**	**3704**	**5625**	**3393**	**2232**	**27159**	**17173**	**9986**
海棠区	496	325	171	666	450	216	3645	2458	1187
吉阳区	5518	3298	2220	2987	1795	1192	16126	9934	6192
天涯区	2654	1565	1089	1662	938	724	5896	3728	2168
崖州区	627	403	224	310	210	100	1492	1053	439
三沙市	**21**	**18**	**3**	**16**	**13**	**3**	**90**	**69**	**21**
儋州市	**1368**	**864**	**504**	**1046**	**734**	**312**	**3358**	**2309**	**1049**
五指山市	544	299	245	380	227	153	1147	629	518
琼海市	1359	812	547	442	255	187	1980	1275	705
文昌市	1307	714	593	354	217	137	1911	1149	762
万宁市	433	245	188	191	119	72	750	476	274
东方市	1210	744	466	622	449	173	1446	1042	404
定安县	204	114	90	118	74	44	270	166	104
屯昌县	317	201	116	95	61	34	334	200	134
澄迈县	1000	596	404	560	357	203	2735	1632	1103
临高县	252	142	110	53	31	22	368	216	152
白沙黎族自治县	130	73	57	41	31	10	418	246	172
昌江黎族自治县	387	250	137	130	100	30	598	430	168
乐东黎族自治县	469	278	191	378	257	121	622	358	264
陵水黎族自治县	565	338	227	238	167	71	832	547	285
保亭黎族苗族自治县	338	206	132	276	164	112	637	399	238
琼中黎族苗族自治县	204	123	81	54	37	17	248	154	94

7-3 续表 6

单位：人

现住地	户口登记地								
	湖北			湖南			广东		
	小计	男	女	小计	男	女	小计	男	女
全省	**57862**	**34318**	**23544**	**75678**	**44172**	**31506**	**138295**	**85689**	**52606**
海口市	**33319**	**19127**	**14192**	**36948**	**20833**	**16115**	**67016**	**41024**	**25992**
秀英区	6877	4165	2712	7763	4643	3120	17126	11053	6073
龙华区	10743	6167	4576	11440	6519	4921	20413	12501	7912
琼山区	5769	3390	2379	6271	3538	2733	9850	5977	3873
美兰区	9930	5405	4525	11474	6133	5341	19627	11493	8134
三亚市	**11897**	**7260**	**4637**	**15281**	**9261**	**6020**	**27470**	**17594**	**9876**
海棠区	789	537	252	1034	703	331	4239	2933	1306
吉阳区	7031	4188	2843	9225	5525	3700	13959	8774	5185
天涯区	3186	1933	1253	4201	2463	1738	7063	4447	2616
崖州区	891	602	289	821	570	251	2209	1440	769
三沙市	**23**	**16**	**7**	**89**	**69**	**20**	**117**	**91**	**26**
儋州市	**2116**	**1324**	**792**	**3373**	**2148**	**1225**	**6493**	**4021**	**2472**
五指山市	447	286	161	852	485	367	1786	1144	642
琼海市	1758	1068	690	3359	1930	1429	3974	2435	1539
文昌市	1334	761	573	4284	2453	1831	3320	1985	1335
万宁市	800	484	316	997	607	390	2293	1402	891
东方市	1103	809	294	1568	1044	524	3505	2253	1252
定安县	368	204	164	317	165	152	877	543	334
屯昌县	542	373	169	582	339	243	1883	1177	706
澄迈县	1587	987	600	3095	1905	1190	2946	1846	1100
临高县	273	161	112	422	260	162	596	355	241
白沙黎族自治县	191	112	79	586	331	255	1789	1028	761
昌江黎族自治县	436	315	121	900	560	340	2030	1260	770
乐东黎族自治县	442	249	193	694	381	313	3786	2295	1491
陵水黎族自治县	427	281	146	706	441	265	3351	2209	1142
保亭黎族苗族自治县	427	269	158	881	527	354	2777	1673	1104
琼中黎族苗族自治县	372	232	140	744	433	311	2286	1354	932

7–3　续表 7

单位：人

现住地	户口登记地								
	广西			重庆			四川		
	小计	男	女	小计	男	女	小计	男	女
全省	**101431**	**61973**	**39458**	**41328**	**25787**	**15541**	**112877**	**68391**	**44486**
海口市	**43461**	**26881**	**16580**	**22545**	**14046**	**8499**	**69792**	**41587**	**28205**
秀英区	14457	9448	5009	8402	5630	2772	14845	9349	5496
龙华区	11459	7089	4370	6189	3810	2379	23899	14090	9809
琼山区	8341	5101	3240	2921	1838	1083	12826	7755	5071
美兰区	9204	5243	3961	5033	2768	2265	18222	10393	7829
三亚市	**16373**	**10483**	**5890**	**8529**	**5312**	**3217**	**20640**	**12742**	**7898**
海棠区	3773	2539	1234	1319	927	392	2509	1706	803
吉阳区	6931	4348	2583	4405	2638	1767	10951	6605	4346
天涯区	4047	2531	1516	1782	1085	697	4173	2564	1609
崖州区	1622	1065	557	1023	662	361	3007	1867	1140
三沙市	**153**	**108**	**45**	**20**	**16**	**4**	**40**	**30**	**10**
儋州市	**8209**	**4988**	**3221**	**1603**	**1016**	**587**	**4049**	**2519**	**1530**
五指山市	978	557	421	385	241	144	781	443	338
琼海市	3927	2298	1629	2125	1328	797	4007	2518	1489
文昌市	4400	2589	1811	1290	756	534	2157	1283	874
万宁市	1795	1049	746	767	434	333	1637	1029	608
东方市	3189	1981	1208	666	474	192	1875	1267	608
定安县	762	430	332	154	102	52	470	295	175
屯昌县	1346	797	549	266	165	101	566	376	190
澄迈县	3409	2075	1334	1505	967	538	2385	1496	889
临高县	604	367	237	148	82	66	286	179	107
白沙黎族自治县	2301	1326	975	113	69	44	550	350	200
昌江黎族自治县	1954	1144	810	240	171	69	670	457	213
乐东黎族自治县	2300	1344	956	219	127	92	842	507	335
陵水黎族自治县	1297	782	515	323	213	110	930	599	331
保亭黎族苗族自治县	2419	1368	1051	217	139	78	725	423	302
琼中黎族苗族自治县	2554	1406	1148	213	129	84	475	291	184

7-3 续表 8

单位：人

现住地	户口登记地								
	贵州			云南			西藏		
	小计	男	女	小计	男	女	小计	男	女
全省	**53245**	**32370**	**20875**	**25197**	**14227**	**10970**	**293**	**157**	**136**
海口市	**24070**	**14467**	**9603**	**11353**	**6181**	**5172**	**185**	**91**	**94**
秀英区	6071	4139	1932	2327	1491	836	10	5	5
龙华区	4868	2951	1917	1982	1035	947	61	27	34
琼山区	3569	2211	1358	1440	819	621	22	14	8
美兰区	9562	5166	4396	5604	2836	2768	92	45	47
三亚市	**12285**	**7627**	**4658**	**4912**	**2855**	**2057**	**55**	**31**	**24**
海棠区	2394	1623	771	992	627	365	5	3	2
吉阳区	5636	3351	2285	2086	1205	881	45	24	21
天涯区	2073	1276	797	1267	681	586	5	4	1
崖州区	2182	1377	805	567	342	225			
三沙市	**38**	**28**	**10**	**3**	**2**	**1**			
儋州市	**2075**	**1350**	**725**	**1172**	**685**	**487**	**2**	**1**	**1**
五指山市	505	276	229	152	89	63	1		1
琼海市	1945	1232	713	532	337	195	12	10	2
文昌市	2557	1477	1080	1244	689	555	8	4	4
万宁市	678	408	270	291	175	116	1	1	
东方市	2652	1640	1012	921	547	374	1	1	
定安县	274	166	108	92	52	40	2	1	1
屯昌县	315	210	105	226	117	109			
澄迈县	1560	990	570	873	505	368	10	6	4
临高县	246	133	113	143	84	59	1	1	
白沙黎族自治县	179	111	68	174	91	83	1		1
昌江黎族自治县	878	552	326	1079	666	413	1	1	
乐东黎族自治县	1647	896	751	582	321	261	9	7	2
陵水黎族自治县	775	452	323	458	286	172	1	1	
保亭黎族苗族自治县	287	183	104	380	214	166	3	1	2
琼中黎族苗族自治县	279	172	107	610	331	279			

7-3　续表 9　　　　　　　　　　　　　　　　　　　　　　　　单位：人

现 住 地	户口登记地								
	陕　西			甘　肃			青　海		
	小计	男	女	小计	男	女	小计	男	女
全省	**14910**	**8458**	**6452**	**11633**	**6167**	**5466**	**2807**	**1387**	**1420**
海口市	**8087**	**4397**	**3690**	**6709**	**3437**	**3272**	**1384**	**632**	**752**
秀英区	1605	980	625	1221	730	491	183	93	90
龙华区	2178	1196	982	1589	801	788	371	180	191
琼山区	1153	644	509	866	470	396	204	103	101
美兰区	3151	1577	1574	3033	1436	1597	626	256	370
三亚市	**3824**	**2275**	**1549**	**2562**	**1438**	**1124**	**894**	**477**	**417**
海棠区	444	315	129	396	250	146	100	59	41
吉阳区	2327	1335	992	1248	656	592	427	220	207
天涯区	930	537	393	818	475	343	337	184	153
崖州区	123	88	35	100	57	43	30	14	16
三沙市	**7**	**5**	**2**	**2**	**2**				
儋州市	**653**	**390**	**263**	**564**	**306**	**258**	**78**	**40**	**38**
五指山市	122	75	47	51	27	24	6	3	3
琼海市	380	196	184	279	147	132	83	47	36
文昌市	224	132	92	214	109	105	47	26	21
万宁市	192	109	83	101	53	48	29	14	15
东方市	233	162	71	168	106	62	43	23	20
定安县	71	37	34	62	33	29	49	21	28
屯昌县	41	20	21	23	16	7	14	7	7
澄迈县	389	232	157	473	239	234	67	34	33
临高县	58	29	29	54	28	26	12	5	7
白沙黎族自治县	37	21	16	27	14	13	7	4	3
昌江黎族自治县	115	84	31	104	73	31	5	4	1
乐东黎族自治县	90	59	31	79	54	25	31	15	16
陵水黎族自治县	201	115	86	79	45	34	42	30	12
保亭黎族苗族自治县	140	95	45	52	26	26	14	5	9
琼中黎族苗族自治县	46	25	21	30	14	16	2		2

7-3 续表 10 单位：人

现住地	户口登记地					
	宁夏			新疆		
	小计	男	女	小计	男	女
全省	**1825**	**939**	**886**	**8767**	**4181**	**4586**
海口市	**1096**	**522**	**574**	**3741**	**1746**	**1995**
秀英区	93	50	43	546	278	268
龙华区	310	159	151	954	424	530
琼山区	130	68	62	510	248	262
美兰区	563	245	318	1731	796	935
三亚市	**434**	**240**	**194**	**2890**	**1398**	**1492**
海棠区	63	46	17	303	159	144
吉阳区	207	107	100	1298	631	667
天涯区	145	77	68	1212	572	640
崖州区	19	10	9	77	36	41
三沙市						
儋州市	**41**	**27**	**14**	**153**	**77**	**76**
五指山市	8	5	3	142	58	84
琼海市	46	23	23	365	178	187
文昌市	18	12	6	180	96	84
万宁市	16	9	7	63	30	33
东方市	27	17	10	170	77	93
定安县	16	11	5	133	60	73
屯昌县	8	5	3	40	19	21
澄迈县	57	33	24	502	251	251
临高县	2	1	1	61	27	34
白沙黎族自治县	3	2	1	29	18	11
昌江黎族自治县	7	5	2	61	32	29
乐东黎族自治县	18	12	6	70	34	36
陵水黎族自治县	18	10	8	75	36	39
保亭黎族苗族自治县	9	4	5	76	35	41
琼中黎族苗族自治县	1	1		16	9	7

7−3a　全省按现住地、性别分的户口登记地在外省的人口(城市)

单位：人

现住地	户口登记地					
	合计			北京		
	合计	男	女	小计	男	女
全省	**697395**	**407512**	**289883**	**9731**	**5121**	**4610**
海口市	**418257**	**243879**	**174378**	**6894**	**3660**	**3234**
秀英区	94618	58148	36470	3011	1506	1505
龙华区	146293	85342	60951	1603	887	716
琼山区	62840	37082	25758	530	266	264
美兰区	114506	63307	51199	1750	1001	749
三亚市	**188678**	**110677**	**78001**	**1638**	**866**	**772**
海棠区	13282	8743	4539	157	81	76
吉阳区	112717	65655	47062	861	467	394
天涯区	54339	30763	23576	607	309	298
崖州区	8340	5516	2824	13	9	4
三沙市						
儋州市	**18193**	**11320**	**6873**	**52**	**29**	**23**
五指山市	10429	5627	4802	265	128	137
琼海市	20503	11963	8540	387	194	193
文昌市	15372	8560	6812	241	119	122
万宁市	4780	2861	1919	77	41	36
东方市	21183	12625	8558	177	84	93
定安县						
屯昌县						
澄迈县						
临高县						
白沙黎族自治县						
昌江黎族自治县						
乐东黎族自治县						
陵水黎族自治县						
保亭黎族苗族自治县						
琼中黎族苗族自治县						

7-3a 续表 1

单位：人

现住地	户口登记地								
	天津			河北			山西		
	小计	男	女	小计	男	女	小计	男	女
全省	**2513**	**1389**	**1124**	**14044**	**7877**	**6167**	**7888**	**4289**	**3599**
海口市	**1578**	**869**	**709**	**7937**	**4389**	**3548**	**4910**	**2601**	**2309**
秀英区	301	164	137	2008	1196	812	820	460	360
龙华区	507	272	235	2337	1297	1040	1460	764	696
琼山区	195	100	95	1165	676	489	679	372	307
美兰区	575	333	242	2427	1220	1207	1951	1005	946
三亚市	**651**	**370**	**281**	**3966**	**2296**	**1670**	**2172**	**1245**	**927**
海棠区	43	23	20	293	212	81	126	75	51
吉阳区	403	237	166	2358	1344	1014	1223	674	549
天涯区	196	107	89	1228	678	550	796	481	315
崖州区	9	3	6	87	62	25	27	15	12
三沙市									
儋州市	**31**	**19**	**12**	**208**	**123**	**85**	**112**	**71**	**41**
五指山市	57	30	27	470	245	225	145	74	71
琼海市	81	41	40	551	305	246	214	107	107
文昌市	32	16	16	286	162	124	151	77	74
万宁市	26	12	14	145	85	60	36	23	13
东方市	57	32	25	481	272	209	148	91	57
定安县									
屯昌县									
澄迈县									
临高县									
白沙黎族自治县									
昌江黎族自治县									
乐东黎族自治县									
陵水黎族自治县									
保亭黎族苗族自治县									
琼中黎族苗族自治县									

7-3a　续表 2　　　　单位：人

现住地	户口登记地								
	内蒙古			辽宁			吉林		
	小计	男	女	小计	男	女	小计	男	女
全省	**7174**	**3790**	**3384**	**14127**	**7297**	**6830**	**16590**	**8494**	**8096**
海口市	**3724**	**1943**	**1781**	**6141**	**3097**	**3044**	**7092**	**3643**	**3449**
秀英区	692	383	309	1113	565	548	1343	730	613
龙华区	1215	646	569	2171	1102	1069	2327	1223	1104
琼山区	568	308	260	809	438	371	972	513	459
美兰区	1249	606	643	2048	992	1056	2450	1177	1273
三亚市	**2459**	**1310**	**1149**	**6378**	**3351**	**3027**	**6493**	**3366**	**3127**
海棠区	114	69	45	314	186	128	358	198	160
吉阳区	1514	803	711	3633	1896	1737	3622	1854	1768
天涯区	781	405	376	2306	1193	1113	2372	1229	1143
崖州区	50	33	17	125	76	49	141	85	56
三沙市									
儋州市	**74**	**44**	**30**	**140**	**83**	**57**	**238**	**125**	**113**
五指山市	174	86	88	247	122	125	517	258	259
琼海市	267	142	125	366	186	180	526	256	270
文昌市	82	51	31	191	105	86	241	126	115
万宁市	39	21	18	65	39	26	174	85	89
东方市	355	193	162	599	314	285	1309	635	674
定安县									
屯昌县									
澄迈县									
临高县									
白沙黎族自治县									
昌江黎族自治县									
乐东黎族自治县									
陵水黎族自治县									
保亭黎族苗族自治县									
琼中黎族苗族自治县									

7-3a 续表 3

单位：人

现住地	户口登记地								
	黑龙江			上海			江苏		
	小计	男	女	小计	男	女	小计	男	女
全省	**40972**	**20111**	**20861**	**1655**	**918**	**737**	**11312**	**7132**	**4180**
海口市	**10737**	**5355**	**5382**	**1097**	**598**	**499**	**7331**	**4442**	**2889**
秀英区	1695	907	788	170	88	82	1580	1021	559
龙华区	3371	1623	1748	378	213	165	2595	1605	990
琼山区	1578	828	750	125	67	58	939	580	359
美兰区	4093	1997	2096	424	230	194	2217	1236	981
三亚市	**22068**	**10858**	**11210**	**348**	**203**	**145**	**2855**	**1903**	**952**
海棠区	113	67	46	22	12	10	288	218	70
吉阳区	12854	6294	6560	183	113	70	1737	1132	605
天涯区	8823	4346	4477	142	77	65	740	484	256
崖州区	278	151	127	1	1		90	69	21
三沙市									
儋州市	**430**	**218**	**212**	**25**	**14**	**11**	**224**	**172**	**52**
五指山市	1499	712	787	48	27	21	136	79	57
琼海市	1656	789	867	56	31	25	202	130	72
文昌市	411	193	218	50	27	23	248	160	88
万宁市	299	140	159	6	3	3	43	30	13
东方市	3872	1846	2026	25	15	10	273	216	57
定安县									
屯昌县									
澄迈县									
临高县									
白沙黎族自治县									
昌江黎族自治县									
乐东黎族自治县									
陵水黎族自治县									
保亭黎族苗族自治县									
琼中黎族苗族自治县									

7-3a 续表 4

单位：人

现住地	户口登记地								
	浙江			安徽			福建		
	小计	男	女	小计	男	女	小计	男	女
全省	**11944**	**7055**	**4889**	**25556**	**15342**	**10214**	**28506**	**17667**	**10839**
海口市	**7894**	**4657**	**3237**	**15598**	**9257**	**6341**	**15583**	**9653**	**5930**
秀英区	1526	957	569	2363	1418	945	3191	2038	1153
龙华区	2663	1588	1075	4492	2600	1892	6738	4221	2517
琼山区	1178	699	479	2639	1617	1022	2069	1238	831
美兰区	2527	1413	1114	6104	3622	2482	3585	2156	1429
三亚市	**2285**	**1353**	**932**	**6465**	**3971**	**2494**	**9024**	**5564**	**3460**
海棠区	239	168	71	131	83	48	1447	906	541
吉阳区	1334	751	583	4496	2775	1721	4564	2795	1769
天涯区	638	383	255	1621	970	651	2140	1323	817
崖州区	74	51	23	217	143	74	873	540	333
三沙市									
儋州市	**326**	**203**	**123**	**942**	**613**	**329**	**1276**	**804**	**472**
五指山市	165	104	61	230	127	103	372	216	156
琼海市	296	171	125	593	346	247	714	459	255
文昌市	625	348	277	431	252	179	543	339	204
万宁市	114	61	53	463	274	189	159	102	57
东方市	239	158	81	834	502	332	835	530	305
定安县									
屯昌县									
澄迈县									
临高县									
白沙黎族自治县									
昌江黎族自治县									
乐东黎族自治县									
陵水黎族自治县									
保亭黎族苗族自治县									
琼中黎族苗族自治县									

7-3a 续表 5

单位：人

现住地	户口登记地								
	江西			山东			河南		
	小计	男	女	小计	男	女	小计	男	女
全省	**32158**	**18930**	**13228**	**14074**	**8150**	**5924**	**57962**	**35242**	**22720**
海口市	**20881**	**12302**	**8579**	**8325**	**4707**	**3618**	**31566**	**18812**	**12754**
秀英区	3193	1918	1275	1582	958	624	7590	4744	2846
龙华区	8769	5200	3569	2465	1395	1070	10792	6479	4313
琼山区	2917	1719	1198	1189	683	506	4583	2746	1837
美兰区	6002	3465	2537	3089	1671	1418	8601	4843	3758
三亚市	**7362**	**4368**	**2994**	**4216**	**2482**	**1734**	**20667**	**12900**	**7767**
海棠区	143	90	53	247	169	78	1585	1091	494
吉阳区	4582	2724	1858	2432	1436	996	13635	8407	5228
天涯区	2260	1309	951	1426	792	634	4711	2882	1829
崖州区	377	245	132	111	85	26	736	520	216
三沙市									
儋州市	**627**	**370**	**257**	**241**	**154**	**87**	**1112**	**697**	**415**
五指山市	491	260	231	285	169	116	943	498	445
琼海市	892	524	368	249	138	111	1075	648	427
文昌市	800	427	373	206	113	93	1279	745	534
万宁市	148	92	56	37	22	15	285	182	103
东方市	957	587	370	515	365	150	1035	760	275
定安县									
屯昌县									
澄迈县									
临高县									
白沙黎族自治县									
昌江黎族自治县									
乐东黎族自治县									
陵水黎族自治县									
保亭黎族苗族自治县									
琼中黎族苗族自治县									

7-3a 续表 6

单位：人

现住地	户口登记地								
	湖北			湖南			广东		
	小计	男	女	小计	男	女	小计	男	女
全省	**42416**	**24572**	**17844**	**49423**	**28107**	**21316**	**85800**	**52634**	**33166**
海口市	**28846**	**16414**	**12432**	**30209**	**16861**	**13348**	**55139**	**33535**	**21604**
秀英区	5582	3291	2291	6317	3732	2585	13221	8367	4854
龙华区	10615	6083	4532	11085	6260	4825	19573	11914	7659
琼山区	4901	2853	2048	5177	2914	2263	7345	4415	2930
美兰区	7748	4187	3561	7630	3955	3675	15000	8839	6161
三亚市	**9040**	**5385**	**3655**	**12104**	**7104**	**5000**	**20099**	**12605**	**7494**
海棠区	244	171	73	402	262	140	1818	1228	590
吉阳区	5764	3393	2371	8048	4737	3311	11915	7377	4538
天涯区	2672	1569	1103	3195	1771	1424	5531	3447	2084
崖州区	360	252	108	459	334	125	835	553	282
三沙市									
儋州市	**861**	**517**	**344**	**1450**	**898**	**552**	**2797**	**1704**	**1093**
五指山市	355	220	135	621	348	273	1188	741	447
琼海市	1204	720	484	1623	912	711	2052	1275	777
文昌市	938	514	424	1979	1076	903	1683	980	703
万宁市	313	194	119	394	247	147	482	305	177
东方市	859	608	251	1043	661	382	2360	1489	871
定安县									
屯昌县									
澄迈县									
临高县									
白沙黎族自治县									
昌江黎族自治县									
乐东黎族自治县									
陵水黎族自治县									
保亭黎族苗族自治县									
琼中黎族苗族自治县									

7–3a 续表 7

单位：人

现住地	户口登记地								
	广西			重庆			四川		
	小计	男	女	小计	男	女	小计	男	女
全省	**49886**	**30981**	**18905**	**28106**	**17280**	**10826**	**83177**	**49833**	**33344**
海口市	**31084**	**19222**	**11862**	**18285**	**11254**	**7031**	**60338**	**35843**	**24495**
秀英区	10381	6634	3747	6685	4392	2293	12070	7522	4548
龙华区	10535	6476	4059	5904	3618	2286	23211	13624	9587
琼山区	4965	3090	1875	2205	1366	839	10746	6447	4299
美兰区	5203	3022	2181	3491	1878	1613	14311	8250	6061
三亚市	**10377**	**6566**	**3811**	**5809**	**3556**	**2253**	**14732**	**8965**	**5767**
海棠区	1687	1121	566	516	366	150	1059	710	349
吉阳区	5581	3459	2122	3638	2210	1428	9146	5499	3647
天涯区	2540	1591	949	1319	754	565	3162	1876	1286
崖州区	569	395	174	336	226	110	1365	880	485
三沙市									
儋州市	**3285**	**2096**	**1189**	**583**	**386**	**197**	**1770**	**1110**	**660**
五指山市	632	342	290	264	153	111	636	358	278
琼海市	1252	779	473	1638	1012	626	2698	1706	992
文昌市	1341	771	570	785	438	347	1262	708	554
万宁市	258	159	99	268	157	111	587	372	215
东方市	1657	1046	611	474	324	150	1154	771	383
定安县									
屯昌县									
澄迈县									
临高县									
白沙黎族自治县									
昌江黎族自治县									
乐东黎族自治县									
陵水黎族自治县									
保亭黎族苗族自治县									
琼中黎族苗族自治县									

7-3a　续表 8　　　　单位：人

现住地	户口登记地								
	贵州			云南			西藏		
	小计	男	女	小计	男	女	小计	男	女
全省	**26240**	**16045**	**10195**	**10368**	**5778**	**4590**	**171**	**86**	**85**
海口市	**15073**	**9192**	**5881**	**6008**	**3326**	**2682**	**115**	**55**	**60**
秀英区	4069	2711	1358	1504	943	561	8	3	5
龙华区	4477	2687	1790	1760	898	862	60	26	34
琼山区	2192	1405	787	943	550	393	19	13	6
美兰区	4335	2389	1946	1801	935	866	28	13	15
三亚市	**7199**	**4492**	**2707**	**3068**	**1725**	**1343**	**34**	**16**	**18**
海棠区	975	640	335	485	296	189	1	1	
吉阳区	4017	2477	1540	1535	872	663	28	11	17
天涯区	1356	818	538	806	404	402	5	4	1
崖州区	851	557	294	242	153	89			
三沙市									
儋州市	**701**	**476**	**225**	**302**	**177**	**125**			
五指山市	337	155	182	78	41	37	1		1
琼海市	815	498	317	270	175	95	12	10	2
文昌市	795	433	362	298	135	163	8	4	4
万宁市	210	129	81	34	21	13			
东方市	1110	670	440	310	178	132	1	1	
定安县									
屯昌县									
澄迈县									
临高县									
白沙黎族自治县									
昌江黎族自治县									
乐东黎族自治县									
陵水黎族自治县									
保亭黎族苗族自治县									
琼中黎族苗族自治县									

7-3a 续表 9

单位：人

现住地	户口登记地								
	陕西			甘肃			青海		
	小计	男	女	小计	男	女	小计	男	女
全省	**9695**	**5374**	**4321**	**7493**	**3943**	**3550**	**1702**	**861**	**841**
海口市	**6399**	**3482**	**2917**	**4989**	**2572**	**2417**	**963**	**462**	**501**
秀英区	1143	693	450	860	502	358	149	74	75
龙华区	2106	1151	955	1516	759	757	358	172	186
琼山区	950	522	428	658	351	307	137	74	63
美兰区	2200	1116	1084	1955	960	995	319	142	177
三亚市	**2460**	**1429**	**1031**	**1825**	**1004**	**821**	**586**	**315**	**271**
海棠区	158	118	40	145	85	60	43	24	19
吉阳区	1491	846	645	968	507	461	242	126	116
天涯区	761	427	334	689	395	294	288	158	130
崖州区	50	38	12	23	17	6	13	7	6
三沙市									
儋州市	**147**	**88**	**59**	**125**	**73**	**52**	**32**	**16**	**16**
五指山市	85	50	35	46	25	21	6	3	3
琼海市	236	118	118	197	99	98	48	30	18
文昌市	156	83	73	145	70	75	24	12	12
万宁市	57	31	26	35	20	15	3	2	1
东方市	155	93	62	131	80	51	40	21	19
定安县									
屯昌县									
澄迈县									
临高县									
白沙黎族自治县									
昌江黎族自治县									
乐东黎族自治县									
陵水黎族自治县									
保亭黎族苗族自治县									
琼中黎族苗族自治县									

7-3a 续表 10

单位：人

现住地	户口登记地					
	宁夏			新疆		
	小计	男	女	小计	男	女
全省	**1060**	**549**	**511**	**5652**	**2665**	**2987**
海口市	**713**	**367**	**346**	**2808**	**1309**	**1499**
秀英区	68	34	34	383	197	186
龙华区	295	152	143	915	407	508
琼山区	97	48	49	370	184	186
美兰区	253	133	120	1140	521	619
三亚市	**271**	**141**	**130**	**2027**	**968**	**1059**
海棠区	20	14	6	109	59	50
吉阳区	124	58	66	789	381	408
天涯区	123	66	57	1105	515	590
崖州区	4	3	1	24	13	11
三沙市						
儋州市	**9**	**6**	**3**	**73**	**34**	**39**
五指山市	3	1	2	133	55	78
琼海市	29	14	15	304	148	156
文昌市	12	8	4	129	68	61
万宁市	3	2	1	20	10	10
东方市	20	10	10	158	73	85
定安县						
屯昌县						
澄迈县						
临高县						
白沙黎族自治县						
昌江黎族自治县						
乐东黎族自治县						
陵水黎族自治县						
保亭黎族苗族自治县						
琼中黎族苗族自治县						

7-3b 全省按现住地、性别分的户口登记地在外省的人口(镇)

单位：人

现住地	户口登记地					
	合计			北京		
	合计	男	女	小计	男	女
全省	**173776**	**102413**	**71363**	**2285**	**1174**	**1111**
海口市	**49884**	**27621**	**22263**	**821**	**430**	**391**
秀英区	14433	9104	5329	581	294	287
龙华区	1179	741	438	21	14	7
琼山区	3024	1631	1393	41	24	17
美兰区	31248	16145	15103	178	98	80
三亚市	**5833**	**3643**	**2190**	**57**	**29**	**28**
海棠区	2736	1760	976	30	14	16
吉阳区	2059	1216	843	16	10	6
天涯区	896	579	317	10	5	5
崖州区	142	88	54	1		1
三沙市	**896**	**677**	**219**	**5**	**4**	**1**
儋州市	**19625**	**12263**	**7362**	**163**	**91**	**72**
五指山市	1464	892	572	19	10	9
琼海市	5951	3468	2483	99	47	52
文昌市	8964	5370	3594	19	10	9
万宁市	4100	2409	1691	207	95	112
东方市	2718	1728	990	5	3	2
定安县	3859	2119	1740	48	24	24
屯昌县	5676	3469	2207	34	19	15
澄迈县	25553	15437	10116	417	209	208
临高县	2989	1709	1280	56	29	27
白沙黎族自治县	2373	1379	994	8	6	2
昌江黎族自治县	7922	4921	3001	14	10	4
乐东黎族自治县	8154	4825	3329	28	15	13
陵水黎族自治县	7091	4345	2746	138	66	72
保亭黎族苗族自治县	6793	3848	2945	121	65	56
琼中黎族苗族自治县	3931	2290	1641	26	12	14

7-3b 续表 1

单位：人

现住地	户口登记地 天津 小计	天津 男	天津 女	河北 小计	河北 男	河北 女	山西 小计	山西 男	山西 女
全省	**711**	**381**	**330**	**4562**	**2503**	**2059**	**2247**	**1205**	**1042**
海口市	**262**	**117**	**145**	**1960**	**977**	**983**	**852**	**451**	**401**
秀英区	87	46	41	522	315	207	162	95	67
龙华区	2	1	1	17	10	7	10	3	7
琼山区	6	4	2	44	24	20	36	16	20
美兰区	167	66	101	1377	628	749	644	337	307
三亚市	**44**	**25**	**19**	**147**	**97**	**50**	**72**	**42**	**30**
海棠区	9	7	2	68	47	21	31	18	13
吉阳区	30	15	15	62	38	24	30	17	13
天涯区	5	3	2	17	12	5	9	6	3
崖州区							2	1	1
三沙市	**1**	**1**		**29**	**22**	**7**	**6**	**5**	**1**
儋州市	**85**	**60**	**25**	**439**	**290**	**149**	**325**	**181**	**144**
五指山市	4	2	2	26	14	12	9	5	4
琼海市	20	11	9	55	29	26	43	23	20
文昌市	5	1	4	57	45	12	10	6	4
万宁市	13	8	5	75	39	36	43	23	20
东方市	1		1	27	21	6	15	11	4
定安县	37	26	11	156	79	77	148	75	73
屯昌县	14	8	6	116	60	56	27	13	14
澄迈县	124	68	56	842	473	369	498	268	230
临高县	8	4	4	80	38	42	24	10	14
白沙黎族自治县				17	11	6	7	3	4
昌江黎族自治县	14	9	5	91	63	28	48	26	22
乐东黎族自治县	5	3	2	98	52	46	32	16	16
陵水黎族自治县	34	14	20	132	77	55	42	22	20
保亭黎族苗族自治县	34	19	15	126	73	53	27	16	11
琼中黎族苗族自治县	6	5	1	89	43	46	19	9	10

7–3b 续表 2

单位：人

现住地	户口登记地								
	内蒙古			辽宁			吉林		
	小计	男	女	小计	男	女	小计	男	女
全省	**1773**	**928**	**845**	**2665**	**1420**	**1245**	**3984**	**2052**	**1932**
海口市	**634**	**300**	**334**	**680**	**356**	**324**	**913**	**464**	**449**
秀英区	170	93	77	252	127	125	312	173	139
龙华区	5	2	3	9	6	3	20	10	10
琼山区	27	11	16	41	24	17	35	19	16
美兰区	432	194	238	378	199	179	546	262	284
三亚市	**92**	**57**	**35**	**273**	**156**	**117**	**268**	**139**	**129**
海棠区	38	30	8	85	50	35	95	52	43
吉阳区	40	20	20	146	86	60	121	58	63
天涯区	12	6	6	37	17	20	45	26	19
崖州区	2	1	1	5	3	2	7	3	4
三沙市	**7**	**7**		**22**	**21**	**1**	**16**	**13**	**3**
儋州市	**160**	**88**	**72**	**325**	**183**	**142**	**416**	**221**	**195**
五指山市	10	5	5	32	14	18	30	15	15
琼海市	33	19	14	71	38	33	77	37	40
文昌市	17	10	7	33	19	14	88	47	41
万宁市	34	14	20	52	29	23	82	41	41
东方市	28	22	6	12	7	5	23	17	6
定安县	85	44	41	48	20	28	206	97	109
屯昌县	23	13	10	65	31	34	198	91	107
澄迈县	354	184	170	384	206	178	640	337	303
临高县	30	15	15	26	11	15	101	56	45
白沙黎族自治县	11	7	4	59	30	29	77	35	42
昌江黎族自治县	62	42	20	70	39	31	106	60	46
乐东黎族自治县	41	23	18	128	62	66	142	76	66
陵水黎族自治县	43	27	16	152	80	72	247	130	117
保亭黎族苗族自治县	79	36	43	189	96	93	274	136	138
琼中黎族苗族自治县	30	15	15	44	22	22	80	40	40

7–3b　续表 3　　　　单位：人

现住地	户口登记地								
	黑龙江			上海			江苏		
	小计	男	女	小计	男	女	小计	男	女
全省	**6467**	**3246**	**3221**	**269**	**145**	**124**	**3115**	**2185**	**930**
海口市	**1126**	**547**	**579**	**62**	**34**	**28**	**989**	**611**	**378**
秀英区	423	197	226	42	22	20	327	223	104
龙华区	6	4	2				24	17	7
琼山区	29	13	16	4	3	1	40	30	10
美兰区	668	333	335	16	9	7	598	341	257
三亚市	**553**	**310**	**243**	**9**	**6**	**3**	**104**	**78**	**26**
海棠区	120	73	47	2	1	1	59	44	15
吉阳区	355	190	165	6	5	1	29	21	8
天涯区	75	46	29	1		1	16	13	3
崖州区	3	1	2						
三沙市	**23**	**14**	**9**	**1**	**1**		**66**	**50**	**16**
儋州市	**754**	**378**	**376**	**28**	**18**	**10**	**766**	**644**	**122**
五指山市	33	12	21	2		2	39	27	12
琼海市	127	64	63	9	4	5	54	36	18
文昌市	52	28	24	5	2	3	72	54	18
万宁市	105	57	48	27	12	15	61	37	24
东方市	47	27	20				20	17	3
定安县	136	63	73	2	2		53	32	21
屯昌县	231	119	112	9	5	4	84	55	29
澄迈县	942	482	460	58	31	27	446	314	132
临高县	114	55	59	5	2	3	38	21	17
白沙黎族自治县	164	80	84	4	1	3	10	8	2
昌江黎族自治县	291	149	142	6	4	2	83	56	27
乐东黎族自治县	368	185	183	10	5	5	51	31	20
陵水黎族自治县	266	137	129	8	4	4	59	45	14
保亭黎族苗族自治县	1045	495	550	19	11	8	67	41	26
琼中黎族苗族自治县	90	44	46	5	3	2	53	28	25

7-3b 续表 4

单位：人

现住地	户口登记地								
	浙江			安徽			福建		
	小计	男	女	小计	男	女	小计	男	女
全省	**3253**	**1936**	**1317**	**4953**	**2918**	**2035**	**6788**	**4231**	**2557**
海口市	**874**	**464**	**410**	**1541**	**829**	**712**	**1679**	**921**	**758**
秀英区	233	144	89	346	205	141	488	306	182
龙华区	36	20	16	27	13	14	90	55	35
琼山区	77	29	48	29	15	14	90	63	27
美兰区	528	271	257	1139	596	543	1011	497	514
三亚市	**89**	**53**	**36**	**114**	**74**	**40**	**259**	**163**	**96**
海棠区	41	30	11	60	34	26	148	92	56
吉阳区	32	14	18	39	29	10	60	39	21
天涯区	16	9	7	14	10	4	39	25	14
崖州区				1	1		12	7	5
三沙市	**17**	**12**	**5**	**34**	**25**	**9**	**50**	**35**	**15**
儋州市	**363**	**206**	**157**	**670**	**423**	**247**	**732**	**496**	**236**
五指山市	9	6	3	94	56	38	55	45	10
琼海市	68	38	30	104	65	39	148	98	50
文昌市	411	247	164	94	53	41	315	199	116
万宁市	111	70	41	140	90	50	180	105	75
东方市	61	39	22	104	68	36	189	128	61
定安县	56	32	24	90	52	38	119	76	43
屯昌县	55	32	23	144	92	52	228	145	83
澄迈县	399	243	156	760	479	281	542	360	182
临高县	117	79	38	95	57	38	159	101	58
白沙黎族自治县	19	9	10	34	20	14	219	130	89
昌江黎族自治县	177	134	43	140	90	50	210	133	77
乐东黎族自治县	75	47	28	161	93	68	752	486	266
陵水黎族自治县	255	158	97	195	112	83	658	414	244
保亭黎族苗族自治县	52	36	16	356	193	163	249	167	82
琼中黎族苗族自治县	45	31	14	83	47	36	45	29	16

7-3b　续表 5　　　　单位：人

现住地	户口登记地								
	江西			山东			河南		
	小计	男	女	小计	男	女	小计	男	女
全省	**6531**	**3744**	**2787**	**3701**	**2257**	**1444**	**12548**	**7649**	**4899**
海口市	**1957**	**1012**	**945**	**1449**	**781**	**668**	**4109**	**2325**	**1784**
秀英区	346	207	139	355	209	146	1271	798	473
龙华区	40	27	13	16	12	4	90	62	28
琼山区	142	67	75	48	33	15	260	129	131
美兰区	1429	711	718	1030	527	503	2488	1336	1152
三亚市	**166**	**113**	**53**	**174**	**116**	**58**	**555**	**369**	**186**
海棠区	94	62	32	70	51	19	269	185	84
吉阳区	50	35	15	77	46	31	208	125	83
天涯区	19	14	5	26	18	8	69	52	17
崖州区	3	2	1	1	1		9	7	2
三沙市	**21**	**18**	**3**	**16**	**13**	**3**	**90**	**69**	**21**
儋州市	**514**	**323**	**191**	**652**	**452**	**200**	**1725**	**1207**	**518**
五指山市	40	30	10	64	35	29	87	52	35
琼海市	274	156	118	57	31	26	412	295	117
文昌市	389	210	179	85	68	17	353	215	138
万宁市	119	70	49	38	20	18	138	94	44
东方市	110	59	51	36	28	8	167	107	60
定安县	192	108	84	77	46	31	160	86	74
屯昌县	223	132	91	71	40	31	248	146	102
澄迈县	922	556	366	484	303	181	2416	1430	986
临高县	187	103	84	34	18	16	234	126	108
白沙黎族自治县	61	39	22	10	8	2	234	135	99
昌江黎族自治县	323	201	122	71	49	22	395	264	131
乐东黎族自治县	355	208	147	118	82	36	366	203	163
陵水黎族自治县	376	221	155	79	58	21	381	242	139
保亭黎族苗族自治县	184	112	72	161	93	68	341	200	141
琼中黎族苗族自治县	118	73	45	25	16	9	137	84	53

7-3b 续表 6

单位：人

现住地	户口登记地								
	湖北			湖南			广东		
	小计	男	女	小计	男	女	小计	男	女
全省	**7577**	**4597**	**2980**	**14654**	**8678**	**5976**	**23391**	**14571**	**8820**
海口市	**2205**	**1264**	**941**	**3605**	**2033**	**1572**	**4731**	**2901**	**1830**
秀英区	728	469	259	908	552	356	1567	1049	518
龙华区	28	20	8	55	35	20	222	136	86
琼山区	100	69	31	127	67	60	347	220	127
美兰区	1349	706	643	2515	1379	1136	2595	1496	1099
三亚市	**262**	**160**	**102**	**305**	**189**	**116**	**666**	**449**	**217**
海棠区	124	76	48	115	69	46	359	242	117
吉阳区	112	68	44	120	74	46	149	95	54
天涯区	23	14	9	57	38	19	133	94	39
崖州区	3	2	1	13	8	5	25	18	7
三沙市	**23**	**16**	**7**	**89**	**69**	**20**	**117**	**91**	**26**
儋州市	**924**	**568**	**356**	**1402**	**900**	**502**	**1952**	**1254**	**698**
五指山市	54	38	16	171	98	73	274	167	107
琼海市	141	80	61	1002	546	456	840	473	367
文昌市	226	131	95	1708	1018	690	907	551	356
万宁市	184	115	69	255	153	102	706	441	265
东方市	83	66	17	132	80	52	468	299	169
定安县	311	175	136	243	120	123	534	324	210
屯昌县	380	251	129	411	235	176	1403	901	502
澄迈县	1379	862	517	2690	1665	1025	2413	1557	856
临高县	150	87	63	228	138	90	367	227	140
白沙黎族自治县	91	54	37	215	126	89	440	247	193
昌江黎族自治县	295	205	90	710	437	273	1654	990	664
乐东黎族自治县	281	161	120	384	210	174	1979	1236	743
陵水黎族自治县	185	114	71	384	227	157	1809	1176	633
保亭黎族苗族自治县	226	144	82	423	264	159	1087	641	446
琼中黎族苗族自治县	177	106	71	297	170	127	1044	646	398

7-3b　续表 7　　　　单位：人

现住地	户口登记地								
	广西			重庆			四川		
	小计	男	女	小计	男	女	小计	男	女
全省	**19881**	**11932**	**7949**	**5688**	**3584**	**2104**	**12443**	**7543**	**4900**
海口市	**4042**	**2408**	**1634**	**1669**	**1056**	**613**	**3672**	**2118**	**1554**
秀英区	1530	1026	504	777	554	223	1277	845	432
龙华区	155	96	59	45	33	12	139	91	48
琼山区	632	315	317	98	67	31	270	158	112
美兰区	1725	971	754	749	402	347	1986	1024	962
三亚市	**455**	**303**	**152**	**198**	**133**	**65**	**377**	**227**	**150**
海棠区	279	189	90	105	74	31	216	125	91
吉阳区	97	65	32	44	24	20	88	52	36
天涯区	65	42	23	47	33	14	49	32	17
崖州区	14	7	7	2	2		24	18	6
三沙市	**153**	**108**	**45**	**20**	**16**	**4**	**40**	**30**	**10**
儋州市	**2549**	**1543**	**1006**	**787**	**465**	**322**	**1542**	**909**	**633**
五指山市	166	101	65	46	30	16	56	30	26
琼海市	1080	611	469	176	112	64	469	291	178
文昌市	1832	1093	739	267	175	92	456	277	179
万宁市	505	302	203	119	64	55	558	343	215
东方市	402	246	156	42	27	15	267	162	105
定安县	382	213	169	90	55	35	259	153	106
屯昌县	689	435	254	215	135	80	382	261	121
澄迈县	2411	1507	904	1305	842	463	1998	1247	751
临高县	341	207	134	88	47	41	208	128	80
白沙黎族自治县	406	243	163	35	24	11	163	112	51
昌江黎族自治县	1319	760	559	180	121	59	497	324	173
乐东黎族自治县	978	591	387	110	68	42	391	240	151
陵水黎族自治县	521	329	192	139	92	47	463	298	165
保亭黎族苗族自治县	786	448	338	99	59	40	421	256	165
琼中黎族苗族自治县	864	484	380	103	63	40	224	137	87

7-3b 续表 8

单位：人

现住地	户口登记地								
	贵州			云南			西藏		
	小计	男	女	小计	男	女	小计	男	女
全省	**10474**	**6169**	**4305**	**6528**	**3617**	**2911**	**45**	**26**	**19**
海口市	**3794**	**2093**	**1701**	**3224**	**1682**	**1542**	**20**	**10**	**10**
秀英区	760	556	204	352	252	100	1	1	
龙华区	67	40	27	27	18	9			
琼山区	341	158	183	61	31	30			
美兰区	2626	1339	1287	2784	1381	1403	19	9	10
三亚市	**266**	**165**	**101**	**76**	**34**	**42**	**1**	**1**	
海棠区	141	92	49	46	22	24	1	1	
吉阳区	63	37	26	22	10	12			
天涯区	49	31	18	8	2	6			
崖州区	13	5	8						
三沙市	**38**	**28**	**10**	**3**	**2**	**1**			
儋州市	**941**	**590**	**351**	**468**	**262**	**206**	**2**	**1**	**1**
五指山市	80	60	20	34	23	11			
琼海市	420	269	151	44	30	14			
文昌市	880	512	368	585	340	245			
万宁市	145	84	61	98	50	48	1	1	
东方市	320	188	132	132	85	47			
定安县	122	67	55	52	31	21	2	1	1
屯昌县	206	141	65	114	54	60			
澄迈县	1143	745	398	615	352	263	10	6	4
临高县	148	79	69	22	11	11	1	1	
白沙黎族自治县	42	26	16	9	3	6	1		1
昌江黎族自治县	410	256	154	534	356	178	1	1	
乐东黎族自治县	1026	565	461	141	88	53	4	3	1
陵水黎族自治县	279	160	119	79	49	30	1	1	
保亭黎族苗族自治县	107	71	36	137	82	55	1		1
琼中黎族苗族自治县	107	70	37	161	83	78			

7-3b　续表 9　　　　单位：人

现住地	户口登记地								
	陕西			甘肃			青海		
	小计	男	女	小计	男	女	小计	男	女
全省	**2465**	**1368**	**1097**	**2218**	**1145**	**1073**	**600**	**253**	**347**
海口市	**987**	**506**	**481**	**936**	**459**	**477**	**298**	**103**	**195**
秀英区	275	160	115	204	120	84	17	8	9
龙华区	11	7	4	6	5	1	4	2	2
琼山区	25	10	15	28	14	14	14	5	9
美兰区	676	329	347	698	320	378	263	88	175
三亚市	**96**	**64**	**32**	**72**	**47**	**25**	**17**	**9**	**8**
海棠区	46	28	18	45	30	15	3	2	1
吉阳区	35	27	8	14	9	5			
天涯区	15	9	6	13	8	5	14	7	7
崖州区									
三沙市	**7**	**5**	**2**	**2**	**2**				
儋州市	**424**	**241**	**183**	**387**	**199**	**188**	**38**	**19**	**19**
五指山市	22	13	9	3	1	2			
琼海市	53	25	28	19	11	8	29	15	14
文昌市	19	14	5	37	21	16	22	13	9
万宁市	53	31	22	21	8	13	14	6	8
东方市	11	9	2	12	8	4	1	1	
定安县	54	27	27	44	22	22	38	16	22
屯昌县	35	17	18	17	11	6	12	5	7
澄迈县	340	195	145	431	219	212	63	31	32
临高县	25	10	15	41	22	19	10	4	6
白沙黎族自治县	15	11	4	7	2	5	7	4	3
昌江黎族自治县	97	68	29	66	44	22	5	4	1
乐东黎族自治县	35	20	15	44	30	14	16	7	9
陵水黎族自治县	77	46	31	32	17	15	18	12	6
保亭黎族苗族自治县	86	50	36	28	13	15	11	4	7
琼中黎族苗族自治县	29	16	13	19	9	10	1		1

7-3b 续表 10

单位：人

现住地	户口登记地					
	宁夏			新疆		
	小计	男	女	小计	男	女
全省	**403**	**195**	**208**	**1557**	**761**	**796**
海口市	**252**	**101**	**151**	**541**	**268**	**273**
秀英区	13	7	6	107	51	56
龙华区	1		1	6	2	4
琼山区	8	3	5	24	10	14
美兰区	230	91	139	404	205	199
三亚市	**13**	**11**	**2**	**53**	**24**	**29**
海棠区	6	5	1	31	15	16
吉阳区	2	2		12	5	7
天涯区	5	4	1	8	3	5
崖州区				2	1	1
三沙市						
儋州市	**31**	**20**	**11**	**61**	**31**	**30**
五指山市	1	1		4	2	2
琼海市	3	1	2	24	13	11
文昌市	1	1		19	10	9
万宁市				16	7	9
东方市	2	2		1	1	
定安县	10	6	4	105	47	58
屯昌县	8	5	3	34	17	17
澄迈县	54	31	23	473	235	238
临高县	1	1		51	22	29
白沙黎族自治县				8	5	3
昌江黎族自治县	6	4	2	47	22	25
乐东黎族自治县	4	3	1	31	16	15
陵水黎族自治县	7	3	4	32	14	18
保亭黎族苗族自治县	9	4	5	48	23	25
琼中黎族苗族自治县	1	1		9	4	5

7-3c　全省按现住地、性别分的户口登记地在外省的人口(乡村)

单位：人

现住地	户口登记地					
	合计			北京		
	合计	男	女	小计	男	女
全省	**216972**	**134427**	**82545**	**2820**	**1440**	**1380**
海口市	**59220**	**36692**	**22528**	**1365**	**704**	**661**
秀英区	16771	11379	5392	896	447	449
龙华区	5098	3410	1688	115	65	50
琼山区	16243	9916	6327	172	98	74
美兰区	21108	11987	9121	182	94	88
三亚市	**67576**	**42451**	**25125**	**499**	**257**	**242**
海棠区	16041	10756	5285	175	86	89
吉阳区	25327	15187	10140	165	89	76
天涯区	13087	8435	4652	91	47	44
崖州区	13121	8073	5048	68	35	33
三沙市						
儋州市	**9512**	**6250**	**3262**	**25**	**16**	**9**
五指山市	1277	868	409	9	4	5
琼海市	9030	5520	3510	213	97	116
文昌市	6630	4123	2507	74	34	40
万宁市	7238	4217	3021	191	100	91
东方市	6494	4393	2101	2	1	1
定安县	1908	1194	714	35	19	16
屯昌县	2438	1500	938	4	4	
澄迈县	4823	2888	1935	62	30	32
临高县	1750	1052	698	30	16	14
白沙黎族自治县	5610	3234	2376	34	21	13
昌江黎族自治县	3620	2478	1142	4	4	
乐东黎族自治县	9428	5385	4043	51	23	28
陵水黎族自治县	8307	5143	3164	189	93	96
保亭黎族苗族自治县	6910	4049	2861	31	15	16
琼中黎族苗族自治县	5201	2990	2211	2	2	

7-3c 续表 1

单位：人

现住地	户口登记地								
	天津			河北			山西		
	小计	男	女	小计	男	女	小计	男	女
全省	**647**	**386**	**261**	**5278**	**3237**	**2041**	**1835**	**1105**	**730**
海口市	**132**	**76**	**56**	**1191**	**765**	**426**	**512**	**294**	**218**
秀英区	35	24	11	566	383	183	96	65	31
龙华区	16	9	7	91	54	37	54	36	18
琼山区	31	11	20	184	109	75	153	88	65
美兰区	50	32	18	350	219	131	209	105	104
三亚市	**245**	**152**	**93**	**2618**	**1575**	**1043**	**674**	**418**	**256**
海棠区	64	42	22	369	258	111	167	113	54
吉阳区	128	71	57	1826	1029	797	334	207	127
天涯区	29	21	8	244	179	65	107	59	48
崖州区	24	18	6	179	109	70	66	39	27
三沙市									
儋州市	**10**	**8**	**2**	**151**	**114**	**37**	**43**	**32**	**11**
五指山市				19	15	4	28	17	11
琼海市	33	17	16	244	134	110	85	46	39
文昌市	13	10	3	77	51	26	31	21	10
万宁市	58	28	30	188	112	76	72	37	35
东方市	3	2	1	42	29	13	24	17	7
定安县	5	4	1	40	23	17	16	8	8
屯昌县	1	1		10	6	4	1	1	
澄迈县	53	40	13	132	86	46	44	25	19
临高县	7	4	3	22	16	6	15	10	5
白沙黎族自治县	8	3	5	42	26	16	49	26	23
昌江黎族自治县	2	1	1	18	15	3	12	12	
乐东黎族自治县	14	9	5	101	53	48	63	41	22
陵水黎族自治县	40	22	18	186	106	80	104	59	45
保亭黎族苗族自治县	22	9	13	154	84	70	45	26	19
琼中黎族苗族自治县	1		1	43	27	16	17	15	2

7—3c　续表 2　　　　　　　　　　　　　　　　单位：人

现住地	户口登记地								
	内蒙古			辽宁			吉林		
	小计	男	女	小计	男	女	小计	男	女
全省	**2160**	**1210**	**950**	**3570**	**2000**	**1570**	**4727**	**2541**	**2186**
海口市	**384**	**212**	**172**	**721**	**396**	**325**	**856**	**474**	**382**
秀英区	91	55	36	197	122	75	190	117	73
龙华区	40	24	16	75	41	34	71	37	34
琼山区	103	52	51	183	104	79	260	148	112
美兰区	150	81	69	266	129	137	335	172	163
三亚市	**1240**	**692**	**548**	**1666**	**921**	**745**	**2019**	**1111**	**908**
海棠区	185	113	72	535	311	224	537	284	253
吉阳区	792	433	359	628	329	299	713	386	327
天涯区	153	81	72	337	183	154	435	268	167
崖州区	110	65	45	166	98	68	334	173	161
三沙市									
儋州市	**34**	**21**	**13**	**122**	**107**	**15**	**110**	**71**	**39**
五指山市	7	5	2	9	3	6	11	4	7
琼海市	92	49	43	155	77	78	221	110	111
文昌市	17	10	7	54	35	19	62	36	26
万宁市	71	39	32	160	89	71	367	175	192
东方市	14	10	4	36	25	11	63	36	27
定安县	13	9	4	25	18	7	37	22	15
屯昌县	5	3	2	14	8	6	7	5	2
澄迈县	31	16	15	55	35	20	63	34	29
临高县	7	5	2	21	10	11	34	17	17
白沙黎族自治县	14	9	5	70	39	31	120	57	63
昌江黎族自治县	23	19	4	26	24	2	29	21	8
乐东黎族自治县	68	35	33	134	67	67	276	140	136
陵水黎族自治县	89	44	45	217	104	113	253	126	127
保亭黎族苗族自治县	39	26	13	78	38	40	158	76	82
琼中黎族苗族自治县	12	6	6	7	4	3	41	26	15

7-3c 续表 3

单位：人

现住地	户口登记地								
	黑龙江			上海			江苏		
	小计	男	女	小计	男	女	小计	男	女
全省	**7567**	**3930**	**3637**	**302**	**194**	**108**	**3519**	**2467**	**1052**
海口市	**700**	**385**	**315**	**71**	**44**	**27**	**967**	**678**	**289**
秀英区	127	89	38	22	16	6	342	270	72
龙华区	34	20	14	10	6	4	107	71	36
琼山区	184	96	88	17	9	8	230	150	80
美兰区	355	180	175	22	13	9	288	187	101
三亚市	**3937**	**2071**	**1866**	**96**	**69**	**27**	**1332**	**908**	**424**
海棠区	574	331	243	22	16	6	400	305	95
吉阳区	1614	868	746	53	39	14	621	381	240
天涯区	888	466	422	14	10	4	218	157	61
崖州区	861	406	455	7	4	3	93	65	28
三沙市									
儋州市	**117**	**69**	**48**	**9**	**7**	**2**	**297**	**247**	**50**
五指山市	29	16	13	5	3	2	17	14	3
琼海市	307	134	173	22	12	10	138	107	31
文昌市	63	40	23	13	8	5	64	40	24
万宁市	479	233	246	18	9	9	151	113	38
东方市	99	64	35	1	1		60	40	20
定安县	20	9	11	1	1		28	19	9
屯昌县	29	19	10	1	1		34	19	15
澄迈县	103	62	41	8	5	3	45	29	16
临高县	47	24	23	4	3	1	30	16	14
白沙黎族自治县	152	75	77	10	5	5	29	20	9
昌江黎族自治县	46	31	15	4	4		49	41	8
乐东黎族自治县	799	385	414	12	6	6	36	25	11
陵水黎族自治县	310	155	155	22	13	9	101	73	28
保亭黎族苗族自治县	316	149	167	5	3	2	59	39	20
琼中黎族苗族自治县	14	9	5				82	39	43

7-3c　续表 4　　单位：人

现住地	户口登记地								
	浙江			安徽			福建		
	小计	男	女	小计	男	女	小计	男	女
全省	**5352**	**3384**	**1968**	**4472**	**2855**	**1617**	**12798**	**8405**	**4393**
海口市	**1155**	**703**	**452**	**1582**	**951**	**631**	**2171**	**1462**	**709**
秀英区	319	205	114	422	290	132	687	468	219
龙华区	98	66	32	90	58	32	287	211	76
琼山区	327	197	130	568	316	252	608	398	210
美兰区	411	235	176	502	287	215	589	385	204
三亚市	**1879**	**1180**	**699**	**1558**	**1002**	**556**	**5316**	**3380**	**1936**
海棠区	230	165	65	289	184	105	914	601	313
吉阳区	1354	807	547	787	489	298	933	619	314
天涯区	142	97	45	320	222	98	1207	764	443
崖州区	153	111	42	162	107	55	2262	1396	866
三沙市									
儋州市	**248**	**179**	**69**	**189**	**144**	**45**	**318**	**222**	**96**
五指山市	8	4	4	7	5	2	47	34	13
琼海市	116	86	30	249	177	72	219	150	69
文昌市	651	407	244	69	44	25	219	169	50
万宁市	187	116	71	153	101	52	213	155	58
东方市	216	147	69	95	71	24	605	419	186
定安县	20	10	10	6	4	2	98	71	27
屯昌县	6	4	2	22	11	11	154	121	33
澄迈县	52	33	19	29	17	12	140	108	32
临高县	13	9	4	21	13	8	56	39	17
白沙黎族自治县	40	25	15	45	27	18	165	113	52
昌江黎族自治县	219	152	67	64	49	15	139	107	32
乐东黎族自治县	154	91	63	80	45	35	1625	1002	623
陵水黎族自治县	287	176	111	99	64	35	954	615	339
保亭黎族苗族自治县	73	46	27	148	98	50	279	173	106
琼中黎族苗族自治县	28	16	12	56	32	24	80	65	15

7-3c 续表 5

单位：人

现住地	户口登记地								
	江西			山东			河南		
	小计	男	女	小计	男	女	小计	男	女
全省	**6223**	**3857**	**2366**	**3588**	**2371**	**1217**	**15079**	**9976**	**5103**
海口市	**2671**	**1609**	**1062**	**970**	**604**	**366**	**5011**	**3260**	**1751**
秀英区	308	217	91	280	192	88	1623	1110	513
龙华区	168	105	63	98	67	31	464	303	161
琼山区	709	423	286	242	156	86	1180	744	436
美兰区	1486	864	622	350	189	161	1744	1103	641
三亚市	**1767**	**1110**	**657**	**1235**	**795**	**440**	**5937**	**3904**	**2033**
海棠区	259	173	86	349	230	119	1791	1182	609
吉阳区	886	539	347	478	313	165	2283	1402	881
天涯区	375	242	133	210	128	82	1116	794	322
崖州区	247	156	91	198	124	74	747	526	221
三沙市									
儋州市	**227**	**171**	**56**	**153**	**128**	**25**	**521**	**405**	**116**
五指山市	13	9	4	31	23	8	117	79	38
琼海市	193	132	61	136	86	50	493	332	161
文昌市	118	77	41	63	36	27	279	189	90
万宁市	166	83	83	116	77	39	327	200	127
东方市	143	98	45	71	56	15	244	175	69
定安县	12	6	6	41	28	13	110	80	30
屯昌县	94	69	25	24	21	3	86	54	32
澄迈县	78	40	38	76	54	22	319	202	117
临高县	65	39	26	19	13	6	134	90	44
白沙黎族自治县	69	34	35	31	23	8	184	111	73
昌江黎族自治县	64	49	15	59	51	8	203	166	37
乐东黎族自治县	114	70	44	260	175	85	256	155	101
陵水黎族自治县	189	117	72	159	109	50	451	305	146
保亭黎族苗族自治县	154	94	60	115	71	44	296	199	97
琼中黎族苗族自治县	86	50	36	29	21	8	111	70	41

7-3c 续表 6

单位：人

现住地	户口登记地								
	湖北			湖南			广东		
	小计	男	女	小计	男	女	小计	男	女
全省	**7869**	**5149**	**2720**	**11601**	**7387**	**4214**	**29104**	**18484**	**10620**
海口市	**2268**	**1449**	**819**	**3134**	**1939**	**1195**	**7146**	**4588**	**2558**
秀英区	567	405	162	538	359	179	2338	1637	701
龙华区	100	64	36	300	224	76	618	451	167
琼山区	768	468	300	967	557	410	2158	1342	816
美兰区	833	512	321	1329	799	530	2032	1158	874
三亚市	**2595**	**1715**	**880**	**2872**	**1968**	**904**	**6705**	**4540**	**2165**
海棠区	421	290	131	517	372	145	2062	1463	599
吉阳区	1155	727	428	1057	714	343	1895	1302	593
天涯区	491	350	141	949	654	295	1399	906	493
崖州区	528	348	180	349	228	121	1349	869	480
三沙市									
儋州市	**331**	**239**	**92**	**521**	**350**	**171**	**1744**	**1063**	**681**
五指山市	38	28	10	60	39	21	324	236	88
琼海市	413	268	145	734	472	262	1082	687	395
文昌市	170	116	54	597	359	238	730	454	276
万宁市	303	175	128	348	207	141	1105	656	449
东方市	161	135	26	393	303	90	677	465	212
定安县	57	29	28	74	45	29	343	219	124
屯昌县	162	122	40	171	104	67	480	276	204
澄迈县	208	125	83	405	240	165	533	289	244
临高县	123	74	49	194	122	72	229	128	101
白沙黎族自治县	100	58	42	371	205	166	1349	781	568
昌江黎族自治县	141	110	31	190	123	67	376	270	106
乐东黎族自治县	161	88	73	310	171	139	1807	1059	748
陵水黎族自治县	242	167	75	322	214	108	1542	1033	509
保亭黎族苗族自治县	201	125	76	458	263	195	1690	1032	658
琼中黎族苗族自治县	195	126	69	447	263	184	1242	708	534

7-3c 续表 7

单位：人

现住地	户口登记地								
	广西			重庆			四川		
	小计	男	女	小计	男	女	小计	男	女
全省	**31664**	**19060**	**12604**	**7534**	**4923**	**2611**	**17257**	**11015**	**6242**
海口市	**8335**	**5251**	**3084**	**2591**	**1736**	**855**	**5782**	**3626**	**2156**
秀英区	2546	1788	758	940	684	256	1498	982	516
龙华区	769	517	252	240	159	81	549	375	174
琼山区	2744	1696	1048	618	405	213	1810	1150	660
美兰区	2276	1250	1026	793	488	305	1925	1119	806
三亚市	**5541**	**3614**	**1927**	**2522**	**1623**	**899**	**5531**	**3550**	**1981**
海棠区	1807	1229	578	698	487	211	1234	871	363
吉阳区	1253	824	429	723	404	319	1717	1054	663
天涯区	1442	898	544	416	298	118	962	656	306
崖州区	1039	663	376	685	434	251	1618	969	649
三沙市									
儋州市	**2375**	**1349**	**1026**	**233**	**165**	**68**	**737**	**500**	**237**
五指山市	180	114	66	75	58	17	89	55	34
琼海市	1595	908	687	311	204	107	840	521	319
文昌市	1227	725	502	238	143	95	439	298	141
万宁市	1032	588	444	380	213	167	492	314	178
东方市	1130	689	441	150	123	27	454	334	120
定安县	380	217	163	64	47	17	211	142	69
屯昌县	657	362	295	51	30	21	184	115	69
澄迈县	998	568	430	200	125	75	387	249	138
临高县	263	160	103	60	35	25	78	51	27
白沙黎族自治县	1895	1083	812	78	45	33	387	238	149
昌江黎族自治县	635	384	251	60	50	10	173	133	40
乐东黎族自治县	1322	753	569	109	59	50	451	267	184
陵水黎族自治县	776	453	323	184	121	63	467	301	166
保亭黎族苗族自治县	1633	920	713	118	80	38	304	167	137
琼中黎族苗族自治县	1690	922	768	110	66	44	251	154	97

7-3c　续表 8

单位：人

现住地	户口登记地								
	贵州			云南			西藏		
	小计	男	女	小计	男	女	小计	男	女
全省	**16531**	**10156**	**6375**	**8301**	**4832**	**3469**	**77**	**45**	**32**
海口市	**5203**	**3182**	**2021**	**2121**	**1173**	**948**	**50**	**26**	**24**
秀英区	1242	872	370	471	296	175	1	1	
龙华区	324	224	100	195	119	76	1	1	
琼山区	1036	648	388	436	238	198	3	1	2
美兰区	2601	1438	1163	1019	520	499	45	23	22
三亚市	**4820**	**2970**	**1850**	**1768**	**1096**	**672**	**20**	**14**	**6**
海棠区	1278	891	387	461	309	152	3	1	2
吉阳区	1556	837	719	529	323	206	17	13	4
天涯区	668	427	241	453	275	178			
崖州区	1318	815	503	325	189	136			
三沙市									
儋州市	**433**	**284**	**149**	**402**	**246**	**156**			
五指山市	88	61	27	40	25	15			
琼海市	710	465	245	218	132	86			
文昌市	882	532	350	361	214	147			
万宁市	323	195	128	159	104	55			
东方市	1222	782	440	479	284	195			
定安县	152	99	53	40	21	19			
屯昌县	109	69	40	112	63	49			
澄迈县	417	245	172	258	153	105			
临高县	98	54	44	121	73	48			
白沙黎族自治县	137	85	52	165	88	77			
昌江黎族自治县	468	296	172	545	310	235			
乐东黎族自治县	621	331	290	441	233	208	5	4	1
陵水黎族自治县	496	292	204	379	237	142			
保亭黎族苗族自治县	180	112	68	243	132	111	2	1	1
琼中黎族苗族自治县	172	102	70	449	248	201			

7-3c 续表 9

单位：人

现住地	户口登记地								
	陕西			甘肃			青海		
	小计	男	女	小计	男	女	小计	男	女
全省	**2750**	**1716**	**1034**	**1922**	**1079**	**843**	**505**	**273**	**232**
海口市	**701**	**409**	**292**	**784**	**406**	**378**	**123**	**67**	**56**
秀英区	187	127	60	157	108	49	17	11	6
龙华区	61	38	23	67	37	30	9	6	3
琼山区	178	112	66	180	105	75	53	24	29
美兰区	275	132	143	380	156	224	44	26	18
三亚市	**1268**	**782**	**486**	**665**	**387**	**278**	**291**	**153**	**138**
海棠区	240	169	71	206	135	71	54	33	21
吉阳区	801	462	339	266	140	126	185	94	91
天涯区	154	101	53	116	72	44	35	19	16
崖州区	73	50	23	77	40	37	17	7	10
三沙市									
儋州市	**82**	**61**	**21**	**52**	**34**	**18**	**8**	**5**	**3**
五指山市	15	12	3	2	1	1			
琼海市	91	53	38	63	37	26	6	2	4
文昌市	49	35	14	32	18	14	1	1	
万宁市	82	47	35	45	25	20	12	6	6
东方市	67	60	7	25	18	7	2	1	1
定安县	17	10	7	18	11	7	11	5	6
屯昌县	6	3	3	6	5	1	2	2	
澄迈县	49	37	12	42	20	22	4	3	1
临高县	33	19	14	13	6	7	2	1	1
白沙黎族自治县	22	10	12	20	12	8			
昌江黎族自治县	18	16	2	38	29	9			
乐东黎族自治县	55	39	16	35	24	11	15	8	7
陵水黎族自治县	124	69	55	47	28	19	24	18	6
保亭黎族苗族自治县	54	45	9	24	13	11	3	1	2
琼中黎族苗族自治县	17	9	8	11	5	6	1		1

7-3c　续表 10

单位：人

现住地	户口登记地					
	宁　夏			新　疆		
	小计	男	女	小计	男	女
全省	**362**	**195**	**167**	**1558**	**755**	**803**
海口市	**131**	**54**	**77**	**392**	**169**	**223**
秀英区	12	9	3	56	30	26
龙华区	14	7	7	33	15	18
琼山区	25	17	8	116	54	62
美兰区	80	21	59	187	70	117
三亚市	**150**	**88**	**62**	**810**	**406**	**404**
海棠区	37	27	10	163	85	78
吉阳区	81	47	34	497	245	252
天涯区	17	7	10	99	54	45
崖州区	15	7	8	51	22	29
三沙市						
儋州市	**1**	**1**		**19**	**12**	**7**
五指山市	4	3	1	5	1	4
琼海市	14	8	6	37	17	20
文昌市	5	3	2	32	18	14
万宁市	13	7	6	27	13	14
东方市	5	5		11	3	8
定安县	6	5	1	28	13	15
屯昌县				6	2	4
澄迈县	3	2	1	29	16	13
临高县	1		1	10	5	5
白沙黎族自治县	3	2	1	21	13	8
昌江黎族自治县	1	1		14	10	4
乐东黎族自治县	14	9	5	39	18	21
陵水黎族自治县	11	7	4	43	22	21
保亭黎族苗族自治县				28	12	16
琼中黎族苗族自治县				7	5	2

7-4 全省按现住地、离开户口登记地时间分的户口登记地在外乡镇街道的人口

单位：人

现住地	离开户口登记地时间							
	合计							
	合计	半年以上，不满一年	一年以上，不满二年	二年以上，不满三年	三年以上，不满四年	四年以上，不满五年	五年以上，不满十年	十年以上
全省	**3498161**	**567072**	**466395**	**411385**	**344609**	**246112**	**620890**	**841698**
海口市	**1727190**	**254902**	**224871**	**211262**	**179053**	**128625**	**321039**	**407438**
秀英区	305577	60920	44127	38099	31272	23398	51411	56350
龙华区	504250	73691	62766	60591	53957	39664	95280	118301
琼山区	405570	52632	44621	45367	37741	31834	88002	105373
美兰区	511793	67659	73357	67205	56083	33729	86346	127414
三亚市	**522883**	**100299**	**79653**	**66791**	**55575**	**32750**	**81551**	**106264**
海棠区	46287	14016	7979	5813	3901	2419	5016	7143
吉阳区	291329	50696	44170	39749	33821	18397	47326	57170
天涯区	151599	26619	22787	18039	15177	9979	25132	33866
崖州区	33668	8968	4717	3190	2676	1955	4077	8085
三沙市	**1505**	**13**	**1260**	**132**	**80**	**7**	**3**	**10**
儋州市	**242309**	**28704**	**24851**	**20404**	**19535**	**13294**	**46857**	**88664**
五指山市	35623	7564	7265	4433	2497	1941	4676	7247
琼海市	136503	24409	20052	16570	12976	9004	20971	32521
文昌市	140698	21647	20805	17814	13849	10153	21448	34982
万宁市	76087	16398	9952	8217	6029	4987	11156	19348
东方市	102999	21638	14438	11857	8977	7034	16782	22273
定安县	37978	6170	4140	3865	3269	2499	7003	11032
屯昌县	47698	6397	5757	5858	4873	3987	9449	11377
澄迈县	109176	25417	12562	10725	8911	7356	18125	26080
临高县	73404	7659	11079	7351	7276	7424	20531	12084
白沙黎族自治县	25219	4268	2848	2531	2289	1705	4239	7339
昌江黎族自治县	63373	12351	9155	7191	5665	4438	11487	13086
乐东黎族自治县	47705	12057	5099	4555	4508	3272	6815	11399
陵水黎族自治县	41291	7263	4774	4208	3920	3363	7016	10747
保亭黎族苗族自治县	37311	5639	4639	4456	2895	2333	6455	10894
琼中黎族苗族自治县	29209	4277	3195	3165	2432	1940	5287	8913

7-4　续表 1

单位：人

现住地	离开户口登记地时间 省内 小计	半年以上，不满一年	一年以上，不满二年	二年以上，不满三年	三年以上，不满四年	四年以上，不满五年	五年以上，不满十年	十年以上
全省	**2410018**	**339520**	**299956**	**278338**	**230517**	**175514**	**453308**	**632865**
海口市	**1199829**	**156860**	**149336**	**144588**	**121754**	**92506**	**233217**	**301568**
秀英区	179755	29028	26326	23174	18667	14739	32502	35319
龙华区	351680	49325	43697	42968	38355	28020	66925	82390
琼山区	323463	36524	34570	36516	30002	25586	72221	88044
美兰区	344931	41983	44743	41930	34730	24161	61569	95815
三亚市	**260796**	**44290**	**36032**	**33599**	**27150**	**17358**	**45339**	**57028**
海棠区	14228	3436	2380	1985	1167	789	1506	2965
吉阳区	151226	26067	20909	20145	16733	9993	27418	29961
天涯区	83277	12029	11323	10293	8285	5873	14972	20502
崖州区	12065	2758	1420	1176	965	703	1443	3600
三沙市	**609**	**10**	**506**	**6**	**76**	**6**	**2**	**3**
儋州市	**194979**	**18279**	**18854**	**15871**	**14836**	**10368**	**39668**	**77103**
五指山市	22453	4369	4745	3000	1343	1241	2775	4980
琼海市	101019	15393	14790	12675	9629	6838	15647	26047
文昌市	109732	15067	15326	13674	10358	7891	16785	30631
万宁市	59969	11761	7275	6541	4719	4101	8994	16578
东方市	72604	13036	8731	7908	5856	4998	13278	18797
定安县	32211	4617	3284	3244	2703	2172	6060	10131
屯昌县	39584	4724	4300	4761	4009	3435	8245	10110
澄迈县	78800	16151	7419	6975	6289	5407	14160	22399
临高县	68665	6269	10258	6868	6789	7083	19684	11714
白沙黎族自治县	17236	2816	2019	1936	1635	1203	2787	4840
昌江黎族自治县	51831	9068	7233	6044	4751	3782	9919	11034
乐东黎族自治县	30123	7607	2428	2667	2749	2028	4336	8308
陵水黎族自治县	25893	3319	2372	2409	2387	2231	4632	8543
保亭黎族苗族自治县	23608	3027	2762	3207	1769	1508	4043	7292
琼中黎族苗族自治县	20077	2857	2286	2365	1715	1358	3737	5759

7－4　续表 2　　　　单位：人

现住地	离开户口登记地时间							
	省外							
	小计	半年以上，不满一年	一年以上，不满二年	二年以上，不满三年	三年以上，不满四年	四年以上，不满五年	五年以上，不满十年	十年以上
全省	**1088143**	**227552**	**166439**	**133047**	**114092**	**70598**	**167582**	**208833**
海口市	**527361**	**98042**	**75535**	**66674**	**57299**	**36119**	**87822**	**105870**
秀英区	125822	31892	17801	14925	12605	8659	18909	21031
龙华区	152570	24366	19069	17623	15602	11644	28355	35911
琼山区	82107	16108	10051	8851	7739	6248	15781	17329
美兰区	166862	25676	28614	25275	21353	9568	24777	31599
三亚市	**262087**	**56009**	**43621**	**33192**	**28425**	**15392**	**36212**	**49236**
海棠区	32059	10580	5599	3828	2734	1630	3510	4178
吉阳区	140103	24629	23261	19604	17088	8404	19908	27209
天涯区	68322	14590	11464	7746	6892	4106	10160	13364
崖州区	21603	6210	3297	2014	1711	1252	2634	4485
三沙市	**896**	**3**	**754**	**126**	**4**	**1**	**1**	**7**
儋州市	**47330**	**10425**	**5997**	**4533**	**4699**	**2926**	**7189**	**11561**
五指山市	13170	3195	2520	1433	1154	700	1901	2267
琼海市	35484	9016	5262	3895	3347	2166	5324	6474
文昌市	30966	6580	5479	4140	3491	2262	4663	4351
万宁市	16118	4637	2677	1676	1310	886	2162	2770
东方市	30395	8602	5707	3949	3121	2036	3504	3476
定安县	5767	1553	856	621	566	327	943	901
屯昌县	8114	1673	1457	1097	864	552	1204	1267
澄迈县	30376	9266	5143	3750	2622	1949	3965	3681
临高县	4739	1390	821	483	487	341	847	370
白沙黎族自治县	7983	1452	829	595	654	502	1452	2499
昌江黎族自治县	11542	3283	1922	1147	914	656	1568	2052
乐东黎族自治县	17582	4450	2671	1888	1759	1244	2479	3091
陵水黎族自治县	15398	3944	2402	1799	1533	1132	2384	2204
保亭黎族苗族自治县	13703	2612	1877	1249	1126	825	2412	3602
琼中黎族苗族自治县	9132	1420	909	800	717	582	1550	3154

7-4a 全省按现住地、离开户口登记地时间分的户口登记地在外乡镇街道的人口(城市)

单位：人

现住地	离开户口登记地时间							
	合计							
	合计	半年以上，不满一年	一年以上，不满二年	二年以上，不满三年	三年以上，不满四年	四年以上，不满五年	五年以上，不满十年	十年以上
全省	**2330637**	**326935**	**300214**	**279243**	**237003**	**171789**	**436802**	**578651**
海口市	**1459970**	**191380**	**174736**	**174497**	**153020**	**114845**	**288352**	**363140**
秀英区	248948	43421	34520	31037	26267	20369	45326	48008
龙华区	488132	69436	60620	58924	52745	38667	93034	114706
琼山区	342302	38579	35947	38510	32205	28020	76928	92113
美兰区	380588	39944	43649	46026	41803	27789	73064	108313
三亚市	**403601**	**68913**	**57749**	**50331**	**42122**	**26731**	**69311**	**88444**
海棠区	18385	4881	2867	1702	1457	911	2397	4170
吉阳区	245008	39091	33368	31828	26800	16656	43976	53289
天涯区	125913	20991	19231	15269	12796	8338	21432	27856
崖州区	14295	3950	2283	1532	1069	826	1506	3129
三沙市								
儋州市	**165229**	**12151**	**16237**	**13061**	**12926**	**8938**	**33536**	**68380**
五指山市	26920	5430	5822	3338	1895	1521	3684	5230
琼海市	88341	15275	14982	12332	9112	5922	13168	17550
文昌市	77634	12335	14757	12192	8303	5911	11059	13077
万宁市	29239	5740	4768	3999	2578	2240	3770	6144
东方市	79703	15711	11163	9493	7047	5681	13922	16686
定安县								
屯昌县								
澄迈县								
临高县								
白沙黎族自治县								
昌江黎族自治县								
乐东黎族自治县								
陵水黎族自治县								
保亭黎族苗族自治县								
琼中黎族苗族自治县								

7-4a 续表 1

单位：人

现住地	离开户口登记地时间							
	省内							
	小计	半年以上，不满一年	一年以上，不满二年	二年以上，不满三年	三年以上，不满四年	四年以上，不满五年	五年以上，不满十年	十年以上
全省	**1633242**	**203831**	**200585**	**194710**	**162618**	**122705**	**318366**	**430427**
海口市	**1041713**	**123747**	**120333**	**124063**	**107625**	**84000**	**212868**	**269077**
秀英区	154330	23320	21830	20006	16366	13267	29349	30192
龙华区	341839	47333	42484	41959	37626	27328	65443	79666
琼山区	279462	27879	28944	31484	26207	22957	64502	77489
美兰区	266082	25215	27075	30614	27426	20448	53574	81730
三亚市	**214923**	**32583**	**28124**	**27514**	**22458**	**14863**	**40319**	**49062**
海棠区	5103	677	661	447	401	289	746	1882
吉阳区	132291	20631	16786	17374	14436	9229	25860	27975
天涯区	71574	9891	9929	9071	7210	5033	13108	17332
崖州区	5955	1384	748	622	411	312	605	1873
三沙市								
儋州市	**147036**	**10150**	**13945**	**11373**	**11084**	**7588**	**30007**	**62889**
五指山市	16491	3093	3789	2154	986	917	2100	3452
琼海市	67838	10514	11844	9795	7033	4559	9882	14211
文昌市	62262	9351	11530	9815	6527	4734	8824	11481
万宁市	24459	4487	3807	3339	2131	1956	3177	5562
东方市	58520	9906	7213	6657	4774	4088	11189	14693
定安县								
屯昌县								
澄迈县								
临高县								
白沙黎族自治县								
昌江黎族自治县								
乐东黎族自治县								
陵水黎族自治县								
保亭黎族苗族自治县								
琼中黎族苗族自治县								

7-4a　续表 2　　　　单位：人

现住地	离开户口登记地时间							
	省外							
	小计	半年以上，不满一年	一年以上，不满二年	二年以上，不满三年	三年以上，不满四年	四年以上，不满五年	五年以上，不满十年	十年以上
全省	**697395**	**123104**	**99629**	**84533**	**74385**	**49084**	**118436**	**148224**
海口市	**418257**	**67633**	**54403**	**50434**	**45395**	**30845**	**75484**	**94063**
秀英区	94618	20101	12690	11031	9901	7102	15977	17816
龙华区	146293	22103	18136	16965	15119	11339	27591	35040
琼山区	62840	10700	7003	7026	5998	5063	12426	14624
美兰区	114506	14729	16574	15412	14377	7341	19490	26583
三亚市	**188678**	**36330**	**29625**	**22817**	**19664**	**11868**	**28992**	**39382**
海棠区	13282	4204	2206	1255	1056	622	1651	2288
吉阳区	112717	18460	16582	14454	12364	7427	18116	25314
天涯区	54339	11100	9302	6198	5586	3305	8324	10524
崖州区	8340	2566	1535	910	658	514	901	1256
三沙市								
儋州市	**18193**	**2001**	**2292**	**1688**	**1842**	**1350**	**3529**	**5491**
五指山市	10429	2337	2033	1184	909	604	1584	1778
琼海市	20503	4761	3138	2537	2079	1363	3286	3339
文昌市	15372	2984	3227	2377	1776	1177	2235	1596
万宁市	4780	1253	961	660	447	284	593	582
东方市	21183	5805	3950	2836	2273	1593	2733	1993
定安县								
屯昌县								
澄迈县								
临高县								
白沙黎族自治县								
昌江黎族自治县								
乐东黎族自治县								
陵水黎族自治县								
保亭黎族苗族自治县								
琼中黎族苗族自治县								

7－4b　全省按现住地、离开户口登记地时间分的户口登记地在外乡镇街道的人口(镇)

单位：人

现住地	离开户口登记地时间							
	合计							
	合计	半年以上，不满一年	一年以上，不满二年	二年以上，不满三年	三年以上，不满四年	四年以上，不满五年	五年以上，不满十年	十年以上
全省	**604933**	**114584**	**83915**	**70724**	**57829**	**40730**	**103342**	**133809**
海口市	**117493**	**25274**	**23352**	**17919**	**13280**	**5401**	**12907**	**19360**
秀英区	27601	8473	4756	3939	2587	1385	2728	3733
龙华区	3666	996	364	333	248	211	588	926
琼山区	11108	2815	2428	651	563	471	1341	2839
美兰区	75118	12990	15804	12996	9882	3334	8250	11862
三亚市	**10969**	**2771**	**1800**	**1760**	**1286**	**656**	**1165**	**1531**
海棠区	4382	1174	827	623	408	258	504	588
吉阳区	4278	864	695	929	708	293	375	414
天涯区	1849	425	256	197	152	101	255	463
崖州区	460	308	22	11	18	4	31	66
三沙市	**1505**	**13**	**1260**	**132**	**80**	**7**	**3**	**10**
儋州市	**47662**	**9659**	**6140**	**5172**	**4672**	**2896**	**7814**	**11309**
五指山市	4886	1161	889	784	274	196	535	1047
琼海市	17186	3115	1940	1570	1367	1049	2856	5289
文昌市	36011	4513	3347	3308	3442	2597	6122	12682
万宁市	16670	3802	1443	1491	1307	1087	2939	4601
东方市	7750	1934	823	680	568	477	1214	2054
定安县	25958	4159	2980	2765	2223	1712	4888	7231
屯昌县	37391	4463	4710	4863	4003	3328	7867	8157
澄迈县	85724	22478	10339	8662	7016	5689	13547	17993
临高县	48440	4392	6334	4178	4400	4742	16050	8344
白沙黎族自治县	10331	1405	1333	1307	1121	820	1881	2464
昌江黎族自治县	55459	9725	7928	6522	5113	4050	10347	11774
乐东黎族自治县	25698	7201	2413	2462	2749	1978	3591	5304
陵水黎族自治县	19923	3071	1992	2087	2013	1717	3469	5574
保亭黎族苗族自治县	20463	3296	2877	3066	1549	1269	3330	5076
琼中黎族苗族自治县	15414	2152	2015	1996	1366	1059	2817	4009

7-4b　续表 1　　　　单位：人

现住地	离开户口登记地时间							
	省内							
	小计	半年以上，不满一年	一年以上，不满二年	二年以上，不满三年	三年以上，不满四年	四年以上，不满五年	五年以上，不满十年	十年以上
全省	**431157**	**73213**	**54573**	**47650**	**38176**	**30052**	**79806**	**107687**
海口市	**67609**	**13488**	**13222**	**9264**	**6446**	**3145**	**7811**	**14233**
秀英区	13168	3186	2289	1899	1230	696	1430	2438
龙华区	2487	534	211	223	167	155	432	765
琼山区	8084	1818	1628	459	381	332	1004	2462
美兰区	43870	7950	9094	6683	4668	1962	4945	8568
三亚市	**5136**	**1218**	**751**	**797**	**597**	**334**	**562**	**877**
海棠区	1646	389	275	267	147	113	199	256
吉阳区	2219	469	349	435	370	167	197	232
天涯区	953	122	116	93	71	52	157	342
崖州区	318	238	11	2	9	2	9	47
三沙市	**609**	**10**	**506**	**6**	**76**	**6**	**2**	**3**
儋州市	**28037**	**4847**	**3407**	**3012**	**2402**	**1715**	**5163**	**7491**
五指山市	3422	747	673	648	143	137	337	737
琼海市	11235	1909	1130	996	780	673	1903	3844
文昌市	27047	2963	2115	2251	2350	1899	4600	10869
万宁市	12570	2852	807	1013	928	809	2297	3864
东方市	5032	1154	410	397	314	342	902	1513
定安县	22099	3190	2412	2375	1854	1468	4188	6612
屯昌县	31715	3433	3587	4013	3316	2889	6936	7541
澄迈县	60171	14250	5965	5495	4821	4067	10333	15240
临高县	45451	3603	5873	3865	4080	4508	15463	8059
白沙黎族自治县	7958	1162	1127	1083	833	603	1323	1827
昌江黎族自治县	47537	8125	6746	5660	4390	3512	9076	10028
乐东黎族自治县	17544	5101	1352	1613	1701	1209	2455	4113
陵水黎族自治县	12832	1699	1068	1159	1180	1109	2259	4358
保亭黎族苗族自治县	13670	1842	1874	2397	969	846	2130	3612
琼中黎族苗族自治县	11483	1620	1548	1606	996	781	2066	2866

7-4b 续表 2

单位：人

现住地	离开户口登记地时间							
	省外							
	小计	半年以上，不满一年	一年以上，不满二年	二年以上，不满三年	三年以上，不满四年	四年以上，不满五年	五年以上，不满十年	十年以上
全省	**173776**	**41371**	**29342**	**23074**	**19653**	**10678**	**23536**	**26122**
海口市	**49884**	**11786**	**10130**	**8655**	**6834**	**2256**	**5096**	**5127**
秀英区	14433	5287	2467	2040	1357	689	1298	1295
龙华区	1179	462	153	110	81	56	156	161
琼山区	3024	997	800	192	182	139	337	377
美兰区	31248	5040	6710	6313	5214	1372	3305	3294
三亚市	**5833**	**1553**	**1049**	**963**	**689**	**322**	**603**	**654**
海棠区	2736	785	552	356	261	145	305	332
吉阳区	2059	395	346	494	338	126	178	182
天涯区	896	303	140	104	81	49	98	121
崖州区	142	70	11	9	9	2	22	19
三沙市	**896**	**3**	**754**	**126**	**4**	**1**	**1**	**7**
儋州市	**19625**	**4812**	**2733**	**2160**	**2270**	**1181**	**2651**	**3818**
五指山市	1464	414	216	136	131	59	198	310
琼海市	5951	1206	810	574	587	376	953	1445
文昌市	8964	1550	1232	1057	1092	698	1522	1813
万宁市	4100	950	636	478	379	278	642	737
东方市	2718	780	413	283	254	135	312	541
定安县	3859	969	568	390	369	244	700	619
屯昌县	5676	1030	1123	850	687	439	931	616
澄迈县	25553	8228	4374	3167	2195	1622	3214	2753
临高县	2989	789	461	313	320	234	587	285
白沙黎族自治县	2373	243	206	224	288	217	558	637
昌江黎族自治县	7922	1600	1182	862	723	538	1271	1746
乐东黎族自治县	8154	2100	1061	849	1048	769	1136	1191
陵水黎族自治县	7091	1372	924	928	833	608	1210	1216
保亭黎族苗族自治县	6793	1454	1003	669	580	423	1200	1464
琼中黎族苗族自治县	3931	532	467	390	370	278	751	1143

7-4c　全省按现住地、离开户口登记地时间分的户口登记地在外乡镇街道的人口(乡村)

单位：人

现住地	离开户口登记地时间							
	合计							
	合计	半年以上，不满一年	一年以上，不满二年	二年以上，不满三年	三年以上，不满四年	四年以上，不满五年	五年以上，不满十年	十年以上
全省	**562591**	**125553**	**82266**	**61418**	**49777**	**33593**	**80746**	**129238**
海口市	**149727**	**38248**	**26783**	**18846**	**12753**	**8379**	**19780**	**24938**
秀英区	29028	9026	4851	3123	2418	1644	3357	4609
龙华区	12452	3259	1782	1334	964	786	1658	2669
琼山区	52160	11238	6246	6206	4973	3343	9733	10421
美兰区	56087	14725	13904	8183	4398	2606	5032	7239
三亚市	**108313**	**28615**	**20104**	**14700**	**12167**	**5363**	**11075**	**16289**
海棠区	23520	7961	4285	3488	2036	1250	2115	2385
吉阳区	42043	10741	10107	6992	6313	1448	2975	3467
天涯区	23837	5203	3300	2573	2229	1540	3445	5547
崖州区	18913	4710	2412	1647	1589	1125	2540	4890
三沙市								
儋州市	**29418**	**6894**	**2474**	**2171**	**1937**	**1460**	**5507**	**8975**
五指山市	3817	973	554	311	328	224	457	970
琼海市	30976	6019	3130	2668	2497	2033	4947	9682
文昌市	27053	4799	2701	2314	2104	1645	4267	9223
万宁市	30178	6856	3741	2727	2144	1660	4447	8603
东方市	15546	3993	2452	1684	1362	876	1646	3533
定安县	12020	2011	1160	1100	1046	787	2115	3801
屯昌县	10307	1934	1047	995	870	659	1582	3220
澄迈县	23452	2939	2223	2063	1895	1667	4578	8087
临高县	24964	3267	4745	3173	2876	2682	4481	3740
白沙黎族自治县	14888	2863	1515	1224	1168	885	2358	4875
昌江黎族自治县	7914	2626	1227	669	552	388	1140	1312
乐东黎族自治县	22007	4856	2686	2093	1759	1294	3224	6095
陵水黎族自治县	21368	4192	2782	2121	1907	1646	3547	5173
保亭黎族苗族自治县	16848	2343	1762	1390	1346	1064	3125	5818
琼中黎族苗族自治县	13795	2125	1180	1169	1066	881	2470	4904

7-4c 续表 1

单位：人

现住地	离开户口登记地时间							
	省内							
	小计	半年以上，不满一年	一年以上，不满二年	二年以上，不满三年	三年以上，不满四年	四年以上，不满五年	五年以上，不满十年	十年以上
全省	**345619**	**62476**	**44798**	**35978**	**29723**	**22757**	**55136**	**94751**
海口市	**90507**	**19625**	**15781**	**11261**	**7683**	**5361**	**12538**	**18258**
秀英区	12257	2522	2207	1269	1071	776	1723	2689
龙华区	7354	1458	1002	786	562	537	1050	1959
琼山区	35917	6827	3998	4573	3414	2297	6715	8093
美兰区	34979	8818	8574	4633	2636	1751	3050	5517
三亚市	**40737**	**10489**	**7157**	**5288**	**4095**	**2161**	**4458**	**7089**
海棠区	7479	2370	1444	1271	619	387	561	827
吉阳区	16716	4967	3774	2336	1927	597	1361	1754
天涯区	10750	2016	1278	1129	1004	788	1707	2828
崖州区	5792	1136	661	552	545	389	829	1680
三沙市								
儋州市	**19906**	**3282**	**1502**	**1486**	**1350**	**1065**	**4498**	**6723**
五指山市	2540	529	283	198	214	187	338	791
琼海市	21946	2970	1816	1884	1816	1606	3862	7992
文昌市	20423	2753	1681	1608	1481	1258	3361	8281
万宁市	22940	4422	2661	2189	1660	1336	3520	7152
东方市	9052	1976	1108	854	768	568	1187	2591
定安县	10112	1427	872	869	849	704	1872	3519
屯昌县	7869	1291	713	748	693	546	1309	2569
澄迈县	18629	1901	1454	1480	1468	1340	3827	7159
临高县	23214	2666	4385	3003	2709	2575	4221	3655
白沙黎族自治县	9278	1654	892	853	802	600	1464	3013
昌江黎族自治县	4294	943	487	384	361	270	843	1006
乐东黎族自治县	12579	2506	1076	1054	1048	819	1881	4195
陵水黎族自治县	13061	1620	1304	1250	1207	1122	2373	4185
保亭黎族苗族自治县	9938	1185	888	810	800	662	1913	3680
琼中黎族苗族自治县	8594	1237	738	759	719	577	1671	2893

7–4c　续表 2

单位：人

现住地	离开户口登记地时间							
	省外							
	小计	半年以上，不满一年	一年以上，不满二年	二年以上，不满三年	三年以上，不满四年	四年以上，不满五年	五年以上，不满十年	十年以上
全省	**216972**	**63077**	**37468**	**25440**	**20054**	**10836**	**25610**	**34487**
海口市	**59220**	**18623**	**11002**	**7585**	**5070**	**3018**	**7242**	**6680**
秀英区	16771	6504	2644	1854	1347	868	1634	1920
龙华区	5098	1801	780	548	402	249	608	710
琼山区	16243	4411	2248	1633	1559	1046	3018	2328
美兰区	21108	5907	5330	3550	1762	855	1982	1722
三亚市	**67576**	**18126**	**12947**	**9412**	**8072**	**3202**	**6617**	**9200**
海棠区	16041	5591	2841	2217	1417	863	1554	1558
吉阳区	25327	5774	6333	4656	4386	851	1614	1713
天涯区	13087	3187	2022	1444	1225	752	1738	2719
崖州区	13121	3574	1751	1095	1044	736	1711	3210
三沙市								
儋州市	**9512**	**3612**	**972**	**685**	**587**	**395**	**1009**	**2252**
五指山市	1277	444	271	113	114	37	119	179
琼海市	9030	3049	1314	784	681	427	1085	1690
文昌市	6630	2046	1020	706	623	387	906	942
万宁市	7238	2434	1080	538	484	324	927	1451
东方市	6494	2017	1344	830	594	308	459	942
定安县	1908	584	288	231	197	83	243	282
屯昌县	2438	643	334	247	177	113	273	651
澄迈县	4823	1038	769	583	427	327	751	928
临高县	1750	601	360	170	167	107	260	85
白沙黎族自治县	5610	1209	623	371	366	285	894	1862
昌江黎族自治县	3620	1683	740	285	191	118	297	306
乐东黎族自治县	9428	2350	1610	1039	711	475	1343	1900
陵水黎族自治县	8307	2572	1478	871	700	524	1174	988
保亭黎族苗族自治县	6910	1158	874	580	546	402	1212	2138
琼中黎族苗族自治县	5201	888	442	410	347	304	799	2011

7-5 全省按户口登记地、性别、受教育程度分的户口登记地在外乡镇街道的人口

单位：人

受教育程度	合计			省内		
	合计	男	女	小计	男	女
总 计	**3412525**	**1802458**	**1610067**	**2340897**	**1167026**	**1173871**
未上过学	46417	15276	31141	32927	10343	22584
学前教育	122893	67200	55693	96123	52774	43349
小 学	503393	250255	253138	332923	157301	175622
初 中	1220620	651009	569611	798340	380136	418204
高 中	744858	411553	333305	553541	294283	259258
大学专科	391306	208967	182339	280795	146376	134419
大学本科	359526	186302	173224	233066	119120	113946
硕士研究生	21302	10594	10708	12144	6080	6064
博士研究生	2210	1302	908	1038	613	425

7-5 续表

单位：人

受教育程度	省内			省外		
	其中市辖区内人户分离					
	小计	男	女	小计	男	女
总 计	**807382**	**402941**	**404441**	**1071628**	**635432**	**436196**
未上过学	12871	3557	9314	13490	4933	8557
学前教育	38623	21223	17400	26770	14426	12344
小 学	122659	58244	64415	170470	92954	77516
初 中	223795	107158	116637	422280	270873	151407
高 中	194873	101389	93484	191317	117270	74047
大学专科	98430	51017	47413	110511	62591	47920
大学本科	107042	55729	51313	126460	67182	59278
硕士研究生	8368	4204	4164	9158	4514	4644
博士研究生	721	420	301	1172	689	483

7−5a　全省按户口登记地、性别、受教育程度分的户口登记地在外乡镇街道的人口(城市)

单位：人

受教育程度	合计			省内		
	合计	男	女	小计	男	女
总　计	**2271219**	**1201304**	**1069915**	**1584307**	**799454**	**784853**
未上过学	28463	9398	19065	20248	6447	13801
学前教育	86018	47367	38651	68543	37988	30555
小　学	326109	162967	163142	221291	106653	114638
初　中	741015	399672	341343	484677	238132	246545
高　中	533984	290021	243963	398006	208352	189654
大学专科	281832	149817	132015	206823	107400	99423
大学本科	254989	132530	122459	174159	89140	85019
硕士研究生	17065	8498	8567	9750	4862	4888
博士研究生	1744	1034	710	810	480	330

7−5a　续表

单位：人

受教育程度	省内			省外		
	其中市辖区内人户分离					
	小计	男	女	小计	男	女
总　计	**687090**	**343993**	**343097**	**686912**	**401850**	**285062**
未上过学	10339	2942	7397	8215	2951	5264
学前教育	33595	18524	15071	17475	9379	8096
小　学	103885	49887	53998	104818	56314	48504
初　中	182488	88447	94041	256338	161540	94798
高　中	168541	86681	81860	135978	81669	54309
大学专科	85883	44394	41489	75009	42417	32592
大学本科	94349	49035	45314	80830	43390	37440
硕士研究生	7361	3697	3664	7315	3636	3679
博士研究生	649	386	263	934	554	380

7-5b 全省按户口登记地、性别、受教育程度分的户口登记地在外乡镇街道的人口(镇)

单位：人

受教育程度	合计			省内		
	合计	男	女	小计	男	女
总　计	**589829**	**309119**	**280710**	**419023**	**208322**	**210701**
未上过学	8762	2881	5881	6484	1996	4488
学前教育	21858	11870	9988	17213	9328	7885
小　学	90841	44489	46352	63409	29339	34070
初　中	233832	121525	112307	165566	77762	87804
高　中	120659	68461	52198	93479	51602	41877
大学专科	54092	29999	24093	37932	20380	17552
大学本科	57513	28749	28764	33709	17278	16431
硕士研究生	2045	1018	1027	1115	569	546
博士研究生	227	127	100	116	68	48

7-5b 续表

单位：人

受教育程度	省内			省外		
	其中市辖区内人户分离					
	小计	男	女	小计	男	女
总　计	**50957**	**26161**	**24796**	**170806**	**100797**	**70009**
未上过学	1194	312	882	2278	885	1393
学前教育	2153	1173	980	4645	2542	2103
小　学	8421	3901	4520	27432	15150	12282
初　中	16496	8250	8246	68266	43763	24503
高　中	11064	6262	4802	27180	16859	10321
大学专科	5309	2934	2375	16160	9619	6541
大学本科	5905	3118	2787	23804	11471	12333
硕士研究生	387	198	189	930	449	481
博士研究生	28	13	15	111	59	52

7-5c　全省按户口登记地、性别、受教育程度分的户口登记地在外乡镇街道的人口(乡村)

单位：人

受教育程度	合计			省内		
	合计	男	女	小计	男	女
总　计	**551477**	**292035**	**259442**	**337567**	**159250**	**178317**
未上过学	9192	2997	6195	6195	1900	4295
学前教育	15017	7963	7054	10367	5458	4909
小　学	86443	42799	43644	48223	21309	26914
初　中	245773	129812	115961	148097	64242	83855
高　中	90215	53071	37144	62056	34329	27727
大学专科	55382	29151	26231	36040	18596	17444
大学本科	47024	25023	22001	25198	12702	12496
硕士研究生	2192	1078	1114	1279	649	630
博士研究生	239	141	98	112	65	47

7-5c　续表

单位：人

受教育程度	省内			省外		
	其中市辖区内人户分离					
	小计	男	女	小计	男	女
总　计	**69335**	**32787**	**36548**	**213910**	**132785**	**81125**
未上过学	1338	303	1035	2997	1097	1900
学前教育	2875	1526	1349	4650	2505	2145
小　学	10353	4456	5897	38220	21490	16730
初　中	24811	10461	14350	97676	65570	32106
高　中	15268	8446	6822	28159	18742	9417
大学专科	7238	3689	3549	19342	10555	8787
大学本科	6788	3576	3212	21826	12321	9505
硕士研究生	620	309	311	913	429	484
博士研究生	44	21	23	127	76	51

7-6 全省按现住地、受教育程度、性别分的户口登记地在本省其他乡镇街道的人口

单位：人

现住地	合计			未上过学		
	合计	男	女	小计	男	女
全省	**2340897**	**1167026**	**1173871**	**32927**	**10343**	**22584**
海口市	**1164924**	**589251**	**575673**	**11978**	**4365**	**7613**
秀英区	174288	89324	84964	1964	724	1240
龙华区	341590	173750	167840	3378	1195	2183
琼山区	313346	158964	154382	2947	1143	1804
美兰区	335700	167213	168487	3689	1303	2386
三亚市	**253879**	**131104**	**122775**	**2901**	**1001**	**1900**
海棠区	13970	7506	6464	129	45	84
吉阳区	147079	76562	70517	1496	552	944
天涯区	81071	41331	39740	1076	344	732
崖州区	11759	5705	6054	200	60	140
三沙市	**606**	**437**	**169**	**5**	**4**	**1**
儋州市	**188114**	**94956**	**93158**	**6750**	**1279**	**5471**
五指山市	21965	10150	11815	299	95	204
琼海市	98397	47318	51079	1006	404	602
文昌市	107105	50655	56450	1424	536	888
万宁市	58507	27184	31323	647	236	411
东方市	70410	35412	34998	1769	486	1283
定安县	31373	15218	16155	354	133	221
屯昌县	38362	18246	20116	639	252	387
澄迈县	76515	37128	39387	1019	330	689
临高县	66968	32721	34247	1018	275	743
白沙黎族自治县	16760	7888	8872	299	72	227
昌江黎族自治县	50116	24822	25294	1215	320	895
乐东黎族自治县	29316	14609	14707	536	187	349
陵水黎族自治县	25260	10941	14319	342	120	222
保亭黎族苗族自治县	22835	10228	12607	351	128	223
琼中黎族苗族自治县	19485	8758	10727	375	120	255

7-6　续表 1　　单位：人

现住地	学前教育			小学		
	小计	男	女	小计	男	女
全省	**96123**	**52774**	**43349**	**332923**	**157301**	**175622**
海口市	**49234**	**27028**	**22206**	**148890**	**71829**	**77061**
秀英区	7535	4164	3371	22954	11150	11804
龙华区	14346	7926	6420	41667	20332	21335
琼山区	14417	7884	6533	43398	21157	22241
美兰区	12936	7054	5882	40871	19190	21681
三亚市	**8741**	**4850**	**3891**	**29693**	**14267**	**15426**
海棠区	320	187	133	1432	616	816
吉阳区	5170	2851	2319	16290	8072	8218
天涯区	2907	1626	1281	10276	4850	5426
崖州区	344	186	158	1695	729	966
三沙市	**7**	**5**	**2**	**21**	**13**	**8**
儋州市	**9801**	**5489**	**4312**	**43586**	**20373**	**23213**
五指山市	601	333	268	2397	1064	1333
琼海市	3535	1951	1584	11837	5585	6252
文昌市	3621	1975	1646	14819	6681	8138
万宁市	2135	1152	983	7517	3525	3992
东方市	3026	1682	1344	13861	6454	7407
定安县	1133	599	534	3960	1790	2170
屯昌县	1815	982	833	6606	3044	3562
澄迈县	3092	1637	1455	11524	5233	6291
临高县	2710	1492	1218	10986	5027	5959
白沙黎族自治县	610	342	268	2839	1265	1574
昌江黎族自治县	2363	1288	1075	10407	4695	5712
乐东黎族自治县	1139	612	527	4590	2132	2458
陵水黎族自治县	833	440	393	3168	1471	1697
保亭黎族苗族自治县	965	523	442	3154	1494	1660
琼中黎族苗族自治县	762	394	368	3068	1359	1709

7-6 续表 2 单位：人

现住地	初中			高中			大学专科		
	小计	男	女	小计	男	女	小计	男	女
全省	**798340**	**380136**	**418204**	**553541**	**294283**	**259258**	**280795**	**146376**	**134419**
海口市	**334359**	**164451**	**169908**	**288146**	**151573**	**136573**	**172675**	**88982**	**83693**
秀英区	53668	27684	25984	43836	23053	20783	21798	11124	10674
龙华区	94524	47003	47521	87198	45783	41415	52666	27182	25484
琼山区	96214	46234	49980	76291	40725	35566	45888	24113	21775
美兰区	89953	43530	46423	80821	42012	38809	52323	26563	25760
三亚市	**85580**	**43861**	**41719**	**60979**	**33698**	**27281**	**34024**	**17903**	**16121**
海棠区	5543	2867	2676	3635	2279	1356	1877	1028	849
吉阳区	47249	24812	22437	35045	19632	15413	19402	10011	9391
天涯区	27866	13949	13917	19900	10476	9424	11705	6296	5409
崖州区	4922	2233	2689	2399	1311	1088	1040	568	472
三沙市	**467**	**344**	**123**	**60**	**40**	**20**	**26**	**16**	**10**
儋州市	**67834**	**34067**	**33767**	**36966**	**20626**	**16340**	**11798**	**6792**	**5006**
五指山市	5524	2554	2970	8884	4137	4747	2518	1058	1460
琼海市	39543	16843	22700	25303	13293	12010	10637	5856	4781
文昌市	44282	19607	24675	28179	14972	13207	9462	4187	5275
万宁市	26187	10759	15428	14202	7196	7006	4915	2742	2173
东方市	26358	12845	13513	14092	7797	6295	6381	3579	2802
定安县	13729	5847	7882	7678	4379	3299	2477	1367	1110
屯昌县	18085	8036	10049	6603	3460	3143	2691	1451	1240
澄迈县	36578	16163	20415	15112	8826	6286	5041	2789	2252
临高县	35209	16807	18402	10951	5788	5163	3522	1893	1629
白沙黎族自治县	6061	2687	3374	3787	1869	1918	1691	885	806
昌江黎族自治县	20204	9723	10481	10039	5479	4560	3578	2019	1559
乐东黎族自治县	10539	4871	5668	7179	3846	3333	3097	1704	1393
陵水黎族自治县	11752	4287	7465	5174	2521	2653	2147	1105	1042
保亭黎族苗族自治县	8757	3398	5359	5687	2659	3028	2270	1139	1131
琼中黎族苗族自治县	7292	2986	4306	4520	2124	2396	1845	909	936

7-6 续表 3

单位：人

现住地	大学本科			硕士研究生			博士研究生		
	小计	男	女	小计	男	女	小计	男	女
全省	**233066**	**119120**	**113946**	**12144**	**6080**	**6064**	**1038**	**613**	**425**
海口市	**149742**	**76010**	**73732**	**9155**	**4575**	**4580**	**745**	**438**	**307**
秀英区	21091	10680	10411	1350	691	659	92	54	38
龙华区	45064	22947	22117	2543	1260	1283	204	122	82
琼山区	32324	16749	15575	1740	889	851	127	70	57
美兰区	51263	25634	25629	3522	1735	1787	322	192	130
三亚市	**30638**	**14882**	**15756**	**1233**	**596**	**637**	**90**	**46**	**44**
海棠区	984	462	522	49	21	28	1	1	
吉阳区	21542	10210	11332	822	392	430	63	30	33
天涯区	6994	3616	3378	322	160	162	25	14	11
崖州区	1118	594	524	40	23	17	1	1	
三沙市	**19**	**14**	**5**	**1**	**1**				
儋州市	**11020**	**6121**	**4899**	**294**	**169**	**125**	**65**	**40**	**25**
五指山市	1682	871	811	52	33	19	8	5	3
琼海市	6293	3260	3033	221	111	110	22	15	7
文昌市	5087	2597	2490	210	84	126	21	16	5
万宁市	2765	1506	1259	114	49	65	25	19	6
东方市	4799	2507	2292	117	57	60	7	5	2
定安县	1947	1052	895	89	49	40	6	2	4
屯昌县	1862	991	871	55	27	28	6	3	3
澄迈县	3986	2066	1920	146	75	71	17	9	8
临高县	2497	1409	1088	70	29	41	5	1	4
白沙黎族自治县	1407	731	676	63	35	28	3	2	1
昌江黎族自治县	2248	1262	986	56	32	24	6	4	2
乐东黎族自治县	2150	1201	949	83	54	29	3	2	1
陵水黎族自治县	1760	954	806	79	39	40	5	4	1
保亭黎族苗族自治县	1603	859	744	45	26	19	3	2	1
琼中黎族苗族自治县	1561	827	734	61	39	22	1		1

7-6a 全省按现住地、受教育程度、性别分的户口登记地在本省其他乡镇街道的人口(城市)

单位：人

现住地	合计			未上过学		
	合计	男	女	小计	男	女
全省	**1584307**	**799454**	**784853**	**20248**	**6447**	**13801**
海口市	**1010572**	**510313**	**500259**	**9979**	**3712**	**6267**
秀英区	149662	76498	73164	1600	618	982
龙华区	331986	168893	163093	3128	1113	2015
琼山区	270563	138044	132519	2349	933	1416
美兰区	258361	126878	131483	2902	1048	1854
三亚市	**208860**	**107467**	**101393**	**2424**	**841**	**1583**
海棠区	4978	2288	2690	62	23	39
吉阳区	128445	67016	61429	1369	512	857
天涯区	69636	35412	34224	872	273	599
崖州区	5801	2751	3050	121	33	88
三沙市						
儋州市	**141502**	**72865**	**68637**	**5145**	**947**	**4198**
五指山市	16096	7389	8707	201	72	129
琼海市	65989	32891	33098	488	227	261
文昌市	60795	28615	32180	628	260	368
万宁市	23792	11413	12379	142	50	92
东方市	56701	28501	28200	1241	338	903
定安县						
屯昌县						
澄迈县						
临高县						
白沙黎族自治县						
昌江黎族自治县						
乐东黎族自治县						
陵水黎族自治县						
保亭黎族苗族自治县						
琼中黎族苗族自治县						

7–6a 续表 1

单位：人

现住地	学前教育			小学		
	小计	男	女	小计	男	女
全省	**68543**	**37988**	**30555**	**221291**	**106653**	**114638**
海口市	**44457**	**24484**	**19973**	**131801**	**63785**	**68016**
秀英区	6429	3554	2875	19647	9570	10077
龙华区	13998	7752	6246	40255	19680	20575
琼山区	12853	7046	5807	37918	18555	19363
美兰区	11177	6132	5045	33981	15980	18001
三亚市	**7604**	**4236**	**3368**	**24987**	**12037**	**12950**
海棠区	173	101	72	632	268	364
吉阳区	4795	2661	2134	15058	7481	7577
天涯区	2474	1385	1089	8434	3963	4471
崖州区	162	89	73	863	325	538
三沙市						
儋州市	**7801**	**4403**	**3398**	**34038**	**16313**	**17725**
五指山市	487	278	209	1766	794	972
琼海市	2552	1458	1094	7278	3624	3654
文昌市	2121	1173	948	7672	3603	4069
万宁市	979	524	455	2859	1421	1438
东方市	2542	1432	1110	10890	5076	5814
定安县						
屯昌县						
澄迈县						
临高县						
白沙黎族自治县						
昌江黎族自治县						
乐东黎族自治县						
陵水黎族自治县						
保亭黎族苗族自治县						
琼中黎族苗族自治县						

7-6a　续表 2　　　　单位：人

现住地	初中			高中			大学专科		
	小计	男	女	小计	男	女	小计	男	女
全省	**484677**	**238132**	**246545**	**398006**	**208352**	**189654**	**206823**	**107400**	**99423**
海口市	**287355**	**140783**	**146572**	**250595**	**130060**	**120535**	**147358**	**76441**	**70917**
秀英区	44783	23206	21577	38619	19959	18660	19269	9816	9453
龙华区	90713	45143	45570	84858	44494	40364	51988	26797	25191
琼山区	82125	39453	42672	65372	34777	30595	39550	21520	18030
美兰区	69734	32981	36753	61746	30830	30916	36551	18308	18243
三亚市	**70336**	**35820**	**34516**	**52655**	**28553**	**24102**	**26514**	**13892**	**12622**
海棠区	2282	953	1329	1070	576	494	449	220	229
吉阳区	42363	22086	20277	32269	17893	14376	15376	7972	7404
天涯区	23214	11690	11524	18000	9363	8637	10233	5438	4795
崖州区	2477	1091	1386	1316	721	595	456	262	194
三沙市									
儋州市	**49935**	**26449**	**23486**	**29556**	**16415**	**13141**	**8156**	**4569**	**3587**
五指山市	3546	1631	1915	6604	3055	3549	2111	843	1268
琼海市	23830	10650	13180	19220	10016	9204	8255	4627	3628
文昌市	20552	9091	11461	19750	10053	9697	6881	2820	4061
万宁市	8500	3688	4812	7520	3628	3892	2231	1246	985
东方市	20623	10020	10603	12106	6572	5534	5317	2962	2355
定安县									
屯昌县									
澄迈县									
临高县									
白沙黎族自治县									
昌江黎族自治县									
乐东黎族自治县									
陵水黎族自治县									
保亭黎族苗族自治县									
琼中黎族苗族自治县									

7−6a　续表 3　　　　单位：人

现住地	大学本科			硕士研究生			博士研究生		
	小计	男	女	小计	男	女	小计	男	女
全省	**174159**	**89140**	**85019**	**9750**	**4862**	**4888**	**810**	**480**	**330**
海口市	**130206**	**66576**	**63630**	**8151**	**4071**	**4080**	**670**	**401**	**269**
秀英区	18089	9135	8954	1148	591	557	78	49	29
龙华区	44369	22564	21805	2480	1231	1249	197	119	78
琼山区	28729	14904	13825	1552	791	761	115	65	50
美兰区	39019	19973	19046	2971	1458	1513	280	168	112
三亚市	**23208**	**11528**	**11680**	**1049**	**517**	**532**	**83**	**43**	**40**
海棠区	291	141	150	19	6	13			
吉阳区	16412	8018	8394	744	364	380	59	29	30
天涯区	6109	3145	2964	276	141	135	24	14	10
崖州区	396	224	172	10	6	4			
三沙市									
儋州市	**6724**	**3685**	**3039**	**128**	**75**	**53**	**19**	**9**	**10**
五指山市	1330	682	648	45	31	14	6	3	3
琼海市	4227	2220	2007	129	62	67	10	7	3
文昌市	3060	1565	1495	118	40	78	13	10	3
万宁市	1519	835	684	37	18	19	5	3	2
东方市	3885	2049	1836	93	48	45	4	4	
定安县									
屯昌县									
澄迈县									
临高县									
白沙黎族自治县									
昌江黎族自治县									
乐东黎族自治县									
陵水黎族自治县									
保亭黎族苗族自治县									
琼中黎族苗族自治县									

7-6b 全省按现住地、受教育程度、性别分的户口登记地在本省其他乡镇街道的人口(镇)

单位：人

现住地	合计			未上过学		
	合计	男	女	小计	男	女
全省	**419023**	**208322**	**210701**	**6484**	**1996**	**4488**
海口市	**66041**	**34100**	**31941**	**766**	**241**	**525**
秀英区	12689	6528	6161	162	48	114
龙华区	2408	1223	1185	55	17	38
琼山区	7887	3295	4592	119	37	82
美兰区	43057	23054	20003	430	139	291
三亚市	**4991**	**2772**	**2219**	**56**	**20**	**36**
海棠区	1615	918	697	8	4	4
吉阳区	2138	1188	950	17	6	11
天涯区	928	499	429	25	8	17
崖州区	310	167	143	6	2	4
三沙市	**606**	**437**	**169**	**5**	**4**	**1**
儋州市	**27231**	**14467**	**12764**	**883**	**212**	**671**
五指山市	3373	1518	1855	30	9	21
琼海市	10944	5036	5908	164	56	108
文昌市	26334	12648	13686	402	149	253
万宁市	12235	6025	6210	158	65	93
东方市	4881	2444	2437	174	51	123
定安县	21516	10812	10704	162	64	98
屯昌县	30662	14985	15677	345	130	215
澄迈县	58471	29412	29059	684	234	450
临高县	44249	21756	22493	676	171	505
白沙黎族自治县	7724	3654	4070	97	24	73
昌江黎族自治县	45882	22558	23324	1088	286	802
乐东黎族自治县	17045	8573	8472	299	95	204
陵水黎族自治县	12488	5870	6618	162	61	101
保亭黎族苗族自治县	13211	6048	7163	167	66	101
琼中黎族苗族自治县	11139	5207	5932	166	58	108

7-6b　续表 1

单位：人

现住地	学前教育			小　学		
	小计	男	女	小计	男	女
全省	**17213**	**9328**	**7885**	**63409**	**29339**	**34070**
海口市	**2047**	**1108**	**939**	**7192**	**3324**	**3868**
秀英区	716	398	318	1815	882	933
龙华区	94	50	44	431	189	242
琼山区	187	93	94	920	419	501
美兰区	1050	567	483	4026	1834	2192
三亚市	**139**	**77**	**62**	**481**	**223**	**258**
海棠区	32	21	11	140	62	78
吉阳区	57	27	30	162	80	82
天涯区	44	25	19	130	59	71
崖州区	6	4	2	49	22	27
三沙市	**7**	**5**	**2**	**21**	**13**	**8**
儋州市	**1201**	**655**	**546**	**5231**	**2423**	**2808**
五指山市	72	38	34	317	127	190
琼海市	361	185	176	1429	614	815
文昌市	980	532	448	4104	1810	2294
万宁市	522	286	236	1729	824	905
东方市	201	100	101	1002	445	557
定安县	837	446	391	2552	1214	1338
屯昌县	1598	873	725	5208	2462	2746
澄迈县	2344	1266	1078	8355	3872	4483
临高县	2014	1109	905	7619	3582	4037
白沙黎族自治县	287	161	126	1049	477	572
昌江黎族自治县	2299	1253	1046	9698	4401	5297
乐东黎族自治县	746	394	352	2664	1283	1381
陵水黎族自治县	478	265	213	1609	762	847
保亭黎族苗族自治县	617	337	280	1663	786	877
琼中黎族苗族自治县	463	238	225	1486	697	789

7-6b 续表 2

单位：人

现住地	初中			高中			大学专科		
	小计	男	女	小计	男	女	小计	男	女
全省	**165566**	**77762**	**87804**	**93479**	**51602**	**41877**	**37932**	**20380**	**17552**
海口市	**19172**	**9710**	**9462**	**16831**	**9986**	**6845**	**8887**	**4442**	**4445**
秀英区	3626	1941	1685	2199	1166	1033	1679	819	860
龙华区	1186	592	594	356	205	151	152	94	58
琼山区	2751	1329	1422	966	548	418	2224	583	1641
美兰区	11609	5848	5761	13310	8067	5243	4832	2946	1886
三亚市	**1870**	**1047**	**823**	**1268**	**828**	**440**	**785**	**412**	**373**
海棠区	628	351	277	504	320	184	215	119	96
吉阳区	687	390	297	590	390	200	439	223	216
天涯区	359	195	164	159	106	53	120	63	57
崖州区	196	111	85	15	12	3	11	7	4
三沙市	**467**	**344**	**123**	**60**	**40**	**20**	**26**	**16**	**10**
儋州市	**8257**	**4307**	**3950**	**4737**	**2722**	**2015**	**2945**	**1888**	**1057**
五指山市	762	330	432	1768	807	961	196	103	93
琼海市	4919	2076	2843	2337	1221	1116	855	431	424
文昌市	13070	5888	7182	4862	2833	2029	1582	810	772
万宁市	5593	2402	3191	2316	1308	1008	1477	898	579
东方市	2096	1061	1035	689	439	250	340	174	166
定安县	8560	3857	4703	6116	3477	2639	1781	968	813
屯昌县	14059	6555	7504	5651	2956	2695	2254	1200	1054
澄迈县	26585	12303	14282	12960	7664	5296	4176	2325	1851
临高县	21813	10466	11347	7617	4007	3610	2603	1390	1213
白沙黎族自治县	2126	930	1196	2333	1138	1195	945	490	455
昌江黎族自治县	18127	8623	9504	9408	5099	4309	3213	1763	1450
乐东黎族自治县	5472	2513	2959	4453	2363	2090	1965	1097	868
陵水黎族自治县	5109	2165	2944	2895	1435	1460	1171	615	556
保亭黎族苗族自治县	4080	1673	2407	3937	1784	2153	1512	751	761
琼中黎族苗族自治县	3429	1512	1917	3241	1495	1746	1219	607	612

7-6b　续表 3　　单位：人

现住地	大学本科			硕士研究生			博士研究生		
	小计	男	女	小计	男	女	小计	男	女
全省	**33709**	**17278**	**16431**	**1115**	**569**	**546**	**116**	**68**	**48**
海口市	**10709**	**5077**	**5632**	**409**	**199**	**210**	**28**	**13**	**15**
秀英区	2316	1189	1127	164	80	84	12	5	7
龙华区	125	71	54	9	5	4			
琼山区	698	275	423	20	10	10	2	1	1
美兰区	7570	3542	4028	216	104	112	14	7	7
三亚市	**379**	**159**	**220**	**13**	**6**	**7**			
海棠区	86	40	46	2	1	1			
吉阳区	178	69	109	8	3	5			
天涯区	88	41	47	3	2	1			
崖州区	27	9	18						
三沙市	**19**	**14**	**5**	**1**	**1**				
儋州市	**3772**	**2139**	**1633**	**159**	**90**	**69**	**46**	**31**	**15**
五指山市	223	102	121	4	1	3	1	1	
琼海市	862	441	421	15	10	5	2	2	
文昌市	1295	609	686	37	16	21	2	1	1
万宁市	423	232	191	16	9	7	1	1	
东方市	374	172	202	4	2	2	1		1
定安县	1451	755	696	52	29	23	5	2	3
屯昌县	1507	791	716	34	15	19	6	3	3
澄迈县	3237	1683	1554	118	58	60	12	7	5
临高县	1867	1020	847	38	11	27	2		2
白沙黎族自治县	862	423	439	24	10	14	1	1	
昌江黎族自治县	2003	1107	896	43	24	19	3	2	1
乐东黎族自治县	1408	802	606	36	25	11	2	1	1
陵水黎族自治县	1021	545	476	40	19	21	3	3	
保亭黎族苗族自治县	1204	636	568	30	15	15	1		1
琼中黎族苗族自治县	1093	571	522	42	29	13			

7-6c 全省按现住地、受教育程度、性别分的户口登记地在本省其他乡镇街道的人口(乡村)

单位：人

现住地	合计			未上过学		
	合计	男	女	小计	男	女
全省	**337567**	**159250**	**178317**	**6195**	**1900**	**4295**
海口市	**88311**	**44838**	**43473**	**1233**	**412**	**821**
秀英区	11937	6298	5639	202	58	144
龙华区	7196	3634	3562	195	65	130
琼山区	34896	17625	17271	479	173	306
美兰区	34282	17281	17001	357	116	241
三亚市	**40028**	**20865**	**19163**	**421**	**140**	**281**
海棠区	7377	4300	3077	59	18	41
吉阳区	16496	8358	8138	110	34	76
天涯区	10507	5420	5087	179	63	116
崖州区	5648	2787	2861	73	25	48
三沙市						
儋州市	**19381**	**7624**	**11757**	**722**	**120**	**602**
五指山市	2496	1243	1253	68	14	54
琼海市	21464	9391	12073	354	121	233
文昌市	19976	9392	10584	394	127	267
万宁市	22480	9746	12734	347	121	226
东方市	8828	4467	4361	354	97	257
定安县	9857	4406	5451	192	69	123
屯昌县	7700	3261	4439	294	122	172
澄迈县	18044	7716	10328	335	96	239
临高县	22719	10965	11754	342	104	238
白沙黎族自治县	9036	4234	4802	202	48	154
昌江黎族自治县	4234	2264	1970	127	34	93
乐东黎族自治县	12271	6036	6235	237	92	145
陵水黎族自治县	12772	5071	7701	180	59	121
保亭黎族苗族自治县	9624	4180	5444	184	62	122
琼中黎族苗族自治县	8346	3551	4795	209	62	147

7-6c　续表 1

单位：人

现住地	学前教育			小　学		
	小计	男	女	小计	男	女
全省	**10367**	**5458**	**4909**	**48223**	**21309**	**26914**
海口市	**2730**	**1436**	**1294**	**9897**	**4720**	**5177**
秀英区	390	212	178	1492	698	794
龙华区	254	124	130	981	463	518
琼山区	1377	745	632	4560	2183	2377
美兰区	709	355	354	2864	1376	1488
三亚市	**998**	**537**	**461**	**4225**	**2007**	**2218**
海棠区	115	65	50	660	286	374
吉阳区	318	163	155	1070	511	559
天涯区	389	216	173	1712	828	884
崖州区	176	93	83	783	382	401
三沙市						
儋州市	**799**	**431**	**368**	**4317**	**1637**	**2680**
五指山市	42	17	25	314	143	171
琼海市	622	308	314	3130	1347	1783
文昌市	520	270	250	3043	1268	1775
万宁市	634	342	292	2929	1280	1649
东方市	283	150	133	1969	933	1036
定安县	296	153	143	1408	576	832
屯昌县	217	109	108	1398	582	816
澄迈县	748	371	377	3169	1361	1808
临高县	696	383	313	3367	1445	1922
白沙黎族自治县	323	181	142	1790	788	1002
昌江黎族自治县	64	35	29	709	294	415
乐东黎族自治县	393	218	175	1926	849	1077
陵水黎族自治县	355	175	180	1559	709	850
保亭黎族苗族自治县	348	186	162	1491	708	783
琼中黎族苗族自治县	299	156	143	1582	662	920

7-6c 续表 2

单位：人

现住地	初中			高中			大学专科		
	小计	男	女	小计	男	女	小计	男	女
全省	**148097**	**64242**	**83855**	**62056**	**34329**	**27727**	**36040**	**18596**	**17444**
海口市	**27832**	**13958**	**13874**	**20720**	**11527**	**9193**	**16430**	**8099**	**8331**
秀英区	5259	2537	2722	3018	1928	1090	850	489	361
龙华区	2625	1268	1357	1984	1084	900	526	291	235
琼山区	11338	5452	5886	9953	5400	4553	4114	2010	2104
美兰区	8610	4701	3909	5765	3115	2650	10940	5309	5631
三亚市	**13374**	**6994**	**6380**	**7056**	**4317**	**2739**	**6725**	**3599**	**3126**
海棠区	2633	1563	1070	2061	1383	678	1213	689	524
吉阳区	4199	2336	1863	2186	1349	837	3587	1816	1771
天涯区	4293	2064	2229	1741	1007	734	1352	795	557
崖州区	2249	1031	1218	1068	578	490	573	299	274
三沙市									
儋州市	**9642**	**3311**	**6331**	**2673**	**1489**	**1184**	**697**	**335**	**362**
五指山市	1216	593	623	512	275	237	211	112	99
琼海市	10794	4117	6677	3746	2056	1690	1527	798	729
文昌市	10660	4628	6032	3567	2086	1481	999	557	442
万宁市	12094	4669	7425	4366	2260	2106	1207	598	609
东方市	3639	1764	1875	1297	786	511	724	443	281
定安县	5169	1990	3179	1562	902	660	696	399	297
屯昌县	4026	1481	2545	952	504	448	437	251	186
澄迈县	9993	3860	6133	2152	1162	990	865	464	401
临高县	13396	6341	7055	3334	1781	1553	919	503	416
白沙黎族自治县	3935	1757	2178	1454	731	723	746	395	351
昌江黎族自治县	2077	1100	977	631	380	251	365	256	109
乐东黎族自治县	5067	2358	2709	2726	1483	1243	1132	607	525
陵水黎族自治县	6643	2122	4521	2279	1086	1193	976	490	486
保亭黎族苗族自治县	4677	1725	2952	1750	875	875	758	388	370
琼中黎族苗族自治县	3863	1474	2389	1279	629	650	626	302	324

7-6c　续表 3　　　　单位：人

现住地	大学本科			硕士研究生			博士研究生		
	小计	男	女	小计	男	女	小计	男	女
全省	**25198**	**12702**	**12496**	**1279**	**649**	**630**	**112**	**65**	**47**
海口市	**8827**	**4357**	**4470**	**595**	**305**	**290**	**47**	**24**	**23**
秀英区	686	356	330	38	20	18	2		2
龙华区	570	312	258	54	24	30	7	3	4
琼山区	2897	1570	1327	168	88	80	10	4	6
美兰区	4674	2119	2555	335	173	162	28	17	11
三亚市	**7051**	**3195**	**3856**	**171**	**73**	**98**	**7**	**3**	**4**
海棠区	607	281	326	28	14	14	1	1	
吉阳区	4952	2123	2829	70	25	45	4	1	3
天涯区	797	430	367	43	17	26	1		1
崖州区	695	361	334	30	17	13	1	1	
三沙市									
儋州市	**524**	**297**	**227**	**7**	**4**	**3**			
五指山市	129	87	42	3	1	2	1	1	
琼海市	1204	599	605	77	39	38	10	6	4
文昌市	732	423	309	55	28	27	6	5	1
万宁市	823	439	384	61	22	39	19	15	4
东方市	540	286	254	20	7	13	2	1	1
定安县	496	297	199	37	20	17	1		1
屯昌县	355	200	155	21	12	9			
澄迈县	749	383	366	28	17	11	5	2	3
临高县	630	389	241	32	18	14	3	1	2
白沙黎族自治县	545	308	237	39	25	14	2	1	1
昌江黎族自治县	245	155	90	13	8	5	3	2	1
乐东黎族自治县	742	399	343	47	29	18	1	1	
陵水黎族自治县	739	409	330	39	20	19	2	1	1
保亭黎族苗族自治县	399	223	176	15	11	4	2	2	
琼中黎族苗族自治县	468	256	212	19	10	9	1		1

7-7 全省按现住地、受教育程度、性别分的户口登记地在外省的人口

单位：人

现住地	合计			未上过学		
	合计	男	女	小计	男	女
全省	**1071628**	**635432**	**436196**	**13490**	**4933**	**8557**
海口市	**519300**	**303826**	**215474**	**5901**	**2058**	**3843**
秀英区	123701	77498	46203	1495	543	952
龙华区	150108	88141	61967	1854	660	1194
琼山区	80780	47914	32866	866	304	562
美兰区	164711	90273	74438	1686	551	1135
三亚市	**258520**	**154885**	**103635**	**2996**	**1079**	**1917**
海棠区	31614	21020	10594	326	111	215
吉阳区	138236	81080	57156	1509	552	957
天涯区	67397	39291	28106	813	279	534
崖州区	21273	13494	7779	348	137	211
三沙市	**888**	**674**	**214**	**8**	**2**	**6**
儋州市	**46575**	**29417**	**17158**	**589**	**252**	**337**
五指山市	12992	7285	5707	192	58	134
琼海市	34946	20659	14287	427	165	262
文昌市	30399	17748	12651	460	178	282
万宁市	15896	9359	6537	182	73	109
东方市	30012	18555	11457	668	285	383
定安县	5668	3256	2412	65	27	38
屯昌县	7984	4898	3086	112	41	71
澄迈县	29801	18006	11795	416	163	253
临高县	4656	2717	1939	56	19	37
白沙黎族自治县	7844	4526	3318	139	43	96
昌江黎族自治县	11328	7278	4050	225	89	136
乐东黎族自治县	17237	10024	7213	365	141	224
陵水黎族自治县	15132	9353	5779	206	84	122
保亭黎族苗族自治县	13475	7780	5695	292	105	187
琼中黎族苗族自治县	8975	5186	3789	191	71	120

7-7　续表 1　　单位：人

现住地	学前教育			小　学		
	小计	男	女	小计	男	女
全省	**26770**	**14426**	**12344**	**170470**	**92954**	**77516**
海口市	**13419**	**7194**	**6225**	**81783**	**44146**	**37637**
秀英区	3303	1824	1479	23495	13225	10270
龙华区	4178	2260	1918	23828	12667	11161
琼山区	2236	1176	1060	13712	7448	6264
美兰区	3702	1934	1768	20748	10806	9942
三亚市	**5454**	**2944**	**2510**	**37565**	**20741**	**16824**
海棠区	628	335	293	5764	3444	2320
吉阳区	2943	1583	1360	18203	9873	8330
天涯区	1427	774	653	8982	4833	4149
崖州区	456	252	204	4616	2591	2025
三沙市	**9**	**6**	**3**	**24**	**16**	**8**
儋州市	**1401**	**755**	**646**	**7803**	**4485**	**3318**
五指山市	227	124	103	1853	1004	849
琼海市	832	459	373	5604	3006	2598
文昌市	880	466	414	5610	3078	2532
万宁市	381	197	184	2487	1360	1127
东方市	673	358	315	5560	3184	2376
定安县	160	91	69	825	432	393
屯昌县	192	98	94	1235	697	538
澄迈县	838	442	396	4781	2575	2206
临高县	111	63	48	674	395	279
白沙黎族自治县	274	154	120	1741	932	809
昌江黎族自治县	276	149	127	2204	1223	981
乐东黎族自治县	570	313	257	3812	1987	1825
陵水黎族自治县	442	262	180	2525	1405	1120
保亭黎族苗族自治县	348	203	145	2401	1243	1158
琼中黎族苗族自治县	283	148	135	1983	1045	938

7-7 续表 2

单位：人

现住地	初中			高中			大学专科		
	小计	男	女	小计	男	女	小计	男	女
全省	**422280**	**270873**	**151407**	**191317**	**117270**	**74047**	**110511**	**62591**	**47920**
海口市	**185235**	**119143**	**66092**	**90592**	**55903**	**34689**	**56727**	**31670**	**25057**
秀英区	52947	35971	16976	20675	13384	7291	10787	6391	4396
龙华区	54158	34263	19895	30415	18655	11760	17828	10051	7777
琼山区	31816	20291	11525	14757	9213	5544	8384	4674	3710
美兰区	46314	28618	17696	24745	14651	10094	19728	10554	9174
三亚市	**103172**	**66813**	**36359**	**48757**	**29877**	**18880**	**27440**	**15475**	**11965**
海棠区	15064	10669	4395	5085	3581	1504	3010	1826	1184
吉阳区	51238	32817	18421	25688	15417	10271	13326	7393	5933
天涯区	26405	16316	10089	14784	8748	6036	9870	5490	4380
崖州区	10465	7011	3454	3200	2131	1069	1234	766	468
三沙市	**574**	**437**	**137**	**230**	**183**	**47**	**37**	**26**	**11**
儋州市	**20456**	**13706**	**6750**	**7968**	**5201**	**2767**	**3711**	**2405**	**1306**
五指山市	4466	2767	1699	3351	1816	1535	1983	967	1016
琼海市	16578	10361	6217	5914	3436	2478	3546	2072	1474
文昌市	14493	8991	5502	4929	2980	1949	2752	1330	1422
万宁市	7419	4551	2868	3023	1780	1243	1447	863	584
东方市	12307	8028	4279	5720	3440	2280	3127	1969	1158
定安县	2496	1489	1007	1123	647	476	600	330	270
屯昌县	4425	2837	1588	1190	724	466	511	314	197
澄迈县	13881	8897	4984	5058	3020	2038	2800	1661	1139
临高县	2051	1213	838	944	539	405	480	274	206
白沙黎族自治县	3711	2213	1498	1316	792	524	456	273	183
昌江黎族自治县	5632	3729	1903	1747	1186	561	808	583	225
乐东黎族自治县	7720	4718	3002	2887	1754	1133	1315	751	564
陵水黎族自治县	7305	4738	2567	2647	1675	972	1130	677	453
保亭黎族苗族自治县	5936	3598	2338	2573	1493	1080	1175	676	499
琼中黎族苗族自治县	4423	2644	1779	1348	824	524	466	275	191

7-7　续表 3　　单位：人

现 住 地	大学本科			硕士研究生			博士研究生		
	小计	男	女	小计	男	女	小计	男	女
全省	**126460**	**67182**	**59278**	**9158**	**4514**	**4644**	**1172**	**689**	**483**
海口市	**77597**	**39706**	**37891**	**7159**	**3508**	**3651**	**887**	**498**	**389**
秀英区	9273	5364	3909	1510	691	819	216	105	111
龙华区	16436	8889	7547	1266	615	651	145	81	64
琼山区	8317	4430	3887	595	319	276	97	59	38
美兰区	43571	21023	22548	3788	1883	1905	429	253	176
三亚市	**31815**	**17277**	**14538**	**1154**	**563**	**591**	**167**	**116**	**51**
海棠区	1607	983	624	108	56	52	22	15	7
吉阳区	24496	13018	11478	731	355	376	102	72	30
天涯区	4793	2689	2104	283	135	148	40	27	13
崖州区	919	587	332	32	17	15	3	2	1
三沙市	**6**	**4**	**2**						
儋州市	**4449**	**2505**	**1944**	**173**	**88**	**85**	**25**	**20**	**5**
五指山市	841	502	339	67	39	28	12	8	4
琼海市	1915	1094	821	108	50	58	22	16	6
文昌市	1194	685	509	72	36	36	9	4	5
万宁市	903	513	390	49	18	31	5	4	1
东方市	1900	1255	645	50	31	19	7	5	2
定安县	376	226	150	20	12	8	3	2	1
屯昌县	298	178	120	19	8	11	2	1	1
澄迈县	1885	1178	707	131	66	65	11	4	7
临高县	323	206	117	14	7	7	3	1	2
白沙黎族自治县	191	111	80	16	8	8			
昌江黎族自治县	419	307	112	11	9	2	6	3	3
乐东黎族自治县	548	350	198	18	9	9	2	1	1
陵水黎族自治县	823	478	345	51	32	19	3	2	1
保亭黎族苗族自治县	707	435	272	38	24	14	5	3	2
琼中黎族苗族自治县	270	172	98	8	6	2	3	1	2

7-7a　全省按现住地、受教育程度、性别分的户口登记地在外省的人口(城市)

单位：人

现住地	合计			未上过学		
	合计	男	女	小计	男	女
全省	**686912**	**401850**	**285062**	**8215**	**2951**	**5264**
海口市	**411830**	**240387**	**171443**	**4752**	**1658**	**3094**
秀英区	92981	57265	35716	1167	429	738
龙华区	143937	84045	59892	1783	629	1154
琼山区	61860	36555	25305	636	226	410
美兰区	113052	62522	50530	1166	374	792
三亚市	**186020**	**109290**	**76730**	**2256**	**813**	**1443**
海棠区	13088	8646	4442	159	62	97
吉阳区	111112	64807	46305	1346	498	848
天涯区	53607	30385	23222	623	201	422
崖州区	8213	5452	2761	128	52	76
三沙市						
儋州市	**17822**	**11097**	**6725**	**231**	**95**	**136**
五指山市	10280	5539	4741	140	40	100
琼海市	20224	11817	8407	197	80	117
文昌市	15109	8412	6697	153	55	98
万宁市	4710	2814	1896	50	22	28
东方市	20917	12494	8423	436	188	248
定安县						
屯昌县						
澄迈县						
临高县						
白沙黎族自治县						
昌江黎族自治县						
乐东黎族自治县						
陵水黎族自治县						
保亭黎族苗族自治县						
琼中黎族苗族自治县						

7-7a　续表 1

单位：人

现住地	学前教育			小　学		
	小计	男	女	小计	男	女
全省	**17475**	**9379**	**8096**	**104818**	**56314**	**48504**
海口市	**11031**	**5921**	**5110**	**64781**	**34488**	**30293**
秀英区	2632	1454	1178	17765	9789	7976
龙华区	3999	2165	1834	22585	11946	10639
琼山区	1696	890	806	10085	5414	4671
美兰区	2704	1412	1292	14346	7339	7007
三亚市	**4189**	**2249**	**1940**	**26680**	**14447**	**12233**
海棠区	308	155	153	2605	1537	1068
吉阳区	2577	1383	1194	15958	8618	7340
天涯区	1147	621	526	6540	3392	3148
崖州区	157	90	67	1577	900	677
三沙市						
儋州市	**642**	**351**	**291**	**3216**	**1877**	**1339**
五指山市	171	91	80	1389	731	658
琼海市	452	249	203	2726	1433	1293
文昌市	397	212	185	2194	1178	1016
万宁市	137	73	64	618	344	274
东方市	456	233	223	3214	1816	1398
定安县						
屯昌县						
澄迈县						
临高县						
白沙黎族自治县						
昌江黎族自治县						
乐东黎族自治县						
陵水黎族自治县						
保亭黎族苗族自治县						
琼中黎族苗族自治县						

7-7a 续表 2

单位：人

现住地	初中			高中			大学专科		
	小计	男	女	小计	男	女	小计	男	女
全省	**256338**	**161540**	**94798**	**135978**	**81669**	**54309**	**75009**	**42417**	**32592**
海口市	**145251**	**91766**	**53485**	**78135**	**47581**	**30554**	**43700**	**24931**	**18769**
秀英区	38773	25818	12955	16140	10318	5822	8259	4852	3407
龙华区	51159	32129	19030	29531	18034	11497	17409	9780	7629
琼山区	23333	14704	8629	12112	7492	4620	6374	3707	2667
美兰区	31986	19115	12871	20352	11737	8615	11658	6592	5066
三亚市	**74300**	**46880**	**27420**	**39102**	**23371**	**15731**	**20325**	**11438**	**8887**
海棠区	6422	4480	1942	2111	1493	618	868	535	333
吉阳区	43765	27701	16064	22812	13487	9325	10672	5963	4709
天涯区	19703	11667	8036	12829	7442	5387	8420	4685	3735
崖州区	4410	3032	1378	1350	949	401	365	255	110
三沙市									
儋州市	**8465**	**5523**	**2942**	**3228**	**2014**	**1214**	**1184**	**726**	**458**
五指山市	3128	1833	1295	2862	1512	1350	1817	872	945
琼海市	8897	5463	3434	4023	2261	1762	2639	1573	1066
文昌市	6182	3735	2447	3123	1796	1327	2158	932	1226
万宁市	2284	1418	866	862	519	343	509	301	208
东方市	7831	4922	2909	4643	2615	2028	2677	1644	1033
定安县									
屯昌县									
澄迈县									
临高县									
白沙黎族自治县									
昌江黎族自治县									
乐东黎族自治县									
陵水黎族自治县									
保亭黎族苗族自治县									
琼中黎族苗族自治县									

7—7a　续表 3　　单位：人

现住地	大学本科			硕士研究生			博士研究生		
	小计	男	女	小计	男	女	小计	男	女
全省	**80830**	**43390**	**37440**	**7315**	**3636**	**3679**	**934**	**554**	**380**
海口市	**57241**	**30548**	**26693**	**6180**	**3062**	**3118**	**759**	**432**	**327**
秀英区	7064	4063	3001	1030	466	564	151	76	75
龙华区	16100	8684	7416	1235	600	635	136	78	58
琼山区	7038	3789	3249	503	285	218	83	48	35
美兰区	27039	14012	13027	3412	1711	1701	389	230	159
三亚市	**18163**	**9567**	**8596**	**879**	**438**	**441**	**126**	**87**	**39**
海棠区	568	354	214	41	26	15	6	4	2
吉阳区	13317	6805	6512	581	293	288	84	59	25
天涯区	4058	2236	1822	252	118	134	35	23	12
崖州区	220	172	48	5	1	4	1	1	
三沙市									
儋州市	**802**	**482**	**320**	**43**	**19**	**24**	**11**	**10**	**1**
五指山市	707	418	289	55	35	20	11	7	4
琼海市	1220	722	498	59	28	31	11	8	3
文昌市	843	476	367	52	25	27	7	3	4
万宁市	242	131	111	5	3	2	3	3	
东方市	1612	1046	566	42	26	16	6	4	2
定安县									
屯昌县									
澄迈县									
临高县									
白沙黎族自治县									
昌江黎族自治县									
乐东黎族自治县									
陵水黎族自治县									
保亭黎族苗族自治县									
琼中黎族苗族自治县									

7-7b 全省按现住地、受教育程度、性别分的户口登记地在外省的人口(镇)

单位：人

现住地	合计			未上过学		
	合计	男	女	小计	男	女
全省	**170806**	**100797**	**70009**	**2278**	**885**	**1393**
海口市	**49168**	**27227**	**21941**	**508**	**172**	**336**
秀英区	14219	8986	5233	123	37	86
龙华区	1149	729	420	13	4	9
琼山区	2975	1607	1368	25	10	15
美兰区	30825	15905	14920	347	121	226
三亚市	**5714**	**3580**	**2134**	**47**	**14**	**33**
海棠区	2683	1726	957	27	7	20
吉阳区	2006	1194	812	8	2	6
天涯区	887	574	313	8	3	5
崖州区	138	86	52	4	2	2
三沙市	**888**	**674**	**214**	**8**	**2**	**6**
儋州市	**19363**	**12131**	**7232**	**192**	**82**	**110**
五指山市	1446	883	563	30	9	21
琼海市	5815	3384	2431	99	40	59
文昌市	8755	5267	3488	195	85	110
万宁市	4026	2367	1659	23	11	12
东方市	2684	1709	975	68	34	34
定安县	3783	2077	1706	46	19	27
屯昌县	5577	3415	2162	70	26	44
澄迈县	25079	15175	9904	356	132	224
临高县	2939	1681	1258	44	14	30
白沙黎族自治县	2317	1346	971	26	8	18
昌江黎族自治县	7756	4830	2926	154	68	86
乐东黎族自治县	8001	4733	3268	132	58	74
陵水黎族自治县	6952	4279	2673	90	39	51
保亭黎族苗族自治县	6680	3793	2887	118	41	77
琼中黎族苗族自治县	3863	2246	1617	72	31	41

7-7b　续表 1

单位：人

现住地	学前教育			小　学		
	小计	男	女	小计	男	女
全省	**4645**	**2542**	**2103**	**27432**	**15150**	**12282**
海口市	**1064**	**559**	**505**	**6914**	**3858**	**3056**
秀英区	352	186	166	2474	1481	993
龙华区	26	12	14	248	133	115
琼山区	62	32	30	462	265	197
美兰区	624	329	295	3730	1979	1751
三亚市	**134**	**82**	**52**	**766**	**459**	**307**
海棠区	54	32	22	428	253	175
吉阳区	60	37	23	171	89	82
天涯区	18	11	7	148	103	45
崖州区	2	2		19	14	5
三沙市	**9**	**6**	**3**	**24**	**16**	**8**
儋州市	**529**	**289**	**240**	**2832**	**1602**	**1230**
五指山市	36	21	15	248	137	111
琼海市	215	121	94	1206	638	568
文昌市	311	170	141	1965	1092	873
万宁市	95	43	52	675	358	317
东方市	80	47	33	684	420	264
定安县	130	78	52	475	229	246
屯昌县	144	73	71	745	417	328
澄迈县	696	374	322	3871	2105	1766
临高县	69	39	30	465	285	180
白沙黎族自治县	106	60	46	423	224	199
昌江黎族自治县	232	124	108	1460	798	662
乐东黎族自治县	292	161	131	1743	933	810
陵水黎族自治县	238	147	91	1127	624	503
保亭黎族苗族自治县	150	90	60	1023	535	488
琼中黎族苗族自治县	115	58	57	786	420	366

7-7b 续表 2

单位：人

现住地	初中			高中			大学专科		
	小计	男	女	小计	男	女	小计	男	女
全省	**68266**	**43763**	**24503**	**27180**	**16859**	**10321**	**16160**	**9619**	**6541**
海口市	**14236**	**9496**	**4740**	**5371**	**3392**	**1979**	**5253**	**2968**	**2285**
秀英区	5598	3933	1665	2392	1489	903	1584	917	667
龙华区	607	422	185	132	88	44	58	32	26
琼山区	1095	725	370	323	205	118	537	204	333
美兰区	6936	4416	2520	2524	1610	914	3074	1815	1259
三亚市	**2270**	**1460**	**810**	**1223**	**828**	**395**	**850**	**496**	**354**
海棠区	1187	781	406	525	359	166	310	203	107
吉阳区	633	389	244	505	345	160	421	225	196
天涯区	370	245	125	174	110	64	115	65	50
崖州区	80	45	35	19	14	5	4	3	1
三沙市	**574**	**437**	**137**	**230**	**183**	**47**	**37**	**26**	**11**
儋州市	**6823**	**4607**	**2216**	**3488**	**2321**	**1167**	**2127**	**1433**	**694**
五指山市	612	418	194	326	192	134	111	61	50
琼海市	3063	1869	1194	693	415	278	316	178	138
文昌市	4879	3014	1865	959	624	335	277	188	89
万宁市	1875	1156	719	795	478	317	296	175	121
东方市	1373	868	505	275	198	77	85	53	32
定安县	1539	865	674	840	462	378	444	240	204
屯昌县	3051	1968	1083	907	542	365	409	250	159
澄迈县	11323	7294	4029	4471	2666	1805	2542	1493	1049
临高县	1087	621	466	688	376	312	346	198	148
白沙黎族自治县	958	578	380	482	285	197	228	136	92
昌江黎族自治县	3637	2348	1289	1380	885	495	577	387	190
乐东黎族自治县	3331	2063	1268	1571	963	608	688	403	285
陵水黎族自治县	3313	2109	1204	1288	820	468	526	332	194
保亭黎族苗族自治县	2675	1581	1094	1445	800	645	756	430	326
琼中黎族苗族自治县	1647	1011	636	748	429	319	292	172	120

7-7b　续表 3　　　　单位：人

现住地	大学本科			硕士研究生			博士研究生		
	小计	男	女	小计	男	女	小计	男	女
全省	**23804**	**11471**	**12333**	**930**	**449**	**481**	**111**	**59**	**52**
海口市	**15241**	**6518**	**8723**	**514**	**227**	**287**	**67**	**37**	**30**
秀英区	1430	818	612	228	107	121	38	18	20
龙华区	56	33	23	7	4	3	2	1	1
琼山区	450	158	292	17	4	13	4	4	
美兰区	13305	5509	7796	262	112	150	23	14	9
三亚市	**406**	**233**	**173**	**17**	**7**	**10**	**1**	**1**	
海棠区	142	86	56	9	4	5	1	1	
吉阳区	201	104	97	7	3	4			
天涯区	53	37	16	1		1			
崖州区	10	6	4						
三沙市	**6**	**4**	**2**						
儋州市	**3246**	**1730**	**1516**	**114**	**59**	**55**	**12**	**8**	**4**
五指山市	73	41	32	10	4	6			
琼海市	211	117	94	11	6	5	1		1
文昌市	162	91	71	5	2	3	2	1	1
万宁市	260	143	117	6	2	4	1	1	
东方市	111	84	27	7	4	3	1	1	
定安县	290	173	117	17	10	7	2	1	1
屯昌县	234	133	101	16	6	10	1		1
澄迈县	1691	1047	644	121	62	59	8	2	6
临高县	231	143	88	8	5	3	1		1
白沙黎族自治县	83	49	34	11	6	5			
昌江黎族自治县	301	210	91	9	7	2	6	3	3
乐东黎族自治县	235	146	89	8	5	3	1	1	
陵水黎族自治县	346	192	154	23	15	8	1	1	
保亭黎族苗族自治县	483	297	186	26	17	9	4	2	2
琼中黎族苗族自治县	194	120	74	7	5	2	2		2

7-7c 全省按现住地、受教育程度、性别分的户口登记地在外省的人口(乡村)

单位：人

现住地	合计			未上过学		
	合计	男	女	小计	男	女
全省	**213910**	**132785**	**81125**	**2997**	**1097**	**1900**
海口市	**58302**	**36212**	**22090**	**641**	**228**	**413**
秀英区	16501	11247	5254	205	77	128
龙华区	5022	3367	1655	58	27	31
琼山区	15945	9752	6193	205	68	137
美兰区	20834	11846	8988	173	56	117
三亚市	**66786**	**42015**	**24771**	**693**	**252**	**441**
海棠区	15843	10648	5195	140	42	98
吉阳区	25118	15079	10039	155	52	103
天涯区	12903	8332	4571	182	75	107
崖州区	12922	7956	4966	216	83	133
三沙市						
儋州市	**9390**	**6189**	**3201**	**166**	**75**	**91**
五指山市	1266	863	403	22	9	13
琼海市	8907	5458	3449	131	45	86
文昌市	6535	4069	2466	112	38	74
万宁市	7160	4178	2982	109	40	69
东方市	6411	4352	2059	164	63	101
定安县	1885	1179	706	19	8	11
屯昌县	2407	1483	924	42	15	27
澄迈县	4722	2831	1891	60	31	29
临高县	1717	1036	681	12	5	7
白沙黎族自治县	5527	3180	2347	113	35	78
昌江黎族自治县	3572	2448	1124	71	21	50
乐东黎族自治县	9236	5291	3945	233	83	150
陵水黎族自治县	8180	5074	3106	116	45	71
保亭黎族苗族自治县	6795	3987	2808	174	64	110
琼中黎族苗族自治县	5112	2940	2172	119	40	79

7-7c　续表 1

单位：人

现 住 地	学前教育			小　学		
	小计	男	女	小计	男	女
全省	**4650**	**2505**	**2145**	**38220**	**21490**	**16730**
海口市	**1324**	**714**	**610**	**10088**	**5800**	**4288**
秀英区	319	184	135	3256	1955	1301
龙华区	153	83	70	995	588	407
琼山区	478	254	224	3165	1769	1396
美兰区	374	193	181	2672	1488	1184
三亚市	**1131**	**613**	**518**	**10119**	**5835**	**4284**
海棠区	266	148	118	2731	1654	1077
吉阳区	306	163	143	2074	1166	908
天涯区	262	142	120	2294	1338	956
崖州区	297	160	137	3020	1677	1343
三沙市						
儋州市	**230**	**115**	**115**	**1755**	**1006**	**749**
五指山市	20	12	8	216	136	80
琼海市	165	89	76	1672	935	737
文昌市	172	84	88	1451	808	643
万宁市	149	81	68	1194	658	536
东方市	137	78	59	1662	948	714
定安县	30	13	17	350	203	147
屯昌县	48	25	23	490	280	210
澄迈县	142	68	74	910	470	440
临高县	42	24	18	209	110	99
白沙黎族自治县	168	94	74	1318	708	610
昌江黎族自治县	44	25	19	744	425	319
乐东黎族自治县	278	152	126	2069	1054	1015
陵水黎族自治县	204	115	89	1398	781	617
保亭黎族苗族自治县	198	113	85	1378	708	670
琼中黎族苗族自治县	168	90	78	1197	625	572

7-7c 续表 2

单位：人

现住地	初中			高中			大学专科		
	小计	男	女	小计	男	女	小计	男	女
全省	**97676**	**65570**	**32106**	**28159**	**18742**	**9417**	**19342**	**10555**	**8787**
海口市	**25748**	**17881**	**7867**	**7086**	**4930**	**2156**	**7774**	**3771**	**4003**
秀英区	8576	6220	2356	2143	1577	566	944	622	322
龙华区	2392	1712	680	752	533	219	361	239	122
琼山区	7388	4862	2526	2322	1516	806	1473	763	710
美兰区	7392	5087	2305	1869	1304	565	4996	2147	2849
三亚市	**26602**	**18473**	**8129**	**8432**	**5678**	**2754**	**6265**	**3541**	**2724**
海棠区	7455	5408	2047	2449	1729	720	1832	1088	744
吉阳区	6840	4727	2113	2371	1585	786	2233	1205	1028
天涯区	6332	4404	1928	1781	1196	585	1335	740	595
崖州区	5975	3934	2041	1831	1168	663	865	508	357
三沙市									
儋州市	**5168**	**3576**	**1592**	**1252**	**866**	**386**	**400**	**246**	**154**
五指山市	726	516	210	163	112	51	55	34	21
琼海市	4618	3029	1589	1198	760	438	591	321	270
文昌市	3432	2242	1190	847	560	287	317	210	107
万宁市	3260	1977	1283	1366	783	583	642	387	255
东方市	3103	2238	865	802	627	175	365	272	93
定安县	957	624	333	283	185	98	156	90	66
屯昌县	1374	869	505	283	182	101	102	64	38
澄迈县	2558	1603	955	587	354	233	258	168	90
临高县	964	592	372	256	163	93	134	76	58
白沙黎族自治县	2753	1635	1118	834	507	327	228	137	91
昌江黎族自治县	1995	1381	614	367	301	66	231	196	35
乐东黎族自治县	4389	2655	1734	1316	791	525	627	348	279
陵水黎族自治县	3992	2629	1363	1359	855	504	604	345	259
保亭黎族苗族自治县	3261	2017	1244	1128	693	435	419	246	173
琼中黎族苗族自治县	2776	1633	1143	600	395	205	174	103	71

7—7c　续表 3　　　　单位：人

现 住 地	大学本科			硕士研究生			博士研究生		
	小计	男	女	小计	男	女	小计	男	女
全省	**21826**	**12321**	**9505**	**913**	**429**	**484**	**127**	**76**	**51**
海口市	**5115**	**2640**	**2475**	**465**	**219**	**246**	**61**	**29**	**32**
秀英区	779	483	296	252	118	134	27	11	16
龙华区	280	172	108	24	11	13	7	2	5
琼山区	829	483	346	75	30	45	10	7	3
美兰区	3227	1502	1725	114	60	54	17	9	8
三亚市	**13246**	**7477**	**5769**	**258**	**118**	**140**	**40**	**28**	**12**
海棠区	897	543	354	58	26	32	15	10	5
吉阳区	10978	6109	4869	143	59	84	18	13	5
天涯区	682	416	266	30	17	13	5	4	1
崖州区	689	409	280	27	16	11	2	1	1
三沙市									
儋州市	**401**	**293**	**108**	**16**	**10**	**6**	**2**	**2**	
五指山市	61	43	18	2		2	1	1	
琼海市	484	255	229	38	16	22	10	8	2
文昌市	189	118	71	15	9	6			
万宁市	401	239	162	38	13	25	1		1
东方市	177	125	52	1	1				
定安县	86	53	33	3	2	1	1	1	
屯昌县	64	45	19	3	2	1	1	1	
澄迈县	194	131	63	10	4	6	3	2	1
临高县	92	63	29	6	2	4	2	1	1
白沙黎族自治县	108	62	46	5	2	3			
昌江黎族自治县	118	97	21	2	2				
乐东黎族自治县	313	204	109	10	4	6	1		1
陵水黎族自治县	477	286	191	28	17	11	2	1	1
保亭黎族苗族自治县	224	138	86	12	7	5	1	1	
琼中黎族苗族自治县	76	52	24	1	1		1	1	

7-8 全省分年龄、性别、迁移原因的户口登记地在外乡镇街道的人口

单位：人

年龄	合计			工作就业		
	合计	男	女	小计	男	女
总计	**3498161**	**1849608**	**1648553**	**1517730**	**908777**	**608953**
0-4岁	**168075**	**92154**	**75921**			
0	17800	9856	7944			
1	31991	17569	14422			
2	35845	19725	16120			
3	41396	22581	18815			
4	41043	22423	18620			
5-9岁	**202607**	**111825**	**90782**			
5	39747	21869	17878			
6	40324	22107	18217			
7	40568	22354	18214			
8	43210	23861	19349			
9	38758	21634	17124			
10-14岁	**173905**	**96850**	**77055**	**79**	**47**	**32**
10	37094	20727	16367	17	10	7
11	36918	20672	16246	17	12	5
12	35565	19892	15673	12	7	5
13	32289	17976	14313	15	7	8
14	32039	17583	14456	18	11	7
15-19岁	**267039**	**143191**	**123848**	**30197**	**17958**	**12239**
15	47486	25574	21912	1255	760	495
16	59948	32337	27611	2659	1624	1035
17	53966	29695	24271	6038	3499	2539
18	47759	25778	21981	8833	5268	3565
19	57880	29807	28073	11412	6807	4605
20-24岁	**290564**	**149935**	**140629**	**131233**	**73749**	**57484**
20	62383	31716	30667	14552	8582	5970
21	57570	29570	28000	19215	11231	7984
22	55158	28949	26209	26663	15009	11654
23	54638	28558	26080	32216	17778	14438
24	60815	31142	29673	38587	21149	17438
25-29岁	**351681**	**177367**	**174314**	**229816**	**129563**	**100253**
25	66378	33716	32662	42903	23726	19177
26	65817	33141	32676	43074	23910	19164
27	70829	35594	35235	46469	26164	20305
28	73662	37145	36517	48434	27620	20814
29	74995	37771	37224	48936	28143	20793

7-8　续表 1

单位：人

年　龄	合　计			工作就业		
	合计	男	女	小计	男	女
30-34岁	**391464**	**201436**	**190028**	**258635**	**151879**	**106756**
30	86056	43610	42446	56463	32823	23640
31	80564	41400	39164	53312	31304	22008
32	75100	38663	36437	49484	29094	20390
33	77894	40591	37303	51923	30822	21101
34	71850	37172	34678	47453	27836	19617
35-39岁	**326827**	**170176**	**156651**	**214076**	**126777**	**87299**
35	65954	34466	31488	43505	25871	17634
36	67843	35205	32638	44371	26346	18025
37	65075	33803	31272	42607	25203	17404
38	68118	35481	32637	44503	26236	18267
39	59837	31221	28616	39090	23121	15969
40-44岁	**260371**	**137732**	**122639**	**169483**	**100718**	**68765**
40	56856	29492	27364	36993	21649	15344
41	56132	29711	26421	36501	21654	14847
42	51959	27305	24654	33575	19917	13658
43	45677	24475	21202	29776	17888	11888
44	49747	26749	22998	32638	19610	13028
45-49岁	**272511**	**149097**	**123414**	**178403**	**108715**	**69688**
45	50099	26876	23223	33239	19922	13317
46	55287	30217	25070	36584	22155	14429
47	57234	31260	25974	37289	22708	14581
48	56352	30952	25400	36568	22312	14256
49	53539	29792	23747	34723	21618	13105
50-54岁	**247347**	**137571**	**109776**	**148907**	**94995**	**53912**
50	56565	31167	25398	35662	22147	13515
51	51548	28640	22908	31618	19973	11645
52	54046	30241	23805	32406	20857	11549
53	41391	23065	18326	24269	15628	8641
54	43797	24458	19339	24952	16390	8562
55-59岁	**189552**	**102342**	**87210**	**89845**	**59676**	**30169**
55	43440	23891	19549	22904	15120	7784
56	42564	23071	19493	21103	13896	7207
57	45541	24565	20976	21485	14384	7101
58	37489	20079	17410	16312	10947	5365
59	20518	10736	9782	8041	5329	2712
60-64岁	**114327**	**59885**	**54442**	**34318**	**23295**	**11023**
60	20890	10871	10019	7245	4841	2404
61	20432	10764	9668	6492	4373	2119
62	25170	13499	11671	7690	5326	2364
63	25503	13369	12134	7234	4949	2285
64	22332	11382	10950	5657	3806	1851
65岁及以上	**241891**	**120047**	**121844**	**32738**	**21405**	**11333**

7-8 续表 2

单位：人

年 龄	学习培训			随同离开/投亲靠友			拆迁/搬家		
	小计	男	女	小计	男	女	小计	男	女
总 计	**359380**	**185394**	**173986**	**481011**	**241447**	**239564**	**326269**	**179590**	**146679**
0-4岁	**517**	**265**	**252**	**100357**	**55031**	**45326**	**12548**	**7038**	**5510**
0	10	6	4	10664	5898	4766	1469	837	632
1	34	22	12	18912	10445	8467	2350	1306	1044
2	61	35	26	21291	11649	9642	2639	1484	1155
3	165	86	79	24795	13523	11272	3088	1754	1334
4	247	116	131	24695	13516	11179	3002	1657	1345
5-9岁	**37024**	**20745**	**16279**	**105568**	**58083**	**47485**	**14596**	**8101**	**6495**
5	325	209	116	24086	13243	10843	3015	1651	1364
6	7519	4212	3307	20954	11444	9510	2917	1606	1311
7	9308	5248	4060	20203	11062	9141	2837	1576	1261
8	10298	5661	4637	21377	11766	9611	3022	1701	1321
9	9574	5415	4159	18948	10568	8380	2805	1567	1238
10-14岁	**47115**	**26078**	**21037**	**79729**	**44562**	**35167**	**13951**	**7947**	**6004**
10	9159	5132	4027	17991	10037	7954	2842	1610	1232
11	9490	5353	4137	17433	9681	7752	2873	1604	1269
12	9288	5165	4123	16585	9318	7267	2902	1688	1214
13	8840	4948	3892	14472	8077	6395	2717	1537	1180
14	10338	5480	4858	13248	7449	5799	2617	1508	1109
15-19岁	**176906**	**91528**	**85378**	**29927**	**17623**	**12304**	**8413**	**5047**	**3366**
15	30437	15894	14543	8938	5203	3735	1981	1135	846
16	44426	23467	20959	6674	3875	2799	1742	1014	728
17	36435	19680	16755	5596	3281	2315	1736	1031	705
18	28573	14711	13862	4649	2798	1851	1523	975	548
19	37035	17776	19259	4070	2466	1604	1431	892	539
20-24岁	**88274**	**41755**	**46519**	**23488**	**13492**	**9996**	**12491**	**7374**	**5117**
20	37732	17611	20121	3993	2405	1588	1581	1013	568
21	27246	12574	14672	4044	2413	1631	1795	1124	671
22	13992	6800	7192	4836	2762	2074	2604	1521	1083
23	5981	3042	2939	5196	2936	2260	3026	1747	1279
24	3323	1728	1595	5419	2976	2443	3485	1969	1516
25-29岁	**5790**	**3003**	**2787**	**26407**	**13514**	**12893**	**22830**	**12434**	**10396**
25	2149	1091	1058	5706	3041	2665	3951	2241	1710
26	1305	649	656	5120	2708	2412	4126	2325	1801
27	936	497	439	5303	2723	2580	4622	2513	2109
28	717	386	331	5157	2591	2566	4928	2619	2309
29	683	380	303	5121	2451	2670	5203	2736	2467

7-8　续表 3　　　　单位：人

年　龄	学习培训			随同离开/投亲靠友			拆迁/搬家		
	小计	男	女	小计	男	女	小计	男	女
30–34岁	**1781**	**979**	**802**	**22962**	**9910**	**13052**	**30307**	**16513**	**13794**
30	578	318	260	5578	2563	3015	6123	3281	2842
31	387	221	166	4863	2146	2717	5957	3192	2765
32	302	157	145	4378	1903	2475	5892	3221	2671
33	287	145	142	4258	1711	2547	6165	3396	2769
34	227	138	89	3885	1587	2298	6170	3423	2747
35–39岁	**708**	**384**	**324**	**16433**	**5970**	**10463**	**31028**	**17036**	**13992**
35	162	92	70	3503	1352	2151	5924	3216	2708
36	160	82	78	3508	1265	2243	6266	3436	2830
37	135	73	62	3206	1137	2069	6190	3442	2748
38	149	78	71	3393	1234	2159	6681	3685	2996
39	102	59	43	2823	982	1841	5967	3257	2710
40–44岁	**444**	**238**	**206**	**11878**	**3747**	**8131**	**28445**	**15533**	**12912**
40	124	58	66	2698	895	1803	5970	3287	2683
41	104	55	49	2606	864	1742	6025	3380	2645
42	80	49	31	2454	768	1686	5743	3031	2712
43	73	44	29	2026	602	1424	5084	2772	2312
44	63	32	31	2094	618	1476	5623	3063	2560
45–49岁	**315**	**154**	**161**	**11633**	**3168**	**8465**	**32142**	**17434**	**14708**
45	73	40	33	2047	552	1495	5585	2989	2596
46	52	25	27	2401	666	1735	6347	3474	2873
47	81	36	45	2418	635	1783	6886	3707	3179
48	53	22	31	2442	678	1764	6829	3720	3109
49	56	31	25	2325	637	1688	6495	3544	2951
50–54岁	**188**	**94**	**94**	**11546**	**3125**	**8421**	**32531**	**17743**	**14788**
50	53	23	30	2519	693	1826	7300	3905	3395
51	28	14	14	2255	610	1645	6793	3726	3067
52	46	23	23	2527	674	1853	7107	3870	3237
53	25	14	11	2016	510	1506	5524	3077	2447
54	36	20	16	2229	638	1591	5807	3165	2642
55–59岁	**141**	**83**	**58**	**11000**	**3094**	**7906**	**28877**	**15929**	**12948**
55	28	19	9	2281	597	1684	6398	3487	2911
56	33	19	14	2386	686	1700	6354	3521	2833
57	37	21	16	2653	748	1905	6720	3690	3030
58	28	18	10	2377	689	1688	6004	3340	2664
59	15	6	9	1303	374	929	3401	1891	1510
60–64岁	**54**	**31**	**23**	**8077**	**2497**	**5580**	**18362**	**10203**	**8159**
60	10	8	2	1403	404	999	3330	1810	1520
61	8	3	5	1427	447	980	3333	1868	1465
62	10	7	3	1751	549	1202	4026	2312	1714
63	15	10	5	1864	587	1277	4049	2232	1817
64	11	3	8	1632	510	1122	3624	1981	1643
65岁及以上	**123**	**57**	**66**	**22006**	**7631**	**14375**	**39748**	**21258**	**18490**

7-8 续表 4

单位：人

年 龄	寄挂户口			婚姻嫁娶			照料孙子女		
	小计	男	女	小计	男	女	小计	男	女
总 计	**119777**	**62635**	**57142**	**166729**	**13874**	**152855**	**51012**	**16107**	**34905**
0-4岁	**5900**	**3115**	**2785**						
0	496	261	235						
1	1297	673	624						
2	1364	739	625						
3	1437	741	696						
4	1306	701	605						
5-9岁	**5833**	**3158**	**2675**						
5	1225	667	558						
6	1168	652	516						
7	1141	603	538						
8	1232	671	561						
9	1067	565	502						
10-14岁	**5587**	**3055**	**2532**	**6**	**1**	**5**			
10	1039	570	469						
11	1084	620	464						
12	1210	661	549	1		1			
13	1157	617	540	1	1				
14	1097	587	510	4		4			
15-19岁	**3290**	**1878**	**1412**	**1888**	**41**	**1847**			
15	712	402	310	68	7	61			
16	676	366	310	142	9	133			
17	705	396	309	307	6	301			
18	607	362	245	546	8	538			
19	590	352	238	825	11	814			
20-24岁	**6361**	**3534**	**2827**	**11192**	**143**	**11049**	**3**		**3**
20	730	444	286	1091	8	1083			
21	923	510	413	1476	10	1466			
22	1351	774	577	2081	17	2064	1		1
23	1536	845	691	2761	44	2717	2		2
24	1821	961	860	3783	64	3719			
25-29岁	**10313**	**5484**	**4829**	**31551**	**856**	**30695**	**10**	**2**	**8**
25	1968	1048	920	4947	95	4852	1		1
26	2032	1069	963	5479	111	5368	4		4
27	2059	1069	990	6614	192	6422	1		1
28	2104	1167	937	7126	189	6937	2	1	1
29	2150	1131	1019	7385	269	7116	2	1	1

7-8　续表 5　　　　单位：人

年　龄	寄挂户口			婚姻嫁娶			照料孙子女		
	小计	男	女	小计	男	女	小计	男	女
30–34岁	**11010**	**5862**	**5148**	**36554**	**1837**	**34717**	**255**	**30**	**225**
30	2341	1259	1082	8563	302	8261	48	5	43
31	2420	1295	1125	7514	344	7170	46	6	40
32	2139	1126	1013	7079	370	6709	55	4	51
33	2172	1129	1043	6954	431	6523	53	7	46
34	1938	1053	885	6444	390	6054	53	8	45
35–39岁	**9026**	**4659**	**4367**	**27458**	**2069**	**25389**	**232**	**34**	**198**
35	1789	938	851	5634	409	5225	48	10	38
36	1817	972	845	5921	394	5527	46	8	38
37	1819	927	892	5565	409	5156	51	5	46
38	1881	939	942	5472	456	5016	45	8	37
39	1720	883	837	4866	401	4465	42	3	39
40–44岁	**8325**	**4123**	**4202**	**18263**	**1836**	**16427**	**239**	**47**	**192**
40	1649	799	850	4426	379	4047	38	5	33
41	1816	899	917	4067	390	3677	52	13	39
42	1708	848	860	3599	336	3263	47	9	38
43	1468	746	722	3058	360	2698	41	7	34
44	1684	831	853	3113	371	2742	61	13	48
45–49岁	**10140**	**5030**	**5110**	**14711**	**2170**	**12541**	**1022**	**169**	**853**
45	1683	809	874	2973	369	2604	91	15	76
46	1892	947	945	3109	493	2616	118	22	96
47	2191	1095	1096	3106	461	2645	197	31	166
48	2231	1104	1127	2894	432	2462	266	40	226
49	2143	1075	1068	2629	415	2214	350	61	289
50–54岁	**9743**	**4972**	**4771**	**10706**	**1862**	**8844**	**5220**	**977**	**4243**
50	2312	1155	1157	2607	405	2202	514	74	440
51	2023	996	1027	2251	398	1853	839	148	691
52	2199	1148	1051	2351	415	1936	1113	212	901
53	1560	786	774	1763	332	1431	1124	227	897
54	1649	887	762	1734	312	1422	1630	316	1314
55–59岁	**8508**	**4475**	**4033**	**6904**	**1331**	**5573**	**11574**	**2761**	**8813**
55	1781	933	848	1715	323	1392	1943	434	1509
56	1866	951	915	1573	274	1299	2318	558	1760
57	2027	1048	979	1583	321	1262	2962	685	2277
58	1804	968	836	1317	269	1048	2682	659	2023
59	1030	575	455	716	144	572	1669	425	1244
60–64岁	**5313**	**2809**	**2504**	**3115**	**753**	**2362**	**12695**	**4382**	**8313**
60	984	526	458	664	155	509	1917	581	1336
61	951	494	457	593	148	445	2181	731	1450
62	1196	649	547	655	158	497	2748	967	1781
63	1139	613	526	665	162	503	3036	1110	1926
64	1043	527	516	538	130	408	2813	993	1820
65岁及以上	**20428**	**10481**	**9947**	**4381**	**975**	**3406**	**19762**	**7705**	**12057**

7-8 续表 6

单位：人

年 龄	为子女就学			养老/康养			其 他		
	小计	男	女	小计	男	女	小计	男	女
总 计	**14759**	**5046**	**9713**	**105996**	**48931**	**57065**	**355498**	**187807**	**167691**
0-4岁							**48753**	**26705**	**22048**
0							5161	2854	2307
1							9398	5123	4275
2							10490	5818	4672
3							11911	6477	5434
4							11793	6433	5360
5-9岁							**39586**	**21738**	**17848**
5							11096	6099	4997
6							7766	4193	3573
7							7079	3865	3214
8							7281	4062	3219
9							6364	3519	2845
10-14岁				**1**		**1**	**27437**	**15160**	**12277**
10							6046	3368	2678
11							6021	3402	2619
12							5567	3053	2514
13				1		1	5086	2789	2297
14							4717	2548	2169
15-19岁	**13**	**4**	**9**	**2**	**2**		**16403**	**9110**	**7293**
15	2	1	1	1	1		4092	2171	1921
16	2	1	1				3627	1981	1646
17	2	1	1				3147	1801	1346
18	3		3	1	1		3024	1655	1369
19	4	1	3				2513	1502	1011
20-24岁	**199**	**61**	**138**	**6**	**3**	**3**	**17317**	**9824**	**7493**
20	29	14	15				2675	1639	1036
21	28	14	14	2	2		2841	1692	1149
22	32	14	18				3598	2052	1546
23	47	10	37	2	1	1	3871	2155	1716
24	63	9	54	2		2	4332	2286	2046
25-29岁	**1082**	**191**	**891**	**4**	**2**	**2**	**23878**	**12318**	**11560**
25	102	14	88	2	1	1	4649	2459	2190
26	161	26	135	1	1		4515	2342	2173
27	187	28	159	1		1	4637	2408	2229
28	277	53	224				4917	2519	2398
29	355	70	285				5160	2590	2570

7-8　续表 7　　　　单位：人

年　龄	为子女就学			养老/康养			其　他		
	小计	男	女	小计	男	女	小计	男	女
30-34岁	**3088**	**765**	**2323**	**10**	**7**	**3**	**26862**	**13654**	**13208**
30	505	96	409	1	1		5856	2962	2894
31	595	116	479	1	1		5469	2775	2694
32	593	162	431				5178	2626	2552
33	687	190	497	3	2	1	5392	2758	2634
34	708	201	507	5	3	2	4967	2533	2434
35-39岁	**4051**	**1319**	**2732**	**24**	**11**	**13**	**23791**	**11917**	**11874**
35	723	220	503	4	2	2	4662	2356	2306
36	870	267	603	8	4	4	4876	2431	2445
37	850	290	560	7	1	6	4645	2316	2329
38	898	283	615	5	4	1	5091	2558	2533
39	710	259	451				4517	2256	2261
40-44岁	**2756**	**1080**	**1676**	**30**	**12**	**18**	**20508**	**10398**	**10110**
40	677	245	432	5	3	2	4276	2172	2104
41	608	229	379	1		1	4352	2227	2125
42	552	236	316	8	3	5	4193	2108	2085
43	461	184	277	8	4	4	3682	1868	1814
44	458	186	272	8	2	6	4005	2023	1982
45-49岁	**1596**	**711**	**885**	**110**	**32**	**78**	**22439**	**11514**	**10925**
45	363	155	208	11	3	8	4034	2022	2012
46	360	163	197	13	4	9	4411	2268	2143
47	329	136	193	18	2	16	4719	2449	2270
48	312	152	160	34	13	21	4723	2479	2244
49	232	105	127	34	10	24	4552	2296	2256
50-54岁	**830**	**390**	**440**	**5327**	**1797**	**3530**	**22349**	**11616**	**10733**
50	229	105	124	615	189	426	4754	2471	2283
51	182	86	96	956	317	639	4603	2372	2231
52	168	81	87	1210	415	795	4919	2546	2373
53	138	67	71	1066	375	691	3906	2049	1857
54	113	51	62	1480	501	979	4167	2178	1989
55-59岁	**499**	**219**	**280**	**12495**	**4612**	**7883**	**19709**	**10162**	**9547**
55	118	52	66	1978	663	1315	4294	2263	2031
56	107	44	63	2413	870	1543	4411	2252	2159
57	117	48	69	3283	1261	2022	4674	2359	2315
58	99	46	53	2853	1067	1786	4013	2076	1937
59	58	29	29	1968	751	1217	2317	1212	1105
60-64岁	**275**	**130**	**145**	**19354**	**9147**	**10207**	**12764**	**6638**	**6126**
60	59	25	34	2951	1296	1655	2327	1225	1102
61	50	21	29	3175	1499	1676	2222	1180	1042
62	63	33	30	4208	2053	2155	2823	1445	1378
63	48	25	23	4591	2164	2427	2862	1517	1345
64	55	26	29	4429	2135	2294	2530	1271	1259
65岁及以上	**370**	**176**	**194**	**68633**	**33306**	**35327**	**33702**	**17053**	**16649**

7-8a 全省分年龄、性别、迁移原因的户口登记地在外乡镇街道的人口(城市)

单位：人

年龄	合计			工作就业		
	合计	男	女	小计	男	女
总计	**2330637**	**1233943**	**1096694**	**1100278**	**639024**	**461254**
0—4岁	**116858**	**64204**	**52654**			
0	12664	7000	5664			
1	22093	12100	9993			
2	24661	13539	11122			
3	28790	15812	12978			
4	28650	15753	12897			
5—9岁	**140674**	**78402**	**62272**			
5	27863	15481	12382			
6	28053	15494	12559			
7	28038	15524	12514			
8	29945	16714	13231			
9	26775	15189	11586			
10—14岁	**118431**	**66793**	**51638**	**39**	**25**	**14**
10	25680	14624	11056	11	7	4
11	25228	14247	10981	8	6	2
12	24139	13684	10455	4	2	2
13	21841	12246	9595	7	3	4
14	21543	11992	9551	9	7	2
15—19岁	**169969**	**91317**	**78652**	**22736**	**12874**	**9862**
15	30989	16649	14340	935	545	390
16	39587	20757	18830	2000	1158	842
17	36076	19627	16449	4504	2547	1957
18	29751	16312	13439	6636	3758	2878
19	33566	17972	15594	8661	4866	3795
20—24岁	**186860**	**97984**	**88876**	**99078**	**53449**	**45629**
20	36083	18980	17103	10907	6150	4757
21	34590	18217	16373	14362	8099	6263
22	36074	19084	16990	20170	10882	9288
23	37627	19811	17816	24378	12956	11422
24	42486	21892	20594	29261	15362	13899
25—29岁	**246168**	**126937**	**119231**	**175992**	**96475**	**79517**
25	46719	24090	22629	32885	17560	15325
26	46317	23925	22392	33079	17873	15206
27	49329	25445	23884	35575	19553	16022
28	51337	26497	24840	36990	20529	16461
29	52466	26980	25486	37463	20960	16503

7-8a 续表 1

单位：人

年 龄	合 计			工作就业		
	合计	男	女	小计	男	女
30-34岁	**271464**	**141849**	**129615**	**194372**	**111230**	**83142**
30	59683	30959	28724	42655	24198	18457
31	55835	29129	26706	40071	22904	17167
32	52069	27138	24931	37146	21236	15910
33	54129	28509	25620	38962	22551	16411
34	49748	26114	23634	35538	20341	15197
35-39岁	**223587**	**117287**	**106300**	**158816**	**91611**	**67205**
35	45311	23882	21429	32495	18814	13681
36	46238	24205	22033	32930	19022	13908
37	44558	23388	21170	31562	18252	13310
38	46902	24552	22350	33036	18969	14067
39	40578	21260	19318	28793	16554	12239
40-44岁	**175458**	**92997**	**82461**	**122542**	**71010**	**51532**
40	38806	20288	18518	27221	15582	11639
41	38264	20313	17951	26713	15457	11256
42	34724	18240	16484	24146	13919	10227
43	30567	16364	14203	21274	12483	8791
44	33097	17792	15305	23188	13569	9619
45-49岁	**179901**	**97664**	**82237**	**124350**	**73949**	**50401**
45	32765	17412	15353	23085	13406	9679
46	36732	20013	16719	25750	15230	10520
47	37839	20457	17382	26128	15503	10625
48	37256	20299	16957	25411	15207	10204
49	35309	19483	15826	23976	14603	9373
50-54岁	**158400**	**86742**	**71658**	**99476**	**61952**	**37524**
50	36613	19913	16700	24147	14613	9534
51	33455	18335	15120	21374	13165	8209
52	34314	18914	15400	21558	13574	7984
53	26288	14404	11884	16034	10103	5931
54	27730	15176	12554	16363	10497	5866
55-59岁	**120750**	**63327**	**57423**	**58526**	**37807**	**20719**
55	27517	14675	12842	14932	9553	5379
56	27203	14447	12756	13891	8919	4972
57	29174	15279	13895	13924	9069	4855
58	24034	12437	11597	10606	6923	3683
59	12822	6489	6333	5173	3343	1830
60-64岁	**73123**	**36929**	**36194**	**22159**	**14540**	**7619**
60	13178	6616	6562	4689	3029	1660
61	13119	6677	6442	4188	2735	1453
62	16066	8269	7797	4908	3266	1642
63	16350	8239	8111	4677	3105	1572
64	14410	7128	7282	3697	2405	1292
65岁及以上	**148994**	**71511**	**77483**	**22192**	**14102**	**8090**

7-8a 续表 2 单位：人

年 龄	学习培训			随同离开/投亲靠友			拆迁/搬家		
	小计	男	女	小计	男	女	小计	男	女
总 计	**222897**	**116373**	**106524**	**340098**	**171128**	**168970**	**210971**	**114454**	**96517**
0-4岁	**296**	**160**	**136**	**72190**	**39682**	**32508**	**7826**	**4366**	**3460**
0	6	4	2	7766	4285	3481	897	490	407
1	15	13	2	13542	7462	6080	1477	819	658
2	33	23	10	15246	8334	6912	1625	901	724
3	91	49	42	17836	9796	8040	1946	1100	846
4	151	71	80	17800	9805	7995	1881	1056	825
5-9岁	**27643**	**15579**	**12064**	**74999**	**41752**	**33247**	**9135**	**5085**	**4050**
5	206	138	68	17429	9691	7738	1930	1073	857
6	5657	3153	2504	14852	8200	6652	1821	998	823
7	6940	3936	3004	14262	7839	6423	1786	982	804
8	7692	4278	3414	15093	8449	6644	1867	1045	822
9	7148	4074	3074	13363	7573	5790	1731	987	744
10-14岁	**34139**	**19170**	**14969**	**56403**	**31954**	**24449**	**8278**	**4698**	**3580**
10	6886	3908	2978	12821	7322	5499	1700	956	744
11	7006	3987	3019	12333	6898	5435	1662	923	739
12	6808	3856	2952	11618	6604	5014	1729	1019	710
13	6335	3602	2733	10251	5746	4505	1604	894	710
14	7104	3817	3287	9380	5384	3996	1583	906	677
15-19岁	**106833**	**55141**	**51692**	**22274**	**13079**	**9195**	**5202**	**3148**	**2054**
15	19286	9936	9350	6464	3797	2667	1208	729	479
16	28483	14416	14067	5072	2932	2140	1117	647	470
17	23726	12518	11208	4263	2476	1787	1074	646	428
18	16330	8634	7696	3447	2058	1389	931	582	349
19	19008	9637	9371	3028	1816	1212	872	544	328
20-24岁	**46350**	**22313**	**24037**	**17451**	**9938**	**7513**	**8222**	**4791**	**3431**
20	19089	9216	9873	3007	1802	1205	975	621	354
21	13825	6413	7412	2983	1780	1203	1129	697	432
22	7321	3560	3761	3609	2052	1557	1755	1005	750
23	3668	1875	1793	3856	2165	1691	2006	1141	865
24	2447	1249	1198	3996	2139	1857	2357	1327	1030
25-29岁	**4750**	**2459**	**2291**	**19199**	**9547**	**9652**	**15443**	**8287**	**7156**
25	1737	885	852	4258	2215	2043	2639	1495	1144
26	1103	548	555	3796	1983	1813	2815	1589	1226
27	762	411	351	3867	1899	1968	3057	1622	1435
28	588	313	275	3724	1801	1923	3360	1741	1619
29	560	302	258	3554	1649	1905	3572	1840	1732

7-8a 续表 3

单位：人

年 龄	学习培训			随同离开/投亲靠友			拆迁/搬家		
	小计	男	女	小计	男	女	小计	男	女
30-34岁	**1432**	**782**	**650**	**15785**	**6471**	**9314**	**20709**	**11122**	**9587**
30	472	251	221	3885	1719	2166	4180	2204	1976
31	307	177	130	3397	1405	1992	4071	2147	1924
32	241	124	117	2958	1223	1735	4052	2170	1882
33	231	115	116	2898	1085	1813	4225	2301	1924
34	181	115	66	2647	1039	1608	4181	2300	1881
35-39岁	**549**	**303**	**246**	**11084**	**3767**	**7317**	**20236**	**10968**	**9268**
35	128	76	52	2352	839	1513	3943	2107	1836
36	124	66	58	2382	799	1583	4011	2162	1849
37	106	59	47	2164	703	1461	4090	2221	1869
38	112	55	57	2310	807	1503	4393	2408	1985
39	79	47	32	1876	619	1257	3799	2070	1729
40-44岁	**334**	**176**	**158**	**7904**	**2381**	**5523**	**18855**	**10135**	**8720**
40	99	45	54	1829	575	1254	3971	2145	1826
41	77	38	39	1758	568	1190	4005	2222	1783
42	56	33	23	1615	492	1123	3803	1983	1820
43	52	33	19	1345	370	975	3363	1787	1576
44	50	27	23	1357	376	981	3713	1998	1715
45-49岁	**232**	**117**	**115**	**7707**	**1995**	**5712**	**21680**	**11481**	**10199**
45	55	29	26	1393	351	1042	3678	1929	1749
46	39	20	19	1561	415	1146	4251	2285	1966
47	62	30	32	1565	391	1174	4682	2450	2232
48	42	17	25	1642	426	1216	4675	2484	2191
49	34	21	13	1546	412	1134	4394	2333	2061
50-54岁	**124**	**59**	**65**	**7448**	**1877**	**5571**	**21483**	**11472**	**10011**
50	27	9	18	1646	417	1229	4917	2577	2340
51	23	11	12	1465	390	1075	4584	2433	2151
52	32	15	17	1646	399	1247	4633	2497	2136
53	15	7	8	1293	296	997	3592	1979	1613
54	27	17	10	1398	375	1023	3757	1986	1771
55-59岁	**95**	**56**	**39**	**7239**	**1969**	**5270**	**18610**	**10096**	**8514**
55	22	16	6	1467	354	1113	4109	2203	1906
56	25	14	11	1568	452	1116	4130	2268	1862
57	26	14	12	1785	491	1294	4363	2342	2021
58	13	9	4	1550	429	1121	3900	2115	1785
59	9	3	6	869	243	626	2108	1168	940
60-64岁	**33**	**18**	**15**	**5489**	**1671**	**3818**	**11325**	**6191**	**5134**
60	7	6	1	918	254	664	2040	1101	939
61	6	2	4	995	307	688	2070	1151	919
62	6	4	2	1187	362	825	2505	1384	1121
63	6	4	2	1274	397	877	2481	1336	1145
64	8	2	6	1115	351	764	2229	1219	1010
65岁及以上	**87**	**40**	**47**	**14926**	**5045**	**9881**	**23967**	**12614**	**11353**

7-8a 续表 4

单位：人

年 龄	寄挂户口			婚姻嫁娶			照料孙子女		
	小计	男	女	小计	男	女	小计	男	女
总 计	**53851**	**28275**	**25576**	**71891**	**7534**	**64357**	**42181**	**13297**	**28884**
0-4岁	**2527**	**1339**	**1188**						
0	246	138	108						
1	571	285	286						
2	561	309	252						
3	593	306	287						
4	556	301	255						
5-9岁	**2609**	**1405**	**1204**						
5	580	314	266						
6	538	308	230						
7	497	252	245						
8	538	287	251						
9	456	244	212						
10-14岁	**2437**	**1329**	**1108**	**2**	**1**	**1**			
10	421	236	185						
11	466	274	192						
12	515	277	238	1		1			
13	514	273	241	1	1				
14	521	269	252						
15-19岁	**1608**	**898**	**710**	**245**	**26**	**219**			
15	331	184	147	9	4	5			
16	339	176	163	23	6	17			
17	348	187	161	35	4	31			
18	309	189	120	69	7	62			
19	281	162	119	109	5	104			
20-24岁	**2989**	**1679**	**1310**	**2664**	**91**	**2573**	**2**		**2**
20	349	216	133	169	4	165			
21	419	244	175	222	6	216			
22	677	388	289	452	8	444	1		1
23	716	390	326	736	25	711	1		1
24	828	441	387	1085	48	1037			
25-29岁	**4784**	**2535**	**2249**	**11631**	**556**	**11075**	**6**		**6**
25	910	471	439	1626	66	1560			
26	971	510	461	1848	75	1773	3		3
27	932	485	447	2357	109	2248	1		1
28	929	528	401	2738	127	2611	1		1
29	1042	541	501	3062	179	2883	1		1

7-8a 续表 5

单位：人

年 龄	寄挂户口			婚姻嫁娶			照料孙子女		
	小计	男	女	小计	男	女	小计	男	女
30-34岁	**5241**	**2759**	**2482**	**16226**	**1218**	**15008**	**193**	**23**	**170**
30	1159	616	543	3605	213	3392	40	5	35
31	1111	584	527	3300	238	3062	35	5	30
32	1025	550	475	3205	248	2957	40	2	38
33	1026	517	509	3226	281	2945	39	6	33
34	920	492	428	2890	238	2652	39	5	34
35-39岁	**4064**	**2099**	**1965**	**12783**	**1267**	**11516**	**183**	**24**	**159**
35	764	403	361	2588	252	2336	37	7	30
36	781	416	365	2695	237	2458	40	7	33
37	793	409	384	2615	251	2364	39	2	37
38	946	470	476	2617	293	2324	33	6	27
39	780	401	379	2268	234	2034	34	2	32
40-44岁	**3916**	**1945**	**1971**	**8704**	**1033**	**7671**	**174**	**35**	**139**
40	791	394	397	2096	232	1864	27	3	24
41	921	444	477	1952	222	1730	45	13	32
42	750	365	385	1740	189	1551	31	7	24
43	676	336	340	1455	194	1261	25	3	22
44	778	406	372	1461	196	1265	46	9	37
45-49岁	**4433**	**2211**	**2222**	**7200**	**1155**	**6045**	**821**	**134**	**687**
45	720	359	361	1413	198	1215	71	11	60
46	864	439	425	1511	258	1253	88	14	74
47	889	438	451	1537	244	1293	154	28	126
48	963	460	503	1421	230	1191	213	32	181
49	997	515	482	1318	225	1093	295	49	246
50-54岁	**4361**	**2254**	**2107**	**5004**	**833**	**4171**	**4213**	**796**	**3417**
50	1006	515	491	1241	203	1038	406	62	344
51	930	458	472	1089	190	899	667	121	546
52	944	492	452	1086	175	911	925	172	753
53	755	376	379	792	139	653	890	184	706
54	726	413	313	796	126	670	1325	257	1068
55-59岁	**3961**	**2109**	**1852**	**3358**	**609**	**2749**	**9568**	**2257**	**7311**
55	800	412	388	840	151	689	1622	355	1267
56	855	440	415	729	109	620	1892	448	1444
57	951	520	431	793	160	633	2454	557	1897
58	928	490	438	641	122	519	2227	547	1680
59	427	247	180	355	67	288	1373	350	1023
60-64岁	**2386**	**1250**	**1136**	**1615**	**345**	**1270**	**10594**	**3655**	**6939**
60	402	207	195	338	68	270	1591	479	1112
61	439	232	207	313	74	239	1795	601	1194
62	565	304	261	330	72	258	2294	807	1487
63	514	278	236	336	66	270	2544	917	1627
64	466	229	237	298	65	233	2370	851	1519
65岁及以上	**8535**	**4463**	**4072**	**2459**	**400**	**2059**	**16427**	**6373**	**10054**

7-8a 续表 6

单位：人

年 龄	为子女就学			养老/康养			其 他		
	小计	男	女	小计	男	女	小计	男	女
总 计	**10572**	**3577**	**6995**	**68627**	**30285**	**38342**	**209271**	**109996**	**99275**
0-4岁							**34019**	**18657**	**15362**
0							3749	2083	1666
1							6488	3521	2967
2							7196	3972	3224
3							8324	4561	3763
4							8262	4520	3742
5-9岁							**26288**	**14581**	**11707**
5							7718	4265	3453
6							5185	2835	2350
7							4553	2515	2038
8							4755	2655	2100
9							4077	2311	1766
10-14岁							**17133**	**9616**	**7517**
10							3841	2195	1646
11							3753	2159	1594
12							3464	1926	1538
13							3129	1727	1402
14							2946	1609	1337
15-19岁	**4**	**2**	**2**	**1**	**1**		**11066**	**6148**	**4918**
15				1	1		2755	1453	1302
16	1	1					2552	1421	1131
17							2126	1249	877
18							2029	1084	945
19	3	1	2				1604	941	663
20-24岁	**136**	**37**	**99**	**3**	**2**	**1**	**9965**	**5684**	**4281**
20	15	6	9				1572	965	607
21	17	9	8	2	2		1631	967	664
22	25	10	15				2064	1179	885
23	29	6	23	1		1	2236	1253	983
24	50	6	44				2462	1320	1142
25-29岁	**742**	**120**	**622**	**2**	**2**		**13619**	**6956**	**6663**
25	77	12	65	1	1		2586	1385	1201
26	107	12	95	1	1		2594	1334	1260
27	125	18	107				2653	1348	1305
28	187	37	150				2820	1421	1399
29	246	41	205				2966	1468	1498

7-8a　续表 7　　　　单位：人

年　龄	为子女就学			养老/康养			其　他		
	小计	男	女	小计	男	女	小计	男	女
30-34岁	**2100**	**513**	**1587**	**4**	**2**	**2**	**15402**	**7729**	**7673**
30	343	60	283	1	1		3343	1692	1651
31	407	84	323				3136	1585	1551
32	403	118	285				2999	1467	1532
33	466	117	349	1		1	3055	1536	1519
34	481	134	347	2	1	1	2869	1449	1420
35-39岁	**2869**	**903**	**1966**	**12**	**5**	**7**	**12991**	**6340**	**6651**
35	500	154	346	3	1	2	2501	1229	1272
36	611	188	423	3	1	2	2661	1307	1354
37	614	211	403	3	1	2	2572	1279	1293
38	637	178	459	3	2	1	2815	1364	1451
39	507	172	335				2442	1161	1281
40-44岁	**2057**	**796**	**1261**	**12**	**4**	**8**	**10960**	**5482**	**5478**
40	495	181	314	2	1	1	2275	1130	1145
41	452	169	283	1		1	2340	1180	1160
42	432	184	248	1		1	2150	1068	1082
43	342	127	215	3	1	2	2032	1030	1002
44	336	135	201	5	2	3	2163	1074	1089
45-49岁	**1205**	**524**	**681**	**59**	**13**	**46**	**12214**	**6085**	**6129**
45	262	108	154	6	1	5	2082	1020	1062
46	278	127	151	7	2	5	2383	1223	1160
47	256	105	151	12	1	11	2554	1267	1287
48	234	110	124	15	5	10	2640	1328	1312
49	175	74	101	19	4	15	2555	1247	1308
50-54岁	**626**	**293**	**333**	**3668**	**1191**	**2477**	**11997**	**6015**	**5982**
50	174	80	94	424	129	295	2625	1308	1317
51	134	64	70	661	214	447	2528	1289	1239
52	132	66	66	812	260	552	2546	1264	1282
53	98	46	52	762	250	512	2057	1024	1033
54	88	37	51	1009	338	671	2241	1130	1111
55-59岁	**371**	**168**	**203**	**8344**	**3006**	**5338**	**10678**	**5250**	**5428**
55	86	40	46	1375	446	929	2264	1145	1119
56	76	31	45	1636	587	1049	2401	1179	1222
57	94	42	52	2154	818	1336	2630	1266	1364
58	74	33	41	1893	683	1210	2202	1086	1116
59	41	22	19	1286	472	814	1181	574	607
60-64岁	**196**	**98**	**98**	**12567**	**5757**	**6810**	**6759**	**3404**	**3355**
60	45	17	28	1932	842	1090	1216	613	603
61	37	17	20	2052	931	1121	1224	627	597
62	42	26	16	2729	1303	1426	1500	741	759
63	36	18	18	2984	1341	1643	1498	777	721
64	36	20	16	2870	1340	1530	1321	646	675
65岁及以上	**266**	**123**	**143**	**43955**	**20302**	**23653**	**16180**	**8049**	**8131**

7-8b 全省分年龄、性别、迁移原因的户口登记地在外乡镇街道的人口(镇)

单位：人

年龄	合计			工作就业		
	合计	男	女	小计	男	女
总计	**604933**	**317621**	**287312**	**210967**	**131058**	**79909**
0-4岁	**29810**	**16464**	**13346**			
0	2992	1678	1314			
1	5721	3210	2511			
2	6391	3614	2777			
3	7371	4015	3356			
4	7335	3947	3388			
5-9岁	**37346**	**20400**	**16946**			
5	7055	3865	3190			
6	7380	3999	3381			
7	7590	4205	3385			
8	8006	4349	3657			
9	7315	3982	3333			
10-14岁	**33899**	**18535**	**15364**	**23**	**12**	**11**
10	7040	3803	3237	5	2	3
11	7093	3922	3171	3	3	
12	6935	3783	3152	4	2	2
13	6392	3527	2865	7	3	4
14	6439	3500	2939	4	2	2
15-19岁	**57050**	**30530**	**26520**	**3301**	**2131**	**1170**
15	11012	6008	5004	176	116	60
16	13888	7835	6053	303	202	101
17	11790	6609	5181	671	397	274
18	9503	4930	4573	971	636	335
19	10857	5148	5709	1180	780	400
20-24岁	**47154**	**23592**	**23562**	**14934**	**8895**	**6039**
20	11623	5527	6096	1589	1012	577
21	10407	5112	5295	2088	1316	772
22	8750	4544	4206	2941	1759	1182
23	7859	4084	3775	3750	2165	1585
24	8515	4325	4190	4566	2643	1923
25-29岁	**51662**	**25124**	**26538**	**28174**	**16364**	**11810**
25	9086	4513	4573	4912	2830	2082
26	9364	4520	4844	5239	3020	2219
27	10380	5004	5376	5652	3217	2435
28	11241	5483	5758	6148	3608	2540
29	11591	5604	5987	6223	3689	2534

7-8b　续表 1　　　　单位：人

年　龄	合　计			工作就业		
	合计	男	女	小计	男	女
30-34岁	**62152**	**30889**	**31263**	**35157**	**21067**	**14090**
30	13601	6615	6986	7520	4462	3058
31	12840	6400	6440	7186	4326	2860
32	11830	5882	5948	6718	4030	2688
33	12269	6237	6032	7120	4322	2798
34	11612	5755	5857	6613	3927	2686
35-39岁	**55326**	**28375**	**26951**	**30772**	**18759**	**12013**
35	10785	5503	5282	6048	3694	2354
36	11595	5869	5726	6388	3894	2494
37	11253	5755	5498	6248	3786	2462
38	11475	5905	5570	6398	3886	2512
39	10218	5343	4875	5690	3499	2191
40-44岁	**44102**	**23045**	**21057**	**24736**	**15075**	**9661**
40	9683	4928	4755	5393	3205	2188
41	9466	4937	4529	5270	3211	2059
42	8870	4634	4236	4978	3056	1922
43	7647	4033	3614	4350	2646	1704
44	8436	4513	3923	4745	2957	1788
45-49岁	**45536**	**25180**	**20356**	**26173**	**16605**	**9568**
45	8568	4674	3894	4991	3156	1835
46	9000	4944	4056	5172	3270	1902
47	9463	5225	4238	5383	3417	1966
48	9477	5234	4243	5441	3403	2038
49	9028	5103	3925	5186	3359	1827
50-54岁	**42480**	**23767**	**18713**	**22580**	**14866**	**7714**
50	9625	5356	4269	5337	3453	1884
51	8773	4872	3901	4777	3115	1662
52	9283	5199	4084	4871	3219	1652
53	7136	3994	3142	3697	2426	1271
54	7663	4346	3317	3898	2653	1245
55-59岁	**33172**	**18268**	**14904**	**14307**	**9852**	**4455**
55	7541	4283	3258	3613	2502	1111
56	7449	4047	3402	3317	2241	1076
57	7635	4193	3442	3304	2284	1020
58	6720	3702	3018	2703	1879	824
59	3827	2043	1784	1370	946	424
60-64岁	**20786**	**11051**	**9735**	**5508**	**3841**	**1667**
60	3708	1950	1758	1085	755	330
61	3666	1969	1697	1057	720	337
62	4708	2593	2115	1298	932	366
63	4694	2504	2190	1170	815	355
64	4010	2035	1975	898	619	279
65岁及以上	**44458**	**22401**	**22057**	**5302**	**3591**	**1711**

7-8b 续表 2

单位：人

年龄	学习培训			随同离开/投亲靠友			拆迁/搬家		
	小计	男	女	小计	男	女	小计	男	女
总计	**77628**	**39502**	**38126**	**84206**	**41553**	**42653**	**65031**	**37023**	**28008**
0-4岁	**164**	**79**	**85**	**16215**	**8940**	**7275**	**2634**	**1515**	**1119**
0	3	2	1	1677	947	730	319	190	129
1	15	8	7	3031	1708	1323	474	280	194
2	24	11	13	3438	1923	1515	548	313	235
3	57	31	26	4049	2182	1867	646	379	267
4	65	27	38	4020	2180	1840	647	353	294
5-9岁	**6161**	**3393**	**2768**	**18216**	**9829**	**8387**	**3179**	**1807**	**1372**
5	88	48	40	3856	2086	1770	653	358	295
6	1200	688	512	3635	1934	1701	615	351	264
7	1552	855	697	3553	1971	1582	615	349	266
8	1716	913	803	3784	2021	1763	675	383	292
9	1605	889	716	3388	1817	1571	621	366	255
10-14岁	**8611**	**4616**	**3995**	**14282**	**7841**	**6441**	**3320**	**1887**	**1433**
10	1520	842	678	3179	1697	1482	686	389	297
11	1618	881	737	3090	1703	1387	714	410	304
12	1644	854	790	3027	1677	1350	689	386	303
13	1659	900	759	2623	1474	1149	630	346	284
14	2170	1139	1031	2363	1290	1073	601	356	245
15-19岁	**42608**	**22253**	**20355**	**4874**	**2870**	**2004**	**1840**	**1064**	**776**
15	7741	4192	3549	1592	915	677	474	237	237
16	11282	6354	4928	1044	611	433	379	222	157
17	8992	5044	3948	886	530	356	376	208	168
18	6627	3229	3398	740	446	294	333	230	103
19	7966	3434	4532	612	368	244	278	167	111
20-24岁	**19004**	**8567**	**10437**	**3620**	**2091**	**1529**	**2176**	**1301**	**875**
20	8206	3561	4645	568	347	221	303	189	114
21	6194	2738	3456	620	356	264	336	224	112
22	3096	1484	1612	754	436	318	422	246	176
23	1086	558	528	821	462	359	529	320	209
24	422	226	196	857	490	367	586	322	264
25-29岁	**541**	**291**	**250**	**4405**	**2376**	**2029**	**3972**	**2227**	**1745**
25	201	100	101	873	493	380	671	393	278
26	107	50	57	818	424	394	705	400	305
27	91	51	40	838	488	350	800	459	341
28	75	46	29	904	494	410	852	464	388
29	67	44	23	972	477	495	944	511	433

7-8b 续表 3

单位：人

年 龄	学习培训			随同离开/投亲靠友			拆迁/搬家		
	小计	男	女	小计	男	女	小计	男	女
30–34岁	**226**	**134**	**92**	**4540**	**2058**	**2482**	**5568**	**3078**	**2490**
30	67	43	24	1082	526	556	1095	591	504
31	62	37	25	934	454	480	1082	580	502
32	38	25	13	898	403	495	1065	591	474
33	31	15	16	847	362	485	1122	624	498
34	28	14	14	779	313	466	1204	692	512
35–39岁	**115**	**63**	**52**	**3445**	**1305**	**2140**	**6568**	**3750**	**2818**
35	23	13	10	727	286	441	1187	684	503
36	25	10	15	741	291	450	1337	758	579
37	23	12	11	665	270	395	1304	759	545
38	26	19	7	699	239	460	1425	800	625
39	18	9	9	613	219	394	1315	749	566
40–44岁	**64**	**40**	**24**	**2538**	**782**	**1756**	**5657**	**3268**	**2389**
40	20	10	10	555	188	367	1222	726	496
41	14	12	2	547	170	377	1189	693	496
42	14	10	4	555	163	392	1111	620	491
43	9	4	5	434	131	303	993	585	408
44	7	4	3	447	130	317	1142	644	498
45–49岁	**46**	**19**	**27**	**2309**	**609**	**1700**	**6088**	**3514**	**2574**
45	11	7	4	389	110	279	1094	628	466
46	6	3	3	483	119	364	1205	695	510
47	8	2	6	505	132	373	1269	735	534
48	6	2	4	471	130	341	1285	730	555
49	15	5	10	461	118	343	1235	726	509
50–54岁	**28**	**14**	**14**	**2377**	**647**	**1730**	**6407**	**3678**	**2729**
50	10	5	5	508	152	356	1384	783	601
51	2	1	1	449	103	346	1301	769	532
52	7	4	3	515	139	376	1414	797	617
53	3	2	1	416	112	304	1130	653	477
54	6	2	4	489	141	348	1178	676	502
55–59岁	**29**	**19**	**10**	**2109**	**565**	**1544**	**5657**	**3259**	**2398**
55	5	3	2	475	133	342	1248	708	540
56	6	4	2	437	104	333	1237	704	533
57	6	5	1	482	126	356	1273	748	525
58	9	7	2	453	134	319	1196	698	498
59	3		3	262	68	194	703	401	302
60–64岁	**13**	**8**	**5**	**1470**	**410**	**1060**	**3925**	**2241**	**1684**
60	2	1	1	277	75	202	720	392	328
61	1	1		228	72	156	706	403	303
62	2	1	1	312	90	222	863	535	328
63	5	4	1	351	100	251	878	500	378
64	3	1	2	302	73	229	758	411	347
65岁及以上	**18**	**6**	**12**	**3806**	**1230**	**2576**	**8040**	**4434**	**3606**

7-8b 续表 4

单位：人

年 龄	寄挂户口			婚姻嫁娶			照料孙子女		
	小计	男	女	小计	男	女	小计	男	女
总 计	**22708**	**11903**	**10805**	**35772**	**2380**	**33392**	**5382**	**1651**	**3731**
0-4岁	**1313**	**692**	**621**						
0	100	41	59						
1	312	159	153						
2	297	162	135						
3	305	161	144						
4	299	169	130						
5-9岁	**1144**	**635**	**509**						
5	245	126	119						
6	221	122	99						
7	223	130	93						
8	231	137	94						
9	224	120	104						
10-14岁	**1088**	**594**	**494**	**1**		**1**			
10	201	110	91						
11	211	121	90						
12	228	125	103						
13	243	127	116						
14	205	111	94	1		1			
15-19岁	**617**	**359**	**258**	**389**	**6**	**383**			
15	163	98	65	12	2	10			
16	130	75	55	31		31			
17	138	78	60	63	1	62			
18	97	54	43	116	1	115			
19	89	54	35	167	2	165			
20-24岁	**1083**	**611**	**472**	**2537**	**24**	**2513**			
20	108	62	46	259	3	256			
21	145	78	67	356	2	354			
22	211	126	85	485	3	482			
23	297	169	128	581	8	573			
24	322	176	146	856	8	848			
25-29岁	**1836**	**998**	**838**	**7048**	**104**	**6944**	**1**		**1**
25	334	189	145	1098	8	1090			
26	334	174	160	1256	10	1246	1		1
27	366	197	169	1478	19	1459			
28	405	233	172	1571	23	1548			
29	397	205	192	1645	44	1601			

7-8b 续表 5

单位：人

年 龄	寄挂户口			婚姻嫁娶			照料孙子女		
	小计	男	女	小计	男	女	小计	男	女
30–34岁	**2006**	**1084**	**922**	**7788**	**277**	**7511**	**42**	**5**	**37**
30	398	219	179	1833	41	1792	5		5
31	524	281	243	1577	45	1532	8	1	7
32	380	196	184	1486	55	1431	11	2	9
33	362	201	161	1454	69	1385	9	1	8
34	342	187	155	1438	67	1371	9	1	8
35–39岁	**1710**	**904**	**806**	**6054**	**363**	**5691**	**27**	**5**	**22**
35	312	169	143	1242	71	1171	6	1	5
36	328	184	144	1358	75	1283	4	1	3
37	419	207	212	1206	70	1136	5	2	3
38	321	163	158	1182	77	1105	10	1	9
39	330	181	149	1066	70	996	2		2
40–44岁	**1411**	**692**	**719**	**3854**	**333**	**3521**	**43**	**5**	**38**
40	329	150	179	933	68	865	8	1	7
41	281	149	132	873	66	807	7		7
42	277	130	147	733	61	672	8		8
43	226	120	106	644	71	573	7		7
44	298	143	155	671	67	604	13	4	9
45–49岁	**2343**	**1128**	**1215**	**2885**	**381**	**2504**	**139**	**24**	**115**
45	314	145	169	606	64	542	19	4	15
46	365	184	181	617	87	530	20	5	15
47	553	272	281	594	75	519	27	3	24
48	581	282	299	569	85	484	37	5	32
49	530	245	285	499	70	429	36	7	29
50–54岁	**1954**	**979**	**975**	**2211**	**370**	**1841**	**627**	**110**	**517**
50	600	298	302	529	73	456	64	8	56
51	398	185	213	442	72	370	107	13	94
52	410	208	202	512	93	419	120	25	95
53	255	137	118	380	70	310	140	23	117
54	291	151	140	348	62	286	196	41	155
55–59岁	**1377**	**737**	**640**	**1478**	**246**	**1232**	**1219**	**286**	**933**
55	301	170	131	349	56	293	187	46	141
56	307	159	148	341	50	291	254	61	193
57	318	152	166	319	64	255	309	68	241
58	270	152	118	309	47	262	294	67	227
59	181	104	77	160	29	131	175	44	131
60–64岁	**1032**	**536**	**496**	**646**	**119**	**527**	**1272**	**440**	**832**
60	179	99	80	146	36	110	202	63	139
61	178	93	85	119	22	97	231	83	148
62	243	116	127	138	27	111	278	94	184
63	235	125	110	139	18	121	298	119	179
64	197	103	94	104	16	88	263	81	182
65岁及以上	**3794**	**1954**	**1840**	**881**	**157**	**724**	**2012**	**776**	**1236**

7-8b 续表 6

单位：人

年龄	为子女就学			养老/康养			其他		
	小计	男	女	小计	男	女	小计	男	女
总计	**3333**	**1164**	**2169**	**19381**	**9175**	**10206**	**80525**	**42212**	**38313**
0-4岁							**9484**	**5238**	**4246**
0							893	498	395
1							1889	1055	834
2							2084	1205	879
3							2314	1262	1052
4							2304	1218	1086
5-9岁							**8646**	**4736**	**3910**
5							2213	1247	966
6							1709	904	805
7							1647	900	747
8							1600	895	705
9							1477	790	687
10-14岁							**6574**	**3585**	**2989**
10							1449	763	686
11							1457	804	653
12							1343	739	604
13							1230	677	553
14							1095	602	493
15-19岁	**4**	**1**	**3**				**3417**	**1846**	**1571**
15	2	1	1				852	447	405
16							719	371	348
17	1		1				663	351	312
18	1		1				618	334	284
19							565	343	222
20-24岁	**33**	**9**	**24**	**2**	**1**	**1**	**3765**	**2093**	**1672**
20	4	3	1				586	350	236
21	3		3				665	398	267
22	3	1	2				838	489	349
23	14	3	11	1	1		780	398	382
24	9	2	7	1		1	896	458	438
25-29岁	**284**	**57**	**227**	**1**		**1**	**5400**	**2707**	**2693**
25	17		17				980	500	480
26	44	11	33				860	431	429
27	54	9	45	1		1	1100	564	536
28	78	14	64				1208	601	607
29	91	23	68				1252	611	641

7-8b　续表 7

单位：人

年　龄	为子女就学			养老/康养			其　他		
	小计	男	女	小计	男	女	小计	男	女
30-34岁	**833**	**212**	**621**	**3**	**3**		**5989**	**2971**	**3018**
30	136	30	106				1465	703	762
31	161	27	134	1	1		1305	648	657
32	154	33	121				1080	547	533
33	185	62	123	1	1		1138	580	558
34	197	60	137	1	1		1001	493	508
35-39岁	**1016**	**369**	**647**	**6**	**4**	**2**	**5613**	**2853**	**2760**
35	183	52	131				1057	533	524
36	228	70	158	3	2	1	1183	584	599
37	202	68	134	1		1	1180	581	599
38	225	97	128	2	2		1187	621	566
39	178	82	96				1006	534	472
40-44岁	**535**	**223**	**312**	**8**	**3**	**5**	**5256**	**2624**	**2632**
40	141	49	92	1	1		1081	530	551
41	130	53	77				1155	583	572
42	88	41	47	5	2	3	1101	551	550
43	84	41	43	1		1	899	435	464
44	92	39	53	1		1	1020	525	495
45-49岁	**285**	**142**	**143**	**20**	**7**	**13**	**5248**	**2751**	**2497**
45	74	36	38	1	1		1069	523	546
46	59	27	32	1		1	1072	554	518
47	58	23	35	4	1	3	1062	565	497
48	50	32	18	7	2	5	1030	563	467
49	44	24	20	7	3	4	1015	546	469
50-54岁	**136**	**62**	**74**	**970**	**338**	**632**	**5190**	**2703**	**2487**
50	38	16	22	113	31	82	1042	537	505
51	33	16	17	184	63	121	1080	535	545
52	21	6	15	225	90	135	1188	618	570
53	27	14	13	171	56	115	917	501	416
54	17	10	7	277	98	179	963	512	451
55-59岁	**86**	**33**	**53**	**2404**	**913**	**1491**	**4506**	**2358**	**2148**
55	23	10	13	347	120	227	993	535	458
56	22	9	13	455	154	301	1073	561	512
57	13	2	11	644	258	386	967	486	481
58	16	6	10	567	235	332	903	477	426
59	12	6	6	391	146	245	570	299	271
60-64岁	**49**	**22**	**27**	**3758**	**1807**	**1951**	**3113**	**1627**	**1486**
60	8	4	4	555	247	308	534	278	256
61	9	4	5	622	285	337	515	286	229
62	15	5	10	841	417	424	718	376	342
63	8	5	3	888	443	445	722	375	347
64	9	4	5	852	415	437	624	312	312
65岁及以上	**72**	**34**	**38**	**12209**	**6099**	**6110**	**8324**	**4120**	**4204**

7-8c 全省分年龄、性别、迁移原因的户口登记地在外乡镇街道的人口(乡村)

单位：人

年龄	合计			工作就业		
	合计	男	女	小计	男	女
总计	**562591**	**298044**	**264547**	**206485**	**138695**	**67790**
0-4岁	**21407**	**11486**	**9921**			
0	2144	1178	966			
1	4177	2259	1918			
2	4793	2572	2221			
3	5235	2754	2481			
4	5058	2723	2335			
5-9岁	**24587**	**13023**	**11564**			
5	4829	2523	2306			
6	4891	2614	2277			
7	4940	2625	2315			
8	5259	2798	2461			
9	4668	2463	2205			
10-14岁	**21575**	**11522**	**10053**	**17**	**10**	**7**
10	4374	2300	2074	1	1	
11	4597	2503	2094	6	3	3
12	4491	2425	2066	4	3	1
13	4056	2203	1853	1	1	
14	4057	2091	1966	5	2	3
15-19岁	**40020**	**21344**	**18676**	**4160**	**2953**	**1207**
15	5485	2917	2568	144	99	45
16	6473	3745	2728	356	264	92
17	6100	3459	2641	863	555	308
18	8505	4536	3969	1226	874	352
19	13457	6687	6770	1571	1161	410
20-24岁	**56550**	**28359**	**28191**	**17221**	**11405**	**5816**
20	14677	7209	7468	2056	1420	636
21	12573	6241	6332	2765	1816	949
22	10334	5321	5013	3552	2368	1184
23	9152	4663	4489	4088	2657	1431
24	9814	4925	4889	4760	3144	1616
25-29岁	**53851**	**25306**	**28545**	**25650**	**16724**	**8926**
25	10573	5113	5460	5106	3336	1770
26	10136	4696	5440	4756	3017	1739
27	11120	5145	5975	5242	3394	1848
28	11084	5165	5919	5296	3483	1813
29	10938	5187	5751	5250	3494	1756

7-8c　续表 1

单位：人

年　龄	合　计			工作就业		
	合计	男	女	小计	男	女
30-34岁	**57848**	**28698**	**29150**	**29106**	**19582**	**9524**
30	12772	6036	6736	6288	4163	2125
31	11889	5871	6018	6055	4074	1981
32	11201	5643	5558	5620	3828	1792
33	11496	5845	5651	5841	3949	1892
34	10490	5303	5187	5302	3568	1734
35-39岁	**47914**	**24514**	**23400**	**24488**	**16407**	**8081**
35	9858	5081	4777	4962	3363	1599
36	10010	5131	4879	5053	3430	1623
37	9264	4660	4604	4797	3165	1632
38	9741	5024	4717	5069	3381	1688
39	9041	4618	4423	4607	3068	1539
40-44岁	**40811**	**21690**	**19121**	**22205**	**14633**	**7572**
40	8367	4276	4091	4379	2862	1517
41	8402	4461	3941	4518	2986	1532
42	8365	4431	3934	4451	2942	1509
43	7463	4078	3385	4152	2759	1393
44	8214	4444	3770	4705	3084	1621
45-49岁	**47074**	**26253**	**20821**	**27880**	**18161**	**9719**
45	8766	4790	3976	5163	3360	1803
46	9555	5260	4295	5662	3655	2007
47	9932	5578	4354	5778	3788	1990
48	9619	5419	4200	5716	3702	2014
49	9202	5206	3996	5561	3656	1905
50-54岁	**46467**	**27062**	**19405**	**26851**	**18177**	**8674**
50	10327	5898	4429	6178	4081	2097
51	9320	5433	3887	5467	3693	1774
52	10449	6128	4321	5977	4064	1913
53	7967	4667	3300	4538	3099	1439
54	8404	4936	3468	4691	3240	1451
55-59岁	**35630**	**20747**	**14883**	**17012**	**12017**	**4995**
55	8382	4933	3449	4359	3065	1294
56	7912	4577	3335	3895	2736	1159
57	8732	5093	3639	4257	3031	1226
58	6735	3940	2795	3003	2145	858
59	3869	2204	1665	1498	1040	458
60-64岁	**20418**	**11905**	**8513**	**6651**	**4914**	**1737**
60	4004	2305	1699	1471	1057	414
61	3647	2118	1529	1247	918	329
62	4396	2637	1759	1484	1128	356
63	4459	2626	1833	1387	1029	358
64	3912	2219	1693	1062	782	280
65岁及以上	**48439**	**26135**	**22304**	**5244**	**3712**	**1532**

7-8c 续表 2

单位：人

年 龄	学习培训			随同离开/投亲靠友			拆迁/搬家		
	小计	男	女	小计	男	女	小计	男	女
总 计	**58855**	**29519**	**29336**	**56707**	**28766**	**27941**	**50267**	**28113**	**22154**
0-4岁	**57**	**26**	**31**	**11952**	**6409**	**5543**	**2088**	**1157**	**931**
0	1		1	1221	666	555	253	157	96
1	4	1	3	2339	1275	1064	399	207	192
2	4	1	3	2607	1392	1215	466	270	196
3	17	6	11	2910	1545	1365	496	275	221
4	31	18	13	2875	1531	1344	474	248	226
5-9岁	**3220**	**1773**	**1447**	**12353**	**6502**	**5851**	**2282**	**1209**	**1073**
5	31	23	8	2801	1466	1335	432	220	212
6	662	371	291	2467	1310	1157	481	257	224
7	816	457	359	2388	1252	1136	436	245	191
8	890	470	420	2500	1296	1204	480	273	207
9	821	452	369	2197	1178	1019	453	214	239
10-14岁	**4365**	**2292**	**2073**	**9044**	**4767**	**4277**	**2353**	**1362**	**991**
10	753	382	371	1991	1018	973	456	265	191
11	866	485	381	2010	1080	930	497	271	226
12	836	455	381	1940	1037	903	484	283	201
13	846	446	400	1598	857	741	483	297	186
14	1064	524	540	1505	775	730	433	246	187
15-19岁	**27465**	**14134**	**13331**	**2779**	**1674**	**1105**	**1371**	**835**	**536**
15	3410	1766	1644	882	491	391	299	169	130
16	4661	2697	1964	558	332	226	246	145	101
17	3717	2118	1599	447	275	172	286	177	109
18	5616	2848	2768	462	294	168	259	163	96
19	10061	4705	5356	430	282	148	281	181	100
20-24岁	**22920**	**10875**	**12045**	**2417**	**1463**	**954**	**2093**	**1282**	**811**
20	10437	4834	5603	418	256	162	303	203	100
21	7227	3423	3804	441	277	164	330	203	127
22	3575	1756	1819	473	274	199	427	270	157
23	1227	609	618	519	309	210	491	286	205
24	454	253	201	566	347	219	542	320	222
25-29岁	**499**	**253**	**246**	**2803**	**1591**	**1212**	**3415**	**1920**	**1495**
25	211	106	105	575	333	242	641	353	288
26	95	51	44	506	301	205	606	336	270
27	83	35	48	598	336	262	765	432	333
28	54	27	27	529	296	233	716	414	302
29	56	34	22	595	325	270	687	385	302

7-8c 续表 3

单位：人

年 龄	学习培训			随同离开/投亲靠友			拆迁/搬家		
	小计	男	女	小计	男	女	小计	男	女
30–34岁	**123**	**63**	**60**	**2637**	**1381**	**1256**	**4030**	**2313**	**1717**
30	39	24	15	611	318	293	848	486	362
31	18	7	11	532	287	245	804	465	339
32	23	8	15	522	277	245	775	460	315
33	25	15	10	513	264	249	818	471	347
34	18	9	9	459	235	224	785	431	354
35–39岁	**44**	**18**	**26**	**1904**	**898**	**1006**	**4224**	**2318**	**1906**
35	11	3	8	424	227	197	794	425	369
36	11	6	5	385	175	210	918	516	402
37	6	2	4	377	164	213	796	462	334
38	11	4	7	384	188	196	863	477	386
39	5	3	2	334	144	190	853	438	415
40–44岁	**46**	**22**	**24**	**1436**	**584**	**852**	**3933**	**2130**	**1803**
40	5	3	2	314	132	182	777	416	361
41	13	5	8	301	126	175	831	465	366
42	10	6	4	284	113	171	829	428	401
43	12	7	5	247	101	146	728	400	328
44	6	1	5	290	112	178	768	421	347
45–49岁	**37**	**18**	**19**	**1617**	**564**	**1053**	**4374**	**2439**	**1935**
45	7	4	3	265	91	174	813	432	381
46	7	2	5	357	132	225	891	494	397
47	11	4	7	348	112	236	935	522	413
48	5	3	2	329	122	207	869	506	363
49	7	5	2	318	107	211	866	485	381
50–54岁	**36**	**21**	**15**	**1721**	**601**	**1120**	**4641**	**2593**	**2048**
50	16	9	7	365	124	241	999	545	454
51	3	2	1	341	117	224	908	524	384
52	7	4	3	366	136	230	1060	576	484
53	7	5	2	307	102	205	802	445	357
54	3	1	2	342	122	220	872	503	369
55–59岁	**17**	**8**	**9**	**1652**	**560**	**1092**	**4610**	**2574**	**2036**
55	1		1	339	110	229	1041	576	465
56	2	1	1	381	130	251	987	549	438
57	5	2	3	386	131	255	1084	600	484
58	6	2	4	374	126	248	908	527	381
59	3	3		172	63	109	590	322	268
60–64岁	**8**	**5**	**3**	**1118**	**416**	**702**	**3112**	**1771**	**1341**
60	1	1		208	75	133	570	317	253
61	1		1	204	68	136	557	314	243
62	2	2		252	97	155	658	393	265
63	4	2	2	239	90	149	690	396	294
64				215	86	129	637	351	286
65岁及以上	**18**	**11**	**7**	**3274**	**1356**	**1918**	**7741**	**4210**	**3531**

7-8c 续表 4

单位：人

年 龄	寄挂户口			婚姻嫁娶			照料孙子女		
	小计	男	女	小计	男	女	小计	男	女
总 计	**43218**	**22457**	**20761**	**59066**	**3960**	**55106**	**3449**	**1159**	**2290**
0-4岁	**2060**	**1084**	**976**						
0	150	82	68						
1	414	229	185						
2	506	268	238						
3	539	274	265						
4	451	231	220						
5-9岁	**2080**	**1118**	**962**						
5	400	227	173						
6	409	222	187						
7	421	221	200						
8	463	247	216						
9	387	201	186						
10-14岁	**2062**	**1132**	**930**	**3**		**3**			
10	417	224	193						
11	407	225	182						
12	467	259	208						
13	400	217	183						
14	371	207	164	3		3			
15-19岁	**1065**	**621**	**444**	**1254**	**9**	**1245**			
15	218	120	98	47	1	46			
16	207	115	92	88	3	85			
17	219	131	88	209	1	208			
18	201	119	82	361		361			
19	220	136	84	549	4	545			
20-24岁	**2289**	**1244**	**1045**	**5991**	**28**	**5963**	**1**		**1**
20	273	166	107	663	1	662			
21	359	188	171	898	2	896			
22	463	260	203	1144	6	1138			
23	523	286	237	1444	11	1433	1		1
24	671	344	327	1842	8	1834			
25-29岁	**3693**	**1951**	**1742**	**12872**	**196**	**12676**	**3**	**2**	**1**
25	724	388	336	2223	21	2202	1		1
26	727	385	342	2375	26	2349			
27	761	387	374	2779	64	2715			
28	770	406	364	2817	39	2778	1	1	
29	711	385	326	2678	46	2632	1	1	

7-8c 续表 5

单位：人

年龄	寄挂户口			婚姻嫁娶			照料孙子女		
	小计	男	女	小计	男	女	小计	男	女
30-34岁	**3763**	**2019**	**1744**	**12540**	**342**	**12198**	**20**	**2**	**18**
30	784	424	360	3125	48	3077	3		3
31	785	430	355	2637	61	2576	3		3
32	734	380	354	2388	67	2321	4		4
33	784	411	373	2274	81	2193	5		5
34	676	374	302	2116	85	2031	5	2	3
35-39岁	**3252**	**1656**	**1596**	**8621**	**439**	**8182**	**22**	**5**	**17**
35	713	366	347	1804	86	1718	5	2	3
36	708	372	336	1868	82	1786	2		2
37	607	311	296	1744	88	1656	7	1	6
38	614	306	308	1673	86	1587	2	1	1
39	610	301	309	1532	97	1435	6	1	5
40-44岁	**2998**	**1486**	**1512**	**5705**	**470**	**5235**	**22**	**7**	**15**
40	529	255	274	1397	79	1318	3	1	2
41	614	306	308	1242	102	1140			
42	681	353	328	1126	86	1040	8	2	6
43	566	290	276	959	95	864	9	4	5
44	608	282	326	981	108	873	2		2
45-49岁	**3364**	**1691**	**1673**	**4626**	**634**	**3992**	**62**	**11**	**51**
45	649	305	344	954	107	847	1		1
46	663	324	339	981	148	833	10	3	7
47	749	385	364	975	142	833	16		16
48	687	362	325	904	117	787	16	3	13
49	616	315	301	812	120	692	19	5	14
50-54岁	**3428**	**1739**	**1689**	**3491**	**659**	**2832**	**380**	**71**	**309**
50	706	342	364	837	129	708	44	4	40
51	695	353	342	720	136	584	65	14	51
52	845	448	397	753	147	606	68	15	53
53	550	273	277	591	123	468	94	20	74
54	632	323	309	590	124	466	109	18	91
55-59岁	**3170**	**1629**	**1541**	**2068**	**476**	**1592**	**787**	**218**	**569**
55	680	351	329	526	116	410	134	33	101
56	704	352	352	503	115	388	172	49	123
57	758	376	382	471	97	374	199	60	139
58	606	326	280	367	100	267	161	45	116
59	422	224	198	201	48	153	121	31	90
60-64岁	**1895**	**1023**	**872**	**854**	**289**	**565**	**829**	**287**	**542**
60	403	220	183	180	51	129	124	39	85
61	334	169	165	161	52	109	155	47	108
62	388	229	159	187	59	128	176	66	110
63	390	210	180	190	78	112	194	74	120
64	380	195	185	136	49	87	180	61	119
65岁及以上	**8099**	**4064**	**4035**	**1041**	**418**	**623**	**1323**	**556**	**767**

7-8c 续表 6

单位：人

年龄	为子女就学			养老/康养			其他		
	小计	男	女	小计	男	女	小计	男	女
总计	**854**	**305**	**549**	**17988**	**9471**	**8517**	**65702**	**35599**	**30103**
0-4岁							**5250**	**2810**	**2440**
0							519	273	246
1							1021	547	474
2							1210	641	569
3							1273	654	619
4							1227	695	532
5-9岁							**4652**	**2421**	**2231**
5							1165	587	578
6							872	454	418
7							879	450	429
8							926	512	414
9							810	418	392
10-14岁				**1**		**1**	**3730**	**1959**	**1771**
10							756	410	346
11							811	439	372
12							760	388	372
13				1		1	727	385	342
14							676	337	339
15-19岁	**5**	**1**	**4**	**1**	**1**		**1920**	**1116**	**804**
15							485	271	214
16	1		1				356	189	167
17	1	1					358	201	157
18	2		2	1	1		377	237	140
19	1		1				344	218	126
20-24岁	**30**	**15**	**15**	**1**		**1**	**3587**	**2047**	**1540**
20	10	5	5				517	324	193
21	8	5	3				545	327	218
22	4	3	1				696	384	312
23	4	1	3				855	504	351
24	4	1	3	1		1	974	508	466
25-29岁	**56**	**14**	**42**	**1**		**1**	**4859**	**2655**	**2204**
25	8	2	6	1		1	1083	574	509
26	10	3	7				1061	577	484
27	8	1	7				884	496	388
28	12	2	10				889	497	392
29	18	6	12				942	511	431

7-8c　续表 7　　　　单位：人

年　龄	为子女就学			养老/康养			其　他		
	小计	男	女	小计	男	女	小计	男	女
30-34岁	**155**	**40**	**115**	**3**	**2**	**1**	**5471**	**2954**	**2517**
30	26	6	20				1048	567	481
31	27	5	22				1028	542	486
32	36	11	25				1099	612	487
33	36	11	25	1	1		1199	642	557
34	30	7	23	2	1	1	1097	591	506
35-39岁	**166**	**47**	**119**	**6**	**2**	**4**	**5187**	**2724**	**2463**
35	40	14	26	1	1		1104	594	510
36	31	9	22	2	1	1	1032	540	492
37	34	11	23	3		3	893	456	437
38	36	8	28				1089	573	516
39	25	5	20				1069	561	508
40-44岁	**164**	**61**	**103**	**10**	**5**	**5**	**4292**	**2292**	**2000**
40	41	15	26	2	1	1	920	512	408
41	26	7	19				857	464	393
42	32	11	21	2	1	1	942	489	453
43	35	16	19	4	3	1	751	403	348
44	30	12	18	2		2	822	424	398
45-49岁	**106**	**45**	**61**	**31**	**12**	**19**	**4977**	**2678**	**2299**
45	27	11	16	4	1	3	883	479	404
46	23	9	14	5	2	3	956	491	465
47	15	8	7	2		2	1103	617	486
48	28	10	18	12	6	6	1053	588	465
49	13	7	6	8	3	5	982	503	479
50-54岁	**68**	**35**	**33**	**689**	**268**	**421**	**5162**	**2898**	**2264**
50	17	9	8	78	29	49	1087	626	461
51	15	6	9	111	40	71	995	548	447
52	15	9	6	173	65	108	1185	664	521
53	13	7	6	133	69	64	932	524	408
54	8	4	4	194	65	129	963	536	427
55-59岁	**42**	**18**	**24**	**1747**	**693**	**1054**	**4525**	**2554**	**1971**
55	9	2	7	256	97	159	1037	583	454
56	9	4	5	322	129	193	937	512	425
57	10	4	6	485	185	300	1077	607	470
58	9	7	2	393	149	244	908	513	395
59	5	1	4	291	133	158	566	339	227
60-64岁	**30**	**10**	**20**	**3029**	**1583**	**1446**	**2892**	**1607**	**1285**
60	6	4	2	464	207	257	577	334	243
61	4		4	501	283	218	483	267	216
62	6	2	4	638	333	305	605	328	277
63	4	2	2	719	380	339	642	365	277
64	10	2	8	707	380	327	585	313	272
65岁及以上	**32**	**19**	**13**	**12469**	**6905**	**5564**	**9198**	**4884**	**4314**

7－9 全省按现住地、性别、迁移原因分的户口登记地在本省其他乡镇街道的人口

单位：人

现住地	合计			工作就业		
	合计	男	女	小计	男	女
全省	**2410018**	**1205256**	**1204762**	**882900**	**480979**	**401921**
海口市	**1199829**	**608471**	**591358**	**504206**	**270836**	**233370**
秀英区	179755	92357	87398	77431	43315	34116
龙华区	351680	179299	172381	170462	90892	79570
琼山区	323463	164561	158902	131667	71220	60447
美兰区	344931	172254	172677	124646	65409	59237
三亚市	**260796**	**134848**	**125948**	**128538**	**71135**	**57403**
海棠区	14228	7647	6581	6803	4332	2471
吉阳区	151226	78778	72448	74599	41244	33355
天涯区	83277	42545	40732	42515	23124	19391
崖州区	12065	5878	6187	4621	2435	2186
三沙市	**609**	**439**	**170**	**538**	**394**	**144**
儋州市	**194979**	**98854**	**96125**	**46459**	**26509**	**19950**
五指山市	22453	10411	12042	6754	3645	3109
琼海市	101019	48814	52205	33355	17805	15550
文昌市	109732	52096	57636	34515	18611	15904
万宁市	59969	27973	31996	15045	8159	6886
东方市	72604	36606	35998	20725	11278	9447
定安县	32211	15696	16515	7696	4367	3329
屯昌县	39584	18938	20646	10888	6084	4804
澄迈县	78800	38378	40422	17983	10642	7341
临高县	68665	33664	35001	6167	3623	2544
白沙黎族自治县	17236	8158	9078	5839	3219	2620
昌江黎族自治县	51831	25815	26016	16349	9463	6886
乐东黎族自治县	30123	15078	15045	9806	5192	4614
陵水黎族自治县	25893	11294	14599	4331	2547	1784
保亭黎族苗族自治县	23608	10642	12966	7732	4146	3586
琼中黎族苗族自治县	20077	9081	10996	5974	3324	2650

7—9　续表 1

单位：人

现住地	学习培训			随同离开/投亲靠友			拆迁/搬家		
	小计	男	女	小计	男	女	小计	男	女
全省	**254789**	**133814**	**120975**	**368466**	**187219**	**181247**	**295999**	**162142**	**133857**
海口市	**137156**	**72352**	**64804**	**176092**	**88853**	**87239**	**126525**	**66826**	**59699**
秀英区	17701	8897	8804	23974	12015	11959	19199	10099	9100
龙华区	33386	18279	15107	47252	23712	23540	31048	16176	14872
琼山区	36995	19507	17488	60007	30434	29573	30945	16683	14262
美兰区	49074	25669	23405	44859	22692	22167	45333	23868	21465
三亚市	**27047**	**14035**	**13012**	**32405**	**16562**	**15843**	**20443**	**10665**	**9778**
海棠区	736	392	344	832	441	391	1025	543	482
吉阳区	20375	10476	9899	18336	9336	9000	12348	6355	5993
天涯区	5369	2874	2495	11664	5907	5757	6133	3242	2891
崖州区	567	293	274	1573	878	695	937	525	412
三沙市	**9**	**7**	**2**	**10**	**7**	**3**	**5**	**3**	**2**
儋州市	**14539**	**7922**	**6617**	**53337**	**28306**	**25031**	**48331**	**28090**	**20241**
五指山市	7129	2999	4130	1713	834	879	1384	730	654
琼海市	12899	7494	5405	10614	5320	5294	9601	5285	4316
文昌市	12915	5847	7068	14949	7328	7621	10098	5685	4413
万宁市	4911	2667	2244	9687	4876	4811	7431	4213	3218
东方市	6481	3424	3057	14332	7684	6648	10899	6158	4741
定安县	3622	2152	1470	4076	2143	1933	4204	2484	1720
屯昌县	3599	1850	1749	6657	3234	3423	6168	3585	2583
澄迈县	6651	4277	2374	11307	5819	5488	15233	8880	6353
临高县	2989	1533	1456	6809	3070	3739	16709	9098	7611
白沙黎族自治县	1883	885	998	2214	1109	1105	1374	790	584
昌江黎族自治县	5282	2741	2541	11914	5705	6209	6439	3437	3002
乐东黎族自治县	2861	1522	1339	2844	1545	1299	2600	1423	1177
陵水黎族自治县	390	199	191	2656	1358	1298	4530	2571	1959
保亭黎族苗族自治县	2171	918	1253	3614	1814	1800	2217	1237	980
琼中黎族苗族自治县	2255	990	1265	3236	1652	1584	1808	982	826

7-9 续表 2

单位：人

现住地	寄挂户口			婚姻嫁娶			照料孙子女		
	小计	男	女	小计	男	女	小计	男	女
全省	**114354**	**59689**	**54665**	**143016**	**9011**	**134005**	**27009**	**8064**	**18945**
海口市	**50110**	**26186**	**23924**	**40550**	**3473**	**37077**	**17702**	**5380**	**12322**
秀英区	8179	4306	3873	5751	388	5363	2549	784	1765
龙华区	13930	7223	6707	9374	884	8490	5699	1688	4011
琼山区	11987	6289	5698	11191	714	10477	4737	1470	3267
美兰区	16014	8368	7646	14234	1487	12747	4717	1438	3279
三亚市	**12674**	**6668**	**6006**	**11102**	**1617**	**9485**	**1980**	**531**	**1449**
海棠区	1369	683	686	1326	122	1204	19	5	14
吉阳区	5440	2890	2550	4275	745	3530	1287	338	949
天涯区	4684	2430	2254	3943	555	3388	642	178	464
崖州区	1181	665	516	1558	195	1363	32	10	22
三沙市									
儋州市	**556**	**327**	**229**	**17495**	**567**	**16928**	**793**	**215**	**578**
五指山市	1010	540	470	1355	152	1203	299	67	232
琼海市	6373	3398	2975	9493	268	9225	1626	463	1163
文昌市	6183	3269	2914	9935	520	9415	1444	438	1006
万宁市	4190	2177	2013	7221	252	6969	266	82	184
东方市	3220	1681	1539	5127	544	4583	407	128	279
定安县	3161	1698	1463	4111	110	4001	216	65	151
屯昌县	2127	1096	1031	4219	101	4118	347	102	245
澄迈县	5107	2670	2437	10907	169	10738	344	110	234
临高县	6512	3132	3380	2919	132	2787	171	60	111
白沙黎族自治县	1434	730	704	1902	134	1768	197	53	144
昌江黎族自治县	1820	909	911	2863	165	2698	634	199	435
乐东黎族自治县	3592	1931	1661	2137	218	1919	144	48	96
陵水黎族自治县	3672	1903	1769	5344	143	5201	60	22	38
保亭黎族苗族自治县	1248	674	574	3441	268	3173	202	64	138
琼中黎族苗族自治县	1365	700	665	2895	178	2717	177	37	140

7–9 续表 3

单位：人

现住地	为子女就学			养老/康养			其他		
	小计	男	女	小计	男	女	小计	男	女
全省	**12412**	**4328**	**8084**	**36718**	**17076**	**19642**	**274355**	**142934**	**131421**
海口市	**5947**	**2163**	**3784**	**17990**	**7702**	**10288**	**123551**	**64700**	**58851**
秀英区	1358	573	785	2321	941	1380	21292	11039	10253
龙华区	1570	530	1040	4367	1795	2572	34592	18120	16472
琼山区	1564	523	1041	4993	2167	2826	29377	15554	13823
美兰区	1455	537	918	6309	2799	3510	38290	19987	18303
三亚市	**544**	**132**	**412**	**1956**	**861**	**1095**	**24107**	**12642**	**11465**
海棠区	8	1	7	75	37	38	2035	1091	944
吉阳区	352	82	270	1069	454	615	13145	6858	6287
天涯区	178	48	130	671	291	380	7478	3896	3582
崖州区	6	1	5	141	79	62	1449	797	652
三沙市							**47**	**28**	**19**
儋州市	**466**	**220**	**246**	**1789**	**710**	**1079**	**11214**	**5988**	**5226**
五指山市	85	22	63	424	183	241	2300	1239	1061
琼海市	1005	302	703	2643	1431	1212	13410	7048	6362
文昌市	607	166	441	5173	2832	2341	13913	7400	6513
万宁市	68	23	45	1191	658	533	9959	4866	5093
东方市	1221	447	774	1213	547	666	8979	4715	4264
定安县	138	50	88	593	340	253	4394	2287	2107
屯昌县	311	104	207	529	275	254	4739	2507	2232
澄迈县	269	107	162	899	457	442	10100	5247	4853
临高县	319	148	171	352	177	175	25718	12691	13027
白沙黎族自治县	137	44	93	204	97	107	2052	1097	955
昌江黎族自治县	1065	330	735	668	298	370	4797	2568	2229
乐东黎族自治县	60	15	45	352	176	176	5727	3008	2719
陵水黎族自治县	16	9	7	156	72	84	4738	2470	2268
保亭黎族苗族自治县	60	14	46	286	128	158	2637	1379	1258
琼中黎族苗族自治县	94	32	62	300	132	168	1973	1054	919

7－9a 全省按现住地、性别、迁移原因分的户口登记地在本省其他乡镇街道的人口(城市)

单位：人

现住地	合计			工作就业		
	合计	男	女	小计	男	女
全省	**1633242**	**826431**	**806811**	**688944**	**367868**	**321076**
海口市	**1041713**	**527445**	**514268**	**468523**	**249917**	**218606**
秀英区	154330	79066	75264	70550	39029	31521
龙华区	341839	174305	167534	168871	89936	78935
琼山区	279462	142975	136487	121856	65658	56198
美兰区	266082	131099	134983	107246	55294	51952
三亚市	**214923**	**110724**	**104199**	**108794**	**58901**	**49893**
海棠区	5103	2351	2752	1354	806	548
吉阳区	132291	69063	63228	66765	36570	30195
天涯区	71574	36477	35097	38342	20443	17899
崖州区	5955	2833	3122	2333	1082	1251
三沙市						
儋州市	**147036**	**76015**	**71021**	**33872**	**18566**	**15306**
五指山市	16491	7607	8884	5313	2754	2559
琼海市	67838	33945	33893	25638	13257	12381
文昌市	62262	29423	32839	23437	12059	11378
万宁市	24459	11782	12677	6382	3441	2941
东方市	58520	29490	29030	16985	8973	8012
定安县						
屯昌县						
澄迈县						
临高县						
白沙黎族自治县						
昌江黎族自治县						
乐东黎族自治县						
陵水黎族自治县						
保亭黎族苗族自治县						
琼中黎族苗族自治县						

7-9a　续表 1

单位：人

现住地	学习培训			随同离开/投亲靠友			拆迁/搬家		
	小计	男	女	小计	男	女	小计	男	女
全省	**162717**	**85932**	**76785**	**267115**	**136159**	**130956**	**191065**	**103167**	**87898**
海口市	**95150**	**50847**	**44303**	**160681**	**81034**	**79647**	**108815**	**57085**	**51730**
秀英区	16009	7759	8250	21767	10856	10911	16086	8402	7684
龙华区	32437	17766	14671	46351	23272	23079	29289	15185	14104
琼山区	28457	15790	12667	53919	27404	26515	24634	13206	11428
美兰区	18247	9532	8715	38644	19502	19142	38806	20292	18514
三亚市	**19754**	**10674**	**9080**	**29215**	**14888**	**14327**	**17269**	**8959**	**8310**
海棠区	54	29	25	499	252	247	554	312	242
吉阳区	14245	7742	6503	17398	8860	8538	11432	5864	5568
天涯区	5117	2737	2380	10461	5274	5187	4757	2478	2279
崖州区	338	166	172	857	502	355	526	305	221
三沙市									
儋州市	**10482**	**5762**	**4720**	**42632**	**22753**	**19879**	**41392**	**23959**	**17433**
五指山市	5580	2306	3274	1194	583	611	1045	536	509
琼海市	11552	6805	4747	7188	3528	3660	6274	3465	2809
文昌市	11679	5177	6502	8759	4206	4553	4353	2432	1921
万宁市	2480	1223	1257	4886	2452	2434	3057	1712	1345
东方市	6040	3138	2902	12560	6715	5845	8860	5019	3841
定安县									
屯昌县									
澄迈县									
临高县									
白沙黎族自治县									
昌江黎族自治县									
乐东黎族自治县									
陵水黎族自治县									
保亭黎族苗族自治县									
琼中黎族苗族自治县									

7-9a　续表 2　　　　单位：人

现住地	寄挂户口			婚姻嫁娶			照料孙子女		
	小计	男	女	小计	男	女	小计	男	女
全省	**50984**	**26757**	**24227**	**59995**	**5109**	**54886**	**22582**	**6647**	**15935**
海口市	**35411**	**18541**	**16870**	**32719**	**3087**	**29632**	**16651**	**5012**	**11639**
秀英区	5197	2739	2458	3777	321	3456	2305	693	1612
龙华区	11679	6074	5605	8776	874	7902	5659	1667	3992
琼山区	7078	3699	3379	8790	597	8193	4387	1361	3026
美兰区	11457	6029	5428	11376	1295	10081	4300	1291	3009
三亚市	**8842**	**4660**	**4182**	**7526**	**1120**	**6406**	**1878**	**504**	**1374**
海棠区	650	350	300	963	73	890	12	3	9
吉阳区	4598	2412	2186	3336	570	2766	1243	327	916
天涯区	3064	1587	1477	2535	394	2141	612	171	441
崖州区	530	311	219	692	83	609	11	3	8
三沙市									
儋州市	**224**	**130**	**94**	**8950**	**221**	**8729**	**612**	**167**	**445**
五指山市	540	298	242	551	73	478	276	62	214
琼海市	2109	1092	1017	2889	91	2798	1471	404	1067
文昌市	1743	908	835	2733	163	2570	1178	340	838
万宁市	804	423	381	1351	28	1323	147	43	104
东方市	1311	705	606	3276	326	2950	369	115	254
定安县									
屯昌县									
澄迈县									
临高县									
白沙黎族自治县									
昌江黎族自治县									
乐东黎族自治县									
陵水黎族自治县									
保亭黎族苗族自治县									
琼中黎族苗族自治县									

7-9a　续表 3　　　　　　　　　　　　　　　　　　　　　　　　单位：人

现住地	为子女就学			养老/康养			其他		
	小计	男	女	小计	男	女	小计	男	女
全省	**8920**	**3083**	**5837**	**22248**	**9099**	**13149**	**158672**	**82610**	**76062**
海口市	**5345**	**1913**	**3432**	**14920**	**5991**	**8929**	**103498**	**54018**	**49480**
秀英区	1000	402	598	1988	765	1223	15651	8100	7551
龙华区	1535	516	1019	4200	1699	2501	33042	17316	15726
琼山区	1496	499	997	4323	1778	2545	24522	12983	11539
美兰区	1314	496	818	4409	1749	2660	30283	15619	14664
三亚市	**504**	**122**	**382**	**1662**	**706**	**956**	**19479**	**10190**	**9289**
海棠区	4		4	44	20	24	969	506	463
吉阳区	337	76	261	1006	423	583	11931	6219	5712
天涯区	161	45	116	537	221	316	5988	3127	2861
崖州区	2	1	1	75	42	33	591	338	253
三沙市									
儋州市	**394**	**191**	**203**	**1349**	**511**	**838**	**7129**	**3755**	**3374**
五指山市	74	19	55	340	141	199	1578	835	743
琼海市	893	268	625	1110	475	635	8714	4560	4154
文昌市	471	121	350	1641	741	900	6268	3276	2992
万宁市	36	12	24	297	138	159	5019	2310	2709
东方市	1203	437	766	929	396	533	6987	3666	3321
定安县									
屯昌县									
澄迈县									
临高县									
白沙黎族自治县									
昌江黎族自治县									
乐东黎族自治县									
陵水黎族自治县									
保亭黎族苗族自治县									
琼中黎族苗族自治县									

7-9b 全省按现住地、性别、迁移原因分的户口登记地在本省其他乡镇街道的人口(镇)

单位：人

现住地	合计			工作就业		
	合计	男	女	小计	男	女
全省	**431157**	**215208**	**215949**	**118769**	**67201**	**51568**
海口市	**67609**	**34974**	**32635**	**16826**	**9393**	**7433**
秀英区	13168	6808	6360	3770	2152	1618
龙华区	2487	1270	1217	487	279	208
琼山区	8084	3403	4681	1380	750	630
美兰区	43870	23493	20377	11189	6212	4977
三亚市	**5136**	**2858**	**2278**	**2966**	**1722**	**1244**
海棠区	1646	939	707	1196	714	482
吉阳区	2219	1232	987	1436	812	624
天涯区	953	513	440	287	176	111
崖州区	318	174	144	47	20	27
三沙市	**609**	**439**	**170**	**538**	**394**	**144**
儋州市	**28037**	**14929**	**13108**	**9654**	**6123**	**3531**
五指山市	3422	1541	1881	768	441	327
琼海市	11235	5203	6032	3656	2057	1599
文昌市	27047	13055	13992	7599	4329	3270
万宁市	12570	6214	6356	2878	1615	1263
东方市	5032	2525	2507	1268	676	592
定安县	22099	11166	10933	6211	3420	2791
屯昌县	31715	15586	16129	9549	5238	4311
澄迈县	60171	30353	29818	15589	9192	6397
临高县	45451	22435	23016	4593	2626	1967
白沙黎族自治县	7958	3783	4175	3086	1669	1417
昌江黎族自治县	47537	23514	24023	14752	8348	6404
乐东黎族自治县	17544	8869	8675	7136	3696	3440
陵水黎族自治县	12832	6068	6764	2592	1449	1143
保亭黎族苗族自治县	13670	6299	7371	5200	2678	2522
琼中黎族苗族自治县	11483	5397	6086	3908	2135	1773

7-9b　续表 1

单位：人

现住地	学习培训			随同离开/投亲靠友			拆迁/搬家		
	小计	男	女	小计	男	女	小计	男	女
全省	**56001**	**29911**	**26090**	**65745**	**32598**	**33147**	**60146**	**34080**	**26066**
海口市	**19418**	**10311**	**9107**	**7062**	**3529**	**3533**	**7019**	**3903**	**3116**
秀英区	225	117	108	1385	708	677	1920	1033	887
龙华区	54	29	25	483	230	253	574	342	232
琼山区	2112	443	1669	1158	543	615	1213	715	498
美兰区	17027	9722	7305	4036	2048	1988	3312	1813	1499
三亚市	**92**	**65**	**27**	**413**	**208**	**205**	**346**	**200**	**146**
海棠区	16	12	4	50	26	24	52	27	25
吉阳区	61	42	19	177	80	97	141	87	54
天涯区	15	11	4	101	55	46	137	78	59
崖州区				85	47	38	16	8	8
三沙市	**9**	**7**	**2**	**10**	**7**	**3**	**5**	**3**	**2**
儋州市	**2901**	**1412**	**1489**	**6179**	**3189**	**2990**	**3747**	**2172**	**1575**
五指山市	1480	653	827	315	161	154	128	71	57
琼海市	1010	508	502	1441	706	735	1055	579	476
文昌市	916	500	416	3911	1908	2003	3275	1855	1420
万宁市	1241	769	472	2353	1105	1248	1852	1082	770
东方市	256	187	69	826	456	370	874	508	366
定安县	3445	2056	1389	3202	1656	1546	2796	1679	1117
屯昌县	3362	1717	1645	6023	2940	3083	5209	3042	2167
澄迈县	6365	4135	2230	9222	4694	4528	11025	6448	4577
临高县	2640	1333	1307	4992	2244	2748	10066	5566	4500
白沙黎族自治县	1525	701	824	1323	650	673	462	259	203
昌江黎族自治县	5219	2700	2519	11359	5459	5900	6029	3223	2806
乐东黎族自治县	2067	1125	942	1634	893	741	946	530	416
陵水黎族自治县	165	87	78	1702	876	826	2705	1553	1152
保亭黎族苗族自治县	1923	800	1123	1782	903	879	1529	824	705
琼中黎族苗族自治县	1967	845	1122	1996	1014	982	1078	583	495

7-9b 续表 2

单位：人

现住地	寄挂户口			婚姻嫁娶			照料孙子女		
	小计	男	女	小计	男	女	小计	男	女
全省	**21723**	**11349**	**10374**	**31760**	**1603**	**30157**	**2967**	**876**	**2091**
海口市	**3909**	**2093**	**1816**	**2519**	**127**	**2392**	**424**	**140**	**284**
秀英区	1026	565	461	508	36	472	189	65	124
龙华区	364	189	175	149	3	146	5	2	3
琼山区	739	409	330	456	12	444	16	3	13
美兰区	1780	930	850	1406	76	1330	214	70	144
三亚市	**355**	**196**	**159**	**309**	**122**	**187**	**17**	**4**	**13**
海棠区	88	47	41	52	11	41	3	1	2
吉阳区	106	62	44	97	49	48	7	2	5
天涯区	152	79	73	107	36	71	2		2
崖州区	9	8	1	53	26	27	5	1	4
三沙市									
儋州市	**101**	**58**	**43**	**2123**	**180**	**1943**	**149**	**36**	**113**
五指山市	134	70	64	355	31	324	17	3	14
琼海市	828	443	385	1550	39	1511	65	18	47
文昌市	1806	931	875	3224	169	3055	171	53	118
万宁市	834	465	369	1217	46	1171	41	19	22
东方市	449	217	232	614	80	534	11	2	9
定安县	1100	602	498	1959	66	1893	179	53	126
屯昌县	918	468	450	2263	51	2212	326	94	232
澄迈县	3041	1573	1468	6481	91	6390	280	84	196
临高县	3423	1702	1721	1494	67	1427	107	33	74
白沙黎族自治县	162	81	81	527	44	483	133	35	98
昌江黎族自治县	1196	604	592	2466	133	2333	621	191	430
乐东黎族自治县	1200	662	538	923	142	781	88	27	61
陵水黎族自治县	1399	723	676	1672	59	1613	32	7	25
保亭黎族苗族自治县	403	216	187	1170	107	1063	169	52	117
琼中黎族苗族自治县	465	245	220	894	49	845	137	25	112

7-9b 续表 3

单位：人

现住地	为子女就学			养老/康养			其他		
	小计	男	女	小计	男	女	小计	男	女
全省	**2918**	**1025**	**1893**	**6169**	**3017**	**3152**	**64959**	**33548**	**31411**
海口市	**457**	**196**	**261**	**1116**	**536**	**580**	**8859**	**4746**	**4113**
秀英区	347	166	181	171	75	96	3627	1891	1736
龙华区	8	3	5	54	22	32	309	171	138
琼山区	11	2	9	74	41	33	925	485	440
美兰区	91	25	66	817	398	419	3998	2199	1799
三亚市	**2**		**2**	**32**	**17**	**15**	**604**	**324**	**280**
海棠区				8	5	3	181	96	85
吉阳区	2		2	5	2	3	187	96	91
天涯区				11	6	5	141	72	69
崖州区				8	4	4	95	60	35
三沙市							**47**	**28**	**19**
儋州市	**46**	**19**	**27**	**203**	**94**	**109**	**2934**	**1646**	**1288**
五指山市	9	3	6	32	15	17	184	93	91
琼海市	35	12	23	302	161	141	1293	680	613
文昌市	95	30	65	1530	874	656	4520	2406	2114
万宁市	13	4	9	221	118	103	1920	991	929
东方市	12	6	6	131	69	62	591	324	267
定安县	121	41	80	260	120	140	2826	1473	1353
屯昌县	301	101	200	297	123	174	3467	1812	1655
澄迈县	240	93	147	626	296	330	7302	3747	3555
临高县	233	101	132	171	83	88	17732	8680	9052
白沙黎族自治县	117	38	79	100	43	57	523	263	260
昌江黎族自治县	1061	328	733	552	221	331	4282	2307	1975
乐东黎族自治县	38	7	31	197	82	115	3315	1705	1610
陵水黎族自治县	6	4	2	72	30	42	2487	1280	1207
保亭黎族苗族自治县	52	12	40	181	81	100	1261	626	635
琼中黎族苗族自治县	80	30	50	146	54	92	812	417	395

7-9c 全省按现住地、性别、迁移原因分的户口登记地在本省其他乡镇街道的人口(乡村)

单位：人

现住地	合计			工作就业		
	合计	男	女	小计	男	女
全省	**345619**	**163617**	**182002**	**75187**	**45910**	**29277**
海口市	**90507**	**46052**	**44455**	**18857**	**11526**	**7331**
秀英区	12257	6483	5774	3111	2134	977
龙华区	7354	3724	3630	1104	677	427
琼山区	35917	18183	17734	8431	4812	3619
美兰区	34979	17662	17317	6211	3903	2308
三亚市	**40737**	**21266**	**19471**	**16778**	**10512**	**6266**
海棠区	7479	4357	3122	4253	2812	1441
吉阳区	16716	8483	8233	6398	3862	2536
天涯区	10750	5555	5195	3886	2505	1381
崖州区	5792	2871	2921	2241	1333	908
三沙市						
儋州市	**19906**	**7910**	**11996**	**2933**	**1820**	**1113**
五指山市	2540	1263	1277	673	450	223
琼海市	21946	9666	12280	4061	2491	1570
文昌市	20423	9618	10805	3479	2223	1256
万宁市	22940	9977	12963	5785	3103	2682
东方市	9052	4591	4461	2472	1629	843
定安县	10112	4530	5582	1485	947	538
屯昌县	7869	3352	4517	1339	846	493
澄迈县	18629	8025	10604	2394	1450	944
临高县	23214	11229	11985	1574	997	577
白沙黎族自治县	9278	4375	4903	2753	1550	1203
昌江黎族自治县	4294	2301	1993	1597	1115	482
乐东黎族自治县	12579	6209	6370	2670	1496	1174
陵水黎族自治县	13061	5226	7835	1739	1098	641
保亭黎族苗族自治县	9938	4343	5595	2532	1468	1064
琼中黎族苗族自治县	8594	3684	4910	2066	1189	877

7-9c 续表 1

单位：人

现住地	学习培训			随同离开/投亲靠友			拆迁/搬家		
	小计	男	女	小计	男	女	小计	男	女
全省	**36071**	**17971**	**18100**	**35606**	**18462**	**17144**	**44788**	**24895**	**19893**
海口市	**22588**	**11194**	**11394**	**8349**	**4290**	**4059**	**10691**	**5838**	**4853**
秀英区	1467	1021	446	822	451	371	1193	664	529
龙华区	895	484	411	418	210	208	1185	649	536
琼山区	6426	3274	3152	4930	2487	2443	5098	2762	2336
美兰区	13800	6415	7385	2179	1142	1037	3215	1763	1452
三亚市	**7201**	**3296**	**3905**	**2777**	**1466**	**1311**	**2828**	**1506**	**1322**
海棠区	666	351	315	283	163	120	419	204	215
吉阳区	6069	2692	3377	761	396	365	775	404	371
天涯区	237	126	111	1102	578	524	1239	686	553
崖州区	229	127	102	631	329	302	395	212	183
三沙市									
儋州市	**1156**	**748**	**408**	**4526**	**2364**	**2162**	**3192**	**1959**	**1233**
五指山市	69	40	29	204	90	114	211	123	88
琼海市	337	181	156	1985	1086	899	2272	1241	1031
文昌市	320	170	150	2279	1214	1065	2470	1398	1072
万宁市	1190	675	515	2448	1319	1129	2522	1419	1103
东方市	185	99	86	946	513	433	1165	631	534
定安县	177	96	81	874	487	387	1408	805	603
屯昌县	237	133	104	634	294	340	959	543	416
澄迈县	286	142	144	2085	1125	960	4208	2432	1776
临高县	349	200	149	1817	826	991	6643	3532	3111
白沙黎族自治县	358	184	174	891	459	432	912	531	381
昌江黎族自治县	63	41	22	555	246	309	410	214	196
乐东黎族自治县	794	397	397	1210	652	558	1654	893	761
陵水黎族自治县	225	112	113	954	482	472	1825	1018	807
保亭黎族苗族自治县	248	118	130	1832	911	921	688	413	275
琼中黎族苗族自治县	288	145	143	1240	638	602	730	399	331

7-9c 续表 2

单位：人

现住地	寄挂户口			婚姻嫁娶			照料孙子女		
	小计	男	女	小计	男	女	小计	男	女
全省	**41647**	**21583**	**20064**	**51261**	**2299**	**48962**	**1460**	**541**	**919**
海口市	**10790**	**5552**	**5238**	**5312**	**259**	**5053**	**627**	**228**	**399**
秀英区	1956	1002	954	1466	31	1435	55	26	29
龙华区	1887	960	927	449	7	442	35	19	16
琼山区	4170	2181	1989	1945	105	1840	334	106	228
美兰区	2777	1409	1368	1452	116	1336	203	77	126
三亚市	**3477**	**1812**	**1665**	**3267**	**375**	**2892**	**85**	**23**	**62**
海棠区	631	286	345	311	38	273	4	1	3
吉阳区	736	416	320	842	126	716	37	9	28
天涯区	1468	764	704	1301	125	1176	28	7	21
崖州区	642	346	296	813	86	727	16	6	10
三沙市									
儋州市	**231**	**139**	**92**	**6422**	**166**	**6256**	**32**	**12**	**20**
五指山市	336	172	164	449	48	401	6	2	4
琼海市	3436	1863	1573	5054	138	4916	90	41	49
文昌市	2634	1430	1204	3978	188	3790	95	45	50
万宁市	2552	1289	1263	4653	178	4475	78	20	58
东方市	1460	759	701	1237	138	1099	27	11	16
定安县	2061	1096	965	2152	44	2108	37	12	25
屯昌县	1209	628	581	1956	50	1906	21	8	13
澄迈县	2066	1097	969	4426	78	4348	64	26	38
临高县	3089	1430	1659	1425	65	1360	64	27	37
白沙黎族自治县	1272	649	623	1375	90	1285	64	18	46
昌江黎族自治县	624	305	319	397	32	365	13	8	5
乐东黎族自治县	2392	1269	1123	1214	76	1138	56	21	35
陵水黎族自治县	2273	1180	1093	3672	84	3588	28	15	13
保亭黎族苗族自治县	845	458	387	2271	161	2110	33	12	21
琼中黎族苗族自治县	900	455	445	2001	129	1872	40	12	28

7-9c 续表 3

单位：人

现住地	为子女就学			养老/康养			其他		
	小计	男	女	小计	男	女	小计	男	女
全省	**574**	**220**	**354**	**8301**	**4960**	**3341**	**50724**	**26776**	**23948**
海口市	**145**	**54**	**91**	**1954**	**1175**	**779**	**11194**	**5936**	**5258**
秀英区	11	5	6	162	101	61	2014	1048	966
龙华区	27	11	16	113	74	39	1241	633	608
琼山区	57	22	35	596	348	248	3930	2086	1844
美兰区	50	16	34	1083	652	431	4009	2169	1840
三亚市	**38**	**10**	**28**	**262**	**138**	**124**	**4024**	**2128**	**1896**
海棠区	4	1	3	23	12	11	885	489	396
吉阳区	13	6	7	58	29	29	1027	543	484
天涯区	17	3	14	123	64	59	1349	697	652
崖州区	4		4	58	33	25	763	399	364
三沙市									
儋州市	**26**	**10**	**16**	**237**	**105**	**132**	**1151**	**587**	**564**
五指山市	2		2	52	27	25	538	311	227
琼海市	77	22	55	1231	795	436	3403	1808	1595
文昌市	41	15	26	2002	1217	785	3125	1718	1407
万宁市	19	7	12	673	402	271	3020	1565	1455
东方市	6	4	2	153	82	71	1401	725	676
定安县	17	9	8	333	220	113	1568	814	754
屯昌县	10	3	7	232	152	80	1272	695	577
澄迈县	29	14	15	273	161	112	2798	1500	1298
临高县	86	47	39	181	94	87	7986	4011	3975
白沙黎族自治县	20	6	14	104	54	50	1529	834	695
昌江黎族自治县	4	2	2	116	77	39	515	261	254
乐东黎族自治县	22	8	14	155	94	61	2412	1303	1109
陵水黎族自治县	10	5	5	84	42	42	2251	1190	1061
保亭黎族苗族自治县	8	2	6	105	47	58	1376	753	623
琼中黎族苗族自治县	14	2	12	154	78	76	1161	637	524

7-10 全省按现住地、性别、迁移原因分的户口登记地在外省的人口

单位：人

现住地	合计			工作就业		
	合计	男	女	小计	男	女
全省	**1088143**	**644352**	**443791**	**634830**	**427798**	**207032**
海口市	**527361**	**308192**	**219169**	**307567**	**204926**	**102641**
秀英区	125822	78631	47191	82640	57668	24972
龙华区	152570	89493	63077	97246	63443	33803
琼山区	82107	48629	33478	49845	33527	16318
美兰区	166862	91439	75423	77836	50288	27548
三亚市	**262087**	**156771**	**105316**	**161609**	**107650**	**53959**
海棠区	32059	21259	10800	22365	16197	6168
吉阳区	140103	82058	58045	82028	53779	28249
天涯区	68322	39777	28545	42449	27476	14973
崖州区	21603	13677	7926	14767	10198	4569
三沙市	**896**	**677**	**219**	**809**	**619**	**190**
儋州市	**47330**	**29833**	**17497**	**26632**	**19569**	**7063**
五指山市	13170	7387	5783	5417	3798	1619
琼海市	35484	20951	14533	20017	13514	6503
文昌市	30966	18053	12913	18665	12338	6327
万宁市	16118	9487	6631	8230	5687	2543
东方市	30395	18746	11649	16666	11912	4754
定安县	5767	3313	2454	2967	2031	936
屯昌县	8114	4969	3145	4811	3397	1414
澄迈县	30376	18325	12051	16967	11973	4994
临高县	4739	2761	1978	1784	1239	545
白沙黎族自治县	7983	4613	3370	4191	2833	1358
昌江黎族自治县	11542	7399	4143	7686	5540	2146
乐东黎族自治县	17582	10210	7372	9898	6338	3560
陵水黎族自治县	15398	9488	5910	9030	6287	2743
保亭黎族苗族自治县	13703	7897	5806	6903	4793	2110
琼中黎族苗族自治县	9132	5280	3852	4981	3354	1627

7-10　续表 1

单位：人

现住地	学习培训			随同离开/投亲靠友			拆迁/搬家		
	小计	男	女	小计	男	女	小计	男	女
全省	**104591**	**51580**	**53011**	**112545**	**54228**	**58317**	**30270**	**17448**	**12822**
海口市	**66393**	**31564**	**34829**	**54378**	**25953**	**28425**	**14953**	**8347**	**6606**
秀英区	4293	2304	1989	12517	5997	6520	3452	2059	1393
龙华区	10897	5645	5252	16665	7900	8765	4365	2411	1954
琼山区	7293	3481	3812	10213	4916	5297	2637	1472	1165
美兰区	43910	20134	23776	14983	7140	7843	4499	2405	2094
三亚市	**25434**	**13570**	**11864**	**23793**	**11297**	**12496**	**4400**	**2461**	**1939**
海棠区	1270	697	573	2554	1258	1296	1213	698	515
吉阳区	20562	10879	9683	12205	5768	6437	1825	1002	823
天涯区	3107	1709	1398	6384	2975	3409	999	537	462
崖州区	495	285	210	2650	1296	1354	363	224	139
三沙市	**8**	**7**	**1**	**23**	**13**	**10**	**10**	**8**	**2**
儋州市	**2723**	**1284**	**1439**	**7004**	**3603**	**3401**	**3892**	**2493**	**1399**
五指山市	1494	613	881	806	377	429	210	122	88
琼海市	2045	1273	772	3716	1799	1917	791	452	339
文昌市	2046	834	1212	3838	1859	1979	567	308	259
万宁市	235	116	119	1746	861	885	598	352	246
东方市	463	253	210	2821	1378	1443	710	420	290
定安县	231	133	98	588	292	296	189	103	86
屯昌县	258	139	119	800	399	401	373	224	149
澄迈县	856	489	367	2835	1360	1475	1200	726	474
临高县	149	70	79	392	185	207	236	143	93
白沙黎族自治县	290	174	116	1219	631	588	299	195	104
昌江黎族自治县	335	184	151	1419	696	723	337	183	154
乐东黎族自治县	472	257	215	1947	945	1002	349	207	142
陵水黎族自治县	293	159	134	1752	858	894	553	346	207
保亭黎族苗族自治县	410	218	192	1982	943	1039	312	174	138
琼中黎族苗族自治县	456	243	213	1486	779	707	291	184	107

7-10 续表 2

单位：人

现住地	寄挂户口			婚姻嫁娶			照料孙子女		
	小计	男	女	小计	男	女	小计	男	女
全省	**5423**	**2946**	**2477**	**23713**	**4863**	**18850**	**24003**	**8043**	**15960**
海口市	**3629**	**1948**	**1681**	**8574**	**1349**	**7225**	**15712**	**5376**	**10336**
秀英区	2130	1113	1017	1899	287	1612	3764	1308	2456
龙华区	485	248	237	2590	384	2206	4522	1516	3006
琼山区	274	164	110	1623	180	1443	2637	934	1703
美兰区	740	423	317	2462	498	1964	4789	1618	3171
三亚市	**595**	**312**	**283**	**3990**	**1455**	**2535**	**5197**	**1679**	**3518**
海棠区	199	116	83	618	144	474	248	82	166
吉阳区	189	97	92	1644	621	1023	3749	1229	2520
天涯区	135	61	74	1249	477	772	1098	341	757
崖州区	72	38	34	479	213	266	102	27	75
三沙市									
儋州市	**184**	**98**	**86**	**2191**	**376**	**1815**	**542**	**170**	**372**
五指山市	40	15	25	308	90	218	219	71	148
琼海市	87	51	36	939	115	824	439	142	297
文昌市	95	54	41	700	91	609	374	115	259
万宁市	64	39	25	777	145	632	103	37	66
东方市	51	29	22	924	373	551	311	111	200
定安县	26	18	8	312	29	283	57	19	38
屯昌县	60	37	23	427	33	394	81	25	56
澄迈县	59	33	26	753	45	708	303	80	223
临高县	264	165	99	198	25	173	43	14	29
白沙黎族自治县	35	23	12	624	101	523	89	33	56
昌江黎族自治县	22	15	7	384	85	299	86	30	56
乐东黎族自治县	67	36	31	552	139	413	102	34	68
陵水黎族自治县	102	47	55	528	120	408	116	37	79
保亭黎族苗族自治县	19	11	8	785	198	587	145	42	103
琼中黎族苗族自治县	24	15	9	747	94	653	84	28	56

7-10　续表 3

单位：人

现 住 地	为子女就学			养老/康养			其　他		
	小计	男	女	小计	男	女	小计	男	女
全省	**2347**	**718**	**1629**	**69278**	**31855**	**37423**	**81143**	**44873**	**36270**
海口市	**1262**	**418**	**844**	**16862**	**7554**	**9308**	**38031**	**20757**	**17274**
秀英区	360	137	223	3592	1575	2017	11175	6183	4992
龙华区	376	111	265	4421	1961	2460	11003	5874	5129
琼山区	175	61	114	2715	1248	1467	4695	2646	2049
美兰区	351	109	242	6134	2770	3364	11158	6054	5104
三亚市	**490**	**129**	**361**	**19695**	**8919**	**10776**	**16884**	**9299**	**7585**
海棠区	50	16	34	656	303	353	2886	1748	1138
吉阳区	298	77	221	10062	4532	5530	7541	4074	3467
天涯区	123	33	90	7626	3468	4158	5152	2700	2452
崖州区	19	3	16	1351	616	735	1305	777	528
三沙市				**2**	**2**		**44**	**28**	**16**
儋州市	**39**	**10**	**29**	**1426**	**666**	**760**	**2697**	**1564**	**1133**
五指山市	20	4	16	3649	1713	1936	1007	584	423
琼海市	158	44	114	4691	2190	2501	2601	1371	1230
文昌市	63	23	40	1819	857	962	2799	1574	1225
万宁市	21	8	13	2295	1087	1208	2049	1155	894
东方市	59	22	37	5723	2738	2985	2667	1510	1157
定安县	19	3	16	1044	494	550	334	191	143
屯昌县	13	5	8	580	272	308	711	438	273
澄迈县	96	18	78	4434	2064	2370	2873	1537	1336
临高县	9	5	4	789	381	408	875	534	341
白沙黎族自治县	8		8	780	361	419	448	262	186
昌江黎族自治县	31	11	20	441	209	232	801	446	355
乐东黎族自治县	8	3	5	1426	672	754	2761	1579	1182
陵水黎族自治县	16	5	11	953	446	507	2055	1183	872
保亭黎族苗族自治县	18	6	12	2261	1042	1219	868	470	398
琼中黎族苗族自治县	17	4	13	408	188	220	638	391	247

7-10a 全省按现住地、性别、迁移原因分的户口登记地在外省的人口(城市)

单位：人

现住地	合计			工作就业		
	合计	男	女	小计	男	女
全省	**697395**	**407512**	**289883**	**411334**	**271156**	**140178**
海口市	**418257**	**243879**	**174378**	**249220**	**163702**	**85518**
秀英区	94618	58148	36470	62192	42532	19660
龙华区	146293	85342	60951	92794	60205	32589
琼山区	62840	37082	25758	37927	25234	12693
美兰区	114506	63307	51199	56307	35731	20576
三亚市	**188678**	**110677**	**78001**	**117488**	**76949**	**40539**
海棠区	13282	8743	4539	8708	6325	2383
吉阳区	112717	65655	47062	69799	45600	24199
天涯区	54339	30763	23576	32640	20584	12056
崖州区	8340	5516	2824	6341	4440	1901
三沙市						
儋州市	**18193**	**11320**	**6873**	**9534**	**6758**	**2776**
五指山市	10429	5627	4802	3807	2605	1202
琼海市	20503	11963	8540	10772	7129	3643
文昌市	15372	8560	6812	8450	5461	2989
万宁市	4780	2861	1919	2271	1551	720
东方市	21183	12625	8558	9792	7001	2791
定安县						
屯昌县						
澄迈县						
临高县						
白沙黎族自治县						
昌江黎族自治县						
乐东黎族自治县						
陵水黎族自治县						
保亭黎族苗族自治县						
琼中黎族苗族自治县						

7-10a　续表 1

单位：人

现住地	学习培训			随同离开/投亲靠友			拆迁/搬家		
	小计	男	女	小计	男	女	小计	男	女
全省	**60180**	**30441**	**29739**	**72983**	**34969**	**38014**	**19906**	**11287**	**8619**
海口市	**42022**	**21290**	**20732**	**44617**	**21329**	**23288**	**12808**	**7091**	**5717**
秀英区	3563	1894	1669	9969	4784	5185	2570	1534	1036
龙华区	10667	5516	5151	16019	7579	8440	4186	2304	1882
琼山区	5510	2857	2653	7782	3762	4020	2062	1141	921
美兰区	22282	11023	11259	10847	5204	5643	3990	2112	1878
三亚市	**12752**	**6538**	**6214**	**18156**	**8585**	**9571**	**3126**	**1743**	**1383**
海棠区	357	214	143	1253	610	643	641	381	260
吉阳区	9508	4739	4769	10935	5180	5755	1620	893	727
天涯区	2794	1523	1271	5060	2326	2734	752	399	353
崖州区	93	62	31	908	469	439	113	70	43
三沙市									
儋州市	**458**	**256**	**202**	**3710**	**1940**	**1770**	**2374**	**1533**	**841**
五指山市	1348	530	818	556	264	292	168	101	67
琼海市	1651	1059	592	1624	759	865	478	269	209
文昌市	1547	554	993	1769	852	917	289	157	132
万宁市	37	17	20	567	286	281	158	91	67
东方市	365	197	168	1984	954	1030	505	302	203
定安县									
屯昌县									
澄迈县									
临高县									
白沙黎族自治县									
昌江黎族自治县									
乐东黎族自治县									
陵水黎族自治县									
保亭黎族苗族自治县									
琼中黎族苗族自治县									

7-10a 续表 2

单位：人

现住地	寄挂户口			婚姻嫁娶			照料孙子女		
	小计	男	女	小计	男	女	小计	男	女
全省	**2867**	**1518**	**1349**	**11896**	**2425**	**9471**	**19599**	**6650**	**12949**
海口市	**2370**	**1264**	**1106**	**7315**	**1171**	**6144**	**13724**	**4720**	**9004**
秀英区	1318	675	643	1449	221	1228	2916	1011	1905
龙华区	418	213	205	2480	374	2106	4420	1489	2931
琼山区	165	97	68	1284	147	1137	2241	808	1433
美兰区	469	279	190	2102	429	1673	4147	1412	2735
三亚市	**355**	**182**	**173**	**2581**	**806**	**1775**	**4570**	**1495**	**3075**
海棠区	80	45	35	350	92	258	105	36	69
吉阳区	161	82	79	1304	383	921	3414	1130	2284
天涯区	89	41	48	750	248	502	1017	319	698
崖州区	25	14	11	177	83	94	34	10	24
三沙市									
儋州市	**43**	**22**	**21**	**723**	**101**	**622**	**141**	**45**	**96**
五指山市	19	4	15	154	40	114	171	54	117
琼海市	23	15	8	294	38	256	339	108	231
文昌市	25	14	11	243	41	202	316	102	214
万宁市	16	10	6	83	14	69	44	17	27
东方市	16	7	9	503	214	289	294	109	185
定安县									
屯昌县									
澄迈县									
临高县									
白沙黎族自治县									
昌江黎族自治县									
乐东黎族自治县									
陵水黎族自治县									
保亭黎族苗族自治县									
琼中黎族苗族自治县									

7-10a　续表 3

单位：人

现住地	为子女就学			养老/康养			其他		
	小计	男	女	小计	男	女	小计	男	女
全省	**1652**	**494**	**1158**	**46379**	**21186**	**25193**	**50599**	**27386**	**23213**
海口市	**1021**	**321**	**700**	**14580**	**6503**	**8077**	**30580**	**16488**	**14092**
秀英区	212	68	144	2715	1173	1542	7714	4256	3458
龙华区	356	105	251	4304	1904	2400	10649	5653	4996
琼山区	150	53	97	2009	921	1088	3710	2062	1648
美兰区	303	95	208	5552	2505	3047	8507	4517	3990
三亚市	**423**	**106**	**317**	**16650**	**7519**	**9131**	**12577**	**6754**	**5823**
海棠区	29	8	21	303	141	162	1456	891	565
吉阳区	284	72	212	9291	4166	5125	6401	3410	2991
天涯区	103	25	78	6908	3143	3765	4226	2155	2071
崖州区	7	1	6	148	69	79	494	298	196
三沙市									
儋州市	**16**	**5**	**11**	**423**	**194**	**229**	**771**	**466**	**305**
五指山市	15	3	12	3444	1621	1823	747	405	342
琼海市	70	22	48	3560	1664	1896	1692	900	792
文昌市	45	16	29	1398	656	742	1290	707	583
万宁市	6	1	5	664	322	342	934	552	382
东方市	56	20	36	5660	2707	2953	2008	1114	894
定安县									
屯昌县									
澄迈县									
临高县									
白沙黎族自治县									
昌江黎族自治县									
乐东黎族自治县									
陵水黎族自治县									
保亭黎族苗族自治县									
琼中黎族苗族自治县									

7-10b 全省按现住地、性别、迁移原因分的户口登记地在外省的人口(镇)

单位：人

现住地	合计			工作就业		
	合计	男	女	小计	男	女
全省	**173776**	**102413**	**71363**	**92198**	**63857**	**28341**
海口市	**49884**	**27621**	**22263**	**21766**	**15090**	**6676**
秀英区	14433	9104	5329	8385	6124	2261
龙华区	1179	741	438	814	576	238
琼山区	3024	1631	1393	1434	1022	412
美兰区	31248	16145	15103	11133	7368	3765
三亚市	**5833**	**3643**	**2190**	**4225**	**2819**	**1406**
海棠区	2736	1760	976	2100	1412	688
吉阳区	2059	1216	843	1462	934	528
天涯区	896	579	317	581	421	160
崖州区	142	88	54	82	52	30
三沙市	**896**	**677**	**219**	**809**	**619**	**190**
儋州市	**19625**	**12263**	**7362**	**11236**	**8219**	**3017**
五指山市	1464	892	572	789	574	215
琼海市	5951	3468	2483	3537	2338	1199
文昌市	8964	5370	3594	5779	3828	1951
万宁市	4100	2409	1691	2279	1551	728
东方市	2718	1728	990	1916	1329	587
定安县	3859	2119	1740	1835	1186	649
屯昌县	5676	3469	2207	3304	2292	1012
澄迈县	25553	15437	10116	14268	10073	4195
临高县	2989	1709	1280	994	688	306
白沙黎族自治县	2373	1379	994	1176	787	389
昌江黎族自治县	7922	4921	3001	4665	3381	1284
乐东黎族自治县	8154	4825	3329	4626	2943	1683
陵水黎族自治县	7091	4345	2746	3839	2652	1187
保亭黎族苗族自治县	6793	3848	2945	3218	2178	1040
琼中黎族苗族自治县	3931	2290	1641	1937	1310	627

7-10b　续表 1　　　　单位：人

现 住 地	学习培训			随同离开/投亲靠友			拆迁/搬家		
	小计	男	女	小计	男	女	小计	男	女
全省	**21627**	**9591**	**12036**	**18461**	**8955**	**9506**	**4885**	**2943**	**1942**
海口市	**16133**	**6781**	**9352**	**4149**	**1927**	**2222**	**772**	**462**	**310**
秀英区	312	182	130	1081	481	600	418	252	166
龙华区	33	16	17	186	82	104	41	22	19
琼山区	799	234	565	297	137	160	75	48	27
美兰区	14989	6349	8640	2585	1227	1358	238	140	98
三亚市	**140**	**85**	**55**	**510**	**256**	**254**	**93**	**52**	**41**
海棠区	71	45	26	189	104	85	60	33	27
吉阳区	39	24	15	217	95	122	24	13	11
天涯区	29	15	14	81	40	41	9	6	3
崖州区	1	1		23	17	6			
三沙市	**8**	**7**	**1**	**23**	**13**	**10**	**10**	**8**	**2**
儋州市	**2067**	**906**	**1161**	**2208**	**1123**	**1085**	**931**	**581**	**350**
五指山市	107	60	47	153	74	79	23	13	10
琼海市	159	87	72	1172	569	603	106	63	43
文昌市	361	201	160	1335	640	695	159	82	77
万宁市	64	33	31	475	219	256	184	112	72
东方市	39	19	20	309	160	149	106	66	40
定安县	190	107	83	390	191	199	105	55	50
屯昌县	209	114	95	585	290	295	267	152	115
澄迈县	750	442	308	2240	1056	1184	867	527	340
临高县	131	58	73	297	137	160	182	110	72
白沙黎族自治县	96	55	41	470	254	216	76	52	24
昌江黎族自治县	307	165	142	1175	569	606	293	159	134
乐东黎族自治县	237	132	105	752	385	367	112	76	36
陵水黎族自治县	121	66	55	982	490	492	291	189	102
保亭黎族苗族自治县	240	132	108	646	295	351	166	91	75
琼中黎族苗族自治县	268	141	127	590	307	283	142	93	49

7-10b 续表 2

单位：人

现住地	寄挂户口			婚姻嫁娶			照料孙子女		
	小计	男	女	小计	男	女	小计	男	女
全省	**985**	**554**	**431**	**4012**	**777**	**3235**	**2415**	**775**	**1640**
海口市	**488**	**277**	**211**	**453**	**69**	**384**	**996**	**342**	**654**
秀英区	312	187	125	217	41	176	641	235	406
龙华区	10	3	7	24		24	8	1	7
琼山区	21	11	10	47	4	43	20	3	17
美兰区	145	76	69	165	24	141	327	103	224
三亚市	**29**	**14**	**15**	**108**	**69**	**39**	**80**	**20**	**60**
海棠区	20	11	9	26	5	21	17	5	12
吉阳区	2	1	1	49	40	9	54	13	41
天涯区	6	2	4	26	20	6	6	1	5
崖州区	1		1	7	4	3	3	1	2
三沙市									
儋州市	**23**	**13**	**10**	**548**	**134**	**414**	**361**	**112**	**249**
五指山市	8	6	2	82	25	57	43	15	28
琼海市	20	6	14	159	11	148	32	9	23
文昌市	26	12	14	229	29	200	35	6	29
万宁市	27	16	11	156	28	128	20	5	15
东方市	7	4	3	157	50	107	2		2
定安县	12	7	5	151	13	138	51	17	34
屯昌县	8	7	1	167	12	155	71	23	48
澄迈县	42	22	20	448	30	418	286	75	211
临高县	173	109	64	107	20	87	35	13	22
白沙黎族自治县	6	3	3	109	18	91	49	19	30
昌江黎族自治县	17	11	6	306	64	242	76	27	49
乐东黎族自治县	43	22	21	149	52	97	59	23	36
陵水黎族自治县	42	16	26	181	39	142	63	20	43
保亭黎族苗族自治县	6	3	3	253	76	177	96	29	67
琼中黎族苗族自治县	8	6	2	249	38	211	60	20	40

7-10b　续表 3

单位：人

现住地	为子女就学			养老/康养			其他		
	小计	男	女	小计	男	女	小计	男	女
全省	**415**	**139**	**276**	**13212**	**6158**	**7054**	**15566**	**8664**	**6902**
海口市	**168**	**76**	**92**	**1254**	**568**	**686**	**3705**	**2029**	**1676**
秀英区	133	66	67	746	342	404	2188	1194	994
龙华区				13	6	7	50	35	15
琼山区	3	2	1	139	62	77	189	108	81
美兰区	32	8	24	356	158	198	1278	692	586
三亚市	**9**	**5**	**4**	**189**	**77**	**112**	**450**	**246**	**204**
海棠区	6	3	3	50	20	30	197	122	75
吉阳区	3	2	1	73	27	46	136	67	69
天涯区				56	25	31	102	49	53
崖州区				10	5	5	15	8	7
三沙市				**2**	**2**		**44**	**28**	**16**
儋州市	**19**	**5**	**14**	**858**	**398**	**460**	**1374**	**772**	**602**
五指山市	5	1	4	173	78	95	81	46	35
琼海市	7	1	6	384	185	199	375	199	176
文昌市	14	5	9	143	71	72	883	496	387
万宁市	8	2	6	401	173	228	486	270	216
东方市				25	13	12	157	87	70
定安县	14	2	12	881	414	467	230	127	103
屯昌县	11	4	7	524	246	278	530	329	201
澄迈县	91	17	74	4136	1924	2212	2425	1271	1154
临高县	6	3	3	589	281	308	475	290	185
白沙黎族自治县	2		2	275	126	149	114	65	49
昌江黎族自治县	28	8	20	436	207	229	619	330	289
乐东黎族自治县	5	1	4	598	289	309	1573	902	671
陵水黎族自治县	3	2	1	398	194	204	1171	677	494
保亭黎族苗族自治县	14	4	10	1612	753	859	542	287	255
琼中黎族苗族自治县	11	3	8	334	159	175	332	213	119

7-10c 全省按现住地、性别、迁移原因分的户口登记地在外省的人口(乡村)

单位：人

现住地	合计			工作就业		
	合计	男	女	小计	男	女
全省	**216972**	**134427**	**82545**	**131298**	**92785**	**38513**
海口市	**59220**	**36692**	**22528**	**36581**	**26134**	**10447**
秀英区	16771	11379	5392	12063	9012	3051
龙华区	5098	3410	1688	3638	2662	976
琼山区	16243	9916	6327	10484	7271	3213
美兰区	21108	11987	9121	10396	7189	3207
三亚市	**67576**	**42451**	**25125**	**39896**	**27882**	**12014**
海棠区	16041	10756	5285	11557	8460	3097
吉阳区	25327	15187	10140	10767	7245	3522
天涯区	13087	8435	4652	9228	6471	2757
崖州区	13121	8073	5048	8344	5706	2638
三沙市						
儋州市	**9512**	**6250**	**3262**	**5862**	**4592**	**1270**
五指山市	1277	868	409	821	619	202
琼海市	9030	5520	3510	5708	4047	1661
文昌市	6630	4123	2507	4436	3049	1387
万宁市	7238	4217	3021	3680	2585	1095
东方市	6494	4393	2101	4958	3582	1376
定安县	1908	1194	714	1132	845	287
屯昌县	2438	1500	938	1507	1105	402
澄迈县	4823	2888	1935	2699	1900	799
临高县	1750	1052	698	790	551	239
白沙黎族自治县	5610	3234	2376	3015	2046	969
昌江黎族自治县	3620	2478	1142	3021	2159	862
乐东黎族自治县	9428	5385	4043	5272	3395	1877
陵水黎族自治县	8307	5143	3164	5191	3635	1556
保亭黎族苗族自治县	6910	4049	2861	3685	2615	1070
琼中黎族苗族自治县	5201	2990	2211	3044	2044	1000

7-10c　续表 1

单位：人

现 住 地	学习培训			随同离开/投亲靠友			拆迁/搬家		
	小计	男	女	小计	男	女	小计	男	女
全省	**22784**	**11548**	**11236**	**21101**	**10304**	**10797**	**5479**	**3218**	**2261**
海口市	**8238**	**3493**	**4745**	**5612**	**2697**	**2915**	**1373**	**794**	**579**
秀英区	418	228	190	1467	732	735	464	273	191
龙华区	197	113	84	460	239	221	138	85	53
琼山区	984	390	594	2134	1017	1117	500	283	217
美兰区	6639	2762	3877	1551	709	842	271	153	118
三亚市	**12542**	**6947**	**5595**	**5127**	**2456**	**2671**	**1181**	**666**	**515**
海棠区	842	438	404	1112	544	568	512	284	228
吉阳区	11015	6116	4899	1053	493	560	181	96	85
天涯区	284	171	113	1243	609	634	238	132	106
崖州区	401	222	179	1719	810	909	250	154	96
三沙市									
儋州市	**198**	**122**	**76**	**1086**	**540**	**546**	**587**	**379**	**208**
五指山市	39	23	16	97	39	58	19	8	11
琼海市	235	127	108	920	471	449	207	120	87
文昌市	138	79	59	734	367	367	119	69	50
万宁市	134	66	68	704	356	348	256	149	107
东方市	59	37	22	528	264	264	99	52	47
定安县	41	26	15	198	101	97	84	48	36
屯昌县	49	25	24	215	109	106	106	72	34
澄迈县	106	47	59	595	304	291	333	199	134
临高县	18	12	6	95	48	47	54	33	21
白沙黎族自治县	194	119	75	749	377	372	223	143	80
昌江黎族自治县	28	19	9	244	127	117	44	24	20
乐东黎族自治县	235	125	110	1195	560	635	237	131	106
陵水黎族自治县	172	93	79	770	368	402	262	157	105
保亭黎族苗族自治县	170	86	84	1336	648	688	146	83	63
琼中黎族苗族自治县	188	102	86	896	472	424	149	91	58

7-10c　续表 2　　　　单位：人

现住地	寄挂户口			婚姻嫁娶			照料孙子女		
	小计	男	女	小计	男	女	小计	男	女
全省	**1571**	**874**	**697**	**7805**	**1661**	**6144**	**1989**	**618**	**1371**
海口市	**771**	**407**	**364**	**806**	**109**	**697**	**992**	**314**	**678**
秀英区	500	251	249	233	25	208	207	62	145
龙华区	57	32	25	86	10	76	94	26	68
琼山区	88	56	32	292	29	263	376	123	253
美兰区	126	68	58	195	45	150	315	103	212
三亚市	**211**	**116**	**95**	**1301**	**580**	**721**	**547**	**164**	**383**
海棠区	99	60	39	242	47	195	126	41	85
吉阳区	26	14	12	291	198	93	281	86	195
天涯区	40	18	22	473	209	264	75	21	54
崖州区	46	24	22	295	126	169	65	16	49
三沙市									
儋州市	**118**	**63**	**55**	**920**	**141**	**779**	**40**	**13**	**27**
五指山市	13	5	8	72	25	47	5	2	3
琼海市	44	30	14	486	66	420	68	25	43
文昌市	44	28	16	228	21	207	23	7	16
万宁市	21	13	8	538	103	435	39	15	24
东方市	28	18	10	264	109	155	15	2	13
定安县	14	11	3	161	16	145	6	2	4
屯昌县	52	30	22	260	21	239	10	2	8
澄迈县	17	11	6	305	15	290	17	5	12
临高县	91	56	35	91	5	86	8	1	7
白沙黎族自治县	29	20	9	515	83	432	40	14	26
昌江黎族自治县	5	4	1	78	21	57	10	3	7
乐东黎族自治县	24	14	10	403	87	316	43	11	32
陵水黎族自治县	60	31	29	347	81	266	53	17	36
保亭黎族苗族自治县	13	8	5	532	122	410	49	13	36
琼中黎族苗族自治县	16	9	7	498	56	442	24	8	16

7-10c　续表 3　　　　单位：人

现住地	为子女就学			养老/康养			其他		
	小计	男	女	小计	男	女	小计	男	女
全省	**280**	**85**	**195**	**9687**	**4511**	**5176**	**14978**	**8823**	**6155**
海口市	**73**	**21**	**52**	**1028**	**483**	**545**	**3746**	**2240**	**1506**
秀英区	15	3	12	131	60	71	1273	733	540
龙华区	20	6	14	104	51	53	304	186	118
琼山区	22	6	16	567	265	302	796	476	320
美兰区	16	6	10	226	107	119	1373	845	528
三亚市	**58**	**18**	**40**	**2856**	**1323**	**1533**	**3857**	**2299**	**1558**
海棠区	15	5	10	303	142	161	1233	735	498
吉阳区	11	3	8	698	339	359	1004	597	407
天涯区	20	8	12	662	300	362	824	496	328
崖州区	12	2	10	1193	542	651	796	471	325
三沙市									
儋州市	**4**		**4**	**145**	**74**	**71**	**552**	**326**	**226**
五指山市				32	14	18	179	133	46
琼海市	81	21	60	747	341	406	534	272	262
文昌市	4	2	2	278	130	148	626	371	255
万宁市	7	5	2	1230	592	638	629	333	296
东方市	3	2	1	38	18	20	502	309	193
定安县	5	1	4	163	80	83	104	64	40
屯昌县	2	1	1	56	26	30	181	109	72
澄迈县	5	1	4	298	140	158	448	266	182
临高县	3	2	1	200	100	100	400	244	156
白沙黎族自治县	6		6	505	235	270	334	197	137
昌江黎族自治县	3	3		5	2	3	182	116	66
乐东黎族自治县	3	2	1	828	383	445	1188	677	511
陵水黎族自治县	13	3	10	555	252	303	884	506	378
保亭黎族苗族自治县	4	2	2	649	289	360	326	183	143
琼中黎族苗族自治县	6	1	5	74	29	45	306	178	128

第一部分　全部数据资料

第八卷　住房

8-1　各地区按住房间数分的家庭户户数

单位：户

地　　区	家庭户户　数	住房间数				
		一间	二间	三间	四间	五间
全省	**2747332**	**566592**	**675377**	**804496**	**355340**	**153975**
海口市	**811667**	**237961**	**208547**	**245403**	**65910**	**19896**
秀英区	150478	42489	36692	42850	12988	4382
龙华区	249206	90593	61412	71783	18856	3114
琼山区	178714	49103	45865	57803	15794	5174
美兰区	233269	55776	64578	72967	18272	7226
三亚市	**257306**	**79423**	**53935**	**63515**	**23774**	**13471**
海棠区	18995	1364	2262	5034	2689	2613
吉阳区	120274	47363	29152	28733	8273	2621
天涯区	89981	25830	17901	24918	8807	4549
崖州区	28056	4866	4620	4830	4005	3688
三沙市	**3**		**1**	**1**		**1**
儋州市	**253086**	**28880**	**56970**	**78194**	**41743**	**23400**
五指山市	32288	4141	8878	11258	4905	1537
琼海市	151716	34429	44162	41443	17081	7000
文昌市	167675	31903	34922	36593	39172	11924
万宁市	151450	25473	33272	42973	28502	10776
东方市	104215	8534	18204	34012	16644	13467
定安县	85986	31938	20564	22003	7053	2299
屯昌县	72510	14800	25008	21070	7296	2534
澄迈县	130597	23762	36922	29786	20586	7906
临高县	105738	8767	40589	41757	9103	2888
白沙黎族自治县	47750	4312	9954	18116	8211	3100
昌江黎族自治县	64581	6203	15915	21522	11515	5353
乐东黎族自治县	122624	7216	18829	32558	23503	17482
陵水黎族自治县	88185	7131	23708	29266	14622	6108
保亭黎族苗族自治县	46089	5497	10952	16730	6592	2550
琼中黎族苗族自治县	53866	6222	14045	18296	9128	2283

注：本表数据为居住在普通住宅的家庭户。

8-1 续表

单位：户

地区	住房间数				
	六间	七间	八间	九间	十间及以上
全省	**113018**	**26050**	**27553**	**10668**	**14263**
海口市	**17713**	**3983**	**5190**	**3937**	**3127**
秀英区	5785	941	1420	1858	1073
龙华区	2303	280	452	209	204
琼山区	3084	584	744	236	327
美兰区	6541	2178	2574	1634	1523
三亚市	**11960**	**3774**	**3431**	**1557**	**2466**
海棠区	2202	1145	680	481	525
吉阳区	2219	479	723	257	454
天涯区	4133	1265	1199	491	888
崖州区	3406	885	829	328	599
三沙市					
儋州市	**14380**	**3903**	**2983**	**1000**	**1633**
五指山市	997	220	230	53	69
琼海市	4540	971	977	299	814
文昌市	8257	1548	2144	358	854
万宁市	7020	1222	1528	250	434
东方市	9024	1847	1288	364	831
定安县	1466	177	224	122	140
屯昌县	1280	200	181	56	85
澄迈县	6698	1360	1714	872	991
临高县	1742	272	318	83	219
白沙黎族自治县	2334	608	700	131	284
昌江黎族自治县	2743	567	457	117	189
乐东黎族自治县	13382	3572	3877	899	1306
陵水黎族自治县	5140	701	984	217	308
保亭黎族苗族自治县	2173	561	630	161	243
琼中黎族苗族自治县	2169	564	697	192	270

8-1a　各地区按住房间数分的家庭户户数(城市)

单位：户

地　区	家庭户户　数	住房间数 一间	二间	三间	四间	五间
全省	**1073785**	**323399**	**264648**	**326889**	**84660**	**31802**
海口市	**624947**	**205252**	**166377**	**197811**	**38844**	**7063**
秀英区	102862	35801	26185	29956	5613	1301
龙华区	221256	83378	54089	65841	14630	1853
琼山区	123285	38814	31767	42532	7220	1743
美兰区	177544	47259	54336	59482	11381	2166
三亚市	**189759**	**72020**	**42184**	**46861**	**13656**	**5803**
海棠区	10077	915	1672	3252	1616	947
吉阳区	104849	44588	26097	24336	6504	1326
天涯区	62584	24003	13083	17583	3565	1595
崖州区	12249	2514	1332	1690	1971	1935
三沙市						
儋州市	**76172**	**7578**	**15218**	**23666**	**11672**	**8035**
五指山市	14479	2395	5528	5675	677	104
琼海市	51826	14515	13606	15088	3527	1981
文昌市	47459	12316	9432	15368	6551	1503
万宁市	28010	4380	5109	11043	4433	1420
东方市	41133	4943	7194	11377	5300	5893
定安县						
屯昌县						
澄迈县						
临高县						
白沙黎族自治县						
昌江黎族自治县						
乐东黎族自治县						
陵水黎族自治县						
保亭黎族苗族自治县						
琼中黎族苗族自治县						

注：本表数据为居住在普通住宅的家庭户。

8-1a 续表

单位：户

地 区	住房间数				
	六间	七间	八间	九间	十间及以上
全省	**22705**	**5565**	**6249**	**2784**	**5084**
海口市	**4636**	**746**	**1548**	**1139**	**1531**
秀英区	1781	265	542	666	752
龙华区	882	140	215	103	125
琼山区	717	112	177	75	128
美兰区	1256	229	614	295	526
三亚市	**5029**	**1233**	**1401**	**549**	**1023**
海棠区	1033	198	251	66	127
吉阳区	1061	205	328	145	259
天涯区	1339	418	463	169	366
崖州区	1596	412	359	169	271
三沙市					
儋州市	**5167**	**1710**	**1486**	**573**	**1067**
五指山市	62	12	16	5	5
琼海市	1645	358	470	168	468
文昌市	1334	232	387	85	251
万宁市	1086	223	203	25	88
东方市	3746	1051	738	240	651
定安县					
屯昌县					
澄迈县					
临高县					
白沙黎族自治县					
昌江黎族自治县					
乐东黎族自治县					
陵水黎族自治县					
保亭黎族苗族自治县					
琼中黎族苗族自治县					

8−1b　各地区按住房间数分的家庭户户数(镇)

单位：户

地　区	家庭户户　数	住房间数				
		一间	二间	三间	四间	五间
全省	**591118**	**83609**	**147831**	**177026**	**92728**	**42343**
海口市	**56164**	**8684**	**12430**	**16917**	**8025**	**3941**
秀英区	19335	1744	5341	6929	2804	1136
龙华区	6072	1464	1618	1490	880	262
琼山区	8479	582	1594	2634	1989	930
美兰区	22278	4894	3877	5864	2352	1613
三亚市	**5739**	**286**	**1225**	**2346**	**849**	**314**
海棠区	1260	137	236	442	184	52
吉阳区	1989	26	713	1244	3	
天涯区	2108	99	218	597	625	211
崖州区	382	24	58	63	37	51
三沙市	**3**		**1**	**1**		**1**
儋州市	**61431**	**7843**	**13249**	**17084**	**10735**	**6608**
五指山市	4640	608	1160	1467	920	213
琼海市	22938	4481	6119	6052	3266	1437
文昌市	50964	8156	9615	9756	12770	5096
万宁市	30826	3639	6774	8936	6708	2550
东方市	15564	1034	2720	4212	3397	2282
定安县	32778	9467	6831	11596	2956	961
屯昌县	29819	4392	8757	11262	3269	1266
澄迈县	75229	12880	20002	18618	10605	5048
临高县	48603	5399	17460	15085	6458	2127
白沙黎族自治县	9577	710	2872	4595	812	242
昌江黎族自治县	39731	5168	11901	13801	5906	1894
乐东黎族自治县	37089	2131	7902	11840	5691	4193
陵水黎族自治县	36186	3212	8278	11229	6839	3288
保亭黎族苗族自治县	17000	3050	4564	6710	1533	489
琼中黎族苗族自治县	16837	2469	5971	5519	1989	393

注：本表数据为居住在普通住宅的家庭户。

8-1b 续表

单位：户

地区	住房间数				
	六间	七间	八间	九间	十间及以上
全省	**28671**	**6308**	**6676**	**2441**	**3485**
海口市	**3416**	**859**	**903**	**545**	**444**
秀英区	874	176	158	118	55
龙华区	246	24	62	10	16
琼山区	524	91	102	9	24
美兰区	1772	568	581	408	349
三亚市	**274**	**107**	**113**	**45**	**180**
海棠区	102	31	32	6	38
吉阳区	2				1
天涯区	105	52	52	33	116
崖州区	65	24	29	6	25
三沙市					
儋州市	**3819**	**974**	**648**	**177**	**294**
五指山市	170	32	40	14	16
琼海市	822	274	185	53	249
文昌市	3537	597	896	169	372
万宁市	1527	300	276	47	69
东方市	1342	246	226	35	70
定安县	623	70	103	90	81
屯昌县	645	65	93	21	49
澄迈县	4352	958	1228	708	830
临高县	1308	217	287	72	190
白沙黎族自治县	179	68	47	20	32
昌江黎族自治县	585	201	120	59	96
乐东黎族自治县	3060	866	892	212	302
陵水黎族自治县	2312	330	437	119	142
保亭黎族苗族自治县	396	77	106	29	46
琼中黎族苗族自治县	304	67	76	26	23

8-1c　各地区按住房间数分的家庭户户数(乡村)

单位：户

地　　区	家庭户户　数	住房间数				
		一间	二间	三间	四间	五间
全省	**1082429**	**159584**	**262898**	**300581**	**177952**	**79830**
海口市	**130556**	**24025**	**29740**	**30675**	**19041**	**8892**
秀英区	28281	4944	5166	5965	4571	1945
龙华区	21878	5751	5705	4452	3346	999
琼山区	46950	9707	12504	12637	6585	2501
美兰区	33447	3623	6365	7621	4539	3447
三亚市	**61808**	**7117**	**10526**	**14308**	**9269**	**7354**
海棠区	7658	312	354	1340	889	1614
吉阳区	13436	2749	2342	3153	1766	1295
天涯区	25289	1728	4600	6738	4617	2743
崖州区	15425	2328	3230	3077	1997	1702
三沙市						
儋州市	**115483**	**13459**	**28503**	**37444**	**19336**	**8757**
五指山市	13169	1138	2190	4116	3308	1220
琼海市	76952	15433	24437	20303	10288	3582
文昌市	69252	11431	15875	11469	19851	5325
万宁市	92614	17454	21389	22994	17361	6806
东方市	47518	2557	8290	18423	7947	5292
定安县	53208	22471	13733	10407	4097	1338
屯昌县	42691	10408	16251	9808	4027	1268
澄迈县	55368	10882	16920	11168	9981	2858
临高县	57135	3368	23129	26672	2645	761
白沙黎族自治县	38173	3602	7082	13521	7399	2858
昌江黎族自治县	24850	1035	4014	7721	5609	3459
乐东黎族自治县	85535	5085	10927	20718	17812	13289
陵水黎族自治县	51999	3919	15430	18037	7783	2820
保亭黎族苗族自治县	29089	2447	6388	10020	5059	2061
琼中黎族苗族自治县	37029	3753	8074	12777	7139	1890

注：本表数据为居住在普通住宅的家庭户。

8—1c 续表 单位：户

地区	住房间数				
	六间	七间	八间	九间	十间及以上
全省	**61642**	**14177**	**14628**	**5443**	**5694**
海口市	**9661**	**2378**	**2739**	**2253**	**1152**
秀英区	3130	500	720	1074	266
龙华区	1175	116	175	96	63
琼山区	1843	381	465	152	175
美兰区	3513	1381	1379	931	648
三亚市	**6657**	**2434**	**1917**	**963**	**1263**
海棠区	1067	916	397	409	360
吉阳区	1156	274	395	112	194
天涯区	2689	795	684	289	406
崖州区	1745	449	441	153	303
三沙市					
儋州市	**5394**	**1219**	**849**	**250**	**272**
五指山市	765	176	174	34	48
琼海市	2073	339	322	78	97
文昌市	3386	719	861	104	231
万宁市	4407	699	1049	178	277
东方市	3936	550	324	89	110
定安县	843	107	121	32	59
屯昌县	635	135	88	35	36
澄迈县	2346	402	486	164	161
临高县	434	55	31	11	29
白沙黎族自治县	2155	540	653	111	252
昌江黎族自治县	2158	366	337	58	93
乐东黎族自治县	10322	2706	2985	687	1004
陵水黎族自治县	2828	371	547	98	166
保亭黎族苗族自治县	1777	484	524	132	197
琼中黎族苗族自治县	1865	497	621	166	247

8-2　各地区按人均住房建筑面积分的家庭户户数

单位：户

地　　区	家庭户户　数	人均住房建筑面积(平方米)			
		8及以下	9-12	13-16	17-19
全省	**2747332**	**94721**	**162523**	**232062**	**113949**
海口市	**811667**	**43463**	**60096**	**73577**	**38136**
秀英区	150478	8463	10775	14261	6569
龙华区	249206	14224	21189	22171	12061
琼山区	178714	12250	13794	17635	9271
美兰区	233269	8526	14338	19510	10235
三亚市	**257306**	**15294**	**21956**	**24786**	**11237**
海棠区	18995	341	715	1071	358
吉阳区	120274	9168	12048	13385	5588
天涯区	89981	4704	7314	8310	4565
崖州区	28056	1081	1879	2020	726
三沙市	**3**				
儋州市	**253086**	**3355**	**8397**	**14152**	**9622**
五指山市	32288	653	1464	2694	1972
琼海市	151716	3360	7218	12870	6260
文昌市	167675	5624	10167	16311	5536
万宁市	151450	3294	6676	11361	5492
东方市	104215	3672	7118	10134	4954
定安县	85986	1179	3023	6133	2745
屯昌县	72510	970	2940	4884	2764
澄迈县	130597	2736	5458	8620	4291
临高县	105738	692	3039	6531	5035
白沙黎族自治县	47750	954	2248	4077	1773
昌江黎族自治县	64581	2412	4790	6884	3196
乐东黎族自治县	122624	2668	5479	9265	3783
陵水黎族自治县	88185	2402	6653	10409	3053
保亭黎族苗族自治县	46089	1210	3354	5118	1890
琼中黎族苗族自治县	53866	783	2447	4256	2210

注：本表数据为居住在普通住宅的家庭户。

8-2 续表

单位：户

地 区	人均住房建筑面积(平方米)					
	20—29	30—39	40—49	50—59	60—69	70及以上
全省	**625619**	**434080**	**314634**	**180419**	**165369**	**423956**
海口市	**194245**	**121477**	**82491**	**45293**	**38719**	**114170**
秀英区	33674	21344	15600	9030	7723	23039
龙华区	64540	37424	23960	12438	10247	30952
琼山区	44530	26642	17802	8946	8008	19836
美兰区	51501	36067	25129	14879	12741	40343
三亚市	**56643**	**37057**	**25101**	**16550**	**15119**	**33563**
海棠区	3057	2766	2235	2413	1995	4044
吉阳区	28557	17450	10287	6442	5693	11656
天涯区	20528	13380	9623	5429	5267	10861
崖州区	4501	3461	2956	2266	2164	7002
三沙市		**1**			**1**	**1**
儋州市	**49413**	**43086**	**33174**	**18157**	**20479**	**53251**
五指山市	8728	6220	3536	2302	1631	3088
琼海市	38488	24123	19126	9916	8260	22095
文昌市	39468	23341	21828	10513	8767	26120
万宁市	34202	27113	19425	11494	9810	22583
东方市	21333	15851	11117	7084	7158	15794
定安县	19854	15655	11780	6555	5635	13427
屯昌县	15463	13030	10564	4912	4939	12044
澄迈县	24569	21221	16954	10001	9869	26878
临高县	24664	19014	14544	7832	6510	17877
白沙黎族自治县	12371	8617	5603	3545	3130	5432
昌江黎族自治县	16096	9790	6916	3514	3873	7110
乐东黎族自治县	23737	17385	12817	9747	9709	28034
陵水黎族自治县	20545	13875	8722	5707	5587	11232
保亭黎族苗族自治县	11715	7453	4705	3081	2789	4774
琼中黎族苗族自治县	14085	9771	6231	4216	3384	6483

8–2a　各地区按人均住房建筑面积分的家庭户户数(城市)

单位：户

地　　区	家庭户户　数	人均住房建筑面积(平方米)			
		8及以下	9–12	13–16	17–19
全省	**1073785**	**60221**	**83743**	**100192**	**52161**
海口市	**624947**	**39610**	**53384**	**62623**	**32978**
秀英区	102862	7631	9199	11610	5176
龙华区	221256	13419	19655	19932	11255
琼山区	123285	11467	11845	14192	7399
美兰区	177544	7093	12685	16889	9148
三亚市	**189759**	**13645**	**18438**	**19964**	**8976**
海棠区	10077	275	564	832	233
吉阳区	104849	8794	11284	12352	5090
天涯区	62584	3934	5641	5931	3412
崖州区	12249	642	949	849	241
三沙市					
儋州市	**76172**	**831**	**1577**	**2277**	**2030**
五指山市	14479	158	502	1061	1076
琼海市	51826	1711	3165	4686	2344
文昌市	47459	2036	3587	5139	2434
万宁市	28010	785	1268	1921	1092
东方市	41133	1445	1822	2521	1231
定安县					
屯昌县					
澄迈县					
临高县					
白沙黎族自治县					
昌江黎族自治县					
乐东黎族自治县					
陵水黎族自治县					
保亭黎族苗族自治县					
琼中黎族苗族自治县					

注：本表数据为居住在普通住宅的家庭户。

8-2a 续表

单位：户

地区	人均住房建筑面积(平方米)					
	20-29	30-39	40-49	50-59	60-69	70及以上
全省	**257516**	**160993**	**107555**	**59416**	**51865**	**140123**
海口市	**160082**	**93169**	**59087**	**31217**	**24250**	**68547**
秀英区	25046	13545	9435	5419	3859	11942
龙华区	58557	33076	20589	10552	8468	25753
琼山区	32784	17379	10145	4915	3788	9371
美兰区	43695	29169	18918	10331	8135	21481
三亚市	**43841**	**26901**	**17012**	**10333**	**9056**	**21593**
海棠区	2098	1524	1142	789	861	1759
吉阳区	25487	14626	8429	5173	4107	9507
天涯区	14675	9352	6283	3333	3117	6906
崖州区	1581	1399	1158	1038	971	3421
三沙市						
儋州市	**10775**	**11356**	**10676**	**5056**	**7397**	**24197**
五指山市	3657	2890	1420	1269	728	1718
琼海市	14164	8025	5256	2954	2861	6660
文昌市	11465	7026	5475	2727	2222	5348
万宁市	6262	5117	3525	2240	1687	4113
东方市	7270	6509	5104	3620	3664	7947
定安县						
屯昌县						
澄迈县						
临高县						
白沙黎族自治县						
昌江黎族自治县						
乐东黎族自治县						
陵水黎族自治县						
保亭黎族苗族自治县						
琼中黎族苗族自治县						

8-2b 各地区按人均住房建筑面积分的家庭户户数(镇)

单位：户

地区	家庭户户数	人均住房建筑面积(平方米)			
		8及以下	9-12	13-16	17-19
全省	**591118**	**12255**	**25732**	**40792**	**19997**
海口市	**56164**	**1500**	**1990**	**3152**	**1608**
秀英区	19335	152	356	739	606
龙华区	6072	207	375	522	170
琼山区	8479	49	176	399	236
美兰区	22278	1092	1083	1492	596
三亚市	**5739**	**85**	**165**	**241**	**114**
海棠区	1260	23	43	75	36
吉阳区	1989	3	19	70	21
天涯区	2108	52	86	79	46
崖州区	382	7	17	17	11
三沙市	**3**				
儋州市	**61431**	**699**	**1715**	**3000**	**2346**
五指山市	4640	149	275	425	171
琼海市	22938	462	994	1865	849
文昌市	50964	1507	2487	4106	1283
万宁市	30826	659	1290	2085	981
东方市	15564	516	1050	1446	709
定安县	32778	440	1085	2161	1072
屯昌县	29819	404	1293	1850	1104
澄迈县	75229	1576	3001	4704	2354
临高县	48603	315	1322	2572	1846
白沙黎族自治县	9577	221	509	846	300
昌江黎族自治县	39731	1792	2964	3922	2042
乐东黎族自治县	37089	563	1596	2448	852
陵水黎族自治县	36186	635	1846	2872	1057
保亭黎族苗族自治县	17000	409	1110	1584	660
琼中黎族苗族自治县	16837	323	1040	1513	649

注：本表数据为居住在普通住宅的家庭户。

8-2b 续表

单位：户

地　　区	人均住房建筑面积(平方米)					
	20-29	30-39	40-49	50-59	60-69	70及以上
全省	**122320**	**95673**	**73912**	**48128**	**41145**	**111164**
海口市	**9964**	**8444**	**7077**	**4355**	**4453**	**13621**
秀英区	3674	3378	2894	1419	1553	4564
龙华区	1241	907	706	441	416	1087
琼山区	1469	1245	1140	803	808	2154
美兰区	3580	2914	2337	1692	1676	5816
三亚市	**980**	**1134**	**759**	**353**	**791**	**1117**
海棠区	277	235	165	98	117	191
吉阳区	356	602	332		461	125
天涯区	293	257	231	225	186	653
崖州区	54	40	31	30	27	148
三沙市		**1**			**1**	**1**
儋州市	**11534**	**10601**	**8309**	**5542**	**4877**	**12808**
五指山市	1182	826	549	340	261	462
琼海市	5286	3429	2881	1757	1411	4004
文昌市	11025	7256	6552	3778	3060	9910
万宁市	6645	5708	3902	2554	1997	5005
东方市	3347	2368	1555	976	984	2613
定安县	7415	5765	4550	2622	2108	5560
屯昌县	6230	5085	4264	2392	1930	5267
澄迈县	13658	12047	9553	6120	5604	16612
临高县	10187	8771	6968	4179	3345	9098
白沙黎族自治县	2404	1561	1036	841	659	1200
昌江黎族自治县	9967	6018	4254	2320	2502	3950
乐东黎族自治县	6430	5115	3709	3777	3107	9492
陵水黎族自治县	7427	5813	4214	3258	2131	6933
保亭黎族苗族自治县	4300	2821	1896	1443	925	1852
琼中黎族苗族自治县	4339	2910	1884	1521	999	1659

8–2c　各地区按人均住房建筑面积分的家庭户户数(乡村)

单位：户

地　　区	家庭户户　数	人均住房建筑面积(平方米)			
		8及以下	9–12	13–16	17–19
全省	**1082429**	**22245**	**53048**	**91078**	**41791**
海口市	**130556**	**2353**	**4722**	**7802**	**3550**
秀英区	28281	680	1220	1912	787
龙华区	21878	598	1159	1717	636
琼山区	46950	734	1773	3044	1636
美兰区	33447	341	570	1129	491
三亚市	**61808**	**1564**	**3353**	**4581**	**2147**
海棠区	7658	43	108	164	89
吉阳区	13436	371	745	963	477
天涯区	25289	718	1587	2300	1107
崖州区	15425	432	913	1154	474
三沙市					
儋州市	**115483**	**1825**	**5105**	**8875**	**5246**
五指山市	13169	346	687	1208	725
琼海市	76952	1187	3059	6319	3067
文昌市	69252	2081	4093	7066	1819
万宁市	92614	1850	4118	7355	3419
东方市	47518	1711	4246	6167	3014
定安县	53208	739	1938	3972	1673
屯昌县	42691	566	1647	3034	1660
澄迈县	55368	1160	2457	3916	1937
临高县	57135	377	1717	3959	3189
白沙黎族自治县	38173	733	1739	3231	1473
昌江黎族自治县	24850	620	1826	2962	1154
乐东黎族自治县	85535	2105	3883	6817	2931
陵水黎族自治县	51999	1767	4807	7537	1996
保亭黎族苗族自治县	29089	801	2244	3534	1230
琼中黎族苗族自治县	37029	460	1407	2743	1561

注：本表数据为居住在普通住宅的家庭户。

8-2c 续表

单位：户

地区	人均住房建筑面积(平方米)					
	20-29	30-39	40-49	50-59	60-69	70及以上
全省	**245783**	**177414**	**133167**	**72875**	**72359**	**172669**
海口市	**24199**	**19864**	**16327**	**9721**	**10016**	**32002**
秀英区	4954	4421	3271	2192	2311	6533
龙华区	4742	3441	2665	1445	1363	4112
琼山区	10277	8018	6517	3228	3412	8311
美兰区	4226	3984	3874	2856	2930	13046
三亚市	**11822**	**9022**	**7330**	**5864**	**5272**	**10853**
海棠区	682	1007	928	1526	1017	2094
吉阳区	2714	2222	1526	1269	1125	2024
天涯区	5560	3771	3109	1871	1964	3302
崖州区	2866	2022	1767	1198	1166	3433
三沙市						
儋州市	**27104**	**21129**	**14189**	**7559**	**8205**	**16246**
五指山市	3889	2504	1567	693	642	908
琼海市	19038	12669	10989	5205	3988	11431
文昌市	16978	9059	9801	4008	3485	10862
万宁市	21295	16288	11998	6700	6126	13465
东方市	10716	6974	4458	2488	2510	5234
定安县	12439	9890	7230	3933	3527	7867
屯昌县	9233	7945	6300	2520	3009	6777
澄迈县	10911	9174	7401	3881	4265	10266
临高县	14477	10243	7576	3653	3165	8779
白沙黎族自治县	9967	7056	4567	2704	2471	4232
昌江黎族自治县	6129	3772	2662	1194	1371	3160
乐东黎族自治县	17307	12270	9108	5970	6602	18542
陵水黎族自治县	13118	8062	4508	2449	3456	4299
保亭黎族苗族自治县	7415	4632	2809	1638	1864	2922
琼中黎族苗族自治县	9746	6861	4347	2695	2385	4824

8—3　各地区按家庭户类别和住房间数分的家庭户户数

单位：户

地　　区	家庭户户　数	一代户				
		一间	二间	三间	四间	五间及以上
全省	**2747332**	**387824**	**266729**	**237268**	**83577**	**65549**
海口市	**811667**	**175371**	**78944**	**75512**	**18616**	**12452**
秀英区	150478	30761	13430	12234	3335	2927
龙华区	249206	69983	24508	24790	5877	1835
琼山区	178714	32683	15390	15051	3950	2104
美兰区	233269	41944	25616	23437	5454	5586
三亚市	**257306**	**63586**	**22760**	**17849**	**4835**	**5169**
海棠区	18995	963	893	1369	465	985
吉阳区	120274	38130	12554	8489	1917	963
天涯区	89981	20432	7384	6807	1682	1537
崖州区	28056	4061	1929	1184	771	1684
三沙市	**3**		**1**	**1**		**1**
儋州市	**253086**	**17244**	**22326**	**25583**	**8630**	**7512**
五指山市	32288	3143	4247	3507	1011	443
琼海市	151716	22480	16746	11490	3810	2816
文昌市	167675	21332	16263	12733	12609	6571
万宁市	151450	14147	14498	12963	6762	4282
东方市	104215	5960	7476	8585	3071	4273
定安县	85986	15727	7867	6780	1737	924
屯昌县	72510	8023	9516	5797	1671	862
澄迈县	130597	13551	15227	8624	5359	3791
临高县	105738	3971	12307	11570	1721	1017
白沙黎族自治县	47750	2898	4488	4911	1531	1041
昌江黎族自治县	64581	3744	6721	5965	2611	2234
乐东黎族自治县	122624	4575	8423	9195	4495	8234
陵水黎族自治县	88185	4505	7613	6116	1691	1571
保亭黎族苗族自治县	46089	3989	4884	4650	1355	1144
琼中黎族苗族自治县	53866	3578	6422	5437	2062	1212

注：本表数据为居住在普通住宅的家庭户。

8-3 续表 1

单位：户

地 区	二代户				
	一间	二间	三间	四间	五间及以上
全省	**152659**	**320500**	**405041**	**171013**	**156564**
海口市	**57321**	**105079**	**123046**	**31102**	**23697**
秀英区	10642	19270	22763	6483	7147
龙华区	19134	30174	34566	8909	2876
琼山区	14752	24131	29961	7166	4016
美兰区	12793	31504	35756	8544	9658
三亚市	**14782**	**25379**	**32538**	**11993**	**17118**
海棠区	338	1078	2503	1356	3460
吉阳区	8656	13524	14837	4144	2993
天涯区	5042	8647	12829	4548	6388
崖州区	746	2130	2369	1945	4277
三沙市					
儋州市	**9301**	**26582**	**37753**	**20666**	**21631**
五指山市	931	4062	6321	3105	1908
琼海市	9133	19353	18452	6445	4958
文昌市	7978	13970	15979	15637	8724
万宁市	9275	14934	21970	14096	9678
东方市	2382	8967	18873	8788	12979
定安县	12609	9219	10641	3165	1827
屯昌县	5508	11718	10585	3222	1801
澄迈县	8000	15740	14131	8700	8297
临高县	3813	20937	20527	4399	2403
白沙黎族自治县	1222	4523	9984	4393	3454
昌江黎族自治县	2263	7585	11492	5927	4143
乐东黎族自治县	2381	9020	18680	13762	22039
陵水黎族自治县	2174	12035	14659	6832	5590
保亭黎族苗族自治县	1362	5046	9206	3574	3080
琼中黎族苗族自治县	2224	6351	10204	5207	3237

8-3　续表 2　　单位：户

地　区	三代户				
	一间	二间	三间	四间	五间及以上
全省	**25433**	**86131**	**157928**	**96578**	**116817**
海口市	**5195**	**24225**	**46023**	**15667**	**16849**
秀英区	1073	3946	7728	3087	5172
龙华区	1458	6666	12243	3955	1752
琼山区	1635	6235	12503	4483	3798
美兰区	1029	7378	13549	4142	6127
三亚市	**1045**	**5726**	**12888**	**6754**	**13832**
海棠区	62	285	1133	831	3064
吉阳区	572	3046	5322	2170	2719
天涯区	352	1847	5181	2499	4428
崖州区	59	548	1252	1254	3621
三沙市					
儋州市	**2269**	**7787**	**14346**	**11863**	**17010**
五指山市	66	558	1412	764	730
琼海市	2713	7771	11014	6434	6312
文昌市	2498	4553	7652	10427	9106
万宁市	1985	3702	7772	7298	6842
东方市	192	1731	6386	4618	9143
定安县	3493	3364	4440	2058	1590
屯昌县	1230	3649	4549	2292	1578
澄迈县	2150	5777	6813	6222	7034
临高县	968	7188	9438	2896	2043
白沙黎族自治县	187	930	3150	2205	2539
昌江黎族自治县	193	1588	3979	2867	2890
乐东黎族自治县	254	1368	4569	5079	9803
陵水黎族自治县	441	3957	8122	5732	5870
保亭黎族苗族自治县	144	1005	2797	1596	2002
琼中黎族苗族自治县	410	1252	2578	1806	1644

8-3 续表 3

单位：户

地区	四代户				
	一间	二间	三间	四间	五间及以上
全省	**675**	**2017**	**4254**	**4164**	**6594**
海口市	**74**	**299**	**822**	**525**	**848**
秀英区	13	46	125	83	213
龙华区	18	64	184	115	99
琼山区	33	109	288	195	231
美兰区	10	80	225	132	305
三亚市	**10**	**70**	**240**	**191**	**540**
海棠区	1	6	29	37	137
吉阳区	5	28	85	42	78
天涯区	4	23	101	77	172
崖州区		13	25	35	153
三沙市					
儋州市	**66**	**275**	**511**	**584**	**1146**
五指山市	1	11	18	25	25
琼海市	103	292	486	390	515
文昌市	95	136	229	499	684
万宁市	66	138	267	345	428
东方市		30	168	166	425
定安县	108	114	142	93	87
屯昌县	39	125	139	110	94
澄迈县	61	178	218	304	419
临高县	15	157	222	87	59
白沙黎族自治县	5	13	71	82	123
昌江黎族自治县	3	21	86	110	159
乐东黎族自治县	6	18	114	167	442
陵水黎族自治县	11	103	367	366	426
保亭黎族苗族自治县	2	17	77	67	92
琼中黎族苗族自治县	10	20	77	53	82

8-3　续表 4

单位：户

地　区	五代及以上户				
	一间	二间	三间	四间	五间及以上
全省	**1**		**5**	**8**	**3**
海口市					
秀英区					
龙华区					
琼山区					
美兰区					
三亚市				**1**	
海棠区					
吉阳区					
天涯区				1	
崖州区					
三沙市					
儋州市			**1**		
五指山市					
琼海市			1	2	
文昌市					
万宁市			1	1	
东方市				1	1
定安县	1				
屯昌县				1	1
澄迈县				1	
临高县					
白沙黎族自治县					
昌江黎族自治县					
乐东黎族自治县					
陵水黎族自治县			2	1	1
保亭黎族苗族自治县					
琼中黎族苗族自治县					

8-3a 各地区按家庭户类别和住房间数分的家庭户户数(城市)

单位：户

地区	家庭户户数	一代户				
		一间	二间	三间	四间	五间及以上
全省	**1073785**	**248780**	**103520**	**102752**	**21534**	**12803**
海口市	**624947**	**155113**	**60371**	**59869**	**10765**	**3656**
秀英区	102862	26959	9256	8532	1453	1024
龙华区	221256	65676	21313	22848	4544	935
琼山区	123285	26637	9491	10155	1657	483
美兰区	177544	35841	20311	18334	3111	1214
三亚市	**189759**	**57717**	**17731**	**13859**	**3261**	**2422**
海棠区	10077	632	647	800	270	359
吉阳区	104849	35722	11034	7400	1678	533
天涯区	62584	19217	5556	5212	894	654
崖州区	12249	2146	494	447	419	876
三沙市						
儋州市	**76172**	**6002**	**7602**	**11128**	**2804**	**2928**
五指山市	14479	2061	2868	2096	199	44
琼海市	51826	11766	5280	4034	693	855
文昌市	47459	9706	4152	4926	1880	885
万宁市	28010	2718	2090	3465	979	478
东方市	41133	3697	3426	3375	953	1535
定安县						
屯昌县						
澄迈县						
临高县						
白沙黎族自治县						
昌江黎族自治县						
乐东黎族自治县						
陵水黎族自治县						
保亭黎族苗族自治县						
琼中黎族苗族自治县						

注：本表数据为居住在普通住宅的家庭户。

8-3a　续表 1

单位：户

地　　区	二代户				
	一间	二间	三间	四间	五间及以上
全省	**69442**	**131256**	**161694**	**40727**	**31637**
海口市	**47101**	**86516**	**99706**	**18893**	**7033**
秀英区	8344	14160	15918	2952	2340
龙华区	16649	26683	31401	6891	1402
琼山区	11492	18056	22817	3567	1263
美兰区	10616	27617	29570	5483	2028
三亚市	**13382**	**19768**	**23350**	**6515**	**6484**
海棠区	233	790	1640	791	1191
吉阳区	8306	12189	12269	3145	1326
天涯区	4500	6140	8631	1681	2117
崖州区	343	649	810	898	1850
三沙市					
儋州市	**1411**	**6426**	**9717**	**5863**	**8076**
五指山市	304	2278	2747	341	103
琼海市	2435	6572	7415	1404	1669
文昌市	2227	4093	7023	2630	1211
万宁市	1383	2379	5519	2204	1292
东方市	1199	3224	6217	2877	5769
定安县					
屯昌县					
澄迈县					
临高县					
白沙黎族自治县					
昌江黎族自治县					
乐东黎族自治县					
陵水黎族自治县					
保亭黎族苗族自治县					
琼中黎族苗族自治县					

8-3a 续表 2

单位：户

地区	三代户				
	一间	二间	三间	四间	五间及以上
全省	**5122**	**29529**	**61369**	**21731**	**28240**
海口市	**3022**	**19302**	**37641**	**8942**	**5706**
秀英区	496	2737	5423	1184	1865
龙华区	1050	6043	11426	3113	925
琼山区	681	4168	9383	1934	1144
美兰区	795	6354	11409	2711	1772
三亚市	**912**	**4634**	**9480**	**3774**	**5892**
海棠区	49	231	795	535	1036
吉阳区	555	2853	4594	1645	1415
天涯区	283	1368	3667	956	1511
崖州区	25	182	424	638	1930
三沙市					
儋州市	**162**	**1172**	**2754**	**2895**	**6607**
五指山市	29	377	823	132	55
琼海市	307	1727	3560	1376	2413
文昌市	369	1162	3340	1964	1573
万宁市	274	617	2011	1208	1194
东方市	47	538	1760	1440	4800
定安县					
屯昌县					
澄迈县					
临高县					
白沙黎族自治县					
昌江黎族自治县					
乐东黎族自治县					
陵水黎族自治县					
保亭黎族苗族自治县					
琼中黎族苗族自治县					

8-3a　续表 3　　　　单位：户

地　区	四代户				
	一间	二间	三间	四间	五间及以上
全省	**55**	**343**	**1074**	**668**	**1508**
海口市	**16**	**188**	**595**	**244**	**268**
秀英区	2	32	83	24	78
龙华区	3	50	166	82	56
琼山区	4	52	177	62	62
美兰区	7	54	169	76	72
三亚市	**9**	**51**	**172**	**106**	**240**
海棠区	1	4	17	20	36
吉阳区	5	21	73	36	50
天涯区	3	19	73	34	68
崖州区		7	9	16	86
三沙市					
儋州市	**3**	**18**	**67**	**110**	**427**
五指山市	1	5	9	5	2
琼海市	7	27	79	54	153
文昌市	14	25	79	77	123
万宁市	5	23	48	42	81
东方市		6	25	30	214
定安县					
屯昌县					
澄迈县					
临高县					
白沙黎族自治县					
昌江黎族自治县					
乐东黎族自治县					
陵水黎族自治县					
保亭黎族苗族自治县					
琼中黎族苗族自治县					

8-3a 续表 4

单位：户

地　　区	五代及以上户				
	一间	二间	三间	四间	五间及以上
全省					**1**
海口市					
秀英区					
龙华区					
琼山区					
美兰区					
三亚市					
海棠区					
吉阳区					
天涯区					
崖州区					
三沙市					
儋州市					
五指山市					
琼海市					
文昌市					
万宁市					
东方市					1
定安县					
屯昌县					
澄迈县					
临高县					
白沙黎族自治县					
昌江黎族自治县					
乐东黎族自治县					
陵水黎族自治县					
保亭黎族苗族自治县					
琼中黎族苗族自治县					

8-3b 各地区按家庭户类别和住房间数分的家庭户户数(镇)

单位：户

地 区	家庭户户 数	一代户				
		一间	二间	三间	四间	五间及以上
全省	**591118**	**51371**	**61345**	**53635**	**21246**	**17624**
海口市	**56164**	**5883**	**5316**	**5586**	**2144**	**2315**
秀英区	19335	994	2088	2016	664	530
龙华区	6072	908	672	476	227	163
琼山区	8479	452	715	1020	526	366
美兰区	22278	3529	1841	2074	727	1256
三亚市	**5739**	**205**	**646**	**580**	**184**	**218**
海棠区	1260	105	88	112	38	45
吉阳区	1989	23	457	292		1
天涯区	2108	62	80	156	143	108
崖州区	382	15	21	20	3	64
三沙市	**3**		**1**	**1**		**1**
儋州市	**61431**	**5148**	**5560**	**5600**	**2186**	**1919**
五指山市	4640	403	538	473	238	78
琼海市	22938	2659	2502	1670	714	597
文昌市	50964	4877	4461	3554	4055	2783
万宁市	30826	2153	3282	2719	1537	946
东方市	15564	628	964	972	675	768
定安县	32778	4871	2838	3778	671	382
屯昌县	29819	2683	3302	3035	653	365
澄迈县	75229	8159	8689	5471	2485	2468
临高县	48603	2382	4699	3344	1159	758
白沙黎族自治县	9577	554	1382	1362	137	77
昌江黎族自治县	39731	3105	5195	4147	1311	636
乐东黎族自治县	37089	1539	3700	4130	1312	2122
陵水黎族自治县	36186	2186	3200	3240	892	793
保亭黎族苗族自治县	17000	2351	2195	2172	391	226
琼中黎族苗族自治县	16837	1585	2875	1801	502	172

注：本表数据为居住在普通住宅的家庭户。

8-3b 续表 1 单位：户

地　区	二代户				
	一间	二间	三间	四间	五间及以上
全省	**26218**	**66831**	**87180**	**43134**	**38105**
海口市	**2520**	**5784**	**8302**	**3632**	**3991**
秀英区	625	2653	3690	1370	992
龙华区	498	822	805	446	276
琼山区	116	700	1124	829	647
美兰区	1281	1609	2683	987	2076
三亚市	**75**	**478**	**1305**	**370**	**382**
海棠区	30	126	215	76	79
吉阳区	3	226	767	3	2
天涯区	34	100	295	274	224
崖州区	8	26	28	17	77
三沙市					
儋州市	**2212**	**5921**	**8350**	**5350**	**5881**
五指山市	186	527	796	506	281
琼海市	1318	2488	2594	1230	1071
文昌市	2391	3823	4159	5136	3746
万宁市	1190	2860	4618	3470	2093
东方市	335	1448	2327	1742	2102
定安县	3545	3011	5576	1327	765
屯昌县	1432	4224	5704	1400	844
澄迈县	3850	8417	8784	4517	5603
临高县	2354	9139	7745	3078	1760
白沙黎族自治县	146	1277	2440	420	273
昌江黎族自治县	1896	5509	7117	3081	1162
乐东黎族自治县	552	3638	6193	3179	4930
陵水黎族自治县	825	3735	4962	2908	2292
保亭黎族苗族自治县	628	1949	3408	770	516
琼中黎族苗族自治县	763	2603	2800	1018	413

8-3b　续表 2　　单位：户

地　区	三代户				
	一间	二间	三间	四间	五间及以上
全省	**5858**	**19175**	**35194**	**27104**	**32263**
海口市	**280**	**1317**	**2968**	**2172**	**3600**
秀英区	125	596	1206	752	940
龙华区	57	120	206	204	175
琼山区	14	178	470	605	628
美兰区	84	423	1086	611	1857
三亚市	**6**	**98**	**446**	**287**	**419**
海棠区	2	21	110	67	130
吉阳区		29	182		
天涯区	3	37	140	204	232
崖州区	1	11	14	16	57
三沙市					
儋州市	**470**	**1716**	**3039**	**3068**	**4411**
五指山市	19	93	196	170	122
琼海市	482	1090	1710	1252	1240
文昌市	852	1297	1977	3428	3864
万宁市	286	598	1538	1625	1640
东方市	71	304	891	948	1276
定安县	1024	947	2185	913	738
屯昌县	272	1195	2471	1153	888
澄迈县	848	2815	4240	3420	4767
临高县	654	3543	3905	2152	1635
白沙黎族自治县	10	212	783	243	231
昌江黎族自治县	164	1186	2488	1464	1091
乐东黎族自治县	40	558	1476	1166	2365
陵水黎族自治县	194	1306	2891	2841	3298
保亭黎族苗族自治县	70	413	1097	349	385
琼中黎族苗族自治县	116	487	893	453	293

8-3b 续表 3

单位：户

地区	四代户				
	一间	二间	三间	四间	五间及以上
全省	**162**	**480**	**1017**	**1239**	**1930**
海口市	**1**	**13**	**61**	**77**	**202**
秀英区		4	17	18	55
龙华区	1	4	3	3	6
琼山区		1	20	29	39
美兰区		4	21	27	102
三亚市		**3**	**15**	**8**	**14**
海棠区		1	5	3	7
吉阳区		1	3		
天涯区		1	6	4	5
崖州区			1	1	2
三沙市					
儋州市	**13**	**52**	**95**	**131**	**309**
五指山市		2	2	6	4
琼海市	22	39	78	68	112
文昌市	36	34	66	151	274
万宁市	10	34	61	75	90
东方市		4	22	31	55
定安县	27	35	57	45	43
屯昌县	5	36	52	63	41
澄迈县	23	81	123	182	286
临高县	9	79	91	69	48
白沙黎族自治县		1	10	12	7
昌江黎族自治县	3	11	49	50	66
乐东黎族自治县		6	41	34	108
陵水黎族自治县	7	37	136	198	244
保亭黎族苗族自治县	1	7	33	23	16
琼中黎族苗族自治县	5	6	25	16	11

8-3b　续表 4　　　　单位：户

地区	五代及以上户				
	一间	二间	三间	四间	五间及以上
全省				**5**	**2**
海口市					
秀英区					
龙华区					
琼山区					
美兰区					
三亚市					
海棠区					
吉阳区					
天涯区					
崖州区					
三沙市					
儋州市					
五指山市					
琼海市				2	
文昌市					
万宁市				1	
东方市				1	
定安县					
屯昌县					1
澄迈县				1	
临高县					
白沙黎族自治县					
昌江黎族自治县					
乐东黎族自治县					
陵水黎族自治县					1
保亭黎族苗族自治县					
琼中黎族苗族自治县					

8-3c 各地区按家庭户类别和住房间数分的家庭户户数(乡村)

单位：户

地 区	家庭户户 数	一代户				
		一间	二间	三间	四间	五间及以上
全省	**1082429**	**87673**	**101864**	**80881**	**40797**	**35122**
海口市	**130556**	**14375**	**13257**	**10057**	**5707**	**6481**
秀英区	28281	2808	2086	1686	1218	1373
龙华区	21878	3399	2523	1466	1106	737
琼山区	46950	5594	5184	3876	1767	1255
美兰区	33447	2574	3464	3029	1616	3116
三亚市	**61808**	**5664**	**4383**	**3410**	**1390**	**2529**
海棠区	7658	226	158	457	157	581
吉阳区	13436	2385	1063	797	239	429
天涯区	25289	1153	1748	1439	645	775
崖州区	15425	1900	1414	717	349	744
三沙市						
儋州市	**115483**	**6094**	**9164**	**8855**	**3640**	**2665**
五指山市	13169	679	841	938	574	321
琼海市	76952	8055	8964	5786	2403	1364
文昌市	69252	6749	7650	4253	6674	2903
万宁市	92614	9276	9126	6779	4246	2858
东方市	47518	1635	3086	4238	1443	1970
定安县	53208	10856	5029	3002	1066	542
屯昌县	42691	5340	6214	2762	1018	497
澄迈县	55368	5392	6538	3153	2874	1323
临高县	57135	1589	7608	8226	562	259
白沙黎族自治县	38173	2344	3106	3549	1394	964
昌江黎族自治县	24850	639	1526	1818	1300	1598
乐东黎族自治县	85535	3036	4723	5065	3183	6112
陵水黎族自治县	51999	2319	4413	2876	799	778
保亭黎族苗族自治县	29089	1638	2689	2478	964	918
琼中黎族苗族自治县	37029	1993	3547	3636	1560	1040

注：本表数据为居住在普通住宅的家庭户。

8-3c　续表 1　　　　单位：户

地　区	二代户				
	一间	二间	三间	四间	五间及以上
全省	**56999**	**122413**	**156167**	**87152**	**86822**
海口市	**7700**	**12779**	**15038**	**8577**	**12673**
秀英区	1673	2457	3155	2161	3815
龙华区	1987	2669	2360	1572	1198
琼山区	3144	5375	6020	2770	2106
美兰区	896	2278	3503	2074	5554
三亚市	**1325**	**5133**	**7883**	**5108**	**10252**
海棠区	75	162	648	489	2190
吉阳区	347	1109	1801	996	1665
天涯区	508	2407	3903	2593	4047
崖州区	395	1455	1531	1030	2350
三沙市					
儋州市	**5678**	**14235**	**19686**	**9453**	**7674**
五指山市	441	1257	2778	2258	1524
琼海市	5380	10293	8443	3811	2218
文昌市	3360	6054	4797	7871	3767
万宁市	6702	9695	11833	8422	6293
东方市	848	4295	10329	4169	5108
定安县	9064	6208	5065	1838	1062
屯昌县	4076	7494	4881	1822	957
澄迈县	4150	7323	5347	4183	2694
临高县	1459	11798	12782	1321	643
白沙黎族自治县	1076	3246	7544	3973	3181
昌江黎族自治县	367	2076	4375	2846	2981
乐东黎族自治县	1829	5382	12487	10583	17109
陵水黎族自治县	1349	8300	9697	3924	3298
保亭黎族苗族自治县	734	3097	5798	2804	2564
琼中黎族苗族自治县	1461	3748	7404	4189	2824

8-3c 续表 2

单位：户

地 区	三代户				
	一间	二间	三间	四间	五间及以上
全省	**14453**	**37427**	**61365**	**47743**	**56314**
海口市	**1893**	**3606**	**5414**	**4553**	**7543**
秀英区	452	613	1099	1151	2367
龙华区	351	503	611	638	652
琼山区	940	1889	2650	1944	2026
美兰区	150	601	1054	820	2498
三亚市	**127**	**994**	**2962**	**2693**	**7521**
海棠区	11	33	228	229	1898
吉阳区	17	164	546	525	1304
天涯区	66	442	1374	1339	2685
崖州区	33	355	814	600	1634
三沙市					
儋州市	**1637**	**4899**	**8553**	**5900**	**5992**
五指山市	18	88	393	462	553
琼海市	1924	4954	5744	3806	2659
文昌市	1277	2094	2335	5035	3669
万宁市	1425	2487	4223	4465	4008
东方市	74	889	3735	2230	3067
定安县	2469	2417	2255	1145	852
屯昌县	958	2454	2078	1139	690
澄迈县	1302	2962	2573	2802	2267
临高县	314	3645	5533	744	408
白沙黎族自治县	177	718	2367	1962	2308
昌江黎族自治县	29	402	1491	1403	1799
乐东黎族自治县	214	810	3093	3913	7438
陵水黎族自治县	247	2651	5231	2891	2572
保亭黎族苗族自治县	74	592	1700	1247	1617
琼中黎族苗族自治县	294	765	1685	1353	1351

8-3c　续表 3　　单位：户

地　区	四代户				
	一间	二间	三间	四间	五间及以上
全省	**458**	**1194**	**2163**	**2257**	**3156**
海口市	**57**	**98**	**166**	**204**	**378**
秀英区	11	10	25	41	80
龙华区	14	10	15	30	37
琼山区	29	56	91	104	130
美兰区	3	22	35	29	131
三亚市	**1**	**16**	**53**	**77**	**286**
海棠区		1	7	14	94
吉阳区		6	9	6	28
天涯区	1	3	22	39	99
崖州区		6	15	18	65
三沙市					
儋州市	**50**	**205**	**349**	**343**	**410**
五指山市		4	7	14	19
琼海市	74	226	329	268	250
文昌市	45	77	84	271	287
万宁市	51	81	158	228	257
东方市		20	121	105	156
定安县	81	79	85	48	44
屯昌县	34	89	87	47	53
澄迈县	38	97	95	122	133
临高县	6	78	131	18	11
白沙黎族自治县	5	12	61	70	116
昌江黎族自治县		10	37	60	93
乐东黎族自治县	6	12	73	133	334
陵水黎族自治县	4	66	231	168	182
保亭黎族苗族自治县	1	10	44	44	76
琼中黎族苗族自治县	5	14	52	37	71

8-3c 续表 4

单位：户

地区	五代及以上户				
	一间	二间	三间	四间	五间及以上
全省	**1**		**5**	**3**	
海口市					
秀英区					
龙华区					
琼山区					
美兰区					
三亚市				**1**	
海棠区					
吉阳区					
天涯区				1	
崖州区					
三沙市					
儋州市			**1**		
五指山市					
琼海市			1		
文昌市					
万宁市			1		
东方市					
定安县	1				
屯昌县				1	
澄迈县					
临高县					
白沙黎族自治县					
昌江黎族自治县					
乐东黎族自治县					
陵水黎族自治县			2	1	
保亭黎族苗族自治县					
琼中黎族苗族自治县					

8-4　全省按户主的受教育程度分的家庭户住房状况

受教育程度	户　数 (户)	人　数 (人)	平均每户住房间数 (间/户)	人均住房建筑面积 (平方米/人)	人均住房间　数 (间/人)
总　计	**2565611**	**8208416**	**2.86**	**33.01**	**0.89**
未上过学	70095	201405	2.83	34.32	0.98
学前教育	2218	5993	2.80	40.04	1.04
小　学	380143	1272099	3.00	31.85	0.90
初　中	1207195	4134260	2.95	31.92	0.86
高　中	483324	1467385	2.77	33.82	0.91
大学专科	224430	602410	2.56	36.01	0.95
大学本科	182591	482695	2.58	37.82	0.98
硕士研究生	13521	36549	2.73	40.23	1.01
博士研究生	2094	5620	2.94	43.10	1.09

注：本表数据为居住在普通住宅的家庭户。

8-4a　全省按户主的受教育程度分的家庭户住房状况(城市)

受教育程度	户　数 (户)	人　数 (人)	平均每户住房间数 (间/户)	人均住房建筑面积 (平方米/人)	人均住房间　数 (间/人)
总　计	**1025611**	**2928857**	**2.45**	**31.35**	**0.86**
未上过学	8292	26119	3.05	36.56	0.97
学前教育	591	1359	2.35	38.49	1.02
小　学	75784	237406	2.70	31.27	0.86
初　中	351892	1055593	2.41	28.49	0.80
高　中	269401	758805	2.39	30.56	0.85
大学专科	160761	423780	2.38	33.73	0.90
大学本科	145345	388737	2.55	36.89	0.95
硕士研究生	11685	31961	2.74	39.97	1.00
博士研究生	1860	5097	2.95	42.53	1.08

注：本表数据为居住在普通住宅的家庭户。

8-4b 全省按户主的受教育程度分的家庭户住房状况(镇)

受教育程度	户数(户)	人数(人)	平均每户住房间数(间/户)	人均住房建筑面积(平方米/人)	人均住房间数(间/人)
总计	**549931**	**1865542**	**3.09**	**36.03**	**0.91**
未上过学	18148	56681	2.89	36.06	0.93
学前教育	636	1781	2.97	47.62	1.06
小学	86888	306244	3.11	34.49	0.88
初中	279283	1002349	3.16	35.16	0.88
高中	97573	316750	3.13	37.92	0.96
大学专科	39666	110744	2.88	39.93	1.03
大学本科	26551	68166	2.68	40.12	1.04
硕士研究生	1070	2603	2.55	41.36	1.05
博士研究生	116	224	2.59	51.02	1.34

注：本表数据为居住在普通住宅的家庭户。

8-4c 全省按户主的受教育程度分的家庭户住房状况(乡村)

受教育程度	户数(户)	人数(人)	平均每户住房间数(间/户)	人均住房建筑面积(平方米/人)	人均住房间数(间/人)
总计	**990069**	**3414017**	**3.15**	**32.77**	**0.91**
未上过学	43655	118605	2.76	32.99	1.02
学前教育	991	2853	2.95	36.05	1.03
小学	217471	728449	3.06	30.93	0.91
初中	576020	2076318	3.19	32.10	0.88
高中	116350	391830	3.34	36.82	0.99
大学专科	24003	67886	3.20	43.81	1.13
大学本科	10695	25792	2.76	45.84	1.14
硕士研究生	766	1985	2.80	43.02	1.08
博士研究生	118	299	3.13	46.95	1.23

注：本表数据为居住在普通住宅的家庭户。

8-5　全省按户主受教育程度、人均住房建筑面积分的家庭户户数

单位：户

受教育程度	户　数	人均住房建筑面积(平方米)			
		8及以下	9-12	13-16	17-19
总　计	**2565611**	**93252**	**159334**	**226539**	**111373**
未上过学	70095	1526	3683	5672	2565
学前教育	2218	50	97	126	63
小　学	380143	13117	25027	36435	16739
初　中	1207195	53937	85167	116947	52120
高　中	483324	17610	30310	42908	22035
大学专科	224430	5042	10059	15080	10027
大学本科	182591	1908	4713	8936	7307
硕士研究生	13521	54	262	398	449
博士研究生	2094	8	16	37	68

注：本表数据为居住在普通住宅的家庭户。

8-5　续表

单位：户

受教育程度	人均住房建筑面积(平方米)				
	20-29	30-39	40-49	50-59	60及以上
总　计	**605570**	**413988**	**293365**	**166371**	**495819**
未上过学	14107	11171	8144	4724	18503
学前教育	416	322	222	167	755
小　学	85270	59803	44136	23872	75744
初　中	290064	190063	132493	75837	210567
高　中	115973	76124	53492	31495	93377
大学专科	54693	38846	27110	15355	48218
大学本科	41899	34675	25425	13627	44101
硕士研究生	2768	2607	2025	1099	3859
博士研究生	380	377	318	195	695

8-5a 全省按户主受教育程度、人均住房建筑面积分的家庭户户数(城市)

单位：户

受教育程度	户　数	人均住房建筑面积(平方米)			
		8及以下	9-12	13-16	17-19
总　计	**1025611**	**59702**	**82642**	**98422**	**51177**
未上过学	8292	391	572	718	304
学前教育	591	23	35	45	18
小　学	75784	6043	7992	8030	3384
初　中	351892	33234	39774	41760	17709
高　中	269401	13905	21502	27777	14706
大学专科	160761	4402	8443	12189	8188
大学本科	145345	1650	4064	7524	6397
硕士研究生	11685	47	245	345	410
博士研究生	1860	7	15	34	61

注：本表数据为居住在普通住宅的家庭户。

8-5a　续表

单位：户

受教育程度	人均住房建筑面积(平方米)				
	20-29	30-39	40-49	50-59	60及以上
总　计	**251277**	**155313**	**102007**	**55438**	**169633**
未上过学	1624	1160	837	617	2069
学前教育	129	59	54	34	194
小　学	16047	9823	6825	4099	13541
初　中	84171	45762	27888	15732	45862
高　中	70032	40857	25705	13907	41010
大学专科	41860	27608	18475	9639	29957
大学本科	34659	27442	20138	10329	33142
硕士研究生	2410	2260	1784	917	3267
博士研究生	345	342	301	164	591

8–5b　全省按户主受教育程度、人均住房建筑面积分的家庭户户数(镇)

单位：户

受教育程度	户　数	人均住房建筑面积(平方米)			
		8及以下	9–12	13–16	17–19
总　计	**549931**	**11958**	**25114**	**39645**	**19458**
未上过学	18148	406	865	1290	654
学前教育	636	5	21	24	12
小　学	86888	2246	4419	6937	3416
初　中	279283	7163	14377	22018	10151
高　中	97573	1625	3971	6596	3316
大学专科	39666	327	958	1735	1209
大学本科	26551	181	490	1015	669
硕士研究生	1070	5	13	29	26
博士研究生	116			1	5

注：本表数据为居住在普通住宅的家庭户。

8–5b　续表

单位：户

受教育程度	人均住房建筑面积(平方米)				
	20–29	30–39	40–49	50–59	60及以上
总　计	**118162**	**91489**	**69257**	**44697**	**130151**
未上过学	3342	2751	2119	1349	5372
学前教育	94	79	66	54	281
小　学	17946	14141	10891	6433	20459
初　中	61859	45873	34524	22142	61176
高　中	20985	15856	12282	8448	24494
大学专科	8305	7336	5476	3716	10604
大学本科	5425	5241	3735	2434	7361
硕士研究生	192	197	156	108	344
博士研究生	14	15	8	13	60

8–5c 全省按户主受教育程度、人均住房建筑面积分的家庭户户数(乡村)

单位：户

受教育程度	户 数	人均住房建筑面积(平方米)			
		8及以下	9–12	13–16	17–19
总 计	**990069**	**21592**	**51578**	**88472**	**40738**
未上过学	43655	729	2246	3664	1607
学前教育	991	22	41	57	33
小 学	217471	4828	12616	21468	9939
初 中	576020	13540	31016	53169	24260
高 中	116350	2080	4837	8535	4013
大学专科	24003	313	658	1156	630
大学本科	10695	77	159	397	241
硕士研究生	766	2	4	24	13
博士研究生	118	1	1	2	2

注：本表数据为居住在普通住宅的家庭户。

8–5c 续表

单位：户

受教育程度	人均住房建筑面积(平方米)				
	20–29	30–39	40–49	50–59	60及以上
总 计	**236131**	**167186**	**122101**	**66236**	**196035**
未上过学	9141	7260	5188	2758	11062
学前教育	193	184	102	79	280
小 学	51277	35839	26420	13340	41744
初 中	144034	98428	70081	37963	103529
高 中	24956	19411	15505	9140	27873
大学专科	4528	3902	3159	2000	7657
大学本科	1815	1992	1552	864	3598
硕士研究生	166	150	85	74	248
博士研究生	21	20	9	18	44

中国人口普查
CHINA POPULATION CENSUS

2020

海南省人口普查年鉴

(中册)

HAINAN POPULATION CENSUS YEARBOOK 2020

(BOOK 2)

海南省人民政府第七次全国人口普查领导小组办公室
海　南　省　统　计　局　编

Compiled by
Office of the Leading Group of Hainan Province for the Seventh National Population Census
Hainan Provincial Bureau of Statistics

中国统计出版社
China Statistics Press

图书在版编目（CIP）数据

海南省人口普查年鉴. 2020. 中册 / 海南省人民政府第七次全国人口普查领导小组办公室, 海南省统计局编. -- 北京 : 中国统计出版社, 2023.3
ISBN 978-7-5230-0053-3

Ⅰ. ①海… Ⅱ. ①海… ②海… Ⅲ. ①人口普查－统计资料－海南－2020－年鉴 Ⅳ. ①C924.256.6-54

中国版本图书馆 CIP 数据核字(2022)第 217271 号

海南省人口普查年鉴-2020（中册）
Hainan Population Census Yearbook 2020 (Book 2)

作　　者/海南省人民政府第七次全国人口普查领导小组办公室　海南省统计局
责任编辑/周小睿
封面设计/李雪燕
出版发行/中国统计出版社有限公司
通信地址/北京市丰台区西三环南路甲 6 号　邮政编码/100073
发行电话/邮购（010）63376909　书店（010）68783171
网　　址/http://www.zgtjcbs.com/
印　　刷/河北鑫兆源印刷有限公司
经　　销/新华书店
开　　本/880mm×1230mm　1/16
字　　数/1008 千字
印　　张/42
版　　别/2023 年 3 月第 1 版
版　　次/2023 年 3 月第 1 次印刷
定　　价/880.00 元（全三册附光盘）

目　　录

中　册

第二部分　长表数据资料

第一卷　概要

第二卷　民族

第三卷 教育

第四卷 就业

第五卷 婚姻

第二部分 长表数据资料

第一卷 概要

1-1 各地区户数、

地区	户数			合计			
	合计	家庭户	集体户	合计	男	女	性别比(女=100)
全省	**283749**	**272982**	**10767**	**927418**	**490506**	**436912**	**112.27**
海口市	**86275**	**80928**	**5347**	**259238**	**134515**	**124723**	**107.85**
秀英区	16046	15238	808	50518	27016	23502	114.95
龙华区	25786	24408	1378	70635	36705	33930	108.18
琼山区	18603	17787	816	59184	30824	28360	108.69
美兰区	25840	23495	2345	78901	39970	38931	102.67
三亚市	**28816**	**26178**	**2638**	**91303**	**48558**	**42745**	**113.60**
海棠区	2078	1898	180	8885	4819	4066	118.52
吉阳区	13976	12277	1699	39814	21023	18791	111.88
天涯区	9858	9183	675	31767	16828	14939	112.64
崖州区	2904	2820	84	10837	5888	4949	118.97
三沙市							
儋州市	**23483**	**23092**	**391**	**86859**	**46909**	**39950**	**117.42**
五指山市	3425	3268	157	10506	5520	4986	110.71
琼海市	15508	15087	421	50011	26392	23619	111.74
文昌市	16901	16563	338	52935	27099	25836	104.89
万宁市	15281	15119	162	52523	27984	24539	114.04
东方市	10886	10639	247	41017	21844	19173	113.93
定安县	8751	8631	120	28118	15095	13023	115.91
屯昌县	7278	7202	76	23114	12256	10858	112.88
澄迈县	13408	13019	389	46620	25328	21292	118.96
临高县	10836	10783	53	39724	21072	18652	112.97
白沙黎族自治县	4713	4659	54	14930	8089	6841	118.24
昌江黎族自治县	6447	6337	110	21142	11286	9856	114.51
乐东黎族自治县	12584	12511	73	42412	22737	19675	115.56
陵水黎族自治县	9086	9011	75	36297	19426	16871	115.14
保亭黎族苗族自治县	4723	4660	63	14603	7738	6865	112.72
琼中黎族苗族自治县	5348	5295	53	16066	8658	7408	116.87

人口数和性别比

单位：户、人

人口数								平均家庭户规模（人/户）
家庭户				集体户				
小计	男	女	性别比（女=100）	小计	男	女	性别比（女=100）	
875222	**459655**	**415567**	**110.61**	**52196**	**30851**	**21345**	**144.54**	**3.21**
235128	**121014**	**114114**	**106.05**	**24110**	**13501**	**10609**	**127.26**	**2.91**
46382	24260	22122	109.66	4136	2756	1380	199.71	3.04
65468	33725	31743	106.24	5167	2980	2187	136.26	2.68
54614	28299	26315	107.54	4570	2525	2045	123.47	3.07
68664	34730	33934	102.35	10237	5240	4997	104.86	2.92
79891	**41413**	**38478**	**107.63**	**11412**	**7145**	**4267**	**167.45**	**3.05**
7471	3840	3631	105.76	1414	979	435	225.06	3.94
33360	17132	16228	105.57	6454	3891	2563	151.81	2.72
28850	15004	13846	108.36	2917	1824	1093	166.88	3.14
10210	5437	4773	113.91	627	451	176	256.25	3.62
84442	**45304**	**39138**	**115.75**	**2417**	**1605**	**812**	**197.66**	**3.66**
9599	5046	4553	110.83	907	474	433	109.47	2.94
47859	25075	22784	110.06	2152	1317	835	157.72	3.17
50738	25901	24837	104.28	2197	1198	999	119.92	3.06
51112	27204	23908	113.79	1411	780	631	123.61	3.38
39118	20595	18523	111.19	1899	1249	650	192.15	3.68
27491	14778	12713	116.24	627	317	310	102.26	3.19
22617	11939	10678	111.81	497	317	180	176.11	3.14
44797	24081	20716	116.24	1823	1247	576	216.49	3.44
39463	20914	18549	112.75	261	158	103	153.40	3.66
14606	7900	6706	117.80	324	189	135	140.00	3.14
20407	10770	9637	111.76	735	516	219	235.62	3.22
42144	22611	19533	115.76	268	126	142	88.73	3.37
35862	19116	16746	114.15	435	310	125	248.00	3.98
14215	7517	6698	112.23	388	221	167	132.34	3.05
15733	8477	7256	116.83	333	181	152	119.08	2.97

1-1a 各地区户数、

地区	户数			合计			
	合计	家庭户	集体户	合计	男	女	性别比(女=100)
全省	**111367**	**105148**	**6219**	**336134**	**174185**	**161949**	**107.56**
海口市	**65148**	**61595**	**3553**	**187516**	**96752**	**90764**	**106.60**
秀英区	10889	10298	591	31860	16845	15015	112.19
龙华区	22898	21569	1329	61361	31719	29642	107.01
琼山区	12834	12212	622	40060	20774	19286	107.72
美兰区	18527	17516	1011	54235	27414	26821	102.21
三亚市	**20980**	**19247**	**1733**	**61784**	**32292**	**29492**	**109.49**
海棠区	1048	1007	41	3989	2080	1909	108.96
吉阳区	11750	10642	1108	32339	16908	15431	109.57
天涯区	6891	6343	548	20529	10632	9897	107.43
崖州区	1291	1255	36	4927	2672	2255	118.49
三沙市							
儋州市	**5690**	**5568**	**122**	**22215**	**11753**	**10462**	**112.34**
五指山市	1590	1465	125	4576	2279	2297	99.22
琼海市	5424	5187	237	16861	8774	8087	108.50
文昌市	5069	4847	222	15557	7778	7779	99.99
万宁市	2937	2871	66	10402	5498	4904	112.11
东方市	4529	4368	161	17223	9059	8164	110.96
定安县							
屯昌县							
澄迈县							
临高县							
白沙黎族自治县							
昌江黎族自治县							
乐东黎族自治县							
陵水黎族自治县							
保亭黎族苗族自治县							
琼中黎族苗族自治县							

人口数和性别比(城市)

单位：户、人

人口数								平均家庭户规模（人/户）
家庭户				集体户				
小计	男	女	性别比（女=100）	小计	男	女	性别比（女=100）	
307748	**157868**	**149880**	**105.33**	**28386**	**16317**	**12069**	**135.20**	**2.93**
172318	**88127**	**84191**	**104.68**	**15198**	**8625**	**6573**	**131.22**	**2.80**
28958	15035	13923	107.99	2902	1810	1092	165.75	2.81
56463	28924	27539	105.03	4898	2795	2103	132.91	2.62
36928	19012	17916	106.12	3132	1762	1370	128.61	3.02
49969	25156	24813	101.38	4266	2258	2008	112.45	2.85
54573	**27947**	**26626**	**104.96**	**7211**	**4345**	**2866**	**151.61**	**2.84**
3717	1909	1808	105.59	272	171	101	169.31	3.69
28006	14331	13675	104.80	4333	2577	1756	146.75	2.63
18229	9271	8958	103.49	2300	1361	939	144.94	2.87
4621	2436	2185	111.49	306	236	70	337.14	3.68
21201	**11126**	**10075**	**110.43**	**1014**	**627**	**387**	**162.02**	**3.81**
3929	1969	1960	100.46	647	310	337	91.99	2.68
15644	8026	7618	105.36	1217	748	469	159.49	3.02
14181	7095	7086	100.13	1376	683	693	98.56	2.93
9832	5192	4640	111.90	570	306	264	115.91	3.42
16070	8386	7684	109.14	1153	673	480	140.21	3.68

1-1b 各地区户数、

地区	户数			合计			
	合计	家庭户	集体户	合计	男	女	性别比(女=100)
全省	**63228**	**60837**	**2391**	**219300**	**115936**	**103364**	**112.16**
海口市	**7088**	**6062**	**1026**	**24291**	**12673**	**11618**	**109.08**
秀英区	2126	2029	97	7479	4022	3457	116.34
龙华区	653	644	9	2182	1174	1008	116.47
琼山区	971	949	22	3301	1701	1600	106.31
美兰区	3338	2440	898	11329	5776	5553	104.02
三亚市	**727**	**612**	**115**	**2544**	**1373**	**1171**	**117.25**
海棠区	170	143	27	732	399	333	119.82
吉阳区	284	211	73	768	408	360	113.33
天涯区	236	221	15	917	497	420	118.33
崖州区	37	37		127	69	58	118.97
三沙市							
儋州市	**6434**	**6205**	**229**	**23029**	**12498**	**10531**	**118.68**
五指山市	497	473	24	1572	833	739	112.72
琼海市	2421	2360	61	8224	4327	3897	111.03
文昌市	5218	5157	61	17101	8820	8281	106.51
万宁市	3111	3071	40	10994	5846	5148	113.56
东方市	1608	1577	31	6316	3405	2911	116.97
定安县	3463	3362	101	11336	6045	5291	114.25
屯昌县	3143	3083	60	10690	5612	5078	110.52
澄迈县	8163	7798	365	28808	15590	13218	117.95
临高县	5083	5041	42	19804	10426	9378	111.18
白沙黎族自治县	931	901	30	2984	1555	1429	108.82
昌江黎族自治县	3953	3887	66	12611	6564	6047	108.55
乐东黎族自治县	4004	3968	36	12576	6588	5988	110.02
陵水黎族自治县	3900	3865	35	16249	8572	7677	111.66
保亭黎族苗族自治县	1792	1754	38	5215	2628	2587	101.58
琼中黎族苗族自治县	1692	1661	31	4956	2581	2375	108.67

人口数和性别比(镇)

单位：户、人

人口数								平均家庭户规模（人/户）
家庭户				集体户				
小计	男	女	性别比（女=100）	小计	男	女	性别比（女=100）	
207344	**108894**	**98450**	**110.61**	**11956**	**7042**	**4914**	**143.30**	**3.41**
19648	**10198**	**9450**	**107.92**	**4643**	**2475**	**2168**	**114.16**	**3.24**
6917	3592	3325	108.03	562	430	132	325.76	3.41
2105	1120	985	113.71	77	54	23	234.78	3.27
3066	1607	1459	110.14	235	94	141	66.67	3.23
7560	3879	3681	105.38	3769	1897	1872	101.34	3.10
2079	**1063**	**1016**	**104.63**	**465**	**310**	**155**	**200.00**	**3.40**
522	268	254	105.51	210	131	79	165.82	3.65
598	295	303	97.36	170	113	57	198.25	2.83
832	431	401	107.48	85	66	19	347.37	3.76
127	69	58	118.97					3.43
21963	**11781**	**10182**	**115.70**	**1066**	**717**	**349**	**205.44**	**3.54**
1377	724	653	110.87	195	109	86	126.74	2.91
7885	4136	3749	110.32	339	191	148	129.05	3.34
16644	8559	8085	105.86	457	261	196	133.16	3.23
10722	5660	5062	111.81	272	186	86	216.28	3.49
6063	3219	2844	113.19	253	186	67	277.61	3.84
10786	5779	5007	115.42	550	266	284	93.66	3.21
10342	5393	4949	108.97	348	219	129	169.77	3.35
27180	14477	12703	113.97	1628	1113	515	216.12	3.49
19608	10317	9291	111.04	196	109	87	125.29	3.89
2769	1443	1326	108.82	215	112	103	108.74	3.07
12140	6243	5897	105.87	471	321	150	214.00	3.12
12431	6523	5908	110.41	145	65	80	81.25	3.13
16051	8431	7620	110.64	198	141	57	247.37	4.15
4960	2504	2456	101.95	255	124	131	94.66	2.83
4696	2444	2252	108.53	260	137	123	111.38	2.83

1-1c 各地区户数、

地区	户数						
				合计			
	合计	家庭户	集体户	合计	男	女	性别比(女=100)
全省	**109154**	**106997**	**2157**	**371984**	**200385**	**171599**	**116.78**
海口市	**14039**	**13271**	**768**	**47431**	**25090**	**22341**	**112.30**
秀英区	3031	2911	120	11179	6149	5030	122.25
龙华区	2235	2195	40	7092	3812	3280	116.22
琼山区	4798	4626	172	15823	8349	7474	111.71
美兰区	3975	3539	436	13337	6780	6557	103.40
三亚市	**7109**	**6319**	**790**	**26975**	**14893**	**12082**	**123.27**
海棠区	860	748	112	4164	2340	1824	128.29
吉阳区	1942	1424	518	6707	3707	3000	123.57
天涯区	2731	2619	112	10321	5699	4622	123.30
崖州区	1576	1528	48	5783	3147	2636	119.39
三沙市							
儋州市	**11359**	**11319**	**40**	**41615**	**22658**	**18957**	**119.52**
五指山市	1338	1330	8	4358	2408	1950	123.49
琼海市	7663	7540	123	24926	13291	11635	114.23
文昌市	6614	6559	55	20277	10501	9776	107.42
万宁市	9233	9177	56	31127	16640	14487	114.86
东方市	4749	4694	55	17478	9380	8098	115.83
定安县	5288	5269	19	16782	9050	7732	117.05
屯昌县	4135	4119	16	12424	6644	5780	114.95
澄迈县	5245	5221	24	17812	9738	8074	120.61
临高县	5753	5742	11	19920	10646	9274	114.79
白沙黎族自治县	3782	3758	24	11946	6534	5412	120.73
昌江黎族自治县	2494	2450	44	8531	4722	3809	123.97
乐东黎族自治县	8580	8543	37	29836	16149	13687	117.99
陵水黎族自治县	5186	5146	40	20048	10854	9194	118.06
保亭黎族苗族自治县	2931	2906	25	9388	5110	4278	119.45
琼中黎族苗族自治县	3656	3634	22	11110	6077	5033	120.74

人口数和性别比(乡村)

单位：户、人

人口数								平均家庭户规模（人/户）
家庭户				集体户				
小计	男	女	性别比（女=100）	小计	男	女	性别比（女=100）	
360130	**192893**	**167237**	**115.34**	**11854**	**7492**	**4362**	**171.76**	**3.37**
43162	**22689**	**20473**	**110.82**	**4269**	**2401**	**1868**	**128.53**	**3.25**
10507	5633	4874	115.57	672	516	156	330.77	3.61
6900	3681	3219	114.35	192	131	61	214.75	3.14
14620	7680	6940	110.66	1203	669	534	125.28	3.16
11135	5695	5440	104.69	2202	1085	1117	97.14	3.15
23239	**12403**	**10836**	**114.46**	**3736**	**2490**	**1246**	**199.84**	**3.68**
3232	1663	1569	105.99	932	677	255	265.49	4.32
4756	2506	2250	111.38	1951	1201	750	160.13	3.34
9789	5302	4487	118.16	532	397	135	294.07	3.74
5462	2932	2530	115.89	321	215	106	202.83	3.57
41278	**22397**	**18881**	**118.62**	**337**	**261**	**76**	**343.42**	**3.65**
4293	2353	1940	121.29	65	55	10	550.00	3.23
24330	12913	11417	113.10	596	378	218	173.39	3.23
19913	10247	9666	106.01	364	254	110	230.91	3.04
30558	16352	14206	115.11	569	288	281	102.49	3.33
16985	8990	7995	112.45	493	390	103	378.64	3.62
16705	8999	7706	116.78	77	51	26	196.15	3.17
12275	6546	5729	114.26	149	98	51	192.16	2.98
17617	9604	8013	119.86	195	134	61	219.67	3.37
19855	10597	9258	114.46	65	49	16	306.25	3.46
11837	6457	5380	120.02	109	77	32	240.63	3.15
8267	4527	3740	121.04	264	195	69	282.61	3.37
29713	16088	13625	118.08	123	61	62	98.39	3.48
19811	10685	9126	117.08	237	169	68	248.53	3.85
9255	5013	4242	118.18	133	97	36	269.44	3.18
11037	6033	5004	120.56	73	44	29	151.72	3.04

1-2 各地区分性别、

地区	人口数			居住本乡、镇、街道，户口在本乡、镇、街道		
	合计	男	女	小计	男	女
全省	**927418**	**490506**	**436912**	**632039**	**336980**	**295059**
海口市	**259238**	**134515**	**124723**	**109409**	**56439**	**52970**
秀英区	50518	27016	23502	26049	13673	12376
龙华区	70635	36705	33930	26835	13812	13023
琼山区	59184	30824	28360	23416	12297	11119
美兰区	78901	39970	38931	33109	16657	16452
三亚市	**91303**	**48558**	**42745**	**47288**	**24397**	**22891**
海棠区	8885	4819	4066	6501	3343	3158
吉阳区	39814	21023	18791	13950	6891	7059
天涯区	31767	16828	14939	18666	9810	8856
崖州区	10837	5888	4949	8171	4353	3818
三沙市						
儋州市	**86859**	**46909**	**39950**	**67112**	**36595**	**30517**
五指山市	10506	5520	4986	7399	3962	3437
琼海市	50011	26392	23619	38610	20728	17882
文昌市	52935	27099	25836	40253	20928	19325
万宁市	52523	27984	24539	46639	25169	21470
东方市	41017	21844	19173	32802	17426	15376
定安县	28118	15095	13023	25073	13709	11364
屯昌县	23114	12256	10858	18934	10166	8768
澄迈县	46620	25328	21292	36965	20310	16655
临高县	39724	21072	18652	35341	18825	16516
白沙黎族自治县	14930	8089	6841	12734	6957	5777
昌江黎族自治县	21142	11286	9856	15773	8480	7293
乐东黎族自治县	42412	22737	19675	39432	21226	18206
陵水黎族自治县	36297	19426	16871	33383	18033	15350
保亭黎族苗族自治县	14603	7738	6865	11264	6143	5121
琼中黎族苗族自治县	16066	8658	7408	13628	7487	6141

户口登记状况的人口

单位：人

居住本乡、镇、街道，户口在外乡、镇、街道，离开户口登记地半年以上			居住本乡、镇、街道，户口待定			原住本乡、镇、街道，现在港澳台或国外工作学习		
小计	男	女	小计	男	女	小计	男	女
291347	**151558**	**139789**	**3250**	**1689**	**1561**	**782**	**279**	**503**
148909	**77615**	**71294**	**780**	**398**	**382**	**140**	**63**	**77**
24299	13261	11038	159	80	79	11	2	9
43531	22756	20775	217	115	102	52	22	30
35565	18423	17142	184	93	91	19	11	8
45514	23175	22339	220	110	110	58	28	30
43666	**23987**	**19679**	**325**	**166**	**159**	**24**	**8**	**16**
2357	1468	889	26	8	18	1		1
25711	14061	11650	143	71	72	10		10
12963	6943	6020	127	69	58	11	6	5
2635	1515	1120	29	18	11	2	2	
19344	**10108**	**9236**	**375**	**195**	**180**	**28**	**11**	**17**
3073	1542	1531	32	16	16	2		2
11127	5552	5575	146	86	60	128	26	102
12288	6009	6279	113	58	55	281	104	177
5671	2716	2955	176	88	88	37	11	26
8038	4320	3718	169	97	72	8	1	7
2862	1311	1551	168	69	99	15	6	9
4062	2038	2024	103	47	56	15	5	10
9377	4881	4496	247	125	122	31	12	19
4238	2165	2073	143	80	63	2	2	
2099	1068	1031	78	55	23	19	9	10
5303	2780	2523	59	24	35	7	2	5
2811	1411	1400	152	95	57	17	5	12
2828	1353	1475	73	34	39	13	6	7
3290	1572	1718	40	19	21	9	4	5
2361	1130	1231	71	37	34	6	4	2

1−2a 各地区分性别、

地区	人口数			居住本乡、镇、街道，户口在本乡、镇、街道		
	合计	男	女	小计	男	女
全省	**336134**	**174185**	**161949**	**132864**	**68024**	**64840**
海口市	**187516**	**96752**	**90764**	**58064**	**29240**	**28824**
秀英区	31860	16845	15015	10979	5554	5425
龙华区	61361	31719	29642	18302	9217	9085
琼山区	40060	20774	19286	8850	4508	4342
美兰区	54235	27414	26821	19933	9961	9972
三亚市	**61784**	**32292**	**29492**	**26523**	**13361**	**13162**
海棠区	3989	2080	1909	3123	1626	1497
吉阳区	32339	16908	15431	10315	5027	5288
天涯区	20529	10632	9897	9409	4784	4625
崖州区	4927	2672	2255	3676	1924	1752
三沙市						
儋州市	**22215**	**11753**	**10462**	**9839**	**5272**	**4567**
五指山市	4576	2279	2297	2156	1091	1065
琼海市	16861	8774	8087	9074	4762	4312
文昌市	15557	7778	7779	8267	4231	4036
万宁市	10402	5498	4904	8210	4390	3820
东方市	17223	9059	8164	10731	5677	5054
定安县						
屯昌县						
澄迈县						
临高县						
白沙黎族自治县						
昌江黎族自治县						
乐东黎族自治县						
陵水黎族自治县						
保亭黎族苗族自治县						
琼中黎族苗族自治县						

户口登记状况的人口(城市)

单位：人

居住本乡、镇、街道，户口在外乡、镇、街道，离开户口登记地半年以上			居住本乡、镇、街道，户口待定			原住本乡、镇、街道，现在港澳台或国外工作学习		
小计	男	女	小计	男	女	小计	男	女
201957	**105488**	**96469**	**1121**	**605**	**516**	**192**	**68**	**124**
128768	**67161**	**61607**	**572**	**303**	**269**	**112**	**48**	**64**
20762	11229	9533	110	60	50	9	2	7
42832	22386	20446	180	96	84	47	20	27
31086	16198	14888	117	65	52	7	3	4
34088	17348	16740	165	82	83	49	23	26
35032	**18811**	**16221**	**211**	**115**	**96**	**18**	**5**	**13**
849	449	400	16	5	11	1		1
21904	11820	10084	111	61	50	9		9
11039	5803	5236	75	42	33	6	3	3
1240	739	501	9	7	2	2	2	
12281	**6437**	**5844**	**93**	**44**	**49**	**2**		**2**
2403	1179	1224	16	9	7	1		1
7710	3978	3732	48	29	19	29	5	24
7201	3500	3701	63	37	26	26	10	16
2160	1093	1067	30	15	15	2		2
6402	3329	3073	88	53	35	2		2

1-2b 各地区分性别、

地区	人口数			居住本乡、镇、街道，户口在本乡、镇、街道		
	合计	男	女	小计	男	女
全省	**219300**	**115936**	**103364**	**168173**	**89249**	**78924**
海口市	**24291**	**12673**	**11618**	**14144**	**7439**	**6705**
秀英区	7479	4022	3457	5375	2849	2526
龙华区	2182	1174	1008	1954	1057	897
琼山区	3301	1701	1600	2606	1390	1216
美兰区	11329	5776	5553	4209	2143	2066
三亚市	**2544**	**1373**	**1171**	**1674**	**845**	**829**
海棠区	732	399	333	437	219	218
吉阳区	768	408	360	367	175	192
天涯区	917	497	420	762	395	367
崖州区	127	69	58	108	56	52
三沙市						
儋州市	**23029**	**12498**	**10531**	**18564**	**9956**	**8608**
五指山市	1572	833	739	1148	621	527
琼海市	8224	4327	3897	6854	3668	3186
文昌市	17101	8820	8281	13928	7238	6690
万宁市	10994	5846	5148	9608	5119	4489
东方市	6316	3405	2911	5637	3012	2625
定安县	11336	6045	5291	9165	4984	4181
屯昌县	10690	5612	5078	7344	3884	3460
澄迈县	28808	15590	13218	21053	11403	9650
临高县	19804	10426	9378	16712	8836	7876
白沙黎族自治县	2984	1555	1429	2003	1044	959
昌江黎族自治县	12611	6564	6047	7809	4100	3709
乐东黎族自治县	12576	6588	5988	10938	5746	5192
陵水黎族自治县	16249	8572	7677	14680	7741	6939
保亭黎族苗族自治县	5215	2628	2587	3266	1692	1574
琼中黎族苗族自治县	4956	2581	2375	3646	1921	1725

户口登记状况的人口(镇)

单位：人

居住本乡、镇、街道，户口在外乡、镇、街道，离开户口登记地半年以上			居住本乡、镇、街道，户口待定			原住本乡、镇、街道，现在港澳台或国外工作学习		
小计	男	女	小计	男	女	小计	男	女
50270	**26240**	**24030**	**723**	**396**	**327**	**134**	**51**	**83**
10079	**5197**	**4882**	**65**	**36**	**29**	**3**	**1**	**2**
2094	1166	928	10	7	3			
220	112	108	7	5	2	1		1
685	305	380	10	6	4			
7080	3614	3466	38	18	20	2	1	1
861	**525**	**336**	**8**	**3**	**5**	**1**		**1**
293	178	115	2	2				
398	233	165	3		3			
152	101	51	2	1	1	1		1
18	13	5	1		1			
4371	**2485**	**1886**	**88**	**56**	**32**	**6**	**1**	**5**
418	211	207	6	1	5			
1332	638	694	23	14	9	15	7	8
3085	1552	1533	16	6	10	72	24	48
1340	702	638	44	24	20	2	1	1
658	380	278	20	12	8	1	1	
2116	1037	1079	53	22	31	2	2	
3303	1706	1597	41	21	20	2	1	1
7602	4109	3493	142	73	69	11	5	6
3027	1554	1473	65	36	29			
949	484	465	30	26	4	2	1	1
4767	2449	2318	30	13	17	5	2	3
1598	816	782	33	23	10	7	3	4
1546	818	728	20	11	9	3	2	1
1928	929	999	19	7	12	2		2
1290	648	642	20	12	8			

1-2c 各地区分性别、

地区	人口数			居住本乡、镇、街道，户口在本乡、镇、街道		
	合计	男	女	小计	男	女
全省	**371984**	**200385**	**171599**	**331002**	**179707**	**151295**
海口市	**47431**	**25090**	**22341**	**37201**	**19760**	**17441**
秀英区	11179	6149	5030	9695	5270	4425
龙华区	7092	3812	3280	6579	3538	3041
琼山区	15823	8349	7474	11960	6399	5561
美兰区	13337	6780	6557	8967	4553	4414
三亚市	**26975**	**14893**	**12082**	**19091**	**10191**	**8900**
海棠区	4164	2340	1824	2941	1498	1443
吉阳区	6707	3707	3000	3268	1689	1579
天涯区	10321	5699	4622	8495	4631	3864
崖州区	5783	3147	2636	4387	2373	2014
三沙市						
儋州市	**41615**	**22658**	**18957**	**38709**	**21367**	**17342**
五指山市	4358	2408	1950	4095	2250	1845
琼海市	24926	13291	11635	22682	12298	10384
文昌市	20277	10501	9776	18058	9459	8599
万宁市	31127	16640	14487	28821	15660	13161
东方市	17478	9380	8098	16434	8737	7697
定安县	16782	9050	7732	15908	8725	7183
屯昌县	12424	6644	5780	11590	6282	5308
澄迈县	17812	9738	8074	15912	8907	7005
临高县	19920	10646	9274	18629	9989	8640
白沙黎族自治县	11946	6534	5412	10731	5913	4818
昌江黎族自治县	8531	4722	3809	7964	4380	3584
乐东黎族自治县	29836	16149	13687	28494	15480	13014
陵水黎族自治县	20048	10854	9194	18703	10292	8411
保亭黎族苗族自治县	9388	5110	4278	7998	4451	3547
琼中黎族苗族自治县	11110	6077	5033	9982	5566	4416

户口登记状况的人口(乡村)

单位：人

居住本乡、镇、街道，户口在外乡、镇、街道，离开户口登记地半年以上			居住本乡、镇、街道，户口待定			原住本乡、镇、街道，现在港澳台或国外工作学习		
小计	男	女	小计	男	女	小计	男	女
39120	**19830**	**19290**	**1406**	**688**	**718**	**456**	**160**	**296**
10062	**5257**	**4805**	**143**	**59**	**84**	**25**	**14**	**11**
1443	866	577	39	13	26	2		2
479	258	221	30	14	16	4	2	2
3794	1920	1874	57	22	35	12	8	4
4346	2213	2133	17	10	7	7	4	3
7773	**4651**	**3122**	**106**	**48**	**58**	**5**	**3**	**2**
1215	841	374	8	1	7			
3409	2008	1401	29	10	19	1		1
1772	1039	733	50	26	24	4	3	1
1377	763	614	19	11	8			
2692	**1186**	**1506**	**194**	**95**	**99**	**20**	**10**	**10**
252	152	100	10	6	4	1		1
2085	936	1149	75	43	32	84	14	70
2002	957	1045	34	15	19	183	70	113
2171	921	1250	102	49	53	33	10	23
978	611	367	61	32	29	5		5
746	274	472	115	47	68	13	4	9
759	332	427	62	26	36	13	4	9
1775	772	1003	105	52	53	20	7	13
1211	611	600	78	44	34	2	2	
1150	584	566	48	29	19	17	8	9
536	331	205	29	11	18	2		2
1213	595	618	119	72	47	10	2	8
1282	535	747	53	23	30	10	4	6
1362	643	719	21	12	9	7	4	3
1071	482	589	51	25	26	6	4	2

1-3 各地区分年龄、性别的人口

单位：人

地区	合计			0岁		
	合计	男	女	小计	男	女
全省	**927418**	**490506**	**436912**	**8824**	**4874**	**3950**
海口市	**259238**	**134515**	**124723**	**2144**	**1142**	**1002**
秀英区	50518	27016	23502	484	255	229
龙华区	70635	36705	33930	514	274	240
琼山区	59184	30824	28360	505	266	239
美兰区	78901	39970	38931	641	347	294
三亚市	**91303**	**48558**	**42745**	**893**	**482**	**411**
海棠区	8885	4819	4066	108	54	54
吉阳区	39814	21023	18791	315	168	147
天涯区	31767	16828	14939	339	185	154
崖州区	10837	5888	4949	131	75	56
三沙市						
儋州市	**86859**	**46909**	**39950**	**1093**	**613**	**480**
五指山市	10506	5520	4986	75	42	33
琼海市	50011	26392	23619	445	261	184
文昌市	52935	27099	25836	446	243	203
万宁市	52523	27984	24539	492	261	231
东方市	41017	21844	19173	445	262	183
定安县	28118	15095	13023	309	171	138
屯昌县	23114	12256	10858	221	130	91
澄迈县	46620	25328	21292	528	301	227
临高县	39724	21072	18652	363	217	146
白沙黎族自治县	14930	8089	6841	123	68	55
昌江黎族自治县	21142	11286	9856	241	131	110
乐东黎族自治县	42412	22737	19675	405	228	177
陵水黎族自治县	36297	19426	16871	285	153	132
保亭黎族苗族自治县	14603	7738	6865	153	85	68
琼中黎族苗族自治县	16066	8658	7408	163	84	79

1–3　续表 1　　　单位：人

地　区	1–4岁			5–9岁			10–14岁		
	小计	男	女	小计	男	女	小计	男	女
全省	**48462**	**26360**	**22102**	**68095**	**37354**	**30741**	**62366**	**34461**	**27905**
海口市	**13355**	**7250**	**6105**	**17973**	**9937**	**8036**	**14899**	**8225**	**6674**
秀英区	2998	1643	1355	3938	2167	1771	2943	1606	1337
龙华区	3535	1884	1651	4834	2669	2165	4007	2191	1816
琼山区	3085	1714	1371	4322	2387	1935	3854	2186	1668
美兰区	3737	2009	1728	4879	2714	2165	4095	2242	1853
三亚市	**4751**	**2598**	**2153**	**5876**	**3191**	**2685**	**4933**	**2741**	**2192**
海棠区	447	238	209	709	388	321	544	290	254
吉阳区	2051	1098	953	2366	1273	1093	1906	1076	830
天涯区	1638	919	719	2053	1126	927	1791	980	811
崖州区	615	343	272	748	404	344	692	395	297
三沙市									
儋州市	**5395**	**2990**	**2405**	**7283**	**4182**	**3101**	**6884**	**4001**	**2883**
五指山市	481	252	229	603	306	297	763	396	367
琼海市	2301	1277	1024	3388	1891	1497	3274	1921	1353
文昌市	2366	1281	1085	3602	1948	1654	3218	1731	1487
万宁市	2567	1399	1168	3949	2187	1762	3696	2006	1690
东方市	2383	1313	1070	3118	1756	1362	2958	1683	1275
定安县	1495	805	690	2233	1205	1028	2147	1182	965
屯昌县	1355	690	665	2032	1091	941	1929	1001	928
澄迈县	2686	1457	1229	3883	2043	1840	3548	1921	1627
临高县	2160	1177	983	3346	1818	1528	3392	1818	1574
白沙黎族自治县	715	403	312	1180	632	548	1298	708	590
昌江黎族自治县	1133	593	540	1547	829	718	1601	921	680
乐东黎族自治县	2071	1127	944	2942	1600	1342	2691	1453	1238
陵水黎族自治县	1829	990	839	2892	1546	1346	2702	1456	1246
保亭黎族苗族自治县	698	360	338	1033	527	506	1085	572	513
琼中黎族苗族自治县	721	398	323	1215	665	550	1348	725	623

1-3 续表 2

单位：人

地区	15-19岁			20-24岁			25-29岁		
	小计	男	女	小计	男	女	小计	男	女
全省	**52720**	**29070**	**23650**	**53136**	**29018**	**24118**	**73253**	**39207**	**34046**
海口市	**16256**	**8628**	**7628**	**19405**	**9899**	**9506**	**23436**	**12108**	**11328**
秀英区	2764	1494	1270	2685	1505	1180	4800	2527	2273
龙华区	4027	2176	1851	4740	2519	2221	7122	3692	3430
琼山区	3826	2085	1741	3997	2001	1996	4864	2483	2381
美兰区	5639	2873	2766	7983	3874	4109	6650	3406	3244
三亚市	**4694**	**2626**	**2068**	**7500**	**4041**	**3459**	**9131**	**4760**	**4371**
海棠区	455	280	175	600	319	281	860	466	394
吉阳区	2354	1293	1061	4211	2215	1996	3923	2001	1922
天涯区	1474	791	683	2206	1245	961	3336	1757	1579
崖州区	411	262	149	483	262	221	1012	536	476
三沙市									
儋州市	**5459**	**3208**	**2251**	**4750**	**2800**	**1950**	**7068**	**3827**	**3241**
五指山市	885	456	429	508	230	278	680	387	293
琼海市	2760	1575	1185	1885	1133	752	3118	1729	1389
文昌市	2622	1401	1221	1810	993	817	2760	1404	1356
万宁市	2750	1575	1175	2282	1333	949	3753	2069	1684
东方市	2296	1271	1025	2168	1222	946	3249	1707	1542
定安县	1524	863	661	1103	671	432	1865	1070	795
屯昌县	1115	607	508	820	449	371	1314	725	589
澄迈县	2309	1294	1015	2102	1227	875	3219	1868	1351
临高县	2672	1488	1184	2287	1315	972	2995	1606	1389
白沙黎族自治县	744	389	355	453	277	176	889	489	400
昌江黎族自治县	1009	567	442	733	417	316	1471	814	657
乐东黎族自治县	2395	1347	1048	2369	1337	1032	3299	1870	1429
陵水黎族自治县	1819	1039	780	1987	1111	876	3066	1694	1372
保亭黎族苗族自治县	615	306	309	435	238	197	939	512	427
琼中黎族苗族自治县	796	430	366	539	325	214	1001	568	433

1-3 续表 3

单位：人

地区	30-34岁			35-39岁			40-44岁		
	小计	男	女	小计	男	女	小计	男	女
全省	**84214**	**44664**	**39550**	**79133**	**42268**	**36865**	**64834**	**34818**	**30016**
海口市	**26224**	**13479**	**12745**	**23100**	**11858**	**11242**	**18333**	**9381**	**8952**
秀英区	5701	3065	2636	4762	2563	2199	3653	1965	1688
龙华区	7677	3945	3732	6561	3348	3213	5220	2672	2548
琼山区	5644	2935	2709	5361	2749	2612	4185	2106	2079
美兰区	7202	3534	3668	6416	3198	3218	5275	2638	2637
三亚市	**10098**	**5279**	**4819**	**8458**	**4534**	**3924**	**6621**	**3577**	**3044**
海棠区	879	481	398	800	454	346	628	351	277
吉阳区	4606	2393	2213	3778	1974	1804	2842	1532	1310
天涯区	3472	1789	1683	2959	1589	1370	2365	1267	1098
崖州区	1141	616	525	921	517	404	786	427	359
三沙市									
儋州市	**7489**	**4025**	**3464**	**6728**	**3658**	**3070**	**5956**	**3232**	**2724**
五指山市	815	429	386	928	535	393	707	411	296
琼海市	4268	2197	2071	4123	2094	2029	3237	1731	1506
文昌市	4027	2089	1938	3920	1944	1976	3465	1749	1716
万宁市	4802	2686	2116	4610	2580	2030	3219	1752	1467
东方市	3445	1796	1649	3665	1945	1720	3192	1747	1445
定安县	2161	1136	1025	2254	1243	1011	1802	987	815
屯昌县	1786	960	826	1859	1018	841	1515	838	677
澄迈县	3942	2204	1738	3781	2168	1613	2970	1670	1300
临高县	2970	1626	1344	3082	1668	1414	2732	1494	1238
白沙黎族自治县	1162	658	504	1235	701	534	1169	658	511
昌江黎族自治县	1703	914	789	1854	1033	821	1714	961	753
乐东黎族自治县	3402	1922	1480	3695	2032	1663	3418	1938	1480
陵水黎族自治县	3442	1900	1542	3261	1783	1478	2509	1421	1088
保亭黎族苗族自治县	1199	656	543	1264	734	530	1170	660	510
琼中黎族苗族自治县	1279	708	571	1316	740	576	1105	611	494

1-3 续表 4

单位：人

地　区	45-49岁			50-54岁			55-59岁		
	小计	男	女	小计	男	女	小计	男	女
全省	**66715**	**35570**	**31145**	**68223**	**35998**	**32225**	**61285**	**31845**	**29440**
海口市	**19247**	**9945**	**9302**	**18110**	**9541**	**8569**	**15024**	**7779**	**7245**
秀英区	3746	2070	1676	3560	1909	1651	2829	1459	1370
龙华区	5410	2738	2672	4890	2635	2255	3968	2075	1893
琼山区	4288	2242	2046	4017	2109	1908	3541	1822	1719
美兰区	5803	2895	2908	5643	2888	2755	4686	2423	2263
三亚市	**7105**	**3919**	**3186**	**6566**	**3586**	**2980**	**5140**	**2680**	**2460**
海棠区	677	382	295	688	378	310	522	280	242
吉阳区	3077	1720	1357	2769	1512	1257	2005	1024	981
天涯区	2492	1352	1140	2214	1190	1024	1861	970	891
崖州区	859	465	394	895	506	389	752	406	346
三沙市									
儋州市	**5763**	**3062**	**2701**	**5872**	**3074**	**2798**	**5499**	**2869**	**2630**
五指山市	898	505	393	931	504	427	767	415	352
琼海市	3434	1745	1689	3976	2012	1964	4175	2146	2029
文昌市	3704	1896	1808	4453	2344	2109	4487	2260	2227
万宁市	3480	1849	1631	3736	1892	1844	3752	1868	1884
东方市	3006	1639	1367	2919	1600	1319	2407	1213	1194
定安县	1670	884	786	2037	1093	944	2099	1101	998
屯昌县	1389	757	632	1731	933	798	1889	1009	880
澄迈县	3083	1690	1393	3369	1805	1564	3029	1639	1390
临高县	2568	1378	1190	2615	1357	1258	2471	1290	1181
白沙黎族自治县	1229	711	518	1355	710	645	1242	669	573
昌江黎族自治县	1778	960	818	1780	923	857	1534	827	707
乐东黎族自治县	3427	1840	1587	3394	1762	1632	2796	1496	1300
陵水黎族自治县	2421	1361	1060	2496	1319	1177	2354	1186	1168
保亭黎族苗族自治县	1287	749	538	1389	743	646	1177	625	552
琼中黎族苗族自治县	1226	680	546	1494	800	694	1443	773	670

1-3　续表 5　　单位：人

地　区	60-64岁			65-69岁			70-74岁		
	小计	男	女	小计	男	女	小计	男	女
全省	**40228**	**20381**	**19847**	**35625**	**17679**	**17946**	**23040**	**11408**	**11632**
海口市	**9824**	**4958**	**4866**	**8323**	**4183**	**4140**	**5320**	**2665**	**2655**
秀英区	1869	967	902	1455	753	702	935	474	461
龙华区	2553	1277	1276	2103	1032	1071	1363	656	707
琼山区	2343	1193	1150	2046	1041	1005	1295	659	636
美兰区	3059	1521	1538	2719	1357	1362	1727	876	851
三亚市	**3293**	**1646**	**1647**	**2575**	**1238**	**1337**	**1548**	**740**	**808**
海棠区	347	176	171	252	125	127	142	77	65
吉阳区	1327	660	667	1018	498	520	566	269	297
天涯区	1204	594	610	905	430	475	604	277	327
崖州区	415	216	199	400	185	215	236	117	119
三沙市									
儋州市	**3448**	**1721**	**1727**	**2949**	**1413**	**1536**	**1745**	**834**	**911**
五指山市	501	237	264	407	203	204	194	86	108
琼海市	2591	1334	1257	2631	1349	1282	1725	875	850
文昌市	3017	1539	1478	3145	1642	1503	2133	1101	1032
万宁市	2689	1363	1326	2618	1279	1339	1757	881	876
东方市	1624	795	829	1504	737	767	1029	489	540
定安县	1574	838	736	1451	734	717	916	479	437
屯昌县	1308	695	613	1141	595	546	700	343	357
澄迈县	2227	1163	1064	2142	1042	1100	1428	763	665
临高县	1696	843	853	1462	717	745	1023	513	510
白沙黎族自治县	640	326	314	546	268	278	353	174	179
昌江黎族自治县	834	410	424	719	363	356	515	226	289
乐东黎族自治县	1689	851	838	1510	722	788	1099	498	601
陵水黎族自治县	1837	915	922	1338	638	700	841	403	438
保亭黎族苗族自治县	671	350	321	520	243	277	349	142	207
琼中黎族苗族自治县	765	397	368	644	313	331	365	196	169

1-3 续表 6

单位：人

地区	75-79岁			80-84岁			85-89岁		
	小计	男	女	小计	男	女	小计	男	女
全省	**14192**	**6456**	**7736**	**12509**	**5254**	**7255**	**7045**	**2748**	**4297**
海口市	**3263**	**1498**	**1765**	**2812**	**1246**	**1566**	**1502**	**584**	**918**
秀英区	527	251	276	480	205	275	239	92	147
龙华区	870	384	486	704	336	368	377	156	221
琼山区	769	347	422	696	297	399	375	152	223
美兰区	1097	516	581	932	408	524	511	184	327
三亚市	**1021**	**457**	**564**	**702**	**302**	**400**	**299**	**123**	**176**
海棠区	90	33	57	76	27	49	50	18	32
吉阳区	355	161	194	228	101	127	89	43	46
天涯区	410	190	220	280	114	166	122	46	76
崖州区	166	73	93	118	60	58	38	16	22
三沙市									
儋州市	**1267**	**550**	**717**	**1118**	**438**	**680**	**706**	**283**	**423**
五指山市	167	66	101	110	35	75	61	20	41
琼海市	980	475	505	933	386	547	518	190	328
文昌市	1240	591	649	1189	518	671	870	302	568
万宁市	741	346	395	817	346	471	534	223	311
东方市	682	319	363	501	197	304	271	104	167
定安县	595	279	316	470	220	250	260	88	172
屯昌县	357	164	193	386	153	233	190	74	116
澄迈县	890	436	454	789	363	426	428	190	238
临高县	661	281	380	636	249	387	365	151	214
白沙黎族自治县	250	109	141	187	71	116	122	52	70
昌江黎族自治县	386	169	217	326	123	203	175	68	107
乐东黎族自治县	718	295	423	631	258	373	311	114	197
陵水黎族自治县	479	226	253	438	177	261	197	84	113
保亭黎族苗族自治县	263	99	164	229	88	141	111	46	65
琼中黎族苗族自治县	232	96	136	235	84	151	125	52	73

1-3　续表 7　　　　单位：人

地　区	90-94岁			95-99岁			100岁及以上		
	小计	男	女	小计	男	女	小计	男	女
全省	**2667**	**856**	**1811**	**713**	**196**	**517**	**139**	**21**	**118**
海口市	**514**	**171**	**343**	**144**	**36**	**108**	**30**	**2**	**28**
秀英区	107	35	72	33	10	23	10	1	9
龙华区	122	39	83	35	7	28	3		3
琼山区	129	41	88	35	8	27	7	1	6
美兰区	156	56	100	41	11	30	10		10
三亚市	**74**	**28**	**46**	**23**	**10**	**13**	**2**		**2**
海棠区	9	1	8	2	1	1			
吉阳区	23	8	15	4	4		1		1
天涯区	29	12	17	13	5	8			
崖州区	13	7	6	4		4	1		1
三沙市									
儋州市	**283**	**94**	**189**	**93**	**31**	**62**	**11**	**4**	**7**
五指山市	16	4	12	6		6	3	1	2
琼海市	194	61	133	47	10	37	8		8
文昌市	374	104	270	75	18	57	12	1	11
万宁市	219	71	148	50	15	35	10	3	7
东方市	124	42	82	26	7	19	5		5
定安县	123	39	84	22	5	17	8	2	6
屯昌县	60	20	40	14	3	11	3	1	2
澄迈县	190	62	128	56	19	37	21	3	18
临高县	153	47	106	61	17	44	14	2	12
白沙黎族自治县	31	13	18	5	2	3	2	1	1
昌江黎族自治县	71	30	41	16	7	9	2		2
乐东黎族自治县	107	35	72	39	11	28	4	1	3
陵水黎族自治县	79	21	58	22	3	19	3		3
保亭黎族苗族自治县	12	2	10	4	1	3			
琼中黎族苗族自治县	43	12	31	10	1	9	1		1

1-3a 各地区分年龄、性别的人口(城市)

单位：人

地　区	合　计			0岁		
	合计	男	女	小计	男	女
全省	**336134**	**174185**	**161949**	**2664**	**1449**	**1215**
海口市	**187516**	**96752**	**90764**	**1361**	**723**	**638**
秀英区	31860	16845	15015	258	138	120
龙华区	61361	31719	29642	406	212	194
琼山区	40060	20774	19286	295	157	138
美兰区	54235	27414	26821	402	216	186
三亚市	**61784**	**32292**	**29492**	**537**	**290**	**247**
海棠区	3989	2080	1909	50	26	24
吉阳区	32339	16908	15431	246	133	113
天涯区	20529	10632	9897	179	95	84
崖州区	4927	2672	2255	62	36	26
三沙市						
儋州市	**22215**	**11753**	**10462**	**234**	**120**	**114**
五指山市	4576	2279	2297	29	19	10
琼海市	16861	8774	8087	123	65	58
文昌市	15557	7778	7779	114	70	44
万宁市	10402	5498	4904	91	55	36
东方市	17223	9059	8164	175	107	68
定安县						
屯昌县						
澄迈县						
临高县						
白沙黎族自治县						
昌江黎族自治县						
乐东黎族自治县						
陵水黎族自治县						
保亭黎族苗族自治县						
琼中黎族苗族自治县						

1-3a 续表 1

单位：人

地区	1-4岁			5-9岁			10-14岁		
	小计	男	女	小计	男	女	小计	男	女
全省	**17901**	**9823**	**8078**	**23364**	**13096**	**10268**	**19339**	**10848**	**8491**
海口市	**9892**	**5379**	**4513**	**13162**	**7368**	**5794**	**10578**	**5897**	**4681**
秀英区	1954	1056	898	2433	1345	1088	1778	970	808
龙华区	3041	1630	1411	4125	2316	1809	3361	1838	1523
琼山区	2210	1232	978	3077	1728	1349	2551	1476	1075
美兰区	2687	1461	1226	3527	1979	1548	2888	1613	1275
三亚市	**3245**	**1767**	**1478**	**3765**	**2034**	**1731**	**3141**	**1762**	**1379**
海棠区	201	112	89	293	152	141	269	139	130
吉阳区	1728	926	802	1928	1048	880	1530	869	661
天涯区	1042	592	450	1234	673	561	1049	582	467
崖州区	274	137	137	310	161	149	293	172	121
三沙市									
儋州市	**1464**	**836**	**628**	**1842**	**1101**	**741**	**1583**	**946**	**637**
五指山市	208	114	94	241	120	121	248	124	124
琼海市	860	491	369	1197	664	533	999	604	395
文昌市	759	410	349	1083	588	495	885	467	418
万宁市	491	267	224	731	430	301	727	376	351
东方市	982	559	423	1343	791	552	1178	672	506
定安县									
屯昌县									
澄迈县									
临高县									
白沙黎族自治县									
昌江黎族自治县									
乐东黎族自治县									
陵水黎族自治县									
保亭黎族苗族自治县									
琼中黎族苗族自治县									

1-3a 续表 2

单位：人

地区	15-19岁			20-24岁			25-29岁		
	小计	男	女	小计	男	女	小计	男	女
全省	**20649**	**11120**	**9529**	**22274**	**11621**	**10653**	**31062**	**15764**	**15298**
海口市	**10700**	**5699**	**5001**	**13126**	**6694**	**6432**	**17968**	**9102**	**8866**
秀英区	1968	1016	952	1644	895	749	3137	1592	1545
龙华区	3470	1864	1606	4250	2219	2031	6375	3261	3114
琼山区	2496	1389	1107	2931	1448	1483	3637	1798	1839
美兰区	2766	1430	1336	4301	2132	2169	4819	2451	2368
三亚市	**3191**	**1718**	**1473**	**4889**	**2603**	**2286**	**6364**	**3231**	**3133**
海棠区	192	109	83	207	99	108	351	189	162
吉阳区	1781	958	823	2930	1516	1414	3234	1612	1622
天涯区	1073	555	518	1541	868	673	2329	1188	1141
崖州区	145	96	49	211	120	91	450	242	208
三沙市									
儋州市	**1777**	**1028**	**749**	**1163**	**662**	**501**	**2002**	**998**	**1004**
五指山市	461	224	237	310	129	181	333	179	154
琼海市	1336	767	569	803	467	336	1233	655	578
文昌市	1320	652	668	649	315	334	991	473	518
万宁市	717	416	301	440	249	191	758	409	349
东方市	1147	616	531	894	502	392	1413	717	696
定安县									
屯昌县									
澄迈县									
临高县									
白沙黎族自治县									
昌江黎族自治县									
乐东黎族自治县									
陵水黎族自治县									
保亭黎族苗族自治县									
琼中黎族苗族自治县									

1−3a　续表 3

单位：人

地　　区	30−34岁			35−39岁			40−44岁		
	小计	男	女	小计	男	女	小计	男	女
全省	**35937**	**18112**	**17825**	**31571**	**15917**	**15654**	**24666**	**12547**	**12119**
海口市	**20605**	**10424**	**10181**	**17901**	**9009**	**8892**	**14003**	**7040**	**6963**
秀英区	3861	2034	1827	3202	1699	1503	2464	1296	1168
龙华区	7002	3559	3443	5895	2986	2909	4620	2334	2286
琼山区	4316	2206	2110	3983	1980	2003	3001	1498	1503
美兰区	5426	2625	2801	4821	2344	2477	3918	1912	2006
三亚市	**7000**	**3607**	**3393**	**5791**	**2966**	**2825**	**4423**	**2307**	**2116**
海棠区	329	176	153	308	162	146	265	136	129
吉阳区	3858	1992	1866	3136	1615	1521	2317	1220	1097
天涯区	2277	1142	1135	1906	955	951	1494	770	724
崖州区	536	297	239	441	234	207	347	181	166
三沙市									
儋州市	**2196**	**1084**	**1112**	**1913**	**959**	**954**	**1654**	**861**	**793**
五指山市	349	166	183	346	185	161	260	124	136
琼海市	1764	839	925	1641	788	853	1246	640	606
文昌市	1454	700	754	1389	671	718	1132	565	567
万宁市	1046	551	495	999	547	452	671	345	326
东方市	1523	741	782	1591	792	799	1277	665	612
定安县									
屯昌县									
澄迈县									
临高县									
白沙黎族自治县									
昌江黎族自治县									
乐东黎族自治县									
陵水黎族自治县									
保亭黎族苗族自治县									
琼中黎族苗族自治县									

1-3a 续表 4

单位：人

地 区	45-49岁			50-54岁			55-59岁		
	小计	男	女	小计	男	女	小计	男	女
全省	**25490**	**13313**	**12177**	**23253**	**12222**	**11031**	**19266**	**9788**	**9478**
海口市	**14541**	**7491**	**7050**	**13050**	**6875**	**6175**	**10597**	**5433**	**5164**
秀英区	2430	1343	1087	2201	1187	1014	1746	898	848
龙华区	4836	2445	2391	4302	2320	1982	3424	1767	1657
琼山区	3014	1578	1436	2532	1343	1189	2061	1051	1010
美兰区	4261	2125	2136	4015	2025	1990	3366	1717	1649
三亚市	**4851**	**2634**	**2217**	**4518**	**2391**	**2127**	**3551**	**1829**	**1722**
海棠区	320	178	142	354	180	174	300	156	144
吉阳区	2558	1409	1149	2348	1277	1071	1711	870	841
天涯区	1568	815	753	1398	697	701	1205	619	586
崖州区	405	232	173	418	237	181	335	184	151
三沙市									
儋州市	**1487**	**769**	**718**	**1292**	**669**	**623**	**1152**	**574**	**578**
五指山市	391	201	190	433	220	213	313	167	146
琼海市	1169	604	565	1062	537	525	1042	510	532
文昌市	1037	530	507	1106	584	522	1036	493	543
万宁市	742	397	345	649	318	331	649	314	335
东方市	1272	687	585	1143	628	515	926	468	458
定安县									
屯昌县									
澄迈县									
临高县									
白沙黎族自治县									
昌江黎族自治县									
乐东黎族自治县									
陵水黎族自治县									
保亭黎族苗族自治县									
琼中黎族苗族自治县									

1-3a　续表 5　　　　单位：人

地　区	60-64岁			65-69岁			70-74岁		
	小计	男	女	小计	男	女	小计	男	女
全省	**12638**	**6289**	**6349**	**10534**	**5137**	**5397**	**6464**	**3170**	**3294**
海口市	**6678**	**3326**	**3352**	**5314**	**2589**	**2725**	**3344**	**1640**	**1704**
秀英区	1028	535	493	710	358	352	452	230	222
龙华区	2064	1016	1048	1664	801	863	1055	499	556
琼山区	1338	673	665	1052	509	543	675	328	347
美兰区	2248	1102	1146	1888	921	967	1162	583	579
三亚市	**2279**	**1138**	**1141**	**1771**	**865**	**906**	**1052**	**509**	**543**
海棠区	187	101	86	131	63	68	85	47	38
吉阳区	1116	549	567	850	421	429	474	223	251
天涯区	782	390	392	587	281	306	371	179	192
崖州区	194	98	96	203	100	103	122	60	62
三沙市									
儋州市	**813**	**399**	**414**	**611**	**302**	**309**	**364**	**171**	**193**
五指山市	210	98	112	202	99	103	96	46	50
琼海市	729	377	352	664	320	344	429	202	227
文昌市	743	363	380	742	373	369	453	239	214
万宁市	473	243	230	537	255	282	327	163	164
东方市	713	345	368	693	334	359	399	200	199
定安县									
屯昌县									
澄迈县									
临高县									
白沙黎族自治县									
昌江黎族自治县									
乐东黎族自治县									
陵水黎族自治县									
保亭黎族苗族自治县									
琼中黎族苗族自治县									

1－3a 续表 6

单位：人

地区	75－79岁			80－84岁			85－89岁		
	小计	男	女	小计	男	女	小计	男	女
全省	**3761**	**1717**	**2044**	**3215**	**1439**	**1776**	**1469**	**610**	**859**
海口市	**1920**	**866**	**1054**	**1711**	**779**	**932**	**770**	**330**	**440**
秀英区	220	100	120	233	98	135	95	39	56
龙华区	611	266	345	527	251	276	245	111	134
琼山区	355	158	197	316	141	175	148	64	84
美兰区	734	342	392	635	289	346	282	116	166
三亚市	**689**	**315**	**374**	**474**	**214**	**260**	**196**	**88**	**108**
海棠区	57	22	35	53	18	35	32	14	18
吉阳区	300	135	165	195	89	106	79	37	42
天涯区	242	117	125	165	74	91	67	30	37
崖州区	90	41	49	61	33	28	18	7	11
三沙市									
儋州市	**260**	**112**	**148**	**233**	**90**	**143**	**112**	**47**	**65**
五指山市	76	37	39	42	17	25	25	9	16
琼海市	224	104	120	203	88	115	82	32	50
文昌市	235	107	128	240	112	128	129	48	81
万宁市	116	64	52	128	63	65	74	29	45
东方市	241	112	129	184	76	108	81	27	54
定安县									
屯昌县									
澄迈县									
临高县									
白沙黎族自治县									
昌江黎族自治县									
乐东黎族自治县									
陵水黎族自治县									
保亭黎族苗族自治县									
琼中黎族苗族自治县									

1-3a 续表 7

单位：人

地 区	90-94岁			95-99岁			100岁及以上		
	小计	男	女	小计	男	女	小计	男	女
全省	**484**	**170**	**314**	**119**	**33**	**86**	**14**		**14**
海口市	**231**	**75**	**156**	**56**	**13**	**43**	**8**		**8**
秀英区	37	14	23	7	2	5	2		2
龙华区	70	20	50	17	4	13	1		1
琼山区	55	14	41	16	3	13	1		1
美兰区	69	27	42	16	4	12	4		4
三亚市	**41**	**18**	**23**	**14**	**6**	**8**	**2**		**2**
海棠区	4	1	3	1		1			
吉阳区	16	6	10	3	3		1		1
天涯区	14	7	7	6	3	3			
崖州区	7	4	3	4		4	1		1
三沙市									
儋州市	**47**	**18**	**29**	**15**	**7**	**8**	**1**		**1**
五指山市	3	1	2						
琼海市	44	18	26	9	2	7	2		2
文昌市	50	17	33	10	1	9			
万宁市	29	6	23	6	1	5	1		1
东方市	39	17	22	9	3	6			
定安县									
屯昌县									
澄迈县									
临高县									
白沙黎族自治县									
昌江黎族自治县									
乐东黎族自治县									
陵水黎族自治县									
保亭黎族苗族自治县									
琼中黎族苗族自治县									

1-3b 各地区分年龄、性别的人口(镇)

单位：人

地　区	合　计			0岁		
	合计	男	女	小计	男	女
全省	**219300**	**115936**	**103364**	**2043**	**1159**	**884**
海口市	**24291**	**12673**	**11618**	**204**	**113**	**91**
秀英区	7479	4022	3457	85	41	44
龙华区	2182	1174	1008	18	11	7
琼山区	3301	1701	1600	26	21	5
美兰区	11329	5776	5553	75	40	35
三亚市	**2544**	**1373**	**1171**	**30**	**20**	**10**
海棠区	732	399	333	11	6	5
吉阳区	768	408	360	10	7	3
天涯区	917	497	420	8	6	2
崖州区	127	69	58	1	1	
三沙市						
儋州市	**23029**	**12498**	**10531**	**283**	**164**	**119**
五指山市	1572	833	739	13	4	9
琼海市	8224	4327	3897	74	42	32
文昌市	17101	8820	8281	140	75	65
万宁市	10994	5846	5148	105	54	51
东方市	6316	3405	2911	62	40	22
定安县	11336	6045	5291	108	54	54
屯昌县	10690	5612	5078	92	54	38
澄迈县	28808	15590	13218	302	176	126
临高县	19804	10426	9378	160	96	64
白沙黎族自治县	2984	1555	1429	22	11	11
昌江黎族自治县	12611	6564	6047	130	75	55
乐东黎族自治县	12576	6588	5988	107	69	38
陵水黎族自治县	16249	8572	7677	118	65	53
保亭黎族苗族自治县	5215	2628	2587	50	22	28
琼中黎族苗族自治县	4956	2581	2375	43	25	18

1-3b　续表 1

单位：人

地　区	1-4岁			5-9岁			10-14岁		
	小计	男	女	小计	男	女	小计	男	女
全省	**11504**	**6311**	**5193**	**16613**	**9151**	**7462**	**15490**	**8540**	**6950**
海口市	**1103**	**597**	**506**	**1595**	**859**	**736**	**1384**	**759**	**625**
秀英区	444	251	193	656	364	292	464	256	208
龙华区	105	62	43	176	86	90	156	86	70
琼山区	145	84	61	221	118	103	237	138	99
美兰区	409	200	209	542	291	251	527	279	248
三亚市	**144**	**81**	**63**	**145**	**79**	**66**	**125**	**70**	**55**
海棠区	34	20	14	49	29	20	27	14	13
吉阳区	50	26	24	34	16	18	41	21	20
天涯区	49	31	18	57	31	26	52	31	21
崖州区	11	4	7	5	3	2	5	4	1
三沙市									
儋州市	**1337**	**732**	**605**	**1833**	**1054**	**779**	**1740**	**1012**	**728**
五指山市	74	34	40	69	41	28	114	54	60
琼海市	385	207	178	584	327	257	550	324	226
文昌市	760	426	334	1229	661	568	1157	625	532
万宁市	547	304	243	875	485	390	804	437	367
东方市	410	230	180	500	277	223	459	256	203
定安县	581	323	258	889	503	386	822	469	353
屯昌县	628	327	301	955	534	421	853	448	405
澄迈县	1694	933	761	2330	1247	1083	2029	1107	922
临高县	1064	583	481	1692	950	742	1685	917	768
白沙黎族自治县	164	97	67	217	117	100	229	120	109
昌江黎族自治县	712	378	334	940	505	435	961	556	405
乐东黎族自治县	582	324	258	851	467	384	759	410	349
陵水黎族自治县	816	464	352	1234	672	562	1134	614	520
保亭黎族苗族自治县	273	136	137	348	186	162	326	168	158
琼中黎族苗族自治县	230	135	95	327	187	140	359	194	165

1-3b 续表 2

单位：人

地 区	15-19岁			20-24岁			25-29岁		
	小计	男	女	小计	男	女	小计	男	女
全省	**13111**	**7256**	**5855**	**12168**	**6704**	**5464**	**16270**	**8765**	**7505**
海口市	**2276**	**1170**	**1106**	**2880**	**1402**	**1478**	**1771**	**964**	**807**
秀英区	213	122	91	339	196	143	589	315	274
龙华区	108	57	51	115	73	42	192	104	88
琼山区	176	77	99	231	97	134	205	112	93
美兰区	1779	914	865	2195	1036	1159	785	433	352
三亚市	**92**	**58**	**34**	**188**	**94**	**94**	**303**	**168**	**135**
海棠区	29	19	10	69	29	40	81	45	36
吉阳区	33	18	15	71	37	34	116	64	52
天涯区	22	15	7	41	25	16	89	50	39
崖州区	8	6	2	7	3	4	17	9	8
三沙市									
儋州市	**1263**	**723**	**540**	**1461**	**837**	**624**	**1948**	**1058**	**890**
五指山市	197	108	89	49	25	24	81	39	42
琼海市	387	212	175	290	169	121	527	292	235
文昌市	577	347	230	523	303	220	897	456	441
万宁市	606	370	236	518	300	218	803	436	367
东方市	311	183	128	363	189	174	543	290	253
定安县	737	404	333	425	266	159	715	399	316
屯昌县	567	308	259	399	221	178	693	368	325
澄迈县	1498	841	657	1364	797	567	2222	1259	963
临高县	1458	826	632	1215	699	516	1574	807	767
白沙黎族自治县	231	114	117	94	54	40	240	136	104
昌江黎族自治县	668	362	306	394	225	169	863	461	402
乐东黎族自治县	746	403	343	692	378	314	1002	536	466
陵水黎族自治县	833	497	336	951	540	411	1405	755	650
保亭黎族苗族自治县	289	129	160	169	93	76	365	180	185
琼中黎族苗族自治县	375	201	174	193	112	81	318	161	157

1-3b　续表 3　　　　单位：人

地　区	30-34岁			35-39岁			40-44岁		
	小计	男	女	小计	男	女	小计	男	女
全省	**18964**	**10042**	**8922**	**18306**	**9725**	**8581**	**15314**	**8212**	**7102**
海口市	**2023**	**1062**	**961**	**1803**	**977**	**826**	**1487**	**804**	**683**
秀英区	856	440	416	708	389	319	538	303	235
龙华区	173	102	71	170	86	84	160	84	76
琼山区	249	139	110	248	138	110	194	93	101
美兰区	745	381	364	677	364	313	595	324	271
三亚市	**305**	**158**	**147**	**238**	**126**	**112**	**158**	**103**	**55**
海棠区	98	53	45	83	47	36	42	29	13
吉阳区	103	55	48	68	32	36	57	38	19
天涯区	92	44	48	85	46	39	49	29	20
崖州区	12	6	6	2	1	1	10	7	3
三沙市									
儋州市	**2191**	**1198**	**993**	**1870**	**1021**	**849**	**1610**	**888**	**722**
五指山市	114	67	47	134	73	61	110	67	43
琼海市	749	369	380	669	357	312	496	283	213
文昌市	1205	600	605	1287	634	653	1137	593	544
万宁市	1024	539	485	986	553	433	698	369	329
东方市	524	275	249	503	288	215	488	260	228
定安县	959	491	468	1007	540	467	821	437	384
屯昌县	944	492	452	1028	540	488	826	433	393
澄迈县	2679	1473	1206	2520	1408	1112	1960	1095	865
临高县	1548	824	724	1633	858	775	1400	730	670
白沙黎族自治县	280	148	132	242	121	121	232	120	112
昌江黎族自治县	1067	547	520	1078	546	532	982	515	467
乐东黎族自治县	997	541	456	1065	542	523	1073	578	495
陵水黎族自治县	1563	859	704	1424	720	704	1117	591	526
保亭黎族苗族自治县	439	218	221	429	228	201	364	185	179
琼中黎族苗族自治县	353	181	172	390	193	197	355	161	194

1-3b 续表 4

单位：人

地　区	45-49岁			50-54岁			55-59岁		
	小计	男	女	小计	男	女	小计	男	女
全省	**15389**	**8128**	**7261**	**16121**	**8398**	**7723**	**14665**	**7559**	**7106**
海口市	**1610**	**848**	**762**	**1545**	**798**	**747**	**1283**	**678**	**605**
秀英区	572	325	247	533	278	255	399	215	184
龙华区	136	77	59	134	70	64	119	58	61
琼山区	238	121	117	250	127	123	251	125	126
美兰区	664	325	339	628	323	305	514	280	234
三亚市	**219**	**118**	**101**	**187**	**107**	**80**	**143**	**71**	**72**
海棠区	59	32	27	52	30	22	37	20	17
吉阳区	56	31	25	34	17	17	32	14	18
天涯区	96	51	45	88	52	36	55	28	27
崖州区	8	4	4	13	8	5	19	9	10
三沙市									
儋州市	**1602**	**884**	**718**	**1605**	**862**	**743**	**1410**	**741**	**669**
五指山市	113	62	51	131	80	51	140	80	60
琼海市	528	264	264	662	326	336	763	379	384
文昌市	1234	622	612	1457	759	698	1481	748	733
万宁市	759	407	352	763	383	380	703	338	365
东方市	442	232	210	452	259	193	398	191	207
定安县	696	363	333	833	438	395	794	402	392
屯昌县	649	344	305	722	397	325	737	378	359
澄迈县	1914	1066	848	1996	1032	964	1736	917	819
临高县	1319	685	634	1247	642	605	1160	593	567
白沙黎族自治县	221	118	103	259	122	137	216	108	108
昌江黎族自治县	1089	545	544	1096	566	530	930	499	431
乐东黎族自治县	1040	535	505	1067	550	517	820	443	377
陵水黎族自治县	1123	590	533	1106	568	538	1072	522	550
保亭黎族苗族自治县	425	228	197	524	267	257	460	243	217
琼中黎族苗族自治县	406	217	189	469	242	227	419	228	191

1-3b 续表 5

单位：人

地区	60-64岁			65-69岁			70-74岁		
	小计	男	女	小计	男	女	小计	男	女
全省	**9948**	**5052**	**4896**	**8902**	**4445**	**4457**	**5447**	**2736**	**2711**
海口市	**946**	**478**	**468**	**866**	**463**	**403**	**560**	**293**	**267**
秀英区	349	169	180	306	161	145	160	78	82
龙华区	111	61	50	87	49	38	66	40	26
琼山区	183	92	91	162	91	71	95	49	46
美兰区	303	156	147	311	162	149	239	126	113
三亚市	**90**	**44**	**46**	**69**	**35**	**34**	**50**	**21**	**29**
海棠区	26	10	16	16	10	6	10	4	6
吉阳区	22	11	11	22	12	10	10	4	6
天涯区	41	22	19	29	12	17	27	12	15
崖州区	1	1		2	1	1	3	1	2
三沙市									
儋州市	**836**	**425**	**411**	**831**	**381**	**450**	**412**	**204**	**208**
五指山市	85	36	49	64	32	32	25	15	10
琼海市	430	222	208	430	236	194	258	134	124
文昌市	1019	531	488	1022	543	479	697	358	339
万宁市	518	257	261	496	246	250	341	171	170
东方市	225	116	109	234	129	105	143	72	71
定安县	638	337	301	494	232	262	330	171	159
屯昌县	581	301	280	462	233	229	242	116	126
澄迈县	1366	715	651	1224	585	639	763	405	358
临高县	808	383	425	708	349	359	427	219	208
白沙黎族自治县	117	59	58	102	53	49	48	23	25
昌江黎族自治县	516	258	258	407	204	203	257	108	149
乐东黎族自治县	502	261	241	460	223	237	293	129	164
陵水黎族自治县	809	398	411	632	303	329	399	200	199
保亭黎族苗族自治县	230	114	116	202	99	103	105	43	62
琼中黎族苗族自治县	232	117	115	199	99	100	97	54	43

1-3b 续表 6

单位：人

地区	75-79岁			80-84岁			85-89岁		
	小计	男	女	小计	男	女	小计	男	女
全省	**3305**	**1514**	**1791**	**3083**	**1276**	**1807**	**1733**	**679**	**1054**
海口市	**329**	**169**	**160**	**322**	**141**	**181**	**192**	**65**	**127**
秀英区	89	42	47	101	47	54	50	21	29
龙华区	54	25	29	43	23	20	36	11	25
琼山区	67	35	32	70	26	44	33	14	19
美兰区	119	67	52	108	45	63	73	19	54
三亚市	**27**	**10**	**17**	**19**	**7**	**12**	**8**	**2**	**6**
海棠区	4	2	2	2		2	1		1
吉阳区	5	3	2	2	1	1	1	1	
天涯区	18	5	13	12	5	7	6	1	5
崖州区				3	1	2			
三沙市									
儋州市	**278**	**133**	**145**	**271**	**98**	**173**	**154**	**55**	**99**
五指山市	24	4	20	21	7	14	10	4	6
琼海市	147	72	75	155	54	101	98	38	60
文昌市	422	207	215	406	177	229	300	111	189
万宁市	133	60	73	163	76	87	96	46	50
东方市	106	55	51	73	34	39	49	17	32
定安县	216	102	114	145	72	73	82	29	53
屯昌县	121	52	69	120	43	77	54	20	34
澄迈县	461	225	236	411	186	225	201	80	121
临高县	255	100	155	221	79	142	142	61	81
白沙黎族自治县	26	17	9	23	8	15	18	7	11
昌江黎族自治县	191	83	108	197	70	127	89	39	50
乐东黎族自治县	205	72	133	184	78	106	90	39	51
陵水黎族自治县	199	94	105	191	76	115	83	35	48
保亭黎族苗族自治县	95	34	61	85	40	45	33	15	18
琼中黎族苗族自治县	70	25	45	76	30	46	34	16	18

1-3b　续表 7　　　　单位：人

地　区	90-94岁			95-99岁			100岁及以上		
	小计	男	女	小计	男	女	小计	男	女
全省	**686**	**225**	**461**	**195**	**50**	**145**	**43**	**9**	**34**
海口市	**72**	**24**	**48**	**30**	**8**	**22**	**10**	**1**	**9**
秀英区	17	5	12	7	3	4	4	1	3
龙华区	17	9	8	4		4	2		2
琼山区	10	3	7	9	1	8	1		1
美兰区	28	7	21	10	4	6	3		3
三亚市	**4**	**1**	**3**						
海棠区	2		2						
吉阳区	1		1						
天涯区	1	1							
崖州区									
三沙市									
儋州市	**69**	**22**	**47**	**23**	**4**	**19**	**2**	**2**	
五指山市	2	1	1	2		2			
琼海市	33	17	16	6	3	3	3		3
文昌市	116	32	84	30	11	19	5	1	4
万宁市	42	13	29	14	2	12			
东方市	26	12	14	3		3	2		2
定安县	38	11	27	5	1	4	1	1	
屯昌县	12	1	11	3	1	2	2	1	1
澄迈县	99	32	67	29	10	19	10	1	9
临高县	65	20	45	19	4	15	4	1	3
白沙黎族自治县	2	1	1				1	1	
昌江黎族自治县	39	20	19	5	2	3			
乐东黎族自治县	28	6	22	11	4	7	2		2
陵水黎族自治县	29	9	20	11		11			
保亭黎族苗族自治县	3		3	1		1			
琼中黎族苗族自治县	7	3	4	3		3	1		1

1-3c 各地区分年龄、性别的人口(乡村)

单位：人

地区	合计			0岁		
	合计	男	女	小计	男	女
全省	**371984**	**200385**	**171599**	**4117**	**2266**	**1851**
海口市	**47431**	**25090**	**22341**	**579**	**306**	**273**
秀英区	11179	6149	5030	141	76	65
龙华区	7092	3812	3280	90	51	39
琼山区	15823	8349	7474	184	88	96
美兰区	13337	6780	6557	164	91	73
三亚市	**26975**	**14893**	**12082**	**326**	**172**	**154**
海棠区	4164	2340	1824	47	22	25
吉阳区	6707	3707	3000	59	28	31
天涯区	10321	5699	4622	152	84	68
崖州区	5783	3147	2636	68	38	30
三沙市						
儋州市	**41615**	**22658**	**18957**	**576**	**329**	**247**
五指山市	4358	2408	1950	33	19	14
琼海市	24926	13291	11635	248	154	94
文昌市	20277	10501	9776	192	98	94
万宁市	31127	16640	14487	296	152	144
东方市	17478	9380	8098	208	115	93
定安县	16782	9050	7732	201	117	84
屯昌县	12424	6644	5780	129	76	53
澄迈县	17812	9738	8074	226	125	101
临高县	19920	10646	9274	203	121	82
白沙黎族自治县	11946	6534	5412	101	57	44
昌江黎族自治县	8531	4722	3809	111	56	55
乐东黎族自治县	29836	16149	13687	298	159	139
陵水黎族自治县	20048	10854	9194	167	88	79
保亭黎族苗族自治县	9388	5110	4278	103	63	40
琼中黎族苗族自治县	11110	6077	5033	120	59	61

1-3c　续表 1　　　　单位：人

地　　区	1-4岁			5-9岁			10-14岁		
	小计	男	女	小计	男	女	小计	男	女
全省	**19057**	**10226**	**8831**	**28118**	**15107**	**13011**	**27537**	**15073**	**12464**
海口市	**2360**	**1274**	**1086**	**3216**	**1710**	**1506**	**2937**	**1569**	**1368**
秀英区	600	336	264	849	458	391	701	380	321
龙华区	389	192	197	533	267	266	490	267	223
琼山区	730	398	332	1024	541	483	1066	572	494
美兰区	641	348	293	810	444	366	680	350	330
三亚市	**1362**	**750**	**612**	**1966**	**1078**	**888**	**1667**	**909**	**758**
海棠区	212	106	106	367	207	160	248	137	111
吉阳区	273	146	127	404	209	195	335	186	149
天涯区	547	296	251	762	422	340	690	367	323
崖州区	330	202	128	433	240	193	394	219	175
三沙市									
儋州市	**2594**	**1422**	**1172**	**3608**	**2027**	**1581**	**3561**	**2043**	**1518**
五指山市	199	104	95	293	145	148	401	218	183
琼海市	1056	579	477	1607	900	707	1725	993	732
文昌市	847	445	402	1290	699	591	1176	639	537
万宁市	1529	828	701	2343	1272	1071	2165	1193	972
东方市	991	524	467	1275	688	587	1321	755	566
定安县	914	482	432	1344	702	642	1325	713	612
屯昌县	727	363	364	1077	557	520	1076	553	523
澄迈县	992	524	468	1553	796	757	1519	814	705
临高县	1096	594	502	1654	868	786	1707	901	806
白沙黎族自治县	551	306	245	963	515	448	1069	588	481
昌江黎族自治县	421	215	206	607	324	283	640	365	275
乐东黎族自治县	1489	803	686	2091	1133	958	1932	1043	889
陵水黎族自治县	1013	526	487	1658	874	784	1568	842	726
保亭黎族苗族自治县	425	224	201	685	341	344	759	404	355
琼中黎族苗族自治县	491	263	228	888	478	410	989	531	458

1－3c　续表 2　　单位：人

地　区	15－19岁			20－24岁			25－29岁		
	小计	男	女	小计	男	女	小计	男	女
全省	**18960**	**10694**	**8266**	**18694**	**10693**	**8001**	**25921**	**14678**	**11243**
海口市	**3280**	**1759**	**1521**	**3399**	**1803**	**1596**	**3697**	**2042**	**1655**
秀英区	583	356	227	702	414	288	1074	620	454
龙华区	449	255	194	375	227	148	555	327	228
琼山区	1154	619	535	835	456	379	1022	573	449
美兰区	1094	529	565	1487	706	781	1046	522	524
三亚市	**1411**	**850**	**561**	**2423**	**1344**	**1079**	**2464**	**1361**	**1103**
海棠区	234	152	82	324	191	133	428	232	196
吉阳区	540	317	223	1210	662	548	573	325	248
天涯区	379	221	158	624	352	272	918	519	399
崖州区	258	160	98	265	139	126	545	285	260
三沙市									
儋州市	**2419**	**1457**	**962**	**2126**	**1301**	**825**	**3118**	**1771**	**1347**
五指山市	227	124	103	149	76	73	266	169	97
琼海市	1037	596	441	792	497	295	1358	782	576
文昌市	725	402	323	638	375	263	872	475	397
万宁市	1427	789	638	1324	784	540	2192	1224	968
东方市	838	472	366	911	531	380	1293	700	593
定安县	787	459	328	678	405	273	1150	671	479
屯昌县	548	299	249	421	228	193	621	357	264
澄迈县	811	453	358	738	430	308	997	609	388
临高县	1214	662	552	1072	616	456	1421	799	622
白沙黎族自治县	513	275	238	359	223	136	649	353	296
昌江黎族自治县	341	205	136	339	192	147	608	353	255
乐东黎族自治县	1649	944	705	1677	959	718	2297	1334	963
陵水黎族自治县	986	542	444	1036	571	465	1661	939	722
保亭黎族苗族自治县	326	177	149	266	145	121	574	332	242
琼中黎族苗族自治县	421	229	192	346	213	133	683	407	276

1-3c　续表 3　　　　单位：人

地　区	30-34岁			35-39岁			40-44岁		
	小计	男	女	小计	男	女	小计	男	女
全省	**29313**	**16510**	**12803**	**29256**	**16626**	**12630**	**24854**	**14059**	**10795**
海口市	**3596**	**1993**	**1603**	**3396**	**1872**	**1524**	**2843**	**1537**	**1306**
秀英区	984	591	393	852	475	377	651	366	285
龙华区	502	284	218	496	276	220	440	254	186
琼山区	1079	590	489	1130	631	499	990	515	475
美兰区	1031	528	503	918	490	428	762	402	360
三亚市	**2793**	**1514**	**1279**	**2429**	**1442**	**987**	**2040**	**1167**	**873**
海棠区	452	252	200	409	245	164	321	186	135
吉阳区	645	346	299	574	327	247	468	274	194
天涯区	1103	603	500	968	588	380	822	468	354
崖州区	593	313	280	478	282	196	429	239	190
三沙市									
儋州市	**3102**	**1743**	**1359**	**2945**	**1678**	**1267**	**2692**	**1483**	**1209**
五指山市	352	196	156	448	277	171	337	220	117
琼海市	1755	989	766	1813	949	864	1495	808	687
文昌市	1368	789	579	1244	639	605	1196	591	605
万宁市	2732	1596	1136	2625	1480	1145	1850	1038	812
东方市	1398	780	618	1571	865	706	1427	822	605
定安县	1202	645	557	1247	703	544	981	550	431
屯昌县	842	468	374	831	478	353	689	405	284
澄迈县	1263	731	532	1261	760	501	1010	575	435
临高县	1422	802	620	1449	810	639	1332	764	568
白沙黎族自治县	882	510	372	993	580	413	937	538	399
昌江黎族自治县	636	367	269	776	487	289	732	446	286
乐东黎族自治县	2405	1381	1024	2630	1490	1140	2345	1360	985
陵水黎族自治县	1879	1041	838	1837	1063	774	1392	830	562
保亭黎族苗族自治县	760	438	322	835	506	329	806	475	331
琼中黎族苗族自治县	926	527	399	926	547	379	750	450	300

1-3c 续表 4

单位：人

地区	45-49岁			50-54岁			55-59岁		
	小计	男	女	小计	男	女	小计	男	女
全省	**25836**	**14129**	**11707**	**28849**	**15378**	**13471**	**27354**	**14498**	**12856**
海口市	**3096**	**1606**	**1490**	**3515**	**1868**	**1647**	**3144**	**1668**	**1476**
秀英区	744	402	342	826	444	382	684	346	338
龙华区	438	216	222	454	245	209	425	250	175
琼山区	1036	543	493	1235	639	596	1229	646	583
美兰区	878	445	433	1000	540	460	806	426	380
三亚市	**2035**	**1167**	**868**	**1861**	**1088**	**773**	**1446**	**780**	**666**
海棠区	298	172	126	282	168	114	185	104	81
吉阳区	463	280	183	387	218	169	262	140	122
天涯区	828	486	342	728	441	287	601	323	278
崖州区	446	229	217	464	261	203	398	213	185
三沙市									
儋州市	**2674**	**1409**	**1265**	**2975**	**1543**	**1432**	**2937**	**1554**	**1383**
五指山市	394	242	152	367	204	163	314	168	146
琼海市	1737	877	860	2252	1149	1103	2370	1257	1113
文昌市	1433	744	689	1890	1001	889	1970	1019	951
万宁市	1979	1045	934	2324	1191	1133	2400	1216	1184
东方市	1292	720	572	1324	713	611	1083	554	529
定安县	974	521	453	1204	655	549	1305	699	606
屯昌县	740	413	327	1009	536	473	1152	631	521
澄迈县	1169	624	545	1373	773	600	1293	722	571
临高县	1249	693	556	1368	715	653	1311	697	614
白沙黎族自治县	1008	593	415	1096	588	508	1026	561	465
昌江黎族自治县	689	415	274	684	357	327	604	328	276
乐东黎族自治县	2387	1305	1082	2327	1212	1115	1976	1053	923
陵水黎族自治县	1298	771	527	1390	751	639	1282	664	618
保亭黎族苗族自治县	862	521	341	865	476	389	717	382	335
琼中黎族苗族自治县	820	463	357	1025	558	467	1024	545	479

1-3c　续表 5

单位：人

地　区	60-64岁			65-69岁			70-74岁		
	小计	男	女	小计	男	女	小计	男	女
全省	**17642**	**9040**	**8602**	**16189**	**8097**	**8092**	**11129**	**5502**	**5627**
海口市	**2200**	**1154**	**1046**	**2143**	**1131**	**1012**	**1416**	**732**	**684**
秀英区	492	263	229	439	234	205	323	166	157
龙华区	378	200	178	352	182	170	242	117	125
琼山区	822	428	394	832	441	391	525	282	243
美兰区	508	263	245	520	274	246	326	167	159
三亚市	**924**	**464**	**460**	**735**	**338**	**397**	**446**	**210**	**236**
海棠区	134	65	69	105	52	53	47	26	21
吉阳区	189	100	89	146	65	81	82	42	40
天涯区	381	182	199	289	137	152	206	86	120
崖州区	220	117	103	195	84	111	111	56	55
三沙市									
儋州市	**1799**	**897**	**902**	**1507**	**730**	**777**	**969**	**459**	**510**
五指山市	206	103	103	141	72	69	73	25	48
琼海市	1432	735	697	1537	793	744	1038	539	499
文昌市	1255	645	610	1381	726	655	983	504	479
万宁市	1698	863	835	1585	778	807	1089	547	542
东方市	686	334	352	577	274	303	487	217	270
定安县	936	501	435	957	502	455	586	308	278
屯昌县	727	394	333	679	362	317	458	227	231
澄迈县	861	448	413	918	457	461	665	358	307
临高县	888	460	428	754	368	386	596	294	302
白沙黎族自治县	523	267	256	444	215	229	305	151	154
昌江黎族自治县	318	152	166	312	159	153	258	118	140
乐东黎族自治县	1187	590	597	1050	499	551	806	369	437
陵水黎族自治县	1028	517	511	706	335	371	442	203	239
保亭黎族苗族自治县	441	236	205	318	144	174	244	99	145
琼中黎族苗族自治县	533	280	253	445	214	231	268	142	126

1-3c 续表 6

单位：人

地 区	75-79岁			80-84岁			85-89岁		
	小计	男	女	小计	男	女	小计	男	女
全省	**7126**	**3225**	**3901**	**6211**	**2539**	**3672**	**3843**	**1459**	**2384**
海口市	**1014**	**463**	**551**	**779**	**326**	**453**	**540**	**189**	**351**
秀英区	218	109	109	146	60	86	94	32	62
龙华区	205	93	112	134	62	72	96	34	62
琼山区	347	154	193	310	130	180	194	74	120
美兰区	244	107	137	189	74	115	156	49	107
三亚市	**305**	**132**	**173**	**209**	**81**	**128**	**95**	**33**	**62**
海棠区	29	9	20	21	9	12	17	4	13
吉阳区	50	23	27	31	11	20	9	5	4
天涯区	150	68	82	103	35	68	49	15	34
崖州区	76	32	44	54	26	28	20	9	11
三沙市									
儋州市	**729**	**305**	**424**	**614**	**250**	**364**	**440**	**181**	**259**
五指山市	67	25	42	47	11	36	26	7	19
琼海市	609	299	310	575	244	331	338	120	218
文昌市	583	277	306	543	229	314	441	143	298
万宁市	492	222	270	526	207	319	364	148	216
东方市	335	152	183	244	87	157	141	60	81
定安县	379	177	202	325	148	177	178	59	119
屯昌县	236	112	124	266	110	156	136	54	82
澄迈县	429	211	218	378	177	201	227	110	117
临高县	406	181	225	415	170	245	223	90	133
白沙黎族自治县	224	92	132	164	63	101	104	45	59
昌江黎族自治县	195	86	109	129	53	76	86	29	57
乐东黎族自治县	513	223	290	447	180	267	221	75	146
陵水黎族自治县	280	132	148	247	101	146	114	49	65
保亭黎族苗族自治县	168	65	103	144	48	96	78	31	47
琼中黎族苗族自治县	162	71	91	159	54	105	91	36	55

1-3c　续表 7　　单位：人

地　区	90-94岁			95-99岁			100岁及以上		
	小计	男	女	小计	男	女	小计	男	女
全省	**1497**	**461**	**1036**	**399**	**113**	**286**	**82**	**12**	**70**
海口市	**211**	**72**	**139**	**58**	**15**	**43**	**12**	**1**	**11**
秀英区	53	16	37	19	5	14	4		4
龙华区	35	10	25	14	3	11			
琼山区	64	24	40	10	4	6	5	1	4
美兰区	59	22	37	15	3	12	3		3
三亚市	**29**	**9**	**20**	**9**	**4**	**5**			
海棠区	3		3	1	1				
吉阳区	6	2	4	1	1				
天涯区	14	4	10	7	2	5			
崖州区	6	3	3						
三沙市									
儋州市	**167**	**54**	**113**	**55**	**20**	**35**	**8**	**2**	**6**
五指山市	11	2	9	4		4	3	1	2
琼海市	117	26	91	32	5	27	3		3
文昌市	208	55	153	35	6	29	7		7
万宁市	148	52	96	30	12	18	9	3	6
东方市	59	13	46	14	4	10	3		3
定安县	85	28	57	17	4	13	7	1	6
屯昌县	48	19	29	11	2	9	1		1
澄迈县	91	30	61	27	9	18	11	2	9
临高县	88	27	61	42	13	29	10	1	9
白沙黎族自治县	29	12	17	5	2	3	1		1
昌江黎族自治县	32	10	22	11	5	6	2		2
乐东黎族自治县	79	29	50	28	7	21	2	1	1
陵水黎族自治县	50	12	38	11	3	8	3		3
保亭黎族苗族自治县	9	2	7	3	1	2			
琼中黎族苗族自治县	36	9	27	7	1	6			

1-4 全省分年龄、性别的人口

单位：人、%

年 龄	人口数			占总人口比重			性别比
	合计	男	女	合计	男	女	(女=100)
总 计	**927418**	**490506**	**436912**	**100.00**	**52.89**	**47.11**	**112.27**
0-4岁	**57286**	**31234**	**26052**	**6.18**	**3.37**	**2.81**	**119.89**
0	8824	4874	3950	0.95	0.53	0.43	123.39
1	10835	5878	4957	1.17	0.63	0.53	118.58
2	11693	6350	5343	1.26	0.68	0.58	118.85
3	13127	7069	6058	1.42	0.76	0.65	116.69
4	12807	7063	5744	1.38	0.76	0.62	122.96
5-9岁	**68095**	**37354**	**30741**	**7.34**	**4.03**	**3.31**	**121.51**
5	12974	7148	5826	1.40	0.77	0.63	122.69
6	13521	7322	6199	1.46	0.79	0.67	118.12
7	13573	7424	6149	1.46	0.80	0.66	120.74
8	14663	8119	6544	1.58	0.88	0.71	124.07
9	13364	7341	6023	1.44	0.79	0.65	121.88
10-14岁	**62366**	**34461**	**27905**	**6.72**	**3.72**	**3.01**	**123.49**
10	13039	7199	5840	1.41	0.78	0.63	123.27
11	12996	7133	5863	1.40	0.77	0.63	121.66
12	12847	7077	5770	1.39	0.76	0.62	122.65
13	11976	6711	5265	1.29	0.72	0.57	127.46
14	11508	6341	5167	1.24	0.68	0.56	122.72
15-19岁	**52720**	**29070**	**23650**	**5.68**	**3.13**	**2.55**	**122.92**
15	11734	6462	5272	1.27	0.70	0.57	122.57
16	11763	6425	5338	1.27	0.69	0.58	120.36
17	10296	5768	4528	1.11	0.62	0.49	127.39
18	8960	5027	3933	0.97	0.54	0.42	127.82
19	9967	5388	4579	1.07	0.58	0.49	117.67
20-24岁	**53136**	**29018**	**24118**	**5.73**	**3.13**	**2.60**	**120.32**
20	10334	5566	4768	1.11	0.60	0.51	116.74
21	9906	5450	4456	1.07	0.59	0.48	122.31
22	10158	5618	4540	1.10	0.61	0.49	123.74
23	10613	5891	4722	1.14	0.64	0.51	124.76
24	12125	6493	5632	1.31	0.70	0.61	115.29
25-29岁	**73253**	**39207**	**34046**	**7.90**	**4.23**	**3.67**	**115.16**
25	13564	7263	6301	1.46	0.78	0.68	115.27
26	13446	7225	6221	1.45	0.78	0.67	116.14
27	14703	7922	6781	1.59	0.85	0.73	116.83
28	15626	8299	7327	1.68	0.89	0.79	113.27
29	15914	8498	7416	1.72	0.92	0.80	114.59

1-4　续表 1

单位：人、%

年　龄	人口数			占总人口比重			性别比
	合计	男	女	合计	男	女	(女=100)
30-34岁	**84214**	**44664**	**39550**	**9.08**	**4.82**	**4.26**	**112.93**
30	18150	9630	8520	1.96	1.04	0.92	113.03
31	16981	9061	7920	1.83	0.98	0.85	114.41
32	16341	8663	7678	1.76	0.93	0.83	112.83
33	16786	8939	7847	1.81	0.96	0.85	113.92
34	15956	8371	7585	1.72	0.90	0.82	110.36
35-39岁	**79133**	**42268**	**36865**	**8.53**	**4.56**	**3.98**	**114.66**
35	15373	8257	7116	1.66	0.89	0.77	116.03
36	16321	8612	7709	1.76	0.93	0.83	111.71
37	15915	8541	7374	1.72	0.92	0.80	115.83
38	16684	8918	7766	1.80	0.96	0.84	114.83
39	14840	7940	6900	1.60	0.86	0.74	115.07
40-44岁	**64834**	**34818**	**30016**	**6.99**	**3.75**	**3.24**	**116.00**
40	14597	7772	6825	1.57	0.84	0.74	113.88
41	13999	7543	6456	1.51	0.81	0.70	116.84
42	12940	6950	5990	1.40	0.75	0.65	116.03
43	11228	6038	5190	1.21	0.65	0.56	116.34
44	12070	6515	5555	1.30	0.70	0.60	117.28
45-49岁	**66715**	**35570**	**31145**	**7.19**	**3.84**	**3.36**	**114.21**
45	11929	6294	5635	1.29	0.68	0.61	111.69
46	13293	7105	6188	1.43	0.77	0.67	114.82
47	14055	7452	6603	1.52	0.80	0.71	112.86
48	14261	7636	6625	1.54	0.82	0.71	115.26
49	13177	7083	6094	1.42	0.76	0.66	116.23
50-54岁	**68223**	**35998**	**32225**	**7.36**	**3.88**	**3.47**	**111.71**
50	14608	7646	6962	1.58	0.82	0.75	109.82
51	13992	7490	6502	1.51	0.81	0.70	115.20
52	14840	7871	6969	1.60	0.85	0.75	112.94
53	12008	6261	5747	1.29	0.68	0.62	108.94
54	12775	6730	6045	1.38	0.73	0.65	111.33
55-59岁	**61285**	**31845**	**29440**	**6.61**	**3.43**	**3.17**	**108.17**
55	13143	6765	6378	1.42	0.73	0.69	106.07
56	13202	6796	6406	1.42	0.73	0.69	106.09
57	14380	7572	6808	1.55	0.82	0.73	111.22
58	13209	6944	6265	1.42	0.75	0.68	110.84
59	7351	3768	3583	0.79	0.41	0.39	105.16
60-64岁	**40228**	**20381**	**19847**	**4.34**	**2.20**	**2.14**	**102.69**
60	7165	3626	3539	0.77	0.39	0.38	102.46
61	7312	3778	3534	0.79	0.41	0.38	106.90
62	8769	4485	4284	0.95	0.48	0.46	104.69
63	8887	4516	4371	0.96	0.49	0.47	103.32
64	8095	3976	4119	0.87	0.43	0.44	96.53

1-4 续表 2

单位：人、%

年 龄	人 口 数			占总人口比重			性别比
	合计	男	女	合计	男	女	(女=100)
65–69岁	**35625**	**17679**	**17946**	**3.84**	**1.91**	**1.94**	**98.51**
65	8424	4247	4177	0.91	0.46	0.45	101.68
66	7956	3887	4069	0.86	0.42	0.44	95.53
67	6926	3418	3508	0.75	0.37	0.38	97.43
68	6703	3347	3356	0.72	0.36	0.36	99.73
69	5616	2780	2836	0.61	0.30	0.31	98.03
70–74岁	**23040**	**11408**	**11632**	**2.48**	**1.23**	**1.25**	**98.07**
70	6175	3109	3066	0.67	0.34	0.33	101.40
71	5087	2515	2572	0.55	0.27	0.28	97.78
72	4474	2194	2280	0.48	0.24	0.25	96.23
73	3866	1931	1935	0.42	0.21	0.21	99.79
74	3438	1659	1779	0.37	0.18	0.19	93.25
75–79岁	**14192**	**6456**	**7736**	**1.53**	**0.70**	**0.83**	**83.45**
75	3147	1538	1609	0.34	0.17	0.17	95.59
76	2931	1355	1576	0.32	0.15	0.17	85.98
77	2868	1272	1596	0.31	0.14	0.17	79.70
78	2769	1244	1525	0.30	0.13	0.16	81.57
79	2477	1047	1430	0.27	0.11	0.15	73.22
80–84岁	**12509**	**5254**	**7255**	**1.35**	**0.57**	**0.78**	**72.42**
80	2806	1198	1608	0.30	0.13	0.17	74.50
81	2546	1073	1473	0.27	0.12	0.16	72.84
82	2561	1086	1475	0.28	0.12	0.16	73.63
83	2353	990	1363	0.25	0.11	0.15	72.63
84	2243	907	1336	0.24	0.10	0.14	67.89
85–89岁	**7045**	**2748**	**4297**	**0.76**	**0.30**	**0.46**	**63.95**
85	1901	769	1132	0.20	0.08	0.12	67.93
86	1635	658	977	0.18	0.07	0.11	67.35
87	1458	570	888	0.16	0.06	0.10	64.19
88	1103	401	702	0.12	0.04	0.08	57.12
89	948	350	598	0.10	0.04	0.06	58.53
90–94岁	**2667**	**856**	**1811**	**0.29**	**0.09**	**0.20**	**47.27**
90	890	304	586	0.10	0.03	0.06	51.88
91	570	191	379	0.06	0.02	0.04	50.40
92	511	151	360	0.06	0.02	0.04	41.94
93	419	130	289	0.05	0.01	0.03	44.98
94	277	80	197	0.03	0.01	0.02	40.61
95–99岁	**713**	**196**	**517**	**0.08**	**0.02**	**0.06**	**37.91**
95	237	69	168	0.03	0.01	0.02	41.07
96	174	61	113	0.02	0.01	0.01	53.98
97	147	38	109	0.02		0.01	34.86
98	82	16	66	0.01		0.01	24.24
99	73	12	61	0.01		0.01	19.67
100岁及以上	**139**	**21**	**118**	**0.01**		**0.01**	**17.80**

1-4a　全省分年龄、性别的人口(城市)

单位：人、%

年　龄	人　口　数			占总人口比重			性别比
	合计	男	女	合计	男	女	(女=100)
总　计	**336134**	**174185**	**161949**	**100.00**	**51.82**	**48.18**	**107.56**
0–4岁	**20565**	**11272**	**9293**	**6.12**	**3.35**	**2.76**	**121.30**
0	2664	1449	1215	0.79	0.43	0.36	119.26
1	3831	2108	1723	1.14	0.63	0.51	122.34
2	4285	2342	1943	1.27	0.70	0.58	120.54
3	5069	2729	2340	1.51	0.81	0.70	116.62
4	4716	2644	2072	1.40	0.79	0.62	127.61
5–9岁	**23364**	**13096**	**10268**	**6.95**	**3.90**	**3.05**	**127.54**
5	4674	2632	2042	1.39	0.78	0.61	128.89
6	4691	2559	2132	1.40	0.76	0.63	120.03
7	4643	2593	2050	1.38	0.77	0.61	126.49
8	4976	2816	2160	1.48	0.84	0.64	130.37
9	4380	2496	1884	1.30	0.74	0.56	132.48
10–14岁	**19339**	**10848**	**8491**	**5.75**	**3.23**	**2.53**	**127.76**
10	4207	2359	1848	1.25	0.70	0.55	127.65
11	4172	2307	1865	1.24	0.69	0.55	123.70
12	3984	2231	1753	1.19	0.66	0.52	127.27
13	3634	2075	1559	1.08	0.62	0.46	133.10
14	3342	1876	1466	0.99	0.56	0.44	127.97
15–19岁	**20649**	**11120**	**9529**	**6.14**	**3.31**	**2.83**	**116.70**
15	3829	2059	1770	1.14	0.61	0.53	116.33
16	4773	2522	2251	1.42	0.75	0.67	112.04
17	4460	2443	2017	1.33	0.73	0.60	121.12
18	3523	1921	1602	1.05	0.57	0.48	119.91
19	4064	2175	1889	1.21	0.65	0.56	115.14
20–24岁	**22274**	**11621**	**10653**	**6.63**	**3.46**	**3.17**	**109.09**
20	4280	2213	2067	1.27	0.66	0.61	107.06
21	4015	2105	1910	1.19	0.63	0.57	110.21
22	4232	2240	1992	1.26	0.67	0.59	112.45
23	4496	2410	2086	1.34	0.72	0.62	115.53
24	5251	2653	2598	1.56	0.79	0.77	102.12
25–29岁	**31062**	**15764**	**15298**	**9.24**	**4.69**	**4.55**	**103.05**
25	5716	2913	2803	1.70	0.87	0.83	103.92
26	5709	2924	2785	1.70	0.87	0.83	104.99
27	6252	3191	3061	1.86	0.95	0.91	104.25
28	6622	3294	3328	1.97	0.98	0.99	98.98
29	6763	3442	3321	2.01	1.02	0.99	103.64

1-4a 续表 1

单位：人、%

年 龄	人口数			占总人口比重			性别比
	合计	男	女	合计	男	女	(女=100)
30-34岁	**35937**	**18112**	**17825**	**10.69**	**5.39**	**5.30**	**101.61**
30	7696	3873	3823	2.29	1.15	1.14	101.31
31	7283	3719	3564	2.17	1.11	1.06	104.35
32	7042	3560	3482	2.09	1.06	1.04	102.24
33	7230	3654	3576	2.15	1.09	1.06	102.18
34	6686	3306	3380	1.99	0.98	1.01	97.81
35-39岁	**31571**	**15917**	**15654**	**9.39**	**4.74**	**4.66**	**101.68**
35	6338	3278	3060	1.89	0.98	0.91	107.12
36	6450	3197	3253	1.92	0.95	0.97	98.28
37	6348	3202	3146	1.89	0.95	0.94	101.78
38	6672	3338	3334	1.98	0.99	0.99	100.12
39	5763	2902	2861	1.71	0.86	0.85	101.43
40-44岁	**24666**	**12547**	**12119**	**7.34**	**3.73**	**3.61**	**103.53**
40	5401	2748	2653	1.61	0.82	0.79	103.58
41	5493	2808	2685	1.63	0.84	0.80	104.58
42	4935	2479	2456	1.47	0.74	0.73	100.94
43	4340	2196	2144	1.29	0.65	0.64	102.43
44	4497	2316	2181	1.34	0.69	0.65	106.19
45-49岁	**25490**	**13313**	**12177**	**7.58**	**3.96**	**3.62**	**109.33**
45	4504	2282	2222	1.34	0.68	0.66	102.70
46	5206	2728	2478	1.55	0.81	0.74	110.09
47	5403	2789	2614	1.61	0.83	0.78	106.69
48	5358	2852	2506	1.59	0.85	0.75	113.81
49	5019	2662	2357	1.49	0.79	0.70	112.94
50-54岁	**23253**	**12222**	**11031**	**6.92**	**3.64**	**3.28**	**110.80**
50	5232	2686	2546	1.56	0.80	0.76	105.50
51	4891	2638	2253	1.46	0.78	0.67	117.09
52	5198	2798	2400	1.55	0.83	0.71	116.58
53	3866	1985	1881	1.15	0.59	0.56	105.53
54	4066	2115	1951	1.21	0.63	0.58	108.41
55-59岁	**19266**	**9788**	**9478**	**5.73**	**2.91**	**2.82**	**103.27**
55	4258	2185	2073	1.27	0.65	0.62	105.40
56	4221	2140	2081	1.26	0.64	0.62	102.84
57	4789	2482	2307	1.42	0.74	0.69	107.59
58	3889	1961	1928	1.16	0.58	0.57	101.71
59	2109	1020	1089	0.63	0.30	0.32	93.66
60-64岁	**12638**	**6289**	**6349**	**3.76**	**1.87**	**1.89**	**99.05**
60	2221	1085	1136	0.66	0.32	0.34	95.51
61	2290	1147	1143	0.68	0.34	0.34	100.35
62	2732	1402	1330	0.81	0.42	0.40	105.41
63	2860	1444	1416	0.85	0.43	0.42	101.98
64	2535	1211	1324	0.75	0.36	0.39	91.47

1-4a　续表 2　　　　单位：人、%

年　龄	人　口　数			占总人口比重			性别比
	合计	男	女	合计	男	女	(女=100)
65-69岁	**10534**	**5137**	**5397**	**3.13**	**1.53**	**1.61**	**95.18**
65	2535	1262	1273	0.75	0.38	0.38	99.14
66	2383	1177	1206	0.71	0.35	0.36	97.60
67	2069	970	1099	0.62	0.29	0.33	88.26
68	1902	940	962	0.57	0.28	0.29	97.71
69	1645	788	857	0.49	0.23	0.25	91.95
70-74岁	**6464**	**3170**	**3294**	**1.92**	**0.94**	**0.98**	**96.24**
70	1676	813	863	0.50	0.24	0.26	94.21
71	1469	719	750	0.44	0.21	0.22	95.87
72	1248	635	613	0.37	0.19	0.18	103.59
73	1104	546	558	0.33	0.16	0.17	97.85
74	967	457	510	0.29	0.14	0.15	89.61
75-79岁	**3761**	**1717**	**2044**	**1.12**	**0.51**	**0.61**	**84.00**
75	821	400	421	0.24	0.12	0.13	95.01
76	805	381	424	0.24	0.11	0.13	89.86
77	732	314	418	0.22	0.09	0.12	75.12
78	771	350	421	0.23	0.10	0.13	83.14
79	632	272	360	0.19	0.08	0.11	75.56
80-84岁	**3215**	**1439**	**1776**	**0.96**	**0.43**	**0.53**	**81.02**
80	788	342	446	0.23	0.10	0.13	76.68
81	668	291	377	0.20	0.09	0.11	77.19
82	638	312	326	0.19	0.09	0.10	95.71
83	551	243	308	0.16	0.07	0.09	78.90
84	570	251	319	0.17	0.07	0.09	78.68
85-89岁	**1469**	**610**	**859**	**0.44**	**0.18**	**0.26**	**71.01**
85	418	172	246	0.12	0.05	0.07	69.92
86	375	167	208	0.11	0.05	0.06	80.29
87	305	130	175	0.09	0.04	0.05	74.29
88	197	78	119	0.06	0.02	0.04	65.55
89	174	63	111	0.05	0.02	0.03	56.76
90-94岁	**484**	**170**	**314**	**0.14**	**0.05**	**0.09**	**54.14**
90	185	80	105	0.06	0.02	0.03	76.19
91	104	30	74	0.03	0.01	0.02	40.54
92	93	31	62	0.03	0.01	0.02	50.00
93	61	19	42	0.02	0.01	0.01	45.24
94	41	10	31	0.01		0.01	32.26
95-99岁	**119**	**33**	**86**	**0.04**	**0.01**	**0.03**	**38.37**
95	43	10	33	0.01		0.01	30.30
96	31	14	17	0.01		0.01	82.35
97	21	6	15	0.01			40.00
98	11	1	10				10.00
99	13	2	11				18.18
100岁及以上	**14**		**14**				

1-4b 全省分年龄、性别的人口(镇)

单位：人、%

年 龄	人 口 数			占总人口比重			性别比
	合计	男	女	合计	男	女	(女=100)
总 计	**219300**	**115936**	**103364**	**100.00**	**52.87**	**47.13**	**112.16**
0-4岁	**13547**	**7470**	**6077**	**6.18**	**3.41**	**2.77**	**122.92**
0	2043	1159	884	0.93	0.53	0.40	131.11
1	2601	1416	1185	1.19	0.65	0.54	119.49
2	2774	1535	1239	1.26	0.70	0.56	123.89
3	3072	1680	1392	1.40	0.77	0.63	120.69
4	3057	1680	1377	1.39	0.77	0.63	122.00
5-9岁	**16613**	**9151**	**7462**	**7.58**	**4.17**	**3.40**	**122.63**
5	3068	1716	1352	1.40	0.78	0.62	126.92
6	3324	1814	1510	1.52	0.83	0.69	120.13
7	3295	1794	1501	1.50	0.82	0.68	119.52
8	3541	1978	1563	1.61	0.90	0.71	126.55
9	3385	1849	1536	1.54	0.84	0.70	120.38
10-14岁	**15490**	**8540**	**6950**	**7.06**	**3.89**	**3.17**	**122.88**
10	3263	1804	1459	1.49	0.82	0.67	123.65
11	3148	1732	1416	1.44	0.79	0.65	122.32
12	3271	1780	1491	1.49	0.81	0.68	119.38
13	2899	1625	1274	1.32	0.74	0.58	127.55
14	2909	1599	1310	1.33	0.73	0.60	122.06
15-19岁	**13111**	**7256**	**5855**	**5.98**	**3.31**	**2.67**	**123.93**
15	2911	1624	1287	1.33	0.74	0.59	126.18
16	3088	1728	1360	1.41	0.79	0.62	127.06
17	2604	1468	1136	1.19	0.67	0.52	129.23
18	2201	1225	976	1.00	0.56	0.45	125.51
19	2307	1211	1096	1.05	0.55	0.50	110.49
20-24岁	**12168**	**6704**	**5464**	**5.55**	**3.06**	**2.49**	**122.69**
20	2469	1325	1144	1.13	0.60	0.52	115.82
21	2370	1309	1061	1.08	0.60	0.48	123.37
22	2363	1320	1043	1.08	0.60	0.48	126.56
23	2373	1330	1043	1.08	0.61	0.48	127.52
24	2593	1420	1173	1.18	0.65	0.53	121.06
25-29岁	**16270**	**8765**	**7505**	**7.42**	**4.00**	**3.42**	**116.79**
25	3053	1671	1382	1.39	0.76	0.63	120.91
26	2914	1609	1305	1.33	0.73	0.60	123.30
27	3256	1732	1524	1.48	0.79	0.69	113.65
28	3469	1847	1622	1.58	0.84	0.74	113.87
29	3578	1906	1672	1.63	0.87	0.76	114.00

1-4b　续表 1　　　　单位：人、%

年　龄	人　口　数			占总人口比重			性别比
	合计	男	女	合计	男	女	(女=100)
30-34岁	**18964**	**10042**	**8922**	**8.65**	**4.58**	**4.07**	**112.55**
30	4073	2182	1891	1.86	0.99	0.86	115.39
31	3748	1978	1770	1.71	0.90	0.81	111.75
32	3702	1934	1768	1.69	0.88	0.81	109.39
33	3792	2016	1776	1.73	0.92	0.81	113.51
34	3649	1932	1717	1.66	0.88	0.78	112.52
35-39岁	**18306**	**9725**	**8581**	**8.35**	**4.43**	**3.91**	**113.33**
35	3436	1812	1624	1.57	0.83	0.74	111.58
36	3804	2037	1767	1.73	0.93	0.81	115.28
37	3743	2022	1721	1.71	0.92	0.78	117.49
38	3839	1996	1843	1.75	0.91	0.84	108.30
39	3484	1858	1626	1.59	0.85	0.74	114.27
40-44岁	**15314**	**8212**	**7102**	**6.98**	**3.74**	**3.24**	**115.63**
40	3450	1802	1648	1.57	0.82	0.75	109.34
41	3303	1764	1539	1.51	0.80	0.70	114.62
42	3074	1652	1422	1.40	0.75	0.65	116.17
43	2646	1447	1199	1.21	0.66	0.55	120.68
44	2841	1547	1294	1.30	0.71	0.59	119.55
45-49岁	**15389**	**8128**	**7261**	**7.02**	**3.71**	**3.31**	**111.94**
45	2710	1409	1301	1.24	0.64	0.59	108.30
46	3026	1602	1424	1.38	0.73	0.65	112.50
47	3263	1733	1530	1.49	0.79	0.70	113.27
48	3312	1759	1553	1.51	0.80	0.71	113.26
49	3078	1625	1453	1.40	0.74	0.66	111.84
50-54岁	**16121**	**8398**	**7723**	**7.35**	**3.83**	**3.52**	**108.74**
50	3426	1804	1622	1.56	0.82	0.74	111.22
51	3217	1652	1565	1.47	0.75	0.71	105.56
52	3457	1799	1658	1.58	0.82	0.76	108.50
53	2957	1535	1422	1.35	0.70	0.65	107.95
54	3064	1608	1456	1.40	0.73	0.66	110.44
55-59岁	**14665**	**7559**	**7106**	**6.69**	**3.45**	**3.24**	**106.37**
55	3100	1603	1497	1.41	0.73	0.68	107.08
56	3155	1614	1541	1.44	0.74	0.70	104.74
57	3350	1715	1635	1.53	0.78	0.75	104.89
58	3224	1700	1524	1.47	0.78	0.69	111.55
59	1836	927	909	0.84	0.42	0.41	101.98
60-64岁	**9948**	**5052**	**4896**	**4.54**	**2.30**	**2.23**	**103.19**
60	1720	919	801	0.78	0.42	0.37	114.73
61	1778	922	856	0.81	0.42	0.39	107.71
62	2177	1105	1072	0.99	0.50	0.49	103.08
63	2190	1092	1098	1.00	0.50	0.50	99.45
64	2083	1014	1069	0.95	0.46	0.49	94.86

1-4b 续表 2

单位：人、%

年龄	人口数			占总人口比重			性别比
	合计	男	女	合计	男	女	(女=100)
65-69岁	**8902**	**4445**	**4457**	**4.06**	**2.03**	**2.03**	**99.73**
65	2108	1091	1017	0.96	0.50	0.46	107.28
66	2039	966	1073	0.93	0.44	0.49	90.03
67	1704	868	836	0.78	0.40	0.38	103.83
68	1673	828	845	0.76	0.38	0.39	97.99
69	1378	692	686	0.63	0.32	0.31	100.87
70-74岁	**5447**	**2736**	**2711**	**2.48**	**1.25**	**1.24**	**100.92**
70	1490	768	722	0.68	0.35	0.33	106.37
71	1170	581	589	0.53	0.26	0.27	98.64
72	1084	516	568	0.49	0.24	0.26	90.85
73	883	452	431	0.40	0.21	0.20	104.87
74	820	419	401	0.37	0.19	0.18	104.49
75-79岁	**3305**	**1514**	**1791**	**1.51**	**0.69**	**0.82**	**84.53**
75	725	361	364	0.33	0.16	0.17	99.18
76	651	299	352	0.30	0.14	0.16	84.94
77	688	298	390	0.31	0.14	0.18	76.41
78	654	305	349	0.30	0.14	0.16	87.39
79	587	251	336	0.27	0.11	0.15	74.70
80-84岁	**3083**	**1276**	**1807**	**1.41**	**0.58**	**0.82**	**70.61**
80	700	298	402	0.32	0.14	0.18	74.13
81	612	256	356	0.28	0.12	0.16	71.91
82	605	243	362	0.28	0.11	0.17	67.13
83	601	262	339	0.27	0.12	0.15	77.29
84	565	217	348	0.26	0.10	0.16	62.36
85-89岁	**1733**	**679**	**1054**	**0.79**	**0.31**	**0.48**	**64.42**
85	461	185	276	0.21	0.08	0.13	67.03
86	362	157	205	0.17	0.07	0.09	76.59
87	367	131	236	0.17	0.06	0.11	55.51
88	303	104	199	0.14	0.05	0.09	52.26
89	240	102	138	0.11	0.05	0.06	73.91
90-94岁	**686**	**225**	**461**	**0.31**	**0.10**	**0.21**	**48.81**
90	232	84	148	0.11	0.04	0.07	56.76
91	139	48	91	0.06	0.02	0.04	52.75
92	142	36	106	0.06	0.02	0.05	33.96
93	103	35	68	0.05	0.02	0.03	51.47
94	70	22	48	0.03	0.01	0.02	45.83
95-99岁	**195**	**50**	**145**	**0.09**	**0.02**	**0.07**	**34.48**
95	60	20	40	0.03	0.01	0.02	50.00
96	50	13	37	0.02	0.01	0.02	35.14
97	44	12	32	0.02	0.01	0.01	37.50
98	20	2	18	0.01		0.01	11.11
99	21	3	18	0.01		0.01	16.67
100岁及以上	**43**	**9**	**34**	**0.02**		**0.02**	**26.47**

1-4c 全省分年龄、性别的人口(乡村)

单位：人、%

年龄	人口数			占总人口比重			性别比
	合计	男	女	合计	男	女	(女=100)
总计	**371984**	**200385**	**171599**	**100.00**	**53.87**	**46.13**	**116.78**
0-4岁	**23174**	**12492**	**10682**	**6.23**	**3.36**	**2.87**	**116.94**
0	4117	2266	1851	1.11	0.61	0.50	122.42
1	4403	2354	2049	1.18	0.63	0.55	114.89
2	4634	2473	2161	1.25	0.66	0.58	114.44
3	4986	2660	2326	1.34	0.72	0.63	114.36
4	5034	2739	2295	1.35	0.74	0.62	119.35
5-9岁	**28118**	**15107**	**13011**	**7.56**	**4.06**	**3.50**	**116.11**
5	5232	2800	2432	1.41	0.75	0.65	115.13
6	5506	2949	2557	1.48	0.79	0.69	115.33
7	5635	3037	2598	1.51	0.82	0.70	116.90
8	6146	3325	2821	1.65	0.89	0.76	117.87
9	5599	2996	2603	1.51	0.81	0.70	115.10
10-14岁	**27537**	**15073**	**12464**	**7.40**	**4.05**	**3.35**	**120.93**
10	5569	3036	2533	1.50	0.82	0.68	119.86
11	5676	3094	2582	1.53	0.83	0.69	119.83
12	5592	3066	2526	1.50	0.82	0.68	121.38
13	5443	3011	2432	1.46	0.81	0.65	123.81
14	5257	2866	2391	1.41	0.77	0.64	119.87
15-19岁	**18960**	**10694**	**8266**	**5.10**	**2.87**	**2.22**	**129.37**
15	4994	2779	2215	1.34	0.75	0.60	125.46
16	3902	2175	1727	1.05	0.58	0.46	125.94
17	3232	1857	1375	0.87	0.50	0.37	135.05
18	3236	1881	1355	0.87	0.51	0.36	138.82
19	3596	2002	1594	0.97	0.54	0.43	125.60
20-24岁	**18694**	**10693**	**8001**	**5.03**	**2.87**	**2.15**	**133.65**
20	3585	2028	1557	0.96	0.55	0.42	130.25
21	3521	2036	1485	0.95	0.55	0.40	137.10
22	3563	2058	1505	0.96	0.55	0.40	136.74
23	3744	2151	1593	1.01	0.58	0.43	135.03
24	4281	2420	1861	1.15	0.65	0.50	130.04
25-29岁	**25921**	**14678**	**11243**	**6.97**	**3.95**	**3.02**	**130.55**
25	4795	2679	2116	1.29	0.72	0.57	126.61
26	4823	2692	2131	1.30	0.72	0.57	126.33
27	5195	2999	2196	1.40	0.81	0.59	136.57
28	5535	3158	2377	1.49	0.85	0.64	132.86
29	5573	3150	2423	1.50	0.85	0.65	130.00

1-4c 续表 1

单位：人、%

年龄	人口数			占总人口比重			性别比
	合计	男	女	合计	男	女	(女=100)
30-34岁	**29313**	**16510**	**12803**	**7.88**	**4.44**	**3.44**	**128.95**
30	6381	3575	2806	1.72	0.96	0.75	127.41
31	5950	3364	2586	1.60	0.90	0.70	130.09
32	5597	3169	2428	1.50	0.85	0.65	130.52
33	5764	3269	2495	1.55	0.88	0.67	131.02
34	5621	3133	2488	1.51	0.84	0.67	125.92
35-39岁	**29256**	**16626**	**12630**	**7.86**	**4.47**	**3.40**	**131.64**
35	5599	3167	2432	1.51	0.85	0.65	130.22
36	6067	3378	2689	1.63	0.91	0.72	125.62
37	5824	3317	2507	1.57	0.89	0.67	132.31
38	6173	3584	2589	1.66	0.96	0.70	138.43
39	5593	3180	2413	1.50	0.85	0.65	131.79
40-44岁	**24854**	**14059**	**10795**	**6.68**	**3.78**	**2.90**	**130.24**
40	5746	3222	2524	1.54	0.87	0.68	127.65
41	5203	2971	2232	1.40	0.80	0.60	133.11
42	4931	2819	2112	1.33	0.76	0.57	133.48
43	4242	2395	1847	1.14	0.64	0.50	129.67
44	4732	2652	2080	1.27	0.71	0.56	127.50
45-49岁	**25836**	**14129**	**11707**	**6.95**	**3.80**	**3.15**	**120.69**
45	4715	2603	2112	1.27	0.70	0.57	123.25
46	5061	2775	2286	1.36	0.75	0.61	121.39
47	5389	2930	2459	1.45	0.79	0.66	119.15
48	5591	3025	2566	1.50	0.81	0.69	117.89
49	5080	2796	2284	1.37	0.75	0.61	122.42
50-54岁	**28849**	**15378**	**13471**	**7.76**	**4.13**	**3.62**	**114.16**
50	5950	3156	2794	1.60	0.85	0.75	112.96
51	5884	3200	2684	1.58	0.86	0.72	119.23
52	6185	3274	2911	1.66	0.88	0.78	112.47
53	5185	2741	2444	1.39	0.74	0.66	112.15
54	5645	3007	2638	1.52	0.81	0.71	113.99
55-59岁	**27354**	**14498**	**12856**	**7.35**	**3.90**	**3.46**	**112.77**
55	5785	2977	2808	1.56	0.80	0.75	106.02
56	5826	3042	2784	1.57	0.82	0.75	109.27
57	6241	3375	2866	1.68	0.91	0.77	117.76
58	6096	3283	2813	1.64	0.88	0.76	116.71
59	3406	1821	1585	0.92	0.49	0.43	114.89
60-64岁	**17642**	**9040**	**8602**	**4.74**	**2.43**	**2.31**	**105.09**
60	3224	1622	1602	0.87	0.44	0.43	101.25
61	3244	1709	1535	0.87	0.46	0.41	111.34
62	3860	1978	1882	1.04	0.53	0.51	105.10
63	3837	1980	1857	1.03	0.53	0.50	106.62
64	3477	1751	1726	0.93	0.47	0.46	101.45

1-4c 续表 2

单位：人、%

年 龄	人 口 数			占总人口比重			性别比
	合计	男	女	合计	男	女	(女=100)
65-69岁	**16189**	**8097**	**8092**	**4.35**	**2.18**	**2.18**	**100.06**
65	3781	1894	1887	1.02	0.51	0.51	100.37
66	3534	1744	1790	0.95	0.47	0.48	97.43
67	3153	1580	1573	0.85	0.42	0.42	100.45
68	3128	1579	1549	0.84	0.42	0.42	101.94
69	2593	1300	1293	0.70	0.35	0.35	100.54
70-74岁	**11129**	**5502**	**5627**	**2.99**	**1.48**	**1.51**	**97.78**
70	3009	1528	1481	0.81	0.41	0.40	103.17
71	2448	1215	1233	0.66	0.33	0.33	98.54
72	2142	1043	1099	0.58	0.28	0.30	94.90
73	1879	933	946	0.51	0.25	0.25	98.63
74	1651	783	868	0.44	0.21	0.23	90.21
75-79岁	**7126**	**3225**	**3901**	**1.92**	**0.87**	**1.05**	**82.67**
75	1601	777	824	0.43	0.21	0.22	94.30
76	1475	675	800	0.40	0.18	0.22	84.38
77	1448	660	788	0.39	0.18	0.21	83.76
78	1344	589	755	0.36	0.16	0.20	78.01
79	1258	524	734	0.34	0.14	0.20	71.39
80-84岁	**6211**	**2539**	**3672**	**1.67**	**0.68**	**0.99**	**69.14**
80	1318	558	760	0.35	0.15	0.20	73.42
81	1266	526	740	0.34	0.14	0.20	71.08
82	1318	531	787	0.35	0.14	0.21	67.47
83	1201	485	716	0.32	0.13	0.19	67.74
84	1108	439	669	0.30	0.12	0.18	65.62
85-89岁	**3843**	**1459**	**2384**	**1.03**	**0.39**	**0.64**	**61.20**
85	1022	412	610	0.27	0.11	0.16	67.54
86	898	334	564	0.24	0.09	0.15	59.22
87	786	309	477	0.21	0.08	0.13	64.78
88	603	219	384	0.16	0.06	0.10	57.03
89	534	185	349	0.14	0.05	0.09	53.01
90-94岁	**1497**	**461**	**1036**	**0.40**	**0.12**	**0.28**	**44.50**
90	473	140	333	0.13	0.04	0.09	42.04
91	327	113	214	0.09	0.03	0.06	52.80
92	276	84	192	0.07	0.02	0.05	43.75
93	255	76	179	0.07	0.02	0.05	42.46
94	166	48	118	0.04	0.01	0.03	40.68
95-99岁	**399**	**113**	**286**	**0.11**	**0.03**	**0.08**	**39.51**
95	134	39	95	0.04	0.01	0.03	41.05
96	93	34	59	0.03	0.01	0.02	57.63
97	82	20	62	0.02	0.01	0.02	32.26
98	51	13	38	0.01		0.01	34.21
99	39	7	32	0.01		0.01	21.88
100岁及以上	**82**	**12**	**70**	**0.02**		**0.02**	**17.14**

第二部分　长表数据资料

第二卷　民族

2-1 全省各民族分性别、行业的人口

单位：人

民族	人口数			农、林、牧、渔业			采矿业		
	合计	男	女	小计	男	女	小计	男	女
总 计	**423009**	**249668**	**173341**	**135227**	**78330**	**56897**	**790**	**643**	**147**
汉 族	357233	212023	145210	97735	56342	41393	741	602	139
蒙古族	158	88	70				1	1	
回 族	485	284	201	29	20	9			
藏 族	12	6	6	1	1				
维吾尔族	15	6	9						
苗 族	3265	1844	1421	2199	1232	967	1	1	
彝 族	177	93	84	56	25	31	3	3	
壮 族	2433	1428	1005	1028	569	459	8	5	3
布依族	184	112	72	50	28	22			
朝鲜族	46	27	19	2	1	1	1	1	
满 族	364	206	158	16	10	6	1	1	
侗 族	189	139	50	21	10	11			
瑶 族	436	258	178	173	101	72			
白 族	33	17	16	9	6	3	1	1	
土家族	327	217	110	25	14	11	2	2	
哈尼族	60	30	30	47	23	24			
哈萨克族	11	7	4	9	7	2			
傣 族	19	11	8	2	1	1			
黎 族	57327	32734	24593	33778	19920	13858	29	26	3
傈僳族	22	14	8	20	12	8			
佤 族	13	4	9	1		1			
畲 族	36	22	14	2		2			
高山族	7	2	5						
拉祜族	10	7	3	1		1			
水 族	6	2	4	3	2	1			
东乡族	12	8	4						
纳西族	4	4							
景颇族									
柯尔克孜族									
土 族	13	5	8	1		1			
达斡尔族	6	5	1						
仫佬族	9	4	5	4	2	2	1		1
羌 族	5	4	1						
布朗族	6	4	2	2	1	1			
撒拉族	2		2						
毛南族	9	8	1						
仡佬族	28	23	5	1		1			
锡伯族	9	3	6				1		1
阿昌族									
普米族									
塔吉克族									
怒 族									
乌孜别克族									
俄罗斯族	2	2							
鄂温克族									
德昂族	1	1							
保安族									
裕固族									
京 族	2	1	1						
塔塔尔族	2	1	1						
独龙族									
鄂伦春族									
赫哲族	1		1						
门巴族									
珞巴族									
基诺族									
未定族称人口	27	14	13	9	3	6			
入 籍	3		3	3		3			

2-1 续表 1

单位：人

民族	制造业			电力、热力、燃气及水生产和供应业			建筑业		
	小计	男	女	小计	男	女	小计	男	女
总计	**19335**	**12938**	**6397**	**2749**	**2061**	**688**	**40266**	**32644**	**7622**
汉族	17594	11815	5779	2473	1869	604	36494	29421	7073
蒙古族	8	5	3	3	2	1	18	15	3
回族	11	5	6				14	13	1
藏族	1	1					3	3	
维吾尔族									
苗族	87	53	34	9	6	3	245	204	41
彝族	10	5	5				46	33	13
壮族	194	131	63	14	9	5	309	251	58
布依族	26	19	7				36	30	6
朝鲜族	2	1	1				3	2	1
满族	15	9	6	8	3	5	30	26	4
侗族	6	5	1				82	76	6
瑶族	40	26	14	5	4	1	66	51	15
白族	1	1		1	1		2	1	1
土家族	21	16	5				103	81	22
哈尼族	7	6	1				1		1
哈萨克族									
傣族	2	2					2	1	1
黎族	1296	827	469	234	166	68	2768	2397	371
傈僳族									
佤族									
畲族	1		1	2	1	1	7	5	2
高山族									
拉祜族	5	5					1	1	
水族									
东乡族									
纳西族									
景颇族									
柯尔克孜族									
土族	1	1					6	4	2
达斡尔族							1	1	
仫佬族	1	1							
羌族	1		1				2	2	
布朗族									
撒拉族									
毛南族							7	7	
仡佬族	3	2	1				17	16	1
锡伯族	1	1							
阿昌族									
普米族									
塔吉克族									
怒族									
乌孜别克族									
俄罗斯族							1	1	
鄂温克族									
德昂族									
保安族									
裕固族									
京族									
塔塔尔族									
独龙族									
鄂伦春族									
赫哲族									
门巴族									
珞巴族									
基诺族									
未定族称人口	1	1					2	2	
入籍									

2-1　续表 2

单位：人

民　族	批发和零售业			交通运输、仓储和邮政业			住宿和餐饮业		
	小计	男	女	小计	男	女	小计	男	女
总　计	**54396**	**26613**	**27783**	**19733**	**16520**	**3213**	**35234**	**17624**	**17610**
汉　族	49995	24801	25194	18562	15521	3041	30799	15768	15031
蒙古族	18	7	11	6	5	1	17	10	7
回　族	116	48	68	24	23	1	89	56	33
藏　族				3		3	1		1
维吾尔族	2	1	1	1		1	6	3	3
苗　族	141	50	91	28	27	1	134	50	84
彝　族	6	3	3	2	1	1	14	7	7
壮　族	202	100	102	60	47	13	140	74	66
布依族	22	11	11	3	3		5	3	2
朝鲜族	5	4	1	2	1	1	9	5	4
满　族	53	26	27	24	21	3	42	22	20
侗　族	10	4	6	5	4	1	9	4	5
瑶　族	34	18	16	6	6		17	7	10
白　族	6	4	2	1		1	1	1	
土家族	26	19	7	10	9	1	23	12	11
哈尼族	2		2				1		1
哈萨克族									
傣　族	2	2					2	1	1
黎　族	3741	1506	2235	991	849	142	3897	1585	2312
傈僳族									
佤　族									
畲　族	4	3	1	2	1	1	2	1	1
高山族							2	1	1
拉祜族							2		2
水　族	1		1				1		1
东乡族	1	1					11	7	4
纳西族							2	2	
景颇族									
柯尔克孜族									
土　族									
达斡尔族	1	1		1	1				
仫佬族									
羌　族	1	1							
布朗族									
撒拉族							2		2
毛南族				1	1				
仡佬族	1		1	1		1			
锡伯族	1		1						
阿昌族									
普米族									
塔吉克族									
怒　族									
乌孜别克族									
俄罗斯族									
鄂温克族									
德昂族							1	1	
保安族									
裕固族									
京　族							1	1	
塔塔尔族									
独龙族									
鄂伦春族									
赫哲族									
门巴族									
珞巴族									
基诺族									
未定族称人口	5	3	2				4	3	1
入　籍									

2–1 续表 3 单位：人

民族	信息传输、软件和信息技术服务业			金融业			房地产业		
	小计	男	女	小计	男	女	小计	男	女
总　计	**4901**	**3168**	**1733**	**4977**	**2615**	**2362**	**10730**	**6595**	**4135**
汉　族	4627	3022	1605	4667	2461	2206	9745	6059	3686
蒙古族	3	2	1	6	4	2	14	11	3
回　族	3	2	1	5	3	2	34	24	10
藏　族									
维吾尔族							1	1	
苗　族	7	3	4	3		3	47	29	18
彝　族				2		2	7	4	3
壮　族	21	12	9	17	9	8	65	41	24
布依族							6	3	3
朝鲜族	1		1	1	1		3	1	2
满　族	4	2	2	15	10	5	25	18	7
侗　族	4	1	3	3	2	1	4	2	2
瑶　族	3	1	2	3	1	2	10	6	4
白　族							1		1
土家族	9	7	2	5	3	2	13	10	3
哈尼族									
哈萨克族									
傣　族				2		2	2	1	1
黎　族	216	114	102	247	120	127	746	381	365
傈僳族									
佤　族							1		1
畲　族	1	1					2	2	
高山族	1		1						
拉祜族									
水　族									
东乡族									
纳西族									
景颇族									
柯尔克孜族									
土　族							2		2
达斡尔族							1	1	
仫佬族									
羌　族									
布朗族									
撒拉族									
毛南族									
仡佬族	1	1							
锡伯族				1	1				
阿昌族									
普米族									
塔吉克族									
怒　族									
乌孜别克族									
俄罗斯族							1	1	
鄂温克族									
德昂族									
保安族									
裕固族									
京　族									
塔塔尔族									
独龙族									
鄂伦春族									
赫哲族									
门巴族									
珞巴族									
基诺族									
未定族称人口									
入　籍									

2-1　续表 4　　单位：人

民　族	租赁和商务服务业			科学研究和技术服务业			水利、环境和公共设施管理业		
	小计	男	女	小计	男	女	小计	男	女
总　计	**13695**	**8744**	**4951**	**3738**	**2534**	**1204**	**6451**	**2894**	**3557**
汉　族	12323	7882	4441	3498	2371	1127	5243	2342	2901
蒙古族	12	5	7	2	1	1			
回　族	27	21	6	5	3	2	7	2	5
藏　族	1		1						
维吾尔族									
苗　族	47	37	10	10	3	7	52	30	22
彝　族	11	8	3				2		2
壮　族	68	46	22	14	9	5	23	11	12
布依族	8	5	3	1		1	5	2	3
朝鲜族	2	1	1	2	1	1	1		1
满　族	22	17	5	4	3	1	7	6	1
侗　族	15	14	1	2	1	1	3	1	2
瑶　族	18	10	8	1		1	4	3	1
白　族	3		3						
土家族	21	11	10	8	3	5	3	2	1
哈尼族									
哈萨克族	1		1						
傣　族							1	1	
黎　族	1099	675	424	188	137	51	1095	491	604
傈僳族	2	2							
佤　族	4	3	1	1	1		1		1
畲　族	2	1	1	1	1				
高山族	1		1				1		1
拉祜族	1	1							
水　族									
东乡族									
纳西族									
景颇族									
柯尔克孜族									
土　族				1		1			
达斡尔族									
仫佬族									
羌　族	1	1							
布朗族	1		1				3	3	
撒拉族									
毛南族	1		1						
仡佬族	1	1							
锡伯族	1	1							
阿昌族									
普米族									
塔吉克族									
怒　族									
乌孜别克族									
俄罗斯族									
鄂温克族									
德昂族									
保安族									
裕固族									
京　族									
塔塔尔族									
独龙族									
鄂伦春族									
赫哲族									
门巴族									
珞巴族									
基诺族									
未定族称人口	2	2							
入　籍									

2—1 续表 5　　　　单位：人

民　族	居民服务、修理和其他服务业			教　育			卫生和社会工作		
	小计	男	女	小计	男	女	小计	男	女
总　计	**21982**	**11023**	**10959**	**18066**	**6988**	**11078**	**8090**	**2828**	**5262**
汉　族	20170	10289	9881	16079	6185	9894	7275	2570	4705
蒙古族	9	4	5	14	4	10	5	1	4
回　族	16	8	8	38	12	26	16	8	8
藏　族									
维吾尔族	1		1	2		2			
苗　族	61	18	43	72	30	42	21	9	12
彝　族	10	1	9	7	3	4	1		1
壮　族	100	36	64	62	14	48	30	14	16
布依族	14	6	8	4	1	3	1		1
朝鲜族	2	1	1	3	2	1	2	2	
满　族	13	3	10	40	10	30	15	3	12
侗　族	10	8	2	6	3	3	1	1	
瑶　族	15	9	6	13	3	10	5	1	4
白　族				3		3	1		1
土家族	14	5	9	20	8	12	5	2	3
哈尼族				2	1	1			
哈萨克族							1		1
傣　族	2	1	1	1		1			
黎　族	1532	633	899	1691	708	983	703	215	488
傈僳族									
佤　族	4		4						
畲　族	1		1	2	1	1	3	1	2
高山族	2	1	1						
拉祜族									
水　族							1		1
东乡族									
纳西族				1	1				
景颇族									
柯尔克孜族									
土　族							1		1
达斡尔族				1		1	1	1	
仫佬族	2		2	1	1				
羌　族									
布朗族									
撒拉族									
毛南族									
仡佬族				1	1				
锡伯族				2		2	1		1
阿昌族									
普米族									
塔吉克族									
怒　族									
乌孜别克族									
俄罗斯族									
鄂温克族									
德昂族									
保安族									
裕固族									
京　族	1		1						
塔塔尔族							1		1
独龙族									
鄂伦春族									
赫哲族				1		1			
门巴族									
珞巴族									
基诺族									
未定族称人口	3		3						
入　籍									

2-1　续表 6　　　　单位：人

民　族	文化、体育和娱乐业			公共管理、社会保障和社会组织			国际组织		
	小计	男	女	小计	男	女	小计	男	女
总　计	**3801**	**2073**	**1728**	**18841**	**12829**	**6012**	**7**	**4**	**3**
汉　族	3308	1835	1473	15899	10865	5034	6	3	3
蒙古族	7	3	4	15	8	7			
回　族	8	6	2	43	30	13			
藏　族	1		1	1	1				
维吾尔族	1		1	1	1				
苗　族	17	5	12	84	57	27			
彝　族									
壮　族	20	12	8	58	38	20			
布依族	2	1	1	1		1			
朝鲜族	3	2	1	2	1	1			
满　族	10	6	4	20	10	10			
侗　族	3	2	1	5	1	4			
瑶　族	7	4	3	16	7	9			
白　族	1	1		2	1	1			
土家族	3	2	1	16	11	5			
哈尼族									
哈萨克族									
傣　族				1	1				
黎　族	406	192	214	2669	1791	878	1	1	
傈僳族									
佤　族	1		1						
畲　族	1	1		3	3				
高山族									
拉祜族									
水　族									
东乡族									
纳西族				1	1				
景颇族									
柯尔克孜族									
土　族				1		1			
达斡尔族									
仫佬族									
羌　族									
布朗族									
撒拉族									
毛南族									
仡佬族	1	1		1	1				
锡伯族				1		1			
阿昌族									
普米族									
塔吉克族									
怒　族									
乌孜别克族									
俄罗斯族									
鄂温克族									
德昂族									
保安族									
裕固族									
京　族									
塔塔尔族				1	1				
独龙族									
鄂伦春族									
赫哲族									
门巴族									
珞巴族									
基诺族									
未定族称人口	1		1						
入　籍									

2–2 全省各民族分性别、职业的人口

单位：人

民　族	人口数			党的机关、国家机关、群众团体和社会组织、企事业单位负责人		
	合计	男	女	小计	男	女
总　计	**423009**	**249668**	**173341**	**8641**	**6236**	**2405**
汉　族	357233	212023	145210	8133	5899	2234
蒙古族	158	88	70	9	7	2
回　族	485	284	201	33	25	8
藏　族	12	6	6	1	1	
维吾尔族	15	6	9			
苗　族	3265	1844	1421	19	7	12
彝　族	177	93	84	1		1
壮　族	2433	1428	1005	30	19	11
布依族	184	112	72	1	1	
朝鲜族	46	27	19	5	2	3
满　族	364	206	158	21	16	5
侗　族	189	139	50	4	3	1
瑶　族	436	258	178	8	5	3
白　族	33	17	16			
土家族	327	217	110	17	15	2
哈尼族	60	30	30			
哈萨克族	11	7	4			
傣　族	19	11	8			
黎　族	57327	32734	24593	352	231	121
傈僳族	22	14	8			
佤　族	13	4	9			
畲　族	36	22	14			
高山族	7	2	5			
拉祜族	10	7	3			
水　族	6	2	4	1		1
东乡族	12	8	4	2	2	
纳西族	4	4				
景颇族						
柯尔克孜族						
土　族	13	5	8	1	1	
达斡尔族	6	5	1	1	1	
仫佬族	9	4	5			
羌　族	5	4	1			
布朗族	6	4	2			
撒拉族	2		2			
毛南族	9	8	1			
仡佬族	28	23	5	1	1	
锡伯族	9	3	6	1		1
阿昌族						
普米族						
塔吉克族						
怒　族						
乌孜别克族						
俄罗斯族	2	2				
鄂温克族						
德昂族	1	1				
保安族						
裕固族						
京　族	2	1	1			
塔塔尔族	2	1	1			
独龙族						
鄂伦春族						
赫哲族	1		1			
门巴族						
珞巴族						
基诺族						
未定族称人口	27	14	13			
入　籍	3		3			

2-2　续表 1　　　　单位：人

民　族	专业技术人员			办事人员和有关人员			社会生产服务和生活服务人员		
	小计	男	女	小计	男	女	小计	男	女
总　计	**37157**	**16606**	**20551**	**29226**	**18868**	**10358**	**155863**	**85023**	**70840**
汉　族	33841	15210	18631	26152	16887	9265	140301	77760	62541
蒙古族	39	17	22	35	21	14	56	26	30
回　族	72	32	40	54	40	14	275	150	125
藏　族	1	1					5		5
维吾尔族	2		2	1	1		10	3	7
苗　族	117	50	67	81	57	24	485	212	273
彝　族	12	5	7	6	6		38	10	28
壮　族	153	66	87	95	55	40	622	331	291
布依族	12	4	8	1	1		59	32	27
朝鲜族	11	5	6	5	4	1	23	14	9
满　族	89	34	55	40	21	19	158	91	67
侗　族	14	9	5	9	3	6	43	23	20
瑶　族	33	18	15	24	11	13	99	48	51
白　族	5		5	3	2	1	10	3	7
土家族	51	21	30	31	16	15	99	64	35
哈尼族	2	1	1	1		1	2		2
哈萨克族	1		1				1		1
傣　族	3	2	1	3	1	2	7	4	3
黎　族	2673	1120	1553	2668	1733	935	13502	6216	7286
傈僳族									
佤　族	2		2				4		4
畲　族	5	3	2	6	3	3	16	11	5
高山族	2		2	1		1	3	2	1
拉祜族							4	2	2
水　族	2		2						
东乡族							10	6	4
纳西族	1	1		1	1		2	2	
景颇族									
柯尔克孜族									
土　族	1		1	2		2			
达斡尔族	2	1	1	1	1		2	2	
仫佬族	1	1					2		2
羌　族							2	1	1
布朗族	2	2		1		1	1	1	
撒拉族							2		2
毛南族							2	1	1
仡佬族	2	2		1	1		3	1	2
锡伯族	3		3	2	1	1	1		1
阿昌族									
普米族									
塔吉克族									
怒　族									
乌孜别克族									
俄罗斯族				1	1				
鄂温克族									
德昂族							1	1	
保安族									
裕固族									
京　族							2	1	1
塔塔尔族	1		1	1	1				
独龙族									
鄂伦春族									
赫哲族	1		1						
门巴族									
珞巴族									
基诺族									
未定族称人口	1	1					11	5	6
入　籍									

2-2 续表 2

单位：人

民族	农、林、牧、渔业生产及辅助人员			生产制造及有关人员			不便分类的其他从业人员		
	小计	男	女	小计	男	女	小计	男	女
总计	**129742**	**75339**	**54403**	**58866**	**45464**	**13402**	**3514**	**2132**	**1382**
汉族	92922	53676	39246	52794	40694	12100	3090	1897	1193
蒙古族				18	16	2	1	1	
回族	25	18	7	22	16	6	4	3	1
藏族				4	3	1	1	1	
维吾尔族				2	2				
苗族	2168	1212	956	379	296	83	16	10	6
彝族	54	24	30	66	48	18			
壮族	1006	551	455	523	404	119	4	2	2
布依族	46	24	22	62	49	13	3	1	2
朝鲜族				2	2				
满族	13	9	4	42	34	8	1	1	
侗族	19	9	10	99	91	8	1	1	
瑶族	173	101	72	96	73	23	3	2	1
白族	8	6	2	7	6	1			
土家族	22	12	10	103	85	18	4	4	
哈尼族	46	22	24	3	2	1	6	5	1
哈萨克族	9	7	2						
傣族	1		1	5	4	1			
黎族	33186	19650	13536	4570	3583	987	376	201	175
傈僳族	17	10	7	5	4	1			
佤族	1		1	6	4	2			
畲族	2		2	7	5	2			
高山族				1		1			
拉祜族	1		1	5	5				
水族	3	2	1						
东乡族									
纳西族									
景颇族									
柯尔克孜族									
土族	1		1	8	4	4			
达斡尔族									
仫佬族	4	2	2	2	1	1			
羌族				3	3				
布朗族	2	1	1						
撒拉族									
毛南族				6	6		1	1	
仡佬族	1		1	17	16	1	3	2	1
锡伯族				2	2				
阿昌族									
普米族									
塔吉克族									
怒族									
乌孜别克族									
俄罗斯族				1	1				
鄂温克族									
德昂族									
保安族									
裕固族									
京族									
塔塔尔族									
独龙族									
鄂伦春族									
赫哲族									
门巴族									
珞巴族									
基诺族									
未定族称人口	9	3	6	6	5	1			
入籍	3		3						

2-3　全省各民族分性别、主要生活来源的15岁及以上人口

单位：人

民　族	15岁及以上人口			劳动收入		
	合计	男	女	小计	男	女
总　计	**739671**	**387457**	**352214**	**432091**	**255899**	**176192**
汉　族	626801	328619	298182	361865	215567	146298
蒙古族	288	134	154	157	86	71
回　族	1023	536	487	481	281	200
藏　族	38	13	25	12	6	6
维吾尔族	55	28	27	15	6	9
苗　族	5890	3026	2864	3725	2098	1627
彝　族	249	116	133	178	92	86
壮　族	3689	1861	1828	2470	1455	1015
布依族	249	131	118	184	113	71
朝鲜族	125	61	64	48	28	20
满　族	689	334	355	368	207	161
侗　族	280	178	102	188	138	50
瑶　族	651	338	313	440	263	177
白　族	55	24	31	32	17	15
土家族	540	307	233	331	219	112
哈尼族	64	32	32	59	30	29
哈萨克族	14	9	5	11	7	4
傣　族	38	16	22	19	11	8
黎　族	98472	51461	47011	61267	35133	26134
傈僳族	27	16	11	22	14	8
佤　族	17	4	13	13	4	9
畲　族	58	27	31	36	22	14
高山族	10	2	8	7	2	5
拉祜族	14	9	5	11	8	3
水　族	17	6	11	7	3	4
东乡族	15	9	6	12	8	4
纳西族	10	8	2	3	3	
景颇族						
柯尔克孜族	2	1	1			
土　族	19	6	13	14	5	9
达斡尔族	15	7	8	6	5	1
仫佬族	18	7	11	8	4	4
羌　族	8	5	3	5	4	1
布朗族	9	4	5	7	4	3
撒拉族	3	1	2	2		2
毛南族	9	8	1	9	8	1
仡佬族	43	30	13	27	22	5
锡伯族	16	8	8	9	3	6
阿昌族						
普米族						
塔吉克族						
怒　族						
乌孜别克族						
俄罗斯族	4	2	2	2	2	
鄂温克族	1		1			
德昂族	1	1		1	1	
保安族						
裕固族						
京　族	8	3	5	1	1	
塔塔尔族	3	1	2	2	1	1
独龙族						
鄂伦春族						
赫哲族	2	1	1	1		1
门巴族	1		1			
珞巴族						
基诺族						
未定族称人口	116	62	54	32	18	14
入　籍	15	5	10	4		4

2-3 续表 1 单位：人

民族	离退休金/养老金			最低生活保障金			失业保险金		
	小计	男	女	小计	男	女	小计	男	女
总　计	**69688**	**29497**	**40191**	**9017**	**5224**	**3793**	**261**	**162**	**99**
汉　族	63551	27257	36294	7425	4326	3099	234	148	86
蒙古族	49	19	30						
回　族	81	40	41				1		1
藏　族									
维吾尔族	7	3	4						
苗　族	303	111	192	47	26	21	1		1
彝　族	2		2						
壮　族	449	94	355	11	8	3	7	3	4
布依族	1		1						
朝鲜族	40	16	24						
满　族	145	63	82						
侗　族	16	6	10						
瑶　族	70	21	49						
白　族	1	1							
土家族	29	9	20						
哈尼族	1	1							
哈萨克族									
傣　族	5	2	3						
黎　族	4894	1837	3057	1533	863	670	18	11	7
傈僳族									
佤　族									
畲　族	3		3						
高山族	1		1						
拉祜族	1		1						
水　族									
东乡族									
纳西族	1	1							
景颇族									
柯尔克孜族									
土　族	1		1						
达斡尔族	3	1	2						
仫佬族	1	1							
羌　族									
布朗族									
撒拉族									
毛南族									
仡佬族	2	2							
锡伯族	4	3	1						
阿昌族									
普米族									
塔吉克族									
怒　族									
乌孜别克族									
俄罗斯族	1		1						
鄂温克族	1		1						
德昂族									
保安族									
裕固族									
京　族	4	1	3						
塔塔尔族									
独龙族									
鄂伦春族									
赫哲族	1	1							
门巴族									
珞巴族									
基诺族									
未定族称人口	20	7	13	1	1				
入　籍									

2-3　续表 2　　　　单位：人

民　族	财产性收入			家庭其他成员供养			其　他		
	小计	男	女	小计	男	女	小计	男	女
总　计	**6755**	**3809**	**2946**	**160454**	**60945**	**99509**	**61405**	**31921**	**29484**
汉　族	4696	2621	2075	140813	53622	87191	48217	25078	23139
蒙古族				71	25	46	11	4	7
回　族	36	23	13	289	115	174	135	77	58
藏　族				25	7	18	1		1
维吾尔族				32	18	14	1	1	
苗　族	96	55	41	1023	388	635	695	348	347
彝　族				58	17	41	11	7	4
壮　族	9	5	4	577	206	371	166	90	76
布依族				55	14	41	9	4	5
朝鲜族	1	1		27	10	17	9	6	3
满　族	7	4	3	126	41	85	43	19	24
侗　族				61	25	36	15	9	6
瑶　族	3	2	1	113	40	73	25	12	13
白　族				20	6	14	2		2
土家族	3	2	1	149	62	87	28	15	13
哈尼族				4	1	3			
哈萨克族				3	2	1			
傣　族				9	2	7	5	1	4
黎　族	1903	1095	808	16893	6309	10584	11964	6213	5751
傈僳族				5	2	3			
佤　族				3		3	1		1
畲　族				13	3	10	6	2	4
高山族				1		1	1		1
拉祜族				2	1	1			
水　族				9	3	6	1		1
东乡族				3	1	2			
纳西族				5	3	2	1	1	
景颇族									
柯尔克孜族				2	1	1			
土　族				2		2	2	1	1
达斡尔族				3	1	2	3		3
仫佬族	1	1		7	1	6	1		1
羌　族				3	1	2			
布朗族				2		2			
撒拉族				1	1				
毛南族									
仡佬族				13	6	7	1		1
锡伯族				3	2	1			
阿昌族									
普米族									
塔吉克族									
怒　族									
乌孜别克族									
俄罗斯族				1		1			
鄂温克族									
德昂族									
保安族									
裕固族									
京　族				3	1	2			
塔塔尔族				1		1			
独龙族									
鄂伦春族									
赫哲族									
门巴族				1		1			
珞巴族									
基诺族									
未定族称人口				16	5	11	47	31	16
入　籍				7	3	4	4	2	2

2-4 全省各民族分性别、婚姻状况的15岁及以上人口

单位：人

民　族	15岁及以上人口			未　婚		
	合计	男	女	小计	男	女
总　计	**739671**	**387457**	**352214**	**180442**	**114936**	**65506**
汉　族	626801	328619	298182	147726	92732	54994
蒙古族	288	134	154	91	43	48
回　族	1023	536	487	261	152	109
藏　族	38	13	25	31	9	22
维吾尔族	55	28	27	37	21	16
苗　族	5890	3026	2864	1522	1023	499
彝　族	249	116	133	109	55	54
壮　族	3689	1861	1828	729	484	245
布依族	249	131	118	67	35	32
朝鲜族	125	61	64	31	16	15
满　族	689	334	355	176	87	89
侗　族	280	178	102	79	52	27
瑶　族	651	338	313	152	90	62
白　族	55	24	31	26	13	13
土家族	540	307	233	194	108	86
哈尼族	64	32	32	9	4	5
哈萨克族	14	9	5	9	7	2
傣　族	38	16	22	12	5	7
黎　族	98472	51461	47011	29008	19893	9115
傈僳族	27	16	11	8	6	2
佤　族	17	4	13	7	1	6
畲　族	58	27	31	20	11	9
高山族	10	2	8	4	1	3
拉祜族	14	9	5	6	5	1
水　族	17	6	11	8	3	5
东乡族	15	9	6	2	2	
纳西族	10	8	2	8	6	2
景颇族						
柯尔克孜族	2	1	1	2	1	1
土　族	19	6	13	4	1	3
达斡尔族	15	7	8	5	3	2
仫佬族	18	7	11	5	1	4
羌　族	8	5	3	2	2	
布朗族	9	4	5	2	1	1
撒拉族	3	1	2	2	1	1
毛南族	9	8	1	5	5	
仡佬族	43	30	13	20	13	7
锡伯族	16	8	8	7	3	4
阿昌族						
普米族						
塔吉克族						
怒　族						
乌孜别克族						
俄罗斯族	4	2	2	1		1
鄂温克族	1		1			
德昂族	1	1		1	1	
保安族						
裕固族						
京　族	8	3	5	1	1	
塔塔尔族	3	1	2	2	1	1
独龙族						
鄂伦春族						
赫哲族	2	1	1			
门巴族	1		1	1		1
珞巴族						
基诺族						
未定族称人口	116	62	54	47	36	11
入　籍	15	5	10	3	2	1

2–4　续表　　　　单位：人

民　族	有配偶			离婚			丧偶		
	小计	男	女	小计	男	女	小计	男	女
总　计	**508675**	**257201**	**251474**	**12762**	**7232**	**5530**	**37792**	**8088**	**29704**
汉　族	437711	223330	214381	10485	5824	4661	30879	6733	24146
蒙古族	181	88	93	8	1	7	8	2	6
回　族	699	357	342	29	16	13	34	11	23
藏　族	7	4	3						
维吾尔族	16	7	9	1		1	1		1
苗　族	3886	1840	2046	160	108	52	322	55	267
彝　族	137	59	78	1	1		2	1	1
壮　族	2769	1321	1448	60	31	29	131	25	106
布依族	174	91	83	6	5	1	2		2
朝鲜族	88	43	45	3	1	2	3	1	2
满　族	463	231	232	33	14	19	17	2	15
侗　族	191	123	68	6	2	4	4	1	3
瑶　族	471	237	234	10	6	4	18	5	13
白　族	29	11	18						
土家族	322	191	131	15	5	10	9	3	6
哈尼族	55	28	27						
哈萨克族	5	2	3						
傣　族	24	11	13	1		1	1		1
黎　族	61179	29105	32074	1938	1215	723	6347	1248	5099
傈僳族	19	10	9						
佤　族	8	2	6	1	1		1		1
畲　族	36	16	20	1		1	1		1
高山族	6	1	5						
拉祜族	8	4	4						
水　族	9	3	6						
东乡族	12	7	5	1		1			
纳西族	2	2							
景颇族									
柯尔克孜族									
土　族	15	5	10						
达斡尔族	10	4	6						
仫佬族	12	6	6	1		1			
羌　族	6	3	3						
布朗族	6	3	3				1		1
撒拉族	1		1						
毛南族	4	3	1						
仡佬族	22	17	5				1		1
锡伯族	9	5	4						
阿昌族									
普米族									
塔吉克族									
怒　族									
乌孜别克族									
俄罗斯族	3	2	1						
鄂温克族	1		1						
德昂族									
保安族									
裕固族									
京　族	5	2	3				2		2
塔塔尔族	1		1						
独龙族									
鄂伦春族									
赫哲族	2	1	1						
门巴族									
珞巴族									
基诺族									
未定族称人口	62	24	38	2	2		5		5
入　籍	9	2	7				3	1	2

2-5　全省各民族分性别、初婚年龄的人口

单位：人

民　族	合　计			15岁以下		
	合计	男	女	小计	男	女
总　计	**559229**	**272521**	**286708**	**1752**	**327**	**1425**
汉　族	479075	235887	243188	1149	227	922
蒙古族	197	91	106			
回　族	762	384	378	3	1	2
藏　族	7	4	3			
维吾尔族	18	7	11			
苗　族	4368	2003	2365	72	11	61
彝　族	140	61	79			
壮　族	2960	1377	1583	3		3
布依族	182	96	86	2	1	1
朝鲜族	94	45	49			
满　族	513	247	266	1		1
侗　族	201	126	75			
瑶　族	499	248	251	1		1
白　族	29	11	18			
土家族	346	199	147			
哈尼族	55	28	27			
哈萨克族	5	2	3			
傣　族	26	11	15			
黎　族	69464	31568	37896	520	87	433
傈僳族	19	10	9			
佤　族	10	3	7			
畲　族	38	16	22			
高山族	6	1	5			
拉祜族	8	4	4			
水　族	9	3	6			
东乡族	13	7	6			
纳西族	2	2				
景颇族						
柯尔克孜族						
土　族	15	5	10			
达斡尔族	10	4	6			
仫佬族	13	6	7			
羌　族	6	3	3			
布朗族	7	3	4			
撒拉族	1		1			
毛南族	4	3	1			
仡佬族	23	17	6	1		1
锡伯族	9	5	4			
阿昌族						
普米族						
塔吉克族						
怒　族						
乌孜别克族						
俄罗斯族	3	2	1			
鄂温克族	1		1			
德昂族						
保安族						
裕固族						
京　族	7	2	5			
塔塔尔族	1		1			
独龙族						
鄂伦春族						
赫哲族	2	1	1			
门巴族						
珞巴族						
基诺族						
未定族称人口	69	26	43			
入　籍	12	3	9			

2-5　续表 1　　　　单位：人

民　族	15岁			16岁		
	小计	男	女	小计	男	女
总　计	**4686**	**1058**	**3628**	**7971**	**1896**	**6075**
汉　族	3518	813	2705	6096	1463	4633
蒙古族				1		1
回　族	8	1	7	10	4	6
藏　族						
维吾尔族				1		1
苗　族	120	24	96	177	49	128
彝　族				4		4
壮　族	23	5	18	26	5	21
布依族	3	1	2	3	2	1
朝鲜族						
满　族	2	2		4		4
侗　族	1	1		1	1	
瑶　族	5	1	4	4		4
白　族						
土家族	1	1		3		3
哈尼族				1		1
哈萨克族						
傣　族						
黎　族	1002	208	794	1632	371	1261
傈僳族				2	1	1
佤　族						
畲　族	1		1	1		1
高山族						
拉祜族						
水　族				1		1
东乡族				1		1
纳西族						
景颇族						
柯尔克孜族						
土　族	1	1				
达斡尔族						
仫佬族				1		1
羌　族						
布朗族						
撒拉族						
毛南族						
仡佬族						
锡伯族						
阿昌族						
普米族						
塔吉克族						
怒　族						
乌孜别克族						
俄罗斯族						
鄂温克族						
德昂族						
保安族						
裕固族						
京　族						
塔塔尔族						
独龙族						
鄂伦春族						
赫哲族						
门巴族						
珞巴族						
基诺族						
未定族称人口	1		1	1		1
入　籍				1		1

2–5 续表 2

单位：人

民 族	17岁			18岁			19岁		
	小计	男	女	小计	男	女	小计	男	女
总 计	**13665**	**3415**	**10250**	**21220**	**5742**	**15478**	**32949**	**10404**	**22545**
汉 族	10640	2561	8079	17083	4559	12524	27127	8483	18644
蒙古族				3		3	7	3	4
回 族	18	3	15	24	5	19	44	19	25
藏 族									
维吾尔族									
苗 族	263	70	193	380	125	255	464	201	263
彝 族	7	3	4	3	1	2	9	3	6
壮 族	67	15	52	91	25	66	173	33	140
布依族	8	4	4	8	2	6	13	5	8
朝鲜族							3		3
满 族	7	3	4	9	3	6	12	4	8
侗 族				5	1	4	6	5	1
瑶 族	3	1	2	18	4	14	30	6	24
白 族	1		1	1		1	1	1	
土家族	6	4	2	4	2	2	14	7	7
哈尼族	3	3		2	1	1	6	4	2
哈萨克族				1		1	1	1	
傣 族							3	1	2
黎 族	2632	746	1886	3578	1013	2565	5011	1619	3392
傈僳族	1		1						
佤 族	3	1	2				1		1
畲 族				1		1	3		3
高山族									
拉祜族							1	1	
水 族	1		1						
东乡族	2		2	1		1	2	1	1
纳西族									
景颇族									
柯尔克孜族									
土 族							2		2
达斡尔族							1		1
仫佬族									
羌 族									
布朗族				3		3	2	2	
撒拉族									
毛南族									
仡佬族				1		1			
锡伯族									
阿昌族									
普米族									
塔吉克族									
怒 族									
乌孜别克族									
俄罗斯族									
鄂温克族									
德昂族									
保安族									
裕固族									
京 族							2		2
塔塔尔族				1		1			
独龙族									
鄂伦春族									
赫哲族									
门巴族									
珞巴族									
基诺族									
未定族称人口	3	1	2	1	1		8	3	5
入 籍				2		2	3	2	1

2-5　续表 3　　　　单位：人

民　族	20岁			21岁			22岁		
	小计	男	女	小计	男	女	小计	男	女
总　计	**43915**	**15305**	**28610**	**49007**	**19784**	**29223**	**54296**	**24899**	**29397**
汉　族	36761	12724	24037	41964	16889	25075	46972	21422	25550
蒙古族	10	2	8	14	4	10	18	6	12
回　族	49	21	28	55	16	39	60	27	33
藏　族	1		1						
维吾尔族				1	1		3	1	2
苗　族	500	204	296	415	195	220	357	203	154
彝　族	12	6	6	10	3	7	21	11	10
壮　族	221	69	152	263	110	153	306	140	166
布依族	22	8	14	20	9	11	16	9	7
朝鲜族	2	1	1	6	1	5	9	4	5
满　族	23	6	17	38	11	27	42	20	22
侗　族	14	7	7	18	9	9	20	15	5
瑶　族	43	14	29	50	22	28	53	26	27
白　族	2	1	1	3	1	2	1	1	
土家族	23	8	15	32	10	22	31	16	15
哈尼族	6		6	3	1	2	4	1	3
哈萨克族	1	1		1		1			
傣　族				3	1	2	3	1	2
黎　族	6204	2227	3977	6087	2492	3595	6357	2986	3371
傈僳族	3	2	1	3	1	2	4	2	2
佤　族				1		1	1		1
畲　族	1	1		1	1		3	1	2
高山族							1		1
拉祜族				1		1			
水　族									
东乡族	2	2		1		1			
纳西族									
景颇族									
柯尔克孜族									
土　族				3		3	1		1
达斡尔族									
仫佬族	2		2				3	1	2
羌　族				3	2	1			
布朗族	1		1						
撒拉族	1		1						
毛南族							1	1	
仡佬族				1	1		2	1	1
锡伯族							1	1	
阿昌族									
普米族									
塔吉克族									
怒　族									
乌孜别克族									
俄罗斯族				1		1			
鄂温克族									
德昂族									
保安族									
裕固族									
京　族	1		1				2	1	1
塔塔尔族									
独龙族									
鄂伦春族									
赫哲族				1	1				
门巴族									
珞巴族									
基诺族									
未定族称人口	8	1	7	8	3	5	4	2	2
入　籍	2		2						

2-5 续表 4

单位：人

民族	23岁			24岁			25岁		
	小计	男	女	小计	男	女	小计	男	女
总　计	**52707**	**25398**	**27309**	**50773**	**26215**	**24558**	**45087**	**24929**	**20158**
汉　族	46117	22177	23940	44618	23140	21478	39927	22143	17784
蒙古族	29	11	18	23	10	13	22	11	11
回　族	62	39	23	73	34	39	69	39	30
藏　族							1		1
维吾尔族	3	1	2	1	1				
苗　族	301	172	129	243	133	110	199	113	86
彝　族	15	7	8	10	4	6	9	6	3
壮　族	270	113	157	304	147	157	232	122	110
布依族	12	5	7	19	12	7	8	5	3
朝鲜族	10	4	6	8	4	4	6	3	3
满　族	51	17	34	63	34	29	56	31	25
侗　族	17	13	4	21	7	14	18	11	7
瑶　族	52	26	26	44	27	17	48	30	18
白　族	2		2	5	2	3	4	2	2
土家族	31	15	16	36	18	18	35	18	17
哈尼族	2	1	1	6	4	2	1		1
哈萨克族									
傣　族	3	2	1	3	3		4	1	3
黎　族	5703	2780	2923	5268	2621	2647	4423	2375	2048
傈僳族	2	1	1	1	1				
佤　族									
畲　族	6	4	2	6	1	5	5	3	2
高山族	2		2				1		1
拉祜族	1	1		3	1	2			
水　族				1		1	1	1	
东乡族							3	3	
纳西族							1	1	
景颇族									
柯尔克孜族									
土　族	3	1	2				1	1	
达斡尔族	1		1	1	1		1	1	
仫佬族	1	1		1	1				
羌　族	2	1	1				1		1
布朗族									
撒拉族									
毛南族							2	2	
仡佬族	2	2		7	5	2	3	3	
锡伯族	3	2	1	2	1	1	1	1	
阿昌族									
普米族									
塔吉克族									
怒　族									
乌孜别克族									
俄罗斯族				1	1				
鄂温克族				1		1			
德昂族									
保安族									
裕固族									
京　族									
塔塔尔族									
独龙族									
鄂伦春族									
赫哲族							1		1
门巴族									
珞巴族									
基诺族									
未定族称人口	4	2	2	4	2	2	4	3	1
入　籍									

2-5　续表 5　　单位：人

民　族	26岁			27岁			28岁		
	小计	男	女	小计	男	女	小计	男	女
总　计	**37690**	**21614**	**16076**	**30827**	**18576**	**12251**	**24369**	**15294**	**9075**
汉　族	33366	19289	14077	27286	16553	10733	21415	13611	7804
蒙古族	14	8	6	12	8	4	12	7	5
回　族	60	34	26	49	33	16	32	24	8
藏　族	1	1							
维吾尔族	1	1		2	1	1	3	1	2
苗　族	159	85	74	133	75	58	103	59	44
彝　族	11	6	5	5	4	1	3	1	2
壮　族	195	90	105	162	86	76	124	89	35
布依族	13	9	4	8	4	4	7	6	1
朝鲜族	8	4	4	10	6	4	9	5	4
满　族	53	24	29	38	24	14	21	9	12
侗　族	9	5	4	13	8	5	12	9	3
瑶　族	29	17	12	34	22	12	13	9	4
白　族	3		3				1		1
土家族	26	19	7	23	17	6	27	22	5
哈尼族	5	3	2	2	2		3	2	1
哈萨克族	1		1						
傣　族	2	1	1	2		2	1		1
黎　族	3718	2011	1707	3031	1722	1309	2573	1436	1137
傈僳族				1	1		2	1	1
佤　族	1		1	1	1				
畲　族	3	2	1	2	1	1	1		1
高山族				1	1				
拉祜族				1	1		1		1
水　族				1		1			
东乡族									
纳西族				1	1				
景颇族									
柯尔克孜族									
土　族	2	1	1						
达斡尔族	1		1	1		1	1		1
仫佬族	3	1	2	2	2				
羌　族									
布朗族	1	1							
撒拉族									
毛南族									
仡佬族	2	1	1				1	1	
锡伯族							1		1
阿昌族									
普米族									
塔吉克族									
怒　族									
乌孜别克族									
俄罗斯族							1	1	
鄂温克族									
德昂族									
保安族									
裕固族									
京　族									
塔塔尔族									
独龙族									
鄂伦春族									
赫哲族									
门巴族									
珞巴族									
基诺族									
未定族称人口	3	1	2	5	3	2	2	1	1
入　籍				1		1			

2-5 续表 6

单位：人

民族	29岁			30岁			31岁		
	小计	男	女	小计	男	女	小计	男	女
总　计	**18723**	**11983**	**6740**	**14698**	**9638**	**5060**	**11031**	**7217**	**3814**
汉　族	16259	10547	5712	12739	8477	4262	9507	6332	3175
蒙古族	8	6	2	4	1	3	1		1
回　族	29	18	11	19	10	9	21	11	10
藏　族				2	2				
维吾尔族	2		2	1		1			
苗　族	80	52	28	64	35	29	50	30	20
彝　族	2		2	3	1	2	2	2	
壮　族	98	61	37	78	56	22	70	44	26
布依族	6	4	2	5	4	1			
朝鲜族	8	4	4	4	2	2	3	3	
满　族	25	12	13	16	11	5	9	7	2
侗　族	10	9	1	4	3	1	7	3	4
瑶　族	12	5	7	15	11	4	9	5	4
白　族	1	1		1	1				
土家族	12	10	2	6	4	2	8	6	2
哈尼族	3	1	2	2	2				
哈萨克族									
傣　族							1		1
黎　族	2159	1249	910	1728	1016	712	1338	770	568
傈僳族									
佤　族	1	1							
畲　族	1		1						
高山族									
拉祜族									
水　族	1	1		1		1			
东乡族							1	1	
纳西族									
景颇族									
柯尔克孜族									
土　族				1		1	1	1	
达斡尔族	1	1					1	1	
仫佬族									
羌　族									
布朗族									
撒拉族									
毛南族				1		1			
仡佬族				1	1		1	1	
锡伯族				1		1			
阿昌族									
普米族									
塔吉克族									
怒　族									
乌孜别克族									
俄罗斯族									
鄂温克族									
德昂族									
保安族									
裕固族									
京　族							1		1
塔塔尔族									
独龙族									
鄂伦春族									
赫哲族									
门巴族									
珞巴族									
基诺族									
未定族称人口	4	1	3	2	1	1			
入　籍	1		1						

2-5 续表 7

单位：人

民 族	32岁			33岁			34岁		
	小计	男	女	小计	男	女	小计	男	女
总 计	**8541**	**5608**	**2933**	**6767**	**4508**	**2259**	**5236**	**3449**	**1787**
汉 族	7275	4837	2438	5761	3908	1853	4392	2923	1469
蒙古族	5	4	1	3	2	1	2	2	
回 族	13	8	5	13	10	3	5	3	2
藏 族	1	1							
维吾尔族									
苗 族	46	26	20	41	27	14	34	20	14
彝 族	2		2	1		1	2	2	
壮 族	47	32	15	39	25	14	37	28	9
布依族	1	1		3	1	2			
朝鲜族	1	1		2		2			
满 族	14	6	8	8	5	3	1	1	
侗 族	4	3	1	3	3		3	2	1
瑶 族	6	3	3	5	4	1	4	4	
白 族	1	1		1		1			
土家族	7	5	2	5	4	1	4	3	1
哈尼族	3	2	1						
哈萨克族									
傣 族									
黎 族	1111	676	435	878	518	360	750	460	290
傈僳族									
佤 族				1		1			
畲 族	1	1		1		1			
高山族									
拉祜族									
水 族									
东乡族									
纳西族									
景颇族									
柯尔克孜族									
土 族									
达斡尔族	1		1						
仫佬族									
羌 族									
布朗族									
撒拉族									
毛南族									
仡佬族									
锡伯族									
阿昌族									
普米族									
塔吉克族									
怒 族									
乌孜别克族									
俄罗斯族									
鄂温克族									
德昂族									
保安族									
裕固族									
京 族				1	1				
塔塔尔族									
独龙族									
鄂伦春族									
赫哲族									
门巴族									
珞巴族									
基诺族									
未定族称人口	1		1	1		1	2	1	1
入 籍	1	1							

2-5 续表 8　　单位：人

民　族	35岁			36岁			37岁		
	小计	男	女	小计	男	女	小计	男	女
总　计	**4244**	**2752**	**1492**	**3377**	**2194**	**1183**	**2740**	**1814**	**926**
汉　族	3559	2353	1206	2804	1878	926	2247	1534	713
蒙古族	1		1	1	1		2	1	1
回　族	8	3	5	5	2	3	3	1	2
藏　族				1		1			
维吾尔族									
苗　族	31	21	10	18	12	6	23	9	14
彝　族	2		2				1		1
壮　族	21	14	7	18	11	7	19	10	9
布依族	1	1					2	2	
朝鲜族							1	1	
满　族	2	2		1	1		3	2	1
侗　族	4	3	1				2	2	
瑶　族	3	1	2	3	1	2	3	2	1
白　族	1		1						
土家族	4	3	1				3	3	
哈尼族									
哈萨克族									
傣　族									
黎　族	605	351	254	526	288	238	431	247	184
傈僳族									
佤　族									
畲　族									
高山族									
拉祜族									
水　族	1		1						
东乡族									
纳西族									
景颇族									
柯尔克孜族									
土　族									
达斡尔族									
仫佬族									
羌　族									
布朗族									
撒拉族									
毛南族									
仡佬族									
锡伯族									
阿昌族									
普米族									
塔吉克族									
怒　族									
乌孜别克族									
俄罗斯族									
鄂温克族									
德昂族									
保安族									
裕固族									
京　族									
塔塔尔族									
独龙族									
鄂伦春族									
赫哲族									
门巴族									
珞巴族									
基诺族									
未定族称人口	1		1						
入　籍									

2-5　续表 9　　　　单位：人

民　族	38岁			39岁			40岁及以上		
	小计	男	女	小计	男	女	小计	男	女
总　计	**2142**	**1455**	**687**	**1727**	**1126**	**601**	**9089**	**5921**	**3168**
汉　族	1771	1218	553	1434	961	473	7288	4865	2423
蒙古族	3	3		2	1	1			
回　族	5	3	2	1		1	24	15	9
藏　族									
维吾尔族									
苗　族	11	7	4	13	7	6	71	38	33
彝　族	2	1	1	2		2	2		2
壮　族	8	4	4	10	8	2	55	35	20
布依族							2	1	1
朝鲜族	1	1					3	1	2
满　族	1	1		4	3	1	9	8	1
侗　族	3	3		2		2	4	3	1
瑶　族	2	1	1	1		1	9	6	3
白　族									
土家族				2	2		3	2	1
哈尼族				1	1		2		2
哈萨克族									
傣　族							1	1	
黎　族	333	212	121	254	143	111	1612	944	668
傈僳族									
佤　族									
畲　族							1	1	
高山族							1		1
拉祜族									
水　族	1	1							
东乡族									
纳西族									
景颇族									
柯尔克孜族									
土　族									
达斡尔族									
仫佬族									
羌　族									
布朗族									
撒拉族									
毛南族									
仡佬族							1	1	
锡伯族									
阿昌族									
普米族									
塔吉克族									
怒　族									
乌孜别克族									
俄罗斯族									
鄂温克族									
德昂族									
保安族									
裕固族									
京　族									
塔塔尔族									
独龙族									
鄂伦春族									
赫哲族									
门巴族									
珞巴族									
基诺族									
未定族称人口	1		1				1		1
入　籍				1		1			

2-6 全省按民族、生育孩次分的育龄妇女人数
(2019.11.1-2020.10.31)

单位：人

民族	合计	生男孩的妇女人数	生女孩的妇女人数	一孩			二孩		
				小计	男	女	小计	男	女
总计	**10359**	**5662**	**4697**	**4438**	**2367**	**2071**	**4324**	**2345**	**1979**
汉族	8617	4741	3876	3698	1980	1718	3624	1968	1656
蒙古族	6	2	4	3	1	2	3	1	2
回族	24	12	12	7	4	3	12	5	7
藏族									
维吾尔族	2		2	2		2			
苗族	79	42	37	32	14	18	32	18	14
彝族	4	2	2	2	1	1	1	1	
壮族	40	30	10	15	13	2	17	11	6
布依族	3	2	1				1	1	
朝鲜族	2	1	1	2	1	1			
满族	12	7	5	7	4	3	4	2	2
侗族	6	4	2	5	3	2	1	1	
瑶族	14	9	5	6	4	2	6	4	2
白族	1		1				1		1
土家族	7	4	3	4	3	1	3	1	2
哈尼族									
哈萨克族									
傣族	1	1					1	1	
黎族	1538	804	734	655	339	316	617	331	286
傈僳族									
佤族									
畲族									
高山族									
拉祜族	1	1							
水族									
东乡族	1		1				1		1
纳西族									
景颇族									
柯尔克孜族									
土族									
达斡尔族									
仫佬族									
羌族									
布朗族									
撒拉族									
毛南族									
仡佬族									
锡伯族									
阿昌族									
普米族									
塔吉克族									
怒族									
乌孜别克族									
俄罗斯族									
鄂温克族									
德昂族									
保安族									
裕固族									
京族									
塔塔尔族									
独龙族									
鄂伦春族									
赫哲族									
门巴族									
珞巴族									
基诺族									
未定族称人口	1		1						
入籍									

2-6 续表

单位：人

民族	三孩			四孩			五孩及以上		
	小计	男	女	小计	男	女	小计	男	女
总计	**1301**	**768**	**533**	**226**	**137**	**89**	**70**	**45**	**25**
汉族	1060	646	414	181	112	69	54	35	19
蒙古族									
回族	5	3	2						
藏族									
维吾尔族									
苗族	12	8	4	3	2	1			
彝族	1		1						
壮族	6	4	2	1	1		1	1	
布依族	2	1	1						
朝鲜族									
满族	1	1							
侗族									
瑶族	2	1	1						
白族									
土家族									
哈尼族									
哈萨克族									
傣族									
黎族	210	103	107	41	22	19	15	9	6
傈僳族									
佤族									
畲族									
高山族									
拉祜族	1	1							
水族									
东乡族									
纳西族									
景颇族									
柯尔克孜族									
土族									
达斡尔族									
仫佬族									
羌族									
布朗族									
撒拉族									
毛南族									
仡佬族									
锡伯族									
阿昌族									
普米族									
塔吉克族									
怒族									
乌孜别克族									
俄罗斯族									
鄂温克族									
德昂族									
保安族									
裕固族									
京族									
塔塔尔族									
独龙族									
鄂伦春族									
赫哲族									
门巴族									
珞巴族									
基诺族									
未定族称人口	1		1						
入籍									

2-7 全省各民族15-64岁妇女平均活产子女数和平均存活子女数

单位：人、%

民族	15-64岁妇女人数	活产子女总数			存活子女总数			存活子女数占活产子女数的百分比	妇女平均活产子女数	妇女平均存活子女数
		小计	男	女	小计	男	女			
总计	**300902**	**466423**	**260372**	**206051**	**453896**	**252645**	**201251**	**97.31**	**1.55**	**1.51**
汉族	253073	384045	216071	167974	374166	210026	164140	97.43	1.52	1.48
蒙古族	139	119	66	53	111	62	49	93.28	0.86	0.80
回族	443	730	392	338	706	376	330	96.71	1.65	1.59
藏族	25	5	3	2	5	3	2	100.00	0.20	0.20
维吾尔族	26	20	7	13	20	7	13	100.00	0.77	0.77
苗族	2568	4761	2445	2316	4613	2348	2265	96.89	1.85	1.80
彝族	132	126	63	63	120	59	61	95.24	0.95	0.91
壮族	1693	2767	1546	1221	2690	1499	1191	97.22	1.63	1.59
布依族	117	180	100	80	172	92	80	95.56	1.54	1.47
朝鲜族	50	40	25	15	40	25	15	100.00	0.80	0.80
满族	315	276	150	126	264	141	123	95.65	0.88	0.84
侗族	97	96	47	49	95	46	49	98.96	0.99	0.98
瑶族	297	453	253	200	443	246	197	97.79	1.53	1.49
白族	31	29	14	15	29	14	15	100.00	0.94	0.94
土家族	222	213	124	89	210	122	88	98.59	0.96	0.95
哈尼族	32	58	31	27	57	30	27	98.28	1.81	1.78
哈萨克族	5	5	2	3	5	2	3	100.00	1.00	1.00
傣族	22	21	10	11	20	10	10	95.24	0.95	0.91
黎族	41407	72222	38889	33333	69885	37412	32473	96.76	1.74	1.69
傈僳族	11	19	12	7	19	12	7	100.00	1.73	1.73
佤族	12	10	7	3	10	7	3	100.00	0.83	0.83
畲族	30	33	21	12	30	19	11	90.91	1.10	1.00
高山族	7	6	4	2	5	3	2	83.33	0.86	0.71
拉祜族	5	9	2	7	9	2	7	100.00	1.80	1.80
水族	11	13	6	7	13	6	7	100.00	1.18	1.18
东乡族	6	14	5	9	11	4	7	78.57	2.33	1.83
纳西族	2									
景颇族										
柯尔克孜族	1									
土族	13	20	9	11	20	9	11	100.00	1.54	1.54
达斡尔族	6	3	1	2	3	1	2	100.00	0.50	0.50
仫佬族	11	9	6	3	9	6	3	100.00	0.82	0.82
羌族	3	4	3	1	4	3	1	100.00	1.33	1.33
布朗族	5	9	3	6	9	3	6	100.00	1.80	1.80
撒拉族	2	2		2	2		2	100.00	1.00	1.00
毛南族	1	1		1	1		1	100.00	1.00	1.00
仡佬族	13	12	8	4	12	8	4	100.00	0.92	0.92
锡伯族	8	4	2	2	4	2	2	100.00	0.50	0.50
阿昌族										
普米族										
塔吉克族										
怒族										
乌孜别克族										
俄罗斯族	2	1		1	1		1	100.00	0.50	0.50
鄂温克族	1	1		1	1		1	100.00	1.00	1.00
德昂族										
保安族										
裕固族										
京族										
塔塔尔族	2	3	1	2	3	1	2	100.00	1.50	1.50
独龙族										
鄂伦春族										
赫哲族	1	1	1						1.00	
门巴族	1									
珞巴族										
基诺族										
未定族称人口	46	69	36	33	67	34	33	97.10	1.50	1.46
入籍	8	14	7	7	12	5	7	85.71	1.75	1.50

第二部分　长表数据资料

第三卷　教育

3-1　全省分学业完成情况、性别、受教育程度的3岁及以上人口

单位：人

学业完成情况	合计			小学		
	合计	男	女	小计	男	女
总　计	**828238**	**444765**	**383473**	**181814**	**85402**	**96412**
在　校	166845	90011	76834	80177	44136	36041
毕　业	602736	324487	278249	78929	32029	46900
肄　业	7754	3934	3820	3343	1273	2070
辍　学	15896	8103	7793	8749	3688	5061
其　他	35007	18230	16777	10616	4276	6340

3-1　续表 1

单位：人

学业完成情况	初中			高中			大学专科		
	小计	男	女	小计	男	女	小计	男	女
总　计	**368490**	**202550**	**165940**	**143878**	**83993**	**59885**	**70827**	**39511**	**31316**
在　校	38433	21300	17133	26202	14053	12149	9043	4598	4445
毕　业	302234	165295	136939	112143	66402	45741	60166	33938	26228
肄　业	3542	2082	1460	631	432	199	135	88	47
辍　学	6221	3804	2417	854	561	293	59	42	17
其　他	18060	10069	7991	4048	2545	1503	1424	845	579

3-1　续表 2

单位：人

学业完成情况	大学本科			硕士研究生			博士研究生		
	小计	男	女	小计	男	女	小计	男	女
总　计	**59420**	**31285**	**28135**	**3428**	**1800**	**1628**	**381**	**224**	**157**
在　校	12270	5579	6691	664	317	347	56	28	28
毕　业	46225	25170	21055	2720	1461	1259	319	192	127
肄　业	99	58	41	3		3	1	1	
辍　学	12	8	4	1		1			
其　他	814	470	344	40	22	18	5	3	2

3-1a　全省分学业完成情况、性别、受教育程度的3岁及以上人口(城市)

单位：人

学业完成情况	合计			小学		
	合计	男	女	小计	男	女
总　计	**306182**	**158918**	**147264**	**47339**	**22748**	**24591**
在　校	60124	32642	27482	26070	14626	11444
毕　业	235833	121294	114539	18516	7137	11379
肄　业	1116	525	591	339	96	243
辍　学	2891	1423	1468	1246	475	771
其　他	6218	3034	3184	1168	414	754

3-1a　续表 1

单位：人

学业完成情况	初中			高中			大学专科		
	小计	男	女	小计	男	女	小计	男	女
总　计	**98903**	**50638**	**48265**	**73828**	**39903**	**33925**	**41935**	**22565**	**19370**
在　校	10908	6181	4727	12250	6555	5695	3650	1962	1688
毕　业	83897	42356	41541	59544	32192	27352	37556	20192	17364
肄　业	413	218	195	226	132	94	63	37	26
辍　学	1259	717	542	352	208	144	29	20	9
其　他	2426	1166	1260	1456	816	640	637	354	283

3-1a　续表 2

单位：人

学业完成情况	大学本科			硕士研究生			博士研究生		
	小计	男	女	小计	男	女	小计	男	女
总　计	**40942**	**21340**	**19602**	**2897**	**1524**	**1373**	**338**	**200**	**138**
在　校	6611	3010	3601	587	284	303	48	24	24
毕　业	33759	18022	15737	2277	1223	1054	284	172	112
肄　业	72	41	31	2		2	1	1	
辍　学	5	3	2						
其　他	495	264	231	31	17	14	5	3	2

3-1b　全省分学业完成情况、性别、受教育程度的3岁及以上人口(镇)

单位：人

学业完成情况	合计			小学		
	合计	男	女	小计	男	女
总　计	**195272**	**104806**	**90466**	**43298**	**20182**	**23116**
在　校	41463	22362	19101	19629	10787	8842
毕　业	140223	75529	64694	18526	7337	11189
肄　业	1599	810	789	690	267	423
辍　学	3374	1632	1742	1787	696	1091
其　他	8613	4473	4140	2666	1095	1571

3-1b　续表 1

单位：人

学业完成情况	初中			高中			大学专科		
	小计	男	女	小计	男	女	小计	男	女
总　计	**91924**	**49408**	**42516**	**33539**	**20244**	**13295**	**14767**	**8697**	**6070**
在　校	9648	5351	4297	6958	3772	3186	1950	1047	903
毕　业	75919	40515	35404	25111	15533	9578	12412	7410	5002
肄　业	716	409	307	145	102	43	27	19	8
辍　学	1396	809	587	178	118	60	10	8	2
其　他	4245	2324	1921	1147	719	428	368	213	155

3-1b　续表 2

单位：人

学业完成情况	大学本科			硕士研究生			博士研究生		
	小计	男	女	小计	男	女	小计	男	女
总　计	**11399**	**6097**	**5302**	**321**	**165**	**156**	**24**	**13**	**11**
在　校	3227	1383	1844	45	20	25	6	2	4
毕　业	7970	4583	3387	267	140	127	18	11	7
肄　业	20	13	7	1		1			
辍　学	2	1	1	1		1			
其　他	180	117	63	7	5	2			

3-1c 全省分学业完成情况、性别、受教育程度的3岁及以上人口(乡村)

单位：人

学业完成情况	合计			小学		
	合计	男	女	小计	男	女
总 计	**326784**	**181041**	**145743**	**91177**	**42472**	**48705**
在 校	65258	35007	30251	34478	18723	15755
毕 业	226680	127664	99016	41887	17555	24332
肄 业	5039	2599	2440	2314	910	1404
辍 学	9631	5048	4583	5716	2517	3199
其 他	20176	10723	9453	6782	2767	4015

3-1c 续表 1

单位：人

学业完成情况	初中			高中			大学专科		
	小计	男	女	小计	男	女	小计	男	女
总 计	**177663**	**102504**	**75159**	**36511**	**23846**	**12665**	**14125**	**8249**	**5876**
在 校	17877	9768	8109	6994	3726	3268	3443	1589	1854
毕 业	142418	82424	59994	27488	18677	8811	10198	6336	3862
肄 业	2413	1455	958	260	198	62	45	32	13
辍 学	3566	2278	1288	324	235	89	20	14	6
其 他	11389	6579	4810	1445	1010	435	419	278	141

3-1c 续表 2

单位：人

学业完成情况	大学本科			硕士研究生			博士研究生		
	小计	男	女	小计	男	女	小计	男	女
总 计	**7079**	**3848**	**3231**	**210**	**111**	**99**	**19**	**11**	**8**
在 校	2432	1186	1246	32	13	19	2	2	
毕 业	4496	2565	1931	176	98	78	17	9	8
肄 业	7	4	3						
辍 学	5	4	1						
其 他	139	89	50	2		2			

3-2　全省分年龄、性别、学业完成情况的3岁及以上各种受教育程度人口

单位：人

年　龄	合计								
	合　计			在　校			毕　业		
	合计	男	女	小计	男	女	小计	男	女
总　计	**828238**	**444765**	**383473**	**166845**	**90011**	**76834**	**602736**	**324487**	**278249**
3									
4									
5-9岁	**51097**	**28051**	**23046**	**49651**	**27233**	**22418**	**976**	**562**	**414**
5	1299	722	577	1245	689	556	25	16	9
6	9222	4990	4232	8963	4849	4114	160	93	67
7	13051	7136	5915	12662	6927	5735	258	138	120
8	14338	7955	6383	13968	7736	6232	264	161	103
9	13187	7248	5939	12813	7032	5781	269	154	115
10-14岁	**61764**	**34127**	**27637**	**59483**	**32755**	**26728**	**1762**	**1072**	**690**
10	12874	7100	5774	12529	6898	5631	243	147	96
11	12866	7065	5801	12487	6833	5654	285	175	110
12	12743	7016	5727	12288	6756	5532	356	206	150
13	11877	6658	5219	11378	6348	5030	418	260	158
14	11404	6288	5116	10801	5920	4881	460	284	176
15-19岁	**52584**	**28991**	**23593**	**42709**	**22782**	**19927**	**8669**	**5420**	**3249**
15	11697	6443	5254	11063	6032	5031	488	314	174
16	11734	6407	5327	10610	5697	4913	920	582	338
17	10265	5748	4517	8494	4636	3858	1519	936	583
18	8944	5019	3925	6237	3309	2928	2439	1543	896
19	9944	5374	4570	6305	3108	3197	3303	2045	1258
20-24岁	**52999**	**28940**	**24059**	**13890**	**6653**	**7237**	**36666**	**20777**	**15889**
20	10316	5557	4759	5874	2779	3095	4070	2528	1542
21	9882	5440	4442	4206	2022	2184	5249	3135	2114
22	10131	5603	4528	2222	1065	1157	7440	4241	3199
23	10584	5871	4713	1035	520	515	9006	5026	3980
24	12086	6469	5617	553	267	286	10901	5847	5054
25-29岁	**73039**	**39091**	**33948**	**711**	**377**	**334**	**68047**	**36259**	**31788**
25	13519	7235	6284	317	177	140	12468	6638	5830
26	13412	7203	6209	145	78	67	12490	6686	5804
27	14666	7898	6768	103	46	57	13674	7336	6338
28	15575	8273	7302	86	47	39	14541	7668	6873
29	15867	8482	7385	60	29	31	14874	7931	6943
30-34岁	**83873**	**44507**	**39366**	**163**	**84**	**79**	**78540**	**41478**	**37062**
30	18095	9602	8493	69	36	33	16969	8963	8006
31	16910	9025	7885	27	12	15	15848	8413	7435
32	16275	8633	7642	22	10	12	15253	8031	7222
33	16712	8913	7799	28	15	13	15610	8281	7329
34	15881	8334	7547	17	11	6	14860	7790	7070
35-39岁	**78649**	**42102**	**36547**	**87**	**44**	**43**	**72665**	**38753**	**33912**
35	15299	8236	7063	23	8	15	14205	7634	6571
36	16230	8586	7644	20	9	11	15005	7943	7062
37	15805	8498	7307	14	7	7	14581	7782	6799
38	16585	8880	7705	19	12	7	15301	8158	7143
39	14730	7902	6828	11	8	3	13573	7236	6337
40-44岁	**64020**	**34583**	**29437**	**47**	**28**	**19**	**58684**	**31589**	**27095**
40	14463	7730	6733	5	2	3	13293	7089	6204
41	13840	7504	6336	19	12	7	12741	6848	5893
42	12767	6896	5871	8	5	3	11684	6289	5395
43	11068	5980	5088	7	4	3	10147	5472	4675
44	11882	6473	5409	8	5	3	10819	5891	4928
45-49岁	**65479**	**35265**	**30214**	**34**	**19**	**15**	**59771**	**32220**	**27551**
45	11737	6234	5503	6	3	3	10688	5677	5011
46	13070	7056	6014	11	9	2	11948	6421	5527
47	13799	7392	6407	10	5	5	12623	6781	5842
48	13981	7572	6409	6	2	4	12799	6953	5846
49	12892	7011	5881	1		1	11713	6388	5325
50岁及以上	**244734**	**129108**	**115626**	**70**	**36**	**34**	**216956**	**116357**	**100599**

3-2 续表 1

单位：人

年 龄	合计								
	肄业			辍学			其他		
	小计	男	女	小计	男	女	小计	男	女
总 计	**7754**	**3934**	**3820**	**15896**	**8103**	**7793**	**35007**	**18230**	**16777**
3									
4									
5-9岁	**55**	**24**	**31**	**15**	**8**	**7**	**400**	**224**	**176**
5	3	2	1	2	1	1	24	14	10
6	12	3	9	2	1	1	85	44	41
7	14	7	7	3	1	2	114	63	51
8	10	5	5	4	4		92	49	43
9	16	7	9	4	1	3	85	54	31
10-14岁	**63**	**39**	**24**	**69**	**51**	**18**	**387**	**210**	**177**
10	5	2	3	4	3	1	93	50	43
11	12	7	5	3	3		79	47	32
12	14	9	5	5	4	1	80	41	39
13	13	8	5	16	10	6	52	32	20
14	19	13	6	41	31	10	83	40	43
15-19岁	**165**	**104**	**61**	**397**	**277**	**120**	**644**	**408**	**236**
15	17	9	8	66	49	17	63	39	24
16	38	22	16	78	52	26	88	54	34
17	29	19	10	89	65	24	134	92	42
18	43	31	12	72	41	31	153	95	58
19	38	23	15	92	70	22	206	128	78
20-24岁	**269**	**177**	**92**	**526**	**360**	**166**	**1648**	**973**	**675**
20	32	21	11	89	70	19	251	159	92
21	44	32	12	99	65	34	284	186	98
22	58	42	16	99	70	29	312	185	127
23	61	37	24	114	69	45	368	219	149
24	74	45	29	125	86	39	433	224	209
25-29岁	**498**	**303**	**195**	**775**	**493**	**282**	**3008**	**1659**	**1349**
25	90	59	31	140	83	57	504	278	226
26	97	49	48	137	97	40	543	293	250
27	107	71	36	149	93	56	633	352	281
28	115	68	47	175	112	63	658	378	280
29	89	56	33	174	108	66	670	358	312
30-34岁	**594**	**337**	**257**	**1179**	**730**	**449**	**3397**	**1878**	**1519**
30	109	56	53	221	158	63	727	389	338
31	105	62	43	227	144	83	703	394	309
32	119	68	51	224	133	91	657	391	266
33	133	83	50	267	154	113	674	380	294
34	128	68	60	240	141	99	636	324	312
35-39岁	**724**	**430**	**294**	**1511**	**893**	**618**	**3662**	**1982**	**1680**
35	133	76	57	241	143	98	697	375	322
36	146	78	68	283	162	121	776	394	382
37	154	103	51	332	202	130	724	404	320
38	135	77	58	336	196	140	794	437	357
39	156	96	60	319	190	129	671	372	299
40-44岁	**685**	**399**	**286**	**1522**	**885**	**637**	**3082**	**1682**	**1400**
40	139	81	58	337	195	142	689	363	326
41	142	82	60	282	174	108	656	388	268
42	139	85	54	299	168	131	637	349	288
43	113	69	44	288	165	123	513	270	243
44	152	82	70	316	183	133	587	312	275
45-49岁	**742**	**409**	**333**	**1737**	**967**	**770**	**3195**	**1650**	**1545**
45	133	78	55	312	173	139	598	303	295
46	130	72	58	351	208	143	630	346	284
47	148	79	69	337	178	159	681	349	332
48	173	88	85	382	214	168	621	315	306
49	158	92	66	355	194	161	665	337	328
50岁及以上	**3959**	**1712**	**2247**	**8165**	**3439**	**4726**	**15584**	**7564**	**8020**

3-2 续表 2

单位：人

年 龄	小 学								
	合 计			在 校			毕 业		
	合计	男	女	小计	男	女	小计	男	女
总 计	**181814**	**85402**	**96412**	**80177**	**44136**	**36041**	**78929**	**32029**	**46900**
3									
4									
5—9岁	**50625**	**27766**	**22859**	**49239**	**26991**	**22248**	**927**	**526**	**401**
5	1299	722	577	1245	689	556	25	16	9
6	9136	4940	4196	8888	4807	4081	149	85	64
7	12959	7084	5875	12578	6881	5697	253	134	119
8	14203	7863	6340	13851	7658	6193	250	150	100
9	13028	7157	5871	12677	6956	5721	250	141	109
10—14岁	**31749**	**17620**	**14129**	**30832**	**17082**	**13750**	**666**	**400**	**266**
10	12531	6912	5619	12218	6731	5487	224	135	89
11	11887	6521	5366	11567	6330	5237	237	143	94
12	5487	3157	2330	5307	3051	2256	136	81	55
13	1335	759	576	1277	720	557	43	28	15
14	509	271	238	463	250	213	26	13	13
15—19岁	**452**	**280**	**172**	**69**	**43**	**26**	**267**	**161**	**106**
15	75	50	25	28	19	9	31	18	13
16	74	44	30	15	10	5	40	21	19
17	77	48	29	6	3	3	44	24	20
18	105	67	38	7	3	4	78	51	27
19	121	71	50	13	8	5	74	47	27
20—24岁	**1033**	**665**	**368**	**16**	**8**	**8**	**791**	**514**	**277**
20	145	95	50	9	3	6	101	65	36
21	168	117	51	5	4	1	130	93	37
22	183	122	61	2	1	1	141	96	45
23	244	162	82				195	132	63
24	293	169	124				224	128	96
25—29岁	**2115**	**1196**	**919**	**3**	**2**	**1**	**1682**	**937**	**745**
25	356	220	136	1	1		291	183	108
26	389	236	153	1		1	307	184	123
27	422	242	180				329	180	149
28	446	235	211				349	178	171
29	502	263	239	1	1		406	212	194
30—34岁	**4067**	**1948**	**2119**	**1**	**1**		**3214**	**1486**	**1728**
30	595	301	294				470	227	243
31	716	356	360				557	266	291
32	811	392	419	1	1		653	303	350
33	927	423	504				726	317	409
34	1018	476	542				808	373	435
35—39岁	**6399**	**3020**	**3379**	**2**	**2**		**5038**	**2299**	**2739**
35	1075	509	566	1	1		840	380	460
36	1165	551	614				924	432	492
37	1336	626	710				1055	473	582
38	1487	679	808				1177	525	652
39	1336	655	681	1	1		1042	489	553
40—44岁	**7375**	**3405**	**3970**	**3**	**2**	**1**	**5690**	**2552**	**3138**
40	1489	676	813				1149	504	645
41	1396	686	710	2	1	1	1085	510	575
42	1484	683	801				1140	509	631
43	1376	624	752	1	1		1058	467	591
44	1630	736	894				1258	562	696
45—49岁	**10041**	**4365**	**5676**	**1**		**1**	**7906**	**3381**	**4525**
45	1672	748	924				1314	579	735
46	1932	836	1096				1524	642	882
47	2110	924	1186	1		1	1677	729	948
48	2279	988	1291				1796	769	1027
49	2048	869	1179				1595	662	933
50岁及以上	**67958**	**25137**	**42821**	**11**	**5**	**6**	**52748**	**19773**	**32975**

3-2 续表 3

单位：人

年 龄	小学								
	肄 业			辍 学			其 他		
	小计	男	女	小计	男	女	小计	男	女
总 计	**3343**	**1273**	**2070**	**8749**	**3688**	**5061**	**10616**	**4276**	**6340**
3									
4									
5-9岁	**55**	**24**	**31**	**15**	**8**	**7**	**389**	**217**	**172**
5	3	2	1	2	1	1	24	14	10
6	12	3	9	2	1	1	85	44	41
7	14	7	7	3	1	2	111	61	50
8	10	5	5	4	4		88	46	42
9	16	7	9	4	1	3	81	52	29
10-14岁	**28**	**17**	**11**	**18**	**11**	**7**	**205**	**110**	**95**
10	5	2	3	4	3	1	80	41	39
11	9	5	4	3	3		71	40	31
12	8	5	3	2	2		34	18	16
13	3	3		3	1	2	9	7	2
14	3	2	1	6	2	4	11	4	7
15-19岁	**13**	**8**	**5**	**42**	**29**	**13**	**61**	**39**	**22**
15				9	8	1	7	5	2
16	5	3	2	5	4	1	9	6	3
17	3	2	1	8	6	2	16	13	3
18	2	2		5	2	3	13	9	4
19	3	1	2	15	9	6	16	6	10
20-24岁	**35**	**24**	**11**	**75**	**46**	**29**	**116**	**73**	**43**
20	4	4		8	8		23	15	8
21	5	3	2	12	5	7	16	12	4
22	6	5	1	13	6	7	21	14	7
23	7	5	2	17	11	6	25	14	11
24	13	7	6	25	16	9	31	18	13
25-29岁	**63**	**31**	**32**	**165**	**106**	**59**	**202**	**120**	**82**
25	10	2	8	23	14	9	31	20	11
26	13	5	8	32	25	7	36	22	14
27	14	10	4	35	21	14	44	31	13
28	16	8	8	38	26	12	43	23	20
29	10	6	4	37	20	17	48	24	24
30-34岁	**124**	**62**	**62**	**393**	**234**	**159**	**335**	**165**	**170**
30	20	12	8	48	34	14	57	28	29
31	18	9	9	81	51	30	60	30	30
32	25	12	13	64	37	27	68	39	29
33	29	14	15	104	58	46	68	34	34
34	32	15	17	96	54	42	82	34	48
35-39岁	**180**	**100**	**80**	**598**	**311**	**287**	**581**	**308**	**273**
35	35	18	17	92	51	41	107	59	48
36	30	15	15	101	50	51	110	54	56
37	35	20	15	134	68	66	112	65	47
38	28	15	13	139	72	67	143	67	76
39	52	32	20	132	70	62	109	63	46
40-44岁	**238**	**123**	**115**	**762**	**397**	**365**	**682**	**331**	**351**
40	49	29	20	149	82	67	142	61	81
41	38	19	19	133	75	58	138	81	57
42	49	21	28	150	69	81	145	84	61
43	43	24	19	161	83	78	113	49	64
44	59	30	29	169	88	81	144	56	88
45-49岁	**290**	**128**	**162**	**939**	**470**	**469**	**905**	**386**	**519**
45	54	23	31	163	86	77	141	60	81
46	58	29	29	174	86	88	176	79	97
47	55	23	32	187	90	97	190	82	108
48	64	23	41	213	107	106	206	89	117
49	59	30	29	202	101	101	192	76	116
50岁及以上	**2317**	**756**	**1561**	**5742**	**2076**	**3666**	**7140**	**2527**	**4613**

3-2　续表 4　　　　单位：人

年　龄	初中								
	合　计			在　校			毕　业		
	合计	男	女	小计	男	女	小计	男	女
总　计	**368490**	**202550**	**165940**	**38433**	**21300**	**17133**	**302234**	**165295**	**136939**
3									
4									
5—9岁	**472**	**285**	**187**	**412**	**242**	**170**	**49**	**36**	**13**
5									
6	86	50	36	75	42	33	11	8	3
7	92	52	40	84	46	38	5	4	1
8	135	92	43	117	78	39	14	11	3
9	159	91	68	136	76	60	19	13	6
10—14岁	**29302**	**16172**	**13130**	**27987**	**15362**	**12625**	**1057**	**650**	**407**
10	342	187	155	310	166	144	19	12	7
11	979	544	435	920	503	417	48	32	16
12	7255	3859	3396	6981	3705	3276	219	125	94
13	10407	5820	4587	9979	5557	4422	362	224	138
14	10319	5762	4557	9797	5431	4366	409	257	152
15—19岁	**16164**	**9660**	**6504**	**9902**	**5619**	**4283**	**5511**	**3544**	**1967**
15	6317	3655	2662	5805	3318	2487	401	266	135
16	3124	1844	1280	2250	1280	970	726	470	256
17	2134	1285	849	937	525	412	1051	658	393
18	2199	1366	833	537	286	251	1494	971	523
19	2390	1510	880	373	210	163	1839	1179	660
20—24岁	**17520**	**10580**	**6940**	**60**	**35**	**25**	**15987**	**9617**	**6370**
20	2429	1558	871	25	12	13	2175	1391	784
21	2791	1776	1015	9	5	4	2519	1590	929
22	3472	2150	1322	11	8	3	3176	1955	1221
23	3990	2376	1614	11	7	4	3653	2168	1485
24	4838	2720	2118	4	3	1	4464	2513	1951
25—29岁	**33222**	**18255**	**14967**	**22**	**11**	**11**	**30507**	**16696**	**13811**
25	5718	3175	2543	8	3	5	5235	2894	2341
26	5918	3258	2660	5	3	2	5427	2980	2447
27	6733	3736	2997	3	3		6180	3430	2750
28	7316	3973	3343	4	1	3	6701	3605	3096
29	7537	4113	3424	2	1	1	6964	3787	3177
30—34岁	**42010**	**22311**	**19699**	**13**	**8**	**5**	**38899**	**20553**	**18346**
30	8760	4708	4052	4	2	2	8117	4345	3772
31	8356	4485	3871	2	1	1	7728	4112	3616
32	8105	4275	3830	1		1	7502	3933	3569
33	8585	4595	3990	3	2	1	7949	4238	3711
34	8204	4248	3956	3	3		7603	3925	3678
35—39岁	**43930**	**23429**	**20501**	**9**	**6**	**3**	**40263**	**21374**	**18889**
35	8225	4380	3845				7564	4013	3551
36	9120	4746	4374	3	2	1	8336	4336	4000
37	8825	4797	4028	1		1	8056	4346	3710
38	9254	4989	4265	4	3	1	8499	4551	3948
39	8506	4517	3989	1	1		7808	4128	3680
40—44岁	**35726**	**19178**	**16548**	**6**	**3**	**3**	**32816**	**17497**	**15319**
40	8269	4391	3878	1		1	7603	4027	3576
41	7780	4187	3593	2	1	1	7139	3793	3346
42	7038	3757	3281				6448	3424	3024
43	6109	3305	2804	1	1		5631	3029	2602
44	6530	3538	2992	2	1	1	5995	3224	2771
45—49岁	**35780**	**19215**	**16565**	**5**	**3**	**2**	**32896**	**17580**	**15316**
45	6466	3382	3084				5903	3068	2835
46	7142	3843	3299	2	2		6566	3491	3075
47	7572	4033	3539	1		1	6968	3703	3265
48	7604	4122	3482	2	1	1	7041	3809	3232
49	6996	3835	3161				6418	3509	2909
50岁及以上	**114364**	**63465**	**50899**	**17**	**11**	**6**	**104249**	**57748**	**46501**

3-2 续表 5 单位：人

年 龄	初中								
	肄业			辍学			其他		
	小计	男	女	小计	男	女	小计	男	女
总 计	**3542**	**2082**	**1460**	**6221**	**3804**	**2417**	**18060**	**10069**	**7991**
3									
4									
5-9岁							**11**	**7**	**4**
5									
6									
7							3	2	1
8							4	3	1
9							4	2	2
10-14岁	**35**	**22**	**13**	**51**	**40**	**11**	**172**	**98**	**74**
10							13	9	4
11	3	2	1				8	7	1
12	6	4	2	3	2	1	46	23	23
13	10	5	5	13	9	4	43	25	18
14	16	11	5	35	29	6	62	34	28
15-19岁	**107**	**73**	**34**	**277**	**193**	**84**	**367**	**231**	**136**
15	15	8	7	53	38	15	43	25	18
16	27	17	10	61	40	21	60	37	23
17	17	13	4	61	44	17	68	45	23
18	28	22	6	46	27	19	94	60	34
19	20	13	7	56	44	12	102	64	38
20-24岁	**161**	**105**	**56**	**355**	**246**	**109**	**957**	**577**	**380**
20	21	12	9	61	46	15	147	97	50
21	23	17	6	71	48	23	169	116	53
22	37	28	9	66	48	18	182	111	71
23	32	18	14	76	48	28	218	135	83
24	48	30	18	81	56	25	241	118	123
25-29岁	**307**	**199**	**108**	**501**	**315**	**186**	**1885**	**1034**	**851**
25	61	43	18	94	54	40	320	181	139
26	53	30	23	86	59	27	347	186	161
27	63	44	19	96	60	36	391	199	192
28	73	47	26	117	71	46	421	249	172
29	57	35	22	108	71	37	406	219	187
30-34岁	**353**	**203**	**150**	**652**	**410**	**242**	**2093**	**1137**	**956**
30	59	29	30	143	102	41	437	230	207
31	64	38	26	117	74	43	445	260	185
32	73	42	31	132	78	54	397	222	175
33	80	55	25	136	79	57	417	221	196
34	77	39	38	124	77	47	397	204	193
35-39岁	**464**	**273**	**191**	**817**	**512**	**305**	**2377**	**1264**	**1113**
35	78	44	34	137	84	53	446	239	207
36	102	53	49	168	102	66	511	253	258
37	102	71	31	177	117	60	489	263	226
38	90	50	40	176	110	66	485	275	210
39	92	55	37	159	99	60	446	234	212
40-44岁	**361**	**216**	**145**	**675**	**432**	**243**	**1868**	**1030**	**838**
40	73	40	33	171	101	70	421	223	198
41	90	54	36	138	91	47	411	248	163
42	70	50	20	132	85	47	388	198	190
43	56	35	21	106	71	35	315	169	146
44	72	37	35	128	84	44	333	192	141
45-49岁	**387**	**237**	**150**	**720**	**449**	**271**	**1772**	**946**	**826**
45	66	46	20	130	79	51	367	189	178
46	61	35	26	159	110	49	354	205	149
47	81	47	34	136	79	57	386	204	182
48	95	58	37	158	97	61	308	157	151
49	84	51	33	137	84	53	357	191	166
50岁及以上	**1367**	**754**	**613**	**2173**	**1207**	**966**	**6558**	**3745**	**2813**

3-2　续表 6

单位：人

年　龄	高中								
	合　计			在　校			毕　业		
	合计	男	女	小计	男	女	小计	男	女
总　计	**143878**	**83993**	**59885**	**26202**	**14053**	**12149**	**112143**	**66402**	**45741**
3									
4									
5-9岁									
5									
6									
7									
8									
9									
10-14岁	**712**	**335**	**377**	**664**	**311**	**353**	**38**	**22**	**16**
10	1	1		1	1				
11									
12									
13	135	79	56	122	71	51	13	8	5
14	576	255	321	541	239	302	25	14	11
15-19岁	**27105**	**14784**	**12321**	**24454**	**13127**	**11327**	**2363**	**1465**	**898**
15	5154	2637	2517	5086	2598	2488	50	27	23
16	8272	4370	3902	8098	4265	3833	137	84	53
17	7461	4130	3331	7019	3851	3168	368	228	140
18	3969	2324	1645	3186	1831	1355	720	452	268
19	2249	1323	926	1065	582	483	1088	674	414
20-24岁	**9551**	**5633**	**3918**	**1059**	**603**	**456**	**8072**	**4767**	**3305**
20	1791	1083	708	506	283	223	1214	752	462
21	1658	1005	653	249	150	99	1337	807	530
22	1823	1082	741	141	85	56	1602	944	658
23	1976	1153	823	98	50	48	1790	1052	738
24	2303	1310	993	65	35	30	2129	1212	917
25-29岁	**14115**	**7888**	**6227**	**13**	**7**	**6**	**13422**	**7484**	**5938**
25	2619	1457	1162	4	2	2	2508	1395	1113
26	2628	1511	1117	2	1	1	2505	1441	1064
27	2866	1597	1269	3	1	2	2717	1507	1210
28	2985	1645	1340	3	3		2838	1558	1280
29	3017	1678	1339	1		1	2854	1583	1271
30-34岁	**14849**	**8339**	**6510**	**4**	**3**	**1**	**14132**	**7895**	**6237**
30	3378	1855	1523	3	3		3219	1757	1462
31	3016	1710	1306				2867	1618	1249
32	2893	1655	1238				2753	1558	1195
33	2908	1634	1274	1		1	2760	1543	1217
34	2654	1485	1169				2533	1419	1114
35-39岁	**12304**	**6850**	**5454**	**2**	**1**	**1**	**11765**	**6511**	**5254**
35	2504	1441	1063				2410	1389	1021
36	2473	1390	1083				2367	1325	1042
37	2411	1318	1093				2311	1254	1057
38	2544	1382	1162	1	1		2413	1299	1114
39	2372	1319	1053	1		1	2264	1244	1020
40-44岁	**10862**	**6199**	**4663**	**1**	**1**		**10396**	**5913**	**4483**
40	2342	1339	1003				2237	1271	966
41	2389	1340	1049	1	1		2300	1287	1013
42	2192	1271	921				2102	1208	894
43	1891	1059	832				1811	1011	800
44	2048	1190	858				1946	1136	810
45-49岁	**11137**	**6475**	**4662**	**1**		**1**	**10653**	**6180**	**4473**
45	1985	1122	863	1		1	1896	1072	824
46	2209	1306	903				2112	1246	866
47	2308	1330	978				2215	1273	942
48	2342	1351	991				2248	1291	957
49	2293	1366	927				2182	1298	884
50岁及以上	**43243**	**27490**	**15753**	**4**		**4**	**41302**	**26165**	**15137**

3-2 续表 7 单位：人

年龄	高中								
	肄业			辍学			其他		
	小计	男	女	小计	男	女	小计	男	女
总计	**631**	**432**	**199**	**854**	**561**	**293**	**4048**	**2545**	**1503**
3									
4									
5-9岁									
5									
6									
7									
8									
9									
10-14岁							**10**	**2**	**8**
10									
11									
12									
13									
14							10	2	8
15-19岁	**41**	**21**	**20**	**77**	**55**	**22**	**170**	**116**	**54**
15	2	1	1	4	3	1	12	8	4
16	6	2	4	12	8	4	19	11	8
17	9	4	5	20	15	5	45	32	13
18	11	7	4	20	12	8	32	22	10
19	13	7	6	21	17	4	62	43	19
20-24岁	**44**	**30**	**14**	**83**	**58**	**25**	**293**	**175**	**118**
20	7	5	2	19	15	4	45	28	17
21	9	6	3	15	11	4	48	31	17
22	9	6	3	17	14	3	54	33	21
23	11	8	3	17	7	10	60	36	24
24	8	5	3	15	11	4	86	47	39
25-29岁	**81**	**51**	**30**	**90**	**60**	**30**	**509**	**286**	**223**
25	10	9	1	16	11	5	81	40	41
26	20	9	11	17	12	5	84	48	36
27	19	10	9	16	10	6	111	69	42
28	14	9	5	16	12	4	114	63	51
29	18	14	4	25	15	10	119	66	53
30-34岁	**72**	**46**	**26**	**118**	**76**	**42**	**523**	**319**	**204**
30	19	10	9	29	21	8	108	64	44
31	16	12	4	26	19	7	107	61	46
32	9	7	2	21	12	9	110	78	32
33	16	9	7	25	15	10	106	67	39
34	12	8	4	17	9	8	92	49	43
35-39岁	**52**	**38**	**14**	**88**	**62**	**26**	**397**	**238**	**159**
35	13	9	4	10	6	4	71	37	34
36	8	6	2	14	10	4	84	49	35
37	12	9	3	16	12	4	72	43	29
38	11	8	3	20	13	7	99	61	38
39	8	6	2	28	21	7	71	48	23
40-44岁	**51**	**36**	**15**	**83**	**54**	**29**	**331**	**195**	**136**
40	10	7	3	17	12	5	78	49	29
41	11	9	2	10	7	3	67	36	31
42	11	8	3	17	14	3	62	41	21
43	8	6	2	20	10	10	52	32	20
44	11	6	5	19	11	8	72	37	35
45-49岁	**51**	**34**	**17**	**75**	**46**	**29**	**357**	**215**	**142**
45	8	6	2	18	8	10	62	36	26
46	10	7	3	17	11	6	70	42	28
47	11	8	3	14	9	5	68	40	28
48	10	4	6	11	10	1	73	46	27
49	12	9	3	15	8	7	84	51	33
50岁及以上	**239**	**176**	**63**	**240**	**150**	**90**	**1458**	**999**	**459**

3-2　续表 8　　　　单位：人

年　龄	大学专科								
	合　计			在　校			毕　业		
	合计	男	女	小计	男	女	小计	男	女
总　计	**70827**	**39511**	**31316**	**9043**	**4598**	**4445**	**60166**	**33938**	**26228**
3									
4									
5-9岁									
5									
6									
7									
8									
9									
10-14岁									
10									
11									
12									
13									
14									
15-19岁	**4609**	**2320**	**2289**	**4122**	**2094**	**2028**	**448**	**210**	**238**
15	141	96	45	135	92	43	5	3	2
16	241	138	103	226	131	95	15	7	8
17	411	203	208	354	176	178	52	25	27
18	1331	641	690	1199	581	618	119	57	62
19	2485	1242	1243	2208	1114	1094	257	118	139
20-24岁	**11719**	**6064**	**5655**	**4573**	**2306**	**2267**	**6929**	**3638**	**3291**
20	2789	1434	1355	2277	1146	1131	481	273	208
21	2298	1187	1111	1331	681	650	929	484	445
22	2154	1116	1038	614	300	314	1502	794	708
23	2118	1103	1015	244	125	119	1822	950	872
24	2360	1224	1136	107	54	53	2195	1137	1058
25-29岁	**12276**	**6375**	**5901**	**197**	**116**	**81**	**11799**	**6109**	**5690**
25	2515	1289	1226	80	45	35	2380	1217	1163
26	2343	1173	1170	41	25	16	2246	1121	1125
27	2394	1269	1125	25	12	13	2313	1219	1094
28	2495	1317	1178	28	19	9	2415	1268	1147
29	2529	1327	1202	23	15	8	2445	1284	1161
30-34岁	**11836**	**6400**	**5436**	**58**	**32**	**26**	**11455**	**6172**	**5283**
30	2817	1484	1333	30	15	15	2703	1422	1281
31	2528	1372	1156	8	6	2	2463	1337	1126
32	2276	1223	1053	10	6	4	2194	1168	1026
33	2186	1197	989	5	3	2	2119	1150	969
34	2029	1124	905	5	2	3	1976	1095	881
35-39岁	**7983**	**4436**	**3547**	**29**	**13**	**16**	**7753**	**4303**	**3450**
35	1719	975	744	7	1	6	1666	946	720
36	1744	979	765	8	4	4	1690	948	742
37	1601	887	714	4	2	2	1562	861	701
38	1632	921	711	6	3	3	1584	897	687
39	1287	674	613	4	3	1	1251	651	600
40-44岁	**5413**	**3053**	**2360**	**24**	**16**	**8**	**5256**	**2951**	**2305**
40	1290	710	580	1	1		1256	689	567
41	1183	652	531	10	7	3	1144	627	517
42	1115	645	470	3	2	1	1088	629	459
43	917	514	403	4	2	2	893	499	394
44	908	532	376	6	4	2	875	507	368
45-49岁	**4982**	**2900**	**2082**	**21**	**12**	**9**	**4836**	**2811**	**2025**
45	932	549	383	3	2	1	904	535	369
46	1018	564	454	8	6	2	988	543	445
47	1074	640	434	5	3	2	1043	623	420
48	1046	629	417	4	1	3	1013	608	405
49	912	518	394	1		1	888	502	386
50岁及以上	**12009**	**7963**	**4046**	**19**	**9**	**10**	**11690**	**7744**	**3946**

3-2 续表 9

单位：人

年 龄	大学专科								
	肄 业			辍 学			其 他		
	小计	男	女	小计	男	女	小计	男	女
总 计	**135**	**88**	**47**	**59**	**42**	**17**	**1424**	**845**	**579**
3									
4									
5-9岁									
5									
6									
7									
8									
9									
10-14岁									
10									
11									
12									
13									
14									
15-19岁	**3**	**1**	**2**				**36**	**15**	**21**
15							1	1	
16									
17							5	2	3
18	2		2				11	3	8
19	1	1					19	9	10
20-24岁	**17**	**11**	**6**	**11**	**8**	**3**	**189**	**101**	**88**
20				1	1		30	14	16
21	5	4	1	1	1		32	17	15
22	3	2	1	3	2	1	32	18	14
23	7	4	3	2	1	1	43	23	20
24	2	1	1	4	3	1	52	29	23
25-29岁	**24**	**11**	**13**	**16**	**11**	**5**	**240**	**128**	**112**
25	6	3	3	6	4	2	43	20	23
26	5	2	3	1		1	50	25	25
27	4	4		2	2		50	32	18
28	6	2	4	3	3		43	25	18
29	3		3	4	2	2	54	26	28
30-34岁	**27**	**17**	**10**	**14**	**9**	**5**	**282**	**170**	**112**
30	7	3	4	1	1		76	43	33
31	2		2	3		3	52	29	23
32	10	7	3	6	5	1	56	37	19
33	4	3	1	2	2		56	39	17
34	4	4		2	1	1	42	22	20
35-39岁	**17**	**11**	**6**	**7**	**7**		**177**	**102**	**75**
35	2	1	1	1	1		43	26	17
36	6	4	2				40	23	17
37	3	2	1	5	5		27	17	10
38	4	3	1	1	1		37	17	20
39	2	1	1				30	19	11
40-44岁	**18**	**13**	**5**	**1**	**1**		**114**	**72**	**42**
40	5	3	2				28	17	11
41	1		1	1	1		27	17	10
42	4	3	1				20	11	9
43	3	2	1				17	11	6
44	5	5					22	16	6
45-49岁	**9**	**7**	**2**	**3**	**2**	**1**	**113**	**68**	**45**
45	4	2	2	1		1	20	10	10
46	1	1		1	1		20	13	7
47	1	1					25	13	12
48	2	2					27	18	9
49	1	1		1	1		21	14	7
50岁及以上	**20**	**17**	**3**	**7**	**4**	**3**	**273**	**189**	**84**

3-2　续表 10　　　　单位：人

年　龄	大学本科								
	合　计			在　校			毕　业		
	合计	男	女	小计	男	女	小计	男	女
总　计	**59420**	**31285**	**28135**	**12270**	**5579**	**6691**	**46225**	**25170**	**21055**
3									
4									
5-9岁									
5									
6									
7									
8									
9									
10-14岁	**1**		**1**				**1**		**1**
10									
11									
12	1		1				1		1
13									
14									
15-19岁	**4251**	**1945**	**2306**	**4159**	**1897**	**2262**	**80**	**40**	**40**
15	10	5	5	9	5	4	1		1
16	23	11	12	21	11	10	2		2
17	182	82	100	178	81	97	4	1	3
18	1338	619	719	1306	606	700	28	12	16
19	2698	1228	1470	2645	1194	1451	45	27	18
20-24岁	**12767**	**5825**	**6942**	**7820**	**3546**	**4274**	**4842**	**2224**	**2618**
20	3160	1387	1773	3055	1335	1720	99	47	52
21	2956	1350	1606	2602	1178	1424	334	161	173
22	2442	1112	1330	1404	653	751	1012	449	563
23	2110	1009	1101	545	273	272	1538	721	817
24	2099	967	1132	214	107	107	1859	846	1013
25-29岁	**10610**	**5053**	**5557**	**181**	**77**	**104**	**10240**	**4876**	**5364**
25	2118	989	1129	81	39	42	2007	932	1075
26	1996	967	1029	33	18	15	1931	933	998
27	2134	1005	1129	24	7	17	2068	974	1094
28	2212	1052	1160	25	10	15	2144	1023	1121
29	2150	1040	1110	18	3	15	2090	1014	1076
30-34岁	**10304**	**5168**	**5136**	**51**	**26**	**25**	**10077**	**5050**	**5027**
30	2389	1188	1201	18	9	9	2320	1154	1166
31	2138	1042	1096	7	3	4	2087	1022	1065
32	2045	1027	1018	5	1	4	2013	1012	1001
33	1929	982	947	14	8	6	1886	954	932
34	1803	929	874	7	5	2	1771	908	863
35-39岁	**7303**	**3993**	**3310**	**27**	**15**	**12**	**7146**	**3902**	**3244**
35	1633	863	770	9	5	4	1590	839	751
36	1583	855	728	5	1	4	1551	840	711
37	1481	789	692	6	3	3	1452	771	681
38	1498	818	680	5	4	1	1463	796	667
39	1108	668	440	2	2		1090	656	434
40-44岁	**4233**	**2500**	**1733**	**9**	**5**	**4**	**4132**	**2439**	**1693**
40	963	551	412	2	1	1	941	537	404
41	987	581	406	4	2	2	969	574	395
42	869	500	369	2	2		844	482	362
43	698	425	273	1		1	680	415	265
44	716	443	273				698	431	267
45-49岁	**3278**	**2134**	**1144**	**4**	**2**	**2**	**3223**	**2095**	**1128**
45	614	389	225	1		1	604	380	224
46	710	467	243	1	1		699	459	240
47	683	434	249	2	1	1	670	424	246
48	666	452	214				658	446	212
49	605	392	213				592	386	206
50岁及以上	**6673**	**4667**	**2006**	**19**	**11**	**8**	**6484**	**4544**	**1940**

3-2 续表 11

单位：人

年龄	大学本科								
	肄业			辍学			其他		
	小计	男	女	小计	男	女	小计	男	女
总计	**99**	**58**	**41**	**12**	**8**	**4**	**814**	**470**	**344**
3									
4									
5-9岁									
5									
6									
7									
8									
9									
10-14岁									
10									
11									
12									
13									
14									
15-19岁	**1**	**1**		**1**		**1**	**10**	**7**	**3**
15									
16									
17									
18				1		1	3	1	2
19	1	1					7	6	1
20-24岁	**11**	**7**	**4**	**2**	**2**		**92**	**46**	**46**
20							6	5	1
21	2	2					18	9	9
22	3	1	2				23	9	14
23	3	2	1	2	2		22	11	11
24	3	2	1				23	12	11
25-29岁	**22**	**11**	**11**	**2**	**1**	**1**	**165**	**88**	**77**
25	3	2	1				27	16	11
26	5	3	2	1	1		26	12	14
27	7	3	4				35	21	14
28	6	2	4	1		1	36	17	19
29	1	1					41	22	19
30-34岁	**18**	**9**	**9**	**2**	**1**	**1**	**156**	**82**	**74**
30	4	2	2				47	23	24
31	5	3	2				39	14	25
32	2		2	1	1		24	13	11
33	4	2	2				25	18	7
34	3	2	1	1		1	21	14	7
35-39岁	**11**	**8**	**3**	**1**	**1**		**118**	**67**	**51**
35	5	4	1	1	1		28	14	14
36							27	14	13
37	2	1	1				21	14	7
38	2	1	1				28	17	11
39	2	2					14	8	6
40-44岁	**15**	**10**	**5**	**1**	**1**		**76**	**45**	**31**
40	2	2					18	11	7
41	2		2				12	5	7
42	5	3	2				18	13	5
43	2	2		1	1		14	7	7
44	4	3	1				14	9	5
45-49岁	**5**	**3**	**2**				**46**	**34**	**12**
45	1	1					8	8	
46							10	7	3
47							11	9	2
48	2	1	1				6	5	1
49	2	1	1				11	5	6
50岁及以上	**16**	**9**	**7**	**3**	**2**	**1**	**151**	**101**	**50**

3-2 续表 12

单位：人

年 龄	硕士研究生								
	合 计			在 校			毕 业		
	合计	男	女	小计	男	女	小计	男	女
总 计	**3428**	**1800**	**1628**	**664**	**317**	**347**	**2720**	**1461**	**1259**
3									
4									
5-9岁									
5									
6									
7									
8									
9									
10-14岁									
10									
11									
12									
13									
14									
15-19岁	**3**	**2**	**1**	**3**	**2**	**1**			
15									
16									
17									
18	2	2		2	2				
19	1		1	1		1			
20-24岁	**402**	**170**	**232**	**355**	**152**	**203**	**45**	**17**	**28**
20	2		2	2		2			
21	11	5	6	10	4	6			
22	56	21	35	49	18	31	7	3	4
23	145	67	78	136	64	72	8	3	5
24	188	77	111	158	66	92	30	11	19
25-29岁	**660**	**299**	**361**	**264**	**146**	**118**	**387**	**150**	**237**
25	189	102	87	140	85	55	46	16	30
26	132	55	77	57	28	29	74	27	47
27	106	42	64	39	18	21	65	24	41
28	112	44	68	19	9	10	92	34	58
29	121	56	65	9	6	3	110	49	61
30-34岁	**753**	**312**	**441**	**24**	**10**	**14**	**721**	**297**	**424**
30	145	60	85	12	6	6	131	53	78
31	145	56	89	4	1	3	141	55	86
32	136	55	81	2		2	132	53	79
33	162	75	87	4	2	2	156	72	84
34	165	66	99	2	1	1	161	64	97
35-39岁	**641**	**329**	**312**	**15**	**5**	**10**	**616**	**322**	**294**
35	132	61	71	6	1	5	124	60	64
36	124	56	68	4	2	2	118	54	64
37	142	77	65	2	1	1	137	74	63
38	146	78	68	2		2	142	78	64
39	97	57	40	1	1		95	56	39
40-44岁	**341**	**208**	**133**	**2**	**1**	**1**	**328**	**199**	**129**
40	94	54	40				92	52	40
41	87	50	37				86	49	37
42	60	36	24	2	1	1	54	33	21
43	60	41	19				57	39	18
44	40	27	13				39	26	13
45-49岁	**217**	**152**	**65**	**1**	**1**		**216**	**151**	**65**
45	55	37	18				55	37	18
46	53	36	17				53	36	17
47	38	21	17	1	1		37	20	17
48	39	29	10				39	29	10
49	32	29	3				32	29	3
50岁及以上	**411**	**328**	**83**				**407**	**325**	**82**

3-2 续表 13

单位：人

年龄	硕士研究生								
	肄业			辍学			其他		
	小计	男	女	小计	男	女	小计	男	女
总计	**3**		**3**	**1**		**1**	**40**	**22**	**18**
3									
4									
5-9岁									
5									
6									
7									
8									
9									
10-14岁									
10									
11									
12									
13									
14									
15-19岁									
15									
16									
17									
18									
19									
20-24岁	**1**		**1**				**1**	**1**	
20									
21							1	1	
22									
23	1		1						
24									
25-29岁	**1**		**1**	**1**		**1**	**7**	**3**	**4**
25				1		1	2	1	1
26	1		1						
27							2		2
28							1	1	
29							2	1	1
30-34岁							**8**	**5**	**3**
30							2	1	1
31									
32							2	2	
33							2	1	1
34							2	1	1
35-39岁							**10**	**2**	**8**
35							2		2
36							2		2
37							3	2	1
38							2		2
39							1		1
40-44岁	**1**		**1**				**10**	**8**	**2**
40							2	2	
41							1	1	
42							4	2	2
43	1		1				2	2	
44							1	1	
45-49岁									
45									
46									
47									
48									
49									
50岁及以上							**4**	**3**	**1**

3-2　续表 14　　　　单位：人

年　龄	博士研究生								
	合　计			在　校			毕　业		
	合计	男	女	小计	男	女	小计	男	女
总　计	**381**	**224**	**157**	**56**	**28**	**28**	**319**	**192**	**127**
3									
4									
5–9岁									
5									
6									
7									
8									
9									
10–14岁									
10									
11									
12									
13									
14									
15–19岁									
15									
16									
17									
18									
19									
20–24岁	**7**	**3**	**4**	**7**	**3**	**4**			
20									
21									
22	1		1	1		1			
23	1	1		1	1				
24	5	2	3	5	2	3			
25–29岁	**41**	**25**	**16**	**31**	**18**	**13**	**10**	**7**	**3**
25	4	3	1	3	2	1	1	1	
26	6	3	3	6	3	3			
27	11	7	4	9	5	4	2	2	
28	9	7	2	7	5	2	2	2	
29	11	5	6	6	3	3	5	2	3
30–34岁	**54**	**29**	**25**	**12**	**4**	**8**	**42**	**25**	**17**
30	11	6	5	2	1	1	9	5	4
31	11	4	7	6	1	5	5	3	2
32	9	6	3	3	2	1	6	4	2
33	15	7	8	1		1	14	7	7
34	8	6	2				8	6	2
35–39岁	**89**	**45**	**44**	**3**	**2**	**1**	**84**	**42**	**42**
35	11	7	4				11	7	4
36	21	9	12				19	8	11
37	9	4	5	1	1		8	3	5
38	24	13	11	1	1		23	12	11
39	24	12	12	1		1	23	12	11
40–44岁	**70**	**40**	**30**	**2**		**2**	**66**	**38**	**28**
40	16	9	7	1		1	15	9	6
41	18	8	10				18	8	10
42	9	4	5	1		1	8	4	4
43	17	12	5				17	12	5
44	10	7	3				8	5	3
45–49岁	**44**	**24**	**20**	**1**	**1**		**41**	**22**	**19**
45	13	7	6	1	1		12	6	6
46	6	4	2				6	4	2
47	14	10	4				13	9	4
48	5	1	4				4	1	3
49	6	2	4				6	2	4
50岁及以上	**76**	**58**	**18**				**76**	**58**	**18**

3-2 续表 15

单位：人

年 龄	博士研究生								
	肄 业			辍 学			其 他		
	小计	男	女	小计	男	女	小计	男	女
总 计	**1**	**1**					**5**	**3**	**2**
3									
4									
5-9岁									
5									
6									
7									
8									
9									
10-14岁									
10									
11									
12									
13									
14									
15-19岁									
15									
16									
17									
18									
19									
20-24岁									
20									
21									
22									
23									
24									
25-29岁									
25									
26									
27									
28									
29									
30-34岁									
30									
31									
32									
33									
34									
35-39岁							**2**	**1**	**1**
35									
36							2	1	1
37									
38									
39									
40-44岁	**1**	**1**					**1**	**1**	
40									
41									
42									
43									
44	1	1					1	1	
45-49岁							**2**	**1**	**1**
45									
46									
47							1	1	
48							1		1
49									
50岁及以上									

3-2a　全省分年龄、性别、学业完成情况的3岁及以上各种受教育程度人口(城市)

单位：人

年龄	合计								
	合计			在校			毕业		
	合计	男	女	小计	男	女	小计	男	女
总计	**306182**	**158918**	**147264**	**60124**	**32642**	**27482**	**235833**	**121294**	**114539**
3									
4									
5-9岁	**17462**	**9800**	**7662**	**16900**	**9487**	**7413**	**453**	**251**	**202**
5	360	218	142	351	212	139	4	3	1
6	3422	1846	1576	3314	1791	1523	79	41	38
7	4507	2519	1988	4364	2443	1921	116	60	56
8	4858	2756	2102	4718	2671	2047	119	72	47
9	4315	2461	1854	4153	2370	1783	135	75	60
10-14岁	**19152**	**10750**	**8402**	**18354**	**10267**	**8087**	**677**	**416**	**261**
10	4147	2323	1824	4009	2238	1771	113	69	44
11	4133	2292	1841	3972	2195	1777	131	79	52
12	3957	2217	1740	3793	2129	1664	145	80	65
13	3604	2060	1544	3442	1953	1489	142	96	46
14	3311	1858	1453	3138	1752	1386	146	92	54
15-19岁	**20618**	**11108**	**9510**	**17688**	**9404**	**8284**	**2700**	**1561**	**1139**
15	3815	2054	1761	3706	1987	1719	96	57	39
16	4768	2521	2247	4531	2394	2137	206	112	94
17	4458	2441	2017	3962	2174	1788	442	232	210
18	3518	1919	1599	2678	1420	1258	783	467	316
19	4059	2173	1886	2811	1429	1382	1173	693	480
20-24岁	**22249**	**11608**	**10641**	**6507**	**3127**	**3380**	**15256**	**8187**	**7069**
20	4278	2213	2065	2774	1336	1438	1436	829	607
21	4010	2103	1907	1895	915	980	2018	1128	890
22	4225	2236	1989	1018	473	545	3119	1706	1413
23	4491	2406	2085	515	261	254	3870	2089	1781
24	5245	2650	2595	305	142	163	4813	2435	2378
25-29岁	**31022**	**15739**	**15283**	**449**	**240**	**209**	**29763**	**15053**	**14710**
25	5703	2902	2801	196	112	84	5372	2717	2655
26	5704	2920	2784	90	52	38	5483	2797	2686
27	6244	3186	3058	67	30	37	6002	3051	2951
28	6613	3291	3322	57	30	27	6364	3159	3205
29	6758	3440	3318	39	16	23	6542	3329	3213
30-34岁	**35878**	**18090**	**17788**	**92**	**46**	**46**	**34728**	**17482**	**17246**
30	7685	3868	3817	37	19	18	7417	3720	3697
31	7270	3714	3556	16	5	11	7051	3608	3443
32	7027	3556	3471	13	5	8	6805	3433	3372
33	7223	3653	3570	15	10	5	6988	3518	3470
34	6673	3299	3374	11	7	4	6467	3203	3264
35-39岁	**31483**	**15887**	**15596**	**51**	**26**	**25**	**30386**	**15354**	**15032**
35	6315	3272	3043	15	6	9	6103	3176	2927
36	6441	3194	3247	12	6	6	6216	3088	3128
37	6329	3195	3134	8	5	3	6117	3086	3031
38	6656	3330	3326	9	5	4	6419	3222	3197
39	5742	2896	2846	7	4	3	5531	2782	2749
40-44岁	**24537**	**12516**	**12021**	**26**	**18**	**8**	**23564**	**12022**	**11542**
40	5387	2743	2644	1		1	5163	2629	2534
41	5463	2804	2659	9	8	1	5256	2703	2553
42	4906	2470	2436	6	4	2	4704	2361	2343
43	4310	2186	2124	5	3	2	4153	2106	2047
44	4471	2313	2158	5	3	2	4288	2223	2065
45-49岁	**25252**	**13259**	**11993**	**19**	**10**	**9**	**24186**	**12698**	**11488**
45	4463	2273	2190	3	1	2	4260	2169	2091
46	5161	2716	2445	7	5	2	4939	2585	2354
47	5340	2775	2565	5	3	2	5134	2669	2465
48	5314	2840	2474	3	1	2	5119	2738	2381
49	4974	2655	2319	1		1	4734	2537	2197
50岁及以上	**78529**	**40161**	**38368**	**38**	**17**	**21**	**74120**	**38270**	**35850**

3-2a 续表 1 单位：人

年龄	合计								
	肄业			辍学			其他		
	小计	男	女	小计	男	女	小计	男	女
总计	**1116**	**525**	**591**	**2891**	**1423**	**1468**	**6218**	**3034**	**3184**
3									
4									
5-9岁	**7**	**2**	**5**	**2**	**1**	**1**	**100**	**59**	**41**
5							5	3	2
6	2		2				27	14	13
7	3		3				24	16	8
8	1	1		1	1		19	11	8
9	1	1		1		1	25	15	10
10-14岁	**10**	**6**	**4**	**10**	**8**	**2**	**101**	**53**	**48**
10	1		1				24	16	8
11	4	3	1	1	1		25	14	11
12							19	8	11
13	2	1	1	4	3	1	14	7	7
14	3	2	1	5	4	1	19	8	11
15-19岁	**21**	**10**	**11**	**81**	**55**	**26**	**128**	**78**	**50**
15				3	2	1	10	8	2
16	3		3	13	9	4	15	6	9
17	5	2	3	18	12	6	31	21	10
18	7	4	3	22	13	9	28	15	13
19	6	4	2	25	19	6	44	28	16
20-24岁	**47**	**31**	**16**	**120**	**84**	**36**	**319**	**179**	**140**
20	5	3	2	19	18	1	44	27	17
21	11	9	2	25	16	9	61	35	26
22	8	4	4	22	16	6	58	37	21
23	12	7	5	25	15	10	69	34	35
24	11	8	3	29	19	10	87	46	41
25-29岁	**93**	**51**	**42**	**172**	**103**	**69**	**545**	**292**	**253**
25	12	9	3	32	18	14	91	46	45
26	17	5	12	29	20	9	85	46	39
27	26	17	9	37	26	11	112	62	50
28	22	9	13	33	15	18	137	78	59
29	16	11	5	41	24	17	120	60	60
30-34岁	**107**	**58**	**49**	**274**	**154**	**120**	**677**	**350**	**327**
30	24	14	10	51	32	19	156	83	73
31	12	5	7	55	30	25	136	66	70
32	25	14	11	60	34	26	124	70	54
33	23	13	10	60	31	29	137	81	56
34	23	12	11	48	27	21	124	50	74
35-39岁	**114**	**58**	**56**	**273**	**141**	**132**	**659**	**308**	**351**
35	22	10	12	50	24	26	125	56	69
36	22	11	11	52	30	22	139	59	80
37	25	14	11	53	30	23	126	60	66
38	25	12	13	58	25	33	145	66	79
39	20	11	9	60	32	28	124	67	57
40-44岁	**110**	**60**	**50**	**263**	**136**	**127**	**574**	**280**	**294**
40	19	7	12	66	37	29	138	70	68
41	19	9	10	51	25	26	128	59	69
42	29	18	11	47	25	22	120	62	58
43	23	15	8	52	28	24	77	34	43
44	20	11	9	47	21	26	111	55	56
45-49岁	**111**	**62**	**49**	**367**	**199**	**168**	**569**	**290**	**279**
45	21	13	8	73	39	34	106	51	55
46	19	10	9	84	50	34	112	66	46
47	23	13	10	66	37	29	112	53	59
48	20	11	9	71	37	34	101	53	48
49	28	15	13	73	36	37	138	67	71
50岁及以上	**496**	**187**	**309**	**1329**	**542**	**787**	**2546**	**1145**	**1401**

3-2a　续表 2　　　　单位：人

年 龄	小学 合计 合计	小学 合计 男	小学 合计 女	小学 在校 小计	小学 在校 男	小学 在校 女	小学 毕业 小计	小学 毕业 男	小学 毕业 女
总　计	**47339**	**22748**	**24591**	**26070**	**14626**	**11444**	**18516**	**7137**	**11379**
3									
4									
5-9岁	**17298**	**9699**	**7599**	**16753**	**9395**	**7358**	**439**	**243**	**196**
5	360	218	142	351	212	139	4	3	1
6	3396	1830	1566	3290	1776	1514	77	40	37
7	4482	2505	1977	4341	2431	1910	114	58	56
8	4811	2723	2088	4675	2639	2036	116	71	45
9	4249	2423	1826	4096	2337	1759	128	71	57
10-14岁	**9646**	**5426**	**4220**	**9291**	**5217**	**4074**	**296**	**174**	**122**
10	4041	2261	1780	3910	2180	1730	109	66	43
11	3815	2114	1701	3675	2032	1643	115	68	47
12	1397	837	560	1342	806	536	50	30	20
13	285	158	127	270	149	121	10	5	5
14	108	56	52	94	50	44	12	5	7
15-19岁	**90**	**58**	**32**	**20**	**12**	**8**	**58**	**37**	**21**
15	14	10	4	7	4	3	6	5	1
16	18	11	7	5	5		11	5	6
17	12	10	2	1		1	5	4	1
18	18	10	8	2	1	1	15	8	7
19	28	17	11	5	2	3	21	15	6
20-24岁	**203**	**136**	**67**	**3**	**1**	**2**	**178**	**120**	**58**
20	30	21	9	2	1	1	24	17	7
21	29	23	6				25	19	6
22	34	23	11	1		1	27	19	8
23	45	34	11				43	33	10
24	65	35	30				59	32	27
25-29岁	**419**	**235**	**184**				**380**	**211**	**169**
25	69	46	23				64	43	21
26	78	49	29				77	48	29
27	78	46	32				65	37	28
28	91	48	43				77	40	37
29	103	46	57				97	43	54
30-34岁	**839**	**361**	**478**				**763**	**329**	**434**
30	114	47	67				103	42	61
31	143	66	77				131	61	70
32	164	72	92				148	64	84
33	216	94	122				194	83	111
34	202	82	120				187	79	108
35-39岁	**1275**	**519**	**756**				**1142**	**465**	**677**
35	232	87	145				206	76	130
36	223	90	133				193	77	116
37	254	102	152				236	98	138
38	299	120	179				273	111	162
39	267	120	147				234	103	131
40-44岁	**1495**	**592**	**903**				**1322**	**517**	**805**
40	271	115	156				230	95	135
41	281	112	169				249	100	149
42	282	104	178				247	92	155
43	327	124	203				291	104	187
44	334	137	197				305	126	179
45-49岁	**2247**	**935**	**1312**				**1989**	**832**	**1157**
45	357	157	200				313	137	176
46	463	195	268				409	169	240
47	472	200	272				424	184	240
48	486	198	288				436	176	260
49	469	185	284				407	166	241
50岁及以上	**13827**	**4787**	**9040**	**3**	**1**	**2**	**11949**	**4209**	**7740**

3-2a 续表 3

单位：人

年龄	小学								
	肄业			辍学			其他		
	小计	男	女	小计	男	女	小计	男	女
总计	**339**	**96**	**243**	**1246**	**475**	**771**	**1168**	**414**	**754**
3									
4									
5—9岁	**7**	**2**	**5**	**2**	**1**	**1**	**97**	**58**	**39**
5							5	3	2
6	2		2				27	14	13
7	3		3				24	16	8
8	1	1		1	1		18	11	7
9	1	1		1		1	23	14	9
10—14岁	**4**	**2**	**2**	**4**	**2**	**2**	**51**	**31**	**20**
10	1		1				21	15	6
11	3	2	1	1	1		21	11	10
12							5	1	4
13				2	1	1	3	3	
14				1		1	1	1	
15—19岁				**4**	**3**	**1**	**8**	**6**	**2**
15				1	1				
16				1	1		1		1
17				1	1		5	5	
18							1	1	
19				1		1	1		1
20—24岁	**2**	**2**		**7**	**3**	**4**	**13**	**10**	**3**
20	1	1					3	2	1
21	1	1					3	3	
22				3	1	2	3	3	
23				1		1	1	1	
24				3	2	1	3	1	2
25—29岁	**3**	**1**	**2**	**24**	**16**	**8**	**12**	**7**	**5**
25	1		1	2	1	1	2	2	
26				1	1				
27	1	1		9	6	3	3	2	1
28	1		1	8	5	3	5	3	2
29				4	3	1	2		2
30—34岁	**8**	**3**	**5**	**50**	**22**	**28**	**18**	**7**	**11**
30	2	1	1	6	3	3	3	1	2
31	1		1	9	4	5	2	1	1
32	2	1	1	8	4	4	6	3	3
33	1	1		16	8	8	5	2	3
34	2		2	11	3	8	2		2
35—39岁	**14**	**8**	**6**	**81**	**34**	**47**	**38**	**12**	**26**
35	3	1	2	17	9	8	6	1	5
36	3	3		16	7	9	11	3	8
37	2		2	11	3	8	5	1	4
38	4	3	1	13	4	9	9	2	7
39	2	1	1	24	11	13	7	5	2
40—44岁	**22**	**8**	**14**	**93**	**43**	**50**	**58**	**24**	**34**
40	5	1	4	21	12	9	15	7	8
41	6	1	5	20	9	11	6	2	4
42	2		2	17	6	11	16	6	10
43	6	5	1	21	10	11	9	5	4
44	3	1	2	14	6	8	12	4	8
45—49岁	**24**	**9**	**15**	**151**	**66**	**85**	**83**	**28**	**55**
45	5	2	3	25	13	12	14	5	9
46	4	2	2	38	18	20	12	6	6
47	5	1	4	24	10	14	19	5	14
48	4	2	2	31	15	16	15	5	10
49	6	2	4	33	10	23	23	7	16
50岁及以上	**255**	**61**	**194**	**830**	**285**	**545**	**790**	**231**	**559**

3-2a 续表 4

单位：人

年龄	初中								
	合计			在校			毕业		
	合计	男	女	小计	男	女	小计	男	女
总计	**98903**	**50638**	**48265**	**10908**	**6181**	**4727**	**83897**	**42356**	**41541**
3									
4									
5-9岁	**164**	**101**	**63**	**147**	**92**	**55**	**14**	**8**	**6**
5									
6	26	16	10	24	15	9	2	1	1
7	25	14	11	23	12	11	2	2	
8	47	33	14	43	32	11	3	1	2
9	66	38	28	57	33	24	7	4	3
10-14岁	**9198**	**5182**	**4016**	**8772**	**4917**	**3855**	**367**	**233**	**134**
10	106	62	44	99	58	41	4	3	1
11	318	178	140	297	163	134	16	11	5
12	2560	1380	1180	2451	1323	1128	95	50	45
13	3271	1872	1399	3128	1777	1351	128	88	40
14	2943	1690	1253	2797	1596	1201	124	81	43
15-19岁	**3336**	**1967**	**1369**	**1960**	**1154**	**806**	**1283**	**759**	**524**
15	1288	750	538	1214	705	509	68	41	27
16	567	346	221	417	262	155	134	77	57
17	406	218	188	152	90	62	236	119	117
18	517	320	197	106	59	47	386	246	140
19	558	333	225	71	38	33	459	276	183
20-24岁	**4063**	**2406**	**1657**	**9**	**4**	**5**	**3876**	**2289**	**1587**
20	575	356	219	5	2	3	540	334	206
21	654	397	257	1		1	614	371	243
22	841	525	316				811	504	307
23	839	498	341	2	1	1	809	480	329
24	1154	630	524	1	1		1102	600	502
25-29岁	**8098**	**4238**	**3860**	**3**	**2**	**1**	**7771**	**4048**	**3723**
25	1351	721	630	2	1	1	1281	686	595
26	1429	758	671	1	1		1375	721	654
27	1686	901	785				1619	859	760
28	1805	913	892				1735	872	863
29	1827	945	882				1761	910	851
30-34岁	**11187**	**5577**	**5610**	**5**	**4**	**1**	**10739**	**5333**	**5406**
30	2184	1094	1090				2102	1049	1053
31	2203	1132	1071	1		1	2119	1082	1037
32	2146	1073	1073				2056	1023	1033
33	2413	1220	1193	2	2		2319	1169	1150
34	2241	1058	1183	2	2		2143	1010	1133
35-39岁	**11826**	**5820**	**6006**	**2**	**2**		**11316**	**5595**	**5721**
35	2229	1141	1088				2133	1099	1034
36	2412	1155	1257	1	1		2310	1111	1199
37	2431	1228	1203				2320	1176	1144
38	2462	1168	1294	1	1		2354	1128	1226
39	2292	1128	1164				2199	1081	1118
40-44岁	**9887**	**4861**	**5026**	**3**	**2**	**1**	**9454**	**4650**	**4804**
40	2146	1030	1116				2043	984	1059
41	2145	1060	1085	1	1		2047	1012	1035
42	2003	975	1028				1919	932	987
43	1705	849	856	1	1		1639	815	824
44	1888	947	941	1		1	1806	907	899
45-49岁	**10550**	**5335**	**5215**	**1**	**1**		**10073**	**5070**	**5003**
45	1895	910	985				1792	856	936
46	2122	1073	1049	1	1		2026	1013	1013
47	2212	1092	1120				2121	1044	1077
48	2248	1175	1073				2162	1130	1032
49	2073	1085	988				1972	1027	945
50岁及以上	**30594**	**15151**	**15443**	**6**	**3**	**3**	**29004**	**14371**	**14633**

3-2a 续表 5

单位：人

年龄	初中								
	肄业			辍学			其他		
	小计	男	女	小计	男	女	小计	男	女
总计	**413**	**218**	**195**	**1259**	**717**	**542**	**2426**	**1166**	**1260**
3									
4									
5-9岁							**3**	**1**	**2**
5									
6									
7									
8							1		1
9							2	1	1
10-14岁	**6**	**4**	**2**	**6**	**6**		**47**	**22**	**25**
10							3	1	2
11	1	1					4	3	1
12							14	7	7
13	2	1	1	2	2		11	4	7
14	3	2	1	4	4		15	7	8
15-19岁	**4**	**2**	**2**	**56**	**37**	**19**	**33**	**15**	**18**
15				2	1	1	4	3	1
16	1		1	9	6	3	6	1	5
17				10	5	5	8	4	4
18	2	2		15	9	6	8	4	4
19	1		1	20	16	4	7	3	4
20-24岁	**18**	**11**	**7**	**65**	**46**	**19**	**95**	**56**	**39**
20	2		2	11	10	1	17	10	7
21	1	1		20	13	7	18	12	6
22	4	2	2	7	4	3	19	15	4
23	3	1	2	12	10	2	13	6	7
24	8	7	1	15	9	6	28	13	15
25-29岁	**32**	**21**	**11**	**100**	**60**	**40**	**192**	**107**	**85**
25	6	5	1	19	10	9	43	19	24
26	3	1	2	19	13	6	31	22	9
27	9	8	1	24	18	6	34	16	18
28	8	2	6	19	8	11	43	31	12
29	6	5	1	19	11	8	41	19	22
30-34岁	**43**	**23**	**20**	**157**	**94**	**63**	**243**	**123**	**120**
30	6	4	2	31	19	12	45	22	23
31	4	3	1	28	17	11	51	30	21
32	10	5	5	38	23	15	42	22	20
33	10	6	4	32	16	16	50	27	23
34	13	5	8	28	19	9	55	22	33
35-39岁	**60**	**27**	**33**	**150**	**75**	**75**	**298**	**121**	**177**
35	9	3	6	29	14	15	58	25	33
36	12	4	8	31	18	13	58	21	37
37	16	10	6	30	16	14	65	26	39
38	12	4	8	37	15	22	58	20	38
39	11	6	5	23	12	11	59	29	30
40-44岁	**46**	**26**	**20**	**133**	**69**	**64**	**251**	**114**	**137**
40	6	2	4	38	19	19	59	25	34
41	10	6	4	25	11	14	62	30	32
42	14	10	4	20	9	11	50	24	26
43	8	4	4	21	15	6	36	14	22
44	8	4	4	29	15	14	44	21	23
45-49岁	**50**	**30**	**20**	**178**	**112**	**66**	**248**	**122**	**126**
45	10	7	3	37	22	15	56	25	31
46	9	4	5	36	24	12	50	31	19
47	11	6	5	34	23	11	46	19	27
48	8	6	2	38	20	18	40	19	21
49	12	7	5	33	23	10	56	28	28
50岁及以上	**154**	**74**	**80**	**414**	**218**	**196**	**1016**	**485**	**531**

3-2a　续表 6　　　　单位：人

年　龄	高中								
	合　计			在　校			毕　业		
	合计	男	女	小计	男	女	小计	男	女
总　计	**73828**	**39903**	**33925**	**12250**	**6555**	**5695**	**59544**	**32192**	**27352**
3									
4									
5-9岁									
5									
6									
7									
8									
9									
10-14岁	**308**	**142**	**166**	**291**	**133**	**158**	**14**	**9**	**5**
10									
11									
12									
13	48	30	18	44	27	17	4	3	1
14	260	112	148	247	106	141	10	6	4
15-19岁	**12796**	**6934**	**5862**	**11642**	**6248**	**5394**	**1056**	**620**	**436**
15	2447	1257	1190	2421	1242	1179	20	10	10
16	4046	2097	1949	3977	2061	1916	56	29	27
17	3733	2074	1659	3540	1961	1579	164	93	71
18	1660	957	703	1335	770	565	302	173	129
19	910	549	361	369	214	155	514	315	199
20-24岁	**4472**	**2544**	**1928**	**305**	**169**	**136**	**4024**	**2289**	**1735**
20	708	412	296	143	76	67	543	320	223
21	751	443	308	64	42	22	665	387	278
22	848	484	364	51	28	23	772	437	335
23	1024	591	433	29	16	13	957	557	400
24	1141	614	527	18	7	11	1087	588	499
25-29岁	**7378**	**3969**	**3409**	**5**	**3**	**2**	**7130**	**3832**	**3298**
25	1329	710	619	2	1	1	1292	690	602
26	1359	765	594	1	1		1318	742	576
27	1502	810	692	1		1	1446	778	668
28	1581	815	766	1	1		1517	781	736
29	1607	869	738				1557	841	716
30-34岁	**8126**	**4325**	**3801**	**2**	**1**	**1**	**7861**	**4177**	**3684**
30	1784	939	845	1	1		1722	897	825
31	1682	915	767				1628	886	742
32	1571	863	708				1524	839	685
33	1614	842	772	1		1	1557	811	746
34	1475	766	709				1430	744	686
35-39岁	**7052**	**3630**	**3422**	**1**		**1**	**6847**	**3507**	**3340**
35	1400	758	642				1367	744	623
36	1415	733	682				1381	713	668
37	1345	682	663				1308	659	649
38	1504	763	741				1451	726	725
39	1388	694	694	1		1	1340	665	675
40-44岁	**6161**	**3208**	**2953**	**1**	**1**		**5966**	**3100**	**2866**
40	1334	714	620				1289	685	604
41	1419	744	675	1	1		1378	722	656
42	1206	632	574				1163	602	561
43	1084	530	554				1057	519	538
44	1118	588	530				1079	572	507
45-49岁	**6447**	**3470**	**2977**				**6234**	**3350**	**2884**
45	1110	578	532				1076	561	515
46	1303	719	584				1256	690	566
47	1382	744	638				1340	718	622
48	1346	711	635				1309	690	619
49	1306	718	588				1253	691	562
50岁及以上	**21088**	**11681**	**9407**	**3**		**3**	**20412**	**11308**	**9104**

3-2a 续表 7

单位：人

年 龄	高中								
	肄业			辍学			其他		
	小计	男	女	小计	男	女	小计	男	女
总 计	**226**	**132**	**94**	**352**	**208**	**144**	**1456**	**816**	**640**
3									
4									
5-9岁									
5									
6									
7									
8									
9									
10-14岁							**3**		**3**
10									
11									
12									
13									
14							3		3
15-19岁	**14**	**6**	**8**	**21**	**15**	**6**	**63**	**45**	**18**
15							6	5	1
16	2		2	3	2	1	8	5	3
17	5	2	3	7	6	1	17	12	5
18	4	2	2	7	4	3	12	8	4
19	3	2	1	4	3	1	20	15	5
20-24岁	**15**	**10**	**5**	**40**	**28**	**12**	**88**	**48**	**40**
20	2	2		7	7		13	7	6
21	4	3	1	5	3	2	13	8	5
22	2	1	1	10	9	1	13	9	4
23	6	4	2	9	3	6	23	11	12
24	1		1	9	6	3	26	13	13
25-29岁	**35**	**19**	**16**	**41**	**23**	**18**	**167**	**92**	**75**
25	3	2	1	8	4	4	24	13	11
26	10	4	6	9	6	3	21	12	9
27	8	3	5	4	2	2	43	27	16
28	7	5	2	5	2	3	51	26	25
29	7	5	2	15	9	6	28	14	14
30-34岁	**22**	**14**	**8**	**59**	**34**	**25**	**182**	**99**	**83**
30	6	4	2	13	9	4	42	28	14
31	2	1	1	15	9	6	37	19	18
32	4	3	1	10	4	6	33	17	16
33	5	1	4	12	7	5	39	23	16
34	5	5		9	5	4	31	12	19
35-39岁	**25**	**14**	**11**	**38**	**28**	**10**	**141**	**81**	**60**
35	5	2	3	4	1	3	24	11	13
36	5	3	2	5	5		24	12	12
37	5	3	2	9	8	1	23	12	11
38	5	3	2	7	5	2	41	29	12
39	5	3	2	13	9	4	29	17	12
40-44岁	**23**	**15**	**8**	**37**	**24**	**13**	**134**	**68**	**66**
40	5	2	3	7	6	1	33	21	12
41	2	2		6	5	1	32	14	18
42	7	5	2	10	10		26	15	11
43	5	4	1	10	3	7	12	4	8
44	4	2	2	4		4	31	14	17
45-49岁	**26**	**15**	**11**	**36**	**19**	**17**	**151**	**86**	**65**
45	3	2	1	11	4	7	20	11	9
46	5	3	2	9	7	2	33	19	14
47	6	5	1	8	4	4	28	17	11
48	5	1	4	2	2		30	18	12
49	7	4	3	6	2	4	40	21	19
50岁及以上	**66**	**39**	**27**	**80**	**37**	**43**	**527**	**297**	**230**

3-2a　续表 8

单位：人

年　龄	大学专科								
	合　计			在　校			毕　业		
	合计	男	女	小计	男	女	小计	男	女
总　计	**41935**	**22565**	**19370**	**3650**	**1962**	**1688**	**37556**	**20192**	**17364**
3									
4									
5-9岁									
5									
6									
7									
8									
9									
10-14岁									
10									
11									
12									
13									
14									
15-19岁	**2028**	**1052**	**976**	**1755**	**921**	**834**	**253**	**123**	**130**
15	60	34	26	59	33	26	1	1	
16	124	61	63	120	60	60	4	1	3
17	207	98	109	171	82	89	35	16	19
18	579	295	284	508	259	249	65	35	30
19	1058	564	494	897	487	410	148	70	78
20-24岁	**5702**	**3005**	**2697**	**1743**	**950**	**793**	**3873**	**2002**	**1871**
20	1186	634	552	906	495	411	270	131	139
21	1028	540	488	514	283	231	498	250	248
22	1044	557	487	206	106	100	824	442	382
23	1145	601	544	82	42	40	1041	546	495
24	1299	673	626	35	24	11	1240	633	607
25-29岁	**7128**	**3562**	**3566**	**76**	**48**	**28**	**6949**	**3456**	**3493**
25	1405	710	695	24	14	10	1368	685	683
26	1340	638	702	16	11	5	1299	617	682
27	1381	696	685	11	6	5	1352	678	674
28	1465	737	728	13	9	4	1435	719	716
29	1537	781	756	12	8	4	1495	757	738
30-34岁	**7510**	**3875**	**3635**	**21**	**10**	**11**	**7330**	**3776**	**3554**
30	1740	879	861	10	4	6	1685	852	833
31	1575	833	742	2	2		1547	822	725
32	1488	759	729	5	3	2	1448	730	718
33	1425	734	691	2	1	1	1393	712	681
34	1282	670	612	2		2	1257	660	597
35-39岁	**5254**	**2696**	**2558**	**16**	**9**	**7**	**5132**	**2632**	**2500**
35	1124	597	527	3	1	2	1100	582	518
36	1111	569	542	5	2	3	1082	555	527
37	1062	541	521	2	2		1042	530	512
38	1100	578	522	3	2	1	1074	567	507
39	857	411	446	3	2	1	834	398	436
40-44岁	**3474**	**1829**	**1645**	**14**	**12**	**2**	**3391**	**1782**	**1609**
40	825	432	393				808	424	384
41	766	399	367	5	5		743	386	357
42	711	375	336	2	2		696	367	329
43	601	322	279	3	2	1	589	315	274
44	571	301	270	4	3	1	555	290	265
45-49岁	**3290**	**1799**	**1491**	**14**	**7**	**7**	**3214**	**1756**	**1458**
45	578	312	266	1		1	565	307	258
46	691	356	335	6	4	2	674	345	329
47	716	402	314	3	2	1	701	394	307
48	691	395	296	3	1	2	676	386	290
49	614	334	280	1		1	598	324	274
50岁及以上	**7549**	**4747**	**2802**	**11**	**5**	**6**	**7414**	**4665**	**2749**

3-2a 续表 9 单位：人

年龄	大学专科								
	肄业			辍学			其他		
	小计	男	女	小计	男	女	小计	男	女
总计	**63**	**37**	**26**	**29**	**20**	**9**	**637**	**354**	**283**
3									
4									
5-9岁									
5									
6									
7									
8									
9									
10-14岁									
10									
11									
12									
13									
14									
15-19岁	**2**	**1**	**1**				**18**	**7**	**11**
15									
16									
17							1		1
18	1		1				5	1	4
19	1	1					12	6	6
20-24岁	**6**	**4**	**2**	**7**	**6**	**1**	**73**	**43**	**30**
20				1	1		9	7	2
21	3	2	1				13	5	8
22	2	1	1	2	2		10	6	4
23	1	1		2	1	1	19	11	8
24				2	2		22	14	8
25-29岁	**10**	**4**	**6**	**6**	**4**	**2**	**87**	**50**	**37**
25	1	1		3	3		9	7	2
26	2		2				23	10	13
27	2	2					16	10	6
28	3	1	2				14	8	6
29	2		2	3	1	2	25	15	10
30-34岁	**19**	**11**	**8**	**7**	**3**	**4**	**133**	**75**	**58**
30	6	3	3	1	1		38	19	19
31	2		2	3		3	21	9	12
32	8	5	3	3	2	1	24	19	5
33	3	3					27	18	9
34							23	10	13
35-39岁	**7**	**3**	**4**	**4**	**4**		**95**	**48**	**47**
35	1	1					20	13	7
36	2	1	1				22	11	11
37	1		1	3	3		14	6	8
38	2	1	1	1	1		20	7	13
39	1		1				19	11	8
40-44岁	**5**	**2**	**3**				**64**	**33**	**31**
40	1		1				16	8	8
41							18	8	10
42	2	1	1				11	5	6
43	1		1				8	5	3
44	1	1					11	7	4
45-49岁	**6**	**5**	**1**	**2**	**2**		**54**	**29**	**25**
45	2	1	1				10	4	6
46	1	1		1	1		9	5	4
47	1	1					11	5	6
48	1	1					11	7	4
49	1	1		1	1		13	8	5
50岁及以上	**8**	**7**	**1**	**3**	**1**	**2**	**113**	**69**	**44**

3-2a　续表 10　　　　单位：人

年　龄	大学本科								
	合　计			在　校			毕　业		
	合计	男	女	小计	男	女	小计	男	女
总　计	**40942**	**21340**	**19602**	**6611**	**3010**	**3601**	**33759**	**18022**	**15737**
3									
4									
5-9岁									
5									
6									
7									
8									
9									
10-14岁									
10									
11									
12									
13									
14									
15-19岁	**2367**	**1097**	**1270**	**2310**	**1069**	**1241**	**50**	**22**	**28**
15	6	3	3	5	3	2	1		1
16	13	6	7	12	6	6	1		1
17	100	41	59	98	41	57	2		2
18	744	337	407	727	331	396	15	5	10
19	1504	710	794	1468	688	780	31	17	14
20-24岁	**7458**	**3367**	**4091**	**4135**	**1868**	**2267**	**3268**	**1473**	**1795**
20	1778	790	988	1717	762	955	59	27	32
21	1538	695	843	1307	586	721	216	101	115
22	1416	633	783	722	327	395	681	302	379
23	1309	622	687	281	144	137	1013	471	542
24	1417	627	790	108	49	59	1299	572	727
25-29岁	**7404**	**3454**	**3950**	**94**	**35**	**59**	**7214**	**3378**	**3836**
25	1376	618	758	32	13	19	1331	599	732
26	1381	660	721	16	11	5	1353	647	706
27	1502	691	811	13	2	11	1469	679	790
28	1568	735	833	19	8	11	1522	717	805
29	1577	750	827	14	1	13	1539	736	803
30-34岁	**7570**	**3682**	**3888**	**34**	**18**	**16**	**7425**	**3614**	**3811**
30	1746	859	887	12	7	5	1703	838	865
31	1539	721	818	4	1	3	1507	712	795
32	1536	742	794	4	1	3	1513	733	780
33	1410	696	714	8	5	3	1384	679	705
34	1339	664	675	6	4	2	1318	652	666
35-39岁	**5451**	**2903**	**2548**	**16**	**9**	**7**	**5350**	**2845**	**2505**
35	1213	637	576	6	4	2	1187	624	563
36	1153	591	562	3	1	2	1130	579	551
37	1108	569	539	3	1	2	1088	554	534
38	1146	625	521	3	2	1	1125	614	511
39	831	481	350	1	1		820	474	346
40-44岁	**3152**	**1807**	**1345**	**4**	**2**	**2**	**3079**	**1764**	**1315**
40	713	398	315				697	388	309
41	759	437	322	2	1	1	747	432	315
42	638	346	292	1	1		620	333	287
43	528	316	212	1		1	515	310	205
44	514	310	204				500	301	199
45-49岁	**2487**	**1566**	**921**	**3**	**1**	**2**	**2448**	**1538**	**910**
45	460	275	185	1		1	452	268	184
46	528	337	191				520	332	188
47	513	310	203	2	1	1	504	303	201
48	509	340	169				503	335	168
49	477	304	173				469	300	169
50岁及以上	**5053**	**3464**	**1589**	**15**	**8**	**7**	**4925**	**3388**	**1537**

3-2a 续表 11　　　　单位：人

年龄	大学本科								
	肄业			辍学			其他		
	小计	男	女	小计	男	女	小计	男	女
总计	**72**	**41**	**31**	**5**	**3**	**2**	**495**	**264**	**231**
3									
4									
5-9岁									
5									
6									
7									
8									
9									
10-14岁									
10									
11									
12									
13									
14									
15-19岁	**1**	**1**					**6**	**5**	**1**
15									
16									
17									
18							2	1	1
19	1	1					4	4	
20-24岁	**5**	**4**	**1**	**1**	**1**		**49**	**21**	**28**
20							2	1	1
21	2	2					13	6	7
22							13	4	9
23	1	1		1	1		13	5	8
24	2	1	1				8	5	3
25-29岁	**13**	**6**	**7**	**1**		**1**	**82**	**35**	**47**
25	1	1					12	5	7
26	2		2				10	2	8
27	6	3	3				14	7	7
28	3	1	2	1		1	23	9	14
29	1	1					23	12	11
30-34岁	**15**	**7**	**8**	**1**	**1**		**95**	**42**	**53**
30	4	2	2				27	12	15
31	3	1	2				25	7	18
32	1		1	1	1		17	7	10
33	4	2	2				14	10	4
34	3	2	1				12	6	6
35-39岁	**8**	**6**	**2**				**77**	**43**	**34**
35	4	3	1				16	6	10
36							20	11	9
37	1	1					16	13	3
38	2	1	1				16	8	8
39	1	1					9	5	4
40-44岁	**12**	**8**	**4**				**57**	**33**	**24**
40	2	2					14	8	6
41	1		1				9	4	5
42	4	2	2				13	10	3
43	2	2					10	4	6
44	3	2	1				11	7	4
45-49岁	**5**	**3**	**2**				**31**	**24**	**7**
45	1	1					6	6	
46							8	5	3
47							7	6	1
48	2	1	1				4	4	
49	2	1	1				6	3	3
50岁及以上	**13**	**6**	**7**	**2**	**1**	**1**	**98**	**61**	**37**

3-2a 续表 12

单位：人

年龄	硕士研究生								
	合计			在校			毕业		
	合计	男	女	小计	男	女	小计	男	女
总计	**2897**	**1524**	**1373**	**587**	**284**	**303**	**2277**	**1223**	**1054**
3									
4									
5-9岁									
5									
6									
7									
8									
9									
10-14岁									
10									
11									
12									
13									
14									
15-19岁	**1**		**1**	**1**		**1**			
15									
16									
17									
18									
19	1		1	1		1			
20-24岁	**344**	**147**	**197**	**305**	**132**	**173**	**37**	**14**	**23**
20	1		1	1		1			
21	10	5	5	9	4	5			
22	41	14	27	37	12	25	4	2	2
23	128	59	69	120	57	63	7	2	5
24	164	69	95	138	59	79	26	10	16
25-29岁	**560**	**259**	**301**	**244**	**136**	**108**	**311**	**122**	**189**
25	169	94	75	133	81	52	35	13	22
26	113	47	66	52	25	27	61	22	39
27	84	35	49	33	17	16	49	18	31
28	96	38	58	18	8	10	77	29	48
29	98	45	53	8	5	3	89	40	49
30-34岁	**600**	**244**	**356**	**21**	**10**	**11**	**573**	**230**	**343**
30	107	45	62	12	6	6	94	38	56
31	119	43	76	4	1	3	115	42	73
32	116	43	73	2		2	112	41	71
33	132	60	72	2	2		128	57	71
34	126	53	73	1	1		124	52	72
35-39岁	**548**	**280**	**268**	**14**	**5**	**9**	**526**	**273**	**253**
35	106	45	61	6	1	5	99	44	55
36	108	48	60	3	2	1	103	46	57
37	122	69	53	2	1	1	117	66	51
38	126	67	59	2		2	123	67	56
39	86	51	35	1	1		84	50	34
40-44岁	**300**	**180**	**120**	**2**	**1**	**1**	**288**	**172**	**116**
40	82	45	37				81	44	37
41	75	44	31				74	43	31
42	57	34	23	2	1	1	51	31	20
43	50	34	16				47	32	15
44	36	23	13				35	22	13
45-49岁	**190**	**132**	**58**				**190**	**132**	**58**
45	50	34	16				50	34	16
46	48	32	16				48	32	16
47	33	19	14				33	19	14
48	29	20	9				29	20	9
49	30	27	3				30	27	3
50岁及以上	**354**	**282**	**72**				**352**	**280**	**72**

3-2a 续表 13

单位：人

年 龄	硕士研究生								
	肄 业			辍 学			其 他		
	小计	男	女	小计	男	女	小计	男	女
总 计	**2**		**2**				**31**	**17**	**14**
3									
4									
5-9岁									
5									
6									
7									
8									
9									
10-14岁									
10									
11									
12									
13									
14									
15-19岁									
15									
16									
17									
18									
19									
20-24岁	**1**		**1**				**1**	**1**	
20									
21							1	1	
22									
23	1		1						
24									
25-29岁							**5**	**1**	**4**
25							1		1
26									
27							2		2
28							1	1	
29							1		1
30-34岁							**6**	**4**	**2**
30							1	1	
31									
32							2	2	
33							2	1	1
34							1		1
35-39岁							**8**	**2**	**6**
35							1		1
36							2		2
37							3	2	1
38							1		1
39							1		1
40-44岁	**1**		**1**				**9**	**7**	**2**
40							1	1	
41							1	1	
42							4	2	2
43	1		1				2	2	
44							1	1	
45-49岁									
45									
46									
47									
48									
49									
50岁及以上							**2**	**2**	

3-2a 续表 14 单位：人

年龄	博士研究生								
	合计			在校			毕业		
	合计	男	女	小计	男	女	小计	男	女
总计	**338**	**200**	**138**	**48**	**24**	**24**	**284**	**172**	**112**
3									
4									
5-9岁									
5									
6									
7									
8									
9									
10-14岁									
10									
11									
12									
13									
14									
15-19岁									
15									
16									
17									
18									
19									
20-24岁	**7**	**3**	**4**	**7**	**3**	**4**			
20									
21									
22	1		1	1		1			
23	1	1		1	1				
24	5	2	3	5	2	3			
25-29岁	**35**	**22**	**13**	**27**	**16**	**11**	**8**	**6**	**2**
25	4	3	1	3	2	1	1	1	
26	4	3	1	4	3	1			
27	11	7	4	9	5	4	2	2	
28	7	5	2	6	4	2	1	1	
29	9	4	5	5	2	3	4	2	2
30-34岁	**46**	**26**	**20**	**9**	**3**	**6**	**37**	**23**	**14**
30	10	5	5	2	1	1	8	4	4
31	9	4	5	5	1	4	4	3	1
32	6	4	2	2	1	1	4	3	1
33	13	7	6				13	7	6
34	8	6	2				8	6	2
35-39岁	**77**	**39**	**38**	**2**	**1**	**1**	**73**	**37**	**36**
35	11	7	4				11	7	4
36	19	8	11				17	7	10
37	7	4	3	1	1		6	3	3
38	19	9	10				19	9	10
39	21	11	10	1		1	20	11	9
40-44岁	**68**	**39**	**29**	**2**		**2**	**64**	**37**	**27**
40	16	9	7	1		1	15	9	6
41	18	8	10				18	8	10
42	9	4	5	1		1	8	4	4
43	15	11	4				15	11	4
44	10	7	3				8	5	3
45-49岁	**41**	**22**	**19**	**1**	**1**		**38**	**20**	**18**
45	13	7	6	1	1		12	6	6
46	6	4	2				6	4	2
47	12	8	4				11	7	4
48	5	1	4				4	1	3
49	5	2	3				5	2	3
50岁及以上	**64**	**49**	**15**				**64**	**49**	**15**

3－2a　续表 15　　　　　　单位：人

年　龄	博士研究生								
	肄　业			辍　学			其　他		
	小计	男	女	小计	男	女	小计	男	女
总　计	**1**	**1**					**5**	**3**	**2**
3									
4									
5－9岁									
5									
6									
7									
8									
9									
10－14岁									
10									
11									
12									
13									
14									
15－19岁									
15									
16									
17									
18									
19									
20－24岁									
20									
21									
22									
23									
24									
25－29岁									
25									
26									
27									
28									
29									
30－34岁									
30									
31									
32									
33									
34									
35－39岁							**2**	**1**	**1**
35									
36							2	1	1
37									
38									
39									
40－44岁	**1**	**1**					**1**	**1**	
40									
41									
42									
43									
44	1	1					1	1	
45－49岁							**2**	**1**	**1**
45									
46									
47							1	1	
48							1		1
49									
50岁及以上									

3-2b 全省分年龄、性别、学业完成情况的3岁及以上各种受教育程度人口(镇)

单位：人

年 龄	合计								
	合 计			在 校			毕 业		
	合计	男	女	小计	男	女	小计	男	女
总 计	**195272**	**104806**	**90466**	**41463**	**22362**	**19101**	**140223**	**75529**	**64694**
3									
4									
5-9岁	**12500**	**6870**	**5630**	**12111**	**6629**	**5482**	**227**	**148**	**79**
5	315	169	146	297	160	137	6	3	3
6	2217	1219	998	2160	1179	981	32	24	8
7	3150	1711	1439	3042	1651	1391	54	31	23
8	3477	1943	1534	3379	1882	1497	67	45	22
9	3341	1828	1513	3233	1757	1476	68	45	23
10-14岁	**15314**	**8444**	**6870**	**14734**	**8103**	**6631**	**442**	**262**	**180**
10	3218	1778	1440	3132	1727	1405	56	37	19
11	3104	1710	1394	3016	1655	1361	63	37	26
12	3237	1762	1475	3104	1683	1421	102	60	42
13	2875	1610	1265	2749	1540	1209	106	57	49
14	2880	1584	1296	2733	1498	1235	115	71	44
15-19岁	**13077**	**7232**	**5845**	**10931**	**5864**	**5067**	**1872**	**1186**	**686**
15	2902	1618	1284	2768	1526	1242	93	66	27
16	3079	1722	1357	2829	1557	1272	210	137	73
17	2593	1459	1134	2203	1203	1000	332	211	121
18	2201	1225	976	1614	853	761	520	333	187
19	2302	1208	1094	1517	725	792	717	439	278
20-24岁	**12137**	**6687**	**5450**	**3483**	**1663**	**1820**	**8080**	**4680**	**3400**
20	2465	1323	1142	1446	662	784	936	607	329
21	2367	1308	1059	1102	542	560	1179	714	465
22	2356	1316	1040	592	283	309	1648	961	687
23	2362	1324	1038	232	118	114	1998	1126	872
24	2587	1416	1171	111	58	53	2319	1272	1047
25-29岁	**16213**	**8737**	**7476**	**108**	**57**	**51**	**15172**	**8165**	**7007**
25	3045	1668	1377	50	23	27	2847	1562	1285
26	2906	1604	1302	19	8	11	2704	1484	1220
27	3247	1726	1521	15	10	5	3037	1607	1430
28	3452	1837	1615	12	6	6	3240	1724	1516
29	3563	1902	1661	12	10	2	3344	1788	1556
30-34岁	**18880**	**10005**	**8875**	**41**	**19**	**22**	**17635**	**9301**	**8334**
30	4060	2175	1885	16	8	8	3808	2029	1779
31	3732	1971	1761	5	2	3	3488	1831	1657
32	3686	1927	1759	5	2	3	3441	1788	1653
33	3770	2008	1762	10	4	6	3495	1861	1634
34	3632	1924	1708	5	3	2	3403	1792	1611
35-39岁	**18188**	**9679**	**8509**	**18**	**9**	**9**	**16817**	**8957**	**7860**
35	3420	1806	1614	3		3	3201	1694	1507
36	3787	2034	1753	3		3	3508	1899	1609
37	3714	2011	1703	3	1	2	3402	1832	1570
38	3811	1979	1832	6	5	1	3519	1827	1692
39	3456	1849	1607	3	3		3187	1705	1482
40-44岁	**15132**	**8162**	**6970**	**14**	**7**	**7**	**13955**	**7507**	**6448**
40	3426	1795	1631	2	1	1	3179	1655	1524
41	3268	1758	1510	7	3	4	3016	1611	1405
42	3035	1643	1392	1	1		2807	1519	1288
43	2610	1432	1178	2	1	1	2410	1317	1093
44	2793	1534	1259	2	1	1	2543	1405	1138
45-49岁	**15070**	**8050**	**7020**	**11**	**6**	**5**	**13767**	**7400**	**6367**
45	2666	1392	1274	3	2	1	2445	1288	1157
46	2970	1588	1382	2	2		2723	1462	1261
47	3197	1721	1476	3	1	2	2923	1579	1344
48	3239	1745	1494	3	1	2	2948	1602	1346
49	2998	1604	1394				2728	1469	1259
50岁及以上	**58761**	**30940**	**27821**	**12**	**5**	**7**	**52256**	**27923**	**24333**

3-2b 续表 1

单位：人

年龄	合计								
	肄业			辍学			其他		
	小计	男	女	小计	男	女	小计	男	女
总计	**1599**	**810**	**789**	**3374**	**1632**	**1742**	**8613**	**4473**	**4140**
3									
4									
5-9岁	**19**	**10**	**9**	**4**	**2**	**2**	**139**	**81**	**58**
5	1		1	1	1		10	5	5
6	5	2	3	1	1		19	13	6
7	3	2	1	1		1	50	27	23
8	3	2	1				28	14	14
9	7	4	3	1		1	32	22	10
10-14岁	**16**	**8**	**8**	**8**	**6**	**2**	**114**	**65**	**49**
10				1	1		29	13	16
11	1		1	1	1		23	17	6
12	5	3	2				26	16	10
13	4	3	1	4	2	2	12	8	4
14	6	2	4	2	2		24	11	13
15-19岁	**34**	**19**	**15**	**84**	**60**	**24**	**156**	**103**	**53**
15	7	3	4	15	13	2	19	10	9
16	10	7	3	15	11	4	15	10	5
17	6	4	2	20	16	4	32	25	7
18	5	3	2	17	7	10	45	29	16
19	6	2	4	17	13	4	45	29	16
20-24岁	**62**	**37**	**25**	**107**	**69**	**38**	**405**	**238**	**167**
20	7	4	3	18	13	5	58	37	21
21	7	5	2	24	14	10	55	33	22
22	13	8	5	25	18	7	78	46	32
23	19	12	7	13	9	4	100	59	41
24	16	8	8	27	15	12	114	63	51
25-29岁	**87**	**61**	**26**	**149**	**85**	**64**	**697**	**369**	**328**
25	20	13	7	21	9	12	107	61	46
26	15	11	4	30	19	11	138	82	56
27	23	19	4	26	13	13	146	77	69
28	17	11	6	33	22	11	150	74	76
29	12	7	5	39	22	17	156	75	81
30-34岁	**110**	**62**	**48**	**231**	**137**	**94**	**863**	**486**	**377**
30	15	6	9	46	35	11	175	97	78
31	19	10	9	41	25	16	179	103	76
32	20	14	6	46	24	22	174	99	75
33	28	19	9	57	29	28	180	95	85
34	28	13	15	41	24	17	155	92	63
35-39岁	**150**	**81**	**69**	**305**	**159**	**146**	**898**	**473**	**425**
35	21	12	9	39	21	18	156	79	77
36	27	12	15	53	24	29	196	99	97
37	36	23	13	86	47	39	187	108	79
38	28	17	11	63	30	33	195	100	95
39	38	17	21	64	37	27	164	87	77
40-44岁	**137**	**76**	**61**	**306**	**181**	**125**	**720**	**391**	**329**
40	22	14	8	70	43	27	153	82	71
41	33	18	15	59	34	25	153	92	61
42	20	10	10	63	33	30	144	80	64
43	25	15	10	52	33	19	121	66	55
44	37	19	18	62	38	24	149	71	78
45-49岁	**136**	**77**	**59**	**381**	**192**	**189**	**775**	**375**	**400**
45	23	9	14	67	34	33	128	59	69
46	18	10	8	70	33	37	157	81	76
47	29	17	12	74	37	37	168	87	81
48	35	21	14	90	45	45	163	76	87
49	31	20	11	80	43	37	159	72	87
50岁及以上	**848**	**379**	**469**	**1799**	**741**	**1058**	**3846**	**1892**	**1954**

3-2b 续表 2

单位：人

年龄	小学								
	合计			在校			毕业		
	合计	男	女	小计	男	女	小计	男	女
总计	**43298**	**20182**	**23116**	**19629**	**10787**	**8842**	**18526**	**7337**	**11189**
3									
4									
5-9岁	**12363**	**6783**	**5580**	**12001**	**6564**	**5437**	**202**	**128**	**74**
5	315	169	146	297	160	137	6	3	3
6	2195	1206	989	2141	1169	972	29	21	8
7	3116	1694	1422	3011	1636	1375	51	29	22
8	3438	1915	1523	3351	1864	1487	57	36	21
9	3299	1799	1500	3201	1735	1466	59	39	20
10-14岁	**7823**	**4342**	**3481**	**7591**	**4200**	**3391**	**157**	**97**	**60**
10	3129	1728	1401	3053	1685	1368	48	30	18
11	2857	1572	1285	2786	1527	1259	48	29	19
12	1434	800	634	1373	761	612	44	27	17
13	283	177	106	266	166	100	14	9	5
14	120	65	55	113	61	52	3	2	1
15-19岁	**122**	**80**	**42**	**26**	**17**	**9**	**69**	**43**	**26**
15	14	12	2	7	6	1	4	3	1
16	18	10	8	4	2	2	10	5	5
17	25	15	10	4	2	2	14	6	8
18	27	19	8	4	2	2	18	14	4
19	38	24	14	7	5	2	23	15	8
20-24岁	**271**	**179**	**92**	**6**	**3**	**3**	**207**	**140**	**67**
20	45	33	12	2		2	34	25	9
21	50	31	19	3	2	1	37	24	13
22	45	30	15	1	1		36	24	12
23	68	46	22				53	37	16
24	63	39	24				47	30	17
25-29岁	**509**	**282**	**227**	**1**	**1**		**407**	**226**	**181**
25	90	59	31				78	54	24
26	91	54	37				67	39	28
27	106	55	51				85	40	45
28	105	54	51				85	45	40
29	117	60	57	1	1		92	48	44
30-34岁	**895**	**413**	**482**				**701**	**310**	**391**
30	126	64	62				103	48	55
31	154	72	82				112	50	62
32	188	93	95				148	69	79
33	212	93	119				165	71	94
34	215	91	124				173	72	101
35-39岁	**1449**	**603**	**846**				**1179**	**490**	**689**
35	237	110	127				202	91	111
36	261	107	154				215	93	122
37	312	128	184				241	96	145
38	340	125	215				279	104	175
39	299	133	166				242	106	136
40-44岁	**1566**	**679**	**887**	**2**	**2**		**1244**	**525**	**719**
40	339	138	201				270	105	165
41	314	137	177	1	1		244	101	143
42	313	142	171				253	113	140
43	264	115	149	1	1		206	87	119
44	336	147	189				271	119	152
45-49岁	**2253**	**939**	**1314**				**1804**	**757**	**1047**
45	353	139	214				286	112	174
46	425	182	243				340	147	193
47	496	205	291				405	171	234
48	513	218	295				407	178	229
49	466	195	271				366	149	217
50岁及以上	**16047**	**5882**	**10165**	**2**		**2**	**12556**	**4621**	**7935**

3-2b 续表 3　　　　单位：人

年 龄	小学								
	肄业			辍学			其他		
	小计	男	女	小计	男	女	小计	男	女
总 计	**690**	**267**	**423**	**1787**	**696**	**1091**	**2666**	**1095**	**1571**
3									
4									
5-9岁	**19**	**10**	**9**	**4**	**2**	**2**	**137**	**79**	**58**
5	1		1	1	1		10	5	5
6	5	2	3	1	1		19	13	6
7	3	2	1	1		1	50	27	23
8	3	2	1				27	13	14
9	7	4	3	1		1	31	21	10
10-14岁	**6**	**3**	**3**	**2**	**2**		**67**	**40**	**27**
10				1	1		27	12	15
11	1		1	1	1		21	15	6
12	3	2	1				14	10	4
13	1	1					2	1	1
14	1		1				3	2	1
15-19岁	**3**	**3**		**9**	**8**	**1**	**15**	**9**	**6**
15				1	1		2	2	
16	1	1		1	1		2	1	1
17	2	2		3	3		2	2	
18				1	1		4	2	2
19				3	2	1	5	2	3
20-24岁	**5**	**4**	**1**	**16**	**7**	**9**	**37**	**25**	**12**
20	1	1		1	1		7	6	1
21	2	1	1	4	1	3	4	3	1
22				1		1	7	5	2
23	2	2		4	3	1	9	4	5
24				6	2	4	10	7	3
25-29岁	**14**	**6**	**8**	**29**	**16**	**13**	**58**	**33**	**25**
25	2		2	3	1	2	7	4	3
26	2	1	1	7	5	2	15	9	6
27	3	3		4	3	1	14	9	5
28	4	1	3	6	4	2	10	4	6
29	3	1	2	9	3	6	12	7	5
30-34岁	**24**	**12**	**12**	**78**	**47**	**31**	**92**	**44**	**48**
30	1		1	10	8	2	12	8	4
31	4	2	2	16	9	7	22	11	11
32	3	3		15	9	6	22	12	10
33	7	4	3	20	12	8	20	6	14
34	9	3	6	17	9	8	16	7	9
35-39岁	**32**	**19**	**13**	**94**	**31**	**63**	**144**	**63**	**81**
35	4	1	3	12	5	7	19	13	6
36	7	4	3	13	2	11	26	8	18
37	9	5	4	28	9	19	34	18	16
38	2	1	1	24	8	16	35	12	23
39	10	8	2	17	7	10	30	12	18
40-44岁	**43**	**21**	**22**	**130**	**67**	**63**	**147**	**64**	**83**
40	8	4	4	32	19	13	29	10	19
41	8	5	3	27	12	15	34	18	16
42	6	1	5	24	10	14	30	18	12
43	7	3	4	25	15	10	25	9	16
44	14	8	6	22	11	11	29	9	20
45-49岁	**50**	**21**	**29**	**182**	**81**	**101**	**217**	**80**	**137**
45	11	2	9	30	16	14	26	9	17
46	6	4	2	32	13	19	47	18	29
47	14	7	7	28	7	21	49	20	29
48	11	4	7	44	19	25	51	17	34
49	8	4	4	48	26	22	44	16	28
50岁及以上	**494**	**168**	**326**	**1243**	**435**	**808**	**1752**	**658**	**1094**

3-2b　续表 4　　　　　　　　　　　　　　　　　　　　　　　　　　　　单位：人

年龄	初中								
	合计			在校			毕业		
	合计	男	女	小计	男	女	小计	男	女
总　计	**91924**	**49408**	**42516**	**9648**	**5351**	**4297**	**75919**	**40515**	**35404**
3									
4									
5-9岁	**137**	**87**	**50**	**110**	**65**	**45**	**25**	**20**	**5**
5									
6	22	13	9	19	10	9	3	3	
7	34	17	17	31	15	16	3	2	1
8	39	28	11	28	18	10	10	9	1
9	42	29	13	32	22	10	9	6	3
10-14岁	**7297**	**4008**	**3289**	**6968**	**3816**	**3152**	**270**	**159**	**111**
10	89	50	39	79	42	37	8	7	1
11	247	138	109	230	128	102	15	8	7
12	1802	962	840	1731	922	809	57	33	24
13	2549	1413	1136	2445	1356	1089	87	46	41
14	2610	1445	1165	2483	1368	1115	103	65	38
15-19岁	**3916**	**2356**	**1560**	**2523**	**1441**	**1082**	**1220**	**794**	**426**
15	1537	917	620	1426	838	588	77	57	20
16	769	453	316	584	328	256	156	104	52
17	536	321	215	262	144	118	240	151	89
18	508	312	196	153	81	72	312	203	109
19	566	353	213	98	50	48	435	279	156
20-24岁	**4330**	**2561**	**1769**	**21**	**14**	**7**	**3982**	**2355**	**1627**
20	580	375	205	7	3	4	529	345	184
21	674	417	257	3	3		613	379	234
22	855	523	332	4	3	1	786	479	307
23	1013	589	424	5	4	1	933	540	393
24	1208	657	551	2	1	1	1121	612	509
25-29岁	**8281**	**4411**	**3870**	**12**	**7**	**5**	**7709**	**4095**	**3614**
25	1444	792	652	4	2	2	1348	735	613
26	1419	757	662	2	1	1	1302	689	613
27	1696	896	800	3	3		1578	835	743
28	1811	952	859	1		1	1682	881	801
29	1911	1014	897	2	1	1	1799	955	844
30-34岁	**10574**	**5471**	**5103**	**3**	**2**	**1**	**9894**	**5098**	**4796**
30	2213	1172	1041	1	1		2078	1094	984
31	2049	1078	971				1919	1004	915
32	2106	1059	1047				1971	993	978
33	2145	1102	1043	1		1	1991	1023	968
34	2061	1060	1001	1	1		1935	984	951
35-39岁	**11068**	**5748**	**5320**	**3**	**2**	**1**	**10222**	**5283**	**4939**
35	1979	1016	963				1845	946	899
36	2309	1176	1133	1		1	2125	1080	1045
37	2261	1214	1047				2067	1095	972
38	2332	1225	1107	1	1		2166	1130	1036
39	2187	1117	1070	1	1		2019	1032	987
40-44岁	**9030**	**4761**	**4269**	**2**	**1**	**1**	**8363**	**4380**	**3983**
40	2125	1110	1015				1988	1029	959
41	1995	1062	933	1		1	1848	970	878
42	1763	894	869				1631	827	804
43	1572	853	719				1460	785	675
44	1575	842	733	1	1		1436	769	667
45-49岁	**8575**	**4424**	**4151**	**3**	**1**	**2**	**7914**	**4075**	**3839**
45	1510	760	750				1393	702	691
46	1705	871	834				1574	802	772
47	1809	946	863	1		1	1671	867	804
48	1848	974	874	2	1	1	1701	894	807
49	1703	873	830				1575	810	765
50岁及以上	**28716**	**15581**	**13135**	**3**	**2**	**1**	**26320**	**14256**	**12064**

3-2b 续表 5 单位：人

年 龄	初中								
	肄业			辍学			其他		
	小计	男	女	小计	男	女	小计	男	女
总 计	**716**	**409**	**307**	**1396**	**809**	**587**	**4245**	**2324**	**1921**
3									
4									
5-9岁							**2**	**2**	
5									
6									
7									
8							1	1	
9							1	1	
10-14岁	**10**	**5**	**5**	**6**	**4**	**2**	**43**	**24**	**19**
10							2	1	1
11							2	2	
12	2	1	1				12	6	6
13	3	2	1	4	2	2	10	7	3
14	5	2	3	2	2		17	8	9
15-19岁	**22**	**13**	**9**	**57**	**42**	**15**	**94**	**66**	**28**
15	7	3	4	13	11	2	14	8	6
16	7	6	1	13	9	4	9	6	3
17	2	1	1	13	11	2	19	14	5
18	4	2	2	11	5	6	28	21	7
19	2	1	1	7	6	1	24	17	7
20-24岁	**35**	**19**	**16**	**71**	**47**	**24**	**221**	**126**	**95**
20	3	2	1	12	8	4	29	17	12
21	4	3	1	17	12	5	37	20	17
22	7	4	3	17	13	4	41	24	17
23	11	6	5	8	5	3	56	34	22
24	10	4	6	17	9	8	58	31	27
25-29岁	**49**	**39**	**10**	**102**	**57**	**45**	**409**	**213**	**196**
25	11	7	4	16	7	9	65	41	24
26	7	6	1	21	13	8	87	48	39
27	13	12	1	16	7	9	86	39	47
28	9	8	1	24	15	9	95	48	47
29	9	6	3	25	15	10	76	37	39
30-34岁	**59**	**35**	**24**	**129**	**75**	**54**	**489**	**261**	**228**
30	8	4	4	29	22	7	97	51	46
31	10	5	5	21	13	8	99	56	43
32	13	8	5	27	13	14	95	45	50
33	17	12	5	31	13	18	105	54	51
34	11	6	5	21	14	7	93	55	38
35-39岁	**101**	**50**	**51**	**194**	**118**	**76**	**548**	**295**	**253**
35	12	8	4	27	16	11	95	46	49
36	18	7	11	38	22	16	127	67	60
37	23	15	8	54	35	19	117	69	48
38	22	13	9	34	20	14	109	61	48
39	26	7	19	41	25	16	100	52	48
40-44岁	**69**	**37**	**32**	**161**	**104**	**57**	**435**	**239**	**196**
40	11	7	4	37	23	14	89	51	38
41	19	11	8	31	22	9	96	59	37
42	9	5	4	34	20	14	89	42	47
43	15	9	6	25	17	8	72	42	30
44	15	5	10	34	22	12	89	45	44
45-49岁	**80**	**50**	**30**	**177**	**96**	**81**	**401**	**202**	**199**
45	11	6	5	32	16	16	74	36	38
46	11	5	6	34	19	15	86	45	41
47	14	9	5	41	25	16	82	45	37
48	22	15	7	42	22	20	81	42	39
49	22	15	7	28	14	14	78	34	44
50岁及以上	**291**	**161**	**130**	**499**	**266**	**233**	**1603**	**896**	**707**

3-2b 续表 6

单位：人

年龄	高中								
	合计			在校			毕业		
	合计	男	女	小计	男	女	小计	男	女
总计	**33539**	**20244**	**13295**	**6958**	**3772**	**3186**	**25111**	**15533**	**9578**
3									
4									
5-9岁									
5									
6									
7									
8									
9									
10-14岁	**193**	**94**	**99**	**175**	**87**	**88**	**14**	**6**	**8**
10									
11									
12									
13	43	20	23	38	18	20	5	2	3
14	150	74	76	137	69	68	9	4	5
15-19岁	**7042**	**3866**	**3176**	**6491**	**3516**	**2975**	**487**	**312**	**175**
15	1309	651	658	1294	645	649	11	5	6
16	2226	1212	1014	2182	1183	999	37	25	12
17	1907	1064	843	1822	1001	821	70	51	19
18	1079	640	439	903	531	372	161	102	59
19	521	299	222	290	156	134	208	129	79
20-24岁	**2091**	**1271**	**820**	**287**	**166**	**121**	**1692**	**1035**	**657**
20	436	264	172	150	83	67	269	171	98
21	368	218	150	74	42	32	282	167	115
22	415	264	151	30	23	7	358	225	133
23	390	236	154	18	8	10	352	214	138
24	482	289	193	15	10	5	431	258	173
25-29岁	**3000**	**1731**	**1269**	**2**	**1**	**1**	**2830**	**1636**	**1194**
25	562	321	241				539	309	230
26	561	344	217				533	326	207
27	613	344	269	1		1	576	324	252
28	611	350	261	1	1		577	331	246
29	653	372	281				605	346	259
30-34岁	**3226**	**1875**	**1351**	**1**	**1**		**3020**	**1739**	**1281**
30	746	429	317	1	1		699	402	297
31	625	356	269				589	331	258
32	632	365	267				589	329	260
33	618	366	252				579	342	237
34	605	359	246				564	335	229
35-39岁	**2694**	**1571**	**1123**	**1**	**1**		**2529**	**1472**	**1057**
35	549	311	238				522	300	222
36	548	323	225				515	303	212
37	543	313	230				510	291	219
38	552	309	243	1	1		512	287	225
39	502	315	187				470	291	179
40-44岁	**2508**	**1495**	**1013**				**2378**	**1414**	**964**
40	505	294	211				477	276	201
41	531	309	222				509	296	213
42	530	324	206				505	306	199
43	438	266	172				416	252	164
44	504	302	202				471	284	187
45-49岁	**2536**	**1546**	**990**	**1**		**1**	**2396**	**1459**	**937**
45	471	265	206	1		1	442	251	191
46	475	291	184				451	276	175
47	525	325	200				494	304	190
48	531	318	213				507	302	205
49	534	347	187				502	326	176
50岁及以上	**10249**	**6795**	**3454**				**9765**	**6460**	**3305**

3-2b 续表 7

单位：人

年 龄	高中								
	肄业			辍学			其他		
	小计	男	女	小计	男	女	小计	男	女
总 计	**145**	**102**	**43**	**178**	**118**	**60**	**1147**	**719**	**428**
3									
4									
5-9岁									
5									
6									
7									
8									
9									
10-14岁							**4**	**1**	**3**
10									
11									
12									
13									
14							4	1	3
15-19岁	**9**	**3**	**6**	**17**	**10**	**7**	**38**	**25**	**13**
15				1	1		3		3
16	2		2	1	1		4	3	1
17	2	1	1	4	2	2	9	9	
18	1	1		4	1	3	10	5	5
19	4	1	3	7	5	2	12	8	4
20-24岁	**13**	**9**	**4**	**17**	**13**	**4**	**82**	**48**	**34**
20	3	1	2	5	4	1	9	5	4
21	1	1		2		2	9	8	1
22	3	2	1	6	5	1	18	9	9
23	3	3					17	11	6
24	3	2	1	4	4		29	15	14
25-29岁	**16**	**12**	**4**	**15**	**10**	**5**	**137**	**72**	**65**
25	5	5		1	1		17	6	11
26	3	2	1	2	1	1	23	15	8
27	5	3	2	5	2	3	26	15	11
28	3	2	1	3	3		27	13	14
29				4	3	1	44	23	21
30-34岁	**21**	**11**	**10**	**21**	**12**	**9**	**163**	**112**	**51**
30	5	2	3	7	5	2	34	19	15
31	4	2	2	4	3	1	28	20	8
32	2	2		3	1	2	38	33	5
33	4	3	1	4	2	2	31	19	12
34	6	2	4	3	1	2	32	21	11
35-39岁	**11**	**9**	**2**	**16**	**9**	**7**	**137**	**80**	**57**
35	3	2	1				24	9	15
36	1	1		2		2	30	19	11
37	3	3		3	2	1	27	17	10
38	3	2	1	5	2	3	31	17	14
39	1	1		6	5	1	25	18	7
40-44岁	**15**	**10**	**5**	**15**	**10**	**5**	**100**	**61**	**39**
40	1	1		1	1		26	16	10
41	4	2	2	1		1	17	11	6
42	3	2	1	5	3	2	17	13	4
43	2	2		2	1	1	18	11	7
44	5	3	2	6	5	1	22	10	12
45-49岁	**6**	**6**		**21**	**15**	**6**	**112**	**66**	**46**
45	1	1		4	2	2	23	11	12
46	1	1		4	1	3	19	13	6
47	1	1		5	5		25	15	10
48	2	2		4	4		18	10	8
49	1	1		4	3	1	27	17	10
50岁及以上	**54**	**42**	**12**	**56**	**39**	**17**	**374**	**254**	**120**

3-2b　续表 8　　　　单位：人

年　龄	大学专科								
	合　计			在　校			毕　业		
	合计	男	女	小计	男	女	小计	男	女
总　计	**14767**	**8697**	**6070**	**1950**	**1047**	**903**	**12412**	**7410**	**5002**
3									
4									
5-9岁									
5									
6									
7									
8									
9									
10-14岁									
10									
11									
12									
13									
14									
15-19岁	**978**	**514**	**464**	**886**	**481**	**405**	**84**	**30**	**54**
15	41	37	4	40	36	4	1	1	
16	58	43	15	52	40	12	6	3	3
17	91	46	45	82	44	38	7	2	5
18	291	127	164	262	114	148	26	12	14
19	497	261	236	450	247	203	44	12	32
20-24岁	**2403**	**1298**	**1105**	**985**	**526**	**459**	**1367**	**746**	**621**
20	587	319	268	489	254	235	89	60	29
21	448	267	181	267	158	109	175	106	69
22	454	232	222	149	70	79	296	157	139
23	446	236	210	57	34	23	375	196	179
24	468	244	224	23	10	13	432	227	205
25-29岁	**2529**	**1360**	**1169**	**40**	**22**	**18**	**2425**	**1307**	**1118**
25	517	275	242	16	7	9	490	264	226
26	459	253	206	7	3	4	444	244	200
27	483	268	215	5	4	1	462	253	209
28	535	293	242	6	3	3	518	286	232
29	535	271	264	6	5	1	511	260	251
30-34岁	**2317**	**1296**	**1021**	**19**	**11**	**8**	**2212**	**1235**	**977**
30	566	319	247	9	5	4	538	303	235
31	506	268	238	3	2	1	482	254	228
32	424	240	184	4	2	2	402	230	172
33	416	234	182	1	1		397	220	177
34	405	235	170	2	1	1	393	228	165
35-39岁	**1613**	**981**	**632**	**4**	**1**	**3**	**1565**	**957**	**608**
35	356	218	138	1		1	342	211	131
36	363	235	128				354	231	123
37	314	195	119	1		1	308	191	117
38	323	187	136	1		1	311	182	129
39	257	146	111	1	1		250	142	108
40-44岁	**1191**	**697**	**494**	**5**	**1**	**4**	**1157**	**673**	**484**
40	269	140	129				262	136	126
41	270	151	119	3	1	2	262	146	116
42	239	158	81				234	153	81
43	195	109	86	1		1	190	106	84
44	218	139	79	1		1	209	132	77
45-49岁	**1088**	**696**	**392**	**5**	**3**	**2**	**1050**	**674**	**376**
45	219	147	72	2	2		212	143	69
46	224	139	85	1	1		220	135	85
47	232	148	84	1		1	223	144	79
48	223	147	76	1		1	211	141	70
49	190	115	75				184	111	73
50岁及以上	**2648**	**1855**	**793**	**6**	**2**	**4**	**2552**	**1788**	**764**

3-2b 续表 9 单位：人

年 龄	大学专科								
	肄 业			辍 学			其 他		
	小计	男	女	小计	男	女	小计	男	女
总 计	27	19	8	10	8	2	368	213	155
3									
4									
5-9岁									
5									
6									
7									
8									
9									
10-14岁									
10									
11									
12									
13									
14									
15-19岁							8	3	5
15									
16									
17							2		2
18							3	1	2
19							3	2	1
20-24岁	4	2	2	2	1	1	45	23	22
20							9	5	4
21				1	1		5	2	3
22	1	1		1		1	7	4	3
23	1		1				13	6	7
24	2	1	1				11	6	5
25-29岁	3	2	1	2	2		59	27	32
25	2	1	1				9	3	6
26							8	6	2
27	1	1		1	1		14	9	5
28							11	4	7
29				1	1		17	5	12
30-34岁	4	3	1	3	3		79	44	35
30	1		1				18	11	7
31							21	12	9
32	1	1		1	1		16	6	10
33				2	2		16	11	5
34	2	2					8	4	4
35-39岁	3	1	2	1	1		40	21	19
35	1		1				12	7	5
36	1		1				8	4	4
37				1	1		4	3	1
38	1	1					10	4	6
39							6	3	3
40-44岁	7	6	1				22	17	5
40	2	2					5	2	3
41	1		1				4	4	
42	1	1					4	4	
43	1	1					3	2	1
44	2	2					6	5	1
45-49岁				1		1	32	19	13
45				1		1	4	2	2
46							3	3	
47							8	4	4
48							11	6	5
49							6	4	2
50岁及以上	6	5	1	1	1		83	59	24

3-2b　续表 10　　　　单位：人

年　龄	大学本科								
	合　计			在　校			毕　业		
	合计	男	女	小计	男	女	小计	男	女
总　计	**11399**	**6097**	**5302**	**3227**	**1383**	**1844**	**7970**	**4583**	**3387**
3									
4									
5–9岁									
5									
6									
7									
8									
9									
10–14岁	**1**		**1**				**1**		**1**
10									
11									
12	1		1				1		1
13									
14									
15–19岁	**1017**	**414**	**603**	**1003**	**407**	**596**	**12**	**7**	**5**
15	1	1		1	1				
16	8	4	4	7	4	3	1		1
17	34	13	21	33	12	21	1	1	
18	294	125	169	290	123	167	3	2	1
19	680	271	409	672	267	405	7	4	3
20–24岁	**3008**	**1364**	**1644**	**2155**	**943**	**1212**	**827**	**401**	**426**
20	817	332	485	798	322	476	15	6	9
21	826	375	451	754	337	417	72	38	34
22	578	263	315	401	183	218	170	75	95
23	434	212	222	142	68	74	284	138	146
24	353	182	171	60	33	27	286	144	142
25–29岁	**1824**	**925**	**899**	**39**	**19**	**20**	**1749**	**882**	**867**
25	418	217	201	24	11	13	386	200	186
26	361	191	170	6	3	3	348	182	166
27	336	160	176	5	3	2	324	152	172
28	379	183	196	3	1	2	368	177	191
29	330	174	156	1	1		323	171	152
30–34岁	**1762**	**906**	**856**	**14**	**5**	**9**	**1708**	**876**	**832**
30	389	184	205	5	1	4	371	175	196
31	378	189	189	1		1	367	184	183
32	322	161	161	1		1	317	158	159
33	353	202	151	6	3	3	339	194	145
34	320	170	150	1	1		314	165	149
35–39岁	**1309**	**747**	**562**	**9**	**4**	**5**	**1269**	**727**	**542**
35	285	143	142	2		2	276	138	138
36	297	188	109	2		2	290	187	103
37	272	156	116	2	1	1	264	154	110
38	250	125	125	2	2		239	117	122
39	205	135	70	1	1		200	131	69
40–44岁	**811**	**512**	**299**	**5**	**3**	**2**	**788**	**498**	**290**
40	181	109	72	2	1	1	176	106	70
41	154	97	57	2	1	1	149	96	53
42	187	123	64	1	1		181	118	63
43	132	82	50				129	80	49
44	157	101	56				153	98	55
45–49岁	**603**	**433**	**170**	**1**	**1**		**589**	**424**	**165**
45	109	78	31				108	77	31
46	140	104	36	1	1		137	101	36
47	131	94	37				127	91	36
48	119	84	35				117	83	34
49	104	73	31				100	72	28
50岁及以上	**1064**	**796**	**268**	**1**	**1**		**1027**	**768**	**259**

3-2b 续表 11

单位：人

年龄	大学本科								
	肄业			辍学			其他		
	小计	男	女	小计	男	女	小计	男	女
总计	**20**	**13**	**7**	**2**	**1**	**1**	**180**	**117**	**63**
3									
4									
5-9岁									
5									
6									
7									
8									
9									
10-14岁									
10									
11									
12									
13									
14									
15-19岁				**1**		**1**	**1**		**1**
15									
16									
17									
18				1		1			
19							1		1
20-24岁	**5**	**3**	**2**	**1**	**1**		**20**	**16**	**4**
20							4	4	
21									
22	2	1	1				5	4	1
23	2	1	1	1	1		5	4	1
24	1	1					6	4	2
25-29岁	**4**	**2**	**2**				**32**	**22**	**10**
25							8	6	2
26	2	2					5	4	1
27	1		1				6	5	1
28	1		1				7	5	2
29							6	2	4
30-34岁	**2**	**1**	**1**				**38**	**24**	**14**
30							13	8	5
31	1	1					9	4	5
32	1		1				3	3	
33							8	5	3
34							5	4	1
35-39岁	**3**	**2**	**1**				**28**	**14**	**14**
35	1	1					6	4	2
36							5	1	4
37	1		1				5	1	4
38							9	6	3
39	1	1					3	2	1
40-44岁	**3**	**2**	**1**				**15**	**9**	**6**
40							3	2	1
41	1		1				2		2
42	1	1					4	3	1
43							3	2	1
44	1	1					3	2	1
45-49岁							**13**	**8**	**5**
45							1	1	
46							2	2	
47							4	3	1
48							2	1	1
49							4	1	3
50岁及以上	**3**	**3**					**33**	**24**	**9**

3-2b 续表 12　　　　单位：人

年 龄	硕士研究生								
	合 计			在 校			毕 业		
	合计	男	女	小计	男	女	小计	男	女
总 计	**321**	**165**	**156**	**45**	**20**	**25**	**267**	**140**	**127**
3									
4									
5-9岁									
5									
6									
7									
8									
9									
10-14岁									
10									
11									
12									
13									
14									
15-19岁	**2**	**2**		**2**	**2**				
15									
16									
17									
18	2	2		2	2				
19									
20-24岁	**34**	**14**	**20**	**29**	**11**	**18**	**5**	**3**	**2**
20									
21	1		1	1		1			
22	9	4	5	7	3	4	2	1	1
23	11	5	6	10	4	6	1	1	
24	13	5	8	11	4	7	2	1	1
25-29岁	**66**	**27**	**39**	**11**	**6**	**5**	**51**	**19**	**32**
25	14	4	10	6	3	3	6		6
26	13	5	8	2	1	1	10	4	6
27	13	3	10	1		1	12	3	9
28	11	5	6	1	1		10	4	6
29	15	10	5	1	1		13	8	5
30-34岁	**102**	**43**	**59**	**2**		**2**	**98**	**42**	**56**
30	20	7	13				19	7	12
31	19	8	11				19	8	11
32	13	8	5				13	8	5
33	24	11	13	1		1	23	11	12
34	26	9	17	1		1	24	8	16
35-39岁	**48**	**25**	**23**				**47**	**25**	**22**
35	14	8	6				14	8	6
36	9	5	4				9	5	4
37	10	5	5				10	5	5
38	11	5	6				10	5	5
39	4	2	2				4	2	2
40-44岁	**24**	**17**	**7**				**23**	**16**	**7**
40	7	4	3				6	3	3
41	4	2	2				4	2	2
42	3	2	1				3	2	1
43	7	6	1				7	6	1
44	3	3					3	3	
45-49岁	**13**	**10**	**3**	**1**	**1**		**12**	**9**	**3**
45	4	3	1				4	3	1
46	1	1					1	1	
47	2	1	1	1	1		1		1
48	5	4	1				5	4	1
49	1	1					1	1	
50岁及以上	**32**	**27**	**5**				**31**	**26**	**5**

3-2b 续表 13

单位：人

年 龄	硕士研究生								
	肄 业			辍 学			其 他		
	小计	男	女	小计	男	女	小计	男	女
总 计	**1**		**1**	**1**		**1**	**7**	**5**	**2**
3									
4									
5–9岁									
5									
6									
7									
8									
9									
10–14岁									
10									
11									
12									
13									
14									
15–19岁									
15									
16									
17									
18									
19									
20–24岁									
20									
21									
22									
23									
24									
25–29岁	**1**		**1**	**1**		**1**	**2**	**2**	
25				1		1	1	1	
26	1		1						
27									
28									
29							1	1	
30–34岁							**2**	**1**	**1**
30							1		1
31									
32									
33									
34							1	1	
35–39岁							**1**		**1**
35									
36									
37									
38							1		1
39									
40–44岁							**1**	**1**	
40							1	1	
41									
42									
43									
44									
45–49岁									
45									
46									
47									
48									
49									
50岁及以上							**1**	**1**	

3-2b　续表 14　　　　单位：人

年　龄	博士研究生								
	合　计			在　校			毕　业		
	合计	男	女	小计	男	女	小计	男	女
总　计	**24**	**13**	**11**	**6**	**2**	**4**	**18**	**11**	**7**
3									
4									
5-9岁									
5									
6									
7									
8									
9									
10-14岁									
10									
11									
12									
13									
14									
15-19岁									
15									
16									
17									
18									
19									
20-24岁									
20									
21									
22									
23									
24									
25-29岁	**4**	**1**	**3**	**3**	**1**	**2**	**1**		**1**
25									
26	2		2	2		2			
27									
28									
29	2	1	1	1	1		1		1
30-34岁	**4**	**1**	**3**	**2**		**2**	**2**	**1**	**1**
30									
31	1		1	1		1			
32	1	1					1	1	
33	2		2	1		1	1		1
34									
35-39岁	**7**	**4**	**3**	**1**	**1**		**6**	**3**	**3**
35									
36									
37	2		2				2		2
38	3	3		1	1		2	2	
39	2	1	1				2	1	1
40-44岁	**2**	**1**	**1**				**2**	**1**	**1**
40									
41									
42									
43	2	1	1				2	1	1
44									
45-49岁	**2**	**2**					**2**	**2**	
45									
46									
47	2	2					2	2	
48									
49									
50岁及以上	**5**	**4**	**1**				**5**	**4**	**1**

3-2b 续表 15

单位：人

年龄	博士研究生								
	肄业			辍学			其他		
	小计	男	女	小计	男	女	小计	男	女
总计									
3									
4									
5-9岁									
5									
6									
7									
8									
9									
10-14岁									
10									
11									
12									
13									
14									
15-19岁									
15									
16									
17									
18									
19									
20-24岁									
20									
21									
22									
23									
24									
25-29岁									
25									
26									
27									
28									
29									
30-34岁									
30									
31									
32									
33									
34									
35-39岁									
35									
36									
37									
38									
39									
40-44岁									
40									
41									
42									
43									
44									
45-49岁									
45									
46									
47									
48									
49									
50岁及以上									

3-2c　全省分年龄、性别、学业完成情况的3岁及以上各种受教育程度人口(乡村)

单位：人

年　龄	合计								
	合　计			在　校			毕　业		
	合计	男	女	小计	男	女	小计	男	女
总　计	**326784**	**181041**	**145743**	**65258**	**35007**	**30251**	**226680**	**127664**	**99016**
3									
4									
5-9岁	**21135**	**11381**	**9754**	**20640**	**11117**	**9523**	**296**	**163**	**133**
5	624	335	289	597	317	280	15	10	5
6	3583	1925	1658	3489	1879	1610	49	28	21
7	5394	2906	2488	5256	2833	2423	88	47	41
8	6003	3256	2747	5871	3183	2688	78	44	34
9	5531	2959	2572	5427	2905	2522	66	34	32
10-14岁	**27298**	**14933**	**12365**	**26395**	**14385**	**12010**	**643**	**394**	**249**
10	5509	2999	2510	5388	2933	2455	74	41	33
11	5629	3063	2566	5499	2983	2516	91	59	32
12	5549	3037	2512	5391	2944	2447	109	66	43
13	5398	2988	2410	5187	2855	2332	170	107	63
14	5213	2846	2367	4930	2670	2260	199	121	78
15-19岁	**18889**	**10651**	**8238**	**14090**	**7514**	**6576**	**4097**	**2673**	**1424**
15	4980	2771	2209	4589	2519	2070	299	191	108
16	3887	2164	1723	3250	1746	1504	504	333	171
17	3214	1848	1366	2329	1259	1070	745	493	252
18	3225	1875	1350	1945	1036	909	1136	743	393
19	3583	1993	1590	1977	954	1023	1413	913	500
20-24岁	**18613**	**10645**	**7968**	**3900**	**1863**	**2037**	**13330**	**7910**	**5420**
20	3573	2021	1552	1654	781	873	1698	1092	606
21	3505	2029	1476	1209	565	644	2052	1293	759
22	3550	2051	1499	612	309	303	2673	1574	1099
23	3731	2141	1590	288	141	147	3138	1811	1327
24	4254	2403	1851	137	67	70	3769	2140	1629
25-29岁	**25804**	**14615**	**11189**	**154**	**80**	**74**	**23112**	**13041**	**10071**
25	4771	2665	2106	71	42	29	4249	2359	1890
26	4802	2679	2123	36	18	18	4303	2405	1898
27	5175	2986	2189	21	6	15	4635	2678	1957
28	5510	3145	2365	17	11	6	4937	2785	2152
29	5546	3140	2406	9	3	6	4988	2814	2174
30-34岁	**29115**	**16412**	**12703**	**30**	**19**	**11**	**26177**	**14695**	**11482**
30	6350	3559	2791	16	9	7	5744	3214	2530
31	5908	3340	2568	6	5	1	5309	2974	2335
32	5562	3150	2412	4	3	1	5007	2810	2197
33	5719	3252	2467	3	1	2	5127	2902	2225
34	5576	3111	2465	1	1		4990	2795	2195
35-39岁	**28978**	**16536**	**12442**	**18**	**9**	**9**	**25462**	**14442**	**11020**
35	5564	3158	2406	5	2	3	4901	2764	2137
36	6002	3358	2644	5	3	2	5281	2956	2325
37	5762	3292	2470	3	1	2	5062	2864	2198
38	6118	3571	2547	4	2	2	5363	3109	2254
39	5532	3157	2375	1	1		4855	2749	2106
40-44岁	**24351**	**13905**	**10446**	**7**	**3**	**4**	**21165**	**12060**	**9105**
40	5650	3192	2458	2	1	1	4951	2805	2146
41	5109	2942	2167	3	1	2	4469	2534	1935
42	4826	2783	2043	1		1	4173	2409	1764
43	4148	2362	1786				3584	2049	1535
44	4618	2626	1992	1	1		3988	2263	1725
45-49岁	**25157**	**13956**	**11201**	**4**	**3**	**1**	**21818**	**12122**	**9696**
45	4608	2569	2039				3983	2220	1763
46	4939	2752	2187	2	2		4286	2374	1912
47	5262	2896	2366	2	1	1	4566	2533	2033
48	5428	2987	2441				4732	2613	2119
49	4920	2752	2168				4251	2382	1869
50岁及以上	**107444**	**58007**	**49437**	**20**	**14**	**6**	**90580**	**50164**	**40416**

3-2c 续表 1

单位：人

年 龄	合计								
	肄 业			辍 学			其 他		
	小计	男	女	小计	男	女	小计	男	女
总 计	**5039**	**2599**	**2440**	**9631**	**5048**	**4583**	**20176**	**10723**	**9453**
3									
4									
5-9岁	**29**	**12**	**17**	**9**	**5**	**4**	**161**	**84**	**77**
5	2	2		1		1	9	6	3
6	5	1	4	1		1	39	17	22
7	8	5	3	2	1	1	40	20	20
8	6	2	4	3	3		45	24	21
9	8	2	6	2	1	1	28	17	11
10-14岁	**37**	**25**	**12**	**51**	**37**	**14**	**172**	**92**	**80**
10	4	2	2	3	2	1	40	21	19
11	7	4	3	1	1		31	16	15
12	9	6	3	5	4	1	35	17	18
13	7	4	3	8	5	3	26	17	9
14	10	9	1	34	25	9	40	21	19
15-19岁	**110**	**75**	**35**	**232**	**162**	**70**	**360**	**227**	**133**
15	10	6	4	48	34	14	34	21	13
16	25	15	10	50	32	18	58	38	20
17	18	13	5	51	37	14	71	46	25
18	31	24	7	33	21	12	80	51	29
19	26	17	9	50	38	12	117	71	46
20-24岁	**160**	**109**	**51**	**299**	**207**	**92**	**924**	**556**	**368**
20	20	14	6	52	39	13	149	95	54
21	26	18	8	50	35	15	168	118	50
22	37	30	7	52	36	16	176	102	74
23	30	18	12	76	45	31	199	126	73
24	47	29	18	69	52	17	232	115	117
25-29岁	**318**	**191**	**127**	**454**	**305**	**149**	**1766**	**998**	**768**
25	58	37	21	87	56	31	306	171	135
26	65	33	32	78	58	20	320	165	155
27	58	35	23	86	54	32	375	213	162
28	76	48	28	109	75	34	371	226	145
29	61	38	23	94	62	32	394	223	171
30-34岁	**377**	**217**	**160**	**674**	**439**	**235**	**1857**	**1042**	**815**
30	70	36	34	124	91	33	396	209	187
31	74	47	27	131	89	42	388	225	163
32	74	40	34	118	75	43	359	222	137
33	82	51	31	150	94	56	357	204	153
34	77	43	34	151	90	61	357	182	175
35-39岁	**460**	**291**	**169**	**933**	**593**	**340**	**2105**	**1201**	**904**
35	90	54	36	152	98	54	416	240	176
36	97	55	42	178	108	70	441	236	205
37	93	66	27	193	125	68	411	236	175
38	82	48	34	215	141	74	454	271	183
39	98	68	30	195	121	74	383	218	165
40-44岁	**438**	**263**	**175**	**953**	**568**	**385**	**1788**	**1011**	**777**
40	98	60	38	201	115	86	398	211	187
41	90	55	35	172	115	57	375	237	138
42	90	57	33	189	110	79	373	207	166
43	65	39	26	184	104	80	315	170	145
44	95	52	43	207	124	83	327	186	141
45-49岁	**495**	**270**	**225**	**989**	**576**	**413**	**1851**	**985**	**866**
45	89	56	33	172	100	72	364	193	171
46	93	52	41	197	125	72	361	199	162
47	96	49	47	197	104	93	401	209	192
48	118	56	62	221	132	89	357	186	171
49	99	57	42	202	115	87	368	198	170
50岁及以上	**2615**	**1146**	**1469**	**5037**	**2156**	**2881**	**9192**	**4527**	**4665**

3-2c　续表 2

单位：人

年　龄	小　学								
	合　计			在　校			毕　业		
	合计	男	女	小计	男	女	小计	男	女
总　计	**91177**	**42472**	**48705**	**34478**	**18723**	**15755**	**41887**	**17555**	**24332**
3									
4									
5-9岁	**20964**	**11284**	**9680**	**20485**	**11032**	**9453**	**286**	**155**	**131**
5	624	335	289	597	317	280	15	10	5
6	3545	1904	1641	3457	1862	1595	43	24	19
7	5361	2885	2476	5226	2814	2412	88	47	41
8	5954	3225	2729	5825	3155	2670	77	43	34
9	5480	2935	2545	5380	2884	2496	63	31	32
10-14岁	**14280**	**7852**	**6428**	**13950**	**7665**	**6285**	**213**	**129**	**84**
10	5361	2923	2438	5255	2866	2389	67	39	28
11	5215	2835	2380	5106	2771	2335	74	46	28
12	2656	1520	1136	2592	1484	1108	42	24	18
13	767	424	343	741	405	336	19	14	5
14	281	150	131	256	139	117	11	6	5
15-19岁	**240**	**142**	**98**	**23**	**14**	**9**	**140**	**81**	**59**
15	47	28	19	14	9	5	21	10	11
16	38	23	15	6	3	3	19	11	8
17	40	23	17	1	1		25	14	11
18	60	38	22	1		1	45	29	16
19	55	30	25	1	1		30	17	13
20-24岁	**559**	**350**	**209**	**7**	**4**	**3**	**406**	**254**	**152**
20	70	41	29	5	2	3	43	23	20
21	89	63	26	2	2		68	50	18
22	104	69	35				78	53	25
23	131	82	49				99	62	37
24	165	95	70				118	66	52
25-29岁	**1187**	**679**	**508**	**2**	**1**	**1**	**895**	**500**	**395**
25	197	115	82	1	1		149	86	63
26	220	133	87	1		1	163	97	66
27	238	141	97				179	103	76
28	250	133	117				187	93	94
29	282	157	125				217	121	96
30-34岁	**2333**	**1174**	**1159**	**1**	**1**		**1750**	**847**	**903**
30	355	190	165				264	137	127
31	419	218	201				314	155	159
32	459	227	232	1	1		357	170	187
33	499	236	263				367	163	204
34	601	303	298				448	222	226
35-39岁	**3675**	**1898**	**1777**	**2**	**2**		**2717**	**1344**	**1373**
35	606	312	294	1	1		432	213	219
36	681	354	327				516	262	254
37	770	396	374				578	279	299
38	848	434	414				625	310	315
39	770	402	368	1	1		566	280	286
40-44岁	**4314**	**2134**	**2180**	**1**		**1**	**3124**	**1510**	**1614**
40	879	423	456				649	304	345
41	801	437	364	1		1	592	309	283
42	889	437	452				640	304	336
43	785	385	400				561	276	285
44	960	452	508				682	317	365
45-49岁	**5541**	**2491**	**3050**	**1**		**1**	**4113**	**1792**	**2321**
45	962	452	510				715	330	385
46	1044	459	585				775	326	449
47	1142	519	623	1		1	848	374	474
48	1280	572	708				953	415	538
49	1113	489	624				822	347	475
50岁及以上	**38084**	**14468**	**23616**	**6**	**4**	**2**	**28243**	**10943**	**17300**

3－2c 续表 3

单位：人

年 龄	小学								
	肄业			辍学			其他		
	小计	男	女	小计	男	女	小计	男	女
总 计	**2314**	**910**	**1404**	**5716**	**2517**	**3199**	**6782**	**2767**	**4015**
3									
4									
5－9岁	**29**	**12**	**17**	**9**	**5**	**4**	**155**	**80**	**75**
5	2	2		1		1	9	6	3
6	5	1	4	1		1	39	17	22
7	8	5	3	2	1	1	37	18	19
8	6	2	4	3	3		43	22	21
9	8	2	6	2	1	1	27	17	10
10－14岁	**18**	**12**	**6**	**12**	**7**	**5**	**87**	**39**	**48**
10	4	2	2	3	2	1	32	14	18
11	5	3	2	1	1		29	14	15
12	5	3	2	2	2		15	7	8
13	2	2		1		1	4	3	1
14	2	2		5	2	3	7	1	6
15－19岁	**10**	**5**	**5**	**29**	**18**	**11**	**38**	**24**	**14**
15				7	6	1	5	3	2
16	4	2	2	3	2	1	6	5	1
17	1		1	4	2	2	9	6	3
18	2	2		4	1	3	8	6	2
19	3	1	2	11	7	4	10	4	6
20－24岁	**28**	**18**	**10**	**52**	**36**	**16**	**66**	**38**	**28**
20	2	2		7	7		13	7	6
21	2	1	1	8	4	4	9	6	3
22	6	5	1	9	5	4	11	6	5
23	5	3	2	12	8	4	15	9	6
24	13	7	6	16	12	4	18	10	8
25－29岁	**46**	**24**	**22**	**112**	**74**	**38**	**132**	**80**	**52**
25	7	2	5	18	12	6	22	14	8
26	11	4	7	24	19	5	21	13	8
27	10	6	4	22	12	10	27	20	7
28	11	7	4	24	17	7	28	16	12
29	7	5	2	24	14	10	34	17	17
30－34岁	**92**	**47**	**45**	**265**	**165**	**100**	**225**	**114**	**111**
30	17	11	6	32	23	9	42	19	23
31	13	7	6	56	38	18	36	18	18
32	20	8	12	41	24	17	40	24	16
33	21	9	12	68	38	30	43	26	17
34	21	12	9	68	42	26	64	27	37
35－39岁	**134**	**73**	**61**	**423**	**246**	**177**	**399**	**233**	**166**
35	28	16	12	63	37	26	82	45	37
36	20	8	12	72	41	31	73	43	30
37	24	15	9	95	56	39	73	46	27
38	22	11	11	102	60	42	99	53	46
39	40	23	17	91	52	39	72	46	26
40－44岁	**173**	**94**	**79**	**539**	**287**	**252**	**477**	**243**	**234**
40	36	24	12	96	51	45	98	44	54
41	24	13	11	86	54	32	98	61	37
42	41	20	21	109	53	56	99	60	39
43	30	16	14	115	58	57	79	35	44
44	42	21	21	133	71	62	103	43	60
45－49岁	**216**	**98**	**118**	**606**	**323**	**283**	**605**	**278**	**327**
45	38	19	19	108	57	51	101	46	55
46	48	23	25	104	55	49	117	55	62
47	36	15	21	135	73	62	122	57	65
48	49	17	32	138	73	65	140	67	73
49	45	24	21	121	65	56	125	53	72
50岁及以上	**1568**	**527**	**1041**	**3669**	**1356**	**2313**	**4598**	**1638**	**2960**

3-2c 续表 4

单位：人

年龄	初中								
	合计			在校			毕业		
	合计	男	女	小计	男	女	小计	男	女
总计	**177663**	**102504**	**75159**	**17877**	**9768**	**8109**	**142418**	**82424**	**59994**
3									
4									
5-9岁	**171**	**97**	**74**	**155**	**85**	**70**	**10**	**8**	**2**
5									
6	38	21	17	32	17	15	6	4	2
7	33	21	12	30	19	11			
8	49	31	18	46	28	18	1	1	
9	51	24	27	47	21	26	3	3	
10-14岁	**12807**	**6982**	**5825**	**12247**	**6629**	**5618**	**420**	**258**	**162**
10	147	75	72	132	66	66	7	2	5
11	414	228	186	393	212	181	17	13	4
12	2893	1517	1376	2799	1460	1339	67	42	25
13	4587	2535	2052	4406	2424	1982	147	90	57
14	4766	2627	2139	4517	2467	2050	182	111	71
15-19岁	**8912**	**5337**	**3575**	**5419**	**3024**	**2395**	**3008**	**1991**	**1017**
15	3492	1988	1504	3165	1775	1390	256	168	88
16	1788	1045	743	1249	690	559	436	289	147
17	1192	746	446	523	291	232	575	388	187
18	1174	734	440	278	146	132	796	522	274
19	1266	824	442	204	122	82	945	624	321
20-24岁	**9127**	**5613**	**3514**	**30**	**17**	**13**	**8129**	**4973**	**3156**
20	1274	827	447	13	7	6	1106	712	394
21	1463	962	501	5	2	3	1292	840	452
22	1776	1102	674	7	5	2	1579	972	607
23	2138	1289	849	4	2	2	1911	1148	763
24	2476	1433	1043	1	1		2241	1301	940
25-29岁	**16843**	**9606**	**7237**	**7**	**2**	**5**	**15027**	**8553**	**6474**
25	2923	1662	1261	2		2	2606	1473	1133
26	3070	1743	1327	2	1	1	2750	1570	1180
27	3351	1939	1412				2983	1736	1247
28	3700	2108	1592	3	1	2	3284	1852	1432
29	3799	2154	1645				3404	1922	1482
30-34岁	**20249**	**11263**	**8986**	**5**	**2**	**3**	**18266**	**10122**	**8144**
30	4363	2442	1921	3	1	2	3937	2202	1735
31	4104	2275	1829	1	1		3690	2026	1664
32	3853	2143	1710	1		1	3475	1917	1558
33	4027	2273	1754				3639	2046	1593
34	3902	2130	1772				3525	1931	1594
35-39岁	**21036**	**11861**	**9175**	**4**	**2**	**2**	**18725**	**10496**	**8229**
35	4017	2223	1794				3586	1968	1618
36	4399	2415	1984	1	1		3901	2145	1756
37	4133	2355	1778	1		1	3669	2075	1594
38	4460	2596	1864	2	1	1	3979	2293	1686
39	4027	2272	1755				3590	2015	1575
40-44岁	**16809**	**9556**	**7253**	**1**		**1**	**14999**	**8467**	**6532**
40	3998	2251	1747	1		1	3572	2014	1558
41	3640	2065	1575				3244	1811	1433
42	3272	1888	1384				2898	1665	1233
43	2832	1603	1229				2532	1429	1103
44	3067	1749	1318				2753	1548	1205
45-49岁	**16655**	**9456**	**7199**	**1**	**1**		**14909**	**8435**	**6474**
45	3061	1712	1349				2718	1510	1208
46	3315	1899	1416	1	1		2966	1676	1290
47	3551	1995	1556				3176	1792	1384
48	3508	1973	1535				3178	1785	1393
49	3220	1877	1343				2871	1672	1199
50岁及以上	**55054**	**32733**	**22321**	**8**	**6**	**2**	**48925**	**29121**	**19804**

3–2c 续表 5

单位：人

年 龄	初中								
	肄业			辍学			其他		
	小计	男	女	小计	男	女	小计	男	女
总 计	**2413**	**1455**	**958**	**3566**	**2278**	**1288**	**11389**	**6579**	**4810**
3									
4									
5–9岁							**6**	**4**	**2**
5									
6									
7							3	2	1
8							2	2	
9							1		1
10–14岁	**19**	**13**	**6**	**39**	**30**	**9**	**82**	**52**	**30**
10							8	7	1
11	2	1	1				2	2	
12	4	3	1	3	2	1	20	10	10
13	5	2	3	7	5	2	22	14	8
14	8	7	1	29	23	6	30	19	11
15–19岁	**81**	**58**	**23**	**164**	**114**	**50**	**240**	**150**	**90**
15	8	5	3	38	26	12	25	14	11
16	19	11	8	39	25	14	45	30	15
17	15	12	3	38	28	10	41	27	14
18	22	18	4	20	13	7	58	35	23
19	17	12	5	29	22	7	71	44	27
20–24岁	**108**	**75**	**33**	**219**	**153**	**66**	**641**	**395**	**246**
20	16	10	6	38	28	10	101	70	31
21	18	13	5	34	23	11	114	84	30
22	26	22	4	42	31	11	122	72	50
23	18	11	7	56	33	23	149	95	54
24	30	19	11	49	38	11	155	74	81
25–29岁	**226**	**139**	**87**	**299**	**198**	**101**	**1284**	**714**	**570**
25	44	31	13	59	37	22	212	121	91
26	43	23	20	46	33	13	229	116	113
27	41	24	17	56	35	21	271	144	127
28	56	37	19	74	48	26	283	170	113
29	42	24	18	64	45	19	289	163	126
30–34岁	**251**	**145**	**106**	**366**	**241**	**125**	**1361**	**753**	**608**
30	45	21	24	83	61	22	295	157	138
31	50	30	20	68	44	24	295	174	121
32	50	29	21	67	42	25	260	155	105
33	53	37	16	73	50	23	262	140	122
34	53	28	25	75	44	31	249	127	122
35–39岁	**303**	**196**	**107**	**473**	**319**	**154**	**1531**	**848**	**683**
35	57	33	24	81	54	27	293	168	125
36	72	42	30	99	62	37	326	165	161
37	63	46	17	93	66	27	307	168	139
38	56	33	23	105	75	30	318	194	124
39	55	42	13	95	62	33	287	153	134
40–44岁	**246**	**153**	**93**	**381**	**259**	**122**	**1182**	**677**	**505**
40	56	31	25	96	59	37	273	147	126
41	61	37	24	82	58	24	253	159	94
42	47	35	12	78	56	22	249	132	117
43	33	22	11	60	39	21	207	113	94
44	49	28	21	65	47	18	200	126	74
45–49岁	**257**	**157**	**100**	**365**	**241**	**124**	**1123**	**622**	**501**
45	45	33	12	61	41	20	237	128	109
46	41	26	15	89	67	22	218	129	89
47	56	32	24	61	31	30	258	140	118
48	65	37	28	78	55	23	187	96	91
49	50	29	21	76	47	29	223	129	94
50岁及以上	**922**	**519**	**403**	**1260**	**723**	**537**	**3939**	**2364**	**1575**

3-2c 续表 6

单位：人

年龄	高中								
	合计			在校			毕业		
	合计	男	女	小计	男	女	小计	男	女
总计	**36511**	**23846**	**12665**	**6994**	**3726**	**3268**	**27488**	**18677**	**8811**
3									
4									
5-9岁									
5									
6									
7									
8									
9									
10-14岁	**211**	**99**	**112**	**198**	**91**	**107**	**10**	**7**	**3**
10	1	1		1	1				
11									
12									
13	44	29	15	40	26	14	4	3	1
14	166	69	97	157	64	93	6	4	2
15-19岁	**7267**	**3984**	**3283**	**6321**	**3363**	**2958**	**820**	**533**	**287**
15	1398	729	669	1371	711	660	19	12	7
16	2000	1061	939	1939	1021	918	44	30	14
17	1821	992	829	1657	889	768	134	84	50
18	1230	727	503	948	530	418	257	177	80
19	818	475	343	406	212	194	366	230	136
20-24岁	**2988**	**1818**	**1170**	**467**	**268**	**199**	**2356**	**1443**	**913**
20	647	407	240	213	124	89	402	261	141
21	539	344	195	111	66	45	390	253	137
22	560	334	226	60	34	26	472	282	190
23	562	326	236	51	26	25	481	281	200
24	680	407	273	32	18	14	611	366	245
25-29岁	**3737**	**2188**	**1549**	**6**	**3**	**3**	**3462**	**2016**	**1446**
25	728	426	302	2	1	1	677	396	281
26	708	402	306	1		1	654	373	281
27	751	443	308	1	1		695	405	290
28	793	480	313	1	1		744	446	298
29	757	437	320	1		1	692	396	296
30-34岁	**3497**	**2139**	**1358**	**1**	**1**		**3251**	**1979**	**1272**
30	848	487	361	1	1		798	458	340
31	709	439	270				650	401	249
32	690	427	263				640	390	250
33	676	426	250				624	390	234
34	574	360	214				539	340	199
35-39岁	**2558**	**1649**	**909**				**2389**	**1532**	**857**
35	555	372	183				521	345	176
36	510	334	176				471	309	162
37	523	323	200				493	304	189
38	488	310	178				450	286	164
39	482	310	172				454	288	166
40-44岁	**2193**	**1496**	**697**				**2052**	**1399**	**653**
40	503	331	172				471	310	161
41	439	287	152				413	269	144
42	456	315	141				434	300	134
43	369	263	106				338	240	98
44	426	300	126				396	280	116
45-49岁	**2154**	**1459**	**695**				**2023**	**1371**	**652**
45	404	279	125				378	260	118
46	431	296	135				405	280	125
47	401	261	140				381	251	130
48	465	322	143				432	299	133
49	453	301	152				427	281	146
50岁及以上	**11906**	**9014**	**2892**	**1**		**1**	**11125**	**8397**	**2728**

3-2c 续表 7

单位：人

年龄	高中								
	肄业			辍学			其他		
	小计	男	女	小计	男	女	小计	男	女
总计	**260**	**198**	**62**	**324**	**235**	**89**	**1445**	**1010**	**435**
3									
4									
5-9岁									
5									
6									
7									
8									
9									
10-14岁							**3**	**1**	**2**
10									
11									
12									
13									
14							3	1	2
15-19岁	**18**	**12**	**6**	**39**	**30**	**9**	**69**	**46**	**23**
15	2	1	1	3	2	1	3	3	
16	2	2		8	5	3	7	3	4
17	2	1	1	9	7	2	19	11	8
18	6	4	2	9	7	2	10	9	1
19	6	4	2	10	9	1	30	20	10
20-24岁	**16**	**11**	**5**	**26**	**17**	**9**	**123**	**79**	**44**
20	2	2		7	4	3	23	16	7
21	4	2	2	8	8		26	15	11
22	4	3	1	1		1	23	15	8
23	2	1	1	8	4	4	20	14	6
24	4	3	1	2	1	1	31	19	12
25-29岁	**30**	**20**	**10**	**34**	**27**	**7**	**205**	**122**	**83**
25	2	2		7	6	1	40	21	19
26	7	3	4	6	5	1	40	21	19
27	6	4	2	7	6	1	42	27	15
28	4	2	2	8	7	1	36	24	12
29	11	9	2	6	3	3	47	29	18
30-34岁	**29**	**21**	**8**	**38**	**30**	**8**	**178**	**108**	**70**
30	8	4	4	9	7	2	32	17	15
31	10	9	1	7	7		42	22	20
32	3	2	1	8	7	1	39	28	11
33	7	5	2	9	6	3	36	25	11
34	1	1		5	3	2	29	16	13
35-39岁	**16**	**15**	**1**	**34**	**25**	**9**	**119**	**77**	**42**
35	5	5		6	5	1	23	17	6
36	2	2		7	5	2	30	18	12
37	4	3	1	4	2	2	22	14	8
38	3	3		8	6	2	27	15	12
39	2	2		9	7	2	17	13	4
40-44岁	**13**	**11**	**2**	**31**	**20**	**11**	**97**	**66**	**31**
40	4	4		9	5	4	19	12	7
41	5	5		3	2	1	18	11	7
42	1	1		2	1	1	19	13	6
43	1		1	8	6	2	22	17	5
44	2	1	1	9	6	3	19	13	6
45-49岁	**19**	**13**	**6**	**18**	**12**	**6**	**94**	**63**	**31**
45	4	3	1	3	2	1	19	14	5
46	4	3	1	4	3	1	18	10	8
47	4	2	2	1		1	15	8	7
48	3	1	2	5	4	1	25	18	7
49	4	4		5	3	2	17	13	4
50岁及以上	**119**	**95**	**24**	**104**	**74**	**30**	**557**	**448**	**109**

3-2c 续表 8

单位：人

年龄	大学专科								
	合计			在校			毕业		
	合计	男	女	小计	男	女	小计	男	女
总　计	**14125**	**8249**	**5876**	**3443**	**1589**	**1854**	**10198**	**6336**	**3862**
3									
4									
5-9岁									
5									
6									
7									
8									
9									
10-14岁									
10									
11									
12									
13									
14									
15-19岁	**1603**	**754**	**849**	**1481**	**692**	**789**	**111**	**57**	**54**
15	40	25	15	36	23	13	3	1	2
16	59	34	25	54	31	23	5	3	2
17	113	59	54	101	50	51	10	7	3
18	461	219	242	429	208	221	28	10	18
19	930	417	513	861	380	481	65	36	29
20-24岁	**3614**	**1761**	**1853**	**1845**	**830**	**1015**	**1689**	**890**	**799**
20	1016	481	535	882	397	485	122	82	40
21	822	380	442	550	240	310	256	128	128
22	656	327	329	259	124	135	382	195	187
23	527	266	261	105	49	56	406	208	198
24	593	307	286	49	20	29	523	277	246
25-29岁	**2619**	**1453**	**1166**	**81**	**46**	**35**	**2425**	**1346**	**1079**
25	593	304	289	40	24	16	522	268	254
26	544	282	262	18	11	7	503	260	243
27	530	305	225	9	2	7	499	288	211
28	495	287	208	9	7	2	462	263	199
29	457	275	182	5	2	3	439	267	172
30-34岁	**2009**	**1229**	**780**	**18**	**11**	**7**	**1913**	**1161**	**752**
30	511	286	225	11	6	5	480	267	213
31	447	271	176	3	2	1	434	261	173
32	364	224	140	1	1		344	208	136
33	345	229	116	2	1	1	329	218	111
34	342	219	123	1	1		326	207	119
35-39岁	**1116**	**759**	**357**	**9**	**3**	**6**	**1056**	**714**	**342**
35	239	160	79	3		3	224	153	71
36	270	175	95	3	2	1	254	162	92
37	225	151	74	1		1	212	140	72
38	209	156	53	2	1	1	199	148	51
39	173	117	56				167	111	56
40-44岁	**748**	**527**	**221**	**5**	**3**	**2**	**708**	**496**	**212**
40	196	138	58	1	1		186	129	57
41	147	102	45	2	1	1	139	95	44
42	165	112	53	1		1	158	109	49
43	121	83	38				114	78	36
44	119	92	27	1	1		111	85	26
45-49岁	**604**	**405**	**199**	**2**	**2**		**572**	**381**	**191**
45	135	90	45				127	85	42
46	103	69	34	1	1		94	63	31
47	126	90	36	1	1		119	85	34
48	132	87	45				126	81	45
49	108	69	39				106	67	39
50岁及以上	**1812**	**1361**	**451**	**2**	**2**		**1724**	**1291**	**433**

3-2c 续表 9

单位：人

年 龄	大学专科								
	肄 业			辍 学			其 他		
	小计	男	女	小计	男	女	小计	男	女
总 计	**45**	**32**	**13**	**20**	**14**	**6**	**419**	**278**	**141**
3									
4									
5-9岁									
5									
6									
7									
8									
9									
10-14岁									
10									
11									
12									
13									
14									
15-19岁	**1**		**1**				**10**	**5**	**5**
15							1	1	
16									
17							2	2	
18	1		1				3	1	2
19							4	1	3
20-24岁	**7**	**5**	**2**	**2**	**1**	**1**	**71**	**35**	**36**
20							12	2	10
21	2	2					14	10	4
22							15	8	7
23	5	3	2				11	6	5
24				2	1	1	19	9	10
25-29岁	**11**	**5**	**6**	**8**	**5**	**3**	**94**	**51**	**43**
25	3	1	2	3	1	2	25	10	15
26	3	2	1	1		1	19	9	10
27	1	1		1	1		20	13	7
28	3	1	2	3	3		18	13	5
29	1		1				12	6	6
30-34岁	**4**	**3**	**1**	**4**	**3**	**1**	**70**	**51**	**19**
30							20	13	7
31							10	8	2
32	1	1		2	2		16	12	4
33	1		1				13	10	3
34	2	2		2	1	1	11	8	3
35-39岁	**7**	**7**		**2**	**2**		**42**	**33**	**9**
35				1	1		11	6	5
36	3	3					10	8	2
37	2	2		1	1		9	8	1
38	1	1					7	6	1
39	1	1					5	5	
40-44岁	**6**	**5**	**1**	**1**	**1**		**28**	**22**	**6**
40	2	1	1				7	7	
41				1	1		5	5	
42	1	1					5	2	3
43	1	1					6	4	2
44	2	2					5	4	1
45-49岁	**3**	**2**	**1**				**27**	**20**	**7**
45	2	1	1				6	4	2
46							8	5	3
47							6	4	2
48	1	1					5	5	
49							2	2	
50岁及以上	**6**	**5**	**1**	**3**	**2**	**1**	**77**	**61**	**16**

3–2c　续表 10　　　　单位：人

年　龄	大学本科								
	合　计			在　校			毕　业		
	合计	男	女	小计	男	女	小计	男	女
总　计	**7079**	**3848**	**3231**	**2432**	**1186**	**1246**	**4496**	**2565**	**1931**
3									
4									
5–9岁									
5									
6									
7									
8									
9									
10–14岁									
10									
11									
12									
13									
14									
15–19岁	**867**	**434**	**433**	**846**	**421**	**425**	**18**	**11**	**7**
15	3	1	2	3	1	2			
16	2	1	1	2	1	1			
17	48	28	20	47	28	19	1		1
18	300	157	143	289	152	137	10	5	5
19	514	247	267	505	239	266	7	6	1
20–24岁	**2301**	**1094**	**1207**	**1530**	**735**	**795**	**747**	**350**	**397**
20	565	265	300	540	251	289	25	14	11
21	592	280	312	541	255	286	46	22	24
22	448	216	232	281	143	138	161	72	89
23	367	175	192	122	61	61	241	112	129
24	329	158	171	46	25	21	274	130	144
25–29岁	**1382**	**674**	**708**	**48**	**23**	**25**	**1277**	**616**	**661**
25	324	154	170	25	15	10	290	133	157
26	254	116	138	11	4	7	230	104	126
27	296	154	142	6	2	4	275	143	132
28	265	134	131	3	1	2	254	129	125
29	243	116	127	3	1	2	228	107	121
30–34岁	**972**	**580**	**392**	**3**	**3**		**944**	**560**	**384**
30	254	145	109	1	1		246	141	105
31	221	132	89	2	2		213	126	87
32	187	124	63				183	121	62
33	166	84	82				163	81	82
34	144	95	49				139	91	48
35–39岁	**543**	**343**	**200**	**2**	**2**		**527**	**330**	**197**
35	135	83	52	1	1		127	77	50
36	133	76	57				131	74	57
37	101	64	37	1	1		100	63	37
38	102	68	34				99	65	34
39	72	52	20				70	51	19
40–44岁	**270**	**181**	**89**				**265**	**177**	**88**
40	69	44	25				68	43	25
41	74	47	27				73	46	27
42	44	31	13				43	31	12
43	38	27	11				36	25	11
44	45	32	13				45	32	13
45–49岁	**188**	**135**	**53**				**186**	**133**	**53**
45	45	36	9				44	35	9
46	42	26	16				42	26	16
47	39	30	9				39	30	9
48	38	28	10				38	28	10
49	24	15	9				23	14	9
50岁及以上	**556**	**407**	**149**	**3**	**2**	**1**	**532**	**388**	**144**

3-2c 续表 11　　　　单位：人

年龄	大学本科								
	肄业			辍学			其他		
	小计	男	女	小计	男	女	小计	男	女
总计	**7**	**4**	**3**	**5**	**4**	**1**	**139**	**89**	**50**
3									
4									
5-9岁									
5									
6									
7									
8									
9									
10-14岁									
10									
11									
12									
13									
14									
15-19岁							**3**	**2**	**1**
15									
16									
17									
18							1		1
19							2	2	
20-24岁	**1**		**1**				**23**	**9**	**14**
20									
21							5	3	2
22	1		1				5	1	4
23							4	2	2
24							9	3	6
25-29岁	**5**	**3**	**2**	**1**	**1**		**51**	**31**	**20**
25	2	1	1				7	5	2
26	1	1		1	1		11	6	5
27							15	9	6
28	2	1	1				6	3	3
29							12	8	4
30-34岁	**1**	**1**		**1**		**1**	**23**	**16**	**7**
30							7	3	4
31	1	1					5	3	2
32							4	3	1
33							3	3	
34				1		1	4	4	
35-39岁				**1**	**1**		**13**	**10**	**3**
35				1	1		6	4	2
36							2	2	
37									
38							3	3	
39							2	1	1
40-44岁				**1**	**1**		**4**	**3**	**1**
40							1	1	
41							1	1	
42							1		1
43				1	1		1	1	
44									
45-49岁							**2**	**2**	
45							1	1	
46									
47									
48									
49							1	1	
50岁及以上				**1**	**1**		**20**	**16**	**4**

3-2c　续表 12　　　　单位：人

年　龄	硕士研究生								
	合　计			在　校			毕　业		
	合计	男	女	小计	男	女	小计	男	女
总　计	**210**	**111**	**99**	**32**	**13**	**19**	**176**	**98**	**78**
3									
4									
5-9岁									
5									
6									
7									
8									
9									
10-14岁									
10									
11									
12									
13									
14									
15-19岁									
15									
16									
17									
18									
19									
20-24岁	**24**	**9**	**15**	**21**	**9**	**12**	**3**		**3**
20	1		1	1		1			
21									
22	6	3	3	5	3	2	1		1
23	6	3	3	6	3	3			
24	11	3	8	9	3	6	2		2
25-29岁	**34**	**13**	**21**	**9**	**4**	**5**	**25**	**9**	**16**
25	6	4	2	1	1		5	3	2
26	6	3	3	3	2	1	3	1	2
27	9	4	5	5	1	4	4	3	1
28	5	1	4				5	1	4
29	8	1	7				8	1	7
30-34岁	**51**	**25**	**26**	**1**		**1**	**50**	**25**	**25**
30	18	8	10				18	8	10
31	7	5	2				7	5	2
32	7	4	3				7	4	3
33	6	4	2	1		1	5	4	1
34	13	4	9				13	4	9
35-39岁	**45**	**24**	**21**	**1**		**1**	**43**	**24**	**19**
35	12	8	4				11	8	3
36	7	3	4	1		1	6	3	3
37	10	3	7				10	3	7
38	9	6	3				9	6	3
39	7	4	3				7	4	3
40-44岁	**17**	**11**	**6**				**17**	**11**	**6**
40	5	5					5	5	
41	8	4	4				8	4	4
42									
43	3	1	2				3	1	2
44	1	1					1	1	
45-49岁	**14**	**10**	**4**				**14**	**10**	**4**
45	1		1				1		1
46	4	3	1				4	3	1
47	3	1	2				3	1	2
48	5	5					5	5	
49	1	1					1	1	
50岁及以上	**25**	**19**	**6**				**24**	**19**	**5**

3−2c 续表 13 单位：人

年 龄	硕士研究生								
	肄 业			辍 学			其 他		
	小计	男	女	小计	男	女	小计	男	女
总 计							**2**		**2**
3									
4									
5−9岁									
5									
6									
7									
8									
9									
10−14岁									
10									
11									
12									
13									
14									
15−19岁									
15									
16									
17									
18									
19									
20−24岁									
20									
21									
22									
23									
24									
25−29岁									
25									
26									
27									
28									
29									
30−34岁									
30									
31									
32									
33									
34									
35−39岁							**1**		**1**
35							1		1
36									
37									
38									
39									
40−44岁									
40									
41									
42									
43									
44									
45−49岁									
45									
46									
47									
48									
49									
50岁及以上							**1**		**1**

3-2c 续表 14 单位：人

年龄	博士研究生								
	合计			在校			毕业		
	合计	男	女	小计	男	女	小计	男	女
总计	**19**	**11**	**8**	**2**	**2**		**17**	**9**	**8**
3									
4									
5-9岁									
5									
6									
7									
8									
9									
10-14岁									
10									
11									
12									
13									
14									
15-19岁									
15									
16									
17									
18									
19									
20-24岁									
20									
21									
22									
23									
24									
25-29岁	**2**	**2**		**1**	**1**		**1**	**1**	
25									
26									
27									
28	2	2		1	1		1	1	
29									
30-34岁	**4**	**2**	**2**	**1**	**1**		**3**	**1**	**2**
30	1	1					1	1	
31	1		1				1		1
32	2	1	1	1	1		1		1
33									
34									
35-39岁	**5**	**2**	**3**				**5**	**2**	**3**
35									
36	2	1	1				2	1	1
37									
38	2	1	1				2	1	1
39	1		1				1		1
40-44岁									
40									
41									
42									
43									
44									
45-49岁	**1**		**1**				**1**		**1**
45									
46									
47									
48									
49	1		1				1		1
50岁及以上	**7**	**5**	**2**				**7**	**5**	**2**

3-2c 续表 15 单位：人

年 龄	博士研究生								
	肄 业			辍 学			其 他		
	小计	男	女	小计	男	女	小计	男	女
总 计									
3									
4									
5-9岁									
5									
6									
7									
8									
9									
10-14岁									
10									
11									
12									
13									
14									
15-19岁									
15									
16									
17									
18									
19									
20-24岁									
20									
21									
22									
23									
24									
25-29岁									
25									
26									
27									
28									
29									
30-34岁									
30									
31									
32									
33									
34									
35-39岁									
35									
36									
37									
38									
39									
40-44岁									
40									
41									
42									
43									
44									
45-49岁									
45									
46									
47									
48									
49									
50岁及以上									

第二部分　长表数据资料

第四卷　就业

4-1　各地区分性别、年龄的就业人口

单位：人

地区 性别	合计	16-19岁	20-24岁	25-29岁	30-34岁	35-39岁	40-44岁
全省	**422630**	**5761**	**27152**	**53132**	**63528**	**61509**	**51215**
海口市	**121531**	**1709**	**8905**	**17928**	**20722**	**18543**	**14800**
秀英区	26430	327	1850	3868	4691	4004	3117
龙华区	34805	602	2932	5517	6035	5234	4188
琼山区	27445	373	1767	3647	4469	4329	3372
美兰区	32851	407	2356	4896	5527	4976	4123
三亚市	**44666**	**846**	**4044**	**6868**	**7692**	**6447**	**5045**
海棠区	3742	92	346	552	580	522	397
吉阳区	19914	385	1901	3084	3609	2985	2263
天涯区	15816	310	1494	2550	2703	2262	1782
崖州区	5194	59	303	682	800	678	603
三沙市							
儋州市	**39713**	**518**	**2629**	**5189**	**5827**	**5610**	**4945**
五指山市	4755	70	241	499	626	696	546
琼海市	23150	220	1039	2263	3133	3166	2615
文昌市	24057	236	1065	1994	3068	3090	2837
万宁市	21961	243	1190	2523	3338	3403	2377
东方市	18944	249	1229	2315	2615	2895	2579
定安县	12374	143	600	1331	1593	1707	1402
屯昌县	9079	126	373	780	1200	1331	1097
澄迈县	19007	235	1061	2057	2745	2811	2244
临高县	17943	401	1305	2159	2185	2416	2227
白沙黎族自治县	6886	78	280	672	889	988	935
昌江黎族自治县	10025	81	437	1096	1296	1491	1406
乐东黎族自治县	19545	282	1216	2178	2447	2721	2609
陵水黎族自治县	13861	185	965	1835	2160	2015	1595
保亭黎族苗族自治县	7346	51	267	698	967	1060	1021
琼中黎族苗族自治县	7787	88	306	747	1025	1119	935
男	**249450**	**3612**	**16024**	**31024**	**37176**	**35625**	**29335**
海南	**249450**	**3612**	**16024**	**31024**	**37176**	**35625**	**29335**
海口市	**70993**	**961**	**4893**	**10058**	**11880**	**10524**	**8297**
秀英区	15783	199	1093	2228	2781	2359	1816
龙华区	20394	327	1581	3108	3470	2974	2365
琼山区	16042	214	1003	2042	2607	2454	1866
美兰区	18774	221	1216	2680	3022	2737	2250
三亚市	**26424**	**546**	**2293**	**3906**	**4462**	**3760**	**2890**
海棠区	2329	69	202	345	357	327	244
吉阳区	11798	233	1063	1727	2111	1721	1302
天涯区	9181	198	853	1427	1504	1309	1001
崖州区	3116	46	175	407	490	403	343
三沙市							
儋州市	**23072**	**333**	**1653**	**3037**	**3392**	**3188**	**2792**

4-1 续表 1 单位：人

地区 性别	合计	16-19岁	20-24岁	25-29岁	30-34岁	35-39岁	40-44岁
五指山市	2779	49	125	293	345	419	324
琼海市	13463	129	645	1357	1788	1776	1502
文昌市	13914	148	641	1156	1799	1723	1575
万宁市	13367	157	745	1571	2074	2078	1393
东方市	11179	156	782	1345	1529	1666	1511
定安县	7425	105	394	844	940	1024	812
屯昌县	5579	81	221	494	741	796	668
澄迈县	11870	156	671	1358	1706	1761	1348
临高县	10449	257	815	1260	1313	1386	1276
白沙黎族自治县	4141	52	185	392	529	572	538
昌江黎族自治县	6098	64	275	666	779	904	831
乐东黎族自治县	11426	192	737	1319	1459	1571	1524
陵水黎族自治县	8147	126	587	1093	1276	1178	938
保亭黎族苗族自治县	4393	31	156	409	555	647	581
琼中黎族苗族自治县	4731	69	206	466	609	652	535
女	**173180**	**2149**	**11128**	**22108**	**26352**	**25884**	**21880**
海南	**173180**	**2149**	**11128**	**22108**	**26352**	**25884**	**21880**
海口市	**50538**	**748**	**4012**	**7870**	**8842**	**8019**	**6503**
秀英区	10647	128	757	1640	1910	1645	1301
龙华区	14411	275	1351	2409	2565	2260	1823
琼山区	11403	159	764	1605	1862	1875	1506
美兰区	14077	186	1140	2216	2505	2239	1873
三亚市	**18242**	**300**	**1751**	**2962**	**3230**	**2687**	**2155**
海棠区	1413	23	144	207	223	195	153
吉阳区	8116	152	838	1357	1498	1264	961
天涯区	6635	112	641	1123	1199	953	781
崖州区	2078	13	128	275	310	275	260
三沙市							
儋州市	**16641**	**185**	**976**	**2152**	**2435**	**2422**	**2153**
五指山市	1976	21	116	206	281	277	222
琼海市	9687	91	394	906	1345	1390	1113
文昌市	10143	88	424	838	1269	1367	1262
万宁市	8594	86	445	952	1264	1325	984
东方市	7765	93	447	970	1086	1229	1068
定安县	4949	38	206	487	653	683	590
屯昌县	3500	45	152	286	459	535	429
澄迈县	7137	79	390	699	1039	1050	896
临高县	7494	144	490	899	872	1030	951
白沙黎族自治县	2745	26	95	280	360	416	397
昌江黎族自治县	3927	17	162	430	517	587	575
乐东黎族自治县	8119	90	479	859	988	1150	1085
陵水黎族自治县	5714	59	378	742	884	837	657
保亭黎族苗族自治县	2953	20	111	289	412	413	440
琼中黎族苗族自治县	3056	19	100	281	416	467	400

4-1 续表 2

单位：人

地区 性别	45-49岁	50-54岁	55-59岁	60-64岁	65-69岁	70-74岁	75岁及以上
全省	**51966**	**47177**	**35486**	**13292**	**7975**	**2911**	**1526**
海口市	**15143**	**11990**	**7536**	**2234**	**1305**	**485**	**231**
秀英区	3121	2611	1634	634	382	132	59
龙华区	4267	3197	1901	508	272	99	53
琼山区	3455	2777	1944	621	433	174	84
美兰区	4300	3405	2057	471	218	80	35
三亚市	**5384**	**4297**	**2672**	**830**	**368**	**111**	**62**
海棠区	448	410	250	91	34	11	9
吉阳区	2405	1835	1009	287	115	26	10
天涯区	1854	1426	926	289	131	51	38
崖州区	677	626	487	163	88	23	5
三沙市							
儋州市	**4702**	**4374**	**3505**	**1295**	**694**	**251**	**174**
五指山市	681	625	427	187	96	31	30
琼海市	2777	2922	2693	1078	806	317	121
文昌市	2996	3393	2958	1157	831	293	139
万宁市	2480	2379	2086	939	634	250	119
东方市	2441	2172	1448	543	311	95	52
定安县	1312	1485	1396	672	467	180	86
屯昌县	1008	1107	1062	484	332	120	59
澄迈县	2350	2313	1767	735	448	159	82
临高县	2039	1974	1726	772	439	173	127
白沙黎族自治县	958	941	771	226	103	30	15
昌江黎族自治县	1466	1280	908	287	170	67	40
乐东黎族自治县	2574	2372	1757	715	412	167	95
陵水黎族自治县	1508	1442	1172	570	273	92	49
保亭黎族苗族自治县	1081	1030	731	256	125	46	13
琼中黎族苗族自治县	1066	1081	871	312	161	44	32
男	**29591**	**28735**	**22856**	**8020**	**4808**	**1752**	**892**
海南	**29591**	**28735**	**22856**	**8020**	**4808**	**1752**	**892**
海口市	**8606**	**7731**	**5397**	**1428**	**806**	**279**	**133**
秀英区	1866	1626	1079	395	227	75	39
龙华区	2391	2137	1438	343	172	58	30
琼山区	1975	1767	1342	380	254	92	46
美兰区	2374	2201	1538	310	153	54	18
三亚市	**3163**	**2744**	**1800**	**523**	**229**	**76**	**32**
海棠区	269	252	174	54	22	9	5
吉阳区	1443	1203	709	183	79	17	7
天涯区	1070	900	613	179	79	30	18
崖州区	381	389	304	107	49	20	2
三沙市							
儋州市	**2606**	**2560**	**2158**	**734**	**387**	**138**	**94**

4-1 续表 3

单位：人

地区 性别	45-49岁	50-54岁	55-59岁	60-64岁	65-69岁	70-74岁	75岁及以上
五指山市	399	372	274	102	55	12	10
琼海市	1523	1662	1675	640	500	192	74
文昌市	1644	1987	1752	713	504	178	94
万宁市	1437	1431	1286	583	388	157	67
东方市	1414	1312	868	323	190	54	29
定安县	727	884	844	411	285	109	46
屯昌县	590	689	685	296	210	69	39
澄迈县	1359	1440	1180	453	275	105	58
临高县	1148	1093	1014	433	268	109	77
白沙黎族自治县	564	577	508	135	60	19	10
昌江黎族自治县	854	776	605	172	110	35	27
乐东黎族自治县	1426	1336	1072	406	231	104	49
陵水黎族自治县	879	824	662	342	151	60	31
保亭黎族苗族自治县	656	631	482	152	61	26	6
琼中黎族苗族自治县	596	686	594	174	98	30	16
女	**22375**	**18442**	**12630**	**5272**	**3167**	**1159**	**634**
海南	**22375**	**18442**	**12630**	**5272**	**3167**	**1159**	**634**
海口市	**6537**	**4259**	**2139**	**806**	**499**	**206**	**98**
秀英区	1255	985	555	239	155	57	20
龙华区	1876	1060	463	165	100	41	23
琼山区	1480	1010	602	241	179	82	38
美兰区	1926	1204	519	161	65	26	17
三亚市	**2221**	**1553**	**872**	**307**	**139**	**35**	**30**
海棠区	179	158	76	37	12	2	4
吉阳区	962	632	300	104	36	9	3
天涯区	784	526	313	110	52	21	20
崖州区	296	237	183	56	39	3	3
三沙市							
儋州市	**2096**	**1814**	**1347**	**561**	**307**	**113**	**80**
五指山市	282	253	153	85	41	19	20
琼海市	1254	1260	1018	438	306	125	47
文昌市	1352	1406	1206	444	327	115	45
万宁市	1043	948	800	356	246	93	52
东方市	1027	860	580	220	121	41	23
定安县	585	601	552	261	182	71	40
屯昌县	418	418	377	188	122	51	20
澄迈县	991	873	587	282	173	54	24
临高县	891	881	712	339	171	64	50
白沙黎族自治县	394	364	263	91	43	11	5
昌江黎族自治县	612	504	303	115	60	32	13
乐东黎族自治县	1148	1036	685	309	181	63	46
陵水黎族自治县	629	618	510	228	122	32	18
保亭黎族苗族自治县	425	399	249	104	64	20	7
琼中黎族苗族自治县	470	395	277	138	63	14	16

4-1a　各地区分性别、年龄的就业人口(城市)

单位：人

地　区 性　别	合计	16-19岁	20-24岁	25-29岁	30-34岁	35-39岁	40-44岁
全省	**157763**	**2229**	**11779**	**23852**	**28093**	**24950**	**19523**
海口市	**89247**	**1289**	**6703**	**13896**	**16352**	**14332**	**11183**
秀英区	16518	198	1156	2546	3180	2690	2075
龙华区	30636	543	2658	4985	5538	4713	3692
琼山区	18373	285	1278	2745	3419	3178	2354
美兰区	23720	263	1611	3620	4215	3751	3062
三亚市	**30433**	**561**	**2799**	**4846**	**5422**	**4461**	**3413**
海棠区	1471	23	102	197	207	185	157
吉阳区	16361	300	1530	2542	3037	2482	1843
天涯区	10204	213	1040	1812	1799	1466	1134
崖州区	2397	25	127	295	379	328	279
三沙市							
儋州市	**11322**	**143**	**789**	**1695**	**1872**	**1680**	**1414**
五指山市	1829	15	107	245	267	266	202
琼海市	7042	71	374	915	1266	1212	956
文昌市	6509	70	335	729	1067	1082	888
万宁市	4262	22	187	523	725	748	514
东方市	7119	58	485	1003	1122	1169	953
定安县							
屯昌县							
澄迈县							
临高县							
白沙黎族自治县							
昌江黎族自治县							
乐东黎族自治县							
陵水黎族自治县							
保亭黎族苗族自治县							
琼中黎族苗族自治县							
男	**91420**	**1247**	**6416**	**13035**	**15797**	**13975**	**10902**
海南	**91420**	**1247**	**6416**	**13035**	**15797**	**13975**	**10902**
海口市	**51783**	**690**	**3534**	**7572**	**9218**	**8013**	**6233**
秀英区	9832	117	645	1409	1850	1561	1202
龙华区	17859	288	1398	2755	3145	2664	2065
琼山区	10701	152	687	1477	1951	1767	1315
美兰区	13391	133	804	1931	2272	2021	1651
三亚市	**17832**	**344**	**1586**	**2678**	**3114**	**2537**	**1908**
海棠区	900	15	49	123	127	112	87
吉阳区	9681	177	872	1399	1767	1423	1046
天涯区	5799	131	587	974	986	814	624
崖州区	1452	21	78	182	234	188	151
三沙市							
儋州市	**6076**	**88**	**442**	**880**	**972**	**876**	**758**

4—1a 续表 1

单位：人

地区 性别	合计	16—19岁	20—24岁	25—29岁	30—34岁	35—39岁	40—44岁
五指山市	1044	10	52	138	141	153	102
琼海市	4085	29	208	525	683	663	547
文昌市	3795	38	185	382	604	615	514
万宁市	2550	14	105	309	430	457	281
东方市	4255	34	304	551	635	661	559
定安县							
屯昌县							
澄迈县							
临高县							
白沙黎族自治县							
昌江黎族自治县							
乐东黎族自治县							
陵水黎族自治县							
保亭黎族苗族自治县							
琼中黎族苗族自治县							
女	**66343**	**982**	**5363**	**10817**	**12296**	**10975**	**8621**
海南	**66343**	**982**	**5363**	**10817**	**12296**	**10975**	**8621**
海口市	**37464**	**599**	**3169**	**6324**	**7134**	**6319**	**4950**
秀英区	6686	81	511	1137	1330	1129	873
龙华区	12777	255	1260	2230	2393	2049	1627
琼山区	7672	133	591	1268	1468	1411	1039
美兰区	10329	130	807	1689	1943	1730	1411
三亚市	**12601**	**217**	**1213**	**2168**	**2308**	**1924**	**1505**
海棠区	571	8	53	74	80	73	70
吉阳区	6680	123	658	1143	1270	1059	797
天涯区	4405	82	453	838	813	652	510
崖州区	945	4	49	113	145	140	128
三沙市							
儋州市	**5246**	**55**	**347**	**815**	**900**	**804**	**656**
五指山市	785	5	55	107	126	113	100
琼海市	2957	42	166	390	583	549	409
文昌市	2714	32	150	347	463	467	374
万宁市	1712	8	82	214	295	291	233
东方市	2864	24	181	452	487	508	394
定安县							
屯昌县							
澄迈县							
临高县							
白沙黎族自治县							
昌江黎族自治县							
乐东黎族自治县							
陵水黎族自治县							
保亭黎族苗族自治县							
琼中黎族苗族自治县							

4-1a　续表 2

单位：人

地区 性别	45-49岁	50-54岁	55-59岁	60-64岁	65-69岁	70-74岁	75岁及以上
全省	**19740**	**14908**	**8978**	**2152**	**1077**	**312**	**170**
海口市	**11332**	**8201**	**4640**	**823**	**352**	**100**	**44**
秀英区	1994	1511	852	191	95	22	8
龙华区	3813	2757	1522	265	101	33	16
琼山区	2368	1579	916	146	76	21	8
美兰区	3157	2354	1350	221	80	24	12
三亚市	**3653**	**2829**	**1725**	**446**	**206**	**52**	**20**
海棠区	200	180	141	41	19	10	9
吉阳区	1986	1522	814	200	88	10	7
天涯区	1148	844	545	135	47	17	4
崖州区	319	283	225	70	52	15	
三沙市							
儋州市	**1302**	**1026**	**748**	**325**	**188**	**77**	**63**
五指山市	296	262	127	29	8	2	3
琼海市	861	660	495	126	76	19	11
文昌市	807	759	521	143	86	15	7
万宁市	531	401	324	136	103	34	14
东方市	958	770	398	124	58	13	8
定安县							
屯昌县							
澄迈县							
临高县							
白沙黎族自治县							
昌江黎族自治县							
乐东黎族自治县							
陵水黎族自治县							
保亭黎族苗族自治县							
琼中黎族自治县							
男	**11361**	**9731**	**6533**	**1428**	**700**	**197**	**98**
海南	**11361**	**9731**	**6533**	**1428**	**700**	**197**	**98**
海口市	**6482**	**5517**	**3586**	**593**	**248**	**69**	**28**
秀英区	1208	997	624	133	66	14	6
龙华区	2143	1885	1206	202	72	25	11
琼山区	1378	1095	702	107	51	14	5
美兰区	1753	1540	1054	151	59	16	6
三亚市	**2145**	**1824**	**1210**	**301**	**133**	**41**	**11**
海棠区	126	109	101	26	11	9	5
吉阳区	1185	1013	593	133	63	6	4
天涯区	643	525	375	96	30	12	2
崖州区	191	177	141	46	29	14	
三沙市							
儋州市	**695**	**588**	**434**	**170**	**103**	**39**	**31**

4-1a 续表 3

单位：人

地区 性别	45-49岁	50-54岁	55-59岁	60-64岁	65-69岁	70-74岁	75岁及以上
五指山市	165	158	98	16	7	1	3
琼海市	517	414	350	80	52	11	6
文昌市	466	486	348	90	53	9	5
万宁市	321	237	207	94	66	20	9
东方市	570	507	300	84	38	7	5
定安县							
屯昌县							
澄迈县							
临高县							
白沙黎族自治县							
昌江黎族自治县							
乐东黎族自治县							
陵水黎族自治县							
保亭黎族苗族自治县							
琼中黎族苗族自治县							
女	**8379**	**5177**	**2445**	**724**	**377**	**115**	**72**
海南	**8379**	**5177**	**2445**	**724**	**377**	**115**	**72**
海口市	**4850**	**2684**	**1054**	**230**	**104**	**31**	**16**
秀英区	786	514	228	58	29	8	2
龙华区	1670	872	316	63	29	8	5
琼山区	990	484	214	39	25	7	3
美兰区	1404	814	296	70	21	8	6
三亚市	**1508**	**1005**	**515**	**145**	**73**	**11**	**9**
海棠区	74	71	40	15	8	1	4
吉阳区	801	509	221	67	25	4	3
天涯区	505	319	170	39	17	5	2
崖州区	128	106	84	24	23	1	
三沙市							
儋州市	**607**	**438**	**314**	**155**	**85**	**38**	**32**
五指山市	131	104	29	13	1	1	
琼海市	344	246	145	46	24	8	5
文昌市	341	273	173	53	33	6	2
万宁市	210	164	117	42	37	14	5
东方市	388	263	98	40	20	6	3
定安县							
屯昌县							
澄迈县							
临高县							
白沙黎族自治县							
昌江黎族自治县							
乐东黎族自治县							
陵水黎族自治县							
保亭黎族苗族自治县							
琼中黎族苗族自治县							

4-1b　各地区分性别、年龄的就业人口(镇)

单位：人

地区 性别	合计	16-19岁	20-24岁	25-29岁	30-34岁	35-39岁	40-44岁
全省	**94588**	**1031**	**5430**	**11180**	**13873**	**13848**	**12002**
海口市	**10223**	**108**	**672**	**1302**	**1592**	**1480**	**1245**
秀英区	3783	28	220	447	682	591	454
龙华区	1043	13	58	144	144	145	138
琼山区	1609	6	78	145	197	219	177
美兰区	3788	61	316	566	569	525	476
三亚市	**1226**	**29**	**127**	**222**	**208**	**169**	**101**
海棠区	417	8	51	65	64	70	33
吉阳区	370	14	57	90	70	43	35
天涯区	378	6	17	54	65	54	26
崖州区	61	1	2	13	9	2	7
三沙市							
儋州市	**10038**	**95**	**658**	**1312**	**1595**	**1486**	**1283**
五指山市	569	5	28	51	79	75	73
琼海市	3758	21	168	373	539	497	398
文昌市	7954	66	321	641	930	1008	936
万宁市	4620	65	267	540	719	714	519
东方市	2707	35	174	352	365	370	374
定安县	4909	40	224	520	727	757	648
屯昌县	4252	47	181	429	650	732	624
澄迈县	11918	121	682	1448	1911	1878	1479
临高县	9010	216	696	1175	1159	1314	1148
白沙黎族自治县	1445	7	61	196	240	205	194
昌江黎族自治县	5412	22	205	611	786	831	771
乐东黎族自治县	5732	65	317	662	751	800	849
陵水黎族自治县	6213	65	457	859	991	889	737
保亭黎族苗族自治县	2395	12	92	263	350	335	318
琼中黎族苗族自治县	2207	12	100	224	281	308	305
男	**56310**	**670**	**3342**	**6718**	**8134**	**8051**	**6874**
海南	**56310**	**670**	**3342**	**6718**	**8134**	**8051**	**6874**
海口市	**6053**	**64**	**403**	**785**	**924**	**876**	**705**
秀英区	2262	15	128	271	393	360	271
龙华区	616	8	36	84	94	81	79
琼山区	921	6	45	89	122	128	90
美兰区	2254	35	194	341	315	307	265
三亚市	**745**	**17**	**67**	**135**	**125**	**97**	**76**
海棠区	255	7	24	41	41	43	26
吉阳区	224	6	32	53	46	25	26
天涯区	232	4	11	34	33	28	18
崖州区	34			7	5	1	6
三沙市							
儋州市	**6165**	**62**	**428**	**808**	**1002**	**878**	**759**

4-1b 续表 1

单位：人

地区 性别	合计	16-19岁	20-24岁	25-29岁	30-34岁	35-39岁	40-44岁
五指山市	345	4	15	26	43	42	47
琼海市	2160	17	102	219	288	285	235
文昌市	4529	46	193	379	516	546	520
万宁市	2802	43	168	336	423	446	293
东方市	1599	25	105	217	211	225	210
定安县	2870	29	142	306	407	433	367
屯昌县	2576	27	100	251	389	433	365
澄迈县	7392	78	436	932	1180	1151	875
临高县	5261	136	440	672	685	748	647
白沙黎族自治县	834	5	37	115	136	108	108
昌江黎族自治县	3313	17	123	365	457	482	443
乐东黎族自治县	3379	40	187	400	436	447	490
陵水黎族自治县	3610	44	284	506	579	496	426
保亭黎族苗族自治县	1407	8	53	143	183	195	166
琼中黎族苗族自治县	1270	8	59	123	150	163	142
女	**38278**	**361**	**2088**	**4462**	**5739**	**5797**	**5128**
海南	**38278**	**361**	**2088**	**4462**	**5739**	**5797**	**5128**
海口市	**4170**	**44**	**269**	**517**	**668**	**604**	**540**
秀英区	1521	13	92	176	289	231	183
龙华区	427	5	22	60	50	64	59
琼山区	688		33	56	75	91	87
美兰区	1534	26	122	225	254	218	211
三亚市	**481**	**12**	**60**	**87**	**83**	**72**	**25**
海棠区	162	1	27	24	23	27	7
吉阳区	146	8	25	37	24	18	9
天涯区	146	2	6	20	32	26	8
崖州区	27	1	2	6	4	1	1
三沙市							
儋州市	**3873**	**33**	**230**	**504**	**593**	**608**	**524**
五指山市	224	1	13	25	36	33	26
琼海市	1598	4	66	154	251	212	163
文昌市	3425	20	128	262	414	462	416
万宁市	1818	22	99	204	296	268	226
东方市	1108	10	69	135	154	145	164
定安县	2039	11	82	214	320	324	281
屯昌县	1676	20	81	178	261	299	259
澄迈县	4526	43	246	516	731	727	604
临高县	3749	80	256	503	474	566	501
白沙黎族自治县	611	2	24	81	104	97	86
昌江黎族自治县	2099	5	82	246	329	349	328
乐东黎族自治县	2353	25	130	262	315	353	359
陵水黎族自治县	2603	21	173	353	412	393	311
保亭黎族苗族自治县	988	4	39	120	167	140	152
琼中黎族苗族自治县	937	4	41	101	131	145	163

4-1b　续表 2　　　　单位：人

地　区 性　别	45-49岁	50-54岁	55-59岁	60-64岁	65-69岁	70-74岁	75岁及以　上
全省	**11815**	**11038**	**8380**	**3207**	**1847**	**605**	**332**
海口市	**1279**	**1082**	**773**	**362**	**227**	**73**	**28**
秀英区	480	389	240	133	94	20	5
龙华区	116	106	81	50	28	11	9
琼山区	207	202	177	100	65	24	12
美兰区	476	385	275	79	40	18	2
三亚市	**155**	**118**	**61**	**24**	**9**	**2**	**1**
海棠区	49	41	18	11	6	1	
吉阳区	33	14	10	3	1		
天涯区	67	55	21	10	2	1	
崖州区	6	8	12				1
三沙市							
儋州市	**1245**	**1103**	**808**	**265**	**129**	**33**	**26**
五指山市	64	78	67	24	16	7	2
琼海市	417	479	483	180	129	57	17
文昌市	984	1147	1023	427	302	123	46
万宁市	555	490	383	173	115	43	37
东方市	342	302	242	85	50	10	6
定安县	573	602	473	183	100	42	20
屯昌县	471	472	367	167	79	25	8
澄迈县	1440	1343	937	402	195	50	32
临高县	1044	941	769	291	164	49	44
白沙黎族自治县	194	189	121	22	12	3	1
昌江黎族自治县	852	698	426	109	70	18	13
乐东黎族自治县	794	713	484	156	91	29	21
陵水黎族自治县	712	612	492	227	117	32	23
保亭黎族苗族自治县	341	350	250	50	25	6	3
琼中黎族苗族自治县	353	319	221	60	17	3	4
男	**6739**	**6674**	**5392**	**2001**	**1147**	**368**	**200**
海南	**6739**	**6674**	**5392**	**2001**	**1147**	**368**	**200**
海口市	**735**	**649**	**510**	**210**	**136**	**39**	**17**
秀英区	298	230	160	72	51	10	3
龙华区	71	63	45	29	16	5	5
琼山区	111	113	105	53	39	12	8
美兰区	255	243	200	56	30	12	1
三亚市	**91**	**75**	**40**	**15**	**6**	**1**	
海棠区	26	25	12	5	5		
吉阳区	19	9	6	2			
天涯区	43	36	15	8	1	1	
崖州区	3	5	7				
三沙市							
儋州市	**741**	**694**	**520**	**169**	**70**	**19**	**15**

4-1b 续表 3 单位：人

地区 性别	45-49岁	50-54岁	55-59岁	60-64岁	65-69岁	70-74岁	75岁及以上
五指山市	37	52	52	13	10	3	1
琼海市	218	267	297	108	81	35	8
文昌市	528	655	581	271	183	78	33
万宁市	333	299	236	107	76	23	19
东方市	188	183	131	53	39	8	4
定安县	308	361	303	122	56	26	10
屯昌县	279	310	240	107	56	15	4
澄迈县	863	818	630	258	119	29	23
临高县	590	538	474	168	106	31	26
白沙黎族自治县	108	106	83	16	9	2	1
昌江黎族自治县	484	468	333	74	47	11	9
乐东黎族自治县	434	422	329	102	59	21	12
陵水黎族自治县	403	343	282	141	69	22	15
保亭黎族苗族自治县	202	225	184	30	13	3	2
琼中黎族苗族自治县	197	209	167	37	12	2	1
女	**5076**	**4364**	**2988**	**1206**	**700**	**237**	**132**
海南	**5076**	**4364**	**2988**	**1206**	**700**	**237**	**132**
海口市	**544**	**433**	**263**	**152**	**91**	**34**	**11**
秀英区	182	159	80	61	43	10	2
龙华区	45	43	36	21	12	6	4
琼山区	96	89	72	47	26	12	4
美兰区	221	142	75	23	10	6	1
三亚市	**64**	**43**	**21**	**9**	**3**	**1**	**1**
海棠区	23	16	6	6	1	1	
吉阳区	14	5	4	1	1		
天涯区	24	19	6	2	1		
崖州区	3	3	5				1
三沙市							
儋州市	**504**	**409**	**288**	**96**	**59**	**14**	**11**
五指山市	27	26	15	11	6	4	1
琼海市	199	212	186	72	48	22	9
文昌市	456	492	442	156	119	45	13
万宁市	222	191	147	66	39	20	18
东方市	154	119	111	32	11	2	2
定安县	265	241	170	61	44	16	10
屯昌县	192	162	127	60	23	10	4
澄迈县	577	525	307	144	76	21	9
临高县	454	403	295	123	58	18	18
白沙黎族自治县	86	83	38	6	3	1	
昌江黎族自治县	368	230	93	35	23	7	4
乐东黎族自治县	360	291	155	54	32	8	9
陵水黎族自治县	309	269	210	86	48	10	8
保亭黎族苗族自治县	139	125	66	20	12	3	1
琼中黎族苗族自治县	156	110	54	23	5	1	3

4–1c　各地区分性别、年龄的就业人口(乡村)

单位：人

地区 性别	合计	16–19岁	20–24岁	25–29岁	30–34岁	35–39岁	40–44岁
全省	**170279**	**2501**	**9943**	**18100**	**21562**	**22711**	**19690**
海口市	**22061**	**312**	**1530**	**2730**	**2778**	**2731**	**2372**
秀英区	6129	101	474	875	829	723	588
龙华区	3126	46	216	388	353	376	358
琼山区	7463	82	411	757	853	932	841
美兰区	5343	83	429	710	743	700	585
三亚市	**13007**	**256**	**1118**	**1800**	**2062**	**1817**	**1531**
海棠区	1854	61	193	290	309	267	207
吉阳区	3183	71	314	452	502	460	385
天涯区	5234	91	437	684	839	742	622
崖州区	2736	33	174	374	412	348	317
三沙市							
儋州市	**18353**	**280**	**1182**	**2182**	**2360**	**2444**	**2248**
五指山市	2357	50	106	203	280	355	271
琼海市	12350	128	497	975	1328	1457	1261
文昌市	9594	100	409	624	1071	1000	1013
万宁市	13079	156	736	1460	1894	1941	1344
东方市	9118	156	570	960	1128	1356	1252
定安县	7465	103	376	811	866	950	754
屯昌县	4827	79	192	351	550	599	473
澄迈县	7089	114	379	609	834	933	765
临高县	8933	185	609	984	1026	1102	1079
白沙黎族自治县	5441	71	219	476	649	783	741
昌江黎族自治县	4613	59	232	485	510	660	635
乐东黎族自治县	13813	217	899	1516	1696	1921	1760
陵水黎族自治县	7648	120	508	976	1169	1126	858
保亭黎族苗族自治县	4951	39	175	435	617	725	703
琼中黎族苗族自治县	5580	76	206	523	744	811	630
男	**101720**	**1695**	**6266**	**11271**	**13245**	**13599**	**11559**
海南	**101720**	**1695**	**6266**	**11271**	**13245**	**13599**	**11559**
海口市	**13157**	**207**	**956**	**1701**	**1738**	**1635**	**1359**
秀英区	3689	67	320	548	538	438	343
龙华区	1919	31	147	269	231	229	221
琼山区	4420	56	271	476	534	559	461
美兰区	3129	53	218	408	435	409	334
三亚市	**7847**	**185**	**640**	**1093**	**1223**	**1126**	**906**
海棠区	1174	47	129	181	189	172	131
吉阳区	1893	50	159	275	298	273	230
天涯区	3150	63	255	419	485	467	359
崖州区	1630	25	97	218	251	214	186
三沙市							
儋州市	**10831**	**183**	**783**	**1349**	**1418**	**1434**	**1275**

4-1c 续表 1　　单位：人

地区 性别	合计	16-19岁	20-24岁	25-29岁	30-34岁	35-39岁	40-44岁
五指山市	1390	35	58	129	161	224	175
琼海市	7218	83	335	613	817	828	720
文昌市	5590	64	263	395	679	562	541
万宁市	8015	100	472	926	1221	1175	819
东方市	5325	97	373	577	683	780	742
定安县	4555	76	252	538	533	591	445
屯昌县	3003	54	121	243	352	363	303
澄迈县	4478	78	235	426	526	610	473
临高县	5188	121	375	588	628	638	629
白沙黎族自治县	3307	47	148	277	393	464	430
昌江黎族自治县	2785	47	152	301	322	422	388
乐东黎族自治县	8047	152	550	919	1023	1124	1034
陵水黎族自治县	4537	82	303	587	697	682	512
保亭黎族苗族自治县	2986	23	103	266	372	452	415
琼中黎族苗族自治县	3461	61	147	343	459	489	393
女	**68559**	**806**	**3677**	**6829**	**8317**	**9112**	**8131**
海南	**68559**	**806**	**3677**	**6829**	**8317**	**9112**	**8131**
海口市	**8904**	**105**	**574**	**1029**	**1040**	**1096**	**1013**
秀英区	2440	34	154	327	291	285	245
龙华区	1207	15	69	119	122	147	137
琼山区	3043	26	140	281	319	373	380
美兰区	2214	30	211	302	308	291	251
三亚市	**5160**	**71**	**478**	**707**	**839**	**691**	**625**
海棠区	680	14	64	109	120	95	76
吉阳区	1290	21	155	177	204	187	155
天涯区	2084	28	182	265	354	275	263
崖州区	1106	8	77	156	161	134	131
三沙市							
儋州市	**7522**	**97**	**399**	**833**	**942**	**1010**	**973**
五指山市	967	15	48	74	119	131	96
琼海市	5132	45	162	362	511	629	541
文昌市	4004	36	146	229	392	438	472
万宁市	5064	56	264	534	673	766	525
东方市	3793	59	197	383	445	576	510
定安县	2910	27	124	273	333	359	309
屯昌县	1824	25	71	108	198	236	170
澄迈县	2611	36	144	183	308	323	292
临高县	3745	64	234	396	398	464	450
白沙黎族自治县	2134	24	71	199	256	319	311
昌江黎族自治县	1828	12	80	184	188	238	247
乐东黎族自治县	5766	65	349	597	673	797	726
陵水黎族自治县	3111	38	205	389	472	444	346
保亭黎族苗族自治县	1965	16	72	169	245	273	288
琼中黎族苗族自治县	2119	15	59	180	285	322	237

4-1c 续表 2

单位：人

地区 性别	45-49岁	50-54岁	55-59岁	60-64岁	65-69岁	70-74岁	75岁及以上
全省	**20411**	**21231**	**18128**	**7933**	**5051**	**1994**	**1024**
海口市	**2532**	**2707**	**2123**	**1049**	**726**	**312**	**159**
秀英区	647	711	542	310	193	90	46
龙华区	338	334	298	193	143	55	28
琼山区	880	996	851	375	292	129	64
美兰区	667	666	432	171	98	38	21
三亚市	**1576**	**1350**	**886**	**360**	**153**	**57**	**41**
海棠区	199	189	91	39	9		
吉阳区	386	299	185	84	26	16	3
天涯区	639	527	360	144	82	33	34
崖州区	352	335	250	93	36	8	4
三沙市							
儋州市	**2155**	**2245**	**1949**	**705**	**377**	**141**	**85**
五指山市	321	285	233	134	72	22	25
琼海市	1499	1783	1715	772	601	241	93
文昌市	1205	1487	1414	587	443	155	86
万宁市	1394	1488	1379	630	416	173	68
东方市	1141	1100	808	334	203	72	38
定安县	739	883	923	489	367	138	66
屯昌县	537	635	695	317	253	95	51
澄迈县	910	970	830	333	253	109	50
临高县	995	1033	957	481	275	124	83
白沙黎族自治县	764	752	650	204	91	27	14
昌江黎族自治县	614	582	482	178	100	49	27
乐东黎族自治县	1780	1659	1273	559	321	138	74
陵水黎族自治县	796	830	680	343	156	60	26
保亭黎族苗族自治县	740	680	481	206	100	40	10
琼中黎族苗族自治县	713	762	650	252	144	41	28
男	**11491**	**12330**	**10931**	**4591**	**2961**	**1187**	**594**
海南	**11491**	**12330**	**10931**	**4591**	**2961**	**1187**	**594**
海口市	**1389**	**1565**	**1301**	**625**	**422**	**171**	**88**
秀英区	360	399	295	190	110	51	30
龙华区	177	189	187	112	84	28	14
琼山区	486	559	535	220	164	66	33
美兰区	366	418	284	103	64	26	11
三亚市	**927**	**845**	**550**	**207**	**90**	**34**	**21**
海棠区	117	118	61	23	6		
吉阳区	239	181	110	48	16	11	3
天涯区	384	339	223	75	48	17	16
崖州区	187	207	156	61	20	6	2
三沙市							
儋州市	**1170**	**1278**	**1204**	**395**	**214**	**80**	**48**

4-1c 续表 3 单位：人

地 区 性 别	45-49岁	50-54岁	55-59岁	60-64岁	65-69岁	70-74岁	75岁及以 上
五指山市	197	162	124	73	38	8	6
琼海市	788	981	1028	452	367	146	60
文昌市	650	846	823	352	268	91	56
万宁市	783	895	843	382	246	114	39
东方市	656	622	437	186	113	39	20
定安县	419	523	541	289	229	83	36
屯昌县	311	379	445	189	154	54	35
澄迈县	496	622	550	195	156	76	35
临高县	558	555	540	265	162	78	51
白沙黎族自治县	456	471	425	119	51	17	9
昌江黎族自治县	370	308	272	98	63	24	18
乐东黎族自治县	992	914	743	304	172	83	37
陵水黎族自治县	476	481	380	201	82	38	16
保亭黎族苗族自治县	454	406	298	122	48	23	4
琼中黎族苗族自治县	399	477	427	137	86	28	15
女	**8920**	**8901**	**7197**	**3342**	**2090**	**807**	**430**
海南	**8920**	**8901**	**7197**	**3342**	**2090**	**807**	**430**
海口市	**1143**	**1142**	**822**	**424**	**304**	**141**	**71**
秀英区	287	312	247	120	83	39	16
龙华区	161	145	111	81	59	27	14
琼山区	394	437	316	155	128	63	31
美兰区	301	248	148	68	34	12	10
三亚市	**649**	**505**	**336**	**153**	**63**	**23**	**20**
海棠区	82	71	30	16	3		
吉阳区	147	118	75	36	10	5	
天涯区	255	188	137	69	34	16	18
崖州区	165	128	94	32	16	2	2
三沙市							
儋州市	**985**	**967**	**745**	**310**	**163**	**61**	**37**
五指山市	124	123	109	61	34	14	19
琼海市	711	802	687	320	234	95	33
文昌市	555	641	591	235	175	64	30
万宁市	611	593	536	248	170	59	29
东方市	485	478	371	148	90	33	18
定安县	320	360	382	200	138	55	30
屯昌县	226	256	250	128	99	41	16
澄迈县	414	348	280	138	97	33	15
临高县	437	478	417	216	113	46	32
白沙黎族自治县	308	281	225	85	40	10	5
昌江黎族自治县	244	274	210	80	37	25	9
乐东黎族自治县	788	745	530	255	149	55	37
陵水黎族自治县	320	349	300	142	74	22	10
保亭黎族苗族自治县	286	274	183	84	52	17	6
琼中黎族苗族自治县	314	285	223	115	58	13	13

4–2 各地区分性别、受教育程度的就业人口

单位：人

地区 性别	合计	未上过学	学前教育	小学	初中	高中	大学专科	大学本科	硕士研究生	博士研究生
全省	**422630**	**5745**	**166**	**46977**	**212406**	**71234**	**45151**	**38217**	**2445**	**289**
海口市	**121531**	**393**	**65**	**7663**	**44431**	**25786**	**19799**	**21313**	**1850**	**231**
秀英区	26430	140	42	2253	11047	4905	3613	4061	344	25
龙华区	34805	117	10	1957	11107	7656	6442	6906	549	61
琼山区	27445	62	4	1814	11481	5934	3982	3842	286	40
美兰区	32851	74	9	1639	10796	7291	5762	6504	671	105
三亚市	**44666**	**236**	**12**	**3710**	**20029**	**9046**	**6367**	**4944**	**290**	**32**
海棠区	3742	17		326	2018	810	392	174	4	1
吉阳区	19914	78	3	1238	7983	4323	3235	2814	215	25
天涯区	15816	107	6	1461	7047	3165	2313	1644	67	6
崖州区	5194	34	3	685	2981	748	427	312	4	
三沙市										
儋州市	**39713**	**1966**	**34**	**7924**	**18857**	**5182**	**3297**	**2372**	**68**	**13**
五指山市	4755	71	7	602	2266	851	496	447	15	
琼海市	23150	49	2	1451	14679	3795	1738	1386	48	2
文昌市	24057	64	2	2068	14732	4493	1583	1068	43	4
万宁市	21961	127	11	1881	13897	3902	1431	699	9	4
东方市	18944	1103	5	4609	8291	2186	1658	1072	20	
定安县	12374	56		956	8683	1530	749	393	7	
屯昌县	9079	100	3	1239	5703	962	653	408	11	
澄迈县	19007	137	3	2055	12226	2325	1259	968	34	
临高县	17943	428	3	2559	11895	1692	858	501	6	1
白沙黎族自治县	6886	110	1	1425	3542	902	585	313	8	
昌江黎族自治县	10025	348	4	2150	4812	1347	830	523	9	2
乐东黎族自治县	19545	314	2	3562	10727	2702	1668	563	7	
陵水黎族自治县	13861	50	6	970	9170	2265	903	493	4	
保亭黎族苗族自治县	7346	52	3	853	4198	1209	654	369	8	
琼中黎族苗族自治县	7787	141	3	1300	4268	1059	623	385	8	
男	**249450**	**1278**	**81**	**21848**	**129243**	**47253**	**26958**	**21308**	**1313**	**168**
海南	**249450**	**1278**	**81**	**21848**	**129243**	**47253**	**26958**	**21308**	**1313**	**168**
海口市	**70993**	**114**	**34**	**3542**	**26937**	**16192**	**11307**	**11710**	**1019**	**138**
秀英区	15783	44	23	1024	6929	3233	2065	2267	184	14
龙华区	20394	32	8	987	6807	4720	3698	3791	313	38
琼山区	16042	18	1	770	6825	3765	2337	2151	153	22
美兰区	18774	20	2	761	6376	4474	3207	3501	369	64
三亚市	**26424**	**82**	**7**	**1924**	**12217**	**5829**	**3641**	**2570**	**137**	**17**
海棠区	2329	5		173	1229	582	249	90	1	
吉阳区	11798	30	2	666	4980	2734	1818	1458	98	12
天涯区	9181	32	3	741	4197	1996	1309	862	36	5
崖州区	3116	15	2	344	1811	517	265	160	2	
三沙市										
儋州市	**23072**	**295**	**17**	**3487**	**11980**	**3580**	**2186**	**1479**	**42**	**6**

4-2 续表

单位：人

地区 性别	合计	未上过学	学前教育	小学	初中	高中	大学专科	大学本科	硕士研究生	博士研究生
五指山市	2779	19	1	338	1348	537	280	248	8	
琼海市	13463	12	1	599	8483	2563	1005	773	26	1
文昌市	13914	16	2	840	8508	3011	945	571	20	1
万宁市	13367	34	5	790	8368	2786	938	439	4	3
东方市	11179	267	2	2276	5331	1586	1089	615	13	
定安县	7425	8		359	5232	1072	508	241	5	
屯昌县	5579	24		572	3670	665	409	234	5	
澄迈县	11870	26	1	932	7766	1680	858	597	10	
临高县	10449	84	2	1041	7228	1224	553	314	3	
白沙黎族自治县	4141	31	1	748	2188	629	378	161	5	
昌江黎族自治县	6098	114	1	1102	3069	954	525	327	4	2
乐东黎族自治县	11426	98	1	1709	6368	1873	1068	307	2	
陵水黎族自治县	8147	10	4	429	5361	1489	552	300	2	
保亭黎族苗族自治县	4393	13	1	465	2521	816	358	215	4	
琼中黎族苗族自治县	4731	31	1	695	2668	767	358	207	4	
女	**173180**	**4467**	**85**	**25129**	**83163**	**23981**	**18193**	**16909**	**1132**	**121**
海南	**173180**	**4467**	**85**	**25129**	**83163**	**23981**	**18193**	**16909**	**1132**	**121**
海口市	**50538**	**279**	**31**	**4121**	**17494**	**9594**	**8492**	**9603**	**831**	**93**
秀英区	10647	96	19	1229	4118	1672	1548	1794	160	11
龙华区	14411	85	2	970	4300	2936	2744	3115	236	23
琼山区	11403	44	3	1044	4656	2169	1645	1691	133	18
美兰区	14077	54	7	878	4420	2817	2555	3003	302	41
三亚市	**18242**	**154**	**5**	**1786**	**7812**	**3217**	**2726**	**2374**	**153**	**15**
海棠区	1413	12		153	789	228	143	84	3	1
吉阳区	8116	48	1	572	3003	1589	1417	1356	117	13
天涯区	6635	75	3	720	2850	1169	1004	782	31	1
崖州区	2078	19	1	341	1170	231	162	152	2	
三沙市										
儋州市	**16641**	**1671**	**17**	**4437**	**6877**	**1602**	**1111**	**893**	**26**	**7**
五指山市	1976	52	6	264	918	314	216	199	7	
琼海市	9687	37	1	852	6196	1232	733	613	22	1
文昌市	10143	48		1228	6224	1482	638	497	23	3
万宁市	8594	93	6	1091	5529	1116	493	260	5	1
东方市	7765	836	3	2333	2960	600	569	457	7	
定安县	4949	48		597	3451	458	241	152	2	
屯昌县	3500	76	3	667	2033	297	244	174	6	
澄迈县	7137	111	2	1123	4460	645	401	371	24	
临高县	7494	344	1	1518	4667	468	305	187	3	1
白沙黎族自治县	2745	79		677	1354	273	207	152	3	
昌江黎族自治县	3927	234	3	1048	1743	393	305	196	5	
乐东黎族自治县	8119	216	1	1853	4359	829	600	256	5	
陵水黎族自治县	5714	40	2	541	3809	776	351	193	2	
保亭黎族苗族自治县	2953	39	2	388	1677	393	296	154	4	
琼中黎族苗族自治县	3056	110	2	605	1600	292	265	178	4	

4-2a　各地区分性别、受教育程度的就业人口(城市)

单位：人

地区 性别	合计	未上过学	学前教育	小学	初中	高中	大学专科	大学本科	硕士研究生	博士研究生
全省	**157763**	**807**	**42**	**8867**	**53610**	**36850**	**27577**	**27709**	**2045**	**256**
海口市	**89247**	**175**	**18**	**3866**	**25682**	**21186**	**17354**	**19084**	**1665**	**217**
秀英区	16518	47	1	945	5654	3537	2834	3198	282	20
龙华区	30636	61	7	1321	8395	7229	6256	6759	547	61
琼山区	18373	15	3	706	5787	4697	3453	3415	259	38
美兰区	23720	52	7	894	5846	5723	4811	5712	577	98
三亚市	**30433**	**154**	**8**	**1863**	**11987**	**7039**	**4898**	**4205**	**252**	**27**
海棠区	1471	8		150	759	357	141	53	2	1
吉阳区	16361	70	2	954	6048	3754	2760	2568	184	21
天涯区	10204	61	4	529	3739	2537	1814	1450	65	5
崖州区	2397	15	2	230	1441	391	183	134	1	
三沙市										
儋州市	**11322**	**258**	**9**	**1581**	**4784**	**2118**	**1347**	**1201**	**19**	**5**
五指山市	1829	5		99	541	441	362	369	12	
琼海市	7042	5	2	232	3021	1779	1044	918	39	2
文昌市	6509	8	1	249	2875	1803	830	702	37	4
万宁市	4262	9	1	153	1989	1119	583	402	5	1
东方市	7119	193	3	824	2731	1365	1159	828	16	
定安县										
屯昌县										
澄迈县										
临高县										
白沙黎族自治县										
昌江黎族自治县										
乐东黎族自治县										
陵水黎族自治县										
保亭黎族苗族自治县										
琼中黎族苗族自治县										
男	**91420**	**179**	**22**	**4362**	**31691**	**22888**	**15874**	**15153**	**1101**	**150**
海南	**91420**	**179**	**22**	**4362**	**31691**	**22888**	**15874**	**15153**	**1101**	**150**
海口市	**51783**	**60**	**9**	**2044**	**15336**	**12982**	**9868**	**10439**	**914**	**131**
秀英区	9832	16		505	3518	2283	1601	1748	149	12
龙华区	17859	20	7	744	5052	4410	3570	3705	313	38
琼山区	10701	7	1	364	3377	2876	2027	1892	135	22
美兰区	13391	17	1	431	3389	3413	2670	3094	317	59
三亚市	**17832**	**53**	**3**	**951**	**7293**	**4442**	**2766**	**2191**	**120**	**13**
海棠区	900	4		83	462	246	82	23		
吉阳区	9681	28	1	518	3795	2356	1552	1337	85	9
天涯区	5799	16	1	234	2160	1567	1019	763	35	4
崖州区	1452	5	1	116	876	273	113	68		
三沙市										
儋州市	**6076**	**30**	**7**	**645**	**2563**	**1301**	**814**	**703**	**10**	**3**

4-2a 续表 单位：人

地区 性别	合计	未上过学	学前教育	小学	初中	高中	大学专科	大学本科	硕士研究生	博士研究生
五指山市	1044	2		58	304	261	209	203	7	
琼海市	4085	3	1	118	1717	1109	598	519	19	1
文昌市	3795	4	1	108	1646	1134	498	385	18	1
万宁市	2550			50	1144	736	375	242	2	1
东方市	4255	27	1	388	1688	923	746	471	11	
定安县										
屯昌县										
澄迈县										
临高县										
白沙黎族自治县										
昌江黎族自治县										
乐东黎族自治县										
陵水黎族自治县										
保亭黎族苗族自治县										
琼中黎族苗族自治县										
女	**66343**	**628**	**20**	**4505**	**21919**	**13962**	**11703**	**12556**	**944**	**106**
海南	**66343**	**628**	**20**	**4505**	**21919**	**13962**	**11703**	**12556**	**944**	**106**
海口市	**37464**	**115**	**9**	**1822**	**10346**	**8204**	**7486**	**8645**	**751**	**86**
秀英区	6686	31	1	440	2136	1254	1233	1450	133	8
龙华区	12777	41		577	3343	2819	2686	3054	234	23
琼山区	7672	8	2	342	2410	1821	1426	1523	124	16
美兰区	10329	35	6	463	2457	2310	2141	2618	260	39
三亚市	**12601**	**101**	**5**	**912**	**4694**	**2597**	**2132**	**2014**	**132**	**14**
海棠区	571	4		67	297	111	59	30	2	1
吉阳区	6680	42	1	436	2253	1398	1208	1231	99	12
天涯区	4405	45	3	295	1579	970	795	687	30	1
崖州区	945	10	1	114	565	118	70	66	1	
三沙市										
儋州市	**5246**	**228**	**2**	**936**	**2221**	**817**	**533**	**498**	**9**	**2**
五指山市	785	3		41	237	180	153	166	5	
琼海市	2957	2	1	114	1304	670	446	399	20	1
文昌市	2714	4		141	1229	669	332	317	19	3
万宁市	1712	9	1	103	845	383	208	160	3	
东方市	2864	166	2	436	1043	442	413	357	5	
定安县										
屯昌县										
澄迈县										
临高县										
白沙黎族自治县										
昌江黎族自治县										
乐东黎族自治县										
陵水黎族自治县										
保亭黎族苗族自治县										
琼中黎族苗族自治县										

4−2b　各地区分性别、受教育程度的就业人口(镇)

单位：人

地区 性别	合计	未上过学	学前教育	小学	初中	高中	大学专科	大学本科	硕士研究生	博士研究生
全省	**94588**	**1377**	**59**	**9990**	**51283**	**15485**	**9402**	**6728**	**244**	**20**
海口市	**10223**	**36**	**41**	**920**	**5170**	**1704**	**1098**	**1146**	**98**	**10**
秀英区	3783	16	39	389	1519	597	480	680	58	5
龙华区	1043	7		116	699	127	50	43	1	
琼山区	1609	6		150	1043	234	107	66	2	1
美兰区	3788	7	2	265	1909	746	461	357	37	4
三亚市	**1226**	**5**		**186**	**503**	**257**	**193**	**81**	**1**	
海棠区	417	3		69	178	100	49	17	1	
吉阳区	370			15	114	99	96	46		
天涯区	378	2		102	167	50	43	14		
崖州区	61				44	8	5	4		
三沙市										
儋州市	**10038**	**507**	**7**	**2010**	**4186**	**1310**	**1134**	**832**	**44**	**8**
五指山市	569	6		80	293	99	35	53	3	
琼海市	3758	4		231	2580	492	236	212	3	
文昌市	7954	29		725	5197	1319	438	243	3	
万宁市	4620	22		309	3039	826	311	112	1	
东方市	2707	193		630	1406	226	139	110	3	
定安县	4909	11		198	2996	844	522	332	6	
屯昌县	4252	10	2	243	2512	640	497	338	10	
澄迈县	11918	55	1	1049	7140	1744	1035	861	33	
临高县	9010	251	2	1239	5402	1087	615	411	3	
白沙黎族自治县	1445	9		160	497	279	292	202	6	
昌江黎族自治县	5412	131		611	2340	1108	716	495	9	2
乐东黎族自治县	5732	57		644	2620	1190	844	372	5	
陵水黎族自治县	6213	28	3	457	3489	1380	517	336	3	
保亭黎族苗族自治县	2395	9	1	143	1022	519	393	301	7	
琼中黎族苗族自治县	2207	14	2	155	891	461	387	291	6	
男	**56310**	**323**	**34**	**4676**	**30713**	**10619**	**5845**	**3962**	**127**	**11**
海南	**56310**	**323**	**34**	**4676**	**30713**	**10619**	**5845**	**3962**	**127**	**11**
海口市	**6053**	**6**	**24**	**394**	**3078**	**1173**	**649**	**666**	**57**	**6**
秀英区	2262	3	23	173	932	414	273	409	33	2
龙华区	616	1		44	430	82	34	25		
琼山区	921	1		46	599	167	68	39	1	
美兰区	2254	1	1	131	1117	510	274	193	23	4
三亚市	**745**	**1**		**104**	**315**	**175**	**110**	**40**		
海棠区	255			40	113	63	30	9		
吉阳区	224			7	70	73	52	22		
天涯区	232	1		57	107	36	25	6		
崖州区	34				25	3	3	3		
三沙市										
儋州市	**6165**	**113**	**5**	**969**	**2748**	**957**	**795**	**546**	**29**	**3**

4-2b 续表　　单位：人

地区 性别	合计	未上过学	学前教育	小学	初中	高中	大学专科	大学本科	硕士研究生	博士研究生
五指山市	345	1		49	190	58	18	28	1	
琼海市	2160	2		97	1464	347	129	119	2	
文昌市	4529	8		322	2961	878	246	114		
万宁市	2802	4		132	1790	595	199	82		
东方市	1599	52		316	904	175	85	66	1	
定安县	2870	2		74	1682	558	357	193	4	
屯昌县	2576	4		115	1524	432	306	191	4	
澄迈县	7392	10		486	4447	1224	695	521	9	
临高县	5261	54	1	593	3218	753	386	255	1	
白沙黎族自治县	834	2		70	285	178	189	105	5	
昌江黎族自治县	3313	39		282	1479	767	437	303	4	2
乐东黎族自治县	3379	15		323	1534	801	502	203	1	
陵水黎族自治县	3610	3	2	201	1994	883	323	202	2	
保亭黎族苗族自治县	1407	5	1	71	602	350	202	172	4	
琼中黎族苗族自治县	1270	2	1	78	498	315	217	156	3	
女	**38278**	**1054**	**25**	**5314**	**20570**	**4866**	**3557**	**2766**	**117**	**9**
海南	**38278**	**1054**	**25**	**5314**	**20570**	**4866**	**3557**	**2766**	**117**	**9**
海口市	**4170**	**30**	**17**	**526**	**2092**	**531**	**449**	**480**	**41**	**4**
秀英区	1521	13	16	216	587	183	207	271	25	3
龙华区	427	6		72	269	45	16	18	1	
琼山区	688	5		104	444	67	39	27	1	1
美兰区	1534	6	1	134	792	236	187	164	14	
三亚市	**481**	**4**		**82**	**188**	**82**	**83**	**41**	**1**	
海棠区	162	3		29	65	37	19	8	1	
吉阳区	146			8	44	26	44	24		
天涯区	146	1		45	60	14	18	8		
崖州区	27				19	5	2	1		
三沙市										
儋州市	**3873**	**394**	**2**	**1041**	**1438**	**353**	**339**	**286**	**15**	**5**
五指山市	224	5		31	103	41	17	25	2	
琼海市	1598	2		134	1116	145	107	93	1	
文昌市	3425	21		403	2236	441	192	129	3	
万宁市	1818	18		177	1249	231	112	30	1	
东方市	1108	141		314	502	51	54	44	2	
定安县	2039	9		124	1314	286	165	139	2	
屯昌县	1676	6	2	128	988	208	191	147	6	
澄迈县	4526	45	1	563	2693	520	340	340	24	
临高县	3749	197	1	646	2184	334	229	156	2	
白沙黎族自治县	611	7		90	212	101	103	97	1	
昌江黎族自治县	2099	92		329	861	341	279	192	5	
乐东黎族自治县	2353	42		321	1086	389	342	169	4	
陵水黎族自治县	2603	25	1	256	1495	497	194	134	1	
保亭黎族苗族自治县	988	4		72	420	169	191	129	3	
琼中黎族苗族自治县	937	12	1	77	393	146	170	135	3	

4–2c 各地区分性别、受教育程度的就业人口(乡村)

单位：人

地区 性别	合计	未上过学	学前教育	小学	初中	高中	大学专科	大学本科	硕士研究生	博士研究生
全省	**170279**	**3561**	**65**	**28120**	**107513**	**18899**	**8172**	**3780**	**156**	**13**
海口市	**22061**	**182**	**6**	**2877**	**13579**	**2896**	**1347**	**1083**	**87**	**4**
秀英区	6129	77	2	919	3874	771	299	183	4	
龙华区	3126	49	3	520	2013	300	136	104	1	
琼山区	7463	41	1	958	4651	1003	422	361	25	1
美兰区	5343	15		480	3041	822	490	435	57	3
三亚市	**13007**	**77**	**4**	**1661**	**7539**	**1750**	**1276**	**658**	**37**	**5**
海棠区	1854	6		107	1081	353	202	104	1	
吉阳区	3183	8	1	269	1821	470	379	200	31	4
天涯区	5234	44	2	830	3141	578	456	180	2	1
崖州区	2736	19	1	455	1496	349	239	174	3	
三沙市										
儋州市	**18353**	**1201**	**18**	**4333**	**9887**	**1754**	**816**	**339**	**5**	
五指山市	2357	60	7	423	1432	311	99	25		
琼海市	12350	40		988	9078	1524	458	256	6	
文昌市	9594	27	1	1094	6660	1371	315	123	3	
万宁市	13079	96	10	1419	8869	1957	537	185	3	3
东方市	9118	717	2	3155	4154	595	360	134	1	
定安县	7465	45		758	5687	686	227	61	1	
屯昌县	4827	90	1	996	3191	322	156	70	1	
澄迈县	7089	82	2	1006	5086	581	224	107	1	
临高县	8933	177	1	1320	6493	605	243	90	3	1
白沙黎族自治县	5441	101	1	1265	3045	623	293	111	2	
昌江黎族自治县	4613	217	4	1539	2472	239	114	28		
乐东黎族自治县	13813	257	2	2918	8107	1512	824	191	2	
陵水黎族自治县	7648	22	3	513	5681	885	386	157	1	
保亭黎族苗族自治县	4951	43	2	710	3176	690	261	68	1	
琼中黎族苗族自治县	5580	127	1	1145	3377	598	236	94	2	
男	**101720**	**776**	**25**	**12810**	**66839**	**13746**	**5239**	**2193**	**85**	**7**
海南	**101720**	**776**	**25**	**12810**	**66839**	**13746**	**5239**	**2193**	**85**	**7**
海口市	**13157**	**48**	**1**	**1104**	**8523**	**2037**	**790**	**605**	**48**	**1**
秀英区	3689	25		346	2479	536	191	110	2	
龙华区	1919	11	1	199	1325	228	94	61		
琼山区	4420	10		360	2849	722	242	220	17	
美兰区	3129	2		199	1870	551	263	214	29	1
三亚市	**7847**	**28**	**4**	**869**	**4609**	**1212**	**765**	**339**	**17**	**4**
海棠区	1174	1		50	654	273	137	58	1	
吉阳区	1893	2	1	141	1115	305	214	99	13	3
天涯区	3150	15	2	450	1930	393	265	93	1	1
崖州区	1630	10	1	228	910	241	149	89	2	
三沙市										
儋州市	**10831**	**152**	**5**	**1873**	**6669**	**1322**	**577**	**230**	**3**	

4-2c 续表

单位：人

地区 性别	合计	未上过学	学前教育	小学	初中	高中	大学专科	大学本科	硕士研究生	博士研究生
五指山市	1390	16	1	231	854	218	53	17		
琼海市	7218	7		384	5302	1107	278	135	5	
文昌市	5590	4	1	410	3901	999	201	72	2	
万宁市	8015	30	5	608	5434	1455	364	115	2	2
东方市	5325	188	1	1572	2739	488	258	78	1	
定安县	4555	6		285	3550	514	151	48	1	
屯昌县	3003	20		457	2146	233	103	43	1	
澄迈县	4478	16	1	446	3319	456	163	76	1	
临高县	5188	30	1	448	4010	471	167	59	2	
白沙黎族自治县	3307	29	1	678	1903	451	189	56		
昌江黎族自治县	2785	75	1	820	1590	187	88	24		
乐东黎族自治县	8047	83	1	1386	4834	1072	566	104	1	
陵水黎族自治县	4537	7	2	228	3367	606	229	98		
保亭黎族苗族自治县	2986	8		394	1919	466	156	43		
琼中黎族苗族自治县	3461	29		617	2170	452	141	51	1	
女	**68559**	**2785**	**40**	**15310**	**40674**	**5153**	**2933**	**1587**	**71**	**6**
海南	**68559**	**2785**	**40**	**15310**	**40674**	**5153**	**2933**	**1587**	**71**	**6**
海口市	**8904**	**134**	**5**	**1773**	**5056**	**859**	**557**	**478**	**39**	**3**
秀英区	2440	52	2	573	1395	235	108	73	2	
龙华区	1207	38	2	321	688	72	42	43	1	
琼山区	3043	31	1	598	1802	281	180	141	8	1
美兰区	2214	13		281	1171	271	227	221	28	2
三亚市	**5160**	**49**		**792**	**2930**	**538**	**511**	**319**	**20**	**1**
海棠区	680	5		57	427	80	65	46		
吉阳区	1290	6		128	706	165	165	101	18	1
天涯区	2084	29		380	1211	185	191	87	1	
崖州区	1106	9		227	586	108	90	85	1	
三沙市										
儋州市	**7522**	**1049**	**13**	**2460**	**3218**	**432**	**239**	**109**	**2**	
五指山市	967	44	6	192	578	93	46	8		
琼海市	5132	33		604	3776	417	180	121	1	
文昌市	4004	23		684	2759	372	114	51	1	
万宁市	5064	66	5	811	3435	502	173	70	1	1
东方市	3793	529	1	1583	1415	107	102	56		
定安县	2910	39		473	2137	172	76	13		
屯昌县	1824	70	1	539	1045	89	53	27		
澄迈县	2611	66	1	560	1767	125	61	31		
临高县	3745	147		872	2483	134	76	31	1	1
白沙黎族自治县	2134	72		587	1142	172	104	55	2	
昌江黎族自治县	1828	142	3	719	882	52	26	4		
乐东黎族自治县	5766	174	1	1532	3273	440	258	87	1	
陵水黎族自治县	3111	15	1	285	2314	279	157	59	1	
保亭黎族苗族自治县	1965	35	2	316	1257	224	105	25	1	
琼中黎族苗族自治县	2119	98	1	528	1207	146	95	43	1	

4–3　全省分年龄、性别、受教育程度的就业人口

单位：人

年龄组 性别	合计	未上过学	学前教育	小学	初中	高中	大学专科	大学本科	硕士研究生	博士研究生
总计	**422630**	**5745**	**166**	**46977**	**212406**	**71234**	**45151**	**38217**	**2445**	**289**
16–19岁	5761	7	7	124	3228	1807	461	127		
20–24岁	27152	20	14	581	11328	5942	5474	3751	42	
25–29岁	53132	46	10	1370	22853	10098	9499	8884	364	8
30–34岁	63528	152	16	2911	30314	11025	9436	8946	685	43
35–39岁	61509	250	8	4740	33487	9318	6543	6489	591	83
40–44岁	51215	529	15	5626	27944	8401	4577	3751	310	62
45–49岁	51966	847	20	7614	27670	8456	4205	2921	194	39
50–54岁	47177	1073	18	9061	25150	6716	2871	2118	140	30
55–59岁	35486	1037	21	7148	18608	5774	1717	1054	106	21
60–64岁	13292	668	17	3463	6575	2222	227	106	11	3
65–69岁	7975	548	12	2516	3655	1118	84	41	1	
70–74岁	2911	295	3	1119	1172	274	29	18	1	
75岁及以上	1526	273	5	704	422	83	28	11		
男	**249450**	**1278**	**81**	**21848**	**129243**	**47253**	**26958**	**21308**	**1313**	**168**
16–19岁	3612	6	3	76	2167	1071	225	64		
20–24岁	16024	9	10	413	7507	3634	2835	1601	15	
25–29岁	31024	19	5	840	14246	6241	5168	4351	149	5
30–34岁	37176	59	10	1485	18130	6924	5528	4725	290	25
35–39岁	35625	58	4	2297	19501	5795	3923	3689	316	42
40–44岁	29335	132	7	2663	16029	5223	2756	2293	197	35
45–49岁	29591	188	5	3410	15901	5377	2593	1957	139	21
50–54岁	28735	234	10	4157	15516	5056	2088	1548	107	19
55–59岁	22856	217	13	3133	12091	4841	1524	929	90	18
60–64岁	8020	123	8	1400	4351	1837	195	95	8	3
65–69岁	4808	93	4	1050	2611	945	72	32	1	
70–74岁	1752	60	1	536	873	241	26	14	1	
75岁及以上	892	80	1	388	320	68	25	10		
女	**173180**	**4467**	**85**	**25129**	**83163**	**23981**	**18193**	**16909**	**1132**	**121**
16–19岁	2149	1	4	48	1061	736	236	63		
20–24岁	11128	11	4	168	3821	2308	2639	2150	27	
25–29岁	22108	27	5	530	8607	3857	4331	4533	215	3
30–34岁	26352	93	6	1426	12184	4101	3908	4221	395	18
35–39岁	25884	192	4	2443	13986	3523	2620	2800	275	41
40–44岁	21880	397	8	2963	11915	3178	1821	1458	113	27
45–49岁	22375	659	15	4204	11769	3079	1612	964	55	18
50–54岁	18442	839	8	4904	9634	1660	783	570	33	11
55–59岁	12630	820	8	4015	6517	933	193	125	16	3
60–64岁	5272	545	9	2063	2224	385	32	11	3	
65–69岁	3167	455	8	1466	1044	173	12	9		
70–74岁	1159	235	2	583	299	33	3	4		
75岁及以上	634	193	4	316	102	15	3	1		

4-3a 全省分年龄、性别、受教育程度的就业人口(城市)

单位：人

年龄组 性别	合计	未上过学	学前教育	小学	初中	高中	大学专科	大学本科	硕士研究生	博士研究生
总计	**157763**	**807**	**42**	**8867**	**53610**	**36850**	**27577**	**27709**	**2045**	**256**
16-19岁	2229	1	4	31	912	924	265	92		
20-24岁	11779		8	124	2910	3096	3062	2545	34	
25-29岁	23852	13	3	287	5864	5467	5667	6251	293	7
30-34岁	28093	27	5	597	8186	6141	5983	6573	545	36
35-39岁	24950	48	2	966	8964	5324	4253	4812	509	72
40-44岁	19523	85	4	1170	7625	4688	2857	2763	271	60
45-49岁	19740	167	5	1704	7934	4836	2686	2202	169	37
50-54岁	14908	180	5	1956	6063	3322	1640	1596	120	26
55-59岁	8978	121	1	1184	3573	2242	972	774	94	17
60-64岁	2152	65	2	432	944	514	125	60	9	1
65-69岁	1077	59	1	254	468	228	42	24	1	
70-74岁	312	19	1	99	121	44	18	10		
75岁及以上	170	22	1	63	46	24	7	7		
男	**91420**	**179**	**22**	**4362**	**31691**	**22888**	**15874**	**15153**	**1101**	**150**
16-19岁	1247	1	1	21	554	499	130	41		
20-24岁	6416		4	88	1858	1827	1568	1059	12	
25-29岁	13035	6	2	179	3507	3246	2964	3005	121	5
30-34岁	15797	5	5	303	4766	3699	3387	3381	228	23
35-39岁	13975	11	1	416	5033	3123	2405	2679	271	36
40-44岁	10902	21	3	510	4152	2725	1640	1648	169	34
45-49岁	11361	35	1	772	4483	2911	1587	1432	121	19
50-54岁	9731	38	1	1017	3831	2413	1183	1140	91	17
55-59岁	6533	26	1	630	2420	1829	853	679	80	15
60-64岁	1428	21	2	223	634	382	103	55	7	1
65-69岁	700	7		120	336	183	34	19	1	
70-74岁	197	2	1	52	86	33	15	8		
75岁及以上	98	6		31	31	18	5	7		
女	**66343**	**628**	**20**	**4505**	**21919**	**13962**	**11703**	**12556**	**944**	**106**
16-19岁	982		3	10	358	425	135	51		
20-24岁	5363		4	36	1052	1269	1494	1486	22	
25-29岁	10817	7	1	108	2357	2221	2703	3246	172	2
30-34岁	12296	22		294	3420	2442	2596	3192	317	13
35-39岁	10975	37	1	550	3931	2201	1848	2133	238	36
40-44岁	8621	64	1	660	3473	1963	1217	1115	102	26
45-49岁	8379	132	4	932	3451	1925	1099	770	48	18
50-54岁	5177	142	4	939	2232	909	457	456	29	9
55-59岁	2445	95		554	1153	413	119	95	14	2
60-64岁	724	44		209	310	132	22	5	2	
65-69岁	377	52	1	134	132	45	8	5		
70-74岁	115	17		47	35	11	3	2		
75岁及以上	72	16	1	32	15	6	2			

4-3b　全省分年龄、性别、受教育程度的就业人口(镇)

单位：人

年龄组 性别	合计	未上过学	学前教育	小学	初中	高中	大学专科	大学本科	硕士研究生	博士研究生
总计	**94588**	**1377**	**59**	**9990**	**51283**	**15485**	**9402**	**6728**	**244**	**20**
16-19岁	1031	1	2	29	647	283	58	11		
20-24岁	5430	4	1	143	2623	1094	986	576	3	
25-29岁	11180	9	3	305	5423	2010	1865	1514	50	1
30-34岁	13873	31	9	570	7528	2269	1839	1528	95	4
35-39岁	13848	51	6	981	8196	2006	1361	1198	42	7
40-44岁	12002	115	6	1160	6967	1937	1049	744	22	2
45-49岁	11815	197	6	1671	6504	1890	979	554	12	2
50-54岁	11038	305	8	1959	6029	1612	738	374	13	
55-59岁	8380	274	9	1516	4508	1452	431	181	6	3
60-64岁	3207	175	3	740	1627	575	57	28	1	1
65-69岁	1847	119	3	577	837	275	23	13		
70-74岁	605	50	1	203	281	62	3	5		
75岁及以上	332	46	2	136	113	20	13	2		
男	**56310**	**323**	**34**	**4676**	**30713**	**10619**	**5845**	**3962**	**127**	**11**
16-19岁	670	1	2	22	437	178	23	7		
20-24岁	3342	1	1	110	1731	691	533	274	1	
25-29岁	6718	5	2	196	3365	1281	1070	778	21	
30-34岁	8134	12	4	280	4419	1468	1091	819	40	1
35-39岁	8051	13	3	445	4702	1297	864	700	23	4
40-44岁	6874	30	3	523	3961	1230	633	476	17	1
45-49岁	6739	46	2	761	3636	1242	637	404	9	2
50-54岁	6674	68	5	887	3648	1230	528	297	11	
55-59岁	5392	53	8	695	2866	1220	378	165	5	2
60-64岁	2001	37	2	316	1088	477	54	26		1
65-69岁	1147	32	1	264	585	236	19	10		
70-74岁	368	9		103	197	52	3	4		
75岁及以上	200	16	1	74	78	17	12	2		
女	**38278**	**1054**	**25**	**5314**	**20570**	**4866**	**3557**	**2766**	**117**	**9**
16-19岁	361			7	210	105	35	4		
20-24岁	2088	3		33	892	403	453	302	2	
25-29岁	4462	4	1	109	2058	729	795	736	29	1
30-34岁	5739	19	5	290	3109	801	748	709	55	3
35-39岁	5797	38	3	536	3494	709	497	498	19	3
40-44岁	5128	85	3	637	3006	707	416	268	5	1
45-49岁	5076	151	4	910	2868	648	342	150	3	
50-54岁	4364	237	3	1072	2381	382	210	77	2	
55-59岁	2988	221	1	821	1642	232	53	16	1	1
60-64岁	1206	138	1	424	539	98	3	2	1	
65-69岁	700	87	2	313	252	39	4	3		
70-74岁	237	41	1	100	84	10		1		
75岁及以上	132	30	1	62	35	3	1			

4-3c 全省分年龄、性别、受教育程度的就业人口(乡村)

单位：人

年龄组 性别	合计	未上过学	学前教育	小学	初中	高中	大学专科	大学本科	硕士 研究生	博士 研究生
总计	**170279**	**3561**	**65**	**28120**	**107513**	**18899**	**8172**	**3780**	**156**	**13**
16-19岁	2501	5	1	64	1669	600	138	24		
20-24岁	9943	16	5	314	5795	1752	1426	630	5	
25-29岁	18100	24	4	778	11566	2621	1967	1119	21	
30-34岁	21562	94	2	1744	14600	2615	1614	845	45	3
35-39岁	22711	151		2793	16327	1988	929	479	40	4
40-44岁	19690	329	5	3296	13352	1776	671	244	17	
45-49岁	20411	483	9	4239	13232	1730	540	165	13	
50-54岁	21231	588	5	5146	13058	1782	493	148	7	4
55-59岁	18128	642	11	4448	10527	2080	314	99	6	1
60-64岁	7933	428	12	2291	4004	1133	45	18	1	1
65-69岁	5051	370	8	1685	2350	615	19	4		
70-74岁	1994	226	1	817	770	168	8	3	1	
75岁及以上	1024	205	2	505	263	39	8	2		
男	**101720**	**776**	**25**	**12810**	**66839**	**13746**	**5239**	**2193**	**85**	**7**
16-19岁	1695	4		33	1176	394	72	16		
20-24岁	6266	8	5	215	3918	1116	734	268	2	
25-29岁	11271	8	1	465	7374	1714	1134	568	7	
30-34岁	13245	42	1	902	8945	1757	1050	525	22	1
35-39岁	13599	34		1436	9766	1375	654	310	22	2
40-44岁	11559	81	1	1630	7916	1268	483	169	11	
45-49岁	11491	107	2	1877	7782	1224	369	121	9	
50-54岁	12330	128	4	2253	8037	1413	377	111	5	2
55-59岁	10931	138	4	1808	6805	1792	293	85	5	1
60-64岁	4591	65	4	861	2629	978	38	14	1	1
65-69岁	2961	54	3	666	1690	526	19	3		
70-74岁	1187	49		381	590	156	8	2	1	
75岁及以上	594	58		283	211	33	8	1		
女	**68559**	**2785**	**40**	**15310**	**40674**	**5153**	**2933**	**1587**	**71**	**6**
16-19岁	806	1	1	31	493	206	66	8		
20-24岁	3677	8		99	1877	636	692	362	3	
25-29岁	6829	16	3	313	4192	907	833	551	14	
30-34岁	8317	52	1	842	5655	858	564	320	23	2
35-39岁	9112	117		1357	6561	613	275	169	18	2
40-44岁	8131	248	4	1666	5436	508	188	75	6	
45-49岁	8920	376	7	2362	5450	506	171	44	4	
50-54岁	8901	460	1	2893	5021	369	116	37	2	2
55-59岁	7197	504	7	2640	3722	288	21	14	1	
60-64岁	3342	363	8	1430	1375	155	7	4		
65-69岁	2090	316	5	1019	660	89		1		
70-74岁	807	177	1	436	180	12		1		
75岁及以上	430	147	2	222	52	6		1		

4-4　各地区分性别、行业大类的就业人口

单位：人

地区 性别	合计	农、林、牧、渔业						采矿业	
		小计	农业	林业	畜牧业	渔业	农、林、牧、渔专业及辅助性活动	小计	煤炭开采和洗选业
全省	**422630**	**135118**	**93254**	**20895**	**6108**	**9440**	**5421**	**790**	**9**
海口市	**121531**	**11705**	**9281**	**413**	**940**	**665**	**406**	**136**	**5**
秀英区	26430	3537	3109	61	163	100	104	26	2
龙华区	34805	1952	1381	55	326	70	120	66	1
琼山区	27445	4071	3438	244	259	55	75	23	2
美兰区	32851	2145	1353	53	192	440	107	21	
三亚市	**44666**	**7173**	**6302**	**181**	**173**	**309**	**208**	**30**	
海棠区	3742	888	762	6	17	64	39		
吉阳区	19914	983	802	11	51	74	45	24	
天涯区	15816	3071	2685	153	80	124	29	6	
崖州区	5194	2231	2053	11	25	47	95		
三沙市									
儋州市	**39713**	**13008**	**4813**	**5706**	**490**	**1481**	**518**	**30**	
五指山市	4755	2095	1067	870	90	19	49	6	
琼海市	23150	9664	6957	1371	394	771	171	23	
文昌市	24057	10150	7115	131	1119	1532	253	91	
万宁市	21961	9995	7135	765	418	927	750	11	
东方市	18944	8319	7433	136	281	167	302	49	
定安县	12374	5875	4795	529	473	23	55	1	
屯昌县	9079	3750	2256	1234	209	7	44	9	
澄迈县	19007	7673	4481	2424	415	283	70	51	
临高县	17943	10022	5865	1232	264	1946	715	12	
白沙黎族自治县	6886	3728	564	2708	147	32	277	5	
昌江黎族自治县	10025	4303	3626	287	128	184	78	267	1
乐东黎族自治县	19545	11937	9327	794	227	379	1210	60	2
陵水黎族自治县	13861	6928	5616	325	89	679	219	2	1
保亭黎族苗族自治县	7346	4114	3700	248	61	21	84	2	
琼中黎族苗族自治县	7787	4679	2921	1541	190	15	12	5	
男	**249450**	**78258**	**51487**	**12798**	**3885**	**7167**	**2921**	**643**	**6**
海南	**249450**	**78258**	**51487**	**12798**	**3885**	**7167**	**2921**	**643**	**6**
海口市	**70993**	**6592**	**4974**	**261**	**617**	**474**	**266**	**100**	**4**
秀英区	15783	1941	1647	40	113	68	73	21	1
龙华区	20394	1121	746	39	213	51	72	48	1
琼山区	16042	2275	1871	145	169	40	50	18	2
美兰区	18774	1255	710	37	122	315	71	13	
三亚市	**26424**	**4359**	**3769**	**121**	**101**	**221**	**147**	**27**	
海棠区	2329	577	484	4	10	46	33		
吉阳区	11798	605	481	7	30	59	28	22	
天涯区	9181	1839	1587	104	45	80	23	5	
崖州区	3116	1338	1217	6	16	36	63		
三沙市									
儋州市	**23072**	**7292**	**2307**	**3331**	**319**	**1106**	**229**	**28**	

4-4 续表 1

单位：人

地区 性别	合计	农、林、牧、渔业						采矿业	
		小计	农业	林业	畜牧业	渔业	农、林、牧、渔专业及辅助性活动	小计	煤炭开采和洗选业
五指山市	2779	1186	564	520	54	13	35	5	
琼海市	13463	5471	3648	830	250	619	124	16	
文昌市	13914	5773	3656	92	735	1126	164	57	
万宁市	13367	5831	3877	502	272	778	402	8	
东方市	11179	4655	4094	102	169	122	168	38	
定安县	7425	3386	2725	312	295	19	35	1	
屯昌县	5579	2208	1316	722	137	5	28	8	
澄迈县	11870	4683	2622	1538	276	203	44	45	
临高县	10449	5715	3051	773	144	1563	184	8	
白沙黎族自治县	4141	2234	310	1637	83	22	182	5	
昌江黎族自治县	6098	2470	2003	190	86	141	50	239	1
乐东黎族自治县	11426	6870	5275	509	150	283	653	53	1
陵水黎族自治县	8147	4155	3282	226	57	450	140	1	
保亭黎族苗族自治县	4393	2472	2208	158	33	13	60	1	
琼中黎族苗族自治县	4731	2906	1806	974	107	9	10	3	
女	**173180**	**56860**	**41767**	**8097**	**2223**	**2273**	**2500**	**147**	**3**
海南	**173180**	**56860**	**41767**	**8097**	**2223**	**2273**	**2500**	**147**	**3**
海口市	**50538**	**5113**	**4307**	**152**	**323**	**191**	**140**	**36**	**1**
秀英区	10647	1596	1462	21	50	32	31	5	1
龙华区	14411	831	635	16	113	19	48	18	
琼山区	11403	1796	1567	99	90	15	25	5	
美兰区	14077	890	643	16	70	125	36	8	
三亚市	**18242**	**2814**	**2533**	**60**	**72**	**88**	**61**	**3**	
海棠区	1413	311	278	2	7	18	6		
吉阳区	8116	378	321	4	21	15	17	2	
天涯区	6635	1232	1098	49	35	44	6	1	
崖州区	2078	893	836	5	9	11	32		
三沙市									
儋州市	**16641**	**5716**	**2506**	**2375**	**171**	**375**	**289**	**2**	
五指山市	1976	909	503	350	36	6	14	1	
琼海市	9687	4193	3309	541	144	152	47	7	
文昌市	10143	4377	3459	39	384	406	89	34	
万宁市	8594	4164	3258	263	146	149	348	3	
东方市	7765	3664	3339	34	112	45	134	11	
定安县	4949	2489	2070	217	178	4	20		
屯昌县	3500	1542	940	512	72	2	16	1	
澄迈县	7137	2990	1859	886	139	80	26	6	
临高县	7494	4307	2814	459	120	383	531	4	
白沙黎族自治县	2745	1494	254	1071	64	10	95		
昌江黎族自治县	3927	1833	1623	97	42	43	28	28	
乐东黎族自治县	8119	5067	4052	285	77	96	557	7	1
陵水黎族自治县	5714	2773	2334	99	32	229	79	1	1
保亭黎族苗族自治县	2953	1642	1492	90	28	8	24	1	
琼中黎族苗族自治县	3056	1773	1115	567	83	6	2	2	

4-4　续表 2　　　　单位：人

地　区 性　别	采矿业						制造业		
	石油和天然气开采业	黑色金属矿采选业	有色金属矿采选业	非金属矿采选业	开采专业及辅助性活　动	其　他采矿业	小计	农副食品加工业	食　品制造业
全省	**56**	**274**	**63**	**253**	**111**	**24**	**19326**	**3076**	**1183**
海口市	**18**	**14**	**8**	**33**	**52**	**6**	**6909**	**607**	**483**
秀英区	6	5		5	6	2	2024	111	116
龙华区	4	6	4	20	30	1	2049	101	127
琼山区	6	1	4	3	7		1340	93	116
美兰区	2	2		5	9	3	1496	302	124
三亚市	**2**			**23**	**5**		**998**	**101**	**79**
海棠区							129	11	2
吉阳区	1			22	1		479	38	38
天涯区	1			1	4		294	33	35
崖州区							96	19	4
三沙市									
儋州市	**3**			**13**	**12**	**2**	**2673**	**290**	**69**
五指山市	1				4	1	111	14	2
琼海市	2	2		17	2		918	200	83
文昌市		1	45	32	12	1	1140	358	151
万宁市	1		2	1	5	2	854	278	27
东方市	9	1	1	31	4	3	837	114	20
定安县					1		572	270	55
屯昌县		1		5		3	392	61	37
澄迈县	20			22	6	3	1342	330	68
临高县				11	1		458	109	23
白沙黎族自治县				5			262	26	17
昌江黎族自治县		255	5	2	1	3	698	117	20
乐东黎族自治县			2	53	3		469	94	23
陵水黎族自治县					1		230	52	8
保亭黎族苗族自治县					2		222	25	10
琼中黎族苗族自治县				5			241	30	8
男	**46**	**241**	**41**	**201**	**86**	**22**	**12930**	**1689**	**637**
海南	**46**	**241**	**41**	**201**	**86**	**22**	**12930**	**1689**	**637**
海口市	**14**	**10**	**5**	**25**	**36**	**6**	**4420**	**335**	**272**
秀英区	6	3		4	5	2	1261	69	61
龙华区	2	5	3	16	20	1	1348	62	70
琼山区	4	1	2	3	6		842	44	67
美兰区	2	1		2	5	3	969	160	74
三亚市	**1**			**21**	**5**		**696**	**61**	**35**
海棠区							93	5	
吉阳区	1			20	1		337	26	14
天涯区				1	4		193	19	18
崖州区							73	11	3
三沙市									
儋州市	**3**			**11**	**12**	**2**	**1871**	**138**	**36**

4-4 续表 3 单位：人

地区 性别	采矿业						制造业		
	石油和天然气开采业	黑色金属矿采选业	有色金属矿采选业	非金属矿采选业	开采专业及辅助性活动	其他采矿业	小计	农副食品加工业	食品制造业
五指山市					4	1	71	9	1
琼海市	1			13	2		620	106	47
文昌市		1	28	18	9	1	700	195	73
万宁市				1	5	2	587	138	14
东方市	8	1	1	24	1	3	647	68	11
定安县					1		346	153	32
屯昌县		1		4		3	279	39	20
澄迈县	19			19	5	2	898	184	40
临高县				7	1		318	71	9
白沙黎族自治县				5			179	16	9
昌江黎族自治县		228	5	2	1	2	512	62	9
乐东黎族自治县			2	48	2		306	51	14
陵水黎族自治县					1		159	27	6
保亭黎族苗族自治县					1		156	15	6
琼中黎族苗族自治县				3			165	21	3
女	**10**	**33**	**22**	**52**	**25**	**2**	**6396**	**1387**	**546**
海南	**10**	**33**	**22**	**52**	**25**	**2**	**6396**	**1387**	**546**
海口市	**4**	**4**	**3**	**8**	**16**		**2489**	**272**	**211**
秀英区		2		1	1		763	42	55
龙华区	2	1	1	4	10		701	39	57
琼山区	2		2		1		498	49	49
美兰区		1		3	4		527	142	50
三亚市	**1**			**2**			**302**	**40**	**44**
海棠区							36	6	2
吉阳区				2			142	12	24
天涯区	1						101	14	17
崖州区							23	8	1
三沙市									
儋州市				**2**			**802**	**152**	**33**
五指山市	1						40	5	1
琼海市	1	2		4			298	94	36
文昌市			17	14	3		440	163	78
万宁市	1		2				267	140	13
东方市	1			7	3		190	46	9
定安县							226	117	23
屯昌县				1			113	22	17
澄迈县	1			3	1	1	444	146	28
临高县				4			140	38	14
白沙黎族自治县							83	10	8
昌江黎族自治县		27				1	186	55	11
乐东黎族自治县				5	1		163	43	9
陵水黎族自治县							71	25	2
保亭黎族苗族自治县					1		66	10	4
琼中黎族苗族自治县				2			76	9	5

4-4　续表 4　　　　单位：人

地　区 性　别	制造业								
	酒、饮料和精制茶制造业	烟　草制品业	纺织业	纺织服装、服饰业	皮革、毛皮、羽毛及其制品和制鞋业	木材加工和木、竹、藤、棕、草制品业	家　具制造业	造纸和纸制品业	印刷和记录媒介复制业
全省	**739**	**71**	**224**	**443**	**47**	**998**	**424**	**610**	**326**
海口市	**384**	**65**	**71**	**262**	**19**	**236**	**221**	**123**	**233**
秀英区	122	4	19	42	4	28	44	46	48
龙华区	121	4	22	93	7	117	91	24	114
琼山区	60	51	10	93	1	52	37	26	28
美兰区	81	6	20	34	7	39	49	27	43
三亚市	**36**		**14**	**13**		**37**	**30**	**6**	**12**
海棠区	3		1	1				3	
吉阳区	18		10	3		20	16	2	6
天涯区	8		2	9		9	13		6
崖州区	7		1			8	1	1	
三沙市									
儋州市	**24**	**3**	**16**	**24**	**5**	**156**	**23**	**403**	**19**
五指山市	14		9	4		1	1		1
琼海市	11		21	19	2	49	25	16	5
文昌市	12		12	28	2	59	37	5	10
万宁市	8		2	18	4	142	10	9	9
东方市	13	1	9	11	2	50	7	2	4
定安县	11			6	1	16	3	2	10
屯昌县	6		2	5		79	5	1	3
澄迈县	98		41	19	7	17	21	25	2
临高县	5		9	9		23	3	4	3
白沙黎族自治县	37		1	4		46	3		1
昌江黎族自治县	10		2	3	2	29	6	1	3
乐东黎族自治县	13		7	10		23	9	8	5
陵水黎族自治县	10	1	3	2	1	5	14	1	4
保亭黎族苗族自治县	27			4	1	4	5	1	1
琼中黎族苗族自治县	20	1	5	2	1	26	1	3	1
男	**436**	**50**	**112**	**162**	**28**	**766**	**314**	**427**	**196**
海南	**436**	**50**	**112**	**162**	**28**	**766**	**314**	**427**	**196**
海口市	**235**	**48**	**39**	**94**	**10**	**192**	**167**	**66**	**141**
秀英区	79	4	8	9	3	23	35	25	26
龙华区	76	4	15	36	3	99	68	14	69
琼山区	33	35	5	36		40	27	11	19
美兰区	47	5	11	13	4	30	37	16	27
三亚市	**17**		**6**	**3**		**27**	**19**	**1**	**6**
海棠区	2			1					
吉阳区	11		5			14	10	1	3
天涯区	2			2		6	8		3
崖州区	2		1			7	1		
三沙市									
儋州市	**9**		**6**	**11**	**4**	**111**	**16**	**317**	**11**

4−4 续表 5 单位：人

地区 性别	制造业								
	酒、饮料和精制茶制造业	烟草制品业	纺织业	纺织服装、服饰业	皮革、毛皮、羽毛及其制品和制鞋业	木材加工和木、竹、藤、棕、草制品业	家具制造业	造纸和纸制品业	印刷和记录媒介复制业
五指山市	8		2				1		
琼海市	8		8	7		38	24	10	5
文昌市	10		8	14	1	50	25	3	5
万宁市	5		1	8	3	112	9	5	5
东方市	8	1	3	2	1	42	5	2	2
定安县	4			3	1	11	2		6
屯昌县	1			2		53	3	1	1
澄迈县	59		26	7	4	14	15	16	2
临高县	2		2	4		19	3	3	3
白沙黎族自治县	28			2		29	1		1
昌江黎族自治县	6		2		2	21	3	1	1
乐东黎族自治县	5		4	3		20	6	1	4
陵水黎族自治县	4	1	2			5	11		2
保亭黎族苗族自治县	13			1	1	4	3		1
琼中黎族苗族自治县	14		3	1	1	18	1	1	
女	**303**	**21**	**112**	**281**	**19**	**232**	**110**	**183**	**130**
海南	**303**	**21**	**112**	**281**	**19**	**232**	**110**	**183**	**130**
海口市	**149**	**17**	**32**	**168**	**9**	**44**	**54**	**57**	**92**
秀英区	43		11	33	1	5	9	21	22
龙华区	45		7	57	4	18	23	10	45
琼山区	27	16	5	57	1	12	10	15	9
美兰区	34	1	9	21	3	9	12	11	16
三亚市	**19**		**8**	**10**		**10**	**11**	**5**	**6**
海棠区	1		1					3	
吉阳区	7		5	3		6	6	1	3
天涯区	6		2	7		3	5		3
崖州区	5					1		1	
三沙市									
儋州市	**15**	**3**	**10**	**13**	**1**	**45**	**7**	**86**	**8**
五指山市	6		7	4		1			1
琼海市	3		13	12	2	11	1	6	
文昌市	2		4	14	1	9	12	2	5
万宁市	3		1	10	1	30	1	4	4
东方市	5		6	9	1	8	2		2
定安县	7			3		5	1	2	4
屯昌县	5		2	3		26	2		2
澄迈县	39		15	12	3	3	6	9	
临高县	3		7	5		4		1	
白沙黎族自治县	9		1	2		17	2		
昌江黎族自治县	4			3		8	3		2
乐东黎族自治县	8		3	7		3	3	7	1
陵水黎族自治县	6		1	2	1		3	1	2
保亭黎族苗族自治县	14			3			2	1	
琼中黎族苗族自治县	6	1	2	1		8		2	1

4-4　续表 6　　　　单位：人

地　区 性　别	制造业								
	文教、工美、体育和娱乐用品制造业	石油、煤炭及其他燃料加工业	化学原料和化学制品制造业	医　药制造业	化学纤维制造业	橡胶和塑　料制品业	非金属矿　物制品业	黑色金属冶炼和压延加工业	有色金属冶炼和压延加工业
全省	**536**	**429**	**728**	**1133**	**7**	**994**	**2634**	**68**	**108**
海口市	**159**	**33**	**230**	**945**	**5**	**205**	**695**	**26**	**17**
秀英区	40	12	57	425	1	56	290	9	4
龙华区	58	11	85	266	2	43	170	9	1
琼山区	24	4	55	95		76	137	5	6
美兰区	37	6	33	159	2	30	98	3	6
三亚市	**37**	**2**	**28**	**14**		**25**	**210**	**4**	**5**
海棠区		2	5	3		4	54	2	
吉阳区	12		15	8		16	101	2	1
天涯区	23		6	1			39		
崖州区	2		2	2		5	16		4
三沙市									
儋州市	**28**	**338**	**148**	**6**	**1**	**211**	**395**	**3**	**9**
五指山市	4		6	2		3	15		
琼海市	58	7	17	49		18	131	11	12
文昌市	134	2	21	16		14	106	1	7
万宁市	10	5	25	6		21	57	1	2
东方市	16	35	121	3		23	197	4	2
定安县	5		9	26	1	47	34	1	2
屯昌县	12		10	4		6	78	3	2
澄迈县	19	6	30	49		42	281	5	4
临高县	10	1	21	6		8	75	1	
白沙黎族自治县	5		4	1		21	30	1	
昌江黎族自治县	13		14			90	242	7	34
乐东黎族自治县	9		28	3		96	13		12
陵水黎族自治县	10		9	2			26		
保亭黎族苗族自治县	4		4			91	19		
琼中黎族苗族自治县	3		3	1		73	30		
男	**297**	**369**	**550**	**541**	**5**	**668**	**2019**	**57**	**95**
海南	**297**	**369**	**550**	**541**	**5**	**668**	**2019**	**57**	**95**
海口市	**77**	**24**	**150**	**455**	**3**	**133**	**508**	**21**	**15**
秀英区	16	8	38	177	1	30	218	8	3
龙华区	27	8	53	140	1	36	117	7	1
琼山区	11	3	39	42		48	101	3	5
美兰区	23	5	20	96	1	19	72	3	6
三亚市	**20**	**2**	**24**	**11**		**20**	**165**	**3**	**3**
海棠区		2	5	3		2	45	1	
吉阳区	6		13	5		13	79	2	
天涯区	13		4	1			27		
崖州区	1		2	2		5	14		3
三沙市									
儋州市	**20**	**301**	**125**	**4**	**1**	**135**	**296**	**3**	**5**

4—4 续表 7　　单位：人

地区 性别	制造业								
	文教、工美、体育和娱乐用品制造业	石油、煤炭及其他燃料加工业	化学原料和化学制品制造业	医药制造业	化学纤维制造业	橡胶和塑料制品业	非金属矿物制品业	黑色金属冶炼和压延加工业	有色金属冶炼和压延加工业
五指山市	3		6	1		2	13		
琼海市	43	6	13	13		12	101	10	12
文昌市	60	2	18	11		10	84	1	6
万宁市	5	4	23	2		10	47	1	
东方市	8	26	94			17	179	4	2
定安县	4		7	10	1	29	28	1	2
屯昌县	8		9	2		4	62	3	2
澄迈县	13	4	16	27		31	205	4	4
临高县	7		17	3		5	48	1	
白沙黎族自治县	3		2			15	24		
昌江黎族自治县	7		13			62	193	5	33
乐东黎族自治县	5		22	2		61	12		11
陵水黎族自治县	8		7				19		
保亭黎族苗族自治县	4		2			71	14		
琼中黎族苗族自治县	2		2			51	21		
女	**239**	**60**	**178**	**592**	**2**	**326**	**615**	**11**	**13**
海南	**239**	**60**	**178**	**592**	**2**	**326**	**615**	**11**	**13**
海口市	**82**	**9**	**80**	**490**	**2**	**72**	**187**	**5**	**2**
秀英区	24	4	19	248		26	72	1	1
龙华区	31	3	32	126	1	7	53	2	
琼山区	13	1	16	53		28	36	2	1
美兰区	14	1	13	63	1	11	26		
三亚市	**17**		**4**	**3**		**5**	**45**	**1**	**2**
海棠区						2	9	1	
吉阳区	6		2	3		3	22		1
天涯区	10		2				12		
崖州区	1						2		1
三沙市									
儋州市	**8**	**37**	**23**	**2**		**76**	**99**		**4**
五指山市	1			1		1	2		
琼海市	15	1	4	36		6	30	1	
文昌市	74		3	5		4	22		1
万宁市	5	1	2	4		11	10		2
东方市	8	9	27	3		6	18		
定安县	1		2	16		18	6		
屯昌县	4		1	2		2	16		
澄迈县	6	2	14	22		11	76	1	
临高县	3	1	4	3		3	27		
白沙黎族自治县	2		2	1		6	6	1	
昌江黎族自治县	6		1			28	49	2	1
乐东黎族自治县	4		6	1		35	1		1
陵水黎族自治县	2		2	2			7		
保亭黎族苗族自治县			2			20	5		
琼中黎族苗族自治县	1		1	1		22	9		

4-4　续表 8　　　　单位：人

地区 性别	制造业 金属制品业	通用设备制造业	专用设备制造业	汽车制造业	铁路、船舶、航空航天和其他运输设备制造业	电气机械和器材制造业	计算机、通信和其他电子设备制造业	仪器仪表制造业	其他制造业
全省	**1389**	**299**	**505**	**175**	**110**	**414**	**445**	**80**	**162**
海口市	**434**	**134**	**212**	**134**	**46**	**279**	**179**	**26**	**68**
秀英区	132	32	53	34	5	120	44	5	15
龙华区	135	44	72	67	11	68	76	6	17
琼山区	91	33	34	16	12	39	34	6	26
美兰区	76	25	53	17	18	52	25	9	10
三亚市	**158**	**19**	**21**	**8**	**20**	**21**	**16**	**2**	**5**
海棠区	21		1		1				
吉阳区	76	14	6	6	12	10	6	1	4
天涯区	45	4	13	2	7	11	9	1	1
崖州区	16	1	1				1		
三沙市									
儋州市	**151**	**48**	**84**	**7**	**12**	**29**	**54**	**18**	**25**
五指山市	7	5	8	1		3	5	2	1
琼海市	71	13	9	6	1	17	19	4	1
文昌市	66	5	18	3	2	6	19	2	9
万宁市	72	7	59	4	5	8	10	3	6
东方市	51	10	17	2	5	8	10	2	10
定安县	31	6	9	3		3	6	2	6
屯昌县	33	9	7		1	3	5	2	2
澄迈县	159	7	13	3		17	27	1	7
临高县	44	9	8	1	15	8	19	6	6
白沙黎族自治县	10	2	3	1		1	35	4	2
昌江黎族自治县	31	9	6	1			12		4
乐东黎族自治县	32	9	9			5	16	2	7
陵水黎族自治县	20	4	12	1	3	3	4	4	2
保亭黎族苗族自治县	7	1	5				3		1
琼中黎族苗族自治县	12	2	5			3	6		
男	**1148**	**244**	**330**	**133**	**78**	**306**	**301**	**67**	**94**
海南	**1148**	**244**	**330**	**133**	**78**	**306**	**301**	**67**	**94**
海口市	**359**	**107**	**129**	**102**	**30**	**208**	**120**	**19**	**44**
秀英区	112	29	37	25	5	89	27	3	10
龙华区	112	38	37	53	5	50	57	4	10
琼山区	73	24	19	11	9	31	20	3	16
美兰区	62	16	36	13	11	38	16	9	8
三亚市	**127**	**15**	**13**	**8**	**15**	**15**	**14**	**1**	**2**
海棠区	13		1		1				
吉阳区	61	11	4	6	7	8	6		1
天涯区	39	3	7	2	7	7	7	1	1
崖州区	14	1	1				1		
三沙市									
儋州市	**86**	**39**	**53**	**4**	**8**	**20**	**36**	**17**	**4**

4-4 续表 9

单位：人

地区 性别	制造业								
	金属制品业	通用设备制造业	专用设备制造业	汽车制造业	铁路、船舶、航空航天和其他运输设备制造业	电气机械和器材制造业	计算机、通信和其他电子设备制造业	仪器仪表制造业	其他制造业
五指山市	4	3	5	1		3	4	2	
琼海市	66	11	7	5	1	10	13	4	1
文昌市	54	4	9	3	2	4	13	2	6
万宁市	63	7	55	2	3	8	6	3	6
东方市	47	9	13	2	5	7	8	2	8
定安县	26	5	5	2		2	4	1	2
屯昌县	31	8	6		1	3	4	2	1
澄迈县	140	6	8	1		12	17	1	4
临高县	43	8	5		10	6	13	5	4
白沙黎族自治县	9	2	3	1		1	24	3	1
昌江黎族自治县	29	8	3	1			10		4
乐东黎族自治县	28	8	4			3	7	1	5
陵水黎族自治县	18	1	6	1	3	3	3	4	1
保亭黎族苗族自治县	7	1	2				2		1
琼中黎族苗族自治县	11	2	4			1	3		
女	**241**	**55**	**175**	**42**	**32**	**108**	**144**	**13**	**68**
海南	**241**	**55**	**175**	**42**	**32**	**108**	**144**	**13**	**68**
海口市	**75**	**27**	**83**	**32**	**16**	**71**	**59**	**7**	**24**
秀英区	20	3	16	9		31	17	2	5
龙华区	23	6	35	14	6	18	19	2	7
琼山区	18	9	15	5	3	8	14	3	10
美兰区	14	9	17	4	7	14	9		2
三亚市	**31**	**4**	**8**		**5**	**6**	**2**	**1**	**3**
海棠区	8								
吉阳区	15	3	2		5	2		1	3
天涯区	6	1	6			4	2		
崖州区	2								
三沙市									
儋州市	**65**	**9**	**31**	**3**	**4**	**9**	**18**	**1**	**21**
五指山市	3	2	3				1		1
琼海市	5	2	2	1		7	6		
文昌市	12	1	9			2	6		3
万宁市	9		4	2	2		4		
东方市	4	1	4			1	2		2
定安县	5	1	4	1		1	2	1	4
屯昌县	2	1	1				1		1
澄迈县	19	1	5	2		5	10		3
临高县	1	1	3	1	5	2	6	1	2
白沙黎族自治县	1						11	1	1
昌江黎族自治县	2	1	3				2		
乐东黎族自治县	4	1	5			2	9	1	2
陵水黎族自治县	2	3	6				1		1
保亭黎族苗族自治县			3				1		
琼中黎族苗族自治县	1		1			2	3		

4-4 续表 10

单位：人

地区 性别	制造业		电力、热力、燃气及水生产和供应业				建筑业		
	废弃资源综合利用业	金属制品、机械和设备修理业	小计	电力、热力生产和供应业	燃气生产和供应业	水的生产和供应业	小计	房屋建筑业	土木工程建筑业
全省	**331**	**638**	**2749**	**1697**	**462**	**590**	**40258**	**19814**	**2869**
海口市	**115**	**263**	**1038**	**673**	**181**	**184**	**13894**	**6187**	**1409**
秀英区	60	46	158	98	17	43	3607	1944	316
龙华区	16	71	355	270	43	42	4308	1868	332
琼山区	22	58	183	84	48	51	2664	836	419
美兰区	17	88	342	221	73	48	3315	1539	342
三亚市	**24**	**51**	**253**	**94**	**58**	**101**	**4431**	**2279**	**425**
海棠区	14	1	14	6	5	3	365	190	67
吉阳区	3	35	107	41	29	37	2455	1247	189
天涯区	3	14	100	31	21	48	1164	559	95
崖州区	4	1	32	16	3	13	447	283	74
三沙市									
儋州市	**36**	**38**	**147**	**91**	**20**	**36**	**6346**	**3335**	**119**
五指山市	1	2	39	22	4	13	405	223	27
琼海市	10	33	145	96	21	28	1755	864	125
文昌市	17	18	116	72	13	31	1992	1259	75
万宁市	19	27	98	72	13	13	1766	769	72
东方市	42	46	118	72	6	40	1582	843	109
定安县		7	62	41	8	13	882	521	18
屯昌县	11	5	46	26	5	15	859	492	42
澄迈县	12	32	162	107	30	25	1737	941	81
临高县	7	25	29	21	6	2	1066	592	56
白沙黎族自治县		7	48	32	11	5	505	242	33
昌江黎族自治县	10	32	141	106	15	20	746	306	98
乐东黎族自治县	8	28	125	55	51	19	913	382	71
陵水黎族自治县	12	17	45	27	5	13	837	356	17
保亭黎族苗族自治县	6	3	79	57	4	18	277	111	66
琼中黎族苗族自治县	1	4	58	33	11	14	265	112	26
男	**224**	**587**	**2061**	**1330**	**317**	**414**	**32638**	**15574**	**2435**
海南	**224**	**587**	**2061**	**1330**	**317**	**414**	**32638**	**15574**	**2435**
海口市	**77**	**240**	**749**	**487**	**129**	**133**	**11217**	**4880**	**1157**
秀英区	41	42	128	79	14	35	2903	1532	266
龙华区	12	64	262	204	29	29	3435	1461	263
琼山区	14	53	128	62	33	33	2222	680	360
美兰区	10	81	231	142	53	36	2657	1207	268
三亚市	**19**	**44**	**190**	**81**	**43**	**66**	**3655**	**1844**	**364**
海棠区	11	1	11	6	4	1	292	150	56
吉阳区	2	29	74	30	22	22	2019	1013	159
天涯区	3	13	74	29	14	31	981	457	82
崖州区	3	1	31	16	3	12	363	224	67
三沙市									
儋州市	**21**	**34**	**121**	**82**	**14**	**25**	**4839**	**2467**	**101**

4-4 续表 11

单位：人

地区 性别	制造业		电力、热力、燃气及水生产和供应业				建筑业		
	废弃资源综合利用业	金属制品、机械和设备修理业	小计	电力、热力生产和供应业	燃气生产和供应业	水的生产和供应业	小计	房屋建筑业	土木工程建筑业
五指山市	1	2	28	14	3	11	340	180	26
琼海市	7	32	116	76	19	21	1447	693	106
文昌市	10	17	86	59	9	18	1521	909	66
万宁市	16	26	78	62	8	8	1465	603	70
东方市	26	45	92	58	3	31	1312	687	91
定安县		5	47	34	6	7	751	437	18
屯昌县	8	5	32	19	3	10	756	415	41
澄迈县	7	31	132	90	23	19	1479	776	76
临高县	4	23	26	19	5	2	867	471	49
白沙黎族自治县		5	35	27	4	4	451	212	28
昌江黎族自治县	6	31	111	86	8	17	617	243	82
乐东黎族自治县	4	25	80	42	27	11	765	302	63
陵水黎族自治县	12	15	31	20	3	8	686	262	16
保亭黎族苗族自治县	5	3	66	50	3	13	238	100	57
琼中黎族苗族自治县	1	4	41	24	7	10	232	93	24
女	**107**	**51**	**688**	**367**	**145**	**176**	**7620**	**4240**	**434**
海南	**107**	**51**	**688**	**367**	**145**	**176**	**7620**	**4240**	**434**
海口市	**38**	**23**	**289**	**186**	**52**	**51**	**2677**	**1307**	**252**
秀英区	19	4	30	19	3	8	704	412	50
龙华区	4	7	93	66	14	13	873	407	69
琼山区	8	5	55	22	15	18	442	156	59
美兰区	7	7	111	79	20	12	658	332	74
三亚市	**5**	**7**	**63**	**13**	**15**	**35**	**776**	**435**	**61**
海棠区	3		3		1	2	73	40	11
吉阳区	1	6	33	11	7	15	436	234	30
天涯区		1	26	2	7	17	183	102	13
崖州区	1		1			1	84	59	7
三沙市									
儋州市	**15**	**4**	**26**	**9**	**6**	**11**	**1507**	**868**	**18**
五指山市			11	8	1	2	65	43	1
琼海市	3	1	29	20	2	7	308	171	19
文昌市	7	1	30	13	4	13	471	350	9
万宁市	3	1	20	10	5	5	301	166	2
东方市	16	1	26	14	3	9	270	156	18
定安县		2	15	7	2	6	131	84	
屯昌县	3		14	7	2	5	103	77	1
澄迈县	5	1	30	17	7	6	258	165	5
临高县	3	2	3	2	1		199	121	7
白沙黎族自治县		2	13	5	7	1	54	30	5
昌江黎族自治县	4	1	30	20	7	3	129	63	16
乐东黎族自治县	4	3	45	13	24	8	148	80	8
陵水黎族自治县		2	14	7	2	5	151	94	1
保亭黎族苗族自治县	1		13	7	1	5	39	11	9
琼中黎族苗族自治县			17	9	4	4	33	19	2

4-4 续表 12

单位：人

地区 性别	建筑业		批发和零售业			交通运输、仓储和邮政业			
	建筑安装业	建筑装饰、装修和其他建筑业	小计	批发业	零售业	小计	铁路运输业	道路运输业	水上运输业
全省	**2744**	**14831**	**54373**	**11945**	**42428**	**19730**	**406**	**12124**	**530**
海口市	**1022**	**5276**	**21167**	**5287**	**15880**	**8411**	**185**	**4807**	**321**
秀英区	257	1090	4403	1076	3327	2156	109	1237	169
龙华区	337	1771	6804	1831	4973	2279	33	1424	89
琼山区	225	1184	4234	1111	3123	1910	22	1201	22
美兰区	203	1231	5726	1269	4457	2066	21	945	41
三亚市	**221**	**1506**	**6839**	**1560**	**5279**	**2462**	**52**	**1362**	**64**
海棠区	3	105	413	88	325	75	2	50	1
吉阳区	154	865	3338	814	2524	1184	18	749	36
天涯区	50	460	2417	432	1985	1081	32	489	26
崖州区	14	76	671	226	445	122		74	1
三沙市									
儋州市	**440**	**2452**	**3800**	**858**	**2942**	**1386**	**9**	**896**	**26**
五指山市	23	132	282	69	213	118	4	87	
琼海市	123	643	2976	589	2387	914	5	649	13
文昌市	95	563	3041	530	2511	922	33	686	10
万宁市	103	822	2849	529	2320	810	17	545	5
东方市	121	509	1874	249	1625	821	54	511	16
定安县	80	263	1176	206	970	367	1	244	
屯昌县	68	257	1049	251	798	387	5	271	2
澄迈县	177	538	2084	440	1644	910	14	539	20
临高县	67	351	1276	198	1078	496	3	364	32
白沙黎族自治县	31	199	492	44	448	125		80	
昌江黎族自治县	35	307	946	197	749	412	7	314	1
乐东黎族自治县	40	420	1679	449	1230	600	14	391	8
陵水黎族自治县	60	404	1795	308	1487	265	2	167	9
保亭黎族苗族自治县	20	80	516	104	412	189	1	127	1
琼中黎族苗族自治县	18	109	532	77	455	135		84	2
男	**2508**	**12121**	**26598**	**7032**	**19566**	**16517**	**296**	**10725**	**405**
海南	**2508**	**12121**	**26598**	**7032**	**19566**	**16517**	**296**	**10725**	**405**
海口市	**895**	**4285**	**10425**	**3088**	**7337**	**6934**	**129**	**4265**	**242**
秀英区	229	876	2254	688	1566	1808	78	1098	127
龙华区	282	1429	3451	1066	2385	1886	19	1246	66
琼山区	212	970	2035	627	1408	1623	15	1078	18
美兰区	172	1010	2685	707	1978	1617	17	843	31
三亚市	**199**	**1248**	**3267**	**928**	**2339**	**1993**	**43**	**1203**	**46**
海棠区	2	84	205	54	151	66	1	46	
吉阳区	138	709	1664	507	1157	989	12	662	28
天涯区	47	395	1076	238	838	832	30	427	17
崖州区	12	60	322	129	193	106		68	1
三沙市									
儋州市	**407**	**1864**	**1642**	**434**	**1208**	**1103**		**721**	**21**

4–4 续表 13

单位：人

地区 性别	建筑业		批发和零售业			交通运输、仓储和邮政业			
	建筑安装业	建筑装饰、装修和其他建筑业	小计	批发业	零售业	小计	铁路运输业	道路运输业	水上运输业
五指山市	21	113	127	38	89	104	2	81	
琼海市	118	530	1569	394	1175	814	3	600	12
文昌市	91	455	1522	290	1232	830	18	645	8
万宁市	102	690	1534	340	1194	714	13	500	3
东方市	117	417	856	143	713	670	46	417	13
定安县	75	221	623	126	497	320	1	216	
屯昌县	65	235	567	154	413	350	4	251	1
澄迈县	166	461	1068	296	772	781	11	479	17
临高县	67	280	559	96	463	440	3	324	32
白沙黎族自治县	30	181	226	22	204	116		76	
昌江黎族自治县	28	264	423	125	298	372	7	286	1
乐东黎族自治县	37	363	799	247	552	474	14	323	
陵水黎族自治县	55	353	884	196	688	227	1	153	6
保亭黎族苗族自治县	18	63	243	67	176	158	1	110	1
琼中黎族苗族自治县	17	98	264	48	216	117		75	2
女	**236**	**2710**	**27775**	**4913**	**22862**	**3213**	**110**	**1399**	**125**
海南	**236**	**2710**	**27775**	**4913**	**22862**	**3213**	**110**	**1399**	**125**
海口市	**127**	**991**	**10742**	**2199**	**8543**	**1477**	**56**	**542**	**79**
秀英区	28	214	2149	388	1761	348	31	139	42
龙华区	55	342	3353	765	2588	393	14	178	23
琼山区	13	214	2199	484	1715	287	7	123	4
美兰区	31	221	3041	562	2479	449	4	102	10
三亚市	**22**	**258**	**3572**	**632**	**2940**	**469**	**9**	**159**	**18**
海棠区	1	21	208	34	174	9	1	4	1
吉阳区	16	156	1674	307	1367	195	6	87	8
天涯区	3	65	1341	194	1147	249	2	62	9
崖州区	2	16	349	97	252	16		6	
三沙市									
儋州市	**33**	**588**	**2158**	**424**	**1734**	**283**	**9**	**175**	**5**
五指山市	2	19	155	31	124	14	2	6	
琼海市	5	113	1407	195	1212	100	2	49	1
文昌市	4	108	1519	240	1279	92	15	41	2
万宁市	1	132	1315	189	1126	96	4	45	2
东方市	4	92	1018	106	912	151	8	94	3
定安县	5	42	553	80	473	47		28	
屯昌县	3	22	482	97	385	37	1	20	1
澄迈县	11	77	1016	144	872	129	3	60	3
临高县		71	717	102	615	56		40	
白沙黎族自治县	1	18	266	22	244	9		4	
昌江黎族自治县	7	43	523	72	451	40		28	
乐东黎族自治县	3	57	880	202	678	126		68	8
陵水黎族自治县	5	51	911	112	799	38	1	14	3
保亭黎族苗族自治县	2	17	273	37	236	31		17	
琼中黎族苗族自治县	1	11	268	29	239	18		9	

4-4 续表 14

单位：人

地区 性别	交通运输、仓储和邮政业					住宿和餐饮业		
	航空运输业	管道运输业	多式联运和运输代理业	装卸搬运和仓储业	邮政业	小计	住宿业	餐饮业
全省	**1687**	**13**	**457**	**1684**	**2829**	**35177**	**8513**	**26664**
海口市	**1024**	**4**	**288**	**573**	**1209**	**10519**	**1595**	**8924**
秀英区	119		93	186	243	1876	317	1559
龙华区	196	3	80	131	323	3438	548	2890
琼山区	250		31	93	291	2286	311	1975
美兰区	459	1	84	163	352	2919	419	2500
三亚市	**528**	**1**	**27**	**113**	**315**	**7204**	**3666**	**3538**
海棠区				1	21	892	556	336
吉阳区	147	1	9	64	160	3586	1928	1658
天涯区	373		18	36	107	2416	1113	1303
崖州区	8			12	27	310	69	241
三沙市								
儋州市	**18**	**1**	**45**	**228**	**163**	**1957**	**263**	**1694**
五指山市	3			3	21	278	95	183
琼海市	52		15	64	116	2048	391	1657
文昌市	14	2	8	70	99	2348	311	2037
万宁市	4	1	18	91	129	1785	391	1394
东方市	16		7	121	96	1134	171	963
定安县	2		9	34	77	1025	100	925
屯昌县	6		4	51	48	757	81	676
澄迈县	11		8	132	186	1576	265	1311
临高县	1	2	7	35	52	1019	255	764
白沙黎族自治县			3	26	16	364	68	296
昌江黎族自治县			2	27	61	584	136	448
乐东黎族自治县	3	1	6	57	120	945	231	714
陵水黎族自治县	4	1	7	16	59	930	319	611
保亭黎族苗族自治县	1			28	31	357	123	234
琼中黎族苗族自治县			3	15	31	347	52	295
男	**1094**	**11**	**361**	**1419**	**2206**	**17594**	**3937**	**13657**
海南	**1094**	**11**	**361**	**1419**	**2206**	**17594**	**3937**	**13657**
海口市	**656**	**3**	**220**	**470**	**949**	**5525**	**692**	**4833**
秀英区	79		72	160	194	984	141	843
龙华区	132	2	56	110	255	1814	243	1571
琼山区	178		27	75	232	1223	133	1090
美兰区	267	1	65	125	268	1504	175	1329
三亚市	**339**	**1**	**21**	**91**	**249**	**3848**	**1921**	**1927**
海棠区				1	18	506	322	184
吉阳区	97	1	8	52	129	1908	1004	904
天涯区	236		13	31	78	1278	555	723
崖州区	6			7	24	156	40	116
三沙市								
儋州市	**15**	**1**	**37**	**185**	**123**	**946**	**103**	**843**

4-4 续表 15

单位：人

地区 性别	交通运输、仓储和邮政业					住宿和餐饮业		
	航空运输业	管道运输业	多式联运和运输代理业	装卸搬运和仓储业	邮政业	小计	住宿业	餐饮业
五指山市	3			2	16	129	36	93
琼海市	36		14	55	94	1009	173	836
文昌市	11	2	5	59	82	1116	117	999
万宁市	4	1	18	81	94	898	168	730
东方市	11		6	101	76	508	62	446
定安县	1		7	32	63	492	45	447
屯昌县	2		4	48	40	367	36	331
澄迈县	9		7	114	144	781	124	657
临高县	1	1	6	30	43	434	68	366
白沙黎族自治县			2	24	14	137	25	112
昌江黎族自治县			1	26	51	243	62	181
乐东黎族自治县	2	1	4	47	83	432	113	319
陵水黎族自治县	3	1	6	15	42	403	118	285
保亭黎族苗族自治县	1			24	21	158	48	110
琼中黎族苗族自治县			3	15	22	168	26	142
女	**593**	**2**	**96**	**265**	**623**	**17583**	**4576**	**13007**
海南	**593**	**2**	**96**	**265**	**623**	**17583**	**4576**	**13007**
海口市	**368**	**1**	**68**	**103**	**260**	**4994**	**903**	**4091**
秀英区	40		21	26	49	892	176	716
龙华区	64	1	24	21	68	1624	305	1319
琼山区	72		4	18	59	1063	178	885
美兰区	192		19	38	84	1415	244	1171
三亚市	**189**		**6**	**22**	**66**	**3356**	**1745**	**1611**
海棠区					3	386	234	152
吉阳区	50		1	12	31	1678	924	754
天涯区	137		5	5	29	1138	558	580
崖州区	2			5	3	154	29	125
三沙市								
儋州市	**3**		**8**	**43**	**40**	**1011**	**160**	**851**
五指山市				1	5	149	59	90
琼海市	16		1	9	22	1039	218	821
文昌市	3		3	11	17	1232	194	1038
万宁市				10	35	887	223	664
东方市	5		1	20	20	626	109	517
定安县	1		2	2	14	533	55	478
屯昌县	4			3	8	390	45	345
澄迈县	2		1	18	42	795	141	654
临高县		1	1	5	9	585	187	398
白沙黎族自治县			1	2	2	227	43	184
昌江黎族自治县			1	1	10	341	74	267
乐东黎族自治县	1		2	10	37	513	118	395
陵水黎族自治县	1		1	1	17	527	201	326
保亭黎族苗族自治县				4	10	199	75	124
琼中黎族苗族自治县					9	179	26	153

4-4　续表 16　　　　　　　　　　　　　　　　　　　　　单位：人

地　区 性　别	信息传输、软件和信息技术服务业				金融业				
	小计	电信、广播电视和卫星传输服务	互联网和相关服务	软件和信息技术服务业	小计	货币金融服　务	资本市场服　务	保险业	其　他金融业
全省	**4899**	**1735**	**1783**	**1381**	**4977**	**2418**	**338**	**1728**	**493**
海口市	**2875**	**981**	**869**	**1025**	**2989**	**1329**	**283**	**1052**	**325**
秀英区	518	158	193	167	459	207	48	163	41
龙华区	1083	369	350	364	1115	475	133	395	112
琼山区	455	191	99	165	527	233	34	206	54
美兰区	819	263	227	329	888	414	68	288	118
三亚市	**521**	**139**	**274**	**108**	**455**	**226**	**24**	**165**	**40**
海棠区	16	5	10	1	8	2		5	1
吉阳区	300	69	167	64	278	142	19	97	20
天涯区	177	50	91	36	147	72	5	53	17
崖州区	28	15	6	7	22	10		10	2
三沙市									
儋州市	**496**	**80**	**365**	**51**	**285**	**123**	**6**	**130**	**26**
五指山市	30	17	7	6	39	24		12	3
琼海市	218	99	82	37	189	107	3	74	5
文昌市	93	54	25	14	177	94	3	51	29
万宁市	85	44	23	18	107	58	3	40	6
东方市	72	31	23	18	105	66	6	27	6
定安县	61	38	13	10	82	41		17	24
屯昌县	49	31	12	6	64	50		10	4
澄迈县	111	52	24	35	102	51	5	40	6
临高县	45	22	14	9	40	21		17	2
白沙黎族自治县	37	22	13	2	44	32	1	10	1
昌江黎族自治县	34	21	8	5	74	54	1	14	5
乐东黎族自治县	64	39	12	13	83	48	2	29	4
陵水黎族自治县	37	17	9	11	38	22		13	3
保亭黎族苗族自治县	36	21	4	11	43	31	1	8	3
琼中黎族苗族自治县	35	27	6	2	61	41		19	1
男	**3168**	**1031**	**1203**	**934**	**2615**	**1322**	**211**	**789**	**293**
海南	**3168**	**1031**	**1203**	**934**	**2615**	**1322**	**211**	**789**	**293**
海口市	**1833**	**572**	**573**	**688**	**1494**	**673**	**175**	**457**	**189**
秀英区	353	93	155	105	222	98	27	72	25
龙华区	684	209	216	259	566	241	81	179	65
琼山区	306	118	62	126	263	121	24	86	32
美兰区	490	152	140	198	443	213	43	120	67
三亚市	**368**	**85**	**213**	**70**	**224**	**125**	**15**	**64**	**20**
海棠区	13	3	9	1	4	1		2	1
吉阳区	211	40	131	40	133	74	12	36	11
天涯区	123	32	68	23	75	43	3	21	8
崖州区	21	10	5	6	12	7		5	
三沙市									
儋州市	**315**	**50**	**229**	**36**	**162**	**72**	**3**	**70**	**17**

4-4 续表 17 单位：人

地区 性别	信息传输、软件和信息技术服务业				金融业				
	小计	电信、广播电视和卫星传输服务	互联网和相关服务	软件和信息技术服务业	小计	货币金融服务	资本市场服务	保险业	其他金融业
五指山市	20	10	6	4	21	12		7	2
琼海市	147	62	57	28	110	64	2	42	2
文昌市	59	36	12	11	106	58	2	28	18
万宁市	62	29	20	13	69	39	2	23	5
东方市	44	17	16	11	58	39	4	12	3
定安县	41	22	11	8	50	27		4	19
屯昌县	32	22	9	1	34	27		6	1
澄迈县	71	35	12	24	60	35	3	18	4
临高县	28	13	10	5	26	14		10	2
白沙黎族自治县	20	9	9	2	25	20	1	4	
昌江黎族自治县	23	11	7	5	44	35	1	5	3
乐东黎族自治县	43	27	7	9	54	27	2	21	4
陵水黎族自治县	22	9	6	7	17	10		6	1
保亭黎族苗族自治县	25	12	3	10	26	20	1	3	2
琼中黎族苗族自治县	15	10	3	2	35	25		9	1
女	**1731**	**704**	**580**	**447**	**2362**	**1096**	**127**	**939**	**200**
海南	**1731**	**704**	**580**	**447**	**2362**	**1096**	**127**	**939**	**200**
海口市	**1042**	**409**	**296**	**337**	**1495**	**656**	**108**	**595**	**136**
秀英区	165	65	38	62	237	109	21	91	16
龙华区	399	160	134	105	549	234	52	216	47
琼山区	149	73	37	39	264	112	10	120	22
美兰区	329	111	87	131	445	201	25	168	51
三亚市	**153**	**54**	**61**	**38**	**231**	**101**	**9**	**101**	**20**
海棠区	3	2	1		4	1		3	
吉阳区	89	29	36	24	145	68	7	61	9
天涯区	54	18	23	13	72	29	2	32	9
崖州区	7	5	1	1	10	3		5	2
三沙市									
儋州市	**181**	**30**	**136**	**15**	**123**	**51**	**3**	**60**	**9**
五指山市	10	7	1	2	18	12		5	1
琼海市	71	37	25	9	79	43	1	32	3
文昌市	34	18	13	3	71	36	1	23	11
万宁市	23	15	3	5	38	19	1	17	1
东方市	28	14	7	7	47	27	2	15	3
定安县	20	16	2	2	32	14		13	5
屯昌县	17	9	3	5	30	23		4	3
澄迈县	40	17	12	11	42	16	2	22	2
临高县	17	9	4	4	14	7		7	
白沙黎族自治县	17	13	4		19	12		6	1
昌江黎族自治县	11	10	1		30	19		9	2
乐东黎族自治县	21	12	5	4	29	21		8	
陵水黎族自治县	15	8	3	4	21	12		7	2
保亭黎族苗族自治县	11	9	1	1	17	11		5	1
琼中黎族苗族自治县	20	17	3		26	16		10	

4-4　续表 18　　　　单位：人

地　区 性　别	房地产业		租赁和商务服务业			科学研究和技术服务业			
	小计	房地产业	小计	租赁业	商　务 服务业	小计	研究和 试验发展	专业技术 服务业	科技推广 和应用 服务业
全省	**10729**	**10729**	**13683**	**834**	**12849**	**3738**	**610**	**2547**	**581**
海口市	**5322**	**5322**	**6242**	**319**	**5923**	**2309**	**337**	**1606**	**366**
秀英区	1136	1136	1002	83	919	342	47	246	49
龙华区	1585	1585	1745	72	1673	823	173	555	95
琼山区	916	916	1535	95	1440	483	57	327	99
美兰区	1685	1685	1960	69	1891	661	60	478	123
三亚市	**2122**	**2122**	**1941**	**229**	**1712**	**360**	**53**	**256**	**51**
海棠区	129	129	125	9	116	17		17	
吉阳区	1115	1115	1090	135	955	194	28	133	33
天涯区	767	767	579	81	498	117	14	93	10
崖州区	111	111	147	4	143	32	11	13	8
三沙市									
儋州市	**612**	**612**	**865**	**34**	**831**	**321**	**145**	**138**	**38**
五指山市	86	86	139	6	133	35	11	22	2
琼海市	434	434	305	16	289	104	14	83	7
文昌市	337	337	420	26	394	89	15	60	14
万宁市	217	217	516	36	480	59	1	45	13
东方市	127	127	1059	30	1029	86	4	73	9
定安县	115	115	228	7	221	36		24	12
屯昌县	85	85	123	25	98	33	2	28	3
澄迈县	457	457	233	34	199	67	10	41	16
临高县	154	154	379	15	364	34	8	16	10
白沙黎族自治县	69	69	67	4	63	19		19	
昌江黎族自治县	107	107	141	25	116	35	3	24	8
乐东黎族自治县	116	116	463	9	454	70	3	49	18
陵水黎族自治县	207	207	414	12	402	35	1	30	4
保亭黎族苗族自治县	128	128	65	6	59	20		15	5
琼中黎族苗族自治县	34	34	83	1	82	26	3	18	5
男	**6594**	**6594**	**8738**	**712**	**8026**	**2534**	**347**	**1810**	**377**
海南	**6594**	**6594**	**8738**	**712**	**8026**	**2534**	**347**	**1810**	**377**
海口市	**3294**	**3294**	**3734**	**269**	**3465**	**1496**	**176**	**1091**	**229**
秀英区	671	671	648	75	573	208	20	162	26
龙华区	990	990	1046	55	991	522	87	377	58
琼山区	599	599	889	78	811	335	37	236	62
美兰区	1034	1034	1151	61	1090	431	32	316	83
三亚市	**1307**	**1307**	**1261**	**177**	**1084**	**261**	**32**	**201**	**28**
海棠区	76	76	103	8	95	15		15	
吉阳区	680	680	661	98	563	145	17	106	22
天涯区	486	486	380	67	313	83	10	67	6
崖州区	65	65	117	4	113	18	5	13	
三沙市									
儋州市	**385**	**385**	**602**	**32**	**570**	**230**	**94**	**110**	**26**

4-4 续表 19

单位：人

地 区 性 别	房地产业		租赁和商务服务业			科学研究和技术服务业			
	小计	房地产业	小计	租赁业	商务服务业	小计	研究和试验发展	专业技术服务业	科技推广和应用服务业
五指山市	46	46	92	5	87	21	6	14	1
琼海市	236	236	204	13	191	72	7	61	4
文昌市	194	194	246	24	222	63	8	43	12
万宁市	130	130	363	35	328	46	1	37	8
东方市	81	81	674	28	646	60	3	50	7
定安县	82	82	163	7	156	33		22	11
屯昌县	46	46	102	24	78	18	1	15	2
澄迈县	287	287	185	32	153	50	6	34	10
临高县	112	112	253	14	239	30	6	15	9
白沙黎族自治县	38	38	50	3	47	14		14	
昌江黎族自治县	74	74	101	23	78	27	1	20	6
乐东黎族自治县	75	75	299	9	290	53	3	38	12
陵水黎族自治县	115	115	294	10	284	25	1	21	3
保亭黎族苗族自治县	72	72	52	6	46	16		11	5
琼中黎族苗族自治县	20	20	63	1	62	19	2	13	4
女	**4135**	**4135**	**4945**	**122**	**4823**	**1204**	**263**	**737**	**204**
海南	**4135**	**4135**	**4945**	**122**	**4823**	**1204**	**263**	**737**	**204**
海口市	**2028**	**2028**	**2508**	**50**	**2458**	**813**	**161**	**515**	**137**
秀英区	465	465	354	8	346	134	27	84	23
龙华区	595	595	699	17	682	301	86	178	37
琼山区	317	317	646	17	629	148	20	91	37
美兰区	651	651	809	8	801	230	28	162	40
三亚市	**815**	**815**	**680**	**52**	**628**	**99**	**21**	**55**	**23**
海棠区	53	53	22	1	21	2		2	
吉阳区	435	435	429	37	392	49	11	27	11
天涯区	281	281	199	14	185	34	4	26	4
崖州区	46	46	30		30	14	6		8
三沙市									
儋州市	**227**	**227**	**263**	**2**	**261**	**91**	**51**	**28**	**12**
五指山市	40	40	47	1	46	14	5	8	1
琼海市	198	198	101	3	98	32	7	22	3
文昌市	143	143	174	2	172	26	7	17	2
万宁市	87	87	153	1	152	13		8	5
东方市	46	46	385	2	383	26	1	23	2
定安县	33	33	65		65	3		2	1
屯昌县	39	39	21	1	20	15	1	13	1
澄迈县	170	170	48	2	46	17	4	7	6
临高县	42	42	126	1	125	4	2	1	1
白沙黎族自治县	31	31	17	1	16	5		5	
昌江黎族自治县	33	33	40	2	38	8	2	4	2
乐东黎族自治县	41	41	164		164	17		11	6
陵水黎族自治县	92	92	120	2	118	10		9	1
保亭黎族苗族自治县	56	56	13		13	4		4	
琼中黎族苗族自治县	14	14	20		20	7	1	5	1

4-4 续表 20

单位：人

地 区 性 别	水利、环境和公共设施管理业 小计	水利管理业	生态保护和环境治理业	公共设施管理业	土地管理业	居民服务、修理和其他服务业 小计	居民服务业	机动车、电子产品和日用产品修理业	其他服务业
全省	**6450**	**289**	**325**	**5777**	**59**	**21889**	**12896**	**3799**	**5194**
海口市	**2029**	**73**	**102**	**1834**	**20**	**7873**	**4422**	**1453**	**1998**
秀英区	513	7	18	484	4	1206	488	307	411
龙华区	467	13	25	424	5	1706	970	504	232
琼山区	490	22	29	434	5	2240	1308	321	611
美兰区	559	31	30	492	6	2721	1656	321	744
三亚市	**1312**	**26**	**31**	**1251**	**4**	**1921**	**1148**	**405**	**368**
海棠区	124	2	2	120		103	56	32	15
吉阳区	471	9	14	445	3	949	550	243	156
天涯区	507	11	13	483		765	473	107	185
崖州区	210	4	2	203	1	104	69	23	12
三沙市									
儋州市	**603**	**31**	**35**	**529**	**8**	**3878**	**3128**	**271**	**479**
五指山市	112	12	17	79	4	111	32	29	50
琼海市	264	9	6	246	3	779	411	238	130
文昌市	179	31	7	140	1	902	384	255	263
万宁市	159	9	12	137	1	858	268	198	392
东方市	273	13	13	245	2	636	335	125	176
定安县	91	14	3	74		884	324	91	469
屯昌县	81	18	2	60	1	350	202	115	33
澄迈县	197	5	8	181	3	447	208	151	88
临高县	53	4	4	45		1657	1455	92	110
白沙黎族自治县	108	15	9	80	4	137	72	47	18
昌江黎族自治县	101	4	7	85	5	274	124	57	93
乐东黎族自治县	206	12	19	174	1	441	152	111	178
陵水黎族自治县	365	9	8	348		528	134	79	315
保亭黎族苗族自治县	255	3	21	230	1	97	38	43	16
琼中黎族苗族自治县	62	1	21	39	1	116	59	39	18
男	**2893**	**221**	**230**	**2396**	**46**	**10981**	**5305**	**3285**	**2391**
海南	**2893**	**221**	**230**	**2396**	**46**	**10981**	**5305**	**3285**	**2391**
海口市	**835**	**48**	**64**	**707**	**16**	**4019**	**1856**	**1223**	**940**
秀英区	205	6	14	182	3	628	180	258	190
龙华区	197	7	16	170	4	754	276	421	57
琼山区	186	15	14	154	3	1184	620	279	285
美兰区	247	20	20	201	6	1453	780	265	408
三亚市	**699**	**21**	**26**	**650**	**2**	**898**	**415**	**350**	**133**
海棠区	77	2	2	73		43	13	28	2
吉阳区	235	7	11	216	1	444	180	211	53
天涯区	278	9	12	257		357	194	91	72
崖州区	109	3	1	104	1	54	28	20	6
三沙市									
儋州市	**199**	**25**	**22**	**145**	**7**	**1542**	**1075**	**236**	**231**

4-4 续表 21

单位：人

地区 性别	水利、环境和公共设施管理业					居民服务、修理和其他服务业			
	小计	水利管理业	生态保护和环境治理业	公共设施管理业	土地管理业	小计	居民服务业	机动车、电子产品和日用产品修理业	其他服务业
五指山市	65	12	12	37	4	56	15	27	14
琼海市	105	6	3	94	2	404	167	207	30
文昌市	90	28	4	57	1	492	157	227	108
万宁市	77	7	4	65	1	515	131	181	203
东方市	100	10	12	77	1	319	142	111	66
定安县	44	11	2	31		521	158	78	285
屯昌县	36	14	1	21		188	63	107	18
澄迈县	65	3	7	52	3	243	77	133	33
临高县	23	3		20		950	814	83	53
白沙黎族自治县	57	12	5	36	4	74	27	40	7
昌江黎族自治县	53	4	6	40	3	142	54	52	36
乐东黎族自治县	117	6	19	91	1	251	69	95	87
陵水黎族自治县	165	7	7	151		251	53	69	129
保亭黎族苗族自治县	132	3	19	109	1	59	17	33	9
琼中黎族苗族自治县	31	1	17	13		57	15	33	9
女	**3557**	**68**	**95**	**3381**	**13**	**10908**	**7591**	**514**	**2803**
海南	**3557**	**68**	**95**	**3381**	**13**	**10908**	**7591**	**514**	**2803**
海口市	**1194**	**25**	**38**	**1127**	**4**	**3854**	**2566**	**230**	**1058**
秀英区	308	1	4	302	1	578	308	49	221
龙华区	270	6	9	254	1	952	694	83	175
琼山区	304	7	15	280	2	1056	688	42	326
美兰区	312	11	10	291		1268	876	56	336
三亚市	**613**	**5**	**5**	**601**	**2**	**1023**	**733**	**55**	**235**
海棠区	47			47		60	43	4	13
吉阳区	236	2	3	229	2	505	370	32	103
天涯区	229	2	1	226		408	279	16	113
崖州区	101	1	1	99		50	41	3	6
三沙市									
儋州市	**404**	**6**	**13**	**384**	**1**	**2336**	**2053**	**35**	**248**
五指山市	47		5	42		55	17	2	36
琼海市	159	3	3	152	1	375	244	31	100
文昌市	89	3	3	83		410	227	28	155
万宁市	82	2	8	72		343	137	17	189
东方市	173	3	1	168	1	317	193	14	110
定安县	47	3	1	43		363	166	13	184
屯昌县	45	4	1	39	1	162	139	8	15
澄迈县	132	2	1	129		204	131	18	55
临高县	30	1	4	25		707	641	9	57
白沙黎族自治县	51	3	4	44		63	45	7	11
昌江黎族自治县	48		1	45	2	132	70	5	57
乐东黎族自治县	89	6		83		190	83	16	91
陵水黎族自治县	200	2	1	197		277	81	10	186
保亭黎族苗族自治县	123		2	121		38	21	10	7
琼中黎族苗族自治县	31		4	26	1	59	44	6	9

4-4　续表 22　　　　单位：人

地区 性别	教育		卫生和社会工作			文化、体育和娱乐业				
	小计	教育	小计	卫生	社会工作	小计	新闻和出版业	广播、电视、电影和录音制作业	文化艺术业	体育
全省	**18021**	**18021**	**8090**	**7908**	**182**	**3793**	**259**	**395**	**588**	**472**
海口市	**6822**	**6822**	**3400**	**3323**	**77**	**1731**	**188**	**275**	**306**	**217**
秀英区	1098	1098	904	889	15	270	16	47	35	53
龙华区	1858	1858	1043	1017	26	591	84	114	66	56
琼山区	1751	1751	610	600	10	362	33	40	93	46
美兰区	2115	2115	843	817	26	508	55	74	112	62
三亚市	**2021**	**2021**	**944**	**918**	**26**	**828**	**30**	**50**	**93**	**96**
海棠区	103	103	48	43	5	88	2	5		6
吉阳区	1172	1172	375	358	17	414	13	19	48	60
天涯区	548	548	464	460	4	299	15	24	42	26
崖州区	198	198	57	57		27		2	3	4
三沙市										
儋州市	**1399**	**1399**	**536**	**506**	**30**	**200**	**5**	**9**	**17**	**12**
五指山市	308	308	141	140	1	39	2	1	12	
琼海市	997	997	561	553	8	162	7	9	31	18
文昌市	847	847	303	297	6	103	3	12	23	19
万宁市	622	622	259	254	5	131	3	6	17	37
东方市	683	683	262	260	2	97	4	8	22	8
定安县	391	391	152	152		36	2	4	7	
屯昌县	453	453	177	173	4	53	2	3	7	6
澄迈县	736	736	270	264	6	103	3	10	13	18
临高县	476	476	161	158	3	48	1	3	15	2
白沙黎族自治县	250	250	107	105	2	32	1		6	3
昌江黎族自治县	386	386	173	172	1	47	2		3	3
乐东黎族自治县	582	582	230	228	2	49		1	6	10
陵水黎族自治县	419	419	152	143	9	64	2		2	14
保亭黎族苗族自治县	290	290	114	114		41	2	2	6	8
琼中黎族苗族自治县	339	339	148	148		29	2	2	2	1
男	**6962**	**6962**	**2828**	**2760**	**68**	**2068**	**143**	**218**	**325**	**259**
海南	**6962**	**6962**	**2828**	**2760**	**68**	**2068**	**143**	**218**	**325**	**259**
海口市	**2331**	**2331**	**1081**	**1055**	**26**	**908**	**99**	**146**	**161**	**101**
秀英区	348	348	274	268	6	133	9	23	20	22
龙华区	623	623	333	327	6	328	49	64	35	33
琼山区	644	644	186	182	4	195	22	18	51	23
美兰区	716	716	288	278	10	252	19	41	55	23
三亚市	**704**	**704**	**292**	**285**	**7**	**471**	**17**	**28**	**47**	**59**
海棠区	31	31	20	20		50	1	4		4
吉阳区	418	418	108	102	6	217	8	9	24	35
天涯区	186	186	146	145	1	192	8	13	23	18
崖州区	69	69	18	18		12		2		2
三沙市										
儋州市	**639**	**639**	**223**	**205**	**18**	**101**		**6**	**7**	**10**

4-4 续表 23　　单位：人

地区 性别	教育		卫生和社会工作			文化、体育和娱乐业				
	小计	教育	小计	卫生	社会工作	小计	新闻和出版业	广播、电视、电影和录音制作业	文化艺术业	体育
五指山市	150	150	54	53	1	18	2		7	
琼海市	387	387	202	199	3	77	5	4	15	10
文昌市	321	321	114	113	1	65	2	6	17	12
万宁市	235	235	110	107	3	80	2	5	9	26
东方市	284	284	90	90		66	4	6	20	4
定安县	200	200	59	59		26	2	4	5	
屯昌县	192	192	76	75	1	27	1	2	5	3
澄迈县	315	315	108	106	2	60	2	7	7	10
临高县	207	207	64	64		25		1	8	2
白沙黎族自治县	97	97	41	40	1	13			5	1
昌江黎族自治县	192	192	59	59		19	2		2	1
乐东黎族自治县	259	259	94	93	1	26		1	4	5
陵水黎族自治县	204	204	61	57	4	44	2		1	10
保亭黎族苗族自治县	113	113	46	46		24	1	1	3	4
琼中黎族苗族自治县	132	132	54	54		18	2	1	2	1
女	**11059**	**11059**	**5262**	**5148**	**114**	**1725**	**116**	**177**	**263**	**213**
海南	**11059**	**11059**	**5262**	**5148**	**114**	**1725**	**116**	**177**	**263**	**213**
海口市	**4491**	**4491**	**2319**	**2268**	**51**	**823**	**89**	**129**	**145**	**116**
秀英区	750	750	630	621	9	137	7	24	15	31
龙华区	1235	1235	710	690	20	263	35	50	31	23
琼山区	1107	1107	424	418	6	167	11	22	42	23
美兰区	1399	1399	555	539	16	256	36	33	57	39
三亚市	**1317**	**1317**	**652**	**633**	**19**	**357**	**13**	**22**	**46**	**37**
海棠区	72	72	28	23	5	38	1	1		2
吉阳区	754	754	267	256	11	197	5	10	24	25
天涯区	362	362	318	315	3	107	7	11	19	8
崖州区	129	129	39	39		15			3	2
三沙市										
儋州市	**760**	**760**	**313**	**301**	**12**	**99**	**5**	**3**	**10**	**2**
五指山市	158	158	87	87		21		1	5	
琼海市	610	610	359	354	5	85	2	5	16	8
文昌市	526	526	189	184	5	38	1	6	6	7
万宁市	387	387	149	147	2	51	1	1	8	11
东方市	399	399	172	170	2	31		2	2	4
定安县	191	191	93	93		10			2	
屯昌县	261	261	101	98	3	26	1	1	2	3
澄迈县	421	421	162	158	4	43	1	3	6	8
临高县	269	269	97	94	3	23	1	2	7	
白沙黎族自治县	153	153	66	65	1	19	1		1	2
昌江黎族自治县	194	194	114	113	1	28			1	2
乐东黎族自治县	323	323	136	135	1	23			2	5
陵水黎族自治县	215	215	91	86	5	20			1	4
保亭黎族苗族自治县	177	177	68	68		17	1	1	3	4
琼中黎族苗族自治县	207	207	94	94		11		1		

4-4 续表 24 单位：人

地区 性别	娱乐业	公共管理、社会保障和社会组织						国际组织	
		小计	中国共产党机关	国家机构	人民政协、民主党派	社会保障	群众团体、社会团体和其他成员组织	基层群众自治组织	小计	国际组织
全省	**2079**	**18833**	**349**	**14373**	**32**	**98**	**871**	**3110**	**7**	**7**
海口市	**745**	**6158**	**98**	**4996**	**13**	**15**	**324**	**712**	**2**	**2**
秀英区	119	1195	18	919	1		41	216		
龙华区	271	1537	16	1299	5	8	100	109	1	1
琼山区	150	1365	17	1105	2	3	60	178		
美兰区	205	2061	47	1673	5	4	123	209	1	1
三亚市	**559**	**2850**	**63**	**2196**	**3**	**10**	**67**	**511**	**1**	**1**
海棠区	75	205		129			4	72		
吉阳区	274	1399	45	1083	3	7	35	226	1	1
天涯区	192	897	15	706		3	26	147		
崖州区	18	349	3	278			2	66		
三沙市										
儋州市	**157**	**1168**	**41**	**779**		**4**	**80**	**264**	**3**	**3**
五指山市	24	381	13	294	1	4	25	44		
琼海市	97	694	7	562	2	2	28	93		
文昌市	46	807	6	638		2	34	127		
万宁市	68	780	15	522	6	10	67	160		
东方市	55	810	4	592		2	52	160		
定安县	23	338	3	254		7	21	53		
屯昌县	35	362	6	288			5	63		
澄迈县	59	748	22	556		3	14	153	1	1
临高县	27	518	16	373	1	4	54	70		
白沙黎族自治县	22	487	3	408			4	72		
昌江黎族自治县	39	556	4	447	1	5	11	88		
乐东黎族自治县	32	513	23	345	1	3	21	120		
陵水黎族自治县	46	570	15	316	1	26	48	164		
保亭黎族苗族自治县	23	501	4	338	1	1	1	156		
琼中黎族苗族自治县	22	592	6	469	2		15	100		
男	**1123**	**12826**	**239**	**9906**	**20**	**62**	**496**	**2103**	**4**	**4**
海南	**1123**	**12826**	**239**	**9906**	**20**	**62**	**496**	**2103**	**4**	**4**
海口市	**401**	**4006**	**68**	**3323**	**9**	**8**	**178**	**420**		
秀英区	59	793	12	617	1		18	145		
龙华区	147	986	12	852	4	4	52	62		
琼山区	81	889	13	746		2	36	92		
美兰区	114	1338	31	1108	4	2	72	121		
三亚市	**320**	**1903**	**41**	**1508**	**1**	**5**	**34**	**314**	**1**	**1**
海棠区	41	147		89			2	56		
吉阳区	141	927	33	746	1	3	16	128	1	1
天涯区	130	597	7	484		2	14	90		
崖州区	8	232	1	189			2	40		
三沙市										
儋州市	**78**	**830**	**26**	**555**		**2**	**43**	**204**	**2**	**2**

4-4 续表 25　　　　单位：人

地区 性别	娱乐业	公共管理、社会保障和社会组织							国际组织	
		小计	中国共产党机关	国家机构	人民政协、民主党派	社会保障	群众团体、社会团体和其他成员组织	基层群众自治组织	小计	国际组织
五指山市	9	246	8	190	1	3	14	30		
琼海市	43	457	5	371	1		14	66		
文昌市	28	559	3	447		2	22	85		
万宁市	38	565	11	385	3	9	43	114		
东方市	32	625	4	455		2	31	133		
定安县	15	240	3	184		4	14	35		
屯昌县	16	261	6	217			4	34		
澄迈县	34	558	15	423			8	112	1	1
临高县	14	364	11	257	1	3	33	59		
白沙黎族自治县	7	329	3	271			2	53		
昌江黎族自治县	14	377	3	305	1	3	8	57		
乐东黎族自治县	16	376	15	255	1	3	11	91		
陵水黎族自治县	31	403	11	228	1	17	26	120		
保亭黎族苗族自治县	15	336	2	218	1	1	1	113		
琼中黎族苗族自治县	12	391	4	314			10	63		
女	**956**	**6007**	**110**	**4467**	**12**	**36**	**375**	**1007**	**3**	**3**
海南	**956**	**6007**	**110**	**4467**	**12**	**36**	**375**	**1007**	**3**	**3**
海口市	**344**	**2152**	**30**	**1673**	**4**	**7**	**146**	**292**	**2**	**2**
秀英区	60	402	6	302			23	71		
龙华区	124	551	4	447	1	4	48	47	1	1
琼山区	69	476	4	359	2	1	24	86		
美兰区	91	723	16	565	1	2	51	88	1	1
三亚市	**239**	**947**	**22**	**688**	**2**	**5**	**33**	**197**		
海棠区	34	58		40			2	16		
吉阳区	133	472	12	337	2	4	19	98		
天涯区	62	300	8	222		1	12	57		
崖州区	10	117	2	89				26		
三沙市										
儋州市	**79**	**338**	**15**	**224**		**2**	**37**	**60**	**1**	**1**
五指山市	15	135	5	104		1	11	14		
琼海市	54	237	2	191	1	2	14	27		
文昌市	18	248	3	191			12	42		
万宁市	30	215	4	137	3	1	24	46		
东方市	23	185		137			21	27		
定安县	8	98		70		3	7	18		
屯昌县	19	101		71			1	29		
澄迈县	25	190	7	133		3	6	41		
临高县	13	154	5	116		1	21	11		
白沙黎族自治县	15	158		137			2	19		
昌江黎族自治县	25	179	1	142		2	3	31		
乐东黎族自治县	16	137	8	90			10	29		
陵水黎族自治县	15	167	4	88		9	22	44		
保亭黎族苗族自治县	8	165	2	120				43		
琼中黎族苗族自治县	10	201	2	155	2		5	37		

4-4a　各地区分性别、行业大类的就业人口(城市)

单位：人

地区 性别	合计	农、林、牧、渔业						采矿业	
		小计	农业	林业	畜牧业	渔业	农、林、牧、渔专业及辅助性活动	小计	煤炭开采和洗选业
全省	**157763**	**7416**	**5070**	**445**	**542**	**837**	**522**	**179**	**4**
海口市	**89247**	**1929**	**985**	**138**	**234**	**321**	**251**	**107**	**4**
秀英区	16518	660	479	39	43	37	62	17	2
龙华区	30636	555	229	50	99	63	114	51	1
琼山区	18373	309	158	27	43	31	50	20	1
美兰区	23720	405	119	22	49	190	25	19	
三亚市	**30433**	**2148**	**1788**	**24**	**39**	**195**	**102**	**12**	
海棠区	1471	629	576	4	4	10	35		
吉阳区	16361	326	188	11	25	64	38	6	
天涯区	10204	378	263	8	10	87	10	6	
崖州区	2397	815	761	1		34	19		
三沙市									
儋州市	**11322**	**462**	**181**	**175**	**63**	**23**	**20**	**5**	
五指山市	1829	206	130	41	10	8	17	3	
琼海市	7042	381	285	22	39	24	11	7	
文昌市	6509	752	454	13	77	174	34	11	
万宁市	4262	537	442	16	28	39	12	2	
东方市	7119	1001	805	16	52	53	75	32	
定安县									
屯昌县									
澄迈县									
临高县									
白沙黎族自治县									
昌江黎族自治县									
乐东黎族自治县									
陵水黎族自治县									
保亭黎族苗族自治县									
琼中黎族苗族自治县									
男	**91420**	**4524**	**2883**	**295**	**378**	**629**	**339**	**125**	**3**
海南	**91420**	**4524**	**2883**	**295**	**378**	**629**	**339**	**125**	**3**
海口市	**51783**	**1221**	**559**	**101**	**167**	**233**	**161**	**72**	**3**
秀英区	9832	401	273	27	33	25	43	12	1
龙华区	17859	353	128	36	73	47	69	34	1
琼山区	10701	196	93	21	27	21	34	15	1
美兰区	13391	271	65	17	34	140	15	11	
三亚市	**17832**	**1364**	**1110**	**17**	**22**	**137**	**78**	**9**	
海棠区	900	419	377	2	3	7	30		
吉阳区	9681	224	128	7	14	51	24	4	
天涯区	5799	231	158	7	5	54	7	5	
崖州区	1452	490	447	1		25	17		
三沙市									
儋州市	**6076**	**267**	**94**	**98**	**47**	**17**	**11**	**5**	

4-4a 续表 1

单位：人

地区 性别	合计	农、林、牧、渔业						采矿业	
		小计	农业	林业	畜牧业	渔业	农、林、牧、渔专业及辅助性活动	小计	煤炭开采和洗选业
五指山市	1044	128	68	32	9	6	13	2	
琼海市	4085	232	160	16	25	22	9	5	
文昌市	3795	464	242	10	53	135	24	9	
万宁市	2550	277	206	10	20	34	7		
东方市	4255	571	444	11	35	45	36	23	
定安县									
屯昌县									
澄迈县									
临高县									
白沙黎族自治县									
昌江黎族自治县									
乐东黎族自治县									
陵水黎族自治县									
保亭黎族苗族自治县									
琼中黎族苗族自治县									
女	**66343**	**2892**	**2187**	**150**	**164**	**208**	**183**	**54**	**1**
海南	**66343**	**2892**	**2187**	**150**	**164**	**208**	**183**	**54**	**1**
海口市	**37464**	**708**	**426**	**37**	**67**	**88**	**90**	**35**	**1**
秀英区	6686	259	206	12	10	12	19	5	1
龙华区	12777	202	101	14	26	16	45	17	
琼山区	7672	113	65	6	16	10	16	5	
美兰区	10329	134	54	5	15	50	10	8	
三亚市	**12601**	**784**	**678**	**7**	**17**	**58**	**24**	**3**	
海棠区	571	210	199	2	1	3	5		
吉阳区	6680	102	60	4	11	13	14	2	
天涯区	4405	147	105	1	5	33	3	1	
崖州区	945	325	314			9	2		
三沙市									
儋州市	**5246**	**195**	**87**	**77**	**16**	**6**	**9**		
五指山市	785	78	62	9	1	2	4	1	
琼海市	2957	149	125	6	14	2	2	2	
文昌市	2714	288	212	3	24	39	10	2	
万宁市	1712	260	236	6	8	5	5	2	
东方市	2864	430	361	5	17	8	39	9	
定安县									
屯昌县									
澄迈县									
临高县									
白沙黎族自治县									
昌江黎族自治县									
乐东黎族自治县									
陵水黎族自治县									
保亭黎族苗族自治县									
琼中黎族苗族自治县									

4-4a 续表 2

单位：人

地区 性别	采矿业						制造业		
	石油和天然气开采业	黑色金属矿采选业	有色金属矿采选业	非金属矿采选业	开采专业及辅助性活动	其他采矿业	小计	农副食品加工业	食品制造业
全省	**26**	**15**	**10**	**47**	**72**	**5**	**7083**	**647**	**521**
海口市	**15**	**13**	**7**	**15**	**49**	**4**	**4702**	**291**	**340**
秀英区	3	4		3	4	1	1319	69	78
龙华区	4	6	4	5	30	1	1752	82	119
琼山区	6	1	3	3	6		853	59	82
美兰区	2	2		4	9	2	778	81	61
三亚市	**1**			**6**	**5**		**724**	**72**	**69**
海棠区							42	2	1
吉阳区				5	1		400	30	34
天涯区	1			1	4		213	26	30
崖州区							69	14	4
三沙市									
儋州市				**5**			**424**	**52**	**27**
五指山市	1				2		51	6	2
琼海市	2	1		2	2		290	42	38
文昌市				1	10		285	92	26
万宁市			2				129	55	7
东方市	7	1	1	18	4	1	478	37	12
定安县									
屯昌县									
澄迈县									
临高县									
白沙黎族自治县									
昌江黎族自治县									
乐东黎族自治县									
陵水黎族自治县									
保亭黎族苗族自治县									
琼中黎族苗族自治县									
男	**18**	**10**	**5**	**33**	**51**	**5**	**4650**	**392**	**278**
海南	**18**	**10**	**5**	**33**	**51**	**5**	**4650**	**392**	**278**
海口市	**11**	**9**	**4**	**8**	**33**	**4**	**3001**	**180**	**187**
秀英区	3	2		2	3	1	807	48	45
龙华区	2	5	3	2	20	1	1148	50	65
琼山区	4	1	1	3	5		531	30	45
美兰区	2	1		1	5	2	515	52	32
三亚市				**4**	**5**		**488**	**45**	**32**
海棠区							23	1	
吉阳区				3	1		285	22	13
天涯区				1	4		128	14	16
崖州区							52	8	3
三沙市									
儋州市				**5**			**269**	**31**	**13**

4－4a 续表 3

单位：人

地区 性别	采矿业						制造业		
	石油和天然气开采业	黑色金属矿采选业	有色金属矿采选业	非金属矿采选业	开采专业及辅助性活动	其他采矿业	小计	农副食品加工业	食品制造业
五指山市					2		33	4	1
琼海市	1			2	2		204	27	22
文昌市				1	8		183	49	10
万宁市							91	33	6
东方市	6	1	1	13	1	1	381	23	7
定安县									
屯昌县									
澄迈县									
临高县									
白沙黎族自治县									
昌江黎族自治县									
乐东黎族自治县									
陵水黎族自治县									
保亭黎族苗族自治县									
琼中黎族苗族自治县									
女	**8**	**5**	**5**	**14**	**21**		**2433**	**255**	**243**
海南	**8**	**5**	**5**	**14**	**21**		**2433**	**255**	**243**
海口市	**4**	**4**	**3**	**7**	**16**		**1701**	**111**	**153**
秀英区		2		1	1		512	21	33
龙华区	2	1	1	3	10		604	32	54
琼山区	2		2		1		322	29	37
美兰区		1		3	4		263	29	29
三亚市	**1**			**2**			**236**	**27**	**37**
海棠区							19	1	1
吉阳区				2			115	8	21
天涯区	1						85	12	14
崖州区							17	6	1
三沙市									
儋州市							**155**	**21**	**14**
五指山市	1						18	2	1
琼海市	1	1					86	15	16
文昌市					2		102	43	16
万宁市			2				38	22	1
东方市	1			5	3		97	14	5
定安县									
屯昌县									
澄迈县									
临高县									
白沙黎族自治县									
昌江黎族自治县									
乐东黎族自治县									
陵水黎族自治县									
保亭黎族苗族自治县									
琼中黎族苗族自治县									

4-4a　续表 4　　　　单位：人

地　区 性　别	制造业								
	酒、饮料和精制茶制造业	烟　草制品业	纺织业	纺织服装、服饰业	皮革、毛皮、羽毛及其制品和制鞋业	木材加工和木、竹、藤、棕、草制品业	家　具制造业	造纸和纸制品业	印刷和记录媒介复制业
全省	**349**	**53**	**87**	**133**	**22**	**228**	**176**	**103**	**238**
海口市	**294**	**52**	**53**	**95**	**15**	**117**	**126**	**75**	**201**
秀英区	88	3	12	13	2	16	25	23	34
龙华区	113	4	18	36	7	69	64	22	112
琼山区	54	43	8	17		11	20	18	24
美兰区	39	2	15	29	6	21	17	12	31
三亚市	**31**		**6**	**9**		**27**	**22**	**6**	**11**
海棠区			1	1				3	
吉阳区	17		4	1		15	9	2	6
天涯区	8		1	7		4	12		5
崖州区	6					8	1	1	
三沙市									
儋州市	**9**		**2**	**9**		**27**	**6**	**17**	**9**
五指山市	3		2	3		1	1		
琼海市	6		13	7	2	12	12	2	2
文昌市	1		6	3		21	1		6
万宁市	1			1	4	5	7	1	6
东方市	4	1	5	6	1	18	1	2	3
定安县									
屯昌县									
澄迈县									
临高县									
白沙黎族自治县									
昌江黎族自治县									
乐东黎族自治县									
陵水黎族自治县									
保亭黎族苗族自治县									
琼中黎族苗族自治县									
男	**212**	**42**	**43**	**53**	**11**	**179**	**132**	**63**	**143**
海南	**212**	**42**	**43**	**53**	**11**	**179**	**132**	**63**	**143**
海口市	**179**	**41**	**28**	**39**	**8**	**95**	**93**	**46**	**123**
秀英区	57	3	6	4	2	12	22	15	18
龙华区	70	4	12	16	3	59	47	13	68
琼山区	28	32	4	8		9	12	10	17
美兰区	24	2	6	11	3	15	12	8	20
三亚市	**15**		**3**	**2**		**18**	**15**	**1**	**6**
海棠区				1					
吉阳区	11		3			9	7	1	3
天涯区	2			1		2	7		3
崖州区	2					7	1		
三沙市									
儋州市	**6**		**1**	**4**		**21**	**3**	**13**	**4**

4-4a 续表 5 单位：人

地 区 性 别	制造业								
	酒、饮料和精制茶制造业	烟 草制品业	纺织业	纺织服装、服饰业	皮革、毛皮、羽毛及其制品和制鞋业	木材加工和木、竹、藤、棕、草制品业	家 具制造业	造纸和纸制品业	印刷和记录媒介复制业
五指山市	2		1				1		
琼海市	6		5	3		8	12	1	2
文昌市	1		4	3		17	1		4
万宁市	1				3	4	6		3
东方市	2	1	1	2		16	1	2	1
定安县									
屯昌县									
澄迈县									
临高县									
白沙黎族自治县									
昌江黎族自治县									
乐东黎族自治县									
陵水黎族自治县									
保亭黎族苗族自治县									
琼中黎族苗族自治县									
女	**137**	**11**	**44**	**80**	**11**	**49**	**44**	**40**	**95**
海南	**137**	**11**	**44**	**80**	**11**	**49**	**44**	**40**	**95**
海口市	**115**	**11**	**25**	**56**	**7**	**22**	**33**	**29**	**78**
秀英区	31		6	9		4	3	8	16
龙华区	43		6	20	4	10	17	9	44
琼山区	26	11	4	9		2	8	8	7
美兰区	15		9	18	3	6	5	4	11
三亚市	**16**		**3**	**7**		**9**	**7**	**5**	**5**
海棠区			1					3	
吉阳区	6		1	1		6	2	1	3
天涯区	6		1	6		2	5		2
崖州区	4					1		1	
三沙市									
儋州市	**3**		**1**	**5**		**6**	**3**	**4**	**5**
五指山市	1		1	3		1			
琼海市			8	4	2	4		1	
文昌市			2			4			2
万宁市				1	1	1	1	1	3
东方市	2		4	4	1	2			2
定安县									
屯昌县									
澄迈县									
临高县									
白沙黎族自治县									
昌江黎族自治县									
乐东黎族自治县									
陵水黎族自治县									
保亭黎族苗族自治县									
琼中黎族苗族自治县									

4-4a　续表 6　　　　单位：人

地　区 性　别	制造业								
	文教、工美、体育和娱乐用品制造业	石油、煤炭及其他燃料加工业	化学原料和化学制品制造业	医　药制造业	化学纤维制造业	橡胶和塑　料制品业	非金属矿　物制品业	黑色金属冶炼和压延加工业	有色金属冶炼和压延加工业
全省	**170**	**74**	**334**	**799**	**3**	**154**	**817**	**16**	**26**
海口市	**104**	**31**	**175**	**783**	**3**	**101**	**374**	**13**	**7**
秀英区	13	11	31	367		42	124	7	2
龙华区	48	11	74	257	2	37	145	3	1
琼山区	18	3	45	89		8	66	1	3
美兰区	25	6	25	70	1	14	39	2	1
三亚市	**32**		**21**	**8**		**18**	**122**	**2**	**5**
海棠区			3			4	6		
吉阳区	12		14	8		14	79	2	1
天涯区	18		3				27		
崖州区	2		1				10		4
三沙市									
儋州市	**11**	**3**	**15**	**1**		**21**	**84**		**3**
五指山市	3		1	1			5		
琼海市	4	6	8	2		5	48		7
文昌市	11	1	4	2		2	47		3
万宁市	3	1	4	1		1	3		
东方市	2	32	106	1		6	134	1	1
定安县									
屯昌县									
澄迈县									
临高县									
白沙黎族自治县									
昌江黎族自治县									
乐东黎族自治县									
陵水黎族自治县									
保亭黎族苗族自治县									
琼中黎族苗族自治县									
男	**87**	**55**	**233**	**361**	**1**	**104**	**613**	**13**	**21**
海南	**87**	**55**	**233**	**361**	**1**	**104**	**613**	**13**	**21**
海口市	**49**	**22**	**109**	**353**	**1**	**70**	**260**	**10**	**7**
秀英区	6	7	18	142		25	88	6	2
龙华区	21	8	45	133	1	30	104	2	1
琼山区	7	2	31	39		5	42		3
美兰区	15	5	15	39		10	26	2	1
三亚市	**16**		**17**	**5**		**13**	**92**	**2**	**3**
海棠区			3			2	3		
吉阳区	6		12	5		11	61	2	
天涯区	9		1				18		
崖州区	1		1				10		3
三沙市									
儋州市	**7**	**3**	**10**	**1**		**11**	**57**		**1**

4−4a 续表 7

单位：人

地区 性别	制造业								
	文教、工美、体育和娱乐用品制造业	石油、煤炭及其他燃料加工业	化学原料和化学制品制造业	医药制造业	化学纤维制造业	橡胶和塑料制品业	非金属矿物制品业	黑色金属冶炼和压延加工业	有色金属冶炼和压延加工业
五指山市	2		1	1			4		
琼海市	4	5	7			3	35		7
文昌市	6	1	3	1		2	38		2
万宁市	2	1	4			1	2		
东方市	1	23	82			4	125	1	1
定安县									
屯昌县									
澄迈县									
临高县									
白沙黎族自治县									
昌江黎族自治县									
乐东黎族自治县									
陵水黎族自治县									
保亭黎族苗族自治县									
琼中黎族苗族自治县									
女	**83**	**19**	**101**	**438**	**2**	**50**	**204**	**3**	**5**
海南	**83**	**19**	**101**	**438**	**2**	**50**	**204**	**3**	**5**
海口市	**55**	**9**	**66**	**430**	**2**	**31**	**114**	**3**	
秀英区	7	4	13	225		17	36	1	
龙华区	27	3	29	124	1	7	41	1	
琼山区	11	1	14	50		3	24	1	
美兰区	10	1	10	31	1	4	13		
三亚市	**16**		**4**	**3**		**5**	**30**		**2**
海棠区						2	3		
吉阳区	6		2	3		3	18		1
天涯区	9		2				9		
崖州区	1								1
三沙市									
儋州市	**4**		**5**			**10**	**27**		**2**
五指山市	1						1		
琼海市		1	1	2		2	13		
文昌市	5		1	1			9		1
万宁市	1			1			1		
东方市	1	9	24	1		2	9		
定安县									
屯昌县									
澄迈县									
临高县									
白沙黎族自治县									
昌江黎族自治县									
乐东黎族自治县									
陵水黎族自治县									
保亭黎族苗族自治县									
琼中黎族苗族自治县									

4-4a　续表 8　　　　　　　　　　　　　　　　　　　　　　　　　单位：人

地　区 性　别	制造业								
	金　属制品业	通用设备制造业	专用设备制造业	汽　车制造业	铁路、船舶、航空航天和其他运输设备制造业	电气机械和器材制造业	计算机、通信和其他电子设备制造业	仪器仪表制造业	其　他制造业
全省	**527**	**155**	**230**	**126**	**55**	**270**	**217**	**30**	**54**
海口市	**311**	**104**	**171**	**107**	**31**	**221**	**154**	**21**	**45**
秀英区	82	27	30	18	2	82	27	3	10
龙华区	116	40	71	65	11	60	73	5	9
琼山区	57	26	28	13	10	32	33	5	20
美兰区	56	11	42	11	8	47	21	8	6
三亚市	**103**	**18**	**18**	**8**	**18**	**20**	**11**	**1**	**4**
海棠区	13								
吉阳区	57	14	6	6	12	10	5	1	4
天涯区	19	4	11	2	6	10	5		
崖州区	14		1				1		
三沙市									
儋州市	**34**	**17**	**12**	**3**	**2**	**10**	**26**	**2**	**1**
五指山市	4	5	6	1		1	3	1	1
琼海市	23	10	2	5		14	6	1	
文昌市	19		15	2		1	12	2	1
万宁市	12		1			1	2		
东方市	21	1	5		4	2	3	2	2
定安县									
屯昌县									
澄迈县									
临高县									
白沙黎族自治县									
昌江黎族自治县									
乐东黎族自治县									
陵水黎族自治县									
保亭黎族苗族自治县									
琼中黎族苗族自治县									
男	**430**	**121**	**128**	**96**	**41**	**203**	**149**	**23**	**35**
海南	**430**	**121**	**128**	**96**	**41**	**203**	**149**	**23**	**35**
海口市	**254**	**84**	**96**	**79**	**22**	**171**	**106**	**16**	**31**
秀英区	69	24	18	11	2	67	19	2	8
龙华区	95	34	36	51	5	43	55	3	6
琼山区	47	18	15	9	7	26	19	3	12
美兰区	43	8	27	8	8	35	13	8	5
三亚市	**80**	**14**	**10**	**8**	**13**	**14**	**9**		**1**
海棠区	6								
吉阳区	46	11	4	6	7	8	5		1
天涯区	16	3	5	2	6	6	3		
崖州区	12		1				1		
三沙市									
儋州市	**25**	**11**	**7**	**2**	**2**	**6**	**16**	**1**	**1**

4-4a 续表 9 单位：人

地区 性别	制造业								
	金属制品业	通用设备制造业	专用设备制造业	汽车制造业	铁路、船舶、航空航天和其他运输设备制造业	电气机械和器材制造业	计算机、通信和其他电子设备制造业	仪器仪表制造业	其他制造业
五指山市	3	3	3	1		1	3	1	
琼海市	22	8		4		8	3	1	
文昌市	17		7	2			7	2	1
万宁市	11					1	2		
东方市	18	1	5		4	2	3	2	1
定安县									
屯昌县									
澄迈县									
临高县									
白沙黎族自治县									
昌江黎族自治县									
乐东黎族自治县									
陵水黎族自治县									
保亭黎族苗族自治县									
琼中黎族苗族自治县									
女	**97**	**34**	**102**	**30**	**14**	**67**	**68**	**7**	**19**
海南	**97**	**34**	**102**	**30**	**14**	**67**	**68**	**7**	**19**
海口市	**57**	**20**	**75**	**28**	**9**	**50**	**48**	**5**	**14**
秀英区	13	3	12	7		15	8	1	2
龙华区	21	6	35	14	6	17	18	2	3
琼山区	10	8	13	4	3	6	14	2	8
美兰区	13	3	15	3		12	8		1
三亚市	**23**	**4**	**8**		**5**	**6**	**2**	**1**	**3**
海棠区	7								
吉阳区	11	3	2		5	2		1	3
天涯区	3	1	6			4	2		
崖州区	2								
三沙市									
儋州市	**9**	**6**	**5**	**1**		**4**	**10**	**1**	
五指山市	1	2	3						1
琼海市	1	2	2	1		6	3		
文昌市	2		8			1	5		
万宁市	1		1						
东方市	3								1
定安县									
屯昌县									
澄迈县									
临高县									
白沙黎族自治县									
昌江黎族自治县									
乐东黎族自治县									
陵水黎族自治县									
保亭黎族苗族自治县									
琼中黎族苗族自治县									

4-4a 续表 10

单位：人

地区 性别	制造业		电力、热力、燃气及水生产和供应业				建筑业		
	废弃资源综合利用业	金属制品、机械和设备修理业	小计	电力、热力生产和供应业	燃气生产和供应业	水的生产和供应业	小计	房屋建筑业	土木工程建筑业
全省	**158**	**311**	**1394**	**823**	**218**	**353**	**18026**	**8355**	**1351**
海口市	**76**	**211**	**807**	**501**	**144**	**162**	**10014**	**4364**	**827**
秀英区	41	37	118	69	14	35	2274	1207	118
龙华区	16	62	343	265	39	39	3736	1558	290
琼山区	11	49	157	69	40	48	1849	592	306
美兰区	8	63	189	98	51	40	2155	1007	113
三亚市	**14**	**48**	**207**	**79**	**40**	**88**	**3216**	**1631**	**322**
海棠区	8		8	6		2	134	89	38
吉阳区	2	35	98	40	22	36	2118	1084	161
天涯区	2	13	75	18	15	42	720	318	68
崖州区	2		26	15	3	8	244	140	55
三沙市									
儋州市	**19**	**2**	**44**	**27**	**3**	**14**	**1938**	**1015**	**46**
五指山市	1		27	12	2	13	198	118	7
琼海市	5	8	105	72	12	21	849	376	79
文昌市	3	4	62	36	7	19	610	238	20
万宁市	8	5	43	34	4	5	419	203	13
东方市	32	33	99	62	6	31	782	410	37
定安县									
屯昌县									
澄迈县									
临高县									
白沙黎族自治县									
昌江黎族自治县									
乐东黎族自治县									
陵水黎族自治县									
保亭黎族苗族自治县									
琼中黎族苗族自治县									
男	**106**	**282**	**1015**	**615**	**156**	**244**	**14423**	**6544**	**1109**
海南	**106**	**282**	**1015**	**615**	**156**	**244**	**14423**	**6544**	**1109**
海口市	**51**	**191**	**583**	**367**	**100**	**116**	**8002**	**3420**	**653**
秀英区	27	34	93	54	11	28	1812	950	90
龙华区	12	56	251	199	25	27	2950	1207	229
琼山区	7	44	109	50	27	32	1527	476	255
美兰区	5	57	130	64	37	29	1713	787	79
三亚市	**13**	**41**	**151**	**66**	**29**	**56**	**2635**	**1312**	**280**
海棠区	7		6	6			109	71	33
吉阳区	2	29	65	29	15	21	1745	889	135
天涯区	2	12	54	16	11	27	582	244	59
崖州区	2		26	15	3	8	199	108	53
三沙市									
儋州市	**10**	**2**	**35**	**22**	**3**	**10**	**1495**	**762**	**38**

4-4a 续表 11　　单位：人

地区 性别	制造业		电力、热力、燃气及水生产和供应业				建筑业		
	废弃资源综合利用业	金属制品、机械和设备修理业	小计	电力、热力生产和供应业	燃气生产和供应业	水的生产和供应业	小计	房屋建筑业	土木工程建筑业
五指山市	1		18	5	2	11	152	89	6
琼海市	3	8	79	53	11	15	680	292	66
文昌市	2	3	43	26	5	12	498	186	19
万宁市	6	5	32	27	3	2	338	160	13
东方市	20	32	74	49	3	22	623	323	34
定安县									
屯昌县									
澄迈县									
临高县									
白沙黎族自治县									
昌江黎族自治县									
乐东黎族自治县									
陵水黎族自治县									
保亭黎族苗族自治县									
琼中黎族苗族自治县									
女	**52**	**29**	**379**	**208**	**62**	**109**	**3603**	**1811**	**242**
海南	**52**	**29**	**379**	**208**	**62**	**109**	**3603**	**1811**	**242**
海口市	**25**	**20**	**224**	**134**	**44**	**46**	**2012**	**944**	**174**
秀英区	14	3	25	15	3	7	462	257	28
龙华区	4	6	92	66	14	12	786	351	61
琼山区	4	5	48	19	13	16	322	116	51
美兰区	3	6	59	34	14	11	442	220	34
三亚市	**1**	**7**	**56**	**13**	**11**	**32**	**581**	**319**	**42**
海棠区	1		2			2	25	18	5
吉阳区		6	33	11	7	15	373	195	26
天涯区		1	21	2	4	15	138	74	9
崖州区							45	32	2
三沙市									
儋州市	**9**		**9**	**5**		**4**	**443**	**253**	**8**
五指山市			9	7		2	46	29	1
琼海市	2		26	19	1	6	169	84	13
文昌市	1	1	19	10	2	7	112	52	1
万宁市	2		11	7	1	3	81	43	
东方市	12	1	25	13	3	9	159	87	3
定安县									
屯昌县									
澄迈县									
临高县									
白沙黎族自治县									
昌江黎族自治县									
乐东黎族自治县									
陵水黎族自治县									
保亭黎族苗族自治县									
琼中黎族苗族自治县									

4-4a 续表 12

单位：人

地区 性别	建筑业 建筑安装业	建筑业 建筑装饰、装修和其他建筑业	批发和零售业 小计	批发和零售业 批发业	批发和零售业 零售业	交通运输、仓储和邮政业 小计	交通运输、仓储和邮政业 铁路运输业	交通运输、仓储和邮政业 道路运输业	交通运输、仓储和邮政业 水上运输业
全省	**1136**	**7184**	**29129**	**6730**	**22399**	**10544**	**235**	**6250**	**397**
海口市	**721**	**4102**	**17215**	**4482**	**12733**	**6408**	**100**	**3653**	**308**
秀英区	157	792	3214	852	2362	1529	33	837	163
龙华区	276	1612	6235	1753	4482	2008	32	1209	88
琼山区	143	808	3245	840	2405	1473	20	904	21
美兰区	145	890	4521	1037	3484	1398	15	703	36
三亚市	**173**	**1090**	**5318**	**1260**	**4058**	**1997**	**45**	**1152**	**62**
海棠区	2	5	170	55	115	33	2	24	1
吉阳区	125	748	2780	713	2067	1085	15	674	34
天涯区	39	295	1972	363	1609	799	28	408	26
崖州区	7	42	396	129	267	80		46	1
三沙市									
儋州市	**70**	**807**	**1595**	**312**	**1283**	**473**	**3**	**321**	**2**
五指山市	12	61	162	32	130	76	4	54	
琼海市	50	344	1470	233	1237	412	5	289	8
文昌市	39	313	1231	189	1042	391	25	273	2
万宁市	10	193	1040	80	960	223	6	171	
东方市	61	274	1098	142	956	564	47	337	15
定安县									
屯昌县									
澄迈县									
临高县									
白沙黎族自治县									
昌江黎族自治县									
乐东黎族自治县									
陵水黎族自治县									
保亭黎族苗族自治县									
琼中黎族苗族自治县									
男	**994**	**5776**	**14198**	**3900**	**10298**	**8687**	**163**	**5463**	**296**
海南	**994**	**5776**	**14198**	**3900**	**10298**	**8687**	**163**	**5463**	**296**
海口市	**613**	**3316**	**8527**	**2608**	**5919**	**5263**	**65**	**3215**	**230**
秀英区	132	640	1675	539	1136	1273	21	739	121
龙华区	224	1290	3169	1023	2146	1648	18	1054	66
琼山区	133	663	1552	477	1075	1232	14	803	17
美兰区	124	723	2131	569	1562	1110	12	619	26
三亚市	**156**	**887**	**2552**	**737**	**1815**	**1634**	**38**	**1011**	**44**
海棠区	1	4	89	32	57	27	1	22	
吉阳区	112	609	1404	443	961	907	10	596	26
天涯区	37	242	877	195	682	632	27	352	17
崖州区	6	32	182	67	115	68		41	1
三沙市									
儋州市	**64**	**631**	**656**	**158**	**498**	**376**		**260**	**2**

4-4a 续表 13 单位：人

地区 性别	建筑业		批发和零售业			交通运输、仓储和邮政业			
	建筑安装业	建筑装饰、装修和其他建筑业	小计	批发业	零售业	小计	铁路运输业	道路运输业	水上运输业
五指山市	11	46	72	17	55	63	2	48	
琼海市	47	275	742	153	589	363	3	263	7
文昌市	36	257	593	99	494	343	11	252	1
万宁市	10	155	557	51	506	200	4	155	
东方市	57	209	499	77	422	445	40	259	12
定安县									
屯昌县									
澄迈县									
临高县									
白沙黎族自治县									
昌江黎族自治县									
乐东黎族自治县									
陵水黎族自治县									
保亭黎族苗族自治县									
琼中黎族苗族自治县									
女	**142**	**1408**	**14931**	**2830**	**12101**	**1857**	**72**	**787**	**101**
海南	**142**	**1408**	**14931**	**2830**	**12101**	**1857**	**72**	**787**	**101**
海口市	**108**	**786**	**8688**	**1874**	**6814**	**1145**	**35**	**438**	**78**
秀英区	25	152	1539	313	1226	256	12	98	42
龙华区	52	322	3066	730	2336	360	14	155	22
琼山区	10	145	1693	363	1330	241	6	101	4
美兰区	21	167	2390	468	1922	288	3	84	10
三亚市	**17**	**203**	**2766**	**523**	**2243**	**363**	**7**	**141**	**18**
海棠区	1	1	81	23	58	6	1	2	1
吉阳区	13	139	1376	270	1106	178	5	78	8
天涯区	2	53	1095	168	927	167	1	56	9
崖州区	1	10	214	62	152	12		5	
三沙市									
儋州市	**6**	**176**	**939**	**154**	**785**	**97**	**3**	**61**	
五指山市	1	15	90	15	75	13	2	6	
琼海市	3	69	728	80	648	49	2	26	1
文昌市	3	56	638	90	548	48	14	21	1
万宁市		38	483	29	454	23	2	16	
东方市	4	65	599	65	534	119	7	78	3
定安县									
屯昌县									
澄迈县									
临高县									
白沙黎族自治县									
昌江黎族自治县									
乐东黎族自治县									
陵水黎族自治县									
保亭黎族苗族自治县									
琼中黎族苗族自治县									

4-4a 续表 14 单位：人

地区 性别	交通运输、仓储和邮政业					住宿和餐饮业		
	航空运输业	管道运输业	多式联运和运输代理业	装卸搬运和仓储业	邮政业	小计	住宿业	餐饮业
全省	**1153**	**5**	**291**	**674**	**1539**	**17085**	**4341**	**12744**
海口市	**756**	**4**	**228**	**392**	**967**	**8297**	**1330**	**6967**
秀英区	92		82	159	163	1254	224	1030
龙华区	190	3	80	114	292	3133	520	2613
琼山区	220		9	64	235	1722	257	1465
美兰区	254	1	57	55	277	2188	329	1859
三亚市	**366**	**1**	**24**	**84**	**263**	**5164**	**2412**	**2752**
海棠区				1	5	193	107	86
吉阳区	145	1	9	60	147	2823	1385	1438
天涯区	217		15	12	93	1989	906	1083
崖州区	4			11	18	159	14	145
三沙市								
儋州市	**2**		**20**	**37**	**88**	**718**	**74**	**644**
五指山市				2	16	156	46	110
琼海市	10		8	25	67	890	105	785
文昌市	6		5	33	47	850	166	684
万宁市	1		2	13	30	397	113	284
东方市	12		4	88	61	613	95	518
定安县								
屯昌县								
澄迈县								
临高县								
白沙黎族自治县								
昌江黎族自治县								
乐东黎族自治县								
陵水黎族自治县								
保亭黎族苗族自治县								
琼中黎族苗族自治县								
男	**769**	**4**	**219**	**554**	**1219**	**9007**	**2035**	**6972**
海南	**769**	**4**	**219**	**554**	**1219**	**9007**	**2035**	**6972**
海口市	**500**	**3**	**170**	**324**	**756**	**4427**	**572**	**3855**
秀英区	62		64	138	128	674	100	574
龙华区	127	2	56	93	232	1678	230	1448
琼山区	155		7	49	187	939	109	830
美兰区	156	1	43	44	209	1136	133	1003
三亚市	**246**	**1**	**18**	**65**	**211**	**2769**	**1234**	**1535**
海棠区				1	3	109	60	49
吉阳区	97	1	8	48	121	1482	688	794
天涯区	146		10	10	70	1095	475	620
崖州区	3			6	17	83	11	72
三沙市								
儋州市	**2**		**15**	**30**	**67**	**397**	**36**	**361**

4－4a 续表 15 单位：人

地区 性别	交通运输、仓储和邮政业					住宿和餐饮业		
	航空运输业	管道运输业	多式联运和运输代理业	装卸搬运和仓储业	邮政业	小计	住宿业	餐饮业
五指山市				1	12	69	13	56
琼海市	8		7	21	54	446	39	407
文昌市	4		4	29	42	421	64	357
万宁市	1		2	13	25	188	43	145
东方市	8		3	71	52	290	34	256
定安县								
屯昌县								
澄迈县								
临高县								
白沙黎族自治县								
昌江黎族自治县								
乐东黎族自治县								
陵水黎族自治县								
保亭黎族苗族自治县								
琼中黎族苗族自治县								
女	**384**	**1**	**72**	**120**	**320**	**8078**	**2306**	**5772**
海南	**384**	**1**	**72**	**120**	**320**	**8078**	**2306**	**5772**
海口市	**256**	**1**	**58**	**68**	**211**	**3870**	**758**	**3112**
秀英区	30		18	21	35	580	124	456
龙华区	63	1	24	21	60	1455	290	1165
琼山区	65		2	15	48	783	148	635
美兰区	98		14	11	68	1052	196	856
三亚市	**120**		**6**	**19**	**52**	**2395**	**1178**	**1217**
海棠区					2	84	47	37
吉阳区	48		1	12	26	1341	697	644
天涯区	71		5	2	23	894	431	463
崖州区	1			5	1	76	3	73
三沙市								
儋州市			**5**	**7**	**21**	**321**	**38**	**283**
五指山市				1	4	87	33	54
琼海市	2		1	4	13	444	66	378
文昌市	2		1	4	5	429	102	327
万宁市					5	209	70	139
东方市	4		1	17	9	323	61	262
定安县								
屯昌县								
澄迈县								
临高县								
白沙黎族自治县								
昌江黎族自治县								
乐东黎族自治县								
陵水黎族自治县								
保亭黎族苗族自治县								
琼中黎族苗族自治县								

4-4a　续表 16

单位：人

地　区 性　别	信息传输、软件和信息技术服务业 小计	电信、广播电视和卫星传输服务	互联网和相关服务	软件和信息技术服务业	金融业 小计	货币金融服务	资本市场服务	保险业	其他金融业
全省	**3857**	**1251**	**1466**	**1140**	**3775**	**1786**	**300**	**1311**	**378**
海口市	**2658**	**913**	**794**	**951**	**2764**	**1246**	**267**	**952**	**299**
秀英区	441	127	173	141	377	178	42	128	29
龙华区	1054	362	333	359	1092	462	132	386	112
琼山区	411	181	91	139	473	222	29	172	50
美兰区	752	243	197	312	822	384	64	266	108
三亚市	**470**	**122**	**254**	**94**	**417**	**212**	**21**	**147**	**37**
海棠区	4	2	2		3	2		1	
吉阳区	288	68	162	58	265	136	17	93	19
天涯区	163	44	86	33	136	67	4	49	16
崖州区	15	8	4	3	13	7		4	2
三沙市									
儋州市	**387**	**51**	**307**	**29**	**158**	**73**	**2**	**66**	**17**
五指山市	28	16	7	5	34	22		10	2
琼海市	153	66	59	28	144	82	3	54	5
文昌市	61	35	17	9	120	68	1	40	11
万宁市	41	22	9	10	59	33	2	21	3
东方市	59	26	19	14	79	50	4	21	4
定安县									
屯昌县									
澄迈县									
临高县									
白沙黎族自治县									
昌江黎族自治县									
乐东黎族自治县									
陵水黎族自治县									
保亭黎族苗族自治县									
琼中黎族苗族自治县									
男	**2495**	**743**	**986**	**766**	**1932**	**944**	**184**	**587**	**217**
海南	**2495**	**743**	**986**	**766**	**1932**	**944**	**184**	**587**	**217**
海口市	**1683**	**531**	**514**	**638**	**1383**	**626**	**163**	**420**	**174**
秀英区	304	76	139	89	184	84	23	58	19
龙华区	660	205	200	255	556	236	80	175	65
琼山区	275	110	57	108	237	114	21	73	29
美兰区	444	140	118	186	406	192	39	114	61
三亚市	**333**	**73**	**198**	**62**	**199**	**115**	**12**	**55**	**17**
海棠区	3	1	2		1	1			
吉阳区	204	39	128	37	124	70	10	34	10
天涯区	114	28	64	22	68	40	2	19	7
崖州区	12	5	4	3	6	4		2	
三沙市									
儋州市	**250**	**34**	**195**	**21**	**94**	**48**	**1**	**33**	**12**

4-4a　续表 17　　　　单位：人

地区 性别	信息传输、软件和信息技术服务业				金融业				
	小计	电信、广播电视和卫星传输服务	互联网和相关服务	软件和信息技术服务业	小计	货币金融服务	资本市场服务	保险业	其他金融业
五指山市	19	10	6	3	19	12		5	2
琼海市	107	43	43	21	83	49	2	30	2
文昌市	39	24	8	7	73	42		24	7
万宁市	31	15	9	7	35	21	2	10	2
东方市	33	13	13	7	46	31	4	10	1
定安县									
屯昌县									
澄迈县									
临高县									
白沙黎族自治县									
昌江黎族自治县									
乐东黎族自治县									
陵水黎族自治县									
保亭黎族苗族自治县									
琼中黎族苗族自治县									
女	**1362**	**508**	**480**	**374**	**1843**	**842**	**116**	**724**	**161**
海南	**1362**	**508**	**480**	**374**	**1843**	**842**	**116**	**724**	**161**
海口市	**975**	**382**	**280**	**313**	**1381**	**620**	**104**	**532**	**125**
秀英区	137	51	34	52	193	94	19	70	10
龙华区	394	157	133	104	536	226	52	211	47
琼山区	136	71	34	31	236	108	8	99	21
美兰区	308	103	79	126	416	192	25	152	47
三亚市	**137**	**49**	**56**	**32**	**218**	**97**	**9**	**92**	**20**
海棠区	1	1			2	1		1	
吉阳区	84	29	34	21	141	66	7	59	9
天涯区	49	16	22	11	68	27	2	30	9
崖州区	3	3			7	3		2	2
三沙市									
儋州市	**137**	**17**	**112**	**8**	**64**	**25**	**1**	**33**	**5**
五指山市	9	6	1	2	15	10		5	
琼海市	46	23	16	7	61	33	1	24	3
文昌市	22	11	9	2	47	26	1	16	4
万宁市	10	7		3	24	12		11	1
东方市	26	13	6	7	33	19		11	3
定安县									
屯昌县									
澄迈县									
临高县									
白沙黎族自治县									
昌江黎族自治县									
乐东黎族自治县									
陵水黎族自治县									
保亭黎族苗族自治县									
琼中黎族苗族自治县									

4-4a　续表 18

单位：人

地　区 性　别	房地产业		租赁和商务服务业			科学研究和技术服务业			
	小计	房地产业	小计	租赁业	商　务 服务业	小计	研究和 试验发展	专业技术 服务业	科技推广 和应用 服务业
全省	**7152**	**7152**	**8073**	**462**	**7611**	**2657**	**395**	**1889**	**373**
海口市	**4606**	**4606**	**5155**	**236**	**4919**	**2056**	**319**	**1439**	**298**
秀英区	824	824	717	53	664	275	43	194	38
龙华区	1528	1528	1675	71	1604	808	169	546	93
琼山区	801	801	1135	73	1062	391	52	278	61
美兰区	1453	1453	1628	39	1589	582	55	421	106
三亚市	**1610**	**1610**	**1509**	**178**	**1331**	**300**	**35**	**222**	**43**
海棠区	23	23	6	2	4	1		1	
吉阳区	926	926	918	104	814	179	22	128	29
天涯区	633	633	477	72	405	108	13	86	9
崖州区	28	28	108		108	12		7	5
三沙市									
儋州市	**238**	**238**	**384**	**5**	**379**	**77**	**8**	**56**	**13**
五指山市	65	65	84	5	79	28	10	17	1
琼海市	261	261	161	10	151	74	9	60	5
文昌市	211	211	255	11	244	50	12	32	6
万宁市	66	66	83	2	81	21		19	2
东方市	95	95	442	15	427	51	2	44	5
定安县									
屯昌县									
澄迈县									
临高县									
白沙黎族自治县									
昌江黎族自治县									
乐东黎族自治县									
陵水黎族自治县									
保亭黎族苗族自治县									
琼中黎族苗族自治县									
男	**4371**	**4371**	**4907**	**366**	**4541**	**1754**	**217**	**1305**	**232**
海南	**4371**	**4371**	**4907**	**366**	**4541**	**1754**	**217**	**1305**	**232**
海口市	**2846**	**2846**	**3018**	**189**	**2829**	**1326**	**170**	**971**	**185**
秀英区	478	478	450	45	405	162	20	123	19
龙华区	951	951	989	54	935	512	85	371	56
琼山区	519	519	647	57	590	270	34	199	37
美兰区	898	898	932	33	899	382	31	278	73
三亚市	**990**	**990**	**954**	**135**	**819**	**218**	**23**	**171**	**24**
海棠区	9	9	6	2	4	1		1	
吉阳区	553	553	552	75	477	135	14	102	19
天涯区	409	409	311	58	253	75	9	61	5
崖州区	19	19	85		85	7		7	
三沙市									
儋州市	**159**	**159**	**260**	**5**	**255**	**56**	**6**	**42**	**8**

4-4a 续表 19

单位：人

地区 性别	房地产业		租赁和商务服务业			科学研究和技术服务业			
	小计	房地产业	小计	租赁业	商务服务业	小计	研究和试验发展	专业技术服务业	科技推广和应用服务业
五指山市	31	31	55	4	51	17	5	11	1
琼海市	130	130	108	7	101	53	5	44	4
文昌市	118	118	148	10	138	36	7	24	5
万宁市	38	38	62	2	60	16		15	1
东方市	59	59	302	14	288	32	1	27	4
定安县									
屯昌县									
澄迈县									
临高县									
白沙黎族自治县									
昌江黎族自治县									
乐东黎族自治县									
陵水黎族自治县									
保亭黎族苗族自治县									
琼中黎族苗族自治县									
女	**2781**	**2781**	**3166**	**96**	**3070**	**903**	**178**	**584**	**141**
海南	**2781**	**2781**	**3166**	**96**	**3070**	**903**	**178**	**584**	**141**
海口市	**1760**	**1760**	**2137**	**47**	**2090**	**730**	**149**	**468**	**113**
秀英区	346	346	267	8	259	113	23	71	19
龙华区	577	577	686	17	669	296	84	175	37
琼山区	282	282	488	16	472	121	18	79	24
美兰区	555	555	696	6	690	200	24	143	33
三亚市	**620**	**620**	**555**	**43**	**512**	**82**	**12**	**51**	**19**
海棠区	14	14							
吉阳区	373	373	366	29	337	44	8	26	10
天涯区	224	224	166	14	152	33	4	25	4
崖州区	9	9	23		23	5			5
三沙市									
儋州市	**79**	**79**	**124**		**124**	**21**	**2**	**14**	**5**
五指山市	34	34	29	1	28	11	5	6	
琼海市	131	131	53	3	50	21	4	16	1
文昌市	93	93	107	1	106	14	5	8	1
万宁市	28	28	21		21	5		4	1
东方市	36	36	140	1	139	19	1	17	1
定安县									
屯昌县									
澄迈县									
临高县									
白沙黎族自治县									
昌江黎族自治县									
乐东黎族自治县									
陵水黎族自治县									
保亭黎族苗族自治县									
琼中黎族苗族自治县									

4-4a 续表 20 单位：人

地区 性别	水利、环境和公共设施管理业					居民服务、修理和其他服务业			
	小计	水利管理业	生态保护和环境治理业	公共设施管理业	土地管理业	小计	居民服务业	机动车、电子产品和日用产品修理业	其他服务业
全省	**2443**	**120**	**95**	**2200**	**28**	**12044**	**8065**	**1843**	**2136**
海口市	**1249**	**56**	**63**	**1116**	**14**	**6147**	**3766**	**1115**	**1266**
秀英区	261	4	7	248	2	677	334	206	137
龙华区	340	13	24	298	5	1596	930	462	204
琼山区	296	15	11	267	3	1803	1098	218	487
美兰区	352	24	21	303	4	2071	1404	229	438
三亚市	**679**	**13**	**19**	**644**	**3**	**1529**	**991**	**291**	**247**
海棠区	30	2		28		43	29	11	3
吉阳区	359	8	12	336	3	823	502	195	126
天涯区	227	3	7	217		594	407	77	110
崖州区	63			63		69	53	8	8
三沙市									
儋州市	**130**	**17**	**6**	**102**	**5**	**2780**	**2603**	**100**	**77**
五指山市	41	4	2	31	4	49	19	12	18
琼海市	116	4	3	108	1	328	201	88	39
文昌市	81	14		66	1	469	189	108	172
万宁市	17	2		15		371	100	64	207
东方市	130	10	2	118		371	196	65	110
定安县									
屯昌县									
澄迈县									
临高县									
白沙黎族自治县									
昌江黎族自治县									
乐东黎族自治县									
陵水黎族自治县									
保亭黎族苗族自治县									
琼中黎族苗族自治县									
男	**1106**	**83**	**64**	**939**	**20**	**5477**	**2971**	**1566**	**940**
海南	**1106**	**83**	**64**	**939**	**20**	**5477**	**2971**	**1566**	**940**
海口市	**551**	**33**	**41**	**467**	**10**	**3026**	**1508**	**934**	**584**
秀英区	109	3	4	101	1	329	108	173	48
龙华区	163	7	16	136	4	701	262	387	52
琼山区	106	9	7	89	1	941	515	186	240
美兰区	173	14	14	141	4	1055	623	188	244
三亚市	**349**	**10**	**15**	**323**	**1**	**686**	**358**	**248**	**80**
海棠区	18	2		16		18	8	10	
吉阳区	181	6	9	165	1	376	165	169	42
天涯区	115	2	6	107		258	162	62	34
崖州区	35			35		34	23	7	4
三沙市									
儋州市	**49**	**14**	**3**	**28**	**4**	**937**	**835**	**88**	**14**

4－4a　续表 21　　　　单位：人

地　区 性　别	水利、环境和公共设施管理业					居民服务、修理和其他服务业			
	小计	水　利 管理业	生态保护 和环境 治理业	公共设施 管理业	土　地 管理业	小计	居　民 服务业	机动车、 电子产品 和日用产 品修理业	其　他 服务业
五指山市	23	4	2	13	4	26	11	10	5
琼海市	46	2	2	42		158	76	72	10
文昌市	40	12		27	1	242	67	97	78
万宁市	8	1		7		230	39	60	131
东方市	40	7	1	32		172	77	57	38
定安县									
屯昌县									
澄迈县									
临高县									
白沙黎族自治县									
昌江黎族自治县									
乐东黎族自治县									
陵水黎族自治县									
保亭黎族苗族自治县									
琼中黎族苗族自治县									
女	**1337**	**37**	**31**	**1261**	**8**	**6567**	**5094**	**277**	**1196**
海南	**1337**	**37**	**31**	**1261**	**8**	**6567**	**5094**	**277**	**1196**
海口市	**698**	**23**	**22**	**649**	**4**	**3121**	**2258**	**181**	**682**
秀英区	152	1	3	147	1	348	226	33	89
龙华区	177	6	8	162	1	895	668	75	152
琼山区	190	6	4	178	2	862	583	32	247
美兰区	179	10	7	162		1016	781	41	194
三亚市	**330**	**3**	**4**	**321**	**2**	**843**	**633**	**43**	**167**
海棠区	12			12		25	21	1	3
吉阳区	178	2	3	171	2	447	337	26	84
天涯区	112	1	1	110		336	245	15	76
崖州区	28			28		35	30	1	4
三沙市									
儋州市	**81**	**3**	**3**	**74**	**1**	**1843**	**1768**	**12**	**63**
五指山市	18			18		23	8	2	13
琼海市	70	2	1	66	1	170	125	16	29
文昌市	41	2		39		227	122	11	94
万宁市	9	1		8		141	61	4	76
东方市	90	3	1	86		199	119	8	72
定安县									
屯昌县									
澄迈县									
临高县									
白沙黎族自治县									
昌江黎族自治县									
乐东黎族自治县									
陵水黎族自治县									
保亭黎族苗族自治县									
琼中黎族苗族自治县									

4-4a　续表 22　　　　单位：人

地区 性别	教育		卫生和社会工作			文化、体育和娱乐业				
	小计	教育	小计	卫生	社会工作	小计	新闻和出版业	广播、电视、电影和录音制作业	文化艺术业	体育
全省	**9607**	**9607**	**4902**	**4805**	**97**	**2536**	**229**	**336**	**403**	**259**
海口市	**5534**	**5534**	**2982**	**2914**	**68**	**1513**	**180**	**263**	**267**	**162**
秀英区	809	809	751	739	12	183	13	43	30	23
龙华区	1745	1745	993	967	26	566	84	113	59	56
琼山区	1453	1453	506	498	8	322	32	36	88	36
美兰区	1527	1527	732	710	22	442	51	71	90	47
三亚市	**1524**	**1524**	**781**	**759**	**22**	**640**	**28**	**41**	**67**	**69**
海棠区	53	53	20	15	5	6	2	1		1
吉阳区	983	983	357	341	16	371	13	17	44	42
天涯区	390	390	374	373	1	246	13	22	21	23
崖州区	98	98	30	30		17		1	2	3
三沙市										
儋州市	**622**	**622**	**274**	**273**	**1**	**120**	**4**	**4**	**11**	**4**
五指山市	217	217	119	118	1	32	2	1	11	
琼海市	536	536	322	320	2	85	7	6	14	11
文昌市	411	411	148	147	1	56	3	11	10	6
万宁市	268	268	103	102	1	28	1	3	3	1
东方市	495	495	173	172	1	62	4	7	20	6
定安县										
屯昌县										
澄迈县										
临高县										
白沙黎族自治县										
昌江黎族自治县										
乐东黎族自治县										
陵水黎族自治县										
保亭黎族苗族自治县										
琼中黎族苗族自治县										
男	**3325**	**3325**	**1589**	**1556**	**33**	**1354**	**126**	**180**	**207**	**143**
海南	**3325**	**3325**	**1589**	**1556**	**33**	**1354**	**126**	**180**	**207**	**143**
海口市	**1831**	**1831**	**931**	**908**	**23**	**797**	**96**	**139**	**136**	**81**
秀英区	228	228	222	217	5	92	7	21	16	12
龙华区	568	568	312	306	6	313	49	63	30	33
琼山区	525	525	150	148	2	168	21	15	47	17
美兰区	510	510	247	237	10	224	19	40	43	19
三亚市	**486**	**486**	**235**	**229**	**6**	**356**	**16**	**22**	**29**	**43**
海棠区	10	10	5	5		2	1			1
吉阳区	323	323	102	96	6	192	8	8	23	24
天涯区	117	117	121	121		156	7	13	6	16
崖州区	36	36	7	7		6		1		2
三沙市										
儋州市	**268**	**268**	**111**	**110**	**1**	**59**		**4**	**4**	**4**

4-4a 续表 23

单位：人

地区 性别	教育		卫生和社会工作			文化、体育和娱乐业				
	小计	教育	小计	卫生	社会工作	小计	新闻和出版业	广播、电视、电影和录音制作业	文化艺术业	体育
五指山市	101	101	46	45	1	16	2		7	
琼海市	204	204	113	112	1	37	5	3	6	6
文昌市	139	139	56	55	1	33	2	5	5	5
万宁市	95	95	45	45		13	1	2	1	1
东方市	201	201	52	52		43	4	5	19	3
定安县										
屯昌县										
澄迈县										
临高县										
白沙黎族自治县										
昌江黎族自治县										
乐东黎族自治县										
陵水黎族自治县										
保亭黎族苗族自治县										
琼中黎族苗族自治县										
女	**6282**	**6282**	**3313**	**3249**	**64**	**1182**	**103**	**156**	**196**	**116**
海南	**6282**	**6282**	**3313**	**3249**	**64**	**1182**	**103**	**156**	**196**	**116**
海口市	**3703**	**3703**	**2051**	**2006**	**45**	**716**	**84**	**124**	**131**	**81**
秀英区	581	581	529	522	7	91	6	22	14	11
龙华区	1177	1177	681	661	20	253	35	50	29	23
琼山区	928	928	356	350	6	154	11	21	41	19
美兰区	1017	1017	485	473	12	218	32	31	47	28
三亚市	**1038**	**1038**	**546**	**530**	**16**	**284**	**12**	**19**	**38**	**26**
海棠区	43	43	15	10	5	4	1	1		
吉阳区	660	660	255	245	10	179	5	9	21	18
天涯区	273	273	253	252	1	90	6	9	15	7
崖州区	62	62	23	23		11			2	1
三沙市										
儋州市	**354**	**354**	**163**	**163**		**61**	**4**		**7**	
五指山市	116	116	73	73		16		1	4	
琼海市	332	332	209	208	1	48	2	3	8	5
文昌市	272	272	92	92		23	1	6	5	1
万宁市	173	173	58	57	1	15		1	2	
东方市	294	294	121	120	1	19		2	1	3
定安县										
屯昌县										
澄迈县										
临高县										
白沙黎族自治县										
昌江黎族自治县										
乐东黎族自治县										
陵水黎族自治县										
保亭黎族苗族自治县										
琼中黎族苗族自治县										

4—4a 续表 24

单位：人

地区 性别	娱乐业	公共管理、社会保障和社会组织						国际组织	
		小计	中国共产党机关	国家机构	人民政协、民主党派	社会保障	群众团体、社会团体和其他成员组织	基层群众自治组织	小计	国际组织
全省	**1309**	**9856**	**198**	**8253**	**18**	**28**	**487**	**872**	**5**	**5**
海口市	**641**	**5102**	**87**	**4317**	**12**	**12**	**273**	**401**	**2**	**2**
秀英区	74	818	14	645	1		31	127		
龙华区	254	1425	16	1228	5	7	93	76	1	1
琼山区	130	1154	15	998	1	2	40	98		
美兰区	183	1705	42	1446	5	3	109	100	1	1
三亚市	**435**	**2187**	**58**	**1799**	**3**	**6**	**55**	**266**	**1**	**1**
海棠区	2	73		49				24		
吉阳区	255	1255	45	1020	3	5	33	149	1	1
天涯区	167	704	13	599		1	22	69		
崖州区	11	155		131				24		
三沙市										
儋州市	**97**	**491**	**18**	**352**		**3**	**47**	**71**	**2**	**2**
五指山市	18	253	12	218	1	2	12	8		
琼海市	47	458	5	407	1		17	28		
文昌市	26	455	5	391		2	22	35		
万宁市	20	415	11	346	1	1	32	24		
东方市	25	495	2	423		2	29	39		
定安县										
屯昌县										
澄迈县										
临高县										
白沙黎族自治县										
昌江黎族自治县										
乐东黎族自治县										
陵水黎族自治县										
保亭黎族苗族自治县										
琼中黎族苗族自治县										
男	**698**	**6479**	**136**	**5573**	**13**	**16**	**268**	**473**	**2**	**2**
海南	**698**	**6479**	**136**	**5573**	**13**	**16**	**268**	**473**	**2**	**2**
海口市	**345**	**3295**	**61**	**2869**	**9**	**6**	**153**	**197**		
秀英区	36	527	8	431	1		12	75		
龙华区	138	903	12	799	4	3	50	35		
琼山区	68	762	12	676		2	28	44		
美兰区	103	1103	29	963	4	1	63	43		
三亚市	**246**	**1423**	**39**	**1215**	**1**	**2**	**26**	**140**	**1**	**1**
海棠区		45		27				18		
吉阳区	129	822	33	697	1	2	15	74	1	1
天涯区	114	451	6	401			11	33		
崖州区	3	105		90				15		
三沙市										
儋州市	**47**	**332**	**12**	**247**		**2**	**25**	**46**	**1**	**1**

4—4a 续表 25

单位：人

地区 性别	娱乐业	公共管理、社会保障和社会组织							国际组织	
		小计	中国共产党机关	国家机构	人民政协、民主党派	社会保障	群众团体、社会团体和其他成员组织	基层群众自治组织	小计	国际组织
五指山市	7	154	7	136	1	1	5	4		
琼海市	17	295	3	263	1		7	21		
文昌市	16	317	3	276		2	15	21		
万宁市	8	294	9	247	1	1	21	15		
东方市	12	369	2	320		2	16	29		
定安县										
屯昌县										
澄迈县										
临高县										
白沙黎族自治县										
昌江黎族自治县										
乐东黎族自治县										
陵水黎族自治县										
保亭黎族苗族自治县										
琼中黎族苗族自治县										
女	**611**	**3377**	**62**	**2680**	**5**	**12**	**219**	**399**	**3**	**3**
海南	**611**	**3377**	**62**	**2680**	**5**	**12**	**219**	**399**	**3**	**3**
海口市	**296**	**1807**	**26**	**1448**	**3**	**6**	**120**	**204**	**2**	**2**
秀英区	38	291	6	214			19	52		
龙华区	116	522	4	429	1	4	43	41	1	1
琼山区	62	392	3	322	1		12	54		
美兰区	80	602	13	483	1	2	46	57	1	1
三亚市	**189**	**764**	**19**	**584**	**2**	**4**	**29**	**126**		
海棠区	2	28		22				6		
吉阳区	126	433	12	323	2	3	18	75		
天涯区	53	253	7	198		1	11	36		
崖州区	8	50		41				9		
三沙市										
儋州市	**50**	**159**	**6**	**105**		**1**	**22**	**25**	**1**	**1**
五指山市	11	99	5	82		1	7	4		
琼海市	30	163	2	144			10	7		
文昌市	10	138	2	115			7	14		
万宁市	12	121	2	99			11	9		
东方市	13	126		103			13	10		
定安县										
屯昌县										
澄迈县										
临高县										
白沙黎族自治县										
昌江黎族自治县										
乐东黎族自治县										
陵水黎族自治县										
保亭黎族苗族自治县										
琼中黎族苗族自治县										

4-4b 各地区分性别、行业大类的就业人口(镇)

单位：人

地区 性别	合计	农、林、牧、渔业						采矿业	
		小计	农业	林业	畜牧业	渔业	农、林、牧、渔专业及辅助性活动	小计	煤炭开采和洗选业
全省	94588	28053	17044	2915	1186	4898	2010	407	2
海口市	10223	1725	1384	55	102	133	51	17	
秀英区	3783	630	550	13	15	48	4	6	
龙华区	1043	174	142	3	28		1	10	
琼山区	1609	450	405	26	15	2	2		
美兰区	3788	471	287	13	44	83	44	1	
三亚市	1226	91	27	1	2	61			
海棠区	417	61	16	1	2	42			
吉阳区	370	12	9			3			
天涯区	378	13	2			11			
崖州区	61	5				5			
三沙市									
儋州市	10038	2463	710	605	59	790	299	17	
五指山市	569	212	140	40	26	1	5		
琼海市	3758	1601	1159	195	67	154	26	1	
文昌市	7954	3530	2462	39	361	551	117	9	
万宁市	4620	1865	1371	72	59	198	165	2	
东方市	2707	1309	1145	39	15	43	67	7	
定安县	4909	1126	946	101	53	2	24	1	
屯昌县	4252	639	433	150	41	2	13	6	
澄迈县	11918	2861	1842	678	134	157	50	21	
临高县	9010	4146	1431	227	105	1764	619	4	
白沙黎族自治县	1445	239	58	167	4		10		
昌江黎族自治县	5412	1003	672	101	42	150	38	266	1
乐东黎族自治县	5732	1917	1156	86	55	251	369	53	
陵水黎族自治县	6213	2239	1331	124	24	629	131	1	1
保亭黎族苗族自治县	2395	588	525	18	14	9	22	1	
琼中黎族苗族自治县	2207	499	252	217	23	3	4	1	
男	56310	16617	9317	1814	754	3786	946	361	1
海南	56310	16617	9317	1814	754	3786	946	361	1
海口市	6053	956	731	35	65	88	37	16	
秀英区	2262	337	281	7	13	32	4	6	
龙华区	616	98	77	3	17		1	9	
琼山区	921	244	216	15	9	2	2		
美兰区	2254	277	157	10	26	54	30	1	
三亚市	745	60	14	1	1	44			
海棠区	255	40	9	1	1	29			
吉阳区	224	7	4			3			
天涯区	232	8	1			7			
崖州区	34	5				5			
三沙市									
儋州市	6165	1510	345	363	35	640	127	17	

4-4b 续表 1

单位：人

地区 性别	合计	农、林、牧、渔业						采矿业	
		小计	农业	林业	畜牧业	渔业	农、林、牧、渔专业及辅助性活动	小计	煤炭开采和洗选业
五指山市	345	117	78	24	12		3		
琼海市	2160	935	622	115	47	135	16		
文昌市	4529	2035	1281	28	237	408	81	7	
万宁市	2802	1120	746	55	40	173	106	2	
东方市	1599	742	635	29	11	28	39	5	
定安县	2870	654	551	54	31	2	16	1	
屯昌县	2576	385	254	92	30	2	7	6	
澄迈县	7392	1722	1080	407	89	115	31	17	
临高县	5261	2481	728	152	54	1418	129	2	
白沙黎族自治县	834	145	29	107	1		8		
昌江黎族自治县	3313	593	357	68	28	116	24	238	1
乐东黎族自治县	3379	1155	647	59	37	200	212	48	
陵水黎族自治县	3610	1328	745	72	14	410	87		
保亭黎族苗族自治县	1407	363	318	15	6	5	19	1	
琼中黎族苗族自治县	1270	316	156	138	16	2	4	1	
女	**38278**	**11436**	**7727**	**1101**	**432**	**1112**	**1064**	**46**	**1**
海南	**38278**	**11436**	**7727**	**1101**	**432**	**1112**	**1064**	**46**	**1**
海口市	**4170**	**769**	**653**	**20**	**37**	**45**	**14**	**1**	
秀英区	1521	293	269	6	2	16			
龙华区	427	76	65		11			1	
琼山区	688	206	189	11	6				
美兰区	1534	194	130	3	18	29	14		
三亚市	**481**	**31**	**13**		**1**	**17**			
海棠区	162	21	7		1	13			
吉阳区	146	5	5						
天涯区	146	5	1			4			
崖州区	27								
三沙市									
儋州市	**3873**	**953**	**365**	**242**	**24**	**150**	**172**		
五指山市	224	95	62	16	14	1	2		
琼海市	1598	666	537	80	20	19	10	1	
文昌市	3425	1495	1181	11	124	143	36	2	
万宁市	1818	745	625	17	19	25	59		
东方市	1108	567	510	10	4	15	28	2	
定安县	2039	472	395	47	22		8		
屯昌县	1676	254	179	58	11		6		
澄迈县	4526	1139	762	271	45	42	19	4	
临高县	3749	1665	703	75	51	346	490	2	
白沙黎族自治县	611	94	29	60	3		2		
昌江黎族自治县	2099	410	315	33	14	34	14	28	
乐东黎族自治县	2353	762	509	27	18	51	157	5	
陵水黎族自治县	2603	911	586	52	10	219	44	1	1
保亭黎族苗族自治县	988	225	207	3	8	4	3		
琼中黎族苗族自治县	937	183	96	79	7	1			

4-4b　续表 2　　　　单位：人

地区 性别	采矿业						制造业		
	石油和天然气开采业	黑色金属矿采选业	有色金属矿采选业	非金属矿采选业	开采专业及辅助性活动	其他采矿业	小计	农副食品加工业	食品制造业
全省	**6**	**258**	**7**	**99**	**22**	**13**	**6209**	**1378**	**324**
海口市	**3**	**1**		**10**	**1**	**2**	**899**	**222**	**45**
秀英区	3	1			1	1	234	13	10
龙华区				10			106	6	5
琼山区							106	13	6
美兰区						1	453	190	24
三亚市							**10**	**2**	**1**
海棠区							5		1
吉阳区							2	2	
天涯区							2		
崖州区							1		
三沙市									
儋州市	**3**			**1**	**12**	**1**	**1305**	**143**	**13**
五指山市							17	8	
琼海市		1					217	41	18
文昌市			2	6		1	484	147	64
万宁市					1	1	281	64	8
东方市				5		2	105	11	1
定安县					1		321	175	31
屯昌县		1		2		3	172	36	18
澄迈县				17	4		1165	292	50
临高县				3	1		261	83	17
白沙黎族自治县							44	9	8
昌江黎族自治县		255	5	2		3	454	59	18
乐东黎族自治县				52	1		146	30	14
陵水黎族自治县							138	34	6
保亭黎族苗族自治县					1		123	7	9
琼中黎族苗族自治县				1			67	15	3
男	**6**	**230**	**7**	**84**	**21**	**12**	**4167**	**728**	**164**
海南	**6**	**230**	**7**	**84**	**21**	**12**	**4167**	**728**	**164**
海口市	**3**	**1**		**9**	**1**	**2**	**552**	**106**	**26**
秀英区	3	1			1	1	138	7	1
龙华区				9			70	4	3
琼山区							62	4	3
美兰区						1	282	91	19
三亚市							**7**	**1**	
海棠区							3		
吉阳区							1	1	
天涯区							2		
崖州区							1		
三沙市									
儋州市	**3**			**1**	**12**	**1**	**987**	**67**	**8**

4-4b 续表 3 单位：人

地区 性别	采矿业						制造业		
	石油和天然气开采业	黑色金属矿采选业	有色金属矿采选业	非金属矿采选业	开采专业及辅助性活动	其他采矿业	小计	农副食品加工业	食品制造业
五指山市							12	5	
琼海市							134	20	10
文昌市			2	4		1	285	82	29
万宁市					1	1	191	27	1
东方市				3		2	79	4	
定安县					1		175	96	15
屯昌县		1		2		3	125	21	10
澄迈县				14	3		771	160	26
临高县				1	1		170	50	7
白沙黎族自治县							35	7	5
昌江黎族自治县		228	5	2		2	330	34	8
乐东黎族自治县				47	1		90	16	8
陵水黎族自治县							92	17	5
保亭黎族苗族自治县					1		86	5	5
琼中黎族苗族自治县				1			46	10	1
女		**28**		**15**	**1**	**1**	**2042**	**650**	**160**
海南		**28**		**15**	**1**	**1**	**2042**	**650**	**160**
海口市				**1**			**347**	**116**	**19**
秀英区							96	6	9
龙华区				1			36	2	2
琼山区							44	9	3
美兰区							171	99	5
三亚市							**3**	**1**	**1**
海棠区							2		1
吉阳区							1	1	
天涯区									
崖州区									
三沙市									
儋州市							**318**	**76**	**5**
五指山市							5	3	
琼海市		1					83	21	8
文昌市				2			199	65	35
万宁市							90	37	7
东方市				2			26	7	1
定安县							146	79	16
屯昌县							47	15	8
澄迈县				3	1		394	132	24
临高县				2			91	33	10
白沙黎族自治县							9	2	3
昌江黎族自治县		27				1	124	25	10
乐东黎族自治县				5			56	14	6
陵水黎族自治县							46	17	1
保亭黎族苗族自治县							37	2	4
琼中黎族苗族自治县							21	5	2

4-4b　续表 4　　　　单位：人

地　区 性　别	制造业								
	酒、饮料和精制茶制造业	烟　草制品业	纺织业	纺织服装、服饰业	皮革、毛皮、羽毛及其制品和制鞋业	木材加工和木、竹、藤、棕、草制品业	家　具制造业	造纸和纸制品业	印刷和记录媒介复制业
全省	**187**	**3**	**81**	**159**	**12**	**258**	**100**	**426**	**49**
海口市	**21**	**3**	**11**	**81**	**1**	**28**	**32**	**20**	**12**
秀英区	8	1	7	22		3	3	9	7
龙华区	4		2	30		8	21		1
琼山区		1		27		9			
美兰区	9	1	2	2	1	8	8	11	4
三亚市									
海棠区									
吉阳区									
天涯区									
崖州区									
三沙市									
儋州市	**7**		**5**	**9**	**3**	**49**	**4**	**358**	**6**
五指山市	1			1					1
琼海市			3	3		7	3	3	2
文昌市	4		1	19		22	17	3	2
万宁市	3		1	7		51	2	5	1
东方市	1		2	1		5	3		
定安县	6			5		13	2	2	7
屯昌县	1		2	1		21	1	1	3
澄迈县	90		41	13	6	15	17	23	2
临高县	2		6	6		6	2	1	2
白沙黎族自治县	1			1		7			1
昌江黎族自治县	9		1	3		17	6	1	2
乐东黎族自治县	5		4	4		5	2	7	2
陵水黎族自治县	7		2	1	1	5	8	1	4
保亭黎族苗族自治县	22			4	1				1
琼中黎族苗族自治县	7		2			7	1	1	1
男	**106**	**3**	**42**	**52**	**7**	**206**	**71**	**310**	**27**
海南	**106**	**3**	**42**	**52**	**7**	**206**	**71**	**310**	**27**
海口市	**13**	**3**	**5**	**27**	**1**	**23**	**23**	**8**	**6**
秀英区	5	1	2	2		3	1	3	3
龙华区	3		1	12		6	16		
琼山区		1		11		7			
美兰区	5	1	2	2	1	7	6	5	3
三亚市									
海棠区									
吉阳区									
天涯区									
崖州区									
三沙市									
儋州市			**2**	**4**	**2**	**36**	**4**	**279**	**4**

4－4b　续表 5　　单位：人

地　区 性　别	制造业								
	酒、饮料和精制茶制造业	烟　草制品业	纺织业	纺织服装、服饰业	皮革、毛皮、羽毛及其制品和制鞋业	木材加工和木、竹、藤、棕、草制品业	家　具制造业	造纸和纸制品业	印刷和记录媒介复制业
五指山市	1								
琼海市			1	2		6	3	1	2
文昌市	3		1	9		20	11	2	
万宁市	3			1		41	2	3	1
东方市	1		1			4	2		
定安县	1			2		8	1		4
屯昌县						18		1	1
澄迈县	55		26	4	3	13	12	14	2
临高县	1			2		5	2	1	2
白沙黎族自治县	1					6			1
昌江黎族自治县	5		1			13	3	1	
乐东黎族自治县	3		3			5	1		1
陵水黎族自治县	3		1			5	6		2
保亭黎族苗族自治县	11			1	1				1
琼中黎族苗族自治县	5		1			3	1		
女	**81**		**39**	**107**	**5**	**52**	**29**	**116**	**22**
海南	**81**		**39**	**107**	**5**	**52**	**29**	**116**	**22**
海口市	**8**		**6**	**54**		**5**	**9**	**12**	**6**
秀英区	3		5	20			2	6	4
龙华区	1		1	18		2	5		1
琼山区				16		2			
美兰区	4					1	2	6	1
三亚市									
海棠区									
吉阳区									
天涯区									
崖州区									
三沙市									
儋州市	**7**		**3**	**5**	**1**	**13**		**79**	**2**
五指山市				1					1
琼海市			2	1		1		2	
文昌市	1			10		2	6	1	2
万宁市			1	6		10		2	
东方市			1	1		1	1		
定安县	5			3		5	1	2	3
屯昌县	1		2	1		3	1		2
澄迈县	35		15	9	3	2	5	9	
临高县	1		6	4		1			
白沙黎族自治县				1		1			
昌江黎族自治县	4			3		4	3		2
乐东黎族自治县	2		1	4			1	7	1
陵水黎族自治县	4		1	1	1		2	1	2
保亭黎族苗族自治县	11			3					
琼中黎族苗族自治县	2		1			4		1	1

4-4b 续表 6

单位：人

地区 性别	制造业								
	文教、工美、体育和娱乐用品制造业	石油、煤炭及其他燃料加工业	化学原料和化学制品制造业	医药制造业	化学纤维制造业	橡胶和塑料制品业	非金属矿物制品业	黑色金属冶炼和压延加工业	有色金属冶炼和压延加工业
全省	**230**	**345**	**223**	**202**	**3**	**240**	**840**	**21**	**23**
海口市	**24**	**1**	**25**	**79**	**2**	**38**	**89**	**2**	**7**
秀英区	7	1	16	8	1	5	45		
龙华区	9			2		6	4	1	
琼山区	2		2			15	7		3
美兰区	6		7	69	1	12	33	1	4
三亚市							**4**		
海棠区							3		
吉阳区									
天涯区							1		
崖州区									
三沙市									
儋州市	**5**	**332**	**93**	**2**		**14**	**101**		**4**
五指山市			2				2		
琼海市	43		2	40		3	16	4	1
文昌市	96	1	17	9		1	12	1	1
万宁市	1	4	8	1		11	38		2
东方市	7		8			1	33	1	1
定安县	3		6	18	1	11	8	1	2
屯昌县	8		3	2		1	29	1	
澄迈县	13	6	20	47		30	263	4	4
临高县	6	1	18	1		4	27		
白沙黎族自治县				1			4		
昌江黎族自治县	9		4			68	177	7	1
乐东黎族自治县	8		10	1		5	4		
陵水黎族自治县	3		6	1			12		
保亭黎族苗族自治县	2					50	10		
琼中黎族苗族自治县	2		1			3	11		
男	**130**	**304**	**176**	**109**	**3**	**164**	**650**	**17**	**19**
海南	**130**	**304**	**176**	**109**	**3**	**164**	**650**	**17**	**19**
海口市	**14**	**1**	**17**	**55**	**2**	**27**	**74**	**2**	**6**
秀英区	3	1	11	6	1	3	38		
龙华区	6			2		6	3	1	
琼山区	1		2			10	6		2
美兰区	4		4	47	1	8	27	1	4
三亚市							**3**		
海棠区							2		
吉阳区									
天涯区							1		
崖州区									
三沙市									
儋州市	**5**	**295**	**80**	**1**		**7**	**79**		**3**

4-4b 续表 7

单位：人

地区 性别	制造业 文教、工美、体育和娱乐用品制造业	石油、煤炭及其他燃料加工业	化学原料和化学制品制造业	医药制造业	化学纤维制造业	橡胶和塑料制品业	非金属矿物制品业	黑色金属冶炼和压延加工业	有色金属冶炼和压延加工业
五指山市			2				2		
琼海市	33		2	10		1	12	3	1
文昌市	41	1	15	8			10	1	1
万宁市	1	3	7	1		3	31		
东方市	3		5			1	30	1	1
定安县	2		4	6	1	6	6	1	2
屯昌县	5		3	1		1	22	1	
澄迈县	9	4	10	26		24	193	3	4
临高县	3		14			3	17		
白沙黎族自治县							3		
昌江黎族自治县	4		4			45	142	5	1
乐东黎族自治县	4		7	1		3	3		
陵水黎族自治县	2		5				8		
保亭黎族苗族自治县	2					40	7		
琼中黎族苗族自治县	2		1			3	8		
女	**100**	**41**	**47**	**93**		**76**	**190**	**4**	**4**
海南	**100**	**41**	**47**	**93**		**76**	**190**	**4**	**4**
海口市	**10**		**8**	**24**		**11**	**15**		**1**
秀英区	4		5	2		2	7		
龙华区	3						1		
琼山区	1					5	1		1
美兰区	2		3	22		4	6		
三亚市							**1**		
海棠区							1		
吉阳区									
天涯区									
崖州区									
三沙市									
儋州市		**37**	**13**	**1**		**7**	**22**		**1**
五指山市									
琼海市	10			30		2	4	1	
文昌市	55		2	1		1	2		
万宁市		1	1			8	7		2
东方市	4		3				3		
定安县	1		2	12		5	2		
屯昌县	3			1			7		
澄迈县	4	2	10	21		6	70	1	
临高县	3	1	4	1		1	10		
白沙黎族自治县				1			1		
昌江黎族自治县	5					23	35	2	
乐东黎族自治县	4		3			2	1		
陵水黎族自治县	1		1	1			4		
保亭黎族苗族自治县						10	3		
琼中黎族苗族自治县							3		

4-4b　续表 8

单位：人

地　区 性　别	制造业								
	金　属 制品业	通用设备 制造业	专用设备 制造业	汽　车 制造业	铁路、船舶、 航空航天和 其他运输 设备制造业	电气机械 和器材 制造业	计算机、 通信和其 他电子设 备制造业	仪器仪表 制造业	其　他 制造业
全省	**399**	**58**	**94**	**25**	**37**	**56**	**85**	**14**	**49**
海口市	**38**	**8**	**11**	**12**	**11**	**10**	**16**	**2**	**7**
秀英区	14	3	5	10	2	8	12	1	3
龙华区	2			1		1	1		
琼山区	17	1	1		1			1	
美兰区	5	4	5	1	8	1	3		4
三亚市					**2**				
海棠区					1				
吉阳区									
天涯区					1				
崖州区									
三沙市									
儋州市	**25**	**12**	**21**	**3**	**6**	**10**	**8**	**3**	**22**
五指山市								1	
琼海市	15		1		1		2		1
文昌市	36	2	2			4	2		3
万宁市	38	2	18	2		2	1	1	2
东方市	5	3	3	2	1	2	2		1
定安县	17		2	2		2	3		1
屯昌县	22	2	5		1	1	3	1	1
澄迈县	131	4	10	3		17	22		6
临高县	18	7	4		12	3	7	1	1
白沙黎族自治县	4	1	1				5	1	
昌江黎族自治县	12	7	5				5		2
乐东黎族自治县	21	4	2			1	4	1	
陵水黎族自治县	9	3	4	1	3	2	2	3	2
保亭黎族苗族自治县	2	1	4				2		
琼中黎族苗族自治县	6	2	1			2	1		
男	**348**	**50**	**66**	**18**	**26**	**41**	**58**	**11**	**21**
海南	**348**	**50**	**66**	**18**	**26**	**41**	**58**	**11**	**21**
海口市	**31**	**5**	**8**	**11**	**5**	**6**	**9**		**5**
秀英区	12	3	2	9	2	4	6		2
龙华区	2			1		1	1		
琼山区	12	1	1		1				
美兰区	5	1	5	1	2	1	2		3
三亚市					**2**				
海棠区					1				
吉阳区									
天涯区					1				
崖州区									
三沙市									
儋州市	**21**	**11**	**14**	**1**	**5**	**8**	**7**	**3**	**2**

4-4b 续表 9

单位：人

地区 性别	制造业								
	金属制品业	通用设备制造业	专用设备制造业	汽车制造业	铁路、船舶、航空航天和其他运输设备制造业	电气机械和器材制造业	计算机、通信和其他电子设备制造业	仪器仪表制造业	其他制造业
五指山市								1	
琼海市	14		1		1		2		1
文昌市	28	2	1			3	2		2
万宁市	32	2	18	1		2		1	2
东方市	5	3	3	2	1	2	2		1
定安县	13			1		1	3		
屯昌县	20	2	5		1	1	3	1	1
澄迈县	116	3	6	1		12	12		3
临高县	18	6	2		8	2	4	1	1
白沙黎族自治县	4	1	1				5	1	
昌江黎族自治县	12	7	2				5		2
乐东黎族自治县	18	4	2			1	1		
陵水黎族自治县	8	1	1	1	3	2	1	3	1
保亭黎族苗族自治县	2	1	1				2		
琼中黎族苗族自治县	6	2	1			1			
女	**51**	**8**	**28**	**7**	**11**	**15**	**27**	**3**	**28**
海南	**51**	**8**	**28**	**7**	**11**	**15**	**27**	**3**	**28**
海口市	**7**	**3**	**3**	**1**	**6**	**4**	**7**	**2**	**2**
秀英区	2		3	1		4	6	1	1
龙华区									
琼山区	5							1	
美兰区		3			6		1		1
三亚市									
海棠区									
吉阳区									
天涯区									
崖州区									
三沙市									
儋州市	**4**	**1**	**7**	**2**	**1**	**2**	**1**		**20**
五指山市									
琼海市	1								
文昌市	8		1			1			1
万宁市	6			1			1		
东方市									
定安县	4		2	1		1			1
屯昌县	2								
澄迈县	15	1	4	2		5	10		3
临高县		1	2		4	1	3		
白沙黎族自治县									
昌江黎族自治县			3						
乐东黎族自治县	3						3	1	
陵水黎族自治县	1	2	3				1		1
保亭黎族苗族自治县			3						
琼中黎族苗族自治县						1	1		

4-4b 续表 10

单位：人

地区 性别	制造业		电力、热力、燃气及水生产和供应业				建筑业		
	废弃资源综合利用业	金属制品、机械和设备修理业	小计	电力、热力生产和供应业	燃气生产和供应业	水的生产和供应业	小计	房屋建筑业	土木工程建筑业
全省	**105**	**183**	**809**	**533**	**114**	**162**	**8245**	**4233**	**671**
海口市	**15**	**26**	**134**	**104**	**20**	**10**	**1172**	**487**	**279**
秀英区	6	4	29	25	2	2	535	260	145
龙华区		2	8	2	4	2	119	63	16
琼山区			9	8	1		174	28	59
美兰区	9	20	88	69	13	6	344	136	59
三亚市		**1**	**7**	**2**	**3**	**2**	**81**	**46**	**4**
海棠区			2		2		8	6	2
吉阳区							14	6	1
天涯区			5	2	1	2	57	34	1
崖州区		1					2		
三沙市									
儋州市	**12**	**35**	**56**	**25**	**14**	**17**	**1426**	**824**	**41**
五指山市		1	1	1			54	22	17
琼海市		8	16	9	6	1	199	83	18
文昌市	13	5	29	22	1	6	559	397	23
万宁市	2	6	23	18	3	2	330	144	23
东方市	9	2	3	1		2	202	65	35
定安县		3	50	36	3	11	335	193	6
屯昌县	5	3	30	14	2	14	508	318	17
澄迈县	10	26	133	92	19	22	1326	726	59
临高县	7	19	24	19	3	2	451	265	16
白沙黎族自治县			28	17	8	3	118	64	12
昌江黎族自治县	9	32	84	58	7	19	449	195	60
乐东黎族自治县	7	5	68	43	8	17	355	139	20
陵水黎族自治县	10	8	35	23	5	7	426	156	10
保亭黎族苗族自治县	6	2	45	27	3	15	115	41	25
琼中黎族苗族自治县		1	43	22	9	12	139	68	6
男	**69**	**171**	**591**	**405**	**75**	**111**	**6693**	**3284**	**589**
海南	**69**	**171**	**591**	**405**	**75**	**111**	**6693**	**3284**	**589**
海口市	**9**	**24**	**92**	**67**	**17**	**8**	**959**	**381**	**249**
秀英区	4	3	25	21	2	2	435	200	131
龙华区		2	7	2	4	1	100	53	11
琼山区			6	5	1		156	23	59
美兰区	5	19	54	39	10	5	268	105	48
三亚市		**1**	**4**	**2**	**1**	**1**	**76**	**43**	**4**
海棠区			1		1		8	6	2
吉阳区							13	5	1
天涯区			3	2		1	53	32	1
崖州区		1					2		
三沙市									
儋州市	**8**	**31**	**44**	**22**	**9**	**13**	**1052**	**591**	**34**

4-4b 续表 11

单位：人

地区 性别	制造业		电力、热力、燃气及水生产和供应业				建筑业		
	废弃资源综合利用业	金属制品、机械和设备修理业	小计	电力、热力生产和供应业	燃气生产和供应业	水的生产和供应业	小计	房屋建筑业	土木工程建筑业
五指山市		1	1	1			50	19	17
琼海市		8	15	9	5	1	163	64	17
文昌市	8	5	23	20		3	409	280	18
万宁市	2	6	20	16	2	2	284	110	23
东方市	5	2	2			2	165	51	25
定安县		2	36	29	2	5	285	158	6
屯昌县	4	3	18	8	1	9	435	262	17
澄迈县	5	25	108	77	15	16	1114	593	55
临高县	4	17	22	17	3	2	375	218	14
白沙黎族自治县			17	13	2	2	103	55	9
昌江黎族自治县	5	31	58	40	2	16	347	137	48
乐东黎族自治县	4	5	45	30	6	9	296	113	17
陵水黎族自治县	10	7	24	17	3	4	358	112	9
保亭黎族苗族自治县	5	2	33	21	2	10	102	40	22
琼中黎族苗族自治县		1	29	16	5	8	120	57	5
女	**36**	**12**	**218**	**128**	**39**	**51**	**1552**	**949**	**82**
海南	**36**	**12**	**218**	**128**	**39**	**51**	**1552**	**949**	**82**
海口市	**6**	**2**	**42**	**37**	**3**	**2**	**213**	**106**	**30**
秀英区	2	1	4	4			100	60	14
龙华区			1			1	19	10	5
琼山区			3	3			18	5	
美兰区	4	1	34	30	3	1	76	31	11
三亚市			**3**		**2**	**1**	**5**	**3**	
海棠区			1		1				
吉阳区							1	1	
天涯区			2		1	1	4	2	
崖州区									
三沙市									
儋州市	**4**	**4**	**12**	**3**	**5**	**4**	**374**	**233**	**7**
五指山市							4	3	
琼海市			1		1		36	19	1
文昌市	5		6	2	1	3	150	117	5
万宁市			3	2	1		46	34	
东方市	4		1	1			37	14	10
定安县		1	14	7	1	6	50	35	
屯昌县	1		12	6	1	5	73	56	
澄迈县	5	1	25	15	4	6	212	133	4
临高县	3	2	2	2			76	47	2
白沙黎族自治县			11	4	6	1	15	9	3
昌江黎族自治县	4	1	26	18	5	3	102	58	12
乐东黎族自治县	3		23	13	2	8	59	26	3
陵水黎族自治县		1	11	6	2	3	68	44	1
保亭黎族苗族自治县	1		12	6	1	5	13	1	3
琼中黎族苗族自治县			14	6	4	4	19	11	1

4-4b　续表 12　　　　单位：人

地区 性别	建筑业		批发和零售业			交通运输、仓储和邮政业			
	建筑安装业	建筑装饰、装修和其他建筑业	小计	批发业	零售业	小计	铁路运输业	道路运输业	水上运输业
全省	**629**	**2712**	**13228**	**2579**	**10649**	**4555**	**124**	**2724**	**95**
海口市	**71**	**335**	**1589**	**273**	**1316**	**778**	**80**	**340**	**5**
秀英区	21	109	503	86	417	272	73	132	4
龙华区	13	27	252	25	227	59	1	45	
琼山区	8	79	293	60	233	74	1	49	
美兰区	29	120	541	102	439	373	5	114	1
三亚市	**2**	**29**	**163**	**20**	**143**	**48**	**1**	**37**	**1**
海棠区			55	6	49	4		3	
吉阳区	1	6	48	8	40	32	1	30	1
天涯区	1	21	52	5	47	10		2	
崖州区		2	8	1	7	2		2	
三沙市									
儋州市	**153**	**408**	**1193**	**244**	**949**	**455**	**3**	**242**	**21**
五指山市	1	14	52	25	27	23		16	
琼海市	17	81	539	111	428	156		84	2
文昌市	30	109	1080	166	914	248	2	190	2
万宁市	19	144	654	208	446	192	7	102	2
东方市	12	90	288	33	255	103	2	77	
定安县	27	109	719	140	579	218		129	
屯昌县	35	138	764	167	597	257	4	175	2
澄迈县	143	398	1673	346	1327	735	13	405	19
临高县	32	138	951	145	806	313	2	216	31
白沙黎族自治县	2	40	184	18	166	37		24	
昌江黎族自治县	22	172	760	162	598	336	5	250	1
乐东黎族自治县	19	177	912	240	672	308	3	203	1
陵水黎族自治县	29	231	1165	196	969	182	2	116	7
保亭黎族苗族自治县	8	41	254	47	207	102		75	1
琼中黎族苗族自治县	7	58	288	38	250	64		43	
男	**574**	**2246**	**6326**	**1510**	**4816**	**3816**	**97**	**2383**	**83**
海南	**574**	**2246**	**6326**	**1510**	**4816**	**3816**	**97**	**2383**	**83**
海口市	**60**	**269**	**768**	**158**	**610**	**630**	**62**	**306**	**5**
秀英区	19	85	241	51	190	219	56	116	4
龙华区	13	23	129	13	116	49	1	39	
琼山区	8	66	136	31	105	68	1	46	
美兰区	20	95	262	63	199	294	4	105	1
三亚市	**1**	**28**	**75**	**9**	**66**	**38**	**1**	**32**	**1**
海棠区			29	4	25	4		3	
吉阳区	1	6	25	4	21	29	1	27	1
天涯区		20	20	1	19	4		1	
崖州区		2	1		1	1		1	
三沙市									
儋州市	**137**	**290**	**505**	**128**	**377**	**350**		**188**	**17**

4-4b 续表 13

单位：人

地区 性别	建筑业		批发和零售业			交通运输、仓储和邮政业			
	建筑安装业	建筑装饰、装修和其他建筑业	小计	批发业	零售业	小计	铁路运输业	道路运输业	水上运输业
五指山市	1	13	25	15	10	23		16	
琼海市	17	65	278	73	205	130		79	2
文昌市	29	82	529	90	439	222	1	179	2
万宁市	19	132	356	143	213	163	6	95	2
东方市	12	77	131	18	113	86	1	66	
定安县	26	95	363	82	281	184		110	
屯昌县	34	122	399	97	302	228	4	158	1
澄迈县	132	334	840	230	610	628	11	357	16
临高县	32	111	403	71	332	266	2	183	31
白沙黎族自治县	1	38	78	7	71	34		22	
昌江黎族自治县	21	141	330	99	231	300	5	226	1
乐东黎族自治县	16	150	423	117	306	243	3	161	
陵水黎族自治县	24	213	576	126	450	153	1	105	4
保亭黎族苗族自治县	6	34	114	25	89	84		63	1
琼中黎族苗族自治县	6	52	133	22	111	54		37	
女	**55**	**466**	**6902**	**1069**	**5833**	**739**	**27**	**341**	**12**
海南	**55**	**466**	**6902**	**1069**	**5833**	**739**	**27**	**341**	**12**
海口市	**11**	**66**	**821**	**115**	**706**	**148**	**18**	**34**	
秀英区	2	24	262	35	227	53	17	16	
龙华区		4	123	12	111	10		6	
琼山区		13	157	29	128	6		3	
美兰区	9	25	279	39	240	79	1	9	
三亚市	**1**	**1**	**88**	**11**	**77**	**10**		**5**	
海棠区			26	2	24				
吉阳区			23	4	19	3		3	
天涯区	1	1	32	4	28	6		1	
崖州区			7	1	6	1		1	
三沙市									
儋州市	**16**	**118**	**688**	**116**	**572**	**105**	**3**	**54**	**4**
五指山市		1	27	10	17				
琼海市		16	261	38	223	26		5	
文昌市	1	27	551	76	475	26	1	11	
万宁市		12	298	65	233	29	1	7	
东方市		13	157	15	142	17	1	11	
定安县	1	14	356	58	298	34		19	
屯昌县	1	16	365	70	295	29		17	1
澄迈县	11	64	833	116	717	107	2	48	3
临高县		27	548	74	474	47		33	
白沙黎族自治县	1	2	106	11	95	3		2	
昌江黎族自治县	1	31	430	63	367	36		24	
乐东黎族自治县	3	27	489	123	366	65		42	1
陵水黎族自治县	5	18	589	70	519	29	1	11	3
保亭黎族苗族自治县	2	7	140	22	118	18		12	
琼中黎族苗族自治县	1	6	155	16	139	10		6	

4-4b 续表 14

单位：人

地区 性别	交通运输、仓储和邮政业					住宿和餐饮业		
	航空运输业	管道运输业	多式联运和运输代理业	装卸搬运和仓储业	邮政业	小计	住宿业	餐饮业
全省	**198**	**4**	**77**	**578**	**755**	**8322**	**1624**	**6698**
海口市	**123**		**20**	**107**	**103**	**808**	**92**	**716**
秀英区	19		3	7	34	237	43	194
龙华区				4	9	104	12	92
琼山区	3		5	5	11	140	8	132
美兰区	101		12	91	49	327	29	298
三亚市	**4**			**2**	**3**	**381**	**288**	**93**
海棠区					1	151	100	51
吉阳区						187	164	23
天涯区	4			2	2	34	20	14
崖州区						9	4	5
三沙市								
儋州市	**4**	**1**	**17**	**128**	**39**	**541**	**70**	**471**
五指山市	3				4	38	13	25
琼海市	37		2	15	16	359	91	268
文昌市	3			22	29	880	69	811
万宁市	2		6	20	53	406	92	314
东方市	1		3	10	10	153	14	139
定安县	2		6	17	64	591	61	530
屯昌县	6		2	39	29	477	45	432
澄迈县	9		6	119	164	1125	201	924
临高县		2	5	15	42	681	131	550
白沙黎族自治县			2	7	4	114	20	94
昌江黎族自治县			2	22	56	441	101	340
乐东黎族自治县	2		2	33	64	408	85	323
陵水黎族自治县	2	1	3	8	43	562	151	411
保亭黎族苗族自治县				6	20	213	77	136
琼中黎族苗族自治县			1	8	12	144	23	121
男	**127**	**3**	**66**	**477**	**580**	**3901**	**720**	**3181**
海南	**127**	**3**	**66**	**477**	**580**	**3901**	**720**	**3181**
海口市	**80**		**16**	**81**	**80**	**385**	**36**	**349**
秀英区	11		2	4	26	113	18	95
龙华区				4	5	49	5	44
琼山区	2		4	5	10	61	3	58
美兰区	67		10	68	39	162	10	152
三亚市	**2**			**1**	**1**	**225**	**171**	**54**
海棠区					1	88	57	31
吉阳区						113	100	13
天涯区	2			1		20	12	8
崖州区						4	2	2
三沙市								
儋州市	**1**	**1**	**14**	**99**	**30**	**252**	**27**	**225**

4-4b 续表 15

单位：人

地区 性别	交通运输、仓储和邮政业					住宿和餐饮业		
	航空运输业	管道运输业	多式联运和运输代理业	装卸搬运和仓储业	邮政业	小计	住宿业	餐饮业
五指山市	3				4	19	5	14
琼海市	23		2	11	13	169	41	128
文昌市	3			16	21	406	23	383
万宁市	2		6	18	34	181	35	146
东方市			3	10	6	70	6	64
定安县	1		5	17	51	268	31	237
屯昌县	2		2	36	25	220	18	202
澄迈县	7		6	102	129	546	90	456
临高县		1	4	11	34	301	32	269
白沙黎族自治县			2	7	3	48	8	40
昌江黎族自治县			1	21	46	194	47	147
乐东黎族自治县	1		2	27	49	199	44	155
陵水黎族自治县	2	1	2	7	31	247	58	189
保亭黎族苗族自治县				5	15	104	34	70
琼中黎族苗族自治县			1	8	8	67	14	53
女	**71**	**1**	**11**	**101**	**175**	**4421**	**904**	**3517**
海南	**71**	**1**	**11**	**101**	**175**	**4421**	**904**	**3517**
海口市	**43**		**4**	**26**	**23**	**423**	**56**	**367**
秀英区	8		1	3	8	124	25	99
龙华区					4	55	7	48
琼山区	1		1		1	79	5	74
美兰区	34		2	23	10	165	19	146
三亚市	**2**			**1**	**2**	**156**	**117**	**39**
海棠区						63	43	20
吉阳区						74	64	10
天涯区	2			1	2	14	8	6
崖州区						5	2	3
三沙市								
儋州市	**3**		**3**	**29**	**9**	**289**	**43**	**246**
五指山市						19	8	11
琼海市	14			4	3	190	50	140
文昌市				6	8	474	46	428
万宁市				2	19	225	57	168
东方市	1				4	83	8	75
定安县	1		1		13	323	30	293
屯昌县	4			3	4	257	27	230
澄迈县	2			17	35	579	111	468
临高县		1	1	4	8	380	99	281
白沙黎族自治县					1	66	12	54
昌江黎族自治县			1	1	10	247	54	193
乐东黎族自治县	1			6	15	209	41	168
陵水黎族自治县			1	1	12	315	93	222
保亭黎族苗族自治县				1	5	109	43	66
琼中黎族苗族自治县					4	77	9	68

4-4b　续表 16　　　　单位：人

地　区 性　别	信息传输、软件和信息技术服务业				金融业				
	小计	电信、广播电视和卫星传输服务	互联网和相关服务	软件和信息技术服务业	小计	货币金融服　务	资本市场服　务	保险业	其　他金融业
全省	**564**	**320**	**140**	**104**	**759**	**444**	**17**	**225**	**73**
海口市	**65**	**23**	**22**	**20**	**104**	**46**	**8**	**37**	**13**
秀英区	42	16	11	15	60	24	5	21	10
龙华区	4	1	2	1	12	7	1	4	
琼山区	2		1	1	9	6		3	
美兰区	17	6	8	3	23	9	2	9	3
三亚市	**7**	**4**	**1**	**2**	**3**	**3**			
海棠区									
吉阳区	2		1	1					
天涯区	5	4		1	2	2			
崖州区					1	1			
三沙市									
儋州市	**48**	**21**	**18**	**9**	**64**	**31**	**1**	**26**	**6**
五指山市	1	1			2	2			
琼海市	19	9	6	4	17	9		8	
文昌市	22	15	5	2	31	18		5	8
万宁市	9	5	2	2	21	9		11	1
东方市	6	3	1	2	9	7		2	
定安县	44	29	11	4	74	37		15	22
屯昌县	41	27	9	5	60	47		9	4
澄迈县	104	48	24	32	85	45	4	32	4
临高县	34	17	11	6	36	19		16	1
白沙黎族自治县	25	17	6	2	23	14	1	7	1
昌江黎族自治县	33	20	8	5	68	51	1	12	4
乐东黎族自治县	38	31	6	1	56	35	1	17	3
陵水黎族自治县	19	11	6	2	28	14		11	3
保亭黎族苗族自治县	24	16	3	5	31	22	1	5	3
琼中黎族苗族自治县	25	23	1	1	47	35		12	
男	**348**	**184**	**91**	**73**	**423**	**260**	**13**	**100**	**50**
海南	**348**	**184**	**91**	**73**	**423**	**260**	**13**	**100**	**50**
海口市	**43**	**12**	**17**	**14**	**54**	**25**	**6**	**15**	**8**
秀英区	25	6	9	10	31	11	3	11	6
龙华区	3	1	2		6	4	1	1	
琼山区	1			1	5	4		1	
美兰区	14	5	6	3	12	6	2	2	2
三亚市	**4**	**2**	**1**	**1**	**2**	**2**			
海棠区									
吉阳区	2		1	1					
天涯区	2	2			1	1			
崖州区					1	1			
三沙市									
儋州市	**32**	**11**	**15**	**6**	**32**	**14**	**1**	**13**	**4**

4-4b 续表 17

单位：人

地区 性别	信息传输、软件和信息技术服务业				金融业				
	小计	电信、广播电视和卫星传输服务	互联网和相关服务	软件和信息技术服务业	小计	货币金融服务	资本市场服务	保险业	其他金融业
五指山市									
琼海市	9	4	2	3	10	5		5	
文昌市	11	9	1	1	17	11		1	5
万宁市	4	3		1	14	6		7	1
东方市	5	2	1	2	1	1			
定安县	29	16	9	4	46	24		3	19
屯昌县	28	20	7	1	32	26		5	1
澄迈县	67	32	12	23	47	30	2	13	2
临高县	20	10	7	3	23	13		9	1
白沙黎族自治县	12	6	4	2	12	9	1	2	
昌江黎族自治县	22	10	7	5	40	32	1	4	3
乐东黎族自治县	26	23	3		37	21	1	12	3
陵水黎族自治县	11	7	3	1	10	5		4	1
保亭黎族苗族自治县	15	8	2	5	20	14	1	3	2
琼中黎族苗族自治县	10	9		1	26	22		4	
女	**216**	**136**	**49**	**31**	**336**	**184**	**4**	**125**	**23**
海南	**216**	**136**	**49**	**31**	**336**	**184**	**4**	**125**	**23**
海口市	**22**	**11**	**5**	**6**	**50**	**21**	**2**	**22**	**5**
秀英区	17	10	2	5	29	13	2	10	4
龙华区	1			1	6	3		3	
琼山区	1		1		4	2		2	
美兰区	3	1	2		11	3		7	1
三亚市	**3**	**2**		**1**	**1**	**1**			
海棠区									
吉阳区									
天涯区	3	2		1	1	1			
崖州区									
三沙市									
儋州市	**16**	**10**	**3**	**3**	**32**	**17**		**13**	**2**
五指山市	1	1			2	2			
琼海市	10	5	4	1	7	4		3	
文昌市	11	6	4	1	14	7		4	3
万宁市	5	2	2	1	7	3		4	
东方市	1	1			8	6		2	
定安县	15	13	2		28	13		12	3
屯昌县	13	7	2	4	28	21		4	3
澄迈县	37	16	12	9	38	15	2	19	2
临高县	14	7	4	3	13	6		7	
白沙黎族自治县	13	11	2		11	5		5	1
昌江黎族自治县	11	10	1		28	19		8	1
乐东黎族自治县	12	8	3	1	19	14		5	
陵水黎族自治县	8	4	3	1	18	9		7	2
保亭黎族苗族自治县	9	8	1		11	8		2	1
琼中黎族苗族自治县	15	14	1		21	13		8	

4-4b 续表 18 单位：人

地区 性别	房地产业		租赁和商务服务业			科学研究和技术服务业			
	小计	房地产业	小计	租赁业	商务服务业	小计	研究和试验发展	专业技术服务业	科技推广和应用服务业
全省	**1767**	**1767**	**2282**	**149**	**2133**	**581**	**170**	**326**	**85**
海口市	**332**	**332**	**318**	**18**	**300**	**81**	**5**	**64**	**12**
秀英区	201	201	149	8	141	42	2	34	6
龙华区	10	10	9		9	2	1		1
琼山区	10	10	46	3	43	13		12	1
美兰区	111	111	114	7	107	24	2	18	4
三亚市	**41**	**41**	**27**	**7**	**20**	**2**		**1**	**1**
海棠区	6	6	4	2	2	1		1	
吉阳区	26	26	8	3	5	1			1
天涯区	1	1	11	2	9				
崖州区	8	8	4		4				
三沙市									
儋州市	**198**	**198**	**223**	**14**	**209**	**182**	**135**	**38**	**9**
五指山市	16	16	17	1	16	2	1	1	
琼海市	52	52	34		34	13	4	9	
文昌市	38	38	80	6	74	21		21	
万宁市	42	42	184	10	174	14		8	6
东方市	7	7	164	2	162	6	1	5	
定安县	86	86	135	4	131	28		19	9
屯昌县	74	74	75	14	61	24	2	22	
澄迈县	397	397	208	33	175	60	10	34	16
临高县	99	99	204	10	194	27	5	12	10
白沙黎族自治县	27	27	28	1	27	16		16	
昌江黎族自治县	90	90	115	15	100	28	3	18	7
乐东黎族自治县	38	38	194	4	190	34	1	21	12
陵水黎族自治县	128	128	194	5	189	17	1	16	
保亭黎族苗族自治县	83	83	47	5	42	14		11	3
琼中黎族苗族自治县	19	19	35		35	12	2	10	
男	**1095**	**1095**	**1527**	**140**	**1387**	**415**	**106**	**245**	**64**
海南	**1095**	**1095**	**1527**	**140**	**1387**	**415**	**106**	**245**	**64**
海口市	**212**	**212**	**204**	**18**	**186**	**57**	**2**	**47**	**8**
秀英区	131	131	97	8	89	28		25	3
龙华区	7	7	6		6	2	1		1
琼山区	8	8	32	3	29	10		9	1
美兰区	66	66	69	7	62	17	1	13	3
三亚市	**22**	**22**	**21**	**7**	**14**	**1**		**1**	
海棠区	4	4	4	2	2	1		1	
吉阳区	13	13	5	3	2				
天涯区	1	1	8	2	6				
崖州区	4	4	4		4				
三沙市									
儋州市	**119**	**119**	**153**	**13**	**140**	**125**	**87**	**31**	**7**

4-4b 续表 19　　单位：人

地区 性别	房地产业		租赁和商务服务业			科学研究和技术服务业			
	小计	房地产业	小计	租赁业	商务服务业	小计	研究和试验发展	专业技术服务业	科技推广和应用服务业
五指山市	11	11	9	1	8	2	1	1	
琼海市	34	34	21		21	7	1	6	
文昌市	24	24	41	5	36	14		14	
万宁市	24	24	109	10	99	10		6	4
东方市	5	5	100	2	98	5	1	4	
定安县	59	59	92	4	88	25		17	8
屯昌县	39	39	59	13	46	12	1	11	
澄迈县	247	247	163	31	132	43	6	27	10
临高县	71	71	136	9	127	23	3	11	9
白沙黎族自治县	11	11	19	1	18	11		11	
昌江黎族自治县	60	60	82	13	69	21	1	15	5
乐东黎族自治县	25	25	119	4	115	29	1	18	10
陵水黎族自治县	80	80	134	4	130	11	1	10	
保亭黎族苗族自治县	41	41	37	5	32	11		8	3
琼中黎族苗族自治县	11	11	28		28	8	1	7	
女	**672**	**672**	**755**	**9**	**746**	**166**	**64**	**81**	**21**
海南	**672**	**672**	**755**	**9**	**746**	**166**	**64**	**81**	**21**
海口市	**120**	**120**	**114**		**114**	**24**	**3**	**17**	**4**
秀英区	70	70	52		52	14	2	9	3
龙华区	3	3	3		3				
琼山区	2	2	14		14	3		3	
美兰区	45	45	45		45	7	1	5	1
三亚市	**19**	**19**	**6**		**6**	**1**			**1**
海棠区	2	2							
吉阳区	13	13	3		3	1			1
天涯区			3		3				
崖州区	4	4							
三沙市									
儋州市	**79**	**79**	**70**	**1**	**69**	**57**	**48**	**7**	**2**
五指山市	5	5	8		8				
琼海市	18	18	13		13	6	3	3	
文昌市	14	14	39	1	38	7		7	
万宁市	18	18	75		75	4		2	2
东方市	2	2	64		64	1		1	
定安县	27	27	43		43	3		2	1
屯昌县	35	35	16	1	15	12	1	11	
澄迈县	150	150	45	2	43	17	4	7	6
临高县	28	28	68	1	67	4	2	1	1
白沙黎族自治县	16	16	9		9	5		5	
昌江黎族自治县	30	30	33	2	31	7	2	3	2
乐东黎族自治县	13	13	75		75	5		3	2
陵水黎族自治县	48	48	60	1	59	6		6	
保亭黎族苗族自治县	42	42	10		10	3		3	
琼中黎族苗族自治县	8	8	7		7	4	1	3	

4–4b 续表 20

单位：人

地区 性别	水利、环境和公共设施管理业					居民服务、修理和其他服务业			
	小计	水利管理业	生态保护和环境治理业	公共设施管理业	土地管理业	小计	居民服务业	机动车、电子产品和日用产品修理业	其他服务业
全省	**1499**	**83**	**89**	**1319**	**8**	**4655**	**2341**	**895**	**1419**
海口市	**223**	**5**	**18**	**198**	**2**	**575**	**240**	**103**	**232**
秀英区	85	2	10	72	1	177	39	24	114
龙华区	28		1	27		33	14	11	8
琼山区	36		2	33	1	64	29	18	17
美兰区	74	3	5	66		301	158	50	93
三亚市	**184**	**1**	**2**	**181**		**38**	**29**	**4**	**5**
海棠区	56		2	54		16	16		
吉阳区	7			7		9	7	2	
天涯区	118	1		117		9	4		5
崖州区	3			3		4	2	2	
三沙市									
儋州市	**159**	**7**	**6**	**146**		**662**	**242**	**93**	**327**
五指山市	15	1	3	11		20	6	9	5
琼海市	37	2		35		123	64	35	24
文昌市	43	15	3	25		258	119	97	42
万宁市	52	3	7	42		160	62	43	55
东方市	29		1	27	1	100	52	24	24
定安县	50	4	1	45		425	175	64	186
屯昌县	67	17	1	48	1	231	140	70	21
澄迈县	151	3	7	141		347	166	116	65
临高县	24	1	1	22		843	734	58	51
白沙黎族自治县	50	10	5	35		40	18	16	6
昌江黎族自治县	70	1	3	63	3	204	86	45	73
乐东黎族自治县	97	8	14	75		245	92	37	116
陵水黎族自治县	132	5	3	124		272	62	42	168
保亭黎族苗族自治县	79			78	1	60	25	21	14
琼中黎族苗族自治县	37		14	23		52	29	18	5
男	**694**	**66**	**64**	**559**	**5**	**2558**	**1093**	**777**	**688**
海南	**694**	**66**	**64**	**559**	**5**	**2558**	**1093**	**777**	**688**
海口市	**103**	**5**	**15**	**81**	**2**	**343**	**129**	**90**	**124**
秀英区	41	2	10	28	1	100	15	20	65
龙华区	6			6		13	4	9	
琼山区	16		1	14	1	29	8	17	4
美兰区	40	3	4	33		201	102	44	55
三亚市	**120**	**1**	**2**	**117**		**14**	**9**	**4**	**1**
海棠区	44		2	42		4	4		
吉阳区	2			2		3	1	2	
天涯区	73	1		72		5	4		1
崖州区	1			1		2		2	
三沙市									
儋州市	**40**	**5**	**4**	**31**		**376**	**115**	**76**	**185**

4-4b 续表 21　　　　单位：人

地区 性别	水利、环境和公共设施管理业					居民服务、修理和其他服务业			
	小计	水利管理业	生态保护和环境治理业	公共设施管理业	土地管理业	小计	居民服务业	机动车、电子产品和日用产品修理业	其他服务业
五指山市	9	1	2	6		13	1	9	3
琼海市	11	1		10		61	23	32	6
文昌市	28	15	1	12		160	59	85	16
万宁市	24	3	2	19		84	30	40	14
东方市	16		1	14	1	57	23	21	13
定安县	22	4	1	17		234	83	52	99
屯昌县	29	13		16		121	46	64	11
澄迈县	45	2	6	37		179	61	99	19
临高县	7			7		476	401	52	23
白沙黎族自治县	27	8	2	17		20	5	14	1
昌江黎族自治县	37	1	2	33	1	104	33	40	31
乐东黎族自治县	57	4	14	39		130	35	31	64
陵水黎族自治县	66	3	2	61		127	22	37	68
保亭黎族苗族自治县	35			34	1	36	12	16	8
琼中黎族苗族自治县	18		10	8		23	6	15	2
女	**805**	**17**	**25**	**760**	**3**	**2097**	**1248**	**118**	**731**
海南	**805**	**17**	**25**	**760**	**3**	**2097**	**1248**	**118**	**731**
海口市	**120**		**3**	**117**		**232**	**111**	**13**	**108**
秀英区	44			44		77	24	4	49
龙华区	22		1	21		20	10	2	8
琼山区	20		1	19		35	21	1	13
美兰区	34		1	33		100	56	6	38
三亚市	**64**			**64**		**24**	**20**		**4**
海棠区	12			12		12	12		
吉阳区	5			5		6	6		
天涯区	45			45		4			4
崖州区	2			2		2	2		
三沙市									
儋州市	**119**	**2**	**2**	**115**		**286**	**127**	**17**	**142**
五指山市	6		1	5		7	5		2
琼海市	26	1		25		62	41	3	18
文昌市	15		2	13		98	60	12	26
万宁市	28		5	23		76	32	3	41
东方市	13			13		43	29	3	11
定安县	28			28		191	92	12	87
屯昌县	38	4	1	32	1	110	94	6	10
澄迈县	106	1	1	104		168	105	17	46
临高县	17	1	1	15		367	333	6	28
白沙黎族自治县	23	2	3	18		20	13	2	5
昌江黎族自治县	33		1	30	2	100	53	5	42
乐东黎族自治县	40	4		36		115	57	6	52
陵水黎族自治县	66	2	1	63		145	40	5	100
保亭黎族苗族自治县	44			44		24	13	5	6
琼中黎族苗族自治县	19		4	15		29	23	3	3

4-4b　续表 22

单位：人

地　区 性　别	教育		卫生和社会工作			文化、体育和娱乐业				
	小计	教育	小计	卫生	社会工作	小计	新闻和出版业	广播、电视、电影和录音制作业	文化艺术业	体育
全省	**5043**	**5043**	**1834**	**1806**	**28**	**617**	**20**	**34**	**99**	**112**
海口市	**609**	**609**	**194**	**190**	**4**	**108**	**4**	**7**	**17**	**37**
秀英区	189	189	98	96	2	53	2	3	3	26
龙华区	38	38	26	26		7			1	
琼山区	77	77	22	21	1	11	1	1		2
美兰区	305	305	48	47	1	37	1	3	13	9
三亚市	**52**	**52**	**17**	**17**		**22**				
海棠区	19	19	4	4		10				
吉阳区	12	12	5	5		3				
天涯区	18	18	7	7		9				
崖州区	3	3	1	1						
三沙市										
儋州市	**471**	**471**	**141**	**139**	**2**	**38**	**1**	**3**	**2**	**7**
五指山市	46	46	10	10		3			1	
琼海市	176	176	94	93	1	27			11	
文昌市	298	298	114	110	4	27			7	9
万宁市	141	141	54	53	1	41	2	1	9	9
东方市	85	85	29	28	1	8			1	1
定安县	310	310	113	113		29	1	4	7	
屯昌县	359	359	138	134	4	32	1	3	6	6
澄迈县	608	608	203	199	4	85	3	9	8	16
临高县	349	349	119	117	2	38	1	3	11	2
白沙黎族自治县	126	126	52	52		15			5	1
昌江黎族自治县	359	359	149	149		37	2		3	3
乐东黎族自治县	396	396	137	136	1	24			2	6
陵水黎族自治县	242	242	85	81	4	33	2		1	8
保亭黎族苗族自治县	188	188	79	79		30	2	2	6	7
琼中黎族苗族自治县	228	228	106	106		20	1	2	2	
男	**2175**	**2175**	**710**	**705**	**5**	**335**	**14**	**21**	**60**	**53**
海南	**2175**	**2175**	**710**	**705**	**5**	**335**	**14**	**21**	**60**	**53**
海口市	**233**	**233**	**76**	**74**	**2**	**50**	**3**	**3**	**12**	**12**
秀英区	75	75	32	31	1	24	2	1	2	8
龙华区	19	19	14	14		2			1	
琼山区	30	30	10	9	1	7	1	1		2
美兰区	109	109	20	20		17		1	9	2
三亚市	**24**	**24**	**6**	**6**		**10**				
海棠区	8	8	1	1		4				
吉阳区	6	6	2	2		1				
天涯区	7	7	3	3		5				
崖州区	3	3								
三沙市										
儋州市	**222**	**222**	**52**	**51**	**1**	**21**		**1**	**1**	**5**

4－4b　续表 23

单位：人

地　区 性　别	教育		卫生和社会工作			文化、体育和娱乐业				
	小计	教育	小计	卫生	社会工作	小计	新闻和出版业	广播、电视、电影和录音制作业	文 化艺术业	体育
五指山市	22	22	3	3		1				
琼海市	80	80	34	34		14			7	
文昌市	118	118	40	40		21			6	7
万宁市	60	60	23	23		20	1	1	3	4
东方市	36	36	13	13		3				1
定安县	151	151	48	48		20	1	4	5	
屯昌县	145	145	58	57	1	16	1	2	4	3
澄迈县	256	256	81	80	1	51	2	7	4	8
临高县	146	146	49	49		17		1	4	2
白沙黎族自治县	51	51	17	17		9			5	
昌江黎族自治县	174	174	49	49		19	2		2	1
乐东黎族自治县	181	181	56	56		11			1	2
陵水黎族自治县	116	116	38	38		24	2		1	5
保亭黎族苗族自治县	70	70	32	32		15	1	1	3	3
琼中黎族苗族自治县	90	90	35	35		13	1	1	2	
女	**2868**	**2868**	**1124**	**1101**	**23**	**282**	**6**	**13**	**39**	**59**
海南	**2868**	**2868**	**1124**	**1101**	**23**	**282**	**6**	**13**	**39**	**59**
海口市	**376**	**376**	**118**	**116**	**2**	**58**	**1**	**4**	**5**	**25**
秀英区	114	114	66	65	1	29		2	1	18
龙华区	19	19	12	12		5				
琼山区	47	47	12	12		4				
美兰区	196	196	28	27	1	20	1	2	4	7
三亚市	**28**	**28**	**11**	**11**		**12**				
海棠区	11	11	3	3		6				
吉阳区	6	6	3	3		2				
天涯区	11	11	4	4		4				
崖州区			1	1						
三沙市										
儋州市	**249**	**249**	**89**	**88**	**1**	**17**	**1**	**2**	**1**	**2**
五指山市	24	24	7	7		2			1	
琼海市	96	96	60	59	1	13			4	
文昌市	180	180	74	70	4	6			1	2
万宁市	81	81	31	30	1	21	1		6	5
东方市	49	49	16	15	1	5			1	
定安县	159	159	65	65		9			2	
屯昌县	214	214	80	77	3	16		1	2	3
澄迈县	352	352	122	119	3	34	1	2	4	8
临高县	203	203	70	68	2	21	1	2	7	
白沙黎族自治县	75	75	35	35		6				1
昌江黎族自治县	185	185	100	100		18			1	2
乐东黎族自治县	215	215	81	80	1	13			1	4
陵水黎族自治县	126	126	47	43	4	9				3
保亭黎族苗族自治县	118	118	47	47		15	1	1	3	4
琼中黎族苗族自治县	138	138	71	71		7		1		

4-4b　续表 24　　　　　　　　　　　　　　　　　　　　　　单位：人

地区 性别	娱乐业	公共管理、社会保障和社会组织							国际组织	
		小计	中国共产党机关	国家机构	人民政协、民主党派	社会保障	群众团体、社会团体和其他成员组织	基层群众自治组织	小计	国际组织
全省	**352**	**5158**	**117**	**4153**	**8**	**53**	**212**	**615**	**1**	**1**
海口市	**43**	**492**	**3**	**366**			**20**	**103**		
秀英区	19	241	2	203			6	30		
龙华区	6	42		31			4	7		
琼山区	7	73		31			5	37		
美兰区	11	136	1	101			5	29		
三亚市	**22**	**52**	**1**	**30**				**21**		
海棠区	10	15		5				10		
吉阳区	3	2						2		
天涯区	9	25		18				7		
崖州区		10	1	7				2		
三沙市										
儋州市	**25**	**396**	**18**	**314**		**1**	**17**	**46**		
五指山市	2	40		23				17		
琼海市	16	78	2	66			1	9		
文昌市	11	203	1	156			10	36		
万宁市	20	149	1	94	3	8	25	18		
东方市	6	94		61			10	23		
定安县	17	254	3	212		6	17	16		
屯昌县	16	298	6	260			5	27		
澄迈县	49	630	20	520		2	12	76	1	1
临高县	21	406	16	321	1	4	39	25		
白沙黎族自治县	9	279	3	264			2	10		
昌江黎族自治县	29	466	4	414	1	5	7	35		
乐东黎族自治县	16	306	20	244		1	9	32		
陵水黎族自治县	22	315	10	207	1	25	27	45		
保亭黎族苗族自治县	13	319	4	263		1	1	50		
琼中黎族苗族自治县	15	381	5	338	2		10	26		
男	**187**	**3557**	**80**	**2876**	**4**	**36**	**119**	**442**	**1**	**1**
海南	**187**	**3557**	**80**	**2876**	**4**	**36**	**119**	**442**	**1**	**1**
海口市	**20**	**320**	**3**	**241**			**7**	**69**		
秀英区	11	164	2	137			3	22		
龙华区	1	27		21				6		
琼山区	3	40		20				20		
美兰区	5	89	1	63			4	21		
三亚市	**10**	**36**		**20**				**16**		
海棠区	4	12		3				9		
吉阳区	1	2						2		
天涯区	5	17		13				4		
崖州区		5		4				1		
三沙市										
儋州市	**14**	**276**	**10**	**219**			**8**	**39**		

4-4b 续表 25

单位：人

地区 性别	娱乐业	公共管理、社会保障和社会组织						国际组织	
		小计	中国共产党机关	国家机构	人民政协、民主党派	社会保障	群众团体、社会团体和其他成员组织	基层群众自治组织	小计	国际组织
五指山市	1	28		14				14		
琼海市	7	55	2	46			1	6		
文昌市	8	139		109			6	24		
万宁市	11	113	1	75	1	7	14	15		
东方市	2	78		54			7	17		
定安县	10	178	3	148		4	11	12		
屯昌县	6	221	6	196			4	15		
澄迈县	30	466	13	393			7	53	1	1
临高县	10	273	11	216	1	3	23	19		
白沙黎族自治县	4	185	3	177				5		
昌江黎族自治县	14	315	3	279	1	3	5	24		
乐东黎族自治县	8	209	12	165		1	5	26		
陵水黎族自治县	16	215	7	142	1	17	13	35		
保亭黎族苗族自治县	7	208	2	166		1	1	38		
琼中黎族苗族自治县	9	242	4	216			7	15		
女	**165**	**1601**	**37**	**1277**	**4**	**17**	**93**	**173**		
海南	**165**	**1601**	**37**	**1277**	**4**	**17**	**93**	**173**		
海口市	**23**	**172**		**125**			**13**	**34**		
秀英区	8	77		66			3	8		
龙华区	5	15		10			4	1		
琼山区	4	33		11			5	17		
美兰区	6	47		38			1	8		
三亚市	**12**	**16**	**1**	**10**				**5**		
海棠区	6	3		2				1		
吉阳区	2									
天涯区	4	8		5				3		
崖州区		5	1	3				1		
三沙市										
儋州市	**11**	**120**	**8**	**95**		**1**	**9**	**7**		
五指山市	1	12		9				3		
琼海市	9	23		20				3		
文昌市	3	64	1	47			4	12		
万宁市	9	36		19	2	1	11	3		
东方市	4	16		7			3	6		
定安县	7	76		64		2	6	4		
屯昌县	10	77		64			1	12		
澄迈县	19	164	7	127		2	5	23		
临高县	11	133	5	105		1	16	6		
白沙黎族自治县	5	94		87			2	5		
昌江黎族自治县	15	151	1	135		2	2	11		
乐东黎族自治县	8	97	8	79			4	6		
陵水黎族自治县	6	100	3	65		8	14	10		
保亭黎族苗族自治县	6	111	2	97				12		
琼中黎族苗族自治县	6	139	1	122	2		3	11		

4-4c　各地区分性别、行业大类的就业人口(乡村)

单位：人

地　区 性　别	合计	农、林、牧、渔业						采矿业	
		小计	农业	林业	畜牧业	渔业	农、林、牧、渔专业及辅助性活动	小计	煤炭开采和洗选业
全省	**170279**	**99649**	**71140**	**17535**	**4380**	**3705**	**2889**	**204**	**3**
海口市	**22061**	**8051**	**6912**	**220**	**604**	**211**	**104**	**12**	**1**
秀英区	6129	2247	2080	9	105	15	38	3	
龙华区	3126	1223	1010	2	199	7	5	5	
琼山区	7463	3312	2875	191	201	22	23	3	1
美兰区	5343	1269	947	18	99	167	38	1	
三亚市	**13007**	**4934**	**4487**	**156**	**132**	**53**	**106**	**18**	
海棠区	1854	198	170	1	11	12	4		
吉阳区	3183	645	605		26	7	7	18	
天涯区	5234	2680	2420	145	70	26	19		
崖州区	2736	1411	1292	10	25	8	76		
三沙市									
儋州市	**18353**	**10083**	**3922**	**4926**	**368**	**668**	**199**	**8**	
五指山市	2357	1677	797	789	54	10	27	3	
琼海市	12350	7682	5513	1154	288	593	134	15	
文昌市	9594	5868	4199	79	681	807	102	71	
万宁市	13079	7593	5322	677	331	690	573	7	
东方市	9118	6009	5483	81	214	71	160	10	
定安县	7465	4749	3849	428	420	21	31		
屯昌县	4827	3111	1823	1084	168	5	31	3	
澄迈县	7089	4812	2639	1746	281	126	20	30	
临高县	8933	5876	4434	1005	159	182	96	8	
白沙黎族自治县	5441	3489	506	2541	143	32	267	5	
昌江黎族自治县	4613	3300	2954	186	86	34	40	1	
乐东黎族自治县	13813	10020	8171	708	172	128	841	7	2
陵水黎族自治县	7648	4689	4285	201	65	50	88	1	
保亭黎族苗族自治县	4951	3526	3175	230	47	12	62	1	
琼中黎族苗族自治县	5580	4180	2669	1324	167	12	8	4	
男	**101720**	**57117**	**39287**	**10689**	**2753**	**2752**	**1636**	**157**	**2**
海南	**101720**	**57117**	**39287**	**10689**	**2753**	**2752**	**1636**	**157**	**2**
海口市	**13157**	**4415**	**3684**	**125**	**385**	**153**	**68**	**12**	**1**
秀英区	3689	1203	1093	6	67	11	26	3	
龙华区	1919	670	541		123	4	2	5	
琼山区	4420	1835	1562	109	133	17	14	3	1
美兰区	3129	707	488	10	62	121	26	1	
三亚市	**7847**	**2935**	**2645**	**103**	**78**	**40**	**69**	**18**	
海棠区	1174	118	98	1	6	10	3		
吉阳区	1893	374	349		16	5	4	18	
天涯区	3150	1600	1428	97	40	19	16		
崖州区	1630	843	770	5	16	6	46		
三沙市									
儋州市	**10831**	**5515**	**1868**	**2870**	**237**	**449**	**91**	**6**	

4-4c　续表 1　　　　单位：人

地区 性别	合计	农、林、牧、渔业						采矿业	
		小计	农业	林业	畜牧业	渔业	农、林、牧、渔专业及辅助性活动	小计	煤炭开采和洗选业
五指山市	1390	941	418	464	33	7	19	3	
琼海市	7218	4304	2866	699	178	462	99	11	
文昌市	5590	3274	2133	54	445	583	59	41	
万宁市	8015	4434	2925	437	212	571	289	6	
东方市	5325	3342	3015	62	123	49	93	10	
定安县	4555	2732	2174	258	264	17	19		
屯昌县	3003	1823	1062	630	107	3	21	2	
澄迈县	4478	2961	1542	1131	187	88	13	28	
临高县	5188	3234	2323	621	90	145	55	6	
白沙黎族自治县	3307	2089	281	1530	82	22	174	5	
昌江黎族自治县	2785	1877	1646	122	58	25	26	1	
乐东黎族自治县	8047	5715	4628	450	113	83	441	5	1
陵水黎族自治县	4537	2827	2537	154	43	40	53	1	
保亭黎族苗族自治县	2986	2109	1890	143	27	8	41		
琼中黎族苗族自治县	3461	2590	1650	836	91	7	6	2	
女	**68559**	**42532**	**31853**	**6846**	**1627**	**953**	**1253**	**47**	**1**
海南	**68559**	**42532**	**31853**	**6846**	**1627**	**953**	**1253**	**47**	**1**
海口市	**8904**	**3636**	**3228**	**95**	**219**	**58**	**36**		
秀英区	2440	1044	987	3	38	4	12		
龙华区	1207	553	469	2	76	3	3		
琼山区	3043	1477	1313	82	68	5	9		
美兰区	2214	562	459	8	37	46	12		
三亚市	**5160**	**1999**	**1842**	**53**	**54**	**13**	**37**		
海棠区	680	80	72		5	2	1		
吉阳区	1290	271	256		10	2	3		
天涯区	2084	1080	992	48	30	7	3		
崖州区	1106	568	522	5	9	2	30		
三沙市									
儋州市	**7522**	**4568**	**2054**	**2056**	**131**	**219**	**108**	**2**	
五指山市	967	736	379	325	21	3	8		
琼海市	5132	3378	2647	455	110	131	35	4	
文昌市	4004	2594	2066	25	236	224	43	30	
万宁市	5064	3159	2397	240	119	119	284	1	
东方市	3793	2667	2468	19	91	22	67		
定安县	2910	2017	1675	170	156	4	12		
屯昌县	1824	1288	761	454	61	2	10	1	
澄迈县	2611	1851	1097	615	94	38	7	2	
临高县	3745	2642	2111	384	69	37	41	2	
白沙黎族自治县	2134	1400	225	1011	61	10	93		
昌江黎族自治县	1828	1423	1308	64	28	9	14		
乐东黎族自治县	5766	4305	3543	258	59	45	400	2	1
陵水黎族自治县	3111	1862	1748	47	22	10	35		
保亭黎族苗族自治县	1965	1417	1285	87	20	4	21	1	
琼中黎族苗族自治县	2119	1590	1019	488	76	5	2	2	

4-4c　续表 2　　　　　　　　　　　　　　　　　　　　　　单位：人

地　区 性　别	采矿业						制造业		
	石油和天然气开采业	黑色金属矿采选业	有色金属矿采选业	非金属矿采选业	开采专业及辅助性活动	其他采矿业	小计	农副食品加工业	食品制造业
全省	**24**	**1**	**46**	**107**	**17**	**6**	**6034**	**1051**	**338**
海口市			**1**	**8**	**2**		**1308**	**94**	**98**
秀英区				2	1		471	29	28
龙华区				5			191	13	3
琼山区			1		1		381	21	28
美兰区				1			265	31	39
三亚市	**1**			**17**			**264**	**27**	**9**
海棠区							82	9	
吉阳区	1			17			77	6	4
天涯区							79	7	5
崖州区							26	5	
三沙市									
儋州市				**7**		**1**	**944**	**95**	**29**
五指山市					2	1	43		
琼海市				15			411	117	27
文昌市		1	43	25	2		371	119	61
万宁市	1			1	4	1	444	159	12
东方市	2			8			254	66	7
定安县							251	95	24
屯昌县				3			220	25	19
澄迈县	20			5	2	3	177	38	18
临高县				8			197	26	6
白沙黎族自治县				5			218	17	9
昌江黎族自治县					1		244	58	2
乐东黎族自治县			2	1	2		323	64	9
陵水黎族自治县					1		92	18	2
保亭黎族苗族自治县					1		99	18	1
琼中黎族苗族自治县				4			174	15	5
男	**22**	**1**	**29**	**84**	**14**	**5**	**4113**	**569**	**195**
海南	**22**	**1**	**29**	**84**	**14**	**5**	**4113**	**569**	**195**
海口市			**1**	**8**	**2**		**867**	**49**	**59**
秀英区				2	1		316	14	15
龙华区				5			130	8	2
琼山区			1		1		249	10	19
美兰区				1			172	17	23
三亚市	**1**			**17**			**201**	**15**	**3**
海棠区							67	4	
吉阳区	1			17			51	3	1
天涯区							63	5	2
崖州区							20	3	
三沙市									
儋州市				**5**		**1**	**615**	**40**	**15**

4-4c 续表 3

单位：人

地区 性别	采矿业						制造业		
	石油和天然气开采业	黑色金属矿采选业	有色金属矿采选业	非金属矿采选业	开采专业及辅助性活动	其他采矿业	小计	农副食品加工业	食品制造业
五指山市					2	1	26		
琼海市				11			282	59	15
文昌市		1	26	13	1		232	64	34
万宁市				1	4	1	305	78	7
东方市	2			8			187	41	4
定安县							171	57	17
屯昌县				2			154	18	10
澄迈县	19			5	2	2	127	24	14
临高县				6			148	21	2
白沙黎族自治县				5			144	9	4
昌江黎族自治县					1		182	28	1
乐东黎族自治县			2	1	1		216	35	6
陵水黎族自治县					1		67	10	1
保亭黎族苗族自治县							70	10	1
琼中黎族苗族自治县				2			119	11	2
女	**2**		**17**	**23**	**3**	**1**	**1921**	**482**	**143**
海南	**2**		**17**	**23**	**3**	**1**	**1921**	**482**	**143**
海口市							**441**	**45**	**39**
秀英区							155	15	13
龙华区							61	5	1
琼山区							132	11	9
美兰区							93	14	16
三亚市							**63**	**12**	**6**
海棠区							15	5	
吉阳区							26	3	3
天涯区							16	2	3
崖州区							6	2	
三沙市									
儋州市				**2**			**329**	**55**	**14**
五指山市							17		
琼海市				4			129	58	12
文昌市			17	12	1		139	55	27
万宁市	1						139	81	5
东方市							67	25	3
定安县							80	38	7
屯昌县				1			66	7	9
澄迈县	1					1	50	14	4
临高县				2			49	5	4
白沙黎族自治县							74	8	5
昌江黎族自治县							62	30	1
乐东黎族自治县					1		107	29	3
陵水黎族自治县							25	8	1
保亭黎族苗族自治县					1		29	8	
琼中黎族苗族自治县				2			55	4	3

4-4c　续表 4　　　　　单位：人

地　区 性　别	制造业								
	酒、饮料和精制茶制造业	烟　草制品业	纺织业	纺织服装、服饰业	皮革、毛皮、羽毛及其制品和制鞋业	木材加工和木、竹、藤、棕、草制品业	家　具制造业	造纸和纸制品业	印刷和记录媒介复制业
全省	**203**	**15**	**56**	**151**	**13**	**512**	**148**	**81**	**39**
海口市	**69**	**10**	**7**	**86**	**3**	**91**	**63**	**28**	**20**
秀英区	26			7	2	9	16	14	7
龙华区	4		2	27		40	6	2	1
琼山区	6	7	2	49	1	32	17	8	4
美兰区	33	3	3	3		10	24	4	8
三亚市	**5**		**8**	**4**		**10**	**8**		**1**
海棠区	3								
吉阳区	1		6	2		5	7		
天涯区			1	2		5	1		1
崖州区	1		1						
三沙市									
儋州市	**8**	**3**	**9**	**6**	**2**	**80**	**13**	**28**	**4**
五指山市	10		7						
琼海市	5		5	9		30	10	11	1
文昌市	7		5	6	2	16	19	2	2
万宁市	4		1	10		86	1	3	2
东方市	8		2	4	1	27	3		1
定安县	5			1	1	3	1		3
屯昌县	5			4		58	4		
澄迈县	8			6	1	2	4	2	
临高县	3		3	3		17	1	3	1
白沙黎族自治县	36		1	3		39	3		
昌江黎族自治县	1		1		2	12			1
乐东黎族自治县	8		3	6		18	7	1	3
陵水黎族自治县	3	1	1	1			6		
保亭黎族苗族自治县	5					4	5	1	
琼中黎族苗族自治县	13	1	3	2	1	19		2	
男	**118**	**5**	**27**	**57**	**10**	**381**	**111**	**54**	**26**
海南	**118**	**5**	**27**	**57**	**10**	**381**	**111**	**54**	**26**
海口市	**43**	**4**	**6**	**28**	**1**	**74**	**51**	**12**	**12**
秀英区	17			3	1	8	12	7	5
龙华区	3		2	8		34	5	1	1
琼山区	5	2	1	17		24	15	1	2
美兰区	18	2	3			8	19	3	4
三亚市	**2**		**3**	**1**		**9**	**4**		
海棠区	2								
吉阳区			2			5	3		
天涯区				1		4	1		
崖州区			1						
三沙市									
儋州市	**3**		**3**	**3**	**2**	**54**	**9**	**25**	**3**

4-4c 续表 5　　　　　　　　　　　　　　　　　　　　　　　　　　　　单位：人

地区 性别	制造业								
	酒、饮料和精制茶制造业	烟草制品业	纺织业	纺织服装、服饰业	皮革、毛皮、羽毛及其制品和制鞋业	木材加工和木、竹、藤、棕、草制品业	家具制造业	造纸和纸制品业	印刷和记录媒介复制业
五指山市	5		1						
琼海市	2		2	2		24	9	8	1
文昌市	6		3	2	1	13	13	1	1
万宁市	1		1	7		67	1	2	1
东方市	5		1		1	22	2		1
定安县	3			1	1	3	1		2
屯昌县	1			2		35	3		
澄迈县	4			3	1	1	3	2	
临高县	1		2	2		14	1	2	1
白沙黎族自治县	27			2		23	1		
昌江黎族自治县	1		1		2	8			1
乐东黎族自治县	2		1	3		15	5	1	3
陵水黎族自治县	1	1	1				5		
保亭黎族苗族自治县	2					4	3		
琼中黎族苗族自治县	9		2	1	1	15		1	
女	**85**	**10**	**29**	**94**	**3**	**131**	**37**	**27**	**13**
海南	**85**	**10**	**29**	**94**	**3**	**131**	**37**	**27**	**13**
海口市	**26**	**6**	**1**	**58**	**2**	**17**	**12**	**16**	**8**
秀英区	9			4	1	1	4	7	2
龙华区	1			19		6	1	1	
琼山区	1	5	1	32	1	8	2	7	2
美兰区	15	1		3		2	5	1	4
三亚市	**3**		**5**	**3**		**1**	**4**		**1**
海棠区	1								
吉阳区	1		4	2			4		
天涯区			1	1		1			1
崖州区	1								
三沙市									
儋州市	**5**	**3**	**6**	**3**		**26**	**4**	**3**	**1**
五指山市	5		6						
琼海市	3		3	7		6	1	3	
文昌市	1		2	4	1	3	6	1	1
万宁市	3			3		19		1	1
东方市	3		1	4		5	1		
定安县	2								1
屯昌县	4			2		23	1		
澄迈县	4			3		1	1		
临高县	2		1	1		3		1	
白沙黎族自治县	9		1	1		16	2		
昌江黎族自治县						4			
乐东黎族自治县	6		2	3		3	2		
陵水黎族自治县	2			1			1		
保亭黎族苗族自治县	3						2	1	
琼中黎族苗族自治县	4	1	1	1		4		1	

4-4c 续表 6

单位：人

地区 性别	制造业								
	文教、工美、体育和娱乐用品制造业	石油、煤炭及其他燃料加工业	化学原料和化学制品制造业	医药制造业	化学纤维制造业	橡胶和塑料制品业	非金属矿物制品业	黑色金属冶炼和压延加工业	有色金属冶炼和压延加工业
全省	**136**	**10**	**171**	**132**	**1**	**600**	**977**	**31**	**59**
海口市	**31**	**1**	**30**	**83**		**66**	**232**	**11**	**3**
秀英区	20		10	50		9	121	2	2
龙华区	1		11	7			21	5	
琼山区	4	1	8	6		53	64	4	
美兰区	6		1	20		4	26		1
三亚市	**5**	**2**	**7**	**6**		**7**	**84**	**2**	
海棠区		2	2	3			45	2	
吉阳区			1			2	22		
天涯区	5		3	1			11		
崖州区			1	2		5	6		
三沙市									
儋州市	**12**	**3**	**40**	**3**	**1**	**176**	**210**	**3**	**2**
五指山市	1		3	1		3	8		
琼海市	11	1	7	7		10	67	7	4
文昌市	27			5		11	47		3
万宁市	6		13	4		9	16	1	
东方市	7	3	7	2		16	30	2	
定安县	2		3	8		36	26		
屯昌县	4		7	2		5	49	2	2
澄迈县	6		10	2		12	18	1	
临高县	4		3	5		4	48	1	
白沙黎族自治县	5		4			21	26	1	
昌江黎族自治县	4		10			22	65		33
乐东黎族自治县	1		18	2		91	9		12
陵水黎族自治县	7		3	1			14		
保亭黎族苗族自治县	2		4			41	9		
琼中黎族苗族自治县	1		2	1		70	19		
男	**80**	**10**	**141**	**71**	**1**	**400**	**756**	**27**	**55**
海南	**80**	**10**	**141**	**71**	**1**	**400**	**756**	**27**	**55**
海口市	**14**	**1**	**24**	**47**		**36**	**174**	**9**	**2**
秀英区	7		9	29		2	92	2	1
龙华区			8	5			10	4	
琼山区	3	1	6	3		33	53	3	
美兰区	4		1	10		1	19		1
三亚市	**4**	**2**	**7**	**6**		**7**	**70**	**1**	
海棠区		2	2	3			40	1	
吉阳区			1			2	18		
天涯区	4		3	1			8		
崖州区			1	2		5	4		
三沙市									
儋州市	**8**	**3**	**35**	**2**	**1**	**117**	**160**	**3**	**1**

4-4c 续表 7

单位：人

地 区 性 别	制造业								
	文教、工美、体育和娱乐用品制造业	石油、煤炭及其他燃料加工业	化学原料和化学制品制造业	医 药制造业	化学纤维制造业	橡胶和塑 料制品业	非金属矿 物制品业	黑色金属冶炼和压延加工业	有色金属冶炼和压延加工业
五指山市	1		3			2	7		
琼海市	6	1	4	3		8	54	7	4
文昌市	13			2		8	36		3
万宁市	2		12	1		6	14	1	
东方市	4	3	7			12	24	2	
定安县	2		3	4		23	22		
屯昌县	3		6	1		3	40	2	2
澄迈县	4		6	1		7	12	1	
临高县	4		3	3		2	31	1	
白沙黎族自治县	3		2			15	21		
昌江黎族自治县	3		9			17	51		32
乐东黎族自治县	1		15	1		58	9		11
陵水黎族自治县	6		2				11		
保亭黎族苗族自治县	2		2			31	7		
琼中黎族苗族自治县			1			48	13		
女	**56**		**30**	**61**		**200**	**221**	**4**	**4**
海南	**56**		**30**	**61**		**200**	**221**	**4**	**4**
海口市	**17**		**6**	**36**		**30**	**58**	**2**	**1**
秀英区	13		1	21		7	29		1
龙华区	1		3	2			11	1	
琼山区	1		2	3		20	11	1	
美兰区	2			10		3	7		
三亚市	**1**						**14**	**1**	
海棠区							5	1	
吉阳区							4		
天涯区	1						3		
崖州区							2		
三沙市									
儋州市	**4**		**5**	**1**		**59**	**50**		**1**
五指山市				1		1	1		
琼海市	5		3	4		2	13		
文昌市	14			3		3	11		
万宁市	4		1	3		3	2		
东方市	3			2		4	6		
定安县				4		13	4		
屯昌县	1		1	1		2	9		
澄迈县	2		4	1		5	6		
临高县				2		2	17		
白沙黎族自治县	2		2			6	5	1	
昌江黎族自治县	1		1			5	14		1
乐东黎族自治县			3	1		33			1
陵水黎族自治县	1		1	1			3		
保亭黎族苗族自治县			2			10	2		
琼中黎族苗族自治县	1		1	1		22	6		

4-4c　续表 8　　　　单位：人

地　区 性　别	制造业 金　属 制品业	通用设备 制造业	专用设备 制造业	汽　车 制造业	铁路、船舶、 航空航天和 其他运输 设备制造业	电气机械 和器材 制造业	计算机、 通信和其 他电子设 备制造业	仪器仪表 制造业	其　他 制造业
全省	**463**	**86**	**181**	**24**	**18**	**88**	**143**	**36**	**59**
海口市	**85**	**22**	**30**	**15**	**4**	**48**	**9**	**3**	**16**
秀英区	36	2	18	6	1	30	5	1	2
龙华区	17	4	1	1		7	2	1	8
琼山区	17	6	5	3	1	7	1		6
美兰区	15	10	6	5	2	4	1	1	
三亚市	**55**	**1**	**3**			**1**	**5**	**1**	**1**
海棠区	8		1						
吉阳区	19						1		
天涯区	26		2			1	4	1	1
崖州区	2	1							
三沙市									
儋州市	**92**	**19**	**51**	**1**	**4**	**9**	**20**	**13**	**2**
五指山市	3		2			2	2		
琼海市	33	3	6	1		3	11	3	
文昌市	11	3	1	1	2	1	5		5
万宁市	22	5	40	2	5	5	7	2	4
东方市	25	6	9			4	5		7
定安县	14	6	7	1		1	3	2	5
屯昌县	11	7	2			2	2	1	1
澄迈县	28	3	3				5	1	1
临高县	26	2	4	1	3	5	12	5	5
白沙黎族自治县	6	1	2	1		1	30	3	2
昌江黎族自治县	19	2	1	1			7		2
乐东黎族自治县	11	5	7			4	12	1	7
陵水黎族自治县	11	1	8			1	2	1	
保亭黎族苗族自治县	5		1				1		1
琼中黎族苗族自治县	6		4			1	5		
男	**370**	**73**	**136**	**19**	**11**	**62**	**94**	**33**	**38**
海南	**370**	**73**	**136**	**19**	**11**	**62**	**94**	**33**	**38**
海口市	**74**	**18**	**25**	**12**	**3**	**31**	**5**	**3**	**8**
秀英区	31	2	17	5	1	18	2	1	
龙华区	15	4	1	1		6	1	1	4
琼山区	14	5	3	2	1	5	1		4
美兰区	14	7	4	4	1	2	1	1	
三亚市	**47**	**1**	**3**			**1**	**5**	**1**	**1**
海棠区	7		1						
吉阳区	15						1		
天涯区	23		2			1	4	1	1
崖州区	2	1							
三沙市									
儋州市	**40**	**17**	**32**	**1**	**1**	**6**	**13**	**13**	**1**

4-4c 续表 9

单位：人

地区 性别	制造业								
	金属制品业	通用设备制造业	专用设备制造业	汽车制造业	铁路、船舶、航空航天和其他运输设备制造业	电气机械和器材制造业	计算机、通信和其他电子设备制造业	仪器仪表制造业	其他制造业
五指山市	1		2			2	1		
琼海市	30	3	6	1		2	8	3	
文昌市	9	2	1	1	2	1	4		3
万宁市	20	5	37	1	3	5	4	2	4
东方市	24	5	5			3	3		6
定安县	13	5	5	1		1	1	1	2
屯昌县	11	6	1			2	1	1	
澄迈县	24	3	2				5	1	1
临高县	25	2	3		2	4	9	4	3
白沙黎族自治县	5	1	2	1		1	19	2	1
昌江黎族自治县	17	1	1	1			5		2
乐东黎族自治县	10	4	2			2	6	1	5
陵水黎族自治县	10		5			1	2	1	
保亭黎族苗族自治县	5		1						1
琼中黎族苗族自治县	5		3				3		
女	**93**	**13**	**45**	**5**	**7**	**26**	**49**	**3**	**21**
海南	**93**	**13**	**45**	**5**	**7**	**26**	**49**	**3**	**21**
海口市	**11**	**4**	**5**	**3**	**1**	**17**	**4**		**8**
秀英区	5		1	1		12	3		2
龙华区	2					1	1		4
琼山区	3	1	2	1		2			2
美兰区	1	3	2	1	1	2			
三亚市	**8**								
海棠区	1								
吉阳区	4								
天涯区	3								
崖州区									
三沙市									
儋州市	**52**	**2**	**19**		**3**	**3**	**7**		**1**
五指山市	2						1		
琼海市	3					1	3		
文昌市	2	1					1		2
万宁市	2		3	1	2		3		
东方市	1	1	4			1	2		1
定安县	1	1	2				2	1	3
屯昌县		1	1				1		1
澄迈县	4		1						
临高县	1		1	1	1	1	3	1	2
白沙黎族自治县	1						11	1	1
昌江黎族自治县	2	1					2		
乐东黎族自治县	1	1	5			2	6		2
陵水黎族自治县	1	1	3						
保亭黎族苗族自治县							1		
琼中黎族苗族自治县	1		1			1	2		

4-4c 续表 10

单位：人

地区 性别	制造业		电力、热力、燃气及水生产和供应业				建筑业		
	废弃资源综合利用业	金属制品、机械和设备修理业	小计	电力、热力生产和供应业	燃气生产和供应业	水的生产和供应业	小计	房屋建筑业	土木工程建筑业
全省	**68**	**144**	**546**	**341**	**130**	**75**	**13987**	**7226**	**847**
海口市	**24**	**26**	**97**	**68**	**17**	**12**	**2708**	**1336**	**303**
秀英区	13	5	11	4	1	6	798	477	53
龙华区		7	4	3		1	453	247	26
琼山区	11	9	17	7	7	3	641	216	54
美兰区		5	65	54	9	2	816	396	170
三亚市	**10**	**2**	**39**	**13**	**15**	**11**	**1134**	**602**	**99**
海棠区	6	1	4		3	1	223	95	27
吉阳区	1		9	1	7	1	323	157	27
天涯区	1	1	20	11	5	4	387	207	26
崖州区	2		6	1		5	201	143	19
三沙市									
儋州市	**5**	**1**	**47**	**39**	**3**	**5**	**2982**	**1496**	**32**
五指山市		1	11	9	2		153	83	3
琼海市	5	17	24	15	3	6	707	405	28
文昌市	1	9	25	14	5	6	823	624	32
万宁市	9	16	32	20	6	6	1017	422	36
东方市	1	11	16	9		7	598	368	37
定安县		4	12	5	5	2	547	328	12
屯昌县	6	2	16	12	3	1	351	174	25
澄迈县	2	6	29	15	11	3	411	215	22
临高县		6	5	2	3		615	327	40
白沙黎族自治县		7	20	15	3	2	387	178	21
昌江黎族自治县	1		57	48	8	1	297	111	38
乐东黎族自治县	1	23	57	12	43	2	558	243	51
陵水黎族自治县	2	9	10	4		6	411	200	7
保亭黎族苗族自治县		1	34	30	1	3	162	70	41
琼中黎族苗族自治县	1	3	15	11	2	2	126	44	20
男	**49**	**134**	**455**	**310**	**86**	**59**	**11522**	**5746**	**737**
海南	**49**	**134**	**455**	**310**	**86**	**59**	**11522**	**5746**	**737**
海口市	**17**	**25**	**74**	**53**	**12**	**9**	**2256**	**1079**	**255**
秀英区	10	5	10	4	1	5	656	382	45
龙华区		6	4	3		1	385	201	23
琼山区	7	9	13	7	5	1	539	181	46
美兰区		5	47	39	6	2	676	315	141
三亚市	**6**	**2**	**35**	**13**	**13**	**9**	**944**	**489**	**80**
海棠区	4	1	4		3	1	175	73	21
吉阳区			9	1	7	1	261	119	23
天涯区	1	1	17	11	3	3	346	181	22
崖州区	1		5	1		4	162	116	14
三沙市									
儋州市	**3**	**1**	**42**	**38**	**2**	**2**	**2292**	**1114**	**29**

4－4c 续表 11　　　　单位：人

地区 性别	制造业		电力、热力、燃气及水生产和供应业				建筑业		
	废弃资源综合利用业	金属制品、机械和设备修理业	小计	电力、热力生产和供应业	燃气生产和供应业	水的生产和供应业	小计	房屋建筑业	土木工程建筑业
五指山市		1	9	8	1		138	72	3
琼海市	4	16	22	14	3	5	604	337	23
文昌市		9	20	13	4	3	614	443	29
万宁市	8	15	26	19	3	4	843	333	34
东方市	1	11	16	9		7	524	313	32
定安县		3	11	5	4	2	466	279	12
屯昌县	4	2	14	11	2	1	321	153	24
澄迈县	2	6	24	13	8	3	365	183	21
临高县		6	4	2	2		492	253	35
白沙黎族自治县		5	18	14	2	2	348	157	19
昌江黎族自治县	1		53	46	6	1	270	106	34
乐东黎族自治县		20	35	12	21	2	469	189	46
陵水黎族自治县	2	8	7	3		4	328	150	7
保亭黎族苗族自治县		1	33	29	1	3	136	60	35
琼中黎族苗族自治县	1	3	12	8	2	2	112	36	19
女	**19**	**10**	**91**	**31**	**44**	**16**	**2465**	**1480**	**110**
海南	**19**	**10**	**91**	**31**	**44**	**16**	**2465**	**1480**	**110**
海口市	**7**	**1**	**23**	**15**	**5**	**3**	**452**	**257**	**48**
秀英区	3		1			1	142	95	8
龙华区		1					68	46	3
琼山区	4		4		2	2	102	35	8
美兰区			18	15	3		140	81	29
三亚市	**4**		**4**		**2**	**2**	**190**	**113**	**19**
海棠区	2						48	22	6
吉阳区	1						62	38	4
天涯区			3		2	1	41	26	4
崖州区	1		1			1	39	27	5
三沙市									
儋州市	**2**		**5**	**1**	**1**	**3**	**690**	**382**	**3**
五指山市			2	1	1		15	11	
琼海市	1	1	2	1		1	103	68	5
文昌市	1		5	1	1	3	209	181	3
万宁市	1	1	6	1	3	2	174	89	2
东方市							74	55	5
定安县		1	1		1		81	49	
屯昌县	2		2	1	1		30	21	1
澄迈县			5	2	3		46	32	1
临高县			1		1		123	74	5
白沙黎族自治县		2	2	1	1		39	21	2
昌江黎族自治县			4	2	2		27	5	4
乐东黎族自治县	1	3	22		22		89	54	5
陵水黎族自治县		1	3	1		2	83	50	
保亭黎族苗族自治县			1	1			26	10	6
琼中黎族苗族自治县			3	3			14	8	1

4-4c 续表 12

单位：人

地区 性别	建筑业		批发和零售业			交通运输、仓储和邮政业			
	建筑安装业	建筑装饰、装修和其他建筑业	小计	批发业	零售业	小计	铁路运输业	道路运输业	水上运输业
全省	**979**	**4935**	**12016**	**2636**	**9380**	**4631**	**47**	**3150**	**38**
海口市	**230**	**839**	**2363**	**532**	**1831**	**1225**	**5**	**814**	**8**
秀英区	79	189	686	138	548	355	3	268	2
龙华区	48	132	317	53	264	212		170	1
琼山区	74	297	696	211	485	363	1	248	1
美兰区	29	221	664	130	534	295	1	128	4
三亚市	**46**	**387**	**1358**	**280**	**1078**	**417**	**6**	**173**	**1**
海棠区	1	100	188	27	161	38		23	
吉阳区	28	111	510	93	417	67	2	45	1
天涯区	10	144	393	64	329	272	4	79	
崖州区	7	32	267	96	171	40		26	
三沙市									
儋州市	**217**	**1237**	**1012**	**302**	**710**	**458**	**3**	**333**	**3**
五指山市	10	57	68	12	56	19		17	
琼海市	56	218	967	245	722	346		276	3
文昌市	26	141	730	175	555	283	6	223	6
万宁市	74	485	1155	241	914	395	4	272	3
东方市	48	145	488	74	414	154	5	97	1
定安县	53	154	457	66	391	149	1	115	
屯昌县	33	119	285	84	201	130	1	96	
澄迈县	34	140	411	94	317	175	1	134	1
临高县	35	213	325	53	272	183	1	148	1
白沙黎族自治县	29	159	308	26	282	88		56	
昌江黎族自治县	13	135	186	35	151	76	2	64	
乐东黎族自治县	21	243	767	209	558	292	11	188	7
陵水黎族自治县	31	173	630	112	518	83		51	2
保亭黎族苗族自治县	12	39	262	57	205	87	1	52	
琼中黎族苗族自治县	11	51	244	39	205	71		41	2
男	**940**	**4099**	**6074**	**1622**	**4452**	**4014**	**36**	**2879**	**26**
海南	**940**	**4099**	**6074**	**1622**	**4452**	**4014**	**36**	**2879**	**26**
海口市	**222**	**700**	**1130**	**322**	**808**	**1041**	**2**	**744**	**7**
秀英区	78	151	338	98	240	316	1	243	2
龙华区	45	116	153	30	123	189		153	
琼山区	71	241	347	119	228	323		229	1
美兰区	28	192	292	75	217	213	1	119	4
三亚市	**42**	**333**	**640**	**182**	**458**	**321**	**4**	**160**	**1**
海棠区	1	80	87	18	69	35		21	
吉阳区	25	94	235	60	175	53	1	39	1
天涯区	10	133	179	42	137	196	3	74	
崖州区	6	26	139	62	77	37		26	
三沙市									
儋州市	**206**	**943**	**481**	**148**	**333**	**377**		**273**	**2**

4－4c　续表 13　　　　单位：人

地区 性别	建筑业		批发和零售业			交通运输、仓储和邮政业			
	建筑安装业	建筑装饰、装修和其他建筑业	小计	批发业	零售业	小计	铁路运输业	道路运输业	水上运输业
五指山市	9	54	30	6	24	18		17	
琼海市	54	190	549	168	381	321		258	3
文昌市	26	116	400	101	299	265	6	214	5
万宁市	73	403	621	146	475	351	3	250	1
东方市	48	131	226	48	178	139	5	92	1
定安县	49	126	260	44	216	136	1	106	
屯昌县	31	113	168	57	111	122		93	
澄迈县	34	127	228	66	162	153		122	1
临高县	35	169	156	25	131	174	1	141	1
白沙黎族自治县	29	143	148	15	133	82		54	
昌江黎族自治县	7	123	93	26	67	72	2	60	
乐东黎族自治县	21	213	376	130	246	231	11	162	
陵水黎族自治县	31	140	308	70	238	74		48	2
保亭黎族苗族自治县	12	29	129	42	87	74	1	47	
琼中黎族苗族自治县	11	46	131	26	105	63		38	2
女	**39**	**836**	**5942**	**1014**	**4928**	**617**	**11**	**271**	**12**
海南	**39**	**836**	**5942**	**1014**	**4928**	**617**	**11**	**271**	**12**
海口市	**8**	**139**	**1233**	**210**	**1023**	**184**	**3**	**70**	**1**
秀英区	1	38	348	40	308	39	2	25	
龙华区	3	16	164	23	141	23		17	1
琼山区	3	56	349	92	257	40	1	19	
美兰区	1	29	372	55	317	82		9	
三亚市	**4**	**54**	**718**	**98**	**620**	**96**	**2**	**13**	
海棠区		20	101	9	92	3		2	
吉阳区	3	17	275	33	242	14	1	6	
天涯区		11	214	22	192	76	1	5	
崖州区	1	6	128	34	94	3			
三沙市									
儋州市	**11**	**294**	**531**	**154**	**377**	**81**	**3**	**60**	**1**
五指山市	1	3	38	6	32	1			
琼海市	2	28	418	77	341	25		18	
文昌市		25	330	74	256	18		9	1
万宁市	1	82	534	95	439	44	1	22	2
东方市		14	262	26	236	15		5	
定安县	4	28	197	22	175	13		9	
屯昌县	2	6	117	27	90	8	1	3	
澄迈县		13	183	28	155	22	1	12	
临高县		44	169	28	141	9		7	
白沙黎族自治县		16	160	11	149	6		2	
昌江黎族自治县	6	12	93	9	84	4		4	
乐东黎族自治县		30	391	79	312	61		26	7
陵水黎族自治县		33	322	42	280	9		3	
保亭黎族苗族自治县		10	133	15	118	13		5	
琼中黎族苗族自治县		5	113	13	100	8		3	

4-4c　续表 14　　　　单位：人

地区 性别	交通运输、仓储和邮政业					住宿和餐饮业		
	航空运输业	管道运输业	多式联运和运输代理业	装卸搬运和仓储业	邮政业	小计	住宿业	餐饮业
全省	**336**	**4**	**89**	**432**	**535**	**9770**	**2548**	**7222**
海口市	**145**		**40**	**74**	**139**	**1414**	**173**	**1241**
秀英区	8		8	20	46	385	50	335
龙华区	6			13	22	201	16	185
琼山区	27		17	24	45	424	46	378
美兰区	104		15	17	26	404	61	343
三亚市	**158**		**3**	**27**	**49**	**1659**	**966**	**693**
海棠区					15	548	349	199
吉阳区	2			4	13	576	379	197
天涯区	152		3	22	12	393	187	206
崖州区	4			1	9	142	51	91
三沙市								
儋州市	**12**		**8**	**63**	**36**	**698**	**119**	**579**
五指山市				1	1	84	36	48
琼海市	5		5	24	33	799	195	604
文昌市	5	2	3	15	23	618	76	542
万宁市	1	1	10	58	46	982	186	796
东方市	3			23	25	368	62	306
定安县			3	17	13	434	39	395
屯昌县			2	12	19	280	36	244
澄迈县	2		2	13	22	451	64	387
临高县	1		2	20	10	338	124	214
白沙黎族自治县			1	19	12	250	48	202
昌江黎族自治县				5	5	143	35	108
乐东黎族自治县	1	1	4	24	56	537	146	391
陵水黎族自治县	2		4	8	16	368	168	200
保亭黎族苗族自治县	1			22	11	144	46	98
琼中黎族苗族自治县			2	7	19	203	29	174
男	**198**	**4**	**76**	**388**	**407**	**4686**	**1182**	**3504**
海南	**198**	**4**	**76**	**388**	**407**	**4686**	**1182**	**3504**
海口市	**76**		**34**	**65**	**113**	**713**	**84**	**629**
秀英区	6		6	18	40	197	23	174
龙华区	5			13	18	87	8	79
琼山区	21		16	21	35	223	21	202
美兰区	44		12	13	20	206	32	174
三亚市	**91**		**3**	**25**	**37**	**854**	**516**	**338**
海棠区					14	309	205	104
吉阳区				4	8	313	216	97
天涯区	88		3	20	8	163	68	95
崖州区	3			1	7	69	27	42
三沙市								
儋州市	**12**		**8**	**56**	**26**	**297**	**40**	**257**

4－4c 续表 15 单位：人

地区 性别	交通运输、仓储和邮政业					住宿和餐饮业		
	航空运输业	管道运输业	多式联运和运输代理业	装卸搬运和仓储业	邮政业	小计	住宿业	餐饮业
五指山市				1		41	18	23
琼海市	5		5	23	27	394	93	301
文昌市	4	2	1	14	19	289	30	259
万宁市	1	1	10	50	35	529	90	439
东方市	3			20	18	148	22	126
定安县			2	15	12	224	14	210
屯昌县			2	12	15	147	18	129
澄迈县	2		1	12	15	235	34	201
临高县	1		2	19	9	133	36	97
白沙黎族自治县				17	11	89	17	72
昌江黎族自治县				5	5	49	15	34
乐东黎族自治县	1	1	2	20	34	233	69	164
陵水黎族自治县	1		4	8	11	156	60	96
保亭黎族苗族自治县	1			19	6	54	14	40
琼中黎族苗族自治县			2	7	14	101	12	89
女	**138**		**13**	**44**	**128**	**5084**	**1366**	**3718**
海南	**138**		**13**	**44**	**128**	**5084**	**1366**	**3718**
海口市	**69**		**6**	**9**	**26**	**701**	**89**	**612**
秀英区	2		2	2	6	188	27	161
龙华区	1				4	114	8	106
琼山区	6		1	3	10	201	25	176
美兰区	60		3	4	6	198	29	169
三亚市	**67**			**2**	**12**	**805**	**450**	**355**
海棠区					1	239	144	95
吉阳区	2				5	263	163	100
天涯区	64			2	4	230	119	111
崖州区	1				2	73	24	49
三沙市								
儋州市				**7**	**10**	**401**	**79**	**322**
五指山市					1	43	18	25
琼海市				1	6	405	102	303
文昌市	1		2	1	4	329	46	283
万宁市				8	11	453	96	357
东方市				3	7	220	40	180
定安县			1	2	1	210	25	185
屯昌县					4	133	18	115
澄迈县			1	1	7	216	30	186
临高县				1	1	205	88	117
白沙黎族自治县			1	2	1	161	31	130
昌江黎族自治县						94	20	74
乐东黎族自治县			2	4	22	304	77	227
陵水黎族自治县	1				5	212	108	104
保亭黎族苗族自治县				3	5	90	32	58
琼中黎族苗族自治县					5	102	17	85

4-4c　续表 16　　单位：人

地　区 性　别	信息传输、软件和信息技术服务业				金融业				
	小计	电信、广播电视和卫星传输服务	互联网和相关服务	软件和信息技术服务业	小计	货币金融服务	资本市场服务	保险业	其他金融业
全省	**478**	**164**	**177**	**137**	**443**	**188**	**21**	**192**	**42**
海口市	**152**	**45**	**53**	**54**	**121**	**37**	**8**	**63**	**13**
秀英区	35	15	9	11	22	5	1	14	2
龙华区	25	6	15	4	11	6		5	
琼山区	42	10	7	25	45	5	5	31	4
美兰区	50	14	22	14	43	21	2	13	7
三亚市	**44**	**13**	**19**	**12**	**35**	**11**	**3**	**18**	**3**
海棠区	12	3	8	1	5			4	1
吉阳区	10	1	4	5	13	6	2	4	1
天涯区	9	2	5	2	9	3	1	4	1
崖州区	13	7	2	4	8	2		6	
三沙市									
儋州市	**61**	**8**	**40**	**13**	**63**	**19**	**3**	**38**	**3**
五指山市	1			1	3			2	1
琼海市	46	24	17	5	28	16		12	
文昌市	10	4	3	3	26	8	2	6	10
万宁市	35	17	12	6	27	16	1	8	2
东方市	7	2	3	2	17	9	2	4	2
定安县	17	9	2	6	8	4		2	2
屯昌县	8	4	3	1	4	3		1	
澄迈县	7	4		3	17	6	1	8	2
临高县	11	5	3	3	4	2		1	1
白沙黎族自治县	12	5	7		21	18		3	
昌江黎族自治县	1	1			6	3		2	1
乐东黎族自治县	26	8	6	12	27	13	1	12	1
陵水黎族自治县	18	6	3	9	10	8		2	
保亭黎族苗族自治县	12	5	1	6	12	9		3	
琼中黎族苗族自治县	10	4	5	1	14	6		7	1
男	**325**	**104**	**126**	**95**	**260**	**118**	**14**	**102**	**26**
海南	**325**	**104**	**126**	**95**	**260**	**118**	**14**	**102**	**26**
海口市	**107**	**29**	**42**	**36**	**57**	**22**	**6**	**22**	**7**
秀英区	24	11	7	6	7	3	1	3	
龙华区	21	3	14	4	4	1		3	
琼山区	30	8	5	17	21	3	3	12	3
美兰区	32	7	16	9	25	15	2	4	4
三亚市	**31**	**10**	**14**	**7**	**23**	**8**	**3**	**9**	**3**
海棠区	10	2	7	1	3			2	1
吉阳区	5	1	2	2	9	4	2	2	1
天涯区	7	2	4	1	6	2	1	2	1
崖州区	9	5	1	3	5	2		3	
三沙市									
儋州市	**33**	**5**	**19**	**9**	**36**	**10**	**1**	**24**	**1**

4－4c 续表 17 单位：人

地 区 性 别	信息传输、软件和信息技术服务业				金融业				
	小计	电信、广播电视和卫星传输服务	互联网和相关服务	软件和信息技术服务业	小计	货币金融服务	资本市场服务	保险业	其他金融业
五指山市	1			1	2			2	
琼海市	31	15	12	4	17	10		7	
文昌市	9	3	3	3	16	5	2	3	6
万宁市	27	11	11	5	20	12		6	2
东方市	6	2	2	2	11	7		2	2
定安县	12	6	2	4	4	3		1	
屯昌县	4	2	2		2	1		1	
澄迈县	4	3		1	13	5	1	5	2
临高县	8	3	3	2	3	1		1	1
白沙黎族自治县	8	3	5		13	11		2	
昌江黎族自治县	1	1			4	3		1	
乐东黎族自治县	17	4	4	9	17	6	1	9	1
陵水黎族自治县	11	2	3	6	7	5		2	
保亭黎族苗族自治县	10	4	1	5	6	6			
琼中黎族苗族自治县	5	1	3	1	9	3		5	1
女	**153**	**60**	**51**	**42**	**183**	**70**	**7**	**90**	**16**
海南	**153**	**60**	**51**	**42**	**183**	**70**	**7**	**90**	**16**
海口市	**45**	**16**	**11**	**18**	**64**	**15**	**2**	**41**	**6**
秀英区	11	4	2	5	15	2		11	2
龙华区	4	3	1		7	5		2	
琼山区	12	2	2	8	24	2	2	19	1
美兰区	18	7	6	5	18	6		9	3
三亚市	**13**	**3**	**5**	**5**	**12**	**3**		**9**	
海棠区	2	1	1		2			2	
吉阳区	5		2	3	4	2		2	
天涯区	2		1	1	3	1		2	
崖州区	4	2	1	1	3			3	
三沙市									
儋州市	**28**	**3**	**21**	**4**	**27**	**9**	**2**	**14**	**2**
五指山市					1				1
琼海市	15	9	5	1	11	6		5	
文昌市	1	1			10	3		3	4
万宁市	8	6	1	1	7	4	1	2	
东方市	1		1		6	2	2	2	
定安县	5	3		2	4	1		1	2
屯昌县	4	2	1	1	2	2			
澄迈县	3	1		2	4	1		3	
临高县	3	2		1	1	1			
白沙黎族自治县	4	2	2		8	7		1	
昌江黎族自治县					2			1	1
乐东黎族自治县	9	4	2	3	10	7		3	
陵水黎族自治县	7	4		3	3	3			
保亭黎族苗族自治县	2	1		1	6	3		3	
琼中黎族苗族自治县	5	3	2		5	3		2	

4-4c　续表 18　　　　单位：人

地　区 性　别	房地产业		租赁和商务服务业			科学研究和技术服务业			
	小计	房地产业	小计	租赁业	商　务 服务业	小计	研究和 试验发展	专业技术 服务业	科技推广 和应用 服务业
全省	**1810**	**1810**	**3328**	**223**	**3105**	**500**	**45**	**332**	**123**
海口市	**384**	**384**	**769**	**65**	**704**	**172**	**13**	**103**	**56**
秀英区	111	111	136	22	114	25	2	18	5
龙华区	47	47	61	1	60	13	3	9	1
琼山区	105	105	354	19	335	79	5	37	37
美兰区	121	121	218	23	195	55	3	39	13
三亚市	**471**	**471**	**405**	**44**	**361**	**58**	**18**	**33**	**7**
海棠区	100	100	115	5	110	15		15	
吉阳区	163	163	164	28	136	14	6	5	3
天涯区	133	133	91	7	84	9	1	7	1
崖州区	75	75	35	4	31	20	11	6	3
三沙市									
儋州市	**176**	**176**	**258**	**15**	**243**	**62**	**2**	**44**	**16**
五指山市	5	5	38		38	5		4	1
琼海市	121	121	110	6	104	17	1	14	2
文昌市	88	88	85	9	76	18	3	7	8
万宁市	109	109	249	24	225	24	1	18	5
东方市	25	25	453	13	440	29	1	24	4
定安县	29	29	93	3	90	8		5	3
屯昌县	11	11	48	11	37	9		6	3
澄迈县	60	60	25	1	24	7		7	
临高县	55	55	175	5	170	7	3	4	
白沙黎族自治县	42	42	39	3	36	3		3	
昌江黎族自治县	17	17	26	10	16	7		6	1
乐东黎族自治县	78	78	269	5	264	36	2	28	6
陵水黎族自治县	79	79	220	7	213	18		14	4
保亭黎族苗族自治县	45	45	18	1	17	6		4	2
琼中黎族苗族自治县	15	15	48	1	47	14	1	8	5
男	**1128**	**1128**	**2304**	**206**	**2098**	**365**	**24**	**260**	**81**
海南	**1128**	**1128**	**2304**	**206**	**2098**	**365**	**24**	**260**	**81**
海口市	**236**	**236**	**512**	**62**	**450**	**113**	**4**	**73**	**36**
秀英区	62	62	101	22	79	18		14	4
龙华区	32	32	51	1	50	8	1	6	1
琼山区	72	72	210	18	192	55	3	28	24
美兰区	70	70	150	21	129	32		25	7
三亚市	**295**	**295**	**286**	**35**	**251**	**42**	**9**	**29**	**4**
海棠区	63	63	93	4	89	13		13	
吉阳区	114	114	104	20	84	10	3	4	3
天涯区	76	76	61	7	54	8	1	6	1
崖州区	42	42	28	4	24	11	5	6	
三沙市									
儋州市	**107**	**107**	**189**	**14**	**175**	**49**	**1**	**37**	**11**

4-4c 续表 19

单位：人

地区 性别	房地产业		租赁和商务服务业			科学研究和技术服务业			
	小计	房地产业	小计	租赁业	商务服务业	小计	研究和试验发展	专业技术服务业	科技推广和应用服务业
五指山市	4	4	28		28	2		2	
琼海市	72	72	75	6	69	12	1	11	
文昌市	52	52	57	9	48	13	1	5	7
万宁市	68	68	192	23	169	20	1	16	3
东方市	17	17	272	12	260	23	1	19	3
定安县	23	23	71	3	68	8		5	3
屯昌县	7	7	43	11	32	6		4	2
澄迈县	40	40	22	1	21	7		7	
临高县	41	41	117	5	112	7	3	4	
白沙黎族自治县	27	27	31	2	29	3		3	
昌江黎族自治县	14	14	19	10	9	6		5	1
乐东黎族自治县	50	50	180	5	175	24	2	20	2
陵水黎族自治县	35	35	160	6	154	14		11	3
保亭黎族苗族自治县	31	31	15	1	14	5		3	2
琼中黎族苗族自治县	9	9	35	1	34	11	1	6	4
女	**682**	**682**	**1024**	**17**	**1007**	**135**	**21**	**72**	**42**
海南	**682**	**682**	**1024**	**17**	**1007**	**135**	**21**	**72**	**42**
海口市	**148**	**148**	**257**	**3**	**254**	**59**	**9**	**30**	**20**
秀英区	49	49	35		35	7	2	4	1
龙华区	15	15	10		10	5	2	3	
琼山区	33	33	144	1	143	24	2	9	13
美兰区	51	51	68	2	66	23	3	14	6
三亚市	**176**	**176**	**119**	**9**	**110**	**16**	**9**	**4**	**3**
海棠区	37	37	22	1	21	2		2	
吉阳区	49	49	60	8	52	4	3	1	
天涯区	57	57	30		30	1		1	
崖州区	33	33	7		7	9	6		3
三沙市									
儋州市	**69**	**69**	**69**	**1**	**68**	**13**	**1**	**7**	**5**
五指山市	1	1	10		10	3		2	1
琼海市	49	49	35		35	5		3	2
文昌市	36	36	28		28	5	2	2	1
万宁市	41	41	57	1	56	4		2	2
东方市	8	8	181	1	180	6		5	1
定安县	6	6	22		22				
屯昌县	4	4	5		5	3		2	1
澄迈县	20	20	3		3				
临高县	14	14	58		58				
白沙黎族自治县	15	15	8	1	7				
昌江黎族自治县	3	3	7		7	1		1	
乐东黎族自治县	28	28	89		89	12		8	4
陵水黎族自治县	44	44	60	1	59	4		3	1
保亭黎族苗族自治县	14	14	3		3	1		1	
琼中黎族苗族自治县	6	6	13		13	3		2	1

4-4c 续表 20

单位：人

地 区 性 别	水利、环境和公共设施管理业					居民服务、修理和其他服务业			
	小计	水 利 管理业	生态保护 和环境 治理业	公共设施 管理业	土 地 管理业	小计	居 民 服务业	机动车、 电子产品 和日用产 品修理业	其 他 服务业
全省	**2508**	**86**	**141**	**2258**	**23**	**5190**	**2490**	**1061**	**1639**
海口市	**557**	**12**	**21**	**520**	**4**	**1151**	**416**	**235**	**500**
秀英区	167	1	1	164	1	352	115	77	160
龙华区	99			99		77	26	31	20
琼山区	158	7	16	134	1	373	181	85	107
美兰区	133	4	4	123	2	349	94	42	213
三亚市	**449**	**12**	**10**	**426**	**1**	**354**	**128**	**110**	**116**
海棠区	38			38		44	11	21	12
吉阳区	105	1	2	102		117	41	46	30
天涯区	162	7	6	149		162	62	30	70
崖州区	144	4	2	137	1	31	14	13	4
三沙市									
儋州市	**314**	**7**	**23**	**281**	**3**	**436**	**283**	**78**	**75**
五指山市	56	7	12	37		42	7	8	27
琼海市	111	3	3	103	2	328	146	115	67
文昌市	55	2	4	49		175	76	50	49
万宁市	90	4	5	80	1	327	106	91	130
东方市	114	3	10	100	1	165	87	36	42
定安县	41	10	2	29		459	149	27	283
屯昌县	14	1	1	12		119	62	45	12
澄迈县	46	2	1	40	3	100	42	35	23
临高县	29	3	3	23		814	721	34	59
白沙黎族自治县	58	5	4	45	4	97	54	31	12
昌江黎族自治县	31	3	4	22	2	70	38	12	20
乐东黎族自治县	109	4	5	99	1	196	60	74	62
陵水黎族自治县	233	4	5	224		256	72	37	147
保亭黎族苗族自治县	176	3	21	152		37	13	22	2
琼中黎族苗族自治县	25	1	7	16	1	64	30	21	13
男	**1093**	**72**	**102**	**898**	**21**	**2946**	**1241**	**942**	**763**
海南	**1093**	**72**	**102**	**898**	**21**	**2946**	**1241**	**942**	**763**
海口市	**181**	**10**	**8**	**159**	**4**	**650**	**219**	**199**	**232**
秀英区	55	1		53	1	199	57	65	77
龙华区	28			28		40	10	25	5
琼山区	64	6	6	51	1	214	97	76	41
美兰区	34	3	2	27	2	197	55	33	109
三亚市	**230**	**10**	**9**	**210**	**1**	**198**	**48**	**98**	**52**
海棠区	15			15		21	1	18	2
吉阳区	52	1	2	49		65	14	40	11
天涯区	90	6	6	78		94	28	29	37
崖州区	73	3	1	68	1	18	5	11	2
三沙市									
儋州市	**110**	**6**	**15**	**86**	**3**	**229**	**125**	**72**	**32**

4—4c 续表 21 单位：人

地 区 性 别	水利、环境和公共设施管理业					居民服务、修理和其他服务业			
	小计	水 利 管理业	生态保护 和环境 治理业	公共设施 管理业	土 地 管理业	小计	居 民 服务业	机动车、 电子产品 和日用产 品修理业	其 他 服务业
五指山市	33	7	8	18		17	3	8	6
琼海市	48	3	1	42	2	185	68	103	14
文昌市	22	1	3	18		90	31	45	14
万宁市	45	3	2	39	1	201	62	81	58
东方市	44	3	10	31		90	42	33	15
定安县	22	7	1	14		287	75	26	186
屯昌县	7	1	1	5		67	17	43	7
澄迈县	20	1	1	15	3	64	16	34	14
临高县	16	3		13		474	413	31	30
白沙黎族自治县	30	4	3	19	4	54	22	26	6
昌江黎族自治县	16	3	4	7	2	38	21	12	5
乐东黎族自治县	60	2	5	52	1	121	34	64	23
陵水黎族自治县	99	4	5	90		124	31	32	61
保亭黎族苗族自治县	97	3	19	75		23	5	17	1
琼中黎族苗族自治县	13	1	7	5		34	9	18	7
女	**1415**	**14**	**39**	**1360**	**2**	**2244**	**1249**	**119**	**876**
海南	**1415**	**14**	**39**	**1360**	**2**	**2244**	**1249**	**119**	**876**
海口市	**376**	**2**	**13**	**361**		**501**	**197**	**36**	**268**
秀英区	112		1	111		153	58	12	83
龙华区	71			71		37	16	6	15
琼山区	94	1	10	83		159	84	9	66
美兰区	99	1	2	96		152	39	9	104
三亚市	**219**	**2**	**1**	**216**		**156**	**80**	**12**	**64**
海棠区	23			23		23	10	3	10
吉阳区	53			53		52	27	6	19
天涯区	72	1		71		68	34	1	33
崖州区	71	1	1	69		13	9	2	2
三沙市									
儋州市	**204**	**1**	**8**	**195**		**207**	**158**	**6**	**43**
五指山市	23		4	19		25	4		21
琼海市	63		2	61		143	78	12	53
文昌市	33	1	1	31		85	45	5	35
万宁市	45	1	3	41		126	44	10	72
东方市	70			69	1	75	45	3	27
定安县	19	3	1	15		172	74	1	97
屯昌县	7			7		52	45	2	5
澄迈县	26	1		25		36	26	1	9
临高县	13		3	10		340	308	3	29
白沙黎族自治县	28	1	1	26		43	32	5	6
昌江黎族自治县	15			15		32	17		15
乐东黎族自治县	49	2		47		75	26	10	39
陵水黎族自治县	134			134		132	41	5	86
保亭黎族苗族自治县	79		2	77		14	8	5	1
琼中黎族苗族自治县	12			11	1	30	21	3	6

4-4c　续表 22

单位：人

地区 性别	教育		卫生和社会工作			文化、体育和娱乐业				
	小计	教育	小计	卫生	社会工作	小计	新闻和出版业	广播、电视、电影和录音制作业	文化艺术业	体育
全省	**3371**	**3371**	**1354**	**1297**	**57**	**640**	**10**	**25**	**86**	**101**
海口市	**679**	**679**	**224**	**219**	**5**	**110**	**4**	**5**	**22**	**18**
秀英区	100	100	55	54	1	34	1	1	2	4
龙华区	75	75	24	24		18		1	6	
琼山区	221	221	82	81	1	29		3	5	8
美兰区	283	283	63	60	3	29	3		9	6
三亚市	**445**	**445**	**146**	**142**	**4**	**166**	**2**	**9**	**26**	**27**
海棠区	31	31	24	24		72		4		5
吉阳区	177	177	13	12	1	40		2	4	18
天涯区	140	140	83	80	3	44	2	2	21	3
崖州区	97	97	26	26		10		1	1	1
三沙市										
儋州市	**306**	**306**	**121**	**94**	**27**	**42**		**2**	**4**	**1**
五指山市	45	45	12	12		4				
琼海市	285	285	145	140	5	50		3	6	7
文昌市	138	138	41	40	1	20		1	6	4
万宁市	213	213	102	99	3	62		2	5	27
东方市	103	103	60	60		27		1	1	1
定安县	81	81	39	39		7	1			
屯昌县	94	94	39	39		21	1		1	
澄迈县	128	128	67	65	2	18		1	5	2
临高县	127	127	42	41	1	10			4	
白沙黎族自治县	124	124	55	53	2	17	1		1	2
昌江黎族自治县	27	27	24	23	1	10				
乐东黎族自治县	186	186	93	92	1	25		1	4	4
陵水黎族自治县	177	177	67	62	5	31			1	6
保亭黎族苗族自治县	102	102	35	35		11				1
琼中黎族苗族自治县	111	111	42	42		9	1			1
男	**1462**	**1462**	**529**	**499**	**30**	**379**	**3**	**17**	**58**	**63**
海南	**1462**	**1462**	**529**	**499**	**30**	**379**	**3**	**17**	**58**	**63**
海口市	**267**	**267**	**74**	**73**	**1**	**61**		**4**	**13**	**8**
秀英区	45	45	20	20		17		1	2	2
龙华区	36	36	7	7		13		1	4	
琼山区	89	89	26	25	1	20		2	4	4
美兰区	97	97	21	21		11			3	2
三亚市	**194**	**194**	**51**	**50**	**1**	**105**	**1**	**6**	**18**	**16**
海棠区	13	13	14	14		44		4		3
吉阳区	89	89	4	4		24		1	1	11
天涯区	62	62	22	21	1	31	1		17	2
崖州区	30	30	11	11		6		1		
三沙市										
儋州市	**149**	**149**	**60**	**44**	**16**	**21**		**1**	**2**	**1**

4－4c 续表 23

单位：人

地区 性别	教育		卫生和社会工作			文化、体育和娱乐业				
	小计	教育	小计	卫生	社会工作	小计	新闻和出版业	广播、电视、电影和录音制作业	文化艺术业	体育
五指山市	27	27	5	5		1				
琼海市	103	103	55	53	2	26		1	2	4
文昌市	64	64	18	18		11		1	6	
万宁市	80	80	42	39	3	47		2	5	21
东方市	47	47	25	25		20		1	1	
定安县	49	49	11	11		6	1			
屯昌县	47	47	18	18		11			1	
澄迈县	59	59	27	26	1	9			3	2
临高县	61	61	15	15		8			4	
白沙黎族自治县	46	46	24	23	1	4				1
昌江黎族自治县	18	18	10	10						
乐东黎族自治县	78	78	38	37	1	15		1	3	3
陵水黎族自治县	88	88	23	19	4	20				5
保亭黎族苗族自治县	43	43	14	14		9				1
琼中黎族苗族自治县	42	42	19	19		5	1			1
女	**1909**	**1909**	**825**	**798**	**27**	**261**	**7**	**8**	**28**	**38**
海南	**1909**	**1909**	**825**	**798**	**27**	**261**	**7**	**8**	**28**	**38**
海口市	**412**	**412**	**150**	**146**	**4**	**49**	**4**	**1**	**9**	**10**
秀英区	55	55	35	34	1	17	1			2
龙华区	39	39	17	17		5			2	
琼山区	132	132	56	56		9		1	1	4
美兰区	186	186	42	39	3	18	3		6	4
三亚市	**251**	**251**	**95**	**92**	**3**	**61**	**1**	**3**	**8**	**11**
海棠区	18	18	10	10		28				2
吉阳区	88	88	9	8	1	16		1	3	7
天涯区	78	78	61	59	2	13	1	2	4	1
崖州区	67	67	15	15		4			1	1
三沙市										
儋州市	**157**	**157**	**61**	**50**	**11**	**21**		**1**	**2**	
五指山市	18	18	7	7		3				
琼海市	182	182	90	87	3	24		2	4	3
文昌市	74	74	23	22	1	9				4
万宁市	133	133	60	60		15				6
东方市	56	56	35	35		7				1
定安县	32	32	28	28		1				
屯昌县	47	47	21	21		10	1			
澄迈县	69	69	40	39	1	9		1	2	
临高县	66	66	27	26	1	2				
白沙黎族自治县	78	78	31	30	1	13	1		1	1
昌江黎族自治县	9	9	14	13	1	10				
乐东黎族自治县	108	108	55	55		10			1	1
陵水黎族自治县	89	89	44	43	1	11			1	1
保亭黎族苗族自治县	59	59	21	21		2				
琼中黎族苗族自治县	69	69	23	23		4				

4-4c 续表 24

单位：人

地区 性别	娱乐业	公共管理、社会保障和社会组织						国际组织	
		小计	中国共产党机关	国家机构	人民政协、民主党派	社会保障	群众团体、社会团体和其他成员组织	基层群众自治组织	小计	国际组织
全省	**418**	**3819**	**34**	**1967**	**6**	**17**	**172**	**1623**	**1**	**1**
海口市	**61**	**564**	**8**	**313**	**1**	**3**	**31**	**208**		
秀英区	26	136	2	71			4	59		
龙华区	11	70		40		1	3	26		
琼山区	13	138	2	76	1	1	15	43		
美兰区	11	220	4	126		1	9	80		
三亚市	**102**	**611**	**4**	**367**		**4**	**12**	**224**		
海棠区	63	117		75			4	38		
吉阳区	16	142		63		2	2	75		
天涯区	16	168	2	89		2	4	71		
崖州区	7	184	2	140			2	40		
三沙市										
儋州市	**35**	**281**	**5**	**113**			**16**	**147**	**1**	**1**
五指山市	4	88	1	53		2	13	19		
琼海市	34	158		89	1	2	10	56		
文昌市	9	149		91			2	56		
万宁市	28	216	3	82	2	1	10	118		
东方市	24	221	2	108			13	98		
定安县	6	84		42		1	4	37		
屯昌县	19	64		28				36		
澄迈县	10	118	2	36		1	2	77		
临高县	6	112		52			15	45		
白沙黎族自治县	13	208		144			2	62		
昌江黎族自治县	10	90		33			4	53		
乐东黎族自治县	16	207	3	101	1	2	12	88		
陵水黎族自治县	24	255	5	109		1	21	119		
保亭黎族苗族自治县	10	182		75	1			106		
琼中黎族苗族自治县	7	211	1	131			5	74		
男	**238**	**2790**	**23**	**1457**	**3**	**10**	**109**	**1188**	**1**	**1**
海南	**238**	**2790**	**23**	**1457**	**3**	**10**	**109**	**1188**	**1**	**1**
海口市	**36**	**391**	**4**	**213**		**2**	**18**	**154**		
秀英区	12	102	2	49			3	48		
龙华区	8	56		32		1	2	21		
琼山区	10	87	1	50			8	28		
美兰区	6	146	1	82		1	5	57		
三亚市	**64**	**444**	**2**	**273**		**3**	**8**	**158**		
海棠区	37	90		59			2	29		
吉阳区	11	103		49		1	1	52		
天涯区	11	129	1	70		2	3	53		
崖州区	5	122	1	95			2	24		
三沙市										
儋州市	**17**	**222**	**4**	**89**			**10**	**119**	**1**	**1**

4-4c 续表 25

单位：人

地　区 性　别	娱乐业	公共管理、社会保障和社会组织							国际组织	
		小计	中国共产党机关	国家机构	人民政协、民主党派	社会保障	群众团体、社会团体和其他成员组织	基层群众自治组织	小计	国际组织
五指山市	1	64	1	40		2	9	12		
琼海市	19	107		62			6	39		
文昌市	4	103		62			1	40		
万宁市	19	158	1	63	1	1	8	84		
东方市	18	178	2	81			8	87		
定安县	5	62		36			3	23		
屯昌县	10	40		21				19		
澄迈县	4	92	2	30			1	59		
临高县	4	91		41			10	40		
白沙黎族自治县	3	144		94			2	48		
昌江黎族自治县		62		26			3	33		
乐东黎族自治县	8	167	3	90	1	2	6	65		
陵水黎族自治县	15	188	4	86			13	85		
保亭黎族苗族自治县	8	128		52	1			75		
琼中黎族苗族自治县	3	149		98			3	48		
女	**180**	**1029**	**11**	**510**	**3**	**7**	**63**	**435**		
海南	**180**	**1029**	**11**	**510**	**3**	**7**	**63**	**435**		
海口市	**25**	**173**	**4**	**100**	**1**	**1**	**13**	**54**		
秀英区	14	34		22			1	11		
龙华区	3	14		8			1	5		
琼山区	3	51	1	26	1	1	7	15		
美兰区	5	74	3	44			4	23		
三亚市	**38**	**167**	**2**	**94**		**1**	**4**	**66**		
海棠区	26	27		16			2	9		
吉阳区	5	39		14		1	1	23		
天涯区	5	39	1	19			1	18		
崖州区	2	62	1	45				16		
三沙市										
儋州市	**18**	**59**	**1**	**24**			**6**	**28**		
五指山市	3	24		13			4	7		
琼海市	15	51		27	1	2	4	17		
文昌市	5	46		29			1	16		
万宁市	9	58	2	19	1		2	34		
东方市	6	43		27			5	11		
定安县	1	22		6		1	1	14		
屯昌县	9	24		7				17		
澄迈县	6	26		6		1	1	18		
临高县	2	21		11			5	5		
白沙黎族自治县	10	64		50				14		
昌江黎族自治县	10	28		7			1	20		
乐东黎族自治县	8	40		11			6	23		
陵水黎族自治县	9	67	1	23		1	8	34		
保亭黎族苗族自治县	2	54		23				31		
琼中黎族苗族自治县	4	62	1	33			2	26		

4-5 全省分年龄、性别、行业大类的就业人口

单位：人

年龄组 性别	合计	农、林、牧、渔业						采矿业	
		小计	农业	林业	畜牧业	渔业	农、林、牧、渔专业及辅助性活动	小计	煤炭开采和洗选业
总　计	**422630**	**135118**	**93254**	**20895**	**6108**	**9440**	**5421**	**790**	**9**
16-19岁	5761	1335	874	168	54	149	90	1	
20-24岁	27152	4942	3288	548	174	558	374	30	
25-29岁	53132	10303	7006	1303	405	957	632	69	
30-34岁	63528	14091	9560	2061	575	1184	711	103	
35-39岁	61509	16967	11344	2722	774	1331	796	84	
40-44岁	51215	15752	10558	2672	687	1135	700	92	1
45-49岁	51966	17398	11652	3042	790	1195	719	150	2
50-54岁	47177	19441	13202	3439	904	1233	663	159	4
55-59岁	35486	17395	12124	2984	798	1014	475	86	1
60-64岁	13292	8419	6403	1081	405	393	137	7	
65-69岁	7975	5640	4453	582	306	216	83	5	
70-74岁	2911	2262	1841	180	159	57	25	2	
75岁及以上	1526	1173	949	113	77	18	16	2	1
男	**249450**	**78258**	**51487**	**12798**	**3885**	**7167**	**2921**	**643**	**6**
16-19岁	3612	959	618	124	39	132	46	1	
20-24岁	16024	3391	2149	395	137	492	218	22	
25-29岁	31024	6598	4341	852	286	794	325	58	
30-34岁	37176	8486	5544	1268	384	919	371	82	
35-39岁	35625	9909	6389	1646	481	979	414	61	
40-44岁	29335	9053	5832	1605	441	828	347	68	
45-49岁	29591	9503	6128	1726	459	819	371	120	2
50-54岁	28735	10666	6797	2066	533	890	380	143	3
55-59岁	22856	9803	6315	1907	508	775	298	77	1
60-64岁	8020	4662	3366	658	256	310	72	6	
65-69岁	4808	3231	2436	377	197	171	50	4	
70-74岁	1752	1324	1035	114	114	45	16	1	
75岁及以上	892	673	537	60	50	13	13		
女	**173180**	**56860**	**41767**	**8097**	**2223**	**2273**	**2500**	**147**	**3**
16-19岁	2149	376	256	44	15	17	44		
20-24岁	11128	1551	1139	153	37	66	156	8	
25-29岁	22108	3705	2665	451	119	163	307	11	
30-34岁	26352	5605	4016	793	191	265	340	21	
35-39岁	25884	7058	4955	1076	293	352	382	23	
40-44岁	21880	6699	4726	1067	246	307	353	24	1
45-49岁	22375	7895	5524	1316	331	376	348	30	
50-54岁	18442	8775	6405	1373	371	343	283	16	1
55-59岁	12630	7592	5809	1077	290	239	177	9	
60-64岁	5272	3757	3037	423	149	83	65	1	
65-69岁	3167	2409	2017	205	109	45	33	1	
70-74岁	1159	938	806	66	45	12	9	1	
75岁及以上	634	500	412	53	27	5	3	2	1

4-5 续表 1

单位：人

年龄组 性 别	采矿业						制造业		
	石油和天然气开采业	黑色金属矿采选业	有色金属矿采选业	非金属矿采选业	开采专业及辅助性活动	其他采矿业	小计	农副食品加工业	食品制造业
总 计	**56**	**274**	**63**	**253**	**111**	**24**	**19326**	**3076**	**1183**
16-19岁	1						216	28	24
20-24岁		7		9	11	3	1144	126	109
25-29岁	10	20	8	16	11	4	2391	330	183
30-34岁	15	28	13	27	17	3	3233	444	186
35-39岁	7	12	5	36	22	2	3237	492	211
40-44岁	8	25	6	35	16	1	2536	427	144
45-49岁	6	59	15	49	15	4	2498	422	136
50-54岁	6	75	11	45	14	4	2077	380	99
55-59岁	3	43	5	29	4	1	1335	277	71
60-64岁		2		4		1	381	91	15
65-69岁				3	1	1	190	43	3
70-74岁		2					63	10	2
75岁及以上		1					25	6	
男	**46**	**241**	**41**	**201**	**86**	**22**	**12930**	**1689**	**637**
16-19岁	1						165	12	20
20-24岁		5		5	9	3	816	79	66
25-29岁	10	14	5	15	10	4	1624	190	111
30-34岁	14	26	7	18	14	3	2154	250	93
35-39岁	5	11	2	23	18	2	2101	249	102
40-44岁	6	20	4	26	11	1	1558	212	64
45-49岁	4	48	11	43	10	2	1560	212	76
50-54岁	4	73	9	41	9	4	1463	215	47
55-59岁	2	41	3	25	4	1	997	166	47
60-64岁		2		3		1	286	67	8
65-69岁				2	1	1	144	28	2
70-74岁		1					45	5	1
75岁及以上							17	4	
女	**10**	**33**	**22**	**52**	**25**	**2**	**6396**	**1387**	**546**
16-19岁							51	16	4
20-24岁		2		4	2		328	47	43
25-29岁		6	3	1	1		767	140	72
30-34岁	1	2	6	9	3		1079	194	93
35-39岁	2	1	3	13	4		1136	243	109
40-44岁	2	5	2	9	5		978	215	80
45-49岁	2	11	4	6	5	2	938	210	60
50-54岁	2	2	2	4	5		614	165	52
55-59岁	1	2	2	4			338	111	24
60-64岁				1			95	24	7
65-69岁				1			46	15	1
70-74岁		1					18	5	1
75岁及以上		1					8	2	

4-5 续表 2

单位：人

年龄组 性 别	制造业								
	酒、饮料和精制茶制造业	烟 草制品业	纺织业	纺织服装、服饰业	皮革、毛皮、羽毛及其制品和制鞋业	木材加工和木、竹、藤、棕、草制品业	家 具制造业	造纸和纸制品业	印刷和记录媒介复制业
总 计	**739**	**71**	**224**	**443**	**47**	**998**	**424**	**610**	**326**
16-19岁	3		3	7		10	7	2	4
20-24岁	52	6	11	26	4	35	23	33	16
25-29岁	79	7	21	36	8	92	53	78	37
30-34岁	123	8	41	82	6	123	65	162	47
35-39岁	116	9	48	59	12	129	64	151	53
40-44岁	112	5	33	61	4	117	47	82	59
45-49岁	100	14	27	65	5	132	60	55	57
50-54岁	68	10	16	57	3	176	52	28	25
55-59岁	51	8	13	37	2	107	37	11	14
60-64岁	17	2	4	8	2	38	10	4	7
65-69岁	11	2	4	3	1	26	3	3	2
70-74岁	5		2	1		10	2	1	5
75岁及以上	2		1	1		3	1		
男	**436**	**50**	**112**	**162**	**28**	**766**	**314**	**427**	**196**
16-19岁	2		3	1		10	6	1	3
20-24岁	25	4	6	14	4	26	16	29	12
25-29岁	52	6	13	12	6	72	42	59	23
30-34岁	76	5	24	30	5	87	48	126	28
35-39岁	69	5	20	25	6	98	45	101	30
40-44岁	58	3	14	20		88	31	52	35
45-49岁	53	7	11	25	3	89	43	29	29
50-54岁	44	9	5	19	1	136	39	18	16
55-59岁	39	8	7	13	1	89	32	7	12
60-64岁	7	2	4	2	1	36	7	2	4
65-69岁	6	1	3	1	1	23	2	3	
70-74岁	3		1			9	2		4
75岁及以上	2		1			3	1		
女	**303**	**21**	**112**	**281**	**19**	**232**	**110**	**183**	**130**
16-19岁	1			6			1	1	1
20-24岁	27	2	5	12		9	7	4	4
25-29岁	27	1	8	24	2	20	11	19	14
30-34岁	47	3	17	52	1	36	17	36	19
35-39岁	47	4	28	34	6	31	19	50	23
40-44岁	54	2	19	41	4	29	16	30	24
45-49岁	47	7	16	40	2	43	17	26	28
50-54岁	24	1	11	38	2	40	13	10	9
55-59岁	12		6	24	1	18	5	4	2
60-64岁	10			6	1	2	3	2	3
65-69岁	5	1	1	2		3	1		2
70-74岁	2		1	1		1		1	1
75岁及以上				1					

4-5 续表 3

单位：人

年龄组 性 别	制造业								
	文教、工美、体育和娱乐用品制造业	石油、煤炭及其他燃料加工业	化学原料和化学制品制造业	医 药制造业	化学纤维制造业	橡胶和塑 料制品业	非金属矿 物制品业	黑色金属冶炼和压延加工业	有色金属冶炼和压延加工业
总 计	**536**	**429**	**728**	**1133**	**7**	**994**	**2634**	**68**	**108**
16–19岁	11		9	17		6	21		
20–24岁	31	30	35	116	2	26	130	3	5
25–29岁	62	67	107	227	2	75	241	5	18
30–34岁	115	92	171	242		102	393	18	9
35–39岁	107	68	134	208		128	442	4	17
40–44岁	63	44	93	144		120	390	7	17
45–49岁	65	49	72	92	1	153	419	11	19
50–54岁	43	53	55	62		188	340	11	13
55–59岁	24	24	40	20	2	149	181	5	7
60–64岁	7	1	8	4		24	55	2	3
65–69岁	5	1	4	1		16	19	2	
70–74岁	1					6			
75岁及以上	2					1	3		
男	**297**	**369**	**550**	**541**	**5**	**668**	**2019**	**57**	**95**
16–19岁	9		9	7		6	20		
20–24岁	21	26	28	60	2	21	111	3	4
25–29岁	33	56	80	92	1	52	194	5	14
30–34岁	57	76	134	107		55	315	17	8
35–39岁	53	60	100	108		77	318	4	16
40–44岁	38	33	63	62		67	294	3	14
45–49岁	32	43	52	40	1	87	297	9	17
50–54岁	30	50	44	46		146	253	8	13
55–59岁	16	23	30	16	1	119	153	4	6
60–64岁	5	1	7	3		16	46	2	3
65–69岁	3	1	3			15	17	2	
70–74岁						6			
75岁及以上						1	1		
女	**239**	**60**	**178**	**592**	**2**	**326**	**615**	**11**	**13**
16–19岁	2			10			1		
20–24岁	10	4	7	56		5	19		1
25–29岁	29	11	27	135	1	23	47		4
30–34岁	58	16	37	135		47	78	1	1
35–39岁	54	8	34	100		51	124		1
40–44岁	25	11	30	82		53	96	4	3
45–49岁	33	6	20	52		66	122	2	2
50–54岁	13	3	11	16		42	87	3	
55–59岁	8	1	10	4	1	30	28	1	1
60–64岁	2		1	1		8	9		
65–69岁	2		1	1		1	2		
70–74岁	1								
75岁及以上	2						2		

4-5　续表 4　　　　单位：人

年龄组 性　别	制造业								
	金　属 制品业	通用设备 制造业	专用设备 制造业	汽　车 制造业	铁路、船舶、航空航天和其他运输设备制造业	电气机械和器材制造业	计算机、通信和其他电子设备制造业	仪器仪表 制造业	其　他 制造业
总　计	**1389**	**299**	**505**	**175**	**110**	**414**	**445**	**80**	**162**
16-19岁	13	7	9			7	11	1	4
20-24岁	64	23	35	11	7	37	55	6	15
25-29岁	144	47	80	17	13	74	117	18	20
30-34岁	229	52	84	41	16	78	106	12	24
35-39岁	275	42	94	35	18	81	62	11	30
40-44岁	200	31	67	33	18	49	40	12	24
45-49岁	200	36	51	13	21	47	26	9	21
50-54岁	127	26	49	15	7	19	15	4	10
55-59岁	81	25	23	9	4	20	8	5	11
60-64岁	27	6	6		3	2	5	1	2
65-69岁	20	3	3		2			1	1
70-74岁	7		3	1	1				
75岁及以上	2	1	1						
男	**1148**	**244**	**330**	**133**	**78**	**306**	**301**	**67**	**94**
16-19岁	13	7	7			6	8	1	2
20-24岁	56	19	23	9	6	29	38	5	8
25-29岁	124	37	51	9	10	59	75	15	12
30-34岁	174	47	54	34	10	60	70	11	14
35-39岁	235	31	57	28	13	58	47	8	17
40-44岁	163	24	44	23	12	25	25	9	11
45-49岁	160	27	34	10	13	34	18	7	14
50-54岁	107	23	35	11	6	16	9	4	7
55-59岁	66	22	18	8	4	17	7	5	7
60-64岁	23	4	3		3	2	4	1	1
65-69岁	18	2	2					1	1
70-74岁	7		2	1	1				
75岁及以上	2	1							
女	**241**	**55**	**175**	**42**	**32**	**108**	**144**	**13**	**68**
16-19岁			2			1	3		2
20-24岁	8	4	12	2	1	8	17	1	7
25-29岁	20	10	29	8	3	15	42	3	8
30-34岁	55	5	30	7	6	18	36	1	10
35-39岁	40	11	37	7	5	23	15	3	13
40-44岁	37	7	23	10	6	24	15	3	13
45-49岁	40	9	17	3	8	13	8	2	7
50-54岁	20	3	14	4	1	3	6		3
55-59岁	15	3	5	1		3	1		4
60-64岁	4	2	3				1		1
65-69岁	2	1	1		2				
70-74岁			1						
75岁及以上			1						

4-5 续表 5

单位：人

年龄组 性别	制造业		电力、热力、燃气及水生产和供应业				建筑业		
	废弃资源综合利用业	金属制品、机械和设备修理业	小计	电力、热力生产和供应业	燃气生产和供应业	水的生产和供应业	小计	房屋建筑业	土木工程建筑业
总 计	**331**	**638**	**2749**	**1697**	**462**	**590**	**40258**	**19814**	**2869**
16-19岁	2	10	10	6	2	2	328	144	19
20-24岁	12	60	144	102	25	17	2277	1012	193
25-29岁	19	114	340	209	66	65	4923	2033	393
30-34岁	41	121	421	252	86	83	6242	2686	493
35-39岁	38	99	366	236	66	64	5707	2605	389
40-44岁	30	63	350	196	66	88	5100	2548	345
45-49岁	61	59	452	241	73	138	5724	3011	397
50-54岁	57	69	363	248	43	72	5246	2948	342
55-59岁	34	35	244	172	24	48	3283	1942	222
60-64岁	21	6	43	23	9	11	924	566	52
65-69岁	10	1	14	12	1	1	399	255	16
70-74岁	5	1					74	44	5
75岁及以上	1		2		1	1	31	20	3
男	**224**	**587**	**2061**	**1330**	**317**	**414**	**32638**	**15574**	**2435**
16-19岁	2	10	10	6	2	2	287	123	18
20-24岁	9	57	107	75	17	15	1918	828	172
25-29岁	12	107	252	161	41	50	4197	1666	330
30-34岁	32	107	316	194	65	57	5181	2150	420
35-39岁	29	92	262	177	43	42	4659	2057	325
40-44岁	14	57	237	143	40	54	4003	1929	291
45-49岁	37	51	301	173	48	80	4362	2233	330
50-54岁	40	66	297	209	30	58	4107	2248	287
55-59岁	22	32	231	163	22	46	2709	1578	197
60-64岁	16	6	33	17	7	9	787	481	48
65-69岁	8	1	14	12	1	1	342	228	10
70-74岁	2	1					62	37	5
75岁及以上	1		1		1		24	16	2
女	**107**	**51**	**688**	**367**	**145**	**176**	**7620**	**4240**	**434**
16-19岁							41	21	1
20-24岁	3	3	37	27	8	2	359	184	21
25-29岁	7	7	88	48	25	15	726	367	63
30-34岁	9	14	105	58	21	26	1061	536	73
35-39岁	9	7	104	59	23	22	1048	548	64
40-44岁	16	6	113	53	26	34	1097	619	54
45-49岁	24	8	151	68	25	58	1362	778	67
50-54岁	17	3	66	39	13	14	1139	700	55
55-59岁	12	3	13	9	2	2	574	364	25
60-64岁	5		10	6	2	2	137	85	4
65-69岁	2						57	27	6
70-74岁	3						12	7	
75岁及以上			1			1	7	4	1

4-5　续表 6　　　　单位：人

年龄组 性　别	建筑业		批发和零售业			交通运输、仓储和邮政业			
	建　筑 安装业	建筑装 饰、装修 和其他 建筑业	小计	批发业	零售业	小计	铁　路 运输业	道　路 运输业	水　上 运输业
总　计	**2744**	**14831**	**54373**	**11945**	**42428**	**19730**	**406**	**12124**	**530**
16-19岁	36	129	541	95	446	148	10	42	2
20-24岁	217	855	3717	780	2937	1233	30	389	13
25-29岁	445	2052	7737	1605	6132	2605	79	1166	59
30-34岁	515	2548	10042	2101	7941	3302	69	1864	65
35-39岁	483	2230	9522	1958	7564	3307	34	2194	77
40-44岁	335	1872	7139	1631	5508	2670	40	1874	47
45-49岁	317	1999	6161	1483	4678	2686	52	1920	99
50-54岁	233	1723	4509	1119	3390	2135	42	1534	89
55-59岁	128	991	3162	758	2404	1270	40	889	64
60-64岁	21	285	1050	244	806	259	6	170	12
65-69岁	14	114	560	116	444	82	1	63	3
70-74岁		25	164	36	128	25	3	16	
75岁及以上		8	69	19	50	8		3	
男	**2508**	**12121**	**26598**	**7032**	**19566**	**16517**	**296**	**10725**	**405**
16-19岁	33	113	278	67	211	128	4	38	1
20-24岁	198	720	1862	487	1375	959	22	344	8
25-29岁	427	1774	3626	963	2663	2099	60	1038	37
30-34岁	468	2143	4841	1237	3604	2770	53	1683	46
35-39岁	437	1840	4539	1104	3435	2757	18	1925	60
40-44岁	299	1484	3280	897	2383	2224	24	1625	33
45-49岁	287	1512	2956	837	2119	2218	37	1654	76
50-54岁	205	1367	2339	684	1655	1882	36	1373	76
55-59岁	123	811	1809	494	1315	1147	37	814	56
60-64岁	18	240	599	148	451	229	3	156	9
65-69岁	13	91	319	79	240	79	1	60	3
70-74岁		20	108	22	86	19	1	14	
75岁及以上		6	42	13	29	6		1	
女	**236**	**2710**	**27775**	**4913**	**22862**	**3213**	**110**	**1399**	**125**
16-19岁	3	16	263	28	235	20	6	4	1
20-24岁	19	135	1855	293	1562	274	8	45	5
25-29岁	18	278	4111	642	3469	506	19	128	22
30-34岁	47	405	5201	864	4337	532	16	181	19
35-39岁	46	390	4983	854	4129	550	16	269	17
40-44岁	36	388	3859	734	3125	446	16	249	14
45-49岁	30	487	3205	646	2559	468	15	266	23
50-54岁	28	356	2170	435	1735	253	6	161	13
55-59岁	5	180	1353	264	1089	123	3	75	8
60-64岁	3	45	451	96	355	30	3	14	3
65-69岁	1	23	241	37	204	3		3	
70-74岁		5	56	14	42	6	2	2	
75岁及以上		2	27	6	21	2		2	

4-5 续表 7

单位：人

年龄组 性 别	交通运输、仓储和邮政业					住宿和餐饮业		
	航 空 运输业	管 道 运输业	多式联运 和运输 代理业	装卸搬运 和仓储业	邮政业	小计	住宿业	餐饮业
总 计	**1687**	**13**	**457**	**1684**	**2829**	**35177**	**8513**	**26664**
16-19岁	9	1	1	17	66	1565	445	1120
20-24岁	302		31	97	371	4420	1308	3112
25-29岁	444	2	60	184	611	5999	1484	4515
30-34岁	335	1	77	251	640	6011	1418	4593
35-39岁	220		77	246	459	5159	1096	4063
40-44岁	132	5	75	232	265	3913	912	3001
45-49岁	132	2	58	224	199	3424	805	2619
50-54岁	54	1	42	230	143	2551	600	1951
55-59岁	55	1	26	140	55	1439	338	1101
60-64岁	3		9	47	12	443	75	368
65-69岁	1		1	9	4	188	19	169
70-74岁				4	2	42	6	36
75岁及以上				3	2	23	7	16
男	**1094**	**11**	**361**	**1419**	**2206**	**17594**	**3937**	**13657**
16-19岁	7	1	1	16	60	908	223	685
20-24岁	167		24	88	306	2526	649	1877
25-29岁	288	2	44	158	472	3243	659	2584
30-34岁	216	1	62	212	497	3115	654	2461
35-39岁	138		62	200	354	2418	467	1951
40-44岁	93	3	57	188	201	1704	392	1312
45-49岁	91	2	41	178	139	1449	341	1108
50-54岁	43	1	36	197	120	1164	293	871
55-59岁	48	1	24	125	42	704	200	504
60-64岁	2		9	43	7	233	41	192
65-69岁	1		1	9	4	100	11	89
70-74岁				2	2	19	5	14
75岁及以上				3	2	11	2	9
女	**593**	**2**	**96**	**265**	**623**	**17583**	**4576**	**13007**
16-19岁	2			1	6	657	222	435
20-24岁	135		7	9	65	1894	659	1235
25-29岁	156		16	26	139	2756	825	1931
30-34岁	119		15	39	143	2896	764	2132
35-39岁	82		15	46	105	2741	629	2112
40-44岁	39	2	18	44	64	2209	520	1689
45-49岁	41		17	46	60	1975	464	1511
50-54岁	11		6	33	23	1387	307	1080
55-59岁	7		2	15	13	735	138	597
60-64岁	1			4	5	210	34	176
65-69岁						88	8	80
70-74岁				2		23	1	22
75岁及以上						12	5	7

4-5　续表 8　　　　单位：人

年龄组 性　别	信息传输、软件和信息技术服务业				金融业				
	小计	电信、广播电视和卫星传输服务	互联网和相关服务	软件和信息技术服务业	小计	货币金融服　务	资本市场服　务	保险业	其　他金融业
总　计	**4899**	**1735**	**1783**	**1381**	**4977**	**2418**	**338**	**1728**	**493**
16-19岁	42	8	26	8	15	4		10	1
20-24岁	629	146	290	193	406	192	25	151	38
25-29岁	1286	356	541	389	1046	491	53	381	121
30-34岁	1090	367	390	333	1124	504	80	414	126
35-39岁	745	299	238	208	685	244	67	298	76
40-44岁	453	191	142	120	457	203	30	191	33
45-49岁	365	194	92	79	547	295	43	168	41
50-54岁	189	110	41	38	430	295	26	77	32
55-59岁	80	52	16	12	239	168	13	34	24
60-64岁	11	5	5	1	20	17		3	
65-69岁	5	3	2		5	2	1	1	1
70-74岁	3	3							
75岁及以上	1	1			3	3			
男	**3168**	**1031**	**1203**	**934**	**2615**	**1322**	**211**	**789**	**293**
16-19岁	28	5	17	6	11	3		7	1
20-24岁	386	87	177	122	197	82	12	88	15
25-29岁	817	186	366	265	496	213	28	189	66
30-34岁	667	176	263	228	573	242	54	205	72
35-39岁	470	175	160	135	332	130	42	114	46
40-44岁	305	120	99	86	212	120	17	58	17
45-49岁	256	134	70	52	282	171	25	58	28
50-54岁	150	88	32	30	284	195	20	45	24
55-59岁	72	49	13	10	209	151	12	23	23
60-64岁	9	5	4		14	13		1	
65-69岁	5	3	2		4	1	1	1	1
70-74岁	2	2							
75岁及以上	1	1			1	1			
女	**1731**	**704**	**580**	**447**	**2362**	**1096**	**127**	**939**	**200**
16-19岁	14	3	9	2	4	1		3	
20-24岁	243	59	113	71	209	110	13	63	23
25-29岁	469	170	175	124	550	278	25	192	55
30-34岁	423	191	127	105	551	262	26	209	54
35-39岁	275	124	78	73	353	114	25	184	30
40-44岁	148	71	43	34	245	83	13	133	16
45-49岁	109	60	22	27	265	124	18	110	13
50-54岁	39	22	9	8	146	100	6	32	8
55-59岁	8	3	3	2	30	17	1	11	1
60-64岁	2		1	1	6	4		2	
65-69岁					1	1			
70-74岁	1	1							
75岁及以上					2	2			

4–5 续表 9　　单位：人

年龄组 性　别	房地产业		租赁和商务服务业			科学研究和技术服务业			
	小计	房地产业	小计	租赁业	商　务 服务业	小计	研究和 试验发展	专业技术 服务业	科技推广 和应用 服务业
总　计	**10729**	**10729**	**13683**	**834**	**12849**	**3738**	**610**	**2547**	**581**
16–19岁	63	63	160	12	148	18		15	3
20–24岁	796	796	1265	68	1197	346	25	268	53
25–29岁	1891	1891	2482	171	2311	756	73	565	118
30–34岁	2056	2056	2585	169	2416	764	100	545	119
35–39岁	1556	1556	2044	135	1909	626	125	419	82
40–44岁	1141	1141	1537	81	1456	372	63	245	64
45–49岁	1216	1216	1457	89	1368	378	100	223	55
50–54岁	1014	1014	1105	60	1045	269	70	160	39
55–59岁	698	698	719	40	679	164	47	88	29
60–64岁	185	185	207	8	199	27	6	10	11
65–69岁	91	91	87	1	86	13		7	6
70–74岁	17	17	27		27	3	1	1	1
75岁及以上	5	5	8		8	2		1	1
男	**6594**	**6594**	**8738**	**712**	**8026**	**2534**	**347**	**1810**	**377**
16–19岁	39	39	113	12	101	13		11	2
20–24岁	485	485	711	59	652	225	12	183	30
25–29岁	1104	1104	1441	149	1292	498	40	386	72
30–34岁	1244	1244	1605	143	1462	497	59	366	72
35–39岁	913	913	1294	111	1183	431	63	313	55
40–44岁	667	667	977	67	910	253	30	179	44
45–49岁	689	689	974	69	905	232	45	154	33
50–54岁	686	686	807	54	753	203	53	122	28
55–59岁	536	536	585	39	546	143	39	79	25
60–64岁	145	145	154	8	146	24	6	10	8
65–69岁	70	70	56	1	55	11		5	6
70–74岁	12	12	17		17	2		1	1
75岁及以上	4	4	4		4	2		1	1
女	**4135**	**4135**	**4945**	**122**	**4823**	**1204**	**263**	**737**	**204**
16–19岁	24	24	47		47	5		4	1
20–24岁	311	311	554	9	545	121	13	85	23
25–29岁	787	787	1041	22	1019	258	33	179	46
30–34岁	812	812	980	26	954	267	41	179	47
35–39岁	643	643	750	24	726	195	62	106	27
40–44岁	474	474	560	14	546	119	33	66	20
45–49岁	527	527	483	20	463	146	55	69	22
50–54岁	328	328	298	6	292	66	17	38	11
55–59岁	162	162	134	1	133	21	8	9	4
60–64岁	40	40	53		53	3			3
65–69岁	21	21	31		31	2		2	
70–74岁	5	5	10		10	1	1		
75岁及以上	1	1	4		4				

4-5　续表 10　　　　单位：人

年龄组 性别	水利、环境和公共设施管理业					居民服务、修理和其他服务业			
	小计	水利管理业	生态保护和环境治理业	公共设施管理业	土地管理业	小计	居民服务业	机动车、电子产品和日用产品修理业	其他服务业
总　计	**6450**	**289**	**325**	**5777**	**59**	**21889**	**12896**	**3799**	**5194**
16-19岁	31	4		27		675	365	142	168
20-24岁	186	9	23	148	6	1831	1143	399	289
25-29岁	488	26	27	428	7	3283	2028	681	574
30-34岁	723	31	50	635	7	3423	2064	708	651
35-39岁	1001	39	49	903	10	3346	2001	582	763
40-44岁	1090	42	43	999	6	2594	1419	497	678
45-49岁	1201	49	38	1107	7	2500	1387	346	767
50-54岁	857	50	45	754	8	1971	1053	263	655
55-59岁	581	32	33	508	8	1272	750	117	405
60-64岁	181	2	9	170		513	332	36	145
65-69岁	85	4	3	78		294	199	17	78
70-74岁	19		3	16		103	81	9	13
75岁及以上	7	1	2	4		84	74	2	8
男	**2893**	**221**	**230**	**2396**	**46**	**10981**	**5305**	**3285**	**2391**
16-19岁	19	4		15		421	191	137	93
20-24岁	103	8	17	76	2	1061	523	365	173
25-29岁	263	21	17	219	6	1816	888	610	318
30-34岁	359	23	31	301	4	1762	784	629	349
35-39岁	397	24	37	327	9	1627	791	480	356
40-44岁	420	33	35	346	6	1242	550	410	282
45-49岁	437	36	21	376	4	1078	522	276	280
50-54岁	436	38	36	354	8	876	417	214	245
55-59岁	322	28	26	261	7	600	328	105	167
60-64岁	79	1	3	75		263	149	34	80
65-69岁	45	4	3	38		137	88	15	34
70-74岁	10		2	8		58	42	8	8
75岁及以上	3	1	2			40	32	2	6
女	**3557**	**68**	**95**	**3381**	**13**	**10908**	**7591**	**514**	**2803**
16-19岁	12			12		254	174	5	75
20-24岁	83	1	6	72	4	770	620	34	116
25-29岁	225	5	10	209	1	1467	1140	71	256
30-34岁	364	8	19	334	3	1661	1280	79	302
35-39岁	604	15	12	576	1	1719	1210	102	407
40-44岁	670	9	8	653		1352	869	87	396
45-49岁	764	13	17	731	3	1422	865	70	487
50-54岁	421	12	9	400		1095	636	49	410
55-59岁	259	4	7	247	1	672	422	12	238
60-64岁	102	1	6	95		250	183	2	65
65-69岁	40			40		157	111	2	44
70-74岁	9		1	8		45	39	1	5
75岁及以上	4			4		44	42		2

4-5 续表 11

单位：人

年龄组 性别	教育		卫生和社会工作			文化、体育和娱乐业				
	小计	教育	小计	卫生	社会工作	小计	新闻和出版业	广播、电视、电影和录音制作业	文化艺术业	体育
总　计	**18021**	**18021**	**8090**	**7908**	**182**	**3793**	**259**	**395**	**588**	**472**
16-19岁	353	353	77	74	3	141	1	1	24	10
20-24岁	1539	1539	797	781	16	558	19	40	69	89
25-29岁	2518	2518	1565	1541	24	814	52	86	105	102
30-34岁	2823	2823	1445	1429	16	746	45	91	104	95
35-39岁	2974	2974	1153	1125	28	463	31	52	76	48
40-44岁	2452	2452	892	861	31	341	33	34	57	53
45-49岁	2126	2126	852	829	23	288	32	38	57	36
50-54岁	1786	1786	619	601	18	246	26	31	45	26
55-59岁	1122	1122	485	472	13	154	18	20	37	9
60-64岁	175	175	103	97	6	26	2	1	7	2
65-69岁	88	88	61	58	3	10		1	4	2
70-74岁	31	31	25	24	1	3			2	
75岁及以上	34	34	16	16		3			1	
男	**6962**	**6962**	**2828**	**2760**	**68**	**2068**	**143**	**218**	**325**	**259**
16-19岁	118	118	7	6	1	82	1	1	15	5
20-24岁	283	283	155	148	7	277	10	19	25	48
25-29岁	560	560	341	335	6	431	18	49	53	59
30-34岁	697	697	420	414	6	411	26	52	54	55
35-39岁	1072	1072	423	413	10	243	15	25	48	23
40-44岁	1058	1058	346	336	10	175	20	15	31	24
45-49岁	962	962	332	327	5	154	21	20	29	19
50-54岁	1046	1046	327	317	10	154	18	20	27	18
55-59岁	916	916	339	331	8	109	13	15	30	4
60-64岁	137	137	73	70	3	17	1	1	6	2
65-69岁	67	67	41	39	2	9		1	4	2
70-74岁	21	21	12	12		3			2	
75岁及以上	25	25	12	12		3			1	
女	**11059**	**11059**	**5262**	**5148**	**114**	**1725**	**116**	**177**	**263**	**213**
16-19岁	235	235	70	68	2	59			9	5
20-24岁	1256	1256	642	633	9	281	9	21	44	41
25-29岁	1958	1958	1224	1206	18	383	34	37	52	43
30-34岁	2126	2126	1025	1015	10	335	19	39	50	40
35-39岁	1902	1902	730	712	18	220	16	27	28	25
40-44岁	1394	1394	546	525	21	166	13	19	26	29
45-49岁	1164	1164	520	502	18	134	11	18	28	17
50-54岁	740	740	292	284	8	92	8	11	18	8
55-59岁	206	206	146	141	5	45	5	5	7	5
60-64岁	38	38	30	27	3	9	1		1	
65-69岁	21	21	20	19	1	1				
70-74岁	10	10	13	12	1					
75岁及以上	9	9	4	4						

4-5　续表 12

单位：人

年龄组 性　别	娱乐业	公共管理、社会保障和社会组织						国际组织	
		小计	中国共产党机关	国家机构	人民政协、民主党派	社会保障	群众团体、社会团体和其他成员组织	基层群众自治组织	小计	国际组织
总　计	**2079**	**18833**	**349**	**14373**	**32**	**98**	**871**	**3110**	**7**	**7**
16-19岁	105	42		17			20	5		
20-24岁	341	892	11	755		9	53	64		
25-29岁	469	2636	45	2233	4	13	118	223		
30-34岁	411	3304	69	2724	4	18	130	359		
35-39岁	256	2565	63	2019	5	10	98	370	2	2
40-44岁	164	2332	41	1682	3	15	125	466	2	2
45-49岁	125	2541	45	1887	2	14	129	464	2	2
50-54岁	118	2209	35	1633	7	5	71	458	1	1
55-59岁	70	1758	35	1204	6	9	80	424		
60-64岁	14	318	3	129	1	2	24	159		
65-69岁	3	158	1	56			13	88		
70-74岁	1	48	1	17		2	5	23		
75岁及以上	2	30		17		1	5	7		
男	**1123**	**12826**	**239**	**9906**	**20**	**62**	**496**	**2103**	**4**	**4**
16-19岁	60	25		12			13			
20-24岁	175	540	7	476		6	22	29		
25-29岁	252	1560	25	1345	1	8	60	121		
30-34岁	224	1996	39	1695	3	8	58	193		
35-39岁	132	1715	41	1375	1	6	57	235	2	2
40-44岁	85	1553	28	1147	1	9	73	295		
45-49岁	65	1724	31	1312		8	71	302	2	2
50-54岁	71	1705	32	1258	7	5	51	352		
55-59岁	47	1548	31	1099	6	7	57	348		
60-64岁	7	270	3	112	1	2	18	134		
65-69岁	2	130	1	48			8	73		
70-74岁	1	37	1	14		2	4	16		
75岁及以上	2	23		13		1	4	5		
女	**956**	**6007**	**110**	**4467**	**12**	**36**	**375**	**1007**	**3**	**3**
16-19岁	45	17		5			7	5		
20-24岁	166	352	4	279		3	31	35		
25-29岁	217	1076	20	888	3	5	58	102		
30-34岁	187	1308	30	1029	1	10	72	166		
35-39岁	124	850	22	644	4	4	41	135		
40-44岁	79	779	13	535	2	6	52	171	2	2
45-49岁	60	817	14	575	2	6	58	162		
50-54岁	47	504	3	375			20	106	1	1
55-59岁	23	210	4	105		2	23	76		
60-64岁	7	48		17			6	25		
65-69岁	1	28		8			5	15		
70-74岁		11		3			1	7		
75岁及以上		7		4			1	2		

4-5a 全省分年龄、性别、行业大类的就业人口(城市)

单位：人

年龄组 性别	合计	农、林、牧、渔业						采矿业	
		小计	农业	林业	畜牧业	渔业	农、林、牧、渔专业及辅助性活动	小计	煤炭开采和洗选业
总　计	**157763**	**7416**	**5070**	**445**	**542**	**837**	**522**	**179**	**4**
16-19岁	2229	31	20	3	1	3	4		
20-24岁	11779	224	131	16	18	36	23	7	
25-29岁	23852	561	374	31	49	53	54	15	
30-34岁	28093	861	552	58	65	113	73	23	
35-39岁	24950	1103	737	59	87	134	86	27	
40-44岁	19523	946	636	55	71	112	72	24	
45-49岁	19740	1085	728	74	88	119	76	35	1
50-54岁	14908	1024	717	57	68	118	64	30	2
55-59岁	8978	867	625	51	55	91	45	15	1
60-64岁	2152	354	268	25	21	31	9	1	
65-69岁	1077	242	192	10	12	21	7	1	
70-74岁	312	84	66	3	5	6	4		
75岁及以上	170	34	24	3	2		5	1	
男	**91420**	**4524**	**2883**	**295**	**378**	**629**	**339**	**125**	**3**
16-19岁	1247	23	13	2	1	3	4		
20-24岁	6416	163	95	12	14	27	15	4	
25-29岁	13035	373	237	24	38	38	36	13	
30-34岁	15797	554	334	34	51	88	47	16	
35-39岁	13975	658	400	42	64	100	52	17	
40-44岁	10902	576	366	36	51	83	40	17	
45-49岁	11361	631	398	53	51	83	46	24	1
50-54岁	9731	591	386	32	41	86	46	20	1
55-59岁	6533	531	347	34	40	73	37	12	1
60-64岁	1428	209	146	18	13	25	7	1	
65-69岁	700	140	105	6	8	17	4	1	
70-74岁	197	56	43	2	4	6	1		
75岁及以上	98	19	13		2		4		
女	**66343**	**2892**	**2187**	**150**	**164**	**208**	**183**	**54**	**1**
16-19岁	982	8	7	1					
20-24岁	5363	61	36	4	4	9	8	3	
25-29岁	10817	188	137	7	11	15	18	2	
30-34岁	12296	307	218	24	14	25	26	7	
35-39岁	10975	445	337	17	23	34	34	10	
40-44岁	8621	370	270	19	20	29	32	7	
45-49岁	8379	454	330	21	37	36	30	11	
50-54岁	5177	433	331	25	27	32	18	10	1
55-59岁	2445	336	278	17	15	18	8	3	
60-64岁	724	145	122	7	8	6	2		
65-69岁	377	102	87	4	4	4	3		
70-74岁	115	28	23	1	1		3		
75岁及以上	72	15	11	3			1	1	

4-5a　续表 1　　　　单位：人

年龄组 性　别	采矿业						制造业		
	石油和天然气开采业	黑色金属矿采选业	有色金属矿采选业	非金属矿采选业	开采专业及辅助性活　动	其　他采矿业	小计	农副食品加工业	食　品制造业
总　计	**26**	**15**	**10**	**47**	**72**	**5**	**7083**	**647**	**521**
16-19岁							66	2	10
20-24岁				1	6		437	25	51
25-29岁	2	1	2	6	4		916	60	91
30-34岁	4	2		5	11	1	1266	101	90
35-39岁	6			6	15		1219	111	103
40-44岁	4	1	2	4	12	1	970	92	55
45-49岁	4	4	4	10	11	1	976	106	61
50-54岁	5	3	1	10	9		710	85	35
55-59岁	1	2	1	5	4	1	365	41	20
60-64岁		1					96	17	3
65-69岁						1	41	6	1
70-74岁							16	1	1
75岁及以上		1					5		
男	**18**	**10**	**5**	**33**	**51**	**5**	**4650**	**392**	**278**
16-19岁							51	1	8
20-24岁					4		292	18	30
25-29岁	2	1		6	4		563	35	45
30-34岁	3	1		2	9	1	813	63	50
35-39岁	4			2	11		799	66	51
40-44岁	3	1	1	3	8	1	583	48	24
45-49岁	2	1	3	9	7	1	620	66	33
50-54岁	3	3	1	8	4		521	49	17
55-59岁	1	2		3	4	1	287	25	17
60-64岁		1					75	16	2
65-69岁						1	32	5	
70-74岁							11		1
75岁及以上							3		
女	**8**	**5**	**5**	**14**	**21**		**2433**	**255**	**243**
16-19岁							15	1	2
20-24岁				1	2		145	7	21
25-29岁			2				353	25	46
30-34岁	1	1		3	2		453	38	40
35-39岁	2			4	4		420	45	52
40-44岁	1		1	1	4		387	44	31
45-49岁	2	3	1	1	4		356	40	28
50-54岁	2			2	5		189	36	18
55-59岁			1	2			78	16	3
60-64岁							21	1	1
65-69岁							9	1	1
70-74岁							5	1	
75岁及以上		1					2		

4-5a 续表 2　　　　单位：人

年龄组 性　别	制造业								
	酒、饮料和精制茶制造业	烟　草制品业	纺织业	纺织服装、服饰业	皮革、毛皮、羽毛及其制品和制鞋业	木材加工和木、竹、藤、棕、草制品业	家　具制造业	造纸和纸制品业	印刷和记录媒介复制业
总　计	**349**	**53**	**87**	**133**	**22**	**228**	**176**	**103**	**238**
16-19岁	1			2		2	2	1	3
20-24岁	27	4	2	6		11	9	6	10
25-29岁	38	5	7	12	5	23	24	8	24
30-34岁	71	7	17	20	3	37	33	21	37
35-39岁	58	6	19	17	4	30	26	18	37
40-44岁	48	3	20	17	3	20	19	19	47
45-49岁	51	11	8	25	4	30	27	18	42
50-54岁	31	8	8	17		38	22	7	18
55-59岁	17	6	2	12	1	24	12	3	11
60-64岁	3	2	2	4	2	7	1	2	4
65-69岁	2	1	2			4			1
70-74岁	2					1	1		4
75岁及以上				1		1			
男	**212**	**42**	**43**	**53**	**11**	**179**	**132**	**63**	**143**
16-19岁						2	2	1	2
20-24岁	15	4	1	2		8	5	4	6
25-29岁	24	4	5	3	3	19	17	3	16
30-34岁	40	4	10	6	3	24	27	15	22
35-39岁	37	5	6	10	1	25	21	13	21
40-44岁	30	2	7	7		17	12	9	28
45-49岁	23	6	4	13	3	24	22	10	21
50-54岁	26	8	4	6		28	15	5	11
55-59岁	14	6	2	5		21	9	2	9
60-64岁	1	2	2	1	1	6	1	1	4
65-69岁	1	1	2			3			
70-74岁	1					1	1		3
75岁及以上						1			
女	**137**	**11**	**44**	**80**	**11**	**49**	**44**	**40**	**95**
16-19岁	1			2					1
20-24岁	12		1	4		3	4	2	4
25-29岁	14	1	2	9	2	4	7	5	8
30-34岁	31	3	7	14		13	6	6	15
35-39岁	21	1	13	7	3	5	5	5	16
40-44岁	18	1	13	10	3	3	7	10	19
45-49岁	28	5	4	12	1	6	5	8	21
50-54岁	5		4	11		10	7	2	7
55-59岁	3			7	1	3	3	1	2
60-64岁	2			3	1	1		1	
65-69岁	1					1			1
70-74岁	1								1
75岁及以上				1					

4-5a 续表 3 单位：人

年龄组 性 别	制造业								
	文教、工美、体育和娱乐用品制造业	石油、煤炭及其他燃料加工业	化学原料和化学制品制造业	医 药制造业	化学纤维制造业	橡胶和塑 料制品业	非金属矿 物制品业	黑色金属冶炼和压延加工业	有色金属冶炼和压延加工业
总 计	**170**	**74**	**334**	**799**	**3**	**154**	**817**	**16**	**26**
16-19岁			3	10			7		
20-24岁	7	4	10	82		5	40	2	
25-29岁	21	11	40	151	1	19	80	1	5
30-34岁	43	12	68	172		22	108	3	5
35-39岁	24	9	65	147		20	139	1	3
40-44岁	22	10	45	110		17	131	3	4
45-49岁	34	12	47	63		18	142		5
50-54岁	9	12	36	48		30	109	4	3
55-59岁	8	3	17	14	2	14	43	2	1
60-64岁	2		2	2		5	11		
65-69岁		1	1			3	6		
70-74岁						1			
75岁及以上							1		
男	**87**	**55**	**233**	**361**	**1**	**104**	**613**	**13**	**21**
16-19岁			3	3			7		
20-24岁	3	4	7	37		4	34	2	
25-29岁	8	7	23	52		11	67	1	3
30-34岁	21	7	49	78		15	83	2	4
35-39岁	10	9	43	76		11	98	1	3
40-44岁	12	5	33	41		12	98	2	3
45-49岁	18	9	31	26		8	94		4
50-54岁	7	10	29	35		26	82	3	3
55-59岁	7	3	12	12	1	10	36	2	1
60-64岁	1		2	1		3	8		
65-69岁		1	1			3	6		
70-74岁						1			
75岁及以上									
女	**83**	**19**	**101**	**438**	**2**	**50**	**204**	**3**	**5**
16-19岁				7					
20-24岁	4		3	45		1	6		
25-29岁	13	4	17	99	1	8	13		2
30-34岁	22	5	19	94		7	25	1	1
35-39岁	14		22	71		9	41		
40-44岁	10	5	12	69		5	33	1	1
45-49岁	16	3	16	37		10	48		1
50-54岁	2	2	7	13		4	27	1	
55-59岁	1		5	2	1	4	7		
60-64岁	1			1		2	3		
65-69岁									
70-74岁									
75岁及以上							1		

4-5a 续表 4 单位：人

年龄组 性别	制造业								
	金属制品业	通用设备制造业	专用设备制造业	汽车制造业	铁路、船舶、航空航天和其他运输设备制造业	电气机械和器材制造业	计算机、通信和其他电子设备制造业	仪器仪表制造业	其他制造业
总　计	**527**	**155**	**230**	**126**	**55**	**270**	**217**	**30**	**54**
16-19岁	6	3	1			5	1		
20-24岁	21	11	11	8	4	20	20	1	5
25-29岁	54	18	39	12	9	43	43	9	3
30-34岁	81	26	37	28	11	48	69	4	10
35-39岁	101	25	51	21	9	55	27	5	14
40-44岁	86	20	35	27	5	34	23	3	7
45-49岁	83	24	24	12	7	36	17	4	6
50-54岁	55	9	20	12	5	15	10	2	5
55-59岁	26	13	6	6	2	13	5	1	4
60-64岁	6	3	4		2	1	2	1	
65-69岁	7	2	1		1				
70-74岁	1		1						
75岁及以上		1							
男	**430**	**121**	**128**	**96**	**41**	**203**	**149**	**23**	**35**
16-19岁	6	3				5	1		
20-24岁	18	9	5	8	3	17	14	1	2
25-29岁	48	12	20	6	6	36	27	6	2
30-34岁	61	22	17	23	7	35	46	3	7
35-39岁	85	18	23	16	5	42	23	4	10
40-44岁	65	15	20	19	4	18	14	2	2
45-49岁	66	19	16	9	7	25	12	3	5
50-54岁	46	8	18	9	5	12	5	2	4
55-59岁	21	11	5	6	2	12	5	1	3
60-64岁	6	2	3		2	1	2	1	
65-69岁	7	1							
70-74岁	1		1						
75岁及以上		1							
女	**97**	**34**	**102**	**30**	**14**	**67**	**68**	**7**	**19**
16-19岁			1						
20-24岁	3	2	6		1	3	6		3
25-29岁	6	6	19	6	3	7	16	3	1
30-34岁	20	4	20	5	4	13	23	1	3
35-39岁	16	7	28	5	4	13	4	1	4
40-44岁	21	5	15	8	1	16	9	1	5
45-49岁	17	5	8	3		11	5	1	1
50-54岁	9	1	2	3		3	5		1
55-59岁	5	2	1			1			1
60-64岁		1	1						
65-69岁		1	1		1				
70-74岁									
75岁及以上									

4-5a 续表 5

单位：人

年龄组 性 别	制造业		电力、热力、燃气及水生产和供应业				建筑业		
	废弃资源综合利用业	金属制品、机械和设备修理业	小计	电力、热力生产和供应业	燃气生产和供应业	水的生产和供应业	小计	房屋建筑业	土木工程建筑业
总 计	**158**	**311**	**1394**	**823**	**218**	**353**	**18026**	**8355**	**1351**
16-19岁	2	5	2	1		1	103	45	7
20-24岁	7	28	59	45	6	8	846	362	83
25-29岁	8	52	164	105	27	32	2085	856	184
30-34岁	22	60	229	133	44	52	2900	1243	234
35-39岁	19	55	172	109	32	31	2513	1071	195
40-44岁	14	31	162	76	31	55	2351	1120	154
45-49岁	30	29	249	117	42	90	2906	1417	206
50-54岁	27	30	205	143	20	42	2549	1318	162
55-59岁	16	20	127	83	11	33	1318	685	100
60-64岁	7	1	21	7	5	9	302	165	16
65-69岁	2		4	4			129	62	8
70-74岁	3						16	7	1
75岁及以上	1						8	4	1
男	**106**	**282**	**1015**	**615**	**156**	**244**	**14423**	**6544**	**1109**
16-19岁	2	5	2	1		1	88	39	7
20-24岁	5	26	37	26	4	7	679	283	65
25-29岁	5	49	118	74	20	24	1724	692	147
30-34岁	18	51	169	99	33	37	2331	976	198
35-39岁	16	50	120	79	24	17	2017	844	156
40-44岁	7	27	108	55	18	35	1805	822	120
45-49岁	18	25	158	79	26	53	2225	1073	167
50-54岁	18	30	163	115	16	32	2034	1028	136
55-59岁	9	18	121	79	11	31	1119	572	92
60-64岁	5	1	15	4	4	7	264	145	14
65-69岁	1		4	4			116	61	5
70-74岁	1						15	6	1
75岁及以上	1						6	3	1
女	**52**	**29**	**379**	**208**	**62**	**109**	**3603**	**1811**	**242**
16-19岁							15	6	
20-24岁	2	2	22	19	2	1	167	79	18
25-29岁	3	3	46	31	7	8	361	164	37
30-34岁	4	9	60	34	11	15	569	267	36
35-39岁	3	5	52	30	8	14	496	227	39
40-44岁	7	4	54	21	13	20	546	298	34
45-49岁	12	4	91	38	16	37	681	344	39
50-54岁	9		42	28	4	10	515	290	26
55-59岁	7	2	6	4		2	199	113	8
60-64岁	2		6	3	1	2	38	20	2
65-69岁	1						13	1	3
70-74岁	2						1	1	
75岁及以上							2	1	

4-5a 续表 6

单位：人

年龄组 性别	建筑业		批发和零售业			交通运输、仓储和邮政业			
	建筑安装业	建筑装饰、装修和其他建筑业	小计	批发业	零售业	小计	铁路运输业	道路运输业	水上运输业
总计	**1136**	**7184**	**29129**	**6730**	**22399**	**10544**	**235**	**6250**	**397**
16-19岁	13	38	265	42	223	64	8	18	2
20-24岁	62	339	2021	467	1554	606	16	201	11
25-29岁	155	890	4387	969	3418	1338	38	553	48
30-34岁	188	1235	5694	1248	4446	1777	34	963	49
35-39岁	206	1041	5278	1148	4130	1762	24	1126	54
40-44岁	142	935	3969	931	3038	1481	25	1005	34
45-49岁	163	1120	3373	865	2508	1591	34	1098	72
50-54岁	123	946	2246	597	1649	1146	26	783	74
55-59岁	67	466	1358	351	1007	664	26	435	48
60-64岁	6	115	323	68	255	81	2	47	5
65-69岁	11	48	159	26	133	22		15	
70-74岁		8	38	12	26	8	2	5	
75岁及以上		3	18	6	12	4		1	
男	**994**	**5776**	**14198**	**3900**	**10298**	**8687**	**163**	**5463**	**296**
16-19岁	11	31	125	26	99	58	3	18	1
20-24岁	55	276	1017	284	733	484	12	172	7
25-29岁	143	742	2031	547	1484	1032	27	478	29
30-34岁	161	996	2718	702	2016	1447	23	844	33
35-39岁	177	840	2522	636	1886	1421	11	960	41
40-44岁	120	743	1805	507	1298	1197	14	852	21
45-49岁	140	845	1604	490	1114	1311	26	957	51
50-54岁	107	763	1232	384	848	1022	21	711	65
55-59岁	63	392	829	246	583	615	24	410	45
60-64岁	6	99	193	48	145	69	1	42	3
65-69岁	11	39	87	20	67	21		14	
70-74岁		8	24	7	17	7	1	5	
75岁及以上		2	11	3	8	3			
女	**142**	**1408**	**14931**	**2830**	**12101**	**1857**	**72**	**787**	**101**
16-19岁	2	7	140	16	124	6	5		1
20-24岁	7	63	1004	183	821	122	4	29	4
25-29岁	12	148	2356	422	1934	306	11	75	19
30-34岁	27	239	2976	546	2430	330	11	119	16
35-39岁	29	201	2756	512	2244	341	13	166	13
40-44岁	22	192	2164	424	1740	284	11	153	13
45-49岁	23	275	1769	375	1394	280	8	141	21
50-54岁	16	183	1014	213	801	124	5	72	9
55-59岁	4	74	529	105	424	49	2	25	3
60-64岁		16	130	20	110	12	1	5	2
65-69岁		9	72	6	66	1		1	
70-74岁			14	5	9	1	1		
75岁及以上		1	7	3	4	1		1	

4–5a　续表 7　　　　单位：人

年龄组 性　别	交通运输、仓储和邮政业					住宿和餐饮业		
	航　空 运输业	管　道 运输业	多式联运 和运输 代理业	装卸搬运 和仓储业	邮政业	小计	住宿业	餐饮业
总　计	**1153**	**5**	**291**	**674**	**1539**	**17085**	**4341**	**12744**
16–19岁	6		1	3	26	785	211	574
20–24岁	126		17	25	210	2184	623	1561
25–29岁	288	1	36	70	304	2922	690	2232
30–34岁	264		48	82	337	2976	737	2239
35–39岁	166		51	94	247	2501	572	1929
40–44岁	103	2	52	110	150	1892	501	1391
45–49岁	107	1	41	105	133	1676	425	1251
50–54岁	42	1	31	102	87	1225	342	883
55–59岁	48		11	60	36	655	183	472
60–64岁	3		2	16	6	181	41	140
65–69岁			1	4	2	62	9	53
70–74岁				1		19	5	14
75岁及以上				2	1	7	2	5
男	**769**	**4**	**219**	**554**	**1219**	**9007**	**2035**	**6972**
16–19岁	6		1	3	26	463	94	369
20–24岁	84		14	22	173	1302	301	1001
25–29岁	175	1	25	57	240	1661	308	1353
30–34岁	172		36	69	270	1638	352	1286
35–39岁	101		40	74	194	1240	248	992
40–44岁	76	1	37	83	113	896	219	677
45–49岁	75	1	27	82	92	744	189	555
50–54岁	36	1	25	88	75	603	180	423
55–59岁	42		11	54	29	329	114	215
60–64岁	2		2	15	4	89	20	69
65–69岁			1	4	2	29	5	24
70–74岁				1		10	4	6
75岁及以上				2	1	3	1	2
女	**384**	**1**	**72**	**120**	**320**	**8078**	**2306**	**5772**
16–19岁						322	117	205
20–24岁	42		3	3	37	882	322	560
25–29岁	113		11	13	64	1261	382	879
30–34岁	92		12	13	67	1338	385	953
35–39岁	65		11	20	53	1261	324	937
40–44岁	27	1	15	27	37	996	282	714
45–49岁	32		14	23	41	932	236	696
50–54岁	6		6	14	12	622	162	460
55–59岁	6			6	7	326	69	257
60–64岁	1			1	2	92	21	71
65–69岁						33	4	29
70–74岁						9	1	8
75岁及以上						4	1	3

4-5a 续表 8 单位：人

年龄组 性 别	信息传输、软件和信息技术服务业				金融业				
	小计	电信、广播电视和卫星传输服务	互联网和相关服务	软件和信息技术服务业	小计	货币金融服务	资本市场服务	保险业	其他金融业
总 计	**3857**	**1251**	**1466**	**1140**	**3775**	**1786**	**300**	**1311**	**378**
16-19岁	25	2	19	4	10	2		7	1
20-24岁	488	105	241	142	286	138	23	97	28
25-29岁	1009	243	448	318	777	357	47	281	92
30-34岁	848	258	308	282	852	364	68	316	104
35-39岁	593	216	200	177	534	182	57	235	60
40-44岁	368	151	115	102	363	152	28	155	28
45-49岁	303	150	80	73	440	235	41	136	28
50-54岁	148	79	37	32	329	225	25	57	22
55-59岁	63	40	14	9	168	120	11	23	14
60-64岁	8	4	3	1	12	9		3	
65-69岁	2	1	1		3	1		1	1
70-74岁	1	1							
75岁及以上	1	1			1	1			
男	**2495**	**743**	**986**	**766**	**1932**	**944**	**184**	**587**	**217**
16-19岁	17	2	12	3	8	2		5	1
20-24岁	294	65	143	86	131	52	11	55	13
25-29岁	667	135	311	221	366	157	24	134	51
30-34岁	520	125	208	187	429	166	48	158	57
35-39岁	372	124	133	115	244	85	33	92	34
40-44岁	237	89	77	71	162	89	15	45	13
45-49岁	207	99	59	49	223	133	23	48	19
50-54岁	115	61	28	26	212	146	19	32	15
55-59岁	56	37	11	8	146	106	11	16	13
60-64岁	7	4	3		8	7		1	
65-69岁	2	1	1		2			1	1
70-74岁									
75岁及以上	1	1			1	1			
女	**1362**	**508**	**480**	**374**	**1843**	**842**	**116**	**724**	**161**
16-19岁	8		7	1	2			2	
20-24岁	194	40	98	56	155	86	12	42	15
25-29岁	342	108	137	97	411	200	23	147	41
30-34岁	328	133	100	95	423	198	20	158	47
35-39岁	221	92	67	62	290	97	24	143	26
40-44岁	131	62	38	31	201	63	13	110	15
45-49岁	96	51	21	24	217	102	18	88	9
50-54岁	33	18	9	6	117	79	6	25	7
55-59岁	7	3	3	1	22	14		7	1
60-64岁	1			1	4	2		2	
65-69岁					1	1			
70-74岁	1	1							
75岁及以上									

4-5a 续表 9

单位：人

年龄组 性别	房地产业		租赁和商务服务业			科学研究和技术服务业			
	小计	房地产业	小计	租赁业	商务服务业	小计	研究和试验发展	专业技术服务业	科技推广和应用服务业
总 计	**7152**	**7152**	**8073**	**462**	**7611**	**2657**	**395**	**1889**	**373**
16-19岁	38	38	54	2	52	11		9	2
20-24岁	487	487	688	38	650	238	18	187	33
25-29岁	1241	1241	1489	101	1388	573	57	429	87
30-34岁	1369	1369	1627	97	1530	566	77	404	85
35-39岁	1067	1067	1236	70	1166	462	86	316	60
40-44岁	765	765	929	40	889	257	43	177	37
45-49岁	842	842	927	50	877	264	53	180	31
50-54岁	681	681	654	34	620	168	36	114	18
55-59岁	463	463	351	28	323	95	21	61	13
60-64岁	118	118	73	1	72	15	3	8	4
65-69岁	65	65	35	1	34	7		4	3
70-74岁	14	14	9		9	1	1		
75岁及以上	2	2	1		1				
男	**4371**	**4371**	**4907**	**366**	**4541**	**1754**	**217**	**1305**	**232**
16-19岁	21	21	35	2	33	7		6	1
20-24岁	293	293	348	30	318	147	8	123	16
25-29岁	720	720	795	82	713	366	29	285	52
30-34岁	811	811	954	76	878	365	50	264	51
35-39岁	618	618	736	49	687	305	40	227	38
40-44岁	447	447	561	32	529	167	17	126	24
45-49岁	462	462	601	36	565	164	26	119	19
50-54岁	465	465	490	30	460	131	28	90	13
55-59岁	373	373	299	27	272	81	16	54	11
60-64岁	93	93	55	1	54	15	3	8	4
65-69岁	55	55	25	1	24	6		3	3
70-74岁	11	11	7		7				
75岁及以上	2	2	1		1				
女	**2781**	**2781**	**3166**	**96**	**3070**	**903**	**178**	**584**	**141**
16-19岁	17	17	19		19	4		3	1
20-24岁	194	194	340	8	332	91	10	64	17
25-29岁	521	521	694	19	675	207	28	144	35
30-34岁	558	558	673	21	652	201	27	140	34
35-39岁	449	449	500	21	479	157	46	89	22
40-44岁	318	318	368	8	360	90	26	51	13
45-49岁	380	380	326	14	312	100	27	61	12
50-54岁	216	216	164	4	160	37	8	24	5
55-59岁	90	90	52	1	51	14	5	7	2
60-64岁	25	25	18		18				
65-69岁	10	10	10		10	1		1	
70-74岁	3	3	2		2	1	1		
75岁及以上									

4-5a 续表 10

单位：人

年龄组 性别	水利、环境和公共设施管理业					居民服务、修理和其他服务业			
	小计	水利管理业	生态保护和环境治理业	公共设施管理业	土地管理业	小计	居民服务业	机动车、电子产品和日用产品修理业	其他服务业
总 计	**2443**	**120**	**95**	**2200**	**28**	**12044**	**8065**	**1843**	**2136**
16-19岁	7	1		6		421	211	72	138
20-24岁	57	3	8	42	4	953	668	190	95
25-29岁	193	12	11	166	4	1783	1250	341	192
30-34岁	283	12	19	247	5	1910	1291	368	251
35-39岁	413	17	16	375	5	1855	1251	289	315
40-44岁	450	15	13	419	3	1384	876	224	284
45-49岁	512	25	12	471	4	1436	900	176	360
50-54岁	288	22	7	258	1	1077	660	117	300
55-59岁	165	12	6	145	2	656	469	42	145
60-64岁	52			52		275	229	12	34
65-69岁	19	1	1	17		175	147	8	20
70-74岁	3		1	2		65	61	3	1
75岁及以上	1		1			54	52	1	1
男	**1106**	**83**	**64**	**939**	**20**	**5477**	**2971**	**1566**	**940**
16-19岁	5	1		4		232	94	69	69
20-24岁	36	3	7	24	2	480	261	166	53
25-29岁	96	7	5	80	4	885	480	297	108
30-34岁	151	9	12	128	2	885	424	321	140
35-39岁	156	7	11	134	4	835	447	240	148
40-44岁	164	11	9	141	3	593	299	180	114
45-49岁	189	16	6	165	2	582	319	140	123
50-54岁	155	17	6	131	1	430	242	91	97
55-59岁	107	11	5	89	2	289	192	39	58
60-64岁	29			29		127	96	11	20
65-69岁	15	1	1	13		84	66	8	10
70-74岁	2		1	1		33	30	3	
75岁及以上	1		1			22	21	1	
女	**1337**	**37**	**31**	**1261**	**8**	**6567**	**5094**	**277**	**1196**
16-19岁	2			2		189	117	3	69
20-24岁	21		1	18	2	473	407	24	42
25-29岁	97	5	6	86		898	770	44	84
30-34岁	132	3	7	119	3	1025	867	47	111
35-39岁	257	10	5	241	1	1020	804	49	167
40-44岁	286	4	4	278		791	577	44	170
45-49岁	323	9	6	306	2	854	581	36	237
50-54岁	133	5	1	127		647	418	26	203
55-59岁	58	1	1	56		367	277	3	87
60-64岁	23			23		148	133	1	14
65-69岁	4			4		91	81		10
70-74岁	1			1		32	31		1
75岁及以上						32	31		1

4-5a 续表 11

单位：人

年龄组 性 别	教育		卫生和社会工作			文化、体育和娱乐业				
	小计	教育	小计	卫生	社会工作	小计	新闻和出版业	广播、电视、电影和录音制作业	文 化 艺术业	体育
总 计	**9607**	**9607**	**4902**	**4805**	**97**	**2536**	**229**	**336**	**403**	**259**
16–19岁	202	202	48	46	2	86	1	1	9	3
20–24岁	877	877	473	465	8	378	13	34	49	45
25–29岁	1448	1448	970	956	14	552	45	71	80	60
30–34岁	1587	1587	966	958	8	515	40	76	74	47
35–39岁	1683	1683	781	768	13	315	26	46	54	27
40–44岁	1283	1283	506	491	15	227	33	30	37	34
45–49岁	1090	1090	497	483	14	194	30	32	40	27
50–54岁	808	808	334	319	15	161	26	26	34	11
55–59岁	504	504	234	230	4	90	13	18	21	4
60–64岁	77	77	41	38	3	11	2	1	3	
65–69岁	30	30	28	28		3		1		1
70–74岁	10	10	14	13	1	2			1	
75岁及以上	8	8	10	10		2			1	
男	**3325**	**3325**	**1589**	**1556**	**33**	**1354**	**126**	**180**	**207**	**143**
16–19岁	60	60	4	4		42	1	1	2	3
20–24岁	154	154	97	95	2	181	6	14	15	24
25–29岁	307	307	214	212	2	283	16	40	39	34
30–34岁	392	392	260	257	3	282	24	42	37	26
35–39岁	553	553	271	265	6	166	12	24	31	13
40–44岁	494	494	193	190	3	121	20	12	20	18
45–49岁	446	446	178	174	4	105	19	16	21	15
50–54岁	438	438	161	153	8	99	18	16	19	8
55–59岁	392	392	155	152	3	62	9	13	18	1
60–64岁	58	58	24	22	2	7	1	1	3	
65–69岁	21	21	19	19		2		1		1
70–74岁	5	5	5	5		2			1	
75岁及以上	5	5	8	8		2			1	
女	**6282**	**6282**	**3313**	**3249**	**64**	**1182**	**103**	**156**	**196**	**116**
16–19岁	142	142	44	42	2	44			7	
20–24岁	723	723	376	370	6	197	7	20	34	21
25–29岁	1141	1141	756	744	12	269	29	31	41	26
30–34岁	1195	1195	706	701	5	233	16	34	37	21
35–39岁	1130	1130	510	503	7	149	14	22	23	14
40–44岁	789	789	313	301	12	106	13	18	17	16
45–49岁	644	644	319	309	10	89	11	16	19	12
50–54岁	370	370	173	166	7	62	8	10	15	3
55–59岁	112	112	79	78	1	28	4	5	3	3
60–64岁	19	19	17	16	1	4	1			
65–69岁	9	9	9	9		1				
70–74岁	5	5	9	8	1					
75岁及以上	3	3	2	2						

4—5a　续表 12　　　　　　　　　　　　　　　　　　　　　　　　单位：人

年龄组 性　别	娱乐业	公共管理、社会保障和社会组织							国际组织	
		小计	中国共产党机关	国家机构	人民政协、民主党派	社会保障	群众团体、社会团体和其他成员组织	基层群众自治组织	小计	国际组织
总　计	**1309**	**9856**	**198**	**8253**	**18**	**28**	**487**	**872**	**5**	**5**
16—19岁	72	11		6			2	3		
20—24岁	237	470	7	398		2	31	32		
25—29岁	296	1429	27	1222	1	3	66	110		
30—34岁	278	1844	34	1582	1	3	73	151		
35—39岁	162	1434	41	1216	3	2	61	111	2	2
40—44岁	93	1194	21	971	3	7	71	121	2	2
45—49岁	65	1344	23	1109	1	6	80	125		
50—54岁	64	1124	19	964	4	2	41	94	1	1
55—59岁	34	820	25	683	4	3	44	61		
60—64岁	5	111		64	1		13	33		
65—69岁	1	50		22			4	24		
70—74岁	1	12	1	7				4		
75岁及以上	1	13		9			1	3		
男	**698**	**6479**	**136**	**5573**	**13**	**16**	**268**	**473**	**2**	**2**
16—19岁	35	6		4			2			
20—24岁	122	277	4	243			13	17		
25—29岁	154	821	18	717	1	1	31	53		
30—34岁	153	1062	18	944	1	3	30	66		
35—39岁	86	923	28	800	1	1	36	57	2	2
40—44岁	51	776	14	656	1	5	40	60		
45—49岁	34	887	12	767		1	43	64		
50—54岁	38	849	18	739	4	2	28	58		
55—59岁	21	730	23	614	4	3	32	54		
60—64岁	2	90		57	1		9	23		
65—69岁		39		18			3	18		
70—74岁	1	9	1	7				1		
75岁及以上	1	10		7			1	2		
女	**611**	**3377**	**62**	**2680**	**5**	**12**	**219**	**399**	**3**	**3**
16—19岁	37	5		2				3		
20—24岁	115	193	3	155		2	18	15		
25—29岁	142	608	9	505		2	35	57		
30—34岁	125	782	16	638			43	85		
35—39岁	76	511	13	416	2	1	25	54		
40—44岁	42	418	7	315	2	2	31	61	2	2
45—49岁	31	457	11	342	1	5	37	61		
50—54岁	26	275	1	225			13	36	1	1
55—59岁	13	90	2	69			12	7		
60—64岁	3	21		7			4	10		
65—69岁	1	11		4			1	6		
70—74岁		3						3		
75岁及以上		3		2				1		

4-5b 全省分年龄、性别、行业大类的就业人口(镇)

单位：人

年龄组 性　别	合计	农、林、牧、渔业						采矿业	
		小计	农业	林业	畜牧业	渔业	农、林、牧、渔专业及辅助性活动	小计	煤炭开采和洗选业
总　计	**94588**	**28053**	**17044**	**2915**	**1186**	**4898**	**2010**	**407**	**2**
16-19岁	1031	328	143	19	5	112	49		
20-24岁	5430	1213	599	75	25	367	147	15	
25-29岁	11180	2329	1290	156	75	565	243	31	
30-34岁	13873	2988	1692	279	119	627	271	42	
35-39岁	13848	3450	1983	352	160	653	302	31	
40-44岁	12002	3283	1966	381	128	553	255	39	
45-49岁	11815	3500	2075	419	158	596	252	76	
50-54岁	11038	3985	2423	535	187	607	233	106	1
55-59岁	8380	3535	2304	431	159	490	151	57	
60-64岁	3207	1693	1203	161	78	200	51	5	
65-69岁	1847	1140	871	74	52	100	43	3	
70-74岁	605	396	318	17	31	20	10	1	
75岁及以上	332	213	177	16	9	8	3	1	1
男	**56310**	**16617**	**9317**	**1814**	**754**	**3786**	**946**	**361**	**1**
16-19岁	670	246	104	15	4	104	19		
20-24岁	3342	858	389	61	18	322	68	12	
25-29岁	6718	1533	793	95	59	471	115	25	
30-34岁	8134	1863	995	182	71	492	123	39	
35-39岁	8051	2053	1104	209	99	505	136	26	
40-44岁	6874	1901	1038	237	83	417	126	30	
45-49岁	6739	1964	1082	248	98	414	122	65	
50-54岁	6674	2224	1252	323	109	432	108	103	1
55-59岁	5392	1981	1157	282	99	372	71	55	
60-64岁	2001	971	642	101	48	158	22	4	
65-69岁	1147	672	483	46	38	78	27	2	
70-74岁	368	225	174	6	22	16	7		
75岁及以上	200	126	104	9	6	5	2		
女	**38278**	**11436**	**7727**	**1101**	**432**	**1112**	**1064**	**46**	**1**
16-19岁	361	82	39	4	1	8	30		
20-24岁	2088	355	210	14	7	45	79	3	
25-29岁	4462	796	497	61	16	94	128	6	
30-34岁	5739	1125	697	97	48	135	148	3	
35-39岁	5797	1397	879	143	61	148	166	5	
40-44岁	5128	1382	928	144	45	136	129	9	
45-49岁	5076	1536	993	171	60	182	130	11	
50-54岁	4364	1761	1171	212	78	175	125	3	
55-59岁	2988	1554	1147	149	60	118	80	2	
60-64岁	1206	722	561	60	30	42	29	1	
65-69岁	700	468	388	28	14	22	16	1	
70-74岁	237	171	144	11	9	4	3	1	
75岁及以上	132	87	73	7	3	3	1	1	1

4-5b 续表 1 单位：人

年龄组 性别	采矿业						制造业		
	石油和天然气开采业	黑色金属矿采选业	有色金属矿采选业	非金属矿采选业	开采专业及辅助性活动	其他采矿业	小计	农副食品加工业	食品制造业
总计	**6**	**258**	**7**	**99**	**22**	**13**	**6209**	**1378**	**324**
16-19岁							55	18	4
20-24岁		7		2	4	2	332	47	29
25-29岁		19		6	4	2	763	173	31
30-34岁	5	26	1	6	2	2	1015	204	46
35-39岁		12	1	12	5	1	1078	203	57
40-44岁		24	1	12	2		828	197	44
45-49岁		55	3	15	1	2	790	168	40
50-54岁	1	72	1	25	3	3	680	169	36
55-59岁		41		16			447	141	28
60-64岁		1		3		1	121	35	7
65-69岁				2	1		70	14	1
70-74岁		1					20	5	1
75岁及以上							10	4	
男	**6**	**230**	**7**	**84**	**21**	**12**	**4167**	**728**	**164**
16-19岁							33	7	3
20-24岁		5		1	4	2	244	27	19
25-29岁		13		6	4	2	540	99	21
30-34岁	5	25	1	4	2	2	701	110	19
35-39岁		11	1	8	5	1	693	98	24
40-44岁		19	1	9	1		518	95	22
45-49岁		47	3	13	1	1	497	78	23
50-54岁	1	70	1	24	3	3	467	95	14
55-59岁		39		16			311	79	15
60-64岁		1		2		1	90	27	3
65-69岁				1	1		50	7	1
70-74岁							16	4	
75岁及以上							7	2	
女		**28**		**15**	**1**	**1**	**2042**	**650**	**160**
16-19岁							22	11	1
20-24岁		2		1			88	20	10
25-29岁		6					223	74	10
30-34岁		1		2			314	94	27
35-39岁		1		4			385	105	33
40-44岁		5		3	1		310	102	22
45-49岁		8		2		1	293	90	17
50-54岁		2		1			213	74	22
55-59岁		2					136	62	13
60-64岁				1			31	8	4
65-69岁				1			20	7	
70-74岁		1					4	1	1
75岁及以上							3	2	

4-5b 续表 2

单位：人

年龄组 性 别	制造业								
	酒、饮料和精制茶制造业	烟 草制品业	纺织业	纺织服装、服饰业	皮革、毛皮、羽毛及其制品和制鞋业	木材加工和木、竹、藤、棕、草制品业	家 具制造业	造纸和纸制品业	印刷和记录媒介复制业
总 计	**187**	**3**	**81**	**159**	**12**	**258**	**100**	**426**	**49**
16-19岁	2			4		3	2		1
20-24岁	12		4	9		8	3	21	2
25-29岁	22	1	9	13		16	16	50	5
30-34岁	24		13	31	3	27	12	126	4
35-39岁	28		19	19	5	37	15	124	7
40-44岁	31		8	19	1	35	10	56	6
45-49岁	26	1	19	17		27	13	29	11
50-54岁	21	1	2	20	2	51	13	13	6
55-59岁	11		5	21		27	8	3	2
60-64岁	5			4		10	5	2	3
65-69岁	4		2	2	1	12	1	1	1
70-74岁						4	1	1	1
75岁及以上	1					1	1		
男	**106**	**3**	**42**	**52**	**7**	**206**	**71**	**310**	**27**
16-19岁	2			1		3	1		1
20-24岁	4		3	6		6	3	19	2
25-29岁	14	1	5	5		9	12	39	2
30-34岁	19		10	11	2	22	8	102	1
35-39岁	15		10	5	3	31	10	81	4
40-44岁	14		4	5		28	7	38	4
45-49岁	17	1	7	4		20	8	19	6
50-54岁	8	1	1	8	1	41	10	7	4
55-59岁	8		1	6		20	7	3	2
60-64岁	3			1		9	3	1	
65-69岁	1		1		1	12		1	
70-74岁						4	1		1
75岁及以上	1					1	1		
女	**81**		**39**	**107**	**5**	**52**	**29**	**116**	**22**
16-19岁				3			1		
20-24岁	8		1	3		2		2	
25-29岁	8		4	8		7	4	11	3
30-34岁	5		3	20	1	5	4	24	3
35-39岁	13		9	14	2	6	5	43	3
40-44岁	17		4	14	1	7	3	18	2
45-49岁	9		12	13		7	5	10	5
50-54岁	13		1	12	1	10	3	6	2
55-59岁	3		4	15		7	1		
60-64岁	2			3		1	2	1	3
65-69岁	3		1	2			1		1
70-74岁								1	
75岁及以上									

4-5b 续表 3　　　　单位：人

年龄组 性　别	制造业								
	文教、工美、体育和娱乐用品制造业	石油、煤炭及其他燃料加工业	化学原料和化学制品制造业	医　药制造业	化学纤维制造业	橡胶和塑　料制品业	非金属矿　物制品业	黑色金属冶炼和压延加工业	有色金属冶炼和压延加工业
总　计	**230**	**345**	**223**	**202**	**3**	**240**	**840**	**21**	**23**
16-19岁	6			2		1	5		
20-24岁	10	24	9	16	1	6	43	1	2
25-29岁	25	54	39	44	1	15	81		8
30-34岁	37	78	52	34		23	130	7	3
35-39岁	57	56	35	44		33	141		3
40-44岁	27	33	32	23		27	135	1	2
45-49岁	21	37	20	20	1	46	138	5	4
50-54岁	27	41	12	11		50	92	3	1
55-59岁	12	21	18	5		32	54	2	
60-64岁	4	1	5	2		1	13	1	
65-69岁	4		1	1		5	6	1	
70-74岁									
75岁及以上						1	2		
男	**130**	**304**	**176**	**109**	**3**	**164**	**650**	**17**	**19**
16-19岁	4			1		1	4		
20-24岁	7	20	6	12	1	5	34	1	2
25-29岁	16	47	35	26	1	7	64		7
30-34岁	19	67	41	13		11	102	7	3
35-39岁	29	48	29	19		24	103		2
40-44岁	15	27	19	15		17	102		1
45-49岁	8	34	17	9	1	26	103	3	3
50-54岁	19	40	10	8		37	73	3	1
55-59岁	7	20	14	4		29	47	1	
60-64岁	3	1	4	2		1	13	1	
65-69岁	3		1			5	4	1	
70-74岁									
75岁及以上						1	1		
女	**100**	**41**	**47**	**93**		**76**	**190**	**4**	**4**
16-19岁	2			1			1		
20-24岁	3	4	3	4		1	9		
25-29岁	9	7	4	18		8	17		1
30-34岁	18	11	11	21		12	28		
35-39岁	28	8	6	25		9	38		1
40-44岁	12	6	13	8		10	33	1	1
45-49岁	13	3	3	11		20	35	2	1
50-54岁	8	1	2	3		13	19		
55-59岁	5	1	4	1		3	7	1	
60-64岁	1		1						
65-69岁	1			1			2		
70-74岁									
75岁及以上							1		

4-5b 续表 4

单位：人

年龄组 性别	制造业								
	金属制品业	通用设备制造业	专用设备制造业	汽车制造业	铁路、船舶、航空航天和其他运输设备制造业	电气机械和器材制造业	计算机、通信和其他电子设备制造业	仪器仪表制造业	其他制造业
总　计	**399**	**58**	**94**	**25**	**37**	**56**	**85**	**14**	**49**
16-19岁			1				3	1	2
20-24岁	24	6	10	3	1	6	9	1	3
25-29岁	46	9	15	2	3	10	24	1	7
30-34岁	54	8	13	6	4	10	16	2	7
35-39岁	77	6	20	7	7	14	13	3	10
40-44岁	60	4	13	2	11	6	9	1	7
45-49岁	59	8	9	1	7	4	4	3	9
50-54岁	36	10	8	2	1	3	2	1	2
55-59岁	24	4	4	2	1	2	2		2
60-64岁	9	2	1		1	1	3		
65-69岁	5	1			1			1	
70-74岁	5								
75岁及以上									
男	**348**	**50**	**66**	**18**	**26**	**41**	**58**	**11**	**21**
16-19岁			1				2	1	1
20-24岁	21	5	7	1	1	4	6	1	
25-29岁	40	8	12	2	3	9	15	1	3
30-34岁	47	8	12	5	3	9	10	2	3
35-39岁	68	6	13	5	6	8	13	2	4
40-44岁	52	3	12	1	7	2	5		3
45-49岁	49	6	3	1	4	3	3	2	7
50-54岁	31	8	4	1		3	1	1	
55-59岁	22	4	2	2	1	2	1		
60-64岁	8	1			1	1	2		
65-69岁	5	1						1	
70-74岁	5								
75岁及以上									
女	**51**	**8**	**28**	**7**	**11**	**15**	**27**	**3**	**28**
16-19岁							1		1
20-24岁	3	1	3	2		2	3		3
25-29岁	6	1	3			1	9		4
30-34岁	7		1	1	1	1	6		4
35-39岁	9		7	2	1	6		1	6
40-44岁	8	1	1	1	4	4	4	1	4
45-49岁	10	2	6		3	1	1	1	2
50-54岁	5	2	4	1	1		1		2
55-59岁	2		2				1		2
60-64岁	1	1	1				1		
65-69岁					1				
70-74岁									
75岁及以上									

4-5b 续表 5

单位：人

年龄组 性 别	制造业		电力、热力、燃气及水生产和供应业				建筑业		
	废弃资源综合利用业	金属制品、机械和设备修理业	小计	电力、热力生产和供应业	燃气生产和供应业	水的生产和供应业	小计	房屋建筑业	土木工程建筑业
总　计	**105**	**183**	**809**	**533**	**114**	**162**	**8245**	**4233**	**671**
16-19岁			1	1			68	29	2
20-24岁	2	20	44	33	6	5	472	215	46
25-29岁	10	33	97	59	15	23	981	424	94
30-34岁	12	29	98	51	24	23	1275	553	123
35-39岁	12	26	124	86	15	23	1225	600	81
40-44岁	12	16	128	83	19	26	1076	563	73
45-49岁	20	23	128	85	14	29	1099	596	104
50-54岁	19	25	96	61	13	22	1019	592	67
55-59岁	8	8	78	62	7	9	660	406	61
60-64岁	5	1	10	8	1	1	235	157	13
65-69岁	4	1	4	4			97	69	4
70-74岁	1	1					25	20	1
75岁及以上			1			1	13	9	2
男	**69**	**171**	**591**	**405**	**75**	**111**	**6693**	**3284**	**589**
16-19岁			1	1			58	23	1
20-24岁	1	20	36	27	4	5	403	177	45
25-29岁	6	31	70	45	8	17	844	343	85
30-34岁	9	26	70	34	20	16	1075	437	108
35-39岁	8	25	86	64	5	17	1015	475	73
40-44岁	5	15	78	54	11	13	860	436	64
45-49岁	12	20	87	60	12	15	829	423	89
50-54岁	14	23	78	52	8	18	768	435	54
55-59岁	6	8	72	57	6	9	542	323	53
60-64岁	4	1	9	7	1	1	193	132	12
65-69岁	4	1	4	4			77	57	3
70-74岁		1					20	16	1
75岁及以上							9	7	1
女	**36**	**12**	**218**	**128**	**39**	**51**	**1552**	**949**	**82**
16-19岁							10	6	1
20-24岁	1		8	6	2		69	38	1
25-29岁	4	2	27	14	7	6	137	81	9
30-34岁	3	3	28	17	4	7	200	116	15
35-39岁	4	1	38	22	10	6	210	125	8
40-44岁	7	1	50	29	8	13	216	127	9
45-49岁	8	3	41	25	2	14	270	173	15
50-54岁	5	2	18	9	5	4	251	157	13
55-59岁	2		6	5	1		118	83	8
60-64岁	1		1	1			42	25	1
65-69岁							20	12	1
70-74岁	1						5	4	
75岁及以上			1			1	4	2	1

4−5b 续表 6

单位：人

年龄组 性别	建筑业		批发和零售业			交通运输、仓储和邮政业			
	建筑安装业	建筑装饰、装修和其他建筑业	小计	批发业	零售业	小计	铁路运输业	道路运输业	水上运输业
总　计	**629**	**2712**	**13228**	**2579**	**10649**	**4555**	**124**	**2724**	**95**
16−19岁	10	27	101	17	84	37		7	
20−24岁	52	159	727	134	593	226	9	64	
25−29岁	92	371	1547	290	1257	607	30	260	7
30−34岁	128	471	2220	412	1808	735	27	391	13
35−39岁	109	435	2198	411	1787	755	5	474	16
40−44岁	88	352	1772	364	1408	632	11	439	10
45−49岁	61	338	1586	325	1261	575	17	392	20
50−54岁	48	312	1278	260	1018	529	12	375	12
55−59岁	32	161	1041	201	840	316	10	222	9
60−64岁	7	58	439	99	340	99	1	71	5
65−69岁	2	22	220	46	174	31	1	23	3
70−74岁		4	68	10	58	10	1	4	
75岁及以上		2	31	10	21	3		2	
男	**574**	**2246**	**6326**	**1510**	**4816**	**3816**	**97**	**2383**	**83**
16−19岁	9	25	57	13	44	35		7	
20−24岁	45	136	365	84	281	186	7	58	
25−29岁	88	328	738	188	550	497	24	235	5
30−34岁	115	415	1044	256	788	617	24	350	11
35−39岁	99	368	1011	228	783	625	3	412	12
40−44岁	81	279	802	201	601	536	6	389	9
45−49岁	58	259	733	175	558	470	10	330	19
50−54岁	42	237	596	143	453	448	11	319	10
55−59岁	31	135	551	120	431	274	10	192	9
60−64岁	5	44	239	56	183	91	1	66	5
65−69岁	1	16	127	32	95	29	1	21	3
70−74岁		3	44	7	37	6		3	
75岁及以上		1	19	7	12	2		1	
女	**55**	**466**	**6902**	**1069**	**5833**	**739**	**27**	**341**	**12**
16−19岁	1	2	44	4	40	2			
20−24岁	7	23	362	50	312	40	2	6	
25−29岁	4	43	809	102	707	110	6	25	2
30−34岁	13	56	1176	156	1020	118	3	41	2
35−39岁	10	67	1187	183	1004	130	2	62	4
40−44岁	7	73	970	163	807	96	5	50	1
45−49岁	3	79	853	150	703	105	7	62	1
50−54岁	6	75	682	117	565	81	1	56	2
55−59岁	1	26	490	81	409	42		30	
60−64岁	2	14	200	43	157	8		5	
65−69岁	1	6	93	14	79	2		2	
70−74岁		1	24	3	21	4	1	1	
75岁及以上		1	12	3	9	1		1	

4-5b 续表 7

单位：人

年龄组 性 别	交通运输、仓储和邮政业					住宿和餐饮业		
	航 空 运输业	管 道 运输业	多式联运 和运输 代理业	装卸搬运 和仓储业	邮政业	小计	住宿业	餐饮业
总 计	**198**	**4**	**77**	**578**	**755**	**8322**	**1624**	**6698**
16-19岁	1			7	22	212	59	153
20-24岁	40		3	27	83	805	218	587
25-29岁	74	1	10	57	168	1245	318	927
30-34岁	32	1	15	88	168	1440	287	1153
35-39岁	22		12	92	134	1290	208	1082
40-44岁	9	1	9	76	77	987	164	823
45-49岁	10	1	10	77	48	934	152	782
50-54岁	5		9	83	33	746	126	620
55-59岁	5		5	51	14	427	70	357
60-64岁			4	14	4	148	16	132
65-69岁				2	2	67	3	64
70-74岁				3	2	13	1	12
75岁及以上				1		8	2	6
男	**127**	**3**	**66**	**477**	**580**	**3901**	**720**	**3181**
16-19岁	1			6	21	109	28	81
20-24岁	24		1	25	71	443	104	339
25-29岁	52	1	7	46	127	647	141	506
30-34岁	16	1	13	74	128	702	128	574
35-39岁	13		10	73	102	575	89	486
40-44岁	6		9	64	53	395	76	319
45-49岁	7	1	9	59	35	378	53	325
50-54岁	4		9	68	27	315	52	263
55-59岁	4		4	45	10	209	39	170
60-64岁			4	13	2	80	7	73
65-69岁				2	2	39	2	37
70-74岁				1	2	7	1	6
75岁及以上				1		2		2
女	**71**	**1**	**11**	**101**	**175**	**4421**	**904**	**3517**
16-19岁				1	1	103	31	72
20-24岁	16		2	2	12	362	114	248
25-29岁	22		3	11	41	598	177	421
30-34岁	16		2	14	40	738	159	579
35-39岁	9		2	19	32	715	119	596
40-44岁	3	1		12	24	592	88	504
45-49岁	3		1	18	13	556	99	457
50-54岁	1			15	6	431	74	357
55-59岁	1		1	6	4	218	31	187
60-64岁				1	2	68	9	59
65-69岁						28	1	27
70-74岁				2		6		6
75岁及以上						6	2	4

4-5b　续表 8　　　　单位：人

年龄组 性　别	信息传输、软件和信息技术服务业				金融业				
	小计	电信、广播电视和卫星传输服务	互联网和相关服务	软件和信息技术服务业	小计	货币金融服　务	资本市场服　务	保险业	其　他金融业
总　计	**564**	**320**	**140**	**104**	**759**	**444**	**17**	**225**	**73**
16-19岁	4	3	1		2	1		1	
20-24岁	56	16	19	21	65	35	2	24	4
25-29岁	147	73	40	34	147	84	3	44	16
30-34岁	124	72	32	20	158	88	4	54	12
35-39岁	95	58	22	15	99	46	5	39	9
40-44岁	50	29	14	7	63	35	2	22	4
45-49岁	45	35	8	2	81	48	1	20	12
50-54岁	31	24	3	4	79	59		13	7
55-59岁	9	8		1	54	37		8	9
60-64岁	1		1		8	8			
65-69岁	1	1			1	1			
70-74岁	1	1							
75岁及以上					2	2			
男	**348**	**184**	**91**	**73**	**423**	**260**	**13**	**100**	**50**
16-19岁	3	2	1						
20-24岁	35	8	12	15	32	18	1	12	1
25-29岁	79	33	24	22	70	36	3	24	7
30-34岁	62	25	19	18	78	41	2	27	8
35-39岁	62	37	16	9	56	33	4	12	7
40-44岁	36	21	9	6	33	21	2	7	3
45-49岁	34	27	7		44	30	1	5	8
50-54岁	26	21	3	2	56	40		9	7
55-59岁	9	8		1	47	34		4	9
60-64岁					6	6			
65-69岁	1	1			1	1			
70-74岁	1	1							
75岁及以上									
女	**216**	**136**	**49**	**31**	**336**	**184**	**4**	**125**	**23**
16-19岁	1	1			2	1		1	
20-24岁	21	8	7	6	33	17	1	12	3
25-29岁	68	40	16	12	77	48		20	9
30-34岁	62	47	13	2	80	47	2	27	4
35-39岁	33	21	6	6	43	13	1	27	2
40-44岁	14	8	5	1	30	14		15	1
45-49岁	11	8	1	2	37	18		15	4
50-54岁	5	3		2	23	19		4	
55-59岁					7	3		4	
60-64岁	1		1		2	2			
65-69岁									
70-74岁									
75岁及以上					2	2			

4-5b 续表 9

单位：人

年龄组 性 别	房地产业		租赁和商务服务业			科学研究和技术服务业			
	小计	房地产业	小计	租赁业	商 务 服务业	小计	研究和 试验发展	专业技术 服务业	科技推广 和应用 服务业
总 计	**1767**	**1767**	**2282**	**149**	**2133**	**581**	**170**	**326**	**85**
16-19岁	9	9	34	4	30	4		3	1
20-24岁	120	120	200	10	190	47	4	37	6
25-29岁	322	322	374	31	343	86	11	60	15
30-34岁	349	349	382	31	351	102	15	70	17
35-39岁	246	246	355	26	329	96	31	56	9
40-44岁	187	187	273	19	254	68	20	36	12
45-49岁	192	192	226	13	213	68	40	19	9
50-54岁	171	171	189	10	179	68	28	30	10
55-59岁	119	119	149	2	147	37	19	15	3
60-64岁	39	39	61	3	58	4	2		2
65-69岁	13	13	24		24				
70-74岁			12		12				
75岁及以上			3		3	1			1
男	**1095**	**1095**	**1527**	**140**	**1387**	**415**	**106**	**245**	**64**
16-19岁	5	5	23	4	19	3		2	1
20-24岁	74	74	117	10	107	30	2	24	4
25-29岁	195	195	247	29	218	67	8	48	11
30-34岁	217	217	258	31	227	68	7	49	12
35-39岁	152	152	240	24	216	71	18	46	7
40-44岁	106	106	179	18	161	50	13	27	10
45-49岁	121	121	150	10	140	37	17	14	6
50-54岁	107	107	127	9	118	50	21	21	8
55-59岁	83	83	116	2	114	35	18	14	3
60-64岁	28	28	44	3	41	3	2		1
65-69岁	7	7	15		15				
70-74岁			9		9				
75岁及以上			2		2	1			1
女	**672**	**672**	**755**	**9**	**746**	**166**	**64**	**81**	**21**
16-19岁	4	4	11		11	1		1	
20-24岁	46	46	83		83	17	2	13	2
25-29岁	127	127	127	2	125	19	3	12	4
30-34岁	132	132	124		124	34	8	21	5
35-39岁	94	94	115	2	113	25	13	10	2
40-44岁	81	81	94	1	93	18	7	9	2
45-49岁	71	71	76	3	73	31	23	5	3
50-54岁	64	64	62	1	61	18	7	9	2
55-59岁	36	36	33		33	2	1	1	
60-64岁	11	11	17		17	1			1
65-69岁	6	6	9		9				
70-74岁			3		3				
75岁及以上			1		1				

4-5b 续表 10

单位：人

年龄组 性 别	水利、环境和公共设施管理业					居民服务、修理和其他服务业			
	小计	水 利 管理业	生态保护 和环境 治理业	公共设施 管理业	土 地 管理业	小计	居 民 服务业	机动车、 电子产品 和日用产 品修理业	其 他 服务业
总 计	**1499**	**83**	**89**	**1319**	**8**	**4655**	**2341**	**895**	**1419**
16–19岁	6	3		3		73	48	19	6
20–24岁	50	4	7	38	1	354	196	82	76
25–29岁	106	4	6	95	1	673	347	146	180
30–34岁	174	12	12	149	1	720	391	144	185
35–39岁	235	14	15	205	1	736	382	144	210
40–44岁	226	13	7	206		608	288	121	199
45–49岁	265	7	7	250	1	566	263	91	212
50–54岁	214	12	18	184		443	214	79	150
55–59岁	158	10	10	135	3	274	125	40	109
60–64岁	42	1	4	37		121	47	16	58
65–69岁	18	3	1	14		53	21	7	25
70–74岁	5		2	3		20	12	5	3
75岁及以上						14	7	1	6
男	**694**	**66**	**64**	**559**	**5**	**2558**	**1093**	**777**	**688**
16–19岁	4	3		1		53	31	17	5
20–24岁	30	3	5	22		223	103	78	42
25–29岁	65	4	5	55	1	401	171	136	94
30–34岁	93	9	8	75	1	390	169	126	95
35–39岁	98	10	10	77	1	398	170	118	110
40–44岁	79	9	6	64		331	135	103	93
45–49岁	99	6	2	91		270	107	72	91
50–54岁	110	10	15	85		223	97	66	60
55–59岁	84	8	9	65	2	147	63	35	49
60–64岁	19	1	2	16		71	26	15	30
65–69岁	11	3	1	7		29	9	6	14
70–74岁	2		1	1		12	8	4	
75岁及以上						10	4	1	5
女	**805**	**17**	**25**	**760**	**3**	**2097**	**1248**	**118**	**731**
16–19岁	2			2		20	17	2	1
20–24岁	20	1	2	16	1	131	93	4	34
25–29岁	41		1	40		272	176	10	86
30–34岁	81	3	4	74		330	222	18	90
35–39岁	137	4	5	128		338	212	26	100
40–44岁	147	4	1	142		277	153	18	106
45–49岁	166	1	5	159	1	296	156	19	121
50–54岁	104	2	3	99		220	117	13	90
55–59岁	74	2	1	70	1	127	62	5	60
60–64岁	23		2	21		50	21	1	28
65–69岁	7			7		24	12	1	11
70–74岁	3		1	2		8	4	1	3
75岁及以上						4	3		1

4-5b 续表 11

单位：人

年龄组 性别	教育		卫生和社会工作			文化、体育和娱乐业				
	小计	教育	小计	卫生	社会工作	小计	新闻和出版业	广播、电视、电影和录音制作业	文化艺术业	体育
总　计	**5043**	**5043**	**1834**	**1806**	**28**	**617**	**20**	**34**	**99**	**112**
16-19岁	49	49	11	11		15			1	6
20-24岁	269	269	160	159	1	67	4	2	9	22
25-29岁	575	575	319	316	3	127	4	9	15	19
30-34岁	768	768	297	294	3	119	4	7	14	26
35-39岁	873	873	223	217	6	76	3	4	13	9
40-44岁	816	816	259	255	4	56		2	12	12
45-49岁	670	670	236	231	5	62	2	5	11	5
50-54岁	571	571	142	141	1	49		3	7	9
55-59岁	339	339	122	119	3	36	3	2	13	4
60-64岁	55	55	33	32	1	5			1	
65-69岁	32	32	18	17	1	4			2	
70-74岁	8	8	8	8		1			1	
75岁及以上	18	18	6	6						
男	**2175**	**2175**	**710**	**705**	**5**	**335**	**14**	**21**	**60**	**53**
16-19岁	19	19	1	1		7			1	1
20-24岁	51	51	27	27		38	4	2	5	10
25-29岁	130	130	79	78	1	68	2	5	8	9
30-34岁	186	186	94	93	1	61	2	5	8	15
35-39岁	319	319	90	90		40	2		9	2
40-44岁	398	398	99	98	1	23		2	5	5
45-49岁	341	341	101	101		29	2	3	4	2
50-54岁	354	354	87	87		34		2	6	6
55-59岁	287	287	86	85	1	27	2	2	10	3
60-64岁	48	48	26	26		3			1	
65-69岁	24	24	11	10	1	4			2	
70-74岁	5	5	5	5		1			1	
75岁及以上	13	13	4	4						
女	**2868**	**2868**	**1124**	**1101**	**23**	**282**	**6**	**13**	**39**	**59**
16-19岁	30	30	10	10		8				5
20-24岁	218	218	133	132	1	29			4	12
25-29岁	445	445	240	238	2	59	2	4	7	10
30-34岁	582	582	203	201	2	58	2	2	6	11
35-39岁	554	554	133	127	6	36	1	4	4	7
40-44岁	418	418	160	157	3	33			7	7
45-49岁	329	329	135	130	5	33		2	7	3
50-54岁	217	217	55	54	1	15		1	1	3
55-59岁	52	52	36	34	2	9	1		3	1
60-64岁	7	7	7	6	1	2				
65-69岁	8	8	7	7						
70-74岁	3	3	3	3						
75岁及以上	5	5	2	2						

4-5b　续表 12　　　　　　　　　　　　　　　　　　　　　　　　　　　　　　单位：人

年龄组 性　别	娱乐业	公共管理、社会保障和社会组织						国际组织	
		小计	中国共产党机关	国家机构	人民政协、民主党派	社会保障	群众团体、社会团体和其他成员组织	基层群众自治组织	小计	国际组织
总　计	**352**	**5158**	**117**	**4153**	**8**	**53**	**212**	**615**	**1**	**1**
16-19岁	8	22		7			15			
20-24岁	30	208	2	176		5	17	8		
25-29岁	80	704	12	630	1	6	24	31		
30-34岁	68	867	25	736	1	9	29	67		
35-39岁	47	663	20	555	2	7	22	57		
40-44岁	30	651	18	507		6	27	93		
45-49岁	39	715	17	583		8	20	87	1	1
50-54岁	30	642	13	495	2	2	19	111		
55-59岁	14	522	7	383	2	5	24	101		
60-64岁	4	88	2	42		2	5	37		
65-69岁	2	51	1	27			5	18		
70-74岁		17		7		2	3	5		
75岁及以上		8		5		1	2			
男	**187**	**3557**	**80**	**2876**	**4**	**36**	**119**	**442**	**1**	**1**
16-19岁	5	13		5			8			
20-24岁	17	138	2	122		4	7	3		
25-29岁	44	423	4	385		5	12	17		
30-34岁	31	516	15	445		3	12	41		
35-39岁	27	441	13	376		4	11	37		
40-44岁	11	420	12	336		3	14	55		
45-49岁	18	489	14	399		7	11	58	1	1
50-54岁	20	501	11	380	2	2	14	92		
55-59岁	10	476	6	361	2	3	18	86		
60-64岁	2	76	2	35		2	5	32		
65-69岁	2	44	1	24			3	16		
70-74岁		15		5		2	3	5		
75岁及以上		5		3		1	1			
女	**165**	**1601**	**37**	**1277**	**4**	**17**	**93**	**173**		
16-19岁	3	9		2			7			
20-24岁	13	70		54		1	10	5		
25-29岁	36	281	8	245	1	1	12	14		
30-34岁	37	351	10	291	1	6	17	26		
35-39岁	20	222	7	179	2	3	11	20		
40-44岁	19	231	6	171		3	13	38		
45-49岁	21	226	3	184		1	9	29		
50-54岁	10	141	2	115			5	19		
55-59岁	4	46	1	22		2	6	15		
60-64岁	2	12		7				5		
65-69岁		7		3			2	2		
70-74岁		2		2						
75岁及以上		3		2			1			

4-5c 全省分年龄、性别、行业大类的就业人口(乡村)

单位：人

年龄组 性别	合计	农、林、牧、渔业						采矿业	
		小计	农业	林业	畜牧业	渔业	农、林、牧、渔专业及辅助性活动	小计	煤炭开采和洗选业
总 计	**170279**	**99649**	**71140**	**17535**	**4380**	**3705**	**2889**	**204**	**3**
16-19岁	2501	976	711	146	48	34	37	1	
20-24岁	9943	3505	2558	457	131	155	204	8	
25-29岁	18100	7413	5342	1116	281	339	335	23	
30-34岁	21562	10242	7316	1724	391	444	367	38	
35-39岁	22711	12414	8624	2311	527	544	408	26	
40-44岁	19690	11523	7956	2236	488	470	373	29	1
45-49岁	20411	12813	8849	2549	544	480	391	39	1
50-54岁	21231	14432	10062	2847	649	508	366	23	1
55-59岁	18128	12993	9195	2502	584	433	279	14	
60-64岁	7933	6372	4932	895	306	162	77	1	
65-69岁	5051	4258	3390	498	242	95	33	1	
70-74岁	1994	1782	1457	160	123	31	11	1	
75岁及以上	1024	926	748	94	66	10	8		
男	**101720**	**57117**	**39287**	**10689**	**2753**	**2752**	**1636**	**157**	**2**
16-19岁	1695	690	501	107	34	25	23	1	
20-24岁	6266	2370	1665	322	105	143	135	6	
25-29岁	11271	4692	3311	733	189	285	174	20	
30-34岁	13245	6069	4215	1052	262	339	201	27	
35-39岁	13599	7198	4885	1395	318	374	226	18	
40-44岁	11559	6576	4428	1332	307	328	181	21	
45-49岁	11491	6908	4648	1425	310	322	203	31	1
50-54岁	12330	7851	5159	1711	383	372	226	20	1
55-59岁	10931	7291	4811	1591	369	330	190	10	
60-64岁	4591	3482	2578	539	195	127	43	1	
65-69岁	2961	2419	1848	325	151	76	19	1	
70-74岁	1187	1043	818	106	88	23	8	1	
75岁及以上	594	528	420	51	42	8	7		
女	**68559**	**42532**	**31853**	**6846**	**1627**	**953**	**1253**	**47**	**1**
16-19岁	806	286	210	39	14	9	14		
20-24岁	3677	1135	893	135	26	12	69	2	
25-29岁	6829	2721	2031	383	92	54	161	3	
30-34岁	8317	4173	3101	672	129	105	166	11	
35-39岁	9112	5216	3739	916	209	170	182	8	
40-44岁	8131	4947	3528	904	181	142	192	8	1
45-49岁	8920	5905	4201	1124	234	158	188	8	
50-54岁	8901	6581	4903	1136	266	136	140	3	
55-59岁	7197	5702	4384	911	215	103	89	4	
60-64岁	3342	2890	2354	356	111	35	34		
65-69岁	2090	1839	1542	173	91	19	14		
70-74岁	807	739	639	54	35	8	3		
75岁及以上	430	398	328	43	24	2	1		

4-5c　续表 1　　　　单位：人

年龄组 性　别	采矿业						制造业		
	石油和天然气开采业	黑色金属矿采选业	有色金属矿采选业	非金属矿采选业	开采专业及辅助性活　动	其　他采矿业	小计	农副食品加工业	食　品制造业
总　计	**24**	**1**	**46**	**107**	**17**	**6**	**6034**	**1051**	**338**
16-19岁	1						95	8	10
20-24岁				6	1	1	375	54	29
25-29岁	8		6	4	3	2	712	97	61
30-34岁	6		12	16	4		952	139	50
35-39岁	1		4	18	2	1	940	178	51
40-44岁	4		3	19	2		738	138	45
45-49岁	2		8	24	3	1	732	148	35
50-54岁			9	10	2	1	687	126	28
55-59岁	2		4	8			523	95	23
60-64岁				1			164	39	5
65-69岁				1			79	23	1
70-74岁		1					27	4	
75岁及以上							10	2	
男	**22**	**1**	**29**	**84**	**14**	**5**	**4113**	**569**	**195**
16-19岁	1						81	4	9
20-24岁				4	1	1	280	34	17
25-29岁	8		5	3	2	2	521	56	45
30-34岁	6		6	12	3		640	77	24
35-39岁	1		1	13	2	1	609	85	27
40-44岁	3		2	14	2		457	69	18
45-49岁	2		5	21	2		443	68	20
50-54岁			7	9	2	1	475	71	16
55-59岁	1		3	6			399	62	15
60-64岁				1			121	24	3
65-69岁				1			62	16	1
70-74岁		1					18	1	
75岁及以上							7	2	
女	**2**		**17**	**23**	**3**	**1**	**1921**	**482**	**143**
16-19岁							14	4	1
20-24岁				2			95	20	12
25-29岁			1	1	1		191	41	16
30-34岁			6	4	1		312	62	26
35-39岁			3	5			331	93	24
40-44岁	1		1	5			281	69	27
45-49岁			3	3	1	1	289	80	15
50-54岁			2	1			212	55	12
55-59岁	1		1	2			124	33	8
60-64岁							43	15	2
65-69岁							17	7	
70-74岁							9	3	
75岁及以上							3		

4–5c 续表 2

单位：人

年龄组 性 别	制造业								
	酒、饮料和精制茶制造业	烟 草制品业	纺织业	纺织服装、服饰业	皮革、毛皮、羽毛及其制品和制鞋业	木材加工和木、竹、藤、棕、草制品业	家 具制造业	造纸和纸制品业	印刷和记录媒介复制业
总 计	**203**	**15**	**56**	**151**	**13**	**512**	**148**	**81**	**39**
16–19岁			3	1		5	3	1	
20–24岁	13	2	5	11	4	16	11	6	4
25–29岁	19	1	5	11	3	53	13	20	8
30–34岁	28	1	11	31		59	20	15	6
35–39岁	30	3	10	23	3	62	23	9	9
40–44岁	33	2	5	25		62	18	7	6
45–49岁	23	2		23	1	75	20	8	4
50–54岁	16	1	6	20	1	87	17	8	1
55–59岁	23	2	6	4	1	56	17	5	1
60–64岁	9		2			21	4		
65–69岁	5	1		1		10	2	2	
70–74岁	3		2	1		5			
75岁及以上	1		1			1			
男	**118**	**5**	**27**	**57**	**10**	**381**	**111**	**54**	**26**
16–19岁			3			5	3		
20–24岁	6		2	6	4	12	8	6	4
25–29岁	14	1	3	4	3	44	13	17	5
30–34岁	17	1	4	13		41	13	9	5
35–39岁	17		4	10	2	42	14	7	5
40–44岁	14	1	3	8		43	12	5	3
45–49岁	13			8		45	13		2
50–54岁	10			5		67	14	6	1
55–59岁	17	2	4	2	1	48	16	2	1
60–64岁	3		2			21	3		
65–69岁	4			1		8	2	2	
70–74岁	2		1			4			
75岁及以上	1		1			1			
女	**85**	**10**	**29**	**94**	**3**	**131**	**37**	**27**	**13**
16–19岁				1				1	
20–24岁	7	2	3	5		4	3		
25–29岁	5		2	7		9		3	3
30–34岁	11		7	18		18	7	6	1
35–39岁	13	3	6	13	1	20	9	2	4
40–44岁	19	1	2	17		19	6	2	3
45–49岁	10	2		15	1	30	7	8	2
50–54岁	6	1	6	15	1	20	3	2	
55–59岁	6		2	2		8	1	3	
60–64岁	6						1		
65–69岁	1	1				2			
70–74岁	1		1	1		1			
75岁及以上									

4-5c 续表 3

单位：人

年龄组 性 别	制造业								
	文教、工美、体育和娱乐用品制造业	石油、煤炭及其他燃料加工业	化学原料和化学制品制造业	医 药 制造业	化学纤维制造业	橡胶和塑料制品业	非金属矿物制品业	黑色金属冶炼和压延加工业	有色金属冶炼和压延加工业
总 计	**136**	**10**	**171**	**132**	**1**	**600**	**977**	**31**	**59**
16-19岁	5		6	5		5	9		
20-24岁	14	2	16	18	1	15	47		3
25-29岁	16	2	28	32		41	80	4	5
30-34岁	35	2	51	36		57	155	8	1
35-39岁	26	3	34	17		75	162	3	11
40-44岁	14	1	16	11		76	124	3	11
45-49岁	10		5	9		89	139	6	10
50-54岁	7		7	3		108	139	4	9
55-59岁	4		5	1		103	84	1	6
60-64岁	1		1			18	31	1	3
65-69岁	1		2			8	7	1	
70-74岁	1					5			
75岁及以上	2								
男	**80**	**10**	**141**	**71**	**1**	**400**	**756**	**27**	**55**
16-19岁	5		6	3		5	9		
20-24岁	11	2	15	11	1	12	43		2
25-29岁	9	2	22	14		34	63	4	4
30-34岁	17	2	44	16		29	130	8	1
35-39岁	14	3	28	13		42	117	3	11
40-44岁	11	1	11	6		38	94	1	10
45-49岁	6		4	5		53	100	6	10
50-54岁	4		5	3		83	98	2	9
55-59岁	2		4			80	70	1	5
60-64岁	1		1			12	25	1	3
65-69岁			1			7	7	1	
70-74岁						5			
75岁及以上									
女	**56**		**30**	**61**		**200**	**221**	**4**	**4**
16-19岁				2					
20-24岁	3		1	7		3	4		1
25-29岁	7		6	18		7	17		1
30-34岁	18		7	20		28	25		
35-39岁	12		6	4		33	45		
40-44岁	3		5	5		38	30	2	1
45-49岁	4		1	4		36	39		
50-54岁	3		2			25	41	2	
55-59岁	2		1	1		23	14		1
60-64岁						6	6		
65-69岁	1		1			1			
70-74岁	1								
75岁及以上	2								

4-5c 续表 4　　单位：人

年龄组 性　别	制造业								
	金　属 制品业	通用设备 制造业	专用设备 制造业	汽　车 制造业	铁路、船舶、 航空航天和 其他运输 设备制造业	电气机械 和器材 制造业	计算机、 通信和其 他电子设 备制造业	仪器仪表 制造业	其　他 制造业
总　计	**463**	**86**	**181**	**24**	**18**	**88**	**143**	**36**	**59**
16-19岁	7	4	7			2	7		2
20-24岁	19	6	14		2	11	26	4	7
25-29岁	44	20	26	3	1	21	50	8	10
30-34岁	94	18	34	7	1	20	21	6	7
35-39岁	97	11	23	7	2	12	22	3	6
40-44岁	54	7	19	4	2	9	8	8	10
45-49岁	58	4	18		7	7	5	2	6
50-54岁	36	7	21	1	1	1	3	1	3
55-59岁	31	8	13	1	1	5	1	4	5
60-64岁	12	1	1						2
65-69岁	8		2						1
70-74岁	1		2	1	1				
75岁及以上	2		1						
男	**370**	**73**	**136**	**19**	**11**	**62**	**94**	**33**	**38**
16-19岁	7	4	6			1	5		1
20-24岁	17	5	11		2	8	18	3	6
25-29岁	36	17	19	1	1	14	33	8	7
30-34岁	66	17	25	6		16	14	6	4
35-39岁	82	7	21	7	2	8	11	2	3
40-44岁	46	6	12	3	1	5	6	7	6
45-49岁	45	2	15		2	6	3	2	2
50-54岁	30	7	13	1	1	1	3	1	3
55-59岁	23	7	11		1	3	1	4	4
60-64岁	9	1							1
65-69岁	6		2						1
70-74岁	1		1	1	1				
75岁及以上	2								
女	**93**	**13**	**45**	**5**	**7**	**26**	**49**	**3**	**21**
16-19岁			1			1	2		1
20-24岁	2	1	3			3	8	1	1
25-29岁	8	3	7	2		7	17		3
30-34岁	28	1	9	1	1	4	7		3
35-39岁	15	4	2			4	11	1	3
40-44岁	8	1	7	1	1	4	2	1	4
45-49岁	13	2	3		5	1	2		4
50-54岁	6		8						
55-59岁	8	1	2	1		2			1
60-64岁	3		1						1
65-69岁	2								
70-74岁			1						
75岁及以上			1						

4-5c 续表 5

单位：人

年龄组 性 别	制造业		电力、热力、燃气及水生产和供应业				建筑业		
	废弃资源综合利用业	金属制品、机械和设备修理业	小计	电力、热力生产和供应业	燃气生产和供应业	水的生产和供应业	小计	房屋建筑业	土木工程建筑业
总　计	**68**	**144**	**546**	**341**	**130**	**75**	**13987**	**7226**	**847**
16–19岁		5	7	4	2	1	157	70	10
20–24岁	3	12	41	24	13	4	959	435	64
25–29岁	1	29	79	45	24	10	1857	753	115
30–34岁	7	32	94	68	18	8	2067	890	136
35–39岁	7	18	70	41	19	10	1969	934	113
40–44岁	4	16	60	37	16	7	1673	865	118
45–49岁	11	7	75	39	17	19	1719	998	87
50–54岁	11	14	62	44	10	8	1678	1038	113
55–59岁	10	7	39	27	6	6	1305	851	61
60–64岁	9	4	12	8	3	1	387	244	23
65–69岁	4		6	4	1	1	173	124	4
70–74岁	1						33	17	3
75岁及以上			1		1		10	7	
男	**49**	**134**	**455**	**310**	**86**	**59**	**11522**	**5746**	**737**
16–19岁		5	7	4	2	1	141	61	10
20–24岁	3	11	34	22	9	3	836	368	62
25–29岁	1	27	64	42	13	9	1629	631	98
30–34岁	5	30	77	61	12	4	1775	737	114
35–39岁	5	17	56	34	14	8	1627	738	96
40–44岁	2	15	51	34	11	6	1338	671	107
45–49岁	7	6	56	34	10	12	1308	737	74
50–54岁	8	13	56	42	6	8	1305	785	97
55–59岁	7	6	38	27	5	6	1048	683	52
60–64岁	7	4	9	6	2	1	330	204	22
65–69岁	3		6	4	1	1	149	110	2
70–74岁	1						27	15	3
75岁及以上			1		1		9	6	
女	**19**	**10**	**91**	**31**	**44**	**16**	**2465**	**1480**	**110**
16–19岁							16	9	
20–24岁		1	7	2	4	1	123	67	2
25–29岁		2	15	3	11	1	228	122	17
30–34岁	2	2	17	7	6	4	292	153	22
35–39岁	2	1	14	7	5	2	342	196	17
40–44岁	2	1	9	3	5	1	335	194	11
45–49岁	4	1	19	5	7	7	411	261	13
50–54岁	3	1	6	2	4		373	253	16
55–59岁	3	1	1		1		257	168	9
60–64岁	2		3	2	1		57	40	1
65–69岁	1						24	14	2
70–74岁							6	2	
75岁及以上							1	1	

4–5c 续表 6 单位：人

年龄组 性别	建筑业		批发和零售业			交通运输、仓储和邮政业			
	建筑安装业	建筑装饰、装修和其他建筑业	小计	批发业	零售业	小计	铁路运输业	道路运输业	水上运输业
总计	**979**	**4935**	**12016**	**2636**	**9380**	**4631**	**47**	**3150**	**38**
16–19岁	13	64	175	36	139	47	2	17	
20–24岁	103	357	969	179	790	401	5	124	2
25–29岁	198	791	1803	346	1457	660	11	353	4
30–34岁	199	842	2128	441	1687	790	8	510	3
35–39岁	168	754	2046	399	1647	790	5	594	7
40–44岁	105	585	1398	336	1062	557	4	430	3
45–49岁	93	541	1202	293	909	520	1	430	7
50–54岁	62	465	985	262	723	460	4	376	3
55–59岁	29	364	763	206	557	290	4	232	7
60–64岁	8	112	288	77	211	79	3	52	2
65–69岁	1	44	181	44	137	29		25	
70–74岁		13	58	14	44	7		7	
75岁及以上		3	20	3	17	1			
男	**940**	**4099**	**6074**	**1622**	**4452**	**4014**	**36**	**2879**	**26**
16–19岁	13	57	96	28	68	35	1	13	
20–24岁	98	308	480	119	361	289	3	114	1
25–29岁	196	704	857	228	629	570	9	325	3
30–34岁	192	732	1079	279	800	706	6	489	2
35–39岁	161	632	1006	240	766	711	4	553	7
40–44岁	98	462	673	189	484	491	4	384	3
45–49岁	89	408	619	172	447	437	1	367	6
50–54岁	56	367	511	157	354	412	4	343	1
55–59岁	29	284	429	128	301	258	3	212	2
60–64岁	7	97	167	44	123	69	1	48	1
65–69岁	1	36	105	27	78	29		25	
70–74岁		9	40	8	32	6		6	
75岁及以上		3	12	3	9	1			
女	**39**	**836**	**5942**	**1014**	**4928**	**617**	**11**	**271**	**12**
16–19岁		7	79	8	71	12	1	4	
20–24岁	5	49	489	60	429	112	2	10	1
25–29岁	2	87	946	118	828	90	2	28	1
30–34岁	7	110	1049	162	887	84	2	21	1
35–39岁	7	122	1040	159	881	79	1	41	
40–44岁	7	123	725	147	578	66		46	
45–49岁	4	133	583	121	462	83		63	1
50–54岁	6	98	474	105	369	48		33	2
55–59岁		80	334	78	256	32	1	20	5
60–64岁	1	15	121	33	88	10	2	4	1
65–69岁		8	76	17	59				
70–74岁		4	18	6	12	1		1	
75岁及以上			8		8				

4-5c 续表 7

单位：人

年龄组 性 别	交通运输、仓储和邮政业					住宿和餐饮业		
	航 空 运输业	管 道 运输业	多式联运 和运输 代理业	装卸搬运 和仓储业	邮政业	小计	住宿业	餐饮业
总 计	**336**	**4**	**89**	**432**	**535**	**9770**	**2548**	**7222**
16-19岁	2	1		7	18	568	175	393
20-24岁	136		11	45	78	1431	467	964
25-29岁	82		14	57	139	1832	476	1356
30-34岁	39		14	81	135	1595	394	1201
35-39岁	32		14	60	78	1368	316	1052
40-44岁	20	2	14	46	38	1034	247	787
45-49岁	15		7	42	18	814	228	586
50-54岁	7		2	45	23	580	132	448
55-59岁	2	1	10	29	5	357	85	272
60-64岁			3	17	2	114	18	96
65-69岁	1			3		59	7	52
70-74岁						10		10
75岁及以上					1	8	3	5
男	**198**	**4**	**76**	**388**	**407**	**4686**	**1182**	**3504**
16-19岁		1		7	13	336	101	235
20-24岁	59		9	41	62	781	244	537
25-29岁	61		12	55	105	935	210	725
30-34岁	28		13	69	99	775	174	601
35-39岁	24		12	53	58	603	130	473
40-44岁	11	2	11	41	35	413	97	316
45-49岁	9		5	37	12	327	99	228
50-54岁	3		2	41	18	246	61	185
55-59岁	2	1	9	26	3	166	47	119
60-64岁			3	15	1	64	14	50
65-69岁	1			3		32	4	28
70-74岁						2		2
75岁及以上					1	6	1	5
女	**138**		**13**	**44**	**128**	**5084**	**1366**	**3718**
16-19岁	2				5	232	74	158
20-24岁	77		2	4	16	650	223	427
25-29岁	21		2	2	34	897	266	631
30-34岁	11		1	12	36	820	220	600
35-39岁	8		2	7	20	765	186	579
40-44岁	9		3	5	3	621	150	471
45-49岁	6		2	5	6	487	129	358
50-54岁	4			4	5	334	71	263
55-59岁			1	3	2	191	38	153
60-64岁				2	1	50	4	46
65-69岁						27	3	24
70-74岁						8		8
75岁及以上						2	2	

4-5c 续表 8

单位：人

年龄组 性　别	信息传输、软件和信息技术服务业				金融业				
	小计	电信、广播电视和卫星传输服务	互联网和相关服务	软件和信息技术服务业	小计	货币金融服　务	资本市场服　务	保险业	其　他金融业
总　计	**478**	**164**	**177**	**137**	**443**	**188**	**21**	**192**	**42**
16-19岁	13	3	6	4	3	1		2	
20-24岁	85	25	30	30	55	19		30	6
25-29岁	130	40	53	37	122	50	3	56	13
30-34岁	118	37	50	31	114	52	8	44	10
35-39岁	57	25	16	16	52	16	5	24	7
40-44岁	35	11	13	11	31	16		14	1
45-49岁	17	9	4	4	26	12	1	12	1
50-54岁	10	7	1	2	22	11	1	7	3
55-59岁	8	4	2	2	17	11	2	3	1
60-64岁	2	1	1						
65-69岁	2	1	1		1		1		
70-74岁	1	1							
75岁及以上									
男	**325**	**104**	**126**	**95**	**260**	**118**	**14**	**102**	**26**
16-19岁	8	1	4	3	3	1		2	
20-24岁	57	14	22	21	34	12		21	1
25-29岁	71	18	31	22	60	20	1	31	8
30-34岁	85	26	36	23	66	35	4	20	7
35-39岁	36	14	11	11	32	12	5	10	5
40-44岁	32	10	13	9	17	10		6	1
45-49岁	15	8	4	3	15	8	1	5	1
50-54岁	9	6	1	2	16	9	1	4	2
55-59岁	7	4	2	1	16	11	1	3	1
60-64岁	2	1	1						
65-69岁	2	1	1		1		1		
70-74岁	1	1							
75岁及以上									
女	**153**	**60**	**51**	**42**	**183**	**70**	**7**	**90**	**16**
16-19岁	5	2	2	1					
20-24岁	28	11	8	9	21	7		9	5
25-29岁	59	22	22	15	62	30	2	25	5
30-34岁	33	11	14	8	48	17	4	24	3
35-39岁	21	11	5	5	20	4		14	2
40-44岁	3	1		2	14	6		8	
45-49岁	2	1		1	11	4		7	
50-54岁	1	1			6	2		3	1
55-59岁	1			1	1		1		
60-64岁									
65-69岁									
70-74岁									
75岁及以上									

4-5c 续表 9

单位：人

年龄组 性 别	房地产业		租赁和商务服务业			科学研究和技术服务业			
	小计	房地产业	小计	租赁业	商务服务业	小计	研究和试验发展	专业技术服务业	科技推广和应用服务业
总　计	**1810**	**1810**	**3328**	**223**	**3105**	**500**	**45**	**332**	**123**
16-19岁	16	16	72	6	66	3		3	
20-24岁	189	189	377	20	357	61	3	44	14
25-29岁	328	328	619	39	580	97	5	76	16
30-34岁	338	338	576	41	535	96	8	71	17
35-39岁	243	243	453	39	414	68	8	47	13
40-44岁	189	189	335	22	313	47		32	15
45-49岁	182	182	304	26	278	46	7	24	15
50-54岁	162	162	262	16	246	33	6	16	11
55-59岁	116	116	219	10	209	32	7	12	13
60-64岁	28	28	73	4	69	8	1	2	5
65-69岁	13	13	28		28	6		3	3
70-74岁	3	3	6		6	2		1	1
75岁及以上	3	3	4		4	1		1	
男	**1128**	**1128**	**2304**	**206**	**2098**	**365**	**24**	**260**	**81**
16-19岁	13	13	55	6	49	3		3	
20-24岁	118	118	246	19	227	48	2	36	10
25-29岁	189	189	399	38	361	65	3	53	9
30-34岁	216	216	393	36	357	64	2	53	9
35-39岁	143	143	318	38	280	55	5	40	10
40-44岁	114	114	237	17	220	36		26	10
45-49岁	106	106	223	23	200	31	2	21	8
50-54岁	114	114	190	15	175	22	4	11	7
55-59岁	80	80	170	10	160	27	5	11	11
60-64岁	24	24	55	4	51	6	1	2	3
65-69岁	8	8	16		16	5		2	3
70-74岁	1	1	1		1	2		1	1
75岁及以上	2	2	1		1	1		1	
女	**682**	**682**	**1024**	**17**	**1007**	**135**	**21**	**72**	**42**
16-19岁	3	3	17		17				
20-24岁	71	71	131	1	130	13	1	8	4
25-29岁	139	139	220	1	219	32	2	23	7
30-34岁	122	122	183	5	178	32	6	18	8
35-39岁	100	100	135	1	134	13	3	7	3
40-44岁	75	75	98	5	93	11		6	5
45-49岁	76	76	81	3	78	15	5	3	7
50-54岁	48	48	72	1	71	11	2	5	4
55-59岁	36	36	49		49	5	2	1	2
60-64岁	4	4	18		18	2			2
65-69岁	5	5	12		12	1		1	
70-74岁	2	2	5		5				
75岁及以上	1	1	3		3				

4-5c 续表 10 单位：人

年龄组 性别	水利、环境和公共设施管理业					居民服务、修理和其他服务业			
	小计	水利管理业	生态保护和环境治理业	公共设施管理业	土地管理业	小计	居民服务业	机动车、电子产品和日用产品修理业	其他服务业
总计	**2508**	**86**	**141**	**2258**	**23**	**5190**	**2490**	**1061**	**1639**
16-19岁	18			18		181	106	51	24
20-24岁	79	2	8	68	1	524	279	127	118
25-29岁	189	10	10	167	2	827	431	194	202
30-34岁	266	7	19	239	1	793	382	196	215
35-39岁	353	8	18	323	4	755	368	149	238
40-44岁	414	14	23	374	3	602	255	152	195
45-49岁	424	17	19	386	2	498	224	79	195
50-54岁	355	16	20	312	7	451	179	67	205
55-59岁	258	10	17	228	3	342	156	35	151
60-64岁	87	1	5	81		117	56	8	53
65-69岁	48		1	47		66	31	2	33
70-74岁	11			11		18	8	1	9
75岁及以上	6	1	1	4		16	15		1
男	**1093**	**72**	**102**	**898**	**21**	**2946**	**1241**	**942**	**763**
16-19岁	10			10		136	66	51	19
20-24岁	37	2	5	30		358	159	121	78
25-29岁	102	10	7	84	1	530	237	177	116
30-34岁	115	5	11	98	1	487	191	182	114
35-39岁	143	7	16	116	4	394	174	122	98
40-44岁	177	13	20	141	3	318	116	127	75
45-49岁	149	14	13	120	2	226	96	64	66
50-54岁	171	11	15	138	7	223	78	57	88
55-59岁	131	9	12	107	3	164	73	31	60
60-64岁	31		1	30		65	27	8	30
65-69岁	19		1	18		24	13	1	10
70-74岁	6			6		13	4	1	8
75岁及以上	2	1	1			8	7		1
女	**1415**	**14**	**39**	**1360**	**2**	**2244**	**1249**	**119**	**876**
16-19岁	8			8		45	40		5
20-24岁	42		3	38	1	166	120	6	40
25-29岁	87		3	83	1	297	194	17	86
30-34岁	151	2	8	141		306	191	14	101
35-39岁	210	1	2	207		361	194	27	140
40-44岁	237	1	3	233		284	139	25	120
45-49岁	275	3	6	266		272	128	15	129
50-54岁	184	5	5	174		228	101	10	117
55-59岁	127	1	5	121		178	83	4	91
60-64岁	56	1	4	51		52	29		23
65-69岁	29			29		42	18	1	23
70-74岁	5			5		5	4		1
75岁及以上	4			4		8	8		

4-5c 续表 11

单位：人

年龄组 性 别	教育		卫生和社会工作			文化、体育和娱乐业				
	小计	教育	小计	卫生	社会工作	小计	新闻和出版业	广播、电视、电影和录音制作业	文 化艺术业	体育
总 计	**3371**	**3371**	**1354**	**1297**	**57**	**640**	**10**	**25**	**86**	**101**
16—19岁	102	102	18	17	1	40			14	1
20—24岁	393	393	164	157	7	113	2	4	11	22
25—29岁	495	495	276	269	7	135	3	6	10	23
30—34岁	468	468	182	177	5	112	1	8	16	22
35—39岁	418	418	149	140	9	72	2	2	9	12
40—44岁	353	353	127	115	12	58		2	8	7
45—49岁	366	366	119	115	4	32		1	6	4
50—54岁	407	407	143	141	2	36		2	4	6
55—59岁	279	279	129	123	6	28	2		3	1
60—64岁	43	43	29	27	2	10			3	2
65—69岁	26	26	15	13	2	3			2	1
70—74岁	13	13	3	3						
75岁及以上	8	8				1				
男	**1462**	**1462**	**529**	**499**	**30**	**379**	**3**	**17**	**58**	**63**
16—19岁	39	39	2	1	1	33			12	1
20—24岁	78	78	31	26	5	58		3	5	14
25—29岁	123	123	48	45	3	80		4	6	16
30—34岁	119	119	66	64	2	68		5	9	14
35—39岁	200	200	62	58	4	37	1	1	8	8
40—44岁	166	166	54	48	6	31		1	6	1
45—49岁	175	175	53	52	1	20		1	4	2
50—54岁	254	254	79	77	2	21		2	2	4
55—59岁	237	237	98	94	4	20	2		2	
60—64岁	31	31	23	22	1	7			2	2
65—69岁	22	22	11	10	1	3			2	1
70—74岁	11	11	2	2						
75岁及以上	7	7				1				
女	**1909**	**1909**	**825**	**798**	**27**	**261**	**7**	**8**	**28**	**38**
16—19岁	63	63	16	16		7			2	
20—24岁	315	315	133	131	2	55	2	1	6	8
25—29岁	372	372	228	224	4	55	3	2	4	7
30—34岁	349	349	116	113	3	44	1	3	7	8
35—39岁	218	218	87	82	5	35	1	1	1	4
40—44岁	187	187	73	67	6	27		1	2	6
45—49岁	191	191	66	63	3	12			2	2
50—54岁	153	153	64	64		15			2	2
55—59岁	42	42	31	29	2	8			1	1
60—64岁	12	12	6	5	1	3			1	
65—69岁	4	4	4	3	1					
70—74岁	2	2	1	1						
75岁及以上	1	1								

4-5c 续表 12

单位：人

年龄组 性 别	娱乐业	公共管理、社会保障和社会组织							国际组织	
		小计	中国共产党机关	国家机构	人民政协、民主党派	社会保障	群众团体、社会团体和其他成员组织	基层群众自治组织	小计	国际组织
总 计	**418**	**3819**	**34**	**1967**	**6**	**17**	**172**	**1623**	**1**	**1**
16-19岁	25	9		4			3	2		
20-24岁	74	214	2	181		2	5	24		
25-29岁	93	503	6	381	2	4	28	82		
30-34岁	65	593	10	406	2	6	28	141		
35-39岁	47	468	2	248		1	15	202		
40-44岁	41	487	2	204		2	27	252		
45-49岁	21	482	5	195	1		29	252	1	1
50-54岁	24	443	3	174	1	1	11	253		
55-59岁	22	416	3	138		1	12	262		
60-64岁	5	119	1	23			6	89		
65-69岁		57		7			4	46		
70-74岁		19		3			2	14		
75岁及以上	1	9		3			2	4		
男	**238**	**2790**	**23**	**1457**	**3**	**10**	**109**	**1188**	**1**	**1**
16-19岁	20	6		3			3			
20-24岁	36	125	1	111		2	2	9		
25-29岁	54	316	3	243		2	17	51		
30-34岁	40	418	6	306	2	2	16	86		
35-39岁	19	351		199		1	10	141		
40-44岁	23	357	2	155		1	19	180		
45-49岁	13	348	5	146			17	180	1	1
50-54岁	13	355	3	139	1	1	9	202		
55-59岁	16	342	2	124		1	7	208		
60-64岁	3	104	1	20			4	79		
65-69岁		47		6			2	39		
70-74岁		13		2			1	10		
75岁及以上	1	8		3			2	3		
女	**180**	**1029**	**11**	**510**	**3**	**7**	**63**	**435**		
16-19岁	5	3		1				2		
20-24岁	38	89	1	70			3	15		
25-29岁	39	187	3	138	2	2	11	31		
30-34岁	25	175	4	100		4	12	55		
35-39岁	28	117	2	49			5	61		
40-44岁	18	130		49		1	8	72		
45-49岁	8	134		49	1		12	72		
50-54岁	11	88		35			2	51		
55-59岁	6	74	1	14			5	54		
60-64岁	2	15		3			2	10		
65-69岁		10		1			2	7		
70-74岁		6		1			1	4		
75岁及以上		1						1		

4–6 各地区分性别、职业中类的就业人口

单位：人

地区 性别	合计	党的机关、国家机关、群众团体和社会组织、企事业单位负责人						
		小计	中国共产党机关负责人	国家机关负责人	民主党派和工商联负责人	人民团体和群众团体、社会组织及其他成员组织负责人	基层群众自治组织负责人	企事业单位负责人
全省	**422630**	**8641**	**16**	**390**		**426**	**192**	**7617**
海口市	**121531**	**4685**	**3**	**132**		**203**	**31**	**4316**
秀英区	26430	904	1	26		70	10	797
龙华区	34805	1665		42		87	14	1522
琼山区	27445	749		26		12	4	707
美兰区	32851	1367	2	38		34	3	1290
三亚市	**44666**	**1277**	**3**	**54**		**40**	**23**	**1157**
海棠区	3742	54				5	7	42
吉阳区	19914	717	3	37		26	7	644
天涯区	15816	432		15		5	8	404
崖州区	5194	74		2		4	1	67
三沙市								
儋州市	**39713**	**461**		**28**		**41**	**13**	**379**
五指山市	4755	91		11		3	9	68
琼海市	23150	322		20		27	17	258
文昌市	24057	268	2	22		16	7	221
万宁市	21961	192		13		2	9	168
东方市	18944	334	3	17		4	26	284
定安县	12374	82	1	8		1		72
屯昌县	9079	64	3	2		8	9	42
澄迈县	19007	255		20		5	4	226
临高县	17943	100		8		41	2	49
白沙黎族自治县	6886	32		1		1	7	23
昌江黎族自治县	10025	86		11		1	7	67
乐东黎族自治县	19545	128		11		7	9	101
陵水黎族自治县	13861	111	1	11		6	10	83
保亭黎族苗族自治县	7346	83		13		12	8	50
琼中黎族苗族自治县	7787	70		8		8	1	53
男	**249450**	**6236**	**14**	**325**		**263**	**175**	**5459**
海南	**249450**	**6236**	**14**	**325**		**263**	**175**	**5459**
海口市	**70993**	**3379**	**2**	**106**		**128**	**29**	**3114**
秀英区	15783	665	1	21		46	10	587
龙华区	20394	1203		37		54	13	1099
琼山区	16042	541		21		7	4	509
美兰区	18774	970	1	27		21	2	919
三亚市	**26424**	**873**	**2**	**49**		**23**	**19**	**780**
海棠区	2329	36				3	6	27
吉阳区	11798	494	2	33		15	5	439
天涯区	9181	299		15		3	7	274
崖州区	3116	44		1		2	1	40
三沙市								
儋州市	**23072**	**332**		**23**		**25**	**11**	**273**

4－6 续表 1

单位：人

地　区 性　别	合计	党的机关、国家机关、群众团体和社会组织、企事业单位负责人						
		小计	中国共产党机关负责人	国家机关负责人	民主党派和工商联负责人	人民团体和群众团体、社会组织及其他成员组织负责人	基层群众自治组织负责人	企事业单位负责人
五指山市	2779	61		8			8	45
琼海市	13463	234		17		16	16	185
文昌市	13914	201	2	17		9	7	166
万宁市	13367	147		11		2	9	125
东方市	11179	228	3	15		3	24	183
定安县	7425	67	1	8				58
屯昌县	5579	50	3	1		5	7	34
澄迈县	11870	199		17		2	4	176
临高县	10449	73		8		26	2	37
白沙黎族自治县	4141	30		1		1	7	21
昌江黎族自治县	6098	66		10			4	52
乐东黎族自治县	11426	99		10		6	9	74
陵水黎族自治县	8147	82	1	8		3	10	60
保亭黎族苗族自治县	4393	65		10		8	8	39
琼中黎族苗族自治县	4731	50		6		6	1	37
女	**173180**	**2405**	**2**	**65**		**163**	**17**	**2158**
海南	**173180**	**2405**	**2**	**65**		**163**	**17**	**2158**
海口市	**50538**	**1306**	**1**	**26**		**75**	**2**	**1202**
秀英区	10647	239		5		24		210
龙华区	14411	462		5		33	1	423
琼山区	11403	208		5		5		198
美兰区	14077	397	1	11		13	1	371
三亚市	**18242**	**404**	**1**	**5**		**17**	**4**	**377**
海棠区	1413	18				2	1	15
吉阳区	8116	223	1	4		11	2	205
天涯区	6635	133				2	1	130
崖州区	2078	30		1		2		27
三沙市								
儋州市	**16641**	**129**		**5**		**16**	**2**	**106**
五指山市	1976	30		3		3	1	23
琼海市	9687	88		3		11	1	73
文昌市	10143	67		5		7		55
万宁市	8594	45		2				43
东方市	7765	106		2		1	2	101
定安县	4949	15				1		14
屯昌县	3500	14		1		3	2	8
澄迈县	7137	56		3		3		50
临高县	7494	27				15		12
白沙黎族自治县	2745	2						2
昌江黎族自治县	3927	20		1		1	3	15
乐东黎族自治县	8119	29		1		1		27
陵水黎族自治县	5714	29		3		3		23
保亭黎族苗族自治县	2953	18		3		4		11
琼中黎族苗族自治县	3056	20		2		2		16

4-6　续表 2

单位：人

地区 性别	专业技术人员 小计	科学研究人员	工程技术人员	农业技术人员	飞机和船舶技术人员	卫生专业技术人员	经济和金融专业人员	法律、社会和宗教专业人员	教学人员	文学艺术、体育专业人员
全省	**37142**	**218**	**5954**	**420**	**197**	**6519**	**6745**	**824**	**14839**	**568**
海口市	**16812**	**150**	**3242**	**92**	**112**	**2746**	**3935**	**444**	**5358**	**251**
秀英区	3230	34	620	16	27	779	662	60	861	28
龙华区	5312	63	1156	23	23	788	1463	138	1413	87
琼山区	3553	23	637	29	36	497	680	88	1424	68
美兰区	4717	30	829	24	26	682	1130	158	1660	68
三亚市	**4565**	**15**	**770**	**24**	**69**	**716**	**1063**	**152**	**1556**	**108**
海棠区	257		75	1		32	45	14	81	3
吉阳区	2447	9	417	13	13	296	650	79	870	59
天涯区	1495	5	229	7	56	334	301	40	436	44
崖州区	366	1	49	3		54	67	19	169	2
三沙市										
儋州市	**2452**	**15**	**359**	**27**	**7**	**457**	**227**	**58**	**1218**	**34**
五指山市	458	2	47	4		104	62	9	218	4
琼海市	1810	2	228	15	2	399	213	23	878	21
文昌市	1429	13	135	20		286	183	10	724	28
万宁市	1113	2	143	19		216	111	6	554	41
东方市	1389	1	237	107		228	159	15	616	10
定安县	597	1	44	18		117	60	5	334	3
屯昌县	713	4	58	7		150	64	12	394	6
澄迈县	1284	4	180	13	1	240	172	17	627	17
临高县	742	3	71	7	5	139	52	18	428	5
白沙黎族自治县	423		46	2		84	65	4	208	6
昌江黎族自治县	744	2	122	8		138	93	11	344	7
乐东黎族自治县	967		111	28		196	90	9	513	5
陵水黎族自治县	598	1	46	9	1	122	50	14	338	6
保亭黎族苗族自治县	523	3	78	11		80	71	8	252	13
琼中黎族苗族自治县	523		37	9		101	75	9	279	3
男	**16596**	**122**	**5182**	**311**	**188**	**2087**	**2020**	**474**	**5397**	**360**
海南	**16596**	**122**	**5182**	**311**	**188**	**2087**	**2020**	**474**	**5397**	**360**
海口市	**7097**	**77**	**2747**	**65**	**107**	**794**	**1063**	**244**	**1616**	**143**
秀英区	1324	17	522	15	24	213	174	35	225	13
龙华区	2267	36	960	15	22	229	401	71	412	45
琼山区	1538	6	549	19	35	140	173	49	490	43
美兰区	1968	18	716	16	26	212	315	89	489	42
三亚市	**1934**	**12**	**687**	**20**	**66**	**190**	**280**	**87**	**491**	**65**
海棠区	129		67	1		13	11	8	21	3
吉阳区	992	7	372	10	12	76	161	43	268	32
天涯区	661	4	202	6	54	86	88	25	147	30
崖州区	152	1	46	3		15	20	11	55	
三沙市										
儋州市	**1244**	**8**	**325**	**18**	**6**	**176**	**89**	**37**	**532**	**26**

4-6 续表 3　　　　单位：人

地区 性别	专业技术人员									
	小计	科学研究人员	工程技术人员	农业技术人员	飞机和船舶技术人员	卫生专业技术人员	经济和金融专业人员	法律、社会和宗教专业人员	教学人员	文学艺术、体育专业人员
五指山市	212		43	4		35	16	6	101	1
琼海市	804	2	205	11	2	131	78	13	333	14
文昌市	620	8	127	15		102	77	5	252	19
万宁市	525	1	126	13		86	44	4	205	32
东方市	690	1	201	72		72	56	13	253	8
定安县	314	1	43	15		43	24	4	170	2
屯昌县	343	4	51	6		60	32	9	162	5
澄迈县	645	3	164	12	1	89	77	8	268	12
临高县	368	2	67	5	5	59	23	11	184	2
白沙黎族自治县	189		45	2		30	25	1	78	6
昌江黎族自治县	397	1	113	8		48	35	4	170	5
乐东黎族自治县	466		99	22		73	31	8	220	3
陵水黎族自治县	291	1	41	6	1	43	19	9	159	5
保亭黎族苗族自治县	244	1	67	10		26	26	6	95	9
琼中黎族苗族自治县	213		31	7		30	25	5	108	3
女	**20546**	**96**	**772**	**109**	**9**	**4432**	**4725**	**350**	**9442**	**208**
海南	**20546**	**96**	**772**	**109**	**9**	**4432**	**4725**	**350**	**9442**	**208**
海口市	**9715**	**73**	**495**	**27**	**5**	**1952**	**2872**	**200**	**3742**	**108**
秀英区	1906	17	98	1	3	566	488	25	636	15
龙华区	3045	27	196	8	1	559	1062	67	1001	42
琼山区	2015	17	88	10	1	357	507	39	934	25
美兰区	2749	12	113	8		470	815	69	1171	26
三亚市	**2631**	**3**	**83**	**4**	**3**	**526**	**783**	**65**	**1065**	**43**
海棠区	128		8			19	34	6	60	
吉阳区	1455	2	45	3	1	220	489	36	602	27
天涯区	834	1	27	1	2	248	213	15	289	14
崖州区	214		3			39	47	8	114	2
三沙市										
儋州市	**1208**	**7**	**34**	**9**	**1**	**281**	**138**	**21**	**686**	**8**
五指山市	246	2	4			69	46	3	117	3
琼海市	1006		23	4		268	135	10	545	7
文昌市	809	5	8	5		184	106	5	472	9
万宁市	588	1	17	6		130	67	2	349	9
东方市	699		36	35		156	103	2	363	2
定安县	283		1	3		74	36	1	164	1
屯昌县	370		7	1		90	32	3	232	1
澄迈县	639	1	16	1		151	95	9	359	5
临高县	374	1	4	2		80	29	7	244	3
白沙黎族自治县	234		1			54	40	3	130	
昌江黎族自治县	347	1	9			90	58	7	174	2
乐东黎族自治县	501		12	6		123	59	1	293	2
陵水黎族自治县	307		5	3		79	31	5	179	1
保亭黎族苗族自治县	279	2	11	1		54	45	2	157	4
琼中黎族苗族自治县	310		6	2		71	50	4	171	

4-6　续表 4　　　　单位：人

地　区 性　别	专业技术人员		办事人员和有关人员				社会生产服务和生活服务人员		
	新闻出版、文化专业人员	其他专业技术人员	小计	办事人员	安全和消防人员	其他办事人员和有关人员	小计	批发与零售服务人员	交通运输、仓储和邮政业服务人员
全省	**601**	**257**	**29225**	**24270**	**4580**	**375**	**155742**	**57091**	**23141**
海口市	**359**	**123**	**14002**	**11963**	**1861**	**178**	**55708**	**21547**	**9305**
秀英区	44	99	2919	2430	477	12	11226	4227	2427
龙华区	158		3805	3579	226		16961	6658	2692
琼山区	65	6	2486	2021	433	32	12497	4549	2239
美兰区	92	18	4792	3933	725	134	15024	6113	1947
三亚市	**85**	**7**	**3725**	**3080**	**634**	**11**	**22264**	**6930**	**3217**
海棠区	5	1	229	181	45	3	1714	374	155
吉阳区	40	1	1858	1605	253		10956	3290	1683
天涯区	38	5	1290	1015	267	8	8114	2699	1198
崖州区	2		348	279	69		1480	567	181
三沙市									
儋州市	**27**	**23**	**1420**	**1260**	**146**	**14**	**12991**	**4064**	**1662**
五指山市	2	6	416	359	56	1	1177	338	128
琼海市	15	14	1085	851	227	7	7981	3212	1100
文昌市	24	6	1002	773	205	24	7959	3017	1032
万宁市	11	10	985	775	193	17	7427	3149	1030
东方市	10	6	880	724	151	5	5504	1904	873
定安县	3	12	533	397	106	30	3859	1282	417
屯昌县	5	13	395	321	58	16	2920	988	437
澄迈县	13		794	692	100	2	6060	2112	1015
临高县	4	10	620	468	139	13	5187	1967	641
白沙黎族自治县	4	4	463	395	62	6	1547	537	179
昌江黎族自治县	15	4	625	439	182	4	2781	980	554
乐东黎族自治县	3	12	686	503	163	20	4598	2013	734
陵水黎族自治县	7	4	763	556	193	14	4477	1867	393
保亭黎族苗族自治县	7		401	347	46	8	1737	617	234
琼中黎族苗族自治县	7	3	430	367	58	5	1565	567	190
男	**264**	**191**	**18867**	**14364**	**4250**	**253**	**84958**	**26563**	**20192**
海南	**264**	**191**	**18867**	**14364**	**4250**	**253**	**84958**	**26563**	**20192**
海口市	**159**	**82**	**8374**	**6581**	**1684**	**109**	**31149**	**10245**	**8186**
秀英区	21	65	1793	1353	433	7	6522	2070	2167
龙华区	76		2122	1931	191		9607	3273	2388
琼山区	30	4	1530	1122	390	18	7036	2142	1951
美兰区	32	13	2929	2175	670	84	7984	2760	1680
三亚市	**30**	**6**	**2373**	**1766**	**598**	**9**	**12183**	**2995**	**2801**
海棠区	4	1	166	119	45	2	939	159	134
吉阳区	10	1	1115	878	237		6099	1492	1480
天涯区	15	4	855	595	253	7	4320	1100	1027
崖州区	1		237	174	63		825	244	160
三沙市									
儋州市	**6**	**21**	**996**	**845**	**141**	**10**	**6263**	**1648**	**1380**

4-6 续表 5

单位：人

地区 性别	专业技术人员		办事人员和有关人员				社会生产服务和生活服务人员		
	新闻出版、文化专业人员	其他专业技术人员	小计	办事人员	安全和消防人员	其他办事人员和有关人员	小计	批发与零售服务人员	交通运输、仓储和邮政业服务人员
五指山市	1	5	265	213	52		617	143	115
琼海市	4	11	695	475	214	6	4433	1586	1011
文昌市	9	6	695	486	191	18	4378	1479	938
万宁市	6	8	730	536	180	14	4289	1619	898
东方市	8	6	640	495	141	4	2933	835	715
定安县	2	10	388	263	101	24	2180	672	375
屯昌县	3	11	275	213	54	8	1677	498	402
澄迈县	11		573	476	95	2	3431	1008	879
临高县	2	8	468	326	135	7	2667	829	561
白沙黎族自治县		2	324	259	61	4	787	231	164
昌江黎族自治县	9	4	454	279	172	3	1499	402	513
乐东黎族自治县	3	7	513	342	157	14	2454	957	562
陵水黎族自治县	5	2	567	376	181	10	2208	881	314
保亭黎族苗族自治县	4		261	215	40	6	942	264	211
琼中黎族苗族自治县	2	2	276	218	53	5	868	271	167
女	**337**	**66**	**10358**	**9906**	**330**	**122**	**70784**	**30528**	**2949**
海南	**337**	**66**	**10358**	**9906**	**330**	**122**	**70784**	**30528**	**2949**
海口市	**200**	**41**	**5628**	**5382**	**177**	**69**	**24559**	**11302**	**1119**
秀英区	23	34	1126	1077	44	5	4704	2157	260
龙华区	82		1683	1648	35		7354	3385	304
琼山区	35	2	956	899	43	14	5461	2407	288
美兰区	60	5	1863	1758	55	50	7040	3353	267
三亚市	**55**	**1**	**1352**	**1314**	**36**	**2**	**10081**	**3935**	**416**
海棠区	1		63	62		1	775	215	21
吉阳区	30		743	727	16		4857	1798	203
天涯区	23	1	435	420	14	1	3794	1599	171
崖州区	1		111	105	6		655	323	21
三沙市									
儋州市	**21**	**2**	**424**	**415**	**5**	**4**	**6728**	**2416**	**282**
五指山市	1	1	151	146	4	1	560	195	13
琼海市	11	3	390	376	13	1	3548	1626	89
文昌市	15		307	287	14	6	3581	1538	94
万宁市	5	2	255	239	13	3	3138	1530	132
东方市	2		240	229	10	1	2571	1069	158
定安县	1	2	145	134	5	6	1679	610	42
屯昌县	2	2	120	108	4	8	1243	490	35
澄迈县	2		221	216	5		2629	1104	136
临高县	2	2	152	142	4	6	2520	1138	80
白沙黎族自治县	4	2	139	136	1	2	760	306	15
昌江黎族自治县	6		171	160	10	1	1282	578	41
乐东黎族自治县		5	173	161	6	6	2144	1056	172
陵水黎族自治县	2	2	196	180	12	4	2269	986	79
保亭黎族苗族自治县	3		140	132	6	2	795	353	23
琼中黎族苗族自治县	5	1	154	149	5		697	296	23

4-6　续表 6　　　　单位：人

地　区 性　别	社会生产服务和生活服务人员								
	住宿和餐饮服务人员	信息传输、软件和信息技术服务人员	金融服务人员	房地产服务人员	租赁和商务服务人员	技术辅助服务人员	水利、环境和公共设施管理服务人员	居民服务人员	电力、燃气及水供应服务人员
全省	**30083**	**1808**	**2538**	**2671**	**6182**	**2248**	**10531**	**12147**	**1301**
海口市	**8574**	**969**	**1292**	**1141**	**2264**	**1180**	**3464**	**3485**	**346**
秀英区	1576	139	200	196	417	180	899	487	57
龙华区	2651	339	451	371	905	409	883	854	86
琼山区	2044	192	251	202	398	239	775	1020	84
美兰区	2303	299	390	372	544	352	907	1124	119
三亚市	**5377**	**191**	**252**	**630**	**1394**	**385**	**1987**	**935**	**148**
海棠区	684	9	3	35	82	8	211	64	16
吉阳区	2538	101	150	302	757	194	975	467	51
天涯区	1860	62	89	277	453	175	649	341	52
崖州区	295	19	10	16	102	8	152	63	29
三沙市									
儋州市	**1851**	**132**	**157**	**230**	**447**	**106**	**804**	**3001**	**118**
五指山市	259	15	24	28	62	17	180	39	13
琼海市	1815	71	109	120	169	91	476	371	63
文昌市	2190	50	130	76	183	70	351	475	57
万宁市	1627	38	79	62	139	46	362	494	84
东方市	1017	56	67	48	437	67	393	373	66
定安县	952	35	40	22	74	23	148	703	24
屯昌县	737	22	45	19	109	22	134	218	36
澄迈县	1356	63	73	79	318	68	482	205	73
临高县	1012	28	54	22	27	26	166	1034	71
白沙黎族自治县	350	25	26	8	78	8	165	80	11
昌江黎族自治县	499	24	42	41	39	30	248	150	44
乐东黎族自治县	949	25	52	28	50	18	289	226	62
陵水黎族自治县	875	32	28	84	138	50	559	263	32
保亭黎族苗族自治县	307	16	24	28	155	23	204	29	26
琼中黎族苗族自治县	336	16	44	5	99	18	119	66	27
男	**14078**	**1194**	**1312**	**1627**	**4860**	**1618**	**2837**	**4703**	**1120**
海南	**14078**	**1194**	**1312**	**1627**	**4860**	**1618**	**2837**	**4703**	**1120**
海口市	**4184**	**641**	**639**	**701**	**1634**	**832**	**732**	**1299**	**302**
秀英区	761	105	92	113	320	115	195	186	54
龙华区	1279	217	230	222	662	298	203	214	69
琼山区	1029	124	134	135	289	180	138	432	70
美兰区	1115	195	183	231	363	239	196	467	109
三亚市	**2733**	**118**	**110**	**379**	**1088**	**288**	**639**	**268**	**131**
海棠区	378	5	1	17	74	6	72	20	14
吉阳区	1269	65	67	180	599	151	299	110	46
天涯区	941	34	39	178	318	126	205	109	43
崖州区	145	14	3	4	97	5	63	29	28
三沙市									
儋州市	**856**	**90**	**83**	**152**	**403**	**80**	**168**	**977**	**103**

4-6 续表 7 单位：人

地区 性别	社会生产服务和生活服务人员								
	住宿和餐饮服务人员	信息传输、软件和信息技术服务人员	金融服务人员	房地产服务人员	租赁和商务服务人员	技术辅助服务人员	水利、环境和公共设施管理服务人员	居民服务人员	电力、燃气及水供应服务人员
五指山市	104	10	13	16	56	13	62	18	12
琼海市	841	51	58	70	134	63	113	134	55
文昌市	989	37	84	34	148	53	105	184	45
万宁市	797	29	50	38	125	35	101	249	73
东方市	426	40	37	30	309	54	115	148	57
定安县	437	23	20	17	64	17	37	388	22
屯昌县	344	16	26	9	106	15	38	65	28
澄迈县	644	45	42	49	296	49	117	66	57
临高县	382	13	32	17	23	24	47	553	69
白沙黎族自治县	123	14	15	5	73	7	61	26	9
昌江黎族自治县	192	13	25	22	33	16	85	62	34
乐东黎族自治县	401	14	33	14	39	14	124	122	55
陵水黎族自治县	349	22	10	54	115	34	170	115	27
保亭黎族苗族自治县	123	10	11	17	125	14	80	12	22
琼中黎族苗族自治县	153	8	24	3	89	10	43	17	19
女	**16005**	**614**	**1226**	**1044**	**1322**	**630**	**7694**	**7444**	**181**
海南	**16005**	**614**	**1226**	**1044**	**1322**	**630**	**7694**	**7444**	**181**
海口市	**4390**	**328**	**653**	**440**	**630**	**348**	**2732**	**2186**	**44**
秀英区	815	34	108	83	97	65	704	301	3
龙华区	1372	122	221	149	243	111	680	640	17
琼山区	1015	68	117	67	109	59	637	588	14
美兰区	1188	104	207	141	181	113	711	657	10
三亚市	**2644**	**73**	**142**	**251**	**306**	**97**	**1348**	**667**	**17**
海棠区	306	4	2	18	8	2	139	44	2
吉阳区	1269	36	83	122	158	43	676	357	5
天涯区	919	28	50	99	135	49	444	232	9
崖州区	150	5	7	12	5	3	89	34	1
三沙市									
儋州市	**995**	**42**	**74**	**78**	**44**	**26**	**636**	**2024**	**15**
五指山市	155	5	11	12	6	4	118	21	1
琼海市	974	20	51	50	35	28	363	237	8
文昌市	1201	13	46	42	35	17	246	291	12
万宁市	830	9	29	24	14	11	261	245	11
东方市	591	16	30	18	128	13	278	225	9
定安县	515	12	20	5	10	6	111	315	2
屯昌县	393	6	19	10	3	7	96	153	8
澄迈县	712	18	31	30	22	19	365	139	16
临高县	630	15	22	5	4	2	119	481	2
白沙黎族自治县	227	11	11	3	5	1	104	54	2
昌江黎族自治县	307	11	17	19	6	14	163	88	10
乐东黎族自治县	548	11	19	14	11	4	165	104	7
陵水黎族自治县	526	10	18	30	23	16	389	148	5
保亭黎族苗族自治县	184	6	13	11	30	9	124	17	4
琼中黎族苗族自治县	183	8	20	2	10	8	76	49	8

4-6 续表 8

单位：人

地区 性别	社会生产服务和生活服务人员				农、林、牧、渔业生产及辅助人员				
	修理及制作服务人员	文化、体育和娱乐服务人员	健康服务人员	其他社会生产和生活服务人员	小计	农业生产人员	林业生产人员	畜牧业生产人员	渔业生产人员
全省	**4386**	**1223**	**236**	**156**	**129640**	**99618**	**12847**	**5578**	**9457**
海口市	**1652**	**344**	**87**	**58**	**10898**	**9272**	**190**	**785**	**579**
秀英区	336	56	16	13	3316	3067	12	134	84
龙华区	531	110	21		1565	1237	29	257	33
琼山区	371	82	25	26	4124	3728	75	240	51
美兰区	414	96	25	19	1893	1240	74	154	411
三亚市	**454**	**345**	**17**	**2**	**6905**	**6267**	**147**	**162**	**242**
海棠区	38	35			869	771	9	22	58
吉阳区	249	189	10		906	790	12	44	45
天涯区	142	111	4	2	2935	2636	114	71	87
崖州区	25	10	3		2195	2070	12	25	52
三沙市									
儋州市	**308**	**86**	**17**	**8**	**13405**	**10633**	**356**	**509**	**1692**
五指山市	47	20	7		1944	1229	617	77	11
琼海市	292	56	16	20	9366	7092	1111	352	720
文昌市	259	37	11	21	9987	7164	77	1100	1512
万宁市	251	50	7	9	8990	6610	402	332	939
东方市	152	47	4		7936	7208	138	275	191
定安县	107	13	10	9	5924	5017	397	453	23
屯昌县	122	21	8	2	3614	2750	616	213	8
澄迈县	163	42	10	1	7475	4655	2133	389	279
临高县	124	10	2	3	9007	5521	1250	166	1916
白沙黎族自治县	55	18	5	2	3686	564	2936	145	33
昌江黎族自治县	92	33	3	2	4310	3683	243	118	208
乐东黎族自治县	119	20	7	6	11015	9662	436	198	373
陵水黎族自治县	87	51	9	9	6246	5282	163	71	692
保亭黎族苗族自治县	49	15	9	1	4196	3787	327	55	21
琼中黎族苗族自治县	53	15	7	3	4736	3222	1308	178	18
男	**3959**	**683**	**107**	**105**	**75271**	**55259**	**8072**	**3550**	**7257**
海南	**3959**	**683**	**107**	**105**	**75271**	**55259**	**8072**	**3550**	**7257**
海口市	**1497**	**184**	**35**	**38**	**6083**	**4972**	**111**	**509**	**445**
秀英区	302	28	5	9	1802	1623	7	97	62
龙华区	482	63	7		890	671	18	164	29
琼山区	340	45	11	16	2283	2032	41	153	42
美兰区	373	48	12	13	1108	646	45	95	312
三亚市	**418**	**205**	**9**	**1**	**4184**	**3750**	**97**	**99**	**189**
海棠区	36	23			557	492	6	12	41
吉阳区	230	106	5		554	468	10	28	40
天涯区	129	68	2	1	1761	1560	72	43	67
崖州区	23	8	2		1312	1230	9	16	41
三沙市									
儋州市	**266**	**47**	**5**	**5**	**7511**	**5680**	**216**	**330**	**1215**

4-6 续表 9

单位：人

地区 性别	社会生产服务和生活服务人员				农、林、牧、渔业生产及辅助人员				
	修理及制作服务人员	文化、体育和娱乐服务人员	健康服务人员	其他社会生产和生活服务人员	小计	农业生产人员	林业生产人员	畜牧业生产人员	渔业生产人员
五指山市	42	9	4		1102	670	371	47	8
琼海市	260	34	7	16	5272	3735	672	223	585
文昌市	236	27	4	15	5645	3678	49	717	1120
万宁市	235	29	4	7	5237	3562	260	222	811
东方市	135	29	3		4468	3966	112	168	148
定安县	93	8	4	3	3408	2856	236	280	18
屯昌县	113	11	4	2	2124	1581	378	140	6
澄迈县	146	27	6		4544	2727	1347	254	201
临高县	111	4		2	5299	2872	770	91	1547
白沙黎族自治县	50	4	5		2199	303	1787	82	22
昌江黎族自治县	88	11	1	2	2468	2027	165	78	161
乐东黎族自治县	107	6	1	5	6446	5515	301	133	284
陵水黎族自治县	75	29	6	7	3783	3107	133	46	471
保亭黎族苗族自治县	42	7	4		2545	2269	227	29	14
琼中黎族苗族自治县	45	12	5	2	2953	1989	840	102	12
女	**427**	**540**	**129**	**51**	**54369**	**44359**	**4775**	**2028**	**2200**
海南	**427**	**540**	**129**	**51**	**54369**	**44359**	**4775**	**2028**	**2200**
海口市	**155**	**160**	**52**	**20**	**4815**	**4300**	**79**	**276**	**134**
秀英区	34	28	11	4	1514	1444	5	37	22
龙华区	49	47	14		675	566	11	93	4
琼山区	31	37	14	10	1841	1696	34	87	9
美兰区	41	48	13	6	785	594	29	59	99
三亚市	**36**	**140**	**8**	**1**	**2721**	**2517**	**50**	**63**	**53**
海棠区	2	12			312	279	3	10	17
吉阳区	19	83	5		352	322	2	16	5
天涯区	13	43	2	1	1174	1076	42	28	20
崖州区	2	2	1		883	840	3	9	11
三沙市									
儋州市	**42**	**39**	**12**	**3**	**5894**	**4953**	**140**	**179**	**477**
五指山市	5	11	3		842	559	246	30	3
琼海市	32	22	9	4	4094	3357	439	129	135
文昌市	23	10	7	6	4342	3486	28	383	392
万宁市	16	21	3	2	3753	3048	142	110	128
东方市	17	18	1		3468	3242	26	107	43
定安县	14	5	6	6	2516	2161	161	173	5
屯昌县	9	10	4		1490	1169	238	73	2
澄迈县	17	15	4	1	2931	1928	786	135	78
临高县	13	6	2	1	3708	2649	480	75	369
白沙黎族自治县	5	14		2	1487	261	1149	63	11
昌江黎族自治县	4	22	2		1842	1656	78	40	47
乐东黎族自治县	12	14	6	1	4569	4147	135	65	89
陵水黎族自治县	12	22	3	2	2463	2175	30	25	221
保亭黎族苗族自治县	7	8	5	1	1651	1518	100	26	7
琼中黎族苗族自治县	8	3	2	1	1783	1233	468	76	6

4-6 续表 10

单位：人

地 区 性 别	农林牧渔生产辅助人员	其他农、林、牧、渔业生产加工人员	生产制造及有关人员 小计	农副产品加工人员	食品、饮料生产加工人员	烟草及其制品加工人员	纺织、针织、印染人员	纺织品、服装和皮革、毛皮制品加工制作人员	木材加工、家具与木制品制作人员
全省	**1512**	**628**	**58838**	**2061**	**1437**	**35**	**213**	**776**	**1553**
海口市	**58**	**14**	**18092**	**287**	**520**	**29**	**7**	**388**	**511**
秀英区	13	6	4601	48	126		3	52	83
龙华区	9		5322	39	153	1		104	235
琼山区	25	5	3897	41	101	27	4	189	84
美兰区	11	3	4272	159	140	1		43	109
三亚市	**82**	**5**	**5844**	**70**	**104**		**2**	**50**	**155**
海棠区	6	3	618	5	17			2	23
吉阳区	15		2976	29	41		1	19	71
天涯区	26	1	1519	14	33		1	29	53
崖州区	35	1	731	22	13				8
三沙市									
儋州市	**202**	**13**	**8371**	**171**	**69**	**4**	**6**	**55**	**163**
五指山市	10		556	13	27		7	6	11
琼海市	89	2	2579	145	87	1	4	37	80
文昌市	119	15	3276	356	135		3	42	114
万宁市	239	468	3023	277	35		12	32	154
东方市	122	2	2878	47	35	1	5	16	60
定安县	24	10	1372	184	60			7	19
屯昌县	17	10	1370	64	40			8	53
澄迈县	17	2	3135	239	143		4	49	44
临高县	150	4	2092	56	37		158	24	25
白沙黎族自治县	7	1	731	14	24			2	36
昌江黎族自治县	55	3	1465	31	17			12	34
乐东黎族自治县	269	77	1874	47	39		3	23	51
陵水黎族自治县	37	1	1312	31	19		1	17	14
保亭黎族苗族自治县	6		406	8	17			2	8
琼中黎族苗族自治县	9	1	462	21	29		1	6	21
男	**818**	**315**	**45441**	**1093**	**906**	**23**	**28**	**312**	**1288**
海南	**818**	**315**	**45441**	**1093**	**906**	**23**	**28**	**312**	**1288**
海口市	**37**	**9**	**14102**	**151**	**333**	**21**	**1**	**143**	**434**
秀英区	9	4	3532	33	67		1	16	66
龙华区	8		4208	25	100	1		43	202
琼山区	11	4	3043	22	73	20		66	74
美兰区	9	1	3319	71	93			18	92
三亚市	**45**	**4**	**4823**	**44**	**61**		**1**	**23**	**129**
海棠区	3	3	501	4	8			1	18
吉阳区	8		2507	17	28		1	6	60
天涯区	19		1269	6	19			16	45
崖州区	15	1	546	17	6				6
三沙市									
儋州市	**65**	**5**	**6337**	**93**	**36**		**2**	**26**	**129**

4-6 续表 11

单位：人

地区 性别			生产制造及有关人员						
	农林牧渔生产辅助人员	其他农、林、牧、渔业生产加工人员	小计	农副产品加工人员	食品、饮料生产加工人员	烟草及其制品加工人员	纺织、针织、印染人员	纺织品、服装和皮革、毛皮制品加工制作人员	木材加工、家具与木制品制作人员
五指山市	6		451	8	17			3	11
琼海市	56	1	2020	68	66	1	2	14	68
文昌市	72	9	2298	185	92		2	19	100
万宁市	156	226	2296	135	21		5	10	130
东方市	73	1	2205	27	19	1	1	8	51
定安县	13	5	1061	91	39			3	15
屯昌县	14	5	1110	46	21			2	40
澄迈县	14	1	2475	127	93		3	25	35
临高县	16	3	1452	33	18		9	9	21
白沙黎族自治县	4	1	611	7	19			1	22
昌江黎族自治县	35	2	1208	17	11			7	23
乐东黎族自治县	172	41	1290	25	25		1	10	44
陵水黎族自治县	25	1	996	17	9			5	14
保亭黎族苗族自治县	6		336	4	8			1	8
琼中黎族苗族自治县	9	1	370	15	18		1	3	14
女	**694**	**313**	**13397**	**968**	**531**	**12**	**185**	**464**	**265**
海南	**694**	**313**	**13397**	**968**	**531**	**12**	**185**	**464**	**265**
海口市	**21**	**5**	**3990**	**136**	**187**	**8**	**6**	**245**	**77**
秀英区	4	2	1069	15	59		2	36	17
龙华区	1		1114	14	53			61	33
琼山区	14	1	854	19	28	7	4	123	10
美兰区	2	2	953	88	47	1		25	17
三亚市	**37**	**1**	**1021**	**26**	**43**		**1**	**27**	**26**
海棠区	3		117	1	9			1	5
吉阳区	7		469	12	13			13	11
天涯区	7	1	250	8	14		1	13	8
崖州区	20		185	5	7				2
三沙市									
儋州市	**137**	**8**	**2034**	**78**	**33**	**4**	**4**	**29**	**34**
五指山市	4		105	5	10		7	3	
琼海市	33	1	559	77	21		2	23	12
文昌市	47	6	978	171	43		1	23	14
万宁市	83	242	727	142	14		7	22	24
东方市	49	1	673	20	16		4	8	9
定安县	11	5	311	93	21			4	4
屯昌县	3	5	260	18	19			6	13
澄迈县	3	1	660	112	50		1	24	9
临高县	134	1	640	23	19		149	15	4
白沙黎族自治县	3		120	7	5			1	14
昌江黎族自治县	20	1	257	14	6			5	11
乐东黎族自治县	97	36	584	22	14		2	13	7
陵水黎族自治县	12		316	14	10		1	12	
保亭黎族苗族自治县			70	4	9			1	
琼中黎族苗族自治县			92	6	11			3	7

4-6　续表 12　　　　　　　　　　　　　　　　　　　　　　　　　　单位：人

地　区 性　别	生产制造及有关人员								
	纸及纸制品生产加工人员	印刷和记录媒介复制人员	文教、工美、体育和娱乐用品制造人　员	石油加工和炼焦、煤化工生产人员	化学原料和化学制品制造人　员	医药制造人　　员	化学纤维制造人员	橡胶和塑料制品制造人员	非金属矿物制品制造人员
全省	**317**	**232**	**429**	**219**	**445**	**469**	**5**	**525**	**933**
海口市	**42**	**132**	**85**	**13**	**89**	**355**	**1**	**56**	**217**
秀英区	17	22	37	5	21	133		17	56
龙华区	9	58	21	6	35	117		12	56
琼山区	3	20	10	1	27	47		15	66
美兰区	13	32	17	1	6	58	1	12	39
三亚市	**3**	**4**	**13**		**14**	**11**		**22**	**99**
海棠区	3				3	2		4	37
吉阳区		2	2		8	2		7	44
天涯区		2	9		2	4		5	13
崖州区			2		1	3		6	5
三沙市									
儋州市	**217**	**15**	**74**	**150**	**82**	**6**	**3**	**50**	**96**
五指山市		2	1		1	4		2	9
琼海市	13	11	54		5	40		27	85
文昌市	4	14	115		17	7		13	38
万宁市	7	11	8		8	1		159	30
东方市		8	15	17	39	2		17	55
定安县	4	5	5		2	4	1	23	9
屯昌县		3	10		94	2		29	39
澄迈县	13	3	12	39	18	22		27	91
临高县	3	5	12		5	5		6	32
白沙黎族自治县		1	5		7	2		7	16
昌江黎族自治县	1	2	8		30	3		29	64
乐东黎族自治县	8	8	5		24	3		42	9
陵水黎族自治县		4	3		5				13
保亭黎族苗族自治县	1	1	2		3	1		3	19
琼中黎族苗族自治县	1	3	2		2	1		13	12
男	**225**	**147**	**253**	**191**	**342**	**219**	**5**	**336**	**710**
海南	**225**	**147**	**253**	**191**	**342**	**219**	**5**	**336**	**710**
海口市	**24**	**87**	**51**	**13**	**71**	**167**	**1**	**34**	**152**
秀英区	8	15	19	5	15	51		6	37
龙华区	7	38	14	6	27	62		11	39
琼山区	2	15	5	1	24	22		10	47
美兰区	7	19	13	1	5	32	1	7	29
三亚市		**4**	**11**		**13**	**7**		**14**	**85**
海棠区					3	2		2	32
吉阳区		2	2		7			5	38
天涯区		2	8		2	3		3	10
崖州区			1		1	2		4	5
三沙市									
儋州市	**170**	**10**	**43**	**128**	**65**	**4**	**3**	**35**	**59**

4-6 续表 13　　　　单位：人

地　区 性　别	生产制造及有关人员								
	纸及纸制品生产加工人员	印刷和记录媒介复制人员	文教、工美、体育和娱乐用品制造人员	石油加工和炼焦、煤化工生产人员	化学原料和化学制品制造人员	医药制造人员	化学纤维制造人员	橡胶和塑料制品制造人员	非金属矿物制品制造人员
五指山市		1	1		1	3		2	7
琼海市	9	8	39		3	11		18	69
文昌市	2	5	52		12	3		8	29
万宁市	6	6	6		8	1		93	23
东方市		3	5	14	33			12	44
定安县		3	4		2	3	1	12	8
屯昌县		1	8		56	1		14	32
澄迈县	10	3	7	36	12	11		23	74
临高县	2	4	9		5	4		2	25
白沙黎族自治县		1	3		4	1		6	12
昌江黎族自治县		1	7		26			20	51
乐东黎族自治县	1	6	1		22	3		31	8
陵水黎族自治县		2	3		5				8
保亭黎族苗族自治县	1		1		3			2	17
琼中黎族苗族自治县		2	2		1			10	7
女	**92**	**85**	**176**	**28**	**103**	**250**		**189**	**223**
海南	**92**	**85**	**176**	**28**	**103**	**250**		**189**	**223**
海口市	**18**	**45**	**34**		**18**	**188**		**22**	**65**
秀英区	9	7	18		6	82		11	19
龙华区	2	20	7		8	55		1	17
琼山区	1	5	5		3	25		5	19
美兰区	6	13	4		1	26		5	10
三亚市	**3**		**2**		**1**	**4**		**8**	**14**
海棠区	3							2	5
吉阳区					1	2		2	6
天涯区			1			1		2	3
崖州区			1			1		2	
三沙市									
儋州市	**47**	**5**	**31**	**22**	**17**	**2**		**15**	**37**
五指山市		1				1			2
琼海市	4	3	15		2	29		9	16
文昌市	2	9	63		5	4		5	9
万宁市	1	5	2					66	7
东方市		5	10	3	6	2		5	11
定安县	4	2	1			1		11	1
屯昌县		2	2		38	1		15	7
澄迈县	3		5	3	6	11		4	17
临高县	1	1	3			1		4	7
白沙黎族自治县			2		3	1		1	4
昌江黎族自治县	1	1	1		4	3		9	13
乐东黎族自治县	7	2	4		2			11	1
陵水黎族自治县		2							5
保亭黎族苗族自治县		1	1			1		1	2
琼中黎族苗族自治县	1	1			1	1		3	5

4-6　续表 14　　　　单位：人

地　区 性　别	生产制造及有关人员								
	采矿人员	金属冶炼和压延加工人员	机械制造基础加工人员	金属制品制造人员	通用设备制造人员	专用设备制造人员	汽车制造人员	铁路、船舶、航空设备制造人员	电气机械和器材制造人员
全省	**294**	**67**	**895**	**859**	**170**	**53**	**87**	**50**	**118**
海口市	**42**	**16**	**274**	**273**	**38**	**37**	**65**	**19**	**65**
秀英区	12	6	73	77	8	29	23		29
龙华区	17	9	79	77	12	2	22	4	10
琼山区	4		77	55	13	2	8	3	8
美兰区	9	1	45	64	5	4	12	12	18
三亚市	**7**	**2**	**90**	**74**	**19**	**5**	**4**	**12**	**6**
海棠区		1	6	12	1				
吉阳区	6	1	49	22	9		1	5	6
天涯区	1		33	29	6	4	3	7	
崖州区			2	11	3	1			
三沙市									
儋州市	**11**	**4**	**86**	**66**	**30**	**4**	**2**	**8**	**7**
五指山市			8	3	2		1	1	2
琼海市	5	8	37	83	4		2		13
文昌市	52	3	57	42	5	1	2	2	2
万宁市	5	2	40	59	5		1	1	4
东方市	30	3	49	29	20	1		1	2
定安县		2	23	21	3		2	2	2
屯昌县	8		19	21	7	3			3
澄迈县	11	8	57	91	15		1		2
临高县	6	2	51	51	4		1	4	7
白沙黎族自治县		2	11	4	3		1		
昌江黎族自治县	83	12	39	5	7	1	4		1
乐东黎族自治县	32	1	27	18	6				1
陵水黎族自治县	2	2	11	12	1	1	1		
保亭黎族苗族自治县			7		1				
琼中黎族苗族自治县			9	7					1
男	**245**	**59**	**828**	**704**	**152**	**45**	**68**	**38**	**96**
海南	**245**	**59**	**828**	**704**	**152**	**45**	**68**	**38**	**96**
海口市	**39**	**14**	**252**	**226**	**32**	**31**	**48**	**14**	**52**
秀英区	10	4	69	70	7	26	18		22
龙华区	16	9	75	63	10	2	16	3	9
琼山区	4		67	42	11	1	7	2	8
美兰区	9	1	41	51	4	2	7	9	13
三亚市	**6**	**2**	**86**	**58**	**17**	**4**	**4**	**10**	**6**
海棠区		1	4	6	1				
吉阳区	5	1	47	17	7		1	4	6
天涯区	1		33	25	6	3	3	6	
崖州区			2	10	3	1			
三沙市									
儋州市	**11**	**4**	**75**	**52**	**26**	**4**	**2**	**6**	**7**

4-6 续表 15

单位：人

地区 性别	生产制造及有关人员								
	采矿人员	金属冶炼和压延加工人员	机械制造基础加工人员	金属制品制造人员	通用设备制造人员	专用设备制造人员	汽车制造人员	铁路、船舶、航空设备制造人员	电气机械和器材制造人员
五指山市			6	3	2		1	1	1
琼海市	4	7	34	76	4		2		8
文昌市	32	3	46	35	5	1	2	1	2
万宁市	3	1	36	47	5		1	1	4
东方市	25	3	48	25	19	1		1	2
定安县		2	22	18	3		2	1	2
屯昌县	8		19	20	5	3			3
澄迈县	8	7	55	82	12				1
临高县	6	1	50	25	4			3	6
白沙黎族自治县		2	11	2	3		1		
昌江黎族自治县	72	11	35	5	7	1	4		1
乐东黎族自治县	30	1	27	14	6				1
陵水黎族自治县	1	1	11	10	1		1		
保亭黎族苗族自治县			6		1				
琼中黎族苗族自治县			9	6					
女	**49**	**8**	**67**	**155**	**18**	**8**	**19**	**12**	**22**
海南	**49**	**8**	**67**	**155**	**18**	**8**	**19**	**12**	**22**
海口市	**3**	**2**	**22**	**47**	**6**	**6**	**17**	**5**	**13**
秀英区	2	2	4	7	1	3	5		7
龙华区	1		4	14	2		6	1	1
琼山区			10	13	2	1	1	1	
美兰区			4	13	1	2	5	3	5
三亚市	**1**		**4**	**16**	**2**	**1**		**2**	
海棠区			2	6					
吉阳区	1		2	5	2			1	
天涯区				4		1		1	
崖州区				1					
三沙市									
儋州市			**11**	**14**	**4**			**2**	
五指山市			2						1
琼海市	1	1	3	7					5
文昌市	20		11	7				1	
万宁市	2	1	4	12					
东方市	5		1	4	1				
定安县			1	3				1	
屯昌县				1	2				
澄迈县	3	1	2	9	3		1		1
临高县		1	1	26			1	1	1
白沙黎族自治县				2					
昌江黎族自治县	11	1	4						
乐东黎族自治县	2			4					
陵水黎族自治县	1	1		2		1			
保亭黎族苗族自治县			1						
琼中黎族苗族自治县				1					1

4-6　续表 16　　　　单位：人

地　区 性　别	生产制造及有关人员								不便分类的其他从业人员
	计算机、通信和其他电子设备制造人员	仪器仪表制造人员	废弃资源综合利用人员	电力、热力、气体、水生产和输配人员	建筑施工人员	运输设备和通用工程机械操作人员及有关人员	生产辅助人员	其他生产制造及有关人员	
全省	**684**	**24**	**67**	**352**	**36877**	**2052**	**6403**	**137**	**3402**
海口市	**244**	**4**	**24**	**80**	**11392**	**595**	**2158**	**34**	**1334**
秀英区	62		17	14	2951	133	526	21	234
龙华区	92	1	4	33	3332	113	669		175
琼山区	49		1	20	2347	180	485	10	139
美兰区	41	3	2	13	2762	169	478	3	786
三亚市	**37**	**1**	**4**	**112**	**3830**	**262**	**830**	**2**	**86**
海棠区	1		1	19	389	26	65	1	1
吉阳区	17	1	1	36	2078	149	369		54
天涯区	13		1	50	907	62	237	1	31
崖州区	6		1	7	456	25	159		
三沙市									
儋州市	**121**	**10**	**8**	**20**	**6161**	**181**	**444**	**47**	**613**
五指山市	10		2	1	378	32	33		113
琼海市	17	2		4	1515	118	176	6	7
文昌市	13		3	7	1957	72	193	7	136
万宁市	19		1	7	1824	120	198	3	231
东方市	31	3	3	13	1671	105	596	4	23
定安县	8			6	829	49	87	15	7
屯昌县	20		1	3	802	54	81	6	3
澄迈县	26	1		16	1667	140	396		4
临高县	28			3	1399	48	120		195
白沙黎族自治县	41		1	4	456	41	53		4
昌江黎族自治县	12		1	22	706	64	273	4	14
乐东黎族自治县	31	2	1	17	853	54	562	7	277
陵水黎族自治县	18		13	3	995	47	97	2	354
保亭黎族苗族自治县	1	1	5	28	225	29	44		
琼中黎族苗族自治县	7			6	217	41	62		1
男	**497**	**22**	**49**	**310**	**29894**	**1952**	**4331**	**73**	**2081**
海南	**497**	**22**	**49**	**310**	**29894**	**1952**	**4331**	**73**	**2081**
海口市	**176**	**3**	**17**	**75**	**9421**	**558**	**1436**	**25**	**809**
秀英区	46		12	14	2409	128	344	14	145
龙华区	65	1	3	32	2783	105	441		97
琼山区	33			17	1977	172	312	9	71
美兰区	32	2	2	12	2252	153	339	2	496
三亚市	**30**	**1**	**4**	**103**	**3232**	**242**	**625**	**1**	**54**
海棠区	1		1	17	324	22	53	1	1
吉阳区	13	1	1	33	1755	142	308		37
天涯区	10		1	47	789	56	175		16
崖州区	6		1	6	364	22	89		
三沙市									
儋州市	**89**	**10**	**5**	**17**	**4699**	**169**	**346**	**12**	**389**

4-6 续表 17 单位：人

地区 性别	生产制造及有关人员								不便分类的其他从业人员
	计算机、通信和其他电子设备制造人员	仪器仪表制造人员	废弃资源综合利用人员	电力、热力、气体、水生产和输配人员	建筑施工人员	运输设备和通用工程机械操作人员及有关人员	生产辅助人员	其他生产制造及有关人员	
五指山市	7		2	1	317	32	24		71
琼海市	12	2		3	1247	115	126	4	5
文昌市	8		2	5	1456	68	118	5	77
万宁市	16		1	5	1482	120	127	3	143
东方市	23	2	1	10	1305	104	415	3	15
定安县	7			6	708	48	55	6	7
屯昌县	15		1	3	703	53	52	4	
澄迈县	17	1		14	1408	130	281		3
临高县	18			1	1069	47	81		122
白沙黎族自治县	29		1	4	405	40	37		1
昌江黎族自治县	10		1	21	597	61	216	3	6
乐东黎族自治县	21	2		11	697	53	244	6	158
陵水黎族自治县	15		11	2	768	46	65	1	220
保亭黎族苗族自治县		1	3	23	194	27	36		
琼中黎族苗族自治县	4			6	186	39	47		1
女	**187**	**2**	**18**	**42**	**6983**	**100**	**2072**	**64**	**1321**
海南	**187**	**2**	**18**	**42**	**6983**	**100**	**2072**	**64**	**1321**
海口市	**68**	**1**	**7**	**5**	**1971**	**37**	**722**	**9**	**525**
秀英区	16		5		542	5	182	7	89
龙华区	27		1	1	549	8	228		78
琼山区	16		1	3	370	8	173	1	68
美兰区	9	1		1	510	16	139	1	290
三亚市	**7**			**9**	**598**	**20**	**205**	**1**	**32**
海棠区				2	65	4	12		
吉阳区	4			3	323	7	61		17
天涯区	3			3	118	6	62	1	15
崖州区				1	92	3	70		
三沙市									
儋州市	**32**		**3**	**3**	**1462**	**12**	**98**	**35**	**224**
五指山市	3				61		9		42
琼海市	5			1	268	3	50	2	2
文昌市	5		1	2	501	4	75	2	59
万宁市	3			2	342		71		88
东方市	8	1	2	3	366	1	181	1	8
定安县	1				121	1	32	9	
屯昌县	5				99	1	29	2	3
澄迈县	9			2	259	10	115		1
临高县	10			2	330	1	39		73
白沙黎族自治县	12				51	1	16		3
昌江黎族自治县	2			1	109	3	57	1	8
乐东黎族自治县	10		1	6	156	1	318	1	119
陵水黎族自治县	3		2	1	227	1	32	1	134
保亭黎族苗族自治县	1		2	5	31	2	8		
琼中黎族苗族自治县	3				31	2	15		

4—6a 各地区分性别、职业中类的就业人口(城市)

单位：人

地区 性别	合计	党的机关、国家机关、群众团体和社会组织、企事业单位负责人						
		小计	中国共产党机关负责人	国家机关负责人	民主党派和工商联负责人	人民团体和群众团体、社会组织及其他成员组织负责人	基层群众自治组织负责人	企事业单位负责人
全省	**157763**	**6324**	**7**	**237**		**277**	**23**	**5780**
海口市	**89247**	**4249**	**3**	**117**		**191**	**5**	**3933**
秀英区	16518	741	1	22		66	3	649
龙华区	30636	1641		41		87		1513
琼山区	18373	610		17		9		584
美兰区	23720	1257	2	37		29	2	1187
三亚市	**30433**	**1111**	**3**	**52**		**33**	**9**	**1014**
海棠区	1471	17				3	1	13
吉阳区	16361	677	3	37		26	4	607
天涯区	10204	384		15		3	4	362
崖州区	2397	33				1		32
三沙市								
儋州市	**11322**	**297**		**16**		**22**	**1**	**258**
五指山市	1829	76		11		3	1	61
琼海市	7042	217		15		22	1	179
文昌市	6509	169	1	18		4		146
万宁市	4262	60		4			2	54
东方市	7119	145		4		2	4	135
定安县								
屯昌县								
澄迈县								
临高县								
白沙黎族自治县								
昌江黎族自治县								
乐东黎族自治县								
陵水黎族自治县								
保亭黎族苗族自治县								
琼中黎族苗族自治县								
男	**91420**	**4487**	**5**	**197**		**169**	**19**	**4097**
海南	**91420**	**4487**	**5**	**197**		**169**	**19**	**4097**
海口市	**51783**	**3041**	**2**	**94**		**119**	**4**	**2822**
秀英区	9832	535	1	17		43	3	471
龙华区	17859	1182		36		54		1092
琼山区	10701	438		15		4		419
美兰区	13391	886	1	26		18	1	840
三亚市	**17832**	**763**	**2**	**48**		**20**	**6**	**687**
海棠区	900	12				2	1	9
吉阳区	9681	464	2	33		15	2	412
天涯区	5799	268		15		2	3	248
崖州区	1452	19				1		18
三沙市								
儋州市	**6076**	**206**		**13**		**13**	**1**	**179**

4-6a 续表 1

单位：人

地　区 性　别	合计	党的机关、国家机关、群众团体和社会组织、企事业单位负责人						
		小计	中国共产党机关负责人	国家机关负责人	民主党派和工商联负责人	人民团体和群众团体、社会组织及其他成员组织负责人	基层群众自治组织负责人	企事业单位负责人
五指山市	1044	49		8			1	40
琼海市	4085	155		13		13	1	128
文昌市	3795	124	1	14		3		106
万宁市	2550	43		4			2	37
东方市	4255	106		3		1	4	98
定安县								
屯昌县								
澄迈县								
临高县								
白沙黎族自治县								
昌江黎族自治县								
乐东黎族自治县								
陵水黎族自治县								
保亭黎族苗族自治县								
琼中黎族苗族自治县								
女	**66343**	**1837**	**2**	**40**		**108**	**4**	**1683**
海南	**66343**	**1837**	**2**	**40**		**108**	**4**	**1683**
海口市	**37464**	**1208**	**1**	**23**		**72**	**1**	**1111**
秀英区	6686	206		5		23		178
龙华区	12777	459		5		33		421
琼山区	7672	172		2		5		165
美兰区	10329	371	1	11		11	1	347
三亚市	**12601**	**348**	**1**	**4**		**13**	**3**	**327**
海棠区	571	5				1		4
吉阳区	6680	213	1	4		11	2	195
天涯区	4405	116				1	1	114
崖州区	945	14						14
三沙市								
儋州市	**5246**	**91**		**3**		**9**		**79**
五指山市	785	27		3		3		21
琼海市	2957	62		2		9		51
文昌市	2714	45		4		1		40
万宁市	1712	17						17
东方市	2864	39		1		1		37
定安县								
屯昌县								
澄迈县								
临高县								
白沙黎族自治县								
昌江黎族自治县								
乐东黎族自治县								
陵水黎族自治县								
保亭黎族苗族自治县								
琼中黎族苗族自治县								

4-6a　续表 2　　　　单位：人

地区 性别	专业技术人员 小计	科学研究人员	工程技术人员	农业技术人员	飞机和船舶技术人员	卫生专业技术人员	经济和金融专业人员	法律、社会和宗教专业人员	教学人员	文学艺术、体育专业人员
全省	**22727**	**179**	**4007**	**97**	**147**	**3945**	**5024**	**594**	**7833**	**347**
海口市	**14498**	**144**	**2834**	**58**	**92**	**2389**	**3584**	**397**	**4371**	**221**
秀英区	2502	32	467	13	22	654	528	49	620	25
龙华区	5118	63	1132	17	23	745	1440	133	1326	82
琼山区	3021	22	548	13	29	404	600	78	1201	61
美兰区	3857	27	687	15	18	586	1016	137	1224	53
三亚市	**3686**	**15**	**623**	**14**	**53**	**594**	**902**	**120**	**1218**	**72**
海棠区	92		18			11	15	4	41	
吉阳区	2217	9	368	9	12	289	593	77	777	44
天涯区	1194	5	203	3	41	264	269	33	317	26
崖州区	183	1	34	2		30	25	6	83	2
三沙市										
儋州市	**1068**	**3**	**108**	**3**		**242**	**109**	**37**	**542**	**12**
五指山市	346	2	30	1		90	50	4	164	3
琼海市	1076	2	141	7	2	255	143	18	477	12
文昌市	721	12	69	5		153	83	8	363	7
万宁市	420	1	30	4		75	45	2	240	16
东方市	912		172	5		147	108	8	458	4
定安县										
屯昌县										
澄迈县										
临高县										
白沙黎族自治县										
昌江黎族自治县										
乐东黎族自治县										
陵水黎族自治县										
保亭黎族苗族自治县										
琼中黎族苗族自治县										
男	**9536**	**100**	**3418**	**68**	**140**	**1151**	**1399**	**331**	**2477**	**197**
海南	**9536**	**100**	**3418**	**68**	**140**	**1151**	**1399**	**331**	**2477**	**197**
海口市	**6045**	**75**	**2388**	**40**	**87**	**675**	**972**	**214**	**1275**	**125**
秀英区	967	15	389	13	19	173	129	26	139	13
龙华区	2165	36	939	10	22	212	395	68	367	41
琼山区	1295	6	470	8	28	111	149	44	413	37
美兰区	1618	18	590	9	18	179	299	76	356	34
三亚市	**1496**	**12**	**555**	**11**	**51**	**149**	**237**	**67**	**351**	**38**
海棠区	31		14			3	5		7	
吉阳区	873	7	329	7	11	72	145	43	226	23
天涯区	509	4	179	2	40	67	80	20	89	15
崖州区	83	1	33	2		7	7	4	29	
三沙市										
儋州市	**480**	**2**	**96**	**3**		**89**	**40**	**24**	**219**	**5**

4-6a 续表 3

单位：人

地区 性别	专业技术人员									
	小计	科学研究人员	工程技术人员	农业技术人员	飞机和船舶技术人员	卫生专业技术人员	经济和金融专业人员	法律、社会和宗教专业人员	教学人员	文学艺术、体育专业人员
五指山市	149		26	1		30	13	3	74	1
琼海市	466	2	122	4	2	82	49	11	176	8
文昌市	292	8	64	2		54	32	4	112	6
万宁市	175	1	23	2		31	19	1	82	11
东方市	433		144	5		41	37	7	188	3
定安县										
屯昌县										
澄迈县										
临高县										
白沙黎族自治县										
昌江黎族自治县										
乐东黎族自治县										
陵水黎族自治县										
保亭黎族苗族自治县										
琼中黎族苗族自治县										
女	**13191**	**79**	**589**	**29**	**7**	**2794**	**3625**	**263**	**5356**	**150**
海南	**13191**	**79**	**589**	**29**	**7**	**2794**	**3625**	**263**	**5356**	**150**
海口市	**8453**	**69**	**446**	**18**	**5**	**1714**	**2612**	**183**	**3096**	**96**
秀英区	1535	17	78		3	481	399	23	481	12
龙华区	2953	27	193	7	1	533	1045	65	959	41
琼山区	1726	16	78	5	1	293	451	34	788	24
美兰区	2239	9	97	6		407	717	61	868	19
三亚市	**2190**	**3**	**68**	**3**	**2**	**445**	**665**	**53**	**867**	**34**
海棠区	61		4			8	10	4	34	
吉阳区	1344	2	39	2	1	217	448	34	551	21
天涯区	685	1	24	1	1	197	189	13	228	11
崖州区	100		1			23	18	2	54	2
三沙市										
儋州市	**588**	**1**	**12**			**153**	**69**	**13**	**323**	**7**
五指山市	197	2	4			60	37	1	90	2
琼海市	610		19	3		173	94	7	301	4
文昌市	429	4	5	3		99	51	4	251	1
万宁市	245		7	2		44	26	1	158	5
东方市	479		28			106	71	1	270	1
定安县										
屯昌县										
澄迈县										
临高县										
白沙黎族自治县										
昌江黎族自治县										
乐东黎族自治县										
陵水黎族自治县										
保亭黎族苗族自治县										
琼中黎族苗族自治县										

4-6a 续表 4

单位：人

地区 性别	专业技术人员		办事人员和有关人员				社会生产服务和生活服务人员		
	新闻出版、文化专业人员	其他专业技术人员	小计	办事人员	安全和消防人员	其他办事人员和有关人员	小计	批发与零售服务人员	交通运输、仓储和邮政业服务人员
全省	**455**	**99**	**18389**	**15752**	**2510**	**127**	**80233**	**30059**	**12283**
海口市	**327**	**81**	**12208**	**10580**	**1533**	**95**	**43985**	**17616**	**7172**
秀英区	33	59	2226	1855	362	9	7659	3015	1729
龙华区	157		3666	3456	210		15329	6107	2369
琼山区	59	6	2206	1823	360	23	9681	3646	1723
美兰区	78	16	4110	3446	601	63	11316	4848	1351
三亚市	**71**	**4**	**3007**	**2511**	**491**	**5**	**16590**	**5436**	**2550**
海棠区	2	1	88	71	15	2	464	129	53
吉阳区	38	1	1710	1474	236		9013	2779	1442
天涯区	31	2	1042	836	203	3	6328	2193	941
崖州区			167	130	37		785	335	114
三沙市									
儋州市	**12**		**528**	**477**	**49**	**2**	**6588**	**1757**	**697**
五指山市	2		308	279	29		673	204	80
琼海市	11	8	700	569	127	4	3675	1593	523
文昌市	17	4	595	460	118	17	3310	1254	416
万宁市	5	2	490	421	65	4	2243	1072	270
东方市	10		553	455	98		3169	1127	575
定安县									
屯昌县									
澄迈县									
临高县									
白沙黎族自治县									
昌江黎族自治县									
乐东黎族自治县									
陵水黎族自治县									
保亭黎族苗族自治县									
琼中黎族苗族自治县									
男	**189**	**66**	**11214**	**8845**	**2287**	**82**	**43834**	**13927**	**10731**
海南	**189**	**66**	**11214**	**8845**	**2287**	**82**	**43834**	**13927**	**10731**
海口市	**143**	**51**	**7184**	**5754**	**1375**	**55**	**24608**	**8421**	**6309**
秀英区	15	36	1336	1003	327	6	4501	1515	1542
龙华区	75		2031	1855	176		8700	2999	2106
琼山区	25	4	1339	1009	320	10	5434	1714	1492
美兰区	28	11	2478	1887	552	39	5973	2193	1169
三亚市	**21**	**4**	**1879**	**1414**	**460**	**5**	**9115**	**2362**	**2225**
海棠区	1	1	58	41	15	2	245	53	46
吉阳区	9	1	1029	809	220		5032	1284	1266
天涯区	11	2	675	481	191	3	3395	885	814
崖州区			117	83	34		443	140	99
三沙市									
儋州市	**2**		**359**	**311**	**46**	**2**	**2997**	**682**	**575**

4-6a 续表 5

单位：人

地区 性别	专业技术人员		办事人员和有关人员				社会生产服务和生活服务人员		
	新闻出版、文化专业人员	其他专业技术人员	小计	办事人员	安全和消防人员	其他办事人员和有关人员	小计	批发与零售服务人员	交通运输、仓储和邮政业服务人员
五指山市	1		184	158	26		347	88	71
琼海市	4	6	455	328	123	4	1992	740	474
文昌市	6	4	410	291	107	12	1797	574	383
万宁市	4	1	355	292	59	4	1291	563	243
东方市	8		388	297	91		1687	497	451
定安县									
屯昌县									
澄迈县									
临高县									
白沙黎族自治县									
昌江黎族自治县									
乐东黎族自治县									
陵水黎族自治县									
保亭黎族苗族自治县									
琼中黎族苗族自治县									
女	**266**	**33**	**7175**	**6907**	**223**	**45**	**36399**	**16132**	**1552**
海南	**266**	**33**	**7175**	**6907**	**223**	**45**	**36399**	**16132**	**1552**
海口市	**184**	**30**	**5024**	**4826**	**158**	**40**	**19377**	**9195**	**863**
秀英区	18	23	890	852	35	3	3158	1500	187
龙华区	82		1635	1601	34		6629	3108	263
琼山区	34	2	867	814	40	13	4247	1932	231
美兰区	50	5	1632	1559	49	24	5343	2655	182
三亚市	**50**		**1128**	**1097**	**31**		**7475**	**3074**	**325**
海棠区	1		30	30			219	76	7
吉阳区	29		681	665	16		3981	1495	176
天涯区	20		367	355	12		2933	1308	127
崖州区			50	47	3		342	195	15
三沙市									
儋州市	**10**		**169**	**166**	**3**		**3591**	**1075**	**122**
五指山市	1		124	121	3		326	116	9
琼海市	7	2	245	241	4		1683	853	49
文昌市	11		185	169	11	5	1513	680	33
万宁市	1	1	135	129	6		952	509	27
东方市	2		165	158	7		1482	630	124
定安县									
屯昌县									
澄迈县									
临高县									
白沙黎族自治县									
昌江黎族自治县									
乐东黎族自治县									
陵水黎族自治县									
保亭黎族苗族自治县									
琼中黎族苗族自治县									

4-6a　续表 6　　　　单位：人

地　区 性　别	社会生产服务和生活服务人员								
	住宿和餐饮服务人员	信息传输、软件和信息技术服务人员	金融服务人员	房地产服务人员	租赁和商务服务人员	技术辅助服务人员	水利、环境和公共设施管理服务人员	居民服务人员	电力、燃气及水供应服务人员
全省	**13437**	**1251**	**1791**	**1734**	**3291**	**1576**	**4273**	**7096**	**513**
海口市	**6455**	**872**	**1179**	**976**	**1782**	**1038**	**2206**	**2823**	**237**
秀英区	986	108	156	157	246	137	544	275	33
龙华区	2378	331	439	349	822	393	640	804	83
琼山区	1486	171	224	169	333	206	495	817	67
美兰区	1605	262	360	301	381	302	527	927	54
三亚市	**3759**	**158**	**226**	**497**	**947**	**341**	**1201**	**775**	**119**
海棠区	128	5	1	14	19	2	47	38	8
吉阳区	2018	92	139	260	588	177	708	411	48
天涯区	1472	51	79	219	296	159	402	282	40
崖州区	141	10	7	4	44	3	44	44	23
三沙市									
儋州市	**649**	**75**	**102**	**89**	**163**	**60**	**194**	**2575**	**49**
五指山市	136	15	19	21	36	15	72	23	5
琼海市	764	38	80	58	50	45	177	179	23
文昌市	745	32	100	48	103	29	159	260	19
万宁市	360	17	36	8	21	21	70	250	27
东方市	569	44	49	37	189	27	194	211	34
定安县									
屯昌县									
澄迈县									
临高县									
白沙黎族自治县									
昌江黎族自治县									
乐东黎族自治县									
陵水黎族自治县									
保亭黎族苗族自治县									
琼中黎族苗族自治县									
男	**6694**	**822**	**907**	**1060**	**2431**	**1138**	**978**	**2378**	**427**
海南	**6694**	**822**	**907**	**1060**	**2431**	**1138**	**978**	**2378**	**427**
海口市	**3221**	**569**	**582**	**601**	**1238**	**733**	**435**	**969**	**198**
秀英区	484	79	71	92	179	90	107	81	32
龙华区	1169	211	225	210	586	286	128	202	66
琼山区	773	109	117	108	234	152	78	326	55
美兰区	795	170	169	191	239	205	122	360	45
三亚市	**1941**	**95**	**97**	**309**	**725**	**255**	**353**	**212**	**105**
海棠区	65	3		6	15	1	17	13	7
吉阳区	1012	57	61	151	460	138	207	94	43
天涯区	793	29	34	150	207	115	107	84	32
崖州区	71	6	2	2	43	1	22	21	23
三沙市									
儋州市	**351**	**52**	**61**	**62**	**140**	**49**	**34**	**816**	**40**

4–6a 续表 7

单位：人

地区 性别	社会生产服务和生活服务人员								
	住宿和餐饮服务人员	信息传输、软件和信息技术服务人员	金融服务人员	房地产服务人员	租赁和商务服务人员	技术辅助服务人员	水利、环境和公共设施管理服务人员	居民服务人员	电力、燃气及水供应服务人员
五指山市	51	10	10	10	34	12	14	11	4
琼海市	361	30	46	31	40	32	42	64	18
文昌市	349	24	65	21	90	20	42	93	13
万宁市	167	12	18	5	19	17	13	134	23
东方市	253	30	28	21	145	20	45	79	26
定安县									
屯昌县									
澄迈县									
临高县									
白沙黎族自治县									
昌江黎族自治县									
乐东黎族自治县									
陵水黎族自治县									
保亭黎族苗族自治县									
琼中黎族苗族自治县									
女	**6743**	**429**	**884**	**674**	**860**	**438**	**3295**	**4718**	**86**
海南	**6743**	**429**	**884**	**674**	**860**	**438**	**3295**	**4718**	**86**
海口市	**3234**	**303**	**597**	**375**	**544**	**305**	**1771**	**1854**	**39**
秀英区	502	29	85	65	67	47	437	194	1
龙华区	1209	120	214	139	236	107	512	602	17
琼山区	713	62	107	61	99	54	417	491	12
美兰区	810	92	191	110	142	97	405	567	9
三亚市	**1818**	**63**	**129**	**188**	**222**	**86**	**848**	**563**	**14**
海棠区	63	2	1	8	4	1	30	25	1
吉阳区	1006	35	78	109	128	39	501	317	5
天涯区	679	22	45	69	89	44	295	198	8
崖州区	70	4	5	2	1	2	22	23	
三沙市									
儋州市	**298**	**23**	**41**	**27**	**23**	**11**	**160**	**1759**	**9**
五指山市	85	5	9	11	2	3	58	12	1
琼海市	403	8	34	27	10	13	135	115	5
文昌市	396	8	35	27	13	9	117	167	6
万宁市	193	5	18	3	2	4	57	116	4
东方市	316	14	21	16	44	7	149	132	8
定安县									
屯昌县									
澄迈县									
临高县									
白沙黎族自治县									
昌江黎族自治县									
乐东黎族自治县									
陵水黎族自治县									
保亭黎族苗族自治县									
琼中黎族苗族自治县									

4-6a　续表 8　　　　单位：人

地　区 性　别	社会生产服务和生活服务人员				农、林、牧、渔业生产及辅助人员				
	修理及制作服务人员	文化、体育和娱乐服务人员	健康服务人员	其他社会生产和生活服务人员	小计	农业生产人员	林业生产人员	畜牧业生产人员	渔业生产人员
全省	**2078**	**675**	**112**	**64**	**6383**	**5071**	**200**	**353**	**648**
海口市	**1239**	**275**	**71**	**44**	**1266**	**913**	**34**	**82**	**209**
秀英区	224	29	9	11	541	481	4	19	26
龙华区	488	105	21		284	215	9	30	26
琼山区	245	63	18	18	232	170	11	16	24
美兰区	282	78	23	15	209	47	10	17	133
三亚市	**324**	**243**	**12**	**2**	**1959**	**1737**	**29**	**31**	**141**
海棠区	12	8			599	574	8	6	10
吉阳区	199	144	8		242	179	4	16	38
天涯区	103	86	3	2	306	224	15	9	55
崖州区	10	5	1		812	760	2		38
三沙市									
儋州市	**117**	**55**	**5**	**1**	**552**	**363**	**79**	**69**	**33**
五指山市	23	17	7		73	45	18	5	5
琼海市	102	33	4	6	332	272	12	24	20
文昌市	109	20	6	10	760	479	13	72	171
万宁市	75	11	4	1	488	436	4	20	24
东方市	89	21	3		953	826	11	50	45
定安县									
屯昌县									
澄迈县									
临高县									
白沙黎族自治县									
昌江黎族自治县									
乐东黎族自治县									
陵水黎族自治县									
保亭黎族苗族自治县									
琼中黎族苗族自治县									
男	**1881**	**372**	**47**	**41**	**3868**	**2881**	**131**	**250**	**537**
海南	**1881**	**372**	**47**	**41**	**3868**	**2881**	**131**	**250**	**537**
海口市	**1124**	**152**	**28**	**28**	**807**	**525**	**20**	**61**	**179**
秀英区	202	17	2	8	315	273	2	14	20
龙华区	445	60	7		180	122	6	23	25
琼山区	223	35	8	10	150	102	6	12	20
美兰区	254	40	11	10	162	28	6	12	114
三亚市	**300**	**130**	**5**	**1**	**1238**	**1074**	**21**	**17**	**114**
海棠区	12	7			391	376	5	3	7
吉阳区	188	67	4		166	117	3	9	34
天涯区	91	52	1	1	196	134	11	5	44
崖州区	9	4			485	447	2		29
三沙市									
儋州市	**103**	**31**	**1**		**318**	**195**	**44**	**52**	**23**

4-6a 续表 9 单位：人

地区 性别	社会生产服务和生活服务人员				农、林、牧、渔业生产及辅助人员				
	修理及制作服务人员	文化、体育和娱乐服务人员	健康服务人员	其他社会生产和生活服务人员	小计	农业生产人员	林业生产人员	畜牧业生产人员	渔业生产人员
五指山市	19	9	4		52	28	15	5	4
琼海市	85	22	3	4	196	152	9	17	17
文昌市	102	12	2	7	461	254	9	48	135
万宁市	70	4	2	1	248	204	4	15	24
东方市	78	12	2		548	449	9	35	41
定安县									
屯昌县									
澄迈县									
临高县									
白沙黎族自治县									
昌江黎族自治县									
乐东黎族自治县									
陵水黎族自治县									
保亭黎族苗族自治县									
琼中黎族苗族自治县									
女	**197**	**303**	**65**	**23**	**2515**	**2190**	**69**	**103**	**111**
海南	**197**	**303**	**65**	**23**	**2515**	**2190**	**69**	**103**	**111**
海口市	**115**	**123**	**43**	**16**	**459**	**388**	**14**	**21**	**30**
秀英区	22	12	7	3	226	208	2	5	6
龙华区	43	45	14		104	93	3	7	1
琼山区	22	28	10	8	82	68	5	4	4
美兰区	28	38	12	5	47	19	4	5	19
三亚市	**24**	**113**	**7**	**1**	**721**	**663**	**8**	**14**	**27**
海棠区		1			208	198	3	3	3
吉阳区	11	77	4		76	62	1	7	4
天涯区	12	34	2	1	110	90	4	4	11
崖州区	1	1	1		327	313			9
三沙市									
儋州市	**14**	**24**	**4**	**1**	**234**	**168**	**35**	**17**	**10**
五指山市	4	8	3		21	17	3		1
琼海市	17	11	1	2	136	120	3	7	3
文昌市	7	8	4	3	299	225	4	24	36
万宁市	5	7	2		240	232		5	
东方市	11	9	1		405	377	2	15	4
定安县									
屯昌县									
澄迈县									
临高县									
白沙黎族自治县									
昌江黎族自治县									
乐东黎族自治县									
陵水黎族自治县									
保亭黎族苗族自治县									
琼中黎族苗族自治县									

4-6a　续表 10　　　　单位：人

地区 性别	农林牧渔生产辅助人员	其他农、林、牧、渔业生产加工人员	生产制造及有关人员 小计	农副产品加工人员	食品、饮料生产加工人员	烟草及其制品加工人员	纺织、针织、印染人员	纺织品、服装和皮革、毛皮制品加工制作人员	木材加工、家具与木制品制作人员
全省	**97**	**14**	**22671**	**312**	**572**	**27**	**17**	**215**	**539**
海口市	**22**	**6**	**12189**	**102**	**367**	**26**	**7**	**128**	**295**
秀英区	9	2	2793	25	77		3	18	54
龙华区	4		4424	28	141	1		49	156
琼山区	7	4	2492	28	74	25	4	25	35
美兰区	2		2480	21	75			36	50
三亚市	**20**	**1**	**4012**	**40**	**83**		**1**	**33**	**118**
海棠区	1		210		8				17
吉阳区	5		2450	24	34		1	8	61
天涯区	3		935	13	30			25	33
崖州区	11	1	417	3	11				7
三沙市									
儋州市	**8**		**2289**	**28**	**21**			**18**	**34**
五指山市			264	6	11		1	3	3
琼海市	4		1041	20	35	1	1	15	39
文昌市	20	5	943	55	27		1	4	20
万宁市	3	1	555	43	5		1	4	10
东方市	20	1	1378	18	23		5	10	20
定安县									
屯昌县									
澄迈县									
临高县									
白沙黎族自治县									
昌江黎族自治县									
乐东黎族自治县									
陵水黎族自治县									
保亭黎族苗族自治县									
琼中黎族苗族自治县									
男	**59**	**10**	**17851**	**188**	**366**	**21**	**6**	**85**	**465**
海南	**59**	**10**	**17851**	**188**	**366**	**21**	**6**	**85**	**465**
海口市	**17**	**5**	**9593**	**66**	**237**	**20**	**1**	**52**	**260**
秀英区	5	1	2144	20	49		1	9	46
龙华区	4		3504	18	90	1		22	142
琼山区	6	4	1978	17	53	19		7	30
美兰区	2		1967	11	45			14	42
三亚市	**11**	**1**	**3295**	**22**	**50**		**1**	**15**	**96**
海棠区			162		4				12
吉阳区	3		2081	13	24		1	2	52
天涯区	2		747	6	16			13	26
崖州区	6	1	305	3	6				6
三沙市									
儋州市	**4**		**1716**	**19**	**11**			**3**	**28**

4-6a 续表 11 单位：人

地区 性别	农林牧渔生产辅助人员	其他农、林、牧、渔业生产加工人员	生产制造及有关人员						
			小计	农副产品加工人员	食品、饮料生产加工人员	烟草及其制品加工人员	纺织、针织、印染人员	纺织品、服装和皮革、毛皮制品加工制作人员	木材加工、家具与木制品制作人员
五指山市			204	4	6			1	3
琼海市	1		820	10	28	1	1	5	33
文昌市	12	3	704	31	17		1	3	18
万宁市	1		433	23	4		1	2	9
东方市	13	1	1086	13	13		1	4	18
定安县									
屯昌县									
澄迈县									
临高县									
白沙黎族自治县									
昌江黎族自治县									
乐东黎族自治县									
陵水黎族自治县									
保亭黎族苗族自治县									
琼中黎族苗族自治县									
女	**38**	**4**	**4820**	**124**	**206**	**6**	**11**	**130**	**74**
海南	**38**	**4**	**4820**	**124**	**206**	**6**	**11**	**130**	**74**
海口市	**5**	**1**	**2596**	**36**	**130**	**6**	**6**	**76**	**35**
秀英区	4	1	649	5	28		2	9	8
龙华区			920	10	51			27	14
琼山区	1		514	11	21	6	4	18	5
美兰区			513	10	30			22	8
三亚市	**9**		**717**	**18**	**33**			**18**	**22**
海棠区	1		48		4				5
吉阳区	2		369	11	10			6	9
天涯区	1		188	7	14			12	7
崖州区	5		112		5				1
三沙市									
儋州市	**4**		**573**	**9**	**10**			**15**	**6**
五指山市			60	2	5		1	2	
琼海市	3		221	10	7			10	6
文昌市	8	2	239	24	10			1	2
万宁市	2	1	122	20	1			2	1
东方市	7		292	5	10		4	6	2
定安县									
屯昌县									
澄迈县									
临高县									
白沙黎族自治县									
昌江黎族自治县									
乐东黎族自治县									
陵水黎族自治县									
保亭黎族苗族自治县									
琼中黎族苗族自治县									

4-6a　续表 12

单位：人

地　区 性　别	生产制造及有关人员								
	纸及纸制品生产加工人员	印刷和记录媒介复制人员	文教、工美、体育和娱乐用品制造人　员	石油加工和炼焦、煤化工生产人员	化学原料和化学制品制造人　员	医药制造人　　员	化学纤维制造人员	橡胶和塑料制品制造人员	非金属矿物制品制造人员
全省	**34**	**148**	**78**	**26**	**141**	**315**	**1**	**56**	**228**
海口市	**19**	**110**	**33**	**10**	**54**	**294**	**1**	**28**	**103**
秀英区	4	14	3	3	6	113		11	17
龙华区	9	57	14	6	27	115		11	41
琼山区	2	17	7		19	43		4	30
美兰区	4	22	9	1	2	23	1	2	15
三亚市	**3**	**4**	**4**		**10**	**7**		**11**	**54**
海棠区	3				3	1		4	3
吉阳区		2	1		7	2		7	40
天涯区		2	1			3			9
崖州区			2			1			2
三沙市									
儋州市	**11**	**5**	**22**		**38**	**3**		**6**	**23**
五指山市		1			1	3			3
琼海市		6	8		2	5		2	11
文昌市		7	10			2		2	8
万宁市	1	8	1		2			1	2
东方市		7		16	34	1		6	24
定安县									
屯昌县									
澄迈县									
临高县									
白沙黎族自治县									
昌江黎族自治县									
乐东黎族自治县									
陵水黎族自治县									
保亭黎族苗族自治县									
琼中黎族苗族自治县									
男	**24**	**94**	**53**	**23**	**111**	**144**	**1**	**38**	**169**
海南	**24**	**94**	**53**	**23**	**111**	**144**	**1**	**38**	**169**
海口市	**16**	**75**	**21**	**10**	**43**	**136**	**1**	**20**	**72**
秀英区	3	10	2	3	4	41		5	12
龙华区	7	37	9	6	21	61		10	32
琼山区	2	13	4		16	21		4	18
美兰区	4	15	6	1	2	13	1	1	10
三亚市		**4**	**3**		**9**	**3**		**7**	**45**
海棠区					3	1		2	2
吉阳区		2	1		6			5	34
天涯区		2	1			2			7
崖州区			1						2
三沙市									
儋州市	**8**	**2**	**16**		**26**	**2**		**3**	**13**

4－6a 续表 13

单位：人

地区 性别	生产制造及有关人员 纸及纸制品生产加工人员	印刷和记录媒介复制人员	文教、工美、体育和娱乐用品制造人员	石油加工和炼焦、煤化工生产人员	化学原料和化学制品制造人员	医药制造人员	化学纤维制造人员	橡胶和塑料制品制造人员	非金属矿物制品制造人员
五指山市		1			1	2			2
琼海市		4	6		2	1		1	10
文昌市		3	6					2	7
万宁市		3	1		2			1	2
东方市		2		13	28			4	18
定安县									
屯昌县									
澄迈县									
临高县									
白沙黎族自治县									
昌江黎族自治县									
乐东黎族自治县									
陵水黎族自治县									
保亭黎族苗族自治县									
琼中黎族苗族自治县									
女	**10**	**54**	**25**	**3**	**30**	**171**		**18**	**59**
海南	**10**	**54**	**25**	**3**	**30**	**171**		**18**	**59**
海口市	**3**	**35**	**12**		**11**	**158**		**8**	**31**
秀英区	1	4	1		2	72		6	5
龙华区	2	20	5		6	54		1	9
琼山区		4	3		3	22			12
美兰区		7	3			10		1	5
三亚市	**3**		**1**		**1**	**4**		**4**	**9**
海棠区	3							2	1
吉阳区					1	2		2	6
天涯区						1			2
崖州区			1			1			
三沙市									
儋州市	**3**	**3**	**6**		**12**	**1**		**3**	**10**
五指山市						1			1
琼海市		2	2			4		1	1
文昌市		4	4			2			1
万宁市	1	5							
东方市		5		3	6	1		2	6
定安县									
屯昌县									
澄迈县									
临高县									
白沙黎族自治县									
昌江黎族自治县									
乐东黎族自治县									
陵水黎族自治县									
保亭黎族苗族自治县									
琼中黎族苗族自治县									

4-6a 续表 14

单位：人

地区 性别	生产制造及有关人员								
	采矿人员	金属冶炼和压延加工人员	机械制造基础加工人员	金属制品制造人员	通用设备制造人员	专用设备制造人员	汽车制造人员	铁路、船舶、航空设备制造人员	电气机械和器材制造人员
全省	**59**	**14**	**320**	**288**	**65**	**15**	**53**	**27**	**64**
海口市	**26**	**9**	**186**	**151**	**29**	**10**	**45**	**10**	**40**
秀英区	7	3	54	40	7	5	14		11
龙华区	9	5	67	53	10	1	20	4	8
琼山区	3		44	26	10	2	7	2	6
美兰区	7	1	21	32	2	2	4	4	15
三亚市	**3**	**1**	**59**	**47**	**15**	**2**	**4**	**12**	**6**
海棠区			3	12					
吉阳区	2	1	40	10	9		1	5	6
天涯区	1		16	17	3	2	3	7	
崖州区				8	3				
三沙市									
儋州市	**3**	**1**	**19**	**16**	**5**	**1**	**1**	**2**	**4**
五指山市			3	2			1	1	1
琼海市		1	18	38	1		1		12
文昌市	4		6	18		1	1	1	
万宁市	2		17	10					
东方市	21	2	12	6	15	1		1	1
定安县									
屯昌县									
澄迈县									
临高县									
白沙黎族自治县									
昌江黎族自治县									
乐东黎族自治县									
陵水黎族自治县									
保亭黎族苗族自治县									
琼中黎族苗族自治县									
男	**49**	**13**	**299**	**250**	**59**	**9**	**40**	**23**	**54**
海南	**49**	**13**	**299**	**250**	**59**	**9**	**40**	**23**	**54**
海口市	**23**	**9**	**176**	**129**	**26**	**5**	**32**	**9**	**35**
秀英区	5	3	51	36	6	2	10		9
龙华区	8	5	64	47	10	1	14	3	8
琼山区	3		41	22	8	1	6	2	6
美兰区	7	1	20	24	2	1	2	4	12
三亚市	**2**	**1**	**56**	**38**	**13**	**1**	**4**	**10**	**6**
海棠区			2	6					
吉阳区	1	1	38	9	7		1	4	6
天涯区	1		16	15	3	1	3	6	
崖州区				8	3				
三沙市									
儋州市	**3**	**1**	**16**	**13**	**5**	**1**	**1**	**2**	**4**

4-6a 续表 15 单位：人

地区 性别	生产制造及有关人员								
	采矿人员	金属冶炼和压延加工人员	机械制造基础加工人员	金属制品制造人员	通用设备制造人员	专用设备制造人员	汽车制造人员	铁路、船舶、航空设备制造人员	电气机械和器材制造人员
五指山市			3	2			1	1	1
琼海市			16	37	1		1		7
文昌市	3		6	16		1	1		
万宁市			15	9					
东方市	18	2	11	6	14	1		1	1
定安县									
屯昌县									
澄迈县									
临高县									
白沙黎族自治县									
昌江黎族自治县									
乐东黎族自治县									
陵水黎族自治县									
保亭黎族苗族自治县									
琼中黎族苗族自治县									
女	**10**	**1**	**21**	**38**	**6**	**6**	**13**	**4**	**10**
海南	**10**	**1**	**21**	**38**	**6**	**6**	**13**	**4**	**10**
海口市	**3**		**10**	**22**	**3**	**5**	**13**	**1**	**5**
秀英区	2		3	4	1	3	4		2
龙华区	1		3	6			6	1	
琼山区			3	4	2	1	1		
美兰区			1	8		1	2		3
三亚市	**1**		**3**	**9**	**2**	**1**		**2**	
海棠区			1	6					
吉阳区	1		2	1	2			1	
天涯区				2		1		1	
崖州区									
三沙市									
儋州市			**3**	**3**					
五指山市									
琼海市		1	2	1					5
文昌市	1			2				1	
万宁市	2		2	1					
东方市	3		1		1				
定安县									
屯昌县									
澄迈县									
临高县									
白沙黎族自治县									
昌江黎族自治县									
乐东黎族自治县									
陵水黎族自治县									
保亭黎族苗族自治县									
琼中黎族苗族自治县									

4-6a　续表 16

单位：人

地区 性别	生产制造及有关人员								不便分类的其他从业人员
	计算机、通信和其他电子设备制造人员	仪器仪表制造人员	废弃资源综合利用人员	电力、热力、气体、水生产和输配人员	建筑施工人员	运输设备和通用工程机械操作人员及有关人员	生产辅助人员	其他生产制造及有关人员	
全省	**297**	**7**	**36**	**170**	**15142**	**710**	**2676**	**19**	**1036**
海口市	**203**	**3**	**22**	**62**	**7874**	**329**	**1599**	**14**	**852**
秀英区	52		16	11	1783	69	365	8	56
龙华区	89	1	4	31	2786	88	593		174
琼山区	36			14	1549	98	377	5	131
美兰区	26	2	2	6	1756	74	264	1	491
三亚市	**29**	**1**	**4**	**83**	**2624**	**184**	**569**	**1**	**68**
海棠区	1		1	15	96	7	35	1	1
吉阳区	14	1	1	31	1729	133	280		52
天涯区	9		1	36	529	32	163		15
崖州区	5		1	1	270	12	91		
三沙市									
儋州市	**43**		**7**	**3**	**1860**	**38**	**77**		
五指山市	2		1		180	20	21		89
琼海市	4			3	714	31	71	2	1
文昌市	7			4	678	28	58	1	11
万宁市	4			4	407	16	16	1	6
东方市	5	3	2	11	805	64	265		9
定安县									
屯昌县									
澄迈县									
临高县									
白沙黎族自治县									
昌江黎族自治县									
乐东黎族自治县									
陵水黎族自治县									
保亭黎族苗族自治县									
琼中黎族苗族自治县									
男	**223**	**5**	**27**	**148**	**12308**	**671**	**1870**	**15**	**630**
海南	**223**	**5**	**27**	**148**	**12308**	**671**	**1870**	**15**	**630**
海口市	**155**	**2**	**17**	**58**	**6521**	**310**	**1045**	**11**	**505**
秀英区	44		12	11	1455	67	222	6	34
龙华区	62	1	3	30	2317	81	394		97
琼山区	27			12	1313	91	238	4	67
美兰区	22	1	2	5	1436	71	191	1	307
三亚市	**23**	**1**	**4**	**74**	**2199**	**172**	**435**	**1**	**46**
海棠区	1		1	13	81	7	26	1	1
吉阳区	10	1	1	28	1461	126	247		36
天涯区	7		1	33	446	27	115		9
崖州区	5		1		211	12	47		
三沙市									
儋州市	**30**		**4**	**2**	**1415**	**35**	**53**		

4-6a 续表 17

单位：人

地区 性别	生产制造及有关人员								不便分类的其他从业人员
	计算机、通信和其他电子设备制造人员	仪器仪表制造人员	废弃资源综合利用人员	电力、热力、气体、水生产和输配人员	建筑施工人员	运输设备和通用工程机械操作人员及有关人员	生产辅助人员	其他生产制造及有关人员	
五指山市	1		1		138	20	16		59
琼海市	2			2	573	30	48	1	1
文昌市	3			2	520	25	38	1	7
万宁市	4			2	326	16	12	1	5
东方市	5	2	1	8	616	63	223		7
定安县									
屯昌县									
澄迈县									
临高县									
白沙黎族自治县									
昌江黎族自治县									
乐东黎族自治县									
陵水黎族自治县									
保亭黎族苗族自治县									
琼中黎族苗族自治县									
女	**74**	**2**	**9**	**22**	**2834**	**39**	**806**	**4**	**406**
海南	**74**	**2**	**9**	**22**	**2834**	**39**	**806**	**4**	**406**
海口市	**48**	**1**	**5**	**4**	**1353**	**19**	**554**	**3**	**347**
秀英区	8		4		328	2	143	2	22
龙华区	27		1	1	469	7	199		77
琼山区	9			2	236	7	139	1	64
美兰区	4	1		1	320	3	73		184
三亚市	**6**			**9**	**425**	**12**	**134**		**22**
海棠区				2	15		9		
吉阳区	4			3	268	7	33		16
天涯区	2			3	83	5	48		6
崖州区				1	59		44		
三沙市									
儋州市	**13**		**3**	**1**	**445**	**3**	**24**		
五指山市	1				42		5		30
琼海市	2			1	141	1	23	1	
文昌市	4			2	158	3	20		4
万宁市				2	81		4		1
东方市		1	1	3	189	1	42		2
定安县									
屯昌县									
澄迈县									
临高县									
白沙黎族自治县									
昌江黎族自治县									
乐东黎族自治县									
陵水黎族自治县									
保亭黎族苗族自治县									
琼中黎族苗族自治县									

4-6b 各地区分性别、职业中类的就业人口(镇)

单位：人

地区 性别	合计	党的机关、国家机关、群众团体和社会组织、企事业单位负责人						
		小计	中国共产党机关负责人	国家机关负责人	民主党派和工商联负责人	人民团体和群众团体、社会组织及其他成员组织负责人	基层群众自治组织负责人	企事业单位负责人
全省	**94588**	**1313**	**9**	**109**		**92**	**45**	**1058**
海口市	**10223**	**189**		**8**		**2**	**6**	**173**
秀英区	3783	111		4			1	106
龙华区	1043	5					4	1
琼山区	1609	34		4			1	29
美兰区	3788	39				2		37
三亚市	**1226**	**20**					**1**	**19**
海棠区	417	3						3
吉阳区	370	3					1	2
天涯区	378	13						13
崖州区	61	1						1
三沙市								
儋州市	**10038**	**72**		**7**		**11**	**4**	**50**
五指山市	569	4					3	1
琼海市	3758	45				2	2	41
文昌市	7954	51	1	4		9	4	33
万宁市	4620	68		5		1		62
东方市	2707	112	3	6		1	4	98
定安县	4909	64	1	7		1		55
屯昌县	4252	39	3	1		3	3	29
澄迈县	11918	229		20		4		205
临高县	9010	84		4		36	1	43
白沙黎族自治县	1445	11					1	10
昌江黎族自治县	5412	67		11		1	3	52
乐东黎族自治县	5732	75		8		5	3	59
陵水黎族自治县	6213	83	1	7		4	6	65
保亭黎族苗族自治县	2395	66		13		11	4	38
琼中黎族苗族自治县	2207	34		8		1		25
男	**56310**	**984**	**9**	**91**		**56**	**42**	**786**
海南	**56310**	**984**	**9**	**91**		**56**	**42**	**786**
海口市	**6053**	**145**		**6**		**1**	**5**	**133**
秀英区	2262	88		4			1	83
龙华区	616	3					3	
琼山区	921	26		2			1	23
美兰区	2254	28				1		27
三亚市	**745**	**13**					**1**	**12**
海棠区	255	3						3
吉阳区	224	3					1	2
天涯区	232	7						7
崖州区	34							
三沙市								
儋州市	**6165**	**60**		**6**		**6**	**4**	**44**

4-6b 续表 1

单位：人

地区 性别	合计	党的机关、国家机关、群众团体和社会组织、企事业单位负责人						
		小计	中国共产党机关负责人	国家机关负责人	民主党派和工商联负责人	人民团体和群众团体、社会组织及其他成员组织负责人	基层群众自治组织负责人	企事业单位负责人
五指山市	345	3					3	
琼海市	2160	33				1	2	30
文昌市	4529	39	1	3		5	4	26
万宁市	2802	52		4		1		47
东方市	1599	67	3	6		1	3	54
定安县	2870	52	1	7				44
屯昌县	2576	32	3	1		2	3	23
澄迈县	7392	176		17		1		158
临高县	5261	58		4		22	1	31
白沙黎族自治县	834	10					1	9
昌江黎族自治县	3313	53		10			2	41
乐东黎族自治县	3379	55		7		5	3	40
陵水黎族自治县	3610	60	1	4		2	6	47
保亭黎族苗族自治县	1407	51		10		8	4	29
琼中黎族苗族自治县	1270	25		6		1		18
女	**38278**	**329**		**18**		**36**	**3**	**272**
海南	**38278**	**329**		**18**		**36**	**3**	**272**
海口市	**4170**	**44**		**2**		**1**	**1**	**40**
秀英区	1521	23						23
龙华区	427	2					1	1
琼山区	688	8		2				6
美兰区	1534	11				1		10
三亚市	**481**	**7**						**7**
海棠区	162							
吉阳区	146							
天涯区	146	6						6
崖州区	27	1						1
三沙市								
儋州市	**3873**	**12**		**1**		**5**		**6**
五指山市	224	1						1
琼海市	1598	12				1		11
文昌市	3425	12		1		4		7
万宁市	1818	16		1				15
东方市	1108	45					1	44
定安县	2039	12				1		11
屯昌县	1676	7				1		6
澄迈县	4526	53		3		3		47
临高县	3749	26				14		12
白沙黎族自治县	611	1						1
昌江黎族自治县	2099	14		1		1	1	11
乐东黎族自治县	2353	20		1				19
陵水黎族自治县	2603	23		3		2		18
保亭黎族苗族自治县	988	15		3		3		9
琼中黎族苗族自治县	937	9		2				7

4-6b　续表 2

单位：人

地　区 性　别	专业技术人员									
	小计	科学研究人员	工程技术人员	农业技术人员	飞机和船舶技术人员	卫生专业技术人员	经济和金融专业人员	法律、社会和宗教专业人员	教学人员	文学艺术、体育专业人员
全省	**8461**	**29**	**1012**	**99**	**37**	**1507**	**1009**	**131**	**4375**	**100**
海口市	**1085**	**3**	**188**	**14**	**13**	**180**	**161**	**19**	**474**	**11**
秀英区	490	2	102	1	5	91	101	9	166	1
龙华区	69		4	1		25	7	2	28	1
琼山区	116		9	5		25	6	4	65	
美兰区	410	1	73	7	8	39	47	4	215	9
三亚市	**117**		**8**	**1**	**13**	**13**	**20**	**2**	**50**	**9**
海棠区	32		3	1		4	1	1	21	1
吉阳区	33		2			2	14		7	8
天涯区	48		3		13	6	3	1	21	
崖州区	4					1	2		1	
三沙市										
儋州市	**849**	**9**	**149**	**9**	**4**	**125**	**75**	**14**	**421**	**15**
五指山市	60		4			5	7	4	39	1
琼海市	289		26	3		55	37	2	157	2
文昌市	470		34	6		101	55		256	13
万宁市	265	1	39	7		51	29	1	129	1
东方市	154		19	4		24	22	5	76	2
定安县	454	1	29	11		81	47	5	269	2
屯昌县	563	3	42	4		118	51	8	319	5
澄迈县	1072	3	161	10	1	178	151	15	528	13
临高县	548	3	46	3	5	107	38	16	317	4
白沙黎族自治县	227		25	2		42	36	4	110	4
昌江黎族自治县	684	2	115	6		116	87	9	324	6
乐东黎族自治县	591		30	10		112	63	6	361	1
陵水黎族自治县	343	1	25	3	1	75	29	7	194	4
保亭黎族苗族自治县	347	3	54	5		55	52	7	161	4
琼中黎族苗族自治县	343		18	1		69	49	7	190	3
男	**4066**	**17**	**908**	**79**	**36**	**551**	**371**	**75**	**1850**	**71**
海南	**4066**	**17**	**908**	**79**	**36**	**551**	**371**	**75**	**1850**	**71**
海口市	**505**	**2**	**171**	**9**	**13**	**70**	**43**	**13**	**166**	**6**
秀英区	237	2	92	1	5	31	34	7	58	
龙华区	37		4	1		13	2	1	14	1
琼山区	50		8	2		11	2	2	23	
美兰区	181		67	5	8	15	5	3	71	5
三亚市	**57**		**6**	**1**	**13**	**4**	**2**	**2**	**24**	**5**
海棠区	14		2	1		1		1	8	1
吉阳区	8		1				1		2	4
天涯区	33		3		13	3		1	13	
崖州区	2						1		1	
三沙市										
儋州市	**460**	**4**	**134**	**7**	**3**	**47**	**27**	**7**	**196**	**15**

4-6b 续表 3

单位：人

地区 性别	专业技术人员 小计	科学研究人员	工程技术人员	农业技术人员	飞机和船舶技术人员	卫生专业技术人员	经济和金融专业人员	法律、社会和宗教专业人员	教学人员	文学艺术、体育专业人员
五指山市	27		4			1	1	3	18	
琼海市	137		23	3		19	15		71	1
文昌市	204		31	5		35	26		96	8
万宁市	129		34	6		19	9		55	1
东方市	75		15	3		11	7	5	30	2
定安县	231	1	29	9		32	16	4	132	1
屯昌县	264	3	35	3		47	27	5	130	4
澄迈县	538	2	145	9	1	65	66	7	223	10
临高县	261	2	44	1	5	46	19	9	127	2
白沙黎族自治县	99		24	2		13	10	1	45	4
昌江黎族自治县	359	1	106	6		38	33	2	156	4
乐东黎族自治县	274		26	7		42	25	5	162	1
陵水黎族自治县	164	1	20	2	1	28	14	4	88	3
保亭黎族苗族自治县	151	1	46	5		16	16	5	58	1
琼中黎族苗族自治县	131		15	1		18	15	3	73	3
女	**4395**	**12**	**104**	**20**	**1**	**956**	**638**	**56**	**2525**	**29**
海南	**4395**	**12**	**104**	**20**	**1**	**956**	**638**	**56**	**2525**	**29**
海口市	**580**	**1**	**17**	**5**		**110**	**118**	**6**	**308**	**5**
秀英区	253		10			60	67	2	108	1
龙华区	32					12	5	1	14	
琼山区	66		1	3		14	4	2	42	
美兰区	229	1	6	2		24	42	1	144	4
三亚市	**60**		**2**			**9**	**18**		**26**	**4**
海棠区	18		1			3	1		13	
吉阳区	25		1			2	13		5	4
天涯区	15					3	3		8	
崖州区	2					1	1			
三沙市										
儋州市	**389**	**5**	**15**	**2**	**1**	**78**	**48**	**7**	**225**	
五指山市	33					4	6	1	21	1
琼海市	152		3			36	22	2	86	1
文昌市	266		3	1		66	29		160	5
万宁市	136	1	5	1		32	20	1	74	
东方市	79		4	1		13	15		46	
定安县	223			2		49	31	1	137	1
屯昌县	299		7	1		71	24	3	189	1
澄迈县	534	1	16	1		113	85	8	305	3
临高县	287	1	2	2		61	19	7	190	2
白沙黎族自治县	128		1			29	26	3	65	
昌江黎族自治县	325	1	9			78	54	7	168	2
乐东黎族自治县	317		4	3		70	38	1	199	
陵水黎族自治县	179		5	1		47	15	3	106	1
保亭黎族苗族自治县	196	2	8			39	36	2	103	3
琼中黎族苗族自治县	212		3			51	34	4	117	

4-6b　续表 4　　单位：人

地　区 性　别	专业技术人员		办事人员和有关人员				社会生产服务和生活服务人员		
	新闻出版、文化专业人员	其他专业技术人员	小计	办事人员	安全和消防人员	其他办事人员和有关人员	小计	批发与零售服务人员	交通运输、仓储和邮政业服务人员
全省	**87**	**75**	**6236**	**4992**	**1103**	**141**	**36487**	**14496**	**5223**
海口市	**19**	**3**	**864**	**649**	**160**	**55**	**4241**	**1664**	**708**
秀英区	10	2	429	364	64	1	1354	557	237
龙华区	1		64	56	8		517	255	73
琼山区	2		52	33	12	7	594	242	76
美兰区	6	1	319	196	76	47	1776	610	322
三亚市	**1**		**87**	**76**	**11**		**803**	**197**	**94**
海棠区			14	12	2		293	58	26
吉阳区			30	30			263	64	42
天涯区	1		34	27	7		207	66	23
崖州区			9	7	2		40	9	3
三沙市									
儋州市	**9**	**19**	**554**	**481**	**68**	**5**	**3160**	**1291**	**485**
五指山市			42	38	4		179	65	25
琼海市	2	5	123	97	26		1379	572	163
文昌市	4	1	212	170	38	4	2672	1095	294
万宁市	1	6	209	152	52	5	1751	755	263
东方市		2	106	81	24	1	721	274	116
定安县	2	7	391	307	73	11	2211	816	231
屯昌县	3	10	317	259	48	10	2012	732	280
澄迈县	12		681	590	90	1	4697	1670	809
临高县	2	7	445	357	78	10	3429	1510	414
白沙黎族自治县	3	1	262	225	35	2	562	213	60
昌江黎族自治县	15	4	514	367	143	4	2169	787	438
乐东黎族自治县	1	7	409	333	63	13	2142	1015	332
陵水黎族自治县	2	2	463	338	116	9	2630	1224	284
保亭黎族苗族自治县	6		268	225	37	6	911	306	128
琼中黎族苗族自治县	5	1	289	247	37	5	818	310	99
男	**44**	**64**	**4314**	**3191**	**1025**	**98**	**19420**	**6608**	**4469**
海南	**44**	**64**	**4314**	**3191**	**1025**	**98**	**19420**	**6608**	**4469**
海口市	**9**	**3**	**571**	**385**	**146**	**40**	**2325**	**797**	**606**
秀英区	5	2	276	221	55		740	259	199
龙华区	1		44	36	8		269	132	60
琼山区	2		37	20	11	6	309	113	68
美兰区	1	1	214	108	72	34	1007	293	279
三亚市			**57**	**48**	**9**		**459**	**83**	**88**
海棠区			11	9	2		177	28	26
吉阳区			14	14			163	35	38
天涯区			27	20	7		99	17	22
崖州区			5	5			20	3	2
三沙市									
儋州市	**2**	**18**	**373**	**304**	**66**	**3**	**1589**	**518**	**393**

4-6b 续表 5　　单位：人

地区 性别	专业技术人员		办事人员和有关人员				社会生产服务和生活服务人员		
	新闻出版、文化专业人员	其他专业技术人员	小计	办事人员	安全和消防人员	其他办事人员和有关人员	小计	批发与零售服务人员	交通运输、仓储和邮政业服务人员
五指山市			28	24	4		107	33	23
琼海市		5	79	55	24		739	282	148
文昌市	2	1	143	104	36	3	1440	540	255
万宁市		5	158	105	49	4	938	368	214
东方市		2	83	60	22	1	392	125	99
定安县	1	6	277	202	68	7	1184	413	203
屯昌县	2	8	224	175	44	5	1104	351	255
澄迈县	10		479	393	85	1	2622	779	700
临高县	1	5	314	234	74	6	1704	605	349
白沙黎族自治县			182	148	34		274	87	51
昌江黎族自治县	9	4	368	232	133	3	1168	310	403
乐东黎族自治县	1	5	284	217	57	10	1145	469	262
陵水黎族自治县	2	1	334	219	109	6	1307	575	220
保亭黎族苗族自治县	3		173	138	31	4	494	131	117
琼中黎族苗族自治县	2	1	187	148	34	5	429	142	83
女	**43**	**11**	**1922**	**1801**	**78**	**43**	**17067**	**7888**	**754**
海南	**43**	**11**	**1922**	**1801**	**78**	**43**	**17067**	**7888**	**754**
海口市	**10**		**293**	**264**	**14**	**15**	**1916**	**867**	**102**
秀英区	5		153	143	9	1	614	298	38
龙华区			20	20			248	123	13
琼山区			15	13	1	1	285	129	8
美兰区	5		105	88	4	13	769	317	43
三亚市	**1**		**30**	**28**	**2**		**344**	**114**	**6**
海棠区			3	3			116	30	
吉阳区			16	16			100	29	4
天涯区	1		7	7			108	49	1
崖州区			4	2	2		20	6	1
三沙市									
儋州市	**7**	**1**	**181**	**177**	**2**	**2**	**1571**	**773**	**92**
五指山市			14	14			72	32	2
琼海市	2		44	42	2		640	290	15
文昌市	2		69	66	2	1	1232	555	39
万宁市	1	1	51	47	3	1	813	387	49
东方市			23	21	2		329	149	17
定安县	1	1	114	105	5	4	1027	403	28
屯昌县	1	2	93	84	4	5	908	381	25
澄迈县	2		202	197	5		2075	891	109
临高县	1	2	131	123	4	4	1725	905	65
白沙黎族自治县	3	1	80	77	1	2	288	126	9
昌江黎族自治县	6		146	135	10	1	1001	477	35
乐东黎族自治县		2	125	116	6	3	997	546	70
陵水黎族自治县		1	129	119	7	3	1323	649	64
保亭黎族苗族自治县	3		95	87	6	2	417	175	11
琼中黎族苗族自治县	3		102	99	3		389	168	16

4-6b　续表 6　　　　　　　　　　　　　　　　　　　　　　　　单位：人

地　　区 性　　别	社会生产服务和生活服务人员								
	住宿和餐饮服务人员	信息传输、软件和信息技术服务人员	金融服务人员	房地产服务人员	租赁和商务服务人员	技术辅助服务人员	水利、环境和公共设施管理服务人员	居民服务人员	电力、燃气及水供应服务人员
全省	**7557**	**311**	**501**	**419**	**1192**	**355**	**2324**	**2345**	**376**
海口市	**768**	**30**	**57**	**66**	**143**	**59**	**361**	**179**	**42**
秀英区	206	18	29	19	70	26	99	35	6
龙华区	91	2	8	2	16	3	36	19	1
琼山区	143		7	7	10	2	52	23	5
美兰区	328	10	13	38	47	28	174	102	30
三亚市	**268**	**12**	**2**	**11**	**82**	**4**	**76**	**26**	
海棠区	148			6	6		25	16	
吉阳区	85	5		4	26	1	17	4	
天涯区	29	7	2		41	3	26	4	
崖州区	6			1	9		8	2	
三沙市									
儋州市	**549**	**37**	**33**	**62**	**131**	**23**	**241**	**152**	**33**
五指山市	32		3	6	9		20	6	3
琼海市	331	11	10	23	37	14	76	61	14
文昌市	844	10	18	10	34	32	73	129	13
万宁市	379	6	21	12	40	5	103	93	12
东方市	108	4	5	1	70	14	34	63	2
定安县	547	23	35	16	36	16	76	315	13
屯昌县	450	18	44	16	68	18	103	162	26
澄迈县	954	58	60	69	259	61	378	155	56
临高县	616	21	48	12	18	21	77	556	44
白沙黎族自治县	101	14	9	3	36	5	64	24	6
昌江黎族自治县	362	23	41	36	30	30	169	119	29
乐东黎族自治县	389	14	37	7	26	11	103	125	31
陵水黎族自治县	537	12	21	48	64	17	193	125	18
保亭黎族苗族自治县	177	11	18	17	59	15	108	21	17
琼中黎族苗族自治县	145	7	39	4	50	10	69	34	17
男	**3292**	**203**	**262**	**251**	**1019**	**252**	**614**	**1032**	**312**
海南	**3292**	**203**	**262**	**251**	**1019**	**252**	**614**	**1032**	**312**
海口市	**337**	**24**	**29**	**34**	**115**	**38**	**98**	**79**	**39**
秀英区	96	15	15	9	54	13	31	12	4
龙华区	37	1	3		15	2	5	4	1
琼山区	55		6	7	9	2	13	7	5
美兰区	149	8	5	18	37	21	49	56	29
三亚市	**149**	**7**		**8**	**63**	**4**	**21**	**9**	
海棠区	89			5	6		13	4	
吉阳区	44	5		3	19	1	3	1	
天涯区	13	2			30	3	3	4	
崖州区	3				8		2		
三沙市									
儋州市	**253**	**26**	**9**	**36**	**119**	**13**	**46**	**54**	**29**

4-6b 续表 7 单位：人

地区 性别	社会生产服务和生活服务人员								
	住宿和餐饮服务人员	信息传输、软件和信息技术服务人员	金融服务人员	房地产服务人员	租赁和商务服务人员	技术辅助服务人员	水利、环境和公共设施管理服务人员	居民服务人员	电力、燃气及水供应服务人员
五指山市	13		1	5	8		11	2	3
琼海市	140	7	4	15	30	13	17	17	14
文昌市	378	7	10	4	23	25	26	57	10
万宁市	168	5	16	7	33	4	18	40	12
东方市	42	3	1	1	47	10	13	26	2
定安县	235	16	17	11	33	13	11	157	11
屯昌县	199	13	26	8	66	13	26	50	19
澄迈县	435	42	32	42	241	43	85	45	42
临高县	227	8	29	8	15	19	23	303	43
白沙黎族自治县	36	8	5	1	32	4	19	8	4
昌江黎族自治县	148	12	24	20	25	16	55	51	19
乐东黎族自治县	174	8	23	4	21	10	43	68	26
陵水黎族自治县	218	7	7	34	51	12	50	50	15
保亭黎族苗族自治县	80	6	10	10	53	8	33	8	13
琼中黎族苗族自治县	60	4	19	3	44	7	19	8	11
女	**4265**	**108**	**239**	**168**	**173**	**103**	**1710**	**1313**	**64**
海南	**4265**	**108**	**239**	**168**	**173**	**103**	**1710**	**1313**	**64**
海口市	**431**	**6**	**28**	**32**	**28**	**21**	**263**	**100**	**3**
秀英区	110	3	14	10	16	13	68	23	2
龙华区	54	1	5	2	1	1	31	15	
琼山区	88		1		1		39	16	
美兰区	179	2	8	20	10	7	125	46	1
三亚市	**119**	**5**	**2**	**3**	**19**		**55**	**17**	
海棠区	59			1			12	12	
吉阳区	41			1	7		14	3	
天涯区	16	5	2		11		23		
崖州区	3			1	1		6	2	
三沙市									
儋州市	**296**	**11**	**24**	**26**	**12**	**10**	**195**	**98**	**4**
五指山市	19		2	1	1		9	4	
琼海市	191	4	6	8	7	1	59	44	
文昌市	466	3	8	6	11	7	47	72	3
万宁市	211	1	5	5	7	1	85	53	
东方市	66	1	4		23	4	21	37	
定安县	312	7	18	5	3	3	65	158	2
屯昌县	251	5	18	8	2	5	77	112	7
澄迈县	519	16	28	27	18	18	293	110	14
临高县	389	13	19	4	3	2	54	253	1
白沙黎族自治县	65	6	4	2	4	1	45	16	2
昌江黎族自治县	214	11	17	16	5	14	114	68	10
乐东黎族自治县	215	6	14	3	5	1	60	57	5
陵水黎族自治县	319	5	14	14	13	5	143	75	3
保亭黎族苗族自治县	97	5	8	7	6	7	75	13	4
琼中黎族苗族自治县	85	3	20	1	6	3	50	26	6

4-6b　续表 8　　　　单位：人

地　区 性　别	社会生产服务和生活服务人员				农、林、牧、渔业生产及辅助人员				
	修理及制作服务人　员	文化、体育和娱乐服务人员	健康服务人　员	其他社会生产和生活服务人　员	小计	农业生产人　员	林业生产人　员	畜牧业生产人员	渔业生产人　员
全省	**1037**	**250**	**65**	**36**	**25916**	**17283**	**1832**	**1064**	**5121**
海口市	**118**	**34**	**9**	**3**	**1699**	**1410**	**33**	**96**	**149**
秀英区	28	19	5		605	536	3	20	46
龙华区	11				170	137	3	28	
琼山区	23	1	3		499	457	20	18	3
美兰区	56	14	1	3	425	280	7	30	100
三亚市	**9**	**20**	**2**		**90**	**27**	**1**	**8**	**52**
海棠区	1	7			58	16	1	2	37
吉阳区	3	10	2		17	9		6	2
天涯区	3	3			10	2			8
崖州区	2				5				5
三沙市									
儋州市	**99**	**14**	**4**	**6**	**2507**	**1361**	**37**	**56**	**941**
五指山市	9	1			202	163	12	26	1
琼海市	50	10	5	2	1517	1217	97	62	129
文昌市	100	10	3	7	3438	2465	18	351	548
万宁市	47	13	1	1	1540	1033	91	60	247
东方市	25	5			1249	1133	21	13	64
定安县	67	6	9	5	1149	1022	72	46	2
屯昌县	77	14	4		646	525	58	50	3
澄迈县	123	34	10	1	2751	1921	534	129	154
临高县	82	7	2	1	3342	1184	236	46	1742
白沙黎族自治县	17	8	1	1	226	57	166	2	
昌江黎族自治县	78	23	3	1	1005	654	131	34	174
乐东黎族自治县	36	13	2	1	1620	1158	60	34	257
陵水黎族自治县	51	25	4	7	1801	1121	15	17	643
保亭黎族苗族自治县	26	6	2		627	545	57	15	9
琼中黎族苗族自治县	23	7	4		507	287	193	19	6
男	**925**	**127**	**30**	**24**	**15628**	**9503**	**1178**	**698**	**3985**
海南	**925**	**127**	**30**	**24**	**15628**	**9503**	**1178**	**698**	**3985**
海口市	**109**	**13**	**4**	**3**	**941**	**743**	**23**	**64**	**103**
秀英区	26	5	2		324	273	1	18	32
龙华区	9				97	75	3	17	
琼山区	21	1	2		269	242	13	10	3
美兰区	53	7		3	251	153	6	19	68
三亚市	**9**	**17**	**1**		**59**	**14**	**1**	**7**	**36**
海棠区	1	5			36	9	1	1	24
吉阳区	3	10	1		12	4		6	2
天涯区	3	2			6	1			5
崖州区	2				5				5
三沙市									
儋州市	**81**	**7**		**5**	**1539**	**731**	**23**	**33**	**738**

4-6b 续表 9 单位：人

地区 性别	社会生产服务和生活服务人员				农、林、牧、渔业生产及辅助人员				
	修理及制作服务人员	文化、体育和娱乐服务人员	健康服务人员	其他社会生产和生活服务人员	小计	农业生产人员	林业生产人员	畜牧业生产人员	渔业生产人员
五指山市	8				110	88	9	13	
琼海市	47	3	2		881	661	50	43	119
文昌市	89	8	2	6	1977	1286	12	231	410
万宁市	44	8		1	940	542	57	41	228
东方市	22	1			715	630	16	10	48
定安县	56	3	4	1	662	591	38	27	2
屯昌县	70	6	2		393	306	41	36	3
澄迈县	107	23	6		1654	1123	321	86	114
临高县	73	1		1	2193	605	151	25	1400
白沙黎族自治县	16	2	1		136	29	107		
昌江黎族自治县	74	9	1	1	602	345	90	23	136
乐东黎族自治县	33	3		1	1002	656	48	25	208
陵水黎族自治县	45	15	3	5	1101	642	13	13	430
保亭黎族苗族自治县	23	1	1		397	336	47	7	6
琼中黎族苗族自治县	19	7	3		326	175	131	14	4
女	**112**	**123**	**35**	**12**	**10288**	**7780**	**654**	**366**	**1136**
海南	**112**	**123**	**35**	**12**	**10288**	**7780**	**654**	**366**	**1136**
海口市	**9**	**21**	**5**		**758**	**667**	**10**	**32**	**46**
秀英区	2	14	3		281	263	2	2	14
龙华区	2				73	62		11	
琼山区	2		1		230	215	7	8	
美兰区	3	7	1		174	127	1	11	32
三亚市		**3**	**1**		**31**	**13**		**1**	**16**
海棠区		2			22	7		1	13
吉阳区			1		5	5			
天涯区		1			4	1			3
崖州区									
三沙市									
儋州市	**18**	**7**	**4**	**1**	**968**	**630**	**14**	**23**	**203**
五指山市	1	1			92	75	3	13	1
琼海市	3	7	3	2	636	556	47	19	10
文昌市	11	2	1	1	1461	1179	6	120	138
万宁市	3	5	1		600	491	34	19	19
东方市	3	4			534	503	5	3	16
定安县	11	3	5	4	487	431	34	19	
屯昌县	7	8	2		253	219	17	14	
澄迈县	16	11	4	1	1097	798	213	43	40
临高县	9	6	2		1149	579	85	21	342
白沙黎族自治县	1	6		1	90	28	59	2	
昌江黎族自治县	4	14	2		403	309	41	11	38
乐东黎族自治县	3	10	2		618	502	12	9	49
陵水黎族自治县	6	10	1	2	700	479	2	4	213
保亭黎族苗族自治县	3	5	1		230	209	10	8	3
琼中黎族苗族自治县	4		1		181	112	62	5	2

4-6b 续表 10 单位：人

地区 性别	农林牧渔生产辅助人员	其他农、林、牧、渔业生产加工人员	生产制造及有关人员 小计	农副产品加工人员	食品、饮料生产加工人员	烟草及其制品加工人员	纺织、针织、印染人员	纺织品、服装和皮革、毛皮制品加工制作人员	木材加工、家具与木制品制作人员
全省	**539**	**77**	**14872**	**981**	**404**	**1**	**167**	**289**	**379**
海口市	**9**	**2**	**1942**	**139**	**46**	**1**		**126**	**50**
秀英区			704	7	11			27	3
龙华区	2		218	3	6			31	23
琼山区	1		314	6	4	1		64	7
美兰区	6	2	706	123	25			4	17
三亚市	**2**		**108**		**3**			**2**	**2**
海棠区	2		17		2			1	
吉阳区			24		1				
天涯区			65					1	2
崖州区			2						
三沙市									
儋州市	**108**	**4**	**2412**	**94**	**23**		**2**	**16**	**66**
五指山市			73	5	1			1	8
琼海市	12		403	34	21		2	8	8
文昌市	56		1027	141	45			27	48
万宁市	89	20	710	77	8		8	17	50
东方市	17	1	358	5	3				10
定安县	3	4	634	120	28			4	11
屯昌县	8	2	675	33	19			5	18
澄迈县	12	1	2484	199	116		4	42	36
临高县	131	3	1145	41	22		150	14	12
白沙黎族自治县	1		157	5	2				2
昌江黎族自治县	9	3	963	29	14			6	25
乐东黎族自治县	75	36	744	29	20			15	19
陵水黎族自治县	5		646	15	12		1	4	9
保亭黎族苗族自治县	1		176	1	10			2	
琼中黎族苗族自治县	1	1	215	14	11				5
男	**225**	**39**	**11085**	**482**	**245**	**1**	**15**	**114**	**316**
海南	**225**	**39**	**11085**	**482**	**245**	**1**	**15**	**114**	**316**
海口市	**7**	**1**	**1426**	**58**	**29**	**1**		**43**	**41**
秀英区			540	4	2			4	3
龙华区	2		166	2	4			13	16
琼山区	1		230	2	2	1		23	6
美兰区	4	1	490	50	21			3	16
三亚市	**1**		**99**		**2**			**2**	**2**
海棠区	1		14		1			1	
吉阳区			24		1				
天涯区			59					1	2
崖州区			2						
三沙市									
儋州市	**12**	**2**	**1829**	**45**	**8**			**12**	**55**

4-6b 续表 11

单位：人

地区 性别	农林牧渔生产辅助人员	其他农、林、牧、渔业生产加工人员	生产制造及有关人员 小计	农副产品加工人员	食品、饮料生产加工人员	烟草及其制品加工人员	纺织、针织、印染人员	纺织品、服装和皮革、毛皮制品加工制作人员	木材加工、家具与木制品制作人员
五指山市			65	3					8
琼海市	8		290	14	17		1	4	8
文昌市	38		677	71	30			11	41
万宁市	61	11	540	36	5		2	3	43
东方市	11		263	1	2				8
定安县	2	2	458	59	15			1	8
屯昌县	7		559	23	10			1	16
澄迈县	10		1920	101	72		3	21	30
临高县	10	2	721	21	11		9	5	9
白沙黎族自治县			133	3	2				2
昌江黎族自治县	6	2	760	16	9			3	18
乐东黎族自治县	47	18	537	14	15			6	16
陵水黎族自治县	3		496	8	6			1	9
保亭黎族苗族自治县	1		141		5			1	
琼中黎族苗族自治县	1	1	171	9	7				2
女	**314**	**38**	**3787**	**499**	**159**		**152**	**175**	**63**
海南	**314**	**38**	**3787**	**499**	**159**		**152**	**175**	**63**
海口市	**2**	**1**	**516**	**81**	**17**			**83**	**9**
秀英区			164	3	9			23	
龙华区			52	1	2			18	7
琼山区			84	4	2			41	1
美兰区	2	1	216	73	4			1	1
三亚市	**1**		**9**		**1**				
海棠区	1		3		1				
吉阳区									
天涯区			6						
崖州区									
三沙市									
儋州市	**96**	**2**	**583**	**49**	**15**		**2**	**4**	**11**
五指山市			8	2	1			1	
琼海市	4		113	20	4		1	4	
文昌市	18		350	70	15			16	7
万宁市	28	9	170	41	3		6	14	7
东方市	6	1	95	4	1				2
定安县	1	2	176	61	13			3	3
屯昌县	1	2	116	10	9			4	2
澄迈县	2	1	564	98	44		1	21	6
临高县	121	1	424	20	11		141	9	3
白沙黎族自治县	1		24	2					
昌江黎族自治县	3	1	203	13	5			3	7
乐东黎族自治县	28	18	207	15	5			9	3
陵水黎族自治县	2		150	7	6		1	3	
保亭黎族苗族自治县			35	1	5			1	
琼中黎族苗族自治县			44	5	4				3

4-6b 续表 12

单位：人

地区 性别	生产制造及有关人员								
	纸及纸制品生产加工人员	印刷和记录媒介复制人员	文教、工美、体育和娱乐用品制造人员	石油加工和炼焦、煤化工生产人员	化学原料和化学制品制造人员	医药制造人员	化学纤维制造人员	橡胶和塑料制品制造人员	非金属矿物制品制造人员
全省	**233**	**43**	**200**	**165**	**127**	**100**	**3**	**81**	**293**
海口市	**14**	**8**	**21**	**1**	**19**	**35**		**12**	**26**
秀英区	7	4	7	1	13	6			4
龙华区			7			1		1	3
琼山区			2		2	1		2	6
美兰区	7	4	5		4	27		9	13
三亚市						**1**			**2**
海棠区						1			2
吉阳区									
天涯区									
崖州区									
三沙市									
儋州市	**185**	**5**	**24**	**149**	**16**	**1**	**2**	**8**	**33**
五指山市		1				1			
琼海市	2	1	37			32			10
文昌市	2	5	79		15	3		1	6
万宁市	4	1	3		3			2	11
东方市					3			8	19
定安县	4	3	3		2	2	1	5	6
屯昌县		3	8					3	13
澄迈县	12	3	8	15	14	19		19	84
临高县		2	3		3	1		4	15
白沙黎族自治县					2	1			3
昌江黎族自治县	1	1	4		29	3		17	37
乐东黎族自治县	7	4	5		15	1			4
陵水黎族自治县		4	1		2				5
保亭黎族苗族自治县	1	1	2		3			2	14
琼中黎族苗族自治县	1	1	2		1				5
男	**166**	**20**	**110**	**141**	**104**	**46**	**3**	**57**	**239**
海南	**166**	**20**	**110**	**141**	**104**	**46**	**3**	**57**	**239**
海口市	**5**	**3**	**14**	**1**	**14**	**22**		**8**	**22**
秀英区	3	2	4	1	9	5			3
龙华区			5			1		1	2
琼山区			1		2			1	5
美兰区	2	1	4		3	16		6	12
三亚市						**1**			**1**
海棠区						1			1
吉阳区									
天涯区									
崖州区									
三沙市									
儋州市	**145**	**3**	**8**	**127**	**15**		**2**	**6**	**25**

4-6b 续表 13 单位：人

地区 性别	生产制造及有关人员								
	纸及纸制品生产加工人员	印刷和记录媒介复制人员	文教、工美、体育和娱乐用品制造人员	石油加工和炼焦、煤化工生产人员	化学原料和化学制品制造人员	医药制造人员	化学纤维制造人员	橡胶和塑料制品制造人员	非金属矿物制品制造人员
五指山市						1			
琼海市	1	1	28			9			8
文昌市	1	1	34		11	2			5
万宁市	4	1	3		3			1	9
东方市					3			6	16
定安县		2	2		2	1	1	2	5
屯昌县		1	6					3	10
澄迈县	9	3	5	13	8	9		18	70
临高县		1	1		3			1	13
白沙黎族自治县					1				2
昌江黎族自治县			4		25			11	31
乐东黎族自治县		2	1		13	1			4
陵水黎族自治县		2	1		2				3
保亭黎族苗族自治县	1		1		3			1	12
琼中黎族苗族自治县			2		1				3
女	**67**	**23**	**90**	**24**	**23**	**54**		**24**	**54**
海南	**67**	**23**	**90**	**24**	**23**	**54**		**24**	**54**
海口市	**9**	**5**	**7**		**5**	**13**		**4**	**4**
秀英区	4	2	3		4	1			1
龙华区			2						1
琼山区			1			1		1	1
美兰区	5	3	1		1	11		3	1
三亚市									**1**
海棠区									1
吉阳区									
天涯区									
崖州区									
三沙市									
儋州市	**40**	**2**	**16**	**22**	**1**	**1**		**2**	**8**
五指山市		1							
琼海市	1		9			23			2
文昌市	1	4	45		4	1		1	1
万宁市								1	2
东方市								2	3
定安县	4	1	1			1		3	1
屯昌县		2	2						3
澄迈县	3		3	2	6	10		1	14
临高县		1	2			1		3	2
白沙黎族自治县					1	1			1
昌江黎族自治县	1	1			4	3		6	6
乐东黎族自治县	7	2	4		2				
陵水黎族自治县		2							2
保亭黎族苗族自治县		1	1					1	2
琼中黎族苗族自治县	1	1							2

4-6b　续表 14　　　　单位：人

地　区 性　别	生产制造及有关人员								
	采矿人员	金属冶炼和压延加工人员	机械制造基础加工人员	金属制品制造人员	通用设备制造人员	专用设备制造人员	汽车制造人员	铁路、船舶、航空设备制造人员	电气机械和器材制造人员
全省	**138**	**24**	**242**	**287**	**45**	**7**	**16**	**15**	**22**
海口市	**12**	**1**	**29**	**44**	**4**	**1**	**8**	**8**	**6**
秀英区	4	1	11	13			4		3
龙华区	8		1	8			1		
琼山区			5	14	1				
美兰区			12	9	3	1	3	8	3
三亚市			**4**						
海棠区			2						
吉阳区			1						
天涯区			1						
崖州区									
三沙市									
儋州市	**5**	**3**	**24**	**21**	**5**	**1**	**1**	**2**	**2**
五指山市			1		1				
琼海市	2	1	3	15					
文昌市	4		35	19	2				1
万宁市	1	2	11	24				1	2
东方市	6		3	3	1				
定安县		2	6	13	1		1	2	2
屯昌县	5		11	12	5	3			1
澄迈县	6	8	43	81	12		1		2
临高县	2	1	26	30	3		1	2	5
白沙黎族自治县		1	4		1				
昌江黎族自治县	66	4	17	2	6	1	4		1
乐东黎族自治县	28	1	14	8	3				
陵水黎族自治县	1		4	10	1	1			
保亭黎族苗族自治县			2						
琼中黎族苗族自治县			5	5					
男	**119**	**19**	**216**	**220**	**40**	**6**	**13**	**9**	**17**
海南	**119**	**19**	**216**	**220**	**40**	**6**	**13**	**9**	**17**
海口市	**12**		**23**	**32**	**3**	**1**	**7**	**5**	**3**
秀英区	4		10	12			4		2
龙华区	8		1	5			1		
琼山区			3	7	1				
美兰区			9	8	2	1	2	5	1
三亚市			**4**						
海棠区			2						
吉阳区			1						
天涯区			1						
崖州区									
三沙市									
儋州市	**5**	**3**	**20**	**17**	**5**	**1**	**1**	**1**	**2**

4-6b 续表 15 单位：人

地区 性别	生产制造及有关人员								
	采矿人员	金属冶炼和压延加工人员	机械制造基础加工人员	金属制品制造人员	通用设备制造人员	专用设备制造人员	汽车制造人员	铁路、船舶、航空设备制造人员	电气机械和器材制造人员
五指山市			1		1				
琼海市	1	1	3	13					
文昌市	3		26	14	2				1
万宁市	1	1	9	18				1	2
东方市	4		3	3	1				
定安县		2	6	11	1		1	1	2
屯昌县	5		11	11	3	3			1
澄迈县	4	7	41	72	10				1
临高县	2		25	9	3			1	4
白沙黎族自治县		1	4		1				
昌江黎族自治县	56	3	15	2	6	1	4		1
乐东黎族自治县	26	1	14	6	3				
陵水黎族自治县			4	8	1				
保亭黎族苗族自治县			2						
琼中黎族苗族自治县			5	4					
女	**19**	**5**	**26**	**67**	**5**	**1**	**3**	**6**	**5**
海南	**19**	**5**	**26**	**67**	**5**	**1**	**3**	**6**	**5**
海口市		**1**	**6**	**12**	**1**		**1**	**3**	**3**
秀英区		1	1	1					1
龙华区				3					
琼山区			2	7					
美兰区			3	1	1		1	3	2
三亚市									
海棠区									
吉阳区									
天涯区									
崖州区									
三沙市									
儋州市			**4**	**4**				**1**	
五指山市									
琼海市	1			2					
文昌市	1		9	5					
万宁市		1	2	6					
东方市	2								
定安县				2				1	
屯昌县				1	2				
澄迈县	2	1	2	9	2		1		1
临高县		1	1	21			1	1	1
白沙黎族自治县									
昌江黎族自治县	10	1	2						
乐东黎族自治县	2			2					
陵水黎族自治县	1			2		1			
保亭黎族苗族自治县									
琼中黎族苗族自治县				1					

4-6b　续表 16　　　　单位：人

地　区 性　别	生产制造及有关人员								不便分类的其他从业人员
	计算机、通信和其他电子设备制造人员	仪器仪表制造人员	废弃资源综合利用人员	电力、热力、气体、水生产和输配人员	建筑施工人员	运输设备和通用工程机械操作人员及有关人员	生产辅助人员	其他生产制造及有关人员	
全省	**146**	**12**	**23**	**106**	**8120**	**560**	**1609**	**34**	**1303**
海口市	**14**			**10**	**1074**	**80**	**144**	**9**	**203**
秀英区	4			2	508	27	30	7	90
龙华区					112	7	6		
琼山区				4	169	15	11		
美兰区	10			4	285	31	97	2	113
三亚市				**8**	**57**	**4**	**25**		**1**
海棠区					7		2		
吉阳区					8		14		
天涯区				8	40	4	9		1
崖州区					2				
三沙市									
儋州市	**34**	**10**	**1**	**14**	**1368**	**64**	**230**	**3**	**484**
五指山市			1	1	45	3	4		9
琼海市	3	1		1	158	28	34	2	2
文昌市	1		3	3	511	14	60	2	84
万宁市	8			3	384	36	53	1	77
东方市	10		1		217	9	60		7
定安县	5			4	315	25	61	8	6
屯昌县	7		1	1	475	22	27	3	
澄迈县	21			10	1268	115	346		4
临高县	8			3	718	23	56		17
白沙黎族自治县	5		1	2	94	17	17		
昌江黎族自治县	5			22	417	46	203	3	10
乐东黎族自治县	15		1	15	331	23	185	1	151
陵水黎族自治县	6		12		484	20	52	2	247
保亭黎族苗族自治县	1	1	2	7	92	12	23		
琼中黎族苗族自治县	3			2	112	19	29		1
男	**104**	**12**	**17**	**90**	**6475**	**531**	**1118**	**20**	**813**
海南	**104**	**12**	**17**	**90**	**6475**	**531**	**1118**	**20**	**813**
海口市	**7**			**9**	**880**	**75**	**103**	**5**	**140**
秀英区				2	414	25	23	4	57
龙华区					95	7	5		
琼山区				3	150	15	8		
美兰区	7			4	221	28	67	1	83
三亚市				**8**	**54**	**3**	**22**		**1**
海棠区					7		1		
吉阳区					8		14		
天涯区				8	37	3	7		1
崖州区					2				
三沙市									
儋州市	**29**	**10**	**1**	**12**	**1023**	**58**	**187**	**3**	**315**

4-6b 续表 17 单位：人

地区 性别	生产制造及有关人员								不便分类的其他从业人员
	计算机、通信和其他电子设备制造人员	仪器仪表制造人员	废弃资源综合利用人员	电力、热力、气体、水生产和输配人员	建筑施工人员	运输设备和通用工程机械操作人员及有关人员	生产辅助人员	其他生产制造及有关人员	
五指山市			1	1	42	3	4		5
琼海市	2	1		1	126	27	23	1	1
文昌市	1		2	3	372	13	31	2	49
万宁市	6			3	318	36	34	1	45
东方市	7				169	9	31		4
定安县	4			4	264	24	39	1	6
屯昌县	5		1	1	408	22	16	2	
澄迈县	12			9	1054	106	242		3
临高县	4			1	532	23	43		10
白沙黎族自治县	5		1	2	81	16	12		
昌江黎族自治县	5			21	328	44	154	3	3
乐东黎族自治县	10			9	267	23	105	1	82
陵水黎族自治县	6		10		382	19	33	1	148
保亭黎族苗族自治县		1	1	4	79	12	18		
琼中黎族苗族自治县	1			2	96	18	21		1
女	**42**		**6**	**16**	**1645**	**29**	**491**	**14**	**490**
海南	**42**		**6**	**16**	**1645**	**29**	**491**	**14**	**490**
海口市	**7**			**1**	**194**	**5**	**41**	**4**	**63**
秀英区	4				94	2	7	3	33
龙华区					17		1		
琼山区				1	19		3		
美兰区	3				64	3	30	1	30
三亚市					**3**	**1**	**3**		
海棠区							1		
吉阳区									
天涯区					3	1	2		
崖州区									
三沙市									
儋州市	**5**			**2**	**345**	**6**	**43**		**169**
五指山市					3				4
琼海市	1				32	1	11	1	1
文昌市			1		139	1	29		35
万宁市	2				66		19		32
东方市	3		1		48		29		3
定安县	1				51	1	22	7	
屯昌县	2				67		11	1	
澄迈县	9			1	214	9	104		1
临高县	4			2	186		13		7
白沙黎族自治县					13	1	5		
昌江黎族自治县				1	89	2	49		7
乐东黎族自治县	5		1	6	64		80		69
陵水黎族自治县			2		102	1	19	1	99
保亭黎族苗族自治县	1		1	3	13		5		
琼中黎族苗族自治县	2				16	1	8		

4-6c　各地区分性别、职业中类的就业人口(乡村)

单位：人

地　区 性　别	合计	党的机关、国家机关、群众团体和社会组织、企事业单位负责人						
		小计	中国共产党机关负责人	国家机关负责人	民主党派和工商联负责人	人民团体和群众团体、社会组织及其他成员组织负责人	基层群众自治组织负责人	企事业单位负责人
全省	**170279**	**1004**		**44**		**57**	**124**	**779**
海口市	**22061**	**247**		**7**		**10**	**20**	**210**
秀英区	6129	52				4	6	42
龙华区	3126	19		1			10	8
琼山区	7463	105		5		3	3	94
美兰区	5343	71		1		3	1	66
三亚市	**13007**	**146**		**2**		**7**	**13**	**124**
海棠区	1854	34				2	6	26
吉阳区	3183	37					2	35
天涯区	5234	35				2	4	29
崖州区	2736	40		2		3	1	34
三沙市								
儋州市	**18353**	**92**		**5**		**8**	**8**	**71**
五指山市	2357	11					5	6
琼海市	12350	60		5		3	14	38
文昌市	9594	48				3	3	42
万宁市	13079	64		4		1	7	52
东方市	9118	77		7		1	18	51
定安县	7465	18		1				17
屯昌县	4827	25		1		5	6	13
澄迈县	7089	26				1	4	21
临高县	8933	16		4		5	1	6
白沙黎族自治县	5441	21		1		1	6	13
昌江黎族自治县	4613	19					4	15
乐东黎族自治县	13813	53		3		2	6	42
陵水黎族自治县	7648	28		4		2	4	18
保亭黎族苗族自治县	4951	17				1	4	12
琼中黎族苗族自治县	5580	36				7	1	28
男	**101720**	**765**		**37**		**38**	**114**	**576**
海南	**101720**	**765**		**37**		**38**	**114**	**576**
海口市	**13157**	**193**		**6**		**8**	**20**	**159**
秀英区	3689	42				3	6	33
龙华区	1919	18		1			10	7
琼山区	4420	77		4		3	3	67
美兰区	3129	56		1		2	1	52
三亚市	**7847**	**97**		**1**		**3**	**12**	**81**
海棠区	1174	21				1	5	15
吉阳区	1893	27					2	25
天涯区	3150	24				1	4	19
崖州区	1630	25		1		1	1	22
三沙市								
儋州市	**10831**	**66**		**4**		**6**	**6**	**50**

4-6c 续表 1

单位：人

地区 性别	合计	党的机关、国家机关、群众团体和社会组织、企事业单位负责人						
		小计	中国共产党机关负责人	国家机关负责人	民主党派和工商联负责人	人民团体和群众团体、社会组织及其他成员组织负责人	基层群众自治组织负责人	企事业单位负责人
五指山市	1390	9					4	5
琼海市	7218	46		4		2	13	27
文昌市	5590	38				1	3	34
万宁市	8015	52		3		1	7	41
东方市	5325	55		6		1	17	31
定安县	4555	15		1				14
屯昌县	3003	18				3	4	11
澄迈县	4478	23				1	4	18
临高县	5188	15		4		4	1	6
白沙黎族自治县	3307	20		1		1	6	12
昌江黎族自治县	2785	13					2	11
乐东黎族自治县	8047	44		3		1	6	34
陵水黎族自治县	4537	22		4		1	4	13
保亭黎族苗族自治县	2986	14					4	10
琼中黎族苗族自治县	3461	25				5	1	19
女	**68559**	**239**		**7**		**19**	**10**	**203**
海南	**68559**	**239**		**7**		**19**	**10**	**203**
海口市	**8904**	**54**		**1**		**2**		**51**
秀英区	2440	10				1		9
龙华区	1207	1						1
琼山区	3043	28		1				27
美兰区	2214	15				1		14
三亚市	**5160**	**49**		**1**		**4**	**1**	**43**
海棠区	680	13				1	1	11
吉阳区	1290	10						10
天涯区	2084	11				1		10
崖州区	1106	15		1		2		12
三沙市								
儋州市	**7522**	**26**		**1**		**2**	**2**	**21**
五指山市	967	2					1	1
琼海市	5132	14		1		1	1	11
文昌市	4004	10				2		8
万宁市	5064	12		1				11
东方市	3793	22		1			1	20
定安县	2910	3						3
屯昌县	1824	7		1		2	2	2
澄迈县	2611	3						3
临高县	3745	1				1		
白沙黎族自治县	2134	1						1
昌江黎族自治县	1828	6					2	4
乐东黎族自治县	5766	9				1		8
陵水黎族自治县	3111	6				1		5
保亭黎族苗族自治县	1965	3				1		2
琼中黎族苗族自治县	2119	11				2		9

4-6c 续表 2

单位：人

地区 性别	专业技术人员 小计	科学研究人员	工程技术人员	农业技术人员	飞机和船舶技术人员	卫生专业技术人员	经济和金融专业人员	法律、社会和宗教专业人员	教学人员	文学艺术、体育专业人员
全省	**5954**	**10**	**935**	**224**	**13**	**1067**	**712**	**99**	**2631**	**121**
海口市	**1229**	**3**	**220**	**20**	**7**	**177**	**190**	**28**	**513**	**19**
秀英区	238		51	2		34	33	2	75	2
龙华区	125		20	5		18	16	3	59	4
琼山区	416	1	80	11	7	68	74	6	158	7
美兰区	450	2	69	2		57	67	17	221	6
三亚市	**762**		**139**	**9**	**3**	**109**	**141**	**30**	**288**	**27**
海棠区	133		54			17	29	9	19	2
吉阳区	197		47	4	1	5	43	2	86	7
天涯区	253		23	4	2	64	29	6	98	18
崖州区	179		15	1		23	40	13	85	
三沙市										
儋州市	**535**	**3**	**102**	**15**	**3**	**90**	**43**	**7**	**255**	**7**
五指山市	52		13	3		9	5	1	15	
琼海市	445		61	5		89	33	3	244	7
文昌市	238	1	32	9		32	45	2	105	8
万宁市	428		74	8		90	37	3	185	24
东方市	323	1	46	98		57	29	2	82	4
定安县	143		15	7		36	13		65	1
屯昌县	150	1	16	3		32	13	4	75	1
澄迈县	212	1	19	3		62	21	2	99	4
临高县	194		25	4		32	14	2	111	1
白沙黎族自治县	196		21			42	29		98	2
昌江黎族自治县	60		7	2		22	6	2	20	1
乐东黎族自治县	376		81	18		84	27	3	152	4
陵水黎族自治县	255		21	6		47	21	7	144	2
保亭黎族苗族自治县	176		24	6		25	19	1	91	9
琼中黎族苗族自治县	180		19	8		32	26	2	89	
男	**2994**	**5**	**856**	**164**	**12**	**385**	**250**	**68**	**1070**	**92**
海南	**2994**	**5**	**856**	**164**	**12**	**385**	**250**	**68**	**1070**	**92**
海口市	**547**		**188**	**16**	**7**	**49**	**48**	**17**	**175**	**12**
秀英区	120		41	1		9	11	2	28	
龙华区	65		17	4		4	4	2	31	3
琼山区	193		71	9	7	18	22	3	54	6
美兰区	169		59	2		18	11	10	62	3
三亚市	**381**		**126**	**8**	**2**	**37**	**41**	**18**	**116**	**22**
海棠区	84		51			9	6	7	6	2
吉阳区	111		42	3	1	4	15		40	5
天涯区	119		20	4	1	16	8	4	45	15
崖州区	67		13	1		8	12	7	25	
三沙市										
儋州市	**304**	**2**	**95**	**8**	**3**	**40**	**22**	**6**	**117**	**6**

4−6c 续表 3

单位：人

地区 性别	专业技术人员 小计	科学研究人员	工程技术人员	农业技术人员	飞机和船舶技术人员	卫生专业技术人员	经济和金融专业人员	法律、社会和宗教专业人员	教学人员	文学艺术、体育专业人员
五指山市	36		13	3		4	2		9	
琼海市	201		60	4		30	14	2	86	5
文昌市	124		32	8		13	19	1	44	5
万宁市	221		69	5		36	16	3	68	20
东方市	182	1	42	64		20	12	1	35	3
定安县	83		14	6		11	8		38	1
屯昌县	79	1	16	3		13	5	4	32	1
澄迈县	107	1	19	3		24	11	1	45	2
临高县	107		23	4		13	4	2	57	
白沙黎族自治县	90		21			17	15		33	2
昌江黎族自治县	38		7	2		10	2	2	14	1
乐东黎族自治县	192		73	15		31	6	3	58	2
陵水黎族自治县	127		21	4		15	5	5	71	2
保亭黎族苗族自治县	93		21	5		10	10	1	37	8
琼中黎族苗族自治县	82		16	6		12	10	2	35	
女	**2960**	**5**	**79**	**60**	**1**	**682**	**462**	**31**	**1561**	**29**
海南	**2960**	**5**	**79**	**60**	**1**	**682**	**462**	**31**	**1561**	**29**
海口市	**682**	**3**	**32**	**4**		**128**	**142**	**11**	**338**	**7**
秀英区	118		10	1		25	22		47	2
龙华区	60		3	1		14	12	1	28	1
琼山区	223	1	9	2		50	52	3	104	1
美兰区	281	2	10			39	56	7	159	3
三亚市	**381**		**13**	**1**	**1**	**72**	**100**	**12**	**172**	**5**
海棠区	49		3			8	23	2	13	
吉阳区	86		5	1		1	28	2	46	2
天涯区	134		3		1	48	21	2	53	3
崖州区	112		2			15	28	6	60	
三沙市										
儋州市	**231**	**1**	**7**	**7**		**50**	**21**	**1**	**138**	**1**
五指山市	16					5	3	1	6	
琼海市	244		1	1		59	19	1	158	2
文昌市	114	1		1		19	26	1	61	3
万宁市	207		5	3		54	21		117	4
东方市	141		4	34		37	17	1	47	1
定安县	60		1	1		25	5		27	
屯昌县	71					19	8		43	
澄迈县	105					38	10	1	54	2
临高县	87		2			19	10		54	1
白沙黎族自治县	106					25	14		65	
昌江黎族自治县	22					12	4		6	
乐东黎族自治县	184		8	3		53	21		94	2
陵水黎族自治县	128			2		32	16	2	73	
保亭黎族苗族自治县	83		3	1		15	9		54	1
琼中黎族苗族自治县	98		3	2		20	16		54	

4-6c　续表 4　　　　单位：人

地区 性别	专业技术人员		办事人员和有关人员				社会生产服务和生活服务人员		
	新闻出版、文化专业人员	其他专业技术人员	小计	办事人员	安全和消防人员	其他办事人员和有关人员	小计	批发与零售服务人员	交通运输、仓储和邮政业服务人员
全省	**59**	**83**	**4600**	**3526**	**967**	**107**	**39022**	**12536**	**5635**
海口市	**13**	**39**	**930**	**734**	**168**	**28**	**7482**	**2267**	**1425**
秀英区	1	38	264	211	51	2	2213	655	461
龙华区			75	67	8		1115	296	250
琼山区	4		228	165	61	2	2222	661	440
美兰区	8	1	363	291	48	24	1932	655	274
三亚市	**13**	**3**	**631**	**493**	**132**	**6**	**4871**	**1297**	**573**
海棠区	3		127	98	28	1	957	187	76
吉阳区	2		118	101	17		1680	447	199
天涯区	6	3	214	152	57	5	1579	440	234
崖州区	2		172	142	30		655	223	64
三沙市									
儋州市	**6**	**4**	**338**	**302**	**29**	**7**	**3243**	**1016**	**480**
五指山市		6	66	42	23	1	325	69	23
琼海市	2	1	262	185	74	3	2927	1047	414
文昌市	3	1	195	143	49	3	1977	668	322
万宁市	5	2	286	202	76	8	3433	1322	497
东方市		4	221	188	29	4	1614	503	182
定安县	1	5	142	90	33	19	1648	466	186
屯昌县	2	3	78	62	10	6	908	256	157
澄迈县	1		113	102	10	1	1363	442	206
临高县	2	3	175	111	61	3	1758	457	227
白沙黎族自治县	1	3	201	170	27	4	985	324	119
昌江黎族自治县			111	72	39		612	193	116
乐东黎族自治县	2	5	277	170	100	7	2456	998	402
陵水黎族自治县	5	2	300	218	77	5	1847	643	109
保亭黎族苗族自治县	1		133	122	9	2	826	311	106
琼中黎族苗族自治县	2	2	141	120	21		747	257	91
男	**31**	**61**	**3339**	**2328**	**938**	**73**	**21704**	**6028**	**4992**
海南	**31**	**61**	**3339**	**2328**	**938**	**73**	**21704**	**6028**	**4992**
海口市	**7**	**28**	**619**	**442**	**163**	**14**	**4216**	**1027**	**1271**
秀英区	1	27	181	129	51	1	1281	296	426
龙华区			47	40	7		638	142	222
琼山区	3		154	93	59	2	1293	315	391
美兰区	3	1	237	180	46	11	1004	274	232
三亚市	**9**	**2**	**437**	**304**	**129**	**4**	**2609**	**550**	**488**
海棠区	3		97	69	28		517	78	62
吉阳区	1		72	55	17		904	173	176
天涯区	4	2	153	94	55	4	826	198	191
崖州区	1		115	86	29		362	101	59
三沙市									
儋州市	**2**	**3**	**264**	**230**	**29**	**5**	**1677**	**448**	**412**

4－6c 续表 5

单位：人

地区 性别	专业技术人员		办事人员和有关人员				社会生产服务和生活服务人员		
	新闻出版、文化专业人员	其他专业技术人员	小计	办事人员	安全和消防人员	其他办事人员和有关人员	小计	批发与零售服务人员	交通运输、仓储和邮政业服务人员
五指山市		5	53	31	22		163	22	21
琼海市			161	92	67	2	1702	564	389
文昌市	1	1	142	91	48	3	1141	365	300
万宁市	2	2	217	139	72	6	2060	688	441
东方市		4	169	138	28	3	854	213	165
定安县	1	4	111	61	33	17	996	259	172
屯昌县	1	3	51	38	10	3	573	147	147
澄迈县	1		94	83	10	1	809	229	179
临高县	1	3	154	92	61	1	963	224	212
白沙黎族自治县		2	142	111	27	4	513	144	113
昌江黎族自治县			86	47	39		331	92	110
乐东黎族自治县	2	2	229	125	100	4	1309	488	300
陵水黎族自治县	3	1	233	157	72	4	901	306	94
保亭黎族苗族自治县	1		88	77	9	2	448	133	94
琼中黎族苗族自治县		1	89	70	19		439	129	84
女	**28**	**22**	**1261**	**1198**	**29**	**34**	**17318**	**6508**	**643**
海南	**28**	**22**	**1261**	**1198**	**29**	**34**	**17318**	**6508**	**643**
海口市	**6**	**11**	**311**	**292**	**5**	**14**	**3266**	**1240**	**154**
秀英区		11	83	82		1	932	359	35
龙华区			28	27	1		477	154	28
琼山区	1		74	72	2		929	346	49
美兰区	5		126	111	2	13	928	381	42
三亚市	**4**	**1**	**194**	**189**	**3**	**2**	**2262**	**747**	**85**
海棠区			30	29		1	440	109	14
吉阳区	1		46	46			776	274	23
天涯区	2	1	61	58	2	1	753	242	43
崖州区	1		57	56	1		293	122	5
三沙市									
儋州市	**4**	**1**	**74**	**72**		**2**	**1566**	**568**	**68**
五指山市		1	13	11	1	1	162	47	2
琼海市	2	1	101	93	7	1	1225	483	25
文昌市	2		53	52	1		836	303	22
万宁市	3		69	63	4	2	1373	634	56
东方市			52	50	1	1	760	290	17
定安县		1	31	29		2	652	207	14
屯昌县	1		27	24		3	335	109	10
澄迈县			19	19			554	213	27
临高县	1		21	19		2	795	233	15
白沙黎族自治县	1	1	59	59			472	180	6
昌江黎族自治县			25	25			281	101	6
乐东黎族自治县		3	48	45		3	1147	510	102
陵水黎族自治县	2	1	67	61	5	1	946	337	15
保亭黎族苗族自治县			45	45			378	178	12
琼中黎族苗族自治县	2	1	52	50	2		308	128	7

4-6c　续表 6　　　　单位：人

地　区 性　别	社会生产服务和生活服务人员								
	住宿和餐饮服务人　员	信息传输、软件和信息技术服务人　员	金融服务人　　员	房地产服务人员	租赁和商务服务人　员	技术辅助服务人员	水利、环境和公共设施管理服务人员	居民服务人　　员	电力、燃气及水供应服务人　员
全省	**9089**	**246**	**246**	**518**	**1699**	**317**	**3934**	**2706**	**412**
海口市	**1351**	**67**	**56**	**99**	**339**	**83**	**897**	**483**	**67**
秀英区	384	13	15	20	101	17	256	177	18
龙华区	182	6	4	20	67	13	207	31	2
琼山区	415	21	20	26	55	31	228	180	12
美兰区	370	27	17	33	116	22	206	95	35
三亚市	**1350**	**21**	**24**	**122**	**365**	**40**	**710**	**134**	**29**
海棠区	408	4	2	15	57	6	139	10	8
吉阳区	435	4	11	38	143	16	250	52	3
天涯区	359	4	8	58	116	13	221	55	12
崖州区	148	9	3	11	49	5	100	17	6
三沙市									
儋州市	**653**	**20**	**22**	**79**	**153**	**23**	**369**	**274**	**36**
五指山市	91		2	1	17	2	88	10	5
琼海市	720	22	19	39	82	32	223	131	26
文昌市	601	8	12	18	46	9	119	86	25
万宁市	888	15	22	42	78	20	189	151	45
东方市	340	8	13	10	178	26	165	99	30
定安县	405	12	5	6	38	7	72	388	11
屯昌县	287	4	1	3	41	4	31	56	10
澄迈县	402	5	13	10	59	7	104	50	17
临高县	396	7	6	10	9	5	89	478	27
白沙黎族自治县	249	11	17	5	42	3	101	56	5
昌江黎族自治县	137	1	1	5	9		79	31	15
乐东黎族自治县	560	11	15	21	24	7	186	101	31
陵水黎族自治县	338	20	7	36	74	33	366	138	14
保亭黎族苗族自治县	130	5	6	11	96	8	96	8	9
琼中黎族苗族自治县	191	9	5	1	49	8	50	32	10
男	**4092**	**169**	**143**	**316**	**1410**	**228**	**1245**	**1293**	**381**
海南	**4092**	**169**	**143**	**316**	**1410**	**228**	**1245**	**1293**	**381**
海口市	**626**	**48**	**28**	**66**	**281**	**61**	**199**	**251**	**65**
秀英区	181	11	6	12	87	12	57	93	18
龙华区	73	5	2	12	61	10	70	8	2
琼山区	201	15	11	20	46	26	47	99	10
美兰区	171	17	9	22	87	13	25	51	35
三亚市	**643**	**16**	**13**	**62**	**300**	**29**	**265**	**47**	**26**
海棠区	224	2	1	6	53	5	42	3	7
吉阳区	213	3	6	26	120	12	89	15	3
天涯区	135	3	5	28	81	8	95	21	11
崖州区	71	8	1	2	46	4	39	8	5
三沙市									
儋州市	**252**	**12**	**13**	**54**	**144**	**18**	**88**	**107**	**34**

4-6c 续表 7 单位：人

地区 性别	社会生产服务和生活服务人员								
	住宿和餐饮服务人员	信息传输、软件和信息技术服务人员	金融服务人员	房地产服务人员	租赁和商务服务人员	技术辅助服务人员	水利、环境和公共设施管理服务人员	居民服务人员	电力、燃气及水供应服务人员
五指山市	40		2	1	14	1	37	5	5
琼海市	340	14	8	24	64	18	54	53	23
文昌市	262	6	9	9	35	8	37	34	22
万宁市	462	12	16	26	73	14	70	75	38
东方市	131	7	8	8	117	24	57	43	29
定安县	202	7	3	6	31	4	26	231	11
屯昌县	145	3		1	40	2	12	15	9
澄迈县	209	3	10	7	55	6	32	21	15
临高县	155	5	3	9	8	5	24	250	26
白沙黎族自治县	87	6	10	4	41	3	42	18	5
昌江黎族自治县	44	1	1	2	8		30	11	15
乐东黎族自治县	227	6	10	10	18	4	81	54	29
陵水黎族自治县	131	15	3	20	64	22	120	65	12
保亭黎族苗族自治县	43	4	1	7	72	6	47	4	9
琼中黎族苗族自治县	93	4	5		45	3	24	9	8
女	**4997**	**77**	**103**	**202**	**289**	**89**	**2689**	**1413**	**31**
海南	**4997**	**77**	**103**	**202**	**289**	**89**	**2689**	**1413**	**31**
海口市	**725**	**19**	**28**	**33**	**58**	**22**	**698**	**232**	**2**
秀英区	203	2	9	8	14	5	199	84	
龙华区	109	1	2	8	6	3	137	23	
琼山区	214	6	9	6	9	5	181	81	2
美兰区	199	10	8	11	29	9	181	44	
三亚市	**707**	**5**	**11**	**60**	**65**	**11**	**445**	**87**	**3**
海棠区	184	2	1	9	4	1	97	7	1
吉阳区	222	1	5	12	23	4	161	37	
天涯区	224	1	3	30	35	5	126	34	1
崖州区	77	1	2	9	3	1	61	9	1
三沙市									
儋州市	**401**	**8**	**9**	**25**	**9**	**5**	**281**	**167**	**2**
五指山市	51				3	1	51	5	
琼海市	380	8	11	15	18	14	169	78	3
文昌市	339	2	3	9	11	1	82	52	3
万宁市	426	3	6	16	5	6	119	76	7
东方市	209	1	5	2	61	2	108	56	1
定安县	203	5	2		7	3	46	157	
屯昌县	142	1	1	2	1	2	19	41	1
澄迈县	193	2	3	3	4	1	72	29	2
临高县	241	2	3	1	1		65	228	1
白沙黎族自治县	162	5	7	1	1		59	38	
昌江黎族自治县	93			3	1		49	20	
乐东黎族自治县	333	5	5	11	6	3	105	47	2
陵水黎族自治县	207	5	4	16	10	11	246	73	2
保亭黎族苗族自治县	87	1	5	4	24	2	49	4	
琼中黎族苗族自治县	98	5		1	4	5	26	23	2

4-6c 续表 8 单位：人

地区 性别	社会生产服务和生活服务人员				农、林、牧、渔业生产及辅助人员				
	修理及制作服务人员	文化、体育和娱乐服务人员	健康服务人员	其他社会生产和生活服务人员	小计	农业生产人员	林业生产人员	畜牧业生产人员	渔业生产人员
全省	**1271**	**298**	**59**	**56**	**97341**	**77264**	**10815**	**4161**	**3688**
海口市	**295**	**35**	**7**	**11**	**7933**	**6949**	**123**	**607**	**221**
秀英区	84	8	2	2	2170	2050	5	95	12
龙华区	32	5			1111	885	17	199	7
琼山区	103	18	4	8	3393	3101	44	206	24
美兰区	76	4	1	1	1259	913	57	107	178
三亚市	**121**	**82**	**3**		**4856**	**4503**	**117**	**123**	**49**
海棠区	25	20			212	181		14	11
吉阳区	47	35			647	602	8	22	5
天涯区	36	22	1		2619	2410	99	62	24
崖州区	13	5	2		1378	1310	10	25	9
三沙市									
儋州市	**92**	**17**	**8**	**1**	**10346**	**8909**	**240**	**384**	**718**
五指山市	15	2			1669	1021	587	46	5
琼海市	140	13	7	12	7517	5603	1002	266	571
文昌市	50	7	2	4	5789	4220	46	677	793
万宁市	129	26	2	7	6962	5141	307	252	668
东方市	38	21	1		5734	5249	106	212	82
定安县	40	7	1	4	4775	3995	325	407	21
屯昌县	45	7	4	2	2968	2225	558	163	5
澄迈县	40	8			4724	2734	1599	260	125
临高县	42	3		2	5665	4337	1014	120	174
白沙黎族自治县	38	10	4	1	3460	507	2770	143	33
昌江黎族自治县	14	10		1	3305	3029	112	84	34
乐东黎族自治县	83	7	5	5	9395	8504	376	164	116
陵水黎族自治县	36	26	5	2	4445	4161	148	54	49
保亭黎族苗族自治县	23	9	7	1	3569	3242	270	40	12
琼中黎族苗族自治县	30	8	3	3	4229	2935	1115	159	12
男	**1153**	**184**	**30**	**40**	**55775**	**42875**	**6763**	**2602**	**2735**
海南	**1153**	**184**	**30**	**40**	**55775**	**42875**	**6763**	**2602**	**2735**
海口市	**264**	**19**	**3**	**7**	**4335**	**3704**	**68**	**384**	**163**
秀英区	74	6	1	1	1163	1077	4	65	10
龙华区	28	3			613	474	9	124	4
琼山区	96	9	1	6	1864	1688	22	131	19
美兰区	66	1	1		695	465	33	64	130
三亚市	**109**	**58**	**3**		**2887**	**2662**	**75**	**75**	**39**
海棠区	23	11			130	107		8	10
吉阳区	39	29			376	347	7	13	4
天涯区	35	14	1		1559	1425	61	38	18
崖州区	12	4	2		822	783	7	16	7
三沙市									
儋州市	**82**	**9**	**4**		**5654**	**4754**	**149**	**245**	**454**

4-6c 续表 9

单位：人

地区 性别	社会生产服务和生活服务人员				农、林、牧、渔业生产及辅助人员				
	修理及制作服务人员	文化、体育和娱乐服务人员	健康服务人员	其他社会生产和生活服务人员	小计	农业生产人员	林业生产人员	畜牧业生产人员	渔业生产人员
五指山市	15				940	554	347	29	4
琼海市	128	9	2	12	4195	2922	613	163	449
文昌市	45	7		2	3207	2138	28	438	575
万宁市	121	17	2	5	4049	2816	199	166	559
东方市	35	16	1		3205	2887	87	123	59
定安县	37	5		2	2746	2265	198	253	16
屯昌县	43	5	2	2	1731	1275	337	104	3
澄迈县	39	4			2890	1604	1026	168	87
临高县	38	3		1	3106	2267	619	66	147
白沙黎族自治县	34	2	4		2063	274	1680	82	22
昌江黎族自治县	14	2		1	1866	1682	75	55	25
乐东黎族自治县	74	3	1	4	5444	4859	253	108	76
陵水黎族自治县	30	14	3	2	2682	2465	120	33	41
保亭黎族苗族自治县	19	6	3		2148	1933	180	22	8
琼中黎族苗族自治县	26	5	2	2	2627	1814	709	88	8
女	**118**	**114**	**29**	**16**	**41566**	**34389**	**4052**	**1559**	**953**
海南	**118**	**114**	**29**	**16**	**41566**	**34389**	**4052**	**1559**	**953**
海口市	**31**	**16**	**4**	**4**	**3598**	**3245**	**55**	**223**	**58**
秀英区	10	2	1	1	1007	973	1	30	2
龙华区	4	2			498	411	8	75	3
琼山区	7	9	3	2	1529	1413	22	75	5
美兰区	10	3		1	564	448	24	43	48
三亚市	**12**	**24**			**1969**	**1841**	**42**	**48**	**10**
海棠区	2	9			82	74		6	1
吉阳区	8	6			271	255	1	9	1
天涯区	1	8			1060	985	38	24	6
崖州区	1	1			556	527	3	9	2
三沙市									
儋州市	**10**	**8**	**4**	**1**	**4692**	**4155**	**91**	**139**	**264**
五指山市		2			729	467	240	17	1
琼海市	12	4	5		3322	2681	389	103	122
文昌市	5		2	2	2582	2082	18	239	218
万宁市	8	9		2	2913	2325	108	86	109
东方市	3	5			2529	2362	19	89	23
定安县	3	2	1	2	2029	1730	127	154	5
屯昌县	2	2	2		1237	950	221	59	2
澄迈县	1	4			1834	1130	573	92	38
临高县	4			1	2559	2070	395	54	27
白沙黎族自治县	4	8		1	1397	233	1090	61	11
昌江黎族自治县		8			1439	1347	37	29	9
乐东黎族自治县	9	4	4	1	3951	3645	123	56	40
陵水黎族自治县	6	12	2		1763	1696	28	21	8
保亭黎族苗族自治县	4	3	4	1	1421	1309	90	18	4
琼中黎族苗族自治县	4	3	1	1	1602	1121	406	71	4

4-6c　续表 10　　　　单位：人

地　区 性　别	农林牧渔生产辅助人员	其他农、林、牧、渔业生产加工人员	生产制造及有关人员 小计	农副产品加工人员	食品、饮料生产加工人员	烟草及其制品加工人员	纺织、针织、印染人员	纺织品、服装和皮革、毛皮制品加工制作人员	木材加工、家具与木制品制作人员
全省	**876**	**537**	**21295**	**768**	**461**	**7**	**29**	**272**	**635**
海口市	**27**	**6**	**3961**	**46**	**107**	**2**		**134**	**166**
秀英区	4	4	1104	16	38			7	26
龙华区	3		680	8	6			24	56
琼山区	17	1	1091	7	23	1		100	42
美兰区	3	1	1086	15	40	1		3	42
三亚市	**60**	**4**	**1724**	**30**	**18**		**1**	**15**	**35**
海棠区	3	3	391	5	7			1	6
吉阳区	10		502	5	6			11	10
天涯区	23	1	519	1	3		1	3	18
崖州区	24		312	19	2				1
三沙市									
儋州市	**86**	**9**	**3670**	**49**	**25**	**4**	**4**	**21**	**63**
五指山市	10		219	2	15		6	2	
琼海市	73	2	1135	91	31		1	14	33
文昌市	43	10	1306	160	63		2	11	46
万宁市	147	447	1758	157	22		3	11	94
东方市	85		1142	24	9	1		6	30
定安县	21	6	738	64	32			3	8
屯昌县	9	8	695	31	21			3	35
澄迈县	5	1	651	40	27			7	8
临高县	19	1	947	15	15		8	10	13
白沙黎族自治县	6	1	574	9	22			2	34
昌江黎族自治县	46		502	2	3			6	9
乐东黎族自治县	194	41	1130	18	19		3	8	32
陵水黎族自治县	32	1	666	16	7			13	5
保亭黎族苗族自治县	5		230	7	7				8
琼中黎族苗族自治县	8		247	7	18		1	6	16
男	**534**	**266**	**16505**	**423**	**295**	**1**	**7**	**113**	**507**
海南	**534**	**266**	**16505**	**423**	**295**	**1**	**7**	**113**	**507**
海口市	**13**	**3**	**3083**	**27**	**67**			**48**	**133**
秀英区	4	3	848	9	16			3	17
龙华区	2		538	5	6			8	44
琼山区	4		835	3	18			36	38
美兰区	3		862	10	27			1	34
三亚市	**33**	**3**	**1429**	**22**	**9**			**6**	**31**
海棠区	2	3	325	4	3				6
吉阳区	5		402	4	3			4	8
天涯区	17		463		3			2	17
崖州区	9		239	14					
三沙市									
儋州市	**49**	**3**	**2792**	**29**	**17**		**2**	**11**	**46**

4-6c 续表 11　　　　单位：人

地区 性别	农林牧渔生产辅助人员	其他农、林、牧、渔业生产加工人员	生产制造及有关人员 小计	农副产品加工人员	食品、饮料生产加工人员	烟草及其制品加工人员	纺织、针织、印染人员	纺织品、服装和皮革、毛皮制品加工制作人员	木材加工、家具与木制品制作人员
五指山市	6		182	1	11			2	
琼海市	47	1	910	44	21			5	27
文昌市	22	6	917	83	45		1	5	41
万宁市	94	215	1323	76	12		2	5	78
东方市	49		856	13	4	1		4	25
定安县	11	3	603	32	24			2	7
屯昌县	7	5	551	23	11			1	24
澄迈县	4	1	555	26	21			4	5
临高县	6	1	731	12	7			4	12
白沙黎族自治县	4	1	478	4	17			1	20
昌江黎族自治县	29		448	1	2			4	5
乐东黎族自治县	125	23	753	11	10		1	4	28
陵水黎族自治县	22	1	500	9	3			4	5
保亭黎族苗族自治县	5		195	4	3				8
琼中黎族苗族自治县	8		199	6	11		1	3	12
女	**342**	**271**	**4790**	**345**	**166**	**6**	**22**	**159**	**128**
海南	**342**	**271**	**4790**	**345**	**166**	**6**	**22**	**159**	**128**
海口市	**14**	**3**	**878**	**19**	**40**	**2**		**86**	**33**
秀英区		1	256	7	22			4	9
龙华区	1		142	3				16	12
琼山区	13	1	256	4	5	1		64	4
美兰区		1	224	5	13	1		2	8
三亚市	**27**	**1**	**295**	**8**	**9**		**1**	**9**	**4**
海棠区	1		66	1	4			1	
吉阳区	5		100	1	3			7	2
天涯区	6	1	56	1			1	1	1
崖州区	15		73	5	2				1
三沙市									
儋州市	**37**	**6**	**878**	**20**	**8**	**4**	**2**	**10**	**17**
五指山市	4		37	1	4		6		
琼海市	26	1	225	47	10		1	9	6
文昌市	21	4	389	77	18		1	6	5
万宁市	53	232	435	81	10		1	6	16
东方市	36		286	11	5			2	5
定安县	10	3	135	32	8			1	1
屯昌县	2	3	144	8	10			2	11
澄迈县	1		96	14	6			3	3
临高县	13		216	3	8		8	6	1
白沙黎族自治县	2		96	5	5			1	14
昌江黎族自治县	17		54	1	1			2	4
乐东黎族自治县	69	18	377	7	9		2	4	4
陵水黎族自治县	10		166	7	4			9	
保亭黎族苗族自治县			35	3	4				
琼中黎族苗族自治县			48	1	7			3	4

4-6c 续表 12 单位：人

地 区 性 别	生产制造及有关人员								
	纸及纸制品生产加工人员	印刷和记录媒介复制人员	文教、工美、体育和娱乐用品制造人员	石油加工和炼焦、煤化工生产人员	化学原料和化学制品制造人员	医药制造人员	化学纤维制造人员	橡胶和塑料制品制造人员	非金属矿物制品制造人员
全省	**50**	**41**	**151**	**28**	**177**	**54**	**1**	**388**	**412**
海口市	**9**	**14**	**31**	**2**	**16**	**26**		**16**	**88**
秀英区	6	4	27	1	2	14		6	35
龙华区		1			8	1			12
琼山区	1	3	1	1	6	3		9	30
美兰区	2	6	3			8		1	11
三亚市			**9**		**4**	**3**		**11**	**43**
海棠区									32
吉阳区			1		1				4
天涯区			8		2	1		5	4
崖州区					1	2		6	3
三沙市									
儋州市	**21**	**5**	**28**	**1**	**28**	**2**	**1**	**36**	**40**
五指山市			1					2	6
琼海市	11	4	9		3	3		25	64
文昌市	2	2	26		2	2		10	24
万宁市	2	2	4		3	1		156	17
东方市		1	15	1	2	1		3	12
定安县		2	2			2		18	3
屯昌县			2		94	2		26	26
澄迈县	1		4	24	4	3		8	7
临高县	3	3	9		2	4		2	17
白沙黎族自治县		1	5		5	1		7	13
昌江黎族自治县		1	4		1			12	27
乐东黎族自治县	1	4			9	2		42	5
陵水黎族自治县			2		3				8
保亭黎族苗族自治县						1		1	5
琼中黎族苗族自治县		2			1	1		13	7
男	**35**	**33**	**90**	**27**	**127**	**29**	**1**	**241**	**302**
海南	**35**	**33**	**90**	**27**	**127**	**29**	**1**	**241**	**302**
海口市	**3**	**9**	**16**	**2**	**14**	**9**		**6**	**58**
秀英区	2	3	13	1	2	5		1	22
龙华区		1			6				5
琼山区		2		1	6	1		5	24
美兰区	1	3	3			3			7
三亚市			**8**		**4**	**3**		**7**	**39**
海棠区									29
吉阳区			1		1				4
天涯区			7		2	1		3	3
崖州区					1	2		4	3
三沙市									
儋州市	**17**	**5**	**19**	**1**	**24**	**2**	**1**	**26**	**21**

4−6c 续表 13

单位：人

地区 性别	生产制造及有关人员								
	纸及纸制品生产加工人员	印刷和记录媒介复制人员	文教、工美、体育和娱乐用品制造人员	石油加工和炼焦、煤化工生产人员	化学原料和化学制品制造人员	医药制造人员	化学纤维制造人员	橡胶和塑料制品制造人员	非金属矿物制品制造人员
五指山市			1					2	5
琼海市	8	3	5		1	1		17	51
文昌市	1	1	12		1	1		6	17
万宁市	2	2	2		3	1		91	12
东方市		1	5	1	2			2	10
定安县		1	2			2		10	3
屯昌县			2		56	1		11	22
澄迈县	1		2	23	4	2		5	4
临高县	2	3	8		2	4		1	12
白沙黎族自治县		1	3		3	1		6	10
昌江黎族自治县		1	3		1			9	20
乐东黎族自治县	1	4			9	2		31	4
陵水黎族自治县			2		3				5
保亭黎族苗族自治县								1	5
琼中黎族苗族自治县		2						10	4
女	**15**	**8**	**61**	**1**	**50**	**25**		**147**	**110**
海南	**15**	**8**	**61**	**1**	**50**	**25**		**147**	**110**
海口市	**6**	**5**	**15**		**2**	**17**		**10**	**30**
秀英区	4	1	14			9		5	13
龙华区					2	1			7
琼山区	1	1	1			2		4	6
美兰区	1	3				5		1	4
三亚市			**1**					**4**	**4**
海棠区									3
吉阳区									
天涯区			1					2	1
崖州区								2	
三沙市									
儋州市	**4**		**9**		**4**			**10**	**19**
五指山市									1
琼海市	3	1	4		2	2		8	13
文昌市	1	1	14		1	1		4	7
万宁市			2					65	5
东方市			10			1		1	2
定安县		1						8	
屯昌县					38	1		15	4
澄迈县			2	1		1		3	3
临高县	1		1					1	5
白沙黎族自治县			2		2			1	3
昌江黎族自治县			1					3	7
乐东黎族自治县								11	1
陵水黎族自治县									3
保亭黎族苗族自治县						1			
琼中黎族苗族自治县					1	1		3	3

4-6c　续表 14　　　　单位：人

地区 性别	生产制造及有关人员								
	采矿人员	金属冶炼和压延加工人员	机械制造基础加工人员	金属制品制造人员	通用设备制造人员	专用设备制造人员	汽车制造人员	铁路、船舶、航空设备制造人员	电气机械和器材制造人员
全省	**97**	**29**	**333**	**284**	**60**	**31**	**18**	**8**	**32**
海口市	**4**	**6**	**59**	**78**	**5**	**26**	**12**	**1**	**19**
秀英区	1	2	8	24	1	24	5		15
龙华区		4	11	16	2	1	1		2
琼山区	1		28	15	2		1	1	2
美兰区	2		12	23		1	5		
三亚市	**4**	**1**	**27**	**27**	**4**	**3**			
海棠区		1	1		1				
吉阳区	4		8	12					
天涯区			16	12	3	2			
崖州区			2	3		1			
三沙市									
儋州市	**3**		**43**	**29**	**20**	**2**		**4**	**1**
五指山市			4	1	1				1
琼海市	3	6	16	30	3		1		1
文昌市	44	3	16	5	3		1	1	1
万宁市	2		12	25	5		1		2
东方市	3	1	34	20	4				1
定安县			17	8	2		1		
屯昌县	3		8	9	2				2
澄迈县	5		14	10	3				
临高县	4	1	25	21	1			2	2
白沙黎族自治县		1	7	4	2		1		
昌江黎族自治县	17	8	22	3	1				
乐东黎族自治县	4		13	10	3				1
陵水黎族自治县	1	2	7	2			1		
保亭黎族苗族自治县			5		1				
琼中黎族苗族自治县			4	2					1
男	**77**	**27**	**313**	**234**	**53**	**30**	**15**	**6**	**25**
海南	**77**	**27**	**313**	**234**	**53**	**30**	**15**	**6**	**25**
海口市	**4**	**5**	**53**	**65**	**3**	**25**	**9**		**14**
秀英区	1	1	8	22	1	24	4		11
龙华区		4	10	11		1	1		1
琼山区	1		23	13	2		1		2
美兰区	2		12	19			3		
三亚市	**4**	**1**	**26**	**20**	**4**	**3**			
海棠区		1			1				
吉阳区	4		8	8					
天涯区			16	10	3	2			
崖州区			2	2		1			
三沙市									
儋州市	**3**		**39**	**22**	**16**	**2**		**3**	**1**

4-6c 续表 15　　　　单位：人

地　区 性　别	生产制造及有关人员								
	采矿人员	金属冶炼和压延加工人员	机械制造基础加工人员	金属制品制造人员	通用设备制造人员	专用设备制造人员	汽车制造人员	铁路、船舶、航空设备制造人员	电气机械和器材制造人员
五指山市			2	1	1				
琼海市	3	6	15	26	3		1		1
文昌市	26	3	14	5	3		1	1	1
万宁市	2		12	20	5		1		2
东方市	3	1	34	16	4				1
定安县			16	7	2		1		
屯昌县	3		8	9	2				2
澄迈县	4		14	10	2				
临高县	4	1	25	16	1			2	2
白沙黎族自治县		1	7	2	2		1		
昌江黎族自治县	16	8	20	3	1				
乐东黎族自治县	4		13	8	3				1
陵水黎族自治县	1	1	7	2			1		
保亭黎族苗族自治县			4		1				
琼中黎族苗族自治县			4	2					
女	**20**	**2**	**20**	**50**	**7**	**1**	**3**	**2**	**7**
海南	**20**	**2**	**20**	**50**	**7**	**1**	**3**	**2**	**7**
海口市		**1**	**6**	**13**	**2**	**1**	**3**	**1**	**5**
秀英区		1		2			1		4
龙华区			1	5	2				1
琼山区			5	2				1	
美兰区				4		1	2		
三亚市			**1**	**7**					
海棠区			1						
吉阳区				4					
天涯区				2					
崖州区				1					
三沙市									
儋州市			**4**	**7**	**4**			**1**	
五指山市			2						1
琼海市			1	4					
文昌市	18		2						
万宁市				5					
东方市				4					
定安县			1	1					
屯昌县									
澄迈县	1				1				
临高县				5					
白沙黎族自治县				2					
昌江黎族自治县	1		2						
乐东黎族自治县				2					
陵水黎族自治县		1							
保亭黎族苗族自治县			1						
琼中黎族苗族自治县									1

4−6c 续表 16 单位：人

地区 性别	生产制造及有关人员								不便分类的其他从业人员
	计算机、通信和其他电子设备制造人员	仪器仪表制造人员	废弃资源综合利用人员	电力、热力、气体、水生产和输配人员	建筑施工人员	运输设备和通用工程机械操作人员及有关人员	生产辅助人员	其他生产制造及有关人员	
全省	**241**	**5**	**8**	**76**	**13615**	**782**	**2118**	**84**	**1063**
海口市	**27**	**1**	**2**	**8**	**2444**	**186**	**415**	**11**	**279**
秀英区	6		1	1	660	37	131	6	88
龙华区	3			2	434	18	70		1
琼山区	13		1	2	629	67	97	5	8
美兰区	5	1		3	721	64	117		182
三亚市	**8**			**21**	**1149**	**74**	**236**	**1**	**17**
海棠区				4	286	19	28		
吉阳区	3			5	341	16	75		2
天涯区	4			6	338	26	65	1	15
崖州区	1			6	184	13	68		
三沙市									
儋州市	**44**			**3**	**2933**	**79**	**137**	**44**	**129**
五指山市	8				153	9	8		15
琼海市	10	1			643	59	71	2	4
文昌市	5				768	30	75	4	41
万宁市	7		1		1033	68	129	1	148
东方市	16			2	649	32	271	4	7
定安县	3			2	514	24	26	7	1
屯昌县	13			2	327	32	54	3	3
澄迈县	5	1		6	399	25	50		
临高县	20				681	25	64		178
白沙黎族自治县	36			2	362	24	36		4
昌江黎族自治县	7		1		289	18	70	1	4
乐东黎族自治县	16	2		2	522	31	377	6	126
陵水黎族自治县	12		1	3	511	27	45		107
保亭黎族苗族自治县			3	21	133	17	21		
琼中黎族苗族自治县	4			4	105	22	33		
男	**170**	**5**	**5**	**72**	**11111**	**750**	**1343**	**38**	**638**
海南	**170**	**5**	**5**	**72**	**11111**	**750**	**1343**	**38**	**638**
海口市	**14**	**1**		**8**	**2020**	**173**	**288**	**9**	**164**
秀英区	2			1	540	36	99	4	54
龙华区	3			2	371	17	42		
琼山区	6			2	514	66	66	5	4
美兰区	3	1		3	595	54	81		106
三亚市	**7**			**21**	**979**	**67**	**168**		**7**
海棠区				4	236	15	26		
吉阳区	3			5	286	16	47		1
天涯区	3			6	306	26	53		6
崖州区	1			6	151	10	42		
三沙市									
儋州市	**30**			**3**	**2261**	**76**	**106**	**9**	**74**

4-6c 续表 17　　单位：人

地区 性别	生产制造及有关人员								不便分类的其他从业人员
	计算机、通信和其他电子设备制造人员	仪器仪表制造人员	废弃资源综合利用人员	电力、热力、气体、水生产和输配人员	建筑施工人员	运输设备和通用工程机械操作人员及有关人员	生产辅助人员	其他生产制造及有关人员	
五指山市	6				137	9	4		7
琼海市	8	1			548	58	55	2	3
文昌市	4				564	30	49	2	21
万宁市	6		1		838	68	81	1	93
东方市	11			2	520	32	161	3	4
定安县	3			2	444	24	16	5	1
屯昌县	10			2	295	31	36	2	
澄迈县	5	1		5	354	24	39		
临高县	14				537	24	38		112
白沙黎族自治县	24			2	324	24	25		1
昌江黎族自治县	5		1		269	17	62		3
乐东黎族自治县	11	2		2	430	30	139	5	76
陵水黎族自治县	9		1	2	386	27	32		72
保亭黎族苗族自治县			2	19	115	15	18		
琼中黎族苗族自治县	3			4	90	21	26		
女	**71**		**3**	**4**	**2504**	**32**	**775**	**46**	**425**
海南	**71**		**3**	**4**	**2504**	**32**	**775**	**46**	**425**
海口市	**13**		**2**		**424**	**13**	**127**	**2**	**115**
秀英区	4		1		120	1	32	2	34
龙华区					63	1	28		1
琼山区	7		1		115	1	31		4
美兰区	2				126	10	36		76
三亚市	**1**				**170**	**7**	**68**	**1**	**10**
海棠区					50	4	2		
吉阳区					55		28		1
天涯区	1				32		12	1	9
崖州区					33	3	26		
三沙市									
儋州市	**14**				**672**	**3**	**31**	**35**	**55**
五指山市	2				16		4		8
琼海市	2				95	1	16		1
文昌市	1				204		26	2	20
万宁市	1				195		48		55
东方市	5				129		110	1	3
定安县					70		10	2	
屯昌县	3				32	1	18	1	3
澄迈县				1	45	1	11		
临高县	6				144	1	26		66
白沙黎族自治县	12				38		11		3
昌江黎族自治县	2				20	1	8	1	1
乐东黎族自治县	5				92	1	238	1	50
陵水黎族自治县	3			1	125		13		35
保亭黎族苗族自治县			1	2	18	2	3		
琼中黎族苗族自治县	1				15	1	7		

4-7　全省分年龄、性别、职业中类的就业人口

单位：人

年龄组 性　别	合计	党的机关、国家机关、群众团体和社会组织、企事业单位负责人						
		小计	中国共产党机关负责人	国家机关负责人	民主党派和工商联负责人	人民团体和群众团体、社会组织及其他成员组织负责人	基层群众自治组织负责人	企事业单位负责人
总　计	**422630**	**8641**	**16**	**390**		**426**	**192**	**7617**
16-19岁	5761	17				1		16
20-24岁	27152	193	1	3		9		180
25-29岁	53132	795	3	17		32	4	739
30-34岁	63528	1502		29		71	5	1397
35-39岁	61509	1593	4	56		75	21	1437
40-44岁	51215	1386	5	56		67	42	1216
45-49岁	51966	1300	1	74		74	24	1127
50-54岁	47177	1008		67		50	35	856
55-59岁	35486	639	1	66		33	33	506
60-64岁	13292	137		15		7	20	95
65-69岁	7975	50	1	3		5	8	33
70-74岁	2911	11		1		1		9
75岁及以上	1526	10		3		1		6
男	**249450**	**6236**	**14**	**325**		**263**	**175**	**5459**
16-19岁	3612	8						8
20-24岁	16024	132	1	2		4		125
25-29岁	31024	521	3	8		21	3	486
30-34岁	37176	999		23		42	3	931
35-39岁	35625	1077	3	41		42	17	974
40-44岁	29335	980	5	49		42	36	848
45-49岁	29591	971	1	65		44	22	839
50-54岁	28735	804		58		31	34	681
55-59岁	22856	570		59		25	32	454
60-64岁	8020	115		13		7	20	75
65-69岁	4808	41	1	3		3	8	26
70-74岁	1752	8		1		1		6
75岁及以上	892	10		3		1		6
女	**173180**	**2405**	**2**	**65**		**163**	**17**	**2158**
16-19岁	2149	9				1		8
20-24岁	11128	61		1		5		55
25-29岁	22108	274		9		11	1	253
30-34岁	26352	503		6		29	2	466
35-39岁	25884	516	1	15		33	4	463
40-44岁	21880	406		7		25	6	368
45-49岁	22375	329		9		30	2	288
50-54岁	18442	204		9		19	1	175
55-59岁	12630	69	1	7		8	1	52
60-64岁	5272	22		2				20
65-69岁	3167	9				2		7
70-74岁	1159	3						3
75岁及以上	634							

4-7 续表 1

单位：人

年龄组 性别	专业技术人员									
	小计	科学研究人员	工程技术人员	农业技术人员	飞机和船舶技术人员	卫生专业技术人员	经济和金融专业人员	法律、社会和宗教专业人员	教学人员	文学艺术、体育专业人员
总　计	**37142**	**218**	**5954**	**420**	**197**	**6519**	**6745**	**824**	**14839**	**568**
16-19岁	358		27	1		76	23		198	28
20-24岁	3618	13	556	23	14	730	675	78	1316	108
25-29岁	6834	34	1122	39	51	1360	1552	145	2183	137
30-34岁	6820	32	1233	51	43	1195	1415	158	2410	107
35-39岁	5841	49	948	66	31	934	993	120	2520	73
40-44岁	4376	28	590	69	18	707	715	83	2042	39
45-49岁	3854	25	609	59	15	606	688	84	1676	26
50-54岁	2964	22	492	60	10	418	397	75	1412	26
55-59岁	1885	12	298	34	13	338	232	53	850	15
60-64岁	313		48	11	1	71	33	20	117	4
65-69岁	160	2	22	2	1	50	14	5	61	1
70-74岁	64	1	7	2		19	5	3	23	3
75岁及以上	55		2	3		15	3		31	1
男	**16596**	**122**	**5182**	**311**	**188**	**2087**	**2020**	**474**	**5397**	**360**
16-19岁	85		26	1		6	4		28	17
20-24岁	1110	4	464	18	14	120	162	33	182	58
25-29岁	2334	14	944	29	50	255	381	62	421	83
30-34岁	2600	22	1068	38	39	315	351	79	524	71
35-39岁	2578	25	829	48	30	329	281	59	875	51
40-44岁	2074	13	518	47	17	270	224	49	865	23
45-49岁	1942	14	520	38	14	231	230	63	775	18
50-54岁	1860	16	451	48	9	224	181	61	820	19
55-59岁	1553	11	288	30	13	229	173	47	717	13
60-64岁	248		46	9	1	51	21	15	97	3
65-69岁	126	2	21	1	1	34	10	3	51	1
70-74岁	44	1	5	2		11	1	3	18	2
75岁及以上	42		2	2		12	1		24	1
女	**20546**	**96**	**772**	**109**	**9**	**4432**	**4725**	**350**	**9442**	**208**
16-19岁	273		1			70	19		170	11
20-24岁	2508	9	92	5		610	513	45	1134	50
25-29岁	4500	20	178	10	1	1105	1171	83	1762	54
30-34岁	4220	10	165	13	4	880	1064	79	1886	36
35-39岁	3263	24	119	18	1	605	712	61	1645	22
40-44岁	2302	15	72	22	1	437	491	34	1177	16
45-49岁	1912	11	89	21	1	375	458	21	901	8
50-54岁	1104	6	41	12	1	194	216	14	592	7
55-59岁	332	1	10	4		109	59	6	133	2
60-64岁	65		2	2		20	12	5	20	1
65-69岁	34		1	1		16	4	2	10	
70-74岁	20		2			8	4		5	1
75岁及以上	13			1		3	2		7	

4-7　续表 2　　　　单位：人

年龄组 性　别	专业技术人员		办事人员和有关人员				社会生产服务和生活服务人员		
	新闻出版、文化专业人员	其他专业技术人员	小计	办事人员	安全和消防人员	其他办事人员和有关人员	小计	批发与零售服务人员	交通运输、仓储和邮政业服务人员
总　计	**601**	**257**	**29225**	**24270**	**4580**	**375**	**155742**	**57091**	**23141**
16—19岁	3	2	91	64	26	1	3093	655	196
20—24岁	77	28	1881	1554	296	31	13117	4171	1432
25—29岁	158	53	4694	3950	697	47	23686	8942	3034
30—34岁	134	42	5585	4728	799	58	26885	10840	3839
35—39岁	72	35	4246	3611	583	52	24547	9766	3920
40—44岁	55	30	3380	2845	494	41	19158	7195	3090
45—49岁	43	23	3601	2954	597	50	17823	6100	3128
50—54岁	38	14	2923	2364	513	46	13808	4488	2540
55—59岁	19	21	2203	1738	428	37	8876	3049	1487
60—64岁	1	7	359	262	91	6	2781	1079	313
65—69岁	1	1	177	129	45	3	1392	578	123
70—74岁		1	52	44	8		382	161	26
75岁及以上			33	27	3	3	194	67	13
男	**264**	**191**	**18867**	**14364**	**4250**	**253**	**84958**	**26563**	**20192**
16—19岁	1	2	60	34	25	1	1854	290	173
20—24岁	33	22	1020	731	276	13	7571	1944	1211
25—29岁	58	37	2567	1880	652	35	13272	4050	2628
30—34岁	60	33	3190	2440	714	36	14916	5038	3397
35—39岁	30	21	2616	2030	547	39	12928	4354	3421
40—44岁	25	23	2188	1706	456	26	9725	3159	2659
45—49岁	21	18	2397	1820	546	31	8990	2792	2676
50—54岁	22	9	2282	1765	484	33	7639	2200	2250
55—59岁	12	20	2011	1569	409	33	5296	1657	1347
60—64岁	1	4	319	228	87	4	1643	608	283
65—69岁	1	1	154	109	44	1	789	323	112
70—74岁		1	40	33	7		233	108	26
75岁及以上			23	19	3	1	102	40	9
女	**337**	**66**	**10358**	**9906**	**330**	**122**	**70784**	**30528**	**2949**
16—19岁	2		31	30	1		1239	365	23
20—24岁	44	6	861	823	20	18	5546	2227	221
25—29岁	100	16	2127	2070	45	12	10414	4892	406
30—34岁	74	9	2395	2288	85	22	11969	5802	442
35—39岁	42	14	1630	1581	36	13	11619	5412	499
40—44岁	30	7	1192	1139	38	15	9433	4036	431
45—49岁	22	5	1204	1134	51	19	8833	3308	452
50—54岁	16	5	641	599	29	13	6169	2288	290
55—59岁	7	1	192	169	19	4	3580	1392	140
60—64岁		3	40	34	4	2	1138	471	30
65—69岁			23	20	1	2	603	255	11
70—74岁			12	11	1		149	53	
75岁及以上			10	8		2	92	27	4

4－7 续表 3 单位：人

年龄组 性 别	社会生产服务和生活服务人员								
	住宿和餐饮服务人员	信息传输、软件和信息技术服务人员	金融服务人员	房地产服务人员	租赁和商务服务人员	技术辅助服务人员	水利、环境和公共设施管理服务人员	居民服务人员	电力、燃气及水供应服务人员
总 计	**30083**	**1808**	**2538**	**2671**	**6182**	**2248**	**10531**	**12147**	**1301**
16－19岁	1526	16	7	19	53	26	18	329	11
20－24岁	3902	254	243	234	553	312	140	1009	75
25－29岁	5049	508	554	599	834	629	412	1841	153
30－34岁	5021	430	577	566	995	509	854	1922	199
35－39岁	4322	225	335	348	845	331	1486	1878	201
40－44岁	3328	152	219	255	776	176	1781	1370	159
45－49岁	2854	118	266	265	699	127	2257	1333	201
50－54岁	2223	54	211	210	702	84	1757	1002	155
55－59岁	1261	38	117	137	476	36	1197	756	115
60－64岁	375	7	7	23	172	12	397	323	22
65－69岁	166	5	1	15	53	5	194	216	8
70－74岁	40	1			17	1	30	95	1
75岁及以上	16		1		7		8	73	1
男	**14078**	**1194**	**1312**	**1627**	**4860**	**1618**	**2837**	**4703**	**1120**
16－19岁	905	13	5	13	42	19	10	167	11
20－24岁	2192	158	110	150	365	214	79	452	69
25－29岁	2641	318	267	349	582	441	179	762	138
30－34岁	2416	257	303	339	725	385	263	684	172
35－39岁	1881	162	149	199	651	255	316	673	175
40－44岁	1305	108	97	149	627	120	358	483	125
45－49岁	1043	87	132	152	568	90	453	458	157
50－54岁	864	47	141	139	635	54	497	375	136
55－59岁	540	33	102	107	444	23	434	321	111
60－64岁	182	7	5	18	160	11	156	152	17
65－69岁	86	4	1	12	45	5	74	99	8
70－74岁	17				12	1	15	45	
75岁及以上	6				4		3	32	1
女	**16005**	**614**	**1226**	**1044**	**1322**	**630**	**7694**	**7444**	**181**
16－19岁	621	3	2	6	11	7	8	162	
20－24岁	1710	96	133	84	188	98	61	557	6
25－29岁	2408	190	287	250	252	188	233	1079	15
30－34岁	2605	173	274	227	270	124	591	1238	27
35－39岁	2441	63	186	149	194	76	1170	1205	26
40－44岁	2023	44	122	106	149	56	1423	887	34
45－49岁	1811	31	134	113	131	37	1804	875	44
50－54岁	1359	7	70	71	67	30	1260	627	19
55－59岁	721	5	15	30	32	13	763	435	4
60－64岁	193		2	5	12	1	241	171	5
65－69岁	80	1		3	8		120	117	
70－74岁	23	1			5		15	50	1
75岁及以上	10		1		3		5	41	

4-7　续表 4　　　　单位：人

年龄组 性　别	社会生产服务和生活服务人员				农、林、牧、渔业生产及辅助人员				
	修理及制作服务人员	文化、体育和娱乐服务人员	健康服务人员	其他社会生产和生活服务人员	小计	农业生产人员	林业生产人员	畜牧业生产人员	渔业生产人员
总　计	**4386**	**1223**	**236**	**156**	**129640**	**99618**	**12847**	**5578**	**9457**
16–19岁	158	74		5	1243	901	104	43	166
20–24岁	485	279	15	13	4559	3393	303	139	585
25–29岁	786	283	44	18	9578	7268	744	355	959
30–34岁	829	234	36	34	13211	10078	1165	508	1161
35–39岁	703	124	39	24	16096	12087	1652	693	1311
40–44岁	537	75	29	16	15018	11340	1662	612	1120
45–49岁	384	60	22	9	16723	12574	1993	707	1186
50–54岁	296	50	23	13	18868	14432	2143	838	1221
55–59岁	142	32	19	14	17041	13166	1896	753	1039
60–64岁	37	7	3	4	8313	6804	643	404	404
65–69岁	18	3	3	4	5578	4671	348	299	228
70–74岁	8	1	1		2250	1913	117	152	60
75岁及以上	3	1	2	2	1162	991	77	75	17
男	**3959**	**683**	**107**	**105**	**75271**	**55259**	**8072**	**3550**	**7257**
16–19岁	154	47		5	911	643	80	33	140
20–24岁	456	157	7	7	3153	2220	233	112	506
25–29岁	741	149	16	11	6227	4523	507	260	806
30–34岁	763	137	15	22	8019	5863	751	335	908
35–39岁	605	60	13	14	9441	6813	1036	433	974
40–44岁	471	37	14	13	8661	6296	1015	391	824
45–49岁	328	35	12	7	9123	6593	1163	408	835
50–54岁	252	26	14	9	10385	7530	1322	499	905
55–59岁	129	26	12	10	9576	6950	1238	477	798
60–64岁	33	6	1	4	4594	3605	390	252	317
65–69岁	16	1	1	2	3202	2583	220	195	185
70–74岁	8	1			1315	1080	74	109	46
75岁及以上	3	1	2	1	664	560	43	46	13
女	**427**	**540**	**129**	**51**	**54369**	**44359**	**4775**	**2028**	**2200**
16–19岁	4	27			332	258	24	10	26
20–24岁	29	122	8	6	1406	1173	70	27	79
25–29岁	45	134	28	7	3351	2745	237	95	153
30–34岁	66	97	21	12	5192	4215	414	173	253
35–39岁	98	64	26	10	6655	5274	616	260	337
40–44岁	66	38	15	3	6357	5044	647	221	296
45–49岁	56	25	10	2	7600	5981	830	299	351
50–54岁	44	24	9	4	8483	6902	821	339	316
55–59岁	13	6	7	4	7465	6216	658	276	241
60–64岁	4	1	2		3719	3199	253	152	87
65–69岁	2	2	2	2	2376	2088	128	104	43
70–74岁			1		935	833	43	43	14
75岁及以上				1	498	431	34	29	4

4－7 续表 5

单位：人

年龄组 性 别	农林牧渔生产辅助人员	其他农、林、牧、渔业生产加工人员	生产制造及有关人员 小计	农副产品加工人员	食品、饮料生产加工人员	烟草及其制品加工人员	纺织、针织、印染人员	纺织品、服装和皮革、毛皮制品加工制作人员	木材加工、家具与木制品制作人员
总　计	**1512**	**628**	**58838**	**2061**	**1437**	**35**	**213**	**776**	**1553**
16－19岁	20	9	628	17	33		10	11	16
20－24岁	78	61	3426	61	149	2	13	46	58
25－29岁	154	98	7063	214	185	4	28	66	146
30－34岁	186	113	9041	315	218	3	31	136	199
35－39岁	230	123	8758	350	214	5	29	133	200
40－44岁	193	91	7521	285	207	2	22	100	184
45－49岁	208	55	8308	271	179	6	21	118	214
50－54岁	196	38	7344	245	112	6	22	86	265
55－59岁	165	22	4668	190	98	5	16	60	164
60－64岁	48	10	1296	65	26	1	10	13	61
65－69岁	25	7	581	34	10	1	7	5	31
70－74岁	7	1	143	8	5		1	2	11
75岁及以上	2		61	6	1		3		4
男	**818**	**315**	**45441**	**1093**	**906**	**23**	**28**	**312**	**1288**
16－19岁	10	5	512	8	26		3	3	15
20－24岁	44	38	2841	38	103	2	3	30	47
25－29岁	79	52	5795	126	127	3		36	130
30－34岁	98	64	7137	177	139	1	3	51	153
35－39岁	126	59	6718	162	144	3	3	49	160
40－44岁	104	31	5494	134	112		2	36	151
45－49岁	100	24	5955	114	103	3	2	40	167
50－54岁	109	20	5597	141	63	5	2	32	220
55－59岁	102	11	3731	111	70	5	3	28	146
60－64岁	25	5	1040	48	11	1	2	5	57
65－69岁	14	5	472	24	6		2	1	28
70－74岁	5	1	106	6	2		1	1	11
75岁及以上	2		43	4			2		3
女	**694**	**313**	**13397**	**968**	**531**	**12**	**185**	**464**	**265**
16－19岁	10	4	116	9	7		7	8	1
20－24岁	34	23	585	23	46		10	16	11
25－29岁	75	46	1268	88	58	1	28	30	16
30－34岁	88	49	1904	138	79	2	28	85	46
35－39岁	104	64	2040	188	70	2	26	84	40
40－44岁	89	60	2027	151	95	2	20	64	33
45－49岁	108	31	2353	157	76	3	19	78	47
50－54岁	87	18	1747	104	49	1	20	54	45
55－59岁	63	11	937	79	28		13	32	18
60－64岁	23	5	256	17	15		8	8	4
65－69岁	11	2	109	10	4	1	5	4	3
70－74岁	2		37	2	3			1	
75岁及以上			18	2	1		1		1

4-7　续表 6　　　　单位：人

年龄组 性　别	生产制造及有关人员								
	纸及纸制品生产加工人员	印刷和记录媒介复制人员	文教、工美、体育和娱乐用品制造人　员	石油加工和炼焦、煤化工生产人员	化学原料和化学制品制造人　员	医药制造人　　员	化学纤维制造人员	橡胶和塑料制品制造人员	非金属矿物制品制造人员
总　计	**317**	**232**	**429**	**219**	**445**	**469**	**5**	**525**	**933**
16-19岁	1	7	9	1	4	11		5	8
20-24岁	17	17	31	19	15	47		17	47
25-29岁	49	23	47	49	61	79	2	38	79
30-34岁	85	41	73	54	78	103	2	71	136
35-39岁	76	41	91	38	74	88		87	125
40-44岁	35	37	58	24	56	73		71	144
45-49岁	21	27	48	13	54	38		62	173
50-54岁	13	21	32	14	47	21		90	116
55-59岁	10	9	20	7	27	6		63	77
60-64岁	5	6	8		14	1	1	10	13
65-69岁	4	2	8		11			7	13
70-74岁	1	1	2		4	2		4	
75岁及以上			2						2
男	**225**	**147**	**253**	**191**	**342**	**219**	**5**	**336**	**710**
16-19岁		5	9	1	4	3		4	8
20-24岁	16	13	23	16	14	29		14	43
25-29岁	39	13	31	44	51	31	2	24	65
30-34岁	66	27	38	47	60	44	2	41	111
35-39岁	51	24	48	35	59	48		57	88
40-44岁	22	28	36	18	41	27		39	117
45-49岁	11	13	23	11	41	14		27	114
50-54岁	7	13	20	13	32	16		66	80
55-59岁	7	8	13	6	22	6		45	60
60-64岁	2	2	6		9		1	9	12
65-69岁	4		6		8			7	12
70-74岁		1			1	1		3	
75岁及以上									
女	**92**	**85**	**176**	**28**	**103**	**250**		**189**	**223**
16-19岁	1	2				8		1	
20-24岁	1	4	8	3	1	18		3	4
25-29岁	10	10	16	5	10	48		14	14
30-34岁	19	14	35	7	18	59		30	25
35-39岁	25	17	43	3	15	40		30	37
40-44岁	13	9	22	6	15	46		32	27
45-49岁	10	14	25	2	13	24		35	59
50-54岁	6	8	12	1	15	5		24	36
55-59岁	3	1	7	1	5			18	17
60-64岁	3	4	2		5	1		1	1
65-69岁		2	2		3				1
70-74岁	1		2		3	1		1	
75岁及以上			2						2

4-7 续表 7

单位：人

年龄组 性　别	生产制造及有关人员								
	采矿人员	金属冶炼和压延加工人员	机械制造基础加工人员	金属制品制造人员	通用设备制造人员	专用设备制造人员	汽车制造人员	铁路、船舶、航空设备制造人员	电气机械和器材制造人员
总　计	**294**	**67**	**895**	**859**	**170**	**53**	**87**	**50**	**118**
16-19岁			9	9	1	1	1	1	1
20-24岁	7	4	29	56	5	9	5	6	13
25-29岁	13	5	98	103	15	16	9	3	21
30-34岁	29	11	148	165	32	13	19	10	15
35-39岁	28	12	169	160	29	6	26	6	16
40-44岁	38	6	117	133	21	3	13	9	17
45-49岁	56	5	122	119	27	5	7	9	20
50-54岁	74	11	107	57	15		3	3	3
55-59岁	36	6	69	37	17		4	3	11
60-64岁	8	4	16	16	3				1
65-69岁	2	2	8	3	4				
70-74岁	2	1	2		1				
75岁及以上	1		1	1					
男	**245**	**59**	**828**	**704**	**152**	**45**	**68**	**38**	**96**
16-19岁			9	9	1	1	1		1
20-24岁	6	4	27	54	5	9	5	6	12
25-29岁	11	4	94	88	15	14	7	2	19
30-34岁	23	9	140	130	31	10	16	9	12
35-39岁	21	11	157	135	24	4	21	6	14
40-44岁	27	5	102	99	19	3	9	6	11
45-49岁	44	5	111	94	23	4	3	6	15
50-54岁	68	9	99	43	13		3	1	2
55-59岁	34	5	64	33	15		3	2	9
60-64岁	8	4	15	15	2				1
65-69岁	2	2	8	3	3				
70-74岁	1	1	1		1				
75岁及以上			1	1					
女	**49**	**8**	**67**	**155**	**18**	**8**	**19**	**12**	**22**
16-19岁								1	
20-24岁	1		2	2					1
25-29岁	2	1	4	15		2	2	1	2
30-34岁	6	2	8	35	1	3	3	1	3
35-39岁	7	1	12	25	5	2	5		2
40-44岁	11	1	15	34	2		4	3	6
45-49岁	12		11	25	4	1	4	3	5
50-54岁	6	2	8	14	2			2	1
55-59岁	2	1	5	4	2		1	1	2
60-64岁			1	1	1				
65-69岁					1				
70-74岁	1		1						
75岁及以上	1								

4-7　续表 8　　　　单位：人

年龄组 性　别	生产制造及有关人员								不便分类的其他从业人员
	计算机、通信和其他电子设备制造人　员	仪器仪表制造人员	废弃资源综合利用人　　员	电力、热力、气体、水生产和输配人员	建筑施工人　　员	运输设备和通用工程机械操作人员及有关人员	生产辅助人　　员	其他生产制造及有关人员	
总　计	**684**	**24**	**67**	**352**	**36877**	**2052**	**6403**	**137**	**3402**
16-19岁	26			3	346	30	65	2	331
20-24岁	98	6	4	22	1950	137	532	4	358
25-29岁	184	6	5	51	4131	365	951	17	482
30-34岁	130	5	9	48	5358	372	1100	32	484
35-39岁	93	4	7	38	5253	361	975	24	428
40-44岁	53		5	47	4732	252	759	18	376
45-49岁	51	1	16	53	5481	223	852	16	357
50-54岁	25	1	11	42	5054	201	643	4	262
55-59岁	16		7	38	3174	95	395	8	174
60-64岁	7		1	7	907	12	71	9	93
65-69岁		1	1	2	386	3	34	2	37
70-74岁				1	72	1	21	1	9
75岁及以上	1		1		33		5		11
男	**497**	**22**	**49**	**310**	**29894**	**1952**	**4331**	**73**	**2081**
16-19岁	20			3	291	30	55	2	182
20-24岁	76	6	3	19	1684	137	395	2	197
25-29岁	142	5	4	47	3575	352	682	12	308
30-34岁	97	4	7	45	4540	353	736	15	315
35-39岁	61	4	6	36	4296	344	635	12	267
40-44岁	30		4	36	3685	233	453	9	213
45-49岁	30	1	9	40	4144	212	520	11	213
50-54岁	21	1	9	40	3917	188	470	3	168
55-59岁	14		5	35	2591	89	301	1	119
60-64岁	5			6	761	12	43	3	61
65-69岁		1	1	2	327	2	21	2	24
70-74岁				1	56		17	1	6
75岁及以上	1		1		27		3		8
女	**187**	**2**	**18**	**42**	**6983**	**100**	**2072**	**64**	**1321**
16-19岁	6				55		10		149
20-24岁	22		1	3	266		137	2	161
25-29岁	42	1	1	4	556	13	269	5	174
30-34岁	33	1	2	3	818	19	364	17	169
35-39岁	32		1	2	957	17	340	12	161
40-44岁	23		1	11	1047	19	306	9	163
45-49岁	21		7	13	1337	11	332	5	144
50-54岁	4		2	2	1137	13	173	1	94
55-59岁	2		2	3	583	6	94	7	55
60-64岁	2		1	1	146		28	6	32
65-69岁					59	1	13		13
70-74岁					16	1	4		3
75岁及以上					6		2		3

4-7a 全省分年龄、性别、职业中类的就业人口(城市)

单位：人

年龄组 性 别	合计	党的机关、国家机关、群众团体和社会组织、企事业单位负责人						
		小计	中国共产党机关负责人	国家机关负责人	民主党派和工商联负责人	人民团体和群众团体、社会组织及其他成员组织负责人	基层群众自治组织负责人	企事业单位负责人
总 计	**157763**	**6324**	**7**	**237**		**277**	**23**	**5780**
16-19岁	2229	9				1		8
20-24岁	11779	137	1	2		6		128
25-29岁	23852	604	1	5		22	2	574
30-34岁	28093	1151		15		52	1	1083
35-39岁	24950	1232	3	39		55	4	1131
40-44岁	19523	1012	1	36		37	3	935
45-49岁	19740	965		46		52	5	862
50-54岁	14908	719		43		29	3	644
55-59岁	8978	400	1	43		18	2	336
60-64岁	2152	63		5		3	2	53
65-69岁	1077	23		1		1	1	20
70-74岁	312	4		1				3
75岁及以上	170	5		1		1		3
男	**91420**	**4487**	**5**	**197**		**169**	**19**	**4097**
16-19岁	1247	3						3
20-24岁	6416	95	1	1		2		91
25-29岁	13035	388	1	2		14	2	369
30-34岁	15797	760		12		33		715
35-39岁	13975	811	2	28		28	4	749
40-44岁	10902	713	1	33		22	2	655
45-49岁	11361	720		39		33	4	644
50-54岁	9731	562		37		18	2	505
55-59岁	6533	355		37		14	2	302
60-64岁	1428	53		5		3	2	43
65-69岁	700	18		1		1	1	15
70-74岁	197	4		1				3
75岁及以上	98	5		1		1		3
女	**66343**	**1837**	**2**	**40**		**108**	**4**	**1683**
16-19岁	982	6				1		5
20-24岁	5363	42		1		4		37
25-29岁	10817	216		3		8		205
30-34岁	12296	391		3		19	1	368
35-39岁	10975	421	1	11		27		382
40-44岁	8621	299		3		15	1	280
45-49岁	8379	245		7		19	1	218
50-54岁	5177	157		6		11	1	139
55-59岁	2445	45	1	6		4		34
60-64岁	724	10						10
65-69岁	377	5						5
70-74岁	115							
75岁及以上	72							

4-7a　续表 1　　　　单位：人

年龄组 性　别	专业技术人员									
	小计	科学研究人员	工程技术人员	农业技术人员	飞机和船舶技术人员	卫生专业技术人员	经济和金融专业人员	法律、社会和宗教专业人员	教学人员	文学艺术、体育专业人员
总　计	**22727**	**179**	**4007**	**97**	**147**	**3945**	**5024**	**594**	**7833**	**347**
16-19岁	219		15			49	16		124	14
20-24岁	2237	11	358	7	12	424	505	54	732	64
25-29岁	4407	28	781	13	38	838	1117	108	1256	85
30-34岁	4478	24	886	11	34	802	1068	119	1347	66
35-39岁	3768	44	652	18	18	643	778	89	1415	47
40-44岁	2609	23	378	12	17	405	556	67	1074	25
45-49岁	2293	21	404	12	8	343	540	64	845	14
50-54岁	1564	18	325	11	8	214	281	51	603	19
55-59岁	913	8	166	11	11	163	136	30	358	8
60-64岁	135		27	2	1	26	20	9	44	2
65-69岁	61	2	10			22	4	2	20	
70-74岁	26		3			8	3	1	9	2
75岁及以上	17		2			8			6	1
男	**9536**	**100**	**3418**	**68**	**140**	**1151**	**1399**	**331**	**2477**	**197**
16-19岁	36		14			4	2		11	5
20-24岁	682	4	294	5	12	74	123	23	92	26
25-29岁	1502	12	639	9	37	161	272	44	228	44
30-34岁	1720	18	751	8	32	194	262	62	298	40
35-39岁	1570	22	554	13	17	211	210	41	442	32
40-44岁	1136	11	325	6	16	151	155	37	394	14
45-49岁	1061	11	343	6	7	114	156	48	347	9
50-54岁	935	13	298	8	7	100	114	41	319	15
55-59岁	720	7	159	11	11	103	94	26	286	8
60-64岁	102		26	2	1	13	10	8	36	2
65-69岁	45	2	10			16	1		15	
70-74岁	13		3			3		1	5	1
75岁及以上	14		2			7			4	1
女	**13191**	**79**	**589**	**29**	**7**	**2794**	**3625**	**263**	**5356**	**150**
16-19岁	183		1			45	14		113	9
20-24岁	1555	7	64	2		350	382	31	640	38
25-29岁	2905	16	142	4	1	677	845	64	1028	41
30-34岁	2758	6	135	3	2	608	806	57	1049	26
35-39岁	2198	22	98	5	1	432	568	48	973	15
40-44岁	1473	12	53	6	1	254	401	30	680	11
45-49岁	1232	10	61	6	1	229	384	16	498	5
50-54岁	629	5	27	3	1	114	167	10	284	4
55-59岁	193	1	7			60	42	4	72	
60-64岁	33		1			13	10	1	8	
65-69岁	16					6	3	2	5	
70-74岁	13					5	3		4	1
75岁及以上	3					1			2	

4-7a 续表 2 单位：人

年龄组 性 别	专业技术人员		办事人员和有关人员				社会生产服务和生活服务人员		
	新闻出版、文化专业人员	其他专业技术人员	小计	办事人员	安全和消防人员	其他办事人员和有关人员	小计	批发与零售服务人员	交通运输、仓储和邮政业服务人员
总 计	**455**	**99**	**18389**	**15752**	**2510**	**127**	**80233**	**30059**	**12283**
16-19岁	1		44	35	9		1547	321	86
20-24岁	57	13	1143	988	148	7	6763	2275	733
25-29岁	118	25	2950	2576	357	17	12768	5096	1598
30-34岁	104	17	3671	3264	392	15	14503	6081	2061
35-39岁	53	11	2860	2531	309	20	12795	5287	2067
40-44岁	42	10	2132	1859	263	10	9935	3919	1673
45-49岁	32	10	2283	1921	343	19	9503	3274	1844
50-54岁	32	2	1816	1459	337	20	6676	2064	1334
55-59岁	14	8	1223	940	269	14	3932	1205	725
60-64岁	1	3	158	102	53	3	1050	318	99
65-69岁	1		76	49	26	1	519	161	45
70-74岁			19	15	4		152	43	11
75岁及以上			14	13		1	90	15	7
男	**189**	**66**	**11214**	**8845**	**2287**	**82**	**43834**	**13927**	**10731**
16-19岁			30	21	9		899	124	80
20-24岁	20	9	587	449	136	2	3882	1069	628
25-29岁	41	15	1533	1188	332	13	7113	2329	1380
30-34岁	45	10	1973	1616	348	9	8035	2833	1811
35-39岁	22	6	1643	1349	280	14	6760	2343	1787
40-44岁	21	6	1291	1046	238	7	5042	1687	1426
45-49岁	13	7	1451	1138	303	10	4844	1493	1590
50-54岁	18	2	1375	1051	313	11	3789	1049	1203
55-59岁	7	8	1109	847	250	12	2442	697	676
60-64岁	1	3	136	85	49	2	599	180	94
65-69岁	1		63	37	25	1	298	90	40
70-74岁			14	10	4		87	26	11
75岁及以上			9	8		1	44	7	5
女	**266**	**33**	**7175**	**6907**	**223**	**45**	**36399**	**16132**	**1552**
16-19岁	1		14	14			648	197	6
20-24岁	37	4	556	539	12	5	2881	1206	105
25-29岁	77	10	1417	1388	25	4	5655	2767	218
30-34岁	59	7	1698	1648	44	6	6468	3248	250
35-39岁	31	5	1217	1182	29	6	6035	2944	280
40-44岁	21	4	841	813	25	3	4893	2232	247
45-49岁	19	3	832	783	40	9	4659	1781	254
50-54岁	14		441	408	24	9	2887	1015	131
55-59岁	7		114	93	19	2	1490	508	49
60-64岁			22	17	4	1	451	138	5
65-69岁			13	12	1		221	71	5
70-74岁			5	5			65	17	
75岁及以上			5	5			46	8	2

4-7a　续表 3

单位：人

年龄组 性　别	社会生产服务和生活服务人员								
	住宿和餐饮服务人员	信息传输、软件和信息技术服务人员	金融服务人员	房地产服务人员	租赁和商务服务人员	技术辅助服务人员	水利、环境和公共设施管理服务人员	居民服务人员	电力、燃气及水供应服务人员
总　计	**13437**	**1251**	**1791**	**1734**	**3291**	**1576**	**4273**	**7096**	**513**
16－19岁	758	7	6	11	21	13	4	201	4
20－24岁	1814	183	159	127	246	213	32	549	28
25－29岁	2246	361	387	370	447	441	128	1062	59
30－34岁	2290	297	407	365	553	360	306	1113	85
35－39岁	1876	155	234	241	463	239	592	1105	82
40－44岁	1459	98	162	173	420	127	763	791	57
45－49岁	1270	84	201	185	378	99	1054	801	82
50－54岁	974	33	147	146	384	62	741	574	58
55－59岁	526	27	82	89	252	16	455	424	49
60－64岁	139	3	5	17	87	5	140	215	5
65－69岁	57	2	1	10	30	1	49	150	4
70－74岁	19	1			9		5	61	
75岁及以上	9				1		4	50	
男	**6694**	**822**	**907**	**1060**	**2431**	**1138**	**978**	**2378**	**427**
16－19岁	458	6	5	7	17	10	2	88	4
20－24岁	1091	114	65	82	152	142	19	196	23
25－29岁	1247	236	186	218	272	307	57	371	53
30－34岁	1191	173	213	213	366	272	96	322	72
35－39岁	880	111	97	134	329	189	106	346	73
40－44岁	638	66	75	106	314	88	123	241	41
45－49岁	464	59	92	105	289	71	179	254	60
50－54岁	401	29	99	99	341	40	168	190	49
55－59岁	225	23	71	75	233	13	149	160	46
60－64岁	60	3	3	14	83	5	50	92	2
65－69岁	26	2	1	7	27	1	25	68	4
70－74岁	9				7		2	29	
75岁及以上	4				1		2	21	
女	**6743**	**429**	**884**	**674**	**860**	**438**	**3295**	**4718**	**86**
16－19岁	300	1	1	4	4	3	2	113	
20－24岁	723	69	94	45	94	71	13	353	5
25－29岁	999	125	201	152	175	134	71	691	6
30－34岁	1099	124	194	152	187	88	210	791	13
35－39岁	996	44	137	107	134	50	486	759	9
40－44岁	821	32	87	67	106	39	640	550	16
45－49岁	806	25	109	80	89	28	875	547	22
50－54岁	573	4	48	47	43	22	573	384	9
55－59岁	301	4	11	14	19	3	306	264	3
60－64岁	79		2	3	4		90	123	3
65－69岁	31			3	3		24	82	
70－74岁	10	1			2		3	32	
75岁及以上	5						2	29	

4-7a 续表 4

单位：人

年龄组 性别	社会生产服务和生活服务人员				农、林、牧、渔业生产及辅助人员				
	修理及制作服务人员	文化、体育和娱乐服务人员	健康服务人员	其他社会生产和生活服务人员	小计	农业生产人员	林业生产人员	畜牧业生产人员	渔业生产人员
总计	**2078**	**675**	**112**	**64**	**6383**	**5071**	**200**	**353**	**648**
16-19岁	77	37		1	27	22	1		3
20-24岁	228	163	7	6	165	123	3	9	24
25-29岁	379	164	23	7	446	365	10	24	40
30-34岁	412	132	25	16	689	540	26	38	74
35-39岁	366	63	15	10	909	710	24	55	100
40-44岁	228	41	19	5	787	625	26	40	79
45-49岁	189	31	6	5	919	725	36	51	91
50-54岁	119	24	9	7	930	745	20	51	98
55-59岁	57	15	5	5	800	633	29	46	83
60-64岁	13	2	2		354	287	12	22	28
65-69岁	5	2		2	241	200	4	12	22
70-74岁	3				83	69	4	4	6
75岁及以上	2	1	1		33	27	5	1	
男	**1881**	**372**	**47**	**41**	**3868**	**2881**	**131**	**250**	**537**
16-19岁	75	22		1	20	15	1		3
20-24岁	211	84	3	3	123	88	3	7	20
25-29岁	358	88	7	4	301	231	8	21	35
30-34岁	380	76	10	7	450	329	18	29	67
35-39岁	320	33	6	6	543	386	15	46	84
40-44岁	202	22	9	4	477	357	19	30	64
45-49岁	161	19	4	4	525	397	21	28	70
50-54岁	101	13	2	5	532	396	14	32	81
55-59岁	53	12	4	5	474	350	18	31	67
60-64岁	10	2	1		209	162	7	14	23
65-69岁	5			2	139	110	2	8	17
70-74岁	3				56	45	2	3	6
75岁及以上	2	1	1		19	15	3	1	
女	**197**	**303**	**65**	**23**	**2515**	**2190**	**69**	**103**	**111**
16-19岁	2	15			7	7			
20-24岁	17	79	4	3	42	35		2	4
25-29岁	21	76	16	3	145	134	2	3	5
30-34岁	32	56	15	9	239	211	8	9	7
35-39岁	46	30	9	4	366	324	9	9	16
40-44岁	26	19	10	1	310	268	7	10	15
45-49岁	28	12	2	1	394	328	15	23	21
50-54岁	18	11	7	2	398	349	6	19	17
55-59岁	4	3	1		326	283	11	15	16
60-64岁	3		1		145	125	5	8	5
65-69岁		2			102	90	2	4	5
70-74岁					27	24	2	1	
75岁及以上					14	12	2		

4-7a　续表 5　　　　　　　　　　　　　　　　　　　　　　　单位：人

年龄组 性　别			生产制造及有关人员						
	农林牧渔生产辅助人　　员	其他农、林、牧、渔业生产加工人员	小计	农副产品加工人员	食品、饮料生产加工人员	烟草及其制品加工人员	纺织、针织、印染人员	纺织品、服装和皮革、毛皮制品加工制作人员	木材加工、家具与木制品制作人员
总　计	**97**	**14**	**22671**	**312**	**572**	**27**	**17**	**215**	**539**
16–19岁	1		186	2	13			2	6
20–24岁	5	1	1200	7	78	2		13	23
25–29岁	6	1	2539	29	74	3		19	51
30–34岁	8	3	3498	50	84	3	1	32	81
35–39岁	19	1	3280	55	101	4	3	41	67
40–44岁	13	4	2960	50	70	1	4	24	59
45–49岁	14	2	3663	43	73	3	5	38	74
50–54岁	14	2	3123	35	41	5	3	23	89
55–59岁	9		1660	23	31	5	1	18	61
60–64岁	5		372	14	3	1		5	17
65–69岁	3		152	3	1				8
70–74岁			28	1	2				2
75岁及以上			10		1				1
男	**59**	**10**	**17851**	**188**	**366**	**21**	**6**	**85**	**465**
16–19岁	1		152	1	10				6
20–24岁	4	1	987	3	51	2		7	19
25–29岁	5	1	2107	17	50	3		11	48
30–34岁	4	3	2785	34	52	1	1	9	67
35–39岁	11	1	2576	30	71	3	1	14	61
40–44岁	6	1	2196	27	40		1	11	50
45–49岁	7	2	2693	20	38	1	1	16	62
50–54岁	8	1	2484	25	26	5	1	6	73
55–59岁	8		1394	15	25	5	1	8	54
60–64岁	3		315	13	2	1		3	16
65–69岁	2		133	2					7
70–74岁			23	1	1				2
75岁及以上			6						
女	**38**	**4**	**4820**	**124**	**206**	**6**	**11**	**130**	**74**
16–19岁			34	1	3			2	
20–24岁	1		213	4	27			6	4
25–29岁	1		432	12	24			8	3
30–34岁	4		713	16	32	2		23	14
35–39岁	8		704	25	30	1	2	27	6
40–44岁	7	3	764	23	30	1	3	13	9
45–49岁	7		970	23	35	2	4	22	12
50–54岁	6	1	639	10	15		2	17	16
55–59岁	1		266	8	6			10	7
60–64岁	2		57	1	1			2	1
65–69岁	1		19	1	1				1
70–74岁			5		1				
75岁及以上			4		1				1

4-7a 续表 6　　单位：人

年龄组 性　别	生产制造及有关人员								
	纸及纸制品生产加工人员	印刷和记录媒介复制人员	文教、工美、体育和娱乐用品制造人　员	石油加工和炼焦、煤化工生产人员	化学原料和化学制品制造人　员	医药制造人　　员	化学纤维制造人员	橡胶和塑料制品制造人员	非金属矿物制品制造人员
总　计	**34**	**148**	**78**	**26**	**141**	**315**	**1**	**56**	**228**
16-19岁		5			1	8			2
20-24岁	1	7	4	2	5	33		2	10
25-29岁	2	8	8	4	19	48		3	22
30-34岁	9	28	13	3	25	70		6	34
35-39岁	4	24	16	6	25	58		12	30
40-44岁	6	29	14	3	20	55		6	28
45-49岁	5	19	13		22	22		9	49
50-54岁	2	16	3	6	18	14		11	30
55-59岁	3	6	4	2	4	4		3	19
60-64岁	2	4	2		2	1	1	1	2
65-69岁		1	1					2	2
70-74岁		1				2		1	
75岁及以上									
男	**24**	**94**	**53**	**23**	**111**	**144**	**1**	**38**	**169**
16-19岁		3			1	2			2
20-24岁	1	5	3	2	4	19		1	8
25-29岁	1	4	5	4	14	16		2	16
30-34岁	7	20	10	2	20	32		4	26
35-39岁	4	14	10	6	21	31		9	25
40-44岁	4	21	9	2	16	19		3	27
45-49岁	3	7	7		17	9		3	30
50-54岁	1	12	3	5	13	11		11	20
55-59岁	2	5	4	2	3	4		1	11
60-64岁	1	2	1		2		1	1	2
65-69岁			1					2	2
70-74岁		1				1		1	
75岁及以上									
女	**10**	**54**	**25**	**3**	**30**	**171**		**18**	**59**
16-19岁		2				6			
20-24岁		2	1		1	14		1	2
25-29岁	1	4	3		5	32		1	6
30-34岁	2	8	3	1	5	38		2	8
35-39岁		10	6		4	27		3	5
40-44岁	2	8	5	1	4	36		3	1
45-49岁	2	12	6		5	13		6	19
50-54岁	1	4		1	5	3			10
55-59岁	1	1			1			2	8
60-64岁	1	2	1			1			
65-69岁		1							
70-74岁						1			
75岁及以上									

4-7a　续表 7　　　　单位：人

年龄组 性　别	生产制造及有关人员								
	采矿人员	金属冶炼和压延加工人员	机械制造基础加工人员	金属制品制造人员	通用设备制造人员	专用设备制造人员	汽车制造人员	铁路、船舶、航空设备制造人员	电气机械和器材制造人员
总　计	**59**	**14**	**320**	**288**	**65**	**15**	**53**	**27**	**64**
16-19岁			4	3			1		
20-24岁	2	2	16	21	2	1	4	2	3
25-29岁	5		31	36	6	3	4	2	8
30-34岁	2	1	41	56	12	4	13	6	8
35-39岁	8	2	51	49	11	4	12	3	11
40-44岁	6	3	39	40	9		10	7	12
45-49岁	14		55	45	12	3	4	4	12
50-54岁	12	4	49	20	5		2	1	3
55-59岁	8	1	28	10	8		3	2	6
60-64岁	1	1	6	5					1
65-69岁	1			3					
70-74岁									
75岁及以上									
男	**49**	**13**	**299**	**250**	**59**	**9**	**40**	**23**	**54**
16-19岁			4	3			1		
20-24岁	2	2	15	20	2	1	4	2	3
25-29岁	5		30	34	6	1	2	2	8
30-34岁	1	1	40	46	11	3	10	6	6
35-39岁	7	2	48	45	9	2	9	3	11
40-44岁	4	2	36	32	9		7	4	8
45-49岁	12		49	37	11	2	2	4	9
50-54岁	10	4	44	17	5		2		2
55-59岁	6	1	27	8	6		3	2	6
60-64岁	1	1	6	5					1
65-69岁	1			3					
70-74岁									
75岁及以上									
女	**10**	**1**	**21**	**38**	**6**	**6**	**13**	**4**	**10**
16-19岁									
20-24岁			1	1					
25-29岁			1	2		2	2		
30-34岁	1		1	10	1	1	3		2
35-39岁	1		3	4	2	2	3		
40-44岁	2	1	3	8			3	3	4
45-49岁	2		6	8	1	1	2		3
50-54岁	2		5	3				1	1
55-59岁	2		1	2	2				
60-64岁									
65-69岁									
70-74岁									
75岁及以上									

4－7a 续表 8

单位：人

年龄组 性 别	生产制造及有关人员								不便分类的其他从业人员
	计算机、通信和其他电子设备制造人员	仪器仪表制造人员	废弃资源综合利用人员	电力、热力、气体、水生产和输配人员	建筑施工人员	运输设备和通用工程机械操作人员及有关人员	生产辅助人员	其他生产制造及有关人员	
总 计	**297**	**7**	**36**	**170**	**15142**	**710**	**2676**	**19**	**1036**
16－19岁	4			1	104	7	22	1	197
20－24岁	35	2	3	13	649	40	217	1	134
25－29岁	74	3	2	26	1500	123	423	3	138
30－34岁	55	1	6	23	2218	123	487	3	103
35－39岁	43		4	15	2080	126	411	4	106
40－44岁	23		1	20	2026	94	299	2	88
45－49岁	34		7	26	2622	83	362	5	114
50－54岁	14		8	22	2354	74	259		80
55－59岁	11		3	18	1178	34	166		50
60－64岁	3		1	4	278	4	13		20
65－69岁		1		1	117	2	9		5
70－74岁				1	11		7		
75岁及以上	1		1		5		1		1
男	**223**	**5**	**27**	**148**	**12308**	**671**	**1870**	**15**	**630**
16－19岁	4			1	86	7	20	1	107
20－24岁	29	2	2	11	564	40	162	1	60
25－29岁	62	2	1	25	1312	119	304	3	91
30－34岁	41		5	21	1866	116	324	3	74
35－39岁	31		4	15	1692	120	276	2	72
40－44岁	12		1	13	1562	86	189	1	47
45－49岁	21		5	20	2002	78	223	4	67
50－54岁	10		7	20	1878	68	205		54
55－59岁	10		1	17	990	31	146		39
60－64岁	2			3	239	4	8		14
65－69岁		1		1	103	2	8		4
70－74岁				1	10		5		
75岁及以上	1		1		4				1
女	**74**	**2**	**9**	**22**	**2834**	**39**	**806**	**4**	**406**
16－19岁					18		2		90
20－24岁	6		1	2	85		55		74
25－29岁	12	1	1	1	188	4	119		47
30－34岁	14	1	1	2	352	7	163		29
35－39岁	12				388	6	135	2	34
40－44岁	11			7	464	8	110	1	41
45－49岁	13		2	6	620	5	139	1	47
50－54岁	4		1	2	476	6	54		26
55－59岁	1		2	1	188	3	20		11
60－64岁	1		1	1	39		5		6
65－69岁					14		1		1
70－74岁					1		2		
75岁及以上					1		1		

4−7b 全省分年龄、性别、职业中类的就业人口(镇)

单位：人

年龄组 性别	合计	党的机关、国家机关、群众团体和社会组织、企事业单位负责人						
		小计	中国共产党机关负责人	国家机关负责人	民主党派和工商联负责人	人民团体和群众团体、社会组织及其他成员组织负责人	基层群众自治组织负责人	企事业单位负责人
总　计	**94588**	**1313**	**9**	**109**		**92**	**45**	**1058**
16−19岁	1031	4						4
20−24岁	5430	32		1		2		29
25−29岁	11180	104	2	7		6		89
30−34岁	13873	202		10		12	1	179
35−39岁	13848	219	1	16		11	7	184
40−44岁	12002	206	4	11		21	8	162
45−49岁	11815	191	1	24		12	6	148
50−54岁	11038	165		20		16	6	123
55−59岁	8380	116		13		5	6	92
60−64岁	3207	42		4		2	7	29
65−69岁	1847	22	1	2		4	4	11
70−74岁	605	6				1		5
75岁及以上	332	4		1				3
男	**56310**	**984**	**9**	**91**		**56**	**42**	**786**
16−19岁	670	3						3
20−24岁	3342	21		1		1		19
25−29岁	6718	72	2	4		4		62
30−34岁	8134	137		8		5	1	123
35−39岁	8051	169	1	13		7	6	142
40−44岁	6874	142	4	7		14	6	111
45−49岁	6739	142	1	22		5	6	108
50−54岁	6674	134		18		11	6	99
55−59岁	5392	104		12		4	6	82
60−64岁	2001	33		3		2	7	21
65−69岁	1147	19	1	2		2	4	10
70−74岁	368	4				1		3
75岁及以上	200	4		1				3
女	**38278**	**329**		**18**		**36**	**3**	**272**
16−19岁	361	1						1
20−24岁	2088	11				1		10
25−29岁	4462	32		3		2		27
30−34岁	5739	65		2		7		56
35−39岁	5797	50		3		4	1	42
40−44岁	5128	64		4		7	2	51
45−49岁	5076	49		2		7		40
50−54岁	4364	31		2		5		24
55−59岁	2988	12		1		1		10
60−64岁	1206	9		1				8
65−69岁	700	3				2		1
70−74岁	237	2						2
75岁及以上	132							

4-7b 续表 1

单位：人

年龄组 性别	专业技术人员									
	小计	科学研究人员	工程技术人员	农业技术人员	飞机和船舶技术人员	卫生专业技术人员	经济和金融专业人员	法律、社会和宗教专业人员	教学人员	文学艺术、体育专业人员
总　计	**8461**	**29**	**1012**	**99**	**37**	**1507**	**1009**	**131**	**4375**	**100**
16-19岁	47		3			10	3		29	
20-24岁	605	2	79	2	1	150	82	15	247	13
25-29岁	1306	3	179	9	10	281	233	18	511	25
30-34岁	1419	6	179	14	5	244	207	25	685	23
35-39岁	1341	4	160	14	9	181	126	19	789	14
40-44岁	1178	5	105	17	1	202	111	6	699	10
45-49岁	1021	2	121	17	6	179	97	13	564	7
50-54岁	795	3	91	14	2	105	68	14	487	3
55-59岁	558	4	75	9	2	99	64	13	281	4
60-64岁	97		12	2		24	10	7	42	
65-69岁	50		6	1	1	17	4		20	
70-74岁	17		2			8	1	1	4	1
75岁及以上	27					7	3		17	
男	**4066**	**17**	**908**	**79**	**36**	**551**	**371**	**75**	**1850**	**71**
16-19岁	12		3			1	1		6	
20-24岁	184		70	1	1	23	21	7	39	11
25-29岁	459	1	160	7	10	59	66	9	106	19
30-34岁	495	4	162	11	4	71	47	9	152	15
35-39岁	603	3	145	11	9	70	40	10	292	10
40-44岁	603	2	95	12	1	76	48	3	347	5
45-49岁	564	1	100	13	6	77	46	10	293	5
50-54岁	523	2	83	13	2	67	35	11	303	1
55-59岁	472	4	72	9	2	66	54	11	243	4
60-64岁	81		11	1		20	9	4	36	
65-69岁	38		6	1	1	10	3		16	
70-74岁	13		1			6		1	4	1
75岁及以上	19					5	1		13	
女	**4395**	**12**	**104**	**20**	**1**	**956**	**638**	**56**	**2525**	**29**
16-19岁	35					9	2		23	
20-24岁	421	2	9	1		127	61	8	208	2
25-29岁	847	2	19	2		222	167	9	405	6
30-34岁	924	2	17	3	1	173	160	16	533	8
35-39岁	738	1	15	3		111	86	9	497	4
40-44岁	575	3	10	5		126	63	3	352	5
45-49岁	457	1	21	4		102	51	3	271	2
50-54岁	272	1	8	1		38	33	3	184	2
55-59岁	86		3			33	10	2	38	
60-64岁	16		1	1		4	1	3	6	
65-69岁	12					7	1		4	
70-74岁	4		1			2	1			
75岁及以上	8					2	2		4	

4−7b 续表 2

单位：人

年龄组 性 别	专业技术人员		办事人员和有关人员				社会生产服务和生活服务人员		
	新闻出版、文化专业人员	其他专业技术人员	小计	办事人员	安全和消防人员	其他办事人员和有关人员	小计	批发与零售服务人员	交通运输、仓储和邮政业服务人员
总 计	**87**	**75**	**6236**	**4992**	**1103**	**141**	**36487**	**14496**	**5223**
16−19岁	2		17	12	4	1	474	123	45
20−24岁	6	8	343	258	70	15	2480	847	264
25−29岁	24	13	980	795	170	15	4831	1821	647
30−34岁	15	16	1113	869	221	23	6021	2491	828
35−39岁	13	12	844	680	144	20	5783	2408	861
40−44岁	11	11	750	607	119	24	4705	1840	751
45−49岁	7	8	827	661	147	19	4371	1658	647
50−54岁	5	3	666	538	111	17	3754	1417	636
55−59岁	4	3	521	435	82	4	2541	1089	389
60−64岁			94	75	19		920	463	107
65−69岁		1	55	41	13	1	440	241	39
70−74岁			17	14	3		120	69	7
75岁及以上			9	7		2	47	29	2
男	**44**	**64**	**4314**	**3191**	**1025**	**98**	**19420**	**6608**	**4469**
16−19岁	1		10	6	3	1	277	63	41
20−24岁	5	6	205	133	64	8	1441	399	223
25−29岁	11	11	573	405	155	13	2729	836	551
30−34岁	5	15	682	473	193	16	3230	1117	720
35−39岁	6	7	563	410	139	14	2964	1059	736
40−44岁	3	11	513	388	110	15	2334	793	641
45−49岁	5	8	581	431	138	12	2127	724	535
50−54岁	4	2	552	430	107	15	1953	632	545
55−59岁	4	3	484	398	82	4	1459	544	335
60−64岁			85	66	19		543	245	98
65−69岁		1	49	36	13		259	134	36
70−74岁			13	11	2		78	45	7
75岁及以上			4	4			26	17	1
女	**43**	**11**	**1922**	**1801**	**78**	**43**	**17067**	**7888**	**754**
16−19岁	1		7	6	1		197	60	4
20−24岁	1	2	138	125	6	7	1039	448	41
25−29岁	13	2	407	390	15	2	2102	985	96
30−34岁	10	1	431	396	28	7	2791	1374	108
35−39岁	7	5	281	270	5	6	2819	1349	125
40−44岁	8		237	219	9	9	2371	1047	110
45−49岁	2		246	230	9	7	2244	934	112
50−54岁	1	1	114	108	4	2	1801	785	91
55−59岁			37	37			1082	545	54
60−64岁			9	9			377	218	9
65−69岁			6	5		1	181	107	3
70−74岁			4	3	1		42	24	
75岁及以上			5	3		2	21	12	1

4—7b 续表 3

单位：人

年龄组 性　别	社会生产服务和生活服务人员								
	住宿和餐饮服务人　员	信息传输、软件和信息技术服务人　员	金融服务人　　员	房地产服务人员	租赁和商务服务人　员	技术辅助服务人员	水利、环境和公共设施管理服务人员	居民服务人　　员	电力、燃气及水供应服务人　员
总　计	**7557**	**311**	**501**	**419**	**1192**	**355**	**2324**	**2345**	**376**
16—19岁	213	5	1	2	5	4	1	40	1
20—24岁	738	33	49	34	87	38	32	192	19
25—29岁	1118	86	98	105	161	79	99	329	41
30—34岁	1284	66	105	94	189	91	200	387	53
35—39岁	1166	38	67	44	170	51	345	379	52
40—44岁	894	36	43	46	142	38	393	300	48
45—49岁	834	26	54	39	144	18	491	262	70
50—54岁	704	11	54	22	131	16	369	227	45
55—59岁	394	6	27	26	108	12	254	137	38
60—64岁	134	2	2	4	40	5	94	40	8
65—69岁	60	2		3	12	3	41	28	1
70—74岁	13				2		5	18	
75岁及以上	5		1		1			6	
男	**3292**	**203**	**262**	**251**	**1019**	**252**	**614**	**1032**	**312**
16—19岁	107	3		2	5	4	1	26	1
20—24岁	393	18	22	22	66	29	20	105	18
25—29岁	559	48	45	62	135	56	42	160	33
30—34岁	575	40	55	54	150	66	66	154	46
35—39岁	480	29	31	29	142	37	68	164	41
40—44岁	318	26	16	23	125	25	72	121	34
45—49岁	317	21	33	22	121	12	99	94	53
50—54岁	261	9	35	12	121	10	97	93	41
55—59岁	171	6	23	19	104	6	97	64	37
60—64岁	69	2	2	3	38	4	35	22	7
65—69岁	34	1		3	10	3	15	15	1
70—74岁	7				2		2	10	
75岁及以上	1							4	
女	**4265**	**108**	**239**	**168**	**173**	**103**	**1710**	**1313**	**64**
16—19岁	106	2	1					14	
20—24岁	345	15	27	12	21	9	12	87	1
25—29岁	559	38	53	43	26	23	57	169	8
30—34岁	709	26	50	40	39	25	134	233	7
35—39岁	686	9	36	15	28	14	277	215	11
40—44岁	576	10	27	23	17	13	321	179	14
45—49岁	517	5	21	17	23	6	392	168	17
50—54岁	443	2	19	10	10	6	272	134	4
55—59岁	223		4	7	4	6	157	73	1
60—64岁	65			1	2	1	59	18	1
65—69岁	26	1			2		26	13	
70—74岁	6						3	8	
75岁及以上	4		1		1			2	

4-7b　续表 4　　　　　　　　　　　　　　　　　　　　　　　　单位：人

年龄组 性　别	社会生产服务和生活服务人员				农、林、牧、渔业生产及辅助人员				
	修理及制作服务人　员	文化、体育和娱乐服务人员	健康服务人　　员	其他社会生产和生活服务人　员	小计	农业生产人　　员	林业生产人　　员	畜牧业生产人员	渔业生产人　　员
总　计	**1037**	**250**	**65**	**36**	**25916**	**17283**	**1832**	**1064**	**5121**
16-19岁	21	13			285	138	12	3	126
20-24岁	92	47	6	2	1063	568	35	22	406
25-29岁	176	57	10	4	2028	1200	84	75	584
30-34岁	170	46	9	8	2642	1633	150	108	653
35-39岁	165	24	8	5	3108	1992	212	139	667
40-44岁	146	13	7	8	3008	1989	243	118	580
45-49岁	99	16	12	1	3263	2142	286	136	629
50-54岁	97	20	4	1	3794	2595	354	164	613
55-59岁	43	10	6	2	3402	2411	284	137	514
60-64岁	15	3	1	2	1637	1236	96	76	214
65-69岁	8			2	1096	880	51	51	105
70-74岁	4	1	1		384	318	15	27	23
75岁及以上	1		1	1	206	181	10	8	7
男	**925**	**127**	**30**	**24**	**15628**	**9503**	**1178**	**698**	**3985**
16-19岁	19	5			230	106	9	3	110
20-24岁	89	31	4	2	766	368	26	18	342
25-29岁	168	29	4	1	1402	747	55	63	498
30-34岁	154	22	5	6	1694	962	111	64	511
35-39岁	136	8	1	3	1888	1114	130	93	511
40-44岁	127	5	2	6	1787	1089	148	77	440
45-49岁	83	7	5	1	1841	1115	166	83	452
50-54岁	84	9	3	1	2160	1357	222	101	452
55-59岁	39	8	5	1	1922	1222	196	86	393
60-64岁	14	2		2	948	657	68	47	168
65-69岁	7				651	489	33	38	86
70-74岁	4	1			217	172	7	20	17
75岁及以上	1		1	1	122	105	7	5	5
女	**112**	**123**	**35**	**12**	**10288**	**7780**	**654**	**366**	**1136**
16-19岁	2	8			55	32	3		16
20-24岁	3	16	2		297	200	9	4	64
25-29岁	8	28	6	3	626	453	29	12	86
30-34岁	16	24	4	2	948	671	39	44	142
35-39岁	29	16	7	2	1220	878	82	46	156
40-44岁	19	8	5	2	1221	900	95	41	140
45-49岁	16	9	7		1422	1027	120	53	177
50-54岁	13	11	1		1634	1238	132	63	161
55-59岁	4	2	1	1	1480	1189	88	51	121
60-64岁	1	1	1		689	579	28	29	46
65-69岁	1			2	445	391	18	13	19
70-74岁			1		167	146	8	7	6
75岁及以上					84	76	3	3	2

4-7b 续表 5 单位：人

年龄组 性别	农林牧渔生产辅助人员	其他农、林、牧、渔业生产加工人员	生产制造及有关人员 小计	农副产品加工人员	食品、饮料生产加工人员	烟草及其制品加工人员	纺织、针织、印染人员	纺织品、服装和皮革、毛皮制品加工制作人员	木材加工、家具与木制品制作人员
总 计	**539**	**77**	**14872**	**981**	**404**	**1**	**167**	**289**	**379**
16-19岁	6		156	11	7		8	6	3
20-24岁	27	5	815	28	26		12	11	11
25-29岁	74	11	1737	124	39		26	21	33
30-34岁	89	9	2280	148	69		21	56	43
35-39岁	83	15	2371	157	58		21	52	55
40-44岁	66	12	1973	133	60		16	29	52
45-49岁	61	9	1984	112	57	1	15	41	51
50-54岁	61	7	1762	120	37		16	34	71
55-59岁	50	6	1163	97	34		13	29	27
60-64岁	14	1	375	30	10		9	6	16
65-69岁	7	2	168	11	6		7	3	10
70-74岁	1		57	5	1		1	1	5
75岁及以上			31	5			2		2
男	**225**	**39**	**11085**	**482**	**245**	**1**	**15**	**114**	**316**
16-19岁	2		110	5	5		1	1	2
20-24岁	10	2	665	14	20		3	8	8
25-29岁	30	9	1362	68	27			12	26
30-34岁	41	5	1766	78	45		2	26	35
35-39岁	34	6	1754	70	35		1	18	46
40-44岁	29	4	1400	56	33			9	46
45-49岁	21	4	1383	46	33	1	1	11	40
50-54岁	25	3	1282	63	18		1	16	60
55-59岁	22	3	898	51	21		1	11	23
60-64岁	7	1	281	20	5		1	1	13
65-69岁	3	2	123	5	3		2		10
70-74岁	1		41	3			1	1	5
75岁及以上			20	3			1		2
女	**314**	**38**	**3787**	**499**	**159**		**152**	**175**	**63**
16-19岁	4		46	6	2		7	5	1
20-24岁	17	3	150	14	6		9	3	3
25-29岁	44	2	375	56	12		26	9	7
30-34岁	48	4	514	70	24		19	30	8
35-39岁	49	9	617	87	23		20	34	9
40-44岁	37	8	573	77	27		16	20	6
45-49岁	40	5	601	66	24		14	30	11
50-54岁	36	4	480	57	19		15	18	11
55-59岁	28	3	265	46	13		12	18	4
60-64岁	7		94	10	5		8	5	3
65-69岁	4		45	6	3		5	3	
70-74岁			16	2	1				
75岁及以上			11	2			1		

4-7b　续表 6　　　　单位：人

年龄组 性　别	生产制造及有关人员								
	纸及纸制品生产加工人员	印刷和记录媒介复制人员	文教、工美、体育和娱乐用品制造人　员	石油加工和炼焦、煤化工生产人员	化学原料和化学制品制造人　员	医药制造人　　员	化学纤维制造人员	橡胶和塑料制品制造人员	非金属矿物制品制造人员
总　计	**233**	**43**	**200**	**165**	**127**	**100**	**3**	**81**	**293**
16-19岁		2	4			2		1	2
20-24岁	15	2	12	14	2	7		2	18
25-29岁	34	6	15	35	16	17	2	10	27
30-34岁	66	4	28	43	19	22	1	14	47
35-39岁	66	10	52	31	23	21		15	42
40-44岁	26	5	31	19	23	11		10	54
45-49岁	11	5	19	12	16	13		13	46
50-54岁	8	4	21	7	12	6		8	28
55-59岁	3	2	9	4	11	1		7	19
60-64岁	1	2	3		3				3
65-69岁	2	1	6						5
70-74岁	1				2			1	
75岁及以上									2
男	**166**	**20**	**110**	**141**	**104**	**46**	**3**	**57**	**239**
16-19岁		2	4			1		1	2
20-24岁	14	1	7	11	2	7		1	17
25-29岁	26	2	8	30	16	9	2	7	22
30-34岁	52		15	37	15	7	1	7	42
35-39岁	42	5	26	28	21	9		13	32
40-44岁	17	4	19	14	15	5		9	45
45-49岁	7	4	6	10	13	3		8	33
50-54岁	3		12	7	9	4		5	24
55-59岁	3	2	6	4	9	1		6	15
60-64岁			2		3				3
65-69岁	2		5						4
70-74岁					1				
75岁及以上									
女	**67**	**23**	**90**	**24**	**23**	**54**		**24**	**54**
16-19岁						1			
20-24岁	1	1	5	3				1	1
25-29岁	8	4	7	5		8		3	5
30-34岁	14	4	13	6	4	15		7	5
35-39岁	24	5	26	3	2	12		2	10
40-44岁	9	1	12	5	8	6		1	9
45-49岁	4	1	13	2	3	10		5	13
50-54岁	5	4	9		3	2		3	4
55-59岁			3		2			1	4
60-64岁	1	2	1						
65-69岁		1	1						1
70-74岁	1				1			1	
75岁及以上									2

4-7b 续表 7

单位：人

年龄组 性 别	生产制造及有关人员								
	采矿人员	金属冶炼和压延加工人员	机械制造基础加工人 员	金属制品制造人员	通用设备制造人员	专用设备制造人员	汽车制造人 员	铁路、船舶、航空设备制造人 员	电气机械和器材制造人员
总 计	**138**	**24**	**242**	**287**	**45**	**7**	**16**	**15**	**22**
16-19岁				3				1	
20-24岁	5		4	20			1	3	3
25-29岁	5	3	26	33	4	2	2		6
30-34岁	11	4	32	41	8	2	1	3	2
35-39岁	9	7	46	53	5		8	2	3
40-44岁	15	2	38	57	5	2	1	1	
45-49岁	24	1	34	41	8	1	2	4	4
50-54岁	41	2	29	19	5		1	1	
55-59岁	20	2	21	16	5				4
60-64岁	5	1	7	4	2				
65-69岁	1	1	3		2				
70-74岁	1	1	2		1				
75岁及以上	1								
男	**119**	**19**	**216**	**220**	**40**	**6**	**13**	**9**	**17**
16-19岁				3					
20-24岁	4		4	19			1	3	3
25-29岁	4	2	26	24	4	2	2		5
30-34岁	10	4	29	34	8	1	1	2	2
35-39岁	8	6	41	39	3		6	2	1
40-44岁	9	2	31	39	5	2	1	1	
45-49岁	18	1	31	31	7	1	1	1	3
50-54岁	40		27	13	4		1		
55-59岁	20	1	17	14	5				3
60-64岁	5	1	6	4	1				
65-69岁	1	1	3		2				
70-74岁		1	1		1				
75岁及以上									
女	**19**	**5**	**26**	**67**	**5**	**1**	**3**	**6**	**5**
16-19岁								1	
20-24岁	1			1					
25-29岁	1	1		9					1
30-34岁	1		3	7		1		1	
35-39岁	1	1	5	14	2		2		2
40-44岁	6		7	18					
45-49岁	6		3	10	1		1	3	1
50-54岁	1	2	2	6	1			1	
55-59岁		1	4	2					1
60-64岁			1		1				
65-69岁									
70-74岁	1		1						
75岁及以上	1								

4-7b 续表 8

单位：人

年龄组 性别	生产制造及有关人员								不便分类的其他从业人员
	计算机、通信和其他电子设备制造人员	仪器仪表制造人员	废弃资源综合利用人员	电力、热力、气体、水生产和输配人员	建筑施工人员	运输设备和通用工程机械操作人员及有关人员	生产辅助人员	其他生产制造及有关人员	
总　计	**146**	**12**	**23**	**106**	**8120**	**560**	**1609**	**34**	**1303**
16-19岁	8			2	79	6	11		48
20-24岁	19	1	1	6	448	32	112		92
25-29岁	34	3	3	12	893	95	210	1	194
30-34岁	33	3	2	13	1178	95	261	10	196
35-39岁	20	3	2	14	1226	91	272	7	182
40-44岁	15		3	9	1072	75	204	5	182
45-49岁	6	1	6	18	1120	69	229	4	158
50-54岁	5	1	3	16	1032	57	176	2	102
55-59岁	2		3	14	691	33	95	1	79
60-64岁	4			2	238	6	21	2	42
65-69岁					98	1	10	1	16
70-74岁					28		6	1	4
75岁及以上					17		2		8
男	**104**	**12**	**17**	**90**	**6475**	**531**	**1118**	**20**	**813**
16-19岁	4			2	63	6	8		28
20-24岁	12	1	1	5	380	32	87		60
25-29岁	26	3	3	10	752	89	154	1	121
30-34岁	23	3	1	13	987	90	192	4	130
35-39岁	14	3	2	13	1003	88	174	5	110
40-44岁	11		2	6	829	69	119	2	95
45-49岁	5	1	3	11	829	67	154	3	101
50-54岁	5	1	2	16	769	51	129	2	70
55-59岁	1		3	12	563	33	73		53
60-64岁	3			2	188	6	16	1	30
65-69岁					79		5	1	8
70-74岁					20		6	1	2
75岁及以上					13		1		5
女	**42**		**6**	**16**	**1645**	**29**	**491**	**14**	**490**
16-19岁	4				16		3		20
20-24岁	7			1	68		25		32
25-29岁	8			2	141	6	56		73
30-34岁	10		1		191	5	69	6	66
35-39岁	6			1	223	3	98	2	72
40-44岁	4		1	3	243	6	85	3	87
45-49岁	1		3	7	291	2	75	1	57
50-54岁			1		263	6	47		32
55-59岁	1			2	128		22	1	26
60-64岁	1				50		5	1	12
65-69岁					19	1	5		8
70-74岁					8				2
75岁及以上					4		1		3

4-7c 全省分年龄、性别、职业中类的就业人口(乡村)

单位：人

年龄组 性别	合计	党的机关、国家机关、群众团体和社会组织、企事业单位负责人						
		小计	中国共产党机关负责人	国家机关负责人	民主党派和工商联负责人	人民团体和群众团体、社会组织及其他成员组织负责人	基层群众自治组织负责人	企事业单位负责人
总 计	**170279**	**1004**		**44**		**57**	**124**	**779**
16-19岁	2501	4						4
20-24岁	9943	24				1		23
25-29岁	18100	87		5		4	2	76
30-34岁	21562	149		4		7	3	135
35-39岁	22711	142		1		9	10	122
40-44岁	19690	168		9		9	31	119
45-49岁	20411	144		4		10	13	117
50-54岁	21231	124		4		5	26	89
55-59岁	18128	123		10		10	25	78
60-64岁	7933	32		6		2	11	13
65-69岁	5051	5					3	2
70-74岁	1994	1						1
75岁及以上	1024	1		1				
男	**101720**	**765**		**37**		**38**	**114**	**576**
16-19岁	1695	2						2
20-24岁	6266	16				1		15
25-29岁	11271	61		2		3	1	55
30-34岁	13245	102		3		4	2	93
35-39岁	13599	97				7	7	83
40-44岁	11559	125		9		6	28	82
45-49岁	11491	109		4		6	12	87
50-54岁	12330	108		3		2	26	77
55-59岁	10931	111		10		7	24	70
60-64岁	4591	29		5		2	11	11
65-69岁	2961	4					3	1
70-74岁	1187							
75岁及以上	594	1		1				
女	**68559**	**239**		**7**		**19**	**10**	**203**
16-19岁	806	2						2
20-24岁	3677	8						8
25-29岁	6829	26		3		1	1	21
30-34岁	8317	47		1		3	1	42
35-39岁	9112	45		1		2	3	39
40-44岁	8131	43				3	3	37
45-49岁	8920	35				4	1	30
50-54岁	8901	16		1		3		12
55-59岁	7197	12				3	1	8
60-64岁	3342	3		1				2
65-69岁	2090	1						1
70-74岁	807	1						1
75岁及以上	430							

4-7c　续表 1　　　　单位：人

年龄组 性　别	专业技术人员									
	小计	科学研究人员	工程技术人员	农业技术人员	飞机和船舶技术人员	卫生专业技术人员	经济和金融专业人员	法律、社会和宗教专业人员	教学人员	文学艺术、体育专业人员
总　计	**5954**	**10**	**935**	**224**	**13**	**1067**	**712**	**99**	**2631**	**121**
16−19岁	92		9	1		17	4		45	14
20−24岁	776		119	14	1	156	88	9	337	31
25−29岁	1121	3	162	17	3	241	202	19	416	27
30−34岁	923	2	168	26	4	149	140	14	378	18
35−39岁	732	1	136	34	4	110	89	12	316	12
40−44岁	589		107	40		100	48	10	269	4
45−49岁	540	2	84	30	1	84	51	7	267	5
50−54岁	605	1	76	35		99	48	10	322	4
55−59岁	414		57	14		76	32	10	211	3
60−64岁	81		9	7		21	3	4	31	2
65−69岁	49		6	1		11	6	3	21	1
70−74岁	21	1	2	2		3	1	1	10	
75岁及以上	11			3					8	
男	**2994**	**5**	**856**	**164**	**12**	**385**	**250**	**68**	**1070**	**92**
16−19岁	37		9	1		1	1		11	12
20−24岁	244		100	12	1	23	18	3	51	21
25−29岁	373	1	145	13	3	35	43	9	87	20
30−34岁	385		155	19	3	50	42	8	74	16
35−39岁	405		130	24	4	48	31	8	141	9
40−44岁	335		98	29		43	21	9	124	4
45−49岁	317	2	77	19	1	40	28	5	135	4
50−54岁	402	1	70	27		57	32	9	198	3
55−59岁	361		57	10		60	25	10	188	1
60−64岁	65		9	6		18	2	3	25	1
65−69岁	43		5			8	6	3	20	1
70−74岁	18	1	1	2		2	1	1	9	
75岁及以上	9			2					7	
女	**2960**	**5**	**79**	**60**	**1**	**682**	**462**	**31**	**1561**	**29**
16−19岁	55					16	3		34	2
20−24岁	532		19	2		133	70	6	286	10
25−29岁	748	2	17	4		206	159	10	329	7
30−34岁	538	2	13	7	1	99	98	6	304	2
35−39岁	327	1	6	10		62	58	4	175	3
40−44岁	254		9	11		57	27	1	145	
45−49岁	223		7	11		44	23	2	132	1
50−54岁	203		6	8		42	16	1	124	1
55−59岁	53			4		16	7		23	2
60−64岁	16			1		3	1	1	6	1
65−69岁	6		1	1		3			1	
70−74岁	3		1			1			1	
75岁及以上	2			1					1	

4-7c 续表 2　　单位：人

年龄组 性　别	专业技术人员		办事人员和有关人员				社会生产服务和生活服务人员		
	新闻出版、文化专业人员	其他专业技术人员	小计	办事人员	安全和消防人员	其他办事人员和有关人员	小计	批发与零售服务人员	交通运输、仓储和邮政业服务人员
总　计	**59**	**83**	**4600**	**3526**	**967**	**107**	**39022**	**12536**	**5635**
16-19岁		2	30	17	13		1072	211	65
20-24岁	14	7	395	308	78	9	3874	1049	435
25-29岁	16	15	764	579	170	15	6087	2025	789
30-34岁	15	9	801	595	186	20	6361	2268	950
35-39岁	6	12	542	400	130	12	5969	2071	992
40-44岁	2	9	498	379	112	7	4518	1436	666
45-49岁	4	5	491	372	107	12	3949	1168	637
50-54岁	1	9	441	367	65	9	3378	1007	570
55-59岁	1	10	459	363	77	19	2403	755	373
60-64岁		4	107	85	19	3	811	298	107
65-69岁			46	39	6	1	433	176	39
70-74岁		1	16	15	1		110	49	8
75岁及以上			10	7	3		57	23	4
男	**31**	**61**	**3339**	**2328**	**938**	**73**	**21704**	**6028**	**4992**
16-19岁		2	20	7	13		678	103	52
20-24岁	8	7	228	149	76	3	2248	476	360
25-29岁	6	11	461	287	165	9	3430	885	697
30-34岁	10	8	535	351	173	11	3651	1088	866
35-39岁	2	8	410	271	128	11	3204	952	898
40-44岁	1	6	384	272	108	4	2349	679	592
45-49岁	3	3	365	251	105	9	2019	575	551
50-54岁		5	355	284	64	7	1897	519	502
55-59岁	1	9	418	324	77	17	1395	416	336
60-64岁		1	98	77	19	2	501	183	91
65-69岁			42	36	6		232	99	36
70-74岁		1	13	12	1		68	37	8
75岁及以上			10	7	3		32	16	3
女	**28**	**22**	**1261**	**1198**	**29**	**34**	**17318**	**6508**	**643**
16-19岁			10	10			394	108	13
20-24岁	6		167	159	2	6	1626	573	75
25-29岁	10	4	303	292	5	6	2657	1140	92
30-34岁	5	1	266	244	13	9	2710	1180	84
35-39岁	4	4	132	129	2	1	2765	1119	94
40-44岁	1	3	114	107	4	3	2169	757	74
45-49岁	1	2	126	121	2	3	1930	593	86
50-54岁	1	4	86	83	1	2	1481	488	68
55-59岁		1	41	39		2	1008	339	37
60-64岁		3	9	8		1	310	115	16
65-69岁			4	3		1	201	77	3
70-74岁			3	3			42	12	
75岁及以上							25	7	1

4-7c　续表 3　　　　单位：人

年龄组 性　别	社会生产服务和生活服务人员								
	住宿和餐饮服务人　员	信息传输、软件和信息技术服务人　员	金融服务人　　员	房地产服务人员	租赁和商务服务人　员	技术辅助服务人员	水利、环境和公共设施管理服务人员	居民服务人　　员	电力、燃气及水供应服务人　员
总　计	**9089**	**246**	**246**	**518**	**1699**	**317**	**3934**	**2706**	**412**
16-19岁	555	4		6	27	9	13	88	6
20-24岁	1350	38	35	73	220	61	76	268	28
25-29岁	1685	61	69	124	226	109	185	450	53
30-34岁	1447	67	65	107	253	58	348	422	61
35-39岁	1280	32	34	63	212	41	549	394	67
40-44岁	975	18	14	36	214	11	625	279	54
45-49岁	750	8	11	41	177	10	712	270	49
50-54岁	545	10	10	42	187	6	647	201	52
55-59岁	341	5	8	22	116	8	488	195	28
60-64岁	102	2		2	45	2	163	68	9
65-69岁	49	1		2	11	1	104	38	3
70-74岁	8				6	1	20	16	1
75岁及以上	2				5		4	17	1
男	**4092**	**169**	**143**	**316**	**1410**	**228**	**1245**	**1293**	**381**
16-19岁	340	4		4	20	5	7	53	6
20-24岁	708	26	23	46	147	43	40	151	28
25-29岁	835	34	36	69	175	78	80	231	52
30-34岁	650	44	35	72	209	47	101	208	54
35-39岁	521	22	21	36	180	29	142	163	61
40-44岁	349	16	6	20	188	7	163	121	50
45-49岁	262	7	7	25	158	7	175	110	44
50-54岁	202	9	7	28	173	4	232	92	46
55-59岁	144	4	8	13	107	4	188	97	28
60-64岁	53	2		1	39	2	71	38	8
65-69岁	26	1		2	8	1	34	16	3
70-74岁	1				3	1	11	6	
75岁及以上	1				3		1	7	1
女	**4997**	**77**	**103**	**202**	**289**	**89**	**2689**	**1413**	**31**
16-19岁	215			2	7	4	6	35	
20-24岁	642	12	12	27	73	18	36	117	
25-29岁	850	27	33	55	51	31	105	219	1
30-34岁	797	23	30	35	44	11	247	214	7
35-39岁	759	10	13	27	32	12	407	231	6
40-44岁	626	2	8	16	26	4	462	158	4
45-49岁	488	1	4	16	19	3	537	160	5
50-54岁	343	1	3	14	14	2	415	109	6
55-59岁	197	1		9	9	4	300	98	
60-64岁	49			1	6		92	30	1
65-69岁	23				3		70	22	
70-74岁	7				3		9	10	1
75岁及以上	1				2		3	10	

4-7c 续表 4

单位：人

年龄组 性　别	社会生产服务和生活服务人员				农、林、牧、渔业生产及辅助人员				
	修理及制作服务人　员	文化、体育和娱乐服务人员	健康服务人　员	其他社会生产和生活服务人　员	小计	农业生产人　员	林业生产人　员	畜牧业生产人员	渔业生产人　员
总　计	**1271**	**298**	**59**	**56**	**97341**	**77264**	**10815**	**4161**	**3688**
16-19岁	60	24		4	931	741	91	40	37
20-24岁	165	69	2	5	3331	2702	265	108	155
25-29岁	231	62	11	7	7104	5703	650	256	335
30-34岁	247	56	2	10	9880	7905	989	362	434
35-39岁	172	37	16	9	12079	9385	1416	499	544
40-44岁	163	21	3	3	11223	8726	1393	454	461
45-49岁	96	13	4	3	12541	9707	1671	520	466
50-54岁	80	6	10	5	14144	11092	1769	623	510
55-59岁	42	7	8	7	12839	10122	1583	570	442
60-64岁	9	2		2	6322	5281	535	306	162
65-69岁	5	1	3		4241	3591	293	236	101
70-74岁	1				1783	1526	98	121	31
75岁及以上				1	923	783	62	66	10
男	**1153**	**184**	**30**	**40**	**55775**	**42875**	**6763**	**2602**	**2735**
16-19岁	60	20		4	661	522	70	30	27
20-24岁	156	42		2	2264	1764	204	87	144
25-29岁	215	32	5	6	4524	3545	444	176	273
30-34岁	229	39		9	5875	4572	622	242	330
35-39岁	149	19	6	5	7010	5313	891	294	379
40-44岁	142	10	3	3	6397	4850	848	284	320
45-49岁	84	9	3	2	6757	5081	976	297	313
50-54岁	67	4	9	3	7693	5777	1086	366	372
55-59岁	37	6	3	4	7180	5378	1024	360	338
60-64岁	9	2		2	3437	2786	315	191	126
65-69岁	4	1	1		2412	1984	185	149	82
70-74岁	1				1042	863	65	86	23
75岁及以上					523	440	33	40	8
女	**118**	**114**	**29**	**16**	**41566**	**34389**	**4052**	**1559**	**953**
16-19岁		4			270	219	21	10	10
20-24岁	9	27	2	3	1067	938	61	21	11
25-29岁	16	30	6	1	2580	2158	206	80	62
30-34岁	18	17	2	1	4005	3333	367	120	104
35-39岁	23	18	10	4	5069	4072	525	205	165
40-44岁	21	11			4826	3876	545	170	141
45-49岁	12	4	1	1	5784	4626	695	223	153
50-54岁	13	2	1	2	6451	5315	683	257	138
55-59岁	5	1	5	3	5659	4744	559	210	104
60-64岁					2885	2495	220	115	36
65-69岁	1		2		1829	1607	108	87	19
70-74岁					741	663	33	35	8
75岁及以上				1	400	343	29	26	2

4-7c　续表 5

单位：人

年龄组 性　别	农林牧渔生产辅助人员	其他农、林、牧、渔业生产加工人员	生产制造及有关人员 小计	农副产品加工人员	食品、饮料生产加工人员	烟草及其制品加工人员	纺织、针织、印染人员	纺织品、服装和皮革、毛皮制品加工制作人员	木材加工、家具与木制品制作人员
总　计	**876**	**537**	**21295**	**768**	**461**	**7**	**29**	**272**	**635**
16-19岁	13	9	286	4	13		2	3	7
20-24岁	46	55	1411	26	45		1	22	24
25-29岁	74	86	2787	61	72	1	2	26	62
30-34岁	89	101	3263	117	65		9	48	75
35-39岁	128	107	3107	138	55	1	5	40	78
40-44岁	114	75	2588	102	77	1	2	47	73
45-49岁	133	44	2661	116	49	2	1	39	89
50-54岁	121	29	2459	90	34	1	3	29	105
55-59岁	106	16	1845	70	33		2	13	76
60-64岁	29	9	549	21	13		1	2	28
65-69岁	15	5	261	20	3	1		2	13
70-74岁	6	1	58	2	2			1	4
75岁及以上	2		20	1			1		1
男	**534**	**266**	**16505**	**423**	**295**	**1**	**7**	**113**	**507**
16-19岁	7	5	250	2	11		2	2	7
20-24岁	30	35	1189	21	32			15	20
25-29岁	44	42	2326	41	50			13	56
30-34岁	53	56	2586	65	42			16	51
35-39岁	81	52	2388	62	38		1	17	53
40-44岁	69	26	1898	51	39		1	16	55
45-49岁	72	18	1879	48	32	1		13	65
50-54岁	76	16	1831	53	19			10	87
55-59岁	72	8	1439	45	24		1	9	69
60-64岁	15	4	444	15	4		1	1	28
65-69岁	9	3	216	17	3			1	11
70-74岁	4	1	42	2	1				4
75岁及以上	2		17	1			1		1
女	**342**	**271**	**4790**	**345**	**166**	**6**	**22**	**159**	**128**
16-19岁	6	4	36	2	2			1	
20-24岁	16	20	222	5	13		1	7	4
25-29岁	30	44	461	20	22	1	2	13	6
30-34岁	36	45	677	52	23		9	32	24
35-39岁	47	55	719	76	17	1	4	23	25
40-44岁	45	49	690	51	38	1	1	31	18
45-49岁	61	26	782	68	17	1	1	26	24
50-54岁	45	13	628	37	15	1	3	19	18
55-59岁	34	8	406	25	9		1	4	7
60-64岁	14	5	105	6	9			1	
65-69岁	6	2	45	3		1		1	2
70-74岁	2		16		1			1	
75岁及以上			3						

4−7c 续表 6 单位：人

年龄组 性 别	生产制造及有关人员								
	纸及纸制品生产加工人员	印刷和记录媒介复制人员	文教、工美、体育和娱乐用品制造人 员	石油加工和炼焦、煤化工生产人员	化学原料和化学制品制造人 员	医药制造人 员	化学纤维制造人员	橡胶和塑料制品制造人员	非金属矿物制品制造人员
总 计	**50**	**41**	**151**	**28**	**177**	**54**	**1**	**388**	**412**
16−19岁	1		5	1	3	1		4	4
20−24岁	1	8	15	3	8	7		13	19
25−29岁	13	9	24	10	26	14		25	30
30−34岁	10	9	32	8	34	11	1	51	55
35−39岁	6	7	23	1	26	9		60	53
40−44岁	3	3	13	2	13	7		55	62
45−49岁	5	3	16	1	16	3		40	78
50−54岁	3	1	8	1	17	1		71	58
55−59岁	4	1	7	1	12	1		53	39
60−64岁	2		3		9			9	8
65−69岁	2		1		11			5	6
70−74岁			2		2			2	
75岁及以上			2						
男	**35**	**33**	**90**	**27**	**127**	**29**	**1**	**241**	**302**
16−19岁			5	1	3			3	4
20−24岁	1	7	13	3	8	3		12	18
25−29岁	12	7	18	10	21	6		15	27
30−34岁	7	7	13	8	25	5	1	30	43
35−39岁	5	5	12	1	17	8		35	31
40−44岁	1	3	8	2	10	3		27	45
45−49岁	1	2	10	1	11	2		16	51
50−54岁	3	1	5	1	10	1		50	36
55−59岁	2	1	3		10	1		38	34
60−64岁	1		3		4			8	7
65−69岁	2				8			5	6
70−74岁								2	
75岁及以上									
女	**15**	**8**	**61**	**1**	**50**	**25**		**147**	**110**
16−19岁	1					1		1	
20−24岁		1	2			4		1	1
25−29岁	1	2	6		5	8		10	3
30−34岁	3	2	19		9	6		21	12
35−39岁	1	2	11		9	1		25	22
40−44岁	2		5		3	4		28	17
45−49岁	4	1	6		5	1		24	27
50−54岁			3		7			21	22
55−59岁	2		4	1	2			15	5
60−64岁	1				5			1	1
65−69岁			1		3				
70−74岁			2		2				
75岁及以上			2						

4-7c　续表 7　　　　单位：人

年龄组 性　别	生产制造及有关人员								
	采矿人员	金属冶炼和压延加工人员	机械制造基础加工人员	金属制品制造人员	通用设备制造人员	专用设备制造人员	汽车制造人员	铁路、船舶、航空设备制造人员	电气机械和器材制造人员
总　计	**97**	**29**	**333**	**284**	**60**	**31**	**18**	**8**	**32**
16–19岁			5	3	1	1			1
20–24岁		2	9	15	3	8		1	7
25–29岁	3	2	41	34	5	11	3	1	7
30–34岁	16	6	75	68	12	7	5	1	5
35–39岁	11	3	72	58	13	2	6	1	2
40–44岁	17	1	40	36	7	1	2	1	5
45–49岁	18	4	33	33	7	1	1	1	4
50–54岁	21	5	29	18	5			1	
55–59岁	8	3	20	11	4		1	1	1
60–64岁	2	2	3	7	1				
65–69岁		1	5		2				
70–74岁	1								
75岁及以上			1	1					
男	**77**	**27**	**313**	**234**	**53**	**30**	**15**	**6**	**25**
16–19岁			5	3	1	1			1
20–24岁		2	8	15	3	8		1	6
25–29岁	2	2	38	30	5	11	3		6
30–34岁	12	4	71	50	12	6	5	1	4
35–39岁	6	3	68	51	12	2	6	1	2
40–44岁	14	1	35	28	5	1	1	1	3
45–49岁	14	4	31	26	5	1		1	3
50–54岁	18	5	28	13	4			1	
55–59岁	8	3	20	11	4				
60–64岁	2	2	3	6	1				
65–69岁		1	5		1				
70–74岁	1								
75岁及以上			1	1					
女	**20**	**2**	**20**	**50**	**7**	**1**	**3**	**2**	**7**
16–19岁									
20–24岁			1						1
25–29岁	1		3	4				1	1
30–34岁	4	2	4	18		1			1
35–39岁	5		4	7	1				
40–44岁	3		5	8	2		1		2
45–49岁	4		2	7	2		1		1
50–54岁	3		1	5	1				
55–59岁							1	1	1
60–64岁				1					
65–69岁					1				
70–74岁									
75岁及以上									

4-7c 续表 8 单位：人

年龄组 性别	生产制造及有关人员								不便分类的其他从业人员
	计算机、通信和其他电子设备制造人员	仪器仪表制造人员	废弃资源综合利用人员	电力、热力、气体、水生产和输配人员	建筑施工人员	运输设备和通用工程机械操作人员及有关人员	生产辅助人员	其他生产制造及有关人员	
总　计	**241**	**5**	**8**	**76**	**13615**	**782**	**2118**	**84**	**1063**
16-19岁	14				163	17	32	1	86
20-24岁	44	3		3	853	65	203	3	132
25-29岁	76			13	1738	147	318	13	150
30-34岁	42	1	1	12	1962	154	352	19	185
35-39岁	30	1	1	9	1947	144	292	13	140
40-44岁	15		1	18	1634	83	256	11	106
45-49岁	11		3	9	1739	71	261	7	85
50-54岁	6			4	1668	70	208	2	80
55-59岁	3		1	6	1305	28	134	7	45
60-64岁				1	391	2	37	7	31
65-69岁			1	1	171		15	1	16
70-74岁					33	1	8		5
75岁及以上					11		2		2
男	**170**	**5**	**5**	**72**	**11111**	**750**	**1343**	**38**	**638**
16-19岁	12				142	17	27	1	47
20-24岁	35	3		3	740	65	146	1	77
25-29岁	54			12	1511	144	224	8	96
30-34岁	33	1	1	11	1687	147	220	8	111
35-39岁	16	1		8	1601	136	185	5	85
40-44岁	7		1	17	1294	78	145	6	71
45-49岁	4		1	9	1313	67	143	4	45
50-54岁	6			4	1270	69	136	1	44
55-59岁	3		1	6	1038	25	82	1	27
60-64岁				1	334	2	19	2	17
65-69岁			1	1	145		8	1	12
70-74岁					26		6		4
75岁及以上					10		2		2
女	**71**		**3**	**4**	**2504**	**32**	**775**	**46**	**425**
16-19岁	2				21		5		39
20-24岁	9				113		57	2	55
25-29岁	22			1	227	3	94	5	54
30-34岁	9			1	275	7	132	11	74
35-39岁	14		1	1	346	8	107	8	55
40-44岁	8			1	340	5	111	5	35
45-49岁	7		2		426	4	118	3	40
50-54岁					398	1	72	1	36
55-59岁					267	3	52	6	18
60-64岁					57		18	5	14
65-69岁					26		7		4
70-74岁					7	1	2		1
75岁及以上					1				

第二部分　长表数据资料

第五卷　婚姻

5-1 各地区分性别、婚姻状况的15岁及以上人口

单位：人

地区	15岁及以上人口			未婚		
	合计	男	女	小计	男	女
全省	**739671**	**387457**	**352214**	**180442**	**114936**	**65506**
海口市	**210867**	**107961**	**102906**	**59236**	**34009**	**25227**
秀英区	40155	21345	18810	9986	6209	3777
龙华区	57745	29687	28058	16273	9482	6791
琼山区	47418	24271	23147	12471	7259	5212
美兰区	65549	32658	32891	20506	11059	9447
三亚市	**74850**	**39546**	**35304**	**21345**	**13209**	**8136**
海棠区	7077	3849	3228	1764	1165	599
吉阳区	33176	17408	15768	10602	6217	4385
天涯区	25946	13618	12328	7184	4536	2648
崖州区	8651	4671	3980	1795	1291	504
三沙市						
儋州市	**66204**	**35123**	**31081**	**15297**	**10102**	**5195**
五指山市	8584	4524	4060	2428	1569	859
琼海市	40603	21042	19561	7807	5193	2614
文昌市	43303	21896	21407	7737	4924	2813
万宁市	41819	22131	19688	8655	5957	2698
东方市	32113	16830	15283	7309	4785	2524
定安县	21934	11732	10202	4618	3225	1393
屯昌县	17577	9344	8233	3156	2179	977
澄迈县	35975	19606	16369	7436	5307	2129
临高县	30463	16042	14421	7503	4931	2572
白沙黎族自治县	11614	6278	5336	2474	1806	668
昌江黎族自治县	16620	8812	7808	3472	2414	1058
乐东黎族自治县	34303	18329	15974	9326	6379	2947
陵水黎族自治县	28589	15281	13308	7303	5015	2288
保亭黎族苗族自治县	11634	6194	5440	2580	1887	693
琼中黎族苗族自治县	12619	6786	5833	2760	2045	715

5-1 续表

单位：人

地区	有配偶			离婚			丧偶		
	小计	男	女	小计	男	女	小计	男	女
全省	**508675**	**257201**	**251474**	**12762**	**7232**	**5530**	**37792**	**8088**	**29704**
海口市	**140722**	**70819**	**69903**	**3992**	**1745**	**2247**	**6917**	**1388**	**5529**
秀英区	28197	14517	13680	677	332	345	1295	287	1008
龙华区	38619	19407	19212	1179	473	706	1674	325	1349
琼山区	32479	16284	16195	783	365	418	1685	363	1322
美兰区	41427	20611	20816	1353	575	778	2263	413	1850
三亚市	**49329**	**25075**	**24254**	**1561**	**762**	**799**	**2615**	**500**	**2115**
海棠区	4867	2555	2312	104	61	43	342	68	274
吉阳区	21034	10709	10325	719	321	398	821	161	660
天涯区	17134	8612	8522	592	294	298	1036	176	860
崖州区	6294	3199	3095	146	86	60	416	95	321
三沙市									
儋州市	**46655**	**23690**	**22965**	**785**	**505**	**280**	**3467**	**826**	**2641**
五指山市	5520	2783	2737	165	101	64	471	71	400
琼海市	29545	14883	14662	689	453	236	2562	513	2049
文昌市	31759	15997	15762	555	351	204	3252	624	2628
万宁市	29980	15124	14856	692	479	213	2492	571	1921
东方市	22649	11471	11178	452	255	197	1703	319	1384
定安县	15536	7900	7636	310	225	85	1470	382	1088
屯昌县	12889	6634	6255	330	232	98	1202	299	903
澄迈县	25795	13324	12471	573	435	138	2171	540	1631
临高县	20663	10431	10232	387	261	126	1910	419	1491
白沙黎族自治县	8041	4087	3954	298	201	97	801	184	617
昌江黎族自治县	11765	5980	5785	345	207	138	1038	211	827
乐东黎族自治县	22360	11207	11153	467	279	188	2150	464	1686
陵水黎族自治县	19004	9492	9512	508	322	186	1774	452	1322
保亭黎族苗族自治县	7814	3946	3868	340	208	132	900	153	747
琼中黎族苗族自治县	8649	4358	4291	313	211	102	897	172	725

5-1a 各地区分性别、婚姻状况的15岁及以上人口(城市)

单位：人

地区	15岁及以上人口			未婚		
	合计	男	女	小计	男	女
全省	**272866**	**138969**	**133897**	**74162**	**42803**	**31359**
海口市	**152523**	**77385**	**75138**	**42687**	**24111**	**18576**
秀英区	25437	13336	12101	6644	3923	2721
龙华区	50428	25723	24705	14563	8312	6251
琼山区	31927	16181	15746	8961	5059	3902
美兰区	44731	22145	22586	12519	6817	5702
三亚市	**51096**	**26439**	**24657**	**14418**	**8529**	**5889**
海棠区	3176	1651	1525	717	466	251
吉阳区	26907	13932	12975	7994	4598	3396
天涯区	17025	8690	8335	4909	2873	2036
崖州区	3988	2166	1822	798	592	206
三沙市						
儋州市	**17092**	**8750**	**8342**	**4338**	**2658**	**1680**
五指山市	3850	1902	1948	1142	606	536
琼海市	13682	6950	6732	3413	2079	1334
文昌市	12716	6243	6473	3136	1733	1403
万宁市	8362	4370	3992	1852	1195	657
东方市	13545	6930	6615	3176	1892	1284
定安县						
屯昌县						
澄迈县						
临高县						
白沙黎族自治县						
昌江黎族自治县						
乐东黎族自治县						
陵水黎族自治县						
保亭黎族苗族自治县						
琼中黎族苗族自治县						

5-1a　续表　　　　　　　　　　　　　　　　　　　　　　　　单位：人

地　区	有配偶			离　婚			丧　偶		
	小计	男	女	小计	男	女	小计	男	女
全省	**184729**	**92157**	**92572**	**5675**	**2442**	**3233**	**8300**	**1567**	**6733**
海口市	**102460**	**51159**	**51301**	**3410**	**1383**	**2027**	**3966**	**732**	**3234**
秀英区	17661	9038	8623	519	237	282	613	138	475
龙华区	33549	16788	16761	1116	428	688	1200	195	1005
琼山区	21632	10718	10914	614	263	351	720	141	579
美兰区	29618	14615	15003	1161	455	706	1433	258	1175
三亚市	**33887**	**17047**	**16840**	**1222**	**552**	**670**	**1569**	**311**	**1258**
海棠区	2189	1111	1078	56	29	27	214	45	169
吉阳区	17666	8945	8721	642	277	365	605	112	493
天涯区	11123	5508	5615	450	207	243	543	102	441
崖州区	2909	1483	1426	74	39	35	207	52	155
三沙市									
儋州市	**11929**	**5857**	**6072**	**187**	**85**	**102**	**638**	**150**	**488**
五指山市	2495	1242	1253	75	36	39	138	18	120
琼海市	9486	4655	4831	252	122	130	531	94	437
文昌市	8831	4336	4495	185	88	97	564	86	478
万宁市	6029	3017	3012	142	79	63	339	79	260
东方市	9612	4844	4768	202	97	105	555	97	458
定安县									
屯昌县									
澄迈县									
临高县									
白沙黎族自治县									
昌江黎族自治县									
乐东黎族自治县									
陵水黎族自治县									
保亭黎族苗族自治县									
琼中黎族苗族自治县									

5-1b 各地区分性别、婚姻状况的15岁及以上人口(镇)

单位：人

地区	15岁及以上人口			未婚		
	合计	男	女	小计	男	女
全省	**173650**	**90775**	**82875**	**40181**	**25675**	**14506**
海口市	**20005**	**10345**	**9660**	**6685**	**3751**	**2934**
秀英区	5830	3110	2720	1118	739	379
龙华区	1727	929	798	399	266	133
琼山区	2672	1340	1332	571	317	254
美兰区	9776	4966	4810	4597	2429	2168
三亚市	**2100**	**1123**	**977**	**560**	**359**	**201**
海棠区	611	330	281	185	107	78
吉阳区	633	338	295	206	129	77
天涯区	751	398	353	138	102	36
崖州区	105	57	48	31	21	10
三沙市						
儋州市	**17836**	**9536**	**8300**	**4274**	**2755**	**1519**
五指山市	1302	700	602	372	244	128
琼海市	6631	3427	3204	1127	748	379
文昌市	13815	7033	6782	2106	1444	662
万宁市	8663	4566	4097	1827	1260	567
东方市	4885	2602	2283	1086	736	350
定安县	8936	4696	4240	1921	1265	656
屯昌县	8162	4249	3913	1570	1000	570
澄迈县	22453	12127	10326	4812	3319	1493
临高县	15203	7880	7323	3815	2439	1376
白沙黎族自治县	2352	1210	1142	573	363	210
昌江黎族自治县	9868	5050	4818	1848	1170	678
乐东黎族自治县	10277	5318	4959	2671	1675	996
陵水黎族自治县	12947	6757	6190	3184	2062	1122
保亭黎族苗族自治县	4218	2116	2102	865	528	337
琼中黎族苗族自治县	3997	2040	1957	885	557	328

5-1b 续表

单位：人

地 区	有配偶			离 婚			丧 偶		
	小计	男	女	小计	男	女	小计	男	女
全省	**121485**	**61603**	**59882**	**2716**	**1555**	**1161**	**9268**	**1942**	**7326**
海口市	**12318**	**6312**	**6006**	**186**	**98**	**88**	**816**	**184**	**632**
秀英区	4422	2296	2126	63	26	37	227	49	178
龙华区	1198	618	580	15	9	6	115	36	79
琼山区	1922	980	942	15	8	7	164	35	129
美兰区	4776	2418	2358	93	55	38	310	64	246
三亚市	**1410**	**723**	**687**	**43**	**25**	**18**	**87**	**16**	**71**
海棠区	399	214	185	6	5	1	21	4	17
吉阳区	389	193	196	14	10	4	24	6	18
天涯区	553	282	271	21	8	13	39	6	33
崖州区	69	34	35	2	2		3		3
三沙市									
儋州市	**12537**	**6482**	**6055**	**226**	**135**	**91**	**799**	**164**	**635**
五指山市	836	431	405	24	15	9	70	10	60
琼海市	4972	2525	2447	107	72	35	425	82	343
文昌市	10490	5268	5222	155	106	49	1064	215	849
万宁市	6197	3115	3082	136	82	54	503	109	394
东方市	3502	1779	1723	56	31	25	241	56	185
定安县	6437	3240	3197	134	83	51	444	108	336
屯昌县	6000	3050	2950	168	98	70	424	101	323
澄迈县	16148	8318	7830	344	231	113	1149	259	890
临高县	10374	5181	5193	197	103	94	817	157	660
白沙黎族自治县	1588	782	806	78	40	38	113	25	88
昌江黎族自治县	7238	3656	3582	229	117	112	553	107	446
乐东黎族自治县	6897	3470	3427	143	64	79	566	109	457
陵水黎族自治县	8814	4405	4409	238	130	108	711	160	551
保亭黎族苗族自治县	2947	1476	1471	142	68	74	264	44	220
琼中黎族苗族自治县	2780	1390	1390	110	57	53	222	36	186

5-1c 各地区分性别、婚姻状况的15岁及以上人口(乡村)

单位：人

地　区	15岁及以上人口			未　婚		
	合计	男	女	小计	男	女
全省	**293155**	**157713**	**135442**	**66099**	**46458**	**19641**
海口市	**38339**	**20231**	**18108**	**9864**	**6147**	**3717**
秀英区	8888	4899	3989	2224	1547	677
龙华区	5590	3035	2555	1311	904	407
琼山区	12819	6750	6069	2939	1883	1056
美兰区	11042	5547	5495	3390	1813	1577
三亚市	**21654**	**11984**	**9670**	**6367**	**4321**	**2046**
海棠区	3290	1868	1422	862	592	270
吉阳区	5636	3138	2498	2402	1490	912
天涯区	8170	4530	3640	2137	1561	576
崖州区	4558	2448	2110	966	678	288
三沙市						
儋州市	**31276**	**16837**	**14439**	**6685**	**4689**	**1996**
五指山市	3432	1922	1510	914	719	195
琼海市	20290	10665	9625	3267	2366	901
文昌市	16772	8620	8152	2495	1747	748
万宁市	24794	13195	11599	4976	3502	1474
东方市	13683	7298	6385	3047	2157	890
定安县	12998	7036	5962	2697	1960	737
屯昌县	9415	5095	4320	1586	1179	407
澄迈县	13522	7479	6043	2624	1988	636
临高县	15260	8162	7098	3688	2492	1196
白沙黎族自治县	9262	5068	4194	1901	1443	458
昌江黎族自治县	6752	3762	2990	1624	1244	380
乐东黎族自治县	24026	13011	11015	6655	4704	1951
陵水黎族自治县	15642	8524	7118	4119	2953	1166
保亭黎族苗族自治县	7416	4078	3338	1715	1359	356
琼中黎族苗族自治县	8622	4746	3876	1875	1488	387

5-1c　续表　　　　单位：人

地　区	有配偶			离　婚			丧　偶		
	小计	男	女	小计	男	女	小计	男	女
全省	**202461**	**103441**	**99020**	**4371**	**3235**	**1136**	**20224**	**4579**	**15645**
海口市	**25944**	**13348**	**12596**	**396**	**264**	**132**	**2135**	**472**	**1663**
秀英区	6114	3183	2931	95	69	26	455	100	355
龙华区	3872	2001	1871	48	36	12	359	94	265
琼山区	8925	4586	4339	154	94	60	801	187	614
美兰区	7033	3578	3455	99	65	34	520	91	429
三亚市	**14032**	**7305**	**6727**	**296**	**185**	**111**	**959**	**173**	**786**
海棠区	2279	1230	1049	42	27	15	107	19	88
吉阳区	2979	1571	1408	63	34	29	192	43	149
天涯区	5458	2822	2636	121	79	42	454	68	386
崖州区	3316	1682	1634	70	45	25	206	43	163
三沙市									
儋州市	**22189**	**11351**	**10838**	**372**	**285**	**87**	**2030**	**512**	**1518**
五指山市	2189	1110	1079	66	50	16	263	43	220
琼海市	15087	7703	7384	330	259	71	1606	337	1269
文昌市	12438	6393	6045	215	157	58	1624	323	1301
万宁市	17754	8992	8762	414	318	96	1650	383	1267
东方市	9535	4848	4687	194	127	67	907	166	741
定安县	9099	4660	4439	176	142	34	1026	274	752
屯昌县	6889	3584	3305	162	134	28	778	198	580
澄迈县	9647	5006	4641	229	204	25	1022	281	741
临高县	10289	5250	5039	190	158	32	1093	262	831
白沙黎族自治县	6453	3305	3148	220	161	59	688	159	529
昌江黎族自治县	4527	2324	2203	116	90	26	485	104	381
乐东黎族自治县	15463	7737	7726	324	215	109	1584	355	1229
陵水黎族自治县	10190	5087	5103	270	192	78	1063	292	771
保亭黎族苗族自治县	4867	2470	2397	198	140	58	636	109	527
琼中黎族苗族自治县	5869	2968	2901	203	154	49	675	136	539

5-2 全省分性别、职业、婚姻状况的人口

单位：人

职业大类	15岁及以上人口			未婚		
	合计	男	女	小计	男	女
总 计	**423009**	**249668**	**173341**	**88393**	**60440**	**27953**
党的机关、国家机关、群众团体和社会组织、企事业单位负责人	8641	6236	2405	971	664	307
专业技术人员	37157	16606	20551	10086	3843	6243
办事人员和有关人员	29226	18868	10358	6825	4077	2748
社会生产服务和生活服务人员	155863	85023	70840	39494	25177	14317
农、林、牧、渔业生产及辅助人员	129742	75339	54403	17469	15029	2440
生产制造及有关人员	58866	45464	13402	12239	10837	1402
不便分类的其他从业人员	3514	2132	1382	1309	813	496

5-2 续表

单位：人

职业大类	有配偶			离婚			丧偶		
	小计	男	女	小计	男	女	小计	男	女
总 计	**319523**	**182342**	**137181**	**8417**	**5108**	**3309**	**6676**	**1778**	**4898**
党的机关、国家机关、群众团体和社会组织、企事业单位负责人	7418	5449	1969	223	113	110	29	10	19
专业技术人员	26191	12463	13728	720	255	465	160	45	115
办事人员和有关人员	21609	14358	7251	657	369	288	135	64	71
社会生产服务和生活服务人员	110899	57773	53126	3673	1762	1911	1797	311	1486
农、林、牧、渔业生产及辅助人员	106281	57575	48706	1968	1646	322	4024	1089	2935
生产制造及有关人员	45000	33441	11559	1124	938	186	503	248	255
不便分类的其他从业人员	2125	1283	842	52	25	27	28	11	17

5-2a 全省分性别、职业、婚姻状况的人口(城市)

单位：人

职业大类	15岁及以上人口			未婚		
	合计	男	女	小计	男	女
总 计	**157885**	**91486**	**66399**	**38920**	**23550**	**15370**
党的机关、国家机关、群众团体和社会组织、企事业单位负责人	6324	4487	1837	726	491	235
专业技术人员	22731	9539	13192	6494	2415	4079
办事人员和有关人员	18389	11214	7175	4299	2423	1876
社会生产服务和生活服务人员	80282	43866	36416	21731	13464	8267
农、林、牧、渔业生产及辅助人员	6386	3871	2515	663	567	96
生产制造及有关人员	22676	17854	4822	4488	3906	582
不便分类的其他从业人员	1097	655	442	519	284	235

5-2a 续表

单位：人

职业大类	有配偶			离婚			丧偶		
	小计	男	女	小计	男	女	小计	男	女
总 计	**114290**	**65949**	**48341**	**3673**	**1744**	**1929**	**1002**	**243**	**759**
党的机关、国家机关、群众团体和社会组织、企事业单位负责人	5400	3902	1498	181	89	92	17	5	12
专业技术人员	15719	6972	8747	463	145	318	55	7	48
办事人员和有关人员	13571	8526	5045	457	237	220	62	28	34
社会生产服务和生活服务人员	55917	29435	26482	2019	855	1164	615	112	503
农、林、牧、渔业生产及辅助人员	5469	3193	2276	104	71	33	150	40	110
生产制造及有关人员	17660	13560	4100	430	340	90	98	48	50
不便分类的其他从业人员	554	361	193	19	7	12	5	3	2

5-2b 全省分性别、职业、婚姻状况的人口(镇)

单位：人

职业大类	15岁及以上人口			未婚		
	合计	男	女	小计	男	女
总　计	**94655**	**56347**	**38308**	**16927**	**11922**	**5005**
党的机关、国家机关、群众团体和社会组织、企事业单位负责人	1313	984	329	125	90	35
专业技术人员	8464	4068	4396	1780	716	1064
办事人员和有关人员	6236	4314	1922	1339	870	469
社会生产服务和生活服务人员	36506	19429	17077	7244	4757	2487
农、林、牧、渔业生产及辅助人员	25937	15643	10294	3264	2795	469
生产制造及有关人员	14879	11091	3788	2801	2442	359
不便分类的其他从业人员	1320	818	502	374	252	122

5-2b 续表

单位：人

职业大类	有配偶			离婚			丧偶		
	小计	男	女	小计	男	女	小计	男	女
总　计	**74536**	**43006**	**31530**	**1746**	**1056**	**690**	**1446**	**363**	**1083**
党的机关、国家机关、群众团体和社会组织、企事业单位负责人	1161	880	281	19	11	8	8	3	5
专业技术人员	6470	3270	3200	157	64	93	57	18	39
办事人员和有关人员	4754	3367	1387	109	62	47	34	15	19
社会生产服务和生活服务人员	27946	14212	13734	787	370	417	529	90	439
农、林、牧、渔业生产及辅助人员	21665	12393	9272	359	289	70	649	166	483
生产制造及有关人员	11628	8331	3297	294	250	44	156	68	88
不便分类的其他从业人员	912	553	359	21	10	11	13	3	10

5−2c　全省分性别、职业、婚姻状况的人口(乡村)

单位：人

职业大类	15岁及以上人口			未　婚		
	合计	男	女	小计	男	女
总　计	**170469**	**101835**	**68634**	**32546**	**24968**	**7578**
党的机关、国家机关、群众团体和社会组织、企事业单位负责人	1004	765	239	120	83	37
专业技术人员	5962	2999	2963	1812	712	1100
办事人员和有关人员	4601	3340	1261	1187	784	403
社会生产服务和生活服务人员	39075	21728	17347	10519	6956	3563
农、林、牧、渔业生产及辅助人员	97419	55825	41594	13542	11667	1875
生产制造及有关人员	21311	16519	4792	4950	4489	461
不便分类的其他从业人员	1097	659	438	416	277	139

5−2c　续表

单位：人

职业大类	有配偶			离　婚			丧　偶		
	小计	男	女	小计	男	女	小计	男	女
总　计	**130697**	**73387**	**57310**	**2998**	**2308**	**690**	**4228**	**1172**	**3056**
党的机关、国家机关、群众团体和社会组织、企事业单位负责人	857	667	190	23	13	10	4	2	2
专业技术人员	4002	2221	1781	100	46	54	48	20	28
办事人员和有关人员	3284	2465	819	91	70	21	39	21	18
社会生产服务和生活服务人员	27036	14126	12910	867	537	330	653	109	544
农、林、牧、渔业生产及辅助人员	79147	41989	37158	1505	1286	219	3225	883	2342
生产制造及有关人员	15712	11550	4162	400	348	52	249	132	117
不便分类的其他从业人员	659	369	290	12	8	4	10	5	5

5-3 全省分年龄、性别、受教育

受教育程度 年龄	15岁及以上人口			未婚		
	合计	男	女	小计	男	女
总计	**739671**	**387457**	**352214**	**180442**	**114936**	**65506**
15-19岁	**52720**	**29070**	**23650**	**52085**	**28906**	**23179**
15	11734	6462	5272	11725	6459	5266
16	11763	6425	5338	11722	6414	5308
17	10296	5768	4528	10196	5745	4451
18	8960	5027	3933	8770	4977	3793
19	9967	5388	4579	9672	5311	4361
20-24岁	**53136**	**29018**	**24118**	**45640**	**26546**	**19094**
20	10334	5566	4768	9811	5423	4388
21	9906	5450	4456	9146	5205	3941
22	10158	5618	4540	8890	5206	3684
23	10613	5891	4722	8666	5216	3450
24	12125	6493	5632	9127	5496	3631
25-29岁	**73253**	**39207**	**34046**	**38041**	**24880**	**13161**
25	13564	7263	6301	9251	5715	3536
26	13446	7225	6221	8155	5152	3003
27	14703	7922	6781	7683	5133	2550
28	15626	8299	7327	6884	4685	2199
29	15914	8498	7416	6068	4195	1873
30-34岁	**84214**	**44664**	**39550**	**20044**	**14699**	**5345**
30	18150	9630	8520	5897	4196	1701
31	16981	9061	7920	4506	3332	1174
32	16341	8663	7678	3795	2801	994
33	16786	8939	7847	3199	2392	807
34	15956	8371	7585	2647	1978	669
35-39岁	**79133**	**42268**	**36865**	**9632**	**7467**	**2165**
35	15373	8257	7116	2289	1780	509
36	16321	8612	7709	2115	1601	514
37	15915	8541	7374	1879	1487	392
38	16684	8918	7766	1787	1371	416
39	14840	7940	6900	1562	1228	334
40-44岁	**64834**	**34818**	**30016**	**5077**	**4088**	**989**
40	14597	7772	6825	1311	1022	289
41	13999	7543	6456	1126	915	211
42	12940	6950	5990	1008	818	190
43	11228	6038	5190	808	674	134
44	12070	6515	5555	824	659	165
45-49岁	**66715**	**35570**	**31145**	**3691**	**2970**	**721**
45	11929	6294	5635	790	625	165
46	13293	7105	6188	793	647	146
47	14055	7452	6603	799	638	161
48	14261	7636	6625	670	536	134
49	13177	7083	6094	639	524	115
50-54岁	**68223**	**35998**	**32225**	**2412**	**2040**	**372**
50	14608	7646	6962	691	566	125
51	13992	7490	6502	589	507	82
52	14840	7871	6969	453	388	65
53	12008	6261	5747	360	297	63
54	12775	6730	6045	319	282	37
55-59岁	**61285**	**31845**	**29440**	**1425**	**1213**	**212**
55	13143	6765	6378	359	308	51
56	13202	6796	6406	317	278	39
57	14380	7572	6808	338	291	47
58	13209	6944	6265	256	217	39
59	7351	3768	3583	155	119	36
60-64岁	**40228**	**20381**	**19847**	**710**	**618**	**92**
60	7165	3626	3539	146	120	26
61	7312	3778	3534	132	109	23
62	8769	4485	4284	148	130	18
63	8887	4516	4371	150	137	13
64	8095	3976	4119	134	122	12
65岁及以上	**95930**	**44618**	**51312**	**1685**	**1509**	**176**

程度、婚姻状况的人口

单位：人

有配偶			离婚			丧偶		
小计	男	女	小计	男	女	小计	男	女
508675	**257201**	**251474**	**12762**	**7232**	**5530**	**37792**	**8088**	**29704**
625	**161**	**464**	**10**	**3**	**7**			
9	3	6						
41	11	30						
100	23	77						
184	49	135	6	1	5			
291	75	216	4	2	2			
7341	**2397**	**4944**	**140**	**71**	**69**	**15**	**4**	**11**
517	141	376	5	2	3	1		1
748	240	508	12	5	7			
1256	407	849	11	5	6	1		1
1903	651	1252	41	23	18	3	1	2
2917	958	1959	71	36	35	10	3	7
34376	**13885**	**20491**	**801**	**429**	**372**	**35**	**13**	**22**
4227	1504	2723	84	43	41	2	1	1
5185	2018	3167	101	53	48	5	2	3
6838	2701	4137	172	87	85	10	1	9
8538	3500	5038	197	110	87	7	4	3
9588	4162	5426	247	136	111	11	5	6
62201	**28870**	**33331**	**1844**	**1069**	**775**	**125**	**26**	**99**
11929	5256	6673	306	173	133	18	5	13
12108	5526	6582	345	200	145	22	3	19
12159	5653	6506	360	203	157	27	6	21
13137	6283	6854	424	257	167	26	7	19
12868	6152	6716	409	236	173	32	5	27
66883	**33404**	**33479**	**2280**	**1342**	**938**	**338**	**55**	**283**
12636	6233	6403	388	234	154	60	10	50
13678	6726	6952	472	277	195	56	8	48
13504	6763	6741	471	283	188	61	8	53
14315	7232	7083	506	300	206	76	15	61
12750	6450	6300	443	248	195	85	14	71
57209	**29443**	**27766**	**1991**	**1181**	**810**	**557**	**106**	**451**
12728	6458	6270	466	274	192	92	18	74
12321	6347	5974	434	252	182	118	29	89
11415	5862	5553	407	251	156	110	19	91
9969	5151	4818	335	195	140	116	18	98
10776	5625	5151	349	209	140	121	22	99
60093	**31326**	**28767**	**1871**	**1070**	**801**	**1060**	**204**	**856**
10643	5445	5198	355	197	158	141	27	114
11941	6193	5748	381	223	158	178	42	136
12638	6551	6087	379	219	160	239	44	195
12944	6822	6122	403	238	165	244	40	204
11927	6315	5612	353	193	160	258	51	207
62161	**32725**	**29436**	**1634**	**845**	**789**	**2016**	**388**	**1628**
13196	6821	6375	386	198	188	335	61	274
12697	6738	5959	335	171	164	371	74	297
13571	7205	6366	359	184	175	457	94	363
10952	5737	5215	286	156	130	410	71	339
11745	6224	5521	268	136	132	443	88	355
55608	**29361**	**26247**	**1143**	**596**	**547**	**3109**	**675**	**2434**
11962	6204	5758	265	137	128	557	116	441
11983	6270	5713	251	123	128	651	125	526
13060	6981	6079	266	145	121	716	155	561
12038	6448	5590	227	115	112	688	164	524
6565	3458	3107	134	76	58	497	115	382
35524	**18738**	**16786**	**477**	**268**	**209**	**3517**	**757**	**2760**
6410	3349	3061	103	57	46	506	100	406
6513	3495	3018	96	58	38	571	116	455
7748	4140	3608	97	42	55	776	173	603
7797	4124	3673	89	55	34	851	200	651
7056	3630	3426	92	56	36	813	168	645
66654	**36891**	**29763**	**571**	**358**	**213**	**27020**	**5860**	**21160**

5-3 续表 1

受教育程度 年　　龄	15岁及以上人口			未　　婚		
	合计	男	女	小计	男	女
未上过学	**23814**	**4691**	**19123**	**1517**	**1202**	**315**
15-19岁	**92**	**55**	**37**	**91**	**55**	**36**
15	13	6	7	13	6	7
16	22	15	7	22	15	7
17	23	15	8	23	15	8
18	14	7	7	13	7	6
19	20	12	8	20	12	8
20-24岁	**121**	**66**	**55**	**107**	**61**	**46**
20	13	6	7	13	6	7
21	21	7	14	18	7	11
22	25	14	11	24	13	11
23	26	17	9	21	14	7
24	36	22	14	31	21	10
25-29岁	**190**	**103**	**87**	**131**	**95**	**36**
25	38	23	15	29	22	7
26	30	19	11	23	18	5
27	31	23	8	25	22	3
28	45	22	23	29	18	11
29	46	16	30	25	15	10
30-34岁	**321**	**144**	**177**	**140**	**103**	**37**
30	49	22	27	24	16	8
31	66	32	34	37	26	11
32	61	29	32	29	23	6
33	73	25	48	22	16	6
34	72	36	36	28	22	6
35-39岁	**474**	**161**	**313**	**136**	**108**	**28**
35	74	21	53	22	13	9
36	89	26	63	22	17	5
37	104	39	65	36	30	6
38	98	37	61	26	23	3
39	109	38	71	30	25	5
40-44岁	**798**	**227**	**571**	**143**	**119**	**24**
40	130	39	91	29	22	7
41	154	38	116	27	23	4
42	169	52	117	32	29	3
43	157	56	101	29	26	3
44	188	42	146	26	19	7
45-49岁	**1209**	**299**	**910**	**138**	**113**	**25**
45	186	58	128	31	26	5
46	219	47	172	23	16	7
47	253	60	193	29	24	5
48	271	63	208	25	20	5
49	280	71	209	30	27	3
50-54岁	**1724**	**381**	**1343**	**141**	**121**	**20**
50	332	79	253	45	37	8
51	333	78	255	33	27	6
52	361	78	283	24	23	1
53	358	77	281	23	21	2
54	340	69	271	16	13	3
55-59岁	**1931**	**387**	**1544**	**118**	**106**	**12**
55	379	74	305	22	21	1
56	398	82	316	26	22	4
57	456	106	350	37	33	4
58	403	72	331	16	14	2
59	295	53	242	17	16	1
60-64岁	**2019**	**328**	**1691**	**72**	**67**	**5**
60	283	49	234	12	12	
61	309	49	260	9	9	
62	460	84	376	20	19	1
63	477	64	413	17	15	2
64	490	82	408	14	12	2
65岁及以上	**14935**	**2540**	**12395**	**300**	**254**	**46**

单位：人

有配偶			离婚			丧偶		
小计	男	女	小计	男	女	小计	男	女
13230	**2654**	**10576**	**150**	**62**	**88**	**8917**	**773**	**8144**
1		**1**						
1		1						
13	**5**	**8**	**1**		**1**			
3		3						
1	1							
5	3	2						
4	1	3	1		1			
57	**7**	**50**	**2**	**1**	**1**			
8	1	7	1		1			
7	1	6						
6	1	5						
15	3	12	1	1				
21	1	20						
171	**36**	**135**	**6**	**4**	**2**	**4**	**1**	**3**
24	5	19				1	1	
25	5	20	3	1	2	1		1
30	5	25	1	1		1		1
50	8	42	1	1				
42	13	29	1	1		1		1
320	**52**	**268**	**6**	**1**	**5**	**12**		**12**
48	8	40	2		2	2		2
64	9	55	1		1	2		2
65	9	56	1		1	2		2
69	13	56	1	1		2		2
74	13	61	1		1	4		4
624	**102**	**522**	**12**	**5**	**7**	**19**	**1**	**18**
98	16	82				3	1	2
121	13	108	4	2	2	2		2
127	20	107	3	3		7		7
123	30	93	2		2	3		3
155	23	132	3		3	4		4
995	**175**	**820**	**14**	**8**	**6**	**62**	**3**	**59**
148	30	118	3	1	2	4	1	3
182	28	154	4	3	1	10		10
214	35	179	2	1	1	8		8
225	40	185	3	2	1	18	1	17
226	42	184	2	1	1	22	1	21
1440	**246**	**1194**	**28**	**8**	**20**	**115**	**6**	**109**
261	40	221	8	2	6	18		18
284	48	236	6	3	3	10		10
306	53	253	6		6	25	2	23
291	51	240	6	3	3	38	2	36
298	54	244	2		2	24	2	22
1586	**262**	**1324**	**18**	**9**	**9**	**209**	**10**	**199**
324	51	273	4	1	3	29	1	28
326	56	270	4	2	2	42	2	40
370	67	303	4	3	1	45	3	42
336	55	281	2	1	1	49	2	47
230	33	197	4	2	2	44	2	42
1546	**241**	**1305**	**12**	**4**	**8**	**389**	**16**	**373**
219	35	184	4		4	48	2	46
243	35	208	1	1		56	4	52
367	60	307	1	1		72	4	68
354	46	308	4	1	3	102	2	100
363	65	298	2	1	1	111	4	107
6477	**1528**	**4949**	**51**	**22**	**29**	**8107**	**736**	**7371**

5-3 续表 2

受教育程度 年　　龄	15岁及以上人口			未　　婚		
	合计	男	女	小计	男	女
学前教育	**480**	**179**	**301**	**93**	**60**	**33**
15-19岁	**44**	**24**	**20**	**44**	**24**	**20**
15	24	13	11	24	13	11
16	7	3	4	7	3	4
17	8	5	3	8	5	3
18	2	1	1	2	1	1
19	3	2	1	3	2	1
20-24岁	**16**	**12**	**4**	**13**	**10**	**3**
20	5	3	2	5	3	2
21	3	3		3	3	
22	2	1	1	2	1	1
23	3	3		3	3	
24	3	2	1			
25-29岁	**24**	**13**	**11**	**18**	**12**	**6**
25	7	5	2	7	5	2
26	4	3	1	3	3	
27	6	1	5	2		2
28	6	4	2	6	4	2
29	1		1			
30-34岁	**20**	**13**	**7**	**5**	**5**	
30	6	6		4	4	
31	5	4	1	1	1	
32	5	1	4			
33	1	1				
34	3	1	2			
35-39岁	**10**	**5**	**5**	**1**	**1**	
35						
36	2		2			
37	6	4	2	1	1	
38	1	1				
39	1		1			
40-44岁	**16**	**8**	**8**	**2**	**2**	
40	4	3	1			
41	5	1	4			
42	4	2	2	1	1	
43	3	2	1	1	1	
44						
45-49岁	**27**	**6**	**21**	**2**		**2**
45	6	2	4			
46	4	2	2	1		1
47	3		3			
48	9	1	8	1		1
49	5	1	4			
50-54岁	**29**	**12**	**17**	**1**	**1**	
50	3	1	2			
51	3	2	1			
52	8	3	5	1	1	
53	9	2	7			
54	6	4	2			
55-59岁	**44**	**20**	**24**	**3**	**2**	**1**
55	11	5	6			
56	7	2	5			
57	6	2	4	1	1	
58	12	7	5	2	1	1
59	8	4	4			
60-64岁	**45**	**13**	**32**	**1**	**1**	
60	6	3	3			
61	5	1	4			
62	11	5	6	1	1	
63	10	2	8			
64	13	2	11			
65岁及以上	**205**	**53**	**152**	**3**	**2**	**1**

单位：人

有配偶			离婚			丧偶		
小计	男	女	小计	男	女	小计	男	女
287	**109**	**178**	**1**		**1**	**99**	**10**	**89**
3	**2**	**1**						
3	2	1						
6	**1**	**5**						
1		1						
4	1	3						
1		1						
15	**8**	**7**						
2	2							
4	3	1						
5	1	4						
1	1							
3	1	2						
9	**4**	**5**						
2		2						
5	3	2						
1	1							
1		1						
14	**6**	**8**						
4	3	1						
5	1	4						
3	1	2						
2	1	1						
24	**6**	**18**	**1**		**1**			
6	2	4						
3	2	1						
2		2	1		1			
8	1	7						
5	1	4						
27	**11**	**16**				**1**		**1**
3	1	2						
3	2	1						
6	2	4				1		1
9	2	7						
6	4	2						
38	**17**	**21**				**3**	**1**	**2**
10	5	5				1		1
5	1	4				2	1	1
5	1	4						
10	6	4						
8	4	4						
41	**12**	**29**				**3**		**3**
5	3	2				1		1
5	1	4						
10	4	6						
9	2	7				1		1
12	2	10				1		1
110	**42**	**68**				**92**	**9**	**83**

5-3 续表 3

受教育程度 年龄	15岁及以上人口 合计	男	女	未婚 小计	男	女
小 学	**99440**	**40016**	**59424**	**8357**	**7204**	**1153**
15-19岁	**452**	**280**	**172**	**418**	**270**	**148**
15	75	50	25	75	50	25
16	74	44	30	69	43	26
17	77	48	29	70	46	24
18	105	67	38	99	67	32
19	121	71	50	105	64	41
20-24岁	**1033**	**665**	**368**	**739**	**560**	**179**
20	145	95	50	121	90	31
21	168	117	51	137	105	32
22	183	122	61	139	104	35
23	244	162	82	168	130	38
24	293	169	124	174	131	43
25-29岁	**2115**	**1196**	**919**	**986**	**777**	**209**
25	356	220	136	216	165	51
26	389	236	153	209	165	44
27	422	242	180	186	149	37
28	446	235	211	184	153	31
29	502	263	239	191	145	46
30-34岁	**4067**	**1948**	**2119**	**1001**	**847**	**154**
30	595	301	294	195	159	36
31	716	356	360	186	161	25
32	811	392	419	185	160	25
33	927	423	504	206	169	37
34	1018	476	542	229	198	31
35-39岁	**6399**	**3020**	**3379**	**1138**	**995**	**143**
35	1075	509	566	206	172	34
36	1165	551	614	246	205	41
37	1336	626	710	226	209	17
38	1487	679	808	231	203	28
39	1336	655	681	229	206	23
40-44岁	**7375**	**3405**	**3970**	**1051**	**966**	**85**
40	1489	676	813	234	204	30
41	1396	686	710	206	193	13
42	1484	683	801	229	213	16
43	1376	624	752	190	177	13
44	1630	736	894	192	179	13
45-49岁	**10041**	**4365**	**5676**	**936**	**849**	**87**
45	1672	748	924	188	171	17
46	1932	836	1096	203	180	23
47	2110	924	1186	204	188	16
48	2279	988	1291	184	164	20
49	2048	869	1179	157	146	11
50-54岁	**13035**	**5410**	**7625**	**716**	**662**	**54**
50	2530	1068	1462	171	157	14
51	2633	1144	1489	183	171	12
52	2909	1224	1685	150	142	8
53	2441	987	1454	102	89	13
54	2522	987	1535	110	103	7
55-59岁	**11764**	**4358**	**7406**	**416**	**393**	**23**
55	2638	1035	1603	108	102	6
56	2588	974	1614	103	97	6
57	2618	991	1627	92	90	2
58	2435	867	1568	73	68	5
59	1485	491	994	40	36	4
60-64岁	**9140**	**2989**	**6151**	**238**	**217**	**21**
60	1521	493	1028	39	34	5
61	1536	484	1052	46	42	4
62	1919	622	1297	50	44	6
63	2117	729	1388	52	48	4
64	2047	661	1386	51	49	2
65岁及以上	**34019**	**12380**	**21639**	**718**	**668**	**50**

单位：人

有配偶			离婚			丧偶		
小计	男	女	小计	男	女	小计	男	女
74760	**29234**	**45526**	**1346**	**860**	**486**	**14977**	**2718**	**12259**
33	**9**	**24**	**1**	**1**				
5	1	4						
7	2	5						
6		6						
15	6	9	1	1				
281	**97**	**184**	**13**	**8**	**5**			
23	5	18	1		1			
30	11	19	1	1				
43	18	25	1		1			
70	28	42	6	4	2			
115	35	80	4	3	1			
1077	**389**	**688**	**51**	**30**	**21**	**1**		**1**
134	52	82	6	3	3			
171	65	106	9	6	3			
224	87	137	12	6	6			
253	75	178	9	7	2			
295	110	185	15	8	7	1		1
2933	**1011**	**1922**	**122**	**87**	**35**	**11**	**3**	**8**
384	132	252	14	9	5	2	1	1
509	178	331	20	17	3	1		1
596	216	380	27	16	11	3		3
689	229	460	30	24	6	2	1	1
755	256	499	31	21	10	3	1	2
5011	**1888**	**3123**	**197**	**131**	**66**	**53**	**6**	**47**
832	313	519	29	23	6	8	1	7
865	316	549	41	28	13	13	2	11
1057	389	668	45	28	17	8		8
1198	447	751	46	27	19	12	2	10
1059	423	636	36	25	11	12	1	11
6046	**2316**	**3730**	**168**	**107**	**61**	**110**	**16**	**94**
1206	446	760	32	25	7	17	1	16
1143	477	666	32	14	18	15	2	13
1203	446	757	32	21	11	20	3	17
1122	417	705	34	24	10	30	6	24
1372	530	842	38	23	15	28	4	24
8644	**3328**	**5316**	**213**	**144**	**69**	**248**	**44**	**204**
1407	547	860	36	23	13	41	7	34
1646	618	1028	49	31	18	34	7	27
1816	702	1114	33	22	11	57	12	45
1989	775	1214	45	37	8	61	12	49
1786	686	1100	50	31	19	55	6	49
11516	**4536**	**6980**	**196**	**128**	**68**	**607**	**84**	**523**
2236	872	1364	46	29	17	77	10	67
2295	926	1369	44	30	14	111	17	94
2573	1031	1542	43	30	13	143	21	122
2195	861	1334	25	17	8	119	20	99
2217	846	1371	38	22	16	157	16	141
10231	**3728**	**6503**	**134**	**81**	**53**	**983**	**156**	**827**
2306	884	1422	31	15	16	193	34	159
2247	837	1410	30	14	16	208	26	182
2282	846	1436	33	22	11	211	33	178
2133	744	1389	22	16	6	207	39	168
1263	417	846	18	14	4	164	24	140
7584	**2563**	**5021**	**82**	**46**	**36**	**1236**	**163**	**1073**
1284	426	858	16	8	8	182	25	157
1282	410	872	18	9	9	190	23	167
1586	535	1051	18	9	9	265	34	231
1733	624	1109	15	10	5	317	47	270
1699	568	1131	15	10	5	282	34	248
21404	**9369**	**12035**	**169**	**97**	**72**	**11728**	**2246**	**9482**

5-3 续表 4

受教育程度 年龄	15岁及以上人口			未婚		
	合计	男	女	小计	男	女
初 中	**338716**	**186093**	**152623**	**64042**	**46774**	**17268**
15-19岁	**16164**	**9660**	**6504**	**15656**	**9524**	**6132**
15	6317	3655	2662	6308	3652	2656
16	3124	1844	1280	3089	1835	1254
17	2134	1285	849	2049	1265	784
18	2199	1366	833	2050	1327	723
19	2390	1510	880	2160	1445	715
20-24岁	**17520**	**10580**	**6940**	**12542**	**8885**	**3657**
20	2429	1558	871	2030	1448	582
21	2791	1776	1015	2250	1602	648
22	3472	2150	1322	2582	1845	737
23	3990	2376	1614	2699	1914	785
24	4838	2720	2118	2981	2076	905
25-29岁	**33222**	**18255**	**14967**	**14285**	**10575**	**3710**
25	5718	3175	2543	3202	2268	934
26	5918	3258	2660	2938	2076	862
27	6733	3736	2997	2921	2236	685
28	7316	3973	3343	2716	2074	642
29	7537	4113	3424	2508	1921	587
30-34岁	**42010**	**22311**	**19699**	**9095**	**7298**	**1797**
30	8760	4708	4052	2503	1969	534
31	8356	4485	3871	2014	1639	375
32	8105	4275	3830	1770	1415	355
33	8585	4595	3990	1564	1274	290
34	8204	4248	3956	1244	1001	243
35-39岁	**43930**	**23429**	**20501**	**5245**	**4327**	**918**
35	8225	4380	3845	1181	979	202
36	9120	4746	4374	1160	943	217
37	8825	4797	4028	1052	884	168
38	9254	4989	4265	975	804	171
39	8506	4517	3989	877	717	160
40-44岁	**35726**	**19178**	**16548**	**2756**	**2309**	**447**
40	8269	4391	3878	723	588	135
41	7780	4187	3593	651	559	92
42	7038	3757	3281	535	445	90
43	6109	3305	2804	422	366	56
44	6530	3538	2992	425	351	74
45-49岁	**35780**	**19215**	**16565**	**1860**	**1572**	**288**
45	6466	3382	3084	404	336	68
46	7142	3843	3299	417	356	61
47	7572	4033	3539	389	333	56
48	7604	4122	3482	334	279	55
49	6996	3835	3161	316	268	48
50-54岁	**36073**	**19456**	**16617**	**1148**	**991**	**157**
50	7689	4112	3577	332	283	49
51	7374	4017	3357	288	249	39
52	7765	4136	3629	197	170	27
53	6410	3437	2973	185	154	31
54	6835	3754	3081	146	135	11
55-59岁	**31015**	**16685**	**14330**	**664**	**572**	**92**
55	6934	3662	3272	175	155	20
56	6821	3653	3168	142	125	17
57	7189	3886	3303	152	132	20
58	6662	3629	3033	124	107	17
59	3409	1855	1554	71	53	18
60-64岁	**17152**	**9322**	**7830**	**284**	**253**	**31**
60	3171	1668	1503	67	57	10
61	3129	1734	1395	51	42	9
62	3771	2052	1719	58	53	5
63	3699	2052	1647	57	55	2
64	3382	1816	1566	51	46	5
65岁及以上	**30124**	**18002**	**12122**	**507**	**468**	**39**

单位：人

有配偶			离婚			丧偶		
小计	男	女	小计	男	女	小计	男	女
257780	**132013**	**125767**	**6463**	**4029**	**2434**	**10431**	**3277**	**7154**
499	**134**	**365**	**9**	**2**	**7**			
9	3	6						
35	9	26						
85	20	65						
143	38	105	6	1	5			
227	64	163	3	1	2			
4864	**1638**	**3226**	**102**	**53**	**49**	**12**	**4**	**8**
395	108	287	4	2	2			
534	171	363	7	3	4			
881	302	579	8	3	5	1		1
1260	445	815	28	16	12	3	1	2
1794	612	1182	55	29	26	8	3	5
18394	**7369**	**11025**	**517**	**300**	**217**	**26**	**11**	**15**
2457	872	1585	57	34	23	2	1	1
2909	1147	1762	66	33	33	5	2	3
3693	1433	2260	112	66	46	7	1	6
4462	1819	2643	132	77	55	6	3	3
4873	2098	2775	150	90	60	6	4	2
31762	**14332**	**17430**	**1064**	**665**	**399**	**89**	**16**	**73**
6055	2624	3431	190	113	77	12	2	10
6116	2715	3401	210	129	81	16	2	14
6120	2729	3391	198	126	72	17	5	12
6755	3158	3597	246	159	87	20	4	16
6716	3106	3610	220	138	82	24	3	21
37195	**18247**	**18948**	**1263**	**814**	**449**	**227**	**41**	**186**
6777	3247	3530	227	146	81	40	8	32
7661	3634	4027	267	165	102	32	4	28
7467	3728	3739	262	179	83	44	6	38
7954	4003	3951	269	170	99	56	12	44
7336	3635	3701	238	154	84	55	11	44
31564	**16095**	**15469**	**1040**	**697**	**343**	**366**	**77**	**289**
7223	3615	3608	262	175	87	61	13	48
6817	3444	3373	225	161	64	87	23	64
6215	3156	3059	218	142	76	70	14	56
5446	2816	2630	175	113	62	66	10	56
5863	3064	2799	160	106	54	82	17	65
32417	**16954**	**15463**	**891**	**561**	**330**	**612**	**128**	**484**
5811	2928	2883	174	104	70	77	14	63
6436	3342	3094	183	118	65	106	27	79
6842	3544	3298	192	127	65	149	29	120
6964	3711	3253	176	110	66	130	22	108
6364	3429	2935	166	102	64	150	36	114
33157	**17816**	**15341**	**719**	**417**	**302**	**1049**	**232**	**817**
7001	3700	3301	155	89	66	201	40	161
6743	3642	3101	137	79	58	206	47	159
7184	3826	3358	163	86	77	221	54	167
5873	3157	2716	143	86	57	209	40	169
6356	3491	2865	121	77	44	212	51	161
28379	**15454**	**12925**	**495**	**280**	**215**	**1477**	**379**	**1098**
6383	3385	2998	116	63	53	260	59	201
6251	3386	2865	113	63	50	315	79	236
6569	3607	2962	109	62	47	359	85	274
6110	3371	2739	100	60	40	328	91	237
3066	1705	1361	57	32	25	215	65	150
15367	**8599**	**6768**	**169**	**99**	**70**	**1332**	**371**	**961**
2863	1544	1319	43	26	17	198	41	157
2823	1612	1211	33	21	12	222	59	163
3360	1899	1461	33	14	19	320	86	234
3325	1879	1446	30	20	10	287	98	189
2996	1665	1331	30	18	12	305	87	218
24182	**15375**	**8807**	**194**	**141**	**53**	**5241**	**2018**	**3223**

5-3 续表 5

受教育程度 年龄	15岁及以上人口 合计	男	女	未婚 小计	男	女
高 中	**143166**	**83658**	**59508**	**49822**	**30024**	**19798**
15—19岁	**27105**	**14784**	**12321**	**27026**	**14768**	**12258**
15	5154	2637	2517	5154	2637	2517
16	8272	4370	3902	8271	4369	3902
17	7461	4130	3331	7455	4129	3326
18	3969	2324	1645	3941	2314	1627
19	2249	1323	926	2205	1319	886
20—24岁	**9551**	**5633**	**3918**	**8213**	**5209**	**3004**
20	1791	1083	708	1720	1067	653
21	1658	1005	653	1522	962	560
22	1823	1082	741	1610	1020	590
23	1976	1153	823	1613	1033	580
24	2303	1310	993	1748	1127	621
25—29岁	**14115**	**7888**	**6227**	**7574**	**5082**	**2492**
25	2619	1457	1162	1783	1150	633
26	2628	1511	1117	1669	1117	552
27	2866	1597	1269	1557	1041	516
28	2985	1645	1340	1363	933	430
29	3017	1678	1339	1202	841	361
30—34岁	**14849**	**8339**	**6510**	**3831**	**2772**	**1059**
30	3378	1855	1523	1196	844	352
31	3016	1710	1306	845	627	218
32	2893	1655	1238	718	523	195
33	2908	1634	1274	597	433	164
34	2654	1485	1169	475	345	130
35—39岁	**12304**	**6850**	**5454**	**1434**	**1024**	**410**
35	2504	1441	1063	394	305	89
36	2473	1390	1083	295	213	82
37	2411	1318	1093	239	172	67
38	2544	1382	1162	267	167	100
39	2372	1319	1053	239	167	72
40—44岁	**10862**	**6199**	**4663**	**635**	**436**	**199**
40	2342	1339	1003	177	125	52
41	2389	1340	1049	129	84	45
42	2192	1271	921	123	81	42
43	1891	1059	832	100	71	29
44	2048	1190	858	106	75	31
45—49岁	**11137**	**6475**	**4662**	**437**	**280**	**157**
45	1985	1122	863	97	61	36
46	2209	1306	903	87	60	27
47	2308	1330	978	82	47	35
48	2342	1351	991	76	50	26
49	2293	1366	927	95	62	33
50—54岁	**10718**	**6435**	**4283**	**283**	**184**	**99**
50	2430	1422	1008	96	61	35
51	2219	1311	908	56	39	17
52	2311	1426	885	57	35	22
53	1762	1076	686	35	24	11
54	1996	1200	796	39	25	14
55—59岁	**11612**	**7039**	**4573**	**167**	**105**	**62**
55	2123	1274	849	40	23	17
56	2252	1332	920	32	24	8
57	2846	1708	1138	40	23	17
58	2756	1721	1035	33	23	10
59	1635	1004	631	22	12	10
60—64岁	**9145**	**5860**	**3285**	**84**	**60**	**24**
60	1646	1039	607	21	13	8
61	1849	1168	681	20	10	10
62	2030	1325	705	14	11	3
63	2001	1276	725	19	16	3
64	1619	1052	567	10	10	
65岁及以上	**11768**	**8156**	**3612**	**138**	**104**	**34**

单位：人

有配偶			离婚			丧偶		
小计	男	女	小计	男	女	小计	男	女
88179	**51354**	**36825**	**2584**	**1303**	**1281**	**2581**	**977**	**1604**
79	**16**	**63**						
1	1							
6	1	5						
28	10	18						
44	4	40						
1319	**417**	**902**	**17**	**7**	**10**	**2**		**2**
70	16	54				1		1
133	43	90	3		3			
211	60	151	2	2				
357	117	240	6	3	3			
548	181	367	6	2	4	1		1
6417	**2749**	**3668**	**119**	**56**	**63**	**5**	**1**	**4**
826	303	523	10	4	6			
940	383	557	19	11	8			
1284	546	738	24	10	14	1		1
1595	697	898	26	14	12	1	1	
1772	820	952	40	17	23	3		3
10690	**5394**	**5296**	**319**	**170**	**149**	**9**	**3**	**6**
2136	988	1148	46	23	23			
2115	1055	1060	55	28	27	1		1
2102	1096	1006	70	35	35	3	1	2
2236	1160	1076	74	40	34	1	1	
2101	1095	1006	74	44	30	4	1	3
10444	**5620**	**4824**	**397**	**201**	**196**	**29**	**5**	**24**
2035	1096	939	69	40	29	6		6
2097	1141	956	76	35	41	5	1	4
2097	1110	987	71	35	36	4	1	3
2175	1153	1022	98	61	37	4	1	3
2040	1120	920	83	30	53	10	2	8
9813	**5552**	**4261**	**381**	**204**	**177**	**33**	**7**	**26**
2085	1181	904	75	33	42	5		5
2161	1206	955	92	47	45	7	3	4
1983	1137	846	77	51	26	9	2	7
1720	952	768	62	34	28	9	2	7
1864	1076	788	75	39	36	3		3
10187	**5959**	**4228**	**412**	**214**	**198**	**101**	**22**	**79**
1785	1018	767	86	40	46	17	3	14
2033	1198	835	69	41	28	20	7	13
2133	1237	896	75	44	31	18	2	16
2152	1250	902	89	47	42	25	4	21
2084	1256	828	93	42	51	21	6	15
9859	**6026**	**3833**	**392**	**175**	**217**	**184**	**50**	**134**
2213	1311	902	94	45	49	27	5	22
2049	1232	817	82	32	50	32	8	24
2115	1338	777	88	40	48	51	13	38
1625	1010	615	67	33	34	35	9	26
1857	1135	722	61	25	36	39	15	24
10777	**6690**	**4087**	**318**	**146**	**172**	**350**	**98**	**252**
1959	1200	759	66	33	33	58	18	40
2084	1264	820	72	33	39	64	11	53
2648	1626	1022	80	37	43	78	22	56
2571	1649	922	66	23	43	86	26	60
1515	951	564	34	20	14	64	21	43
8440	**5554**	**2886**	**133**	**72**	**61**	**488**	**174**	**314**
1532	984	548	28	16	12	65	26	39
1711	1118	593	32	18	14	86	22	64
1881	1262	619	25	10	15	110	42	68
1833	1197	636	23	16	7	126	47	79
1483	993	490	25	12	13	101	37	64
10154	**7377**	**2777**	**96**	**58**	**38**	**1380**	**617**	**763**

5-3 续表 6

受教育程度 年 龄	15岁及以上人口			未 婚		
	合计	男	女	小计	男	女
大学专科	**70827**	**39511**	**31316**	**27875**	**15638**	**12237**
15-19岁	**4609**	**2320**	**2289**	**4598**	**2318**	**2280**
15	141	96	45	141	96	45
16	241	138	103	241	138	103
17	411	203	208	410	203	207
18	1331	641	690	1325	640	685
19	2485	1242	1243	2481	1241	1240
20-24岁	**11719**	**6064**	**5655**	**11091**	**5886**	**5205**
20	2789	1434	1355	2764	1424	1340
21	2298	1187	1111	2257	1171	1086
22	2154	1116	1038	2061	1096	965
23	2118	1103	1015	1957	1061	896
24	2360	1224	1136	2052	1134	918
25-29岁	**12276**	**6375**	**5901**	**7490**	**4429**	**3061**
25	2515	1289	1226	1996	1094	902
26	2343	1173	1170	1637	928	709
27	2394	1269	1125	1474	891	583
28	2495	1317	1178	1259	787	472
29	2529	1327	1202	1124	729	395
30-34岁	**11836**	**6400**	**5436**	**3183**	**2083**	**1100**
30	2817	1484	1333	1009	636	373
31	2528	1372	1156	785	526	259
32	2276	1223	1053	572	393	179
33	2186	1197	989	452	293	159
34	2029	1124	905	365	235	130
35-39岁	**7983**	**4436**	**3547**	**903**	**583**	**320**
35	1719	975	744	249	168	81
36	1744	979	765	223	143	80
37	1601	887	714	168	107	61
38	1632	921	711	157	101	56
39	1287	674	613	106	64	42
40-44岁	**5413**	**3053**	**2360**	**274**	**150**	**124**
40	1290	710	580	93	51	42
41	1183	652	531	55	29	26
42	1115	645	470	51	32	19
43	917	514	403	34	16	18
44	908	532	376	41	22	19
45-49岁	**4982**	**2900**	**2082**	**198**	**103**	**95**
45	932	549	383	44	21	23
46	1018	564	454	47	29	18
47	1074	640	434	51	24	27
48	1046	629	417	36	18	18
49	912	518	394	20	11	9
50-54岁	**3860**	**2421**	**1439**	**74**	**48**	**26**
50	967	555	412	34	20	14
51	819	526	293	14	11	3
52	870	572	298	14	9	5
53	593	384	209	7	4	3
54	611	384	227	5	4	1
55-59岁	**3083**	**2021**	**1062**	**31**	**16**	**15**
55	625	392	233	6	1	5
56	704	458	246	8	6	2
57	814	540	274	9	7	2
58	593	395	198	5	1	4
59	347	236	111	3	1	2
60-64岁	**1828**	**1209**	**619**	**21**	**14**	**7**
60	354	243	111	4	2	2
61	326	223	103	5	5	
62	389	247	142	2	1	1
63	386	257	129	4	3	1
64	373	239	134	6	3	3
65岁及以上	**3238**	**2312**	**926**	**12**	**8**	**4**

单位：人

有配偶			离婚			丧偶		
小计	男	女	小计	男	女	小计	男	女
41121	**23060**	**18061**	**1262**	**576**	**686**	**569**	**237**	**332**
11	**2**	**9**						
1		1						
6	1	5						
4	1	3						
623	**175**	**448**	**5**	**3**	**2**			
25	10	15						
40	15	25	1	1				
93	20	73						
161	42	119						
304	88	216	4	2	2			
4708	**1915**	**2793**	**75**	**30**	**45**	**3**	**1**	**2**
512	193	319	7	2	5			
700	243	457	6	2	4			
901	374	527	17	4	13	2		2
1215	521	694	21	9	12			
1380	584	796	24	13	11	1	1	
8456	**4226**	**4230**	**188**	**88**	**100**	**9**	**3**	**6**
1770	830	940	35	17	18	3	1	2
1709	830	879	32	15	17	2	1	1
1660	813	847	42	17	25	2		2
1694	882	812	38	21	17	2	1	1
1623	871	752	41	18	23			
6855	**3745**	**3110**	**210**	**106**	**104**	**15**	**2**	**13**
1433	790	643	33	16	17	4	1	3
1469	805	664	49	31	18	3		3
1392	758	634	38	21	17	3	1	2
1428	800	628	45	20	25	2		2
1133	592	541	45	18	27	3		3
4886	**2798**	**2088**	**228**	**102**	**126**	**25**	**3**	**22**
1142	636	506	51	22	29	4	1	3
1078	605	473	43	17	26	7	1	6
1012	590	422	48	23	25	4		4
833	482	351	44	16	28	6		6
821	485	336	42	24	18	4	1	3
4565	**2715**	**1850**	**188**	**77**	**111**	**31**	**5**	**26**
861	511	350	25	15	10	2	2	
928	522	406	37	13	24	6		6
972	604	368	44	11	33	7	1	6
942	582	360	59	28	31	9	1	8
862	496	366	23	10	13	7	1	6
3579	**2291**	**1288**	**161**	**69**	**92**	**46**	**13**	**33**
871	508	363	50	21	29	12	6	6
761	497	264	34	17	17	10	1	9
817	543	274	29	17	12	10	3	7
555	371	184	24	9	15	7		7
575	372	203	24	5	19	7	3	4
2885	**1938**	**947**	**108**	**45**	**63**	**59**	**22**	**37**
580	374	206	28	14	14	11	3	8
662	442	220	22	7	15	12	3	9
766	513	253	22	11	11	17	9	8
556	381	175	21	8	13	11	5	6
321	228	93	15	5	10	8	2	6
1705	**1148**	**557**	**52**	**26**	**26**	**50**	**21**	**29**
331	232	99	8	4	4	11	5	6
302	207	95	9	6	3	10	5	5
363	235	128	17	6	11	7	5	2
361	247	114	8	4	4	13	3	10
348	227	121	10	6	4	9	3	6
2848	**2107**	**741**	**47**	**30**	**17**	**331**	**167**	**164**

5-3 续表 7

受教育程度 年龄	15岁及以上人口 合计	15岁及以上人口 男	15岁及以上人口 女	未婚 小计	未婚 男	未婚 女
大学本科	**59419**	**31285**	**28134**	**27469**	**13437**	**14032**
15-19岁	**4251**	**1945**	**2306**	**4249**	**1945**	**2304**
15	10	5	5	10	5	5
16	23	11	12	23	11	12
17	182	82	100	181	82	99
18	1338	619	719	1338	619	719
19	2698	1228	1470	2697	1228	1469
20-24岁	**12767**	**5825**	**6942**	**12533**	**5765**	**6768**
20	3160	1387	1773	3156	1385	1771
21	2956	1350	1606	2948	1350	1598
22	2442	1112	1330	2415	1106	1309
23	2110	1009	1101	2062	994	1068
24	2099	967	1132	1952	930	1022
25-29岁	**10610**	**5053**	**5557**	**7008**	**3635**	**3373**
25	2118	989	1129	1837	909	928
26	1996	967	1029	1555	790	765
27	2134	1005	1129	1422	751	671
28	2212	1052	1160	1243	676	567
29	2150	1040	1110	951	509	442
30-34岁	**10304**	**5168**	**5136**	**2580**	**1492**	**1088**
30	2389	1188	1201	896	534	362
31	2138	1042	1096	597	333	264
32	2045	1027	1018	484	267	217
33	1929	982	947	327	195	132
34	1803	929	874	276	163	113
35-39岁	**7303**	**3993**	**3310**	**713**	**400**	**313**
35	1633	863	770	220	133	87
36	1583	855	728	152	74	78
37	1481	789	692	143	79	64
38	1498	818	680	125	70	55
39	1108	668	440	73	44	29
40-44岁	**4233**	**2500**	**1733**	**196**	**98**	**98**
40	963	551	412	52	31	21
41	987	581	406	53	25	28
42	869	500	369	33	16	17
43	698	425	273	27	14	13
44	716	443	273	31	12	19
45-49岁	**3278**	**2134**	**1144**	**110**	**48**	**62**
45	614	389	225	24	10	14
46	710	467	243	13	4	9
47	683	434	249	39	20	19
48	666	452	214	13	4	9
49	605	392	213	21	10	11
50-54岁	**2593**	**1743**	**850**	**40**	**27**	**13**
50	618	386	232	10	6	4
51	569	384	185	13	8	5
52	574	397	177	9	8	1
53	400	268	132	6	4	2
54	432	308	124	2	1	1
55-59岁	**1672**	**1205**	**467**	**25**	**18**	**7**
55	399	296	103	7	5	2
56	397	272	125	6	4	2
57	402	294	108	7	5	2
58	312	227	85	3	3	
59	162	116	46	2	1	1
60-64岁	**829**	**598**	**231**	**8**	**4**	**4**
60	171	121	50	3	2	1
61	147	109	38			
62	169	131	38	3	1	2
63	183	124	59	1		1
64	159	113	46	1	1	
65岁及以上	**1579**	**1121**	**458**	**7**	**5**	**2**

单位：人

有配偶			离婚			丧偶		
小计	男	女	小计	男	女	小计	男	女
30861	**17391**	**13470**	**879**	**364**	**515**	**210**	**93**	**117**
2		**2**						
1		1						
1		1						
231	**60**	**171**	**2**		**2**	**1**		**1**
4	2	2						
8		8						
27	6	21						
47	15	32	1		1			
145	37	108	1		1	1		1
3566	**1407**	**2159**	**36**	**11**	**25**			
278	80	198	3		3			
440	176	264	1	1				
705	253	452	7	1	6			
961	374	587	8	2	6			
1182	524	658	17	7	10			
7583	**3622**	**3961**	**139**	**54**	**85**	**2**		**2**
1473	643	830	20	11	9			
1517	699	818	23	10	13	1		1
1539	752	787	22	8	14			
1568	776	792	33	11	22	1		1
1486	752	734	41	14	27			
6401	**3513**	**2888**	**188**	**79**	**109**	**1**	**1**	
1386	721	665	27	9	18			
1396	765	631	34	15	19	1	1	
1289	692	597	49	18	31			
1334	732	602	39	16	23			
996	603	393	39	21	18			
3889	**2339**	**1550**	**144**	**61**	**83**	**4**	**2**	**2**
869	500	369	40	18	22	2	2	
901	546	355	33	10	23			
809	473	336	27	11	16			
653	405	248	16	6	10	2		2
657	415	242	28	16	12			
3022	**2025**	**997**	**140**	**59**	**81**	**6**	**2**	**4**
562	366	196	28	13	15			
659	448	211	36	14	22	2	1	1
614	401	213	30	13	17			
624	436	188	28	12	16	1		1
563	374	189	18	7	11	3	1	2
2410	**1671**	**739**	**129**	**42**	**87**	**14**	**3**	**11**
579	369	210	29	11	18			
523	366	157	31	9	22	2	1	1
529	377	152	30	11	19	6	1	5
372	257	115	20	7	13	2		2
407	302	105	19	4	15	4	1	3
1560	**1148**	**412**	**62**	**31**	**31**	**25**	**8**	**17**
369	281	88	18	9	9	5	1	4
376	261	115	8	4	4	7	3	4
374	278	96	17	9	8	4	2	2
288	216	72	14	7	7	7	1	6
153	112	41	5	2	3	2	1	1
777	**565**	**212**	**26**	**18**	**8**	**18**	**11**	**7**
164	116	48	3	2	1	1	1	
137	103	34	3	3		7	3	4
162	127	35	3	2	1	1	1	
168	117	51	9	4	5	5	3	2
146	102	44	8	7	1	4	3	1
1420	**1041**	**379**	**13**	**9**	**4**	**139**	**66**	**73**

5-3 续表 8

受教育程度 年龄	15岁及以上人口			未婚		
	合计	男	女	小计	男	女
硕士研究生	**3428**	**1800**	**1628**	**1184**	**550**	**634**
15-19岁	**3**	**2**	**1**	**3**	**2**	**1**
15						
16						
17						
18	2	2		2	2	
19	1		1	1		1
20-24岁	**402**	**170**	**232**	**395**	**167**	**228**
20	2		2	2		2
21	11	5	6	11	5	6
22	56	21	35	56	21	35
23	145	67	78	142	66	76
24	188	77	111	184	75	109
25-29岁	**660**	**299**	**361**	**513**	**252**	**261**
25	189	102	87	177	99	78
26	132	55	77	115	52	63
27	106	42	64	85	36	49
28	112	44	68	76	34	42
29	121	56	65	60	31	29
30-34岁	**753**	**312**	**441**	**191**	**88**	**103**
30	145	60	85	63	31	32
31	145	56	89	36	17	19
32	136	55	81	35	18	17
33	162	75	87	29	10	19
34	165	66	99	28	12	16
35-39岁	**641**	**329**	**312**	**52**	**22**	**30**
35	132	61	71	13	6	7
36	124	56	68	14	4	10
37	142	77	65	13	5	8
38	146	78	68	6	3	3
39	97	57	40	6	4	2
40-44岁	**341**	**208**	**133**	**14**	**7**	**7**
40	94	54	40	3	1	2
41	87	50	37	3	1	2
42	60	36	24	3	1	2
43	60	41	19	4	3	1
44	40	27	13	1	1	
45-49岁	**217**	**152**	**65**	**6**	**4**	**2**
45	55	37	18	1		1
46	53	36	17	1	1	
47	38	21	17	3	2	1
48	39	29	10	1	1	
49	32	29	3			
50-54岁	**156**	**119**	**37**	**7**	**5**	**2**
50	29	17	12	2	1	1
51	37	27	10	2	2	
52	36	30	6	1		1
53	26	24	2	1	1	
54	28	21	7	1	1	
55-59岁	**137**	**106**	**31**	**1**	**1**	
55	27	20	7	1	1	
56	29	18	11			
57	39	37	2			
58	32	22	10			
59	10	9	1			
60-64岁	**61**	**53**	**8**	**2**	**2**	
60	12	9	3			
61	10	9	1	1	1	
62	19	18	1			
63	10	8	2			
64	10	9	1	1	1	
65岁及以上	**57**	**50**	**7**			

单位：人

有配偶			离　婚			丧　偶		
小计	男	女	小计	男	女	小计	男	女
2172	**1213**	**959**	**66**	**34**	**32**	**6**	**3**	**3**
7	**3**	**4**						
3	1	2						
4	2	2						
146	**46**	**100**	**1**	**1**				
12	3	9						
17	3	14						
21	6	15						
36	10	26						
60	24	36	1	1				
556	**223**	**333**	**5**	**1**	**4**	**1**		**1**
81	29	52	1		1			
108	39	69	1		1			
100	37	63				1		1
131	64	67	2	1	1			
136	54	82	1		1			
572	**298**	**274**	**17**	**9**	**8**			
118	55	63	1		1			
106	49	57	4	3	1			
124	70	54	5	2	3			
134	71	63	6	4	2			
90	53	37	1		1			
310	**196**	**114**	**17**	**5**	**12**			
85	52	33	6	1	5			
80	48	32	4	1	3			
55	35	20	2		2			
54	36	18	2	2				
36	25	11	3	1	2			
203	**142**	**61**	**8**	**6**	**2**			
52	36	16	2	1	1			
49	32	17	3	3				
34	19	15	1		1			
36	26	10	2	2				
32	29	3						
141	**108**	**33**	**8**	**6**	**2**			
24	15	9	3	1	2			
34	24	10	1	1				
35	30	5						
24	22	2	1	1				
24	17	7	3	3				
127	**101**	**26**	**7**	**3**	**4**	**2**	**1**	**1**
25	18	7	1	1				
26	18	8	2		2	1		1
37	35	2	1	1		1	1	
30	22	8	2		2			
9	8	1	1	1				
56	**48**	**8**	**2**	**2**		**1**	**1**	
11	8	3	1	1				
9	8	1						
18	17	1				1	1	
10	8	2						
8	7	1	1	1				
54	**48**	**6**	**1**	**1**		**2**	**1**	**1**

5-3 续表 9

受教育程度 年 龄	15岁及以上人口			未 婚		
	合计	男	女	小计	男	女
博士研究生	**381**	**224**	**157**	**83**	**47**	**36**
15-19岁						
15						
16						
17						
18						
19						
20-24岁	**7**	**3**	**4**	**7**	**3**	**4**
20						
21						
22	1		1	1		1
23	1	1		1	1	
24	5	2	3	5	2	3
25-29岁	**41**	**25**	**16**	**36**	**23**	**13**
25	4	3	1	4	3	1
26	6	3	3	6	3	3
27	11	7	4	11	7	4
28	9	7	2	8	6	2
29	11	5	6	7	4	3
30-34岁	**54**	**29**	**25**	**18**	**11**	**7**
30	11	6	5	7	3	4
31	11	4	7	5	2	3
32	9	6	3	2	2	
33	15	7	8	2	2	
34	8	6	2	2	2	
35-39岁	**89**	**45**	**44**	**10**	**7**	**3**
35	11	7	4	4	4	
36	21	9	12	3	2	1
37	9	4	5	1		1
38	24	13	11			
39	24	12	12	2	1	1
40-44岁	**70**	**40**	**30**	**6**	**1**	**5**
40	16	9	7			
41	18	8	10	2	1	1
42	9	4	5	1		1
43	17	12	5	1		1
44	10	7	3	2		2
45-49岁	**44**	**24**	**20**	**4**	**1**	**3**
45	13	7	6	1		1
46	6	4	2	1	1	
47	14	10	4	2		2
48	5	1	4			
49	6	2	4			
50-54岁	**35**	**21**	**14**	**2**	**1**	**1**
50	10	6	4	1	1	
51	5	1	4			
52	6	5	1			
53	9	6	3	1		1
54	5	3	2			
55-59岁	**27**	**24**	**3**			
55	7	7				
56	6	5	1			
57	10	8	2			
58	4	4				
59						
60-64岁	**9**	**9**				
60	1	1				
61	1	1				
62	1	1				
63	4	4				
64	2	2				
65岁及以上	**5**	**4**	**1**			

单位：人

有配偶			离　婚			丧　偶		
小计	男	女	小计	男	女	小计	男	女
285	**173**	**112**	**11**	**4**	**7**	**2**		**2**
5	**2**	**3**						
1	1							
4	1	3						
35	**18**	**17**	**1**		**1**			
4	3	1						
5	2	3	1		1			
7	4	3						
13	5	8						
6	4	2						
76	**37**	**39**	**2**	**1**	**1**	**1**		**1**
7	3	4						
18	7	11						
8	4	4						
22	12	10	2	1	1			
21	11	10				1		1
63	**39**	**24**	**1**		**1**			
16	9	7						
15	7	8	1		1			
8	4	4						
16	12	4						
8	7	1						
36	**22**	**14**	**4**	**1**	**3**			
11	7	4	1		1			
5	3	2						
11	9	2	1	1				
4	1	3	1		1			
5	2	3	1		1			
32	**20**	**12**	**1**		**1**			
8	5	3	1		1			
5	1	4						
6	5	1						
8	6	2						
5	3	2						
25	**23**	**2**	**1**	**1**		**1**		**1**
6	6		1	1				
6	5	1						
9	8	1				1		1
4	4							
8	**8**		**1**	**1**				
1	1							
1	1							
1	1							
4	4							
1	1		1	1				
5	**4**	**1**						

5－3a 全省分年龄、性别、受教育

受教育程度 / 年龄	15岁及以上人口			未婚		
	合计	男	女	小计	男	女
总计	**272866**	**138969**	**133897**	**74162**	**42803**	**31359**
15－19岁	**20649**	**11120**	**9529**	**20546**	**11091**	**9455**
15	3829	2059	1770	3827	2058	1769
16	4773	2522	2251	4767	2518	2249
17	4460	2443	2017	4448	2443	2005
18	3523	1921	1602	3497	1914	1583
19	4064	2175	1889	4007	2158	1849
20－24岁	**22274**	**11621**	**10653**	**20166**	**10967**	**9199**
20	4280	2213	2067	4168	2183	1985
21	4015	2105	1910	3852	2056	1796
22	4232	2240	1992	3898	2139	1759
23	4496	2410	2086	3972	2241	1731
24	5251	2653	2598	4276	2348	1928
25－29岁	**31062**	**15764**	**15298**	**17443**	**10413**	**7030**
25	5716	2913	2803	4221	2381	1840
26	5709	2924	2785	3781	2204	1577
27	6252	3191	3061	3529	2130	1399
28	6622	3294	3328	3189	1977	1212
29	6763	3442	3321	2723	1721	1002
30－34岁	**35937**	**18112**	**17825**	**8725**	**5711**	**3014**
30	7696	3873	3823	2633	1687	946
31	7283	3719	3564	2037	1358	679
32	7042	3560	3482	1629	1070	559
33	7230	3654	3576	1369	907	462
34	6686	3306	3380	1057	689	368
35－39岁	**31571**	**15917**	**15654**	**3428**	**2203**	**1225**
35	6338	3278	3060	902	606	296
36	6450	3197	3253	768	486	282
37	6348	3202	3146	649	413	236
38	6672	3338	3334	618	384	234
39	5763	2902	2861	491	314	177
40－44岁	**24666**	**12547**	**12119**	**1464**	**895**	**569**
40	5401	2748	2653	384	240	144
41	5493	2808	2685	315	194	121
42	4935	2479	2456	287	171	116
43	4340	2196	2144	231	146	85
44	4497	2316	2181	247	144	103
45－49岁	**25490**	**13313**	**12177**	**1085**	**650**	**435**
45	4504	2282	2222	217	113	104
46	5206	2728	2478	233	152	81
47	5403	2789	2614	238	137	101
48	5358	2852	2506	191	112	79
49	5019	2662	2357	206	136	70
50－54岁	**23253**	**12222**	**11031**	**638**	**431**	**207**
50	5232	2686	2546	197	130	67
51	4891	2638	2253	140	96	44
52	5198	2798	2400	127	84	43
53	3866	1985	1881	91	56	35
54	4066	2115	1951	83	65	18
55－59岁	**19266**	**9788**	**9478**	**349**	**229**	**120**
55	4258	2185	2073	83	54	29
56	4221	2140	2081	88	66	22
57	4789	2482	2307	84	56	28
58	3889	1961	1928	57	35	22
59	2109	1020	1089	37	18	19
60－64岁	**12638**	**6289**	**6349**	**130**	**75**	**55**
60	2221	1085	1136	33	15	18
61	2290	1147	1143	29	16	13
62	2732	1402	1330	21	12	9
63	2860	1444	1416	23	16	7
64	2535	1211	1324	24	16	8
65岁及以上	**26060**	**12276**	**13784**	**188**	**138**	**50**

程度、婚姻状况的人口(城市)

单位：人

有配偶			离婚			丧偶		
小计	男	女	小计	男	女	小计	男	女
184729	**92157**	**92572**	**5675**	**2442**	**3233**	**8300**	**1567**	**6733**
102	**29**	**73**	**1**		**1**			
2	1	1						
6	4	2						
12		12						
26	7	19						
56	17	39	1		1			
2080	**641**	**1439**	**27**	**13**	**14**	**1**		**1**
111	29	82	1	1				
162	49	113	1		1			
332	100	232	2	1	1			
519	167	352	5	2	3			
956	296	660	18	9	9	1		1
13378	**5258**	**8120**	**235**	**93**	**142**	**6**		**6**
1475	524	951	20	8	12			
1901	712	1189	27	8	19			
2669	1041	1628	51	20	31	3		3
3372	1292	2080	61	25	36			
3961	1689	2272	76	32	44	3		3
26506	**12111**	**14395**	**681**	**288**	**393**	**25**	**2**	**23**
4951	2139	2812	107	46	61	5	1	4
5112	2305	2807	128	56	72	6		6
5274	2430	2844	137	60	77	2		2
5715	2691	3024	142	56	86	4		4
5454	2546	2908	167	70	97	8	1	7
27105	**13276**	**13829**	**964**	**429**	**535**	**74**	**9**	**65**
5275	2601	2674	150	70	80	11	1	10
5485	2631	2854	185	78	107	12	2	10
5467	2687	2780	216	100	116	16	2	14
5823	2850	2973	219	102	117	12	2	10
5055	2507	2548	194	79	115	23	2	21
22215	**11249**	**10966**	**902**	**393**	**509**	**85**	**10**	**75**
4811	2425	2386	193	82	111	13	1	12
4954	2530	2424	202	79	123	22	5	17
4450	2221	2229	181	86	95	17	1	16
3939	1979	1960	153	70	83	17	1	16
4061	2094	1967	173	76	97	16	2	14
23252	**12213**	**11039**	**912**	**414**	**498**	**241**	**36**	**205**
4080	2088	1992	168	75	93	39	6	33
4751	2472	2279	189	96	93	33	8	25
4913	2561	2352	193	84	109	59	7	52
4918	2645	2273	198	92	106	51	3	48
4590	2447	2143	164	67	97	59	12	47
21318	**11393**	**9925**	**851**	**331**	**520**	**446**	**67**	**379**
4748	2451	2297	222	93	129	65	12	53
4487	2461	2026	178	70	108	86	11	75
4783	2618	2165	189	81	108	99	15	84
3552	1869	1683	137	47	90	86	13	73
3748	1994	1754	125	40	85	110	16	94
17577	**9177**	**8400**	**608**	**247**	**361**	**732**	**135**	**597**
3916	2044	1872	142	56	86	117	31	86
3858	1994	1864	140	54	86	135	26	109
4370	2332	2038	144	65	79	191	29	162
3549	1853	1696	116	44	72	167	29	138
1884	954	930	66	28	38	122	20	102
11394	**5947**	**5447**	**256**	**108**	**148**	**858**	**159**	**699**
2030	1030	1000	47	18	29	111	22	89
2064	1088	976	51	25	26	146	18	128
2464	1336	1128	59	15	44	188	39	149
2576	1360	1216	46	22	24	215	46	169
2260	1133	1127	53	28	25	198	34	164
19802	**10863**	**8939**	**238**	**126**	**112**	**5832**	**1149**	**4683**

5-3a 续表 1

受教育程度 年龄	15岁及以上人口			未婚		
	合计	男	女	小计	男	女
未上过学	**3203**	**557**	**2646**	**196**	**124**	**72**
15-19岁	**16**	**5**	**11**	**16**	**5**	**11**
15	5	1	4	5	1	4
16	3		3	3		3
17	2	2		2	2	
18	3	1	2	3	1	2
19	3	1	2	3	1	2
20-24岁	**17**	**9**	**8**	**16**	**8**	**8**
20						
21	4	1	3	4	1	3
22	5	3	2	5	3	2
23	4	3	1	3	2	1
24	4	2	2	4	2	2
25-29岁	**34**	**21**	**13**	**27**	**19**	**8**
25	11	9	2	9	9	
26	4	3	1	3	2	1
27	6	4	2	5	3	2
28	8	3	5	7	3	4
29	5	2	3	3	2	1
30-34岁	**51**	**15**	**36**	**20**	**14**	**6**
30	7	1	6	2	1	1
31	12	4	8	6	4	2
32	13	3	10	4	2	2
33	7	1	6	1	1	
34	12	6	6	7	6	1
35-39岁	**86**	**29**	**57**	**26**	**21**	**5**
35	23	6	17	10	5	5
36	9	3	6	2	2	
37	17	6	11	4	4	
38	16	8	8	5	5	
39	21	6	15	5	5	
40-44岁	**125**	**28**	**97**	**13**	**6**	**7**
40	14	5	9	2	1	1
41	29	3	26	2	1	1
42	27	8	19	2	1	1
43	29	9	20	4	3	1
44	26	3	23	3		3
45-49岁	**233**	**53**	**180**	**23**	**12**	**11**
45	40	9	31	7	3	4
46	44	11	33	5	2	3
47	63	14	49	4	2	2
48	42	12	30	4	3	1
49	44	7	37	3	2	1
50-54岁	**299**	**51**	**248**	**18**	**12**	**6**
50	59	14	45	7	5	2
51	53	9	44	4	2	2
52	67	14	53	3	2	1
53	60	7	53	2	2	
54	60	7	53	2	1	1
55-59岁	**248**	**44**	**204**	**8**	**6**	**2**
55	50	12	38	2	2	
56	55	12	43	3	2	1
57	61	11	50	1	1	
58	53	5	48	2	1	1
59	29	4	25			
60-64岁	**301**	**56**	**245**	**10**	**8**	**2**
60	33	7	26	2	2	
61	37	8	29	2	2	
62	72	18	54	1	1	
63	72	9	63	3	2	1
64	87	14	73	2	1	1
65岁及以上	**1793**	**246**	**1547**	**19**	**13**	**6**

单位：人

有配偶			离婚			丧偶		
小计	男	女	小计	男	女	小计	男	女
1936	**361**	**1575**	**33**	**8**	**25**	**1038**	**64**	**974**
1	**1**							
1	1							
7	**2**	**5**						
2		2						
1	1							
1	1							
1		1						
2		2						
30	**1**	**29**	**1**		**1**			
5		5						
5		5	1		1			
9	1	8						
6		6						
5		5						
56	**8**	**48**	**2**		**2**	**2**		**2**
10	1	9	1		1	2		2
7	1	6						
13	2	11						
11	3	8						
15	1	14	1		1			
106	**22**	**84**	**4**		**4**	**2**		**2**
12	4	8						
26	2	24	1		1			
24	7	17				1		1
23	6	17	1		1	1		1
21	3	18	2		2			
202	**38**	**164**	**3**	**3**		**5**		**5**
33	6	27						
38	9	29				1		1
57	11	46	1	1		1		1
35	8	27	1	1		2		2
39	4	35	1	1		1		1
261	**37**	**224**	**8**	**1**	**7**	**12**	**1**	**11**
44	8	36	4	1	3	4		4
48	7	41	1		1			
60	11	49	1		1	3	1	2
52	5	47	2		2	4		4
57	6	51				1		1
213	**35**	**178**	**5**	**3**	**2**	**22**		**22**
45	10	35				3		3
48	9	39	2	1	1	2		2
55	10	45	1		1	4		4
44	3	41	1	1		6		6
21	3	18	1	1		7		7
240	**44**	**196**	**3**	**1**	**2**	**48**	**3**	**45**
24	3	21	1		1	6	2	4
27	5	22	1	1		7		7
63	17	46				8		8
56	7	49	1		1	12		12
70	12	58				15	1	14
820	**173**	**647**	**7**		**7**	**947**	**60**	**887**

5-3a 续表 2

受教育程度 年龄	15岁及以上人口			未婚		
	合计	男	女	小计	男	女
学前教育	**95**	**44**	**51**	**29**	**17**	**12**
15-19岁	**15**	**7**	**8**	**15**	**7**	**8**
15	9	4	5	9	4	5
16	2	1	1	2	1	1
17						
18	2	1	1	2	1	1
19	2	1	1	2	1	1
20-24岁	**8**	**4**	**4**	**6**	**3**	**3**
20	2		2	2		2
21	1	1		1	1	
22	2	1	1	2	1	1
23	1	1		1	1	
24	2	1	1			
25-29岁	**6**	**4**	**2**	**4**	**3**	**1**
25	2	2		2	2	
26	1	1		1	1	
27	2	1	1			
28	1		1	1		1
29						
30-34岁	**8**	**7**	**1**	**2**	**2**	
30	4	4		2	2	
31	1	1				
32	2	1	1			
33						
34	1	1				
35-39岁	**2**	**1**	**1**			
35						
36						
37	2	1	1			
38						
39						
40-44岁	**4**	**3**	**1**	**1**	**1**	
40						
41	1	1				
42	2	1	1	1	1	
43	1	1				
44						
45-49岁	**5**	**1**	**4**			
45	1		1			
46	1	1				
47						
48	2		2			
49	1		1			
50-54岁	**8**	**2**	**6**			
50	1		1			
51						
52	2	1	1			
53	2		2			
54	3	1	2			
55-59岁	**5**	**2**	**3**	**1**	**1**	
55						
56						
57	2	1	1	1	1	
58	2	1	1			
59	1		1			
60-64岁	**7**	**3**	**4**			
60	1	1				
61	2	1	1			
62	2	1	1			
63	2		2			
64						
65岁及以上	**27**	**10**	**17**			

单位：人

有配偶			离婚			丧偶		
小计	男	女	小计	男	女	小计	男	女
56	**27**	**29**				**10**		**10**
2	**1**	**1**						
2	1	1						
2	**1**	**1**						
2	1	1						
6	**5**	**1**						
2	2							
1	1							
2	1	1						
1	1							
2	**1**	**1**						
2	1	1						
3	**2**	**1**						
1	1							
1		1						
1	1							
5	**1**	**4**						
1		1						
1	1							
2		2						
1		1						
8	**2**	**6**						
1		1						
2	1	1						
2		2						
3	1	2						
4	**1**	**3**						
1		1						
2	1	1						
1		1						
6	**3**	**3**				**1**		**1**
1	1							
2	1	1						
2	1	1						
1		1				1		1
18	**10**	**8**				**9**		**9**

5-3a 续表 3

受教育程度 年龄	15岁及以上人口			未婚		
	合计	男	女	小计	男	女
小学	**20395**	**7623**	**12772**	**1181**	**860**	**321**
15-19岁	**90**	**58**	**32**	**88**	**58**	**30**
15	14	10	4	14	10	4
16	18	11	7	18	11	7
17	12	10	2	12	10	2
18	18	10	8	18	10	8
19	28	17	11	26	17	9
20-24岁	**203**	**136**	**67**	**152**	**118**	**34**
20	30	21	9	28	21	7
21	29	23	6	24	20	4
22	34	23	11	30	22	8
23	45	34	11	31	27	4
24	65	35	30	39	28	11
25-29岁	**419**	**235**	**184**	**198**	**149**	**49**
25	69	46	23	41	32	9
26	78	49	29	44	35	9
27	78	46	32	40	29	11
28	91	48	43	37	31	6
29	103	46	57	36	22	14
30-34岁	**839**	**361**	**478**	**146**	**102**	**44**
30	114	47	67	29	19	10
31	143	66	77	28	22	6
32	164	72	92	23	17	6
33	216	94	122	36	24	12
34	202	82	120	30	20	10
35-39岁	**1275**	**519**	**756**	**129**	**84**	**45**
35	232	87	145	26	14	12
36	223	90	133	25	14	11
37	254	102	152	29	22	7
38	299	120	179	29	21	8
39	267	120	147	20	13	7
40-44岁	**1495**	**592**	**903**	**99**	**74**	**25**
40	271	115	156	20	15	5
41	281	112	169	20	17	3
42	282	104	178	21	15	6
43	327	124	203	21	16	5
44	334	137	197	17	11	6
45-49岁	**2247**	**935**	**1312**	**120**	**84**	**36**
45	357	157	200	16	12	4
46	463	195	268	33	23	10
47	472	200	272	25	18	7
48	486	198	288	23	14	9
49	469	185	284	23	17	6
50-54岁	**2991**	**1281**	**1710**	**104**	**80**	**24**
50	577	241	336	21	17	4
51	596	264	332	27	19	8
52	734	339	395	21	19	2
53	547	214	333	16	10	6
54	537	223	314	19	15	4
55-59岁	**2363**	**884**	**1479**	**63**	**51**	**12**
55	570	219	351	14	11	3
56	557	221	336	23	19	4
57	518	193	325	13	12	1
58	464	167	297	9	7	2
59	254	84	170	4	2	2
60-64岁	**1790**	**572**	**1218**	**27**	**18**	**9**
60	288	92	196	5	3	2
61	275	80	195	4	2	2
62	392	136	256	6	4	2
63	450	150	300	5	3	2
64	385	114	271	7	6	1
65岁及以上	**6683**	**2050**	**4633**	**55**	**42**	**13**

单位：人

有配偶			离婚			丧偶		
小计	男	女	小计	男	女	小计	男	女
16025	**6207**	**9818**	**344**	**148**	**196**	**2845**	**408**	**2437**
2		**2**						
2		2						
49	**16**	**33**	**2**	**2**				
2		2						
5	3	2						
4	1	3						
13	6	7	1	1				
25	6	19	1	1				
215	**83**	**132**	**6**	**3**	**3**			
28	14	14						
34	14	20						
38	17	21						
51	16	35	3	1	2			
64	22	42	3	2	1			
668	**246**	**422**	**25**	**13**	**12**			
82	26	56	3	2	1			
111	43	68	4	1	3			
136	52	84	5	3	2			
173	67	106	7	3	4			
166	58	108	6	4	2			
1104	**422**	**682**	**35**	**12**	**23**	**7**	**1**	**6**
200	71	129	4	1	3	2	1	1
190	73	117	6	3	3	2		2
211	75	136	13	5	8	1		1
264	98	166	6	1	5			
239	105	134	6	2	4	2		2
1341	**498**	**843**	**49**	**19**	**30**	**6**	**1**	**5**
244	96	148	6	4	2	1		1
247	92	155	14	3	11			
254	86	168	7	3	4			
289	99	190	14	8	6	3	1	2
307	125	182	8	1	7	2		2
2037	**817**	**1220**	**64**	**31**	**33**	**26**	**3**	**23**
324	136	188	14	9	5	3		3
409	163	246	17	8	9	4	1	3
429	177	252	8	3	5	10	2	8
452	181	271	6	3	3	5		5
423	160	263	19	8	11	4		4
2740	**1163**	**1577**	**61**	**31**	**30**	**86**	**7**	**79**
531	214	317	17	8	9	8	2	6
542	233	309	14	10	4	13	2	11
679	312	367	13	7	6	21	1	20
508	200	308	7	3	4	16	1	15
480	204	276	10	3	7	28	1	27
2116	**800**	**1316**	**32**	**10**	**22**	**152**	**23**	**129**
518	200	318	12	3	9	26	5	21
491	192	299	11	3	8	32	7	25
466	174	292	4	2	2	35	5	30
423	155	268	4	2	2	28	3	25
218	79	139	1		1	31	3	28
1525	**516**	**1009**	**24**	**10**	**14**	**214**	**28**	**186**
254	83	171	3	1	2	26	5	21
229	72	157	7	3	4	35	3	32
338	126	212	6	1	5	42	5	37
379	135	244	3	2	1	63	10	53
325	100	225	5	3	2	48	5	43
4228	**1646**	**2582**	**46**	**17**	**29**	**2354**	**345**	**2009**

5−3a 续表 4

受教育程度 年 龄	15岁及以上人口 合计	男	女	未婚 小计	男	女
初 中	**89541**	**45355**	**44186**	**15415**	**10390**	**5025**
15−19岁	**3336**	**1967**	**1369**	**3262**	**1943**	**1319**
15	1288	750	538	1286	749	537
16	567	346	221	562	343	219
17	406	218	188	397	218	179
18	517	320	197	497	314	183
19	558	333	225	520	319	201
20−24岁	**4063**	**2406**	**1657**	**3138**	**2093**	**1045**
20	575	356	219	507	336	171
21	654	397	257	569	374	195
22	841	525	316	671	463	208
23	839	498	341	631	424	207
24	1154	630	524	760	496	264
25−29岁	**8098**	**4238**	**3860**	**3706**	**2559**	**1147**
25	1351	721	630	820	535	285
26	1429	758	671	757	504	253
27	1686	901	785	768	544	224
28	1805	913	892	744	535	209
29	1827	945	882	617	441	176
30−34岁	**11187**	**5577**	**5610**	**2446**	**1801**	**645**
30	2184	1094	1090	641	464	177
31	2203	1132	1071	587	443	144
32	2146	1073	1073	460	342	118
33	2413	1220	1193	452	338	114
34	2241	1058	1183	306	214	92
35−39岁	**11826**	**5820**	**6006**	**1256**	**880**	**376**
35	2229	1141	1088	299	217	82
36	2412	1155	1257	298	209	89
37	2431	1228	1203	251	179	72
38	2462	1168	1294	210	142	68
39	2292	1128	1164	198	133	65
40−44岁	**9887**	**4861**	**5026**	**613**	**421**	**192**
40	2146	1030	1116	158	108	50
41	2145	1060	1085	128	92	36
42	2003	975	1028	128	83	45
43	1705	849	856	93	65	28
44	1888	947	941	106	73	33
45−49岁	**10550**	**5335**	**5215**	**450**	**311**	**139**
45	1895	910	985	91	53	38
46	2122	1073	1049	94	70	24
47	2212	1092	1120	82	59	23
48	2248	1175	1073	87	59	28
49	2073	1085	988	96	70	26
50−54岁	**9733**	**4940**	**4793**	**279**	**201**	**78**
50	2112	1080	1032	74	54	20
51	2058	1071	987	68	47	21
52	2151	1079	1072	52	37	15
53	1671	830	841	51	31	20
54	1741	880	861	34	32	2
55−59岁	**7730**	**3716**	**4014**	**154**	**103**	**51**
55	1819	877	942	40	30	10
56	1745	842	903	39	28	11
57	1893	927	966	32	20	12
58	1510	729	781	25	17	8
59	763	341	422	18	8	10
60−64岁	**4404**	**2098**	**2306**	**44**	**22**	**22**
60	757	329	428	9	3	6
61	780	361	419	13	6	7
62	952	478	474	8	4	4
63	983	502	481	6	4	2
64	932	428	504	8	5	3
65岁及以上	**8727**	**4397**	**4330**	**67**	**56**	**11**

单位：人

有配偶			离婚			丧偶		
小计	男	女	小计	男	女	小计	男	女
69388	**33453**	**35935**	**2042**	**917**	**1125**	**2696**	**595**	**2101**
73	**24**	**49**	**1**		**1**			
2	1	1						
5	3	2						
9		9						
20	6	14						
37	14	23	1		1			
911	**306**	**605**	**14**	**7**	**7**			
67	19	48	1	1				
85	23	62						
169	62	107	1		1			
207	74	133	1		1			
383	128	255	11	6	5			
4294	**1637**	**2657**	**96**	**42**	**54**	**2**		**2**
520	182	338	11	4	7			
659	251	408	13	3	10			
897	344	553	20	13	7	1		1
1035	369	666	26	9	17			
1183	491	692	26	13	13	1		1
8473	**3663**	**4810**	**255**	**112**	**143**	**13**	**1**	**12**
1504	616	888	37	14	23	2		2
1555	662	893	58	27	31	3		3
1642	709	933	44	22	22			
1903	858	1045	56	24	32	2		2
1869	818	1051	60	25	35	6	1	5
10154	**4759**	**5395**	**375**	**176**	**199**	**41**	**5**	**36**
1862	889	973	64	35	29	4		4
2032	913	1119	77	32	45	5	1	4
2089	1007	1082	80	41	39	11	1	10
2156	984	1172	87	40	47	9	2	7
2015	966	1049	67	28	39	12	1	11
8899	**4285**	**4614**	**323**	**150**	**173**	**52**	**5**	**47**
1912	893	1019	67	29	38	9		9
1938	937	1001	63	27	36	16	4	12
1792	853	939	74	39	35	9		9
1549	757	792	55	27	28	8		8
1708	845	863	64	28	36	10	1	9
9633	**4851**	**4782**	**331**	**156**	**175**	**136**	**17**	**119**
1723	833	890	60	23	37	21	1	20
1947	963	984	69	37	32	12	3	9
2013	987	1026	80	41	39	37	5	32
2072	1086	986	58	27	31	31	3	28
1878	982	896	64	28	36	35	5	30
8948	**4596**	**4352**	**282**	**110**	**172**	**224**	**33**	**191**
1939	994	945	61	27	34	38	5	33
1877	993	884	61	25	36	52	6	46
1989	1006	983	68	29	39	42	7	35
1524	775	749	53	16	37	43	8	35
1619	828	791	39	13	26	49	7	42
7034	**3473**	**3561**	**207**	**83**	**124**	**335**	**57**	**278**
1681	819	862	48	16	32	50	12	38
1591	780	811	52	23	29	63	11	52
1717	872	845	47	23	24	97	12	85
1365	680	685	41	16	25	79	16	63
680	322	358	19	5	14	46	6	40
3946	**1988**	**1958**	**77**	**28**	**49**	**337**	**60**	**277**
686	316	370	16	6	10	46	4	42
698	341	357	13	5	8	56	9	47
845	454	391	22	7	15	77	13	64
888	472	416	13	6	7	76	20	56
829	405	424	13	4	9	82	14	68
7023	**3871**	**3152**	**81**	**53**	**28**	**1556**	**417**	**1139**

5-3a 续表 5

受教育程度 年龄	15岁及以上人口 合计	男	女	未婚 小计	男	女
高 中	**73520**	**39761**	**33759**	**24564**	**14406**	**10158**
15—19岁	**12796**	**6934**	**5862**	**12775**	**6929**	**5846**
15	2447	1257	1190	2447	1257	1190
16	4046	2097	1949	4045	2096	1949
17	3733	2074	1659	3732	2074	1658
18	1660	957	703	1656	956	700
19	910	549	361	895	546	349
20—24岁	**4472**	**2544**	**1928**	**3868**	**2373**	**1495**
20	708	412	296	682	407	275
21	751	443	308	699	426	273
22	848	484	364	763	466	297
23	1024	591	433	847	539	308
24	1141	614	527	877	535	342
25—29岁	**7378**	**3969**	**3409**	**3985**	**2553**	**1432**
25	1329	710	619	897	552	345
26	1359	765	594	883	574	309
27	1502	810	692	815	514	301
28	1581	815	766	739	477	262
29	1607	869	738	651	436	215
30—34岁	**8126**	**4325**	**3801**	**2144**	**1458**	**686**
30	1784	939	845	645	426	219
31	1682	915	767	489	344	145
32	1571	863	708	398	273	125
33	1614	842	772	333	224	109
34	1475	766	709	279	191	88
35—39岁	**7052**	**3630**	**3422**	**857**	**565**	**292**
35	1400	758	642	225	160	65
36	1415	733	682	183	123	60
37	1345	682	663	140	90	50
38	1504	763	741	173	103	70
39	1388	694	694	136	89	47
40—44岁	**6161**	**3208**	**2953**	**384**	**230**	**154**
40	1334	714	620	105	68	37
41	1419	744	675	83	48	35
42	1206	632	574	70	41	29
43	1084	530	554	59	34	25
44	1118	588	530	67	39	28
45—49岁	**6447**	**3470**	**2977**	**252**	**138**	**114**
45	1110	578	532	53	29	24
46	1303	719	584	56	33	23
47	1382	744	638	52	23	29
48	1346	711	635	39	20	19
49	1306	718	588	52	33	19
50—54岁	**5726**	**3123**	**2603**	**154**	**87**	**67**
50	1370	722	648	58	32	26
51	1213	665	548	23	15	8
52	1224	689	535	36	17	19
53	900	502	398	15	10	5
54	1019	545	474	22	13	9
55—59岁	**5577**	**2930**	**2647**	**81**	**40**	**41**
55	1085	586	499	18	7	11
56	1120	593	527	15	9	6
57	1416	729	687	22	11	11
58	1237	656	581	14	6	8
59	719	366	353	12	7	5
60—64岁	**4263**	**2313**	**1950**	**27**	**14**	**13**
60	781	422	359	12	5	7
61	856	462	394	8	4	4
62	913	499	414	2	1	1
63	955	520	435	5	4	1
64	758	410	348			
65岁及以上	**5522**	**3315**	**2207**	**37**	**19**	**18**

单位：人

有配偶			离　婚			丧　偶		
小计	男	女	小计	男	女	小计	男	女
46132	**24346**	**21786**	**1602**	**683**	**919**	**1222**	**326**	**896**
21	**5**	**16**						
1	1							
1		1						
4	1	3						
15	3	12						
598	**169**	**429**	**5**	**2**	**3**	**1**		**1**
26	5	21						
51	17	34	1		1			
84	17	67	1	1				
175	51	124	2	1	1			
262	79	183	1		1	1		1
3328	**1395**	**1933**	**62**	**21**	**41**	**3**		**3**
427	155	272	5	3	2			
468	188	280	8	3	5			
672	292	380	14	4	10	1		1
827	331	496	15	7	8			
934	429	505	20	4	16	2		2
5802	**2786**	**3016**	**177**	**81**	**96**	**3**		**3**
1111	502	609	28	11	17			
1165	559	606	27	12	15	1		1
1130	570	560	43	20	23			
1246	605	641	35	13	22			
1150	550	600	44	25	19	2		2
5932	**2953**	**2979**	**248**	**109**	**139**	**15**	**3**	**12**
1134	578	556	38	20	18	3		3
1186	595	591	43	14	29	3	1	2
1152	570	582	50	21	29	3	1	2
1270	626	644	60	34	26	1		1
1190	584	606	57	20	37	5	1	4
5527	**2867**	**2660**	**239**	**109**	**130**	**11**	**2**	**9**
1179	625	554	50	21	29			
1270	666	604	64	29	35	2	1	1
1086	566	520	45	24	21	5	1	4
985	478	507	37	18	19	3		3
1007	532	475	43	17	26	1		1
5887	**3202**	**2685**	**261**	**119**	**142**	**47**	**11**	**36**
991	523	468	53	23	30	13	3	10
1194	658	536	44	25	19	9	3	6
1274	697	577	49	24	25	7		7
1238	662	576	63	29	34	6		6
1190	662	528	52	18	34	12	5	7
5218	**2921**	**2297**	**258**	**98**	**160**	**96**	**17**	**79**
1232	659	573	69	29	40	11	2	9
1121	631	490	53	17	36	16	2	14
1104	645	459	58	23	35	26	4	22
825	472	353	40	16	24	20	4	16
936	514	422	38	13	25	23	5	18
5117	**2774**	**2343**	**212**	**83**	**129**	**167**	**33**	**134**
996	555	441	40	13	27	31	11	20
1031	562	469	48	19	29	26	3	23
1298	690	608	56	23	33	40	5	35
1142	631	511	40	13	27	41	6	35
650	336	314	28	15	13	29	8	21
3938	**2216**	**1722**	**85**	**34**	**51**	**213**	**49**	**164**
725	401	324	19	8	11	25	8	17
787	444	343	23	11	12	38	3	35
843	481	362	15	2	13	53	15	38
885	497	388	12	6	6	53	13	40
698	393	305	16	7	9	44	10	34
4764	**3058**	**1706**	**55**	**27**	**28**	**666**	**211**	**455**

5－3a 续表 6

受教育程度 年龄	15岁及以上人口			未婚		
	合计	男	女	小计	男	女
大学专科	**41935**	**22565**	**19370**	**14630**	**8202**	**6428**
15－19岁	**2028**	**1052**	**976**	**2023**	**1052**	**971**
15	60	34	26	60	34	26
16	124	61	63	124	61	63
17	207	98	109	206	98	108
18	579	295	284	577	295	282
19	1058	564	494	1056	564	492
20－24岁	**5702**	**3005**	**2697**	**5345**	**2900**	**2445**
20	1186	634	552	1172	630	542
21	1028	540	488	1013	534	479
22	1044	557	487	988	543	445
23	1145	601	544	1054	575	479
24	1299	673	626	1118	618	500
25－29岁	**7128**	**3562**	**3566**	**4303**	**2461**	**1842**
25	1405	710	695	1120	600	520
26	1340	638	702	934	505	429
27	1381	696	685	832	483	349
28	1465	737	728	726	434	292
29	1537	781	756	691	439	252
30－34岁	**7510**	**3875**	**3635**	**1958**	**1238**	**720**
30	1740	879	861	611	376	235
31	1575	833	742	476	311	165
32	1488	759	729	357	238	119
33	1425	734	691	294	178	116
34	1282	670	612	220	135	85
35－39岁	**5254**	**2696**	**2558**	**586**	**348**	**238**
35	1124	597	527	165	104	61
36	1111	569	542	140	86	54
37	1062	541	521	104	56	48
38	1100	578	522	99	60	39
39	857	411	446	78	42	36
40－44岁	**3474**	**1829**	**1645**	**180**	**82**	**98**
40	825	432	393	58	27	31
41	766	399	367	37	16	21
42	711	375	336	31	16	15
43	601	322	279	27	12	15
44	571	301	270	27	11	16
45－49岁	**3290**	**1799**	**1491**	**143**	**66**	**77**
45	578	312	266	29	10	19
46	691	356	335	33	19	14
47	716	402	314	41	19	22
48	691	395	296	26	12	14
49	614	334	280	14	6	8
50－54岁	**2358**	**1416**	**942**	**51**	**31**	**20**
50	598	317	281	26	15	11
51	498	314	184	10	8	2
52	543	348	195	9	5	4
53	363	220	143	3	1	2
54	356	217	139	3	2	1
55－59岁	**1926**	**1197**	**729**	**21**	**12**	**9**
55	402	246	156	4	1	3
56	410	246	164	4	4	
57	548	361	187	8	6	2
58	354	212	142	4	1	3
59	212	132	80	1		1
60－64岁	**1190**	**746**	**444**	**13**	**7**	**6**
60	219	136	83	2		2
61	221	147	74	1	1	
62	264	157	107	2	1	1
63	246	157	89	3	3	
64	240	149	91	5	2	3
65岁及以上	**2075**	**1388**	**687**	**7**	**5**	**2**

单位：人

有配偶			离婚			丧偶		
小计	男	女	小计	男	女	小计	男	女
26082	**13872**	**12210**	**894**	**381**	**513**	**329**	**110**	**219**
5		**5**						
1		1						
2		2						
2		2						
353	**103**	**250**	**4**	**2**	**2**			
14	4	10						
15	6	9						
56	14	42						
91	26	65						
177	53	124	4	2	2			
2778	**1082**	**1696**	**46**	**19**	**27**	**1**		**1**
283	109	174	2	1	1			
401	132	269	5	1	4			
537	211	326	11	2	9	1		1
726	296	430	13	7	6			
831	334	497	15	8	7			
5433	**2590**	**2843**	**112**	**46**	**66**	**7**	**1**	**6**
1105	491	614	21	11	10	3	1	2
1077	512	565	21	10	11	1		1
1104	513	591	25	8	17	2		2
1111	548	563	19	8	11	1		1
1036	526	510	26	9	17			
4512	**2278**	**2234**	**148**	**70**	**78**	**8**		**8**
939	484	455	20	9	11			
938	466	472	31	17	14	2		2
927	467	460	30	18	12	1		1
967	505	462	32	13	19	2		2
741	356	385	35	13	22	3		3
3121	**1681**	**1440**	**161**	**65**	**96**	**12**	**1**	**11**
732	393	339	33	12	21	2		2
695	372	323	30	11	19	4		4
641	343	298	37	16	21	2		2
543	301	242	30	9	21	1		1
510	272	238	31	17	14	3	1	2
2992	**1677**	**1315**	**134**	**53**	**81**	**21**	**3**	**18**
532	292	240	15	8	7	2	2	
625	326	299	28	11	17	5		5
639	377	262	32	6	26	4		4
613	361	252	46	22	24	6		6
583	321	262	13	6	7	4	1	3
2168	**1328**	**840**	**120**	**50**	**70**	**19**	**7**	**12**
528	283	245	40	16	24	4	3	1
463	295	168	21	10	11	4	1	3
508	328	180	23	14	9	3	1	2
342	214	128	16	5	11	2		2
327	208	119	20	5	15	6	2	4
1781	**1134**	**647**	**90**	**37**	**53**	**34**	**14**	**20**
372	229	143	23	14	9	3	2	1
382	235	147	18	5	13	6	2	4
509	341	168	20	9	11	11	5	6
325	203	122	18	5	13	7	3	4
193	126	67	11	4	7	7	2	5
1104	**710**	**394**	**42**	**18**	**24**	**31**	**11**	**20**
204	132	72	6	2	4	7	2	5
211	142	69	4	2	2	5	2	3
242	148	94	14	4	10	6	4	2
228	149	79	8	4	4	7	1	6
219	139	80	10	6	4	6	2	4
1835	**1289**	**546**	**37**	**21**	**16**	**196**	**73**	**123**

5-3a 续表 7

受教育程度 年龄	15岁及以上人口 合计	男	女	未婚 小计	男	女
大学本科	**40942**	**21340**	**19602**	**17085**	**8299**	**8786**
15-19岁	**2367**	**1097**	**1270**	**2366**	**1097**	**1269**
15	6	3	3	6	3	3
16	13	6	7	13	6	7
17	100	41	59	99	41	58
18	744	337	407	744	337	407
19	1504	710	794	1504	710	794
20-24岁	**7458**	**3367**	**4091**	**7297**	**3325**	**3972**
20	1778	790	988	1776	789	987
21	1538	695	843	1532	695	837
22	1416	633	783	1397	627	770
23	1309	622	687	1279	614	665
24	1417	627	790	1313	600	713
25-29岁	**7404**	**3454**	**3950**	**4751**	**2429**	**2322**
25	1376	618	758	1169	557	612
26	1381	660	721	1056	536	520
27	1502	691	811	991	519	472
28	1568	735	833	860	462	398
29	1577	750	827	675	355	320
30-34岁	**7570**	**3682**	**3888**	**1852**	**1024**	**828**
30	1746	859	887	651	374	277
31	1539	721	818	419	222	197
32	1536	742	794	358	184	174
33	1410	696	714	230	133	97
34	1339	664	675	194	111	83
35-39岁	**5451**	**2903**	**2548**	**522**	**279**	**243**
35	1213	637	576	163	98	65
36	1153	591	562	106	47	59
37	1108	569	539	109	57	52
38	1146	625	521	97	50	47
39	831	481	350	47	27	20
40-44岁	**3152**	**1807**	**1345**	**155**	**74**	**81**
40	713	398	315	38	20	18
41	759	437	322	41	19	22
42	638	346	292	30	13	17
43	528	316	212	22	13	9
44	514	310	204	24	9	15
45-49岁	**2487**	**1566**	**921**	**87**	**34**	**53**
45	460	275	185	19	6	13
46	528	337	191	10	3	7
47	513	310	203	29	14	15
48	509	340	169	11	3	8
49	477	304	173	18	8	10
50-54岁	**1972**	**1288**	**684**	**25**	**15**	**10**
50	478	289	189	8	5	3
51	435	291	144	7	4	3
52	440	297	143	5	4	1
53	294	187	107	3	1	2
54	325	224	101	2	1	1
55-59岁	**1272**	**900**	**372**	**20**	**15**	**5**
55	304	223	81	4	2	2
56	307	209	98	4	4	
57	305	218	87	7	5	2
58	235	166	69	3	3	
59	121	84	37	2	1	1
60-64岁	**626**	**451**	**175**	**7**	**4**	**3**
60	132	91	41	3	2	1
61	109	79	30			
62	121	98	23	2	1	1
63	142	97	45	1		1
64	122	86	36	1	1	
65岁及以上	**1183**	**825**	**358**	**3**	**3**	

单位：人

有配偶			离　婚			丧　偶		
小计	男	女	小计	男	女	小计	男	女
23002	**12704**	**10298**	**701**	**276**	**425**	**154**	**61**	**93**
1		**1**						
1		1						
159	**42**	**117**	**2**		**2**			
2	1	1						
6		6						
19	6	13						
29	8	21	1		1			
103	27	76	1		1			
2629	**1018**	**1611**	**24**	**7**	**17**			
205	61	144	2		2			
324	123	201	1	1				
505	171	334	6	1	5			
704	272	432	4	1	3			
891	391	500	11	4	7			
5609	**2622**	**2987**	**107**	**36**	**71**	**2**		**2**
1078	477	601	17	8	9			
1103	493	610	16	6	10	1		1
1158	551	607	20	7	13			
1155	555	600	24	8	16	1		1
1115	546	569	30	7	23			
4789	**2570**	**2219**	**140**	**54**	**86**			
1028	534	494	22	5	17			
1022	534	488	25	10	15			
961	499	462	38	13	25			
1021	565	456	28	10	18			
757	438	319	27	16	11			
2885	**1687**	**1198**	**110**	**45**	**65**	**2**	**1**	**1**
642	362	280	32	15	17	1	1	
692	410	282	26	8	18			
592	329	263	16	4	12			
491	297	194	14	6	8	1		1
468	289	179	22	12	10			
2282	**1483**	**799**	**112**	**47**	**65**	**6**	**2**	**4**
417	258	159	24	11	13			
488	321	167	28	12	16	2	1	1
461	287	174	23	9	14			
475	328	147	22	9	13	1		1
441	289	152	15	6	9	3	1	2
1822	**1234**	**588**	**116**	**37**	**79**	**9**	**2**	**7**
442	273	169	28	11	17			
399	279	120	28	8	20	1		1
405	284	121	26	8	18	4	1	3
272	180	92	18	6	12	1		1
304	218	86	16	4	12	3	1	2
1178	**851**	**327**	**55**	**27**	**28**	**19**	**7**	**12**
279	212	67	17	8	9	4	1	3
291	199	92	7	3	4	5	3	2
281	205	76	15	7	8	2	1	1
215	155	60	11	7	4	6	1	5
112	80	32	5	2	3	2	1	1
583	**425**	**158**	**23**	**15**	**8**	**13**	**7**	**6**
126	87	39	2	1	1	1	1	
101	75	26	3	3		5	1	4
116	95	21	2	1	1	1	1	
129	91	38	9	4	5	3	2	1
111	77	34	7	6	1	3	2	1
1065	**772**	**293**	**12**	**8**	**4**	**103**	**42**	**61**

5－3a　续表 8

受教育程度 年　　龄	15岁及以上人口			未　　婚		
	合计	男	女	小计	男	女
硕士研究生	**2897**	**1524**	**1373**	**987**	**462**	**525**
15－19岁	**1**		**1**	**1**		**1**
15						
16						
17						
18						
19	1		1	1		1
20－24岁	**344**	**147**	**197**	**337**	**144**	**193**
20	1		1	1		1
21	10	5	5	10	5	5
22	41	14	27	41	14	27
23	128	59	69	125	58	67
24	164	69	95	160	67	93
25－29岁	**560**	**259**	**301**	**437**	**219**	**218**
25	169	94	75	159	91	68
26	113	47	66	99	44	55
27	84	35	49	67	31	36
28	96	38	58	68	30	38
29	98	45	53	44	23	21
30－34岁	**600**	**244**	**356**	**140**	**62**	**78**
30	107	45	62	45	22	23
31	119	43	76	27	10	17
32	116	43	73	28	13	15
33	132	60	72	21	7	14
34	126	53	73	19	10	9
35－39岁	**548**	**280**	**268**	**44**	**20**	**24**
35	106	45	61	10	4	6
36	108	48	60	12	4	8
37	122	69	53	11	5	6
38	126	67	59	5	3	2
39	86	51	35	6	4	2
40－44岁	**300**	**180**	**120**	**13**	**6**	**7**
40	82	45	37	3	1	2
41	75	44	31	2		2
42	57	34	23	3	1	2
43	50	34	16	4	3	1
44	36	23	13	1	1	
45－49岁	**190**	**132**	**58**	**6**	**4**	**2**
45	50	34	16	1		1
46	48	32	16	1	1	
47	33	19	14	3	2	1
48	29	20	9	1	1	
49	30	27	3			
50－54岁	**135**	**102**	**33**	**6**	**4**	**2**
50	28	17	11	2	1	1
51	33	23	10	1	1	
52	32	27	5	1		1
53	21	19	2	1	1	
54	21	16	5	1	1	
55－59岁	**122**	**94**	**28**	**1**	**1**	
55	21	15	6	1	1	
56	24	14	10			
57	36	34	2			
58	31	22	9			
59	10	9	1			
60－64岁	**51**	**44**	**7**	**2**	**2**	
60	9	6	3			
61	9	8	1	1	1	
62	16	15	1			
63	8	7	1			
64	9	8	1	1	1	
65岁及以上	**46**	**42**	**4**			

单位：人

有配偶			离婚			丧偶		
小计	男	女	小计	男	女	小计	男	女
1854	**1033**	**821**	**52**	**26**	**26**	**4**	**3**	**1**
7	**3**	**4**						
3	1	2						
4	2	2						
122	**39**	**83**	**1**	**1**				
10	3	7						
14	3	11						
17	4	13						
28	8	20						
53	21	32	1	1				
456	**182**	**274**	**4**		**4**			
61	23	38	1		1			
91	33	58	1		1			
88	30	58						
110	53	57	1		1			
106	43	63	1		1			
490	**253**	**237**	**14**	**7**	**7**			
95	41	54	1		1			
93	42	51	3	2	1			
106	62	44	5	2	3			
117	61	56	4	3	1			
79	47	32	1		1			
272	**169**	**103**	**15**	**5**	**10**			
74	43	31	5	1	4			
70	43	27	3	1	2			
52	33	19	2		2			
44	29	15	2	2				
32	21	11	3	1	2			
179	**123**	**56**	**5**	**5**				
48	33	15	1	1				
44	28	16	3	3				
30	17	13						
27	18	9	1	1				
30	27	3						
123	**94**	**29**	**6**	**4**	**2**			
23	15	8	3	1	2			
32	22	10						
31	27	4						
19	17	2	1	1				
18	13	5	2	2				
113	**89**	**24**	**6**	**3**	**3**	**2**	**1**	**1**
19	13	6	1	1				
21	14	7	2		2	1		1
34	32	2	1	1		1	1	
30	22	8	1		1			
9	8	1	1	1				
47	**40**	**7**	**1**	**1**		**1**	**1**	
9	6	3						
8	7	1						
15	14	1				1	1	
8	7	1						
7	6	1	1	1				
45	**41**	**4**				**1**	**1**	

5-3a 续表 9

受教育程度 年龄	15岁及以上人口			未婚		
	合计	男	女	小计	男	女
博士研究生	**338**	**200**	**138**	**75**	**43**	**32**
15-19岁						
15						
16						
17						
18						
19						
20-24岁	**7**	**3**	**4**	**7**	**3**	**4**
20						
21						
22	1		1	1		1
23	1	1		1	1	
24	5	2	3	5	2	3
25-29岁	**35**	**22**	**13**	**32**	**21**	**11**
25	4	3	1	4	3	1
26	4	3	1	4	3	1
27	11	7	4	11	7	4
28	7	5	2	7	5	2
29	9	4	5	6	3	3
30-34岁	**46**	**26**	**20**	**17**	**10**	**7**
30	10	5	5	7	3	4
31	9	4	5	5	2	3
32	6	4	2	1	1	
33	13	7	6	2	2	
34	8	6	2	2	2	
35-39岁	**77**	**39**	**38**	**8**	**6**	**2**
35	11	7	4	4	4	
36	19	8	11	2	1	1
37	7	4	3	1		1
38	19	9	10			
39	21	11	10	1	1	
40-44岁	**68**	**39**	**29**	**6**	**1**	**5**
40	16	9	7			
41	18	8	10	2	1	1
42	9	4	5	1		1
43	15	11	4	1		1
44	10	7	3	2		2
45-49岁	**41**	**22**	**19**	**4**	**1**	**3**
45	13	7	6	1		1
46	6	4	2	1	1	
47	12	8	4	2		2
48	5	1	4			
49	5	2	3			
50-54岁	**31**	**19**	**12**	**1**	**1**	
50	9	6	3	1	1	
51	5	1	4			
52	5	4	1			
53	8	6	2			
54	4	2	2			
55-59岁	**23**	**21**	**2**			
55	7	7				
56	3	3				
57	10	8	2			
58	3	3				
59						
60-64岁	**6**	**6**				
60	1	1				
61	1	1				
62						
63	2	2				
64	2	2				
65岁及以上	**4**	**3**	**1**			

单位：人

有配偶			离婚			丧偶		
小计	男	女	小计	男	女	小计	男	女
254	**154**	**100**	**7**	**3**	**4**	**2**		**2**
3	**1**	**2**						
3	1	2						
29	**16**	**13**						
3	2	1						
4	2	2						
5	3	2						
11	5	6						
6	4	2						
66	**32**	**34**	**2**	**1**	**1**	**1**		**1**
7	3	4						
17	7	10						
6	4	2						
17	8	9	2	1	1			
19	10	9				1		1
61	**38**	**23**	**1**		**1**			
16	9	7						
15	7	8	1		1			
8	4	4						
14	11	3						
8	7	1						
35	**21**	**14**	**2**		**2**			
11	7	4	1		1			
5	3	2						
10	8	2						
4	1	3	1		1			
5	2	3						
30	**18**	**12**						
8	5	3						
5	1	4						
5	4	1						
8	6	2						
4	2	2						
21	**20**	**1**	**1**	**1**		**1**		**1**
6	6		1	1				
3	3							
9	8	1				1		1
3	3							
5	**5**		**1**	**1**				
1	1							
1	1							
2	2							
1	1		1	1				
4	**3**	**1**						

5-3b 全省分年龄、性别、受教育

受教育程度 年 龄	15岁及以上人口			未 婚		
	合计	男	女	小计	男	女
总 计	**173650**	**90775**	**82875**	**40181**	**25675**	**14506**
15-19岁	**13111**	**7256**	**5855**	**12961**	**7222**	**5739**
15	2911	1624	1287	2910	1624	1286
16	3088	1728	1360	3082	1728	1354
17	2604	1468	1136	2578	1459	1119
18	2201	1225	976	2159	1214	945
19	2307	1211	1096	2232	1197	1035
20-24岁	**12168**	**6704**	**5464**	**10357**	**6132**	**4225**
20	2469	1325	1144	2342	1293	1049
21	2370	1309	1061	2180	1259	921
22	2363	1320	1043	2034	1205	829
23	2373	1330	1043	1877	1163	714
24	2593	1420	1173	1924	1212	712
25-29岁	**16270**	**8765**	**7505**	**7964**	**5403**	**2561**
25	3053	1671	1382	2010	1306	704
26	2914	1609	1305	1646	1095	551
27	3256	1732	1524	1595	1097	498
28	3469	1847	1622	1447	1008	439
29	3578	1906	1672	1266	897	369
30-34岁	**18964**	**10042**	**8922**	**4164**	**3118**	**1046**
30	4073	2182	1891	1229	918	311
31	3748	1978	1770	936	698	238
32	3702	1934	1768	791	582	209
33	3792	2016	1776	646	498	148
34	3649	1932	1717	562	422	140
35-39岁	**18306**	**9725**	**8581**	**1899**	**1501**	**398**
35	3436	1812	1624	428	334	94
36	3804	2037	1767	423	334	89
37	3743	2022	1721	374	310	64
38	3839	1996	1843	356	268	88
39	3484	1858	1626	318	255	63
40-44岁	**15314**	**8212**	**7102**	**921**	**728**	**193**
40	3450	1802	1648	257	189	68
41	3303	1764	1539	214	176	38
42	3074	1652	1422	186	151	35
43	2646	1447	1199	122	101	21
44	2841	1547	1294	142	111	31
45-49岁	**15389**	**8128**	**7261**	**640**	**505**	**135**
45	2710	1409	1301	142	112	30
46	3026	1602	1424	145	113	32
47	3263	1733	1530	125	100	25
48	3312	1759	1553	117	91	26
49	3078	1625	1453	111	89	22
50-54岁	**16121**	**8398**	**7723**	**422**	**349**	**73**
50	3426	1804	1622	128	109	19
51	3217	1652	1565	95	76	19
52	3457	1799	1658	67	58	9
53	2957	1535	1422	86	68	18
54	3064	1608	1456	46	38	8
55-59岁	**14665**	**7559**	**7106**	**286**	**231**	**55**
55	3100	1603	1497	78	63	15
56	3155	1614	1541	61	52	9
57	3350	1715	1635	65	54	11
58	3224	1700	1524	51	42	9
59	1836	927	909	31	20	11
60-64岁	**9948**	**5052**	**4896**	**159**	**133**	**26**
60	1720	919	801	29	24	5
61	1778	922	856	27	22	5
62	2177	1105	1072	44	37	7
63	2190	1092	1098	30	24	6
64	2083	1014	1069	29	26	3
65岁及以上	**23394**	**10934**	**12460**	**408**	**353**	**55**

程度、婚姻状况的人口(镇)

单位：人

有配偶			离　婚			丧　偶		
小计	男	女	小计	男	女	小计	男	女
121485	**61603**	**59882**	**2716**	**1555**	**1161**	**9268**	**1942**	**7326**
146	**33**	**113**	**4**	**1**	**3**			
1		1						
6		6						
26	9	17						
39	10	29	3	1	2			
74	14	60	1		1			
1774	**560**	**1214**	**36**	**11**	**25**	**1**	**1**	
126	32	94	1		1			
187	49	138	3	1	2			
327	114	213	2	1	1			
484	162	322	11	4	7	1	1	
650	203	447	19	5	14			
8102	**3248**	**4854**	**193**	**108**	**85**	**11**	**6**	**5**
1020	352	668	23	13	10			
1244	498	746	22	15	7	2	1	1
1611	606	1005	47	28	19	3	1	2
1973	815	1158	46	23	23	3	1	2
2254	977	1277	55	29	26	3	3	
14349	**6663**	**7686**	**419**	**254**	**165**	**32**	**7**	**25**
2774	1224	1550	67	40	27	3		3
2733	1232	1501	76	47	29	3	1	2
2826	1305	1521	75	45	30	10	2	8
3032	1448	1584	107	68	39	7	2	5
2984	1454	1530	94	54	40	9	2	7
15824	**7915**	**7909**	**501**	**299**	**202**	**82**	**10**	**72**
2902	1419	1483	90	57	33	16	2	14
3266	1639	1627	101	63	38	14	1	13
3247	1648	1599	104	62	42	18	2	16
3357	1662	1695	109	64	45	17	2	15
3052	1547	1505	97	53	44	17	3	14
13812	**7190**	**6622**	**444**	**276**	**168**	**137**	**18**	**119**
3064	1550	1514	102	59	43	27	4	23
2965	1520	1445	94	61	33	30	7	23
2770	1443	1327	92	56	36	26	2	24
2423	1299	1124	75	45	30	26	2	24
2590	1378	1212	81	55	26	28	3	25
14126	**7372**	**6754**	**379**	**206**	**173**	**244**	**45**	**199**
2460	1253	1207	76	39	37	32	5	27
2776	1443	1333	67	32	35	38	14	24
3004	1580	1424	79	46	33	55	7	48
3053	1614	1439	76	44	32	66	10	56
2833	1482	1351	81	45	36	53	9	44
14881	**7797**	**7084**	**342**	**178**	**164**	**476**	**74**	**402**
3139	1643	1496	76	39	37	83	13	70
2962	1528	1434	69	38	31	91	10	81
3205	1690	1515	70	27	43	115	24	91
2700	1411	1289	71	42	29	100	14	86
2875	1525	1350	56	32	24	87	13	74
13428	**7072**	**6356**	**218**	**111**	**107**	**733**	**145**	**588**
2823	1488	1335	54	31	23	145	21	124
2901	1517	1384	49	25	24	144	20	124
3075	1596	1479	52	28	24	158	37	121
2978	1598	1380	40	19	21	155	41	114
1651	873	778	23	8	15	131	26	105
8868	**4700**	**4168**	**77**	**51**	**26**	**844**	**168**	**676**
1556	863	693	22	12	10	113	20	93
1591	856	735	14	9	5	146	35	111
1932	1025	907	16	13	3	185	30	155
1949	1012	937	14	13	1	197	43	154
1840	944	896	11	4	7	203	40	163
16175	**9053**	**7122**	**103**	**60**	**43**	**6708**	**1468**	**5240**

5-3b 续表 1

受教育程度 年龄	15岁及以上人口			未婚		
	合计	男	女	小计	男	女
未上过学	**6045**	**1216**	**4829**	**355**	**267**	**88**
15-19岁	**20**	**14**	**6**	**20**	**14**	**6**
15	4	2	2	4	2	2
16	5	4	1	5	4	1
17	7	6	1	7	6	1
18						
19	4	2	2	4	2	2
20-24岁	**29**	**15**	**14**	**25**	**14**	**11**
20	3	1	2	3	1	2
21	3	1	2	2	1	1
22	7	4	3	6	3	3
23	11	6	5	10	6	4
24	5	3	2	4	3	1
25-29岁	**49**	**24**	**25**	**30**	**20**	**10**
25	5	2	3	3	1	2
26	7	4	3	4	4	
27	7	6	1	7	6	1
28	15	8	7	8	6	2
29	15	4	11	8	3	5
30-34岁	**75**	**33**	**42**	**36**	**23**	**13**
30	12	6	6	8	5	3
31	13	5	8	6	3	3
32	13	7	6	9	6	3
33	21	7	14	6	5	1
34	16	8	8	7	4	3
35-39岁	**112**	**43**	**69**	**34**	**28**	**6**
35	16	6	10	6	3	3
36	15	3	12	2	1	1
37	26	9	17	8	7	1
38	27	16	11	13	13	
39	28	9	19	5	4	1
40-44岁	**176**	**47**	**129**	**28**	**20**	**8**
40	22	5	17	4	3	1
41	33	6	27	7	5	2
42	38	8	30	8	6	2
43	35	15	20	2	2	
44	48	13	35	7	4	3
45-49岁	**311**	**75**	**236**	**27**	**22**	**5**
45	40	15	25	8	8	
46	55	13	42	5	4	1
47	65	12	53	6	4	2
48	72	14	58	4	3	1
49	79	21	58	4	3	1
50-54岁	**524**	**113**	**411**	**26**	**19**	**7**
50	96	18	78	10	8	2
51	109	29	80	5	3	2
52	101	19	82	2	2	
53	119	25	94	5	4	1
54	99	22	77	4	2	2
55-59岁	**581**	**102**	**479**	**26**	**19**	**7**
55	94	21	73	4	3	1
56	128	19	109	7	4	3
57	138	27	111	8	6	2
58	122	23	99	4	4	
59	99	12	87	3	2	1
60-64岁	**572**	**100**	**472**	**19**	**16**	**3**
60	76	17	59	2	2	
61	78	12	66	1	1	
62	129	32	97	9	8	1
63	148	17	131	3	2	1
64	141	22	119	4	3	1
65岁及以上	**3596**	**650**	**2946**	**84**	**72**	**12**

单位：人

有配偶			离婚			丧偶		
小计	男	女	小计	男	女	小计	男	女
3515	**743**	**2772**	**34**	**10**	**24**	**2141**	**196**	**1945**
4	**1**	**3**						
1		1						
1	1							
1		1						
1		1						
19	**4**	**15**						
2	1	1						
3		3						
7	2	5						
7	1	6						
38	**9**	**29**	**1**	**1**				
4	1	3						
6	1	5	1	1				
4	1	3						
15	2	13						
9	4	5						
72	**15**	**57**	**2**		**2**	**4**		**4**
9	3	6	1		1			
12	2	10				1		1
16	2	14	1		1	1		1
13	3	10				1		1
22	5	17				1		1
144	**27**	**117**	**1**		**1**	**3**		**3**
17	2	15				1		1
25	1	24				1		1
30	2	28						
31	13	18	1		1	1		1
41	9	32						
262	**50**	**212**	**5**	**2**	**3**	**17**	**1**	**16**
28	5	23	2	1	1	2	1	1
46	8	38	1	1		3		3
54	8	46				5		5
64	11	53	1		1	3		3
70	18	52	1		1	4		4
456	**89**	**367**	**10**	**3**	**7**	**32**	**2**	**30**
80	10	70	2		2	4		4
98	24	74	3	2	1	3		3
92	16	76	2		2	5	1	4
98	19	79	2	1	1	14	1	13
88	20	68	1		1	6		6
493	**80**	**413**	**4**		**4**	**58**	**3**	**55**
82	17	65	2		2	6	1	5
110	15	95	1		1	10		10
118	20	98				12	1	11
105	18	87				13	1	12
78	10	68	1		1	17		17
452	**76**	**376**	**3**	**1**	**2**	**98**	**7**	**91**
62	15	47	1		1	11		11
61	8	53				16	3	13
94	20	74	1	1		25	3	22
126	14	112	1		1	18	1	17
109	19	90				28		28
1575	**392**	**1183**	**8**	**3**	**5**	**1929**	**183**	**1746**

5-3b 续表 2

受教育程度 年 龄	15岁及以上人口 合计	男	女	未婚 小计	男	女
学前教育	**147**	**67**	**80**	**30**	**20**	**10**
15-19岁	**14**	**10**	**4**	**14**	**10**	**4**
15	5	4	1	5	4	1
16	4	2	2	4	2	2
17	4	3	1	4	3	1
18						
19	1	1		1	1	
20-24岁	**2**	**2**		**1**	**1**	
20	1	1		1	1	
21						
22						
23						
24	1	1				
25-29岁	**8**	**4**	**4**	**8**	**4**	**4**
25	3	1	2	3	1	2
26	1	1		1	1	
27	2		2	2		2
28	2	2		2	2	
29						
30-34岁	**9**	**4**	**5**	**2**	**2**	
30	1	1		1	1	
31	3	2	1	1	1	
32	3		3			
33	1	1				
34	1		1			
35-39岁	**6**	**3**	**3**			
35						
36	2		2			
37	3	2	1			
38	1	1				
39						
40-44岁	**6**	**3**	**3**			
40	2	2				
41	2		2			
42	1	1				
43	1		1			
44						
45-49岁	**8**	**3**	**5**			
45	4	2	2			
46	1	1				
47	1		1			
48	1		1			
49	1		1			
50-54岁	**14**	**6**	**8**			
50	2	1	1			
51	2	2				
52	3	1	2			
53	6	1	5			
54	1	1				
55-59岁	**16**	**11**	**5**	**2**	**1**	**1**
55	4	3	1			
56	1	1				
57						
58	7	4	3	2	1	1
59	4	3	1			
60-64岁	**10**	**4**	**6**			
60	2	1	1			
61	1		1			
62	2	1	1			
63	3	1	2			
64	2	1	1			
65岁及以上	**54**	**17**	**37**	**3**	**2**	**1**

单位：人

有配偶			离婚			丧偶		
小计	男	女	小计	男	女	小计	男	女
98	**46**	**52**				**19**	**1**	**18**
1	**1**							
1	1							
7	**2**	**5**						
2	1	1						
3		3						
1	1							
1		1						
6	**3**	**3**						
2		2						
3	2	1						
1	1							
6	**3**	**3**						
2	2							
2		2						
1	1							
1		1						
8	**3**	**5**						
4	2	2						
1	1							
1		1						
1		1						
1		1						
14	**6**	**8**						
2	1	1						
2	2							
3	1	2						
6	1	5						
1	1							
14	**10**	**4**						
4	3	1						
1	1							
5	3	2						
4	3	1						
10	**4**	**6**						
2	1	1						
1		1						
2	1	1						
3	1	2						
2	1	1						
32	**14**	**18**				**19**	**1**	**18**

5−3b 续表 3

受教育程度 年 龄	15岁及以上人口			未 婚		
	合计	男	女	小计	男	女
小 学	**23112**	**9057**	**14055**	**1576**	**1312**	**264**
15−19岁	**122**	**80**	**42**	**110**	**78**	**32**
15	14	12	2	14	12	2
16	18	10	8	17	10	7
17	25	15	10	21	13	8
18	27	19	8	26	19	7
19	38	24	14	32	24	8
20−24岁	**271**	**179**	**92**	**202**	**148**	**54**
20	45	33	12	39	30	9
21	50	31	19	39	27	12
22	45	30	15	33	21	12
23	68	46	22	50	38	12
24	63	39	24	41	32	9
25−29岁	**509**	**282**	**227**	**218**	**174**	**44**
25	90	59	31	56	46	10
26	91	54	37	44	34	10
27	106	55	51	41	31	10
28	105	54	51	41	36	5
29	117	60	57	36	27	9
30−34岁	**895**	**413**	**482**	**189**	**154**	**35**
30	126	64	62	39	32	7
31	154	72	82	32	28	4
32	188	93	95	37	30	7
33	212	93	119	44	34	10
34	215	91	124	37	30	7
35−39岁	**1449**	**603**	**846**	**187**	**156**	**31**
35	237	110	127	35	30	5
36	261	107	154	42	33	9
37	312	128	184	38	34	4
38	340	125	215	30	23	7
39	299	133	166	42	36	6
40−44岁	**1566**	**679**	**887**	**157**	**135**	**22**
40	339	138	201	36	27	9
41	314	137	177	32	28	4
42	313	142	171	40	37	3
43	264	115	149	21	18	3
44	336	147	189	28	25	3
45−49岁	**2253**	**939**	**1314**	**141**	**126**	**15**
45	353	139	214	25	23	2
46	425	182	243	36	30	6
47	496	205	291	29	27	2
48	513	218	295	27	24	3
49	466	195	271	24	22	2
50−54岁	**2894**	**1145**	**1749**	**105**	**95**	**10**
50	563	227	336	30	29	1
51	577	231	346	19	18	1
52	622	248	374	19	17	2
53	548	219	329	22	17	5
54	584	220	364	15	14	1
55−59岁	**2663**	**994**	**1669**	**69**	**67**	**2**
55	607	244	363	16	15	1
56	548	202	346	19	19	
57	583	227	356	17	17	
58	560	207	353	13	12	1
59	365	114	251	4	4	
60−64岁	**2237**	**748**	**1489**	**46**	**39**	**7**
60	349	129	220	7	6	1
61	347	109	238	8	7	1
62	465	144	321	12	9	3
63	521	184	337	12	10	2
64	555	182	373	7	7	
65岁及以上	**8253**	**2995**	**5258**	**152**	**140**	**12**

单位：人

有配偶			离婚			丧偶		
小计	男	女	小计	男	女	小计	男	女
17698	**6978**	**10720**	**278**	**167**	**111**	**3560**	**600**	**2960**
12	**2**	**10**						
1		1						
4	2	2						
1		1						
6		6						
66	**30**	**36**	**3**	**1**	**2**			
5	3	2	1		1			
11	4	7						
12	9	3						
16	7	9	2	1	1			
22	7	15						
278	**102**	**176**	**13**	**6**	**7**			
31	12	19	3	1	2			
44	19	25	3	1	2			
62	22	40	3	2	1			
63	17	46	1	1				
78	32	46	3	1	2			
679	**239**	**440**	**26**	**20**	**6**	**1**		**1**
83	29	54	4	3	1			
118	40	78	4	4				
145	59	86	6	4	2			
159	52	107	8	7	1	1		1
174	59	115	4	2	2			
1205	**418**	**787**	**46**	**29**	**17**	**11**		**11**
194	74	120	7	6	1	1		1
209	70	139	7	4	3	3		3
256	86	170	14	8	6	4		4
296	95	201	12	7	5	2		2
250	93	157	6	4	2	1		1
1355	**520**	**835**	**35**	**23**	**12**	**19**	**1**	**18**
291	105	186	8	6	2	4		4
273	107	166	6	2	4	3		3
263	100	163	7	5	2	3		3
235	92	143	6	4	2	2	1	1
293	116	177	8	6	2	7		7
2027	**786**	**1241**	**33**	**18**	**15**	**52**	**9**	**43**
314	113	201	3	2	1	11	1	10
375	145	230	8	4	4	6	3	3
452	173	279	6	4	2	9	1	8
463	187	276	9	5	4	14	2	12
423	168	255	7	3	4	12	2	10
2619	**1017**	**1602**	**37**	**22**	**15**	**133**	**11**	**122**
508	190	318	7	5	2	18	3	15
517	208	309	10	5	5	31		31
568	225	343	4	2	2	31	4	27
501	195	306	5	4	1	20	3	17
525	199	326	11	6	5	33	1	32
2356	**879**	**1477**	**31**	**18**	**13**	**207**	**30**	**177**
543	221	322	5	2	3	43	6	37
482	177	305	7	3	4	40	3	37
522	197	325	9	6	3	35	7	28
506	186	320	4	4		37	5	32
303	98	205	6	3	3	52	9	43
1909	**671**	**1238**	**17**	**9**	**8**	**265**	**29**	**236**
302	117	185	5	2	3	35	4	31
297	97	200	2		2	40	5	35
388	126	262	6	4	2	59	5	54
439	160	279	3	3		67	11	56
483	171	312	1		1	64	4	60
5192	**2314**	**2878**	**37**	**21**	**16**	**2872**	**520**	**2352**

5-3b 续表 4

受教育程度 年 龄	15岁及以上人口			未 婚		
	合计	男	女	小计	男	女
初 中	**84490**	**45313**	**39177**	**14761**	**10643**	**4118**
15-19岁	**3916**	**2356**	**1560**	**3802**	**2329**	**1473**
15	1537	917	620	1536	917	619
16	769	453	316	764	453	311
17	536	321	215	517	315	202
18	508	312	196	477	304	173
19	566	353	213	508	340	168
20-24岁	**4330**	**2561**	**1769**	**3051**	**2167**	**884**
20	580	375	205	482	353	129
21	674	417	257	537	382	155
22	855	523	332	614	442	172
23	1013	589	424	658	468	190
24	1208	657	551	760	522	238
25-29岁	**8281**	**4411**	**3870**	**3323**	**2439**	**884**
25	1444	792	652	785	558	227
26	1419	757	662	639	457	182
27	1696	896	800	683	517	166
28	1811	952	859	623	463	160
29	1911	1014	897	593	444	149
30-34岁	**10574**	**5471**	**5103**	**2083**	**1650**	**433**
30	2213	1172	1041	579	458	121
31	2049	1078	971	461	369	92
32	2106	1059	1047	421	312	109
33	2145	1102	1043	339	282	57
34	2061	1060	1001	283	229	54
35-39岁	**11068**	**5748**	**5320**	**1125**	**926**	**199**
35	1979	1016	963	244	194	50
36	2309	1176	1133	252	205	47
37	2261	1214	1047	223	194	29
38	2332	1225	1107	220	177	43
39	2187	1117	1070	186	156	30
40-44岁	**9030**	**4761**	**4269**	**530**	**429**	**101**
40	2125	1110	1015	153	115	38
41	1995	1062	933	135	117	18
42	1763	894	869	95	78	17
43	1572	853	719	71	61	10
44	1575	842	733	76	58	18
45-49岁	**8575**	**4424**	**4151**	**326**	**256**	**70**
45	1510	760	750	70	55	15
46	1705	871	834	75	57	18
47	1809	946	863	63	53	10
48	1848	974	874	62	47	15
49	1703	873	830	56	44	12
50-54岁	**8823**	**4645**	**4178**	**205**	**173**	**32**
50	1884	993	891	65	55	10
51	1741	896	845	44	37	7
52	1907	997	910	32	26	6
53	1622	860	762	44	37	7
54	1669	899	770	20	18	2
55-59岁	**7669**	**3996**	**3673**	**133**	**110**	**23**
55	1678	875	803	42	37	5
56	1695	885	810	24	22	2
57	1774	902	872	31	26	5
58	1674	887	787	20	15	5
59	848	447	401	16	10	6
60-64岁	**4452**	**2375**	**2077**	**64**	**58**	**6**
60	804	427	377	13	10	3
61	831	453	378	12	11	1
62	988	521	467	18	18	
63	950	513	437	10	10	
64	879	461	418	11	9	2
65岁及以上	**7772**	**4565**	**3207**	**119**	**106**	**13**

单位：人

有配偶			离婚			丧偶		
小计	男	女	小计	男	女	小计	男	女
65454	**32923**	**32531**	**1541**	**931**	**610**	**2734**	**816**	**1918**
110	**26**	**84**	**4**	**1**	**3**			
1		1						
5		5						
19	6	13						
28	7	21	3	1	2			
57	13	44	1		1			
1251	**385**	**866**	**27**	**8**	**19**	**1**	**1**	
98	22	76						
137	35	102						
239	80	159	2	1	1			
346	117	229	8	3	5	1	1	
431	131	300	17	4	13			
4818	**1888**	**2930**	**129**	**78**	**51**	**11**	**6**	**5**
645	223	422	14	11	3			
763	288	475	15	11	4	2	1	1
976	358	618	34	20	14	3	1	2
1153	470	683	32	18	14	3	1	2
1281	549	732	34	18	16	3	3	
8211	**3658**	**4553**	**254**	**159**	**95**	**26**	**4**	**22**
1590	689	901	41	25	16	3		3
1539	681	858	47	28	19	2		2
1628	714	914	48	31	17	9	2	7
1741	780	961	60	39	21	5	1	4
1713	794	919	58	36	22	7	1	6
9577	**4620**	**4957**	**311**	**193**	**118**	**55**	**9**	**46**
1665	784	881	58	36	22	12	2	10
1986	929	1057	63	41	22	8	1	7
1961	976	985	65	42	23	12	2	10
2040	1010	1030	60	36	24	12	2	10
1925	921	1004	65	38	27	11	2	9
8147	**4146**	**4001**	**261**	**175**	**86**	**92**	**11**	**81**
1888	951	937	67	42	25	17	2	15
1778	893	885	60	47	13	22	5	17
1595	784	811	54	31	23	19	1	18
1444	764	680	43	28	15	14		14
1442	754	688	37	27	10	20	3	17
7902	**4020**	**3882**	**204**	**118**	**86**	**143**	**30**	**113**
1380	678	702	44	24	20	16	3	13
1572	788	784	34	17	17	24	9	15
1669	862	807	42	26	16	35	5	30
1704	895	809	44	26	18	38	6	32
1577	797	780	40	25	15	30	7	23
8181	**4318**	**3863**	**183**	**104**	**79**	**254**	**50**	**204**
1724	906	818	47	24	23	48	8	40
1624	831	793	28	19	9	45	9	36
1771	939	832	42	17	25	62	15	47
1486	793	693	35	22	13	57	8	49
1576	849	727	31	22	9	42	10	32
7077	**3751**	**3326**	**106**	**56**	**50**	**353**	**79**	**274**
1537	813	724	25	15	10	74	10	64
1577	836	741	25	14	11	69	13	56
1629	845	784	27	12	15	87	19	68
1556	835	721	18	12	6	80	25	55
778	422	356	11	3	8	43	12	31
4002	**2209**	**1793**	**27**	**18**	**9**	**359**	**90**	**269**
727	403	324	10	4	6	54	10	44
752	421	331	5	4	1	62	17	45
883	482	401	3	3		84	18	66
855	477	378	5	5		80	21	59
785	426	359	4	2	2	79	24	55
6178	**3902**	**2276**	**35**	**21**	**14**	**1440**	**536**	**904**

5-3b 续表 5

受教育程度 年 龄	15岁及以上人口			未 婚		
	合计	男	女	小计	男	女
高 中	**33346**	**20150**	**13196**	**11882**	**7246**	**4636**
15-19岁	**7042**	**3866**	**3176**	**7023**	**3863**	**3160**
15	1309	651	658	1309	651	658
16	2226	1212	1014	2226	1212	1014
17	1907	1064	843	1904	1063	841
18	1079	640	439	1071	638	433
19	521	299	222	513	299	214
20-24岁	**2091**	**1271**	**820**	**1802**	**1171**	**631**
20	436	264	172	418	260	158
21	368	218	150	336	212	124
22	415	264	151	362	244	118
23	390	236	154	313	210	103
24	482	289	193	373	245	128
25-29岁	**3000**	**1731**	**1269**	**1598**	**1128**	**470**
25	562	321	241	388	263	125
26	561	344	217	345	248	97
27	613	344	269	332	226	106
28	611	350	261	280	206	74
29	653	372	281	253	185	68
30-34岁	**3226**	**1875**	**1351**	**803**	**611**	**192**
30	746	429	317	265	200	65
31	625	356	269	168	125	43
32	632	365	267	146	117	29
33	618	366	252	122	91	31
34	605	359	246	102	78	24
35-39岁	**2694**	**1571**	**1123**	**267**	**200**	**67**
35	549	311	238	68	57	11
36	548	323	225	57	45	12
37	543	313	230	44	32	12
38	552	309	243	45	27	18
39	502	315	187	53	39	14
40-44岁	**2508**	**1495**	**1013**	**116**	**84**	**32**
40	505	294	211	26	18	8
41	531	309	222	25	18	7
42	530	324	206	28	17	11
43	438	266	172	22	18	4
44	504	302	202	15	13	2
45-49岁	**2536**	**1546**	**990**	**97**	**70**	**27**
45	471	265	206	27	18	9
46	475	291	184	18	15	3
47	525	325	200	13	9	4
48	531	318	213	17	13	4
49	534	347	187	22	15	7
50-54岁	**2500**	**1555**	**945**	**63**	**43**	**20**
50	550	345	205	17	13	4
51	491	292	199	20	12	8
52	533	338	195	10	10	
53	441	271	170	10	5	5
54	485	309	176	6	3	3
55-59岁	**2773**	**1767**	**1006**	**44**	**29**	**15**
55	514	321	193	12	6	6
56	531	326	205	7	6	1
57	638	407	231	8	4	4
58	682	448	234	11	10	1
59	408	265	143	6	3	3
60-64岁	**2144**	**1441**	**703**	**24**	**16**	**8**
60	384	265	119	6	5	1
61	424	277	147	4	1	3
62	489	332	157	4	2	2
63	460	298	162	4	2	2
64	387	269	118	6	6	
65岁及以上	**2832**	**2032**	**800**	**45**	**31**	**14**

单位：人

有配偶			离婚			丧偶		
小计	男	女	小计	男	女	小计	男	女
20312	**12377**	**7935**	**519**	**284**	**235**	**633**	**243**	**390**
19	**3**	**16**						
3	1	2						
8	2	6						
8		8						
284	**99**	**185**	**5**	**1**	**4**			
18	4	14						
30	6	24	2		2			
53	20	33						
76	26	50	1		1			
107	43	64	2	1	1			
1378	**587**	**791**	**24**	**16**	**8**			
172	58	114	2		2			
213	94	119	3	2	1			
276	114	162	5	4	1			
325	141	184	6	3	3			
392	180	212	8	7	1			
2340	**1217**	**1123**	**79**	**45**	**34**	**4**	**2**	**2**
469	221	248	12	8	4			
443	221	222	14	10	4			
472	243	229	13	5	8	1		1
473	262	211	22	12	10	1	1	
483	270	213	18	10	8	2	1	1
2345	**1328**	**1017**	**74**	**42**	**32**	**8**	**1**	**7**
469	248	221	11	6	5	1		1
471	269	202	19	9	10	1		1
486	271	215	13	10	3			
485	269	216	20	13	7	2		2
434	271	163	11	4	7	4	1	3
2299	**1359**	**940**	**82**	**48**	**34**	**11**	**4**	**7**
466	273	193	11	3	8	2		2
487	279	208	17	10	7	2	2	
483	294	189	16	12	4	3	1	2
395	237	158	17	10	7	4	1	3
468	276	192	21	13	8			
2330	**1426**	**904**	**83**	**45**	**38**	**26**	**5**	**21**
422	239	183	19	8	11	3		3
439	268	171	14	6	8	4	2	2
493	306	187	14	9	5	5	1	4
492	295	197	12	8	4	10	2	8
484	318	166	24	14	10	4		4
2324	**1471**	**853**	**76**	**34**	**42**	**37**	**7**	**30**
509	324	185	15	8	7	9		9
449	274	175	16	6	10	6		6
495	321	174	16	4	12	12	3	9
405	252	153	21	12	9	5	2	3
466	300	166	8	4	4	5	2	3
2578	**1682**	**896**	**57**	**28**	**29**	**94**	**28**	**66**
470	299	171	17	13	4	15	3	12
493	311	182	12	6	6	19	3	16
598	389	209	13	7	6	19	7	12
634	427	207	14	1	13	23	10	13
383	256	127	1	1		18	5	13
1991	**1376**	**615**	**22**	**16**	**6**	**107**	**33**	**74**
365	253	112	3	3		10	4	6
391	265	126	5	4	1	24	7	17
464	323	141	4	3	1	17	4	13
423	283	140	5	5		28	8	20
348	252	96	5	1	4	28	10	18
2424	**1829**	**595**	**17**	**9**	**8**	**346**	**163**	**183**

5-3b 续表 6

受教育程度 年 龄	15岁及以上人口			未 婚		
	合计	男	女	小计	男	女
大学专科	**14767**	**8697**	**6070**	**5631**	**3320**	**2311**
15-19岁	**978**	**514**	**464**	**974**	**512**	**462**
15	41	37	4	41	37	4
16	58	43	15	58	43	15
17	91	46	45	91	46	45
18	291	127	164	289	126	163
19	497	261	236	495	260	235
20-24岁	**2403**	**1298**	**1105**	**2277**	**1264**	**1013**
20	587	319	268	583	317	266
21	448	267	181	439	262	177
22	454	232	222	437	228	209
23	446	236	210	416	230	186
24	468	244	224	402	227	175
25-29岁	**2529**	**1360**	**1169**	**1481**	**922**	**559**
25	517	275	242	398	230	168
26	459	253	206	318	196	122
27	483	268	215	296	193	103
28	535	293	242	258	164	94
29	535	271	264	211	139	72
30-34岁	**2317**	**1296**	**1021**	**612**	**419**	**193**
30	566	319	247	199	139	60
31	506	268	238	164	112	52
32	424	240	184	109	75	34
33	416	234	182	67	46	21
34	405	235	170	73	47	26
35-39岁	**1613**	**981**	**632**	**158**	**116**	**42**
35	356	218	138	37	29	8
36	363	235	128	39	31	8
37	314	195	119	37	29	8
38	323	187	136	32	19	13
39	257	146	111	13	8	5
40-44岁	**1191**	**697**	**494**	**61**	**42**	**19**
40	269	140	129	25	15	10
41	270	151	119	8	6	2
42	239	158	81	13	11	2
43	195	109	86	5	2	3
44	218	139	79	10	8	2
45-49岁	**1088**	**696**	**392**	**39**	**25**	**14**
45	219	147	72	10	7	3
46	224	139	85	10	7	3
47	232	148	84	8	3	5
48	223	147	76	7	4	3
49	190	115	75	4	4	
50-54岁	**913**	**594**	**319**	**14**	**12**	**2**
50	227	149	78	5	4	1
51	207	138	69	2	2	
52	188	119	69	3	2	1
53	137	92	45	3	3	
54	154	96	58	1	1	
55-59岁	**693**	**478**	**215**	**8**	**3**	**5**
55	130	82	48	2		2
56	189	138	51	2	1	1
57	149	96	53	1	1	
58	136	95	41	1		1
59	89	67	22	2	1	1
60-64岁	**390**	**280**	**110**	**5**	**4**	**1**
60	79	59	20	1	1	
61	65	47	18	2	2	
62	75	54	21			
63	78	60	18	1		1
64	93	60	33	1	1	
65岁及以上	**652**	**503**	**149**	**2**	**1**	**1**

单位：人

有配偶			离　婚			丧　偶		
小计	男	女	小计	男	女	小计	男	女
8764	**5206**	**3558**	**222**	**103**	**119**	**150**	**68**	**82**
4	**2**	**2**						
2	1	1						
2	1	1						
125	**33**	**92**	**1**	**1**				
4	2	2						
8	4	4	1	1				
17	4	13						
30	6	24						
66	17	49						
1029	**432**	**597**	**19**	**6**	**13**			
116	44	72	3	1	2			
140	56	84	1	1				
182	73	109	5	2	3			
272	128	144	5	1	4			
319	131	188	5	1	4			
1667	**859**	**808**	**37**	**17**	**20**	**1**	**1**	
360	179	181	7	1	6			
337	154	183	4	1	3	1	1	
308	160	148	7	5	2			
339	182	157	10	6	4			
323	184	139	9	4	5			
1415	**845**	**570**	**36**	**20**	**16**	**4**		**4**
307	183	124	10	6	4	2		2
316	198	118	7	6	1	1		1
273	166	107	3		3	1		1
281	164	117	10	4	6			
238	134	104	6	4	2			
1076	**633**	**443**	**43**	**21**	**22**	**11**	**1**	**10**
232	119	113	10	5	5	2	1	1
253	144	109	7	1	6	2		2
216	141	75	9	6	3	1		1
178	104	74	7	3	4	5		5
197	125	72	10	6	4	1		1
1008	**658**	**350**	**35**	**13**	**22**	**6**		**6**
203	137	66	6	3	3			
206	130	76	7	2	5	1		1
214	142	72	9	3	6	1		1
208	140	68	7	3	4	1		1
177	109	68	6	2	4	3		3
857	**569**	**288**	**26**	**10**	**16**	**16**	**3**	**13**
213	141	72	5	2	3	4	2	2
191	131	60	9	5	4	5		5
179	115	64	2	1	1	4	1	3
125	87	38	6	2	4	3		3
149	95	54	4		4			
653	**466**	**187**	**14**	**5**	**9**	**18**	**4**	**14**
118	81	37	4		4	6	1	5
179	135	44	3	1	2	5	1	4
143	92	51	1	1		4	2	2
131	93	38	2	2		2		2
82	65	17	4	1	3	1		1
369	**266**	**103**	**5**	**4**	**1**	**11**	**6**	**5**
74	55	19	1	1		3	2	1
58	42	16	2	1	1	3	2	1
73	52	21	2	2				
75	59	16				2	1	1
89	58	31				3	1	2
561	**443**	**118**	**6**	**6**		**83**	**53**	**30**

5-3b 续表 7

受教育程度 年　　龄	15岁及以上人口			未　婚		
	合计	男	女	小计	男	女
大学本科	**11398**	**6097**	**5301**	**5819**	**2811**	**3008**
15-19岁	**1017**	**414**	**603**	**1016**	**414**	**602**
15	1	1		1	1	
16	8	4	4	8	4	4
17	34	13	21	34	13	21
18	294	125	169	294	125	169
19	680	271	409	679	271	408
20-24岁	**3008**	**1364**	**1644**	**2965**	**1353**	**1612**
20	817	332	485	816	331	485
21	826	375	451	826	375	451
22	578	263	315	573	263	310
23	434	212	222	419	206	213
24	353	182	171	331	178	153
25-29岁	**1824**	**925**	**899**	**1254**	**693**	**561**
25	418	217	201	365	203	162
26	361	191	170	282	150	132
27	336	160	176	223	121	102
28	379	183	196	230	128	102
29	330	174	156	154	91	63
30-34岁	**1762**	**906**	**856**	**409**	**245**	**164**
30	389	184	205	131	80	51
31	378	189	189	97	55	42
32	322	161	161	65	40	25
33	353	202	151	62	38	24
34	320	170	150	54	32	22
35-39岁	**1309**	**747**	**562**	**120**	**73**	**47**
35	285	143	142	35	19	16
36	297	188	109	30	19	11
37	272	156	116	22	14	8
38	250	125	125	15	9	6
39	205	135	70	18	12	6
40-44岁	**811**	**512**	**299**	**29**	**18**	**11**
40	181	109	72	13	11	2
41	154	97	57	7	2	5
42	187	123	64	2	2	
43	132	82	50	1		1
44	157	101	56	6	3	3
45-49岁	**603**	**433**	**170**	**10**	**6**	**4**
45	109	78	31	2	1	1
46	140	104	36	1		1
47	131	94	37	6	4	2
48	119	84	35			
49	104	73	31	1	1	
50-54岁	**439**	**328**	**111**	**8**	**6**	**2**
50	104	71	33	1		1
51	86	60	26	4	3	1
52	100	75	25	1	1	
53	79	62	17	2	2	
54	70	60	10			
55-59岁	**260**	**203**	**57**	**4**	**2**	**2**
55	70	54	16	2	2	
56	59	41	18	2		2
57	66	54	12			
58	42	35	7			
59	23	19	4			
60-64岁	**136**	**98**	**38**	**1**		**1**
60	24	19	5			
61	31	23	8			
62	27	19	8	1		1
63	29	19	10			
64	25	18	7			
65岁及以上	**229**	**167**	**62**	**3**	**1**	**2**

单位：人

有配偶			离婚			丧偶		
小计	男	女	小计	男	女	小计	男	女
5434	**3212**	**2222**	**114**	**56**	**58**	**31**	**18**	**13**
1		**1**						
1		1						
43	**11**	**32**						
1	1							
5		5						
15	6	9						
22	4	18						
562	**230**	**332**	**8**	**2**	**6**			
52	14	38	1		1			
79	41	38						
113	39	74						
147	55	92	2		2			
171	81	90	5	2	3			
1333	**650**	**683**	**20**	**11**	**9**			
255	101	154	3	3				
276	131	145	5	3	2			
256	121	135	1		1			
285	161	124	6	3	3			
261	136	125	5	2	3			
1158	**659**	**499**	**31**	**15**	**16**			
247	121	126	3	3				
262	166	96	5	3	2			
242	140	102	8	2	6			
229	112	117	6	4	2			
178	120	58	9	3	6			
760	**484**	**276**	**21**	**9**	**12**	**1**	**1**	
162	94	68	5	3	2	1	1	
143	94	49	4	1	3			
179	119	60	6	2	4			
130	82	48	1		1			
146	95	51	5	3	2			
576	**418**	**158**	**17**	**9**	**8**			
105	76	29	2	1	1			
136	102	34	3	2	1			
119	87	32	6	3	3			
116	82	34	3	2	1			
100	71	29	3	1	2			
418	**317**	**101**	**9**	**4**	**5**	**4**	**1**	**3**
103	71	32						
79	56	23	2		2	1	1	
94	71	23	4	3	1	1		1
74	59	15	2	1	1	1		1
68	60	8	1		1	1		1
247	**196**	**51**	**6**	**4**	**2**	**3**	**1**	**2**
66	51	15	1	1		1		1
55	40	15	1	1		1		1
63	51	12	2	2		1	1	
40	35	5	2		2			
23	19	4						
129	**93**	**36**	**2**	**2**		**4**	**3**	**1**
23	18	5	1	1				
30	22	8				1	1	
26	19	7						
27	18	9				2	1	1
23	16	7	1	1		1	1	
207	**154**	**53**				**19**	**12**	**7**

5-3b 续表 8

受教育程度 年 龄	15岁及以上人口			未 婚		
	合计	男	女	小计	男	女
硕士研究生	**321**	**165**	**156**	**123**	**55**	**68**
15-19岁	**2**	**2**		**2**	**2**	
15						
16						
17						
18	2	2		2	2	
19						
20-24岁	**34**	**14**	**20**	**34**	**14**	**20**
20						
21	1		1	1		1
22	9	4	5	9	4	5
23	11	5	6	11	5	6
24	13	5	8	13	5	8
25-29岁	**66**	**27**	**39**	**49**	**22**	**27**
25	14	4	10	12	4	8
26	13	5	8	11	5	6
27	13	3	10	11	3	8
28	11	5	6	5	3	2
29	15	10	5	10	7	3
30-34岁	**102**	**43**	**59**	**30**	**14**	**16**
30	20	7	13	7	3	4
31	19	8	11	7	5	2
32	13	8	5	4	2	2
33	24	11	13	6	2	4
34	26	9	17	6	2	4
35-39岁	**48**	**25**	**23**	**7**	**2**	**5**
35	14	8	6	3	2	1
36	9	5	4	1		1
37	10	5	5	2		2
38	11	5	6	1		1
39	4	2	2			
40-44岁	**24**	**17**	**7**			
40	7	4	3			
41	4	2	2			
42	3	2	1			
43	7	6	1			
44	3	3				
45-49岁	**13**	**10**	**3**			
45	4	3	1			
46	1	1				
47	2	1	1			
48	5	4	1			
49	1	1				
50-54岁	**14**	**12**	**2**	**1**	**1**	
50						
51	4	4		1	1	
52	3	2	1			
53	5	5				
54	2	1	1			
55-59岁	**7**	**6**	**1**			
55	3	3				
56	2	1	1			
57	2	2				
58						
59						
60-64岁	**6**	**5**	**1**			
60	2	2				
61	1	1				
62	1	1				
63	1		1			
64	1	1				
65岁及以上	**5**	**4**	**1**			

单位：人

有配偶			离婚			丧偶		
小计	男	女	小计	男	女	小计	男	女
192	**107**	**85**	**6**	**3**	**3**			
17	**5**	**12**						
2		2						
2		2						
2		2						
6	2	4						
5	3	2						
71	**28**	**43**	**1**	**1**				
13	4	9						
12	3	9						
9	6	3						
17	8	9	1	1				
20	7	13						
40	**23**	**17**	**1**		**1**			
11	6	5						
8	5	3						
8	5	3						
9	5	4	1		1			
4	2	2						
23	**17**	**6**	**1**		**1**			
6	4	2	1		1			
4	2	2						
3	2	1						
7	6	1						
3	3							
12	**10**	**2**	**1**		**1**			
4	3	1						
1	1							
1	1		1		1			
5	4	1						
1	1							
12	**10**	**2**	**1**	**1**				
2	2		1	1				
3	2	1						
5	5							
2	1	1						
7	**6**	**1**						
3	3							
2	1	1						
2	2							
5	**4**	**1**	**1**	**1**				
1	1		1	1				
1	1							
1	1							
1		1						
1	1							
5	**4**	**1**						

5-3b 续表 9

受教育程度 年 龄	15岁及以上人口			未 婚		
	合计	男	女	小计	男	女
博士研究生	**24**	**13**	**11**	**4**	**1**	**3**
15-19岁						
15						
16						
17						
18						
19						
20-24岁						
20						
21						
22						
23						
24						
25-29岁	**4**	**1**	**3**	**3**	**1**	**2**
25						
26	2		2	2		2
27						
28						
29	2	1	1	1	1	
30-34岁	**4**	**1**	**3**			
30						
31	1		1			
32	1	1				
33	2		2			
34						
35-39岁	**7**	**4**	**3**	**1**		**1**
35						
36						
37	2		2			
38	3	3				
39	2	1	1	1		1
40-44岁	**2**	**1**	**1**			
40						
41						
42						
43	2	1	1			
44						
45-49岁	**2**	**2**				
45						
46						
47	2	2				
48						
49						
50-54岁						
50						
51						
52						
53						
54						
55-59岁	**3**	**2**	**1**			
55						
56	2	1	1			
57						
58	1	1				
59						
60-64岁	**1**	**1**				
60						
61						
62	1	1				
63						
64						
65岁及以上	**1**	**1**				

单位：人

有配偶			离婚			丧偶		
小计	男	女	小计	男	女	小计	男	女
18	**11**	**7**	**2**	**1**	**1**			
1		**1**						
1		1						
3	**1**	**2**	**1**		**1**			
			1		1			
1	1							
2		2						
6	**4**	**2**						
2		2						
3	3							
1	1							
2	**1**	**1**						
2	1	1						
1	**1**		**1**	**1**				
1	1		1	1				
3	**2**	**1**						
2	1	1						
1	1							
1	**1**							
1	1							
1	**1**							

5-3c 全省分年龄、性别、受教育

受教育程度 年龄	15岁及以上人口			未婚		
	合计	男	女	小计	男	女
总计	**293155**	**157713**	**135442**	**66099**	**46458**	**19641**
15-19岁	**18960**	**10694**	**8266**	**18578**	**10593**	**7985**
15	4994	2779	2215	4988	2777	2211
16	3902	2175	1727	3873	2168	1705
17	3232	1857	1375	3170	1843	1327
18	3236	1881	1355	3114	1849	1265
19	3596	2002	1594	3433	1956	1477
20-24岁	**18694**	**10693**	**8001**	**15117**	**9447**	**5670**
20	3585	2028	1557	3301	1947	1354
21	3521	2036	1485	3114	1890	1224
22	3563	2058	1505	2958	1862	1096
23	3744	2151	1593	2817	1812	1005
24	4281	2420	1861	2927	1936	991
25-29岁	**25921**	**14678**	**11243**	**12634**	**9064**	**3570**
25	4795	2679	2116	3020	2028	992
26	4823	2692	2131	2728	1853	875
27	5195	2999	2196	2559	1906	653
28	5535	3158	2377	2248	1700	548
29	5573	3150	2423	2079	1577	502
30-34岁	**29313**	**16510**	**12803**	**7155**	**5870**	**1285**
30	6381	3575	2806	2035	1591	444
31	5950	3364	2586	1533	1276	257
32	5597	3169	2428	1375	1149	226
33	5764	3269	2495	1184	987	197
34	5621	3133	2488	1028	867	161
35-39岁	**29256**	**16626**	**12630**	**4305**	**3763**	**542**
35	5599	3167	2432	959	840	119
36	6067	3378	2689	924	781	143
37	5824	3317	2507	856	764	92
38	6173	3584	2589	813	719	94
39	5593	3180	2413	753	659	94
40-44岁	**24854**	**14059**	**10795**	**2692**	**2465**	**227**
40	5746	3222	2524	670	593	77
41	5203	2971	2232	597	545	52
42	4931	2819	2112	535	496	39
43	4242	2395	1847	455	427	28
44	4732	2652	2080	435	404	31
45-49岁	**25836**	**14129**	**11707**	**1966**	**1815**	**151**
45	4715	2603	2112	431	400	31
46	5061	2775	2286	415	382	33
47	5389	2930	2459	436	401	35
48	5591	3025	2566	362	333	29
49	5080	2796	2284	322	299	23
50-54岁	**28849**	**15378**	**13471**	**1352**	**1260**	**92**
50	5950	3156	2794	366	327	39
51	5884	3200	2684	354	335	19
52	6185	3274	2911	259	246	13
53	5185	2741	2444	183	173	10
54	5645	3007	2638	190	179	11
55-59岁	**27354**	**14498**	**12856**	**790**	**753**	**37**
55	5785	2977	2808	198	191	7
56	5826	3042	2784	168	160	8
57	6241	3375	2866	189	181	8
58	6096	3283	2813	148	140	8
59	3406	1821	1585	87	81	6
60-64岁	**17642**	**9040**	**8602**	**421**	**410**	**11**
60	3224	1622	1602	84	81	3
61	3244	1709	1535	76	71	5
62	3860	1978	1882	83	81	2
63	3837	1980	1857	97	97	
64	3477	1751	1726	81	80	1
65岁及以上	**46476**	**21408**	**25068**	**1089**	**1018**	**71**

程度、婚姻状况的人口(乡村)

单位：人

有配偶			离婚			丧偶		
小计	男	女	小计	男	女	小计	男	女
202461	**103441**	**99020**	**4371**	**3235**	**1136**	**20224**	**4579**	**15645**
377	**99**	**278**	**5**	**2**	**3**			
6	2	4						
29	7	22						
62	14	48						
119	32	87	3		3			
161	44	117	2	2				
3487	**1196**	**2291**	**77**	**47**	**30**	**13**	**3**	**10**
280	80	200	3	1	2	1		1
399	142	257	8	4	4			
597	193	404	7	3	4	1		1
900	322	578	25	17	8	2		2
1311	459	852	34	22	12	9	3	6
12896	**5379**	**7517**	**373**	**228**	**145**	**18**	**7**	**11**
1732	628	1104	41	22	19	2	1	1
2040	808	1232	52	30	22	3	1	2
2558	1054	1504	74	39	35	4		4
3193	1393	1800	90	62	28	4	3	1
3373	1496	1877	116	75	41	5	2	3
21346	**10096**	**11250**	**744**	**527**	**217**	**68**	**17**	**51**
4204	1893	2311	132	87	45	10	4	6
4263	1989	2274	141	97	44	13	2	11
4059	1918	2141	148	98	50	15	4	11
4390	2144	2246	175	133	42	15	5	10
4430	2152	2278	148	112	36	15	2	13
23954	**12213**	**11741**	**815**	**614**	**201**	**182**	**36**	**146**
4459	2213	2246	148	107	41	33	7	26
4927	2456	2471	186	136	50	30	5	25
4790	2428	2362	151	121	30	27	4	23
5135	2720	2415	178	134	44	47	11	36
4643	2396	2247	152	116	36	45	9	36
21182	**11004**	**10178**	**645**	**512**	**133**	**335**	**78**	**257**
4853	2483	2370	171	133	38	52	13	39
4402	2297	2105	138	112	26	66	17	49
4195	2198	1997	134	109	25	67	16	51
3607	1873	1734	107	80	27	73	15	58
4125	2153	1972	95	78	17	77	17	60
22715	**11741**	**10974**	**580**	**450**	**130**	**575**	**123**	**452**
4103	2104	1999	111	83	28	70	16	54
4414	2278	2136	125	95	30	107	20	87
4721	2410	2311	107	89	18	125	30	95
4973	2563	2410	129	102	27	127	27	100
4504	2386	2118	108	81	27	146	30	116
25962	**13535**	**12427**	**441**	**336**	**105**	**1094**	**247**	**847**
5309	2727	2582	88	66	22	187	36	151
5248	2749	2499	88	63	25	194	53	141
5583	2897	2686	100	76	24	243	55	188
4700	2457	2243	78	67	11	224	44	180
5122	2705	2417	87	64	23	246	59	187
24603	**13112**	**11491**	**317**	**238**	**79**	**1644**	**395**	**1249**
5223	2672	2551	69	50	19	295	64	231
5224	2759	2465	62	44	18	372	79	293
5615	3053	2562	70	52	18	367	89	278
5511	2997	2514	71	52	19	366	94	272
3030	1631	1399	45	40	5	244	69	175
15262	**8091**	**7171**	**144**	**109**	**35**	**1815**	**430**	**1385**
2824	1456	1368	34	27	7	282	58	224
2858	1551	1307	31	24	7	279	63	216
3352	1779	1573	22	14	8	403	104	299
3272	1752	1520	29	20	9	439	111	328
2956	1553	1403	28	24	4	412	94	318
30677	**16975**	**13702**	**230**	**172**	**58**	**14480**	**3243**	**11237**

5-3c 续表 1

受教育程度 年龄	15岁及以上人口			未婚		
	合计	男	女	小计	男	女
未上过学	**14566**	**2918**	**11648**	**966**	**811**	**155**
15-19岁	**56**	**36**	**20**	**55**	**36**	**19**
15	4	3	1	4	3	1
16	14	11	3	14	11	3
17	14	7	7	14	7	7
18	11	6	5	10	6	4
19	13	9	4	13	9	4
20-24岁	**75**	**42**	**33**	**66**	**39**	**27**
20	10	5	5	10	5	5
21	14	5	9	12	5	7
22	13	7	6	13	7	6
23	11	8	3	8	6	2
24	27	17	10	23	16	7
25-29岁	**107**	**58**	**49**	**74**	**56**	**18**
25	22	12	10	17	12	5
26	19	12	7	16	12	4
27	18	13	5	13	13	
28	22	11	11	14	9	5
29	26	10	16	14	10	4
30-34岁	**195**	**96**	**99**	**84**	**66**	**18**
30	30	15	15	14	10	4
31	41	23	18	25	19	6
32	35	19	16	16	15	1
33	45	17	28	15	10	5
34	44	22	22	14	12	2
35-39岁	**276**	**89**	**187**	**76**	**59**	**17**
35	35	9	26	6	5	1
36	65	20	45	18	14	4
37	61	24	37	24	19	5
38	55	13	42	8	5	3
39	60	23	37	20	16	4
40-44岁	**497**	**152**	**345**	**102**	**93**	**9**
40	94	29	65	23	18	5
41	92	29	63	18	17	1
42	104	36	68	22	22	
43	93	32	61	23	21	2
44	114	26	88	16	15	1
45-49岁	**665**	**171**	**494**	**88**	**79**	**9**
45	106	34	72	16	15	1
46	120	23	97	13	10	3
47	125	34	91	19	18	1
48	157	37	120	17	14	3
49	157	43	114	23	22	1
50-54岁	**901**	**217**	**684**	**97**	**90**	**7**
50	177	47	130	28	24	4
51	171	40	131	24	22	2
52	193	45	148	19	19	
53	179	45	134	16	15	1
54	181	40	141	10	10	
55-59岁	**1102**	**241**	**861**	**84**	**81**	**3**
55	235	41	194	16	16	
56	215	51	164	16	16	
57	257	68	189	28	26	2
58	228	44	184	10	9	1
59	167	37	130	14	14	
60-64岁	**1146**	**172**	**974**	**43**	**43**	
60	174	25	149	8	8	
61	194	29	165	6	6	
62	259	34	225	10	10	
63	257	38	219	11	11	
64	262	46	216	8	8	
65岁及以上	**9546**	**1644**	**7902**	**197**	**169**	**28**

单位：人

有配偶			离婚			丧偶		
小计	男	女	小计	男	女	小计	男	女
7779	**1550**	**6229**	**83**	**44**	**39**	**5738**	**513**	**5225**
1		**1**						
1		1						
8	**3**	**5**	**1**		**1**			
2		2						
3	2	1						
3	1	2	1		1			
31	**1**	**30**	**2**	**1**	**1**			
4		4	1		1			
3		3						
5		5						
7	1	6	1	1				
12		12						
103	**26**	**77**	**4**	**3**	**1**	**4**	**1**	**3**
15	4	11				1	1	
14	4	10	1		1	1		1
17	3	14	1	1		1		1
29	6	23	1	1				
28	9	19	1	1		1		1
192	**29**	**163**	**2**	**1**	**1**	**6**		**6**
29	4	25						
45	6	39	1		1	1		1
36	5	31				1		1
45	7	38	1	1		1		1
37	7	30				3		3
374	**53**	**321**	**7**	**5**	**2**	**14**	**1**	**13**
69	10	59				2	1	1
70	10	60	3	2	1	1		1
73	11	62	3	3		6		6
69	11	58				1		1
93	11	82	1		1	4		4
531	**87**	**444**	**6**	**3**	**3**	**40**	**2**	**38**
87	19	68	1		1	2		2
98	11	87	3	2	1	6		6
103	16	87	1		1	2		2
126	21	105	1	1		13	1	12
117	20	97				17	1	16
723	**120**	**603**	**10**	**4**	**6**	**71**	**3**	**68**
137	22	115	2	1	1	10		10
138	17	121	2	1	1	7		7
154	26	128	3		3	17		17
141	27	114	2	2		20	1	19
153	28	125	1		1	17	2	15
880	**147**	**733**	**9**	**6**	**3**	**129**	**7**	**122**
197	24	173	2	1	1	20		20
168	32	136	1	1		30	2	28
197	37	160	3	3		29	2	27
187	34	153	1		1	30	1	29
131	20	111	2	1	1	20	2	18
854	**121**	**733**	**6**	**2**	**4**	**243**	**6**	**237**
133	17	116	2		2	31		31
155	22	133				33	1	32
210	23	187				39	1	38
172	25	147	2	1	1	72	1	71
184	34	150	2	1	1	68	3	65
4082	**963**	**3119**	**36**	**19**	**17**	**5231**	**493**	**4738**

5-3c 续表 2

受教育程度 年 龄	15岁及以上人口			未 婚		
	合计	男	女	小计	男	女
学前教育	**238**	**68**	**170**	**34**	**23**	**11**
15-19岁	**15**	**7**	**8**	**15**	**7**	**8**
15	10	5	5	10	5	5
16	1		1	1		1
17	4	2	2	4	2	2
18						
19						
20-24岁	**6**	**6**		**6**	**6**	
20	2	2		2	2	
21	2	2		2	2	
22						
23	2	2		2	2	
24						
25-29岁	**10**	**5**	**5**	**6**	**5**	**1**
25	2	2		2	2	
26	2	1	1	1	1	
27	2		2			
28	3	2	1	3	2	1
29	1		1			
30-34岁	**3**	**2**	**1**	**1**	**1**	
30	1	1		1	1	
31	1	1				
32						
33						
34	1		1			
35-39岁	**2**	**1**	**1**	**1**	**1**	
35						
36						
37	1	1		1	1	
38						
39	1		1			
40-44岁	**6**	**2**	**4**	**1**	**1**	
40	2	1	1			
41	2		2			
42	1		1			
43	1	1		1	1	
44						
45-49岁	**14**	**2**	**12**	**2**		**2**
45	1		1			
46	2		2	1		1
47	2		2			
48	6	1	5	1		1
49	3	1	2			
50-54岁	**7**	**4**	**3**	**1**	**1**	
50						
51	1		1			
52	3	1	2	1	1	
53	1	1				
54	2	2				
55-59岁	**23**	**7**	**16**			
55	7	2	5			
56	6	1	5			
57	4	1	3			
58	3	2	1			
59	3	1	2			
60-64岁	**28**	**6**	**22**	**1**	**1**	
60	3	1	2			
61	2		2			
62	7	3	4	1	1	
63	5	1	4			
64	11	1	10			
65岁及以上	**124**	**26**	**98**			

单位：人

有配偶			离婚			丧偶		
小计	男	女	小计	男	女	小计	男	女
133	**36**	**97**	**1**		**1**	**70**	**9**	**61**
4		**4**						
1		1						
2		2						
1		1						
2	**1**	**1**						
1	1							
1		1						
1		**1**						
1		1						
5	**1**	**4**						
2	1	1						
2		2						
1		1						
11	**2**	**9**	**1**		**1**			
1		1						
1		1						
1		1	1		1			
5	1	4						
3	1	2						
5	**3**	**2**				**1**		**1**
1		1						
1		1				1		1
1	1							
2	2							
20	**6**	**14**				**3**	**1**	**2**
6	2	4				1		1
4		4				2	1	1
4	1	3						
3	2	1						
3	1	2						
25	**5**	**20**				**2**		**2**
2	1	1				1		1
2		2						
6	2	4						
5	1	4						
10	1	9				1		1
60	**18**	**42**				**64**	**8**	**56**

5-3c 续表 3

受教育程度 年龄	15岁及以上人口 合计	15岁及以上人口 男	15岁及以上人口 女	未婚 小计	未婚 男	未婚 女
小学	**55933**	**23336**	**32597**	**5600**	**5032**	**568**
15-19岁	**240**	**142**	**98**	**220**	**134**	**86**
15	47	28	19	47	28	19
16	38	23	15	34	22	12
17	40	23	17	37	23	14
18	60	38	22	55	38	17
19	55	30	25	47	23	24
20-24岁	**559**	**350**	**209**	**385**	**294**	**91**
20	70	41	29	54	39	15
21	89	63	26	74	58	16
22	104	69	35	76	61	15
23	131	82	49	87	65	22
24	165	95	70	94	71	23
25-29岁	**1187**	**679**	**508**	**570**	**454**	**116**
25	197	115	82	119	87	32
26	220	133	87	121	96	25
27	238	141	97	105	89	16
28	250	133	117	106	86	20
29	282	157	125	119	96	23
30-34岁	**2333**	**1174**	**1159**	**666**	**591**	**75**
30	355	190	165	127	108	19
31	419	218	201	126	111	15
32	459	227	232	125	113	12
33	499	236	263	126	111	15
34	601	303	298	162	148	14
35-39岁	**3675**	**1898**	**1777**	**822**	**755**	**67**
35	606	312	294	145	128	17
36	681	354	327	179	158	21
37	770	396	374	159	153	6
38	848	434	414	172	159	13
39	770	402	368	167	157	10
40-44岁	**4314**	**2134**	**2180**	**795**	**757**	**38**
40	879	423	456	178	162	16
41	801	437	364	154	148	6
42	889	437	452	168	161	7
43	785	385	400	148	143	5
44	960	452	508	147	143	4
45-49岁	**5541**	**2491**	**3050**	**675**	**639**	**36**
45	962	452	510	147	136	11
46	1044	459	585	134	127	7
47	1142	519	623	150	143	7
48	1280	572	708	134	126	8
49	1113	489	624	110	107	3
50-54岁	**7150**	**2984**	**4166**	**507**	**487**	**20**
50	1390	600	790	120	111	9
51	1460	649	811	137	134	3
52	1553	637	916	110	106	4
53	1346	554	792	64	62	2
54	1401	544	857	76	74	2
55-59岁	**6738**	**2480**	**4258**	**284**	**275**	**9**
55	1461	572	889	78	76	2
56	1483	551	932	61	59	2
57	1517	571	946	62	61	1
58	1411	493	918	51	49	2
59	866	293	573	32	30	2
60-64岁	**5113**	**1669**	**3444**	**165**	**160**	**5**
60	884	272	612	27	25	2
61	914	295	619	34	33	1
62	1062	342	720	32	31	1
63	1146	395	751	35	35	
64	1107	365	742	37	36	1
65岁及以上	**19083**	**7335**	**11748**	**511**	**486**	**25**

单位：人

有配偶			离婚			丧偶		
小计	男	女	小计	男	女	小计	男	女
41037	**16049**	**24988**	**724**	**545**	**179**	**8572**	**1710**	**6862**
19	**7**	**12**	**1**	**1**				
4	1	3						
3		3						
5		5						
7	6	1	1	1				
166	**51**	**115**	**8**	**5**	**3**			
16	2	14						
14	4	10	1	1				
27	8	19	1		1			
41	15	26	3	2	1			
68	22	46	3	2	1			
584	**204**	**380**	**32**	**21**	**11**	**1**		**1**
75	26	49	3	2	1			
93	32	61	6	5	1			
124	48	76	9	4	5			
139	42	97	5	5				
153	56	97	9	5	4	1		1
1586	**526**	**1060**	**71**	**54**	**17**	**10**	**3**	**7**
219	77	142	7	4	3	2	1	1
280	95	185	12	12		1		1
315	105	210	16	9	7	3		3
357	110	247	15	14	1	1	1	
415	139	276	21	15	6	3	1	2
2702	**1048**	**1654**	**116**	**90**	**26**	**35**	**5**	**30**
438	168	270	18	16	2	5		5
466	173	293	28	21	7	8	2	6
590	228	362	18	15	3	3		3
638	254	384	28	19	9	10	2	8
570	225	345	24	19	5	9	1	8
3350	**1298**	**2052**	**84**	**65**	**19**	**85**	**14**	**71**
671	245	426	18	15	3	12	1	11
623	278	345	12	9	3	12	2	10
686	260	426	18	13	5	17	3	14
598	226	372	14	12	2	25	4	21
772	289	483	22	16	6	19	4	15
4580	**1725**	**2855**	**116**	**95**	**21**	**170**	**32**	**138**
769	298	471	19	12	7	27	6	21
862	310	552	24	19	5	24	3	21
935	352	583	19	15	4	38	9	29
1074	407	667	30	29	1	42	10	32
940	358	582	24	20	4	39	4	35
6157	**2356**	**3801**	**98**	**75**	**23**	**388**	**66**	**322**
1197	468	729	22	16	6	51	5	46
1236	485	751	20	15	5	67	15	52
1326	494	832	26	21	5	91	16	75
1186	466	720	13	10	3	83	16	67
1212	443	769	17	13	4	96	14	82
5759	**2049**	**3710**	**71**	**53**	**18**	**624**	**103**	**521**
1245	463	782	14	10	4	124	23	101
1274	468	806	12	8	4	136	16	120
1294	475	819	20	14	6	141	21	120
1204	403	801	14	10	4	142	31	111
742	240	502	11	11		81	12	69
4150	**1376**	**2774**	**41**	**27**	**14**	**757**	**106**	**651**
728	226	502	8	5	3	121	16	105
756	241	515	9	6	3	115	15	100
860	283	577	6	4	2	164	24	140
915	329	586	9	5	4	187	26	161
891	297	594	9	7	2	170	25	145
11984	**5409**	**6575**	**86**	**59**	**27**	**6502**	**1381**	**5121**

5-3c 续表 4

受教育程度 年 龄	15岁及以上人口			未 婚		
	合计	男	女	小计	男	女
初 中	**164685**	**95425**	**69260**	**33866**	**25741**	**8125**
15-19岁	**8912**	**5337**	**3575**	**8592**	**5252**	**3340**
15	3492	1988	1504	3486	1986	1500
16	1788	1045	743	1763	1039	724
17	1192	746	446	1135	732	403
18	1174	734	440	1076	709	367
19	1266	824	442	1132	786	346
20-24岁	**9127**	**5613**	**3514**	**6353**	**4625**	**1728**
20	1274	827	447	1041	759	282
21	1463	962	501	1144	846	298
22	1776	1102	674	1297	940	357
23	2138	1289	849	1410	1022	388
24	2476	1433	1043	1461	1058	403
25-29岁	**16843**	**9606**	**7237**	**7256**	**5577**	**1679**
25	2923	1662	1261	1597	1175	422
26	3070	1743	1327	1542	1115	427
27	3351	1939	1412	1470	1175	295
28	3700	2108	1592	1349	1076	273
29	3799	2154	1645	1298	1036	262
30-34岁	**20249**	**11263**	**8986**	**4566**	**3847**	**719**
30	4363	2442	1921	1283	1047	236
31	4104	2275	1829	966	827	139
32	3853	2143	1710	889	761	128
33	4027	2273	1754	773	654	119
34	3902	2130	1772	655	558	97
35-39岁	**21036**	**11861**	**9175**	**2864**	**2521**	**343**
35	4017	2223	1794	638	568	70
36	4399	2415	1984	610	529	81
37	4133	2355	1778	578	511	67
38	4460	2596	1864	545	485	60
39	4027	2272	1755	493	428	65
40-44岁	**16809**	**9556**	**7253**	**1613**	**1459**	**154**
40	3998	2251	1747	412	365	47
41	3640	2065	1575	388	350	38
42	3272	1888	1384	312	284	28
43	2832	1603	1229	258	240	18
44	3067	1749	1318	243	220	23
45-49岁	**16655**	**9456**	**7199**	**1084**	**1005**	**79**
45	3061	1712	1349	243	228	15
46	3315	1899	1416	248	229	19
47	3551	1995	1556	244	221	23
48	3508	1973	1535	185	173	12
49	3220	1877	1343	164	154	10
50-54岁	**17517**	**9871**	**7646**	**664**	**617**	**47**
50	3693	2039	1654	193	174	19
51	3575	2050	1525	176	165	11
52	3707	2060	1647	113	107	6
53	3117	1747	1370	90	86	4
54	3425	1975	1450	92	85	7
55-59岁	**15616**	**8973**	**6643**	**377**	**359**	**18**
55	3437	1910	1527	93	88	5
56	3381	1926	1455	79	75	4
57	3522	2057	1465	89	86	3
58	3478	2013	1465	79	75	4
59	1798	1067	731	37	35	2
60-64岁	**8296**	**4849**	**3447**	**176**	**173**	**3**
60	1610	912	698	45	44	1
61	1518	920	598	26	25	1
62	1831	1053	778	32	31	1
63	1766	1037	729	41	41	
64	1571	927	644	32	32	
65岁及以上	**13625**	**9040**	**4585**	**321**	**306**	**15**

单位：人

有配偶			离婚			丧偶		
小计	男	女	小计	男	女	小计	男	女
122938	**65637**	**57301**	**2880**	**2181**	**699**	**5001**	**1866**	**3135**
316	**84**	**232**	**4**	**1**	**3**			
6	2	4						
25	6	19						
57	14	43						
95	25	70	3		3			
133	37	96	1	1				
2702	**947**	**1755**	**61**	**38**	**23**	**11**	**3**	**8**
230	67	163	3	1	2			
312	113	199	7	3	4			
473	160	313	5	2	3	1		1
707	254	453	19	13	6	2		2
980	353	627	27	19	8	8	3	5
9282	**3844**	**5438**	**292**	**180**	**112**	**13**	**5**	**8**
1292	467	825	32	19	13	2	1	1
1487	608	879	38	19	19	3	1	2
1820	731	1089	58	33	25	3		3
2274	980	1294	74	50	24	3	2	1
2409	1058	1351	90	59	31	2	1	1
15078	**7011**	**8067**	**555**	**394**	**161**	**50**	**11**	**39**
2961	1319	1642	112	74	38	7	2	5
3022	1372	1650	105	74	31	11	2	9
2850	1306	1544	106	73	33	8	3	5
3111	1520	1591	130	96	34	13	3	10
3134	1494	1640	102	77	25	11	1	10
17464	**8868**	**8596**	**577**	**445**	**132**	**131**	**27**	**104**
3250	1574	1676	105	75	30	24	6	18
3643	1792	1851	127	92	35	19	2	17
3417	1745	1672	117	96	21	21	3	18
3758	2009	1749	122	94	28	35	8	27
3396	1748	1648	106	88	18	32	8	24
14518	**7664**	**6854**	**456**	**372**	**84**	**222**	**61**	**161**
3423	1771	1652	128	104	24	35	11	24
3101	1614	1487	102	87	15	49	14	35
2828	1519	1309	90	72	18	42	13	29
2453	1295	1158	77	58	19	44	10	34
2713	1465	1248	59	51	8	52	13	39
14882	**8083**	**6799**	**356**	**287**	**69**	**333**	**81**	**252**
2708	1417	1291	70	57	13	40	10	30
2917	1591	1326	80	64	16	70	15	55
3160	1695	1465	70	60	10	77	19	58
3188	1730	1458	74	57	17	61	13	48
2909	1650	1259	62	49	13	85	24	61
16028	**8902**	**7126**	**254**	**203**	**51**	**571**	**149**	**422**
3338	1800	1538	47	38	9	115	27	88
3242	1818	1424	48	35	13	109	32	77
3424	1881	1543	53	40	13	117	32	85
2863	1589	1274	55	48	7	109	24	85
3161	1814	1347	51	42	9	121	34	87
14268	**8230**	**6038**	**182**	**141**	**41**	**789**	**243**	**546**
3165	1753	1412	43	32	11	136	37	99
3083	1770	1313	36	26	10	183	55	128
3223	1890	1333	35	27	8	175	54	121
3189	1856	1333	41	32	9	169	50	119
1608	961	647	27	24	3	126	47	79
7419	**4402**	**3017**	**65**	**53**	**12**	**636**	**221**	**415**
1450	825	625	17	16	1	98	27	71
1373	850	523	15	12	3	104	33	71
1632	963	669	8	4	4	159	55	104
1582	930	652	12	9	3	131	57	74
1382	834	548	13	12	1	144	49	95
10981	**7602**	**3379**	**78**	**67**	**11**	**2245**	**1065**	**1180**

5-3c 续表 5

受教育程度 年　龄	15岁及以上人口			未　婚		
	合计	男	女	小计	男	女
高　中	**36300**	**23747**	**12553**	**13376**	**8372**	**5004**
15–19岁	**7267**	**3984**	**3283**	**7228**	**3976**	**3252**
15	1398	729	669	1398	729	669
16	2000	1061	939	2000	1061	939
17	1821	992	829	1819	992	827
18	1230	727	503	1214	720	494
19	818	475	343	797	474	323
20–24岁	**2988**	**1818**	**1170**	**2543**	**1665**	**878**
20	647	407	240	620	400	220
21	539	344	195	487	324	163
22	560	334	226	485	310	175
23	562	326	236	453	284	169
24	680	407	273	498	347	151
25–29岁	**3737**	**2188**	**1549**	**1991**	**1401**	**590**
25	728	426	302	498	335	163
26	708	402	306	441	295	146
27	751	443	308	410	301	109
28	793	480	313	344	250	94
29	757	437	320	298	220	78
30–34岁	**3497**	**2139**	**1358**	**884**	**703**	**181**
30	848	487	361	286	218	68
31	709	439	270	188	158	30
32	690	427	263	174	133	41
33	676	426	250	142	118	24
34	574	360	214	94	76	18
35–39岁	**2558**	**1649**	**909**	**310**	**259**	**51**
35	555	372	183	101	88	13
36	510	334	176	55	45	10
37	523	323	200	55	50	5
38	488	310	178	49	37	12
39	482	310	172	50	39	11
40–44岁	**2193**	**1496**	**697**	**135**	**122**	**13**
40	503	331	172	46	39	7
41	439	287	152	21	18	3
42	456	315	141	25	23	2
43	369	263	106	19	19	
44	426	300	126	24	23	1
45–49岁	**2154**	**1459**	**695**	**88**	**72**	**16**
45	404	279	125	17	14	3
46	431	296	135	13	12	1
47	401	261	140	17	15	2
48	465	322	143	20	17	3
49	453	301	152	21	14	7
50–54岁	**2492**	**1757**	**735**	**66**	**54**	**12**
50	510	355	155	21	16	5
51	515	354	161	13	12	1
52	554	399	155	11	8	3
53	421	303	118	10	9	1
54	492	346	146	11	9	2
55–59岁	**3262**	**2342**	**920**	**42**	**36**	**6**
55	524	367	157	10	10	
56	601	413	188	10	9	1
57	792	572	220	10	8	2
58	837	617	220	8	7	1
59	508	373	135	4	2	2
60–64岁	**2738**	**2106**	**632**	**33**	**30**	**3**
60	481	352	129	3	3	
61	569	429	140	8	5	3
62	628	494	134	8	8	
63	586	458	128	10	10	
64	474	373	101	4	4	
65岁及以上	**3414**	**2809**	**605**	**56**	**54**	**2**

单位：人

有配偶			离婚			丧偶		
小计	男	女	小计	男	女	小计	男	女
21735	**14631**	**7104**	**463**	**336**	**127**	**726**	**408**	**318**
39	**8**	**31**						
2		2						
16	7	9						
21	1	20						
437	**149**	**288**	**7**	**4**	**3**	**1**		**1**
26	7	19				1		1
52	20	32						
74	23	51	1	1				
106	40	66	3	2	1			
179	59	120	3	1	2			
1711	**767**	**944**	**33**	**19**	**14**	**2**	**1**	**1**
227	90	137	3	1	2			
259	101	158	8	6	2			
336	140	196	5	2	3			
443	225	218	5	4	1	1	1	
446	211	235	12	6	6	1		1
2548	**1391**	**1157**	**63**	**44**	**19**	**2**	**1**	**1**
556	265	291	6	4	2			
507	275	232	14	6	8			
500	283	217	14	10	4	2	1	1
517	293	224	17	15	2			
468	275	193	12	9	3			
2167	**1339**	**828**	**75**	**50**	**25**	**6**	**1**	**5**
432	270	162	20	14	6	2		2
440	277	163	14	12	2	1		1
459	269	190	8	4	4	1		1
420	258	162	18	14	4	1	1	
416	265	151	15	6	9	1		1
1987	**1326**	**661**	**60**	**47**	**13**	**11**	**1**	**10**
440	283	157	14	9	5	3		3
404	261	143	11	8	3	3		3
414	277	137	16	15	1	1		1
340	237	103	8	6	2	2	1	1
389	268	121	11	9	2	2		2
1970	**1331**	**639**	**68**	**50**	**18**	**28**	**6**	**22**
372	256	116	14	9	5	1		1
400	272	128	11	10	1	7	2	5
366	234	132	12	11	1	6	1	5
422	293	129	14	10	4	9	2	7
410	276	134	17	10	7	5	1	4
2317	**1634**	**683**	**58**	**43**	**15**	**51**	**26**	**25**
472	328	144	10	8	2	7	3	4
479	327	152	13	9	4	10	6	4
516	372	144	14	13	1	13	6	7
395	286	109	6	5	1	10	3	7
455	321	134	15	8	7	11	8	3
3082	**2234**	**848**	**49**	**35**	**14**	**89**	**37**	**52**
493	346	147	9	7	2	12	4	8
560	391	169	12	8	4	19	5	14
752	547	205	11	7	4	19	10	9
795	591	204	12	9	3	22	10	12
482	359	123	5	4	1	17	8	9
2511	**1962**	**549**	**26**	**22**	**4**	**168**	**92**	**76**
442	330	112	6	5	1	30	14	16
533	409	124	4	3	1	24	12	12
574	458	116	6	5	1	40	23	17
525	417	108	6	5	1	45	26	19
437	348	89	4	4		29	17	12
2966	**2490**	**476**	**24**	**22**	**2**	**368**	**243**	**125**

5-3c 续表 6

受教育程度 年龄	15岁及以上人口			未婚		
	合计	男	女	小计	男	女
大学专科	**14125**	**8249**	**5876**	**7614**	**4116**	**3498**
15-19岁	**1603**	**754**	**849**	**1601**	**754**	**847**
15	40	25	15	40	25	15
16	59	34	25	59	34	25
17	113	59	54	113	59	54
18	461	219	242	459	219	240
19	930	417	513	930	417	513
20-24岁	**3614**	**1761**	**1853**	**3469**	**1722**	**1747**
20	1016	481	535	1009	477	532
21	822	380	442	805	375	430
22	656	327	329	636	325	311
23	527	266	261	487	256	231
24	593	307	286	532	289	243
25-29岁	**2619**	**1453**	**1166**	**1706**	**1046**	**660**
25	593	304	289	478	264	214
26	544	282	262	385	227	158
27	530	305	225	346	215	131
28	495	287	208	275	189	86
29	457	275	182	222	151	71
30-34岁	**2009**	**1229**	**780**	**613**	**426**	**187**
30	511	286	225	199	121	78
31	447	271	176	145	103	42
32	364	224	140	106	80	26
33	345	229	116	91	69	22
34	342	219	123	72	53	19
35-39岁	**1116**	**759**	**357**	**159**	**119**	**40**
35	239	160	79	47	35	12
36	270	175	95	44	26	18
37	225	151	74	27	22	5
38	209	156	53	26	22	4
39	173	117	56	15	14	1
40-44岁	**748**	**527**	**221**	**33**	**26**	**7**
40	196	138	58	10	9	1
41	147	102	45	10	7	3
42	165	112	53	7	5	2
43	121	83	38	2	2	
44	119	92	27	4	3	1
45-49岁	**604**	**405**	**199**	**16**	**12**	**4**
45	135	90	45	5	4	1
46	103	69	34	4	3	1
47	126	90	36	2	2	
48	132	87	45	3	2	1
49	108	69	39	2	1	1
50-54岁	**589**	**411**	**178**	**9**	**5**	**4**
50	142	89	53	3	1	2
51	114	74	40	2	1	1
52	139	105	34	2	2	
53	93	72	21	1		1
54	101	71	30	1	1	
55-59岁	**464**	**346**	**118**	**2**	**1**	**1**
55	93	64	29			
56	105	74	31	2	1	1
57	117	83	34			
58	103	88	15			
59	46	37	9			
60-64岁	**248**	**183**	**65**	**3**	**3**	
60	56	48	8	1	1	
61	40	29	11	2	2	
62	50	36	14			
63	62	40	22			
64	40	30	10			
65岁及以上	**511**	**421**	**90**	**3**	**2**	**1**

单位：人

有配偶			离　婚			丧　偶		
小计	男	女	小计	男	女	小计	男	女
6275	**3982**	**2293**	**146**	**92**	**54**	**90**	**59**	**31**
2		**2**						
2		2						
145	**39**	**106**						
7	4	3						
17	5	12						
20	2	18						
40	10	30						
61	18	43						
901	**401**	**500**	**10**	**5**	**5**	**2**	**1**	**1**
113	40	73	2		2			
159	55	104						
182	90	92	1		1	1		1
217	97	120	3	1	2			
230	119	111	4	4		1	1	
1356	**777**	**579**	**39**	**25**	**14**	**1**	**1**	
305	160	145	7	5	2			
295	164	131	7	4	3			
248	140	108	10	4	6			
244	152	92	9	7	2	1	1	
264	161	103	6	5	1			
928	**622**	**306**	**26**	**16**	**10**	**3**	**2**	**1**
187	123	64	3	1	2	2	1	1
215	141	74	11	8	3			
192	125	67	5	3	2	1	1	
180	131	49	3	3				
154	102	52	4	1	3			
689	**484**	**205**	**24**	**16**	**8**	**2**	**1**	**1**
178	124	54	8	5	3			
130	89	41	6	5	1	1	1	
155	106	49	2	1	1	1		1
112	77	35	7	4	3			
114	88	26	1	1				
565	**380**	**185**	**19**	**11**	**8**	**4**	**2**	**2**
126	82	44	4	4				
97	66	31	2		2			
119	85	34	3	2	1	2	1	1
121	81	40	6	3	3	2	1	1
102	66	36	4	2	2			
554	**394**	**160**	**15**	**9**	**6**	**11**	**3**	**8**
130	84	46	5	3	2	4	1	3
107	71	36	4	2	2	1		1
130	100	30	4	2	2	3	1	2
88	70	18	2	2		2		2
99	69	30				1	1	
451	**338**	**113**	**4**	**3**	**1**	**7**	**4**	**3**
90	64	26	1		1	2		2
101	72	29	1	1		1		1
114	80	34	1	1		2	2	
100	85	15	1	1		2	2	
46	37	9						
232	**172**	**60**	**5**	**4**	**1**	**8**	**4**	**4**
53	45	8	1	1		1	1	
33	23	10	3	3		2	1	1
48	35	13	1		1	1	1	
58	39	19				4	1	3
40	30	10						
452	**375**	**77**	**4**	**3**	**1**	**52**	**41**	**11**

5-3c 续表 7

受教育程度 年　　龄	15岁及以上人口			未　　婚		
	合计	男	女	小计	男	女
大学本科	**7079**	**3848**	**3231**	**4565**	**2327**	**2238**
15-19岁	**867**	**434**	**433**	**867**	**434**	**433**
15	3	1	2	3	1	2
16	2	1	1	2	1	1
17	48	28	20	48	28	20
18	300	157	143	300	157	143
19	514	247	267	514	247	267
20-24岁	**2301**	**1094**	**1207**	**2271**	**1087**	**1184**
20	565	265	300	564	265	299
21	592	280	312	590	280	310
22	448	216	232	445	216	229
23	367	175	192	364	174	190
24	329	158	171	308	152	156
25-29岁	**1382**	**674**	**708**	**1003**	**513**	**490**
25	324	154	170	303	149	154
26	254	116	138	217	104	113
27	296	154	142	208	111	97
28	265	134	131	153	86	67
29	243	116	127	122	63	59
30-34岁	**972**	**580**	**392**	**319**	**223**	**96**
30	254	145	109	114	80	34
31	221	132	89	81	56	25
32	187	124	63	61	43	18
33	166	84	82	35	24	11
34	144	95	49	28	20	8
35-39岁	**543**	**343**	**200**	**71**	**48**	**23**
35	135	83	52	22	16	6
36	133	76	57	16	8	8
37	101	64	37	12	8	4
38	102	68	34	13	11	2
39	72	52	20	8	5	3
40-44岁	**270**	**181**	**89**	**12**	**6**	**6**
40	69	44	25	1		1
41	74	47	27	5	4	1
42	44	31	13	1	1	
43	38	27	11	4	1	3
44	45	32	13	1		1
45-49岁	**188**	**135**	**53**	**13**	**8**	**5**
45	45	36	9	3	3	
46	42	26	16	2	1	1
47	39	30	9	4	2	2
48	38	28	10	2	1	1
49	24	15	9	2	1	1
50-54岁	**182**	**127**	**55**	**7**	**6**	**1**
50	36	26	10	1	1	
51	48	33	15	2	1	1
52	34	25	9	3	3	
53	27	19	8	1	1	
54	37	24	13			
55-59岁	**140**	**102**	**38**	**1**	**1**	
55	25	19	6	1	1	
56	31	22	9			
57	31	22	9			
58	35	26	9			
59	18	13	5			
60-64岁	**67**	**49**	**18**			
60	15	11	4			
61	7	7				
62	21	14	7			
63	12	8	4			
64	12	9	3			
65岁及以上	**167**	**129**	**38**	**1**	**1**	

单位：人

有配偶			离婚			丧偶		
小计	男	女	小计	男	女	小计	男	女
2425	**1475**	**950**	**64**	**32**	**32**	**25**	**14**	**11**
29	**7**	**22**				**1**		**1**
1		1						
2		2						
3		3						
3	1	2						
20	6	14				1		1
375	**159**	**216**	**4**	**2**	**2**			
21	5	16						
37	12	25						
87	43	44	1		1			
110	47	63	2	1	1			
120	52	68	1	1				
641	**350**	**291**	**12**	**7**	**5**			
140	65	75						
138	75	63	2	1	1			
125	80	45	1	1				
128	60	68	3		3			
110	70	40	6	5	1			
454	**284**	**170**	**17**	**10**	**7**	**1**	**1**	
111	66	45	2	1	1			
112	65	47	4	2	2	1	1	
86	53	33	3	3				
84	55	29	5	2	3			
61	45	16	3	2	1			
244	**168**	**76**	**13**	**7**	**6**	**1**		**1**
65	44	21	3		3			
66	42	24	3	1	2			
38	25	13	5	5				
32	26	6	1		1	1		1
43	31	12	1	1				
164	**124**	**40**	**11**	**3**	**8**			
40	32	8	2	1	1			
35	25	10	5		5			
34	27	7	1	1				
33	26	7	3	1	2			
22	14	8						
170	**120**	**50**	**4**	**1**	**3**	**1**		**1**
34	25	9	1		1			
45	31	14	1	1				
30	22	8				1		1
26	18	8						
35	24	11	2		2			
135	**101**	**34**	**1**		**1**	**3**		**3**
24	18	6						
30	22	8				1		1
30	22	8				1		1
33	26	7	1		1	1		1
18	13	5						
65	**47**	**18**	**1**	**1**		**1**	**1**	
15	11	4						
6	6					1	1	
20	13	7	1	1				
12	8	4						
12	9	3						
148	**115**	**33**	**1**	**1**		**17**	**12**	**5**

5-3c 续表 8

受教育程度 年龄	15岁及以上人口			未婚		
	合计	男	女	小计	男	女
硕士研究生	**210**	**111**	**99**	**74**	**33**	**41**
15-19岁						
15						
16						
17						
18						
19						
20-24岁	**24**	**9**	**15**	**24**	**9**	**15**
20	1		1	1		1
21						
22	6	3	3	6	3	3
23	6	3	3	6	3	3
24	11	3	8	11	3	8
25-29岁	**34**	**13**	**21**	**27**	**11**	**16**
25	6	4	2	6	4	2
26	6	3	3	5	3	2
27	9	4	5	7	2	5
28	5	1	4	3	1	2
29	8	1	7	6	1	5
30-34岁	**51**	**25**	**26**	**21**	**12**	**9**
30	18	8	10	11	6	5
31	7	5	2	2	2	
32	7	4	3	3	3	
33	6	4	2	2	1	1
34	13	4	9	3		3
35-39岁	**45**	**24**	**21**	**1**		**1**
35	12	8	4			
36	7	3	4	1		1
37	10	3	7			
38	9	6	3			
39	7	4	3			
40-44岁	**17**	**11**	**6**	**1**	**1**	
40	5	5				
41	8	4	4	1	1	
42						
43	3	1	2			
44	1	1				
45-49岁	**14**	**10**	**4**			
45	1		1			
46	4	3	1			
47	3	1	2			
48	5	5				
49	1	1				
50-54岁	**7**	**5**	**2**			
50	1		1			
51						
52	1	1				
53						
54	5	4	1			
55-59岁	**8**	**6**	**2**			
55	3	2	1			
56	3	3				
57	1	1				
58	1		1			
59						
60-64岁	**4**	**4**				
60	1	1				
61						
62	2	2				
63	1	1				
64						
65岁及以上	**6**	**4**	**2**			

单位：人

有配偶			离　婚			丧　偶		
小计	男	女	小计	男	女	小计	男	女
126	**73**	**53**	**8**	**5**	**3**	**2**		**2**
7	**2**	**5**						
1		1						
2	2							
2		2						
2		2						
29	**13**	**16**				**1**		**1**
7	2	5						
5	3	2						
3	1	2				1		1
4	3	1						
10	4	6						
42	**22**	**20**	**2**	**2**				
12	8	4						
5	2	3	1	1				
10	3	7						
8	5	3	1	1				
7	4	3						
15	**10**	**5**	**1**		**1**			
5	5							
6	3	3	1		1			
3	1	2						
1	1							
12	**9**	**3**	**2**	**1**	**1**			
			1		1			
4	3	1						
3	1	2						
4	4		1	1				
1	1							
6	**4**	**2**	**1**	**1**				
1		1						
1	1							
4	3	1	1	1				
7	**6**	**1**	**1**		**1**			
3	2	1						
3	3							
1	1							
			1		1			
4	**4**							
1	1							
2	2							
1	1							
4	**3**	**1**	**1**	**1**		**1**		**1**

5-3c 续表 9

受教育程度 年　　龄	15岁及以上人口			未　婚		
	合计	男	女	小计	男	女
博士研究生	**19**	**11**	**8**	**4**	**3**	**1**
15-19岁						
15						
16						
17						
18						
19						
20-24岁						
20						
21						
22						
23						
24						
25-29岁	**2**	**2**		**1**	**1**	
25						
26						
27						
28	2	2		1	1	
29						
30-34岁	**4**	**2**	**2**	**1**	**1**	
30	1	1				
31	1		1			
32	2	1	1	1	1	
33						
34						
35-39岁	**5**	**2**	**3**	**1**	**1**	
35						
36	2	1	1	1	1	
37						
38	2	1	1			
39	1		1			
40-44岁						
40						
41						
42						
43						
44						
45-49岁	**1**		**1**			
45						
46						
47						
48						
49	1		1			
50-54岁	**4**	**2**	**2**	**1**		**1**
50	1		1			
51						
52	1	1				
53	1		1	1		1
54	1	1				
55-59岁	**1**	**1**				
55						
56	1	1				
57						
58						
59						
60-64岁	**2**	**2**				
60						
61						
62						
63	2	2				
64						
65岁及以上						

单位：人

有配偶			离婚			丧偶		
小计	男	女	小计	男	女	小计	男	女
13	**8**	**5**	**2**		**2**			
1	**1**							
1	1							
3	**1**	**2**						
1	1							
1		1						
1		1						
4	**1**	**3**						
1		1						
2	1	1						
1		1						
			1		**1**			
			1		1			
2	**2**		**1**		**1**			
			1		1			
1	1							
1	1							
1	**1**							
1	1							
2	**2**							
2	2							

5-4 全省分初婚年龄、性别、初婚年份的人口

单位：人

初婚年龄	初婚年份								
	合计			1980年			1981年		
	合计	男	女	小计	男	女	小计	男	女
总　计	**466832**	**234669**	**232163**	**11059**	**5226**	**5833**	**7298**	**3456**	**3842**
15岁以下	**1111**	**213**	**898**	**68**	**15**	**53**	**29**	**4**	**25**
15-19岁	**59707**	**17716**	**41991**	**2055**	**615**	**1440**	**1512**	**418**	**1094**
15	3310	773	2537	199	59	140	92	18	74
16	5816	1458	4358	293	79	214	157	41	116
17	10103	2722	7381	465	139	326	261	73	188
18	15866	4588	11278	528	141	387	452	129	323
19	24612	8175	16437	570	197	373	550	157	393
20-24岁	**202567**	**92145**	**110422**	**5451**	**2427**	**3024**	**3531**	**1627**	**1904**
20	33376	11966	21410	756	282	474	545	211	334
21	38502	15937	22565	1025	441	584	593	254	339
22	44012	20540	23472	1285	551	734	767	328	439
23	43693	21353	22340	1261	564	697	862	404	458
24	42984	22349	20635	1124	589	535	764	430	334
25-29岁	**138826**	**81879**	**56947**	**2777**	**1675**	**1102**	**1803**	**1117**	**686**
25	38861	21446	17415	982	585	397	624	352	272
26	33250	19022	14228	673	363	310	476	300	176
27	27657	16621	11036	490	307	183	312	201	111
28	22009	13831	8178	362	245	117	234	153	81
29	17049	10959	6090	270	175	95	157	111	46
30-34岁	**42552**	**28147**	**14405**	**537**	**374**	**163**	**340**	**231**	**109**
30	13422	8843	4579	202	143	59	124	79	45
31	10165	6689	3476	125	84	41	91	60	31
32	7856	5182	2674	93	69	24	54	37	17
33	6254	4210	2044	72	45	27	40	32	8
34	4855	3223	1632	45	33	12	31	23	8
35-39岁	**13295**	**8812**	**4483**	**119**	**85**	**34**	**47**	**34**	**13**
35	3944	2583	1361	33	23	10	13	7	6
36	3136	2063	1073	31	23	8	11	8	3
37	2583	1717	866	19	11	8	11	9	2
38	2018	1384	634	17	13	4	5	5	
39	1614	1065	549	19	15	4	7	5	2
40-44岁	**4834**	**3240**	**1594**	**35**	**29**	**6**	**26**	**17**	**9**
40	1340	894	446	15	13	2	6	2	4
41	1136	746	390	7	6	1	9	6	3
42	963	646	317	9	7	2	3	3	
43	756	518	238	2	2		5	4	1
44	639	436	203	2	1	1	3	2	1
45-49岁	**2150**	**1424**	**726**	**12**	**5**	**7**	**8**	**6**	**2**
45	570	378	192	4	2	2	2	2	
46	513	360	153	3	2	1	4	3	1
47	414	268	146	4	1	3	2	1	1
48	371	242	129	1		1			
49	282	176	106						
50岁及以上	**1790**	**1093**	**697**	**5**	**1**	**4**	**2**	**2**	
平均初婚年龄	**25.08**	**26.18**	**23.97**	**23.50**	**24.55**	**22.55**	**23.40**	**24.52**	**22.38**

5-4　续表 1　　　　　　　　　　　　　　　　　　　　　　　　　　　　单位：人

初婚年龄	初婚年份								
	1982年			1983年			1984年		
	小计	男	女	小计	男	女	小计	男	女
总　计	**9458**	**4524**	**4934**	**9329**	**4520**	**4809**	**9417**	**4538**	**4879**
15岁以下	**65**	**11**	**54**	**43**	**12**	**31**	**31**	**3**	**28**
15–19岁	**2203**	**721**	**1482**	**1955**	**613**	**1342**	**1913**	**582**	**1331**
15	127	40	87	102	24	78	114	23	91
16	199	54	145	189	50	139	176	46	130
17	335	95	240	308	90	218	276	70	206
18	536	172	364	497	155	342	489	141	348
19	1006	360	646	859	294	565	858	302	556
20–24岁	**4440**	**2052**	**2388**	**4666**	**2148**	**2518**	**4979**	**2296**	**2683**
20	988	353	635	1183	465	718	1031	396	635
21	790	319	471	1094	473	621	1369	601	768
22	813	374	439	838	391	447	1176	554	622
23	904	474	430	791	391	400	760	383	377
24	945	532	413	760	428	332	643	362	281
25–29岁	**2204**	**1364**	**840**	**2113**	**1356**	**757**	**1962**	**1283**	**679**
25	718	419	299	736	462	274	573	354	219
26	554	344	210	550	338	212	523	333	190
27	424	259	165	359	228	131	369	255	114
28	296	197	99	285	199	86	281	195	86
29	212	145	67	183	129	54	216	146	70
30–34岁	**414**	**285**	**129**	**425**	**304**	**121**	**388**	**280**	**108**
30	141	100	41	144	99	45	152	105	47
31	100	60	40	89	62	27	81	54	27
32	78	56	22	82	56	26	58	41	17
33	60	44	16	69	52	17	53	43	10
34	35	25	10	41	35	6	44	37	7
35–39岁	**86**	**65**	**21**	**80**	**60**	**20**	**97**	**67**	**30**
35	22	17	5	30	25	5	33	20	13
36	32	22	10	11	10	1	21	18	3
37	14	11	3	15	10	5	15	10	5
38	9	8	1	17	12	5	17	14	3
39	9	7	2	7	3	4	11	5	6
40–44岁	**29**	**20**	**9**	**27**	**17**	**10**	**26**	**15**	**11**
40	9	5	4	5	3	2	10	8	2
41	6	4	2	10	7	3	5	2	3
42	8	7	1	7	5	2	4	3	1
43	3	2	1	3		3	2	1	1
44	3	2	1	2	2		5	1	4
45–49岁	**14**	**6**	**8**	**14**	**6**	**8**	**17**	**10**	**7**
45	4	1	3	4	2	2	4	4	
46	5	4	1	2		2	4	2	2
47	2		2	4	2	2	3	2	1
48				3	2	1	3	1	2
49	3	1	2	1		1	3	1	2
50岁及以上	**3**		**3**	**6**	**4**	**2**	**4**	**2**	**2**
平均初婚年龄	**23.18**	**24.24**	**22.21**	**23.13**	**24.19**	**22.14**	**23.08**	**24.15**	**22.09**

5-4 续表 2

单位：人

初婚年龄	初婚年份								
	1985年			1986年			1987年		
	小计	男	女	小计	男	女	小计	男	女
总 计	**11746**	**5689**	**6057**	**11046**	**5417**	**5629**	**10866**	**5279**	**5587**
15岁以下	**40**	**7**	**33**	**24**	**4**	**20**	**22**	**5**	**17**
15-19岁	**2224**	**696**	**1528**	**2026**	**619**	**1407**	**1930**	**547**	**1383**
15	124	37	87	81	15	66	81	16	65
16	261	72	189	197	56	141	148	32	116
17	373	100	273	392	116	276	329	76	253
18	539	157	382	552	164	388	579	166	413
19	927	330	597	804	268	536	793	257	536
20-24岁	**6697**	**3161**	**3536**	**6419**	**3085**	**3334**	**6190**	**2954**	**3236**
20	1232	483	749	1120	437	683	1035	424	611
21	1540	684	856	1324	583	741	1264	525	739
22	1807	864	943	1507	728	779	1323	610	713
23	1311	686	625	1468	770	698	1285	659	626
24	807	444	363	1000	567	433	1283	736	547
25-29岁	**2089**	**1350**	**739**	**1856**	**1208**	**648**	**2038**	**1286**	**752**
25	546	338	208	542	342	200	840	530	310
26	511	333	178	425	264	161	375	231	144
27	471	304	167	358	233	125	312	195	117
28	323	217	106	306	211	95	283	185	98
29	238	158	80	225	158	67	228	145	83
30-34岁	**511**	**352**	**159**	**522**	**368**	**154**	**511**	**365**	**146**
30	188	135	53	173	127	46	157	109	48
31	114	74	40	132	86	46	125	88	37
32	92	61	31	98	65	33	102	76	26
33	63	44	19	75	60	15	79	61	18
34	54	38	16	44	30	14	48	31	17
35-39岁	**117**	**81**	**36**	**137**	**98**	**39**	**120**	**86**	**34**
35	48	31	17	39	33	6	36	24	12
36	24	14	10	30	24	6	34	24	10
37	20	15	5	35	23	12	24	17	7
38	17	14	3	15	7	8	18	14	4
39	8	7	1	18	11	7	8	7	1
40-44岁	**37**	**28**	**9**	**32**	**17**	**15**	**29**	**20**	**9**
40	11	9	2	10	5	5	15	10	5
41	8	5	3	7	4	3	3	1	2
42	9	8	1	11	6	5	6	4	2
43	5	2	3	2	1	1	2	2	
44	4	4		2	1	1	3	3	
45-49岁	**16**	**8**	**8**	**23**	**16**	**7**	**17**	**11**	**6**
45	3	3		5	4	1	3	3	
46	2	1	1	5	5		3	1	2
47	5	2	3	3	2	1	4	3	1
48	2	1	1	5	2	3	3	1	2
49	4	1	3	5	3	2	4	3	1
50岁及以上	**15**	**6**	**9**	**7**	**2**	**5**	**9**	**5**	**4**
平均初婚年龄	**23.09**	**24.03**	**22.22**	**23.24**	**24.20**	**22.32**	**23.35**	**24.34**	**22.41**

5-4 续表 3

单位：人

初婚年龄	初婚年份								
	1988年			1989年			1990年		
	小计	男	女	小计	男	女	小计	男	女
总　计	**12146**	**6013**	**6133**	**12114**	**6075**	**6039**	**14337**	**7215**	**7122**
15岁以下	**42**	**9**	**33**	**50**	**12**	**38**	**59**	**12**	**47**
15–19岁	**2169**	**689**	**1480**	**2037**	**630**	**1407**	**2563**	**769**	**1794**
15	123	24	99	94	25	69	142	34	108
16	174	41	133	198	63	135	252	64	188
17	320	82	238	328	74	254	467	118	349
18	583	188	395	496	142	354	683	199	484
19	969	354	615	921	326	595	1019	354	665
20–24岁	**6603**	**3177**	**3426**	**6474**	**3068**	**3406**	**7547**	**3712**	**3835**
20	1237	481	756	1251	465	786	1476	586	890
21	1314	578	736	1333	566	767	1665	747	918
22	1448	702	746	1353	666	687	1680	880	800
23	1357	732	625	1344	720	624	1373	712	661
24	1247	684	563	1193	651	542	1353	787	566
25–29岁	**2550**	**1598**	**952**	**2869**	**1876**	**993**	**3315**	**2114**	**1201**
25	1079	642	437	1073	641	432	1126	685	441
26	660	423	237	890	586	304	865	545	320
27	344	215	129	464	327	137	704	475	229
28	254	172	82	247	188	59	401	256	145
29	213	146	67	195	134	61	219	153	66
30–34岁	**565**	**389**	**176**	**477**	**333**	**144**	**566**	**393**	**173**
30	181	121	60	148	107	41	170	112	58
31	134	100	34	113	67	46	112	78	34
32	97	64	33	93	65	28	133	96	37
33	102	71	31	54	45	9	93	67	26
34	51	33	18	69	49	20	58	40	18
35–39岁	**152**	**103**	**49**	**138**	**107**	**31**	**177**	**136**	**41**
35	47	31	16	42	29	13	50	39	11
36	35	22	13	28	21	7	46	34	12
37	29	16	13	33	28	5	33	23	10
38	27	21	6	24	20	4	24	22	2
39	14	13	1	11	9	2	24	18	6
40–44岁	**37**	**31**	**6**	**36**	**31**	**5**	**66**	**47**	**19**
40	15	11	4	9	7	2	21	17	4
41	7	7		13	13		16	11	5
42	9	7	2	6	4	2	12	9	3
43	2	2		3	3		9	3	6
44	4	4		5	4	1	8	7	1
45–49岁	**17**	**11**	**6**	**22**	**13**	**9**	**24**	**18**	**6**
45	4	2	2	2	2		6	3	3
46	3	2	1	6	3	3	7	4	3
47	5	4	1	6	3	3	1	1	
48	1		1	3	3		6	6	
49	4	3	1	5	2	3	4	4	
50岁及以上	**11**	**6**	**5**	**11**	**5**	**6**	**20**	**14**	**6**
平均初婚年龄	**23.37**	**24.30**	**22.46**	**23.43**	**24.43**	**22.42**	**23.41**	**24.43**	**22.37**

5-4 续表 4 单位：人

初婚年龄	初婚年份								
	1991年			1992年			1993年		
	小计	男	女	小计	男	女	小计	男	女
总　计	**9344**	**4669**	**4675**	**10629**	**5349**	**5280**	**10727**	**5391**	**5336**
15岁以下	**35**	**10**	**25**	**31**	**11**	**20**	**36**	**6**	**30**
15-19岁	**1590**	**496**	**1094**	**1781**	**554**	**1227**	**1580**	**446**	**1134**
15	77	23	54	98	27	71	97	27	70
16	109	27	82	157	40	117	164	41	123
17	254	61	193	255	73	182	252	70	182
18	504	162	342	488	129	359	394	108	286
19	646	223	423	783	285	498	673	200	473
20-24岁	**4843**	**2322**	**2521**	**5496**	**2607**	**2889**	**5550**	**2614**	**2936**
20	837	313	524	939	367	572	1040	387	653
21	1021	446	575	1099	460	639	1071	477	594
22	1136	554	582	1243	601	642	1132	537	595
23	1058	547	511	1220	633	587	1180	587	593
24	791	462	329	995	546	449	1127	626	501
25-29岁	**2350**	**1466**	**884**	**2626**	**1689**	**937**	**2749**	**1775**	**974**
25	736	418	318	755	459	296	923	543	380
26	568	346	222	655	405	250	643	423	220
27	450	293	157	516	336	180	476	311	165
28	385	263	122	383	255	128	409	283	126
29	211	146	65	317	234	83	298	215	83
30-34岁	**348**	**240**	**108**	**453**	**321**	**132**	**572**	**390**	**182**
30	102	65	37	188	137	51	235	157	78
31	83	54	29	86	59	27	123	89	34
32	67	49	18	65	42	23	87	57	30
33	49	40	9	55	44	11	71	49	22
34	47	32	15	59	39	20	56	38	18
35-39岁	**104**	**79**	**25**	**147**	**103**	**44**	**149**	**102**	**47**
35	29	20	9	36	25	11	48	33	15
36	23	19	4	32	16	16	36	20	16
37	26	20	6	31	26	5	23	16	7
38	13	10	3	27	20	7	23	19	4
39	13	10	3	21	16	5	19	14	5
40-44岁	**39**	**30**	**9**	**61**	**41**	**20**	**47**	**30**	**17**
40	16	13	3	21	14	7	14	10	4
41	12	8	4	7	5	2	13	6	7
42	4	4		16	9	7	4	2	2
43	6	5	1	9	7	2	9	8	1
44	1		1	8	6	2	7	4	3
45-49岁	**22**	**17**	**5**	**18**	**13**	**5**	**21**	**14**	**7**
45	5	5		5	4	1	9	7	2
46	1	1		4	3	1	7	4	3
47	7	5	2	1	1		2	1	1
48	7	5	2	5	3	2	1		1
49	2	1	1	3	2	1	2	2	
50岁及以上	**13**	**9**	**4**	**16**	**10**	**6**	**23**	**14**	**9**
平均初婚年龄	**23.60**	**24.60**	**22.60**	**23.75**	**24.75**	**22.72**	**23.92**	**24.95**	**22.88**

5-4　续表 5　　　　单位：人

初婚年龄	初婚年份								
	1994年			1995年			1996年		
	小计	男	女	小计	男	女	小计	男	女
总　计	**10177**	**5163**	**5014**	**11865**	**6040**	**5825**	**11508**	**5830**	**5678**
15岁以下	**20**	**4**	**16**	**30**	**3**	**27**	**20**	**1**	**19**
15-19岁	**1383**	**394**	**989**	**1467**	**418**	**1049**	**1360**	**380**	**980**
15	80	18	62	86	19	67	80	10	70
16	129	36	93	149	34	115	149	34	115
17	209	50	159	242	63	179	256	62	194
18	338	91	247	389	100	289	333	96	237
19	627	199	428	601	202	399	542	178	364
20-24岁	**5187**	**2418**	**2769**	**5834**	**2708**	**3126**	**5403**	**2466**	**2937**
20	853	328	525	885	298	587	785	265	520
21	1041	413	628	1097	461	636	956	396	560
22	1147	552	595	1355	640	715	1144	516	628
23	1035	526	509	1263	647	616	1289	622	667
24	1111	599	512	1234	662	572	1229	667	562
25-29岁	**2711**	**1729**	**982**	**3406**	**2135**	**1271**	**3453**	**2121**	**1332**
25	923	531	392	1098	647	451	1028	589	439
26	652	420	232	911	556	355	873	520	353
27	456	301	155	609	396	213	680	444	236
28	378	264	114	433	294	139	514	333	181
29	302	213	89	355	242	113	358	235	123
30-34岁	**604**	**420**	**184**	**773**	**534**	**239**	**913**	**611**	**302**
30	220	144	76	248	170	78	299	200	99
31	182	131	51	194	141	53	216	147	69
32	109	79	30	177	121	56	178	117	61
33	53	38	15	114	72	42	125	81	44
34	40	28	12	40	30	10	95	66	29
35-39岁	**167**	**127**	**40**	**196**	**138**	**58**	**186**	**131**	**55**
35	52	37	15	49	32	17	49	34	15
36	42	31	11	36	24	12	37	23	14
37	28	23	5	36	28	8	34	26	8
38	27	22	5	46	31	15	35	24	11
39	18	14	4	29	23	6	31	24	7
40-44岁	**67**	**51**	**16**	**82**	**57**	**25**	**85**	**64**	**21**
40	14	9	5	18	13	5	28	21	7
41	19	18	1	21	13	8	11	8	3
42	12	9	3	17	11	6	13	8	5
43	12	7	5	20	14	6	22	19	3
44	10	8	2	6	6		11	8	3
45-49岁	**16**	**11**	**5**	**36**	**23**	**13**	**43**	**32**	**11**
45	5	3	2	7	5	2	12	10	2
46	3	3		10	8	2	14	12	2
47	3	3		3	1	2	5	3	2
48	3	1	2	9	3	6	7	4	3
49	2	1	1	7	6	1	5	3	2
50岁及以上	**22**	**9**	**13**	**41**	**24**	**17**	**45**	**24**	**21**
平均初婚年龄	**24.18**	**25.25**	**23.08**	**24.47**	**25.52**	**23.38**	**24.78**	**25.87**	**23.67**

5-4 续表 6

单位：人

初婚年龄	初婚年份								
	1997年			1998年			1999年		
	小计	男	女	小计	男	女	小计	男	女
总　计	**10329**	**5322**	**5007**	**11348**	**5843**	**5505**	**10585**	**5452**	**5133**
15岁以下	**33**	**7**	**26**	**33**	**7**	**26**	**34**	**1**	**33**
15-19岁	**1280**	**344**	**936**	**1570**	**433**	**1137**	**1516**	**422**	**1094**
15	53	7	46	89	24	65	93	20	73
16	123	28	95	153	30	123	166	39	127
17	260	55	205	250	61	189	240	55	185
18	357	97	260	405	115	290	406	120	286
19	487	157	330	673	203	470	611	188	423
20-24岁	**4553**	**2097**	**2456**	**4793**	**2234**	**2559**	**4502**	**2062**	**2440**
20	674	232	442	746	274	472	807	292	515
21	827	376	451	863	361	502	822	351	471
22	957	421	536	1053	502	551	942	443	499
23	1073	509	564	1021	516	505	964	483	481
24	1022	559	463	1110	581	529	967	493	474
25-29岁	**3294**	**2090**	**1204**	**3469**	**2174**	**1295**	**3314**	**2078**	**1236**
25	949	588	361	1046	609	437	931	550	381
26	791	472	319	838	497	341	782	486	296
27	666	413	253	639	429	210	656	416	240
28	510	347	163	542	350	192	512	337	175
29	378	270	108	404	289	115	433	289	144
30-34岁	**782**	**542**	**240**	**1052**	**705**	**347**	**894**	**657**	**237**
30	249	176	73	364	243	121	328	241	87
31	180	124	56	228	149	79	227	168	59
32	138	91	47	181	122	59	139	102	37
33	112	78	34	163	113	50	101	76	25
34	103	73	30	116	78	38	99	70	29
35-39岁	**200**	**132**	**68**	**275**	**194**	**81**	**216**	**155**	**61**
35	79	52	27	116	80	36	77	57	20
36	41	33	8	67	50	17	63	41	22
37	30	17	13	40	24	16	37	31	6
38	26	18	8	22	16	6	17	10	7
39	24	12	12	30	24	6	22	16	6
40-44岁	**117**	**64**	**53**	**82**	**49**	**33**	**65**	**49**	**16**
40	28	20	8	22	10	12	21	17	4
41	22	9	13	25	15	10	19	13	6
42	25	13	12	15	11	4	17	13	4
43	21	9	12	11	6	5	4	3	1
44	21	13	8	9	7	2	4	3	1
45-49岁	**44**	**31**	**13**	**48**	**32**	**16**	**26**	**16**	**10**
45	12	9	3	11	7	4	7	4	3
46	13	11	2	14	10	4	6	3	3
47	9	5	4	8	5	3	5	3	2
48	9	5	4	9	6	3	5	4	1
49	1	1		6	4	2	3	2	1
50岁及以上	**26**	**15**	**11**	**26**	**15**	**11**	**18**	**12**	**6**
平均初婚年龄	**24.91**	**25.99**	**23.76**	**24.91**	**26.04**	**23.70**	**24.67**	**25.91**	**23.36**

5-4 续表 7 单位：人

初婚年龄	初婚年份								
	2000年			2001年			2002年		
	小计	男	女	小计	男	女	小计	男	女
总 计	**12940**	**6701**	**6239**	**9327**	**4758**	**4569**	**9835**	**5056**	**4779**
15岁以下	**57**	**20**	**37**	**31**	**5**	**26**	**36**	**8**	**28**
15—19岁	**2144**	**642**	**1502**	**1543**	**446**	**1097**	**1505**	**438**	**1067**
15	141	40	101	80	22	58	101	30	71
16	228	61	167	145	36	109	146	34	112
17	391	114	277	298	83	215	261	78	183
18	597	166	431	387	103	284	425	117	308
19	787	261	526	633	202	431	572	179	393
20—24岁	**5451**	**2540**	**2911**	**4050**	**1887**	**2163**	**4325**	**2011**	**2314**
20	1024	362	662	723	261	462	834	301	533
21	1146	471	675	816	339	477	802	326	476
22	1147	563	584	917	444	473	997	495	502
23	1077	557	520	830	415	415	909	468	441
24	1057	587	470	764	428	336	783	421	362
25—29岁	**3835**	**2457**	**1378**	**2634**	**1663**	**971**	**2805**	**1758**	**1047**
25	987	578	409	688	402	286	746	435	311
26	956	593	363	593	362	231	624	372	252
27	789	523	266	552	374	178	551	360	191
28	637	434	203	452	295	157	490	328	162
29	466	329	137	349	230	119	394	263	131
30—34岁	**1046**	**758**	**288**	**800**	**566**	**234**	**890**	**640**	**250**
30	363	268	95	263	184	79	311	223	88
31	269	189	80	184	129	55	218	159	59
32	184	135	49	144	108	36	159	107	52
33	139	103	36	122	83	39	121	83	38
34	91	63	28	87	62	25	81	68	13
35—39岁	**282**	**197**	**85**	**187**	**133**	**54**	**192**	**141**	**51**
35	101	70	31	50	37	13	50	37	13
36	78	53	25	53	42	11	48	37	11
37	46	32	14	34	25	9	38	22	16
38	37	28	9	27	18	9	31	27	4
39	20	14	6	23	11	12	25	18	7
40—44岁	**61**	**44**	**17**	**40**	**24**	**16**	**50**	**34**	**16**
40	16	11	5	7	3	4	20	14	6
41	14	9	5	9	5	4	9	8	1
42	13	11	2	9	7	2	5	2	3
43	10	7	3	9	5	4	7	5	2
44	8	6	2	6	4	2	9	5	4
45—49岁	**36**	**23**	**13**	**21**	**19**	**2**	**17**	**16**	**1**
45	13	7	6	3	3		6	5	1
46	5	3	2	8	8		5	5	
47	7	6	1	5	4	1	1	1	
48	4	3	1	3	2	1	4	4	
49	7	4	3	2	2		1	1	
50岁及以上	**28**	**20**	**8**	**21**	**15**	**6**	**15**	**10**	**5**
平均初婚年龄	**24.43**	**25.67**	**23.09**	**24.43**	**25.68**	**23.13**	**24.49**	**25.73**	**23.17**

5-4 续表 8

单位：人

初婚年龄	初婚年份								
	2003年			2004年			2005年		
	小计	男	女	小计	男	女	小计	男	女
总　计	**11224**	**5726**	**5498**	**10990**	**5649**	**5341**	**12404**	**6415**	**5989**
15岁以下	**26**	**4**	**22**	**12**	**2**	**10**	**32**	**3**	**29**
15-19岁	**1553**	**449**	**1104**	**1417**	**402**	**1015**	**1495**	**454**	**1041**
15	110	19	91	88	16	72	97	21	76
16	149	37	112	143	33	110	163	32	131
17	281	70	211	262	66	196	252	66	186
18	384	101	283	350	101	249	392	114	278
19	629	222	407	574	186	388	591	221	370
20-24岁	**5014**	**2278**	**2736**	**4932**	**2287**	**2645**	**5350**	**2449**	**2901**
20	820	295	525	810	269	541	859	319	540
21	1021	434	587	918	397	521	1034	420	614
22	1026	472	554	1108	518	590	1142	528	614
23	1114	547	567	1032	533	499	1204	609	595
24	1033	530	503	1064	570	494	1111	573	538
25-29岁	**3030**	**1840**	**1190**	**3073**	**1838**	**1235**	**3643**	**2193**	**1450**
25	794	432	362	932	502	430	1036	593	443
26	670	387	283	731	420	311	940	544	396
27	643	385	258	582	358	224	704	424	280
28	497	338	159	445	310	135	505	335	170
29	426	298	128	383	248	135	458	297	161
30-34岁	**1204**	**869**	**335**	**1119**	**802**	**317**	**1323**	**903**	**420**
30	376	261	115	352	254	98	391	255	136
31	312	225	87	254	189	65	318	211	107
32	212	160	52	203	137	66	234	164	70
33	186	134	52	176	118	58	208	151	57
34	118	89	29	134	104	30	172	122	50
35-39岁	**287**	**202**	**85**	**308**	**227**	**81**	**383**	**276**	**107**
35	84	58	26	93	67	26	140	107	33
36	63	45	18	89	68	21	91	63	28
37	62	49	13	47	37	10	69	45	24
38	39	24	15	48	36	12	36	27	9
39	39	26	13	31	19	12	47	34	13
40-44岁	**67**	**53**	**14**	**84**	**59**	**25**	**116**	**94**	**22**
40	27	20	7	25	19	6	36	24	12
41	14	9	5	26	20	6	24	20	4
42	8	8		19	10	9	30	26	4
43	9	7	2	8	7	1	19	18	1
44	9	9		6	3	3	7	6	1
45-49岁	**23**	**16**	**7**	**17**	**12**	**5**	**32**	**22**	**10**
45	6	5	1	5	4	1	4	2	2
46	4	2	2	3	3		8	5	3
47	6	5	1	2	2		6	5	1
48	2	1	1	3	2	1	7	5	2
49	5	3	2	4	1	3	7	5	2
50岁及以上	**20**	**15**	**5**	**28**	**20**	**8**	**30**	**21**	**9**
平均初婚年龄	**24.82**	**26.12**	**23.47**	**24.92**	**26.15**	**23.61**	**25.15**	**26.35**	**23.86**

5-4　续表 9　　单位：人

初婚年龄	初婚年份								
	2006年			2007年			2008年		
	小计	男	女	小计	男	女	小计	男	女
总　计	**12310**	**6212**	**6098**	**11699**	**5977**	**5722**	**14759**	**7477**	**7282**
15岁以下	**23**	**3**	**20**	**8**	**1**	**7**	**13**	**3**	**10**
15–19岁	**1320**	**354**	**966**	**1163**	**326**	**837**	**1432**	**404**	**1028**
15	67	14	53	57	11	46	74	11	63
16	135	21	114	114	22	92	131	25	106
17	223	57	166	224	57	167	212	58	154
18	351	83	268	266	81	185	431	115	316
19	544	179	365	502	155	347	584	195	389
20–24岁	**5248**	**2340**	**2908**	**4808**	**2128**	**2680**	**5769**	**2538**	**3231**
20	841	292	549	758	243	515	888	286	602
21	923	378	545	814	330	484	1014	409	605
22	1142	505	637	1007	451	556	1163	555	608
23	1134	546	588	1116	544	572	1292	595	697
24	1208	619	589	1113	560	553	1412	693	719
25–29岁	**3851**	**2241**	**1610**	**3830**	**2213**	**1617**	**5071**	**2885**	**2186**
25	1037	573	464	1118	558	560	1366	711	655
26	992	536	456	901	508	393	1198	643	555
27	777	450	327	794	485	309	987	608	379
28	638	399	239	612	398	214	823	490	333
29	407	283	124	405	264	141	697	433	264
30–34岁	**1239**	**823**	**416**	**1252**	**847**	**405**	**1558**	**1019**	**539**
30	328	207	121	367	250	117	473	297	176
31	282	196	86	270	187	83	358	225	133
32	255	172	83	247	170	77	309	214	95
33	217	142	75	193	125	68	223	152	71
34	157	106	51	175	115	60	195	131	64
35–39岁	**431**	**311**	**120**	**459**	**327**	**132**	**609**	**423**	**186**
35	137	93	44	124	91	33	169	114	55
36	107	71	36	107	75	32	152	102	50
37	96	76	20	98	67	31	123	93	30
38	60	45	15	68	49	19	88	58	30
39	31	26	5	62	45	17	77	56	21
40–44岁	**123**	**92**	**31**	**107**	**83**	**24**	**201**	**136**	**65**
40	38	30	8	27	20	7	60	36	24
41	25	19	6	32	25	7	46	34	12
42	26	18	8	17	13	4	40	24	16
43	19	15	4	18	14	4	30	25	5
44	15	10	5	13	11	2	25	17	8
45–49岁	**31**	**21**	**10**	**39**	**30**	**9**	**58**	**39**	**19**
45	10	7	3	10	6	4	15	10	5
46	8	5	3	13	12	1	15	14	1
47	2	1	1	5	4	1	10	4	6
48	7	6	1	7	6	1	10	5	5
49	4	2	2	4	2	2	8	6	2
50岁及以上	**44**	**27**	**17**	**33**	**22**	**11**	**48**	**30**	**18**
平均初婚年龄	**25.39**	**26.60**	**24.15**	**25.61**	**26.82**	**24.34**	**25.85**	**26.99**	**24.69**

5—4 续表 10 单位：人

初婚年龄	初婚年份								
	2009年			2010年			2011年		
	小计	男	女	小计	男	女	小计	男	女
总 计	**13821**	**7057**	**6764**	**15591**	**7921**	**7670**	**13249**	**6745**	**6504**
15岁以下	**18**	**4**	**14**	**20**	**2**	**18**	**13**	**3**	**10**
15—19岁	**1341**	**392**	**949**	**1492**	**457**	**1035**	**1151**	**355**	**796**
15	44	11	33	74	15	59	59	6	53
16	126	38	88	123	33	90	101	29	72
17	204	57	147	246	77	169	168	41	127
18	348	101	247	438	123	315	356	112	244
19	619	185	434	611	209	402	467	167	300
20—24岁	**5260**	**2271**	**2989**	**5902**	**2575**	**3327**	**5016**	**2171**	**2845**
20	781	247	534	951	311	640	723	242	481
21	959	353	606	1024	408	616	908	349	559
22	1168	556	612	1270	586	684	1104	495	609
23	1094	510	584	1310	631	679	1049	479	570
24	1258	605	653	1347	639	708	1232	606	626
25—29岁	**4724**	**2735**	**1989**	**5229**	**2999**	**2230**	**4605**	**2615**	**1990**
25	1185	636	549	1264	665	599	1132	581	551
26	1160	669	491	1225	677	548	1043	593	450
27	979	572	407	1075	635	440	959	555	404
28	766	462	304	967	611	356	777	461	316
29	634	396	238	698	411	287	694	425	269
30—34岁	**1529**	**1008**	**521**	**1768**	**1134**	**634**	**1523**	**987**	**536**
30	466	320	146	570	369	201	469	302	167
31	380	247	133	442	288	154	369	232	137
32	262	175	87	316	197	119	281	184	97
33	216	142	74	229	145	84	246	171	75
34	205	124	81	211	135	76	158	98	60
35—39岁	**633**	**424**	**209**	**687**	**429**	**258**	**547**	**353**	**194**
35	199	123	76	157	95	62	137	88	49
36	144	98	46	180	117	63	114	69	45
37	114	77	37	136	83	53	108	71	37
38	88	62	26	109	73	36	120	81	39
39	88	64	24	105	61	44	68	44	24
40—44岁	**217**	**155**	**62**	**280**	**187**	**93**	**219**	**138**	**81**
40	68	54	14	91	61	30	68	42	26
41	54	38	16	72	48	24	46	33	13
42	37	19	18	44	31	13	44	24	20
43	28	18	10	46	31	15	35	25	10
44	30	26	4	27	16	11	26	14	12
45—49岁	**65**	**46**	**19**	**127**	**83**	**44**	**111**	**79**	**32**
45	19	13	6	31	20	11	25	21	4
46	21	18	3	34	20	14	28	17	11
47	10	8	2	32	23	9	25	16	9
48	8	5	3	20	15	5	19	14	5
49	7	2	5	10	5	5	14	11	3
50岁及以上	**34**	**22**	**12**	**86**	**55**	**31**	**64**	**44**	**20**
平均初婚年龄	**26.00**	**27.15**	**24.79**	**26.18**	**27.26**	**25.07**	**26.25**	**27.33**	**25.12**

5-4 续表 11

单位：人

初婚年龄	初婚年份								
	2012年			2013年			2014年		
	小计	男	女	小计	男	女	小计	男	女
总 计	**14039**	**7169**	**6870**	**13826**	**6998**	**6828**	**13215**	**6664**	**6551**
15岁以下	**13**	**2**	**11**	**16**	**3**	**13**	**14**	**3**	**11**
15-19岁	**1177**	**368**	**809**	**1005**	**302**	**703**	**866**	**259**	**607**
15	55	16	39	47	7	40	38	10	28
16	121	41	80	79	23	56	75	17	58
17	183	52	131	179	58	121	138	44	94
18	291	93	198	283	84	199	241	72	169
19	527	166	361	417	130	287	374	116	258
20-24岁	**5295**	**2324**	**2971**	**5099**	**2165**	**2934**	**4526**	**1941**	**2585**
20	735	249	486	693	206	487	576	182	394
21	923	339	584	841	295	546	759	275	484
22	1165	546	619	1043	490	553	947	433	514
23	1165	535	630	1257	555	702	1031	475	556
24	1307	655	652	1265	619	646	1213	576	637
25-29岁	**4909**	**2745**	**2164**	**4825**	**2686**	**2139**	**4891**	**2623**	**2268**
25	1278	633	645	1194	602	592	1243	618	625
26	1147	632	515	1158	592	566	1142	577	565
27	1006	583	423	951	573	378	1068	561	507
28	834	493	341	832	484	348	825	489	336
29	644	404	240	690	435	255	613	378	235
30-34岁	**1687**	**1104**	**583**	**1803**	**1141**	**662**	**1898**	**1179**	**719**
30	550	358	192	532	330	202	515	322	193
31	387	256	131	465	291	174	514	319	195
32	318	201	117	322	204	118	350	214	136
33	253	172	81	270	177	93	301	198	103
34	179	117	62	214	139	75	218	126	92
35-39岁	**536**	**340**	**196**	**600**	**397**	**203**	**537**	**339**	**198**
35	128	79	49	181	114	67	164	105	59
36	127	82	45	130	78	52	125	76	49
37	114	68	46	103	72	31	109	70	39
38	92	58	34	101	75	26	75	44	31
39	75	53	22	85	58	27	64	44	20
40-44岁	**250**	**173**	**77**	**267**	**174**	**93**	**273**	**181**	**92**
40	62	39	23	61	38	23	68	50	18
41	66	47	19	62	39	23	62	38	24
42	56	39	17	43	36	7	62	41	21
43	33	22	11	48	30	18	50	38	12
44	33	26	7	53	31	22	31	14	17
45-49岁	**101**	**63**	**38**	**111**	**70**	**41**	**121**	**82**	**39**
45	24	12	12	35	22	13	31	23	8
46	21	15	6	16	13	3	33	22	11
47	20	15	5	24	15	9	25	14	11
48	24	13	11	26	15	11	19	14	5
49	12	8	4	10	5	5	13	9	4
50岁及以上	**71**	**50**	**21**	**100**	**60**	**40**	**89**	**57**	**32**
平均初婚年龄	**26.26**	**27.31**	**25.16**	**26.62**	**27.71**	**25.50**	**26.86**	**27.88**	**25.83**

5-4 续表 12

单位：人

初婚年龄	初婚年份								
	2015年			2016年			2017年		
	小计	男	女	小计	男	女	小计	男	女
总　计	**13682**	**6940**	**6742**	**11749**	**5874**	**5875**	**11015**	**5538**	**5477**
15岁以下	**6**		**6**	**9**		**9**	**5**		**5**
15-19岁	**781**	**225**	**556**	**615**	**171**	**444**	**488**	**157**	**331**
15	33	3	30	20	4	16	29	10	19
16	66	13	53	62	17	45	41	9	32
17	115	40	75	88	32	56	87	27	60
18	219	73	146	161	43	118	112	44	68
19	348	96	252	284	75	209	219	67	152
20-24岁	**4290**	**1771**	**2519**	**3567**	**1448**	**2119**	**3130**	**1249**	**1881**
20	537	169	368	418	117	301	345	85	260
21	629	231	398	538	208	330	488	176	312
22	879	393	486	688	281	407	681	277	404
23	1024	443	581	916	396	520	728	307	421
24	1221	535	686	1007	446	561	888	404	484
25-29岁	**5414**	**2921**	**2493**	**4634**	**2445**	**2189**	**4485**	**2351**	**2134**
25	1440	732	708	1044	490	554	1048	505	543
26	1244	643	601	1141	567	574	1024	519	505
27	1150	606	544	1020	559	461	1048	540	508
28	908	544	364	801	461	340	761	443	318
29	672	396	276	628	368	260	604	344	260
30-34岁	**2005**	**1278**	**727**	**1812**	**1123**	**689**	**1789**	**1084**	**705**
30	567	365	202	516	319	197	543	345	198
31	460	275	185	411	275	136	425	242	183
32	415	273	142	344	209	135	331	208	123
33	313	207	106	289	176	113	274	158	116
34	250	158	92	252	144	108	216	131	85
35-39岁	**678**	**405**	**273**	**604**	**357**	**247**	**617**	**391**	**226**
35	187	112	75	201	110	91	205	134	71
36	177	106	71	137	79	58	135	81	54
37	134	80	54	112	66	46	111	68	43
38	103	66	37	95	59	36	98	62	36
39	77	41	36	59	43	16	68	46	22
40-44岁	**285**	**194**	**91**	**259**	**162**	**97**	**233**	**145**	**88**
40	66	45	21	63	32	31	61	35	26
41	72	46	26	55	33	22	43	28	15
42	64	46	18	63	44	19	46	28	18
43	39	27	12	41	28	13	38	20	18
44	44	30	14	37	25	12	45	34	11
45-49岁	**123**	**80**	**43**	**139**	**97**	**42**	**131**	**81**	**50**
45	47	33	14	35	22	13	32	19	13
46	27	19	8	29	19	10	34	22	12
47	24	14	10	28	22	6	23	12	11
48	11	6	5	27	21	6	22	15	7
49	14	8	6	20	13	7	20	13	7
50岁及以上	**100**	**66**	**34**	**110**	**71**	**39**	**137**	**80**	**57**
平均初婚年龄	**27.20**	**28.22**	**26.16**	**27.51**	**28.57**	**26.46**	**27.79**	**28.75**	**26.82**

5-4 续表 13

单位：人

初婚年龄	初婚年份								
	2018年			2019年			2020年		
	小计	男	女	小计	男	女	小计	男	女
总 计	**11018**	**5449**	**5569**	**9554**	**4733**	**4821**	**5257**	**2599**	**2658**
15岁以下	**7**	**1**	**6**	**6**	**2**	**4**	**1**		**1**
15—19岁	**447**	**143**	**304**	**432**	**125**	**307**	**226**	**61**	**165**
15	34	7	27	18	7	11	12	3	9
16	45	13	32	57	14	43	23	3	20
17	82	24	58	89	23	66	48	15	33
18	128	45	83	106	29	77	52	16	36
19	158	54	104	162	52	110	91	24	67
20—24岁	**2892**	**1145**	**1747**	**2303**	**899**	**1404**	**1182**	**493**	**689**
20	309	88	221	227	73	154	104	30	74
21	395	132	263	290	102	188	152	53	99
22	626	257	369	451	170	281	235	111	124
23	709	281	428	595	235	360	288	127	161
24	853	387	466	740	319	421	403	172	231
25—29岁	**4525**	**2269**	**2256**	**3864**	**1924**	**1940**	**2001**	**994**	**1007**
25	947	427	520	770	341	429	384	148	236
26	960	438	522	762	365	397	424	200	224
27	970	473	497	866	440	426	431	219	212
28	932	504	428	762	390	372	407	218	189
29	716	427	289	704	388	316	355	209	146
30—34岁	**1903**	**1155**	**748**	**1752**	**1055**	**697**	**1005**	**578**	**427**
30	585	345	240	502	304	198	370	195	175
31	468	287	181	440	259	181	204	133	71
32	338	183	155	348	212	136	163	89	74
33	271	179	92	251	140	111	153	99	54
34	241	161	80	211	140	71	115	62	53
35—39岁	**720**	**406**	**314**	**665**	**413**	**252**	**423**	**238**	**185**
35	209	122	87	190	118	72	110	60	50
36	160	92	68	143	92	51	96	60	36
37	163	89	74	147	98	49	86	45	41
38	98	63	35	102	59	43	77	50	27
39	90	40	50	83	46	37	54	23	31
40—44岁	**232**	**149**	**83**	**250**	**146**	**104**	**195**	**110**	**85**
40	58	40	18	58	35	23	52	29	23
41	50	27	23	68	31	37	47	28	19
42	41	26	15	41	23	18	48	27	21
43	52	36	16	40	27	13	25	13	12
44	31	20	11	43	30	13	23	13	10
45—49岁	**145**	**97**	**48**	**139**	**86**	**53**	**105**	**63**	**42**
45	41	25	16	35	20	15	29	17	12
46	27	18	9	31	21	10	27	17	10
47	33	22	11	29	17	12	15	10	5
48	18	13	5	29	18	11	19	12	7
49	26	19	7	15	10	5	15	7	8
50岁及以上	**147**	**84**	**63**	**143**	**83**	**60**	**119**	**62**	**57**
平均初婚年龄	**28.17**	**29.15**	**27.22**	**28.52**	**29.54**	**27.52**	**29.19**	**30.05**	**28.34**

5-4a 全省分初婚年龄、性别、初婚年份的人口(城市)

单位：人

初婚年龄	初婚年份								
	合计			1980年			1981年		
	合计	男	女	小计	男	女	小计	男	女
总　计	**175393**	**86621**	**88772**	**3284**	**1515**	**1769**	**2311**	**1062**	**1249**
15岁以下	**159**	**37**	**122**	**10**	**3**	**7**	**10**	**2**	**8**
15-19岁	**13630**	**3744**	**9886**	**385**	**103**	**282**	**290**	**67**	**223**
15	677	181	496	34	10	24	17	3	14
16	1164	306	858	60	14	46	24	8	16
17	2063	538	1525	83	27	56	59	17	42
18	3635	965	2670	91	18	73	93	21	72
19	6091	1754	4337	117	34	83	97	18	79
20-24岁	**69692**	**28520**	**41172**	**1540**	**592**	**948**	**1131**	**457**	**674**
20	9405	2842	6563	178	54	124	108	33	75
21	11692	4114	7578	234	86	148	141	41	100
22	15036	6257	8779	345	122	223	245	89	156
23	16297	7124	9173	389	145	244	308	128	180
24	17262	8183	9079	394	185	209	329	166	163
25-29岁	**62991**	**35340**	**27651**	**1094**	**638**	**456**	**733**	**429**	**304**
25	16911	8665	8246	390	226	164	245	125	120
26	15027	8081	6946	264	125	139	207	126	81
27	12948	7393	5555	200	129	71	131	84	47
28	10152	6157	3995	136	95	41	91	50	41
29	7953	5044	2909	104	63	41	59	44	15
30-34岁	**19443**	**12726**	**6717**	**199**	**140**	**59**	**123**	**91**	**32**
30	6217	4048	2169	82	59	23	51	33	18
31	4647	3039	1608	42	29	13	25	21	4
32	3523	2301	1222	32	22	10	16	12	4
33	2838	1877	961	29	20	9	16	14	2
34	2218	1461	757	14	10	4	15	11	4
35-39岁	**5861**	**3837**	**2024**	**41**	**28**	**13**	**14**	**10**	**4**
35	1744	1128	616	11	8	3	5	3	2
36	1429	934	495	13	8	5	2	2	
37	1108	720	388	4	2	2	4	2	2
38	867	582	285	5	4	1	1	1	
39	713	473	240	8	6	2	2	2	
40-44岁	**2044**	**1370**	**674**	**9**	**8**	**1**	**8**	**4**	**4**
40	553	359	194	3	2	1	4		4
41	476	310	166	1	1		2	2	
42	406	269	137	3	3				
43	329	235	94	1	1		2	2	
44	280	197	83	1	1				
45-49岁	**880**	**591**	**289**	**4**	**2**	**2**	**2**	**2**	
45	238	160	78				1	1	
46	219	167	52	2	2		1	1	
47	170	109	61	2		2			
48	144	93	51						
49	109	62	47						
50岁及以上	**693**	**456**	**237**	**2**	**1**	**1**			
平均初婚年龄	**25.96**	**27.08**	**24.87**	**24.42**	**25.54**	**23.46**	**24.24**	**25.40**	**23.25**

5-4a　续表 1　　　　单位：人

初婚年龄	初婚年份								
	1982年			1983年			1984年		
	小计	男	女	小计	男	女	小计	男	女
总　计	**2879**	**1337**	**1542**	**2857**	**1354**	**1503**	**2853**	**1314**	**1539**
15岁以下	**10**	**3**	**7**	**2**	**1**	**1**	**6**		**6**
15-19岁	**449**	**139**	**310**	**479**	**150**	**329**	**402**	**110**	**292**
15	29	12	17	22	7	15	20	4	16
16	38	11	27	39	12	27	30	12	18
17	65	23	42	70	25	45	33	7	26
18	112	31	81	120	37	83	111	31	80
19	205	62	143	228	69	159	208	56	152
20-24岁	**1340**	**531**	**809**	**1313**	**502**	**811**	**1471**	**576**	**895**
20	222	52	170	318	96	222	274	92	182
21	204	51	153	272	90	182	396	131	265
22	244	95	149	207	78	129	330	128	202
23	303	145	158	270	112	158	257	114	143
24	367	188	179	246	126	120	214	111	103
25-29岁	**881**	**515**	**366**	**863**	**557**	**306**	**822**	**524**	**298**
25	276	152	124	307	196	111	225	125	100
26	233	131	102	231	136	95	223	133	90
27	162	92	70	150	99	51	150	108	42
28	142	94	48	104	68	36	129	93	36
29	68	46	22	71	58	13	95	65	30
30-34岁	**158**	**115**	**43**	**158**	**112**	**46**	**116**	**82**	**34**
30	51	35	16	61	40	21	46	26	20
31	34	25	9	31	22	9	25	17	8
32	32	23	9	24	18	6	18	15	3
33	29	22	7	27	20	7	18	16	2
34	12	10	2	15	12	3	9	8	1
35-39岁	**29**	**27**	**2**	**28**	**24**	**4**	**22**	**15**	**7**
35	7	7		13	11	2	8	5	3
36	12	11	1	2	2		4	4	
37	2	1	1	5	4	1	5	4	1
38	3	3		5	5		3	2	1
39	5	5		3	2	1	2		2
40-44岁	**10**	**7**	**3**	**8**	**4**	**4**	**8**	**4**	**4**
40	1		1	2	1	1	1	1	
41	3	1	2	3	2	1	3	1	2
42	5	5		2	1	1	2	1	1
43	1	1		1		1	1	1	
44							1		1
45-49岁	**2**		**2**	**5**	**3**	**2**	**3**	**1**	**2**
45	1		1	3	2	1	1	1	
46									
47	1		1	1		1			
48				1	1		1		1
49							1		1
50岁及以上				**1**	**1**		**3**	**2**	**1**
平均初婚年龄	**24.08**	**25.28**	**23.04**	**23.84**	**25.08**	**22.73**	**23.76**	**24.94**	**22.76**

5-4a 续表 2

单位：人

初婚年龄	初婚年份								
	1985年			1986年			1987年		
	小计	男	女	小计	男	女	小计	男	女
总　计	**3567**	**1695**	**1872**	**3456**	**1645**	**1811**	**3439**	**1601**	**1838**
15岁以下	**6**	**1**	**5**	**7**	**3**	**4**	**5**	**3**	**2**
15-19岁	**509**	**156**	**353**	**476**	**133**	**343**	**442**	**113**	**329**
15	33	16	17	19	4	15	12	1	11
16	53	15	38	40	7	33	22	3	19
17	84	25	59	93	29	64	57	8	49
18	125	31	94	126	38	88	144	40	104
19	214	69	145	198	55	143	207	61	146
20-24岁	**1980**	**849**	**1131**	**2001**	**891**	**1110**	**1958**	**840**	**1118**
20	287	98	189	266	95	171	272	92	180
21	451	174	277	400	166	234	354	121	233
22	563	238	325	501	227	274	439	179	260
23	400	196	204	524	240	284	440	202	238
24	279	143	136	310	163	147	453	246	207
25-29岁	**833**	**520**	**313**	**725**	**450**	**275**	**791**	**481**	**310**
25	196	113	83	189	109	80	304	170	134
26	202	128	74	156	94	62	145	94	51
27	193	123	70	156	99	57	122	67	55
28	135	83	52	125	81	44	121	82	39
29	107	73	34	99	67	32	99	68	31
30-34岁	**188**	**131**	**57**	**191**	**132**	**59**	**186**	**127**	**59**
30	79	59	20	59	42	17	65	38	27
31	46	28	18	51	33	18	43	33	10
32	24	15	9	36	25	11	32	22	10
33	21	17	4	32	26	6	28	21	7
34	18	12	6	13	6	7	18	13	5
35-39岁	**32**	**25**	**7**	**37**	**28**	**9**	**45**	**29**	**16**
35	19	13	6	14	12	2	17	9	8
36	4	4		8	6	2	11	8	3
37	2	2		9	6	3	5	3	2
38	4	3	1	2	2		9	6	3
39	3	3		4	2	2	3	3	
40-44岁	**10**	**8**	**2**	**9**	**5**	**4**	**8**	**8**	
40	5	3	2	5	4	1	5	5	
41	2	2		2	1	1			
42	2	2					1	1	
43				1		1	1	1	
44	1	1		1		1	1	1	
45-49岁	**5**	**2**	**3**	**8**	**3**	**5**	**2**		**2**
45	1	1		2	1	1			
46				2	2		1		1
47	2		2				1		1
48				2		2			
49	2	1	1	2		2			
50岁及以上	**4**	**3**	**1**	**2**		**2**	**2**		**2**
平均初婚年龄	**23.70**	**24.72**	**22.78**	**23.77**	**24.69**	**22.93**	**23.92**	**24.95**	**23.02**

5-4a　续表 3　　　　单位：人

初婚年龄	初婚年份								
	1988年			1989年			1990年		
	小计	男	女	小计	男	女	小计	男	女
总　计	**3790**	**1857**	**1933**	**3981**	**1967**	**2014**	**4576**	**2299**	**2277**
15岁以下	**3**		**3**	**9**	**2**	**7**	**3**		**3**
15–19岁	**494**	**164**	**330**	**505**	**141**	**364**	**608**	**176**	**432**
15	19	5	14	20	8	12	28	9	19
16	32	10	22	44	12	32	62	18	44
17	68	16	52	75	12	63	110	28	82
18	146	50	96	137	29	108	154	44	110
19	229	83	146	229	80	149	254	77	177
20–24岁	**2106**	**942**	**1164**	**2123**	**951**	**1172**	**2412**	**1113**	**1299**
20	389	145	244	374	129	245	426	161	265
21	382	145	237	412	158	254	506	206	300
22	441	197	244	434	193	241	552	263	289
23	462	229	233	442	214	228	462	232	230
24	432	226	206	461	257	204	466	251	215
25–29岁	**919**	**567**	**352**	**1074**	**683**	**391**	**1263**	**810**	**453**
25	396	233	163	405	228	177	430	261	169
26	232	139	93	328	217	111	313	195	118
27	108	68	40	165	113	52	289	200	89
28	95	63	32	100	73	27	150	97	53
29	88	64	24	76	52	24	81	57	24
30–34岁	**209**	**146**	**63**	**203**	**139**	**64**	**200**	**132**	**68**
30	66	52	14	59	42	17	59	38	21
31	51	36	15	49	22	27	45	31	14
32	41	24	17	35	25	10	41	25	16
33	34	22	12	27	23	4	38	28	10
34	17	12	5	33	27	6	17	10	7
35–39岁	**43**	**26**	**17**	**47**	**35**	**12**	**56**	**40**	**16**
35	13	8	5	19	13	6	16	11	5
36	12	7	5	7	4	3	13	10	3
37	8	3	5	10	9	1	15	10	5
38	7	5	2	9	8	1	8	7	1
39	3	3		2	1	1	4	2	2
40–44岁	**11**	**9**	**2**	**12**	**11**	**1**	**19**	**17**	**2**
40	4	3	1	4	4		8	7	1
41	2	2		4	4		4	4	
42	3	2	1	2	1	1	4	3	1
43	1	1		1	1		1	1	
44	1	1		1	1		2	2	
45–49岁	**4**	**3**	**1**	**4**	**2**	**2**	**8**	**6**	**2**
45	1	1					1	1	
46	1	1		1		1	4	2	2
47	1	1		2	1	1			
48	1		1				1	1	
49				1	1		2	2	
50岁及以上	**1**		**1**	**4**	**3**	**1**	**7**	**5**	**2**
平均初婚年龄	**23.81**	**24.67**	**22.99**	**23.92**	**24.98**	**22.89**	**23.91**	**24.89**	**22.92**

5-4a 续表 4 单位：人

初婚年龄	初婚年份								
	1991年			1992年			1993年		
	小计	男	女	小计	男	女	小计	男	女
总 计	**3134**	**1546**	**1588**	**3616**	**1795**	**1821**	**3822**	**1911**	**1911**
15岁以下	**4**	**2**	**2**	**8**	**1**	**7**	**7**	**1**	**6**
15-19岁	**414**	**121**	**293**	**485**	**155**	**330**	**430**	**126**	**304**
15	14	3	11	24	5	19	26	7	19
16	25	10	15	48	16	32	33	10	23
17	74	15	59	68	22	46	55	12	43
18	118	36	82	128	36	92	103	31	72
19	183	57	126	217	76	141	213	66	147
20-24岁	**1622**	**725**	**897**	**1880**	**831**	**1049**	**2012**	**884**	**1128**
20	258	80	178	280	87	193	345	116	229
21	312	124	188	378	145	233	364	138	226
22	406	192	214	447	203	244	414	174	240
23	372	182	190	408	204	204	431	208	223
24	274	147	127	367	192	175	458	248	210
25-29岁	**896**	**563**	**333**	**993**	**638**	**355**	**1084**	**692**	**392**
25	275	148	127	264	161	103	370	212	158
26	202	134	68	267	166	101	246	166	80
27	188	117	71	192	123	69	194	120	74
28	159	113	46	137	91	46	150	107	43
29	72	51	21	133	97	36	124	87	37
30-34岁	**134**	**86**	**48**	**159**	**107**	**52**	**217**	**161**	**56**
30	32	19	13	65	44	21	98	74	24
31	37	22	15	27	19	8	45	34	11
32	29	20	9	27	20	7	37	24	13
33	15	9	6	15	11	4	19	15	4
34	21	16	5	25	13	12	18	14	4
35-39岁	**40**	**29**	**11**	**63**	**42**	**21**	**48**	**33**	**15**
35	14	9	5	14	11	3	17	12	5
36	8	6	2	16	7	9	12	6	6
37	10	7	3	16	12	4	7	5	2
38	4	4		12	9	3	7	7	
39	4	3	1	5	3	2	5	3	2
40-44岁	**13**	**11**	**2**	**17**	**12**	**5**	**11**	**6**	**5**
40	5	5		11	7	4	2	1	1
41	6	4	2	1	1		4	2	2
42				3	2	1	1		1
43	2	2		2	2		3	3	
44							1		1
45-49岁	**6**	**5**	**1**	**6**	**5**	**1**	**7**	**4**	**3**
45	1	1		2	2		2	2	
46				3	2	1	3	2	1
47							1		1
48	5	4	1	1	1		1		1
49									
50岁及以上	**5**	**4**	**1**	**5**	**4**	**1**	**6**	**4**	**2**
平均初婚年龄	**24.05**	**25.10**	**23.03**	**24.10**	**25.12**	**23.08**	**24.22**	**25.25**	**23.20**

5-4a　续表 5　　单位：人

初婚年龄	初婚年份								
	1994年			1995年			1996年		
	小计	男	女	小计	男	女	小计	男	女
总　计	**3670**	**1849**	**1821**	**4266**	**2145**	**2121**	**4107**	**2067**	**2040**
15岁以下	**2**		**2**	**3**		**3**	**3**	**1**	**2**
15-19岁	**374**	**109**	**265**	**385**	**111**	**274**	**312**	**70**	**242**
15	18	5	13	17	7	10	22	4	18
16	36	9	27	29	7	22	31	6	25
17	42	14	28	59	14	45	51	8	43
18	81	17	64	101	21	80	72	13	59
19	197	64	133	179	62	117	136	39	97
20-24岁	**1902**	**822**	**1080**	**2108**	**915**	**1193**	**1941**	**849**	**1092**
20	294	100	194	291	95	196	238	78	160
21	363	136	227	347	127	220	318	115	203
22	431	192	239	488	218	270	414	179	235
23	389	180	209	485	224	261	485	217	268
24	425	214	211	497	251	246	486	260	226
25-29岁	**1071**	**679**	**392**	**1365**	**833**	**532**	**1392**	**828**	**564**
25	391	222	169	460	259	201	418	223	195
26	260	171	89	380	231	149	331	194	137
27	156	104	52	236	149	87	299	187	112
28	146	98	48	146	95	51	213	138	75
29	118	84	34	143	99	44	131	86	45
30-34岁	**239**	**173**	**66**	**303**	**216**	**87**	**342**	**234**	**108**
30	87	62	25	103	72	31	117	81	36
31	75	48	27	72	58	14	72	49	23
32	34	29	5	75	52	23	62	43	19
33	23	16	7	39	24	15	55	37	18
34	20	18	2	14	10	4	36	24	12
35-39岁	**59**	**48**	**11**	**64**	**44**	**20**	**63**	**45**	**18**
35	21	15	6	16	12	4	17	10	7
36	16	15	1	17	9	8	15	12	3
37	8	6	2	11	8	3	8	7	1
38	8	7	1	12	7	5	14	8	6
39	6	5	1	8	8		9	8	1
40-44岁	**17**	**14**	**3**	**23**	**16**	**7**	**23**	**19**	**4**
40	2	1	1	3	3		7	7	
41	5	5		7	3	4	3	1	2
42	3	3		7	5	2	3	3	
43	6	4	2	6	5	1	6	4	2
44	1	1					4	4	
45-49岁	**4**	**3**	**1**	**8**	**5**	**3**	**18**	**13**	**5**
45	1	1		3	2	1	6	5	1
46	1	1		1	1		3	3	
47							3	2	1
48	2	1	1	2	1	1	5	3	2
49				2	1	1	1		1
50岁及以上	**2**	**1**	**1**	**7**	**5**	**2**	**13**	**8**	**5**
平均初婚年龄	**24.42**	**25.52**	**23.30**	**24.74**	**25.73**	**23.74**	**25.19**	**26.27**	**24.10**

5-4a 续表 6 单位：人

初婚年龄	初婚年份								
	1997年			1998年			1999年		
	小计	男	女	小计	男	女	小计	男	女
总　计	**3805**	**1932**	**1873**	**4048**	**2047**	**2001**	**3871**	**1950**	**1921**
15岁以下	**2**	**1**	**1**	**2**	**1**	**1**	**4**		**4**
15-19岁	**292**	**71**	**221**	**350**	**90**	**260**	**318**	**77**	**241**
15	9	2	7	18	7	11	18	4	14
16	21	2	19	32	7	25	34	11	23
17	50	6	44	51	17	34	39	7	32
18	88	25	63	94	24	70	88	24	64
19	124	36	88	155	35	120	139	31	108
20-24岁	**1685**	**722**	**963**	**1665**	**690**	**975**	**1631**	**646**	**985**
20	208	62	146	219	66	153	236	66	170
21	263	111	152	268	91	177	270	94	176
22	339	126	213	329	141	188	336	137	199
23	450	201	249	387	175	212	376	167	209
24	425	222	203	462	217	245	413	182	231
25-29岁	**1391**	**852**	**539**	**1465**	**875**	**590**	**1446**	**886**	**560**
25	405	238	167	454	247	207	369	207	162
26	338	198	140	356	204	152	352	207	145
27	271	150	121	283	183	100	292	185	107
28	213	141	72	217	133	84	234	155	79
29	164	125	39	155	108	47	199	132	67
30-34岁	**299**	**204**	**95**	**417**	**289**	**128**	**356**	**262**	**94**
30	99	63	36	151	108	43	122	92	30
31	60	40	20	98	71	27	89	69	20
32	58	40	18	72	40	32	57	41	16
33	44	33	11	60	46	14	42	27	15
34	38	28	10	36	24	12	46	33	13
35-39岁	**65**	**43**	**22**	**106**	**77**	**29**	**85**	**55**	**30**
35	20	15	5	38	27	11	32	22	10
36	18	14	4	30	20	10	29	19	10
37	8	4	4	15	11	4	10	7	3
38	9	6	3	12	10	2	4	2	2
39	10	4	6	11	9	2	10	5	5
40-44岁	**40**	**20**	**20**	**26**	**14**	**12**	**19**	**14**	**5**
40	7	4	3	10	4	6	6	4	2
41	7	3	4	8	4	4	5	4	1
42	10	4	6	4	3	1	4	4	
43	9	6	3				1		1
44	7	3	4	4	3	1	3	2	1
45-49岁	**21**	**14**	**7**	**12**	**8**	**4**	**7**	**6**	**1**
45	7	5	2	3	2	1	2	2	
46	7	6	1	4	3	1	2	2	
47	2		2	4	3	1	1	1	
48	5	3	2	1		1	1	1	
49							1		1
50岁及以上	**10**	**5**	**5**	**5**	**3**	**2**	**5**	**4**	**1**
平均初婚年龄	**25.44**	**26.42**	**24.43**	**25.49**	**26.59**	**24.36**	**25.38**	**26.59**	**24.15**

5-4a　续表 7　　　　　　　　　　　　　　　　　　　　　　　　　　单位：人

初婚年龄	初婚年份								
	2000年			2001年			2002年		
	小计	男	女	小计	男	女	小计	男	女
总　计	**4737**	**2404**	**2333**	**3273**	**1628**	**1645**	**3404**	**1699**	**1705**
15岁以下	**8**	**4**	**4**	**3**	**1**	**2**	**8**	**1**	**7**
15–19岁	**529**	**121**	**408**	**337**	**87**	**250**	**334**	**76**	**258**
15	33	8	25	20	3	17	27	8	19
16	54	15	39	21	5	16	20	6	14
17	97	19	78	64	18	46	38	12	26
18	147	32	115	85	24	61	99	20	79
19	198	47	151	147	37	110	150	30	120
20–24岁	**1901**	**802**	**1099**	**1331**	**533**	**798**	**1376**	**562**	**814**
20	288	90	198	193	63	130	228	69	159
21	357	121	236	229	82	147	219	81	138
22	425	182	243	321	126	195	318	128	190
23	392	181	211	294	115	179	311	148	163
24	439	228	211	294	147	147	300	136	164
25–29岁	**1674**	**1031**	**643**	**1154**	**688**	**466**	**1183**	**707**	**476**
25	422	236	186	288	144	144	317	159	158
26	415	244	171	240	139	101	267	154	113
27	361	238	123	269	174	95	224	145	79
28	279	178	101	198	128	70	209	134	75
29	197	135	62	159	103	56	166	115	51
30–34岁	**460**	**334**	**126**	**347**	**252**	**95**	**391**	**272**	**119**
30	151	108	43	128	87	41	137	99	38
31	128	89	39	79	59	20	87	64	23
32	78	63	15	57	47	10	78	49	29
33	59	45	14	53	38	15	55	35	20
34	44	29	15	30	21	9	34	25	9
35–39岁	**114**	**76**	**38**	**70**	**47**	**23**	**86**	**60**	**26**
35	35	23	12	19	13	6	21	17	4
36	33	23	10	22	17	5	22	15	7
37	19	11	8	12	6	6	18	9	9
38	16	12	4	13	10	3	14	13	1
39	11	7	4	4	1	3	11	6	5
40–44岁	**27**	**20**	**7**	**16**	**8**	**8**	**16**	**13**	**3**
40	7	5	2	2		2	7	6	1
41	6	3	3	5	3	2	5	4	1
42	4	4		3	1	2			
43	5	4	1	4	3	1	2	2	
44	5	4	1	2	1	1	2	1	1
45–49岁	**16**	**10**	**6**	**11**	**10**	**1**	**7**	**6**	**1**
45	5	3	2	1	1		3	2	1
46	4	2	2	5	5		3	3	
47	2	2		3	2	1			
48	1	1		1	1		1	1	
49	4	2	2	1	1				
50岁及以上	**8**	**6**	**2**	**4**	**2**	**2**	**3**	**2**	**1**
平均初婚年龄	**25.23**	**26.55**	**23.88**	**25.34**	**26.61**	**24.09**	**25.40**	**26.71**	**24.09**

5-4a 续表 8 单位：人

初婚年龄	初婚年份								
	2003年			2004年			2005年		
	小计	男	女	小计	男	女	小计	男	女
总　计	**4040**	**2004**	**2036**	**4005**	**1996**	**2009**	**4702**	**2391**	**2311**
15岁以下	**8**	**2**	**6**	**2**		**2**	**6**		**6**
15-19岁	**335**	**97**	**238**	**306**	**77**	**229**	**367**	**105**	**262**
15	25	3	22	15	2	13	19	3	16
16	44	11	33	29	8	21	41	9	32
17	58	14	44	51	13	38	61	21	40
18	90	22	68	77	21	56	87	26	61
19	118	47	71	134	33	101	159	46	113
20-24岁	**1579**	**613**	**966**	**1600**	**637**	**963**	**1821**	**761**	**1060**
20	204	56	148	203	50	153	252	90	162
21	255	85	170	272	104	168	294	100	194
22	312	113	199	377	137	240	381	152	229
23	397	169	228	348	144	204	471	222	249
24	411	190	221	400	202	198	423	197	226
25-29岁	**1373**	**763**	**610**	**1391**	**787**	**604**	**1645**	**922**	**723**
25	365	167	198	406	195	211	443	226	217
26	319	162	157	315	177	138	447	237	210
27	276	159	117	288	175	113	320	176	144
28	214	138	76	199	132	67	221	142	79
29	199	137	62	183	108	75	214	141	73
30-34岁	**571**	**403**	**168**	**522**	**365**	**157**	**627**	**428**	**199**
30	177	122	55	168	117	51	187	119	68
31	148	103	45	115	83	32	140	88	52
32	106	79	27	96	63	33	123	85	38
33	86	60	26	77	48	29	93	71	22
34	54	39	15	66	54	12	84	65	19
35-39岁	**120**	**86**	**34**	**134**	**93**	**41**	**169**	**124**	**45**
35	33	24	9	32	22	10	58	46	12
36	31	22	9	40	29	11	49	36	13
37	26	19	7	20	15	5	27	19	8
38	14	10	4	25	17	8	13	10	3
39	16	11	5	17	10	7	22	13	9
40-44岁	**34**	**26**	**8**	**32**	**23**	**9**	**40**	**31**	**9**
40	11	7	4	6	6		17	11	6
41	7	5	2	10	7	3	9	8	1
42	3	3		9	5	4	6	5	1
43	7	5	2	5	4	1	7	6	1
44	6	6		2	1	1	1	1	
45-49岁	**11**	**7**	**4**	**9**	**7**	**2**	**14**	**8**	**6**
45	1	1		3	3		1		1
46	4	2	2				4	3	1
47	3	2	1	2	2		2	1	1
48	1	1		2	2		5	3	2
49	2	1	1	2		2	2	1	1
50岁及以上	**9**	**7**	**2**	**9**	**7**	**2**	**13**	**12**	**1**
平均初婚年龄	**25.92**	**27.31**	**24.55**	**25.91**	**27.22**	**24.61**	**25.99**	**27.23**	**24.71**

5-4a 续表 9 单位：人

初婚年龄	初婚年份								
	2006年			2007年			2008年		
	小计	男	女	小计	男	女	小计	男	女
总 计	**4896**	**2371**	**2525**	**4749**	**2348**	**2401**	**6068**	**3004**	**3064**
15岁以下	**1**		**1**				**1**		**1**
15-19岁	**311**	**76**	**235**	**237**	**67**	**170**	**345**	**77**	**268**
15	7	1	6	11	4	7	17	1	16
16	28	3	25	19	3	16	25	3	22
17	53	16	37	38	10	28	36	12	24
18	83	17	66	43	17	26	105	21	84
19	140	39	101	126	33	93	162	40	122
20-24岁	**1859**	**711**	**1148**	**1698**	**640**	**1058**	**2137**	**846**	**1291**
20	251	62	189	217	57	160	262	58	204
21	271	90	181	273	91	182	347	132	215
22	401	151	250	332	133	199	408	177	231
23	443	184	259	418	182	236	537	236	301
24	493	224	269	458	177	281	583	243	340
25-29岁	**1810**	**984**	**826**	**1874**	**1007**	**867**	**2396**	**1289**	**1107**
25	464	230	234	515	219	296	605	288	317
26	450	213	237	477	241	236	566	294	272
27	368	197	171	401	238	163	481	266	215
28	329	206	123	296	184	112	388	224	164
29	199	138	61	185	125	60	356	217	139
30-34岁	**596**	**381**	**215**	**622**	**408**	**214**	**740**	**487**	**253**
30	165	96	69	195	131	64	224	138	86
31	128	87	41	128	82	46	172	118	54
32	125	82	43	120	86	34	139	96	43
33	105	70	35	89	53	36	108	68	40
34	73	46	27	90	56	34	97	67	30
35-39岁	**230**	**156**	**74**	**233**	**162**	**71**	**300**	**208**	**92**
35	83	55	28	72	56	16	89	63	26
36	57	34	23	48	33	15	77	51	26
37	52	40	12	52	33	19	55	38	17
38	24	16	8	32	21	11	46	29	17
39	14	11	3	29	19	10	33	27	6
40-44岁	**59**	**44**	**15**	**51**	**39**	**12**	**100**	**62**	**38**
40	18	15	3	15	10	5	32	18	14
41	8	7	1	15	11	4	19	15	4
42	13	8	5	5	4	1	26	14	12
43	13	10	3	9	7	2	13	9	4
44	7	4	3	7	7		10	6	4
45-49岁	**14**	**8**	**6**	**21**	**16**	**5**	**25**	**17**	**8**
45	8	5	3	6	3	3	8	4	4
46	2		2	6	6		7	7	
47	1	1		3	2	1	3	2	1
48	1	1		4	3	1	5	2	3
49	2	1	1	2	2		2	2	
50岁及以上	**16**	**11**	**5**	**13**	**9**	**4**	**24**	**18**	**6**
平均初婚年龄	**26.34**	**27.62**	**25.13**	**26.60**	**27.83**	**25.39**	**26.69**	**27.91**	**25.50**

5-4a 续表 10

单位：人

初婚年龄	初婚年份								
	2009年			2010年			2011年		
	小计	男	女	小计	男	女	小计	男	女
总　计	**5802**	**2888**	**2914**	**6253**	**3104**	**3149**	**5507**	**2719**	**2788**
15岁以下	**2**		**2**	**1**		**1**	**2**	**1**	**1**
15-19岁	**300**	**85**	**215**	**329**	**93**	**236**	**241**	**67**	**174**
15	9	3	6	14	2	12	13	2	11
16	29	9	20	18	3	15	10	3	7
17	32	2	30	48	15	33	25	3	22
18	86	28	58	97	22	75	75	27	48
19	144	43	101	152	51	101	118	32	86
20-24岁	**1964**	**724**	**1240**	**2159**	**837**	**1322**	**1857**	**706**	**1151**
20	226	57	169	286	72	214	206	58	148
21	334	90	244	327	115	212	283	84	199
22	427	174	253	469	188	281	431	174	257
23	436	174	262	520	216	304	423	167	256
24	541	229	312	557	246	311	514	223	291
25-29岁	**2339**	**1267**	**1072**	**2446**	**1329**	**1117**	**2255**	**1197**	**1058**
25	588	301	287	577	292	285	554	269	285
26	576	289	287	572	273	299	490	245	245
27	490	262	228	514	284	230	484	268	216
28	382	227	155	455	285	170	394	221	173
29	303	188	115	328	195	133	333	194	139
30-34岁	**748**	**496**	**252**	**837**	**536**	**301**	**717**	**461**	**256**
30	230	158	72	283	175	108	215	141	74
31	178	118	60	213	144	69	185	110	75
32	123	83	40	138	85	53	128	86	42
33	109	68	41	105	71	34	113	75	38
34	108	69	39	98	61	37	76	49	27
35-39岁	**303**	**208**	**95**	**302**	**184**	**118**	**259**	**165**	**94**
35	101	63	38	63	32	31	57	31	26
36	64	44	20	80	53	27	57	38	19
37	54	38	16	62	41	21	43	28	15
38	42	32	10	48	29	19	66	44	22
39	42	31	11	49	29	20	36	24	12
40-44岁	**90**	**68**	**22**	**112**	**81**	**31**	**112**	**72**	**40**
40	26	20	6	38	27	11	32	18	14
41	24	18	6	24	17	7	28	21	7
42	16	8	8	24	18	6	19	8	11
43	10	10		20	15	5	21	17	4
44	14	12	2	6	4	2	12	8	4
45-49岁	**37**	**26**	**11**	**41**	**27**	**14**	**46**	**36**	**10**
45	10	7	3	9	7	2	10	9	1
46	12	10	2	12	7	5	12	9	3
47	5	5		10	6	4	11	8	3
48	7	4	3	6	5	1	7	4	3
49	3		3	4	2	2	6	6	
50岁及以上	**19**	**14**	**5**	**26**	**17**	**9**	**18**	**14**	**4**
平均初婚年龄	**26.85**	**28.14**	**25.58**	**26.87**	**28.00**	**25.76**	**27.05**	**28.21**	**25.92**

5-4a　续表 11　　　　单位：人

初婚年龄	初婚年份								
	2012年			2013年			2014年		
	小计	男	女	小计	男	女	小计	男	女
总　计	**6003**	**2984**	**3019**	**6107**	**3055**	**3052**	**5846**	**2872**	**2974**
15岁以下	**2**		**2**	**1**	**1**				
15-19岁	**257**	**63**	**194**	**198**	**55**	**143**	**194**	**50**	**144**
15	10	4	6	6	2	4	10	4	6
16	20	4	16	14	6	8	14	4	10
17	34	7	27	27	7	20	28	10	18
18	65	18	47	57	16	41	48	11	37
19	128	30	98	94	24	70	94	21	73
20-24岁	**1986**	**792**	**1194**	**1977**	**739**	**1238**	**1684**	**666**	**1018**
20	201	58	143	196	42	154	164	42	122
21	305	90	215	276	69	207	242	80	162
22	446	192	254	390	163	227	339	144	195
23	476	194	282	514	197	317	418	175	243
24	558	258	300	601	268	333	521	225	296
25-29岁	**2496**	**1317**	**1179**	**2509**	**1335**	**1174**	**2527**	**1275**	**1252**
25	630	283	347	607	289	318	623	285	338
26	579	293	286	584	287	297	592	279	313
27	533	299	234	518	298	220	553	274	279
28	407	231	176	450	242	208	443	253	190
29	347	211	136	350	219	131	316	184	132
30-34岁	**817**	**519**	**298**	**922**	**595**	**327**	**944**	**565**	**379**
30	288	178	110	299	186	113	250	157	93
31	192	126	66	227	141	86	273	162	111
32	149	92	57	142	98	44	184	108	76
33	113	79	34	145	92	53	133	83	50
34	75	44	31	109	78	31	104	55	49
35-39岁	**253**	**160**	**93**	**288**	**196**	**92**	**265**	**155**	**110**
35	57	36	21	90	56	34	82	47	35
36	54	35	19	58	37	21	64	36	28
37	54	29	25	45	31	14	51	31	20
38	48	30	18	48	35	13	33	16	17
39	40	30	10	47	37	10	35	25	10
40-44岁	**120**	**80**	**40**	**132**	**86**	**46**	**137**	**94**	**43**
40	26	18	8	29	18	11	34	28	6
41	31	21	10	24	15	9	32	19	13
42	30	21	9	24	18	6	34	26	8
43	12	6	6	26	16	10	21	13	8
44	21	14	7	29	19	10	16	8	8
45-49岁	**41**	**29**	**12**	**40**	**22**	**18**	**59**	**42**	**17**
45	10	3	7	16	8	8	17	15	2
46	8	7	1	6	6		21	14	7
47	13	10	3	7	3	4	7	3	4
48	7	6	1	7	3	4	8	6	2
49	3	3		4	2	2	6	4	2
50岁及以上	**31**	**24**	**7**	**40**	**26**	**14**	**36**	**25**	**11**
平均初婚年龄	**27.04**	**28.15**	**25.95**	**27.39**	**28.53**	**26.26**	**27.63**	**28.62**	**26.67**

5-4a 续表 12

单位：人

初婚年龄	初婚年份								
	2015年			2016年			2017年		
	小计	男	女	小计	男	女	小计	男	女
总 计	**6279**	**3134**	**3145**	**5421**	**2709**	**2712**	**5036**	**2534**	**2502**
15岁以下	**2**		**2**	**1**		**1**	**1**		**1**
15-19岁	**176**	**47**	**129**	**113**	**27**	**86**	**104**	**32**	**72**
15	6	2	4	5	2	3	6	3	3
16	13	4	9	8	2	6	7	3	4
17	16	6	10	16	8	8	18	4	14
18	50	12	38	24	5	19	31	10	21
19	91	23	68	60	10	50	42	12	30
20-24岁	**1716**	**632**	**1084**	**1391**	**520**	**871**	**1250**	**481**	**769**
20	152	41	111	117	23	94	98	18	80
21	198	67	131	167	57	110	167	52	115
22	345	142	203	265	103	162	243	102	141
23	444	161	283	390	155	235	317	119	198
24	577	221	356	452	182	270	425	190	235
25-29岁	**2805**	**1474**	**1331**	**2444**	**1252**	**1192**	**2251**	**1132**	**1119**
25	715	357	358	514	222	292	478	224	254
26	652	321	331	594	298	296	521	250	271
27	622	322	300	568	307	261	552	264	288
28	472	277	195	426	232	194	378	217	161
29	344	197	147	342	193	149	322	177	145
30-34岁	**995**	**616**	**379**	**945**	**579**	**366**	**907**	**560**	**347**
30	279	187	92	258	163	95	294	187	107
31	235	140	95	220	140	80	214	128	86
32	183	113	70	185	111	74	165	105	60
33	164	100	64	157	95	62	132	75	57
34	134	76	58	125	70	55	102	65	37
35-39岁	**327**	**195**	**132**	**293**	**177**	**116**	**291**	**186**	**105**
35	93	57	36	94	51	43	98	65	33
36	86	50	36	79	50	29	68	43	25
37	67	43	24	60	38	22	43	25	18
38	47	26	21	37	24	13	44	27	17
39	34	19	15	23	14	9	38	26	12
40-44岁	**153**	**96**	**57**	**121**	**77**	**44**	**105**	**67**	**38**
40	34	20	14	27	13	14	25	12	13
41	35	21	14	29	16	13	19	14	5
42	36	25	11	29	20	9	20	11	9
43	23	14	9	14	12	2	19	11	8
44	25	16	9	22	16	6	22	19	3
45-49岁	**60**	**42**	**18**	**63**	**41**	**22**	**56**	**33**	**23**
45	22	17	5	14	7	7	13	7	6
46	15	12	3	15	11	4	10	8	2
47	10	6	4	16	12	4	13	5	8
48	5	3	2	10	7	3	8	6	2
49	8	4	4	8	4	4	12	7	5
50岁及以上	**45**	**32**	**13**	**50**	**36**	**14**	**71**	**43**	**28**
平均初婚年龄	**27.85**	**28.82**	**26.88**	**28.19**	**29.19**	**27.19**	**28.35**	**29.28**	**27.41**

5-4a　续表 13　　　　单位：人

初婚年龄	初婚年份								
	2018年			2019年			2020年		
	小计	男	女	小计	男	女	小计	男	女
总　计	**5019**	**2473**	**2546**	**4509**	**2240**	**2269**	**2405**	**1176**	**1229**
15岁以下	**2**	**1**	**1**	**2**	**1**	**1**			
15—19岁	**90**	**26**	**64**	**82**	**23**	**59**	**46**	**11**	**35**
15	3		3	1	1		1		1
16	5	1	4	6	2	4	6	2	4
17	20	5	15	11	3	8	6	1	5
18	26	11	15	17	6	11	11	2	9
19	36	9	27	47	11	36	22	6	16
20—24岁	**1134**	**438**	**696**	**972**	**361**	**611**	**479**	**191**	**288**
20	100	20	80	54	11	43	24	8	16
21	109	30	79	88	30	58	44	14	30
22	224	94	130	182	73	109	95	38	57
23	307	117	190	279	101	178	122	52	70
24	394	177	217	369	146	223	194	79	115
25—29岁	**2264**	**1097**	**1167**	**2003**	**965**	**1038**	**1051**	**502**	**549**
25	455	196	259	382	155	227	194	73	121
26	482	216	266	396	186	210	227	94	133
27	492	222	270	465	218	247	232	107	125
28	467	244	223	392	198	194	210	114	96
29	368	219	149	368	208	160	188	114	74
30—34岁	**950**	**569**	**381**	**894**	**548**	**346**	**494**	**273**	**221**
30	309	183	126	249	156	93	179	81	98
31	241	147	94	223	137	86	104	66	38
32	164	82	82	179	107	72	79	46	33
33	126	84	42	136	74	62	69	46	23
34	110	73	37	107	74	33	63	34	29
35—39岁	**340**	**196**	**144**	**313**	**193**	**120**	**184**	**107**	**77**
35	92	51	41	90	57	33	54	30	24
36	77	47	30	72	43	29	42	24	18
37	77	41	36	71	48	23	38	24	14
38	46	34	12	41	22	19	32	19	13
39	48	23	25	39	23	16	18	10	8
40—44岁	**106**	**65**	**41**	**113**	**68**	**45**	**67**	**39**	**28**
40	30	20	10	27	13	14	15	8	7
41	24	12	12	34	17	17	16	9	7
42	15	8	7	20	12	8	11	7	4
43	20	14	6	18	15	3	14	7	7
44	17	11	6	14	11	3	11	8	3
45—49岁	**61**	**39**	**22**	**67**	**44**	**23**	**45**	**34**	**11**
45	16	8	8	19	14	5	8	6	2
46	10	6	4	13	10	3	14	11	3
47	14	11	3	17	11	6	7	7	
48	9	7	2	12	6	6	8	5	3
49	12	7	5	6	3	3	8	5	3
50岁及以上	**72**	**42**	**30**	**63**	**37**	**26**	**39**	**19**	**20**
平均初婚年龄	**28.70**	**29.60**	**27.83**	**28.99**	**29.96**	**28.02**	**29.30**	**30.22**	**28.42**

5-4b 全省分初婚年龄、性别、初婚年份的人口(镇)

单位：人

初婚年龄	初婚年份								
	合计			1980年			1981年		
	合计	男	女	小计	男	女	小计	男	女
总计	**110783**	**55715**	**55068**	**2754**	**1331**	**1423**	**1805**	**851**	**954**
15岁以下	**265**	**51**	**214**	**14**	**1**	**13**	**3**		**3**
15-19岁	**15137**	**4491**	**10646**	**515**	**154**	**361**	**372**	**100**	**272**
15	842	210	632	64	19	45	19	4	15
16	1436	359	1077	67	15	52	45	10	35
17	2531	705	1826	122	36	86	56	16	40
18	4065	1168	2897	114	32	82	109	29	80
19	6263	2049	4214	148	52	96	143	41	102
20-24岁	**50055**	**23003**	**27052**	**1420**	**669**	**751**	**889**	**407**	**482**
20	8311	3020	5291	179	69	110	145	54	91
21	9776	4130	5646	258	130	128	154	70	84
22	10880	5063	5817	342	147	195	203	91	112
23	10773	5323	5450	341	152	189	208	94	114
24	10315	5467	4848	300	171	129	179	98	81
25-29岁	**31551**	**19036**	**12515**	**676**	**407**	**269**	**439**	**272**	**167**
25	8950	5091	3859	250	150	100	153	91	62
26	7724	4554	3170	153	86	67	106	68	38
27	6221	3813	2408	124	73	51	82	50	32
28	4949	3175	1774	86	61	25	56	38	18
29	3707	2403	1304	63	37	26	42	25	17
30-34岁	**9295**	**6220**	**3075**	**104**	**79**	**25**	**77**	**53**	**24**
30	2944	1971	973	38	31	7	21	14	7
31	2238	1488	750	23	15	8	26	15	11
32	1721	1144	577	23	19	4	11	8	3
33	1365	947	418	10	5	5	14	11	3
34	1027	670	357	10	9	1	5	5	
35-39岁	**2748**	**1811**	**937**	**19**	**16**	**3**	**13**	**9**	**4**
35	860	565	295	5	4	1	3	1	2
36	628	408	220	4	4		5	3	2
37	531	348	183	5	3	2	2	2	
38	402	281	121	3	3		2	2	
39	327	209	118	2	2		1	1	
40-44岁	**937**	**608**	**329**	**4**	**4**		**8**	**7**	**1**
40	276	189	87	4	4				
41	225	140	85				4	3	1
42	191	124	67				2	2	
43	133	81	52				2	2	
44	112	74	38						
45-49岁	**417**	**272**	**145**	**2**	**1**	**1**	**3**	**2**	**1**
45	112	73	39				1	1	
46	86	53	33	1		1	2	1	1
47	79	55	24	1	1				
48	81	50	31						
49	59	41	18						
50岁及以上	**378**	**223**	**155**				**1**	**1**	
平均初婚年龄	**24.78**	**25.84**	**23.70**	**23.28**	**24.29**	**22.34**	**23.41**	**24.57**	**22.38**

5-4b　续表 1　　　　单位：人

初婚年龄	初婚年份								
	1982年			1983年			1984年		
	小计	男	女	小计	男	女	小计	男	女
总　计	**2294**	**1105**	**1189**	**2261**	**1109**	**1152**	**2251**	**1100**	**1151**
15岁以下	**19**	**3**	**16**	**12**	**4**	**8**	**12**	**1**	**11**
15-19岁	**531**	**165**	**366**	**434**	**137**	**297**	**440**	**138**	**302**
15	33	14	19	25	7	18	21	7	14
16	42	10	32	39	13	26	50	9	41
17	68	18	50	63	21	42	68	21	47
18	130	44	86	106	31	75	111	24	87
19	258	79	179	201	65	136	190	77	113
20-24岁	**1063**	**511**	**552**	**1169**	**557**	**612**	**1226**	**584**	**642**
20	234	92	142	281	112	169	249	97	152
21	172	74	98	277	127	150	311	144	167
22	211	103	108	209	102	107	293	134	159
23	225	111	114	193	98	95	194	103	91
24	221	131	90	209	118	91	179	106	73
25-29岁	**551**	**343**	**208**	**511**	**313**	**198**	**436**	**277**	**159**
25	182	109	73	172	107	65	130	83	47
26	134	80	54	135	80	55	120	74	46
27	119	76	43	102	59	43	92	59	33
28	61	41	20	59	41	18	58	36	22
29	55	37	18	43	26	17	36	25	11
30-34岁	**96**	**58**	**38**	**106**	**75**	**31**	**108**	**81**	**27**
30	34	22	12	24	19	5	48	38	10
31	21	10	11	30	19	11	12	8	4
32	21	14	7	21	11	10	21	15	6
33	11	8	3	20	15	5	14	9	5
34	9	4	5	11	11		13	11	2
35-39岁	**20**	**15**	**5**	**23**	**18**	**5**	**21**	**15**	**6**
35	2	1	1	6	6		8	4	4
36	8	5	3	7	6	1	6	6	
37	6	6		5	3	2	3	3	
38	3	2	1	3	2	1	2	1	1
39	1	1		2	1	1	2	1	1
40-44岁	**8**	**7**	**1**	**4**	**4**		**4**	**2**	**2**
40	4	4		1	1		2	2	
41	1	1		2	2				
42	1	1		1	1				
43	1	1					1		1
44	1		1				1		1
45-49岁	**6**	**3**	**3**	**2**	**1**	**1**	**4**	**2**	**2**
45	3	1	2				1	1	
46	2	2							
47				1	1		1		1
48							1		1
49	1		1	1		1	1	1	
50岁及以上									
平均初婚年龄	**23.22**	**24.24**	**22.28**	**23.22**	**24.17**	**22.30**	**23.05**	**24.07**	**22.09**

5-4b 续表 2　　　　单位：人

初婚年龄	初婚年份								
	1985年			1986年			1987年		
	小计	男	女	小计	男	女	小计	男	女
总　计	**2780**	**1373**	**1407**	**2785**	**1408**	**1377**	**2572**	**1267**	**1305**
15岁以下	**5**	**2**	**3**	**5**		**5**	**5**	**1**	**4**
15-19岁	**524**	**171**	**353**	**475**	**158**	**317**	**452**	**138**	**314**
15	26	6	20	26	5	21	21	4	17
16	68	24	44	42	14	28	35	8	27
17	86	18	68	83	22	61	82	23	59
18	120	42	78	123	43	80	136	40	96
19	224	81	143	201	74	127	178	63	115
20-24岁	**1589**	**755**	**834**	**1605**	**784**	**821**	**1465**	**706**	**759**
20	306	127	179	275	104	171	233	90	143
21	361	156	205	337	150	187	310	144	166
22	401	184	217	362	166	196	313	151	162
23	325	172	153	367	207	160	310	163	147
24	196	116	80	264	157	107	299	158	141
25-29岁	**520**	**343**	**177**	**493**	**324**	**169**	**456**	**281**	**175**
25	132	87	45	147	97	50	175	114	61
26	134	93	41	119	74	45	87	52	35
27	114	70	44	101	61	40	71	46	25
28	85	59	26	75	58	17	68	39	29
29	55	34	21	51	34	17	55	30	25
30-34岁	**104**	**73**	**31**	**142**	**98**	**44**	**159**	**114**	**45**
30	30	20	10	44	32	12	41	31	10
31	25	17	8	41	27	14	42	26	16
32	20	14	6	28	18	10	40	28	12
33	18	13	5	18	13	5	26	22	4
34	11	9	2	11	8	3	10	7	3
35-39岁	**28**	**22**	**6**	**45**	**31**	**14**	**21**	**16**	**5**
35	10	7	3	14	12	2	3	3	
36	8	5	3	8	5	3	10	7	3
37	4	4		9	5	4	4	3	1
38	4	4		3	2	1	2	2	
39	2	2		11	7	4	2	1	1
40-44岁	**5**	**4**	**1**	**12**	**7**	**5**	**8**	**5**	**3**
40	2	2		3	1	2	3	2	1
41				3	1	2	1		1
42				5	4	1	2	1	1
43	1		1	1	1				
44	2	2					2	2	
45-49岁	**3**	**2**	**1**	**8**	**6**	**2**	**5**	**5**	
45	1	1		2	2				
46				1	1				
47				1		1	2	2	
48	2	1	1	2	1	1	1	1	
49				2	2		2	2	
50岁及以上	**2**	**1**	**1**				**1**	**1**	
平均初婚年龄	**23.06**	**23.99**	**22.15**	**23.46**	**24.40**	**22.50**	**23.43**	**24.40**	**22.49**

5-4b 续表 3 单位：人

初婚年龄	初婚年份								
	1988年			1989年			1990年		
	小计	男	女	小计	男	女	小计	男	女
总　计	**3002**	**1486**	**1516**	**2986**	**1494**	**1492**	**3482**	**1745**	**1737**
15岁以下	**8**	**1**	**7**	**11**	**4**	**7**	**19**	**3**	**16**
15-19岁	**534**	**160**	**374**	**500**	**151**	**349**	**621**	**192**	**429**
15	32	7	25	22	6	16	22	3	19
16	38	8	30	39	15	24	59	15	44
17	74	22	52	89	22	67	106	33	73
18	156	55	101	128	44	84	190	57	133
19	234	68	166	222	64	158	244	84	160
20-24岁	**1627**	**778**	**849**	**1631**	**775**	**856**	**1855**	**916**	**939**
20	280	105	175	291	113	178	359	135	224
21	360	174	186	334	132	202	409	190	219
22	342	157	185	371	180	191	418	224	194
23	332	182	150	346	202	144	334	160	174
24	313	160	153	289	148	141	335	207	128
25-29岁	**634**	**403**	**231**	**695**	**458**	**237**	**799**	**500**	**299**
25	253	160	93	246	153	93	254	153	101
26	167	109	58	239	149	90	223	143	80
27	97	58	39	116	86	30	170	109	61
28	66	45	21	56	43	13	98	55	43
29	51	31	20	38	27	11	54	40	14
30-34岁	**136**	**98**	**38**	**104**	**73**	**31**	**135**	**94**	**41**
30	45	28	17	37	28	9	40	24	16
31	34	27	7	25	18	7	21	16	5
32	23	17	6	14	8	6	39	28	11
33	25	20	5	15	12	3	17	12	5
34	9	6	3	13	7	6	18	14	4
35-39岁	**43**	**32**	**11**	**31**	**23**	**8**	**39**	**30**	**9**
35	15	12	3	8	6	2	10	8	2
36	12	8	4	8	6	2	13	8	5
37	9	6	3	7	5	2	3	2	1
38	4	3	1	4	3	1	6	6	
39	3	3		4	3	1	7	6	1
40-44岁	**13**	**10**	**3**	**6**	**6**		**9**	**7**	**2**
40	6	4	2				2	2	
41	3	3		3	3		3	2	1
42	3	2	1	1	1		1	1	
43				1	1		1		1
44	1	1		1	1		2	2	
45-49岁	**6**	**4**	**2**	**6**	**3**	**3**	**1**	**1**	
45	1		1						
46	1	1		3	1	2	1	1	
47	1	1							
48				2	2				
49	3	2	1	1		1			
50岁及以上	**1**		**1**	**2**	**1**	**1**	**4**	**2**	**2**
平均初婚年龄	**23.44**	**24.42**	**22.47**	**23.35**	**24.28**	**22.41**	**23.31**	**24.27**	**22.34**

5-4b 续表 4

单位：人

初婚年龄	初婚年份								
	1991年			1992年			1993年		
	小计	男	女	小计	男	女	小计	男	女
总　计	**2374**	**1178**	**1196**	**2521**	**1266**	**1255**	**2643**	**1308**	**1335**
15岁以下	**9**	**2**	**7**	**6**	**2**	**4**	**8**	**2**	**6**
15-19岁	**394**	**123**	**271**	**384**	**125**	**259**	**382**	**117**	**265**
15	19	7	12	16	8	8	20	6	14
16	26	2	24	25	8	17	32	8	24
17	62	19	43	51	14	37	64	13	51
18	130	43	87	115	33	82	112	36	76
19	157	52	105	177	62	115	154	54	100
20-24岁	**1217**	**576**	**641**	**1354**	**642**	**712**	**1359**	**622**	**737**
20	180	62	118	223	89	134	259	86	173
21	258	109	149	295	134	161	265	112	153
22	283	128	155	310	144	166	290	138	152
23	287	151	136	284	144	140	296	154	142
24	209	126	83	242	131	111	249	132	117
25-29岁	**622**	**383**	**239**	**626**	**396**	**230**	**688**	**444**	**244**
25	200	110	90	182	105	77	246	144	102
26	149	94	55	150	94	56	156	97	59
27	113	73	40	141	95	46	109	74	35
28	96	64	32	90	57	33	103	74	29
29	64	42	22	63	45	18	74	55	19
30-34岁	**94**	**66**	**28**	**105**	**72**	**33**	**140**	**82**	**58**
30	34	22	12	48	32	16	55	30	25
31	24	18	6	20	14	6	29	18	11
32	11	8	3	16	8	8	20	11	9
33	12	10	2	9	8	1	19	14	5
34	13	8	5	12	10	2	17	9	8
35-39岁	**26**	**18**	**8**	**27**	**20**	**7**	**34**	**20**	**14**
35	6	3	3	9	4	5	10	6	4
36	8	7	1	5	3	2	9	5	4
37	6	4	2	4	4		7	4	3
38	4	3	1	5	5		4	2	2
39	2	1	1	4	4		4	3	1
40-44岁	**6**	**6**		**13**	**5**	**8**	**19**	**13**	**6**
40	4	4		2	1	1	8	6	2
41	1	1		1	1		4	1	3
42	1	1		7	2	5	2	2	
43				1		1	1	1	
44				2	1	1	4	3	1
45-49岁	**2**	**2**		**4**	**2**	**2**	**6**	**4**	**2**
45	1	1		2	1	1	5	3	2
46									
47	1	1							
48				1		1			
49				1	1		1	1	
50岁及以上	**4**	**2**	**2**	**2**	**2**		**7**	**4**	**3**
平均初婚年龄	**23.65**	**24.64**	**22.68**	**23.72**	**24.54**	**22.89**	**23.99**	**24.95**	**23.05**

5-4b　续表 5　　　　单位：人

初婚年龄	初婚年份								
	1994年			1995年			1996年		
	小计	男	女	小计	男	女	小计	男	女
总　计	**2487**	**1245**	**1242**	**2924**	**1497**	**1427**	**2718**	**1365**	**1353**
15岁以下	**10**	**4**	**6**	**4**		**4**			
15-19岁	**335**	**88**	**247**	**364**	**99**	**265**	**343**	**102**	**241**
15	19	6	13	28	4	24	19	1	18
16	33	10	23	34	5	29	33	8	25
17	49	6	43	55	15	40	71	22	49
18	76	20	56	96	30	66	85	28	57
19	158	46	112	151	45	106	135	43	92
20-24岁	**1274**	**587**	**687**	**1458**	**682**	**776**	**1290**	**584**	**706**
20	211	81	130	210	66	144	200	67	133
21	240	97	143	266	116	150	217	95	122
22	293	136	157	339	153	186	272	126	146
23	264	137	127	314	160	154	296	142	154
24	266	136	130	329	187	142	305	154	151
25-29岁	**679**	**440**	**239**	**834**	**541**	**293**	**803**	**496**	**307**
25	213	126	87	247	157	90	263	160	103
26	169	106	63	234	142	92	208	120	88
27	128	88	40	147	97	50	146	99	47
28	97	70	27	120	85	35	116	70	46
29	72	50	22	86	60	26	70	47	23
30-34岁	**134**	**87**	**47**	**183**	**122**	**61**	**202**	**132**	**70**
30	52	30	22	58	41	17	58	36	22
31	39	29	10	53	33	20	54	35	19
32	30	22	8	35	21	14	41	29	12
33	5	3	2	27	20	7	29	20	9
34	8	3	5	10	7	3	20	12	8
35-39岁	**39**	**28**	**11**	**43**	**29**	**14**	**42**	**28**	**14**
35	15	10	5	10	6	4	12	8	4
36	10	5	5	4	4		7	3	4
37	8	7	1	10	7	3	8	5	3
38	2	2		17	11	6	7	7	
39	4	4		2	1	1	8	5	3
40-44岁	**7**	**6**	**1**	**13**	**9**	**4**	**21**	**14**	**7**
40	2	1	1	2	2		9	4	5
41				5	5		4	3	1
42	2	2		3	1	2	3	2	1
43				3	1	2	3	3	
44	3	3					2	2	
45-49岁	**3**	**2**	**1**	**9**	**8**	**1**	**6**	**4**	**2**
45				2	2		1	1	
46	2	2		3	3		2	1	1
47				1		1	1	1	
48	1		1						
49				3	3		2	1	1
50岁及以上	**6**	**3**	**3**	**16**	**7**	**9**	**11**	**5**	**6**
平均初婚年龄	**24.07**	**25.09**	**23.03**	**24.47**	**25.50**	**23.38**	**24.63**	**25.58**	**23.68**

5-4b　续表 6　　　　　　　　　　　　　　　　　　　　　　　　　　单位：人

初婚年龄	初婚年份								
	1997年			1998年			1999年		
	小计	男	女	小计	男	女	小计	男	女
总　计	**2490**	**1285**	**1205**	**2743**	**1393**	**1350**	**2599**	**1329**	**1270**
15岁以下	**7**	**3**	**4**	**11**	**1**	**10**	**8**		**8**
15-19岁	**349**	**96**	**253**	**428**	**107**	**321**	**399**	**111**	**288**
15	13	2	11	23	4	19	27	9	18
16	42	9	33	43	10	33	39	6	33
17	68	18	50	66	14	52	59	10	49
18	91	22	69	111	28	83	113	38	75
19	135	45	90	185	51	134	161	48	113
20-24岁	**1094**	**504**	**590**	**1210**	**578**	**632**	**1135**	**526**	**609**
20	172	66	106	209	80	129	217	78	139
21	221	99	122	213	106	107	195	82	113
22	219	96	123	289	134	155	251	123	128
23	241	113	128	244	121	123	247	127	120
24	241	130	111	255	137	118	225	116	109
25-29岁	**755**	**484**	**271**	**775**	**508**	**267**	**789**	**499**	**290**
25	224	139	85	239	158	81	242	147	95
26	187	116	71	195	115	80	190	118	72
27	151	100	51	144	94	50	150	95	55
28	118	82	36	106	74	32	109	72	37
29	75	47	28	91	67	24	98	67	31
30-34岁	**195**	**143**	**52**	**217**	**136**	**81**	**194**	**145**	**49**
30	63	49	14	75	45	30	73	57	16
31	49	37	12	42	24	18	52	38	14
32	32	23	9	39	30	9	27	17	10
33	24	16	8	38	23	15	18	17	1
34	27	18	9	23	14	9	24	16	8
35-39岁	**46**	**29**	**17**	**58**	**36**	**22**	**46**	**29**	**17**
35	22	13	9	25	16	9	15	9	6
36	8	6	2	13	8	5	16	9	7
37	7	5	2	11	6	5	7	6	1
38	4	3	1	2	2		6	3	3
39	5	2	3	7	4	3	2	2	
40-44岁	**33**	**18**	**15**	**23**	**13**	**10**	**16**	**11**	**5**
40	8	6	2	4	3	1	7	6	1
41	9	3	6	8	4	4	5	4	1
42	7	4	3	4	3	1	4	1	3
43	5	2	3	5	2	3			
44	4	3	1	2	1	1			
45-49岁	**9**	**6**	**3**	**14**	**10**	**4**	**8**	**5**	**3**
45				3	2	1	1	1	
46	2	2		2	1	1	1		1
47	5	4	1	2	2		2	1	1
48	2		2	4	3	1	2	1	1
49				3	2	1	2	2	
50岁及以上	**2**	**2**		**7**	**4**	**3**	**4**	**3**	**1**
平均初婚年龄	**24.70**	**25.81**	**23.53**	**24.56**	**25.69**	**23.40**	**24.42**	**25.62**	**23.18**

5-4b 续表 7 单位：人

初婚年龄	初婚年份								
	2000年			2001年			2002年		
	小计	男	女	小计	男	女	小计	男	女
总　计	**3291**	**1706**	**1585**	**2460**	**1260**	**1200**	**2540**	**1309**	**1231**
15岁以下	**17**	**6**	**11**	**12**	**1**	**11**	**9**	**3**	**6**
15—19岁	**559**	**177**	**382**	**434**	**127**	**307**	**439**	**133**	**306**
15	42	13	29	19	9	10	31	10	21
16	46	15	31	41	9	32	48	15	33
17	121	35	86	86	26	60	74	23	51
18	154	46	108	104	19	85	122	29	93
19	196	68	128	184	64	120	164	56	108
20—24岁	**1445**	**672**	**773**	**1109**	**534**	**575**	**1140**	**534**	**606**
20	279	104	175	212	78	134	221	83	138
21	318	132	186	230	99	131	222	87	135
22	311	150	161	233	108	125	254	132	122
23	282	148	134	232	125	107	255	128	127
24	255	138	117	202	124	78	188	104	84
25—29岁	**931**	**603**	**328**	**648**	**420**	**228**	**667**	**439**	**228**
25	238	137	101	182	118	64	171	107	64
26	229	146	83	157	94	63	155	97	58
27	201	131	70	120	85	35	137	94	43
28	149	106	43	96	65	31	126	86	40
29	114	83	31	93	58	35	78	55	23
30—34岁	**251**	**185**	**66**	**199**	**136**	**63**	**224**	**157**	**67**
30	82	67	15	62	44	18	82	57	25
31	72	52	20	47	34	13	63	39	24
32	39	27	12	39	25	14	32	22	10
33	37	28	9	33	19	14	28	21	7
34	21	11	10	18	14	4	19	18	1
35—39岁	**66**	**50**	**16**	**36**	**25**	**11**	**36**	**28**	**8**
35	28	21	7	7	6	1	10	7	3
36	13	9	4	9	8	1	8	7	1
37	12	8	4	10	9	1	7	5	2
38	7	6	1	3		3	3	2	1
39	6	6		7	2	5	8	7	1
40—44岁	**9**	**4**	**5**	**12**	**8**	**4**	**14**	**7**	**7**
40	4	2	2	3	2	1	5	3	2
41	1	1					1	1	
42	2	1	1	2	2				
43	2		2	4	1	3	4	2	2
44				3	3		4	1	3
45—49岁	**7**	**5**	**2**	**3**	**3**		**3**	**3**	
45	2	1	1	1	1		1	1	
46									
47	3	3		1	1				
48	1	1					1	1	
49	1		1	1	1		1	1	
50岁及以上	**6**	**4**	**2**	**7**	**6**	**1**	**8**	**5**	**3**
平均初婚年龄	**24.18**	**25.37**	**22.90**	**24.14**	**25.35**	**22.87**	**24.21**	**25.42**	**22.92**

5-4b 续表 8

单位：人

初婚年龄	初婚年份								
	2003年			2004年			2005年		
	小计	男	女	小计	男	女	小计	男	女
总　计	**2796**	**1427**	**1369**	**2683**	**1373**	**1310**	**2999**	**1522**	**1477**
15岁以下	**1**		**1**	**2**	**1**	**1**	**5**		**5**
15-19岁	**425**	**118**	**307**	**350**	**112**	**238**	**383**	**109**	**274**
15	33	10	23	25	3	22	25	8	17
16	39	10	29	37	11	26	42	4	38
17	80	23	57	61	16	45	56	12	44
18	105	20	85	82	31	51	114	34	80
19	168	55	113	145	51	94	146	51	95
20-24岁	**1350**	**632**	**718**	**1299**	**590**	**709**	**1347**	**598**	**749**
20	217	84	133	217	78	139	225	83	142
21	305	125	180	258	101	157	289	113	176
22	289	145	144	285	135	150	270	115	155
23	280	140	140	284	149	135	301	151	150
24	259	138	121	255	127	128	262	136	126
25-29岁	**699**	**447**	**252**	**685**	**415**	**270**	**852**	**533**	**319**
25	194	118	76	195	111	84	250	137	113
26	161	101	60	172	96	76	219	132	87
27	138	87	51	131	72	59	170	119	51
28	114	82	32	102	71	31	119	82	37
29	92	59	33	85	65	20	94	63	31
30-34岁	**249**	**181**	**68**	**253**	**188**	**65**	**289**	**198**	**91**
30	80	58	22	87	63	24	82	59	23
31	66	48	18	50	39	11	78	54	24
32	42	31	11	46	32	14	44	30	14
33	38	28	10	42	32	10	49	34	15
34	23	16	7	28	22	6	36	21	15
35-39岁	**54**	**34**	**20**	**63**	**48**	**15**	**80**	**52**	**28**
35	21	14	7	20	16	4	36	27	9
36	11	7	4	17	12	5	13	9	4
37	8	5	3	13	9	4	14	7	7
38	3	1	2	7	6	1	8	2	6
39	11	7	4	6	5	1	9	7	2
40-44岁	**12**	**10**	**2**	**18**	**12**	**6**	**31**	**25**	**6**
40	7	5	2	9	6	3	7	5	2
41	1	1		4	2	2	6	4	2
42	4	4		3	3		12	10	2
43				1	1		5	5	
44				1		1	1	1	
45-49岁	**2**	**2**		**2**	**1**	**1**	**7**	**5**	**2**
45	1	1					1	1	
46				1	1		2	1	1
47									
48							1	1	
49	1	1		1		1	3	2	1
50岁及以上	**4**	**3**	**1**	**11**	**6**	**5**	**5**	**2**	**3**
平均初婚年龄	**24.30**	**25.48**	**23.06**	**24.65**	**25.82**	**23.43**	**24.88**	**26.10**	**23.62**

5-4b 续表 9

单位：人

初婚年龄	初婚年份								
	2006年			2007年			2008年		
	小计	男	女	小计	男	女	小计	男	女
总　计	**2963**	**1507**	**1456**	**2702**	**1379**	**1323**	**3350**	**1681**	**1669**
15岁以下	**6**	**1**	**5**	**3**		**3**	**4**		**4**
15-19岁	**364**	**100**	**264**	**311**	**90**	**221**	**379**	**106**	**273**
15	16	2	14	10		10	23	6	17
16	34	8	26	31	10	21	24	3	21
17	54	18	36	58	18	40	65	14	51
18	103	20	83	78	21	57	123	35	88
19	157	52	105	134	41	93	144	48	96
20-24岁	**1345**	**609**	**736**	**1175**	**528**	**647**	**1366**	**614**	**752**
20	219	76	143	182	56	126	219	77	142
21	254	110	144	184	69	115	254	94	160
22	292	121	171	245	116	129	274	132	142
23	285	140	145	288	138	150	287	130	157
24	295	162	133	276	149	127	332	181	151
25-29岁	**855**	**526**	**329**	**831**	**493**	**338**	**1101**	**640**	**461**
25	239	145	94	243	128	115	332	169	163
26	225	127	98	181	113	68	253	132	121
27	179	110	69	161	94	67	208	141	67
28	129	87	42	150	102	48	171	108	63
29	83	57	26	96	56	40	137	90	47
30-34岁	**291**	**201**	**90**	**271**	**183**	**88**	**331**	**213**	**118**
30	71	50	21	77	54	23	104	60	44
31	74	50	24	64	44	20	83	50	33
32	63	44	19	51	34	17	56	41	15
33	49	32	17	41	27	14	46	34	12
34	34	25	9	38	24	14	42	28	14
35-39岁	**65**	**46**	**19**	**81**	**60**	**21**	**117**	**79**	**38**
35	23	14	9	20	16	4	27	16	11
36	13	9	4	23	17	6	24	19	5
37	13	10	3	13	8	5	31	22	9
38	12	10	2	13	9	4	13	8	5
39	4	3	1	12	10	2	22	14	8
40-44岁	**20**	**13**	**7**	**19**	**16**	**3**	**33**	**20**	**13**
40	5	4	1	4	4		8	4	4
41	7	3	4	7	5	2	11	6	5
42	4	2	2	4	4		6	4	2
43	2	2		2	2		5	5	
44	2	2		2	1	1	3	1	2
45-49岁	**5**	**5**		**3**	**3**		**7**	**3**	**4**
45	1	1					2	1	1
46				2	2		1	1	
47							2	1	1
48	3	3		1	1		2		2
49	1	1							
50岁及以上	**12**	**6**	**6**	**8**	**6**	**2**	**12**	**6**	**6**
平均初婚年龄	**24.91**	**26.07**	**23.70**	**25.20**	**26.41**	**23.94**	**25.41**	**26.49**	**24.32**

5-4b 续表 10

单位：人

初婚年龄	初婚年份								
	2009年			2010年			2011年		
	小计	男	女	小计	男	女	小计	男	女
总 计	**3222**	**1652**	**1570**	**3549**	**1795**	**1754**	**3055**	**1583**	**1472**
15岁以下	**7**	**2**	**5**	**4**	**1**	**3**	**2**		**2**
15-19岁	**387**	**108**	**279**	**393**	**113**	**280**	**316**	**103**	**213**
15	14	3	11	21	5	16	18	3	15
16	39	13	26	34	8	26	33	8	25
17	63	17	46	61	18	43	42	14	28
18	89	19	70	121	32	89	93	24	69
19	182	56	126	156	50	106	130	54	76
20-24岁	**1316**	**592**	**724**	**1459**	**645**	**814**	**1234**	**540**	**694**
20	199	59	140	225	81	144	200	66	134
21	256	104	152	270	107	163	247	103	144
22	318	157	161	307	141	166	252	118	134
23	266	130	136	329	160	169	263	119	144
24	277	142	135	328	156	172	272	134	138
25-29岁	**1026**	**620**	**406**	**1137**	**676**	**461**	**1030**	**619**	**411**
25	257	132	125	280	149	131	243	127	116
26	264	179	85	279	173	106	239	149	90
27	204	118	86	229	144	85	210	125	85
28	170	106	64	209	127	82	175	119	56
29	131	85	46	140	83	57	163	99	64
30-34岁	**307**	**212**	**95**	**346**	**228**	**118**	**318**	**219**	**99**
30	100	68	32	120	83	37	98	66	32
31	77	53	24	76	46	30	75	50	25
32	56	40	16	71	42	29	64	42	22
33	33	25	8	39	28	11	46	38	8
34	41	26	15	40	29	11	35	23	12
35-39岁	**118**	**82**	**36**	**133**	**83**	**50**	**102**	**67**	**35**
35	45	30	15	23	17	6	26	14	12
36	28	21	7	36	23	13	22	9	13
37	14	10	4	32	17	15	23	20	3
38	20	12	8	26	20	6	23	18	5
39	11	9	2	16	6	10	8	6	2
40-44岁	**49**	**30**	**19**	**42**	**25**	**17**	**23**	**16**	**7**
40	12	10	2	14	8	6	6	6	
41	13	9	4	11	6	5	5	3	2
42	11	4	7	6	5	1	8	4	4
43	8	3	5	4	3	1	3	3	
44	5	4	1	7	3	4	1		1
45-49岁	**8**	**5**	**3**	**25**	**17**	**8**	**13**	**9**	**4**
45	3	2	1	8	4	4	4	4	
46	3	2	1	4	3	1	6	3	3
47	2	1	1	6	5	1			
48				6	4	2	1	1	
49				1	1		2	1	1
50岁及以上	**4**	**1**	**3**	**10**	**7**	**3**	**17**	**10**	**7**
平均初婚年龄	**25.36**	**26.49**	**24.16**	**25.57**	**26.64**	**24.48**	**25.62**	**26.71**	**24.45**

5-4b　续表 11　　　　　　　　　　　　　　　　　　　　　　　　单位：人

初婚年龄	初婚年份								
	2012年			2013年			2014年		
	小计	男	女	小计	男	女	小计	男	女
总　计	**3292**	**1683**	**1609**	**3091**	**1557**	**1534**	**2903**	**1473**	**1430**
15岁以下	**4**	**1**	**3**	**4**		**4**	**3**	**1**	**2**
15-19岁	**338**	**97**	**241**	**302**	**92**	**210**	**217**	**59**	**158**
15	11	1	10	16	1	15	8	2	6
16	29	8	21	20	7	13	17	3	14
17	64	19	45	43	18	25	39	9	30
18	86	30	56	87	24	63	58	16	42
19	148	39	109	136	42	94	95	29	66
20-24岁	**1327**	**589**	**738**	**1207**	**533**	**674**	**1077**	**455**	**622**
20	198	67	131	185	63	122	139	47	92
21	241	93	148	203	78	125	186	66	120
22	278	136	142	251	124	127	226	91	135
23	287	137	150	293	133	160	234	106	128
24	323	156	167	275	135	140	292	145	147
25-29岁	**1049**	**612**	**437**	**1002**	**572**	**430**	**1022**	**563**	**459**
25	282	141	141	253	133	120	252	127	125
26	249	150	99	252	127	125	241	133	108
27	214	131	83	198	123	75	224	122	102
28	183	115	68	148	87	61	165	94	71
29	121	75	46	151	102	49	140	87	53
30-34岁	**377**	**253**	**124**	**360**	**219**	**141**	**366**	**252**	**114**
30	118	82	36	95	55	40	108	77	31
31	79	52	27	100	65	35	103	72	31
32	77	48	29	68	41	27	55	37	18
33	64	42	22	50	32	18	63	45	18
34	39	29	10	47	26	21	37	21	16
35-39岁	**112**	**76**	**36**	**121**	**80**	**41**	**117**	**79**	**38**
35	30	21	9	39	22	17	36	27	9
36	26	17	9	29	17	12	24	17	7
37	25	17	8	21	17	4	21	14	7
38	17	12	5	18	15	3	19	12	7
39	14	9	5	14	9	5	17	9	8
40-44岁	**48**	**35**	**13**	**45**	**30**	**15**	**52**	**35**	**17**
40	15	9	6	10	5	5	13	10	3
41	9	9		14	10	4	12	7	5
42	11	6	5	7	6	1	12	7	5
43	9	7	2	6	4	2	10	9	1
44	4	4		8	5	3	5	2	3
45-49岁	**21**	**11**	**10**	**30**	**19**	**11**	**22**	**11**	**11**
45	5	3	2	10	8	2	3	1	2
46	3	1	2	4	1	3	5	3	2
47	2	2		8	7	1	8	4	4
48	10	4	6	6	2	4	3	1	2
49	1	1		2	1	1	3	2	1
50岁及以上	**16**	**9**	**7**	**20**	**12**	**8**	**27**	**18**	**9**
平均初婚年龄	**25.81**	**26.93**	**24.64**	**26.10**	**27.16**	**25.02**	**26.56**	**27.72**	**25.37**

5−4b 续表 12 单位：人

初婚年龄	初婚年份								
	2015年			2016年			2017年		
	小计	男	女	小计	男	女	小计	男	女
总 计	**3005**	**1551**	**1454**	**2535**	**1234**	**1301**	**2446**	**1210**	**1236**
15岁以下	**1**		**1**	**3**		**3**			
15−19岁	**214**	**60**	**154**	**162**	**47**	**115**	**126**	**38**	**88**
15	9		9	6		6	6		6
16	24	6	18	24	5	19	9	2	7
17	35	15	20	23	7	16	19	6	13
18	53	17	36	49	15	34	24	7	17
19	93	22	71	60	20	40	68	23	45
20−24岁	**939**	**406**	**533**	**840**	**352**	**488**	**726**	**274**	**452**
20	130	40	90	96	29	67	80	20	60
21	141	50	91	125	53	72	124	37	87
22	183	85	98	177	75	102	153	64	89
23	232	104	128	208	85	123	166	74	92
24	253	127	126	234	110	124	203	79	124
25−29岁	**1189**	**650**	**539**	**916**	**471**	**445**	**996**	**529**	**467**
25	304	153	151	217	97	120	239	113	126
26	289	149	140	218	106	112	234	123	111
27	246	133	113	191	96	95	203	102	101
28	212	131	81	156	82	74	184	104	80
29	138	84	54	134	90	44	136	87	49
30−34岁	**424**	**291**	**133**	**385**	**228**	**157**	**374**	**228**	**146**
30	133	83	50	122	68	54	103	70	33
31	95	57	38	72	52	20	93	56	37
32	89	66	23	66	41	25	71	44	27
33	61	48	13	72	40	32	68	39	29
34	46	37	9	53	27	26	39	19	20
35−39岁	**150**	**85**	**65**	**139**	**78**	**61**	**135**	**84**	**51**
35	43	25	18	48	27	21	45	30	15
36	34	17	17	24	10	14	25	13	12
37	29	16	13	21	11	10	30	20	10
38	26	19	7	31	20	11	24	14	10
39	18	8	10	15	10	5	11	7	4
40−44岁	**41**	**29**	**12**	**44**	**26**	**18**	**46**	**29**	**17**
40	10	6	4	13	6	7	17	12	5
41	13	10	3	9	6	3	10	5	5
42	10	7	3	13	8	5	4	4	
43	5	3	2	5	3	2	6	1	5
44	3	3		4	3	1	9	7	2
45−49岁	**25**	**15**	**10**	**26**	**19**	**7**	**24**	**16**	**8**
45	12	8	4	5	4	1	4	2	2
46	4	2	2	3	1	2	10	7	3
47	4	1	3	4	3	1	2	2	
48	4	3	1	8	8		4	2	2
49	1	1		6	3	3	4	3	1
50岁及以上	**22**	**15**	**7**	**20**	**13**	**7**	**19**	**12**	**7**
平均初婚年龄	**26.90**	**27.97**	**25.77**	**27.16**	**28.18**	**26.20**	**27.44**	**28.50**	**26.40**

5-4b　续表 13　　　　　　　　　　　　　　　　　　　　单位：人

初婚年龄	初婚年份								
	2018年			2019年			2020年		
	小计	男	女	小计	男	女	小计	男	女
总　计	**2352**	**1150**	**1202**	**1961**	**972**	**989**	**1117**	**556**	**561**
15岁以下	**2**		**2**						
15－19岁	**118**	**31**	**87**	**92**	**25**	**67**	**52**	**14**	**38**
15	8	4	4	5	1	4	1		1
16	14	2	12	16	5	11	4		4
17	16	4	12	18	7	11	11	3	8
18	37	5	32	22	2	20	9	3	6
19	43	16	27	31	10	21	27	8	19
20－24岁	**663**	**256**	**407**	**491**	**193**	**298**	**270**	**114**	**156**
20	74	31	43	53	19	34	28	6	22
21	95	28	67	80	27	53	41	13	28
22	126	47	79	95	28	67	50	26	24
23	175	63	112	117	43	74	61	27	34
24	193	87	106	146	76	70	90	42	48
25－29岁	**941**	**493**	**448**	**808**	**409**	**399**	**385**	**194**	**191**
25	188	88	100	168	80	88	73	31	42
26	214	104	110	164	75	89	74	38	36
27	191	95	96	169	88	81	80	41	39
28	209	116	93	163	92	71	96	49	47
29	139	90	49	144	74	70	62	35	27
30－34岁	**386**	**224**	**162**	**347**	**215**	**132**	**212**	**128**	**84**
30	112	64	48	104	64	40	86	50	36
31	92	52	40	81	51	30	36	28	8
32	74	42	32	76	50	26	30	16	14
33	57	36	21	44	25	19	36	23	13
34	51	30	21	42	25	17	24	11	13
35－39岁	**153**	**91**	**62**	**118**	**73**	**45**	**88**	**47**	**41**
35	55	35	20	43	27	16	27	14	13
36	32	20	12	26	19	7	22	15	7
37	32	16	16	21	11	10	16	6	10
38	17	11	6	14	8	6	11	8	3
39	17	9	8	14	8	6	12	4	8
40－44岁	**44**	**25**	**19**	**52**	**29**	**23**	**51**	**26**	**25**
40	8	5	3	13	9	4	20	13	7
41	13	6	7	11	4	7	10	5	5
42	6	5	1	3	1	2	14	6	8
43	10	5	5	14	8	6	2		2
44	7	4	3	11	7	4	5	2	3
45－49岁	**27**	**20**	**7**	**22**	**13**	**9**	**28**	**14**	**14**
45	8	4	4	8	4	4	9	5	4
46	6	5	1	2	1	1	7	3	4
47	7	5	2	7	5	2	4	1	3
48	1	1		5	3	2	6	5	1
49	5	5					2		2
50岁及以上	**18**	**10**	**8**	**31**	**15**	**16**	**31**	**19**	**12**
平均初婚年龄	**27.75**	**28.79**	**26.76**	**28.24**	**29.17**	**27.34**	**29.37**	**30.17**	**28.58**

5-4c 全省分初婚年龄、性别、初婚年份的人口(乡村)

单位：人

初婚年龄	初婚年份								
	合计			1980年			1981年		
	合计	男	女	小计	男	女	小计	男	女
总　计	**180656**	**92333**	**88323**	**5021**	**2380**	**2641**	**3182**	**1543**	**1639**
15岁以下	**687**	**125**	**562**	**44**	**11**	**33**	**16**	**2**	**14**
15—19岁	**30940**	**9481**	**21459**	**1155**	**358**	**797**	**850**	**251**	**599**
15	1791	382	1409	101	30	71	56	11	45
16	3216	793	2423	166	50	116	88	23	65
17	5509	1479	4030	260	76	184	146	40	106
18	8166	2455	5711	323	91	232	250	79	171
19	12258	4372	7886	305	111	194	310	98	212
20—24岁	**82820**	**40622**	**42198**	**2491**	**1166**	**1325**	**1511**	**763**	**748**
20	15660	6104	9556	399	159	240	292	124	168
21	17034	7693	9341	533	225	308	298	143	155
22	18096	9220	8876	598	282	316	319	148	171
23	16623	8906	7717	531	267	264	346	182	164
24	15407	8699	6708	430	233	197	256	166	90
25—29岁	**44284**	**27503**	**16781**	**1007**	**630**	**377**	**631**	**416**	**215**
25	13000	7690	5310	342	209	133	226	136	90
26	10499	6387	4112	256	152	104	163	106	57
27	8488	5415	3073	166	105	61	99	67	32
28	6908	4499	2409	140	89	51	87	65	22
29	5389	3512	1877	103	75	28	56	42	14
30—34岁	**13814**	**9201**	**4613**	**234**	**155**	**79**	**140**	**87**	**53**
30	4261	2824	1437	82	53	29	52	32	20
31	3280	2162	1118	60	40	20	40	24	16
32	2612	1737	875	38	28	10	27	17	10
33	2051	1386	665	33	20	13	10	7	3
34	1610	1092	518	21	14	7	11	7	4
35—39岁	**4686**	**3164**	**1522**	**59**	**41**	**18**	**20**	**15**	**5**
35	1340	890	450	17	11	6	5	3	2
36	1079	721	358	14	11	3	4	3	1
37	944	649	295	10	6	4	5	5	
38	749	521	228	9	6	3	2	2	
39	574	383	191	9	7	2	4	2	2
40—44岁	**1853**	**1262**	**591**	**22**	**17**	**5**	**10**	**6**	**4**
40	511	346	165	8	7	1	2	2	
41	435	296	139	6	5	1	3	1	2
42	366	253	113	6	4	2	1	1	
43	294	202	92	1	1		1		1
44	247	165	82	1		1	3	2	1
45—49岁	**853**	**561**	**292**	**6**	**2**	**4**	**3**	**2**	**1**
45	220	145	75	4	2	2			
46	208	140	68				1	1	
47	165	104	61	1		1	2	1	1
48	146	99	47	1		1			
49	114	73	41						
50岁及以上	**719**	**414**	**305**	**3**		**3**	**1**	**1**	
平均初婚年龄	**24.41**	**25.52**	**23.24**	**23.01**	**24.07**	**22.06**	**22.78**	**23.90**	**21.72**

5-4c　续表 1　　　　单位：人

初婚年龄	初婚年份								
	1982年			1983年			1984年		
	小计	男	女	小计	男	女	小计	男	女
总　计	**4285**	**2082**	**2203**	**4211**	**2057**	**2154**	**4313**	**2124**	**2189**
15岁以下	**36**	**5**	**31**	**29**	**7**	**22**	**13**	**2**	**11**
15–19岁	**1223**	**417**	**806**	**1042**	**326**	**716**	**1071**	**334**	**737**
15	65	14	51	55	10	45	73	12	61
16	119	33	86	111	25	86	96	25	71
17	202	54	148	175	44	131	175	42	133
18	294	97	197	271	87	184	267	86	181
19	543	219	324	430	160	270	460	169	291
20–24岁	**2037**	**1010**	**1027**	**2184**	**1089**	**1095**	**2282**	**1136**	**1146**
20	532	209	323	584	257	327	508	207	301
21	414	194	220	545	256	289	662	326	336
22	358	176	182	422	211	211	553	292	261
23	376	218	158	328	181	147	309	166	143
24	357	213	144	305	184	121	250	145	105
25–29岁	**772**	**506**	**266**	**739**	**486**	**253**	**704**	**482**	**222**
25	260	158	102	257	159	98	218	146	72
26	187	133	54	184	122	62	180	126	54
27	143	91	52	107	70	37	127	88	39
28	93	62	31	122	90	32	94	66	28
29	89	62	27	69	45	24	85	56	29
30–34岁	**160**	**112**	**48**	**161**	**117**	**44**	**164**	**117**	**47**
30	56	43	13	59	40	19	58	41	17
31	45	25	20	28	21	7	44	29	15
32	25	19	6	37	27	10	19	11	8
33	20	14	6	22	17	5	21	18	3
34	14	11	3	15	12	3	22	18	4
35–39岁	**37**	**23**	**14**	**29**	**18**	**11**	**54**	**37**	**17**
35	13	9	4	11	8	3	17	11	6
36	12	6	6	2	2		11	8	3
37	6	4	2	5	3	2	7	3	4
38	3	3		9	5	4	12	11	1
39	3	1	2	2		2	7	4	3
40–44岁	**11**	**6**	**5**	**15**	**9**	**6**	**14**	**9**	**5**
40	4	1	3	2	1	1	7	5	2
41	2	2		5	3	2	2	1	1
42	2	1	1	4	3	1	2	2	
43	1		1	2		2			
44	2	2		2	2		3	1	2
45–49岁	**6**	**3**	**3**	**7**	**2**	**5**	**10**	**7**	**3**
45				1		1	2	2	
46	3	2	1	2		2	4	2	2
47	1		1	2	1	1	2	2	
48				2	1	1	1	1	
49	2	1	1				1		1
50岁及以上	**3**		**3**	**5**	**3**	**2**	**1**		**1**
平均初婚年龄	**22.55**	**23.56**	**21.59**	**22.61**	**23.61**	**21.65**	**22.65**	**23.71**	**21.62**

5－4c 续表 2

单位：人

初婚年龄	初婚年份								
	1985年			1986年			1987年		
	小计	男	女	小计	男	女	小计	男	女
总　计	**5399**	**2621**	**2778**	**4805**	**2364**	**2441**	**4855**	**2411**	**2444**
15岁以下	**29**	**4**	**25**	**12**	**1**	**11**	**12**	**1**	**11**
15–19岁	**1191**	**369**	**822**	**1075**	**328**	**747**	**1036**	**296**	**740**
15	65	15	50	36	6	30	48	11	37
16	140	33	107	115	35	80	91	21	70
17	203	57	146	216	65	151	190	45	145
18	294	84	210	303	83	220	299	86	213
19	489	180	309	405	139	266	408	133	275
20–24岁	**3128**	**1557**	**1571**	**2813**	**1410**	**1403**	**2767**	**1408**	**1359**
20	639	258	381	579	238	341	530	242	288
21	728	354	374	587	267	320	600	260	340
22	843	442	401	644	335	309	571	280	291
23	586	318	268	577	323	254	535	294	241
24	332	185	147	426	247	179	531	332	199
25–29岁	**736**	**487**	**249**	**638**	**434**	**204**	**791**	**524**	**267**
25	218	138	80	206	136	70	361	246	115
26	175	112	63	150	96	54	143	85	58
27	164	111	53	101	73	28	119	82	37
28	103	75	28	106	72	34	94	64	30
29	76	51	25	75	57	18	74	47	27
30–34岁	**219**	**148**	**71**	**189**	**138**	**51**	**166**	**124**	**42**
30	79	56	23	70	53	17	51	40	11
31	43	29	14	40	26	14	40	29	11
32	48	32	16	34	22	12	30	26	4
33	24	14	10	25	21	4	25	18	7
34	25	17	8	20	16	4	20	11	9
35–39岁	**57**	**34**	**23**	**55**	**39**	**16**	**54**	**41**	**13**
35	19	11	8	11	9	2	16	12	4
36	12	5	7	14	13	1	13	9	4
37	14	9	5	17	12	5	15	11	4
38	9	7	2	10	3	7	7	6	1
39	3	2	1	3	2	1	3	3	
40–44岁	**22**	**16**	**6**	**11**	**5**	**6**	**13**	**7**	**6**
40	4	4		2		2	7	3	4
41	6	3	3	2	2		2	1	1
42	7	6	1	6	2	4	3	2	1
43	4	2	2				1	1	
44	1	1		1	1				
45–49岁	**8**	**4**	**4**	**7**	**7**		**10**	**6**	**4**
45	1	1		1	1		3	3	
46	2	1	1	2	2		2	1	1
47	3	2	1	2	2		1	1	
48				1	1		2		2
49	2		2	1	1		2	1	1
50岁及以上	**9**	**2**	**7**	**5**	**2**	**3**	**6**	**4**	**2**
平均初婚年龄	**22.71**	**23.60**	**21.87**	**22.73**	**23.73**	**21.76**	**22.90**	**23.91**	**21.90**

5-4c 续表 3

单位：人

初婚年龄	初婚年份								
	1988年			1989年			1990年		
	小计	男	女	小计	男	女	小计	男	女
总　计	**5354**	**2670**	**2684**	**5147**	**2614**	**2533**	**6279**	**3171**	**3108**
15岁以下	**31**	**8**	**23**	**30**	**6**	**24**	**37**	**9**	**28**
15–19岁	**1141**	**365**	**776**	**1032**	**338**	**694**	**1334**	**401**	**933**
15	72	12	60	52	11	41	92	22	70
16	104	23	81	115	36	79	131	31	100
17	178	44	134	164	40	124	251	57	194
18	281	83	198	231	69	162	339	98	241
19	506	203	303	470	182	288	521	193	328
20–24岁	**2870**	**1457**	**1413**	**2720**	**1342**	**1378**	**3280**	**1683**	**1597**
20	568	231	337	586	223	363	691	290	401
21	572	259	313	587	276	311	750	351	399
22	665	348	317	548	293	255	710	393	317
23	563	321	242	556	304	252	577	320	257
24	502	298	204	443	246	197	552	329	223
25–29岁	**997**	**628**	**369**	**1100**	**735**	**365**	**1253**	**804**	**449**
25	430	249	181	422	260	162	442	271	171
26	261	175	86	323	220	103	329	207	122
27	139	89	50	183	128	55	245	166	79
28	93	64	29	91	72	19	153	104	49
29	74	51	23	81	55	26	84	56	28
30–34岁	**220**	**145**	**75**	**170**	**121**	**49**	**231**	**167**	**64**
30	70	41	29	52	37	15	71	50	21
31	49	37	12	39	27	12	46	31	15
32	33	23	10	44	32	12	53	43	10
33	43	29	14	12	10	2	38	27	11
34	25	15	10	23	15	8	23	16	7
35–39岁	**66**	**45**	**21**	**60**	**49**	**11**	**82**	**66**	**16**
35	19	11	8	15	10	5	24	20	4
36	11	7	4	13	11	2	20	16	4
37	12	7	5	16	14	2	15	11	4
38	16	13	3	11	9	2	10	9	1
39	8	7	1	5	5		13	10	3
40–44岁	**13**	**12**	**1**	**18**	**14**	**4**	**38**	**23**	**15**
40	5	4	1	5	3	2	11	8	3
41	2	2		6	6		9	5	4
42	3	3		3	2	1	7	5	2
43	1	1		1	1		7	2	5
44	2	2		3	2	1	4	3	1
45–49岁	**7**	**4**	**3**	**12**	**8**	**4**	**15**	**11**	**4**
45	2	1	1	2	2		5	2	3
46	1		1	2	2		2	1	1
47	3	2	1	4	2	2	1	1	
48				1	1		5	5	
49	1	1		3	1	2	2	2	
50岁及以上	**9**	**6**	**3**	**5**	**1**	**4**	**9**	**7**	**2**
平均初婚年龄	**23.02**	**23.98**	**22.07**	**23.10**	**24.10**	**22.06**	**23.10**	**24.18**	**21.99**

5-4c 续表 4 单位：人

初婚年龄	初婚年份								
	1991年			1992年			1993年		
	小计	男	女	小计	男	女	小计	男	女
总　计	**3836**	**1945**	**1891**	**4492**	**2288**	**2204**	**4262**	**2172**	**2090**
15岁以下	**22**	**6**	**16**	**17**	**8**	**9**	**21**	**3**	**18**
15-19岁	**782**	**252**	**530**	**912**	**274**	**638**	**768**	**203**	**565**
15	44	13	31	58	14	44	51	14	37
16	58	15	43	84	16	68	99	23	76
17	118	27	91	136	37	99	133	45	88
18	256	83	173	245	60	185	179	41	138
19	306	114	192	389	147	242	306	80	226
20-24岁	**2004**	**1021**	**983**	**2262**	**1134**	**1128**	**2179**	**1108**	**1071**
20	399	171	228	436	191	245	436	185	251
21	451	213	238	426	181	245	442	227	215
22	447	234	213	486	254	232	428	225	203
23	399	214	185	528	285	243	453	225	228
24	308	189	119	386	223	163	420	246	174
25-29岁	**832**	**520**	**312**	**1007**	**655**	**352**	**977**	**639**	**338**
25	261	160	101	309	193	116	307	187	120
26	217	118	99	238	145	93	241	160	81
27	149	103	46	183	118	65	173	117	56
28	130	86	44	156	107	49	156	102	54
29	75	53	22	121	92	29	100	73	27
30-34岁	**120**	**88**	**32**	**189**	**142**	**47**	**215**	**147**	**68**
30	36	24	12	75	61	14	82	53	29
31	22	14	8	39	26	13	49	37	12
32	27	21	6	22	14	8	30	22	8
33	22	21	1	31	25	6	33	20	13
34	13	8	5	22	16	6	21	15	6
35-39岁	**38**	**32**	**6**	**57**	**41**	**16**	**67**	**49**	**18**
35	9	8	1	13	10	3	21	15	6
36	7	6	1	11	6	5	15	9	6
37	10	9	1	11	10	1	9	7	2
38	5	3	2	10	6	4	12	10	2
39	7	6	1	12	9	3	10	8	2
40-44岁	**20**	**13**	**7**	**31**	**24**	**7**	**17**	**11**	**6**
40	7	4	3	8	6	2	4	3	1
41	5	3	2	5	3	2	5	3	2
42	3	3		6	5	1	1		1
43	4	3	1	6	5	1	5	4	1
44	1		1	6	5	1	2	1	1
45-49岁	**14**	**10**	**4**	**8**	**6**	**2**	**8**	**6**	**2**
45	3	3		1	1		2	2	
46	1	1		1	1		4	2	2
47	6	4	2	1	1		1	1	
48	2	1	1	3	2	1			
49	2	1	1	2	1	1	1	1	
50岁及以上	**4**	**3**	**1**	**9**	**4**	**5**	**10**	**6**	**4**
平均初婚年龄	**23.19**	**24.18**	**22.18**	**23.48**	**24.58**	**22.33**	**23.61**	**24.70**	**22.48**

5-4c　续表 5　　　　　　　　　　　　　　　　　　　　　　　　　　　　　　　　单位：人

初婚年龄	初婚年份								
	1994年			1995年			1996年		
	小计	男	女	小计	男	女	小计	男	女
总　计	**4020**	**2069**	**1951**	**4675**	**2398**	**2277**	**4683**	**2398**	**2285**
15岁以下	**8**		**8**	**23**	**3**	**20**	**17**		**17**
15–19岁	**674**	**197**	**477**	**718**	**208**	**510**	**705**	**208**	**497**
15	43	7	36	41	8	33	39	5	34
16	60	17	43	86	22	64	85	20	65
17	118	30	88	128	34	94	134	32	102
18	181	54	127	192	49	143	176	55	121
19	272	89	183	271	95	176	271	96	175
20–24岁	**2011**	**1009**	**1002**	**2268**	**1111**	**1157**	**2172**	**1033**	**1139**
20	348	147	201	384	137	247	347	120	227
21	438	180	258	484	218	266	421	186	235
22	423	224	199	528	269	259	458	211	247
23	382	209	173	464	263	201	508	263	245
24	420	249	171	408	224	184	438	253	185
25–29岁	**961**	**610**	**351**	**1207**	**761**	**446**	**1258**	**797**	**461**
25	319	183	136	391	231	160	347	206	141
26	223	143	80	297	183	114	334	206	128
27	172	109	63	226	150	76	235	158	77
28	135	96	39	167	114	53	185	125	60
29	112	79	33	126	83	43	157	102	55
30–34岁	**231**	**160**	**71**	**287**	**196**	**91**	**369**	**245**	**124**
30	81	52	29	87	57	30	124	83	41
31	68	54	14	69	50	19	90	63	27
32	45	28	17	67	48	19	75	45	30
33	25	19	6	48	28	20	41	24	17
34	12	7	5	16	13	3	39	30	9
35–39岁	**69**	**51**	**18**	**89**	**65**	**24**	**81**	**58**	**23**
35	16	12	4	23	14	9	20	16	4
36	16	11	5	15	11	4	15	8	7
37	12	10	2	15	13	2	18	14	4
38	17	13	4	17	13	4	14	9	5
39	8	5	3	19	14	5	14	11	3
40–44岁	**43**	**31**	**12**	**46**	**32**	**14**	**41**	**31**	**10**
40	10	7	3	13	8	5	12	10	2
41	14	13	1	9	5	4	4	4	
42	7	4	3	7	5	2	7	3	4
43	6	3	3	11	8	3	13	12	1
44	6	4	2	6	6		5	2	3
45–49岁	**9**	**6**	**3**	**19**	**10**	**9**	**19**	**15**	**4**
45	4	2	2	2	1	1	5	4	1
46				6	4	2	9	8	1
47	3	3		2	1	1	1		1
48				7	2	5	2	1	1
49	2	1	1	2	2		2	2	
50岁及以上	**14**	**5**	**9**	**18**	**12**	**6**	**21**	**11**	**10**
平均初婚年龄	**24.02**	**25.09**	**22.89**	**24.23**	**25.35**	**23.05**	**24.52**	**25.70**	**23.28**

5-4c 续表 6

单位：人

初婚年龄	初婚年份								
	1997年			1998年			1999年		
	小计	男	女	小计	男	女	小计	男	女
总　计	**4034**	**2105**	**1929**	**4557**	**2403**	**2154**	**4115**	**2173**	**1942**
15岁以下	**24**	**3**	**21**	**20**	**5**	**15**	**22**	**1**	**21**
15-19岁	**639**	**177**	**462**	**792**	**236**	**556**	**799**	**234**	**565**
15	31	3	28	48	13	35	48	7	41
16	60	17	43	78	13	65	93	22	71
17	142	31	111	133	30	103	142	38	104
18	178	50	128	200	63	137	205	58	147
19	228	76	152	333	117	216	311	109	202
20-24岁	**1774**	**871**	**903**	**1918**	**966**	**952**	**1736**	**890**	**846**
20	294	104	190	318	128	190	354	148	206
21	343	166	177	382	164	218	357	175	182
22	399	199	200	435	227	208	355	183	172
23	382	195	187	390	220	170	341	189	152
24	356	207	149	393	227	166	329	195	134
25-29岁	**1148**	**754**	**394**	**1229**	**791**	**438**	**1079**	**693**	**386**
25	320	211	109	353	204	149	320	196	124
26	266	158	108	287	178	109	240	161	79
27	244	163	81	212	152	60	214	136	78
28	179	124	55	219	143	76	169	110	59
29	139	98	41	158	114	44	136	90	46
30-34岁	**288**	**195**	**93**	**418**	**280**	**138**	**344**	**250**	**94**
30	87	64	23	138	90	48	133	92	41
31	71	47	24	88	54	34	86	61	25
32	48	28	20	70	52	18	55	44	11
33	44	29	15	65	44	21	41	32	9
34	38	27	11	57	40	17	29	21	8
35-39岁	**89**	**60**	**29**	**111**	**81**	**30**	**85**	**71**	**14**
35	37	24	13	53	37	16	30	26	4
36	15	13	2	24	22	2	18	13	5
37	15	8	7	14	7	7	20	18	2
38	13	9	4	8	4	4	7	5	2
39	9	6	3	12	11	1	10	9	1
40-44岁	**44**	**26**	**18**	**33**	**22**	**11**	**30**	**24**	**6**
40	13	10	3	8	3	5	8	7	1
41	6	3	3	9	7	2	9	5	4
42	8	5	3	7	5	2	9	8	1
43	7	1	6	6	4	2	3	3	
44	10	7	3	3	3		1	1	
45-49岁	**14**	**11**	**3**	**22**	**14**	**8**	**11**	**5**	**6**
45	5	4	1	5	3	2	4	1	3
46	4	3	1	8	6	2	3	1	2
47	2	1	1	2		2	2	1	1
48	2	2		4	3	1	2	2	
49	1	1		3	2	1			
50岁及以上	**14**	**8**	**6**	**14**	**8**	**6**	**9**	**5**	**4**
平均初婚年龄	**24.53**	**25.70**	**23.25**	**24.59**	**25.77**	**23.28**	**24.16**	**25.47**	**22.70**

5-4c 续表 7 单位：人

初婚年龄	初婚年份								
	2000年			2001年			2002年		
	小计	男	女	小计	男	女	小计	男	女
总　计	**4912**	**2591**	**2321**	**3594**	**1870**	**1724**	**3891**	**2048**	**1843**
15岁以下	**32**	**10**	**22**	**16**	**3**	**13**	**19**	**4**	**15**
15-19岁	**1056**	**344**	**712**	**772**	**232**	**540**	**732**	**229**	**503**
15	66	19	47	41	10	31	43	12	31
16	128	31	97	83	22	61	78	13	65
17	173	60	113	148	39	109	149	43	106
18	296	88	208	198	60	138	204	68	136
19	393	146	247	302	101	201	258	93	165
20-24岁	**2105**	**1066**	**1039**	**1610**	**820**	**790**	**1809**	**915**	**894**
20	457	168	289	318	120	198	385	149	236
21	471	218	253	357	158	199	361	158	203
22	411	231	180	363	210	153	425	235	190
23	403	228	175	304	175	129	343	192	151
24	363	221	142	268	157	111	295	181	114
25-29岁	**1230**	**823**	**407**	**832**	**555**	**277**	**955**	**612**	**343**
25	327	205	122	218	140	78	258	169	89
26	312	203	109	196	129	67	202	121	81
27	227	154	73	163	115	48	190	121	69
28	209	150	59	158	102	56	155	108	47
29	155	111	44	97	69	28	150	93	57
30-34岁	**335**	**239**	**96**	**254**	**178**	**76**	**275**	**211**	**64**
30	130	93	37	73	53	20	92	67	25
31	69	48	21	58	36	22	68	56	12
32	67	45	22	48	36	12	49	36	13
33	43	30	13	36	26	10	38	27	11
34	26	23	3	39	27	12	28	25	3
35-39岁	**102**	**71**	**31**	**81**	**61**	**20**	**70**	**53**	**17**
35	38	26	12	24	18	6	19	13	6
36	32	21	11	22	17	5	18	15	3
37	15	13	2	12	10	2	13	8	5
38	14	10	4	11	8	3	14	12	2
39	3	1	2	12	8	4	6	5	1
40-44岁	**25**	**20**	**5**	**12**	**8**	**4**	**20**	**14**	**6**
40	5	4	1	2	1	1	8	5	3
41	7	5	2	4	2	2	3	3	
42	7	6	1	4	4		5	2	3
43	3	3		1	1		1	1	
44	3	2	1	1		1	3	3	
45-49岁	**13**	**8**	**5**	**7**	**6**	**1**	**7**	**7**	
45	6	3	3	1	1		2	2	
46	1	1		3	3		2	2	
47	2	1	1	1	1		1	1	
48	2	1	1	2	1	1	2	2	
49	2	2							
50岁及以上	**14**	**10**	**4**	**10**	**7**	**3**	**4**	**3**	**1**
平均初婚年龄	**23.81**	**25.04**	**22.44**	**23.80**	**25.08**	**22.41**	**23.87**	**25.10**	**22.49**

5-4c 续表 8

单位：人

初婚年龄	初婚年份								
	2003年			2004年			2005年		
	小计	男	女	小计	男	女	小计	男	女
总 计	**4388**	**2295**	**2093**	**4302**	**2280**	**2022**	**4703**	**2502**	**2201**
15岁以下	**17**	**2**	**15**	**8**	**1**	**7**	**21**	**3**	**18**
15-19岁	**793**	**234**	**559**	**761**	**213**	**548**	**745**	**240**	**505**
15	52	6	46	48	11	37	53	10	43
16	66	16	50	77	14	63	80	19	61
17	143	33	110	150	37	113	135	33	102
18	189	59	130	191	49	142	191	54	137
19	343	120	223	295	102	193	286	124	162
20-24岁	**2085**	**1033**	**1052**	**2033**	**1060**	**973**	**2182**	**1090**	**1092**
20	399	155	244	390	141	249	382	146	236
21	461	224	237	388	192	196	451	207	244
22	425	214	211	446	246	200	491	261	230
23	437	238	199	400	240	160	432	236	196
24	363	202	161	409	241	168	426	240	186
25-29岁	**958**	**630**	**328**	**997**	**636**	**361**	**1146**	**738**	**408**
25	235	147	88	331	196	135	343	230	113
26	190	124	66	244	147	97	274	175	99
27	229	139	90	163	111	52	214	129	85
28	169	118	51	144	107	37	165	111	54
29	135	102	33	115	75	40	150	93	57
30-34岁	**384**	**285**	**99**	**344**	**249**	**95**	**407**	**277**	**130**
30	119	81	38	97	74	23	122	77	45
31	98	74	24	89	67	22	100	69	31
32	64	50	14	61	42	19	67	49	18
33	62	46	16	57	38	19	66	46	20
34	41	34	7	40	28	12	52	36	16
35-39岁	**113**	**82**	**31**	**111**	**86**	**25**	**134**	**100**	**34**
35	30	20	10	41	29	12	46	34	12
36	21	16	5	32	27	5	29	18	11
37	28	25	3	14	13	1	28	19	9
38	22	13	9	16	13	3	15	15	
39	12	8	4	8	4	4	16	14	2
40-44岁	**21**	**17**	**4**	**34**	**24**	**10**	**45**	**38**	**7**
40	9	8	1	10	7	3	12	8	4
41	6	3	3	12	11	1	9	8	1
42	1	1		7	2	5	12	11	1
43	2	2		2	2		7	7	
44	3	3		3	2	1	5	4	1
45-49岁	**10**	**7**	**3**	**6**	**4**	**2**	**11**	**9**	**2**
45	4	3	1	2	1	1	2	1	1
46				2	2		2	1	1
47	3	3					4	4	
48	1		1	1		1	1	1	
49	2	1	1	1	1		2	2	
50岁及以上	**7**	**5**	**2**	**8**	**7**	**1**	**12**	**7**	**5**
平均初婚年龄	**24.15**	**25.47**	**22.69**	**24.16**	**25.41**	**22.74**	**24.48**	**25.66**	**23.14**

5-4c　续表 9　　　　　　　　　　　　　　　　　　　　　　　　单位：人

初婚年龄	初婚年份								
	2006年			2007年			2008年		
	小计	男	女	小计	男	女	小计	男	女
总　计	**4451**	**2334**	**2117**	**4248**	**2250**	**1998**	**5341**	**2792**	**2549**
15岁以下	**16**	**2**	**14**	**5**	**1**	**4**	**8**	**3**	**5**
15-19岁	**645**	**178**	**467**	**615**	**169**	**446**	**708**	**221**	**487**
15	44	11	33	36	7	29	34	4	30
16	73	10	63	64	9	55	82	19	63
17	116	23	93	128	29	99	111	32	79
18	165	46	119	145	43	102	203	59	144
19	247	88	159	242	81	161	278	107	171
20-24岁	**2044**	**1020**	**1024**	**1935**	**960**	**975**	**2266**	**1078**	**1188**
20	371	154	217	359	130	229	407	151	256
21	398	178	220	357	170	187	413	183	230
22	449	233	216	430	202	228	481	246	235
23	406	222	184	410	224	186	468	229	239
24	420	233	187	379	234	145	497	269	228
25-29岁	**1186**	**731**	**455**	**1125**	**713**	**412**	**1574**	**956**	**618**
25	334	198	136	360	211	149	429	254	175
26	317	196	121	243	154	89	379	217	162
27	230	143	87	232	153	79	298	201	97
28	180	106	74	166	112	54	264	158	106
29	125	88	37	124	83	41	204	126	78
30-34岁	**352**	**241**	**111**	**359**	**256**	**103**	**487**	**319**	**168**
30	92	61	31	95	65	30	145	99	46
31	80	59	21	78	61	17	103	57	46
32	67	46	21	76	50	26	114	77	37
33	63	40	23	63	45	18	69	50	19
34	50	35	15	47	35	12	56	36	20
35-39岁	**136**	**109**	**27**	**145**	**105**	**40**	**192**	**136**	**56**
35	31	24	7	32	19	13	53	35	18
36	37	28	9	36	25	11	51	32	19
37	31	26	5	33	26	7	37	33	4
38	24	19	5	23	19	4	29	21	8
39	13	12	1	21	16	5	22	15	7
40-44岁	**44**	**35**	**9**	**37**	**28**	**9**	**68**	**54**	**14**
40	15	11	4	8	6	2	20	14	6
41	10	9	1	10	9	1	16	13	3
42	9	8	1	8	5	3	8	6	2
43	4	3	1	7	5	2	12	11	1
44	6	4	2	4	3	1	12	10	2
45-49岁	**12**	**8**	**4**	**15**	**11**	**4**	**26**	**19**	**7**
45	1	1		4	3	1	5	5	
46	6	5	1	5	4	1	7	6	1
47	1		1	2	2		5	1	4
48	3	2	1	2	2		3	3	
49	1		1	2		2	6	4	2
50岁及以上	**16**	**10**	**6**	**12**	**7**	**5**	**12**	**6**	**6**
平均初婚年龄	**24.66**	**25.90**	**23.30**	**24.76**	**26.02**	**23.34**	**25.18**	**26.30**	**23.95**

5-4c 续表 10 单位：人

初婚年龄	初婚年份								
	2009年			2010年			2011年		
	小计	男	女	小计	男	女	小计	男	女
总　计	**4797**	**2517**	**2280**	**5789**	**3022**	**2767**	**4687**	**2443**	**2244**
15岁以下	**9**	**2**	**7**	**15**	**1**	**14**	**9**	**2**	**7**
15-19岁	**654**	**199**	**455**	**770**	**251**	**519**	**594**	**185**	**409**
15	21	5	16	39	8	31	28	1	27
16	58	16	42	71	22	49	58	18	40
17	109	38	71	137	44	93	101	24	77
18	173	54	119	220	69	151	188	61	127
19	293	86	207	303	108	195	219	81	138
20-24岁	**1980**	**955**	**1025**	**2284**	**1093**	**1191**	**1925**	**925**	**1000**
20	356	131	225	440	158	282	317	118	199
21	369	159	210	427	186	241	378	162	216
22	423	225	198	494	257	237	421	203	218
23	392	206	186	461	255	206	363	193	170
24	440	234	206	462	237	225	446	249	197
25-29岁	**1359**	**848**	**511**	**1646**	**994**	**652**	**1320**	**799**	**521**
25	340	203	137	407	224	183	335	185	150
26	320	201	119	374	231	143	314	199	115
27	285	192	93	332	207	125	265	162	103
28	214	129	85	303	199	104	208	121	87
29	200	123	77	230	133	97	198	132	66
30-34岁	**474**	**300**	**174**	**585**	**370**	**215**	**488**	**307**	**181**
30	136	94	42	167	111	56	156	95	61
31	125	76	49	153	98	55	109	72	37
32	83	52	31	107	70	37	89	56	33
33	74	49	25	85	46	39	87	58	29
34	56	29	27	73	45	28	47	26	21
35-39岁	**212**	**134**	**78**	**252**	**162**	**90**	**186**	**121**	**65**
35	53	30	23	71	46	25	54	43	11
36	52	33	19	64	41	23	35	22	13
37	46	29	17	42	25	17	42	23	19
38	26	18	8	35	24	11	31	19	12
39	35	24	11	40	26	14	24	14	10
40-44岁	**78**	**57**	**21**	**126**	**81**	**45**	**84**	**50**	**34**
40	30	24	6	39	26	13	30	18	12
41	17	11	6	37	25	12	13	9	4
42	10	7	3	14	8	6	17	12	5
43	10	5	5	22	13	9	11	5	6
44	11	10	1	14	9	5	13	6	7
45-49岁	**20**	**15**	**5**	**61**	**39**	**22**	**52**	**34**	**18**
45	6	4	2	14	9	5	11	8	3
46	6	6		18	10	8	10	5	5
47	3	2	1	16	12	4	14	8	6
48	1	1		8	6	2	11	9	2
49	4	2	2	5	2	3	6	4	2
50岁及以上	**11**	**7**	**4**	**50**	**31**	**19**	**29**	**20**	**9**
平均初婚年龄	**25.39**	**26.45**	**24.22**	**25.82**	**26.89**	**24.66**	**25.71**	**26.76**	**24.56**

5-4c 续表 11

单位：人

初婚年龄	初婚年份								
	2012年			2013年			2014年		
	小计	男	女	小计	男	女	小计	男	女
总 计	**4744**	**2502**	**2242**	**4628**	**2386**	**2242**	**4466**	**2319**	**2147**
15岁以下	**7**	**1**	**6**	**11**	**2**	**9**	**11**	**2**	**9**
15–19岁	**582**	**208**	**374**	**505**	**155**	**350**	**455**	**150**	**305**
15	34	11	23	25	4	21	20	4	16
16	72	29	43	45	10	35	44	10	34
17	85	26	59	109	33	76	71	25	46
18	140	45	95	139	44	95	135	45	90
19	251	97	154	187	64	123	185	66	119
20–24岁	**1982**	**943**	**1039**	**1915**	**893**	**1022**	**1765**	**820**	**945**
20	336	124	212	312	101	211	273	93	180
21	377	156	221	362	148	214	331	129	202
22	441	218	223	402	203	199	382	198	184
23	402	204	198	450	225	225	379	194	185
24	426	241	185	389	216	173	400	206	194
25–29岁	**1364**	**816**	**548**	**1314**	**779**	**535**	**1342**	**785**	**557**
25	366	209	157	334	180	154	368	206	162
26	319	189	130	322	178	144	309	165	144
27	259	153	106	235	152	83	291	165	126
28	244	147	97	234	155	79	217	142	75
29	176	118	58	189	114	75	157	107	50
30–34岁	**493**	**332**	**161**	**521**	**327**	**194**	**588**	**362**	**226**
30	144	98	46	138	89	49	157	88	69
31	116	78	38	138	85	53	138	85	53
32	92	61	31	112	65	47	111	69	42
33	76	51	25	75	53	22	105	70	35
34	65	44	21	58	35	23	77	50	27
35–39岁	**171**	**104**	**67**	**191**	**121**	**70**	**155**	**105**	**50**
35	41	22	19	52	36	16	46	31	15
36	47	30	17	43	24	19	37	23	14
37	35	22	13	37	24	13	37	25	12
38	27	16	11	35	25	10	23	16	7
39	21	14	7	24	12	12	12	10	2
40–44岁	**82**	**58**	**24**	**90**	**58**	**32**	**84**	**52**	**32**
40	21	12	9	22	15	7	21	12	9
41	26	17	9	24	14	10	18	12	6
42	15	12	3	12	12		16	8	8
43	12	9	3	16	10	6	19	16	3
44	8	8		16	7	9	10	4	6
45–49岁	**39**	**23**	**16**	**41**	**29**	**12**	**40**	**29**	**11**
45	9	6	3	9	6	3	11	7	4
46	10	7	3	6	6		7	5	2
47	5	3	2	9	5	4	10	7	3
48	7	3	4	13	10	3	8	7	1
49	8	4	4	4	2	2	4	3	1
50岁及以上	**24**	**17**	**7**	**40**	**22**	**18**	**26**	**14**	**12**
平均初婚年龄	**25.57**	**26.57**	**24.46**	**25.95**	**27.02**	**24.80**	**26.05**	**27.06**	**24.96**

5-4c 续表 12

单位：人

初婚年龄	初婚年份								
	2015年			2016年			2017年		
	小计	男	女	小计	男	女	小计	男	女
总　计	**4398**	**2255**	**2143**	**3793**	**1931**	**1862**	**3533**	**1794**	**1739**
15岁以下	**3**		**3**	**5**		**5**	**4**		**4**
15-19岁	**391**	**118**	**273**	**340**	**97**	**243**	**258**	**87**	**171**
15	18	1	17	9	2	7	17	7	10
16	29	3	26	30	10	20	25	4	21
17	64	19	45	49	17	32	50	17	33
18	116	44	72	88	23	65	57	27	30
19	164	51	113	164	45	119	109	32	77
20-24岁	**1635**	**733**	**902**	**1336**	**576**	**760**	**1154**	**494**	**660**
20	255	88	167	205	65	140	167	47	120
21	290	114	176	246	98	148	197	87	110
22	351	166	185	246	103	143	285	111	174
23	348	178	170	318	156	162	245	114	131
24	391	187	204	321	154	167	260	135	125
25-29岁	**1420**	**797**	**623**	**1274**	**722**	**552**	**1238**	**690**	**548**
25	421	222	199	313	171	142	331	168	163
26	303	173	130	329	163	166	269	146	123
27	282	151	131	261	156	105	293	174	119
28	224	136	88	219	147	72	199	122	77
29	190	115	75	152	85	67	146	80	66
30-34岁	**586**	**371**	**215**	**482**	**316**	**166**	**508**	**296**	**212**
30	155	95	60	136	88	48	146	88	58
31	130	78	52	119	83	36	118	58	60
32	143	94	49	93	57	36	95	59	36
33	88	59	29	60	41	19	74	44	30
34	70	45	25	74	47	27	75	47	28
35-39岁	**201**	**125**	**76**	**172**	**102**	**70**	**191**	**121**	**70**
35	51	30	21	59	32	27	62	39	23
36	57	39	18	34	19	15	42	25	17
37	38	21	17	31	17	14	38	23	15
38	30	21	9	27	15	12	30	21	9
39	25	14	11	21	19	2	19	13	6
40-44岁	**91**	**69**	**22**	**94**	**59**	**35**	**82**	**49**	**33**
40	22	19	3	23	13	10	19	11	8
41	24	15	9	17	11	6	14	9	5
42	18	14	4	21	16	5	22	13	9
43	11	10	1	22	13	9	13	8	5
44	16	11	5	11	6	5	14	8	6
45-49岁	**38**	**23**	**15**	**50**	**37**	**13**	**51**	**32**	**19**
45	13	8	5	16	11	5	15	10	5
46	8	5	3	11	7	4	14	7	7
47	10	7	3	8	7	1	8	5	3
48	2		2	9	6	3	10	7	3
49	5	3	2	6	6		4	3	1
50岁及以上	**33**	**19**	**14**	**40**	**22**	**18**	**47**	**25**	**22**
平均初婚年龄	**26.48**	**27.56**	**25.35**	**26.77**	**27.94**	**25.56**	**27.24**	**28.17**	**26.27**

5-4c 续表 13

单位：人

初婚年龄	初婚年份								
	2018年			2019年			2020年		
	小计	男	女	小计	男	女	小计	男	女
总　计	**3647**	**1826**	**1821**	**3084**	**1521**	**1563**	**1735**	**867**	**868**
15岁以下	**3**		**3**	**4**	**1**	**3**	**1**		**1**
15—19岁	**239**	**86**	**153**	**258**	**77**	**181**	**128**	**36**	**92**
15	23	3	20	12	5	7	10	3	7
16	26	10	16	35	7	28	13	1	12
17	46	15	31	60	13	47	31	11	20
18	65	29	36	67	21	46	32	11	21
19	79	29	50	84	31	53	42	10	32
20—24岁	**1095**	**451**	**644**	**840**	**345**	**495**	**433**	**188**	**245**
20	135	37	98	120	43	77	52	16	36
21	191	74	117	122	45	77	67	26	41
22	276	116	160	174	69	105	90	47	43
23	227	101	126	199	91	108	105	48	57
24	266	123	143	225	97	128	119	51	68
25—29岁	**1320**	**679**	**641**	**1053**	**550**	**503**	**565**	**298**	**267**
25	304	143	161	220	106	114	117	44	73
26	264	118	146	202	104	98	123	68	55
27	287	156	131	232	134	98	119	71	48
28	256	144	112	207	100	107	101	55	46
29	209	118	91	192	106	86	105	60	45
30—34岁	**567**	**362**	**205**	**511**	**292**	**219**	**299**	**177**	**122**
30	164	98	66	149	84	65	105	64	41
31	135	88	47	136	71	65	64	39	25
32	100	59	41	93	55	38	54	27	27
33	88	59	29	71	41	30	48	30	18
34	80	58	22	62	41	21	28	17	11
35—39岁	**227**	**119**	**108**	**234**	**147**	**87**	**151**	**84**	**67**
35	62	36	26	57	34	23	29	16	13
36	51	25	26	45	30	15	32	21	11
37	54	32	22	55	39	16	32	15	17
38	35	18	17	47	29	18	34	23	11
39	25	8	17	30	15	15	24	9	15
40—44岁	**82**	**59**	**23**	**85**	**49**	**36**	**77**	**45**	**32**
40	20	15	5	18	13	5	17	8	9
41	13	9	4	23	10	13	21	14	7
42	20	13	7	18	10	8	23	14	9
43	22	17	5	8	4	4	9	6	3
44	7	5	2	18	12	6	7	3	4
45—49岁	**57**	**38**	**19**	**50**	**29**	**21**	**32**	**15**	**17**
45	17	13	4	8	2	6	12	6	6
46	11	7	4	16	10	6	6	3	3
47	12	6	6	5	1	4	4	2	2
48	8	5	3	12	9	3	5	2	3
49	9	7	2	9	7	2	5	2	3
50岁及以上	**57**	**32**	**25**	**49**	**31**	**18**	**49**	**24**	**25**
平均初婚年龄	**27.72**	**28.77**	**26.66**	**28.01**	**29.15**	**26.90**	**28.91**	**29.74**	**28.09**

5-5 全省分年龄、性别、初婚年龄的人口

单位：人

年龄	初婚年龄					
	合计			15岁以下		
	合计	男	女	小计	男	女
总计	**559229**	**272521**	**286708**	**1752**	**327**	**1425**
20岁以下	**635**	**164**	**471**	**35**	**4**	**31**
20-24岁	**7496**	**2472**	**5024**	**76**	**13**	**63**
20	523	143	380	10		10
21	760	245	515	13	2	11
22	1268	412	856	20	6	14
23	1947	675	1272	18	2	16
24	2998	997	2001	15	3	12
25-29岁	**35212**	**14327**	**20885**	**97**	**15**	**82**
25	4313	1548	2765	18	2	16
26	5291	2073	3218	10	2	8
27	7020	2789	4231	21	2	19
28	8742	3614	5128	21	4	17
29	9846	4303	5543	27	5	22
30-34岁	**64170**	**29965**	**34205**	**173**	**37**	**136**
30	12253	5434	6819	23	2	21
31	12475	5729	6746	36	7	29
32	12546	5862	6684	37	10	27
33	13587	6547	7040	41	12	29
34	13309	6393	6916	36	6	30
35-39岁	**69501**	**34801**	**34700**	**134**	**18**	**116**
35	13084	6477	6607	41	8	33
36	14206	7011	7195	29	3	26
37	14036	7054	6982	20	4	16
38	14897	7547	7350	21	1	20
39	13278	6712	6566	23	2	21
40-44岁	**59757**	**30730**	**29027**	**210**	**47**	**163**
40	13286	6750	6536	41	7	34
41	12873	6628	6245	32	6	26
42	11932	6132	5800	43	11	32
43	10420	5364	5056	38	13	25
44	11246	5856	5390	56	10	46
45-49岁	**63024**	**32600**	**30424**	**170**	**37**	**133**
45	11139	5669	5470	40	10	30
46	12500	6458	6042	42	10	32
47	13256	6814	6442	32	6	26
48	13591	7100	6491	27	5	22
49	12538	6559	5979	29	6	23
50-54岁	**65811**	**33958**	**31853**	**238**	**48**	**190**
50	13917	7080	6837	25	7	18
51	13403	6983	6420	47	7	40
52	14387	7483	6904	65	15	50
53	11648	5964	5684	64	11	53
54	12456	6448	6008	37	8	29
55-59岁	**59860**	**30632**	**29228**	**138**	**29**	**109**
55	12784	6457	6327	34	8	26
56	12885	6518	6367	31	5	26
57	14042	7281	6761	33	6	27
58	12953	6727	6226	25	8	17
59	7196	3649	3547	15	2	13
60-64岁	**39518**	**19763**	**19755**	**116**	**19**	**97**
60	7019	3506	3513	17	1	16
61	7180	3669	3511	27	6	21
62	8621	4355	4266	33	6	27
63	8737	4379	4358	19	4	15
64	7961	3854	4107	20	2	18
65岁及以上	**94245**	**43109**	**51136**	**365**	**60**	**305**

5-5　续表 1　　　　单位：人

年　龄	初婚年龄								
	15岁			16岁			17岁		
	小计	男	女	小计	男	女	小计	男	女
总　计	**4686**	**1058**	**3628**	**7971**	**1896**	**6075**	**13665**	**3415**	**10250**
20岁以下	**103**	**29**	**74**	**156**	**35**	**121**	**189**	**53**	**136**
20-24岁	**223**	**40**	**183**	**370**	**102**	**268**	**563**	**190**	**373**
20	23	3	20	47	10	37	86	25	61
21	40	8	32	64	17	47	90	30	60
22	47	8	39	75	18	57	95	38	57
23	48	11	37	77	21	56	127	43	84
24	65	10	55	107	36	71	165	54	111
25-29岁	**319**	**63**	**256**	**593**	**148**	**445**	**1016**	**282**	**734**
25	63	13	50	110	36	74	183	50	133
26	58	12	46	101	25	76	170	43	127
27	66	12	54	138	38	100	223	66	157
28	68	12	56	120	25	95	235	76	159
29	64	14	50	124	24	100	205	47	158
30-34岁	**462**	**102**	**360**	**733**	**157**	**576**	**1194**	**308**	**886**
30	88	19	69	134	26	108	210	55	155
31	81	15	66	141	30	111	225	59	166
32	91	15	76	145	32	113	248	71	177
33	114	29	85	161	36	125	239	58	181
34	88	24	64	152	33	119	272	65	207
35-39岁	**454**	**104**	**350**	**821**	**199**	**622**	**1459**	**398**	**1061**
35	118	32	86	132	31	101	282	82	200
36	110	26	84	200	56	144	269	74	195
37	91	25	66	185	46	139	348	97	251
38	67	14	53	161	28	133	316	85	231
39	68	7	61	143	38	105	244	60	184
40-44岁	**443**	**114**	**329**	**721**	**173**	**548**	**1217**	**295**	**922**
40	82	18	64	132	29	103	258	60	198
41	82	17	65	143	32	111	257	54	203
42	95	24	71	149	35	114	251	68	183
43	91	29	62	127	33	94	204	49	155
44	93	26	67	170	44	126	247	64	183
45-49岁	**510**	**114**	**396**	**889**	**231**	**658**	**1578**	**400**	**1178**
45	107	24	83	130	35	95	237	65	172
46	114	28	86	189	47	142	254	63	191
47	110	27	83	221	65	156	376	103	273
48	111	23	88	205	57	148	416	97	319
49	68	12	56	144	27	117	295	72	223
50-54岁	**556**	**144**	**412**	**994**	**267**	**727**	**1698**	**457**	**1241**
50	99	21	78	168	47	121	350	77	273
51	125	39	86	250	67	183	333	92	241
52	118	19	99	211	58	153	424	126	298
53	106	38	68	174	45	129	283	69	214
54	108	27	81	191	50	141	308	93	215
55-59岁	**489**	**125**	**364**	**785**	**208**	**577**	**1478**	**401**	**1077**
55	151	32	119	187	57	130	311	88	223
56	137	43	94	238	57	181	302	73	229
57	100	27	73	184	49	135	391	123	268
58	66	18	48	115	34	81	338	85	253
59	35	5	30	61	11	50	136	32	104
60-64岁	**271**	**54**	**217**	**445**	**99**	**346**	**751**	**197**	**554**
60	49	9	40	48	10	38	133	28	105
61	54	17	37	84	24	60	144	37	107
62	53	7	46	105	28	77	177	43	134
63	50	12	38	91	16	75	159	52	107
64	65	9	56	117	21	96	138	37	101
65岁及以上	**856**	**169**	**687**	**1464**	**277**	**1187**	**2522**	**434**	**2088**

5-5 续表 2

单位：人

年龄	初婚年龄								
	18岁			19岁			20岁		
	小计	男	女	小计	男	女	小计	男	女
总　计	**21220**	**5742**	**15478**	**32949**	**10404**	**22545**	**43915**	**15305**	**28610**
20岁以下	**112**	**33**	**79**	**40**	**10**	**30**			
20-24岁	**821**	**258**	**563**	**1080**	**323**	**757**	**1255**	**351**	**904**
20	141	42	99	151	44	107	65	19	46
21	105	46	59	159	53	106	203	62	141
22	146	37	109	195	67	128	282	86	196
23	191	71	120	262	73	189	311	80	231
24	238	62	176	313	86	227	394	104	290
25-29岁	**1673**	**503**	**1170**	**2291**	**733**	**1558**	**3175**	**1020**	**2155**
25	247	69	178	372	107	265	520	149	371
26	295	103	192	403	121	282	552	195	357
27	353	107	246	470	143	327	653	183	470
28	416	115	301	496	177	319	723	244	479
29	362	109	253	550	185	365	727	249	478
30-34岁	**1794**	**493**	**1301**	**2860**	**927**	**1933**	**4181**	**1354**	**2827**
30	389	103	286	671	217	454	853	267	586
31	342	101	241	557	168	389	864	286	578
32	313	84	229	519	173	346	824	246	578
33	378	102	276	521	172	349	825	276	549
34	372	103	269	592	197	395	815	279	536
35-39岁	**2170**	**606**	**1564**	**3105**	**1029**	**2076**	**4073**	**1450**	**2623**
35	368	106	262	566	210	356	824	300	524
36	409	110	299	610	206	404	819	273	546
37	384	101	283	587	191	396	827	286	541
38	547	155	392	626	195	431	869	330	539
39	462	134	328	716	227	489	734	261	473
40-44岁	**1847**	**508**	**1339**	**2980**	**961**	**2019**	**4011**	**1424**	**2587**
40	412	105	307	684	230	454	917	327	590
41	363	108	255	655	200	455	884	331	553
42	346	99	247	543	173	370	783	266	517
43	339	91	248	524	169	355	650	239	411
44	387	105	282	574	189	385	777	261	516
45-49岁	**2494**	**714**	**1780**	**3537**	**1186**	**2351**	**4513**	**1674**	**2839**
45	348	91	257	600	187	413	817	265	552
46	458	118	340	664	203	461	912	344	568
47	515	153	362	712	244	468	946	351	595
48	638	203	435	737	263	474	985	388	597
49	535	149	386	824	289	535	853	326	527
50-54岁	**2733**	**821**	**1912**	**4480**	**1555**	**2925**	**6064**	**2370**	**3694**
50	555	168	387	1010	330	680	1257	472	785
51	555	174	381	941	362	579	1322	519	803
52	605	174	431	919	316	603	1324	521	803
53	520	149	371	753	243	510	1022	392	630
54	498	156	342	857	304	553	1139	466	673
55-59岁	**2345**	**691**	**1654**	**4024**	**1372**	**2652**	**5156**	**1971**	**3185**
55	518	157	361	903	306	597	1128	436	692
56	484	145	339	820	300	520	1132	432	700
57	494	148	346	965	327	638	1140	441	699
58	570	172	398	799	268	531	1181	443	738
59	279	69	210	537	171	366	575	219	356
60-64岁	**1235**	**312**	**923**	**2084**	**643**	**1441**	**3155**	**1124**	**2031**
60	220	59	161	423	134	289	670	234	436
61	207	55	152	435	143	292	645	240	405
62	262	71	191	396	127	269	674	239	435
63	284	69	215	391	111	280	621	213	408
64	262	58	204	439	128	311	545	198	347
65岁及以上	**3996**	**803**	**3193**	**6468**	**1665**	**4803**	**8332**	**2567**	**5765**

5-5　续表 3　　单位：人

年　龄	初婚年龄								
	21岁			22岁			23岁		
	小计	男	女	小计	男	女	小计	男	女
总　计	**49007**	**19784**	**29223**	**54296**	**24899**	**29397**	**52707**	**25398**	**27309**
20岁以下									
20-24岁	**1131**	**392**	**739**	**1100**	**449**	**651**	**687**	**282**	**405**
20									
21	86	27	59						
22	257	82	175	151	70	81			
23	369	142	227	379	157	222	165	75	90
24	419	141	278	570	222	348	522	207	315
25-29岁	**3506**	**1269**	**2237**	**4099**	**1794**	**2305**	**4263**	**1821**	**2442**
25	547	198	349	678	274	404	666	261	405
26	592	226	366	685	290	395	721	302	419
27	704	247	457	787	344	443	858	382	476
28	811	290	521	958	420	538	985	407	578
29	852	308	544	991	466	525	1033	469	564
30-34岁	**4821**	**1874**	**2947**	**5855**	**2738**	**3117**	**5869**	**2703**	**3166**
30	956	368	588	1138	545	593	1166	511	655
31	1014	393	621	1139	513	626	1206	553	653
32	932	353	579	1164	539	625	1082	499	583
33	1030	413	617	1233	568	665	1229	587	642
34	889	347	542	1181	573	608	1186	553	633
35-39岁	**4681**	**1950**	**2731**	**5450**	**2485**	**2965**	**5798**	**2818**	**2980**
35	865	359	506	1035	466	569	1180	542	638
36	995	400	595	1130	500	630	1236	602	634
37	948	401	547	1065	484	581	1099	517	582
38	999	430	569	1207	561	646	1222	607	615
39	874	360	514	1013	474	539	1061	550	511
40-44岁	**4450**	**1880**	**2570**	**5079**	**2454**	**2625**	**4947**	**2509**	**2438**
40	815	337	478	1030	501	529	1066	527	539
41	1040	426	614	912	450	462	994	521	473
42	989	433	556	1099	531	568	873	428	445
43	789	309	480	955	455	500	951	483	468
44	817	375	442	1083	517	566	1063	550	513
45-49岁	**5168**	**2169**	**2999**	**5637**	**2622**	**3015**	**5588**	**2765**	**2823**
45	936	398	538	932	426	506	954	479	475
46	1013	433	580	1108	484	624	1063	512	551
47	1084	429	655	1279	604	675	1195	578	617
48	1070	448	622	1220	573	647	1305	667	638
49	1065	461	604	1098	535	563	1071	529	542
50-54岁	**6544**	**2858**	**3686**	**6819**	**3383**	**3436**	**6111**	**3167**	**2944**
50	1081	461	620	1270	600	670	1185	594	591
51	1379	599	780	1116	546	570	1157	583	574
52	1552	692	860	1600	821	779	1217	641	576
53	1304	577	727	1388	696	692	1181	617	564
54	1228	529	699	1445	720	725	1371	732	639
55-59岁	**6297**	**2726**	**3571**	**6859**	**3242**	**3617**	**6365**	**3334**	**3031**
55	1292	552	740	1350	623	727	1398	737	661
56	1452	630	822	1392	664	728	1262	653	609
57	1481	644	837	1754	841	913	1455	777	678
58	1309	594	715	1517	713	804	1476	762	714
59	763	306	457	846	401	445	774	405	369
60-64岁	**4001**	**1641**	**2360**	**4585**	**2006**	**2579**	**4686**	**2217**	**2469**
60	668	285	383	791	362	429	802	396	406
61	803	349	454	745	336	409	816	408	408
62	985	405	580	1129	487	642	877	436	441
63	865	336	529	1061	454	607	1154	547	607
64	680	266	414	859	367	492	1037	430	607
65岁及以上	**8408**	**3025**	**5383**	**8813**	**3726**	**5087**	**8393**	**3782**	**4611**

5–5 续表 4

单位：人

年龄	初婚年龄								
	24岁			25岁			26岁		
	小计	男	女	小计	男	女	小计	男	女
总　计	**50773**	**26215**	**24558**	**45087**	**24929**	**20158**	**37690**	**21614**	**16076**
20岁以下									
20–24岁	**190**	**72**	**118**						
20									
21									
22									
23									
24	190	72	118						
25–29岁	**4486**	**2011**	**2475**	**3813**	**1737**	**2076**	**2831**	**1352**	**1479**
25	694	303	391	215	86	129			
26	804	369	435	660	281	379	240	104	136
27	875	382	493	898	399	499	706	343	363
28	971	437	534	1034	480	554	890	421	469
29	1142	520	622	1006	491	515	995	484	511
30–34岁	**6349**	**3042**	**3307**	**6317**	**3168**	**3149**	**5819**	**2987**	**2832**
30	1259	579	680	1379	682	697	1127	574	553
31	1210	582	628	1248	627	621	1194	582	612
32	1289	647	642	1230	614	616	1145	590	555
33	1285	626	659	1259	633	626	1183	605	578
34	1306	608	698	1201	612	589	1170	636	534
35–39岁	**6175**	**3078**	**3097**	**5986**	**3122**	**2864**	**5592**	**3131**	**2461**
35	1317	660	657	1157	584	573	1040	582	458
36	1336	631	705	1273	697	576	1206	653	553
37	1178	589	589	1309	683	626	1170	683	487
38	1217	626	591	1212	608	604	1226	671	555
39	1127	572	555	1035	550	485	950	542	408
40–44岁	**4718**	**2546**	**2172**	**4319**	**2431**	**1888**	**4044**	**2275**	**1769**
40	1059	558	501	1022	593	429	1007	552	455
41	1083	584	499	988	542	446	924	514	410
42	862	449	413	828	440	388	788	449	339
43	764	418	346	743	426	317	655	383	272
44	950	537	413	738	430	308	670	377	293
45–49岁	**5510**	**2936**	**2574**	**4828**	**2849**	**1979**	**3923**	**2396**	**1527**
45	1015	522	493	851	490	361	612	383	229
46	1043	561	482	990	596	394	867	528	339
47	1031	542	489	1006	574	432	835	520	315
48	1213	661	552	982	604	378	830	508	322
49	1208	650	558	999	585	414	779	457	322
50–54岁	**5351**	**2974**	**2377**	**4548**	**2666**	**1882**	**3752**	**2336**	**1416**
50	1203	628	575	1104	644	460	829	495	334
51	1059	601	458	950	559	391	904	560	344
52	1077	589	488	979	568	411	760	475	285
53	836	468	368	740	452	288	608	398	210
54	1176	688	488	775	443	332	651	408	243
55–59岁	**5716**	**3204**	**2512**	**4709**	**2858**	**1851**	**3453**	**2198**	**1255**
55	1263	710	553	1002	598	404	628	386	242
56	1214	635	579	1111	656	455	750	471	279
57	1276	738	538	1067	646	421	918	591	327
58	1194	697	497	990	622	368	779	512	267
59	769	424	345	539	336	203	378	238	140
60–64岁	**4055**	**2249**	**1806**	**3163**	**1913**	**1250**	**2523**	**1584**	**939**
60	680	379	301	560	353	207	422	253	169
61	720	398	322	530	325	205	478	305	173
62	863	519	344	695	426	269	500	314	186
63	856	453	403	732	437	295	586	377	209
64	936	500	436	646	372	274	537	335	202
65岁及以上	**8223**	**4103**	**4120**	**7404**	**4185**	**3219**	**5753**	**3355**	**2398**

5-5　续表 5　　　　单位：人

年　龄	初婚年龄								
	27岁			28岁			29岁		
	小计	男	女	小计	男	女	小计	男	女
总　计	**30827**	**18576**	**12251**	**24369**	**15294**	**9075**	**18723**	**11983**	**6740**
20岁以下									
20-24岁									
20									
21									
22									
23									
24									
25-29岁	**1942**	**984**	**958**	**906**	**477**	**429**	**202**	**118**	**84**
25									
26									
27	268	141	127						
28	754	373	381	260	133	127			
29	920	470	450	646	344	302	202	118	84
30-34岁	**5252**	**2785**	**2467**	**4246**	**2430**	**1816**	**3285**	**1907**	**1378**
30	1062	517	545	940	490	450	638	360	278
31	1013	539	474	779	448	331	753	435	318
32	1121	610	511	787	445	342	614	357	257
33	1096	574	522	917	554	363	608	348	260
34	960	545	415	823	493	330	672	407	265
35-39岁	**5030**	**2975**	**2055**	**4195**	**2514**	**1681**	**3311**	**2037**	**1274**
35	962	580	382	823	469	354	608	351	257
36	984	556	428	842	490	352	685	457	228
37	1041	609	432	799	485	314	655	395	260
38	1078	658	420	933	591	342	687	413	274
39	965	572	393	798	479	319	676	421	255
40-44岁	**3560**	**2146**	**1414**	**3118**	**1978**	**1140**	**2678**	**1709**	**969**
40	847	515	332	820	486	334	659	394	265
41	781	465	316	654	415	239	674	416	258
42	703	419	284	638	402	236	529	340	189
43	620	379	241	552	366	186	345	239	106
44	609	368	241	454	309	145	471	320	151
45-49岁	**3207**	**2096**	**1111**	**2564**	**1723**	**841**	**2001**	**1339**	**662**
45	568	362	206	445	310	135	399	256	143
46	582	381	201	499	340	159	425	281	144
47	705	468	237	491	316	175	401	277	124
48	723	472	251	583	387	196	366	243	123
49	629	413	216	546	370	176	410	282	128
50-54岁	**2948**	**1909**	**1039**	**2423**	**1613**	**810**	**1982**	**1362**	**620**
50	691	435	256	525	345	180	490	329	161
51	637	419	218	522	348	174	365	259	106
52	669	439	230	539	357	182	416	302	114
53	466	297	169	440	288	152	356	240	116
54	485	319	166	397	275	122	355	232	123
55-59岁	**2525**	**1685**	**840**	**1862**	**1275**	**587**	**1385**	**990**	**395**
55	492	317	175	384	261	123	309	216	93
56	482	317	165	391	263	128	295	216	79
57	635	431	204	380	260	120	336	247	89
58	582	404	178	445	294	151	245	179	66
59	334	216	118	262	197	65	200	132	68
60-64岁	**1855**	**1194**	**661**	**1432**	**967**	**465**	**1096**	**742**	**354**
60	310	196	114	267	179	88	209	142	67
61	344	222	122	235	155	80	206	148	58
62	453	285	168	308	203	105	215	139	76
63	400	274	126	346	236	110	231	164	67
64	348	217	131	276	194	82	235	149	86
65岁及以上	**4508**	**2802**	**1706**	**3623**	**2317**	**1306**	**2783**	**1779**	**1004**

5-5 续表 6

单位：人

年 龄	初婚年龄								
	30岁			31岁			32岁		
	小计	男	女	小计	男	女	小计	男	女
总 计	**14698**	**9638**	**5060**	**11031**	**7217**	**3814**	**8541**	**5608**	**2933**
20岁以下									
20-24岁									
20									
21									
22									
23									
24									
25-29岁									
25									
26									
27									
28									
29									
30-34岁	**2371**	**1424**	**947**	**1430**	**858**	**572**	**746**	**429**	**317**
30	220	119	101						
31	523	293	230	150	98	52			
32	549	324	225	352	200	152	104	53	51
33	559	367	192	483	312	171	328	204	124
34	520	321	199	445	248	197	314	172	142
35-39岁	**2628**	**1665**	**963**	**2240**	**1410**	**830**	**1766**	**1101**	**665**
35	548	338	210	371	251	120	321	192	129
36	528	342	186	464	269	195	344	209	135
37	537	332	205	509	327	182	392	253	139
38	545	348	197	478	297	181	375	241	134
39	470	305	165	418	266	152	334	206	128
40-44岁	**2265**	**1482**	**783**	**1848**	**1198**	**650**	**1490**	**971**	**519**
40	543	345	198	366	230	136	336	213	123
41	526	355	171	410	267	143	274	176	98
42	469	316	153	421	282	139	304	196	108
43	381	241	140	346	206	140	279	179	100
44	346	225	121	305	213	92	297	207	90
45-49岁	**1711**	**1182**	**529**	**1391**	**983**	**408**	**1182**	**812**	**370**
45	369	237	132	270	185	85	265	180	85
46	366	262	104	298	201	97	268	178	90
47	359	251	108	285	200	85	225	161	64
48	331	226	105	304	223	81	218	147	71
49	286	206	80	234	174	60	206	146	60
50-54岁	**1596**	**1128**	**468**	**1104**	**771**	**333**	**819**	**592**	**227**
50	349	253	96	203	140	63	179	129	50
51	314	235	79	236	165	71	138	101	37
52	386	267	119	261	192	69	194	145	49
53	257	176	81	209	146	63	140	102	38
54	290	197	93	195	128	67	168	115	53
55-59岁	**1029**	**701**	**328**	**828**	**584**	**244**	**708**	**479**	**229**
55	248	175	73	198	134	64	146	94	52
56	237	156	81	197	141	56	165	110	55
57	235	148	87	190	138	52	182	130	52
58	216	157	59	154	108	46	144	98	46
59	93	65	28	89	63	26	71	47	24
60-64岁	**825**	**568**	**257**	**551**	**376**	**175**	**462**	**318**	**144**
60	171	108	63	81	52	29	80	56	24
61	152	106	46	96	70	26	62	38	24
62	174	122	52	121	78	43	118	83	35
63	151	106	45	135	89	46	115	85	30
64	177	126	51	118	87	31	87	56	31
65岁及以上	**2273**	**1488**	**785**	**1639**	**1037**	**602**	**1368**	**906**	**462**

5-5 续表 7

单位：人

年 龄	初婚年龄								
	33岁			34岁			35岁		
	小计	男	女	小计	男	女	小计	男	女
总 计	**6767**	**4508**	**2259**	**5236**	**3449**	**1787**	**4244**	**2752**	**1492**
20岁以下									
20-24岁									
20									
21									
22									
23									
24									
25-29岁									
25									
26									
27									
28									
29									
30-34岁	**333**	**202**	**131**	**80**	**40**	**40**			
30									
31									
32									
33	98	71	27						
34	235	131	104	80	40	40			
35-39岁	**1434**	**895**	**539**	**1124**	**697**	**427**	**865**	**517**	**348**
35	268	172	96	196	130	66	62	32	30
36	261	152	109	218	144	74	192	118	74
37	289	179	110	219	132	87	197	123	74
38	306	193	113	257	155	102	208	128	80
39	310	199	111	234	136	98	206	116	90
40-44岁	**1227**	**821**	**406**	**988**	**630**	**358**	**799**	**493**	**306**
40	276	187	89	238	144	94	181	107	74
41	258	171	87	221	141	80	179	111	68
42	245	172	73	188	124	64	177	111	66
43	227	142	85	154	104	50	133	83	50
44	221	149	72	187	117	70	129	81	48
45-49岁	**1032**	**700**	**332**	**920**	**599**	**321**	**787**	**518**	**269**
45	221	144	77	217	129	88	154	99	55
46	216	146	70	197	130	67	183	111	72
47	209	132	77	176	122	54	194	123	71
48	203	149	54	175	117	58	131	92	39
49	183	129	54	155	101	54	125	93	32
50-54岁	**692**	**489**	**203**	**542**	**410**	**132**	**449**	**324**	**125**
50	184	121	63	151	112	39	147	105	42
51	139	101	38	119	96	23	102	79	23
52	129	88	41	98	80	18	88	58	30
53	127	92	35	85	61	24	59	43	16
54	113	87	26	89	61	28	53	39	14
55-59岁	**583**	**394**	**189**	**468**	**329**	**139**	**427**	**298**	**129**
55	157	108	49	92	66	26	87	60	27
56	117	84	33	111	72	39	87	66	21
57	117	77	40	110	81	29	107	72	35
58	136	85	51	105	73	32	85	56	29
59	56	40	16	50	37	13	61	44	17
60-64岁	**324**	**242**	**82**	**247**	**169**	**78**	**215**	**148**	**67**
60	71	47	24	38	23	15	46	30	16
61	48	39	9	48	34	14	43	30	13
62	61	48	13	63	43	20	50	37	13
63	72	53	19	49	34	15	46	31	15
64	72	55	17	49	35	14	30	20	10
65岁及以上	**1142**	**765**	**377**	**867**	**575**	**292**	**702**	**454**	**248**

5-5 续表 8

单位：人

年龄	初婚年龄								
	36岁			37岁			38岁		
	小计	男	女	小计	男	女	小计	男	女
总　计	**3377**	**2194**	**1183**	**2740**	**1814**	**926**	**2142**	**1455**	**687**
20岁以下									
20-24岁									
20									
21									
22									
23									
24									
25-29岁									
25									
26									
27									
28									
29									
30-34岁									
30									
31									
32									
33									
34									
35-39岁	**483**	**291**	**192**	**353**	**211**	**142**	**144**	**88**	**56**
35									
36	66	43	23						
37	129	80	49	58	32	26			
38	159	96	63	128	82	46	53	34	19
39	129	72	57	167	97	70	91	54	37
40-44岁	**718**	**435**	**283**	**576**	**354**	**222**	**480**	**305**	**175**
40	143	85	58	121	69	52	109	67	42
41	160	99	61	113	70	43	89	57	32
42	149	88	61	130	80	50	107	68	39
43	132	77	55	98	60	38	91	58	33
44	134	86	48	114	75	39	84	55	29
45-49岁	**689**	**456**	**233**	**591**	**388**	**203**	**501**	**337**	**164**
45	106	65	41	115	67	48	96	62	34
46	161	100	61	111	72	39	87	60	27
47	157	104	53	136	90	46	120	78	42
48	155	112	43	116	74	42	114	74	40
49	110	75	35	113	85	28	84	63	21
50-54岁	**422**	**297**	**125**	**392**	**288**	**104**	**317**	**227**	**90**
50	121	81	40	106	69	37	97	66	31
51	84	53	31	96	72	24	65	44	21
52	92	71	21	82	63	19	70	51	19
53	72	56	16	45	33	12	46	35	11
54	53	36	17	63	51	12	39	31	8
55-59岁	**305**	**223**	**82**	**203**	**138**	**65**	**162**	**113**	**49**
55	47	40	7	45	29	16	39	22	17
56	60	43	17	39	26	13	36	30	6
57	81	52	29	38	28	10	29	21	8
58	75	55	20	48	36	12	36	24	12
59	42	33	9	33	19	14	22	16	6
60-64岁	**185**	**116**	**69**	**159**	**116**	**43**	**155**	**110**	**45**
60	36	22	14	36	22	14	22	15	7
61	38	27	11	27	19	8	24	18	6
62	35	23	12	35	28	7	30	20	10
63	46	31	15	30	24	6	42	28	14
64	30	13	17	31	23	8	37	29	8
65岁及以上	**575**	**376**	**199**	**466**	**319**	**147**	**383**	**275**	**108**

5-5 续表 9

单位：人

年 龄	初婚年龄					
	39岁			40岁及以上		
	小计	男	女	小计	男	女
总 计	**1727**	**1126**	**601**	**9089**	**5921**	**3168**
20岁以下						
20-24岁						
20						
21						
22						
23						
24						
25-29岁						
25						
26						
27						
28						
29						
30-34岁						
30						
31						
32						
33						
34						
35-39岁	**30**	**12**	**18**			
35						
36						
37						
38						
39	30	12	18			
40-44岁	**384**	**219**	**165**	**640**	**372**	**268**
40	91	47	44	31	17	14
41	79	43	36	98	57	41
42	77	42	35	146	86	60
43	53	35	18	179	98	81
44	84	52	32	186	114	72
45-49岁	**382**	**245**	**137**	**1721**	**1129**	**592**
45	61	40	21	274	158	116
46	76	53	23	314	216	98
47	84	56	28	372	240	132
48	63	42	21	370	245	125
49	98	54	44	391	270	121
50-54岁	**322**	**241**	**81**	**1915**	**1261**	**654**
50	100	74	26	438	277	161
51	72	52	20	376	251	125
52	70	50	20	442	305	137
53	39	31	8	328	209	119
54	41	34	7	331	219	112
55-59岁	**147**	**90**	**57**	**1414**	**974**	**440**
55	38	20	18	337	225	112
56	35	24	11	308	206	102
57	24	14	10	320	224	96
58	31	22	9	292	208	84
59	19	10	9	157	111	46
60-64岁	**136**	**100**	**36**	**806**	**539**	**267**
60	20	15	5	149	96	53
61	28	23	5	141	97	44
62	28	17	11	181	121	60
63	29	21	8	176	122	54
64	31	24	7	159	103	56
65岁及以上	**326**	**219**	**107**	**2593**	**1646**	**947**

5-5a 全省分年龄、性别、初婚年龄的人口(城市)

单位：人

年　龄	初婚年龄					
	合　计			15岁以下		
	合计	男	女	小计	男	女
总　计	**198704**	**96166**	**102538**	**258**	**51**	**207**
20岁以下	**103**	**29**	**74**	**7**	**2**	**5**
20-24岁	**2108**	**654**	**1454**	**9**	**2**	**7**
20	112	30	82	1		1
21	163	49	114	1		1
22	334	101	233	2	1	1
23	524	169	355	2		2
24	975	305	670	3	1	2
25-29岁	**13619**	**5351**	**8268**	**8**	**1**	**7**
25	1495	532	963	1		1
26	1928	720	1208	2		2
27	2723	1061	1662	2		2
28	3433	1317	2116	2		2
29	4040	1721	2319	1	1	
30-34岁	**27212**	**12401**	**14811**	**31**	**7**	**24**
30	5063	2186	2877	3		3
31	5246	2361	2885	8	3	5
32	5413	2490	2923	7	1	6
33	5861	2747	3114	6	1	5
34	5629	2617	3012	7	2	5
35-39岁	**28143**	**13714**	**14429**	**11**	**3**	**8**
35	5436	2672	2764	2	1	1
36	5682	2711	2971	5	1	4
37	5699	2789	2910			
38	6054	2954	3100	1		1
39	5272	2588	2684	3	1	2
40-44岁	**23202**	**11652**	**11550**	**30**	**5**	**25**
40	5017	2508	2509	3	1	2
41	5178	2614	2564	10		10
42	4648	2308	2340	9	2	7
43	4109	2050	2059	3		3
44	4250	2172	2078	5	2	3
45-49岁	**24405**	**12663**	**11742**	**29**	**7**	**22**
45	4287	2169	2118	5	1	4
46	4973	2576	2397	4	1	3
47	5165	2652	2513	6		6
48	5167	2740	2427	9	4	5
49	4813	2526	2287	5	1	4
50-54岁	**22615**	**11791**	**10824**	**36**	**10**	**26**
50	5035	2556	2479	1	1	
51	4751	2542	2209	5		5
52	5071	2714	2357	14	5	9
53	3775	1929	1846	11	3	8
54	3983	2050	1933	5	1	4
55-59岁	**18917**	**9559**	**9358**	**29**	**3**	**26**
55	4175	2131	2044	7	1	6
56	4133	2074	2059	5	1	4
57	4705	2426	2279	2		2
58	3832	1926	1906	9	1	8
59	2072	1002	1070	6		6
60-64岁	**12508**	**6214**	**6294**	**15**	**1**	**14**
60	2188	1070	1118	4		4
61	2261	1131	1130	4		4
62	2711	1390	1321	1		1
63	2837	1428	1409	4	1	3
64	2511	1195	1316	2		2
65岁及以上	**25872**	**12138**	**13734**	**53**	**10**	**43**

5—5a 续表 1 单位：人

年 龄	初婚年龄								
	15岁			16岁			17岁		
	小计	男	女	小计	男	女	小计	男	女
总 计	**946**	**241**	**705**	**1594**	**388**	**1206**	**2725**	**642**	**2083**
20岁以下	**14**	**5**	**9**	**23**	**7**	**16**	**28**	**7**	**21**
20—24岁	**44**	**15**	**29**	**59**	**18**	**41**	**103**	**33**	**70**
20	3	1	2	7	2	5	19	3	16
21	9	3	6	9	3	6	17	7	10
22	8	4	4	14	4	10	17	7	10
23	9	2	7	14	6	8	21	10	11
24	15	5	10	15	3	12	29	6	23
25—29岁	**59**	**12**	**47**	**104**	**23**	**81**	**174**	**38**	**136**
25	10		10	18	6	12	24	6	18
26	14	5	9	11	1	10	29	5	24
27	15	1	14	30	9	21	44	10	34
28	12	3	9	23	5	18	37	10	27
29	8	3	5	22	2	20	40	7	33
30—34岁	**98**	**16**	**82**	**165**	**37**	**128**	**249**	**72**	**177**
30	18	1	17	26	2	24	34	11	23
31	10	2	8	29	7	22	50	13	37
32	25	2	23	37	9	28	58	22	36
33	24	7	17	45	12	33	50	15	35
34	21	4	17	28	7	21	57	11	46
35—39岁	**101**	**24**	**77**	**157**	**41**	**116**	**294**	**76**	**218**
35	36	9	27	17	4	13	47	12	35
36	19	3	16	43	10	33	54	14	40
37	19	7	12	42	15	27	78	22	56
38	11	3	8	31	5	26	68	12	56
39	16	2	14	24	7	17	47	16	31
40—44岁	**103**	**29**	**74**	**169**	**42**	**127**	**253**	**55**	**198**
40	19	7	12	28	4	24	50	10	40
41	20	7	13	27	6	21	55	4	51
42	21	7	14	40	10	30	49	11	38
43	23	4	19	26	6	20	44	13	31
44	20	4	16	48	16	32	55	17	38
45—49岁	**92**	**27**	**65**	**195**	**58**	**137**	**390**	**90**	**300**
45	20	6	14	32	11	21	53	14	39
46	28	10	18	50	17	33	73	14	59
47	17	4	13	47	11	36	99	25	74
48	15	4	11	41	14	27	96	23	73
49	12	3	9	25	5	20	69	14	55
50—54岁	**123**	**42**	**81**	**187**	**52**	**135**	**336**	**90**	**246**
50	22	8	14	29	5	24	63	9	54
51	34	13	21	56	14	42	65	15	50
52	19	4	15	33	12	21	99	32	67
53	31	14	17	34	12	22	53	15	38
54	17	3	14	35	9	26	56	19	37
55—59岁	**96**	**28**	**68**	**142**	**37**	**105**	**280**	**87**	**193**
55	26	6	20	35	10	25	68	25	43
56	25	9	16	44	12	32	62	18	44
57	24	8	16	37	9	28	73	20	53
58	14	3	11	14	4	10	56	17	39
59	7	2	5	12	2	10	21	7	14
60—64岁	**57**	**12**	**45**	**88**	**20**	**68**	**138**	**37**	**101**
60	13	2	11	10		10	23	5	18
61	10	5	5	13	7	6	26	8	18
62	11	2	9	18	6	12	37	11	26
63	12	3	9	23	4	19	30	8	22
64	11		11	24	3	21	22	5	17
65岁及以上	**159**	**31**	**128**	**305**	**53**	**252**	**480**	**57**	**423**

5-5a 续表 2

单位：人

年龄	初婚年龄								
	18岁			19岁			20岁		
	小计	男	女	小计	男	女	小计	男	女
总　计	**4723**	**1171**	**3552**	**7794**	**2125**	**5669**	**11629**	**3455**	**8174**
20岁以下	**22**	**6**	**16**	**9**	**2**	**7**			
20-24岁	**167**	**46**	**121**	**241**	**56**	**185**	**341**	**65**	**276**
20	26	9	17	41	10	31	15	5	10
21	26	13	13	39	10	29	42	8	34
22	28	4	24	36	12	24	95	22	73
23	33	13	20	56	11	45	82	15	67
24	54	7	47	69	13	56	107	15	92
25-29岁	**354**	**103**	**251**	**582**	**152**	**430**	**900**	**237**	**663**
25	49	10	39	96	27	69	154	42	112
26	64	23	41	94	18	76	146	41	105
27	73	19	54	108	28	80	202	47	155
28	88	25	63	135	32	103	191	44	147
29	80	26	54	149	47	102	207	63	144
30-34岁	**408**	**105**	**303**	**718**	**199**	**519**	**1230**	**310**	**920**
30	109	23	86	151	49	102	246	60	186
31	63	18	45	148	40	108	235	57	178
32	74	21	53	136	34	102	262	63	199
33	83	24	59	123	33	90	239	64	175
34	79	19	60	160	43	117	248	66	182
35-39岁	**502**	**125**	**377**	**729**	**191**	**538**	**1091**	**317**	**774**
35	88	22	66	143	42	101	237	74	163
36	96	25	71	121	38	83	202	49	153
37	76	15	61	140	40	100	224	68	156
38	142	38	104	150	29	121	232	65	167
39	100	25	75	175	42	133	196	61	135
40-44岁	**442**	**98**	**344**	**743**	**195**	**548**	**1170**	**355**	**815**
40	93	19	74	165	45	120	254	82	172
41	92	25	67	152	30	122	260	84	176
42	84	22	62	119	35	84	224	59	165
43	80	14	66	139	39	100	194	63	131
44	93	18	75	168	46	122	238	67	171
45-49岁	**612**	**172**	**440**	**1031**	**348**	**683**	**1444**	**479**	**965**
45	85	23	62	185	65	120	268	85	183
46	125	35	90	202	66	136	307	105	202
47	126	37	89	204	71	133	317	108	209
48	143	45	98	218	71	147	300	100	200
49	133	32	101	222	75	147	252	81	171
50-54岁	**658**	**186**	**472**	**1092**	**346**	**746**	**1752**	**623**	**1129**
50	145	42	103	233	63	170	370	119	251
51	135	43	92	224	83	141	402	158	244
52	146	40	106	236	78	158	407	156	251
53	116	31	85	196	55	141	298	95	203
54	116	30	86	203	67	136	275	95	180
55-59岁	**485**	**129**	**356**	**906**	**250**	**656**	**1261**	**391**	**870**
55	131	42	89	217	62	155	262	88	174
56	105	31	74	195	54	141	291	104	187
57	108	25	83	251	75	176	312	95	217
58	99	24	75	130	35	95	266	63	203
59	42	7	35	113	24	89	130	41	89
60-64岁	**211**	**47**	**164**	**398**	**112**	**286**	**669**	**197**	**472**
60	37	13	24	78	22	56	138	38	100
61	35	7	28	97	27	70	159	49	110
62	48	12	36	61	19	42	144	50	94
63	44	7	37	81	22	59	118	32	86
64	47	8	39	81	22	59	110	28	82
65岁及以上	**862**	**154**	**708**	**1345**	**274**	**1071**	**1771**	**481**	**1290**

5-5a 续表 3

单位：人

年 龄	初婚年龄								
	21岁			22岁			23岁		
	小计	男	女	小计	男	女	小计	男	女
总 计	**14051**	**4880**	**9171**	**17547**	**7212**	**10335**	**18692**	**8082**	**10610**
20岁以下									
20-24岁	**336**	**98**	**238**	**420**	**174**	**246**	**301**	**116**	**185**
20									
21	20	5	15						
22	76	23	53	58	24	34			
23	99	29	70	146	58	88	62	25	37
24	141	41	100	216	92	124	239	91	148
25-29岁	**1120**	**351**	**769**	**1517**	**623**	**894**	**1836**	**701**	**1135**
25	173	59	114	240	95	145	294	109	185
26	179	65	114	247	106	141	310	122	188
27	226	70	156	315	125	190	359	146	213
28	274	78	196	347	144	203	420	139	281
29	268	79	189	368	153	215	453	185	268
30-34岁	**1607**	**514**	**1093**	**2184**	**907**	**1277**	**2373**	**949**	**1424**
30	320	90	230	441	194	247	478	193	285
31	313	106	207	431	171	260	485	187	298
32	315	95	220	425	179	246	440	186	254
33	349	121	228	481	190	291	486	194	292
34	310	102	208	406	173	233	484	189	295
35-39岁	**1334**	**467**	**867**	**1839**	**705**	**1134**	**2240**	**983**	**1257**
35	269	92	177	352	144	208	477	214	263
36	287	97	190	394	143	251	474	206	268
37	266	99	167	362	149	213	418	176	242
38	260	88	172	390	141	249	488	215	273
39	252	91	161	341	128	213	383	172	211
40-44岁	**1355**	**482**	**873**	**1731**	**711**	**1020**	**1773**	**776**	**997**
40	213	78	135	312	123	189	355	146	209
41	320	109	211	319	127	192	358	172	186
42	315	112	203	408	174	234	303	119	184
43	253	76	177	339	136	203	365	160	205
44	254	107	147	353	151	202	392	179	213
45-49岁	**1723**	**643**	**1080**	**2045**	**868**	**1177**	**2165**	**983**	**1182**
45	295	118	177	320	125	195	367	166	201
46	339	122	217	387	158	229	433	198	235
47	376	135	241	471	212	259	457	199	258
48	359	133	226	451	187	264	489	235	254
49	354	135	219	416	186	230	419	185	234
50-54岁	**1972**	**770**	**1202**	**2284**	**1053**	**1231**	**2114**	**1041**	**1073**
50	355	141	214	442	198	244	437	202	235
51	406	159	247	400	185	215	403	198	205
52	495	205	290	549	260	289	428	221	207
53	383	148	235	438	199	239	384	187	197
54	333	117	216	455	211	244	462	233	229
55-59岁	**1797**	**636**	**1161**	**2103**	**880**	**1223**	**2129**	**1003**	**1126**
55	387	148	239	437	183	254	480	233	247
56	430	161	269	448	189	259	415	189	226
57	451	169	282	577	247	330	514	244	270
58	332	113	219	441	187	254	470	218	252
59	197	45	152	200	74	126	250	119	131
60-64岁	**929**	**322**	**607**	**1315**	**490**	**825**	**1556**	**634**	**922**
60	162	50	112	244	85	159	283	122	161
61	188	64	124	225	92	133	277	119	158
62	233	89	144	311	119	192	303	129	174
63	194	63	131	307	111	196	377	165	212
64	152	56	96	228	83	145	316	99	217
65岁及以上	**1878**	**597**	**1281**	**2109**	**801**	**1308**	**2205**	**896**	**1309**

5-5a 续表 4

单位：人

年龄	初婚年龄								
	24岁			25岁			26岁		
	小计	男	女	小计	男	女	小计	男	女
总　计	**19580**	**9221**	**10359**	**18873**	**9712**	**9161**	**16492**	**8934**	**7558**
20岁以下									
20-24岁	**87**	**31**	**56**						
20									
21									
22									
23									
24	87	31	56						
25-29岁	**2116**	**894**	**1222**	**1823**	**787**	**1036**	**1444**	**656**	**788**
25	332	140	192	104	38	66			
26	373	160	213	326	128	198	133	46	87
27	434	187	247	422	179	243	357	173	184
28	425	179	246	484	211	273	448	192	256
29	552	228	324	487	231	256	506	245	261
30-34岁	**2761**	**1192**	**1569**	**3159**	**1485**	**1674**	**2992**	**1470**	**1522**
30	529	214	315	676	323	353	575	293	282
31	587	256	331	615	291	324	630	295	335
32	556	257	299	624	293	331	578	282	296
33	557	247	310	633	288	345	641	306	335
34	532	218	314	611	290	321	568	294	274
35-39岁	**2550**	**1090**	**1460**	**2765**	**1332**	**1433**	**2711**	**1363**	**1348**
35	556	253	303	547	270	277	512	255	257
36	555	214	341	589	304	285	541	248	293
37	477	195	282	582	276	306	591	309	282
38	502	218	284	580	264	316	586	299	287
39	460	210	250	467	218	249	481	252	229
40-44岁	**1824**	**892**	**932**	**1881**	**920**	**961**	**1862**	**958**	**904**
40	388	196	192	428	224	204	467	222	245
41	421	211	210	449	214	235	449	228	221
42	332	145	187	367	168	199	355	193	162
43	309	150	159	326	159	167	294	155	139
44	374	190	184	311	155	156	297	160	137
45-49岁	**2263**	**1128**	**1135**	**2032**	**1130**	**902**	**1708**	**992**	**716**
45	426	198	228	348	191	157	258	150	108
46	444	215	229	412	232	180	370	218	152
47	426	205	221	433	235	198	372	214	158
48	499	265	234	406	234	172	360	220	140
49	468	245	223	433	238	195	348	190	158
50-54岁	**2032**	**1068**	**964**	**1797**	**1019**	**778**	**1482**	**929**	**553**
50	471	229	242	454	255	199	305	179	126
51	429	235	194	394	220	174	375	238	137
52	422	221	201	405	231	174	316	195	121
53	290	149	141	272	164	108	226	154	72
54	420	234	186	272	149	123	260	163	97
55-59岁	**1975**	**1053**	**922**	**1748**	**1017**	**731**	**1258**	**805**	**453**
55	453	243	210	382	228	154	231	151	80
56	443	224	219	428	237	191	263	171	92
57	454	256	198	393	239	154	361	232	129
58	376	206	170	361	201	160	270	165	105
59	249	124	125	184	112	72	133	86	47
60-64岁	**1486**	**750**	**736**	**1230**	**697**	**533**	**1032**	**625**	**407**
60	252	135	117	201	115	86	152	92	60
61	226	113	113	206	110	96	197	124	73
62	317	167	150	285	173	112	213	124	89
63	355	175	180	295	174	121	237	150	87
64	336	160	176	243	125	118	233	135	98
65岁及以上	**2486**	**1123**	**1363**	**2438**	**1325**	**1113**	**2003**	**1136**	**867**

5-5a　续表 5　　单位：人

年　龄	初婚年龄								
	27岁			28岁			29岁		
	小计	男	女	小计	男	女	小计	男	女
总　计	**13999**	**8059**	**5940**	**10914**	**6653**	**4261**	**8474**	**5381**	**3093**
20岁以下									
20-24岁									
20									
21									
22									
23									
24									
25-29岁	**1012**	**466**	**546**	**466**	**245**	**221**	**104**	**62**	**42**
25									
26									
27	136	67	69						
28	412	186	226	135	69	66			
29	464	213	251	331	176	155	104	62	42
30-34岁	**2830**	**1448**	**1382**	**2188**	**1214**	**974**	**1712**	**980**	**732**
30	558	258	300	470	235	235	331	195	136
31	544	280	264	395	225	170	373	217	156
32	622	335	287	400	218	182	339	194	145
33	558	278	280	479	282	197	337	178	159
34	548	297	251	444	254	190	332	196	136
35-39岁	**2517**	**1385**	**1132**	**2111**	**1214**	**897**	**1684**	**1008**	**676**
35	480	276	204	434	236	198	335	190	145
36	518	287	231	430	237	193	346	221	125
37	523	289	234	405	227	178	339	198	141
38	530	293	237	449	280	169	349	209	140
39	466	240	226	393	234	159	315	190	125
40-44岁	**1693**	**975**	**718**	**1481**	**915**	**566**	**1292**	**826**	**466**
40	410	245	165	374	218	156	313	194	119
41	393	220	173	328	201	127	335	197	138
42	329	182	147	317	190	127	251	165	86
43	296	175	121	260	169	91	160	108	52
44	265	153	112	202	137	65	233	162	71
45-49岁	**1441**	**925**	**516**	**1128**	**728**	**400**	**905**	**591**	**314**
45	235	149	86	190	129	61	180	109	71
46	277	177	100	219	138	81	216	139	77
47	316	198	118	221	133	88	159	115	44
48	331	222	109	248	163	85	170	112	58
49	282	179	103	250	165	85	180	116	64
50-54岁	**1183**	**728**	**455**	**962**	**623**	**339**	**822**	**570**	**252**
50	290	168	122	215	141	74	220	144	76
51	277	173	104	219	134	85	148	105	43
52	273	169	104	222	151	71	175	132	43
53	153	99	54	163	102	61	133	91	42
54	190	119	71	143	95	48	146	98	48
55-59岁	**970**	**641**	**329**	**705**	**489**	**216**	**544**	**389**	**155**
55	194	126	68	152	103	49	117	84	33
56	200	121	79	134	93	41	131	94	37
57	249	174	75	151	107	44	130	96	34
58	232	156	76	171	112	59	97	71	26
59	95	64	31	97	74	23	69	44	25
60-64岁	**763**	**488**	**275**	**598**	**390**	**208**	**472**	**324**	**148**
60	118	72	46	109	72	37	83	57	26
61	146	88	58	102	65	37	78	58	20
62	183	116	67	121	80	41	95	68	27
63	170	115	55	141	88	53	102	71	31
64	146	97	49	125	85	40	114	70	44
65岁及以上	**1590**	**1003**	**587**	**1275**	**835**	**440**	**939**	**631**	**308**

5-5a 续表 6

单位：人

年龄	初婚年龄								
	30岁			31岁			32岁		
	小计	男	女	小计	男	女	小计	男	女
总计	**6611**	**4303**	**2308**	**4931**	**3230**	**1701**	**3737**	**2450**	**1287**
20岁以下									
20-24岁									
20									
21									
22									
23									
24									
25-29岁									
25									
26									
27									
28									
29									
30-34岁	**1210**	**720**	**490**	**722**	**442**	**280**	**366**	**207**	**159**
30	98	45	53						
31	258	146	112	72	47	25			
32	289	169	120	179	106	73	47	24	23
33	303	199	104	254	168	86	168	105	63
34	262	161	101	217	121	96	151	78	73
35-39岁	**1333**	**852**	**481**	**1160**	**715**	**445**	**870**	**533**	**337**
35	274	177	97	196	135	61	170	101	69
36	250	168	82	248	135	113	173	102	71
37	302	183	119	259	159	100	175	108	67
38	292	184	108	239	146	93	197	124	73
39	215	140	75	218	140	78	155	98	57
40-44岁	**1128**	**717**	**411**	**885**	**579**	**306**	**675**	**440**	**235**
40	256	154	102	177	106	71	150	93	57
41	275	185	90	201	131	70	133	88	45
42	227	150	77	196	135	61	131	85	46
43	195	120	75	167	108	59	135	89	46
44	175	108	67	144	99	45	126	85	41
45-49岁	**805**	**547**	**258**	**623**	**425**	**198**	**581**	**399**	**182**
45	182	114	68	129	83	46	121	86	35
46	171	117	54	134	88	46	138	91	47
47	161	110	51	122	82	40	120	85	35
48	151	103	48	145	102	43	105	71	34
49	140	103	37	93	70	23	97	66	31
50-54岁	**641**	**453**	**188**	**468**	**337**	**131**	**356**	**255**	**101**
50	154	104	50	90	64	26	92	59	33
51	114	91	23	114	82	32	54	45	9
52	166	120	46	106	82	24	79	65	14
53	100	64	36	84	63	21	65	48	17
54	107	74	33	74	46	28	66	38	28
55-59岁	**413**	**290**	**123**	**302**	**215**	**87**	**277**	**195**	**82**
55	112	77	35	68	48	20	59	39	20
56	88	66	22	65	48	17	57	38	19
57	104	72	32	82	59	23	77	56	21
58	74	55	19	56	39	17	52	39	13
59	35	20	15	31	21	10	32	23	9
60-64岁	**303**	**209**	**94**	**223**	**143**	**80**	**175**	**113**	**62**
60	54	33	21	28	15	13	29	23	6
61	57	39	18	45	34	11	30	15	15
62	63	51	12	53	29	24	40	26	14
63	61	40	21	44	25	19	37	28	9
64	68	46	22	53	40	13	39	21	18
65岁及以上	**778**	**515**	**263**	**548**	**374**	**174**	**437**	**308**	**129**

5–5a 续表 7

单位：人

年 龄	初婚年龄								
	33岁			34岁			35岁		
	小计	男	女	小计	男	女	小计	男	女
总 计	**3002**	**1987**	**1015**	**2334**	**1538**	**796**	**1821**	**1176**	**645**
20岁以下									
20–24岁									
20									
21									
22									
23									
24									
25–29岁									
25									
26									
27									
28									
29									
30–34岁	**162**	**101**	**61**	**47**	**26**	**21**			
30									
31									
32									
33	45	35	10						
34	117	66	51	47	26	21			
35–39岁	**721**	**435**	**286**	**550**	**337**	**213**	**402**	**239**	**163**
35	136	84	52	98	66	32	30	15	15
36	116	69	47	99	63	36	96	62	34
37	147	88	59	102	66	36	82	47	35
38	174	102	72	125	76	49	98	60	38
39	148	92	56	126	66	60	96	55	41
40–44岁	**581**	**385**	**196**	**468**	**295**	**173**	**383**	**227**	**156**
40	137	88	49	118	64	54	89	56	33
41	123	83	40	110	75	35	85	46	39
42	108	72	36	87	55	32	89	54	35
43	102	68	34	73	47	26	67	42	25
44	111	74	37	80	54	26	53	29	24
45–49岁	**486**	**317**	**169**	**466**	**304**	**162**	**396**	**266**	**130**
45	106	59	47	110	67	43	66	38	28
46	100	65	35	105	70	35	88	54	34
47	105	69	36	86	59	27	96	59	37
48	90	69	21	83	50	33	78	59	19
49	85	55	30	82	58	24	68	56	12
50–54岁	**307**	**213**	**94**	**236**	**178**	**58**	**192**	**136**	**56**
50	78	48	30	74	60	14	77	52	25
51	64	45	19	48	38	10	35	30	5
52	61	41	20	44	33	11	36	21	15
53	52	41	11	32	20	12	21	16	5
54	52	38	14	38	27	11	23	17	6
55–59岁	**223**	**155**	**68**	**180**	**125**	**55**	**143**	**98**	**45**
55	57	38	19	45	31	14	34	22	12
56	46	37	9	38	26	12	30	22	8
57	53	36	17	42	31	11	35	24	11
58	50	32	18	35	24	11	25	18	7
59	17	12	5	20	13	7	19	12	7
60–64岁	**115**	**84**	**31**	**99**	**71**	**28**	**83**	**60**	**23**
60	24	18	6	19	15	4	14	10	4
61	13	11	2	15	12	3	18	14	4
62	18	11	7	30	19	11	18	14	4
63	27	19	8	20	16	4	18	11	7
64	33	25	8	15	9	6	15	11	4
65岁及以上	**407**	**297**	**110**	**288**	**202**	**86**	**222**	**150**	**72**

5-5a 续表 8

单位：人

年龄	初婚年龄								
	36岁			37岁			38岁		
	小计	男	女	小计	男	女	小计	男	女
总计	**1499**	**981**	**518**	**1154**	**746**	**408**	**893**	**598**	**295**
20岁以下									
20-24岁									
20									
21									
22									
23									
24									
25-29岁									
25									
26									
27									
28									
29									
30-34岁									
30									
31									
32									
33									
34									
35-39岁	**232**	**139**	**93**	**162**	**99**	**63**	**66**	**37**	**29**
35									
36	26	15	11						
37	64	37	27	26	16	10			
38	78	47	31	58	41	17	24	15	9
39	64	40	24	78	42	36	42	22	20
40-44岁	**354**	**216**	**138**	**275**	**172**	**103**	**201**	**126**	**75**
40	81	50	31	50	28	22	42	28	14
41	80	54	26	60	43	17	43	29	14
42	75	40	35	68	41	27	40	24	16
43	62	35	27	44	29	15	44	28	16
44	56	37	19	53	31	22	32	17	15
45-49岁	**322**	**219**	**103**	**269**	**177**	**92**	**249**	**164**	**85**
45	54	36	18	51	28	23	49	31	18
46	74	49	25	47	32	15	39	25	14
47	69	45	24	66	42	24	69	45	24
48	70	49	21	53	35	18	50	28	22
49	55	40	15	52	40	12	42	35	7
50-54岁	**213**	**142**	**71**	**183**	**129**	**54**	**148**	**100**	**48**
50	62	36	26	50	28	22	48	32	16
51	45	30	15	56	41	15	33	19	14
52	43	30	13	35	28	7	27	19	8
53	37	29	8	16	12	4	21	15	6
54	26	17	9	26	20	6	19	15	4
55-59岁	**131**	**92**	**39**	**75**	**43**	**32**	**68**	**50**	**18**
55	15	13	2	18	9	9	16	8	8
56	27	19	8	18	9	9	16	15	1
57	39	26	13	16	10	6	15	12	3
58	33	22	11	13	7	6	14	10	4
59	17	12	5	10	8	2	7	5	2
60-64岁	**77**	**51**	**26**	**48**	**34**	**14**	**54**	**38**	**16**
60	17	14	3	14	9	5	10	8	2
61	18	10	8	4	2	2	10	8	2
62	12	11	1	8	8		9	3	6
63	18	12	6	13	9	4	16	12	4
64	12	4	8	9	6	3	9	7	2
65岁及以上	**170**	**122**	**48**	**142**	**92**	**50**	**107**	**83**	**24**

5-5a 续表 9

单位：人

年 龄	初婚年龄					
	39岁			40岁及以上		
	小计	男	女	小计	男	女
总 计	**744**	**490**	**254**	**3687**	**2460**	**1227**
20岁以下						
20-24岁						
20						
21						
22						
23						
24						
25-29岁						
25						
26						
27						
28						
29						
30-34岁						
30						
31						
32						
33						
34						
35-39岁	**11**	**4**	**7**			
35						
36						
37						
38						
39	11	4	7			
40-44岁	**182**	**108**	**74**	**268**	**153**	**115**
40	35	23	12	10	4	6
41	42	24	18	38	21	17
42	42	23	19	62	35	27
43	27	15	12	82	42	40
44	36	23	13	76	51	25
45-49岁	**198**	**137**	**61**	**807**	**539**	**268**
45	31	21	10	121	66	55
46	45	33	12	146	107	39
47	42	33	9	182	121	61
48	33	22	11	174	120	54
49	47	28	19	184	125	59
50-54岁	**148**	**111**	**37**	**891**	**587**	**304**
50	45	33	12	213	136	77
51	37	28	9	179	120	59
52	28	21	7	207	142	65
53	20	14	6	146	89	57
54	18	15	3	146	100	46
55-59岁	**65**	**35**	**30**	**612**	**423**	**189**
55	22	9	13	150	104	46
56	16	11	5	113	75	38
57	11	5	6	144	99	45
58	6	4	2	136	100	36
59	10	6	4	69	45	24
60-64岁	**49**	**34**	**15**	**325**	**231**	**94**
60	8	3	5	64	42	22
61	14	11	3	48	39	9
62	8	5	3	71	48	23
63	11	7	4	82	60	22
64	8	8		60	42	18
65岁及以上	**91**	**61**	**30**	**784**	**527**	**257**

5-5b 全省分年龄、性别、初婚年龄的人口(镇)

单位：人

年 龄	初婚年龄					
	合 计			15岁以下		
	合计	男	女	小计	男	女
总 计	**133469**	**65100**	**68369**	**424**	**87**	**337**
20岁以下	**150**	**34**	**116**	**6**		**6**
20-24岁	**1811**	**572**	**1239**	**19**	**4**	**15**
20	127	32	95			
21	190	50	140	5	1	4
22	329	115	214	8	2	6
23	496	167	329	5		5
24	669	208	461	1	1	
25-29岁	**8306**	**3362**	**4944**	**22**	**2**	**20**
25	1043	365	678	6		6
26	1268	514	754	2	1	1
27	1661	635	1026	5		5
28	2022	839	1183	5	1	4
29	2312	1009	1303	4		4
30-34岁	**14800**	**6924**	**7876**	**41**	**9**	**32**
30	2844	1264	1580	5		5
31	2812	1280	1532	6	1	5
32	2911	1352	1559	6	2	4
33	3146	1518	1628	15	5	10
34	3087	1510	1577	9	1	8
35-39岁	**16407**	**8224**	**8183**	**32**	**6**	**26**
35	3008	1478	1530	14	4	10
36	3381	1703	1678	6		6
37	3369	1712	1657	6	2	4
38	3483	1728	1755	2		2
39	3166	1603	1563	4		4
40-44岁	**14393**	**7484**	**6909**	**57**	**16**	**41**
40	3193	1613	1580	14	3	11
41	3089	1588	1501	12	4	8
42	2888	1501	1387	8	2	6
43	2524	1346	1178	8	3	5
44	2699	1436	1263	15	4	11
45-49岁	**14749**	**7623**	**7126**	**38**	**7**	**31**
45	2568	1297	1271	9	3	6
46	2881	1489	1392	10	1	9
47	3138	1633	1505	8	1	7
48	3195	1668	1527	3		3
49	2967	1536	1431	8	2	6
50-54岁	**15699**	**8049**	**7650**	**61**	**12**	**49**
50	3298	1695	1603	7	2	5
51	3122	1576	1546	15	4	11
52	3390	1741	1649	13	3	10
53	2871	1467	1404	15	2	13
54	3018	1570	1448	11	1	10
55-59岁	**14379**	**7328**	**7051**	**27**	**5**	**22**
55	3022	1540	1482	6		6
56	3094	1562	1532	4		4
57	3285	1661	1624	9	2	7
58	3173	1658	1515	5	2	3
59	1805	907	898	3	1	2
60-64岁	**9789**	**4919**	**4870**	**19**	**5**	**14**
60	1691	895	796	3		3
61	1751	900	851	7	3	4
62	2133	1068	1065	7	2	5
63	2160	1068	1092			
64	2054	988	1066	2		2
65岁及以上	**22986**	**10581**	**12405**	**102**	**21**	**81**

5-5b　续表 1　　　　单位：人

年　龄	初婚年龄								
	15岁			16岁			17岁		
	小计	男	女	小计	男	女	小计	男	女
总　计	**1159**	**277**	**882**	**1956**	**466**	**1490**	**3407**	**875**	**2532**
20岁以下	**23**	**5**	**18**	**40**	**7**	**33**	**41**	**13**	**28**
20—24岁	**55**	**4**	**51**	**108**	**27**	**81**	**148**	**52**	**96**
20	4		4	16	5	11	18	7	11
21	14	2	12	24	4	20	20	4	16
22	11		11	20	6	14	24	12	12
23	14	1	13	18	4	14	44	11	33
24	12	1	11	30	8	22	42	18	24
25—29岁	**89**	**18**	**71**	**159**	**40**	**119**	**287**	**81**	**206**
25	23	7	16	31	10	21	52	13	39
26	17	2	15	30	6	24	54	20	34
27	26	7	19	39	12	27	52	11	41
28	10	1	9	29	6	23	68	24	44
29	13	1	12	30	6	24	61	13	48
30—34岁	**132**	**37**	**95**	**197**	**49**	**148**	**296**	**82**	**214**
30	22	6	16	32	10	22	57	15	42
31	28	5	23	40	8	32	61	18	43
32	20	5	15	34	6	28	54	18	36
33	37	13	24	45	13	32	58	13	45
34	25	8	17	46	12	34	66	18	48
35—39岁	**122**	**32**	**90**	**212**	**52**	**160**	**415**	**109**	**306**
35	31	9	22	43	12	31	80	24	56
36	32	13	19	41	13	28	84	27	57
37	23	4	19	41	8	33	104	27	77
38	19	5	14	40	6	34	82	20	62
39	17	1	16	47	13	34	65	11	54
40—44岁	**104**	**31**	**73**	**162**	**39**	**123**	**309**	**77**	**232**
40	24	5	19	37	9	28	67	20	47
41	25	3	22	29	4	25	68	20	48
42	19	6	13	34	7	27	56	17	39
43	18	10	8	27	8	19	52	10	42
44	18	7	11	35	11	24	66	10	56
45—49岁	**118**	**23**	**95**	**189**	**44**	**145**	**376**	**105**	**271**
45	19	3	16	22	3	19	51	9	42
46	18	3	15	47	11	36	57	19	38
47	31	8	23	46	14	32	88	30	58
48	27	6	21	44	12	32	100	27	73
49	23	3	20	30	4	26	80	20	60
50—54岁	**123**	**39**	**84**	**242**	**74**	**168**	**386**	**108**	**278**
50	27	5	22	31	11	20	81	28	53
51	21	7	14	71	25	46	77	18	59
52	29	10	19	54	13	41	97	22	75
53	30	12	18	43	11	32	62	16	46
54	16	5	11	43	14	29	69	24	45
55—59岁	**134**	**34**	**100**	**185**	**40**	**145**	**346**	**91**	**255**
55	49	10	39	43	11	32	70	19	51
56	39	13	26	56	7	49	55	12	43
57	22	5	17	45	11	34	103	35	68
58	15	5	10	28	8	20	83	18	65
59	9	1	8	13	3	10	35	7	28
60—64岁	**62**	**13**	**49**	**113**	**31**	**82**	**168**	**48**	**120**
60	8	3	5	10	6	4	31	6	25
61	9	2	7	19	6	13	28	6	22
62	16	1	15	29	7	22	34	7	27
63	11	3	8	27	5	22	35	14	21
64	18	4	14	28	7	21	40	15	25
65岁及以上	**197**	**41**	**156**	**349**	**63**	**286**	**635**	**109**	**526**

5-5b 续表 2 单位：人

年龄	初婚年龄								
	18岁			19岁			20岁		
	小计	男	女	小计	男	女	小计	男	女
总计	**5331**	**1444**	**3887**	**8225**	**2587**	**5638**	**10921**	**3829**	**7092**
20岁以下	**23**	**4**	**19**	**17**	**5**	**12**			
20-24岁	**206**	**56**	**150**	**267**	**86**	**181**	**301**	**98**	**203**
20	40	5	35	29	9	20	20	6	14
21	18	5	13	36	14	22	46	12	34
22	42	11	31	62	22	40	66	30	36
23	52	17	35	64	21	43	81	24	57
24	54	18	36	76	20	56	88	26	62
25-29岁	**472**	**127**	**345**	**635**	**201**	**434**	**823**	**276**	**547**
25	70	14	56	99	26	73	124	34	90
26	91	32	59	123	39	84	131	47	84
27	96	31	65	148	41	107	170	55	115
28	107	22	85	133	49	84	202	71	131
29	108	28	80	132	46	86	196	69	127
30-34岁	**505**	**139**	**366**	**775**	**248**	**527**	**1020**	**331**	**689**
30	107	26	81	195	57	138	205	67	138
31	99	29	70	140	45	95	223	73	150
32	85	21	64	138	45	93	201	66	135
33	114	22	92	145	49	96	192	56	136
34	100	41	59	157	52	105	199	69	130
35-39岁	**576**	**139**	**437**	**836**	**285**	**551**	**1090**	**405**	**685**
35	90	22	68	140	53	87	236	86	150
36	107	24	83	167	56	111	209	78	131
37	116	26	90	156	54	102	238	85	153
38	145	36	109	177	56	121	210	87	123
39	118	31	87	196	66	130	197	69	128
40-44岁	**477**	**147**	**330**	**780**	**246**	**534**	**1096**	**410**	**686**
40	118	39	79	182	61	121	274	103	171
41	96	24	72	172	48	124	240	89	151
42	86	27	59	155	49	106	211	83	128
43	89	32	57	140	45	95	183	65	118
44	88	25	63	131	43	88	188	70	118
45-49岁	**646**	**199**	**447**	**837**	**273**	**564**	**1081**	**378**	**703**
45	101	27	74	157	40	117	191	60	131
46	103	26	77	160	51	109	221	77	144
47	133	42	91	173	64	109	245	85	160
48	169	55	114	161	55	106	241	88	153
49	140	49	91	186	63	123	183	68	115
50-54岁	**657**	**213**	**444**	**1086**	**359**	**727**	**1403**	**532**	**871**
50	153	51	102	250	74	176	290	107	183
51	134	43	91	221	71	150	320	119	201
52	137	48	89	216	69	147	306	121	185
53	114	37	77	180	64	116	220	81	139
54	119	34	85	219	81	138	267	104	163
55-59岁	**530**	**154**	**376**	**979**	**326**	**653**	**1271**	**499**	**772**
55	116	29	87	195	71	124	290	115	175
56	109	36	73	196	71	125	275	107	168
57	113	31	82	227	73	154	284	116	168
58	134	43	91	221	67	154	263	108	155
59	58	15	43	140	44	96	159	53	106
60-64岁	**307**	**78**	**229**	**497**	**141**	**356**	**784**	**275**	**509**
60	49	12	37	103	32	71	157	62	95
61	53	17	36	101	32	69	156	53	103
62	68	18	50	91	26	65	177	62	115
63	75	21	54	96	26	70	152	49	103
64	62	10	52	106	25	81	142	49	93
65岁及以上	**932**	**188**	**744**	**1516**	**417**	**1099**	**2052**	**625**	**1427**

5-5b 续表 3

单位：人

年龄	初婚年龄								
	21岁			22岁			23岁		
	小计	男	女	小计	男	女	小计	男	女
总计	**12345**	**5099**	**7246**	**13434**	**6120**	**7314**	**13152**	**6408**	**6744**
20岁以下									
20-24岁	**297**	**92**	**205**	**229**	**84**	**145**	**140**	**52**	**88**
20									
21	27	8	19						
22	65	17	48	31	15	16			
23	95	39	56	87	33	54	36	17	19
24	110	28	82	111	36	75	104	35	69
25-29岁	**850**	**317**	**533**	**949**	**414**	**535**	**975**	**413**	**562**
25	130	46	84	151	63	88	160	57	103
26	135	50	85	165	70	95	162	74	88
27	166	56	110	177	79	98	209	92	117
28	193	76	117	230	93	137	205	83	122
29	226	89	137	226	109	117	239	107	132
30-34岁	**1238**	**486**	**752**	**1429**	**695**	**734**	**1438**	**678**	**760**
30	250	101	149	266	130	136	264	115	149
31	262	107	155	270	130	140	292	143	149
32	246	94	152	287	132	155	275	125	150
33	271	110	161	306	145	161	319	158	161
34	209	74	135	300	158	142	288	137	151
35-39岁	**1315**	**530**	**785**	**1376**	**619**	**757**	**1423**	**691**	**732**
35	221	93	128	241	106	135	255	115	140
36	277	110	167	289	127	162	313	148	165
37	275	109	166	261	111	150	285	139	146
38	292	121	171	315	144	171	298	144	154
39	250	97	153	270	131	139	272	145	127
40-44岁	**1168**	**517**	**651**	**1337**	**642**	**695**	**1335**	**693**	**642**
40	220	92	128	265	130	135	299	150	149
41	292	128	164	233	123	110	263	141	122
42	254	106	148	285	129	156	239	116	123
43	201	92	109	271	137	134	246	129	117
44	201	99	102	283	123	160	288	157	131
45-49岁	**1256**	**540**	**716**	**1388**	**651**	**737**	**1324**	**650**	**674**
45	233	98	135	233	115	118	214	101	113
46	227	102	125	256	113	143	248	118	130
47	261	106	155	313	144	169	275	131	144
48	256	100	156	321	148	173	315	166	149
49	279	134	145	265	131	134	272	134	138
50-54岁	**1676**	**744**	**932**	**1731**	**833**	**898**	**1530**	**796**	**734**
50	278	117	161	330	150	180	305	159	146
51	355	155	200	278	122	156	265	130	135
52	379	163	216	375	192	183	314	173	141
53	338	154	184	393	197	196	305	150	155
54	326	155	171	355	172	183	341	184	157
55-59岁	**1504**	**673**	**831**	**1634**	**752**	**882**	**1582**	**863**	**719**
55	301	140	161	322	155	167	340	186	154
56	362	156	206	336	152	184	315	168	147
57	332	141	191	390	177	213	353	203	150
58	335	162	173	361	165	196	368	195	173
59	174	74	100	225	103	122	206	111	95
60-64岁	**1016**	**447**	**569**	**1178**	**534**	**644**	**1201**	**563**	**638**
60	170	79	91	199	109	90	196	103	93
61	180	94	86	188	82	106	204	93	111
62	264	115	149	299	128	171	210	110	100
63	231	91	140	279	123	156	296	131	165
64	171	68	103	213	92	121	295	126	169
65岁及以上	**2025**	**753**	**1272**	**2183**	**896**	**1287**	**2204**	**1009**	**1195**

5-5b 续表 4

单位：人

年 龄	初婚年龄								
	24岁			25岁			26岁		
	小计	男	女	小计	男	女	小计	男	女
总 计	**12243**	**6448**	**5795**	**10559**	**6022**	**4537**	**8764**	**5167**	**3597**
20岁以下									
20—24岁	**41**	**17**	**24**						
20									
21									
22									
23									
24	41	17	24						
25—29岁	**993**	**459**	**534**	**807**	**374**	**433**	**619**	**308**	**311**
25	155	75	80	42	20	22			
26	176	88	88	145	66	79	37	19	18
27	193	72	121	177	82	95	148	68	80
28	220	97	123	238	116	122	191	104	87
29	249	127	122	205	90	115	243	117	126
30—34岁	**1469**	**713**	**756**	**1330**	**678**	**652**	**1247**	**660**	**587**
30	306	157	149	305	152	153	223	110	113
31	233	113	120	249	124	125	264	124	140
32	330	161	169	266	134	132	245	138	107
33	282	139	143	269	142	127	246	132	114
34	318	143	175	241	126	115	269	156	113
35—39岁	**1468**	**784**	**684**	**1368**	**721**	**647**	**1228**	**742**	**486**
35	305	166	139	256	127	129	227	134	93
36	297	155	142	289	154	135	290	180	110
37	293	154	139	306	162	144	252	173	79
38	295	169	126	252	119	133	270	150	120
39	278	140	138	265	159	106	189	105	84
40—44岁	**1154**	**635**	**519**	**1004**	**598**	**406**	**952**	**564**	**388**
40	240	119	121	234	133	101	223	132	91
41	265	141	124	215	123	92	217	135	82
42	227	128	99	201	114	87	180	94	86
43	191	112	79	162	105	57	157	99	58
44	231	135	96	192	123	69	175	104	71
45—49岁	**1344**	**707**	**637**	**1156**	**708**	**448**	**936**	**580**	**356**
45	241	123	118	205	120	85	149	97	52
46	240	123	117	251	149	102	209	124	85
47	246	135	111	240	150	90	211	140	71
48	290	157	133	237	160	77	179	104	75
49	327	169	158	223	129	94	188	115	73
50—54岁	**1280**	**714**	**566**	**1142**	**683**	**459**	**934**	**573**	**361**
50	291	152	139	271	169	102	209	128	81
51	239	126	113	224	141	83	219	131	88
52	250	141	109	255	148	107	197	119	78
53	207	114	93	182	110	72	155	96	59
54	293	181	112	210	115	95	154	99	55
55—59岁	**1428**	**782**	**646**	**1079**	**670**	**409**	**878**	**555**	**323**
55	323	173	150	223	122	101	154	97	57
56	290	142	148	259	167	92	198	125	73
57	314	171	143	237	151	86	223	141	82
58	303	180	123	223	147	76	212	137	75
59	198	116	82	137	83	54	91	55	36
60—64岁	**1025**	**592**	**433**	**776**	**486**	**290**	**634**	**395**	**239**
60	160	96	64	140	94	46	119	72	47
61	206	114	92	122	84	38	128	86	42
62	214	136	78	152	86	66	118	75	43
63	203	106	97	190	123	67	131	79	52
64	242	140	102	172	99	73	138	83	55
65岁及以上	**2041**	**1045**	**996**	**1897**	**1104**	**793**	**1336**	**790**	**546**

5-5b 续表 5

单位：人

年 龄	初婚年龄								
	27岁			28岁			29岁		
	小计	男	女	小计	男	女	小计	男	女
总 计	**6980**	**4273**	**2707**	**5515**	**3516**	**1999**	**4104**	**2656**	**1448**
20岁以下									
20—24岁									
20									
21									
22									
23									
24									
25—29岁	**382**	**196**	**186**	**201**	**109**	**92**	**43**	**27**	**16**
25									
26									
27	55	29	26						
28	138	69	69	53	27	26			
29	189	98	91	148	82	66	43	27	16
30—34岁	**1047**	**552**	**495**	**941**	**535**	**406**	**678**	**417**	**261**
30	217	109	108	212	114	98	120	62	58
31	180	83	97	177	103	74	151	88	63
32	230	125	105	178	92	86	135	85	50
33	239	129	110	195	117	78	119	83	36
34	181	106	75	179	109	70	153	99	54
35—39岁	**1084**	**679**	**405**	**879**	**544**	**335**	**707**	**441**	**266**
35	224	148	76	152	87	65	123	68	55
36	207	111	96	166	101	65	161	115	46
37	217	141	76	179	121	58	127	80	47
38	226	143	83	207	130	77	146	81	65
39	210	136	74	175	105	70	150	97	53
40—44岁	**781**	**484**	**297**	**693**	**464**	**229**	**557**	**358**	**199**
40	172	99	73	178	113	65	130	74	56
41	169	103	66	146	96	50	137	91	46
42	163	111	52	147	106	41	112	69	43
43	148	91	57	113	79	34	83	57	26
44	129	80	49	109	70	39	95	67	28
45—49岁	**753**	**492**	**261**	**589**	**413**	**176**	**453**	**310**	**143**
45	137	88	49	100	67	33	85	63	22
46	130	91	39	126	95	31	85	51	34
47	180	121	59	112	75	37	88	60	28
48	176	114	62	136	92	44	90	62	28
49	130	78	52	115	84	31	105	74	31
50—54岁	**702**	**474**	**228**	**559**	**375**	**184**	**431**	**295**	**136**
50	158	104	54	103	66	37	111	77	34
51	146	104	42	112	84	28	79	57	22
52	151	101	50	126	74	52	83	56	27
53	127	86	41	114	77	37	73	50	23
54	120	79	41	104	74	30	85	55	30
55—59岁	**644**	**429**	**215**	**459**	**307**	**152**	**330**	**236**	**94**
55	122	79	43	96	71	25	71	51	20
56	130	91	39	97	65	32	64	46	18
57	161	101	60	94	58	36	79	56	23
58	137	100	37	113	73	40	65	47	18
59	94	58	36	59	40	19	51	36	15
60—64岁	**468**	**287**	**181**	**347**	**237**	**110**	**245**	**156**	**89**
60	67	40	27	60	40	20	38	26	12
61	94	61	33	56	37	19	55	35	20
62	123	73	50	77	51	26	50	29	21
63	84	56	28	91	63	28	47	31	16
64	100	57	43	63	46	17	55	35	20
65岁及以上	**1119**	**680**	**439**	**847**	**532**	**315**	**660**	**416**	**244**

5-5b 续表 6

单位：人

年龄	初婚年龄								
	30岁			31岁			32岁		
	小计	男	女	小计	男	女	小计	男	女
总 计	**3255**	**2159**	**1096**	**2430**	**1610**	**820**	**1882**	**1243**	**639**
20岁以下									
20-24岁									
20									
21									
22									
23									
24									
25-29岁									
25									
26									
27									
28									
29									
30-34岁	**494**	**299**	**195**	**286**	**176**	**110**	**158**	**95**	**63**
30	58	33	25						
31	107	62	45	30	24	6			
32	105	60	45	57	33	24	19	10	9
33	106	74	32	93	57	36	75	47	28
34	118	70	48	106	62	44	64	38	26
35-39岁	**561**	**364**	**197**	**439**	**290**	**149**	**343**	**226**	**117**
35	129	74	55	65	46	19	67	41	26
36	118	86	32	82	54	28	67	43	24
37	93	58	35	110	78	32	87	61	26
38	116	73	43	101	63	38	67	43	24
39	105	73	32	81	49	32	55	38	17
40-44岁	**479**	**318**	**161**	**386**	**252**	**134**	**338**	**218**	**120**
40	116	81	35	78	50	28	88	56	32
41	107	70	37	78	50	28	61	36	25
42	93	60	33	81	58	23	69	44	25
43	89	56	33	72	40	32	59	38	21
44	74	51	23	77	54	23	61	44	17
45-49岁	**394**	**281**	**113**	**324**	**227**	**97**	**253**	**175**	**78**
45	77	56	21	62	43	19	51	38	13
46	86	62	24	72	50	22	65	41	24
47	86	65	21	70	48	22	42	32	10
48	77	50	27	61	49	12	45	31	14
49	68	48	20	59	37	22	50	33	17
50-54岁	**353**	**257**	**96**	**273**	**190**	**83**	**168**	**116**	**52**
50	77	66	11	60	40	20	33	26	7
51	72	50	22	58	41	17	32	20	12
52	82	56	26	62	44	18	46	32	14
53	62	46	16	45	31	14	28	17	11
54	60	39	21	48	34	14	29	21	8
55-59岁	**245**	**156**	**89**	**197**	**131**	**66**	**165**	**114**	**51**
55	53	40	13	50	32	18	38	29	9
56	57	34	23	50	33	17	37	26	11
57	54	28	26	47	34	13	39	27	12
58	54	34	20	35	20	15	34	21	13
59	27	20	7	15	12	3	17	11	6
60-64岁	**209**	**141**	**68**	**141**	**101**	**40**	**105**	**68**	**37**
60	46	28	18	31	23	8	23	12	11
61	42	30	12	16	11	5	8	5	3
62	41	25	16	23	19	4	28	20	8
63	37	27	10	40	29	11	25	17	8
64	43	31	12	31	19	12	21	14	7
65岁及以上	**520**	**343**	**177**	**384**	**243**	**141**	**352**	**231**	**121**

5-5b　续表 7　　　　单位：人

年　龄	初婚年龄								
	33岁			34岁			35岁		
	小计	男	女	小计	男	女	小计	男	女
总　计	**1476**	**1010**	**466**	**1118**	**717**	**401**	**928**	**604**	**324**
20岁以下									
20-24岁									
20									
21									
22									
23									
24									
25-29岁									
25									
26									
27									
28									
29									
30-34岁	**66**	**41**	**25**	**13**	**4**	**9**			
30									
31									
32									
33	20	14	6						
34	46	27	19	13	4	9			
35-39岁	**313**	**198**	**115**	**223**	**128**	**95**	**206**	**126**	**80**
35	50	28	22	40	24	16	19	11	8
36	75	43	32	47	29	18	40	23	17
37	71	45	26	45	20	25	52	36	16
38	59	42	17	53	29	24	49	29	20
39	58	40	18	38	26	12	46	27	19
40-44岁	**244**	**173**	**71**	**205**	**137**	**68**	**181**	**116**	**65**
40	53	39	14	47	30	17	41	23	18
41	64	39	25	44	27	17	42	31	11
42	53	42	11	42	29	13	38	22	16
43	40	28	12	34	25	9	32	21	11
44	34	25	9	38	26	12	28	19	9
45-49岁	**224**	**157**	**67**	**191**	**126**	**65**	**139**	**89**	**50**
45	41	32	9	46	29	17	22	13	9
46	46	31	15	39	26	13	29	20	9
47	45	29	16	40	27	13	42	27	15
48	55	39	16	39	27	12	22	14	8
49	37	26	11	27	17	10	24	15	9
50-54岁	**160**	**118**	**42**	**117**	**83**	**34**	**96**	**72**	**24**
50	40	31	9	36	24	12	26	20	6
51	30	23	7	18	15	3	26	20	6
52	33	20	13	24	19	5	22	16	6
53	34	23	11	19	16	3	12	8	4
54	23	21	2	20	9	11	10	8	2
55-59岁	**126**	**86**	**40**	**105**	**69**	**36**	**102**	**68**	**34**
55	36	24	12	21	16	5	17	13	4
56	27	17	10	26	16	10	24	17	7
57	17	12	5	22	14	8	22	12	10
58	38	28	10	24	15	9	22	14	8
59	8	5	3	12	8	4	17	12	5
60-64岁	**71**	**54**	**17**	**64**	**41**	**23**	**48**	**28**	**20**
60	17	12	5	11	5	6	9	6	3
61	10	8	2	11	5	6	10	4	6
62	14	11	3	12	9	3	13	10	3
63	14	10	4	14	10	4	11	7	4
64	16	13	3	16	12	4	5	1	4
65岁及以上	**272**	**183**	**89**	**200**	**129**	**71**	**156**	**105**	**51**

5–5b 续表 8　　　　单位：人

年龄	初婚年龄								
	36岁			37岁			38岁		
	小计	男	女	小计	男	女	小计	男	女
总　计	**692**	**442**	**250**	**568**	**374**	**194**	**433**	**302**	**131**
20岁以下									
20–24岁									
20									
21									
22									
23									
24									
25–29岁									
25									
26									
27									
28									
29									
30–34岁									
30									
31									
32									
33									
34									
35–39岁	**98**	**63**	**35**	**64**	**32**	**32**	**21**	**14**	**7**
35									
36	17	13	4						
37	23	15	8	9	3	6			
38	31	21	10	25	13	12	6	4	2
39	27	14	13	30	16	14	15	10	5
40–44岁	**140**	**80**	**60**	**119**	**73**	**46**	**116**	**75**	**41**
40	22	9	13	29	19	10	15	9	6
41	31	15	16	22	10	12	20	12	8
42	32	20	12	27	16	11	35	23	12
43	23	16	7	20	11	9	21	15	6
44	32	20	12	21	17	4	25	16	9
45–49岁	**133**	**88**	**45**	**122**	**84**	**38**	**103**	**77**	**26**
45	20	9	11	28	19	9	16	12	4
46	30	16	14	21	17	4	17	14	3
47	30	20	10	28	19	9	23	16	7
48	27	24	3	23	14	9	29	23	6
49	26	19	7	22	15	7	18	12	6
50–54岁	**64**	**45**	**19**	**70**	**46**	**24**	**56**	**35**	**21**
50	16	12	4	20	13	7	15	10	5
51	11	6	5	11	8	3	13	9	4
52	13	11	2	13	8	5	13	8	5
53	17	11	6	14	9	5	9	5	4
54	7	5	2	12	8	4	6	3	3
55–59岁	**57**	**40**	**17**	**47**	**33**	**14**	**25**	**15**	**10**
55	9	8	1	8	6	2	5	3	2
56	9	8	1	8	6	2	3	2	1
57	19	10	9	8	7	1	2	1	1
58	13	10	3	13	9	4	7	4	3
59	7	4	3	10	5	5	8	5	3
60–64岁	**39**	**22**	**17**	**41**	**29**	**12**	**32**	**25**	**7**
60	8	3	5	7	5	2	1	1	
61	7	6	1	7	5	2	4	3	1
62	6	2	4	11	7	4	6	6	
63	11	7	4	8	8		14	9	5
64	7	4	3	8	4	4	7	6	1
65岁及以上	**161**	**104**	**57**	**105**	**77**	**28**	**80**	**61**	**19**

5-5b 续表 9 单位：人

年龄	初婚年龄					
	39岁			40岁及以上		
	小计	男	女	小计	男	女
总计	**350**	**221**	**129**	**1818**	**1144**	**674**
20岁以下						
20-24岁						
20						
21						
22						
23						
24						
25-29岁						
25						
26						
27						
28						
29						
30-34岁						
30						
31						
32						
33						
34						
35-39岁	**8**	**4**	**4**			
35						
36						
37						
38						
39	8	4	4			
40-44岁	**74**	**40**	**34**	**145**	**81**	**64**
40	15	6	9	12	9	3
41	15	10	5	26	15	11
42	15	8	7	26	15	11
43	9	6	3	36	16	20
44	20	10	10	45	26	19
45-49岁	**70**	**39**	**31**	**312**	**200**	**112**
45	15	8	7	43	21	22
46	16	10	6	72	48	24
47	17	9	8	65	35	30
48	7	6	1	65	45	20
49	15	6	9	67	51	16
50-54岁	**60**	**44**	**16**	**339**	**219**	**120**
50	12	9	3	68	44	24
51	15	11	4	60	36	24
52	20	13	7	80	61	19
53	4	4		69	40	29
54	9	7	2	62	38	24
55-59岁	**36**	**24**	**12**	**264**	**176**	**88**
55	5	4	1	59	36	23
56	9	6	3	59	39	20
57	8	5	3	61	39	22
58	10	7	3	57	39	18
59	4	2	2	28	23	5
60-64岁	**28**	**18**	**10**	**171**	**104**	**67**
60	5	5		23	15	8
61	3	2	1	27	16	11
62	9	4	5	41	29	12
63	8	5	3	30	18	12
64	3	2	1	50	26	24
65岁及以上	**74**	**52**	**22**	**587**	**364**	**223**

5-5c 全省分年龄、性别、初婚年龄的人口(乡村)

单位：人

年龄	初婚年龄					
	合计			15岁以下		
	合计	男	女	小计	男	女
总计	**227056**	**111255**	**115801**	**1070**	**189**	**881**
20岁以下	**382**	**101**	**281**	**22**	**2**	**20**
20-24岁	**3577**	**1246**	**2331**	**48**	**7**	**41**
20	284	81	203	9		9
21	407	146	261	7	1	6
22	605	196	409	10	3	7
23	927	339	588	11	2	9
24	1354	484	870	11	1	10
25-29岁	**13287**	**5614**	**7673**	**67**	**12**	**55**
25	1775	651	1124	11	2	9
26	2095	839	1256	6	1	5
27	2636	1093	1543	14	2	12
28	3287	1458	1829	14	3	11
29	3494	1573	1921	22	4	18
30-34岁	**22158**	**10640**	**11518**	**101**	**21**	**80**
30	4346	1984	2362	15	2	13
31	4417	2088	2329	22	3	19
32	4222	2020	2202	24	7	17
33	4580	2282	2298	20	6	14
34	4593	2266	2327	20	3	17
35-39岁	**24951**	**12863**	**12088**	**91**	**9**	**82**
35	4640	2327	2313	25	3	22
36	5143	2597	2546	18	2	16
37	4968	2553	2415	14	2	12
38	5360	2865	2495	18	1	17
39	4840	2521	2319	16	1	15
40-44岁	**22162**	**11594**	**10568**	**123**	**26**	**97**
40	5076	2629	2447	24	3	21
41	4606	2426	2180	10	2	8
42	4396	2323	2073	26	7	19
43	3787	1968	1819	27	10	17
44	4297	2248	2049	36	4	32
45-49岁	**23870**	**12314**	**11556**	**103**	**23**	**80**
45	4284	2203	2081	26	6	20
46	4646	2393	2253	28	8	20
47	4953	2529	2424	18	5	13
48	5229	2692	2537	15	1	14
49	4758	2497	2261	16	3	13
50-54岁	**27497**	**14118**	**13379**	**141**	**26**	**115**
50	5584	2829	2755	17	4	13
51	5530	2865	2665	27	3	24
52	5926	3028	2898	38	7	31
53	5002	2568	2434	38	6	32
54	5455	2828	2627	21	6	15
55-59岁	**26564**	**13745**	**12819**	**82**	**21**	**61**
55	5587	2786	2801	21	7	14
56	5658	2882	2776	22	4	18
57	6052	3194	2858	22	4	18
58	5948	3143	2805	11	5	6
59	3319	1740	1579	6	1	5
60-64岁	**17221**	**8630**	**8591**	**82**	**13**	**69**
60	3140	1541	1599	10	1	9
61	3168	1638	1530	16	3	13
62	3777	1897	1880	25	4	21
63	3740	1883	1857	15	3	12
64	3396	1671	1725	16	2	14
65岁及以上	**45387**	**20390**	**24997**	**210**	**29**	**181**

5-5c　续表 1　　单位：人

年　龄	初婚年龄								
	15岁			16岁			17岁		
	小计	男	女	小计	男	女	小计	男	女
总　计	**2581**	**540**	**2041**	**4421**	**1042**	**3379**	**7533**	**1898**	**5635**
20岁以下	**66**	**19**	**47**	**93**	**21**	**72**	**120**	**33**	**87**
20-24岁	**124**	**21**	**103**	**203**	**57**	**146**	**312**	**105**	**207**
20	16	2	14	24	3	21	49	15	34
21	17	3	14	31	10	21	53	19	34
22	28	4	24	41	8	33	54	19	35
23	25	8	17	45	11	34	62	22	40
24	38	4	34	62	25	37	94	30	64
25-29岁	**171**	**33**	**138**	**330**	**85**	**245**	**555**	**163**	**392**
25	30	6	24	61	20	41	107	31	76
26	27	5	22	60	18	42	87	18	69
27	25	4	21	69	17	52	127	45	82
28	46	8	38	68	14	54	130	42	88
29	43	10	33	72	16	56	104	27	77
30-34岁	**232**	**49**	**183**	**371**	**71**	**300**	**649**	**154**	**495**
30	48	12	36	76	14	62	119	29	90
31	43	8	35	72	15	57	114	28	86
32	46	8	38	74	17	57	136	31	105
33	53	9	44	71	11	60	131	30	101
34	42	12	30	78	14	64	149	36	113
35-39岁	**231**	**48**	**183**	**452**	**106**	**346**	**750**	**213**	**537**
35	51	14	37	72	15	57	155	46	109
36	59	10	49	116	33	83	131	33	98
37	49	14	35	102	23	79	166	48	118
38	37	6	31	90	17	73	166	53	113
39	35	4	31	72	18	54	132	33	99
40-44岁	**236**	**54**	**182**	**390**	**92**	**298**	**655**	**163**	**492**
40	39	6	33	67	16	51	141	30	111
41	37	7	30	87	22	65	134	30	104
42	55	11	44	75	18	57	146	40	106
43	50	15	35	74	19	55	108	26	82
44	55	15	40	87	17	70	126	37	89
45-49岁	**300**	**64**	**236**	**505**	**129**	**376**	**812**	**205**	**607**
45	68	15	53	76	21	55	133	42	91
46	68	15	53	92	19	73	124	30	94
47	62	15	47	128	40	88	189	48	141
48	69	13	56	120	31	89	220	47	173
49	33	6	27	89	18	71	146	38	108
50-54岁	**310**	**63**	**247**	**565**	**141**	**424**	**976**	**259**	**717**
50	50	8	42	108	31	77	206	40	166
51	70	19	51	123	28	95	191	59	132
52	70	5	65	124	33	91	228	72	156
53	45	12	33	97	22	75	168	38	130
54	75	19	56	113	27	86	183	50	133
55-59岁	**259**	**63**	**196**	**458**	**131**	**327**	**852**	**223**	**629**
55	76	16	60	109	36	73	173	44	129
56	73	21	52	138	38	100	185	43	142
57	54	14	40	102	29	73	215	68	147
58	37	10	27	73	22	51	199	50	149
59	19	2	17	36	6	30	80	18	62
60-64岁	**152**	**29**	**123**	**244**	**48**	**196**	**445**	**112**	**333**
60	28	4	24	28	4	24	79	17	62
61	35	10	25	52	11	41	90	23	67
62	26	4	22	58	15	43	106	25	81
63	27	6	21	41	7	34	94	30	64
64	36	5	31	65	11	54	76	17	59
65岁及以上	**500**	**97**	**403**	**810**	**161**	**649**	**1407**	**268**	**1139**

5−5c 续表 2 单位：人

年 龄	初婚年龄								
	18岁			19岁			20岁		
	小计	男	女	小计	男	女	小计	男	女
总 计	**11166**	**3127**	**8039**	**16930**	**5692**	**11238**	**21365**	**8021**	**13344**
20岁以下	**67**	**23**	**44**	**14**	**3**	**11**			
20−24岁	**448**	**156**	**292**	**572**	**181**	**391**	**613**	**188**	**425**
20	75	28	47	81	25	56	30	8	22
21	61	28	33	84	29	55	115	42	73
22	76	22	54	97	33	64	121	34	87
23	106	41	65	142	41	101	148	41	107
24	130	37	93	168	53	115	199	63	136
25−29岁	**847**	**273**	**574**	**1074**	**380**	**694**	**1452**	**507**	**945**
25	128	45	83	177	54	123	242	73	169
26	140	48	92	186	64	122	275	107	168
27	184	57	127	214	74	140	281	81	200
28	221	68	153	228	96	132	330	129	201
29	174	55	119	269	92	177	324	117	207
30−34岁	**881**	**249**	**632**	**1367**	**480**	**887**	**1931**	**713**	**1218**
30	173	54	119	325	111	214	402	140	262
31	180	54	126	269	83	186	406	156	250
32	154	42	112	245	94	151	361	117	244
33	181	56	125	253	90	163	394	156	238
34	193	43	150	275	102	173	368	144	224
35−39岁	**1092**	**342**	**750**	**1540**	**553**	**987**	**1892**	**728**	**1164**
35	190	62	128	283	115	168	351	140	211
36	206	61	145	322	112	210	408	146	262
37	192	60	132	291	97	194	365	133	232
38	260	81	179	299	110	189	427	178	249
39	244	78	166	345	119	226	341	131	210
40−44岁	**928**	**263**	**665**	**1457**	**520**	**937**	**1745**	**659**	**1086**
40	201	47	154	337	124	213	389	142	247
41	175	59	116	331	122	209	384	158	226
42	176	50	126	269	89	180	348	124	224
43	170	45	125	245	85	160	273	111	162
44	206	62	144	275	100	175	351	124	227
45−49岁	**1236**	**343**	**893**	**1669**	**565**	**1104**	**1988**	**817**	**1171**
45	162	41	121	258	82	176	358	120	238
46	230	57	173	302	86	216	384	162	222
47	256	74	182	335	109	226	384	158	226
48	326	103	223	358	137	221	444	200	244
49	262	68	194	416	151	265	418	177	241
50−54岁	**1418**	**422**	**996**	**2302**	**850**	**1452**	**2909**	**1215**	**1694**
50	257	75	182	527	193	334	597	246	351
51	286	88	198	496	208	288	600	242	358
52	322	86	236	467	169	298	611	244	367
53	290	81	209	377	124	253	504	216	288
54	263	92	171	435	156	279	597	267	330
55−59岁	**1330**	**408**	**922**	**2139**	**796**	**1343**	**2624**	**1081**	**1543**
55	271	86	185	491	173	318	576	233	343
56	270	78	192	429	175	254	566	221	345
57	273	92	181	487	179	308	544	230	314
58	337	105	232	448	166	282	652	272	380
59	179	47	132	284	103	181	286	125	161
60−64岁	**717**	**187**	**530**	**1189**	**390**	**799**	**1702**	**652**	**1050**
60	134	34	100	242	80	162	375	134	241
61	119	31	88	237	84	153	330	138	192
62	146	41	105	244	82	162	353	127	226
63	165	41	124	214	63	151	351	132	219
64	153	40	113	252	81	171	293	121	172
65岁及以上	**2202**	**461**	**1741**	**3607**	**974**	**2633**	**4509**	**1461**	**3048**

5-5c 续表 3

单位：人

年 龄	初婚年龄								
	21岁			22岁			23岁		
	小计	男	女	小计	男	女	小计	男	女
总 计	**22611**	**9805**	**12806**	**23315**	**11567**	**11748**	**20863**	**10908**	**9955**
20岁以下									
20-24岁	**498**	**202**	**296**	**451**	**191**	**260**	**246**	**114**	**132**
20									
21	39	14	25						
22	116	42	74	62	31	31			
23	175	74	101	146	66	80	67	33	34
24	168	72	96	243	94	149	179	81	98
25-29岁	**1536**	**601**	**935**	**1633**	**757**	**876**	**1452**	**707**	**745**
25	244	93	151	287	116	171	212	95	117
26	278	111	167	273	114	159	249	106	143
27	312	121	191	295	140	155	290	144	146
28	344	136	208	381	183	198	360	185	175
29	358	140	218	397	204	193	341	177	164
30-34岁	**1976**	**874**	**1102**	**2242**	**1136**	**1106**	**2058**	**1076**	**982**
30	386	177	209	431	221	210	424	203	221
31	439	180	259	438	212	226	429	223	206
32	371	164	207	452	228	224	367	188	179
33	410	182	228	446	233	213	424	235	189
34	370	171	199	475	242	233	414	227	187
35-39岁	**2032**	**953**	**1079**	**2235**	**1161**	**1074**	**2135**	**1144**	**991**
35	375	174	201	442	216	226	448	213	235
36	431	193	238	447	230	217	449	248	201
37	407	193	214	442	224	218	396	202	194
38	447	221	226	502	276	226	436	248	188
39	372	172	200	402	215	187	406	233	173
40-44岁	**1927**	**881**	**1046**	**2011**	**1101**	**910**	**1839**	**1040**	**799**
40	382	167	215	453	248	205	412	231	181
41	428	189	239	360	200	160	373	208	165
42	420	215	205	406	228	178	331	193	138
43	335	141	194	345	182	163	340	194	146
44	362	169	193	447	243	204	383	214	169
45-49岁	**2189**	**986**	**1203**	**2204**	**1103**	**1101**	**2099**	**1132**	**967**
45	408	182	226	379	186	193	373	212	161
46	447	209	238	465	213	252	382	196	186
47	447	188	259	495	248	247	463	248	215
48	455	215	240	448	238	210	501	266	235
49	432	192	240	417	218	199	380	210	170
50-54岁	**2896**	**1344**	**1552**	**2804**	**1497**	**1307**	**2467**	**1330**	**1137**
50	448	203	245	498	252	246	443	233	210
51	618	285	333	438	239	199	489	255	234
52	678	324	354	676	369	307	475	247	228
53	583	275	308	557	300	257	492	280	212
54	569	257	312	635	337	298	568	315	253
55-59岁	**2996**	**1417**	**1579**	**3122**	**1610**	**1512**	**2654**	**1468**	**1186**
55	604	264	340	591	285	306	578	318	260
56	660	313	347	608	323	285	532	296	236
57	698	334	364	787	417	370	588	330	258
58	642	319	323	715	361	354	638	349	289
59	392	187	205	421	224	197	318	175	143
60-64岁	**2056**	**872**	**1184**	**2092**	**982**	**1110**	**1929**	**1020**	**909**
60	336	156	180	348	168	180	323	171	152
61	435	191	244	332	162	170	335	196	139
62	488	201	287	519	240	279	364	197	167
63	440	182	258	475	220	255	481	251	230
64	357	142	215	418	192	226	426	205	221
65岁及以上	**4505**	**1675**	**2830**	**4521**	**2029**	**2492**	**3984**	**1877**	**2107**

5-5c 续表 4

单位：人

年龄	初婚年龄								
	24岁			25岁			26岁		
	小计	男	女	小计	男	女	小计	男	女
总 计	**18950**	**10546**	**8404**	**15655**	**9195**	**6460**	**12434**	**7513**	**4921**
20岁以下									
20-24岁	**62**	**24**	**38**						
20									
21									
22									
23									
24	62	24	38						
25-29岁	**1377**	**658**	**719**	**1183**	**576**	**607**	**768**	**388**	**380**
25	207	88	119	69	28	41			
26	255	121	134	189	87	102	70	39	31
27	248	123	125	299	138	161	201	102	99
28	326	161	165	312	153	159	251	125	126
29	341	165	176	314	170	144	246	122	124
30-34岁	**2119**	**1137**	**982**	**1828**	**1005**	**823**	**1580**	**857**	**723**
30	424	208	216	398	207	191	329	171	158
31	390	213	177	384	212	172	300	163	137
32	403	229	174	340	187	153	322	170	152
33	446	240	206	357	203	154	296	167	129
34	456	247	209	349	196	153	333	186	147
35-39岁	**2157**	**1204**	**953**	**1853**	**1069**	**784**	**1653**	**1026**	**627**
35	456	241	215	354	187	167	301	193	108
36	484	262	222	395	239	156	375	225	150
37	408	240	168	421	245	176	327	201	126
38	420	239	181	380	225	155	370	222	148
39	389	222	167	303	173	130	280	185	95
40-44岁	**1740**	**1019**	**721**	**1434**	**913**	**521**	**1230**	**753**	**477**
40	431	243	188	360	236	124	317	198	119
41	397	232	165	324	205	119	258	151	107
42	303	176	127	260	158	102	253	162	91
43	264	156	108	255	162	93	204	129	75
44	345	212	133	235	152	83	198	113	85
45-49岁	**1903**	**1101**	**802**	**1640**	**1011**	**629**	**1279**	**824**	**455**
45	348	201	147	298	179	119	205	136	69
46	359	223	136	327	215	112	288	186	102
47	359	202	157	333	189	144	252	166	86
48	424	239	185	339	210	129	291	184	107
49	413	236	177	343	218	125	243	152	91
50-54岁	**2039**	**1192**	**847**	**1609**	**964**	**645**	**1336**	**834**	**502**
50	441	247	194	379	220	159	315	188	127
51	391	240	151	332	198	134	310	191	119
52	405	227	178	319	189	130	247	161	86
53	339	205	134	286	178	108	227	148	79
54	463	273	190	293	179	114	237	146	91
55-59岁	**2313**	**1369**	**944**	**1882**	**1171**	**711**	**1317**	**838**	**479**
55	487	294	193	397	248	149	243	138	105
56	481	269	212	424	252	172	289	175	114
57	508	311	197	437	256	181	334	218	116
58	515	311	204	406	274	132	297	210	87
59	322	184	138	218	141	77	154	97	57
60-64岁	**1544**	**907**	**637**	**1157**	**730**	**427**	**857**	**564**	**293**
60	268	148	120	219	144	75	151	89	62
61	288	171	117	202	131	71	153	95	58
62	332	216	116	258	167	91	169	115	54
63	298	172	126	247	140	107	218	148	70
64	358	200	158	231	148	83	166	117	49
65岁及以上	**3696**	**1935**	**1761**	**3069**	**1756**	**1313**	**2414**	**1429**	**985**

5-5c　续表 5　　　　单位：人

年　龄	初婚年龄								
	27岁			28岁			29岁		
	小计	男	女	小计	男	女	小计	男	女
总　计	**9848**	**6244**	**3604**	**7940**	**5125**	**2815**	**6145**	**3946**	**2199**
20岁以下									
20-24岁									
20									
21									
22									
23									
24									
25-29岁	**548**	**322**	**226**	**239**	**123**	**116**	**55**	**29**	**26**
25									
26									
27	77	45	32						
28	204	118	86	72	37	35			
29	267	159	108	167	86	81	55	29	26
30-34岁	**1375**	**785**	**590**	**1117**	**681**	**436**	**895**	**510**	**385**
30	287	150	137	258	141	117	187	103	84
31	289	176	113	207	120	87	229	130	99
32	269	150	119	209	135	74	140	78	62
33	299	167	132	243	155	88	152	87	65
34	231	142	89	200	130	70	187	112	75
35-39岁	**1429**	**911**	**518**	**1205**	**756**	**449**	**920**	**588**	**332**
35	258	156	102	237	146	91	150	93	57
36	259	158	101	246	152	94	178	121	57
37	301	179	122	215	137	78	189	117	72
38	322	222	100	277	181	96	192	123	69
39	289	196	93	230	140	90	211	134	77
40-44岁	**1086**	**687**	**399**	**944**	**599**	**345**	**829**	**525**	**304**
40	265	171	94	268	155	113	216	126	90
41	219	142	77	180	118	62	202	128	74
42	211	126	85	174	106	68	166	106	60
43	176	113	63	179	118	61	102	74	28
44	215	135	80	143	102	41	143	91	52
45-49岁	**1013**	**679**	**334**	**847**	**582**	**265**	**643**	**438**	**205**
45	196	125	71	155	114	41	134	84	50
46	175	113	62	154	107	47	124	91	33
47	209	149	60	158	108	50	154	102	52
48	216	136	80	199	132	67	106	69	37
49	217	156	61	181	121	60	125	92	33
50-54岁	**1063**	**707**	**356**	**902**	**615**	**287**	**729**	**497**	**232**
50	243	163	80	207	138	69	159	108	51
51	214	142	72	191	130	61	138	97	41
52	245	169	76	191	132	59	158	114	44
53	186	112	74	163	109	54	150	99	51
54	175	121	54	150	106	44	124	79	45
55-59岁	**911**	**615**	**296**	**698**	**479**	**219**	**511**	**365**	**146**
55	176	112	64	136	87	49	121	81	40
56	152	105	47	160	105	55	100	76	24
57	225	156	69	135	95	40	127	95	32
58	213	148	65	161	109	52	83	61	22
59	145	94	51	106	83	23	80	52	28
60-64岁	**624**	**419**	**205**	**487**	**340**	**147**	**379**	**262**	**117**
60	125	84	41	98	67	31	88	59	29
61	104	73	31	77	53	24	73	55	18
62	147	96	51	110	72	38	70	42	28
63	146	103	43	114	85	29	82	62	20
64	102	63	39	88	63	25	66	44	22
65岁及以上	**1799**	**1119**	**680**	**1501**	**950**	**551**	**1184**	**732**	**452**

5–5c　续表 6

单位：人

年　龄	初婚年龄								
	30岁			31岁			32岁		
	小计	男	女	小计	男	女	小计	男	女
总　计	**4832**	**3176**	**1656**	**3670**	**2377**	**1293**	**2922**	**1915**	**1007**
20岁以下									
20–24岁									
20									
21									
22									
23									
24									
25–29岁									
25									
26									
27									
28									
29									
30–34岁	**667**	**405**	**262**	**422**	**240**	**182**	**222**	**127**	**95**
30	64	41	23						
31	158	85	73	48	27	21			
32	155	95	60	116	61	55	38	19	19
33	150	94	56	136	87	49	85	52	33
34	140	90	50	122	65	57	99	56	43
35–39岁	**734**	**449**	**285**	**641**	**405**	**236**	**553**	**342**	**211**
35	145	87	58	110	70	40	84	50	34
36	160	88	72	134	80	54	104	64	40
37	142	91	51	140	90	50	130	84	46
38	137	91	46	138	88	50	111	74	37
39	150	92	58	119	77	42	124	70	54
40–44岁	**658**	**447**	**211**	**577**	**367**	**210**	**477**	**313**	**164**
40	171	110	61	111	74	37	98	64	34
41	144	100	44	131	86	45	80	52	28
42	149	106	43	144	89	55	104	67	37
43	97	65	32	107	58	49	85	52	33
44	97	66	31	84	60	24	110	78	32
45–49岁	**512**	**354**	**158**	**444**	**331**	**113**	**348**	**238**	**110**
45	110	67	43	79	59	20	93	56	37
46	109	83	26	92	63	29	65	46	19
47	112	76	36	93	70	23	63	44	19
48	103	73	30	98	72	26	68	45	23
49	78	55	23	82	67	15	59	47	12
50–54岁	**602**	**418**	**184**	**363**	**244**	**119**	**295**	**221**	**74**
50	118	83	35	53	36	17	54	44	10
51	128	94	34	64	42	22	52	36	16
52	138	91	47	93	66	27	69	48	21
53	95	66	29	80	52	28	47	37	10
54	123	84	39	73	48	25	73	56	17
55–59岁	**371**	**255**	**116**	**329**	**238**	**91**	**266**	**170**	**96**
55	83	58	25	80	54	26	49	26	23
56	92	56	36	82	60	22	71	46	25
57	77	48	29	61	45	16	66	47	19
58	88	68	20	63	49	14	58	38	20
59	31	25	6	43	30	13	22	13	9
60–64岁	**313**	**218**	**95**	**187**	**132**	**55**	**182**	**137**	**45**
60	71	47	24	22	14	8	28	21	7
61	53	37	16	35	25	10	24	18	6
62	70	46	24	45	30	15	50	37	13
63	53	39	14	51	35	16	53	40	13
64	66	49	17	34	28	6	27	21	6
65岁及以上	**975**	**630**	**345**	**707**	**420**	**287**	**579**	**367**	**212**

5−5c　续表 7　　　　单位：人

年　龄	初婚年龄								
	33岁			34岁			35岁		
	小计	男	女	小计	男	女	小计	男	女
总　计	**2289**	**1511**	**778**	**1784**	**1194**	**590**	**1495**	**972**	**523**
20岁以下									
20−24岁									
20									
21									
22									
23									
24									
25−29岁									
25									
26									
27									
28									
29									
30−34岁	**105**	**60**	**45**	**20**	**10**	**10**			
30									
31									
32									
33	33	22	11						
34	72	38	34	20	10	10			
35−39岁	**400**	**262**	**138**	**351**	**232**	**119**	**257**	**152**	**105**
35	82	60	22	58	40	18	13	6	7
36	70	40	30	72	52	20	56	33	23
37	71	46	25	72	46	26	63	40	23
38	73	49	24	79	50	29	61	39	22
39	104	67	37	70	44	26	64	34	30
40−44岁	**402**	**263**	**139**	**315**	**198**	**117**	**235**	**150**	**85**
40	86	60	26	73	50	23	51	28	23
41	71	49	22	67	39	28	52	34	18
42	84	58	26	59	40	19	50	35	15
43	85	46	39	47	32	15	34	20	14
44	76	50	26	69	37	32	48	33	15
45−49岁	**322**	**226**	**96**	**263**	**169**	**94**	**252**	**163**	**89**
45	74	53	21	61	33	28	66	48	18
46	70	50	20	53	34	19	66	37	29
47	59	34	25	50	36	14	56	37	19
48	58	41	17	53	40	13	31	19	12
49	61	48	13	46	26	20	33	22	11
50−54岁	**225**	**158**	**67**	**189**	**149**	**40**	**161**	**116**	**45**
50	66	42	24	41	28	13	44	33	11
51	45	33	12	53	43	10	41	29	12
52	35	27	8	30	28	2	30	21	9
53	41	28	13	34	25	9	26	19	7
54	38	28	10	31	25	6	20	14	6
55−59岁	**234**	**153**	**81**	**183**	**135**	**48**	**182**	**132**	**50**
55	64	46	18	26	19	7	36	25	11
56	44	30	14	47	30	17	33	27	6
57	47	29	18	46	36	10	50	36	14
58	48	25	23	46	34	12	38	24	14
59	31	23	8	18	16	2	25	20	5
60−64岁	**138**	**104**	**34**	**84**	**57**	**27**	**84**	**60**	**24**
60	30	17	13	8	3	5	23	14	9
61	25	20	5	22	17	5	15	12	3
62	29	26	3	21	15	6	19	13	6
63	31	24	7	15	8	7	17	13	4
64	23	17	6	18	14	4	10	8	2
65岁及以上	**463**	**285**	**178**	**379**	**244**	**135**	**324**	**199**	**125**

5-5c 续表 8 单位：人

年 龄	初婚年龄								
	36岁			37岁			38岁		
	小计	男	女	小计	男	女	小计	男	女
总 计	**1186**	**771**	**415**	**1018**	**694**	**324**	**816**	**555**	**261**
20岁以下									
20-24岁									
20									
21									
22									
23									
24									
25-29岁									
25									
26									
27									
28									
29									
30-34岁									
30									
31									
32									
33									
34									
35-39岁	**153**	**89**	**64**	**127**	**80**	**47**	**57**	**37**	**20**
35									
36	23	15	8						
37	42	28	14	23	13	10			
38	50	28	22	45	28	17	23	15	8
39	38	18	20	59	39	20	34	22	12
40-44岁	**224**	**139**	**85**	**182**	**109**	**73**	**163**	**104**	**59**
40	40	26	14	42	22	20	52	30	22
41	49	30	19	31	17	14	26	16	10
42	42	28	14	35	23	12	32	21	11
43	47	26	21	34	20	14	26	15	11
44	46	29	17	40	27	13	27	22	5
45-49岁	**234**	**149**	**85**	**200**	**127**	**73**	**149**	**96**	**53**
45	32	20	12	36	20	16	31	19	12
46	57	35	22	43	23	20	31	21	10
47	58	39	19	42	29	13	28	17	11
48	58	39	19	40	25	15	35	23	12
49	29	16	13	39	30	9	24	16	8
50-54岁	**145**	**110**	**35**	**139**	**113**	**26**	**113**	**92**	**21**
50	43	33	10	36	28	8	34	24	10
51	28	17	11	29	23	6	19	16	3
52	36	30	6	34	27	7	30	24	6
53	18	16	2	15	12	3	16	15	1
54	20	14	6	25	23	2	14	13	1
55-59岁	**117**	**91**	**26**	**81**	**62**	**19**	**69**	**48**	**21**
55	23	19	4	19	14	5	18	11	7
56	24	16	8	13	11	2	17	13	4
57	23	16	7	14	11	3	12	8	4
58	29	23	6	22	20	2	15	10	5
59	18	17	1	13	6	7	7	6	1
60-64岁	**69**	**43**	**26**	**70**	**53**	**17**	**69**	**47**	**22**
60	11	5	6	15	8	7	11	6	5
61	13	11	2	16	12	4	10	7	3
62	17	10	7	16	13	3	15	11	4
63	17	12	5	9	7	2	12	7	5
64	11	5	6	14	13	1	21	16	5
65岁及以上	**244**	**150**	**94**	**219**	**150**	**69**	**196**	**131**	**65**

5-5c　续表 9　　　　　　　　　　　　　　　　　　　　　　　　单位：人

年　龄	初婚年龄					
	39岁			40岁及以上		
	小计	男	女	小计	男	女
总　计	**633**	**415**	**218**	**3584**	**2317**	**1267**
20岁以下						
20–24岁						
20						
21						
22						
23						
24						
25–29岁						
25						
26						
27						
28						
29						
30–34岁						
30						
31						
32						
33						
34						
35–39岁	**11**	**4**	**7**			
35						
36						
37						
38						
39	11	4	7			
40–44岁	**128**	**71**	**57**	**227**	**138**	**89**
40	41	18	23	9	4	5
41	22	9	13	34	21	13
42	20	11	9	58	36	22
43	17	14	3	61	40	21
44	28	19	9	65	37	28
45–49岁	**114**	**69**	**45**	**602**	**390**	**212**
45	15	11	4	110	71	39
46	15	10	5	96	61	35
47	25	14	11	125	84	41
48	23	14	9	131	80	51
49	36	20	16	140	94	46
50–54岁	**114**	**86**	**28**	**685**	**455**	**230**
50	43	32	11	157	97	60
51	20	13	7	137	95	42
52	22	16	6	155	102	53
53	15	13	2	113	80	33
54	14	12	2	123	81	42
55–59岁	**46**	**31**	**15**	**538**	**375**	**163**
55	11	7	4	128	85	43
56	10	7	3	136	92	44
57	5	4	1	115	86	29
58	15	11	4	99	69	30
59	5	2	3	60	43	17
60–64岁	**59**	**48**	**11**	**310**	**204**	**106**
60	7	7		62	39	23
61	11	10	1	66	42	24
62	11	8	3	69	44	25
63	10	9	1	64	44	20
64	20	14	6	49	35	14
65岁及以上	**161**	**106**	**55**	**1222**	**755**	**467**

5–6 全省分性别、受教育程度、初婚年龄的人口

单位：人

受教育程度	初婚年龄					
	合计			15岁以下		
	合计	男	女	小计	男	女
总　计	**559229**	**272521**	**286708**	**1752**	**327**	**1425**
未上过学	22297	3489	18808	215	12	203
学前教育	387	119	268	2		2
小　学	91083	32812	58271	568	77	491
初　中	274674	139319	135355	809	180	629
高　中	93344	53634	39710	119	41	78
大学专科	42952	23873	19079	30	13	17
大学本科	31950	17848	14102	9	4	5
硕士研究生	2244	1250	994			
博士研究生	298	177	121			

5–6 续表 1

单位：人

受教育程度	初婚年龄								
	15岁			16岁			17岁		
	小计	男	女	小计	男	女	小计	男	女
总　计	**4686**	**1058**	**3628**	**7971**	**1896**	**6075**	**13665**	**3415**	**10250**
未上过学	401	25	376	671	57	614	1039	71	968
学前教育	7	1	6	14	2	12	15	5	10
小　学	1336	237	1099	2239	380	1859	3626	653	2973
初　中	2387	574	1813	4220	1134	3086	7588	2121	5467
高　中	375	137	238	607	238	369	1079	412	667
大学专科	125	59	66	157	58	99	220	104	116
大学本科	50	23	27	60	25	35	95	49	46
硕士研究生	5	2	3	3	2	1	2		2
博士研究生							1		1

5-6　续表 2　　　　单位：人

受教育程度	初婚年龄								
	18岁			19岁			20岁		
	小计	男	女	小计	男	女	小计	男	女
总　计	**21220**	**5742**	**15478**	**32949**	**10404**	**22545**	**43915**	**15305**	**28610**
未上过学	1544	112	1432	2327	209	2118	2711	323	2388
学前教育	19	3	16	43	5	38	32	7	25
小　学	5426	1019	4407	7876	1885	5991	9681	2657	7024
初　中	11849	3660	8189	18293	6518	11775	24247	9368	14879
高　中	1857	744	1113	3455	1405	2050	5424	2273	3151
大学专科	364	142	222	726	296	430	1344	511	833
大学本科	154	58	96	216	77	139	464	160	304
硕士研究生	6	4	2	12	9	3	9	5	4
博士研究生	1		1	1		1	3	1	2

5-6　续表 3　　　　单位：人

受教育程度	初婚年龄								
	21岁			22岁			23岁		
	小计	男	女	小计	男	女	小计	男	女
总　计	**49007**	**19784**	**29223**	**54296**	**24899**	**29397**	**52707**	**25398**	**27309**
未上过学	2360	297	2063	2064	312	1752	1715	297	1418
学前教育	29	7	22	31	8	23	40	14	26
小　学	9682	2897	6785	9224	3360	5864	8020	3048	4972
初　中	26819	12068	14751	29358	14702	14656	26896	14017	12879
高　中	7288	3425	3863	9056	4653	4403	9781	5296	4485
大学专科	2077	812	1265	3081	1289	1792	3945	1785	2160
大学本科	727	268	459	1417	552	865	2192	884	1308
硕士研究生	24	10	14	59	20	39	99	44	55
博士研究生	1		1	6	3	3	19	13	6

5-6 续表 4

单位：人

受教育程度	初婚年龄								
	24岁			25岁			26岁		
	小计	男	女	小计	男	女	小计	男	女
总　计	**50773**	**26215**	**24558**	**45087**	**24929**	**20158**	**37690**	**21614**	**16076**
未上过学	1374	270	1104	1178	284	894	825	204	621
学前教育	34	15	19	17	7	10	22	8	14
小　学	6755	2822	3933	5410	2486	2924	4074	1942	2132
初　中	24402	13604	10798	20247	11947	8300	16115	9641	6474
高　中	10014	5619	4395	8989	5446	3543	7569	4809	2760
大学专科	4713	2315	2398	4991	2673	2318	4578	2678	1900
大学本科	3289	1475	1814	3988	1949	2039	4162	2179	1983
硕士研究生	173	86	87	236	123	113	312	138	174
博士研究生	19	9	10	31	14	17	33	15	18

5-6 续表 5

单位：人

受教育程度	初婚年龄								
	27岁			28岁			29岁		
	小计	男	女	小计	男	女	小计	男	女
总　计	**30827**	**18576**	**12251**	**24369**	**15294**	**9075**	**18723**	**11983**	**6740**
未上过学	645	153	492	497	118	379	449	115	334
学前教育	18	9	9	10	3	7	10	3	7
小　学	3131	1595	1536	2537	1321	1216	2026	1068	958
初　中	12847	8092	4755	10266	6614	3652	7795	5059	2736
高　中	6093	3950	2143	4687	3181	1506	3623	2518	1105
大学专科	3963	2393	1570	3060	1979	1081	2385	1628	757
大学本科	3785	2208	1577	3020	1904	1116	2231	1467	764
硕士研究生	304	150	154	262	159	103	177	110	67
博士研究生	41	26	15	30	15	15	27	15	12

5-6 续表 6

单位：人

受教育程度	初婚年龄								
	30岁			31岁			32岁		
	小计	男	女	小计	男	女	小计	男	女
总　计	**14698**	**9638**	**5060**	**11031**	**7217**	**3814**	**8541**	**5608**	**2933**
未上过学	367	99	268	289	76	213	236	69	167
学前教育	7	4	3	7	2	5	2	2	
小　学	1643	900	743	1233	656	577	1013	566	447
初　中	6258	4062	2196	4785	3085	1700	3819	2487	1332
高　中	2842	2025	817	2167	1573	594	1719	1212	507
大学专科	1723	1200	523	1291	907	384	932	661	271
大学本科	1674	1234	440	1125	827	298	748	554	194
硕士研究生	160	97	63	119	77	42	62	50	12
博士研究生	24	17	7	15	14	1	10	7	3

5-6 续表 7

单位：人

受教育程度	初婚年龄								
	33岁			34岁			35岁		
	小计	男	女	小计	男	女	小计	男	女
总　计	**6767**	**4508**	**2259**	**5236**	**3449**	**1787**	**4244**	**2752**	**1492**
未上过学	216	49	167	166	46	120	149	37	112
学前教育	1		1	3	1	2	7	3	4
小　学	853	485	368	701	413	288	580	333	247
初　中	2992	2040	952	2359	1554	805	1868	1197	671
高　中	1297	912	385	986	678	308	816	572	244
大学专科	739	532	207	539	400	139	455	318	137
大学本科	607	448	159	439	329	110	332	263	69
硕士研究生	57	38	19	35	23	12	33	25	8
博士研究生	5	4	1	8	5	3	4	4	

5-6 续表 8 单位：人

受教育程度	初婚年龄								
	36岁			37岁			38岁		
	小计	男	女	小计	男	女	小计	男	女
总　计	**3377**	**2194**	**1183**	**2740**	**1814**	**926**	**2142**	**1455**	**687**
未上过学	108	29	79	94	27	67	74	27	47
学前教育	2		2	2	2		1	1	
小　学	513	297	216	413	251	162	320	183	137
初　中	1500	985	515	1298	873	425	1008	679	329
高　中	644	433	211	509	361	148	385	288	97
大学专科	333	230	103	220	151	69	192	154	38
大学本科	247	195	52	180	131	49	147	114	33
硕士研究生	22	19	3	20	15	5	14	9	5
博士研究生	8	6	2	4	3	1	1		1

5-6 续表 9 单位：人

受教育程度	初婚年龄					
	39岁			40岁及以上		
	小计	男	女	小计	男	女
总　计	**1727**	**1126**	**601**	**9089**	**5921**	**3168**
未上过学	84	27	57	499	144	355
学前教育	1	1		11	6	5
小　学	296	180	116	1907	1101	806
初　中	791	508	283	3858	2550	1308
高　中	311	223	88	1652	1210	442
大学专科	139	104	35	630	481	149
大学本科	97	77	20	495	394	101
硕士研究生	8	6	2	31	29	2
博士研究生				6	6	

5-6a　全省分性别、受教育程度、初婚年龄的人口(城市)

单位：人

受教育程度	初婚年龄					
	合　计			15岁以下		
	合计	男	女	小计	男	女
总　计	**198704**	**96166**	**102538**	**258**	**51**	**207**
未上过学	3007	433	2574	15	1	14
学前教育	66	27	39			
小　学	19214	6763	12451	57	8	49
初　中	74126	34965	39161	131	29	102
高　中	48956	25355	23601	34	5	29
大学专科	27305	14363	12942	17	7	10
大学本科	23857	13041	10816	4	1	3
硕士研究生	1910	1062	848			
博士研究生	263	157	106			

5-6a　续表 1

单位：人

受教育程度	初婚年龄								
	15岁			16岁			17岁		
	小计	男	女	小计	男	女	小计	男	女
总　计	**946**	**241**	**705**	**1594**	**388**	**1206**	**2725**	**642**	**2083**
未上过学	44	4	40	76	5	71	118	7	111
学前教育	1		1				1		1
小　学	183	37	146	344	55	289	570	89	481
初　中	449	111	338	786	194	592	1389	335	1054
高　中	175	52	123	267	92	175	471	143	328
大学专科	61	21	40	83	26	57	113	41	72
大学本科	28	14	14	36	15	21	60	27	33
硕士研究生	5	2	3	2	1	1	2		2
博士研究生							1		1

5-6a 续表 2

单位：人

受教育程度	初婚年龄								
	18岁			19岁			20岁		
	小计	男	女	小计	男	女	小计	男	女
总　计	**4723**	**1171**	**3552**	**7794**	**2125**	**5669**	**11629**	**3455**	**8174**
未上过学	192	9	183	290	26	264	346	31	315
学前教育	4		4	6	1	5	7	3	4
小　学	973	144	829	1479	304	1175	1989	514	1475
初　中	2414	642	1772	3942	1156	2786	5678	1751	3927
高　中	830	269	561	1545	464	1081	2546	822	1724
大学专科	208	70	138	384	128	256	724	224	500
大学本科	96	34	62	139	41	98	328	104	224
硕士研究生	5	3	2	8	5	3	8	5	3
博士研究生	1		1	1		1	3	1	2

5-6a 续表 3

单位：人

受教育程度	初婚年龄								
	21岁			22岁			23岁		
	小计	男	女	小计	男	女	小计	男	女
总　计	**14051**	**4880**	**9171**	**17547**	**7212**	**10335**	**18692**	**8082**	**10610**
未上过学	328	35	293	289	33	256	244	40	204
学前教育	6	2	4	5	1	4	7	3	4
小　学	1944	532	1412	1961	694	1267	1831	651	1180
初　中	6633	2469	4164	7860	3497	4363	7512	3462	4050
高　中	3413	1255	2158	4475	1888	2587	4888	2235	2653
大学专科	1201	410	791	1865	694	1171	2462	1008	1454
大学本科	505	170	335	1041	385	656	1643	633	1010
硕士研究生	20	7	13	46	18	28	88	38	50
博士研究生	1		1	5	2	3	17	12	5

5-6a 续表 4 单位：人

受教育程度	初婚年龄								
	24岁			25岁			26岁		
	小计	男	女	小计	男	女	小计	男	女
总 计	**19580**	**9221**	**10359**	**18873**	**9712**	**9161**	**16492**	**8934**	**7558**
未上过学	211	41	170	186	38	148	107	37	70
学前教育	9	7	2	4	2	2	8	4	4
小 学	1583	644	939	1304	578	726	1002	443	559
初 中	6937	3505	3432	6037	3222	2815	4851	2690	2161
高 中	5314	2596	2718	4843	2650	2193	4145	2430	1715
大学专科	2957	1320	1637	3267	1651	1616	2961	1616	1345
大学本科	2411	1033	1378	2996	1450	1546	3133	1591	1542
硕士研究生	140	67	73	207	107	100	258	111	147
博士研究生	18	8	10	29	14	15	27	12	15

5-6a 续表 5 单位：人

受教育程度	初婚年龄								
	27岁			28岁			29岁		
	小计	男	女	小计	男	女	小计	男	女
总 计	**13999**	**8059**	**5940**	**10914**	**6653**	**4261**	**8474**	**5381**	**3093**
未上过学	102	25	77	78	16	62	67	11	56
学前教育	2	1	1	1		1			
小 学	736	369	367	594	299	295	459	238	221
初 中	3916	2300	1616	3135	1873	1262	2479	1559	920
高 中	3457	2078	1379	2604	1664	940	2077	1369	708
大学专科	2587	1488	1099	2017	1261	756	1542	1024	518
大学本科	2896	1646	1250	2239	1393	846	1673	1071	602
硕士研究生	265	129	136	219	133	86	155	96	59
博士研究生	38	23	15	27	14	13	22	13	9

5-6a 续表 6

单位：人

受教育程度	初婚年龄								
	30岁			31岁			32岁		
	小计	男	女	小计	男	女	小计	男	女
总　计	**6611**	**4303**	**2308**	**4931**	**3230**	**1701**	**3737**	**2450**	**1287**
未上过学	52	8	44	42	13	29	27	6	21
学前教育	2	1	1						
小　学	362	179	183	277	145	132	259	126	133
初　中	2041	1242	799	1511	941	570	1199	742	457
高　中	1620	1102	518	1252	851	401	1003	675	328
大学专科	1133	762	371	874	579	295	623	432	191
大学本科	1251	913	338	856	620	236	562	417	145
硕士研究生	131	82	49	104	67	37	54	45	9
博士研究生	19	14	5	15	14	1	10	7	3

5-6a 续表 7

单位：人

受教育程度	初婚年龄								
	33岁			34岁			35岁		
	小计	男	女	小计	男	女	小计	男	女
总　计	**3002**	**1987**	**1015**	**2334**	**1538**	**796**	**1821**	**1176**	**645**
未上过学	30	6	24	31	7	24	26	7	19
学前教育				1		1	1	1	
小　学	222	133	89	177	93	84	124	68	56
初　中	982	614	368	784	501	283	599	355	244
高　中	772	526	246	602	393	209	475	317	158
大学专科	492	347	145	371	279	92	303	198	105
大学本科	455	326	129	332	244	88	259	203	56
硕士研究生	46	32	14	30	18	12	30	23	7
博士研究生	3	3		6	3	3	4	4	

5-6a 续表 8

单位：人

受教育程度	初婚年龄								
	36岁			37岁			38岁		
	小计	男	女	小计	男	女	小计	男	女
总 计	**1499**	**981**	**518**	**1154**	**746**	**408**	**893**	**598**	**295**
未上过学	10	5	5	13	3	10	5	2	3
学前教育									
小 学	117	63	54	89	45	44	72	34	38
初 中	501	307	194	437	271	166	331	205	126
高 中	400	263	137	301	205	96	228	158	70
大学专科	250	168	82	156	107	49	124	99	25
大学本科	192	150	42	137	99	38	120	91	29
硕士研究生	22	19	3	18	14	4	12	9	3
博士研究生	7	6	1	3	2	1	1		1

5-6a 续表 9

单位：人

受教育程度	初婚年龄					
	39岁			40岁及以上		
	小计	男	女	小计	男	女
总 计	**744**	**490**	**254**	**3687**	**2460**	**1227**
未上过学	10	1	9	68	16	52
学前教育				1	1	
小 学	84	47	37	422	231	191
初 中	272	161	111	1320	831	489
高 中	199	140	59	1020	713	307
大学专科	91	70	21	439	333	106
大学本科	80	65	15	385	305	80
硕士研究生	8	6	2	27	25	2
博士研究生				5	5	

5-6b 全省分性别、受教育程度、初婚年龄的人口(镇)

单位：人

受教育程度	初婚年龄					
	合计			15岁以下		
	合计	男	女	小计	男	女
总　计	**133469**	**65100**	**68369**	**424**	**87**	**337**
未上过学	5690	949	4741	41	5	36
学前教育	117	47	70			
小　学	21536	7745	13791	125	16	109
初　中	69729	34670	35059	199	42	157
高　中	21464	12904	8560	48	18	30
大学专科	9136	5377	3759	9	5	4
大学本科	5579	3286	2293	2	1	1
硕士研究生	198	110	88			
博士研究生	20	12	8			

5-6b 续表 1

单位：人

受教育程度	初婚年龄								
	15岁			16岁			17岁		
	小计	男	女	小计	男	女	小计	男	女
总　计	**1159**	**277**	**882**	**1956**	**466**	**1490**	**3407**	**875**	**2532**
未上过学	85	4	81	152	15	137	261	19	242
学前教育	1	1		8	1	7	6	4	2
小　学	287	63	224	523	86	437	822	141	681
初　中	622	138	484	1049	275	774	1979	579	1400
高　中	102	39	63	158	60	98	263	89	174
大学专科	43	23	20	48	24	24	51	27	24
大学本科	19	9	10	18	5	13	25	16	9
硕士研究生									
博士研究生									

5-6b　续表 2

单位：人

受教育程度	初婚年龄								
	18岁			19岁			20岁		
	小计	男	女	小计	男	女	小计	男	女
总　计	**5331**	**1444**	**3887**	**8225**	**2587**	**5638**	**10921**	**3829**	**7092**
未上过学	395	38	357	536	51	485	700	80	620
学前教育	3		3	13	2	11	7	3	4
小　学	1227	248	979	1806	428	1378	2243	601	1642
初　中	3125	924	2201	4793	1634	3159	6228	2377	3851
高　中	462	184	278	841	370	471	1307	578	729
大学专科	82	34	48	187	82	105	349	156	193
大学本科	37	16	21	48	19	29	87	34	53
硕士研究生				1	1				
博士研究生									

5-6b　续表 3

单位：人

受教育程度	初婚年龄								
	21岁			22岁			23岁		
	小计	男	女	小计	男	女	小计	男	女
总　计	**12345**	**5099**	**7246**	**13434**	**6120**	**7314**	**13152**	**6408**	**6744**
未上过学	581	86	495	565	87	478	465	84	381
学前教育	8	3	5	3	1	2	12	4	8
小　学	2309	740	1569	2338	815	1523	2028	762	1266
初　中	7016	3096	3920	7477	3617	3860	7031	3579	3452
高　中	1773	885	888	2075	1166	909	2361	1374	987
大学专科	499	218	281	718	323	395	882	437	445
大学本科	157	69	88	252	109	143	364	163	201
硕士研究生	2	2		6	2	4	8	5	3
博士研究生							1		1

5-6b 续表 4

单位：人

受教育程度	初婚年龄								
	24岁			25岁			26岁		
	小计	男	女	小计	男	女	小计	男	女
总　计	**12243**	**6448**	**5795**	**10559**	**6022**	**4537**	**8764**	**5167**	**3597**
未上过学	383	89	294	347	86	261	240	60	180
学前教育	9	3	6	7	3	4	5	1	4
小　学	1634	668	966	1330	630	700	966	474	492
初　中	6287	3442	2845	5130	3066	2064	4153	2464	1689
高　中	2324	1415	909	2064	1343	721	1711	1137	574
大学专科	989	533	456	960	539	421	946	605	341
大学本科	596	287	309	699	345	354	705	406	299
硕士研究生	21	11	10	21	10	11	32	17	15
博士研究生				1		1	6	3	3

5-6b 续表 5

单位：人

受教育程度	初婚年龄								
	27岁			28岁			29岁		
	小计	男	女	小计	男	女	小计	男	女
总　计	**6980**	**4273**	**2707**	**5515**	**3516**	**1999**	**4104**	**2656**	**1448**
未上过学	167	35	132	124	22	102	108	28	80
学前教育	4	3	1	4	3	1	4	1	3
小　学	764	373	391	606	317	289	451	237	214
初　中	3270	2048	1222	2507	1612	895	1846	1200	646
高　中	1324	898	426	1057	743	314	796	564	232
大学专科	822	532	290	645	440	205	500	347	153
大学本科	606	372	234	545	364	181	385	269	116
硕士研究生	21	10	11	27	15	12	13	9	4
博士研究生	2	2					1	1	

5－6b　续表 6　　　　单位：人

受教育程度	初婚年龄								
	30岁			31岁			32岁		
	小计	男	女	小计	男	女	小计	男	女
总　计	**3255**	**2159**	**1096**	**2430**	**1610**	**820**	**1882**	**1243**	**639**
未上过学	95	29	66	68	21	47	54	17	37
学前教育	4	2	2				2	2	
小　学	378	198	180	288	151	137	221	120	101
初　中	1480	969	511	1146	715	431	941	614	327
高　中	616	452	164	489	378	111	343	252	91
大学专科	360	267	93	250	199	51	175	130	45
大学本科	301	232	69	183	141	42	139	104	35
硕士研究生	16	7	9	6	5	1	7	4	3
博士研究生	5	3	2						

5－6b　续表 7　　　　单位：人

受教育程度	初婚年龄								
	33岁			34岁			35岁		
	小计	男	女	小计	男	女	小计	男	女
总　计	**1476**	**1010**	**466**	**1118**	**717**	**401**	**928**	**604**	**324**
未上过学	48	9	39	42	9	33	33	10	23
学前教育	1		1	1	1		3	2	1
小　学	187	110	77	170	97	73	122	69	53
初　中	676	482	194	541	349	192	437	276	161
高　中	287	197	90	191	139	52	186	129	57
大学专科	158	117	41	93	60	33	90	71	19
大学本科	108	89	19	76	58	18	55	45	10
硕士研究生	9	5	4	3	3		2	2	
博士研究生	2	1	1	1	1				

5-6b 续表 8

单位：人

<table>
<tr><th rowspan="3">受教育程度</th><th colspan="9">初婚年龄</th></tr>
<tr><th colspan="3">36岁</th><th colspan="3">37岁</th><th colspan="3">38岁</th></tr>
<tr><th>小计</th><th>男</th><th>女</th><th>小计</th><th>男</th><th>女</th><th>小计</th><th>男</th><th>女</th></tr>
<tr><td>总　计</td><td>692</td><td>442</td><td>250</td><td>568</td><td>374</td><td>194</td><td>433</td><td>302</td><td>131</td></tr>
<tr><td>未上过学</td><td>32</td><td>8</td><td>24</td><td>26</td><td>10</td><td>16</td><td>20</td><td>8</td><td>12</td></tr>
<tr><td>学前教育</td><td></td><td></td><td></td><td>1</td><td>1</td><td></td><td>1</td><td>1</td><td></td></tr>
<tr><td>小　学</td><td>117</td><td>71</td><td>46</td><td>86</td><td>52</td><td>34</td><td>53</td><td>29</td><td>24</td></tr>
<tr><td>初　中</td><td>328</td><td>215</td><td>113</td><td>292</td><td>197</td><td>95</td><td>211</td><td>145</td><td>66</td></tr>
<tr><td>高　中</td><td>126</td><td>81</td><td>45</td><td>99</td><td>70</td><td>29</td><td>81</td><td>65</td><td>16</td></tr>
<tr><td>大学专科</td><td>53</td><td>38</td><td>15</td><td>36</td><td>25</td><td>11</td><td>47</td><td>37</td><td>10</td></tr>
<tr><td>大学本科</td><td>36</td><td>29</td><td>7</td><td>27</td><td>18</td><td>9</td><td>19</td><td>17</td><td>2</td></tr>
<tr><td>硕士研究生</td><td></td><td></td><td></td><td></td><td></td><td></td><td>1</td><td></td><td>1</td></tr>
<tr><td>博士研究生</td><td></td><td></td><td></td><td>1</td><td>1</td><td></td><td></td><td></td><td></td></tr>
</table>

5-6b 续表 9

单位：人

<table>
<tr><th rowspan="3">受教育程度</th><th colspan="6">初婚年龄</th></tr>
<tr><th colspan="3">39岁</th><th colspan="3">40岁及以上</th></tr>
<tr><th>小计</th><th>男</th><th>女</th><th>小计</th><th>男</th><th>女</th></tr>
<tr><td>总　计</td><td>350</td><td>221</td><td>129</td><td>1818</td><td>1144</td><td>674</td></tr>
<tr><td>未上过学</td><td>18</td><td>5</td><td>13</td><td>104</td><td>34</td><td>70</td></tr>
<tr><td>学前教育</td><td></td><td></td><td></td><td>10</td><td>5</td><td>5</td></tr>
<tr><td>小　学</td><td>59</td><td>32</td><td>27</td><td>396</td><td>217</td><td>179</td></tr>
<tr><td>初　中</td><td>178</td><td>117</td><td>61</td><td>787</td><td>498</td><td>289</td></tr>
<tr><td>高　中</td><td>55</td><td>38</td><td>17</td><td>325</td><td>240</td><td>85</td></tr>
<tr><td>大学专科</td><td>29</td><td>21</td><td>8</td><td>115</td><td>87</td><td>28</td></tr>
<tr><td>大学本科</td><td>11</td><td>8</td><td>3</td><td>79</td><td>61</td><td>18</td></tr>
<tr><td>硕士研究生</td><td></td><td></td><td></td><td>2</td><td>2</td><td></td></tr>
<tr><td>博士研究生</td><td></td><td></td><td></td><td></td><td></td><td></td></tr>
</table>

5–6c 全省分性别、受教育程度、初婚年龄的人口(乡村)

单位：人

受教育程度	初婚年龄					
	合计			15岁以下		
	合计	男	女	小计	男	女
总 计	**227056**	**111255**	**115801**	**1070**	**189**	**881**
未上过学	13600	2107	11493	159	6	153
学前教育	204	45	159	2		2
小 学	50333	18304	32029	386	53	333
初 中	130819	69684	61135	479	109	370
高 中	22924	15375	7549	37	18	19
大学专科	6511	4133	2378	4	1	3
大学本科	2514	1521	993	3	2	1
硕士研究生	136	78	58			
博士研究生	15	8	7			

5–6c 续表 1

单位：人

受教育程度	初婚年龄								
	15岁			16岁			17岁		
	小计	男	女	小计	男	女	小计	男	女
总 计	**2581**	**540**	**2041**	**4421**	**1042**	**3379**	**7533**	**1898**	**5635**
未上过学	272	17	255	443	37	406	660	45	615
学前教育	5		5	6	1	5	8	1	7
小 学	866	137	729	1372	239	1133	2234	423	1811
初 中	1316	325	991	2385	665	1720	4220	1207	3013
高 中	98	46	52	182	86	96	345	180	165
大学专科	21	15	6	26	8	18	56	36	20
大学本科	3		3	6	5	1	10	6	4
硕士研究生				1	1				
博士研究生									

5-6c 续表 2

单位：人

受教育程度	初婚年龄								
	18岁			19岁			20岁		
	小计	男	女	小计	男	女	小计	男	女
总　计	**11166**	**3127**	**8039**	**16930**	**5692**	**11238**	**21365**	**8021**	**13344**
未上过学	957	65	892	1501	132	1369	1665	212	1453
学前教育	12	3	9	24	2	22	18	1	17
小　学	3226	627	2599	4591	1153	3438	5449	1542	3907
初　中	6310	2094	4216	9558	3728	5830	12341	5240	7101
高　中	565	291	274	1069	571	498	1571	873	698
大学专科	74	38	36	155	86	69	271	131	140
大学本科	21	8	13	29	17	12	49	22	27
硕士研究生	1	1		3	3		1		1
博士研究生									

5-6c 续表 3

单位：人

受教育程度	初婚年龄								
	21岁			22岁			23岁		
	小计	男	女	小计	男	女	小计	男	女
总　计	**22611**	**9805**	**12806**	**23315**	**11567**	**11748**	**20863**	**10908**	**9955**
未上过学	1451	176	1275	1210	192	1018	1006	173	833
学前教育	15	2	13	23	6	17	21	7	14
小　学	5429	1625	3804	4925	1851	3074	4161	1635	2526
初　中	13170	6503	6667	14021	7588	6433	12353	6976	5377
高　中	2102	1285	817	2506	1599	907	2532	1687	845
大学专科	377	184	193	498	272	226	601	340	261
大学本科	65	29	36	124	58	66	185	88	97
硕士研究生	2	1	1	7		7	3	1	2
博士研究生				1	1		1	1	

5-6c　续表 4　　单位：人

受教育程度	初婚年龄								
	24岁			25岁			26岁		
	小计	男	女	小计	男	女	小计	男	女
总　计	**18950**	**10546**	**8404**	**15655**	**9195**	**6460**	**12434**	**7513**	**4921**
未上过学	780	140	640	645	160	485	478	107	371
学前教育	16	5	11	6	2	4	9	3	6
小　学	3538	1510	2028	2776	1278	1498	2106	1025	1081
初　中	11178	6657	4521	9080	5659	3421	7111	4487	2624
高　中	2376	1608	768	2082	1453	629	1713	1242	471
大学专科	767	462	305	764	483	281	671	457	214
大学本科	282	155	127	293	154	139	324	182	142
硕士研究生	12	8	4	8	6	2	22	10	12
博士研究生	1	1		1		1			

5-6c　续表 5　　单位：人

受教育程度	初婚年龄								
	27岁			28岁			29岁		
	小计	男	女	小计	男	女	小计	男	女
总　计	**9848**	**6244**	**3604**	**7940**	**5125**	**2815**	**6145**	**3946**	**2199**
未上过学	376	93	283	295	80	215	274	76	198
学前教育	12	5	7	5		5	6	2	4
小　学	1631	853	778	1337	705	632	1116	593	523
初　中	5661	3744	1917	4624	3129	1495	3470	2300	1170
高　中	1312	974	338	1026	774	252	750	585	165
大学专科	554	373	181	398	278	120	343	257	86
大学本科	283	190	93	236	147	89	173	127	46
硕士研究生	18	11	7	16	11	5	9	5	4
博士研究生	1	1		3	1	2	4	1	3

5-6c 续表 6

单位：人

受教育程度	初婚年龄								
	30岁			31岁			32岁		
	小计	男	女	小计	男	女	小计	男	女
总　计	**4832**	**3176**	**1656**	**3670**	**2377**	**1293**	**2922**	**1915**	**1007**
未上过学	220	62	158	179	42	137	155	46	109
学前教育	1	1		7	2	5			
小　学	903	523	380	668	360	308	533	320	213
初　中	2737	1851	886	2128	1429	699	1679	1131	548
高　中	606	471	135	426	344	82	373	285	88
大学专科	230	171	59	167	129	38	134	99	35
大学本科	122	89	33	86	66	20	47	33	14
硕士研究生	13	8	5	9	5	4	1	1	
博士研究生									

5-6c 续表 7

单位：人

受教育程度	初婚年龄								
	33岁			34岁			35岁		
	小计	男	女	小计	男	女	小计	男	女
总　计	**2289**	**1511**	**778**	**1784**	**1194**	**590**	**1495**	**972**	**523**
未上过学	138	34	104	93	30	63	90	20	70
学前教育				1		1	3		3
小　学	444	242	202	354	223	131	334	196	138
初　中	1334	944	390	1034	704	330	832	566	266
高　中	238	189	49	193	146	47	155	126	29
大学专科	89	68	21	75	61	14	62	49	13
大学本科	44	33	11	31	27	4	18	15	3
硕士研究生	2	1	1	2	2		1		1
博士研究生				1	1				

5–6c　续表 8

单位：人

受教育程度	初婚年龄								
	36岁			37岁			38岁		
	小计	男	女	小计	男	女	小计	男	女
总　计	**1186**	**771**	**415**	**1018**	**694**	**324**	**816**	**555**	**261**
未上过学	66	16	50	55	14	41	49	17	32
学前教育	2		2	1	1				
小　学	279	163	116	238	154	84	195	120	75
初　中	671	463	208	569	405	164	466	329	137
高　中	118	89	29	109	86	23	76	65	11
大学专科	30	24	6	28	19	9	21	18	3
大学本科	19	16	3	16	14	2	8	6	2
硕士研究生				2	1	1	1		1
博士研究生	1		1						

5–6c　续表 9

单位：人

受教育程度	初婚年龄					
	39岁			40岁及以上		
	小计	男	女	小计	男	女
总　计	**633**	**415**	**218**	**3584**	**2317**	**1267**
未上过学	56	21	35	327	94	233
学前教育	1	1				
小　学	153	101	52	1089	653	436
初　中	341	230	111	1751	1221	530
高　中	57	45	12	307	257	50
大学专科	19	13	6	76	61	15
大学本科	6	4	2	31	28	3
硕士研究生				2	2	
博士研究生				1	1	

中国人口普查
CHINA POPULATION CENSUS

2020

海南省人口普查年鉴

（下册）

HAINAN POPULATION CENSUS YEARBOOK 2020

(BOOK 3)

海南省人民政府第七次全国人口普查领导小组办公室
海　　南　　省　　统　　计　　局
编

Compiled by
Office of the Leading Group of Hainan Province for the Seventh National Population Census
Hainan Provincial Bureau of Statistics

中国统计出版社
China Statistics Press

图书在版编目（CIP）数据

海南省人口普查年鉴. 2020. 下册 / 海南省人民政府第七次全国人口普查领导小组办公室, 海南省统计局编. -- 北京 : 中国统计出版社, 2023.3
ISBN 978-7-5230-0053-3

Ⅰ. ①海… Ⅱ. ①海… ②海… Ⅲ. ①人口普查－统计资料－海南－2020－年鉴 Ⅳ. ①C924.256.6-54

中国版本图书馆 CIP 数据核字(2022)第 217267 号

海南省人口普查年鉴-2020（下册）
Hainan Population Census Yearbook 2020 (Book 3)

作　　者/海南省人民政府第七次全国人口普查领导小组办公室　海南省统计局
责任编辑/周小睿
封面设计/李雪燕
出版发行/中国统计出版社有限公司
通信地址/北京市丰台区西三环南路甲 6 号　邮政编码/100073
发行电话/邮购（010）63376909　书店（010）68783171
网　　址/http://www.zgtjcbs.com/
印　　刷/河北鑫兆源印刷有限公司
经　　销/新华书店
开　　本/880mm×1230mm　1/16
字　　数/675 千字
印　　张/28.25
版　　别/2023 年 3 月第 1 版
版　　次/2023 年 3 月第 1 次印刷
定　　价/880.00 元（全三册附光盘）

目　　录

下　册

第二部分　长表数据资料（续）

第七卷　迁移和户口登记地

第八卷　老年人口

第三部分　附　录

第二部分　长表数据资料

第六卷　生育

6-1 各地区分性别、孩次的出生人口
(2019.11.1-2020.10.31)

单位：人

地区	出生人数				第一孩			
	合计	男	女	性别比(女=100)	小计	男	女	性别比(女=100)
全省	**10359**	**5662**	**4697**	**120.55**	**4438**	**2367**	**2071**	**114.29**
海口市	**3089**	**1640**	**1449**	**113.18**	**1437**	**729**	**708**	**102.97**
秀英区	645	333	312	106.73	282	144	138	104.35
龙华区	804	441	363	121.49	383	199	184	108.15
琼山区	719	386	333	115.92	327	160	167	95.81
美兰区	921	480	441	108.84	445	226	219	103.20
三亚市	**1149**	**606**	**543**	**111.60**	**515**	**255**	**260**	**98.08**
海棠区	118	58	60	96.67	50	26	24	108.33
吉阳区	452	229	223	102.69	209	94	115	81.74
天涯区	419	225	194	115.98	193	94	99	94.95
崖州区	160	94	66	142.42	63	41	22	186.36
三沙市								
儋州市	**1123**	**662**	**461**	**143.60**	**443**	**246**	**197**	**124.87**
五指山市	92	53	39	135.90	38	20	18	111.11
琼海市	489	274	215	127.44	205	109	96	113.54
文昌市	461	251	210	119.52	192	109	83	131.33
万宁市	497	272	225	120.89	208	112	96	116.67
东方市	518	278	240	115.83	195	103	92	111.96
定安县	292	153	139	110.07	123	66	57	115.79
屯昌县	231	132	99	133.33	77	51	26	196.15
澄迈县	545	320	225	142.22	209	126	83	151.81
临高县	377	208	169	123.08	142	77	65	118.46
白沙黎族自治县	127	74	53	139.62	54	27	27	100.00
昌江黎族自治县	243	134	109	122.94	99	56	43	130.23
乐东黎族自治县	490	270	220	122.73	237	141	96	146.88
陵水黎族自治县	329	179	150	119.33	151	79	72	109.72
保亭黎族苗族自治县	142	76	66	115.15	53	33	20	165.00
琼中黎族苗族自治县	165	80	85	94.12	60	28	32	87.50

6-1　续表 1　　单位：人

地　区	第二孩 小计	第二孩 男	第二孩 女	第二孩 性别比(女=100)	第三孩 小计	第三孩 男	第三孩 女	第三孩 性别比(女=100)
全省	**4324**	**2345**	**1979**	**118.49**	**1301**	**768**	**533**	**144.09**
海口市	**1343**	**727**	**616**	**118.02**	**265**	**156**	**109**	**143.12**
秀英区	280	146	134	108.96	71	34	37	91.89
龙华区	352	200	152	131.58	56	34	22	154.55
琼山区	309	173	136	127.21	74	45	29	155.17
美兰区	402	208	194	107.22	64	43	21	204.76
三亚市	**504**	**266**	**238**	**111.76**	**118**	**79**	**39**	**202.56**
海棠区	49	21	28	75.00	16	11	5	220.00
吉阳区	200	109	91	119.78	37	23	14	164.29
天涯区	179	99	80	123.75	45	30	15	200.00
崖州区	76	37	39	94.87	20	15	5	300.00
三沙市								
儋州市	**427**	**245**	**182**	**134.62**	**203**	**139**	**64**	**217.19**
五指山市	43	26	17	152.94	9	5	4	125.00
琼海市	227	127	100	127.00	50	33	17	194.12
文昌市	198	105	93	112.90	63	33	30	110.00
万宁市	199	114	85	134.12	76	36	40	90.00
东方市	217	118	99	119.19	87	47	40	117.50
定安县	105	53	52	101.92	51	28	23	121.74
屯昌县	90	46	44	104.55	42	21	21	100.00
澄迈县	212	119	93	127.96	99	59	40	147.50
临高县	150	76	74	102.70	54	34	20	170.00
白沙黎族自治县	49	32	17	188.24	16	10	6	166.67
昌江黎族自治县	110	57	53	107.55	31	20	11	181.82
乐东黎族自治县	176	91	85	107.06	56	26	30	86.67
陵水黎族自治县	135	76	59	128.81	39	21	18	116.67
保亭黎族苗族自治县	63	30	33	90.91	18	9	9	100.00
琼中黎族苗族自治县	76	37	39	94.87	24	12	12	100.00

6-1 续表 2 单位：人

地区	第四孩				第五孩及以上			
	小计	男	女	性别比(女=100)	小计	男	女	性别比(女=100)
全省	**226**	**137**	**89**	**153.93**	**70**	**45**	**25**	**180.00**
海口市	**35**	**23**	**12**	**191.67**	**9**	**5**	**4**	**125.00**
秀英区	10	8	2	400.00	2	1	1	100.00
龙华区	11	6	5	120.00	2	2		
琼山区	6	6			3	2	1	200.00
美兰区	8	3	5	60.00	2		2	
三亚市	**10**	**5**	**5**	**100.00**	**2**	**1**	**1**	**100.00**
海棠区	3		3					
吉阳区	5	3	2	150.00	1		1	
天涯区	1	1			1	1		
崖州区	1	1						
三沙市								
儋州市	**41**	**26**	**15**	**173.33**	**9**	**6**	**3**	**200.00**
五指山市	1	1			1	1		
琼海市	5	4	1	400.00	2	1	1	100.00
文昌市	5	2	3	66.67	3	2	1	200.00
万宁市	13	9	4	225.00	1	1		
东方市	17	9	8	112.50	2	1	1	100.00
定安县	10	4	6	66.67	3	2	1	200.00
屯昌县	15	9	6	150.00	7	5	2	250.00
澄迈县	19	13	6	216.67	6	3	3	100.00
临高县	18	12	6	200.00	13	9	4	225.00
白沙黎族自治县	6	3	3	100.00	2	2		
昌江黎族自治县	3	1	2	50.00				
乐东黎族自治县	16	9	7	128.57	5	3	2	150.00
陵水黎族自治县	3	2	1	200.00	1	1		
保亭黎族苗族自治县	6	4	2	200.00	2		2	
琼中黎族苗族自治县	3	1	2	50.00	2	2		

6–1a　各地区分性别、孩次的出生人口 (2019.11.1–2020.10.31)(城市)

单位：人

地　区	出生人数				第　一　孩			
	合计	男	女	性别比(女=100)	小计	男	女	性别比(女=100)
全省	**4165**	**2243**	**1922**	**116.70**	**1915**	**985**	**930**	**105.91**
海口市	**2299**	**1221**	**1078**	**113.27**	**1104**	**555**	**549**	**101.09**
秀英区	431	230	201	114.43	200	104	96	108.33
龙华区	714	387	327	118.35	345	175	170	102.94
琼山区	522	287	235	122.13	246	122	124	98.39
美兰区	632	317	315	100.63	313	154	159	96.86
三亚市	**744**	**395**	**349**	**113.18**	**347**	**178**	**169**	**105.33**
海棠区	52	25	27	92.59	22	13	9	144.44
吉阳区	365	188	177	106.21	170	78	92	84.78
天涯区	249	136	113	120.35	119	62	57	108.77
崖州区	78	46	32	143.75	36	25	11	227.27
三沙市								
儋州市	**357**	**209**	**148**	**141.22**	**148**	**84**	**64**	**131.25**
五指山市	44	29	15	193.33	18	10	8	125.00
琼海市	192	92	100	92.00	87	40	47	85.11
文昌市	169	96	73	131.51	73	42	31	135.48
万宁市	115	70	45	155.56	44	29	15	193.33
东方市	245	131	114	114.91	94	47	47	100.00
定安县								
屯昌县								
澄迈县								
临高县								
白沙黎族自治县								
昌江黎族自治县								
乐东黎族自治县								
陵水黎族自治县								
保亭黎族苗族自治县								
琼中黎族苗族自治县								

6−1a 续表 1

单位：人

地 区	第二孩				第三孩			
	小计	男	女	性别比(女=100)	小计	男	女	性别比(女=100)
全省	**1833**	**1008**	**825**	**122.18**	**366**	**223**	**143**	**155.94**
海口市	**1014**	**555**	**459**	**120.92**	**154**	**95**	**59**	**161.02**
秀英区	193	104	89	116.85	31	17	14	121.43
龙华区	319	181	138	131.16	42	26	16	162.50
琼山区	227	133	94	141.49	43	27	16	168.75
美兰区	275	137	138	99.28	38	25	13	192.31
三亚市	**323**	**168**	**155**	**108.39**	**68**	**46**	**22**	**209.09**
海棠区	21	6	15	40.00	8	6	2	300.00
吉阳区	163	91	72	126.39	28	17	11	154.55
天涯区	104	56	48	116.67	26	18	8	225.00
崖州区	35	15	20	75.00	6	5	1	500.00
三沙市								
儋州市	**148**	**90**	**58**	**155.17**	**53**	**32**	**21**	**152.38**
五指山市	22	16	6	266.67	4	3	1	300.00
琼海市	92	44	48	91.67	12	7	5	140.00
文昌市	72	41	31	132.26	23	13	10	130.00
万宁市	53	31	22	140.91	16	9	7	128.57
东方市	109	63	46	136.96	36	18	18	100.00
定安县								
屯昌县								
澄迈县								
临高县								
白沙黎族自治县								
昌江黎族自治县								
乐东黎族自治县								
陵水黎族自治县								
保亭黎族苗族自治县								
琼中黎族苗族自治县								

6–1a　续表 2　　　　单位：人

地　　区	第　四　孩				第五孩及以上			
	小计	男	女	性别比（女=100）	小计	男	女	性别比（女=100）
全省	**47**	**25**	**22**	**113.64**	**4**	**2**	**2**	**100.00**
海口市	**24**	**15**	**9**	**166.67**	**3**	**1**	**2**	**50.00**
秀英区	7	5	2	250.00				
龙华区	8	5	3	166.67				
琼山区	4	4			2	1	1	100.00
美兰区	5	1	4	25.00	1		1	
三亚市	**6**	**3**	**3**	**100.00**				
海棠区	1		1					
吉阳区	4	2	2	100.00				
天涯区								
崖州区	1	1						
三沙市								
儋州市	**8**	**3**	**5**	**60.00**				
五指山市								
琼海市	1	1						
文昌市	1		1					
万宁市	1		1		1	1		
东方市	6	3	3	100.00				
定安县								
屯昌县								
澄迈县								
临高县								
白沙黎族自治县								
昌江黎族自治县								
乐东黎族自治县								
陵水黎族自治县								
保亭黎族苗族自治县								
琼中黎族苗族自治县								

6-1b 各地区分性别、孩次的出生人口 (2019.11.1-2020.10.31)(镇)

单位：人

地区	出生人数				第一孩			
	合计	男	女	性别比(女=100)	小计	男	女	性别比(女=100)
全省	**2341**	**1334**	**1007**	**132.47**	**964**	**547**	**417**	**131.18**
海口市	**233**	**126**	**107**	**117.76**	**99**	**49**	**50**	**98.00**
秀英区	85	39	46	84.78	38	16	22	72.73
龙华区	19	15	4	375.00	6	4	2	200.00
琼山区	27	20	7	285.71	6	3	3	100.00
美兰区	102	52	50	104.00	49	26	23	113.04
三亚市	**36**	**24**	**12**	**200.00**	**15**	**9**	**6**	**150.00**
海棠区	12	7	5	140.00	3	1	2	50.00
吉阳区	14	8	6	133.33	6	3	3	100.00
天涯区	9	8	1	800.00	6	5	1	500.00
崖州区	1	1						
三沙市								
儋州市	**296**	**185**	**111**	**166.67**	**131**	**81**	**50**	**162.00**
五指山市	15	5	10	50.00	7	3	4	75.00
琼海市	88	50	38	131.58	33	18	15	120.00
文昌市	145	77	68	113.24	62	33	29	113.79
万宁市	102	58	44	131.82	44	26	18	144.44
东方市	76	45	31	145.16	31	15	16	93.75
定安县	116	53	63	84.13	48	27	21	128.57
屯昌县	120	71	49	144.90	45	30	15	200.00
澄迈县	361	209	152	137.50	145	88	57	154.39
临高县	187	106	81	130.86	67	35	32	109.38
白沙黎族自治县	33	19	14	135.71	15	7	8	87.50
昌江黎族自治县	156	95	61	155.74	56	36	20	180.00
乐东黎族自治县	124	71	53	133.96	61	34	27	125.93
陵水黎族自治县	146	86	60	143.33	63	34	29	117.24
保亭黎族苗族自治县	57	27	30	90.00	23	11	12	91.67
琼中黎族苗族自治县	50	27	23	117.39	19	11	8	137.50

6-1b 续表 1

单位：人

地区	第二孩				第三孩			
	小计	男	女	性别比(女=100)	小计	男	女	性别比(女=100)
全省	**974**	**536**	**438**	**122.37**	**321**	**199**	**122**	**163.11**
海口市	**109**	**59**	**50**	**118.00**	**23**	**16**	**7**	**228.57**
秀英区	40	20	20	100.00	6	2	4	50.00
龙华区	8	7	1	700.00	4	3	1	300.00
琼山区	17	13	4	325.00	4	4		
美兰区	44	19	25	76.00	9	7	2	350.00
三亚市	**16**	**12**	**4**	**300.00**	**4**	**2**	**2**	**100.00**
海棠区	6	5	1	500.00	3	1	2	50.00
吉阳区	6	3	3	100.00	1	1		
天涯区	3	3						
崖州区	1	1						
三沙市								
儋州市	**101**	**58**	**43**	**134.88**	**52**	**39**	**13**	**300.00**
五指山市	8	2	6	33.33				
琼海市	39	22	17	129.41	13	8	5	160.00
文昌市	60	31	29	106.90	21	12	9	133.33
万宁市	45	27	18	150.00	11	3	8	37.50
东方市	26	14	12	116.67	15	12	3	400.00
定安县	42	15	27	55.56	21	10	11	90.91
屯昌县	48	27	21	128.57	18	9	9	100.00
澄迈县	139	75	64	117.19	60	35	25	140.00
临高县	77	39	38	102.63	26	20	6	333.33
白沙黎族自治县	16	11	5	220.00	2	1	1	100.00
昌江黎族自治县	79	45	34	132.35	19	13	6	216.67
乐东黎族自治县	50	31	19	163.16	9	5	4	125.00
陵水黎族自治县	67	42	25	168.00	15	9	6	150.00
保亭黎族苗族自治县	25	12	13	92.31	8	3	5	60.00
琼中黎族苗族自治县	27	14	13	107.69	4	2	2	100.00

6-1b 续表 2

单位：人

地区	第四孩				第五孩及以上			
	小计	男	女	性别比(女=100)	小计	男	女	性别比(女=100)
全省	**65**	**42**	**23**	**182.61**	**17**	**10**	**7**	**142.86**
海口市	**1**	**1**			**1**	**1**		
秀英区	1	1						
龙华区					1	1		
琼山区								
美兰区								
三亚市	**1**	**1**						
海棠区								
吉阳区	1	1						
天涯区								
崖州区								
三沙市								
儋州市	**11**	**6**	**5**	**120.00**	**1**	**1**		
五指山市								
琼海市	3	2	1	200.00				
文昌市	2	1	1	100.00				
万宁市	2	2						
东方市	4	4						
定安县	5	1	4	25.00				
屯昌县	7	4	3	133.33	2	1	1	100.00
澄迈县	13	10	3	333.33	4	1	3	33.33
临高县	8	6	2	300.00	9	6	3	200.00
白沙黎族自治县								
昌江黎族自治县	2	1	1	100.00				
乐东黎族自治县	4	1	3	33.33				
陵水黎族自治县	1	1						
保亭黎族苗族自治县	1	1						
琼中黎族苗族自治县								

6-1c　各地区分性别、孩次的出生人口
(2019.11.1-2020.10.31)(乡村)

单位：人

地　区	出生人数				第　一　孩			
	合计	男	女	性别比(女=100)	小计	男	女	性别比(女=100)
全省	**3853**	**2085**	**1768**	**117.93**	**1559**	**835**	**724**	**115.33**
海口市	**557**	**293**	**264**	**110.98**	**234**	**125**	**109**	**114.68**
秀英区	129	64	65	98.46	44	24	20	120.00
龙华区	71	39	32	121.88	32	20	12	166.67
琼山区	170	79	91	86.81	75	35	40	87.50
美兰区	187	111	76	146.05	83	46	37	124.32
三亚市	**369**	**187**	**182**	**102.75**	**153**	**68**	**85**	**80.00**
海棠区	54	26	28	92.86	25	12	13	92.31
吉阳区	73	33	40	82.50	33	13	20	65.00
天涯区	161	81	80	101.25	68	27	41	65.85
崖州区	81	47	34	138.24	27	16	11	145.45
三沙市								
儋州市	**470**	**268**	**202**	**132.67**	**164**	**81**	**83**	**97.59**
五指山市	33	19	14	135.71	13	7	6	116.67
琼海市	209	132	77	171.43	85	51	34	150.00
文昌市	147	78	69	113.04	57	34	23	147.83
万宁市	280	144	136	105.88	120	57	63	90.48
东方市	197	102	95	107.37	70	41	29	141.38
定安县	176	100	76	131.58	75	39	36	108.33
屯昌县	111	61	50	122.00	32	21	11	190.91
澄迈县	184	111	73	152.05	64	38	26	146.15
临高县	190	102	88	115.91	75	42	33	127.27
白沙黎族自治县	94	55	39	141.03	39	20	19	105.26
昌江黎族自治县	87	39	48	81.25	43	20	23	86.96
乐东黎族自治县	366	199	167	119.16	176	107	69	155.07
陵水黎族自治县	183	93	90	103.33	88	45	43	104.65
保亭黎族苗族自治县	85	49	36	136.11	30	22	8	275.00
琼中黎族苗族自治县	115	53	62	85.48	41	17	24	70.83

6-1c 续表 1

单位：人

地区	第二孩				第三孩			
	小计	男	女	性别比(女=100)	小计	男	女	性别比(女=100)
全省	**1517**	**801**	**716**	**111.87**	**614**	**346**	**268**	**129.10**
海口市	**220**	**113**	**107**	**105.61**	**88**	**45**	**43**	**104.65**
秀英区	47	22	25	88.00	34	15	19	78.95
龙华区	25	12	13	92.31	10	5	5	100.00
琼山区	65	27	38	71.05	27	14	13	107.69
美兰区	83	52	31	167.74	17	11	6	183.33
三亚市	**165**	**86**	**79**	**108.86**	**46**	**31**	**15**	**206.67**
海棠区	22	10	12	83.33	5	4	1	400.00
吉阳区	31	15	16	93.75	8	5	3	166.67
天涯区	72	40	32	125.00	19	12	7	171.43
崖州区	40	21	19	110.53	14	10	4	250.00
三沙市								
儋州市	**178**	**97**	**81**	**119.75**	**98**	**68**	**30**	**226.67**
五指山市	13	8	5	160.00	5	2	3	66.67
琼海市	96	61	35	174.29	25	18	7	257.14
文昌市	66	33	33	100.00	19	8	11	72.73
万宁市	101	56	45	124.44	49	24	25	96.00
东方市	82	41	41	100.00	36	17	19	89.47
定安县	63	38	25	152.00	30	18	12	150.00
屯昌县	42	19	23	82.61	24	12	12	100.00
澄迈县	73	44	29	151.72	39	24	15	160.00
临高县	73	37	36	102.78	28	14	14	100.00
白沙黎族自治县	33	21	12	175.00	14	9	5	180.00
昌江黎族自治县	31	12	19	63.16	12	7	5	140.00
乐东黎族自治县	126	60	66	90.91	47	21	26	80.77
陵水黎族自治县	68	34	34	100.00	24	12	12	100.00
保亭黎族苗族自治县	38	18	20	90.00	10	6	4	150.00
琼中黎族苗族自治县	49	23	26	88.46	20	10	10	100.00

6-1c　续表 2　　　　　　　　　　　　　　单位：人

地　区	第　四　孩				第五孩及以上			
	小计	男	女	性别比(女=100)	小计	男	女	性别比(女=100)
全省	**114**	**70**	**44**	**159.09**	**49**	**33**	**16**	**206.25**
海口市	**10**	**7**	**3**	**233.33**	**5**	**3**	**2**	**150.00**
秀英区	2	2			2	1	1	100.00
龙华区	3	1	2	50.00	1	1		
琼山区	2	2			1	1		
美兰区	3	2	1	200.00	1		1	
三亚市	**3**	**1**	**2**	**50.00**	**2**	**1**	**1**	**100.00**
海棠区	2		2					
吉阳区					1		1	
天涯区	1	1			1	1		
崖州区								
三沙市								
儋州市	**22**	**17**	**5**	**340.00**	**8**	**5**	**3**	**166.67**
五指山市	1	1			1	1		
琼海市	1	1			2	1	1	100.00
文昌市	2	1	1	100.00	3	2	1	200.00
万宁市	10	7	3	233.33				
东方市	7	2	5	40.00	2	1	1	100.00
定安县	5	3	2	150.00	3	2	1	200.00
屯昌县	8	5	3	166.67	5	4	1	400.00
澄迈县	6	3	3	100.00	2	2		
临高县	10	6	4	150.00	4	3	1	300.00
白沙黎族自治县	6	3	3	100.00	2	2		
昌江黎族自治县	1		1					
乐东黎族自治县	12	8	4	200.00	5	3	2	150.00
陵水黎族自治县	2	1	1	100.00	1	1		
保亭黎族苗族自治县	5	3	2	150.00	2		2	
琼中黎族苗族自治县	3	1	2	50.00	2	2		

6-2 全省按年龄、受教育程度、生育孩次

受教育程度 年龄	合计	生男孩的妇女人数	生女孩的妇女人数	一孩		
				小计	男	女
总计	**10359**	**5662**	**4697**	**4438**	**2367**	**2071**
15-19岁	**229**	**110**	**119**	**190**	**91**	**99**
15	3		3	3		3
16	18	11	7	17	11	6
17	40	17	23	36	15	21
18	67	32	35	59	25	34
19	101	50	51	75	40	35
20-24岁	**1405**	**755**	**650**	**849**	**461**	**388**
20	142	81	61	100	59	41
21	186	91	95	118	53	65
22	253	124	129	152	73	79
23	321	173	148	185	106	79
24	503	286	217	294	170	124
25-29岁	**3602**	**1949**	**1653**	**1832**	**983**	**849**
25	638	334	304	352	182	170
26	616	331	285	356	191	165
27	760	396	364	374	181	193
28	820	470	350	390	231	159
29	768	418	350	360	198	162
30-34岁	**3243**	**1814**	**1429**	**1137**	**604**	**533**
30	853	461	392	358	185	173
31	724	406	318	276	143	133
32	616	356	260	210	109	101
33	554	294	260	139	75	64
34	496	297	199	154	92	62
35-39岁	**1404**	**783**	**621**	**326**	**173**	**153**
35	380	227	153	92	52	40
36	326	174	152	79	44	35
37	282	164	118	63	33	30
38	240	126	114	48	24	24
39	176	92	84	44	20	24
40-44岁	**397**	**210**	**187**	**85**	**46**	**39**
40	139	70	69	34	17	17
41	115	59	56	20	12	8
42	69	31	38	17	10	7
43	44	26	18	8	3	5
44	30	24	6	6	4	2
45-49岁	**79**	**41**	**38**	**19**	**9**	**10**
45	23	15	8	5	4	1
46	17	6	11	5	1	4
47	19	8	11	3	1	2
48	14	9	5	4	2	2
49	6	3	3	2	1	1

分的育龄妇女人数(2019.11.1—2020.10.31)

单位：人

二孩			三孩及以上		
小计	男	女	小计	男	女
4324	**2345**	**1979**	**1597**	**950**	**647**
37	**18**	**19**	**2**	**1**	**1**
1		1			
4	2	2			
7	6	1	1	1	
25	10	15	1		1
452	**232**	**220**	**104**	**62**	**42**
35	19	16	7	3	4
56	31	25	12	7	5
88	41	47	13	10	3
104	47	57	32	20	12
169	94	75	40	22	18
1340	**719**	**621**	**430**	**247**	**183**
229	122	107	57	30	27
198	101	97	62	39	23
286	159	127	100	56	44
326	177	149	104	62	42
301	160	141	107	60	47
1540	**862**	**678**	**566**	**348**	**218**
363	198	165	132	78	54
324	177	147	124	86	38
307	186	121	99	61	38
316	161	155	99	58	41
230	140	90	112	65	47
713	**388**	**325**	**365**	**222**	**143**
197	121	76	91	54	37
164	78	86	83	52	31
140	77	63	79	54	25
119	63	56	73	39	34
93	49	44	39	23	16
201	**103**	**98**	**111**	**61**	**50**
73	35	38	32	18	14
61	33	28	34	14	20
38	16	22	14	5	9
18	10	8	18	13	5
11	9	2	13	11	2
41	**23**	**18**	**19**	**9**	**10**
14	8	6	4	3	1
6	2	4	6	3	3
11	7	4	5		5
7	5	2	3	2	1
3	1	2	1	1	

6−2 续表 1

受教育程度 年龄	合计	生男孩的妇女人数	生女孩的妇女人数	一孩		
				小计	男	女
未上过学	**29**	**16**	**13**	**10**	**2**	**8**
15−19岁						
15						
16						
17						
18						
19						
20−24岁	**3**	**1**	**2**	**1**		**1**
20						
21	1		1	1		1
22						
23	2	1	1			
24						
25−29岁	**6**	**2**	**4**	**3**		**3**
25						
26						
27	1		1	1		1
28	1	1				
29	4	1	3	2		2
30−34岁	**9**	**6**	**3**	**4**	**2**	**2**
30	3	1	2	1		1
31	3	3		1	1	
32	1	1		1	1	
33	1		1	1		1
34	1	1				
35−39岁	**5**	**3**	**2**			
35						
36	1	1				
37	2	1	1			
38						
39	2	1	1			
40−44岁	**3**	**2**	**1**	**1**		**1**
40	1	1				
41						
42						
43	1		1	1		1
44	1	1				
45−49岁	**3**	**2**	**1**	**1**		**1**
45						
46						
47	1	1				
48	2	1	1	1		1
49						

单位：人

二孩			三孩及以上		
小计	男	女	小计	男	女
11	**9**	**2**	**8**	**5**	**3**
2	**1**	**1**			
2	1	1			
1	**1**		**2**	**1**	**1**
1	1				
			2	1	1
2	**1**	**1**	**3**	**3**	
1		1	1	1	
1	1		1	1	
			1	1	
3	**3**		**2**		**2**
1	1				
1	1		1		1
1	1		1		1
1	**1**		**1**	**1**	
1	1				
			1	1	
2	**2**				
1	1				
1	1				

6-2 续表 2

受教育程度 年龄	合计	生男孩的妇女人数	生女孩的妇女人数	一孩		
				小计	男	女
学前教育	**2**	**1**	**1**	**2**	**1**	**1**
15-19岁						
15						
16						
17						
18						
19						
20-24岁						
20						
21						
22						
23						
24						
25-29岁	**1**		**1**	**1**		**1**
25						
26	1		1	1		1
27						
28						
29						
30-34岁	**1**	**1**		**1**	**1**	
30						
31						
32	1	1		1	1	
33						
34						
35-39岁						
35						
36						
37						
38						
39						
40-44岁						
40						
41						
42						
43						
44						
45-49岁						
45						
46						
47						
48						
49						

单位：人

二　孩			三孩及以上		
小计	男	女	小计	男	女

6-2 续表 3

受教育程度 年龄	合计	生男孩的妇女人数	生女孩的妇女人数	一孩		
				小计	男	女
小学	**389**	**218**	**171**	**79**	**43**	**36**
15-19岁	**11**	**6**	**5**	**8**	**5**	**3**
15						
16	3	1	2	2	1	1
17	1	1		1	1	
18	3	3		2	2	
19	4	1	3	3	1	2
20-24岁	**40**	**18**	**22**	**19**	**9**	**10**
20	7	2	5	5	2	3
21	4	3	1	1	1	
22	2	2		1	1	
23	10	4	6	6	3	3
24	17	7	10	6	2	4
25-29岁	**104**	**59**	**45**	**18**	**12**	**6**
25	18	11	7	3	3	
26	13	7	6	5	2	3
27	26	15	11	2	1	1
28	27	16	11	6	4	2
29	20	10	10	2	2	
30-34岁	**104**	**57**	**47**	**16**	**7**	**9**
30	20	10	10	5	2	3
31	16	9	7	2		2
32	19	13	6	2	1	1
33	24	11	13	4	2	2
34	25	14	11	3	2	1
35-39岁	**78**	**50**	**28**	**11**	**5**	**6**
35	17	14	3			
36	13	7	6	1	1	
37	17	10	7	2	1	1
38	18	11	7	4	2	2
39	13	8	5	4	1	3
40-44岁	**40**	**23**	**17**	**7**	**5**	**2**
40	11	6	5	3	3	
41	12	5	7	1		1
42	9	6	3	2	2	
43	6	5	1	1		1
44	2	1	1			
45-49岁	**12**	**5**	**7**			
45	2	1	1			
46	2		2			
47	6	2	4			
48	1	1				
49	1	1				

单位：人

二孩			三孩及以上		
小计	男	女	小计	男	女
168	**95**	**73**	**142**	**80**	**62**
3	**1**	**2**			
1		1			
1	1				
1		1			
17	**6**	**11**	**4**	**3**	**1**
2		2			
3	2	1			
1	1				
3		3	1	1	
8	3	5	3	2	1
49	**28**	**21**	**37**	**19**	**18**
11	7	4	4	1	3
3	3		5	2	3
15	9	6	9	5	4
10	4	6	11	8	3
10	5	5	8	3	5
42	**24**	**18**	**46**	**26**	**20**
9	5	4	6	3	3
8	5	3	6	4	2
9	6	3	8	6	2
12	6	6	8	3	5
4	2	2	18	10	8
32	**22**	**10**	**35**	**23**	**12**
9	7	2	8	7	1
6	4	2	6	2	4
9	5	4	6	4	2
3	2	1	11	7	4
5	4	1	4	3	1
19	**10**	**9**	**14**	**8**	**6**
5	1	4	3	2	1
7	3	4	4	2	2
5	4	1	2		2
2	2		3	3	
			2	1	1
6	**4**	**2**	**6**	**1**	**5**
2	1	1			
			2		2
3	2	1	3		3
1	1				
			1	1	

6-2 续表 4

受教育程度 年　　龄	合　计	生男孩的妇女人数	生女孩的妇女人数	一　孩		
				小计	男	女
初　中	**5218**	**2818**	**2400**	**1954**	**1043**	**911**
15-19岁	**184**	**90**	**94**	**151**	**72**	**79**
15	3		3	3		3
16	15	10	5	15	10	5
17	35	15	20	31	13	18
18	52	23	29	45	17	28
19	79	42	37	57	32	25
20-24岁	**914**	**493**	**421**	**506**	**277**	**229**
20	109	63	46	73	44	29
21	136	65	71	79	34	45
22	171	89	82	93	46	47
23	203	109	94	106	62	44
24	295	167	128	155	91	64
25-29岁	**1740**	**925**	**815**	**685**	**370**	**315**
25	363	190	173	165	94	71
26	302	159	143	138	73	65
27	376	197	179	144	69	75
28	366	193	173	125	72	53
29	333	186	147	113	62	51
30-34岁	**1443**	**804**	**639**	**397**	**210**	**187**
30	372	215	157	107	62	45
31	323	186	137	91	47	44
32	280	153	127	79	39	40
33	249	128	121	51	23	28
34	219	122	97	69	39	30
35-39岁	**704**	**377**	**327**	**165**	**83**	**82**
35	175	97	78	38	20	18
36	179	101	78	41	22	19
37	135	76	59	33	14	19
38	119	59	60	26	15	11
39	96	44	52	27	12	15
40-44岁	**196**	**106**	**90**	**40**	**24**	**16**
40	74	35	39	15	7	8
41	48	26	22	7	6	1
42	31	17	14	10	7	3
43	26	14	12	4	2	2
44	17	14	3	4	2	2
45-49岁	**37**	**23**	**14**	**10**	**7**	**3**
45	15	11	4	3	3	
46	9	5	4	3	1	2
47	4	1	3	1	1	
48	5	5		1	1	
49	4	1	3	2	1	1

单位：人

二孩			三孩及以上		
小计	男	女	小计	男	女
2128	**1103**	**1025**	**1136**	**672**	**464**
31	**17**	**14**	**2**	**1**	**1**
4	2	2			
6	5	1	1	1	
21	10	11	1		1
316	**162**	**154**	**92**	**54**	**38**
29	16	13	7	3	4
45	24	21	12	7	5
66	34	32	12	9	3
67	28	39	30	19	11
109	60	49	31	16	15
736	**376**	**360**	**319**	**179**	**140**
150	70	80	48	26	22
125	62	63	39	24	15
158	88	70	74	40	34
162	75	87	79	46	33
141	81	60	79	43	36
661	**353**	**308**	**385**	**241**	**144**
174	95	79	91	58	33
142	77	65	90	62	28
133	73	60	68	41	27
129	62	67	69	43	26
83	46	37	67	37	30
291	**145**	**146**	**248**	**149**	**99**
76	44	32	61	33	28
74	36	38	64	43	21
50	25	25	52	37	15
45	19	26	48	25	23
46	21	25	23	11	12
77	**41**	**36**	**79**	**41**	**38**
34	16	18	25	12	13
21	14	7	20	6	14
10	5	5	11	5	6
8	3	5	14	9	5
4	3	1	9	9	
16	**9**	**7**	**11**	**7**	**4**
8	5	3	4	3	1
3	2	1	3	2	1
1		1	2		2
2	2		2	2	
2		2			

6-2 续表 5

受教育程度 年 龄	合 计	生男孩的妇女人数	生女孩的妇女人数	一 孩		
				小计	男	女
高 中	**1826**	**1041**	**785**	**819**	**462**	**357**
15-19岁	**29**	**14**	**15**	**26**	**14**	**12**
15						
16						
17	3	1	2	3	1	2
18	9	6	3	9	6	3
19	17	7	10	14	7	7
20-24岁	**261**	**142**	**119**	**166**	**91**	**75**
20	18	12	6	15	10	5
21	33	15	18	26	11	15
22	48	19	29	31	15	16
23	59	34	25	33	18	15
24	103	62	41	61	37	24
25-29岁	**683**	**389**	**294**	**362**	**204**	**158**
25	118	67	51	68	34	34
26	117	59	58	72	36	36
27	138	70	68	72	33	39
28	168	112	56	87	60	27
29	142	81	61	63	41	22
30-34岁	**542**	**316**	**226**	**182**	**111**	**71**
30	142	75	67	60	33	27
31	113	69	44	35	23	12
32	105	64	41	34	19	15
33	89	53	36	21	18	3
34	93	55	38	32	18	14
35-39岁	**223**	**137**	**86**	**59**	**32**	**27**
35	64	43	21	19	10	9
36	43	20	23	15	8	7
37	50	32	18	12	8	4
38	37	21	16	7	2	5
39	29	21	8	6	4	2
40-44岁	**75**	**38**	**37**	**18**	**8**	**10**
40	26	14	12	10	4	6
41	26	12	14	4	1	3
42	13	5	8	2	1	1
43	4	2	2			
44	6	5	1	2	2	
45-49岁	**13**	**5**	**8**	**6**	**2**	**4**
45	4	2	2	2	1	1
46	2		2	2		2
47	4	1	3	1		1
48	2	1	1	1	1	
49	1	1				

单位：人

二孩			三孩及以上		
小计	男	女	小计	男	女
817	**459**	**358**	**190**	**120**	**70**
3		**3**			
3		3			
90	**48**	**42**	**5**	**3**	**2**
3	2	1			
7	4	3			
17	4	13			
25	16	9	1		1
38	22	16	4	3	1
273	**151**	**122**	**48**	**34**	**14**
48	31	17	2	2	
34	16	18	11	7	4
55	28	27	11	9	2
73	48	25	8	4	4
63	28	35	16	12	4
284	**163**	**121**	**76**	**42**	**34**
63	35	28	19	7	12
61	35	26	17	11	6
56	35	21	15	10	5
56	27	29	12	8	4
48	31	17	13	6	7
115	**71**	**44**	**49**	**34**	**15**
30	22	8	15	11	4
22	9	13	6	3	3
27	16	11	11	8	3
22	15	7	8	4	4
14	9	5	9	8	1
46	**23**	**23**	**11**	**7**	**4**
14	8	6	2	2	
14	6	8	8	5	3
10	4	6	1		1
4	2	2			
4	3	1			
6	**3**	**3**	**1**		**1**
2	1	1			
3	1	2			
			1		1
1	1				

6-2 续表 6

受教育程度 年　龄	合　计	生男孩的妇女人数	生女孩的妇女人数	一　孩		
				小计	男	女
大学专科	**1504**	**848**	**656**	**820**	**448**	**372**
15-19岁	**5**		**5**	**5**		**5**
15						
16						
17	1		1	1		1
18	3		3	3		3
19	1		1	1		1
20-24岁	**139**	**71**	**68**	**114**	**58**	**56**
20	8	4	4	7	3	4
21	10	7	3	9	6	3
22	26	10	16	22	8	14
23	38	21	17	31	19	12
24	57	29	28	45	22	23
25-29岁	**596**	**338**	**258**	**398**	**216**	**182**
25	84	44	40	65	31	34
26	124	73	51	88	52	36
27	116	70	46	78	43	35
28	127	72	55	76	43	33
29	145	79	66	91	47	44
30-34岁	**549**	**326**	**223**	**238**	**137**	**101**
30	162	92	70	85	48	37
31	127	65	62	63	34	29
32	98	62	36	43	24	19
33	93	54	39	24	14	10
34	69	53	16	23	17	6
35-39岁	**167**	**92**	**75**	**52**	**31**	**21**
35	59	36	23	22	14	8
36	32	14	18	10	6	4
37	36	22	14	11	6	5
38	24	11	13	4	3	1
39	16	9	7	5	2	3
40-44岁	**40**	**18**	**22**	**12**	**6**	**6**
40	14	7	7	5	3	2
41	18	9	9	5	3	2
42	6	1	5	2		2
43	1	1				
44	1		1			
45-49岁	**8**	**3**	**5**	**1**		**1**
45	2	1	1			
46	3	1	2			
47	2	1	1	1		1
48	1		1			
49						

单位：人

二孩			三孩及以上		
小计	男	女	小计	男	女
600	**351**	**249**	**84**	**49**	**35**
23	**12**	**11**	**2**	**1**	**1**
1	1				
1	1				
4	2	2			
7	2	5			
10	6	4	2	1	1
180	**111**	**69**	**18**	**11**	**7**
17	13	4	2		2
31	17	14	5	4	1
35	25	10	3	2	1
45	25	20	6	4	2
52	31	21	2	1	1
268	**162**	**106**	**43**	**27**	**16**
66	38	28	11	6	5
56	25	31	8	6	2
50	35	15	5	3	2
60	37	23	9	3	6
36	27	9	10	9	1
98	**53**	**45**	**17**	**8**	**9**
32	20	12	5	2	3
17	6	11	5	2	3
21	13	8	4	3	1
18	7	11	2	1	1
10	7	3	1		1
25	**11**	**14**	**3**	**1**	**2**
9	4	5			
12	6	6	1		1
4	1	3			
			1	1	
			1		1
6	**2**	**4**	**1**	**1**	
2	1	1			
2		2	1	1	
1	1				
1		1			

6-2 续表 7

受教育程度 年　　龄	合　计	生男孩的 妇女人数	生女孩的 妇女人数	一　　孩		
				小计	男	女
大学本科	**1290**	**667**	**623**	**698**	**341**	**357**
15-19岁						
15						
16						
17						
18						
19						
20-24岁	**48**	**30**	**18**	**43**	**26**	**17**
20						
21	2	1	1	2	1	1
22	6	4	2	5	3	2
23	9	4	5	9	4	5
24	31	21	10	27	18	9
25-29岁	**452**	**224**	**228**	**346**	**170**	**176**
25	53	22	31	49	20	29
26	57	32	25	50	27	23
27	99	41	58	73	32	41
28	124	70	54	90	47	43
29	119	59	60	84	44	40
30-34岁	**535**	**275**	**260**	**264**	**121**	**143**
30	141	64	77	89	36	53
31	127	65	62	73	32	41
32	96	54	42	41	20	21
33	92	46	46	36	18	18
34	79	46	33	25	15	10
35-39岁	**208**	**113**	**95**	**37**	**21**	**16**
35	58	32	26	12	7	5
36	53	28	25	11	7	4
37	40	21	19	5	4	1
38	40	23	17	7	2	5
39	17	9	8	2	1	1
40-44岁	**41**	**22**	**19**	**7**	**3**	**4**
40	13	7	6	1		1
41	10	6	4	3	2	1
42	10	2	8	1		1
43	5	4	1	2	1	1
44	3	3				
45-49岁	**6**	**3**	**3**	**1**		**1**
45						
46	1		1			
47	2	2				
48	3	1	2	1		1
49						

单位：人

二孩			三孩及以上		
小计	男	女	小计	男	女
556	**302**	**254**	**36**	**24**	**12**
4	**3**	**1**	**1**	**1**	
			1	1	
4	3	1			
100	**51**	**49**	**6**	**3**	**3**
3	1	2	1	1	
5	3	2	2	2	
23	9	14	3		3
34	23	11			
35	15	20			
258	**145**	**113**	**13**	**9**	**4**
48	25	23	4	3	1
52	31	21	2	2	
52	33	19	3	1	2
55	27	28	1	1	
51	29	22	3	2	1
158	**84**	**74**	**13**	**8**	**5**
44	24	20	2	1	1
40	19	21	2	2	
30	15	15	5	2	3
30	19	11	3	2	1
14	7	7	1	1	
31	**16**	**15**	**3**	**3**	
10	5	5	2	2	
6	3	3	1	1	
9	2	7			
3	3				
3	3				
5	**3**	**2**			
1		1			
2	2				
2	1	1			

6–2 续表 8

受教育程度 年龄	合计	生男孩的妇女人数	生女孩的妇女人数	一孩		
				小计	男	女
硕士研究生	**92**	**49**	**43**	**51**	**25**	**26**
15–19岁						
15						
16						
17						
18						
19						
20–24岁						
20						
21						
22						
23						
24						
25–29岁	**19**	**11**	**8**	**18**	**10**	**8**
25	2		2	2		2
26	2	1	1	2	1	1
27	4	3	1	4	3	1
28	7	6	1	6	5	1
29	4	1	3	4	1	3
30–34岁	**54**	**27**	**27**	**32**	**15**	**17**
30	12	4	8	10	4	6
31	13	9	4	9	6	3
32	15	7	8	9	4	5
33	4	1	3	2		2
34	10	6	4	2	1	1
35–39岁	**17**	**10**	**7**	**1**		**1**
35	6	4	2			
36	5	3	2	1		1
37	2	2				
38	2	1	1			
39	2		2			
40–44岁	**2**	**1**	**1**			
40						
41	1	1				
42						
43	1		1			
44						
45–49岁						
45						
46						
47						
48						
49						

单位：人

二孩			三孩及以上		
小计	男	女	小计	男	女
40	**24**	**16**	**1**		**1**
1	**1**				
1	1				
22	**12**	**10**			
2		2			
4	3	1			
6	3	3			
2	1	1			
8	5	3			
15	**10**	**5**	**1**		**1**
6	4	2			
4	3	1			
2	2				
1	1		1		1
2		2			
2	**1**	**1**			
1	1				
1		1			

6-2　续表 9

受教育程度 年　　龄	合　计	生男孩的妇女人数	生女孩的妇女人数	一　孩		
				小计	男	女
博士研究生	**9**	**4**	**5**	**5**	**2**	**3**
15-19岁						
15						
16						
17						
18						
19						
20-24岁						
20						
21						
22						
23						
24						
25-29岁	**1**	**1**		**1**	**1**	
25						
26						
27						
28						
29	1	1		1	1	
30-34岁	**6**	**2**	**4**	**3**		**3**
30	1		1	1		1
31	2		2	2		2
32	1	1				
33	2	1	1			
34						
35-39岁	**2**	**1**	**1**	**1**	**1**	
35	1	1		1	1	
36						
37						
38						
39	1		1			
40-44岁						
40						
41						
42						
43						
44						
45-49岁						
45						
46						
47						
48						
49						

单位：人

二孩			三孩及以上		
小计	男	女	小计	男	女
4	**2**	**2**			
3	**2**	**1**			
1	1				
2	1	1			
1		**1**			
1		1			

6-2a 全省按年龄、受教育程度、生育孩次

受教育程度 年龄	合计	生男孩的妇女人数	生女孩的妇女人数	一孩		
				小计	男	女
总计	**4165**	**2243**	**1922**	**1915**	**985**	**930**
15-19岁	**34**	**20**	**14**	**28**	**15**	**13**
15	1		1	1		1
16	2	1	1	2	1	1
17	7	3	4	6	2	4
18	6	4	2	5	3	2
19	18	12	6	14	9	5
20-24岁	**390**	**195**	**195**	**272**	**141**	**131**
20	29	17	12	24	14	10
21	36	15	21	24	9	15
22	73	30	43	43	18	25
23	80	41	39	55	32	23
24	172	92	80	126	68	58
25-29岁	**1413**	**739**	**674**	**829**	**426**	**403**
25	208	106	102	137	68	69
26	226	113	113	156	74	82
27	306	145	161	173	82	91
28	347	198	149	187	111	76
29	326	177	149	176	91	85
30-34岁	**1460**	**821**	**639**	**587**	**310**	**277**
30	362	188	174	180	88	92
31	321	186	135	147	80	67
32	295	168	127	113	54	59
33	260	142	118	76	43	33
34	222	137	85	71	45	26
35-39岁	**655**	**360**	**295**	**148**	**73**	**75**
35	179	106	73	47	26	21
36	159	79	80	37	17	20
37	132	79	53	30	15	15
38	108	58	50	19	9	10
39	77	38	39	15	6	9
40-44岁	**183**	**93**	**90**	**40**	**16**	**24**
40	62	32	30	17	6	11
41	56	31	25	7	3	4
42	42	14	28	10	3	7
43	12	7	5	2	1	1
44	11	9	2	4	3	1
45-49岁	**30**	**15**	**15**	**11**	**4**	**7**
45	9	7	2	4	3	1
46	7	1	6	3		3
47	6	3	3	1		1
48	7	4	3	2	1	1
49	1		1	1		1

分的育龄妇女人数(2019.11.1—2020.10.31)(城市)

单位：人

二孩			三孩及以上		
小计	男	女	小计	男	女
1833	**1008**	**825**	**417**	**250**	**167**
6	**5**	**1**			
1	1				
1	1				
4	3	1			
108	**48**	**60**	**10**	**6**	**4**
5	3	2			
10	5	5	2	1	1
28	10	18	2	2	
23	9	14	2		2
42	21	21	4	3	1
485	**258**	**227**	**99**	**55**	**44**
61	31	30	10	7	3
58	31	27	12	8	4
108	55	53	25	8	17
134	74	60	26	13	13
124	67	57	26	19	7
708	**406**	**302**	**165**	**105**	**60**
151	80	71	31	20	11
133	77	56	41	29	12
152	92	60	30	22	8
156	85	71	28	14	14
116	72	44	35	20	15
401	**225**	**176**	**106**	**62**	**44**
107	67	40	25	13	12
97	45	52	25	17	8
78	48	30	24	16	8
69	40	29	20	9	11
50	25	25	12	7	5
110	**58**	**52**	**33**	**19**	**14**
38	20	18	7	6	1
34	20	14	15	8	7
27	10	17	5	1	4
6	3	3	4	3	1
5	5		2	1	1
15	**8**	**7**	**4**	**3**	**1**
4	3	1	1	1	
3		3	1	1	
5	3	2			
3	2	1	2	1	1

6-2a 续表 1

受教育程度 年龄	合计	生男孩的妇女人数	生女孩的妇女人数	一孩		
				小计	男	女
未上过学	**4**	**2**	**2**	**3**	**1**	**2**
15-19岁						
15						
16						
17						
18						
19						
20-24岁						
20						
21						
22						
23						
24						
25-29岁	**1**		**1**	**1**		**1**
25						
26						
27						
28						
29	1		1	1		1
30-34岁	**2**	**2**		**1**	**1**	
30						
31	1	1		1	1	
32						
33						
34	1	1				
35-39岁						
35						
36						
37						
38						
39						
40-44岁	**1**		**1**	**1**		**1**
40						
41						
42						
43	1		1	1		1
44						
45-49岁						
45						
46						
47						
48						
49						

单位：人

二孩			三孩及以上		
小计	男	女	小计	男	女
			1	**1**	
			1	**1**	
			1	1	

6-2a 续表 2

受教育程度 年 龄	合 计	生男孩的 妇女人数	生女孩的 妇女人数	一 孩		
				小计	男	女
学前教育						
15-19岁						
15						
16						
17						
18						
19						
20-24岁						
20						
21						
22						
23						
24						
25-29岁						
25						
26						
27						
28						
29						
30-34岁						
30						
31						
32						
33						
34						
35-39岁						
35						
36						
37						
38						
39						
40-44岁						
40						
41						
42						
43						
44						
45-49岁						
45						
46						
47						
48						
49						

单位：人

二孩			三孩及以上		
小计	男	女	小计	男	女

6－2a　续表 3

受教育程度 年　龄	合　计	生男孩的妇女人数	生女孩的妇女人数	一　孩		
				小计	男	女
小　学	**82**	**42**	**40**	**20**	**9**	**11**
15－19岁	**1**		**1**	**1**		**1**
15						
16						
17						
18						
19	1		1	1		1
20－24岁	**6**	**2**	**4**	**5**	**1**	**4**
20	1		1	1		1
21						
22						
23						
24	5	2	3	4	1	3
25－29岁	**17**	**10**	**7**	**4**	**3**	**1**
25	2	2		1	1	
26	1	1				
27	4	3	1			
28	5	2	3	1		1
29	5	2	3	2	2	
30－34岁	**28**	**11**	**17**	**6**	**2**	**4**
30	5	1	4	1		1
31	3	2	1			
32	4	2	2	2	1	1
33	10	4	6	2		2
34	6	2	4	1	1	
35－39岁	**18**	**12**	**6**	**2**	**1**	**1**
35	3	3				
36	3	1	2			
37	6	4	2			
38	3	2	1	1	1	
39	3	2	1	1		1
40－44岁	**10**	**6**	**4**	**2**	**2**	
40	3	2	1	1	1	
41	3	1	2			
42	4	3	1	1	1	
43						
44						
45－49岁	**2**	**1**	**1**			
45	1	1				
46						
47	1		1			
48						
49						

单位：人

二孩			三孩及以上		
小计	男	女	小计	男	女
38	**21**	**17**	**24**	**12**	**12**
1	**1**				
1	1				
10	**5**	**5**	**3**	**2**	**1**
1	1				
1	1				
2	2		2	1	1
3	1	2	1	1	
3		3			
10	**4**	**6**	**12**	**5**	**7**
2		2	2	1	1
1	1		2	1	1
1		1	1	1	
6	3	3	2	1	1
			5	1	4
8	**6**	**2**	**8**	**5**	**3**
3	3				
			3	1	2
4	3	1	2	1	1
1		1	1	1	
			2	2	
7	**4**	**3**	**1**		**1**
2	1	1			
3	1	2			
2	2		1		1
2	**1**	**1**			
1	1				
1		1			

6-2a 续表 4

受教育程度 年　龄	合　计	生男孩的妇女人数	生女孩的妇女人数	一　孩		
				小计	男	女
初　中	**1228**	**658**	**570**	**454**	**231**	**223**
15-19岁	**25**	**17**	**8**	**19**	**12**	**7**
15	1		1	1		1
16	2	1	1	2	1	1
17	5	3	2	4	2	2
18	4	3	1	3	2	1
19	13	10	3	9	7	2
20-24岁	**158**	**72**	**86**	**96**	**47**	**49**
20	16	10	6	12	8	4
21	20	5	15	12	3	9
22	34	12	22	16	4	12
23	28	12	16	15	8	7
24	60	33	27	41	24	17
25-29岁	**393**	**199**	**194**	**162**	**83**	**79**
25	77	38	39	37	21	16
26	64	33	31	36	17	19
27	94	42	52	40	18	22
28	82	39	43	28	16	12
29	76	47	29	21	11	10
30-34岁	**363**	**216**	**147**	**109**	**59**	**50**
30	82	50	32	21	12	9
31	81	51	30	25	13	12
32	77	41	36	25	10	15
33	69	38	31	17	9	8
34	54	36	18	21	15	6
35-39岁	**215**	**117**	**98**	**50**	**23**	**27**
35	51	28	23	12	6	6
36	55	31	24	14	6	8
37	40	25	15	12	5	7
38	40	21	19	8	5	3
39	29	12	17	4	1	3
40-44岁	**62**	**30**	**32**	**13**	**5**	**8**
40	23	11	12	6	2	4
41	16	8	8			
42	14	6	8	5	2	3
43	5	2	3			
44	4	3	1	2	1	1
45-49岁	**12**	**7**	**5**	**5**	**2**	**3**
45	5	4	1	2	2	
46	4	1	3	2		2
47						
48	2	2				
49	1		1	1		1

单位：人

二孩			三孩及以上		
小计	男	女	小计	男	女
545	**292**	**253**	**229**	**135**	**94**
6	**5**	**1**			
1	1				
1	1				
4	3	1			
54	**20**	**34**	**8**	**5**	**3**
4	2	2			
6	1	5	2	1	1
17	7	10	1	1	
11	4	7	2		2
16	6	10	3	3	
170	**87**	**83**	**61**	**29**	**32**
33	13	20	7	4	3
23	13	10	5	3	2
39	22	17	15	2	13
38	16	22	16	7	9
37	23	14	18	13	5
173	**102**	**71**	**81**	**55**	**26**
45	25	20	16	13	3
33	22	11	23	16	7
39	21	18	13	10	3
36	20	16	16	9	7
20	14	6	13	7	6
108	**60**	**48**	**57**	**34**	**23**
23	14	9	16	8	8
27	14	13	14	11	3
18	12	6	10	8	2
20	11	9	12	5	7
20	9	11	5	2	3
30	**16**	**14**	**19**	**9**	**10**
14	7	7	3	2	1
7	5	2	9	3	6
6	3	3	3	1	2
2		2	3	2	1
1	1		1	1	
4	**2**	**2**	**3**	**3**	
2	1	1	1	1	
1		1	1	1	
1	1		1	1	

6-2a 续表 5

受教育程度 年 龄	合 计	生男孩的妇女人数	生女孩的妇女人数	一 孩		
				小计	男	女
高 中	**901**	**502**	**399**	**408**	**224**	**184**
15-19岁	**6**	**3**	**3**	**6**	**3**	**3**
15						
16						
17	1		1	1		1
18	2	1	1	2	1	1
19	3	2	1	3	2	1
20-24岁	**115**	**62**	**53**	**76**	**42**	**34**
20	8	6	2	8	6	2
21	10	6	4	6	2	4
22	21	10	11	13	8	5
23	27	17	10	18	12	6
24	49	23	26	31	14	17
25-29岁	**322**	**180**	**142**	**176**	**96**	**80**
25	51	28	23	33	18	15
26	58	24	34	39	14	25
27	65	32	33	36	17	19
28	87	59	28	43	30	13
29	61	37	24	25	17	8
30-34岁	**283**	**167**	**116**	**103**	**66**	**37**
30	67	39	28	34	21	13
31	51	31	20	17	11	6
32	62	37	25	22	12	10
33	49	31	18	12	12	
34	54	29	25	18	10	8
35-39岁	**124**	**66**	**58**	**34**	**13**	**21**
35	32	19	13	12	4	8
36	30	10	20	8	2	6
37	25	16	9	6	4	2
38	20	11	9	4	1	3
39	17	10	7	4	2	2
40-44岁	**44**	**21**	**23**	**9**	**2**	**7**
40	15	6	9	5		5
41	14	9	5	1		1
42	10	2	8	1		1
43	2	1	1			
44	3	3		2	2	
45-49岁	**7**	**3**	**4**	**4**	**2**	**2**
45	2	1	1	2	1	1
46	1		1	1		1
47	2	1	1			
48	2	1	1	1	1	
49						

单位：人

二孩			三孩及以上		
小计	男	女	小计	男	女
409	**224**	**185**	**84**	**54**	**30**
39	**20**	**19**			
4	4				
8	2	6			
9	5	4			
18	9	9			
125	**68**	**57**	**21**	**16**	**5**
16	8	8	2	2	
16	8	8	3	2	1
25	11	14	4	4	
40	27	13	4	2	2
28	14	14	8	6	2
147	**82**	**65**	**33**	**19**	**14**
27	16	11	6	2	4
27	15	12	7	5	2
31	18	13	9	7	2
33	17	16	4	2	2
29	16	13	7	3	4
68	**40**	**28**	**22**	**13**	**9**
15	11	4	5	4	1
18	6	12	4	2	2
13	8	5	6	4	2
12	9	3	4	1	3
10	6	4	3	2	1
28	**13**	**15**	**7**	**6**	**1**
8	4	4	2	2	
9	5	4	4	4	
8	2	6	1		1
2	1	1			
1	1				
2	**1**	**1**	**1**		**1**
2	1	1			
			1		1

6-2a 续表 6

受教育程度 年　龄	合　计	生男孩的妇女人数	生女孩的妇女人数	一　孩		
				小计	男	女
大学专科	**904**	**490**	**414**	**476**	**247**	**229**
15-19岁	**2**		**2**	**2**		**2**
15						
16						
17	1		1	1		1
18						
19	1		1	1		1
20-24岁	**76**	**35**	**41**	**65**	**31**	**34**
20	4	1	3	3		3
21	4	3	1	4	3	1
22	15	6	9	12	5	7
23	19	9	10	16	9	7
24	34	16	18	30	14	16
25-29岁	**325**	**176**	**149**	**216**	**113**	**103**
25	40	23	17	31	15	16
26	60	33	27	43	25	18
27	62	36	26	41	23	18
28	74	40	34	42	23	19
29	89	44	45	59	27	32
30-34岁	**347**	**197**	**150**	**149**	**79**	**70**
30	99	51	48	53	27	26
31	79	41	38	39	21	18
32	63	38	25	26	13	13
33	62	35	27	17	9	8
34	44	32	12	14	9	5
35-39岁	**119**	**65**	**54**	**34**	**20**	**14**
35	44	27	17	14	10	4
36	21	11	10	6	4	2
37	26	14	12	8	3	5
38	14	5	9	2	1	1
39	14	8	6	4	2	2
40-44岁	**31**	**15**	**16**	**9**	**4**	**5**
40	10	6	4	4	3	1
41	13	7	6	3	1	2
42	6	1	5	2		2
43	1	1				
44	1		1			
45-49岁	**4**	**2**	**2**	**1**		**1**
45	1	1				
46	1		1			
47	2	1	1	1		1
48						
49						

单位：人

二孩			三孩及以上		
小计	男	女	小计	男	女
380	**215**	**165**	**48**	**28**	**20**
10	**4**	**6**	**1**		**1**
1	1				
3	1	2			
3		3			
3	2	1	1		1
101	**58**	**43**	**8**	**5**	**3**
9	8	1			
15	7	8	2	1	1
20	12	8	1	1	
27	14	13	5	3	2
30	17	13			
169	**98**	**71**	**29**	**20**	**9**
40	20	20	6	4	2
33	15	18	7	5	2
33	22	11	4	3	1
39	24	15	6	2	4
24	17	7	6	6	
78	**43**	**35**	**7**	**2**	**5**
28	17	11	2		2
13	6	7	2	1	1
16	10	6	2	1	1
12	4	8			
9	6	3	1		1
19	**10**	**9**	**3**	**1**	**2**
6	3	3			
9	6	3	1		1
4	1	3			
			1	1	
			1		1
3	**2**	**1**			
1	1				
1		1			
1	1				

6-2a 续表 7

受教育程度 年　　龄	合　计	生男孩的 妇女人数	生女孩的 妇女人数	一　孩		
				小计	男	女
大学本科	**964**	**505**	**459**	**508**	**251**	**257**
15-19岁						
15						
16						
17						
18						
19						
20-24岁	**35**	**24**	**11**	**30**	**20**	**10**
20						
21	2	1	1	2	1	1
22	3	2	1	2	1	1
23	6	3	3	6	3	3
24	24	18	6	20	15	5
25-29岁	**337**	**164**	**173**	**253**	**122**	**131**
25	36	15	21	33	13	20
26	41	21	20	36	17	19
27	78	30	48	53	22	31
28	92	52	40	67	37	30
29	90	46	44	64	33	31
30-34岁	**387**	**204**	**183**	**191**	**91**	**100**
30	99	44	55	63	25	38
31	93	52	41	55	28	27
32	75	43	32	31	15	16
33	65	33	32	26	13	13
34	55	32	23	16	10	6
35-39岁	**166**	**91**	**75**	**27**	**15**	**12**
35	43	25	18	8	5	3
36	47	24	23	9	5	4
37	33	18	15	4	3	1
38	30	18	12	4	1	3
39	13	6	7	2	1	1
40-44岁	**34**	**20**	**14**	**6**	**3**	**3**
40	11	7	4	1		1
41	9	5	4	3	2	1
42	8	2	6	1		1
43	3	3		1	1	
44	3	3				
45-49岁	**5**	**2**	**3**	**1**		**1**
45						
46	1		1			
47	1	1				
48	3	1	2	1		1
49						

单位：人

二孩			三孩及以上		
小计	男	女	小计	男	女
425	**234**	**191**	**31**	**20**	**11**
4	**3**	**1**	**1**	**1**	
			1	1	
4	3	1			
78	**39**	**39**	**6**	**3**	**3**
2	1	1	1	1	
3	2	1	2	2	
22	8	14	3		3
25	15	10			
26	13	13			
187	**108**	**79**	**9**	**5**	**4**
35	19	16	1		1
36	22	14	2	2	
41	27	14	3	1	2
39	20	19			
36	20	16	3	2	1
127	**68**	**59**	**12**	**8**	**4**
33	19	14	2	1	1
36	17	19	2	2	
25	13	12	4	2	2
23	15	8	3	2	1
10	4	6	1	1	
25	**14**	**11**	**3**	**3**	
8	5	3	2	2	
5	2	3	1	1	
7	2	5			
2	2				
3	3				
4	**2**	**2**			
1		1			
1	1				
2	1	1			

6-2a 续表 8

受教育程度 年龄	合计	生男孩的妇女人数	生女孩的妇女人数	一孩		
				小计	男	女
硕士研究生	**75**	**42**	**33**	**42**	**21**	**21**
15—19岁						
15						
16						
17						
18						
19						
20—24岁						
20						
21						
22						
23						
24						
25—29岁	**18**	**10**	**8**	**17**	**9**	**8**
25	2		2	2		2
26	2	1	1	2	1	1
27	3	2	1	3	2	1
28	7	6	1	6	5	1
29	4	1	3	4	1	3
30—34岁	**45**	**23**	**22**	**25**	**12**	**13**
30	9	3	6	7	3	4
31	11	8	3	8	6	2
32	13	6	7	7	3	4
33	4	1	3	2		2
34	8	5	3	1		1
35—39岁	**11**	**8**	**3**			
35	5	3	2			
36	3	2	1			
37	2	2				
38	1	1				
39						
40—44岁	**1**	**1**				
40						
41	1	1				
42						
43						
44						
45—49岁						
45						
46						
47						
48						
49						

单位：人

二孩			三孩及以上		
小计	男	女	小计	男	女
33	**21**	**12**			
1	**1**				
1	1				
20	**11**	**9**			
2		2			
3	2	1			
6	3	3			
2	1	1			
7	5	2			
11	**8**	**3**			
5	3	2			
3	2	1			
2	2				
1	1				
1	**1**				
1	1				

6-2a 续表 9

受教育程度 年 龄	合 计	生男孩的 妇女人数	生女孩的 妇女人数	一 孩		
				小计	男	女
博士研究生	**7**	**2**	**5**	**4**	**1**	**3**
15-19岁						
15						
16						
17						
18						
19						
20-24岁						
20						
21						
22						
23						
24						
25-29岁						
25						
26						
27						
28						
29						
30-34岁	**5**	**1**	**4**	**3**		**3**
30	1		1	1		1
31	2		2	2		2
32	1	1				
33	1		1			
34						
35-39岁	**2**	**1**	**1**	**1**	**1**	
35	1	1		1	1	
36						
37						
38						
39	1		1			
40-44岁						
40						
41						
42						
43						
44						
45-49岁						
45						
46						
47						
48						
49						

单位：人

二　孩			三孩及以上		
小计	男	女	小计	男	女
3	**1**	**2**			
2	**1**	**1**			
1	1				
1		1			
1		**1**			
1		1			

6-2b 全省按年龄、受教育程度、生育孩次

受教育程度 年 龄	合 计	生男孩的 妇女人数	生女孩的 妇女人数	一 孩		
				小计	男	女
总 计	**2341**	**1334**	**1007**	**964**	**547**	**417**
15-19岁	**57**	**26**	**31**	**44**	**20**	**24**
15						
16	3	2	1	3	2	1
17	8	4	4	7	4	3
18	19	9	10	16	6	10
19	27	11	16	18	8	10
20-24岁	**303**	**173**	**130**	**193**	**107**	**86**
20	28	17	11	19	13	6
21	43	21	22	32	13	19
22	56	26	30	37	16	21
23	86	57	29	49	32	17
24	90	52	38	56	33	23
25-29岁	**862**	**502**	**360**	**414**	**248**	**166**
25	156	87	69	81	46	35
26	167	105	62	87	57	30
27	181	96	85	82	43	39
28	182	106	76	91	56	35
29	176	108	68	73	46	27
30-34岁	**708**	**409**	**299**	**214**	**115**	**99**
30	172	100	72	71	41	30
31	160	91	69	52	22	30
32	131	84	47	41	27	14
33	123	60	63	22	9	13
34	122	74	48	28	16	12
35-39岁	**308**	**169**	**139**	**78**	**43**	**35**
35	79	46	33	19	10	9
36	65	33	32	15	11	4
37	61	37	24	14	8	6
38	63	31	32	17	6	11
39	40	22	18	13	8	5
40-44岁	**81**	**44**	**37**	**17**	**12**	**5**
40	24	11	13	2	2	
41	23	11	12	7	6	1
42	10	6	4	3	3	
43	15	8	7	4		4
44	9	8	1	1	1	
45-49岁	**22**	**11**	**11**	**4**	**2**	**2**
45	6	3	3			
46	5	3	2	1		1
47	7	2	5	1		1
48	2	1	1	1	1	
49	2	2		1	1	

分的育龄妇女人数(2019.11.1—2020.10.31)(镇)

单位：人

二孩			三孩及以上		
小计	男	女	小计	男	女
974	**536**	**438**	**403**	**251**	**152**
12	**5**	**7**	**1**	**1**	
1		1			
2	2		1	1	
9	3	6			
88	**53**	**35**	**22**	**13**	**9**
7	3	4	2	1	1
9	7	2	2	1	1
17	9	8	2	1	1
26	18	8	11	7	4
29	16	13	5	3	2
341	**188**	**153**	**107**	**66**	**41**
61	32	29	14	9	5
64	37	27	16	11	5
73	40	33	26	13	13
70	37	33	21	13	8
73	42	31	30	20	10
353	**198**	**155**	**141**	**96**	**45**
71	39	32	30	20	10
79	44	35	29	25	4
73	47	26	17	10	7
70	31	39	31	20	11
60	37	23	34	21	13
132	**69**	**63**	**98**	**57**	**41**
35	21	14	25	15	10
28	12	16	22	10	12
28	16	12	19	13	6
24	12	12	22	13	9
17	8	9	10	6	4
35	**15**	**20**	**29**	**17**	**12**
15	5	10	7	4	3
7	2	5	9	3	6
4	2	2	3	1	2
7	5	2	4	3	1
2	1	1	6	6	
13	**8**	**5**	**5**	**1**	**4**
5	3	2	1		1
2	2		2	1	1
4	2	2	2		2
1		1			
1	1				

6-2b 续表 1

受教育程度 年龄	合计	生男孩的妇女人数	生女孩的妇女人数	一孩		
				小计	男	女
未上过学	**8**	**6**	**2**	**2**	**1**	**1**
15-19岁						
15						
16						
17						
18						
19						
20-24岁	**1**	**1**				
20						
21						
22						
23	1	1				
24						
25-29岁	**2**	**1**	**1**			
25						
26						
27						
28						
29	2	1	1			
30-34岁	**4**	**3**	**1**	**2**	**1**	**1**
30						
31	2	2				
32	1	1		1	1	
33	1		1	1		1
34						
35-39岁	**1**	**1**				
35						
36						
37						
38						
39	1	1				
40-44岁						
40						
41						
42						
43						
44						
45-49岁						
45						
46						
47						
48						
49						

单位：人

二孩			三孩及以上		
小计	男	女	小计	男	女
3	**3**		**3**	**2**	**1**
1	**1**				
1	1				
			2	**1**	**1**
			2	1	1
1	**1**		**1**	**1**	
1	1		1	1	
1	**1**				
1	1				

6-2b 续表 2

受教育程度 年龄	合计	生男孩的妇女人数	生女孩的妇女人数	一孩		
				小计	男	女
学前教育	**1**	**1**		**1**	**1**	
15-19岁						
15						
16						
17						
18						
19						
20-24岁						
20						
21						
22						
23						
24						
25-29岁						
25						
26						
27						
28						
29						
30-34岁	**1**	**1**		**1**	**1**	
30						
31						
32	1	1		1	1	
33						
34						
35-39岁						
35						
36						
37						
38						
39						
40-44岁						
40						
41						
42						
43						
44						
45-49岁						
45						
46						
47						
48						
49						

单位：人

二　孩			三孩及以上		
小计	男	女	小计	男	女

6-2b 续表 3

受教育程度 年龄	合计	生男孩的妇女人数	生女孩的妇女人数	一孩 小计	一孩 男	一孩 女
小学	**86**	**52**	**34**	**23**	**12**	**11**
15-19岁	**5**	**2**	**3**	**4**	**2**	**2**
15						
16	1		1	1		1
17	1	1		1	1	
18						
19	3	1	2	2	1	1
20-24岁	**8**	**6**	**2**	**5**	**4**	**1**
20	1		1			
21	1	1		1	1	
22						
23	2	2		2	2	
24	4	3	1	2	1	1
25-29岁	**26**	**18**	**8**	**7**	**5**	**2**
25	5	4	1	1	1	
26	4	2	2	2	1	1
27	7	4	3	1	1	
28	4	3	1	3	2	1
29	6	5	1			
30-34岁	**22**	**14**	**8**	**3**	**1**	**2**
30	2	2		1	1	
31	4		4	2		2
32	5	5				
33	4	1	3			
34	7	6	1			
35-39岁	**12**	**5**	**7**	**3**		**3**
35	1	1				
36	4	1	3			
37	4	2	2	1		1
38	3	1	2	2		2
39						
40-44岁	**9**	**6**	**3**	**1**		**1**
40	2	1	1			
41	3	2	1			
42	1	1				
43	2	1	1	1		1
44	1	1				
45-49岁	**4**	**1**	**3**			
45	1		1			
46	1		1			
47	2	1	1			
48						
49						

单位：人

二孩			三孩及以上		
小计	男	女	小计	男	女
33	**21**	**12**	**30**	**19**	**11**
1		**1**			
1		1			
2	**1**	**1**	**1**	**1**	
1		1			
1	1		1	1	
11	**9**	**2**	**8**	**4**	**4**
2	2		2	1	1
1	1		1		1
5	3	2	1		1
			1	1	
3	3		3	2	1
10	**6**	**4**	**9**	**7**	**2**
1	1				
2		2			
4	4		1	1	
2		2	2	1	1
1	1		6	5	1
4	**2**	**2**	**5**	**3**	**2**
			1	1	
2	1	1	2		2
2	1	1	1	1	
			1	1	
3	**2**	**1**	**5**	**4**	**1**
1		1	1	1	
			3	2	1
1	1				
1	1				
			1	1	
2	**1**	**1**	**2**		**2**
1		1			
			1		1
1	1		1		1

6-2b 续表 4

受教育程度 年 龄	合 计	生男孩的 妇女人数	生女孩的 妇女人数	一 孩		
				小计	男	女
初 中	**1312**	**736**	**576**	**465**	**276**	**189**
15–19岁	**44**	**21**	**23**	**33**	**15**	**18**
15						
16	2	2		2	2	
17	6	2	4	5	2	3
18	15	7	8	12	4	8
19	21	10	11	14	7	7
20–24岁	**211**	**129**	**82**	**129**	**77**	**52**
20	22	14	8	14	10	4
21	34	17	17	24	10	14
22	38	23	15	24	14	10
23	61	42	19	33	23	10
24	56	33	23	34	20	14
25–29岁	**473**	**266**	**207**	**177**	**111**	**66**
25	94	53	41	43	27	16
26	99	61	38	39	27	12
27	105	53	52	38	21	17
28	93	48	45	30	19	11
29	82	51	31	27	17	10
30–34岁	**360**	**204**	**156**	**76**	**43**	**33**
30	95	54	41	29	16	13
31	68	44	24	12	7	5
32	76	45	31	18	13	5
33	61	31	30	7	3	4
34	60	30	30	10	4	6
35–39岁	**174**	**86**	**88**	**40**	**22**	**18**
35	35	18	17	5	2	3
36	45	22	23	7	5	2
37	34	19	15	7	4	3
38	33	15	18	9	4	5
39	27	12	15	12	7	5
40–44岁	**41**	**24**	**17**	**8**	**6**	**2**
40	12	5	7			
41	8	4	4	3	3	
42	5	3	2	2	2	
43	10	6	4	2		2
44	6	6		1	1	
45–49岁	**9**	**6**	**3**	**2**	**2**	
45	3	2	1			
46	2	2				
47	2		2			
48	1	1		1	1	
49	1	1		1	1	

单位：人

二孩			三孩及以上		
小计	男	女	小计	男	女
547	**276**	**271**	**300**	**184**	**116**
10	**5**	**5**	**1**	**1**	
1		1			
2	2		1	1	
7	3	4			
62	**41**	**21**	**20**	**11**	**9**
6	3	3	2	1	1
8	6	2	2	1	1
12	8	4	2	1	1
17	12	5	11	7	4
19	12	7	3	1	2
215	**104**	**111**	**81**	**51**	**30**
41	18	23	10	8	2
47	24	23	13	10	3
46	22	24	21	10	11
45	18	27	18	11	7
36	22	14	19	12	7
180	**91**	**89**	**104**	**70**	**34**
40	20	20	26	18	8
35	18	17	21	19	2
43	23	20	15	9	6
33	15	18	21	13	8
29	15	14	21	11	10
63	**25**	**38**	**71**	**39**	**32**
14	7	7	16	9	7
21	8	13	17	9	8
12	6	6	15	9	6
8	2	6	16	9	7
8	2	6	7	3	4
12	**6**	**6**	**21**	**12**	**9**
6	2	4	6	3	3
2	1	1	3		3
			3	1	2
4	3	1	4	3	1
			5	5	
5	**4**	**1**	**2**		**2**
2	2		1		1
2	2				
1		1	1		1

6-2b 续表 5

受教育程度 年　龄	合　计	生男孩的 妇女人数	生女孩的 妇女人数	一　孩		
				小计	男	女
高　中	**391**	**233**	**158**	**170**	**96**	**74**
15-19岁	**7**	**3**	**4**	**6**	**3**	**3**
15						
16						
17	1	1		1	1	
18	3	2	1	3	2	1
19	3		3	2		2
20-24岁	**49**	**20**	**29**	**31**	**11**	**20**
20	3	1	2	3	1	2
21	7	2	5	7	2	5
22	12	1	11	8	1	7
23	12	7	5	5	2	3
24	15	9	6	8	5	3
25-29岁	**146**	**91**	**55**	**75**	**47**	**28**
25	27	17	10	13	8	5
26	20	14	6	14	10	4
27	26	12	14	11	4	7
28	36	27	9	22	15	7
29	37	21	16	15	10	5
30-34岁	**110**	**70**	**40**	**36**	**22**	**14**
30	21	13	8	8	4	4
31	33	22	11	8	6	2
32	15	11	4	8	5	3
33	23	11	12	5	3	2
34	18	13	5	7	4	3
35-39岁	**56**	**37**	**19**	**15**	**9**	**6**
35	21	15	6	5	4	1
36	4	2	2	3	2	1
37	14	9	5	4	2	2
38	11	6	5	2		2
39	6	5	1	1	1	
40-44岁	**18**	**10**	**8**	**5**	**4**	**1**
40	5	4	1	2	2	
41	8	3	5	2	1	1
42	2	2		1	1	
43	1		1			
44	2	1	1			
45-49岁	**5**	**2**	**3**	**2**		**2**
45	1	1				
46	1		1	1		1
47	2		2	1		1
48						
49	1	1				

单位：人

二孩			三孩及以上		
小计	男	女	小计	男	女
173	**104**	**69**	**48**	**33**	**15**
1		**1**			
1		1			
17	**8**	**9**	**1**	**1**	
4		4			
7	5	2			
6	3	3	1	1	
59	**36**	**23**	**12**	**8**	**4**
14	9	5			
4	3	1	2	1	1
12	6	6	3	2	1
12	11	1	2	1	1
17	7	10	5	4	1
56	**35**	**21**	**18**	**13**	**5**
9	7	2	4	2	2
19	12	7	6	4	2
7	6	1			
14	4	10	4	4	
7	6	1	4	3	1
27	**18**	**9**	**14**	**10**	**4**
10	8	2	6	3	3
			1		1
8	5	3	2	2	
7	4	3	2	2	
2	1	1	3	3	
10	**5**	**5**	**3**	**1**	**2**
3	2	1			
3	1	2	3	1	2
1	1				
1		1			
2	1	1			
3	**2**	**1**			
1	1				
1		1			
1	1				

6-2b 续表 6

受教育程度 年龄	合计	生男孩的妇女人数	生女孩的妇女人数	一孩		
				小计	男	女
大学专科	**314**	**196**	**118**	**169**	**102**	**67**
15-19岁	**1**		**1**	**1**		**1**
15						
16						
17						
18	1		1	1		1
19						
20-24岁	**26**	**14**	**12**	**20**	**12**	**8**
20	2	2		2	2	
21	1	1				
22	5	2	3	4	1	3
23	7	4	3	6	4	2
24	11	5	6	8	5	3
25-29岁	**142**	**89**	**53**	**93**	**54**	**39**
25	17	9	8	12	6	6
26	35	21	14	24	13	11
27	31	20	11	21	11	10
28	28	17	11	19	13	6
29	31	22	9	17	11	6
30-34岁	**105**	**68**	**37**	**41**	**26**	**15**
30	29	21	8	15	12	3
31	27	13	14	13	6	7
32	19	13	6	7	4	3
33	15	9	6	3	1	2
34	15	12	3	3	3	
35-39岁	**30**	**21**	**9**	**12**	**8**	**4**
35	10	7	3	6	3	3
36	7	3	4	3	2	1
37	4	4		1	1	
38	8	6	2	2	2	
39	1	1				
40-44岁	**7**	**3**	**4**	**2**	**2**	
40	3	1	2			
41	4	2	2	2	2	
42						
43						
44						
45-49岁	**3**	**1**	**2**			
45	1		1			
46	1	1				
47						
48	1		1			
49						

单位：人

二孩			三孩及以上		
小计	男	女	小计	男	女
125	**82**	**43**	**20**	**12**	**8**
6	**2**	**4**			
1	1				
1	1				
1		1			
3		3			
45	**33**	**12**	**4**	**2**	**2**
3	3		2		2
11	8	3			
9	8	1	1	1	
9	4	5			
13	10	3	1	1	
56	**38**	**18**	**8**	**4**	**4**
14	9	5			
13	6	7	1	1	
11	9	2	1		1
9	7	2	3	1	2
9	7	2	3	2	1
11	**8**	**3**	**7**	**5**	**2**
2	2		2	2	
2		2	2	1	1
2	2		1	1	
4	3	1	2	1	1
1	1				
5	**1**	**4**			
3	1	2			
2		2			
2		**2**	**1**	**1**	
1		1			
			1	1	
1		1			

6-2b 续表 7

受教育程度 年龄	合计	生男孩的妇女人数	生女孩的妇女人数	一孩		
				小计	男	女
大学本科	**216**	**103**	**113**	**127**	**55**	**72**
15-19岁						
15						
16						
17						
18						
19						
20-24岁	**8**	**3**	**5**	**8**	**3**	**5**
20						
21						
22	1		1	1		1
23	3	1	2	3	1	2
24	4	2	2	4	2	2
25-29岁	**71**	**35**	**36**	**60**	**29**	**31**
25	13	4	9	12	4	8
26	9	7	2	8	6	2
27	11	6	5	10	5	5
28	21	11	10	17	7	10
29	17	7	10	13	7	6
30-34岁	**98**	**45**	**53**	**50**	**19**	**31**
30	23	9	14	16	7	9
31	24	9	15	16	3	13
32	13	8	5	5	3	2
33	18	7	11	6	2	4
34	20	12	8	7	4	3
35-39岁	**32**	**18**	**14**	**8**	**4**	**4**
35	12	5	7	3	1	2
36	4	4		2	2	
37	5	3	2	1	1	
38	7	3	4	2		2
39	4	3	1			
40-44岁	**6**	**1**	**5**	**1**		**1**
40	2		2			
41						
42	2		2			
43	2	1	1	1		1
44						
45-49岁	**1**	**1**				
45						
46						
47	1	1				
48						
49						

单位：人

二孩			三孩及以上		
小计	男	女	小计	男	女
88	**47**	**41**	**1**	**1**	
11	**6**	**5**			
1		1			
1	1				
1	1				
4	4				
4		4			
47	**25**	**22**	**1**	**1**	
7	2	5			
8	6	2			
8	5	3			
11	4	7	1	1	
13	8	5			
24	**14**	**10**			
9	4	5			
2	2				
4	2	2			
5	3	2			
4	3	1			
5	**1**	**4**			
2		2			
2		2			
1	1				
1	**1**				
1	1				

6—2b 续表 8

受教育程度 年 龄	合 计	生男孩的妇女人数	生女孩的妇女人数	一 孩 小计	一 孩 男	一 孩 女
硕士研究生	**11**	**5**	**6**	**6**	**3**	**3**
15—19岁						
15						
16						
17						
18						
19						
20—24岁						
20						
21						
22						
23						
24						
25—29岁	**1**	**1**		**1**	**1**	
25						
26						
27	1	1		1	1	
28						
29						
30—34岁	**7**	**3**	**4**	**5**	**2**	**3**
30	2	1	1	2	1	1
31	2	1	1	1		1
32	1		1	1		1
33						
34	2	1	1	1	1	
35—39岁	**3**	**1**	**2**			
35						
36	1	1				
37						
38	1		1			
39	1		1			
40—44岁						
40						
41						
42						
43						
44						
45—49岁						
45						
46						
47						
48						
49						

单位：人

二孩			三孩及以上		
小计	男	女	小计	男	女
4	**2**	**2**	**1**		**1**
2	**1**	**1**			
1	1				
1		1			
2	**1**	**1**	**1**		**1**
1	1				
			1		1
1		1			

6-2b 续表 9

受教育程度 年龄	合计	生男孩的妇女人数	生女孩的妇女人数	一孩		
				小计	男	女
博士研究生	**2**	**2**		**1**	**1**	
15-19岁						
15						
16						
17						
18						
19						
20-24岁						
20						
21						
22						
23						
24						
25-29岁	**1**	**1**		**1**	**1**	
25						
26						
27						
28						
29	1	1		1	1	
30-34岁	**1**	**1**				
30						
31						
32						
33	1	1				
34						
35-39岁						
35						
36						
37						
38						
39						
40-44岁						
40						
41						
42						
43						
44						
45-49岁						
45						
46						
47						
48						
49						

单位：人

二孩			三孩及以上		
小计	男	女	小计	男	女
1	**1**				
1	**1**				
1	1				

6-2c 全省按年龄、受教育程度、生育孩次

受教育程度 年龄	合计	生男孩的妇女人数	生女孩的妇女人数	一孩		
				小计	男	女
总计	**3853**	**2085**	**1768**	**1559**	**835**	**724**
15-19岁	**138**	**64**	**74**	**118**	**56**	**62**
15	2		2	2		2
16	13	8	5	12	8	4
17	25	10	15	23	9	14
18	42	19	23	38	16	22
19	56	27	29	43	23	20
20-24岁	**712**	**387**	**325**	**384**	**213**	**171**
20	85	47	38	57	32	25
21	107	55	52	62	31	31
22	124	68	56	72	39	33
23	155	75	80	81	42	39
24	241	142	99	112	69	43
25-29岁	**1327**	**708**	**619**	**589**	**309**	**280**
25	274	141	133	134	68	66
26	223	113	110	113	60	53
27	273	155	118	119	56	63
28	291	166	125	112	64	48
29	266	133	133	111	61	50
30-34岁	**1075**	**584**	**491**	**336**	**179**	**157**
30	319	173	146	107	56	51
31	243	129	114	77	41	36
32	190	104	86	56	28	28
33	171	92	79	41	23	18
34	152	86	66	55	31	24
35-39岁	**441**	**254**	**187**	**100**	**57**	**43**
35	122	75	47	26	16	10
36	102	62	40	27	16	11
37	89	48	41	19	10	9
38	69	37	32	12	9	3
39	59	32	27	16	6	10
40-44岁	**133**	**73**	**60**	**28**	**18**	**10**
40	53	27	26	15	9	6
41	36	17	19	6	3	3
42	17	11	6	4	4	
43	17	11	6	2	2	
44	10	7	3	1		1
45-49岁	**27**	**15**	**12**	**4**	**3**	**1**
45	8	5	3	1	1	
46	5	2	3	1	1	
47	6	3	3	1	1	
48	5	4	1	1		1
49	3	1	2			

分的育龄妇女人数(2019.11.1—2020.10.31)(乡村)

单位：人

二孩			三孩及以上		
小计	男	女	小计	男	女
1517	**801**	**716**	**777**	**449**	**328**
19	**8**	**11**	**1**		**1**
1		1			
2	1	1			
4	3	1			
12	4	8	1		1
256	**131**	**125**	**72**	**43**	**29**
23	13	10	5	2	3
37	19	18	8	5	3
43	22	21	9	7	2
55	20	35	19	13	6
98	57	41	31	16	15
514	**273**	**241**	**224**	**126**	**98**
107	59	48	33	14	19
76	33	43	34	20	14
105	64	41	49	35	14
122	66	56	57	36	21
104	51	53	51	21	30
479	**258**	**221**	**260**	**147**	**113**
141	79	62	71	38	33
112	56	56	54	32	22
82	47	35	52	29	23
90	45	45	40	24	16
54	31	23	43	24	19
180	**94**	**86**	**161**	**103**	**58**
55	33	22	41	26	15
39	21	18	36	25	11
34	13	21	36	25	11
26	11	15	31	17	14
26	16	10	17	10	7
56	**30**	**26**	**49**	**25**	**24**
20	10	10	18	8	10
20	11	9	10	3	7
7	4	3	6	3	3
5	2	3	10	7	3
4	3	1	5	4	1
13	**7**	**6**	**10**	**5**	**5**
5	2	3	2	2	
1		1	3	1	2
2	2		3		3
3	3		1	1	
2		2	1	1	

6-2c 续表 1

受教育程度 年龄	合计	生男孩的妇女人数	生女孩的妇女人数	一孩 小计	一孩 男	一孩 女
未上过学	**17**	**8**	**9**	**5**		**5**
15-19岁						
15						
16						
17						
18						
19						
20-24岁	**2**		**2**	**1**		**1**
20						
21	1		1	1		1
22						
23	1		1			
24						
25-29岁	**3**	**1**	**2**	**2**		**2**
25						
26						
27	1		1	1		1
28	1	1				
29	1		1	1		1
30-34岁	**3**	**1**	**2**	**1**		**1**
30	3	1	2	1		1
31						
32						
33						
34						
35-39岁	**4**	**2**	**2**			
35						
36	1	1				
37	2	1	1			
38						
39	1		1			
40-44岁	**2**	**2**				
40	1	1				
41						
42						
43						
44	1	1				
45-49岁	**3**	**2**	**1**	**1**		**1**
45						
46						
47	1	1				
48	2	1	1	1		1
49						

单位：人

二孩			三孩及以上		
小计	男	女	小计	男	女
8	**6**	**2**	**4**	**2**	**2**
1		**1**			
1		1			
1	**1**				
1	1				
1		**1**	**1**	**1**	
1		1	1	1	
2	**2**		**2**		**2**
1	1				
1	1		1		1
			1		1
1	**1**		**1**	**1**	
1	1				
			1	1	
2	**2**				
1	1				
1	1				

6-2c　续表 2

受教育程度 年　　龄	合　计	生男孩的妇女人数	生女孩的妇女人数	一　孩		
				小计	男	女
学前教育	**1**		**1**	**1**		**1**
15-19岁						
15						
16						
17						
18						
19						
20-24岁						
20						
21						
22						
23						
24						
25-29岁	**1**		**1**	**1**		**1**
25						
26	1		1	1		1
27						
28						
29						
30-34岁						
30						
31						
32						
33						
34						
35-39岁						
35						
36						
37						
38						
39						
40-44岁						
40						
41						
42						
43						
44						
45-49岁						
45						
46						
47						
48						
49						

单位：人

二　孩			三孩及以上		
小计	男	女	小计	男	女

6-2c 续表 3

受教育程度 年龄	合计	生男孩的妇女人数	生女孩的妇女人数	一孩		
				小计	男	女
小学	**221**	**124**	**97**	**36**	**22**	**14**
15-19岁	**5**	**4**	**1**	**3**	**3**	
15						
16	2	1	1	1	1	
17						
18	3	3		2	2	
19						
20-24岁	**26**	**10**	**16**	**9**	**4**	**5**
20	5	2	3	4	2	2
21	3	2	1			
22	2	2		1	1	
23	8	2	6	4	1	3
24	8	2	6			
25-29岁	**61**	**31**	**30**	**7**	**4**	**3**
25	11	5	6	1	1	
26	8	4	4	3	1	2
27	15	8	7	1		1
28	18	11	7	2	2	
29	9	3	6			
30-34岁	**54**	**32**	**22**	**7**	**4**	**3**
30	13	7	6	3	1	2
31	9	7	2			
32	10	6	4			
33	10	6	4	2	2	
34	12	6	6	2	1	1
35-39岁	**48**	**33**	**15**	**6**	**4**	**2**
35	13	10	3			
36	6	5	1	1	1	
37	7	4	3	1	1	
38	12	8	4	1	1	
39	10	6	4	3	1	2
40-44岁	**21**	**11**	**10**	**4**	**3**	**1**
40	6	3	3	2	2	
41	6	2	4	1		1
42	4	2	2	1	1	
43	4	4				
44	1		1			
45-49岁	**6**	**3**	**3**			
45						
46	1		1			
47	3	1	2			
48	1	1				
49	1	1				

单位：人

二孩			三孩及以上		
小计	男	女	小计	男	女
97	**53**	**44**	**88**	**49**	**39**
2	**1**	**1**			
1		1			
1	1				
14	**4**	**10**	**3**	**2**	**1**
1		1			
3	2	1			
1	1				
3		3	1	1	
6	1	5	2	1	1
28	**14**	**14**	**26**	**13**	**13**
8	4	4	2		2
1	1		4	2	2
8	4	4	6	4	2
7	3	4	9	6	3
4	2	2	5	1	4
22	**14**	**8**	**25**	**14**	**11**
6	4	2	4	2	2
5	4	1	4	3	1
4	2	2	6	4	2
4	3	1	4	1	3
3	1	2	7	4	3
20	**14**	**6**	**22**	**15**	**7**
6	4	2	7	6	1
4	3	1	1	1	
3	1	2	3	2	1
2	2		9	5	4
5	4	1	2	1	1
9	**4**	**5**	**8**	**4**	**4**
2		2	2	1	1
4	2	2	1		1
2	1	1	1		1
1	1		3	3	
			1		1
2	**2**		**4**	**1**	**3**
			1		1
1	1		2		2
1	1				
			1	1	

6-2c 续表 4

受教育程度 年 龄	合 计	生男孩的妇女人数	生女孩的妇女人数	一 孩 小计	一 孩 男	一 孩 女
初 中	**2678**	**1424**	**1254**	**1035**	**536**	**499**
15-19岁	**115**	**52**	**63**	**99**	**45**	**54**
15	2		2	2		2
16	11	7	4	11	7	4
17	24	10	14	22	9	13
18	33	13	20	30	11	19
19	45	22	23	34	18	16
20-24岁	**545**	**292**	**253**	**281**	**153**	**128**
20	71	39	32	47	26	21
21	82	43	39	43	21	22
22	99	54	45	53	28	25
23	114	55	59	58	31	27
24	179	101	78	80	47	33
25-29岁	**874**	**460**	**414**	**346**	**176**	**170**
25	192	99	93	85	46	39
26	139	65	74	63	29	34
27	177	102	75	66	30	36
28	191	106	85	67	37	30
29	175	88	87	65	34	31
30-34岁	**720**	**384**	**336**	**212**	**108**	**104**
30	195	111	84	57	34	23
31	174	91	83	54	27	27
32	127	67	60	36	16	20
33	119	59	60	27	11	16
34	105	56	49	38	20	18
35-39岁	**315**	**174**	**141**	**75**	**38**	**37**
35	89	51	38	21	12	9
36	79	48	31	20	11	9
37	61	32	29	14	5	9
38	46	23	23	9	6	3
39	40	20	20	11	4	7
40-44岁	**93**	**52**	**41**	**19**	**13**	**6**
40	39	19	20	9	5	4
41	24	14	10	4	3	1
42	12	8	4	3	3	
43	11	6	5	2	2	
44	7	5	2	1		1
45-49岁	**16**	**10**	**6**	**3**	**3**	
45	7	5	2	1	1	
46	3	2	1	1	1	
47	2	1	1	1	1	
48	2	2				
49	2		2			

单位：人

二孩			三孩及以上		
小计	男	女	小计	男	女
1036	**535**	**501**	**607**	**353**	**254**
15	**7**	**8**	**1**		**1**
2	1	1			
3	2	1			
10	4	6	1		1
200	**101**	**99**	**64**	**38**	**26**
19	11	8	5	2	3
31	17	14	8	5	3
37	19	18	9	7	2
39	12	27	17	12	5
74	42	32	25	12	13
351	**185**	**166**	**177**	**99**	**78**
76	39	37	31	14	17
55	25	30	21	11	10
73	44	29	38	28	10
79	41	38	45	28	17
68	36	32	42	18	24
308	**160**	**148**	**200**	**116**	**84**
89	50	39	49	27	22
74	37	37	46	27	19
51	29	22	40	22	18
60	27	33	32	21	11
34	17	17	33	19	14
120	**60**	**60**	**120**	**76**	**44**
39	23	16	29	16	13
26	14	12	33	23	10
20	7	13	27	20	7
17	6	11	20	11	9
18	10	8	11	6	5
35	**19**	**16**	**39**	**20**	**19**
14	7	7	16	7	9
12	8	4	8	3	5
4	2	2	5	3	2
2		2	7	4	3
3	2	1	3	3	
7	**3**	**4**	**6**	**4**	**2**
4	2	2	2	2	
			2	1	1
			1		1
1	1		1	1	
2		2			

6-2c 续表 5

受教育程度 年龄	合计	生男孩的妇女人数	生女孩的妇女人数	一孩 小计	一孩 男	一孩 女
高 中	**534**	**306**	**228**	**241**	**142**	**99**
15-19岁	**16**	**8**	**8**	**14**	**8**	**6**
15						
16						
17	1		1	1		1
18	4	3	1	4	3	1
19	11	5	6	9	5	4
20-24岁	**97**	**60**	**37**	**59**	**38**	**21**
20	7	5	2	4	3	1
21	16	7	9	13	7	6
22	15	8	7	10	6	4
23	20	10	10	10	4	6
24	39	30	9	22	18	4
25-29岁	**215**	**118**	**97**	**111**	**61**	**50**
25	40	22	18	22	8	14
26	39	21	18	19	12	7
27	47	26	21	25	12	13
28	45	26	19	22	15	7
29	44	23	21	23	14	9
30-34岁	**149**	**79**	**70**	**43**	**23**	**20**
30	54	23	31	18	8	10
31	29	16	13	10	6	4
32	28	16	12	4	2	2
33	17	11	6	4	3	1
34	21	13	8	7	4	3
35-39岁	**43**	**34**	**9**	**10**	**10**	
35	11	9	2	2	2	
36	9	8	1	4	4	
37	11	7	4	2	2	
38	6	4	2	1	1	
39	6	6		1	1	
40-44岁	**13**	**7**	**6**	**4**	**2**	**2**
40	6	4	2	3	2	1
41	4		4	1		1
42	1	1				
43	1	1				
44	1	1				
45-49岁	**1**		**1**			
45	1		1			
46						
47						
48						
49						

单位：人

二孩			三孩及以上		
小计	男	女	小计	男	女
235	**131**	**104**	**58**	**33**	**25**
2		**2**			
2		2			
34	**20**	**14**	**4**	**2**	**2**
3	2	1			
3		3			
5	2	3			
9	6	3	1		1
14	10	4	3	2	1
89	**47**	**42**	**15**	**10**	**5**
18	14	4			
14	5	9	6	4	2
18	11	7	4	3	1
21	10	11	2	1	1
18	7	11	3	2	1
81	**46**	**35**	**25**	**10**	**15**
27	12	15	9	3	6
15	8	7	4	2	2
18	11	7	6	3	3
9	6	3	4	2	2
12	9	3	2		2
20	**13**	**7**	**13**	**11**	**2**
5	3	2	4	4	
4	3	1	1	1	
6	3	3	3	2	1
3	2	1	2	1	1
2	2		3	3	
8	**5**	**3**	**1**		**1**
3	2	1			
2		2	1		1
1	1				
1	1				
1	1				
1		**1**			
1		1			

6-2c 续表 6

受教育程度 年龄	合计	生男孩的妇女人数	生女孩的妇女人数	一孩		
				小计	男	女
大学专科	**286**	**162**	**124**	**175**	**99**	**76**
15-19岁	**2**		**2**	**2**		**2**
15						
16						
17						
18	2		2	2		2
19						
20-24岁	**37**	**22**	**15**	**29**	**15**	**14**
20	2	1	1	2	1	1
21	5	3	2	5	3	2
22	6	2	4	6	2	4
23	12	8	4	9	6	3
24	12	8	4	7	3	4
25-29岁	**129**	**73**	**56**	**89**	**49**	**40**
25	27	12	15	22	10	12
26	29	19	10	21	14	7
27	23	14	9	16	9	7
28	25	15	10	15	7	8
29	25	13	12	15	9	6
30-34岁	**97**	**61**	**36**	**48**	**32**	**16**
30	34	20	14	17	9	8
31	21	11	10	11	7	4
32	16	11	5	10	7	3
33	16	10	6	4	4	
34	10	9	1	6	5	1
35-39岁	**18**	**6**	**12**	**6**	**3**	**3**
35	5	2	3	2	1	1
36	4		4	1		1
37	6	4	2	2	2	
38	2		2			
39	1		1	1		1
40-44岁	**2**		**2**	**1**		**1**
40	1		1	1		1
41	1		1			
42						
43						
44						
45-49岁	**1**		**1**			
45						
46	1		1			
47						
48						
49						

单位：人

二孩			三孩及以上		
小计	男	女	小计	男	女
95	**54**	**41**	**16**	**9**	**7**
7	**6**	**1**	**1**	**1**	
3	2	1			
4	4		1	1	
34	**20**	**14**	**6**	**4**	**2**
5	2	3			
5	2	3	3	3	
6	5	1	1		1
9	7	2	1	1	
9	4	5	1		1
43	**26**	**17**	**6**	**3**	**3**
12	9	3	5	2	3
10	4	6			
6	4	2			
12	6	6			
3	3		1	1	
9	**2**	**7**	**3**	**1**	**2**
2	1	1	1		1
2		2	1		1
3	1	2	1	1	
2		2			
1		**1**			
1		1			
1		**1**			
1		1			

6-2c 续表 7

受教育程度 年龄	合计	生男孩的妇女人数	生女孩的妇女人数	一孩 小计	一孩 男	一孩 女
大学本科	**110**	**59**	**51**	**63**	**35**	**28**
15-19岁						
15						
16						
17						
18						
19						
20-24岁	**5**	**3**	**2**	**5**	**3**	**2**
20						
21						
22	2	2		2	2	
23						
24	3	1	2	3	1	2
25-29岁	**44**	**25**	**19**	**33**	**19**	**14**
25	4	3	1	4	3	1
26	7	4	3	6	4	2
27	10	5	5	10	5	5
28	11	7	4	6	3	3
29	12	6	6	7	4	3
30-34岁	**50**	**26**	**24**	**23**	**11**	**12**
30	19	11	8	10	4	6
31	10	4	6	2	1	1
32	8	3	5	5	2	3
33	9	6	3	4	3	1
34	4	2	2	2	1	1
35-39岁	**10**	**4**	**6**	**2**	**2**	
35	3	2	1	1	1	
36	2		2			
37	2		2			
38	3	2	1	1	1	
39						
40-44岁	**1**	**1**				
40						
41	1	1				
42						
43						
44						
45-49岁						
45						
46						
47						
48						
49						

单位：人

二孩			三孩及以上		
小计	男	女	小计	男	女
43	**21**	**22**	**4**	**3**	**1**
11	**6**	**5**			
1		1			
5	4	1			
5	2	3			
24	**12**	**12**	**3**	**3**	
6	4	2	3	3	
8	3	5			
3	1	2			
5	3	2			
2	1	1			
7	**2**	**5**	**1**		**1**
2	1	1			
2		2			
1		1	1		1
2	1	1			
1	**1**				
1	1				

6-2c 续表 8

受教育程度 年 龄	合 计	生男孩的妇女人数	生女孩的妇女人数	一 孩		
				小计	男	女
硕士研究生	**6**	**2**	**4**	**3**	**1**	**2**
15-19岁						
15						
16						
17						
18						
19						
20-24岁						
20						
21						
22						
23						
24						
25-29岁						
25						
26						
27						
28						
29						
30-34岁	**2**	**1**	**1**	**2**	**1**	**1**
30	1		1	1		1
31						
32	1	1		1	1	
33						
34						
35-39岁	**3**	**1**	**2**	**1**		**1**
35	1	1				
36	1		1	1		1
37						
38						
39	1		1			
40-44岁	**1**		**1**			
40						
41						
42						
43	1		1			
44						
45-49岁						
45						
46						
47						
48						
49						

单位：人

二孩			三孩及以上		
小计	男	女	小计	男	女
3	**1**	**2**			
2	**1**	**1**			
1	1				
1		1			
1		**1**			
1		1			

6-2c 续表 9

受教育程度 年龄	合计	生男孩的妇女人数	生女孩的妇女人数	一孩		
				小计	男	女
博士研究生						
15-19岁						
15						
16						
17						
18						
19						
20-24岁						
20						
21						
22						
23						
24						
25-29岁						
25						
26						
27						
28						
29						
30-34岁						
30						
31						
32						
33						
34						
35-39岁						
35						
36						
37						
38						
39						
40-44岁						
40						
41						
42						
43						
44						
45-49岁						
45						
46						
47						
48						
49						

单位：人

二孩			三孩及以上		
小计	男	女	小计	男	女

6-3 全省育龄妇女分年龄、孩次的生育状况
(2019.11.1-2020.10.31)

单位：人、‰

年 龄	平均育龄妇女人数	出生人数	生育率	第一孩		第二孩		第三孩及以上	
				出生数	生育率	出生数	生育率	出生数	生育率
总 计	**220473**	**10359**	**46.99**	**4435**	**20.12**	**4325**	**19.62**	**1599**	**7.25**
15-19岁	**23382**	**294**	**12.57**	**237**	**10.14**	**51**	**2.18**	**6**	**0.26**
15	5345	10	1.87	9	1.68	1	0.19		
16	5008	25	4.99	25	4.99				
17	4100	48	11.71	42	10.24	6	1.46		
18	4089	91	22.25	71	17.36	18	4.40	2	0.49
19	4840	120	24.79	90	18.60	26	5.37	4	0.83
20-24岁	**25110**	**1676**	**66.75**	**991**	**39.47**	**556**	**22.14**	**129**	**5.14**
20	4735	165	34.85	111	23.44	48	10.14	6	1.27
21	4458	230	51.59	140	31.40	75	16.82	15	3.36
22	4481	280	62.49	160	35.71	101	22.54	19	4.24
23	5312	424	79.82	250	47.06	136	25.60	38	7.15
24	6124	577	94.22	330	53.89	196	32.01	51	8.33
25-29岁	**35181**	**3732**	**106.08**	**1838**	**52.24**	**1424**	**40.48**	**470**	**13.36**
25	6204	653	105.25	357	57.54	223	35.94	73	11.77
26	6389	672	105.18	359	56.19	241	37.72	72	11.27
27	7105	793	111.61	392	55.17	298	41.94	103	14.50
28	7508	817	108.82	377	50.21	334	44.49	106	14.12
29	7975	797	99.94	353	44.26	328	41.13	116	14.55
30-34岁	**38850**	**2980**	**76.71**	**978**	**25.17**	**1446**	**37.22**	**556**	**14.31**
30	8221	788	95.85	318	38.68	343	41.72	127	15.45
31	7839	665	84.83	240	30.62	316	40.31	109	13.90
32	7966	578	72.56	165	20.71	303	38.04	110	13.81
33	7613	527	69.22	153	20.10	274	35.99	100	13.14
34	7211	422	58.52	102	14.15	210	29.12	110	15.25
35-39岁	**36714**	**1273**	**34.67**	**304**	**8.28**	**646**	**17.60**	**323**	**8.80**
35	7460	354	47.45	99	13.27	177	23.73	78	10.46
36	7619	312	40.95	66	8.66	168	22.05	78	10.24
37	7451	238	31.94	50	6.71	113	15.17	75	10.07
38	7476	212	28.36	50	6.69	105	14.04	57	7.62
39	6708	157	23.40	39	5.81	83	12.37	35	5.22
40-44岁	**29454**	**336**	**11.41**	**69**	**2.34**	**170**	**5.77**	**97**	**3.29**
40	6823	134	19.64	27	3.96	67	9.82	40	5.86
41	6220	80	12.86	18	2.89	44	7.07	18	2.89
42	5408	63	11.65	13	2.40	35	6.47	15	2.77
43	5445	31	5.69	6	1.10	8	1.47	17	3.12
44	5558	28	5.04	5	0.90	16	2.88	7	1.26
45-49岁	**31782**	**68**	**2.14**	**18**	**0.57**	**32**	**1.01**	**18**	**0.57**
45	5948	22	3.70	8	1.34	9	1.51	5	0.84
46	6386	13	2.04	4	0.63	4	0.63	5	0.78
47	6731	19	2.82	3	0.45	12	1.78	4	0.59
48	6256	8	1.28	1	0.16	5	0.80	2	0.32
49	6461	6	0.93	2	0.31	2	0.31	2	0.31

6-3a　全省育龄妇女分年龄、孩次的生育状况
(2019.11.1-2020.10.31)(城市)

单位：人、‰

年　龄	平均育龄妇女人数	出生人数	生育率	第一孩		第二孩		第三孩及以上	
				出生数	生育率	出生数	生育率	出生数	生育率
总　计	**93729**	**4165**	**44.44**	**1914**	**20.42**	**1833**	**19.56**	**418**	**4.46**
15-19岁	**9731**	**47**	**4.83**	**38**	**3.91**	**9**	**0.92**		
15	2051	1	0.49	1	0.49				
16	2230	4	1.79	4	1.79				
17	1745	8	4.58	6	3.44	2	1.15		
18	1652	13	7.87	10	6.05	3	1.82		
19	2053	21	10.23	17	8.28	4	1.95		
20-24岁	**11140**	**486**	**43.63**	**335**	**30.07**	**135**	**12.12**	**16**	**1.44**
20	2044	35	17.12	28	13.70	6	2.94	1	0.49
21	1968	53	26.93	30	15.24	22	11.18	1	0.51
22	1932	73	37.78	47	24.33	24	12.42	2	1.04
23	2396	135	56.34	102	42.57	30	12.52	3	1.25
24	2800	190	67.86	128	45.71	53	18.93	9	3.21
25-29岁	**15832**	**1504**	**95.00**	**859**	**54.26**	**538**	**33.98**	**107**	**6.76**
25	2729	223	81.71	147	53.87	63	23.09	13	4.76
26	2911	265	91.03	166	57.03	84	28.86	15	5.15
27	3204	327	102.06	183	57.12	116	36.20	28	8.74
28	3377	345	102.16	183	54.19	135	39.98	27	8.00
29	3611	344	95.26	180	49.85	140	38.77	24	6.65
30-34岁	**17415**	**1352**	**77.63**	**506**	**29.06**	**682**	**39.16**	**164**	**9.42**
30	3669	338	92.12	155	42.25	146	39.79	37	10.08
31	3550	309	87.04	129	36.34	142	40.00	38	10.70
32	3615	267	73.86	89	24.62	148	40.94	30	8.30
33	3385	244	72.08	81	23.93	135	39.88	28	8.27
34	3196	194	60.70	52	16.27	111	34.73	31	9.70
35-39岁	**15408**	**594**	**38.55**	**135**	**8.76**	**362**	**23.49**	**97**	**6.30**
35	3157	179	56.70	48	15.20	106	33.58	25	7.92
36	3232	149	46.10	30	9.28	90	27.85	29	8.97
37	3202	102	31.86	21	6.56	68	21.24	13	4.06
38	3141	92	29.29	17	5.41	54	17.19	21	6.69
39	2676	72	26.91	19	7.10	44	16.44	9	3.36
40-44岁	**11912**	**156**	**13.10**	**31**	**2.60**	**95**	**7.98**	**30**	**2.52**
40	2787	65	23.32	11	3.95	40	14.35	14	5.02
41	2531	40	15.80	8	3.16	25	9.88	7	2.77
42	2245	32	14.25	6	2.67	21	9.35	5	2.23
43	2150	6	2.79	2	0.93	2	0.93	2	0.93
44	2199	13	5.91	4	1.82	7	3.18	2	0.91
45-49岁	**12291**	**26**	**2.12**	**10**	**0.81**	**12**	**0.98**	**4**	**0.33**
45	2346	10	4.26	5	2.13	4	1.71	1	0.43
46	2543	4	1.57	2	0.79	2	0.79		
47	2615	8	3.06	2	0.76	5	1.91	1	0.38
48	2382	2	0.84			1	0.42	1	0.42
49	2405	2	0.83	1	0.42			1	0.42

6-3b 全省育龄妇女分年龄、孩次的生育状况 (2019.11.1-2020.10.31)(镇)

单位：人、‰

年龄	平均育龄妇女人数	出生人数	生育率	第一孩		第二孩		第三孩及以上	
				出生数	生育率	出生数	生育率	出生数	生育率
总计	**50967**	**2341**	**45.93**	**964**	**18.91**	**974**	**19.11**	**403**	**7.91**
15-19岁	**5792**	**64**	**11.05**	**49**	**8.46**	**13**	**2.24**	**2**	**0.35**
15	1375	1	0.73	1	0.73				
16	1226	5	4.08	5	4.08				
17	1043	11	10.55	10	9.59	1	0.96		
18	986	23	23.33	16	16.23	6	6.09	1	1.01
19	1162	24	20.65	17	14.63	6	5.16	1	0.86
20-24岁	**5612**	**377**	**67.18**	**232**	**41.34**	**118**	**21.03**	**27**	**4.81**
20	1147	44	38.36	30	26.16	12	10.46	2	1.74
21	1002	51	50.90	37	36.93	12	11.98	2	2.00
22	1042	75	71.98	43	41.27	26	24.95	6	5.76
23	1149	80	69.63	50	43.52	22	19.15	8	6.96
24	1272	127	99.84	72	56.60	46	36.16	9	7.08
25-29岁	**7755**	**866**	**111.67**	**398**	**51.32**	**349**	**45.00**	**119**	**15.34**
25	1322	168	127.08	84	63.54	65	49.17	19	14.37
26	1413	183	129.51	87	61.57	73	51.66	23	16.28
27	1593	185	116.13	94	59.01	71	44.57	20	12.55
28	1699	182	107.12	80	47.09	74	43.56	28	16.48
29	1728	148	85.65	53	30.67	66	38.19	29	16.78
30-34岁	**8834**	**669**	**75.73**	**192**	**21.73**	**335**	**37.92**	**142**	**16.07**
30	1836	171	93.14	73	39.76	73	39.76	25	13.62
31	1792	154	85.94	50	27.90	79	44.08	25	13.95
32	1831	123	67.18	27	14.75	70	38.23	26	14.20
33	1727	117	67.75	25	14.48	61	35.32	31	17.95
34	1648	104	63.11	17	10.32	52	31.55	35	21.24
35-39岁	**8578**	**279**	**32.53**	**73**	**8.51**	**122**	**14.22**	**84**	**9.79**
35	1730	69	39.88	19	10.98	31	17.92	19	10.98
36	1762	62	35.19	17	9.65	30	17.03	15	8.51
37	1713	58	33.86	13	7.59	21	12.26	24	14.01
38	1797	54	30.05	16	8.90	21	11.69	17	9.46
39	1576	36	22.84	8	5.08	19	12.06	9	5.71
40-44岁	**6965**	**68**	**9.76**	**16**	**2.30**	**28**	**4.02**	**24**	**3.45**
40	1630	18	11.04	3	1.84	8	4.91	7	4.29
41	1503	18	11.98	7	4.66	6	3.99	5	3.33
42	1262	15	11.89	4	3.17	7	5.55	4	3.17
43	1265	10	7.91	1	0.79	3	2.37	6	4.74
44	1305	7	5.36	1	0.77	4	3.07	2	1.53
45-49岁	**7431**	**18**	**2.42**	**4**	**0.54**	**9**	**1.21**	**5**	**0.67**
45	1356	4	2.95	1	0.74	2	1.47	1	0.74
46	1465	5	3.41	1	0.68	1	0.68	3	2.05
47	1531	7	4.57	1	0.65	5	3.27	1	0.65
48	1540	1	0.65			1	0.65		
49	1539	1	0.65	1	0.65				

6-3c　全省育龄妇女分年龄、孩次的生育状况 (2019.11.1-2020.10.31)(乡村)

单位：人、‰

年　龄	平均育龄妇女人数	出生人数	生育率	第一孩		第二孩		第三孩及以上	
				出生数	生育率	出生数	生育率	出生数	生育率
总　计	**75777**	**3853**	**50.85**	**1557**	**20.55**	**1518**	**20.03**	**778**	**10.27**
15-19岁	**7859**	**183**	**23.29**	**150**	**19.09**	**29**	**3.69**	**4**	**0.51**
15	1919	8	4.17	7	3.65	1	0.52		
16	1552	16	10.31	16	10.31				
17	1312	29	22.10	26	19.82	3	2.29		
18	1451	55	37.90	45	31.01	9	6.20	1	0.69
19	1625	75	46.15	56	34.46	16	9.85	3	1.85
20-24岁	**8358**	**813**	**97.27**	**424**	**50.73**	**303**	**36.25**	**86**	**10.29**
20	1544	86	55.70	53	34.33	30	19.43	3	1.94
21	1488	126	84.68	73	49.06	41	27.55	12	8.06
22	1507	132	87.59	70	46.45	51	33.84	11	7.30
23	1767	209	118.28	98	55.46	84	47.54	27	15.28
24	2052	260	126.71	130	63.35	97	47.27	33	16.08
25-29岁	**11594**	**1362**	**117.47**	**581**	**50.11**	**537**	**46.32**	**244**	**21.05**
25	2153	262	121.69	126	58.52	95	44.12	41	19.04
26	2065	224	108.47	106	51.33	84	40.68	34	16.46
27	2308	281	121.75	115	49.83	111	48.09	55	23.83
28	2432	290	119.24	114	46.88	125	51.40	51	20.97
29	2636	305	115.71	120	45.52	122	46.28	63	23.90
30-34岁	**12601**	**959**	**76.11**	**280**	**22.22**	**429**	**34.04**	**250**	**19.84**
30	2716	279	102.72	90	33.14	124	45.66	65	23.93
31	2497	202	80.90	61	24.43	95	38.05	46	18.42
32	2520	188	74.60	49	19.44	85	33.73	54	21.43
33	2501	166	66.37	47	18.79	78	31.19	41	16.39
34	2367	124	52.39	33	13.94	47	19.86	44	18.59
35-39岁	**12728**	**400**	**31.43**	**96**	**7.54**	**162**	**12.73**	**142**	**11.16**
35	2573	106	41.20	32	12.44	40	15.55	34	13.21
36	2625	101	38.48	19	7.24	48	18.29	34	12.95
37	2536	78	30.76	16	6.31	24	9.46	38	14.98
38	2538	66	26.00	17	6.70	30	11.82	19	7.49
39	2456	49	19.95	12	4.89	20	8.14	17	6.92
40-44岁	**10577**	**112**	**10.59**	**22**	**2.08**	**47**	**4.44**	**43**	**4.07**
40	2406	51	21.20	13	5.40	19	7.90	19	7.90
41	2186	22	10.06	3	1.37	13	5.95	6	2.74
42	1901	16	8.42	3	1.58	7	3.68	6	3.16
43	2030	15	7.39	3	1.48	3	1.48	9	4.43
44	2054	8	3.89			5	2.43	3	1.46
45-49岁	**12060**	**24**	**1.99**	**4**	**0.33**	**11**	**0.91**	**9**	**0.75**
45	2246	8	3.56	2	0.89	3	1.34	3	1.34
46	2378	4	1.68	1	0.42	1	0.42	2	0.84
47	2585	4	1.55			2	0.77	2	0.77
48	2334	5	2.14	1	0.43	3	1.29	1	0.43
49	2517	3	1.19			2	0.79	1	0.40

6-4 各地区育龄妇女年龄别生育率

单位：‰

地 区	15-19岁	20-24岁	25-29岁	30-34岁	35-39岁	40-44岁	45-49岁	总和生育率
全省	**12.57**	**66.75**	**106.08**	**76.71**	**34.67**	**11.41**	**2.14**	**1551.63**
海口市	**5.27**	**39.02**	**96.42**	**79.53**	**38.00**	**13.69**	**2.12**	**1370.29**
秀英区	4.89	62.08	101.80	81.02	40.11	11.55	1.74	1515.95
龙华区	5.92	37.67	86.48	71.06	33.26	11.99	1.50	1239.36
琼山区	6.65	42.95	102.04	91.11	38.55	14.68		1479.95
美兰区	4.29	29.73	98.92	78.48	40.86	15.92	4.39	1362.96
三亚市	**11.25**	**50.07**	**87.31**	**82.06**	**35.32**	**10.66**	**1.23**	**1389.54**
海棠区	17.34	82.51	108.25	92.27	26.95	7.17	3.33	1689.07
吉阳区	4.94	27.55	68.84	78.80	41.38	8.47	1.46	1157.21
天涯区	13.14	64.09	96.88	80.32	31.07	12.92	0.87	1496.35
崖州区	46.67	127.49	113.13	93.39	30.00	14.75		2127.11
三沙市								
儋州市	**21.14**	**103.83**	**141.35**	**81.78**	**27.53**	**8.99**	**1.45**	**1930.34**
五指山市	7.23	58.39	89.46	76.72	30.46	13.16		1377.07
琼海市	14.39	93.17	104.63	75.68	32.48	11.58	2.81	1673.71
文昌市	3.42	79.58	103.91	74.65	40.26	7.14	1.63	1552.93
万宁市	18.03	78.49	107.99	61.33	28.54	10.27	2.41	1535.37
东方市	20.28	104.71	121.12	77.97	31.81	11.32	1.47	1843.39
定安县	16.67	103.95	120.96	82.08	35.33	11.39	4.94	1876.58
屯昌县	24.77	125.31	115.51	73.94	38.78	7.78		1930.43
澄迈县	31.39	112.53	131.91	83.33	35.32	13.36	3.46	2056.46
临高县	15.99	92.05	92.44	66.62	22.46	7.33	4.95	1509.12
白沙黎族自治县	6.83	87.96	108.70	68.75	35.71	14.11	1.87	1619.65
昌江黎族自治县	5.05	115.49	142.02	75.38	39.31	11.78	2.40	1957.16
乐东黎族自治县	18.45	77.92	125.09	77.28	38.03	11.81	3.71	1761.50
陵水黎族自治县	25.07	57.53	86.59	48.96	30.37	11.23	0.92	1303.31
保亭黎族苗族自治县		92.05	93.46	93.63	39.03	15.66	1.81	1678.23
琼中黎族苗族自治县	30.30	163.87	119.73	67.02	35.29	6.25		2112.33

6-4a　各地区育龄妇女年龄别生育率(城市)

单位：‰

地　　区	15-19岁	20-24岁	25-29岁	30-34岁	35-39岁	40-44岁	45-49岁	总　和 生育率
全省	**4.83**	**43.63**	**95.00**	**77.63**	**38.55**	**13.10**	**2.12**	**1374.26**
海口市	**3.83**	**34.03**	**90.66**	**76.70**	**39.43**	**14.25**	**2.39**	**1306.43**
秀英区	4.33	52.02	94.01	85.43	43.98	12.44	0.90	1465.56
龙华区	1.84	32.20	85.82	70.34	33.77	12.88	1.68	1192.69
琼山区	5.21	37.21	97.00	84.14	40.34	14.95		1394.20
美兰区	4.63	26.46	89.87	73.13	42.57	16.33	5.50	1292.53
三亚市	**7.68**	**39.58**	**83.23**	**76.83**	**34.13**	**10.49**	**1.33**	**1266.36**
海棠区	12.20	72.07	142.86	96.77	27.78	7.63		1796.55
吉阳区	5.50	27.29	67.35	75.83	40.57	8.25	1.72	1132.59
天涯区	9.63	45.27	84.57	72.86	25.86	12.57	1.29	1260.26
崖州区	19.23	128.44	152.78	90.13	29.56	18.75		2194.42
三沙市								
儋州市	**8.44**	**94.97**	**151.17**	**88.64**	**34.81**	**10.48**	**2.75**	**1956.35**
五指山市		63.58	74.53	79.10	30.86	14.39		1312.33
琼海市	3.57	81.16	80.06	76.24	37.26	15.03	3.50	1484.12
文昌市		50.60	104.50	66.13	52.78	10.93	1.97	1434.53
万宁市	3.57	78.53	108.53	68.97	46.95	8.60		1575.71
东方市	12.35	93.24	121.42	95.80	34.18	14.80	1.75	1867.70
定安县								
屯昌县								
澄迈县								
临高县								
白沙黎族自治县								
昌江黎族自治县								
乐东黎族自治县								
陵水黎族自治县								
保亭黎族苗族自治县								
琼中黎族苗族自治县								

6-4b 各地区育龄妇女年龄别生育率(镇)

单位：‰

地　　区	15-19岁	20-24岁	25-29岁	30-34岁	35-39岁	40-44岁	45-49岁	总　和 生育率
全省	**11.05**	**67.18**	**111.67**	**75.73**	**32.53**	**9.76**	**2.42**	**1551.69**
海口市	**4.64**	**24.52**	**110.70**	**82.02**	**22.00**	**10.20**	**2.58**	**1283.37**
秀英区	12.05	37.27	121.95	78.95	22.65	4.37	7.84	1425.39
龙华区	42.55		90.91	81.08	34.48			1245.13
琼山区		26.55	118.28	73.39	28.30	19.23		1328.78
美兰区	2.88	23.37	104.35	88.57	15.82	14.13		1245.66
三亚市		**80.00**	**64.75**	**104.90**	**28.30**	**19.23**		**1485.88**
海棠区		50.00	97.56	95.24	31.25	83.33		1786.91
吉阳区		55.56	40.82	156.86	62.50			1578.67
天涯区		200.00	50.00	66.67				1583.33
崖州区			111.11					555.56
三沙市								
儋州市	**16.89**	**72.95**	**139.07**	**84.61**	**27.54**	**8.45**	**1.37**	**1754.39**
五指山市		41.67	204.55	63.83	32.79			1714.14
琼海市	12.20	83.33	115.08	92.84	27.12	9.57	3.44	1717.85
文昌市	4.74	74.38	107.69	89.14	29.10	5.51		1552.82
万宁市	12.82	74.89	112.50	42.02	37.21	3.14		1412.91
东方市	8.55	106.38	103.59	73.47	44.64	4.52		1705.76
定安县		86.49	123.08	73.12	42.02	8.22	8.80	1708.58
屯昌县	29.91	105.53	105.11	77.09	40.32	5.42		1816.91
澄迈县	24.31	94.93	131.84	78.68	39.23	15.46	4.57	1945.08
临高县	19.54	81.37	91.25	56.52	17.70	3.06	4.67	1370.59
白沙黎族自治县		60.00	82.57	104.84	44.78	19.61		1558.96
昌江黎族自治县		123.66	150.59	76.63	41.59	12.66	1.81	2034.63
乐东黎族自治县	5.95	54.71	106.16	66.96	27.37	14.68	3.80	1398.14
陵水黎族自治县	15.67	53.81	65.77	60.31	33.19	11.52	1.85	1210.57
保亭黎族苗族自治县		53.76	90.91	94.17	50.51	22.86		1561.03
琼中黎族苗族自治县	6.10	107.14	104.29	79.55	35.90	9.95		1714.64

6–4c　各地区育龄妇女年龄别生育率(乡村)

单位：‰

地　　区	15–19岁	20–24岁	25–29岁	30–34岁	35–39岁	40–44岁	45–49岁	总　和 生育率
全省	**23.29**	**97.27**	**117.47**	**76.11**	**31.43**	**10.59**	**1.99**	**1790.71**
海口市	**10.37**	**74.05**	**120.76**	**96.03**	**38.39**	**12.57**	**0.65**	**1764.06**
秀英区	4.52	102.89	115.88	62.66	39.22	13.75		1694.62
龙华区	33.71	121.95	94.17	78.70	26.32	5.49		1801.72
琼山区	11.30	72.02	119.57	125.26	33.66	12.85		1873.30
美兰区	5.63	49.77	137.22	101.24	49.22	15.02	2.23	1801.65
三亚市	**20.90**	**70.70**	**101.50**	**93.30**	**39.39**	**10.58**	**1.14**	**1687.55**
海棠区	25.00	98.68	80.65	88.24	25.32		7.87	1628.78
吉阳区	3.47	26.26	83.33	83.92	43.48	10.64		1255.50
天涯区	25.32	103.45	135.59	98.36	47.00	14.25		2119.81
崖州区	62.50	130.43	81.48	97.83	30.61	11.36		2071.09
三沙市								
儋州市	**33.90**	**131.84**	**135.07**	**74.34**	**22.08**	**8.36**	**0.77**	**2031.87**
五指山市	34.09	51.95	64.81	77.92	29.24	16.81		1374.11
琼海市	30.93	109.76	126.25	66.58	29.75	9.09	2.18	1872.65
文昌市	10.38	117.65	99.06	70.05	37.46	5.10	2.82	1712.60
万宁市	26.89	79.93	106.03	66.19	18.40	13.87	4.15	1577.31
东方市	35.93	115.57	128.16	57.47	25.17	10.27	1.72	1871.46
定安县	34.48	114.86	119.61	89.89	29.47	14.12	2.13	2022.79
屯昌县	19.05	144.23	128.21	70.08	36.62	10.95		2045.67
澄迈县	45.60	145.02	132.08	94.38	27.03	9.28	1.75	2275.66
临高县	11.72	104.38	93.90	78.20	28.39	12.20	5.26	1670.26
白沙黎族自治县	10.31	96.39	118.03	56.18	32.86	12.69	2.36	1644.13
昌江黎族自治县	16.13	106.51	127.91	72.99	35.09	10.34	3.56	1862.64
乐东黎族自治县	24.50	88.12	134.15	81.73	43.07	10.40	3.67	1928.12
陵水黎族自治县	32.58	60.78	104.85	39.07	27.78	10.95		1380.07
保亭黎族苗族自治县		116.44	95.44	93.25	32.35	11.90	2.87	1761.22
琼中黎族苗族自治县	54.22	194.81	128.47	61.38	35.00	3.58		2387.30

6-5 各地区按活产子女数分的15-64岁妇女人数

单位：人

地　　区	15-64岁妇女人数	活产0个	活产1个	活产2个	活产3个	活产4个	活产5个及以上
全省	**300902**	**76939**	**62640**	**104225**	**39818**	**12504**	**4776**
海口市	**91383**	**29265**	**25733**	**27786**	**6513**	**1542**	**544**
秀英区	16845	4641	4396	5544	1618	453	193
龙华区	25091	7951	7690	7308	1582	418	142
琼山区	20341	6013	5266	6902	1691	344	125
美兰区	29106	10660	8381	8032	1622	327	84
三亚市	**31958**	**9615**	**7691**	**10043**	**3138**	**1061**	**410**
海棠区	2889	712	525	1104	393	122	33
吉阳区	14568	5056	3900	4273	970	273	96
天涯区	11039	3197	2688	3333	1180	447	194
崖州区	3462	650	578	1333	595	219	87
三沙市							
儋州市	**26556**	**6101**	**3883**	**8955**	**4800**	**1900**	**917**
五指山市	3511	1036	674	1096	536	130	39
琼海市	15871	3086	3472	7211	1728	303	71
文昌市	16646	3305	3765	7163	1903	397	113
万宁市	16106	3252	2548	6451	2823	794	238
东方市	13036	2902	1925	4340	2537	917	415
定安县	8203	1641	1307	3260	1417	445	133
屯昌县	6735	1230	981	2553	1324	464	183
澄迈县	13303	2577	1924	4919	2585	956	342
临高县	12023	2953	1255	4181	2386	865	383
白沙黎族自治县	4530	843	738	1608	922	302	117
昌江黎族自治县	6584	1302	1203	2393	1097	416	173
乐东黎族自治县	13489	3422	1923	4152	2743	909	340
陵水黎族自治县	11463	2677	1768	4526	1799	542	151
保亭黎族苗族自治县	4573	873	935	1705	730	249	81
琼中黎族苗族自治县	4932	859	915	1883	837	312	126

6–6　全省按受教育程度、活产子女数分的15–64岁妇女人数

单位：人

受教育程度	15–64岁妇女人数	活产0个	活产1个	活产2个	活产3个	活产4个	活产5个及以上
总　计	**300902**	**76939**	**62640**	**104225**	**39818**	**12504**	**4776**
未上过学	6728	411	420	1768	2019	1304	806
学前教育	149	39	21	40	26	15	8
小　学	37785	2148	3859	14008	11219	4612	1939
初　中	140501	22141	25579	61922	23008	6007	1844
高　中	55896	21788	14968	15694	2799	487	160
大学专科	30390	13884	9483	6416	540	56	11
大学本科	27676	15676	7708	4067	196	22	7
硕士研究生	1621	805	524	281	10		1
博士研究生	156	47	78	29	1	1	

6–7　全省按职业、活产子女数分的15–64岁妇女人数

单位：人

职业大类	15–64岁妇女人数	活产0个	活产1个	活产2个	活产3个	活产4个	活产5个及以上	妇女平均活产子女数
总　计	**168381**	**35089**	**34640**	**63993**	**24620**	**7392**	**2647**	**1.66**
党的机关、国家机关、群众团体和社会组织、企事业单位负责人	2393	441	796	911	204	33	8	1.42
专业技术人员	20484	7554	7349	5174	343	53	11	0.93
办事人员和有关人员	10313	3448	3808	2748	254	43	12	1.00
社会生产服务和生活服务人员	69996	17318	15143	27243	7921	1850	521	1.48
农、林、牧、渔业生产及辅助人员	50594	3876	5006	21594	13445	4793	1880	2.31
生产制造及有关人员	13238	1903	2313	5914	2323	583	202	1.85
不便分类的其他从业人员	1363	549	225	409	130	37	13	1.21

6-8 各地区按存活子女数分的15-64岁妇女人数

单位：人

地区	15-64岁妇女人数	存活0个	存活1个	存活2个	存活3个	存活4个	存活5个及以上
全省	**300902**	**81680**	**61778**	**102455**	**38740**	**11920**	**4329**
海口市	**91383**	**30720**	**25287**	**27104**	**6320**	**1462**	**490**
秀英区	16845	4869	4337	5432	1598	431	178
龙华区	25091	8469	7501	7086	1517	388	130
琼山区	20341	6289	5196	6781	1633	330	112
美兰区	29106	11093	8253	7805	1572	313	70
三亚市	**31958**	**10106**	**7555**	**9842**	**3059**	**1015**	**381**
海棠区	2889	757	504	1089	393	114	32
吉阳区	14568	5221	3850	4217	927	263	90
天涯区	11039	3390	2639	3240	1162	430	178
崖州区	3462	738	562	1296	577	208	81
三沙市							
儋州市	**26556**	**6473**	**3840**	**8812**	**4708**	**1843**	**880**
五指山市	3511	1122	659	1079	503	122	26
琼海市	15871	3357	3468	7058	1649	286	53
文昌市	16646	3494	3774	7057	1836	384	101
万宁市	16106	3460	2536	6443	2724	741	202
东方市	13036	3166	1873	4265	2473	872	387
定安县	8203	1756	1296	3252	1371	414	114
屯昌县	6735	1338	971	2517	1303	440	166
澄迈县	13303	2731	1897	4880	2555	929	311
临高县	12023	3139	1242	4115	2342	838	347
白沙黎族自治县	4530	902	750	1614	885	286	93
昌江黎族自治县	6584	1474	1159	2337	1068	390	156
乐东黎族自治县	13489	3642	1888	4106	2662	873	318
陵水黎族自治县	11463	2839	1759	4465	1764	503	133
保亭黎族苗族自治县	4573	1004	923	1668	685	229	64
琼中黎族苗族自治县	4932	957	901	1841	833	293	107

6-9 全省按受教育程度、存活子女数分的15-64岁妇女人数

单位：人

受教育程度	15-64岁妇女人数	存活0个	存活1个	存活2个	存活3个	存活4个	存活5个及以上
总　计	**300902**	**81680**	**61778**	**102455**	**38740**	**11920**	**4329**
未上过学	6728	504	437	1788	1981	1268	750
学前教育	149	43	23	39	24	14	6
小　学	37785	2826	3872	13899	10999	4405	1784
初　中	140501	24584	25316	60907	22341	5715	1638
高　中	55896	22620	14667	15325	2688	454	142
大学专科	30390	14274	9295	6256	513	46	6
大学本科	27676	15964	7575	3934	183	17	3
硕士研究生	1621	815	517	279	10		
博士研究生	156	50	76	28	1	1	

6-10 全省按职业、存活子女数分的15-64岁妇女人数

单位：人

职业大类	15-64岁妇女人数	存活0个	存活1个	存活2个	存活3个	存活4个	存活5个及以上	妇女平均存活子女数
总　计	**168381**	**37712**	**34178**	**63017**	**24014**	**7073**	**2387**	**1.62**
党的机关、国家机关、群众团体和社会组织、企事业单位负责人	2393	483	785	887	201	30	7	1.39
专业技术人员	20484	7856	7201	5041	331	46	9	0.90
办事人员和有关人员	10313	3624	3726	2666	250	40	7	0.97
社会生产服务和生活服务人员	69996	18483	14926	26687	7672	1763	465	1.44
农、林、牧、渔业生产及辅助人员	50594	4529	5075	21519	13172	4604	1695	2.26
生产制造及有关人员	13238	2141	2252	5834	2265	554	192	1.80
不便分类的其他从业人员	1363	596	213	383	123	36	12	1.14

6-11 各地区15-64岁妇女平均活产子女数和平均存活子女数

单位：人、%

地区	15-64岁妇女人数	活产子女总数			存活子女总数			存活子女数占活产子女数的百分比	妇女平均活产子女数	妇女平均存活子女数
		合计	男	女	合计	男	女			
全省	**300902**	**466423**	**260372**	**206051**	**453896**	**252645**	**201251**	**97.31**	**1.55**	**1.51**
海口市	**91383**	**109914**	**61654**	**48260**	**106905**	**59825**	**47080**	**97.26**	**1.20**	**1.17**
秀英区	16845	23171	12879	10292	22659	12560	10099	97.79	1.38	1.35
龙华区	25091	29484	16583	12901	28469	15972	12497	96.56	1.18	1.13
琼山区	20341	26190	14847	11343	25575	14461	11114	97.65	1.29	1.26
美兰区	29106	31069	17345	13724	30202	16832	13370	97.21	1.07	1.04
三亚市	**31958**	**43655**	**23892**	**19763**	**42519**	**23219**	**19300**	**97.40**	**1.37**	**1.33**
海棠区	2889	4580	2494	2086	4490	2444	2046	98.03	1.59	1.55
吉阳区	14568	16961	9312	7649	16597	9096	7501	97.85	1.16	1.14
天涯区	11039	15733	8584	7149	15279	8322	6957	97.11	1.43	1.38
崖州区	3462	6381	3502	2879	6153	3357	2796	96.43	1.84	1.78
三沙市										
儋州市	**26556**	**48844**	**27711**	**21133**	**47790**	**27061**	**20729**	**97.84**	**1.84**	**1.80**
五指山市	3511	5206	2845	2361	4955	2684	2271	95.18	1.48	1.41
琼海市	15871	24661	14026	10635	23949	13574	10375	97.11	1.55	1.51
文昌市	16646	25991	14259	11732	25469	13920	11549	97.99	1.56	1.53
万宁市	16106	28371	16213	12158	27630	15774	11856	97.39	1.76	1.72
东方市	13036	24157	13408	10749	23426	12945	10481	96.97	1.85	1.80
定安县	8203	14562	8316	6246	14170	8068	6102	97.31	1.78	1.73
屯昌县	6735	12920	7122	5798	12585	6910	5675	97.41	1.92	1.87
澄迈县	13303	25167	14187	10980	24689	13877	10812	98.10	1.89	1.86
临高县	12023	22341	12481	9860	21739	12121	9618	97.31	1.86	1.81
白沙黎族自治县	4530	8555	4681	3874	8270	4493	3777	96.67	1.89	1.83
昌江黎族自治县	6584	11884	6532	5352	11436	6269	5167	96.23	1.80	1.74
乐东黎族自治县	13489	23913	13304	10609	23268	12905	10363	97.30	1.77	1.72
陵水黎族自治县	11463	19194	10631	8563	18699	10305	8394	97.42	1.67	1.63
保亭黎族苗族自治县	4573	7981	4206	3775	7580	3973	3607	94.98	1.75	1.66
琼中黎族苗族自治县	4932	9107	4904	4203	8817	4722	4095	96.82	1.85	1.79

6-12 全省按年龄分的15-64岁妇女平均活产子女数和平均存活子女数

单位：人、%

年龄	15-64岁妇女人数	活产子女总数			存活子女总数			存活子女数占活产子女数的百分比	妇女平均活产子女数	妇女平均存活子女数
		合计	男	女	合计	男	女			
总 计	**300902**	**466423**	**260372**	**206051**	**453896**	**252645**	**201251**	**97.31**	**1.55**	**1.51**
15-19岁	**23650**	**440**	**224**	**216**	**435**	**219**	**216**	**98.86**	**0.02**	**0.02**
15	5272	4	1	3	4	1	3	100.00		
16	5338	26	17	9	24	15	9	92.31		
17	4528	72	35	37	72	35	37	100.00	0.02	0.02
18	3933	124	59	65	122	57	65	98.39	0.03	0.03
19	4579	214	112	102	213	111	102	99.53	0.05	0.05
20-24岁	**24118**	**6328**	**3400**	**2928**	**6192**	**3313**	**2879**	**97.85**	**0.26**	**0.26**
20	4768	438	220	218	431	217	214	98.40	0.09	0.09
21	4456	614	327	287	596	316	280	97.07	0.14	0.13
22	4540	1059	559	500	1041	549	492	98.30	0.23	0.23
23	4722	1620	883	737	1581	857	724	97.59	0.34	0.33
24	5632	2597	1411	1186	2543	1374	1169	97.92	0.46	0.45
25-29岁	**34046**	**30069**	**16197**	**13872**	**29357**	**15760**	**13597**	**97.63**	**0.88**	**0.86**
25	6301	3672	1982	1690	3601	1940	1661	98.07	0.58	0.57
26	6221	4324	2326	1998	4206	2247	1959	97.27	0.70	0.68
27	6781	6083	3279	2804	5916	3177	2739	97.25	0.90	0.87
28	7327	7533	4027	3506	7362	3926	3436	97.73	1.03	1.00
29	7416	8457	4583	3874	8272	4470	3802	97.81	1.14	1.12
30-34岁	**39550**	**58190**	**31787**	**26403**	**56722**	**30915**	**25807**	**97.48**	**1.47**	**1.43**
30	8520	10787	5841	4946	10479	5654	4825	97.14	1.27	1.23
31	7920	11175	6113	5062	10916	5959	4957	97.68	1.41	1.38
32	7678	11353	6204	5149	11043	6030	5013	97.27	1.48	1.44
33	7847	12341	6742	5599	12050	6568	5482	97.64	1.57	1.54
34	7585	12534	6887	5647	12234	6704	5530	97.61	1.65	1.61
35-39岁	**36865**	**65500**	**36426**	**29074**	**63817**	**35468**	**28349**	**97.43**	**1.78**	**1.73**
35	7116	12221	6798	5423	11925	6625	5300	97.58	1.72	1.68
36	7709	13475	7476	5999	13118	7275	5843	97.35	1.75	1.70
37	7374	13285	7324	5961	12990	7160	5830	97.78	1.80	1.76
38	7766	14055	7837	6218	13648	7599	6049	97.10	1.81	1.76
39	6900	12464	6991	5473	12136	6809	5327	97.37	1.81	1.76
40-44岁	**30016**	**55519**	**31218**	**24301**	**54107**	**30345**	**23762**	**97.46**	**1.85**	**1.80**
40	6825	12529	6929	5600	12166	6723	5443	97.10	1.84	1.78
41	6456	11764	6632	5132	11472	6452	5020	97.52	1.82	1.78
42	5990	11120	6328	4792	10856	6146	4710	97.63	1.86	1.81
43	5190	9655	5439	4216	9411	5288	4123	97.47	1.86	1.81
44	5555	10451	5890	4561	10202	5736	4466	97.62	1.88	1.84
45-49岁	**31145**	**60313**	**34165**	**26148**	**58725**	**33179**	**25546**	**97.37**	**1.94**	**1.89**
45	5635	10586	6013	4573	10295	5833	4462	97.25	1.88	1.83
46	6188	11886	6712	5174	11580	6533	5047	97.43	1.92	1.87
47	6603	12720	7217	5503	12384	6994	5390	97.36	1.93	1.88
48	6625	13069	7369	5700	12739	7159	5580	97.47	1.97	1.92
49	6094	12052	6854	5198	11727	6660	5067	97.30	1.98	1.92
50-54岁	**32225**	**69877**	**39490**	**30387**	**68017**	**38326**	**29691**	**97.34**	**2.17**	**2.11**
50	6962	14182	8023	6159	13836	7784	6052	97.56	2.04	1.99
51	6502	13861	7843	6018	13453	7591	5862	97.06	2.13	2.07
52	6969	15111	8566	6545	14733	8333	6400	97.50	2.17	2.11
53	5747	12961	7220	5741	12639	7030	5609	97.52	2.26	2.20
54	6045	13762	7838	5924	13356	7588	5768	97.05	2.28	2.21
55-59岁	**29440**	**69656**	**39274**	**30382**	**67628**	**37998**	**29630**	**97.09**	**2.37**	**2.30**
55	6378	14776	8345	6431	14341	8075	6266	97.06	2.32	2.25
56	6406	14941	8465	6476	14479	8176	6303	96.91	2.33	2.26
57	6808	15877	8955	6922	15396	8663	6733	96.97	2.33	2.26
58	6265	15253	8568	6685	14882	8319	6563	97.57	2.43	2.38
59	3583	8809	4941	3868	8530	4765	3765	96.83	2.46	2.38
60-64岁	**19847**	**50531**	**28191**	**22340**	**48896**	**27122**	**21774**	**96.76**	**2.55**	**2.46**
60	3539	8934	5034	3900	8650	4852	3798	96.82	2.52	2.44
61	3534	8829	5003	3826	8532	4811	3721	96.64	2.50	2.41
62	4284	10774	6048	4726	10491	5852	4639	97.37	2.51	2.45
63	4371	11175	6141	5034	10793	5897	4896	96.58	2.56	2.47
64	4119	10819	5965	4854	10430	5710	4720	96.40	2.63	2.53

6-13 全省按受教育程度分的15-64岁妇女平均活产子女数和平均存活子女数

单位：人、%

受教育程度	15-64岁妇女人数	活产子女总数		
		合计	男	女
总　计	**300902**	**466423**	**260372**	**206051**
未上过学	6728	19723	10914	8809
学前教育	149	285	160	125
小　学	37785	94471	52694	41777
初　中	140501	252359	140472	111887
高　中	55896	57549	32606	24943
大学专科	30390	24218	13631	10587
大学本科	27676	16554	9222	7332
硕士研究生	1621	1121	605	516
博士研究生	156	143	68	75

6-13 续表

单位：人、%

受教育程度	存活子女总数			存活子女数占活产子女数的百分比	妇女平均活产子女数	妇女平均存活子女数
	合计	男	女			
总　计	**453896**	**252645**	**201251**	**97.31**	**1.55**	**1.51**
未上过学	19189	10550	8639	97.29	2.93	2.85
学前教育	263	147	116	92.28	1.91	1.77
小　学	91887	51065	40822	97.26	2.50	2.43
初　中	245737	136409	109328	97.38	1.80	1.75
高　中	55939	31617	24322	97.20	1.03	1.00
大学专科	23562	13254	10308	97.29	0.80	0.78
大学本科	16075	8940	7135	97.11	0.60	0.58
硕士研究生	1105	596	509	98.57	0.69	0.68
博士研究生	139	67	72	97.20	0.92	0.89

第二部分　长表数据资料

第七卷　迁移和户口登记地

7-1　全省按现住地、户口登记地类型分的户口登记地在外乡镇街道人口

现住地	合计					省内				
	合计	乡	镇的村委会	镇的居委会	街道	小计	乡	镇的村委会	镇的居委会	街道
全省	**291347**	**25848**	**161694**	**58075**	**45730**	**201457**	**14136**	**115930**	**43125**	**28266**
海口市	**148909**	**13315**	**76074**	**27586**	**31934**	**105666**	**7215**	**53852**	**21299**	**23300**
秀英区	24299	1663	14373	4139	4124	15892	680	9184	3126	2902
龙华区	43531	3803	23383	7461	8884	30605	2039	16235	5682	6649
琼山区	35565	3835	19356	6740	5634	29001	2572	15966	5765	4698
美兰区	45514	4014	18962	9246	13292	30168	1924	12467	6726	9051
三亚市	**43666**	**3605**	**23988**	**11094**	**4979**	**21940**	**1111**	**13073**	**6574**	**1182**
海棠区	2357	219	1609	377	152	958	30	711	172	45
吉阳区	25711	2001	14053	6771	2886	12922	619	7574	4048	681
天涯区	12963	958	6854	3557	1594	7066	380	4218	2122	346
崖州区	2635	427	1472	389	347	994	82	570	232	110
三沙市										
儋州市	**19344**	**1459**	**13482**	**3510**	**893**	**15762**	**918**	**11630**	**2778**	**436**
五指山市	3073	388	1206	903	576	1811	232	806	602	171
琼海市	11127	903	7140	2144	940	8016	546	5393	1650	427
文昌市	12288	1098	7733	2384	1073	9715	750	6222	2029	714
万宁市	5671	764	3583	848	476	4461	555	2975	717	214
东方市	8038	586	5157	1305	990	5552	291	4147	913	201
定安县	2862	306	1537	736	283	2397	229	1389	632	147
屯昌县	4062	328	2372	1062	300	3290	237	1961	931	161
澄迈县	9377	869	5602	1862	1044	6321	421	4119	1404	377
临高县	4238	470	2721	739	308	3783	431	2515	667	170
白沙黎族自治县	2099	378	1033	484	204	1327	273	627	349	78
昌江黎族自治县	5303	293	3806	987	217	4270	240	3203	744	83
乐东黎族自治县	2811	310	1462	641	398	1709	182	925	435	167
陵水黎族自治县	2828	322	1725	444	337	1821	220	1166	319	116
保亭黎族苗族自治县	3290	257	1759	691	583	2050	163	1119	562	206
琼中黎族苗族自治县	2361	197	1314	655	195	1566	122	808	520	116

7-1 续表 1

现住地	省外									
	小计					北京				
	小计	乡	镇的村委会	镇的居委会	街道	小计	乡	镇的村委会	镇的居委会	街道
全省	**89890**	**11712**	**45764**	**14950**	**17464**	**887**	**26**	**64**	**181**	**616**
海口市	**43243**	**6100**	**22222**	**6287**	**8634**	**361**	**11**	**16**	**66**	**268**
秀英区	8407	983	5189	1013	1222	80		2	26	52
龙华区	12926	1764	7148	1779	2235	97	3	10	13	71
琼山区	6564	1263	3390	975	936	44	4	1	10	29
美兰区	15346	2090	6495	2520	4241	140	4	3	17	116
三亚市	**21726**	**2494**	**10915**	**4520**	**3797**	**186**	**3**	**10**	**52**	**121**
海棠区	1399	189	898	205	107	5			1	4
吉阳区	12789	1382	6479	2723	2205	104	2	9	18	75
天涯区	5897	578	2636	1435	1248	76	1		33	42
崖州区	1641	345	902	157	237	1		1		
三沙市										
儋州市	**3582**	**541**	**1852**	**732**	**457**	**30**	**1**	**7**	**7**	**15**
五指山市	1262	156	400	301	405	21	4	1	4	12
琼海市	3111	357	1747	494	513	63	5	8	10	40
文昌市	2573	348	1511	355	359	32		4	7	21
万宁市	1210	209	608	131	262	35		5		30
东方市	2486	295	1010	392	789	18			8	10
定安县	465	77	148	104	136	8	1		3	4
屯昌县	772	91	411	131	139	6			2	4
澄迈县	3056	448	1483	458	667	50		5	14	31
临高县	455	39	206	72	138	20		3		17
白沙黎族自治县	772	105	406	135	126	5			1	4
昌江黎族自治县	1033	53	603	243	134	2			1	1
乐东黎族自治县	1102	128	537	206	231	13		1	2	10
陵水黎族自治县	1007	102	559	125	221	22	1	3	1	17
保亭黎族苗族自治县	1240	94	640	129	377	13			3	10
琼中黎族苗族自治县	795	75	506	135	79	2		1		1

7-1　续表 2

现住地	省外									
	天津					河北				
	小计	乡	镇的村委会	镇的居委会	街道	小计	乡	镇的村委会	镇的居委会	街道
全省	**327**	**21**	**64**	**71**	**171**	**2018**	**230**	**794**	**369**	**625**
海口市	**165**	**15**	**42**	**25**	**83**	**918**	**112**	**379**	**129**	**298**
秀英区	29		12	5	12	166	22	92	20	32
龙华区	58	5	13	10	30	216	19	111	33	53
琼山区	22	6	6	3	7	141	21	47	32	41
美兰区	56	4	11	7	34	395	50	129	44	172
三亚市	**63**		**12**	**17**	**34**	**521**	**57**	**240**	**124**	**100**
海棠区						18	1	13		4
吉阳区	47		9	10	28	372	40	163	97	72
天涯区	14		2	7	5	116	15	56	24	21
崖州区	2		1		1	15	1	8	3	3
三沙市										
儋州市	**17**		**3**	**11**	**3**	**97**	**15**	**34**	**25**	**23**
五指山市	8			2	6	52	7	10	9	26
琼海市	19	2		13	4	73	7	18	13	35
文昌市	6		1	1	4	30	2	10	6	12
万宁市	13	4	3		6	26	5	8	4	9
东方市	6		1		5	50	1	9	19	21
定安县	4		1		3	15	1	3	4	7
屯昌县						22	4	13	1	4
澄迈县	10			2	8	123	14	39	22	48
临高县	3				3	10		4		6
白沙黎族自治县						7		4		3
昌江黎族自治县	3				3	14		7	5	2
乐东黎族自治县	2				2	9	1	1	2	5
陵水黎族自治县	3				3	24	1	13	1	9
保亭黎族苗族自治县	5		1		4	18	2	1	5	10
琼中黎族苗族自治县						9	1	1		7

7-1 续表 3

现住地	省外									
	山西					内蒙古				
	小计	乡	镇的村委会	镇的居委会	街道	小计	乡	镇的村委会	镇的居委会	街道
全省	**1163**	**97**	**360**	**292**	**414**	**999**	**97**	**266**	**242**	**394**
海口市	**609**	**62**	**192**	**128**	**227**	**426**	**46**	**102**	**88**	**190**
秀英区	97	3	40	29	25	79	4	25	24	26
龙华区	144	20	49	34	41	99	8	30	19	42
琼山区	66	14	25	4	23	73	19	15	8	31
美兰区	302	25	78	61	138	175	15	32	37	91
三亚市	**247**	**22**	**91**	**86**	**48**	**335**	**29**	**108**	**88**	**110**
海棠区	5	1	3	1		12	1	8	2	1
吉阳区	159	14	52	62	31	218	20	78	45	75
天涯区	74	6	31	20	17	95	8	14	41	32
崖州区	9	1	5	3		10		8		2
三沙市										
儋州市	**46**	**3**	**13**	**9**	**21**	**29**	**5**	**9**	**8**	**7**
五指山市	20	3	2	8	7	30	3	5	11	11
琼海市	53	2	17	12	22	33	5	8	14	6
文昌市	20	1	9	8	2	12	1	5	3	3
万宁市	9	1	1	3	4	16	3	5	3	5
东方市	22		7	5	10	34		9	7	18
定安县	27		1	4	22	8	1	1	3	3
屯昌县						1				1
澄迈县	56		12	18	26	37	3	3	9	22
临高县	8		2		6	8		2	3	3
白沙黎族自治县	4	1			3					
昌江黎族自治县	10	1	5	4		6		5	1	
乐东黎族自治县	7			3	4	5			3	2
陵水黎族自治县	11		3	3	5	6	1	4		1
保亭黎族苗族自治县	3		1		2	9			1	8
琼中黎族苗族自治县	11	1	4	1	5	4				4

7-1　续表 4

现住地	省外									
	辽宁					吉林				
	小计	乡	镇的村委会	镇的居委会	街道	小计	乡	镇的村委会	镇的居委会	街道
全省	**1721**	**133**	**451**	**401**	**736**	**2142**	**173**	**526**	**524**	**919**
海口市	**608**	**42**	**158**	**122**	**286**	**748**	**66**	**221**	**168**	**293**
秀英区	86	7	26	18	35	150	15	58	31	46
龙华区	165	14	41	35	75	204	17	76	42	69
琼山区	103	10	31	32	30	120	16	39	33	32
美兰区	254	11	60	37	146	274	18	48	62	146
三亚市	**669**	**52**	**193**	**193**	**231**	**741**	**62**	**206**	**198**	**275**
海棠区	27	1	17	3	6	26	2	10	7	7
吉阳区	417	34	117	135	131	405	33	115	104	153
天涯区	206	12	54	53	87	280	23	73	82	102
崖州区	19	5	5	2	7	30	4	8	5	13
三沙市										
儋州市	**70**	**9**	**33**	**21**	**7**	**70**	**5**	**15**	**29**	**21**
五指山市	28	4	2	5	17	46	5	2	13	26
琼海市	45	3	9	12	21	66	3	13	19	31
文昌市	31		9	3	19	32		4	18	10
万宁市	29	8	8		13	51	3	21	6	21
东方市	46	1	4	5	36	117	1	8	28	80
定安县	9	2			7	25	1	3	5	16
屯昌县	19	1	5	11	2	25		3	5	17
澄迈县	46	6	13	6	21	81	7	12	6	56
临高县	5				5	11		5	2	4
白沙黎族自治县	15	2		6	7	12	2		2	8
昌江黎族自治县	15	2	6	2	5	4		1	1	2
乐东黎族自治县	20		2	7	11	36	4	2	11	19
陵水黎族自治县	17		7	4	6	28	8	4	6	10
保亭黎族苗族自治县	44			4	40	38	3	4	4	27
琼中黎族苗族自治县	5	1	2		2	11	3	2	3	3

7−1 续表 5

现住地	省外									
	黑龙江					上海				
	小计	乡	镇的村委会	镇的居委会	街道	小计	乡	镇的村委会	镇的居委会	街道
全省	**5965**	**382**	**1270**	**1612**	**2701**	**201**	**6**	**17**	**44**	**134**
海口市	**1328**	**125**	**365**	**326**	**512**	**125**	**2**	**9**	**23**	**91**
秀英区	256	29	104	52	71	23		2	4	17
龙华区	361	30	104	83	144	44		4	10	30
琼山区	223	26	64	76	57	11		3	1	7
美兰区	488	40	93	115	240	47	2		8	37
三亚市	**2921**	**161**	**622**	**904**	**1234**	**33**	**2**	**3**	**9**	**19**
海棠区	85	7	35	29	14					
吉阳区	1668	85	379	513	691	20	2	2	4	12
天涯区	1054	63	193	358	440	12			5	7
崖州区	114	6	15	4	89	1		1		
三沙市										
儋州市	**147**	**13**	**53**	**51**	**30**	**6**		**2**	**1**	**3**
五指山市	168	16	9	49	94	7			2	5
琼海市	215	7	42	62	104	9			4	5
文昌市	64	1	19	20	24	2	2			
万宁市	93	11	19	17	46	4		1		3
东方市	440	8	36	103	293	1				1
定安县	13	3	2		8	1			1	
屯昌县	25	7	5	4	9	1			1	
澄迈县	120	8	37	21	54	6		1	2	3
临高县	14	1	3	4	6	1			1	
白沙黎族自治县	45	1	5	5	34					
昌江黎族自治县	18	1	1	2	14					
乐东黎族自治县	112	6	17	25	64	2				2
陵水黎族自治县	75	11	24	11	29	3		1		2
保亭黎族苗族自治县	151	1	8	4	138					
琼中黎族苗族自治县	16	1	3	4	8					

7-1 续表 6

现住地	省外									
	江苏					浙江				
	小计	乡	镇的村委会	镇的居委会	街道	小计	乡	镇的村委会	镇的居委会	街道
全省	**1248**	**125**	**483**	**310**	**330**	**1425**	**149**	**683**	**221**	**372**
海口市	**633**	**51**	**242**	**131**	**209**	**777**	**75**	**359**	**127**	**216**
秀英区	134	8	58	36	32	128	9	74	27	18
龙华区	202	16	100	31	55	217	14	99	35	69
琼山区	73	11	33	11	18	124	17	59	18	30
美兰区	224	16	51	53	104	308	35	127	47	99
三亚市	**303**	**20**	**124**	**106**	**53**	**299**	**26**	**145**	**55**	**73**
海棠区	16	4	6	6		11		8	3	
吉阳区	195	15	79	75	26	206	17	96	39	54
天涯区	75	1	32	20	22	70	7	32	13	18
崖州区	17		7	5	5	12	2	9		1
三沙市										
儋州市	**103**	**28**	**34**	**33**	**8**	**57**	**3**	**33**	**6**	**15**
五指山市	3				3	16		2	1	13
琼海市	32	3	15	5	9	21	8	9	2	2
文昌市	22	4	8	3	7	94	14	57	11	12
万宁市	16	1	7	2	6	14	2	4	1	7
东方市	23	1	10	5	7	31	7	18	2	4
定安县	5	1		1	3	5	4	1		
屯昌县	15	1	10	1	3	2		1		1
澄迈县	47	8	16	10	13	28	4	17	1	6
临高县	3		1	2		8		3	4	1
白沙黎族自治县	1	1				9		2	2	5
昌江黎族自治县	6		2	3	1	28	1	17	4	6
乐东黎族自治县	4	2	1		1	10	1	2	4	3
陵水黎族自治县	5	1	3		1	16		10		6
保亭黎族苗族自治县	9		2	5	2	6	4	2		
琼中黎族苗族自治县	18	3	8	3	4	4		1	1	2

7-1 续表 7

现住地	省外									
	安徽					福建				
	小计	乡	镇的村委会	镇的居委会	街道	小计	乡	镇的村委会	镇的居委会	街道
全省	**3507**	**516**	**1966**	**538**	**487**	**3195**	**387**	**1955**	**491**	**362**
海口市	**1894**	**302**	**999**	**282**	**311**	**1351**	**130**	**833**	**184**	**204**
秀英区	352	45	244	35	28	254	14	190	17	33
龙华区	466	86	248	61	71	453	55	306	54	38
琼山区	306	48	179	42	37	220	20	137	32	31
美兰区	770	123	328	144	175	424	41	200	81	102
三亚市	**799**	**93**	**487**	**144**	**75**	**991**	**153**	**601**	**162**	**75**
海棠区	42	1	31	8	2	136	30	82	14	10
吉阳区	525	64	311	104	46	445	48	278	78	41
天涯区	201	25	120	31	25	229	29	136	50	14
崖州区	31	3	25	1	2	181	46	105	20	10
三沙市										
儋州市	**162**	**24**	**91**	**28**	**19**	**104**	**13**	**50**	**33**	**8**
五指山市	30		21	6	3	43	4	23	12	4
琼海市	105	14	59	24	8	104	12	84	6	2
文昌市	61	8	40	3	10	96	14	64	12	6
万宁市	60	21	34	1	4	17	1	13	2	1
东方市	114	16	78	5	15	95	9	63	16	7
定安县	14	1	5	5	3	10	1	2	4	3
屯昌县	26	5	11	6	4	33	3	24	1	5
澄迈县	78	15	45	9	9	41	10	14	12	5
临高县	12	2	5	3	2	15	3	8	3	1
白沙黎族自治县	8	1	2	5		41	3	8	26	4
昌江黎族自治县	28		10	8	10	45		31	9	5
乐东黎族自治县	18	5	6	5	2	92	9	72	2	9
陵水黎族自治县	24	1	19	1	3	72	17	37	3	15
保亭黎族苗族自治县	70	8	53	2	7	33	3	23	4	3
琼中黎族苗族自治县	4		1	1	2	12	2	5		5

7-1 续表 8

现住地	省外									
	江西					山东				
	小计	乡	镇的村委会	镇的居委会	街道	小计	乡	镇的村委会	镇的居委会	街道
全省	**4639**	**633**	**2698**	**731**	**577**	**1819**	**192**	**794**	**301**	**532**
海口市	**2600**	**406**	**1466**	**389**	**339**	**937**	**98**	**417**	**123**	**299**
秀英区	396	40	248	61	47	154	14	91	20	29
龙华区	904	138	562	111	93	175	12	87	26	50
琼山区	417	92	239	55	31	151	27	72	21	31
美兰区	883	136	417	162	168	457	45	167	56	189
三亚市	**988**	**104**	**624**	**159**	**101**	**422**	**28**	**183**	**117**	**94**
海棠区	67	7	53	1	6	18	2	12	3	1
吉阳区	541	42	337	101	61	262	19	107	73	63
天涯区	304	45	186	48	25	114	5	52	33	24
崖州区	76	10	48	9	9	28	2	12	8	6
三沙市										
儋州市	**136**	**9**	**84**	**21**	**22**	**112**	**28**	**54**	**12**	**18**
五指山市	62	3	30	23	6	26	6	7	2	11
琼海市	120	9	66	33	12	47	5	20	7	15
文昌市	140	30	74	19	17	20	3	8	4	5
万宁市	34	9	18	6	1	15	3	3	2	7
东方市	123	12	82	9	20	56	2	21	8	25
定安县	2		2			12	3	3	1	5
屯昌县	24	4	12	5	3	2		2		
澄迈县	144	32	71	21	20	87	13	40	14	20
临高县	17	2	9	4	2	5		3	1	1
白沙黎族自治县	18	1	9	2	6	5	1	2	1	1
昌江黎族自治县	48	4	27	15	2	7		4	1	2
乐东黎族自治县	33	2	17	12	2	12		6	3	3
陵水黎族自治县	78		56	11	11	10	2	3		5
保亭黎族苗族自治县	38	2	22	2	12	40		15	5	20
琼中黎族苗族自治县	34	4	29		1	4		3		1

7-1 续表 9

现住地	省外									
	河南					湖北				
	小计	乡	镇的村委会	镇的居委会	街道	小计	乡	镇的村委会	镇的居委会	街道
全省	**6423**	**1126**	**3429**	**921**	**947**	**6110**	**754**	**3215**	**1065**	**1076**
海口市	**2952**	**513**	**1507**	**391**	**541**	**3509**	**446**	**1795**	**588**	**680**
秀英区	636	92	363	66	115	693	64	436	96	97
龙华区	820	155	465	110	90	1116	123	586	196	211
琼山区	435	100	219	60	56	636	112	327	103	94
美兰区	1061	166	460	155	280	1064	147	446	193	278
三亚市	**1977**	**361**	**1201**	**294**	**121**	**1226**	**148**	**656**	**253**	**169**
海棠区	80	18	58	2	2	95	1	70	16	8
吉阳区	1358	233	846	201	78	697	89	394	143	71
天涯区	441	83	242	84	32	315	25	154	76	60
崖州区	98	27	55	7	9	119	33	38	18	30
三沙市										
儋州市	**283**	**73**	**117**	**52**	**41**	**243**	**32**	**149**	**38**	**24**
五指山市	95	13	15	16	51	43	7	17	14	5
琼海市	133	11	79	16	27	182	13	130	25	14
文昌市	196	30	130	18	18	147	32	67	27	21
万宁市	51	6	31	6	8	79	8	41	11	19
东方市	90	10	32	15	33	114	17	38	15	44
定安县	19	8	7	1	3	46	7	25	8	6
屯昌县	33	9	17	5	2	85	5	47	17	16
澄迈县	276	57	121	53	45	175	26	92	19	38
临高县	47	11	12	5	19	34		24	7	3
白沙黎族自治县	51	9	27	12	3	21		13	2	6
昌江黎族自治县	54	5	29	13	7	41	1	18	18	4
乐东黎族自治县	66	3	36	17	10	34	6	17	3	8
陵水黎族自治县	48	4	35	3	6	44	4	28	4	8
保亭黎族苗族自治县	47	1	30	4	12	44		25	11	8
琼中黎族苗族自治县	5	2	3			43	2	33	5	3

7-1　续表 10

现住地	省外									
	湖南					广东				
	小计	乡	镇的村委会	镇的居委会	街道	小计	乡	镇的村委会	镇的居委会	街道
全省	**7706**	**1235**	**4431**	**1139**	**901**	**10782**	**1089**	**6171**	**1966**	**1556**
海口市	**3755**	**646**	**2017**	**513**	**579**	**5326**	**584**	**2871**	**932**	**939**
秀英区	725	122	470	78	55	1067	72	684	145	166
龙华区	1149	179	656	136	178	1757	246	949	275	287
琼山区	611	121	339	77	74	629	89	340	121	79
美兰区	1270	224	552	222	272	1873	177	898	391	407
三亚市	**1632**	**219**	**1021**	**265**	**127**	**1985**	**185**	**1195**	**412**	**193**
海棠区	148	22	91	28	7	170	18	100	31	21
吉阳区	1007	125	649	163	70	1137	120	690	237	90
天涯区	397	59	234	71	33	525	33	306	119	67
崖州区	80	13	47	3	17	153	14	99	25	15
三沙市										
儋州市	**292**	**50**	**154**	**65**	**23**	**410**	**39**	**249**	**82**	**40**
五指山市	105	11	42	26	26	147	19	77	33	18
琼海市	321	67	203	38	13	372	30	241	59	42
文昌市	413	55	281	49	28	284	39	147	57	41
万宁市	105	32	55	12	6	175	24	118	14	19
东方市	159	29	93	14	23	265	22	166	56	21
定安县	29	8	6	7	8	53	9	22	19	3
屯昌县	75	9	35	15	16	162	15	103	27	17
澄迈县	336	49	204	55	28	279	21	170	44	44
临高县	58	3	39	10	6	30		15	5	10
白沙黎族自治县	56	9	38	7	2	168	28	103	25	12
昌江黎族自治县	93	6	67	18	2	192	11	109	48	24
乐东黎族自治县	85	17	54	11	3	261	25	144	46	46
陵水黎族自治县	72	9	49	9	5	232	23	123	37	49
保亭黎族苗族自治县	66	6	49	6	5	249	7	185	32	25
琼中黎族苗族自治县	54	10	24	19	1	192	8	133	38	13

7-1 续表 11

现住地	省外									
	广西					重庆				
	小计	乡	镇的村委会	镇的居委会	街道	小计	乡	镇的村委会	镇的居委会	街道
全省	**6481**	**994**	**4365**	**687**	**435**	**3314**	**404**	**1946**	**446**	**518**
海口市	**2612**	**417**	**1781**	**200**	**214**	**1668**	**230**	**1008**	**190**	**240**
秀英区	682	93	524	34	31	522	89	361	32	40
龙华区	791	94	550	72	75	503	55	316	66	66
琼山区	407	88	264	31	24	204	36	112	39	17
美兰区	732	142	443	63	84	439	50	219	53	117
三亚市	**996**	**140**	**663**	**121**	**72**	**725**	**63**	**441**	**130**	**91**
海棠区	89	8	72	7	2	36	1	23	6	6
吉阳区	550	83	370	58	39	406	38	230	80	58
天涯区	250	17	164	44	25	188	6	115	41	26
崖州区	107	32	57	12	6	95	18	73	3	1
三沙市										
儋州市	**458**	**76**	**284**	**72**	**26**	**112**	**12**	**66**	**14**	**20**
五指山市	95	16	51	14	14	36	1	17	8	10
琼海市	316	57	223	26	10	188	13	140	21	14
文昌市	280	33	219	21	7	112	14	50	11	37
万宁市	90	29	48	10	3	50	3	30	11	6
东方市	201	28	131	30	12	80	19	31	4	26
定安县	56	14	30	9	3	16	4	6	1	5
屯昌县	68	8	36	14	10	23	3	12	3	5
澄迈县	291	41	203	29	18	159	37	63	29	30
临高县	49	11	24	11	3	32	1	18	2	11
白沙黎族自治县	189	34	126	23	6	15	1	6	4	4
昌江黎族自治县	142	10	117	14	1	27	1	18	4	4
乐东黎族自治县	125	16	81	23	5	20		8	4	8
陵水黎族自治县	72	3	54	13	2	23		19	1	3
保亭黎族苗族自治县	207	35	128	22	22	13	1	6	2	4
琼中黎族苗族自治县	234	26	166	35	7	15	1	7	7	

7-1　续表 12

现住地	省外									
	四川					贵州				
	小计	乡	镇的村委会	镇的居委会	街道	小计	乡	镇的村委会	镇的居委会	街道
全省	**9901**	**1767**	**5967**	**1191**	**976**	**2763**	**486**	**1619**	**287**	**371**
海口市	**6122**	**1142**	**3714**	**636**	**630**	**1305**	**248**	**717**	**122**	**218**
秀英区	1154	172	778	88	116	211	24	155	13	19
龙华区	2216	390	1459	182	185	210	39	106	25	40
琼山区	1072	270	633	93	76	177	53	84	26	14
美兰区	1680	310	844	273	253	707	132	372	58	145
三亚市	**1786**	**295**	**1082**	**272**	**137**	**665**	**100**	**441**	**82**	**42**
海棠区	119	44	55	16	4	93	13	75	4	1
吉阳区	1008	121	648	158	81	378	53	239	54	32
天涯区	355	42	186	78	49	135	21	87	18	9
崖州区	304	88	193	20	3	59	13	40	6	
三沙市										
儋州市	**334**	**70**	**180**	**59**	**25**	**90**	**10**	**59**	**11**	**10**
五指山市	91	14	40	29	8	32	11	7	10	4
琼海市	341	42	233	48	18	94	13	72	4	5
文昌市	185	21	120	22	22	112	22	78	8	4
万宁市	139	30	91	7	11	36	5	17	2	12
东方市	182	44	77	18	43	123	43	55	6	19
定安县	35	2	14	17	2	19	2	8	7	2
屯昌县	50	11	29	5	5	15	1	11	1	2
澄迈县	249	60	146	18	25	130	25	75	9	21
临高县	33	3	22	1	7	21	2	1	3	15
白沙黎族自治县	60	2	38	6	14	5	1	3	1	
昌江黎族自治县	60	3	40	15	2	50		29	15	6
乐东黎族自治县	46	4	28	7	7	13	1	7	2	3
陵水黎族自治县	76	15	39	12	10	14		10	2	2
保亭黎族苗族自治县	69	7	49	4	9	20	2	14	1	3
琼中黎族苗族自治县	43	2	25	15	1	19		15	1	3

7-1 续表 13

现住地	省外									
	云南					西藏				
	小计	乡	镇的村委会	镇的居委会	街道	小计	乡	镇的村委会	镇的居委会	街道
全省	**1986**	**414**	**1167**	**190**	**215**	**28**	**6**	**7**	**5**	**10**
海口市	**823**	**175**	**467**	**56**	**125**	**17**	**3**	**4**	**2**	**8**
秀英区	120	30	65	6	19					
龙华区	125	12	76	14	23	10	2	4		4
琼山区	90	25	50	7	8					
美兰区	488	108	276	29	75	7	1		2	4
三亚市	**413**	**94**	**238**	**51**	**30**	**5**	**1**		**2**	**2**
海棠区	73	5	53	14	1					
吉阳区	187	48	106	19	14	5	1		2	2
天涯区	94	19	45	16	14					
崖州区	59	22	34	2	1					
三沙市										
儋州市	**60**	**9**	**27**	**17**	**7**					
五指山市	24	7	12	1	4					
琼海市	57	15	38	2	2	2	2			
文昌市	104	19	75	9	1	1			1	
万宁市	27		18	7	2					
东方市	63	24	33	3	3					
定安县	4	1	2		1					
屯昌县	40	1	32	1	6					
澄迈县	81	10	65	5	1					
临高县	1				1					
白沙黎族自治县	26	6	17	3						
昌江黎族自治县	108	7	54	23	24					
乐东黎族自治县	57	26	28	3		3		3		
陵水黎族自治县	18		7	3	8					
保亭黎族苗族自治县	33	12	15	6						
琼中黎族苗族自治县	47	8	39							

7-1　续表 14

现住地	省外									
	陕西					甘肃				
	小计	乡	镇的村委会	镇的居委会	街道	小计	乡	镇的村委会	镇的居委会	街道
全省	**1181**	**108**	**491**	**236**	**346**	**885**	**99**	**332**	**177**	**277**
海口市	**630**	**72**	**235**	**109**	**214**	**566**	**58**	**203**	**112**	**193**
秀英区	82	5	34	13	30	77	7	41	17	12
龙华区	168	13	62	39	54	135	15	50	36	34
琼山区	85	21	30	11	23	61	12	21	9	19
美兰区	295	33	109	46	107	293	24	91	50	128
三亚市	**309**	**20**	**165**	**70**	**54**	**168**	**24**	**82**	**36**	**26**
海棠区	14	1	12	1		12	1	11		
吉阳区	211	14	98	58	41	99	10	46	24	19
天涯区	78	5	51	11	11	50	8	24	11	7
崖州区	6		4		2	7	5	1	1	
三沙市										
儋州市	**54**	**8**	**24**	**14**	**8**	**40**	**4**	**20**	**8**	**8**
五指山市	7		3		4	10		1	1	8
琼海市	33	5	8	8	12	27	2	8	5	12
文昌市	27		15	4	8	13	1	6	4	2
万宁市	15		4	4	7	4		2		2
东方市	8	1	1	2	4	4			3	1
定安县	5		2		3	4	3			1
屯昌县	3			3		7	4	2	1	
澄迈县	41	1	12	10	18	27	1	4	4	18
临高县	4		3		1					
白沙黎族自治县	8	1	2	1	4	1	1			
昌江黎族自治县	14		4	8	2	7		2	1	4
乐东黎族自治县	5		2	3		2		1		1
陵水黎族自治县	7		3		4	2	1	1		
保亭黎族苗族自治县	7		7							
琼中黎族苗族自治县	4		1		3	3			2	1

7-1 续表 15

现住地	省外									
	青海					宁夏				
	小计	乡	镇的村委会	镇的居委会	街道	小计	乡	镇的村委会	镇的居委会	街道
全省	**179**	**13**	**45**	**44**	**77**	**127**	**4**	**36**	**44**	**43**
海口市	**106**	**5**	**24**	**25**	**52**	**73**	**1**	**18**	**23**	**31**
秀英区	13		5	6	2	3		1	1	1
龙华区	25	1	2	7	15	23		10	5	8
琼山区	12		2	5	5	8		2	2	4
美兰区	56	4	15	7	30	39	1	5	15	18
三亚市	**43**	**7**	**10**	**12**	**14**	**34**	**1**	**10**	**16**	**7**
海棠区										
吉阳区	26	4	4	9	9	18		3	10	5
天涯区	17	3	6	3	5	15	1	6	6	2
崖州区						1		1		
三沙市										
儋州市	**3**		**2**	**1**		**3**		**2**	**1**	
五指山市						3	2	1		
琼海市	3	1			2	2		1		1
文昌市	9		2	4	3	6		4		2
万宁市	2		2							
东方市	4		1	1	2	2			1	1
定安县										
屯昌县	1				1					
澄迈县	5		1	1	3	3			2	1
临高县										
白沙黎族自治县										
昌江黎族自治县						1			1	
乐东黎族自治县										
陵水黎族自治县	3		3							
保亭黎族苗族自治县										
琼中黎族苗族自治县										

7-1　续表 16

现住地	省外				
	新疆				
	小计	乡	镇的村委会	镇的居委会	街道
全省	**768**	**46**	**152**	**224**	**346**
海口市	**299**	**17**	**61**	**77**	**144**
秀英区	38	3	6	13	16
龙华区	73	3	17	19	34
琼山区	43	5	17	13	8
美兰区	145	6	21	32	86
三亚市	**244**	**24**	**61**	**90**	**69**
海棠区	2			2	
吉阳区	118	8	24	49	37
天涯区	117	16	35	39	27
崖州区	7		2		5
三沙市					
儋州市	**14**	**2**	**4**	**3**	**5**
五指山市	14		3	2	9
琼海市	35	1	3	6	25
文昌市	22	2	5	2	13
万宁市	5		1		4
东方市	15		6	4	5
定安县	21		2	4	15
屯昌县	9		1	2	6
澄迈县	50		2	13	35
临高县	6			1	5
白沙黎族自治县	2		1	1	
昌江黎族自治县	10			9	1
乐东黎族自治县	10		1	8	1
陵水黎族自治县	2		1		1
保亭黎族苗族自治县	8			2	6
琼中黎族苗族自治县	2				2

7-1a 全省按现住地、户口登记地类型分的户口登记地在外乡镇街道人口(城市)

现住地	合计					省内				
	合计	乡	镇的村委会	镇的居委会	街道	小计	乡	镇的村委会	镇的居委会	街道
全省	**201957**	**16203**	**109606**	**41521**	**34627**	**142638**	**8818**	**79903**	**30880**	**23037**
海口市	**128768**	**10700**	**65177**	**24720**	**28171**	**93564**	**5925**	**47115**	**19257**	**21267**
秀英区	20762	1190	12527	3559	3486	14099	507	8209	2738	2645
龙华区	42832	3720	22924	7414	8774	30141	1988	15935	5645	6573
琼山区	31086	2939	17098	6088	4961	25731	1988	14270	5301	4172
美兰区	34088	2851	12628	7659	10950	23593	1442	8701	5573	7877
三亚市	**35032**	**2647**	**18811**	**9748**	**3826**	**18644**	**872**	**10835**	**6019**	**918**
海棠区	849	121	469	203	56	338	13	204	104	17
吉阳区	21904	1670	11832	6043	2359	11534	535	6637	3782	580
天涯区	11039	701	5704	3280	1354	6228	299	3663	1980	286
崖州区	1240	155	806	222	57	544	25	331	153	35
三沙市										
儋州市	**12281**	**576**	**9690**	**1861**	**154**	**11053**	**439**	**8865**	**1628**	**121**
五指山市	2403	288	925	726	464	1366	172	617	455	122
琼海市	7710	662	4995	1474	579	5698	434	3952	1103	209
文昌市	7201	655	4541	1561	444	5755	459	3758	1332	206
万宁市	2160	380	1333	355	92	1852	307	1187	318	40
东方市	6402	295	4134	1076	897	4706	210	3574	768	154
定安县										
屯昌县										
澄迈县										
临高县										
白沙黎族自治县										
昌江黎族自治县										
乐东黎族自治县										
陵水黎族自治县										
保亭黎族苗族自治县										
琼中黎族苗族自治县										

7-1a　续表 1

现住地	省外									
	小计					北京				
	小计	乡	镇的村委会	镇的居委会	街道	小计	乡	镇的村委会	镇的居委会	街道
全省	**59319**	**7385**	**29703**	**10641**	**11590**	**592**	**13**	**40**	**131**	**408**
海口市	**35204**	**4775**	**18062**	**5463**	**6904**	**324**	**7**	**16**	**59**	**242**
秀英区	6663	683	4318	821	841	66		2	22	42
龙华区	12691	1732	6989	1769	2201	93	3	10	13	67
琼山区	5355	951	2828	787	789	35		1	7	27
美兰区	10495	1409	3927	2086	3073	130	4	3	17	106
三亚市	**16388**	**1775**	**7976**	**3729**	**2908**	**154**	**1**	**6**	**46**	**101**
海棠区	511	108	265	99	39	1			1	
吉阳区	10370	1135	5195	2261	1779	85		5	17	63
天涯区	4811	402	2041	1300	1068	67	1		28	38
崖州区	696	130	475	69	22	1		1		
三沙市										
儋州市	**1228**	**137**	**825**	**233**	**33**	**7**		**4**	**1**	**2**
五指山市	1037	116	308	271	342	20	4	1	4	11
琼海市	2012	228	1043	371	370	38	1	8	8	21
文昌市	1446	196	783	229	238	26		3	5	18
万宁市	308	73	146	37	52	5		2		3
东方市	1696	85	560	308	743	18			8	10
定安县										
屯昌县										
澄迈县										
临高县										
白沙黎族自治县										
昌江黎族自治县										
乐东黎族自治县										
陵水黎族自治县										
保亭黎族苗族自治县										
琼中黎族苗族自治县										

7-1a 续表 2

现住地	省外									
	天津					河北				
	小计	乡	镇的村委会	镇的居委会	街道	小计	乡	镇的村委会	镇的居委会	街道
全省	**227**	**13**	**51**	**49**	**114**	**1191**	**135**	**463**	**238**	**355**
海口市	**131**	**11**	**34**	**23**	**63**	**652**	**78**	**269**	**100**	**205**
秀英区	19		9	5	5	99	9	64	9	17
龙华区	55	5	13	10	27	209	19	106	33	51
琼山区	19	4	6	3	6	123	18	46	24	35
美兰区	38	2	6	5	25	221	32	53	34	102
三亚市	**56**		**12**	**13**	**31**	**353**	**45**	**151**	**88**	**69**
海棠区						3		2		1
吉阳区	44		9	8	27	247	33	100	65	49
天涯区	11		2	5	4	101	12	47	23	19
崖州区	1		1			2		2		
三沙市										
儋州市	**2**		**2**			**18**		**5**	**9**	**4**
五指山市	8			2	6	51	7	9	9	26
琼海市	15	2		10	3	49	5	12	8	24
文昌市	6		1	1	4	19		6	5	8
万宁市	4		1		3	7		3	3	1
东方市	5		1		4	42		8	16	18
定安县										
屯昌县										
澄迈县										
临高县										
白沙黎族自治县										
昌江黎族自治县										
乐东黎族自治县										
陵水黎族自治县										
保亭黎族苗族自治县										
琼中黎族苗族自治县										

7-1a　续表 3

现住地	省外									
	山西					内蒙古				
	小计	乡	镇的村委会	镇的居委会	街道	小计	乡	镇的村委会	镇的居委会	街道
全省	**770**	**79**	**238**	**201**	**252**	**650**	**61**	**171**	**164**	**254**
海口市	**488**	**53**	**155**	**101**	**179**	**315**	**35**	**80**	**65**	**135**
秀英区	69	2	33	18	16	56	2	21	15	18
龙华区	144	20	49	34	41	98	7	30	19	42
琼山区	55	13	21	2	19	62	18	14	5	25
美兰区	220	18	52	47	103	99	8	15	26	50
三亚市	**184**	**20**	**59**	**65**	**40**	**234**	**20**	**63**	**67**	**84**
海棠区	1	1				2		1		1
吉阳区	114	12	33	43	26	149	13	47	31	58
天涯区	65	6	26	19	14	78	7	11	36	24
崖州区	4	1		3		5		4		1
三沙市										
儋州市	**10**	**2**	**1**	**2**	**5**	**7**		**7**		
五指山市	19	3	2	8	6	28	3	4	11	10
琼海市	36		13	12	11	26	3	5	13	5
文昌市	17	1	7	8	1	5		1	2	2
万宁市						4		4		
东方市	16		1	5	10	31		7	6	18
定安县										
屯昌县										
澄迈县										
临高县										
白沙黎族自治县										
昌江黎族自治县										
乐东黎族自治县										
陵水黎族自治县										
保亭黎族苗族自治县										
琼中黎族苗族自治县										

7-1a 续表 4

现住地	省外									
	辽宁					吉林				
	小计	乡	镇的村委会	镇的居委会	街道	小计	乡	镇的村委会	镇的居委会	街道
全省	**1166**	**82**	**293**	**293**	**498**	**1450**	**111**	**368**	**387**	**584**
海口市	**490**	**36**	**120**	**111**	**223**	**634**	**57**	**188**	**151**	**238**
秀英区	65	6	18	15	26	116	12	48	25	31
龙华区	162	14	40	34	74	203	17	75	42	69
琼山区	83	9	28	27	19	100	14	34	25	27
美兰区	180	7	34	35	104	215	14	31	59	111
三亚市	**534**	**38**	**147**	**158**	**191**	**567**	**46**	**146**	**164**	**211**
海棠区	3		2		1	3	1			2
吉阳区	345	28	94	110	113	316	29	78	83	126
天涯区	177	7	47	47	76	241	15	64	79	83
崖州区	9	3	4	1	1	7	1	4	2	
三沙市										
儋州市	**15**	**1**	**11**	**2**	**1**	**18**		**8**	**10**	
五指山市	21	2	1	4	14	44	5	2	11	26
琼海市	30	3	3	10	14	42	2	9	12	19
文昌市	27		7	3	17	18			10	8
万宁市	4	1	1		2	14	1	9	2	2
东方市	45	1	3	5	36	113		6	27	80
定安县										
屯昌县										
澄迈县										
临高县										
白沙黎族自治县										
昌江黎族自治县										
乐东黎族自治县										
陵水黎族自治县										
保亭黎族苗族自治县										
琼中黎族苗族自治县										

7-1a　续表 5

现住地	省外									
	黑龙江					上海				
	小计	乡	镇的村委会	镇的居委会	街道	小计	乡	镇的村委会	镇的居委会	街道
全省	**4440**	**253**	**909**	**1357**	**1921**	**151**	**5**	**11**	**34**	**101**
海口市	**1116**	**99**	**299**	**291**	**427**	**108**	**2**	**9**	**21**	**76**
秀英区	194	23	83	42	46	12		2	3	7
龙华区	357	29	104	83	141	43		4	10	29
琼山区	193	21	57	67	48	10		3		7
美兰区	372	26	55	99	192	43	2		8	33
三亚市	**2437**	**128**	**497**	**818**	**994**	**27**	**1**	**1**	**8**	**17**
海棠区	18	1	4	11	2					
吉阳区	1449	75	310	459	605	15	1	1	3	10
天涯区	954	50	173	347	384	12			5	7
崖州区	16	2	10	1	3					
三沙市										
儋州市	**49**	**1**	**23**	**21**	**4**	**1**		**1**		
五指山市	154	11	9	43	91	6			2	4
琼海市	180	7	31	57	85	6			3	3
文昌市	54	1	14	18	21	2	2			
万宁市	22		4	8	10					
东方市	428	6	32	101	289	1				1
定安县										
屯昌县										
澄迈县										
临高县										
白沙黎族自治县										
昌江黎族自治县										
乐东黎族自治县										
陵水黎族自治县										
保亭黎族苗族自治县										
琼中黎族苗族自治县										

7-1a 续表 6

现住地	省外									
	江苏					浙江				
	小计	乡	镇的村委会	镇的居委会	街道	小计	乡	镇的村委会	镇的居委会	街道
全省	**827**	**61**	**317**	**215**	**234**	**935**	**89**	**428**	**158**	**260**
海口市	**526**	**40**	**196**	**113**	**177**	**635**	**57**	**278**	**111**	**189**
秀英区	107	6	50	31	20	98	1	61	25	11
龙华区	202	16	100	31	55	217	14	99	35	69
琼山区	53	8	22	9	14	101	12	47	14	28
美兰区	164	10	24	42	88	219	30	71	37	81
三亚市	**230**	**14**	**91**	**87**	**38**	**186**	**19**	**91**	**33**	**43**
海棠区	9	3	1	5		10		8	2	
吉阳区	148	11	62	59	16	109	10	54	18	27
天涯区	65		26	19	20	64	7	28	13	16
崖州区	8		2	4	2	3	2	1		
三沙市										
儋州市	**12**	**1**	**7**	**4**		**26**		**22**	**4**	
五指山市	3				3	14		2	1	11
琼海市	12	1	5	3	3	14	3	7	2	2
文昌市	20	4	7	3	6	46	7	22	7	10
万宁市	1		1			7	1	1		5
东方市	23	1	10	5	7	7	2	5		
定安县										
屯昌县										
澄迈县										
临高县										
白沙黎族自治县										
昌江黎族自治县										
乐东黎族自治县										
陵水黎族自治县										
保亭黎族苗族自治县										
琼中黎族苗族自治县										

7−1a 续表 7

现住地	省外									
	安徽					福建				
	小计	乡	镇的村委会	镇的居委会	街道	小计	乡	镇的村委会	镇的居委会	街道
全省	**2515**	**389**	**1400**	**390**	**336**	**2057**	**201**	**1267**	**349**	**240**
海口市	**1537**	**256**	**794**	**239**	**248**	**1137**	**105**	**705**	**161**	**166**
秀英区	237	27	168	23	19	201	7	157	14	23
龙华区	464	86	246	61	71	447	49	306	54	38
琼山区	235	41	137	32	25	188	18	114	28	28
美兰区	601	102	243	123	133	301	31	128	65	77
三亚市	**637**	**75**	**382**	**124**	**56**	**634**	**81**	**365**	**131**	**57**
海棠区	6	1	5			101	24	54	13	10
吉阳区	446	53	265	94	34	345	39	206	66	34
天涯区	158	18	89	30	21	136	9	72	42	13
崖州区	27	3	23		1	52	9	33	10	
三沙市										
儋州市	**73**	**10**	**54**	**8**	**1**	**51**	**5**	**24**	**21**	**1**
五指山市	18		12	5	1	39		23	12	4
琼海市	77	13	49	7	8	84	8	68	6	2
文昌市	43	6	27	2	8	63	2	50	6	5
万宁市	34	15	17	1	1	5		3	1	1
东方市	96	14	65	4	13	44		29	11	4
定安县										
屯昌县										
澄迈县										
临高县										
白沙黎族自治县										
昌江黎族自治县										
乐东黎族自治县										
陵水黎族自治县										
保亭黎族苗族自治县										
琼中黎族苗族自治县										

7-1a 续表 8

现住地	省外									
	江西					山东				
	小计	乡	镇的村委会	镇的居委会	街道	小计	乡	镇的村委会	镇的居委会	街道
全省	**3262**	**435**	**1884**	**552**	**391**	**1210**	**114**	**518**	**227**	**351**
海口市	**2115**	**324**	**1184**	**328**	**279**	**755**	**84**	**336**	**109**	**226**
秀英区	306	31	193	49	33	120	11	70	18	21
龙华区	888	137	551	110	90	172	12	86	24	50
琼山区	346	70	208	39	29	125	22	61	18	24
美兰区	575	86	232	130	127	338	39	119	49	131
三亚市	**751**	**66**	**468**	**142**	**75**	**331**	**22**	**142**	**95**	**72**
海棠区	23		22	1		2	1		1	
吉阳区	432	28	266	87	51	223	17	93	62	51
天涯区	250	32	149	47	22	104	4	47	32	21
崖州区	46	6	31	7	2	2		2		
三沙市										
儋州市	**62**	**4**	**45**	**13**		**15**		**9**	**4**	**2**
五指山市	47	3	19	21	4	17	2	3	2	10
琼海市	92	7	44	29	12	25	3	8	5	9
文昌市	82	17	52	9	4	16	2	6	4	4
万宁市	8	6		1	1	5	1			4
东方市	105	8	72	9	16	46		14	8	24
定安县										
屯昌县										
澄迈县										
临高县										
白沙黎族自治县										
昌江黎族自治县										
乐东黎族自治县										
陵水黎族自治县										
保亭黎族苗族自治县										
琼中黎族苗族自治县										

7-1a　续表 9

现住地	省外									
	河南					湖北				
	小计	乡	镇的村委会	镇的居委会	街道	小计	乡	镇的村委会	镇的居委会	街道
全省	**4461**	**758**	**2433**	**650**	**620**	**4365**	**527**	**2266**	**808**	**764**
海口市	**2395**	**401**	**1230**	**345**	**419**	**3005**	**370**	**1535**	**525**	**575**
秀英区	490	64	300	51	75	566	46	361	86	73
龙华区	811	155	457	110	89	1097	120	577	191	209
琼山区	350	69	179	49	53	531	86	285	85	75
美兰区	744	113	294	135	202	811	118	312	163	218
三亚市	**1623**	**303**	**994**	**243**	**83**	**908**	**102**	**470**	**221**	**115**
海棠区	22	13	9			27	1	10	16	
吉阳区	1167	203	734	171	59	566	76	314	121	55
天涯区	371	72	208	68	23	278	21	126	73	58
崖州区	63	15	43	4	1	37	4	20	11	2
三沙市										
儋州市	**52**	**4**	**33**	**14**	**1**	**89**	**7**	**69**	**12**	**1**
五指山市	86	10	14	16	46	32	5	15	10	2
琼海市	79	7	38	9	25	121	10	86	15	10
文昌市	137	26	90	9	12	114	29	55	13	17
万宁市	19	1	14	3	1	24	2	14	4	4
东方市	70	6	20	11	33	72	2	22	8	40
定安县										
屯昌县										
澄迈县										
临高县										
白沙黎族自治县										
昌江黎族自治县										
乐东黎族自治县										
陵水黎族自治县										
保亭黎族苗族自治县										
琼中黎族苗族自治县										

7-1a 续表 10

现住地	省外									
	湖南					广东				
	小计	乡	镇的村委会	镇的居委会	街道	小计	乡	镇的村委会	镇的居委会	街道
全省	**4969**	**782**	**2771**	**791**	**625**	**6985**	**715**	**3896**	**1357**	**1017**
海口市	**2981**	**493**	**1584**	**438**	**466**	**4583**	**490**	**2470**	**826**	**797**
秀英区	592	95	393	66	38	903	54	600	122	127
龙华区	1112	177	625	136	174	1713	243	915	275	280
琼山区	508	85	287	66	70	518	55	305	89	69
美兰区	769	136	279	170	184	1449	138	650	340	321
三亚市	**1279**	**173**	**786**	**229**	**91**	**1544**	**134**	**913**	**351**	**146**
海棠区	51	13	23	13	2	76	9	31	18	18
吉阳区	880	111	562	146	61	963	97	574	225	67
天涯区	298	44	163	67	24	445	22	263	100	60
崖州区	50	5	38	3	4	60	6	45	8	1
三沙市										
儋州市	**135**	**25**	**84**	**21**	**5**	**184**	**9**	**140**	**34**	**1**
五指山市	81	9	32	21	19	115	14	58	31	12
琼海市	167	30	93	34	10	216	25	126	41	24
文昌市	195	23	135	30	7	155	25	78	35	17
万宁市	46	21	13	7	5	25	4	18		3
东方市	85	8	44	11	22	163	14	93	39	17
定安县										
屯昌县										
澄迈县										
临高县										
白沙黎族自治县										
昌江黎族自治县										
乐东黎族自治县										
陵水黎族自治县										
保亭黎族苗族自治县										
琼中黎族苗族自治县										

7-1a　续表 11

现住地	省外									
	广西					重庆				
	小计	乡	镇的村委会	镇的居委会	街道	小计	乡	镇的村委会	镇的居委会	街道
全省	**3074**	**433**	**2083**	**303**	**255**	**2257**	**235**	**1367**	**315**	**340**
海口市	**1923**	**262**	**1313**	**173**	**175**	**1405**	**170**	**862**	**175**	**198**
秀英区	526	65	414	26	21	469	62	347	27	33
龙华区	778	91	540	72	75	496	54	310	66	66
琼山区	236	31	161	26	18	159	26	83	36	14
美兰区	383	75	198	49	61	281	28	122	46	85
三亚市	**672**	**96**	**440**	**84**	**52**	**490**	**40**	**287**	**95**	**68**
海棠区	38	8	26	3	1	4		3	1	
吉阳区	446	69	292	52	33	326	32	181	63	50
天涯区	146	10	90	28	18	132	2	85	28	17
崖州区	42	9	32	1		28	6	18	3	1
三沙市										
儋州市	**150**	**14**	**116**	**15**	**5**	**36**	**6**	**27**	**3**	
五指山市	63	15	31	11	6	29	1	16	6	6
琼海市	110	25	71	8	6	175	13	129	21	12
文昌市	90	13	66	7	4	68	4	22	11	31
万宁市	5		5			8		6	1	1
东方市	61	8	41	5	7	46	1	18	3	24
定安县										
屯昌县										
澄迈县										
临高县										
白沙黎族自治县										
昌江黎族自治县										
乐东黎族自治县										
陵水黎族自治县										
保亭黎族苗族自治县										
琼中黎族苗族自治县										

7-1a 续表 12

现住地	省外									
	四川					贵州				
	小计	乡	镇的村委会	镇的居委会	街道	小计	乡	镇的村委会	镇的居委会	街道
全省	**7499**	**1300**	**4573**	**911**	**715**	**1435**	**247**	**819**	**186**	**183**
海口市	**5430**	**988**	**3334**	**564**	**544**	**825**	**154**	**435**	**103**	**133**
秀英区	955	118	673	74	90	166	17	125	12	12
龙华区	2183	383	1435	181	184	205	35	105	25	40
琼山区	949	235	567	78	69	126	40	56	19	11
美兰区	1343	252	659	231	201	328	62	149	47	70
三亚市	**1309**	**179**	**806**	**223**	**101**	**431**	**63**	**280**	**57**	**31**
海棠区	48	26	13	9		34	2	31	1	
吉阳区	821	101	526	135	59	287	38	187	39	23
天涯区	270	22	139	68	41	85	10	50	17	8
崖州区	170	30	128	11	1	25	13	12		
三沙市										
儋州市	**158**	**43**	**93**	**22**		**28**	**1**	**25**	**2**	
五指山市	80	10	37	29	4	22	6	5	10	1
琼海市	258	37	170	38	13	47	9	34	3	1
文昌市	112	16	63	20	13	43	9	29	4	1
万宁市	42	17	19	4	2	8	3	4	1	
东方市	110	10	51	11	38	31	2	7	6	16
定安县										
屯昌县										
澄迈县										
临高县										
白沙黎族自治县										
昌江黎族自治县										
乐东黎族自治县										
陵水黎族自治县										
保亭黎族苗族自治县										
琼中黎族苗族自治县										

7-1a 续表 13

现住地	省外									
	云南					西藏				
	小计	乡	镇的村委会	镇的居委会	街道	小计	乡	镇的村委会	镇的居委会	街道
全省	**737**	**138**	**423**	**82**	**94**	**18**	**5**	**4**	**3**	**6**
海口市	**389**	**66**	**216**	**43**	**64**	**11**	**2**	**4**	**1**	**4**
秀英区	70	13	48	6	3					
龙华区	110	12	61	14	23	10	2	4		4
琼山区	75	19	43	6	7					
美兰区	134	22	64	17	31	1			1	
三亚市	**251**	**55**	**142**	**32**	**22**	**4**	**1**		**1**	**2**
海棠区	28	4	19	4	1					
吉阳区	135	34	79	12	10	4	1		1	2
天涯区	58	2	29	16	11					
崖州区	30	15	15							
三沙市										
儋州市	**10**		**9**	**1**						
五指山市	9	4	5							
琼海市	34	6	24	2	2	2	2			
文昌市	31	6	21	3	1	1			1	
万宁市	4		1	1	2					
东方市	9	1	5		3					
定安县										
屯昌县										
澄迈县										
临高县										
白沙黎族自治县										
昌江黎族自治县										
乐东黎族自治县										
陵水黎族自治县										
保亭黎族苗族自治县										
琼中黎族苗族自治县										

7—1a 续表 14

现住地	省外									
	陕西					甘肃				
	小计	乡	镇的村委会	镇的居委会	街道	小计	乡	镇的村委会	镇的居委会	街道
全省	**773**	**88**	**320**	**147**	**218**	**624**	**66**	**235**	**141**	**182**
海口市	**498**	**65**	**178**	**93**	**162**	**453**	**50**	**166**	**95**	**142**
秀英区	52	2	28	8	14	70	7	39	15	9
龙华区	168	13	62	39	54	133	15	50	36	32
琼山区	66	20	26	8	12	53	12	19	7	15
美兰区	212	30	62	38	82	197	16	58	37	86
三亚市	**206**	**14**	**117**	**42**	**33**	**121**	**14**	**57**	**32**	**18**
海棠区						1		1		
吉阳区	138	11	71	35	21	76	6	36	21	13
天涯区	63	3	43	7	10	44	8	20	11	5
崖州区	5		3		2					
三沙市										
儋州市	**10**	**4**	**4**	**2**		**4**			**4**	
五指山市	7		3		4	8		1		7
琼海市	24	4	5	4	11	21	1	4	5	11
文昌市	17		9	4	4	12	1	5	4	2
万宁市	3		3			3		2		1
东方市	8	1	1	2	4	2			1	1
定安县										
屯昌县										
澄迈县										
临高县										
白沙黎族自治县										
昌江黎族自治县										
乐东黎族自治县										
陵水黎族自治县										
保亭黎族苗族自治县										
琼中黎族苗族自治县										

7-1a　续表 15

现住地	省外									
	青海					宁夏				
	小计	乡	镇的村委会	镇的居委会	街道	小计	乡	镇的村委会	镇的居委会	街道
全省	**108**	**9**	**17**	**32**	**50**	**84**	**4**	**26**	**27**	**27**
海口市	**72**	**4**	**12**	**23**	**33**	**50**	**1**	**14**	**16**	**19**
秀英区	13		5	6	2	3		1	1	1
龙华区	25	1	2	7	15	23		10	5	8
琼山区	10		1	5	4	7		2	2	3
美兰区	24	3	4	5	12	17	1	1	8	7
三亚市	**23**	**4**	**4**	**4**	**11**	**25**	**1**	**8**	**10**	**6**
海棠区										
吉阳区	11	3	1	1	6	10		1	5	4
天涯区	12	1	3	3	5	14	1	6	5	2
崖州区						1		1		
三沙市										
儋州市	**1**			**1**						
五指山市						3	2	1		
琼海市	2	1			1	1				1
文昌市	6			3	3	3		3		
万宁市										
东方市	4		1	1	2	2			1	1
定安县										
屯昌县										
澄迈县										
临高县										
白沙黎族自治县										
昌江黎族自治县										
乐东黎族自治县										
陵水黎族自治县										
保亭黎族苗族自治县										
琼中黎族苗族自治县										

7－1a　续表 16

现住地	省外				
	新疆				
	小计	乡	镇的村委会	镇的居委会	街道
全省	**487**	**37**	**112**	**143**	**195**
海口市	**221**	**15**	**46**	**60**	**100**
秀英区	23	3	5	7	8
龙华区	73	3	17	19	34
琼山区	39	5	15	11	8
美兰区	86	4	9	23	50
三亚市	**187**	**20**	**51**	**66**	**50**
海棠区					
吉阳区	73	4	14	29	26
天涯区	112	16	35	37	24
崖州区	2		2		
三沙市					
儋州市	**5**		**2**	**3**	
五指山市	13		3	2	8
琼海市	29		1	6	22
文昌市	18	2	4	2	10
万宁市	1		1		
东方市	13		4	4	5
定安县					
屯昌县					
澄迈县					
临高县					
白沙黎族自治县					
昌江黎族自治县					
乐东黎族自治县					
陵水黎族自治县					
保亭黎族苗族自治县					
琼中黎族苗族自治县					

7-1b 全省按现住地、户口登记地类型分的户口登记地在外乡镇街道人口(镇)

现住地	合计					省内				
	合计	乡	镇的村委会	镇的居委会	街道	小计	乡	镇的村委会	镇的居委会	街道
全省	**50270**	**4796**	**28795**	**10549**	**6130**	**34905**	**2830**	**21316**	**8118**	**2641**
海口市	**10079**	**1075**	**5285**	**1632**	**2087**	**5734**	**513**	**3255**	**1135**	**831**
秀英区	2094	210	815	499	570	1040	95	414	324	207
龙华区	220	31	160	21	8	155	22	114	17	2
琼山区	685	180	362	51	92	532	139	297	40	56
美兰区	7080	654	3948	1061	1417	4007	257	2430	754	566
三亚市	**861**	**47**	**548**	**154**	**112**	**390**	**12**	**272**	**86**	**20**
海棠区	293	9	207	54	23	130		102	23	5
吉阳区	398	28	234	68	68	170	5	123	37	5
天涯区	152	9	99	23	21	75	7	41	17	10
崖州区	18	1	8	9		15		6	9	
三沙市										
儋州市	**4371**	**586**	**1922**	**1200**	**663**	**2669**	**268**	**1335**	**785**	**281**
五指山市	418	40	182	152	44	297	24	115	131	27
琼海市	1332	116	809	291	116	860	45	507	251	57
文昌市	3085	307	1976	505	297	2423	191	1572	414	246
万宁市	1340	145	921	116	158	979	97	694	104	84
东方市	658	52	436	123	47	403	26	271	73	33
定安县	2116	187	1167	569	193	1773	135	1061	497	80
屯昌县	3303	245	1963	884	211	2751	187	1660	793	111
澄迈县	7602	722	4446	1526	908	4970	302	3230	1147	291
临高县	3027	356	1838	618	215	2708	329	1693	557	129
白沙黎族自治县	949	149	451	268	81	690	131	331	195	33
昌江黎族自治县	4767	275	3422	926	144	4017	233	3004	711	69
乐东黎族自治县	1598	187	790	424	197	1090	136	540	308	106
陵水黎族自治县	1546	112	949	323	162	976	70	613	225	68
保亭黎族苗族自治县	1928	118	1011	425	374	1262	77	696	370	119
琼中黎族苗族自治县	1290	77	679	413	121	913	54	467	336	56

7-1b 续表 1

现住地	省外									
	小计					北京				
	小计	乡	镇的村委会	镇的居委会	街道	小计	乡	镇的村委会	镇的居委会	街道
全省	**15365**	**1966**	**7479**	**2431**	**3489**	**185**	**7**	**11**	**37**	**130**
海口市	**4345**	**562**	**2030**	**497**	**1256**	**29**	**3**		**5**	**21**
秀英区	1054	115	401	175	363	14			4	10
龙华区	65	9	46	4	6					
琼山区	153	41	65	11	36	5	3		1	1
美兰区	3073	397	1518	307	851	10				10
三亚市	**471**	**35**	**276**	**68**	**92**	**8**				**8**
海棠区	163	9	105	31	18	3				3
吉阳区	228	23	111	31	63	5				5
天涯区	77	2	58	6	11					
崖州区	3	1	2							
三沙市										
儋州市	**1702**	**318**	**587**	**415**	**382**	**21**	**1**	**2**	**6**	**12**
五指山市	121	16	67	21	17	1				1
琼海市	472	71	302	40	59	7	1			6
文昌市	662	116	404	91	51					
万宁市	361	48	227	12	74	19		2		17
东方市	255	26	165	50	14					
定安县	343	52	106	72	113	5	1		3	1
屯昌县	552	58	303	91	100	6			2	4
澄迈县	2632	420	1216	379	617	45		4	13	28
临高县	319	27	145	61	86	12		1		11
白沙黎族自治县	259	18	120	73	48	1			1	
昌江黎族自治县	750	42	418	215	75	2			1	1
乐东黎族自治县	508	51	250	116	91	3			2	1
陵水黎族自治县	570	42	336	98	94	12	1	2	1	8
保亭黎族苗族自治县	666	41	315	55	255	13			3	10
琼中黎族苗族自治县	377	23	212	77	65	1				1

7-1b　续表 2

现住地	省外									
	天津					河北				
	小计	乡	镇的村委会	镇的居委会	街道	小计	乡	镇的村委会	镇的居委会	街道
全省	**63**	**1**	**11**	**16**	**35**	**469**	**60**	**155**	**66**	**188**
海口市	**26**	**1**	**8**	**2**	**15**	**184**	**19**	**67**	**20**	**78**
秀英区	10		3		7	32	1	6	11	14
龙华区										
琼山区						5	3			2
美兰区	16	1	5	2	8	147	15	61	9	62
三亚市	**2**				**2**	**12**	**1**	**6**	**1**	**4**
海棠区						3		3		
吉阳区	1				1	9	1	3	1	4
天涯区	1				1					
崖州区										
三沙市										
儋州市	**13**			**10**	**3**	**73**	**14**	**25**	**15**	**19**
五指山市						1		1		
琼海市	2			2		10	1	1		8
文昌市						1			1	
万宁市	4		2		2	5	4	1		
东方市						1			1	
定安县	3		1		2	10	1	2		7
屯昌县						21	4	12	1	4
澄迈县	6			2	4	104	13	28	19	44
临高县	1				1	7		4		3
白沙黎族自治县						2		2		
昌江黎族自治县	3				3	11		4	5	2
乐东黎族自治县						3			1	2
陵水黎族自治县						6	1	1	1	3
保亭黎族苗族自治县	3				3	11	2	1	1	7
琼中黎族苗族自治县						7				7

7-1b 续表 3

现住地	省外									
	山西					内蒙古				
	小计	乡	镇的村委会	镇的居委会	街道	小计	乡	镇的村委会	镇的居委会	街道
全省	**272**	**13**	**69**	**67**	**123**	**190**	**14**	**38**	**47**	**91**
海口市	**100**	**7**	**28**	**26**	**39**	**82**	**2**	**19**	**19**	**42**
秀英区	28	1	7	11	9	22	2	3	9	8
龙华区										
琼山区	2			1	1	2		1		1
美兰区	70	6	21	14	29	58		15	10	33
三亚市	**6**	**1**	**3**	**2**		**14**	**2**	**6**	**3**	**3**
海棠区						5	1	3	1	
吉阳区	6	1	3	2		7	1	3	1	2
天涯区						2			1	1
崖州区										
三沙市										
儋州市	**34**	**1**	**10**	**7**	**16**	**21**	**5**	**2**	**8**	**6**
五指山市						2		1		1
琼海市	3	1			2	1			1	
文昌市										
万宁市	7		1	3	3	4		1		3
东方市	5		5			1		1		
定安县	25		1	4	20	5	1	1		3
屯昌县										
澄迈县	54		11	17	26	36	3	2	9	22
临高县	8		2		6	7		2	3	2
白沙黎族自治县	1	1								
昌江黎族自治县	9	1	4	4		2		1	1	
乐东黎族自治县	4			1	3	4			2	2
陵水黎族自治县	3			2	1	4	1	2		1
保亭黎族苗族自治县	3		1		2	4			1	3
琼中黎族苗族自治县	10	1	3	1	5	3				3

7-1b　续表 4

现住地	省外									
	辽宁					吉林				
	小计	乡	镇的村委会	镇的居委会	街道	小计	乡	镇的村委会	镇的居委会	街道
全省	**295**	**25**	**73**	**60**	**137**	**366**	**31**	**68**	**74**	**193**
海口市	**76**	**1**	**27**	**6**	**42**	**70**	**4**	**20**	**6**	**40**
秀英区	18		6	3	9	32	1	10	6	15
龙华区										
琼山区	10	1		1	8	4	1	1		2
美兰区	48		21	2	25	34	2	9		23
三亚市	**22**	**1**	**10**	**5**	**6**	**20**		**7**	**6**	**7**
海棠区	9		4	2	3	9		5	3	1
吉阳区	12	1	6	3	2	10		2	3	5
天涯区	1				1	1				1
崖州区										
三沙市										
儋州市	**38**	**8**	**8**	**16**	**6**	**45**	**5**	**4**	**16**	**20**
五指山市	6	2		1	3	2			2	
琼海市	5		1	1	3	4	1			3
文昌市	1		1			8			8	
万宁市	6		1		5	10		9		1
东方市						1			1	
定安县	8	2			6	23	1	3	5	14
屯昌县	18	1	5	10	2	25		3	5	17
澄迈县	41	6	12	3	20	75	6	9	5	55
临高县						9		5	2	2
白沙黎族自治县	7	1		6		7	2		2	3
昌江黎族自治县	12	2	4	2	4	4		1	1	2
乐东黎族自治县	10		2	5	3	13	3	1	6	3
陵水黎族自治县	9		2	2	5	15	3	3	6	3
保亭黎族苗族自治县	33			3	30	26	3	2		21
琼中黎族苗族自治县	3	1			2	9	3	1	3	2

7–1b 续表 5

现住地	省外									
	黑龙江					上海				
	小计	乡	镇的村委会	镇的居委会	街道	小计	乡	镇的村委会	镇的居委会	街道
全省	**749**	**46**	**188**	**134**	**381**	**30**		**3**	**5**	**22**
海口市	**136**	**8**	**40**	**20**	**68**	**12**			**1**	**11**
秀英区	50	2	15	10	23	11			1	10
龙华区	3				3					
琼山区	3		1		2					
美兰区	80	6	24	10	40	1				1
三亚市	**75**		**22**	**15**	**38**					
海棠区	7		5	2						
吉阳区	65		14	13	38					
天涯区	3		3							
崖州区										
三沙市										
儋州市	**85**	**12**	**20**	**28**	**25**	**5**		**1**	**1**	**3**
五指山市	5	1		2	2	1				1
琼海市	15		3	1	11	2				2
文昌市	2		2							
万宁市	17	1	12		4	3		1		2
东方市	4		1	2	1					
定安县	11	3	2		6					
屯昌县	21	7	3	4	7	1			1	
澄迈县	111	5	35	21	50	6		1	2	3
临高县	9	1	2	4	2					
白沙黎族自治县	26	1	4	5	16					
昌江黎族自治县	18	1	1	2	14					
乐东黎族自治县	35	2	12	13	8					
陵水黎族自治县	46	3	18	11	14					
保亭黎族苗族自治县	119	1	8	2	108					
琼中黎族苗族自治县	14		3	4	7					

7-1b 续表 6

现住地	省外									
	江苏					浙江				
	小计	乡	镇的村委会	镇的居委会	街道	小计	乡	镇的村委会	镇的居委会	街道
全省	**238**	**45**	**64**	**63**	**66**	**176**	**24**	**88**	**17**	**47**
海口市	**64**	**4**	**20**	**14**	**26**	**66**	**4**	**40**	**4**	**18**
秀英区	25	1	7	5	12	18	2	7	2	7
龙华区										
琼山区	2	1			1	2		2		
美兰区	37	2	13	9	13	46	2	31	2	11
三亚市	**2**		**2**			**1**		**1**		
海棠区	2		2							
吉阳区						1		1		
天涯区										
崖州区										
三沙市										
儋州市	**75**	**27**	**11**	**29**	**8**	**23**	**2**	**10**	**2**	**9**
五指山市						2				2
琼海市	4	2			2	1		1		
文昌市						8	4	4		
万宁市	5		1		4	4		3		1
东方市										
定安县	4	1			3	4	4			
屯昌县	11	1	6	1	3	2		1		1
澄迈县	44	8	13	10	13	26	4	15	1	6
临高县	2		1	1		5		1	3	1
白沙黎族自治县										
昌江黎族自治县	5		1	3	1	13	1	5	4	3
乐东黎族自治县	3	2			1	5	1		2	2
陵水黎族自治县	2		2			6		4		2
保亭黎族苗族自治县	7		2	3	2	6	4	2		
琼中黎族苗族自治县	10		5	2	3	4		1	1	2

7-1b 续表 7

现住地	省外									
	安徽					福建				
	小计	乡	镇的村委会	镇的居委会	街道	小计	乡	镇的村委会	镇的居委会	街道
全省	**540**	**74**	**275**	**98**	**93**	**433**	**59**	**237**	**75**	**62**
海口市	**175**	**25**	**81**	**28**	**41**	**121**	**17**	**63**	**11**	**30**
秀英区	49	6	23	12	8	23	4	8	2	9
龙华区						6	6			
琼山区	1	1				5		5		
美兰区	125	18	58	16	33	87	7	50	9	21
三亚市	**21**	**3**	**14**	**3**	**1**	**11**		**10**	**1**	
海棠区	9		6	3		6		6		
吉阳区	7	3	3		1	5		4	1	
天涯区	5		5							
崖州区										
三沙市										
儋州市	**63**	**13**	**20**	**15**	**15**	**42**	**6**	**17**	**12**	**7**
五指山市	11		9	1	1					
琼海市	13		1	12		17	3	14		
文昌市	10	2	5	1	2	30	12	11	6	1
万宁市	11	2	9			8		7	1	
东方市	12		10	1	1	6		3	3	
定安县	13	1	5	4	3	10	1	2	4	3
屯昌县	18		10	6	2	20	2	14	1	3
澄迈县	72	14	41	8	9	30	10	8	7	5
临高县	11	2	5	3	1	12	3	8	1	
白沙黎族自治县						26	3	4	18	1
昌江黎族自治县	24		10	8	6	27		19	7	1
乐东黎族自治县	14	5	3	4	2	26		20		6
陵水黎族自治县	14		12	1	1	24	1	20	2	1
保亭黎族苗族自治县	56	7	40	2	7	18		16	1	1
琼中黎族苗族自治县	2			1	1	5	1	1		3

7-1b 续表 8

现住地	省外									
	江西					山东				
	小计	乡	镇的村委会	镇的居委会	街道	小计	乡	镇的村委会	镇的居委会	街道
全省	**739**	**87**	**424**	**113**	**115**	**343**	**52**	**142**	**29**	**120**
海口市	**229**	**31**	**127**	**34**	**37**	**118**	**8**	**45**	**8**	**57**
秀英区	68	7	37	11	13	21	1	11	2	7
龙华区	2	1	1							
琼山区	15		10	3	2	6	3			3
美兰区	144	23	79	20	22	91	4	34	6	47
三亚市	**19**	**4**	**12**		**3**	**4**		**1**		**3**
海棠区	8		6		2					
吉阳区	9	4	5			4		1		3
天涯区	2		1		1					
崖州区										
三沙市										
儋州市	**57**	**4**	**25**	**7**	**21**	**74**	**27**	**25**	**7**	**15**
五指山市	14		11	1	2	8	4	4		
琼海市	17		14	3		2		1		1
文昌市	38	8	12	10	8					
万宁市	13	2	11			2				2
东方市	7		5		2	4		4		
定安县	2		2			9	3	3	1	2
屯昌县	18	2	11	2	3	1		1		
澄迈县	141	32	68	21	20	74	10	34	11	19
临高县	15		9	4	2	3		2		1
白沙黎族自治县	12		6	1	5	1		1		
昌江黎族自治县	42	4	21	15	2	6		4	1	1
乐东黎族自治县	19		7	10	2	6		6		
陵水黎族自治县	52		44	4	4	1		1		
保亭黎族苗族自治县	23		19	1	3	28		8	1	19
琼中黎族苗族自治县	21		20		1	2		2		

7-1b 续表 9

现住地	省外									
	河南					湖北				
	小计	乡	镇的村委会	镇的居委会	街道	小计	乡	镇的村委会	镇的居委会	街道
全省	**1098**	**222**	**477**	**167**	**232**	**874**	**97**	**453**	**153**	**171**
海口市	**327**	**53**	**143**	**31**	**100**	**244**	**25**	**127**	**34**	**58**
秀英区	80	6	24	15	35	79	9	42	8	20
龙华区						9	2	3	3	1
琼山区	8	3	4		1	2		1		1
美兰区	239	44	115	16	64	154	14	81	23	36
三亚市	**22**	**6**	**13**	**2**	**1**	**42**	**4**	**32**	**1**	**5**
海棠区	7	1	4	1	1	22		17		5
吉阳区	14	5	8	1		13	3	10		
天涯区	1		1			7	1	5	1	
崖州区										
三沙市										
儋州市	**180**	**64**	**44**	**35**	**37**	**102**	**19**	**37**	**25**	**21**
五指山市	2	1	1			5		2	3	
琼海市	32	2	27	1	2	13		10	1	2
文昌市	38	4	24	5	5	13	2	3	6	2
万宁市	5	3	1		1	21	2	12	2	5
东方市	7		5	2		19	2	6	7	4
定安县	12	1	7	1	3	33	6	14	7	6
屯昌县	27	5	16	5	1	70	3	42	16	9
澄迈县	237	54	93	45	45	143	26	75	12	30
临高县	39	11	12	1	15	32		22	7	3
白沙黎族自治县	34	4	16	12	2	14		9	2	3
昌江黎族自治县	37	5	17	9	6	30	1	9	16	4
乐东黎族自治县	43	3	20	15	5	24	5	12	2	5
陵水黎族自治县	25	3	17	2	3	21	2	10	3	6
保亭黎族苗族自治县	27	1	19	1	6	26		14	7	5
琼中黎族苗族自治县	4	2	2			22		17	2	3

7-1b　续表 10

现住地	省外									
	湖南					广东				
	小计	乡	镇的村委会	镇的居委会	街道	小计	乡	镇的村委会	镇的居委会	街道
全省	**1522**	**266**	**859**	**224**	**173**	**1943**	**154**	**1154**	**332**	**303**
海口市	**401**	**78**	**188**	**53**	**82**	**348**	**28**	**182**	**53**	**85**
秀英区	78	13	36	12	17	89	10	23	18	38
龙华区	14		13		1	18		17		1
琼山区	19	14	5			5	1	1	3	
美兰区	290	51	134	41	64	236	17	141	32	46
三亚市	**33**	**2**	**23**	**6**	**2**	**45**	**4**	**32**	**8**	**1**
海棠区	21	1	15	5		20	3	11	6	
吉阳区	8		7	1		13	1	10	1	1
天涯区	3		1		2	12		11	1	
崖州区	1	1								
三沙市										
儋州市	**112**	**18**	**49**	**29**	**16**	**123**	**21**	**46**	**33**	**23**
五指山市	13	2	5	5	1	15		12	2	1
琼海市	96	36	58	1	1	74	1	61	5	7
文昌市	161	30	100	17	14	88	10	45	17	16
万宁市	39	6	31	1	1	68	12	48		8
东方市	27	4	20	2	1	58		49	7	2
定安县	24	8	4	7	5	40	9	17	12	2
屯昌县	46	7	19	10	10	121	10	87	12	12
澄迈县	307	46	184	51	26	227	20	130	35	42
临高县	34	1	19	10	4	21		12	4	5
白沙黎族自治县	20		19	1		39		31	5	3
昌江黎族自治县	71	5	50	16		169	11	96	46	16
乐东黎族自治县	44	10	30	2	2	156	14	79	28	35
陵水黎族自治县	46	5	32	5	4	167	10	97	31	29
保亭黎族苗族自治县	28	5	17	3	3	93	2	72	13	6
琼中黎族苗族自治县	20	3	11	5	1	91	2	58	21	10

7－1b　续表 11

现 住 地	省外									
	广西					重庆				
	小计	乡	镇的村委会	镇的居委会	街道	小计	乡	镇的村委会	镇的居委会	街道
全省	**1406**	**168**	**982**	**180**	**76**	**520**	**82**	**262**	**77**	**99**
海口市	**259**	**37**	**181**	**13**	**28**	**122**	**21**	**66**	**10**	**25**
秀英区	62	9	38	5	10	25	8	5	5	7
龙华区	3		3							
琼山区	21	2	16	1	2	5	1	3	1	
美兰区	173	26	124	7	16	92	12	58	4	18
三亚市	**19**	**2**	**13**	**4**		**32**		**26**	**2**	**4**
海棠区	6		3	3		5		2	1	2
吉阳区	13	2	10	1		8		8		
天涯区						19		16	1	2
崖州区										
三沙市										
儋州市	**160**	**20**	**85**	**36**	**19**	**66**	**5**	**31**	**10**	**20**
五指山市	16		16			3		1	2	
琼海市	87	14	64	9		7		6		1
文昌市	128	12	103	12	1	33	10	22		1
万宁市	35	11	23		1	11		5	3	3
东方市	46	1	31	12	2	6	2	2	1	1
定安县	24	1	19	4		10	2	4		4
屯昌县	24	2	13	6	3	20	3	10	3	4
澄迈县	207	33	154	7	13	138	36	53	27	22
临高县	32	5	15	11	1	5	1		2	2
白沙黎族自治县	37	5	19	12	1	6			3	3
昌江黎族自治县	97	4	83	10		22	1	16	3	2
乐东黎族自治县	46	2	34	10		6			3	3
陵水黎族自治县	34	1	20	13		16		14	1	1
保亭黎族苗族自治县	71	8	54	6	3	8	1	2	2	3
琼中黎族苗族自治县	84	10	55	15	4	9		4	5	

7-1b　续表 12

现住地	省外									
	四川					贵州				
	小计	乡	镇的村委会	镇的居委会	街道	小计	乡	镇的村委会	镇的居委会	街道
全省	**1122**	**191**	**610**	**177**	**144**	**564**	**87**	**290**	**50**	**137**
海口市	**330**	**63**	**161**	**45**	**61**	**237**	**34**	**127**	**7**	**69**
秀英区	122	22	61	13	26	19	2	10		7
龙华区	9		8	1		1		1		
琼山区	12	6	6			7		6		1
美兰区	187	35	86	31	35	210	32	110	7	61
三亚市	**18**	**1**	**11**	**4**	**2**	**21**	**3**	**14**	**2**	**2**
海棠区	6		3	2	1	4	3		1	
吉阳区	9	1	6	2		2		1		1
天涯区	1				1	15		13	1	1
崖州区	2		2							
三沙市										
儋州市	**128**	**26**	**44**	**35**	**23**	**38**	**5**	**18**	**5**	**10**
五指山市	5	1	3		1	3	2	1		
琼海市	26	1	20	3	2	19		16		3
文昌市	41	1	37	2	1	18	9	7	2	
万宁市	45	4	37	1	3	14	1	7	1	5
东方市	13	4	3	6		21	4	17		
定安县	25	2	12	9	2	14	2	3	7	2
屯昌县	35	10	23	1	1	2		1		1
澄迈县	221	57	123	18	23	106	25	52	8	21
临高县	26	3	19	1	3	19		1	3	15
白沙黎族自治县	15		5	2	8	2		2		
昌江黎族自治县	43	3	24	15	1	27		12	13	2
乐东黎族自治县	27	2	17	4	4	2	1	1		
陵水黎族自治县	55	11	29	12	3	6		3	1	2
保亭黎族苗族自治县	35	2	24	4	5	4	1	1		2
琼中黎族苗族自治县	34		18	15	1	11		7	1	3

7-1b 续表 13

现住地	省外									
	云南					西藏				
	小计	乡	镇的村委会	镇的居委会	街道	小计	乡	镇的村委会	镇的居委会	街道
全省	**589**	**131**	**343**	**54**	**61**	**4**		**1**	**1**	**2**
海口市	**312**	**75**	**184**	**9**	**44**	**3**			**1**	**2**
秀英区	33	6	11		16					
龙华区										
琼山区	1				1					
美兰区	278	69	173	9	27	3			1	2
三亚市	**3**		**3**							
海棠区	1		1							
吉阳区	2		2							
天涯区										
崖州区										
三沙市										
儋州市	**35**	**7**	**10**	**11**	**7**					
五指山市	4	3		1						
琼海市	7	6	1							
文昌市	39	12	24	3						
万宁市	1		1							
东方市	14	9	2	3						
定安县										
屯昌县	31	1	23	1	6					
澄迈县	65	10	52	2	1					
临高县	1				1					
白沙黎族自治县	2		1	1						
昌江黎族自治县	57	3	31	23						
乐东黎族自治县	2	1	1			1		1		
陵水黎族自治县	3		1		2					
保亭黎族苗族自治县	10	4	6							
琼中黎族苗族自治县	3		3							

7-1b　续表 14

现住地	省外									
	陕西					甘肃				
	小计	乡	镇的村委会	镇的居委会	街道	小计	乡	镇的村委会	镇的居委会	街道
全省	**230**	**9**	**100**	**46**	**75**	**169**	**14**	**59**	**24**	**72**
海口市	**95**	**5**	**39**	**10**	**41**	**74**	**6**	**21**	**10**	**37**
秀英区	29	2	6	5	16	6		1	2	3
龙华区										
琼山区	5	1			4	2				2
美兰区	61	2	33	5	21	66	6	20	8	32
三亚市	**7**		**6**	**1**		**9**		**9**		
海棠区	2		2			7		7		
吉阳区	5		4	1						
天涯区						2		2		
崖州区										
三沙市										
儋州市	**42**	**2**	**20**	**12**	**8**	**35**	**4**	**19**	**4**	**8**
五指山市						2			1	1
琼海市	2	1	1			2		1		1
文昌市						1		1		
万宁市	3		1		2	1				1
东方市						2			2	
定安县	5		2		3	3	2			1
屯昌县	3			3		3		2	1	
澄迈县	35	1	12	9	13	27	1	4	4	18
临高县	3		3							
白沙黎族自治县	5		1	1	3	1	1			
昌江黎族自治县	13		4	8	1	5		1	1	3
乐东黎族自治县	4		2	2		2		1		1
陵水黎族自治县	2		1		1					
保亭黎族苗族自治县	7		7							
琼中黎族苗族自治县	4		1		3	2			1	1

7-1b 续表 15

现住地	省外									
	青海					宁夏				
	小计	乡	镇的村委会	镇的居委会	街道	小计	乡	镇的村委会	镇的居委会	街道
全省	**40**	**2**	**14**	**4**	**20**	**26**		**5**	**10**	**11**
海口市	**30**	**1**	**11**	**2**	**16**	**19**		**3**	**6**	**10**
秀英区										
龙华区										
琼山区	1		1			1				1
美兰区	29	1	10	2	16	18		3	6	9
三亚市	**1**	**1**								
海棠区										
吉阳区										
天涯区	1	1								
崖州区										
三沙市										
儋州市						**3**		**2**	**1**	
五指山市										
琼海市										
文昌市	3		2	1						
万宁市										
东方市										
定安县										
屯昌县	1				1					
澄迈县	5		1	1	3	3			2	1
临高县										
白沙黎族自治县										
昌江黎族自治县						1			1	
乐东黎族自治县										
陵水黎族自治县										
保亭黎族苗族自治县										
琼中黎族苗族自治县										

7-1b　续表 16

现住地	省外				
	新疆				
	小计	乡	镇的村委会	镇的居委会	街道
全省	**170**	**5**	**24**	**31**	**110**
海口市	**56**	**2**	**12**	**9**	**33**
秀英区	11		1	3	7
龙华区					
琼山区	2		2		
美兰区	43	2	9	6	26
三亚市	**2**			**2**	
海棠区	1			1	
吉阳区					
天涯区	1			1	
崖州区					
三沙市					
儋州市	**9**	**2**	**2**		**5**
五指山市					
琼海市	4	1	1		2
文昌市	1		1		
万宁市					
东方市	1		1		
定安县	21		2	4	15
屯昌县	7		1		6
澄迈县	46		2	9	35
临高县	6			1	5
白沙黎族自治县	1			1	
昌江黎族自治县					
乐东黎族自治县	6		1	4	1
陵水黎族自治县	1		1		
保亭黎族苗族自治县	7			1	6
琼中黎族苗族自治县	2				2

7-1c 全省按现住地、户口登记地类型分的户口登记地在外乡镇街道人口(乡村)

现住地	合计					省内				
	合计	乡	镇的村委会	镇的居委会	街道	小计	乡	镇的村委会	镇的居委会	街道
全省	**39120**	**4849**	**23293**	**6005**	**4973**	**23914**	**2488**	**14711**	**4127**	**2588**
海口市	**10062**	**1540**	**5612**	**1234**	**1676**	**6368**	**777**	**3482**	**907**	**1202**
秀英区	1443	263	1031	81	68	753	78	561	64	50
龙华区	479	52	299	26	102	309	29	186	20	74
琼山区	3794	716	1896	601	581	2738	445	1399	424	470
美兰区	4346	509	2386	526	925	2568	225	1336	399	608
三亚市	**7773**	**911**	**4629**	**1192**	**1041**	**2906**	**227**	**1966**	**469**	**244**
海棠区	1215	89	933	120	73	490	17	405	45	23
吉阳区	3409	303	1987	660	459	1218	79	814	229	96
天涯区	1772	248	1051	254	219	763	74	514	125	50
崖州区	1377	271	658	158	290	435	57	233	70	75
三沙市										
儋州市	**2692**	**297**	**1870**	**449**	**76**	**2040**	**211**	**1430**	**365**	**34**
五指山市	252	60	99	25	68	148	36	74	16	22
琼海市	2085	125	1336	379	245	1458	67	934	296	161
文昌市	2002	136	1216	318	332	1537	100	892	283	262
万宁市	2171	239	1329	377	226	1630	151	1094	295	90
东方市	978	239	587	106	46	443	55	302	72	14
定安县	746	119	370	167	90	624	94	328	135	67
屯昌县	759	83	409	178	89	539	50	301	138	50
澄迈县	1775	147	1156	336	136	1351	119	889	257	86
临高县	1211	114	883	121	93	1075	102	822	110	41
白沙黎族自治县	1150	229	582	216	123	637	142	296	154	45
昌江黎族自治县	536	18	384	61	73	253	7	199	33	14
乐东黎族自治县	1213	123	672	217	201	619	46	385	127	61
陵水黎族自治县	1282	210	776	121	175	845	150	553	94	48
保亭黎族苗族自治县	1362	139	748	266	209	788	86	423	192	87
琼中黎族苗族自治县	1071	120	635	242	74	653	68	341	184	60

7-1c 续表 1

现住地	省外									
	小计					北京				
	小计	乡	镇的村委会	镇的居委会	街道	小计	乡	镇的村委会	镇的居委会	街道
全省	**15206**	**2361**	**8582**	**1878**	**2385**	**110**	**6**	**13**	**13**	**78**
海口市	**3694**	**763**	**2130**	**327**	**474**	**8**	**1**		**2**	**5**
秀英区	690	185	470	17	18					
龙华区	170	23	113	6	28	4				4
琼山区	1056	271	497	177	111	4	1		2	1
美兰区	1778	284	1050	127	317					
三亚市	**4867**	**684**	**2663**	**723**	**797**	**24**	**2**	**4**	**6**	**12**
海棠区	725	72	528	75	50	1				1
吉阳区	2191	224	1173	431	363	14	2	4	1	7
天涯区	1009	174	537	129	169	9			5	4
崖州区	942	214	425	88	215					
三沙市										
儋州市	**652**	**86**	**440**	**84**	**42**	**2**		**1**		**1**
五指山市	104	24	25	9	46					
琼海市	627	58	402	83	84	18	3		2	13
文昌市	465	36	324	35	70	6		1	2	3
万宁市	541	88	235	82	136	11		1		10
东方市	535	184	285	34	32					
定安县	122	25	42	32	23	3				3
屯昌县	220	33	108	40	39					
澄迈县	424	28	267	79	50	5		1	1	3
临高县	136	12	61	11	52	8		2		6
白沙黎族自治县	513	87	286	62	78	4				4
昌江黎族自治县	283	11	185	28	59					
乐东黎族自治县	594	77	287	90	140	10		1		9
陵水黎族自治县	437	60	223	27	127	10		1		9
保亭黎族苗族自治县	574	53	325	74	122					
琼中黎族苗族自治县	418	52	294	58	14	1		1		

7-1c 续表 2

现住地	省外									
	天津					河北				
	小计	乡	镇的村委会	镇的居委会	街道	小计	乡	镇的村委会	镇的居委会	街道
全省	**37**	**7**	**2**	**6**	**22**	**358**	**35**	**176**	**65**	**82**
海口市	**8**	**3**			**5**	**82**	**15**	**43**	**9**	**15**
秀英区						35	12	22		1
龙华区	3				3	7		5		2
琼山区	3	2			1	13		1	8	4
美兰区	2	1			1	27	3	15	1	8
三亚市	**5**			**4**	**1**	**156**	**11**	**83**	**35**	**27**
海棠区						12	1	8		3
吉阳区	2			2		116	6	60	31	19
天涯区	2			2		15	3	9	1	2
崖州区	1				1	13	1	6	3	3
三沙市										
儋州市	**2**		**1**	**1**		**6**	**1**	**4**	**1**	
五指山市										
琼海市	2			1	1	14	1	5	5	3
文昌市						10	2	4		4
万宁市	5	4			1	14	1	4	1	8
东方市	1				1	7	1	1	2	3
定安县	1				1	5		1	4	
屯昌县						1		1		
澄迈县	4				4	19	1	11	3	4
临高县	2				2	3				3
白沙黎族自治县						5		2		3
昌江黎族自治县						3		3		
乐东黎族自治县	2				2	6	1	1	1	3
陵水黎族自治县	3				3	18		12		6
保亭黎族苗族自治县	2		1		1	7			4	3
琼中黎族苗族自治县						2	1	1		

7-1c 续表 3

现住地	省外									
	山西					内蒙古				
	小计	乡	镇的村委会	镇的居委会	街道	小计	乡	镇的村委会	镇的居委会	街道
全省	**121**	**5**	**53**	**24**	**39**	**159**	**22**	**57**	**31**	**49**
海口市	**21**	**2**	**9**	**1**	**9**	**29**	**9**	**3**	**4**	**13**
秀英区						1		1		
龙华区						1	1			
琼山区	9	1	4	1	3	9	1		3	5
美兰区	12	1	5		6	18	7	2	1	8
三亚市	**57**	**1**	**29**	**19**	**8**	**87**	**7**	**39**	**18**	**23**
海棠区	4		3	1		5		4	1	
吉阳区	39	1	16	17	5	62	6	28	13	15
天涯区	9		5	1	3	15	1	3	4	7
崖州区	5		5			5		4		1
三沙市										
儋州市	**2**		**2**			**1**				**1**
五指山市	1				1					
琼海市	14	1	4		9	6	2	3		1
文昌市	3		2		1	7	1	4	1	1
万宁市	2	1			1	8	3		3	2
东方市	1		1			2		1	1	
定安县	2				2	3			3	
屯昌县						1				1
澄迈县	2		1	1		1		1		
临高县						1				1
白沙黎族自治县	3				3					
昌江黎族自治县	1		1			4		4		
乐东黎族自治县	3			2	1	1			1	
陵水黎族自治县	8		3	1	4	2		2		
保亭黎族苗族自治县						5				5
琼中黎族苗族自治县	1		1			1				1

7-1c 续表 4

现住地	省外									
	辽宁					吉林				
	小计	乡	镇的村委会	镇的居委会	街道	小计	乡	镇的村委会	镇的居委会	街道
全省	**260**	**26**	**85**	**48**	**101**	**326**	**31**	**90**	**63**	**142**
海口市	**42**	**5**	**11**	**5**	**21**	**44**	**5**	**13**	**11**	**15**
秀英区	3	1	2			2	2			
龙华区	3		1	1	1	1		1		
琼山区	10		3	4	3	16	1	4	8	3
美兰区	26	4	5		17	25	2	8	3	12
三亚市	**113**	**13**	**36**	**30**	**34**	**154**	**16**	**53**	**28**	**57**
海棠区	15	1	11	1	2	14	1	5	4	4
吉阳区	60	5	17	22	16	79	4	35	18	22
天涯区	28	5	7	6	10	38	8	9	3	18
崖州区	10	2	1	1	6	23	3	4	3	13
三沙市										
儋州市	**17**		**14**	**3**		**7**		**3**	**3**	**1**
五指山市	1		1							
琼海市	10		5	1	4	20		4	7	9
文昌市	3		1		2	6		4		2
万宁市	19	7	6		6	27	2	3	4	18
东方市	1		1			3	1	2		
定安县	1				1	2				2
屯昌县	1			1						
澄迈县	5		1	3	1	6	1	3	1	1
临高县	5				5	2				2
白沙黎族自治县	8	1			7	5				5
昌江黎族自治县	3		2		1					
乐东黎族自治县	10			2	8	23	1	1	5	16
陵水黎族自治县	8		5	2	1	13	5	1		7
保亭黎族苗族自治县	11			1	10	12		2	4	6
琼中黎族苗族自治县	2		2			2		1		1

7-1c　续表 5

现住地	省外									
	黑龙江					上海				
	小计	乡	镇的村委会	镇的居委会	街道	小计	乡	镇的村委会	镇的居委会	街道
全省	**776**	**83**	**173**	**121**	**399**	**20**	**1**	**3**	**5**	**11**
海口市	**76**	**18**	**26**	**15**	**17**	**5**			**1**	**4**
秀英区	12	4	6		2					
龙华区	1	1				1				1
琼山区	27	5	6	9	7	1			1	
美兰区	36	8	14	6	8	3				3
三亚市	**409**	**33**	**103**	**71**	**202**	**6**	**1**	**2**	**1**	**2**
海棠区	60	6	26	16	12					
吉阳区	154	10	55	41	48	5	1	1	1	2
天涯区	97	13	17	11	56					
崖州区	98	4	5	3	86	1		1		
三沙市										
儋州市	**13**		**10**	**2**	**1**					
五指山市	9	4		4	1					
琼海市	20		8	4	8	1			1	
文昌市	8		3	2	3					
万宁市	54	10	3	9	32	1				1
东方市	8	2	3		3					
定安县	2				2	1			1	
屯昌县	4		2		2					
澄迈县	9	3	2		4					
临高县	5		1		4	1			1	
白沙黎族自治县	19		1		18					
昌江黎族自治县										
乐东黎族自治县	77	4	5	12	56	2				2
陵水黎族自治县	29	8	6		15	3		1		2
保亭黎族苗族自治县	32			2	30					
琼中黎族苗族自治县	2	1			1					

7-1c 续表 6

现住地	省外									
	江苏					浙江				
	小计	乡	镇的村委会	镇的居委会	街道	小计	乡	镇的村委会	镇的居委会	街道
全省	**183**	**19**	**102**	**32**	**30**	**314**	**36**	**167**	**46**	**65**
海口市	**43**	**7**	**26**	**4**	**6**	**76**	**14**	**41**	**12**	**9**
秀英区	2	1	1			12	6	6		
龙华区										
琼山区	18	2	11	2	3	21	5	10	4	2
美兰区	23	4	14	2	3	43	3	25	8	7
三亚市	**71**	**6**	**31**	**19**	**15**	**112**	**7**	**53**	**22**	**30**
海棠区	5	1	3	1		1			1	
吉阳区	47	4	17	16	10	96	7	41	21	27
天涯区	10	1	6	1	2	6		4		2
崖州区	9		5	1	3	9		8		1
三沙市										
儋州市	**16**		**16**			**8**	**1**	**1**		**6**
五指山市										
琼海市	16		10	2	4	6	5	1		
文昌市	2		1		1	40	3	31	4	2
万宁市	10	1	5	2	2	3	1		1	1
东方市						24	5	13	2	4
定安县	1			1		1		1		
屯昌县	4		4							
澄迈县	3		3			2		2		
临高县	1			1		3		2	1	
白沙黎族自治县	1	1				9		2	2	5
昌江黎族自治县	1		1			15		12		3
乐东黎族自治县	1		1			5		2	2	1
陵水黎族自治县	3	1	1		1	10		6		4
保亭黎族苗族自治县	2			2						
琼中黎族苗族自治县	8	3	3	1	1					

7-1c 续表 7

现住地	省外									
	安徽					福建				
	小计	乡	镇的村委会	镇的居委会	街道	小计	乡	镇的村委会	镇的居委会	街道
全省	**452**	**53**	**291**	**50**	**58**	**705**	**127**	**451**	**67**	**60**
海口市	**182**	**21**	**124**	**15**	**22**	**93**	**8**	**65**	**12**	**8**
秀英区	66	12	53		1	30	3	25	1	1
龙华区	2		2							
琼山区	70	6	42	10	12	27	2	18	4	3
美兰区	44	3	27	5	9	36	3	22	7	4
三亚市	**141**	**15**	**91**	**17**	**18**	**346**	**72**	**226**	**30**	**18**
海棠区	27		20	5	2	29	6	22	1	
吉阳区	72	8	43	10	11	95	9	68	11	7
天涯区	38	7	26	1	4	93	20	64	8	1
崖州区	4		2	1	1	129	37	72	10	10
三沙市										
儋州市	**26**	**1**	**17**	**5**	**3**	**11**	**2**	**9**		
五指山市	1				1	4	4			
琼海市	15	1	9	5		3	1	2		
文昌市	8		8			3		3		
万宁市	15	4	8		3	4	1	3		
东方市	6	2	3		1	45	9	31	2	3
定安县	1			1						
屯昌县	8	5	1		2	13	1	10		2
澄迈县	6	1	4	1		11		6	5	
临高县	1				1	3			2	1
白沙黎族自治县	8	1	2	5		15		4	8	3
昌江黎族自治县	4				4	18		12	2	4
乐东黎族自治县	4		3	1		66	9	52	2	3
陵水黎族自治县	10	1	7		2	48	16	17	1	14
保亭黎族苗族自治县	14	1	13			15	3	7	3	2
琼中黎族苗族自治县	2		1		1	7	1	4		2

7-1c 续表 8

现住地	省外									
	江西					山东				
	小计	乡	镇的村委会	镇的居委会	街道	小计	乡	镇的村委会	镇的居委会	街道
全省	**638**	**111**	**390**	**66**	**71**	**266**	**26**	**134**	**45**	**61**
海口市	**256**	**51**	**155**	**27**	**23**	**64**	**6**	**36**	**6**	**16**
秀英区	22	2	18	1	1	13	2	10		1
龙华区	14		10	1	3	3		1	2	
琼山区	56	22	21	13		20	2	11	3	4
美兰区	164	27	106	12	19	28	2	14	1	11
三亚市	**218**	**34**	**144**	**17**	**23**	**87**	**6**	**40**	**22**	**19**
海棠区	36	7	25		4	16	1	12	2	1
吉阳区	100	10	66	14	10	35	2	13	11	9
天涯区	52	13	36	1	2	10	1	5	1	3
崖州区	30	4	17	2	7	26	2	10	8	6
三沙市										
儋州市	**17**	**1**	**14**	**1**	**1**	**23**	**1**	**20**	**1**	**1**
五指山市	1			1		1				1
琼海市	11	2	8	1		20	2	11	2	5
文昌市	20	5	10		5	4	1	2		1
万宁市	13	1	7	5		8	2	3	2	1
东方市	11	4	5		2	6	2	3		1
定安县						3				3
屯昌县	6	2	1	3		1		1		
澄迈县	3		3			13	3	6	3	1
临高县	2	2				2		1	1	
白沙黎族自治县	6	1	3	1	1	4	1	1	1	1
昌江黎族自治县	6		6			1				1
乐东黎族自治县	14	2	10	2		6			3	3
陵水黎族自治县	26		12	7	7	9	2	2		5
保亭黎族苗族自治县	15	2	3	1	9	12		7	4	1
琼中黎族苗族自治县	13	4	9			2		1		1

7-1c 续表 9

现住地	省外									
	河南					湖北				
	小计	乡	镇的村委会	镇的居委会	街道	小计	乡	镇的村委会	镇的居委会	街道
全省	**864**	**146**	**519**	**104**	**95**	**871**	**130**	**496**	**104**	**141**
海口市	**230**	**59**	**134**	**15**	**22**	**260**	**51**	**133**	**29**	**47**
秀英区	66	22	39		5	48	9	33	2	4
龙华区	9		8		1	10	1	6	2	1
琼山区	77	28	36	11	2	103	26	41	18	18
美兰区	78	9	51	4	14	99	15	53	7	24
三亚市	**332**	**52**	**194**	**49**	**37**	**276**	**42**	**154**	**31**	**49**
海棠区	51	4	45	1	1	46		43		3
吉阳区	177	25	104	29	19	118	10	70	22	16
天涯区	69	11	33	16	9	30	3	23	2	2
崖州区	35	12	12	3	8	82	29	18	7	28
三沙市										
儋州市	**51**	**5**	**40**	**3**	**3**	**52**	**6**	**43**	**1**	**2**
五指山市	7	2			5	6	2		1	3
琼海市	22	2	14	6		48	3	34	9	2
文昌市	21		16	4	1	20	1	9	8	2
万宁市	27	2	16	3	6	34	4	15	5	10
东方市	13	4	7	2		23	13	10		
定安县	7	7				13	1	11	1	
屯昌县	6	4	1		1	15	2	5	1	7
澄迈县	39	3	28	8		32		17	7	8
临高县	8			4	4	2		2		
白沙黎族自治县	17	5	11		1	7		4		3
昌江黎族自治县	17		12	4	1	11		9	2	
乐东黎族自治县	23		16	2	5	10	1	5	1	3
陵水黎族自治县	23	1	18	1	3	23	2	18	1	2
保亭黎族苗族自治县	20		11	3	6	18		11	4	3
琼中黎族苗族自治县	1		1			21	2	16	3	

7－1c　续表 10

现住地	省外									
	湖南					广东				
	小计	乡	镇的村委会	镇的居委会	街道	小计	乡	镇的村委会	镇的居委会	街道
全省	**1215**	**187**	**801**	**124**	**103**	**1854**	**220**	**1121**	**277**	**236**
海口市	**373**	**75**	**245**	**22**	**31**	**395**	**66**	**219**	**53**	**57**
秀英区	55	14	41			75	8	61	5	1
龙华区	23	2	18		3	26	3	17		6
琼山区	84	22	47	11	4	106	33	34	29	10
美兰区	211	37	139	11	24	188	22	107	19	40
三亚市	**320**	**44**	**212**	**30**	**34**	**396**	**47**	**250**	**53**	**46**
海棠区	76	8	53	10	5	74	6	58	7	3
吉阳区	119	14	80	16	9	161	22	106	11	22
天涯区	96	15	70	4	7	68	11	32	18	7
崖州区	29	7	9		13	93	8	54	17	14
三沙市										
儋州市	**45**	**7**	**21**	**15**	**2**	**103**	**9**	**63**	**15**	**16**
五指山市	11		5		6	17	5	7		5
琼海市	58	1	52	3	2	82	4	54	13	11
文昌市	57	2	46	2	7	41	4	24	5	8
万宁市	20	5	11	4		82	8	52	14	8
东方市	47	17	29	1		44	8	24	10	2
定安县	5		2		3	13		5	7	1
屯昌县	29	2	16	5	6	41	5	16	15	5
澄迈县	29	3	20	4	2	52	1	40	9	2
临高县	24	2	20		2	9		3	1	5
白沙黎族自治县	36	9	19	6	2	129	28	72	20	9
昌江黎族自治县	22	1	17	2	2	23		13	2	8
乐东黎族自治县	41	7	24	9	1	105	11	65	18	11
陵水黎族自治县	26	4	17	4	1	65	13	26	6	20
保亭黎族苗族自治县	38	1	32	3	2	156	5	113	19	19
琼中黎族苗族自治县	34	7	13	14		101	6	75	17	3

7-1c 续表 11

现住地	省外									
	广西					重庆				
	小计	乡	镇的村委会	镇的居委会	街道	小计	乡	镇的村委会	镇的居委会	街道
全省	**2001**	**393**	**1300**	**204**	**104**	**537**	**87**	**317**	**54**	**79**
海口市	**430**	**118**	**287**	**14**	**11**	**141**	**39**	**80**	**5**	**17**
秀英区	94	19	72	3		28	19	9		
龙华区	10	3	7			7	1	6		
琼山区	150	55	87	4	4	40	9	26	2	3
美兰区	176	41	121	7	7	66	10	39	3	14
三亚市	**305**	**42**	**210**	**33**	**20**	**203**	**23**	**128**	**33**	**19**
海棠区	45		43	1	1	27	1	18	4	4
吉阳区	91	12	68	5	6	72	6	41	17	8
天涯区	104	7	74	16	7	37	4	14	12	7
崖州区	65	23	25	11	6	67	12	55		
三沙市										
儋州市	**148**	**42**	**83**	**21**	**2**	**10**	**1**	**8**	**1**	
五指山市	16	1	4	3	8	4				4
琼海市	119	18	88	9	4	6		5		1
文昌市	62	8	50	2	2	11		6		5
万宁市	50	18	20	10	2	31	3	19	7	2
东方市	94	19	59	13	3	28	16	11		1
定安县	32	13	11	5	3	6	2	2	1	1
屯昌县	44	6	23	8	7	3		2		1
澄迈县	84	8	49	22	5	21	1	10	2	8
临高县	17	6	9		2	27		18		9
白沙黎族自治县	152	29	107	11	5	9	1	6	1	1
昌江黎族自治县	45	6	34	4	1	5		2	1	2
乐东黎族自治县	79	14	47	13	5	14		8	1	5
陵水黎族自治县	38	2	34		2	7		5		2
保亭黎族苗族自治县	136	27	74	16	19	5		4		1
琼中黎族苗族自治县	150	16	111	20	3	6	1	3	2	

7—1c 续表 12

现住地	省外									
	四川					贵州				
	小计	乡	镇的村委会	镇的居委会	街道	小计	乡	镇的村委会	镇的居委会	街道
全省	**1280**	**276**	**784**	**103**	**117**	**764**	**152**	**510**	**51**	**51**
海口市	**362**	**91**	**219**	**27**	**25**	**243**	**60**	**155**	**12**	**16**
秀英区	77	32	44	1		26	5	20	1	
龙华区	24	7	16		1	4	4			
琼山区	111	29	60	15	7	44	13	22	7	2
美兰区	150	23	99	11	17	169	38	113	4	14
三亚市	**459**	**115**	**265**	**45**	**34**	**213**	**34**	**147**	**23**	**9**
海棠区	65	18	39	5	3	55	8	44	2	1
吉阳区	178	19	116	21	22	89	15	51	15	8
天涯区	84	20	47	10	7	35	11	24		
崖州区	132	58	63	9	2	34		28	6	
三沙市										
儋州市	**48**	**1**	**43**	**2**	**2**	**24**	**4**	**16**	**4**	
五指山市	6	3			3	7	3	1		3
琼海市	57	4	43	7	3	28	4	22	1	1
文昌市	32	4	20		8	51	4	42	2	3
万宁市	52	9	35	2	6	14	1	6		7
东方市	59	30	23	1	5	71	37	31		3
定安县	10		2	8		5		5		
屯昌县	15	1	6	4	4	13	1	10	1	1
澄迈县	28	3	23		2	24		23	1	
临高县	7		3		4	2	2			
白沙黎族自治县	45	2	33	4	6	3	1	1	1	
昌江黎族自治县	17		16		1	23		17	2	4
乐东黎族自治县	19	2	11	3	3	11		6	2	3
陵水黎族自治县	21	4	10		7	8		7	1	
保亭黎族苗族自治县	34	5	25		4	16	1	13	1	1
琼中黎族苗族自治县	9	2	7			8		8		

7-1c　续表 13

现住地	省外									
	云南					西藏				
	小计	乡	镇的村委会	镇的居委会	街道	小计	乡	镇的村委会	镇的居委会	街道
全省	**660**	**145**	**401**	**54**	**60**	**6**	**1**	**2**	**1**	**2**
海口市	**122**	**34**	**67**	**4**	**17**	**3**	**1**			**2**
秀英区	17	11	6							
龙华区	15		15							
琼山区	14	6	7	1						
美兰区	76	17	39	3	17	3	1			2
三亚市	**159**	**39**	**93**	**19**	**8**	**1**			**1**	
海棠区	44	1	33	10						
吉阳区	50	14	25	7	4	1			1	
天涯区	36	17	16		3					
崖州区	29	7	19	2	1					
三沙市										
儋州市	**15**	**2**	**8**	**5**						
五指山市	11		7		4					
琼海市	16	3	13							
文昌市	34	1	30	3						
万宁市	22		16	6						
东方市	40	14	26							
定安县	4	1	2		1					
屯昌县	9		9							
澄迈县	16		13	3						
临高县										
白沙黎族自治县	24	6	16	2						
昌江黎族自治县	51	4	23		24					
乐东黎族自治县	55	25	27	3		2		2		
陵水黎族自治县	15		6	3	6					
保亭黎族苗族自治县	23	8	9	6						
琼中黎族苗族自治县	44	8	36							

7-1c 续表 14

现住地	省外									
	陕西					甘肃				
	小计	乡	镇的村委会	镇的居委会	街道	小计	乡	镇的村委会	镇的居委会	街道
全省	**178**	**11**	**71**	**43**	**53**	**92**	**19**	**38**	**12**	**23**
海口市	**37**	**2**	**18**	**6**	**11**	**39**	**2**	**16**	**7**	**14**
秀英区	1	1				1		1		
龙华区						2				2
琼山区	14		4	3	7	6		2	2	2
美兰区	22	1	14	3	4	30	2	13	5	10
三亚市	**96**	**6**	**42**	**27**	**21**	**38**	**10**	**16**	**4**	**8**
海棠区	12	1	10	1		4	1	3		
吉阳区	68	3	23	22	20	23	4	10	3	6
天涯区	15	2	8	4	1	4		2		2
崖州区	1		1			7	5	1	1	
三沙市										
儋州市	**2**	**2**				**1**		**1**		
五指山市										
琼海市	7		2	4	1	4	1	3		
文昌市	10		6		4					
万宁市	9			4	5					
东方市										
定安县						1	1			
屯昌县						4	4			
澄迈县	6			1	5					
临高县	1				1					
白沙黎族自治县	3	1	1		1					
昌江黎族自治县	1				1	2		1		1
乐东黎族自治县	1			1						
陵水黎族自治县	5		2		3	2	1	1		
保亭黎族苗族自治县										
琼中黎族苗族自治县						1			1	

7-1c 续表 15

现住地	省外									
	青海					宁夏				
	小计	乡	镇的村委会	镇的居委会	街道	小计	乡	镇的村委会	镇的居委会	街道
全省	**31**	**2**	**14**	**8**	**7**	**17**		**5**	**7**	**5**
海口市	**4**		**1**		**3**	**4**		**1**	**1**	**2**
秀英区										
龙华区										
琼山区	1				1					
美兰区	3		1		2	4		1	1	2
三亚市	**19**	**2**	**6**	**8**	**3**	**9**		**2**	**6**	**1**
海棠区										
吉阳区	15	1	3	8	3	8		2	5	1
天涯区	4	1	3			1			1	
崖州区										
三沙市										
儋州市	**2**		**2**							
五指山市										
琼海市	1				1	1		1		
文昌市						3		1		2
万宁市	2		2							
东方市										
定安县										
屯昌县										
澄迈县										
临高县										
白沙黎族自治县										
昌江黎族自治县										
乐东黎族自治县										
陵水黎族自治县	3		3							
保亭黎族苗族自治县										
琼中黎族苗族自治县										

7−1c 续表 16

现住地	省外				
	新疆				
	小计	乡	镇的村委会	镇的居委会	街道
全省	**111**	**4**	**16**	**50**	**41**
海口市	**22**		**3**	**8**	**11**
秀英区	4			3	1
龙华区					
琼山区	2			2	
美兰区	16		3	3	10
三亚市	**55**	**4**	**10**	**22**	**19**
海棠区	1			1	
吉阳区	45	4	10	20	11
天涯区	4			1	3
崖州区	5				5
三沙市					
儋州市					
五指山市	1				1
琼海市	2		1		1
文昌市	3				3
万宁市	4				4
东方市	1		1		
定安县					
屯昌县	2			2	
澄迈县	4			4	
临高县					
白沙黎族自治县	1		1		
昌江黎族自治县	10			9	1
乐东黎族自治县	4			4	
陵水黎族自治县	1				1
保亭黎族苗族自治县	1			1	
琼中黎族苗族自治县					

7–2　全省按现住地、职业和性别分的户口登记地在本省其他乡镇街道人口

单位：人

现住地	合计			党的机关、国家机关、群众团体和社会组织、企事业单位负责人		
	合计	男	女	小计	男	女
全省	**99367**	**53439**	**45928**	**2838**	**1969**	**869**
海口市	**51742**	**28314**	**23428**	**1893**	**1308**	**585**
秀英区	8559	4801	3758	262	186	76
龙华区	16296	8918	7378	653	458	195
琼山区	13356	7417	5939	400	279	121
美兰区	13531	7178	6353	578	385	193
三亚市	**12957**	**7318**	**5639**	**315**	**209**	**106**
海棠区	659	405	254	10	7	3
吉阳区	7312	4171	3141	195	132	63
天涯区	4362	2396	1966	98	64	34
崖州区	624	346	278	12	6	6
三沙市						
儋州市	**8077**	**4120**	**3957**	**139**	**96**	**43**
五指山市	725	375	350	18	7	11
琼海市	3639	1773	1866	88	54	34
文昌市	4374	2270	2104	95	72	23
万宁市	1961	957	1004	38	24	14
东方市	2558	1427	1131	53	39	14
定安县	1090	539	551	21	20	1
屯昌县	1401	759	642	14	13	1
澄迈县	2942	1531	1411	57	46	11
临高县	1739	921	818	17	12	5
白沙黎族自治县	686	340	346	10	9	1
昌江黎族自治县	1888	1086	802	16	13	3
乐东黎族自治县	912	472	440	17	12	5
陵水黎族自治县	846	383	463	13	10	3
保亭黎族苗族自治县	1072	498	574	20	15	5
琼中黎族苗族自治县	758	356	402	14	10	4

7-2 续表 1

单位：人

现住地	专业技术人员			办事人员和有关人员			社会生产服务和生活服务人员		
	小计	男	女	小计	男	女	小计	男	女
全省	**14220**	**5524**	**8696**	**10255**	**6100**	**4155**	**52667**	**27530**	**25137**
海口市	**8268**	**3142**	**5126**	**6597**	**3755**	**2842**	**28216**	**15282**	**12934**
秀英区	1417	507	910	1199	687	512	4289	2446	1843
龙华区	2598	993	1605	1808	946	862	9406	5164	4242
琼山区	2083	823	1260	1479	887	592	7518	4103	3415
美兰区	2170	819	1351	2111	1235	876	7003	3569	3434
三亚市	**1666**	**635**	**1031**	**1217**	**740**	**477**	**8149**	**4555**	**3594**
海棠区	66	26	40	33	20	13	421	264	157
吉阳区	1028	394	634	707	422	285	4575	2572	2003
天涯区	489	186	303	420	256	164	2886	1565	1321
崖州区	83	29	54	57	42	15	267	154	113
三沙市									
儋州市	**753**	**344**	**409**	**300**	**196**	**104**	**4070**	**1719**	**2351**
五指山市	127	55	72	107	62	45	318	156	162
琼海市	629	215	414	306	196	110	1892	893	999
文昌市	472	184	288	277	175	102	2162	1094	1068
万宁市	222	83	139	167	123	44	798	400	398
东方市	378	159	219	156	106	50	1172	612	560
定安县	121	52	69	111	76	35	485	237	248
屯昌县	232	95	137	114	77	37	661	327	334
澄迈县	309	112	197	186	117	69	1221	612	609
临高县	176	75	101	125	83	42	932	451	481
白沙黎族自治县	113	47	66	104	63	41	265	120	145
昌江黎族自治县	242	118	124	151	111	40	892	435	457
乐东黎族自治县	153	61	92	96	64	32	333	154	179
陵水黎族自治县	90	44	46	50	36	14	367	159	208
保亭黎族苗族自治县	145	60	85	101	62	39	457	201	256
琼中黎族苗族自治县	124	43	81	90	58	32	277	123	154

7-2　续表 2　　　　单位：人

现住地	农、林、牧、渔业生产及辅助人员			生产制造及有关人员			不便分类的其他从业人员		
	小计	男	女	小计	男	女	小计	男	女
全省	**6518**	**2903**	**3615**	**12160**	**9015**	**3145**	**709**	**398**	**311**
海口市	**743**	**419**	**324**	**5490**	**4106**	**1384**	**535**	**302**	**233**
秀英区	169	79	90	1186	869	317	37	27	10
龙华区	86	59	27	1673	1263	410	72	35	37
琼山区	305	161	144	1389	1078	311	182	86	96
美兰区	183	120	63	1242	896	346	244	154	90
三亚市	**400**	**192**	**208**	**1188**	**974**	**214**	**22**	**13**	**9**
海棠区	47	20	27	82	68	14			
吉阳区	105	63	42	687	579	108	15	9	6
天涯区	147	72	75	315	249	66	7	4	3
崖州区	101	37	64	104	78	26			
三沙市									
儋州市	**898**	**366**	**532**	**1886**	**1379**	**507**	**31**	**20**	**11**
五指山市	56	24	32	74	54	20	25	17	8
琼海市	380	155	225	344	260	84			
文昌市	772	351	421	579	385	194	17	9	8
万宁市	581	231	350	139	87	52	16	9	7
东方市	334	168	166	464	342	122	1	1	
定安县	185	58	127	166	95	71	1	1	
屯昌县	160	70	90	220	177	43			
澄迈县	476	182	294	693	462	231			
临高县	286	146	140	192	149	43	11	5	6
白沙黎族自治县	118	49	69	75	52	23	1		1
昌江黎族自治县	234	135	99	350	273	77	3	1	2
乐东黎族自治县	188	101	87	96	67	29	29	13	16
陵水黎族自治县	227	73	154	82	54	28	17	7	10
保亭黎族苗族自治县	280	102	178	69	58	11			
琼中黎族苗族自治县	200	81	119	53	41	12			

7-3 全省按现住地、职业和性别分的户口登记地在外省人口

单位：人

现住地	合计			党的机关、国家机关、群众团体和社会组织、企事业单位负责人		
	合计	男	女	小计	男	女
全省	**49794**	**34158**	**15636**	**2080**	**1591**	**489**
海口市	**22975**	**15805**	**7170**	**1249**	**969**	**280**
秀英区	5400	3840	1560	312	249	63
龙华区	7422	5070	2352	448	346	102
琼山区	3686	2553	1133	142	112	30
美兰区	6467	4342	2125	347	262	85
三亚市	**12878**	**8625**	**4253**	**471**	**343**	**128**
海棠区	1110	803	307	18	8	10
吉阳区	7050	4702	2348	283	215	68
天涯区	3575	2334	1241	150	105	45
崖州区	1143	786	357	20	15	5
三沙市						
儋州市	**2260**	**1658**	**602**	**56**	**44**	**12**
五指山市	510	368	142	32	23	9
琼海市	1680	1136	544	55	41	14
文昌市	1527	1005	522	32	24	8
万宁市	574	398	176	14	10	4
东方市	1424	1078	346	35	23	12
定安县	193	114	79	7	5	2
屯昌县	492	339	153	9	7	2
澄迈县	1648	1210	438	56	49	7
临高县	233	158	75	1	1	
白沙黎族自治县	415	269	146	7	7	
昌江黎族自治县	728	526	202	14	11	3
乐东黎族自治县	613	383	230	12	11	1
陵水黎族自治县	569	402	167	10	8	2
保亭黎族苗族自治县	600	396	204	11	8	3
琼中黎族苗族自治县	475	288	187	9	7	2

7-3　续表 1　　　　单位：人

现住地	专业技术人员			办事人员和有关人员			社会生产服务和生活服务人员		
	小计	男	女	小计	男	女	小计	男	女
全省	**3991**	**2146**	**1845**	**2475**	**1592**	**883**	**20131**	**12335**	**7796**
海口市	**2186**	**1111**	**1075**	**1546**	**980**	**566**	**9268**	**5804**	**3464**
秀英区	494	244	250	371	254	117	2043	1345	698
龙华区	711	368	343	448	259	189	3233	2004	1229
琼山区	353	185	168	180	119	61	1426	900	526
美兰区	628	314	314	547	348	199	2566	1555	1011
三亚市	**898**	**488**	**410**	**466**	**293**	**173**	**6475**	**3872**	**2603**
海棠区	62	42	20	22	16	6	414	267	147
吉阳区	506	247	259	284	165	119	3748	2236	1512
天涯区	277	163	114	140	99	41	2019	1175	844
崖州区	53	36	17	20	13	7	294	194	100
三沙市									
儋州市	**180**	**122**	**58**	**84**	**54**	**30**	**697**	**403**	**294**
五指山市	39	18	21	18	17	1	156	100	56
琼海市	123	75	48	58	32	26	513	300	213
文昌市	62	31	31	50	33	17	492	290	202
万宁市	44	25	19	26	17	9	179	105	74
东方市	60	40	20	31	24	7	395	260	135
定安县	15	5	10	18	9	9	64	32	32
屯昌县	46	19	27	26	15	11	122	82	40
澄迈县	122	82	40	54	43	11	480	317	163
临高县	17	9	8	12	10	2	88	51	37
白沙黎族自治县	31	21	10	11	10	1	165	96	69
昌江黎族自治县	46	33	13	26	20	6	168	108	60
乐东黎族自治县	33	19	14	14	7	7	255	139	116
陵水黎族自治县	22	14	8	11	8	3	258	170	88
保亭黎族苗族自治县	42	25	17	10	8	2	215	128	87
琼中黎族苗族自治县	25	9	16	14	12	2	141	78	63

7-3 续表 2

单位：人

现住地	农、林、牧、渔业生产及辅助人员			生产制造及有关人员			不便分类的其他从业人员		
	小计	男	女	小计	男	女	小计	男	女
全省	**3897**	**2398**	**1499**	**16754**	**13774**	**2980**	**466**	**322**	**144**
海口市	**877**	**521**	**356**	**7558**	**6228**	**1330**	**291**	**192**	**99**
秀英区	216	134	82	1914	1584	330	50	30	20
龙华区	112	67	45	2388	1977	411	82	49	33
琼山区	169	101	68	1410	1134	276	6	2	4
美兰区	380	219	161	1846	1533	313	153	111	42
三亚市	**856**	**540**	**316**	**3691**	**3077**	**614**	**21**	**12**	**9**
海棠区	142	100	42	452	370	82			
吉阳区	212	133	79	1998	1695	303	19	11	8
天涯区	191	115	76	796	676	120	2	1	1
崖州区	311	192	119	445	336	109			
三沙市									
儋州市	**127**	**73**	**54**	**1044**	**895**	**149**	**72**	**67**	**5**
五指山市	48	30	18	196	164	32	21	16	5
琼海市	178	111	67	753	577	176			
文昌市	314	193	121	553	422	131	24	12	12
万宁市	66	48	18	236	187	49	9	6	3
东方市	276	181	95	627	550	77			
定安县	20	13	7	68	49	19	1	1	
屯昌县	47	29	18	242	187	55			
澄迈县	187	113	74	749	606	143			
临高县	20	12	8	92	73	19	3	2	1
白沙黎族自治县	82	45	37	119	90	29			
昌江黎族自治县	207	131	76	266	223	43	1		1
乐东黎族自治县	156	98	58	129	100	29	14	9	5
陵水黎族自治县	88	56	32	171	141	30	9	5	4
保亭黎族苗族自治县	186	117	69	136	110	26			
琼中黎族苗族自治县	162	87	75	124	95	29			

7−4　全省按现住地、户口登记地类型、受教育程度分的户口登记地在本省其他乡镇街道人口

单位：人

现住地	合计					未上过学				
	合计	乡	镇的村委会	镇的居委会	街道	小计	乡	镇的村委会	镇的居委会	街道
全省	**196373**	**13815**	**113051**	**42009**	**27498**	**2418**	**184**	**1548**	**466**	**220**
海口市	**103021**	**7052**	**52495**	**20799**	**22675**	**827**	**66**	**435**	**159**	**167**
秀英区	15489	667	8974	3033	2815	142	10	80	26	26
龙华区	29859	1987	15848	5549	6475	224	29	122	37	36
琼山区	28197	2513	15487	5638	4559	197	13	125	35	24
美兰区	29476	1885	12186	6579	8826	264	14	108	61	81
三亚市	**21421**	**1090**	**12814**	**6360**	**1157**	**207**	**9**	**118**	**71**	**9**
海棠区	946	29	705	169	43	6		4	1	1
吉阳区	12603	608	7423	3908	664	96	2	57	35	2
天涯区	6902	372	4133	2056	341	88	6	50	28	4
崖州区	970	81	553	227	109	17	1	7	7	2
三沙市										
儋州市	**15285**	**893**	**11286**	**2695**	**411**	**619**	**28**	**503**	**80**	**8**
五指山市	1771	224	791	590	166	22	4	12	4	2
琼海市	7821	534	5271	1599	417	70	6	51	12	1
文昌市	9514	732	6092	1986	704	102	13	63	20	6
万宁市	4372	550	2907	704	211	23	1	11	10	1
东方市	5406	284	4040	888	194	159	10	124	22	3
定安县	2345	225	1364	613	143	12	2	8	2	
屯昌县	3195	230	1901	908	156	38	2	17	13	6
澄迈县	6147	413	4005	1361	368	70	5	47	15	3
临高县	3679	416	2450	653	160	57	5	38	12	2
白沙黎族自治县	1299	267	616	340	76	22	9	8	4	1
昌江黎族自治县	4138	233	3105	723	77	104	9	71	22	2
乐东黎族自治县	1669	178	903	429	159	25	10	5	7	3
陵水黎族自治县	1775	214	1138	313	110	8	1	7		
保亭黎族苗族自治县	1991	160	1090	543	198	30	1	19	5	5
琼中黎族苗族自治县	1524	120	783	505	116	23	3	11	8	1

7-4 续表 1　　单位：人

现住地	学前教育					小学				
	小计	乡	镇的村委会	镇的居委会	街道	小计	乡	镇的村委会	镇的居委会	街道
全省	**8337**	**540**	**4912**	**1734**	**1151**	**26720**	**1909**	**16960**	**4973**	**2878**
海口市	**4517**	**279**	**2410**	**847**	**981**	**12716**	**864**	**7214**	**2283**	**2355**
秀英区	690	19	395	147	129	1947	93	1257	326	271
龙华区	1349	88	735	235	291	3544	213	2061	615	655
琼山区	1347	104	808	209	226	3873	338	2442	628	465
美兰区	1131	68	472	256	335	3352	220	1454	714	964
三亚市	**802**	**45**	**421**	**293**	**43**	**2396**	**125**	**1488**	**686**	**97**
海棠区	21		15	3	3	83	3	54	24	2
吉阳区	497	22	245	202	28	1352	59	824	419	50
天涯区	248	20	138	81	9	809	48	517	213	31
崖州区	36	3	23	7	3	152	15	93	30	14
三沙市										
儋州市	**789**	**31**	**602**	**138**	**18**	**3366**	**181**	**2653**	**483**	**49**
五指山市	54	11	17	21	5	185	31	71	69	14
琼海市	305	12	221	61	11	804	56	559	149	40
文昌市	307	25	216	56	10	1268	105	849	225	89
万宁市	170	16	120	29	5	497	80	302	95	20
东方市	230	10	181	29	10	1068	59	849	131	29
定安县	80	10	44	22	4	277	30	169	66	12
屯昌县	151	16	83	47	5	565	42	341	162	20
澄迈县	250	14	153	61	22	895	55	615	182	43
临高县	173	21	126	19	7	644	80	450	90	24
白沙黎族自治县	58	7	32	16	3	233	52	118	50	13
昌江黎族自治县	166	14	126	21	5	894	43	743	103	5
乐东黎族自治县	72	7	33	27	5	250	32	150	49	19
陵水黎族自治县	62	9	42	9	2	170	18	104	37	11
保亭黎族苗族自治县	89	9	51	20	9	257	24	158	53	22
琼中黎族苗族自治县	62	4	34	18	6	235	32	127	60	16

7-4　续表 2

单位：人

现住地	初中					高中				
	小计	乡	镇的村委会	镇的居委会	街道	小计	乡	镇的村委会	镇的居委会	街道
全省	**64856**	**5327**	**43475**	**10914**	**5140**	**45501**	**3021**	**25086**	**10505**	**6889**
海口市	**28436**	**2361**	**17812**	**4447**	**3816**	**25208**	**1644**	**12495**	**5266**	**5803**
秀英区	4512	258	3192	647	415	3873	147	2165	720	841
龙华区	8118	649	5298	1104	1067	7297	465	3825	1409	1598
琼山区	8408	902	5500	1213	793	6891	622	3494	1586	1189
美兰区	7398	552	3822	1483	1541	7147	410	3011	1551	2175
三亚市	**7147**	**388**	**5047**	**1522**	**190**	**4939**	**243**	**2856**	**1581**	**259**
海棠区	398	15	326	51	6	250	7	179	49	15
吉阳区	3994	209	2784	915	86	2876	134	1673	931	138
天涯区	2357	130	1676	482	69	1655	85	931	552	87
崖州区	398	34	261	74	29	158	17	73	49	19
三沙市										
儋州市	**5365**	**355**	**4141**	**783**	**86**	**2802**	**135**	**1971**	**628**	**68**
五指山市	451	61	239	118	33	649	66	310	219	54
琼海市	3006	197	2185	500	124	2120	169	1403	440	108
文昌市	3988	365	2671	688	264	2500	180	1557	567	196
万宁市	2015	245	1431	263	76	1001	161	608	179	53
东方市	2001	122	1602	237	40	1066	40	772	216	38
定安县	1124	124	726	211	63	500	37	290	152	21
屯昌县	1548	120	981	380	67	456	33	268	125	30
澄迈县	3145	234	2206	602	103	1037	77	608	275	77
临高县	1723	225	1177	258	63	619	46	420	130	23
白沙黎族自治县	421	108	206	83	24	295	46	158	82	9
昌江黎族自治县	1673	100	1279	270	24	791	39	580	159	13
乐东黎族自治县	615	68	365	133	49	313	31	151	87	44
陵水黎族自治县	905	125	612	126	42	363	34	214	91	24
保亭黎族苗族自治县	753	77	469	156	51	492	25	250	179	38
琼中黎族苗族自治县	540	52	326	137	25	350	15	175	129	31

7-4 续表 3

单位：人

现住地	大学专科					大学本科				
	小计	乡	镇的村委会	镇的居委会	街道	小计	乡	镇的村委会	镇的居委会	街道
全省	**25623**	**1615**	**12727**	**6672**	**4609**	**21699**	**1179**	**8173**	**6390**	**5957**
海口市	**16069**	**1017**	**7292**	**3870**	**3890**	**14274**	**792**	**4721**	**3685**	**5076**
秀英区	2098	78	1071	505	444	2095	59	793	624	619
龙华区	4841	313	2326	1058	1144	4197	226	1453	1019	1499
琼山区	4230	289	2050	1115	776	3081	236	1045	806	994
美兰区	4900	337	1845	1192	1526	4901	271	1430	1236	1964
三亚市	**3056**	**157**	**1723**	**964**	**212**	**2756**	**121**	**1135**	**1175**	**325**
海棠区	137	4	95	29	9	51		32	12	7
吉阳区	1765	84	1009	553	119	1939	96	813	803	227
天涯区	1059	61	572	354	72	656	22	241	329	64
崖州区	95	8	47	28	12	110	3	49	31	27
三沙市										
儋州市	**1204**	**79**	**786**	**288**	**51**	**1096**	**78**	**622**	**284**	**112**
五指山市	220	28	87	84	21	185	23	55	72	35
琼海市	935	63	551	240	81	569	30	298	193	48
文昌市	869	33	526	238	72	462	11	207	182	62
万宁市	421	29	292	70	30	237	17	142	55	23
东方市	494	30	303	118	43	380	13	209	130	28
定安县	209	12	85	93	19	141	10	42	66	23
屯昌县	251	9	120	107	15	184	8	90	73	13
澄迈县	375	14	199	119	43	364	14	173	105	72
临高县	264	18	150	76	20	197	21	87	68	21
白沙黎族自治县	148	36	47	50	15	120	9	46	54	11
昌江黎族自治县	312	17	196	88	11	194	11	109	59	15
乐东黎族自治县	245	21	125	80	19	148	9	73	46	20
陵水黎族自治县	157	23	89	31	14	109	4	69	19	17
保亭黎族苗族自治县	230	18	97	76	39	139	6	46	53	34
琼中黎族苗族自治县	164	11	59	80	14	144	2	49	71	22

7-4 续表 4

单位：人

现住地	硕士研究生					博士研究生				
	小计	乡	镇的村委会	镇的居委会	街道	小计	乡	镇的村委会	镇的居委会	街道
全省	**1126**	**38**	**156**	**334**	**598**	**93**	**2**	**14**	**21**	**56**
海口市	**906**	**27**	**107**	**228**	**544**	**68**	**2**	**9**	**14**	**43**
秀英区	125	2	21	37	65	7	1		1	5
龙华区	267	4	25	68	170	22		3	4	15
琼山区	160	9	21	41	89	10		2	5	3
美兰区	354	12	40	82	220	29	1	4	4	20
三亚市	**107**	**2**	**21**	**65**	**19**	**11**		**5**	**3**	**3**
海棠区										
吉阳区	76	2	16	47	11	8		2	3	3
天涯区	27		5	17	5	3		3		
崖州区	4			1	3					
三沙市										
儋州市	**37**	**6**	**8**	**11**	**12**	**7**				**7**
五指山市	4			2	2	1			1	
琼海市	10	1	3	2	4	2			2	
文昌市	16		3	10	3	2				2
万宁市	7	1	1	2	3	1			1	
东方市	8			5	3					
定安县	2			1	1					
屯昌县	2		1	1						
澄迈县	11		4	2	5					
临高县	2		2							
白沙黎族自治县	2		1	1						
昌江黎族自治县	3		1	1	1	1				1
乐东黎族自治县	1		1							
陵水黎族自治县	1		1							
保亭黎族苗族自治县	1			1						
琼中黎族苗族自治县	6	1	2	2	1					

7-5 全省按现住地、户口登记地类型、受教育程度分的户口登记地在外省人口

单位：人

现住地	合计					未上过学				
	合计	乡	镇的村委会	镇的居委会	街道	小计	乡	镇的村委会	镇的居委会	街道
全省	**88665**	**11529**	**45078**	**14764**	**17294**	**982**	**139**	**606**	**119**	**118**
海口市	**42661**	**6014**	**21881**	**6208**	**8558**	**432**	**65**	**270**	**39**	**58**
秀英区	8266	968	5084	1000	1214	84	6	63	6	9
龙华区	12737	1736	7040	1755	2206	171	27	113	13	18
琼山区	6475	1243	3343	962	927	60	13	28	6	13
美兰区	15183	2067	6414	2491	4211	117	19	66	14	18
三亚市	**21453**	**2450**	**10776**	**4462**	**3765**	**197**	**26**	**126**	**33**	**12**
海棠区	1387	184	893	203	107	9	2	5	2	
吉阳区	12627	1356	6400	2687	2184	113	12	80	13	8
天涯区	5826	573	2598	1417	1238	49	8	27	12	2
崖州区	1613	337	885	155	236	26	4	14	6	2
三沙市										
儋州市	**3518**	**528**	**1819**	**719**	**452**	**42**	**7**	**26**	**7**	**2**
五指山市	1249	155	393	300	401	20	1	12	2	5
琼海市	3063	347	1724	486	506	33	9	18	2	4
文昌市	2535	342	1485	351	357	37	7	23	2	5
万宁市	1197	207	599	130	261	10		5	3	2
东方市	2461	295	996	390	780	38	1	25	2	10
定安县	461	76	148	103	134	6		2	2	2
屯昌县	765	89	408	130	138	14	3	6	4	1
澄迈县	3003	436	1457	453	657	34	10	13	8	3
临高县	452	38	204	72	138					
白沙黎族自治县	755	104	395	133	123	20	2	12	5	1
昌江黎族自治县	1014	53	592	238	131	19		15	2	2
乐东黎族自治县	1085	126	528	205	226	11	4	5	1	1
陵水黎族自治县	991	102	547	124	218	5		3	2	
保亭黎族苗族自治县	1218	92	626	128	372	38	2	24	2	10
琼中黎族苗族自治县	784	75	500	132	77	26	2	21	3	

7-5　续表 1　　　　单位：人

现住地	学前教育					小学				
	小计	乡	镇的村委会	镇的居委会	街道	小计	乡	镇的村委会	镇的居委会	街道
全省	**2266**	**303**	**1277**	**356**	**330**	**12544**	**1954**	**7852**	**1550**	**1188**
海口市	**1186**	**178**	**639**	**176**	**193**	**5845**	**948**	**3753**	**603**	**541**
秀英区	260	30	155	38	37	1328	189	947	99	93
龙华区	355	62	203	45	45	1911	298	1269	161	183
琼山区	197	33	110	27	27	930	178	589	102	61
美兰区	374	53	171	66	84	1676	283	948	241	204
三亚市	**459**	**51**	**253**	**99**	**56**	**2740**	**426**	**1664**	**404**	**246**
海棠区	30	7	15	6	2	202	38	140	19	5
吉阳区	270	26	150	60	34	1577	226	977	240	134
天涯区	119	16	62	28	13	645	93	361	113	78
崖州区	40	2	26	5	7	316	69	186	32	29
三沙市										
儋州市	**114**	**16**	**68**	**16**	**14**	**553**	**103**	**287**	**114**	**49**
五指山市	23	3	11	4	5	179	30	94	34	21
琼海市	63	8	41	9	5	503	66	361	47	29
文昌市	77	14	46	7	10	388	48	270	42	28
万宁市	30	4	18	4	4	171	41	100	15	15
东方市	46	3	33	4	6	418	56	249	33	80
定安县	14	3	4	2	5	50	11	28	8	3
屯昌县	15	4	7	3	1	105	12	60	21	12
澄迈县	68	7	39	7	15	478	78	283	58	59
临高县	13	1	10	2		55	10	27	8	10
白沙黎族自治县	32		27	2	3	161	27	97	29	8
昌江黎族自治县	21		15	3	3	199	17	133	42	7
乐东黎族自治县	28	7	14	5	2	207	37	126	28	16
陵水黎族自治县	15		12	2	1	94	9	55	14	16
保亭黎族苗族自治县	30	3	18	3	6	212	20	132	21	39
琼中黎族苗族自治县	32	1	22	8	1	186	15	133	29	9

7-5 续表 2

单位：人

现住地	初中					高中				
	小计	乡	镇的村委会	镇的居委会	街道	小计	乡	镇的村委会	镇的居委会	街道
全省	**32871**	**4877**	**19872**	**4450**	**3672**	**16972**	**1861**	**7906**	**3339**	**3866**
海口市	**13990**	**2243**	**8770**	**1626**	**1351**	**8071**	**947**	**4121**	**1367**	**1636**
秀英区	3226	454	2252	251	269	1664	166	979	232	287
龙华区	4333	700	2787	454	392	2810	350	1514	413	533
琼山区	2404	479	1457	291	177	1210	181	611	237	181
美兰区	4027	610	2274	630	513	2387	250	1017	485	635
三亚市	**8217**	**1134**	**4850**	**1330**	**903**	**4368**	**402**	**1953**	**1082**	**931**
海棠区	657	94	453	75	35	287	25	177	54	31
吉阳区	4527	557	2780	737	453	2465	232	1129	621	483
天涯区	2226	276	1152	450	348	1366	101	520	389	356
崖州区	807	207	465	68	67	250	44	127	18	61
三沙市										
儋州市	**1438**	**247**	**864**	**229**	**98**	**589**	**75**	**276**	**155**	**83**
五指山市	386	52	144	70	120	304	40	62	79	123
琼海市	1371	165	880	195	131	549	48	257	107	137
文昌市	1199	193	783	125	98	436	52	211	81	92
万宁市	505	97	303	40	65	274	44	101	35	94
东方市	1056	144	472	149	291	488	60	139	96	193
定安县	175	31	68	42	34	90	18	25	16	31
屯昌县	399	44	249	44	62	123	12	59	30	22
澄迈县	1358	237	788	181	152	551	63	198	93	197
临高县	187	20	103	29	35	103	6	38	19	40
白沙黎族自治县	318	52	186	45	35	142	21	51	28	42
昌江黎族自治县	465	20	290	100	55	166	15	88	40	23
乐东黎族自治县	430	56	243	76	55	214	11	92	53	58
陵水黎族自治县	501	52	301	68	80	180	24	93	14	49
保亭黎族苗族自治县	531	48	337	54	92	214	16	85	23	90
琼中黎族苗族自治县	345	42	241	47	15	110	7	57	21	25

7-5　续表 3　　　　单位：人

现住地	大学专科					大学本科				
	小计	乡	镇的村委会	镇的居委会	街道	小计	乡	镇的村委会	镇的居委会	街道
全省	**10369**	**948**	**3859**	**2366**	**3196**	**11815**	**1345**	**3523**	**2424**	**4523**
海口市	**5201**	**553**	**2026**	**1052**	**1570**	**7282**	**991**	**2150**	**1244**	**2897**
秀英区	933	85	422	186	240	705	35	254	169	247
龙华区	1584	168	666	318	432	1457	122	460	326	549
琼山区	752	91	325	161	175	866	250	213	128	275
美兰区	1932	209	613	387	723	4254	584	1223	621	1826
三亚市	**2543**	**177**	**991**	**673**	**702**	**2833**	**229**	**925**	**804**	**875**
海棠区	136	14	72	34	16	65	4	31	13	17
吉阳区	1383	106	522	368	387	2229	193	750	623	663
天涯区	917	49	358	252	258	475	29	116	162	168
崖州区	107	8	39	19	41	64	3	28	6	27
三沙市										
儋州市	**349**	**43**	**143**	**109**	**54**	**418**	**35**	**151**	**84**	**148**
五指山市	233	16	54	88	75	93	11	16	21	45
琼海市	326	37	106	70	113	208	13	60	53	82
文昌市	252	17	113	53	69	136	9	37	40	50
万宁市	132	13	50	26	43	70	8	21	5	36
东方市	254	25	53	54	122	153	5	23	50	75
定安县	73	7	13	23	30	49	6	8	9	26
屯昌县	66	8	15	15	28	39	6	10	11	12
澄迈县	323	28	99	68	128	178	13	34	38	93
临高县	59	1	14	9	35	34		12	5	17
白沙黎族自治县	55	2	18	16	19	25		3	7	15
昌江黎族自治县	89	1	36	30	22	51		15	20	16
乐东黎族自治县	126	8	33	29	56	66	3	15	12	36
陵水黎族自治县	117	6	56	21	34	77	11	26	2	38
保亭黎族苗族自治县	117	2	21	17	77	72	1	9	8	54
琼中黎族苗族自治县	54	4	18	13	19	31	4	8	11	8

7-5 续表 4

单位：人

现住地	硕士研究生					博士研究生				
	小计	乡	镇的村委会	镇的居委会	街道	小计	乡	镇的村委会	镇的居委会	街道
全省	**774**	**100**	**170**	**146**	**358**	**72**	**2**	**13**	**14**	**43**
海口市	**602**	**87**	**142**	**93**	**280**	**52**	**2**	**10**	**8**	**32**
秀英区	64	3	11	19	31	2		1		1
龙华区	105	9	27	23	46	11		1	2	8
琼山区	55	18	10	9	18	1			1	
美兰区	378	57	94	42	185	38	2	8	5	23
三亚市	**84**	**5**	**12**	**34**	**33**	**12**		**2**	**3**	**7**
海棠区	1				1					
吉阳区	56	4	11	22	19	7		1	3	3
天涯区	24	1	1	11	11	5		1		4
崖州区	3			1	2					
三沙市										
儋州市	**12**	**2**	**3**	**4**	**3**	**3**		**1**	**1**	**1**
五指山市	11	2		2	7					
琼海市	8	1	1	2	4	2			1	1
文昌市	10	2	2	1	5					
万宁市	4		1	2	1	1				1
东方市	7	1	2	1	3	1			1	
定安县	4			1	3					
屯昌县	4		2	2						
澄迈县	13		3		10					
临高县	1				1					
白沙黎族自治县	2		1	1						
昌江黎族自治县	3			1	2	1				1
乐东黎族自治县	3			1	2					
陵水黎族自治县	2		1	1						
保亭黎族苗族自治县	4				4					
琼中黎族苗族自治县										

7–6　全省按现住地和出生地分的人口

单位：人

现住地	出生地							
	合计	省内		省外				
		本县市区	本省其他县市区	北京	天津	河北	山西	内蒙古
全省	**927418**	**692396**	**121603**	**822**	**312**	**2588**	**1687**	**1324**
海口市	**259238**	**130437**	**75046**	**350**	**172**	**1325**	**1002**	**659**
秀英区	50518	27307	12499	87	34	275	189	141
龙华区	70635	29032	25137	88	47	313	257	159
琼山区	59184	34914	16497	40	23	211	115	102
美兰区	78901	39184	20913	135	68	526	441	257
三亚市	**91303**	**47748**	**18265**	**159**	**57**	**637**	**328**	**402**
海棠区	8885	6616	779	6		20	5	13
吉阳区	39814	14003	10798	95	40	442	221	266
天涯区	31767	18847	5933	53	13	162	93	113
崖州区	10837	8282	755	5	4	13	9	10
三沙市								
儋州市	**86859**	**79013**	**3369**	**30**	**14**	**110**	**46**	**26**
五指山市	10506	7018	1977	19	9	56	19	35
琼海市	50011	42161	3731	50	12	72	66	38
文昌市	52935	46706	3496	31	3	31	17	17
万宁市	52523	49192	1141	41	11	29	12	17
东方市	41017	37166	1186	20	6	60	22	36
定安县	28118	26159	1346	4	2	16	32	11
屯昌县	23114	20120	1656	8		15	3	3
澄迈县	46620	40080	3030	45	9	127	76	41
临高县	39724	38762	434	15	4	14	8	6
白沙黎族自治县	14930	11768	1132	4		6	6	
昌江黎族自治县	21142	18388	1365	3	3	15	12	6
乐东黎族自治县	42412	39733	939	9	3	18	11	9
陵水黎族自治县	36297	34496	647	22	4	32	12	4
保亭黎族苗族自治县	14603	11225	1320	10	3	14	3	11
琼中黎族苗族自治县	16066	12224	1523	2		11	12	3

7-6 续表 1 单位：人

现住地	出生地								
	省外								
	辽宁	吉林	黑龙江	上海	江苏	浙江	安徽	福建	江西
全省	**2368**	**2944**	**7567**	**228**	**1827**	**1553**	**3958**	**3452**	**5284**
海口市	**962**	**1311**	**2264**	**122**	**929**	**850**	**2157**	**1487**	**3147**
秀英区	162	296	472	16	194	124	390	280	521
龙华区	273	381	643	39	307	258	558	519	1095
琼山区	152	189	328	14	93	136	342	231	458
美兰区	375	445	821	53	335	332	867	457	1073
三亚市	**877**	**922**	**3521**	**45**	**384**	**317**	**863**	**1115**	**1081**
海棠区	30	35	91	1	9	12	51	159	71
吉阳区	543	541	2058	25	254	205	572	501	612
天涯区	281	319	1254	15	104	87	213	249	320
崖州区	23	27	118	4	17	13	27	206	78
三沙市									
儋州市	**92**	**75**	**145**	**7**	**116**	**48**	**161**	**92**	**131**
五指山市	30	49	167	7	7	18	63	46	61
琼海市	50	79	222	10	43	31	117	107	128
文昌市	29	42	76	4	31	101	62	80	131
万宁市	36	45	87	7	16	16	51	17	41
东方市	52	126	429	4	30	30	106	87	114
定安县	9	24	19	1	7	5	13	10	11
屯昌县	22	24	32		42	7	32	42	35
澄迈县	59	100	152	10	51	29	82	42	141
临高县	11	12	18	2	5	14	14	13	19
白沙黎族自治县	22	12	47		4	10	39	39	26
昌江黎族自治县	19	3	21	1	10	31	34	45	50
乐东黎族自治县	20	36	119	3	7	12	19	87	27
陵水黎族自治县	24	25	78	2	5	15	28	85	69
保亭黎族苗族自治县	47	45	145	2	29	6	74	46	41
琼中黎族苗族自治县	7	14	25	1	111	13	43	12	31

7−6　续表 2　　　　单位：人

现住地	出生地 省外 山东	河南	湖北	湖南	广东	广西	重庆	四川	贵州
全省	**2743**	**7709**	**7474**	**9928**	**15738**	**9173**	**3423**	**10983**	**2882**
海口市	**1469**	**3857**	**4521**	**4959**	**6237**	**2812**	**1739**	**6437**	**1401**
秀英区	301	867	927	1018	1188	734	522	1216	216
龙华区	308	1078	1477	1571	2222	855	527	2330	257
琼山区	237	564	737	765	712	428	211	1077	186
美兰区	623	1348	1380	1605	2115	795	479	1814	742
三亚市	**661**	**2150**	**1456**	**2011**	**2410**	**1120**	**719**	**1952**	**685**
海棠区	19	83	97	147	190	102	39	118	94
吉阳区	421	1460	883	1270	1321	595	405	1110	388
天涯区	195	510	357	513	684	298	178	402	137
崖州区	26	97	119	81	215	125	97	322	66
三沙市									
儋州市	**144**	**308**	**248**	**403**	**753**	**817**	**95**	**311**	**83**
五指山市	38	97	50	149	241	119	36	100	38
琼海市	58	160	218	327	748	547	161	468	107
文昌市	33	186	150	416	337	313	109	211	101
万宁市	26	57	86	163	406	225	135	180	32
东方市	72	99	113	185	305	199	76	249	113
定安县	11	27	52	42	90	100	14	43	12
屯昌县	12	45	93	124	312	287	26	70	14
澄迈县	92	287	187	357	424	437	140	245	129
临高县	5	46	35	64	52	52	32	36	25
白沙黎族自治县	8	54	24	152	874	449	24	147	10
昌江黎族自治县	7	50	50	114	367	212	23	91	50
乐东黎族自治县	31	82	38	104	538	226	25	138	17
陵水黎族自治县	15	46	42	83	288	85	24	83	16
保亭黎族苗族自治县	47	90	54	117	576	460	12	111	21
琼中黎族苗族自治县	14	68	57	158	780	713	33	111	28

7-6 续表 3　　单位：人

现住地	出生地							
	省外							港澳台或国外
	云南	西藏	陕西	甘肃	青海	宁夏	新疆	
全省	**2050**	**30**	**1618**	**1237**	**257**	**167**	**1000**	**1093**
海口市	**892**	**19**	**992**	**796**	**176**	**112**	**505**	**94**
秀英区	129		154	126	26	13	75	19
龙华区	149	10	283	201	45	35	147	34
琼山区	98		139	88	16	10	58	13
美兰区	516	9	416	381	89	54	225	28
三亚市	**410**	**7**	**374**	**211**	**45**	**28**	**283**	**60**
海棠区	70		12	12		1	2	1
吉阳区	193	6	257	122	25	16	158	8
天涯区	90	1	99	70	20	10	117	30
崖州区	57		6	7		1	6	21
三沙市								
儋州市	**58**		**62**	**64**	**3**	**3**	**20**	**12**
五指山市	24		6	8		2	15	2
琼海市	54	1	37	44	1	3	24	136
文昌市	93		31	18	10	8	19	43
万宁市	25	1	10	5	2		5	406
东方市	62		3	9	6		14	38
定安县	8		6	4		2	19	19
屯昌县	37		2	9	2		6	34
澄迈县	86	1	44	40	6	6	50	15
临高县	2		3				9	12
白沙黎族自治县	28		9	1			2	33
昌江黎族自治县	107		12	10		1	10	32
乐东黎族自治县	58	1	4	4	1	1	10	82
陵水黎族自治县	20		9	4	4		2	28
保亭黎族苗族自治县	31		9			1	7	46
琼中黎族苗族自治县	55		5	10	1			1

7-7　全省按现住地和五年前常住地分的人口

单位：人

现住地	五年前常住地								
	合计	省内		省外					
		本县市区	本省其他县市区	北京	天津	河北	山西	内蒙古
全省	**870132**	**799894**	**30503**	**927**	**256**	**1301**	**794**	**623**
海口市	**243739**	**211562**	**15795**	**359**	**120**	**514**	**361**	**256**
秀英区	47036	40923	3213	84	12	71	36	35
龙华区	66586	58045	4576	111	38	92	61	45
琼山区	55594	50050	3400	35	20	73	32	44
美兰区	74523	62544	4606	129	50	278	232	132
三亚市	**85659**	**68423**	**6449**	**210**	**50**	**369**	**190**	**198**
海棠区	8330	7040	450	9	3	16	6	7
吉阳区	37448	26955	3857	119	30	258	130	144
天涯区	29790	25329	1796	81	15	81	50	45
崖州区	10091	9099	346	1	2	14	4	2
三沙市								
儋州市	**80371**	**78247**	**555**	**29**	**14**	**67**	**31**	**14**
五指山市	9950	8587	718	13	9	33	7	25
琼海市	47265	44538	1190	81	16	50	52	24
文昌市	50123	47677	1238	32	3	24	10	11
万宁市	49464	48588	327	39	9	13	9	8
东方市	38189	36271	383	20	6	45	20	28
定安县	26314	25512	495	7	4	17	21	5
屯昌县	21538	20800	376	8	2	7		
澄迈县	43406	40437	1129	57	6	85	46	28
临高县	37201	36748	170	19	2	14	6	6
白沙黎族自治县	14092	13514	269	7		8	4	2
昌江黎族自治县	19768	18978	295	5	3	8	4	2
乐东黎族自治县	39936	39145	238	13	4	11	8	4
陵水黎族自治县	34183	33394	254	12	3	17	9	4
保亭黎族苗族自治县	13752	12891	301	13	5	10	3	6
琼中黎族苗族自治县	15182	14582	321	3		9	13	2

7－7 续表 1 单位：人

现住地	五年前常住地								
	省外								
	辽宁	吉林	黑龙江	上海	江苏	浙江	安徽	福建	江西
全省	**1013**	**1335**	**3417**	**303**	**762**	**767**	**1308**	**1101**	**1576**
海口市	**304**	**347**	**614**	**163**	**326**	**344**	**682**	**482**	**780**
秀英区	53	79	131	23	60	45	133	77	132
龙华区	78	93	138	57	77	86	115	128	201
琼山区	38	52	80	16	44	41	93	63	100
美兰区	135	123	265	67	145	172	341	214	347
三亚市	**425**	**512**	**1635**	**69**	**212**	**216**	**281**	**311**	**385**
海棠区	18	25	76	2	9	15	24	26	31
吉阳区	275	303	929	40	155	160	201	183	233
天涯区	120	166	556	25	40	28	44	46	93
崖州区	12	18	74	2	8	13	12	56	28
三沙市									
儋州市	**34**	**42**	**72**	**11**	**83**	**25**	**72**	**43**	**62**
五指山市	14	24	79	6	4	8	13	25	37
琼海市	24	47	144	14	24	19	34	51	44
文昌市	15	23	34	8	12	19	33	23	53
万宁市	18	28	64	6	13	10	11	6	14
东方市	41	103	372	5	20	26	39	24	29
定安县	5	19	12		4	4	7	3	3
屯昌县	5	19	8	1	4	4	16	16	13
澄迈县	34	68	91	11	36	29	55	26	62
临高县	7	12	14	2	1	9	5	4	4
白沙黎族自治县	14	9	31	2	3	6	2	15	9
昌江黎族自治县	3		12		1	23	11	11	15
乐东黎族自治县	15	24	66	2	4	7	15	16	6
陵水黎族自治县	14	18	39		5	12	9	33	32
保亭黎族苗族自治县	34	35	117	2	3	2	21	10	15
琼中黎族苗族自治县	7	5	13	1	7	4	2	2	13

7-7　续表 2

单位：人

现住地	五年前常住地								
	省　外								
	山东	河南	湖北	湖南	广东	广西	重庆	四川	贵州
全省	**1063**	**2820**	**2218**	**2583**	**4564**	**1967**	**1185**	**2821**	**1528**
海口市	**500**	**1242**	**1008**	**1135**	**1912**	**770**	**521**	**1323**	**700**
秀英区	72	257	182	215	360	184	115	251	75
龙华区	70	246	285	285	666	217	133	353	88
琼山区	50	166	185	150	205	116	63	213	81
美兰区	308	573	356	485	681	253	210	506	456
三亚市	**264**	**790**	**559**	**627**	**961**	**386**	**266**	**669**	**384**
海棠区	14	39	74	96	79	45	27	88	53
吉阳区	174	535	294	372	599	232	157	382	237
天涯区	64	189	134	113	212	82	77	120	65
崖州区	12	27	57	46	71	27	5	79	29
三沙市									
儋州市	**70**	**146**	**105**	**82**	**177**	**94**	**44**	**103**	**54**
五指山市	15	43	22	40	53	37	25	55	21
琼海市	30	65	56	85	233	78	45	108	48
文昌市	16	76	74	121	187	82	55	82	47
万宁市	9	20	28	37	80	10	13	50	9
东方市	29	51	74	102	75	97	43	109	98
定安县	8	20	11	6	53	25	11	20	6
屯昌县	2	18	48	40	59	30	8	15	8
澄迈县	67	168	106	128	210	110	82	103	83
临高县	3	26	6	22	28	17	31	21	16
白沙黎族自治县	3	12	6	13	69	46	10	19	1
昌江黎族自治县	5	28	22	39	80	45	9	33	23
乐东黎族自治县	4	52	20	28	115	43	12	21	8
陵水黎族自治县	9	36	29	37	93	32	3	52	8
保亭黎族苗族自治县	27	20	26	25	95	30	2	26	7
琼中黎族苗族自治县	2	7	18	16	84	35	5	12	7

7-7 续表 3

单位：人

现住地	五年前常住地							
	省外							港澳台或国外
	云南	西藏	陕西	甘肃	青海	宁夏	新疆	
全省	**1132**	**21**	**687**	**538**	**114**	**99**	**609**	**303**
海口市	**496**	**13**	**340**	**342**	**60**	**59**	**242**	**67**
秀英区	88		59	32	6	2	25	6
龙华区	76	9	64	63	13	16	45	16
琼山区	62		45	33	2	6	23	13
美兰区	270	4	172	214	39	35	149	32
三亚市	**234**	**6**	**210**	**99**	**30**	**21**	**201**	**17**
海棠区	36		13	7			1	1
吉阳区	111	5	163	65	18	13	112	7
天涯区	51	1	30	26	12	7	83	9
崖州区	36		4	1		1	5	
三沙市								
儋州市	**26**		**23**	**24**	**2**	**2**	**12**	**6**
五指山市	19		5	4		1	7	1
琼海市	33	2	15	23		2	26	64
文昌市	34		18	3	7	2	14	90
万宁市	14		9	2	2		2	16
东方市	54		3	1	6	2	10	3
定安县	5		3	4		1	14	9
屯昌县	18			2	2		5	4
澄迈县	27		33	23	2	8	44	12
临高县	2						6	
白沙黎族自治县	8		4	1			1	4
昌江黎族自治县	88		6	4			11	4
乐东黎族自治县	38		4	2		1	6	4
陵水黎族自治县	17		6	1	2		3	
保亭黎族苗族自治县	14		5				5	2
琼中黎族苗族自治县	5		3	3	1			

第二部分　长表数据资料

第八卷　老年人口

8-1　各地区分性别、健康状况的60岁及以上老年人口

单位：人

地　区	60岁及以上人口			健　康		
	合计	男	女	小计	男	女
全省	**136158**	**64999**	**71159**	**68766**	**35442**	**33324**
海口市	**31732**	**15343**	**16389**	**19304**	**9820**	**9484**
秀英区	5655	2788	2867	3155	1673	1482
龙华区	8130	3887	4243	5281	2610	2671
琼山区	7695	3739	3956	4462	2286	2176
美兰区	10252	4929	5323	6406	3251	3155
三亚市	**9537**	**4544**	**4993**	**5276**	**2655**	**2621**
海棠区	968	458	510	463	237	226
吉阳区	3611	1744	1867	2246	1130	1116
天涯区	3567	1668	1899	2005	1002	1003
崖州区	1391	674	717	562	286	276
三沙市						
儋州市	**11620**	**5368**	**6252**	**5722**	**2810**	**2912**
五指山市	1465	652	813	683	346	337
琼海市	9627	4680	4947	4519	2417	2102
文昌市	12055	5816	6239	5646	3032	2614
万宁市	9435	4527	4908	4449	2307	2142
东方市	5766	2690	3076	2652	1358	1294
定安县	5419	2684	2735	2282	1242	1040
屯昌县	4159	2048	2111	1801	985	816
澄迈县	8171	4041	4130	4042	2124	1918
临高县	6071	2820	3251	2606	1314	1292
白沙黎族自治县	2136	1016	1120	982	523	459
昌江黎族自治县	3044	1396	1648	1310	665	645
乐东黎族自治县	6108	2785	3323	2970	1491	1479
陵水黎族自治县	5234	2467	2767	2413	1245	1168
保亭黎族苗族自治县	2159	971	1188	912	471	441
琼中黎族苗族自治县	2420	1151	1269	1197	637	560

8-1 续表

单位：人

地　区	基本健康			不健康，但生活能自理			不健康，生活不能自理		
	小计	男	女	小计	男	女	小计	男	女
全省	**48800**	**21674**	**27126**	**15256**	**6437**	**8819**	**3336**	**1446**	**1890**
海口市	**9678**	**4333**	**5345**	**2113**	**897**	**1216**	**637**	**293**	**344**
秀英区	1890	840	1050	471	201	270	139	74	65
龙华区	2237	1021	1216	452	186	266	160	70	90
琼山区	2497	1131	1366	602	259	343	134	63	71
美兰区	3054	1341	1713	588	251	337	204	86	118
三亚市	**3159**	**1405**	**1754**	**853**	**365**	**488**	**249**	**119**	**130**
海棠区	391	167	224	80	41	39	34	13	21
吉阳区	1041	476	565	278	115	163	46	23	23
天涯区	1153	496	657	304	120	184	105	50	55
崖州区	574	266	308	191	89	102	64	33	31
三沙市									
儋州市	**4222**	**1836**	**2386**	**1419**	**607**	**812**	**257**	**115**	**142**
五指山市	554	233	321	193	64	129	35	9	26
琼海市	3682	1661	2021	1175	494	681	251	108	143
文昌市	4691	2057	2634	1436	606	830	282	121	161
万宁市	3529	1586	1943	1236	540	696	221	94	127
东方市	2208	945	1263	708	304	404	198	83	115
定安县	2222	1052	1170	805	346	459	110	44	66
屯昌县	1705	782	923	565	245	320	88	36	52
澄迈县	2969	1351	1618	941	452	489	219	114	105
临高县	2559	1140	1419	778	310	468	128	56	72
白沙黎族自治县	690	299	391	373	157	216	91	37	54
昌江黎族自治县	1176	510	666	468	194	274	90	27	63
乐东黎族自治县	2081	874	1207	872	349	523	185	71	114
陵水黎族自治县	2033	921	1112	670	256	414	118	45	73
保亭黎族苗族自治县	833	340	493	331	127	204	83	33	50
琼中黎族苗族自治县	809	349	460	320	124	196	94	41	53

8-1a　各地区分性别、健康状况的60岁及以上老年人口(城市)

单位：人

地　区	60岁及以上人口			健　康		
	合计	男	女	小计	男	女
全省	**38698**	**18565**	**20133**	**24340**	**12253**	**12087**
海口市	**20032**	**9618**	**10414**	**13570**	**6783**	**6787**
秀英区	2784	1376	1408	1728	905	823
龙华区	6254	2968	3286	4414	2163	2251
琼山区	3956	1890	2066	2783	1385	1398
美兰区	7038	3384	3654	4645	2330	2315
三亚市	**6518**	**3153**	**3365**	**3924**	**1968**	**1956**
海棠区	550	266	284	286	150	136
吉阳区	3034	1463	1571	1950	972	978
天涯区	2234	1081	1153	1417	711	706
崖州区	700	343	357	271	135	136
三沙市						
儋州市	**2456**	**1146**	**1310**	**1327**	**653**	**674**
五指山市	654	307	347	354	180	174
琼海市	2386	1143	1243	1578	811	767
文昌市	2602	1260	1342	1465	766	699
万宁市	1691	824	867	918	480	438
东方市	2359	1114	1245	1204	612	592
定安县						
屯昌县						
澄迈县						
临高县						
白沙黎族自治县						
昌江黎族自治县						
乐东黎族自治县						
陵水黎族自治县						
保亭黎族苗族自治县						
琼中黎族苗族自治县						

8–1a 续表

单位：人

地区	基本健康			不健康，但生活能自理			不健康，生活不能自理		
	小计	男	女	小计	男	女	小计	男	女
全省	**11349**	**5020**	**6329**	**2285**	**965**	**1320**	**724**	**327**	**397**
海口市	**5312**	**2357**	**2955**	**804**	**328**	**476**	**346**	**150**	**196**
秀英区	810	357	453	165	73	92	81	41	40
龙华区	1503	672	831	234	94	140	103	39	64
琼山区	1009	442	567	128	47	81	36	16	20
美兰区	1990	886	1104	277	114	163	126	54	72
三亚市	**1987**	**904**	**1083**	**476**	**212**	**264**	**131**	**69**	**62**
海棠区	213	95	118	38	17	21	13	4	9
吉阳区	840	385	455	213	91	122	31	15	16
天涯区	658	290	368	116	52	64	43	28	15
崖州区	276	134	142	109	52	57	44	22	22
三沙市									
儋州市	**806**	**360**	**446**	**269**	**109**	**160**	**54**	**24**	**30**
五指山市	250	109	141	40	14	26	10	4	6
琼海市	640	263	377	138	57	81	30	12	18
文昌市	898	383	515	190	88	102	49	23	26
万宁市	566	257	309	169	72	97	38	15	23
东方市	890	387	503	199	85	114	66	30	36
定安县									
屯昌县									
澄迈县									
临高县									
白沙黎族自治县									
昌江黎族自治县									
乐东黎族自治县									
陵水黎族自治县									
保亭黎族苗族自治县									
琼中黎族苗族自治县									

8-1b　各地区分性别、健康状况的60岁及以上老年人口(镇)

单位：人

地　　区	60岁及以上人口			健　　康		
	合计	男	女	小计	男	女
全省	**33342**	**15986**	**17356**	**16420**	**8524**	**7896**
海口市	**3327**	**1642**	**1685**	**1883**	**1008**	**875**
秀英区	1083	527	556	590	303	287
龙华区	420	218	202	226	118	108
琼山区	630	311	319	325	186	139
美兰区	1194	586	608	742	401	341
三亚市	**267**	**120**	**147**	**111**	**51**	**60**
海棠区	61	26	35	19	8	11
吉阳区	63	32	31	38	17	21
天涯区	134	58	76	53	25	28
崖州区	9	4	5	1	1	
三沙市						
儋州市	**2876**	**1324**	**1552**	**1403**	**676**	**727**
五指山市	233	99	134	111	53	58
琼海市	1560	776	784	657	362	295
文昌市	4017	1971	2046	1944	1051	893
万宁市	1803	871	932	790	392	398
东方市	861	435	426	491	270	221
定安县	1949	956	993	872	473	399
屯昌县	1597	768	829	766	408	358
澄迈县	4564	2239	2325	2417	1253	1164
临高县	2649	1216	1433	1238	600	638
白沙黎族自治县	337	169	168	173	95	78
昌江黎族自治县	1701	784	917	895	443	452
乐东黎族自治县	1775	812	963	763	402	361
陵水黎族自治县	2353	1115	1238	1200	618	582
保亭黎族苗族自治县	754	345	409	343	177	166
琼中黎族苗族自治县	719	344	375	363	192	171

8-1b 续表

单位：人

地区	基本健康			不健康，但生活能自理			不健康，生活不能自理		
	小计	男	女	小计	男	女	小计	男	女
全省	**12180**	**5454**	**6726**	**3933**	**1652**	**2281**	**809**	**356**	**453**
海口市	**1086**	**483**	**603**	**272**	**109**	**163**	**86**	**42**	**44**
秀英区	415	194	221	67	24	43	11	6	5
龙华区	152	79	73	23	9	14	19	12	7
琼山区	199	78	121	79	34	45	27	13	14
美兰区	320	132	188	103	42	61	29	11	18
三亚市	**104**	**46**	**58**	**41**	**17**	**24**	**11**	**6**	**5**
海棠区	29	12	17	11	6	5	2		2
吉阳区	19	11	8	3	2	1	3	2	1
天涯区	48	20	28	27	9	18	6	4	2
崖州区	8	3	5						
三沙市									
儋州市	**1023**	**456**	**567**	**369**	**156**	**213**	**81**	**36**	**45**
五指山市	72	26	46	41	18	23	9	2	7
琼海市	618	283	335	240	111	129	45	20	25
文昌市	1473	674	799	523	209	314	77	37	40
万宁市	710	340	370	253	114	139	50	25	25
东方市	243	104	139	95	47	48	32	14	18
定安县	820	384	436	221	87	134	36	12	24
屯昌县	610	274	336	191	76	115	30	10	20
澄迈县	1532	688	844	490	238	252	125	60	65
临高县	1117	494	623	253	98	155	41	24	17
白沙黎族自治县	92	41	51	58	24	34	14	9	5
昌江黎族自治县	594	256	338	169	72	97	43	13	30
乐东黎族自治县	667	285	382	304	113	191	41	12	29
陵水黎族自治县	892	397	495	224	88	136	37	12	25
保亭黎族苗族自治县	284	120	164	96	34	62	31	14	17
琼中黎族苗族自治县	243	103	140	93	41	52	20	8	12

8-1c　各地区分性别、健康状况的60岁及以上老年人口(乡村)

单位：人

地　区	60岁及以上人口			健　康		
	合计	男	女	小计	男	女
全省	**64118**	**30448**	**33670**	**28006**	**14665**	**13341**
海口市	**8373**	**4083**	**4290**	**3851**	**2029**	**1822**
秀英区	1788	885	903	837	465	372
龙华区	1456	701	755	641	329	312
琼山区	3109	1538	1571	1354	715	639
美兰区	2020	959	1061	1019	520	499
三亚市	**2752**	**1271**	**1481**	**1241**	**636**	**605**
海棠区	357	166	191	158	79	79
吉阳区	514	249	265	258	141	117
天涯区	1199	529	670	535	266	269
崖州区	682	327	355	290	150	140
三沙市						
儋州市	**6288**	**2898**	**3390**	**2992**	**1481**	**1511**
五指山市	578	246	332	218	113	105
琼海市	5681	2761	2920	2284	1244	1040
文昌市	5436	2585	2851	2237	1215	1022
万宁市	5941	2832	3109	2741	1435	1306
东方市	2546	1141	1405	957	476	481
定安县	3470	1728	1742	1410	769	641
屯昌县	2562	1280	1282	1035	577	458
澄迈县	3607	1802	1805	1625	871	754
临高县	3422	1604	1818	1368	714	654
白沙黎族自治县	1799	847	952	809	428	381
昌江黎族自治县	1343	612	731	415	222	193
乐东黎族自治县	4333	1973	2360	2207	1089	1118
陵水黎族自治县	2881	1352	1529	1213	627	586
保亭黎族苗族自治县	1405	626	779	569	294	275
琼中黎族苗族自治县	1701	807	894	834	445	389

8-1c 续表

单位：人

地区	基本健康			不健康，但生活能自理			不健康，生活不能自理		
	小计	男	女	小计	男	女	小计	男	女
全省	**25271**	**11200**	**14071**	**9038**	**3820**	**5218**	**1803**	**763**	**1040**
海口市	**3280**	**1493**	**1787**	**1037**	**460**	**577**	**205**	**101**	**104**
秀英区	665	289	376	239	104	135	47	27	20
龙华区	582	270	312	195	83	112	38	19	19
琼山区	1289	611	678	395	178	217	71	34	37
美兰区	744	323	421	208	95	113	49	21	28
三亚市	**1068**	**455**	**613**	**336**	**136**	**200**	**107**	**44**	**63**
海棠区	149	60	89	31	18	13	19	9	10
吉阳区	182	80	102	62	22	40	12	6	6
天涯区	447	186	261	161	59	102	56	18	38
崖州区	290	129	161	82	37	45	20	11	9
三沙市									
儋州市	**2393**	**1020**	**1373**	**781**	**342**	**439**	**122**	**55**	**67**
五指山市	232	98	134	112	32	80	16	3	13
琼海市	2424	1115	1309	797	326	471	176	76	100
文昌市	2320	1000	1320	723	309	414	156	61	95
万宁市	2253	989	1264	814	354	460	133	54	79
东方市	1075	454	621	414	172	242	100	39	61
定安县	1402	668	734	584	259	325	74	32	42
屯昌县	1095	508	587	374	169	205	58	26	32
澄迈县	1437	663	774	451	214	237	94	54	40
临高县	1442	646	796	525	212	313	87	32	55
白沙黎族自治县	598	258	340	315	133	182	77	28	49
昌江黎族自治县	582	254	328	299	122	177	47	14	33
乐东黎族自治县	1414	589	825	568	236	332	144	59	85
陵水黎族自治县	1141	524	617	446	168	278	81	33	48
保亭黎族苗族自治县	549	220	329	235	93	142	52	19	33
琼中黎族苗族自治县	566	246	320	227	83	144	74	33	41

8-2　全省分年龄、性别、健康状况的60岁及以上老年人口

单位：人

年　龄	60岁及以上人口			健　康		
	合计	男	女	小计	男	女
总　计	**136158**	**64999**	**71159**	**68766**	**35442**	**33324**
60-64岁	**40228**	**20381**	**19847**	**26592**	**14047**	**12545**
60	7165	3626	3539	5092	2689	2403
61	7312	3778	3534	4912	2634	2278
62	8769	4485	4284	5840	3106	2734
63	8887	4516	4371	5695	3006	2689
64	8095	3976	4119	5053	2612	2441
65-69岁	**35625**	**17679**	**17946**	**20391**	**10557**	**9834**
65	8424	4247	4177	5148	2718	2430
66	7956	3887	4069	4652	2359	2293
67	6926	3418	3508	4002	2021	1981
68	6703	3347	3356	3656	1933	1723
69	5616	2780	2836	2933	1526	1407
70-74岁	**23040**	**11408**	**11632**	**10710**	**5679**	**5031**
70	6175	3109	3066	3050	1586	1464
71	5087	2515	2572	2480	1313	1167
72	4474	2194	2280	2073	1123	950
73	3866	1931	1935	1659	900	759
74	3438	1659	1779	1448	757	691
75-79岁	**14192**	**6456**	**7736**	**5234**	**2536**	**2698**
75	3147	1538	1609	1241	619	622
76	2931	1355	1576	1117	568	549
77	2868	1272	1596	1072	527	545
78	2769	1244	1525	976	456	520
79	2477	1047	1430	828	366	462
80-84岁	**12509**	**5254**	**7255**	**3612**	**1684**	**1928**
80	2806	1198	1608	904	434	470
81	2546	1073	1473	785	368	417
82	2561	1086	1475	694	333	361
83	2353	990	1363	622	274	348
84	2243	907	1336	607	275	332
85-89岁	**7045**	**2748**	**4297**	**1622**	**723**	**899**
85	1901	769	1132	488	244	244
86	1635	658	977	383	167	216
87	1458	570	888	320	138	182
88	1103	401	702	250	108	142
89	948	350	598	181	66	115
90-94岁	**2667**	**856**	**1811**	**476**	**171**	**305**
90	890	304	586	173	70	103
91	570	191	379	94	37	57
92	511	151	360	77	18	59
93	419	130	289	91	32	59
94	277	80	197	41	14	27
95-99岁	**713**	**196**	**517**	**114**	**42**	**72**
95	237	69	168	43	18	25
96	174	61	113	21	11	10
97	147	38	109	28	8	20
98	82	16	66	10	3	7
99	73	12	61	12	2	10
100岁及以上	**139**	**21**	**118**	**15**	**3**	**12**

8-2 续表

单位：人

年 龄	基本健康			不健康，但生活能自理			不健康，生活不能自理		
	小计	男	女	小计	男	女	小计	男	女
总 计	**48800**	**21674**	**27126**	**15256**	**6437**	**8819**	**3336**	**1446**	**1890**
60-64岁	**11448**	**5195**	**6253**	**1914**	**982**	**932**	**274**	**157**	**117**
60	1729	756	973	301	155	146	43	26	17
61	2012	930	1082	340	184	156	48	30	18
62	2487	1139	1348	386	208	178	56	32	24
63	2658	1249	1409	476	232	244	58	29	29
64	2562	1121	1441	411	203	208	69	40	29
65-69岁	**12425**	**5721**	**6704**	**2465**	**1182**	**1283**	**344**	**219**	**125**
65	2712	1252	1460	499	238	261	65	39	26
66	2749	1260	1489	485	219	266	70	49	21
67	2383	1106	1277	474	252	222	67	39	28
68	2457	1126	1331	507	234	273	83	54	29
69	2124	977	1147	500	239	261	59	38	21
70-74岁	**9391**	**4356**	**5035**	**2533**	**1154**	**1379**	**406**	**219**	**187**
70	2472	1187	1285	574	292	282	79	44	35
71	1974	906	1068	546	247	299	87	49	38
72	1813	815	998	510	214	296	78	42	36
73	1638	771	867	483	211	272	86	49	37
74	1494	677	817	420	190	230	76	35	41
75-79岁	**6157**	**2686**	**3471**	**2332**	**999**	**1333**	**469**	**235**	**234**
75	1383	672	711	436	199	237	87	48	39
76	1287	553	734	439	192	247	88	42	46
77	1186	487	699	508	212	296	102	46	56
78	1204	533	671	491	208	283	98	47	51
79	1097	441	656	458	188	270	94	52	42
80-84岁	**5347**	**2208**	**3139**	**2871**	**1088**	**1783**	**679**	**274**	**405**
80	1208	494	714	567	219	348	127	51	76
81	1085	447	638	560	214	346	116	44	72
82	1114	464	650	619	222	397	134	67	67
83	1020	429	591	563	221	342	148	66	82
84	920	374	546	562	212	350	154	46	108
85-89岁	**2853**	**1120**	**1733**	**1969**	**705**	**1264**	**601**	**200**	**401**
85	782	306	476	506	184	322	125	35	90
86	676	262	414	440	173	267	136	56	80
87	611	267	344	399	125	274	128	40	88
88	425	159	266	333	106	227	95	28	67
89	359	126	233	291	117	174	117	41	76
90-94岁	**928**	**325**	**603**	**880**	**254**	**626**	**383**	**106**	**277**
90	321	116	205	286	88	198	110	30	80
91	216	75	141	180	55	125	80	24	56
92	165	63	102	181	47	134	88	23	65
93	146	45	101	125	37	88	57	16	41
94	80	26	54	108	27	81	48	13	35
95-99岁	**217**	**58**	**159**	**243**	**67**	**176**	**139**	**29**	**110**
95	79	19	60	72	26	46	43	6	37
96	63	25	38	60	16	44	30	9	21
97	35	8	27	53	13	40	31	9	22
98	25	3	22	28	7	21	19	3	16
99	15	3	12	30	5	25	16	2	14
100岁及以上	**34**	**5**	**29**	**49**	**6**	**43**	**41**	**7**	**34**

8-2a 全省分年龄、性别、健康状况的60岁及以上老年人口(城市)

单位：人

年龄	60岁及以上人口			健康		
	合计	男	女	小计	男	女
总计	**38698**	**18565**	**20133**	**24340**	**12253**	**12087**
60-64岁	**12638**	**6289**	**6349**	**9346**	**4781**	**4565**
60	2221	1085	1136	1720	873	847
61	2290	1147	1143	1714	869	845
62	2732	1402	1330	2025	1057	968
63	2860	1444	1416	2053	1070	983
64	2535	1211	1324	1834	912	922
65-69岁	**10534**	**5137**	**5397**	**7207**	**3595**	**3612**
65	2535	1262	1273	1836	939	897
66	2383	1177	1206	1610	792	818
67	2069	970	1099	1432	697	735
68	1902	940	962	1277	669	608
69	1645	788	857	1052	498	554
70-74岁	**6464**	**3170**	**3294**	**3871**	**1999**	**1872**
70	1676	813	863	1033	514	519
71	1469	719	750	904	473	431
72	1248	635	613	745	403	342
73	1104	546	558	638	329	309
74	967	457	510	551	280	271
75-79岁	**3761**	**1717**	**2044**	**1920**	**895**	**1025**
75	821	400	421	453	211	242
76	805	381	424	430	209	221
77	732	314	418	387	184	203
78	771	350	421	364	168	196
79	632	272	360	286	123	163
80-84岁	**3215**	**1439**	**1776**	**1364**	**685**	**679**
80	788	342	446	365	177	188
81	668	291	377	307	154	153
82	638	312	326	253	140	113
83	551	243	308	210	95	115
84	570	251	319	229	119	110
85-89岁	**1469**	**610**	**859**	**490**	**240**	**250**
85	418	172	246	150	80	70
86	375	167	208	124	55	69
87	305	130	175	107	49	58
88	197	78	119	61	33	28
89	174	63	111	48	23	25
90-94岁	**484**	**170**	**314**	**120**	**51**	**69**
90	185	80	105	51	30	21
91	104	30	74	21	7	14
92	93	31	62	26	5	21
93	61	19	42	16	8	8
94	41	10	31	6	1	5
95-99岁	**119**	**33**	**86**	**22**	**7**	**15**
95	43	10	33	11	2	9
96	31	14	17	4	3	1
97	21	6	15	2	1	1
98	11	1	10	2	1	1
99	13	2	11	3		3
100岁及以上	**14**		**14**			

8-2a 续表 单位：人

年 龄	基本健康			不健康，但生活能自理			不健康，生活不能自理		
	小计	男	女	小计	男	女	小计	男	女
总 计	**11349**	**5020**	**6329**	**2285**	**965**	**1320**	**724**	**327**	**397**
60-64岁	**2872**	**1291**	**1581**	**364**	**184**	**180**	**56**	**33**	**23**
60	442	182	260	50	25	25	9	5	4
61	492	234	258	74	38	36	10	6	4
62	618	292	326	77	42	35	12	11	1
63	696	325	371	99	45	54	12	4	8
64	624	258	366	64	34	30	13	7	6
65-69岁	**2882**	**1313**	**1569**	**370**	**188**	**182**	**75**	**41**	**34**
65	617	286	331	67	30	37	15	7	8
66	687	340	347	74	37	37	12	8	4
67	547	225	322	76	43	33	14	5	9
68	531	226	305	75	34	41	19	11	8
69	500	236	264	78	44	34	15	10	5
70-74岁	**2117**	**959**	**1158**	**393**	**165**	**228**	**83**	**47**	**36**
70	530	245	285	96	43	53	17	11	6
71	461	205	256	86	33	53	18	8	10
72	422	193	229	67	30	37	14	9	5
73	375	181	194	76	29	47	15	7	8
74	329	135	194	68	30	38	19	12	7
75-79岁	**1390**	**633**	**757**	**336**	**135**	**201**	**115**	**54**	**61**
75	288	159	129	66	25	41	14	5	9
76	299	141	158	52	22	30	24	9	15
77	247	92	155	73	27	46	25	11	14
78	295	133	162	80	34	46	32	15	17
79	261	108	153	65	27	38	20	14	6
80-84岁	**1259**	**509**	**750**	**438**	**172**	**266**	**154**	**73**	**81**
80	297	113	184	93	39	54	33	13	20
81	241	96	145	88	27	61	32	14	18
82	256	110	146	98	41	57	31	21	10
83	236	100	136	79	34	45	26	14	12
84	229	90	139	80	31	49	32	11	21
85-89岁	**597**	**238**	**359**	**257**	**87**	**170**	**125**	**45**	**80**
85	174	66	108	62	17	45	32	9	23
86	149	61	88	70	36	34	32	15	17
87	127	62	65	48	13	35	23	6	17
88	75	24	51	47	15	32	14	6	8
89	72	25	47	30	6	24	24	9	15
90-94岁	**189**	**65**	**124**	**91**	**24**	**67**	**84**	**30**	**54**
90	78	30	48	33	11	22	23	9	14
91	41	12	29	17	1	16	25	10	15
92	32	14	18	18	7	11	17	5	12
93	22	5	17	12	3	9	11	3	8
94	16	4	12	11	2	9	8	3	5
95-99岁	**39**	**12**	**27**	**32**	**10**	**22**	**26**	**4**	**22**
95	16	4	12	10	4	6	6		6
96	11	6	5	8	3	5	8	2	6
97	5	1	4	7	2	5	7	2	5
98	3		3	2		2	4		4
99	4	1	3	5	1	4	1		1
100岁及以上	**4**		**4**	**4**		**4**	**6**		**6**

8-2b　全省分年龄、性别、健康状况的60岁及以上老年人口(镇)

单位：人

年　龄	60岁及以上人口			健　康		
	合计	男	女	小计	男	女
总　计	**33342**	**15986**	**17356**	**16420**	**8524**	**7896**
60-64岁	**9948**	**5052**	**4896**	**6475**	**3472**	**3003**
60	1720	919	801	1220	695	525
61	1778	922	856	1184	641	543
62	2177	1105	1072	1444	754	690
63	2190	1092	1098	1361	718	643
64	2083	1014	1069	1266	664	602
65-69岁	**8902**	**4445**	**4457**	**4904**	**2559**	**2345**
65	2108	1091	1017	1221	660	561
66	2039	966	1073	1181	590	591
67	1704	868	836	970	502	468
68	1673	828	845	841	436	405
69	1378	692	686	691	371	320
70-74岁	**5447**	**2736**	**2711**	**2413**	**1282**	**1131**
70	1490	768	722	700	368	332
71	1170	581	589	551	286	265
72	1084	516	568	475	245	230
73	883	452	431	351	200	151
74	820	419	401	336	183	153
75-79岁	**3305**	**1514**	**1791**	**1155**	**569**	**586**
75	725	361	364	275	139	136
76	651	299	352	217	111	106
77	688	298	390	240	115	125
78	654	305	349	224	115	109
79	587	251	336	199	89	110
80-84岁	**3083**	**1276**	**1807**	**888**	**399**	**489**
80	700	298	402	205	99	106
81	612	256	356	190	82	108
82	605	243	362	183	82	101
83	601	262	339	159	72	87
84	565	217	348	151	64	87
85-89岁	**1733**	**679**	**1054**	**420**	**183**	**237**
85	461	185	276	130	62	68
86	362	157	205	87	45	42
87	367	131	236	85	32	53
88	303	104	199	77	29	48
89	240	102	138	41	15	26
90-94岁	**686**	**225**	**461**	**125**	**49**	**76**
90	232	84	148	40	16	24
91	139	48	91	27	14	13
92	142	36	106	24	7	17
93	103	35	68	21	9	12
94	70	22	48	13	3	10
95-99岁	**195**	**50**	**145**	**33**	**9**	**24**
95	60	20	40	10	2	8
96	50	13	37	7	3	4
97	44	12	32	11	2	9
98	20	2	18	1	1	
99	21	3	18	4	1	3
100岁及以上	**43**	**9**	**34**	**7**	**2**	**5**

8−2b 续表

单位：人

年 龄	基本健康			不健康，但生活能自理			不健康，生活不能自理		
	小计	男	女	小计	男	女	小计	男	女
总 计	**12180**	**5454**	**6726**	**3933**	**1652**	**2281**	**809**	**356**	**453**
60−64岁	**2890**	**1286**	**1604**	**509**	**255**	**254**	**74**	**39**	**35**
60	409	177	232	78	37	41	13	10	3
61	504	233	271	80	41	39	10	7	3
62	614	280	334	107	67	40	12	4	8
63	686	311	375	123	55	68	20	8	12
64	677	285	392	121	55	66	19	10	9
65−69岁	**3215**	**1492**	**1723**	**692**	**334**	**358**	**91**	**60**	**31**
65	731	347	384	140	72	68	16	12	4
66	680	298	382	157	64	93	21	14	7
67	604	291	313	111	61	50	19	14	5
68	662	309	353	147	70	77	23	13	10
69	538	247	291	137	67	70	12	7	5
70−74岁	**2314**	**1118**	**1196**	**631**	**281**	**350**	**89**	**55**	**34**
70	633	316	317	143	76	67	14	8	6
71	467	217	250	136	65	71	16	13	3
72	444	203	241	145	57	88	20	11	9
73	404	196	208	107	42	65	21	14	7
74	366	186	180	100	41	59	18	9	9
75−79岁	**1457**	**627**	**830**	**589**	**258**	**331**	**104**	**60**	**44**
75	297	145	152	134	66	68	19	11	8
76	312	127	185	101	48	53	21	13	8
77	300	123	177	128	51	77	20	9	11
78	297	131	166	110	43	67	23	16	7
79	251	101	150	116	50	66	21	11	10
80−84岁	**1301**	**535**	**766**	**722**	**276**	**446**	**172**	**66**	**106**
80	318	135	183	140	49	91	37	15	22
81	259	106	153	135	55	80	28	13	15
82	256	98	158	138	51	87	28	12	16
83	249	104	145	158	73	85	35	13	22
84	219	92	127	151	48	103	44	13	31
85−89岁	**694**	**288**	**406**	**484**	**167**	**317**	**135**	**41**	**94**
85	183	83	100	122	38	84	26	2	24
86	154	62	92	93	40	53	28	10	18
87	145	55	90	107	32	75	30	12	18
88	121	49	72	81	20	61	24	6	18
89	91	39	52	81	37	44	27	11	16
90−94岁	**244**	**89**	**155**	**224**	**60**	**164**	**93**	**27**	**66**
90	82	33	49	82	27	55	28	8	20
91	49	18	31	46	12	34	17	4	13
92	47	17	30	50	8	42	21	4	17
93	43	12	31	24	7	17	15	7	8
94	23	9	14	22	6	16	12	4	8
95−99岁	**58**	**17**	**41**	**67**	**19**	**48**	**37**	**5**	**32**
95	18	7	11	17	9	8	15	2	13
96	19	4	15	18	5	13	6	1	5
97	10	4	6	15	5	10	8	1	7
98	7	1	6	8		8	4		4
99	4	1	3	9		9	4	1	3
100岁及以上	**7**	**2**	**5**	**15**	**2**	**13**	**14**	**3**	**11**

8-2c 全省分年龄、性别、健康状况的60岁及以上老年人口(乡村)

单位：人

年 龄	60岁及以上人口			健 康		
	合计	男	女	小计	男	女
总 计	**64118**	**30448**	**33670**	**28006**	**14665**	**13341**
60-64岁	**17642**	**9040**	**8602**	**10771**	**5794**	**4977**
60	3224	1622	1602	2152	1121	1031
61	3244	1709	1535	2014	1124	890
62	3860	1978	1882	2371	1295	1076
63	3837	1980	1857	2281	1218	1063
64	3477	1751	1726	1953	1036	917
65-69岁	**16189**	**8097**	**8092**	**8280**	**4403**	**3877**
65	3781	1894	1887	2091	1119	972
66	3534	1744	1790	1861	977	884
67	3153	1580	1573	1600	822	778
68	3128	1579	1549	1538	828	710
69	2593	1300	1293	1190	657	533
70-74岁	**11129**	**5502**	**5627**	**4426**	**2398**	**2028**
70	3009	1528	1481	1317	704	613
71	2448	1215	1233	1025	554	471
72	2142	1043	1099	853	475	378
73	1879	933	946	670	371	299
74	1651	783	868	561	294	267
75-79岁	**7126**	**3225**	**3901**	**2159**	**1072**	**1087**
75	1601	777	824	513	269	244
76	1475	675	800	470	248	222
77	1448	660	788	445	228	217
78	1344	589	755	388	173	215
79	1258	524	734	343	154	189
80-84岁	**6211**	**2539**	**3672**	**1360**	**600**	**760**
80	1318	558	760	334	158	176
81	1266	526	740	288	132	156
82	1318	531	787	258	111	147
83	1201	485	716	253	107	146
84	1108	439	669	227	92	135
85-89岁	**3843**	**1459**	**2384**	**712**	**300**	**412**
85	1022	412	610	208	102	106
86	898	334	564	172	67	105
87	786	309	477	128	57	71
88	603	219	384	112	46	66
89	534	185	349	92	28	64
90-94岁	**1497**	**461**	**1036**	**231**	**71**	**160**
90	473	140	333	82	24	58
91	327	113	214	46	16	30
92	276	84	192	27	6	21
93	255	76	179	54	15	39
94	166	48	118	22	10	12
95-99岁	**399**	**113**	**286**	**59**	**26**	**33**
95	134	39	95	22	14	8
96	93	34	59	10	5	5
97	82	20	62	15	5	10
98	51	13	38	7	1	6
99	39	7	32	5	1	4
100岁及以上	**82**	**12**	**70**	**8**	**1**	**7**

8-2c 续表

单位：人

年龄	基本健康			不健康，但生活能自理			不健康，生活不能自理		
	小计	男	女	小计	男	女	小计	男	女
总计	**25271**	**11200**	**14071**	**9038**	**3820**	**5218**	**1803**	**763**	**1040**
60-64岁	**5686**	**2618**	**3068**	**1041**	**543**	**498**	**144**	**85**	**59**
60	878	397	481	173	93	80	21	11	10
61	1016	463	553	186	105	81	28	17	11
62	1255	567	688	202	99	103	32	17	15
63	1276	613	663	254	132	122	26	17	9
64	1261	578	683	226	114	112	37	23	14
65-69岁	**6328**	**2916**	**3412**	**1403**	**660**	**743**	**178**	**118**	**60**
65	1364	619	745	292	136	156	34	20	14
66	1382	622	760	254	118	136	37	27	10
67	1232	590	642	287	148	139	34	20	14
68	1264	591	673	285	130	155	41	30	11
69	1086	494	592	285	128	157	32	21	11
70-74岁	**4960**	**2279**	**2681**	**1509**	**708**	**801**	**234**	**117**	**117**
70	1309	626	683	335	173	162	48	25	23
71	1046	484	562	324	149	175	53	28	25
72	947	419	528	298	127	171	44	22	22
73	859	394	465	300	140	160	50	28	22
74	799	356	443	252	119	133	39	14	25
75-79岁	**3310**	**1426**	**1884**	**1407**	**606**	**801**	**250**	**121**	**129**
75	798	368	430	236	108	128	54	32	22
76	676	285	391	286	122	164	43	20	23
77	639	272	367	307	134	173	57	26	31
78	612	269	343	301	131	170	43	16	27
79	585	232	353	277	111	166	53	27	26
80-84岁	**2787**	**1164**	**1623**	**1711**	**640**	**1071**	**353**	**135**	**218**
80	593	246	347	334	131	203	57	23	34
81	585	245	340	337	132	205	56	17	39
82	602	256	346	383	130	253	75	34	41
83	535	225	310	326	114	212	87	39	48
84	472	192	280	331	133	198	78	22	56
85-89岁	**1562**	**594**	**968**	**1228**	**451**	**777**	**341**	**114**	**227**
85	425	157	268	322	129	193	67	24	43
86	373	139	234	277	97	180	76	31	45
87	339	150	189	244	80	164	75	22	53
88	229	86	143	205	71	134	57	16	41
89	196	62	134	180	74	106	66	21	45
90-94岁	**495**	**171**	**324**	**565**	**170**	**395**	**206**	**49**	**157**
90	161	53	108	171	50	121	59	13	46
91	126	45	81	117	42	75	38	10	28
92	86	32	54	113	32	81	50	14	36
93	81	28	53	89	27	62	31	6	25
94	41	13	28	75	19	56	28	6	22
95-99岁	**120**	**29**	**91**	**144**	**38**	**106**	**76**	**20**	**56**
95	45	8	37	45	13	32	22	4	18
96	33	15	18	34	8	26	16	6	10
97	20	3	17	31	6	25	16	6	10
98	15	2	13	18	7	11	11	3	8
99	7	1	6	16	4	12	11	1	10
100岁及以上	**23**	**3**	**20**	**30**	**4**	**26**	**21**	**4**	**17**

8-3　全省分性别、婚姻状况、健康状况的60岁及以上老年人口

单位：人

婚姻状况	60岁及以上人口			健　康		
	合计	男	女	小计	男	女
总　计	**136158**	**64999**	**71159**	**68766**	**35442**	**33324**
未　婚	2395	2127	268	773	637	136
有配偶	102178	55629	46549	57819	32344	25475
离　婚	1048	626	422	574	316	258
丧　偶	30537	6617	23920	9600	2145	7455

8-3　续表　单位：人

婚姻状况	基本健康			不健康，但生活能自理			不健康，生活不能自理		
	小计	男	女	小计	男	女	小计	男	女
总　计	**48800**	**21674**	**27126**	**15256**	**6437**	**8819**	**3336**	**1446**	**1890**
未　婚	957	872	85	537	508	29	128	110	18
有配偶	34675	17849	16826	8135	4466	3669	1549	970	579
离　婚	344	220	124	110	81	29	20	9	11
丧　偶	12824	2733	10091	6474	1382	5092	1639	357	1282

8-3a　全省分性别、婚姻状况、健康状况的60岁及以上老年人口(城市)

单位：人

婚姻状况	60岁及以上人口			健　康		
	合计	男	女	小计	男	女
总　计	**38698**	**18565**	**20133**	**24340**	**12253**	**12087**
未　婚	318	213	105	159	90	69
有配偶	31196	16810	14386	20981	11452	9529
离　婚	494	234	260	322	144	178
丧　偶	6690	1308	5382	2878	567	2311

8-3a　续表　单位：人

婚姻状况	基本健康			不健康，但生活能自理			不健康，生活不能自理		
	小计	男	女	小计	男	女	小计	男	女
总　计	**11349**	**5020**	**6329**	**2285**	**965**	**1320**	**724**	**327**	**397**
未　婚	104	78	26	36	29	7	19	16	3
有配偶	8531	4391	4140	1316	733	583	368	234	134
离　婚	131	64	67	30	21	9	11	5	6
丧　偶	2583	487	2096	903	182	721	326	72	254

8—3b　全省分性别、婚姻状况、健康状况的60岁及以上老年人口(镇)

单位：人

婚姻状况	60岁及以上人口			健康		
	合计	男	女	小计	男	女
总　计	**33342**	**15986**	**17356**	**16420**	**8524**	**7896**
未　婚	567	486	81	158	125	33
有配偶	25043	13753	11290	13847	7843	6004
离　婚	180	111	69	89	56	33
丧　偶	7552	1636	5916	2326	500	1826

8—3b　续表

单位：人

婚姻状况	基本健康			不健康，但生活能自理			不健康，生活不能自理		
	小计	男	女	小计	男	女	小计	男	女
总　计	**12180**	**5454**	**6726**	**3933**	**1652**	**2281**	**809**	**356**	**453**
未　婚	230	197	33	129	121	8	50	43	7
有配偶	8745	4521	4224	2104	1167	937	347	222	125
离　婚	64	41	23	22	13	9	5	1	4
丧　偶	3141	695	2446	1678	351	1327	407	90	317

8—3c　全省分性别、婚姻状况、健康状况的60岁及以上老年人口(乡村)

单位：人

婚姻状况	60岁及以上人口			健康		
	合计	男	女	小计	男	女
总　计	**64118**	**30448**	**33670**	**28006**	**14665**	**13341**
未　婚	1510	1428	82	456	422	34
有配偶	45939	25066	20873	22991	13049	9942
离　婚	374	281	93	163	116	47
丧　偶	16295	3673	12622	4396	1078	3318

8—3c　续表

单位：人

婚姻状况	基本健康			不健康，但生活能自理			不健康，生活不能自理		
	小计	男	女	小计	男	女	小计	男	女
总　计	**25271**	**11200**	**14071**	**9038**	**3820**	**5218**	**1803**	**763**	**1040**
未　婚	623	597	26	372	358	14	59	51	8
有配偶	17399	8937	8462	4715	2566	2149	834	514	320
离　婚	149	115	34	58	47	11	4	3	1
丧　偶	7100	1551	5549	3893	849	3044	906	195	711

8-4　全省分性别、主要生活来源、健康状况的60岁及以上老年人口

单位：人

主要生活来源	60岁及以上人口			健　康		
	合计	男	女	小计	男	女
总　计	**136158**	**64999**	**71159**	**68766**	**35442**	**33324**
劳动收入	25089	15188	9901	17443	10875	6568
离退休金/养老金	54001	27405	26596	30505	16074	14431
最低生活保障金	5351	2856	2495	1171	633	538
失业保险金	3	1	2	3	1	2
财产性收入	1176	635	541	591	340	251
家庭其他成员供养	40723	14279	26444	14350	5167	9183
其　他	9815	4635	5180	4703	2352	2351

8-4　续表

单位：人

主要生活来源	基本健康			不健康，但生活能自理			不健康，生活不能自理		
	小计	男	女	小计	男	女	小计	男	女
总　计	**48800**	**21674**	**27126**	**15256**	**6437**	**8819**	**3336**	**1446**	**1890**
劳动收入	7103	4022	3081	511	274	237	32	17	15
离退休金/养老金	18141	8738	9403	4308	2064	2244	1047	529	518
最低生活保障金	2201	1181	1020	1643	872	771	336	170	166
失业保险金									
财产性收入	492	239	253	86	49	37	7	7	
家庭其他成员供养	17068	5771	11297	7628	2709	4919	1677	632	1045
其　他	3795	1723	2072	1080	469	611	237	91	146

8－4a 全省分性别、主要生活来源、健康状况的60岁及以上老年人口(城市)

单位：人

主要生活来源	60岁及以上人口			健康		
	合计	男	女	小计	男	女
总　计	**38698**	**18565**	**20133**	**24340**	**12253**	**12087**
劳动收入	3225	2200	1025	2551	1767	784
离退休金/养老金	24221	12176	12045	16027	8274	7753
最低生活保障金	523	251	272	143	65	78
失业保险金	1		1	1		1
财产性收入	339	192	147	187	109	78
家庭其他成员供养	8322	2770	5552	4144	1408	2736
其　他	2067	976	1091	1287	630	657

8－4a 续表

单位：人

主要生活来源	基本健康			不健康，但生活能自理			不健康，生活不能自理		
	小计	男	女	小计	男	女	小计	男	女
总　计	**11349**	**5020**	**6329**	**2285**	**965**	**1320**	**724**	**327**	**397**
劳动收入	641	413	228	32	19	13	1	1	
离退休金/养老金	6774	3220	3554	1062	501	561	358	181	177
最低生活保障金	214	109	105	132	59	73	34	18	16
失业保险金									
财产性收入	125	63	62	24	17	7	3	3	
家庭其他成员供养	2968	945	2023	921	312	609	289	105	184
其　他	627	270	357	114	57	57	39	19	20

8−4b　全省分性别、主要生活来源、健康状况的60岁及以上老年人口(镇)

单位：人

主要生活来源	60岁及以上人口			健　康		
	合计	男	女	小计	男	女
总　计	**33342**	**15986**	**17356**	**16420**	**8524**	**7896**
劳动收入	5927	3663	2264	4211	2684	1527
离退休金/养老金	12016	6291	5725	6454	3519	2935
最低生活保障金	1384	701	683	359	170	189
失业保险金						
财产性收入	192	110	82	80	49	31
家庭其他成员供养	11005	3836	7169	3994	1426	2568
其　他	2818	1385	1433	1322	676	646

8−4b　续表

单位：人

主要生活来源	基本健康			不健康，但生活能自理			不健康，生活不能自理		
	小计	男	女	小计	男	女	小计	男	女
总　计	**12180**	**5454**	**6726**	**3933**	**1652**	**2281**	**809**	**356**	**453**
劳动收入	1597	914	683	113	61	52	6	4	2
离退休金/养老金	4201	2104	2097	1111	542	569	250	126	124
最低生活保障金	532	267	265	402	208	194	91	56	35
失业保险金									
财产性收入	97	50	47	15	11	4			
家庭其他成员供养	4631	1571	3060	1990	693	1297	390	146	244
其　他	1122	548	574	302	137	165	72	24	48

8-4c　全省分性别、主要生活来源、健康状况的60岁及以上老年人口(乡村)

单位：人

主要生活来源	60岁及以上人口			健　康		
	合计	男	女	小计	男	女
总　计	**64118**	**30448**	**33670**	**28006**	**14665**	**13341**
劳动收入	15937	9325	6612	10681	6424	4257
离退休金/养老金	17764	8938	8826	8024	4281	3743
最低生活保障金	3444	1904	1540	669	398	271
失业保险金	2	1	1	2	1	1
财产性收入	645	333	312	324	182	142
家庭其他成员供养	21396	7673	13723	6212	2333	3879
其　他	4930	2274	2656	2094	1046	1048

8-4c　续表

单位：人

主要生活来源	基本健康			不健康，但生活能自理			不健康，生活不能自理		
	小计	男	女	小计	男	女	小计	男	女
总　计	**25271**	**11200**	**14071**	**9038**	**3820**	**5218**	**1803**	**763**	**1040**
劳动收入	4865	2695	2170	366	194	172	25	12	13
离退休金/养老金	7166	3414	3752	2135	1021	1114	439	222	217
最低生活保障金	1455	805	650	1109	605	504	211	96	115
失业保险金									
财产性收入	270	126	144	47	21	26	4	4	
家庭其他成员供养	9469	3255	6214	4717	1704	3013	998	381	617
其　他	2046	905	1141	664	275	389	126	48	78

8-5　全省分性别、居住状况、健康状况的60岁及以上老年人口

单位：人

居住状况	60岁及以上人口			健康		
	合计	男	女	小计	男	女
总　计	**136158**	**64999**	**71159**	**68766**	**35442**	**33324**
与配偶和子女同住	50950	28352	22598	29812	17060	12752
与配偶同住	38503	20922	17581	20595	11492	9103
与子女同住	29064	7327	21737	11201	3094	8107
独居(有保姆)	177	81	96	49	26	23
独居(无保姆)	11168	5039	6129	4291	2178	2113
养老机构	446	255	191	69	33	36
其　他	5850	3023	2827	2749	1559	1190

8-5　续表

单位：人

居住状况	基本健康			不健康，但生活能自理			不健康，生活不能自理		
	小计	男	女	小计	男	女	小计	男	女
总　计	**48800**	**21674**	**27126**	**15256**	**6437**	**8819**	**3336**	**1446**	**1890**
与配偶和子女同住	16546	8623	7923	3826	2168	1658	766	501	265
与配偶同住	13914	7214	6700	3405	1855	1550	589	361	228
与子女同住	11441	2729	8712	5068	1193	3875	1354	311	1043
独居(有保姆)	60	28	32	30	12	18	38	15	23
独居(无保姆)	4595	1966	2629	2041	800	1241	241	95	146
养老机构	171	111	60	107	65	42	99	46	53
其　他	2073	1003	1070	779	344	435	249	117	132

8-5a 全省分性别、居住状况、健康状况的60岁及以上老年人口(城市)

单位：人

居住状况	60岁及以上人口			健康		
	合计	男	女	小计	男	女
总 计	**38698**	**18565**	**20133**	**24340**	**12253**	**12087**
与配偶和子女同住	16304	9153	7151	11032	6288	4744
与配偶同住	9530	5249	4281	6340	3533	2807
与子女同住	8583	2096	6487	4522	1178	3344
独居(有保姆)	75	35	40	24	13	11
独居(无保姆)	2345	1102	1243	1372	689	683
养老机构	122	46	76	20	6	14
其 他	1739	884	855	1030	546	484

8-5a 续表

单位：人

居住状况	基本健康			不健康，但生活能自理			不健康，生活不能自理		
	小计	男	女	小计	男	女	小计	男	女
总 计	**11349**	**5020**	**6329**	**2285**	**965**	**1320**	**724**	**327**	**397**
与配偶和子女同住	4376	2333	2043	698	402	296	198	130	68
与配偶同住	2675	1427	1248	428	233	195	87	56	31
与子女同住	2956	645	2311	813	194	619	292	79	213
独居(有保姆)	21	12	9	10	3	7	20	7	13
独居(无保姆)	742	332	410	208	74	134	23	7	16
养老机构	37	13	24	17	8	9	48	19	29
其 他	542	258	284	111	51	60	56	29	27

8-5b　全省分性别、居住状况、健康状况的60岁及以上老年人口(镇)

单位：人

居住状况	60岁及以上人口			健康		
	合计	男	女	小计	男	女
总　计	**33342**	**15986**	**17356**	**16420**	**8524**	**7896**
与配偶和子女同住	13124	7293	5831	7521	4330	3191
与配偶同住	9058	4935	4123	4727	2629	2098
与子女同住	6860	1726	5134	2499	673	1826
独居(有保姆)	42	15	27	14	6	8
独居(无保姆)	2631	1134	1497	1007	502	505
养老机构	199	127	72	15	7	8
其　他	1428	756	672	637	377	260

8-5b　续表

单位：人

居住状况	基本健康			不健康，但生活能自理			不健康，生活不能自理		
	小计	男	女	小计	男	女	小计	男	女
总　计	**12180**	**5454**	**6726**	**3933**	**1652**	**2281**	**809**	**356**	**453**
与配偶和子女同住	4389	2265	2124	1030	577	453	184	121	63
与配偶同住	3337	1737	1600	859	484	375	135	85	50
与子女同住	2743	696	2047	1292	287	1005	326	70	256
独居(有保姆)	10	2	8	12	4	8	6	3	3
独居(无保姆)	1090	430	660	474	174	300	60	28	32
养老机构	82	62	20	60	34	26	42	24	18
其　他	529	262	267	206	92	114	56	25	31

8-5c 全省分性别、居住状况、健康状况的60岁及以上老年人口(乡村)

单位：人

居住状况	60岁及以上人口			健康		
	合计	男	女	小计	男	女
总　计	**64118**	**30448**	**33670**	**28006**	**14665**	**13341**
与配偶和子女同住	21522	11906	9616	11259	6442	4817
与配偶同住	19915	10738	9177	9528	5330	4198
与子女同住	13621	3505	10116	4180	1243	2937
独居(有保姆)	60	31	29	11	7	4
独居(无保姆)	6192	2803	3389	1912	987	925
养老机构	125	82	43	34	20	14
其　他	2683	1383	1300	1082	636	446

8-5c　续表

单位：人

居住状况	基本健康			不健康，但生活能自理			不健康，生活不能自理		
	小计	男	女	小计	男	女	小计	男	女
总　计	**25271**	**11200**	**14071**	**9038**	**3820**	**5218**	**1803**	**763**	**1040**
与配偶和子女同住	7781	4025	3756	2098	1189	909	384	250	134
与配偶同住	7902	4050	3852	2118	1138	980	367	220	147
与子女同住	5742	1388	4354	2963	712	2251	736	162	574
独居(有保姆)	29	14	15	8	5	3	12	5	7
独居(无保姆)	2763	1204	1559	1359	552	807	158	60	98
养老机构	52	36	16	30	23	7	9	3	6
其　他	1002	483	519	462	201	261	137	63	74

8-6　各地区分性别、主要生活来源的60岁及以上老年人口

单位：人

地　　区	60岁及以上人口			劳动收入		
	合计	男	女	小计	男	女
全省	**136158**	**64999**	**71159**	**25089**	**15188**	**9901**
海口市	**31732**	**15343**	**16389**	**4132**	**2581**	**1551**
秀英区	5655	2788	2867	1177	713	464
龙华区	8130	3887	4243	959	619	340
琼山区	7695	3739	3956	1218	723	495
美兰区	10252	4929	5323	778	526	252
三亚市	**9537**	**4544**	**4993**	**1333**	**843**	**490**
海棠区	968	458	510	159	99	60
吉阳区	3611	1744	1867	414	271	143
天涯区	3567	1668	1899	482	296	186
崖州区	1391	674	717	278	177	101
三沙市						
儋州市	**11620**	**5368**	**6252**	**2124**	**1224**	**900**
五指山市	1465	652	813	355	185	170
琼海市	9627	4680	4947	2245	1355	890
文昌市	12055	5816	6239	2253	1407	846
万宁市	9435	4527	4908	1971	1223	748
东方市	5766	2690	3076	985	582	403
定安县	5419	2684	2735	1314	796	518
屯昌县	4159	2048	2111	994	622	372
澄迈县	8171	4041	4130	1464	915	549
临高县	6071	2820	3251	1475	863	612
白沙黎族自治县	2136	1016	1120	379	228	151
昌江黎族自治县	3044	1396	1648	516	318	198
乐东黎族自治县	6108	2785	3323	1469	832	637
陵水黎族自治县	5234	2467	2767	1152	685	467
保亭黎族苗族自治县	2159	971	1188	413	229	184
琼中黎族苗族自治县	2420	1151	1269	515	300	215

8-6 续表 1 单位：人

地区	离退休金/养老金			最低生活保障金			失业保险金		
	小计	男	女	小计	男	女	小计	男	女
全省	**54001**	**27405**	**26596**	**5351**	**2856**	**2495**	**3**	**1**	**2**
海口市	**17505**	**8868**	**8637**	**720**	**425**	**295**	**1**		**1**
秀英区	2164	1143	1021	174	105	69			
龙华区	4903	2405	2498	173	112	61			
琼山区	3698	1924	1774	219	136	83	1		1
美兰区	6740	3396	3344	154	72	82			
三亚市	**5044**	**2476**	**2568**	**218**	**102**	**116**			
海棠区	481	219	262	34	16	18			
吉阳区	2184	1072	1112	56	29	27			
天涯区	1918	943	975	75	30	45			
崖州区	461	242	219	53	27	26			
三沙市									
儋州市	**4228**	**2027**	**2201**	**413**	**198**	**215**			
五指山市	679	323	356	75	31	44			
琼海市	2937	1589	1348	394	246	148			
文昌市	3119	1771	1348	497	277	220			
万宁市	2885	1439	1446	464	240	224			
东方市	2038	1040	998	261	126	135	1		1
定安县	1767	935	832	293	180	113			
屯昌县	1389	714	675	249	129	120			
澄迈县	3249	1663	1586	401	241	160			
临高县	1648	867	781	289	163	126			
白沙黎族自治县	1067	525	542	100	41	59			
昌江黎族自治县	1124	565	559	160	75	85	1	1	
乐东黎族自治县	1549	793	756	267	121	146			
陵水黎族自治县	1357	671	686	413	198	215			
保亭黎族苗族自治县	1167	532	635	54	25	29			
琼中黎族苗族自治县	1249	607	642	83	38	45			

8-6 续表 2

单位：人

地 区	财产性收入			家庭其他成员供养			其 他		
	小计	男	女	小计	男	女	小计	男	女
全省	**1176**	**635**	**541**	**40723**	**14279**	**26444**	**9815**	**4635**	**5180**
海口市	**243**	**128**	**115**	**7283**	**2477**	**4806**	**1848**	**864**	**984**
秀英区	50	24	26	1759	641	1118	331	162	169
龙华区	49	24	25	1645	547	1098	401	180	221
琼山区	59	36	23	1965	675	1290	535	245	290
美兰区	85	44	41	1914	614	1300	581	277	304
三亚市	**215**	**119**	**96**	**2123**	**720**	**1403**	**604**	**284**	**320**
海棠区	15	8	7	175	60	115	104	56	48
吉阳区	83	47	36	709	244	465	165	81	84
天涯区	98	54	44	742	237	505	252	108	144
崖州区	19	10	9	497	179	318	83	39	44
三沙市									
儋州市	**17**	**9**	**8**	**4099**	**1563**	**2536**	**739**	**347**	**392**
五指山市	14	9	5	223	57	166	119	47	72
琼海市	80	48	32	3354	1136	2218	617	306	311
文昌市	80	45	35	5298	1908	3390	808	408	400
万宁市	124	67	57	3290	1206	2084	701	352	349
东方市	32	18	14	1942	698	1244	507	226	281
定安县	76	36	40	1555	538	1017	414	199	215
屯昌县	48	24	24	1139	383	756	340	176	164
澄迈县	36	21	15	2462	912	1550	559	289	270
临高县	22	11	11	2052	654	1398	585	262	323
白沙黎族自治县	3	2	1	489	172	317	98	48	50
昌江黎族自治县	7	4	3	1040	346	694	196	87	109
乐东黎族自治县	87	47	40	2052	699	1353	684	293	391
陵水黎族自治县	45	23	22	1501	538	963	766	352	414
保亭黎族苗族自治县	15	6	9	370	126	244	140	53	87
琼中黎族苗族自治县	32	18	14	451	146	305	90	42	48

8－6a 各地区分性别、主要生活来源的60岁及以上老年人口(城市)

单位：人

地区	60岁及以上人口			劳动收入		
	合计	男	女	小计	男	女
全省	**38698**	**18565**	**20133**	**3225**	**2200**	**1025**
海口市	**20032**	**9618**	**10414**	**1274**	**912**	**362**
秀英区	2784	1376	1408	308	214	94
龙华区	6254	2968	3286	405	305	100
琼山区	3956	1890	2066	229	161	68
美兰区	7038	3384	3654	332	232	100
三亚市	**6518**	**3153**	**3365**	**709**	**482**	**227**
海棠区	550	266	284	84	56	28
吉阳区	3034	1463	1571	286	194	92
天涯区	2234	1081	1153	202	141	61
崖州区	700	343	357	137	91	46
三沙市						
儋州市	**2456**	**1146**	**1310**	**300**	**188**	**112**
五指山市	654	307	347	36	24	12
琼海市	2386	1143	1243	205	130	75
文昌市	2602	1260	1342	244	153	91
万宁市	1691	824	867	263	180	83
东方市	2359	1114	1245	194	131	63
定安县						
屯昌县						
澄迈县						
临高县						
白沙黎族自治县						
昌江黎族自治县						
乐东黎族自治县						
陵水黎族自治县						
保亭黎族苗族自治县						
琼中黎族苗族自治县						

8-6a 续表 1

单位：人

地区	离退休金/养老金			最低生活保障金			失业保险金		
	小计	男	女	小计	男	女	小计	男	女
全省	**24221**	**12176**	**12045**	**523**	**251**	**272**	**1**		**1**
海口市	**14451**	**7147**	**7304**	**145**	**65**	**80**			
秀英区	1583	808	775	55	27	28			
龙华区	4714	2277	2437	16	4	12			
琼山区	2591	1317	1274	36	20	16			
美兰区	5563	2745	2818	38	14	24			
三亚市	**3944**	**1959**	**1985**	**95**	**48**	**47**			
海棠区	355	163	192	13	7	6			
吉阳区	2014	987	1027	22	12	10			
天涯区	1447	727	720	22	8	14			
崖州区	128	82	46	38	21	17			
三沙市									
儋州市	**985**	**510**	**475**	**40**	**19**	**21**			
五指山市	488	237	251	14	5	9			
琼海市	1276	688	588	30	15	15			
文昌市	1228	668	560	69	41	28			
万宁市	555	305	250	90	42	48			
东方市	1294	662	632	40	16	24	1		1
定安县									
屯昌县									
澄迈县									
临高县									
白沙黎族自治县									
昌江黎族自治县									
乐东黎族自治县									
陵水黎族自治县									
保亭黎族苗族自治县									
琼中黎族苗族自治县									

8-6a 续表 2

单位：人

地 区	财产性收入			家庭其他成员供养			其 他		
	小计	男	女	小计	男	女	小计	男	女
全省	**339**	**192**	**147**	**8322**	**2770**	**5552**	**2067**	**976**	**1091**
海口市	**151**	**82**	**69**	**3083**	**985**	**2098**	**928**	**427**	**501**
秀英区	36	17	19	666	245	421	136	65	71
龙华区	48	24	24	860	267	593	211	91	120
琼山区	35	23	12	789	238	551	276	131	145
美兰区	32	18	14	768	235	533	305	140	165
三亚市	**117**	**67**	**50**	**1326**	**442**	**884**	**327**	**155**	**172**
海棠区	3	2	1	58	18	40	37	20	17
吉阳区	60	35	25	528	177	351	124	58	66
天涯区	38	21	17	404	128	276	121	56	65
崖州区	16	9	7	336	119	217	45	21	24
三沙市									
儋州市	**11**	**6**	**5**	**1035**	**377**	**658**	**85**	**46**	**39**
五指山市				75	23	52	41	18	23
琼海市	25	16	9	716	229	487	134	65	69
文昌市	15	8	7	846	294	552	200	96	104
万宁市	10	7	3	575	192	383	198	98	100
东方市	10	6	4	666	228	438	154	71	83
定安县									
屯昌县									
澄迈县									
临高县									
白沙黎族自治县									
昌江黎族自治县									
乐东黎族自治县									
陵水黎族自治县									
保亭黎族苗族自治县									
琼中黎族苗族自治县									

8-6b　各地区分性别、主要生活来源的60岁及以上老年人口(镇)

单位：人

地　区	60岁及以上人口			劳动收入		
	合计	男	女	小计	男	女
全省	**33342**	**15986**	**17356**	**5927**	**3663**	**2264**
海口市	**3327**	**1642**	**1685**	**682**	**403**	**279**
秀英区	1083	527	556	252	136	116
龙华区	420	218	202	97	55	42
琼山区	630	311	319	190	109	81
美兰区	1194	586	608	143	103	40
三亚市	**267**	**120**	**147**	**38**	**23**	**15**
海棠区	61	26	35	18	10	8
吉阳区	63	32	31	4	2	2
天涯区	134	58	76	15	11	4
崖州区	9	4	5	1		1
三沙市						
儋州市	**2876**	**1324**	**1552**	**454**	**269**	**185**
五指山市	233	99	134	54	31	23
琼海市	1560	776	784	399	241	158
文昌市	4017	1971	2046	864	544	320
万宁市	1803	871	932	362	224	138
东方市	861	435	426	175	116	59
定安县	1949	956	993	312	195	117
屯昌县	1597	768	829	269	176	93
澄迈县	4564	2239	2325	701	441	260
临高县	2649	1216	1433	496	296	200
白沙黎族自治县	337	169	168	34	27	7
昌江黎族自治县	1701	784	917	174	118	56
乐东黎族自治县	1775	812	963	299	193	106
陵水黎族自治县	2353	1115	1238	466	279	187
保亭黎族苗族自治县	754	345	409	80	46	34
琼中黎族苗族自治县	719	344	375	68	41	27

8-6b 续表 1

单位：人

地 区	离退休金/养老金			最低生活保障金			失业保险金		
	小计	男	女	小计	男	女	小计	男	女
全省	**12016**	**6291**	**5725**	**1384**	**701**	**683**			
海口市	**1157**	**640**	**517**	**125**	**75**	**50**			
秀英区	337	179	158	16	7	9			
龙华区	44	35	9	58	41	17			
琼山区	172	107	65	30	16	14			
美兰区	604	319	285	21	11	10			
三亚市	**67**	**31**	**36**	**32**	**14**	**18**			
海棠区	5	1	4	2	1	1			
吉阳区	30	14	16	7	4	3			
天涯区	29	13	16	23	9	14			
崖州区	3	3							
三沙市									
儋州市	**898**	**436**	**462**	**120**	**54**	**66**			
五指山市	130	53	77	5	1	4			
琼海市	427	238	189	71	47	24			
文昌市	759	473	286	163	84	79			
万宁市	462	231	231	83	46	37			
东方市	209	117	92	33	16	17			
定安县	925	497	428	43	20	23			
屯昌县	621	327	294	84	36	48			
澄迈县	1980	1033	947	228	129	99			
临高县	928	491	437	91	41	50			
白沙黎族自治县	206	106	100	8	3	5			
昌江黎族自治县	961	481	480	50	20	30			
乐东黎族自治县	609	315	294	56	26	30			
陵水黎族自治县	622	321	301	169	82	87			
保亭黎族苗族自治县	558	259	299	14	3	11			
琼中黎族苗族自治县	497	242	255	9	4	5			

8-6b 续表 2

单位：人

地 区	财产性收入			家庭其他成员供养			其 他		
	小计	男	女	小计	男	女	小计	男	女
全省	**192**	**110**	**82**	**11005**	**3836**	**7169**	**2818**	**1385**	**1433**
海口市	**20**	**9**	**11**	**1090**	**389**	**701**	**253**	**126**	**127**
秀英区	8	4	4	379	148	231	91	53	38
龙华区				181	67	114	40	20	20
琼山区	10	4	6	190	61	129	38	14	24
美兰区	2	1	1	340	113	227	84	39	45
三亚市	**14**	**7**	**7**	**73**	**24**	**49**	**43**	**21**	**22**
海棠区	8	4	4	24	8	16	4	2	2
吉阳区	6	3	3	8	4	4	8	5	3
天涯区				38	12	26	29	13	16
崖州区				3		3	2	1	1
三沙市									
儋州市	**2**	**1**	**1**	**1110**	**419**	**691**	**292**	**145**	**147**
五指山市				20	5	15	24	9	15
琼海市	14	11	3	535	187	348	114	52	62
文昌市	28	16	12	1877	682	1195	326	172	154
万宁市	16	10	6	683	258	425	197	102	95
东方市	8	5	3	330	127	203	106	54	52
定安县	10	6	4	508	164	344	151	74	77
屯昌县	7	5	2	503	162	341	113	62	51
澄迈县	25	13	12	1309	456	853	321	167	154
临高县	12	7	5	918	290	628	204	91	113
白沙黎族自治县				70	21	49	19	12	7
昌江黎族自治县	3	2	1	445	135	310	68	28	40
乐东黎族自治县	10	6	4	620	198	422	181	74	107
陵水黎族自治县	13	6	7	732	259	473	351	168	183
保亭黎族苗族自治县	5	3	2	71	23	48	26	11	15
琼中黎族苗族自治县	5	3	2	111	37	74	29	17	12

8-6c 各地区分性别、主要生活来源的60岁及以上老年人口(乡村)

单位：人

地　　区	60岁及以上人口			劳动收入		
	合计	男	女	小计	男	女
全省	**64118**	**30448**	**33670**	**15937**	**9325**	**6612**
海口市	**8373**	**4083**	**4290**	**2176**	**1266**	**910**
秀英区	1788	885	903	617	363	254
龙华区	1456	701	755	457	259	198
琼山区	3109	1538	1571	799	453	346
美兰区	2020	959	1061	303	191	112
三亚市	**2752**	**1271**	**1481**	**586**	**338**	**248**
海棠区	357	166	191	57	33	24
吉阳区	514	249	265	124	75	49
天涯区	1199	529	670	265	144	121
崖州区	682	327	355	140	86	54
三沙市						
儋州市	**6288**	**2898**	**3390**	**1370**	**767**	**603**
五指山市	578	246	332	265	130	135
琼海市	5681	2761	2920	1641	984	657
文昌市	5436	2585	2851	1145	710	435
万宁市	5941	2832	3109	1346	819	527
东方市	2546	1141	1405	616	335	281
定安县	3470	1728	1742	1002	601	401
屯昌县	2562	1280	1282	725	446	279
澄迈县	3607	1802	1805	763	474	289
临高县	3422	1604	1818	979	567	412
白沙黎族自治县	1799	847	952	345	201	144
昌江黎族自治县	1343	612	731	342	200	142
乐东黎族自治县	4333	1973	2360	1170	639	531
陵水黎族自治县	2881	1352	1529	686	406	280
保亭黎族苗族自治县	1405	626	779	333	183	150
琼中黎族苗族自治县	1701	807	894	447	259	188

8-6c 续表 1

单位：人

地 区	离退休金/养老金			最低生活保障金			失业保险金		
	小计	男	女	小计	男	女	小计	男	女
全省	**17764**	**8938**	**8826**	**3444**	**1904**	**1540**	**2**	**1**	**1**
海口市	**1897**	**1081**	**816**	**450**	**285**	**165**	**1**		**1**
秀英区	244	156	88	103	71	32			
龙华区	145	93	52	99	67	32			
琼山区	935	500	435	153	100	53	1		1
美兰区	573	332	241	95	47	48			
三亚市	**1033**	**486**	**547**	**91**	**40**	**51**			
海棠区	121	55	66	19	8	11			
吉阳区	140	71	69	27	13	14			
天涯区	442	203	239	30	13	17			
崖州区	330	157	173	15	6	9			
三沙市									
儋州市	**2345**	**1081**	**1264**	**253**	**125**	**128**			
五指山市	61	33	28	56	25	31			
琼海市	1234	663	571	293	184	109			
文昌市	1132	630	502	265	152	113			
万宁市	1868	903	965	291	152	139			
东方市	535	261	274	188	94	94			
定安县	842	438	404	250	160	90			
屯昌县	768	387	381	165	93	72			
澄迈县	1269	630	639	173	112	61			
临高县	720	376	344	198	122	76			
白沙黎族自治县	861	419	442	92	38	54			
昌江黎族自治县	163	84	79	110	55	55	1	1	
乐东黎族自治县	940	478	462	211	95	116			
陵水黎族自治县	735	350	385	244	116	128			
保亭黎族苗族自治县	609	273	336	40	22	18			
琼中黎族苗族自治县	752	365	387	74	34	40			

8-6c 续表 2 单位：人

地 区	财产性收入			家庭其他成员供养			其 他		
	小计	男	女	小计	男	女	小计	男	女
全省	**645**	**333**	**312**	**21396**	**7673**	**13723**	**4930**	**2274**	**2656**
海口市	**72**	**37**	**35**	**3110**	**1103**	**2007**	**667**	**311**	**356**
秀英区	6	3	3	714	248	466	104	44	60
龙华区	1		1	604	213	391	150	69	81
琼山区	14	9	5	986	376	610	221	100	121
美兰区	51	25	26	806	266	540	192	98	94
三亚市	**84**	**45**	**39**	**724**	**254**	**470**	**234**	**108**	**126**
海棠区	4	2	2	93	34	59	63	34	29
吉阳区	17	9	8	173	63	110	33	18	15
天涯区	60	33	27	300	97	203	102	39	63
崖州区	3	1	2	158	60	98	36	17	19
三沙市									
儋州市	**4**	**2**	**2**	**1954**	**767**	**1187**	**362**	**156**	**206**
五指山市	14	9	5	128	29	99	54	20	34
琼海市	41	21	20	2103	720	1383	369	189	180
文昌市	37	21	16	2575	932	1643	282	140	142
万宁市	98	50	48	2032	756	1276	306	152	154
东方市	14	7	7	946	343	603	247	101	146
定安县	66	30	36	1047	374	673	263	125	138
屯昌县	41	19	22	636	221	415	227	114	113
澄迈县	11	8	3	1153	456	697	238	122	116
临高县	10	4	6	1134	364	770	381	171	210
白沙黎族自治县	3	2	1	419	151	268	79	36	43
昌江黎族自治县	4	2	2	595	211	384	128	59	69
乐东黎族自治县	77	41	36	1432	501	931	503	219	284
陵水黎族自治县	32	17	15	769	279	490	415	184	231
保亭黎族苗族自治县	10	3	7	299	103	196	114	42	72
琼中黎族苗族自治县	27	15	12	340	109	231	61	25	36

8-7 全省分年龄、性别、主要生活来源的人口

单位：人

年龄	15岁及以上人口			劳动收入		
	合计	男	女	小计	男	女
总 计	**739671**	**387457**	**352214**	**432091**	**255899**	**176192**
45岁以下	**407290**	**219045**	**188245**	**268871**	**157232**	**111639**
45-49岁	**66715**	**35570**	**31145**	**53294**	**30377**	**22917**
45	11929	6294	5635	9626	5408	4218
46	13293	7105	6188	10726	6089	4637
47	14055	7452	6603	11204	6321	4883
48	14261	7636	6625	11386	6555	4831
49	13177	7083	6094	10352	6004	4348
50-54岁	**68223**	**35998**	**32225**	**48487**	**29626**	**18861**
50	14608	7646	6962	10812	6421	4391
51	13992	7490	6502	10218	6225	3993
52	14840	7871	6969	10527	6485	4042
53	12008	6261	5747	8304	5093	3211
54	12775	6730	6045	8626	5402	3224
55-59岁	**61285**	**31845**	**29440**	**36350**	**23476**	**12874**
55	13143	6765	6378	8399	5239	3160
56	13202	6796	6406	8168	5234	2934
57	14380	7572	6808	8444	5538	2906
58	13209	6944	6265	7531	4958	2573
59	7351	3768	3583	3808	2507	1301
60-64岁	**40228**	**20381**	**19847**	**13270**	**8005**	**5265**
60	7165	3626	3539	2890	1734	1156
61	7312	3778	3534	2500	1531	969
62	8769	4485	4284	2881	1721	1160
63	8887	4516	4371	2689	1638	1051
64	8095	3976	4119	2310	1381	929
65-69岁	**35625**	**17679**	**17946**	**7788**	**4716**	**3072**
65	8424	4247	4177	2170	1296	874
66	7956	3887	4069	1857	1137	720
67	6926	3418	3508	1477	894	583
68	6703	3347	3356	1321	822	499
69	5616	2780	2836	963	567	396

8-7 续表 1 单位：人

年龄	15岁及以上人口			劳动收入		
	合计	男	女	小计	男	女
70-74岁	**23040**	**11408**	**11632**	**2771**	**1716**	**1055**
70	6175	3109	3066	939	580	359
71	5087	2515	2572	638	397	241
72	4474	2194	2280	509	308	201
73	3866	1931	1935	383	245	138
74	3438	1659	1779	302	186	116
75-79岁	**14192**	**6456**	**7736**	**812**	**499**	**313**
75	3147	1538	1609	224	132	92
76	2931	1355	1576	204	127	77
77	2868	1272	1596	159	94	65
78	2769	1244	1525	117	74	43
79	2477	1047	1430	108	72	36
80-84岁	**12509**	**5254**	**7255**	**301**	**169**	**132**
80	2806	1198	1608	102	58	44
81	2546	1073	1473	67	43	24
82	2561	1086	1475	52	29	23
83	2353	990	1363	49	26	23
84	2243	907	1336	31	13	18
85-89岁	**7045**	**2748**	**4297**	**117**	**70**	**47**
85	1901	769	1132	37	26	11
86	1635	658	977	30	22	8
87	1458	570	888	15	4	11
88	1103	401	702	20	11	9
89	948	350	598	15	7	8
90-94岁	**2667**	**856**	**1811**	**25**	**12**	**13**
90	890	304	586	8	2	6
91	570	191	379	7	4	3
92	511	151	360	4	2	2
93	419	130	289	1		1
94	277	80	197	5	4	1
95-99岁	**713**	**196**	**517**	**5**	**1**	**4**
95	237	69	168			
96	174	61	113	1	1	
97	147	38	109			
98	82	16	66	1		1
99	73	12	61	3		3
100岁及以上	**139**	**21**	**118**			

8-7　续表 2　　单位：人

年　龄	离退休金/养老金			最低生活保障金			失业保险金		
	小计	男	女	小计	男	女	小计	男	女
总　计	**69688**	**29497**	**40191**	**9017**	**5224**	**3793**	**261**	**162**	**99**
45岁以下	**13**	**6**	**7**	**1817**	**1102**	**715**	**116**	**63**	**53**
45–49岁	**292**	**10**	**282**	**513**	**338**	**175**	**72**	**32**	**40**
45	11	1	10	88	54	34	8	4	4
46	32		32	96	63	33	11	7	4
47	41	1	40	107	73	34	22	9	13
48	59	2	57	109	64	45	16	6	10
49	149	6	143	113	84	29	15	6	9
50–54岁	**5374**	**387**	**4987**	**640**	**456**	**184**	**39**	**35**	**4**
50	815	42	773	137	91	46	10	8	2
51	958	58	900	138	103	35	7	7	
52	1211	85	1126	131	105	26	11	10	1
53	1054	70	984	112	71	41	5	5	
54	1336	132	1204	122	86	36	6	5	1
55–59岁	**10008**	**1689**	**8319**	**696**	**472**	**224**	**31**	**31**	
55	1711	216	1495	144	105	39	10	10	
56	1987	263	1724	136	92	44	2	2	
57	2451	409	2042	160	117	43	4	4	
58	2331	437	1894	151	98	53	8	8	
59	1528	364	1164	105	60	45	7	7	
60–64岁	**14803**	**7457**	**7346**	**922**	**562**	**360**	**1**		**1**
60	2356	1121	1235	132	80	52	1		1
61	2712	1399	1313	162	106	56			
62	3288	1694	1594	191	116	75			
63	3343	1684	1659	233	147	86			
64	3104	1559	1545	204	113	91			
65–69岁	**14040**	**7132**	**6908**	**1190**	**686**	**504**			
65	3159	1624	1535	227	134	93			
66	3146	1564	1582	252	134	118			
67	2808	1389	1419	232	128	104			
68	2674	1382	1292	230	133	97			
69	2253	1173	1080	249	157	92			

8-7 续表 3

单位：人

年龄	离退休金/养老金			最低生活保障金			失业保险金		
	小计	男	女	小计	男	女	小计	男	女
70—74岁	**9752**	**5217**	**4535**	**1024**	**583**	**441**			
70	2463	1317	1146	276	160	116			
71	2259	1191	1068	208	113	95			
72	1878	1006	872	178	103	75			
73	1648	899	749	190	106	84			
74	1504	804	700	172	101	71			
75—79岁	**6145**	**3043**	**3102**	**783**	**438**	**345**			
75	1339	721	618	169	108	61			
76	1236	630	606	163	76	87			
77	1268	618	650	141	81	60			
78	1225	589	636	163	83	80			
79	1077	485	592	147	90	57			
80—84岁	**5554**	**2705**	**2849**	**721**	**339**	**382**	**2**	**1**	**1**
80	1273	587	686	163	77	86			
81	1128	543	585	131	69	62	2	1	1
82	1148	560	588	165	81	84			
83	1015	521	494	148	58	90			
84	990	494	496	114	54	60			
85—89岁	**2687**	**1362**	**1325**	**417**	**169**	**248**			
85	736	384	352	100	38	62			
86	669	340	329	83	43	40			
87	595	307	288	108	40	68			
88	375	182	193	56	21	35			
89	312	149	163	70	27	43			
90—94岁	**814**	**405**	**409**	**204**	**57**	**147**			
90	296	164	132	61	21	40			
91	175	90	85	37	5	32			
92	152	64	88	38	10	28			
93	119	56	63	39	11	28			
94	72	31	41	29	10	19			
95—99岁	**184**	**81**	**103**	**74**	**19**	**55**			
95	71	30	41	23	9	14			
96	45	29	16	17	3	14			
97	34	15	19	19	3	16			
98	22	3	19	8	3	5			
99	12	4	8	7	1	6			
100岁及以上	**22**	**3**	**19**	**16**	**3**	**13**			

8-7　续表 4　　　　　　　　　　　　　　　　　　　　　　　　　　单位：人

年　龄	财产性收入			家庭其他成员供养			其　他		
	小计	男	女	小计	男	女	小计	男	女
总　计	**6755**	**3809**	**2946**	**160454**	**60945**	**99509**	**61405**	**31921**	**29484**
45岁以下	**3059**	**1720**	**1339**	**97617**	**40083**	**57534**	**35797**	**18839**	**16958**
45-49岁	**829**	**458**	**371**	**6250**	**1486**	**4764**	**5465**	**2869**	**2596**
45	144	75	69	1044	232	812	1008	520	488
46	167	97	70	1171	267	904	1090	582	508
47	171	102	69	1343	333	1010	1167	613	554
48	172	92	80	1388	332	1056	1131	585	546
49	175	92	83	1304	322	982	1069	569	500
50-54岁	**868**	**489**	**379**	**7382**	**2132**	**5250**	**5433**	**2873**	**2560**
50	179	93	86	1455	377	1078	1200	614	586
51	167	99	68	1453	416	1037	1051	582	469
52	209	122	87	1622	490	1132	1129	574	555
53	156	93	63	1358	386	972	1019	543	476
54	157	82	75	1494	463	1031	1034	560	474
55-59岁	**823**	**507**	**316**	**8482**	**2965**	**5517**	**4895**	**2705**	**2190**
55	191	115	76	1603	516	1087	1085	564	521
56	185	110	75	1733	558	1175	991	537	454
57	198	117	81	1977	730	1247	1146	657	489
58	171	117	54	1953	697	1256	1064	629	435
59	78	48	30	1216	464	752	609	318	291
60-64岁	**450**	**254**	**196**	**7877**	**2667**	**5210**	**2905**	**1436**	**1469**
60	80	52	28	1147	368	779	559	271	288
61	83	39	44	1336	452	884	519	251	268
62	88	52	36	1681	577	1104	640	325	315
63	104	55	49	1917	678	1239	601	314	287
64	95	56	39	1796	592	1204	586	275	311
65-69岁	**365**	**187**	**178**	**9547**	**3601**	**5946**	**2695**	**1357**	**1338**
65	109	60	49	2122	784	1338	637	349	288
66	78	41	37	2015	725	1290	608	286	322
67	71	33	38	1800	702	1098	538	272	266
68	62	34	28	1895	727	1168	521	249	272
69	45	19	26	1715	663	1052	391	201	190

8-7 续表 5

单位：人

年 龄	财产性收入			家庭其他成员供养			其 他		
	小计	男	女	小计	男	女	小计	男	女
70-74岁	**183**	**104**	**79**	**7620**	**2985**	**4635**	**1690**	**803**	**887**
70	55	33	22	1989	808	1181	453	211	242
71	43	20	23	1573	601	972	366	193	173
72	35	23	12	1549	594	955	325	160	165
73	26	13	13	1323	533	790	296	135	161
74	24	15	9	1186	449	737	250	104	146
75-79岁	**78**	**40**	**38**	**5354**	**1941**	**3413**	**1020**	**495**	**525**
75	22	13	9	1142	426	716	251	138	113
76	16	8	8	1092	408	684	220	106	114
77	11	7	4	1105	382	723	184	90	94
78	14	7	7	1049	403	646	201	88	113
79	15	5	10	966	322	644	164	73	91
80-84岁	**63**	**32**	**31**	**5085**	**1688**	**3397**	**783**	**320**	**463**
80	16	10	6	1069	392	677	183	74	109
81	10	4	6	1031	340	691	177	73	104
82	13	8	5	1016	345	671	167	63	104
83	14	7	7	1001	320	681	126	58	68
84	10	3	7	968	291	677	130	52	78
85-89岁	**29**	**16**	**13**	**3338**	**986**	**2352**	**457**	**145**	**312**
85	11	9	2	895	274	621	122	38	84
86	7	1	6	761	221	540	85	31	54
87	6	3	3	636	189	447	98	27	71
88	3	3		568	156	412	81	28	53
89	2		2	478	146	332	71	21	50
90-94岁	**6**	**2**	**4**	**1419**	**322**	**1097**	**199**	**58**	**141**
90	2		2	462	100	362	61	17	44
91	1		1	310	81	229	40	11	29
92				286	66	220	31	9	22
93	3	2	1	216	49	167	41	12	29
94				145	26	119	26	9	17
95-99岁	**2**		**2**	**396**	**77**	**319**	**52**	**18**	**34**
95				126	25	101	17	5	12
96	1		1	98	23	75	12	5	7
97				82	16	66	12	4	8
98	1		1	44	7	37	6	3	3
99				46	6	40	5	1	4
100岁及以上				**87**	**12**	**75**	**14**	**3**	**11**

8–7a 全省分年龄、性别、主要生活来源的人口(城市)

单位：人

年 龄	15岁及以上人口			劳动收入		
	合计	男	女	小计	男	女
总 计	**272866**	**138969**	**133897**	**156759**	**91394**	**65365**
45岁以下	**166159**	**85081**	**81078**	**110019**	**61461**	**48558**
45–49岁	**25490**	**13313**	**12177**	**19775**	**11419**	**8356**
45	4504	2282	2222	3537	1983	1554
46	5206	2728	2478	4098	2349	1749
47	5403	2789	2614	4179	2385	1794
48	5358	2852	2506	4142	2444	1698
49	5019	2662	2357	3819	2258	1561
50–54岁	**23253**	**12222**	**11031**	**14871**	**9788**	**5083**
50	5232	2686	2546	3558	2219	1339
51	4891	2638	2253	3326	2187	1139
52	5198	2798	2400	3316	2246	1070
53	3866	1985	1881	2305	1537	768
54	4066	2115	1951	2366	1599	767
55–59岁	**19266**	**9788**	**9478**	**8869**	**6526**	**2343**
55	4258	2185	2073	2205	1566	639
56	4221	2140	2081	2105	1526	579
57	4789	2482	2307	2184	1643	541
58	3889	1961	1928	1628	1225	403
59	2109	1020	1089	747	566	181
60–64岁	**12638**	**6289**	**6349**	**1953**	**1339**	**614**
60	2221	1085	1136	449	305	144
61	2290	1147	1143	395	265	130
62	2732	1402	1330	416	300	116
63	2860	1444	1416	395	271	124
64	2535	1211	1324	298	198	100
65–69岁	**10534**	**5137**	**5397**	**929**	**628**	**301**
65	2535	1262	1273	279	184	95
66	2383	1177	1206	234	153	81
67	2069	970	1099	165	105	60
68	1902	940	962	150	119	31
69	1645	788	857	101	67	34

8-7a 续表 1

单位：人

年 龄	15岁及以上人口			劳动收入		
	合计	男	女	小计	男	女
70-74岁	**6464**	**3170**	**3294**	**246**	**171**	**75**
70	1676	813	863	94	64	30
71	1469	719	750	56	38	18
72	1248	635	613	43	29	14
73	1104	546	558	36	29	7
74	967	457	510	17	11	6
75-79岁	**3761**	**1717**	**2044**	**58**	**38**	**20**
75	821	400	421	17	12	5
76	805	381	424	18	12	6
77	732	314	418	6	3	3
78	771	350	421	8	6	2
79	632	272	360	9	5	4
80-84岁	**3215**	**1439**	**1776**	**28**	**16**	**12**
80	788	342	446	14	9	5
81	668	291	377	3	2	1
82	638	312	326	7	4	3
83	551	243	308	2		2
84	570	251	319	2	1	1
85-89岁	**1469**	**610**	**859**	**10**	**7**	**3**
85	418	172	246	1		1
86	375	167	208	4	3	1
87	305	130	175	3	2	1
88	197	78	119	1	1	
89	174	63	111	1	1	
90-94岁	**484**	**170**	**314**	**1**	**1**	
90	185	80	105			
91	104	30	74			
92	93	31	62	1	1	
93	61	19	42			
94	41	10	31			
95-99岁	**119**	**33**	**86**			
95	43	10	33			
96	31	14	17			
97	21	6	15			
98	11	1	10			
99	13	2	11			
100岁及以上	**14**		**14**			

8-7a 续表 2

单位：人

年 龄	离退休金/养老金			最低生活保障金			失业保险金		
	小计	男	女	小计	男	女	小计	男	女
总 计	**32558**	**13499**	**19059**	**987**	**502**	**485**	**157**	**85**	**72**
45岁以下	**7**	**5**	**2**	**192**	**110**	**82**	**89**	**42**	**47**
45-49岁	**182**	**8**	**174**	**78**	**36**	**42**	**41**	**18**	**23**
45	8		8	9	3	6	6	3	3
46	18		18	15	7	8	8	4	4
47	22	1	21	21	11	10	14	4	10
48	40	2	38	20	7	13	10	5	5
49	94	5	89	13	8	5	3	2	1
50-54岁	**2869**	**260**	**2609**	**82**	**41**	**41**	**19**	**18**	**1**
50	463	23	440	19	9	10	5	4	1
51	533	42	491	17	10	7	5	5	
52	656	56	600	18	9	9	5	5	
53	529	50	479	10	4	6	2	2	
54	688	89	599	18	9	9	2	2	
55-59岁	**5279**	**1050**	**4229**	**112**	**64**	**48**	**7**	**7**	
55	923	156	767	18	7	11	5	5	
56	1031	175	856	20	13	7	1	1	
57	1346	264	1082	37	22	15			
58	1191	253	938	29	21	8			
59	788	202	586	8	1	7	1	1	
60-64岁	**7458**	**3715**	**3743**	**104**	**57**	**47**	**1**		**1**
60	1220	587	633	15	7	8	1		1
61	1338	674	664	27	18	9			
62	1629	830	799	15	8	7			
63	1692	853	839	24	14	10			
64	1579	771	808	23	10	13			
65-69岁	**6549**	**3283**	**3266**	**155**	**76**	**79**			
65	1526	776	750	26	14	12			
66	1488	750	738	33	19	14			
67	1316	629	687	31	13	18			
68	1173	599	574	33	15	18			
69	1046	529	517	32	15	17			

8-7a 续表 3

单位：人

年 龄	离退休金/养老金			最低生活保障金			失业保险金		
	小计	男	女	小计	男	女	小计	男	女
70—74岁	**4287**	**2249**	**2038**	**103**	**57**	**46**			
70	1061	554	507	26	16	10			
71	1020	529	491	23	12	11			
72	816	448	368	15	9	6			
73	731	386	345	26	12	14			
74	659	332	327	13	8	5			
75—79岁	**2587**	**1269**	**1318**	**50**	**21**	**29**			
75	552	291	261	14	5	9			
76	532	274	258	11	2	9			
77	509	235	274	5	3	2			
78	542	257	285	11	6	5			
79	452	212	240	9	5	4			
80—84岁	**2185**	**1093**	**1092**	**56**	**22**	**34**			
80	522	241	281	12	5	7			
81	458	225	233	10	3	7			
82	446	232	214	15	6	9			
83	379	195	184	8	3	5			
84	380	200	180	11	5	6			
85—89岁	**868**	**436**	**432**	**30**	**14**	**16**			
85	251	130	121	7	2	5			
86	227	118	109	9	7	2			
87	183	92	91	8	3	5			
88	114	56	58	1		1			
89	93	40	53	5	2	3			
90—94岁	**236**	**115**	**121**	**17**	**2**	**15**			
90	94	53	41	8	2	6			
91	51	21	30	4		4			
92	41	21	20	2		2			
93	29	12	17	1		1			
94	21	8	13	2		2			
95—99岁	**45**	**16**	**29**	**7**	**2**	**5**			
95	19	6	13	1		1			
96	15	8	7	1		1			
97	5	2	3	5	2	3			
98	3		3						
99	3		3						
100岁及以上	**6**		**6**	**1**		**1**			

8－7a　续表 4

单位：人

年　龄	财产性收入			家庭其他成员供养			其　他		
	小计	男	女	小计	男	女	小计	男	女
总　计	**2347**	**1310**	**1037**	**60216**	**22111**	**38105**	**19842**	**10068**	**9774**
45岁以下	**1050**	**566**	**484**	**42477**	**16688**	**25789**	**12325**	**6209**	**6116**
45－49岁	**332**	**186**	**146**	**3099**	**666**	**2433**	**1983**	**980**	**1003**
45	57	28	29	551	109	442	336	156	180
46	66	38	28	601	134	467	400	196	204
47	74	44	30	667	136	531	426	208	218
48	64	38	26	657	138	519	425	218	207
49	71	38	33	623	149	474	396	202	194
50－54岁	**326**	**186**	**140**	**3187**	**927**	**2260**	**1899**	**1002**	**897**
50	59	31	28	704	181	523	424	219	205
51	58	34	24	596	165	431	356	195	161
52	83	50	33	703	217	486	417	215	202
53	64	38	26	596	174	422	360	180	180
54	62	33	29	588	190	398	342	193	149
55－59岁	**300**	**180**	**120**	**3131**	**1060**	**2071**	**1568**	**901**	**667**
55	69	37	32	639	187	452	399	227	172
56	77	43	34	678	212	466	309	170	139
57	72	44	28	753	266	487	397	243	154
58	56	40	16	677	239	438	308	183	125
59	26	16	10	384	156	228	155	78	77
60－64岁	**142**	**79**	**63**	**2232**	**734**	**1498**	**748**	**365**	**383**
60	25	16	9	366	104	262	145	66	79
61	22	11	11	376	116	260	132	63	69
62	27	12	15	465	165	300	180	87	93
63	40	20	20	557	209	348	152	77	75
64	28	20	8	468	140	328	139	72	67
65－69岁	**100**	**57**	**43**	**2197**	**792**	**1405**	**604**	**301**	**303**
65	37	25	12	513	177	336	154	86	68
66	18	11	7	464	178	286	146	66	80
67	17	7	10	413	147	266	127	69	58
68	15	8	7	430	156	274	101	43	58
69	13	6	7	377	134	243	76	37	39

8-7a 续表 5

单位：人

年龄	财产性收入			家庭其他成员供养			其他		
	小计	男	女	小计	男	女	小计	男	女
70-74岁	**54**	**31**	**23**	**1461**	**510**	**951**	**313**	**152**	**161**
70	16	9	7	399	141	258	80	29	51
71	12	7	5	290	96	194	68	37	31
72	13	9	4	301	109	192	60	31	29
73	6	2	4	249	87	162	56	30	26
74	7	4	3	222	77	145	49	25	24
75-79岁	**18**	**11**	**7**	**889**	**300**	**589**	**159**	**78**	**81**
75	5	5		199	67	132	34	20	14
76	2	1	1	200	73	127	42	19	23
77	2	1	1	183	59	124	27	13	14
78	4	3	1	168	60	108	38	18	20
79	5	1	4	139	41	98	18	8	10
80-84岁	**14**	**8**	**6**	**808**	**254**	**554**	**124**	**46**	**78**
80	2	1	1	204	78	126	34	8	26
81	2	1	1	167	47	120	28	13	15
82	4	3	1	141	58	83	25	9	16
83	2	1	1	144	36	108	16	8	8
84	4	2	2	152	35	117	21	8	13
85-89岁	**9**	**5**	**4**	**470**	**123**	**347**	**82**	**25**	**57**
85	5	3	2	134	32	102	20	5	15
86	1		1	113	34	79	21	5	16
87	1		1	91	27	64	19	6	13
88	2	2		72	16	56	7	3	4
89				60	14	46	15	6	9
90-94岁	**2**	**1**	**1**	**199**	**43**	**156**	**29**	**8**	**21**
90	1		1	68	20	48	14	5	9
91				45	8	37	4	1	3
92				44	8	36	5	1	4
93	1	1		27	5	22	3	1	2
94				15	2	13	3		3
95-99岁				**60**	**14**	**46**	**7**	**1**	**6**
95				19	4	15	4		4
96				13	5	8	2	1	1
97				11	2	9			
98				7	1	6	1		1
99				10	2	8			
100岁及以上				**6**		**6**	**1**		**1**

8-7b　全省分年龄、性别、主要生活来源的人口(镇)

单位：人

年　龄	15岁及以上人口			劳动收入		
	合计	男	女	小计	男	女
总　计	**173650**	**90775**	**82875**	**97182**	**57854**	**39328**
45岁以下	**94133**	**50704**	**43429**	**59207**	**34894**	**24313**
45-49岁	**15389**	**8128**	**7261**	**12124**	**6901**	**5223**
45	2710	1409	1301	2154	1201	953
46	3026	1602	1424	2423	1355	1068
47	3263	1733	1530	2571	1471	1100
48	3312	1759	1553	2601	1510	1091
49	3078	1625	1453	2375	1364	1011
50-54岁	**16121**	**8398**	**7723**	**11347**	**6882**	**4465**
50	3426	1804	1622	2536	1498	1038
51	3217	1652	1565	2279	1361	918
52	3457	1799	1658	2422	1459	963
53	2957	1535	1422	2052	1261	791
54	3064	1608	1456	2058	1303	755
55-59岁	**14665**	**7559**	**7106**	**8577**	**5514**	**3063**
55	3100	1603	1497	1978	1243	735
56	3155	1614	1541	1935	1241	694
57	3350	1715	1635	1939	1231	708
58	3224	1700	1524	1811	1204	607
59	1836	927	909	914	595	319
60-64岁	**9948**	**5052**	**4896**	**3245**	**2002**	**1243**
60	1720	919	801	699	467	232
61	1778	922	856	589	375	214
62	2177	1105	1072	687	396	291
63	2190	1092	1098	678	412	266
64	2083	1014	1069	592	352	240
65-69岁	**8902**	**4445**	**4457**	**1843**	**1139**	**704**
65	2108	1091	1017	520	322	198
66	2039	966	1073	453	274	179
67	1704	868	836	329	212	117
68	1673	828	845	309	193	116
69	1378	692	686	232	138	94

8-7b 续表 1 单位：人

年 龄	15岁及以上人口			劳动收入		
	合计	男	女	小计	男	女
70-74岁	**5447**	**2736**	**2711**	**565**	**357**	**208**
70	1490	768	722	189	119	70
71	1170	581	589	126	77	49
72	1084	516	568	108	66	42
73	883	452	431	83	54	29
74	820	419	401	59	41	18
75-79岁	**3305**	**1514**	**1791**	**170**	**109**	**61**
75	725	361	364	44	26	18
76	651	299	352	37	23	14
77	688	298	390	28	17	11
78	654	305	349	38	26	12
79	587	251	336	23	17	6
80-84岁	**3083**	**1276**	**1807**	**62**	**33**	**29**
80	700	298	402	23	12	11
81	612	256	356	15	9	6
82	605	243	362	10	5	5
83	601	262	339	6	3	3
84	565	217	348	8	4	4
85-89岁	**1733**	**679**	**1054**	**37**	**21**	**16**
85	461	185	276	15	10	5
86	362	157	205	6	3	3
87	367	131	236	4	1	3
88	303	104	199	9	5	4
89	240	102	138	3	2	1
90-94岁	**686**	**225**	**461**	**5**	**2**	**3**
90	232	84	148	4	1	3
91	139	48	91	1	1	
92	142	36	106			
93	103	35	68			
94	70	22	48			
95-99岁	**195**	**50**	**145**			
95	60	20	40			
96	50	13	37			
97	44	12	32			
98	20	2	18			
99	21	3	18			
100岁及以上	**43**	**9**	**34**			

8-7b　续表 2　　　　单位：人

年　龄	离退休金/养老金			最低生活保障金			失业保险金		
	小计	男	女	小计	男	女	小计	男	女
总　计	**15262**	**6754**	**8508**	**2189**	**1192**	**997**	**42**	**32**	**10**
45岁以下	**5**	**1**	**4**	**396**	**233**	**163**	**16**	**13**	**3**
45-49岁	**60**	**1**	**59**	**103**	**64**	**39**	**12**	**8**	**4**
45	1		1	16	8	8			
46	12		12	20	14	6	3	3	
47	11		11	20	13	7	2	2	
48	11		11	21	11	10	2		2
49	25	1	24	26	18	8	5	3	2
50-54岁	**1106**	**84**	**1022**	**145**	**102**	**43**	**9**	**6**	**3**
50	163	15	148	35	26	9	1		1
51	202	10	192	30	17	13	1	1	
52	231	17	214	28	25	3	4	3	1
53	234	14	220	26	15	11	2	2	
54	276	28	248	26	19	7	1		1
55-59岁	**2075**	**377**	**1698**	**161**	**92**	**69**	**5**	**5**	
55	329	42	287	29	22	7	1	1	
56	421	50	371	32	19	13			
57	485	86	399	34	21	13	1	1	
58	501	106	395	41	21	20	3	3	
59	339	93	246	25	9	16			
60-64岁	**3199**	**1656**	**1543**	**262**	**151**	**111**			
60	478	227	251	32	17	15			
61	588	312	276	48	28	20			
62	752	398	354	57	38	19			
63	712	366	346	63	35	28			
64	669	353	316	62	33	29			
65-69岁	**3186**	**1663**	**1523**	**306**	**160**	**146**			
65	713	376	337	54	26	28			
66	718	363	355	67	30	37			
67	639	335	304	58	31	27			
68	630	332	298	64	36	28			
69	486	257	229	63	37	26			

8-7b 续表 3 单位：人

年龄	离退休金/养老金			最低生活保障金			失业保险金		
	小计	男	女	小计	男	女	小计	男	女
70-74岁	**2187**	**1218**	**969**	**261**	**145**	**116**			
70	558	313	245	72	39	33			
71	512	279	233	42	24	18			
72	444	235	209	52	30	22			
73	350	200	150	49	25	24			
74	323	191	132	46	27	19			
75-79岁	**1269**	**655**	**614**	**183**	**99**	**84**			
75	272	153	119	40	25	15			
76	230	125	105	35	19	16			
77	276	140	136	38	19	19			
78	271	134	137	33	16	17			
79	220	103	117	37	20	17			
80-84岁	**1339**	**660**	**679**	**169**	**71**	**98**			
80	340	159	181	46	18	28			
81	266	132	134	28	16	12			
82	259	117	142	37	17	20			
83	246	138	108	37	13	24			
84	228	114	114	21	7	14			
85-89岁	**581**	**313**	**268**	**121**	**47**	**74**			
85	155	82	73	30	10	20			
86	135	77	58	23	15	8			
87	141	74	67	31	8	23			
88	82	41	41	17	5	12			
89	68	39	29	20	9	11			
90-94岁	**203**	**105**	**98**	**51**	**19**	**32**			
90	74	45	29	16	8	8			
91	34	21	13	11	3	8			
92	41	14	27	11	3	8			
93	31	15	16	7	2	5			
94	23	10	13	6	3	3			
95-99岁	**46**	**20**	**26**	**26**	**8**	**18**			
95	18	7	11	7	4	3			
96	6	4	2	8	2	6			
97	12	6	6	8	1	7			
98	6	1	5	3	1	2			
99	4	2	2						
100岁及以上	**6**	**1**	**5**	**5**	**1**	**4**			

8-7b　续表 4　　　　单位：人

年　龄	财产性收入			家庭其他成员供养			其　他		
	小计	男	女	小计	男	女	小计	男	女
总　计	**1162**	**668**	**494**	**41849**	**15944**	**25905**	**15964**	**8331**	**7633**
45岁以下	**551**	**305**	**246**	**24852**	**10395**	**14457**	**9106**	**4863**	**4243**
45-49岁	**133**	**76**	**57**	**1531**	**333**	**1198**	**1426**	**745**	**681**
45	15	10	5	254	57	197	270	133	137
46	35	19	16	261	55	206	272	156	116
47	28	17	11	323	78	245	308	152	156
48	25	10	15	365	79	286	287	149	138
49	30	20	10	328	64	264	289	155	134
50-54岁	**135**	**75**	**60**	**2016**	**559**	**1457**	**1363**	**690**	**673**
50	29	14	15	363	96	267	299	155	144
51	27	17	10	415	116	299	263	130	133
52	29	14	15	450	136	314	293	145	148
53	28	20	8	367	91	276	248	132	116
54	22	10	12	421	120	301	260	128	132
55-59岁	**151**	**102**	**49**	**2445**	**821**	**1624**	**1251**	**648**	**603**
55	39	25	14	474	146	328	250	124	126
56	30	22	8	495	154	341	242	128	114
57	38	24	14	556	200	356	297	152	145
58	29	20	9	556	194	362	283	152	131
59	15	11	4	364	127	237	179	92	87
60-64岁	**81**	**50**	**31**	**2337**	**766**	**1571**	**824**	**427**	**397**
60	11	9	2	341	107	234	159	92	67
61	13	5	8	403	135	268	137	67	70
62	16	11	5	486	168	318	179	94	85
63	19	12	7	554	181	373	164	86	78
64	22	13	9	553	175	378	185	88	97
65-69岁	**46**	**26**	**20**	**2751**	**1059**	**1692**	**770**	**398**	**372**
65	19	9	10	612	243	369	190	115	75
66	9	6	3	638	223	415	154	70	84
67	8	4	4	512	212	300	158	74	84
68	5	4	1	528	195	333	137	68	69
69	5	3	2	461	186	275	131	71	60

8–7b 续表 5

单位：人

年 龄	财产性收入			家庭其他成员供养			其 他		
	小计	男	女	小计	男	女	小计	男	女
70–74岁	**30**	**18**	**12**	**1911**	**754**	**1157**	**493**	**244**	**249**
70	8	6	2	518	214	304	145	77	68
71	10	5	5	379	146	233	101	50	51
72	2	1	1	385	138	247	93	46	47
73	5	3	2	316	132	184	80	38	42
74	5	3	2	313	124	189	74	33	41
75–79岁	**12**	**5**	**7**	**1378**	**497**	**881**	**293**	**149**	**144**
75	4	2	2	290	116	174	75	39	36
76	3		3	278	97	181	68	35	33
77	1		1	293	90	203	52	32	20
78	3	2	1	258	106	152	51	21	30
79	1	1		259	88	171	47	22	25
80–84岁	**17**	**8**	**9**	**1272**	**410**	**862**	**224**	**94**	**130**
80	4	4		237	82	155	50	23	27
81	1		1	253	81	172	49	18	31
82	4	2	2	250	82	168	45	20	25
83	5	2	3	262	86	176	45	20	25
84	3		3	270	79	191	35	13	22
85–89岁	**3**	**2**	**1**	**867**	**251**	**616**	**124**	**45**	**79**
85	1	1		225	67	158	35	15	20
86				182	54	128	16	8	8
87	2	1	1	162	41	121	27	6	21
88				170	44	126	25	9	16
89				128	45	83	21	7	14
90–94岁	**2**	**1**	**1**	**359**	**78**	**281**	**66**	**20**	**46**
90				118	24	94	20	6	14
91				80	19	61	13	4	9
92				81	17	64	9	2	7
93	2	1	1	49	13	36	14	4	10
94				31	5	26	10	4	6
95–99岁	**1**		**1**	**105**	**17**	**88**	**17**	**5**	**12**
95				30	6	24	5	3	2
96	1		1	31	6	25	4	1	3
97				19	4	15	5	1	4
98				10		10	1		1
99				15	1	14	2		2
100岁及以上				**25**	**4**	**21**	**7**	**3**	**4**

8-7c 全省分年龄、性别、主要生活来源的人口(乡村)

单位：人

年 龄	15岁及以上人口			劳动收入		
	合计	男	女	小计	男	女
总 计	**293155**	**157713**	**135442**	**178150**	**106651**	**71499**
45岁以下	**146998**	**83260**	**63738**	**99645**	**60877**	**38768**
45-49岁	**25836**	**14129**	**11707**	**21395**	**12057**	**9338**
45	4715	2603	2112	3935	2224	1711
46	5061	2775	2286	4205	2385	1820
47	5389	2930	2459	4454	2465	1989
48	5591	3025	2566	4643	2601	2042
49	5080	2796	2284	4158	2382	1776
50-54岁	**28849**	**15378**	**13471**	**22269**	**12956**	**9313**
50	5950	3156	2794	4718	2704	2014
51	5884	3200	2684	4613	2677	1936
52	6185	3274	2911	4789	2780	2009
53	5185	2741	2444	3947	2295	1652
54	5645	3007	2638	4202	2500	1702
55-59岁	**27354**	**14498**	**12856**	**18904**	**11436**	**7468**
55	5785	2977	2808	4216	2430	1786
56	5826	3042	2784	4128	2467	1661
57	6241	3375	2866	4321	2664	1657
58	6096	3283	2813	4092	2529	1563
59	3406	1821	1585	2147	1346	801
60-64岁	**17642**	**9040**	**8602**	**8072**	**4664**	**3408**
60	3224	1622	1602	1742	962	780
61	3244	1709	1535	1516	891	625
62	3860	1978	1882	1778	1025	753
63	3837	1980	1857	1616	955	661
64	3477	1751	1726	1420	831	589
65-69岁	**16189**	**8097**	**8092**	**5016**	**2949**	**2067**
65	3781	1894	1887	1371	790	581
66	3534	1744	1790	1170	710	460
67	3153	1580	1573	983	577	406
68	3128	1579	1549	862	510	352
69	2593	1300	1293	630	362	268

8-7c　续表 1　　单位：人

年　龄	15岁及以上人口			劳动收入		
	合计	男	女	小计	男	女
70-74岁	**11129**	**5502**	**5627**	**1960**	**1188**	**772**
70	3009	1528	1481	656	397	259
71	2448	1215	1233	456	282	174
72	2142	1043	1099	358	213	145
73	1879	933	946	264	162	102
74	1651	783	868	226	134	92
75-79岁	**7126**	**3225**	**3901**	**584**	**352**	**232**
75	1601	777	824	163	94	69
76	1475	675	800	149	92	57
77	1448	660	788	125	74	51
78	1344	589	755	71	42	29
79	1258	524	734	76	50	26
80-84岁	**6211**	**2539**	**3672**	**211**	**120**	**91**
80	1318	558	760	65	37	28
81	1266	526	740	49	32	17
82	1318	531	787	35	20	15
83	1201	485	716	41	23	18
84	1108	439	669	21	8	13
85-89岁	**3843**	**1459**	**2384**	**70**	**42**	**28**
85	1022	412	610	21	16	5
86	898	334	564	20	16	4
87	786	309	477	8	1	7
88	603	219	384	10	5	5
89	534	185	349	11	4	7
90-94岁	**1497**	**461**	**1036**	**19**	**9**	**10**
90	473	140	333	4	1	3
91	327	113	214	6	3	3
92	276	84	192	3	1	2
93	255	76	179	1		1
94	166	48	118	5	4	1
95-99岁	**399**	**113**	**286**	**5**	**1**	**4**
95	134	39	95			
96	93	34	59	1	1	
97	82	20	62			
98	51	13	38	1		1
99	39	7	32	3		3
100岁及以上	**82**	**12**	**70**			

8-7c　续表 2

单位：人

年龄	离退休金/养老金			最低生活保障金			失业保险金		
	小计	男	女	小计	男	女	小计	男	女
总　计	**21868**	**9244**	**12624**	**5841**	**3530**	**2311**	**62**	**45**	**17**
45岁以下	**1**		**1**	**1229**	**759**	**470**	**11**	**8**	**3**
45-49岁	**50**	**1**	**49**	**332**	**238**	**94**	**19**	**6**	**13**
45	2	1	1	63	43	20	2	1	1
46	2		2	61	42	19			
47	8		8	66	49	17	6	3	3
48	8		8	68	46	22	4	1	3
49	30		30	74	58	16	7	1	6
50-54岁	**1399**	**43**	**1356**	**413**	**313**	**100**	**11**	**11**	
50	189	4	185	83	56	27	4	4	
51	223	6	217	91	76	15	1	1	
52	324	12	312	85	71	14	2	2	
53	291	6	285	76	52	24	1	1	
54	372	15	357	78	58	20	3	3	
55-59岁	**2654**	**262**	**2392**	**423**	**316**	**107**	**19**	**19**	
55	459	18	441	97	76	21	4	4	
56	535	38	497	84	60	24	1	1	
57	620	59	561	89	74	15	3	3	
58	639	78	561	81	56	25	5	5	
59	401	69	332	72	50	22	6	6	
60-64岁	**4146**	**2086**	**2060**	**556**	**354**	**202**			
60	658	307	351	85	56	29			
61	786	413	373	87	60	27			
62	907	466	441	119	70	49			
63	939	465	474	146	98	48			
64	856	435	421	119	70	49			
65-69岁	**4305**	**2186**	**2119**	**729**	**450**	**279**			
65	920	472	448	147	94	53			
66	940	451	489	152	85	67			
67	853	425	428	143	84	59			
68	871	451	420	133	82	51			
69	721	387	334	154	105	49			

8-7c 续表 3

单位：人

年 龄	离退休金/养老金			最低生活保障金			失业保险金		
	小计	男	女	小计	男	女	小计	男	女
70—74岁	**3278**	**1750**	**1528**	**660**	**381**	**279**			
70	844	450	394	178	105	73			
71	727	383	344	143	77	66			
72	618	323	295	111	64	47			
73	567	313	254	115	69	46			
74	522	281	241	113	66	47			
75—79岁	**2289**	**1119**	**1170**	**550**	**318**	**232**			
75	515	277	238	115	78	37			
76	474	231	243	117	55	62			
77	483	243	240	98	59	39			
78	412	198	214	119	61	58			
79	405	170	235	101	65	36			
80—84岁	**2030**	**952**	**1078**	**496**	**246**	**250**	**2**	**1**	**1**
80	411	187	224	105	54	51			
81	404	186	218	93	50	43	2	1	1
82	443	211	232	113	58	55			
83	390	188	202	103	42	61			
84	382	180	202	82	42	40			
85—89岁	**1238**	**613**	**625**	**266**	**108**	**158**			
85	330	172	158	63	26	37			
86	307	145	162	51	21	30			
87	271	141	130	69	29	40			
88	179	85	94	38	16	22			
89	151	70	81	45	16	29			
90—94岁	**375**	**185**	**190**	**136**	**36**	**100**			
90	128	66	62	37	11	26			
91	90	48	42	22	2	20			
92	70	29	41	25	7	18			
93	59	29	30	31	9	22			
94	28	13	15	21	7	14			
95—99岁	**93**	**45**	**48**	**41**	**9**	**32**			
95	34	17	17	15	5	10			
96	24	17	7	8	1	7			
97	17	7	10	6		6			
98	13	2	11	5	2	3			
99	5	2	3	7	1	6			
100岁及以上	**10**	**2**	**8**	**10**	**2**	**8**			

8-7c　续表 4

单位：人

年　龄	财产性收入			家庭其他成员供养			其　他		
	小计	男	女	小计	男	女	小计	男	女
总　计	**3246**	**1831**	**1415**	**58389**	**22890**	**35499**	**25599**	**13522**	**12077**
45岁以下	**1458**	**849**	**609**	**30288**	**13000**	**17288**	**14366**	**7767**	**6599**
45–49岁	**364**	**196**	**168**	**1620**	**487**	**1133**	**2056**	**1144**	**912**
45	72	37	35	239	66	173	402	231	171
46	66	40	26	309	78	231	418	230	188
47	69	41	28	353	119	234	433	253	180
48	83	44	39	366	115	251	419	218	201
49	74	34	40	353	109	244	384	212	172
50–54岁	**407**	**228**	**179**	**2179**	**646**	**1533**	**2171**	**1181**	**990**
50	91	48	43	388	100	288	477	240	237
51	82	48	34	442	135	307	432	257	175
52	97	58	39	469	137	332	419	214	205
53	64	35	29	395	121	274	411	231	180
54	73	39	34	485	153	332	432	239	193
55–59岁	**372**	**225**	**147**	**2906**	**1084**	**1822**	**2076**	**1156**	**920**
55	83	53	30	490	183	307	436	213	223
56	78	45	33	560	192	368	440	239	201
57	88	49	39	668	264	404	452	262	190
58	86	57	29	720	264	456	473	294	179
59	37	21	16	468	181	287	275	148	127
60–64岁	**227**	**125**	**102**	**3308**	**1167**	**2141**	**1333**	**644**	**689**
60	44	27	17	440	157	283	255	113	142
61	48	23	25	557	201	356	250	121	129
62	45	29	16	730	244	486	281	144	137
63	45	23	22	806	288	518	285	151	134
64	45	23	22	775	277	498	262	115	147
65–69岁	**219**	**104**	**115**	**4599**	**1750**	**2849**	**1321**	**658**	**663**
65	53	26	27	997	364	633	293	148	145
66	51	24	27	913	324	589	308	150	158
67	46	22	24	875	343	532	253	129	124
68	42	22	20	937	376	561	283	138	145
69	27	10	17	877	343	534	184	93	91

8-7c 续表 5

单位：人

年 龄	财产性收入			家庭其他成员供养			其 他		
	小计	男	女	小计	男	女	小计	男	女
70—74岁	**99**	**55**	**44**	**4248**	**1721**	**2527**	**884**	**407**	**477**
70	31	18	13	1072	453	619	228	105	123
71	21	8	13	904	359	545	197	106	91
72	20	13	7	863	347	516	172	83	89
73	15	8	7	758	314	444	160	67	93
74	12	8	4	651	248	403	127	46	81
75—79岁	**48**	**24**	**24**	**3087**	**1144**	**1943**	**568**	**268**	**300**
75	13	6	7	653	243	410	142	79	63
76	11	7	4	614	238	376	110	52	58
77	8	6	2	629	233	396	105	45	60
78	7	2	5	623	237	386	112	49	63
79	9	3	6	568	193	375	99	43	56
80—84岁	**32**	**16**	**16**	**3005**	**1024**	**1981**	**435**	**180**	**255**
80	10	5	5	628	232	396	99	43	56
81	7	3	4	611	212	399	100	42	58
82	5	3	2	625	205	420	97	34	63
83	7	4	3	595	198	397	65	30	35
84	3	1	2	546	177	369	74	31	43
85—89岁	**17**	**9**	**8**	**2001**	**612**	**1389**	**251**	**75**	**176**
85	5	5		536	175	361	67	18	49
86	6	1	5	466	133	333	48	18	30
87	3	2	1	383	121	262	52	15	37
88	1	1		326	96	230	49	16	33
89	2		2	290	87	203	35	8	27
90—94岁	**2**		**2**	**861**	**201**	**660**	**104**	**30**	**74**
90	1		1	276	56	220	27	6	21
91	1		1	185	54	131	23	6	17
92				161	41	120	17	6	11
93				140	31	109	24	7	17
94				99	19	80	13	5	8
95—99岁	**1**		**1**	**231**	**46**	**185**	**28**	**12**	**16**
95				77	15	62	8	2	6
96				54	12	42	6	3	3
97				52	10	42	7	3	4
98	1		1	27	6	21	4	3	1
99				21	3	18	3	1	2
100岁及以上				**56**	**8**	**48**	**6**		**6**

8-8 全省分性别、婚姻状况、主要生活来源的60岁及以上老年人口

单位：人

婚姻状况	60岁及以上人口			劳动收入		
	合计	男	女	小计	男	女
总　计	**136158**	**64999**	**71159**	**25089**	**15188**	**9901**
未　婚	2395	2127	268	294	262	32
有配偶	102178	55629	46549	22313	14043	8270
离　婚	1048	626	422	184	148	36
丧　偶	30537	6617	23920	2298	735	1563

8-8 续表 1

单位：人

婚姻状况	离退休金/养老金			最低生活保障金			失业保险金		
	小计	男	女	小计	男	女	小计	男	女
总　计	**54001**	**27405**	**26596**	**5351**	**2856**	**2495**	**3**	**1**	**2**
未　婚	446	343	103	1098	1061	37			
有配偶	42637	24242	18395	2477	1302	1175	2		2
离　婚	553	285	268	75	60	15			
丧　偶	10365	2535	7830	1701	433	1268	1	1	

8-8 续表 2

单位：人

婚姻状况	财产性收入			家庭其他成员供养			其　他		
	小计	男	女	小计	男	女	小计	男	女
总　计	**1176**	**635**	**541**	**40723**	**14279**	**26444**	**9815**	**4635**	**5180**
未　婚	16	13	3	124	99	25	417	349	68
有配偶	989	572	417	26621	11690	14931	7139	3780	3359
离　婚	9	7	2	157	87	70	70	39	31
丧　偶	162	43	119	13821	2403	11418	2189	467	1722

8-8a 全省分性别、婚姻状况、主要生活来源的60岁及以上老年人口(城市)

单位：人

婚姻状况	60岁及以上人口			劳动收入		
	合计	男	女	小计	男	女
总　计	**38698**	**18565**	**20133**	**3225**	**2200**	**1025**
未　婚	318	213	105	44	34	10
有配偶	31196	16810	14386	2899	2053	846
离　婚	494	234	260	62	43	19
丧　偶	6690	1308	5382	220	70	150

8-8a 续表 1

单位：人

婚姻状况	离退休金/养老金			最低生活保障金			失业保险金		
	小计	男	女	小计	男	女	小计	男	女
总　计	**24221**	**12176**	**12045**	**523**	**251**	**272**	**1**		**1**
未　婚	131	66	65	68	62	6			
有配偶	20118	11171	8947	280	150	130	1		1
离　婚	353	157	196	11	4	7			
丧　偶	3619	782	2837	164	35	129			

8-8a 续表 2

单位：人

婚姻状况	财产性收入			家庭其他成员供养			其　他		
	小计	男	女	小计	男	女	小计	男	女
总　计	**339**	**192**	**147**	**8322**	**2770**	**5552**	**2067**	**976**	**1091**
未　婚	1	1		34	23	11	40	27	13
有配偶	291	176	115	5932	2390	3542	1675	870	805
离　婚	4	2	2	39	17	22	25	11	14
丧　偶	43	13	30	2317	340	1977	327	68	259

8–8b 全省分性别、婚姻状况、主要生活来源的60岁及以上老年人口(镇)

单位：人

婚姻状况	60岁及以上人口			劳动收入		
	合计	男	女	小计	男	女
总 计	**33342**	**15986**	**17356**	**5927**	**3663**	**2264**
未 婚	567	486	81	64	53	11
有配偶	25043	13753	11290	5353	3434	1919
离 婚	180	111	69	30	26	4
丧 偶	7552	1636	5916	480	150	330

8–8b 续表 1

单位：人

婚姻状况	离退休金/养老金			最低生活保障金			失业保险金		
	小计	男	女	小计	男	女	小计	男	女
总 计	**12016**	**6291**	**5725**	**1384**	**701**	**683**			
未 婚	85	63	22	223	211	12			
有配偶	9395	5527	3868	707	369	338			
离 婚	89	52	37	11	9	2			
丧 偶	2447	649	1798	443	112	331			

8–8b 续表 2

单位：人

婚姻状况	财产性收入			家庭其他成员供养			其 他		
	小计	男	女	小计	男	女	小计	男	女
总 计	**192**	**110**	**82**	**11005**	**3836**	**7169**	**2818**	**1385**	**1433**
未 婚	5	4	1	21	20	1	169	135	34
有配偶	155	97	58	7402	3215	4187	2031	1111	920
离 婚	2	2		39	19	20	9	3	6
丧 偶	30	7	23	3543	582	2961	609	136	473

8-8c　全省分性别、婚姻状况、主要生活来源的60岁及以上老年人口(乡村)

单位：人

婚姻状况	60岁及以上人口			劳动收入		
	合计	男	女	小计	男	女
总　计	**64118**	**30448**	**33670**	**15937**	**9325**	**6612**
未　婚	1510	1428	82	186	175	11
有配偶	45939	25066	20873	14061	8556	5505
离　婚	374	281	93	92	79	13
丧　偶	16295	3673	12622	1598	515	1083

8-8c　续表 1

单位：人

婚姻状况	离退休金/养老金			最低生活保障金			失业保险金		
	小计	男	女	小计	男	女	小计	男	女
总　计	**17764**	**8938**	**8826**	**3444**	**1904**	**1540**	**2**	**1**	**1**
未　婚	230	214	16	807	788	19			
有配偶	13124	7544	5580	1490	783	707	1		1
离　婚	111	76	35	53	47	6			
丧　偶	4299	1104	3195	1094	286	808	1	1	

8-8c　续表 2

单位：人

婚姻状况	财产性收入			家庭其他成员供养			其　他		
	小计	男	女	小计	男	女	小计	男	女
总　计	**645**	**333**	**312**	**21396**	**7673**	**13723**	**4930**	**2274**	**2656**
未　婚	10	8	2	69	56	13	208	187	21
有配偶	543	299	244	13287	6085	7202	3433	1799	1634
离　婚	3	3		79	51	28	36	25	11
丧　偶	89	23	66	7961	1481	6480	1253	263	990

8−9　全省分性别、居住状况、主要生活来源的60岁及以上老年人口

单位：人

居住状况	60岁及以上人口			劳动收入		
	合计	男	女	小计	男	女
总　计	**136158**	**64999**	**71159**	**25089**	**15188**	**9901**
与配偶和子女同住	50950	28352	22598	11903	7501	4402
与配偶同住	38503	20922	17581	7954	4842	3112
与子女同住	29064	7327	21737	2690	1094	1596
独居(有保姆)	177	81	96	10	7	3
独居(无保姆)	11168	5039	6129	1280	853	427
养老机构	446	255	191	4	1	3
其　他	5850	3023	2827	1248	890	358

8−9　续表 1

单位：人

居住状况	离退休金/养老金			最低生活保障金			失业保险金		
	小计	男	女	小计	男	女	小计	男	女
总　计	**54001**	**27405**	**26596**	**5351**	**2856**	**2495**	**3**	**1**	**2**
与配偶和子女同住	19816	11585	8231	1157	624	533	1		1
与配偶同住	17773	10050	7723	1059	557	502	1		1
与子女同住	9912	2734	7178	1180	323	857	1	1	
独居(有保姆)	108	55	53	11	8	3			
独居(无保姆)	4496	2030	2466	1367	914	453			
养老机构	148	69	79	130	104	26			
其　他	1748	882	866	447	326	121			

8−9　续表 2

单位：人

居住状况	财产性收入			家庭其他成员供养			其　他		
	小计	男	女	小计	男	女	小计	男	女
总　计	**1176**	**635**	**541**	**40723**	**14279**	**26444**	**9815**	**4635**	**5180**
与配偶和子女同住	517	313	204	14162	6467	7695	3394	1862	1532
与配偶同住	372	203	169	8917	3980	4937	2427	1290	1137
与子女同住	177	60	117	13161	2589	10572	1943	526	1417
独居(有保姆)	2	1	1	41	8	33	5	2	3
独居(无保姆)	75	40	35	3179	850	2329	771	352	419
养老机构				66	24	42	98	57	41
其　他	33	18	15	1197	361	836	1177	546	631

8-9a 全省分性别、居住状况、主要生活来源的60岁及以上老年人口(城市)

单位：人

居住状况	60岁及以上人口			劳动收入		
	合计	男	女	小计	男	女
总　计	**38698**	**18565**	**20133**	**3225**	**2200**	**1025**
与配偶和子女同住	16304	9153	7151	1438	1010	428
与配偶同住	9530	5249	4281	725	506	219
与子女同住	8583	2096	6487	335	146	189
独居(有保姆)	75	35	40	2	1	1
独居(无保姆)	2345	1102	1243	314	249	65
养老机构	122	46	76			
其　他	1739	884	855	411	288	123

8-9a　续表 1

单位：人

居住状况	离退休金/养老金			最低生活保障金			失业保险金		
	小计	男	女	小计	男	女	小计	男	女
总　计	**24221**	**12176**	**12045**	**523**	**251**	**272**	**1**		**1**
与配偶和子女同住	10233	5953	4280	159	85	74			
与配偶同住	7172	3979	3193	86	48	38	1		1
与子女同住	4381	1168	3213	142	32	110			
独居(有保姆)	61	30	31	1	1				
独居(无保姆)	1497	646	851	76	48	28			
养老机构	82	29	53	16	10	6			
其　他	795	371	424	43	27	16			

8-9a　续表 2

单位：人

居住状况	财产性收入			家庭其他成员供养			其　他		
	小计	男	女	小计	男	女	小计	男	女
总　计	**339**	**192**	**147**	**8322**	**2770**	**5552**	**2067**	**976**	**1091**
与配偶和子女同住	171	107	64	3470	1533	1937	833	465	368
与配偶同住	81	48	33	1089	462	627	376	206	170
与子女同住	60	22	38	3183	604	2579	482	124	358
独居(有保姆)				11	3	8			
独居(无保姆)	19	11	8	322	88	234	117	60	57
养老机构				24	7	17			
其　他	8	4	4	223	73	150	259	121	138

8-9b　全省分性别、居住状况、主要生活来源的60岁及以上老年人口(镇)

单位：人

居住状况	60岁及以上人口			劳动收入		
	合计	男	女	小计	男	女
总　计	**33342**	**15986**	**17356**	**5927**	**3663**	**2264**
与配偶和子女同住	13124	7293	5831	3085	1985	1100
与配偶同住	9058	4935	4123	1691	1047	644
与子女同住	6860	1726	5134	597	244	353
独居(有保姆)	42	15	27	2	2	
独居(无保姆)	2631	1134	1497	261	167	94
养老机构	199	127	72			
其　他	1428	756	672	291	218	73

8-9b　续表 1

单位：人

居住状况	离退休金/养老金			最低生活保障金			失业保险金		
	小计	男	女	小计	男	女	小计	男	女
总　计	**12016**	**6291**	**5725**	**1384**	**701**	**683**			
与配偶和子女同住	4253	2569	1684	359	186	173			
与配偶同住	4110	2374	1736	270	148	122			
与子女同住	2111	628	1483	324	91	233			
独居(有保姆)	20	9	11	3	1	2			
独居(无保姆)	1100	492	608	277	168	109			
养老机构	38	21	17	68	54	14			
其　他	384	198	186	83	53	30			

8-9b　续表 2

单位：人

居住状况	财产性收入			家庭其他成员供养			其　他		
	小计	男	女	小计	男	女	小计	男	女
总　计	**192**	**110**	**82**	**11005**	**3836**	**7169**	**2818**	**1385**	**1433**
与配偶和子女同住	83	51	32	4259	1897	2362	1085	605	480
与配偶同住	52	34	18	2331	1018	1313	604	314	290
与子女同住	27	8	19	3296	613	2683	505	142	363
独居(有保姆)				14	2	12	3	1	2
独居(无保姆)	20	10	10	759	199	560	214	98	116
养老机构				25	12	13	68	40	28
其　他	10	7	3	321	95	226	339	185	154

8-9c 全省分性别、居住状况、主要生活来源的60岁及以上老年人口(乡村)

单位：人

居住状况	60岁及以上人口			劳动收入		
	合计	男	女	小计	男	女
总　计	**64118**	**30448**	**33670**	**15937**	**9325**	**6612**
与配偶和子女同住	21522	11906	9616	7380	4506	2874
与配偶同住	19915	10738	9177	5538	3289	2249
与子女同住	13621	3505	10116	1758	704	1054
独居(有保姆)	60	31	29	6	4	2
独居(无保姆)	6192	2803	3389	705	437	268
养老机构	125	82	43	4	1	3
其　他	2683	1383	1300	546	384	162

8-9c　续表 1

单位：人

居住状况	离退休金/养老金			最低生活保障金			失业保险金		
	小计	男	女	小计	男	女	小计	男	女
总　计	**17764**	**8938**	**8826**	**3444**	**1904**	**1540**	**2**	**1**	**1**
与配偶和子女同住	5330	3063	2267	639	353	286	1		1
与配偶同住	6491	3697	2794	703	361	342			
与子女同住	3420	938	2482	714	200	514	1	1	
独居(有保姆)	27	16	11	7	6	1			
独居(无保姆)	1899	892	1007	1014	698	316			
养老机构	28	19	9	46	40	6			
其　他	569	313	256	321	246	75			

8-9c　续表 2

单位：人

居住状况	财产性收入			家庭其他成员供养			其　他		
	小计	男	女	小计	男	女	小计	男	女
总　计	**645**	**333**	**312**	**21396**	**7673**	**13723**	**4930**	**2274**	**2656**
与配偶和子女同住	263	155	108	6433	3037	3396	1476	792	684
与配偶同住	239	121	118	5497	2500	2997	1447	770	677
与子女同住	90	30	60	6682	1372	5310	956	260	696
独居(有保姆)	2	1	1	16	3	13	2	1	1
独居(无保姆)	36	19	17	2098	563	1535	440	194	246
养老机构				17	5	12	30	17	13
其　他	15	7	8	653	193	460	579	240	339

8-10　各地区分性别、居住状况的60岁及以上老年人口

单位：人

地　区	60岁及以上人口			与配偶和子女同住		
	合计	男	女	小计	男	女
全省	**136158**	**64999**	**71159**	**50950**	**28352**	**22598**
海口市	**31732**	**15343**	**16389**	**12487**	**6997**	**5490**
秀英区	5655	2788	2867	2303	1303	1000
龙华区	8130	3887	4243	2920	1631	1289
琼山区	7695	3739	3956	3162	1738	1424
美兰区	10252	4929	5323	4102	2325	1777
三亚市	**9537**	**4544**	**4993**	**3642**	**2055**	**1587**
海棠区	968	458	510	443	247	196
吉阳区	3611	1744	1867	1193	681	512
天涯区	3567	1668	1899	1378	780	598
崖州区	1391	674	717	628	347	281
三沙市						
儋州市	**11620**	**5368**	**6252**	**5118**	**2732**	**2386**
五指山市	1465	652	813	402	226	176
琼海市	9627	4680	4947	3322	1885	1437
文昌市	12055	5816	6239	4099	2328	1771
万宁市	9435	4527	4908	3183	1775	1408
东方市	5766	2690	3076	2196	1227	969
定安县	5419	2684	2735	1636	908	728
屯昌县	4159	2048	2111	1264	706	558
澄迈县	8171	4041	4130	2902	1602	1300
临高县	6071	2820	3251	2421	1327	1094
白沙黎族自治县	2136	1016	1120	757	426	331
昌江黎族自治县	3044	1396	1648	1160	637	523
乐东黎族自治县	6108	2785	3323	2237	1221	1016
陵水黎族自治县	5234	2467	2767	2672	1459	1213
保亭黎族苗族自治县	2159	971	1188	704	409	295
琼中黎族苗族自治县	2420	1151	1269	748	432	316

8-10 续表 1

单位：人

地 区	与配偶同住			与子女同住			独居(有保姆)		
	小计	男	女	小计	男	女	小计	男	女
全省	**38503**	**20922**	**17581**	**29064**	**7327**	**21737**	**177**	**81**	**96**
海口市	**8626**	**4727**	**3899**	**6421**	**1584**	**4837**	**51**	**29**	**22**
秀英区	1424	765	659	1170	332	838	3	2	1
龙华区	2424	1329	1095	1647	376	1271	23	11	12
琼山区	2028	1121	907	1542	387	1155	10	7	3
美兰区	2750	1512	1238	2062	489	1573	15	9	6
三亚市	**2478**	**1338**	**1140**	**2241**	**553**	**1688**	**24**	**9**	**15**
海棠区	144	81	63	272	66	206			
吉阳区	1143	613	530	799	203	596	13	4	9
天涯区	897	482	415	870	206	664	9	4	5
崖州区	294	162	132	300	78	222	2	1	1
三沙市									
儋州市	**2493**	**1329**	**1164**	**2919**	**825**	**2094**	**10**	**6**	**4**
五指山市	541	294	247	325	51	274			
琼海市	3100	1695	1405	1967	487	1480	10	5	5
文昌市	3761	2109	1652	2298	495	1803	27	12	15
万宁市	3248	1734	1514	1780	482	1298	10	2	8
东方市	1646	876	770	1291	313	978	4	1	3
定安县	1846	1004	842	1054	307	747	5	2	3
屯昌县	1545	843	702	737	214	523	5	1	4
澄迈县	2638	1414	1224	1486	407	1079	5	2	3
临高县	1561	825	736	1203	282	921	4	2	2
白沙黎族自治县	570	317	253	594	155	439	1	1	
昌江黎族自治县	787	430	357	768	191	577	5	2	3
乐东黎族自治县	1613	873	740	1455	356	1099	5	1	4
陵水黎族自治县	676	353	323	1379	388	991	3	2	1
保亭黎族苗族自治县	591	324	267	599	124	475	4	2	2
琼中黎族苗族自治县	783	437	346	547	113	434	4	2	2

8-10　续表 2　　单位：人

地　区	独居(无保姆)			养老机构			其　他		
	小计	男	女	小计	男	女	小计	男	女
全省	**11168**	**5039**	**6129**	**446**	**255**	**191**	**5850**	**3023**	**2827**
海口市	**2467**	**1124**	**1343**	**217**	**111**	**106**	**1463**	**771**	**692**
秀英区	421	198	223	70	36	34	264	152	112
龙华区	682	313	369	41	28	13	393	199	194
琼山区	559	282	277	64	33	31	330	171	159
美兰区	805	331	474	42	14	28	476	249	227
三亚市	**600**	**299**	**301**	**20**	**9**	**11**	**532**	**281**	**251**
海棠区	45	23	22	1	1		63	40	23
吉阳区	245	131	114	9	3	6	209	109	100
天涯区	213	94	119	4	2	2	196	100	96
崖州区	97	51	46	6	3	3	64	32	32
三沙市									
儋州市	**688**	**286**	**402**	**13**	**9**	**4**	**379**	**181**	**198**
五指山市	103	41	62	14	6	8	80	34	46
琼海市	852	396	456	25	19	6	351	193	158
文昌市	1229	542	687	25	13	12	616	317	299
万宁市	800	327	473	19	14	5	395	193	202
东方市	390	144	246	3	1	2	236	128	108
定安县	585	304	281	24	16	8	269	143	126
屯昌县	443	194	249	9	3	6	156	87	69
澄迈县	784	400	384	32	27	5	324	189	135
临高县	662	282	380	6	3	3	214	99	115
白沙黎族自治县	138	73	65	15	8	7	61	36	25
昌江黎族自治县	227	94	133	3	2	1	94	40	54
乐东黎族自治县	511	215	296	4	1	3	283	118	165
陵水黎族自治县	259	132	127	9	8	1	236	125	111
保亭黎族苗族自治县	197	80	117	4	3	1	60	29	31
琼中黎族苗族自治县	233	106	127	4	2	2	101	59	42

8-10a 各地区分性别、居住状况的60岁及以上老年人口(城市)

单位：人

地区	60岁及以上人口			与配偶和子女同住		
	合计	男	女	小计	男	女
全省	**38698**	**18565**	**20133**	**16304**	**9153**	**7151**
海口市	**20032**	**9618**	**10414**	**8836**	**4968**	**3868**
秀英区	2784	1376	1408	1182	684	498
龙华区	6254	2968	3286	2533	1424	1109
琼山区	3956	1890	2066	2012	1100	912
美兰区	7038	3384	3654	3109	1760	1349
三亚市	**6518**	**3153**	**3365**	**2338**	**1314**	**1024**
海棠区	550	266	284	243	140	103
吉阳区	3034	1463	1571	990	557	433
天涯区	2234	1081	1153	774	436	338
崖州区	700	343	357	331	181	150
三沙市						
儋州市	**2456**	**1146**	**1310**	**1216**	**668**	**548**
五指山市	654	307	347	125	71	54
琼海市	2386	1143	1243	1039	589	450
文昌市	2602	1260	1342	1096	624	472
万宁市	1691	824	867	701	379	322
东方市	2359	1114	1245	953	540	413
定安县						
屯昌县						
澄迈县						
临高县						
白沙黎族自治县						
昌江黎族自治县						
乐东黎族自治县						
陵水黎族自治县						
保亭黎族苗族自治县						
琼中黎族苗族自治县						

8-10a 续表 1

单位：人

地区	与配偶同住			与子女同住			独居(有保姆)		
	小计	男	女	小计	男	女	小计	男	女
全省	**9530**	**5249**	**4281**	**8583**	**2096**	**6487**	**75**	**35**	**40**
海口市	**4561**	**2552**	**2009**	**4470**	**1055**	**3415**	**43**	**24**	**19**
秀英区	610	334	276	652	179	473	2	2	
龙华区	1599	901	698	1397	298	1099	22	10	12
琼山区	707	402	305	906	218	688	6	4	2
美兰区	1645	915	730	1515	360	1155	13	8	5
三亚市	**1911**	**1031**	**880**	**1393**	**360**	**1033**	**20**	**7**	**13**
海棠区	96	56	40	153	38	115			
吉阳区	1034	555	479	611	145	466	9	2	7
天涯区	657	353	304	479	132	347	9	4	5
崖州区	124	67	57	150	45	105	2	1	1
三沙市									
儋州市	**364**	**202**	**162**	**747**	**212**	**535**	**2**	**1**	**1**
五指山市	324	174	150	105	18	87			
琼海市	562	305	257	544	126	418	1		1
文昌市	699	394	305	484	96	388	6	3	3
万宁市	435	235	200	328	102	226	1		1
东方市	674	356	318	512	127	385	2		2
定安县									
屯昌县									
澄迈县									
临高县									
白沙黎族自治县									
昌江黎族自治县									
乐东黎族自治县									
陵水黎族自治县									
保亭黎族苗族自治县									
琼中黎族苗族自治县									

8-10a 续表 2 单位：人

地区	独居(无保姆)			养老机构			其他		
	小计	男	女	小计	男	女	小计	男	女
全省	**2345**	**1102**	**1243**	**122**	**46**	**76**	**1739**	**884**	**855**
海口市	**1177**	**552**	**625**	**104**	**38**	**66**	**841**	**429**	**412**
秀英区	171	90	81	51	21	30	116	66	50
龙华区	405	191	214	2		2	296	144	152
琼山区	156	81	75	39	13	26	130	72	58
美兰区	445	190	255	12	4	8	299	147	152
三亚市	**464**	**245**	**219**	**16**	**6**	**10**	**376**	**190**	**186**
海棠区	29	16	13				29	16	13
吉阳区	225	122	103	9	3	6	156	79	77
天涯区	156	76	80	1		1	158	80	78
崖州区	54	31	23	6	3	3	33	15	18
三沙市									
儋州市	**64**	**28**	**36**				**63**	**35**	**28**
五指山市	57	27	30				43	17	26
琼海市	159	79	80				81	44	37
文昌市	193	84	109	2	2		122	57	65
万宁市	103	44	59				123	64	59
东方市	128	43	85				90	48	42
定安县									
屯昌县									
澄迈县									
临高县									
白沙黎族自治县									
昌江黎族自治县									
乐东黎族自治县									
陵水黎族自治县									
保亭黎族苗族自治县									
琼中黎族苗族自治县									

8−10b　各地区分性别、居住状况的60岁及以上老年人口(镇)

单位：人

地区	60岁及以上人口			与配偶和子女同住		
	合计	男	女	小计	男	女
全省	**33342**	**15986**	**17356**	**13124**	**7293**	**5831**
海口市	**3327**	**1642**	**1685**	**1230**	**693**	**537**
秀英区	1083	527	556	479	258	221
龙华区	420	218	202	87	51	36
琼山区	630	311	319	244	141	103
美兰区	1194	586	608	420	243	177
三亚市	**267**	**120**	**147**	**96**	**52**	**44**
海棠区	61	26	35	21	10	11
吉阳区	63	32	31	13	8	5
天涯区	134	58	76	62	34	28
崖州区	9	4	5			
三沙市						
儋州市	**2876**	**1324**	**1552**	**1293**	**699**	**594**
五指山市	233	99	134	71	39	32
琼海市	1560	776	784	577	330	247
文昌市	4017	1971	2046	1426	800	626
万宁市	1803	871	932	624	353	271
东方市	861	435	426	329	189	140
定安县	1949	956	993	634	351	283
屯昌县	1597	768	829	654	363	291
澄迈县	4564	2239	2325	1775	982	793
临高县	2649	1216	1433	1261	687	574
白沙黎族自治县	337	169	168	118	68	50
昌江黎族自治县	1701	784	917	637	355	282
乐东黎族自治县	1775	812	963	634	346	288
陵水黎族自治县	2353	1115	1238	1337	734	603
保亭黎族苗族自治县	754	345	409	208	124	84
琼中黎族苗族自治县	719	344	375	220	128	92

8-10b 续表 1 单位：人

地 区	与配偶同住			与子女同住			独居(有保姆)		
	小计	男	女	小计	男	女	小计	男	女
全省	**9058**	**4935**	**4123**	**6860**	**1726**	**5134**	**42**	**15**	**27**
海口市	**993**	**527**	**466**	**585**	**157**	**428**	**3**	**2**	**1**
秀英区	260	136	124	210	62	148			
龙华区	170	89	81	52	18	34			
琼山区	183	98	85	109	24	85	1	1	
美兰区	380	204	176	214	53	161	2	1	1
三亚市	**67**	**35**	**32**	**69**	**18**	**51**			
海棠区	15	7	8	18	4	14			
吉阳区	21	11	10	21	9	12			
天涯区	26	14	12	28	4	24			
崖州区	5	3	2	2	1	1			
三沙市									
儋州市	**582**	**316**	**266**	**699**	**189**	**510**	**4**	**1**	**3**
五指山市	83	44	39	44	4	40			
琼海市	480	270	210	277	69	208	3	1	2
文昌市	1196	668	528	771	183	588	8	1	7
万宁市	580	315	265	372	97	275	3	1	2
东方市	245	137	108	184	55	129			
定安县	659	351	308	375	109	266			
屯昌县	444	239	205	316	91	225	4	1	3
澄迈县	1410	759	651	798	202	596	3	1	2
临高县	526	284	242	565	130	435	2	1	1
白沙黎族自治县	84	46	38	93	28	65	1	1	
昌江黎族自治县	470	262	208	413	97	316	4	2	2
乐东黎族自治县	455	256	199	419	93	326	1	1	
陵水黎族自治县	259	135	124	558	142	416	2	1	1
保亭黎族苗族自治县	263	144	119	186	40	146	2	1	1
琼中黎族苗族自治县	262	147	115	136	22	114	2		2

8-10b 续表 2

单位：人

地区	独居(无保姆)			养老机构			其他		
	小计	男	女	小计	男	女	小计	男	女
全省	**2631**	**1134**	**1497**	**199**	**127**	**72**	**1428**	**756**	**672**
海口市	**250**	**102**	**148**	**104**	**67**	**37**	**162**	**94**	**68**
秀英区	62	23	39	19	15	4	53	33	20
龙华区	51	16	35	36	27	9	24	17	7
琼山区	43	23	20	23	18	5	27	6	21
美兰区	94	40	54	26	7	19	58	38	20
三亚市	**12**	**4**	**8**				**23**	**11**	**12**
海棠区	1		1				6	5	1
吉阳区	5	3	2				3	1	2
天涯区	4	1	3				14	5	9
崖州区	2		2						
三沙市									
儋州市	**181**	**61**	**120**	**5**	**3**	**2**	**112**	**55**	**57**
五指山市	15	3	12	7	2	5	13	7	6
琼海市	134	59	75	4	3	1	85	44	41
文昌市	377	182	195	17	9	8	222	128	94
万宁市	135	54	81	12	9	3	77	42	35
东方市	59	25	34	1	1		43	28	15
定安县	169	82	87	2	1	1	110	62	48
屯昌县	117	48	69	7	2	5	55	24	31
澄迈县	386	179	207	26	21	5	166	95	71
临高县	222	83	139	1	1		72	30	42
白沙黎族自治县	22	12	10	6	4	2	13	10	3
昌江黎族自治县	135	53	82	1	1		41	14	27
乐东黎族自治县	187	84	103	1		1	78	32	46
陵水黎族自治县	83	41	42	3	2	1	111	60	51
保亭黎族苗族自治县	77	29	48				18	7	11
琼中黎族苗族自治县	70	33	37	2	1	1	27	13	14

8-10c 各地区分性别、居住状况的60岁及以上老年人口(乡村)

单位：人

地区	60岁及以上人口			与配偶和子女同住		
	合计	男	女	小计	男	女
全省	**64118**	**30448**	**33670**	**21522**	**11906**	**9616**
海口市	**8373**	**4083**	**4290**	**2421**	**1336**	**1085**
秀英区	1788	885	903	642	361	281
龙华区	1456	701	755	300	156	144
琼山区	3109	1538	1571	906	497	409
美兰区	2020	959	1061	573	322	251
三亚市	**2752**	**1271**	**1481**	**1208**	**689**	**519**
海棠区	357	166	191	179	97	82
吉阳区	514	249	265	190	116	74
天涯区	1199	529	670	542	310	232
崖州区	682	327	355	297	166	131
三沙市						
儋州市	**6288**	**2898**	**3390**	**2609**	**1365**	**1244**
五指山市	578	246	332	206	116	90
琼海市	5681	2761	2920	1706	966	740
文昌市	5436	2585	2851	1577	904	673
万宁市	5941	2832	3109	1858	1043	815
东方市	2546	1141	1405	914	498	416
定安县	3470	1728	1742	1002	557	445
屯昌县	2562	1280	1282	610	343	267
澄迈县	3607	1802	1805	1127	620	507
临高县	3422	1604	1818	1160	640	520
白沙黎族自治县	1799	847	952	639	358	281
昌江黎族自治县	1343	612	731	523	282	241
乐东黎族自治县	4333	1973	2360	1603	875	728
陵水黎族自治县	2881	1352	1529	1335	725	610
保亭黎族苗族自治县	1405	626	779	496	285	211
琼中黎族苗族自治县	1701	807	894	528	304	224

8-10c 续表 1

单位：人

地区	与配偶同住			与子女同住			独居(有保姆)		
	小计	男	女	小计	男	女	小计	男	女
全省	**19915**	**10738**	**9177**	**13621**	**3505**	**10116**	**60**	**31**	**29**
海口市	**3072**	**1648**	**1424**	**1366**	**372**	**994**	**5**	**3**	**2**
秀英区	554	295	259	308	91	217	1		1
龙华区	655	339	316	198	60	138	1	1	
琼山区	1138	621	517	527	145	382	3	2	1
美兰区	725	393	332	333	76	257			
三亚市	**500**	**272**	**228**	**779**	**175**	**604**	**4**	**2**	**2**
海棠区	33	18	15	101	24	77			
吉阳区	88	47	41	167	49	118	4	2	2
天涯区	214	115	99	363	70	293			
崖州区	165	92	73	148	32	116			
三沙市									
儋州市	**1547**	**811**	**736**	**1473**	**424**	**1049**	**4**	**4**	
五指山市	134	76	58	176	29	147			
琼海市	2058	1120	938	1146	292	854	6	4	2
文昌市	1866	1047	819	1043	216	827	13	8	5
万宁市	2233	1184	1049	1080	283	797	6	1	5
东方市	727	383	344	595	131	464	2	1	1
定安县	1187	653	534	679	198	481	5	2	3
屯昌县	1101	604	497	421	123	298	1		1
澄迈县	1228	655	573	688	205	483	2	1	1
临高县	1035	541	494	638	152	486	2	1	1
白沙黎族自治县	486	271	215	501	127	374			
昌江黎族自治县	317	168	149	355	94	261	1		1
乐东黎族自治县	1158	617	541	1036	263	773	4		4
陵水黎族自治县	417	218	199	821	246	575	1	1	
保亭黎族苗族自治县	328	180	148	413	84	329	2	1	1
琼中黎族苗族自治县	521	290	231	411	91	320	2	2	

8-10c 续表 2 单位：人

地　区	独居(无保姆)			养老机构			其　他		
	小计	男	女	小计	男	女	小计	男	女
全省	**6192**	**2803**	**3389**	**125**	**82**	**43**	**2683**	**1383**	**1300**
海口市	**1040**	**470**	**570**	**9**	**6**	**3**	**460**	**248**	**212**
秀英区	188	85	103				95	53	42
龙华区	226	106	120	3	1	2	73	38	35
琼山区	360	178	182	2	2		173	93	80
美兰区	266	101	165	4	3	1	119	64	55
三亚市	**124**	**50**	**74**	**4**	**3**	**1**	**133**	**80**	**53**
海棠区	15	7	8	1	1		28	19	9
吉阳区	15	6	9				50	29	21
天涯区	53	17	36	3	2	1	24	15	9
崖州区	41	20	21				31	17	14
三沙市									
儋州市	**443**	**197**	**246**	**8**	**6**	**2**	**204**	**91**	**113**
五指山市	31	11	20	7	4	3	24	10	14
琼海市	559	258	301	21	16	5	185	105	80
文昌市	659	276	383	6	2	4	272	132	140
万宁市	562	229	333	7	5	2	195	87	108
东方市	203	76	127	2		2	103	52	51
定安县	416	222	194	22	15	7	159	81	78
屯昌县	326	146	180	2	1	1	101	63	38
澄迈县	398	221	177	6	6		158	94	64
临高县	440	199	241	5	2	3	142	69	73
白沙黎族自治县	116	61	55	9	4	5	48	26	22
昌江黎族自治县	92	41	51	2	1	1	53	26	27
乐东黎族自治县	324	131	193	3	1	2	205	86	119
陵水黎族自治县	176	91	85	6	6		125	65	60
保亭黎族苗族自治县	120	51	69	4	3	1	42	22	20
琼中黎族苗族自治县	163	73	90	2	1	1	74	46	28

8-11　全省分年龄、性别、居住状况的60岁及以上老年人口

单位：人

年　龄	60岁及以上人口			与配偶和子女同住		
	合计	男	女	小计	男	女
总　计	**136158**	**64999**	**71159**	**50950**	**28352**	**22598**
60-64岁	**40228**	**20381**	**19847**	**19484**	**10463**	**9021**
60	7165	3626	3539	3642	1896	1746
61	7312	3778	3534	3642	1988	1654
62	8769	4485	4284	4263	2342	1921
63	8887	4516	4371	4192	2231	1961
64	8095	3976	4119	3745	2006	1739
65-69岁	**35625**	**17679**	**17946**	**15320**	**8313**	**7007**
65	8424	4247	4177	3834	2110	1724
66	7956	3887	4069	3510	1884	1626
67	6926	3418	3508	2963	1581	1382
68	6703	3347	3356	2765	1539	1226
69	5616	2780	2836	2248	1199	1049
70-74岁	**23040**	**11408**	**11632**	**8275**	**4792**	**3483**
70	6175	3109	3066	2356	1338	1018
71	5087	2515	2572	1868	1060	808
72	4474	2194	2280	1599	928	671
73	3866	1931	1935	1318	787	531
74	3438	1659	1779	1134	679	455
75-79岁	**14192**	**6456**	**7736**	**3933**	**2318**	**1615**
75	3147	1538	1609	994	590	404
76	2931	1355	1576	860	508	352
77	2868	1272	1596	783	457	326
78	2769	1244	1525	724	434	290
79	2477	1047	1430	572	329	243
80-84岁	**12509**	**5254**	**7255**	**2663**	**1633**	**1030**
80	2806	1198	1608	703	421	282
81	2546	1073	1473	537	334	203
82	2561	1086	1475	550	340	210
83	2353	990	1363	466	292	174
84	2243	907	1336	407	246	161
85-89岁	**7045**	**2748**	**4297**	**1009**	**650**	**359**
85	1901	769	1132	315	201	114
86	1635	658	977	218	142	76
87	1458	570	888	212	138	74
88	1103	401	702	153	108	45
89	948	350	598	111	61	50
90-94岁	**2667**	**856**	**1811**	**224**	**156**	**68**
90	890	304	586	87	55	32
91	570	191	379	44	33	11
92	511	151	360	42	31	11
93	419	130	289	34	25	9
94	277	80	197	17	12	5
95-99岁	**713**	**196**	**517**	**40**	**26**	**14**
95	237	69	168	13	8	5
96	174	61	113	12	9	3
97	147	38	109	7	5	2
98	82	16	66	5	4	1
99	73	12	61	3		3
100岁及以上	**139**	**21**	**118**	**2**	**1**	**1**

8-11 续表 1

单位：人

年 龄	与配偶同住			与子女同住			独居(有保姆)		
	小计	男	女	小计	男	女	小计	男	女
总 计	**38503**	**20922**	**17581**	**29064**	**7327**	**21737**	**177**	**81**	**96**
60-64岁	**11439**	**5879**	**5560**	**5172**	**1484**	**3688**	**21**	**13**	**8**
60	1941	1012	929	817	230	587	3	2	1
61	2012	1062	950	918	255	663	2	1	1
62	2500	1250	1250	1140	355	785	6	3	3
63	2557	1359	1198	1215	353	862	7	5	2
64	2429	1196	1233	1082	291	791	3	2	1
65-69岁	**11154**	**5831**	**5323**	**5541**	**1506**	**4035**	**29**	**15**	**14**
65	2574	1333	1241	1217	348	869	6	3	3
66	2457	1241	1216	1202	326	876	12	8	4
67	2169	1130	1039	1078	305	773	4	2	2
68	2185	1143	1042	1084	290	794	1		1
69	1769	984	785	960	237	723	6	2	4
70-74岁	**7339**	**4065**	**3274**	**4718**	**1243**	**3475**	**13**	**9**	**4**
70	1999	1080	919	1105	298	807	4	3	1
71	1643	881	762	1022	298	724	3	1	2
72	1415	793	622	953	256	697	3	3	
73	1233	714	519	851	208	643	1	1	
74	1049	597	452	787	183	604	2	1	1
75-79岁	**4083**	**2338**	**1745**	**3950**	**882**	**3068**	**18**	**7**	**11**
75	929	562	367	778	178	600	1		1
76	887	498	389	767	186	581	2	1	1
77	808	454	354	842	180	662	6	2	4
78	776	446	330	804	182	622	6	3	3
79	683	378	305	759	156	603	3	1	2
80-84岁	**2973**	**1794**	**1179**	**4435**	**1005**	**3430**	**40**	**19**	**21**
80	721	414	307	888	199	689	5	1	4
81	638	374	264	894	196	698	11	4	7
82	594	361	233	893	206	687	11	4	7
83	539	339	200	889	201	688	7	5	2
84	481	306	175	871	203	668	6	5	1
85-89岁	**1213**	**809**	**404**	**3223**	**788**	**2435**	**33**	**12**	**21**
85	366	243	123	818	199	619	12	4	8
86	321	208	113	734	184	550	5	3	2
87	253	166	87	659	163	496	6	3	3
88	151	104	47	533	123	410	7		7
89	122	88	34	479	119	360	3	2	1
90-94岁	**267**	**182**	**85**	**1485**	**310**	**1175**	**17**	**4**	**13**
90	123	80	43	462	104	358	4	1	3
91	60	44	16	322	72	250	6	1	5
92	40	26	14	293	52	241	2	1	1
93	27	20	7	249	48	201	4		4
94	17	12	5	159	34	125	1	1	
95-99岁	**33**	**24**	**9**	**444**	**94**	**350**	**6**	**2**	**4**
95	11	8	3	148	35	113	3	1	2
96	13	10	3	108	26	82			
97	5	3	2	89	20	69	2	1	1
98	2	2		52	7	45			
99	2	1	1	47	6	41	1		1
100岁及以上	**2**		**2**	**96**	**15**	**81**			

8-11　续表 2　　单位：人

年　龄	独居(无保姆)			养老机构			其　他		
	小计	男	女	小计	男	女	小计	男	女
总　计	**11168**	**5039**	**6129**	**446**	**255**	**191**	**5850**	**3023**	**2827**
60—64岁	**2178**	**1337**	**841**	**40**	**25**	**15**	**1894**	**1180**	**714**
60	389	262	127	5	3	2	368	221	147
61	381	241	140	6	5	1	351	226	125
62	458	270	188	8	2	6	394	263	131
63	475	301	174	10	7	3	431	260	171
64	475	263	212	11	8	3	350	210	140
65—69岁	**2201**	**1229**	**972**	**61**	**44**	**17**	**1319**	**741**	**578**
65	465	261	204	14	10	4	314	182	132
66	476	271	205	14	11	3	285	146	139
67	449	248	201	8	6	2	255	146	109
68	404	222	182	11	7	4	253	146	107
69	407	227	180	14	10	4	212	121	91
70—74岁	**1777**	**814**	**963**	**63**	**41**	**22**	**855**	**444**	**411**
70	450	241	209	14	11	3	247	138	109
71	364	161	203	11	7	4	176	107	69
72	339	137	202	9	7	2	156	70	86
73	307	141	166	15	9	6	141	71	70
74	317	134	183	14	7	7	135	58	77
75—79岁	**1573**	**602**	**971**	**71**	**49**	**22**	**564**	**260**	**304**
75	313	143	170	11	9	2	121	56	65
76	293	103	190	13	9	4	109	50	59
77	304	107	197	18	15	3	107	57	50
78	331	123	208	13	7	6	115	49	66
79	332	126	206	16	9	7	112	48	64
80—84岁	**1737**	**569**	**1168**	**79**	**42**	**37**	**582**	**192**	**390**
80	343	110	233	16	8	8	130	45	85
81	329	114	215	13	6	7	124	45	79
82	380	129	251	17	11	6	116	35	81
83	330	110	220	15	9	6	107	34	73
84	355	106	249	18	8	10	105	33	72
85—89岁	**1117**	**327**	**790**	**67**	**32**	**35**	**383**	**130**	**253**
85	291	86	205	12	8	4	87	28	59
86	248	79	169	20	12	8	89	30	59
87	229	66	163	16	4	12	83	30	53
88	185	42	143	11	4	7	63	20	43
89	164	54	110	8	4	4	61	22	39
90—94岁	**454**	**131**	**323**	**48**	**19**	**29**	**172**	**54**	**118**
90	137	38	99	14	7	7	63	19	44
91	98	31	67	9	2	7	31	8	23
92	90	25	65	11	5	6	33	11	22
93	73	26	47	7	2	5	25	9	16
94	56	11	45	7	3	4	20	7	13
95—99岁	**109**	**25**	**84**	**13**	**3**	**10**	**68**	**22**	**46**
95	36	10	26	3	1	2	23	6	17
96	22	6	16	3	1	2	16	9	7
97	27	5	22	4		4	13	4	9
98	14	1	13	2		2	7	2	5
99	10	3	7	1	1		9	1	8
100岁及以上	**22**	**5**	**17**	**4**		**4**	**13**		**13**

8-11a 全省分年龄、性别、居住状况的60岁及以上老年人口(城市)

单位：人

年 龄	60岁及以上人口			与配偶和子女同住		
	合计	男	女	小计	男	女
总 计	**38698**	**18565**	**20133**	**16304**	**9153**	**7151**
60-64岁	**12638**	**6289**	**6349**	**6318**	**3413**	**2905**
60	2221	1085	1136	1140	582	558
61	2290	1147	1143	1169	651	518
62	2732	1402	1330	1378	775	603
63	2860	1444	1416	1425	774	651
64	2535	1211	1324	1206	631	575
65-69岁	**10534**	**5137**	**5397**	**4905**	**2657**	**2248**
65	2535	1262	1273	1237	673	564
66	2383	1177	1206	1119	608	511
67	2069	970	1099	944	505	439
68	1902	940	962	878	492	386
69	1645	788	857	727	379	348
70-74岁	**6464**	**3170**	**3294**	**2662**	**1560**	**1102**
70	1676	813	863	720	410	310
71	1469	719	750	622	352	270
72	1248	635	613	514	301	213
73	1104	546	558	419	260	159
74	967	457	510	387	237	150
75-79岁	**3761**	**1717**	**2044**	**1219**	**736**	**483**
75	821	400	421	283	172	111
76	805	381	424	282	183	99
77	732	314	418	220	118	102
78	771	350	421	243	150	93
79	632	272	360	191	113	78
80-84岁	**3215**	**1439**	**1776**	**857**	**550**	**307**
80	788	342	446	230	138	92
81	668	291	377	179	113	66
82	638	312	326	166	114	52
83	551	243	308	149	98	51
84	570	251	319	133	87	46
85-89岁	**1469**	**610**	**859**	**283**	**195**	**88**
85	418	172	246	80	56	24
86	375	167	208	72	50	22
87	305	130	175	68	44	24
88	197	78	119	35	29	6
89	174	63	111	28	16	12
90-94岁	**484**	**170**	**314**	**48**	**34**	**14**
90	185	80	105	26	18	8
91	104	30	74	8	6	2
92	93	31	62	6	4	2
93	61	19	42	5	3	2
94	41	10	31	3	3	
95-99岁	**119**	**33**	**86**	**12**	**8**	**4**
95	43	10	33	4	2	2
96	31	14	17	7	6	1
97	21	6	15	1		1
98	11	1	10			
99	13	2	11			
100岁及以上	**14**		**14**			

8-11a　续表 1　　单位：人

年　龄	与配偶同住			与子女同住			独居(有保姆)		
	小计	男	女	小计	男	女	小计	男	女
总　计	**9530**	**5249**	**4281**	**8583**	**2096**	**6487**	**75**	**35**	**40**
60–64岁	**3030**	**1583**	**1447**	**1897**	**496**	**1401**	**11**	**5**	**6**
60	536	282	254	284	70	214			
61	532	272	260	343	76	267			
62	634	340	294	410	114	296	4	1	3
63	672	366	306	456	126	330	4	2	2
64	656	323	333	404	110	294	3	2	1
65–69岁	**2754**	**1458**	**1296**	**1853**	**470**	**1383**	**10**	**7**	**3**
65	638	340	298	421	115	306	2	2	
66	638	335	303	389	110	279	6	3	3
67	522	262	260	380	90	290	1	1	
68	511	270	241	344	84	260			
69	445	251	194	319	71	248	1	1	
70–74岁	**1789**	**977**	**812**	**1409**	**352**	**1057**	**4**	**3**	**1**
70	452	235	217	327	84	243	2	1	1
71	420	219	201	310	89	221			
72	333	201	132	286	89	197	1	1	
73	329	182	147	258	54	204	1	1	
74	255	140	115	228	36	192			
75–79岁	**1007**	**597**	**410**	**1103**	**231**	**872**	**9**	**3**	**6**
75	238	152	86	216	45	171			
76	214	114	100	213	50	163	1		1
77	205	120	85	233	51	182	4	1	3
78	206	127	79	232	44	188	3	2	1
79	144	84	60	209	41	168	1		1
80–84岁	**689**	**445**	**244**	**1209**	**280**	**929**	**20**	**10**	**10**
80	179	101	78	279	69	210	3		3
81	158	98	60	239	48	191	5	3	2
82	141	94	47	234	69	165	3	1	2
83	113	78	35	210	37	173	5	3	2
84	98	74	24	247	57	190	4	3	1
85–89岁	**213**	**153**	**60**	**728**	**180**	**548**	**12**	**5**	**7**
85	70	51	19	202	43	159	5	2	3
86	59	45	14	189	48	141	1	1	
87	43	30	13	142	38	104	2	2	
88	20	13	7	99	26	73	4		4
89	21	14	7	96	25	71			
90–94岁	**44**	**34**	**10**	**295**	**71**	**224**	**6**	**1**	**5**
90	20	17	3	101	34	67	1		1
91	11	7	4	74	15	59	2		2
92	7	5	2	58	12	46	1	1	
93	5	4	1	41	8	33	2		2
94	1	1		21	2	19			
95–99岁	**4**	**2**	**2**	**77**	**16**	**61**	**3**	**1**	**2**
95	1		1	27	6	21	1		1
96	3	2	1	15	2	13			
97				17	5	12	1	1	
98				7	1	6			
99				11	2	9	1		1
100岁及以上				**12**		**12**			

8-11a 续表 2　　　　单位：人

年龄	独居(无保姆)			养老机构			其他		
	小计	男	女	小计	男	女	小计	男	女
总计	**2345**	**1102**	**1243**	**122**	**46**	**76**	**1739**	**884**	**855**
60-64岁	**676**	**395**	**281**	**7**	**3**	**4**	**699**	**394**	**305**
60	116	70	46				145	81	64
61	127	79	48				119	69	50
62	147	81	66	3	1	2	156	90	66
63	152	92	60	1		1	150	84	66
64	134	73	61	3	2	1	129	70	59
65-69岁	**599**	**318**	**281**	**11**	**6**	**5**	**402**	**221**	**181**
65	136	75	61	2	1	1	99	56	43
66	138	74	64	2	1	1	91	46	45
67	144	72	72	2	1	1	76	39	37
68	94	53	41				75	41	34
69	87	44	43	5	3	2	61	39	22
70-74岁	**354**	**151**	**203**	**11**	**6**	**5**	**235**	**121**	**114**
70	100	47	53	3	2	1	72	34	38
71	67	29	38	4	2	2	46	28	18
72	67	23	44	2	1	1	45	19	26
73	61	26	35				36	23	13
74	59	26	33	2	1	1	36	17	19
75-79岁	**260**	**85**	**175**	**16**	**4**	**12**	**147**	**61**	**86**
75	49	17	32	4	2	2	31	12	19
76	63	23	40	3		3	29	11	18
77	41	10	31	2		2	27	14	13
78	54	18	36	5	1	4	28	8	20
79	53	17	36	2	1	1	32	16	16
80-84岁	**269**	**90**	**179**	**33**	**13**	**20**	**138**	**51**	**87**
80	53	20	33	6	2	4	38	12	26
81	46	14	32	6	1	5	35	14	21
82	65	23	42	9	4	5	20	7	13
83	44	16	28	6	3	3	24	8	16
84	61	17	44	6	3	3	21	10	11
85-89岁	**136**	**44**	**92**	**26**	**8**	**18**	**71**	**25**	**46**
85	39	12	27	5	2	3	17	6	11
86	23	12	11	9	2	7	22	9	13
87	30	9	21	7	2	5	13	5	8
88	24	5	19	4	1	3	11	4	7
89	20	6	14	1	1		8	1	7
90-94岁	**40**	**15**	**25**	**15**	**6**	**9**	**36**	**9**	**27**
90	12	4	8	6	3	3	19	4	15
91	4		4	3	1	2	2	1	1
92	13	7	6	2	1	1	6	1	5
93	4	3	1	1		1	3	1	2
94	7	1	6	3	1	2	6	2	4
95-99岁	**11**	**4**	**7**	**3**		**3**	**9**	**2**	**7**
95	7	2	5	1		1	2		2
96	2	2		1		1	3	2	1
97				1		1	1		1
98	2		2				2		2
99							1		1
100岁及以上							**2**		**2**

8-11b 全省分年龄、性别、居住状况的60岁及以上老年人口(镇)

单位：人

年 龄	60岁及以上人口			与配偶和子女同住		
	合计	男	女	小计	男	女
总 计	**33342**	**15986**	**17356**	**13124**	**7293**	**5831**
60-64岁	**9948**	**5052**	**4896**	**5014**	**2677**	**2337**
60	1720	919	801	901	494	407
61	1778	922	856	923	505	418
62	2177	1105	1072	1092	591	501
63	2190	1092	1098	1070	547	523
64	2083	1014	1069	1028	540	488
65-69岁	**8902**	**4445**	**4457**	**4119**	**2238**	**1881**
65	2108	1091	1017	1020	578	442
66	2039	966	1073	967	498	469
67	1704	868	836	805	435	370
68	1673	828	845	727	403	324
69	1378	692	686	600	324	276
70-74岁	**5447**	**2736**	**2711**	**2107**	**1221**	**886**
70	1490	768	722	612	359	253
71	1170	581	589	480	267	213
72	1084	516	568	404	222	182
73	883	452	431	321	189	132
74	820	419	401	290	184	106
75-79岁	**3305**	**1514**	**1791**	**945**	**570**	**375**
75	725	361	364	243	144	99
76	651	299	352	199	116	83
77	688	298	390	202	122	80
78	654	305	349	172	111	61
79	587	251	336	129	77	52
80-84岁	**3083**	**1276**	**1807**	**635**	**381**	**254**
80	700	298	402	168	96	72
81	612	256	356	130	78	52
82	605	243	362	122	75	47
83	601	262	339	122	80	42
84	565	217	348	93	52	41
85-89岁	**1733**	**679**	**1054**	**253**	**168**	**85**
85	461	185	276	82	52	30
86	362	157	205	45	34	11
87	367	131	236	55	39	16
88	303	104	199	46	30	16
89	240	102	138	25	13	12
90-94岁	**686**	**225**	**461**	**48**	**35**	**13**
90	232	84	148	13	7	6
91	139	48	91	10	8	2
92	142	36	106	11	11	
93	103	35	68	12	9	3
94	70	22	48	2		2
95-99岁	**195**	**50**	**145**	**3**	**3**	
95	60	20	40	1	1	
96	50	13	37			
97	44	12	32	2	2	
98	20	2	18			
99	21	3	18			
100岁及以上	**43**	**9**	**34**			

8－11b 续表 1

单位：人

年龄	与配偶同住			与子女同住			独居(有保姆)		
	小计	男	女	小计	男	女	小计	男	女
总计	**9058**	**4935**	**4123**	**6860**	**1726**	**5134**	**42**	**15**	**27**
60－64岁	**2787**	**1428**	**1359**	**1161**	**338**	**823**	**4**	**2**	**2**
60	459	257	202	179	52	127	2	1	1
61	453	230	223	207	65	142	1		1
62	624	299	325	266	91	175	1	1	
63	654	343	311	259	74	185			
64	597	299	298	250	56	194			
65－69岁	**2629**	**1381**	**1248**	**1306**	**359**	**947**	**9**	**4**	**5**
65	612	332	280	274	76	198	3	1	2
66	596	302	294	310	72	238	1	1	
67	496	266	230	232	71	161	1	1	
68	517	259	258	262	78	184			
69	408	222	186	228	62	166	4	1	3
70－74岁	**1645**	**932**	**713**	**1055**	**270**	**785**			
70	456	241	215	260	69	191			
71	347	192	155	221	63	158			
72	325	187	138	221	55	166			
73	274	167	107	189	45	144			
74	243	145	98	164	38	126			
75－79岁	**900**	**499**	**401**	**926**	**203**	**723**	**6**	**3**	**3**
75	205	126	79	176	42	134	1		1
76	181	92	89	173	41	132	1	1	
77	174	85	89	202	39	163	1	1	
78	171	104	67	198	43	155	1		1
79	169	92	77	177	38	139	2	1	1
80－84岁	**732**	**449**	**283**	**1103**	**250**	**853**	**9**	**3**	**6**
80	186	114	72	221	50	171	1		1
81	150	87	63	221	53	168	3	1	2
82	128	76	52	223	46	177	4	1	3
83	143	90	53	230	53	177			
84	125	82	43	208	48	160	1	1	
85－89岁	**283**	**190**	**93**	**776**	**183**	**593**	**10**	**2**	**8**
85	74	48	26	194	52	142	5	1	4
86	77	53	24	153	36	117			
87	58	33	25	164	33	131	4	1	3
88	35	27	8	153	29	124	1		1
89	39	29	10	112	33	79			
90－94岁	**77**	**54**	**23**	**372**	**84**	**288**	**1**		**1**
90	41	29	12	112	24	88			
91	15	11	4	68	19	49			
92	11	5	6	88	15	73			
93	3	3		61	14	47	1		1
94	7	6	1	43	12	31			
95－99岁	**5**	**2**	**3**	**132**	**30**	**102**	**3**	**1**	**2**
95	2	1	1	41	11	30	2	1	1
96	1		1	38	11	27			
97	2	1	1	26	6	20	1		1
98				13	1	12			
99				14	1	13			
100岁及以上				**29**	**9**	**20**			

8-11b 续表 2

单位：人

年 龄	独居(无保姆)			养老机构			其 他		
	小计	男	女	小计	男	女	小计	男	女
总 计	**2631**	**1134**	**1497**	**199**	**127**	**72**	**1428**	**756**	**672**
60–64岁	**491**	**300**	**191**	**14**	**7**	**7**	**477**	**300**	**177**
60	86	60	26	2	1	1	91	54	37
61	86	51	35	4	3	1	104	68	36
62	107	62	45	2		2	85	61	24
63	97	61	36	5	3	2	105	64	41
64	115	66	49	1		1	92	53	39
65–69岁	**512**	**274**	**238**	**26**	**18**	**8**	**301**	**171**	**130**
65	114	57	57	5	3	2	80	44	36
66	96	55	41	6	4	2	63	34	29
67	105	54	51	2	2		63	39	24
68	109	56	53	7	4	3	51	28	23
69	88	52	36	6	5	1	44	26	18
70–74岁	**424**	**190**	**234**	**27**	**19**	**8**	**189**	**104**	**85**
70	101	57	44	3	3		58	39	19
71	80	32	48	5	4	1	37	23	14
72	92	32	60	4	4		38	16	22
73	69	34	35	7	5	2	23	12	11
74	82	35	47	8	3	5	33	14	19
75–79岁	**365**	**141**	**224**	**34**	**29**	**5**	**129**	**69**	**60**
75	71	32	39	4	4		25	13	12
76	62	26	36	8	7	1	27	16	11
77	72	25	47	11	11		26	15	11
78	82	31	51	2	1	1	28	15	13
79	78	27	51	9	6	3	23	10	13
80–84岁	**418**	**120**	**298**	**31**	**22**	**9**	**155**	**51**	**104**
80	82	24	58	5	4	1	37	10	27
81	72	23	49	4	3	1	32	11	21
82	92	27	65	8	7	1	28	11	17
83	71	26	45	7	4	3	28	9	19
84	101	20	81	7	4	3	30	10	20
85–89岁	**267**	**77**	**190**	**34**	**20**	**14**	**110**	**39**	**71**
85	79	22	57	7	6	1	20	4	16
86	55	18	37	9	8	1	23	8	15
87	57	16	41	7	1	6	22	8	14
88	43	9	34	6	3	3	19	6	13
89	33	12	21	5	2	3	26	13	13
90–94岁	**128**	**29**	**99**	**23**	**10**	**13**	**37**	**13**	**24**
90	45	15	30	7	4	3	14	5	9
91	32	7	25	5	1	4	9	2	7
92	22	2	20	5	2	3	5	1	4
93	19	5	14	2	1	1	5	3	2
94	10		10	4	2	2	4	2	2
95–99岁	**19**	**3**	**16**	**8**	**2**	**6**	**25**	**9**	**16**
95	2	1	1	1		1	11	5	6
96	6		6	2	1	1	3	1	2
97	5	1	4	2		2	6	2	4
98	2		2	2		2	3	1	2
99	4	1	3	1	1		2		2
100岁及以上	**7**		**7**	**2**		**2**	**5**		**5**

8-11c 全省分年龄、性别、居住状况的60岁及以上老年人口(乡村)

单位：人

年龄	60岁及以上人口			与配偶和子女同住		
	合计	男	女	小计	男	女
总计	**64118**	**30448**	**33670**	**21522**	**11906**	**9616**
60-64岁	**17642**	**9040**	**8602**	**8152**	**4373**	**3779**
60	3224	1622	1602	1601	820	781
61	3244	1709	1535	1550	832	718
62	3860	1978	1882	1793	976	817
63	3837	1980	1857	1697	910	787
64	3477	1751	1726	1511	835	676
65-69岁	**16189**	**8097**	**8092**	**6296**	**3418**	**2878**
65	3781	1894	1887	1577	859	718
66	3534	1744	1790	1424	778	646
67	3153	1580	1573	1214	641	573
68	3128	1579	1549	1160	644	516
69	2593	1300	1293	921	496	425
70-74岁	**11129**	**5502**	**5627**	**3506**	**2011**	**1495**
70	3009	1528	1481	1024	569	455
71	2448	1215	1233	766	441	325
72	2142	1043	1099	681	405	276
73	1879	933	946	578	338	240
74	1651	783	868	457	258	199
75-79岁	**7126**	**3225**	**3901**	**1769**	**1012**	**757**
75	1601	777	824	468	274	194
76	1475	675	800	379	209	170
77	1448	660	788	361	217	144
78	1344	589	755	309	173	136
79	1258	524	734	252	139	113
80-84岁	**6211**	**2539**	**3672**	**1171**	**702**	**469**
80	1318	558	760	305	187	118
81	1266	526	740	228	143	85
82	1318	531	787	262	151	111
83	1201	485	716	195	114	81
84	1108	439	669	181	107	74
85-89岁	**3843**	**1459**	**2384**	**473**	**287**	**186**
85	1022	412	610	153	93	60
86	898	334	564	101	58	43
87	786	309	477	89	55	34
88	603	219	384	72	49	23
89	534	185	349	58	32	26
90-94岁	**1497**	**461**	**1036**	**128**	**87**	**41**
90	473	140	333	48	30	18
91	327	113	214	26	19	7
92	276	84	192	25	16	9
93	255	76	179	17	13	4
94	166	48	118	12	9	3
95-99岁	**399**	**113**	**286**	**25**	**15**	**10**
95	134	39	95	8	5	3
96	93	34	59	5	3	2
97	82	20	62	4	3	1
98	51	13	38	5	4	1
99	39	7	32	3		3
100岁及以上	**82**	**12**	**70**	**2**	**1**	**1**

8-11c 续表 1 单位：人

年龄	与配偶同住			与子女同住			独居(有保姆)		
	小计	男	女	小计	男	女	小计	男	女
总 计	**19915**	**10738**	**9177**	**13621**	**3505**	**10116**	**60**	**31**	**29**
60—64岁	**5622**	**2868**	**2754**	**2114**	**650**	**1464**	**6**	**6**	
60	946	473	473	354	108	246	1	1	
61	1027	560	467	368	114	254	1	1	
62	1242	611	631	464	150	314	1	1	
63	1231	650	581	500	153	347	3	3	
64	1176	574	602	428	125	303			
65—69岁	**5771**	**2992**	**2779**	**2382**	**677**	**1705**	**10**	**4**	**6**
65	1324	661	663	522	157	365	1		1
66	1223	604	619	503	144	359	5	4	1
67	1151	602	549	466	144	322	2		2
68	1157	614	543	478	128	350	1		1
69	916	511	405	413	104	309	1		1
70—74岁	**3905**	**2156**	**1749**	**2254**	**621**	**1633**	**9**	**6**	**3**
70	1091	604	487	518	145	373	2	2	
71	876	470	406	491	146	345	3	1	2
72	757	405	352	446	112	334	2	2	
73	630	365	265	404	109	295			
74	551	312	239	395	109	286	2	1	1
75—79岁	**2176**	**1242**	**934**	**1921**	**448**	**1473**	**3**	**1**	**2**
75	486	284	202	386	91	295			
76	492	292	200	381	95	286			
77	429	249	180	407	90	317	1		1
78	399	215	184	374	95	279	2	1	1
79	370	202	168	373	77	296			
80—84岁	**1552**	**900**	**652**	**2123**	**475**	**1648**	**11**	**6**	**5**
80	356	199	157	388	80	308	1	1	
81	330	189	141	434	95	339	3		3
82	325	191	134	436	91	345	4	2	2
83	283	171	112	449	111	338	2	2	
84	258	150	108	416	98	318	1	1	
85—89岁	**717**	**466**	**251**	**1719**	**425**	**1294**	**11**	**5**	**6**
85	222	144	78	422	104	318	2	1	1
86	185	110	75	392	100	292	4	2	2
87	152	103	49	353	92	261			
88	96	64	32	281	68	213	2		2
89	62	45	17	271	61	210	3	2	1
90—94岁	**146**	**94**	**52**	**818**	**155**	**663**	**10**	**3**	**7**
90	62	34	28	249	46	203	3	1	2
91	34	26	8	180	38	142	4	1	3
92	22	16	6	147	25	122	1		1
93	19	13	6	147	26	121	1		1
94	9	5	4	95	20	75	1	1	
95—99岁	**24**	**20**	**4**	**235**	**48**	**187**			
95	8	7	1	80	18	62			
96	9	8	1	55	13	42			
97	3	2	1	46	9	37			
98	2	2		32	5	27			
99	2	1	1	22	3	19			
100岁及以上	**2**		**2**	**55**	**6**	**49**			

8-11c 续表 2

单位：人

年 龄	独居(无保姆)			养老机构			其 他		
	小计	男	女	小计	男	女	小计	男	女
总 计	**6192**	**2803**	**3389**	**125**	**82**	**43**	**2683**	**1383**	**1300**
60-64岁	**1011**	**642**	**369**	**19**	**15**	**4**	**718**	**486**	**232**
60	187	132	55	3	2	1	132	86	46
61	168	111	57	2	2		128	89	39
62	204	127	77	3	1	2	153	112	41
63	226	148	78	4	4		176	112	64
64	226	124	102	7	6	1	129	87	42
65-69岁	**1090**	**637**	**453**	**24**	**20**	**4**	**616**	**349**	**267**
65	215	129	86	7	6	1	135	82	53
66	242	142	100	6	6		131	66	65
67	200	122	78	4	3	1	116	68	48
68	201	113	88	4	3	1	127	77	50
69	232	131	101	3	2	1	107	56	51
70-74岁	**999**	**473**	**526**	**25**	**16**	**9**	**431**	**219**	**212**
70	249	137	112	8	6	2	117	65	52
71	217	100	117	2	1	1	93	56	37
72	180	82	98	3	2	1	73	35	38
73	177	81	96	8	4	4	82	36	46
74	176	73	103	4	3	1	66	27	39
75-79岁	**948**	**376**	**572**	**21**	**16**	**5**	**288**	**130**	**158**
75	193	94	99	3	3		65	31	34
76	168	54	114	2	2		53	23	30
77	191	72	119	5	4	1	54	28	26
78	195	74	121	6	5	1	59	26	33
79	201	82	119	5	2	3	57	22	35
80-84岁	**1050**	**359**	**691**	**15**	**7**	**8**	**289**	**90**	**199**
80	208	66	142	5	2	3	55	23	32
81	211	77	134	3	2	1	57	20	37
82	223	79	144				68	17	51
83	215	68	147	2	2		55	17	38
84	193	69	124	5	1	4	54	13	41
85-89岁	**714**	**206**	**508**	**7**	**4**	**3**	**202**	**66**	**136**
85	173	52	121				50	18	32
86	170	49	121	2	2		44	13	31
87	142	41	101	2	1	1	48	17	31
88	118	28	90	1		1	33	10	23
89	111	36	75	2	1	1	27	8	19
90-94岁	**286**	**87**	**199**	**10**	**3**	**7**	**99**	**32**	**67**
90	80	19	61	1		1	30	10	20
91	62	24	38	1		1	20	5	15
92	55	16	39	4	2	2	22	9	13
93	50	18	32	4	1	3	17	5	12
94	39	10	29				10	3	7
95-99岁	**79**	**18**	**61**	**2**	**1**	**1**	**34**	**11**	**23**
95	27	7	20	1	1		10	1	9
96	14	4	10				10	6	4
97	22	4	18	1		1	6	2	4
98	10	1	9				2	1	1
99	6	2	4				6	1	5
100岁及以上	**15**	**5**	**10**	**2**		**2**	**6**		**6**

8–12　全省分性别、婚姻状况、居住状况的60岁及以上老年人口

单位：人

居住状况	60岁及以上人口			未婚		
	合计	男	女	小计	男	女
总　计	**136158**	**64999**	**71159**	**2395**	**2127**	**268**
与配偶和子女同住	50950	28352	22598			
与配偶同住	38503	20922	17581			
与子女同住	29064	7327	21737	54	32	22
独居(有保姆)	177	81	96	9	9	
独居(无保姆)	11168	5039	6129	1297	1216	81
养老机构	446	255	191	158	138	20
其　他	5850	3023	2827	877	732	145

8–12　续表

单位：人

居住状况	有配偶			离婚			丧偶		
	小计	男	女	小计	男	女	小计	男	女
总　计	**102178**	**55629**	**46549**	**1048**	**626**	**422**	**30537**	**6617**	**23920**
与配偶和子女同住	50950	28352	22598						
与配偶同住	38503	20922	17581						
与子女同住	6917	2782	4135	457	240	217	21636	4273	17363
独居(有保姆)	43	29	14	10	6	4	115	37	78
独居(无保姆)	2770	1792	978	399	273	126	6702	1758	4944
养老机构	131	58	73	5	4	1	152	55	97
其　他	2864	1694	1170	177	103	74	1932	494	1438

8-12a 全省分性别、婚姻状况、居住状况的60岁及以上老年人口(城市)

单位：人

居住状况	60岁及以上人口			未婚		
	合计	男	女	小计	男	女
总　计	**38698**	**18565**	**20133**	**318**	**213**	**105**
与配偶和子女同住	16304	9153	7151			
与配偶同住	9530	5249	4281			
与子女同住	8583	2096	6487	7	4	3
独居(有保姆)	75	35	40	1	1	
独居(无保姆)	2345	1102	1243	146	103	43
养老机构	122	46	76	11	8	3
其　他	1739	884	855	153	97	56

8-12a 续表

单位：人

居住状况	有配偶			离婚			丧偶		
	小计	男	女	小计	男	女	小计	男	女
总　计	**31196**	**16810**	**14386**	**494**	**234**	**260**	**6690**	**1308**	**5382**
与配偶和子女同住	16304	9153	7151						
与配偶同住	9530	5249	4281						
与子女同住	3151	1097	2054	211	80	131	5214	915	4299
独居(有保姆)	23	17	6	5	2	3	46	15	31
独居(无保姆)	1022	636	386	179	100	79	998	263	735
养老机构	70	24	46	3	3		38	11	27
其　他	1096	634	462	96	49	47	394	104	290

8-12b 全省分性别、婚姻状况、居住状况的60岁及以上老年人口(镇)

单位：人

居住状况	60岁及以上人口			未婚		
	合计	男	女	小计	男	女
总计	**33342**	**15986**	**17356**	**567**	**486**	**81**
与配偶和子女同住	13124	7293	5831			
与配偶同住	9058	4935	4123			
与子女同住	6860	1726	5134	14	10	4
独居(有保姆)	42	15	27	1	1	
独居(无保姆)	2631	1134	1497	243	226	17
养老机构	199	127	72	86	72	14
其他	1428	756	672	223	177	46

8-12b 续表

单位：人

居住状况	有配偶			离婚			丧偶		
	小计	男	女	小计	男	女	小计	男	女
总计	**25043**	**13753**	**11290**	**180**	**111**	**69**	**7552**	**1636**	**5916**
与配偶和子女同住	13124	7293	5831						
与配偶同住	9058	4935	4123						
与子女同住	1434	610	824	79	39	40	5333	1067	4266
独居(有保姆)	10	6	4	2	1	1	29	7	22
独居(无保姆)	681	451	230	67	51	16	1640	406	1234
养老机构	40	24	16				73	31	42
其他	696	434	262	32	20	12	477	125	352

8–12c　全省分性别、婚姻状况、居住状况的60岁及以上老年人口(乡村)

单位：人

居住状况	60岁及以上人口			未　　婚		
	合计	男	女	小计	男	女
总　计	**64118**	**30448**	**33670**	**1510**	**1428**	**82**
与配偶和子女同住	21522	11906	9616			
与配偶同住	19915	10738	9177			
与子女同住	13621	3505	10116	33	18	15
独居(有保姆)	60	31	29	7	7	
独居(无保姆)	6192	2803	3389	908	887	21
养老机构	125	82	43	61	58	3
其　他	2683	1383	1300	501	458	43

8–12c　续表

单位：人

居住状况	有 配 偶			离　　婚			丧　　偶		
	小计	男	女	小计	男	女	小计	男	女
总　计	**45939**	**25066**	**20873**	**374**	**281**	**93**	**16295**	**3673**	**12622**
与配偶和子女同住	21522	11906	9616						
与配偶同住	19915	10738	9177						
与子女同住	2332	1075	1257	167	121	46	11089	2291	8798
独居(有保姆)	10	6	4	3	3		40	15	25
独居(无保姆)	1067	705	362	153	122	31	4064	1089	2975
养老机构	21	10	11	2	1	1	41	13	28
其　他	1072	626	446	49	34	15	1061	265	796

第二部分 长表数据资料

第九卷 住房

9-1　各地区按建筑层数、承重类型分的家庭户户数

单位：户

地　区	合　计	建筑层数				承重类型				
		平房	多层（7层及以下）	高层（8-33层）	超高层（34层及以上）	钢及钢筋混凝土结构	混合结构	砖木结构	竹草土坯结构	其他结构
全省	**264959**	**100832**	**115408**	**48580**	**139**	**188421**	**46331**	**28638**	**69**	**1500**
海口市	**78852**	**8933**	**37720**	**32085**	**114**	**67422**	**8680**	**2312**	**22**	**416**
秀英区	14750	1630	7757	5361	2	12613	1692	362	1	82
龙华区	23922	1859	11144	10849	70	21249	1769	708	3	193
琼山区	17332	3262	7771	6276	23	14026	2475	762	15	54
美兰区	22848	2182	11048	9599	19	19534	2744	480	3	87
三亚市	**25229**	**3708**	**14687**	**6833**	**1**	**21183**	**3577**	**273**		**196**
海棠区	1818	601	1189	28		1444	269	68		37
吉阳区	11847	503	7063	4281		10673	1093	12		69
天涯区	8821	1707	4758	2355	1	7216	1490	49		66
崖州区	2743	897	1677	169		1850	725	144		24
三沙市										
儋州市	**22144**	**10630**	**9907**	**1587**	**20**	**14957**	**3578**	**3423**	**6**	**180**
五指山市	3157	1276	1154	726	1	2840	275	28		14
琼海市	14721	8025	5375	1321		9385	3192	2090	4	50
文昌市	16177	9633	5526	1017	1	8352	3280	4415	8	122
万宁市	14859	8247	6361	251		8470	3807	2518		64
东方市	10361	5273	4392	696		6245	1799	2293	2	22
定安县	8403	5371	2723	309		5318	1411	1647		27
屯昌县	6977	4247	2314	416		4711	548	1685	1	32
澄迈县	12514	6162	5441	911		8344	1492	2623	7	48
临高县	10608	6966	3358	284		5845	2785	1924	11	43
白沙黎族自治县	4527	2581	1817	129		2732	1528	253	1	13
昌江黎族自治县	6181	2610	2945	626		3564	2088	498	1	30
乐东黎族自治县	12024	5918	5797	309		7797	3643	526	1	57
陵水黎族自治县	8553	5825	2447	280	1	5679	1229	1529	2	114
保亭黎族苗族自治县	4535	2503	1588	444		1843	2517	146	1	28
琼中黎族苗族自治县	5137	2924	1856	356	1	3734	902	455	2	44

注：本表数据为居住在普通住宅的家庭户，下表同。

9-1a 各地区按建筑层数、承重类型分的家庭户户数(城市)

单位：户

地区	合计	建筑层数				承重类型				
		平房	多层(7层及以下)	高层(8-33层)	超高层(34层及以上)	钢及钢筋混凝土结构	混合结构	砖木结构	竹草土坯结构	其他结构
全省	**102402**	**6545**	**54237**	**41506**	**114**	**92045**	**8133**	**1637**	**6**	**581**
海口市	**60417**	**1309**	**28449**	**30547**	**112**	**55221**	**4637**	**228**	**4**	**327**
秀英区	10008	307	5050	4651		9421	456	62	1	68
龙华区	21149	398	9857	10824	70	19760	1122	87	2	178
琼山区	11974	283	5776	5892	23	10685	1227	40	1	21
美兰区	17286	321	7766	9180	19	15355	1832	39		60
三亚市	**18549**	**1231**	**11150**	**6167**	**1**	**16808**	**1453**	**163**		**125**
海棠区	964	487	465	12		732	142	57		33
吉阳区	10312	228	6219	3865		9636	623	8		45
天涯区	6067	234	3548	2284	1	5601	412	19		35
崖州区	1206	282	918	6		839	276	79		12
三沙市										
儋州市	**5204**	**472**	**3788**	**944**		**4990**	**116**	**78**		**20**
五指山市	1413	66	663	684		1249	153	9		2
琼海市	5064	737	3052	1275		4603	338	101		22
文昌市	4739	1007	2765	966	1	3530	729	403	1	76
万宁市	2800	753	1820	227		2176	327	290		7
东方市	4216	970	2550	696		3468	380	365	1	2
定安县										
屯昌县										
澄迈县										
临高县										
白沙黎族自治县										
昌江黎族自治县										
乐东黎族自治县										
陵水黎族自治县										
保亭黎族苗族自治县										
琼中黎族苗族自治县										

9-1b 各地区按建筑层数、承重类型分的家庭户户数(镇)

单位：户

地区	合计	建筑层数				承重类型				
		平房	多层(7层及以下)	高层(8-33层)	超高层(34层及以上)	钢及钢筋混凝土结构	混合结构	砖木结构	竹草土坯结构	其他结构
全省	**57574**	**21191**	**30724**	**5636**	**23**	**39912**	**11448**	**5941**	**17**	**256**
海口市	**5562**	**1181**	**3437**	**942**	**2**	**4313**	**929**	**293**	**2**	**25**
秀英区	1924	222	1004	696	2	1554	325	37		8
龙华区	605	220	384	1		398	91	108	1	7
琼山区	855	231	608	16		585	217	51		2
美兰区	2178	508	1441	229		1776	296	97	1	8
三亚市	**573**	**112**	**286**	**175**		**460**	**101**	**7**		**5**
海棠区	126	14	112			94	29	1		2
吉阳区	198		24	174		198				
天涯区	212	85	126	1		159	49	1		3
崖州区	37	13	24			9	23	5		
三沙市										
儋州市	**5751**	**1955**	**3141**	**635**	**20**	**4310**	**947**	**454**	**1**	**39**
五指山市	445	243	160	42		399	31	9		6
琼海市	2251	1258	972	21		1324	598	321	1	7
文昌市	4949	3000	1913	36		2616	983	1321	4	25
万宁市	3028	1409	1611	8		1543	1018	451		16
东方市	1523	802	721			690	457	368		8
定安县	3176	949	1921	306		2487	438	237		14
屯昌县	2944	856	1676	412		2469	164	305		6
澄迈县	7356	2463	3997	896		5426	917	989	3	21
临高县	4922	1951	2702	269		3345	1215	338	3	21
白沙黎族自治县	838	158	579	101		692	113	33		
昌江黎族自治县	3784	1005	2153	626		2632	977	168		7
乐东黎族自治县	3608	1063	2359	186		2380	1025	195		8
陵水黎族自治县	3554	1895	1414	244	1	2546	632	343		33
保亭黎族苗族自治县	1693	449	844	400		1035	617	33	1	7
琼中黎族苗族自治县	1617	442	838	337		1245	286	76	2	8

9-1c 各地区按建筑层数、承重类型分的家庭户户数(乡村)

单位：户

地区	合计	建筑层数				承重类型				
		平房	多层(7层及以下)	高层(8-33层)	超高层(34层及以上)	钢及钢筋混凝土结构	混合结构	砖木结构	竹草土坯结构	其他结构
全省	**104983**	**73096**	**30447**	**1438**	**2**	**56464**	**26750**	**21060**	**46**	**663**
海口市	**12873**	**6443**	**5834**	**596**		**7888**	**3114**	**1791**	**16**	**64**
秀英区	2818	1101	1703	14		1638	911	263		6
龙华区	2168	1241	903	24		1091	556	513		8
琼山区	4503	2748	1387	368		2756	1031	671	14	31
美兰区	3384	1353	1841	190		2403	616	344	2	19
三亚市	**6107**	**2365**	**3251**	**491**		**3915**	**2023**	**103**		**66**
海棠区	728	100	612	16		618	98	10		2
吉阳区	1337	275	820	242		839	470	4		24
天涯区	2542	1388	1084	70		1456	1029	29		28
崖州区	1500	602	735	163		1002	426	60		12
三沙市										
儋州市	**11189**	**8203**	**2978**	**8**		**5657**	**2515**	**2891**	**5**	**121**
五指山市	1299	967	331		1	1192	91	10		6
琼海市	7406	6030	1351	25		3458	2256	1668	3	21
文昌市	6489	5626	848	15		2206	1568	2691	3	21
万宁市	9031	6085	2930	16		4751	2462	1777		41
东方市	4622	3501	1121			2087	962	1560	1	12
定安县	5227	4422	802	3		2831	973	1410		13
屯昌县	4033	3391	638	4		2242	384	1380	1	26
澄迈县	5158	3699	1444	15		2918	575	1634	4	27
临高县	5686	5015	656	15		2500	1570	1586	8	22
白沙黎族自治县	3689	2423	1238	28		2040	1415	220	1	13
昌江黎族自治县	2397	1605	792			932	1111	330	1	23
乐东黎族自治县	8416	4855	3438	123		5417	2618	331	1	49
陵水黎族自治县	4999	3930	1033	36		3133	597	1186	2	81
保亭黎族苗族自治县	2842	2054	744	44		808	1900	113		21
琼中黎族苗族自治县	3520	2482	1018	19	1	2489	616	379		36

9–2 各地区按住房建成时间分的家庭户住房状况

单位：户、间、平方米

地 区	合 计			1949年以前		
	户数	间数	面积	户数	间数	面积
全省	**264959**	**766672**	**28411273**	**691**	**1702**	**58231**
海口市	**78852**	**196312**	**7335305**	**164**	**362**	**12763**
秀英区	14750	39208	1510035	17	41	1695
龙华区	23922	52238	1862373	67	145	4899
琼山区	17332	43041	1552674	25	51	1623
美兰区	22848	61825	2410223	55	125	4546
三亚市	**25229**	**69818**	**2567833**	**17**	**41**	**1708**
海棠区	1818	7806	296326	1	3	120
吉阳区	11847	26625	927616	4	11	325
天涯区	8821	24969	897126	1	2	60
崖州区	2743	10418	446765	11	25	1203
三沙市						
儋州市	**22144**	**74162**	**3031995**	**103**	**301**	**11602**
五指山市	3157	9336	272602	1	3	90
琼海市	14721	40332	1547272	38	93	3490
文昌市	16177	50643	1586740	203	548	15350
万宁市	14859	45470	1611739	11	23	790
东方市	10361	37096	1269991	6	16	459
定安县	8403	19343	846426	12	16	683
屯昌县	6977	17919	767089	34	71	3045
澄迈县	12514	38012	1642756	45	99	3933
临高县	10608	28625	1258220	36	88	3010
白沙黎族自治县	4527	14953	466850	2	4	110
昌江黎族自治县	6181	19696	574688	8	15	400
乐东黎族自治县	12024	47699	1709894	5	9	395
陵水黎族自治县	8553	27599	999279	4	8	285
保亭黎族苗族自治县	4535	13950	409505	1	3	60
琼中黎族苗族自治县	5137	15707	513089	1	2	58

9－2 续表 1 单位：户、间、平方米

地区	1949－1959年			1960－1969年		
	户数	间数	面积	户数	间数	面积
全省	**701**	**1656**	**56968**	**1858**	**4221**	**141974**
海口市	**192**	**364**	**11404**	**375**	**743**	**24090**
秀英区	18	35	1285	52	111	3556
龙华区	41	78	2742	150	283	9047
琼山区	99	189	5429	58	103	3571
美兰区	34	62	1948	115	246	7916
三亚市	**21**	**58**	**1886**	**39**	**105**	**3533**
海棠区	3	9	480	9	22	542
吉阳区	8	21	475	6	22	685
天涯区	7	16	596	9	25	924
崖州区	3	12	335	15	36	1382
三沙市						
儋州市	**98**	**283**	**10578**	**276**	**700**	**26105**
五指山市	1	3	100	9	18	480
琼海市	29	65	2352	104	238	8680
文昌市	89	232	6809	196	518	15053
万宁市	29	68	2374	121	258	8552
东方市	30	86	2976	98	263	7103
定安县	17	29	1120	74	113	5105
屯昌县	41	80	4008	99	197	8863
澄迈县	59	162	6316	102	215	8278
临高县	59	145	4582	135	331	10997
白沙黎族自治县	1	4	100	9	23	438
昌江黎族自治县	13	26	688	68	157	4197
乐东黎族自治县	5	14	640	34	70	1904
陵水黎族自治县	13	26	663	49	112	3657
保亭黎族苗族自治县	1	3	60	12	24	767
琼中黎族苗族自治县	3	8	312	58	136	4172

9-2 续表 2

单位：户、间、平方米

地区	1970—1979年			1980—1989年			1990—1999年		
	户数	间数	面积	户数	间数	面积	户数	间数	面积
全省	**5378**	**12223**	**415032**	**19561**	**47799**	**1635974**	**45484**	**121506**	**4360575**
海口市	**991**	**2022**	**65729**	**5602**	**12131**	**397133**	**18909**	**45282**	**1584403**
秀英区	159	338	10842	574	1268	45919	2202	5887	218004
龙华区	338	645	20586	1959	3899	123359	5591	12352	428841
琼山区	160	323	10199	896	2024	67608	4351	10323	348149
美兰区	334	716	24102	2173	4940	160247	6765	16720	589409
三亚市	**175**	**452**	**14935**	**832**	**2178**	**69717**	**3313**	**8991**	**312194**
海棠区	40	97	3266	71	216	6278	151	567	19991
吉阳区	30	87	2590	242	597	18264	1274	3099	103303
天涯区	71	174	5973	420	1067	34347	1558	4143	141499
崖州区	34	94	3106	99	298	10828	330	1182	47401
三沙市									
儋州市	**607**	**1538**	**58987**	**1641**	**4706**	**185110**	**3372**	**10961**	**463240**
五指山市	68	144	4097	227	569	16342	381	1067	29455
琼海市	581	1288	46198	1503	3662	134881	2644	7414	283759
文昌市	477	1276	35594	1437	4147	125070	2697	8356	258755
万宁市	396	810	27486	1431	3454	116980	2639	7382	253717
东方市	227	626	17822	804	2383	72083	1396	4465	141770
定安县	201	351	15024	792	1520	64329	1364	2892	121866
屯昌县	245	471	22212	539	1233	50805	1020	2523	104785
澄迈县	300	673	27061	942	2315	95925	1809	5148	220288
临高县	339	842	28658	843	2119	84940	1424	3902	169115
白沙黎族自治县	49	128	3817	241	589	18019	538	1354	42254
昌江黎族自治县	291	636	16798	765	1892	51625	720	1982	54269
乐东黎族自治县	128	278	9171	524	1512	48154	1294	4282	144907
陵水黎族自治县	126	321	10398	482	1248	42991	1012	2976	98605
保亭黎族苗族自治县	59	118	3535	406	927	25087	471	1246	36291
琼中黎族苗族自治县	118	249	7510	550	1214	36783	481	1283	40902

9-2 续表 3 单位：户、间、平方米

地区	2000-2009年			2010-2014年			2015年以后		
	户数	间数	面积	户数	间数	面积	户数	间数	面积
全省	**67106**	**192452**	**7180459**	**73675**	**223586**	**8466963**	**50505**	**161527**	**6095097**
海口市	**21384**	**53432**	**2044727**	**21189**	**54984**	**2136884**	**10046**	**26992**	**1058172**
秀英区	3661	9865	381983	5143	13726	537527	2924	7937	309224
龙华区	7104	16335	618509	5792	11597	397665	2880	6904	256725
琼山区	4728	11417	409981	5097	13319	501010	1918	5292	205104
美兰区	5891	15815	634254	5157	16342	700682	2324	6859	287119
三亚市	**8804**	**23416**	**851554**	**8350**	**23570**	**888737**	**3678**	**11007**	**423569**
海棠区	564	2447	91482	705	3275	128817	274	1170	45350
吉阳区	4014	8485	298268	4457	9880	348964	1812	4423	154742
天涯区	3358	9229	326472	2389	7090	263400	1008	3223	123855
崖州区	868	3255	135332	799	3325	147556	584	2191	99622
三沙市									
儋州市	**5104**	**17903**	**739279**	**6387**	**22487**	**919826**	**4556**	**15283**	**617268**
五指山市	699	2085	62158	1083	3116	93732	688	2331	66148
琼海市	3760	10570	413197	3278	9072	349858	2784	7930	304857
文昌市	3839	11802	376437	4431	14036	437938	2808	9728	315734
万宁市	3446	10491	370553	3798	12301	449267	2988	10683	382020
东方市	2297	8148	273363	3169	12122	425742	2334	8987	328673
定安县	1764	4042	176566	2147	5333	235557	2032	5047	226176
屯昌县	1566	4178	179578	1748	4608	188183	1685	4558	205610
澄迈县	2714	8197	355015	3837	12289	530065	2706	8914	395875
临高县	2284	6270	281159	2929	8006	362398	2559	6922	313361
白沙黎族自治县	923	2958	91978	984	3518	113988	1780	6375	196146
昌江黎族自治县	1228	4003	119208	1695	5827	173717	1393	5158	153786
乐东黎族自治县	3088	11816	407727	4134	17181	621841	2812	12537	475155
陵水黎族自治县	2262	7074	244544	2240	7779	305465	2365	8055	292671
保亭黎族苗族自治县	1010	3142	96304	1318	4218	126547	1257	4269	120854
琼中黎族苗族自治县	934	2925	97112	958	3139	107218	2034	6751	219022

9–2a　各地区按住房建成时间分的家庭户住房状况(城市)

单位：户、间、平方米

地　　区	合　计			1949年以前		
	户数	间数	面积	户数	间数	面积
全省	**102402**	**252999**	**9256045**	**138**	**317**	**10529**
海口市	**60417**	**135523**	**4809339**	**90**	**199**	**6556**
秀英区	10008	23139	843925	3	8	410
龙华区	21149	44502	1571945	39	102	3306
琼山区	11974	27168	914634	17	31	790
美兰区	17286	40714	1478835	31	58	2050
三亚市	**18549**	**43835**	**1603356**	**12**	**28**	**1343**
海棠区	964	3527	129707	1	3	120
吉阳区	10312	21473	735636	1	2	120
天涯区	6067	14215	528710			
崖州区	1206	4620	209303	10	23	1103
三沙市						
儋州市	**5204**	**20069**	**922833**	**4**	**8**	**343**
五指山市	1413	3390	113210			
琼海市	5064	13658	504120	3	9	460
文昌市	4739	12854	407180	29	73	1827
万宁市	2800	8292	298972			
东方市	4216	15378	597035			
定安县						
屯昌县						
澄迈县						
临高县						
白沙黎族自治县						
昌江黎族自治县						
乐东黎族自治县						
陵水黎族自治县						
保亭黎族苗族自治县						
琼中黎族苗族自治县						

9-2a 续表 1

单位：户、间、平方米

地区	1949—1959年			1960—1969年		
	户数	间数	面积	户数	间数	面积
全省	**168**	**343**	**10218**	**369**	**812**	**25039**
海口市	**126**	**232**	**6902**	**215**	**416**	**12835**
秀英区	5	13	450	28	55	1693
龙华区	15	30	1143	76	154	4483
琼山区	88	157	4303	30	49	1412
美兰区	18	32	1006	81	158	5247
三亚市	**16**	**38**	**1361**	**26**	**68**	**2128**
海棠区	3	9	480	9	22	542
吉阳区	5	9	175	3	9	260
天涯区	6	14	516	3	10	374
崖州区	2	6	190	11	27	952
三沙市						
儋州市	**3**	**5**	**190**	**31**	**63**	**2683**
五指山市	1	3	100	8	16	450
琼海市				3	3	60
文昌市	15	50	925	28	100	2828
万宁市	5	8	410	12	22	674
东方市	2	7	330	46	124	3381
定安县						
屯昌县						
澄迈县						
临高县						
白沙黎族自治县						
昌江黎族自治县						
乐东黎族自治县						
陵水黎族自治县						
保亭黎族苗族自治县						
琼中黎族苗族自治县						

9-2a 续表 2

单位：户、间、平方米

地区	1970-1979年			1980-1989年			1990-1999年		
	户数	间数	面积	户数	间数	面积	户数	间数	面积
全省	**1170**	**2566**	**79680**	**6993**	**16335**	**532331**	**23246**	**57618**	**2022563**
海口市	**641**	**1262**	**36323**	**4641**	**9686**	**303245**	**16323**	**37307**	**1266507**
秀英区	108	224	6553	377	770	24502	1602	3895	137292
龙华区	218	415	11964	1757	3459	108420	5152	11188	387338
琼山区	65	127	3355	595	1300	39748	3561	8222	264630
美兰区	250	496	14451	1912	4157	130575	6008	14002	477247
三亚市	**125**	**308**	**9395**	**673**	**1709**	**54680**	**2615**	**6300**	**220280**
海棠区	35	79	2446	65	194	5408	88	257	9148
吉阳区	21	61	1615	227	539	16614	1125	2523	85137
天涯区	45	102	3301	329	807	26232	1238	2922	100881
崖州区	24	66	2033	52	169	6426	164	598	25114
三沙市									
儋州市	**66**	**214**	**10511**	**264**	**949**	**44792**	**862**	**3616**	**180595**
五指山市	53	111	3053	178	449	13133	145	389	12283
琼海市	88	172	5368	378	1057	36597	967	2908	107974
文昌市	78	215	5907	341	1000	30055	856	2526	75955
万宁市	45	89	3199	228	605	20121	864	2539	87784
东方市	74	195	5924	290	880	29708	614	2033	71185
定安县									
屯昌县									
澄迈县									
临高县									
白沙黎族自治县									
昌江黎族自治县									
乐东黎族自治县									
陵水黎族自治县									
保亭黎族苗族自治县									
琼中黎族苗族自治县									

9-2a 续表 3 单位：户、间、平方米

地区	2000-2009年			2010-2014年			2015年以后		
	户数	间数	面积	户数	间数	面积	户数	间数	面积
全省	**30164**	**74326**	**2809747**	**27697**	**67724**	**2521271**	**12457**	**32958**	**1244667**
海口市	**17462**	**40246**	**1507633**	**14613**	**31230**	**1113297**	**6306**	**14945**	**556041**
秀英区	2760	6580	245158	3602	8002	293841	1523	3592	134026
龙华区	6418	14426	548748	4983	9013	298364	2491	5715	208179
琼山区	3585	7914	272775	3129	7182	248729	904	2186	78892
美兰区	4699	11326	440952	2899	7033	272363	1388	3452	134944
三亚市	**6514**	**14292**	**523206**	**5912**	**13899**	**514900**	**2656**	**7193**	**276063**
海棠区	284	1028	35621	283	1087	43321	196	848	32621
吉阳区	3710	7374	258374	3703	7509	256771	1517	3447	116570
天涯区	2211	4777	179925	1559	3811	146021	676	1772	71460
崖州区	309	1113	49286	367	1492	68787	267	1126	55412
三沙市									
儋州市	**1321**	**5621**	**264834**	**2072**	**7725**	**339846**	**581**	**1868**	**79039**
五指山市	344	828	29353	563	1294	44575	121	300	10263
琼海市	1518	4243	161337	1079	2651	98579	1028	2615	93745
文昌市	1339	3409	110251	1473	3768	122685	580	1713	56747
万宁市	747	2134	77814	575	1758	67209	324	1137	41761
东方市	919	3553	135319	1410	5399	220180	861	3187	131008
定安县									
屯昌县									
澄迈县									
临高县									
白沙黎族自治县									
昌江黎族自治县									
乐东黎族自治县									
陵水黎族自治县									
保亭黎族苗族自治县									
琼中黎族苗族自治县									

9-2b　各地区按住房建成时间分的家庭户住房状况(镇)

单位：户、间、平方米

地　区	合　计			1949年以前		
	户数	间数	面积	户数	间数	面积
全省	**57574**	**180269**	**7148342**	**213**	**555**	**19991**
海口市	**5562**	**18080**	**763093**	**13**	**22**	**960**
秀英区	1924	5979	261326	4	7	420
龙华区	605	1686	66067	6	8	295
琼山区	855	2935	119631			
美兰区	2178	7480	316069	3	7	245
三亚市	**573**	**2045**	**84000**	**1**	**2**	**60**
海棠区	126	404	17045			
吉阳区	198	516	18430			
天涯区	212	919	41069	1	2	60
崖州区	37	206	7456			
三沙市						
儋州市	**5751**	**19336**	**781901**	**73**	**226**	**8544**
五指山市	445	1375	40099	1	3	90
琼海市	2251	6787	271961	9	22	680
文昌市	4949	16828	569217	54	148	4607
万宁市	3028	9847	346640	1	1	30
东方市	1523	5609	202445	1	2	75
定安县	3176	8005	338226	2	3	110
屯昌县	2944	8222	351275	7	14	485
澄迈县	7356	23272	1028868	26	58	2360
临高县	4922	13921	676753	11	24	1107
白沙黎族自治县	838	2382	77952	2	4	110
昌江黎族自治县	3784	10645	332947	8	15	400
乐东黎族自治县	3608	13237	513478	1	4	150
陵水黎族自治县	3554	11925	484776	2	5	165
保亭黎族苗族自治县	1693	4512	142875			
琼中黎族苗族自治县	1617	4241	141836	1	2	58

9-2b 续表 1

单位：户、间、平方米

地区	1949-1959年			1960-1969年		
	户数	间数	面积	户数	间数	面积
全省	**204**	**527**	**19791**	**523**	**1194**	**41148**
海口市	**21**	**40**	**1285**	**36**	**71**	**2306**
秀英区	4	8	290	6	14	590
龙华区	9	16	505	14	25	830
琼山区	2	4	170	6	10	356
美兰区	6	12	320	10	22	530
三亚市				**3**	**9**	**300**
海棠区						
吉阳区						
天涯区				3	9	300
崖州区						
三沙市						
儋州市	**44**	**130**	**4969**	**95**	**267**	**9827**
五指山市						
琼海市	6	15	426	28	62	2382
文昌市	34	77	2767	62	151	4527
万宁市	9	26	908	12	28	999
东方市	14	39	1567	15	38	1243
定安县	9	14	640	25	36	1579
屯昌县	13	36	1620	34	75	3005
澄迈县	25	93	3519	49	119	4087
临高县	12	17	842	38	83	3387
白沙黎族自治县				1	1	30
昌江黎族自治县	11	23	608	46	87	2506
乐东黎族自治县	1	3	200	24	48	1089
陵水黎族自治县	3	7	188	18	43	1480
保亭黎族苗族自治县	1	3	60	1	1	40
琼中黎族苗族自治县	1	4	192	36	75	2361

9-2b　续表 2　　　　单位：户、间、平方米

地　区	1970-1979年			1980-1989年			1990-1999年		
	户数	间数	面积	户数	间数	面积	户数	间数	面积
全省	**1433**	**3278**	**112413**	**4745**	**12353**	**449039**	**9028**	**26945**	**1047067**
海口市	**73**	**165**	**6499**	**273**	**780**	**30436**	**955**	**3049**	**124854**
秀英区	17	43	1844	70	202	9311	219	727	31695
龙华区	23	44	1531	37	85	2739	176	477	18307
琼山区	11	21	818	48	126	5009	212	692	27450
美兰区	22	57	2306	118	367	13377	348	1153	47402
三亚市	**5**	**15**	**750**	**12**	**35**	**1560**	**50**	**186**	**8144**
海棠区				5	15	520	24	79	3003
吉阳区									
天涯区	5	15	750	7	20	1040	25	106	5121
崖州区							1	1	20
三沙市									
儋州市	**124**	**348**	**12500**	**398**	**1197**	**47160**	**965**	**2987**	**119876**
五指山市	13	27	854	32	65	1762	72	171	4630
琼海市	106	244	8441	280	677	25567	427	1211	48985
文昌市	155	407	12347	480	1463	47540	906	2980	102320
万宁市	56	117	4406	201	474	16209	597	1783	62051
东方市	33	90	2532	158	455	13160	194	637	20788
定安县	52	79	3318	290	640	24536	619	1589	62452
屯昌县	79	175	7285	214	526	22479	473	1341	56173
澄迈县	157	348	13886	489	1320	57032	1080	3244	143443
临高县	98	223	8477	342	817	40224	760	2152	104409
白沙黎族自治县	22	55	1596	55	143	5017	100	283	8979
昌江黎族自治县	249	520	13863	647	1561	43781	505	1326	39062
乐东黎族自治县	78	160	5204	185	535	18386	453	1497	53922
陵水黎族自治县	62	161	5933	223	622	24026	467	1463	53783
保亭黎族苗族自治县	24	48	1560	228	502	13606	220	575	17824
琼中黎族苗族自治县	47	96	2962	238	541	16558	185	471	15372

9－2b 续表 3

单位：户、间、平方米

地区	2000—2009年			2010—2014年			2015年以后		
	户数	间数	面积	户数	间数	面积	户数	间数	面积
全省	**13794**	**44223**	**1763169**	**16657**	**54351**	**2178211**	**10977**	**36843**	**1517513**
海口市	**1245**	**4217**	**176457**	**1758**	**6183**	**270258**	**1188**	**3553**	**150038**
秀英区	335	1126	49910	605	2037	90841	664	1815	76425
龙华区	125	344	12879	157	494	20599	58	193	8382
琼山区	245	922	35902	234	855	37358	97	305	12568
美兰区	540	1825	77766	762	2797	121460	369	1240	52663
三亚市	**132**	**484**	**22182**	**294**	**952**	**37673**	**76**	**362**	**13331**
海棠区	41	141	6275	42	125	5471	14	44	1776
吉阳区				174	449	16090	24	67	2340
天涯区	83	307	14807	55	243	11036	33	217	7955
崖州区	8	36	1100	23	135	5076	5	34	1260
三沙市									
儋州市	**1378**	**4778**	**196693**	**1547**	**5568**	**222810**	**1127**	**3835**	**159522**
五指山市	89	319	8978	112	372	11080	126	418	12705
琼海市	572	1792	76304	465	1421	56056	358	1343	53120
文昌市	1174	4139	142098	1199	4271	139944	885	3192	113067
万宁市	868	2932	102240	793	2674	94106	491	1812	65691
东方市	309	1124	40661	418	1629	61287	381	1595	61132
定安县	847	2119	90555	838	2237	96841	494	1288	58195
屯昌县	600	1796	82289	959	2603	103273	565	1656	74666
澄迈县	1600	5000	220680	2365	7727	338034	1565	5363	245827
临高县	1216	3499	172533	1467	4275	203612	978	2831	142162
白沙黎族自治县	257	704	23720	235	661	22579	166	531	15921
昌江黎族自治县	706	2141	69704	976	2892	93354	636	2080	69669
乐东黎族自治县	934	3382	128142	1259	4715	181425	673	2893	124960
陵水黎族自治县	1085	3604	135833	1072	3701	162700	622	2319	100668
保亭黎族苗族自治县	428	1190	38997	513	1392	45118	278	801	25670
琼中黎族苗族自治县	354	1003	35103	387	1078	38061	368	971	31169

9-2c 各地区按住房建成时间分的家庭户住房状况(乡村)

单位：户、间、平方米

地　区	合　计			1949年以前		
	户数	间数	面积	户数	间数	面积
全省	**104983**	**333404**	**12006886**	**340**	**830**	**27711**
海口市	**12873**	**42709**	**1762873**	**61**	**141**	**5247**
秀英区	2818	10090	404784	10	26	865
龙华区	2168	6050	224361	22	35	1298
琼山区	4503	12938	518409	8	20	833
美兰区	3384	13631	615319	21	60	2251
三亚市	**6107**	**23938**	**880477**	**4**	**11**	**305**
海棠区	728	3875	149574			
吉阳区	1337	4636	173550	3	9	205
天涯区	2542	9835	327347			
崖州区	1500	5592	230006	1	2	100
三沙市						
儋州市	**11189**	**34757**	**1327261**	**26**	**67**	**2715**
五指山市	1299	4571	119293			
琼海市	7406	19887	771191	26	62	2350
文昌市	6489	20961	610343	120	327	8916
万宁市	9031	27331	966127	10	22	760
东方市	4622	16109	470511	5	14	384
定安县	5227	11338	508200	10	13	573
屯昌县	4033	9697	415814	27	57	2560
澄迈县	5158	14740	613888	19	41	1573
临高县	5686	14704	581467	25	64	1903
白沙黎族自治县	3689	12571	388898			
昌江黎族自治县	2397	9051	241741			
乐东黎族自治县	8416	34462	1196416	4	5	245
陵水黎族自治县	4999	15674	514503	2	3	120
保亭黎族苗族自治县	2842	9438	266630	1	3	60
琼中黎族苗族自治县	3520	11466	371253			

9-2c 续表 1

单位：户、间、平方米

地区	1949-1959年			1960-1969年		
	户数	间数	面积	户数	间数	面积
全省	**329**	**786**	**26959**	**966**	**2215**	**75787**
海口市	**45**	**92**	**3217**	**124**	**256**	**8949**
秀英区	9	14	545	18	42	1273
龙华区	17	32	1094	60	104	3734
琼山区	9	28	956	22	44	1803
美兰区	10	18	622	24	66	2139
三亚市	**5**	**20**	**525**	**10**	**28**	**1105**
海棠区						
吉阳区	3	12	300	3	13	425
天涯区	1	2	80	3	6	250
崖州区	1	6	145	4	9	430
三沙市						
儋州市	**51**	**148**	**5419**	**150**	**370**	**13595**
五指山市				1	2	30
琼海市	23	50	1926	73	173	6238
文昌市	40	105	3117	106	267	7698
万宁市	15	34	1056	97	208	6879
东方市	14	40	1079	37	101	2479
定安县	8	15	480	49	77	3526
屯昌县	28	44	2388	65	122	5858
澄迈县	34	69	2797	53	96	4191
临高县	47	128	3740	97	248	7610
白沙黎族自治县	1	4	100	8	22	408
昌江黎族自治县	2	3	80	22	70	1691
乐东黎族自治县	4	11	440	10	22	815
陵水黎族自治县	10	19	475	31	69	2177
保亭黎族苗族自治县				11	23	727
琼中黎族苗族自治县	2	4	120	22	61	1811

9-2c　续表 2　　　　单位：户、间、平方米

地　区	1970—1979年			1980—1989年			1990—1999年		
	户数	间数	面积	户数	间数	面积	户数	间数	面积
全省	**2775**	**6379**	**222939**	**7823**	**19111**	**654604**	**13210**	**36943**	**1290945**
海口市	**277**	**595**	**22907**	**688**	**1665**	**63452**	**1631**	**4926**	**193042**
秀英区	34	71	2445	127	296	12106	381	1265	49017
龙华区	97	186	7091	165	355	12200	263	687	23196
琼山区	84	175	6026	253	598	22851	578	1409	56069
美兰区	62	163	7345	143	416	16295	409	1565	64760
三亚市	**45**	**129**	**4790**	**147**	**434**	**13477**	**648**	**2505**	**83770**
海棠区	5	18	820	1	7	350	39	231	7840
吉阳区	9	26	975	15	58	1650	149	576	18166
天涯区	21	57	1922	84	240	7075	295	1115	35497
崖州区	10	28	1073	47	129	4402	165	583	22267
三沙市									
儋州市	**417**	**976**	**35976**	**979**	**2560**	**93158**	**1545**	**4358**	**162769**
五指山市	2	6	190	17	55	1447	164	507	12542
琼海市	387	872	32389	845	1928	72717	1250	3295	126800
文昌市	244	654	17340	616	1684	47475	935	2850	80480
万宁市	295	604	19881	1002	2375	80650	1178	3060	103882
东方市	120	341	9366	356	1048	29215	588	1795	49797
定安县	149	272	11706	502	880	39793	745	1303	59414
屯昌县	166	296	14927	325	707	28326	547	1182	48612
澄迈县	143	325	13175	453	995	38893	729	1904	76845
临高县	241	619	20181	501	1302	44716	664	1750	64706
白沙黎族自治县	27	73	2221	186	446	13002	438	1071	33275
昌江黎族自治县	42	116	2935	118	331	7844	215	656	15207
乐东黎族自治县	50	118	3967	339	977	29768	841	2785	90985
陵水黎族自治县	64	160	4465	259	626	18965	545	1513	44822
保亭黎族苗族自治县	35	70	1975	178	425	11481	251	671	18467
琼中黎族苗族自治县	71	153	4548	312	673	20225	296	812	25530

9-2c 续表 3

单位：户、间、平方米

地 区	2000-2009年			2010-2014年			2015年以后		
	户数	间数	面积	户数	间数	面积	户数	间数	面积
全省	**23148**	**73903**	**2607543**	**29321**	**101511**	**3767481**	**27071**	**91726**	**3332917**
海口市	**2677**	**8969**	**360637**	**4818**	**17571**	**753329**	**2552**	**8494**	**352093**
秀英区	566	2159	86915	936	3687	152845	737	2530	98773
龙华区	561	1565	56882	652	2090	78702	331	996	40164
琼山区	898	2581	101304	1734	5282	214923	917	2801	113644
美兰区	652	2664	115536	1496	6512	306859	567	2167	99512
三亚市	**2158**	**8640**	**306166**	**2144**	**8719**	**336164**	**946**	**3452**	**134175**
海棠区	239	1278	49586	380	2063	80025	64	278	10953
吉阳区	304	1111	39894	580	1922	76103	271	909	35832
天涯区	1064	4145	131740	775	3036	106343	299	1234	44440
崖州区	551	2106	84946	409	1698	73693	312	1031	42950
三沙市									
儋州市	**2405**	**7504**	**277752**	**2768**	**9194**	**357170**	**2848**	**9580**	**378707**
五指山市	266	938	23827	408	1450	38077	441	1613	43180
琼海市	1670	4535	175556	1734	5000	195223	1398	3972	157992
文昌市	1326	4254	124088	1759	5997	175309	1343	4823	145920
万宁市	1831	5425	190499	2430	7869	287952	2173	7734	274568
东方市	1069	3471	97383	1341	5094	144275	1092	4205	136533
定安县	917	1923	86011	1309	3096	138716	1538	3759	167981
屯昌县	966	2382	97289	789	2005	84910	1120	2902	130944
澄迈县	1114	3197	134335	1472	4562	192031	1141	3551	150048
临高县	1068	2771	108626	1462	3731	158786	1581	4091	171199
白沙黎族自治县	666	2254	68258	749	2857	91409	1614	5844	180225
昌江黎族自治县	522	1862	49504	719	2935	80363	757	3078	84117
乐东黎族自治县	2154	8434	279585	2875	12466	440416	2139	9644	350195
陵水黎族自治县	1177	3470	108711	1168	4078	142765	1743	5736	192003
保亭黎族苗族自治县	582	1952	57307	805	2826	81429	979	3468	95184
琼中黎族苗族自治县	580	1922	62009	571	2061	69157	1666	5780	187853

9－3　各地区按住房设施状况分的家庭户户数

单位：户

地　区	合　计	住房所在建筑有无电梯		主要炊事燃料				
		有	无	燃气	电	煤炭	柴草	其他
全省	**264959**	**48592**	**216367**	**204702**	**37482**	**2393**	**12406**	**7976**
海口市	**78852**	**28238**	**50614**	**64948**	**9682**	**592**	**849**	**2781**
秀英区	14750	5403	9347	12036	1934	77	67	636
龙华区	23922	9711	14211	19384	3133	149	367	889
琼山区	17332	5153	12179	14313	2260	161	259	339
美兰区	22848	7971	14877	19215	2355	205	156	917
三亚市	**25229**	**8094**	**17135**	**20925**	**2879**	**153**	**183**	**1089**
海棠区	1818	64	1754	1556	119	59	36	48
吉阳区	11847	5149	6698	10162	1184	22	5	474
天涯区	8821	2654	6167	7031	1141	23	103	523
崖州区	2743	227	2516	2176	435	49	39	44
三沙市								
儋州市	**22144**	**2230**	**19914**	**16411**	**2326**	**751**	**2089**	**567**
五指山市	3157	724	2433	2474	492	48	100	43
琼海市	14721	1768	12953	11341	2321	82	789	188
文昌市	16177	1288	14889	12190	2627	77	839	444
万宁市	14859	585	14274	10259	3285	89	1015	211
东方市	10361	781	9580	8173	1238	90	685	175
定安县	8403	405	7998	7076	812	28	339	148
屯昌县	6977	505	6472	5367	1021	7	498	84
澄迈县	12514	1065	11449	10189	1500	58	473	294
临高县	10608	340	10268	8334	1057	28	968	221
白沙黎族自治县	4527	173	4354	3266	374	59	788	40
昌江黎族自治县	6181	721	5460	3016	2639	91	290	145
乐东黎族自治县	12024	408	11616	7425	2300	135	1078	1086
陵水黎族自治县	8553	380	8173	5748	2091	52	411	251
保亭黎族苗族自治县	4535	473	4062	3601	339	5	546	44
琼中黎族苗族自治县	5137	414	4723	3959	499	48	466	165

9–3 续表 1

单位：户

地 区	住房内有无管道自来水		住房内有无厨房			住房内有无厕所	
	有	无	独立使用	与其他户合用	无	水冲式卫生厕所	水冲式非卫生厕所
全省	**226576**	**38383**	**238830**	**4926**	**21203**	**241143**	**7155**
海口市	**75550**	**3302**	**72936**	**941**	**4975**	**75568**	**1021**
秀英区	14180	570	13936	146	668	14253	143
龙华区	23076	846	22144	313	1465	22824	418
琼山区	16302	1030	15624	200	1508	16487	181
美兰区	21992	856	21232	282	1334	22004	279
三亚市	**23013**	**2216**	**21329**	**456**	**3444**	**23126**	**841**
海棠区	1100	718	1555	25	238	1518	101
吉阳区	11446	401	10106	164	1577	11103	487
天涯区	8121	700	7386	207	1228	7997	204
崖州区	2346	397	2282	60	401	2508	49
三沙市							
儋州市	**16847**	**5297**	**20695**	**457**	**992**	**20183**	**657**
五指山市	2936	221	2861	42	254	2891	60
琼海市	13144	1577	13414	263	1044	13639	252
文昌市	13022	3155	14724	672	781	14708	731
万宁市	11413	3446	13272	334	1253	13290	383
东方市	9925	436	9822	142	397	9702	156
定安县	7365	1038	7218	348	837	6997	338
屯昌县	5307	1670	6392	142	443	6332	208
澄迈县	9355	3159	11545	222	747	11129	478
临高县	8785	1823	9711	240	657	9434	263
白沙黎族自治县	3504	1023	3978	69	480	3928	231
昌江黎族自治县	5812	369	5997	38	146	5609	377
乐东黎族自治县	6985	5039	9887	287	1850	10218	366
陵水黎族自治县	5692	2861	6376	106	2071	5859	303
保亭黎族苗族自治县	3260	1275	4225	65	245	4113	239
琼中黎族苗族自治县	4661	476	4448	102	587	4417	251

9-3　续表 2　　　　单位：户

地　区	住房内有无厕所			住房内有无洗澡设施			
	卫生旱厕	普通旱厕	无	统一供热水	家庭自装热水器	其他	无
全省	**2064**	**3124**	**11473**	**6337**	**219378**	**15468**	**23776**
海口市	**315**	**393**	**1555**	**1308**	**71051**	**2718**	**3775**
秀英区	40	75	239	255	13097	657	741
龙华区	97	132	451	389	21318	897	1318
琼山区	43	117	504	279	15542	659	852
美兰区	135	69	361	385	21094	505	864
三亚市	**159**	**145**	**958**	**3017**	**18738**	**1058**	**2416**
海棠区	21	39	139	112	1423	69	214
吉阳区	20	35	202	1660	9037	437	713
天涯区	115	56	449	1005	6426	406	984
崖州区	3	15	168	240	1852	146	505
三沙市							
儋州市	**152**	**349**	**803**	**703**	**18035**	**1542**	**1864**
五指山市	36	39	131	73	2503	225	356
琼海市	159	65	606	148	13421	400	752
文昌市	118	165	455	232	14380	668	897
万宁市	96	230	860	120	12831	697	1211
东方市	85	63	355	93	8155	852	1261
定安县	143	240	685	47	7125	373	858
屯昌县	26	138	273	51	5897	375	654
澄迈县	99	194	614	114	10045	1031	1324
临高县	57	219	635	111	8480	923	1094
白沙黎族自治县	43	81	244	22	3385	507	613
昌江黎族自治县	51	66	78	22	5049	625	485
乐东黎族自治县	238	237	965	132	7614	1491	2787
陵水黎族自治县	204	401	1786	76	5091	1097	2289
保亭黎族苗族自治县	28	15	140	13	3237	641	644
琼中黎族苗族自治县	55	84	330	55	4341	245	496

9-3a 各地区按住房设施状况分的家庭户户数(城市)

单位：户

地区	合计	住房所在建筑有无电梯		主要炊事燃料				
		有	无	燃气	电	煤炭	柴草	其他
全省	**102402**	**39561**	**62841**	**85734**	**12067**	**866**	**209**	**3526**
海口市	**60417**	**26414**	**34003**	**50842**	**6898**	**437**	**28**	**2212**
秀英区	10008	4584	5424	8037	1381	37	6	547
龙华区	21149	9663	11486	17683	2619	96	3	748
琼山区	11974	4708	7266	10197	1367	124	6	280
美兰区	17286	7459	9827	14925	1531	180	13	637
三亚市	**18549**	**7252**	**11297**	**15315**	**2265**	**80**	**45**	**844**
海棠区	964	25	939	871	58		22	13
吉阳区	10312	4648	5664	8706	1144	21	4	437
天涯区	6067	2557	3510	4826	865	13		363
崖州区	1206	22	1184	912	198	46	19	31
三沙市								
儋州市	**5204**	**1291**	**3913**	**4570**	**251**	**244**	**16**	**123**
五指山市	1413	671	742	1173	227	2	2	9
琼海市	5064	1648	3416	4159	769	33	20	83
文昌市	4739	1193	3546	3890	646	19	37	147
万宁市	2800	339	2461	2002	697	40	29	32
东方市	4216	753	3463	3783	314	11	32	76
定安县								
屯昌县								
澄迈县								
临高县								
白沙黎族自治县								
昌江黎族自治县								
乐东黎族自治县								
陵水黎族自治县								
保亭黎族苗族自治县								
琼中黎族苗族自治县								

9-3a 续表 1

单位：户

地区	住房内有无管道自来水		住房内有无厨房			住房内有无厕所	
	有	无	独立使用	与其他户合用	无	水冲式卫生厕所	水冲式非卫生厕所
全省	**99997**	**2405**	**95231**	**1209**	**5962**	**99637**	**1467**
海口市	**59542**	**875**	**57306**	**575**	**2536**	**59214**	**580**
秀英区	9792	216	9547	74	387	9823	61
龙华区	20766	383	20213	174	762	20734	227
琼山区	11844	130	11261	118	595	11780	79
美兰区	17140	146	16285	209	792	16877	213
三亚市	**17739**	**810**	**15901**	**378**	**2270**	**17656**	**555**
海棠区	440	524	813	13	138	776	64
吉阳区	10133	179	8817	142	1353	9763	439
天涯区	5996	71	5263	173	631	5969	35
崖州区	1170	36	1008	50	148	1148	17
三沙市							
儋州市	**4997**	**207**	**5064**	**34**	**106**	**5153**	**29**
五指山市	1396	17	1381	4	28	1359	20
琼海市	4993	71	4606	37	421	4993	43
文昌市	4555	184	4297	81	361	4551	113
万宁市	2636	164	2597	65	138	2573	93
东方市	4139	77	4079	35	102	4138	34
定安县							
屯昌县							
澄迈县							
临高县							
白沙黎族自治县							
昌江黎族自治县							
乐东黎族自治县							
陵水黎族自治县							
保亭黎族苗族自治县							
琼中黎族苗族自治县							

9-3a 续表 2

单位：户

地区	住房内有无厕所			住房内有无洗澡设施			
	卫生旱厕	普通旱厕	无	统一供热水	家庭自装热水器	其他	无
全省	**277**	**340**	**681**	**4209**	**92101**	**2878**	**3214**
海口市	**182**	**204**	**237**	**1166**	**55480**	**1941**	**1830**
秀英区	18	53	53	185	8860	508	455
龙华区	49	67	72	385	19433	630	701
琼山区	26	46	43	263	11023	445	243
美兰区	89	38	69	333	16164	358	431
三亚市	**43**	**61**	**234**	**2534**	**14509**	**528**	**978**
海棠区	19	17	88	15	772	52	125
吉阳区	11	29	70	1502	7967	336	507
天涯区	12	11	40	934	4842	95	196
崖州区	1	4	36	83	928	45	150
三沙市							
儋州市	**3**	**15**	**4**	**185**	**4923**	**32**	**64**
五指山市	15	1	18	53	1307	33	20
琼海市	2	3	23	96	4833	82	53
文昌市	4	12	59	72	4491	77	99
万宁市	8	35	91	44	2572	78	106
东方市	20	9	15	59	3986	107	64
定安县							
屯昌县							
澄迈县							
临高县							
白沙黎族自治县							
昌江黎族自治县							
乐东黎族自治县							
陵水黎族自治县							
保亭黎族苗族自治县							
琼中黎族苗族自治县							

9-3b　各地区按住房设施状况分的家庭户户数(镇)

单位：户

地　区	合　计	住房所在建筑有无电梯		主要炊事燃料				
		有	无	燃气	电	煤炭	柴草	其他
全省	**57574**	**6802**	**50772**	**44530**	**9668**	**618**	**1697**	**1061**
海口市	**5562**	**1087**	**4475**	**4286**	**758**	**67**	**126**	**325**
秀英区	1924	776	1148	1753	61	20	9	81
龙华区	605	3	602	337	179	20	38	31
琼山区	855	32	823	625	182	3	41	4
美兰区	2178	276	1902	1571	336	24	38	209
三亚市	**573**	**207**	**366**	**446**	**75**	**9**	**9**	**34**
海棠区	126	10	116	102	13	9	1	1
吉阳区	198	195	3	198				
天涯区	212	2	210	123	48		8	33
崖州区	37		37	23	14			
三沙市								
儋州市	**5751**	**870**	**4881**	**4659**	**557**	**288**	**180**	**67**
五指山市	445	45	400	337	56		22	30
琼海市	2251	57	2194	1573	489	33	125	31
文昌市	4949	59	4890	3701	932	24	271	21
万宁市	3028	91	2937	2406	525	7	84	6
东方市	1523	8	1515	1078	250	14	138	43
定安县	3176	374	2802	2724	352	22	48	30
屯昌县	2944	486	2458	2414	417	1	72	40
澄迈县	7356	1041	6315	6247	854	33	108	114
临高县	4922	313	4609	4201	586	2	94	39
白沙黎族自治县	838	121	717	656	120	1	52	9
昌江黎族自治县	3784	697	3087	1891	1745	43	48	57
乐东黎族自治县	3608	227	3381	2542	872	4	91	99
陵水黎族自治县	3554	322	3232	2663	752	20	47	72
保亭黎族苗族自治县	1693	417	1276	1481	110	4	86	12
琼中黎族苗族自治县	1617	380	1237	1225	218	46	96	32

9—3b 续表 1

单位：户

地　区	住房内有无管道自来水		住房内有无厨房			住房内有无厕所	
	有	无	独立使用	与其他户合用	无	水冲式卫生厕所	水冲式非卫生厕所
全省	**50310**	**7264**	**53518**	**1101**	**2955**	**53172**	**1463**
海口市	**5234**	**328**	**5057**	**82**	**423**	**5141**	**165**
秀英区	1864	60	1811	10	103	1831	55
龙华区	580	25	491	22	92	489	45
琼山区	739	116	780	12	63	770	32
美兰区	2051	127	1975	38	165	2051	33
三亚市	**559**	**14**	**556**	**4**	**13**	**555**	**9**
海棠区	123	3	120	2	4	122	1
吉阳区	198		198			198	
天涯区	204	8	206	1	5	201	8
崖州区	34	3	32	1	4	34	
三沙市							
儋州市	**5198**	**553**	**5353**	**173**	**225**	**5415**	**135**
五指山市	394	51	381	6	58	372	13
琼海市	1991	260	2025	44	182	2029	51
文昌市	3761	1188	4580	202	167	4467	235
万宁市	2604	424	2771	49	208	2730	151
东方市	1494	29	1486	19	18	1414	29
定安县	3057	119	2918	131	127	2844	116
屯昌县	2610	334	2803	29	112	2821	42
澄迈县	5669	1687	6823	149	384	6833	112
临高县	4327	595	4713	79	130	4695	55
白沙黎族自治县	769	69	763	5	70	752	33
昌江黎族自治县	3710	74	3720	17	47	3605	120
乐东黎族自治县	2850	758	3370	41	197	3409	37
陵水黎族自治县	3046	508	3065	57	432	2998	72
保亭黎族苗族自治县	1483	210	1624	7	62	1637	23
琼中黎族苗族自治县	1554	63	1510	7	100	1455	65

9-3b 续表 2

单位：户

地区	住房内有无厕所			住房内有无洗澡设施			
	卫生旱厕	普通旱厕	无	统一供热水	家庭自装热水器	其他	无
全省	**464**	**581**	**1894**	**1034**	**50161**	**2864**	**3515**
海口市	**35**	**22**	**199**	**75**	**4869**	**293**	**325**
秀英区	12	7	19	46	1764	66	48
龙华区	5	3	63	1	429	90	85
琼山区	2	3	48		747	55	53
美兰区	16	9	69	28	1929	82	139
三亚市		**2**	**7**	**66**	**468**	**18**	**21**
海棠区			3	12	110	1	3
吉阳区				53	129	12	4
天涯区		2	1	1	194	5	12
崖州区			3		35		2
三沙市							
儋州市	**21**	**66**	**114**	**388**	**4925**	**208**	**230**
五指山市	3	19	38	17	309	44	75
琼海市	17	19	135	20	2002	74	155
文昌市	39	68	140	88	4323	261	277
万宁市	16	33	98	27	2703	97	201
东方市	26	22	32	7	1220	148	148
定安县	42	34	140	19	2949	107	101
屯昌县	6	40	35	35	2666	95	148
澄迈县	57	83	271	77	6392	374	513
临高县	33	47	92	30	4507	205	180
白沙黎族自治县	15	3	35	3	720	45	70
昌江黎族自治县	14	17	28	18	3487	186	93
乐东黎族自治县	68	8	86	85	2844	350	329
陵水黎族自治县	62	49	373	47	2883	201	423
保亭黎族苗族自治县	3	8	22	5	1457	90	141
琼中黎族苗族自治县	7	41	49	27	1437	68	85

9－3c 各地区按住房设施状况分的家庭户户数(乡村)

单位：户

地 区	合 计	住房所在建筑有无电梯		主要炊事燃料				
		有	无	燃气	电	煤炭	柴草	其他
全省	**104983**	**2229**	**102754**	**74438**	**15747**	**909**	**10500**	**3389**
海口市	**12873**	**737**	**12136**	**9820**	**2026**	**88**	**695**	**244**
秀英区	2818	43	2775	2246	492	20	52	8
龙华区	2168	45	2123	1364	335	33	326	110
琼山区	4503	413	4090	3491	711	34	212	55
美兰区	3384	236	3148	2719	488	1	105	71
三亚市	**6107**	**635**	**5472**	**5164**	**539**	**64**	**129**	**211**
海棠区	728	29	699	583	48	50	13	34
吉阳区	1337	306	1031	1258	40	1	1	37
天涯区	2542	95	2447	2082	228	10	95	127
崖州区	1500	205	1295	1241	223	3	20	13
三沙市								
儋州市	**11189**	**69**	**11120**	**7182**	**1518**	**219**	**1893**	**377**
五指山市	1299	8	1291	964	209	46	76	4
琼海市	7406	63	7343	5609	1063	16	644	74
文昌市	6489	36	6453	4599	1049	34	531	276
万宁市	9031	155	8876	5851	2063	42	902	173
东方市	4622	20	4602	3312	674	65	515	56
定安县	5227	31	5196	4352	460	6	291	118
屯昌县	4033	19	4014	2953	604	6	426	44
澄迈县	5158	24	5134	3942	646	25	365	180
临高县	5686	27	5659	4133	471	26	874	182
白沙黎族自治县	3689	52	3637	2610	254	58	736	31
昌江黎族自治县	2397	24	2373	1125	894	48	242	88
乐东黎族自治县	8416	181	8235	4883	1428	131	987	987
陵水黎族自治县	4999	58	4941	3085	1339	32	364	179
保亭黎族苗族自治县	2842	56	2786	2120	229	1	460	32
琼中黎族苗族自治县	3520	34	3486	2734	281	2	370	133

9-3c　续表 1　　单位：户

地　区	住房内有无管道自来水		住房内有无厨房			住房内有无厕所	
	有	无	独立使用	与其他户合用	无	水冲式卫生厕所	水冲式非卫生厕所
全省	**76269**	**28714**	**90081**	**2616**	**12286**	**88334**	**4225**
海口市	**10774**	**2099**	**10573**	**284**	**2016**	**11213**	**276**
秀英区	2524	294	2578	62	178	2599	27
龙华区	1730	438	1440	117	611	1601	146
琼山区	3719	784	3583	70	850	3937	70
美兰区	2801	583	2972	35	377	3076	33
三亚市	**4715**	**1392**	**4872**	**74**	**1161**	**4915**	**277**
海棠区	537	191	622	10	96	620	36
吉阳区	1115	222	1091	22	224	1142	48
天涯区	1921	621	1917	33	592	1827	161
崖州区	1142	358	1242	9	249	1326	32
三沙市							
儋州市	**6652**	**4537**	**10278**	**250**	**661**	**9615**	**493**
五指山市	1146	153	1099	32	168	1160	27
琼海市	6160	1246	6783	182	441	6617	158
文昌市	4706	1783	5847	389	253	5690	383
万宁市	6173	2858	7904	220	907	7987	139
东方市	4292	330	4257	88	277	4150	93
定安县	4308	919	4300	217	710	4153	222
屯昌县	2697	1336	3589	113	331	3511	166
澄迈县	3686	1472	4722	73	363	4296	366
临高县	4458	1228	4998	161	527	4739	208
白沙黎族自治县	2735	954	3215	64	410	3176	198
昌江黎族自治县	2102	295	2277	21	99	2004	257
乐东黎族自治县	4135	4281	6517	246	1653	6809	329
陵水黎族自治县	2646	2353	3311	49	1639	2861	231
保亭黎族苗族自治县	1777	1065	2601	58	183	2476	216
琼中黎族苗族自治县	3107	413	2938	95	487	2962	186

9-3c 续表 2

单位：户

地区	住房内有无厕所			住房内有无洗澡设施			
	卫生旱厕	普通旱厕	无	统一供热水	家庭自装热水器	其他	无
全省	**1323**	**2203**	**8898**	**1094**	**77116**	**9726**	**17047**
海口市	**98**	**167**	**1119**	**67**	**10702**	**484**	**1620**
秀英区	10	15	167	24	2473	83	238
龙华区	43	62	316	3	1456	177	532
琼山区	15	68	413	16	3772	159	556
美兰区	30	22	223	24	3001	65	294
三亚市	**116**	**82**	**717**	**417**	**3761**	**512**	**1417**
海棠区	2	22	48	85	541	16	86
吉阳区	9	6	132	105	941	89	202
天涯区	103	43	408	70	1390	306	776
崖州区	2	11	129	157	889	101	353
三沙市							
儋州市	**128**	**268**	**685**	**130**	**8187**	**1302**	**1570**
五指山市	18	19	75	3	887	148	261
琼海市	140	43	448	32	6586	244	544
文昌市	75	85	256	72	5566	330	521
万宁市	72	162	671	49	7556	522	904
东方市	39	32	308	27	2949	597	1049
定安县	101	206	545	28	4176	266	757
屯昌县	20	98	238	16	3231	280	506
澄迈县	42	111	343	37	3653	657	811
临高县	24	172	543	81	3973	718	914
白沙黎族自治县	28	78	209	19	2665	462	543
昌江黎族自治县	37	49	50	4	1562	439	392
乐东黎族自治县	170	229	879	47	4770	1141	2458
陵水黎族自治县	142	352	1413	29	2208	896	1866
保亭黎族苗族自治县	25	7	118	8	1780	551	503
琼中黎族苗族自治县	48	43	281	28	2904	177	411

9–4 各地区按住房来源分的家庭户户数

单位：户

地区	合计	租赁廉租住房/公租房	租赁其他住房	购买新建商品房	购买二手房	购买原公有住房	购买经济适用房/两限房	自建住房	继承或赠予	其他
全省	**264959**	**6402**	**41826**	**24953**	**7185**	**15739**	**8027**	**146393**	**2400**	**12034**
海口市	**78852**	**1780**	**25414**	**15742**	**4951**	**5708**	**1514**	**19773**	**644**	**3326**
秀英区	14750	525	4134	3528	498	638	238	4759	93	337
龙华区	23922	397	9860	4715	1676	1981	403	3675	247	968
琼山区	17332	334	5105	3177	886	1254	299	5437	116	724
美兰区	22848	524	6315	4322	1891	1835	574	5902	188	1297
三亚市	**25229**	**973**	**8841**	**1939**	**514**	**1287**	**1009**	**8195**	**195**	**2276**
海棠区	1818	16	122	20	5	57	12	1244	29	313
吉阳区	11847	701	5523	1237	312	559	662	1718	42	1093
天涯区	8821	149	2799	607	186	600	332	3299	93	756
崖州区	2743	107	397	75	11	71	3	1934	31	114
三沙市										
儋州市	**22144**	**380**	**720**	**1390**	**215**	**1129**	**655**	**16631**	**220**	**804**
五指山市	3157	182	284	214	48	275	301	1610	18	225
琼海市	14721	286	1551	1376	332	512	191	10038	71	364
文昌市	16177	350	1398	669	138	448	655	11590	264	665
万宁市	14859	89	421	458	162	833	402	11836	176	482
东方市	10361	196	491	484	69	463	232	7487	205	734
定安县	8403	129	157	237	57	542	311	6737	76	157
屯昌县	6977	134	251	265	87	469	474	5096	73	128
澄迈县	12514	273	586	684	81	380	308	9633	98	471
临高县	10608	139	104	147	38	145	167	9618	50	200
白沙黎族自治县	4527	155	168	309	87	654	136	2851	16	151
昌江黎族自治县	6181	335	530	345	155	774	470	3282	21	269
乐东黎族自治县	12024	383	236	164	56	764	385	9285	102	649
陵水黎族自治县	8553	185	135	107	30	196	123	7084	121	572
保亭黎族苗族自治县	4535	187	334	183	80	478	370	2637	17	249
琼中黎族苗族自治县	5137	246	205	240	85	682	324	3010	33	312

9-4a 各地区按住房来源分的家庭户户数(城市)

单位：户

地区	合计	租赁廉租住房/公租房	租赁其他住房	购买新建商品房	购买二手房	购买原公有住房	购买经济适用房/两限房	自建住房	继承或赠予	其他
全省	**102402**	**3580**	**36334**	**19507**	**5919**	**8421**	**4164**	**18282**	**724**	**5471**
海口市	**60417**	**1710**	**24302**	**14265**	**4835**	**5487**	**1417**	**5128**	**371**	**2902**
秀英区	10008	518	3998	2765	473	593	224	1120	49	268
龙华区	21149	394	9808	4694	1675	1978	402	1148	122	928
琼山区	11974	324	4787	2835	857	1175	286	1050	66	594
美兰区	17286	474	5709	3971	1830	1741	505	1810	134	1112
三亚市	**18549**	**775**	**8132**	**1710**	**481**	**1167**	**967**	**3597**	**142**	**1578**
海棠区	964	7	59	10	3	54	4	737	6	84
吉阳区	10312	611	5165	1147	306	557	657	974	37	858
天涯区	6067	138	2658	552	172	549	305	1011	80	602
崖州区	1206	19	250	1		7	1	875	19	34
三沙市										
儋州市	**5204**	**160**	**427**	**797**	**74**	**200**	**390**	**2998**	**23**	**135**
五指山市	1413	140	265	205	45	265	255	83	5	150
琼海市	5064	271	1355	1255	263	186	174	1372	22	166
文昌市	4739	286	1153	604	105	368	561	1362	59	241
万宁市	2800	53	252	219	70	422	173	1440	45	126
东方市	4216	185	448	452	46	326	227	2302	57	173
定安县										
屯昌县										
澄迈县										
临高县										
白沙黎族自治县										
昌江黎族自治县										
乐东黎族自治县										
陵水黎族自治县										
保亭黎族苗族自治县										
琼中黎族苗族自治县										

9-4b　各地区按住房来源分的家庭户户数(镇)

单位：户

地　　区	合　计	租赁廉租住房/公租房	租　　赁其他住房	购买新建商品房	购　买二手房	购买原公有住房	购买经济适用房/两限房	自建住房	继承或赠　予	其　他
全省	**57574**	**2327**	**3641**	**3887**	**783**	**3293**	**3008**	**37155**	**625**	**2855**
海口市	**5562**	**44**	**550**	**948**	**69**	**129**	**63**	**3474**	**71**	**214**
秀英区	1924	3	51	741	23	44	6	989	28	39
龙华区	605		28		1	2	1	539	18	16
琼山区	855	1	29	25	2	25	5	730	4	34
美兰区	2178	40	442	182	43	58	51	1216	21	125
三亚市	**573**	**6**	**99**	**1**	**3**	**5**	**7**	**313**	**7**	**132**
海棠区	126	5	20	1	2	3	7	74	5	9
吉阳区	198	1	75					1		121
天涯区	212		3		1	2		202	2	2
崖州区	37		1					36		
三沙市										
儋州市	**5751**	**205**	**253**	**505**	**89**	**186**	**58**	**3942**	**84**	**429**
五指山市	445	40	14	9	2	9	46	264		61
琼海市	2251	6	149	48	40	128	1	1803	18	58
文昌市	4949	63	209	33	23	21	75	4214	74	237
万宁市	3028	7	98	130	41	63	98	2382	50	159
东方市	1523	10	20	21	11	51	3	1285	35	87
定安县	3176	126	146	219	51	387	274	1871	26	76
屯昌县	2944	111	241	205	53	133	414	1706	22	59
澄迈县	7356	240	540	625	47	254	297	4916	84	353
临高县	4922	136	96	116	32	84	152	4204	33	69
白沙黎族自治县	838	133	78	215	35	60	59	203	6	49
昌江黎族自治县	3784	335	516	345	155	770	470	967	17	209
乐东黎族自治县	3608	303	157	86	27	375	324	2146	20	170
陵水黎族自治县	3554	178	121	63	13	106	96	2640	51	286
保亭黎族苗族自治县	1693	168	236	145	53	250	306	446	8	81
琼中黎族苗族自治县	1617	216	118	173	39	282	265	379	19	126

9-4c 各地区按住房来源分的家庭户户数(乡村)

单位：户

地　区	合　计	租赁廉租住房/公租房	租　赁其他住房	购买新建商品房	购　买二手房	购买原公有住房	购买经济适用房/两限房	自建住房	继承或赠　予	其　他
全省	**104983**	**495**	**1851**	**1559**	**483**	**4025**	**855**	**90956**	**1051**	**3708**
海口市	**12873**	**26**	**562**	**529**	**47**	**92**	**34**	**11171**	**202**	**210**
秀英区	2818	4	85	22	2	1	8	2650	16	30
龙华区	2168	3	24	21		1		1988	107	24
琼山区	4503	9	289	317	27	54	8	3657	46	96
美兰区	3384	10	164	169	18	36	18	2876	33	60
三亚市	**6107**	**192**	**610**	**228**	**30**	**115**	**35**	**4285**	**46**	**566**
海棠区	728	4	43	9			1	433	18	220
吉阳区	1337	89	283	90	6	2	5	743	5	114
天涯区	2542	11	138	55	13	49	27	2086	11	152
崖州区	1500	88	146	74	11	64	2	1023	12	80
三沙市										
儋州市	**11189**	**15**	**40**	**88**	**52**	**743**	**207**	**9691**	**113**	**240**
五指山市	1299	2	5		1	1		1263	13	14
琼海市	7406	9	47	73	29	198	16	6863	31	140
文昌市	6489	1	36	32	10	59	19	6014	131	187
万宁市	9031	29	71	109	51	348	131	8014	81	197
东方市	4622	1	23	11	12	86	2	3900	113	474
定安县	5227	3	11	18	6	155	37	4866	50	81
屯昌县	4033	23	10	60	34	336	60	3390	51	69
澄迈县	5158	33	46	59	34	126	11	4717	14	118
临高县	5686	3	8	31	6	61	15	5414	17	131
白沙黎族自治县	3689	22	90	94	52	594	77	2648	10	102
昌江黎族自治县	2397		14			4		2315	4	60
乐东黎族自治县	8416	80	79	78	29	389	61	7139	82	479
陵水黎族自治县	4999	7	14	44	17	90	27	4444	70	286
保亭黎族苗族自治县	2842	19	98	38	27	228	64	2191	9	168
琼中黎族苗族自治县	3520	30	87	67	46	400	59	2631	14	186

9–5　各地区按月租房费用分的家庭户户数

单位：户

地　　区	合　计	200元以下	200–499元	500–999元	1000–1999元
全省	**48228**	**3167**	**7515**	**21305**	**11131**
海口市	**27194**	**793**	**2953**	**14391**	**6436**
秀英区	4659	233	711	2699	691
龙华区	10257	141	768	5676	2545
琼山区	5439	114	744	3129	1128
美兰区	6839	305	730	2887	2072
三亚市	**9814**	**363**	**633**	**3738**	**3228**
海棠区	138	6	11	43	31
吉阳区	6224	334	415	2540	1945
天涯区	2948	12	69	905	1197
崖州区	504	11	138	250	55
三沙市					
儋州市	**1100**	**161**	**343**	**270**	**206**
五指山市	466	92	140	161	58
琼海市	1837	193	546	746	252
文昌市	1748	211	776	517	197
万宁市	510	64	141	181	83
东方市	687	137	194	221	112
定安县	286	46	123	62	29
屯昌县	385	116	108	109	29
澄迈县	859	99	348	246	109
临高县	243	77	89	30	37
白沙黎族自治县	323	51	155	55	38
昌江黎族自治县	865	378	212	208	55
乐东黎族自治县	619	89	299	107	87
陵水黎族自治县	320	13	175	56	45
保亭黎族苗族自治县	521	139	107	144	91
琼中黎族苗族自治县	451	145	173	63	39

9-5 续表

单位：户

地　　区	2000-2999元	3000-3999元	4000-5999元	6000-7999元	8000-9999元	10000元及以上
全省	**3437**	**1047**	**383**	**114**	**49**	**80**
海口市	**1908**	**462**	**157**	**47**	**27**	**20**
秀英区	246	55	15	4	3	2
龙华区	763	242	70	31	16	5
琼山区	259	36	19	2	2	6
美兰区	640	129	53	10	6	7
三亚市	**1183**	**442**	**140**	**33**	**14**	**40**
海棠区	15	11	10	4	1	6
吉阳区	643	248	61	19	5	14
天涯区	500	176	61	7	4	17
崖州区	25	7	8	3	4	3
三沙市						
儋州市	**58**	**32**	**20**	**6**	**1**	**3**
五指山市	7	5	1	1	1	
琼海市	59	20	13	7		1
文昌市	30	11	4	2		
万宁市	21	15	2	2		1
东方市	15	3	3		1	1
定安县	13	7	5			1
屯昌县	12	5	1	2		3
澄迈县	34	11	8	1	2	1
临高县	9	1				
白沙黎族自治县	11	6	6		1	
昌江黎族自治县	7		2	2		1
乐东黎族自治县	11	9	6	6	1	4
陵水黎族自治县	15	9	3	2		2
保亭黎族苗族自治县	24	6	5	3	1	1
琼中黎族苗族自治县	20	3	7			1

9–5a　各地区按月租房费用分的家庭户户数(城市)

单位：户

地　　区	合　计	200元以下	200–499元	500–999元	1000–1999元
全省	**39914**	**1698**	**4911**	**19098**	**9841**
海口市	**26012**	**738**	**2643**	**13960**	**6209**
秀英区	4516	227	699	2635	662
龙华区	10202	138	756	5660	2527
琼山区	5111	94	681	2967	1072
美兰区	6183	279	507	2698	1948
三亚市	**8907**	**344**	**518**	**3372**	**2975**
海棠区	66	4	10	28	10
吉阳区	5776	323	371	2364	1796
天涯区	2796	8	49	857	1147
崖州区	269	9	88	123	22
三沙市					
儋州市	**587**	**63**	**191**	**155**	**106**
五指山市	405	63	122	156	57
琼海市	1626	170	493	686	207
文昌市	1439	153	693	440	136
万宁市	305	41	78	117	44
东方市	633	126	173	212	107
定安县					
屯昌县					
澄迈县					
临高县					
白沙黎族自治县					
昌江黎族自治县					
乐东黎族自治县					
陵水黎族自治县					
保亭黎族苗族自治县					
琼中黎族苗族自治县					

9-5a 续表 单位：户

地 区	2000-2999元	3000-3999元	4000-5999元	6000-7999元	8000-9999元	10000元及以上
全省	**3019**	**894**	**286**	**83**	**29**	**55**
海口市	**1811**	**436**	**138**	**43**	**17**	**17**
秀英区	225	52	13	2	1	
龙华区	760	241	69	31	15	5
琼山区	244	30	16	2		5
美兰区	582	113	40	8	1	7
三亚市	**1107**	**403**	**117**	**27**	**10**	**34**
海棠区	1	6	3			4
吉阳区	608	227	52	18	5	12
天涯区	487	166	57	7	2	16
崖州区	11	4	5	2	3	2
三沙市						
儋州市	**26**	**20**	**18**	**4**	**1**	**3**
五指山市	5	1		1		
琼海市	39	16	10	5		
文昌市	8	5	2	2		
万宁市	13	11		1		
东方市	10	2	1		1	1
定安县						
屯昌县						
澄迈县						
临高县						
白沙黎族自治县						
昌江黎族自治县						
乐东黎族自治县						
陵水黎族自治县						
保亭黎族苗族自治县						
琼中黎族苗族自治县						

9−5b 各地区按月租房费用分的家庭户户数(镇)

单位：户

地 区	合 计	200元以下	200−499元	500−999元	1000−1999元
全省	**5968**	**1160**	**2150**	**1384**	**843**
海口市	**594**	**26**	**206**	**166**	**108**
秀英区	54	3	7	10	12
龙华区	28	2	8	8	8
琼山区	30	4	9	9	8
美兰区	482	17	182	139	80
三亚市	**105**		**1**	**4**	**77**
海棠区	25			3	12
吉阳区	76				64
天涯区	3		1		1
崖州区	1			1	
三沙市					
儋州市	**458**	**93**	**138**	**97**	**87**
五指山市	54	27	18	4	
琼海市	155	2	46	51	36
文昌市	272	47	71	75	54
万宁市	105	4	34	39	21
东方市	30	6	13	4	3
定安县	272	41	119	61	28
屯昌县	352	87	105	108	29
澄迈县	780	83	324	225	99
临高县	232	75	86	28	36
白沙黎族自治县	211	33	112	33	18
昌江黎族自治县	851	376	210	200	53
乐东黎族自治县	460	30	263	86	57
陵水黎族自治县	299	13	174	50	36
保亭黎族苗族自治县	404	119	76	110	77
琼中黎族苗族自治县	334	98	154	43	24

9-5b 续表 单位：户

地　　区	2000-2999元	3000-3999元	4000-5999元	6000-7999元	8000-9999元	10000元及以上
全省	**243**	**86**	**58**	**20**	**10**	**14**
海口市	**58**	**15**	**9**	**1**	**4**	**1**
秀英区	17	3	1			1
龙华区	2					
琼山区						
美兰区	39	12	8	1	4	
三亚市	**13**	**2**	**3**	**2**	**2**	**1**
海棠区	3		3	2	1	1
吉阳区	10	2				
天涯区					1	
崖州区						
三沙市						
儋州市	**31**	**10**		**2**		
五指山市	2	2	1			
琼海市	11	3	3	2		1
文昌市	19	4	2			
万宁市	2	2	2			1
东方市	1	1	2			
定安县	10	7	5			1
屯昌县	12	5	1	2		3
澄迈县	28	10	8	1	2	
临高县	6	1				
白沙黎族自治县	6	3	5		1	
昌江黎族自治县	7		2	2		1
乐东黎族自治县	4	8	5	5	1	1
陵水黎族自治县	12	7	3	2		2
保亭黎族苗族自治县	12	5	3	1		1
琼中黎族苗族自治县	9	1	4			1

9–5c　各地区按月租房费用分的家庭户户数(乡村)

单位：户

地　区	合　计	200元以下	200–499元	500–999元	1000–1999元
全省	**2346**	**309**	**454**	**823**	**447**
海口市	**588**	**29**	**104**	**265**	**119**
秀英区	89	3	5	54	17
龙华区	27	1	4	8	10
琼山区	298	16	54	153	48
美兰区	174	9	41	50	44
三亚市	**802**	**19**	**114**	**362**	**176**
海棠区	47	2	1	12	9
吉阳区	372	11	44	176	85
天涯区	149	4	19	48	49
崖州区	234	2	50	126	33
三沙市					
儋州市	**55**	**5**	**14**	**18**	**13**
五指山市	7	2		1	1
琼海市	56	21	7	9	9
文昌市	37	11	12	2	7
万宁市	100	19	29	25	18
东方市	24	5	8	5	2
定安县	14	5	4	1	1
屯昌县	33	29	3	1	
澄迈县	79	16	24	21	10
临高县	11	2	3	2	1
白沙黎族自治县	112	18	43	22	20
昌江黎族自治县	14	2	2	8	2
乐东黎族自治县	159	59	36	21	30
陵水黎族自治县	21		1	6	9
保亭黎族苗族自治县	117	20	31	34	14
琼中黎族苗族自治县	117	47	19	20	15

9-5c 续表

单位：户

地　区	2000-2999元	3000-3999元	4000-5999元	6000-7999元	8000-9999元	10000元及以上
全省	**175**	**67**	**39**	**11**	**10**	**11**
海口市	**39**	**11**	**10**	**3**	**6**	**2**
秀英区	4		1	2	2	1
龙华区	1	1	1		1	
琼山区	15	6	3		2	1
美兰区	19	4	5	1	1	
三亚市	**63**	**37**	**20**	**4**	**2**	**5**
海棠区	11	5	4	2		1
吉阳区	25	19	9	1		2
天涯区	13	10	4		1	1
崖州区	14	3	3	1	1	1
三沙市						
儋州市	**1**	**2**	**2**			
五指山市		2			1	
琼海市	9	1				
文昌市	3	2				
万宁市	6	2		1		
东方市	4					
定安县	3					
屯昌县						
澄迈县	6	1				1
临高县	3					
白沙黎族自治县	5	3	1			
昌江黎族自治县						
乐东黎族自治县	7	1	1	1		3
陵水黎族自治县	3	2				
保亭黎族苗族自治县	12	1	2	2	1	
琼中黎族苗族自治县	11	2	3			

9-6　各地区按住房来源分的同时拥有厨房和厕所的家庭户户数

单位：户

地　　区	合　计	租赁廉租住房/公租房	租　　赁其他住房	购买新建商品房	购　买二手房	购买原公有住房	购买经济适用房/两限房	自建住房	继承或赠　予	其　他
全省	**240039**	**6109**	**36429**	**24908**	**7116**	**15324**	**8000**	**129482**	**1958**	**10713**
海口市	**73516**	**1712**	**23024**	**15726**	**4932**	**5687**	**1512**	**17244**	**531**	**3148**
秀英区	13980	518	3797	3525	497	637	238	4391	78	299
龙华区	22363	355	9199	4711	1667	1979	403	2944	186	919
琼山区	15720	317	4531	3171	882	1250	297	4497	91	684
美兰区	21453	522	5497	4319	1886	1821	574	5412	176	1246
三亚市	**21585**	**921**	**6996**	**1925**	**503**	**1262**	**1003**	**6837**	**167**	**1971**
海棠区	1542	12	103	20	5	56	12	1020	24	290
吉阳区	10232	683	4327	1228	303	557	662	1510	38	924
天涯区	7526	126	2281	602	184	589	326	2657	83	678
崖州区	2285	100	285	75	11	60	3	1650	22	79
三沙市										
儋州市	**20672**	**312**	**624**	**1389**	**212**	**1100**	**650**	**15457**	**176**	**752**
五指山市	2847	165	262	214	45	269	300	1366	18	208
琼海市	13484	279	1125	1374	330	468	191	9334	57	326
文昌市	15184	330	1121	668	137	438	654	11019	227	590
万宁市	13390	87	390	458	155	794	399	10521	153	433
东方市	9792	193	449	484	65	460	231	7015	193	702
定安县	7336	126	144	236	54	527	311	5761	54	123
屯昌县	6372	127	221	264	87	451	474	4588	56	104
澄迈县	11439	259	546	682	77	373	308	8708	76	410
临高县	9632	134	100	147	37	139	164	8701	44	166
白沙黎族自治县	3949	151	148	307	84	626	135	2357	15	126
昌江黎族自治县	5999	334	505	345	153	770	470	3155	20	247
乐东黎族自治县	9931	374	216	164	56	722	383	7436	62	518
陵水黎族自治县	6226	181	92	107	26	175	123	5046	72	404
保亭黎族苗族自治县	4227	179	284	180	80	450	369	2454	12	219
琼中黎族苗族自治县	4458	245	182	238	83	613	323	2483	25	266

9-6a 各地区按住房来源分的同时拥有厨房和厕所的家庭户户数(城市)

单位：户

地　区	合　计	租赁廉租住房/公租房	租　赁其他住房	购买新建商品房	购　买二手房	购买原公有住房	购买经济适用房/两限房	自建住房	继承或赠　予	其　他
全省	**96240**	**3425**	**31539**	**19480**	**5888**	**8402**	**4161**	**17581**	**686**	**5078**
海口市	**57806**	**1648**	**22045**	**14252**	**4819**	**5478**	**1416**	**4998**	**360**	**2790**
秀英区	9609	513	3670	2765	473	592	224	1079	49	244
龙华区	20356	353	9151	4690	1666	1977	402	1111	117	889
琼山区	11365	309	4254	2829	853	1174	285	1027	64	570
美兰区	16476	473	4970	3968	1827	1735	505	1781	130	1087
三亚市	**16201**	**730**	**6386**	**1696**	**470**	**1162**	**967**	**3305**	**130**	**1355**
海棠区	793	3	45	10	3	53	4	605	4	66
吉阳区	8940	594	4011	1138	297	555	657	939	35	714
天涯区	5420	118	2154	547	170	547	305	954	77	548
崖州区	1048	15	176	1		7	1	807	14	27
三沙市										
儋州市	**5095**	**141**	**350**	**797**	**74**	**199**	**390**	**2988**	**23**	**133**
五指山市	1378	136	246	205	44	264	255	79	5	144
琼海市	4638	266	970	1255	262	186	174	1347	22	156
文昌市	4358	269	899	604	104	367	560	1294	55	206
万宁市	2658	53	233	219	70	422	173	1325	38	125
东方市	4106	182	410	452	45	324	226	2245	53	169
定安县										
屯昌县										
澄迈县										
临高县										
白沙黎族自治县										
昌江黎族自治县										
乐东黎族自治县										
陵水黎族自治县										
保亭黎族苗族自治县										
琼中黎族苗族自治县										

9-6b　各地区按住房来源分的同时拥有厨房和厕所的家庭户户数(镇)

单位：户

地　　区	合　计	租赁廉租住房/公租房	租　赁其他住房	购买新建商品房	购　买二手房	购买原公有住房	购买经济适用房/两限房	自建住房	继承或赠　予	其　他
全省	**53835**	**2230**	**3272**	**3873**	**768**	**3227**	**3003**	**34420**	**505**	**2537**
海口市	**5077**	**42**	**467**	**945**	**68**	**128**	**62**	**3127**	**50**	**188**
秀英区	1806	1	45	738	22	44	6	899	21	30
龙华区	493		24		1	1	1	446	8	12
琼山区	780	1	28	25	2	25	4	659	3	33
美兰区	1998	40	370	182	43	58	51	1123	18	113
三亚市	**559**	**6**	**99**	**1**	**3**	**5**	**7**	**302**	**6**	**130**
海棠区	121	5	20	1	2	3	7	71	5	7
吉阳区	198	1	75					1		121
天涯区	207		3		1	2		198	1	2
崖州区	33		1					32		
三沙市										
儋州市	**5439**	**157**	**236**	**505**	**88**	**184**	**58**	**3745**	**58**	**408**
五指山市	359	27	12	9		4	45	208		54
琼海市	2043	6	115	46	39	119	1	1656	14	47
文昌市	4724	60	193	33	23	19	75	4036	64	221
万宁市	2790	7	90	130	41	60	97	2170	47	148
东方市	1477	10	18	21	11	51	3	1248	32	83
定安县	2984	123	134	218	49	383	274	1725	23	55
屯昌县	2810	109	214	204	53	130	414	1622	16	48
澄迈县	6835	229	501	623	45	251	297	4518	64	307
临高县	4730	132	94	116	31	79	150	4035	33	60
白沙黎族自治县	753	129	70	214	33	57	59	146	6	39
昌江黎族自治县	3720	334	491	345	153	766	470	955	17	189
乐东黎族自治县	3382	303	150	86	27	373	324	1971	13	135
陵水黎族自治县	3034	175	79	63	13	106	96	2210	43	249
保亭黎族苗族自治县	1620	166	204	142	53	238	306	427	6	78
琼中黎族苗族自治县	1499	215	105	172	38	274	265	319	13	98

9-6c 各地区按住房来源分的同时拥有厨房和厕所的家庭户户数(乡村)

单位：户

地区	合计	租赁廉租住房/公租房	租赁其他住房	购买新建商品房	购买二手房	购买原公有住房	购买经济适用房/两限房	自建住房	继承或赠予	其他
全省	**89964**	**454**	**1618**	**1555**	**460**	**3695**	**836**	**77481**	**767**	**3098**
海口市	**10633**	**22**	**512**	**529**	**45**	**81**	**34**	**9119**	**121**	**170**
秀英区	2565	4	82	22	2	1	8	2413	8	25
龙华区	1514	2	24	21		1		1387	61	18
琼山区	3575	7	249	317	27	51	8	2811	24	81
美兰区	2979	9	157	169	16	28	18	2508	28	46
三亚市	**4825**	**185**	**511**	**228**	**30**	**95**	**29**	**3230**	**31**	**486**
海棠区	628	4	38	9			1	344	15	217
吉阳区	1094	88	241	90	6	2	5	570	3	89
天涯区	1899	8	124	55	13	40	21	1505	5	128
崖州区	1204	85	108	74	11	53	2	811	8	52
三沙市										
儋州市	**10138**	**14**	**38**	**87**	**50**	**717**	**202**	**8724**	**95**	**211**
五指山市	1110	2	4		1	1		1079	13	10
琼海市	6803	7	40	73	29	163	16	6331	21	123
文昌市	6102	1	29	31	10	52	19	5689	108	163
万宁市	7942	27	67	109	44	312	129	7026	68	160
东方市	4209	1	21	11	9	85	2	3522	108	450
定安县	4352	3	10	18	5	144	37	4036	31	68
屯昌县	3562	18	7	60	34	321	60	2966	40	56
澄迈县	4604	30	45	59	32	122	11	4190	12	103
临高县	4902	2	6	31	6	60	14	4666	11	106
白沙黎族自治县	3196	22	78	93	51	569	76	2211	9	87
昌江黎族自治县	2279		14			4		2200	3	58
乐东黎族自治县	6549	71	66	78	29	349	59	5465	49	383
陵水黎族自治县	3192	6	13	44	13	69	27	2836	29	155
保亭黎族苗族自治县	2607	13	80	38	27	212	63	2027	6	141
琼中黎族苗族自治县	2959	30	77	66	45	339	58	2164	12	168

9-7　全省按户主的受教育程度、住房来源分的家庭户户数

单位：户

受教育程度	合　计	租赁廉租住房/公租房	租　赁其他住房	购买新建商品房	购　买二手房	购买原公有住房	购买经济适用房/两限房	自建住房	继承或赠　予	其　他
总　计	**257125**	**6320**	**41379**	**24499**	**7075**	**15338**	**7894**	**140535**	**2302**	**11783**
未上过学	7162	43	178	67	20	249	52	6000	123	430
学前教育	150	4	12	4		12	2	108		8
小　学	37551	460	3097	732	332	1429	341	28931	404	1825
初　中	119984	2556	17840	4235	1761	4858	1788	81425	1070	4451
高　中	48133	1646	10449	5893	1808	4647	2077	18870	381	2362
大学专科	23328	800	5859	5792	1497	2343	1698	3850	172	1317
大学本科	19121	736	3732	7027	1488	1675	1734	1324	142	1263
硕士研究生	1477	63	180	689	150	105	154	26	9	101
博士研究生	219	12	32	60	19	20	48	1	1	26

9-7a　全省按户主的受教育程度、住房来源分的家庭户户数(城市)

单位：户

受教育程度	合　计	租赁廉租住房/公租房	租　赁其他住房	购买新建商品房	购　买二手房	购买原公有住房	购买经济适用房/两限房	自建住房	继承或赠　予	其　他
总　计	**101018**	**3545**	**35989**	**19199**	**5833**	**8272**	**4115**	**17964**	**713**	**5388**
未上过学	828	22	140	51	8	44	10	478	17	58
学前教育	33	1	11	3		3	2	9		4
小　学	7267	256	2512	491	190	386	127	2854	62	389
初　中	33981	1425	14958	2967	1208	1837	750	8984	236	1616
高　中	25982	1034	9412	4588	1497	2824	1072	3904	184	1467
大学专科	16433	392	5381	4646	1353	1671	846	1150	99	895
大学本科	15052	365	3389	5836	1413	1391	1132	569	107	850
硕士研究生	1243	40	156	567	145	96	132	15	7	85
博士研究生	199	10	30	50	19	20	44	1	1	24

9－7b 全省按户主的受教育程度、住房来源分的家庭户户数(镇)

单位：户

受教育程度	合　计	租赁廉租住房/公租房	租　　赁其他住房	购买新建商品房	购　买二手房	购买原公有住房	购买经济适用房/两限房	自建住房	继承或赠　予	其　他
总　计	**55933**	**2289**	**3585**	**3794**	**777**	**3194**	**2950**	**35963**	**597**	**2784**
未上过学	1835	14	28	12	7	69	22	1566	31	86
学前教育	47	2				2		41		2
小　学	8596	157	363	152	72	302	117	6861	106	466
初　中	28099	953	1931	900	332	1119	720	20695	289	1160
高　中	10049	538	683	936	210	1019	781	5306	101	475
大学专科	4212	330	327	849	100	443	737	1107	42	277
大学本科	2942	273	236	868	54	237	559	383	27	305
硕士研究生	144	20	16	73	2	3	13	4	1	12
博士研究生	9	2	1	4			1			1

9－7c 全省按户主的受教育程度、住房来源分的家庭户户数(乡村)

单位：户

受教育程度	合　计	租赁廉租住房/公租房	租　　赁其他住房	购买新建商品房	购　买二手房	购买原公有住房	购买经济适用房/两限房	自建住房	继承或赠　予	其　他
总　计	**100174**	**486**	**1805**	**1506**	**465**	**3872**	**829**	**86608**	**992**	**3611**
未上过学	4499	7	10	4	5	136	20	3956	75	286
学前教育	70	1	1	1		7		58		2
小　学	21688	47	222	89	70	741	97	19216	236	970
初　中	57904	178	951	368	221	1902	318	51746	545	1675
高　中	12102	74	354	369	101	804	224	9660	96	420
大学专科	2683	78	151	297	44	229	115	1593	31	145
大学本科	1127	98	107	323	21	47	43	372	8	108
硕士研究生	90	3	8	49	3	6	9	7	1	4
博士研究生	11		1	6			3			1

9-8　全省按户主的受教育程度、月租房费用分的家庭户户数

单位：户

受教育程度	合　计	200元以下	200-499元	500-999元	1000-1999元
总　计	**47699**	**3122**	**7454**	**21149**	**10969**
未上过学	221	32	59	83	30
学前教育	16	2	5	5	3
小　学	3557	363	877	1588	560
初　中	20396	1358	3895	9637	4093
高　中	12095	802	1529	5508	3035
大学专科	6659	262	619	2789	1881
大学本科	4468	250	448	1499	1297
硕士研究生	243	43	18	37	61
博士研究生	44	10	4	3	9

9-8　续表

单位：户

受教育程度	2000-2999元	3000-3999元	4000-5999元	6000-7999元	8000-9999元	10000元及以上
总　计	**3365**	**1022**	**378**	**112**	**49**	**79**
未上过学	13	3	1			
学前教育		1				
小　学	105	35	19	5	1	4
初　中	923	266	133	46	23	22
高　中	801	255	99	26	14	26
大学专科	803	207	56	18	4	20
大学本科	651	231	63	16	7	6
硕士研究生	59	18	6			1
博士研究生	10	6	1	1		

9-8a 全省按户主的受教育程度、月租房费用分的家庭户户数(城市)

单位：户

受教育程度	合 计	200元以下	200-499元	500-999元	1000-1999元
总 计	**39534**	**1683**	**4879**	**18971**	**9723**
未上过学	162	13	35	75	25
学前教育	12	1	3	4	3
小 学	2768	166	592	1389	487
初 中	16383	705	2530	8557	3524
高 中	10446	500	1101	5032	2752
大学专科	5773	131	371	2557	1710
大学本科	3754	131	233	1324	1162
硕士研究生	196	28	11	30	52
博士研究生	40	8	3	3	8

9-8a 续表

单位：户

受教育程度	2000-2999元	3000-3999元	4000-5999元	6000-7999元	8000-9999元	10000元及以上
总 计	**2959**	**874**	**281**	**81**	**29**	**54**
未上过学	11	2	1			
学前教育		1				
小 学	82	30	15	3		4
初 中	744	186	85	29	11	12
高 中	718	220	72	22	11	18
大学专科	734	194	45	14	2	15
大学本科	610	217	56	12	5	4
硕士研究生	50	18	6			1
博士研究生	10	6	1	1		

9–8b　全省按户主的受教育程度、月租房费用分的家庭户户数(镇)

单位：户

受教育程度	合　计	200元以下	200–499元	500–999元	1000–1999元
总　计	**5874**	**1135**	**2128**	**1366**	**820**
未上过学	42	15	16	6	4
学前教育	2		2		
小　学	520	131	210	120	42
初　中	2884	494	1093	727	354
高　中	1221	262	378	303	190
大学专科	657	118	227	127	125
大学本科	509	100	194	78	99
硕士研究生	36	13	7	5	6
博士研究生	3	2	1		

9–8b　续表

单位：户

受教育程度	2000–2999元	3000–3999元	4000–5999元	6000–7999元	8000–9999元	10000元及以上
总　计	**237**	**86**	**58**	**20**	**10**	**14**
未上过学	1					
学前教育						
小　学	11	1	3	2		
初　中	108	53	31	11	7	6
高　中	46	21	13	2	1	5
大学专科	40	7	8	2	1	2
大学本科	26	4	3	3	1	1
硕士研究生	5					
博士研究生						

9-8c 全省按户主的受教育程度、月租房费用分的家庭户户数(乡村)

单位：户

受教育程度	合 计	200元以下	200-499元	500-999元	1000-1999元
总 计	**2291**	**304**	**447**	**812**	**426**
未上过学	17	4	8	2	1
学前教育	2	1		1	
小 学	269	66	75	79	31
初 中	1129	159	272	353	215
高 中	428	40	50	173	93
大学专科	229	13	21	105	46
大学本科	205	19	21	97	36
硕士研究生	11	2		2	3
博士研究生	1				1

9-8c 续表

单位：户

受教育程度	2000-2999元	3000-3999元	4000-5999元	6000-7999元	8000-9999元	10000元及以上
总 计	**169**	**62**	**39**	**11**	**10**	**11**
未上过学	1	1				
学前教育						
小 学	12	4	1		1	
初 中	71	27	17	6	5	4
高 中	37	14	14	2	2	3
大学专科	29	6	3	2	1	3
大学本科	15	10	4	1	1	1
硕士研究生	4					
博士研究生						

9-9 全省按户主的职业、住房来源分的家庭户户数

单位：户

职业大类	合 计	租赁廉租住房/公租房	租 赁其他住房	购买新建商品房	购 买二手房
总 计	**164616**	**4372**	**33428**	**15584**	**4873**
党的机关、国家机关、群众团体和社会组织、企事业单位负责人	4807	90	1159	1534	438
专业技术人员	14206	590	3052	3303	833
办事人员和有关人员	12935	593	2141	2929	732
社会生产服务和生活服务人员	55890	2141	19283	6033	2239
农、林、牧、渔业生产及辅助人员	52786	249	643	312	160
生产制造及有关人员	22983	652	6963	1362	450
不便分类的其他从业人员	1009	57	187	111	21

9-9 续表

单位：户

职业大类	购买原公有住房	购买经济适用房/两限房	自建住房	继承或赠 予	其 他
总 计	**7664**	**5067**	**85609**	**1357**	**6662**
党的机关、国家机关、群众团体和社会组织、企事业单位负责人	288	197	855	26	220
专业技术人员	1399	1499	2245	122	1163
办事人员和有关人员	1525	1172	2942	120	781
社会生产服务和生活服务人员	2401	1519	19614	449	2211
农、林、牧、渔业生产及辅助人员	1239	271	48001	441	1470
生产制造及有关人员	778	386	11469	188	735
不便分类的其他从业人员	34	23	483	11	82

9-9a 全省按户主的职业、住房来源分的家庭户户数(城市)

单位：户

职业大类	合 计	租赁廉租住房/公租房	租 赁其他住房	购买新建商品房	购 买二手房
总 计	**68120**	**2334**	**29115**	**12600**	**4119**
党的机关、国家机关、群众团体和社会组织、企事业单位负责人	3656	52	1047	1362	416
专业技术人员	9478	291	2771	2713	762
办事人员和有关人员	8395	254	1946	2390	645
社会生产服务和生活服务人员	33513	1289	17060	4895	1887
农、林、牧、渔业生产及辅助人员	2645	58	298	168	50
生产制造及有关人员	10125	365	5849	1029	347
不便分类的其他从业人员	308	25	144	43	12

9-9a 续表

单位：户

职业大类	购买原公有住房	购买经济适用房/两限房	自建住房	继承或赠 予	其 他
总 计	**4213**	**2708**	**9503**	**425**	**3103**
党的机关、国家机关、群众团体和社会组织、企事业单位负责人	216	117	271	17	158
专业技术人员	949	795	529	69	599
办事人员和有关人员	1094	684	772	70	540
社会生产服务和生活服务人员	1543	847	4418	205	1369
农、林、牧、渔业生产及辅助人员	49	45	1862	20	95
生产制造及有关人员	342	205	1617	44	327
不便分类的其他从业人员	20	15	34		15

9–9b 全省按户主的职业、住房来源分的家庭户户数(镇)

单位：户

职业大类	合 计	租赁廉租住房/公租房	租 赁其他住房	购买新建商品房	购 买二手房
总 计	**34032**	**1662**	**2815**	**2192**	**507**
党的机关、国家机关、群众团体和社会组织、企事业单位负责人	657	27	72	113	14
专业技术人员	3027	245	194	437	47
办事人员和有关人员	2631	269	145	416	62
社会生产服务和生活服务人员	11559	724	1490	843	254
农、林、牧、渔业生产及辅助人员	10508	115	151	69	42
生产制造及有关人员	5240	252	726	252	81
不便分类的其他从业人员	410	30	37	62	7

9–9b 续表

单位：户

职业大类	购买原公有住房	购买经济适用房/两限房	自建住房	继承或赠 予	其 他
总 计	**1623**	**1919**	**21394**	**320**	**1600**
党的机关、国家机关、群众团体和社会组织、企事业单位负责人	44	65	280	5	37
专业技术人员	296	621	748	39	400
办事人员和有关人员	288	434	844	26	147
社会生产服务和生活服务人员	515	551	6609	115	458
农、林、牧、渔业生产及辅助人员	238	103	9426	86	278
生产制造及有关人员	230	137	3305	40	217
不便分类的其他从业人员	12	8	182	9	63

9－9c　全省按户主的职业、住房来源分的家庭户户数(乡村)

单位：户

职业大类	合　计	租赁廉租住房/公租房	租　赁其他住房	购买新建商品房	购　买二手房
总　计	**62464**	**376**	**1498**	**792**	**247**
党的机关、国家机关、群众团体和社会组织、企事业单位负责人	494	11	40	59	8
专业技术人员	1701	54	87	153	24
办事人员和有关人员	1909	70	50	123	25
社会生产服务和生活服务人员	10818	128	733	295	98
农、林、牧、渔业生产及辅助人员	39633	76	194	75	68
生产制造及有关人员	7618	35	388	81	22
不便分类的其他从业人员	291	2	6	6	2

9－9c　续表

单位：户

职业大类	购买原公有住房	购买经济适用房/两限房	自建住房	继承或赠　予	其　他
总　计	**1828**	**440**	**54712**	**612**	**1959**
党的机关、国家机关、群众团体和社会组织、企事业单位负责人	28	15	304	4	25
专业技术人员	154	83	968	14	164
办事人员和有关人员	143	54	1326	24	94
社会生产服务和生活服务人员	343	121	8587	129	384
农、林、牧、渔业生产及辅助人员	952	123	36713	335	1097
生产制造及有关人员	206	44	6547	104	191
不便分类的其他从业人员	2		267	2	4

9-10 全省按户主的职业、月租房费用分的家庭户户数

单位：户

职业大类	合 计	200元以下	200-499元	500-999元	1000-1999元
总 计	**37800**	**1946**	**5930**	**17503**	**8524**
党的机关、国家机关、群众团体和社会组织、企事业单位负责人	1249	27	84	333	410
专业技术人员	3642	286	388	1482	939
办事人员和有关人员	2734	224	403	1009	706
社会生产服务和生活服务人员	21424	854	3049	10298	5088
农、林、牧、渔业生产及辅助人员	892	242	244	267	103
生产制造及有关人员	7615	283	1717	3999	1233
不便分类的其他从业人员	244	30	45	115	45

9-10 续表

单位：户

职业大类	2000-2999元	3000-3999元	4000-5999元	6000-7999元	8000-9999元	10000元及以上
总 计	**2568**	**802**	**312**	**104**	**48**	**63**
党的机关、国家机关、群众团体和社会组织、企事业单位负责人	234	92	38	14	4	13
专业技术人员	383	120	28	8	3	5
办事人员和有关人员	280	84	24	1	2	1
社会生产服务和生活服务人员	1381	422	194	69	31	38
农、林、牧、渔业生产及辅助人员	25	7	3			1
生产制造及有关人员	258	76	24	12	8	5
不便分类的其他从业人员	7	1	1			

9-10a 全省按户主的职业、月租房费用分的家庭户户数(城市)

单位：户

职业大类	合 计	200元以下	200-499元	500-999元	1000-1999元
总 计	**31449**	**974**	**3919**	**15748**	**7545**
党的机关、国家机关、群众团体和社会组织、企事业单位负责人	1099	12	59	300	362
专业技术人员	3062	138	221	1341	855
办事人员和有关人员	2200	94	213	888	636
社会生产服务和生活服务人员	18349	517	2162	9401	4563
农、林、牧、渔业生产及辅助人员	356	47	76	154	58
生产制造及有关人员	6214	149	1166	3573	1038
不便分类的其他从业人员	169	17	22	91	33

9-10a 续表

单位：户

职业大类	2000-2999元	3000-3999元	4000-5999元	6000-7999元	8000-9999元	10000元及以上
总 计	**2227**	**669**	**221**	**73**	**28**	**45**
党的机关、国家机关、群众团体和社会组织、企事业单位负责人	221	86	32	12	4	11
专业技术人员	356	110	26	8	3	4
办事人员和有关人员	262	81	23	1	1	1
社会生产服务和生活服务人员	1165	334	123	43	14	27
农、林、牧、渔业生产及辅助人员	17	3	1			
生产制造及有关人员	201	54	16	9	6	2
不便分类的其他从业人员	5	1				

9−10b 全省按户主的职业、月租房费用分的家庭户户数(镇)

单位：户

职业大类	合 计	200元以下	200−499元	500−999元	1000−1999元
总 计	**4477**	**755**	**1638**	**1060**	**649**
党的机关、国家机关、群众团体和社会组织、企事业单位负责人	99	10	23	19	30
专业技术人员	439	123	146	88	65
办事人员和有关人员	414	118	174	47	62
社会生产服务和生活服务人员	2214	300	741	558	342
农、林、牧、渔业生产及辅助人员	266	84	90	59	28
生产制造及有关人员	978	108	443	266	112
不便分类的其他从业人员	67	12	21	23	10

9−10b 续表

单位：户

职业大类	2000−2999元	3000−3999元	4000−5999元	6000−7999元	8000−9999元	10000元及以上
总 计	**201**	**78**	**55**	**20**	**10**	**11**
党的机关、国家机关、群众团体和社会组织、企事业单位负责人	9	3	2	1		2
专业技术人员	15	1				1
办事人员和有关人员	11	2				
社会生产服务和生活服务人员	132	58	50	17	9	7
农、林、牧、渔业生产及辅助人员	3	1	1			
生产制造及有关人员	30	13	2	2	1	1
不便分类的其他从业人员	1					

9-10c 全省按户主的职业、月租房费用分的家庭户户数(乡村)

单位：户

职业大类	合 计	200元以下	200-499元	500-999元	1000-1999元
总 计	**1874**	**217**	**373**	**695**	**330**
党的机关、国家机关、群众团体和社会组织、企事业单位负责人	51	5	2	14	18
专业技术人员	141	25	21	53	19
办事人员和有关人员	120	12	16	74	8
社会生产服务和生活服务人员	861	37	146	339	183
农、林、牧、渔业生产及辅助人员	270	111	78	54	17
生产制造及有关人员	423	26	108	160	83
不便分类的其他从业人员	8	1	2	1	2

9-10c 续表

单位：户

职业大类	2000-2999元	3000-3999元	4000-5999元	6000-7999元	8000-9999元	10000元及以上
总 计	**140**	**55**	**36**	**11**	**10**	**7**
党的机关、国家机关、群众团体和社会组织、企事业单位负责人	4	3	4	1		
专业技术人员	12	9	2			
办事人员和有关人员	7	1	1		1	
社会生产服务和生活服务人员	84	30	21	9	8	4
农、林、牧、渔业生产及辅助人员	5	3	1			1
生产制造及有关人员	27	9	6	1	1	2
不便分类的其他从业人员	1		1			

9-11　全省按户主的职业分的家庭户住房状况

职业大类	户　数 (户)	人　数 (人)	平均每户住房间数 (间/户)	人均住房建筑面积 (平方米/人)	人均住房间　数 (间/人)
总　计	**164616**	**545896**	**2.85**	**31.81**	**0.86**
党的机关、国家机关、群众团体和社会组织、企事业单位负责人	4807	15587	2.86	35.24	0.88
专业技术人员	14206	39888	2.60	34.65	0.92
办事人员和有关人员	12935	39698	2.82	34.86	0.92
社会生产服务和生活服务人员	55890	171971	2.58	31.47	0.84
农、林、牧、渔业生产及辅助人员	52786	198616	3.28	31.41	0.87
生产制造及有关人员	22983	76588	2.65	29.76	0.80
不便分类的其他从业人员	1009	3548	3.05	32.92	0.87

9-11a　全省按户主的职业分的家庭户住房状况(城市)

职业大类	户　数 (户)	人　数 (人)	平均每户住房间数 (间/户)	人均住房建筑面积 (平方米/人)	人均住房间　数 (间/人)
总　计	**68120**	**196412**	**2.34**	**29.44**	**0.81**
党的机关、国家机关、群众团体和社会组织、企事业单位负责人	3656	11613	2.69	33.36	0.85
专业技术人员	9478	26066	2.45	32.93	0.89
办事人员和有关人员	8395	24867	2.63	33.43	0.89
社会生产服务和生活服务人员	33513	93626	2.17	27.40	0.78
农、林、牧、渔业生产及辅助人员	2645	10476	3.69	35.84	0.93
生产制造及有关人员	10125	28899	2.11	25.65	0.74
不便分类的其他从业人员	308	865	2.21	26.25	0.79

9-11b　全省按户主的职业分的家庭户住房状况(镇)

职业大类	户　数 (户)	人　数 (人)	平均每户 住房间数 (间/户)	人均住房 建筑面积 (平方米/人)	人均住房 间　数 (间/人)
总　计	**34032**	**122169**	**3.12**	**34.69**	**0.87**
党的机关、国家机关、群众团体和社会组织、企事业单位负责人	657	2287	3.28	39.30	0.94
专业技术人员	3027	8666	2.79	37.28	0.98
办事人员和有关人员	2631	8392	3.04	36.84	0.95
社会生产服务和生活服务人员	11559	40248	3.13	36.64	0.90
农、林、牧、渔业生产及辅助人员	10508	41851	3.25	32.29	0.82
生产制造及有关人员	5240	19220	3.04	33.13	0.83
不便分类的其他从业人员	410	1505	3.36	35.27	0.91

9-11c　全省按户主的职业分的家庭户住房状况(乡村)

职业大类	户　数 (户)	人　数 (人)	平均每户 住房间数 (间/户)	人均住房 建筑面积 (平方米/人)	人均住房 间　数 (间/人)
总　计	**62464**	**227315**	**3.24**	**32.30**	**0.89**
党的机关、国家机关、群众团体和社会组织、企事业单位负责人	494	1687	3.59	42.68	1.05
专业技术人员	1701	5156	3.08	38.91	1.02
办事人员和有关人员	1909	6439	3.39	37.79	1.00
社会生产服务和生活服务人员	10818	38097	3.26	36.03	0.93
农、林、牧、渔业生产及辅助人员	39633	146289	3.26	30.84	0.88
生产制造及有关人员	7618	28469	3.12	31.66	0.83
不便分类的其他从业人员	291	1178	3.51	34.83	0.87

9-12　全省按户主的职业、人均住房建筑面积分的家庭户户数

单位：户

职业大类	合　计	人均住房建筑面积(平方米)			
		8及以下	9-12	13-16	17-19
总　计	**164616**	**6834**	**11224**	**15564**	**7753**
党的机关、国家机关、群众团体和社会组织、企事业单位负责人	4807	108	195	319	219
专业技术人员	14206	318	567	994	613
办事人员和有关人员	12935	290	511	879	585
社会生产服务和生活服务人员	55890	3288	4700	5707	2749
农、林、牧、渔业生产及辅助人员	52786	1224	2965	5050	2393
生产制造及有关人员	22983	1583	2239	2515	1145
不便分类的其他从业人员	1009	23	47	100	49

9-12　续表

单位：户

职业大类	人均住房建筑面积(平方米)					
	20-29	30-39	40-49	50-59	60-69	70及以上
总　计	**41551**	**26891**	**17756**	**10026**	**8664**	**18353**
党的机关、国家机关、群众团体和社会组织、企事业单位负责人	1260	871	597	315	254	669
专业技术人员	3544	2763	1747	958	815	1887
办事人员和有关人员	3145	2464	1662	912	772	1715
社会生产服务和生活服务人员	14260	8353	5080	3025	2566	6162
农、林、牧、渔业生产及辅助人员	13330	8949	6447	3573	3128	5727
生产制造及有关人员	5746	3321	2103	1184	1073	2074
不便分类的其他从业人员	266	170	120	59	56	119

9–12a 全省按户主的职业、人均住房建筑面积分的家庭户户数(城市)

单位：户

职业大类	合　计	人均住房建筑面积(平方米)			
		8及以下	9–12	13–16	17–19
总　计	**68120**	**4581**	**6310**	**7163**	**3724**
党的机关、国家机关、群众团体和社会组织、企事业单位负责人	3656	97	159	246	184
专业技术人员	9478	245	440	732	481
办事人员和有关人员	8395	231	371	579	445
社会生产服务和生活服务人员	33513	2723	3641	3997	1929
农、林、牧、渔业生产及辅助人员	2645	111	183	217	97
生产制造及有关人员	10125	1161	1497	1340	566
不便分类的其他从业人员	308	13	19	52	22

9–12a 续表

单位：户

职业大类	人均住房建筑面积(平方米)					
	20–29	30–39	40–49	50–59	60–69	70及以上
总　计	**18011**	**10259**	**6216**	**3127**	**2644**	**6085**
党的机关、国家机关、群众团体和社会组织、企事业单位负责人	1031	673	458	202	163	443
专业技术人员	2517	1763	1148	568	476	1108
办事人员和有关人员	2186	1569	1066	498	421	1029
社会生产服务和生活服务人员	9121	4569	2538	1328	1095	2572
农、林、牧、渔业生产及辅助人员	582	417	318	200	175	345
生产制造及有关人员	2483	1218	664	322	307	567
不便分类的其他从业人员	91	50	24	9	7	21

9-12b 全省按户主的职业、人均住房建筑面积分的家庭户户数(镇)

单位：户

职业大类	合 计	人均住房建筑面积(平方米)			
		8及以下	9-12	13-16	17-19
总 计	**34032**	**837**	**1558**	**2631**	**1297**
党的机关、国家机关、群众团体和社会组织、企事业单位负责人	657	7	17	43	20
专业技术人员	3027	43	76	148	74
办事人员和有关人员	2631	29	80	143	83
社会生产服务和生活服务人员	11559	308	533	854	431
农、林、牧、渔业生产及辅助人员	10508	232	519	957	445
生产制造及有关人员	5240	212	318	461	231
不便分类的其他从业人员	410	6	15	25	13

9-12b 续表

单位：户

职业大类	人均住房建筑面积(平方米)					
	20-29	30-39	40-49	50-59	60-69	70及以上
总 计	**8034**	**6025**	**4037**	**2625**	**2175**	**4813**
党的机关、国家机关、群众团体和社会组织、企事业单位负责人	137	126	75	60	45	127
专业技术人员	699	671	372	259	204	481
办事人员和有关人员	570	554	333	245	202	392
社会生产服务和生活服务人员	2649	1907	1325	917	725	1910
农、林、牧、渔业生产及辅助人员	2625	1839	1304	759	632	1196
生产制造及有关人员	1246	852	567	357	344	652
不便分类的其他从业人员	108	76	61	28	23	55

9-12c 全省按户主的职业、人均住房建筑面积分的家庭户户数(乡村)

单位：户

职业大类	合 计	人均住房建筑面积(平方米)			
		8及以下	9-12	13-16	17-19
总 计	**62464**	**1416**	**3356**	**5770**	**2732**
党的机关、国家机关、群众团体和社会组织、企事业单位负责人	494	4	19	30	15
专业技术人员	1701	30	51	114	58
办事人员和有关人员	1909	30	60	157	57
社会生产服务和生活服务人员	10818	257	526	856	389
农、林、牧、渔业生产及辅助人员	39633	881	2263	3876	1851
生产制造及有关人员	7618	210	424	714	348
不便分类的其他从业人员	291	4	13	23	14

9-12c 续表

单位：户

职业大类	人均住房建筑面积(平方米)					
	20-29	30-39	40-49	50-59	60-69	70及以上
总 计	**15506**	**10607**	**7503**	**4274**	**3845**	**7455**
党的机关、国家机关、群众团体和社会组织、企事业单位负责人	92	72	64	53	46	99
专业技术人员	328	329	227	131	135	298
办事人员和有关人员	389	341	263	169	149	294
社会生产服务和生活服务人员	2490	1877	1217	780	746	1680
农、林、牧、渔业生产及辅助人员	10123	6693	4825	2614	2321	4186
生产制造及有关人员	2017	1251	872	505	422	855
不便分类的其他从业人员	67	44	35	22	26	43

9—13　各地区按拥有全部家用汽车总价分的家庭户户数

单位：户

地　区	合　计	不　满 10万元	10万元以上，不满20万元	20万元以上，不满30万元	30万元以上，不满50万元	50万元以上，不满100万元	100万元及以上	没有汽车
全省	**264959**	**22872**	**41769**	**10685**	**4466**	**1665**	**562**	**182940**
海口市	**78852**	**7787**	**16763**	**4883**	**2195**	**920**	**324**	**45980**
秀英区	14750	1378	3295	1016	507	195	80	8279
龙华区	23922	2294	4885	1471	713	322	126	14111
琼山区	17332	2015	3674	928	355	146	37	10177
美兰区	22848	2100	4909	1468	620	257	81	13413
三亚市	**25229**	**1377**	**4236**	**1626**	**802**	**296**	**105**	**16787**
海棠区	1818	81	354	149	42	12	4	1176
吉阳区	11847	674	2134	852	463	165	55	7504
天涯区	8821	512	1397	534	245	107	43	5983
崖州区	2743	110	351	91	52	12	3	2124
三沙市								
儋州市	**22144**	**1520**	**2536**	**466**	**136**	**49**	**13**	**17424**
五指山市	3157	210	348	98	36	5	4	2456
琼海市	14721	1754	2861	512	179	60	14	9341
文昌市	16177	1660	2859	506	199	67	23	10863
万宁市	14859	1284	1992	443	194	56	9	10881
东方市	10361	470	1173	267	97	28	9	8317
定安县	8403	841	1038	310	96	21	5	6092
屯昌县	6977	852	912	138	32	9	15	5019
澄迈县	12514	1383	1805	340	130	48	13	8795
临高县	10608	694	1096	177	97	30	3	8511
白沙黎族自治县	4527	323	436	83	24	5	1	3655
昌江黎族自治县	6181	542	763	142	48	16	3	4667
乐东黎族自治县	12024	762	1066	330	79	22	5	9760
陵水黎族自治县	8553	601	677	157	50	13	8	7047
保亭黎族苗族自治县	4535	353	585	102	37	14	5	3439
琼中黎族苗族自治县	5137	459	623	105	35	6	3	3906

9-13a 各地区按拥有全部家用汽车总价分的家庭户户数(城市)

单位：户

地区	合计	不满10万元	10万元以上，不满20万元	20万元以上，不满30万元	30万元以上，不满50万元	50万元以上，不满100万元	100万元及以上	没有汽车
全省	**102402**	**8948**	**21687**	**6401**	**2781**	**1153**	**390**	**61042**
海口市	**60417**	**5855**	**13562**	**4085**	**1770**	**774**	**274**	**34097**
秀英区	10008	950	2372	718	304	135	61	5468
龙华区	21149	2030	4574	1413	677	305	119	12031
琼山区	11974	1317	2751	737	278	120	27	6744
美兰区	17286	1558	3865	1217	511	214	67	9854
三亚市	**18549**	**1000**	**3148**	**1301**	**658**	**261**	**87**	**12094**
海棠区	964	51	162	72	18	6	2	653
吉阳区	10312	591	1852	759	422	151	52	6485
天涯区	6067	329	1018	438	198	95	31	3958
崖州区	1206	29	116	32	20	9	2	998
三沙市								
儋州市	**5204**	**524**	**1035**	**185**	**42**	**10**	**4**	**3404**
五指山市	1413	109	252	83	33	4	4	928
琼海市	5064	567	1255	241	103	38	7	2853
文昌市	4739	477	1128	215	67	35	10	2807
万宁市	2800	261	554	112	65	16	2	1790
东方市	4216	155	753	179	43	15	2	3069
定安县								
屯昌县								
澄迈县								
临高县								
白沙黎族自治县								
昌江黎族自治县								
乐东黎族自治县								
陵水黎族自治县								
保亭黎族苗族自治县								
琼中黎族苗族自治县								

9-13b 各地区按拥有全部家用汽车总价分的家庭户户数(镇)

单位：户

地 区	合 计	不 满10万元	10万元以上，不满20万元	20万元以上，不满30万元	30万元以上，不满50万元	50万元以上，不满100万元	100万元及以上	没有汽车
全省	**57574**	**4774**	**8673**	**1940**	**759**	**219**	**84**	**41125**
海口市	**5562**	**574**	**1243**	**331**	**170**	**57**	**28**	**3159**
秀英区	1924	178	518	174	102	37	17	898
龙华区	605	86	66	20	15	7	3	408
琼山区	855	85	172	33	10		1	554
美兰区	2178	225	487	104	43	13	7	1299
三亚市	**573**	**18**	**79**	**35**	**16**	**3**	**1**	**421**
海棠区	126	1	15	8	6	1		95
吉阳区	198	14	43	23	7	1	1	109
天涯区	212	2	20	3	3	1		183
崖州区	37	1	1	1				34
三沙市								
儋州市	**5751**	**277**	**684**	**150**	**48**	**17**		**4575**
五指山市	445	38	56	12	2	1		336
琼海市	2251	284	458	82	22	8	2	1395
文昌市	4949	487	738	124	58	11	9	3522
万宁市	3028	199	373	73	21	5		2357
东方市	1523	73	135	40	37	7	2	1229
定安县	3176	304	475	209	79	15	3	2091
屯昌县	2944	326	544	94	24	6	14	1936
澄迈县	7356	689	1188	237	94	39	11	5098
临高县	4922	251	651	108	47	14	3	3848
白沙黎族自治县	838	73	170	38	10	4		543
昌江黎族自治县	3784	394	583	76	30	10	1	2690
乐东黎族自治县	3608	163	377	131	34	9	2	2892
陵水黎族自治县	3554	282	333	79	24	4	4	2828
保亭黎族苗族自治县	1693	150	290	54	22	7	3	1167
琼中黎族苗族自治县	1617	192	296	67	21	2	1	1038

9-13c 各地区按拥有全部家用汽车总价分的家庭户户数(乡村)

单位：户

地区	合计	不满10万元	10万元以上，不满20万元	20万元以上，不满30万元	30万元以上，不满50万元	50万元以上，不满100万元	100万元及以上	没有汽车
全省	**104983**	**9150**	**11409**	**2344**	**926**	**293**	**88**	**80773**
海口市	**12873**	**1358**	**1958**	**467**	**255**	**89**	**22**	**8724**
秀英区	2818	250	405	124	101	23	2	1913
龙华区	2168	178	245	38	21	10	4	1672
琼山区	4503	613	751	158	67	26	9	2879
美兰区	3384	317	557	147	66	30	7	2260
三亚市	**6107**	**359**	**1009**	**290**	**128**	**32**	**17**	**4272**
海棠区	728	29	177	69	18	5	2	428
吉阳区	1337	69	239	70	34	13	2	910
天涯区	2542	181	359	93	44	11	12	1842
崖州区	1500	80	234	58	32	3	1	1092
三沙市								
儋州市	**11189**	**719**	**817**	**131**	**46**	**22**	**9**	**9445**
五指山市	1299	63	40	3	1			1192
琼海市	7406	903	1148	189	54	14	5	5093
文昌市	6489	696	993	167	74	21	4	4534
万宁市	9031	824	1065	258	108	35	7	6734
东方市	4622	242	285	48	17	6	5	4019
定安县	5227	537	563	101	17	6	2	4001
屯昌县	4033	526	368	44	8	3	1	3083
澄迈县	5158	694	617	103	36	9	2	3697
临高县	5686	443	445	69	50	16		4663
白沙黎族自治县	3689	250	266	45	14	1	1	3112
昌江黎族自治县	2397	148	180	66	18	6	2	1977
乐东黎族自治县	8416	599	689	199	45	13	3	6868
陵水黎族自治县	4999	319	344	78	26	9	4	4219
保亭黎族苗族自治县	2842	203	295	48	15	7	2	2272
琼中黎族苗族自治县	3520	267	327	38	14	4	2	2868

第三部分　附录

附录1　海南省第七次全国人口普查公报

海南省第七次全国人口普查公报[1]（第一号）

——全省人口情况

海南省统计局

海南省第七次全国人口普查领导小组办公室

2021 年 5 月 13 日

根据第七次全国人口普查结果，现将 2020 年 11 月 1 日零时我省人口的基本情况公布如下：

一、总人口

全省 19 个市县总人口为 10081232 人。

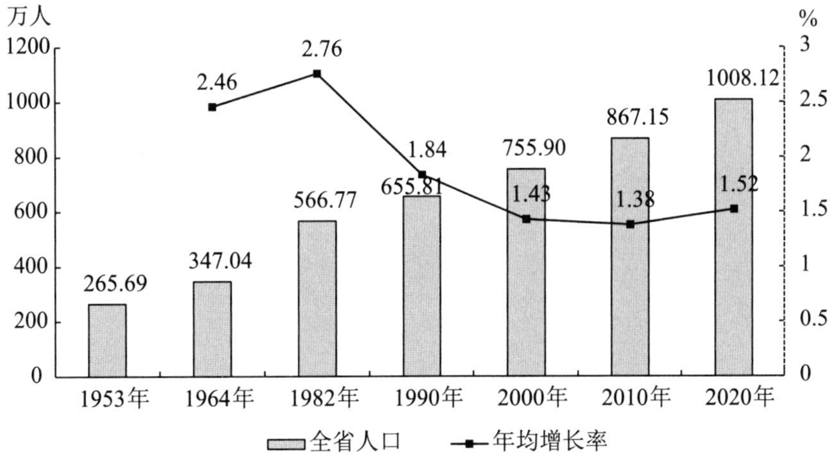

图 1-1 历次人口普查全省人口及年均增长率

二、人口增长

全省人口[2]与 2010 年第六次全国人口普查的 8671485 人相比，增加 1409747 人，增长 16.26%，年平均增长率为 1.52%。

三、户别人口

全省共有家庭户[3]2961646 户，集体户 238381 户，家庭户人口为 9060930 人，集体户人口为 1020302 人。平均每个家庭户的人口为 3.06 人，比 2010 年第六次全国人口普查减少 0.40 人。

四、民族人口

全省人口中，汉族人口为 8498241 人，占 84.30%；各少数民族人口为 1582991 人，占 15.70%。与 2010 年第六次全国人口普查相比，汉族人口增加 1252174 人，各少数民族人口增加 157573 人。

注释：

[1]本公报数据均为初步汇总数据；本公报中部分指标合计数与分项数有出入，主要是由于四舍五入的原因，均未作机械调整。

[2]全省人口包括19个市县的常住人口，不包括居住在我省的港澳台居民、外籍人员和现役军人。

[3]家庭户是指以家庭成员关系为主，居住一处共同生活的人组成的户。

海南省第七次全国人口普查公报[1]（第二号）

——地区人口情况

海南省统计局

海南省第七次全国人口普查领导小组办公室

2021 年 5 月 13 日

根据第七次全国人口普查结果，现将 2020 年 11 月 1 日零时我省 19 个市县的常住人口[2]有关数据公布如下：

一、地区人口

19 个市县中，人口超过 100 万人的市县有 2 个，在 50 万人至 100 万人之间的市县有 4 个，20 万人至 50 万人之间的市县有 8 个，在 20 万人以下的市县有 5 个。其中，人口居前三位的市县合计人口占全省人口比重的 48.20%。

分区域看，东部地区人口为 5914722 人，占 58.67%；中部地区人口为 1152687 人，占 11.43%；西部地区人口为 3013823 人，占 29.90%。

表 2-1 各地区人口

单位：人、%

地 区	人口数	比重[3]	
		2020 年	2010 年
全 省	**10081232**	**100.00**	**100.00**
东部地区	**5914722**	**58.67**	**53.27**
海口市	2873358	28.50	23.60
#秀英区	567108	5.63	4.03
龙华区	797684	7.91	6.84
琼山区	655553	6.50	5.53
美兰区	853013	8.46	7.19
三亚市[4]	1031396	10.23	7.90
#海棠区	113481	1.13	
吉阳区	447322	4.44	
天涯区	353698	3.51	
崖州区	116895	1.16	
三沙市	2333	0.02	0.01
琼海市	528238	5.24	5.57
文昌市	560894	5.56	6.20
万宁市	545992	5.42	6.29
陵水县	372511	3.70	3.70
中部地区	**1152687**	**11.43**	**13.08**
五指山市	112269	1.11	1.20
定安县	284690	2.82	3.28
屯昌县	255335	2.53	2.96
白沙县	164699	1.63	1.94

续表

地　　区	人口数	比重[3]	
		2020 年	2010 年
保亭县	156108	1.55	1.69
琼中县	179586	1.78	2.01
西部地区	**3013823**	**29.90**	**33.65**
儋州市	954259	9.47	10.75
东方市	444458	4.41	4.71
澄迈县	497953	4.94	5.39
临高县	420594	4.17	4.93
昌江县	232124	2.30	2.58
乐东县	464435	4.61	5.29

二、地区人口变化

与 2010 年第六次全国人口普查相比，19 个市县中有 16 个市县人口增加。人口增加较多的前 5 个市县依次为：海口、三亚、陵水、琼海和东方，分别增加 827188 人、345988 人、52043 人、45021 人和 36149 人。

分区域看，与 2010 年第六次全国人口普查相比，东部地区人口所占比重上升 5.40 个百分点，中部地区人口所占比重下降 1.65 个百分点，西部地区人口所占比重下降 3.75 个百分点。

注释：

[1] 本公报数据均为初步汇总数据；本公报中部分指标合计数与分项数有出入，主要是由于四舍五入的原因，均未作机械调整。

[2] 常住人口包括：居住在本乡镇街道且户口在本乡镇街道或户口待定的人；居住在本乡镇街道且离开户口登记地所在的乡镇街道半年以上的人；户口在本乡镇街道且外出不满半年或在境外工作学习的人。

[3] 指各市县的常住人口占全省人口的比重。

[4] 2010 年第六次全国人口普查时三亚市没有分区，故没有数据。

海南省第七次全国人口普查公报[1]（第三号）

——人口性别构成情况

海南省统计局

海南省第七次全国人口普查领导小组办公室

2021 年 5 月 13 日

根据第七次全国人口普查结果，现将 2020 年 11 月 1 日零时我省 19 个市县的人口性别构成情况公布如下：

一、全省人口性别构成

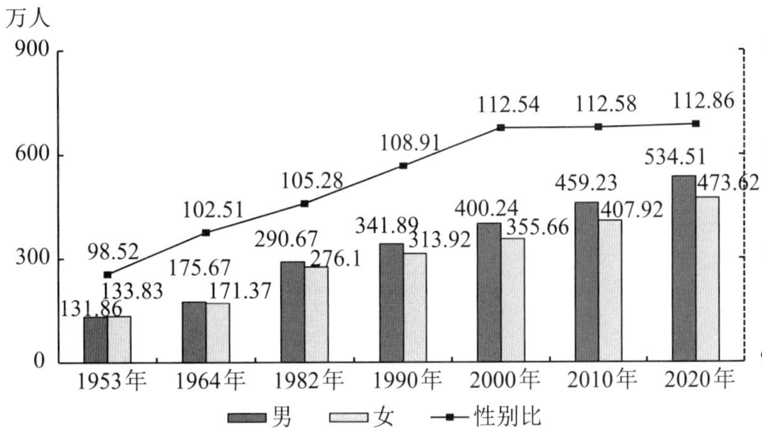

图 3-1 历次人口普查人口性别构成

全省人口[2]中，男性人口为 5345081 人，占 53.02%；女性人口为 4736151 人，占 46.98%。总人口性别比（以女性为 100，男性对女性的比例）为 112.86，与 2010 年第六次全国人口普查的 112.58 相比，上升 0.28。

二、地区人口性别构成

19 个市县中，总人口性别比在 110 以下的市县有 2 个，在 110 至 113 之间的市县有 5 个，在 113 至 115 之间的市县有 6 个，在 115 以上的市县有 6 个。

表 3-1 各地区人口性别构成

单位：%

地　　区	占总人口比重		性别比
	男	女	
全　省	**53.02**	**46.98**	**112.86**
海口市	52.52	47.48	110.60
#秀英区	54.35	45.65	119.06
龙华区	52.44	47.56	110.28
琼山区	52.38	47.62	110.01
美兰区	51.47	48.53	106.06

续表

地　　区	占总人口比重		性别比
	男	女	
三亚市	53.85	46.15	116.70
#海棠区	56.14	43.86	128.02
吉阳区	53.71	46.29	116.04
天涯区	53.06	46.94	113.06
崖州区	54.56	45.44	120.06
三沙市	70.72	29.28	241.58
儋州市	53.78	46.22	116.37
五指山市	52.31	47.69	109.67
琼海市	52.53	47.47	110.65
文昌市	51.23	48.77	105.04
万宁市	52.80	47.20	111.89
东方市	53.42	46.58	114.69
定安县	53.53	46.47	115.21
屯昌县	52.93	47.07	112.47
澄迈县	54.09	45.91	117.80
临高县	52.48	47.52	110.42
白沙县	53.85	46.15	116.67
昌江县	53.35	46.65	114.37
乐东县	53.49	46.51	115.00
陵水县	53.24	46.76	113.87
保亭县	53.25	46.75	113.90
琼中县	53.71	46.29	116.03

注释：

[1] 本公报数据均为初步汇总数据；本公报中部分指标合计数与分项数有出入，主要是由于四舍五入的原因，均未作机械调整。

[2] 全省人口包括 19 个市县的常住人口，不包括居住在我省的港澳台居民、外籍人员和现役军人。

海南省第七次全国人口普查公报[1]（第四号）
——人口年龄构成情况

海南省统计局
海南省第七次全国人口普查领导小组办公室
2021 年 5 月 13 日

根据第七次全国人口普查结果，现将 2020 年 11 月 1 日零时我省 19 个市县的人口年龄构成情况公布如下：

一、全省人口年龄构成

全省人口[2]中，0—14 岁[3]人口为 2013725 人，占 19.97%；15—59 岁人口为 6590908 人，占 65.38%；60 岁及以上人口为 1476599 人，占 14.65%，其中 65 岁及以上人口为 1051500 人，占 10.43%。

与 2010 年第六次全国人口普查相比，0—14 岁人口的比重上升 0.19 个百分点，15—59 岁人口的比重下降 3.51 个百分点，60 岁及以上人口的比重上升 3.32 个百分点，65 岁及以上人口的比重上升 2.36 个百分点。

表 4-1　全省人口年龄构成

单位：人、%

年　龄	人口数	比重
总　计	**10081232**	**100.00**
0—14 岁	2013725	19.97
15—59 岁	6590908	65.38
60 岁及以上	1476599	14.65
其中：65 岁及以上	1051500	10.43

二、地区人口年龄构成

19 个市县中，15—59 岁人口比重在 65%以上的市县有 7 个，在 60%—65%之间的市县有 9 个，在 60%以下的市县有　3 个。有 17 个市县 65 岁及以上老年人口比重超过 7%，其中，3 个市县 65 岁及以上老年人口比重超过 14%。

表 4-2　各地区人口年龄构成

单位：%

地　区	占总人口比重			
	0—14 岁	15—59 岁	60 岁及以上	其中：65 岁及以上
全　省	19.97	65.38	14.65	10.43
海口市	18.39	69.19	12.42	8.70
#秀英区	20.03	68.65	11.32	7.79
龙华区	18.09	70.17	11.74	8.19

续表

地　区	占总人口比重			
	0-14 岁	15-59 岁	60 岁及以上	其中：65 岁及以上
琼山区	19.37	67.64	12.99	9.17
美兰区	16.84	69.80	13.35	9.43
三亚市	17.67	71.92	10.42	6.95
#海棠区	18.49	70.21	11.30	7.51
吉阳区	16.56	74.77	8.68	5.60
天涯区	18.28	70.46	11.25	7.65
崖州区	19.25	67.06	13.69	9.45
三沙市	9.00	83.63	7.37	3.73
儋州市	23.59	63.26	13.15	9.27
五指山市	17.92	67.89	14.20	9.67
琼海市	18.85	61.97	19.18	14.10
文昌市	18.05	59.90	22.06	16.77
万宁市	20.50	61.36	18.13	12.97
东方市	21.52	64.89	13.59	9.79
定安县	22.14	58.22	19.64	14.23
屯昌县	23.28	59.44	17.28	11.97
澄迈县	21.98	60.57	17.44	12.77
临高县	22.76	60.74	16.50	12.01
白沙县	21.20	64.97	13.83	9.70
昌江县	20.61	65.28	14.11	10.47
乐东县	19.32	65.89	14.79	10.80
陵水县	21.64	63.47	14.88	10.08
保亭县	19.88	65.36	14.76	10.08
琼中县	20.78	64.07	15.15	10.32

注释：

[1] 本公报数据均为初步汇总数据；本公报中部分指标合计数与分项数有出入，主要是由于四舍五入的原因，均未作机械调整。

[2] 全省人口包括 19 个市县的常住人口，不包括居住在我省的港澳台居民、外籍人员和现役军人。

[3] 0-15 岁人口为 2137688 人，16-59 岁人口为 6466945 人。

海南省第七次全国人口普查公报[1]（第五号）

——人口受教育情况

海南省统计局

海南省第七次全国人口普查领导小组办公室

2021 年 5 月 13 日

根据第七次全国人口普查结果，现将 2020 年 11 月 1 日零时我省 19 个市县的人口受教育基本情况公布如下：

一、受教育程度人口

全省人口[2]中，拥有大学（指大专及以上）文化程度的人口为 1403194 人；拥有高中（含中专）文化程度的人口为 1568761 人；拥有初中文化程度的人口为 4050000 人；拥有小学文化程度的人口为 1986102 人（以上各种受教育程度的人包括各类学校的毕业生、肄业生和在校生）。

与 2010 年第六次全国人口普查相比，每 10 万人中拥有大学文化程度的由 7728 人上升为 13919 人；拥有高中文化程度的由 14857 人上升为 15561 人；拥有初中文化程度的由 42005 人下降为 40174 人；拥有小学文化程度的由 22589 人下降为 19701 人。

表 5-1　各地区每 10 万人口中拥有的各类受教育程度人数

单位：人

地　区	大学（大专及以上）	高中（含中专）	初中	小学
全　省	13919	15561	40174	19701
海口市	24845	19602	30983	15426
#秀英区	19313	17154	34929	18102
龙华区	26943	21394	28453	14257
琼山区	20782	19577	34431	16156
美兰区	29685	19573	28077	14179
三亚市	19362	17870	37919	16029
#海棠区	10490	15149	46726	19232
吉阳区	25853	19277	33318	13365
天涯区	17469	18500	37554	16997
崖州区	8864	13220	48084	20187
三沙市	6044	32233	54951	3043
儋州市	8815	12413	36772	25938
五指山市	13505	21280	38188	17889
琼海市	9128	15258	49353	17616
文昌市	7867	16090	47527	19745
万宁市	6828	14991	48464	19597
东方市	10209	12468	35209	26887
定安县	5964	11975	51898	20450
屯昌县	6192	9425	49092	23824
澄迈县	7123	11724	48696	21466
临高县	5550	9928	49171	22318
白沙县	7942	12227	42903	26311
昌江县	8888	14041	38537	25405
乐东县	8226	13027	43277	24262
陵水县	5831	13725	51043	19186
保亭县	9759	15388	44857	19930
琼中县	8197	12993	45406	23481

二、平均受教育年限[3]

与2010年第六次全国人口普查相比，全省人口中，15岁及以上人口的平均受教育年限由9.2年提高至10.1年。

19个市县中，平均受教育年限在10年以上的市县有　4个，在9年至10年之间的市县有12个，在9年以下的市县有3个。

表5-2　各地区15岁及以上人口平均受教育年限

单位：年

地　区	2020年	2010年
全　省	10.1	9.2
海口市	11.4	10.6
#秀英区	10.8	9.5
龙华区	11.7	11.1
琼山区	11.1	10.4
美兰区	11.8	10.9
三亚市[4]	10.9	9.9
#海棠区	9.9	
吉阳区	11.5	
天涯区	10.7	
崖州区	9.6	
三沙市	10.5	
儋州市	8.9	8.3
五指山市	10.3	7.7
琼海市	9.9	9.1
文昌市	9.6	9.3
万宁市	9.5	9.0
东方市	9.0	8.1
定安县	9.4	8.9
屯昌县	9.1	8.5
澄迈县	9.4	8.7
临高县	8.9	8.3
白沙县	9.1	8.2
昌江县	9.1	8.4
乐东县	9.2	8.5
陵水县	9.5	7.1
保亭县	9.7	7.3
琼中县	9.4	8.7

三、文盲人口

全省人口中，文盲人口（15岁及以上不识字的人）为327406人，与2010年第六次全国人口普查相比，文盲人口减少25230人，文盲率[5]由4.07%降为3.25%，下降0.82个百分点。

注释：

[1]本公报数据均为初步汇总数据；本公报中部分指标合计数与分项数有出入，主要是由于四舍五入的原因，均未作机械调整。

[2]全省人口包括19个市县的常住人口，不包括居住在我省的港澳台居民、外籍人员和现役军人。

[3]平均受教育年限是将各种受教育程度折算成受教育年限计算平均数得出的，具体的折算标准是：小学=6年，初中=9年，高中=12年，大专及以上=16年。

[4] 2010年第六次全国人口普查时三亚市没有分区，故没有数据。

[5]文盲率是指全省人口中15岁及以上文盲人口所占比例。

海南省第七次全国人口普查公报[1]（第六号）

——城乡人口和流动人口情况

海南省统计局

海南省第七次全国人口普查领导小组办公室

2021 年 5 月 13 日

根据第七次全国人口普查结果，现将 2020 年 11 月 1 日零时我省 19 个市县的人口城乡分布及流动情况公布如下：

一、城乡[2]人口

全省人口[3]中，居住在城镇的人口为 6075981 人，占 60.27%；居住在乡村的人口为 4005251 人，占 39.73%。与 2010 年第六次全国人口普查相比，城镇人口增加 1767465 人，乡村人口减少 357718 人，城镇人口比重提高 10.58 个百分点。

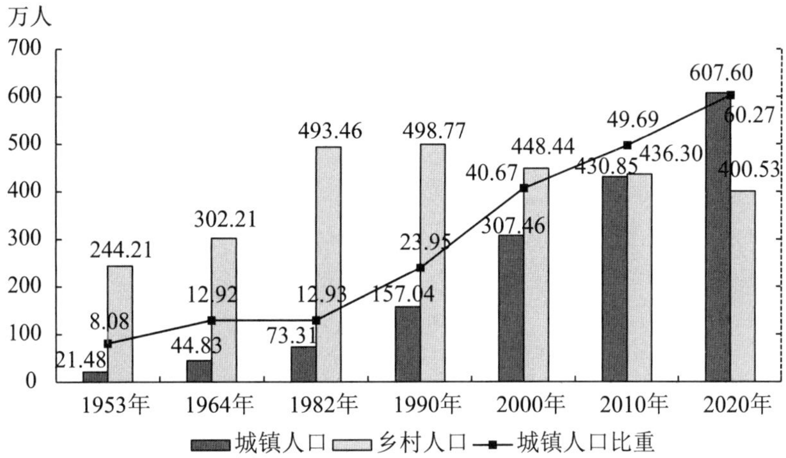

图 6-1 历次人口普查城乡人口

二、流动人口[4]

全省人口中，人户分离人口[5]为 3498161 人，其中，省辖区内人户分离[6]人口为 835883 人，流动人口为 2662278 人。流动人口中，跨省流动人口为 1088143 人，省内流动人口为 1574135 人。

注释：

[1] 本公报数据均为初步汇总数据；本公报中部分指标合计数与分项数有出入，主要是由于四舍五入的原因，均未作机械调整。

[2] 城镇、乡村是按国家统计局《统计上划分城乡的规定》划分的。

[3] 全省人口包括 19 个市县的常住人口，不包括居住在我省的港澳台居民、外籍人员和现役军人。

[4] 流动人口是指人户分离人口中扣除市辖区内人户分离的人口。

[5] 人户分离人口是指居住地与户口登记地所在的乡镇街道不一致且离开户口登记地半年以上的人口。

[6] 市辖区内人户分离人口是指一个市所辖的区内和区与区之间，居住地和户口登记地不在同一乡镇街道的人口。

第三部分　附录

附录 2　全国人口普查条例

中华人民共和国国务院令

第 576 号

《全国人口普查条例》已经 2010 年 5 月 12 日国务院第 111 次常务会议通过，现予公布，自 2010 年 6 月 1 日起施行。

总理 温家宝

二〇一〇年五月二十四日

全国人口普查条例

第一章 总 则

第一条 为了科学、有效地组织实施全国人口普查，保障人口普查数据的真实性、准确性、完整性和及时性，根据《中华人民共和国统计法》，制定本条例。

第二条 人口普查的目的是全面掌握全国人口的基本情况，为研究制定人口政策和经济社会发展规划提供依据，为社会公众提供人口统计信息服务。

第三条 人口普查工作按照全国统一领导、部门分工协作、地方分级负责、各方共同参与的原则组织实施。

国务院统一领导全国人口普查工作，研究决定人口普查中的重大问题。地方各级人民政府按照国务院的统一规定和要求，领导本行政区域的人口普查工作。

在人口普查工作期间，各级人民政府设立由统计机构和有关部门组成的人口普查机构（以下简称普查机构），负责人口普查的组织实施工作。

村民委员会、居民委员会应当协助所在地人民政府动员和组织社会力量，做好本区域的人口普查工作。

国家机关、社会团体、企业事业单位应当按照《中华人民共和国统计法》和本条例的规定，参与并配合人口普查工作。

第四条 人口普查对象应当按照《中华人民共和国统计法》和本条例的规定，真实、准确、完整、及时地提供人口普查所需的资料。

人口普查对象提供的资料，应当依法予以保密。

第五条 普查机构和普查机构工作人员、普查指导员、普查员（以下统称普查人员）依法独立行使调查、报告、监督的职权，任何单位和个人不得干涉。

地方各级人民政府、各部门、各单位及其负责人，不得自行修改普查机构和普查人员依法搜集、整理的人口普查资料，不得以任何方式要求普查机构和普查人员及其他单位和个人伪造、篡改人口普查资料，不得对依法履行职责或者拒绝、抵制人口普查违法行为的普查人员打击报复。

第六条 各级人民政府应当利用报刊、广播、电视、互联网和户外广告等媒介，开展人口普查的宣传动员工作。

第七条 人口普查所需经费，由国务院和地方各级人民政府共同负担，并列入相应年度的财政预算，按时拨付，确保足额到位。

人口普查经费应当统一管理、专款专用，从严控制支出。

第八条 人口普查每10年进行一次，尾数逢0的年份为普查年度，标准时点为普查年度的11月1日零时。

第九条 国家统计局会同国务院有关部门制定全国人口普查方案（以下简称普查方案），报国务院批准。

人口普查应当按照普查方案的规定执行。

第十条 对认真执行本条例，忠于职守、坚持原则，做出显著成绩的单位和个人，按照国家有关规定给予表彰和奖励。

第二章 人口普查的对象、内容和方法

第十一条 人口普查对象是指普查标准时点在中华人民共和国境内的自然人以及在中华人民共和国境外但未定居的中国公民，不包括在中华人民共和国境内短期停留的境外人员。

第十二条 人口普查主要调查人口和住户的基本情况，内容包括姓名、性别、年龄、民族、国籍、受教育程度、行业、职业、迁移流动、社会保障、婚姻、生育、死亡、住房情况等。

第十三条 人口普查采用全面调查的方法，以户为单位进行登记。

第十四条 人口普查采用国家统计分类标准。

第三章 人口普查的组织实施

第十五条 人口普查登记前，公安机关应当按照普查方案的规定完成户口整顿工作，并将有关资料提交本级人口普查机构。

第十六条 人口普查登记前应当划分普查区，普查区以村民委员会、居民委员会所辖区域为基础划分，每个普查区划分为若干普查小区。

第十七条 每个普查小区应当至少有一名普查员，负责入户登记等普查工作。每个普查区应当至少有一名普查指导员，负责安排、指导、督促和检查普查员的工作，也可以直接进行入户登记。

第十八条 普查指导员和普查员应当具有初中以上文化水平，身体健康，责任心强。

第十九条 普查指导员和普查员可以从国家机关、社会团体、企业事业单位借调，也可以从村民委员会、居民委员会或者社会招聘。借调和招聘工作由县级人民政府负责。

国家鼓励符合条件的公民作为志愿者参与人口普查工作。

第二十条 借调的普查指导员和普查员的工资由原单位支付，其福利待遇保持不变，并保留其原有工作岗位。

招聘的普查指导员和普查员的劳动报酬，在人口普查经费中予以安排，由聘用单位支付。

第二十一条 普查机构应当对普查指导员和普查员进行业务培训，并对考核合格的人员颁发全国统一的普查指导员证或者普查员证。

普查指导员和普查员执行人口普查任务时，应当出示普查指导员证或者普查员证。

第二十二条 人口普查登记前，普查指导员、普查员应当绘制普查小区图，编制普查小区户主姓名底册。

第二十三条 普查指导员、普查员入户登记时，应当向人口普查对象说明人口普查的目的、法律依据以及人口普查对象的权利和义务。

第二十四条 人口普查对象应当按时提供人口普查所需的资料，如实回答相关问题，不得隐瞒有关情况，不得提供虚假信息，不得拒绝或者阻碍人口普查工作。

第二十五条 人口普查对象应当在普查表上签字或者盖章确认，并对其内容的真实性负责。

第二十六条 普查人员应当坚持实事求是，恪守职业道德，拒绝、抵制人口普查工作中的违法行为。

普查机构和普查人员不得伪造、篡改普查资料，不得以任何方式要求任何单位和个人提供虚假的普查资料。

第二十七条 人口普查实行质量控制岗位责任制，普查机构应当对人口普查实施中的每个环节实行质量控制和检查，对人口普查数据进行审核、复查和验收。

第二十八条 国家统计局统一组织人口普查数据的事后质量抽查工作。

第四章 人口普查资料的管理和公布

第二十九条 地方各级普查机构应当按照普查方案的规定进行数据处理，并按时上报人口普查资料。

第三十条 人口普查汇总资料，除依法应当保密的外，应当予以公布。

全国和各省、自治区、直辖市主要人口普查数据，由国家统计局以公报形式公布。

地方人民政府统计机构公布本行政区域主要人口普查数据，应当报经上一级人民政府统计机构核准。

第三十一条 各级人民政府统计机构应当做好人口普查资料的管理、开发和应用，为社会公众提供查询、咨询等服务。

第三十二条 人口普查中获得的原始普查资料，按照国家有关规定保存、销毁。

第三十三条 人口普查中获得的能够识别或者推断单个普查对象身份的资料，任何单位和个人不得对外提供、泄露，不得作为对人口普查对象作出具体行政行为的依据，不得用于人口普查以外的目的。

人口普查数据不得作为对地方人民政府进行政绩考核和责任追究的依据。

第五章 法律责任

第三十四条 地方人民政府、政府统计机构或者有关部门、单位的负责人有下列行为之一的，由任免机关或者监察机关依法给予处分，并由县级以上人民政府统计机构予以通报；构成犯罪的，依法追究刑事责任：

（一）自行修改人口普查资料、编造虚假人口普查数据的；

（二）要求有关单位和个人伪造、篡改人口普查资料的；

（三）不按照国家有关规定保存、销毁人口普查资料的；

（四）违法公布人口普查资料的；

（五）对依法履行职责或者拒绝、抵制人口普查违法行为的普查人员打击报复的；

（六）对本地方、本部门、本单位发生的严重人口普查违法行为失察的。

第三十五条 普查机构在组织实施人口普查活动中有下列违法行为之一的，由本级人民政府或者上级人民政府统计机构责令改正，予以通报；对直接负责的主管人员和其他直接责任人员，由任免机关或者监察机关依法给予处分：

（一）不执行普查方案的；

（二）伪造、篡改人口普查资料的；

（三）要求人口普查对象提供不真实的人口普查资料的；

（四）未按照普查方案的规定报送人口普查资料的；

（五）违反国家有关规定，造成人口普查资料毁损、灭失的；

（六）泄露或者向他人提供能够识别或者推断单个普查对象身份的资料的。

普查人员有前款所列行为之一的，责令其停止执行人口普查任务，予以通报，依法给予处分。

第三十六条 人口普查对象拒绝提供人口普查所需的资料，或者提供不真实、不完整的人口普查资料的，由县级以上人民政府统计机构责令改正，予以批评教育。

人口普查对象阻碍普查机构和普查人员依法开展人口普查工作，构成违反治安管理行为的，由公安机关依法给予处罚。

第三十七条 县级以上人民政府统计机构应当设立举报电话和信箱，接受社会各界对人口普查违法行为的检举和监督。

第六章 附 则

第三十八条 中国人民解放军现役军人、人民武装警察等人员的普查内容和方法，由国家统计局会同国务院有关部门、军队有关部门规定。

交通极为不便地区的人口普查登记的时间和方法，由国家统计局会同国务院有关部门规定。

第三十九条 香港特别行政区、澳门特别行政区的人口数，按照香港特别行政区政府、澳门特别行政区政府公布的资料计算。

台湾地区的人口数，按照台湾地区有关主管部门公布的资料计算。

第四十条 为及时掌握人口发展变化情况，在两次人口普查之间进行全国1%人口抽样调查。全国1%人口抽样调查参照本条例执行。

第四十一条 本条例自2010年6月1日起施行。

第三部分 附录

附录 3 国务院关于开展第七次全国人口普查的通知

国务院关于开展第七次全国人口普查的通知

国发〔2019〕24号

各省、自治区、直辖市人民政府，国务院各部委、各直属机构：

根据《中华人民共和国统计法》和《全国人口普查条例》规定，国务院决定于2020年开展第七次全国人口普查。现将有关事项通知如下：

一、总体要求

（一）指导思想。以习近平新时代中国特色社会主义思想为指导，全面贯彻党的十九大和十九届二中、三中、四中全会精神，认真落实党中央、国务院关于统计改革发展的决策部署，坚持实事求是、改革创新，科学设计、精心组织，周密部署、依法实施，确保第七次全国人口普查数据真实准确，全面客观反映我国人口发展状况。

（二）普查目的。第七次全国人口普查是在中国特色社会主义进入新时代开展的重大国情国力调查，将全面查清我国人口数量、结构、分布、城乡住房等方面情况，为完善人口发展战略和政策体系，促进人口长期均衡发展，科学制定国民经济和社会发展规划，推动经济高质量发展，开启全面建设社会主义现代化国家新征程，向第二个百年奋斗目标进军，提供科学准确的统计信息支持。

二、普查对象、内容和时间

普查对象是普查标准时点在中华人民共和国境内的自然人以及在中华人民共和国境外但未定居的中国公民，不包括在中华人民共和国境内短期停留的境外人员。

普查主要调查人口和住户的基本情况，内容包括：姓名、公民身份号码、性别、年龄、民族、受教育程度、行业、职业、迁移流动、婚姻生育、死亡、住房情况等。

普查标准时点是2020年11月1日零时。

三、组织实施

第七次全国人口普查涉及范围广、参与部门多、技术要求高、工作难度大，各地区、各部门要按照“全国统一领导、部门分工协作、地方分级负责、各方共同参与”的原则，认真做好普查的宣传动员和组织实施工作。

为加强组织领导，国务院决定成立第七次全国人口普查领导小组，负责普查组织实施中重大问题的研究和决策。普查领导小组办公室设在国家统计局，具体负责普查的组织实施。各成员单位要按照职能分工，各负其责、通力协作、密切配合，共同做好普查工作。对普查工作中遇到的困难和问题，要及时采取措施予以解决。

地方各级人民政府要设立相应的普查领导小组及其办公室，认真做好本地区普查工作。要充分发挥街道办事处和乡镇政府、居民委员会和村民委员会的作用，广泛引导、动员和组织社会力量积极参与并认真配合做好普查工作。

地方普查机构可根据工作需要，招聘或者从有关单位借调符合条件的普查指导员和普查员。为稳定普查工作队伍，确保普查工作顺利进行，应及时支付招聘人员的劳动报酬，保证借调人员在原单位的工资、福利及其他待遇不变，并保留其原有工作岗位。

四、经费保障

第七次全国人口普查所需经费，由中央和地方各级人民政府共同负担，并列入相应年度的财政预算，按时拨付、确保到位。

五、工作要求

（一）坚持依法普查。各地区、各部门要按照《中华人民共和国统计法》、《中华人民共和国统计法实施条例》、《全国人口普查条例》等法律法规要求，认真做好普查各项工作。普查取得的数据，严格限定用于普查目的，不得作为任何部门和单位对各级行政管理工作实施考核、奖惩的依据。普查中获得的能够识别或者推断单个普查对象身份的资料，不得作为对普查对象实施处罚等具体行政行为的依据。

（二）确保数据质量。建立健全普查数据质量追溯和问责机制，各级人民政府统计机构要加大对普查工作中违纪违法行为的查处和通报曝光力度，坚决杜绝人为干扰普查工作的现象，确保普查工作顺利进行和普查数据真实准确。对普查中发现应当给予党纪政务处分或组织处理的统计违纪违法责任人，由统计机构按规定提出处分处理建议并及时移送任免机关、纪检监察机关或组织（人事）部门。

（三）提升信息化水平。采取电子化方式开展普查登记，探索使用智能手机采集数据。广泛应用部门行政记录，推进大数据在普查中的应用，提高普查数据采集处理效能。全流程加强对公民个人信息的保护，各级普查机构及其工作人员必须严格履行保密义务，严禁向任何机构、单位、个人泄露或出售公民个人信息。

（四）加强宣传工作。各级普查机构要会同宣传部门认真做好普查宣传的策划和组织工作。采用多种手段，广泛深入宣传第七次全国人口普查的重要意义和要求，引导广大普查对象依法配合普查，如实申报普查项目，为普查工作顺利实施创造良好舆论环境。

附件：国务院第七次全国人口普查领导小组组成人员名单（略）

国务院

2019 年 10 月 31 日

（此件公开发布）

第三部分 附录

附录 4 海南省人民政府关于开展第七次全国人口普查的通知

海南省人民政府关于开展第七次全国人口普查的通知

琼府〔2020〕5号

各市、县、自治县人民政府，省政府直属各单位：

根据《国务院关于开展第七次全国人口普查的通知》(国发〔2019〕24号)要求，第七次全国人口普查工作将于2020年开展。为切实落实好该项工作，现将有关事项通知如下：

一、总体要求

（一）指导思想。以习近平新时代中国特色社会主义思想为指导，全面贯彻落实党的十九大和十九届二中、三中、四中全会精神，认真贯彻落实党中央、国务院关于统计改革发展的决策部署，坚持改革创新、实事求是，坚持科学设计、精心组织，坚持周密部署、依法实施，以确保第七次全国人口普查数据真实准确，全面客观反映我省人口发展状况。

（二）普查目的。海南省第七次全国人口普查是在中国特色社会主义进入新时代开展的重大国情国力调查，将全面摸清我省人口数量、结构、分布、城乡住房等方面情况，为完善人口发展战略和政策体系，促进人口长期均衡发展，科学制定国民经济和社会发展规划，推进自由贸易区(港)建设，推动经济高质量发展，开启全面建设社会主义现代化国家新征程，向第二个百年奋斗目标迈进，提供科学准确统计信息支持。

二、普查对象、内容和时间

普查对象是普查标准时点在中华人民共和国境内的自然人以及在中华人民共和国境外但未定居的中国公民，不包括在中华人民共和国境内短期停留的境外人员。

查内容主要是调查人口和住户的基本情况，具体包括：姓名、公民身份号码、性别、年龄、民族、受教育程度、行业、职业、迁移流动、婚姻生育、死亡、住房情况等。

普查标准时点是2020年11月1日零时。

三、组织实施

第七次全国人口普查涉及范围广、参与部门多、技术要求高、工作难度大，各地区、各部门要按照“全国统一领导、部门分工协作、地方分级负责、各方共同参与”的原则，认真做好普查的宣传动员和组织实施工作。

为加强对该项工作的组织领导，省政府决定成立海南省第七次全国人口普查领导小组，负责我省普查组织实施中重大问题的研究和决策。普查领导小组办公室设在省统计局，具体负责普查的组织实施。各成员单位要按照职能分工，各负其责、通力协作、密切配合，共同做好普查工作。对普查工作中遇到的困难和问题，要及时采取措施予以解决。

地方各级人民政府要设立相应的普查领导小组及其办公室，认真做好本地区的普查工作。要充分发挥街道办事处和乡镇政府、居民委员会和村民委员会的作用，广泛引导、动员和组织社会力量积极参与并认真配合做好普查工作。

省级普查机构可以从成员单位中抽调人员组成省级普查小组办公室，集中办公，参与各项人口普查工作，时间从2020年至2022年，抽调期间由原单位按时发放工资补贴，职务、职级、工资待遇等保持不变，参与人口普查相关工作所产生的差旅费统一从人口普查经费中支出。地方普查机构可根据工作需要，招聘或者从有关单位借调符合条件的普查指导员和普查员。为稳定普查工作队伍，确保普查工作顺利进行，应及时支付招聘人员的劳动报酬，保证借调人员在原单位的工资、福利及其他待遇不变，并保留其原有工作岗位。

四、经费保障

我省人口普查所需经费，由各级财政分级负担，其中普查数据采集设备购置费及“两员”劳动报酬由市县财政负担，并列入相应年度的财政预算，按时拨付，确保到位。各级人口普查机构要加强对经费管理，厉行节约、专款专用。

五、工作要求

（一）坚持依法普查。各级各有关部门要按照《中华人民共和国统计法》、《中华人民共和国统计法实施条例》、《全国人口普查条例》等法律法规要求，认真做好普查各项工作。普查取得的数据，严格限定用于普查目的，不得作为任何部门和单位对各级行政管理工作实施考核、奖惩的依据。普查中获得的能够识别或者推断单个普查对象身份的资料，不得作为对普查对象实施处罚等具体行政行为的依据。

（二）确保数据质量。建立健全普查数据质量追溯和问责机制，各级人民政府统计机构要加大对普查工作中违纪违法行为的查处和通报曝光力度，坚决杜绝人为干扰普查工作的现象，确保普查工作顺利进行和普查数据真实准确。对普查中发现应当给予党纪政务处分或组织处理的统计违纪违法责任人，由统计机构按规定提出处分处理建议并及时移送任免机关、纪检监察机关或组织（人事）部门。

（三）提升信息化水平。采取电子化方式开展普查登记，使用 PAD 采集数据。广泛应用部门行政记录，推进大数据在普查中的应用，提高普查数据采集处理效能。全流程加强对公民个人信息的保护，各级普查机构及其工作人员必须严格履行保密义务，严禁向任何机构、单位、个人泄露或出售公民个人信息。

（四）加强宣传工作。各级普查机构要会同宣传部门认真做好普查宣传的策划和组织工作。采用多种手段，广泛深入宣传第七次全国人口普查的重要意义和要求，引导广大普查对象依法配合普查，如实申报普查项目，为普查工作顺利实施创造良好舆论环境。

附件：海南省人民政府第七次全国人口普查领导小组组成人员名单

海南省人民政府

2020 年 1 月 13 日

（此件公开发布）

附件

海南省第七次全国人口普查领导小组组成人员名单

组　长：毛超峰　省政府常务副省长

副组长：刘自更　省统计局局长

许　兰　省发展与改革委员会副主任

王利生　省自然资源和规划厅副厅长(正厅级)

王　锋　省卫生健康委员会一级巡视员

陈　华　省公安厅副厅长

许　毅　省住房和城乡建设厅副厅长

成　员：陈　莹　省委宣传部副部长

马绍卫　省委统战部二级巡视员

马　进　省委政法委一级巡视员

王建朝　省委网信办副主任

叶晓飞　省直机关工作委员会二级巡视员

汪黎明　省旅游和文化广电体育厅党组成员（副厅级）

赵英杰　省农业农村厅副厅长

甘　飞　省财政厅副厅长

李　璟　省人力资源和社会保障厅副厅长

黎岳南　省教育厅副厅长

陈文彬　省司法厅副厅长

许焕中　省民政厅副厅长

彭家典　省民族宗教事务委员会副主任

曾晓明　省外事办副主任

侯建民　省应急管理厅一级巡视员

王　瑜　省统计局副局长

周诗铜　省统计局一级巡视员

张绪明　省市场监督管理局二级巡视员

朱美莲　省机关事务管理局副局长

杨志勇　省政府研究室副主任

领导小组办公室主任由省统计局一级巡视员周诗铜兼任。

第三部分 附录

附录5 第七次全国人口普查方案

第七次全国人口普查方案

国家统计局
国务院第七次全国人口普查领导小组办公室

第一部分 总说明

根据《中华人民共和国统计法》《中华人民共和国统计法实施条例》《全国人口普查条例》和《国务院关于开展第七次全国人口普查的通知》，制定本方案。

一、普查目的

全面查清我国人口数量、结构、分布、城乡住房等方面情况，为完善人口发展战略和政策体系，促进人口长期均衡发展，科学制定国民经济和社会发展规划，推动经济高质量发展，开启全面建设社会主义现代化国家新征程，向第二个百年奋斗目标进军，提供科学准确的统计信息支持。

二、普查时点

普查的标准时点是2020年11月1日零时。

三、普查对象

普查对象是指普查标准时点在中华人民共和国境内的自然人以及在中华人民共和国境外但未定居的中国公民，不包括在中华人民共和国境内短期停留的境外人员。

四、普查内容和普查表

普查登记的主要内容包括：姓名、公民身份号码、性别、年龄、民族、受教育程度、行业、职业、迁移流动、婚姻生育、死亡、住房情况等。

根据不同的普查对象和普查内容，具体分为四种普查表。

（一）第七次全国人口普查短表

普查短表包括反映人口基本状况的项目，由全部住户（不包括港澳台居民和外籍人员）填报。

（二）第七次全国人口普查长表

普查长表包括所有短表项目和人口的经济活动、婚姻生育和住房等情况的项目，在全部住户中抽取10%的户（不包括港澳台居民和外籍人员）填报。

（三）第七次全国人口普查港澳台居民和外籍人员普查表

港澳台居民和外籍人员普查表包括反映人口基本状况的项目以及入境目的、居住时间、身份或国籍、就业情况等项目，由在境内居住的港澳台居民和外籍人员填报。

（四）第七次全国人口普查死亡人口调查表

死亡人口调查表包括死亡人口的基本信息，由2019年11月1日至2020年10月31日期间有死亡人口的户填报。

五、普查方法

普查采用全面调查的方法，以户为单位进行登记。

普查采用按现住地登记的原则，每个人必须在现住地进行登记。普查对象不在户口登记地居住的，户口登记地要登记相应信息。

普查登记采用普查员入户询问、当场填报，或由普查对象自主填报等方式进行。

普查数据采集原则上采用电子化的方式。采取普查员使用电子采集设备（PAD 或智能手机）登记普查对象信息并联网实时上报，或由普查对象通过互联网自主填报等方式进行。

普查员应按照工作要求，在户口整顿基础上对所负责普查小区进行全面摸底，掌握普查小区内的人口和居住情况，编制《户主姓名底册》，根据《户主姓名底册》进行入户登记工作，并参考部门行政记录等资料进行比对复查，确保普查登记真实准确、不重不漏。

六、普查数据处理

各级普查机构负责普查数据处理。国务院人口普查办公室统一编制数据采集、审核、编辑、汇总程序。

国务院人口普查办公室集中部署数据采集处理环境。各级普查机构应保障必要的数据处理办公环境和网络条件，采取必要的安全措施，确保数据处理工作安全、顺利地进行。

七、普查组织实施

（一）全国统一领导

国务院第七次全国人口普查领导小组负责普查组织实施中重大问题的研究和决策。普查领导小组办公室设在国家统计局，具体负责普查的组织实施。

（二）部门分工协作

领导小组各成员单位要按照职能分工，各负其责、通力协作、密切配合，共同做好普查工作。对普查工作中遇到的困难和问题，要及时采取措施予以解决。

（三）地方分级负责

地方各级人民政府设立相应的普查领导小组及其办公室，领导和组织实施本区域内的普查工作。村民委员会和居民委员会设立人口普查小组，协助街道办事处和乡镇政府动员和组织社会力量，做好本区域内的普查工作。

普查指导员和普查员可以从国家机关、社会团体、企业事业单位借调，也可以从村民委员会、居民委员会或者社会招聘。借调和招聘工作由县级人民政府负责。

（四）各方共同参与

国家机关、社会团体、企业事业单位应当按照《中华人民共和国统计法》《中华人民共和国统计法实施条例》和《全国人口普查条例》的规定，参与并配合普查工作。

八、普查质量控制

普查实行严格的质量控制制度，建立健全普查数据质量追溯和问责机制，确保普查数据可核查、可追溯、可问责。国务院人口普查办公室统一领导、统筹协调普查全过程质量控制的有关工作。地方各级普查机构主要负责人对本行政区域普查数据质量负总责，确保普查数据真实、准确、完整、及时。各级普查办公室必须严格执行各阶段工作要求，保证各阶段工作质量达到规定标准，确保普查工作质量与数据质量合格达标。

九、普查宣传

各级宣传部门和普查机构应制定宣传工作方案，深入开展普查宣传。

各级宣传部门应组织协调新闻媒体及有关部门，通过报刊、广播、电视、互联网、手机和户外广告等多种渠道，充分利用微博、微信、短视频等新媒体传播手段，宣传普查的重大意义、政策规定和工作要求，积极营造良好的普查氛围。

各级普查机构要组织开展形式多样的宣传活动，动员社会各界支持、参与普查。

十、普查法规与纪律要求

坚持依法普查，普查工作要严格按照《中华人民共和国统计法》《中华人民共和国统计法实施条例》《全国人口普查条例》《国务院关于开展第七次全国人口普查的通知》及相关规定组织开展。

普查对象应当依法履行普查义务，如实提供普查信息，不得虚报、瞒报、拒报。拒绝提供普查所需的资料，或者提供不真实、不完整的普查资料的，由县级以上人民政府统计机构责令改正，予以批评教育，情节严重的依法严肃处理。普查取得的数据，严格限定用于普查目的，不得作为任何部门和单位对各级行政管理工作实施考核、奖惩的依据。普查中获得的能够识别或者推断单个普查对象身份的资料，任何单位和个人不得对外提供、泄露，不得作为对普查对象实施处罚等具体行政行为的依据，不得用于普查以外的目的。各级普查机构及其工作人员，必须严格履行保密义务。

十一、普查主要工作阶段

普查工作分三个阶段进行：

一是准备阶段（2019 年 10 月—2020 年 10 月）。这一阶段的主要工作是：组建各级普查机构，制定普查方案和工作计划，进行普查试点，落实普查经费和物资，准备数据采集处理环境，开展普查宣传，选聘培训普查指导员和普查员，普查区域划分及绘图，进行户口整顿，开展摸底等。

二是普查登记阶段（2020 年 11 月—12 月）。这一阶段的主要工作是：普查员入户登记，进行比对复查，开展事后质量抽查等。

三是数据汇总和发布阶段（2020 年 12 月—2022 年 12 月）。这一阶段的主要工作是：数据处理、汇总、评估，发布主要数据公报，普查资料开发利用等。

十二、其他

（一）香港特别行政区、澳门特别行政区的人口数，按照香港特别行政区政府、澳门特别行政区政府公布的资料计算。

台湾地区的人口数，按照台湾地区有关主管部门公布的资料计算。

（二）因交通极为不便等特殊因素，需采用其他登记时间和方法的地区，须报请国务院人口普查办公室批准。

（三）对认真执行本方案，忠于职守，坚持原则，在普查工作中做出显著成绩的单位和个人，按照国家有关规定给予表彰奖励。

（四）本方案由国务院人口普查办公室负责解释。

第二部分　普查表式

第七次全国人口普查短表

经国务院批准进行第七次全国人口普查
人口普查的标准时点为2020年11月1日零时
人口普查的原始资料不向任何单位和个人提供，
仅供汇总使用
公民应履行如实申报普查项目的义务

表　　号：R　6　0　1　表
制定机关：国　家　统　计　局
　　　　　国务院人口普查办公室
批准文号：国发（2019）24号
有效期至：2021年3月

地址：_____省（区、市）_____市（地、州、盟）_____县（市、区、旗）_____乡（镇、街道）_____普查区_____普查小区_____户编号

一、住户项目

H1．户别

1．家庭户
2．集体户

H2．本户应登记人数

2020年10月31日晚居住本户的人数_____人
户口在本户，2020年10月31日晚未住本户的人数_____人

H3．本户2019年11月1日至2020年10月31日期间的出生人口

男_____人　女_____人

H4．本户2019年11月1日至2020年10月31日期间的死亡人口

男_____人　女_____人

H5．住所类型

1．普通住宅
2．集体住所
3．工作地住所
4．其他住房
5．无住房
（选择2—5的，跳至个人项目。）

H6．本户现住房建筑面积

_____平方米

H7．本户现住房间数

_____间

二、个人项目

每个人都填报的项目

D1．姓名

____

D2．与户主关系

0．户主

1．配偶

2．子女

3．父母

4．岳父母或公婆

5．祖父母

6．媳婿

7．孙子女

8．兄弟姐妹

9．其他

D3．公民身份号码

□□□□□□□□□□□□□□□□□□

D4．性别

1．男

2．女

D5．出生年月

出生于：_______年_______月

D6．民族

_______族

D7．普查时点（2020年11月1日零时）居住地

1．本普查小区

2．本村（居）委会其他普查小区

3．本乡（镇、街道）其他村（居）委会

4．本县（市、区、旗）其他乡（镇、街道）

5．其他县（市、区、旗），请在下面填写地址

______省（区、市）

______市（地、州、盟）

______县（市、区、旗）

6．香港特别行政区、澳门特别行政区、台湾地区

7．国外

D8．户口登记地

1．本村（居）委会

2．本乡（镇、街道）其他村（居）委会

3．本县（市、区、旗）其他乡（镇、街道）

4．其他县（市、区、旗），请在下面填写地址

______省（区、市）

______市（地、州、盟）

______县（市、区、旗）

5．户口待定→D11

D9．离开户口登记地时间

1．没有离开户口登记地→D11

2．不满半年

3．半年以上，不满一年

4．一年以上，不满二年

5．二年以上，不满三年

6．三年以上，不满四年

7．四年以上，不满五年

8．五年以上，不满十年

9．十年以上

D10．离开户口登记地原因

0．工作就业

1．学习培训

2．随同离开/投亲靠友

3．拆迁/搬家

4．寄挂户口

5．婚姻嫁娶

6．照料孙子女

7．为子女就学

8．养老/康养

9．其他

3周岁及以上（2017年10月31日以前出生）的人填报的项目

D11．受教育程度

1．未上过学

2．学前教育
3．小学
4．初中
5．高中
6．大学专科
7．大学本科
8．硕士研究生
9．博士研究生

15 周岁及以上（2005 年 10 月 31 日以前出生）的人填报的项目

D12．是否识字

1．是
2．否

第七次全国人口普查长表

经国务院批准进行第七次全国人口普查
人口普查的标准时点为2020年11月1日零时
人口普查的原始资料不向任何单位和个人提供，仅供汇总使用
公民应履行如实申报普查项目的义务

表　　号：R　6　0　2　表
制定机关：国　家　统　计　局
国务院人口普查办公室
批准文号：国发（2019）24号
有效期至：2　0　2　1　年　3　月

地址：_____省（区、市）_____市（地、州、盟）_____县（市、区、旗）_____乡（镇、街道）_____普查区_____普查小区_____户编号

一、住户项目

H1．户别

1．家庭户

2．集体户

H2．本户应登记人数

2020年10月31日晚居住本户的人数_____人

户口在本户，2020年10月31日晚未住本户的人数_____人

H3．本户2019年11月1日至2020年10月31日期间的出生人口

男_____人　女_____人

H4．本户2019年11月1日至2020年10月31日期间的死亡人口

男_____人　女_____人

H5．住所类型

1．普通住宅

2．集体住所

3．工作地住所

4．其他住房

5．无住房

（选择2—5的，跳至个人项目。）

H6．本户现住房建筑面积

_____平方米

H7．本户现住房间数

_____间

H8．住房所在建筑的总层数

1．平房
2．多层（7 层及以下）
3．高层（8—33 层）
4．超高层（34 层及以上）

H9．承重类型

1．钢及钢筋混凝土结构
2．混合结构
3．砖木结构
4．竹草土坯结构
5．其他结构

H10．住房建成年代

1．1949 年以前
2．1949—1959 年
3．1960—1969 年
4．1970—1979 年
5．1980—1989 年
6．1990—1999 年
7．2000—2009 年
8．2010—2014 年
9．2015 年以后

H11．住房所在建筑有无电梯

1．有
2．无

H12．主要炊事燃料

1．燃气
2．电
3．煤炭
4．柴草
5．其他

H13．住房内有无管道自来水

1．有
2．无

H14．住房内有无厨房

1．独立使用
2．与其他户合用

3．无

H15．住房内有无厕所

1．水冲式卫生厕所

2．水冲式非卫生厕所

3．卫生旱厕

4．普通旱厕

5．无

H16．住房内有无洗澡设施

1．统一供热水

2．家庭自装热水器

3．其他

4．无

H17．住房来源

1．租赁廉租房/公租房

2．租赁其他住房

3．购买新建商品房

4．购买二手房

5．购买原公有住房

6．购买经济适用房/两限房

7．自建住房

8．继承或赠予

9．其他

（选择 3—9 的，跳至 H19。）

H18．月租房费用

0．200 元以下

1．200—499 元

2．500—999 元

3．1000—1999 元

4．2000—2999 元

5．3000—3999 元

6．4000—5999 元

7．6000—7999 元

8．8000—9999 元

9．10000 元以上

H19．拥有全部家用汽车的总价

1．不满 10 万元

2．10 万元以上，不满 20 万元

3．20万元以上，不满30万元
4．30万元以上，不满50万元
5．50万元以上，不满100万元
6．100万元以上
7．没有汽车

二、个人项目

每个人都填报的项目

C1．姓名

______

C2．与户主关系

0．户主
1．配偶
2．子女
3．父母
4．岳父母或公婆
5．祖父母
6．媳婿
7．孙子女
8．兄弟姐妹
9．其他

C3．公民身份号码

□□□□□□□□□□□□□□□□□□

C4．性别

1．男
2．女

C5．出生年月

出生于：______年______月

C6．民族

______族

C7．普查时点（2020年11月1日零时）居住地

1．本普查小区
2．本村（居）委会其他普查小区
3．本乡（镇、街道）其他村（居）委会
4．本县（市、区、旗）其他乡（镇、街道）

5．其他县（市、区、旗），请在下面填写地址
_______省（区、市）
_______市（地、州、盟）
_______县（市、区、旗）
6．香港特别行政区、澳门特别行政区、台湾地区
7．国外

C8．户口登记地
1．本村（居）委会
2．本乡（镇、街道）其他村（居）委会
3．本县（市、区、旗）其他乡（镇、街道）
4．其他县（市、区、旗），请在下面填写地址
_______省（区、市）
_______市（地、州、盟）
_______县（市、区、旗）
5．户口待定→C12

C9．离开户口登记地时间
1．没有离开户口登记地→C12
2．不满半年
3．半年以上，不满一年
4．一年以上，不满二年
5．二年以上，不满三年
6．三年以上，不满四年
7．四年以上，不满五年
8．五年以上，不满十年
9．十年以上

C10．离开户口登记地原因
0．工作就业
1．学习培训
2．随同离开/投亲靠友
3．拆迁/搬家
4．寄挂户口
5．婚姻嫁娶
6．照料孙子女
7．为子女就学
8．养老/康养
9．其他

C11．户口登记地类型
1．乡

2．镇的村委会
3．镇的居委会
4．街道

C12．是否有农村土地承包经营权
1．有
2．无

C13．出生地
1．本县（市、区、旗）
2．本省其他县（市、区、旗）
3．省外：______省（区、市）

5周岁及以上（2015年10月31日以前出生）的人填报的项目
C14．五年前常住地
2015年11月1日常住地：
1．本县（市、区、旗）
2．其他地区，请在下面填写地址
_____省（区、市）
_____市（地、州、盟）
_____县（市、区、旗）

3周岁及以上（2017年10月31日以前出生）的人填报的项目
C15．受教育程度
1．未上过学→C17
2．学前教育→C17
3．小学
4．初中
5．高中
6．大学专科
7．大学本科
8．硕士研究生
9．博士研究生

C16．学业完成情况
1．在校
2．毕业
3．肄业
4．辍学
5．其他

15 周岁及以上（2005 年 10 月 31 日以前出生）的人填报的项目

C17．是否识字

1．是

2．否

C18．工作情况

10 月 25—31 日是否为取得收入而工作了一小时以上（包括临时工、依托互联网平台灵活就业、家庭经营无酬帮工等）

1．是，上周工作时间______小时

2．在职休假、在职学习培训、临时停工（保留工资）

3．未做任何工作→C22

C19．工作单位或生产经营活动所属类型

1．企业、事业、机关或社会团体等法人单位

2．个体经营户

3．经营农村家庭承包地（家庭农林牧渔生产经营活动）

4．自由职业/灵活就业

C20．行业

单位详细名称：________________________

主要产品或主要业务：________________________

C21．职业

本人从事的具体工作：________________________→C23

C22．未工作原因

1．在校学习

2．离退休

3．料理家务

4．丧失工作能力

5．其他

C23．主要生活来源

1．劳动收入

2．离退休金/养老金

3．最低生活保障金

4．失业保险金

5．财产性收入

6．家庭其他成员供养

7．其他

C24．婚姻状况

1．未婚→C28

2．有配偶

3．离婚

4．丧偶

C25．初婚年月

________年________月

15 至 64 周岁（1955 年 11 月 1 日—2005 年 10 月 31 日出生）的妇女填报的项目

C26．生育子女数

1．未生育→C28

2．有生育（请填报生育的子女数）

生过几个孩子：

男________人

女________人

其中现在存活几个孩子：

男________人

女________人

15 至 50 周岁（1969 年 11 月 1 日—2005 年 10 月 31 日出生）的妇女填报的项目

C27．过去一年（2019 年 11 月 1 日—2020 年 10 月 31 日）的生育状况

1．一年内未生育（结束）

2．一年内有生育（请填报生育时间和孩子性别）

生育时间：

____月

婴儿性别：

1．男

2．女

一年内生育两个以上孩子的，请填报第二个孩子的状况。

生育时间：

____月

婴儿性别：

1．男

2．女

60 周岁及以上（1960 年 10 月 31 日以前出生）的人填报的项目

C28．居住状况

1．与配偶和子女同住

2．与配偶同住

3．与子女同住

4．独居（有保姆）

5．独居（无保姆）

6．养老机构

7．其他

C29．身体健康状况

1．健康

2．基本健康

3．不健康，但生活能自理

4．不健康，生活不能自理

第七次全国人口普查港澳台居民和外籍人员普查表

The Seventh National Population Census Form for Residents from Hong Kong, Macao, Taiwan and from Foreign Countries

中国政府决定进行第七次全国人口普查人口普查标准时点为2020年11月1日零时我们将对您在普查表中填写的信息给予保密，敬请合作。

The Government of China has decided to conduct the 7th National Population Census, with zero hour on 1 November 2020 as the reference time.
Information provided will be kept confidential.
Your cooperation is highly appreciated.

表号：R603表
制定机关：国家统计局
国务院人口普查办公室
批准文号：国发〔2019〕24号
有效期至：2021年3月
Form number: R603
Form issued by: National Bureau of Statistics
Office of the State Council for the Seventh National Population Census
Approval number: 〔2019〕24
Valid until: March 2021

地址 Address：

_____省（区、市）Province

_____市（地、州、盟）City (prefecture)

_____县（市、区、旗）County (city, district)

_____乡（镇、街道）Town (township, street)

_____普查区 Enumeration area (village/community committee)

_____普查小区 Enumeration block

_____户编号 Household number

一、住户项目

Household Information

F1. 户别

Type of household

1. 家庭户 Family household
2. 集体户 Collective household

F2. 住所类型

Type of dwelling

1. 普通住宅 Conventional dwellings
2. 集体住所 Collective living quarters
3. 工作地住所 Living in work places
4. 其他住房 Other dwellings
5. 无住房 With no dwellings

（选择2—5的，跳至个人项目。）

(If the answer is 2-5, then skip to ‘Individual Information’.)

F3. 本户现住房建筑面积

Floor space for this household

_____平方米 m^2

F4. 本户现住房间数

Number of rooms for this household

_____间 rooms

二、个人项目

Individual Information

R1. 姓名 Full name

____

R2. 与户主关系

Relationship with head of household

0. 户主 Head of household
1. 配偶 Spouse
2. 子女 Son or daughter
3. 父母 Parent
4. 岳父母或公婆 Parent-in-law
5. 祖父母 Grandparent
6. 媳婿 Son-in-law or daughter-in-law
7. 孙子女 Grandchild
8. 兄弟姐妹 Brother or sister
9. 其他 Other relationship

R3. 性别

Sex

1. 男 Male
2. 女 Female

R4. 出生年月

Date of birth

出生于 Born in：________年 year________月 month

R5. 来内地（大陆）或来华目的

Purpose for stay in the mainland of China

1. 商务 Business
2. 就业 Work
3. 学习 Study
4. 定居 Residence
5. 探亲 Visiting relatives

6. 其他 Others

R6. 已在内地（大陆）或在华居住时间

Duration of stay in the mainland of China

1. 不满三个月 Less than 3 months
2. 三个月以上，不满半年 3 months to less than 6 months
3. 半年以上，不满一年 6 months to less than 12 months
4. 一年以上，不满二年 1 year to less than 2 years
5. 二年以上，不满五年 2 years to less than 5 years
6. 五年以上 5 years or more

R7. 受教育程度

3 周岁及以上（2017 年 10 月 31 日以前出生）的人填报

Educational attainment

For persons aged 3 and over（Born before 31st Oct. 2017）

1. 未上过学 No schooling
2. 学前教育 Pre-primary education
3. 小学 Primary education
4. 初中 Junior secondary education
5. 高中 Senior secondary education
6. 大学专科 College
7. 大学本科 University
8. 硕士研究生 Master
9. 博士研究生 Doctor

R8. 身份或国籍

Citizenship

1. 香港特别行政区居民 Hong Kong SAR resident
2. 澳门特别行政区居民 Macao SAR resident
3. 台湾地区居民 Taiwan resident
4. 外国人 Foreigner：国籍 Country_______（结束）(End)

15 周岁及以上（2005 年 10 月 31 日以前出生）港澳台居民填报的项目

For persons aged 15 and over (Born before 31st Oct. 2005) from Hong Kong, Macao and Taiwan

R9. 工作情况

10 月 25—31 日是否为取得收入而工作了一小时以上

1．是

2．在职休假、在职学习培训、临时停工（保留工资）

3．未做任何工作→R12

R10．行业

1．农、林、牧、渔业

2．采矿业
3．制造业
4．电力、热力、燃气及水生产和供应业
5．建筑业
6．批发和零售业
7．交通运输、仓储和邮政业
8．住宿和餐饮业
9．信息传输、软件和信息技术服务业
10．金融业
11．房地产业
12．租赁和商务服务业
13．科学研究和技术服务业
14．水利、环境和公共设施管理业
15．居民服务、修理和其他服务业
16．教育
17．卫生和社会工作
18．文化、体育和娱乐业
19．公共管理、社会保障和社会组织
20．国际组织

R11．职业

1．党的机关、国家机关、群众团体和社会组织、企事业单位负责人
2．专业技术人员
3．办事人员和有关人员
4．社会生产服务和生活服务人员
5．农、林、牧、渔业生产及辅助人员
6．生产制造及有关人员
7．不便分类的其他从业人员

R12．婚姻状况

1．未婚
2．有配偶
3．离婚
4．丧偶

第七次全国人口普查死亡人口调查表

（2019年11月1日至2020年10月31日死亡的人口登记）

经国务院批准进行第七次全国人口普查
人口普查的标准时点为2020年11月1日零时
人口普查的原始资料不向任何单位和个人提供，仅供汇总使用
公民应履行如实申报普查项目的义务

表　　号：R　6　0　4　表
制定机关：国　家　统　计　局
国务院人口普查办公室
批准文号：国发（2019）24号
有效期至：2021年3月

地址：_____省（区、市）_____市（地、州、盟）_____县（市、区、旗）_____乡（镇、街道）_____普查区_____普查小区_____户编号

每个死亡人口都登记的项目

S1．姓名

______

S2．公民身份号码

□□□□□□□□□□□□□□□□□□

S3．性别

1．男

2．女

S4．出生年月

出生于：______年______月

S5．死亡时间

死亡于：______月

S6．民族

______族

死亡时满3周岁的人登记的项目

S7．受教育程度

1．未上过学

2．学前教育

3．小学

4．初中

5．高中

6．大学专科

7．大学本科

8．硕士研究生

9．博士研究生

死亡时满 15 周岁的人登记的项目

S8．婚姻状况

1．未婚

2．有配偶

3．离婚

4．丧偶

第三部分　普查表填写说明

一、普查表的种类

第七次全国人口普查表分为《第七次全国人口普查短表》《第七次全国人口普查长表》《第七次全国人口普查港澳台居民和外籍人员普查表》和《第七次全国人口普查死亡人口调查表》四种表。

二、标准时点

第七次全国人口普查的标准时点为2020年11月1日零时。

普查员在掌握普查标准时点时，应注意以下两点：

（一）2020年11月1日零时以后出生的人不登记；2020年11月1日零时以后死亡的人仍要在普查短表中登记。

（二）2020年11月1日零时以后居住地发生变化的人，仍在原居住地登记。

三、普查对象

普查对象是指普查标准时点在中华人民共和国境内的自然人以及在中华人民共和国境外但未定居的中国公民，不包括在中华人民共和国境内短期停留的境外人员。

（一）普查短表和普查长表的普查对象具体是指2020年10月31日晚住本普查小区的人，以及户口登记在本普查小区但2020年10月31日晚未住本普查小区的人。

1.2020年10月31日晚住本普查小区的人，无论其户口登记在何处。

2.户口登记在本普查小区，但2020年10月31日晚未住本普查小区的人，无论其外出时间长短、外出原因如何。

（二）港澳台居民和外籍人员普查表的普查对象具体是指2020年10月31日晚住本普查小区的港澳台居民和外籍人员。

（三）死亡人口调查表的登记对象具体是指2019年11月1日至2020年10月31日期间本普查小区的死亡人口。

四、登记原则

人口普查采用按现住地登记的原则，每个人必须在现住地进行登记。普查对象不在户口登记地居住的，户口登记地要登记相应信息。

人口普查以户为单位进行登记，户分为家庭户和集体户。集体户以一个住房单元为一户进行普查登记。

为便于理解登记对象，并考虑到普查中可能遇到的特殊情况，普查员在入户登记时可采取以下方式询问住户：

应在您家普查登记的人包括：

•2020年10月31日晚住在您家里的人。

•经常居住在您家，由于临时出差、探亲、旅游或值夜班等原因，2020年10月31日晚未住在您家的人（视为2020年10月31日晚住在您家）。

•幼儿园全托孩子，小学、初中住校生（视为2020年10月31日晚住在您家）。

•户口登记在现住房地址的其他人。

不包括：

•现役军人和武警。

•由于临时出差、探亲、旅游等原因，2020 年 10 月 31 日晚暂住在您家的人。

•2020 年 11 月 1 日零时以后出生的人。

五、普查项目

（一）普查短表

按户填报的项目有：户别、本户应登记人数、本户 2019 年 11 月 1 日至 2020 年 10 月 31 日期间的出生人口、本户 2019 年 11 月 1 日至 2020 年 10 月 31 日期间的死亡人口、住所类型、本户现住房建筑面积、本户现住房间数。

按人填报的项目有：姓名、与户主关系、公民身份号码、性别、出生年月、民族、普查时点（2020 年 11 月 1 日零时）居住地、户口登记地、离开户口登记地时间、离开户口登记地原因、受教育程度、是否识字。

（二）普查长表

按户填报的项目有：户别、本户应登记人数、本户 2019 年 11 月 1 日至 2020 年 10 月 31 日期间的出生人口、本户 2019 年 11 月 1 日至 2020 年 10 月 31 日期间的死亡人口、住所类型、本户现住房建筑面积、本户现住房间数、住房所在建筑的总层数、承重类型、住房建成年代、住房所在建筑有无电梯、主要炊事燃料、住房内有无管道自来水、住房内有无厨房、住房内有无厕所、住房内有无洗澡设施、住房来源、月租房费用、拥有全部家用汽车的总价。

按人填报的项目有：姓名、与户主关系、公民身份号码、性别、出生年月、民族、普查时点（2020 年 11 月 1 日零时）居住地、户口登记地、离开户口登记地时间、离开户口登记地原因、户口登记地类型、是否有农村土地承包经营权、出生地、五年前常住地、受教育程度、学业完成情况、是否识字、工作情况、经常工作单位或生产经营活动所属类型、行业、职业、未工作原因、主要生活来源、婚姻状况、初婚年月、生育子女数、过去一年（2019 年 11 月 1 日—2020 年 10 月 31 日）的生育状况、居住状况、身体健康状况。

（三）港澳台居民和外籍人员普查表

按户填报的项目有：户别、住所类型、本户现住房建筑面积、本户现住房间数。

按人填报的项目有：姓名、与户主关系、性别、出生年月、来内地（大陆）或来华目的、已在内地（大陆）或在华居住时间、受教育程度、身份或国籍、工作情况、行业、职业、婚姻状况。

（四）死亡人口调查表

填报的项目有：姓名、公民身份号码、性别、出生年月、死亡时间、民族、受教育程度、婚姻状况。

六、普查表的填写方法

（一）普查表以户为单位进行登记。普查短表、死亡人口调查表采用普查员入户询问、当场填报，或由普查对象通过互联网自主填报等方式进行。普查长表、港澳台居民和外籍人员普查表采用普查指导员和普查员入户询问、当场填报的登记方式。

（二）普查小区中的每一户有且只有一个户编号，为“001”开始的 3 位顺序码，在《户主姓名底册》编制完成后自动生成，普查表上的户编号与其一致，不可修改。

（三）普查表的填写顺序：先填写住户项目，再逐人填写个人项目。

普查员填写普查短表时，填写按人登记的项目时，表内第一人应填户主，然后依次填户主的配偶和其他关系的人。全户死亡的户，只填写“H4.本户 2019 年 11 月 1 日至 2020 年 10 月 31 日期间的死亡人口”，其他住户项目和个人项目均不再登记。

普查员填写普查长表时，与普查短表相同的项目直接代入短表信息，经向普查对象核实确认后，再填报其他项目。

（四）普查表每户最多可以填写 20 人。对于超过 20 人的大集体户，可酌情分成若干集体户填写。

（五）有标准选项的项目，根据实际情况选填，并且每个问题只能选择一个标准选项。民族、普查时点（2020 年 11 月 1 日零时）居住地、户口登记地、出生地、五年前常住地等项目可根据列表栏进行选择。没有标准选项的项目，用文字或阿拉伯数字据情填报。

（六）如果填写错误或发生逻辑关系异常，数据采集程序会给出审核提示。审核类型分为强制性审核和确认性审核，若为强制性审核错误，必须根据提示信息对错误项目进行修改；若为确认性审核提示，应根据提示信息对异常项目进行核实，确认无误后，继续进行填报。

（七）普查员每填完一户，应即刻进行审核，将通过审核的信息向申报人当面宣读，核对无误后，由申报人签字确认。

第四部分　指标解释

一、普查短表

（一）住户项目

H1.户别——按家庭户、集体户的类别填报。

1.家庭户：以家庭成员关系为主，居住一处共同生活的人口，作为一个家庭户。单身居住独自生活的，也作为一个家庭户。

2.集体户：相互之间没有家庭成员关系，集体居住共同生活的人口作为一个集体户。

H2.本户应登记人数——包括两个部分。一部分是 2020 年 10 月 31 日晚居住本户的人数，既包括户口在本户、2020 年 10 月 31 日晚居住本户的人数，也包括户口不在本户、2020 年 10 月 31 日晚居住本户的人数，填写 H2 的第一项；另一部分是户口在本户，2020 年 10 月 31 日晚未居住本户的人数，填写 H2 的第二项。

H3.本户 2019 年 11 月 1 日至 2020 年 10 月 31 日期间的出生人口——填写本户在 2019 年 11 月 1 日至 2020 年 10 月 31 日期间出生的人数。分别填写男、女的合计数。若本户在此期间没有出生人口，请填写“0”。

H4.本户 2019 年 11 月 1 日至 2020 年 10 月 31 日期间的死亡人口——填写本户在 2019 年 11 月 1 日至 2020 年 10 月 31 日期间死亡的人数。分别填写男、女的合计数。若本户在此期间没有死亡人口，请填写“0”。

填写 H3、H4 时应注意：

不要漏掉出生时有某种生命现象（如在胎儿脱离母体时，有呼吸或心跳，脐带搏动、随意肌收缩等）不久即死亡的婴儿，既要填写出生人数，也要填写死亡人数。

H5.住所类型——按居住的住所类型填报。

1.普通住宅：指人工建造的，有墙、顶、门、窗等结构，具有独立入口，专门供人居住的房屋或场所。如单元房、平房、四合院、独栋别墅、筒子楼、窑洞等传统意义上的住宅。

2.集体住所：指学生宿舍、职工宿舍、工棚、养老院、福利院、宗教场所等。

3.工作地住所：指居住在办公楼、发廊、商铺、餐馆等工作场所。

4.其他住房：指居住在上述场所以外的其他房屋或场所。

5.无住房：指本户没有住房，居无定所（如流动人口中那些睡在桥下、公园、车站或睡在运载货物、商品车辆上的人等）。

H6.本户现住房建筑面积——本户现住房的建筑面积以房屋所有权证（不动产权证）或租赁凭证上的相关信息为准。

若只知道使用面积的，可用使用面积乘以 1.33，换算成建筑面积。填写本项目时应注意：

1.在租借房屋居住的户，按租借住房的实际情况填写其住房建筑面积。

2.合住在同一所住房里的住户，其建筑面积为各户所独立使用的房间面积加上公共使用面积（包括厨房、厕所、门厅、阳台等）的分摊部分：两户合住的，各按二分之一计算；三户合住的，各按三分之一计算，依此类推。

3.建筑面积应填写整数，不为整数时四舍五入获得。

H7.本户现住房间数——指除厨房、厕所、过道和厅以外的所有自然间数（包括扩建的房间）。填写本项目时应注意：

1.在租借房屋居住的户，按租借住房的实际居住情况填写其住房间数。

2.合住同一所住房的，在填写住房间数时，填写其独立使用的房间数。

（二）个人项目

D1.姓名——填写被登记人的正式姓名。没有正式姓名的可填小名或某某氏，但不能填笔名、代号等。婴儿未起名的，可填“未取名”。

D2.与户主关系——指被登记人与本户户主的关系。申报人不是户主的，不要将被登记人与申报人的关系错填为与户主的关系。

0.户主：按家庭日常生活习惯确定户主。

1.配偶：指户主的妻子或丈夫。

2.子女：指户主的子女。

3.父母：指户主的父母或继父母、养父母。

4.岳父母或公婆：指户主配偶的父母或继父母、养父母。

5.祖父母：指户主或配偶的祖父母、外祖父母、曾祖父母、外曾祖父母。

6.媳婿：指户主子女的配偶。

7.孙子女：指户主的孙子女、外孙子女、孙媳婿、外孙媳婿、重孙子女、重孙媳婿、重外孙子女、重外孙媳婿。

8.兄弟姐妹：指户主及其配偶的兄弟姐妹以及他们的配偶。

9.其他：指以上九种人以外的成员。

在登记家庭户时，户主应登记为第一人，选填“0.户主”。如果户主的配偶也在本户登记，应登记为第二人，选填“1.配偶”，然后再登记该户的其他成员；如果户主没有配偶，或户主配偶不在本户登记，第二人登记本户其他成员。

在登记集体户时，任选一人登记为户主，选填“0.户主”，本户其他成员与户主关系一律登记为其他，选填“9.其他”。

D3.公民身份号码——指18位公民身份号码。无公民身份号码的填写18位0。

D4.性别——指被登记人的性别。

D5.出生年月——指被登记人的出生年、月。

出生年月按公历填写，只知道农历的，要换算成公历。按照一般的规律，农历的月份与公历的月份相差一个月左右，换算时农历的月份加1即可作为公历的月份，但要注意农历的12月应当是公历下一年的1月。

D6.民族——指被登记人的民族。

外国人加入中国籍，其民族和我国的某一民族相同的，就选填某一民族；没有相同民族的，按外国人加入中国籍填写，选填“入籍”。

D7.普查时点（2020年11月1日零时）居住地——指被登记人在普查标准时点居住的地址。

1.本普查小区：指普查时点居住在本普查小区的人。如果本户在本普查小区拥有一套以上的住房，可确定其中一处进行登记。

2.本村（居）委会其他普查小区：指户口登记地在本普查小区，普查时点居住在本村（居）委会其他普查小区的人。

3.本乡（镇、街道）其他村（居）委会：指户口登记地在本普查小区，普查时点居住在本乡（镇、街道）其他村（居）委会的人。

4.本县（市、区、旗）其他乡（镇、街道）：指户口登记地在本普查小区，普查时点居住在本县（市、区、旗）的其他乡（镇、街道）的人。

5.其他县（市、区、旗）：指户口登记地在本普查小区，普查时点居住在本县（市、区、旗）以外地区的人。填报本选项的人还需选填普查时点居住地所在省（区、市）、市（地、州、盟）、县（市、区、旗）

的具体名称。

6.香港特别行政区、澳门特别行政区、台湾地区：指户口登记地在本户，普查时点居住在香港特别行政区、澳门特别行政区、台湾地区的人。

7.国外：指户口登记地在本户，普查时点居住在国外的人。

D8.户口登记地——指被登记人的居民户口簿上的地址。

1.本村（居）委会：指户口登记地在本村（居）委会的人。

2.本乡（镇、街道）其他村（居）委会：指普查时点居住本普查小区，户口登记地在本乡（镇、街道）其他村（居）委会的人。

3.本县（市、区、旗）其他乡（镇、街道）：指普查时点居住本普查小区，户口登记地在本县（市、区、旗）的其他乡（镇、街道）的人。

4.其他县（市、区、旗）：指普查时点居住本普查小区，户口登记地在本县（市、区、旗）以外地区的人。填报本选项的人还需填写户口登记地所在省（区、市）、市（地、州、盟）、县（市、区、旗）的具体名称。

5.户口待定：指普查时点居住本普查小区，在任何地方都没有登记户口的人。包括手持户口迁移证、出生证、退伍证等情况。

D9.离开户口登记地时间——指到普查标准时点为止，被登记人离开户口登记地（居住地与户口登记地不一致）的时间。

没有离开户口登记地是指户口登记地在本村（居）委会，普查标准时点居住在本普查小区或本村（居）委会其他普查小区。

若常年外出的人由于农忙、节假日等原因偶尔回家的，或回家后因疫情原因推迟外出的，还应该从第一次离开户口登记地的时间开始计算。

D10.离开户口登记地原因——指被登记人离开户口登记地（居住地与户口登记地不一致）的原因。

0.工作就业：指十五周岁及以上因务工经商、工作招聘、调动等原因离开户口登记地的人。

1.学习培训：指六周岁及以上因考入各级各类学校或参加各种学习班、培训班而离开户口登记地的人。

2.随同离开/投亲靠友：指因跟随亲属、投亲靠友而离开户口登记地的人。

3.拆迁/搬家：指因房屋拆迁、改造或者搬家而离开户口登记地的人。

4.寄挂户口：指户口落在集体户或没有在户口登记地居住过、只落户口的人。

5.婚姻嫁娶：指十五周岁及以上因结婚而离开户口登记地的人。

6.照料孙子女：指为照料孙子女而离开户口登记地的人。

7.为子女就学：指为子女就学而离开户口登记地的人。

8.养老/康养：指因旅游（度假）养老/康养、候鸟式养老/康养、回籍贯地养老/康养、居住在养老院而离开户口登记地的人，不包括跟随子女养老。

9.其他：指上述几种以外的原因。

凡具有两种以上原因的，按其主要的原因选填一个标准选项。

D11.受教育程度——指按照国家教育体制，被登记人接受教育的情况。通过自学或成人学历教育经国家统一考试合格的，分别归入相应的受教育程度。

1.未上过学：指从未接受过各级各类学校教育。包括参加过各种扫盲班或成人识字班学习，且以后再没有接受过各级各类学校教育的人。

2.学前教育：指仅接受过或正在接受专门学前教育机构教育，即在幼儿园或附设幼儿班接受保育和教育。

3.小学：指接受的最高一级教育为小学，无论其是否在校、毕业、肄业或辍学。

4.初中：指接受的最高一级教育为初中，无论其是否在校、毕业、肄业或辍学。

5.高中：指接受的最高一级教育为普通高中、成人高中和中等职业学校，无论其是否在校、毕业、肄业或辍学。

6.大学专科：指接受的最高一级教育为大学专科。在普通高等学校学习大学专科的，无论其是否在校、毕业、肄业或辍学，都填报此项。

凡国家授权承认学历的开放大学、广播电视大学、职工大学等成人高校和普通高等学校举办的函授大学、夜大学和其他形式的大学，按教育部颁布的大学专科教学大纲进行授课的，其毕业生选填此项；其肄业生、在校生按原有受教育程度填报。含成人专科和网络专科。

通过自学，经国家统一举办的自学考试合格，并取得大学专科毕业证书的，也选填此项。

7.大学本科：指接受的最高一级教育为大学本科。在普通高等学校学习大学本科的，无论其是否在校、毕业、肄业或辍学，都填报此项。

凡国家授权承认学历的开放大学、广播电视大学、职工大学等成人高校和普通高等学校举办的函授大学、夜大学和其他形式的大学，按教育部颁布的大学本科教学大纲进行授课的，其毕业生选填此项；其肄业生、在校生按原有受教育程度填报。含成人本科和网络本科。

通过自学和进修大学课程，经考试合格，并取得大学本科毕业证书的，也选填此项。

8.硕士研究生：指接受的最高一级教育为硕士研究生，无论其是否在校、毕业、肄业或辍学。含 2016 年 12 月 1 日以后录取的非全日制硕士研究生。

在职接受硕士研究生教育的，其毕业生选填此项；肄业生和在校生按原有受教育程度填报。

9.博士研究生：指接受的最高一级教育为博士研究生，无论其是否在校、毕业、肄业或辍学。含 2016 年 12 月 1 日以后录取的非全日制博士研究生。

在职接受博士研究生教育的，其毕业生选填此项；肄业生和在校生按原有受教育程度填报。

凡是没有按教育部的教学大纲培养或只学单科的人，不能填报“大学专科”“大学本科”“硕士研究生”或“博士研究生”，一律按原有受教育程度填报。

D12.是否识字：指被登记人是否达到国家规定的脱盲标准（城镇居民和企、事业单位职工识字 2000 个，农村居民识字 1500 个）。登记时可询问，日常生活中是否能读懂简单的书信或书写简短的句子。如果能阅读通俗书报、能写便条就认为具有识字能力。

二、普查长表

（一）住户项目

H1.户别——与短表 H1 相同。

H2.本户应登记人数——与短表 H2 相同。

H3.本户 2019 年 11 月 1 日至 2020 年 10 月 31 日期间的出生人口——与短表 H3 相同。

H4.本户 2019 年 11 月 1 日至 2020 年 10 月 31 日期间的死亡人口——与短表 H4 相同。

H5.住所类型——与短表 H5 相同。

H6.本户现住房建筑面积——与短表 H6 相同。

H7.本户现住房间数——与短表 H7 相同。

H8.住房所在建筑的总层数——层数是指建筑物的自然层数，一般按室内地坪以上计算。

采光窗在室外地坪以上的半地下室，其室内层高在 2.20m 以上（不含 2.20m）的，计算自然层数；假层、附层（夹层）、插层、阁楼（暗楼）、装饰性塔楼，以及突出屋面的楼梯间、水箱间不计层数。

其中，平房是指只有一层的房子。

H9.承重类型——指在房屋建筑中，由各种构件（屋架、梁、板、柱等）组成的能够承受各种作用的体系。

1.钢及钢筋混凝土结构：指承重的主要构件是用钢及钢筋混凝土建造的。它包括“钢结构”“钢、钢筋混凝土”和“钢筋混凝土”三种结构类型。

钢结构：承重的主要构件是钢材料建成的，包括悬索结构。

钢、钢筋混凝土结构：承重的主要构件是用钢、钢筋混凝土建造的。如一幢房屋一部分梁柱采用钢、钢筋混凝土构架建成。

钢筋混凝土结构：承重的主要构件是用钢筋混凝土建造的。包括薄壳结构、大模板现浇结构及使用滑模、升板等建造的钢筋混凝土结构的建筑物。

2.混合结构：指承重的主要构件是用钢筋混凝土和砖木建造的。如一幢房屋的梁是用钢筋混凝土制成，以砖墙为承重墙，或者梁是用木材建造，柱是用钢筋混凝土建造。

3.砖木结构：指承重的主要构件是用砖、木材建造的。如一幢房屋是木制房架、砖墙、木柱建成的。

4.竹草土坯结构：指承重的主要构件是用竹、草、土坯等建造的。如竹楼、土窑洞等。

5.其他结构：指不属于上述类型的结构。

H10.住房建成年代——指本户住房所属建筑物的建成年份。

本户住房所属建筑物翻修过的，按翻修时的年份选填。经过改建的，如改建面积大于原面积的，按改建时的年份选填；如改建面积小于原面积的，按原建成年份选填。

H11.住房所在建筑有无电梯——指本户住房所属建筑物内部、外部是否安装电梯。

H12.主要炊事燃料——指本户用于炊事的主要燃料。

如果本户用于炊事的燃料有两种以上，选填主要的一种。

H13.住房内有无管道自来水——指本户住房内是否有经过公用设施净化处理的管道输送水。

在院子里自己打的机井不能算作有自来水。

H14.住房内有无厨房——指本户住房内是否有专供做饭使用的房间，无论是否装有上下水道及固定灶具。

在公用过道、客堂等处烧饭的和在庭院、路边搭建的、临时简陋设施中做饭的都不算有厨房。

H15.住房内有无厕所——指本户住房内是否有厕所。

1.水冲式卫生厕所：指有上下水系统，或厕间有备水桶（瓢冲），坐便或蹲便器有水封或无水封的厕所，且粪便及污水冲入到下水道、化粪池和厕坑，无蝇，不会造成环境污染。

2.水冲式非卫生厕所：指虽然是水冲式厕所，但是粪便被冲到开放的水渠、沟塘等开放水体或者不确定冲到何处，会污染环境。

3.卫生旱厕：指有固定盖板的厕所，粪便基本无暴露，保持无蝇。比如通风改良厕所、堆肥厕所、双坑交替厕所、粪尿分集厕所、阁楼厕所、深坑防冻厕所等。

4.普通旱厕：包括无盖板的敞开式旱厕，有或无防渗处理。通常粪便暴露、有蛆蝇。

5.无：指没有厕所。

H16.住房内有无洗澡设施——指住房内是否有固定浴缸（浴盆）或淋浴龙头等能使用的洗浴设施。

1.统一供热水：指本户洗浴用热水由社区、物业管理部门或其他公共设施统一供应。

2.家庭自装热水器：指本户洗浴用热水是由自己安装的各种热水器，如电热水器、燃气（罐装、管道）热水器等。

3.其他：指上述两种以外的洗浴设施。

4.无：指住房内没有洗浴设施。

H17.住房来源——指本户获取现住房的方式。

1.租赁廉租房/公租房：指向政府相关部门申请并租住廉租房、公租房。

2.租赁其他住房：指通过私人、单位或房屋中介等渠道租住住房。

3.购买新建商品房：指按市场价购买的新建商品房。

4.购买二手房：指购买那些进入房屋市场进行交易，第二次及以上进行产权登记的住房，包括二手商品房、允许上市交易的已售公房、经济适用房等。

5.购买原公有住房：指个人以成本价或优惠价购买的、原作为福利分配给本单位职工的住房。

6.购买经济适用房/两限房：指向政府相关部门申请并购买经济适用房、两限房。

7.自建住房：指个人建造的住房，其产权属于个人所有。

8.继承或赠予：指从亲属处继承而来或者受他人赠予而获取住房。

9.其他：指上述几种住房来源以外的情况。

H18.月租房费用——指最近用于交纳房租的单月金额，不包括水电费、物业费、取暖费等附加费用。月租房费用不为整数时，按四舍五入计算。

若多人合租作一户登记时，则需将每人月租费加总计算。

H19.拥有全部家用汽车的总价——是指住户拥有的全部供家庭生活使用的汽车价格之和。

汽车价格按汽车实际购买价格（含税）的方式计算。

若住户有多辆家用汽车，则按全部家用汽车的价格总和选填。

（二）个人项目

C1.姓名——与短表 D1 相同。

C2.与户主关系——与短表 D2 相同。

C3.公民身份号码——与短表 D3 相同。

C4.性别——与短表 D4 相同。

C5.出生年月——与短表 D5 相同。

C6.民族——与短表 D6 相同。

C7.普查时点（2020 年 11 月 1 日零时）居住地——与短表 D7 相同。

C8.户口登记地——与短表 D8 相同。

C9.离开户口登记地时间——与短表 D9 相同。

C10.离开户口登记地原因——与短表 D10 相同。

C11.户口登记地类型——指离开户口登记地（居住地与户口登记地不一致）时的户口登记地类型。

若离开时户口登记地的类型是“乡”，而现在已改成“镇”，应选填“1.乡”，不要填报“2.镇的村委会”或“3.镇的居委会”。

C12.是否有农村土地承包经营权——指被登记人户口所在的户是否有农村土地承包经营权。

户口所在的户应以被登记人的户口簿为准。拥有农村土地承包经营权是指被登记人户口登记地在农村地区或以前的农村地区，目前户口所在的户与集体经济组织签订了农村土地承包合同。

拥有农村土地承包经营权的户，目前可能实际经营承包地，也可能因各种原因不再经营承包地，包括以转包、出租、入股、托管等方式流转所承包土地经营权。

C13.出生地——指被登记人的出生地点。

1.本县（市、区、旗）：指出生在本县、县级市、区、旗。

2.本省其他县（市、区、旗）：指出生在本省的其他县、县级市、区、旗。

3.省外：指出生在本省（区、市）以外其他地区，并选填出生地所在省（区、市）的名称。在港、澳、台或国外出生的，根据实际情况选填 “香港特别行政区”“澳门特别行政区”“台湾地区”或“国外”。

C14.五年前常住地——指被登记人在普查标准时点的五年前，即 2015 年 11 月 1 日零时的常住地。

五年前居住在本县（市、区、旗）以外其他地区的人，还需选填五年前常住地的地址。

五年前居住在港、澳、台或国外的，根据实际情况选填“香港特别行政区”“澳门特别行政区”“台湾地区”或“国外”。

C15.受教育程度——与短表 D11 项相同。

C16.学业完成情况——指受教育程度为小学及以上的人完成学业的情况。

1.在校：正在接受各级各类学校教育并有学籍。

2.毕业：已修完全部课程，并经过考试鉴定合格。

3.肄业：修完全部课程，但考试不及格或因种种原因未取得毕业资格。

4.辍学：未能修完所规定的全部课程，中途退学。

5.其他：私塾、自学等其他方式。

C17.是否识字——与短表 D12 项相同。

C18.工作情况——指被登记人在 10 月 25—31 日期间，即普查标准时点前一周，是否为取得收入而工作了 1 小时以上，包括临时工、互联网灵活就业、家庭经营无酬帮工。

工作是指为获取工资、实物报酬或经营收入而从事的各种生产、经营或服务性活动，其目的是为了取得收入，无论实际是否取得。不包括义务劳动和公益性劳动。

1.是：指在 10 月 25—31 日期间，为取得收入而干过固定的、临时的或兼职的工作，并且工作时间超过 1 小时。在校学生利用课余或假期以及退休人员为取得收入而从事了工作，也选填此项。

家庭成员在自家或亲属经营的公司、企业、商铺或网店工作，即使本人没有劳动报酬，也选填此项。

选填“1.是”的人，还需填写工作时间。工作时间按在 10 月 25—31 日期间实际的工作时间填写，而不是按国家或企业规定的制度工作时间填写。

计算工作时间，要注意把握以下几种情况：

（1）从事一种以上有收入工作的，几项工作时间相加计算。

（2）在规定的工作时间以外加班工作的，加班时间一并计算在内。

（3）农村既干家务又从事农业或其他有收入工作的人，家务劳动时间除外。

2.在职休假、在职学习培训、临时停工（保留工资）：

在职休假是指在 10 月 25—31 日期间，因各种休假或请假临时未工作，包括公休假、年休假、空勤人员、船员、火车乘务人员的轮休假、病假、工伤假、产假、事假、探亲假、婚丧假等。个人档案、人事关系已在某单位，但因各种原因尚未到新单位报到上班，如军人转业或工作调动等，也视为休假。

在职学习培训是指有工作单位，在 10 月 25—31 日期间参加脱产学习或培训。

临时停工（保留工资）是指在 10 月 25—31 日期间，由于机械或电力故障、原料或燃料短缺、天气或其他灾害等原因导致的暂时未工作，但仍可以有工资收入。

打零工、计件工等临时就业或灵活就业的人，因为上述原因停工并且没有收入，不填此项，应填“3.未做任何工作”。

3.未做任何工作：指在 10 月 25—31 日期间，没有工作单位，也未从事过任何可以有收入的工作。

对于下岗、内退人员，如果未与原单位解除劳动合同，仍有工资性收入的，选填“2.在职休假、在职学习培训、临时停工”；如果没有工资性收入，选填“3.未做任何工作”。对于承包土地的农民，在 10 月 25—31 日期间，如果干农活或其他有收入的工作超过 1 小时，选填“1.是”；如果外出打工，未从事任何工作，选填“3.未做任何工作”；如果正处于农业生产季节，没有外出打工，期间临时没有干农活，选填“2.在职休假、在职学习培训、临时停工”。

对于从事季节性生产经营的人，如果生产经营仍在进行中，只是在 10 月 25—31 日期间没有工作，选填“2.在职休假、在职学习培训、临时停工”；如果正处于季节性歇业，选填“3.未做任何工作”。

C19.工作单位或生产经营活动所属类型——指普查标准时点前一周的主要工作单位或生产经营活动类型。

1.企业、事业、机关或社会团体等法人单位：法人单位指依法成立，有自己的名称、组织机构和场所，能够独立承担民事责任，独立拥有和使用（或授权使用）资产承担负债，有权与其他单位签订合同，会计上独立核算，能够编制资产负债表的单位。包括企业、事业、机关、社会团体、民办非企业单位、基金会、居委会、村委会、农民专业合作社、农村集体经济组织和其他组织机构。

2.个体经营户：指资产归个人所有，以个体劳动为基础，劳动成果归劳动者个人占有和支配的一种经济组织。既包括在各级工商行政管理机关登记注册、领取《营业执照》的个体工商户，也包括没有领取《营业执照》，但实际从事个体经营活动的人。

3.经营农村家庭承包地（家庭农林牧渔生产经营活动）：指在自家承包的耕地、林地、草地、池塘以及其他合法用于农业的土地上，从事农林牧渔业生产经营活动，也包括家庭在转包和租用他人农业用地上从事农林牧渔业生产经营活动，所从事的农业生产活动以自营劳动为主，不雇佣长期雇工，但可能雇佣临时短工。

农业生产季节在承包土地上从事农业生产，但上周未做任何工作的人，也选填此项。

普查标准时点前一周未在自家承包土地上工作而从事其他生产经营活动的人，或外出务工经商的人不填此项，选填上周实际工作单位或生产经营活动。

4.自由职业/灵活就业：指除个体经营户以外的自雇就业或自主型的个体就业。包括律师、自由撰稿人、歌手、模特等自主就业人员，也包括家庭自雇家政服务、街头小贩、其他类型打零工的临时就业人员，还包括依赖平台承接工作任务、不隶属于任何雇主的劳动者。

C20.行业——指普查标准时点前一周主要工作所在单位的生产经营活动。如果前一周从事两项不同工作，按工作时间长短确定主要工作；如果工作时间相同，再按报酬高低确定主要工作。

行业是按照经济活动的同一性进行分类的，不是按其所属的行政管理系统来分的。产业活动单位是划分行业的分类标准。产业活动单位是指：(1）具有一个场所、从事一种或主要从事一种经济活动；(2）单独组织生产、经营或业务活动；(3）掌握收入和支出的会计核算资料。

填写行业时要注意以下情况：

有工作单位的，既要填写单位名称，也要填写单位的主要产品或从事的主要业务。单位名称要具体到分厂、分公司或营业部，即产业活动单位，不能笼统地只填写总厂名称。最重要的是单位的主要产品或主要业务要详细填写，要用动宾词组表达，如“生产服装”或“销售服装”，不能简写为“服装”。保密单位，填写其公开使用的名称和公开的主要产品或主要业务。

没有工作单位的，只填写主要产品或主要业务，如“送外卖”“当滴滴司机”。务农人员不能笼统地填写“农业”，要根据其具体的农业生产活动或农户具体从事的主要业务填写。如“种粮食”“养猪”等。

C21.职业——指普查标准时点前一周主要工作具体是干什么。如果前一周从事两项不同工作，按工作时间长短确定主要工作；如果工作时间相同，再按报酬高低确定主要工作。

职业分类是以工作性质的同一性为基本原则。所谓“同一性”，是指不论其所在工作单位是什么经济类型，不论用工形式是固定工还是临时工，也不论其隶属于哪个行业，凡是从事同一性质工作的人都划分为同一类。

填写职业时应注意以下情况：

填写职业要具体、详细。不能笼统地写“工人”“农民”“公务员”“工程师”等，而应具体填写其实际工作种类，如“铸轧工”“捕鱼”“统计人员”“通信工程技术员”等。具有专业技术职称的行政领导人员，应按行政领导职务填写其职业；同时担任两个以上职务的领导干部，应按主要职务填写其职业。工种尚未确定，暂时又无具体工作岗位的，要填写“工种未定”。

C22.未工作原因——指被登记人在普查标准时点前一周没有工作的主要原因。

1.在校学习：指在各级各类学校学习，并有正式学籍的人员。不包括有工作单位，脱产学习的人员。

2.离退休：指已办理离休、退休手续，定期领取离退休生活费，且未从事任何有收入劳动的人。

3.料理家务：指主要在自己家里从事家务劳动，且没有劳动收入的人。离、退休人员从事家务劳动的，选填“2.离退休”。为自家经营的摊位、商店、门市部、工厂工作的人，农村中既料理家务又务农或从事家庭副业的人，在别人家干家务活的临时工或小时工，均属于有工作的人，不选填此项。

4.丧失工作能力：指经专门机构鉴定或虽未鉴定但本人或其法定监护人认为，其因生理或心理疾患已丧失了从事劳动的能力。包括年老体弱生活不能自理的人员，但不包括离休、退休人员，这些人不论是身体残疾还是年老体弱生活不能自理，均选填“2.离退休”。

5.其他：指上述几种以外的原因。

C23.主要生活来源——指被登记人主要依靠什么生活。

如果被登记人同时有几种生活来源，选填其认为最主要的一项。

1.劳动收入：指主要依靠劳动报酬、经营利润或家庭收益（包括现金和实物收入）生活。

2.离退休金/养老金：指办理了离休、退休或退职手续，主要依靠从原工作单位或社会保险经办机构领取的离退休金（包括退职费）生活。

3.最低生活保障金：指建立最低生活保障制度的地区，家庭人均收入低于当地规定的最低生活保障线，主要依靠从政府有关部门或集体领取最低生活保障金生活，以及依靠民政部门发放的烈军属、五保户、残疾人等的生活抚恤金生活。

4.失业保险金：指失业保险经办机构依法支付给符合条件的失业人员的基本生活费用，是对失业人员在失业期间失去工资收入的一种临时补偿。

5.财产性收入：指以资金储蓄、借贷入股以及财产运营、房屋租赁等所取得的利息、股息、红利、租金等收入。

6.家庭其他成员供养：指主要依靠家庭其他成员或亲属的供养和资助生活。

7.其他：指上述几种以外的情况。

C24.婚姻状况——指被登记人在普查标准时点的实际婚姻状况。

1.未婚：指从未结过婚。

2.有配偶：指有配偶，处于婚姻中。

3.离婚：指曾经结过婚，但已办理了离婚手续且没有再婚，或正在办理离婚手续。

4.丧偶：指配偶已去世，且没有再婚。

人口普查的婚姻是指事实婚姻，不是单指法律意义上的婚姻，对不到法定结婚年龄，或未办理结婚手续而同居、实际结婚的人，应根据其在普查标准时点的实际情况，按照被登记人的申报选填。

C25.初婚年月——指被登记人第一次结婚时的年、月。

C26.生育子女数——指截止到普查标准时点，15 至 64 周岁妇女的生育状况。

1.未生育：指被登记妇女没有生育过子女。

2.有生育：指被登记妇女生育过子女，需分别填写生过和存活的子女数。

生过几个孩子：指生育的活产男孩和女孩数，包括产后不久就死亡的婴儿。胎儿脱离母体时（不管孕期长短），凡有过呼吸或心跳、脐带搏动、随意肌收缩等生命现象的，都视为“活产”。这里所说的“子女”是指该妇女的亲生子女，不包括丈夫前妻的子女和领养的子女，但鉴于有些家庭不愿公开领养关系，可尊重申报人的意愿，按亲生子女填报。

其中现在存活几个孩子：指活产子女中，仍然存活的男孩和女孩数，无论是否与父母一起居住。在普查标准时点前已死亡的孩子不包括在内。无存活子女的填写“0”。

C27.过去一年（2019 年 11 月 1 日—2020 年 10 月 31 日）的生育状况——指普查标准时点前 12 个月内，15 至 50 周岁被登记妇女的生育状况。

1.一年内未生育：指过去一年内没有生育过子女。

2.一年内有生育：指过去一年内生育过子女，需选填生育时间和孩子性别。

一年内生育两个以上孩子的，包括两次生育或生育多胞胎，还需填报第二个孩子的状况，第三个或以上的孩子不用填报。

C28.居住状况——指普查标准时点前一个月，60 周岁及以上被登记人的主要居住状况。

1.与配偶和子女同住：指与配偶和子女住在一起。

2.与配偶同住：指子女不在身边，与配偶住在一起。

3.与子女同住：指配偶不在身边，与子女住在一起。

4.独居（有保姆）：指本户中只有老人和保姆。

5.独居（无保姆）：指独身一人居住。

6.养老机构：指在提供养老服务的场所，包括敬老院、老年公寓等居住的情况。凡在养老机构居住的老年人，不论与谁同住。

7.其他：指上述几种以外的状况。

C29.身体健康状况——指 60 周岁及以上被登记人根据自身健康状况，对普查标准时点前一个月能否保证正常生活做出的自我判断。

1.健康：指过去一个月健康状况良好，完全可以保证日常的生活。

2.基本健康：指过去一个月健康状况一般，可以保证日常的生活。

3.不健康，但生活能自理：指普查标准时点前一个月健康状况不是太好，但可以基本保证正常的生活。

4.不健康，生活不能自理：指普查标准时点前一个月健康状况较差，不能照顾自己日常的生活起居，如吃饭、穿衣、自行走动等。

三、港澳台居民和外籍人员普查表

（一）住户项目

F1.户别——与短表 H1 相同。

F2.住所类型——与短表 H5 相同。

F3.本户现住房建筑面积——与短表 H6 相同。

F4.本户现住房间数——与短表 H7 相同。

（二）个人项目

R1.姓名——填写被登记人的正式姓名。婴儿未起名的，可填“未取名”。外籍人员的姓名最好用中文填写，也可以用其它文字填写。

R2.与户主关系——与短表 D2 相同。

R3.性别——与短表 D4 相同。

R4.出生年月——与短表 D5 相同。

R5.来内地（大陆）或来华目的——指被登记人来中华人民共和国境内居住的原因。

1.商务：指进行各种商务活动的人。

2.就业：指已有工作或正在寻找工作的人。

3.学习：指已经或准备在各类学校学习的人。

4.定居：指在中华人民共和国境内定居但没有工作或上学的人。包括在中华人民共和国境内工作人士的家属。

5.探亲：指探望亲戚或朋友的人。

6.其他：指上述以外的其他原因。

R6.已在内地（大陆）或在华居住时间——指到普查标准时点为止，被登记人在中华人民共和国境内居住的时间。

R7.受教育程度——指被登记人接受教育情况。按照被登记人的申报选填。

R8.身份或国籍——指被登记人是香港特别行政区居民、澳门特别行政区居民还是台湾地区居民。如果是外国人，还应填写国籍。

R9.工作情况——参照长表 C18。

R10.行业——指被登记人的工作单位主要生产的产品或提供的服务类别，参照《国民经济行业分类（GB/T4754—2017）》，按标准选项据情选填。

R11.职业——指被登记人所从事的工作类别，按标准选项据情选填。

1.党的机关、国家机关、群众团体和社会组织、企事业单位负责人：指在中国共产党机关，国家机关，民主党派和工商联，人民团体和群众团体、社会组织及其工作机构，基层群众自治组织，企业、事业单位中担任领导职务并具有决策、管理权的人员。

2.专业技术人员：指从事科学研究和专业技术工作的人员。

3.办事人员和有关人员：指在公共管理和社会组织机构中从事行政业务、行政事务、行政执法和仲裁、安全保卫、消防和应急救援等工作的人员。

4.社会生产服务和生活服务人员：指从事商品批发零售、交通运输、仓储、邮政和快递、信息传输、软件和信息技术、住宿和餐饮以及金融、房地产、租赁和商务技术辅助、生态保护、文化、体育和娱乐等社会生产服务与生活服务工作的人员。

5.农、林、牧、渔业生产及辅助人员：指从事农、林、牧、渔业生产活动及辅助生产的人员。

6.生产制造及有关人员：指从事产品生产及设备制造，矿产开采，工程施工和运输设备操作的人员及有关人员。

7.不便分类的其他从业人员。

R12.婚姻状况——参照长表 C24。

四、死亡人口调查表

凡在普查短表户记录 H4 中，登记了 2019 年 11 月 1 日至 2020 年 10 月 31 日期间有死亡人口的户，还要登记死亡人口的具体情况。

S1.姓名——与短表 D1 相同。

S2.公民身份号码——与短表 D3 相同。

S3.性别——与短表 D4 相同。

S4.出生年月——与短表 D5 相同。

S5.死亡时间——指死亡人口死亡时的月份。

S6.民族——与短表 D6 相同。

S7.受教育程度——与短表 D11 相同。

S8.婚姻状况——与长表 C24 相同。

为保证死亡人口的登记质量，普查员在入户登记时应注意以下几点：

1.登记死亡人口时，一般以死亡前的常住地为登记地，而不以死亡发生时的地点（如医院等）为登记地。

2.本户常住人口中有死亡的，不论其与该户有无亲属关系，都应作为该户死亡人口予以登记。

3.对于无法确定死亡人口常住地，或登记时与死亡人口常住地联系不上的，如孤寡老人、流动人口等，一律在死亡发生地登记。

中国人口普查
CHINA POPULATION CENSUS

2020

内蒙古自治区人口普查年鉴（第4册）

INNER MONGOLIA POPULATION CENSUS YEARBOOK 2020
(BOOK 4)

内蒙古自治区第七次全国人口普查领导小组办公室
内　蒙　古　自　治　区　统　计　局　编

Compiled by
Office of the Leading Group of Inner Mongolia Autonomous Region
for the Seventh National Population Census
Inner Mongolia Autonomous Region Bureau of Statistics

中国统计出版社
China Statistics Press

图书在版编目（CIP）数据

内蒙古自治区人口普查年鉴. 2020. 第 4 册 / 内蒙古自治区第七次全国人口普查领导小组办公室, 内蒙古自治区统计局编. -- 北京 : 中国统计出版社, 2022.8
ISBN 978-7-5037-9860-3

Ⅰ. ①内… Ⅱ. ①内… ②内… Ⅲ. ①人口普查－统计资料－内蒙古－2020－年鉴 Ⅳ. ①C924.252.6-54

中国版本图书馆 CIP 数据核字(2022)第 127292 号

内蒙古自治区人口普查年鉴-2020（第 4 册）
Inner Mongolia Population Census Yearbook 2020 (Book 4)

作　　者/内蒙古自治区第七次全国人口普查领导小组办公室　内蒙古自治区统计局
责任编辑/张　洁
封面设计/李雪燕
出版发行/中国统计出版社有限公司
通信地址/北京市丰台区西三环南路甲 6 号　邮政编码/100073
发行电话/邮购（010）63376909　书店（010）68783171
网　　址/http://www.zgtjcbs.com/
印　　刷/内蒙古宏业包装印务有限公司
经　　销/新华书店
开　　本/880mm×1230mm　1/16
字　　数/1450 千字
印　　张/45.25
版　　别/2022 年 8 月第 1 版
版　　次/2022 年 8 月第 1 次印刷
定　　价/1080.00 元（全五册附光盘）

目　　录

第 4 册

第二部分　长表数据资料(续)

第六卷 生育

第二部分　长表数据资料

第四卷　就业

4-5 全区分年龄、性别、行业大类的就业人口

单位：人

年龄组 性 别	合计	农、林、牧、渔业						采矿业	
		小计	农业	林业	畜牧业	渔业	农、林、牧、渔专业及辅助性活动	小计	煤炭开采和洗选业
总　计	**1049550**	**295346**	**220395**	**3059**	**66571**	**301**	**5020**	**33374**	**23343**
16-19岁	4271	846	635	1	182		28	40	26
20-24岁	41476	4675	3223	25	1249	11	167	979	714
25-29岁	99978	11233	7890	123	2901	16	303	3053	2259
30-34岁	153799	21768	15537	243	5415	33	540	6063	4457
35-39岁	144086	28325	20543	240	6977	44	521	4841	3444
40-44岁	129746	30718	22266	350	7400	47	655	4332	2989
45-49岁	161902	46136	33872	645	10609	55	955	6292	4303
50-54岁	137066	49144	36440	817	10969	50	868	5109	3578
55-59岁	95412	43334	33272	432	9025	27	578	2160	1325
60-64岁	46104	31329	24696	111	6273	8	241	389	204
65-69岁	25541	19668	15616	54	3864	7	127	93	36
70-74岁	7599	6176	4848	10	1285	3	30	10	3
75岁及以上	2570	1994	1557	8	422		7	13	5
男	**646349**	**174159**	**127036**	**2415**	**40795**	**241**	**3672**	**29412**	**20841**
16-19岁	2869	587	417	1	147		22	37	24
20-24岁	24001	3107	2077	23	865	8	134	857	639
25-29岁	59112	7237	4961	102	1920	14	240	2650	1975
30-34岁	93001	13466	9398	166	3480	28	394	5341	3979
35-39岁	87261	17076	12149	170	4328	34	395	4290	3079
40-44岁	77315	17975	12758	246	4456	37	478	3779	2656
45-49岁	95589	25734	18507	463	6084	40	640	5350	3756
50-54岁	87921	27647	19865	702	6392	40	648	4663	3281
55-59岁	65041	24376	18165	396	5362	24	429	2000	1232
60-64岁	29744	18534	14355	89	3913	7	170	343	179
65-69岁	17203	12652	9907	40	2608	6	91	83	34
70-74岁	5482	4379	3407	9	935	3	25	9	3
75岁及以上	1810	1389	1070	8	305		6	10	4
女	**403201**	**121187**	**93359**	**644**	**25776**	**60**	**1348**	**3962**	**2502**
16-19岁	1402	259	218		35		6	3	2
20-24岁	17475	1568	1146	2	384	3	33	122	75
25-29岁	40866	3996	2929	21	981	2	63	403	284
30-34岁	60798	8302	6139	77	1935	5	146	722	478
35-39岁	56825	11249	8394	70	2649	10	126	551	365
40-44岁	52431	12743	9508	104	2944	10	177	553	333
45-49岁	66313	20402	15365	182	4525	15	315	942	547
50-54岁	49145	21497	16575	115	4577	10	220	446	297
55-59岁	30371	18958	15107	36	3663	3	149	160	93
60-64岁	16360	12795	10341	22	2360	1	71	46	25
65-69岁	8338	7016	5709	14	1256	1	36	10	2
70-74岁	2117	1797	1441	1	350		5	1	
75岁及以上	760	605	487		117		1	3	1

4−5 续表 1 单位：人

年龄组 性别	采矿业						制造业		
	石油和天然气开采业	黑色金属矿采选业	有色金属矿采选业	非金属矿采选业	开采专业及辅助性活动	其他采矿业	小计	农副食品加工业	食品制造业
总计	**924**	**2564**	**3267**	**1464**	**1453**	**359**	**84303**	**6986**	**7945**
16−19岁	2	2	4	4	2		245	20	50
20−24岁	26	54	90	42	47	6	4112	211	508
25−29岁	93	152	249	98	160	42	9914	578	1118
30−34岁	160	386	497	225	287	51	15198	1018	1590
35−39岁	153	321	444	189	236	54	12240	974	1315
40−44岁	133	320	459	202	186	43	10811	948	1063
45−49岁	159	560	701	259	237	73	13827	1184	1050
50−54岁	134	416	527	218	174	62	10371	995	743
55−59岁	60	255	236	159	102	23	5331	671	350
60−64岁	4	70	45	45	17	4	1420	254	104
65−69岁		19	13	20	4	1	627	105	42
70−74岁		3	2	1	1		142	21	9
75岁及以上		6		2			65	7	3
男	**782**	**2186**	**2732**	**1272**	**1299**	**300**	**61527**	**4548**	**4611**
16−19岁	2	2	4	3	2		187	15	28
20−24岁	22	48	67	34	41	6	3159	140	311
25−29岁	73	132	212	88	139	31	7507	392	659
30−34岁	134	319	407	196	262	44	11198	665	964
35−39岁	129	276	364	177	220	45	8587	596	725
40−44岁	112	274	361	170	169	37	7243	578	574
45−49岁	127	436	568	213	191	59	9347	705	552
50−54岁	121	378	479	191	159	54	8118	679	458
55−59岁	58	237	219	138	96	20	4414	476	234
60−64岁	4	62	39	40	15	4	1136	196	73
65−69岁		16	10	19	4		485	83	26
70−74岁		2	2	1	1		107	17	5
75岁及以上		4		2			39	6	2
女	**142**	**378**	**535**	**192**	**154**	**59**	**22776**	**2438**	**3334**
16−19岁				1			58	5	22
20−24岁	4	6	23	8	6		953	71	197
25−29岁	20	20	37	10	21	11	2407	186	459
30−34岁	26	67	90	29	25	7	4000	353	626
35−39岁	24	45	80	12	16	9	3653	378	590
40−44岁	21	46	98	32	17	6	3568	370	489
45−49岁	32	124	133	46	46	14	4480	479	498
50−54岁	13	38	48	27	15	8	2253	316	285
55−59岁	2	18	17	21	6	3	917	195	116
60−64岁		8	6	5	2		284	58	31
65−69岁		3	3	1		1	142	22	16
70−74岁		1					35	4	4
75岁及以上		2					26	1	1

4-5 续表 2

单位：人

年龄组 性别	制造业								
	酒、饮料和精制茶制造业	烟草制品业	纺织业	纺织服装、服饰业	皮革、毛皮、羽毛及其制品和制鞋业	木材加工和木、竹、藤、棕、草制品业	家具制造业	造纸和纸制品业	印刷和记录媒介复制业
总 计	**1905**	**278**	**1530**	**1816**	**436**	**2167**	**984**	**532**	**905**
16-19岁			3	2	7	6	3	2	2
20-24岁	49	5	22	31	14	44	45	13	47
25-29岁	171	30	80	77	43	121	104	40	95
30-34岁	314	44	167	182	67	246	149	66	152
35-39岁	291	42	215	252	72	274	160	74	146
40-44岁	269	44	248	364	49	297	141	98	129
45-49岁	357	59	357	446	89	451	163	102	162
50-54岁	243	32	245	274	31	370	121	81	105
55-59岁	156	22	122	129	30	244	66	40	43
60-64岁	37		39	30	16	75	21	8	15
65-69岁	13		23	18	11	34	8	7	5
70-74岁	4		3	7	3	3	3	1	3
75岁及以上	1		6	4	4	2			1
男	**1212**	**195**	**590**	**455**	**181**	**1532**	**706**	**342**	**485**
16-19岁			3	1	4	6	3	2	2
20-24岁	31	5	8	16	9	32	31	11	20
25-29岁	106	23	42	24	19	97	76	29	53
30-34岁	197	31	65	56	27	175	109	45	80
35-39岁	158	23	85	51	21	194	115	41	77
40-44岁	142	26	64	67	16	199	84	56	66
45-49岁	208	40	95	84	37	302	117	53	75
50-54岁	197	26	116	83	14	256	88	61	62
55-59岁	128	21	74	52	18	180	54	32	33
60-64岁	31		21	11	8	57	20	6	11
65-69岁	10		13	6	5	31	7	6	3
70-74岁	3		1	3	1	2	2		2
75岁及以上	1		3	1	2	1			1
女	**693**	**83**	**940**	**1361**	**255**	**635**	**278**	**190**	**420**
16-19岁				1	3				
20-24岁	18		14	15	5	12	14	2	27
25-29岁	65	7	38	53	24	24	28	11	42
30-34岁	117	13	102	126	40	71	40	21	72
35-39岁	133	19	130	201	51	80	45	33	69
40-44岁	127	18	184	297	33	98	57	42	63
45-49岁	149	19	262	362	52	149	46	49	87
50-54岁	46	6	129	191	17	114	33	20	43
55-59岁	28	1	48	77	12	64	12	8	10
60-64岁	6		18	19	8	18	1	2	4
65-69岁	3		10	12	6	3	1	1	2
70-74岁	1		2	4	2	1	1	1	1
75岁及以上			3	3	2	1			

4-5 续表 3　　　　单位：人

年龄组 性　别	制造业								
	文教、工美、体育和娱乐用品制造业	石油、煤炭及其他燃料加工业	化学原料和化学制品制造业	医　药制造业	化学纤维制造业	橡胶和塑　料制品业	非金属矿　物制品业	黑色金属冶炼和压延加工业	有色金属冶炼和压延加工业
总　计	**587**	**4507**	**9498**	**2644**	**53**	**1516**	**6670**	**6720**	**6052**
16-19岁	4	5	16	6	1	10	16	10	6
20-24岁	19	238	707	247	4	99	198	199	283
25-29岁	65	563	1465	534	14	168	633	628	769
30-34岁	110	905	2083	618	15	295	1053	1019	1274
35-39岁	116	653	1206	391	6	227	969	899	949
40-44岁	76	541	981	272	5	182	867	847	832
45-49岁	82	804	1489	264	4	219	1129	1387	951
50-54岁	54	530	1024	169	2	154	946	1129	664
55-59岁	38	227	425	104	1	105	540	495	266
60-64岁	12	31	63	25	1	34	211	80	40
65-69岁	7	8	30	9		16	80	20	16
70-74岁	3	2	5	3		4	24	4	2
75岁及以上	1		4	2		3	4	3	
男	**335**	**3592**	**7227**	**1719**	**36**	**1080**	**5351**	**5452**	**5058**
16-19岁	2	4	13	5	1	6	14	7	5
20-24岁	9	200	574	143	1	79	160	166	235
25-29岁	37	469	1161	333	11	118	517	518	640
30-34岁	63	685	1526	404	11	213	830	821	1068
35-39岁	59	523	884	240	4	160	770	693	778
40-44岁	44	394	678	162	2	121	670	640	671
45-49岁	48	613	1032	185	3	130	874	1054	770
50-54岁	29	450	879	130	1	122	782	999	590
55-59岁	32	217	391	89	1	86	462	459	247
60-64岁	8	28	57	19	1	29	183	73	38
65-69岁	3	7	25	6		12	67	16	15
70-74岁	1	2	4	2		3	21	4	1
75岁及以上			3	1		1	1	2	
女	**252**	**915**	**2271**	**925**	**17**	**436**	**1319**	**1268**	**994**
16-19岁	2	1	3	1		4	2	3	1
20-24岁	10	38	133	104	3	20	38	33	48
25-29岁	28	94	304	201	3	50	116	110	129
30-34岁	47	220	557	214	4	82	223	198	206
35-39岁	57	130	322	151	2	67	199	206	171
40-44岁	32	147	303	110	3	61	197	207	161
45-49岁	34	191	457	79	1	89	255	333	181
50-54岁	25	80	145	39	1	32	164	130	74
55-59岁	6	10	34	15		19	78	36	19
60-64岁	4	3	6	6		5	28	7	2
65-69岁	4	1	5	3		4	13	4	1
70-74岁	2		1	1		1	3		1
75岁及以上	1		1	1		2	3	1	

4-5　续表 4　　　　　　　　　　　　　　　　　　　　　　　　　　单位：人

年龄组 性　别	制造业								
	金　属 制品业	通用设备 制造业	专用设备 制造业	汽　车 制造业	铁路、船舶、 航空航天和 其他运输 设备制造业	电气机械 和器材 制造业	计算机、 通信和其 他电子设 备制造业	仪器仪表 制造业	其　他 制造业
总　计	**6254**	**2455**	**1847**	**853**	**714**	**1601**	**1363**	**229**	**1880**
16–19岁	9	9	5	9	3	7	22		1
20–24岁	180	128	121	79	53	172	185	16	67
25–29岁	616	304	248	152	85	359	347	37	139
30–34岁	1153	455	345	171	117	394	293	43	293
35–39岁	1084	364	266	143	90	208	181	32	241
40–44岁	928	305	205	93	79	148	140	28	254
45–49岁	1036	369	276	118	121	134	102	31	362
50–54岁	781	306	204	61	92	101	60	26	331
55–59岁	314	151	132	25	62	51	25	8	174
60–64岁	95	35	31	2	9	19	5	4	13
65–69岁	48	22	10		1	8	2	3	3
70–74岁	7	5	3		1				2
75岁及以上	3	2	1		1		1	1	
男	**5321**	**2085**	**1398**	**675**	**556**	**1311**	**981**	**185**	**1427**
16–19岁	9	9	4	9	3	5	16		
20–24岁	156	114	95	74	43	158	146	14	58
25–29岁	540	266	181	121	74	310	261	33	109
30–34岁	998	399	266	128	96	322	220	35	218
35–39岁	906	303	204	114	63	156	114	22	172
40–44岁	772	251	146	72	49	109	89	24	166
45–49岁	850	290	202	78	80	101	66	19	252
50–54岁	678	266	162	54	78	87	41	24	277
55–59岁	288	135	108	23	59	44	22	8	161
60–64岁	78	29	19	2	8	13	4	4	10
65–69岁	40	17	8		1	6	2	2	3
70–74岁	5	5	2		1				1
75岁及以上	1	1	1		1				
女	**933**	**370**	**449**	**178**	**158**	**290**	**382**	**44**	**453**
16–19岁			1			2	6		1
20–24岁	24	14	26	5	10	14	39	2	9
25–29岁	76	38	67	31	11	49	86	4	30
30–34岁	155	56	79	43	21	72	73	8	75
35–39岁	178	61	62	29	27	52	67	10	69
40–44岁	156	54	59	21	30	39	51	4	88
45–49岁	186	79	74	40	41	33	36	12	110
50–54岁	103	40	42	7	14	14	19	2	54
55–59岁	26	16	24	2	3	7	3		13
60–64岁	17	6	12		1	6	1		3
65–69岁	8	5	2			2		1	
70–74岁	2		1						1
75岁及以上	2	1					1	1	

4-5 续表 5 单位：人

年龄组 性 别	制造业		电力、热力、燃气及水生产和供应业				建筑业		
	废弃资源综合利用业	金属制品、机械和设备修理业	小计	电力、热力生产和供应业	燃气生产和供应业	水的生产和供应业	小计	房屋建筑业	土木工程建筑业
总 计	**1163**	**2213**	**24820**	**19844**	**2428**	**2548**	**79750**	**39119**	**10858**
16-19岁	1	10	34	26	1	7	173	88	26
20-24岁	16	112	1265	1035	144	86	2239	930	493
25-29岁	61	270	3525	2816	396	313	6367	2639	1208
30-34岁	107	460	4888	3834	605	449	11756	5138	1971
35-39岁	109	291	3304	2599	357	348	12363	5448	1541
40-44岁	139	239	2712	2117	253	342	11405	5598	1311
45-49岁	207	322	3944	3138	307	499	14265	7531	1638
50-54岁	197	300	3030	2563	198	269	11676	6314	1450
55-59岁	146	169	1731	1430	119	182	6643	3644	914
60-64岁	85	26	270	208	32	30	2118	1295	227
65-69岁	68	10	95	62	13	20	620	412	64
70-74岁	17	3	13	8	2	3	88	61	8
75岁及以上	10	1	9	8	1		37	21	7
男	**903**	**1978**	**18699**	**15283**	**1767**	**1649**	**68813**	**33620**	**9464**
16-19岁	1	10	31	24	1	6	157	79	25
20-24岁	14	106	1003	834	107	62	1784	743	412
25-29岁	41	247	2645	2167	274	204	5327	2201	1016
30-34岁	83	398	3610	2895	443	272	10077	4383	1686
35-39岁	82	254	2420	1949	254	217	10754	4726	1342
40-44岁	103	208	1886	1531	171	184	9718	4729	1126
45-49岁	159	273	2650	2170	213	267	12025	6303	1419
50-54岁	148	281	2537	2149	166	222	10266	5506	1314
55-59岁	115	165	1590	1319	103	168	6061	3311	837
60-64岁	74	25	225	178	21	26	1973	1199	213
65-69岁	58	7	84	53	12	19	565	370	62
70-74岁	16	3	10	6	2	2	75	54	6
75岁及以上	9	1	8	8			31	16	6
女	**260**	**235**	**6121**	**4561**	**661**	**899**	**10937**	**5499**	**1394**
16-19岁			3	2		1	16	9	1
20-24岁	2	6	262	201	37	24	455	187	81
25-29岁	20	23	880	649	122	109	1040	438	192
30-34岁	24	62	1278	939	162	177	1679	755	285
35-39岁	27	37	884	650	103	131	1609	722	199
40-44岁	36	31	826	586	82	158	1687	869	185
45-49岁	48	49	1294	968	94	232	2240	1228	219
50-54岁	49	19	493	414	32	47	1410	808	136
55-59岁	31	4	141	111	16	14	582	333	77
60-64岁	11	1	45	30	11	4	145	96	14
65-69岁	10	3	11	9	1	1	55	42	2
70-74岁	1		3	2		1	13	7	2
75岁及以上	1		1		1		6	5	1

4-5 续表 6

单位：人

年龄组 性 别	建筑业		批发和零售业			交通运输、仓储和邮政业			
	建筑安装业	建筑装饰、装修和其他建筑业	小计	批发业	零售业	小计	铁路运输业	道路运输业	水上运输业
总 计	**4776**	**24997**	**121307**	**30328**	**90979**	**67344**	**10137**	**40313**	**88**
16-19岁	13	46	385	53	332	137	23	56	2
20-24岁	130	686	4625	914	3711	2284	606	873	12
25-29岁	447	2073	12507	2858	9649	6191	1330	2869	10
30-34岁	875	3772	22017	5316	16701	10496	1763	6117	10
35-39岁	842	4532	20803	4877	15926	11421	954	8277	13
40-44岁	678	3818	18493	4403	14090	10578	970	7529	12
45-49岁	803	4293	19360	4869	14491	12192	1636	7624	12
50-54岁	606	3306	12650	3725	8925	8168	1542	4445	8
55-59岁	282	1803	6716	2055	4661	4523	1199	1954	7
60-64岁	75	521	2406	761	1645	945	81	412	2
65-69岁	23	121	984	364	620	305	15	123	
70-74岁	2	17	256	92	164	69	6	24	
75岁及以上		9	105	41	64	35	12	10	
男	**4368**	**21361**	**60679**	**20204**	**40475**	**57494**	**8463**	**35622**	**70**
16-19岁	13	40	211	37	174	117	18	52	2
20-24岁	112	517	2271	589	1682	1736	493	683	11
25-29岁	407	1703	6266	1890	4376	4864	1035	2374	10
30-34岁	800	3208	10791	3524	7267	8659	1419	5305	8
35-39岁	772	3914	9733	3124	6609	9919	778	7456	11
40-44岁	619	3244	8330	2772	5558	9124	802	6693	12
45-49岁	722	3581	9001	3122	5879	10247	1273	6646	5
50-54岁	564	2882	7125	2657	4468	7350	1390	4053	3
55-59岁	268	1645	4347	1531	2816	4255	1156	1842	6
60-64岁	71	490	1648	583	1065	868	69	388	2
65-69岁	19	114	683	271	412	267	14	103	
70-74岁	1	14	195	70	125	58	5	19	
75岁及以上		9	78	34	44	30	11	8	
女	**408**	**3636**	**60628**	**10124**	**50504**	**9850**	**1674**	**4691**	**18**
16-19岁		6	174	16	158	20	5	4	
20-24岁	18	169	2354	325	2029	548	113	190	1
25-29岁	40	370	6241	968	5273	1327	295	495	
30-34岁	75	564	11226	1792	9434	1837	344	812	2
35-39岁	70	618	11070	1753	9317	1502	176	821	2
40-44岁	59	574	10163	1631	8532	1454	168	836	
45-49岁	81	712	10359	1747	8612	1945	363	978	7
50-54岁	42	424	5525	1068	4457	818	152	392	5
55-59岁	14	158	2369	524	1845	268	43	112	1
60-64岁	4	31	758	178	580	77	12	24	
65-69岁	4	7	301	93	208	38	1	20	
70-74岁	1	3	61	22	39	11	1	5	
75岁及以上			27	7	20	5	1	2	

4－5 续表 7

单位：人

年龄组 性 别	交通运输、仓储和邮政业					住宿和餐饮业		
	航空运输业	管道运输业	多式联运和运输代理业	装卸搬运和仓储业	邮政业	小计	住宿业	餐饮业
总　计	**1105**	**45**	**858**	**9040**	**5758**	**49248**	**5665**	**43583**
16－19岁	6		1	24	25	961	66	895
20－24岁	135	2	38	180	438	3272	364	2908
25－29岁	284	4	92	520	1082	5404	550	4854
30－34岁	266	13	150	807	1370	7963	838	7125
35－39岁	135	5	128	999	910	7522	733	6789
40－44岁	79	2	113	1204	669	6844	777	6067
45－49岁	89	10	153	2024	644	7918	989	6929
50－54岁	58	4	100	1660	351	5382	761	4621
55－59岁	47	1	68	1031	216	2698	353	2345
60－64岁	5	3	10	398	34	939	159	780
65－69岁	1	1	4	145	16	274	57	217
70－74岁			1	37	1	48	14	34
75岁及以上				11	2	23	4	19
男	**688**	**35**	**692**	**7824**	**4100**	**23559**	**2085**	**21474**
16－19岁	3		1	21	20	700	38	662
20－24岁	78	2	22	137	310	2050	149	1901
25－29岁	163	2	78	420	782	3234	224	3010
30－34岁	156	10	108	681	972	4399	314	4085
35－39岁	90	3	103	845	633	3741	260	3481
40－44岁	48	1	93	1021	454	2774	214	2560
45－49岁	64	9	124	1705	421	2665	245	2420
50－54岁	39	3	88	1500	274	1980	281	1699
55－59岁	43	1	62	956	189	1248	206	1042
60－64岁	3	3	8	366	29	543	101	442
65－69岁	1	1	4	131	13	177	41	136
70－74岁			1	32	1	34	9	25
75岁及以上				9	2	14	3	11
女	**417**	**10**	**166**	**1216**	**1658**	**25689**	**3580**	**22109**
16－19岁	3			3	5	261	28	233
20－24岁	57		16	43	128	1222	215	1007
25－29岁	121	2	14	100	300	2170	326	1844
30－34岁	110	3	42	126	398	3564	524	3040
35－39岁	45	2	25	154	277	3781	473	3308
40－44岁	31	1	20	183	215	4070	563	3507
45－49岁	25	1	29	319	223	5253	744	4509
50－54岁	19	1	12	160	77	3402	480	2922
55－59岁	4		6	75	27	1450	147	1303
60－64岁	2		2	32	5	396	58	338
65－69岁				14	3	97	16	81
70－74岁				5		14	5	9
75岁及以上				2		9	1	8

4-5　续表 8

单位：人

年龄组 性　别	信息传输、软件和信息技术服务业				金融业				
	小计	电信、广播电视和卫星传输服务	互联网和相关服务	软件和信息技术服务业	小计	货币金融服　务	资本市场服　务	保险业	其　他金融业
总　计	**11692**	**5775**	**2640**	**3277**	**20112**	**11619**	**646**	**6849**	**998**
16−19岁	49	13	20	16	20	8		11	1
20−24岁	1060	191	397	472	1022	622	43	275	82
25−29岁	2200	700	645	855	3250	1748	133	1153	216
30−34岁	2834	1378	654	802	4828	2711	162	1682	273
35−39岁	2079	1210	367	502	3250	1702	116	1282	150
40−44岁	1314	838	210	266	2053	1029	59	880	85
45−49岁	1042	669	185	188	2637	1570	71	913	83
50−54岁	674	455	112	107	1923	1378	41	442	62
55−59岁	380	280	39	61	994	763	17	173	41
60−64岁	43	31	8	4	98	62	3	30	3
65−69岁	7	5	1	1	30	22	1	5	2
70−74岁	8	4	2	2	5	3		2	
75岁及以上	2	1		1	2	1		1	
男	**7185**	**3064**	**1783**	**2338**	**8907**	**5571**	**340**	**2460**	**536**
16−19岁	30	5	14	11	9	4		5	
20−24岁	679	107	260	312	473	276	11	149	37
25−29岁	1398	368	434	596	1495	740	66	576	113
30−34岁	1629	615	438	576	2098	1174	85	697	142
35−39岁	1154	541	256	357	1288	752	63	391	82
40−44岁	752	416	136	200	742	452	36	208	46
45−49岁	645	385	119	141	948	672	33	203	40
50−54岁	516	350	85	81	950	754	26	134	36
55−59岁	333	245	32	56	813	681	16	81	35
60−64岁	35	24	7	4	66	49	3	11	3
65−69岁	5	4		1	21	15	1	3	2
70−74岁	7	3	2	2	2	1		1	
75岁及以上	2	1		1	2	1		1	
女	**4507**	**2711**	**857**	**939**	**11205**	**6048**	**306**	**4389**	**462**
16−19岁	19	8	6	5	11	4		6	1
20−24岁	381	84	137	160	549	346	32	126	45
25−29岁	802	332	211	259	1755	1008	67	577	103
30−34岁	1205	763	216	226	2730	1537	77	985	131
35−39岁	925	669	111	145	1962	950	53	891	68
40−44岁	562	422	74	66	1311	577	23	672	39
45−49岁	397	284	66	47	1689	898	38	710	43
50−54岁	158	105	27	26	973	624	15	308	26
55−59岁	47	35	7	5	181	82	1	92	6
60−64岁	8	7	1		32	13		19	
65−69岁	2	1	1		9	7		2	
70−74岁	1	1			3	2		1	
75岁及以上									

4−5 续表 9

单位：人

年龄组 性别	房地产业		租赁和商务服务业			科学研究和技术服务业			
	小计	房地产业	小计	租赁业	商务服务业	小计	研究和试验发展	专业技术服务业	科技推广和应用服务业
总　计	**17786**	**17786**	**20506**	**1767**	**18739**	**11145**	**964**	**8714**	**1467**
16−19岁	42	42	58	4	54	13		11	2
20−24岁	900	900	1477	73	1404	792	59	632	101
25−29岁	2310	2310	3255	238	3017	1931	165	1528	238
30−34岁	3016	3016	4147	445	3702	2573	215	2063	295
35−39岁	2222	2222	3131	310	2821	1739	148	1339	252
40−44岁	1745	1745	2235	230	2005	1024	94	764	166
45−49岁	2308	2308	2446	211	2235	1145	104	891	150
50−54岁	2103	2103	1818	165	1653	980	81	779	120
55−59岁	1670	1670	1252	60	1192	766	85	581	100
60−64岁	906	906	441	16	425	109	11	79	19
65−69岁	435	435	176	12	164	48	2	32	14
70−74岁	111	111	56	3	53	19		11	8
75岁及以上	18	18	14		14	6		4	2
男	**10191**	**10191**	**12822**	**1563**	**11259**	**7593**	**621**	**6014**	**958**
16−19岁	27	27	39	4	35	10		9	1
20−24岁	530	530	715	59	656	517	38	414	65
25−29岁	1319	1319	1799	210	1589	1266	97	1021	148
30−34岁	1595	1595	2427	402	2025	1674	144	1336	194
35−39岁	1100	1100	1915	273	1642	1127	90	878	159
40−44岁	786	786	1374	204	1170	683	56	520	107
45−49岁	1074	1074	1582	190	1392	761	65	600	96
50−54岁	1281	1281	1359	145	1214	749	52	617	80
55−59岁	1281	1281	1050	49	1001	658	70	511	77
60−64岁	713	713	366	15	351	91	7	69	15
65−69岁	374	374	141	10	131	36	2	26	8
70−74岁	96	96	46	2	44	15		9	6
75岁及以上	15	15	9		9	6		4	2
女	**7595**	**7595**	**7684**	**204**	**7480**	**3552**	**343**	**2700**	**509**
16−19岁	15	15	19		19	3		2	1
20−24岁	370	370	762	14	748	275	21	218	36
25−29岁	991	991	1456	28	1428	665	68	507	90
30−34岁	1421	1421	1720	43	1677	899	71	727	101
35−39岁	1122	1122	1216	37	1179	612	58	461	93
40−44岁	959	959	861	26	835	341	38	244	59
45−49岁	1234	1234	864	21	843	384	39	291	54
50−54岁	822	822	459	20	439	231	29	162	40
55−59岁	389	389	202	11	191	108	15	70	23
60−64岁	193	193	75	1	74	18	4	10	4
65−69岁	61	61	35	2	33	12		6	6
70−74岁	15	15	10	1	9	4		2	2
75岁及以上	3	3	5		5				

4-5 续表 10

单位：人

年龄组 性别	水利、环境和公共设施管理业					居民服务、修理和其他服务业			
	小计	水利管理业	生态保护和环境治理业	公共设施管理业	土地管理业	小计	居民服务业	机动车、电子产品和日用产品修理业	其他服务业
总计	**10098**	**831**	**1023**	**8074**	**170**	**42441**	**25194**	**10842**	**6405**
16-19岁	7	1	1	5		619	405	198	16
20-24岁	199	25	53	112	9	2829	1747	925	157
25-29岁	577	73	99	372	33	4993	2848	1733	412
30-34岁	924	91	153	650	30	6953	3964	2387	602
35-39岁	944	85	135	688	36	6339	3729	1928	682
40-44岁	981	122	109	732	18	5219	3157	1260	802
45-49岁	1547	166	158	1205	18	5917	3633	1083	1201
50-54岁	1583	127	127	1316	13	4491	2760	678	1053
55-59岁	1540	119	113	1298	10	2746	1628	405	713
60-64岁	1133	15	44	1071	3	1448	791	162	495
65-69岁	551	5	24	522		654	367	65	222
70-74岁	103	2	5	96		154	102	11	41
75岁及以上	9		2	7		79	63	7	9
男	**6535**	**594**	**786**	**5050**	**105**	**22329**	**9671**	**9308**	**3350**
16-19岁	7	1	1	5		391	186	195	10
20-24岁	137	17	41	74	5	1699	729	876	94
25-29岁	398	46	76	256	20	3034	1235	1559	240
30-34岁	598	54	104	424	16	3973	1503	2089	381
35-39岁	604	63	104	416	21	3229	1285	1602	342
40-44岁	588	97	81	399	11	2430	1063	1030	337
45-49岁	824	103	109	600	12	2547	1212	853	482
50-54岁	999	91	113	787	8	2160	1083	549	528
55-59岁	1037	102	100	826	9	1494	739	341	414
60-64岁	783	13	33	734	3	849	383	140	326
65-69岁	464	5	19	440		395	177	58	160
70-74岁	89	2	4	83		88	48	9	31
75岁及以上	7		1	6		40	28	7	5
女	**3563**	**237**	**237**	**3024**	**65**	**20112**	**15523**	**1534**	**3055**
16-19岁						228	219	3	6
20-24岁	62	8	12	38	4	1130	1018	49	63
25-29岁	179	27	23	116	13	1959	1613	174	172
30-34岁	326	37	49	226	14	2980	2461	298	221
35-39岁	340	22	31	272	15	3110	2444	326	340
40-44岁	393	25	28	333	7	2789	2094	230	465
45-49岁	723	63	49	605	6	3370	2421	230	719
50-54岁	584	36	14	529	5	2331	1677	129	525
55-59岁	503	17	13	472	1	1252	889	64	299
60-64岁	350	2	11	337		599	408	22	169
65-69岁	87		5	82		259	190	7	62
70-74岁	14		1	13		66	54	2	10
75岁及以上	2		1	1		39	35		4

4-5 续表 11　　　　单位：人

年龄组 性　别	教育		卫生和社会工作			文化、体育和娱乐业				
	小计	教育	小计	卫生	社会工作	小计	新闻和出版业	广播、电视、电影和录音制作业	文　化艺术业	体育
总　计	**52399**	**52399**	**26836**	**26063**	**773**	**7581**	**839**	**1185**	**1968**	**891**
16-19岁	409	409	74	74		111		10	15	16
20-24岁	3908	3908	2084	2058	26	763	30	109	158	145
25-29岁	7575	7575	4832	4778	54	1321	117	215	300	224
30-34岁	8593	8593	5141	5060	81	1561	188	248	432	180
35-39岁	8489	8489	3813	3729	84	1093	129	180	275	109
40-44岁	6354	6354	2760	2666	94	728	98	115	179	56
45-49岁	6335	6335	3154	3036	118	805	111	101	234	77
50-54岁	5821	5821	2523	2378	145	656	90	113	219	39
55-59岁	4021	4021	1613	1509	104	406	71	73	123	33
60-64岁	557	557	437	392	45	94	3	14	21	8
65-69岁	183	183	264	247	17	28	1	4	7	3
70-74岁	97	97	101	96	5	11	1	2	3	
75岁及以上	57	57	40	40		4		1	2	1
男	**17165**	**17165**	**9063**	**8771**	**292**	**4098**	**406**	**653**	**972**	**502**
16-19岁	193	193	31	31		65		4	7	8
20-24岁	777	777	479	470	9	439	9	61	69	93
25-29岁	1614	1614	1087	1068	19	713	47	103	139	138
30-34岁	2137	2137	1190	1157	33	799	68	138	193	92
35-39岁	2384	2384	1300	1265	35	566	58	95	126	56
40-44岁	2042	2042	1046	1019	27	353	48	56	83	22
45-49岁	2162	2162	1271	1241	30	377	58	55	105	36
50-54岁	2503	2503	1040	983	57	387	60	71	131	24
55-59岁	2705	2705	999	953	46	300	54	56	91	24
60-64岁	404	404	303	280	23	70	2	8	20	8
65-69岁	132	132	197	187	10	19	1	3	5	1
70-74岁	69	69	84	81	3	7	1	2	1	
75岁及以上	43	43	36	36		3		1	2	
女	**35234**	**35234**	**17773**	**17292**	**481**	**3483**	**433**	**532**	**996**	**389**
16-19岁	216	216	43	43		46		6	8	8
20-24岁	3131	3131	1605	1588	17	324	21	48	89	52
25-29岁	5961	5961	3745	3710	35	608	70	112	161	86
30-34岁	6456	6456	3951	3903	48	762	120	110	239	88
35-39岁	6105	6105	2513	2464	49	527	71	85	149	53
40-44岁	4312	4312	1714	1647	67	375	50	59	96	34
45-49岁	4173	4173	1883	1795	88	428	53	46	129	41
50-54岁	3318	3318	1483	1395	88	269	30	42	88	15
55-59岁	1316	1316	614	556	58	106	17	17	32	9
60-64岁	153	153	134	112	22	24	1	6	1	
65-69岁	51	51	67	60	7	9		1	2	2
70-74岁	28	28	17	15	2	4			2	
75岁及以上	14	14	4	4		1				1

4-5　续表 12　　　　单位：人

年龄组 性　别	娱乐业	公共管理、社会保障和社会组织							国际组织	
		小计	中国共产党机关	国家机构	人民政协、民主党派	社会保障	群众团体、社会团体和其他成员组织	基层群众自治组织	小计	国际组织
总　计	**2698**	**73460**	**2186**	**62621**	**307**	**474**	**1856**	**6016**	**2**	**2**
16－19岁	70	48	2	32		1	7	6		
20－24岁	321	2990	74	2539	6	37	106	228	1	1
25－29岁	465	9540	284	8430	22	52	236	516		
30－34岁	513	13080	461	11455	34	87	325	718		
35－39岁	400	10167	406	8716	38	64	238	705	1	1
40－44岁	280	9440	252	7925	26	71	231	935		
45－49岁	282	10632	276	8888	43	77	250	1098		
50－54岁	195	8964	213	7702	56	54	248	691		
55－59岁	106	6888	188	5850	75	27	155	593		
60－64岁	48	1022	21	656	6	2	32	305		
65－69岁	13	499	6	314	1	1	13	164		
70－74岁	5	132	1	76		1	5	49		
75岁及以上		58	2	38			10	8		
男	**1565**	**46118**	**1410**	**40450**	**205**	**221**	**933**	**2899**	**1**	**1**
16－19岁	46	40	2	28		1	6	3		
20－24岁	207	1588	28	1436	2	10	39	73	1	1
25－29岁	286	5259	152	4845	10	22	93	137		
30－34岁	308	7340	263	6658	18	34	138	229		
35－39岁	231	6074	267	5380	19	36	100	272		
40－44岁	144	5690	169	4984	16	28	124	369		
45－49岁	123	6379	182	5568	22	35	110	462		
50－54岁	101	6291	154	5455	43	29	153	457		
55－59岁	75	6080	168	5234	68	23	129	458		
60－64岁	32	794	16	506	6	1	24	241		
65－69岁	9	423	6	259	1	1	10	146		
70－74岁	3	112	1	62		1	2	46		
75岁及以上		48	2	35			5	6		
女	**1133**	**27342**	**776**	**22171**	**102**	**253**	**923**	**3117**	**1**	**1**
16－19岁	24	8		4			1	3		
20－24岁	114	1402	46	1103	4	27	67	155		
25－29岁	179	4281	132	3585	12	30	143	379		
30－34岁	205	5740	198	4797	16	53	187	489		
35－39岁	169	4093	139	3336	19	28	138	433	1	1
40－44岁	136	3750	83	2941	10	43	107	566		
45－49岁	159	4253	94	3320	21	42	140	636		
50－54岁	94	2673	59	2247	13	25	95	234		
55－59岁	31	808	20	616	7	4	26	135		
60－64岁	16	228	5	150		1	8	64		
65－69岁	4	76		55			3	18		
70－74岁	2	20		14			3	3		
75岁及以上		10		3			5	2		

4-5a 全区分年龄、性别、行业大类的就业人口(城市)

单位：人

年龄组 性　别	合计	农、林、牧、渔业						采矿业	
		小计	农业	林业	畜牧业	渔业	农、林、牧、渔专业及辅助性活动	小计	煤炭开采和洗选业
总　计	**388709**	**6806**	**3457**	**565**	**1967**	**93**	**724**	**10169**	**7936**
16-19岁	1477	3	2				1	9	8
20-24岁	18741	100	33	8	40	4	15	251	186
25-29岁	46683	396	180	27	135	7	47	870	716
30-34岁	70127	859	412	54	290	9	94	1871	1494
35-39岁	61812	955	488	59	302	16	90	1500	1206
40-44岁	51901	973	499	66	273	18	117	1288	1017
45-49岁	59944	1230	602	125	350	14	139	2079	1584
50-54岁	43632	1045	479	131	291	14	130	1567	1223
55-59岁	25413	721	382	79	177	9	74	619	434
60-64岁	5935	295	210	8	66	2	9	80	49
65-69岁	2288	169	122	6	34		7	20	12
70-74岁	539	46	38	2	6			5	2
75岁及以上	217	14	10		3		1	10	5
男	**235077**	**4881**	**2360**	**433**	**1469**	**69**	**550**	**8613**	**6863**
16-19岁	956	1					1	9	8
20-24岁	10065	79	24	8	33	2	12	212	163
25-29岁	26118	281	116	22	103	6	34	710	596
30-34岁	40501	641	305	36	229	8	63	1588	1299
35-39岁	36165	709	354	35	242	11	67	1251	1015
40-44岁	30015	702	350	51	201	12	88	1067	858
45-49岁	34687	842	409	82	241	9	101	1681	1349
50-54岁	29598	737	309	113	198	12	105	1417	1105
55-59岁	20155	530	252	72	133	8	65	579	409
60-64岁	4489	206	136	8	53	1	8	71	45
65-69岁	1750	106	70	4	27		5	17	10
70-74岁	419	36	28	2	6			4	2
75岁及以上	159	11	7		3		1	7	4
女	**153632**	**1925**	**1097**	**132**	**498**	**24**	**174**	**1556**	**1073**
16-19岁	521	2	2						
20-24岁	8676	21	9		7	2	3	39	23
25-29岁	20565	115	64	5	32	1	13	160	120
30-34岁	29626	218	107	18	61	1	31	283	195
35-39岁	25647	246	134	24	60	5	23	249	191
40-44岁	21886	271	149	15	72	6	29	221	159
45-49岁	25257	388	193	43	109	5	38	398	235
50-54岁	14034	308	170	18	93	2	25	150	118
55-59岁	5258	191	130	7	44	1	9	40	25
60-64岁	1446	89	74		13	1	1	9	4
65-69岁	538	63	52	2	7		2	3	2
70-74岁	120	10	10					1	
75岁及以上	58	3	3					3	1

4-5a　续表 1　　　　单位：人

年龄组 性　别	采矿业						制造业		
	石油和天然气开采业	黑色金属矿采选业	有色金属矿采选业	非金属矿采选业	开采专业及辅助性活　动	其　他采矿业	小计	农副食品加工业	食　品制造业
总　计	**92**	**891**	**523**	**257**	**324**	**146**	**38609**	**2335**	**3194**
16-19岁				1			86	5	23
20-24岁	3	21	17	9	12	3	1565	56	200
25-29岁	6	53	31	13	32	19	4153	198	456
30-34岁	13	145	111	48	39	21	6882	380	649
35-39岁	16	93	72	46	44	23	5841	383	545
40-44岁	11	112	58	31	42	17	5269	330	450
45-49岁	15	229	106	52	65	28	6871	401	401
50-54岁	19	145	83	21	51	25	4940	324	280
55-59岁	8	69	38	27	33	10	2295	198	132
60-64岁	1	14	5	7	4		441	41	40
65-69岁		2	2	2	2		197	16	11
70-74岁		3					43	2	4
75岁及以上		5					26	1	3
男	**71**	**688**	**404**	**220**	**252**	**115**	**28061**	**1534**	**1885**
16-19岁				1			59	1	11
20-24岁	1	17	13	8	7	3	1184	31	119
25-29岁	3	42	24	12	22	11	3115	137	267
30-34岁	10	110	86	36	29	18	5089	253	410
35-39岁	14	71	53	44	36	18	4106	243	307
40-44岁	9	87	40	27	32	14	3510	215	258
45-49岁	8	151	71	41	41	20	4524	230	205
50-54岁	17	130	78	17	47	23	3962	232	176
55-59岁	8	63	33	26	32	8	1975	146	95
60-64岁	1	11	4	6	4		340	31	25
65-69岁		1	2	2	2		153	12	9
70-74岁		2					31	2	1
75岁及以上		3					13	1	2
女	**21**	**203**	**119**	**37**	**72**	**31**	**10548**	**801**	**1309**
16-19岁							27	4	12
20-24岁	2	4	4	1	5		381	25	81
25-29岁	3	11	7	1	10	8	1038	61	189
30-34岁	3	35	25	12	10	3	1793	127	239
35-39岁	2	22	19	2	8	5	1735	140	238
40-44岁	2	25	18	4	10	3	1759	115	192
45-49岁	7	78	35	11	24	8	2347	171	196
50-54岁	2	15	5	4	4	2	978	92	104
55-59岁		6	5	1	1	2	320	52	37
60-64岁		3	1	1			101	10	15
65-69岁		1					44	4	2
70-74岁		1					12		3
75岁及以上		2					13		1

4－5a 续表 2 单位：人

年龄组 性 别	制造业								
	酒、饮料和精制茶制造业	烟 草制品业	纺织业	纺织服装、服饰业	皮革、毛皮、羽毛及其制品和制鞋业	木材加工和木、竹、藤、棕、草制品业	家 具制造业	造纸和纸制品业	印刷和记录媒介复制业
总 计	**881**	**248**	**949**	**981**	**152**	**1263**	**422**	**165**	**587**
16－19岁					5	3	1		1
20－24岁	23	4	14	12	5	24	15	4	21
25－29岁	82	29	55	33	9	67	43	8	60
30－34岁	169	37	98	87	25	161	60	13	89
35－39岁	131	40	140	128	20	155	83	14	88
40－44岁	115	39	151	198	13	176	62	24	94
45－49岁	159	53	238	268	43	271	59	45	117
50－54岁	112	29	151	160	15	198	54	36	75
55－59岁	72	17	65	71	10	155	32	15	29
60－64岁	12		19	12	7	34	11	2	9
65－69岁	4		14	7		18	1	4	3
70－74岁	2			4		1	1		1
75岁及以上			4	1					
男	**567**	**175**	**369**	**280**	**77**	**886**	**307**	**114**	**326**
16－19岁					3	3	1		1
20－24岁	16	4	3	6	4	18	10	4	8
25－29岁	48	22	28	12	4	51	31	5	37
30－34岁	105	26	40	30	14	112	45	9	49
35－39岁	72	22	55	25	6	113	64	4	51
40－44岁	57	24	42	40	5	113	35	16	48
45－49岁	103	36	65	61	23	185	39	28	54
50－54岁	92	24	74	58	7	133	42	30	46
55－59岁	59	17	43	38	7	113	28	12	23
60－64岁	10		10	6	4	27	11	2	6
65－69岁	3		7	2		18	1	4	2
70－74岁	2			2					1
75岁及以上			2						
女	**314**	**73**	**580**	**701**	**75**	**377**	**115**	**51**	**261**
16－19岁					2				
20－24岁	7		11	6	1	6	5		13
25－29岁	34	7	27	21	5	16	12	3	23
30－34岁	64	11	58	57	11	49	15	4	40
35－39岁	59	18	85	103	14	42	19	10	37
40－44岁	58	15	109	158	8	63	27	8	46
45－49岁	56	17	173	207	20	86	20	17	63
50－54岁	20	5	77	102	8	65	12	6	29
55－59岁	13		22	33	3	42	4	3	6
60－64岁	2		9	6	3	7			3
65－69岁	1		7	5					1
70－74岁				2		1	1		
75岁及以上			2	1					

4-5a 续表 3 单位：人

年龄组 性 别	制造业								
	文教、工美、体育和娱乐用品制造业	石油、煤炭及其他燃料加工业	化学原料和化学制品制造业	医 药制造业	化学纤维制造业	橡胶和塑 料制品业	非金属矿 物制品业	黑色金属冶炼和压延加工业	有色金属冶炼和压延加工业
总 计	**275**	**2041**	**3198**	**1209**	**17**	**462**	**2359**	**3075**	**3114**
16-19岁	3	2	5			1	2	2	1
20-24岁	9	55	180	78	1	15	49	80	128
25-29岁	34	169	408	213	4	39	216	264	394
30-34岁	53	385	639	298	4	85	381	468	657
35-39岁	65	342	452	188	2	79	348	442	494
40-44岁	34	291	405	148	2	57	357	434	440
45-49岁	39	461	587	142	2	76	424	693	503
50-54岁	22	246	366	89	2	62	342	488	362
55-59岁	10	85	128	37		31	165	173	118
60-64岁	5	3	21	11		6	42	24	13
65-69岁	1	2	4	5		7	28	5	3
70-74岁			1			2	4	1	1
75岁及以上			2			2	1	1	
男	**145**	**1572**	**2295**	**762**	**11**	**340**	**1895**	**2520**	**2601**
16-19岁	1	1	5				2	2	1
20-24岁	3	42	139	44		12	42	66	109
25-29岁	19	130	310	128	2	28	170	232	334
30-34岁	29	294	441	183	3	66	303	386	563
35-39岁	31	267	312	109	2	57	277	350	406
40-44岁	19	200	258	82	1	42	272	325	353
45-49岁	20	334	378	103	2	43	316	517	388
50-54岁	12	216	311	70	1	52	300	451	320
55-59岁	7	84	117	33		29	149	162	113
60-64岁	3	2	20	7		4	36	24	12
65-69岁	1	2	2	3		5	24	4	2
70-74岁			1			1	4	1	
75岁及以上			1			1			
女	**130**	**469**	**903**	**447**	**6**	**122**	**464**	**555**	**513**
16-19岁	2	1				1			
20-24岁	6	13	41	34	1	3	7	14	19
25-29岁	15	39	98	85	2	11	46	32	60
30-34岁	24	91	198	115	1	19	78	82	94
35-39岁	34	75	140	79		22	71	92	88
40-44岁	15	91	147	66	1	15	85	109	87
45-49岁	19	127	209	39		33	108	176	115
50-54岁	10	30	55	19	1	10	42	37	42
55-59岁	3	1	11	4		2	16	11	5
60-64岁	2	1	1	4		2	6		1
65-69岁			2	2		2	4	1	1
70-74岁						1			1
75岁及以上			1			1	1	1	

4－5a 续表 4 单位：人

年龄组 性 别	制造业								
	金 属 制品业	通用设备 制造业	专用设备 制造业	汽 车 制造业	铁路、船舶、 航空航天和 其他运输 设备制造业	电气机械 和器材 制造业	计算机、 通信和其 他电子设 备制造业	仪器仪表 制造业	其 他 制造业
总 计	**3044**	**1555**	**910**	**644**	**443**	**869**	**858**	**131**	**1733**
16－19岁	4	5		5	1	5	10		1
20－24岁	81	90	49	52	24	80	113	4	58
25－29岁	258	173	112	102	43	183	233	21	122
30－34岁	523	283	177	134	75	225	185	24	271
35－39岁	523	227	146	110	59	108	112	21	223
40－44岁	454	185	102	71	38	84	86	15	235
45－49岁	542	256	140	106	87	79	62	22	339
50－54岁	445	206	101	45	70	62	38	18	315
55－59岁	161	98	65	19	41	34	14	3	160
60－64岁	31	19	13		4	7	3	2	7
65－69岁	16	9	4			2	1		1
70－74岁	4	3	1		1				1
75岁及以上	2	1					1	1	
男	**2546**	**1304**	**652**	**507**	**349**	**704**	**628**	**100**	**1320**
16－19岁	4	5		5	1	4	7		
20－24岁	67	79	37	48	20	71	91	4	50
25－29岁	224	146	78	82	39	152	173	19	94
30－34岁	439	246	125	101	59	188	143	19	199
35－39岁	441	186	104	87	43	80	74	12	156
40－44岁	370	153	71	53	25	61	55	12	158
45－49岁	428	193	95	72	59	57	42	12	235
50－54岁	384	182	80	41	59	55	26	17	269
55－59岁	151	89	53	18	39	29	14	3	152
60－64岁	24	15	7		4	5	2	2	5
65－69岁	12	7	2			2	1		1
70－74岁	2	3			1				1
75岁及以上									
女	**498**	**251**	**258**	**137**	**94**	**165**	**230**	**31**	**413**
16－19岁						1	3		1
20－24岁	14	11	12	4	4	9	22		8
25－29岁	34	27	34	20	4	31	60	2	28
30－34岁	84	37	52	33	16	37	42	5	72
35－39岁	82	41	42	23	16	28	38	9	67
40－44岁	84	32	31	18	13	23	31	3	77
45－49岁	114	63	45	34	28	22	20	10	104
50－54岁	61	24	21	4	11	7	12	1	46
55－59岁	10	9	12	1	2	5			8
60－64岁	7	4	6			2	1		2
65－69岁	4	2	2						
70－74岁	2		1						
75岁及以上	2	1					1	1	

4-5a　续表 5　　　　单位：人

年龄组 性　别	制造业		电力、热力、燃气及水生产和供应业				建筑业		
	废弃资源综　合利用业	金属制品、机械和设备修理业	小计	电力、热力生产和供应业	燃气生产和供应业	水的生产和供应业	小计	房　屋建筑业	土木工程建筑业
总　计	**465**	**1030**	**13212**	**10663**	**1042**	**1507**	**36194**	**16146**	**4655**
16-19岁		1	12	9		3	54	29	2
20-24岁	9	32	565	482	39	44	926	331	178
25-29岁	19	106	1806	1475	139	192	2846	1089	490
30-34岁	48	199	2600	2064	258	278	5346	2100	902
35-39岁	46	127	1859	1464	178	217	5762	2200	745
40-44岁	55	124	1509	1166	130	213	5410	2402	611
45-49岁	95	161	2197	1770	140	287	6539	3174	672
50-54岁	65	162	1633	1397	80	156	5309	2705	572
55-59岁	54	103	898	741	58	99	2921	1471	396
60-64岁	35	8	98	73	14	11	805	470	64
65-69岁	27	4	28	17	5	6	220	137	19
70-74岁	7	2	5	3	1	1	40	29	2
75岁及以上	5	1	2	2			16	9	2
男	**377**	**913**	**9624**	**7963**	**725**	**936**	**30713**	**13787**	**3821**
16-19岁		1	11	8		3	50	26	2
20-24岁	8	29	423	370	23	30	693	257	130
25-29岁	15	98	1303	1092	93	118	2288	893	383
30-34岁	38	171	1857	1506	187	164	4414	1749	709
35-39岁	38	112	1321	1069	119	133	4914	1885	597
40-44岁	43	104	1015	832	81	102	4567	2021	498
45-49岁	68	133	1387	1153	87	147	5440	2639	542
50-54岁	53	149	1358	1159	67	132	4646	2354	508
55-59岁	50	102	837	693	53	91	2682	1354	368
60-64岁	28	8	82	63	10	9	765	447	63
65-69岁	24	3	24	14	4	6	206	127	19
70-74岁	7	2	4	2	1	1	34	28	
75岁及以上	5	1	2	2			14	7	2
女	**88**	**117**	**3588**	**2700**	**317**	**571**	**5481**	**2359**	**834**
16-19岁			1	1			4	3	
20-24岁	1	3	142	112	16	14	233	74	48
25-29岁	4	8	503	383	46	74	558	196	107
30-34岁	10	28	743	558	71	114	932	351	193
35-39岁	8	15	538	395	59	84	848	315	148
40-44岁	12	20	494	334	49	111	843	381	113
45-49岁	27	28	810	617	53	140	1099	535	130
50-54岁	12	13	275	238	13	24	663	351	64
55-59岁	4	1	61	48	5	8	239	117	28
60-64岁	7		16	10	4	2	40	23	1
65-69岁	3	1	4	3	1		14	10	
70-74岁			1	1			6	1	2
75岁及以上							2	2	

4－5a 续表 6 单位：人

年龄组 性别	建筑业		批发和零售业			交通运输、仓储和邮政业			
	建筑安装业	建筑装饰、装修和其他建筑业	小计	批发业	零售业	小计	铁路运输业	道路运输业	水上运输业
总　计	**2326**	**13067**	**66973**	**16605**	**50368**	**34829**	**7656**	**19160**	**46**
16－19岁	4	19	183	15	168	51	10	24	1
20－24岁	56	361	2721	498	2223	1252	429	421	5
25－29岁	209	1058	7261	1696	5565	3256	980	1300	5
30－34岁	419	1925	12657	3138	9519	5384	1269	2772	7
35－39岁	406	2411	11940	2859	9081	5556	740	3729	7
40－44岁	341	2056	10662	2541	8121	5364	754	3598	7
45－49岁	410	2283	10833	2667	8166	6360	1209	3813	9
50－54岁	300	1732	6383	1834	4549	4475	1196	2301	4
55－59岁	130	924	3066	928	2138	2569	989	971	1
60－64岁	37	234	840	269	571	378	52	164	
65－69岁	13	51	305	109	196	128	11	49	
70－74岁	1	8	81	36	45	35	6	12	
75岁及以上		5	41	15	26	21	11	6	
男	**2096**	**11009**	**33126**	**10861**	**22265**	**29100**	**6359**	**16488**	**34**
16－19岁	4	18	97	9	88	43	7	22	1
20－24岁	45	261	1336	310	1026	929	342	318	4
25－29岁	184	828	3617	1086	2531	2468	752	1033	5
30－34岁	370	1586	6200	2026	4174	4264	1010	2293	6
35－39岁	362	2070	5592	1814	3778	4676	596	3254	5
40－44岁	312	1736	4683	1537	3146	4500	620	3108	7
45－49岁	370	1889	4897	1683	3214	5197	927	3216	3
50－54岁	280	1504	3666	1334	2332	4045	1083	2092	2
55－59岁	123	837	2126	731	1395	2468	955	943	1
60－64岁	34	221	607	209	398	353	42	157	
65－69岁	11	49	218	83	135	110	10	39	
70－74岁	1	5	60	28	32	28	5	8	
75岁及以上		5	27	11	16	19	10	5	
女	**230**	**2058**	**33847**	**5744**	**28103**	**5729**	**1297**	**2672**	**12**
16－19岁		1	86	6	80	8	3	2	
20－24岁	11	100	1385	188	1197	323	87	103	1
25－29岁	25	230	3644	610	3034	788	228	267	
30－34岁	49	339	6457	1112	5345	1120	259	479	1
35－39岁	44	341	6348	1045	5303	880	144	475	2
40－44岁	29	320	5979	1004	4975	864	134	490	
45－49岁	40	394	5936	984	4952	1163	282	597	6
50－54岁	20	228	2717	500	2217	430	113	209	2
55－59岁	7	87	940	197	743	101	34	28	
60－64岁	3	13	233	60	173	25	10	7	
65－69岁	2	2	87	26	61	18	1	10	
70－74岁		3	21	8	13	7	1	4	
75岁及以上			14	4	10	2	1	1	

4－5a　续表 7　　　　单位：人

年龄组 性别	交通运输、仓储和邮政业					住宿和餐饮业		
	航空运输业	管道运输业	多式联运和运输代理业	装卸搬运和仓储业	邮政业	小计	住宿业	餐饮业
总计	**826**	**26**	**615**	**3255**	**3245**	**24493**	**2998**	**21495**
16－19岁	2		1	4	9	457	32	425
20－24岁	101	1	26	46	223	1785	220	1565
25－29岁	219	1	67	139	545	2842	312	2530
30－34岁	201	6	127	237	765	3982	466	3516
35－39岁	103	2	97	336	542	3683	389	3294
40－44岁	59	1	76	445	424	3341	405	2936
45－49岁	70	7	99	756	397	3961	534	3427
50－54岁	35	4	70	673	192	2605	369	2236
55－59岁	34	1	46	400	127	1306	173	1133
60－64岁	1	3	4	141	13	398	67	331
65－69岁	1		1	60	6	110	22	88
70－74岁			1	15	1	18	6	12
75岁及以上				3	1	5	3	2
男	**511**	**18**	**490**	**2841**	**2359**	**12383**	**1155**	**11228**
16－19岁			1	4	8	341	16	325
20－24岁	59	1	12	32	161	1140	96	1044
25－29岁	120		56	105	397	1783	133	1650
30－34岁	115	3	93	190	554	2319	177	2142
35－39岁	71	1	76	279	394	1970	152	1818
40－44岁	36		63	373	293	1448	120	1328
45－49岁	49	6	79	650	267	1374	145	1229
50－54岁	27	3	61	624	153	1019	137	882
55－59岁	32	1	44	379	113	650	109	541
60－64岁	1	3	3	135	12	250	48	202
65－69岁	1		1	54	5	74	15	59
70－74岁			1	13	1	12	5	7
75岁及以上				3	1	3	2	1
女	**315**	**8**	**125**	**414**	**886**	**12110**	**1843**	**10267**
16－19岁	2				1	116	16	100
20－24岁	42		14	14	62	645	124	521
25－29岁	99	1	11	34	148	1059	179	880
30－34岁	86	3	34	47	211	1663	289	1374
35－39岁	32	1	21	57	148	1713	237	1476
40－44岁	23	1	13	72	131	1893	285	1608
45－49岁	21	1	20	106	130	2587	389	2198
50－54岁	8	1	9	49	39	1586	232	1354
55－59岁	2		2	21	14	656	64	592
60－64岁			1	6	1	148	19	129
65－69岁				6	1	36	7	29
70－74岁				2		6	1	5
75岁及以上						2	1	1

4－5a 续表 8　　　　单位：人

年龄组 性别	信息传输、软件和信息技术服务业				金融业				
	小计	电信、广播电视和卫星传输服务	互联网和相关服务	软件和信息技术服务业	小计	货币金融服务	资本市场服务	保险业	其他金融业
总　计	**7632**	**3677**	**1669**	**2286**	**12790**	**7122**	**522**	**4400**	**746**
16－19岁	26	8	8	10	14	7		6	1
20－24岁	627	112	225	290	546	300	28	168	50
25－29岁	1413	427	409	577	2009	977	94	779	159
30－34岁	1835	840	423	572	3224	1769	124	1125	206
35－39岁	1497	844	255	398	2152	1100	101	833	118
40－44岁	919	569	142	208	1341	654	55	559	73
45－49岁	672	427	109	136	1673	986	64	557	66
50－54岁	390	262	69	59	1202	872	38	250	42
55－59岁	225	167	26	32	570	422	14	106	28
60－64岁	18	14	1	3	42	24	3	14	1
65－69岁	5	3	1	1	15	10	1	2	2
70－74岁	5	4	1		1	1			
75岁及以上					1			1	
男	**4626**	**1913**	**1108**	**1605**	**5582**	**3276**	**281**	**1642**	**383**
16－19岁	15	4	5	6	6	3		3	
20－24岁	390	65	143	182	256	132	9	91	24
25－29岁	891	216	273	402	910	399	47	385	79
30－34岁	1031	354	276	401	1398	746	62	486	104
35－39岁	837	372	177	288	857	481	57	257	62
40－44岁	530	289	90	151	480	266	35	143	36
45－49岁	412	245	67	100	595	397	29	141	28
50－54岁	303	207	54	42	574	452	24	75	23
55－59岁	194	144	21	29	467	375	14	54	24
60－64岁	16	12	1	3	27	18	3	5	1
65－69岁	3	2		1	11	7	1	1	2
70－74岁	4	3	1						
75岁及以上					1			1	
女	**3006**	**1764**	**561**	**681**	**7208**	**3846**	**241**	**2758**	**363**
16－19岁	11	4	3	4	8	4		3	1
20－24岁	237	47	82	108	290	168	19	77	26
25－29岁	522	211	136	175	1099	578	47	394	80
30－34岁	804	486	147	171	1826	1023	62	639	102
35－39岁	660	472	78	110	1295	619	44	576	56
40－44岁	389	280	52	57	861	388	20	416	37
45－49岁	260	182	42	36	1078	589	35	416	38
50－54岁	87	55	15	17	628	420	14	175	19
55－59岁	31	23	5	3	103	47		52	4
60－64岁	2	2			15	6		9	
65－69岁	2	1	1		4	3		1	
70－74岁	1	1			1	1			
75岁及以上									

4-5a 续表 9

单位：人

年龄组 性别	房地产业		租赁和商务服务业			科学研究和技术服务业			
	小计	房地产业	小计	租赁业	商务服务业	小计	研究和试验发展	专业技术服务业	科技推广和应用服务业
总计	**11784**	**11784**	**12128**	**829**	**11299**	**7675**	**786**	**5962**	**927**
16-19岁	22	22	23	2	21	4		2	2
20-24岁	604	604	846	31	815	457	37	357	63
25-29岁	1585	1585	1982	96	1886	1298	122	1000	176
30-34岁	2053	2053	2535	210	2325	1799	178	1413	208
35-39岁	1520	1520	2005	173	1832	1292	125	993	174
40-44岁	1176	1176	1366	104	1262	739	85	558	96
45-49岁	1535	1535	1464	107	1357	775	83	611	81
50-54岁	1345	1345	1021	79	942	688	74	548	66
55-59岁	1105	1105	638	21	617	547	74	424	49
60-64岁	520	520	162	4	158	49	8	35	6
65-69岁	250	250	62	1	61	19		15	4
70-74岁	60	60	20	1	19	4		3	1
75岁及以上	9	9	4		4	4		3	1
男	**6852**	**6852**	**7189**	**696**	**6493**	**5052**	**495**	**3960**	**597**
16-19岁	17	17	17	2	15	2		1	1
20-24岁	354	354	375	21	354	280	23	221	36
25-29岁	906	906	1019	77	942	831	69	648	114
30-34岁	1128	1128	1397	181	1216	1105	112	863	130
35-39岁	780	780	1166	143	1023	816	76	631	109
40-44岁	538	538	804	89	715	479	51	366	62
45-49岁	741	741	909	94	815	497	51	393	53
50-54岁	842	842	746	67	679	512	47	421	44
55-59岁	878	878	549	17	532	470	61	369	40
60-64岁	399	399	135	3	132	39	5	29	5
65-69岁	207	207	49	1	48	15		13	2
70-74岁	54	54	19	1	18	2		2	
75岁及以上	8	8	4		4	4		3	1
女	**4932**	**4932**	**4939**	**133**	**4806**	**2623**	**291**	**2002**	**330**
16-19岁	5	5	6		6	2		1	1
20-24岁	250	250	471	10	461	177	14	136	27
25-29岁	679	679	963	19	944	467	53	352	62
30-34岁	925	925	1138	29	1109	694	66	550	78
35-39岁	740	740	839	30	809	476	49	362	65
40-44岁	638	638	562	15	547	260	34	192	34
45-49岁	794	794	555	13	542	278	32	218	28
50-54岁	503	503	275	12	263	176	27	127	22
55-59岁	227	227	89	4	85	77	13	55	9
60-64岁	121	121	27	1	26	10	3	6	1
65-69岁	43	43	13		13	4		2	2
70-74岁	6	6	1		1	2		1	1
75岁及以上	1	1							

4－5a 续表 10

单位：人

年龄组 性 别	水利、环境和公共设施管理业					居民服务、修理和其他服务业			
	小计	水 利 管理业	生态保护 和环境 治理业	公共设施 管理业	土 地 管理业	小计	居 民 服务业	机动车、 电子产品 和日用产 品修理业	其 他 服务业
总 计	**5244**	**388**	**435**	**4326**	**95**	**19341**	**12412**	**4344**	**2585**
16－19岁	4		1	3		299	216	81	2
20－24岁	85	9	23	51	2	1388	953	367	68
25－29岁	331	49	44	219	19	2338	1482	671	185
30－34岁	540	50	78	395	17	3293	2041	993	259
35－39岁	575	49	63	436	27	2881	1838	757	286
40－44岁	539	60	45	428	6	2378	1567	489	322
45－49岁	807	68	64	668	7	2796	1817	437	542
50－54岁	783	58	50	665	10	2017	1342	277	398
55－59岁	743	42	49	645	7	1187	727	187	273
60－64岁	532	2	9	521		501	271	57	173
65－69岁	259	1	7	251		206	123	20	63
70－74岁	43		2	41		40	25	4	11
75岁及以上	3			3		17	10	4	3
男	**3344**	**249**	**312**	**2731**	**52**	**9703**	**4622**	**3724**	**1357**
16－19岁	4		1	3		183	102	80	1
20－24岁	51	5	16	30		789	401	347	41
25－29岁	227	30	32	154	11	1339	631	603	105
30－34岁	328	25	50	246	7	1839	803	867	169
35－39岁	358	33	43	269	13	1416	626	643	147
40－44岁	319	46	32	238	3	1025	501	389	135
45－49岁	432	37	44	347	4	1110	546	343	221
50－54岁	492	35	44	406	7	914	495	224	195
55－59岁	510	35	39	429	7	632	308	155	169
60－64岁	362	2	5	355		291	126	47	118
65－69岁	220	1	5	214		123	59	18	46
70－74岁	38		1	37		29	17	4	8
75岁及以上	3			3		13	7	4	2
女	**1900**	**139**	**123**	**1595**	**43**	**9638**	**7790**	**620**	**1228**
16－19岁						116	114	1	1
20－24岁	34	4	7	21	2	599	552	20	27
25－29岁	104	19	12	65	8	999	851	68	80
30－34岁	212	25	28	149	10	1454	1238	126	90
35－39岁	217	16	20	167	14	1465	1212	114	139
40－44岁	220	14	13	190	3	1353	1066	100	187
45－49岁	375	31	20	321	3	1686	1271	94	321
50－54岁	291	23	6	259	3	1103	847	53	203
55－59岁	233	7	10	216		555	419	32	104
60－64岁	170		4	166		210	145	10	55
65－69岁	39		2	37		83	64	2	17
70－74岁	5		1	4		11	8		3
75岁及以上						4	3		1

4-5a 续表 11

单位：人

年龄组 性 别	教育		卫生和社会工作			文化、体育和娱乐业				
	小计	教育	小计	卫生	社会工作	小计	新闻和出版业	广播、电视、电影和录音制作业	文 化 艺术业	体育
总 计	**27001**	**27001**	**15174**	**14775**	**399**	**4805**	**616**	**864**	**1124**	**582**
16-19岁	110	110	50	50		57		7	4	10
20-24岁	2132	2132	1154	1142	12	476	21	78	85	87
25-29岁	4147	4147	2840	2805	35	848	82	145	187	136
30-34岁	4844	4844	3246	3191	55	990	131	172	236	134
35-39岁	4555	4555	2408	2355	53	713	97	148	165	72
40-44岁	3295	3295	1443	1385	58	462	74	97	100	37
45-49岁	3137	3137	1604	1542	62	511	86	80	135	55
50-54岁	2677	2677	1266	1201	65	408	62	79	126	23
55-59岁	1795	1795	853	811	42	261	59	47	71	23
60-64岁	216	216	178	166	12	55	3	7	9	3
65-69岁	51	51	89	87	2	17	1	3	3	2
70-74岁	27	27	29	26	3	6		1	2	
75岁及以上	15	15	14	14		1			1	
男	**8445**	**8445**	**4676**	**4527**	**149**	**2566**	**305**	**457**	**550**	**326**
16-19岁	38	38	20	20		32		4	1	6
20-24岁	419	419	251	248	3	272	6	41	39	56
25-29岁	950	950	638	625	13	451	33	66	85	78
30-34岁	1252	1252	748	727	21	508	48	98	105	69
35-39岁	1257	1257	784	760	24	374	44	76	76	36
40-44岁	1064	1064	513	496	17	216	37	42	48	17
45-49岁	1038	1038	574	556	18	225	42	41	57	28
50-54岁	1064	1064	449	427	22	242	45	50	74	14
55-59岁	1147	1147	504	481	23	194	47	34	54	18
60-64岁	153	153	112	107	5	36	2	2	8	3
65-69岁	39	39	53	52	1	11	1	2	2	1
70-74岁	17	17	19	17	2	4		1		
75岁及以上	7	7	11	11		1			1	
女	**18556**	**18556**	**10498**	**10248**	**250**	**2239**	**311**	**407**	**574**	**256**
16-19岁	72	72	30	30		25		3	3	4
20-24岁	1713	1713	903	894	9	204	15	37	46	31
25-29岁	3197	3197	2202	2180	22	397	49	79	102	58
30-34岁	3592	3592	2498	2464	34	482	83	74	131	65
35-39岁	3298	3298	1624	1595	29	339	53	72	89	36
40-44岁	2231	2231	930	889	41	246	37	55	52	20
45-49岁	2099	2099	1030	986	44	286	44	39	78	27
50-54岁	1613	1613	817	774	43	166	17	29	52	9
55-59岁	648	648	349	330	19	67	12	13	17	5
60-64岁	63	63	66	59	7	19	1	5	1	
65-69岁	12	12	36	35	1	6		1	1	1
70-74岁	10	10	10	9	1	2			2	
75岁及以上	8	8	3	3						

4-5a 续表 12

单位：人

年龄组 性 别	娱乐业	公共管理、社会保障和社会组织						国际组织	
		小计	中国共产党机关	国家机构	人民政协、民主党派	社会保障	群众团体、社会团体和其他成员组织	基层群众自治组织	小计	国际组织
总 计	**1619**	**33849**	**1023**	**29560**	**165**	**223**	**886**	**1992**	**1**	**1**
16-19岁	36	13		10			1	2		
20-24岁	205	1261	33	1047	4	17	46	114		
25-29岁	298	4462	114	3943	7	29	118	251		
30-34岁	317	6187	231	5420	18	39	158	321		
35-39岁	231	5117	210	4460	25	27	129	266	1	1
40-44岁	154	4427	116	3816	11	27	114	343		
45-49岁	155	4900	116	4234	23	38	113	376		
50-54岁	118	3878	98	3454	28	26	116	156		
55-59岁	61	3094	97	2760	47	18	70	102		
60-64岁	33	327	7	264	1	1	12	42		
65-69岁	8	138	1	117	1	1	3	15		
70-74岁	3	31		25			2	4		
75岁及以上		14		10			4			
男	**928**	**20541**	**663**	**18649**	**111**	**92**	**414**	**612**		
16-19岁	21	11		9			1	1		
20-24岁	130	632	11	575	2	5	15	24		
25-29岁	189	2391	55	2236	3	10	36	51		
30-34岁	188	3395	132	3103	9	13	64	74		
35-39岁	142	2981	137	2686	14	17	51	76		
40-44岁	72	2555	78	2320	7	7	58	85		
45-49岁	57	2812	90	2568	10	11	47	86		
50-54岁	59	2610	65	2357	22	12	68	86		
55-59岁	41	2763	88	2473	42	16	60	84		
60-64岁	21	245	6	201	1		9	28		
65-69岁	5	111	1	93	1	1	2	13		
70-74岁	3	24		19			1	4		
75岁及以上		11		9			2			
女	**691**	**13308**	**360**	**10911**	**54**	**131**	**472**	**1380**	**1**	**1**
16-19岁	15	2		1				1		
20-24岁	75	629	22	472	2	12	31	90		
25-29岁	109	2071	59	1707	4	19	82	200		
30-34岁	129	2792	99	2317	9	26	94	247		
35-39岁	89	2136	73	1774	11	10	78	190	1	1
40-44岁	82	1872	38	1496	4	20	56	258		
45-49岁	98	2088	26	1666	13	27	66	290		
50-54岁	59	1268	33	1097	6	14	48	70		
55-59岁	20	331	9	287	5	2	10	18		
60-64岁	12	82	1	63		1	3	14		
65-69岁	3	27		24			1	2		
70-74岁		7		6			1			
75岁及以上		3		1			2			

4-5b　全区分年龄、性别、行业大类的就业人口(镇)

单位：人

年龄组 性别	合计	农、林、牧、渔业						采矿业	
		小计	农业	林业	畜牧业	渔业	农、林、牧、渔专业及辅助性活动	小计	煤炭开采和洗选业
总　计	**284363**	**37035**	**25536**	**1814**	**7855**	**79**	**1751**	**10035**	**6579**
16-19岁	943	63	39		21		3	8	4
20-24岁	10812	519	317	9	145	2	46	298	208
25-29岁	30040	1712	1080	62	458	1	111	986	666
30-34岁	48036	3620	2344	149	899	10	218	1941	1338
35-39岁	43454	4446	3001	149	1112	9	175	1561	1017
40-44岁	38063	4709	3213	220	1009	13	254	1324	815
45-49岁	44321	6308	4270	398	1264	14	362	1763	1113
50-54岁	34956	5873	3834	524	1162	17	336	1374	923
55-59岁	21475	4603	3289	249	886	8	171	641	422
60-64岁	7515	2850	2261	42	494	2	51	111	63
65-69岁	3443	1653	1336	9	285	2	21	26	10
70-74岁	952	511	419	2	87	1	2	2	
75岁及以上	353	168	133	1	33		1		
男	**177589**	**24084**	**15914**	**1430**	**5321**	**67**	**1352**	**8793**	**5809**
16-19岁	648	42	24		16		2	8	4
20-24岁	6294	361	206	8	104	2	41	255	180
25-29岁	17691	1207	737	49	329	1	91	838	564
30-34岁	29124	2521	1593	98	654	9	167	1682	1167
35-39岁	26412	2962	1930	109	780	7	136	1386	915
40-44岁	22905	3045	2028	149	675	10	183	1145	719
45-49岁	26777	3943	2570	293	813	12	255	1497	958
50-54岁	23245	3798	2297	450	761	15	275	1264	848
55-59岁	15865	2887	1926	231	582	6	142	597	392
60-64岁	5231	1748	1339	35	330	2	42	97	52
65-69岁	2442	1091	870	5	199	2	15	22	10
70-74岁	705	366	304	2	57	1	2	2	
75岁及以上	250	113	90	1	21		1		
女	**106774**	**12951**	**9622**	**384**	**2534**	**12**	**399**	**1242**	**770**
16-19岁	295	21	15		5		1		
20-24岁	4518	158	111	1	41		5	43	28
25-29岁	12349	505	343	13	129		20	148	102
30-34岁	18912	1099	751	51	245	1	51	259	171
35-39岁	17042	1484	1071	40	332	2	39	175	102
40-44岁	15158	1664	1185	71	334	3	71	179	96
45-49岁	17544	2365	1700	105	451	2	107	266	155
50-54岁	11711	2075	1537	74	401	2	61	110	75
55-59岁	5610	1716	1363	18	304	2	29	44	30
60-64岁	2284	1102	922	7	164		9	14	11
65-69岁	1001	562	466	4	86		6	4	
70-74岁	247	145	115		30				
75岁及以上	103	55	43		12				

4-5b 续表 1

单位：人

年龄组 性 别	采矿业						制造业		
	石油和天然气开采业	黑色金属矿采选业	有色金属矿采选业	非金属矿采选业	开采专业及辅助性活动	其他采矿业	小计	农副食品加工业	食品制造业
总 计	**502**	**688**	**1139**	**487**	**552**	**88**	**26103**	**2564**	**2938**
16-19岁			2	2			67	4	12
20-24岁	11	11	28	16	21	3	1335	74	182
25-29岁	51	48	105	48	57	11	3402	227	412
30-34岁	94	108	173	81	131	16	5190	396	650
35-39岁	85	104	182	70	88	15	3848	325	470
40-44岁	74	83	186	85	72	9	3226	362	361
45-49岁	84	145	240	72	90	19	3904	428	391
50-54岁	70	104	143	63	59	12	2933	362	277
55-59岁	31	64	62	34	26	2	1482	240	124
60-64岁	2	16	14	9	6	1	459	106	35
65-69岁		5	4	6	1		187	27	21
70-74岁				1	1		54	11	3
75岁及以上							16	2	
男	**414**	**612**	**963**	**426**	**498**	**71**	**18800**	**1624**	**1669**
16-19岁			2	2			51	3	8
20-24岁	9	11	19	13	20	3	1002	47	111
25-29岁	38	46	91	42	49	8	2587	153	249
30-34岁	79	92	141	70	121	12	3735	249	380
35-39岁	66	93	153	66	81	12	2670	192	249
40-44岁	61	71	147	73	67	7	2145	207	186
45-49岁	66	122	202	58	75	16	2642	256	199
50-54岁	62	99	135	58	52	10	2229	236	170
55-59岁	31	59	60	28	25	2	1186	168	78
60-64岁	2	16	11	9	6	1	371	84	26
65-69岁		3	2	6	1		133	20	11
70-74岁				1	1		38	8	2
75岁及以上							11	1	
女	**88**	**76**	**176**	**61**	**54**	**17**	**7303**	**940**	**1269**
16-19岁							16	1	4
20-24岁	2		9	3	1		333	27	71
25-29岁	13	2	14	6	8	3	815	74	163
30-34岁	15	16	32	11	10	4	1455	147	270
35-39岁	19	11	29	4	7	3	1178	133	221
40-44岁	13	12	39	12	5	2	1081	155	175
45-49岁	18	23	38	14	15	3	1262	172	192
50-54岁	8	5	8	5	7	2	704	126	107
55-59岁		5	2	6	1		296	72	46
60-64岁			3				88	22	9
65-69岁		2	2				54	7	10
70-74岁							16	3	1
75岁及以上							5	1	

4-5b 续表 2

单位：人

年龄组 性 别	制造业								
	酒、饮料和精制茶制造业	烟 草制品业	纺织业	纺织服装、服饰业	皮革、毛皮、羽毛及其制品和制鞋业	木材加工和木、竹、藤、棕、草制品业	家 具制造业	造纸和纸制品业	印刷和记录媒介复制业
总 计	**704**	**19**	**322**	**546**	**141**	**424**	**243**	**196**	**240**
16-19岁				1		1		2	
20-24岁	14		2	8	2	5	12	4	18
25-29岁	60	1	11	20	13	24	30	21	24
30-34岁	113	5	41	56	29	43	37	30	38
35-39岁	124	2	46	78	22	66	38	36	46
40-44岁	98	3	60	116	17	52	37	40	27
45-49岁	140	5	62	129	17	96	45	35	40
50-54岁	83	3	49	79	11	83	24	15	25
55-59岁	53		29	39	13	31	13	7	12
60-64岁	12		16	8	6	15	4	4	6
65-69岁	5		4	7	6	6	1	1	2
70-74岁	1		1	2	3	2	2	1	2
75岁及以上	1		1	3	2				
男	**453**	**12**	**113**	**106**	**47**	**309**	**173**	**122**	**114**
16-19岁				1		1		2	
20-24岁	8			3	2	3	10	3	8
25-29岁	45	1	7	4	5	20	21	15	7
30-34岁	73	4	15	15	9	32	26	23	18
35-39岁	68	1	15	15	7	48	24	25	20
40-44岁	59	1	15	19	3	40	21	21	14
45-49岁	70	3	16	18	5	60	35	13	18
50-54岁	71	2	19	16	3	62	19	11	13
55-59岁	44		15	8	7	22	11	6	9
60-64岁	10		9	3	2	14	4	3	5
65-69岁	4		2	2	2	5			1
70-74岁				1	1	2	2		1
75岁及以上	1			1	1				
女	**251**	**7**	**209**	**440**	**94**	**115**	**70**	**74**	**126**
16-19岁									
20-24岁	6		2	5		2	2	1	10
25-29岁	15		4	16	8	4	9	6	17
30-34岁	40	1	26	41	20	11	11	7	20
35-39岁	56	1	31	63	15	18	14	11	26
40-44岁	39	2	45	97	14	12	16	19	13
45-49岁	70	2	46	111	12	36	10	22	22
50-54岁	12	1	30	63	8	21	5	4	12
55-59岁	9		14	31	6	9	2	1	3
60-64岁	2		7	5	4	1		1	1
65-69岁	1		2	5	4	1	1	1	1
70-74岁	1		1	1	2			1	1
75岁及以上			1	2	1				

4-5b 续表 3 单位：人

年龄组 性 别	制造业								
	文教、工美、体育和娱乐用品制造业	石油、煤炭及其他燃料加工业	化学原料和化学制品制造业	医 药制造业	化学纤维制造业	橡胶和塑 料制品业	非金属矿 物制品业	黑色金属冶炼和压延加工业	有色金属冶炼和压延加工业
总 计	**198**	**1328**	**4108**	**680**	**27**	**568**	**2182**	**1982**	**1880**
16-19岁		2	6	2		2	7	3	4
20-24岁	6	102	321	57	3	59	67	42	112
25-29岁	21	259	666	111	9	73	236	216	262
30-34岁	38	293	989	156	8	116	390	337	425
35-39岁	33	158	518	120	2	91	342	273	308
40-44岁	33	128	379	75	3	70	263	232	263
45-49岁	28	175	594	67		74	362	362	253
50-54岁	19	145	423	40		32	279	351	157
55-59岁	13	57	176	38	1	35	148	134	78
60-64岁	3	5	19	8	1	13	62	22	14
65-69岁	2	4	15	3		2	20	7	4
70-74岁	2		1	2		1	6	2	
75岁及以上			1	1				1	
男	**116**	**1066**	**3121**	**454**	**19**	**403**	**1759**	**1552**	**1533**
16-19岁		2	3	2			6	1	3
20-24岁	3	86	248	32	1	46	54	32	88
25-29岁	12	222	529	74	8	53	194	159	209
30-34岁	19	212	715	106	6	78	309	267	337
35-39岁	19	123	378	72	1	64	278	204	249
40-44岁	20	93	275	48	1	44	208	174	205
45-49岁	20	146	422	46		47	279	272	211
50-54岁	8	119	361	31		27	227	295	143
55-59岁	11	55	159	33	1	29	128	122	71
60-64岁	3	5	16	6	1	12	55	18	13
65-69岁		3	13	2		2	16	5	4
70-74岁	1		1	1		1	5	2	
75岁及以上			1	1				1	
女	**82**	**262**	**987**	**226**	**8**	**165**	**423**	**430**	**347**
16-19岁			3			2	1	2	1
20-24岁	3	16	73	25	2	13	13	10	24
25-29岁	9	37	137	37	1	20	42	57	53
30-34岁	19	81	274	50	2	38	81	70	88
35-39岁	14	35	140	48	1	27	64	69	59
40-44岁	13	35	104	27	2	26	55	58	58
45-49岁	8	29	172	21		27	83	90	42
50-54岁	11	26	62	9		5	52	56	14
55-59岁	2	2	17	5		6	20	12	7
60-64岁			3	2		1	7	4	1
65-69岁	2	1	2	1			4	2	
70-74岁	1			1			1		
75岁及以上									

4-5b 续表 4

单位：人

年龄组 性 别	制造业								
	金 属 制品业	通用设备 制造业	专用设备 制造业	汽 车 制造业	铁路、船舶、 航空航天和 其他运输 设备制造业	电气机械 和器材 制造业	计算机、 通信和其 他电子设 备制造业	仪器仪表 制造业	其 他 制造业
总 计	**1718**	**533**	**472**	**92**	**81**	**430**	**254**	**51**	**66**
16-19岁	2	3	2	2	1	1	4		
20-24岁	32	15	40	7	6	59	25	4	6
25-29岁	204	75	75	24	17	116	50	8	8
30-34岁	369	117	85	15	20	98	65	12	12
35-39岁	311	84	67	15	8	57	38	6	8
40-44岁	269	70	55	12	7	38	26	7	5
45-49岁	248	68	55	7	11	21	26	5	10
50-54岁	165	55	47	7	6	20	12	5	5
55-59岁	67	30	31	2	4	12	6	2	7
60-64岁	36	6	9	1	1	4	1	1	3
65-69岁	12	8	3			4	1	1	1
70-74岁	2	2	2						1
75岁及以上	1		1						
男	**1483**	**466**	**352**	**69**	**72**	**366**	**172**	**45**	**56**
16-19岁	2	3	1	2	1	1	3		
20-24岁	27	13	32	7	5	57	19	3	5
25-29岁	175	68	55	18	15	105	39	7	7
30-34岁	323	101	68	10	19	76	48	10	11
35-39岁	267	72	54	12	5	46	20	6	8
40-44岁	228	60	35	9	7	31	15	6	2
45-49岁	217	61	39	3	9	19	13	5	10
50-54岁	143	47	32	5	6	15	8	4	4
55-59岁	59	28	25	2	4	11	5	2	5
60-64岁	28	5	5	1	1	3	1	1	3
65-69岁	11	6	3			2	1	1	1
70-74岁	2	2	2						
75岁及以上	1		1						
女	**235**	**67**	**120**	**23**	**9**	**64**	**82**	**6**	**10**
16-19岁			1				1		
20-24岁	5	2	8		1	2	6	1	1
25-29岁	29	7	20	6	2	11	11	1	1
30-34岁	46	16	17	5	1	22	17	2	1
35-39岁	44	12	13	3	3	11	18		
40-44岁	41	10	20	3		7	11	1	3
45-49岁	31	7	16	4	2	2	13		
50-54岁	22	8	15	2		5	4	1	1
55-59岁	8	2	6			1	1		2
60-64岁	8	1	4			1			
65-69岁	1	2				2			
70-74岁									1
75岁及以上									

4-5b 续表 5 单位：人

年龄组 性 别	制造业		电力、热力、燃气及水生产和供应业				建筑业		
	废弃资源综合利用业	金属制品、机械和设备修理业	小计	电力、热力生产和供应业	燃气生产和供应业	水的生产和供应业	小计	房屋建筑业	土木工程建筑业
总 计	**354**	**762**	**7721**	**6294**	**593**	**834**	**24197**	**12173**	**3158**
16-19岁		6	12	8		4	45	17	9
20-24岁	3	48	366	320	21	25	599	256	137
25-29岁	22	107	1140	915	124	101	1894	777	393
30-34岁	34	173	1555	1232	170	153	3917	1754	619
35-39岁	40	116	1046	860	77	109	3982	1851	450
40-44岁	44	74	867	702	54	111	3449	1779	340
45-49岁	48	102	1207	972	62	173	4344	2370	481
50-54岁	74	80	915	784	48	83	3338	1827	446
55-59岁	39	41	491	404	25	62	1854	1052	212
60-64岁	26	12	78	64	7	7	573	351	51
65-69岁	17	3	39	28	5	6	173	119	15
70-74岁	5		1	1			21	15	3
75岁及以上	2		4	4			8	5	2
男	**268**	**686**	**5846**	**4881**	**419**	**546**	**21070**	**10496**	**2849**
16-19岁		6	10	7		3	41	17	8
20-24岁	3	46	292	258	18	16	491	203	119
25-29岁	13	98	860	713	77	70	1626	660	341
30-34岁	27	149	1157	940	124	93	3428	1511	554
35-39岁	27	101	766	645	53	68	3486	1608	414
40-44岁	31	67	596	492	36	68	2966	1507	305
45-49岁	40	90	847	711	43	93	3676	1983	436
50-54岁	56	76	758	656	37	65	2952	1603	416
55-59岁	28	40	451	372	21	58	1684	953	192
60-64岁	23	11	69	58	5	6	538	326	45
65-69岁	14	2	35	24	5	6	158	108	15
70-74岁	4		1	1			17	12	3
75岁及以上	2		4	4			7	5	1
女	**86**	**76**	**1875**	**1413**	**174**	**288**	**3127**	**1677**	**309**
16-19岁			2	1		1	4		1
20-24岁		2	74	62	3	9	108	53	18
25-29岁	9	9	280	202	47	31	268	117	52
30-34岁	7	24	398	292	46	60	489	243	65
35-39岁	13	15	280	215	24	41	496	243	36
40-44岁	13	7	271	210	18	43	483	272	35
45-49岁	8	12	360	261	19	80	668	387	45
50-54岁	18	4	157	128	11	18	386	224	30
55-59岁	11	1	40	32	4	4	170	99	20
60-64岁	3	1	9	6	2	1	35	25	6
65-69岁	3	1	4	4			15	11	
70-74岁	1						4	3	
75岁及以上							1		1

4-5b　续表 6

单位：人

年龄组 性别	建筑业		批发和零售业			交通运输、仓储和邮政业			
	建筑安装业	建筑装饰、装修和其他建筑业	小计	批发业	零售业	小计	铁路运输业	道路运输业	水上运输业
总　计	**1504**	**7362**	**37177**	**8285**	**28892**	**21837**	**1925**	**14266**	**18**
16-19岁	6	13	101	19	82	30	6	15	
20-24岁	34	172	1085	239	846	554	103	246	3
25-29岁	137	587	3516	728	2788	1822	254	948	1
30-34岁	302	1242	6832	1517	5315	3527	392	2261	1
35-39岁	272	1409	6514	1351	5163	4063	174	3162	4
40-44岁	229	1101	5592	1179	4413	3678	182	2776	3
45-49岁	249	1244	5927	1310	4617	4042	361	2629	1
50-54岁	169	896	4076	990	3086	2486	282	1429	3
55-59岁	83	507	2234	588	1646	1230	155	624	2
60-64岁	16	155	848	219	629	294	15	128	
65-69岁	6	33	343	108	235	89		42	
70-74岁	1	2	79	23	56	12		3	
75岁及以上		1	30	14	16	10	1	3	
男	**1387**	**6338**	**18202**	**5522**	**12680**	**19010**	**1639**	**12845**	**14**
16-19岁	6	10	63	15	48	27	5	14	
20-24岁	30	139	543	165	378	423	85	193	3
25-29岁	128	497	1718	487	1231	1475	202	810	1
30-34岁	286	1077	3255	1011	2244	3011	332	2018	
35-39岁	253	1211	2979	847	2132	3599	150	2889	4
40-44岁	211	943	2506	768	1738	3255	154	2522	3
45-49岁	218	1039	2736	842	1894	3483	291	2356	1
50-54岁	155	778	2168	688	1480	2224	256	1297	
55-59岁	79	460	1356	416	940	1144	150	582	2
60-64岁	16	151	554	174	380	271	13	121	
65-69岁	5	30	242	82	160	80		38	
70-74岁		2	62	16	46	11		3	
75岁及以上		1	20	11	9	7	1	2	
女	**117**	**1024**	**18975**	**2763**	**16212**	**2827**	**286**	**1421**	**4**
16-19岁		3	38	4	34	3	1	1	
20-24岁	4	33	542	74	468	131	18	53	
25-29岁	9	90	1798	241	1557	347	52	138	
30-34岁	16	165	3577	506	3071	516	60	243	1
35-39岁	19	198	3535	504	3031	464	24	273	
40-44岁	18	158	3086	411	2675	423	28	254	
45-49岁	31	205	3191	468	2723	559	70	273	
50-54岁	14	118	1908	302	1606	262	26	132	3
55-59岁	4	47	878	172	706	86	5	42	
60-64岁		4	294	45	249	23	2	7	
65-69岁	1	3	101	26	75	9		4	
70-74岁	1		17	7	10	1			
75岁及以上			10	3	7	3		1	

4-5b 续表 7

单位：人

年龄组 性 别	交通运输、仓储和邮政业					住宿和餐饮业		
	航 空 运输业	管 道 运输业	多式联运 和运输 代理业	装卸搬运 和仓储业	邮政业	小计	住宿业	餐饮业
总 计	**209**	**9**	**163**	**3540**	**1707**	**16517**	**1923**	**14594**
16-19岁				6	3	242	17	225
20-24岁	26		8	61	107	822	78	744
25-29岁	50		13	209	347	1697	164	1533
30-34岁	58	4	16	362	433	2731	270	2461
35-39岁	26	1	24	426	246	2745	258	2487
40-44岁	10	1	29	486	191	2499	288	2211
45-49岁	13	3	35	823	177	2684	327	2357
50-54岁	16		21	619	116	1805	295	1510
55-59岁	9		12	366	62	872	137	735
60-64岁	1		3	130	17	322	61	261
65-69岁			2	38	7	79	22	57
70-74岁				9		16	5	11
75岁及以上				5	1	3	1	2
男	**131**	**9**	**131**	**3079**	**1162**	**7412**	**679**	**6733**
16-19岁				5	3	172	12	160
20-24岁	15		6	49	72	505	30	475
25-29岁	30		11	181	240	938	61	877
30-34岁	36	4	10	311	300	1438	100	1338
35-39岁	17	1	21	362	155	1271	81	1190
40-44岁	6	1	24	420	125	958	81	877
45-49岁	10	3	28	688	106	898	75	823
50-54岁	10		18	556	87	628	109	519
55-59岁	7		9	340	54	369	77	292
60-64岁			2	122	13	171	35	136
65-69岁			2	34	6	49	15	34
70-74岁				8		13	2	11
75岁及以上				3	1	2	1	1
女	**78**		**32**	**461**	**545**	**9105**	**1244**	**7861**
16-19岁				1		70	5	65
20-24岁	11		2	12	35	317	48	269
25-29岁	20		2	28	107	759	103	656
30-34岁	22		6	51	133	1293	170	1123
35-39岁	9		3	64	91	1474	177	1297
40-44岁	4		5	66	66	1541	207	1334
45-49岁	3		7	135	71	1786	252	1534
50-54岁	6		3	63	29	1177	186	991
55-59岁	2		3	26	8	503	60	443
60-64岁	1		1	8	4	151	26	125
65-69岁				4	1	30	7	23
70-74岁				1		3	3	
75岁及以上				2		1		1

4−5b　续表 8　　　　单位：人

年龄组 性　别	信息传输、软件和信息技术服务业				金融业				
	小计	电信、广播电视和卫星传输服务	互联网和相关服务	软件和信息技术服务业	小计	货币金融服务	资本市场服务	保险业	其他金融业
总　计	**3027**	**1786**	**606**	**635**	**6238**	**3994**	**99**	**1944**	**201**
16−19岁	14	2	8	4	2			2	
20−24岁	206	51	73	82	352	255	12	66	19
25−29岁	533	221	146	166	1016	667	25	288	36
30−34岁	770	465	154	151	1366	832	32	440	62
35−39岁	482	318	85	79	972	559	14	369	30
40−44岁	333	238	52	43	605	333	4	258	10
45−49岁	307	213	49	45	848	538	6	288	16
50−54岁	238	166	30	42	638	463	3	156	16
55−59岁	123	95	7	21	380	306	3	60	11
60−64岁	18	15	2	1	42	28		13	1
65−69岁	1	1			12	10		2	
70−74岁					4	2		2	
75岁及以上	2	1		1	1	1			
男	**1830**	**954**	**411**	**465**	**2839**	**2023**	**46**	**646**	**124**
16−19岁	10		7	3					
20−24岁	132	28	47	57	158	112	2	37	7
25−29岁	332	121	97	114	473	291	11	146	25
30−34岁	442	219	104	119	592	372	18	168	34
35−39岁	247	139	62	46	384	249	6	110	19
40−44岁	178	107	35	36	226	166	1	51	8
45−49岁	182	117	30	35	317	252	4	49	12
50−54岁	179	125	21	33	337	275	2	51	9
55−59岁	111	85	6	20	312	275	2	26	9
60−64岁	14	11	2	1	29	23		5	1
65−69岁	1	1			8	6		2	
70−74岁					2	1		1	
75岁及以上	2	1		1	1	1			
女	**1197**	**832**	**195**	**170**	**3399**	**1971**	**53**	**1298**	**77**
16−19岁	4	2	1	1	2			2	
20−24岁	74	23	26	25	194	143	10	29	12
25−29岁	201	100	49	52	543	376	14	142	11
30−34岁	328	246	50	32	774	460	14	272	28
35−39岁	235	179	23	33	588	310	8	259	11
40−44岁	155	131	17	7	379	167	3	207	2
45−49岁	125	96	19	10	531	286	2	239	4
50−54岁	59	41	9	9	301	188	1	105	7
55−59岁	12	10	1	1	68	31	1	34	2
60−64岁	4	4			13	5		8	
65−69岁					4	4			
70−74岁					2	1		1	
75岁及以上									

4-5b 续表 9 单位：人

年龄组 性 别	房地产业		租赁和商务服务业			科学研究和技术服务业			
	小计	房地产业	小计	租赁业	商 务 服务业	小计	研究和 试验发展	专业技术 服务业	科技推广 和应用 服务业
总 计	**4210**	**4210**	**5706**	**629**	**5077**	**2306**	**122**	**1855**	**329**
16-19岁	9	9	13	1	12	4		4	
20-24岁	169	169	337	25	312	199	15	165	19
25-29岁	462	462	854	97	757	425	27	361	37
30-34岁	718	718	1186	159	1027	563	27	477	59
35-39岁	533	533	836	103	733	323	16	251	56
40-44岁	427	427	654	92	562	197	8	143	46
45-49岁	552	552	702	70	632	239	12	185	42
50-54岁	527	527	544	49	495	180	4	148	28
55-59岁	384	384	361	20	341	143	8	101	34
60-64岁	256	256	149	8	141	20	3	15	2
65-69岁	124	124	45	4	41	11	2	5	4
70-74岁	41	41	18	1	17	2			2
75岁及以上	8	8	7		7				
男	**2250**	**2250**	**3726**	**581**	**3145**	**1633**	**90**	**1323**	**220**
16-19岁	5	5	9	1	8	4		4	
20-24岁	97	97	174	23	151	140	10	114	16
25-29岁	245	245	522	90	432	293	18	255	20
30-34岁	332	332	729	149	580	392	24	325	43
35-39岁	224	224	535	96	439	219	11	172	36
40-44岁	180	180	425	86	339	133	4	102	27
45-49岁	232	232	463	65	398	155	9	121	25
50-54岁	307	307	404	45	359	146	3	122	21
55-59岁	266	266	290	14	276	123	7	91	25
60-64岁	210	210	125	8	117	17	2	13	2
65-69岁	111	111	32	4	28	9	2	4	3
70-74岁	35	35	15		15	2			2
75岁及以上	6	6	3		3				
女	**1960**	**1960**	**1980**	**48**	**1932**	**673**	**32**	**532**	**109**
16-19岁	4	4	4		4				
20-24岁	72	72	163	2	161	59	5	51	3
25-29岁	217	217	332	7	325	132	9	106	17
30-34岁	386	386	457	10	447	171	3	152	16
35-39岁	309	309	301	7	294	104	5	79	20
40-44岁	247	247	229	6	223	64	4	41	19
45-49岁	320	320	239	5	234	84	3	64	17
50-54岁	220	220	140	4	136	34	1	26	7
55-59岁	118	118	71	6	65	20	1	10	9
60-64岁	46	46	24		24	3	1	2	
65-69岁	13	13	13		13	2		1	1
70-74岁	6	6	3	1	2				
75岁及以上	2	2	4		4				

4-5b　续表 10　　　　单位：人

年龄组 性　别	水利、环境和公共设施管理业					居民服务、修理和其他服务业			
	小计	水　利 管理业	生态保护 和环境 治理业	公共设施 管理业	土　地 管理业	小计	居　民 服务业	机动车、 电子产品 和日用产 品修理业	其　他 服务业
总　计	**2981**	**314**	**369**	**2239**	**59**	**15090**	**8599**	**4233**	**2258**
16-19岁	2	1		1		178	106	65	7
20-24岁	63	12	13	33	5	798	462	293	43
25-29岁	168	19	38	99	12	1772	946	677	149
30-34岁	265	30	52	174	9	2602	1409	942	251
35-39岁	265	25	49	184	7	2508	1405	833	270
40-44岁	302	44	44	204	10	2025	1162	542	321
45-49岁	514	76	65	363	10	2089	1243	429	417
50-54岁	490	44	47	396	3	1529	917	239	373
55-59岁	457	51	41	363	2	867	532	130	205
60-64岁	297	7	15	274	1	464	253	52	159
65-69岁	129	3	5	121		199	118	24	57
70-74岁	28	2		26		37	29	5	3
75岁及以上	1			1		22	17	2	3
男	**1923**	**238**	**291**	**1353**	**41**	**8109**	**3322**	**3601**	**1186**
16-19岁	2	1		1		115	46	63	6
20-24岁	48	8	12	25	3	508	201	279	28
25-29岁	115	13	32	62	8	1103	406	608	89
30-34岁	179	22	35	115	7	1475	503	819	153
35-39岁	171	20	41	103	7	1294	478	680	136
40-44岁	170	34	34	96	6	982	407	439	136
45-49岁	276	49	42	178	7	947	445	333	169
50-54岁	318	36	42	239	1	771	378	198	195
55-59岁	310	45	38	226	1	496	258	112	126
60-64岁	208	5	10	192	1	268	124	45	99
65-69岁	102	3	5	94		118	52	20	46
70-74岁	24	2		22		21	16	3	2
75岁及以上						11	8	2	1
女	**1058**	**76**	**78**	**886**	**18**	**6981**	**5277**	**632**	**1072**
16-19岁						63	60	2	1
20-24岁	15	4	1	8	2	290	261	14	15
25-29岁	53	6	6	37	4	669	540	69	60
30-34岁	86	8	17	59	2	1127	906	123	98
35-39岁	94	5	8	81		1214	927	153	134
40-44岁	132	10	10	108	4	1043	755	103	185
45-49岁	238	27	23	185	3	1142	798	96	248
50-54岁	172	8	5	157	2	758	539	41	178
55-59岁	147	6	3	137	1	371	274	18	79
60-64岁	89	2	5	82		196	129	7	60
65-69岁	27			27		81	66	4	11
70-74岁	4			4		16	13	2	1
75岁及以上	1			1		11	9		2

4-5b 续表 11　　　　单位：人

年龄组 性　别	教育		卫生和社会工作			文化、体育和娱乐业				
	小计	教育	小计	卫生	社会工作	小计	新闻和出版业	广播、电视、电影和录音制作业	文化艺术业	体育
总　计	**20081**	**20081**	**8800**	**8581**	**219**	**2166**	**207**	**263**	**709**	**206**
16-19岁	95	95	9	9		33		2	3	3
20-24岁	1049	1049	583	575	8	183	9	16	56	32
25-29岁	2569	2569	1557	1543	14	334	30	54	92	45
30-34岁	3080	3080	1587	1565	22	494	52	70	172	36
35-39岁	3393	3393	1167	1145	22	319	30	27	100	26
40-44岁	2656	2656	983	964	19	216	23	16	70	16
45-49岁	2689	2689	1140	1105	35	232	23	16	85	20
50-54岁	2587	2587	943	898	45	210	28	30	83	13
55-59岁	1618	1618	567	534	33	109	11	25	40	9
60-64岁	202	202	135	121	14	22		4	6	4
65-69岁	73	73	82	75	7	7		1	1	1
70-74岁	43	43	32	32		4	1	1		
75岁及以上	27	27	15	15		3		1	1	1
男	**6653**	**6653**	**3068**	**2975**	**93**	**1147**	**96**	**153**	**341**	**105**
16-19岁	53	53	5	5		18			1	
20-24岁	205	205	134	129	5	93	3	8	22	15
25-29岁	455	455	356	351	5	179	12	25	46	29
30-34岁	697	697	360	349	11	245	18	38	74	17
35-39岁	947	947	410	402	8	157	13	15	41	13
40-44岁	849	849	361	357	4	109	11	12	32	4
45-49岁	939	939	467	461	6	118	16	9	39	8
50-54岁	1176	1176	400	375	25	121	15	18	50	9
55-59岁	1098	1098	376	359	17	80	7	21	29	6
60-64岁	138	138	97	89	8	19		4	6	4
65-69岁	45	45	62	58	4	4		1		
70-74岁	30	30	26	26		2	1	1		
75岁及以上	21	21	14	14		2		1	1	
女	**13428**	**13428**	**5732**	**5606**	**126**	**1019**	**111**	**110**	**368**	**101**
16-19岁	42	42	4	4		15		2	2	3
20-24岁	844	844	449	446	3	90	6	8	34	17
25-29岁	2114	2114	1201	1192	9	155	18	29	46	16
30-34岁	2383	2383	1227	1216	11	249	34	32	98	19
35-39岁	2446	2446	757	743	14	162	17	12	59	13
40-44岁	1807	1807	622	607	15	107	12	4	38	12
45-49岁	1750	1750	673	644	29	114	7	7	46	12
50-54岁	1411	1411	543	523	20	89	13	12	33	4
55-59岁	520	520	191	175	16	29	4	4	11	3
60-64岁	64	64	38	32	6	3				
65-69岁	28	28	20	17	3	3			1	1
70-74岁	13	13	6	6		2				
75岁及以上	6	6	1	1		1				1

4-5b　续表 12　　　　单位：人

年龄组 性别	娱乐业	公共管理、社会保障和社会组织							国际组织	
		小计	中国共产党机关	国家机构	人民政协、民主党派	社会保障	群众团体、社会团体和其他成员组织	基层群众自治组织	小计	国际组织
总　计	**781**	**33136**	**1074**	**29207**	**131**	**222**	**754**	**1748**		
16-19岁	25	16	1	13		1		1		
20-24岁	70	1295	33	1135	2	17	43	65		
25-29岁	113	4181	149	3756	12	20	90	154		
30-34岁	164	6092	215	5418	15	42	143	259		
35-39岁	136	4451	186	3894	12	36	92	231		
40-44岁	91	4321	129	3732	15	41	94	310		
45-49岁	88	4830	155	4178	17	35	106	339		
50-54岁	56	4270	108	3832	27	22	96	185		
55-59岁	24	3059	80	2752	27	8	67	125		
60-64岁	8	375	11	294	4		14	52		
65-69岁	4	171	5	140			5	21		
70-74岁	2	47		40			2	5		
75岁及以上		28	2	23			2	1		
男	**452**	**21194**	**685**	**19147**	**89**	**111**	**386**	**776**		
16-19岁	17	13	1	10		1		1		
20-24岁	45	733	13	671		4	17	28		
25-29岁	67	2369	85	2175	6	10	42	51		
30-34岁	98	3454	122	3158	9	19	59	87		
35-39岁	75	2705	122	2437	5	18	40	83		
40-44岁	50	2676	88	2393	9	19	48	119		
45-49岁	46	2959	88	2665	11	21	46	128		
50-54岁	29	3065	82	2775	20	12	64	112		
55-59岁	17	2729	70	2469	25	7	55	103		
60-64岁	5	287	7	224	4		10	42		
65-69岁	3	140	5	116			3	16		
70-74岁		38		32			1	5		
75岁及以上		26	2	22			1	1		
女	**329**	**11942**	**389**	**10060**	**42**	**111**	**368**	**972**		
16-19岁	8	3		3						
20-24岁	25	562	20	464	2	13	26	37		
25-29岁	46	1812	64	1581	6	10	48	103		
30-34岁	66	2638	93	2260	6	23	84	172		
35-39岁	61	1746	64	1457	7	18	52	148		
40-44岁	41	1645	41	1339	6	22	46	191		
45-49岁	42	1871	67	1513	6	14	60	211		
50-54岁	27	1205	26	1057	7	10	32	73		
55-59岁	7	330	10	283	2	1	12	22		
60-64岁	3	88	4	70			4	10		
65-69岁	1	31		24			2	5		
70-74岁	2	9		8			1			
75岁及以上		2		1			1			

4-5c 全区分年龄、性别、行业大类的就业人口(乡村)

单位：人

年龄组 性别	合计	农、林、牧、渔业						采矿业	
		小计	农业	林业	畜牧业	渔业	农、林、牧、渔专业及辅助性活动	小计	煤炭开采和洗选业
总计	**376478**	**251505**	**191402**	**680**	**56749**	**129**	**2545**	**13170**	**8828**
16-19岁	1851	780	594	1	161		24	23	14
20-24岁	11923	4056	2873	8	1064	5	106	430	320
25-29岁	23255	9125	6630	34	2308	8	145	1197	877
30-34岁	35636	17289	12781	40	4226	14	228	2251	1625
35-39岁	38820	22924	17054	32	5563	19	256	1780	1221
40-44岁	39782	25036	18554	64	6118	16	284	1720	1157
45-49岁	57637	38598	29000	122	8995	27	454	2450	1606
50-54岁	58478	42226	32127	162	9516	19	402	2168	1432
55-59岁	48524	38010	29601	104	7962	10	333	900	469
60-64岁	32654	28184	22225	61	5713	4	181	198	92
65-69岁	19810	17846	14158	39	3545	5	99	47	14
70-74岁	6108	5619	4391	6	1192	2	28	3	1
75岁及以上	2000	1812	1414	7	386		5	3	
男	**233683**	**145194**	**108762**	**552**	**34005**	**105**	**1770**	**12006**	**8169**
16-19岁	1265	544	393	1	131		19	20	12
20-24岁	7642	2667	1847	7	728	4	81	390	296
25-29岁	15303	5749	4108	31	1488	7	115	1102	815
30-34岁	23376	10304	7500	32	2597	11	164	2071	1513
35-39岁	24684	13405	9865	26	3306	16	192	1653	1149
40-44岁	24395	14228	10380	46	3580	15	207	1567	1079
45-49岁	34125	20949	15528	88	5030	19	284	2172	1449
50-54岁	35078	23112	17259	139	5433	13	268	1982	1328
55-59岁	29021	20959	15987	93	4647	10	222	824	431
60-64岁	20024	16580	12880	46	3530	4	120	175	82
65-69岁	13011	11455	8967	31	2382	4	71	44	14
70-74岁	4358	3977	3075	5	872	2	23	3	1
75岁及以上	1401	1265	973	7	281		4	3	
女	**142795**	**106311**	**82640**	**128**	**22744**	**24**	**775**	**1164**	**659**
16-19岁	586	236	201		30		5	3	2
20-24岁	4281	1389	1026	1	336	1	25	40	24
25-29岁	7952	3376	2522	3	820	1	30	95	62
30-34岁	12260	6985	5281	8	1629	3	64	180	112
35-39岁	14136	9519	7189	6	2257	3	64	127	72
40-44岁	15387	10808	8174	18	2538	1	77	153	78
45-49岁	23512	17649	13472	34	3965	8	170	278	157
50-54岁	23400	19114	14868	23	4083	6	134	186	104
55-59岁	19503	17051	13614	11	3315		111	76	38
60-64岁	12630	11604	9345	15	2183		61	23	10
65-69岁	6799	6391	5191	8	1163	1	28	3	
70-74岁	1750	1642	1316	1	320		5		
75岁及以上	599	547	441		105		1		

4-5c　续表 1　　　　单位：人

年龄组 性　别	采矿业						制造业		
	石油和天然气开采业	黑色金属矿采选业	有色金属矿采选业	非金属矿采选业	开采专业及辅助性活动	其他采矿业	小计	农副食品加工业	食品制造业
总　计	**330**	**985**	**1605**	**720**	**577**	**125**	**19591**	**2087**	**1813**
16–19岁	2	2	2	1	2		92	11	15
20–24岁	12	22	45	17	14		1212	81	126
25–29岁	36	51	113	37	71	12	2359	153	250
30–34岁	53	133	213	96	117	14	3126	242	291
35–39岁	52	124	190	73	104	16	2551	266	300
40–44岁	48	125	215	86	72	17	2316	256	252
45–49岁	60	186	355	135	82	26	3052	355	258
50–54岁	45	167	301	134	64	25	2498	309	186
55–59岁	21	122	136	98	43	11	1554	233	94
60–64岁	1	40	26	29	7	3	520	107	29
65–69岁		12	7	12	1	1	243	62	10
70–74岁			2				45	8	2
75岁及以上		1		2			23	4	
男	**297**	**886**	**1365**	**626**	**549**	**114**	**14666**	**1390**	**1057**
16–19岁	2	2	2		2		77	11	9
20–24岁	12	20	35	13	14		973	62	81
25–29岁	32	44	97	34	68	12	1805	102	143
30–34岁	45	117	180	90	112	14	2374	163	174
35–39岁	49	112	158	67	103	15	1811	161	169
40–44岁	42	116	174	70	70	16	1588	156	130
45–49岁	53	163	295	114	75	23	2181	219	148
50–54岁	42	149	266	116	60	21	1927	211	112
55–59岁	19	115	126	84	39	10	1253	162	61
60–64岁	1	35	24	25	5	3	425	81	22
65–69岁		12	6	11	1		199	51	6
70–74岁			2				38	7	2
75岁及以上		1		2			15	4	
女	**33**	**99**	**240**	**94**	**28**	**11**	**4925**	**697**	**756**
16–19岁				1			15		6
20–24岁		2	10	4			239	19	45
25–29岁	4	7	16	3	3		554	51	107
30–34岁	8	16	33	6	5		752	79	117
35–39岁	3	12	32	6	1	1	740	105	131
40–44岁	6	9	41	16	2	1	728	100	122
45–49岁	7	23	60	21	7	3	871	136	110
50–54岁	3	18	35	18	4	4	571	98	74
55–59岁	2	7	10	14	4	1	301	71	33
60–64岁		5	2	4	2		95	26	7
65–69岁			1	1		1	44	11	4
70–74岁							7	1	
75岁及以上							8		

4-5c 续表 2 单位：人

年龄组 性 别	制造业								
	酒、饮料和精制茶制造业	烟 草制品业	纺织业	纺织服装、服饰业	皮革、毛皮、羽毛及其制品和制鞋业	木材加工和木、竹、藤、棕、草制品业	家 具制造业	造纸和纸制品业	印刷和记录媒介复制业
总 计	**320**	**11**	**259**	**289**	**143**	**480**	**319**	**171**	**78**
16-19岁			3	1	2	2	2		1
20-24岁	12	1	6	11	7	15	18	5	8
25-29岁	29		14	24	21	30	31	11	11
30-34岁	32	2	28	39	13	42	52	23	25
35-39岁	36		29	46	30	53	39	24	12
40-44岁	56	2	37	50	19	69	42	34	8
45-49岁	58	1	57	49	29	84	59	22	5
50-54岁	48		45	35	5	89	43	30	5
55-59岁	31	5	28	19	7	58	21	18	2
60-64岁	13		4	10	3	26	6	2	
65-69岁	4		5	4	5	10	6	2	
70-74岁	1		2	1					
75岁及以上			1		2	2			1
男	**192**	**8**	**108**	**69**	**57**	**337**	**226**	**106**	**45**
16-19岁			3		1	2	2		1
20-24岁	7	1	5	7	3	11	11	4	4
25-29岁	13		7	8	10	26	24	9	9
30-34岁	19	1	10	11	4	31	38	13	13
35-39岁	18		15	11	8	33	27	12	6
40-44岁	26	1	7	8	8	46	28	19	4
45-49岁	35	1	14	5	9	57	43	12	3
50-54岁	34		23	9	4	61	27	20	3
55-59岁	25	4	16	6	4	45	15	14	1
60-64岁	11		2	2	2	16	5	1	
65-69岁	3		4	2	3	8	6	2	
70-74岁	1		1						
75岁及以上			1		1	1			1
女	**128**	**3**	**151**	**220**	**86**	**143**	**93**	**65**	**33**
16-19岁				1	1				
20-24岁	5		1	4	4	4	7	1	4
25-29岁	16		7	16	11	4	7	2	2
30-34岁	13	1	18	28	9	11	14	10	12
35-39岁	18		14	35	22	20	12	12	6
40-44岁	30	1	30	42	11	23	14	15	4
45-49岁	23		43	44	20	27	16	10	2
50-54岁	14		22	26	1	28	16	10	2
55-59岁	6	1	12	13	3	13	6	4	1
60-64岁	2		2	8	1	10	1	1	
65-69岁	1		1	2	2	2			
70-74岁			1	1					
75岁及以上					1	1			

4-5c　续表 3

单位：人

年龄组 性　别	制造业								
	文教、工美、体育和娱乐用品制造业	石油、煤炭及其他燃料加工业	化学原料和化学制品制造业	医　药制造业	化学纤维制造业	橡胶和塑　料制品业	非金属矿　物制品业	黑色金属冶炼和压延加工业	有色金属冶炼和压延加工业
总　计	**114**	**1138**	**2192**	**755**	**9**	**486**	**2129**	**1663**	**1058**
16-19岁	1	1	5	4	1	7	7	5	1
20-24岁	4	81	206	112		25	82	77	43
25-29岁	10	135	391	210	1	56	181	148	113
30-34岁	19	227	455	164	3	94	282	214	192
35-39岁	18	153	236	83	2	57	279	184	147
40-44岁	9	122	197	49		55	247	181	129
45-49岁	15	168	308	55	2	69	343	332	195
50-54岁	13	139	235	40		60	325	290	145
55-59岁	15	85	121	29		39	227	188	70
60-64岁	4	23	23	6		15	107	34	13
65-69岁	4	2	11	1		7	32	8	9
70-74岁	1	2	3	1		1	14	1	1
75岁及以上	1		1	1		1	3	1	
男	**74**	**954**	**1811**	**503**	**6**	**337**	**1697**	**1380**	**924**
16-19岁	1	1	5	3	1	6	6	4	1
20-24岁	3	72	187	67		21	64	68	38
25-29岁	6	117	322	131	1	37	153	127	97
30-34岁	15	179	370	115	2	69	218	168	168
35-39岁	9	133	194	59	1	39	215	139	123
40-44岁	5	101	145	32		35	190	141	113
45-49岁	8	133	232	36	1	40	279	265	171
50-54岁	9	115	207	29		43	255	253	127
55-59岁	14	78	115	23		28	185	175	63
60-64岁	2	21	21	6		13	92	31	13
65-69岁	2	2	10	1		5	27	7	9
70-74岁		2	2	1		1	12	1	1
75岁及以上			1				1	1	
女	**40**	**184**	**381**	**252**	**3**	**149**	**432**	**283**	**134**
16-19岁				1		1	1	1	
20-24岁	1	9	19	45		4	18	9	5
25-29岁	4	18	69	79		19	28	21	16
30-34岁	4	48	85	49	1	25	64	46	24
35-39岁	9	20	42	24	1	18	64	45	24
40-44岁	4	21	52	17		20	57	40	16
45-49岁	7	35	76	19	1	29	64	67	24
50-54岁	4	24	28	11		17	70	37	18
55-59岁	1	7	6	6		11	42	13	7
60-64岁	2	2	2			2	15	3	
65-69岁	2		1			2	5	1	
70-74岁	1		1				2		
75岁及以上	1			1		1	2		

4-5c 续表 4

单位：人

年龄组 性 别	制造业								
	金 属 制品业	通用设备 制造业	专用设备 制造业	汽 车 制造业	铁路、船舶、航空航天和其他运输设备制造业	电气机械和器材制造业	计算机、通信和其他电子设备制造业	仪器仪表 制造业	其 他 制造业
总 计	**1492**	**367**	**465**	**117**	**190**	**302**	**251**	**47**	**81**
16-19岁	3	1	3	2	1	1	8		
20-24岁	67	23	32	20	23	33	47	8	3
25-29岁	154	56	61	26	25	60	64	8	9
30-34岁	261	55	83	22	22	71	43	7	10
35-39岁	250	53	53	18	23	43	31	5	10
40-44岁	205	50	48	10	34	26	28	6	14
45-49岁	246	45	81	5	23	34	14	4	13
50-54岁	171	45	56	9	16	19	10	3	11
55-59岁	86	23	36	4	17	5	5	3	7
60-64岁	28	10	9	1	4	8	1	1	3
65-69岁	20	5	3		1	2		2	1
70-74岁	1								
75岁及以上		1			1				
男	**1292**	**315**	**394**	**99**	**135**	**241**	**181**	**40**	**51**
16-19岁	3	1	3	2	1		6		
20-24岁	62	22	26	19	18	30	36	7	3
25-29岁	141	52	48	21	20	53	49	7	8
30-34岁	236	52	73	17	18	58	29	6	8
35-39岁	198	45	46	15	15	30	20	4	8
40-44岁	174	38	40	10	17	17	19	6	6
45-49岁	205	36	68	3	12	25	11	2	7
50-54岁	151	37	50	8	13	17	7	3	4
55-59岁	78	18	30	3	16	4	3	3	4
60-64岁	26	9	7	1	3	5	1	1	2
65-69岁	17	4	3		1	2		1	1
70-74岁	1								
75岁及以上		1			1				
女	**200**	**52**	**71**	**18**	**55**	**61**	**70**	**7**	**30**
16-19岁						1	2		
20-24岁	5	1	6	1	5	3	11	1	
25-29岁	13	4	13	5	5	7	15	1	1
30-34岁	25	3	10	5	4	13	14	1	2
35-39岁	52	8	7	3	8	13	11	1	2
40-44岁	31	12	8		17	9	9		8
45-49岁	41	9	13	2	11	9	3	2	6
50-54岁	20	8	6	1	3	2	3		7
55-59岁	8	5	6	1	1	1	2		3
60-64岁	2	1	2		1	3			1
65-69岁	3	1						1	
70-74岁									
75岁及以上									

4-5c 续表 5

单位：人

年龄组 性 别	制造业		电力、热力、燃气及水生产和供应业				建筑业		
	废弃资源综合利用业	金属制品、机械和设备修理业	小计	电力、热力生产和供应业	燃气生产和供应业	水的生产和供应业	小计	房屋建筑业	土木工程建筑业
总 计	**344**	**421**	**3887**	**2887**	**793**	**207**	**19359**	**10800**	**3045**
16-19岁	1	3	10	9	1		74	42	15
20-24岁	4	32	334	233	84	17	714	343	178
25-29岁	20	57	579	426	133	20	1627	773	325
30-34岁	25	88	733	538	177	18	2493	1284	450
35-39岁	23	48	399	275	102	22	2619	1397	346
40-44岁	40	41	336	249	69	18	2546	1417	360
45-49岁	64	59	540	396	105	39	3382	1987	485
50-54岁	58	58	482	382	70	30	3029	1782	432
55-59岁	53	25	342	285	36	21	1868	1121	306
60-64岁	24	6	94	71	11	12	740	474	112
65-69岁	24	3	28	17	3	8	227	156	30
70-74岁	5	1	7	4	1	2	27	17	3
75岁及以上	3		3	2	1		13	7	3
男	**258**	**379**	**3229**	**2439**	**623**	**167**	**17030**	**9337**	**2794**
16-19岁	1	3	10	9	1		66	36	15
20-24岁	3	31	288	206	66	16	600	283	163
25-29岁	13	51	482	362	104	16	1413	648	292
30-34岁	18	78	596	449	132	15	2235	1123	423
35-39岁	17	41	333	235	82	16	2354	1233	331
40-44岁	29	37	275	207	54	14	2185	1201	323
45-49岁	51	50	416	306	83	27	2909	1681	441
50-54岁	39	56	421	334	62	25	2668	1549	390
55-59岁	37	23	302	254	29	19	1695	1004	277
60-64岁	23	6	74	57	6	11	670	426	105
65-69岁	20	2	25	15	3	7	201	135	28
70-74岁	5	1	5	3	1	1	24	14	3
75岁及以上	2		2	2			10	4	3
女	**86**	**42**	**658**	**448**	**170**	**40**	**2329**	**1463**	**251**
16-19岁							8	6	
20-24岁	1	1	46	27	18	1	114	60	15
25-29岁	7	6	97	64	29	4	214	125	33
30-34岁	7	10	137	89	45	3	258	161	27
35-39岁	6	7	66	40	20	6	265	164	15
40-44岁	11	4	61	42	15	4	361	216	37
45-49岁	13	9	124	90	22	12	473	306	44
50-54岁	19	2	61	48	8	5	361	233	42
55-59岁	16	2	40	31	7	2	173	117	29
60-64岁	1		20	14	5	1	70	48	7
65-69岁	4	1	3	2		1	26	21	2
70-74岁			2	1		1	3	3	
75岁及以上	1		1		1		3	3	

4-5c 续表 6

单位：人

年龄组 性 别	建筑业		批发和零售业			交通运输、仓储和邮政业			
	建 筑 安装业	建筑装 饰、装修 和其他 建筑业	小计	批发业	零售业	小计	铁 路 运输业	道 路 运输业	水 上 运输业
总 计	**946**	**4568**	**17157**	**5438**	**11719**	**10678**	**556**	**6887**	**24**
16-19岁	3	14	101	19	82	56	7	17	1
20-24岁	40	153	819	177	642	478	74	206	4
25-29岁	101	428	1730	434	1296	1113	96	621	4
30-34岁	154	605	2528	661	1867	1585	102	1084	2
35-39岁	164	712	2349	667	1682	1802	40	1386	2
40-44岁	108	661	2239	683	1556	1536	34	1155	2
45-49岁	144	766	2600	892	1708	1790	66	1182	2
50-54岁	137	678	2191	901	1290	1207	64	715	1
55-59岁	69	372	1416	539	877	724	55	359	4
60-64岁	22	132	718	273	445	273	14	120	2
65-69岁	4	37	336	147	189	88	4	32	
70-74岁		7	96	33	63	22		9	
75岁及以上		3	34	12	22	4		1	
男	**885**	**4014**	**9351**	**3821**	**5530**	**9384**	**465**	**6289**	**22**
16-19岁	3	12	51	13	38	47	6	16	1
20-24岁	37	117	392	114	278	384	66	172	4
25-29岁	95	378	931	317	614	921	81	531	4
30-34岁	144	545	1336	487	849	1384	77	994	2
35-39岁	157	633	1162	463	699	1644	32	1313	2
40-44岁	96	565	1141	467	674	1369	28	1063	2
45-49岁	134	653	1368	597	771	1567	55	1074	1
50-54岁	129	600	1291	635	656	1081	51	664	1
55-59岁	66	348	865	384	481	643	51	317	3
60-64岁	21	118	487	200	287	244	14	110	2
65-69岁	3	35	223	106	117	77	4	26	
70-74岁		7	73	26	47	19		8	
75岁及以上		3	31	12	19	4		1	
女	**61**	**554**	**7806**	**1617**	**6189**	**1294**	**91**	**598**	**2**
16-19岁		2	50	6	44	9	1	1	
20-24岁	3	36	427	63	364	94	8	34	
25-29岁	6	50	799	117	682	192	15	90	
30-34岁	10	60	1192	174	1018	201	25	90	
35-39岁	7	79	1187	204	983	158	8	73	
40-44岁	12	96	1098	216	882	167	6	92	
45-49岁	10	113	1232	295	937	223	11	108	1
50-54岁	8	78	900	266	634	126	13	51	
55-59岁	3	24	551	155	396	81	4	42	1
60-64岁	1	14	231	73	158	29		10	
65-69岁	1	2	113	41	72	11		6	
70-74岁			23	7	16	3		1	
75岁及以上			3		3				

4-5c　续表 7　　　　　　　　　　　　　　　　　　　　单位：人

年龄组 性　别	交通运输、仓储和邮政业					住宿和餐饮业		
	航　空 运输业	管　道 运输业	多式联运 和运输 代理业	装卸搬运 和仓储业	邮政业	小计	住宿业	餐饮业
总　计	**70**	**10**	**80**	**2245**	**806**	**8238**	**744**	**7494**
16-19岁	4			14	13	262	17	245
20-24岁	8	1	4	73	108	665	66	599
25-29岁	15	3	12	172	190	865	74	791
30-34岁	7	3	7	208	172	1250	102	1148
35-39岁	6	2	7	237	122	1094	86	1008
40-44岁	10		8	273	54	1004	84	920
45-49岁	6		19	445	70	1273	128	1145
50-54岁	7		9	368	43	972	97	875
55-59岁	4		10	265	27	520	43	477
60-64岁	3		3	127	4	219	31	188
65-69岁		1	1	47	3	85	13	72
70-74岁				13		14	3	11
75岁及以上				3		15		15
男	**46**	**8**	**71**	**1904**	**579**	**3764**	**251**	**3513**
16-19岁	3			12	9	187	10	177
20-24岁	4	1	4	56	77	405	23	382
25-29岁	13	2	11	134	145	513	30	483
30-34岁	5	3	5	180	118	642	37	605
35-39岁	2	1	6	204	84	500	27	473
40-44岁	6		6	228	36	368	13	355
45-49岁	5		17	367	48	393	25	368
50-54岁	2		9	320	34	333	35	298
55-59岁	4		9	237	22	229	20	209
60-64岁	2		3	109	4	122	18	104
65-69岁		1	1	43	2	54	11	43
70-74岁				11		9	2	7
75岁及以上				3		9		9
女	**24**	**2**	**9**	**341**	**227**	**4474**	**493**	**3981**
16-19岁	1			2	4	75	7	68
20-24岁	4			17	31	260	43	217
25-29岁	2	1	1	38	45	352	44	308
30-34岁	2		2	28	54	608	65	543
35-39岁	4	1	1	33	38	594	59	535
40-44岁	4		2	45	18	636	71	565
45-49岁	1		2	78	22	880	103	777
50-54岁	5			48	9	639	62	577
55-59岁			1	28	5	291	23	268
60-64岁	1			18		97	13	84
65-69岁				4	1	31	2	29
70-74岁				2		5	1	4
75岁及以上						6		6

4-5c 续表 8 单位：人

年龄组 性别	信息传输、软件和信息技术服务业				金融业				
	小计	电信、广播电视和卫星传输服务	互联网和相关服务	软件和信息技术服务业	小计	货币金融服务	资本市场服务	保险业	其他金融业
总 计	**1033**	**312**	**365**	**356**	**1084**	**503**	**25**	**505**	**51**
16-19岁	9	3	4	2	4	1		3	
20-24岁	227	28	99	100	124	67	3	41	13
25-29岁	254	52	90	112	225	104	14	86	21
30-34岁	229	73	77	79	238	110	6	117	5
35-39岁	100	48	27	25	126	43	1	80	2
40-44岁	62	31	16	15	107	42		63	2
45-49岁	63	29	27	7	116	46	1	68	1
50-54岁	46	27	13	6	83	43		36	4
55-59岁	32	18	6	8	44	35		7	2
60-64岁	7	2	5		14	10		3	1
65-69岁	1	1			3	2		1	
70-74岁	3		1	2					
75岁及以上									
男	**729**	**197**	**264**	**268**	**486**	**272**	**13**	**172**	**29**
16-19岁	5	1	2	2	3	1		2	
20-24岁	157	14	70	73	59	32		21	6
25-29岁	175	31	64	80	112	50	8	45	9
30-34岁	156	42	58	56	108	56	5	43	4
35-39岁	70	30	17	23	47	22		24	1
40-44岁	44	20	11	13	36	20		14	2
45-49岁	51	23	22	6	36	23		13	
50-54岁	34	18	10	6	39	27		8	4
55-59岁	28	16	5	7	34	31		1	2
60-64岁	5	1	4		10	8		1	1
65-69岁	1	1			2	2			
70-74岁	3		1	2					
75岁及以上									
女	**304**	**115**	**101**	**88**	**598**	**231**	**12**	**333**	**22**
16-19岁	4	2	2		1			1	
20-24岁	70	14	29	27	65	35	3	20	7
25-29岁	79	21	26	32	113	54	6	41	12
30-34岁	73	31	19	23	130	54	1	74	1
35-39岁	30	18	10	2	79	21	1	56	1
40-44岁	18	11	5	2	71	22		49	
45-49岁	12	6	5	1	80	23	1	55	1
50-54岁	12	9	3		44	16		28	
55-59岁	4	2	1	1	10	4		6	
60-64岁	2	1	1		4	2		2	
65-69岁					1			1	
70-74岁									
75岁及以上									

4-5c　续表 9

单位：人

年龄组 性别	房地产业 小计	房地产业	租赁和商务服务业 小计	租赁业	商务服务业	科学研究和技术服务业 小计	研究和试验发展	专业技术服务业	科技推广和应用服务业
总　计	**1792**	**1792**	**2672**	**309**	**2363**	**1164**	**56**	**897**	**211**
16-19岁	11	11	22	1	21	5		5	
20-24岁	127	127	294	17	277	136	7	110	19
25-29岁	263	263	419	45	374	208	16	167	25
30-34岁	245	245	426	76	350	211	10	173	28
35-39岁	169	169	290	34	256	124	7	95	22
40-44岁	142	142	215	34	181	88	1	63	24
45-49岁	221	221	280	34	246	131	9	95	27
50-54岁	231	231	253	37	216	112	3	83	26
55-59岁	181	181	253	19	234	76	3	56	17
60-64岁	130	130	130	4	126	40		29	11
65-69岁	61	61	69	7	62	18		12	6
70-74岁	10	10	18	1	17	13		8	5
75岁及以上	1	1	3		3	2		1	1
男	**1089**	**1089**	**1907**	**286**	**1621**	**908**	**36**	**731**	**141**
16-19岁	5	5	13	1	12	4		4	
20-24岁	79	79	166	15	151	97	5	79	13
25-29岁	168	168	258	43	215	142	10	118	14
30-34岁	135	135	301	72	229	177	8	148	21
35-39岁	96	96	214	34	180	92	3	75	14
40-44岁	68	68	145	29	116	71	1	52	18
45-49岁	101	101	210	31	179	109	5	86	18
50-54岁	132	132	209	33	176	91	2	74	15
55-59岁	137	137	211	18	193	65	2	51	12
60-64岁	104	104	106	4	102	35		27	8
65-69岁	56	56	60	5	55	12		9	3
70-74岁	7	7	12	1	11	11		7	4
75岁及以上	1	1	2		2	2		1	1
女	**703**	**703**	**765**	**23**	**742**	**256**	**20**	**166**	**70**
16-19岁	6	6	9		9	1		1	
20-24岁	48	48	128	2	126	39	2	31	6
25-29岁	95	95	161	2	159	66	6	49	11
30-34岁	110	110	125	4	121	34	2	25	7
35-39岁	73	73	76		76	32	4	20	8
40-44岁	74	74	70	5	65	17		11	6
45-49岁	120	120	70	3	67	22	4	9	9
50-54岁	99	99	44	4	40	21	1	9	11
55-59岁	44	44	42	1	41	11	1	5	5
60-64岁	26	26	24		24	5		2	3
65-69岁	5	5	9	2	7	6		3	3
70-74岁	3	3	6		6	2		1	1
75岁及以上			1		1				

4-5c　续表 10　　　　单位：人

年龄组 性　别	水利、环境和公共设施管理业					居民服务、修理和其他服务业			
	小计	水　利 管理业	生态保护 和环境 治理业	公共设施 管理业	土　地 管理业	小计	居　民 服务业	机动车、 电子产品 和日用产 品修理业	其　他 服务业
总　计	**1873**	**129**	**219**	**1509**	**16**	**8010**	**4183**	**2265**	**1562**
16-19岁	1			1		142	83	52	7
20-24岁	51	4	17	28	2	643	332	265	46
25-29岁	78	5	17	54	2	883	420	385	78
30-34岁	119	11	23	81	4	1058	514	452	92
35-39岁	104	11	23	68	2	950	486	338	126
40-44岁	140	18	20	100	2	816	428	229	159
45-49岁	226	22	29	174	1	1032	573	217	242
50-54岁	310	25	30	255		945	501	162	282
55-59岁	340	26	23	290	1	692	369	88	235
60-64岁	304	6	20	276	2	483	267	53	163
65-69岁	163	1	12	150		249	126	21	102
70-74岁	32		3	29		77	48	2	27
75岁及以上	5		2	3		40	36	1	3
男	**1268**	**107**	**183**	**966**	**12**	**4517**	**1727**	**1983**	**807**
16-19岁	1			1		93	38	52	3
20-24岁	38	4	13	19	2	402	127	250	25
25-29岁	56	3	12	40	1	592	198	348	46
30-34岁	91	7	19	63	2	659	197	403	59
35-39岁	75	10	20	44	1	519	181	279	59
40-44岁	99	17	15	65	2	423	155	202	66
45-49岁	116	17	23	75	1	490	221	177	92
50-54岁	189	20	27	142		475	210	127	138
55-59岁	217	22	23	171	1	366	173	74	119
60-64岁	213	6	18	187	2	290	133	48	109
65-69岁	142	1	9	132		154	66	20	68
70-74岁	27		3	24		38	15	2	21
75岁及以上	4		1	3		16	13	1	2
女	**605**	**22**	**36**	**543**	**4**	**3493**	**2456**	**282**	**755**
16-19岁						49	45		4
20-24岁	13		4	9		241	205	15	21
25-29岁	22	2	5	14	1	291	222	37	32
30-34岁	28	4	4	18	2	399	317	49	33
35-39岁	29	1	3	24	1	431	305	59	67
40-44岁	41	1	5	35		393	273	27	93
45-49岁	110	5	6	99		542	352	40	150
50-54岁	121	5	3	113		470	291	35	144
55-59岁	123	4		119		326	196	14	116
60-64岁	91		2	89		193	134	5	54
65-69岁	21		3	18		95	60	1	34
70-74岁	5			5		39	33		6
75岁及以上	1		1			24	23		1

4-5c 续表 11

单位：人

年龄组 性 别	教育		卫生和社会工作			文化、体育和娱乐业				
	小计	教育	小计	卫生	社会工作	小计	新闻和出版业	广播、电视、电影和录音制作业	文 化艺术业	体育
总 计	**5317**	**5317**	**2862**	**2707**	**155**	**610**	**16**	**58**	**135**	**103**
16-19岁	204	204	15	15		21		1	8	3
20-24岁	727	727	347	341	6	104		15	17	26
25-29岁	859	859	435	430	5	139	5	16	21	43
30-34岁	669	669	308	304	4	77	5	6	24	10
35-39岁	541	541	238	229	9	61	2	5	10	11
40-44岁	403	403	334	317	17	50	1	2	9	3
45-49岁	509	509	410	389	21	62	2	5	14	2
50-54岁	557	557	314	279	35	38		4	10	3
55-59岁	608	608	193	164	29	36	1	1	12	1
60-64岁	139	139	124	105	19	17		3	6	1
65-69岁	59	59	93	85	8	4			3	
70-74岁	27	27	40	38	2	1			1	
75岁及以上	15	15	11	11						
男	**2067**	**2067**	**1319**	**1269**	**50**	**385**	**5**	**43**	**81**	**71**
16-19岁	102	102	6	6		15			5	2
20-24岁	153	153	94	93	1	74		12	8	22
25-29岁	209	209	93	92	1	83	2	12	8	31
30-34岁	188	188	82	81	1	46	2	2	14	6
35-39岁	180	180	106	103	3	35	1	4	9	7
40-44岁	129	129	172	166	6	28		2	3	1
45-49岁	185	185	230	224	6	34		5	9	
50-54岁	263	263	191	181	10	24		3	7	1
55-59岁	460	460	119	113	6	26		1	8	
60-64岁	113	113	94	84	10	15		2	6	1
65-69岁	48	48	82	77	5	4			3	
70-74岁	22	22	39	38	1	1			1	
75岁及以上	15	15	11	11						
女	**3250**	**3250**	**1543**	**1438**	**105**	**225**	**11**	**15**	**54**	**32**
16-19岁	102	102	9	9		6		1	3	1
20-24岁	574	574	253	248	5	30		3	9	4
25-29岁	650	650	342	338	4	56	3	4	13	12
30-34岁	481	481	226	223	3	31	3	4	10	4
35-39岁	361	361	132	126	6	26	1	1	1	4
40-44岁	274	274	162	151	11	22	1		6	2
45-49岁	324	324	180	165	15	28	2		5	2
50-54岁	294	294	123	98	25	14		1	3	2
55-59岁	148	148	74	51	23	10	1		4	1
60-64岁	26	26	30	21	9	2		1		
65-69岁	11	11	11	8	3					
70-74岁	5	5	1		1					
75岁及以上										

4-5c　续表 12　　　　单位：人

年龄组 性　别	娱乐业	公共管理、社会保障和社会组织							国际组织	
		小计	中国共产党机关	国家机构	人民政协、民主党派	社会保障	群众团体、社会团体和其他成员组织	基层群众自治组织	小计	国际组织
总　计	**298**	**6475**	**89**	**3854**	**11**	**29**	**216**	**2276**	**1**	**1**
16-19岁	9	19	1	9			6	3		
20-24岁	46	434	8	357		3	17	49	1	1
25-29岁	54	897	21	731	3	3	28	111		
30-34岁	32	801	15	617	1	6	24	138		
35-39岁	33	599	10	362	1	1	17	208		
40-44岁	35	692	7	377		3	23	282		
45-49岁	39	902	5	476	3	4	31	383		
50-54岁	21	816	7	416	1	6	36	350		
55-59岁	21	735	11	338	1	1	18	366		
60-64岁	7	320	3	98	1	1	6	211		
65-69岁	1	190		57			5	128		
70-74岁		54	1	11		1	1	40		
75岁及以上		16		5			4	7		
男	**185**	**4383**	**62**	**2654**	**5**	**18**	**133**	**1511**	**1**	**1**
16-19岁	8	16	1	9			5	1		
20-24岁	32	223	4	190		1	7	21	1	1
25-29岁	30	499	12	434	1	2	15	35		
30-34岁	22	491	9	397		2	15	68		
35-39岁	14	388	8	257		1	9	113		
40-44岁	22	459	3	271		2	18	165		
45-49岁	20	608	4	335	1	3	17	248		
50-54岁	13	616	7	323	1	5	21	259		
55-59岁	17	588	10	292	1		14	271		
60-64岁	6	262	3	81	1	1	5	171		
65-69岁	1	172		50			5	117		
70-74岁		50	1	11		1		37		
75岁及以上		11		4			2	5		
女	**113**	**2092**	**27**	**1200**	**6**	**11**	**83**	**765**		
16-19岁	1	3					1	2		
20-24岁	14	211	4	167		2	10	28		
25-29岁	24	398	9	297	2	1	13	76		
30-34岁	10	310	6	220	1	4	9	70		
35-39岁	19	211	2	105	1		8	95		
40-44岁	13	233	4	106		1	5	117		
45-49岁	19	294	1	141	2	1	14	135		
50-54岁	8	200		93		1	15	91		
55-59岁	4	147	1	46		1	4	95		
60-64岁	1	58		17			1	40		
65-69岁		18		7				11		
70-74岁		4					1	3		
75岁及以上		5		1			2	2		

4–6　各地区分性别、职业中类的就业人口

单位：人

地区 性别	合计	党的机关、国家机关、群众团体和社会组织、企事业单位负责人						
		小计	中国共产党机关负责人	国家机关负责人	民主党派和工商联负责人	人民团体和群众团体、社会组织及其他成员组织负责人	基层群众自治组织负责人	企事业单位负责人
内蒙古	**1049550**	**22768**	**136**	**2127**	**9**	**819**	**875**	**18802**
呼和浩特市	**133341**	**3690**	**8**	**175**	**2**	**131**	**97**	**3277**
新城区	26954	1243	3	62	1	36	8	1133
回民区	17693	368	2	6		16	9	335
玉泉区	21798	510		7	1	25	15	462
赛罕区	33552	1079	1	44		15	11	1008
土默特左旗	9000	125	1	18		13	12	81
托克托县	7009	86		9		6	10	61
和林格尔县	5904	61		9		2	14	36
清水河县	2680	33		2			9	22
武川县	3220	24		9		2	5	8
呼和浩特经济技术开发区	5531	161	1	9		16	4	131
包头市	**122003**	**3372**	**16**	**170**	**2**	**90**	**66**	**3028**
东河区	19873	502	3	15	1	19	10	454
昆都仑区	34088	1214	3	38		41	6	1126
青山区	22831	704	1	36		14	14	639
石拐区	1009	8		1			2	5
白云鄂博矿区	1227	24	1	5		1		17
九原区	10114	239	4	14		2	7	212
土默特右旗	13351	101	3	22		7	14	55
固阳县	7709	40		7	1	1	12	19
达尔罕茂明安联合旗	2810	60	1	21		2	1	35
包头稀土高新技术产业开发区	8991	480		11		3		466
乌海市	**25277**	**443**	**2**	**53**		**11**	**5**	**372**
海勃湾区	15604	298	1	42		4	1	250
海南区	4529	87	1	5		4	4	73
乌达区	5144	58		6		3		49
赤峰市	**193336**	**3165**	**16**	**261**	**1**	**137**	**178**	**2572**
红山区	18262	584	3	35		23	2	521
元宝山区	9583	267		11		8	16	232
松山区	31632	890	1	47		16	28	798
阿鲁科尔沁旗	11204	112		20	1	6	13	72
巴林左旗	18772	132		12		10	12	98
巴林右旗	8220	74		11		4	14	45
林西县	9543	91	1	25		2	8	55
克什克腾旗	8338	210	1	25		14	7	163
翁牛特旗	15689	198	1	29		4	8	156
喀喇沁旗	13327	119	1	13		4	24	77
宁城县	24990	292	7	19		37	35	194
敖汉旗	23776	196	1	14		9	11	161

4-6 续表 1　　　　单位：人

地　　区 性　　别	合计	党的机关、国家机关、群众团体和社会组织、企事业单位负责人						
		小计	中国共产党机关负责人	国家机关负责人	民主党派和工商联负责人	人民团体和群众团体、社会组织及其他成员组织负责人	基层群众自治组织负责人	企事业单位负责人
通辽市	**126498**	**1957**	**19**	**206**	**2**	**59**	**122**	**1549**
科尔沁区	28662	553	2	39		11	12	489
科尔沁左翼中旗	16936	180	3	17		13	23	124
科尔沁左翼后旗	15955	133	1	31	1	2	10	88
开鲁县	15178	131	1	18		5	18	89
库伦旗	8272	81	2	21	1	2	15	40
奈曼旗	14945	178	1	19		10	11	137
扎鲁特旗	12051	145	2	24		4	22	93
通辽经济技术开发区	8268	344	7	22		5	7	303
霍林郭勒市	6231	212		15		7	4	186
鄂尔多斯市	**112957**	**3147**	**24**	**225**	**2**	**84**	**64**	**2748**
东胜区	28220	1216	9	55	1	25	3	1123
康巴什区	5197	211	2	20		3	1	185
达拉特旗	16219	291	2	26		9	22	232
准格尔旗	17822	497	3	28		19	16	431
鄂托克前旗	5381	106	1	11		8	6	80
鄂托克旗	9744	150	3	19	1	3	4	120
杭锦旗	5703	109	2	12		3	1	91
乌审旗	10420	198		27		4	2	165
伊金霍洛旗	14251	369	2	27		10	9	321
呼伦贝尔市	**84913**	**1935**	**12**	**248**		**85**	**77**	**1513**
海拉尔区	14223	476	2	35		9	3	427
扎赉诺尔区	2631	27		5		3	1	18
阿荣旗	9318	107	2	16		1	10	78
莫力达瓦达斡尔族自治旗	7713	97		21		4	15	57
鄂伦春自治旗	5597	64		15		2	8	39
鄂温克族自治旗	5651	175	3	21		5	7	139
陈巴尔虎旗	2391	39		9		12		18
新巴尔虎左旗	1934	32	1	13		1	3	14
新巴尔虎右旗	2140	65	1	5		15	3	41
满洲里市	6329	218	1	11		2	1	203
牙克石市	8223	225	2	39		6		178
扎兰屯市	13598	253		29		16	21	187
额尔古纳市	2701	83		19		2	3	59
根河市	2464	74		10		7	2	55
巴彦淖尔市	**71492**	**1280**	**2**	**174**		**50**	**24**	**1030**
临河区	26750	649	2	86		12	7	542
五原县	10202	99		11		2	3	83
磴口县	4509	66		7		10	4	45
乌拉特前旗	12270	147		15		4	1	127
乌拉特中旗	6093	98		25		11	2	60
乌拉特后旗	3148	60		17		5	2	36
杭锦后旗	8520	161		13		6	5	137

4-6 续表 2

单位：人

地区 性别	合计	党的机关、国家机关、群众团体和社会组织、企事业单位负责人						
		小计	中国共产党机关负责人	国家机关负责人	民主党派和工商联负责人	人民团体和群众团体、社会组织及其他成员组织负责人	基层群众自治组织负责人	企事业单位负责人
乌兰察布市	**60391**	**1194**	**10**	**183**		**58**	**122**	**821**
集宁区	17790	326		18		7		301
卓资县	2733	71	1	8		2	26	34
化德县	3104	96		6			3	87
商都县	6121	118		29		11	24	54
兴和县	3488	77		16			7	54
凉城县	3694	49		17		3	4	25
察哈尔右翼前旗	5125	103	2	17		9	17	58
察哈尔右翼中旗	3164	47	2	11		2	14	18
察哈尔右翼后旗	3436	70	2	19		10	7	32
四子王旗	5135	131		29		5	4	93
丰镇市	6601	106	3	13		9	16	65
兴安盟	**55656**	**861**	**15**	**166**		**49**	**65**	**566**
乌兰浩特市	13517	269	1	47		8	14	199
阿尔山市	1433	47		20		4		23
科尔沁右翼前旗	12696	215	1	27		9	23	155
科尔沁右翼中旗	8227	125		30		2	15	78
扎赉特旗	11265	130	4	28		17	9	72
突泉县	8518	75	9	14		9	4	39
锡林郭勒盟	**49719**	**1331**	**9**	**201**		**58**	**44**	**1019**
二连浩特市	3709	107		12		13	1	81
锡林浩特市	15423	639	5	62		16	6	550
阿巴嘎旗	2197	42	3	16		4		19
苏尼特左旗	1904	28		6		2	1	19
苏尼特右旗	2720	58		19		1	6	32
东乌珠穆沁旗	3420	40		11			1	28
西乌珠穆沁旗	5383	52		7		2	2	41
太仆寺旗	3222	92		13		4	9	66
镶黄旗	1316	53		18		2	1	32
正镶白旗	1841	58		6			5	47
正蓝旗	3207	46		12		1	2	31
多伦县	4231	76		16		4	7	49
乌拉盖管委会	1146	40	1	3		9	3	24
阿拉善盟	**13967**	**393**	**3**	**65**		**7**	**11**	**307**
阿拉善左旗	9394	240	1	33		3	5	198
阿拉善右旗	1163	54	2	19		1	5	27
额济纳旗	1611	49		11		1	1	36
内蒙古阿拉善经济开发区	1799	50		2		2		46

4-6 续表 3 单位：人

地区 性别	合计	党的机关、国家机关、群众团体和社会组织、企事业单位负责人						
		小计	中国共产党机关负责人	国家机关负责人	民主党派和工商联负责人	人民团体和群众团体、社会组织及其他成员组织负责人	基层群众自治组织负责人	企事业单位负责人
男	**646349**	**17097**	**110**	**1739**	**5**	**509**	**686**	**14048**
呼和浩特市	**81670**	**2704**	**8**	**147**	**1**	**80**	**78**	**2390**
新城区	15782	876	3	49	1	23	4	796
回民区	10693	281	2	5		10	9	255
玉泉区	13421	365		6		14	11	334
赛罕区	19438	789	1	36		8	9	735
土默特左旗	6031	100	1	15		9	10	65
托克托县	4904	67		8		2	7	50
和林格尔县	3861	47		9		1	13	24
清水河县	1812	28		2			6	20
武川县	2118	24		9		2	5	8
呼和浩特经济技术开发区	3610	127	1	8		11	4	103
包头市	**76883**	**2461**	**12**	**137**	**2**	**57**	**42**	**2211**
东河区	12655	358	3	13	1	11	6	324
昆都仑区	21152	878	3	32		26	4	813
青山区	13749	511	1	27		11	4	468
石拐区	696	5		1			1	3
白云鄂博矿区	821	17		3		1		13
九原区	6644	182	2	11		2	6	161
土默特右旗	8533	79	2	21		3	11	42
固阳县	5236	33		6	1	1	9	16
达尔罕茂明安联合旗	1740	41	1	14		1	1	24
包头稀土高新技术产业开发区	5657	357		9		1		347
乌海市	**16446**	**347**	**1**	**38**		**6**	**3**	**299**
海勃湾区	9778	233	1	30		1		201
海南区	3190	70		4		3	3	60
乌达区	3478	44		4		2		38
赤峰市	**113356**	**2433**	**14**	**218**	**1**	**85**	**142**	**1973**
红山区	11113	413	2	22		15		374
元宝山区	6464	215		10		8	14	183
松山区	18646	666	1	43		7	23	592
阿鲁科尔沁旗	6650	88		15	1	3	11	58
巴林左旗	9946	98		9		7	6	76
巴林右旗	4805	62		8		3	12	39
林西县	5745	76		23		2	7	44
克什克腾旗	5183	169	1	19		11	6	132
翁牛特旗	9172	155	1	26		2	5	121
喀喇沁旗	7940	93	1	11		4	18	59
宁城县	14390	237	7	18		18	30	164
敖汉旗	13302	161	1	14		5	10	131

4-6　续表 4　　　　单位：人

地　区 性　别	合计	党的机关、国家机关、群众团体和社会组织、企事业单位负责人						
		小计	中国共产党机关负责人	国家机关负责人	民主党派和工商联负责人	人民团体和群众团体、社会组织及其他成员组织负责人	基层群众自治组织负责人	企事业单位负责人
通辽市	**73460**	**1406**	**17**	**167**		**38**	**102**	**1082**
科尔沁区	16792	382	2	33		7	10	330
科尔沁左翼中旗	10147	128	3	13		8	22	82
科尔沁左翼后旗	8984	101	1	24		2	8	66
开鲁县	8355	103	1	16		4	15	67
库伦旗	4610	62	1	15		2	13	31
奈曼旗	8550	136	1	18		6	10	101
扎鲁特旗	7084	101	1	22		2	18	58
通辽经济技术开发区	4797	238	7	15		4	4	208
霍林郭勒市	4141	155		11		3	2	139
鄂尔多斯市	**74505**	**2522**	**16**	**185**	**1**	**56**	**55**	**2209**
东胜区	17647	958	6	45		19	3	885
康巴什区	3010	167	2	15		1	1	148
达拉特旗	10436	241	1	24		8	19	189
准格尔旗	13065	410	2	25		11	16	356
鄂托克前旗	3491	72		8		4	4	56
鄂托克旗	6408	128	2	13	1	3	4	105
杭锦旗	3491	88	2	11		2	1	72
乌审旗	6980	163		22		1	1	139
伊金霍洛旗	9977	295	1	22		7	6	259
呼伦贝尔市	**53473**	**1379**	**9**	**199**		**45**	**56**	**1070**
海拉尔区	8413	320	1	26		7	2	284
扎赉诺尔区	1719	17		4		2		11
阿荣旗	5997	84	2	14			10	58
莫力达瓦达斡尔族自治旗	4957	82		17		4	14	47
鄂伦春自治旗	3657	52		12		1	6	33
鄂温克族自治旗	3454	128	3	19		3	3	100
陈巴尔虎旗	1606	29		6		7		16
新巴尔虎左旗	1146	17	1	9			1	6
新巴尔虎右旗	1418	44	1	5		4	3	31
满洲里市	3836	146		9		1	1	135
牙克石市	5419	171	1	34		4		132
扎兰屯市	8384	176		22		7	13	134
额尔古纳市	1766	59		15		1	2	41
根河市	1701	54		7		4	1	42
巴彦淖尔市	**43326**	**993**	**2**	**150**		**36**	**20**	**785**
临河区	15891	495	2	73		8	7	405
五原县	6167	82		10		2	3	67
磴口县	2666	53		6		7	2	38
乌拉特前旗	7715	120		14		3	1	102
乌拉特中旗	3753	85		24		9	1	51
乌拉特后旗	2068	52		14		3	1	34
杭锦后旗	5066	106		9		4	5	88

4-6　续表 5　　　　单位：人

地　区 性　别	合计	党的机关、国家机关、群众团体和社会组织、企事业单位负责人						
		小计	中国共产党机关负责人	国家机关负责人	民主党派和工商联负责人	人民团体和群众团体、社会组织及其他成员组织负责人	基层群众自治组织负责人	企事业单位负责人
乌兰察布市	**39942**	**933**	**8**	**159**		**39**	**97**	**630**
集宁区	11079	245		15		4		226
卓资县	1936	54	1	7		2	17	27
化德县	2066	64		6			3	55
商都县	3998	96		25		9	23	39
兴和县	2589	69		15			6	48
凉城县	2485	39		12		3	2	22
察哈尔右翼前旗	3455	80	2	13		7	13	45
察哈尔右翼中旗	2082	37	1	10			10	16
察哈尔右翼后旗	2381	60	1	18		6	7	28
四子王旗	3311	102		27		2	4	69
丰镇市	4560	87	3	11		6	12	55
兴安盟	**33660**	**649**	**11**	**130**		**30**	**52**	**426**
乌兰浩特市	7928	198		37		4	9	148
阿尔山市	925	31		13		1		17
科尔沁右翼前旗	7754	160	1	20		7	21	111
科尔沁右翼中旗	4818	99		22			13	64
扎赉特旗	7117	104	3	27		11	7	56
突泉县	5118	57	7	11		7	2	30
锡林郭勒盟	**30939**	**974**	**9**	**160**		**32**	**30**	**743**
二连浩特市	2393	82		12		8		62
锡林浩特市	9484	447	5	50		9	1	382
阿巴嘎旗	1404	36	3	14		1		18
苏尼特左旗	1214	23		6		1		16
苏尼特右旗	1652	40		11			2	27
东乌珠穆沁旗	2069	25		8				17
西乌珠穆沁旗	3565	45		6		2	2	35
太仆寺旗	2109	70		11		3	8	48
镶黄旗	784	43		13		1	1	28
正镶白旗	1104	42		4			4	34
正蓝旗	1873	36		10		1	2	23
多伦县	2552	55		12		1	7	35
乌拉盖管委会	736	30	1	3		5	3	18
阿拉善盟	**8689**	**296**	**3**	**49**		**5**	**9**	**230**
阿拉善左旗	5714	173	1	25		3	4	140
阿拉善右旗	740	39	2	14			4	19
额济纳旗	1008	42		8			1	33
内蒙古阿拉善经济开发区	1227	42		2		2		38

4-6　续表 6　　　　单位：人

地　区 性　别	合计	党的机关、国家机关、群众团体和社会组织、企事业单位负责人						
		小计	中国共产党机关负责人	国家机关负责人	民主党派和工商联负责人	人民团体和群众团体、社会组织及其他成员组织负责人	基层群众自治组织负责人	企事业单位负责人
女	**403201**	**5671**	**26**	**388**	**4**	**310**	**189**	**4754**
呼和浩特市	**51671**	**986**		**28**	**1**	**51**	**19**	**887**
新城区	11172	367		13		13	4	337
回民区	7000	87		1		6		80
玉泉区	8377	145		1	1	11	4	128
赛罕区	14114	290		8		7	2	273
土默特左旗	2969	25		3		4	2	16
托克托县	2105	19		1		4	3	11
和林格尔县	2043	14				1	1	12
清水河县	868	5					3	2
武川县	1102							
呼和浩特经济技术开发区	1921	34		1		5		28
包头市	**45120**	**911**	**4**	**33**		**33**	**24**	**817**
东河区	7218	144		2		8	4	130
昆都仑区	12936	336		6		15	2	313
青山区	9082	193		9		3	10	171
石拐区	313	3					1	2
白云鄂博矿区	406	7	1	2				4
九原区	3470	57	2	3			1	51
土默特右旗	4818	22	1	1		4	3	13
固阳县	2473	7		1			3	3
达尔罕茂明安联合旗	1070	19		7		1		11
包头稀土高新技术产业开发区	3334	123		2		2		119
乌海市	**8831**	**96**	**1**	**15**		**5**	**2**	**73**
海勃湾区	5826	65		12		3	1	49
海南区	1339	17	1	1		1	1	13
乌达区	1666	14		2		1		11
赤峰市	**79980**	**732**	**2**	**43**		**52**	**36**	**599**
红山区	7149	171	1	13		8	2	147
元宝山区	3119	52		1			2	49
松山区	12986	224		4		9	5	206
阿鲁科尔沁旗	4554	24		5		3	2	14
巴林左旗	8826	34		3		3	6	22
巴林右旗	3415	12		3		1	2	6
林西县	3798	15	1	2			1	11
克什克腾旗	3155	41		6		3	1	31
翁牛特旗	6517	43		3		2	3	35
喀喇沁旗	5387	26		2			6	18
宁城县	10600	55		1		19	5	30
敖汉旗	10474	35				4	1	30

4-6 续表 7 单位：人

地区 性别	合计	党的机关、国家机关、群众团体和社会组织、企事业单位负责人						
		小计	中国共产党机关负责人	国家机关负责人	民主党派和工商联负责人	人民团体和群众团体、社会组织及其他成员组织负责人	基层群众自治组织负责人	企事业单位负责人
通辽市	**53038**	**551**	**2**	**39**	**2**	**21**	**20**	**467**
科尔沁区	11870	171		6		4	2	159
科尔沁左翼中旗	6789	52		4		5	1	42
科尔沁左翼后旗	6971	32		7	1		2	22
开鲁县	6823	28		2		1	3	22
库伦旗	3662	19	1	6	1		2	9
奈曼旗	6395	42		1		4	1	36
扎鲁特旗	4967	44	1	2		2	4	35
通辽经济技术开发区	3471	106		7		1	3	95
霍林郭勒市	2090	57		4		4	2	47
鄂尔多斯市	**38452**	**625**	**8**	**40**	**1**	**28**	**9**	**539**
东胜区	10573	258	3	10	1	6		238
康巴什区	2187	44		5		2		37
达拉特旗	5783	50	1	2		1	3	43
准格尔旗	4757	87	1	3		8		75
鄂托克前旗	1890	34	1	3		4	2	24
鄂托克旗	3336	22	1	6				15
杭锦旗	2212	21		1		1		19
乌审旗	3440	35		5		3	1	26
伊金霍洛旗	4274	74	1	5		3	3	62
呼伦贝尔市	**31440**	**556**	**3**	**49**		**40**	**21**	**443**
海拉尔区	5810	156	1	9		2	1	143
扎赉诺尔区	912	10		1		1	1	7
阿荣旗	3321	23		2		1		20
莫力达瓦达斡尔族自治旗	2756	15		4			1	10
鄂伦春自治旗	1940	12		3		1	2	6
鄂温克族自治旗	2197	47		2		2	4	39
陈巴尔虎旗	785	10		3		5		2
新巴尔虎左旗	788	15		4		1	2	8
新巴尔虎右旗	722	21				11		10
满洲里市	2493	72	1	2		1		68
牙克石市	2804	54	1	5		2		46
扎兰屯市	5214	77		7		9	8	53
额尔古纳市	935	24		4		1	1	18
根河市	763	20		3		3	1	13
巴彦淖尔市	**28166**	**287**		**24**		**14**	**4**	**245**
临河区	10859	154		13		4		137
五原县	4035	17		1				16
磴口县	1843	13		1		3	2	7
乌拉特前旗	4555	27		1		1		25
乌拉特中旗	2340	13		1		2	1	9
乌拉特后旗	1080	8		3		2	1	2
杭锦后旗	3454	55		4		2		49

4-6　续表 8

单位：人

地　　区 性　　别	合计	党的机关、国家机关、群众团体和社会组织、企事业单位负责人						
		小计	中国共产党机关负责人	国家机关负责人	民主党派和工商联负责人	人民团体和群众团体、社会组织及其他成员组织负责人	基层群众自治组织负责人	企事业单位负责人
乌兰察布市	**20449**	**261**	**2**	**24**		**19**	**25**	**191**
集宁区	6711	81		3		3		75
卓资县	797	17		1			9	7
化德县	1038	32						32
商都县	2123	22		4		2	1	15
兴和县	899	8		1			1	6
凉城县	1209	10		5			2	3
察哈尔右翼前旗	1670	23		4		2	4	13
察哈尔右翼中旗	1082	10	1	1		2	4	2
察哈尔右翼后旗	1055	10	1	1		4		4
四子王旗	1824	29		2		3		24
丰镇市	2041	19		2		3	4	10
兴安盟	**21996**	**212**	**4**	**36**		**19**	**13**	**140**
乌兰浩特市	5589	71	1	10		4	5	51
阿尔山市	508	16		7		3		6
科尔沁右翼前旗	4942	55		7		2	2	44
科尔沁右翼中旗	3409	26		8		2	2	14
扎赉特旗	4148	26	1	1		6	2	16
突泉县	3400	18	2	3		2	2	9
锡林郭勒盟	**18780**	**357**		**41**		**26**	**14**	**276**
二连浩特市	1316	25				5	1	19
锡林浩特市	5939	192		12		7	5	168
阿巴嘎旗	793	6		2		3		1
苏尼特左旗	690	5				1	1	3
苏尼特右旗	1068	18		8		1	4	5
东乌珠穆沁旗	1351	15		3			1	11
西乌珠穆沁旗	1818	7		1				6
太仆寺旗	1113	22		2		1	1	18
镶黄旗	532	10		5		1		4
正镶白旗	737	16		2			1	13
正蓝旗	1334	10		2				8
多伦县	1679	21		4		3		14
乌拉盖管委会	410	10				4		6
阿拉善盟	**5278**	**97**		**16**		**2**	**2**	**77**
阿拉善左旗	3680	67		8			1	58
阿拉善右旗	423	15		5		1	1	8
额济纳旗	603	7		3		1		3
内蒙古阿拉善经济开发区	572	8						8

4–6 续表 9

单位：人

地　区 性　别	专业技术人员									
	小计	科学研究人员	工程技术人员	农业技术人员	飞机和船舶技术人员	卫生专业技术人员	经济和金融专业人员	法律、社会和宗教专业人员	教学人员	文学艺术、体育专业人员
内蒙古	**125454**	**508**	**25469**	**1472**	**61**	**21445**	**23486**	**3278**	**44137**	**1866**
呼和浩特市	**22601**	**163**	**5109**	**182**	**14**	**3302**	**5074**	**587**	**7038**	**404**
新城区	5375	41	1182	25	5	696	1194	127	1795	114
回民区	2957	13	747	16		507	629	71	839	51
玉泉区	3423	20	890	34	1	509	788	90	901	83
赛罕区	7693	78	1732	40	6	1096	1787	217	2331	114
土默特左旗	693		112	27		131	127	18	263	4
托克托县	565		66	4		131	114	10	229	10
和林格尔县	521	3	93	12		58	108	17	212	4
清水河县	249		41	13		43	39	10	96	3
武川县	283		28	4		66	23	10	143	5
呼和浩特经济技术开发区	842	8	218	7	2	65	265	17	229	16
包头市	**17168**	**95**	**4255**	**84**	**4**	**2790**	**3183**	**411**	**5602**	**292**
东河区	2662	9	613	8	2	543	446	71	863	43
昆都仑区	5869	36	1626	20	1	971	1052	127	1767	104
青山区	4299	32	1042	14		644	872	98	1404	67
石拐区	69		19	2		9	15	4	16	2
白云鄂博矿区	119	1	51			20	15	1	28	
九原区	1235	2	311	7	1	177	227	37	420	27
土默特右旗	866	4	136	12		148	108	27	393	24
固阳县	356		57	5		77	44	2	158	8
达尔罕茂明安联合旗	276		54	8		51	44	5	95	6
包头稀土高新技术产业开发区	1417	11	346	8		150	360	39	458	11
乌海市	**3013**	**6**	**595**	**9**		**509**	**737**	**80**	**976**	**33**
海勃湾区	2153	3	351	7		390	558	57	712	22
海南区	352	2	97	1		43	70	18	117	2
乌达区	508	1	147	1		76	109	5	147	9
赤峰市	**18552**	**53**	**3622**	**270**	**5**	**3705**	**2528**	**399**	**7252**	**211**
红山区	2904	12	603	7	1	704	453	61	902	50
元宝山区	1329	1	272	14		243	193	23	548	4
松山区	4593	20	1018	50	1	802	870	107	1553	36
阿鲁科尔沁旗	894	2	89	54		212	94	26	385	13
巴林左旗	1285	3	193	25	2	229	137	20	612	18
巴林右旗	614	1	77	4		134	57	5	304	15
林西县	768	1	126	14		174	93	16	316	8
克什克腾旗	1130		473	21	1	153	112	35	284	12
翁牛特旗	1108	5	168	26		199	102	32	538	16
喀喇沁旗	875	1	159	11		197	92	14	369	16
宁城县	1667	3	236	21		399	174	24	765	14
敖汉旗	1385	4	208	23		259	151	36	676	9

4-6　续表 10　　　　单位：人

地　区 性　别	专业技术人员 小计	科学研究人员	工程技术人员	农业技术人员	飞机和船舶技术人员	卫生专业技术人员	经济和金融专业人员	法律、社会和宗教专业人员	教学人员	文学艺术、体育专业人员
通辽市	**11471**	**42**	**1460**	**183**	**2**	**2275**	**1763**	**312**	**4968**	**151**
科尔沁区	3447	16	469	27	1	848	519	97	1312	49
科尔沁左翼中旗	1211	4	111	36		241	174	24	562	23
科尔沁左翼后旗	737	2	48	10		110	88	21	431	11
开鲁县	1014	3	91	26		205	142	26	496	4
库伦旗	492	2	33	12		111	55	17	251	3
奈曼旗	1211	3	104	19		236	170	42	597	13
扎鲁特旗	1014	2	101	37		160	152	24	494	17
通辽经济技术开发区	1556	9	279	12	1	259	288	43	594	13
霍林郭勒市	789	1	224	4		105	175	18	231	18
鄂尔多斯市	**15007**	**33**	**4299**	**127**	**19**	**1841**	**3143**	**374**	**4616**	**191**
东胜区	4917	7	1150	26	3	665	1349	129	1404	87
康巴什区	1216	4	247	7		182	268	37	415	15
达拉特旗	1593	1	341	42		215	329	45	569	23
准格尔旗	2355	8	827	16		267	384	44	727	9
鄂托克前旗	566	3	149	2	15	84	76	15	201	8
鄂托克旗	967	2	333	6		87	191	23	300	8
杭锦旗	571	3	134	11		74	72	17	241	4
乌审旗	1179	3	594	4		102	117	17	306	20
伊金霍洛旗	1643	2	524	13	1	165	357	47	453	17
呼伦贝尔市	**10457**	**30**	**1448**	**188**	**11**	**2135**	**1986**	**346**	**3767**	**164**
海拉尔区	2415	6	397	32	6	490	541	101	711	47
扎赉诺尔区	366		61	1		85	76	3	114	3
阿荣旗	828	2	92	14		149	129	36	374	12
莫力达瓦达斡尔族自治旗	651		31	8		133	71	7	373	6
鄂伦春自治旗	660		58	12		134	106	19	293	10
鄂温克族自治旗	879	6	135	9	2	129	160	33	319	25
陈巴尔虎旗	235		47	9		46	39	8	75	5
新巴尔虎左旗	203		18	11		40	31	5	80	6
新巴尔虎右旗	220	3	51	10		18	40	15	58	5
满洲里市	755	1	59	5		133	227	33	262	8
牙克石市	1337	6	252	19		360	203	26	429	9
扎兰屯市	1146	3	165	35	2	293	169	28	414	19
额尔古纳市	345	1	31	19		50	87	19	119	7
根河市	417	2	51	4	1	75	107	13	146	2
巴彦淖尔市	**7538**	**19**	**1382**	**129**	**1**	**1457**	**1533**	**195**	**2473**	**93**
临河区	3578	14	665	42	1	704	776	103	1116	41
五原县	803	1	128	18		173	143	18	298	11
磴口县	373		59	20		83	83	8	98	1
乌拉特前旗	1066	2	177	21		222	156	30	402	14
乌拉特中旗	567	1	121	9		80	151	17	166	9
乌拉特后旗	368	1	116	4		47	73	7	89	3
杭锦后旗	783		116	15		148	151	12	304	14

4-6 续表 11

单位：人

地区 性别	专业技术人员 小计	科学研究人员	工程技术人员	农业技术人员	飞机和船舶技术人员	卫生专业技术人员	经济和金融专业人员	法律、社会和宗教专业人员	教学人员	文学艺术、体育专业人员
乌兰察布市	**6721**	**21**	**1209**	**112**		**1146**	**1192**	**177**	**2591**	**100**
集宁区	2831	12	608	28		469	575	86	939	35
卓资县	297	1	59	4		44	31	11	127	11
化德县	317	2	45	5		59	62	6	122	12
商都县	430		44	4		102	56	5	202	12
兴和县	371	2	63	6		65	69	12	147	3
凉城县	270	1	16	3		57	44	5	133	3
察哈尔右翼前旗	443	1	94	21		47	92	10	163	5
察哈尔右翼中旗	329		30	9		46	65	8	158	3
察哈尔右翼后旗	371	1	95	5		46	50	12	142	4
四子王旗	424		46	13		91	55	17	182	8
丰镇市	638	1	109	14		120	93	5	276	4
兴安盟	**5706**	**17**	**663**	**87**	**3**	**1164**	**896**	**141**	**2481**	**69**
乌兰浩特市	2074	4	314	24	1	437	421	56	711	33
阿尔山市	152		26	2		14	39	11	50	1
科尔沁右翼前旗	1160	4	160	17	2	191	158	14	556	9
科尔沁右翼中旗	756	3	62	15		168	88	10	383	10
扎赉特旗	929	3	57	16		216	108	19	476	9
突泉县	635	3	44	13		138	82	31	305	7
锡林郭勒盟	**5399**	**24**	**999**	**75**	**2**	**887**	**1010**	**182**	**1878**	**118**
二连浩特市	355	1	39			34	100	16	119	5
锡林浩特市	2214	11	386	17	1	414	407	62	771	46
阿巴嘎旗	170		18	6		35	44	5	51	9
苏尼特左旗	216		93	4		19	31	6	52	6
苏尼特右旗	295	2	91	5		41	39	3	97	10
东乌珠穆沁旗	251		18	9		36	42	24	96	7
西乌珠穆沁旗	488		190	5		56	73	17	124	9
太仆寺旗	367	6	32	6		67	61	15	167	7
镶黄旗	139	1	12	1		29	32	9	47	7
正镶白旗	152	1	23	2		26	37	3	52	2
正蓝旗	242		24	5		46	63	7	89	1
多伦县	387	2	64	5	1	62	59	9	171	8
乌拉盖管委会	123		9	10		22	22	6	42	1
阿拉善盟	**1821**	**5**	**428**	**26**		**234**	**441**	**74**	**495**	**40**
阿拉善左旗	1272	3	259	17		177	291	47	394	29
阿拉善右旗	154	1	33	4		24	36	15	31	4
额济纳旗	202	1	46	4		22	69	11	35	6
内蒙古阿拉善经济开发区	193		90	1		11	45	1	35	1

4-6　续表 12

单位：人

地区 性别	专业技术人员 小计	科学研究人员	工程技术人员	农业技术人员	飞机和船舶技术人员	卫生专业技术人员	经济和金融专业人员	法律、社会和宗教专业人员	教学人员	文学艺术、体育专业人员
男	**54439**	**259**	**21800**	**1109**	**56**	**6806**	**7011**	**1542**	**13044**	**1047**
呼和浩特市	**9794**	**77**	**4178**	**136**	**13**	**982**	**1452**	**272**	**2136**	**237**
新城区	2233	14	915	13	5	194	326	54	550	65
回民区	1309	8	640	9		143	164	36	239	32
玉泉区	1506	10	756	27	1	131	208	38	239	49
赛罕区	3306	38	1375	29	6	322	534	109	716	68
土默特左旗	328		100	26		48	44	7	98	1
托克托县	249		61	4		54	41	4	77	7
和林格尔县	243		79	10		25	33	7	81	2
清水河县	123		37	10		18	17	5	34	1
武川县	119		24	3		24	8	6	48	4
呼和浩特经济技术开发区	378	7	191	5	1	23	77	6	54	8
包头市	**7395**	**50**	**3577**	**56**	**3**	**815**	**793**	**164**	**1535**	**172**
东河区	1111	5	537	6	1	141	111	28	233	21
昆都仑区	2572	17	1363	10	1	270	244	45	474	56
青山区	1793	16	842	6		181	217	47	381	38
石拐区	31		16	1		2	4	2	4	1
白云鄂博矿区	60	1	35			5	5		12	
九原区	546	1	277	7	1	48	54	13	113	20
土默特右旗	382	2	110	11		67	39	11	117	18
固阳县	167		51	5		37	12		54	5
达尔罕茂明安联合旗	137		50	5		19	20	2	29	4
包头稀土高新技术产业开发区	596	8	296	5		45	87	16	118	9
乌海市	**1072**	**1**	**492**	**6**		**129**	**153**	**33**	**221**	**14**
海勃湾区	729	1	292	4		97	122	25	161	11
海南区	145		84	1		13	18	6	22	1
乌达区	198		116	1		19	13	2	38	2
赤峰市	**8507**	**28**	**3176**	**201**	**4**	**1319**	**861**	**211**	**2318**	**117**
红山区	1276	5	522	6		209	140	30	265	29
元宝山区	570		249	11		70	57	14	148	2
松山区	2082	11	892	35	1	278	288	41	464	20
阿鲁科尔沁旗	406	1	76	41		78	40	18	138	5
巴林左旗	581	2	162	21	2	79	51	13	213	8
巴林右旗	254		71	2		47	16	3	100	9
林西县	356	1	111	9		80	31	7	100	3
克什克腾旗	660		400	15	1	56	38	18	98	6
翁牛特旗	551	3	153	18		89	33	22	206	11
喀喇沁旗	417		144	9		88	34	9	118	10
宁城县	744	2	210	17		145	76	16	252	10
敖汉旗	610	3	186	17		100	57	20	216	4

4-6 续表 13

单位：人

地区 性别	专业技术人员 小计	科学研究人员	工程技术人员	农业技术人员	飞机和船舶技术人员	卫生专业技术人员	经济和金融专业人员	法律、社会和宗教专业人员	教学人员	文学艺术、体育专业人员
通辽市	**4731**	**20**	**1252**	**146**	**2**	**800**	**590**	**165**	**1524**	**80**
科尔沁区	1387	9	395	22	1	258	159	54	402	28
科尔沁左翼中旗	498	3	100	32		91	64	13	163	13
科尔沁左翼后旗	318	1	46	8		46	38	15	150	6
开鲁县	422	1	80	17		86	46	11	166	3
库伦旗	221		30	10		44	26	10	96	
奈曼旗	490	2	87	15		102	71	24	173	5
扎鲁特旗	419		88	30		53	58	12	155	10
通辽经济技术开发区	650	4	231	8	1	91	89	21	176	5
霍林郭勒市	326		195	4		29	39	5	43	10
鄂尔多斯市	**7167**	**19**	**3799**	**89**	**19**	**617**	**1041**	**171**	**1158**	**102**
东胜区	2158	2	986	15	3	217	449	57	353	40
康巴什区	471		198	4		51	75	13	107	9
达拉特旗	678		295	32		87	104	19	121	12
准格尔旗	1263	6	760	13		82	151	27	176	7
鄂托克前旗	302	3	138	2	15	37	28	8	59	5
鄂托克旗	455	2	276	2		32	48	10	72	4
杭锦旗	272	2	125	8		26	20	9	72	3
乌审旗	734	2	538	2		38	38	11	87	13
伊金霍洛旗	834	2	483	11	1	47	128	17	111	9
呼伦贝尔市	**4149**	**18**	**1266**	**136**	**11**	**586**	**582**	**149**	**1124**	**92**
海拉尔区	931	4	338	25	6	121	143	40	183	33
扎赉诺尔区	134		57	1		21	15	2	22	1
阿荣旗	348		85	11		43	50	18	129	5
莫力达瓦达斡尔族自治旗	252		25	5		49	18	5	136	3
鄂伦春自治旗	262		52	11		40	36	9	96	6
鄂温克族自治旗	373	5	120	6	2	27	51	16	102	12
陈巴尔虎旗	99		41	7		9	10	5	24	2
新巴尔虎左旗	86		16	9		14	9	4	24	6
新巴尔虎右旗	107	2	50	7		4	9	5	14	1
满洲里市	250		52	2		46	61	9	60	4
牙克石市	549	4	221	10		100	64	10	118	6
扎兰屯市	457	1	138	24	2	80	54	13	129	10
额尔古纳市	134	1	25	16		17	23	8	38	2
根河市	167	1	46	2	1	15	39	5	49	1
巴彦淖尔市	**3129**	**15**	**1200**	**104**	**1**	**417**	**444**	**90**	**667**	**57**
临河区	1411	12	549	32	1	191	199	50	296	29
五原县	327	1	107	15		60	49	9	74	6
磴口县	154		48	18		18	27	3	26	1
乌拉特前旗	445	1	168	17		69	38	11	111	3
乌拉特中旗	279		113	7		29	63	7	44	7
乌拉特后旗	199	1	108	3		13	25	6	25	1
杭锦后旗	314		107	12		37	43	4	91	10

4-6　续表 14　　　　　　　　　　　　　　　　　　　　　　　　单位：人

地区 性别	专业技术人员 小计	科学研究人员	工程技术人员	农业技术人员	飞机和船舶技术人员	卫生专业技术人员	经济和金融专业人员	法律、社会和宗教专业人员	教学人员	文学艺术、体育专业人员
乌兰察布市	**3107**	**12**	**1070**	**95**		**432**	**410**	**75**	**888**	**58**
集宁区	1208	8	529	21		140	157	34	270	19
卓资县	157		55	4		24	13	6	46	7
化德县	150	1	42	5		27	18	3	44	8
商都县	198		39	2		41	24		84	5
兴和县	206	1	56	6		31	43	6	59	2
凉城县	130	1	13	3		30	21	3	53	3
察哈尔右翼前旗	236		88	18		20	30	5	66	3
察哈尔右翼中旗	164		29	6		20	32	3	69	1
察哈尔右翼后旗	172	1	81	5		15	19	5	38	2
四子王旗	180		42	12		38	21	7	50	6
丰镇市	306		96	13		46	32	3	109	2
兴安盟	**2247**	**7**	**571**	**63**	**1**	**357**	**261**	**79**	**783**	**38**
乌兰浩特市	763	2	263	15		116	108	28	187	18
阿尔山市	55		22	1		5	9	3	8	1
科尔沁右翼前旗	479	1	142	12	1	58	49	7	170	5
科尔沁右翼中旗	312	1	56	10		63	28	7	135	5
扎赉特旗	366	2	48	13		66	42	13	169	4
突泉县	272	1	40	12		49	25	21	114	5
锡林郭勒盟	**2305**	**12**	**860**	**57**	**2**	**283**	**291**	**91**	**535**	**62**
二连浩特市	124		35			13	25	6	27	3
锡林浩特市	912	7	314	11	1	120	107	28	241	26
阿巴嘎旗	73		18	3		11	15	2	20	3
苏尼特左旗	127		88	3		3	10	2	16	3
苏尼特右旗	143	2	76	5		12	14	2	23	6
东乌珠穆沁旗	98		16	7		13	10	15	23	4
西乌珠穆沁旗	289		178	4		21	25	10	40	6
太仆寺旗	141	2	30	4		21	26	9	42	3
镶黄旗	58	1	10	1		13	8	5	14	5
正镶白旗	54		18	1		9	7		17	
正蓝旗	93		20	5		19	20	4	22	1
多伦县	153		48	4	1	22	22	6	43	2
乌拉盖管委会	40		9	9		6	2	2	7	
阿拉善盟	**836**		**359**	**20**		**69**	**133**	**42**	**155**	**18**
阿拉善左旗	557		217	13		49	88	27	126	10
阿拉善右旗	79		28	3		8	11	10	14	3
额济纳旗	88		41	3		7	19	4	6	4
内蒙古阿拉善经济开发区	112		73	1		5	15	1	9	1

4-6 续表 15

单位：人

地区 性别	专业技术人员 小计	科学研究人员	工程技术人员	农业技术人员	飞机和船舶技术人员	卫生专业技术人员	经济和金融专业人员	法律、社会和宗教专业人员	教学人员	文学艺术、体育专业人员
女	**71015**	**249**	**3669**	**363**	**5**	**14639**	**16475**	**1736**	**31093**	**819**
呼和浩特市	**12807**	**86**	**931**	**46**	**1**	**2320**	**3622**	**315**	**4902**	**167**
新城区	3142	27	267	12		502	868	73	1245	49
回民区	1648	5	107	7		364	465	35	600	19
玉泉区	1917	10	134	7		378	580	52	662	34
赛罕区	4387	40	357	11		774	1253	108	1615	46
土默特左旗	365		12	1		83	83	11	165	3
托克托县	316		5			77	73	6	152	3
和林格尔县	278	3	14	2		33	75	10	131	2
清水河县	126		4	3		25	22	5	62	2
武川县	164		4	1		42	15	4	95	1
呼和浩特经济技术开发区	464	1	27	2	1	42	188	11	175	8
包头市	**9773**	**45**	**678**	**28**	**1**	**1975**	**2390**	**247**	**4067**	**120**
东河区	1551	4	76	2	1	402	335	43	630	22
昆都仑区	3297	19	263	10		701	808	82	1293	48
青山区	2506	16	200	8		463	655	51	1023	29
石拐区	38		3	1		7	11	2	12	1
白云鄂博矿区	59		16			15	10	1	16	
九原区	689	1	34			129	173	24	307	7
土默特右旗	484	2	26	1		81	69	16	276	6
固阳县	189		6			40	32	2	104	3
达尔罕茂明安联合旗	139		4	3		32	24	3	66	2
包头稀土高新技术产业开发区	821	3	50	3		105	273	23	340	2
乌海市	**1941**	**5**	**103**	**3**		**380**	**584**	**47**	**755**	**19**
海勃湾区	1424	2	59	3		293	436	32	551	11
海南区	207	2	13			30	52	12	95	1
乌达区	310	1	31			57	96	3	109	7
赤峰市	**10045**	**25**	**446**	**69**	**1**	**2386**	**1667**	**188**	**4934**	**94**
红山区	1628	7	81	1	1	495	313	31	637	21
元宝山区	759	1	23	3		173	136	9	400	2
松山区	2511	9	126	15		524	582	66	1089	16
阿鲁科尔沁旗	488	1	13	13		134	54	8	247	8
巴林左旗	704	1	31	4		150	86	7	399	10
巴林右旗	360	1	6	2		87	41	2	204	6
林西县	412		15	5		94	62	9	216	5
克什克腾旗	470		73	6		97	74	17	186	6
翁牛特旗	557	2	15	8		110	69	10	332	5
喀喇沁旗	458	1	15	2		109	58	5	251	6
宁城县	923	1	26	4		254	98	8	513	4
敖汉旗	775	1	22	6		159	94	16	460	5

4-6 续表 16

单位：人

地区 性别	专业技术人员 小计	科学研究人员	工程技术人员	农业技术人员	飞机和船舶技术人员	卫生专业技术人员	经济和金融专业人员	法律、社会和宗教专业人员	教学人员	文学艺术、体育专业人员
通辽市	**6740**	**22**	**208**	**37**		**1475**	**1173**	**147**	**3444**	**71**
科尔沁区	2060	7	74	5		590	360	43	910	21
科尔沁左翼中旗	713	1	11	4		150	110	11	399	10
科尔沁左翼后旗	419	1	2	2		64	50	6	281	5
开鲁县	592	2	11	9		119	96	15	330	1
库伦旗	271	2	3	2		67	29	7	155	3
奈曼旗	721	1	17	4		134	99	18	424	8
扎鲁特旗	595	2	13	7		107	94	12	339	7
通辽经济技术开发区	906	5	48	4		168	199	22	418	8
霍林郭勒市	463	1	29			76	136	13	188	8
鄂尔多斯市	**7840**	**14**	**500**	**38**		**1224**	**2102**	**203**	**3458**	**89**
东胜区	2759	5	164	11		448	900	72	1051	47
康巴什区	745	4	49	3		131	193	24	308	6
达拉特旗	915	1	46	10		128	225	26	448	11
准格尔旗	1092	2	67	3		185	233	17	551	2
鄂托克前旗	264		11			47	48	7	142	3
鄂托克旗	512		57	4		55	143	13	228	4
杭锦旗	299	1	9	3		48	52	8	169	1
乌审旗	445	1	56	2		64	79	6	219	7
伊金霍洛旗	809		41	2		118	229	30	342	8
呼伦贝尔市	**6308**	**12**	**182**	**52**		**1549**	**1404**	**197**	**2643**	**72**
海拉尔区	1484	2	59	7		369	398	61	528	14
扎赉诺尔区	232		4			64	61	1	92	2
阿荣旗	480	2	7	3		106	79	18	245	7
莫力达瓦达斡尔族自治旗	399		6	3		84	53	2	237	3
鄂伦春自治旗	398		6	1		94	70	10	197	4
鄂温克族自治旗	506	1	15	3		102	109	17	217	13
陈巴尔虎旗	136		6	2		37	29	3	51	3
新巴尔虎左旗	117		2	2		26	22	1	56	
新巴尔虎右旗	113	1	1	3		14	31	10	44	4
满洲里市	505	1	7	3		87	166	24	202	4
牙克石市	788	2	31	9		260	139	16	311	3
扎兰屯市	689	2	27	11		213	115	15	285	9
额尔古纳市	211		6	3		33	64	11	81	5
根河市	250	1	5	2		60	68	8	97	1
巴彦淖尔市	**4409**	**4**	**182**	**25**		**1040**	**1089**	**105**	**1806**	**36**
临河区	2167	2	116	10		513	577	53	820	12
五原县	476		21	3		113	94	9	224	5
磴口县	219		11	2		65	56	5	72	
乌拉特前旗	621	1	9	4		153	118	19	291	11
乌拉特中旗	288	1	8	2		51	88	10	122	2
乌拉特后旗	169		8	1		34	48	1	64	2
杭锦后旗	469		9	3		111	108	8	213	4

4−6 续表 17　　单位：人

地区 性别	专业技术人员 小计	科学研究人员	工程技术人员	农业技术人员	飞机和船舶技术人员	卫生专业技术人员	经济和金融专业人员	法律、社会和宗教专业人员	教学人员	文学艺术、体育专业人员
乌兰察布市	**3614**	**9**	**139**	**17**		**714**	**782**	**102**	**1703**	**42**
集宁区	1623	4	79	7		329	418	52	669	16
卓资县	140	1	4			20	18	5	81	4
化德县	167	1	3			32	44	3	78	4
商都县	232		5	2		61	32	5	118	7
兴和县	165	1	7			34	26	6	88	1
凉城县	140		3			27	23	2	80	
察哈尔右翼前旗	207	1	6	3		27	62	5	97	2
察哈尔右翼中旗	165		1	3		26	33	5	89	2
察哈尔右翼后旗	199		14			31	31	7	104	2
四子王旗	244		4	1		53	34	10	132	2
丰镇市	332	1	13	1		74	61	2	167	2
兴安盟	**3459**	**10**	**92**	**24**	**2**	**807**	**635**	**62**	**1698**	**31**
乌兰浩特市	1311	2	51	9	1	321	313	28	524	15
阿尔山市	97		4	1		9	30	8	42	
科尔沁右翼前旗	681	3	18	5	1	133	109	7	386	4
科尔沁右翼中旗	444	2	6	5		105	60	3	248	5
扎赉特旗	563	1	9	3		150	66	6	307	5
突泉县	363	2	4	1		89	57	10	191	2
锡林郭勒盟	**3094**	**12**	**139**	**18**		**604**	**719**	**91**	**1343**	**56**
二连浩特市	231	1	4			21	75	10	92	2
锡林浩特市	1302	4	72	6		294	300	34	530	20
阿巴嘎旗	97			3		24	29	3	31	6
苏尼特左旗	89		5	1		16	21	4	36	3
苏尼特右旗	152		15			29	25	1	74	4
东乌珠穆沁旗	153		2	2		23	32	9	73	3
西乌珠穆沁旗	199		12	1		35	48	7	84	3
太仆寺旗	226	4	2	2		46	35	6	125	4
镶黄旗	81		2			16	24	4	33	2
正镶白旗	98	1	5	1		17	30	3	35	2
正蓝旗	149		4			27	43	3	67	
多伦县	234	2	16	1		40	37	3	128	6
乌拉盖管委会	83			1		16	20	4	35	1
阿拉善盟	**985**	**5**	**69**	**6**		**165**	**308**	**32**	**340**	**22**
阿拉善左旗	715	3	42	4		128	203	20	268	19
阿拉善右旗	75	1	5	1		16	25	5	17	1
额济纳旗	114	1	5	1		15	50	7	29	2
内蒙古阿拉善经济开发区	81		17			6	30		26	

4-6 续表 18

单位：人

地区 性别	专业技术人员		办事人员和有关人员				社会生产服务和生活服务人员		
	新闻出版、文化专业人员	其他专业技术人员	小计	办事人员	安全和消防人员	其他办事人员和有关人员	小计	批发与零售服务人员	交通运输、仓储和邮政业服务人员
内蒙古	**2841**	**891**	**96191**	**77829**	**17311**	**1051**	**342155**	**117914**	**76857**
呼和浩特市	**638**	**90**	**17880**	**15085**	**2682**	**113**	**55984**	**19815**	**10328**
新城区	155	41	4555	3787	729	39	11728	4545	1881
回民区	79	5	1945	1505	432	8	9537	3658	1842
玉泉区	77	30	2245	1731	480	34	10934	4291	1845
赛罕区	283	9	6685	6129	553	3	13079	4314	1917
土默特左旗	7	4	544	405	137	2	2554	744	652
托克托县	1		500	390	108	2	2108	571	627
和林格尔县	14		456	353	88	15	1779	457	402
清水河县	4		262	225	37		792	145	327
武川县	4		317	241	72	4	988	300	266
呼和浩特经济技术开发区	14	1	371	319	46	6	2485	790	569
包头市	**266**	**186**	**11362**	**9081**	**2112**	**169**	**48983**	**17845**	**11453**
东河区	29	35	1731	1273	436	22	9560	3776	2560
昆都仑区	74	91	3572	2966	569	37	14293	5896	2815
青山区	95	31	2666	2183	410	73	9981	3600	1866
石拐区	2		95	62	32	1	323	69	83
白云鄂博矿区	1	2	161	87	67	7	305	71	67
九原区	16	10	719	595	116	8	4413	1396	1204
土默特右旗	12	2	557	430	120	7	3449	1093	840
固阳县	3	2	397	307	87	3	2548	565	1126
达尔罕茂明安联合旗	13		307	247	58	2	618	202	132
包头稀土高新技术产业开发区	21	13	1157	931	217	9	3493	1177	760
乌海市	**62**	**6**	**2804**	**2354**	**436**	**14**	**10101**	**3083**	**2670**
海勃湾区	51	2	2187	1897	286	4	6634	2149	1642
海南区	2		207	147	56	4	1604	356	570
乌达区	9	4	410	310	94	6	1863	578	458
赤峰市	**315**	**192**	**10176**	**8185**	**1854**	**137**	**48520**	**18529**	**9250**
红山区	65	46	1705	1366	313	26	8755	3545	1698
元宝山区	17	14	868	680	177	11	3101	955	842
松山区	100	36	2317	1877	424	16	9526	3867	1657
阿鲁科尔沁旗	15	4	558	455	95	8	2399	885	463
巴林左旗	14	32	580	515	62	3	5617	2163	900
巴林右旗	16	1	458	390	63	5	1778	654	434
林西县	8	12	459	389	63	7	2407	854	510
克什克腾旗	16	23	565	430	122	13	1755	557	354
翁牛特旗	10	12	608	489	106	13	2437	975	418
喀喇沁旗	15	1	533	418	102	13	2312	814	465
宁城县	22	9	857	640	198	19	4997	1894	982
敖汉旗	17	2	668	536	129	3	3436	1366	527

4-6 续表 19

单位：人

地区 性别	专业技术人员		办事人员和有关人员				社会生产服务和生活服务人员		
	新闻出版、文化专业人员	其他专业技术人员	小计	办事人员	安全和消防人员	其他办事人员和有关人员	小计	批发与零售服务人员	交通运输、仓储和邮政业服务人员
通辽市	**257**	**58**	**7075**	**5395**	**1563**	**117**	**31114**	**10776**	**7174**
科尔沁区	86	23	2370	1741	580	49	11119	3942	2659
科尔沁左翼中旗	25	11	571	455	96	20	3707	1097	804
科尔沁左翼后旗	14	2	478	361	110	7	2101	784	502
开鲁县	18	3	573	403	164	6	2508	990	462
库伦旗	7	1	360	324	34	2	1018	381	147
奈曼旗	24	3	508	387	118	3	2620	980	550
扎鲁特旗	27		557	441	114	2	2514	875	603
通辽经济技术开发区	43	15	1070	836	206	28	3143	1093	697
霍林郭勒市	13		588	447	141		2384	634	750
鄂尔多斯市	**299**	**65**	**11658**	**9362**	**2159**	**137**	**38904**	**11434**	**10366**
东胜区	90	7	3032	2457	560	15	12849	4633	2748
康巴什区	39	2	1254	1076	167	11	1665	434	248
达拉特旗	24	4	1017	782	226	9	5088	1597	1570
准格尔旗	45	28	1727	1286	386	55	6426	1414	2369
鄂托克前旗	10	3	598	477	102	19	1166	331	233
鄂托克旗	12	5	709	574	134	1	2997	773	882
杭锦旗	8	7	519	445	65	9	1427	441	315
乌审旗	14	2	947	753	187	7	2763	726	770
伊金霍洛旗	57	7	1855	1512	332	11	4523	1085	1231
呼伦贝尔市	**306**	**76**	**10479**	**8016**	**2291**	**172**	**28165**	**9340**	**6899**
海拉尔区	71	13	2192	1832	341	19	6683	2434	1584
扎赉诺尔区	7	16	377	308	56	13	973	285	246
阿荣旗	19	1	547	379	167	1	2428	897	450
莫力达瓦达斡尔族自治旗	20	2	517	403	114		1645	574	338
鄂伦春自治旗	18	10	948	727	185	36	1775	561	436
鄂温克族自治旗	54	7	1003	726	262	15	1716	476	439
陈巴尔虎旗	6		248	203	42	3	751	134	250
新巴尔虎左旗	10	2	220	160	51	9	440	106	110
新巴尔虎右旗	9	11	246	189	52	5	478	132	114
满洲里市	26	1	945	781	162	2	3090	1130	900
牙克石市	29	4	1407	1033	366	8	3157	932	887
扎兰屯市	16	2	743	584	154	5	3613	1237	814
额尔古纳市	9	3	456	323	129	4	775	249	178
根河市	12	4	630	368	210	52	641	193	153
巴彦淖尔市	**164**	**92**	**5690**	**4552**	**1062**	**76**	**23136**	**8638**	**4892**
临河区	89	27	2714	2170	521	23	10484	4002	2188
五原县	10	3	495	395	89	11	3136	1257	668
磴口县	12	9	382	275	86	21	1195	390	218
乌拉特前旗	14	28	713	572	133	8	3311	1254	621
乌拉特中旗	13		497	410	87		1457	422	397
乌拉特后旗	11	17	341	291	46	4	766	220	200
杭锦后旗	15	8	548	439	100	9	2787	1093	600

4-6 续表 20

单位：人

地区 性别	专业技术人员		办事人员和有关人员				社会生产服务和生活服务人员		
	新闻出版、文化专业人员	其他专业技术人员	小计	办事人员	安全和消防人员	其他办事人员和有关人员	小计	批发与零售服务人员	交通运输、仓储和邮政业服务人员
乌兰察布市	**161**	**12**	**6921**	**6067**	**812**	**42**	**21238**	**6432**	**5457**
集宁区	78	1	3122	2769	352	1	8258	2736	2225
卓资县	8	1	243	205	33	5	880	218	191
化德县	4		358	318	39	1	913	283	211
商都县	2	3	453	390	50	13	2000	563	422
兴和县	4		345	287	58		1338	351	479
凉城县	6	2	385	334	45	6	930	266	175
察哈尔右翼前旗	7	3	381	345	36		1649	423	385
察哈尔右翼中旗	10		311	272	36	3	636	194	135
察哈尔右翼后旗	15	1	313	281	26	6	1179	335	293
四子王旗	12		435	382	51	2	1413	488	383
丰镇市	15	1	575	484	86	5	2042	575	558
兴安盟	**148**	**37**	**4874**	**3887**	**963**	**24**	**14184**	**4940**	**2868**
乌兰浩特市	66	7	1924	1571	353		5864	2028	1249
阿尔山市	8	1	389	265	123	1	506	72	143
科尔沁右翼前旗	25	24	779	618	155	6	2112	759	374
科尔沁右翼中旗	15	2	533	423	106	4	1719	588	307
扎赉特旗	23	2	777	613	152	12	2035	774	331
突泉县	11	1	472	397	74	1	1948	719	464
锡林郭勒盟	**155**	**69**	**5379**	**4261**	**1076**	**42**	**16732**	**5612**	**4284**
二连浩特市	41		427	333	93	1	2203	882	613
锡林浩特市	47	52	2198	1774	405	19	6458	2104	1705
阿巴嘎旗	2		164	122	40	2	490	133	157
苏尼特左旗	5		162	135	27		369	113	109
苏尼特右旗	7		256	212	44		860	294	223
东乌珠穆沁旗	15	4	295	238	55	2	751	275	150
西乌珠穆沁旗	14		452	344	108		1456	390	459
太仆寺旗	5	1	276	212	64		837	261	194
镶黄旗	1		147	121	24	2	299	101	50
正镶白旗	5	1	213	168	42	3	407	145	78
正蓝旗	5	2	232	188	38	6	753	265	113
多伦县	2	4	363	268	95		1441	573	274
乌拉盖管委会	6	5	194	146	41	7	408	76	159
阿拉善盟	**70**	**8**	**1893**	**1584**	**301**	**8**	**5094**	**1470**	**1216**
阿拉善左旗	54	1	1347	1134	212	1	3638	1108	895
阿拉善右旗	6		176	141	32	3	353	97	87
额济纳旗	8		228	187	38	3	701	167	164
内蒙古阿拉善经济开发区	2	7	142	122	19	1	402	98	70

4-6 续表 21

单位：人

地区 性别	专业技术人员		办事人员和有关人员				社会生产服务和生活服务人员		
	新闻出版、文化专业人员	其他专业技术人员	小计	办事人员	安全和消防人员	其他办事人员和有关人员	小计	批发与零售服务人员	交通运输、仓储和邮政业服务人员
男	**1081**	**684**	**61036**	**45257**	**15107**	**672**	**199734**	**55420**	**67833**
呼和浩特市	**248**	**63**	**10837**	**8480**	**2296**	**61**	**32755**	**9885**	**8951**
新城区	64	33	2733	2106	607	20	6682	2258	1556
回民区	36	2	1169	785	380	4	5512	1752	1582
玉泉区	26	21	1390	936	438	16	6282	2090	1642
赛罕区	105	4	3950	3484	465	1	7530	2234	1592
土默特左旗	1	3	368	251	116	1	1577	380	579
托克托县	1		339	247	90	2	1360	305	595
和林格尔县	6		300	213	77	10	1033	208	351
清水河县	1		169	137	32		565	76	304
武川县	2		221	162	57	2	640	159	248
呼和浩特经济技术开发区	6		198	159	34	5	1574	423	502
包头市	**84**	**146**	**6961**	**4980**	**1882**	**99**	**28857**	**8586**	**9995**
东河区	2	26	1111	698	402	11	5823	1867	2212
昆都仑区	22	70	2131	1602	511	18	8041	2681	2445
青山区	38	27	1602	1198	357	47	5575	1727	1576
石拐区	1		60	32	27	1	192	41	69
白云鄂博矿区		2	95	34	56	5	152	32	48
九原区	4	8	432	324	104	4	2747	722	1080
土默特右旗	5	2	388	274	109	5	2207	540	785
固阳县	1	2	277	194	80	3	1710	280	987
达尔罕茂明安联合旗	8		189	143	45	1	356	90	120
包头稀土高新技术产业开发区	3	9	676	481	191	4	2054	606	673
乌海市	**18**	**5**	**1696**	**1295**	**392**	**9**	**6110**	**1458**	**2367**
海勃湾区	15	1	1317	1059	256	2	3945	1005	1450
海南区			130	78	48	4	1056	195	520
乌达区	3	4	249	158	88	3	1109	258	397
赤峰市	**132**	**140**	**6603**	**4905**	**1614**	**84**	**26929**	**8484**	**8025**
红山区	36	34	1090	798	275	17	5048	1689	1469
元宝山区	7	12	581	412	162	7	1916	457	766
松山区	31	21	1487	1113	365	9	5334	1873	1432
阿鲁科尔沁旗	6	3	353	272	77	4	1439	418	411
巴林左旗	10	20	356	298	57	1	2566	767	752
巴林右旗	5	1	282	225	54	3	1069	299	391
林西县	5	9	296	238	54	4	1360	409	426
克什克腾旗	6	22	369	255	108	6	972	246	309
翁牛特旗	7	9	418	314	94	10	1367	472	356
喀喇沁旗	4	1	355	258	89	8	1306	374	412
宁城县	10	6	573	385	175	13	2671	831	841
敖汉旗	5	2	443	337	104	2	1881	649	460

4-6　续表 22

单位：人

地　区 性　别	专业技术人员		办事人员和有关人员				社会生产服务和生活服务人员		
	新闻出版、文化专业人员	其他专业技术人员	小计	办事人员	安全和消防人员	其他办事人员和有关人员	小计	批发与零售服务人　员	交通运输、仓储和邮政业服务人员
通辽市	**111**	**41**	**4535**	**3132**	**1339**	**64**	**17575**	**4567**	**6229**
科尔沁区	43	16	1521	996	497	28	6350	1682	2301
科尔沁左翼中旗	11	8	357	259	86	12	2202	512	707
科尔沁左翼后旗	6	2	328	229	94	5	1139	342	415
开鲁县	10	2	365	233	129	3	1347	396	407
库伦旗	4	1	238	206	32		569	181	131
奈曼旗	8	3	358	250	107	1	1458	422	479
扎鲁特旗	13		370	267	101	2	1411	346	519
通辽经济技术开发区	15	9	648	456	179	13	1785	486	604
霍林郭勒市	1		350	236	114		1314	200	666
鄂尔多斯市	**97**	**55**	**7425**	**5463**	**1860**	**102**	**23849**	**5689**	**9409**
东胜区	31	5	1829	1333	487	9	7470	2241	2441
康巴什区	12	2	741	592	141	8	926	213	214
达拉特旗	5	3	695	488	202	5	3141	767	1444
准格尔旗	17	24	1177	797	337	43	4405	757	2232
鄂托克前旗	4	3	394	294	87	13	669	173	197
鄂托克旗	4	5	437	336	100	1	1938	413	804
杭锦旗	1	6	320	255	57	8	835	199	283
乌审旗	4	1	633	466	160	7	1651	357	674
伊金霍洛旗	19	6	1199	902	289	8	2814	569	1120
呼伦贝尔市	**131**	**54**	**6938**	**4728**	**2093**	**117**	**16502**	**4094**	**6128**
海拉尔区	29	9	1347	1043	291	13	3854	1034	1401
扎赉诺尔区	2	13	239	177	53	9	558	95	223
阿荣旗	7		393	241	151	1	1350	373	409
莫力达瓦达斡尔族自治旗	9	2	348	244	104		929	268	299
鄂伦春自治旗	8	4	652	451	179	22	1086	250	402
鄂温克族自治旗	27	5	635	393	234	8	972	208	383
陈巴尔虎旗	1		156	120	35	1	499	52	234
新巴尔虎左旗	3	1	159	105	45	9	238	41	89
新巴尔虎右旗	5	10	168	117	47	4	277	58	98
满洲里市	15	1	591	446	144	1	1875	571	769
牙克石市	13	3	1012	657	348	7	1987	428	790
扎兰屯市	5	1	479	330	145	4	2027	514	734
额尔古纳市	3	1	304	182	120	2	445	105	157
根河市	4	4	455	222	197	36	405	97	140
巴彦淖尔市	**59**	**75**	**3555**	**2612**	**889**	**54**	**13218**	**4090**	**4408**
临河区	32	20	1683	1234	436	13	5900	1858	1952
五原县	3	3	292	212	71	9	1870	653	613
磴口县	5	8	241	155	70	16	660	174	192
乌拉特前旗	4	23	471	350	115	6	1899	597	573
乌拉特中旗	9		321	246	75		866	199	350
乌拉特后旗	3	14	201	161	36	4	441	106	178
杭锦后旗	3	7	346	254	86	6	1582	503	550

4-6 续表 23

单位：人

地区 性别	专业技术人员		办事人员和有关人员				社会生产服务和生活服务人员		
	新闻出版、文化专业人员	其他专业技术人员	小计	办事人员	安全和消防人员	其他办事人员和有关人员	小计	批发与零售服务人员	交通运输、仓储和邮政业服务人员
乌兰察布市	**58**	**9**	**4644**	**3900**	**714**	**30**	**13138**	**3075**	**4874**
集宁区	30		1995	1688	306	1	4826	1147	1957
卓资县	2		169	137	29	3	550	122	174
化德县	2		262	225	36	1	566	145	182
商都县		3	327	268	47	12	1308	280	379
兴和县	2		249	194	55		958	203	458
凉城县	1	2	264	224	35	5	592	144	153
察哈尔右翼前旗	4	2	252	218	34		1013	216	347
察哈尔右翼中旗	4		208	174	34		405	110	123
察哈尔右翼后旗	5	1	216	185	26	5	745	173	265
四子王旗	4		288	251	36	1	865	257	325
丰镇市	4	1	414	336	76	2	1310	278	511
兴安盟	**54**	**33**	**3142**	**2288**	**836**	**18**	**7895**	**2185**	**2574**
乌兰浩特市	22	4	1178	884	294		3196	818	1121
阿尔山市	5	1	271	154	117		292	30	129
科尔沁右翼前旗	10	24	507	373	132	2	1183	374	332
科尔沁右翼中旗	5	2	333	238	91	4	927	254	272
扎赉特旗	7	2	545	398	136	11	1153	366	301
突泉县	5		308	241	66	1	1144	343	419
锡林郭勒盟	**56**	**56**	**3574**	**2609**	**936**	**29**	**9945**	**2618**	**3811**
二连浩特市	15		293	210	82	1	1400	478	568
锡林浩特市	14	43	1415	1064	338	13	3766	907	1480
阿巴嘎旗	1		119	79	38	2	328	69	150
苏尼特左旗	2		99	73	26		238	54	101
苏尼特右旗	3		169	131	38		507	148	191
东乌珠穆沁旗	8	2	210	157	52	1	404	121	139
西乌珠穆沁旗	5		301	209	92		910	163	420
太仆寺旗	3	1	187	131	56		522	141	171
镶黄旗	1		98	75	21	2	173	47	47
正镶白旗	1	1	149	111	36	2	249	76	74
正蓝旗	1	1	158	120	34	4	424	117	99
多伦县	1	4	247	159	88		755	258	228
乌拉盖管委会	1	4	129	90	35	4	269	39	143
阿拉善盟	**33**	**7**	**1126**	**865**	**256**	**5**	**2961**	**689**	**1062**
阿拉善左旗	26	1	798	621	177		2104	511	770
阿拉善右旗	2		103	75	26	2	207	42	79
额济纳旗	4		139	102	35	2	434	86	151
内蒙古阿拉善经济开发区	1	6	86	67	18	1	216	50	62

4-6　续表 24

单位：人

地　区 性　别	专业技术人员		办事人员和有关人员				社会生产服务和生活服务人员		
	新闻出版、文化专业人员	其他专业技术人员	小计	办事人员	安全和消防人员	其他办事人员和有关人员	小计	批发与零售服务人　员	交通运输、仓储和邮政业服务人员
女	**1760**	**207**	**35155**	**32572**	**2204**	**379**	**142421**	**62494**	**9024**
呼和浩特市	**390**	**27**	**7043**	**6605**	**386**	**52**	**23229**	**9930**	**1377**
新城区	91	8	1822	1681	122	19	5046	2287	325
回民区	43	3	776	720	52	4	4025	1906	260
玉泉区	51	9	855	795	42	18	4652	2201	203
赛罕区	178	5	2735	2645	88	2	5549	2080	325
土默特左旗	6	1	176	154	21	1	977	364	73
托克托县			161	143	18		748	266	32
和林格尔县	8		156	140	11	5	746	249	51
清水河县	3		93	88	5		227	69	23
武川县	2		96	79	15	2	348	141	18
呼和浩特经济技术开发区	8	1	173	160	12	1	911	367	67
包头市	**182**	**40**	**4401**	**4101**	**230**	**70**	**20126**	**9259**	**1458**
东河区	27	9	620	575	34	11	3737	1909	348
昆都仑区	52	21	1441	1364	58	19	6252	3215	370
青山区	57	4	1064	985	53	26	4406	1873	290
石拐区	1		35	30	5		131	28	14
白云鄂博矿区	1		66	53	11	2	153	39	19
九原区	12	2	287	271	12	4	1666	674	124
土默特右旗	7		169	156	11	2	1242	553	55
固阳县	2		120	113	7		838	285	139
达尔罕茂明安联合旗	5		118	104	13	1	262	112	12
包头稀土高新技术产业开发区	18	4	481	450	26	5	1439	571	87
乌海市	**44**	**1**	**1108**	**1059**	**44**	**5**	**3991**	**1625**	**303**
海勃湾区	36	1	870	838	30	2	2689	1144	192
海南区	2		77	69	8		548	161	50
乌达区	6		161	152	6	3	754	320	61
赤峰市	**183**	**52**	**3573**	**3280**	**240**	**53**	**21591**	**10045**	**1225**
红山区	29	12	615	568	38	9	3707	1856	229
元宝山区	10	2	287	268	15	4	1185	498	76
松山区	69	15	830	764	59	7	4192	1994	225
阿鲁科尔沁旗	9	1	205	183	18	4	960	467	52
巴林左旗	4	12	224	217	5	2	3051	1396	148
巴林右旗	11		176	165	9	2	709	355	43
林西县	3	3	163	151	9	3	1047	445	84
克什克腾旗	10	1	196	175	14	7	783	311	45
翁牛特旗	3	3	190	175	12	3	1070	503	62
喀喇沁旗	11		178	160	13	5	1006	440	53
宁城县	12	3	284	255	23	6	2326	1063	141
敖汉旗	12		225	199	25	1	1555	717	67

4-6 续表 25

单位：人

地区 性别	专业技术人员		办事人员和有关人员				社会生产服务和生活服务人员		
	新闻出版、文化专业人员	其他专业技术人员	小计	办事人员	安全和消防人员	其他办事人员和有关人员	小计	批发与零售服务人员	交通运输、仓储和邮政业服务人员
通辽市	**146**	**17**	**2540**	**2263**	**224**	**53**	**13539**	**6209**	**945**
科尔沁区	43	7	849	745	83	21	4769	2260	358
科尔沁左翼中旗	14	3	214	196	10	8	1505	585	97
科尔沁左翼后旗	8		150	132	16	2	962	442	87
开鲁县	8	1	208	170	35	3	1161	594	55
库伦旗	3		122	118	2	2	449	200	16
奈曼旗	16		150	137	11	2	1162	558	71
扎鲁特旗	14		187	174	13		1103	529	84
通辽经济技术开发区	28	6	422	380	27	15	1358	607	93
霍林郭勒市	12		238	211	27		1070	434	84
鄂尔多斯市	**202**	**10**	**4233**	**3899**	**299**	**35**	**15055**	**5745**	**957**
东胜区	59	2	1203	1124	73	6	5379	2392	307
康巴什区	27		513	484	26	3	739	221	34
达拉特旗	19	1	322	294	24	4	1947	830	126
准格尔旗	28	4	550	489	49	12	2021	657	137
鄂托克前旗	6		204	183	15	6	497	158	36
鄂托克旗	8		272	238	34		1059	360	78
杭锦旗	7	1	199	190	8	1	592	242	32
乌审旗	10	1	314	287	27		1112	369	96
伊金霍洛旗	38	1	656	610	43	3	1709	516	111
呼伦贝尔市	**175**	**22**	**3541**	**3288**	**198**	**55**	**11663**	**5246**	**771**
海拉尔区	42	4	845	789	50	6	2829	1400	183
扎赉诺尔区	5	3	138	131	3	4	415	190	23
阿荣旗	12	1	154	138	16		1078	524	41
莫力达瓦达斡尔族自治旗	11		169	159	10		716	306	39
鄂伦春自治旗	10	6	296	276	6	14	689	311	34
鄂温克族自治旗	27	2	368	333	28	7	744	268	56
陈巴尔虎旗	5		92	83	7	2	252	82	16
新巴尔虎左旗	7	1	61	55	6		202	65	21
新巴尔虎右旗	4	1	78	72	5	1	201	74	16
满洲里市	11		354	335	18	1	1215	559	131
牙克石市	16	1	395	376	18	1	1170	504	97
扎兰屯市	11	1	264	254	9	1	1586	723	80
额尔古纳市	6	2	152	141	9	2	330	144	21
根河市	8		175	146	13	16	236	96	13
巴彦淖尔市	**105**	**17**	**2135**	**1940**	**173**	**22**	**9918**	**4548**	**484**
临河区	57	7	1031	936	85	10	4584	2144	236
五原县	7		203	183	18	2	1266	604	55
磴口县	7	1	141	120	16	5	535	216	26
乌拉特前旗	10	5	242	222	18	2	1412	657	48
乌拉特中旗	4		176	164	12		591	223	47
乌拉特后旗	8	3	140	130	10		325	114	22
杭锦后旗	12	1	202	185	14	3	1205	590	50

4-6 续表 26

单位：人

地区 性别	专业技术人员		办事人员和有关人员				社会生产服务和生活服务人员		
	新闻出版、文化专业人员	其他专业技术人员	小计	办事人员	安全和消防人员	其他办事人员和有关人员	小计	批发与零售服务人员	交通运输、仓储和邮政业服务人员
乌兰察布市	**103**	**3**	**2277**	**2167**	**98**	**12**	**8100**	**3357**	**583**
集宁区	48	1	1127	1081	46		3432	1589	268
卓资县	6	1	74	68	4	2	330	96	17
化德县	2		96	93	3		347	138	29
商都县	2		126	122	3	1	692	283	43
兴和县	2		96	93	3		380	148	21
凉城县	5		121	110	10	1	338	122	22
察哈尔右翼前旗	3	1	129	127	2		636	207	38
察哈尔右翼中旗	6		103	98	2	3	231	84	12
察哈尔右翼后旗	10		97	96		1	434	162	28
四子王旗	8		147	131	15	1	548	231	58
丰镇市	11		161	148	10	3	732	297	47
兴安盟	**94**	**4**	**1732**	**1599**	**127**	**6**	**6289**	**2755**	**294**
乌兰浩特市	44	3	746	687	59		2668	1210	128
阿尔山市	3		118	111	6	1	214	42	14
科尔沁右翼前旗	15		272	245	23	4	929	385	42
科尔沁右翼中旗	10		200	185	15		792	334	35
扎赉特旗	16		232	215	16	1	882	408	30
突泉县	6	1	164	156	8		804	376	45
锡林郭勒盟	**99**	**13**	**1805**	**1652**	**140**	**13**	**6787**	**2994**	**473**
二连浩特市	26		134	123	11		803	404	45
锡林浩特市	33	9	783	710	67	6	2692	1197	225
阿巴嘎旗	1		45	43	2		162	64	7
苏尼特左旗	3		63	62	1		131	59	8
苏尼特右旗	4		87	81	6		353	146	32
东乌珠穆沁旗	7	2	85	81	3	1	347	154	11
西乌珠穆沁旗	9		151	135	16		546	227	39
太仆寺旗	2		89	81	8		315	120	23
镶黄旗			49	46	3		126	54	3
正镶白旗	4		64	57	6	1	158	69	4
正蓝旗	4	1	74	68	4	2	329	148	14
多伦县	1		116	109	7		686	315	46
乌拉盖管委会	5	1	65	56	6	3	139	37	16
阿拉善盟	**37**	**1**	**767**	**719**	**45**	**3**	**2133**	**781**	**154**
阿拉善左旗	28		549	513	35	1	1534	597	125
阿拉善右旗	4		73	66	6	1	146	55	8
额济纳旗	4		89	85	3	1	267	81	13
内蒙古阿拉善经济开发区	1	1	56	55	1		186	48	8

4-6 续表 27 单位：人

地　区 性　别	社会生产服务和生活服务人员								
	住宿和餐饮服务人员	信息传输、软件和信息技术服务人员	金融服务人员	房地产服务人员	租赁和商务服务人员	技术辅助服务人员	水利、环境和公共设施管理服务人员	居民服务人员	电力、燃气及水供应服务人员
内蒙古	**47114**	**6373**	**11158**	**5189**	**8464**	**6099**	**18598**	**22538**	**5422**
呼和浩特市	**7701**	**1587**	**2278**	**1370**	**1935**	**1379**	**3340**	**3121**	**911**
新城区	1443	384	593	259	326	323	650	678	180
回民区	1310	194	240	247	309	160	518	540	137
玉泉区	1674	270	228	245	292	242	586	669	167
赛罕区	1607	544	857	385	737	463	904	712	232
土默特左旗	436	35	66	49	40	43	171	138	48
托克托县	321	33	68	29	30	24	142	111	47
和林格尔县	305	49	40	28	100	31	184	92	28
清水河县	112	10	37	5	12	10	46	13	28
武川县	158	15	46	10	12	18	41	42	22
呼和浩特经济技术开发区	335	53	103	113	77	65	98	126	22
包头市	**6270**	**792**	**1518**	**894**	**1011**	**924**	**2239**	**3043**	**754**
东河区	1113	120	177	206	159	125	304	553	119
昆都仑区	1719	280	414	213	263	312	585	908	199
青山区	1343	173	449	216	297	235	467	705	205
石拐区	56	2	2	9	23	3	49	9	6
白云鄂博矿区	49	6	7	3	8	12	24	28	14
九原区	578	72	118	62	129	58	293	240	37
土默特右旗	485	60	120	96	34	37	131	224	98
固阳县	338	21	65	14	27	18	95	158	32
达尔罕茂明安联合旗	115	11	21	2	6	9	32	38	15
包头稀土高新技术产业开发区	474	47	145	73	65	115	259	180	29
乌海市	**1148**	**180**	**348**	**136**	**240**	**209**	**640**	**775**	**128**
海勃湾区	705	148	293	111	168	168	386	459	90
海南区	212	16	27	11	42	19	117	77	21
乌达区	231	16	28	14	30	22	137	239	17
赤峰市	**6071**	**836**	**1521**	**685**	**999**	**820**	**2321**	**4186**	**694**
红山区	935	155	257	190	184	196	457	609	104
元宝山区	325	58	93	19	74	48	183	260	66
松山区	1088	193	359	202	227	209	509	597	102
阿鲁科尔沁旗	374	43	61	20	22	17	105	217	35
巴林左旗	785	61	129	88	170	62	266	650	55
巴林右旗	261	16	58	13	32	22	51	117	28
林西县	303	30	66	25	47	38	91	267	37
克什克腾旗	314	42	54	12	53	31	100	98	40
翁牛特旗	337	42	73	22	53	31	88	206	49
喀喇沁旗	326	54	89	13	43	63	156	140	28
宁城县	567	85	186	52	49	68	165	615	70
敖汉旗	456	57	96	29	45	35	150	410	80

4-6 续表 28

单位：人

地区 性别	社会生产服务和生活服务人员								
	住宿和餐饮服务人员	信息传输、软件和信息技术服务人员	金融服务人员	房地产服务人员	租赁和商务服务人员	技术辅助服务人员	水利、环境和公共设施管理服务人员	居民服务人员	电力、燃气及水供应服务人员
通辽市	**4409**	**517**	**918**	**431**	**619**	**455**	**1336**	**2226**	**548**
科尔沁区	1410	176	378	175	203	157	442	861	203
科尔沁左翼中旗	796	79	74	26	120	53	142	264	55
科尔沁左翼后旗	334	22	45	29	30	19	51	136	24
开鲁县	358	25	77	28	39	33	86	193	62
库伦旗	184	26	27	6	33	10	30	74	21
奈曼旗	367	52	66	44	34	39	106	175	61
扎鲁特旗	334	45	70	17	47	36	111	165	41
通辽经济技术开发区	313	58	153	88	72	68	174	197	41
霍林郭勒市	313	34	28	18	41	40	194	161	40
鄂尔多斯市	**5603**	**571**	**1045**	**615**	**867**	**678**	**2951**	**2071**	**764**
东胜区	1548	236	438	312	301	269	931	703	133
康巴什区	297	41	70	60	69	42	230	82	38
达拉特旗	700	56	115	43	76	61	283	261	73
准格尔旗	951	90	121	42	152	93	414	293	117
鄂托克前旗	237	15	41	25	19	11	73	73	46
鄂托克旗	442	37	46	33	59	58	219	113	156
杭锦旗	232	15	37	17	16	26	78	143	28
乌审旗	447	36	73	23	60	59	203	152	94
伊金霍洛旗	749	45	104	60	115	59	520	251	79
呼伦贝尔市	**3973**	**527**	**904**	**279**	**744**	**430**	**1247**	**2059**	**469**
海拉尔区	825	152	236	77	226	138	300	351	89
扎赉诺尔区	138	10	36	5	63	22	54	53	23
阿荣旗	353	35	88	23	37	42	97	179	49
莫力达瓦达斡尔族自治旗	279	26	88	29	33	15	58	99	31
鄂伦春自治旗	234	29	35		46	15	64	207	29
鄂温克族自治旗	274	57	40	23	24	31	117	108	42
陈巴尔虎旗	94	8	15	5	19	3	25	153	19
新巴尔虎左旗	94	7	10		8	2	33	27	8
新巴尔虎右旗	105	10	8	1	10	7	32	32	6
满洲里市	344	37	122	39	46	50	111	166	38
牙克石市	460	64	80	15	40	43	122	349	47
扎兰屯市	578	58	98	43	145	47	147	238	43
额尔古纳市	116	10	24	3	29	5	45	64	21
根河市	79	24	24	16	18	10	42	33	24
巴彦淖尔市	**3312**	**376**	**865**	**241**	**284**	**377**	**1160**	**1507**	**297**
临河区	1434	193	442	137	131	212	533	634	102
五原县	362	36	98	26	45	34	148	226	31
磴口县	205	21	37	9	22	27	93	73	36
乌拉特前旗	540	47	118	32	47	35	137	254	50
乌拉特中旗	226	23	52	10	16	18	91	83	26
乌拉特后旗	132	12	23	11	11	11	60	45	17
杭锦后旗	413	44	95	16	12	40	98	192	35

4–6 续表 29

单位：人

地 区 性 别	社会生产服务和生活服务人员								
	住宿和餐饮服务人员	信息传输、软件和信息技术服务人员	金融服务人员	房地产服务人员	租赁和商务服务人员	技术辅助服务人员	水利、环境和公共设施管理服务人员	居民服务人员	电力、燃气及水供应服务人员
乌兰察布市	**2990**	**367**	**603**	**154**	**900**	**281**	**1403**	**1486**	**332**
集宁区	1008	198	230	58	371	173	575	361	87
卓资县	177	12	52	7	36	7	72	39	32
化德县	146	12	30	6	39	13	52	46	22
商都县	229	10	40	14	40	10	58	529	19
兴和县	152	16	36	13	52	12	72	60	22
凉城县	149	16	28	2	40	7	59	98	31
察哈尔右翼前旗	277	21	28	27	113	16	220	73	10
察哈尔右翼中旗	102	12	32	2	27	2	28	43	22
察哈尔右翼后旗	200	17	26	8	39	13	89	89	27
四子王旗	210	8	50	6	68	12	44	61	23
丰镇市	340	45	51	11	75	16	134	87	37
兴安盟	**2371**	**253**	**526**	**169**	**345**	**177**	**722**	**920**	**164**
乌兰浩特市	815	106	250	87	175	95	316	410	36
阿尔山市	113	14	16	3	23	6	72	17	6
科尔沁右翼前旗	424	36	74	28	39	28	103	98	29
科尔沁右翼中旗	341	29	53	21	26	14	76	126	44
扎赉特旗	388	31	67	12	44	24	92	138	23
突泉县	290	37	66	18	38	10	63	131	26
锡林郭勒盟	**2344**	**279**	**473**	**174**	**328**	**246**	**878**	**954**	**286**
二连浩特市	229	30	62	9	94	28	109	71	16
锡林浩特市	778	113	215	105	103	117	307	455	104
阿巴嘎旗	68	8	15	2	3		19	14	33
苏尼特左旗	58	10	10	3	13	3	18	13	3
苏尼特右旗	165	11	30	2	14	15	15	40	12
东乌珠穆沁旗	117	14	13	7	9	10	36	61	9
西乌珠穆沁旗	189	25	26	9	34	23	109	74	14
太仆寺旗	125	21	24	8	8	14	69	52	18
镶黄旗	70	5	6		6	5	19	13	7
正镶白旗	79	9	15		10	2	22	14	14
正蓝旗	114	14	28	12	19	8	48	66	16
多伦县	282	9	25	14	9	13	76	64	30
乌拉盖管委会	70	10	4	3	6	8	31	17	10
阿拉善盟	**922**	**88**	**159**	**41**	**192**	**123**	**361**	**190**	**75**
阿拉善左旗	605	59	134	23	130	91	241	129	49
阿拉善右旗	72	7	13	3	7	5	24	11	9
额济纳旗	149	16	10	4	41	22	49	27	9
内蒙古阿拉善经济开发区	96	6	2	11	14	5	47	23	8

4-6　续表 30

单位：人

地　区 性　别	社会生产服务和生活服务人员 住宿和餐饮服务人员	信息传输、软件和信息技术服务人员	金融服务人员	房地产服务人员	租赁和商务服务人员	技术辅助服务人员	水利、环境和公共设施管理服务人员	居民服务人员	电力、燃气及水供应服务人员
男	**21232**	**3951**	**4699**	**2879**	**6402**	**3898**	**7813**	**7975**	**4273**
呼和浩特市	**3866**	**929**	**998**	**823**	**1405**	**896**	**1423**	**1100**	**680**
新城区	760	219	270	157	222	198	287	258	136
回民区	657	124	92	161	223	108	241	166	101
玉泉区	896	155	98	137	188	157	225	217	133
赛罕区	800	317	383	242	552	311	366	260	162
土默特左旗	193	19	33	27	32	29	79	53	37
托克托县	137	17	31	15	20	10	59	42	37
和林格尔县	122	29	20	10	85	19	85	32	20
清水河县	48	7	18	3	8	7	24	6	19
武川县	68	9	18	7	11	10	25	16	16
呼和浩特经济技术开发区	185	33	35	64	64	47	32	50	19
包头市	**2972**	**524**	**621**	**518**	**747**	**580**	**931**	**996**	**563**
东河区	530	86	74	120	109	79	158	221	90
昆都仑区	851	184	151	142	178	188	252	274	141
青山区	634	109	176	119	226	151	175	212	143
石拐区	18	2	1	5	16	2	21	3	4
白云鄂博矿区	14	2	1	1	4	6	8	16	8
九原区	264	49	53	31	116	34	108	68	30
土默特右旗	255	40	55	55	23	26	61	84	86
固阳县	166	13	35	6	23	13	28	52	27
达尔罕茂明安联合旗	43	6	12	2	5	7	14	19	12
包头稀土高新技术产业开发区	197	33	63	37	47	74	106	47	22
乌海市	**506**	**122**	**136**	**57**	**181**	**138**	**261**	**350**	**82**
海勃湾区	331	101	117	49	124	116	165	173	56
海南区	78	12	8	3	33	12	37	24	16
乌达区	97	9	11	5	24	10	59	153	10
赤峰市	**2630**	**511**	**718**	**387**	**763**	**527**	**863**	**1369**	**579**
红山区	449	88	130	111	136	126	160	248	88
元宝山区	121	32	43	11	64	30	82	108	53
松山区	511	121	161	113	163	139	155	179	94
阿鲁科尔沁旗	180	34	28	13	21	11	58	105	28
巴林左旗	285	32	65	47	130	40	69	117	40
巴林右旗	124	13	25	7	22	15	17	58	23
林西县	118	16	32	9	41	21	43	109	29
克什克腾旗	110	27	27	9	37	20	50	32	32
翁牛特旗	131	31	36	15	44	18	34	84	36
喀喇沁旗	143	32	35	9	34	38	67	36	22
宁城县	246	50	81	25	32	44	57	192	64
敖汉旗	212	35	55	18	39	25	71	101	70

4-6 续表 31

单位：人

地　区 性　别	社会生产服务和生活服务人员								
	住宿和餐饮服务人员	信息传输、软件和信息技术服务人员	金融服务人员	房地产服务人员	租赁和商务服务人员	技术辅助服务人员	水利、环境和公共设施管理服务人员	居民服务人员	电力、燃气及水供应服务人员
通辽市	**1940**	**330**	**412**	**217**	**463**	**285**	**559**	**785**	**446**
科尔沁区	664	112	158	99	139	100	189	338	159
科尔沁左翼中旗	367	56	30	15	97	31	78	112	46
科尔沁左翼后旗	150	12	20	13	25	10	19	29	15
开鲁县	165	15	34	8	27	18	39	61	57
库伦旗	80	13	15	4	30	7	17	23	12
奈曼旗	149	32	34	24	23	23	45	57	56
扎鲁特旗	142	26	35	9	38	28	45	49	33
通辽经济技术开发区	132	41	76	40	57	43	59	69	31
霍林郭勒市	91	23	10	5	27	25	68	47	37
鄂尔多斯市	**2467**	**368**	**383**	**320**	**670**	**421**	**1221**	**627**	**622**
东胜区	761	148	153	166	223	166	392	186	109
康巴什区	149	30	25	30	58	23	93	24	29
达拉特旗	286	36	32	27	60	38	118	62	58
准格尔旗	395	58	39	20	120	63	181	99	97
鄂托克前旗	93	9	17	15	11	7	29	24	36
鄂托克旗	176	23	22	15	46	31	84	33	132
杭锦旗	103	9	23	11	13	18	28	63	19
乌审旗	169	25	38	10	49	40	63	49	77
伊金霍洛旗	335	30	34	26	90	35	233	87	65
呼伦贝尔市	**1744**	**319**	**385**	**156**	**575**	**281**	**568**	**841**	**386**
海拉尔区	405	84	107	38	162	95	140	102	76
扎赉诺尔区	63	7	14	2	56	18	20	17	17
阿荣旗	154	23	40	11	30	27	45	55	39
莫力达瓦达斡尔族自治旗	124	14	39	14	25	7	28	21	25
鄂伦春自治旗	93	17	12		42	8	37	107	25
鄂温克族自治旗	100	35	18	8	15	22	40	46	36
陈巴尔虎旗	37	5	6	4	15	2	13	96	14
新巴尔虎左旗	37	3	7		6	2	11	11	7
新巴尔虎右旗	47	9	5	1	8	6	12	13	4
满洲里市	156	20	51	27	28	30	46	66	27
牙克石市	215	46	33	12	32	26	65	202	38
扎兰屯市	239	33	34	26	120	28	63	64	37
额尔古纳市	47	7	11	2	20	2	24	27	19
根河市	27	16	8	11	16	8	24	14	22
巴彦淖尔市	**1423**	**228**	**301**	**122**	**189**	**235**	**519**	**498**	**229**
临河区	680	110	153	66	80	132	205	196	81
五原县	149	21	31	13	37	20	71	90	17
磴口县	79	15	11	4	14	16	47	22	28
乌拉特前旗	212	28	47	21	33	23	79	98	40
乌拉特中旗	84	16	22	6	11	16	41	23	19
乌拉特后旗	50	9	6	5	5	6	27	12	14
杭锦后旗	169	29	31	7	9	22	49	57	30

4-6 续表 32

单位：人

地 区 性 别	社会生产服务和生活服务人员								
	住宿和餐饮服务人员	信息传输、软件和信息技术服务人员	金融服务人员	房地产服务人员	租赁和商务服务人员	技术辅助服务人员	水利、环境和公共设施管理服务人员	居民服务人员	电力、燃气及水供应服务人员
乌兰察布市	**1338**	**229**	**250**	**87**	**733**	**182**	**649**	**748**	**260**
集宁区	431	125	97	31	306	111	245	113	64
卓资县	84	7	24	4	30	4	25	16	29
化德县	58	4	10	4	32	11	35	22	17
商都县	101	5	13	11	37	7	32	372	15
兴和县	76	9	15	7	46	8	31	23	15
凉城县	74	12	15	1	35	5	25	55	27
察哈尔右翼前旗	120	13	8	14	89	12	109	25	9
察哈尔右翼中旗	45	7	16	2	21	2	10	19	17
察哈尔右翼后旗	88	9	9	3	30	7	50	50	22
四子王旗	92	6	20	4	50	7	21	17	17
丰镇市	169	32	23	6	57	8	66	36	28
兴安盟	**961**	**161**	**225**	**80**	**276**	**110**	**336**	**265**	**140**
乌兰浩特市	348	66	105	46	142	56	132	102	29
阿尔山市	40	10	5	1	21	3	27	3	6
科尔沁右翼前旗	170	23	34	12	29	23	43	26	22
科尔沁右翼中旗	130	17	27	9	20	6	38	37	41
扎赉特旗	162	22	29	5	36	14	57	49	20
突泉县	111	23	25	7	28	8	39	48	22
锡林郭勒盟	**996**	**176**	**197**	**91**	**257**	**165**	**347**	**341**	**231**
二连浩特市	79	21	22	7	76	22	43	20	14
锡林浩特市	366	75	90	54	76	74	100	177	79
阿巴嘎旗	27	3	7	1	3		6	3	30
苏尼特左旗	28	9	4	2	9	2	8	4	3
苏尼特右旗	71	9	8	2	9	12	7	10	10
东乌珠穆沁旗	41	7	6	2	6	5	13	14	8
西乌珠穆沁旗	77	16	9	5	31	19	48	27	9
太仆寺旗	57	9	13	1	7	9	38	23	14
镶黄旗	29	3	4		2	3	10	7	6
正镶白旗	34	5	9		7	2	13	4	12
正蓝旗	49	5	12	7	19	5	22	36	14
多伦县	105	7	13	9	7	7	29	10	25
乌拉盖管委会	33	7		1	5	5	10	6	7
阿拉善盟	**389**	**54**	**73**	**21**	**143**	**78**	**136**	**55**	**55**
阿拉善左旗	262	40	58	13	94	53	90	37	39
阿拉善右旗	30	3	8	1	6	4	9	5	6
额济纳旗	70	9	5	3	32	19	15	3	4
内蒙古阿拉善经济开发区	27	2	2	4	11	2	22	10	6

4－6　续表 33　　　　单位：人

地　区 性　别	社会生产服务和生活服务人员								
	住宿和餐饮服务人员	信息传输、软件和信息技术服务人员	金融服务人员	房地产服务人员	租赁和商务服务人员	技术辅助服务人员	水利、环境和公共设施管理服务人员	居民服务人员	电力、燃气及水供应服务人员
女	**25882**	**2422**	**6459**	**2310**	**2062**	**2201**	**10785**	**14563**	**1149**
呼和浩特市	**3835**	**658**	**1280**	**547**	**530**	**483**	**1917**	**2021**	**231**
新城区	683	165	323	102	104	125	363	420	44
回民区	653	70	148	86	86	52	277	374	36
玉泉区	778	115	130	108	104	85	361	452	34
赛罕区	807	227	474	143	185	152	538	452	70
土默特左旗	243	16	33	22	8	14	92	85	11
托克托县	184	16	37	14	10	14	83	69	10
和林格尔县	183	20	20	18	15	12	99	60	8
清水河县	64	3	19	2	4	3	22	7	9
武川县	90	6	28	3	1	8	16	26	6
呼和浩特经济技术开发区	150	20	68	49	13	18	66	76	3
包头市	**3298**	**268**	**897**	**376**	**264**	**344**	**1308**	**2047**	**191**
东河区	583	34	103	86	50	46	146	332	29
昆都仑区	868	96	263	71	85	124	333	634	58
青山区	709	64	273	97	71	84	292	493	62
石拐区	38		1	4	7	1	28	6	2
白云鄂博矿区	35	4	6	2	4	6	16	12	6
九原区	314	23	65	31	13	24	185	172	7
土默特右旗	230	20	65	41	11	11	70	140	12
固阳县	172	8	30	8	4	5	67	106	5
达尔罕茂明安联合旗	72	5	9		1	2	18	19	3
包头稀土高新技术产业开发区	277	14	82	36	18	41	153	133	7
乌海市	**642**	**58**	**212**	**79**	**59**	**71**	**379**	**425**	**46**
海勃湾区	374	47	176	62	44	52	221	286	34
海南区	134	4	19	8	9	7	80	53	5
乌达区	134	7	17	9	6	12	78	86	7
赤峰市	**3441**	**325**	**803**	**298**	**236**	**293**	**1458**	**2817**	**115**
红山区	486	67	127	79	48	70	297	361	16
元宝山区	204	26	50	8	10	18	101	152	13
松山区	577	72	198	89	64	70	354	418	8
阿鲁科尔沁旗	194	9	33	7	1	6	47	112	7
巴林左旗	500	29	64	41	40	22	197	533	15
巴林右旗	137	3	33	6	10	7	34	59	5
林西县	185	14	34	16	6	17	48	158	8
克什克腾旗	204	15	27	3	16	11	50	66	8
翁牛特旗	206	11	37	7	9	13	54	122	13
喀喇沁旗	183	22	54	4	9	25	89	104	6
宁城县	321	35	105	27	17	24	108	423	6
敖汉旗	244	22	41	11	6	10	79	309	10

4-6 续表 34　　　　单位：人

地 区 性 别	社会生产服务和生活服务人员								
	住宿和餐饮服务人员	信息传输、软件和信息技术服务人员	金融服务人员	房地产服务人员	租赁和商务服务人员	技术辅助服务人员	水利、环境和公共设施管理服务人员	居民服务人员	电力、燃气及水供应服务人员
通辽市	**2469**	**187**	**506**	**214**	**156**	**170**	**777**	**1441**	**102**
科尔沁区	746	64	220	76	64	57	253	523	44
科尔沁左翼中旗	429	23	44	11	23	22	64	152	9
科尔沁左翼后旗	184	10	25	16	5	9	32	107	9
开鲁县	193	10	43	20	12	15	47	132	5
库伦旗	104	13	12	2	3	3	13	51	9
奈曼旗	218	20	32	20	11	16	61	118	5
扎鲁特旗	192	19	35	8	9	8	66	116	8
通辽经济技术开发区	181	17	77	48	15	25	115	128	10
霍林郭勒市	222	11	18	13	14	15	126	114	3
鄂尔多斯市	**3136**	**203**	**662**	**295**	**197**	**257**	**1730**	**1444**	**142**
东胜区	787	88	285	146	78	103	539	517	24
康巴什区	148	11	45	30	11	19	137	58	9
达拉特旗	414	20	83	16	16	23	165	199	15
准格尔旗	556	32	82	22	32	30	233	194	20
鄂托克前旗	144	6	24	10	8	4	44	49	10
鄂托克旗	266	14	24	18	13	27	135	80	24
杭锦旗	129	6	14	6	3	8	50	80	9
乌审旗	278	11	35	13	11	19	140	103	17
伊金霍洛旗	414	15	70	34	25	24	287	164	14
呼伦贝尔市	**2229**	**208**	**519**	**123**	**169**	**149**	**679**	**1218**	**83**
海拉尔区	420	68	129	39	64	43	160	249	13
扎赉诺尔区	75	3	22	3	7	4	34	36	6
阿荣旗	199	12	48	12	7	15	52	124	10
莫力达瓦达斡尔族自治旗	155	12	49	15	8	8	30	78	6
鄂伦春自治旗	141	12	23		4	7	27	100	4
鄂温克族自治旗	174	22	22	15	9	9	77	62	6
陈巴尔虎旗	57	3	9	1	4	1	12	57	5
新巴尔虎左旗	57	4	3		2		22	16	1
新巴尔虎右旗	58	1	3		2	1	20	19	2
满洲里市	188	17	71	12	18	20	65	100	11
牙克石市	245	18	47	3	8	17	57	147	9
扎兰屯市	339	25	64	17	25	19	84	174	6
额尔古纳市	69	3	13	1	9	3	21	37	2
根河市	52	8	16	5	2	2	18	19	2
巴彦淖尔市	**1889**	**148**	**564**	**119**	**95**	**142**	**641**	**1009**	**68**
临河区	754	83	289	71	51	80	328	438	21
五原县	213	15	67	13	8	14	77	136	14
磴口县	126	6	26	5	8	11	46	51	8
乌拉特前旗	328	19	71	11	14	12	58	156	10
乌拉特中旗	142	7	30	4	5	2	50	60	7
乌拉特后旗	82	3	17	6	6	5	33	33	3
杭锦后旗	244	15	64	9	3	18	49	135	5

4-6 续表 35 单位：人

地 区 性 别	社会生产服务和生活服务人员								
	住宿和餐饮服务人员	信息传输、软件和信息技术服务人员	金融服务人员	房地产服务人员	租赁和商务服务人员	技术辅助服务人员	水利、环境和公共设施管理服务人员	居民服务人员	电力、燃气及水供应服务人员
乌兰察布市	**1652**	**138**	**353**	**67**	**167**	**99**	**754**	**738**	**72**
集宁区	577	73	133	27	65	62	330	248	23
卓资县	93	5	28	3	6	3	47	23	3
化德县	88	8	20	2	7	2	17	24	5
商都县	128	5	27	3	3	3	26	157	4
兴和县	76	7	21	6	6	4	41	37	7
凉城县	75	4	13	1	5	2	34	43	4
察哈尔右翼前旗	157	8	20	13	24	4	111	48	1
察哈尔右翼中旗	57	5	16		6		18	24	5
察哈尔右翼后旗	112	8	17	5	9	6	39	39	5
四子王旗	118	2	30	2	18	5	23	44	6
丰镇市	171	13	28	5	18	8	68	51	9
兴安盟	**1410**	**92**	**301**	**89**	**69**	**67**	**386**	**655**	**24**
乌兰浩特市	467	40	145	41	33	39	184	308	7
阿尔山市	73	4	11	2	2	3	45	14	
科尔沁右翼前旗	254	13	40	16	10	5	60	72	7
科尔沁右翼中旗	211	12	26	12	6	8	38	89	3
扎赉特旗	226	9	38	7	8	10	35	89	3
突泉县	179	14	41	11	10	2	24	83	4
锡林郭勒盟	**1348**	**103**	**276**	**83**	**71**	**81**	**531**	**613**	**55**
二连浩特市	150	9	40	2	18	6	66	51	2
锡林浩特市	412	38	125	51	27	43	207	278	25
阿巴嘎旗	41	5	8	1			13	11	3
苏尼特左旗	30	1	6	1	4	1	10	9	
苏尼特右旗	94	2	22		5	3	8	30	2
东乌珠穆沁旗	76	7	7	5	3	5	23	47	1
西乌珠穆沁旗	112	9	17	4	3	4	61	47	5
太仆寺旗	68	12	11	7	1	5	31	29	4
镶黄旗	41	2	2		4	2	9	6	1
正镶白旗	45	4	6		3		9	10	2
正蓝旗	65	9	16	5		3	26	30	2
多伦县	177	2	12	5	2	6	47	54	5
乌拉盖管委会	37	3	4	2	1	3	21	11	3
阿拉善盟	**533**	**34**	**86**	**20**	**49**	**45**	**225**	**135**	**20**
阿拉善左旗	343	19	76	10	36	38	151	92	10
阿拉善右旗	42	4	5	2	1	1	15	6	3
额济纳旗	79	7	5	1	9	3	34	24	5
内蒙古阿拉善经济开发区	69	4		7	3	3	25	13	2

4-6　续表 36　　　　单位：人

地　区 性　别	社会生产服务和生活服务人员 修理及制作服务人员	文化、体育和娱乐服务人员	健康服务人员	其他社会生产和生活服务人员	农、林、牧、渔业生产及辅助人员 小计	农业生产人员	林业生产人员	畜牧业生产人员	渔业生产人员
内蒙古	**12867**	**1917**	**1004**	**641**	**292631**	**220290**	**3470**	**66027**	**298**
呼和浩特市	**1624**	**398**	**156**	**41**	**12572**	**10522**	**233**	**1630**	**15**
新城区	320	95	34	17	203	88	45	57	3
回民区	293	64	20	5	97	52	11	32	
玉泉区	314	69	31	11	370	270	16	70	3
赛罕区	271	104	32		1508	1334	27	128	
土默特左旗	105	15	10	2	3647	3218	57	338	5
托克托县	78	15	8	4	2072	1814	10	167	4
和林格尔县	50	4	7	2	2128	1713	12	393	
清水河县	41	2	4		853	684	42	122	
武川县	42	11	5		1374	1102	9	256	
呼和浩特经济技术开发区	110	19	5		320	247	4	67	
包头市	**1664**	**318**	**151**	**107**	**14713**	**12341**	**104**	**2166**	**21**
东河区	255	46	22	25	1652	1489	19	126	4
昆都仑区	485	98	51	55	281	178	9	78	3
青山区	279	99	36	11	190	95	12	79	3
石拐区	9	1		2	117	90	4	22	
白云鄂博矿区	13	2	1		16	5		11	
九原区	194	15	13	4	950	736	7	197	4
土默特右旗	185	30	12	4	6895	6504	36	335	6
固阳县	79	8	2		3291	2596	10	668	
达尔罕茂明安联合旗	24	4	5	2	1102	497	1	592	
包头稀土高新技术产业开发区	141	15	9	4	219	151	6	58	1
乌海市	**467**	**43**	**26**	**8**	**390**	**246**	**12**	**119**	**3**
海勃湾区	259	36	17	3	217	136	5	69	3
海南区	123	4	6	3	125	83	2	36	
乌达区	85	3	3	2	48	27	5	14	
赤峰市	**2076**	**212**	**170**	**150**	**85003**	**69936**	**435**	**13985**	**37**
红山区	339	47	21	18	673	569	14	77	2
元宝山区	135	13	11	19	1168	885	14	253	2
松山区	374	44	41	57	9336	8641	18	640	2
阿鲁科尔沁旗	141	5	4	7	5903	3547	46	2286	3
巴林左旗	240	27	15	6	8557	6900	53	1448	4
巴林右旗	78	9	4	1	4380	1844	38	2399	
林西县	101	4	15	19	3841	3071	27	723	1
克什克腾旗	89	2	7	2	3424	1475	83	1825	17
翁牛特旗	109	15	12	7	9523	8307	20	1154	1
喀喇沁旗	100	11	5	5	7811	7119	34	643	1
宁城县	207	20	29	8	14202	12597	41	1413	2
敖汉旗	163	15	6	1	16185	14981	47	1124	2

4-6 续表 37

单位：人

地区 性别	社会生产服务和生活服务人员				农、林、牧、渔业生产及辅助人员				
	修理及制作服务人员	文化、体育和娱乐服务人员	健康服务人员	其他社会生产和生活服务人员	小计	农业生产人员	林业生产人员	畜牧业生产人员	渔业生产人员
通辽市	**1360**	**209**	**95**	**41**	**61992**	**50622**	**163**	**10864**	**45**
科尔沁区	388	70	26	29	7376	6476	23	826	6
科尔沁左翼中旗	151	27	16	3	9590	8216	13	1285	25
科尔沁左翼后旗	100	18	7		11921	9239	21	2637	5
开鲁县	132	17	6		9909	8926	2	926	1
库伦旗	67	9	3		5979	4401	20	1554	1
奈曼旗	124	10	12		9278	8305	13	883	3
扎鲁特旗	147	14	8	1	6897	4258	60	2534	3
通辽经济技术开发区	139	32	10	8	954	769	7	170	1
霍林郭勒市	112	12	7		88	32	4	49	
鄂尔多斯市	**1608**	**181**	**96**	**54**	**17897**	**11261**	**174**	**6284**	**36**
东胜区	462	84	45	6	699	390	34	256	5
康巴什区	27	18	5	4	38	16	6	16	
达拉特旗	220	19	12	2	5454	4490	29	872	9
准格尔旗	326	19	9	16	1677	1277	23	360	6
鄂托克前旗	53	4	2	3	1779	984	8	773	
鄂托克旗	163	10	5	1	1867	299	6	1556	3
杭锦旗	67	4	3	5	2225	1050	20	1147	2
乌审旗	103	2	1	14	2601	1680	10	891	3
伊金霍洛旗	187	21	14	3	1557	1075	38	413	8
呼伦贝尔市	**959**	**178**	**84**	**73**	**22957**	**15060**	**1593**	**5734**	**56**
海拉尔区	206	39	24	2	440	149	46	200	1
扎赉诺尔区	21	13	2	2	101	8	7	55	29
阿荣旗	117	15	13	33	4375	3638	80	610	8
莫力达瓦达斡尔族自治旗	70	1	4		4391	3906	21	382	3
鄂伦春自治旗	71	19	12	17	1755	1256	280	205	2
鄂温克族自治旗	59	11	6	9	1037	20	73	924	
陈巴尔虎旗	22	3	1		806	167	5	618	1
新巴尔虎左旗	22	8	3	2	901	15	9	875	
新巴尔虎右旗	16	3	2		769	2	6	757	
满洲里市	81	16	3	7	80	29	5	42	3
牙克石市	97	18	3		794	252	386	130	3
扎兰屯市	135	24	6		6365	5412	212	679	4
额尔古纳市	22	6	3		750	205	90	242	2
根河市	20	2	2	1	393	1	373	15	
巴彦淖尔市	**907**	**102**	**67**	**111**	**23642**	**19111**	**102**	**4007**	**56**
临河区	373	53	38	12	4974	4024	18	864	9
五原县	109	12	7	77	4754	4133	12	550	4
磴口县	56	6	2		1878	1386	23	325	2
乌拉特前旗	146	11	5	14	5549	4859	26	586	38
乌拉特中旗	78	8	5	2	2791	1752	6	1009	
乌拉特后旗	19	3	1	1	735	425	4	298	
杭锦后旗	126	9	9	5	2961	2532	13	375	3

4-6 续表 38

单位：人

地区 性别	社会生产服务和生活服务人员				农、林、牧、渔业生产及辅助人员				
	修理及制作服务人员	文化、体育和娱乐服务人员	健康服务人员	其他社会生产和生活服务人员	小计	农业生产人员	林业生产人员	畜牧业生产人员	渔业生产人员
乌兰察布市	**685**	**78**	**42**	**28**	**13665**	**7699**	**141**	**5653**	**6**
集宁区	196	26	14		273	170	15	77	
卓资县	28	3	3	3	536	243	5	285	
化德县	46	6		1	597	276	5	313	1
商都县	48	13	3	2	2524	823	10	1686	
兴和县	66	7			729	422	10	292	
凉城县	40	2		17	1563	1258	24	267	3
察哈尔右翼前旗	50	2	3	1	1268	665	28	563	2
察哈尔右翼中旗	30	4	1	2	1499	980	8	498	
察哈尔右翼后旗	35	2	4	2	771	319	13	430	
四子王旗	45	6	9		2272	1417	11	755	
丰镇市	101	7	5		1633	1126	12	487	
兴安盟	**592**	**86**	**50**	**1**	**24709**	**21553**	**377**	**2654**	**23**
乌兰浩特市	231	36	29	1	1233	1057	37	114	6
阿尔山市	18	2	1		185	26	130	27	1
科尔沁右翼前旗	92	19	9		7451	6178	44	1198	5
科尔沁右翼中旗	81	8	5		4587	3915	68	571	9
扎赉特旗	97	8	6		6621	6161	50	386	1
突泉县	73	13			4632	4216	48	358	1
锡林郭勒盟	**715**	**77**	**56**	**26**	**13307**	**1210**	**84**	**11936**	
二连浩特市	49	9	2		152	20	3	129	
锡林浩特市	279	34	27	12	1263	120	13	1110	
阿巴嘎旗	33	4	1		1118		1	1110	
苏尼特左旗	14		2		939		1	938	
苏尼特右旗	32	3	4		890	8	4	875	
东乌珠穆沁旗	42	6	2		1538	3	6	1527	
西乌珠穆沁旗	88	8	6	2	1808	7	20	1778	
太仆寺旗	38	3	2		1214	414	13	771	
镶黄旗	14		3		527	4	2	521	
正镶白旗	16	2		1	865	62	3	799	
正蓝旗	35	2	4	9	1538	69	4	1463	
多伦县	63	5	2	2	1190	479	14	682	
乌拉盖管委会	12	1	1		265	24		233	
阿拉善盟	**210**	**35**	**11**	**1**	**1784**	**729**	**52**	**995**	
阿拉善左旗	137	31	6		1357	634	40	675	
阿拉善右旗	15		3		226	31	8	187	
额济纳旗	38	2	2	1	195	63	4	128	
内蒙古阿拉善经济开发区	20	2			6	1		5	

4-6 续表 39　　　　单位：人

地　区 性　别	社会生产服务和生活服务人员				农、林、牧、渔业生产及辅助人员				
	修理及制作服务人员	文化、体育和娱乐服务人员	健康服务人员	其他社会生产和生活服务人员	小计	农业生产人员	林业生产人员	畜牧业生产人员	渔业生产人员
男	**11490**	**1137**	**342**	**390**	**172140**	**126805**	**2882**	**40312**	**242**
呼和浩特市	**1481**	**236**	**60**	**22**	**8508**	**7013**	**190**	**1175**	**11**
新城区	298	47	9	7	154	67	37	42	2
回民区	259	34	8	4	78	40	10	26	
玉泉区	283	42	13	6	267	181	14	61	2
赛罕区	234	68	9		1002	871	22	96	
土默特左旗	98	13	4	1	2482	2165	46	247	4
托克托县	76	9	4	3	1425	1242	10	122	3
和林格尔县	45	1	5	1	1444	1147	11	276	
清水河县	41	2	2		516	403	29	80	
武川县	41	8	4		913	718	7	182	
呼和浩特经济技术开发区	106	12	2		227	179	4	43	
包头市	**1514**	**195**	**53**	**62**	**9116**	**7516**	**84**	**1443**	**15**
东河区	230	25	6	16	1025	905	14	94	3
昆都仑区	444	59	23	28	211	130	7	64	3
青山区	245	62	14	6	134	69	8	54	2
石拐区	8	1		1	74	55	3	16	
白云鄂博矿区	12				14	4		10	
九原区	177	11	2	2	589	436	7	139	3
土默特右旗	170	19	4	4	4140	3865	29	230	3
固阳县	74	6			2150	1682	10	444	
达尔罕茂明安联合旗	21	2	1	2	646	288	1	349	
包头稀土高新技术产业开发区	133	10	3	3	133	82	5	43	1
乌海市	**415**	**29**	**3**	**5**	**255**	**151**	**11**	**84**	**3**
海勃湾区	229	25	3	1	141	85	4	47	3
海南区	112	3		3	81	48	2	28	
乌达区	74	1		1	33	18	5	9	
赤峰市	**1803**	**131**	**54**	**85**	**46166**	**37097**	**345**	**8301**	**33**
红山区	304	32	7	11	382	308	10	53	2
元宝山区	124	7	3	15	706	504	10	183	2
松山区	334	23	10	26	5009	4549	14	416	2
阿鲁科尔沁旗	120	3	4	5	3309	1994	35	1262	3
巴林左旗	200	14	3	5	4320	3425	38	764	3
巴林右旗	66	7	2		2403	1016	24	1308	
林西县	88	3	7	9	2132	1639	25	453	1
克什克腾旗	70	2		1	1951	786	75	1060	14
翁牛特旗	95	9	1	5	5233	4498	17	684	1
喀喇沁旗	92	9	2	1	4319	3844	24	439	1
宁城县	179	12	10	7	7703	6644	35	929	2
敖汉旗	131	10	5		8699	7890	38	750	2

4-6 续表 40

单位：人

地 区 性 别	社会生产服务和生活服务人员				农、林、牧、渔业生产及辅助人员				
	修理及制作服务人员	文化、体育和娱乐服务人员	健康服务人员	其他社会生产和生活服务人员	小计	农业生产人员	林业生产人员	畜牧业生产人员	渔业生产人员
通辽市	**1167**	**119**	**32**	**24**	**34885**	**28104**	**137**	**6369**	**38**
科尔沁区	344	40	8	17	4221	3587	19	574	5
科尔沁左翼中旗	129	16	4	2	5677	4836	9	770	23
科尔沁左翼后旗	79	9	1		6642	5138	19	1463	4
开鲁县	110	10			5301	4675	1	582	1
库伦旗	51	4	1		3251	2371	16	860	1
奈曼旗	104	4	6		5153	4539	8	551	1
扎鲁特旗	126	9	5	1	4013	2496	56	1421	3
通辽经济技术开发区	118	19	6	4	560	439	5	111	
霍林郭勒市	106	8	1		67	23	4	37	
鄂尔多斯市	**1459**	**115**	**36**	**42**	**10418**	**6474**	**135**	**3659**	**28**
东胜区	417	50	14	3	476	246	28	189	3
康巴什区	24	11	2	1	30	12	5	13	
达拉特旗	193	13	5	2	3251	2593	24	575	8
准格尔旗	312	14	3	15	1080	794	22	249	6
鄂托克前旗	50	3	2	3	992	552	5	425	
鄂托克旗	149	6	3	1	1020	176	3	836	2
杭锦旗	59	3	1	3	1263	597	10	650	1
乌审旗	86	2		12	1395	901	6	472	1
伊金霍洛旗	169	13	6	2	911	603	32	250	7
呼伦贝尔市	**855**	**96**	**28**	**46**	**15524**	**10026**	**1363**	**3638**	**45**
海拉尔区	179	22	7	2	315	98	41	133	1
扎赉诺尔区	20	5		1	71	5	4	36	24
阿荣旗	105	9	3	27	2972	2429	71	431	6
莫力达瓦达斡尔族自治旗	63		2		3020	2674	19	252	2
鄂伦春自治旗	65	12	5	11	1266	870	254	134	2
鄂温克族自治旗	49	7	3	2	630	14	59	545	
陈巴尔虎旗	20	1			538	151	3	374	1
新巴尔虎左旗	20	3	1		550	8	7	533	
新巴尔虎右旗	13	2	1		493	2	4	484	
满洲里市	72	8	2	2	48	13	4	27	3
牙克石市	91	8	1		657	200	339	100	2
扎兰屯市	120	13	2		4018	3392	144	433	3
额尔古纳市	20	4			593	169	76	145	1
根河市	18	2	1	1	353	1	338	11	
巴彦淖尔市	**829**	**64**	**18**	**65**	**14142**	**11197**	**75**	**2576**	**44**
临河区	340	31	11	5	2970	2319	14	582	8
五原县	100	8	1	46	2836	2396	11	380	4
磴口县	53	4	1		1108	803	15	205	1
乌拉特前旗	131	8	1	8	3475	3001	20	395	29
乌拉特中旗	72	4	1	2	1621	1016	4	586	
乌拉特后旗	19	2	1	1	419	242	1	170	
杭锦后旗	114	7	2	3	1713	1420	10	258	2

4-6 续表 41

单位：人

地区 性别	社会生产服务和生活服务人员				农、林、牧、渔业生产及辅助人员				
	修理及制作服务人员	文化、体育和娱乐服务人员	健康服务人员	其他社会生产和生活服务人员	小计	农业生产人员	林业生产人员	畜牧业生产人员	渔业生产人员
乌兰察布市	**632**	**39**	**22**	**20**	**8911**	**4941**	**115**	**3735**	**3**
集宁区	181	12	6		208	122	13	65	
卓资县	25	2	2	2	381	175	4	200	
化德县	42	3		1	386	171	5	208	1
商都县	45	6	3	2	1544	548	8	984	
兴和县	63	4			545	289	9	243	
凉城县	34	1		11	1011	789	15	198	1
察哈尔右翼前旗	47	2	1	1	793	389	25	373	1
察哈尔右翼中旗	28	3	1	1	981	631	8	333	
察哈尔右翼后旗	34		3	2	545	221	13	303	
四子王旗	42	3	4		1478	919	4	492	
丰镇市	91	3	2		1039	687	11	336	
兴安盟	**513**	**53**	**15**	**1**	**15256**	**13134**	**320**	**1695**	**22**
乌兰浩特市	195	24	11	1	799	673	28	76	6
阿尔山市	17				151	16	114	19	1
科尔沁右翼前旗	80	12	3		4612	3777	41	768	5
科尔沁右翼中旗	70	6			2707	2296	58	325	9
扎赉特旗	86	5	1		4301	3971	42	265	1
突泉县	65	6			2686	2401	37	242	
锡林郭勒盟	**636**	**42**	**19**	**18**	**7896**	**725**	**67**	**7047**	
二连浩特市	44	6			92	12	1	79	
锡林浩特市	252	20	8	8	783	84	11	677	
阿巴嘎旗	27	2			654		1	649	
苏尼特左旗	13		1		556			556	
苏尼特右旗	27	1	2		509	6	3	497	
东乌珠穆沁旗	36	5	1		901	2	5	892	
西乌珠穆沁旗	80	2	3	1	1030	4	16	1008	
太仆寺旗	35	3	1		823	255	12	542	
镶黄旗	13		2		282	3	2	277	
正镶白旗	12			1	490	40	1	448	
正蓝旗	30	2	1	6	860	40	4	814	
多伦县	55			2	749	260	11	468	
乌拉盖管委会	12	1			167	19		140	
阿拉善盟	**186**	**18**	**2**		**1063**	**427**	**40**	**590**	
阿拉善左旗	122	15			803	366	31	400	
阿拉善右旗	13		1		141	20	7	114	
额济纳旗	35	1	1		115	40	2	73	
内蒙古阿拉善经济开发区	16	2			4	1		3	

4-6　续表 42

单位：人

地　区 性　别	社会生产服务和生活服务人员				农、林、牧、渔业生产及辅助人员				
	修理及制作服务人员	文化、体育和娱乐服务人员	健康服务人员	其他社会生产和生活服务人员	小计	农业生产人员	林业生产人员	畜牧业生产人员	渔业生产人员
女	**1377**	**780**	**662**	**251**	**120491**	**93485**	**588**	**25715**	**56**
呼和浩特市	**143**	**162**	**96**	**19**	**4064**	**3509**	**43**	**455**	**4**
新城区	22	48	25	10	49	21	8	15	1
回民区	34	30	12	1	19	12	1	6	
玉泉区	31	27	18	5	103	89	2	9	1
赛罕区	37	36	23		506	463	5	32	
土默特左旗	7	2	6	1	1165	1053	11	91	1
托克托县	2	6	4	1	647	572		45	1
和林格尔县	5	3	2	1	684	566	1	117	
清水河县			2		337	281	13	42	
武川县	1	3	1		461	384	2	74	
呼和浩特经济技术开发区	4	7	3		93	68		24	
包头市	**150**	**123**	**98**	**45**	**5597**	**4825**	**20**	**723**	**6**
东河区	25	21	16	9	627	584	5	32	1
昆都仑区	41	39	28	27	70	48	2	14	
青山区	34	37	22	5	56	26	4	25	1
石拐区	1			1	43	35	1	6	
白云鄂博矿区	1	2	1		2	1		1	
九原区	17	4	11	2	361	300		58	1
土默特右旗	15	11	8		2755	2639	7	105	3
固阳县	5	2	2		1141	914		224	
达尔罕茂明安联合旗	3	2	4		456	209		243	
包头稀土高新技术产业开发区	8	5	6	1	86	69	1	15	
乌海市	**52**	**14**	**23**	**3**	**135**	**95**	**1**	**35**	
海勃湾区	30	11	14	2	76	51	1	22	
海南区	11	1	6		44	35		8	
乌达区	11	2	3	1	15	9		5	
赤峰市	**273**	**81**	**116**	**65**	**38837**	**32839**	**90**	**5684**	**4**
红山区	35	15	14	7	291	261	4	24	
元宝山区	11	6	8	4	462	381	4	70	
松山区	40	21	31	31	4327	4092	4	224	
阿鲁科尔沁旗	21	2		2	2594	1553	11	1024	
巴林左旗	40	13	12	1	4237	3475	15	684	1
巴林右旗	12	2	2	1	1977	828	14	1091	
林西县	13	1	8	10	1709	1432	2	270	
克什克腾旗	19		7	1	1473	689	8	765	3
翁牛特旗	14	6	11	2	4290	3809	3	470	
喀喇沁旗	8	2	3	4	3492	3275	10	204	
宁城县	28	8	19	1	6499	5953	6	484	
敖汉旗	32	5	1	1	7486	7091	9	374	

4-6 续表 43

单位：人

地区 性别	社会生产服务和生活服务人员				农、林、牧、渔业生产及辅助人员				
	修理及制作服务人员	文化、体育和娱乐服务人员	健康服务人员	其他社会生产和生活服务人员	小计	农业生产人员	林业生产人员	畜牧业生产人员	渔业生产人员
通辽市	**193**	**90**	**63**	**17**	**27107**	**22518**	**26**	**4495**	**7**
科尔沁区	44	30	18	12	3155	2889	4	252	1
科尔沁左翼中旗	22	11	12	1	3913	3380	4	515	2
科尔沁左翼后旗	21	9	6		5279	4101	2	1174	1
开鲁县	22	7	6		4608	4251	1	344	
库伦旗	16	5	2		2728	2030	4	694	
奈曼旗	20	6	6		4125	3766	5	332	2
扎鲁特旗	21	5	3		2884	1762	4	1113	
通辽经济技术开发区	21	13	4	4	394	330	2	59	1
霍林郭勒市	6	4	6		21	9		12	
鄂尔多斯市	**149**	**66**	**60**	**12**	**7479**	**4787**	**39**	**2625**	**8**
东胜区	45	34	31	3	223	144	6	67	2
康巴什区	3	7	3	3	8	4	1	3	
达拉特旗	27	6	7		2203	1897	5	297	1
准格尔旗	14	5	6	1	597	483	1	111	
鄂托克前旗	3	1			787	432	3	348	
鄂托克旗	14	4	2		847	123	3	720	1
杭锦旗	8	1	2	2	962	453	10	497	1
乌审旗	17		1	2	1206	779	4	419	2
伊金霍洛旗	18	8	8	1	646	472	6	163	1
呼伦贝尔市	**104**	**82**	**56**	**27**	**7433**	**5034**	**230**	**2096**	**11**
海拉尔区	27	17	17		125	51	5	67	
扎赉诺尔区	1	8	2	1	30	3	3	19	5
阿荣旗	12	6	10	6	1403	1209	9	179	2
莫力达瓦达斡尔族自治旗	7	1	2		1371	1232	2	130	1
鄂伦春自治旗	6	7	7	6	489	386	26	71	
鄂温克族自治旗	10	4	3	7	407	6	14	379	
陈巴尔虎旗	2	2	1		268	16	2	244	
新巴尔虎左旗	2	5	2	2	351	7	2	342	
新巴尔虎右旗	3	1	1		276		2	273	
满洲里市	9	8	1	5	32	16	1	15	
牙克石市	6	10	2		137	52	47	30	1
扎兰屯市	15	11	4		2347	2020	68	246	1
额尔古纳市	2	2	3		157	36	14	97	1
根河市	2		1		40		35	4	
巴彦淖尔市	**78**	**38**	**49**	**46**	**9500**	**7914**	**27**	**1431**	**12**
临河区	33	22	27	7	2004	1705	4	282	1
五原县	9	4	6	31	1918	1737	1	170	
磴口县	3	2	1		770	583	8	120	1
乌拉特前旗	15	3	4	6	2074	1858	6	191	9
乌拉特中旗	6	4	4		1170	736	2	423	
乌拉特后旗		1			316	183	3	128	
杭锦后旗	12	2	7	2	1248	1112	3	117	1

4-6　续表 44　　　　单位：人

地　　区 性　　别	社会生产服务和生活服务人员				农、林、牧、渔业生产及辅助人员				
	修理及制作服务人　员	文化、体育和娱乐服务人员	健康服务人　　员	其他社会生产和生活服务人　员	小计	农业生产人　　员	林业生产人　　员	畜牧业生产人员	渔业生产人　　员
乌兰察布市	**53**	**39**	**20**	**8**	**4754**	**2758**	**26**	**1918**	**3**
集宁区	15	14	8		65	48	2	12	
卓资县	3	1	1	1	155	68	1	85	
化德县	4	3			211	105		105	
商都县	3	7			980	275	2	702	
兴和县	3	3			184	133	1	49	
凉城县	6	1		6	552	469	9	69	2
察哈尔右翼前旗	3		2		475	276	3	190	1
察哈尔右翼中旗	2	1		1	518	349		165	
察哈尔右翼后旗	1	2	1		226	98		127	
四子王旗	3	3	5		794	498	7	263	
丰镇市	10	4	3		594	439	1	151	
兴安盟	**79**	**33**	**35**		**9453**	**8419**	**57**	**959**	**1**
乌兰浩特市	36	12	18		434	384	9	38	
阿尔山市	1	2	1		34	10	16	8	
科尔沁右翼前旗	12	7	6		2839	2401	3	430	
科尔沁右翼中旗	11	2	5		1880	1619	10	246	
扎赉特旗	11	3	5		2320	2190	8	121	
突泉县	8	7			1946	1815	11	116	1
锡林郭勒盟	**79**	**35**	**37**	**8**	**5411**	**485**	**17**	**4889**	
二连浩特市	5	3	2		60	8	2	50	
锡林浩特市	27	14	19	4	480	36	2	433	
阿巴嘎旗	6	2	1		464			461	
苏尼特左旗	1		1		383		1	382	
苏尼特右旗	5	2	2		381	2	1	378	
东乌珠穆沁旗	6	1	1		637	1	1	635	
西乌珠穆沁旗	8	6	3	1	778	3	4	770	
太仆寺旗	3		1		391	159	1	229	
镶黄旗	1		1		245	1		244	
正镶白旗	4	2			375	22	2	351	
正蓝旗	5		3	3	678	29		649	
多伦县	8	5	2		441	219	3	214	
乌拉盖管委会			1		98	5		93	
阿拉善盟	**24**	**17**	**9**	**1**	**721**	**302**	**12**	**405**	
阿拉善左旗	15	16	6		554	268	9	275	
阿拉善右旗	2		2		85	11	1	73	
额济纳旗	3	1	1	1	80	23	2	55	
内蒙古阿拉善经济开发区	4				2			2	

4-6 续表 45

单位：人

地 区 性 别	农林牧渔生产辅助人员	其他农、林、牧、渔业生产加工人员	生产制造及有关人员 小计	农副产品加工人员	食品、饮料生产加工人员	烟草及其制品加工人员	纺织、针织、印染人员	纺织品、服装和皮革、毛皮制品加工制作人员	木材加工、家具与木制品制作人员
内蒙古	**2378**	**168**	**167110**	**3541**	**4948**	**106**	**755**	**2363**	**4382**
呼和浩特市	**167**	**5**	**20282**	**267**	**1094**	**61**	**120**	**372**	**746**
新城区	9	1	3627	16	86	5	10	67	65
回民区	2		2782	23	66	3	15	49	152
玉泉区	10	1	4245	43	159	22	31	140	217
赛罕区	18	1	3489	25	104	31	21	63	155
土默特左旗	28	1	1435	47	106		15	16	56
托克托县	76	1	1678	52	56			8	13
和林格尔县	10		953	15	175		2	8	27
清水河县	5		490	9	11		2	3	5
武川县	7		234	17	13			4	10
呼和浩特经济技术开发区	2		1349	20	318		24	14	46
包头市	**74**	**7**	**26015**	**264**	**551**		**61**	**266**	**522**
东河区	12	2	3755	74	96		35	75	130
昆都仑区	9	4	8668	64	168		9	78	136
青山区	1		4952	29	104		7	32	90
石拐区		1	394	1	3			11	
白云鄂博矿区			601		1		1	1	
九原区	6		2520	35	57		5	30	79
土默特右旗	14		1466	21	59		1	15	31
固阳县	17		1076	11	23			9	10
达尔罕茂明安联合旗	12		367	3	5			4	3
包头稀土高新技术产业开发区	3		2216	26	35		3	11	43
乌海市	**9**	**1**	**8514**	**14**	**71**		**10**	**26**	**75**
海勃湾区	4		4112	11	49		3	19	54
海南区	3	1	2150	2	10		5	3	6
乌达区	2		2252	1	12		2	4	15
赤峰市	**552**	**58**	**27081**	**680**	**686**	**5**	**85**	**390**	**683**
红山区	10	1	3533	64	108	1	34	90	83
元宝山区	10	4	2849	60	80		8	27	127
松山区	31	4	4889	69	106	2	6	50	128
阿鲁科尔沁旗	16	5	1259	81	42			23	33
巴林左旗	147	5	2572	43	54		5	40	45
巴林右旗	98	1	912	13	48			12	25
林西县	17	2	1905	41	31		7	7	29
克什克腾旗	16	8	1243	20	21			10	16
翁牛特旗	40	1	1642	44	52			23	32
喀喇沁旗	14		1676	42	25	1	16	13	39
宁城县	123	26	2914	135	87	1	2	71	99
敖汉旗	30	1	1687	68	32		7	24	27

4-6　续表 46　　　　　　　　　　　　　　　　　　　　　　　　　　单位：人

地　区 性　别	农林牧渔生产辅助人员	其他农、林、牧、渔业生产加工人员	生产制造及有关人员 小计	农副产品加工人员	食品、饮料生产加工人员	烟草及其制品加工人员	纺织、针织、印染人员	纺织品、服装和皮革、毛皮制品加工制作人员	木材加工、家具与木制品制作人员
通辽市	**282**	**16**	**12724**	**517**	**755**	**1**	**31**	**271**	**366**
科尔沁区	40	5	3740	177	516	1	7	86	94
科尔沁左翼中旗	48	3	1671	60	56		12	54	89
科尔沁左翼后旗	18	1	583	51	19			18	14
开鲁县	53	1	1038	57	36		4	13	26
库伦旗	3		339	14	15		2	9	6
奈曼旗	74		1102	47	20		3	8	51
扎鲁特旗	37	5	919	67	35		2	17	34
通辽经济技术开发区	6	1	1178	36	47		1	60	31
霍林郭勒市	3		2154	8	11			6	21
鄂尔多斯市	**126**	**16**	**26028**	**171**	**324**		**262**	**214**	**317**
东胜区	14		5504	37	93		226	98	160
康巴什区			779	3	17				10
达拉特旗	51	3	2760	46	46		22	20	33
准格尔旗	11		5084	33	50		6	12	60
鄂托克前旗	14		1126	8	16			15	6
鄂托克旗	2	1	3002	8	26		4	10	6
杭锦旗	5	1	755	13	22		1	11	3
乌审旗	17		2728	3	20		2	27	13
伊金霍洛旗	12	11	4290	20	34		1	21	26
呼伦贝尔市	**494**	**20**	**10601**	**312**	**394**	**3**	**9**	**131**	**917**
海拉尔区	43	1	2007	46	82	1	1	26	57
扎赉诺尔区	1	1	764	17	7		1	5	70
阿荣旗	38	1	984	53	38		2	11	41
莫力达瓦达斡尔族自治旗	79		406	27	21	1	1	5	5
鄂伦春自治旗	11	1	315	5	1		1	3	21
鄂温克族自治旗	14	6	823	13	26			16	11
陈巴尔虎旗	15		303	7	8			2	5
新巴尔虎左旗	2		88	5	5			3	4
新巴尔虎右旗	3	1	350	6	3		1	9	4
满洲里市	1		1231	5	19	1	1	5	598
牙克石市	19	4	1272	23	25			25	34
扎兰屯市	55	3	1469	84	129		1	13	44
额尔古纳市	209	2	282	16	23			6	11
根河市	4		307	5	7			2	12
巴彦淖尔市	**346**	**20**	**9972**	**529**	**343**		**139**	**200**	**200**
临河区	56	3	4297	298	86		121	109	99
五原县	48	7	853	79	28		10	16	23
磴口县	139	3	607	23	98			7	11
乌拉特前旗	36	4	1475	37	38		5	23	19
乌拉特中旗	24		631	10	10			23	7
乌拉特后旗	7	1	870	5	10			6	4
杭锦后旗	36	2	1239	77	73		3	16	37

4-6 续表 47

单位：人

地区 性别	农林牧渔生产辅助人员	其他农、林、牧、渔业生产加工人员	生产制造及有关人员 小计	农副产品加工人员	食品、饮料生产加工人员	烟草及其制品加工人员	纺织、针织、印染人员	纺织品、服装和皮革、毛皮制品加工制作人员	木材加工、家具与木制品制作人员
乌兰察布市	**163**	**3**	**10583**	**252**	**264**		**14**	**245**	**205**
集宁区	11		2973	47	89		5	62	48
卓资县	3		701	12	14		2	18	11
化德县	2		818	22	13		3	88	7
商都县	5		596	32	21		1	13	7
兴和县	5		623	25	10			15	16
凉城县	11		488	24	20			7	11
察哈尔右翼前旗	8	2	1275	32	25			9	45
察哈尔右翼中旗	13		342	16	7			5	7
察哈尔右翼后旗	9		724	5	14			8	17
四子王旗	88	1	446	11	18			7	19
丰镇市	8		1597	26	33		3	13	17
兴安盟	**100**	**2**	**5164**	**179**	**135**	**36**	**9**	**77**	**146**
乌兰浩特市	19		2152	43	61	34	5	25	62
阿尔山市	1		152		3			2	1
科尔沁右翼前旗	26		852	51	26	2		14	34
科尔沁右翼中旗	23	1	499	19	13			5	19
扎赉特旗	23		762	39	15		4	18	20
突泉县	8	1	747	27	17			13	10
锡林郭勒盟	**57**	**20**	**7175**	**347**	**293**		**11**	**145**	**152**
二连浩特市			463	9	7		1	15	33
锡林浩特市	3	17	2546	172	107		5	43	33
阿巴嘎旗	6	1	213	9	4			3	1
苏尼特左旗			190	16	2			6	1
苏尼特右旗	3		359	13	7		1	11	8
东乌珠穆沁旗	2		412	40	7		1	13	1
西乌珠穆沁旗	3		1124	8	19			24	13
太仆寺旗	16		431	42	65		1	6	18
镶黄旗			147	1	6		1	4	3
正镶白旗	1		129	8	7		1	2	3
正蓝旗	2		340	14	31			6	10
多伦县	13	2	708	14	26			12	25
乌拉盖管委会	8		113	1	5				3
阿拉善盟	**8**		**2971**	**9**	**38**		**4**	**26**	**53**
阿拉善左旗	8		1531	6	30			20	27
阿拉善右旗			200	1	3			2	13
额济纳旗			235	2	1		3	1	3
内蒙古阿拉善经济开发区			1005		4		1	3	10

4-6　续表 48　　　　单位：人

地区 性别	农林牧渔生产辅助人员	其他农、林、牧、渔业生产加工人员	生产制造及有关人员 小计	农副产品加工人员	食品、饮料生产加工人员	烟草及其制品加工人员	纺织、针织、印染人员	纺织品、服装和皮革、毛皮制品加工制作人员	木材加工、家具与木制品制作人员
男	**1789**	**110**	**139787**	**2364**	**2778**	**80**	**227**	**600**	**3714**
呼和浩特市	**117**	**2**	**16851**	**193**	**721**	**49**	**35**	**89**	**676**
新城区	6		2956	12	48	5	1	17	56
回民区	2		2340	18	37	2	4	14	142
玉泉区	9		3564	29	92	19	6	30	197
赛罕区	13		2849	16	59	23	10	18	143
土默特左旗	19	1	1174	31	65		4		44
托克托县	47	1	1464	42	45			2	11
和林格尔县	10		789	12	122		1	1	26
清水河县	4		411	6	7		1	2	5
武川县	6		201	13	7			2	10
呼和浩特经济技术开发区	1		1103	14	239		8	3	42
包头市	**53**	**5**	**21832**	**178**	**290**		**11**	**84**	**485**
东河区	7	2	3218	54	56		7	22	125
昆都仑区	4	3	7194	43	85		3	33	126
青山区	1		4106	13	46			9	80
石拐区			332	1	3			5	
白云鄂博矿区			482		1		1		
九原区	4		2121	24	30			8	72
土默特右旗	13		1328	14	39			3	29
固阳县	14		899	9	13			1	10
达尔罕茂明安联合旗	8		320	1	1			1	3
包头稀土高新技术产业开发区	2		1832	19	16			2	40
乌海市	**5**	**1**	**6958**	**11**	**36**		**3**	**2**	**67**
海勃湾区	2		3410	10	27		1	1	49
海南区	2	1	1706	1	3		1		5
乌达区	1		1842		6		1	1	13
赤峰市	**355**	**35**	**22210**	**444**	**329**	**4**	**24**	**88**	**572**
红山区	8	1	2824	38	57		9	23	76
元宝山区	5	2	2476	41	43		3	4	89
松山区	26	2	4022	44	49	2	3	8	118
阿鲁科尔沁旗	13	2	1008	62	25			7	27
巴林左旗	88	2	2008	21	20		3	12	36
巴林右旗	55		732	6	17			3	18
林西县	13	1	1486	28	15				22
克什克腾旗	11	5	1052	16	6			3	15
翁牛特旗	33		1345	28	30			5	29
喀喇沁旗	11		1450	25	8	1	3	3	25
宁城县	74	19	2432	86	48	1	1	16	92
敖汉旗	18	1	1375	49	11		2	4	25

4-6 续表 49

单位：人

地 区 性 别	农林牧渔生产辅助人员	其他农、林、牧、渔业生产加工人员	生产制造及有关人员						
			小计	农副产品加工人员	食品、饮料生产加工人员	烟草及其制品加工人员	纺织、针织、印染人员	纺织品、服装和皮革、毛皮制品加工制作人员	木材加工、家具与木制品制作人员
通辽市	**223**	**14**	**10225**	**327**	**419**		**12**	**78**	**282**
科尔沁区	32	4	2891	116	302		2	19	73
科尔沁左翼中旗	37	2	1280	38	29		7	26	64
科尔沁左翼后旗	17	1	455	30	9			5	14
开鲁县	41	1	815	32	17		1	6	23
库伦旗	3		267	8	8			2	5
奈曼旗	54		931	37	11		1	1	37
扎鲁特旗	32	5	766	41	17		1	3	23
通辽经济技术开发区	4	1	901	21	24			14	24
霍林郭勒市	3		1919	4	2			2	19
鄂尔多斯市	**108**	**14**	**22916**	**115**	**174**		**77**	**49**	**294**
东胜区	10		4753	25	51		63	18	149
康巴什区			652	2	8				10
达拉特旗	48	3	2417	29	22		8	3	32
准格尔旗	9		4689	22	31		4	6	56
鄂托克前旗	10		1039	5	9			2	6
鄂托克旗	2	1	2399	5	15			6	6
杭锦旗	4	1	650	11	10		1	2	3
乌审旗	15		2403	3	8			6	11
伊金霍洛旗	10	9	3914	13	20		1	6	21
呼伦贝尔市	**440**	**12**	**8762**	**208**	**221**	**2**	**3**	**42**	**662**
海拉尔区	41	1	1640	33	39	1		10	51
扎赉诺尔区	1	1	682	11	4			3	41
阿荣旗	34	1	818	31	19		1	3	33
莫力达瓦达斡尔族自治旗	73		322	18	11			2	5
鄂伦春自治旗	5	1	278	4	1		1		18
鄂温克族自治旗	9	3	706	8	6			3	11
陈巴尔虎旗	9		278	5	4			1	5
新巴尔虎左旗	2		67	4	2				4
新巴尔虎右旗	3		320	5	1		1	2	4
满洲里市	1		921	4	11	1		1	413
牙克石市	14	2	1022	14	12			8	26
扎兰屯市	44	2	1218	56	95			5	37
额尔古纳市	201	1	225	12	13			4	6
根河市	3		265	3	3				8
巴彦淖尔市	**234**	**16**	**8126**	**352**	**174**		**44**	**48**	**181**
临河区	44	3	3397	200	39		36	26	88
五原县	39	6	715	55	15		4	2	22
磴口县	81	3	445	13	49				10
乌拉特前旗	27	3	1296	28	20		4	8	17
乌拉特中旗	15		544	5	2			8	7
乌拉特后旗	6		750	3	3			1	4
杭锦后旗	22	1	979	48	46			3	33

4-6 续表 50

单位：人

地区 性别	农林牧渔生产辅助人员	其他农、林、牧、渔业生产加工人员	生产制造及有关人员 小计	农副产品加工人员	食品、饮料生产加工人员	烟草及其制品加工人员	纺织、针织、印染人员	纺织品、服装和皮革、毛皮制品加工制作人员	木材加工、家具与木制品制作人员
乌兰察布市	**116**	**1**	**9158**	**183**	**148**		**4**	**58**	**187**
集宁区	8		2590	34	48		2	19	46
卓资县	2		620	9	9		1	4	10
化德县	1		635	13	8		1	8	7
商都县	4		525	26	12			4	7
兴和县	4		560	20	4			8	15
凉城县	8		442	19	15			2	11
察哈尔右翼前旗	4	1	1076	23	16			2	34
察哈尔右翼中旗	9		287	9	4			1	6
察哈尔右翼后旗	8		636	4	6			3	17
四子王旗	63		390	7	10			1	18
丰镇市	5		1397	19	16			6	16
兴安盟	**84**	**1**	**4354**	**123**	**76**	**25**	**4**	**21**	**131**
乌兰浩特市	16		1793	29	33	23	2	8	60
阿尔山市	1		124		1				1
科尔沁右翼前旗	21		716	35	17	2		2	30
科尔沁右翼中旗	18	1	433	11	8				16
扎赉特旗	22		643	28	9		2	8	18
突泉县	6		645	20	8			3	6
锡林郭勒盟	**48**	**9**	**5998**	**225**	**169**		**6**	**35**	**134**
二连浩特市			401	8	4			5	28
锡林浩特市	3	8	2092	107	61		4	13	28
阿巴嘎旗	3	1	194	5	2			1	1
苏尼特左旗			171	10	1			2	1
苏尼特右旗	3		282	7	1			1	8
东乌珠穆沁旗	2		343	26	2		1	2	1
西乌珠穆沁旗	2		989	6	11			3	11
太仆寺旗	14		362	30	49			3	17
镶黄旗			127		2		1	1	3
正镶白旗	1		109	4	2			1	3
正蓝旗	2		270	12	13			1	8
多伦县	10		559	9	18			2	22
乌拉盖管委会	8		99	1	3				3
阿拉善盟	**6**		**2397**	**5**	**21**		**4**	**6**	**43**
阿拉善左旗	6		1271	4	17			4	20
阿拉善右旗			171		2				13
额济纳旗			189	1	1		3		3
内蒙古阿拉善经济开发区			766		1		1	2	7

4-6 续表 51

单位：人

地区 性别	农林牧渔生产辅助人员	其他农、林、牧、渔业生产加工人员	生产制造及有关人员 小计	农副产品加工人员	食品、饮料生产加工人员	烟草及其制品加工人员	纺织、针织、印染人员	纺织品、服装和皮革、毛皮制品加工制作人员	木材加工、家具与木制品制作人员
女	**589**	**58**	**27323**	**1177**	**2170**	**26**	**528**	**1763**	**668**
呼和浩特市	**50**	**3**	**3431**	**74**	**373**	**12**	**85**	**283**	**70**
新城区	3	1	671	4	38		9	50	9
回民区			442	5	29	1	11	35	10
玉泉区	1	1	681	14	67	3	25	110	20
赛罕区	5	1	640	9	45	8	11	45	12
土默特左旗	9		261	16	41		11	16	12
托克托县	29		214	10	11			6	2
和林格尔县			164	3	53		1	7	1
清水河县	1		79	3	4		1	1	
武川县	1		33	4	6			2	
呼和浩特经济技术开发区	1		246	6	79		16	11	4
包头市	**21**	**2**	**4183**	**86**	**261**		**50**	**182**	**37**
东河区	5		537	20	40		28	53	5
昆都仑区	5	1	1474	21	83		6	45	10
青山区			846	16	58		7	23	10
石拐区		1	62					6	
白云鄂博矿区			119					1	
九原区	2		399	11	27		5	22	7
土默特右旗	1		138	7	20		1	12	2
固阳县	3		177	2	10			8	
达尔罕茂明安联合旗	4		47	2	4			3	
包头稀土高新技术产业开发区	1		384	7	19		3	9	3
乌海市	**4**		**1556**	**3**	**35**		**7**	**24**	**8**
海勃湾区	2		702	1	22		2	18	5
海南区	1		444	1	7		4	3	1
乌达区	1		410	1	6		1	3	2
赤峰市	**197**	**23**	**4871**	**236**	**357**	**1**	**61**	**302**	**111**
红山区	2		709	26	51	1	25	67	7
元宝山区	5	2	373	19	37		5	23	38
松山区	5	2	867	25	57		3	42	10
阿鲁科尔沁旗	3	3	251	19	17			16	6
巴林左旗	59	3	564	22	34		2	28	9
巴林右旗	43	1	180	7	31			9	7
林西县	4	1	419	13	16		7	7	7
克什克腾旗	5	3	191	4	15			7	1
翁牛特旗	7	1	297	16	22			18	3
喀喇沁旗	3		226	17	17		13	10	14
宁城县	49	7	482	49	39		1	55	7
敖汉旗	12		312	19	21		5	20	2

4-6 续表 52

单位：人

地区 性别	农林牧渔生产辅助人员	其他农、林、牧、渔业生产加工人员	生产制造及有关人员						
			小计	农副产品加工人员	食品、饮料生产加工人员	烟草及其制品加工人员	纺织、针织、印染人员	纺织品、服装和皮革、毛皮制品加工制作人员	木材加工、家具与木制品制作人员
通辽市	**59**	**2**	**2499**	**190**	**336**	**1**	**19**	**193**	**84**
科尔沁区	8	1	849	61	214	1	5	67	21
科尔沁左翼中旗	11	1	391	22	27		5	28	25
科尔沁左翼后旗	1		128	21	10			13	
开鲁县	12		223	25	19		3	7	3
库伦旗			72	6	7		2	7	1
奈曼旗	20		171	10	9		2	7	14
扎鲁特旗	5		153	26	18		1	14	11
通辽经济技术开发区	2		277	15	23		1	46	7
霍林郭勒市			235	4	9			4	2
鄂尔多斯市	**18**	**2**	**3112**	**56**	**150**		**185**	**165**	**23**
东胜区	4		751	12	42		163	80	11
康巴什区			127	1	9				
达拉特旗	3		343	17	24		14	17	1
准格尔旗	2		395	11	19		2	6	4
鄂托克前旗	4		87	3	7			13	
鄂托克旗			603	3	11		4	4	
杭锦旗	1		105	2	12			9	
乌审旗	2		325		12		2	21	2
伊金霍洛旗	2	2	376	7	14			15	5
呼伦贝尔市	**54**	**8**	**1839**	**104**	**173**	**1**	**6**	**89**	**255**
海拉尔区	2		367	13	43		1	16	6
扎赉诺尔区			82	6	3		1	2	29
阿荣旗	4		166	22	19		1	8	8
莫力达瓦达斡尔族自治旗	6		84	9	10	1	1	3	
鄂伦春自治旗	6		37	1				3	3
鄂温克族自治旗	5	3	117	5	20			13	
陈巴尔虎旗	6		25	2	4			1	
新巴尔虎左旗			21	1	3			3	
新巴尔虎右旗		1	30	1	2			7	
满洲里市			310	1	8		1	4	185
牙克石市	5	2	250	9	13			17	8
扎兰屯市	11	1	251	28	34		1	8	7
额尔古纳市	8	1	57	4	10			2	5
根河市	1		42	2	4			2	4
巴彦淖尔市	**112**	**4**	**1846**	**177**	**169**		**95**	**152**	**19**
临河区	12		900	98	47		85	83	11
五原县	9	1	138	24	13		6	14	1
磴口县	58		162	10	49			7	1
乌拉特前旗	9	1	179	9	18		1	15	2
乌拉特中旗	9		87	5	8			15	
乌拉特后旗	1	1	120	2	7			5	
杭锦后旗	14	1	260	29	27		3	13	4

4-6 续表 53

单位：人

地区 性别	农林牧渔生产辅助人员	其他农、林、牧、渔业生产加工人员	生产制造及有关人员						
			小计	农副产品加工人员	食品、饮料生产加工人员	烟草及其制品加工人员	纺织、针织、印染人员	纺织品、服装和皮革、毛皮制品加工制作人员	木材加工、家具与木制品制作人员
乌兰察布市	**47**	**2**	**1425**	**69**	**116**		**10**	**187**	**18**
集宁区	3		383	13	41		3	43	2
卓资县	1		81	3	5		1	14	1
化德县	1		183	9	5		2	80	
商都县	1		71	6	9		1	9	
兴和县	1		63	5	6			7	1
凉城县	3		46	5	5			5	
察哈尔右翼前旗	4	1	199	9	9			7	11
察哈尔右翼中旗	4		55	7	3			4	1
察哈尔右翼后旗	1		88	1	8			5	
四子王旗	25	1	56	4	8			6	1
丰镇市	3		200	7	17		3	7	1
兴安盟	**16**	**1**	**810**	**56**	**59**	**11**	**5**	**56**	**15**
乌兰浩特市	3		359	14	28	11	3	17	2
阿尔山市			28		2			2	
科尔沁右翼前旗	5		136	16	9			12	4
科尔沁右翼中旗	5		66	8	5			5	3
扎赉特旗	1		119	11	6		2	10	2
突泉县	2	1	102	7	9			10	4
锡林郭勒盟	**9**	**11**	**1177**	**122**	**124**		**5**	**110**	**18**
二连浩特市			62	1	3		1	10	5
锡林浩特市		9	454	65	46		1	30	5
阿巴嘎旗	3		19	4	2			2	
苏尼特左旗			19	6	1			4	
苏尼特右旗			77	6	6		1	10	
东乌珠穆沁旗			69	14	5			11	
西乌珠穆沁旗	1		135	2	8			21	2
太仆寺旗	2		69	12	16		1	3	1
镶黄旗			20	1	4			3	
正镶白旗			20	4	5		1	1	
正蓝旗			70	2	18			5	2
多伦县	3	2	149	5	8			10	3
乌拉盖管委会			14		2				
阿拉善盟	**2**		**574**	**4**	**17**			**20**	**10**
阿拉善左旗	2		260	2	13			16	7
阿拉善右旗			29	1	1			2	
额济纳旗			46	1				1	
内蒙古阿拉善经济开发区			239		3			1	3

4-6　续表 54　　　　单位：人

地区 性别	生产制造及有关人员								
	纸及纸制品生产加工人员	印刷和记录媒介复制人员	文教、工美、体育和娱乐用品制造人员	石油加工和炼焦、煤化工生产人员	化学原料和化学制品制造人员	医药制造人员	化学纤维制造人员	橡胶和塑料制品制造人员	非金属矿物制品制造人员
内蒙古	**307**	**834**	**392**	**1947**	**3891**	**1186**	**26**	**680**	**2575**
呼和浩特市	**85**	**205**	**53**	**186**	**201**	**293**		**52**	**256**
新城区	2	46	17	4	22	17		8	49
回民区	2	23	4	5	18	25		5	24
玉泉区	6	39	21	8	16	39		10	37
赛罕区	8	73	4	70	33	21		4	28
土默特左旗	23	3	2	1	10	16		9	40
托克托县	2	2	2	54	25	150		5	7
和林格尔县	32	4	1		17	3		2	16
清水河县		2		44	34				29
武川县		3				1			15
呼和浩特经济技术开发区	10	10	2		26	21		9	11
包头市	**52**	**122**	**36**	**188**	**231**	**67**	**2**	**104**	**296**
东河区	6	18	4	18	21	16		25	54
昆都仑区	4	47	10	94	71	23		27	75
青山区	1	16	4	11	28	5	2	14	40
石拐区		2	2	32	8				3
白云鄂博矿区		1	1		10	1		1	2
九原区	5	10	11	7	32	6		24	29
土默特右旗	15	4	3	15	46	4		5	42
固阳县	1	9	1	1	3	2			25
达尔罕茂明安联合旗									7
包头稀土高新技术产业开发区	20	15		10	12	10		8	19
乌海市	**1**	**21**	**4**	**656**	**792**	**14**		**31**	**239**
海勃湾区		18	4	215	114	2		8	143
海南区	1	1		288	247			11	87
乌达区		2		153	431	12		12	9
赤峰市	**41**	**154**	**85**	**114**	**223**	**266**	**6**	**103**	**470**
红山区	3	24	10	2	14	134		5	57
元宝山区	3	7	7	33	82	21	3	5	56
松山区	8	31	13	3	18	44		18	67
阿鲁科尔沁旗		3	4	1	2	5		2	18
巴林左旗	1	29	15	4	26	8			30
巴林右旗	1	5	15			2		1	14
林西县	1	8		1	5	11		4	48
克什克腾旗	2	4	5	39	16	1		3	23
翁牛特旗	3	10	1		2	7	1	5	25
喀喇沁旗	3	8		21	19	21		4	32
宁城县	13	20	10	10	27	1	2	54	78
敖汉旗	3	5	5		12	11		2	22

4-6 续表 55

单位：人

地　　区 性　　别	生产制造及有关人员								
	纸及纸制品生产加工人员	印刷和记录媒介复制人员	文教、工美、体育和娱乐用品制造人　员	石油加工和炼焦、煤化工生产人员	化学原料和化学制品制造人　员	医药制造人　　员	化学纤维制造人员	橡胶和塑料制品制造人员	非金属矿物制品制造人员
通辽市	**27**	**61**	**52**	**58**	**84**	**115**	**2**	**86**	**265**
科尔沁区	9	16	5	21	24	20		11	55
科尔沁左翼中旗	5	5	17	2	20	9	1	30	63
科尔沁左翼后旗	1	7	4		2	18		2	12
开鲁县	5	9	3		10	50	1	24	28
库伦旗		1	3		1	7		1	5
奈曼旗	1	7		1	2	6		2	41
扎鲁特旗			4	2		2		3	11
通辽经济技术开发区	6	10	8	29	12	3		7	14
霍林郭勒市		6	8	3	13			6	36
鄂尔多斯市	**6**	**69**	**33**	**578**	**1102**	**38**	**10**	**140**	**302**
东胜区	1	31	8	22	24	9		6	50
康巴什区		2	1	46	7	7			2
达拉特旗	5	2	2	12	161	8	1	31	95
准格尔旗		7	6	16	267	1		15	39
鄂托克前旗		1	1	27	4	1		24	7
鄂托克旗		2		120	291	1	6	44	30
杭锦旗		4	1	79	133	10		3	24
乌审旗		7	3	105	191		3	9	27
伊金霍洛旗		13	11	151	24	1		8	28
呼伦贝尔市	**34**	**37**	**30**	**21**	**165**	**58**	**5**	**44**	**107**
海拉尔区		10	11	5	39	6		12	27
扎赉诺尔区		2	1			2		1	4
阿荣旗		4	2		33	5		8	27
莫力达瓦达斡尔族自治旗		1			3	1		4	4
鄂伦春自治旗		1	1			1		3	7
鄂温克族自治旗		6	4	3	7	2		6	7
陈巴尔虎旗		1		1	22				3
新巴尔虎左旗		2		5		1		1	
新巴尔虎右旗			3			2			2
满洲里市	1		1	1	4				4
牙克石市		5		5	1	27	1	1	3
扎兰屯市	32	3	5	1	54	10	4	8	16
额尔古纳市		2	1		1				3
根河市	1		1		1	1			
巴彦淖尔市	**34**	**47**	**41**	**61**	**99**	**262**		**34**	**123**
临河区	8	24	11	6	24	248		14	46
五原县	4	2	2	4	6	3		2	12
磴口县	17	5			15	2		6	4
乌拉特前旗		7	25	6	29	3		8	28
乌拉特中旗		3	2	26	2				8
乌拉特后旗				18	18				12
杭锦后旗	5	6	1	1	5	6		4	13

4-6　续表 56　　　　单位：人

地　区 性　别	生产制造及有关人员								
	纸及纸制品生产加工人员	印刷和记录媒介复制人员	文教、工美、体育和娱乐用品制造人　员	石油加工和炼焦、煤化工生产人员	化学原料和化学制品制造人　员	医药制造人　　员	化学纤维制造人员	橡胶和塑料制品制造人员	非金属矿物制品制造人员
乌兰察布市	**15**	**35**	**9**	**10**	**301**	**14**	**1**	**44**	**294**
集宁区	3	16	2	4	5	6		8	21
卓资县	1	3	2	1	22			4	50
化德县		2		3	1			3	9
商都县	1				1			6	50
兴和县	2	2			2				52
凉城县		3		1	1				7
察哈尔右翼前旗	1		2		21	4		15	33
察哈尔右翼中旗	2	2		1	4			2	3
察哈尔右翼后旗	1				166	1	1	3	26
四子王旗		2	1		43			2	3
丰镇市	4	5	2		35	3		1	40
兴安盟	**10**	**50**	**9**	**5**	**44**	**35**		**25**	**81**
乌兰浩特市	2	34	4	3	41	24		5	43
阿尔山市			1						
科尔沁右翼前旗	5	6	1	1	3	3		7	5
科尔沁右翼中旗		2	1			4		4	7
扎赉特旗	1	7	1	1		2		5	15
突泉县	2	1	1			2		4	11
锡林郭勒盟	**2**	**28**	**30**	**47**	**132**	**19**		**11**	**70**
二连浩特市		1	2						4
锡林浩特市		11	11	5	4	4		4	13
阿巴嘎旗			5			1			
苏尼特左旗		2	1		18				
苏尼特右旗					12				3
东乌珠穆沁旗		3	2	2		3			1
西乌珠穆沁旗			4	2	5	1			8
太仆寺旗					2	6		1	3
镶黄旗		3		2				1	22
正镶白旗			3		1				4
正蓝旗		6	1		1	3			3
多伦县	2	2	1	36	89	1		4	9
乌拉盖管委会								1	
阿拉善盟		**5**	**10**	**23**	**517**	**5**		**6**	**72**
阿拉善左旗		2	9	6	64	3		2	56
阿拉善右旗		2	1		27			1	3
额济纳旗		1			1				1
内蒙古阿拉善经济开发区				17	425	2		3	12

4−6 续表 57　　单位：人

地区 性别	生产制造及有关人员								
	纸及纸制品生产加工人员	印刷和记录媒介复制人员	文教、工美、体育和娱乐用品制造人员	石油加工和炼焦、煤化工生产人员	化学原料和化学制品制造人员	医药制造人员	化学纤维制造人员	橡胶和塑料制品制造人员	非金属矿物制品制造人员
男	**183**	**444**	**255**	**1617**	**3047**	**766**	**21**	**501**	**2169**
呼和浩特市	**52**	**125**	**33**	**161**	**162**	**204**		**42**	**223**
新城区		26	13	4	16	7		8	45
回民区	2	18	1	4	13	20		4	20
玉泉区	5	23	12	7	14	28		8	33
赛罕区	5	43	3	54	31	9		3	24
土默特左旗	10	3	2	1	9	12		5	30
托克托县	1			50	22	110		4	7
和林格尔县	20	3			17	2		2	15
清水河县				41	16				24
武川县		2				1			15
呼和浩特经济技术开发区	9	7	2		24	15		8	10
包头市	**36**	**67**	**25**	**159**	**194**	**42**	**2**	**79**	**256**
东河区	1	12	3	15	17	10		19	48
昆都仑区	3	25	6	78	50	15		23	60
青山区		8	4	10	23	3	2	9	37
石拐区		1	1	29	8				2
白云鄂博矿区					8			1	2
九原区	4	6	7	5	27	4		16	24
土默特右旗	14	3	3	13	46	3		5	38
固阳县	1	4	1	1	3	1			25
达尔罕茂明安联合旗									7
包头稀土高新技术产业开发区	13	8		8	12	6		6	13
乌海市		**12**	**4**	**516**	**579**	**10**		**20**	**185**
海勃湾区		10	4	172	93	2		3	118
海南区		1		225	167			8	61
乌达区		1		119	319	8		9	6
赤峰市	**19**	**76**	**44**	**94**	**165**	**170**	**4**	**76**	**374**
红山区	1	17	7	1	11	91		4	49
元宝山区	1	1		29	67	15	3	5	44
松山区	3	16	7	1	15	29		12	58
阿鲁科尔沁旗		1	3	1	1	3		2	16
巴林左旗	1	15	6	4	15	3			21
巴林右旗		2	8			1		1	11
林西县		5		1	3	4		4	43
克什克腾旗	1	1	3	33	13	1		3	19
翁牛特旗	2	3	1		2	5	1	4	19
喀喇沁旗	3	3		16	15	11		4	13
宁城县	6	9	6	8	14	1		36	60
敖汉旗	1	3	3		9	6		1	21

4-6 续表 58

单位：人

地区 性别	生产制造及有关人员								
	纸及纸制品生产加工人员	印刷和记录媒介复制人员	文教、工美、体育和娱乐用品制造人员	石油加工和炼焦、煤化工生产人员	化学原料和化学制品制造人员	医药制造人员	化学纤维制造人员	橡胶和塑料制品制造人员	非金属矿物制品制造人员
通辽市	**12**	**26**	**37**	**52**	**61**	**69**	**2**	**54**	**218**
科尔沁区	5	8	5	16	16	8		7	54
科尔沁左翼中旗	3	3	10	2	17	4	1	22	38
科尔沁左翼后旗	1	3	3		1	9		1	8
开鲁县	1	3	2		8	40	1	14	21
库伦旗			2		1	3		1	5
奈曼旗		4		1	2	2			37
扎鲁特旗			3	2		2		2	9
通辽经济技术开发区	2	3	7	28	6	1		2	12
霍林郭勒市		2	5	3	10			5	34
鄂尔多斯市	**2**	**38**	**23**	**493**	**887**	**19**	**7**	**112**	**253**
东胜区		17	6	19	20	5		6	47
康巴什区		1		39	3	3			2
达拉特旗	2	1	2	9	128	6	1	26	81
准格尔旗		4	4	16	240			13	30
鄂托克前旗				23	4	1		22	6
鄂托克旗		1		93	194		4	32	26
杭锦旗		1	1	70	119	3		2	19
乌审旗		4	2	94	156		2	5	24
伊金霍洛旗		9	8	130	23	1		6	18
呼伦贝尔市	**29**	**16**	**18**	**16**	**132**	**29**	**5**	**31**	**87**
海拉尔区		6	6	5	30	1		9	25
扎赉诺尔区		1				1		1	2
阿荣旗		3			29	4		4	23
莫力达瓦达斡尔族自治旗								4	3
鄂伦春自治旗		1	1					2	4
鄂温克族自治旗		2	3	2	5	1		5	5
陈巴尔虎旗					21				2
新巴尔虎左旗		2		5					
新巴尔虎右旗			2			1			2
满洲里市	1		1		2				4
牙克石市				4		16	1		2
扎兰屯市	28		3		44	5	4	6	12
额尔古纳市		1	1		1				3
根河市			1						
巴彦淖尔市	**17**	**23**	**30**	**55**	**78**	**186**		**25**	**102**
临河区	5	15	6	6	18	176		7	39
五原县	2	1	1	3	4	1		2	9
磴口县	7	2			13	2		4	3
乌拉特前旗		2	21	6	25	3		8	25
乌拉特中旗		2	1	22	2				7
乌拉特后旗				17	13				10
杭锦后旗	3	1	1	1	3	4		4	9

4-6 续表 59

单位：人

地区 性别	生产制造及有关人员								
	纸及纸制品生产加工人员	印刷和记录媒介复制人员	文教、工美、体育和娱乐用品制造人员	石油加工和炼焦、煤化工生产人员	化学原料和化学制品制造人员	医药制造人员	化学纤维制造人员	橡胶和塑料制品制造人员	非金属矿物制品制造人员
乌兰察布市	**10**	**19**	**7**	**10**	**245**	**10**	**1**	**31**	**277**
集宁区	3	9	1	4	5	4		5	20
卓资县		2	1	1	19			2	50
化德县		1		3	1			1	9
商都县	1				1			4	44
兴和县	2	2			2				50
凉城县		2		1	1				7
察哈尔右翼前旗			2		17	3		14	29
察哈尔右翼中旗	1			1	3			1	3
察哈尔右翼后旗					131	1	1	1	26
四子王旗		1	1		36			2	2
丰镇市	3	2	2		29	2		1	37
兴安盟	**6**	**24**	**4**	**5**	**36**	**16**		**20**	**71**
乌兰浩特市	2	19	2	3	34	9		5	37
阿尔山市									
科尔沁右翼前旗	3	2	1	1	2	3		3	3
科尔沁右翼中旗		1				1		4	7
扎赉特旗	1	2	1	1		1		4	13
突泉县						2		4	11
锡林郭勒盟		**16**	**22**	**39**	**98**	**9**		**7**	**60**
二连浩特市		1	2						4
锡林浩特市		7	8	5	1	2		2	10
阿巴嘎旗			2						
苏尼特左旗		1	1		18				
苏尼特右旗					9				3
东乌珠穆沁旗		1	2	2		2			1
西乌珠穆沁旗			3	2	3				7
太仆寺旗					1	3			3
镶黄旗		2		2				1	19
正镶白旗			3		1				3
正蓝旗		4			1	1			3
多伦县			1	28	64	1		3	7
乌拉盖管委会								1	
阿拉善盟		**2**	**8**	**17**	**410**	**2**		**4**	**63**
阿拉善左旗			7	3	56			2	48
阿拉善右旗		1	1		22			1	3
额济纳旗		1			1				1
内蒙古阿拉善经济开发区				14	331	2		1	11

4-6　续表 60　　　　单位：人

地　区 性　别	生产制造及有关人员								
	纸及纸制品生产加工人员	印刷和记录媒介复制人员	文教、工美、体育和娱乐用品制造人　员	石油加工和炼焦、煤化工生产人员	化学原料和化学制品制造人　员	医药制造人　　员	化学纤维制造人员	橡胶和塑料制品制造人员	非金属矿物制品制造人员
女	124	390	137	330	844	420	5	179	406
呼和浩特市	33	80	20	25	39	89		10	33
新城区	2	20	4		6	10			4
回民区		5	3	1	5	5		1	4
玉泉区	1	16	9	1	2	11		2	4
赛罕区	3	30	1	16	2	12		1	4
土默特左旗	13				1	4		4	10
托克托县	1	2	2	4	3	40		1	
和林格尔县	12	1	1			1			1
清水河县		2		3	18				5
武川县		1							
呼和浩特经济技术开发区	1	3			2	6		1	1
包头市	16	55	11	29	37	25		25	40
东河区	5	6	1	3	4	6		6	6
昆都仑区	1	22	4	16	21	8		4	15
青山区	1	8		1	5	2		5	3
石拐区		1	1	3					1
白云鄂博矿区		1	1		2	1			
九原区	1	4	4	2	5	2		8	5
土默特右旗	1	1		2		1			4
固阳县		5				1			
达尔罕茂明安联合旗									
包头稀土高新技术产业开发区	7	7		2		4		2	6
乌海市	1	9		140	213	4		11	54
海勃湾区		8		43	21			5	25
海南区	1			63	80			3	26
乌达区		1		34	112	4		3	3
赤峰市	22	78	41	20	58	96	2	27	96
红山区	2	7	3	1	3	43		1	8
元宝山区	2	6	7	4	15	6			12
松山区	5	15	6	2	3	15		6	9
阿鲁科尔沁旗		2	1		1	2			2
巴林左旗		14	9		11	5			9
巴林右旗	1	3	7			1			3
林西县	1	3			2	7			5
克什克腾旗	1	3	2	6	3				4
翁牛特旗	1	7				2		1	6
喀喇沁旗		5		5	4	10			19
宁城县	7	11	4	2	13		2	18	18
敖汉旗	2	2	2		3	5		1	1

4−6 续表 61

单位：人

地区 性别	生产制造及有关人员								
	纸及纸制品生产加工人员	印刷和记录媒介复制人员	文教、工美、体育和娱乐用品制造人员	石油加工和炼焦、煤化工生产人员	化学原料和化学制品制造人员	医药制造人员	化学纤维制造人员	橡胶和塑料制品制造人员	非金属矿物制品制造人员
通辽市	**15**	**35**	**15**	**6**	**23**	**46**		**32**	**47**
科尔沁区	4	8		5	8	12		4	1
科尔沁左翼中旗	2	2	7		3	5		8	25
科尔沁左翼后旗		4	1		1	9		1	4
开鲁县	4	6	1		2	10		10	7
库伦旗		1	1			4			
奈曼旗	1	3				4		2	4
扎鲁特旗			1					1	2
通辽经济技术开发区	4	7	1	1	6	2		5	2
霍林郭勒市		4	3		3			1	2
鄂尔多斯市	**4**	**31**	**10**	**85**	**215**	**19**	**3**	**28**	**49**
东胜区	1	14	2	3	4	4			3
康巴什区		1	1	7	4	4			
达拉特旗	3	1		3	33	2		5	14
准格尔旗		3	2		27	1		2	9
鄂托克前旗		1	1	4				2	1
鄂托克旗		1		27	97	1	2	12	4
杭锦旗		3		9	14	7		1	5
乌审旗		3	1	11	35		1	4	3
伊金霍洛旗		4	3	21	1			2	10
呼伦贝尔市	**5**	**21**	**12**	**5**	**33**	**29**		**13**	**20**
海拉尔区		4	5		9	5		3	2
扎赉诺尔区		1	1			1			2
阿荣旗		1	2		4	1		4	4
莫力达瓦达斡尔族自治旗		1			3	1			1
鄂伦春自治旗						1		1	3
鄂温克族自治旗		4	1	1	2	1		1	2
陈巴尔虎旗		1		1	1				1
新巴尔虎左旗						1		1	
新巴尔虎右旗			1			1			
满洲里市				1	2				
牙克石市		5		1	1	11		1	1
扎兰屯市	4	3	2	1	10	5		2	4
额尔古纳市		1							
根河市	1				1	1			
巴彦淖尔市	**17**	**24**	**11**	**6**	**21**	**76**		**9**	**21**
临河区	3	9	5		6	72		7	7
五原县	2	1	1	1	2	2			3
磴口县	10	3			2			2	1
乌拉特前旗		5	4		4				3
乌拉特中旗		1	1	4					1
乌拉特后旗				1	5				2
杭锦后旗	2	5			2	2			4

4-6 续表 62

单位：人

地区 性别	生产制造及有关人员								
	纸及纸制品生产加工人员	印刷和记录媒介复制人员	文教、工美、体育和娱乐用品制造人员	石油加工和炼焦、煤化工生产人员	化学原料和化学制品制造人员	医药制造人员	化学纤维制造人员	橡胶和塑料制品制造人员	非金属矿物制品制造人员
乌兰察布市	**5**	**16**	**2**		**56**	**4**		**13**	**17**
集宁区		7	1			2		3	1
卓资县	1	1	1		3			2	
化德县		1						2	
商都县								2	6
兴和县									2
凉城县		1							
察哈尔右翼前旗	1				4	1		1	4
察哈尔右翼中旗	1	2			1			1	
察哈尔右翼后旗	1				35			2	
四子王旗		1			7				1
丰镇市	1	3			6	1			3
兴安盟	**4**	**26**	**5**		**8**	**19**		**5**	**10**
乌兰浩特市		15	2		7	15			6
阿尔山市			1						
科尔沁右翼前旗	2	4			1			4	2
科尔沁右翼中旗		1	1			3			
扎赉特旗		5				1		1	2
突泉县	2	1	1						
锡林郭勒盟	**2**	**12**	**8**	**8**	**34**	**10**		**4**	**10**
二连浩特市									
锡林浩特市		4	3		3	2		2	3
阿巴嘎旗			3			1			
苏尼特左旗		1							
苏尼特右旗					3				
东乌珠穆沁旗		2				1			
西乌珠穆沁旗			1		2	1			1
太仆寺旗					1	3		1	
镶黄旗		1							3
正镶白旗									1
正蓝旗		2	1			2			
多伦县	2	2		8	25			1	2
乌拉盖管委会									
阿拉善盟		**3**	**2**	**6**	**107**	**3**		**2**	**9**
阿拉善左旗		2	2	3	8	3			8
阿拉善右旗		1			5				
额济纳旗									
内蒙古阿拉善经济开发区				3	94			2	1

4－6 续表 63

单位：人

地　区 性　别	生产制造及有关人员								
	采矿人员	金属冶炼和压延加工人员	机械制造基础加工人员	金属制品制造人员	通用设备制造人员	专用设备制造人员	汽车制造人员	铁路、船舶、航空设备制造人员	电气机械和器材制造人员
内蒙古	**12230**	**5927**	**6467**	**1856**	**1563**	**280**	**460**	**364**	**453**
呼和浩特市	**157**	**168**	**738**	**156**	**103**	**24**	**26**	**76**	**127**
新城区	24	3	69	20	17	6	10	36	7
回民区	10	2	140	32	10	2	1	5	12
玉泉区	15	12	134	39	27	7		2	9
赛罕区	27	12	116	19	10	3	5	29	69
土默特左旗	6	6	49	15	15	1	1	2	12
托克托县	7	84	85	8	8		6		1
和林格尔县	1	5	48	12	3	1			2
清水河县	53	11	10	1	2				
武川县	7	11	22	2	2	1	1		2
呼和浩特经济技术开发区	7	22	65	8	9	3	2	2	13
包头市	**1187**	**2432**	**1797**	**363**	**362**	**79**	**192**	**56**	**107**
东河区	66	393	204	63	48	8	76	12	14
昆都仑区	377	1193	491	146	127	9	25	29	26
青山区	36	216	770	52	116	31	78	11	32
石拐区	15	144	14		1				1
白云鄂博矿区	109	6	27	1	6				1
九原区	103	137	130	51	20	10	2	2	20
土默特右旗	168	27	22	21	22	4	7		6
固阳县	150	136	32	3	8				1
达尔罕茂明安联合旗	96	53	10	1					1
包头稀土高新技术产业开发区	67	127	97	25	14	17	4	2	5
乌海市	**824**	**292**	**224**	**13**	**59**	**7**	**25**	**2**	**4**
海勃湾区	250	189	123	2	26	3	21		4
海南区	377	73	61	2	13	1	4	1	
乌达区	197	30	40	9	20	3		1	
赤峰市	**2029**	**726**	**809**	**392**	**183**	**27**	**37**	**16**	**48**
红山区	60	281	121	59	39	5	2	4	9
元宝山区	655	50	90	28	22	2	1		3
松山区	167	61	133	86	26	8	8	2	5
阿鲁科尔沁旗	34	4	26	20	8	1	1	1	2
巴林左旗	253	56	32	40	21		4	1	5
巴林右旗	46	3	39	12				1	1
林西县	214	42	30	21	6	2	6		
克什克腾旗	263	30	33	6	10	1	3	2	3
翁牛特旗	34	6	48	14	8	2	2	2	2
喀喇沁旗	80	78	69	13	10	1	2	1	2
宁城县	58	97	134	62	23	4	2	1	11
敖汉旗	165	18	54	31	10	1	6	1	5

4-6　续表 64　　　　　　　　　　　　　　　　　　　　　　　　　　　　　　单位：人

地　区 性　别	生产制造及有关人员								
	采矿人员	金属冶炼和压延加工人员	机械制造基础加工人员	金属制品制造人员	通用设备制造人员	专用设备制造人员	汽车制造人员	铁路、船舶、航空设备制造人员	电气机械和器材制造人员
通辽市	**337**	**494**	**524**	**250**	**93**	**25**	**40**	**119**	**48**
科尔沁区	43	43	92	67	22	1	1	33	6
科尔沁左翼中旗	22	32	78	50	18	12	30	67	12
科尔沁左翼后旗	57	8	15	11	2		1	4	
开鲁县	2	3	41	24	5	1		12	13
库伦旗	21	2	3	11		1	1		1
奈曼旗	6	27	57	31	5	1	1	1	5
扎鲁特旗	84	11	37	9	4		1		2
通辽经济技术开发区	9	14	62	27	6	5		1	2
霍林郭勒市	93	354	139	20	31	4	5	1	7
鄂尔多斯市	**4884**	**391**	**657**	**146**	**356**	**34**	**86**	**12**	**21**
东胜区	604	11	143	41	140	7	58	2	5
康巴什区	106	1	11	1	3	5	10		
达拉特旗	99	102	102	24	42	2	4		6
准格尔旗	971	9	100	14	60	6	4	6	2
鄂托克前旗	516	1	19	13	6				
鄂托克旗	530	234	57	5	73		4		2
杭锦旗	55		15	11	2	1			1
乌审旗	704	2	63	10	9	5		3	3
伊金霍洛旗	1299	31	147	27	21	8	6	1	2
呼伦贝尔市	**1095**	**30**	**344**	**106**	**89**	**17**	**15**	**35**	**13**
海拉尔区	80	18	57	23	8	7	1	15	
扎赉诺尔区	317	1	30	7	5				
阿荣旗	9	1	46	4	8	3	5	2	1
莫力达瓦达斡尔族自治旗	1	2	14	6				3	
鄂伦春自治旗	9	1	19	5	7		1		1
鄂温克族自治旗	144	1	33	4	21	3	1	1	2
陈巴尔虎旗	70	2	25						1
新巴尔虎左旗	4		2		1				
新巴尔虎右旗	88		25		3		2		2
满洲里市	56		11	26	2			4	1
牙克石市	180		24	6	17	2	4	3	1
扎兰屯市	19	4	46	17	12	2	1	6	4
额尔古纳市	22		6	7	5			1	
根河市	96		6	1					
巴彦淖尔市	**472**	**183**	**464**	**171**	**102**	**21**	**12**	**2**	**9**
临河区	18	26	150	56	36	12	1		3
五原县	15	4	58	29	14	7	3		1
磴口县	1	4	30	6	4	1			1
乌拉特前旗	158	41	65	19	18		3		1
乌拉特中旗	102	14	31	21	4			2	1
乌拉特后旗	158	67	29	3	15		1		
杭锦后旗	20	27	101	37	11	1	4		2

4-6 续表 65

单位：人

地区 性别	生产制造及有关人员								
	采矿人员	金属冶炼和压延加工人员	机械制造基础加工人员	金属制品制造人员	通用设备制造人员	专用设备制造人员	汽车制造人员	铁路、船舶、航空设备制造人员	电气机械和器材制造人员
乌兰察布市	**180**	**917**	**342**	**89**	**45**	**4**	**6**	**33**	**14**
集宁区	13	21	94	20	8	2	1	27	6
卓资县	7	24	11	10	3				
化德县		206	18	9	6		1	2	1
商都县	23	35	29	5	1	1	1	1	2
兴和县	6	48	21	2	3		1		
凉城县	3	4	10	4	1				1
察哈尔右翼前旗	25	196	39	15				2	
察哈尔右翼中旗	53	26	16	6	1				1
察哈尔右翼后旗	10	2	22	7	11				
四子王旗	30	5	23	3			1		1
丰镇市	10	350	59	8	11	1	1	1	2
兴安盟	**125**	**116**	**225**	**47**	**77**	**7**	**9**	**7**	**42**
乌兰浩特市	11	94	95	18	50	5	5	3	14
阿尔山市			8	1	3		1		
科尔沁右翼前旗	26	7	29	5	8		1	2	23
科尔沁右翼中旗	19	6	36	6	2		1		2
扎赉特旗	28	3	32	5	10		1	1	1
突泉县	41	6	25	12	4	2		1	2
锡林郭勒盟	**770**	**112**	**271**	**98**	**71**	**14**	**10**	**4**	**16**
二连浩特市	10	2	13	16	25			4	
锡林浩特市	252	11	84	31	17	6	5		8
阿巴嘎旗	37		7	3	1				
苏尼特左旗	13	6	8	3					
苏尼特右旗	44	30	26	6	2				
东乌珠穆沁旗	149	7	8	4	2				
西乌珠穆沁旗	161	36	67	8	16	4	1		2
太仆寺旗	12	7	26	5		2	1		2
镶黄旗	38		5	1					
正镶白旗	7	7	1	3		1			
正蓝旗	4	3	7	4	5	1			1
多伦县	37	1	17	13	3		3		3
乌拉盖管委会	6	2	2	1					
阿拉善盟	**170**	**66**	**72**	**25**	**23**	**21**	**2**	**2**	**4**
阿拉善左旗	85	27	54	7	14	20	1		1
阿拉善右旗	32	1	2					1	
额济纳旗	47	1	2						2
内蒙古阿拉善经济开发区	6	37	14	18	9	1	1	1	1

4-6 续表 66

单位：人

地区 性别	生产制造及有关人员 采矿人员	金属冶炼和压延加工人员	机械制造基础加工人员	金属制品制造人员	通用设备制造人员	专用设备制造人员	汽车制造人员	铁路、船舶、航空设备制造人员	电气机械和器材制造人员
男	**11291**	**5283**	**6118**	**1556**	**1429**	**225**	**387**	**302**	**378**
呼和浩特市	**146**	**158**	**716**	**128**	**96**	**18**	**20**	**62**	**108**
新城区	22	2	65	15	17	5	7	29	5
回民区	9	2	134	26	9	1		5	12
玉泉区	14	12	133	30	27	6		2	8
赛罕区	24	12	111	15	7	1	5	22	60
土默特左旗	6	4	48	13	14	1	1	2	9
托克托县	6	79	84	7	7		5		
和林格尔县		5	47	12	3	1			2
清水河县	51	11	10	1	2				
武川县	7	11	21	2	1		1		2
呼和浩特经济技术开发区	7	20	63	7	9	3	1	2	10
包头市	**1055**	**2139**	**1632**	**306**	**316**	**62**	**158**	**50**	**91**
东河区	61	363	195	54	45	8	58	10	14
昆都仑区	319	1012	449	122	102	7	20	26	22
青山区	30	203	672	47	106	24	69	10	25
石拐区	14	116	11		1				1
白云鄂博矿区	86	5	22	1	5				
九原区	97	128	127	39	16	8	2	2	18
土默特右旗	158	27	22	17	22	4	5		5
固阳县	137	130	32	3	6				1
达尔罕茂明安联合旗	91	44	10	1					1
包头稀土高新技术产业开发区	62	111	92	22	13	11	4	2	4
乌海市	**692**	**257**	**206**	**13**	**52**	**7**	**24**	**2**	**3**
海勃湾区	210	168	115	2	22	3	20		3
海南区	311	59	53	2	12	1	4	1	
乌达区	171	30	38	9	18	3		1	
赤峰市	**1869**	**635**	**776**	**324**	**170**	**21**	**34**	**15**	**43**
红山区	56	245	116	53	35	4	2	4	8
元宝山区	639	46	88	24	21	2	1		2
松山区	152	56	132	72	23	5	8	2	5
阿鲁科尔沁旗	32	4	25	16	7	1	1	1	2
巴林左旗	218	47	27	31	20		4	1	5
巴林右旗	41	3	39	8				1	1
林西县	187	39	30	17	6	1	4		
克什克腾旗	238	25	30	6	10	1	3	2	3
翁牛特旗	32	5	44	12	8	1	2	2	1
喀喇沁旗	70	74	67	13	9	1	1	1	1
宁城县	53	79	129	47	23	4	2		10
敖汉旗	151	12	49	25	8	1	6	1	5

4-6 续表 67

单位：人

地区 性别	生产制造及有关人员								
	采矿人员	金属冶炼和压延加工人员	机械制造基础加工人员	金属制品制造人员	通用设备制造人员	专用设备制造人员	汽车制造人员	铁路、船舶、航空设备制造人员	电气机械和器材制造人员
通辽市	**304**	**461**	**489**	**207**	**86**	**16**	**31**	**83**	**39**
科尔沁区	31	36	89	61	20	1	1	32	5
科尔沁左翼中旗	20	28	69	36	14	7	25	40	7
科尔沁左翼后旗	53	6	14	8	2		1	2	
开鲁县	2	2	36	20	5			7	12
库伦旗	19	2	3	8		1	1		1
奈曼旗	5	25	55	27	5	1	1	1	4
扎鲁特旗	80	11	35	9	4				2
通辽经济技术开发区	8	10	61	22	6	4			2
霍林郭勒市	86	341	127	16	30	2	2	1	6
鄂尔多斯市	**4651**	**352**	**634**	**126**	**334**	**29**	**77**	**11**	**19**
东胜区	585	11	141	38	132	7	53	1	4
康巴什区	97		8	1	3	5	9		
达拉特旗	97	98	100	20	40	1	4		5
准格尔旗	940	9	98	13	57	6	4	6	2
鄂托克前旗	508		19	10	6				
鄂托克旗	463	204	53	5	69		1		2
杭锦旗	50		13	9	2				1
乌审旗	659	2	59	8	8	5		3	3
伊金霍洛旗	1252	28	143	22	17	5	6	1	2
呼伦贝尔市	**1039**	**26**	**333**	**87**	**82**	**15**	**12**	**31**	**10**
海拉尔区	71	17	56	20	8	5	1	13	
扎赉诺尔区	313		29	7	5				
阿荣旗	9		45	4	7	3	2	1	
莫力达瓦达斡尔族自治旗	1	1	14	5				3	
鄂伦春自治旗	9	1	18	4	6		1		1
鄂温克族自治旗	141	1	32	3	21	3	1	1	2
陈巴尔虎旗	68	2	24						1
新巴尔虎左旗	4		2		1				
新巴尔虎右旗	85		24		3		2		2
满洲里市	46		11	20	2			4	
牙克石市	170		23	4	15	2	4	3	1
扎兰屯市	17	4	43	13	10	2	1	5	3
额尔古纳市	19		6	6	4			1	
根河市	86		6	1					
巴彦淖尔市	**433**	**169**	**450**	**146**	**98**	**18**	**11**	**2**	**7**
临河区	17	23	148	47	35	10	1		3
五原县	11	4	56	24	14	6	3		1
磴口县	1	4	28	5	4	1			1
乌拉特前旗	148	40	63	17	18		2		1
乌拉特中旗	90	14	28	17	4			2	1
乌拉特后旗	149	59	29	3	13		1		
杭锦后旗	17	25	98	33	10	1	4		

4-6　续表 68　　　　单位：人

地　区 性　别	生产制造及有关人员								
	采矿人员	金属冶炼和压延加工人员	机械制造基础加工人　员	金属制品制造人员	通用设备制造人员	专用设备制造人员	汽车制造人　员	铁路、船舶、航空设备制造人　员	电气机械和器材制造人员
乌兰察布市	**166**	**831**	**331**	**72**	**43**	**4**	**6**	**33**	**10**
集宁区	12	20	90	17	7	2	1	27	4
卓资县	6	23	11	8	3				
化德县		188	18	7	5		1	2	
商都县	22	33	29	3	1	1	1	1	1
兴和县	5	47	20	2	3		1		
凉城县	3	3	10	3	1				1
察哈尔右翼前旗	19	166	37	10				2	
察哈尔右翼中旗	50	22	15	4	1				1
察哈尔右翼后旗	10	1	21	7	11				
四子王旗	29	5	23	3			1		1
丰镇市	10	323	57	8	11	1	1	1	2
兴安盟	**110**	**105**	**219**	**42**	**66**	**6**	**8**	**7**	**30**
乌兰浩特市	9	85	94	15	41	5	4	3	13
阿尔山市			8	1	3		1		
科尔沁右翼前旗	19	6	29	5	7		1	2	13
科尔沁右翼中旗	15	5	35	5	2		1		1
扎赉特旗	27	3	28	5	9		1	1	1
突泉县	40	6	25	11	4	1		1	2
锡林郭勒盟	**686**	**94**	**262**	**84**	**66**	**13**	**6**	**4**	**16**
二连浩特市	8	2	13	14	24			4	
锡林浩特市	222	9	82	26	15	6	5		8
阿巴嘎旗	37		7	3	1				
苏尼特左旗	13	5	8	3					
苏尼特右旗	30	28	26	5	2				
东乌珠穆沁旗	132	7	8	4	2				
西乌珠穆沁旗	149	26	62	5	16	4			2
太仆寺旗	9	6	25	5		2	1		2
镶黄旗	35		5	1					
正镶白旗	7	6	1	3					
正蓝旗	4	3	7	4	4	1			1
多伦县	34	1	16	10	2				3
乌拉盖管委会	6	1	2	1					
阿拉善盟	**140**	**56**	**70**	**21**	**20**	**16**		**2**	**2**
阿拉善左旗	73	25	52	6	11	15			1
阿拉善右旗	28	1	2					1	
额济纳旗	34		2						1
内蒙古阿拉善经济开发区	5	30	14	15	9	1		1	

4-6 续表 69　　　　单位：人

地　区 性　别	生产制造及有关人员								
	采矿人员	金属冶炼和压延加工人员	机械制造基础加工人员	金属制品制造人员	通用设备制造人员	专用设备制造人员	汽车制造人员	铁路、船舶、航空设备制造人员	电气机械和器材制造人员
女	**939**	**644**	**349**	**300**	**134**	**55**	**73**	**62**	**75**
呼和浩特市	**11**	**10**	**22**	**28**	**7**	**6**	**6**	**14**	**19**
新城区	2	1	4	5		1	3	7	2
回民区	1		6	6	1	1	1		
玉泉区	1		1	9		1			1
赛罕区	3		5	4	3	2		7	9
土默特左旗		2	1	2	1				3
托克托县	1	5	1	1	1		1		1
和林格尔县	1		1						
清水河县	2								
武川县			1		1	1			
呼和浩特经济技术开发区		2	2	1			1		3
包头市	**132**	**293**	**165**	**57**	**46**	**17**	**34**	**6**	**16**
东河区	5	30	9	9	3		18	2	
昆都仑区	58	181	42	24	25	2	5	3	4
青山区	6	13	98	5	10	7	9	1	7
石拐区	1	28	3						
白云鄂博矿区	23	1	5		1				1
九原区	6	9	3	12	4	2			2
土默特右旗	10			4			2		1
固阳县	13	6			2				
达尔罕茂明安联合旗	5	9							
包头稀土高新技术产业开发区	5	16	5	3	1	6			1
乌海市	**132**	**35**	**18**		**7**		**1**		**1**
海勃湾区	40	21	8		4		1		1
海南区	66	14	8		1				
乌达区	26		2		2				
赤峰市	**160**	**91**	**33**	**68**	**13**	**6**	**3**	**1**	**5**
红山区	4	36	5	6	4	1			1
元宝山区	16	4	2	4	1				1
松山区	15	5	1	14	3	3			
阿鲁科尔沁旗	2		1	4	1				
巴林左旗	35	9	5	9	1				
巴林右旗	5			4					
林西县	27	3		4		1	2		
克什克腾旗	25	5	3						
翁牛特旗	2	1	4	2		1			1
喀喇沁旗	10	4	2		1		1		1
宁城县	5	18	5	15				1	1
敖汉旗	14	6	5	6	2				

4−6　续表 70　　　　单位：人

地　　区 性　　别	生产制造及有关人员								
	采矿人员	金属冶炼和压延加工人员	机械制造基础加工人员	金属制品制造人员	通用设备制造人员	专用设备制造人员	汽车制造人员	铁路、船舶、航空设备制造人员	电气机械和器材制造人员
通辽市	**33**	**33**	**35**	**43**	**7**	**9**	**9**	**36**	**9**
科尔沁区	12	7	3	6	2			1	1
科尔沁左翼中旗	2	4	9	14	4	5	5	27	5
科尔沁左翼后旗	4	2	1	3				2	
开鲁县		1	5	4		1		5	1
库伦旗	2			3					
奈曼旗	1	2	2	4					1
扎鲁特旗	4		2				1		
通辽经济技术开发区	1	4	1	5		1		1	
霍林郭勒市	7	13	12	4	1	2	3		1
鄂尔多斯市	**233**	**39**	**23**	**20**	**22**	**5**	**9**	**1**	**2**
东胜区	19		2	3	8		5	1	1
康巴什区	9	1	3				1		
达拉特旗	2	4	2	4	2	1			1
准格尔旗	31		2	1	3				
鄂托克前旗	8	1		3					
鄂托克旗	67	30	4		4		3		
杭锦旗	5		2	2		1			
乌审旗	45		4	2	1				
伊金霍洛旗	47	3	4	5	4	3			
呼伦贝尔市	**56**	**4**	**11**	**19**	**7**	**2**	**3**	**4**	**3**
海拉尔区	9	1	1	3		2		2	
扎赉诺尔区	4	1	1						
阿荣旗		1	1		1		3	1	1
莫力达瓦达斡尔族自治旗		1		1					
鄂伦春自治旗			1	1	1				
鄂温克族自治旗	3		1	1					
陈巴尔虎旗	2		1						
新巴尔虎左旗									
新巴尔虎右旗	3		1						
满洲里市	10			6					1
牙克石市	10		1	2	2				
扎兰屯市	2		3	4	2			1	1
额尔古纳市	3			1	1				
根河市	10								
巴彦淖尔市	**39**	**14**	**14**	**25**	**4**	**3**	**1**		**2**
临河区	1	3	2	9	1	2			
五原县	4		2	5		1			
磴口县			2	1					
乌拉特前旗	10	1	2	2			1		
乌拉特中旗	12		3	4					
乌拉特后旗	9	8			2				
杭锦后旗	3	2	3	4	1				2

4-6 续表 71　　　　单位：人

地　区 性　别	生产制造及有关人员								
	采矿人员	金属冶炼和压延加工人员	机械制造基础加工人　员	金属制品制造人员	通用设备制造人员	专用设备制造人员	汽车制造人　员	铁路、船舶、航空设备制造人　员	电气机械和器材制造人员
乌兰察布市	**14**	**86**	**11**	**17**	**2**				**4**
集宁区	1	1	4	3	1				2
卓资县	1	1		2					
化德县		18		2	1				1
商都县	1	2		2					1
兴和县	1	1	1						
凉城县		1		1					
察哈尔右翼前旗	6	30	2	5					
察哈尔右翼中旗	3	4	1	2					
察哈尔右翼后旗		1	1						
四子王旗	1								
丰镇市		27	2						
兴安盟	**15**	**11**	**6**	**5**	**11**	**1**	**1**		**12**
乌兰浩特市	2	9	1	3	9		1		1
阿尔山市									
科尔沁右翼前旗	7	1			1				10
科尔沁右翼中旗	4	1	1	1					1
扎赉特旗	1		4		1				
突泉县	1			1		1			
锡林郭勒盟	**84**	**18**	**9**	**14**	**5**	**1**	**4**		
二连浩特市	2			2	1				
锡林浩特市	30	2	2	5	2				
阿巴嘎旗									
苏尼特左旗		1							
苏尼特右旗	14	2		1					
东乌珠穆沁旗	17								
西乌珠穆沁旗	12	10	5	3			1		
太仆寺旗	3	1	1						
镶黄旗	3								
正镶白旗		1				1			
正蓝旗					1				
多伦县	3		1	3	1		3		
乌拉盖管委会		1							
阿拉善盟	**30**	**10**	**2**	**4**	**3**	**5**	**2**		**2**
阿拉善左旗	12	2	2	1	3	5	1		
阿拉善右旗	4								
额济纳旗	13	1							1
内蒙古阿拉善经济开发区	1	7		3			1		1

4-6 续表 72

单位：人

地区 性别	生产制造及有关人员：计算机、通信和其他电子设备制造人员	仪器仪表制造人员	废弃资源综合利用人员	电力、热力、气体、水生产和输配人员	建筑施工人员	运输设备和通用工程机械操作人员及有关人员	生产辅助人员	其他生产制造及有关人员	不便分类的其他从业人员
内蒙古	**2169**	**257**	**364**	**5875**	**60938**	**11369**	**27967**	**638**	**3241**
呼和浩特市	**415**	**32**	**41**	**661**	**9813**	**868**	**2846**	**40**	**332**
新城区	92	4	9	101	2147	196	461	11	223
回民区	26	2	4	131	1518	145	325	3	7
玉泉区	90	5	10	105	2349	154	489	10	71
赛罕区	122	10	2	164	1529	81	649	2	19
土默特左旗	32	1	6	31	678	80	155	1	2
托克托县	3	8	7	72	613	85	315		
和林格尔县	6	1	1	14	331	44	171	11	6
清水河县	5			10	199	24	35	1	1
武川县			1	16	62	14	29	1	
呼和浩特经济技术开发区	39	1	1	17	387	45	217		3
包头市	**727**	**53**	**102**	**797**	**8753**	**1508**	**4466**	**272**	**390**
东河区	86	1	6	106	1237	258	597	8	11
昆都仑区	335	28	32	175	2794	476	1550	49	191
青山区	74	11	31	259	1504	131	1027	190	39
石拐区	2	3		10	31	32	77	2	3
白云鄂博矿区	2			19	23	190	195	3	1
九原区	71	2	6	31	1157	109	335	4	38
土默特右旗	30	2	6	107	581	109	91	2	17
固阳县	2		1	22	367	95	164		1
达尔罕茂明安联合旗	3			16	87	22	56		80
包头稀土高新技术产业开发区	122	6	20	52	972	86	374	14	9
乌海市	**21**	**6**	**4**	**375**	**1500**	**989**	**2194**	**21**	**12**
海勃湾区	5	2	2	255	1158	376	1055	1	3
海南区	5	2	1	59	164	262	461	3	4
乌达区	11	2	1	61	178	351	678	17	5
赤峰市	**251**	**16**	**68**	**594**	**13708**	**1411**	**2669**	**106**	**839**
红山区	59	7	12	106	1492	164	453	31	108
元宝山区	20	2	6	124	724	164	426	13	1
松山区	53	1	12	93	2901	235	525	10	81
阿鲁科尔沁旗	3		4	14	789	50	84	4	79
巴林左旗	39		6	23	1480	154	153	5	29
巴林右旗	5		1	24	398	150	96		4
林西县	6		3	22	1163	89	104	4	72
克什克腾旗	9	1	3	44	383	99	190	3	11
翁牛特旗	9	1	5	41	1060	75	122	6	173
喀喇沁旗	4	2	1	39	922	66	141	1	1
宁城县	32		5	42	1420	110	274	29	61
敖汉旗	12	2	10	22	976	55	101		219

4-6 续表 73 单位：人

地 区 性 别	生产制造及有关人员								不便分类的其他从业人员
	计算机、通信和其他电子设备制造人员	仪器仪表制造人员	废弃资源综合利用人员	电力、热力、气体、水生产和输配人员	建筑施工人员	运输设备和通用工程机械操作人员及有关人员	生产辅助人员	其他生产制造及有关人员	
通辽市	**167**	**8**	**21**	**456**	**4708**	**753**	**1942**	**48**	**165**
科尔沁区	49	2	4	147	1453	153	572	10	57
科尔沁左翼中旗	48	1	2	13	667	61	125	10	6
科尔沁左翼后旗	12		1	23	180	36	79	6	2
开鲁县	10	3	2	18	447	51	136	4	5
库伦旗	2			6	164	22	41		3
奈曼旗	10	1		23	612	38	88	7	48
扎鲁特旗	6		3	32	419	68	66		5
通辽经济技术开发区	3		1	36	505	38	197	8	23
霍林郭勒市	27	1	8	158	261	286	638	3	16
鄂尔多斯市	**264**	**70**	**36**	**999**	**5829**	**2414**	**6225**	**38**	**316**
东胜区	110	3	8	110	1846	498	1149	4	3
康巴什区	3	2		41	210	39	249	3	34
达拉特旗	22	4	14	190	662	415	581	7	16
准格尔旗	38	7	7	238	1043	611	1448	8	56
鄂托克前旗	2			18	187	58	194	2	40
鄂托克旗	21	41	1	90	301	126	969		52
杭锦旗	8	1	2	40	176	48	89	2	97
乌审旗	32	10	1	116	521	211	626	2	4
伊金霍洛旗	28	2	3	156	883	408	920	10	14
呼伦贝尔市	**79**	**8**	**24**	**589**	**3463**	**716**	**1665**	**46**	**319**
海拉尔区	7	2	2	68	804	210	374	8	10
扎赉诺尔区	3		5	35	78	25	125	23	23
阿荣旗	16			39	504	59	63		49
莫力达瓦达斡尔族自治旗	3		3	18	243	17	22	1	6
鄂伦春自治旗	3		1	44	94	19	64	3	80
鄂温克族自治旗	10			96	175	50	177	4	18
陈巴尔虎旗				10	42	16	88		9
新巴尔虎左旗				13	32	2	8		50
新巴尔虎右旗	1			12	54	79	54		12
满洲里市	2			42	285	58	104		10
牙克石市	17	1	4	71	555	50	185	2	31
扎兰屯市	12	4	9	71	484	85	286	3	9
额尔古纳市	3	1		26	72	29	46	1	10
根河市	2			44	41	17	69	1	2
巴彦淖尔市	**56**	**23**	**24**	**332**	**3384**	**719**	**1852**	**34**	**234**
临河区	16	5	13	138	1760	262	704	3	54
五原县	1	1	3	28	321	70	103	4	62
磴口县	1		1	26	164	37	142	1	8
乌拉特前旗	6	16	4	43	400	148	305	20	9
乌拉特中旗	7	1	1	42	127	50	136	1	52
乌拉特后旗	4		2	36	167	71	240	4	8
杭锦后旗	21			19	445	81	222	1	41

4-6　续表 74

单位：人

地　区 性　别	生产制造及有关人员								不便分类的其他从业人员
	计算机、通信和其他电子设备制造人　员	仪器仪表制造人员	废弃资源综合利用人　员	电力、热力、气体、水生产和输配人员	建筑施工人　员	运输设备和通用工程机械操作人员及有关人员	生产辅助人　员	其他生产制造及有关人员	
乌兰察布市	**80**	**9**	**15**	**354**	**4603**	**659**	**1515**	**15**	**69**
集宁区	41	3		101	1688	242	390		7
卓资县				18	255	43	188	2	5
化德县	2	1	4	16	245	36	119	1	5
商都县	3			15	259	25	61	3	
兴和县	3	1		15	316	25	58		5
凉城县			1	22	300	18	48	2	9
察哈尔右翼前旗	8		3	17	562	66	155		6
察哈尔右翼中旗	2		1	10	127	14	36		
察哈尔右翼后旗	3		2	15	244	37	128	1	8
四子王旗	3	4		11	185	28	46		14
丰镇市	15		4	114	422	125	286	6	10
兴安盟	**35**	**3**	**10**	**208**	**2473**	**259**	**675**	**5**	**158**
乌兰浩特市	10	2	2	100	880	100	376	1	1
阿尔山市				16	74	15	27		2
科尔沁右翼前旗	4	1	2	30	386	54	116		127
科尔沁右翼中旗	5		6	21	250	29	42		8
扎赉特旗	14			24	417	31	65	2	11
突泉县	2			17	466	30	49	2	9
锡林郭勒盟	**49**	**12**	**19**	**410**	**2021**	**781**	**1218**	**12**	**396**
二连浩特市		1		14	194	44	66	2	2
锡林浩特市	40	2	13	107	927	228	398	5	105
阿巴嘎旗				8	80	39	15		
苏尼特左旗		1		8	33	43	29		
苏尼特右旗	2	2		14	95	27	56		2
东乌珠穆沁旗	1		2	40	71	12	43		133
西乌珠穆沁旗	3	1	2	97	100	258	284		3
太仆寺旗		1		16	125	42	48		5
镶黄旗				7	30	3	20		4
正镶白旗				13	42	8	18		17
正蓝旗	1		2	68	42	31	93	3	56
多伦县	2	4		6	237	30	129	2	66
乌拉盖管委会				12	45	16	19		3
阿拉善盟	**25**	**17**		**100**	**683**	**292**	**700**	**1**	**11**
阿拉善左旗	7	7		70	500	196	317		9
阿拉善右旗		1		11	36	15	48		
额济纳旗	1			6	110	12	41		1
内蒙古阿拉善经济开发区	17	9		13	37	69	294	1	1

4-6 续表 75

单位：人

地区 性别	生产制造及有关人员								不便分类的其他从业人员
	计算机、通信和其他电子设备制造人员	仪器仪表制造人员	废弃资源综合利用人员	电力、热力、气体、水生产和输配人员	建筑施工人员	运输设备和通用工程机械操作人员及有关人员	生产辅助人员	其他生产制造及有关人员	
男	**1745**	**179**	**280**	**4990**	**53385**	**10668**	**22298**	**507**	**2116**
呼和浩特市	**353**	**24**	**36**	**536**	**8722**	**813**	**2118**	**32**	**221**
新城区	67	3	7	75	1846	180	344	9	148
回民区	23	1	4	94	1322	137	260	2	4
玉泉区	80	4	9	94	2106	144	384	8	47
赛罕区	112	7	2	127	1335	73	493	2	12
土默特左旗	25	1	5	28	622	79	99	1	2
托克托县	2	6	6	63	587	81	237		
和林格尔县	5	1	1	14	316	42	111	8	5
清水河县	4			10	175	23	21	1	
武川县			1	15	58	13	18	1	
呼和浩特经济技术开发区	35	1	1	16	355	41	151		3
包头市	**583**	**37**	**72**	**629**	**7712**	**1376**	**3487**	**219**	**261**
东河区	78	1	4	92	1108	242	490	6	9
昆都仑区	268	19	25	129	2448	417	1219	40	125
青山区	59	8	18	199	1335	111	792	154	28
石拐区	2	3		8	27	27	70	2	2
白云鄂博矿区	1			14	18	181	135	1	1
九原区	58	2	6	29	1011	101	246	4	27
土默特右旗	26	1	6	81	556	107	79	2	9
固阳县	2		1	20	267	94	137		
达尔罕茂明安联合旗	3			15	70	21	51		51
包头稀土高新技术产业开发区	86	3	12	42	872	75	268	10	9
乌海市	**17**	**5**	**4**	**307**	**1299**	**872**	**1738**	**15**	**8**
海勃湾区	4	2	2	204	997	336	831	1	3
海南区	4	1	1	50	148	217	368	2	2
乌达区	9	2	1	53	154	319	539	12	3
赤峰市	**181**	**15**	**51**	**523**	**11540**	**1330**	**2117**	**83**	**508**
红山区	41	7	8	89	1256	154	338	24	80
元宝山区	15	2	5	106	648	155	367	10	
松山区	39	1	9	81	2413	220	430	9	46
阿鲁科尔沁旗	3		4	13	638	49	62	2	47
巴林左旗	24		5	20	1173	149	123	4	17
巴林右旗	5		1	22	336	131	77		3
林西县	3		2	21	879	88	82	2	39
克什克腾旗	4	1	3	39	319	92	159	3	10
翁牛特旗	8	1	2	37	891	73	92	5	103
喀喇沁旗	4	2	1	36	868	60	111	1	
宁城县	26		5	39	1308	105	195	23	30
敖汉旗	9	1	6	20	811	54	81		133

4-6 续表 76

单位：人

地区 性别	生产制造及有关人员								不便分类的其他从业人员
	计算机、通信和其他电子设备制造人员	仪器仪表制造人员	废弃资源综合利用人员	电力、热力、气体、水生产和输配人员	建筑施工人员	运输设备和通用工程机械操作人员及有关人员	生产辅助人员	其他生产制造及有关人员	
通辽市	**124**	**7**	**17**	**388**	**4032**	**715**	**1544**	**33**	**103**
科尔沁区	37	2	4	120	1253	148	414	6	40
科尔沁左翼中旗	28	1	1	10	573	59	90	8	5
科尔沁左翼后旗	9		1	21	156	36	57	5	1
开鲁县	7	3	2	17	375	48	109	1	2
库伦旗	1			6	137	22	31		2
奈曼旗	9			21	529	36	73	6	24
扎鲁特旗	4		3	28	367	68	52		4
通辽经济技术开发区	3		1	30	421	35	149	5	15
霍林郭勒市	26	1	5	135	221	263	569	2	10
鄂尔多斯市	**234**	**40**	**27**	**853**	**5292**	**2310**	**5352**	**32**	**208**
东胜区	95	3	7	96	1692	489	969	4	3
康巴什区	3	2		26	196	31	201	2	23
达拉特旗	19	4	10	161	611	405	487	5	13
准格尔旗	36	6	5	219	947	600	1308	7	41
鄂托克前旗	2			12	168	57	178	1	23
鄂托克旗	16	16	1	70	271	88	758		31
杭锦旗	7	1	1	38	161	48	76	1	63
乌审旗	29	7	1	99	464	199	540	2	1
伊金霍洛旗	27	1	2	132	782	393	835	10	10
呼伦贝尔市	**64**	**7**	**19**	**526**	**2937**	**687**	**1345**	**41**	**219**
海拉尔区	6	2	2	58	661	199	298	7	6
扎赉诺尔区	2		3	32	72	24	110	21	18
阿荣旗	12			35	451	58	41		32
莫力达瓦达斡尔族自治旗	3		2	18	198	17	16	1	4
鄂伦春自治旗	1		1	42	90	18	52	2	61
鄂温克族自治旗	8			83	146	50	159	4	10
陈巴尔虎旗				9	41	13	82		7
新巴尔虎左旗				11	27	2	3		29
新巴尔虎右旗	1			12	50	77	46		9
满洲里市	2			35	226	53	84		5
牙克石市	13		3	64	437	48	150	2	21
扎兰屯市	12	4	8	63	442	83	211	2	9
额尔古纳市	2	1		24	59	29	32	1	6
根河市	2			40	37	16	61	1	2
巴彦淖尔市	**50**	**17**	**18**	**294**	**2999**	**688**	**1383**	**28**	**163**
临河区	14	5	9	120	1558	246	498	2	35
五原县	1	1	1	27	295	70	76	4	45
磴口县	1		1	25	139	35	96	1	5
乌拉特前旗	6	11	4	37	357	142	265	18	9
乌拉特中旗	6		1	34	121	48	121	1	37
乌拉特后旗	3		2	34	146	67	191	2	6
杭锦后旗	19			17	383	80	136		26

4-6 续表 77

单位：人

地区 性别	生产制造及有关人员								不便分类的其他从业人员
	计算机、通信和其他电子设备制造人员	仪器仪表制造人员	废弃资源综合利用人员	电力、热力、气体、水生产和输配人员	建筑施工人员	运输设备和通用工程机械操作人员及有关人员	生产辅助人员	其他生产制造及有关人员	
乌兰察布市	**54**	**4**	**13**	**302**	**4277**	**595**	**1215**	**12**	**51**
集宁区	22	2		85	1578	231	292		7
卓资县				16	241	40	162	2	5
化德县	2		3	13	221	33	90		3
商都县	3			15	241	23	51	1	
兴和县	3			12	294	25	45		2
凉城县			1	21	282	18	39	2	7
察哈尔右翼前旗	5		3	16	503	51	124		5
察哈尔右翼中旗	2			8	116	12	27		
察哈尔右翼后旗	3		2	14	227	34	115	1	7
四子王旗	2	2		11	167	28	40		8
丰镇市	12		4	91	407	100	230	6	7
兴安盟	**27**	**3**	**7**	**189**	**2201**	**254**	**514**	**4**	**117**
乌兰浩特市	8	2	2	87	781	98	279	1	1
阿尔山市				16	62	13	18		1
科尔沁右翼前旗	3	1	2	29	357	54	84		97
科尔沁右翼中旗	5		3	19	227	29	38		7
扎赉特旗	9			21	368	31	49	2	5
突泉县	2			17	406	29	46	1	6
锡林郭勒盟	**41**	**9**	**16**	**359**	**1793**	**758**	**964**	**7**	**247**
二连浩特市				13	175	43	52	1	1
锡林浩特市	35	2	11	89	799	221	310	4	69
阿巴嘎旗				7	76	39	13		
苏尼特左旗		1		7	32	43	25		
苏尼特右旗	1	1		12	87	25	36		2
东乌珠穆沁旗	1		2	35	68	12	32		88
西乌珠穆沁旗	2		1	89	92	250	245		1
太仆寺旗		1		13	119	42	31		4
镶黄旗				7	26	3	19		3
正镶白旗				13	41	8	13		11
正蓝旗	1		2	57	37	31	74	1	32
多伦县	1	4		6	204	25	97	1	34
乌拉盖管委会				11	37	16	17		2
阿拉善盟	**17**	**11**		**84**	**581**	**270**	**521**	**1**	**10**
阿拉善左旗	7	2		64	424	176	254		8
阿拉善右旗				8	33	15	40		
额济纳旗	1			5	87	11	37		1
内蒙古阿拉善经济开发区	9	9		7	37	68	190	1	1

4-6 续表 78

单位：人

地区 性别	生产制造及有关人员								不便分类的其他从业人员
	计算机、通信和其他电子设备制造人员	仪器仪表制造人员	废弃资源综合利用人员	电力、热力、气体、水生产和输配人员	建筑施工人员	运输设备和通用工程机械操作人员及有关人员	生产辅助人员	其他生产制造及有关人员	
女	**424**	**78**	**84**	**885**	**7553**	**701**	**5669**	**131**	**1125**
呼和浩特市	**62**	**8**	**5**	**125**	**1091**	**55**	**728**	**8**	**111**
新城区	25	1	2	26	301	16	117	2	75
回民区	3	1		37	196	8	65	1	3
玉泉区	10	1	1	11	243	10	105	2	24
赛罕区	10	3		37	194	8	156		7
土默特左旗	7		1	3	56	1	56		
托克托县	1	2	1	9	26	4	78		
和林格尔县	1				15	2	60	3	1
清水河县	1				24	1	14		1
武川县				1	4	1	11		
呼和浩特经济技术开发区	4			1	32	4	66		
包头市	**144**	**16**	**30**	**168**	**1041**	**132**	**979**	**53**	**129**
东河区	8		2	14	129	16	107	2	2
昆都仑区	67	9	7	46	346	59	331	9	66
青山区	15	3	13	60	169	20	235	36	11
石拐区				2	4	5	7		1
白云鄂博矿区	1			5	5	9	60	2	
九原区	13			2	146	8	89		11
土默特右旗	4	1		26	25	2	12		8
固阳县				2	100	1	27		1
达尔罕茂明安联合旗				1	17	1	5		29
包头稀土高新技术产业开发区	36	3	8	10	100	11	106	4	
乌海市	**4**	**1**		**68**	**201**	**117**	**456**	**6**	**4**
海勃湾区	1			51	161	40	224		
海南区	1	1		9	16	45	93	1	2
乌达区	2			8	24	32	139	5	2
赤峰市	**70**	**1**	**17**	**71**	**2168**	**81**	**552**	**23**	**331**
红山区	18		4	17	236	10	115	7	28
元宝山区	5		1	18	76	9	59	3	1
松山区	14		3	12	488	15	95	1	35
阿鲁科尔沁旗				1	151	1	22	2	32
巴林左旗	15		1	3	307	5	30	1	12
巴林右旗				2	62	19	19		1
林西县	3		1	1	284	1	22	2	33
克什克腾旗	5			5	64	7	31		1
翁牛特旗	1		3	4	169	2	30	1	70
喀喇沁旗				3	54	6	30		1
宁城县	6			3	112	5	79	6	31
敖汉旗	3	1	4	2	165	1	20		86

4-6 续表 79 单位：人

地区 性别	生产制造及有关人员								不便分类的其他从业人员
	计算机、通信和其他电子设备制造人员	仪器仪表制造人员	废弃资源综合利用人员	电力、热力、气体、水生产和输配人员	建筑施工人员	运输设备和通用工程机械操作人员及有关人员	生产辅助人员	其他生产制造及有关人员	
通辽市	**43**	**1**	**4**	**68**	**676**	**38**	**398**	**15**	**62**
科尔沁区	12			27	200	5	158	4	17
科尔沁左翼中旗	20		1	3	94	2	35	2	1
科尔沁左翼后旗	3			2	24		22	1	1
开鲁县	3			1	72	3	27	3	3
库伦旗	1				27		10		1
奈曼旗	1	1		2	83	2	15	1	24
扎鲁特旗	2			4	52		14		1
通辽经济技术开发区				6	84	3	48	3	8
霍林郭勒市	1		3	23	40	23	69	1	6
鄂尔多斯市	**30**	**30**	**9**	**146**	**537**	**104**	**873**	**6**	**108**
东胜区	15		1	14	154	9	180		
康巴什区				15	14	8	48	1	11
达拉特旗	3		4	29	51	10	94	2	3
准格尔旗	2	1	2	19	96	11	140	1	15
鄂托克前旗				6	19	1	16	1	17
鄂托克旗	5	25		20	30	38	211		21
杭锦旗	1		1	2	15		13	1	34
乌审旗	3	3		17	57	12	86		3
伊金霍洛旗	1	1	1	24	101	15	85		4
呼伦贝尔市	**15**	**1**	**5**	**63**	**526**	**29**	**320**	**5**	**100**
海拉尔区	1			10	143	11	76	1	4
扎赉诺尔区	1		2	3	6	1	15	2	5
阿荣旗	4			4	53	1	22		17
莫力达瓦达斡尔族自治旗			1		45		6		2
鄂伦春自治旗	2			2	4	1	12	1	19
鄂温克族自治旗	2			13	29		18		8
陈巴尔虎旗				1	1	3	6		2
新巴尔虎左旗				2	5		5		21
新巴尔虎右旗					4	2	8		3
满洲里市				7	59	5	20		5
牙克石市	4	1	1	7	118	2	35		10
扎兰屯市			1	8	42	2	75	1	
额尔古纳市	1			2	13		14		4
根河市				4	4	1	8		
巴彦淖尔市	**6**	**6**	**6**	**38**	**385**	**31**	**469**	**6**	**71**
临河区	2		4	18	202	16	206	1	19
五原县			2	1	26		27		17
磴口县				1	25	2	46		3
乌拉特前旗		5		6	43	6	40	2	
乌拉特中旗	1	1		8	6	2	15		15
乌拉特后旗	1			2	21	4	49	2	2
杭锦后旗	2			2	62	1	86	1	15

4-6　续表 80　　　　单位：人

地　区 性　别	生产制造及有关人员								不便分类的其他从业人员
	计算机、通信和其他电子设备制造人员	仪器仪表制造人员	废弃资源综合利用人员	电力、热力、气体、水生产和输配人员	建筑施工人员	运输设备和通用工程机械操作人员及有关人员	生产辅助人员	其他生产制造及有关人员	
乌兰察布市	**26**	**5**	**2**	**52**	**326**	**64**	**300**	**3**	**18**
集宁区	19	1		16	110	11	98		
卓资县				2	14	3	26		
化德县		1	1	3	24	3	29	1	2
商都县					18	2	10	2	
兴和县		1		3	22		13		3
凉城县				1	18		9		2
察哈尔右翼前旗	3			1	59	15	31		1
察哈尔右翼中旗			1	2	11	2	9		
察哈尔右翼后旗				1	17	3	13		1
四子王旗	1	2			18		6		6
丰镇市	3			23	15	25	56		3
兴安盟	**8**		**3**	**19**	**272**	**5**	**161**	**1**	**41**
乌兰浩特市	2			13	99	2	97		
阿尔山市					12	2	9		1
科尔沁右翼前旗	1			1	29		32		30
科尔沁右翼中旗			3	2	23		4		1
扎赉特旗	5			3	49		16		6
突泉县					60	1	3	1	3
锡林郭勒盟	**8**	**3**	**3**	**51**	**228**	**23**	**254**	**5**	**149**
二连浩特市		1		1	19	1	14	1	1
锡林浩特市	5		2	18	128	7	88	1	36
阿巴嘎旗				1	4		2		
苏尼特左旗				1	1		4		
苏尼特右旗	1	1		2	8	2	20		
东乌珠穆沁旗				5	3		11		45
西乌珠穆沁旗	1	1	1	8	8	8	39		2
太仆寺旗				3	6		17		1
镶黄旗					4		1		1
正镶白旗					1		5		6
正蓝旗				11	5		19	2	24
多伦县	1				33	5	32	1	32
乌拉盖管委会				1	8		2		1
阿拉善盟	**8**	**6**		**16**	**102**	**22**	**179**		**1**
阿拉善左旗		5		6	76	20	63		1
阿拉善右旗		1		3	3		8		
额济纳旗				1	23	1	4		
内蒙古阿拉善经济开发区	8			6		1	104		

4-6a 各地区分性别、职业中类的就业人口(城市)

单位：人

地区 性别	合计	党的机关、国家机关、群众团体和社会组织、企事业单位负责人						
		小计	中国共产党机关负责人	国家机关负责人	民主党派和工商联负责人	人民团体和群众团体、社会组织及其他成员组织负责人	基层群众自治组织负责人	企事业单位负责人
内蒙古	**388709**	**12888**	**48**	**858**	**4**	**341**	**107**	**11530**
呼和浩特市	**88703**	**3080**	**5**	**119**	**2**	**85**	**28**	**2841**
新城区	24014	1223	2	62	1	35	4	1119
回民区	16882	348	2	6		15	9	316
玉泉区	19585	482		7	1	23	9	442
赛罕区	28222	1027	1	44		12	6	964
包头市	**79485**	**2584**	**9**	**107**	**1**	**73**	**24**	**2370**
东河区	16256	449	1	14	1	18	6	409
昆都仑区	32854	1201	3	37		41	4	1116
青山区	21556	693	1	36		13	13	630
石拐区	509	6		1				5
白云鄂博矿区	1227	24	1	5		1		17
九原区	7083	211	3	14			1	193
乌海市	**22534**	**417**	**2**	**53**		**11**	**2**	**349**
海勃湾区	14329	295	1	42		4	1	247
海南区	3178	65	1	5		4	1	54
乌达区	5027	57		6		3		48
赤峰市	**39752**	**1505**	**4**	**89**		**38**	**18**	**1356**
红山区	16727	563	3	35		22	2	501
元宝山区	6434	214		11		3	6	194
松山区	16591	728	1	43		13	10	661
通辽市	**22658**	**722**	**2**	**52**		**13**	**6**	**649**
科尔沁区	16775	517	2	37		6	3	469
霍林郭勒市	5883	205		15		7	3	180
鄂尔多斯市	**31570**	**1404**	**11**	**75**	**1**	**28**	**4**	**1285**
东胜区	26328	1193	9	55	1	25	3	1100
康巴什区	5197	211	2	20		3	1	185
鄂托克旗	45							
呼伦贝尔市	**35448**	**1149**	**5**	**119**		**31**	**4**	**990**
海拉尔区	13719	463	2	35		9	1	416
扎赉诺尔区	2518	27		5		3	1	18
满洲里市	6191	218	1	11		2	1	203
牙克石市	4470	142	2	21		3		116
扎兰屯市	5649	205		26		11	1	167
额尔古纳市	1639	58		15		2		41
根河市	1262	36		6		1		29
巴彦淖尔市	**18640**	**613**	**2**	**86**		**9**	**2**	**514**
临河区	18640	613	2	86		9	2	514
乌兰察布市	**20249**	**398**	**2**	**29**		**13**	**4**	**350**
集宁区	16393	322		18		7		297
丰镇市	3856	76	2	11		6	4	53
兴安盟	**12458**	**284**	**1**	**55**		**11**	**8**	**209**
乌兰浩特市	11630	257	1	47		8	8	193
阿尔山市	828	27		8		3		16
锡林郭勒盟	**17212**	**732**	**5**	**74**		**29**	**7**	**617**
二连浩特市	3492	101		12		13	1	75
锡林浩特市	13720	631	5	62		16	6	542

4−6a 续表 1

单位：人

地区 性别	合计	党的机关、国家机关、群众团体和社会组织、企事业单位负责人						
		小计	中国共产党机关负责人	国家机关负责人	民主党派和工商联负责人	人民团体和群众团体、社会组织及其他成员组织负责人	基层群众自治组织负责人	企事业单位负责人
男	**235077**	**9409**	**36**	**686**	**2**	**212**	**61**	**8412**
呼和浩特市	**51724**	**2225**	**5**	**96**	**1**	**53**	**22**	**2048**
新城区	13734	859	2	49	1	22	1	784
回民区	10166	267	2	5		10	9	241
玉泉区	11902	344		6		14	6	318
赛罕区	15922	755	1	36		7	6	705
包头市	**49206**	**1867**	**6**	**86**	**1**	**49**	**9**	**1716**
东河区	10302	320	1	13	1	11	3	291
昆都仑区	20282	867	3	31		26	2	805
青山区	12921	501	1	27		11	3	459
石拐区	337	4		1				3
白云鄂博矿区	821	17		3		1		13
九原区	4543	158	1	11			1	145
乌海市	**14327**	**322**	**1**	**38**		**6**	**1**	**276**
海勃湾区	8813	230	1	30		1		198
海南区	2122	49		4		3	1	41
乌达区	3392	43		4		2		37
赤峰市	**24291**	**1111**	**3**	**71**		**24**	**12**	**1001**
红山区	10143	396	2	22		14		358
元宝山区	4278	173		10		3	5	155
松山区	9870	542	1	39		7	7	488
通辽市	**13564**	**504**	**2**	**42**		**7**	**3**	**450**
科尔沁区	9676	353	2	31		4	2	314
霍林郭勒市	3888	151		11		3	1	136
鄂尔多斯市	**19138**	**1103**	**8**	**60**		**20**	**4**	**1011**
东胜区	16092	936	6	45		19	3	863
康巴什区	3010	167	2	15		1	1	148
鄂托克旗	36							
呼伦贝尔市	**21327**	**791**	**2**	**91**		**19**	**2**	**677**
海拉尔区	8064	312	1	26		7		278
扎赉诺尔区	1636	17		4		2		11
满洲里市	3750	146		9		1	1	135
牙克石市	2717	106	1	17		2		86
扎兰屯市	3348	141		19		5	1	116
额尔古纳市	1012	39		12		1		26
根河市	800	30		4		1		25
巴彦淖尔市	**10950**	**463**	**2**	**73**		**6**	**2**	**380**
临河区	10950	463	2	73		6	2	380
乌兰察布市	**12750**	**301**	**2**	**24**		**7**	**2**	**266**
集宁区	10109	241		15		4		222
丰镇市	2641	60	2	9		3	2	44
兴安盟	**7214**	**204**		**43**		**4**	**3**	**154**
乌兰浩特市	6709	188		37		4	3	144
阿尔山市	505	16		6				10
锡林郭勒盟	**10586**	**518**	**5**	**62**		**17**	**1**	**433**
二连浩特市	2242	76		12		8		56
锡林浩特市	8344	442	5	50		9	1	377

4－6a 续表 2　　单位：人

地区 性别	合计	党的机关、国家机关、群众团体和社会组织、企事业单位负责人						
		小计	中国共产党机关负责人	国家机关负责人	民主党派和工商联负责人	人民团体和群众团体、社会组织及其他成员组织负责人	基层群众自治组织负责人	企事业单位负责人
女	**153632**	**3479**	**12**	**172**	**2**	**129**	**46**	**3118**
呼和浩特市	**36979**	**855**		**23**	**1**	**32**	**6**	**793**
新城区	10280	364		13		13	3	335
回民区	6716	81		1		5		75
玉泉区	7683	138		1	1	9	3	124
赛罕区	12300	272		8		5		259
包头市	**30279**	**717**	**3**	**21**		**24**	**15**	**654**
东河区	5954	129		1		7	3	118
昆都仑区	12572	334		6		15	2	311
青山区	8635	192		9		2	10	171
石拐区	172	2						2
白云鄂博矿区	406	7	1	2				4
九原区	2540	53	2	3				48
乌海市	**8207**	**95**	**1**	**15**		**5**	**1**	**73**
海勃湾区	5516	65		12		3	1	49
海南区	1056	16	1	1		1		13
乌达区	1635	14		2		1		11
赤峰市	**15461**	**394**	**1**	**18**		**14**	**6**	**355**
红山区	6584	167	1	13		8	2	143
元宝山区	2156	41		1			1	39
松山区	6721	186		4		6	3	173
通辽市	**9094**	**218**		**10**		**6**	**3**	**199**
科尔沁区	7099	164		6		2	1	155
霍林郭勒市	1995	54		4		4	2	44
鄂尔多斯市	**12432**	**301**	**3**	**15**	**1**	**8**		**274**
东胜区	10236	257	3	10	1	6		237
康巴什区	2187	44		5		2		37
鄂托克旗	9							
呼伦贝尔市	**14121**	**358**	**3**	**28**		**12**	**2**	**313**
海拉尔区	5655	151	1	9		2	1	138
扎赉诺尔区	882	10		1		1	1	7
满洲里市	2441	72	1	2		1		68
牙克石市	1753	36	1	4		1		30
扎兰屯市	2301	64		7		6		51
额尔古纳市	627	19		3		1		15
根河市	462	6		2				4
巴彦淖尔市	**7690**	**150**		**13**		**3**		**134**
临河区	7690	150		13		3		134
乌兰察布市	**7499**	**97**		**5**		**6**	**2**	**84**
集宁区	6284	81		3		3		75
丰镇市	1215	16		2		3	2	9
兴安盟	**5244**	**80**	**1**	**12**		**7**	**5**	**55**
乌兰浩特市	4921	69	1	10		4	5	49
阿尔山市	323	11		2		3		6
锡林郭勒盟	**6626**	**214**		**12**		**12**	**6**	**184**
二连浩特市	1250	25				5	1	19
锡林浩特市	5376	189		12		7	5	165

4-6a　续表 3

单位：人

地区 性别	专业技术人员 小计	科学研究人员	工程技术人员	农业技术人员	飞机和船舶技术人员	卫生专业技术人员	经济和金融专业人员	法律、社会和宗教专业人员	教学人员	文学艺术、体育专业人员
内蒙古	**69692**	**348**	**14682**	**434**	**33**	**12028**	**14544**	**1877**	**22444**	**1102**
呼和浩特市	**18789**	**150**	**4376**	**103**	**12**	**2691**	**4256**	**493**	**5703**	**347**
新城区	5201	41	1141	22	5	667	1156	123	1747	113
回民区	2871	12	718	16		500	608	69	816	48
玉泉区	3294	19	852	33	1	489	754	87	875	81
赛罕区	7423	78	1665	32	6	1035	1738	214	2265	105
包头市	**13731**	**77**	**3489**	**45**	**4**	**2288**	**2535**	**323**	**4367**	**228**
东河区	2434	7	555	6	2	504	402	65	797	37
昆都仑区	5806	35	1602	20	1	962	1041	126	1754	103
青山区	4246	32	1023	14		637	863	98	1391	63
石拐区	45		15	1		6	6	2	12	2
白云鄂博矿区	119	1	51			20	15	1	28	
九原区	1081	2	243	4	1	159	208	31	385	23
乌海市	**2931**	**6**	**550**	**9**		**504**	**720**	**78**	**964**	**32**
海勃湾区	2119	3	330	7		388	551	57	709	21
海南区	305	2	73	1		41	60	16	108	2
乌达区	507	1	147	1		75	109	5	147	9
赤峰市	**7639**	**31**	**1553**	**50**	**2**	**1526**	**1345**	**174**	**2636**	**82**
红山区	2824	12	578	5	1	693	447	60	877	48
元宝山区	1140	1	210	12		210	159	22	501	4
松山区	3675	18	765	33	1	623	739	92	1258	30
通辽市	**3795**	**17**	**612**	**23**		**842**	**614**	**111**	**1389**	**67**
科尔沁区	3027	16	399	19		742	443	93	1159	49
霍林郭勒市	768	1	213	4		100	171	18	230	18
鄂尔多斯市	**6055**	**11**	**1349**	**31**	**3**	**844**	**1600**	**165**	**1813**	**102**
东胜区	4839	7	1102	24	3	662	1332	128	1398	87
康巴什区	1216	4	247	7		182	268	37	415	15
鄂托克旗										
呼伦贝尔市	**5764**	**15**	**864**	**68**	**9**	**1287**	**1219**	**203**	**1825**	**87**
海拉尔区	2370	6	382	22	6	487	534	99	703	47
扎赉诺尔区	359		61			81	76	3	113	2
满洲里市	739	1	54	5		131	226	31	256	8
牙克石市	939	6	178	8		280	129	17	288	7
扎兰屯市	873	2	138	20	2	236	131	24	290	15
额尔古纳市	240		23	9		27	62	17	89	6
根河市	244		28	4	1	45	61	12	86	2
巴彦淖尔市	**3300**	**13**	**606**	**38**	**1**	**642**	**720**	**99**	**1033**	**38**
临河区	3300	13	606	38	1	642	720	99	1033	38
乌兰察布市	**3159**	**12**	**606**	**35**		**541**	**616**	**91**	**1129**	**37**
集宁区	2652	11	529	26		452	550	86	887	34
丰镇市	507	1	77	9		89	66	5	242	3
兴安盟	**2061**	**4**	**302**	**17**	**1**	**428**	**434**	**62**	**704**	**34**
乌兰浩特市	1968	4	286	16	1	421	405	55	680	33
阿尔山市	93		16	1		7	29	7	24	1
锡林郭勒盟	**2468**	**12**	**375**	**15**	**1**	**435**	**485**	**78**	**881**	**48**
二连浩特市	339	1	26			34	99	16	117	5
锡林浩特市	2129	11	349	15	1	401	386	62	764	43

4-6a 续表 4

单位：人

地区 性别	专业技术人员									
	小计	科学研究人员	工程技术人员	农业技术人员	飞机和船舶技术人员	卫生专业技术人员	经济和金融专业人员	法律、社会和宗教专业人员	教学人员	文学艺术、体育专业人员
男	**28805**	**171**	**12232**	**293**	**30**	**3379**	**3983**	**831**	**6269**	**619**
呼和浩特市	**8048**	**69**	**3525**	**70**	**12**	**750**	**1194**	**232**	**1713**	**204**
新城区	2151	14	876	12	5	186	312	53	540	64
回民区	1271	8	616	9		141	159	34	236	30
玉泉区	1446	9	720	27	1	124	201	37	233	48
赛罕区	3180	38	1313	22	6	299	522	108	704	62
包头市	**5846**	**39**	**2916**	**26**	**3**	**630**	**609**	**130**	**1176**	**124**
东河区	1012	4	488	6	1	131	100	27	211	17
昆都仑区	2538	17	1342	10	1	268	241	45	470	55
青山区	1764	16	823	6		180	216	47	377	35
石拐区	20		13			2	1		3	1
白云鄂博矿区	60	1	35			5	5		12	
九原区	452	1	215	4	1	44	46	11	103	16
乌海市	**1019**	**1**	**452**	**6**		**127**	**146**	**33**	**218**	**13**
海勃湾区	707	1	273	4		97	120	25	161	10
海南区	115		63	1		12	13	6	19	1
乌达区	197		116	1		18	13	2	38	2
赤峰市	**3306**	**15**	**1352**	**34**	**1**	**467**	**426**	**78**	**762**	**46**
红山区	1236	5	498	4		205	140	30	259	28
元宝山区	469		193	10		59	44	13	133	2
松山区	1601	10	661	20	1	203	242	35	370	16
通辽市	**1501**	**9**	**515**	**19**		**236**	**175**	**57**	**393**	**38**
科尔沁区	1187	9	330	15		209	136	52	350	28
霍林郭勒市	314		185	4		27	39	5	43	10
鄂尔多斯市	**2568**	**2**	**1138**	**17**	**3**	**267**	**516**	**70**	**457**	**49**
东胜区	2097	2	940	13	3	216	441	57	350	40
康巴什区	471		198	4		51	75	13	107	9
鄂托克旗										
呼伦贝尔市	**2181**	**8**	**741**	**46**	**9**	**334**	**333**	**82**	**485**	**52**
海拉尔区	902	4	323	18	6	120	139	40	181	33
扎赉诺尔区	131		57			19	15	2	22	1
满洲里市	243		48	2		45	60	9	59	4
牙克石市	386	4	154	4		75	40	7	85	4
扎兰屯市	331		115	12	2	57	38	11	84	7
额尔古纳市	88		18	8		8	17	8	25	2
根河市	100		26	2	1	10	24	5	29	1
巴彦淖尔市	**1279**	**11**	**499**	**28**	**1**	**168**	**180**	**49**	**269**	**26**
临河区	1279	11	499	28	1	168	180	49	269	26
乌兰察布市	**1338**	**8**	**534**	**28**		**164**	**168**	**37**	**345**	**21**
集宁区	1115	8	466	20		137	148	34	254	19
丰镇市	223		68	8		27	20	3	91	2
兴安盟	**744**	**2**	**251**	**8**		**110**	**112**	**29**	**186**	**19**
乌兰浩特市	709	2	238	8		108	105	27	181	18
阿尔山市	35		13			2	7	2	5	1
锡林郭勒盟	**975**	**7**	**309**	**11**	**1**	**126**	**124**	**34**	**265**	**27**
二连浩特市	112		23			13	25	6	27	3
锡林浩特市	863	7	286	11	1	113	99	28	238	24

4-6a 续表 5

单位：人

地区 性别	专业技术人员 小计	科学研究人员	工程技术人员	农业技术人员	飞机和船舶技术人员	卫生专业技术人员	经济和金融专业人员	法律、社会和宗教专业人员	教学人员	文学艺术、体育专业人员
女	40887	177	2450	141	3	8649	10561	1046	16175	483
呼和浩特市	10741	81	851	33		1941	3062	261	3990	143
新城区	3050	27	265	10		481	844	70	1207	49
回民区	1600	4	102	7		359	449	35	580	18
玉泉区	1848	10	132	6		365	553	50	642	33
赛罕区	4243	40	352	10		736	1216	106	1561	43
包头市	7885	38	573	19	1	1658	1926	193	3191	104
东河区	1422	3	67		1	373	302	38	586	20
昆都仑区	3268	18	260	10		694	800	81	1284	48
青山区	2482	16	200	8		457	647	51	1014	28
石拐区	25		2	1		4	5	2	9	1
白云鄂博矿区	59		16			15	10	1	16	
九原区	629	1	28			115	162	20	282	7
乌海市	1912	5	98	3		377	574	45	746	19
海勃湾区	1412	2	57	3		291	431	32	548	11
海南区	190	2	10			29	47	10	89	1
乌达区	310	1	31			57	96	3	109	7
赤峰市	4333	16	201	16	1	1059	919	96	1874	36
红山区	1588	7	80	1	1	488	307	30	618	20
元宝山区	671	1	17	2		151	115	9	368	2
松山区	2074	8	104	13		420	497	57	888	14
通辽市	2294	8	97	4		606	439	54	996	29
科尔沁区	1840	7	69	4		533	307	41	809	21
霍林郭勒市	454	1	28			73	132	13	187	8
鄂尔多斯市	3487	9	211	14		577	1084	95	1356	53
东胜区	2742	5	162	11		446	891	71	1048	47
康巴什区	745	4	49	3		131	193	24	308	6
鄂托克旗										
呼伦贝尔市	3583	7	123	22		953	886	121	1340	35
海拉尔区	1468	2	59	4		367	395	59	522	14
扎赉诺尔区	228		4			62	61	1	91	1
满洲里市	496	1	6	3		86	166	22	197	4
牙克石市	553	2	24	4		205	89	10	203	3
扎兰屯市	542	2	23	8		179	93	13	206	8
额尔古纳市	152		5	1		19	45	9	64	4
根河市	144		2	2		35	37	7	57	1
巴彦淖尔市	2021	2	107	10		474	540	50	764	12
临河区	2021	2	107	10		474	540	50	764	12
乌兰察布市	1821	4	72	7		377	448	54	784	16
集宁区	1537	3	63	6		315	402	52	633	15
丰镇市	284	1	9	1		62	46	2	151	1
兴安盟	1317	2	51	9	1	318	322	33	518	15
乌兰浩特市	1259	2	48	8	1	313	300	28	499	15
阿尔山市	58		3	1		5	22	5	19	
锡林郭勒盟	1493	5	66	4		309	361	44	616	21
二连浩特市	227	1	3			21	74	10	90	2
锡林浩特市	1266	4	63	4		288	287	34	526	19

4—6a 续表 6

单位：人

地 区 性 别	专业技术人员		办事人员和有关人员				社会生产服务和生活服务人员		
	新闻出版、文化专业人员	其他专业技术人员	小计	办事人员	安全和消防人员	其他办事人员和有关人员	小计	批发与零售服务人员	交通运输、仓储和邮政业服务人员
内蒙古	**1726**	**474**	**53613**	**44549**	**8596**	**468**	**174932**	**64884**	**36726**
呼和浩特市	**580**	**78**	**14865**	**12801**	**1987**	**77**	**40000**	**15433**	**6413**
新城区	152	34	4349	3686	631	32	10228	4182	1579
回民区	79	5	1879	1466	405	8	9067	3500	1745
玉泉区	73	30	2129	1668	427	34	9964	3999	1617
赛罕区	276	9	6508	5981	524	3	10741	3752	1472
包头市	**213**	**162**	**8642**	**6974**	**1527**	**141**	**35440**	**13836**	**7555**
东河区	27	32	1625	1204	402	19	8317	3332	2160
昆都仑区	74	88	3515	2927	552	36	13783	5762	2690
青山区	94	31	2629	2157	401	71	9369	3470	1696
石拐区	1		63	50	13		234	53	52
白云鄂博矿区	1	2	161	87	67	7	305	71	67
九原区	16	9	649	549	92	8	3432	1148	890
乌海市	**62**	**6**	**2693**	**2287**	**392**	**14**	**9246**	**2933**	**2314**
海勃湾区	51	2	2132	1858	270	4	6231	2073	1469
海南区	2		155	121	30	4	1193	286	389
乌达区	9	4	406	308	92	6	1822	574	456
赤峰市	**158**	**82**	**4365**	**3571**	**747**	**47**	**17415**	**6967**	**3297**
红山区	62	41	1647	1346	277	24	8264	3412	1578
元宝山区	9	12	767	622	135	10	2281	733	594
松山区	87	29	1951	1603	335	13	6870	2822	1125
通辽市	**98**	**22**	**2715**	**2066**	**607**	**42**	**10856**	**3765**	**2711**
科尔沁区	85	22	2152	1638	472	42	8653	3159	2025
霍林郭勒市	13		563	428	135		2203	606	686
鄂尔多斯市	**128**	**9**	**4224**	**3510**	**688**	**26**	**14064**	**4969**	**2802**
东胜区	89	7	2967	2433	519	15	12384	4534	2548
康巴什区	39	2	1254	1076	167	11	1665	434	248
鄂托克旗			3	1	2		15	1	6
呼伦贝尔市	**151**	**36**	**5432**	**4425**	**934**	**73**	**16038**	**5707**	**3962**
海拉尔区	71	13	2168	1818	331	19	6571	2398	1555
扎赉诺尔区	7	16	368	300	56	12	943	274	240
满洲里市	26	1	936	777	157	2	3046	1126	879
牙克石市	24	2	778	606	166	6	1840	648	446
扎兰屯市	13	2	562	465	94	3	2637	932	603
额尔古纳市	5	2	295	235	56	4	597	197	141
根河市	5		325	224	74	27	404	132	98
巴彦淖尔市	**86**	**24**	**2550**	**2090**	**439**	**21**	**8680**	**3348**	**1815**
临河区	86	24	2550	2090	439	21	8680	3348	1815
乌兰察布市	**91**	**1**	**3504**	**3089**	**409**	**6**	**9197**	**3047**	**2474**
集宁区	76	1	2983	2644	338	1	7601	2576	2045
丰镇市	15		521	445	71	5	1596	471	429
兴安盟	**72**	**3**	**2078**	**1676**	**401**	**1**	**5747**	**1963**	**1223**
乌兰浩特市	64	3	1833	1509	324		5405	1916	1132
阿尔山市	8		245	167	77	1	342	47	91
锡林郭勒盟	**87**	**51**	**2545**	**2060**	**465**	**20**	**8249**	**2916**	**2160**
二连浩特市	41		423	329	93	1	2165	879	604
锡林浩特市	46	51	2122	1731	372	19	6084	2037	1556

4-6a 续表 7

单位：人

地区 性别	专业技术人员		办事人员和有关人员				社会生产服务和生活服务人员		
	新闻出版、文化专业人员	其他专业技术人员	小计	办事人员	安全和消防人员	其他办事人员和有关人员	小计	批发与零售服务人员	交通运输、仓储和邮政业服务人员
男	**644**	**354**	**32912**	**25178**	**7459**	**275**	**100428**	**30259**	**31937**
呼和浩特市	**226**	**53**	**8851**	**7124**	**1692**	**35**	**22859**	**7653**	**5395**
新城区	63	26	2577	2050	513	14	5784	2100	1279
回民区	36	2	1120	762	354	4	5225	1664	1492
玉泉区	25	21	1313	908	389	16	5695	1944	1428
赛罕区	102	4	3841	3404	436	1	6155	1945	1196
包头市	**65**	**128**	**5230**	**3783**	**1367**	**80**	**20417**	**6594**	**6495**
东河区	2	25	1043	662	372	9	5023	1655	1846
昆都仑区	22	67	2093	1582	494	17	7733	2615	2329
青山区	37	27	1582	1188	349	45	5252	1668	1422
石拐区			39	26	13		136	32	43
白云鄂博矿区		2	95	34	56	5	152	32	48
九原区	4	7	378	291	83	4	2121	592	807
乌海市	**18**	**5**	**1610**	**1246**	**355**	**9**	**5503**	**1372**	**2024**
海勃湾区	15	1	1279	1034	243	2	3666	967	1286
海南区			85	55	26	4	755	151	343
乌达区	3	4	246	157	86	3	1082	254	395
赤峰市	**65**	**60**	**2807**	**2118**	**660**	**29**	**9897**	**3301**	**2885**
红山区	34	33	1049	786	247	16	4751	1629	1365
元宝山区	5	10	504	378	120	6	1391	345	544
松山区	26	17	1254	954	293	7	3755	1327	976
通辽市	**44**	**15**	**1704**	**1170**	**508**	**26**	**6078**	**1506**	**2354**
科尔沁区	43	15	1370	944	400	26	4888	1320	1748
霍林郭勒市	1		334	226	108		1190	186	606
鄂尔多斯市	**42**	**7**	**2521**	**1910**	**594**	**17**	**8079**	**2387**	**2485**
东胜区	30	5	1777	1317	451	9	7140	2174	2265
康巴什区	12	2	741	592	141	8	926	213	214
鄂托克旗			3	1	2		13		6
呼伦贝尔市	**65**	**26**	**3415**	**2533**	**831**	**51**	**9315**	**2504**	**3498**
海拉尔区	29	9	1331	1036	282	13	3781	1015	1374
扎赉诺尔区	2	13	235	173	53	9	542	91	217
满洲里市	15	1	585	445	139	1	1846	569	750
牙克石市	11	2	513	358	150	5	1100	305	397
扎兰屯市	4	1	357	267	88	2	1457	373	546
额尔古纳市	2		182	127	53	2	340	82	126
根河市	2		212	127	66	19	249	69	88
巴彦淖尔市	**31**	**17**	**1574**	**1196**	**367**	**11**	**4858**	**1523**	**1615**
临河区	31	17	1574	1196	367	11	4858	1523	1615
乌兰察布市	**33**		**2274**	**1917**	**354**	**3**	**5421**	**1283**	**2188**
集宁区	29		1905	1611	293	1	4415	1066	1796
丰镇市	4		369	306	61	2	1006	217	392
兴安盟	**26**	**1**	**1280**	**942**	**338**		**3118**	**787**	**1092**
乌兰浩特市	21	1	1115	849	266		2930	768	1012
阿尔山市	5		165	93	72		188	19	80
锡林郭勒盟	**29**	**42**	**1646**	**1239**	**393**	**14**	**4883**	**1349**	**1906**
二连浩特市	15		290	207	82	1	1371	477	559
锡林浩特市	14	42	1356	1032	311	13	3512	872	1347

4-6a 续表 8　　单位：人

地区 性别	专业技术人员		办事人员和有关人员				社会生产服务和生活服务人员		
	新闻出版、文化专业人员	其他专业技术人员	小计	办事人员	安全和消防人员	其他办事人员和有关人员	小计	批发与零售服务人员	交通运输、仓储和邮政业服务人员
女	**1082**	**120**	**20701**	**19371**	**1137**	**193**	**74504**	**34625**	**4789**
呼和浩特市	**354**	**25**	**6014**	**5677**	**295**	**42**	**17141**	**7780**	**1018**
新城区	89	8	1772	1636	118	18	4444	2082	300
回民区	43	3	759	704	51	4	3842	1836	253
玉泉区	48	9	816	760	38	18	4269	2055	189
赛罕区	174	5	2667	2577	88	2	4586	1807	276
包头市	**148**	**34**	**3412**	**3191**	**160**	**61**	**15023**	**7242**	**1060**
东河区	25	7	582	542	30	10	3294	1677	314
昆都仑区	52	21	1422	1345	58	19	6050	3147	361
青山区	57	4	1047	969	52	26	4117	1802	274
石拐区	1		24	24			98	21	9
白云鄂博矿区	1		66	53	11	2	153	39	19
九原区	12	2	271	258	9	4	1311	556	83
乌海市	**44**	**1**	**1083**	**1041**	**37**	**5**	**3743**	**1561**	**290**
海勃湾区	36	1	853	824	27	2	2565	1106	183
海南区	2		70	66	4		438	135	46
乌达区	6		160	151	6	3	740	320	61
赤峰市	**93**	**22**	**1558**	**1453**	**87**	**18**	**7518**	**3666**	**412**
红山区	28	8	598	560	30	8	3513	1783	213
元宝山区	4	2	263	244	15	4	890	388	50
松山区	61	12	697	649	42	6	3115	1495	149
通辽市	**54**	**7**	**1011**	**896**	**99**	**16**	**4778**	**2259**	**357**
科尔沁区	42	7	782	694	72	16	3765	1839	277
霍林郭勒市	12		229	202	27		1013	420	80
鄂尔多斯市	**86**	**2**	**1703**	**1600**	**94**	**9**	**5985**	**2582**	**317**
东胜区	59	2	1190	1116	68	6	5244	2360	283
康巴什区	27		513	484	26	3	739	221	34
鄂托克旗							2	1	
呼伦贝尔市	**86**	**10**	**2017**	**1892**	**103**	**22**	**6723**	**3203**	**464**
海拉尔区	42	4	837	782	49	6	2790	1383	181
扎赉诺尔区	5	3	133	127	3	3	401	183	23
满洲里市	11		351	332	18	1	1200	557	129
牙克石市	13		265	248	16	1	740	343	49
扎兰屯市	9	1	205	198	6	1	1180	559	57
额尔古纳市	3	2	113	108	3	2	257	115	15
根河市	3		113	97	8	8	155	63	10
巴彦淖尔市	**55**	**7**	**976**	**894**	**72**	**10**	**3822**	**1825**	**200**
临河区	55	7	976	894	72	10	3822	1825	200
乌兰察布市	**58**	**1**	**1230**	**1172**	**55**	**3**	**3776**	**1764**	**286**
集宁区	47	1	1078	1033	45		3186	1510	249
丰镇市	11		152	139	10	3	590	254	37
兴安盟	**46**	**2**	**798**	**734**	**63**	**1**	**2629**	**1176**	**131**
乌兰浩特市	43	2	718	660	58		2475	1148	120
阿尔山市	3		80	74	5	1	154	28	11
锡林郭勒盟	**58**	**9**	**899**	**821**	**72**	**6**	**3366**	**1567**	**254**
二连浩特市	26		133	122	11		794	402	45
锡林浩特市	32	9	766	699	61	6	2572	1165	209

4-6a 续表 9

单位：人

地区 性别	社会生产服务和生活服务人员								
	住宿和餐饮服务人员	信息传输、软件和信息技术服务人员	金融服务人员	房地产服务人员	租赁和商务服务人员	技术辅助服务人员	水利、环境和公共设施管理服务人员	居民服务人员	电力、燃气及水供应服务人员
内蒙古	**21652**	**3864**	**6657**	**3318**	**4695**	**3778**	**8620**	**10821**	**2521**
呼和浩特市	**5150**	**1333**	**1862**	**1051**	**1391**	**1125**	**1873**	**2220**	**677**
新城区	1218	358	574	232	269	307	419	517	168
回民区	1261	189	234	241	273	151	463	523	130
玉泉区	1495	263	223	229	272	233	485	604	155
赛罕区	1176	523	831	349	577	434	506	576	224
包头市	**4396**	**600**	**1138**	**672**	**795**	**721**	**1415**	**2230**	**553**
东河区	967	108	168	189	144	119	251	484	113
昆都仑区	1627	276	409	210	249	308	526	874	194
青山区	1254	162	443	203	283	231	392	633	202
石拐区	41	2	2	8	18	2	32	9	6
白云鄂博矿区	49	6	7	3	8	12	24	28	14
九原区	458	46	109	59	93	49	190	202	24
乌海市	**1031**	**178**	**344**	**136**	**230**	**201**	**558**	**725**	**125**
海勃湾区	659	146	290	111	164	163	339	449	88
海南区	145	16	26	11	36	16	89	60	20
乌达区	227	16	28	14	30	22	130	216	17
赤峰市	**1882**	**353**	**641**	**369**	**376**	**382**	**837**	**1227**	**212**
红山区	883	150	251	183	175	188	395	567	96
元宝山区	230	51	84	13	49	38	102	211	55
松山区	769	152	306	173	152	156	340	449	61
通辽市	**1314**	**187**	**381**	**174**	**214**	**163**	**494**	**791**	**199**
科尔沁区	1030	156	353	156	176	125	317	635	164
霍林郭勒市	284	31	28	18	38	38	177	156	35
鄂尔多斯市	**1777**	**277**	**508**	**363**	**357**	**305**	**1116**	**783**	**170**
东胜区	1478	236	438	303	288	263	886	700	128
康巴什区	297	41	70	60	69	42	230	82	38
鄂托克旗	2							1	4
呼伦贝尔市	**2040**	**298**	**577**	**175**	**499**	**291**	**662**	**997**	**225**
海拉尔区	809	151	236	76	225	135	286	346	86
扎赉诺尔区	134	10	36	5	58	22	52	52	23
满洲里市	339	36	121	39	44	48	104	165	38
牙克石市	264	41	68	8	28	31	58	165	22
扎兰屯市	364	44	78	40	110	45	105	192	29
额尔古纳市	81	4	20	3	24	3	34	53	13
根河市	49	12	18	4	10	7	23	24	14
巴彦淖尔市	**1120**	**181**	**410**	**114**	**117**	**176**	**374**	**548**	**90**
临河区	1120	181	410	114	117	176	374	548	90
乌兰察布市	**1175**	**206**	**271**	**65**	**368**	**174**	**585**	**413**	**120**
集宁区	914	166	224	55	317	160	494	345	86
丰镇市	261	40	47	10	51	14	91	68	34
兴安盟	**829**	**114**	**250**	**87**	**174**	**96**	**313**	**380**	**36**
乌兰浩特市	744	102	239	84	155	91	272	372	31
阿尔山市	85	12	11	3	19	5	41	8	5
锡林郭勒盟	**938**	**137**	**275**	**112**	**174**	**144**	**393**	**507**	**114**
二连浩特市	222	29	62	9	84	28	107	70	14
锡林浩特市	716	108	213	103	90	116	286	437	100

4−6a 续表 10

单位：人

地区 性别	社会生产服务和生活服务人员								
	住宿和餐饮服务人员	信息传输、软件和信息技术服务人员	金融服务人员	房地产服务人员	租赁和商务服务人员	技术辅助服务人员	水利、环境和公共设施管理服务人员	居民服务人员	电力、燃气及水供应服务人员
男	**10471**	**2364**	**2751**	**1873**	**3412**	**2413**	**3499**	**3663**	**1896**
呼和浩特市	**2710**	**777**	**820**	**633**	**958**	**731**	**796**	**737**	**495**
新城区	665	199	266	137	177	188	174	170	124
回民区	635	123	88	157	202	103	220	162	94
玉泉区	808	150	96	125	172	149	184	201	122
赛罕区	602	305	370	214	407	291	218	204	155
包头市	**2130**	**393**	**444**	**395**	**580**	**445**	**597**	**739**	**392**
东河区	464	78	70	109	101	73	130	194	84
昆都仑区	817	181	149	141	167	185	224	262	136
青山区	610	102	173	111	214	149	149	205	141
石拐区	14	2	1	4	11	1	14	3	4
白云鄂博矿区	14	2	1	1	4	6	8	16	8
九原区	211	28	50	29	83	31	72	59	19
乌海市	**467**	**122**	**135**	**57**	**173**	**133**	**227**	**324**	**81**
海勃湾区	314	101	116	49	121	114	144	170	55
海南区	57	12	8	3	28	9	28	16	16
乌达区	96	9	11	5	24	10	55	138	10
赤峰市	**891**	**203**	**303**	**208**	**279**	**245**	**273**	**442**	**177**
红山区	427	85	128	108	130	121	138	222	80
元宝山区	91	27	39	7	43	24	42	86	42
松山区	373	91	136	93	106	100	93	134	55
通辽市	**596**	**120**	**159**	**92**	**142**	**108**	**187**	**285**	**157**
科尔沁区	512	98	149	87	118	84	127	239	125
霍林郭勒市	84	22	10	5	24	24	60	46	32
鄂尔多斯市	**884**	**178**	**178**	**193**	**268**	**183**	**466**	**209**	**137**
东胜区	733	148	153	163	210	160	373	185	104
康巴什区	149	30	25	30	58	23	93	24	29
鄂托克旗	2								4
呼伦贝尔市	**935**	**177**	**241**	**102**	**376**	**191**	**292**	**346**	**182**
海拉尔区	399	83	107	37	161	94	131	100	73
扎赉诺尔区	63	7	14	2	51	18	20	17	17
满洲里市	154	20	51	27	27	28	44	65	27
牙克石市	122	29	25	7	22	18	28	81	15
扎兰屯市	147	26	28	24	91	27	41	52	26
额尔古纳市	33	3	9	2	16		19	22	11
根河市	17	9	7	3	8	6	9	9	13
巴彦淖尔市	**560**	**102**	**139**	**54**	**70**	**116**	**132**	**166**	**70**
临河区	560	102	139	54	70	116	132	166	70
乌兰察布市	**530**	**129**	**116**	**34**	**293**	**109**	**264**	**135**	**88**
集宁区	398	102	95	29	256	103	213	106	63
丰镇市	132	27	21	5	37	6	51	29	25
兴安盟	**351**	**72**	**105**	**44**	**140**	**57**	**129**	**94**	**29**
乌兰浩特市	324	63	102	43	123	55	117	93	24
阿尔山市	27	9	3	1	17	2	12	1	5
锡林郭勒盟	**417**	**91**	**111**	**61**	**133**	**95**	**136**	**186**	**88**
二连浩特市	76	20	22	7	68	22	42	19	12
锡林浩特市	341	71	89	54	65	73	94	167	76

4-6a 续表 11

单位：人

地 区 性 别	社会生产服务和生活服务人员								
	住宿和餐饮服务人员	信息传输、软件和信息技术服务人员	金融服务人员	房地产服务人员	租赁和商务服务人员	技术辅助服务人员	水利、环境和公共设施管理服务人员	居民服务人员	电力、燃气及水供应服务人员
女	**11181**	**1500**	**3906**	**1445**	**1283**	**1365**	**5121**	**7158**	**625**
呼和浩特市	**2440**	**556**	**1042**	**418**	**433**	**394**	**1077**	**1483**	**182**
新城区	553	159	308	95	92	119	245	347	44
回民区	626	66	146	84	71	48	243	361	36
玉泉区	687	113	127	104	100	84	301	403	33
赛罕区	574	218	461	135	170	143	288	372	69
包头市	**2266**	**207**	**694**	**277**	**215**	**276**	**818**	**1491**	**161**
东河区	503	30	98	80	43	46	121	290	29
昆都仑区	810	95	260	69	82	123	302	612	58
青山区	644	60	270	92	69	82	243	428	61
石拐区	27		1	4	7	1	18	6	2
白云鄂博矿区	35	4	6	2	4	6	16	12	6
九原区	247	18	59	30	10	18	118	143	5
乌海市	**564**	**56**	**209**	**79**	**57**	**68**	**331**	**401**	**44**
海勃湾区	345	45	174	62	43	49	195	279	33
海南区	88	4	18	8	8	7	61	44	4
乌达区	131	7	17	9	6	12	75	78	7
赤峰市	**991**	**150**	**338**	**161**	**97**	**137**	**564**	**785**	**35**
红山区	456	65	123	75	45	67	257	345	16
元宝山区	139	24	45	6	6	14	60	125	13
松山区	396	61	170	80	46	56	247	315	6
通辽市	**718**	**67**	**222**	**82**	**72**	**55**	**307**	**506**	**42**
科尔沁区	518	58	204	69	58	41	190	396	39
霍林郭勒市	200	9	18	13	14	14	117	110	3
鄂尔多斯市	**893**	**99**	**330**	**170**	**89**	**122**	**650**	**574**	**33**
东胜区	745	88	285	140	78	103	513	515	24
康巴什区	148	11	45	30	11	19	137	58	9
鄂托克旗								1	
呼伦贝尔市	**1105**	**121**	**336**	**73**	**123**	**100**	**370**	**651**	**43**
海拉尔区	410	68	129	39	64	41	155	246	13
扎赉诺尔区	71	3	22	3	7	4	32	35	6
满洲里市	185	16	70	12	17	20	60	100	11
牙克石市	142	12	43	1	6	13	30	84	7
扎兰屯市	217	18	50	16	19	18	64	140	3
额尔古纳市	48	1	11	1	8	3	15	31	2
根河市	32	3	11	1	2	1	14	15	1
巴彦淖尔市	**560**	**79**	**271**	**60**	**47**	**60**	**242**	**382**	**20**
临河区	560	79	271	60	47	60	242	382	20
乌兰察布市	**645**	**77**	**155**	**31**	**75**	**65**	**321**	**278**	**32**
集宁区	516	64	129	26	61	57	281	239	23
丰镇市	129	13	26	5	14	8	40	39	9
兴安盟	**478**	**42**	**145**	**43**	**34**	**39**	**184**	**286**	**7**
乌兰浩特市	420	39	137	41	32	36	155	279	7
阿尔山市	58	3	8	2	2	3	29	7	
锡林郭勒盟	**521**	**46**	**164**	**51**	**41**	**49**	**257**	**321**	**26**
二连浩特市	146	9	40	2	16	6	65	51	2
锡林浩特市	375	37	124	49	25	43	192	270	24

4-6a 续表 12

单位：人

地区 性别	社会生产服务和生活服务人员				农、林、牧、渔业生产及辅助人员				
	修理及制作服务人员	文化、体育和娱乐服务人员	健康服务人员	其他社会生产和生活服务人员	小计	农业生产人员	林业生产人员	畜牧业生产人员	渔业生产人员
内蒙古	**5474**	**1110**	**540**	**272**	**5928**	**3085**	**676**	**1797**	**66**
呼和浩特市	**1027**	**307**	**108**	**30**	**542**	**303**	**55**	**144**	**4**
新城区	267	93	30	15	125	55	19	38	3
回民区	274	59	19	5	74	40	5	27	
玉泉区	284	64	31	10	170	100	14	44	1
赛罕区	202	91	28		173	108	17	35	
包头市	**1074**	**250**	**118**	**87**	**694**	**410**	**40**	**210**	**12**
东河区	206	41	19	16	198	122	15	49	3
昆都仑区	454	98	51	55	234	146	6	67	3
青山区	257	96	36	11	124	65	11	44	3
石拐区	6	1		2	15	6	4	5	
白云鄂博矿区	13	2	1		16	5		11	
九原区	138	12	11	3	107	66	4	34	3
乌海市	**397**	**41**	**26**	**7**	**137**	**66**	**10**	**51**	**2**
海勃湾区	225	35	17	3	86	44	3	33	2
海南区	88	3	6	2	25	14	2	7	
乌达区	84	3	3	2	26	8	5	11	
赤峰市	**635**	**97**	**61**	**79**	**705**	**490**	**24**	**157**	**4**
红山区	309	47	21	9	233	169	12	42	1
元宝山区	84	11	8	18	174	100	8	57	1
松山区	242	39	32	52	298	221	4	58	2
通辽市	**351**	**59**	**30**	**23**	**402**	**262**	**17**	**113**	
科尔沁区	262	48	24	23	330	237	13	73	
霍林郭勒市	89	11	6		72	25	4	40	
鄂尔多斯市	**476**	**101**	**50**	**10**	**439**	**234**	**37**	**155**	**5**
东胜区	448	83	45	6	381	199	31	138	5
康巴什区	27	18	5	4	38	16	6	16	
鄂托克旗	1				20	19		1	
呼伦贝尔市	**450**	**103**	**40**	**12**	**1253**	**463**	**370**	**260**	**33**
海拉尔区	203	39	24	2	214	80	46	71	1
扎赉诺尔区	20	13	2	2	99	8	7	53	29
满洲里市	81	16	3	7	34	5	5	22	1
牙克石市	47	11	3		184	83	83	13	2
扎兰屯市	74	17	4		320	212	62	35	
额尔古纳市	15	6	3		251	74	25	60	
根河市	10	1	1	1	151	1	142	6	
巴彦淖尔市	**294**	**48**	**34**	**11**	**570**	**376**	**14**	**159**	**2**
临河区	294	48	34	11	570	376	14	159	2
乌兰察布市	**252**	**28**	**19**		**284**	**176**	**18**	**75**	
集宁区	182	23	14		188	114	11	52	
丰镇市	70	5	5		96	62	7	23	
兴安盟	**219**	**33**	**29**	**1**	**413**	**248**	**75**	**77**	**4**
乌兰浩特市	206	31	29	1	358	242	34	69	4
阿尔山市	13	2			55	6	41	8	
锡林郭勒盟	**299**	**43**	**25**	**12**	**489**	**57**	**16**	**396**	
二连浩特市	46	9	2		41	4	3	34	
锡林浩特市	253	34	23	12	448	53	13	362	

4-6a　续表 13

单位：人

地　区 性　别	社会生产服务和生活服务人员				农、林、牧、渔业生产及辅助人员				
	修理及制作服务人　员	文化、体育和娱乐服务人员	健康服务人　员	其他社会生产和生活服务人　员	小计	农业生产人　员	林业生产人　员	畜牧业生产人员	渔业生产人　员
男	**4923**	**648**	**169**	**150**	**4306**	**2113**	**547**	**1351**	**54**
呼和浩特市	**928**	**174**	**36**	**16**	**417**	**224**	**45**	**120**	**3**
新城区	246	46	7	6	94	43	16	27	2
回民区	241	32	8	4	63	34	4	23	
玉泉区	259	38	13	6	135	71	13	41	1
赛罕区	182	58	8		125	76	12	29	
包头市	**972**	**151**	**44**	**46**	**510**	**292**	**29**	**167**	**9**
东河区	183	22	5	9	139	80	11	40	2
昆都仑区	417	59	23	28	176	108	4	55	3
青山区	228	60	14	6	91	49	7	32	2
石拐区	5	1		1	10	4	3	3	
白云鄂博矿区	12				14	4		10	
九原区	127	9	2	2	80	47	4	27	2
乌海市	**353**	**28**	**3**	**4**	**97**	**44**	**10**	**37**	**2**
海勃湾区	201	24	3	1	61	31	3	23	2
海南区	79	3		2	16	7	2	6	
乌达区	73	1		1	20	6	5	8	
赤峰市	**571**	**59**	**15**	**45**	**467**	**298**	**16**	**127**	**4**
红山区	274	32	7	5	147	99	8	32	1
元宝山区	78	7	2	14	114	60	5	45	1
松山区	219	20	6	26	206	139	3	50	2
通辽市	**315**	**34**	**8**	**15**	**266**	**157**	**16**	**84**	
科尔沁区	232	27	7	15	210	138	12	54	
霍林郭勒市	83	7	1		56	19	4	30	
鄂尔多斯市	**430**	**61**	**16**	**4**	**320**	**161**	**30**	**119**	**3**
东胜区	405	50	14	3	275	135	25	105	3
康巴什区	24	11	2	1	30	12	5	13	
鄂托克旗	1				15	14		1	
呼伦贝尔市	**400**	**54**	**11**	**6**	**936**	**322**	**296**	**175**	**27**
海拉尔区	176	22	7	2	161	54	41	51	1
扎赉诺尔区	19	5		1	69	5	4	34	24
满洲里市	72	8	2	2	24	2	4	16	1
牙克石市	45	5	1		145	66	68	8	1
扎兰屯市	66	9	1		201	136	35	21	
额尔古纳市	13	4			204	58	18	41	
根河市	9	1		1	132	1	126	4	
巴彦淖尔市	**267**	**29**	**10**	**5**	**423**	**273**	**10**	**122**	**2**
临河区	267	29	10	5	423	273	10	122	2
乌兰察布市	**232**	**12**	**8**		**222**	**127**	**18**	**67**	
集宁区	171	11	6		148	84	11	45	
丰镇市	61	1	2		74	43	7	22	
兴安盟	**186**	**20**	**11**	**1**	**303**	**172**	**65**	**54**	**4**
乌兰浩特市	174	20	11	1	255	169	26	48	4
阿尔山市	12				48	3	39	6	
锡林郭勒盟	**269**	**26**	**7**	**8**	**345**	**43**	**12**	**279**	
二连浩特市	41	6			30	3	1	26	
锡林浩特市	228	20	7	8	315	40	11	253	

4—6a 续表 14 单位：人

地区 性别	社会生产服务和生活服务人员				农、林、牧、渔业生产及辅助人员				
	修理及制作服务人员	文化、体育和娱乐服务人员	健康服务人员	其他社会生产和生活服务人员	小计	农业生产人员	林业生产人员	畜牧业生产人员	渔业生产人员
女	**551**	**462**	**371**	**122**	**1622**	**972**	**129**	**446**	**12**
呼和浩特市	**99**	**133**	**72**	**14**	**125**	**79**	**10**	**24**	**1**
新城区	21	47	23	9	31	12	3	11	1
回民区	33	27	11	1	11	6	1	4	
玉泉区	25	26	18	4	35	29	1	3	
赛罕区	20	33	20		48	32	5	6	
包头市	**102**	**99**	**74**	**41**	**184**	**118**	**11**	**43**	**3**
东河区	23	19	14	7	59	42	4	9	1
昆都仑区	37	39	28	27	58	38	2	12	
青山区	29	36	22	5	33	16	4	12	1
石拐区	1			1	5	2	1	2	
白云鄂博矿区	1	2	1		2	1		1	
九原区	11	3	9	1	27	19		7	1
乌海市	**44**	**13**	**23**	**3**	**40**	**22**		**14**	
海勃湾区	24	11	14	2	25	13		10	
海南区	9		6		9	7		1	
乌达区	11	2	3	1	6	2		3	
赤峰市	**64**	**38**	**46**	**34**	**238**	**192**	**8**	**30**	
红山区	35	15	14	4	86	70	4	10	
元宝山区	6	4	6	4	60	40	3	12	
松山区	23	19	26	26	92	82	1	8	
通辽市	**36**	**25**	**22**	**8**	**136**	**105**	**1**	**29**	
科尔沁区	30	21	17	8	120	99	1	19	
霍林郭勒市	6	4	5		16	6		10	
鄂尔多斯市	**46**	**40**	**34**	**6**	**119**	**73**	**7**	**36**	**2**
东胜区	43	33	31	3	106	64	6	33	2
康巴什区	3	7	3	3	8	4	1	3	
鄂托克旗					5	5			
呼伦贝尔市	**50**	**49**	**29**	**6**	**317**	**141**	**74**	**85**	**6**
海拉尔区	27	17	17		53	26	5	20	
扎赉诺尔区	1	8	2	1	30	3	3	19	5
满洲里市	9	8	1	5	10	3	1	6	
牙克石市	2	6	2		39	17	15	5	1
扎兰屯市	8	8	3		119	76	27	14	
额尔古纳市	2	2	3		47	16	7	19	
根河市	1		1		19		16	2	
巴彦淖尔市	**27**	**19**	**24**	**6**	**147**	**103**	**4**	**37**	
临河区	27	19	24	6	147	103	4	37	
乌兰察布市	**20**	**16**	**11**		**62**	**49**		**8**	
集宁区	11	12	8		40	30		7	
丰镇市	9	4	3		22	19		1	
兴安盟	**33**	**13**	**18**		**110**	**76**	**10**	**23**	
乌兰浩特市	32	11	18		103	73	8	21	
阿尔山市	1	2			7	3	2	2	
锡林郭勒盟	**30**	**17**	**18**	**4**	**144**	**14**	**4**	**117**	
二连浩特市	5	3	2		11	1	2	8	
锡林浩特市	25	14	16	4	133	13	2	109	

4-6a　续表 15　　单位：人

地区 性别	农林牧渔生产辅助人员	其他农、林、牧、渔业生产加工人员	生产制造及有关人员 小计	农副产品加工人员	食品、饮料生产加工人员	烟草及其制品加工人员	纺织、针织、印染人员	纺织品、服装和皮革、毛皮制品加工制作人员	木材加工、家具与木制品制作人员
内蒙古	**270**	**34**	**70653**	**1025**	**1809**	**91**	**461**	**1065**	**2204**
呼和浩特市	**33**	**3**	**11157**	**68**	**351**	**56**	**63**	**262**	**357**
新城区	9	1	2693	6	77	4	9	52	38
回民区	2		2636	21	62	3	15	44	136
玉泉区	10	1	3494	28	134	22	24	115	133
赛罕区	12	1	2334	13	78	27	15	51	50
包头市	**17**	**5**	**18153**	**159**	**371**		**53**	**210**	**367**
东河区	7	2	3225	65	80		34	68	109
昆都仑区	9	3	8134	58	156		9	76	132
青山区	1		4456	18	92		6	29	69
石拐区			145	1	2			10	
白云鄂博矿区			601		1		1	1	
九原区			1592	17	40		3	26	57
乌海市	**8**		**7100**	**12**	**68**		**5**	**25**	**66**
海勃湾区	4		3463	9	48			18	46
海南区	2		1432	2	9		3	3	5
乌达区	2		2205	1	11		2	4	15
赤峰市	**26**	**4**	**7976**	**117**	**215**	**3**	**38**	**122**	**201**
红山区	8	1	3105	49	90	1	31	80	57
元宝山区	7	1	1857	36	54		4	17	68
松山区	11	2	3014	32	71	2	3	25	76
通辽市	**10**		**4117**	**129**	**135**	**1**	**4**	**42**	**51**
科尔沁区	7		2061	121	124	1	4	36	31
霍林郭勒市	3		2056	8	11			6	20
鄂尔多斯市	**8**		**5347**	**37**	**108**		**225**	**96**	**161**
东胜区	8		4561	34	91		225	96	151
康巴什区			779	3	17				10
鄂托克旗			7						
呼伦贝尔市	**122**	**5**	**5738**	**144**	**226**	**2**	**3**	**63**	**775**
海拉尔区	15	1	1923	45	74	1	1	26	55
扎赉诺尔区	1	1	702	17	6		1	5	66
满洲里市	1		1208	4	19	1	1	5	597
牙克石市	2	1	571	7	14			17	14
扎兰屯市	10	1	1045	57	88			6	30
额尔古纳市	91	1	189	10	18			2	6
根河市	2		100	4	7			2	7
巴彦淖尔市	**19**		**2877**	**106**	**60**		**54**	**95**	**53**
临河区	19		2877	106	60		54	95	53
乌兰察布市	**15**		**3691**	**55**	**115**		**8**	**71**	**55**
集宁区	11		2640	39	87		5	59	39
丰镇市	4		1051	16	28		3	12	16
兴安盟	**9**		**1874**	**37**	**53**	**29**	**4**	**25**	**56**
乌兰浩特市	9		1808	37	50	29	4	23	55
阿尔山市			66		3			2	1
锡林郭勒盟	**3**	**17**	**2623**	**161**	**107**		**4**	**54**	**62**
二连浩特市			421	6	7		1	14	31
锡林浩特市	3	17	2202	155	100		3	40	31

4－6a 续表 16 单位：人

地区 性别	农林牧渔生产辅助人员	其他农、林、牧、渔业生产加工人员	生产制造及有关人员						
			小计	农副产品加工人员	食品、饮料生产加工人员	烟草及其制品加工人员	纺织、针织、印染人员	纺织品、服装和皮革、毛皮制品加工制作人员	木材加工、家具与木制品制作人员
男	**222**	**19**	**58551**	**694**	**1000**	**70**	**125**	**285**	**1863**
呼和浩特市	**25**		**9154**	**48**	**204**	**46**	**17**	**67**	**334**
新城区	6		2146	5	44	4	1	13	32
回民区	2		2216	17	35	2	4	13	128
玉泉区	9		2936	19	77	19	5	26	126
赛罕区	8		1856	7	48	21	7	15	48
包头市	**9**	**4**	**15169**	**109**	**197**		**11**	**75**	**345**
东河区	4	2	2758	49	51		7	20	104
昆都仑区	4	2	6755	40	79		3	33	122
青山区	1		3703	7	42			9	65
石拐区			127	1	2			5	
白云鄂博矿区			482		1		1		
九原区			1344	12	22			8	54
乌海市	**4**		**5770**	**9**	**34**		**2**	**2**	**58**
海勃湾区	2		2867	8	27			1	41
海南区	1		1101	1	2		1		4
乌达区	1		1802		5		1	1	13
赤峰市	**19**	**3**	**6605**	**75**	**113**	**2**	**13**	**29**	**171**
红山区	6	1	2498	29	49		9	22	51
元宝山区	3		1627	24	32		2	3	48
松山区	10	2	2480	22	32	2	2	4	72
通辽市	**9**		**3475**	**84**	**81**			**10**	**45**
科尔沁区	6		1642	80	79			8	27
霍林郭勒市	3		1833	4	2			2	18
鄂尔多斯市	**7**		**4521**	**25**	**57**		**63**	**18**	**152**
东胜区	7		3864	23	49		63	18	142
康巴什区			652	2	8				10
鄂托克旗			5						
呼伦贝尔市	**112**	**4**	**4641**	**102**	**138**	**2**		**20**	**548**
海拉尔区	13	1	1571	32	37	1		10	49
扎赉诺尔区	1	1	627	11	3			3	38
满洲里市	1		901	4	11	1		1	413
牙克石市	1	1	459	5	6			4	14
扎兰屯市	8	1	854	39	68			1	24
额尔古纳市	87		154	9	10			1	6
根河市	1		75	2	3				4
巴彦淖尔市	**16**		**2322**	**79**	**28**		**13**	**19**	**49**
临河区	16		2322	79	28		13	19	49
乌兰察布市	**10**		**3180**	**38**	**61**		**2**	**24**	**53**
集宁区	8		2278	28	47		2	19	38
丰镇市	2		902	10	14			5	15
兴安盟	**8**		**1564**	**25**	**27**	**20**	**2**	**7**	**55**
乌兰浩特市	8		1511	25	26	20	2	7	54
阿尔山市			53		1				1
锡林郭勒盟	**3**	**8**	**2150**	**100**	**60**		**2**	**14**	**53**
二连浩特市			362	5	4			4	27
锡林浩特市	3	8	1788	95	56		2	10	26

4-6a 续表 17

单位：人

地区 性别	农林牧渔生产辅助人员	其他农、林、牧、渔业生产加工人员	生产制造及有关人员						
			小计	农副产品加工人员	食品、饮料生产加工人员	烟草及其制品加工人员	纺织、针织、印染人员	纺织品、服装和皮革、毛皮制品加工制作人员	木材加工、家具与木制品制作人员
女	**48**	**15**	**12102**	**331**	**809**	**21**	**336**	**780**	**341**
呼和浩特市	**8**	**3**	**2003**	**20**	**147**	**10**	**46**	**195**	**23**
新城区	3	1	547	1	33		8	39	6
回民区			420	4	27	1	11	31	8
玉泉区	1	1	558	9	57	3	19	89	7
赛罕区	4	1	478	6	30	6	8	36	2
包头市	**8**	**1**	**2984**	**50**	**174**		**42**	**135**	**22**
东河区	3		467	16	29		27	48	5
昆都仑区	5	1	1379	18	77		6	43	10
青山区			753	11	50		6	20	4
石拐区			18					5	
白云鄂博矿区			119					1	
九原区			248	5	18		3	18	3
乌海市	**4**		**1330**	**3**	**34**		**3**	**23**	**8**
海勃湾区	2		596	1	21			17	5
海南区	1		331	1	7		2	3	1
乌达区	1		403	1	6		1	3	2
赤峰市	**7**	**1**	**1371**	**42**	**102**	**1**	**25**	**93**	**30**
红山区	2		607	20	41	1	22	58	6
元宝山区	4	1	230	12	22		2	14	20
松山区	1		534	10	39		1	21	4
通辽市	**1**		**642**	**45**	**54**	**1**	**4**	**32**	**6**
科尔沁区	1		419	41	45	1	4	28	4
霍林郭勒市			223	4	9			4	2
鄂尔多斯市	**1**		**826**	**12**	**51**		**162**	**78**	**9**
东胜区	1		697	11	42		162	78	9
康巴什区			127	1	9				
鄂托克旗			2						
呼伦贝尔市	**10**	**1**	**1097**	**42**	**88**		**3**	**43**	**227**
海拉尔区	2		352	13	37		1	16	6
扎赉诺尔区			75	6	3		1	2	28
满洲里市			307		8		1	4	184
牙克石市	1		112	2	8			13	
扎兰屯市	2		191	18	20			5	6
额尔古纳市	4	1	35	1	8			1	
根河市	1		25	2	4			2	3
巴彦淖尔市	**3**		**555**	**27**	**32**		**41**	**76**	**4**
临河区	3		555	27	32		41	76	4
乌兰察布市	**5**		**511**	**17**	**54**		**6**	**47**	**2**
集宁区	3		362	11	40		3	40	1
丰镇市	2		149	6	14		3	7	1
兴安盟	**1**		**310**	**12**	**26**	**9**	**2**	**18**	**1**
乌兰浩特市	1		297	12	24	9	2	16	1
阿尔山市			13		2			2	
锡林郭勒盟		**9**	**473**	**61**	**47**		**2**	**40**	**9**
二连浩特市			59	1	3		1	10	4
锡林浩特市		9	414	60	44		1	30	5

4-6a 续表 18 单位：人

地区 性别	生产制造及有关人员 纸及纸制品生产加工人员	印刷和记录媒介复制人员	文教、工美、体育和娱乐用品制造人员	石油加工和炼焦、煤化工生产人员	化学原料和化学制品制造人员	医药制造人员	化学纤维制造人员	橡胶和塑料制品制造人员	非金属矿物制品制造人员
内蒙古	**81**	**485**	**163**	**884**	**1220**	**528**	**7**	**177**	**760**
呼和浩特市	**12**	**169**	**40**	**86**	**82**	**85**		**17**	**90**
新城区	2	43	13	4	18	15		3	32
回民区	2	23	4	5	18	23		3	21
玉泉区	5	38	20	7	14	31		7	27
赛罕区	3	65	3	70	32	16		4	10
包头市	**11**	**88**	**25**	**126**	**137**	**49**	**2**	**71**	**167**
东河区	4	17	4	12	20	15		20	42
昆都仑区	4	47	9	92	66	23		26	75
青山区	1	14	4	11	25	5	2	12	36
石拐区		2		4	4				2
白云鄂博矿区		1	1		10	1		1	2
九原区	2	7	7	7	12	5		12	10
乌海市	**1**	**21**	**4**	**536**	**713**	**14**		**25**	**128**
海勃湾区		18	4	188	107	2		5	86
海南区	1	1		197	180			8	33
乌达区		2		151	426	12		12	9
赤峰市	**6**	**48**	**28**	**23**	**78**	**178**	**3**	**14**	**95**
红山区	3	23	10	2	14	127		4	50
元宝山区	1	5	6	19	54	16	3	4	16
松山区	2	20	12	2	10	35		6	29
通辽市	**3**	**20**	**9**	**22**	**22**	**16**		**8**	**64**
科尔沁区	3	14	3	19	9	16		2	29
霍林郭勒市		6	6	3	13			6	35
鄂尔多斯市	**1**	**33**	**7**	**67**	**36**	**16**		**6**	**45**
东胜区	1	31	6	21	24	9		6	43
康巴什区		2	1	46	7	7			2
鄂托克旗					5				
呼伦贝尔市	**32**	**17**	**19**	**10**	**94**	**41**	**2**	**19**	**54**
海拉尔区		10	11	5	35	6		12	27
扎赉诺尔区		2	1			2		1	4
满洲里市	1		1	1	4				4
牙克石市		2		3	1	23	1	1	3
扎兰屯市	30	2	5	1	53	9	1	5	13
额尔古纳市		1	1		1				3
根河市	1					1			
巴彦淖尔市	**6**	**23**	**10**	**4**	**14**	**94**		**3**	**26**
临河区	6	23	10	4	14	94		3	26
乌兰察布市	**7**	**21**	**4**	**4**	**30**	**9**		**7**	**48**
集宁区	3	16	2	4	5	6		6	19
丰镇市	4	5	2		25	3		1	29
兴安盟	**2**	**33**	**4**	**1**	**11**	**22**		**5**	**27**
乌兰浩特市	2	33	4	1	11	22		5	27
阿尔山市									
锡林郭勒盟		**12**	**13**	**5**	**3**	**4**		**2**	**16**
二连浩特市		1	2						3
锡林浩特市		11	11	5	3	4		2	13

4−6a　续表 19　　　　　　　　　　　　　　　　　　　　　　　　　　单位：人

地　区 性　别	生产制造及有关人员								
	纸及纸制品生产加工人员	印刷和记录媒介复制人员	文教、工美、体育和娱乐用品制造人　员	石油加工和炼焦、煤化工生产人员	化学原料和化学制品制造人　员	医药制造人　　员	化学纤维制造人员	橡胶和塑料制品制造人员	非金属矿物制品制造人员
男	**56**	**277**	**103**	**707**	**917**	**340**	**7**	**135**	**665**
呼和浩特市	**7**	**102**	**26**	**68**	**68**	**51**		**15**	**77**
新城区		23	10	4	13	6		3	28
回民区	2	18	1	4	13	18		3	17
玉泉区	4	22	12	6	12	21		6	23
赛罕区	1	39	3	54	30	6		3	9
包头市	**6**	**50**	**16**	**105**	**105**	**31**	**2**	**53**	**143**
东河区	1	11	3	10	16	9		14	36
昆都仑区	3	25	6	77	47	15		22	60
青山区		8	4	10	22	3	2	8	35
石拐区		1		3	4				2
白云鄂博矿区					8			1	2
九原区	2	5	3	5	8	4		8	8
乌海市		**12**	**4**	**420**	**520**	**10**		**15**	**102**
海勃湾区		10	4	151	86	2		1	68
海南区		1		152	118			5	28
乌达区		1		117	316	8		9	6
赤峰市	**2**	**28**	**14**	**18**	**61**	**126**	**3**	**13**	**87**
红山区	1	17	7	1	11	89		4	45
元宝山区				16	42	12	3	4	14
松山区	1	11	7	1	8	25		5	28
通辽市	**2**	**9**	**7**	**18**	**17**	**6**		**6**	**62**
科尔沁区	2	7	3	15	7	6		1	29
霍林郭勒市		2	4	3	10			5	33
鄂尔多斯市		**18**	**5**	**57**	**27**	**8**		**6**	**42**
东胜区		17	5	18	20	5		6	40
康巴什区		1		39	3	3			2
鄂托克旗					4				
呼伦贝尔市	**28**	**7**	**11**	**7**	**75**	**22**	**2**	**14**	**46**
海拉尔区		6	6	5	29	1		9	25
扎赉诺尔区		1				1		1	2
满洲里市	1		1		2				4
牙克石市				2		15	1		2
扎兰屯市	27		3		43	5	1	4	10
额尔古纳市			1		1				3
根河市									
巴彦淖尔市	**3**	**14**	**5**	**4**	**10**	**69**		**2**	**24**
临河区	3	14	5	4	10	69		2	24
乌兰察布市	**6**	**11**	**3**	**4**	**24**	**6**		**5**	**45**
集宁区	3	9	1	4	5	4		4	18
丰镇市	3	2	2		19	2		1	27
兴安盟	**2**	**18**	**2**	**1**	**9**	**9**		**5**	**24**
乌兰浩特市	2	18	2	1	9	9		5	24
阿尔山市									
锡林郭勒盟		**8**	**10**	**5**	**1**	**2**		**1**	**13**
二连浩特市		1	2						3
锡林浩特市		7	8	5	1	2		1	10

4-6a 续表 20

单位：人

地 区 性 别	生产制造及有关人员								
	纸及纸制品生产加工人员	印刷和记录媒介复制人员	文教、工美、体育和娱乐用品制造人员	石油加工和炼焦、煤化工生产人员	化学原料和化学制品制造人员	医药制造人员	化学纤维制造人员	橡胶和塑料制品制造人员	非金属矿物制品制造人员
女	**25**	**208**	**60**	**177**	**303**	**188**		**42**	**95**
呼和浩特市	**5**	**67**	**14**	**18**	**14**	**34**		**2**	**13**
新城区	2	20	3		5	9			4
回民区		5	3	1	5	5			4
玉泉区	1	16	8	1	2	10		1	4
赛罕区	2	26		16	2	10		1	1
包头市	**5**	**38**	**9**	**21**	**32**	**18**		**18**	**24**
东河区	3	6	1	2	4	6		6	6
昆都仑区	1	22	3	15	19	8		4	15
青山区	1	6		1	3	2		4	1
石拐区		1		1					
白云鄂博矿区		1	1		2	1			
九原区		2	4	2	4	1		4	2
乌海市	**1**	**9**		**116**	**193**	**4**		**10**	**26**
海勃湾区		8		37	21			4	18
海南区	1			45	62			3	5
乌达区		1		34	110	4		3	3
赤峰市	**4**	**20**	**14**	**5**	**17**	**52**		**1**	**8**
红山区	2	6	3	1	3	38			5
元宝山区	1	5	6	3	12	4			2
松山区	1	9	5	1	2	10		1	1
通辽市	**1**	**11**	**2**	**4**	**5**	**10**		**2**	**2**
科尔沁区	1	7		4	2	10		1	
霍林郭勒市		4	2		3			1	2
鄂尔多斯市	**1**	**15**	**2**	**10**	**9**	**8**			**3**
东胜区	1	14	1	3	4	4			3
康巴什区		1	1	7	4	4			
鄂托克旗					1				
呼伦贝尔市	**4**	**10**	**8**	**3**	**19**	**19**		**5**	**8**
海拉尔区		4	5		6	5		3	2
扎赉诺尔区		1	1			1			2
满洲里市				1	2				
牙克石市		2		1	1	8		1	1
扎兰屯市	3	2	2	1	10	4		1	3
额尔古纳市		1							
根河市	1					1			
巴彦淖尔市	**3**	**9**	**5**		**4**	**25**		**1**	**2**
临河区	3	9	5		4	25		1	2
乌兰察布市	**1**	**10**	**1**		**6**	**3**		**2**	**3**
集宁区		7	1			2		2	1
丰镇市	1	3			6	1			2
兴安盟		**15**	**2**		**2**	**13**			**3**
乌兰浩特市		15	2		2	13			3
阿尔山市									
锡林郭勒盟		**4**	**3**		**2**	**2**		**1**	**3**
二连浩特市									
锡林浩特市		4	3		2	2		1	3

4-6a　续表 21　　　　单位：人

地　区 性　别	生产制造及有关人员								
	采矿人员	金属冶炼和压延加工人员	机械制造基础加工人　员	金属制品制造人员	通用设备制造人员	专用设备制造人员	汽车制造人　员	铁路、船舶、航空设备制造人　员	电气机械和器材制造人员
内蒙古	**3135**	**2804**	**3037**	**782**	**776**	**119**	**285**	**209**	**220**
呼和浩特市	**68**	**20**	**318**	**91**	**52**	**18**	**13**	**55**	**82**
新城区	21	2	52	18	10	6	8	34	4
回民区	10	2	121	30	10	2	1	5	12
玉泉区	13	12	103	33	24	7		2	9
赛罕区	24	4	42	10	8	3	4	14	57
包头市	**609**	**1623**	**1490**	**281**	**294**	**42**	**168**	**53**	**71**
东河区	58	333	172	57	42	7	68	12	12
昆都仑区	363	1050	466	142	120	9	25	29	24
青山区	36	138	747	51	111	19	73	10	26
石拐区	10	35	5						
白云鄂博矿区	109	6	27	1	6				1
九原区	33	61	73	30	15	7	2	2	8
乌海市	**659**	**156**	**158**	**13**	**52**	**6**	**10**	**2**	**4**
海勃湾区	235	68	92	2	21	2	6		4
海南区	237	58	26	2	11	1	4	1	
乌达区	187	30	40	9	20	3		1	
赤峰市	**651**	**288**	**243**	**113**	**69**	**11**	**8**	**6**	**14**
红山区	57	232	110	54	33	4	2	4	8
元宝山区	540	10	55	15	18	1			2
松山区	54	46	78	44	18	6	6	2	4
通辽市	**112**	**375**	**184**	**51**	**39**	**4**	**5**	**34**	**11**
科尔沁区	24	35	54	31	8			33	4
霍林郭勒市	88	340	130	20	31	4	5	1	7
鄂尔多斯市	**319**	**10**	**143**	**39**	**142**	**12**	**65**	**2**	**5**
东胜区	213	9	130	38	139	7	55	2	5
康巴什区	106	1	11	1	3	5	10		
鄂托克旗			2						
呼伦贝尔市	**492**	**21**	**141**	**69**	**27**	**10**	**4**	**23**	**4**
海拉尔区	78	18	53	23	4	7	1	15	
扎赉诺尔区	306	1	29	7	4				
满洲里市	49		11	25	2			4	1
牙克石市	47		16	4	5	1	3	1	1
扎兰屯市	4	2	27	4	7	2		2	2
额尔古纳市	8		4	6	5			1	
根河市			1						
巴彦淖尔市	**16**	**23**	**87**	**36**	**33**	**3**			**2**
临河区	16	23	87	36	33	3			2
乌兰察布市	**20**	**189**	**110**	**27**	**16**	**2**	**2**	**27**	**8**
集宁区	13	19	81	19	6	2	1	27	6
丰镇市	7	170	29	8	10		1		2
兴安盟	**6**	**86**	**82**	**17**	**13**	**5**	**6**	**3**	**13**
乌兰浩特市	6	86	82	17	12	5	5	3	13
阿尔山市					1		1		
锡林郭勒盟	**183**	**13**	**81**	**45**	**39**	**6**	**4**	**4**	**6**
二连浩特市	9	2	9	16	24			4	
锡林浩特市	174	11	72	29	15	6	4		6

4-6a 续表 22 单位：人

地区 性别	生产制造及有关人员								
	采矿人员	金属冶炼和压延加工人员	机械制造基础加工人员	金属制品制造人员	通用设备制造人员	专用设备制造人员	汽车制造人员	铁路、船舶、航空设备制造人员	电气机械和器材制造人员
男	**2823**	**2496**	**2821**	**664**	**705**	**99**	**245**	**189**	**190**
呼和浩特市	**62**	**19**	**305**	**69**	**49**	**13**	**9**	**45**	**71**
新城区	19	1	48	13	10	5	5	27	2
回民区	9	2	116	24	9	1		5	12
玉泉区	12	12	102	24	24	6		2	8
赛罕区	22	4	39	8	6	1	4	11	49
包头市	**513**	**1425**	**1337**	**239**	**253**	**37**	**142**	**47**	**61**
东河区	53	308	163	48	39	7	54	10	12
昆都仑区	305	896	429	119	96	7	20	26	21
青山区	30	126	649	47	101	16	66	9	20
石拐区	9	32	4						
白云鄂博矿区	86	5	22	1	5				
九原区	30	58	70	24	12	7	2	2	8
乌海市	**551**	**138**	**145**	**13**	**46**	**6**	**10**	**2**	**3**
海勃湾区	198	62	87	2	18	2	6		3
海南区	191	46	20	2	10	1	4	1	
乌达区	162	30	38	9	18	3		1	
赤峰市	**629**	**251**	**238**	**97**	**64**	**7**	**8**	**6**	**13**
红山区	53	199	105	48	30	3	2	4	7
元宝山区	527	9	55	12	17	1			2
松山区	49	43	78	37	17	3	6	2	4
通辽市	**100**	**358**	**170**	**45**	**38**	**2**	**2**	**33**	**9**
科尔沁区	19	29	52	29	8			32	3
霍林郭勒市	81	329	118	16	30	2	2	1	6
鄂尔多斯市	**304**	**9**	**137**	**36**	**134**	**12**	**59**	**1**	**4**
东胜区	207	9	128	35	131	7	50	1	4
康巴什区	97		8	1	3	5	9		
鄂托克旗			1						
呼伦贝尔市	**466**	**19**	**138**	**57**	**24**	**8**	**4**	**21**	**3**
海拉尔区	69	17	52	20	4	5	1	13	
扎赉诺尔区	302		28	7	4				
满洲里市	39		11	19	2			4	
牙克石市	44		16	2	4	1	3	1	1
扎兰屯市	4	2	26	4	6	2		2	2
额尔古纳市	8		4	5	4			1	
根河市			1						
巴彦淖尔市	**15**	**20**	**86**	**31**	**32**	**1**			**2**
临河区	15	20	86	31	32	1			2
乌兰察布市	**19**	**169**	**104**	**24**	**15**	**2**	**2**	**27**	**6**
集宁区	12	19	77	16	5	2	1	27	4
丰镇市	7	150	27	8	10		1		2
兴安盟	**5**	**77**	**81**	**14**	**13**	**5**	**5**	**3**	**12**
乌兰浩特市	5	77	81	14	12	5	4	3	12
阿尔山市					1		1		
锡林郭勒盟	**159**	**11**	**80**	**39**	**37**	**6**	**4**	**4**	**6**
二连浩特市	7	2	9	14	23			4	
锡林浩特市	152	9	71	25	14	6	4		6

4-6a 续表 23

单位：人

地区 性别	生产制造及有关人员								
	采矿人员	金属冶炼和压延加工人员	机械制造基础加工人员	金属制品制造人员	通用设备制造人员	专用设备制造人员	汽车制造人员	铁路、船舶、航空设备制造人员	电气机械和器材制造人员
女	**312**	**308**	**216**	**118**	**71**	**20**	**40**	**20**	**30**
呼和浩特市	**6**	**1**	**13**	**22**	**3**	**5**	**4**	**10**	**11**
新城区	2	1	4	5		1	3	7	2
回民区	1		5	6	1	1	1		
玉泉区	1		1	9		1			1
赛罕区	2		3	2	2	2		3	8
包头市	**96**	**198**	**153**	**42**	**41**	**5**	**26**	**6**	**10**
东河区	5	25	9	9	3		14	2	
昆都仑区	58	154	37	23	24	2	5	3	3
青山区	6	12	98	4	10	3	7	1	6
石拐区	1	3	1						
白云鄂博矿区	23	1	5		1				1
九原区	3	3	3	6	3				
乌海市	**108**	**18**	**13**		**6**				**1**
海勃湾区	37	6	5		3				1
海南区	46	12	6		1				
乌达区	25		2		2				
赤峰市	**22**	**37**	**5**	**16**	**5**	**4**			**1**
红山区	4	33	5	6	3	1			1
元宝山区	13	1		3	1				
松山区	5	3		7	1	3			
通辽市	**12**	**17**	**14**	**6**	**1**	**2**	**3**	**1**	**2**
科尔沁区	5	6	2	2				1	1
霍林郭勒市	7	11	12	4	1	2	3		1
鄂尔多斯市	**15**	**1**	**6**	**3**	**8**		**6**	**1**	**1**
东胜区	6		2	3	8		5	1	1
康巴什区	9	1	3				1		
鄂托克旗			1						
呼伦贝尔市	**26**	**2**	**3**	**12**	**3**	**2**		**2**	**1**
海拉尔区	9	1	1	3		2		2	
扎赉诺尔区	4	1	1						
满洲里市	10			6					1
牙克石市	3			2	1				
扎兰屯市			1		1				
额尔古纳市				1	1				
根河市									
巴彦淖尔市	**1**	**3**	**1**	**5**	**1**	**2**			
临河区	1	3	1	5	1	2			
乌兰察布市	**1**	**20**	**6**	**3**	**1**				**2**
集宁区	1		4	3	1				2
丰镇市		20	2						
兴安盟	**1**	**9**	**1**	**3**			**1**		**1**
乌兰浩特市	1	9	1	3			1		1
阿尔山市									
锡林郭勒盟	**24**	**2**	**1**	**6**	**2**				
二连浩特市	2			2	1				
锡林浩特市	22	2	1	4	1				

4－6a　续表 24　　　　单位：人

地　区 性　别	生产制造及有关人员								不便分类的其他从业人员
	计算机、通信和其他电子设备制造人员	仪器仪表制造人员	废弃资源综合利用人员	电力、热力、气体、水生产和输配人员	建筑施工人员	运输设备和通用工程机械操作人员及有关人员	生产辅助人员	其他生产制造及有关人员	
内蒙古	**1238**	**102**	**130**	**2737**	**25977**	**4705**	**13061**	**376**	**1003**
呼和浩特市	**287**	**21**	**11**	**463**	**5705**	**510**	**1680**	**25**	**270**
新城区	83	4	2	90	1435	166	431	11	195
回民区	25	2	3	131	1457	142	300	3	7
玉泉区	77	5	5	99	1912	143	436	9	52
赛罕区	102	10	1	143	901	59	513	2	16
包头市	**538**	**43**	**49**	**568**	**5721**	**1058**	**3467**	**242**	**241**
东河区	84	1	4	101	1020	216	541	7	8
昆都仑区	326	28	30	171	2607	451	1482	38	181
青山区	70	11	14	250	1272	115	1000	189	39
石拐区	2	1		7	20	16	22	2	1
白云鄂博矿区	2			19	23	190	195	3	1
九原区	54	2	1	20	779	70	227	3	11
乌海市	**20**	**6**	**2**	**350**	**1350**	**769**	**1906**	**19**	**10**
海勃湾区	4	2	1	247	1054	264	929	1	3
海南区	5	2	1	42	121	168	310	1	3
乌达区	11	2		61	175	337	667	17	4
赤峰市	**98**	**10**	**21**	**267**	**3431**	**420**	**1120**	**37**	**147**
红山区	42	7	8	96	1309	148	426	24	91
元宝山区	13	2	2	105	351	121	310	9	1
松山区	43	1	11	66	1771	151	384	4	55
通辽市	**44**	**2**	**9**	**275**	**1055**	**363**	**1016**	**12**	**51**
科尔沁区	18	1	3	120	823	91	395	9	35
霍林郭勒市	26	1	6	155	232	272	621	3	16
鄂尔多斯市	**113**	**5**	**8**	**127**	**2019**	**354**	**1140**	**6**	**37**
东胜区	110	3	8	86	1809	315	891	3	3
康巴什区	3	2		41	210	39	249	3	34
鄂托克旗									
呼伦贝尔市	**38**	**5**	**12**	**250**	**1799**	**378**	**944**	**20**	**74**
海拉尔区	7	2	2	65	790	192	355	3	10
扎赉诺尔区	3		4	31	74	24	99	15	20
满洲里市	2			39	279	58	100		10
牙克石市	15	1	1	34	227	32	97		16
扎兰屯市	7	1	5	50	331	51	248	2	7
额尔古纳市	3	1		12	66	15	26		9
根河市	1			19	32	6	19		2
巴彦淖尔市	**9**	**5**	**4**	**68**	**1362**	**204**	**475**	**2**	**50**
临河区	9	5	4	68	1362	204	475	2	50
乌兰察布市	**51**	**3**	**4**	**175**	**1756**	**315**	**547**	**5**	**16**
集宁区	38	3		88	1473	234	340		7
丰镇市	13		4	87	283	81	207	5	9
兴安盟	**8**	**1**	**2**	**86**	**791**	**93**	**352**	**1**	**1**
乌兰浩特市	8	1	2	77	763	89	335	1	1
阿尔山市				9	28	4	17		
锡林郭勒盟	**32**	**1**	**8**	**108**	**988**	**241**	**414**	**7**	**106**
二连浩特市		1		12	184	43	50	2	2
锡林浩特市	32		8	96	804	198	364	5	104

4-6a　续表 25　　　　单位：人

地区 性别	生产制造及有关人员								不便分类的其他从业人员
	计算机、通信和其他电子设备制造人员	仪器仪表制造人员	废弃资源综合利用人员	电力、热力、气体、水生产和输配人员	建筑施工人员	运输设备和通用工程机械操作人员及有关人员	生产辅助人员	其他生产制造及有关人员	
男	**1012**	**80**	**103**	**2215**	**22756**	**4345**	**10264**	**300**	**666**
呼和浩特市	**244**	**15**	**10**	**355**	**4978**	**474**	**1286**	**20**	**170**
新城区	59	3	2	65	1216	151	325	9	123
回民区	22	1	3	94	1270	134	237	2	4
玉泉区	69	4	4	88	1722	134	340	7	33
赛罕区	94	7	1	108	770	55	384	2	10
包头市	**437**	**31**	**35**	**440**	**5071**	**953**	**2705**	**195**	**167**
东河区	76	1	3	87	911	201	449	5	7
昆都仑区	259	19	23	125	2290	394	1163	31	120
青山区	55	8	8	191	1139	98	772	153	28
石拐区	2	1		5	19	15	20	2	1
白云鄂博矿区	1			14	18	181	135	1	1
九原区	44	2	1	18	694	64	166	3	10
乌海市	**17**	**5**	**2**	**287**	**1170**	**679**	**1495**	**13**	**6**
海勃湾区	4	2	1	200	909	242	731	1	3
海南区	4	1	1	34	109	132	233		1
乌达区	9	2		53	152	305	531	12	2
赤峰市	**74**	**10**	**16**	**224**	**2886**	**394**	**903**	**30**	**98**
红山区	32	7	6	80	1110	138	320	19	66
元宝山区	9	2	2	88	307	115	273	8	
松山区	33	1	8	56	1469	141	310	3	32
通辽市	**40**	**2**	**7**	**228**	**893**	**337**	**857**	**7**	**36**
科尔沁区	15	1	3	96	695	88	303	5	26
霍林郭勒市	25	1	4	132	198	249	554	2	10
鄂尔多斯市	**98**	**5**	**7**	**100**	**1853**	**342**	**937**	**5**	**26**
东胜区	95	3	7	74	1657	311	736	3	3
康巴什区	3	2		26	196	31	201	2	23
鄂托克旗									
呼伦贝尔市	**31**	**4**	**10**	**216**	**1502**	**357**	**741**	**18**	**48**
海拉尔区	6	2	2	55	649	181	283	2	6
扎赉诺尔区	2		2	29	68	23	88	14	15
满洲里市	2			32	221	53	80		5
牙克石市	11		1	29	188	31	78		8
扎兰屯市	7	1	5	44	295	49	178	2	7
额尔古纳市	2	1		11	53	15	19		5
根河市	1			16	28	5	15		2
巴彦淖尔市	**8**	**5**	**3**	**56**	**1208**	**189**	**346**	**1**	**31**
临河区	8	5	3	56	1208	189	346	1	31
乌兰察布市	**30**	**2**	**4**	**140**	**1641**	**296**	**412**	**5**	**14**
集宁区	20	2		72	1367	224	248		7
丰镇市	10		4	68	274	72	164	5	7
兴安盟	**6**	**1**	**2**	**77**	**703**	**91**	**262**	**1**	**1**
乌兰浩特市	6	1	2	68	678	87	251	1	1
阿尔山市				9	25	4	11		
锡林郭勒盟	**27**		**7**	**92**	**851**	**233**	**320**	**5**	**69**
二连浩特市				11	165	42	38	1	1
锡林浩特市	27		7	81	686	191	282	4	68

4-6a 续表 26　　单位：人

地　区 性　别	生产制造及有关人员 计算机、通信和其他电子设备制造人员	仪器仪表制造人员	废弃资源综合利用人员	电力、热力、气体、水生产和输配人员	建筑施工人员	运输设备和通用工程机械操作人员及有关人员	生产辅助人员	其他生产制造及有关人员	不便分类的其他从业人员
女	**226**	**22**	**27**	**522**	**3221**	**360**	**2797**	**76**	**337**
呼和浩特市	**43**	**6**	**1**	**108**	**727**	**36**	**394**	**5**	**100**
新城区	24	1		25	219	15	106	2	72
回民区	3	1		37	187	8	63	1	3
玉泉区	8	1	1	11	190	9	96	2	19
赛罕区	8	3		35	131	4	129		6
包头市	**101**	**12**	**14**	**128**	**650**	**105**	**762**	**47**	**74**
东河区	8		1	14	109	15	92	2	1
昆都仑区	67	9	7	46	317	57	319	7	61
青山区	15	3	6	59	133	17	228	36	11
石拐区				2	1	1	2		
白云鄂博矿区	1			5	5	9	60	2	
九原区	10			2	85	6	61		1
乌海市	**3**	**1**		**63**	**180**	**90**	**411**	**6**	**4**
海勃湾区				47	145	22	198		
海南区	1	1		8	12	36	77	1	2
乌达区	2			8	23	32	136	5	2
赤峰市	**24**		**5**	**43**	**545**	**26**	**217**	**7**	**49**
红山区	10		2	16	199	10	106	5	25
元宝山区	4			17	44	6	37	1	1
松山区	10		3	10	302	10	74	1	23
通辽市	**4**		**2**	**47**	**162**	**26**	**159**	**5**	**15**
科尔沁区	3			24	128	3	92	4	9
霍林郭勒市	1		2	23	34	23	67	1	6
鄂尔多斯市	**15**		**1**	**27**	**166**	**12**	**203**	**1**	**11**
东胜区	15		1	12	152	4	155		
康巴什区				15	14	8	48	1	11
鄂托克旗									
呼伦贝尔市	**7**	**1**	**2**	**34**	**297**	**21**	**203**	**2**	**26**
海拉尔区	1			10	141	11	72	1	4
扎赉诺尔区	1		2	2	6	1	11	1	5
满洲里市				7	58	5	20		5
牙克石市	4	1		5	39	1	19		8
扎兰屯市				6	36	2	70		
额尔古纳市	1			1	13		7		4
根河市				3	4	1	4		
巴彦淖尔市	**1**		**1**	**12**	**154**	**15**	**129**	**1**	**19**
临河区	1		1	12	154	15	129	1	19
乌兰察布市	**21**	**1**		**35**	**115**	**19**	**135**		**2**
集宁区	18	1		16	106	10	92		
丰镇市	3			19	9	9	43		2
兴安盟	**2**			**9**	**88**	**2**	**90**		
乌兰浩特市	2			9	85	2	84		
阿尔山市					3		6		
锡林郭勒盟	**5**	**1**	**1**	**16**	**137**	**8**	**94**	**2**	**37**
二连浩特市		1		1	19	1	12	1	1
锡林浩特市	5		1	15	118	7	82	1	36

4-6b　各地区分性别、职业中类的就业人口(镇)

单位：人

地　区 性　别	合计	党的机关、国家机关、群众团体和社会组织、企事业单位负责人						
		小计	中国共产党机关负责人	国家机关负责人	民主党派和工商联负责人	人民团体和群众团体、社会组织及其他成员组织负责人	基层群众自治组织负责人	企事业单位负责人
内蒙古	**284363**	**7380**	**75**	**1146**	**5**	**327**	**226**	**5601**
呼和浩特市	**18603**	**364**	**2**	**46**		**27**	**15**	**274**
新城区	74	1					1	
回民区								
玉泉区								
赛罕区	49							
土默特左旗	3724	69	1	13		3	2	50
托克托县	3242	50		7		5		38
和林格尔县	2783	43		7		1	7	28
清水河县	1345	22		2			1	19
武川县	1855	18		8		2		8
呼和浩特经济技术开发区	5531	161	1	9		16	4	131
包头市	**20244**	**667**	**5**	**57**	**1**	**9**	**13**	**582**
东河区	1047	31	1	1				29
昆都仑区	67	1						1
青山区	185	7						7
石拐区	266							
白云鄂博矿区								
九原区	546	1						1
土默特右旗	5309	77	3	21		6	9	38
固阳县	2609	23		6	1		4	12
达尔罕茂明安联合旗	1545	49	1	18				30
包头稀土高新技术产业开发区	8670	478		11		3		464
乌海市	**1132**	**14**						**14**
海勃湾区	206							
海南区	809	13						13
乌达区	117	1						1
赤峰市	**50153**	**1045**	**9**	**152**	**1**	**67**	**38**	**778**
红山区	1030	20						20
元宝山区	964	19					1	18
松山区	1157	15					4	11
阿鲁科尔沁旗	4347	80		17	1	2	3	57
巴林左旗	6358	53		9			1	43
巴林右旗	4074	62		11		4	5	42
林西县	4969	76	1	24		2	3	46
克什克腾旗	3876	142	1	24		13	1	103
翁牛特旗	5282	150	1	24		1	2	122
喀喇沁旗	4597	79		13		2	7	57
宁城县	7153	204	6	19		37	8	134
敖汉旗	6346	145		11		6	3	125

4-6b 续表 1

单位：人

地区 性别	合计	党的机关、国家机关、群众团体和社会组织、企事业单位负责人						
		小计	中国共产党机关负责人	国家机关负责人	民主党派和工商联负责人	人民团体和群众团体、社会组织及其他成员组织负责人	基层群众自治组织负责人	企事业单位负责人
通辽市	**35540**	**1032**	**15**	**146**	**2**	**30**	**33**	**806**
科尔沁区	1778	8				1	1	6
科尔沁左翼中旗	4761	129	1	16		8	3	101
科尔沁左翼后旗	4173	112	1	28	1	1	3	78
开鲁县	5323	110	1	16		2	10	81
库伦旗	2729	64	2	21	1	1	4	35
奈曼旗	5134	155	1	19		9	3	123
扎鲁特旗	4847	119	2	24		3	4	86
通辽经济技术开发区	6793	335	7	22		5	5	296
霍林郭勒市	2							
鄂尔多斯市	**48691**	**1343**	**11**	**141**	**1**	**42**	**23**	**1125**
东胜区	213	5						5
康巴什区								
达拉特旗	9208	234	1	26		4	7	196
准格尔旗	11237	357	3	22		15	5	312
鄂托克前旗	2753	87	1	11		6		69
鄂托克旗	6722	128	3	18	1	3	3	100
杭锦旗	3339	97	1	12		2	1	81
乌审旗	5465	141		26		3	1	111
伊金霍洛旗	9754	294	2	26		9	6	251
呼伦贝尔市	**25252**	**599**	**6**	**110**		**46**	**30**	**407**
海拉尔区	50	3						3
扎赉诺尔区	113							
阿荣旗	4353	78	2	10		1	4	61
莫力达瓦达斡尔族自治旗	2673	63		19		4	4	36
鄂伦春自治旗	3904	52		14		2	5	31
鄂温克族自治旗	4265	153	3	20		4	2	124
陈巴尔虎旗	1551	37		8		12		17
新巴尔虎左旗	975	25		12			2	11
新巴尔虎右旗	1112	43	1	5		12	1	24
满洲里市	138							
牙克石市	3208	73		13		3		57
扎兰屯市	1314	22		2		2	8	10
额尔古纳市	399	12		3			2	7
根河市	1197	38		4		6	2	26
巴彦淖尔市	**23383**	**507**		**79**		**30**	**3**	**395**
临河区	747	4				1	1	2
五原县	4783	71		11		1		59
磴口县	2310	49		6		7		36
乌拉特前旗	5990	121		14		2		105
乌拉特中旗	2802	82		22		9	1	50
乌拉特后旗	1819	45		16		5		24
杭锦后旗	4932	135		10		5	1	119

4-6b 续表 2

单位：人

地区 性别	合计	党的机关、国家机关、群众团体和社会组织、企事业单位负责人						
		小计	中国共产党机关负责人	国家机关负责人	民主党派和工商联负责人	人民团体和群众团体、社会组织及其他成员组织负责人	基层群众自治组织负责人	企事业单位负责人
乌兰察布市	**18616**	**521**	**8**	**134**		**17**	**30**	**332**
集宁区	423							
卓资县	1413	36	1	8		1	9	17
化德县	2068	66		6				60
商都县	2791	82		28		2	5	47
兴和县	1963	46		16				30
凉城县	1616	36		14		2	1	19
察哈尔右翼前旗	2260	57	2	11		4	3	37
察哈尔右翼中旗	1106	27	2	10		1	2	12
察哈尔右翼后旗	2040	54	2	19		2	5	26
四子王旗	2437	106		22		5	3	76
丰镇市	499	11	1				2	8
兴安盟	**15919**	**457**	**13**	**104**		**25**	**14**	**301**
乌兰浩特市	537	2						2
阿尔山市	479	20		12		1		7
科尔沁右翼前旗	3691	157	1	22		5	1	128
科尔沁右翼中旗	3645	108		28		1	8	71
扎赉特旗	4650	118	4	28		17	4	65
突泉县	2917	52	8	14		1	1	28
锡林郭勒盟	**16347**	**516**	**4**	**123**		**27**	**23**	**339**
二连浩特市	68	6						6
锡林浩特市	222	1						1
阿巴嘎旗	979	37	3	15		4		15
苏尼特左旗	703	27		6		2	1	18
苏尼特右旗	1798	48		19		1	5	23
东乌珠穆沁旗	1819	34		11			1	22
西乌珠穆沁旗	2474	45		7		1	1	36
太仆寺旗	1501	82		13		3	9	57
镶黄旗	746	51		18		2	1	30
正镶白旗	913	48		5			2	41
正蓝旗	1407	36		10		1	1	24
多伦县	2751	66		16		4	2	44
乌拉盖管委会	966	35	1	3		9		22
阿拉善盟	**10483**	**315**	**2**	**54**		**7**	**4**	**248**
阿拉善左旗	6944	196	1	28		3	2	162
阿拉善右旗	826	41	1	13		1	2	24
额济纳旗	1173	33		11		1		21
内蒙古阿拉善经济开发区	1540	45		2		2		41

4-6b 续表 3 单位：人

地区 性别	合计	党的机关、国家机关、群众团体和社会组织、企事业单位负责人						
		小计	中国共产党机关负责人	国家机关负责人	民主党派和工商联负责人	人民团体和群众团体、社会组织及其他成员组织负责人	基层群众自治组织负责人	企事业单位负责人
男	**177589**	**5626**	**61**	**944**	**3**	**198**	**168**	**4252**
呼和浩特市	**12253**	**293**	**2**	**41**		**18**	**13**	**219**
新城区	53	1					1	
回民区								
玉泉区								
赛罕区	30							
土默特左旗	2473	58	1	10		3	2	42
托克托县	2197	39		6		2		31
和林格尔县	1772	31		7			6	18
清水河县	905	19		2				17
武川县	1213	18		8		2		8
呼和浩特经济技术开发区	3610	127	1	8		11	4	103
包头市	**13186**	**502**	**4**	**47**	**1**	**4**	**9**	**437**
东河区	688	21	1					20
昆都仑区	57	1						1
青山区	152	7						7
石拐区	203							
白云鄂博矿区								
九原区	386	1						1
土默特右旗	3464	61	2	20		3	6	30
固阳县	1814	21		6	1		3	11
达尔罕茂明安联合旗	977	34	1	12				21
包头稀土高新技术产业开发区	5445	356		9		1		346
乌海市	**868**	**14**						**14**
海勃湾区	138							
海南区	644	13						13
乌达区	86	1						1
赤峰市	**29808**	**830**	**8**	**129**	**1**	**41**	**32**	**619**
红山区	665	16						16
元宝山区	667	12						12
松山区	718	14					4	10
阿鲁科尔沁旗	2675	64		14	1	1	3	45
巴林左旗	3257	40		6			1	33
巴林右旗	2547	51		8		3	4	36
林西县	3070	62		22		2	2	36
克什克腾旗	2413	106	1	18		10		77
翁牛特旗	3230	118	1	21		1	2	93
喀喇沁旗	2822	63		11		2	7	43
宁城县	4050	161	6	18		18	6	113
敖汉旗	3694	123		11		4	3	105

4-6b　续表 4　　　　　　　　　　　　　　　　　　　　　　　　　　　　单位：人

地　区 性　别	合计	党的机关、国家机关、群众团体和社会组织、企事业单位负责人						
		小计	中国共产党机关负责人	国家机关负责人	民主党派和工商联负责人	人民团体和群众团体、社会组织及其他成员组织负责人	基层群众自治组织负责人	企事业单位负责人
通辽市	**20581**	**729**	**13**	**118**		**20**	**22**	**556**
科尔沁区	1071	4					1	3
科尔沁左翼中旗	2800	85	1	12		5	2	65
科尔沁左翼后旗	2443	82	1	21		1	1	58
开鲁县	2950	84	1	15		2	7	59
库伦旗	1571	46	1	15		1	3	26
奈曼旗	2973	117	1	18		6	2	90
扎鲁特旗	2888	81	1	22		1	4	53
通辽经济技术开发区	3883	230	7	15		4	2	202
霍林郭勒市	2							
鄂尔多斯市	**32121**	**1055**	**6**	**116**	**1**	**25**	**19**	**888**
东胜区	172	5						5
康巴什区								
达拉特旗	5949	188		24		3	5	156
准格尔旗	7803	279	2	19		8	5	245
鄂托克前旗	1675	57		8		3		46
鄂托克旗	4334	108	2	12	1	3	3	87
杭锦旗	2104	77	1	11		1	1	63
乌审旗	3584	116		21		1		94
伊金霍洛旗	6500	225	1	21		6	5	192
呼伦贝尔市	**16286**	**438**	**6**	**90**		**23**	**20**	**299**
海拉尔区	34	1						1
扎赉诺尔区	83							
阿荣旗	2697	57	2	8			4	43
莫力达瓦达斡尔族自治旗	1614	53		16		4	3	30
鄂伦春自治旗	2559	42		11		1	3	27
鄂温克族自治旗	2582	115	3	18		2	1	91
陈巴尔虎旗	1053	27		5		7		15
新巴尔虎左旗	578	13		8			1	4
新巴尔虎右旗	668	25	1	5		4	1	14
满洲里市	86							
牙克石市	2297	56		12		2		42
扎兰屯市	853	15		2			4	9
额尔古纳市	284	10		2			2	6
根河市	898	24		3		3	1	17
巴彦淖尔市	**14114**	**392**		**68**		**21**	**3**	**300**
临河区	421	4				1	1	2
五原县	2909	58		10		1		47
磴口县	1355	38		5		4		29
乌拉特前旗	3677	96		13		2		81
乌拉特中旗	1702	71		21		7	1	42
乌拉特后旗	1129	38		13		3		22
杭锦后旗	2921	87		6		3	1	77

4−6b 续表 5　　　　单位：人

地区 性别	合计	党的机关、国家机关、群众团体和社会组织、企事业单位负责人						
		小计	中国共产党机关负责人	国家机关负责人	民主党派和工商联负责人	人民团体和群众团体、社会组织及其他成员组织负责人	基层群众自治组织负责人	企事业单位负责人
乌兰察布市	**12517**	**415**	**6**	**118**		**12**	**22**	**257**
集宁区	277							
卓资县	929	28	1	7		1	5	14
化德县	1338	42		6				36
商都县	1869	64		24		2	4	34
兴和县	1429	44		15				29
凉城县	1094	29		10		2	1	16
察哈尔右翼前旗	1504	45	2	9		4	1	29
察哈尔右翼中旗	731	23	1	9			2	11
察哈尔右翼后旗	1381	48	1	18		1	5	23
四子王旗	1572	82		20		2	3	57
丰镇市	393	10	1				1	8
兴安盟	**9523**	**347**	**10**	**82**		**16**	**10**	**229**
乌兰浩特市	320	2						2
阿尔山市	318	15		7		1		7
科尔沁右翼前旗	2167	113	1	16		3	1	92
科尔沁右翼中旗	2148	84		21			6	57
扎赉特旗	2857	92	3	27		11	2	49
突泉县	1713	41	6	11		1	1	22
锡林郭勒盟	**10068**	**386**	**4**	**96**		**13**	**15**	**258**
二连浩特市	58	6						6
锡林浩特市	180	1						1
阿巴嘎旗	631	31	3	13		1		14
苏尼特左旗	421	22		6		1		15
苏尼特右旗	1120	31		11			1	19
东乌珠穆沁旗	1109	20		8				12
西乌珠穆沁旗	1494	38		6		1	1	30
太仆寺旗	928	63		11		2	8	42
镶黄旗	458	41		13		1	1	26
正镶白旗	567	33		4			1	28
正蓝旗	855	29		9		1	1	18
多伦县	1625	46		12		1	2	31
乌拉盖管委会	622	25	1	3		5		16
阿拉善盟	**6264**	**225**	**2**	**39**		**5**	**3**	**176**
阿拉善左旗	4017	134	1	20		3	2	108
阿拉善右旗	502	27	1	9			1	16
额济纳旗	712	27		8				19
内蒙古阿拉善经济开发区	1033	37		2		2		33

4-6b　续表 6　　　　单位：人

地区 性别	合计	党的机关、国家机关、群众团体和社会组织、企事业单位负责人						
		小计	中国共产党机关负责人	国家机关负责人	民主党派和工商联负责人	人民团体和群众团体、社会组织及其他成员组织负责人	基层群众自治组织负责人	企事业单位负责人
女	**106774**	**1754**	**14**	**202**	**2**	**129**	**58**	**1349**
呼和浩特市	**6350**	**71**		**5**		**9**	**2**	**55**
新城区	21							
回民区								
玉泉区								
赛罕区	19							
土默特左旗	1251	11		3				8
托克托县	1045	11		1		3		7
和林格尔县	1011	12				1	1	10
清水河县	440	3					1	2
武川县	642							
呼和浩特经济技术开发区	1921	34		1		5		28
包头市	**7058**	**165**	**1**	**10**		**5**	**4**	**145**
东河区	359	10		1				9
昆都仑区	10							
青山区	33							
石拐区	63							
白云鄂博矿区								
九原区	160							
土默特右旗	1845	16	1	1		3	3	8
固阳县	795	2					1	1
达尔罕茂明安联合旗	568	15		6				9
包头稀土高新技术产业开发区	3225	122		2		2		118
乌海市	**264**							
海勃湾区	68							
海南区	165							
乌达区	31							
赤峰市	**20345**	**215**	**1**	**23**		**26**	**6**	**159**
红山区	365	4						4
元宝山区	297	7					1	6
松山区	439	1						1
阿鲁科尔沁旗	1672	16		3		1		12
巴林左旗	3101	13		3				10
巴林右旗	1527	11		3		1	1	6
林西县	1899	14	1	2			1	10
克什克腾旗	1463	36		6		3	1	26
翁牛特旗	2052	32		3				29
喀喇沁旗	1775	16		2				14
宁城县	3103	43		1		19	2	21
敖汉旗	2652	22				2		20

4-6b 续表 7

单位：人

地区 性别	合计	党的机关、国家机关、群众团体和社会组织、企事业单位负责人						
		小计	中国共产党机关负责人	国家机关负责人	民主党派和工商联负责人	人民团体和群众团体、社会组织及其他成员组织负责人	基层群众自治组织负责人	企事业单位负责人
通辽市	**14959**	**303**	**2**	**28**	**2**	**10**	**11**	**250**
科尔沁区	707	4				1		3
科尔沁左翼中旗	1961	44		4		3	1	36
科尔沁左翼后旗	1730	30		7	1		2	20
开鲁县	2373	26		1			3	22
库伦旗	1158	18	1	6	1		1	9
奈曼旗	2161	38		1		3	1	33
扎鲁特旗	1959	38	1	2		2		33
通辽经济技术开发区	2910	105		7		1	3	94
霍林郭勒市								
鄂尔多斯市	**16570**	**288**	**5**	**25**		**17**	**4**	**237**
东胜区	41							
康巴什区								
达拉特旗	3259	46	1	2		1	2	40
准格尔旗	3434	78	1	3		7		67
鄂托克前旗	1078	30	1	3		3		23
鄂托克旗	2388	20	1	6				13
杭锦旗	1235	20		1		1		18
乌审旗	1881	25		5		2	1	17
伊金霍洛旗	3254	69	1	5		3	1	59
呼伦贝尔市	**8966**	**161**		**20**		**23**	**10**	**108**
海拉尔区	16	2						2
扎赉诺尔区	30							
阿荣旗	1656	21		2		1		18
莫力达瓦达斡尔族自治旗	1059	10		3			1	6
鄂伦春自治旗	1345	10		3		1	2	4
鄂温克族自治旗	1683	38		2		2	1	33
陈巴尔虎旗	498	10		3		5		2
新巴尔虎左旗	397	12		4			1	7
新巴尔虎右旗	444	18				8		10
满洲里市	52							
牙克石市	911	17		1		1		15
扎兰屯市	461	7				2	4	1
额尔古纳市	115	2		1				1
根河市	299	14		1		3	1	9
巴彦淖尔市	**9269**	**115**		**11**		**9**		**95**
临河区	326							
五原县	1874	13		1				12
磴口县	955	11		1		3		7
乌拉特前旗	2313	25		1				24
乌拉特中旗	1100	11		1		2		8
乌拉特后旗	690	7		3		2		2
杭锦后旗	2011	48		4		2		42

4-6b 续表 8

单位：人

地区 性别	合计	党的机关、国家机关、群众团体和社会组织、企事业单位负责人						
		小计	中国共产党机关负责人	国家机关负责人	民主党派和工商联负责人	人民团体和群众团体、社会组织及其他成员组织负责人	基层群众自治组织负责人	企事业单位负责人
乌兰察布市	**6099**	**106**	**2**	**16**		**5**	**8**	**75**
集宁区	146							
卓资县	484	8		1			4	3
化德县	730	24						24
商都县	922	18		4			1	13
兴和县	534	2		1				1
凉城县	522	7		4				3
察哈尔右翼前旗	756	12		2			2	8
察哈尔右翼中旗	375	4	1	1		1		1
察哈尔右翼后旗	659	6	1	1		1		3
四子王旗	865	24		2		3		19
丰镇市	106	1					1	
兴安盟	**6396**	**110**	**3**	**22**		**9**	**4**	**72**
乌兰浩特市	217							
阿尔山市	161	5		5				
科尔沁右翼前旗	1524	44		6		2		36
科尔沁右翼中旗	1497	24		7		1	2	14
扎赉特旗	1793	26	1	1		6	2	16
突泉县	1204	11	2	3				6
锡林郭勒盟	**6279**	**130**		**27**		**14**	**8**	**81**
二连浩特市	10							
锡林浩特市	42							
阿巴嘎旗	348	6		2		3		1
苏尼特左旗	282	5				1	1	3
苏尼特右旗	678	17		8		1	4	4
东乌珠穆沁旗	710	14		3			1	10
西乌珠穆沁旗	980	7		1				6
太仆寺旗	573	19		2		1	1	15
镶黄旗	288	10		5		1		4
正镶白旗	346	15		1			1	13
正蓝旗	552	7		1				6
多伦县	1126	20		4		3		13
乌拉盖管委会	344	10				4		6
阿拉善盟	**4219**	**90**		**15**		**2**	**1**	**72**
阿拉善左旗	2927	62		8				54
阿拉善右旗	324	14		4		1	1	8
额济纳旗	461	6		3		1		2
内蒙古阿拉善经济开发区	507	8						8

4-6b 续表 9

单位：人

地区 性别	专业技术人员									
	小计	科学研究人员	工程技术人员	农业技术人员	飞机和船舶技术人员	卫生专业技术人员	经济和金融专业人员	法律、社会和宗教专业人员	教学人员	文学艺术、体育专业人员
内蒙古	**41905**	**138**	**6600**	**572**	**25**	**7044**	**7042**	**1184**	**17502**	**585**
呼和浩特市	**2600**	**11**	**479**	**31**	**2**	**379**	**561**	**68**	**990**	**37**
新城区	4					1	1		2	
回民区										
玉泉区										
赛罕区	3		2			1				
土默特左旗	486		86	8		83	91	10	201	1
托克托县	409		46	3		93	82	7	169	9
和林格尔县	417	3	75	6		47	71	16	183	3
清水河县	200		32	3		33	33	8	84	3
武川县	239		20	4		56	18	10	122	5
呼和浩特经济技术开发区	842	8	218	7	2	65	265	17	229	16
包头市	**2609**	**15**	**526**	**21**		**348**	**529**	**68**	**1002**	**40**
东河区	101	1	24	1		11	15	4	38	3
昆都仑区										
青山区	13		7			1	2		3	
石拐区	9		1				7		1	
白云鄂博矿区										
九原区	17		5			2	3	1	6	
土默特右旗	614	3	77	4		96	77	19	311	17
固阳县	218		28	3		48	30	1	101	3
达尔罕茂明安联合旗	236		45	5		41	38	4	87	6
包头稀土高新技术产业开发区	1401	11	339	8		149	357	39	455	11
乌海市	**44**		**24**			**1**	**9**	**2**	**8**	
海勃湾区	4		3						1	
海南区	39		21				9	2	7	
乌达区	1					1				
赤峰市	**7181**	**13**	**958**	**109**	**1**	**1503**	**754**	**175**	**3398**	**87**
红山区	52		16	2		6	6		17	1
元宝山区	84		20	1		14	19		27	
松山区	50		16	1		11	2		20	
阿鲁科尔沁旗	684	2	49	22		166	74	19	323	12
巴林左旗	787	2	111	11		145	68	15	392	11
巴林右旗	546	1	72	3		108	55	5	274	13
林西县	659	1	108	11		150	73	16	275	8
克什克腾旗	693		104	16	1	139	101	34	257	12
翁牛特旗	806	2	107	12		128	68	30	434	8
喀喇沁旗	642	1	85	5		148	67	10	302	9
宁城县	1162	1	126	10		293	104	21	578	7
敖汉旗	1016	3	144	15		195	117	25	499	6

4-6b　续表 10　　　　单位：人

地　区 性　别	专业技术人员 小计	科学研究人员	工程技术人员	农业技术人员	飞机和船舶技术人员	卫生专业技术人员	经济和金融专业人员	法律、社会和宗教专业人员	教学人员	文学艺术、体育专业人员
通辽市	**5919**	**24**	**633**	**94**	**1**	**1027**	**937**	**179**	**2797**	**61**
科尔沁区	94		21			24	16	3	29	
科尔沁左翼中旗	763	3	53	13		144	111	16	398	7
科尔沁左翼后旗	592	2	36	5		80	76	20	349	11
开鲁县	794	3	70	19		132	124	25	398	4
库伦旗	414	2	29	9		96	50	14	206	1
奈曼旗	906	3	79	9		173	140	36	431	11
扎鲁特旗	837	2	72	27		128	136	23	407	16
通辽经济技术开发区	1519	9	273	12	1	250	284	42	579	11
霍林郭勒市										
鄂尔多斯市	**7209**	**20**	**1808**	**66**	**16**	**926**	**1311**	**187**	**2596**	**79**
东胜区	13		13							
康巴什区										
达拉特旗	1398	1	268	29		195	282	45	532	20
准格尔旗	1821	7	473	11		249	325	38	644	9
鄂托克前旗	426	3	49	1	15	79	63	11	189	7
鄂托克旗	828	2	232	4		85	167	19	296	8
杭锦旗	519	3	111	10		67	68	13	233	2
乌审旗	832	2	336	2		93	90	15	265	16
伊金霍洛旗	1372	2	326	9	1	158	316	46	437	17
呼伦贝尔市	**3653**	**15**	**421**	**61**	**2**	**623**	**639**	**117**	**1550**	**63**
海拉尔区	6		3			1	1		1	
扎赉诺尔区	7			1		4			1	1
阿荣旗	642	2	66	9		103	104	17	312	11
莫力达瓦达斡尔族自治旗	396		26	1		68	46	6	232	3
鄂伦春自治旗	588		41	11		123	93	19	265	10
鄂温克族自治旗	790	6	114	8	2	113	149	33	283	23
陈巴尔虎旗	191		36	3		35	35	8	65	5
新巴尔虎左旗	166		13	4		31	31	5	68	4
新巴尔虎右旗	155	3	15	6		16	34	14	55	4
满洲里市	16		5			2	1	2	6	
牙克石市	351		66	10		71	66	8	121	2
扎兰屯市	121	1	10	3		16	25	3	61	
额尔古纳市	52	1	3	5		10	8	1	21	
根河市	172	2	23			30	46	1	59	
巴彦淖尔市	**3226**	**4**	**478**	**54**		**629**	**652**	**78**	**1193**	**43**
临河区	34		6			10	3		15	
五原县	663		106	12		144	121	12	250	9
磴口县	315		48	8		73	76	7	82	1
乌拉特前旗	803	2	100	13		168	126	23	342	11
乌拉特中旗	456	1	53	8		73	128	17	157	8
乌拉特后旗	297	1	70	4		44	66	7	86	2
杭锦后旗	658		95	9		117	132	12	261	12

4-6b 续表 11

单位：人

地区 性别	专业技术人员 小计	科学研究人员	工程技术人员	农业技术人员	飞机和船舶技术人员	卫生专业技术人员	经济和金融专业人员	法律、社会和宗教专业人员	教学人员	文学艺术、体育专业人员
乌兰察布市	**2585**	**7**	**358**	**40**		**419**	**406**	**72**	**1171**	**45**
集宁区	54		9			11	6		28	
卓资县	243	1	42	3		28	28	11	115	7
化德县	275	2	27	5		49	55	6	117	10
商都县	368		31	3		79	42	4	194	10
兴和县	286	1	50	2		49	43	11	125	2
凉城县	210	1	11	2		44	32	5	107	2
察哈尔右翼前旗	311	1	49	7		34	61	7	140	2
察哈尔右翼中旗	196		18	8		25	44	5	86	2
察哈尔右翼后旗	289	1	74	2		32	39	9	116	2
四子王旗	312		29	8		67	40	14	137	8
丰镇市	41		18			1	16		6	
兴安盟	**2914**	**12**	**271**	**33**	**2**	**591**	**387**	**73**	**1424**	**31**
乌兰浩特市	55		7	1		7	10	1	26	
阿尔山市	55		6	1		7	10	4	26	
科尔沁右翼前旗	843	4	118	4	2	143	125	14	391	7
科尔沁右翼中旗	662	3	57	9		145	81	9	334	8
扎赉特旗	787	2	51	10		182	89	16	405	9
突泉县	512	3	32	8		107	72	29	242	7
锡林郭勒盟	**2328**	**12**	**301**	**44**	**1**	**371**	**454**	**96**	**912**	**61**
二连浩特市	1		1							
锡林浩特市	30		17			4	8			
阿巴嘎旗	146		10	5		24	42	5	49	9
苏尼特左旗	126		15	3		16	30	6	46	5
苏尼特右旗	257	2	69	5		38	36	3	87	10
东乌珠穆沁旗	228		11	6		35	36	24	91	6
西乌珠穆沁旗	313		46	3		50	61	14	120	8
太仆寺旗	312	6	24	5		55	49	13	152	4
镶黄旗	128	1	9	1		26	30	7	46	7
正镶白旗	130	1	16	1		19	34	3	50	2
正蓝旗	194		18	4		34	55	6	70	1
多伦县	344	2	56	3	1	49	52	9	159	8
乌拉盖管委会	119		9	8		21	21	6	42	1
阿拉善盟	**1637**	**5**	**343**	**19**		**227**	**403**	**69**	**461**	**38**
阿拉善左旗	1150	3	203	10		172	276	45	363	28
阿拉善右旗	138	1	26	4		24	31	12	30	4
额济纳旗	169	1	28	4		20	60	11	33	5
内蒙古阿拉善经济开发区	180		86	1		11	36	1	35	1

4-6b　续表 12　　　　单位：人

地　区 性　别	专业技术人员									
	小计	科学研究人员	工程技术人员	农业技术人员	飞机和船舶技术人员	卫生专业技术人员	经济和金融专业人员	法律、社会和宗教专业人员	教学人员	文学艺术、体育专业人员
男	**17595**	**73**	**5750**	**413**	**23**	**2299**	**2254**	**595**	**5306**	**316**
呼和浩特市	**1145**	**7**	**423**	**27**	**1**	**129**	**172**	**30**	**320**	**21**
新城区	2					1	1			
回民区										
玉泉区										
赛罕区	2		2							
土默特左旗	218		78	8		25	28	4	74	
托克托县	169		43	3		32	28	2	55	6
和林格尔县	185		63	5		17	18	7	68	2
清水河县	92		28	3		11	13	5	30	1
武川县	99		18	3		20	7	6	39	4
呼和浩特经济技术开发区	378	7	191	5	1	23	77	6	54	8
包头市	**1104**	**9**	**450**	**16**		**122**	**145**	**24**	**284**	**28**
东河区	40		20			1	3	1	12	2
昆都仑区										
青山区	8		7						1	
石拐区	3		1				2			
白云鄂博矿区										
九原区	9		4				2	1	2	
土默特右旗	243	1	61	4		38	26	5	92	11
固阳县	96		25	3		24	8		32	2
达尔罕茂明安联合旗	116		41	4		15	18	1	27	4
包头稀土高新技术产业开发区	589	8	291	5		44	86	16	118	9
乌海市	**29**		**22**			**1**	**4**		**2**	
海勃湾区	3		3							
海南区	25		19				4		2	
乌达区	1					1				
赤峰市	**3113**	**7**	**852**	**68**	**1**	**528**	**278**	**106**	**1128**	**46**
红山区	25		16	2		1			4	
元宝山区	40		17			5	9		8	
松山区	31		14	1		6	2		8	
阿鲁科尔沁旗	281	1	43	13		52	32	13	115	4
巴林左旗	346	1	92	8		48	24	11	135	6
巴林右旗	228		66	1		38	16	3	90	9
林西县	301	1	95	7		65	22	7	89	3
克什克腾旗	309		95	10	1	46	33	17	83	6
翁牛特旗	367	1	97	6		48	21	20	157	5
喀喇沁旗	278		77	3		60	28	8	91	6
宁城县	471	1	109	7		90	45	14	188	5
敖汉旗	436	2	131	10		69	46	13	160	2

4-6b 续表 13 单位：人

地区 性别	专业技术人员									
	小计	科学研究人员	工程技术人员	农业技术人员	飞机和船舶技术人员	卫生专业技术人员	经济和金融专业人员	法律、社会和宗教专业人员	教学人员	文学艺术、体育专业人员
通辽市	**2376**	**11**	**544**	**69**	**1**	**372**	**331**	**96**	**844**	**30**
科尔沁区	47		21			12	4	1	8	
科尔沁左翼中旗	304	3	49	12		61	46	10	112	4
科尔沁左翼后旗	246	1	35	3		28	29	14	122	6
开鲁县	310	1	61	12		47	40	11	124	3
库伦旗	179		26	7		36	23	7	76	
奈曼旗	336	2	66	7		62	53	21	112	3
扎鲁特旗	320		60	20		40	48	12	118	9
通辽经济技术开发区	634	4	226	8	1	86	88	20	172	5
霍林郭勒市										
鄂尔多斯市	**3221**	**15**	**1576**	**48**	**16**	**302**	**410**	**83**	**639**	**45**
东胜区	12		12							
康巴什区										
达拉特旗	558		228	22		73	85	19	114	10
准格尔旗	830	5	421	9		68	114	22	147	7
鄂托克前旗	189	3	45	1	15	32	22	5	56	4
鄂托克旗	349	2	185	1		30	42	7	71	4
杭锦旗	232	2	102	7		23	19	5	69	1
乌审旗	451	1	293	1		33	25	9	76	10
伊金霍洛旗	600	2	290	7	1	43	103	16	106	9
呼伦贝尔市	**1469**	**10**	**377**	**43**	**2**	**168**	**200**	**56**	**507**	**33**
海拉尔区	3		3							
扎赉诺尔区	3			1		2				
阿荣旗	258		61	7		27	38	8	107	5
莫力达瓦达斡尔族自治旗	158		21	1		22	10	4	90	2
鄂伦春自治旗	221		36	10		33	32	9	85	6
鄂温克族自治旗	335	5	101	5	2	26	47	16	91	11
陈巴尔虎旗	77		32	3		6	8	5	21	2
新巴尔虎左旗	64		12	3		10	9	4	19	4
新巴尔虎右旗	55	2	14	4		4	8	5	13	1
满洲里市	7		4			1	1		1	
牙克石市	141		61	5		21	20	3	26	2
扎兰屯市	53	1	9	1		5	10	2	24	
额尔古纳市	27	1	3	3		6	2		10	
根河市	67	1	20			5	15		20	
巴彦淖尔市	**1263**	**2**	**423**	**40**		**180**	**197**	**34**	**319**	**22**
临河区	14		5			5			4	
五原县	255		86	9		50	38	5	61	4
磴口县	126		39	7		15	26	3	22	1
乌拉特前旗	289	1	93	9		46	27	9	94	2
乌拉特中旗	191		48	6		26	49	7	41	6
乌拉特后旗	138	1	65	3		11	21	6	24	
杭锦后旗	250		87	6		27	36	4	73	9

4-6b　续表 14　　　　　　　　　　　　　　　　　　　　　　　　单位：人

地区 性别	专业技术人员									
	小计	科学研究人员	工程技术人员	农业技术人员	飞机和船舶技术人员	卫生专业技术人员	经济和金融专业人员	法律、社会和宗教专业人员	教学人员	文学艺术、体育专业人员
乌兰察布市	**1151**	**3**	**313**	**33**		**146**	**153**	**31**	**416**	**27**
集宁区	16		8				1		7	
卓资县	117		38	3		12	12	6	41	3
化德县	121	1	26	5		19	15	3	43	7
商都县	154		26	1		23	14		82	5
兴和县	148		44	2		21	25	6	48	1
凉城县	95	1	8	2		20	15	3	41	2
察哈尔右翼前旗	150		44	5		11	21	3	59	1
察哈尔右翼中旗	86		18	5		10	16	1	31	1
察哈尔右翼后旗	121	1	60	2		7	14	3	28	1
四子王旗	116		25	8		22	13	6	33	6
丰镇市	27		16			1	7		3	
兴安盟	**1117**	**4**	**235**	**22**	**1**	**175**	**117**	**45**	**460**	**16**
乌兰浩特市	18		7			2	2	1	5	
阿尔山市	16		5	1		3	2	1	3	
科尔沁右翼前旗	322	1	102	2	1	35	33	7	116	4
科尔沁右翼中旗	264	1	51	5		54	25	6	113	3
扎赉特旗	296	1	42	7		48	33	10	143	4
突泉县	201	1	28	7		33	22	20	80	5
锡林郭勒盟	**892**	**5**	**254**	**34**	**1**	**110**	**129**	**51**	**242**	**30**
二连浩特市	1		1							
锡林浩特市	18		12			2	3			
阿巴嘎旗	57		10	2		6	14	2	19	3
苏尼特左旗	46		12	2		1	10	2	14	3
苏尼特右旗	119	2	56	5		12	12	2	21	6
东乌珠穆沁旗	82		11	4		12	6	15	21	3
西乌珠穆沁旗	131		42	2		16	17	8	38	5
太仆寺旗	108	2	22	4		15	15	7	38	2
镶黄旗	52	1	7	1		11	8	4	14	5
正镶白旗	43		13	1		5	6		17	
正蓝旗	71		16	4		12	18	3	15	1
多伦县	128		43	2	1	13	19	6	38	2
乌拉盖管委会	36		9	7		5	1	2	7	
阿拉善盟	**715**		**281**	**13**		**66**	**118**	**39**	**145**	**18**
阿拉善左旗	473		166	6		46	81	25	116	10
阿拉善右旗	69		21	3		8	9	9	14	3
额济纳旗	67		25	3		7	15	4	6	4
内蒙古阿拉善经济开发区	106		69	1		5	13	1	9	1

4-6b 续表 15

单位：人

地区 性别	专业技术人员 小计	科学研究人员	工程技术人员	农业技术人员	飞机和船舶技术人员	卫生专业技术人员	经济和金融专业人员	法律、社会和宗教专业人员	教学人员	文学艺术、体育专业人员
女	**24310**	**65**	**850**	**159**	**2**	**4745**	**4788**	**589**	**12196**	**269**
呼和浩特市	**1455**	**4**	**56**	**4**	**1**	**250**	**389**	**38**	**670**	**16**
新城区	2								2	
回民区										
玉泉区										
赛罕区	1					1				
土默特左旗	268		8			58	63	6	127	1
托克托县	240		3			61	54	5	114	3
和林格尔县	232	3	12	1		30	53	9	115	1
清水河县	108		4			22	20	3	54	2
武川县	140		2	1		36	11	4	83	1
呼和浩特经济技术开发区	464	1	27	2	1	42	188	11	175	8
包头市	**1505**	**6**	**76**	**5**		**226**	**384**	**44**	**718**	**12**
东河区	61	1	4	1		10	12	3	26	1
昆都仑区										
青山区	5					1	2		2	
石拐区	6						5		1	
白云鄂博矿区										
九原区	8		1			2	1		4	
土默特右旗	371	2	16			58	51	14	219	6
固阳县	122		3			24	22	1	69	1
达尔罕茂明安联合旗	120		4	1		26	20	3	60	2
包头稀土高新技术产业开发区	812	3	48	3		105	271	23	337	2
乌海市	**15**		**2**				**5**	**2**	**6**	
海勃湾区	1								1	
海南区	14		2				5	2	5	
乌达区										
赤峰市	**4068**	**6**	**106**	**41**		**975**	**476**	**69**	**2270**	**41**
红山区	27					5	6		13	1
元宝山区	44		3	1		9	10		19	
松山区	19		2			5			12	
阿鲁科尔沁旗	403	1	6	9		114	42	6	208	8
巴林左旗	441	1	19	3		97	44	4	257	5
巴林右旗	318	1	6	2		70	39	2	184	4
林西县	358		13	4		85	51	9	186	5
克什克腾旗	384		9	6		93	68	17	174	6
翁牛特旗	439	1	10	6		80	47	10	277	3
喀喇沁旗	364	1	8	2		88	39	2	211	3
宁城县	691		17	3		203	59	7	390	2
敖汉旗	580	1	13	5		126	71	12	339	4

4-6b 续表 16

单位：人

地区 性别	专业技术人员									
	小计	科学研究人员	工程技术人员	农业技术人员	飞机和船舶技术人员	卫生专业技术人员	经济和金融专业人员	法律、社会和宗教专业人员	教学人员	文学艺术、体育专业人员
通辽市	**3543**	**13**	**89**	**25**		**655**	**606**	**83**	**1953**	**31**
科尔沁区	47					12	12	2	21	
科尔沁左翼中旗	459		4	1		83	65	6	286	3
科尔沁左翼后旗	346	1	1	2		52	47	6	227	5
开鲁县	484	2	9	7		85	84	14	274	1
库伦旗	235	2	3	2		60	27	7	130	1
奈曼旗	570	1	13	2		111	87	15	319	8
扎鲁特旗	517	2	12	7		88	88	11	289	7
通辽经济技术开发区	885	5	47	4		164	196	22	407	6
霍林郭勒市										
鄂尔多斯市	**3988**	**5**	**232**	**18**		**624**	**901**	**104**	**1957**	**34**
东胜区	1		1							
康巴什区										
达拉特旗	840	1	40	7		122	197	26	418	10
准格尔旗	991	2	52	2		181	211	16	497	2
鄂托克前旗	237		4			47	41	6	133	3
鄂托克旗	479		47	3		55	125	12	225	4
杭锦旗	287	1	9	3		44	49	8	164	1
乌审旗	381	1	43	1		60	65	6	189	6
伊金霍洛旗	772		36	2		115	213	30	331	8
呼伦贝尔市	**2184**	**5**	**44**	**18**		**455**	**439**	**61**	**1043**	**30**
海拉尔区	3					1	1		1	
扎赉诺尔区	4					2			1	1
阿荣旗	384	2	5	2		76	66	9	205	6
莫力达瓦达斡尔族自治旗	238		5			46	36	2	142	1
鄂伦春自治旗	367		5	1		90	61	10	180	4
鄂温克族自治旗	455	1	13	3		87	102	17	192	12
陈巴尔虎旗	114		4			29	27	3	44	3
新巴尔虎左旗	102		1	1		21	22	1	49	
新巴尔虎右旗	100	1	1	2		12	26	9	42	3
满洲里市	9		1			1		2	5	
牙克石市	210		5	5		50	46	5	95	
扎兰屯市	68		1	2		11	15	1	37	
额尔古纳市	25			2		4	6	1	11	
根河市	105	1	3			25	31	1	39	
巴彦淖尔市	**1963**	**2**	**55**	**14**		**449**	**455**	**44**	**874**	**21**
临河区	20		1			5	3		11	
五原县	408		20	3		94	83	7	189	5
磴口县	189		9	1		58	50	4	60	
乌拉特前旗	514	1	7	4		122	99	14	248	9
乌拉特中旗	265	1	5	2		47	79	10	116	2
乌拉特后旗	159		5	1		33	45	1	62	2
杭锦后旗	408		8	3		90	96	8	188	3

4–6b 续表 17

单位：人

地 区 性 别	专业技术人员 小计	科学研究人员	工程技术人员	农业技术人员	飞机和船舶技术人员	卫生专业技术人员	经济和金融专业人员	法律、社会和宗教专业人员	教学人员	文学艺术、体育专业人员
乌兰察布市	**1434**	**4**	**45**	**7**		**273**	**253**	**41**	**755**	**18**
集宁区	38		1			11	5		21	
卓资县	126	1	4			16	16	5	74	4
化德县	154	1	1			30	40	3	74	3
商都县	214		5	2		56	28	4	112	5
兴和县	138	1	6			28	18	5	77	1
凉城县	115		3			24	17	2	66	
察哈尔右翼前旗	161	1	5	2		23	40	4	81	1
察哈尔右翼中旗	110			3		15	28	4	55	1
察哈尔右翼后旗	168		14			25	25	6	88	1
四子王旗	196		4			45	27	8	104	2
丰镇市	14		2				9		3	
兴安盟	**1797**	**8**	**36**	**11**	**1**	**416**	**270**	**28**	**964**	**15**
乌兰浩特市	37			1		5	8		21	
阿尔山市	39		1			4	8	3	23	
科尔沁右翼前旗	521	3	16	2	1	108	92	7	275	3
科尔沁右翼中旗	398	2	6	4		91	56	3	221	5
扎赉特旗	491	1	9	3		134	56	6	262	5
突泉县	311	2	4	1		74	50	9	162	2
锡林郭勒盟	**1436**	**7**	**47**	**10**		**261**	**325**	**45**	**670**	**31**
二连浩特市										
锡林浩特市	12		5			2	5			
阿巴嘎旗	89			3		18	28	3	30	6
苏尼特左旗	80		3	1		15	20	4	32	2
苏尼特右旗	138		13			26	24	1	66	4
东乌珠穆沁旗	146			2		23	30	9	70	3
西乌珠穆沁旗	182		4	1		34	44	6	82	3
太仆寺旗	204	4	2	1		40	34	6	114	2
镶黄旗	76		2			15	22	3	32	2
正镶白旗	87	1	3			14	28	3	33	2
正蓝旗	123		2			22	37	3	55	
多伦县	216	2	13	1		36	33	3	121	6
乌拉盖管委会	83			1		16	20	4	35	1
阿拉善盟	**922**	**5**	**62**	**6**		**161**	**285**	**30**	**316**	**20**
阿拉善左旗	677	3	37	4		126	195	20	247	18
阿拉善右旗	69	1	5	1		16	22	3	16	1
额济纳旗	102	1	3	1		13	45	7	27	1
内蒙古阿拉善经济开发区	74		17			6	23		26	

4-6b 续表 18

单位：人

地区 性别	专业技术人员		办事人员和有关人员				社会生产服务和生活服务人员		
	新闻出版、文化专业人员	其他专业技术人员	小计	办事人员	安全和消防人员	其他办事人员和有关人员	小计	批发与零售服务人员	交通运输、仓储和邮政业服务人员
内蒙古	**945**	**268**	**34857**	**27937**	**6492**	**428**	**111406**	**36877**	**25809**
呼和浩特市	**41**	**1**	**1970**	**1596**	**348**	**26**	**7861**	**2313**	**2006**
新城区			14	5	9		35	7	3
回民区									
玉泉区									
赛罕区			2	1	1		22	5	5
土默特左旗	6		389	306	81	2	1596	495	401
托克托县			364	301	62	1	1248	362	365
和林格尔县	13		350	273	63	14	1185	328	262
清水河县	4		216	187	29		514	96	200
武川县	4		264	204	57	3	776	230	201
呼和浩特经济技术开发区	14	1	371	319	46	6	2485	790	569
包头市	**41**	**19**	**2220**	**1784**	**420**	**16**	**7967**	**2507**	**2087**
东河区	1	3	55	37	17	1	468	181	143
昆都仑区			1	1			1		1
青山区			5	4	1		50	17	11
石拐区			14	6	8		31	6	11
白云鄂博矿区									
九原区			9	4	5		185	51	50
土默特右旗	8	2	464	367	93	4	2325	733	574
固阳县	3	1	277	227	48	2	1086	215	494
达尔罕茂明安联合旗	10		247	208	39		482	163	107
包头稀土高新技术产业开发区	19	13	1148	930	209	9	3339	1141	696
乌海市			**38**	**21**	**17**		**438**	**72**	**169**
海勃湾区			1		1		75	22	14
海南区			33	19	14		322	46	153
乌达区			4	2	2		41	4	2
赤峰市	**110**	**73**	**4438**	**3635**	**746**	**57**	**18927**	**7139**	**3516**
红山区	2	2	41	15	24	2	372	114	89
元宝山区	3		44	30	14		325	82	109
松山区			16	7	9		271	103	47
阿鲁科尔沁旗	14	3	480	400	72	8	1638	647	311
巴林左旗	7	25	378	334	42	2	3374	1363	552
巴林右旗	14	1	430	373	53	4	1597	572	408
林西县	6	11	397	336	55	6	1706	678	313
克什克腾旗	16	13	481	375	96	10	1422	472	285
翁牛特旗	7	10	486	398	79	9	1598	612	248
喀喇沁旗	14	1	450	372	68	10	1495	542	287
宁城县	15	7	704	555	144	5	2986	1122	530
敖汉旗	12		531	440	90	1	2143	832	337

4−6b 续表 19

单位：人

地区 性别	专业技术人员		办事人员和有关人员				社会生产服务和生活服务人员		
	新闻出版、文化专业人员	其他专业技术人员	小计	办事人员	安全和消防人员	其他办事人员和有关人员	小计	批发与零售服务人员	交通运输、仓储和邮政业服务人员
通辽市	**139**	**27**	**3645**	**2848**	**744**	**53**	**13466**	**4935**	**2848**
科尔沁区		1	51	22	29		602	218	130
科尔沁左翼中旗	15	3	438	362	66	10	1670	584	353
科尔沁左翼后旗	11	2	418	315	97	6	1656	621	412
开鲁县	16	3	504	349	150	5	1887	732	347
库伦旗	6	1	317	285	30	2	818	306	122
奈曼旗	22	2	413	315	96	2	1918	720	379
扎鲁特旗	26		488	386	101	1	2096	741	515
通辽经济技术开发区	43	15	1016	814	175	27	2817	1012	590
霍林郭勒市							2	1	
鄂尔多斯市	**157**	**43**	**6308**	**5071**	**1158**	**79**	**18989**	**5312**	**5412**
东胜区			11	4	7		42	6	15
康巴什区									
达拉特旗	23	3	895	697	190	8	3987	1308	1175
准格尔旗	42	23	1378	1045	293	40	4636	1145	1623
鄂托克前旗	7	2	494	392	87	15	902	294	157
鄂托克旗	10	5	625	518	107		2541	717	662
杭锦旗	8	4	491	424	60	7	1235	381	278
乌审旗	12	1	763	615	148		2066	573	547
伊金霍洛旗	55	5	1651	1376	266	9	3580	888	955
呼伦贝尔市	**137**	**25**	**4254**	**3086**	**1085**	**83**	**9095**	**2704**	**2233**
海拉尔区			2	2			19	2	3
扎赉诺尔区			9	8		1	30	11	6
阿荣旗	17	1	436	309	127		1769	658	335
莫力达瓦达斡尔族自治旗	13	1	368	290	78		1068	373	208
鄂伦春自治旗	17	9	868	667	173	28	1380	439	351
鄂温克族自治旗	53	6	869	664	190	15	1471	400	371
陈巴尔虎旗	4		227	185	39	3	665	121	236
新巴尔虎左旗	9	1	188	149	35	4	339	85	82
新巴尔虎右旗	8		211	167	41	3	375	115	72
满洲里市			9	4	5		44	4	21
牙克石市	5	2	566	390	174	2	1173	255	397
扎兰屯市	2		89	54	33	2	435	155	76
额尔古纳市	2	1	107	53	54		90	25	20
根河市	7	4	305	144	136	25	237	61	55
巴彦淖尔市	**67**	**28**	**2614**	**2133**	**439**	**42**	**9970**	**3759**	**2073**
临河区			17	6	11		220	84	31
五原县	9		432	357	66	9	2376	972	518
磴口县	11	9	335	244	75	16	954	328	177
乌拉特前旗	11	7	597	488	103	6	2499	997	447
乌拉特中旗	11		459	379	80		1177	349	308
乌拉特后旗	11	6	293	259	32	2	602	186	141
杭锦后旗	14	6	481	400	72	9	2142	843	451

4-6b 续表 20

单位：人

地区 性别	专业技术人员		办事人员和有关人员				社会生产服务和生活服务人员		
	新闻出版、文化专业人员	其他专业技术人员	小计	办事人员	安全和消防人员	其他办事人员和有关人员	小计	批发与零售服务人员	交通运输、仓储和邮政业服务人员
乌兰察布市	**57**	**10**	**2753**	**2392**	**334**	**27**	**7612**	**2340**	**1952**
集宁区			35	33	2		250	68	81
卓资县	7	1	217	182	31	4	574	168	112
化德县	4		319	281	37	1	722	229	168
商都县	2	3	413	360	43	10	1392	431	351
兴和县	3		296	247	49		942	233	373
凉城县	4	2	334	287	41	6	592	213	111
察哈尔右翼前旗	7	3	288	256	32		896	251	209
察哈尔右翼中旗	8		227	196	29	2	340	119	56
察哈尔右翼后旗	13	1	269	242	24	3	810	233	208
四子王旗	9		337	299	37	1	1022	376	268
丰镇市			18	9	9		72	19	15
兴安盟	**71**	**19**	**2412**	**1935**	**460**	**17**	**6055**	**2176**	**1104**
乌兰浩特市	1	2	42	36	6		250	62	57
阿尔山市		1	133	92	41		142	23	46
科尔沁右翼前旗	23	12	637	514	119	4	1252	439	221
科尔沁右翼中旗	14	2	499	400	95	4	1472	506	276
扎赉特旗	22	1	702	558	135	9	1594	608	259
突泉县	11	1	399	335	64		1345	538	245
锡林郭勒盟	**60**	**16**	**2496**	**1972**	**503**	**21**	**6715**	**2266**	**1505**
二连浩特市			3	3			29	1	8
锡林浩特市		1	21	16	5		74	9	30
阿巴嘎旗	2		144	111	31	2	419	113	122
苏尼特左旗	5		130	108	22		298	102	82
苏尼特右旗	7		250	207	43		824	287	212
东乌珠穆沁旗	15	4	282	226	55	1	686	253	136
西乌珠穆沁旗	11		375	283	92		1034	349	243
太仆寺旗	3	1	233	188	45		541	176	100
镶黄旗	1		143	118	23	2	277	97	47
正镶白旗	4		206	164	39	3	376	131	73
正蓝旗	4	2	186	153	27	6	559	200	79
多伦县	2	3	333	251	82		1195	473	215
乌拉盖管委会	6	5	190	144	39	7	403	75	158
阿拉善盟	**65**	**7**	**1709**	**1464**	**238**	**7**	**4311**	**1354**	**904**
阿拉善左旗	50		1230	1058	171	1	3079	1022	657
阿拉善右旗	6		153	122	28	3	295	93	69
额济纳旗	7		186	163	21	2	558	145	111
内蒙古阿拉善经济开发区	2	7	140	121	18	1	379	94	67

4—6b　续表 21

单位：人

地区 性别	专业技术人员		办事人员和有关人员				社会生产服务和生活服务人员		
	新闻出版、文化专业人员	其他专业技术人员	小计	办事人员	安全和消防人员	其他办事人员和有关人员	小计	批发与零售服务人员	交通运输、仓储和邮政业服务人员
男	**367**	**199**	**22715**	**16759**	**5673**	**283**	**64676**	**16889**	**23064**
呼和浩特市	**15**		**1252**	**950**	**284**	**18**	**4913**	**1164**	**1825**
新城区			11	3	8		20	3	3
回民区									
玉泉区									
赛罕区			2	1	1		11	2	4
土默特左旗	1		260	193	66	1	976	245	363
托克托县			238	187	50	1	787	180	344
和林格尔县	5		229	165	54	10	691	143	231
清水河县	1		132	106	26		364	50	189
武川县	2		182	136	45	1	490	118	189
呼和浩特经济技术开发区	6		198	159	34	5	1574	423	502
包头市	**13**	**13**	**1391**	**1017**	**365**	**9**	**4896**	**1235**	**1874**
东河区		1	33	20	13		298	86	130
昆都仑区			1	1			1		1
青山区			3	2	1		30	10	9
石拐区			10	3	7		16	3	7
白云鄂博矿区									
九原区			7	3	4		126	26	47
土默特右旗	3	2	320	234	83	3	1468	344	538
固阳县	1	1	192	147	43	2	732	100	433
达尔罕茂明安联合旗	6		157	126	31		276	75	97
包头稀土高新技术产业开发区	3	9	668	481	183	4	1949	591	612
乌海市			**32**	**18**	**14**		**312**	**37**	**165**
海勃湾区			1		1		45	9	13
海南区			28	17	11		240	24	150
乌达区			3	1	2		27	4	2
赤峰市	**46**	**53**	**2901**	**2222**	**646**	**33**	**10044**	**3014**	**3038**
红山区	2		29	8	20	1	226	50	79
元宝山区	1		30	16	14		202	37	96
松山区			13	6	7		177	59	44
阿鲁科尔沁旗	5	3	307	244	59	4	959	298	275
巴林左旗	5	16	234	193	40	1	1481	431	455
巴林右旗	4	1	265	217	46	2	962	258	369
林西县	4	8	254	204	46	4	952	333	271
克什克腾旗	6	12	304	213	86	5	778	206	250
翁牛特旗	5	7	339	263	70	6	864	282	209
喀喇沁旗	4	1	299	232	60	7	819	237	253
宁城县	7	5	478	349	126	3	1486	452	448
敖汉旗	3		349	277	72		1138	371	289

4-6b 续表 22

单位：人

地区 性别	专业技术人员		办事人员和有关人员				社会生产服务和生活服务人员		
	新闻出版、文化专业人员	其他专业技术人员	小计	办事人员	安全和消防人员	其他办事人员和有关人员	小计	批发与零售服务人员	交通运输、仓储和邮政业服务人员
通辽市	**60**	**18**	**2370**	**1705**	**638**	**27**	**7427**	**2058**	**2476**
科尔沁区		1	36	12	24		342	98	111
科尔沁左翼中旗	6	1	278	214	58	6	966	253	313
科尔沁左翼后旗	6	2	288	203	81	4	905	270	346
开鲁县	9	2	324	204	118	2	976	269	303
库伦旗	3	1	212	184	28		460	146	109
奈曼旗	8	2	292	203	88	1	1026	292	333
扎鲁特旗	13		329	239	89	1	1161	280	451
通辽经济技术开发区	15	9	611	446	152	13	1589	449	510
霍林郭勒市							2	1	
鄂尔多斯市	**51**	**36**	**4034**	**2977**	**997**	**60**	**11651**	**2599**	**4943**
东胜区			9	2	7		24	3	8
康巴什区									
达拉特旗	5	2	608	430	173	5	2404	609	1085
准格尔旗	17	20	906	616	259	31	3073	572	1527
鄂托克前旗	4	2	310	226	73	11	510	154	139
鄂托克旗	2	5	376	297	79		1583	378	602
杭锦旗	1	3	302	242	54	6	703	172	248
乌审旗	3		496	371	125		1191	263	477
伊金霍洛旗	19	4	1027	793	227	7	2163	448	857
呼伦贝尔市	**59**	**14**	**2947**	**1882**	**1013**	**52**	**5396**	**1163**	**1996**
海拉尔区			2	2			13	1	3
扎赉诺尔区			4	4			16	4	6
阿荣旗	5		305	190	115		966	269	303
莫力达瓦达斡尔族自治旗	7	1	240	169	71		598	166	180
鄂伦春自治旗	7	3	598	414	168	16	854	199	321
鄂温克族自治旗	27	4	531	356	167	8	819	172	320
陈巴尔虎旗			139	105	33	1	451	48	221
新巴尔虎左旗	3		132	98	30	4	192	34	72
新巴尔虎右旗	4		140	100	38	2	211	51	60
满洲里市			6	1	5		29	2	19
牙克石市	2	1	455	281	172	2	786	110	351
扎兰屯市	1		65	31	32	2	251	67	72
额尔古纳市	1	1	87	36	51		54	12	16
根河市	2	4	243	95	131	17	156	28	52
巴彦淖尔市	**24**	**22**	**1613**	**1217**	**363**	**33**	**5628**	**1757**	**1884**
临河区			9	3	6		122	42	28
五原县	2		253	192	53	8	1395	487	477
磴口县	5	8	211	137	62	12	513	144	152
乌拉特前旗	3	5	381	289	87	5	1388	461	417
乌拉特中旗	8		293	225	68		679	156	275
乌拉特后旗	3	4	167	140	25	2	330	89	124
杭锦后旗	3	5	299	231	62	6	1201	378	411

4-6b 续表 23

单位：人

地区 性别	专业技术人员		办事人员和有关人员				社会生产服务和生活服务人员		
	新闻出版、文化专业人员	其他专业技术人员	小计	办事人员	安全和消防人员	其他办事人员和有关人员	小计	批发与零售服务人员	交通运输、仓储和邮政业服务人员
乌兰察布市	**21**	**8**	**1906**	**1588**	**299**	**19**	**4820**	**1219**	**1761**
集宁区			20	18	2		160	35	73
卓资县	2		147	118	27	2	346	93	97
化德县	2		233	198	34	1	435	117	143
商都县		3	302	253	40	9	892	202	313
兴和县	1		215	169	46		674	133	357
凉城县	1	2	226	189	32	5	368	117	98
察哈尔右翼前旗	4	2	186	156	30		555	126	192
察哈尔右翼中旗	4		150	123	27		223	72	51
察哈尔右翼后旗	4	1	185	159	24	2	498	119	186
四子王旗	3		227	199	28		621	190	238
丰镇市			15	6	9		48	15	13
兴安盟	**25**	**17**	**1597**	**1178**	**406**	**13**	**3334**	**989**	**988**
乌兰浩特市		1	25	19	6		136	25	54
阿尔山市		1	96	56	40		91	10	43
科尔沁右翼前旗	9	12	413	311	101	1	697	220	194
科尔沁右翼中旗	4	2	312	227	81	4	787	217	244
扎赉特旗	7	1	491	363	120	8	887	278	235
突泉县	5		260	202	58		736	239	218
锡林郭勒盟	**24**	**12**	**1683**	**1222**	**446**	**15**	**3847**	**1041**	**1336**
二连浩特市			2	2			23	1	8
锡林浩特市		1	19	15	4		56	4	30
阿巴嘎旗	1		102	71	29	2	271	58	115
苏尼特左旗	2		78	57	21		186	48	77
苏尼特右旗	3		165	128	37		484	145	183
东乌珠穆沁旗	8	2	204	151	52	1	368	109	126
西乌珠穆沁旗	3		236	159	77		562	140	205
太仆寺旗	2	1	156	117	39		328	91	90
镶黄旗	1		94	72	20	2	162	44	45
正镶白旗	1		144	108	34	2	227	68	69
正蓝旗	1	1	128	100	24	4	308	88	71
多伦县	1	3	228	153	75		608	207	175
乌拉盖管委会	1	4	127	89	34	4	264	38	142
阿拉善盟	**29**	**6**	**989**	**783**	**202**	**4**	**2408**	**613**	**778**
阿拉善左旗	23		706	564	142		1707	459	553
阿拉善右旗	2		89	63	24	2	165	39	62
额济纳旗	3		109	89	19	1	333	69	104
内蒙古阿拉善经济开发区	1	6	85	67	17	1	203	46	59

4-6b 续表 24

单位：人

地 区 性 别	专业技术人员		办事人员和有关人员				社会生产服务和生活服务人员		
	新闻出版、文化专业人员	其他专业技术人员	小计	办事人员	安全和消防人员	其他办事人员和有关人员	小计	批发与零售服务人员	交通运输、仓储和邮政业服务人员
女	**578**	**69**	**12142**	**11178**	**819**	**145**	**46730**	**19988**	**2745**
呼和浩特市	**26**	**1**	**718**	**646**	**64**	**8**	**2948**	**1149**	**181**
新城区			3	2	1		15	4	
回民区									
玉泉区									
赛罕区							11	3	1
土默特左旗	5		129	113	15	1	620	250	38
托克托县			126	114	12		461	182	21
和林格尔县	8		121	108	9	4	494	185	31
清水河县	3		84	81	3		150	46	11
武川县	2		82	68	12	2	286	112	12
呼和浩特经济技术开发区	8	1	173	160	12	1	911	367	67
包头市	**28**	**6**	**829**	**767**	**55**	**7**	**3071**	**1272**	**213**
东河区	1	2	22	17	4	1	170	95	13
昆都仑区									
青山区			2	2			20	7	2
石拐区			4	3	1		15	3	4
白云鄂博矿区									
九原区			2	1	1		59	25	3
土默特右旗	5		144	133	10	1	857	389	36
固阳县	2		85	80	5		354	115	61
达尔罕茂明安联合旗	4		90	82	8		206	88	10
包头稀土高新技术产业开发区	16	4	480	449	26	5	1390	550	84
乌海市			**6**	**3**	**3**		**126**	**35**	**4**
海勃湾区							30	13	1
海南区			5	2	3		82	22	3
乌达区			1	1			14		
赤峰市	**64**	**20**	**1537**	**1413**	**100**	**24**	**8883**	**4125**	**478**
红山区		2	12	7	4	1	146	64	10
元宝山区	2		14	14			123	45	13
松山区			3	1	2		94	44	3
阿鲁科尔沁旗	9		173	156	13	4	679	349	36
巴林左旗	2	9	144	141	2	1	1893	932	97
巴林右旗	10		165	156	7	2	635	314	39
林西县	2	3	143	132	9	2	754	345	42
克什克腾旗	10	1	177	162	10	5	644	266	35
翁牛特旗	2	3	147	135	9	3	734	330	39
喀喇沁旗	10		151	140	8	3	676	305	34
宁城县	8	2	226	206	18	2	1500	670	82
敖汉旗	9		182	163	18	1	1005	461	48

4-6b 续表 25　　单位：人

地　区 性　别	专业技术人员		办事人员和有关人员				社会生产服务和生活服务人员		
	新闻出版、文化专业人员	其他专业技术人员	小计	办事人员	安全和消防人员	其他办事人员和有关人员	小计	批发与零售服务人员	交通运输、仓储和邮政业服务人员
通辽市	**79**	**9**	**1275**	**1143**	**106**	**26**	**6039**	**2877**	**372**
科尔沁区			15	10	5		260	120	19
科尔沁左翼中旗	9	2	160	148	8	4	704	331	40
科尔沁左翼后旗	5		130	112	16	2	751	351	66
开鲁县	7	1	180	145	32	3	911	463	44
库伦旗	3		105	101	2	2	358	160	13
奈曼旗	14		121	112	8	1	892	428	46
扎鲁特旗	13		159	147	12		935	461	64
通辽经济技术开发区	28	6	405	368	23	14	1228	563	80
霍林郭勒市									
鄂尔多斯市	**106**	**7**	**2274**	**2094**	**161**	**19**	**7338**	**2713**	**469**
东胜区			2	2			18	3	7
康巴什区									
达拉特旗	18	1	287	267	17	3	1583	699	90
准格尔旗	25	3	472	429	34	9	1563	573	96
鄂托克前旗	3		184	166	14	4	392	140	18
鄂托克旗	8		249	221	28		958	339	60
杭锦旗	7	1	189	182	6	1	532	209	30
乌审旗	9	1	267	244	23		875	310	70
伊金霍洛旗	36	1	624	583	39	2	1417	440	98
呼伦贝尔市	**78**	**11**	**1307**	**1204**	**72**	**31**	**3699**	**1541**	**237**
海拉尔区							6	1	
扎赉诺尔区			5	4		1	14	7	
阿荣旗	12	1	131	119	12		803	389	32
莫力达瓦达斡尔族自治旗	6		128	121	7		470	207	28
鄂伦春自治旗	10	6	270	253	5	12	526	240	30
鄂温克族自治旗	26	2	338	308	23	7	652	228	51
陈巴尔虎旗	4		88	80	6	2	214	73	15
新巴尔虎左旗	6	1	56	51	5		147	51	10
新巴尔虎右旗	4		71	67	3	1	164	64	12
满洲里市			3	3			15	2	2
牙克石市	3	1	111	109	2		387	145	46
扎兰屯市	1		24	23	1		184	88	4
额尔古纳市	1		20	17	3		36	13	4
根河市	5		62	49	5	8	81	33	3
巴彦淖尔市	**43**	**6**	**1001**	**916**	**76**	**9**	**4342**	**2002**	**189**
临河区			8	3	5		98	42	3
五原县	7		179	165	13	1	981	485	41
磴口县	6	1	124	107	13	4	441	184	25
乌拉特前旗	8	2	216	199	16	1	1111	536	30
乌拉特中旗	3		166	154	12		498	193	33
乌拉特后旗	8	2	126	119	7		272	97	17
杭锦后旗	11	1	182	169	10	3	941	465	40

4-6b 续表 26

单位：人

地区 性别	专业技术人员		办事人员和有关人员				社会生产服务和生活服务人员		
	新闻出版、文化专业人员	其他专业技术人员	小计	办事人员	安全和消防人员	其他办事人员和有关人员	小计	批发与零售服务人员	交通运输、仓储和邮政业服务人员
乌兰察布市	**36**	**2**	**847**	**804**	**35**	**8**	**2792**	**1121**	**191**
集宁区			15	15			90	33	8
卓资县	5	1	70	64	4	2	228	75	15
化德县	2		86	83	3		287	112	25
商都县	2		111	107	3	1	500	229	38
兴和县	2		81	78	3		268	100	16
凉城县	3		108	98	9	1	224	96	13
察哈尔右翼前旗	3	1	102	100	2		341	125	17
察哈尔右翼中旗	4		77	73	2	2	117	47	5
察哈尔右翼后旗	9		84	83		1	312	114	22
四子王旗	6		110	100	9	1	401	186	30
丰镇市			3	3			24	4	2
兴安盟	**46**	**2**	**815**	**757**	**54**	**4**	**2721**	**1187**	**116**
乌兰浩特市	1	1	17	17			114	37	3
阿尔山市			37	36	1		51	13	3
科尔沁右翼前旗	14		224	203	18	3	555	219	27
科尔沁右翼中旗	10		187	173	14		685	289	32
扎赉特旗	15		211	195	15	1	707	330	24
突泉县	6	1	139	133	6		609	299	27
锡林郭勒盟	**36**	**4**	**813**	**750**	**57**	**6**	**2868**	**1225**	**169**
二连浩特市			1	1			6		
锡林浩特市			2	1	1		18	5	
阿巴嘎旗	1		42	40	2		148	55	7
苏尼特左旗	3		52	51	1		112	54	5
苏尼特右旗	4		85	79	6		340	142	29
东乌珠穆沁旗	7	2	78	75	3		318	144	10
西乌珠穆沁旗	8		139	124	15		472	209	38
太仆寺旗	1		77	71	6		213	85	10
镶黄旗			49	46	3		115	53	2
正镶白旗	3		62	56	5	1	149	63	4
正蓝旗	3	1	58	53	3	2	251	112	8
多伦县	1		105	98	7		587	266	40
乌拉盖管委会	5	1	63	55	5	3	139	37	16
阿拉善盟	**36**	**1**	**720**	**681**	**36**	**3**	**1903**	**741**	**126**
阿拉善左旗	27		524	494	29	1	1372	563	104
阿拉善右旗	4		64	59	4	1	130	54	7
额济纳旗	4		77	74	2	1	225	76	7
内蒙古阿拉善经济开发区	1	1	55	54	1		176	48	8

4-6b 续表 27

单位：人

地区 性别	社会生产服务和生活服务人员								
	住宿和餐饮服务人员	信息传输、软件和信息技术服务人员	金融服务人员	房地产服务人员	租赁和商务服务人员	技术辅助服务人员	水利、环境和公共设施管理服务人员	居民服务人员	电力、燃气及水供应服务人员
内蒙古	**16239**	**1855**	**3817**	**1433**	**2193**	**1671**	**5810**	**7699**	**2004**
呼和浩特市	**1156**	**163**	**315**	**214**	**187**	**157**	**391**	**399**	**155**
新城区	9	2			1	1	2	6	3
回民区									
玉泉区									
赛罕区	2		1	1			3		1
土默特左旗	240	26	45	44	17	26	78	99	35
托克托县	175	21	53	20	14	19	62	71	33
和林格尔县	197	38	39	23	59	25	97	53	19
清水河县	71	8	33	5	9	8	24	8	22
武川县	127	15	41	8	10	13	27	36	20
呼和浩特经济技术开发区	335	53	103	113	77	65	98	126	22
包头市	**1049**	**126**	**315**	**180**	**127**	**162**	**426**	**414**	**145**
东河区	50	7	4	6	6	3	15	28	2
昆都仑区									
青山区	3	1	3	3	1		6	3	
石拐区	8				3		3		
白云鄂博矿区									
九原区	18	2			11	1	17	7	8
土默特右旗	295	43	102	87	29	27	87	123	73
固阳县	132	15	43	9	10	11	35	53	25
达尔罕茂明安联合旗	84	11	19	2	4	7	25	26	8
包头稀土高新技术产业开发区	459	47	144	73	63	113	238	174	29
乌海市	**60**		**1**		**5**	**5**	**39**	**40**	
海勃湾区	11					3	15	1	
海南区	45		1		5	2	17	16	
乌达区	4						7	23	
赤峰市	**2494**	**299**	**696**	**217**	**346**	**263**	**819**	**1840**	**299**
红山区	43	4	6	6	7	7	32	34	4
元宝山区	40	3	4	2	7	4	22	22	4
松山区	45	8	5	3	1	1	3	21	5
阿鲁科尔沁旗	258	27	52	16	14	14	57	116	29
巴林左旗	436	32	88	64	91	35	171	356	26
巴林右旗	221	13	56	12	27	20	49	111	23
林西县	211	20	51	17	36	31	58	162	30
克什克腾旗	221	41	51	12	40	25	84	89	28
翁牛特旗	212	27	65	16	39	22	60	157	42
喀喇沁旗	214	36	72	8	24	44	88	89	19
宁城县	290	54	162	38	28	36	97	455	42
敖汉旗	303	34	84	23	32	24	98	228	47

4-6b 续表 28

单位：人

地区 性别	社会生产服务和生活服务人员								
	住宿和餐饮服务人员	信息传输、软件和信息技术服务人员	金融服务人员	房地产服务人员	租赁和商务服务人员	技术辅助服务人员	水利、环境和公共设施管理服务人员	居民服务人员	电力、燃气及水供应服务人员
通辽市	**1790**	**241**	**455**	**205**	**261**	**205**	**526**	**919**	**233**
科尔沁区	90	5	4	4	6	8	20	66	10
科尔沁左翼中旗	257	39	50	8	44	29	54	115	34
科尔沁左翼后旗	234	15	39	26	22	17	41	105	21
开鲁县	270	24	60	23	32	30	60	142	42
库伦旗	137	23	27	4	26	9	28	54	21
奈曼旗	260	39	60	37	27	27	90	132	39
扎鲁特旗	270	39	65	16	40	21	89	136	27
通辽经济技术开发区	272	57	150	87	64	64	144	169	38
霍林郭勒市									1
鄂尔多斯市	**2759**	**260**	**508**	**192**	**366**	**292**	**1419**	**1082**	**386**
东胜区	7			3		2	5		
康巴什区									
达拉特旗	532	49	111	39	59	53	218	221	48
准格尔旗	607	79	118	30	99	70	282	230	85
鄂托克前旗	164	14	40	17	15	8	57	61	26
鄂托克旗	379	37	41	25	52	53	203	109	94
杭锦旗	201	12	31	16	13	10	74	132	21
乌审旗	307	27	66	14	50	48	161	121	57
伊金霍洛旗	562	42	101	48	78	48	419	208	55
呼伦贝尔市	**1368**	**191**	**277**	**87**	**177**	**110**	**461**	**771**	**190**
海拉尔区	5				1	2	3	1	1
扎赉诺尔区	4				5		2	1	
阿荣旗	235	20	82	21	29	37	73	110	34
莫力达瓦达斡尔族自治旗	172	22	70	20	24	8	38	61	27
鄂伦春自治旗	176	24	34		40	14	52	129	24
鄂温克族自治旗	232	56	36	21	16	28	102	96	39
陈巴尔虎旗	76	5	14	5	17	3	23	129	15
新巴尔虎左旗	58	7	8		5	2	31	22	5
新巴尔虎右旗	84	10	8	1	5	2	27	27	4
满洲里市	5	1	1		2	2	7	1	
牙克石市	174	22	11	5	11	8	59	160	20
扎兰屯市	104	7	5	2	12	1	18	19	6
额尔古纳市	13	5	2		2		7	6	5
根河市	30	12	6	12	8	3	19	9	10
巴彦淖尔市	**1462**	**158**	**382**	**93**	**117**	**141**	**454**	**669**	**143**
临河区	44		5	3	3	3	16	22	
五原县	262	34	83	24	36	25	92	163	25
磴口县	153	19	36	8	19	23	66	52	25
乌拉特前旗	398	38	105	24	25	27	94	195	29
乌拉特中旗	184	23	47	10	15	17	69	65	24
乌拉特后旗	103	11	22	8	9	10	45	38	11
杭锦后旗	318	33	84	16	10	36	72	134	29

4-6b 续表 29

单位：人

地 区 性 别	社会生产服务和生活服务人员								
	住宿和餐饮服务人员	信息传输、软件和信息技术服务人员	金融服务人员	房地产服务人员	租赁和商务服务人员	技术辅助服务人员	水利、环境和公共设施管理服务人员	居民服务人员	电力、燃气及水供应服务人员
乌兰察布市	**1162**	**89**	**275**	**70**	**244**	**77**	**348**	**561**	**145**
集宁区	36	2	3	1	16	5	22	8	
卓资县	105	10	46	5	16	6	34	22	29
化德县	123	10	27	2	23	12	33	39	16
商都县	179	9	37	12	21	10	30	248	14
兴和县	111	9	35	11	22	10	37	34	17
凉城县	91	12	17	2	20	6	34	31	22
察哈尔右翼前旗	148	15	24	22	48	10	79	41	4
察哈尔右翼中旗	49	9	23	2	12		13	24	14
察哈尔右翼后旗	155	9	20	7	21	9	36	64	15
四子王旗	147	3	43	6	41	9	21	47	14
丰镇市	18	1			4		9	3	
兴安盟	**1064**	**117**	**253**	**78**	**112**	**67**	**260**	**431**	**96**
乌兰浩特市	38	2	7	3	10	3	25	22	3
阿尔山市	23	2	5		3	1	26	7	1
科尔沁右翼前旗	238	27	63	27	23	18	55	64	17
科尔沁右翼中旗	281	25	49	20	20	13	55	112	40
扎赉特旗	287	26	64	12	37	24	57	118	15
突泉县	197	35	65	16	19	8	42	108	20
锡林郭勒盟	**1132**	**127**	**185**	**56**	**107**	**83**	**346**	**393**	**147**
二连浩特市	5	1			8		2		2
锡林浩特市	19	1			2		2	3	
阿巴嘎旗	60	6	13	2	3		18	14	32
苏尼特左旗	40	8	8	3	12	2	15	13	2
苏尼特右旗	159	11	30	2	13	11	15	40	10
东乌珠穆沁旗	101	14	13	5	9	9	30	60	8
西乌珠穆沁旗	139	22	26	9	15	16	59	69	11
太仆寺旗	75	19	20	8	8	12	38	42	12
镶黄旗	62	5	6		5	5	14	12	7
正镶白旗	74	9	15		6	2	21	13	14
正蓝旗	83	13	26	11	15	5	43	52	10
多伦县	246	8	24	13	7	13	58	58	29
乌拉盖管委会	69	10	4	3	4	8	31	17	10
阿拉善盟	**743**	**84**	**155**	**41**	**144**	**109**	**321**	**180**	**65**
阿拉善左旗	486	55	132	23	103	83	214	121	43
阿拉善右旗	52	7	13	3	5	5	17	9	5
额济纳旗	117	16	8	4	28	16	45	27	9
内蒙古阿拉善经济开发区	88	6	2	11	8	5	45	23	8

4-6b 续表 30

单位：人

地区 性别	社会生产服务和生活服务人员								
	住宿和餐饮服务人员	信息传输、软件和信息技术服务人员	金融服务人员	房地产服务人员	租赁和商务服务人员	技术辅助服务人员	水利、环境和公共设施管理服务人员	居民服务人员	电力、燃气及水供应服务人员
男	**6889**	**1134**	**1633**	**731**	**1682**	**1063**	**2341**	**2754**	**1591**
呼和浩特市	**543**	**94**	**130**	**116**	**150**	**104**	**167**	**151**	**113**
新城区	5	1			1	1	1	1	3
回民区									
玉泉区									
赛罕区				1			1		
土默特左旗	104	14	21	24	11	18	33	41	25
托克托县	75	8	23	10	8	8	33	26	25
和林格尔县	89	24	19	9	51	17	42	17	12
清水河县	32	5	16	3	6	5	11	4	15
武川县	53	9	16	5	9	8	14	12	14
呼和浩特经济技术开发区	185	33	35	64	64	47	32	50	19
包头市	**474**	**81**	**149**	**97**	**92**	**106**	**181**	**122**	**122**
东河区	23	4	2	3	4	3	11	10	2
昆都仑区									
青山区	2	1	1	2	1		2		
石拐区	1				3		2		
白云鄂博矿区									
九原区	9	2			10		7	1	8
土默特右旗	150	28	51	49	19	17	44	39	63
固阳县	66	7	22	4	7	9	9	17	20
达尔罕茂明安联合旗	32	6	10	2	3	5	11	10	7
包头稀土高新技术产业开发区	191	33	63	37	45	72	95	45	22
乌海市	**19**				**4**	**3**	**21**	**22**	
海勃湾区	5					1	11		
海南区	13				4	2	6	7	
乌达区	1						4	15	
赤峰市	**1033**	**181**	**325**	**116**	**262**	**169**	**282**	**601**	**237**
红山区	18	3	2	3	5	5	10	21	4
元宝山区	11	2	2	2	4	2	11	9	4
松山区	19	5	3	3	1	1	3	10	4
阿鲁科尔沁旗	125	22	23	10	13	10	25	54	22
巴林左旗	158	15	44	35	70	26	38	69	18
巴林右旗	104	10	24	6	19	14	15	54	19
林西县	77	11	25	4	31	15	24	67	22
克什克腾旗	76	26	26	9	26	16	42	27	22
翁牛特旗	79	18	30	10	32	14	21	65	30
喀喇沁旗	100	20	30	5	18	27	30	22	15
宁城县	130	30	70	16	16	23	22	142	37
敖汉旗	136	19	46	13	27	16	41	61	40

4-6b 续表 31

单位：人

地　区 性　别	社会生产服务和生活服务人员								
	住宿和餐饮服务人　员	信息传输、软件和信息技术服务人　员	金融服务人　　员	房地产服务人员	租赁和商务服务人　员	技术辅助服务人员	水利、环境和公共设施管理服务人员	居民服务人　　员	电力、燃气及水供应服务人　员
通辽市	**782**	**145**	**215**	**88**	**197**	**129**	**204**	**300**	**187**
科尔沁区	37	3	1	2	5	3	9	29	10
科尔沁左翼中旗	116	28	20	3	32	20	28	47	28
科尔沁左翼后旗	106	6	17	11	17	9	16	23	13
开鲁县	125	15	25	5	21	17	22	44	38
库伦旗	61	11	15	2	24	6	15	16	12
奈曼旗	101	21	31	18	18	17	35	43	37
扎鲁特旗	116	21	33	8	31	14	31	42	20
通辽经济技术开发区	120	40	73	39	49	43	48	56	28
霍林郭勒市									1
鄂尔多斯市	**1155**	**165**	**185**	**95**	**280**	**174**	**542**	**344**	**304**
东胜区	5			2		2	1		
康巴什区									
达拉特旗	223	31	31	24	45	33	86	57	36
准格尔旗	252	48	38	14	80	43	122	64	69
鄂托克前旗	60	8	16	10	9	4	21	21	20
鄂托克旗	151	23	18	9	40	29	73	32	78
杭锦旗	85	8	17	10	11	3	25	56	14
乌审旗	119	19	33	6	40	30	45	41	41
伊金霍洛旗	260	28	32	20	55	30	169	73	46
呼伦贝尔市	**570**	**116**	**128**	**45**	**148**	**70**	**205**	**381**	**159**
海拉尔区	3				1	1	1	1	1
扎赉诺尔区					5				
阿荣旗	99	12	38	9	25	24	29	27	27
莫力达瓦达斡尔族自治旗	79	10	35	10	18	5	19	15	21
鄂伦春自治旗	67	15	11		37	7	32	70	20
鄂温克族自治旗	84	34	17	7	10	19	32	40	33
陈巴尔虎旗	29	3	6	4	13	2	12	85	11
新巴尔虎左旗	23	3	5		5	2	10	10	5
新巴尔虎右旗	39	9	5	1	3	2	11	12	3
满洲里市	2				1	2	2	1	
牙克石市	83	16	7	4	9	4	33	105	19
扎兰屯市	47	4	2	2	11		7	7	5
额尔古纳市	5	3	1		2		2	3	5
根河市	10	7	1	8	8	2	15	5	9
巴彦淖尔市	**574**	**101**	**136**	**50**	**80**	**87**	**222**	**213**	**107**
临河区	15		3	1	2		11	12	
五原县	105	19	27	13	31	15	40	61	14
磴口县	60	13	11	4	12	14	31	10	20
乌拉特前旗	160	22	41	15	14	18	53	67	23
乌拉特中旗	68	16	19	6	10	15	30	14	17
乌拉特后旗	37	8	6	4	3	5	21	8	8
杭锦后旗	129	23	29	7	8	20	36	41	25

4-6b　续表 32　　　　单位：人

地　区 性　别	社会生产服务和生活服务人员								
	住宿和餐饮服务人　员	信息传输、软件和信息技术服务人　员	金融服务人　　员	房地产服务人员	租赁和商务服务人　员	技术辅助服务人员	水利、环境和公共设施管理服务人员	居民服务人　　员	电力、燃气及水供应服务人　员
乌兰察布市	**529**	**51**	**107**	**41**	**195**	**53**	**150**	**297**	**113**
集宁区	12	1	2	1	13	5	10	3	
卓资县	51	5	21	2	12	3	9	11	27
化德县	47	3	8	1	18	11	22	17	12
商都县	77	5	11	10	19	7	17	175	11
兴和县	57	5	15	6	20	6	7	10	11
凉城县	44	9	8	1	19	4	13	11	18
察哈尔右翼前旗	75	9	7	12	38	7	31	14	3
察哈尔右翼中旗	25	6	12	2	10		4	12	11
察哈尔右翼后旗	68	5	5	2	14	6	23	30	10
四子王旗	64	2	18	4	29	4	11	13	10
丰镇市	9	1			3		3	1	
兴安盟	**426**	**75**	**109**	**35**	**87**	**44**	**115**	**135**	**83**
乌兰浩特市	15	1	1	3	9		7	3	3
阿尔山市	11	1	2		3	1	12	2	1
科尔沁右翼前旗	97	16	28	12	18	16	19	15	12
科尔沁右翼中旗	107	15	25	9	14	6	19	34	37
扎赉特旗	119	21	28	5	30	14	30	40	14
突泉县	77	21	25	6	13	7	28	41	16
锡林郭勒盟	**461**	**73**	**80**	**27**	**81**	**54**	**137**	**137**	**120**
二连浩特市	2	1			6		1		2
锡林浩特市	8	1			2		2	3	
阿巴嘎旗	24	1	5	1	3		5	3	29
苏尼特左旗	17	7	4	2	8	1	6	4	2
苏尼特右旗	68	9	8	2	8	8	7	10	9
东乌珠穆沁旗	36	7	6	1	6	5	11	14	7
西乌珠穆沁旗	54	13	9	5	12	12	18	25	6
太仆寺旗	37	8	11	1	7	8	19	20	8
镶黄旗	26	3	4		2	3	7	7	6
正镶白旗	30	5	9		4	2	12	4	12
正蓝旗	34	5	11	6	15	3	19	31	8
多伦县	93	6	13	8	5	7	20	10	24
乌拉盖管委会	32	7		1	3	5	10	6	7
阿拉善盟	**323**	**52**	**69**	**21**	**106**	**70**	**115**	**51**	**46**
阿拉善左旗	215	38	56	13	74	50	76	34	34
阿拉善右旗	21	3	8	1	4	4	4	4	2
额济纳旗	61	9	3	3	22	14	13	3	4
内蒙古阿拉善经济开发区	26	2	2	4	6	2	22	10	6

4-6b 续表 33

单位：人

地区 性别	社会生产服务和生活服务人员								
	住宿和餐饮服务人员	信息传输、软件和信息技术服务人员	金融服务人员	房地产服务人员	租赁和商务服务人员	技术辅助服务人员	水利、环境和公共设施管理服务人员	居民服务人员	电力、燃气及水供应服务人员
女	**9350**	**721**	**2184**	**702**	**511**	**608**	**3469**	**4945**	**413**
呼和浩特市	**613**	**69**	**185**	**98**	**37**	**53**	**224**	**248**	**42**
新城区	4	1					1	5	
回民区									
玉泉区									
赛罕区	2		1				2		1
土默特左旗	136	12	24	20	6	8	45	58	10
托克托县	100	13	30	10	6	11	29	45	8
和林格尔县	108	14	20	14	8	8	55	36	7
清水河县	39	3	17	2	3	3	13	4	7
武川县	74	6	25	3	1	5	13	24	6
呼和浩特经济技术开发区	150	20	68	49	13	18	66	76	3
包头市	**575**	**45**	**166**	**83**	**35**	**56**	**245**	**292**	**23**
东河区	27	3	2	3	2		4	18	
昆都仑区									
青山区	1		2	1			4	3	
石拐区	7						1		
白云鄂博矿区									
九原区	9				1	1	10	6	
土默特右旗	145	15	51	38	10	10	43	84	10
固阳县	66	8	21	5	3	2	26	36	5
达尔罕茂明安联合旗	52	5	9		1	2	14	16	1
包头稀土高新技术产业开发区	268	14	81	36	18	41	143	129	7
乌海市	**41**		**1**		**1**	**2**	**18**	**18**	
海勃湾区	6					2	4	1	
海南区	32		1		1		11	9	
乌达区	3						3	8	
赤峰市	**1461**	**118**	**371**	**101**	**84**	**94**	**537**	**1239**	**62**
红山区	25	1	4	3	2	2	22	13	
元宝山区	29	1	2		3	2	11	13	
松山区	26	3	2					11	1
阿鲁科尔沁旗	133	5	29	6	1	4	32	62	7
巴林左旗	278	17	44	29	21	9	133	287	8
巴林右旗	117	3	32	6	8	6	34	57	4
林西县	134	9	26	13	5	16	34	95	8
克什克腾旗	145	15	25	3	14	9	42	62	6
翁牛特旗	133	9	35	6	7	8	39	92	12
喀喇沁旗	114	16	42	3	6	17	58	67	4
宁城县	160	24	92	22	12	13	75	313	5
敖汉旗	167	15	38	10	5	8	57	167	7

4-6b　续表 34　　　　　　　　　　　　　　　　　　　　　　　　　　　　单位：人

地　区 性　别	社会生产服务和生活服务人员								
	住宿和餐饮服务人　员	信息传输、软件和信息技术服务人　员	金融服务人　　员	房地产服务人员	租赁和商务服务人　员	技术辅助服务人员	水利、环境和公共设施管理服务人员	居民服务人　　员	电力、燃气及水供应服务人　员
通辽市	**1008**	**96**	**240**	**117**	**64**	**76**	**322**	**619**	**46**
科尔沁区	53	2	3	2	1	5	11	37	
科尔沁左翼中旗	141	11	30	5	12	9	26	68	6
科尔沁左翼后旗	128	9	22	15	5	8	25	82	8
开鲁县	145	9	35	18	11	13	38	98	4
库伦旗	76	12	12	2	2	3	13	38	9
奈曼旗	159	18	29	19	9	10	55	89	2
扎鲁特旗	154	18	32	8	9	7	58	94	7
通辽经济技术开发区	152	17	77	48	15	21	96	113	10
霍林郭勒市									
鄂尔多斯市	**1604**	**95**	**323**	**97**	**86**	**118**	**877**	**738**	**82**
东胜区	2			1			4		
康巴什区									
达拉特旗	309	18	80	15	14	20	132	164	12
准格尔旗	355	31	80	16	19	27	160	166	16
鄂托克前旗	104	6	24	7	6	4	36	40	6
鄂托克旗	228	14	23	16	12	24	130	77	16
杭锦旗	116	4	14	6	2	7	49	76	7
乌审旗	188	8	33	8	10	18	116	80	16
伊金霍洛旗	302	14	69	28	23	18	250	135	9
呼伦贝尔市	**798**	**75**	**149**	**42**	**29**	**40**	**256**	**390**	**31**
海拉尔区	2					1	2		
扎赉诺尔区	4						2	1	
阿荣旗	136	8	44	12	4	13	44	83	7
莫力达瓦达斡尔族自治旗	93	12	35	10	6	3	19	46	6
鄂伦春自治旗	109	9	23		3	7	20	59	4
鄂温克族自治旗	148	22	19	14	6	9	70	56	6
陈巴尔虎旗	47	2	8	1	4	1	11	44	4
新巴尔虎左旗	35	4	3				21	12	
新巴尔虎右旗	45	1	3		2		16	15	1
满洲里市	3	1	1		1		5		
牙克石市	91	6	4	1	2	4	26	55	1
扎兰屯市	57	3	3		1	1	11	12	1
额尔古纳市	8	2	1				5	3	
根河市	20	5	5	4		1	4	4	1
巴彦淖尔市	**888**	**57**	**246**	**43**	**37**	**54**	**232**	**456**	**36**
临河区	29		2	2	1	3	5	10	
五原县	157	15	56	11	5	10	52	102	11
磴口县	93	6	25	4	7	9	35	42	5
乌拉特前旗	238	16	64	9	11	9	41	128	6
乌拉特中旗	116	7	28	4	5	2	39	51	7
乌拉特后旗	66	3	16	4	6	5	24	30	3
杭锦后旗	189	10	55	9	2	16	36	93	4

4-6b 续表 35　　单位：人

地　区 性　别	社会生产服务和生活服务人员								
	住宿和餐饮服务人　员	信息传输、软件和信息技术服务人　员	金融服务人　员	房地产服务人员	租赁和商务服务人　员	技术辅助服务人员	水利、环境和公共设施管理服务人员	居民服务人　员	电力、燃气及水供应服务人　员
乌兰察布市	**633**	**38**	**168**	**29**	**49**	**24**	**198**	**264**	**32**
集宁区	24	1	1		3		12	5	
卓资县	54	5	25	3	4	3	25	11	2
化德县	76	7	19	1	5	1	11	22	4
商都县	102	4	26	2	2	3	13	73	3
兴和县	54	4	20	5	2	4	30	24	6
凉城县	47	3	9	1	1	2	21	20	4
察哈尔右翼前旗	73	6	17	10	10	3	48	27	1
察哈尔右翼中旗	24	3	11		2		9	12	3
察哈尔右翼后旗	87	4	15	5	7	3	13	34	5
四子王旗	83	1	25	2	12	5	10	34	4
丰镇市	9				1		6	2	
兴安盟	**638**	**42**	**144**	**43**	**25**	**23**	**145**	**296**	**13**
乌兰浩特市	23	1	6		1	3	18	19	
阿尔山市	12	1	3				14	5	
科尔沁右翼前旗	141	11	35	15	5	2	36	49	5
科尔沁右翼中旗	174	10	24	11	6	7	36	78	3
扎赉特旗	168	5	36	7	7	10	27	78	1
突泉县	120	14	40	10	6	1	14	67	4
锡林郭勒盟	**671**	**54**	**105**	**29**	**26**	**29**	**209**	**256**	**27**
二连浩特市	3				2		1		
锡林浩特市	11								
阿巴嘎旗	36	5	8	1			13	11	3
苏尼特左旗	23	1	4	1	4	1	9	9	
苏尼特右旗	91	2	22		5	3	8	30	1
东乌珠穆沁旗	65	7	7	4	3	4	19	46	1
西乌珠穆沁旗	85	9	17	4	3	4	41	44	5
太仆寺旗	38	11	9	7	1	4	19	22	4
镶黄旗	36	2	2		3	2	7	5	1
正镶白旗	44	4	6		2		9	9	2
正蓝旗	49	8	15	5		2	24	21	2
多伦县	153	2	11	5	2	6	38	48	5
乌拉盖管委会	37	3	4	2	1	3	21	11	3
阿拉善盟	**420**	**32**	**86**	**20**	**38**	**39**	**206**	**129**	**19**
阿拉善左旗	271	17	76	10	29	33	138	87	9
阿拉善右旗	31	4	5	2	1	1	13	5	3
额济纳旗	56	7	5	1	6	2	32	24	5
内蒙古阿拉善经济开发区	62	4		7	2	3	23	13	2

4-6b 续表 36

单位：人

地区 性别	社会生产服务和生活服务人员				农、林、牧、渔业生产及辅助人员				
	修理及制作服务人员	文化、体育和娱乐服务人员	健康服务人员	其他社会生产和生活服务人员	小计	农业生产人员	林业生产人员	畜牧业生产人员	渔业生产人员
内蒙古	**4803**	**594**	**357**	**245**	**35675**	**25411**	**1821**	**7605**	**70**
呼和浩特市	**313**	**55**	**29**	**8**	**1666**	**1371**	**74**	**194**	**2**
新城区	1				7	4	3		
回民区									
玉泉区									
赛罕区	4				15	14		1	
土默特左旗	70	12	6	2	335	277	18	33	1
托克托县	35	10	4	4	271	235	5	24	1
和林格尔县	34	4	5	2	217	175	9	28	
清水河县	25	1	4		129	91	26	10	
武川县	34	9	5		372	328	9	31	
呼和浩特经济技术开发区	110	19	5		320	247	4	67	
包头市	**347**	**51**	**24**	**7**	**2172**	**1846**	**28**	**271**	
东河区	19	2	2		149	136	2	9	
昆都仑区									
青山区	2								
石拐区					11	11			
白云鄂博矿区									
九原区	19		1		93	84	2	6	
土默特右旗	119	26	6	1	1000	938	10	47	
固阳县	37	6	1		570	484	7	71	
达尔罕茂明安联合旗	17	2	5	2	192	86	1	97	
包头稀土高新技术产业开发区	134	15	9	4	157	107	6	41	
乌海市	**45**	**1**		**1**	**94**	**76**		**18**	
海勃湾区	9				52	41		11	
海南区	35	1		1	20	16		4	
乌达区	1				22	19		3	
赤峰市	**815**	**74**	**74**	**36**	**8788**	**7066**	**223**	**1284**	**14**
红山区	24			2	235	212		20	1
元宝山区	24	1	1		140	63	3	71	
松山区	28		1		613	571	2	37	
阿鲁科尔沁旗	87	5	3	2	655	420	30	201	
巴林左旗	139	12	7	2	825	623	20	137	1
巴林右旗	71	9	4	1	608	418	37	80	
林西县	62	4	14	19	744	528	19	186	1
克什克腾旗	63	2	7	2	316	150	47	97	10
翁牛特旗	72	11	10	5	1101	973	15	84	
喀喇沁旗	59	8	4	1	1150	992	18	134	
宁城县	98	13	19	2	992	843	11	127	1
敖汉旗	88	9	4		1409	1273	21	110	

4−6b 续表 37

单位：人

地区 性别	社会生产服务和生活服务人员				农、林、牧、渔业生产及辅助人员				
	修理及制作服务人员	文化、体育和娱乐服务人员	健康服务人员	其他社会生产和生活服务人员	小计	农业生产人员	林业生产人员	畜牧业生产人员	渔业生产人员
通辽市	**675**	**106**	**55**	**12**	**7089**	**5515**	**104**	**1367**	**5**
科尔沁区	33	5		3	654	543		106	
科尔沁左翼中旗	77	12	13	1	1370	1140	6	210	1
科尔沁左翼后旗	82	15	6		993	769	15	202	1
开鲁县	103	16	6		1407	1245	2	145	1
库伦旗	50	8	3		869	579	16	272	
奈曼旗	88	9	11		992	837	11	105	2
扎鲁特旗	119	11	6	1	655	315	47	278	
通辽经济技术开发区	123	30	10	7	149	87	7	49	
霍林郭勒市									
鄂尔多斯市	**853**	**71**	**40**	**37**	**2938**	**1756**	**91**	**1020**	**8**
东胜区	3	1			41	35		6	
康巴什区									
达拉特旗	148	14	10	2	831	627	23	155	1
准格尔旗	233	15	8	12	243	159	10	66	1
鄂托克前旗	42	4	2	1	396	298	6	84	
鄂托克旗	153	10	5	1	543	150	6	383	1
杭锦旗	55	4	3	4	265	126	14	119	
乌审旗	78	2	1	14	310	144	4	154	
伊金霍洛旗	141	21	11	3	309	217	28	53	5
呼伦贝尔市	**370**	**62**	**39**	**55**	**4274**	**2142**	**963**	**1048**	**9**
海拉尔区	1				12	2		10	
扎赉诺尔区	1				2			2	
阿荣旗	84	13	10	28	754	644	30	69	
莫力达瓦达斡尔族自治旗	43		2		558	493	10	44	1
鄂伦春自治旗	53	16	12	16	710	398	248	54	1
鄂温克族自治旗	49	10	6	9	279	12	66	184	
陈巴尔虎旗	17	3	1		198	59	5	121	1
新巴尔虎左旗	21	8	3	2	163	5	3	154	
新巴尔虎右旗	15	3	2		218	1	4	209	
满洲里市					46	24		20	2
牙克石市	46	5			474	134	254	72	1
扎兰屯市	25	3	2		517	366	53	73	1
额尔古纳市	5				105	4	60	30	2
根河市	10	1	1		238		230	6	
巴彦淖尔市	**380**	**43**	**28**	**68**	**3378**	**2657**	**57**	**541**	**24**
临河区	8		1		422	366		50	
五原县	78	11	7	46	645	519	6	97	
磴口县	40	6	2		241	173	13	45	1
乌拉特前旗	95	7	4	14	1118	941	20	124	20
乌拉特中旗	52	7	5	2	257	117	5	119	
乌拉特后旗	14	3		1	115	65	3	42	
杭锦后旗	93	9	9	5	580	476	10	64	3

4-6b　续表 38

单位：人

地　区 性　别	社会生产服务和生活服务人员				农、林、牧、渔业生产及辅助人员				
	修理及制作服务人　员	文化、体育和娱乐服务人员	健康服务人　　员	其他社会生产和生活服务人　员	小计	农业生产人　　员	林业生产人　　员	畜牧业生产人员	渔业生产人　　员
乌兰察布市	**285**	**33**	**20**	**11**	**1394**	**1002**	**40**	**284**	**4**
集宁区	5	3			4			4	
卓资县	14	3	2	2	41	24	1	14	
化德县	34	5		1	104	81		22	
商都县	40	6	3	1	176	134	4	37	
兴和县	45	5			53	33	5	14	
凉城县	29	1		3	167	116	13	35	2
察哈尔右翼前旗	39	2	3	1	60	36	6	13	2
察哈尔右翼中旗	13	3	1	2	179	156	4	17	
察哈尔右翼后旗	27	2	3	1	108	66	3	36	
四子王旗	36	3	8		411	291	3	67	
丰镇市	3				91	65	1	25	
兴安盟	**248**	**37**	**12**		**2136**	**1622**	**152**	**316**	**4**
乌兰浩特市	14	4			67	59	1	6	
阿尔山市	5				73	5	57	9	1
科尔沁右翼前旗	46	11	3		343	225	21	88	1
科尔沁右翼中旗	64	6	5		487	351	28	91	
扎赉特旗	76	7	4		961	836	20	92	1
突泉县	43	9			205	146	25	30	1
锡林郭勒盟	**303**	**30**	**25**	**10**	**1316**	**187**	**46**	**1053**	
二连浩特市	2								
锡林浩特市	6		2		2	1		1	
阿巴嘎旗	32	3	1		126			120	
苏尼特左旗	9		2		54		1	53	
苏尼特右旗	27	3	4		89	5	3	78	
东乌珠穆沁旗	40	6	2		241	3	6	230	
西乌珠穆沁旗	62	7	5	2	236	6	10	218	
太仆寺旗	28	2	1		69	30	5	30	
镶黄旗	14		3		48	2	2	44	
正镶白旗	15	2		1	42	2	3	37	
正蓝旗	14	1	2	5	131	22	4	103	
多伦县	42	5	2	2	172	98	12	57	
乌拉盖管委会	12	1	1		106	18		82	
阿拉善盟	**169**	**31**	**11**		**430**	**171**	**43**	**209**	
阿拉善左旗	107	27	6		273	124	33	109	
阿拉善右旗	14		3		69	5	7	57	
额济纳旗	28	2	2		87	41	3	43	
内蒙古阿拉善经济开发区	20	2			1	1			

4-6b 续表 39

单位：人

地区 性别	社会生产服务和生活服务人员				农、林、牧、渔业生产及辅助人员				
	修理及制作服务人员	文化、体育和娱乐服务人员	健康服务人员	其他社会生产和生活服务人员	小计	农业生产人员	林业生产人员	畜牧业生产人员	渔业生产人员
男	**4254**	**355**	**133**	**163**	**23139**	**15846**	**1540**	**5134**	**58**
呼和浩特市	**298**	**36**	**17**	**5**	**1220**	**985**	**60**	**151**	**2**
新城区	1				7	4	3		
回民区									
玉泉区									
赛罕区	3				9	8		1	
土默特左旗	65	10	1	1	253	205	13	30	1
托克托县	34	6	4	3	196	166	5	18	1
和林格尔县	31	1	4	1	166	126	9	26	
清水河县	25	1	2		93	63	19	9	
武川县	33	6	4		269	234	7	24	
呼和浩特经济技术开发区	106	12	2		227	179	4	43	
包头市	**321**	**30**	**6**	**6**	**1388**	**1158**	**26**	**184**	
东河区	19	1			91	82	1	7	
昆都仑区									
青山区	2								
石拐区					6	6			
白云鄂博矿区									
九原区	16				48	43	2	2	
土默特右旗	108	15	2	1	634	582	10	38	
固阳县	34	4			390	330	7	46	
达尔罕茂明安联合旗	15		1	2	119	55	1	58	
包头稀土高新技术产业开发区	127	10	3	3	100	60	5	33	
乌海市	**40**			**1**	**58**	**48**		**10**	
海勃湾区	6				33	27		6	
海南区	33			1	12	9		3	
乌达区	1				13	12		1	
赤峰市	**690**	**47**	**29**	**20**	**5091**	**3925**	**182**	**837**	**13**
红山区	24			2	127	112		12	1
元宝山区	21		1		85	35	2	46	
松山区	24		1		334	303	1	27	
阿鲁科尔沁旗	75	3	3	1	426	278	26	118	
巴林左旗	113	7	1	1	433	311	16	76	1
巴林右旗	61	7	2		375	257	23	57	
林西县	53	3	7	9	439	285	17	127	1
克什克腾旗	49	2		1	224	92	42	73	9
翁牛特旗	62	7	1	4	642	548	12	60	
喀喇沁旗	53	7	2		679	577	16	81	
宁城县	84	6	8	2	548	441	10	87	1
敖汉旗	71	5	3		779	686	17	73	

4-6b　续表 40

单位：人

地　区 性　别	社会生产服务和生活服务人员				农、林、牧、渔业生产及辅助人员				
	修理及制作服务人员	文化、体育和娱乐服务人员	健康服务人员	其他社会生产和生活服务人员	小计	农业生产人员	林业生产人员	畜牧业生产人员	渔业生产人员
通辽市	**556**	**62**	**20**	**8**	**4263**	**3229**	**86**	**873**	**4**
科尔沁区	27	5		2	391	319		67	
科尔沁左翼中旗	65	8	4	1	855	706	4	136	1
科尔沁左翼后旗	63	7	1		620	468	14	132	1
开鲁县	83	9			770	657	1	99	1
库伦旗	38	4	1		484	323	13	146	
奈曼旗	71	4	5		580	475	6	74	1
扎鲁特旗	103	7	3	1	472	233	43	185	
通辽经济技术开发区	106	18	6	4	91	48	5	34	
霍林郭勒市									
鄂尔多斯市	**774**	**45**	**15**	**31**	**1916**	**1130**	**66**	**661**	**7**
东胜区	3				26	20		6	
康巴什区									
达拉特旗	130	8	4	2	573	417	18	114	1
准格尔旗	221	10	2	11	186	116	9	55	1
鄂托克前旗	42	3	2	1	249	185	4	54	
鄂托克旗	140	6	3	1	315	87	3	222	
杭锦旗	48	3	1	2	174	84	6	79	
乌审旗	63	2		12	187	87	2	92	
伊金霍洛旗	127	13	3	2	206	134	24	39	5
呼伦贝尔市	**328**	**37**	**15**	**35**	**3224**	**1541**	**860**	**731**	**8**
海拉尔区	1				8	1		7	
扎赉诺尔区	1				2			2	
阿荣旗	72	8	2	22	564	475	23	56	
莫力达瓦达斡尔族自治旗	39		1		389	341	10	27	1
鄂伦春自治旗	48	11	5	11	582	306	229	41	1
鄂温克族自治旗	40	6	3	2	185	9	52	115	
陈巴尔虎旗	16	1			144	51	3	83	1
新巴尔虎左旗	19	3	1		109	2	2	104	
新巴尔虎右旗	12	2	1		150	1	3	143	
满洲里市					24	11		11	2
牙克石市	42	3			409	104	234	62	1
扎兰屯市	24	2	1		357	237	40	58	1
额尔古纳市	5				83	3	53	17	1
根河市	9	1	1		218		211	5	
巴彦淖尔市	**342**	**28**	**6**	**41**	**2225**	**1718**	**40**	**376**	**19**
临河区	8				230	195		29	
五原县	71	7	1	27	452	350	6	77	
磴口县	37	4	1		149	102	9	30	1
乌拉特前旗	83	5	1	8	792	664	15	86	16
乌拉特中旗	47	3	1	2	168	75	3	81	
乌拉特后旗	14	2		1	72	44		23	
杭锦后旗	82	7	2	3	362	288	7	50	2

4-6b 续表 41

单位：人

地　区 性　别	社会生产服务和生活服务人员				农、林、牧、渔业生产及辅助人员				
	修理及制作服务人员	文化、体育和娱乐服务人员	健康服务人员	其他社会生产和生活服务人员	小计	农业生产人员	林业生产人员	畜牧业生产人员	渔业生产人员
乌兰察布市	**268**	**17**	**11**	**8**	**1046**	**738**	**30**	**234**	**2**
集宁区	4	1			4			4	
卓资县	11	2	1	1	30	17	1	11	
化德县	33	2		1	76	55		20	
商都县	38	3	3	1	142	112	3	27	
兴和县	44	3			46	27	4	14	
凉城县	24			2	122	81	8	31	1
察哈尔右翼前旗	37	2	1	1	42	25	5	9	1
察哈尔右翼中旗	13	3	1	1	134	113	4	15	
察哈尔右翼后旗	27		2	1	84	50	3	29	
四子王旗	34	1	3		310	223	1	54	
丰镇市	3				56	35	1	20	
兴安盟	**220**	**25**	**3**		**1510**	**1128**	**122**	**223**	**3**
乌兰浩特市	12	3			45	40		4	
阿尔山市	5				57	3	46	6	1
科尔沁右翼前旗	41	7	2		243	154	19	63	1
科尔沁右翼中旗	55	5			335	235	25	62	
扎赉特旗	67	5	1		689	596	16	65	1
突泉县	40	5			141	100	16	23	
锡林郭勒盟	**270**	**13**	**9**	**8**	**912**	**133**	**35**	**719**	
二连浩特市	2								
锡林浩特市	6				2	1		1	
阿巴嘎旗	26	1			80			77	
苏尼特左旗	9		1		35			35	
苏尼特右旗	24	1	2		62	4	2	53	
东乌珠穆沁旗	34	5	1		171	2	5	162	
西乌珠穆沁旗	58	2	2	1	159	3	8	147	
太仆寺旗	25	2	1		56	22	4	26	
镶黄旗	13		2		27	2	2	23	
正镶白旗	11			1	28	2	1	25	
正蓝旗	12	1		4	88	14	4	68	
多伦县	38			2	132	70	9	49	
乌拉盖管委会	12	1			72	13		53	
阿拉善盟	**147**	**15**	**2**		**286**	**113**	**33**	**135**	
阿拉善左旗	93	12			184	79	26	74	
阿拉善右旗	12		1		46	4	6	36	
额济纳旗	26	1	1		55	29	1	25	
内蒙古阿拉善经济开发区	16	2			1	1			

4−6b　续表 42　　　　单位：人

地　区 性　别	社会生产服务和生活服务人员 修理及制作服务人员	文化、体育和娱乐服务人员	健康服务人员	其他社会生产和生活服务人员	农、林、牧、渔业生产及辅助人员 小计	农业生产人员	林业生产人员	畜牧业生产人员	渔业生产人员
女	**549**	**239**	**224**	**82**	**12536**	**9565**	**281**	**2471**	**12**
呼和浩特市	**15**	**19**	**12**	**3**	**446**	**386**	**14**	**43**	
新城区									
回民区									
玉泉区									
赛罕区	1				6	6			
土默特左旗	5	2	5	1	82	72	5	3	
托克托县	1	4		1	75	69		6	
和林格尔县	3	3	1	1	51	49		2	
清水河县			2		36	28	7	1	
武川县	1	3	1		103	94	2	7	
呼和浩特经济技术开发区	4	7	3		93	68		24	
包头市	**26**	**21**	**18**	**1**	**784**	**688**	**2**	**87**	
东河区		1	2		58	54	1	2	
昆都仑区									
青山区									
石拐区					5	5			
白云鄂博矿区									
九原区	3		1		45	41		4	
土默特右旗	11	11	4		366	356		9	
固阳县	3	2	1		180	154		25	
达尔罕茂明安联合旗	2	2	4		73	31		39	
包头稀土高新技术产业开发区	7	5	6	1	57	47	1	8	
乌海市	**5**	**1**			**36**	**28**		**8**	
海勃湾区	3				19	14		5	
海南区	2	1			8	7		1	
乌达区					9	7		2	
赤峰市	**125**	**27**	**45**	**16**	**3697**	**3141**	**41**	**447**	**1**
红山区					108	100		8	
元宝山区	3	1			55	28	1	25	
松山区	4				279	268	1	10	
阿鲁科尔沁旗	12	2		1	229	142	4	83	
巴林左旗	26	5	6	1	392	312	4	61	
巴林右旗	10	2	2	1	233	161	14	23	
林西县	9	1	7	10	305	243	2	59	
克什克腾旗	14		7	1	92	58	5	24	1
翁牛特旗	10	4	9	1	459	425	3	24	
喀喇沁旗	6	1	2	1	471	415	2	53	
宁城县	14	7	11		444	402	1	40	
敖汉旗	17	4	1		630	587	4	37	

4-6b 续表 43

单位：人

地　区 性　别	社会生产服务和生活服务人员				农、林、牧、渔业生产及辅助人员				
	修理及制作服务人员	文化、体育和娱乐服务人员	健康服务人员	其他社会生产和生活服务人员	小计	农业生产人员	林业生产人员	畜牧业生产人员	渔业生产人员
通辽市	**119**	**44**	**35**	**4**	**2826**	**2286**	**18**	**494**	**1**
科尔沁区	6			1	263	224		39	
科尔沁左翼中旗	12	4	9		515	434	2	74	
科尔沁左翼后旗	19	8	5		373	301	1	70	
开鲁县	20	7	6		637	588	1	46	
库伦旗	12	4	2		385	256	3	126	
奈曼旗	17	5	6		412	362	5	31	1
扎鲁特旗	16	4	3		183	82	4	93	
通辽经济技术开发区	17	12	4	3	58	39	2	15	
霍林郭勒市									
鄂尔多斯市	**79**	**26**	**25**	**6**	**1022**	**626**	**25**	**359**	**1**
东胜区		1			15	15			
康巴什区									
达拉特旗	18	6	6		258	210	5	41	
准格尔旗	12	5	6	1	57	43	1	11	
鄂托克前旗		1			147	113	2	30	
鄂托克旗	13	4	2		228	63	3	161	1
杭锦旗	7	1	2	2	91	42	8	40	
乌审旗	15		1	2	123	57	2	62	
伊金霍洛旗	14	8	8	1	103	83	4	14	
呼伦贝尔市	**42**	**25**	**24**	**20**	**1050**	**601**	**103**	**317**	**1**
海拉尔区					4	1		3	
扎赉诺尔区									
阿荣旗	12	5	8	6	190	169	7	13	
莫力达瓦达斡尔族自治旗	4		1		169	152		17	
鄂伦春自治旗	5	5	7	5	128	92	19	13	
鄂温克族自治旗	9	4	3	7	94	3	14	69	
陈巴尔虎旗	1	2	1		54	8	2	38	
新巴尔虎左旗	2	5	2	2	54	3	1	50	
新巴尔虎右旗	3	1	1		68		1	66	
满洲里市					22	13		9	
牙克石市	4	2			65	30	20	10	
扎兰屯市	1	1	1		160	129	13	15	
额尔古纳市					22	1	7	13	1
根河市	1				20		19	1	
巴彦淖尔市	**38**	**15**	**22**	**27**	**1153**	**939**	**17**	**165**	**5**
临河区			1		192	171		21	
五原县	7	4	6	19	193	169		20	
磴口县	3	2	1		92	71	4	15	
乌拉特前旗	12	2	3	6	326	277	5	38	4
乌拉特中旗	5	4	4		89	42	2	38	
乌拉特后旗		1			43	21	3	19	
杭锦后旗	11	2	7	2	218	188	3	14	1

4-6b 续表 44

单位：人

地区 性别	社会生产服务和生活服务人员				农、林、牧、渔业生产及辅助人员				
	修理及制作服务人员	文化、体育和娱乐服务人员	健康服务人员	其他社会生产和生活服务人员	小计	农业生产人员	林业生产人员	畜牧业生产人员	渔业生产人员
乌兰察布市	**17**	**16**	**9**	**3**	**348**	**264**	**10**	**50**	**2**
集宁区	1	2							
卓资县	3	1	1	1	11	7		3	
化德县	1	3			28	26		2	
商都县	2	3			34	22	1	10	
兴和县	1	2			7	6	1		
凉城县	5	1		1	45	35	5	4	1
察哈尔右翼前旗	2		2		18	11	1	4	1
察哈尔右翼中旗				1	45	43		2	
察哈尔右翼后旗		2	1		24	16		7	
四子王旗	2	2	5		101	68	2	13	
丰镇市					35	30		5	
兴安盟	**28**	**12**	**9**		**626**	**494**	**30**	**93**	**1**
乌兰浩特市	2	1			22	19	1	2	
阿尔山市					16	2	11	3	
科尔沁右翼前旗	5	4	1		100	71	2	25	
科尔沁右翼中旗	9	1	5		152	116	3	29	
扎赉特旗	9	2	3		272	240	4	27	
突泉县	3	4			64	46	9	7	1
锡林郭勒盟	**33**	**17**	**16**	**2**	**404**	**54**	**11**	**334**	
二连浩特市									
锡林浩特市			2						
阿巴嘎旗	6	2	1		46			43	
苏尼特左旗			1		19		1	18	
苏尼特右旗	3	2	2		27	1	1	25	
东乌珠穆沁旗	6	1	1		70	1	1	68	
西乌珠穆沁旗	4	5	3	1	77	3	2	71	
太仆寺旗	3				13	8	1	4	
镶黄旗	1		1		21			21	
正镶白旗	4	2			14		2	12	
正蓝旗	2		2	1	43	8		35	
多伦县	4	5	2		40	28	3	8	
乌拉盖管委会			1		34	5		29	
阿拉善盟	**22**	**16**	**9**		**144**	**58**	**10**	**74**	
阿拉善左旗	14	15	6		89	45	7	35	
阿拉善右旗	2		2		23	1	1	21	
额济纳旗	2	1	1		32	12	2	18	
内蒙古阿拉善经济开发区	4								

4－6b 续表 45　　单位：人

地区 性别	农林牧渔生产辅助人员	其他农、林、牧、渔业生产加工人员	生产制造及有关人员 小计	农副产品加工人员	食品、饮料生产加工人员	烟草及其制品加工人员	纺织、针织、印染人员	纺织品、服装和皮革、毛皮制品加工制作人员	木材加工、家具与木制品制作人员
内蒙古	**720**	**48**	**51685**	**1255**	**2000**	**9**	**123**	**810**	**1018**
呼和浩特市	**24**	**1**	**4137**	**101**	**552**		**31**	**39**	**106**
新城区			13	2				1	
回民区									
玉泉区									
赛罕区			7						
土默特左旗	6		849	22	56		5	10	26
托克托县	5	1	900	32	34			6	4
和林格尔县	5		569	10	127			4	17
清水河县	2		264	5	8		2	1	3
武川县	4		186	10	9			3	10
呼和浩特经济技术开发区	2		1349	20	318		24	14	46
包头市	**27**		**4529**	**51**	**106**		**4**	**39**	**80**
东河区	2		242	5	7		1	6	8
昆都仑区			64						
青山区			110		1				1
石拐区			201						
白云鄂博矿区									
九原区	1		238	1	1			1	9
土默特右旗	5		826	14	49			12	16
固阳县	8		435	8	13			7	5
达尔罕茂明安联合旗	8		275	1	3			3	3
包头稀土高新技术产业开发区	3		2138	22	32		3	10	38
乌海市			**503**		**3**		**4**		
海勃湾区			74		1		2		
海南区			382		1		2		
乌达区			47		1				
赤峰市	**193**	**8**	**9330**	**276**	**277**	**1**	**29**	**144**	**179**
红山区	2		302	13	12		1	5	26
元宝山区	2	1	352	11	8			1	10
松山区	3		190	8	12		1	2	1
阿鲁科尔沁旗	4		767	36	17			17	19
巴林左旗	41	3	939	14	24		1	25	9
巴林右旗	72	1	828	12	43			12	13
林西县	8	2	1322	33	27		5	6	16
克什克腾旗	12		814	20	18			7	13
翁牛特旗	29		1006	32	36			15	23
喀喇沁旗	6		781	19	18		13	8	15
宁城县	9	1	1083	50	41	1	2	29	19
敖汉旗	5		946	28	21		6	17	15

4-6b 续表 46

单位：人

地区 性别	农林牧渔生产辅助人员	其他农、林、牧、渔业生产加工人员	生产制造及有关人员 小计	农副产品加工人员	食品、饮料生产加工人员	烟草及其制品加工人员	纺织、针织、印染人员	纺织品、服装和皮革、毛皮制品加工制作人员	木材加工、家具与木制品制作人员
通辽市	**95**	**3**	**4342**	**231**	**302**		**12**	**106**	**148**
科尔沁区	5		364	13	155			5	12
科尔沁左翼中旗	12	1	387	16	21		5	6	23
科尔沁左翼后旗	6		401	42	12			13	11
开鲁县	13	1	620	37	25		2	6	15
库伦旗	2		246	10	13		2	9	4
奈曼旗	37		739	21	14		2	4	32
扎鲁特旗	15		648	62	26			17	26
通辽经济技术开发区	5	1	937	30	36		1	46	25
霍林郭勒市									
鄂尔多斯市	**58**	**5**	**11672**	**85**	**163**		**16**	**99**	**101**
东胜区			101	1					
康巴什区									
达拉特旗	23	2	1858	20	31		7	15	15
准格尔旗	7		2756	21	40		4	10	46
鄂托克前旗	8		420	7	16			13	5
鄂托克旗	2	1	2009	8	25		3	10	6
杭锦旗	5	1	641	10	11		1	11	3
乌审旗	8		1349	1	17		1	23	10
伊金霍洛旗	5	1	2538	17	23			17	16
呼伦贝尔市	**100**	**12**	**3192**	**104**	**99**	**1**	**1**	**44**	**104**
海拉尔区			8		1				
扎赉诺尔区			62		1				4
阿荣旗	10	1	644	33	29			8	27
莫力达瓦达斡尔族自治旗	10		218	17	16	1			1
鄂伦春自治旗	9		228	5				2	18
鄂温克族自治旗	11	6	690	10	22			12	10
陈巴尔虎旗	12		225	6	3			1	4
新巴尔虎左旗	1		64	4	3			3	3
新巴尔虎右旗	3	1	104	6	3		1	6	3
满洲里市			23	1					1
牙克石市	10	3	556	14	9			8	19
扎兰屯市	23	1	130	7	11			3	4
额尔古纳市	9		33		1			1	5
根河市	2		207	1					5
巴彦淖尔市	**85**	**14**	**3554**	**118**	**171**		**12**	**78**	**72**
临河区	3	3	49	10	2				5
五原县	17	6	558	34	22		8	11	13
磴口县	8	1	412	13	40			7	9
乌拉特前旗	11	2	843	20	31		2	18	12
乌拉特中旗	16		322	9	8			23	3
乌拉特后旗	5		463	3	9			6	2
杭锦后旗	25	2	907	29	59		2	13	28

4-6b 续表 47 单位：人

地区 性别			生产制造及有关人员						
	农林牧渔生产辅助人员	其他农、林、牧、渔业生产加工人员	小计	农副产品加工人员	食品、饮料生产加工人员	烟草及其制品加工人员	纺织、针织、印染人员	纺织品、服装和皮革、毛皮制品加工制作人员	木材加工、家具与木制品制作人员
乌兰察布市	**62**	**2**	**3732**	**94**	**88**		**6**	**122**	**75**
集宁区			80	3					1
卓资县	2		299	4	7		2	4	6
化德县	1		579	16	13		3	75	7
商都县	1		360	10	14		1	10	5
兴和县	1		338	8	8			10	11
凉城县	1		276	17	9			7	5
察哈尔右翼前旗	1	2	644	22	20			3	14
察哈尔右翼中旗	2		137	1	3			4	2
察哈尔右翼后旗	3		509	1	3			3	13
四子王旗	50		244	9	11			6	11
丰镇市			266	3					
兴安盟	**40**	**2**	**1876**	**56**	**60**	**7**	**3**	**35**	**43**
乌兰浩特市	1		121	3	7	5	1		2
阿尔山市	1		54						
科尔沁右翼前旗	8		407	12	15	2		5	12
科尔沁右翼中旗	16	1	412	10	10			5	16
扎赉特旗	12		482	21	14		2	12	12
突泉县	2	1	400	10	14			13	1
锡林郭勒盟	**29**	**1**	**2745**	**134**	**147**		**4**	**79**	**70**
二连浩特市			29					1	2
锡林浩特市			93						
阿巴嘎旗	5	1	107	9	4			3	1
苏尼特左旗			68	13	2			5	1
苏尼特右旗	3		329	13	7		1	11	8
东乌珠穆沁旗	2		229	40	7		1	13	1
西乌珠穆沁旗	2		469	8	19			23	12
太仆寺旗	4		263	23	49		1	4	15
镶黄旗			96	1	5		1	4	3
正镶白旗			97	7	7			2	3
正蓝旗	2		278	9	28			3	7
多伦县	5		577	10	15			10	14
乌拉盖管委会	6		110	1	4				3
阿拉善盟	**7**		**2073**	**5**	**32**		**1**	**25**	**40**
阿拉善左旗	7		1010	5	24			19	27
阿拉善右旗			130		3			2	1
额济纳旗			139		1			1	2
内蒙古阿拉善经济开发区			794		4		1	3	10

4-6b　续表 48　　　　单位：人

地　区 性　别	农林牧渔生产辅助人　员	其他农、林、牧、渔业生产加工人员	生产制造及有关人员						
			小计	农副产品加工人员	食品、饮料生产加工人员	烟草及其制品加工人员	纺织、针织、印染人员	纺织品、服装和皮革、毛皮制品加工制作人员	木材加工、家具与木制品制作人员
男	**530**	**31**	**42880**	**811**	**1146**	**6**	**39**	**167**	**893**
呼和浩特市	**21**	**1**	**3426**	**78**	**399**		**9**	**6**	**100**
新城区			12	2					
回民区									
玉泉区									
赛罕区			6						
土默特左旗	4		708	19	37				24
托克托县	5	1	768	25	25			1	4
和林格尔县	5		469	8	90			1	17
清水河县	2		205	3	4		1		3
武川县	4		155	7	4			1	10
呼和浩特经济技术开发区	1		1103	14	239		8	3	42
包头市	**20**		**3854**	**33**	**61**			**7**	**74**
东河区	1		204	2	3			2	8
昆都仑区			54						
青山区			104						1
石拐区			168						
白云鄂博矿区									
九原区	1		193	1					7
土默特右旗	4		737	9	33			2	14
固阳县	7		383	6	8			1	5
达尔罕茂明安联合旗	5		237		1				3
包头稀土高新技术产业开发区	2		1774	15	16			2	36
乌海市			**422**		**2**		**1**		
海勃湾区			56				1		
海南区			326		1				
乌达区			40		1				
赤峰市	**129**	**5**	**7548**	**178**	**123**	**1**	**8**	**26**	**156**
红山区	2		236	8	6			1	25
元宝山区	1	1	298	8	4				8
松山区	3		148	3	6		1		
阿鲁科尔沁旗	4		611	26	9			5	16
巴林左旗	27	2	721	7	9		1	7	6
巴林右旗	38		664	5	15			3	12
林西县	8	1	1027	23	13				13
克什克腾旗	8		685	16	6			1	12
翁牛特旗	22		819	21	20			2	22
喀喇沁旗	5		684	12	6		3	2	11
宁城县	8	1	888	29	21	1	1	3	17
敖汉旗	3		767	20	8		2	2	14

4-6b 续表 49

单位：人

地区 性别	农林牧渔生产辅助人员	其他农、林、牧、渔业生产加工人员	生产制造及有关人员 小计	农副产品加工人员	食品、饮料生产加工人员	烟草及其制品加工人员	纺织、针织、印染人员	纺织品、服装和皮革、毛皮制品加工制作人员	木材加工、家具与木制品制作人员
通辽市	**69**	**2**	**3385**	**137**	**154**		**4**	**24**	**117**
科尔沁区	5		247	8	83			1	9
科尔沁左翼中旗	8		309	10	11		3	3	20
科尔沁左翼后旗	5		302	23	5			2	11
开鲁县	11	1	486	20	10			2	14
库伦旗	2		189	6	7			2	4
奈曼旗	24		616	16	7		1		22
扎鲁特旗	11		521	37	12			3	16
通辽经济技术开发区	3	1	715	17	19			11	21
霍林郭勒市									
鄂尔多斯市	**48**	**4**	**10094**	**55**	**87**		**6**	**25**	**94**
东胜区			96	1					
康巴什区									
达拉特旗	21	2	1614	11	11		1	1	15
准格尔旗	5		2495	13	28		4	4	42
鄂托克前旗	6		343	4	9			2	5
鄂托克旗	2	1	1574	5	14			6	6
杭锦旗	4	1	558	9	6		1	2	3
乌审旗	6		1142	1	6			4	9
伊金霍洛旗	4		2272	11	13			6	14
呼伦贝尔市	**79**	**5**	**2681**	**63**	**46**		**1**	**10**	**80**
海拉尔区			7						
扎赉诺尔区			55		1				3
阿荣旗	9	1	526	16	15			2	22
莫力达瓦达斡尔族自治旗	10		174	11	8				1
鄂伦春自治旗	5		202	4					15
鄂温克族自治旗	6	3	591	7	5			2	10
陈巴尔虎旗	6		209	4	1			1	4
新巴尔虎左旗	1		51	3	2				3
新巴尔虎右旗	3		84	5	1		1	1	3
满洲里市			20						
牙克石市	7	1	437	8	6			4	11
扎兰屯市	21		112	4	6				4
额尔古纳市	9		23		1				
根河市	2		190	1					4
巴彦淖尔市	**61**	**11**	**2897**	**75**	**89**		**4**	**19**	**67**
临河区	3	3	41	7	1				4
五原县	14	5	466	23	12		3	1	12
磴口县	6	1	316	8	22				9
乌拉特前旗	10	1	722	15	16		1	6	12
乌拉特中旗	9		265	4	1			8	3
乌拉特后旗	5		381	2	2			1	2
杭锦后旗	14	1	706	16	35			3	25

4-6b　续表 50　　　　单位：人

地区 性别	农林牧渔生产辅助人员	其他农、林、牧、渔业生产加工人员	生产制造及有关人员 小计	农副产品加工人员	食品、饮料生产加工人员	烟草及其制品加工人员	纺织、针织、印染人员	纺织品、服装和皮革、毛皮制品加工制作人员	木材加工、家具与木制品制作人员
乌兰察布市	**41**	**1**	**3166**	**67**	**53**		**2**	**20**	**70**
集宁区			77	2					1
卓资县	1		258	3	4		1	1	6
化德县	1		430	9	8		1	4	7
商都县			315	8	8			3	5
兴和县	1		301	6	4			5	10
凉城县	1		253	14	7			2	5
察哈尔右翼前旗	1	1	523	14	13				11
察哈尔右翼中旗	2		115		2			1	2
察哈尔右翼后旗	2		445	1	2			3	13
四子王旗	32		212	7	5			1	10
丰镇市			237	3					
兴安盟	**33**	**1**	**1569**	**36**	**33**	**5**	**1**	**9**	**39**
乌兰浩特市	1		94	1	4	3			2
阿尔山市	1		42						
科尔沁右翼前旗	6		343	7	9	2			11
科尔沁右翼中旗	12	1	361	5	5				13
扎赉特旗	11		398	16	8		1	6	12
突泉县	2		331	7	7			3	1
锡林郭勒盟	**24**	**1**	**2205**	**86**	**81**		**2**	**16**	**66**
二连浩特市			26					1	1
锡林浩特市			83						
阿巴嘎旗	2	1	90	5	2			1	1
苏尼特左旗			54	7	1			2	1
苏尼特右旗	3		258	7	1			1	8
东乌珠穆沁旗	2		181	26	2		1	2	1
西乌珠穆沁旗	1		368	6	11			3	10
太仆寺旗	4		216	15	37			2	15
镶黄旗			80		2		1	1	3
正镶白旗			82	4	2			1	3
正蓝旗	2		220	8	12				6
多伦县	4		451	7	9			2	14
乌拉盖管委会	6		96	1	2				3
阿拉善盟	**5**		**1633**	**3**	**18**		**1**	**5**	**30**
阿拉善左旗	5		807	3	14			3	20
阿拉善右旗			106		2				1
额济纳旗			120		1				2
内蒙古阿拉善经济开发区			600		1		1	2	7

4-6b 续表 51

单位：人

地区 性别	农林牧渔生产辅助人员	其他农、林、牧、渔业生产加工人员	生产制造及有关人员						
			小计	农副产品加工人员	食品、饮料生产加工人员	烟草及其制品加工人员	纺织、针织、印染人员	纺织品、服装和皮革、毛皮制品加工制作人员	木材加工、家具与木制品制作人员
女	**190**	**17**	**8805**	**444**	**854**	**3**	**84**	**643**	**125**
呼和浩特市	**3**		**711**	**23**	**153**		**22**	**33**	**6**
新城区			1					1	
回民区									
玉泉区									
赛罕区			1						
土默特左旗	2		141	3	19		5	10	2
托克托县			132	7	9			5	
和林格尔县			100	2	37			3	
清水河县			59	2	4		1	1	
武川县			31	3	5			2	
呼和浩特经济技术开发区	1		246	6	79		16	11	4
包头市	**7**		**675**	**18**	**45**		**4**	**32**	**6**
东河区	1		38	3	4		1	4	
昆都仑区			10						
青山区			6		1				
石拐区			33						
白云鄂博矿区									
九原区			45		1			1	2
土默特右旗	1		89	5	16			10	2
固阳县	1		52	2	5			6	
达尔罕茂明安联合旗	3		38	1	2			3	
包头稀土高新技术产业开发区	1		364	7	16		3	8	2
乌海市			**81**		**1**		**3**		
海勃湾区			18		1		1		
海南区			56				2		
乌达区			7						
赤峰市	**64**	**3**	**1782**	**98**	**154**		**21**	**118**	**23**
红山区			66	5	6		1	4	1
元宝山区	1		54	3	4			1	2
松山区			42	5	6			2	1
阿鲁科尔沁旗			156	10	8			12	3
巴林左旗	14	1	218	7	15			18	3
巴林右旗	34	1	164	7	28			9	1
林西县		1	295	10	14		5	6	3
克什克腾旗	4		129	4	12			6	1
翁牛特旗	7		187	11	16			13	1
喀喇沁旗	1		97	7	12		10	6	4
宁城县	1		195	21	20		1	26	2
敖汉旗	2		179	8	13		4	15	1

4-6b　续表 52

单位：人

地　区 性　别	农林牧渔生产辅助人员	其他农、林、牧、渔业生产加工人员	生产制造及有关人员 小计	农副产品加工人员	食品、饮料生产加工人员	烟草及其制品加工人员	纺织、针织、印染人员	纺织品、服装和皮革、毛皮制品加工制作人员	木材加工、家具与木制品制作人员
通辽市	**26**	**1**	**957**	**94**	**148**		**8**	**82**	**31**
科尔沁区			117	5	72			4	3
科尔沁左翼中旗	4	1	78	6	10		2	3	3
科尔沁左翼后旗	1		99	19	7			11	
开鲁县	2		134	17	15		2	4	1
库伦旗			57	4	6		2	7	
奈曼旗	13		123	5	7		1	4	10
扎鲁特旗	4		127	25	14			14	10
通辽经济技术开发区	2		222	13	17		1	35	4
霍林郭勒市									
鄂尔多斯市	**10**	**1**	**1578**	**30**	**76**		**10**	**74**	**7**
东胜区			5						
康巴什区									
达拉特旗	2		244	9	20		6	14	
准格尔旗	2		261	8	12			6	4
鄂托克前旗	2		77	3	7			11	
鄂托克旗			435	3	11		3	4	
杭锦旗	1		83	1	5			9	
乌审旗	2		207		11		1	19	1
伊金霍洛旗	1	1	266	6	10			11	2
呼伦贝尔市	**21**	**7**	**511**	**41**	**53**	**1**		**34**	**24**
海拉尔区			1		1				
扎赉诺尔区			7						1
阿荣旗	1		118	17	14			6	5
莫力达瓦达斡尔族自治旗			44	6	8	1			
鄂伦春自治旗	4		26	1				2	3
鄂温克族自治旗	5	3	99	3	17			10	
陈巴尔虎旗	6		16	2	2				
新巴尔虎左旗			13	1	1			3	
新巴尔虎右旗		1	20	1	2			5	
满洲里市			3	1					1
牙克石市	3	2	119	6	3			4	8
扎兰屯市	2	1	18	3	5			3	
额尔古纳市			10					1	5
根河市			17						1
巴彦淖尔市	**24**	**3**	**657**	**43**	**82**		**8**	**59**	**5**
临河区			8	3	1				1
五原县	3	1	92	11	10		5	10	1
磴口县	2		96	5	18			7	
乌拉特前旗	1	1	121	5	15		1	12	
乌拉特中旗	7		57	5	7			15	
乌拉特后旗			82	1	7			5	
杭锦后旗	11	1	201	13	24		2	10	3

4-6b 续表 53 单位：人

地区 性别	农林牧渔生产辅助人员	其他农、林、牧、渔业生产加工人员	生产制造及有关人员						
			小计	农副产品加工人员	食品、饮料生产加工人员	烟草及其制品加工人员	纺织、针织、印染人员	纺织品、服装和皮革、毛皮制品加工制作人员	木材加工、家具与木制品制作人员
乌兰察布市	**21**	**1**	**566**	**27**	**35**		**4**	**102**	**5**
集宁区			3	1					
卓资县	1		41	1	3		1	3	
化德县			149	7	5		2	71	
商都县	1		45	2	6		1	7	
兴和县			37	2	4			5	1
凉城县			23	3	2			5	
察哈尔右翼前旗		1	121	8	7			3	3
察哈尔右翼中旗			22	1	1			3	
察哈尔右翼后旗	1		64		1				
四子王旗	18		32	2	6			5	1
丰镇市			29						
兴安盟	**7**	**1**	**307**	**20**	**27**	**2**	**2**	**26**	**4**
乌兰浩特市			27	2	3	2	1		
阿尔山市			12						
科尔沁右翼前旗	2		64	5	6			5	1
科尔沁右翼中旗	4		51	5	5			5	3
扎赉特旗	1		84	5	6		1	6	
突泉县		1	69	3	7			10	
锡林郭勒盟	**5**		**540**	**48**	**66**		**2**	**63**	**4**
二连浩特市			3						1
锡林浩特市			10						
阿巴嘎旗	3		17	4	2			2	
苏尼特左旗			14	6	1			3	
苏尼特右旗			71	6	6		1	10	
东乌珠穆沁旗			48	14	5			11	
西乌珠穆沁旗	1		101	2	8			20	2
太仆寺旗			47	8	12		1	2	
镶黄旗			16	1	3			3	
正镶白旗			15	3	5			1	
正蓝旗			58	1	16			3	1
多伦县	1		126	3	6			8	
乌拉盖管委会			14		2				
阿拉善盟	**2**		**440**	**2**	**14**			**20**	**10**
阿拉善左旗	2		203	2	10			16	7
阿拉善右旗			24		1			2	
额济纳旗			19					1	
内蒙古阿拉善经济开发区			194		3			1	3

4-6b 续表 54

单位：人

地区 性别	生产制造及有关人员								
	纸及纸制品生产加工人员	印刷和记录媒介复制人员	文教、工美、体育和娱乐用品制造人员	石油加工和炼焦、煤化工生产人员	化学原料和化学制品制造人员	医药制造人员	化学纤维制造人员	橡胶和塑料制品制造人员	非金属矿物制品制造人员
内蒙古	**125**	**252**	**135**	**675**	**1638**	**348**	**9**	**229**	**792**
呼和浩特市	**48**	**23**	**7**	**21**	**85**	**141**		**18**	**70**
新城区									
回民区									
玉泉区									
赛罕区									
土默特左旗	14	2	2	1	4	7		6	17
托克托县	1	2	2	17	23	110		2	6
和林格尔县	23	4	1		1	2		1	3
清水河县		2		3	31				22
武川县		3				1			11
呼和浩特经济技术开发区	10	10	2		26	21		9	11
包头市	**21**	**18**	**2**	**52**	**49**	**14**		**23**	**92**
东河区				3	1			3	3
昆都仑区									
青山区									
石拐区				28	4				1
白云鄂博矿区									
九原区	1				19			10	9
土默特右旗			2	11	13	2		3	37
固阳县	1	3			2	2			22
达尔罕茂明安联合旗									4
包头稀土高新技术产业开发区	19	15		10	10	10		7	16
乌海市				**45**	**31**			**2**	**24**
海勃湾区				5	3				
海南区				38	23			2	24
乌达区				2	5				
赤峰市	**15**	**67**	**29**	**17**	**48**	**48**	**2**	**43**	**113**
红山区		1				4		1	5
元宝山区	1	2		5	11				10
松山区	2	2						7	2
阿鲁科尔沁旗		3	3		1	2		1	8
巴林左旗		18	4	2	15	4			4
巴林右旗	1	5	13			2		1	13
林西县	1	5		1	4	11		1	11
克什克腾旗		4	2	2	1	1		2	18
翁牛特旗	2	6	1		2	5	1	4	15
喀喇沁旗	1	3		4	2	16		3	7
宁城县	7	16	4	3	7		1	22	16
敖汉旗		2	2		5	3		1	4

4-6b 续表 55

单位：人

地　区 性　别	生产制造及有关人员								
	纸及纸制品生产加工人员	印刷和记录媒介复制人员	文教、工美、体育和娱乐用品制造人员	石油加工和炼焦、煤化工生产人员	化学原料和化学制品制造人员	医药制造人员	化学纤维制造人员	橡胶和塑料制品制造人员	非金属矿物制品制造人员
通辽市	**11**	**34**	**23**	**27**	**26**	**77**		**31**	**82**
科尔沁区	1				2			3	6
科尔沁左翼中旗		1	8	1	5	2		10	7
科尔沁左翼后旗	1	7				18		1	5
开鲁县	5	9	2		7	41		12	8
库伦旗		1	3			7		1	4
奈曼旗	1	6				5			38
扎鲁特旗			3			1		2	6
通辽经济技术开发区	3	10	7	26	12	3		2	8
霍林郭勒市									
鄂尔多斯市	**5**	**32**	**18**	**421**	**625**	**17**	**6**	**46**	**149**
东胜区									2
康巴什区									
达拉特旗	5	2	1	11	148	7		22	76
准格尔旗		7	4	13	63	1		2	19
鄂托克前旗		1	1	27	1	1		3	7
鄂托克旗		2		78	148	1	5	11	16
杭锦旗		4	1	77	131	7		1	16
乌审旗		5	3	79	124		1	4	4
伊金霍洛旗		11	8	136	10			3	9
呼伦贝尔市		**15**	**10**	**7**	**37**	**14**		**19**	**34**
海拉尔区									
扎赉诺尔区									
阿荣旗		3	2		27	3		7	17
莫力达瓦达斡尔族自治旗						1		3	3
鄂伦春自治旗			1			1			4
鄂温克族自治旗		6	4	3	7	2		5	4
陈巴尔虎旗		1		1	2				3
新巴尔虎左旗		2		1				1	
新巴尔虎右旗			2			2			1
满洲里市									
牙克石市		3		2		4			
扎兰屯市						1		3	2
额尔古纳市									
根河市			1		1				
巴彦淖尔市	**15**	**19**	**16**	**29**	**45**	**8**		**13**	**42**
临河区			1					1	1
五原县	4	2	2	2	4	2		2	8
磴口县	7	5			7			4	2
乌拉特前旗		5	11	5	21	2		3	16
乌拉特中旗		2	2	8					2
乌拉特后旗				13	9				5
杭锦后旗	4	5		1	4	4		3	8

4-6b　续表 56　　　　单位：人

地　区 性　别	生产制造及有关人员								
	纸及纸制品生产加工人员	印刷和记录媒介复制人员	文教、工美、体育和娱乐用品制造人　员	石油加工和炼焦、煤化工生产人员	化学原料和化学制品制造人　员	医药制造人　员	化学纤维制造人员	橡胶和塑料制品制造人员	非金属矿物制品制造人员
乌兰察布市	**4**	**10**	**2**	**3**	**192**	**4**	**1**	**13**	**92**
集宁区									
卓资县		3	1		13				2
化德县		2		2	1			2	2
商都县	1				1			1	27
兴和县	2	2			1				20
凉城县		2		1					3
察哈尔右翼前旗	1				11	3		6	19
察哈尔右翼中旗		1			3			1	1
察哈尔右翼后旗					145	1	1	2	13
四子王旗			1		11			1	2
丰镇市					6				3
兴安盟	**4**	**14**	**3**	**2**	**4**	**9**		**12**	**22**
乌兰浩特市				1	1	2			4
阿尔山市			1						
科尔沁右翼前旗	2	4		1	3	3		5	1
科尔沁右翼中旗		2				3		4	7
扎赉特旗	1	7	1			1		3	7
突泉县	1	1	1						3
锡林郭勒盟	**2**	**15**	**15**	**38**	**104**	**11**		**6**	**48**
二连浩特市									1
锡林浩特市									
阿巴嘎旗			5			1			
苏尼特左旗		2	1		2				
苏尼特右旗					12				3
东乌珠穆沁旗		2	2	1		3			1
西乌珠穆沁旗			4	1	1	1			8
太仆寺旗					2	3		1	2
镶黄旗		3						1	22
正镶白旗			2		1				
正蓝旗		6	1		1	2			2
多伦县	2	2		36	85	1		3	9
乌拉盖管委会								1	
阿拉善盟		**5**	**10**	**13**	**392**	**5**		**3**	**24**
阿拉善左旗		2	9	4	17	3			11
阿拉善右旗		2	1		25			1	
额济纳旗		1			1				1
内蒙古阿拉善经济开发区				9	349	2		2	12

4－6b 续表 57 单位：人

地区 性别	生产制造及有关人员								
	纸及纸制品生产加工人员	印刷和记录媒介复制人员	文教、工美、体育和娱乐用品制造人员	石油加工和炼焦、煤化工生产人员	化学原料和化学制品制造人员	医药制造人员	化学纤维制造人员	橡胶和塑料制品制造人员	非金属矿物制品制造人员
男	**70**	**115**	**88**	**575**	**1280**	**210**	**6**	**167**	**667**
呼和浩特市	**29**	**14**	**4**	**19**	**61**	**105**		**13**	**60**
新城区									
回民区									
玉泉区									
赛罕区									
土默特左旗	5	2	2	1	3	5		3	13
托克托县				16	20	83		1	6
和林格尔县	15	3			1	1		1	3
清水河县				2	13				17
武川县		2				1			11
呼和浩特经济技术开发区	9	7	2		24	15		8	10
包头市	**14**	**9**	**2**	**45**	**48**	**8**		**19**	**80**
东河区				2	1			3	3
昆都仑区									
青山区									
石拐区				26	4				
白云鄂博矿区									
九原区	1				18			7	6
土默特右旗			2	9	13	1		3	34
固阳县	1	1			2	1			22
达尔罕茂明安联合旗									4
包头稀土高新技术产业开发区	12	8		8	10	6		6	11
乌海市				**37**	**20**			**2**	**20**
海勃湾区				4	3				
海南区				31	14			2	20
乌达区				2	3				
赤峰市	**7**	**29**	**16**	**14**	**35**	**20**	**1**	**32**	**93**
红山区						1			4
元宝山区	1	1		4	11				8
松山区	1	1						3	2
阿鲁科尔沁旗		1	3		1	1		1	8
巴林左旗		10	1	2	9	2			3
巴林右旗		2	7			1		1	10
林西县		2		1	2	4		1	10
克什克腾旗		1	1	2	1	1		2	16
翁牛特旗	1	2	1		2	3	1	3	10
喀喇沁旗	1	1		2	2	6		3	6
宁城县	3	6	2	3	2			17	12
敖汉旗		2	1		5	1		1	4

4-6b　续表 58　　　　单位：人

地　区 性　别	生产制造及有关人员								
	纸及纸制品生产加工人员	印刷和记录媒介复制人员	文教、工美、体育和娱乐用品制造人员	石油加工和炼焦、煤化工生产人员	化学原料和化学制品制造人员	医药制造人员	化学纤维制造人员	橡胶和塑料制品制造人员	非金属矿物制品制造人员
通辽市	**4**	**12**	**16**	**26**	**19**	**47**		**23**	**72**
科尔沁区	1				2			3	6
科尔沁左翼中旗			4	1	5			8	5
科尔沁左翼后旗	1	3				9		1	4
开鲁县	1	3	2		6	32		7	8
库伦旗			2			3		1	4
奈曼旗		3				1			34
扎鲁特旗			2			1		2	4
通辽经济技术开发区	1	3	6	25	6	1		1	7
霍林郭勒市									
鄂尔多斯市	**2**	**17**	**13**	**358**	**499**	**8**	**4**	**31**	**118**
东胜区									2
康巴什区									
达拉特旗	2	1	1	8	118	5		18	63
准格尔旗		4	3	13	56			2	13
鄂托克前旗				23	1	1		3	6
鄂托克旗		1		57	95		3	5	12
杭锦旗		1	1	69	117	2		1	12
乌审旗		2	2	72	102		1		3
伊金霍洛旗		8	6	116	10			2	7
呼伦贝尔市		**6**	**6**	**5**	**30**	**5**		**13**	**26**
海拉尔区									
扎赉诺尔区									
阿荣旗		2			23	2		4	14
莫力达瓦达斡尔族自治旗								3	2
鄂伦春自治旗			1						2
鄂温克族自治旗		2	3	2	5	1		4	3
陈巴尔虎旗					2				2
新巴尔虎左旗		2		1					
新巴尔虎右旗			1			1			1
满洲里市									
牙克石市				2		1			
扎兰屯市								2	2
额尔古纳市									
根河市			1						
巴彦淖尔市	**9**	**7**	**10**	**26**	**34**	**4**		**11**	**30**
临河区			1					1	1
五原县	2	1	1	1	2			2	5
磴口县	4	2			7			2	1
乌拉特前旗		1	7	5	17	2		3	13
乌拉特中旗		2	1	7					1
乌拉特后旗				12	5				4
杭锦后旗	3	1		1	3	2		3	5

4-6b 续表 59

单位：人

地　区 性　别	生产制造及有关人员								
	纸及纸制品生产加工人员	印刷和记录媒介复制人员	文教、工美、体育和娱乐用品制造人　员	石油加工和炼焦、煤化工生产人员	化学原料和化学制品制造人　员	医药制造人　　员	化学纤维制造人员	橡胶和塑料制品制造人员	非金属矿物制品制造人员
乌兰察布市	**3**	**7**	**2**	**3**	**154**	**3**	**1**	**10**	**84**
集宁区									
卓资县		2	1		11				2
化德县		1		2	1			1	2
商都县	1				1			1	23
兴和县	2	2			1				18
凉城县		2		1					3
察哈尔右翼前旗					9	2		5	18
察哈尔右翼中旗					2			1	1
察哈尔右翼后旗					113	1	1	1	13
四子王旗			1		10			1	1
丰镇市					6				3
兴安盟	**2**	**4**	**1**	**2**	**2**	**4**		**8**	**20**
乌兰浩特市				1					3
阿尔山市									
科尔沁右翼前旗	1	1		1	2	3		2	
科尔沁右翼中旗		1				1		4	7
扎赉特旗	1	2	1					2	7
突泉县									3
锡林郭勒盟		**8**	**10**	**30**	**76**	**4**		**4**	**42**
二连浩特市									1
锡林浩特市									
阿巴嘎旗			2						
苏尼特左旗		1	1		2				
苏尼特右旗					9				3
东乌珠穆沁旗		1	2	1		2			1
西乌珠穆沁旗			3	1	1				7
太仆寺旗					1	1			2
镶黄旗		2						1	19
正镶白旗			2		1				
正蓝旗		4			1				2
多伦县				28	61	1		2	7
乌拉盖管委会								1	
阿拉善盟		**2**	**8**	**10**	**302**	**2**		**1**	**22**
阿拉善左旗			7	2	12				10
阿拉善右旗		1	1		20			1	
额济纳旗		1			1				1
内蒙古阿拉善经济开发区				8	269	2			11

4-6b　续表 60　　　　单位：人

地　区 性　别	生产制造及有关人员								
	纸及纸制品生产加工人员	印刷和记录媒介复制人员	文教、工美、体育和娱乐用品制造人　员	石油加工和炼焦、煤化工生产人员	化学原料和化学制品制造人　员	医药制造人　　员	化学纤维制造人员	橡胶和塑料制品制造人员	非金属矿物制品制造人员
女	**55**	**137**	**47**	**100**	**358**	**138**	**3**	**62**	**125**
呼和浩特市	**19**	**9**	**3**	**2**	**24**	**36**		**5**	**10**
新城区									
回民区									
玉泉区									
赛罕区									
土默特左旗	9				1	2		3	4
托克托县	1	2	2	1	3	27		1	
和林格尔县	8	1	1			1			
清水河县		2		1	18				5
武川县		1							
呼和浩特经济技术开发区	1	3			2	6		1	1
包头市	**7**	**9**		**7**	**1**	**6**		**4**	**12**
东河区				1					
昆都仑区									
青山区									
石拐区				2					1
白云鄂博矿区									
九原区					1			3	3
土默特右旗				2		1			3
固阳县		2				1			
达尔罕茂明安联合旗									
包头稀土高新技术产业开发区	7	7		2		4		1	5
乌海市				**8**	**11**				**4**
海勃湾区				1					
海南区				7	9				4
乌达区					2				
赤峰市	**8**	**38**	**13**	**3**	**13**	**28**	**1**	**11**	**20**
红山区		1				3		1	1
元宝山区		1		1					2
松山区	1	1						4	
阿鲁科尔沁旗		2				1			
巴林左旗		8	3		6	2			1
巴林右旗	1	3	6			1			3
林西县	1	3			2	7			1
克什克腾旗		3	1						2
翁牛特旗	1	4				2		1	5
喀喇沁旗		2		2		10			1
宁城县	4	10	2		5		1	5	4
敖汉旗			1			2			

4-6b 续表 61 单位：人

地区 性别	生产制造及有关人员								
	纸及纸制品生产加工人员	印刷和记录媒介复制人员	文教、工美、体育和娱乐用品制造人员	石油加工和炼焦、煤化工生产人员	化学原料和化学制品制造人员	医药制造人员	化学纤维制造人员	橡胶和塑料制品制造人员	非金属矿物制品制造人员
通辽市	**7**	**22**	**7**	**1**	**7**	**30**		**8**	**10**
科尔沁区									
科尔沁左翼中旗		1	4			2		2	2
科尔沁左翼后旗		4				9			1
开鲁县	4	6			1	9		5	
库伦旗		1	1			4			
奈曼旗	1	3				4			4
扎鲁特旗			1						2
通辽经济技术开发区	2	7	1	1	6	2		1	1
霍林郭勒市									
鄂尔多斯市	**3**	**15**	**5**	**63**	**126**	**9**	**2**	**15**	**31**
东胜区									
康巴什区									
达拉特旗	3	1		3	30	2		4	13
准格尔旗		3	1		7	1			6
鄂托克前旗		1	1	4					1
鄂托克旗		1		21	53	1	2	6	4
杭锦旗		3		8	14	5			4
乌审旗		3	1	7	22			4	1
伊金霍洛旗		3	2	20				1	2
呼伦贝尔市		**9**	**4**	**2**	**7**	**9**		**6**	**8**
海拉尔区									
扎赉诺尔区									
阿荣旗		1	2		4	1		3	3
莫力达瓦达斡尔族自治旗						1			1
鄂伦春自治旗						1			2
鄂温克族自治旗		4	1	1	2	1		1	1
陈巴尔虎旗		1		1					1
新巴尔虎左旗								1	
新巴尔虎右旗			1			1			
满洲里市									
牙克石市		3				3			
扎兰屯市						1		1	
额尔古纳市									
根河市					1				
巴彦淖尔市	**6**	**12**	**6**	**3**	**11**	**4**		**2**	**12**
临河区									
五原县	2	1	1	1	2	2			3
磴口县	3	3						2	1
乌拉特前旗		4	4		4				3
乌拉特中旗			1	1					1
乌拉特后旗				1	4				1
杭锦后旗	1	4			1	2			3

4-6b　续表 62　　　　单位：人

地区 性别	生产制造及有关人员								
	纸及纸制品生产加工人员	印刷和记录媒介复制人员	文教、工美、体育和娱乐用品制造人员	石油加工和炼焦、煤化工生产人员	化学原料和化学制品制造人员	医药制造人员	化学纤维制造人员	橡胶和塑料制品制造人员	非金属矿物制品制造人员
乌兰察布市	**1**	**3**			**38**	**1**		**3**	**8**
集宁区									
卓资县		1			2				
化德县		1						1	
商都县									4
兴和县									2
凉城县									
察哈尔右翼前旗	1				2	1		1	1
察哈尔右翼中旗		1			1				
察哈尔右翼后旗					32			1	
四子王旗					1				1
丰镇市									
兴安盟	**2**	**10**	**2**		**2**	**5**		**4**	**2**
乌兰浩特市					1	2			1
阿尔山市			1						
科尔沁右翼前旗	1	3			1			3	1
科尔沁右翼中旗		1				2			
扎赉特旗		5				1		1	
突泉县	1	1	1						
锡林郭勒盟	**2**	**7**	**5**	**8**	**28**	**7**		**2**	**6**
二连浩特市									
锡林浩特市									
阿巴嘎旗			3			1			
苏尼特左旗		1							
苏尼特右旗					3				
东乌珠穆沁旗		1				1			
西乌珠穆沁旗			1			1			1
太仆寺旗					1	2		1	
镶黄旗		1							3
正镶白旗									
正蓝旗		2	1			2			
多伦县	2	2		8	24			1	2
乌拉盖管委会									
阿拉善盟		**3**	**2**	**3**	**90**	**3**		**2**	**2**
阿拉善左旗		2	2	2	5	3			1
阿拉善右旗		1			5				
额济纳旗									
内蒙古阿拉善经济开发区				1	80			2	1

4-6b 续表 63 单位：人

地区 性别	生产制造及有关人员								
	采矿人员	金属冶炼和压延加工人员	机械制造基础加工人员	金属制品制造人员	通用设备制造人员	专用设备制造人员	汽车制造人员	铁路、船舶、航空设备制造人员	电气机械和器材制造人员
内蒙古	**3394**	**1800**	**1851**	**592**	**417**	**81**	**80**	**44**	**119**
呼和浩特市	**29**	**91**	**183**	**29**	**26**	**5**	**7**	**4**	**22**
新城区									
回民区									
玉泉区									
赛罕区									
土默特左旗	4	4	31	12	9	1		2	6
托克托县	1	53	30	4	3		4		1
和林格尔县	1	2	37	3	2				
清水河县	11	2	4		1				
武川县	5	8	16	2	2	1	1		2
呼和浩特经济技术开发区	7	22	65	8	9	3	2	2	13
包头市	**261**	**539**	**174**	**38**	**37**	**17**	**15**	**3**	**20**
东河区	4	26	16	4	3	1	7		1
昆都仑区		62							
青山区		72	3				1	1	3
石拐区		100	6						
白云鄂博矿区									
九原区	1	17	18	1	2				8
土默特右旗	90	16	11	7	17	1	3		3
固阳县	49	78	19	1	1				
达尔罕茂明安联合旗	50	52	6	1					1
包头稀土高新技术产业开发区	67	116	95	24	14	15	4	2	4
乌海市	**97**	**21**	**14**		**1**				
海勃湾区	2	9							
海南区	85	12	14		1				
乌达区	10								
赤峰市	**595**	**239**	**263**	**122**	**50**	**11**	**17**	**7**	**16**
红山区		37	6	3	3	1			1
元宝山区	66	11	19	5	1				
松山区	29	2	1	3	1				
阿鲁科尔沁旗	9	2	11	13	3				
巴林左旗	72	25	7	16	5		1	1	2
巴林右旗	28	3	37	11				1	1
林西县	167	39	14	17	3	2	4		
克什克腾旗	78	29	28	5	6	1	3	2	3
翁牛特旗	21	2	34	14	5	1		1	2
喀喇沁旗	18	51	33	5	6	1	2	1	1
宁城县	25	31	46	12	8	4	2	1	3
敖汉旗	82	7	27	18	9	1	5		3

4-6b 续表 64

单位：人

地 区 性 别	生产制造及有关人员								
	采矿人员	金属冶炼和压延加工人员	机械制造基础加工人员	金属制品制造人员	通用设备制造人员	专用设备制造人员	汽车制造人员	铁路、船舶、航空设备制造人员	电气机械和器材制造人员
通辽市	**40**	**49**	**173**	**83**	**26**	**9**	**3**	**7**	**19**
科尔沁区	4	1	9	7	3				
科尔沁左翼中旗	6	3	17	11	5	1	2	4	
科尔沁左翼后旗	9	5	9	8	2				
开鲁县	1	2	35	12	3	1		2	13
库伦旗	1	1	2	6		1	1		
奈曼旗	3	20	43	19	5	1			2
扎鲁特旗	9	6	19	6	2				2
通辽经济技术开发区	7	11	39	14	6	5		1	2
霍林郭勒市									
鄂尔多斯市	**1520**	**317**	**350**	**93**	**131**	**12**	**15**	**7**	**13**
东胜区	59		1						
康巴什区									
达拉特旗	30	92	85	21	28	2	3		5
准格尔旗	410	6	51	13	26	5	4	6	2
鄂托克前旗	86	1	9	12	4				
鄂托克旗	208	189	49	5	53		3		2
杭锦旗	33		12	10	1	1			1
乌审旗	168	2	29	9	7				1
伊金霍洛旗	526	27	114	23	12	4	5	1	2
呼伦贝尔市	**389**	**4**	**122**	**19**	**44**	**5**	**7**	**6**	**5**
海拉尔区			2		2				
扎赉诺尔区	11		1		1				
阿荣旗	7	1	27	1	5	1	2		
莫力达瓦达斡尔族自治旗	1		10	2				3	
鄂伦春自治旗	5	1	11	4	5		1		
鄂温克族自治旗	110	1	29	4	18	3	1	1	2
陈巴尔虎旗	70	1	14						1
新巴尔虎左旗	3		1		1				
新巴尔虎右旗	1		7				1		2
满洲里市	7			1					
牙克石市	64		6	2	12	1	1	2	
扎兰屯市	13		7	4			1		
额尔古纳市	1		2						
根河市	96		5	1					
巴彦淖尔市	**137**	**88**	**201**	**80**	**45**	**15**	**7**	**2**	**5**
临河区			7			7			
五原县	7	2	34	24	11	6	3		1
磴口县	1	3	27	5	4	1			
乌拉特前旗	37	12	31	18	13		1		1
乌拉特中旗	27	5	18	7	2			2	1
乌拉特后旗	51	45	14	1	9				
杭锦后旗	14	21	70	25	6	1	3		2

4−6b 续表 65

单位：人

地 区 性 别	生产制造及有关人员								
	采矿人员	金属冶炼和压延加工人员	机械制造基础加工人员	金属制品制造人员	通用设备制造人员	专用设备制造人员	汽车制造人员	铁路、船舶、航空设备制造人员	电气机械和器材制造人员
乌兰察布市	**19**	**355**	**137**	**44**	**17**	**1**	**2**	**3**	**4**
集宁区		1	3		1				
卓资县	3	8	7	9	2				
化德县		109	16	9	1			2	1
商都县	3	24	17	4		1	1	1	1
兴和县	2	12	16	2	2		1		
凉城县	2	1	4	2	1				
察哈尔右翼前旗	1	62	20	6					
察哈尔右翼中旗		18	9	3	1				1
察哈尔右翼后旗	5	2	12	6	9				
四子王旗	2	1	17	3					1
丰镇市	1	117	16						
兴安盟	**22**	**16**	**91**	**17**	**18**		**2**	**3**	**7**
乌兰浩特市	2	5	6		2				1
阿尔山市			2	1	2				
科尔沁右翼前旗	1	3	17	2	1		1	2	4
科尔沁右翼中旗	8	1	27	5	2				1
扎赉特旗	5	3	24	4	8		1		
突泉县	6	4	15	5	3			1	1
锡林郭勒盟	**213**	**65**	**92**	**43**	**11**	**4**	**4**		**4**
二连浩特市	1		4		1				
锡林浩特市	74		3						
阿巴嘎旗	8		4	3	1				
苏尼特左旗	1		5	3					
苏尼特右旗	41	27	20	6	2				
东乌珠穆沁旗	23		7	4					
西乌珠穆沁旗	41	33	18	7		3	1		
太仆寺旗		1	3	1		1	1		2
镶黄旗	1		5	1					
正镶白旗	1		1	3					
正蓝旗		2	6	3	4				
多伦县	16		14	11	3		2		2
乌拉盖管委会	6	2	2	1					
阿拉善盟	**72**	**16**	**51**	**24**	**11**	**2**	**1**	**2**	**4**
阿拉善左旗	34	5	38	6	2	1			1
阿拉善右旗	14							1	
额济纳旗	18	1	1						2
内蒙古阿拉善经济开发区	6	10	12	18	9	1	1	1	1

4-6b 续表 66

单位：人

地区 性别	生产制造及有关人员								
	采矿人员	金属冶炼和压延加工人员	机械制造基础加工人员	金属制品制造人员	通用设备制造人员	专用设备制造人员	汽车制造人员	铁路、船舶、航空设备制造人员	电气机械和器材制造人员
男	**3109**	**1593**	**1784**	**494**	**391**	**67**	**62**	**41**	**100**
呼和浩特市	**28**	**86**	**177**	**25**	**23**	**4**	**6**	**4**	**16**
新城区									
回民区									
玉泉区									
赛罕区									
土默特左旗	4	3	30	10	8	1		2	4
托克托县	1	51	29	3	2		4		
和林格尔县		2	36	3	2				
清水河县	11	2	4		1				
武川县	5	8	15	2	1		1		2
呼和浩特经济技术开发区	7	20	63	7	9	3	1	2	10
包头市	**245**	**473**	**168**	**34**	**35**	**13**	**9**	**3**	**18**
东河区	4	21	16	4	3	1	3		1
昆都仑区		52							
青山区		71	3					1	2
石拐区		77	5						
白云鄂博矿区									
九原区	1	17	18	1	1				8
土默特右旗	84	16	11	6	17	1	2		2
固阳县	46	76	19	1	1				
达尔罕茂明安联合旗	48	43	6	1					1
包头稀土高新技术产业开发区	62	100	90	21	13	11	4	2	4
乌海市	**83**	**18**	**13**		**1**				
海勃湾区	1	8							
海南区	73	10	13		1				
乌达区	9								
赤峰市	**539**	**211**	**253**	**102**	**48**	**10**	**14**	**6**	**15**
红山区		36	6	3	3	1			1
元宝山区	66	10	17	5	1				
松山区	25	1	1	2	1				
阿鲁科尔沁旗	7	2	11	10	3				
巴林左旗	64	22	5	14	5		1	1	2
巴林右旗	24	3	37	7				1	1
林西县	143	36	14	13	3	1	2		
克什克腾旗	70	24	26	5	6	1	3	2	3
翁牛特旗	21	1	32	12	5	1		1	1
喀喇沁旗	18	48	32	5	6	1	1	1	1
宁城县	24	24	45	11	8	4	2		3
敖汉旗	77	4	27	15	7	1	5		3

4−6b 续表 67 单位：人

地区 性别	生产制造及有关人员								
	采矿人员	金属冶炼和压延加工人员	机械制造基础加工人员	金属制品制造人员	通用设备制造人员	专用设备制造人员	汽车制造人员	铁路、船舶、航空设备制造人员	电气机械和器材制造人员
通辽市	**37**	**43**	**165**	**68**	**25**	**7**	**2**	**5**	**18**
科尔沁区	3	1	9	5	3				
科尔沁左翼中旗	6	3	17	9	4	1	1	3	
科尔沁左翼后旗	8	4	8	6	2				
开鲁县	1	2	30	10	3			2	12
库伦旗	1	1	2	5		1	1		
奈曼旗	2	18	42	16	5	1			2
扎鲁特旗	9	6	19	6	2				2
通辽经济技术开发区	7	8	38	11	6	4			2
霍林郭勒市									
鄂尔多斯市	**1401**	**287**	**337**	**76**	**122**	**8**	**13**	**7**	**12**
东胜区	58		1						
康巴什区									
达拉特旗	30	88	84	17	26	1	3		4
准格尔旗	394	6	49	12	24	5	4	6	2
鄂托克前旗	81		9	9	4				
鄂托克旗	156	167	46	5	51		1		2
杭锦旗	30		10	8	1				1
乌审旗	153	2	27	7	6				1
伊金霍洛旗	499	24	111	18	10	2	5	1	2
呼伦贝尔市	**368**	**3**	**117**	**16**	**42**	**5**	**6**	**6**	**5**
海拉尔区			2		2				
扎赉诺尔区	11		1		1				
阿荣旗	7		26	1	4	1	1		
莫力达瓦达斡尔族自治旗	1		10	2				3	
鄂伦春自治旗	5	1	11	3	5		1		
鄂温克族自治旗	107	1	28	3	18	3	1	1	2
陈巴尔虎旗	68	1	14						1
新巴尔虎左旗	3		1		1				
新巴尔虎右旗	1		6				1		2
满洲里市	7			1					
牙克石市	60		5	2	11	1	1	2	
扎兰屯市	11		6	3			1		
额尔古纳市	1		2						
根河市	86		5	1					
巴彦淖尔市	**126**	**79**	**195**	**68**	**42**	**14**	**7**	**2**	**3**
临河区			7			7			
五原县	5	2	34	19	11	5	3		1
磴口县	1	3	26	4	4	1			
乌拉特前旗	33	11	30	16	13		1		1
乌拉特中旗	26	5	16	5	2			2	1
乌拉特后旗	49	38	14	1	7				
杭锦后旗	12	20	68	23	5	1	3		

4-6b 续表 68

单位：人

地 区 性 别	生产制造及有关人员								
	采矿人员	金属冶炼和压延加工人员	机械制造基础加工人员	金属制品制造人员	通用设备制造人员	专用设备制造人员	汽车制造人员	铁路、船舶、航空设备制造人员	电气机械和器材制造人员
乌兰察布市	**17**	**312**	**134**	**34**	**17**	**1**	**2**	**3**	**2**
集宁区		1	3		1				
卓资县	2	7	7	7	2				
化德县		98	16	7	1			2	
商都县	3	22	17	2		1	1	1	
兴和县	1	11	15	2	2		1		
凉城县	2	1	4	1	1				
察哈尔右翼前旗	1	42	19	4					
察哈尔右翼中旗		15	8	2	1				1
察哈尔右翼后旗	5	1	12	6	9				
四子王旗	2	1	17	3					1
丰镇市	1	113	16						
兴安盟	**22**	**15**	**88**	**15**	**17**		**2**	**3**	**5**
乌兰浩特市	2	5	6		2				1
阿尔山市			2	1	2				
科尔沁右翼前旗	1	2	17	2	1		1	2	3
科尔沁右翼中旗	8	1	27	4	2				
扎赉特旗	5	3	21	4	7		1		
突泉县	6	4	15	4	3			1	1
锡林郭勒盟	**181**	**54**	**88**	**36**	**9**	**4**	**1**		**4**
二连浩特市	1		4		1				
锡林浩特市	66		3						
阿巴嘎旗	8		4	3	1				
苏尼特左旗	1		5	3					
苏尼特右旗	28	26	20	5	2				
东乌珠穆沁旗	21		7	4					
西乌珠穆沁旗	35	24	15	4		3			
太仆寺旗		1	3	1		1	1		2
镶黄旗	1		5	1					
正镶白旗	1		1	3					
正蓝旗		2	6	3	3				
多伦县	13		13	8	2				2
乌拉盖管委会	6	1	2	1					
阿拉善盟	**62**	**12**	**49**	**20**	**10**	**1**		**2**	**2**
阿拉善左旗	29	4	36	5	1				1
阿拉善右旗	11							1	
额济纳旗	17		1						1
内蒙古阿拉善经济开发区	5	8	12	15	9	1		1	

4-6b 续表 69

单位：人

地　区 性　别	生产制造及有关人员								
	采矿人员	金属冶炼和压延加工人员	机械制造基础加工人员	金属制品制造人员	通用设备制造人员	专用设备制造人员	汽车制造人员	铁路、船舶、航空设备制造人员	电气机械和器材制造人员
女	**285**	**207**	**67**	**98**	**26**	**14**	**18**	**3**	**19**
呼和浩特市	**1**	**5**	**6**	**4**	**3**	**1**	**1**		**6**
新城区									
回民区									
玉泉区									
赛罕区									
土默特左旗		1	1	2	1				2
托克托县		2	1	1	1				1
和林格尔县	1		1						
清水河县									
武川县			1		1	1			
呼和浩特经济技术开发区		2	2	1			1		3
包头市	**16**	**66**	**6**	**4**	**2**	**4**	**6**		**2**
东河区		5					4		
昆都仑区		10							
青山区		1					1		1
石拐区		23	1						
白云鄂博矿区									
九原区					1				
土默特右旗	6			1			1		1
固阳县	3	2							
达尔罕茂明安联合旗	2	9							
包头稀土高新技术产业开发区	5	16	5	3	1	4			
乌海市	**14**	**3**	**1**						
海勃湾区	1	1							
海南区	12	2	1						
乌达区	1								
赤峰市	**56**	**28**	**10**	**20**	**2**	**1**	**3**	**1**	**1**
红山区		1							
元宝山区		1	2						
松山区	4	1		1					
阿鲁科尔沁旗	2			3					
巴林左旗	8	3	2	2					
巴林右旗	4			4					
林西县	24	3		4		1	2		
克什克腾旗	8	5	2						
翁牛特旗		1	2	2					1
喀喇沁旗		3	1				1		
宁城县	1	7	1	1				1	
敖汉旗	5	3		3	2				

4-6b　续表 70

单位：人

地　区 性　别	生产制造及有关人员								
	采矿人员	金属冶炼和压延加工人员	机械制造基础加工人员	金属制品制造人员	通用设备制造人员	专用设备制造人员	汽车制造人员	铁路、船舶、航空设备制造人员	电气机械和器材制造人员
通辽市	**3**	**6**	**8**	**15**	**1**	**2**	**1**	**2**	**1**
科尔沁区	1			2					
科尔沁左翼中旗				2	1		1	1	
科尔沁左翼后旗	1	1	1	2					
开鲁县			5	2		1			1
库伦旗				1					
奈曼旗	1	2	1	3					
扎鲁特旗									
通辽经济技术开发区		3	1	3		1		1	
霍林郭勒市									
鄂尔多斯市	**119**	**30**	**13**	**17**	**9**	**4**	**2**		**1**
东胜区	1								
康巴什区									
达拉特旗		4	1	4	2	1			1
准格尔旗	16		2	1	2				
鄂托克前旗	5	1		3					
鄂托克旗	52	22	3		2		2		
杭锦旗	3		2	2		1			
乌审旗	15		2	2	1				
伊金霍洛旗	27	3	3	5	2	2			
呼伦贝尔市	**21**	**1**	**5**	**3**	**2**		**1**		
海拉尔区									
扎赉诺尔区									
阿荣旗		1	1		1		1		
莫力达瓦达斡尔族自治旗									
鄂伦春自治旗				1					
鄂温克族自治旗	3		1	1					
陈巴尔虎旗	2								
新巴尔虎左旗									
新巴尔虎右旗			1						
满洲里市									
牙克石市	4		1		1				
扎兰屯市	2		1	1					
额尔古纳市									
根河市	10								
巴彦淖尔市	**11**	**9**	**6**	**12**	**3**	**1**			**2**
临河区									
五原县	2			5		1			
磴口县			1	1					
乌拉特前旗	4	1	1	2					
乌拉特中旗	1		2	2					
乌拉特后旗	2	7			2				
杭锦后旗	2	1	2	2	1				2

4−6b　续表 71　　单位：人

地　区 性　别	生产制造及有关人员								
	采矿人员	金属冶炼和压延加工人员	机械制造基础加工人员	金属制品制造人员	通用设备制造人员	专用设备制造人员	汽车制造人员	铁路、船舶、航空设备制造人员	电气机械和器材制造人员
乌兰察布市	**2**	**43**	**3**	**10**					**2**
集宁区									
卓资县	1	1		2					
化德县		11		2					1
商都县		2		2					1
兴和县	1	1	1						
凉城县				1					
察哈尔右翼前旗		20	1	2					
察哈尔右翼中旗		3	1	1					
察哈尔右翼后旗		1							
四子王旗									
丰镇市		4							
兴安盟		**1**	**3**	**2**	**1**				**2**
乌兰浩特市									
阿尔山市									
科尔沁右翼前旗		1							1
科尔沁右翼中旗				1					1
扎赉特旗			3		1				
突泉县				1					
锡林郭勒盟	**32**	**11**	**4**	**7**	**2**		**3**		
二连浩特市									
锡林浩特市	8								
阿巴嘎旗									
苏尼特左旗									
苏尼特右旗	13	1		1					
东乌珠穆沁旗	2								
西乌珠穆沁旗	6	9	3	3			1		
太仆寺旗									
镶黄旗									
正镶白旗									
正蓝旗					1				
多伦县	3		1	3	1		2		
乌拉盖管委会		1							
阿拉善盟	**10**	**4**	**2**	**4**	**1**	**1**	**1**		**2**
阿拉善左旗	5	1	2	1	1	1			
阿拉善右旗	3								
额济纳旗	1	1							1
内蒙古阿拉善经济开发区	1	2		3			1		1

4-6b 续表 72

单位：人

地 区 性 别	生产制造及有关人员								不便分类的其他从业人员
	计算机、通信和其他电子设备制造人员	仪器仪表制造人员	废弃资源综合利用人员	电力、热力、气体、水生产和输配人员	建筑施工人员	运输设备和通用工程机械操作人员及有关人员	生产辅助人员	其他生产制造及有关人员	
内蒙古	**526**	**110**	**126**	**1865**	**19090**	**3508**	**8526**	**138**	**1455**
呼和浩特市	**68**	**2**	**12**	**104**	**1472**	**191**	**648**	**2**	**5**
新城区					10				
回民区									
玉泉区									
赛罕区				1	3		3		
土默特左旗	20		5	17	444	42	79	1	
托克托县			5	40	275	47	198		
和林格尔县	4	1	1	10	181	34	100		2
清水河县	5			8	122	10	24		
武川县				11	50	13	27	1	
呼和浩特经济技术开发区	39	1	1	17	387	45	217		3
包头市	**149**	**9**	**24**	**150**	**1630**	**238**	**658**	**16**	**80**
东河区	2		1	5	99	15	21		1
昆都仑区			1				1		
青山区	2			5	9	2	10		
石拐区		2		3		14	43		
白云鄂博矿区									
九原区	2		2	5	91	10	30		3
土默特右旗	19	1	1	52	350	47	47	2	3
固阳县			1	14	54	50	105		
达尔罕茂明安联合旗	3			14	75	20	39		64
包头稀土高新技术产业开发区	121	6	18	52	952	80	362	14	9
乌海市			**1**	**9**	**72**	**88**	**90**	**1**	**1**
海勃湾区					37	3	12		
海南区				9	32	71	67	1	
乌达区			1		3	14	11		1
赤峰市	**64**	**4**	**33**	**169**	**5015**	**582**	**826**	**29**	**444**
红山区	9		4	6	134	6	20	4	8
元宝山区	7		1	13	97	21	51	1	
松山区	2			3	84	13	15		2
阿鲁科尔沁旗			3	11	524	28	53	3	43
巴林左旗	14		3	7	537	72	56	1	2
巴林右旗	4		1	22	368	145	92		3
林西县	5		3	15	779	62	87	4	65
克什克腾旗	8	1	1	31	328	68	131	3	8
翁牛特旗	4	1	4	14	624	43	88	6	135
喀喇沁旗		1	1	18	416	45	73		
宁城县	6		3	17	549	48	103	7	22
敖汉旗	5	1	9	12	575	31	57		156

4-6b 续表 73

单位：人

地 区 性 别	生产制造及有关人员								不便分类的其他从业人员
	计算机、通信和其他电子设备制造人员	仪器仪表制造人员	废弃资源综合利用人员	电力、热力、气体、水生产和输配人员	建筑施工人员	运输设备和通用工程机械操作人员及有关人员	生产辅助人员	其他生产制造及有关人员	
通辽市	**23**	**5**	**9**	**131**	**1893**	**191**	**549**	**22**	**47**
科尔沁区				5	93	7	38		5
科尔沁左翼中旗	5	1	2	6	147	20	48	4	4
科尔沁左翼后旗	7		1	19	138	27	61	5	1
开鲁县	4	3	2	14	223	39	95	2	1
库伦旗	2			4	128	9	37		1
奈曼旗	2	1		19	408	24	64	5	11
扎鲁特旗			3	29	345	33	51		4
通辽经济技术开发区	3		1	35	411	32	155	6	20
霍林郭勒市									
鄂尔多斯市	**112**	**54**	**16**	**474**	**2798**	**1041**	**2921**	**15**	**232**
东胜区				1	4		33		
康巴什区									
达拉特旗	21	4	7	97	474	232	392	5	5
准格尔旗	23	5	7	99	725	378	761	5	46
鄂托克前旗	2			17	104	10	93		28
鄂托克旗	21	34		69	241	76	746		48
杭锦旗	7	1	2	18	164	42	75	1	91
乌审旗	23	8		71	363	91	305		4
伊金霍洛旗	15	2		102	723	212	516	4	10
呼伦贝尔市	**24**		**7**	**264**	**1095**	**181**	**512**	**19**	**185**
海拉尔区					1	1	1		
扎赉诺尔区			1	4	4	1	26	8	3
阿荣旗	6			24	334	35	45		30
莫力达瓦达斡尔族自治旗			3	12	121	9	15		2
鄂伦春自治旗	1			35	65	15	51	3	78
鄂温克族自治旗	10			88	147	45	142	4	13
陈巴尔虎旗				8	28	13	69		8
新巴尔虎左旗				6	30	2	4		30
新巴尔虎右旗	1			6	39	14	9		6
满洲里市				3	6		4		
牙克石市	2		3	33	282	16	71	2	15
扎兰屯市	3			12	28	15	16		
额尔古纳市				8	1	4	9	1	
根河市	1			25	9	11	50	1	
巴彦淖尔市	**29**	**6**	**6**	**133**	**1127**	**293**	**723**	**19**	**134**
临河区					9	4	2		1
五原县		1	1	17	218	46	69	4	38
磴口县			1	21	130	20	104	1	4
乌拉特前旗	5	4	3	34	288	89	150	11	9
乌拉特中旗	6	1	1	12	101	28	54		49
乌拉特后旗	2			36	50	44	162	2	4
杭锦后旗	16			13	331	62	182	1	29

4-6b 续表 74 单位：人

地区 性别	生产制造及有关人员								不便分类的其他从业人员
	计算机、通信和其他电子设备制造人员	仪器仪表制造人员	废弃资源综合利用人员	电力、热力、气体、水生产和输配人员	建筑施工人员	运输设备和通用工程机械操作人员及有关人员	生产辅助人员	其他生产制造及有关人员	
乌兰察布市	**11**	**3**	**3**	**92**	**1695**	**176**	**459**	**5**	**19**
集宁区				2	57		12		
卓资县				13	161	15	39		3
化德县	2	1		10	203	24	78		3
商都县	2			10	172	18	34	2	
兴和县		1		10	189	14	27		2
凉城县			1	6	179	13	21	2	1
察哈尔右翼前旗	4			3	355	27	67		4
察哈尔右翼中旗	1			5	60	7	16		
察哈尔右翼后旗			2	8	179	18	85	1	1
四子王旗	2	1		4	122	17	22		5
丰镇市				21	18	23	58		
兴安盟	**14**	**2**	**5**	**76**	**1029**	**89**	**207**	**4**	**69**
乌兰浩特市	2	1		3	55	4	14		
阿尔山市				6	29	5	8		2
科尔沁右翼前旗	3	1		17	188	25	77		52
科尔沁右翼中旗	3		5	18	220	24	41		5
扎赉特旗	5			20	263	21	45	2	6
突泉县	1			12	274	10	22	2	4
锡林郭勒盟	**7**	**9**	**10**	**193**	**709**	**240**	**463**	**5**	**231**
二连浩特市				1	1	1	16		
锡林浩特市		1	4	3	1		7		1
阿巴嘎旗				5	34	16	13		
苏尼特左旗				6	17	6	4		
苏尼特右旗	2	2		14	93	24	43		1
东乌珠穆沁旗	1		2	35	68	1	17		119
西乌珠穆沁旗	2	1	2	24	71	76	113		2
太仆寺旗		1		7	80	38	28		1
镶黄旗				7	30	1	11		3
正镶白旗				10	39	5	16		14
正蓝旗			2	66	32	27	74	3	23
多伦县	2	4		5	198	29	102	2	64
乌拉盖管委会				10	45	16	19		3
阿拉善盟	**25**	**16**		**70**	**555**	**198**	**470**	**1**	**8**
阿拉善左旗	7	6		46	436	124	183		6
阿拉善右旗		1		11	31	8	29		
额济纳旗	1			5	75	7	22		1
内蒙古阿拉善经济开发区	17	9		8	13	59	236	1	1

4-6b 续表 75

单位：人

地区 性别	生产制造及有关人员								不便分类的其他从业人员
	计算机、通信和其他电子设备制造人员	仪器仪表制造人员	废弃资源综合利用人员	电力、热力、气体、水生产和输配人员	建筑施工人员	运输设备和通用工程机械操作人员及有关人员	生产辅助人员	其他生产制造及有关人员	
男	**414**	**65**	**93**	**1635**	**16687**	**3295**	**6706**	**104**	**958**
呼和浩特市	**59**	**2**	**10**	**94**	**1363**	**179**	**451**	**2**	**4**
新城区					10				
回民区									
玉泉区									
赛罕区				1	2		3		
土默特左旗	17		4	15	397	41	57	1	
托克托县			4	34	269	43	147		
和林格尔县	3	1	1	10	175	32	64		1
清水河县	4			8	109	10	13		
武川县				10	46	12	16	1	
呼和浩特经济技术开发区	35	1	1	16	355	41	151		3
包头市	**112**	**5**	**17**	**122**	**1458**	**221**	**509**	**12**	**51**
东河区	2			5	90	14	16		1
昆都仑区			1				1		
青山区	2			5	8	2	9		
石拐区		2		3		11	40		
白云鄂博矿区									
九原区	2		2	5	68	9	21		2
土默特右旗	18		1	37	332	47	41	2	1
固阳县			1	12	44	50	86		
达尔罕茂明安联合旗	3			13	60	19	35		38
包头稀土高新技术产业开发区	85	3	12	42	856	69	260	10	9
乌海市			**1**	**9**	**59**	**78**	**77**	**1**	**1**
海勃湾区					29	1	9		
海南区				9	28	63	60	1	
乌达区			1		2	14	8		1
赤峰市	**40**	**3**	**22**	**156**	**4187**	**543**	**640**	**20**	**281**
红山区	6		2	6	106	6	13	2	6
元宝山区	6			12	78	19	39		
松山区	1			3	73	11	13		1
阿鲁科尔沁旗			3	10	425	27	40	2	27
巴林左旗	7		2	6	425	68	42		2
巴林右旗	4		1	20	311	126	73		2
林西县	3		2	15	593	62	69	2	35
克什克腾旗	3	1	1	27	273	63	115	3	7
翁牛特旗	3	1	2	14	525	42	65	5	81
喀喇沁旗		1	1	18	398	42	56		
宁城县	4		3	15	504	46	72	6	18
敖汉旗	3		5	10	476	31	43		102

4-6b　续表 76　　　　单位：人

地区 性别	生产制造及有关人员								不便分类的其他从业人员
	计算机、通信和其他电子设备制造人员	仪器仪表制造人员	废弃资源综合利用人员	电力、热力、气体、水生产和输配人员	建筑施工人员	运输设备和通用工程机械操作人员及有关人员	生产辅助人员	其他生产制造及有关人员	
通辽市	**16**	**4**	**8**	**117**	**1600**	**184**	**417**	**14**	**31**
科尔沁区				5	76	7	25		4
科尔沁左翼中旗	1	1	1	6	127	20	36	3	3
科尔沁左翼后旗	6		1	17	116	27	44	4	
开鲁县	3	3	2	14	186	37	76		
库伦旗	1			4	108	9	27		1
奈曼旗	2			17	346	22	55	4	6
扎鲁特旗			3	25	301	33	38		4
通辽经济技术开发区	3		1	29	340	29	116	3	13
霍林郭勒市									
鄂尔多斯市	**100**	**26**	**12**	**397**	**2517**	**994**	**2456**	**12**	**150**
东胜区				1	4		29		
康巴什区									
达拉特旗	19	4	6	87	446	223	318	3	4
准格尔旗	22	4	5	86	643	373	674	4	34
鄂托克前旗	2			11	87	9	77		17
鄂托克旗	16	11		54	212	53	596		29
杭锦旗	6	1	1	17	152	42	64	1	58
乌审旗	20	5		57	325	86	251		1
伊金霍洛旗	15	1		84	648	208	447	4	7
呼伦贝尔市	**19**		**5**	**243**	**935**	**175**	**428**	**17**	**131**
海拉尔区					1	1	1		
扎赉诺尔区			1	3	4	1	22	7	3
阿荣旗	4			23	298	34	27		21
莫力达瓦达斡尔族自治旗			2	12	100	9	10		2
鄂伦春自治旗				34	63	15	40	2	60
鄂温克族自治旗	8			76	123	45	127	4	6
陈巴尔虎旗				7	27	11	66		6
新巴尔虎左旗				6	25	2	2		17
新巴尔虎右旗	1			6	36	12	5		3
满洲里市				3	5		4		
牙克石市	2		2	31	215	15	56	2	13
扎兰屯市	3			11	28	15	16		
额尔古纳市				7	1	4	6	1	
根河市	1			24	9	11	46	1	
巴彦淖尔市	**26**	**4**	**5**	**119**	**995**	**282**	**529**	**16**	**96**
临河区					7	4	1		1
五原县		1		17	203	46	50	4	30
磴口县			1	20	111	18	71	1	2
乌拉特前旗	5	3	3	28	255	87	128	10	9
乌拉特中旗	5		1	9	95	26	45		35
乌拉特后旗	1			34	41	40	127	1	3
杭锦后旗	15			11	283	61	107		16

4-6b 续表 77 单位：人

地区 性别	生产制造及有关人员								不便分类的其他从业人员
	计算机、通信和其他电子设备制造人员	仪器仪表制造人员	废弃资源综合利用人员	电力、热力、气体、水生产和输配人员	建筑施工人员	运输设备和通用工程机械操作人员及有关人员	生产辅助人员	其他生产制造及有关人员	
乌兰察布市	**9**	**1**	**3**	**80**	**1558**	**146**	**364**	**4**	**13**
集宁区				2	57		10		
卓资县				12	150	14	26		3
化德县	2			7	184	22	55		1
商都县	2			10	162	16	27	1	
兴和县				8	177	14	22		1
凉城县			1	6	172	13	16	2	1
察哈尔右翼前旗	3			3	307	19	53		3
察哈尔右翼中旗	1			4	55	6	13		
察哈尔右翼后旗			2	7	166	15	73	1	
四子王旗	1	1		4	111	17	18		4
丰镇市				17	17	10	51		
兴安盟	**11**	**2**	**2**	**72**	**903**	**87**	**156**	**3**	**49**
乌兰浩特市	2	1		3	47	4	7		
阿尔山市				6	23	3	5		1
科尔沁右翼前旗	2	1		17	172	25	58		36
科尔沁右翼中旗	3		2	16	201	24	37		5
扎赉特旗	3			18	227	21	30	2	4
突泉县	1			12	233	10	19	1	3
锡林郭勒盟	**5**	**7**	**8**	**167**	**640**	**229**	**345**	**2**	**143**
二连浩特市				1	1	1	14		
锡林浩特市		1	3	2	1		7		1
阿巴嘎旗				4	32	16	11		
苏尼特左旗				5	16	6	3		
苏尼特右旗	1	1		12	85	23	26		1
东乌珠穆沁旗	1		2	30	66	1	10		83
西乌珠穆沁旗	2		1	21	66	71	84		
太仆寺旗		1		6	76	38	13		1
镶黄旗				7	26	1	10		2
正镶白旗				10	38	5	11		10
正蓝旗			2	55	28	27	60	1	11
多伦县	1	4		5	168	24	79	1	32
乌拉盖管委会				9	37	16	17		2
阿拉善盟	**17**	**11**		**59**	**472**	**177**	**334**	**1**	**8**
阿拉善左旗	7	2		40	369	104	138		6
阿拉善右旗				8	28	8	24		
额济纳旗	1			4	62	7	21		1
内蒙古阿拉善经济开发区	9	9		7	13	58	151	1	1

4-6b 续表 78

单位：人

地区 性别	生产制造及有关人员								不便分类的其他从业人员
	计算机、通信和其他电子设备制造人员	仪器仪表制造人员	废弃资源综合利用人员	电力、热力、气体、水生产和输配人员	建筑施工人员	运输设备和通用工程机械操作人员及有关人员	生产辅助人员	其他生产制造及有关人员	
女	**112**	**45**	**33**	**230**	**2403**	**213**	**1820**	**34**	**497**
呼和浩特市	**9**		**2**	**10**	**109**	**12**	**197**		**1**
新城区									
回民区									
玉泉区									
赛罕区					1				
土默特左旗	3		1	2	47	1	22		
托克托县			1	6	6	4	51		
和林格尔县	1				6	2	36		1
清水河县	1				13		11		
武川县				1	4	1	11		
呼和浩特经济技术开发区	4			1	32	4	66		
包头市	**37**	**4**	**7**	**28**	**172**	**17**	**149**	**4**	**29**
东河区			1		9	1	5		
昆都仑区									
青山区					1		1		
石拐区						3	3		
白云鄂博矿区									
九原区					23	1	9		1
土默特右旗	1	1		15	18		6		2
固阳县				2	10		19		
达尔罕茂明安联合旗				1	15	1	4		26
包头稀土高新技术产业开发区	36	3	6	10	96	11	102	4	
乌海市					**13**	**10**	**13**		
海勃湾区					8	2	3		
海南区					4	8	7		
乌达区					1		3		
赤峰市	**24**	**1**	**11**	**13**	**828**	**39**	**186**	**9**	**163**
红山区	3		2		28		7	2	2
元宝山区	1		1	1	19	2	12	1	
松山区	1				11	2	2		1
阿鲁科尔沁旗				1	99	1	13	1	16
巴林左旗	7		1	1	112	4	14	1	
巴林右旗				2	57	19	19		1
林西县	2		1		186		18	2	30
克什克腾旗	5			4	55	5	16		1
翁牛特旗	1		2		99	1	23	1	54
喀喇沁旗					18	3	17		
宁城县	2			2	45	2	31	1	4
敖汉旗	2	1	4	2	99		14		54

4-6b 续表 79

单位：人

地区 性别	生产制造及有关人员								不便分类的其他从业人员
	计算机、通信和其他电子设备制造人员	仪器仪表制造人员	废弃资源综合利用人员	电力、热力、气体、水生产和输配人员	建筑施工人员	运输设备和通用工程机械操作人员及有关人员	生产辅助人员	其他生产制造及有关人员	
通辽市	**7**	**1**	**1**	**14**	**293**	**7**	**132**	**8**	**16**
科尔沁区					17		13		1
科尔沁左翼中旗	4		1		20		12	1	1
科尔沁左翼后旗	1			2	22		17	1	1
开鲁县	1				37	2	19	2	1
库伦旗	1				20		10		
奈曼旗		1		2	62	2	9	1	5
扎鲁特旗				4	44		13		
通辽经济技术开发区				6	71	3	39	3	7
霍林郭勒市									
鄂尔多斯市	**12**	**28**	**4**	**77**	**281**	**47**	**465**	**3**	**82**
东胜区							4		
康巴什区									
达拉特旗	2		1	10	28	9	74	2	1
准格尔旗	1	1	2	13	82	5	87	1	12
鄂托克前旗				6	17	1	16		11
鄂托克旗	5	23		15	29	23	150		19
杭锦旗	1		1	1	12		11		33
乌审旗	3	3		14	38	5	54		3
伊金霍洛旗		1		18	75	4	69		3
呼伦贝尔市	**5**		**2**	**21**	**160**	**6**	**84**	**2**	**54**
海拉尔区									
扎赉诺尔区				1			4	1	
阿荣旗	2			1	36	1	18		9
莫力达瓦达斡尔族自治旗			1		21		5		
鄂伦春自治旗	1			1	2		11	1	18
鄂温克族自治旗	2			12	24		15		7
陈巴尔虎旗				1	1	2	3		2
新巴尔虎左旗					5		2		13
新巴尔虎右旗					3	2	4		3
满洲里市					1				
牙克石市			1	2	67	1	15		2
扎兰屯市				1					
额尔古纳市				1			3		
根河市				1			4		
巴彦淖尔市	**3**	**2**	**1**	**14**	**132**	**11**	**194**	**3**	**38**
临河区					2		1		
五原县			1		15		19		8
磴口县				1	19	2	33		2
乌拉特前旗		1		6	33	2	22	1	
乌拉特中旗	1	1		3	6	2	9		14
乌拉特后旗	1			2	9	4	35	1	1
杭锦后旗	1			2	48	1	75	1	13

4-6b　续表 80　　　　　　　　　　　　　　　　　　　　　　　　　　　　　　单位：人

地　区 性　别	生产制造及有关人员								不便分类的其他从业人员
	计算机、通信和其他电子设备制造人　员	仪器仪表制造人员	废弃资源综合利用人　员	电力、热力、气体、水生产和输配人员	建筑施工人　员	运输设备和通用工程机械操作人员及有关人员	生产辅助人　员	其他生产制造及有关人员	
乌兰察布市	**2**	**2**		**12**	**137**	**30**	**95**	**1**	**6**
集宁区							2		
卓资县				1	11	1	13		
化德县		1		3	19	2	23		2
商都县					10	2	7	1	
兴和县		1		2	12		5		1
凉城县					7		5		
察哈尔右翼前旗	1				48	8	14		1
察哈尔右翼中旗				1	5	1	3		
察哈尔右翼后旗				1	13	3	12		1
四子王旗	1				11		4		1
丰镇市				4	1	13	7		
兴安盟	**3**		**3**	**4**	**126**	**2**	**51**	**1**	**20**
乌兰浩特市					8		7		
阿尔山市					6	2	3		1
科尔沁右翼前旗	1				16		19		16
科尔沁右翼中旗			3	2	19		4		
扎赉特旗	2			2	36		15		2
突泉县					41		3	1	1
锡林郭勒盟	**2**	**2**	**2**	**26**	**69**	**11**	**118**	**3**	**88**
二连浩特市							2		
锡林浩特市			1	1					
阿巴嘎旗				1	2		2		
苏尼特左旗				1	1		1		
苏尼特右旗	1	1		2	8	1	17		
东乌珠穆沁旗				5	2		7		36
西乌珠穆沁旗		1	1	3	5	5	29		2
太仆寺旗				1	4		15		
镶黄旗					4		1		1
正镶白旗					1		5		4
正蓝旗				11	4		14	2	12
多伦县	1				30	5	23	1	32
乌拉盖管委会				1	8		2		1
阿拉善盟	**8**	**5**		**11**	**83**	**21**	**136**		
阿拉善左旗		4		6	67	20	45		
阿拉善右旗		1		3	3		5		
额济纳旗				1	13		1		
内蒙古阿拉善经济开发区	8			1		1	85		

4–6c 各地区分性别、职业中类的就业人口(乡村)

单位：人

地区 性别	合计	党的机关、国家机关、群众团体和社会组织、企事业单位负责人						
		小计	中国共产党机关负责人	国家机关负责人	民主党派和工商联负责人	人民团体和群众团体、社会组织及其他成员组织负责人	基层群众自治组织负责人	企事业单位负责人
内蒙古	**376478**	**2500**	**13**	**123**		**151**	**542**	**1671**
呼和浩特市	**26035**	**246**	**1**	**10**		**19**	**54**	**162**
新城区	2866	19	1			1	3	14
回民区	811	20				1		19
玉泉区	2213	28				2	6	20
赛罕区	5281	52				3	5	44
土默特左旗	5276	56		5		10	10	31
托克托县	3767	36		2		1	10	23
和林格尔县	3121	18		2		1	7	8
清水河县	1335	11					8	3
武川县	1365	6		1			5	
呼和浩特经济技术开发区								
包头市	**22274**	**121**	**2**	**6**		**8**	**29**	**76**
东河区	2570	22	1			1	4	16
昆都仑区	1167	12		1			2	9
青山区	1090	4				1	1	2
石拐区	234	2					2	
白云鄂博矿区								
九原区	2485	27	1			2	6	18
土默特右旗	8042	24		1		1	5	17
固阳县	5100	17		1		1	8	7
达尔罕茂明安联合旗	1265	11		3		2	1	5
包头稀土高新技术产业开发区	321	2						2
乌海市	**1611**	**12**					**3**	**9**
海勃湾区	1069	3						3
海南区	542	9					3	6
乌达区								
赤峰市	**103431**	**615**	**3**	**20**		**32**	**122**	**438**
红山区	505	1				1		
元宝山区	2185	34				5	9	20
松山区	13884	147		4		3	14	126
阿鲁科尔沁旗	6857	32		3		4	10	15
巴林左旗	12414	79		3		10	11	55
巴林右旗	4146	12					9	3
林西县	4574	15		1			5	9
克什克腾旗	4462	68		1		1	6	60
翁牛特旗	10407	48		5		3	6	34
喀喇沁旗	8730	40	1			2	17	20
宁城县	17837	88	1				27	60
敖汉旗	17430	51	1	3		3	8	36

4-6c　续表 1　　　　单位：人

地　区 性　别	合计	党的机关、国家机关、群众团体和社会组织、企事业单位负责人						
		小计	中国共产党机关负责人	国家机关负责人	民主党派和工商联负责人	人民团体和群众团体、社会组织及其他成员组织负责人	基层群众自治组织负责人	企事业单位负责人
通辽市	**68300**	**203**	**2**	**8**		**16**	**83**	**94**
科尔沁区	10109	28		2		4	8	14
科尔沁左翼中旗	12175	51	2	1		5	20	23
科尔沁左翼后旗	11782	21		3		1	7	10
开鲁县	9855	21		2		3	8	8
库伦旗	5543	17				1	11	5
奈曼旗	9811	23				1	8	14
扎鲁特旗	7204	26				1	18	7
通辽经济技术开发区	1475	9					2	7
霍林郭勒市	346	7					1	6
鄂尔多斯市	**32696**	**400**	**2**	**9**		**14**	**37**	**338**
东胜区	1679	18						18
康巴什区								
达拉特旗	7011	57	1			5	15	36
准格尔旗	6585	140		6		4	11	119
鄂托克前旗	2628	19				2	6	11
鄂托克旗	2977	22		1			1	20
杭锦旗	2364	12	1			1		10
乌审旗	4955	57		1		1	1	54
伊金霍洛旗	4497	75		1		1	3	70
呼伦贝尔市	**24213**	**187**	**1**	**19**		**8**	**43**	**116**
海拉尔区	454	10					2	8
扎赉诺尔区								
阿荣旗	4965	29		6			6	17
莫力达瓦达斡尔族自治旗	5040	34		2			11	21
鄂伦春自治旗	1693	12		1			3	8
鄂温克族自治旗	1386	22		1		1	5	15
陈巴尔虎旗	840	2		1				1
新巴尔虎左旗	959	7	1	1		1	1	3
新巴尔虎右旗	1028	22				3	2	17
满洲里市								
牙克石市	545	10		5				5
扎兰屯市	6635	26		1		3	12	10
额尔古纳市	663	13		1			1	11
根河市	5							
巴彦淖尔市	**29469**	**160**		**9**		**11**	**19**	**121**
临河区	7363	32				2	4	26
五原县	5419	28				1	3	24
磴口县	2199	17		1		3	4	9
乌拉特前旗	6280	26		1		2	1	22
乌拉特中旗	3291	16		3		2	1	10
乌拉特后旗	1329	15		1			2	12
杭锦后旗	3588	26		3		1	4	18

4-6c 续表 2 单位：人

地区 性别	合计	党的机关、国家机关、群众团体和社会组织、企事业单位负责人						
		小计	中国共产党机关负责人	国家机关负责人	民主党派和工商联负责人	人民团体和群众团体、社会组织及其他成员组织负责人	基层群众自治组织负责人	企事业单位负责人
乌兰察布市	**21526**	**275**		**20**		**28**	**88**	**139**
集宁区	974	4						4
卓资县	1320	35				1	17	17
化德县	1036	30					3	27
商都县	3330	36		1		9	19	7
兴和县	1525	31					7	24
凉城县	2078	13		3		1	3	6
察哈尔右翼前旗	2865	46		6		5	14	21
察哈尔右翼中旗	2058	20		1		1	12	6
察哈尔右翼后旗	1396	16				8	2	6
四子王旗	2698	25		7			1	17
丰镇市	2246	19		2		3	10	4
兴安盟	**27279**	**120**	**1**	**7**		**13**	**43**	**56**
乌兰浩特市	1350	10					6	4
阿尔山市	126							
科尔沁右翼前旗	9005	58		5		4	22	27
科尔沁右翼中旗	4582	17		2		1	7	7
扎赉特旗	6615	12					5	7
突泉县	5601	23	1			8	3	11
锡林郭勒盟	**16160**	**83**		**4**		**2**	**14**	**63**
二连浩特市	149							
锡林浩特市	1481	7						7
阿巴嘎旗	1218	5		1				4
苏尼特左旗	1201	1						1
苏尼特右旗	922	10					1	9
东乌珠穆沁旗	1601	6						6
西乌珠穆沁旗	2909	7				1	1	5
太仆寺旗	1721	10				1		9
镶黄旗	570	2						2
正镶白旗	928	10		1			3	6
正蓝旗	1800	10		2			1	7
多伦县	1480	10					5	5
乌拉盖管委会	180	5					3	2
阿拉善盟	**3484**	**78**	**1**	**11**			**7**	**59**
阿拉善左旗	2450	44		5			3	36
阿拉善右旗	337	13	1	6			3	3
额济纳旗	438	16					1	15
内蒙古阿拉善经济开发区	259	5						5

4-6c 续表 3

单位：人

地区 性别	合计	党的机关、国家机关、群众团体和社会组织、企事业单位负责人						
		小计	中国共产党机关负责人	国家机关负责人	民主党派和工商联负责人	人民团体和群众团体、社会组织及其他成员组织负责人	基层群众自治组织负责人	企事业单位负责人
男	**233683**	**2062**	**13**	**109**		**99**	**457**	**1384**
呼和浩特市	**17693**	**186**	**1**	**10**		**9**	**43**	**123**
新城区	1995	16	1			1	2	12
回民区	527	14						14
玉泉区	1519	21					5	16
赛罕区	3486	34				1	3	30
土默特左旗	3558	42		5		6	8	23
托克托县	2707	28		2			7	19
和林格尔县	2089	16		2		1	7	6
清水河县	907	9					6	3
武川县	905	6		1			5	
呼和浩特经济技术开发区								
包头市	**14491**	**92**	**2**	**4**		**4**	**24**	**58**
东河区	1665	17	1				3	13
昆都仑区	813	10		1			2	7
青山区	676	3					1	2
石拐区	156	1					1	
白云鄂博矿区								
九原区	1715	23	1			2	5	15
土默特右旗	5069	18		1			5	12
固阳县	3422	12				1	6	5
达尔罕茂明安联合旗	763	7		2		1	1	3
包头稀土高新技术产业开发区	212	1						1
乌海市	**1251**	**11**					**2**	**9**
海勃湾区	827	3						3
海南区	424	8					2	6
乌达区								
赤峰市	**59257**	**492**	**3**	**18**		**20**	**98**	**353**
红山区	305	1				1		
元宝山区	1519	30				5	9	16
松山区	8058	110		4			12	94
阿鲁科尔沁旗	3975	24		1		2	8	13
巴林左旗	6689	58		3		7	5	43
巴林右旗	2258	11					8	3
林西县	2675	14		1			5	8
克什克腾旗	2770	63		1		1	6	55
翁牛特旗	5942	37		5		1	3	28
喀喇沁旗	5118	30	1			2	11	16
宁城县	10340	76	1				24	51
敖汉旗	9608	38	1	3		1	7	26

4-6c 续表 4　　　　单位：人

地　　区 性　　别	合计	党的机关、国家机关、群众团体和社会组织、企事业单位负责人						
		小计	中国共产党机关负责人	国家机关负责人	民主党派和工商联负责人	人民团体和群众团体、社会组织及其他成员组织负责人	基层群众自治组织负责人	企事业单位负责人
通辽市	**39315**	**173**	**2**	**7**		**11**	**77**	**76**
科尔沁区	6045	25		2		3	7	13
科尔沁左翼中旗	7347	43	2	1		3	20	17
科尔沁左翼后旗	6541	19		3		1	7	8
开鲁县	5405	19		1		2	8	8
库伦旗	3039	16				1	10	5
奈曼旗	5577	19					8	11
扎鲁特旗	4196	20				1	14	5
通辽经济技术开发区	914	8					2	6
霍林郭勒市	251	4					1	3
鄂尔多斯市	**23246**	**364**	**2**	**9**		**11**	**32**	**310**
东胜区	1383	17						17
康巴什区								
达拉特旗	4487	53	1			5	14	33
准格尔旗	5262	131		6		3	11	111
鄂托克前旗	1816	15				1	4	10
鄂托克旗	2038	20		1			1	18
杭锦旗	1387	11	1			1		9
乌审旗	3396	47		1			1	45
伊金霍洛旗	3477	70		1		1	1	67
呼伦贝尔市	**15860**	**150**	**1**	**18**		**3**	**34**	**94**
海拉尔区	315	7					2	5
扎赉诺尔区								
阿荣旗	3300	27		6			6	15
莫力达瓦达斡尔族自治旗	3343	29		1			11	17
鄂伦春自治旗	1098	10		1			3	6
鄂温克族自治旗	872	13		1		1	2	9
陈巴尔虎旗	553	2		1				1
新巴尔虎左旗	568	4	1	1				2
新巴尔虎右旗	750	19					2	17
满洲里市								
牙克石市	405	9		5				4
扎兰屯市	4183	20		1		2	8	9
额尔古纳市	470	10		1				9
根河市	3							
巴彦淖尔市	**18262**	**138**		**9**		**9**	**15**	**105**
临河区	4520	28				1	4	23
五原县	3258	24				1	3	20
磴口县	1311	15		1		3	2	9
乌拉特前旗	4038	24		1		1	1	21
乌拉特中旗	2051	14		3		2		9
乌拉特后旗	939	14		1			1	12
杭锦后旗	2145	19		3		1	4	11

4-6c 续表 5

单位：人

地区 性别	合计	党的机关、国家机关、群众团体和社会组织、企事业单位负责人						
		小计	中国共产党机关负责人	国家机关负责人	民主党派和工商联负责人	人民团体和群众团体、社会组织及其他成员组织负责人	基层群众自治组织负责人	企事业单位负责人
乌兰察布市	**14675**	**217**		**17**		**20**	**73**	**107**
集宁区	693	4						4
卓资县	1007	26				1	12	13
化德县	728	22					3	19
商都县	2129	32		1		7	19	5
兴和县	1160	25					6	19
凉城县	1391	10		2		1	1	6
察哈尔右翼前旗	1951	35		4		3	12	16
察哈尔右翼中旗	1351	14		1			8	5
察哈尔右翼后旗	1000	12				5	2	5
四子王旗	1739	20		7			1	12
丰镇市	1526	17		2		3	9	3
兴安盟	**16923**	**98**	**1**	**5**		**10**	**39**	**43**
乌兰浩特市	899	8					6	2
阿尔山市	102							
科尔沁右翼前旗	5587	47		4		4	20	19
科尔沁右翼中旗	2670	15		1			7	7
扎赉特旗	4260	12					5	7
突泉县	3405	16	1			6	1	8
锡林郭勒盟	**10285**	**70**		**2**		**2**	**14**	**52**
二连浩特市	93							
锡林浩特市	960	4						4
阿巴嘎旗	773	5		1				4
苏尼特左旗	793	1						1
苏尼特右旗	532	9					1	8
东乌珠穆沁旗	960	5						5
西乌珠穆沁旗	2071	7				1	1	5
太仆寺旗	1181	7				1		6
镶黄旗	326	2						2
正镶白旗	537	9					3	6
正蓝旗	1018	7		1			1	5
多伦县	927	9					5	4
乌拉盖管委会	114	5					3	2
阿拉善盟	**2425**	**71**	**1**	**10**			**6**	**54**
阿拉善左旗	1697	39		5			2	32
阿拉善右旗	238	12	1	5			3	3
额济纳旗	296	15					1	14
内蒙古阿拉善经济开发区	194	5						5

4-6c 续表 6 单位：人

地区 性别	合计	党的机关、国家机关、群众团体和社会组织、企事业单位负责人						
		小计	中国共产党机关负责人	国家机关负责人	民主党派和工商联负责人	人民团体和群众团体、社会组织及其他成员组织负责人	基层群众自治组织负责人	企事业单位负责人
女	**142795**	**438**		**14**		**52**	**85**	**287**
呼和浩特市	**8342**	**60**				**10**	**11**	**39**
新城区	871	3					1	2
回民区	284	6				1		5
玉泉区	694	7				2	1	4
赛罕区	1795	18				2	2	14
土默特左旗	1718	14				4	2	8
托克托县	1060	8				1	3	4
和林格尔县	1032	2						2
清水河县	428	2					2	
武川县	460							
呼和浩特经济技术开发区								
包头市	**7783**	**29**		**2**		**4**	**5**	**18**
东河区	905	5				1	1	3
昆都仑区	354	2						2
青山区	414	1				1		
石拐区	78	1					1	
白云鄂博矿区								
九原区	770	4					1	3
土默特右旗	2973	6				1		5
固阳县	1678	5		1			2	2
达尔罕茂明安联合旗	502	4		1		1		2
包头稀土高新技术产业开发区	109	1						1
乌海市	**360**	**1**					**1**	
海勃湾区	242							
海南区	118	1					1	
乌达区								
赤峰市	**44174**	**123**		**2**		**12**	**24**	**85**
红山区	200							
元宝山区	666	4						4
松山区	5826	37				3	2	32
阿鲁科尔沁旗	2882	8		2		2	2	2
巴林左旗	5725	21				3	6	12
巴林右旗	1888	1					1	
林西县	1899	1						1
克什克腾旗	1692	5						5
翁牛特旗	4465	11				2	3	6
喀喇沁旗	3612	10					6	4
宁城县	7497	12					3	9
敖汉旗	7822	13				2	1	10

4-6c　续表 7　　　　单位：人

地　区 性　别	合计	党的机关、国家机关、群众团体和社会组织、企事业单位负责人						
		小计	中国共产党机关负责人	国家机关负责人	民主党派和工商联负责人	人民团体和群众团体、社会组织及其他成员组织负责人	基层群众自治组织负责人	企事业单位负责人
通辽市	**28985**	**30**		**1**		**5**	**6**	**18**
科尔沁区	4064	3				1	1	1
科尔沁左翼中旗	4828	8				2		6
科尔沁左翼后旗	5241	2						2
开鲁县	4450	2		1		1		
库伦旗	2504	1					1	
奈曼旗	4234	4				1		3
扎鲁特旗	3008	6					4	2
通辽经济技术开发区	561	1						1
霍林郭勒市	95	3						3
鄂尔多斯市	**9450**	**36**				**3**	**5**	**28**
东胜区	296	1						1
康巴什区								
达拉特旗	2524	4					1	3
准格尔旗	1323	9				1		8
鄂托克前旗	812	4				1	2	1
鄂托克旗	939	2						2
杭锦旗	977	1						1
乌审旗	1559	10				1		9
伊金霍洛旗	1020	5					2	3
呼伦贝尔市	**8353**	**37**		**1**		**5**	**9**	**22**
海拉尔区	139	3						3
扎赉诺尔区								
阿荣旗	1665	2						2
莫力达瓦达斡尔族自治旗	1697	5		1				4
鄂伦春自治旗	595	2						2
鄂温克族自治旗	514	9					3	6
陈巴尔虎旗	287							
新巴尔虎左旗	391	3				1	1	1
新巴尔虎右旗	278	3				3		
满洲里市								
牙克石市	140	1						1
扎兰屯市	2452	6				1	4	1
额尔古纳市	193	3					1	2
根河市	2							
巴彦淖尔市	**11207**	**22**				**2**	**4**	**16**
临河区	2843	4				1		3
五原县	2161	4						4
磴口县	888	2					2	
乌拉特前旗	2242	2				1		1
乌拉特中旗	1240	2					1	1
乌拉特后旗	390	1					1	
杭锦后旗	1443	7						7

4－6c 续表 8 单位：人

地 区 性 别	合计	党的机关、国家机关、群众团体和社会组织、企事业单位负责人						
		小计	中国共产党机关负责人	国家机关负责人	民主党派和工商联负责人	人民团体和群众团体、社会组织及其他成员组织负责人	基层群众自治组织负责人	企事业单位负责人
乌兰察布市	**6851**	**58**		**3**		**8**	**15**	**32**
集宁区	281							
卓资县	313	9					5	4
化德县	308	8						8
商都县	1201	4				2		2
兴和县	365	6					1	5
凉城县	687	3		1			2	
察哈尔右翼前旗	914	11		2		2	2	5
察哈尔右翼中旗	707	6				1	4	1
察哈尔右翼后旗	396	4				3		1
四子王旗	959	5						5
丰镇市	720	2					1	1
兴安盟	**10356**	**22**		**2**		**3**	**4**	**13**
乌兰浩特市	451	2						2
阿尔山市	24							
科尔沁右翼前旗	3418	11		1			2	8
科尔沁右翼中旗	1912	2		1		1		
扎赉特旗	2355							
突泉县	2196	7				2	2	3
锡林郭勒盟	**5875**	**13**		**2**				**11**
二连浩特市	56							
锡林浩特市	521	3						3
阿巴嘎旗	445							
苏尼特左旗	408							
苏尼特右旗	390	1						1
东乌珠穆沁旗	641	1						1
西乌珠穆沁旗	838							
太仆寺旗	540	3						3
镶黄旗	244							
正镶白旗	391	1		1				
正蓝旗	782	3		1				2
多伦县	553	1						1
乌拉盖管委会	66							
阿拉善盟	**1059**	**7**		**1**			**1**	**5**
阿拉善左旗	753	5					1	4
阿拉善右旗	99	1		1				
额济纳旗	142	1						1
内蒙古阿拉善经济开发区	65							

4-6c　续表 9

单位：人

地区 性别	专业技术人员									
	小计	科学研究人员	工程技术人员	农业技术人员	飞机和船舶技术人员	卫生专业技术人员	经济和金融专业人员	法律、社会和宗教专业人员	教学人员	文学艺术、体育专业人员
内蒙古	**13857**	**22**	**4187**	**466**	**3**	**2373**	**1900**	**217**	**4191**	**179**
呼和浩特市	**1212**	**2**	**254**	**48**		**232**	**257**	**26**	**345**	**20**
新城区	170		41	3		28	37	4	46	1
回民区	86	1	29			7	21	2	23	3
玉泉区	129	1	38	1		20	34	3	26	2
赛罕区	267		65	8		60	49	3	66	9
土默特左旗	207		26	19		48	36	8	62	3
托克托县	156		20	1		38	32	3	60	1
和林格尔县	104		18	6		11	37	1	29	1
清水河县	49		9	10		10	6	2	12	
武川县	44		8			10	5		21	
呼和浩特经济技术开发区										
包头市	**828**	**3**	**240**	**18**		**154**	**119**	**20**	**233**	**24**
东河区	127	1	34	1		28	29	2	28	3
昆都仑区	63	1	24			9	11	1	13	1
青山区	40		12			6	7		10	4
石拐区	15		3	1		3	2	2	3	
白云鄂博矿区										
九原区	137		63	3		16	16	5	29	4
土默特右旗	252	1	59	8		52	31	8	82	7
固阳县	138		29	2		29	14	1	57	5
达尔罕茂明安联合旗	40		9	3		10	6	1	8	
包头稀土高新技术产业开发区	16		7			1	3		3	
乌海市	**38**		**21**			**4**	**8**		**4**	**1**
海勃湾区	30		18			2	7		2	1
海南区	8		3			2	1		2	
乌达区										
赤峰市	**3732**	**9**	**1111**	**111**	**2**	**676**	**429**	**50**	**1218**	**42**
红山区	28		9			5		1	8	1
元宝山区	105		42	1		19	15	1	20	
松山区	868	2	237	16		168	129	15	275	6
阿鲁科尔沁旗	210		40	32		46	20	7	62	1
巴林左旗	498	1	82	14	2	84	69	5	220	7
巴林右旗	68		5	1		26	2		30	2
林西县	109		18	3		24	20		41	
克什克腾旗	437		369	5		14	11	1	27	
翁牛特旗	302	3	61	14		71	34	2	104	8
喀喇沁旗	233		74	6		49	25	4	67	7
宁城县	505	2	110	11		106	70	3	187	7
敖汉旗	369	1	64	8		64	34	11	177	3

4-6c 续表 10　　单位：人

地区 性别	专业技术人员									
	小计	科学研究人员	工程技术人员	农业技术人员	飞机和船舶技术人员	卫生专业技术人员	经济和金融专业人员	法律、社会和宗教专业人员	教学人员	文学艺术、体育专业人员
通辽市	**1757**	**1**	**215**	**66**	**1**	**406**	**212**	**22**	**782**	**23**
科尔沁区	326		49	8	1	82	60	1	124	
科尔沁左翼中旗	448	1	58	23		97	63	8	164	16
科尔沁左翼后旗	145		12	5		30	12	1	82	
开鲁县	220		21	7		73	18	1	98	
库伦旗	78		4	3		15	5	3	45	2
奈曼旗	305		25	10		63	30	6	166	2
扎鲁特旗	177		29	10		32	16	1	87	1
通辽经济技术开发区	37		6			9	4	1	15	2
霍林郭勒市	21		11			5	4		1	
鄂尔多斯市	**1743**	**2**	**1142**	**30**		**71**	**232**	**22**	**207**	**10**
东胜区	65		35	2		3	17	1	6	
康巴什区										
达拉特旗	195		73	13		20	47		37	3
准格尔旗	534	1	354	5		18	59	6	83	
鄂托克前旗	140		100	1		5	13	4	12	1
鄂托克旗	139		101	2		2	24	4	4	
杭锦旗	52		23	1		7	4	4	8	2
乌审旗	347	1	258	2		9	27	2	41	4
伊金霍洛旗	271		198	4		7	41	1	16	
呼伦贝尔市	**1040**		**163**	**59**		**225**	**128**	**26**	**392**	**14**
海拉尔区	39		12	10		2	6	2	7	
扎赉诺尔区										
阿荣旗	186		26	5		46	25	19	62	1
莫力达瓦达斡尔族自治旗	255		5	7		65	25	1	141	3
鄂伦春自治旗	72		17	1		11	13		28	
鄂温克族自治旗	89		21	1		16	11		36	2
陈巴尔虎旗	44		11	6		11	4		10	
新巴尔虎左旗	37		5	7		9			12	2
新巴尔虎右旗	65		36	4		2	6	1	3	1
满洲里市										
牙克石市	47		8	1		9	8	1	20	
扎兰屯市	152		17	12		41	13	1	63	4
额尔古纳市	53		5	5		13	17	1	9	1
根河市	1								1	
巴彦淖尔市	**1012**	**2**	**298**	**37**		**186**	**161**	**18**	**247**	**12**
临河区	244	1	53	4		52	53	4	68	3
五原县	140	1	22	6		29	22	6	48	2
磴口县	58		11	12		10	7	1	16	
乌拉特前旗	263		77	8		54	30	7	60	3
乌拉特中旗	111		68	1		7	23		9	1
乌拉特后旗	71		46			3	7		3	1
杭锦后旗	125		21	6		31	19		43	2

4-6c 续表 11 单位：人

地区 性别	专业技术人员									
	小计	科学研究人员	工程技术人员	农业技术人员	飞机和船舶技术人员	卫生专业技术人员	经济和金融专业人员	法律、社会和宗教专业人员	教学人员	文学艺术、体育专业人员
乌兰察布市	**977**	**2**	**245**	**37**		**186**	**170**	**14**	**291**	**18**
集宁区	125	1	70	2		6	19		24	1
卓资县	54		17	1		16	3		12	4
化德县	42		18			10	7		5	2
商都县	62		13	1		23	14	1	8	2
兴和县	85	1	13	4		16	26	1	22	1
凉城县	60		5	1		13	12		26	1
察哈尔右翼前旗	132		45	14		13	31	3	23	3
察哈尔右翼中旗	133		12	1		21	21	3	72	1
察哈尔右翼后旗	82		21	3		14	11	3	26	2
四子王旗	112		17	5		24	15	3	45	
丰镇市	90		14	5		30	11		28	1
兴安盟	**731**	**1**	**90**	**37**		**145**	**75**	**6**	**353**	**4**
乌兰浩特市	51		21	7		9	6		5	
阿尔山市	4		4							
科尔沁右翼前旗	317		42	13		48	33		165	2
科尔沁右翼中旗	94		5	6		23	7	1	49	2
扎赉特旗	142	1	6	6		34	19	3	71	
突泉县	123		12	5		31	10	2	63	
锡林郭勒盟	**603**		**323**	**16**		**81**	**71**	**8**	**85**	**9**
二连浩特市	15		12				1		2	
锡林浩特市	55		20	2		9	13		7	3
阿巴嘎旗	24		8	1		11	2		2	
苏尼特左旗	90		78	1		3	1		6	1
苏尼特右旗	38		22			3	3		10	
东乌珠穆沁旗	23		7	3		1	6		5	1
西乌珠穆沁旗	175		144	2		6	12	3	4	1
太仆寺旗	55		8	1		12	12	2	15	3
镶黄旗	11		3			3	2	2	1	
正镶白旗	22		7	1		7	3		2	
正蓝旗	48		6	1		12	8	1	19	
多伦县	43		8	2		13	7		12	
乌拉盖管委会	4			2		1	1			
阿拉善盟	**184**		**85**	**7**		**7**	**38**	**5**	**34**	**2**
阿拉善左旗	122		56	7		5	15	2	31	1
阿拉善右旗	16		7				5	3	1	
额济纳旗	33		18			2	9		2	1
内蒙古阿拉善经济开发区	13		4				9			

4−6c 续表 12 单位：人

地区 性别	专业技术人员 小计	科学研究人员	工程技术人员	农业技术人员	飞机和船舶技术人员	卫生专业技术人员	经济和金融专业人员	法律、社会和宗教专业人员	教学人员	文学艺术、体育专业人员
男	**8039**	**15**	**3818**	**403**	**3**	**1128**	**774**	**116**	**1469**	**112**
呼和浩特市	**601**	**1**	**230**	**39**		**103**	**86**	**10**	**103**	**12**
新城区	80		39	1		7	13	1	10	1
回民区	38		24			2	5	2	3	2
玉泉区	60	1	36			7	7	1	6	1
赛罕区	124		60	7		23	12	1	12	6
土默特左旗	110		22	18		23	16	3	24	1
托克托县	80		18	1		22	13	2	22	1
和林格尔县	58		16	5		8	15		13	
清水河县	31		9	7		7	4		4	
武川县	20		6			4	1		9	
呼和浩特经济技术开发区										
包头市	**445**	**2**	**211**	**14**		**63**	**39**	**10**	**75**	**20**
东河区	59	1	29			9	8		10	2
昆都仑区	34		21			2	3		4	1
青山区	21		12			1	1		3	3
石拐区	8		2	1			1	2	1	
白云鄂博矿区										
九原区	85		58	3		4	6	1	8	4
土默特右旗	139	1	49	7		29	13	6	25	7
固阳县	71		26	2		13	4		22	3
达尔罕茂明安联合旗	21		9	1		4	2	1	2	
包头稀土高新技术产业开发区	7		5			1	1			
乌海市	**24**		**18**			**1**	**3**		**1**	**1**
海勃湾区	19		16				2			1
海南区	5		2			1	1		1	
乌达区										
赤峰市	**2088**	**6**	**972**	**99**	**2**	**324**	**157**	**27**	**428**	**25**
红山区	15		8			3			2	1
元宝山区	61		39	1		6	4	1	7	
松山区	450	1	217	14		69	44	6	86	4
阿鲁科尔沁旗	125		33	28		26	8	5	23	1
巴林左旗	235	1	70	13	2	31	27	2	78	2
巴林右旗	26		5	1		9			10	
林西县	55		16	2		15	9		11	
克什克腾旗	351		305	5		10	5	1	15	
翁牛特旗	184	2	56	12		41	12	2	49	6
喀喇沁旗	139		67	6		28	6	1	27	4
宁城县	273	1	101	10		55	31	2	64	5
敖汉旗	174	1	55	7		31	11	7	56	2

4-6c　续表 13　　　　单位：人

地区 性别	专业技术人员									
	小计	科学研究人员	工程技术人员	农业技术人员	飞机和船舶技术人员	卫生专业技术人员	经济和金融专业人员	法律、社会和宗教专业人员	教学人员	文学艺术、体育专业人员
通辽市	**854**		**193**	**58**	**1**	**192**	**84**	**12**	**287**	**12**
科尔沁区	153		44	7	1	37	19	1	44	
科尔沁左翼中旗	194		51	20		30	18	3	51	9
科尔沁左翼后旗	72		11	5		18	9	1	28	
开鲁县	112		19	5		39	6		42	
库伦旗	42		4	3		8	3	3	20	
奈曼旗	154		21	8		40	18	3	61	2
扎鲁特旗	99		28	10		13	10		37	1
通辽经济技术开发区	16		5			5	1	1	4	
霍林郭勒市	12		10			2				
鄂尔多斯市	**1378**	**2**	**1085**	**24**		**48**	**115**	**18**	**62**	**8**
东胜区	49		34	2		1	8		3	
康巴什区										
达拉特旗	120		67	10		14	19		7	2
准格尔旗	433	1	339	4		14	37	5	29	
鄂托克前旗	113		93	1		5	6	3	3	1
鄂托克旗	106		91	1		2	6	3	1	
杭锦旗	40		23	1		3	1	4	3	2
乌审旗	283	1	245	1		5	13	2	11	3
伊金霍洛旗	234		193	4		4	25	1	5	
呼伦贝尔市	**499**		**148**	**47**		**84**	**49**	**11**	**132**	**7**
海拉尔区	26		12	7		1	4		2	
扎赉诺尔区										
阿荣旗	90		24	4		16	12	10	22	
莫力达瓦达斡尔族自治旗	94		4	4		27	8	1	46	1
鄂伦春自治旗	41		16	1		7	4		11	
鄂温克族自治旗	38		19	1		1	4		11	1
陈巴尔虎旗	22		9	4		3	2		3	
新巴尔虎左旗	22		4	6		4			5	2
新巴尔虎右旗	52		36	3			1		1	
满洲里市										
牙克石市	22		6	1		4	4		7	
扎兰屯市	73		14	11		18	6		21	3
额尔古纳市	19		4	5		3	4		3	
根河市										
巴彦淖尔市	**587**	**2**	**278**	**36**		**69**	**67**	**7**	**79**	**9**
临河区	118	1	45	4		18	19	1	23	3
五原县	72	1	21	6		10	11	4	13	2
磴口县	28		9	11		3	1		4	
乌拉特前旗	156		75	8		23	11	2	17	1
乌拉特中旗	88		65	1		3	14		3	1
乌拉特后旗	61		43			2	4		1	1
杭锦后旗	64		20	6		10	7		18	1

4-6c 续表 14

单位：人

地区 性别	专业技术人员 小计	科学研究人员	工程技术人员	农业技术人员	飞机和船舶技术人员	卫生专业技术人员	经济和金融专业人员	法律、社会和宗教专业人员	教学人员	文学艺术、体育专业人员
乌兰察布市	**618**	**1**	**223**	**34**		**122**	**89**	**7**	**127**	**10**
集宁区	77		55	1		3	8		9	
卓资县	40		17	1		12	1		5	4
化德县	29		16			8	3		1	1
商都县	44		13	1		18	10		2	
兴和县	58	1	12	4		10	18		11	1
凉城县	35		5	1		10	6		12	1
察哈尔右翼前旗	86		44	13		9	9	2	7	2
察哈尔右翼中旗	78		11	1		10	16	2	38	
察哈尔右翼后旗	51		21	3		8	5	2	10	1
四子王旗	64		17	4		16	8	1	17	
丰镇市	56		12	5		18	5		15	
兴安盟	**386**	**1**	**85**	**33**		**72**	**32**	**5**	**137**	**3**
乌兰浩特市	36		18	7		6	1		1	
阿尔山市	4		4							
科尔沁右翼前旗	157		40	10		23	16		54	1
科尔沁右翼中旗	48		5	5		9	3	1	22	2
扎赉特旗	70	1	6	6		18	9	3	26	
突泉县	71		12	5		16	3	1	34	
锡林郭勒盟	**438**		**297**	**12**		**47**	**38**	**6**	**28**	**5**
二连浩特市	11		11							
锡林浩特市	31		16			5	5		3	2
阿巴嘎旗	16		8	1		5	1		1	
苏尼特左旗	81		76	1		2			2	
苏尼特右旗	24		20				2		2	
东乌珠穆沁旗	16		5	3		1	4		2	1
西乌珠穆沁旗	158		136	2		5	8	2	2	1
太仆寺旗	33		8			6	11	2	4	1
镶黄旗	6		3			2		1		
正镶白旗	11		5			4	1			
正蓝旗	22		4	1		7	2	1	7	
多伦县	25		5	2		9	3		5	
乌拉盖管委会	4			2		1	1			
阿拉善盟	**121**		**78**	**7**		**3**	**15**	**3**	**10**	
阿拉善左旗	84		51	7		3	7	2	10	
阿拉善右旗	10		7				2	1		
额济纳旗	21		16				4			
内蒙古阿拉善经济开发区	6		4				2			

4-6c　续表 15

单位：人

地　区 性　别	专业技术人员 小计	科学研究人员	工程技术人员	农业技术人员	飞机和船舶技术人员	卫生专业技术人员	经济和金融专业人员	法律、社会和宗教专业人员	教学人员	文学艺术、体育专业人员
女	**5818**	**7**	**369**	**63**		**1245**	**1126**	**101**	**2722**	**67**
呼和浩特市	**611**	**1**	**24**	**9**		**129**	**171**	**16**	**242**	**8**
新城区	90		2	2		21	24	3	36	
回民区	48	1	5			5	16		20	1
玉泉区	69		2	1		13	27	2	20	1
赛罕区	143		5	1		37	37	2	54	3
土默特左旗	97		4	1		25	20	5	38	2
托克托县	76		2			16	19	1	38	
和林格尔县	46		2	1		3	22	1	16	1
清水河县	18			3		3	2	2	8	
武川县	24		2			6	4		12	
呼和浩特经济技术开发区										
包头市	**383**	**1**	**29**	**4**		**91**	**80**	**10**	**158**	**4**
东河区	68		5	1		19	21	2	18	1
昆都仑区	29	1	3			7	8	1	9	
青山区	19					5	6		7	1
石拐区	7		1			3	1		2	
白云鄂博矿区										
九原区	52		5			12	10	4	21	
土默特右旗	113		10	1		23	18	2	57	
固阳县	67		3			16	10	1	35	2
达尔罕茂明安联合旗	19			2		6	4		6	
包头稀土高新技术产业开发区	9		2				2		3	
乌海市	**14**		**3**			**3**	**5**		**3**	
海勃湾区	11		2			2	5		2	
海南区	3		1			1			1	
乌达区										
赤峰市	**1644**	**3**	**139**	**12**		**352**	**272**	**23**	**790**	**17**
红山区	13		1			2		1	6	
元宝山区	44		3			13	11		13	
松山区	418	1	20	2		99	85	9	189	2
阿鲁科尔沁旗	85		7	4		20	12	2	39	
巴林左旗	263		12	1		53	42	3	142	5
巴林右旗	42					17	2		20	2
林西县	54		2	1		9	11		30	
克什克腾旗	86		64			4	6		12	
翁牛特旗	118	1	5	2		30	22		55	2
喀喇沁旗	94		7			21	19	3	40	3
宁城县	232	1	9	1		51	39	1	123	2
敖汉旗	195		9	1		33	23	4	121	1

4-6c 续表 16

单位：人

地区 性别	专业技术人员 小计	科学研究人员	工程技术人员	农业技术人员	飞机和船舶技术人员	卫生专业技术人员	经济和金融专业人员	法律、社会和宗教专业人员	教学人员	文学艺术、体育专业人员
通辽市	**903**	**1**	**22**	**8**		**214**	**128**	**10**	**495**	**11**
科尔沁区	173		5	1		45	41		80	
科尔沁左翼中旗	254	1	7	3		67	45	5	113	7
科尔沁左翼后旗	73		1			12	3		54	
开鲁县	108		2	2		34	12	1	56	
库伦旗	36					7	2		25	2
奈曼旗	151		4	2		23	12	3	105	
扎鲁特旗	78		1			19	6	1	50	
通辽经济技术开发区	21		1			4	3		11	2
霍林郭勒市	9		1			3	4		1	
鄂尔多斯市	**365**		**57**	**6**		**23**	**117**	**4**	**145**	**2**
东胜区	16		1			2	9	1	3	
康巴什区										
达拉特旗	75		6	3		6	28		30	1
准格尔旗	101		15	1		4	22	1	54	
鄂托克前旗	27		7				7	1	9	
鄂托克旗	33		10	1			18	1	3	
杭锦旗	12					4	3		5	
乌审旗	64		13	1		4	14		30	1
伊金霍洛旗	37		5			3	16		11	
呼伦贝尔市	**541**		**15**	**12**		**141**	**79**	**15**	**260**	**7**
海拉尔区	13			3		1	2	2	5	
扎赉诺尔区										
阿荣旗	96		2	1		30	13	9	40	1
莫力达瓦达斡尔族自治旗	161		1	3		38	17		95	2
鄂伦春自治旗	31		1			4	9		17	
鄂温克族自治旗	51		2			15	7		25	1
陈巴尔虎旗	22		2	2		8	2		7	
新巴尔虎左旗	15		1	1		5			7	
新巴尔虎右旗	13			1		2	5	1	2	1
满洲里市										
牙克石市	25		2			5	4	1	13	
扎兰屯市	79		3	1		23	7	1	42	1
额尔古纳市	34		1			10	13	1	6	1
根河市	1								1	
巴彦淖尔市	**425**		**20**	**1**		**117**	**94**	**11**	**168**	**3**
临河区	126		8			34	34	3	45	
五原县	68		1			19	11	2	35	
磴口县	30		2	1		7	6	1	12	
乌拉特前旗	107		2			31	19	5	43	2
乌拉特中旗	23		3			4	9		6	
乌拉特后旗	10		3			1	3		2	
杭锦后旗	61		1			21	12		25	1

4-6c　续表 17　　　　单位：人

地区 性别	专业技术人员									
	小计	科学研究人员	工程技术人员	农业技术人员	飞机和船舶技术人员	卫生专业技术人员	经济和金融专业人员	法律、社会和宗教专业人员	教学人员	文学艺术、体育专业人员
乌兰察布市	**359**	**1**	**22**	**3**		**64**	**81**	**7**	**164**	**8**
集宁区	48	1	15	1		3	11		15	1
卓资县	14					4	2		7	
化德县	13		2			2	4		4	1
商都县	18					5	4	1	6	2
兴和县	27		1			6	8	1	11	
凉城县	25					3	6		14	
察哈尔右翼前旗	46		1	1		4	22	1	16	1
察哈尔右翼中旗	55		1			11	5	1	34	1
察哈尔右翼后旗	31					6	6	1	16	1
四子王旗	48			1		8	7	2	28	
丰镇市	34		2			12	6		13	1
兴安盟	**345**		**5**	**4**		**73**	**43**	**1**	**216**	**1**
乌兰浩特市	15		3			3	5		4	
阿尔山市										
科尔沁右翼前旗	160		2	3		25	17		111	1
科尔沁右翼中旗	46			1		14	4		27	
扎赉特旗	72					16	10		45	
突泉县	52					15	7	1	29	
锡林郭勒盟	**165**		**26**	**4**		**34**	**33**	**2**	**57**	**4**
二连浩特市	4		1				1		2	
锡林浩特市	24		4	2		4	8		4	1
阿巴嘎旗	8					6	1		1	
苏尼特左旗	9		2			1	1		4	1
苏尼特右旗	14		2			3	1		8	
东乌珠穆沁旗	7		2				2		3	
西乌珠穆沁旗	17		8			1	4	1	2	
太仆寺旗	22			1		6	1		11	2
镶黄旗	5					1	2	1	1	
正镶白旗	11		2	1		3	2		2	
正蓝旗	26		2			5	6		12	
多伦县	18		3			4	4		7	
乌拉盖管委会										
阿拉善盟	**63**		**7**			**4**	**23**	**2**	**24**	**2**
阿拉善左旗	38		5			2	8		21	1
阿拉善右旗	6						3	2	1	
额济纳旗	12		2			2	5		2	1
内蒙古阿拉善经济开发区	7						7			

4-6c 续表 18

单位：人

地区 性别	专业技术人员		办事人员和有关人员				社会生产服务和生活服务人员		
	新闻出版、文化专业人员	其他专业技术人员	小计	办事人员	安全和消防人员	其他办事人员和有关人员	小计	批发与零售服务人员	交通运输、仓储和邮政业服务人员
内蒙古	**170**	**149**	**7721**	**5343**	**2223**	**155**	**55817**	**16153**	**14322**
呼和浩特市	**17**	**11**	**1045**	**688**	**347**	**10**	**8123**	**2069**	**1909**
新城区	3	7	192	96	89	7	1465	356	299
回民区			66	39	27		470	158	97
玉泉区	4		116	63	53		970	292	228
赛罕区	7		175	147	28		2316	557	440
土默特左旗	1	4	155	99	56		958	249	251
托克托县	1		136	89	46	1	860	209	262
和林格尔县	1		106	80	25	1	594	129	140
清水河县			46	38	8		278	49	127
武川县			53	37	15	1	212	70	65
呼和浩特经济技术开发区									
包头市	**12**	**5**	**500**	**323**	**165**	**12**	**5576**	**1502**	**1811**
东河区	1		51	32	17	2	775	263	257
昆都仑区		3	56	38	17	1	509	134	124
青山区	1		32	22	8	2	562	113	159
石拐区	1		18	6	11	1	58	10	20
白云鄂博矿区									
九原区		1	61	42	19		796	197	264
土默特右旗	4		93	63	27	3	1124	360	266
固阳县		1	120	80	39	1	1462	350	632
达尔罕茂明安联合旗	3		60	39	19	2	136	39	25
包头稀土高新技术产业开发区	2		9	1	8		154	36	64
乌海市			**73**	**46**	**27**		**417**	**78**	**187**
海勃湾区			54	39	15		328	54	159
海南区			19	7	12		89	24	28
乌达区									
赤峰市	**47**	**37**	**1373**	**979**	**361**	**33**	**12178**	**4423**	**2437**
红山区	1	3	17	5	12		119	19	31
元宝山区	5	2	57	28	28	1	495	140	139
松山区	13	7	350	267	80	3	2385	942	485
阿鲁科尔沁旗	1	1	78	55	23		761	238	152
巴林左旗	7	7	202	181	20	1	2243	800	348
巴林右旗	2		28	17	10	1	181	82	26
林西县	2	1	62	53	8	1	701	176	197
克什克腾旗		10	84	55	26	3	333	85	69
翁牛特旗	3	2	122	91	27	4	839	363	170
喀喇沁旗	1		83	46	34	3	817	272	178
宁城县	7	2	153	85	54	14	2011	772	452
敖汉旗	5	2	137	96	39	2	1293	534	190

4-6c 续表 19

单位：人

地区 性别	专业技术人员		办事人员和有关人员				社会生产服务和生活服务人员		
	新闻出版、文化专业人员	其他专业技术人员	小计	办事人员	安全和消防人员	其他办事人员和有关人员	小计	批发与零售服务人员	交通运输、仓储和邮政业服务人员
通辽市	**20**	**9**	**715**	**481**	**212**	**22**	**6792**	**2076**	**1615**
科尔沁区	1		167	81	79	7	1864	565	504
科尔沁左翼中旗	10	8	133	93	30	10	2037	513	451
科尔沁左翼后旗	3		60	46	13	1	445	163	90
开鲁县	2		69	54	14	1	621	258	115
库伦旗	1		43	39	4		200	75	25
奈曼旗	2	1	95	72	22	1	702	260	171
扎鲁特旗	1		69	55	13	1	418	134	88
通辽经济技术开发区			54	22	31	1	326	81	107
霍林郭勒市			25	19	6		179	27	64
鄂尔多斯市	**14**	**13**	**1126**	**781**	**313**	**32**	**5851**	**1153**	**2152**
东胜区	1		54	20	34		423	93	185
康巴什区									
达拉特旗	1	1	122	85	36	1	1101	289	395
准格尔旗	3	5	349	241	93	15	1790	269	746
鄂托克前旗	3	1	104	85	15	4	264	37	76
鄂托克旗	2		81	55	25	1	441	55	214
杭锦旗		3	28	21	5	2	192	60	37
乌审旗	2	1	184	138	39	7	697	153	223
伊金霍洛旗	2	2	204	136	66	2	943	197	276
呼伦贝尔市	**18**	**15**	**793**	**505**	**272**	**16**	**3032**	**929**	**704**
海拉尔区			22	12	10		93	34	26
扎赉诺尔区									
阿荣旗	2		111	70	40	1	659	239	115
莫力达瓦达斡尔族自治旗	7	1	149	113	36		577	201	130
鄂伦春自治旗	1	1	80	60	12	8	395	122	85
鄂温克族自治旗	1	1	134	62	72		245	76	68
陈巴尔虎旗	2		21	18	3		86	13	14
新巴尔虎左旗	1	1	32	11	16	5	101	21	28
新巴尔虎右旗	1	11	35	22	11	2	103	17	42
满洲里市									
牙克石市			63	37	26		144	29	44
扎兰屯市	1		92	65	27		541	150	135
额尔古纳市	2		54	35	19		88	27	17
根河市									
巴彦淖尔市	**11**	**40**	**526**	**329**	**184**	**13**	**4486**	**1531**	**1004**
临河区	3	3	147	74	71	2	1584	570	342
五原县	1	3	63	38	23	2	760	285	150
磴口县	1		47	31	11	5	241	62	41
乌拉特前旗	3	21	116	84	30	2	812	257	174
乌拉特中旗	2		38	31	7		280	73	89
乌拉特后旗		11	48	32	14	2	164	34	59
杭锦后旗	1	2	67	39	28		645	250	149

4−6c 续表 20

单位：人

地区 性别	专业技术人员		办事人员和有关人员				社会生产服务和生活服务人员		
	新闻出版、文化专业人员	其他专业技术人员	小计	办事人员	安全和消防人员	其他办事人员和有关人员	小计	批发与零售服务人员	交通运输、仓储和邮政业服务人员
乌兰察布市	**13**	**1**	**664**	**586**	**69**	**9**	**4429**	**1045**	**1031**
集宁区	2		104	92	12		407	92	99
卓资县	1		26	23	2	1	306	50	79
化德县			39	37	2		191	54	43
商都县			40	30	7	3	608	132	71
兴和县	1		49	40	9		396	118	106
凉城县	2		51	47	4		338	53	64
察哈尔右翼前旗			93	89	4		753	172	176
察哈尔右翼中旗	2		84	76	7	1	296	75	79
察哈尔右翼后旗	2		44	39	2	3	369	102	85
四子王旗	3		98	83	14	1	391	112	115
丰镇市		1	36	30	6		374	85	114
兴安盟	**5**	**15**	**384**	**276**	**102**	**6**	**2382**	**801**	**541**
乌兰浩特市	1	2	49	26	23		209	50	60
阿尔山市			11	6	5		22	2	6
科尔沁右翼前旗	2	12	142	104	36	2	860	320	153
科尔沁右翼中旗	1		34	23	11		247	82	31
扎赉特旗	1	1	75	55	17	3	441	166	72
突泉县			73	62	10	1	603	181	219
锡林郭勒盟	**8**	**2**	**338**	**229**	**108**	**1**	**1768**	**430**	**619**
二连浩特市			1	1			9	2	1
锡林浩特市	1		55	27	28		300	58	119
阿巴嘎旗			20	11	9		71	20	35
苏尼特左旗			32	27	5		71	11	27
苏尼特右旗			6	5	1		36	7	11
东乌珠穆沁旗			13	12		1	65	22	14
西乌珠穆沁旗	3		77	61	16		422	41	216
太仆寺旗	2		43	24	19		296	85	94
镶黄旗			4	3	1		22	4	3
正镶白旗	1	1	7	4	3		31	14	5
正蓝旗	1		46	35	11		194	65	34
多伦县		1	30	17	13		246	100	59
乌拉盖管委会			4	2	2		5	1	1
阿拉善盟	**5**	**1**	**184**	**120**	**63**	**1**	**783**	**116**	**312**
阿拉善左旗	4	1	117	76	41		559	86	238
阿拉善右旗			23	19	4		58	4	18
额济纳旗	1		42	24	17	1	143	22	53
内蒙古阿拉善经济开发区			2	1	1		23	4	3

4-6c 续表 21

单位：人

地区 性别	专业技术人员		办事人员和有关人员				社会生产服务和生活服务人员		
	新闻出版、文化专业人员	其他专业技术人员	小计	办事人员	安全和消防人员	其他办事人员和有关人员	小计	批发与零售服务人员	交通运输、仓储和邮政业服务人员
男	**70**	**131**	**5409**	**3320**	**1975**	**114**	**34630**	**8272**	**12832**
呼和浩特市	**7**	**10**	**734**	**406**	**320**	**8**	**4983**	**1068**	**1731**
新城区	1	7	145	53	86	6	878	155	274
回民区			49	23	26		287	88	90
玉泉区	1		77	28	49		587	146	214
赛罕区	3		107	79	28		1364	287	392
土默特左旗		3	108	58	50		601	135	216
托克托县	1		101	60	40	1	573	125	251
和林格尔县	1		71	48	23		342	65	120
清水河县			37	31	6		201	26	115
武川县			39	26	12	1	150	41	59
呼和浩特经济技术开发区									
包头市	**6**	**5**	**340**	**180**	**150**	**10**	**3544**	**757**	**1626**
东河区			35	16	17	2	502	126	236
昆都仑区		3	37	19	17	1	307	66	115
青山区	1		17	8	7	2	293	49	145
石拐区	1		11	3	7	1	40	6	19
白云鄂博矿区									
九原区		1	47	30	17		500	104	226
土默特右旗	2		68	40	26	2	739	196	247
固阳县		1	85	47	37	1	978	180	554
达尔罕茂明安联合旗	2		32	17	14	1	80	15	23
包头稀土高新技术产业开发区			8		8		105	15	61
乌海市			**54**	**31**	**23**		**295**	**49**	**178**
海勃湾区			37	25	12		234	29	151
海南区			17	6	11		61	20	27
乌达区									
赤峰市	**21**	**27**	**895**	**565**	**308**	**22**	**6988**	**2169**	**2102**
红山区		1	12	4	8		71	10	25
元宝山区	1	2	47	18	28	1	323	75	126
松山区	5	4	220	153	65	2	1402	487	412
阿鲁科尔沁旗	1		46	28	18		480	120	136
巴林左旗	5	4	122	105	17		1085	336	297
巴林右旗	1		17	8	8	1	107	41	22
林西县	1	1	42	34	8		408	76	155
克什克腾旗		10	65	42	22	1	194	40	59
翁牛特旗	2	2	79	51	24	4	503	190	147
喀喇沁旗			56	26	29	1	487	137	159
宁城县	3	1	95	36	49	10	1185	379	393
敖汉旗	2	2	94	60	32	2	743	278	171

4-6c 续表 22

单位：人

地区 性别	专业技术人员		办事人员和有关人员				社会生产服务和生活服务人员		
	新闻出版、文化专业人员	其他专业技术人员	小计	办事人员	安全和消防人员	其他办事人员和有关人员	小计	批发与零售服务人员	交通运输、仓储和邮政业服务人员
通辽市	**7**	**8**	**461**	**257**	**193**	**11**	**4070**	**1003**	**1399**
科尔沁区			115	40	73	2	1120	264	442
科尔沁左翼中旗	5	7	79	45	28	6	1236	259	394
科尔沁左翼后旗			40	26	13	1	234	72	69
开鲁县	1		41	29	11	1	371	127	104
库伦旗	1		26	22	4		109	35	22
奈曼旗		1	66	47	19		432	130	146
扎鲁特旗			41	28	12	1	250	66	68
通辽经济技术开发区			37	10	27		196	37	94
霍林郭勒市			16	10	6		122	13	60
鄂尔多斯市	**4**	**12**	**870**	**576**	**269**	**25**	**4119**	**703**	**1981**
东胜区	1		43	14	29		306	64	168
康巴什区									
达拉特旗		1	87	58	29		737	158	359
准格尔旗		4	271	181	78	12	1332	185	705
鄂托克前旗		1	84	68	14	2	159	19	58
鄂托克旗	2		58	38	19	1	342	35	196
杭锦旗		3	18	13	3	2	132	27	35
乌审旗	1	1	137	95	35	7	460	94	197
伊金霍洛旗		2	172	109	62	1	651	121	263
呼伦贝尔市	**7**	**14**	**576**	**313**	**249**	**14**	**1791**	**427**	**634**
海拉尔区			14	5	9		60	18	24
扎赉诺尔区									
阿荣旗	2		88	51	36	1	384	104	106
莫力达瓦达斡尔族自治旗	2	1	108	75	33		331	102	119
鄂伦春自治旗	1	1	54	37	11	6	232	51	81
鄂温克族自治旗		1	104	37	67		153	36	63
陈巴尔虎旗	1		17	15	2		48	4	13
新巴尔虎左旗		1	27	7	15	5	46	7	17
新巴尔虎右旗	1	10	28	17	9	2	66	7	38
满洲里市									
牙克石市			44	18	26		101	13	42
扎兰屯市			57	32	25		319	74	116
额尔古纳市			35	19	16		51	11	15
根河市									
巴彦淖尔市	**4**	**36**	**368**	**199**	**159**	**10**	**2732**	**810**	**909**
临河区	1	3	100	35	63	2	920	293	309
五原县	1	3	39	20	18	1	475	166	136
磴口县			30	18	8	4	147	30	40
乌拉特前旗	1	18	90	61	28	1	511	136	156
乌拉特中旗	1		28	21	7		187	43	75
乌拉特后旗		10	34	21	11	2	111	17	54
杭锦后旗		2	47	23	24		381	125	139

4-6c　续表 23

单位：人

地　区 性　别	专业技术人员		办事人员和有关人员				社会生产服务和生活服务人员		
	新闻出版、文化专业人员	其他专业技术人员	小计	办事人员	安全和消防人员	其他办事人员和有关人员	小计	批发与零售服务人　员	交通运输、仓储和邮政业服务人员
乌兰察布市	**4**	**1**	**464**	**395**	**61**	**8**	**2897**	**573**	**925**
集宁区	1		70	59	11		251	46	88
卓资县			22	19	2	1	204	29	77
化德县			29	27	2		131	28	39
商都县			25	15	7	3	416	78	66
兴和县	1		34	25	9		284	70	101
凉城县			38	35	3		224	27	55
察哈尔右翼前旗			66	62	4		458	90	155
察哈尔右翼中旗			58	51	7		182	38	72
察哈尔右翼后旗	1		31	26	2	3	247	54	79
四子王旗	1		61	52	8	1	244	67	87
丰镇市		1	30	24	6		256	46	106
兴安盟	**3**	**15**	**265**	**168**	**92**	**5**	**1443**	**409**	**494**
乌兰浩特市	1	2	38	16	22		130	25	55
阿尔山市			10	5	5		13	1	6
科尔沁右翼前旗	1	12	94	62	31	1	486	154	138
科尔沁右翼中旗	1		21	11	10		140	37	28
扎赉特旗		1	54	35	16	3	266	88	66
突泉县			48	39	8	1	408	104	201
锡林郭勒盟	**3**	**2**	**245**	**148**	**97**		**1215**	**228**	**569**
二连浩特市			1	1			6		1
锡林浩特市			40	17	23		198	31	103
阿巴嘎旗			17	8	9		57	11	35
苏尼特左旗			21	16	5		52	6	24
苏尼特右旗			4	3	1		23	3	8
东乌珠穆沁旗			6	6			36	12	13
西乌珠穆沁旗	2		65	50	15		348	23	215
太仆寺旗	1		31	14	17		194	50	81
镶黄旗			4	3	1		11	3	2
正镶白旗		1	5	3	2		22	8	5
正蓝旗			30	20	10		116	29	28
多伦县		1	19	6	13		147	51	53
乌拉盖管委会			2	1	1		5	1	1
阿拉善盟	**4**	**1**	**137**	**82**	**54**	**1**	**553**	**76**	**284**
阿拉善左旗	3	1	92	57	35		397	52	217
阿拉善右旗			14	12	2		42	3	17
额济纳旗	1		30	13	16	1	101	17	47
内蒙古阿拉善经济开发区			1		1		13	4	3

4-6c 续表 24

单位：人

地区 性别	专业技术人员		办事人员和有关人员				社会生产服务和生活服务人员		
	新闻出版、文化专业人员	其他专业技术人员	小计	办事人员	安全和消防人员	其他办事人员和有关人员	小计	批发与零售服务人员	交通运输、仓储和邮政业服务人员
女	**100**	**18**	**2312**	**2023**	**248**	**41**	**21187**	**7881**	**1490**
呼和浩特市	**10**	**1**	**311**	**282**	**27**	**2**	**3140**	**1001**	**178**
新城区	2		47	43	3	1	587	201	25
回民区			17	16	1		183	70	7
玉泉区	3		39	35	4		383	146	14
赛罕区	4		68	68			952	270	48
土默特左旗	1	1	47	41	6		357	114	35
托克托县			35	29	6		287	84	11
和林格尔县			35	32	2	1	252	64	20
清水河县			9	7	2		77	23	12
武川县			14	11	3		62	29	6
呼和浩特经济技术开发区									
包头市	**6**		**160**	**143**	**15**	**2**	**2032**	**745**	**185**
东河区	1		16	16			273	137	21
昆都仑区			19	19			202	68	9
青山区			15	14	1		269	64	14
石拐区			7	3	4		18	4	1
白云鄂博矿区									
九原区			14	12	2		296	93	38
土默特右旗	2		25	23	1	1	385	164	19
固阳县			35	33	2		484	170	78
达尔罕茂明安联合旗	1		28	22	5	1	56	24	2
包头稀土高新技术产业开发区	2		1	1			49	21	3
乌海市			**19**	**15**	**4**		**122**	**29**	**9**
海勃湾区			17	14	3		94	25	8
海南区			2	1	1		28	4	1
乌达区									
赤峰市	**26**	**10**	**478**	**414**	**53**	**11**	**5190**	**2254**	**335**
红山区	1	2	5	1	4		48	9	6
元宝山区	4		10	10			172	65	13
松山区	8	3	130	114	15	1	983	455	73
阿鲁科尔沁旗		1	32	27	5		281	118	16
巴林左旗	2	3	80	76	3	1	1158	464	51
巴林右旗	1		11	9	2		74	41	4
林西县	1		20	19		1	293	100	42
克什克腾旗			19	13	4	2	139	45	10
翁牛特旗	1		43	40	3		336	173	23
喀喇沁旗	1		27	20	5	2	330	135	19
宁城县	4	1	58	49	5	4	826	393	59
敖汉旗	3		43	36	7		550	256	19

4-6c　续表 25　　　　单位：人

地　区 性　别	专业技术人员		办事人员和有关人员				社会生产服务和生活服务人员		
	新闻出版、文化专业人员	其他专业技术人员	小计	办事人员	安全和消防人员	其他办事人员和有关人员	小计	批发与零售服务人员	交通运输、仓储和邮政业服务人员
通辽市	**13**	**1**	**254**	**224**	**19**	**11**	**2722**	**1073**	**216**
科尔沁区	1		52	41	6	5	744	301	62
科尔沁左翼中旗	5	1	54	48	2	4	801	254	57
科尔沁左翼后旗	3		20	20			211	91	21
开鲁县	1		28	25	3		250	131	11
库伦旗			17	17			91	40	3
奈曼旗	2		29	25	3	1	270	130	25
扎鲁特旗	1		28	27	1		168	68	20
通辽经济技术开发区			17	12	4	1	130	44	13
霍林郭勒市			9	9			57	14	4
鄂尔多斯市	**10**	**1**	**256**	**205**	**44**	**7**	**1732**	**450**	**171**
东胜区			11	6	5		117	29	17
康巴什区									
达拉特旗	1		35	27	7	1	364	131	36
准格尔旗	3	1	78	60	15	3	458	84	41
鄂托克前旗	3		20	17	1	2	105	18	18
鄂托克旗			23	17	6		99	20	18
杭锦旗			10	8	2		60	33	2
乌审旗	1		47	43	4		237	59	26
伊金霍洛旗	2		32	27	4	1	292	76	13
呼伦贝尔市	**11**	**1**	**217**	**192**	**23**	**2**	**1241**	**502**	**70**
海拉尔区			8	7	1		33	16	2
扎赉诺尔区									
阿荣旗			23	19	4		275	135	9
莫力达瓦达斡尔族自治旗	5		41	38	3		246	99	11
鄂伦春自治旗			26	23	1	2	163	71	4
鄂温克族自治旗	1		30	25	5		92	40	5
陈巴尔虎旗	1		4	3	1		38	9	1
新巴尔虎左旗	1		5	4	1		55	14	11
新巴尔虎右旗		1	7	5	2		37	10	4
满洲里市									
牙克石市			19	19			43	16	2
扎兰屯市	1		35	33	2		222	76	19
额尔古纳市	2		19	16	3		37	16	2
根河市									
巴彦淖尔市	**7**	**4**	**158**	**130**	**25**	**3**	**1754**	**721**	**95**
临河区	2		47	39	8		664	277	33
五原县			24	18	5	1	285	119	14
磴口县	1		17	13	3	1	94	32	1
乌拉特前旗	2	3	26	23	2	1	301	121	18
乌拉特中旗	1		10	10			93	30	14
乌拉特后旗		1	14	11	3		53	17	5
杭锦后旗	1		20	16	4		264	125	10

4－6c 续表 26 单位：人

地区 性别	专业技术人员		办事人员和有关人员				社会生产服务和生活服务人员		
	新闻出版、文化专业人员	其他专业技术人员	小计	办事人员	安全和消防人员	其他办事人员和有关人员	小计	批发与零售服务人员	交通运输、仓储和邮政业服务人员
乌兰察布市	**9**		**200**	**191**	**8**	**1**	**1532**	**472**	**106**
集宁区	1		34	33	1		156	46	11
卓资县	1		4	4			102	21	2
化德县			10	10			60	26	4
商都县			15	15			192	54	5
兴和县			15	15			112	48	5
凉城县	2		13	12	1		114	26	9
察哈尔右翼前旗			27	27			295	82	21
察哈尔右翼中旗	2		26	25		1	114	37	7
察哈尔右翼后旗	1		13	13			122	48	6
四子王旗	2		37	31	6		147	45	28
丰镇市			6	6			118	39	8
兴安盟	**2**		**119**	**108**	**10**	**1**	**939**	**392**	**47**
乌兰浩特市			11	10	1		79	25	5
阿尔山市			1	1			9	1	
科尔沁右翼前旗	1		48	42	5	1	374	166	15
科尔沁右翼中旗			13	12	1		107	45	3
扎赉特旗	1		21	20	1		175	78	6
突泉县			25	23	2		195	77	18
锡林郭勒盟	**5**		**93**	**81**	**11**	**1**	**553**	**202**	**50**
二连浩特市							3	2	
锡林浩特市	1		15	10	5		102	27	16
阿巴嘎旗			3	3			14	9	
苏尼特左旗			11	11			19	5	3
苏尼特右旗			2	2			13	4	3
东乌珠穆沁旗			7	6		1	29	10	1
西乌珠穆沁旗	1		12	11	1		74	18	1
太仆寺旗	1		12	10	2		102	35	13
镶黄旗							11	1	1
正镶白旗	1		2	1	1		9	6	
正蓝旗	1		16	15	1		78	36	6
多伦县			11	11			99	49	6
乌拉盖管委会			2	1	1				
阿拉善盟	**1**		**47**	**38**	**9**		**230**	**40**	**28**
阿拉善左旗	1		25	19	6		162	34	21
阿拉善右旗			9	7	2		16	1	1
额济纳旗			12	11	1		42	5	6
内蒙古阿拉善经济开发区			1	1			10		

4-6c　续表 27　　　　单位：人

地　区 性　别	社会生产服务和生活服务人员								
	住宿和餐饮服务人员	信息传输、软件和信息技术服务人员	金融服务人员	房地产服务人员	租赁和商务服务人员	技术辅助服务人员	水利、环境和公共设施管理服务人员	居民服务人员	电力、燃气及水供应服务人员
内蒙古	**9223**	**654**	**684**	**438**	**1576**	**650**	**4168**	**4018**	**897**
呼和浩特市	**1395**	**91**	**101**	**105**	**357**	**97**	**1076**	**502**	**79**
新城区	216	24	19	27	56	15	229	155	9
回民区	49	5	6	6	36	9	55	17	7
玉泉区	179	7	5	16	20	9	101	65	12
赛罕区	429	21	25	35	160	29	395	136	7
土默特左旗	196	9	21	5	23	17	93	39	13
托克托县	146	12	15	9	16	5	80	40	14
和林格尔县	108	11	1	5	41	6	87	39	9
清水河县	41	2	4		3	2	22	5	6
武川县	31		5	2	2	5	14	6	2
呼和浩特经济技术开发区									
包头市	**825**	**66**	**65**	**42**	**89**	**41**	**398**	**399**	**56**
东河区	96	5	5	11	9	3	38	41	4
昆都仑区	92	4	5	3	14	4	59	34	5
青山区	86	10	3	10	13	4	69	69	3
石拐区	7			1	2	1	14		
白云鄂博矿区									
九原区	102	24	9	3	25	8	86	31	5
土默特右旗	190	17	18	9	5	10	44	101	25
固阳县	206	6	22	5	17	7	60	105	7
达尔罕茂明安联合旗	31		2		2	2	7	12	7
包头稀土高新技术产业开发区	15		1		2	2	21	6	
乌海市	**57**	**2**	**3**		**5**	**3**	**43**	**10**	**3**
海勃湾区	35	2	3		4	2	32	9	2
海南区	22				1	1	11	1	1
乌达区									
赤峰市	**1695**	**184**	**184**	**99**	**277**	**175**	**665**	**1119**	**183**
红山区	9	1		1	2	1	30	8	4
元宝山区	55	4	5	4	18	6	59	27	7
松山区	274	33	48	26	74	52	166	127	36
阿鲁科尔沁旗	116	16	9	4	8	3	48	101	6
巴林左旗	349	29	41	24	79	27	95	294	29
巴林右旗	40	3	2	1	5	2	2	6	5
林西县	92	10	15	8	11	7	33	105	7
克什克腾旗	93	1	3		13	6	16	9	12
翁牛特旗	125	15	8	6	14	9	28	49	7
喀喇沁旗	112	18	17	5	19	19	68	51	9
宁城县	277	31	24	14	21	32	68	160	28
敖汉旗	153	23	12	6	13	11	52	182	33

4-6c 续表 28

单位：人

地 区 性 别	社会生产服务和生活服务人员								
	住宿和餐饮服务人员	信息传输、软件和信息技术服务人员	金融服务人员	房地产服务人员	租赁和商务服务人员	技术辅助服务人员	水利、环境和公共设施管理服务人员	居民服务人员	电力、燃气及水供应服务人员
通辽市	**1305**	**89**	**82**	**52**	**144**	**87**	**316**	**516**	**116**
科尔沁区	290	15	21	15	21	24	105	160	29
科尔沁左翼中旗	539	40	24	18	76	24	88	149	21
科尔沁左翼后旗	100	7	6	3	8	2	10	31	3
开鲁县	88	1	17	5	7	3	26	51	20
库伦旗	47	3		2	7	1	2	20	
奈曼旗	107	13	6	7	7	12	16	43	22
扎鲁特旗	64	6	5	1	7	15	22	29	14
通辽经济技术开发区	41	1	3	1	8	4	30	28	3
霍林郭勒市	29	3			3	2	17	5	4
鄂尔多斯市	**1067**	**34**	**29**	**60**	**144**	**81**	**416**	**206**	**208**
东胜区	63			6	13	4	40	3	5
康巴什区									
达拉特旗	168	7	4	4	17	8	65	40	25
准格尔旗	344	11	3	12	53	23	132	63	32
鄂托克前旗	73	1	1	8	4	3	16	12	20
鄂托克旗	61		5	8	7	5	16	3	58
杭锦旗	31	3	6	1	3	16	4	11	7
乌审旗	140	9	7	9	10	11	42	31	37
伊金霍洛旗	187	3	3	12	37	11	101	43	24
呼伦贝尔市	**565**	**38**	**50**	**17**	**68**	**29**	**124**	**291**	**54**
海拉尔区	11	1		1		1	11	4	2
扎赉诺尔区									
阿荣旗	118	15	6	2	8	5	24	69	15
莫力达瓦达斡尔族自治旗	107	4	18	9	9	7	20	38	4
鄂伦春自治旗	58	5	1		6	1	12	78	5
鄂温克族自治旗	42	1	4	2	8	3	15	12	3
陈巴尔虎旗	18	3	1		2		2	24	4
新巴尔虎左旗	36		2		3		2	5	3
新巴尔虎右旗	21				5	5	5	5	2
满洲里市									
牙克石市	22	1	1	2	1	4	5	24	5
扎兰屯市	110	7	15	1	23	1	24	27	8
额尔古纳市	22	1	2		3	2	4	5	3
根河市									
巴彦淖尔市	**730**	**37**	**73**	**34**	**50**	**60**	**332**	**290**	**64**
临河区	270	12	27	20	11	33	143	64	12
五原县	100	2	15	2	9	9	56	63	6
磴口县	52	2	1	1	3	4	27	21	11
乌拉特前旗	142	9	13	8	22	8	43	59	21
乌拉特中旗	42		5		1	1	22	18	2
乌拉特后旗	29	1	1	3	2	1	15	7	6
杭锦后旗	95	11	11		2	4	26	58	6

4-6c　续表 29　　　　单位：人

地　区 性　别	社会生产服务和生活服务人员								
	住宿和餐饮服务人员	信息传输、软件和信息技术服务人员	金融服务人员	房地产服务人员	租赁和商务服务人员	技术辅助服务人员	水利、环境和公共设施管理服务人员	居民服务人员	电力、燃气及水供应服务人员
乌兰察布市	**653**	**72**	**57**	**19**	**288**	**30**	**470**	**512**	**67**
集宁区	58	30	3	2	38	8	59	8	1
卓资县	72	2	6	2	20	1	38	17	3
化德县	23	2	3	4	16	1	19	7	6
商都县	50	1	3	2	19		28	281	5
兴和县	41	7	1	2	30	2	35	26	5
凉城县	58	4	11		20	1	25	67	9
察哈尔右翼前旗	129	6	4	5	65	6	141	32	6
察哈尔右翼中旗	53	3	9		15	2	15	19	8
察哈尔右翼后旗	45	8	6	1	18	4	53	25	12
四子王旗	63	5	7		27	3	23	14	9
丰镇市	61	4	4	1	20	2	34	16	3
兴安盟	**478**	**22**	**23**	**4**	**59**	**14**	**149**	**109**	**32**
乌兰浩特市	33	2	4		10	1	19	16	2
阿尔山市	5				1		5	2	
科尔沁右翼前旗	186	9	11	1	16	10	48	34	12
科尔沁右翼中旗	60	4	4	1	6	1	21	14	4
扎赉特旗	101	5	3		7		35	20	8
突泉县	93	2	1	2	19	2	21	23	6
锡林郭勒盟	**274**	**15**	**13**	**6**	**47**	**19**	**139**	**54**	**25**
二连浩特市	2				2			1	
锡林浩特市	43	4	2	2	11	1	19	15	4
阿巴嘎旗	8	2	2				1		1
苏尼特左旗	18	2	2		1	1	3		1
苏尼特右旗	6				1	4			2
东乌珠穆沁旗	16			2		1	6	1	1
西乌珠穆沁旗	50	3			19	7	50	5	3
太仆寺旗	50	2	4			2	31	10	6
镶黄旗	8				1		5	1	
正镶白旗	5				4		1	1	
正蓝旗	31	1	2	1	4	3	5	14	6
多伦县	36	1	1	1	2		18	6	1
乌拉盖管委会	1				2				
阿拉善盟	**179**	**4**	**4**		**48**	**14**	**40**	**10**	**10**
阿拉善左旗	119	4	2		27	8	27	8	6
阿拉善右旗	20				2		7	2	4
额济纳旗	32		2		13	6	4		
内蒙古阿拉善经济开发区	8				6		2		

4-6c 续表 30

单位：人

地 区 性 别	社会生产服务和生活服务人员								
	住宿和餐饮服务人员	信息传输、软件和信息技术服务人员	金融服务人员	房地产服务人员	租赁和商务服务人员	技术辅助服务人员	水利、环境和公共设施管理服务人员	居民服务人员	电力、燃气及水供应服务人员
男	**3872**	**453**	**315**	**275**	**1308**	**422**	**1973**	**1558**	**786**
呼和浩特市	**613**	**58**	**48**	**74**	**297**	**61**	**460**	**212**	**72**
新城区	90	19	4	20	44	9	112	87	9
回民区	22	1	4	4	21	5	21	4	7
玉泉区	88	5	2	12	16	8	41	16	11
赛罕区	198	12	13	27	145	20	147	56	7
土默特左旗	89	5	12	3	21	11	46	12	12
托克托县	62	9	8	5	12	2	26	16	12
和林格尔县	33	5	1	1	34	2	43	15	8
清水河县	16	2	2		2	2	13	2	4
武川县	15		2	2	2	2	11	4	2
呼和浩特经济技术开发区									
包头市	**368**	**50**	**28**	**26**	**75**	**29**	**153**	**135**	**49**
东河区	43	4	2	8	4	3	17	17	4
昆都仑区	34	3	2	1	11	3	28	12	5
青山区	22	6	2	6	11	2	24	7	2
石拐区	3			1	2	1	5		
白云鄂博矿区									
九原区	44	19	3	2	23	3	29	8	3
土默特右旗	105	12	4	6	4	9	17	45	23
固阳县	100	6	13	2	16	4	19	35	7
达尔罕茂明安联合旗	11		2		2	2	3	9	5
包头稀土高新技术产业开发区	6				2	2	11	2	
乌海市	**20**		**1**		**4**	**2**	**13**	**4**	**1**
海勃湾区	12		1		3	1	10	3	1
海南区	8				1	1	3	1	
乌达区									
赤峰市	**706**	**127**	**90**	**63**	**222**	**113**	**308**	**326**	**165**
红山区	4				1		12	5	4
元宝山区	19	3	2	2	17	4	29	13	7
松山区	119	25	22	17	56	38	59	35	35
阿鲁科尔沁旗	55	12	5	3	8	1	33	51	6
巴林左旗	127	17	21	12	60	14	31	48	22
巴林右旗	20	3	1	1	3	1	2	4	4
林西县	41	5	7	5	10	6	19	42	7
克什克腾旗	34	1	1		11	4	8	5	10
翁牛特旗	52	13	6	5	12	4	13	19	6
喀喇沁旗	43	12	5	4	16	11	37	14	7
宁城县	116	20	11	9	16	21	35	50	27
敖汉旗	76	16	9	5	12	9	30	40	30

4-6c 续表 31 单位：人

地 区 性 别	社会生产服务和生活服务人员								
	住宿和餐饮服务人员	信息传输、软件和信息技术服务人员	金融服务人员	房地产服务人员	租赁和商务服务人员	技术辅助服务人员	水利、环境和公共设施管理服务人员	居民服务人员	电力、燃气及水供应服务人员
通辽市	**562**	**65**	**38**	**37**	**124**	**48**	**168**	**200**	**102**
科尔沁区	115	11	8	10	16	13	53	70	24
科尔沁左翼中旗	251	28	10	12	65	11	50	65	18
科尔沁左翼后旗	44	6	3	2	8	1	3	6	2
开鲁县	40		9	3	6	1	17	17	19
库伦旗	19	2		2	6	1	2	7	
奈曼旗	48	11	3	6	5	6	10	14	19
扎鲁特旗	26	5	2	1	7	14	14	7	13
通辽经济技术开发区	12	1	3	1	8		11	13	3
霍林郭勒市	7	1			3	1	8	1	4
鄂尔多斯市	**428**	**25**	**20**	**32**	**122**	**64**	**213**	**74**	**181**
东胜区	23			1	13	4	18	1	5
康巴什区									
达拉特旗	63	5	1	3	15	5	32	5	22
准格尔旗	143	10	1	6	40	20	59	35	28
鄂托克前旗	33	1	1	5	2	3	8	3	16
鄂托克旗	23		4	6	6	2	11	1	50
杭锦旗	18	1	6	1	2	15	3	7	5
乌审旗	50	6	5	4	9	10	18	8	36
伊金霍洛旗	75	2	2	6	35	5	64	14	19
呼伦贝尔市	**239**	**26**	**16**	**9**	**51**	**20**	**71**	**114**	**45**
海拉尔区	3	1		1			8	1	2
扎赉诺尔区									
阿荣旗	55	11	2	2	5	3	16	28	12
莫力达瓦达斡尔族自治旗	45	4	4	4	7	2	9	6	4
鄂伦春自治旗	26	2	1		5	1	5	37	5
鄂温克族自治旗	16	1	1	1	5	3	8	6	3
陈巴尔虎旗	8	2			2		1	11	3
新巴尔虎左旗	14		2		1		1	1	2
新巴尔虎右旗	8				5	4	1	1	1
满洲里市									
牙克石市	10	1	1	1	1	4	4	16	4
扎兰屯市	45	3	4		18	1	15	5	6
额尔古纳市	9	1	1		2	2	3	2	3
根河市									
巴彦淖尔市	**289**	**25**	**26**	**18**	**39**	**32**	**165**	**119**	**52**
临河区	105	8	11	11	8	16	62	18	11
五原县	44	2	4		6	5	31	29	3
磴口县	19	2			2	2	16	12	8
乌拉特前旗	52	6	6	6	19	5	26	31	17
乌拉特中旗	16		3		1	1	11	9	2
乌拉特后旗	13	1		1	2	1	6	4	6
杭锦后旗	40	6	2		1	2	13	16	5

4−6c　续表 32　　　　单位：人

地　区 性　别	社会生产服务和生活服务人员								
	住宿和餐饮服务人员	信息传输、软件和信息技术服务人员	金融服务人员	房地产服务人员	租赁和商务服务人员	技术辅助服务人员	水利、环境和公共设施管理服务人员	居民服务人员	电力、燃气及水供应服务人员
乌兰察布市	**279**	**49**	**27**	**12**	**245**	**20**	**235**	**316**	**59**
集宁区	21	22		1	37	3	22	4	1
卓资县	33	2	3	2	18	1	16	5	2
化德县	11	1	2	3	14		13	5	5
商都县	24		2	1	18		15	197	4
兴和县	19	4		1	26	2	24	13	4
凉城县	30	3	7		16	1	12	44	9
察哈尔右翼前旗	45	4	1	2	51	5	78	11	6
察哈尔右翼中旗	20	1	4		11	2	6	7	6
察哈尔右翼后旗	20	4	4	1	16	1	27	20	12
四子王旗	28	4	2		21	3	10	4	7
丰镇市	28	4	2	1	17	2	12	6	3
兴安盟	**184**	**14**	**11**	**1**	**49**	**9**	**92**	**36**	**28**
乌兰浩特市	9	2	2		10	1	8	6	2
阿尔山市	2				1		3		
科尔沁右翼前旗	73	7	6		11	7	24	11	10
科尔沁右翼中旗	23	2	2		6		19	3	4
扎赉特旗	43	1	1		6		27	9	6
突泉县	34	2		1	15	1	11	7	6
锡林郭勒盟	**118**	**12**	**6**	**3**	**43**	**16**	**74**	**18**	**23**
二连浩特市	1				2			1	
锡林浩特市	17	3	1		9	1	4	7	3
阿巴嘎旗	3	2	2				1		1
苏尼特左旗	11	2			1	1	2		1
苏尼特右旗	3				1	4			1
东乌珠穆沁旗	5			1			2		1
西乌珠穆沁旗	23	3			19	7	30	2	3
太仆寺旗	20	1	2			1	19	3	6
镶黄旗	3						3		
正镶白旗	4				3		1		
正蓝旗	15		1	1	4	2	3	5	6
多伦县	12	1		1	2		9		1
乌拉盖管委会	1				2				
阿拉善盟	**66**	**2**	**4**		**37**	**8**	**21**	**4**	**9**
阿拉善左旗	47	2	2		20	3	14	3	5
阿拉善右旗	9				2		5	1	4
额济纳旗	9		2		10	5	2		
内蒙古阿拉善经济开发区	1				5				

4-6c 续表 33 单位：人

地区 性别	社会生产服务和生活服务人员								
	住宿和餐饮服务人员	信息传输、软件和信息技术服务人员	金融服务人员	房地产服务人员	租赁和商务服务人员	技术辅助服务人员	水利、环境和公共设施管理服务人员	居民服务人员	电力、燃气及水供应服务人员
女	**5351**	**201**	**369**	**163**	**268**	**228**	**2195**	**2460**	**111**
呼和浩特市	**782**	**33**	**53**	**31**	**60**	**36**	**616**	**290**	**7**
新城区	126	5	15	7	12	6	117	68	
回民区	27	4	2	2	15	4	34	13	
玉泉区	91	2	3	4	4	1	60	49	1
赛罕区	231	9	12	8	15	9	248	80	
土默特左旗	107	4	9	2	2	6	47	27	1
托克托县	84	3	7	4	4	3	54	24	2
和林格尔县	75	6		4	7	4	44	24	1
清水河县	25		2		1		9	3	2
武川县	16		3			3	3	2	
呼和浩特经济技术开发区									
包头市	**457**	**16**	**37**	**16**	**14**	**12**	**245**	**264**	**7**
东河区	53	1	3	3	5		21	24	
昆都仑区	58	1	3	2	3	1	31	22	
青山区	64	4	1	4	2	2	45	62	1
石拐区	4						9		
白云鄂博矿区									
九原区	58	5	6	1	2	5	57	23	2
土默特右旗	85	5	14	3	1	1	27	56	2
固阳县	106		9	3	1	3	41	70	
达尔罕茂明安联合旗	20						4	3	2
包头稀土高新技术产业开发区	9		1				10	4	
乌海市	**37**	**2**	**2**		**1**	**1**	**30**	**6**	**2**
海勃湾区	23	2	2		1	1	22	6	1
海南区	14						8		1
乌达区									
赤峰市	**989**	**57**	**94**	**36**	**55**	**62**	**357**	**793**	**18**
红山区	5	1		1	1	1	18	3	
元宝山区	36	1	3	2	1	2	30	14	
松山区	155	8	26	9	18	14	107	92	1
阿鲁科尔沁旗	61	4	4	1		2	15	50	
巴林左旗	222	12	20	12	19	13	64	246	7
巴林右旗	20		1		2	1		2	1
林西县	51	5	8	3	1	1	14	63	
克什克腾旗	59		2		2	2	8	4	2
翁牛特旗	73	2	2	1	2	5	15	30	1
喀喇沁旗	69	6	12	1	3	8	31	37	2
宁城县	161	11	13	5	5	11	33	110	1
敖汉旗	77	7	3	1	1	2	22	142	3

4-6c 续表 34 单位：人

地区 性别	社会生产服务和生活服务人员								
	住宿和餐饮服务人员	信息传输、软件和信息技术服务人员	金融服务人员	房地产服务人员	租赁和商务服务人员	技术辅助服务人员	水利、环境和公共设施管理服务人员	居民服务人员	电力、燃气及水供应服务人员
通辽市	**743**	**24**	**44**	**15**	**20**	**39**	**148**	**316**	**14**
科尔沁区	175	4	13	5	5	11	52	90	5
科尔沁左翼中旗	288	12	14	6	11	13	38	84	3
科尔沁左翼后旗	56	1	3	1		1	7	25	1
开鲁县	48	1	8	2	1	2	9	34	1
库伦旗	28	1			1			13	
奈曼旗	59	2	3	1	2	6	6	29	3
扎鲁特旗	38	1	3			1	8	22	1
通辽经济技术开发区	29					4	19	15	
霍林郭勒市	22	2				1	9	4	
鄂尔多斯市	**639**	**9**	**9**	**28**	**22**	**17**	**203**	**132**	**27**
东胜区	40			5			22	2	
康巴什区									
达拉特旗	105	2	3	1	2	3	33	35	3
准格尔旗	201	1	2	6	13	3	73	28	4
鄂托克前旗	40			3	2		8	9	4
鄂托克旗	38		1	2	1	3	5	2	8
杭锦旗	13	2			1	1	1	4	2
乌审旗	90	3	2	5	1	1	24	23	1
伊金霍洛旗	112	1	1	6	2	6	37	29	5
呼伦贝尔市	**326**	**12**	**34**	**8**	**17**	**9**	**53**	**177**	**9**
海拉尔区	8					1	3	3	
扎赉诺尔区									
阿荣旗	63	4	4		3	2	8	41	3
莫力达瓦达斡尔族自治旗	62		14	5	2	5	11	32	
鄂伦春自治旗	32	3			1		7	41	
鄂温克族自治旗	26		3	1	3		7	6	
陈巴尔虎旗	10	1	1				1	13	1
新巴尔虎左旗	22				2		1	4	1
新巴尔虎右旗	13					1	4	4	1
满洲里市									
牙克石市	12			1			1	8	1
扎兰屯市	65	4	11	1	5		9	22	2
额尔古纳市	13		1		1		1	3	
根河市									
巴彦淖尔市	**441**	**12**	**47**	**16**	**11**	**28**	**167**	**171**	**12**
临河区	165	4	16	9	3	17	81	46	1
五原县	56		11	2	3	4	25	34	3
磴口县	33		1	1	1	2	11	9	3
乌拉特前旗	90	3	7	2	3	3	17	28	4
乌拉特中旗	26		2				11	9	
乌拉特后旗	16		1	2			9	3	
杭锦后旗	55	5	9		1	2	13	42	1

4-6c　续表 35　　　　单位：人

地　区 性　别	社会生产服务和生活服务人员								
	住宿和餐饮服务人　员	信息传输、软件和信息技术服务人　员	金融服务人　　员	房地产服务人员	租赁和商务服务人　员	技术辅助服务人员	水利、环境和公共设施管理服务人员	居民服务人　　员	电力、燃气及水供应服务人　员
乌兰察布市	**374**	**23**	**30**	**7**	**43**	**10**	**235**	**196**	**8**
集宁区	37	8	3	1	1	5	37	4	
卓资县	39		3		2		22	12	1
化德县	12	1	1	1	2	1	6	2	1
商都县	26	1	1	1	1		13	84	1
兴和县	22	3	1	1	4		11	13	1
凉城县	28	1	4		4		13	23	
察哈尔右翼前旗	84	2	3	3	14	1	63	21	
察哈尔右翼中旗	33	2	5		4		9	12	2
察哈尔右翼后旗	25	4	2		2	3	26	5	
四子王旗	35	1	5		6		13	10	2
丰镇市	33		2		3		22	10	
兴安盟	**294**	**8**	**12**	**3**	**10**	**5**	**57**	**73**	**4**
乌兰浩特市	24		2				11	10	
阿尔山市	3						2	2	
科尔沁右翼前旗	113	2	5	1	5	3	24	23	2
科尔沁右翼中旗	37	2	2	1		1	2	11	
扎赉特旗	58	4	2		1		8	11	2
突泉县	59		1	1	4	1	10	16	
锡林郭勒盟	**156**	**3**	**7**	**3**	**4**	**3**	**65**	**36**	**2**
二连浩特市	1								
锡林浩特市	26	1	1	2	2		15	8	1
阿巴嘎旗	5								
苏尼特左旗	7		2				1		
苏尼特右旗	3								1
东乌珠穆沁旗	11			1		1	4	1	
西乌珠穆沁旗	27						20	3	
太仆寺旗	30	1	2			1	12	7	
镶黄旗	5				1		2	1	
正镶白旗	1				1			1	
正蓝旗	16	1	1			1	2	9	
多伦县	24		1				9	6	
乌拉盖管委会									
阿拉善盟	**113**	**2**			**11**	**6**	**19**	**6**	**1**
阿拉善左旗	72	2			7	5	13	5	1
阿拉善右旗	11						2	1	
额济纳旗	23				3	1	2		
内蒙古阿拉善经济开发区	7				1		2		

4−6c 续表 36 单位：人

地区 性别	社会生产服务和生活服务人员				农、林、牧、渔业生产及辅助人员				
	修理及制作服务人员	文化、体育和娱乐服务人员	健康服务人员	其他社会生产和生活服务人员	小计	农业生产人员	林业生产人员	畜牧业生产人员	渔业生产人员
内蒙古	**2590**	**213**	**107**	**124**	**251028**	**191794**	**973**	**56625**	**162**
呼和浩特市	**284**	**36**	**19**	**3**	**10364**	**8848**	**104**	**1292**	**9**
新城区	52	2	4	2	71	29	23	19	
回民区	19	5	1		23	12	6	5	
玉泉区	30	5		1	200	170	2	26	2
赛罕区	65	13	4		1320	1212	10	92	
土默特左旗	35	3	4		3312	2941	39	305	4
托克托县	43	5	4		1801	1579	5	143	3
和林格尔县	16		2		1911	1538	3	365	
清水河县	16	1			724	593	16	112	
武川县	8	2			1002	774		225	
呼和浩特经济技术开发区									
包头市	**243**	**17**	**9**	**13**	**11847**	**10085**	**36**	**1685**	**9**
东河区	30	3	1	9	1305	1231	2	68	1
昆都仑区	31				47	32	3	11	
青山区	20	3			66	30	1	35	
石拐区	3				91	73		17	
白云鄂博矿区									
九原区	37	3	1	1	750	586	1	157	1
土默特右旗	66	4	6	3	5895	5566	26	288	6
固阳县	42	2	1		2721	2112	3	597	
达尔罕茂明安联合旗	7	2			910	411		495	
包头稀土高新技术产业开发区	7				62	44		17	1
乌海市	**25**	**1**			**159**	**104**	**2**	**50**	**1**
海勃湾区	25	1			79	51	2	25	1
海南区					80	53		25	
乌达区									
赤峰市	**626**	**41**	**35**	**35**	**75510**	**62380**	**188**	**12544**	**19**
红山区	6			7	205	188	2	15	
元宝山区	27	1	2	1	854	722	3	125	1
松山区	104	5	8	5	8425	7849	12	545	
阿鲁科尔沁旗	54		1	5	5248	3127	16	2085	3
巴林左旗	101	15	8	4	7732	6277	33	1311	3
巴林右旗	7				3772	1426	1	2319	
林西县	39		1		3097	2543	8	537	
克什克腾旗	26				3108	1325	36	1728	7
翁牛特旗	37	4	2	2	8422	7334	5	1070	1
喀喇沁旗	41	3	1	4	6661	6127	16	509	1
宁城县	109	7	10	6	13210	11754	30	1286	1
敖汉旗	75	6	2	1	14776	13708	26	1014	2

4-6c 续表 37

单位：人

地区 性别	社会生产服务和生活服务人员：修理及制作服务人员	文化、体育和娱乐服务人员	健康服务人员	其他社会生产和生活服务人员	农、林、牧、渔业生产及辅助人员：小计	农业生产人员	林业生产人员	畜牧业生产人员	渔业生产人员
通辽市	**334**	**44**	**10**	**6**	**54501**	**44845**	**42**	**9384**	**40**
科尔沁区	93	17	2	3	6392	5696	10	647	6
科尔沁左翼中旗	74	15	3	2	8220	7076	7	1075	24
科尔沁左翼后旗	18	3	1		10928	8470	6	2435	4
开鲁县	29	1			8502	7681		781	
库伦旗	17	1			5110	3822	4	1282	1
奈曼旗	36	1	1		8286	7468	2	778	1
扎鲁特旗	28	3	2		6242	3943	13	2256	3
通辽经济技术开发区	16	2		1	805	682		121	1
霍林郭勒市	23	1	1		16	7		9	
鄂尔多斯市	**279**	**9**	**6**	**7**	**14520**	**9271**	**46**	**5109**	**23**
东胜区	11				277	156	3	112	
康巴什区									
达拉特旗	72	5	2		4623	3863	6	717	8
准格尔旗	93	4	1	4	1434	1118	13	294	5
鄂托克前旗	11			2	1383	686	2	689	
鄂托克旗	9				1304	130		1172	2
杭锦旗	12			1	1960	924	6	1028	2
乌审旗	25				2291	1536	6	737	3
伊金霍洛旗	46		3		1248	858	10	360	3
呼伦贝尔市	**139**	**13**	**5**	**6**	**17430**	**12455**	**260**	**4426**	**14**
海拉尔区	2				214	67		119	
扎赉诺尔区									
阿荣旗	33	2	3	5	3621	2994	50	541	8
莫力达瓦达斡尔族自治旗	27	1	2		3833	3413	11	338	2
鄂伦春自治旗	18	3		1	1045	858	32	151	1
鄂温克族自治旗	10	1			758	8	7	740	
陈巴尔虎旗	5				608	108		497	
新巴尔虎左旗	1				738	10	6	721	
新巴尔虎右旗	1				551	1	2	548	
满洲里市									
牙克石市	4	2			136	35	49	45	
扎兰屯市	36	4			5528	4834	97	571	3
额尔古纳市	2				394	127	5	152	
根河市					4		1	3	
巴彦淖尔市	**233**	**11**	**5**	**32**	**19694**	**16078**	**31**	**3307**	**30**
临河区	71	5	3	1	3982	3282	4	655	7
五原县	31	1		31	4109	3614	6	453	4
磴口县	16				1637	1213	10	280	1
乌拉特前旗	51	4	1		4431	3918	6	462	18
乌拉特中旗	26	1			2534	1635	1	890	
乌拉特后旗	5		1		620	360	1	256	
杭锦后旗	33				2381	2056	3	311	

4－6c 续表 38

单位：人

地区 性别	社会生产服务和生活服务人员				农、林、牧、渔业生产及辅助人员				
	修理及制作服务人员	文化、体育和娱乐服务人员	健康服务人员	其他社会生产和生活服务人员	小计	农业生产人员	林业生产人员	畜牧业生产人员	渔业生产人员
乌兰察布市	**148**	**17**	**3**	**17**	**11987**	**6521**	**83**	**5294**	**2**
集宁区	9				81	56	4	21	
卓资县	14		1	1	495	219	4	271	
化德县	12	1			493	195	5	291	1
商都县	8	7		1	2348	689	6	1649	
兴和县	21	2			676	389	5	278	
凉城县	11	1		14	1396	1142	11	232	1
察哈尔右翼前旗	11				1208	629	22	550	
察哈尔右翼中旗	17	1			1320	824	4	481	
察哈尔右翼后旗	8		1	1	663	253	10	394	
四子王旗	9	3	1		1861	1126	8	688	
丰镇市	28	2			1446	999	4	439	
兴安盟	**125**	**16**	**9**		**22160**	**19683**	**150**	**2261**	**15**
乌兰浩特市	11	1			808	756	2	39	2
阿尔山市			1		57	15	32	10	
科尔沁右翼前旗	46	8	6		7108	5953	23	1110	4
科尔沁右翼中旗	17	2			4100	3564	40	480	9
扎赉特旗	21	1	2		5660	5325	30	294	
突泉县	30	4			4427	4070	23	328	
锡林郭勒盟	**113**	**4**	**6**	**4**	**11502**	**966**	**22**	**10487**	
二连浩特市	1				111	16		95	
锡林浩特市	20		2		813	66		747	
阿巴嘎旗	1	1			992		1	990	
苏尼特左旗	5				885			885	
苏尼特右旗	5				801	3	1	797	
东乌珠穆沁旗	2				1297			1297	
西乌珠穆沁旗	26	1	1		1572	1	10	1560	
太仆寺旗	10	1	1		1145	384	8	741	
镶黄旗					479	2		477	
正镶白旗	1				823	60		762	
正蓝旗	21	1	2	4	1407	47		1360	
多伦县	21				1018	381	2	625	
乌拉盖管委会					159	6		151	
阿拉善盟	**41**	**4**		**1**	**1354**	**558**	**9**	**786**	
阿拉善左旗	30	4			1084	510	7	566	
阿拉善右旗	1				157	26	1	130	
额济纳旗	10			1	108	22	1	85	
内蒙古阿拉善经济开发区					5			5	

4-6c 续表 39

单位：人

地区 性别	社会生产服务和生活服务人员				农、林、牧、渔业生产及辅助人员				
	修理及制作服务人员	文化、体育和娱乐服务人员	健康服务人员	其他社会生产和生活服务人员	小计	农业生产人员	林业生产人员	畜牧业生产人员	渔业生产人员
男	**2313**	**134**	**40**	**77**	**144695**	**108846**	**795**	**33827**	**130**
呼和浩特市	**255**	**26**	**7**	**1**	**6871**	**5804**	**85**	**904**	**6**
新城区	51	1	2	1	53	20	18	15	
回民区	18	2			15	6	6	3	
玉泉区	24	4			132	110	1	20	1
赛罕区	49	10	1		868	787	10	66	
土默特左旗	33	3	3		2229	1960	33	217	3
托克托县	42	3			1229	1076	5	104	2
和林格尔县	14		1		1278	1021	2	250	
清水河县	16	1			423	340	10	71	
武川县	8	2			644	484		158	
呼和浩特经济技术开发区									
包头市	**221**	**14**	**3**	**10**	**7218**	**6066**	**29**	**1092**	**6**
东河区	28	2	1	7	795	743	2	47	1
昆都仑区	27				35	22	3	9	
青山区	15	2			43	20	1	22	
石拐区	3				58	45		13	
白云鄂博矿区									
九原区	34	2			461	346	1	110	1
土默特右旗	62	4	2	3	3506	3283	19	192	3
固阳县	40	2			1760	1352	3	398	
达尔罕茂明安联合旗	6	2			527	233		291	
包头稀土高新技术产业开发区	6				33	22		10	1
乌海市	**22**	**1**			**100**	**59**	**1**	**37**	**1**
海勃湾区	22	1			47	27	1	18	1
海南区					53	32		19	
乌达区									
赤峰市	**542**	**25**	**10**	**20**	**40608**	**32874**	**147**	**7337**	**16**
红山区	6			4	108	97	2	9	
元宝山区	25			1	507	409	3	92	1
松山区	91	3	3		4469	4107	10	339	
阿鲁科尔沁旗	45		1	4	2883	1716	9	1144	3
巴林左旗	87	7	2	4	3887	3114	22	688	2
巴林右旗	5				2028	759	1	1251	
林西县	35				1693	1354	8	326	
克什克腾旗	21				1727	694	33	987	5
翁牛特旗	33	2		1	4591	3950	5	624	1
喀喇沁旗	39	2		1	3640	3267	8	358	1
宁城县	95	6	2	5	7155	6203	25	842	1
敖汉旗	60	5	2		7920	7204	21	677	2

4-6c 续表 40

单位：人

地区 性别	社会生产服务和生活服务人员				农、林、牧、渔业生产及辅助人员				
	修理及制作服务人员	文化、体育和娱乐服务人员	健康服务人员	其他社会生产和生活服务人员	小计	农业生产人员	林业生产人员	畜牧业生产人员	渔业生产人员
通辽市	**296**	**23**	**4**	**1**	**30356**	**24718**	**35**	**5412**	**34**
科尔沁区	85	8	1		3620	3130	7	453	5
科尔沁左翼中旗	64	8		1	4822	4130	5	634	22
科尔沁左翼后旗	16	2			6022	4670	5	1331	3
开鲁县	27	1			4531	4018		483	
库伦旗	13				2767	2048	3	714	1
奈曼旗	33		1		4573	4064	2	477	
扎鲁特旗	23	2	2		3541	2263	13	1236	3
通辽经济技术开发区	12	1			469	391		77	
霍林郭勒市	23	1			11	4		7	
鄂尔多斯市	**255**	**9**	**5**	**7**	**8182**	**5183**	**39**	**2879**	**18**
东胜区	9				175	91	3	78	
康巴什区									
达拉特旗	63	5	1		2678	2176	6	461	7
准格尔旗	91	4	1	4	894	678	13	194	5
鄂托克前旗	8			2	743	367	1	371	
鄂托克旗	8				690	75		613	2
杭锦旗	11			1	1089	513	4	571	1
乌审旗	23				1208	814	4	380	1
伊金霍洛旗	42		3		705	469	8	211	2
呼伦贝尔市	**127**	**5**	**2**	**5**	**11364**	**8163**	**207**	**2732**	**10**
海拉尔区	2				146	43		75	
扎赉诺尔区									
阿荣旗	33	1	1	5	2408	1954	48	375	6
莫力达瓦达斡尔族自治旗	24		1		2631	2333	9	225	1
鄂伦春自治旗	17	1			684	564	25	93	1
鄂温克族自治旗	9	1			445	5	7	430	
陈巴尔虎旗	4				394	100		291	
新巴尔虎左旗	1				441	6	5	429	
新巴尔虎右旗	1				343	1	1	341	
满洲里市									
牙克石市	4				103	30	37	30	
扎兰屯市	30	2			3460	3019	69	354	2
额尔古纳市	2				306	108	5	87	
根河市					3		1	2	
巴彦淖尔市	**220**	**7**	**2**	**19**	**11494**	**9206**	**25**	**2078**	**23**
临河区	65	2	1		2317	1851	4	431	6
五原县	29	1		19	2384	2046	5	303	4
磴口县	16				959	701	6	175	
乌拉特前旗	48	3			2683	2337	5	309	13
乌拉特中旗	25	1			1453	941	1	505	
乌拉特后旗	5		1		347	198	1	147	
杭锦后旗	32				1351	1132	3	208	

4-6c 续表 41

单位：人

地区 性别	社会生产服务和生活服务人员				农、林、牧、渔业生产及辅助人员				
	修理及制作服务人员	文化、体育和娱乐服务人员	健康服务人员	其他社会生产和生活服务人员	小计	农业生产人员	林业生产人员	畜牧业生产人员	渔业生产人员
乌兰察布市	**132**	**10**	**3**	**12**	**7643**	**4076**	**67**	**3434**	**1**
集宁区	6				56	38	2	16	
卓资县	14		1	1	351	158	3	189	
化德县	9	1			310	116	5	188	1
商都县	7	3		1	1402	436	5	957	
兴和县	19	1			499	262	5	229	
凉城县	10	1		9	889	708	7	167	
察哈尔右翼前旗	10				751	364	20	364	
察哈尔右翼中旗	15				847	518	4	318	
察哈尔右翼后旗	7		1	1	461	171	10	274	
四子王旗	8	2	1		1168	696	3	438	
丰镇市	27	2			909	609	3	294	
兴安盟	**107**	**8**	**1**		**13443**	**11834**	**133**	**1418**	**15**
乌兰浩特市	9	1			499	464	2	24	2
阿尔山市					46	10	29	7	
科尔沁右翼前旗	39	5	1		4369	3623	22	705	4
科尔沁右翼中旗	15	1			2372	2061	33	263	9
扎赉特旗	19				3612	3375	26	200	
突泉县	25	1			2545	2301	21	219	
锡林郭勒盟	**97**	**3**	**3**	**2**	**6639**	**549**	**20**	**6049**	
二连浩特市	1				62	9		53	
锡林浩特市	18		1		466	43		423	
阿巴嘎旗	1	1			574		1	572	
苏尼特左旗	4				521			521	
苏尼特右旗	3				447	2	1	444	
东乌珠穆沁旗	2				730			730	
西乌珠穆沁旗	22		1		871	1	8	861	
太仆寺旗	10	1			767	233	8	516	
镶黄旗					255	1		254	
正镶白旗	1				462	38		423	
正蓝旗	18	1	1	2	772	26		746	
多伦县	17				617	190	2	419	
乌拉盖管委会					95	6		87	
阿拉善盟	**39**	**3**			**777**	**314**	**7**	**455**	
阿拉善左旗	29	3			619	287	5	326	
阿拉善右旗	1				95	16	1	78	
额济纳旗	9				60	11	1	48	
内蒙古阿拉善经济开发区					3			3	

4－6c 续表 42

单位：人

地区 性别	社会生产服务和生活服务人员				农、林、牧、渔业生产及辅助人员				
	修理及制作服务人员	文化、体育和娱乐服务人员	健康服务人员	其他社会生产和生活服务人员	小计	农业生产人员	林业生产人员	畜牧业生产人员	渔业生产人员
女	**277**	**79**	**67**	**47**	**106333**	**82948**	**178**	**22798**	**32**
呼和浩特市	**29**	**10**	**12**	**2**	**3493**	**3044**	**19**	**388**	**3**
新城区	1	1	2	1	18	9	5	4	
回民区	1	3	1		8	6		2	
玉泉区	6	1		1	68	60	1	6	1
赛罕区	16	3	3		452	425		26	
土默特左旗	2		1		1083	981	6	88	1
托克托县	1	2	4		572	503		39	1
和林格尔县	2		1		633	517	1	115	
清水河县					301	253	6	41	
武川县					358	290		67	
呼和浩特经济技术开发区									
包头市	**22**	**3**	**6**	**3**	**4629**	**4019**	**7**	**593**	**3**
东河区	2	1		2	510	488		21	
昆都仑区	4				12	10		2	
青山区	5	1			23	10		13	
石拐区					33	28		4	
白云鄂博矿区									
九原区	3	1	1	1	289	240		47	
土默特右旗	4		4		2389	2283	7	96	3
固阳县	2		1		961	760		199	
达尔罕茂明安联合旗	1				383	178		204	
包头稀土高新技术产业开发区	1				29	22		7	
乌海市	**3**				**59**	**45**	**1**	**13**	
海勃湾区	3				32	24	1	7	
海南区					27	21		6	
乌达区									
赤峰市	**84**	**16**	**25**	**15**	**34902**	**29506**	**41**	**5207**	**3**
红山区				3	97	91		6	
元宝山区	2	1	2		347	313		33	
松山区	13	2	5	5	3956	3742	2	206	
阿鲁科尔沁旗	9			1	2365	1411	7	941	
巴林左旗	14	8	6		3845	3163	11	623	1
巴林右旗	2				1744	667		1068	
林西县	4		1		1404	1189		211	
克什克腾旗	5				1381	631	3	741	2
翁牛特旗	4	2	2	1	3831	3384		446	
喀喇沁旗	2	1	1	3	3021	2860	8	151	
宁城县	14	1	8	1	6055	5551	5	444	
敖汉旗	15	1		1	6856	6504	5	337	

4-6c　续表 43　　　　单位：人

地　区 性　别	社会生产服务和生活服务人员				农、林、牧、渔业生产及辅助人员				
	修理及制作服务人　员	文化、体育和娱乐服务人员	健康服务人　　员	其他社会生产和生活服务人　员	小计	农业生产人　　员	林业生产人　　员	畜牧业生产人员	渔业生产人　　员
通辽市	**38**	**21**	**6**	**5**	**24145**	**20127**	**7**	**3972**	**6**
科尔沁区	8	9	1	3	2772	2566	3	194	1
科尔沁左翼中旗	10	7	3	1	3398	2946	2	441	2
科尔沁左翼后旗	2	1	1		4906	3800	1	1104	1
开鲁县	2				3971	3663		298	
库伦旗	4	1			2343	1774	1	568	
奈曼旗	3	1			3713	3404		301	1
扎鲁特旗	5	1			2701	1680		1020	
通辽经济技术开发区	4	1		1	336	291		44	1
霍林郭勒市			1		5	3		2	
鄂尔多斯市	**24**		**1**		**6338**	**4088**	**7**	**2230**	**5**
东胜区	2				102	65		34	
康巴什区									
达拉特旗	9		1		1945	1687		256	1
准格尔旗	2				540	440		100	
鄂托克前旗	3				640	319	1	318	
鄂托克旗	1				614	55		559	
杭锦旗	1				871	411	2	457	1
乌审旗	2				1083	722	2	357	2
伊金霍洛旗	4				543	389	2	149	1
呼伦贝尔市	**12**	**8**	**3**	**1**	**6066**	**4292**	**53**	**1694**	**4**
海拉尔区					68	24		44	
扎赉诺尔区									
阿荣旗		1	2		1213	1040	2	166	2
莫力达瓦达斡尔族自治旗	3	1	1		1202	1080	2	113	1
鄂伦春自治旗	1	2		1	361	294	7	58	
鄂温克族自治旗	1				313	3		310	
陈巴尔虎旗	1				214	8		206	
新巴尔虎左旗					297	4	1	292	
新巴尔虎右旗					208		1	207	
满洲里市									
牙克石市		2			33	5	12	15	
扎兰屯市	6	2			2068	1815	28	217	1
额尔古纳市					88	19		65	
根河市					1			1	
巴彦淖尔市	**13**	**4**	**3**	**13**	**8200**	**6872**	**6**	**1229**	**7**
临河区	6	3	2	1	1665	1431		224	1
五原县	2			12	1725	1568	1	150	
磴口县					678	512	4	105	1
乌拉特前旗	3	1	1		1748	1581	1	153	5
乌拉特中旗	1				1081	694		385	
乌拉特后旗					273	162		109	
杭锦后旗	1				1030	924		103	

4−6c 续表 44

单位：人

地区 性别	社会生产服务和生活服务人员				农、林、牧、渔业生产及辅助人员				
	修理及制作服务人员	文化、体育和娱乐服务人员	健康服务人员	其他社会生产和生活服务人员	小计	农业生产人员	林业生产人员	畜牧业生产人员	渔业生产人员
乌兰察布市	**16**	**7**		**5**	**4344**	**2445**	**16**	**1860**	**1**
集宁区	3				25	18	2	5	
卓资县					144	61	1	82	
化德县	3				183	79		103	
商都县	1	4			946	253	1	692	
兴和县	2	1			177	127		49	
凉城县	1			5	507	434	4	65	1
察哈尔右翼前旗	1				457	265	2	186	
察哈尔右翼中旗	2	1			473	306		163	
察哈尔右翼后旗	1				202	82		120	
四子王旗	1	1			693	430	5	250	
丰镇市	1				537	390	1	145	
兴安盟	**18**	**8**	**8**		**8717**	**7849**	**17**	**843**	
乌兰浩特市	2				309	292		15	
阿尔山市			1		11	5	3	3	
科尔沁右翼前旗	7	3	5		2739	2330	1	405	
科尔沁右翼中旗	2	1			1728	1503	7	217	
扎赉特旗	2	1	2		2048	1950	4	94	
突泉县	5	3			1882	1769	2	109	
锡林郭勒盟	**16**	**1**	**3**	**2**	**4863**	**417**	**2**	**4438**	
二连浩特市					49	7		42	
锡林浩特市	2		1		347	23		324	
阿巴嘎旗					418			418	
苏尼特左旗	1				364			364	
苏尼特右旗	2				354	1		353	
东乌珠穆沁旗					567			567	
西乌珠穆沁旗	4	1			701		2	699	
太仆寺旗			1		378	151		225	
镶黄旗					224	1		223	
正镶白旗					361	22		339	
正蓝旗	3		1	2	635	21		614	
多伦县	4				401	191		206	
乌拉盖管委会					64			64	
阿拉善盟	**2**	**1**		**1**	**577**	**244**	**2**	**331**	
阿拉善左旗	1	1			465	223	2	240	
阿拉善右旗					62	10		52	
额济纳旗	1			1	48	11		37	
内蒙古阿拉善经济开发区					2			2	

4-6c　续表 45　　　　　　　　　　　　　　　　　　　　　　　　　　　　单位：人

地　区 性　别	农林牧渔生产辅助人　员	其他农、林、牧、渔业生产加工人员	生产制造及有关人员 小计	农副产品加工人员	食品、饮料生产加工人员	烟草及其制品加工人员	纺织、针织、印染人员	纺织品、服装和皮革、毛皮制品加工制作人员	木材加工、家具与木制品制作人员
内蒙古	**1388**	**86**	**44772**	**1261**	**1139**	**6**	**171**	**488**	**1160**
呼和浩特市	**110**	**1**	**4988**	**98**	**191**	**5**	**26**	**71**	**283**
新城区			921	8	9	1	1	14	27
回民区			146	2	4			5	16
玉泉区			751	15	25		7	25	84
赛罕区	6		1148	12	26	4	6	12	105
土默特左旗	22	1	586	25	50		10	6	30
托克托县	71		778	20	22			2	9
和林格尔县	5		384	5	48		2	4	10
清水河县	3		226	4	3			2	2
武川县	3		48	7	4			1	
呼和浩特经济技术开发区									
包头市	**30**	**2**	**3333**	**54**	**74**		**4**	**17**	**75**
东河区	3		288	4	9			1	13
昆都仑区		1	470	6	12			2	4
青山区			386	11	11		1	3	20
石拐区		1	48		1			1	
白云鄂博矿区									
九原区	5		690	17	16		2	3	13
土默特右旗	9		640	7	10		1	3	15
固阳县	9		641	3	10			2	5
达尔罕茂明安联合旗	4		92	2	2			1	
包头稀土高新技术产业开发区			78	4	3			1	5
乌海市	**1**	**1**	**911**	**2**			**1**	**1**	**9**
海勃湾区			575	2			1	1	8
海南区	1	1	336						1
乌达区									
赤峰市	**333**	**46**	**9775**	**287**	**194**	**1**	**18**	**124**	**303**
红山区			126	2	6		2	5	
元宝山区	1	2	640	13	18		4	9	49
松山区	17	2	1685	29	23		2	23	51
阿鲁科尔沁旗	12	5	492	45	25			6	14
巴林左旗	106	2	1633	29	30		4	15	36
巴林右旗	26		84	1	5				12
林西县	9		583	8	4		2	1	13
克什克腾旗	4	8	429		3			3	3
翁牛特旗	11	1	636	12	16			8	9
喀喇沁旗	8		895	23	7	1	3	5	24
宁城县	114	25	1831	85	46			42	80
敖汉旗	25	1	741	40	11		1	7	12

4-6c 续表 46

单位：人

地区 性别	农林牧渔生产辅助人员	其他农、林、牧、渔业生产加工人员	生产制造及有关人员 小计	农副产品加工人员	食品、饮料生产加工人员	烟草及其制品加工人员	纺织、针织、印染人员	纺织品、服装和皮革、毛皮制品加工制作人员	木材加工、家具与木制品制作人员
通辽市	**177**	**13**	**4265**	**157**	**318**		**15**	**123**	**167**
科尔沁区	28	5	1315	43	237		3	45	51
科尔沁左翼中旗	36	2	1284	44	35		7	48	66
科尔沁左翼后旗	12	1	182	9	7			5	3
开鲁县	40		418	20	11		2	7	11
库伦旗	1		93	4	2				2
奈曼旗	37		363	26	6		1	4	19
扎鲁特旗	22	5	271	5	9		2		8
通辽经济技术开发区	1		241	6	11			14	6
霍林郭勒市			98						1
鄂尔多斯市	**60**	**11**	**9009**	**49**	**53**		**21**	**19**	**55**
东胜区	6		842	2	2		1	2	9
康巴什区									
达拉特旗	28	1	902	26	15		15	5	18
准格尔旗	4		2328	12	10		2	2	14
鄂托克前旗	6		706	1				2	1
鄂托克旗			986		1		1		
杭锦旗			114	3	11				
乌审旗	9		1379	2	3		1	4	3
伊金霍洛旗	7	10	1752	3	11		1	4	10
呼伦贝尔市	**272**	**3**	**1671**	**64**	**69**		**5**	**24**	**38**
海拉尔区	28		76	1	7				2
扎赉诺尔区									
阿荣旗	28		340	20	9		2	3	14
莫力达瓦达斡尔族自治旗	69		188	10	5		1	5	4
鄂伦春自治旗	2	1	87		1		1	1	3
鄂温克族自治旗	3		133	3	4			4	1
陈巴尔虎旗	3		78	1	5			1	1
新巴尔虎左旗	1		24	1	2				1
新巴尔虎右旗			246					3	1
满洲里市									
牙克石市	7		145	2	2				1
扎兰屯市	22	1	294	20	30		1	4	10
额尔古纳市	109	1	60	6	4			3	
根河市									
巴彦淖尔市	**242**	**6**	**3541**	**305**	**112**		**73**	**27**	**75**
临河区	34		1371	182	24		67	14	41
五原县	31	1	295	45	6		2	5	10
磴口县	131	2	195	10	58				2
乌拉特前旗	25	2	632	17	7		3	5	7
乌拉特中旗	8		309	1	2				4
乌拉特后旗	2	1	407	2	1				2
杭锦后旗	11		332	48	14		1	3	9

4-6c　续表 47　　　　单位：人

地　区 性　别	农林牧渔生产辅助人员	其他农、林、牧、渔业生产加工人员	生产制造及有关人员 小计	农副产品加工人员	食品、饮料生产加工人员	烟草及其制品加工人员	纺织、针织、印染人员	纺织品、服装和皮革、毛皮制品加工制作人员	木材加工、家具与木制品制作人员
乌兰察布市	**86**	**1**	**3160**	**103**	**61**			**52**	**75**
集宁区			253	5	2			3	8
卓资县	1		402	8	7			14	5
化德县	1		239	6				13	
商都县	4		236	22	7			3	2
兴和县	4		285	17	2			5	5
凉城县	10		212	7	11				6
察哈尔右翼前旗	7		631	10	5			6	31
察哈尔右翼中旗	11		205	15	4			1	5
察哈尔右翼后旗	6		215	4	11			5	4
四子王旗	38	1	202	2	7			1	8
丰镇市	4		280	7	5			1	1
兴安盟	**51**		**1414**	**86**	**22**		**2**	**17**	**47**
乌兰浩特市	9		223	3	4			2	5
阿尔山市			32						
科尔沁右翼前旗	18		445	39	11			9	22
科尔沁右翼中旗	7		87	9	3				3
扎赉特旗	11		280	18	1		2	6	8
突泉县	6		347	17	3				9
锡林郭勒盟	**25**	**2**	**1807**	**52**	**39**		**3**	**12**	**20**
二连浩特市			13	3					
锡林浩特市			251	17	7		2	3	2
阿巴嘎旗	1		106						
苏尼特左旗			122	3				1	
苏尼特右旗			30						
东乌珠穆沁旗			183						
西乌珠穆沁旗	1		655					1	1
太仆寺旗	12		168	19	16			2	3
镶黄旗			51		1				
正镶白旗	1		32	1			1		
正蓝旗			62	5	3			3	3
多伦县	8	2	131	4	11			2	11
乌拉盖管委会	2		3		1				
阿拉善盟	**1**		**898**	**4**	**6**		**3**	**1**	**13**
阿拉善左旗	1		521	1	6			1	
阿拉善右旗			70	1					12
额济纳旗			96	2			3		1
内蒙古阿拉善经济开发区			211						

4-6c 续表 48

单位：人

地区 性别	农林牧渔生产辅助人员	其他农、林、牧、渔业生产加工人员	生产制造及有关人员 小计	农副产品加工人员	食品、饮料生产加工人员	烟草及其制品加工人员	纺织、针织、印染人员	纺织品、服装和皮革、毛皮制品加工制作人员	木材加工、家具与木制品制作人员
男	**1037**	**60**	**38356**	**859**	**632**	**4**	**63**	**148**	**958**
呼和浩特市	**71**	**1**	**4271**	**67**	**118**	**3**	**9**	**16**	**242**
新城区			798	5	4	1		4	24
回民区			124	1	2			1	14
玉泉区			628	10	15		1	4	71
赛罕区	5		987	9	11	2	3	3	95
土默特左旗	15	1	466	12	28		4		20
托克托县	42		696	17	20			1	7
和林格尔县	5		320	4	32		1		9
清水河县	2		206	3	3			2	2
武川县	2		46	6	3			1	
呼和浩特经济技术开发区									
包头市	**24**	**1**	**2809**	**36**	**32**			**2**	**66**
东河区	2		256	3	2				13
昆都仑区		1	385	3	6				4
青山区			299	6	4				14
石拐区			37		1				
白云鄂博矿区									
九原区	3		584	11	8				11
土默特右旗	9		591	5	6			1	15
固阳县	7		516	3	5				5
达尔罕茂明安联合旗	3		83	1				1	
包头稀土高新技术产业开发区			58	4					4
乌海市	**1**	**1**	**766**	**2**					**9**
海勃湾区			487	2					8
海南区	1	1	279						1
乌达区									
赤峰市	**207**	**27**	**8057**	**191**	**93**	**1**	**3**	**33**	**245**
红山区			90	1	2				
元宝山区	1	1	551	9	7		1	1	33
松山区	13		1394	19	11			4	46
阿鲁科尔沁旗	9	2	397	36	16			2	11
巴林左旗	61		1287	14	11		2	5	30
巴林右旗	17		68	1	2				6
林西县	5		459	5	2				9
克什克腾旗	3	5	367					2	3
翁牛特旗	11		526	7	10			3	7
喀喇沁旗	6		766	13	2	1		1	14
宁城县	66	18	1544	57	27			13	75
敖汉旗	15	1	608	29	3			2	11

4−6c　续表 49　　　　单位：人

地　区 性　别	农林牧渔生产辅助人员	其他农、林、牧、渔业生产加工人员	生产制造及有关人员 小计	农副产品加工人员	食品、饮料生产加工人员	烟草及其制品加工人员	纺织、针织、印染人员	纺织品、服装和皮革、毛皮制品加工制作人员	木材加工、家具与木制品制作人员
通辽市	**145**	**12**	**3365**	**106**	**184**		**8**	**44**	**120**
科尔沁区	21	4	1002	28	140		2	10	37
科尔沁左翼中旗	29	2	971	28	18		4	23	44
科尔沁左翼后旗	12	1	153	7	4			3	3
开鲁县	30		329	12	7		1	4	9
库伦旗	1		78	2	1				1
奈曼旗	30		315	21	4			1	15
扎鲁特旗	21	5	245	4	5		1		7
通辽经济技术开发区	1		186	4	5			3	3
霍林郭勒市			86						1
鄂尔多斯市	**53**	**10**	**8301**	**35**	**30**		**8**	**6**	**48**
东胜区	3		793	1	2				7
康巴什区									
达拉特旗	27	1	803	18	11		7	2	17
准格尔旗	4		2194	9	3			2	14
鄂托克前旗	4		696	1					1
鄂托克旗			820		1				
杭锦旗			92	2	4				
乌审旗	9		1261	2	2			2	2
伊金霍洛旗	6	9	1642	2	7		1		7
呼伦贝尔市	**249**	**3**	**1440**	**43**	**37**		**2**	**12**	**34**
海拉尔区	28		62	1	2				2
扎赉诺尔区									
阿荣旗	25		292	15	4		1	1	11
莫力达瓦达斡尔族自治旗	63		148	7	3			2	4
鄂伦春自治旗		1	76		1		1		3
鄂温克族自治旗	3		115	1	1			1	1
陈巴尔虎旗	3		69	1	3				1
新巴尔虎左旗	1		16	1					1
新巴尔虎右旗			236					1	1
满洲里市									
牙克石市	6		126	1					1
扎兰屯市	15	1	252	13	21			4	9
额尔古纳市	105	1	48	3	2			3	
根河市									
巴彦淖尔市	**157**	**5**	**2907**	**198**	**57**		**27**	**10**	**65**
临河区	25		1034	114	10		23	7	35
五原县	25	1	249	32	3		1	1	10
磴口县	75	2	129	5	27				1
乌拉特前旗	17	2	574	13	4		3	2	5
乌拉特中旗	6		279	1	1				4
乌拉特后旗	1		369	1	1				2
杭锦后旗	8		273	32	11				8

4–6c 续表 50

单位：人

地区 性别	农林牧渔生产辅助人员	其他农、林、牧、渔业生产加工人员	生产制造及有关人员 小计	农副产品加工人员	食品、饮料生产加工人员	烟草及其制品加工人员	纺织、针织、印染人员	纺织品、服装和皮革、毛皮制品加工制作人员	木材加工、家具与木制品制作人员
乌兰察布市	**65**		**2812**	**78**	**34**			**14**	**64**
集宁区			235	4	1				7
卓资县	1		362	6	5			3	4
化德县			205	4				4	
商都县	4		210	18	4			1	2
兴和县	3		259	14				3	5
凉城县	7		189	5	8				6
察哈尔右翼前旗	3		553	9	3			2	23
察哈尔右翼中旗	7		172	9	2				4
察哈尔右翼后旗	6		191	3	4				4
四子王旗	31		178		5				8
丰镇市	3		258	6	2			1	1
兴安盟	**43**		**1221**	**62**	**16**		**1**	**5**	**37**
乌兰浩特市	7		188	3	3			1	4
阿尔山市			29						
科尔沁右翼前旗	15		373	28	8			2	19
科尔沁右翼中旗	6		72	6	3				3
扎赉特旗	11		245	12	1		1	2	6
突泉县	4		314	13	1				5
锡林郭勒盟	**21**		**1643**	**39**	**28**		**2**	**5**	**15**
二连浩特市			13	3					
锡林浩特市			221	12	5		2	3	2
阿巴嘎旗	1		104						
苏尼特左旗			117	3					
苏尼特右旗			24						
东乌珠穆沁旗			162						
西乌珠穆沁旗	1		621						1
太仆寺旗	10		146	15	12			1	2
镶黄旗			47						
正镶白旗	1		27						
正蓝旗			50	4	1			1	2
多伦县	6		108	2	9				8
乌拉盖管委会	2		3		1				
阿拉善盟	**1**		**764**	**2**	**3**		**3**	**1**	**13**
阿拉善左旗	1		464	1	3			1	
阿拉善右旗			65						12
额济纳旗			69	1			3		1
内蒙古阿拉善经济开发区			166						

4-6c　续表 51　　　　单位：人

地　区 性　别	农林牧渔生产辅助人员	其他农、林、牧、渔业生产加工人员	生产制造及有关人员 小计	农副产品加工人员	食品、饮料生产加工人员	烟草及其制品加工人员	纺织、针织、印染人员	纺织品、服装和皮革、毛皮制品加工制作人员	木材加工、家具与木制品制作人员
女	**351**	**26**	**6416**	**402**	**507**	**2**	**108**	**340**	**202**
呼和浩特市	**39**		**717**	**31**	**73**	**2**	**17**	**55**	**41**
新城区			123	3	5		1	10	3
回民区			22	1	2			4	2
玉泉区			123	5	10		6	21	13
赛罕区	1		161	3	15	2	3	9	10
土默特左旗	7		120	13	22		6	6	10
托克托县	29		82	3	2			1	2
和林格尔县			64	1	16		1	4	1
清水河县	1		20	1					
武川县	1		2	1	1				
呼和浩特经济技术开发区									
包头市	**6**	**1**	**524**	**18**	**42**		**4**	**15**	**9**
东河区	1		32	1	7			1	
昆都仑区			85	3	6			2	
青山区			87	5	7		1	3	6
石拐区		1	11					1	
白云鄂博矿区									
九原区	2		106	6	8		2	3	2
土默特右旗			49	2	4		1	2	
固阳县	2		125		5			2	
达尔罕茂明安联合旗	1		9	1	2				
包头稀土高新技术产业开发区			20		3			1	1
乌海市			**145**				**1**	**1**	
海勃湾区			88				1	1	
海南区			57						
乌达区									
赤峰市	**126**	**19**	**1718**	**96**	**101**		**15**	**91**	**58**
红山区			36	1	4		2	5	
元宝山区		1	89	4	11		3	8	16
松山区	4	2	291	10	12		2	19	5
阿鲁科尔沁旗	3	3	95	9	9			4	3
巴林左旗	45	2	346	15	19		2	10	6
巴林右旗	9		16		3				6
林西县	4		124	3	2		2	1	4
克什克腾旗	1	3	62		3			1	
翁牛特旗		1	110	5	6			5	2
喀喇沁旗	2		129	10	5		3	4	10
宁城县	48	7	287	28	19			29	5
敖汉旗	10		133	11	8		1	5	1

4−6c　续表 52　　单位：人

地　区 性　别	农林牧渔生产辅助人员	其他农、林、牧、渔业生产加工人员	生产制造及有关人员 小计	农副产品加工人员	食品、饮料生产加工人员	烟草及其制品加工人员	纺织、针织、印染人员	纺织品、服装和皮革、毛皮制品加工制作人员	木材加工、家具与木制品制作人员
通辽市	**32**	**1**	**900**	**51**	**134**		**7**	**79**	**47**
科尔沁区	7	1	313	15	97		1	35	14
科尔沁左翼中旗	7		313	16	17		3	25	22
科尔沁左翼后旗			29	2	3			2	
开鲁县	10		89	8	4		1	3	2
库伦旗			15	2	1				1
奈曼旗	7		48	5	2		1	3	4
扎鲁特旗	1		26	1	4		1		1
通辽经济技术开发区			55	2	6			11	3
霍林郭勒市			12						
鄂尔多斯市	**7**	**1**	**708**	**14**	**23**		**13**	**13**	**7**
东胜区	3		49	1			1	2	2
康巴什区									
达拉特旗	1		99	8	4		8	3	1
准格尔旗			134	3	7		2		
鄂托克前旗	2		10					2	
鄂托克旗			166				1		
杭锦旗			22	1	7				
乌审旗			118		1		1	2	1
伊金霍洛旗	1	1	110	1	4			4	3
呼伦贝尔市	**23**		**231**	**21**	**32**		**3**	**12**	**4**
海拉尔区			14		5				
扎赉诺尔区									
阿荣旗	3		48	5	5		1	2	3
莫力达瓦达斡尔族自治旗	6		40	3	2		1	3	
鄂伦春自治旗	2		11					1	
鄂温克族自治旗			18	2	3			3	
陈巴尔虎旗			9		2			1	
新巴尔虎左旗			8		2				
新巴尔虎右旗			10					2	
满洲里市									
牙克石市	1		19	1	2				
扎兰屯市	7		42	7	9		1		1
额尔古纳市	4		12	3	2				
根河市									
巴彦淖尔市	**85**	**1**	**634**	**107**	**55**		**46**	**17**	**10**
临河区	9		337	68	14		44	7	6
五原县	6		46	13	3		1	4	
磴口县	56		66	5	31				1
乌拉特前旗	8		58	4	3			3	2
乌拉特中旗	2		30		1				
乌拉特后旗	1	1	38	1					
杭锦后旗	3		59	16	3		1	3	1

4-6c　续表 53

单位：人

地区 性别	农林牧渔生产辅助人员	其他农、林、牧、渔业生产加工人员	生产制造及有关人员 小计	农副产品加工人员	食品、饮料生产加工人员	烟草及其制品加工人员	纺织、针织、印染人员	纺织品、服装和皮革、毛皮制品加工制作人员	木材加工、家具与木制品制作人员
乌兰察布市	**21**	**1**	**348**	**25**	**27**			**38**	**11**
集宁区			18	1	1			3	1
卓资县			40	2	2			11	1
化德县	1		34	2				9	
商都县			26	4	3			2	
兴和县	1		26	3	2			2	
凉城县	3		23	2	3				
察哈尔右翼前旗	4		78	1	2			4	8
察哈尔右翼中旗	4		33	6	2			1	1
察哈尔右翼后旗			24	1	7			5	
四子王旗	7	1	24	2	2			1	
丰镇市	1		22	1	3				
兴安盟	**8**		**193**	**24**	**6**		**1**	**12**	**10**
乌兰浩特市	2		35		1			1	1
阿尔山市			3						
科尔沁右翼前旗	3		72	11	3			7	3
科尔沁右翼中旗	1		15	3					
扎赉特旗			35	6			1	4	2
突泉县	2		33	4	2				4
锡林郭勒盟	**4**	**2**	**164**	**13**	**11**		**1**	**7**	**5**
二连浩特市									
锡林浩特市			30	5	2				
阿巴嘎旗			2						
苏尼特左旗			5					1	
苏尼特右旗			6						
东乌珠穆沁旗			21						
西乌珠穆沁旗			34					1	
太仆寺旗	2		22	4	4			1	1
镶黄旗			4		1				
正镶白旗			5	1			1		
正蓝旗			12	1	2			2	1
多伦县	2	2	23	2	2			2	3
乌拉盖管委会									
阿拉善盟			**134**	**2**	**3**				
阿拉善左旗			57		3				
阿拉善右旗			5	1					
额济纳旗			27	1					
内蒙古阿拉善经济开发区			45						

4-6c 续表 54

单位：人

地区 性别	生产制造及有关人员								
	纸及纸制品生产加工人员	印刷和记录媒介复制人员	文教、工美、体育和娱乐用品制造人员	石油加工和炼焦、煤化工生产人员	化学原料和化学制品制造人员	医药制造人员	化学纤维制造人员	橡胶和塑料制品制造人员	非金属矿物制品制造人员
内蒙古	**101**	**97**	**94**	**388**	**1033**	**310**	**10**	**274**	**1023**
呼和浩特市	**25**	**13**	**6**	**79**	**34**	**67**		**17**	**96**
新城区		3	4		4	2		5	17
回民区						2		2	3
玉泉区	1	1	1	1	2	8		3	10
赛罕区	5	8	1		1	5			18
土默特左旗	9	1			6	9		3	23
托克托县	1			37	2	40		3	1
和林格尔县	9				16	1		1	13
清水河县				41	3				7
武川县									4
呼和浩特经济技术开发区									
包头市	**20**	**16**	**9**	**10**	**45**	**4**		**10**	**37**
东河区	2	1		3		1		2	9
昆都仑区			1	2	5			1	
青山区		2			3			2	4
石拐区			2						
白云鄂博矿区									
九原区	2	3	4		1	1		2	10
土默特右旗	15	4	1	4	33	2		2	5
固阳县		6	1	1	1				3
达尔罕茂明安联合旗									3
包头稀土高新技术产业开发区	1				2			1	3
乌海市				**75**	**48**			**4**	**87**
海勃湾区				22	4			3	57
海南区				53	44			1	30
乌达区									
赤峰市	**20**	**39**	**28**	**74**	**97**	**40**	**1**	**46**	**262**
红山区						3			2
元宝山区	1		1	9	17	5		1	30
松山区	4	9	1	1	8	9		5	36
阿鲁科尔沁旗			1	1	1	3		1	10
巴林左旗	1	11	11	2	11	4			26
巴林右旗			2						1
林西县		3			1			3	37
克什克腾旗	2		3	37	15			1	5
翁牛特旗	1	4				2		1	10
喀喇沁旗	2	5		17	17	5		1	25
宁城县	6	4	6	7	20	1	1	32	62
敖汉旗	3	3	3		7	8		1	18

4-6c　续表 55　　单位：人

地　区 性　别	生产制造及有关人员								
	纸及纸制品生产加工人员	印刷和记录媒介复制人员	文教、工美、体育和娱乐用品制造人　员	石油加工和炼焦、煤化工生产人员	化学原料和化学制品制造人　员	医药制造人　　员	化学纤维制造人员	橡胶和塑料制品制造人员	非金属矿物制品制造人员
通辽市	**13**	**7**	**20**	**9**	**36**	**22**	**2**	**47**	**119**
科尔沁区	5	2	2	2	13	4		6	20
科尔沁左翼中旗	5	4	9	1	15	7	1	20	56
科尔沁左翼后旗			4		2			1	7
开鲁县			1		3	9	1	12	20
库伦旗					1				1
奈曼旗		1		1	2	1		2	3
扎鲁特旗			1	2		1		1	5
通辽经济技术开发区	3		1	3				5	6
霍林郭勒市			2						1
鄂尔多斯市		**4**	**8**	**90**	**441**	**5**	**4**	**88**	**108**
东胜区			2	1					5
康巴什区									
达拉特旗			1	1	13	1	1	9	19
准格尔旗			2	3	204			13	20
鄂托克前旗					3			21	
鄂托克旗				42	138		1	33	14
杭锦旗				2	2	3		2	8
乌审旗		2		26	67		2	5	23
伊金霍洛旗		2	3	15	14	1		5	19
呼伦贝尔市	**2**	**5**	**1**	**4**	**34**	**3**	**3**	**6**	**19**
海拉尔区					4				
扎赉诺尔区									
阿荣旗		1			6	2		1	10
莫力达瓦达斡尔族自治旗		1			3			1	1
鄂伦春自治旗		1						3	3
鄂温克族自治旗								1	3
陈巴尔虎旗					20				
新巴尔虎左旗				4		1			
新巴尔虎右旗			1						1
满洲里市									
牙克石市									
扎兰屯市	2	1			1		3		1
额尔古纳市		1							
根河市									
巴彦淖尔市	**13**	**5**	**15**	**28**	**40**	**160**		**18**	**55**
临河区	2	1		2	10	154		10	19
五原县				2	2	1			4
磴口县	10				8	2		2	2
乌拉特前旗		2	14	1	8	1		5	12
乌拉特中旗		1		18	2				6
乌拉特后旗				5	9				7
杭锦后旗	1	1	1		1	2		1	5

4-6c 续表 56

单位：人

地区 性别	生产制造及有关人员								
	纸及纸制品生产加工人员	印刷和记录媒介复制人员	文教、工美、体育和娱乐用品制造人员	石油加工和炼焦、煤化工生产人员	化学原料和化学制品制造人员	医药制造人员	化学纤维制造人员	橡胶和塑料制品制造人员	非金属矿物制品制造人员
乌兰察布市	**4**	**4**	**3**	**3**	**79**	**1**		**24**	**154**
集宁区								2	2
卓资县	1		1	1	9			4	48
化德县				1				1	7
商都县								5	23
兴和县					1				32
凉城县		1			1				4
察哈尔右翼前旗			2		10	1		9	14
察哈尔右翼中旗	2	1		1	1			1	2
察哈尔右翼后旗	1				21			1	13
四子王旗		2			32			1	1
丰镇市					4				8
兴安盟	**4**	**3**	**2**	**2**	**29**	**4**		**8**	**32**
乌兰浩特市		1		1	29				12
阿尔山市									
科尔沁右翼前旗	3	2	1					2	4
科尔沁右翼中旗			1			1			
扎赉特旗				1		1		2	8
突泉县	1					2		4	8
锡林郭勒盟		**1**	**2**	**4**	**25**	**4**		**3**	**6**
二连浩特市									
锡林浩特市					1			2	
阿巴嘎旗									
苏尼特左旗					16				
苏尼特右旗									
东乌珠穆沁旗		1		1					
西乌珠穆沁旗				1	4				
太仆寺旗						3			1
镶黄旗				2					
正镶白旗			1						4
正蓝旗						1			1
多伦县			1		4			1	
乌拉盖管委会									
阿拉善盟				**10**	**125**			**3**	**48**
阿拉善左旗				2	47			2	45
阿拉善右旗					2				3
额济纳旗									
内蒙古阿拉善经济开发区				8	76			1	

4-6c　续表 57　　　　　　　　　　　　　　　　　　　　　　　　　　　单位：人

地　区 性　别	生产制造及有关人员								
	纸及纸制品生产加工人员	印刷和记录媒介复制人员	文教、工美、体育和娱乐用品制造人员	石油加工和炼焦、煤化工生产人员	化学原料和化学制品制造人员	医药制造人员	化学纤维制造人员	橡胶和塑料制品制造人员	非金属矿物制品制造人员
男	**57**	**52**	**64**	**335**	**850**	**216**	**8**	**199**	**837**
呼和浩特市	**16**	**9**	**3**	**74**	**33**	**48**		**14**	**86**
新城区		3	3		3	1		5	17
回民区						2		1	3
玉泉区	1	1		1	2	7		2	10
赛罕区	4	4			1	3			15
土默特左旗	5	1			6	7		2	17
托克托县	1			34	2	27		3	1
和林格尔县	5				16	1		1	12
清水河县				39	3				7
武川县									4
呼和浩特经济技术开发区									
包头市	**16**	**8**	**7**	**9**	**41**	**3**		**7**	**33**
东河区		1		3		1		2	9
昆都仑区				1	3			1	
青山区					1			1	2
石拐区			1						
白云鄂博矿区									
九原区	1	1	4		1			1	10
土默特右旗	14	3	1	4	33	2		2	4
固阳县		3	1	1	1				3
达尔罕茂明安联合旗									3
包头稀土高新技术产业开发区	1				2				2
乌海市				**59**	**39**			**3**	**63**
海勃湾区				17	4			2	50
海南区				42	35			1	13
乌达区									
赤峰市	**10**	**19**	**14**	**62**	**69**	**24**		**31**	**194**
红山区						1			
元宝山区				9	14	3		1	22
松山区	1	4			7	4		4	28
阿鲁科尔沁旗				1		2		1	8
巴林左旗	1	5	5	2	6	1			18
巴林右旗			1						1
林西县		3			1			3	33
克什克腾旗	1		2	31	12			1	3
翁牛特旗	1	1				2		1	9
喀喇沁旗	2	2		14	13	5		1	7
宁城县	3	3	4	5	12	1		19	48
敖汉旗	1	1	2		4	5			17

4-6c 续表 58

单位：人

地区 性别	生产制造及有关人员								
	纸及纸制品生产加工人员	印刷和记录媒介复制人员	文教、工美、体育和娱乐用品制造人员	石油加工和炼焦、煤化工生产人员	化学原料和化学制品制造人员	医药制造人员	化学纤维制造人员	橡胶和塑料制品制造人员	非金属矿物制品制造人员
通辽市	**6**	**5**	**14**	**8**	**25**	**16**	**2**	**25**	**84**
科尔沁区	2	1	2	1	7	2		3	19
科尔沁左翼中旗	3	3	6	1	12	4	1	14	33
科尔沁左翼后旗			3		1				4
开鲁县					2	8	1	7	13
库伦旗					1				1
奈曼旗		1		1	2	1			3
扎鲁特旗			1	2		1			5
通辽经济技术开发区	1		1	3				1	5
霍林郭勒市			1						1
鄂尔多斯市		**3**	**5**	**78**	**361**	**3**	**3**	**75**	**93**
东胜区			1	1					5
康巴什区									
达拉特旗			1	1	10	1	1	8	18
准格尔旗			1	3	184			11	17
鄂托克前旗					3			19	
鄂托克旗				36	95		1	27	14
杭锦旗				1	2	1		1	7
乌审旗		2		22	54		1	5	21
伊金霍洛旗		1	2	14	13	1		4	11
呼伦贝尔市	**1**	**3**	**1**	**4**	**27**	**2**	**3**	**4**	**15**
海拉尔区					1				
扎赉诺尔区									
阿荣旗		1			6	2			9
莫力达瓦达斡尔族自治旗								1	1
鄂伦春自治旗		1						2	2
鄂温克族自治旗								1	2
陈巴尔虎旗					19				
新巴尔虎左旗				4					
新巴尔虎右旗			1						1
满洲里市									
牙克石市									
扎兰屯市	1				1		3		
额尔古纳市		1							
根河市									
巴彦淖尔市	**5**	**2**	**15**	**25**	**34**	**113**		**12**	**48**
临河区	2	1		2	8	107		4	14
五原县				2	2	1			4
磴口县	3				6	2		2	2
乌拉特前旗		1	14	1	8	1		5	12
乌拉特中旗				15	2				6
乌拉特后旗				5	8				6
杭锦后旗			1			2		1	4

4-6c 续表 59

单位：人

地　区 性　别	生产制造及有关人员								
	纸及纸制品生产加工人员	印刷和记录媒介复制人员	文教、工美、体育和娱乐用品制造人员	石油加工和炼焦、煤化工生产人员	化学原料和化学制品制造人员	医药制造人员	化学纤维制造人员	橡胶和塑料制品制造人员	非金属矿物制品制造人员
乌兰察布市	**1**	**1**	**2**	**3**	**67**	**1**		**16**	**148**
集宁区								1	2
卓资县				1	8			2	48
化德县				1					7
商都县								3	21
兴和县					1				32
凉城县					1				4
察哈尔右翼前旗			2		8	1		9	11
察哈尔右翼中旗	1			1	1				2
察哈尔右翼后旗					18				13
四子王旗		1			26			1	1
丰镇市					4				7
兴安盟	**2**	**2**	**1**	**2**	**25**	**3**		**7**	**27**
乌兰浩特市		1		1	25				10
阿尔山市									
科尔沁右翼前旗	2	1	1					1	3
科尔沁右翼中旗									
扎赉特旗				1		1		2	6
突泉县						2		4	8
锡林郭勒盟			**2**	**4**	**21**	**3**		**2**	**5**
二连浩特市									
锡林浩特市								1	
阿巴嘎旗									
苏尼特左旗					16				
苏尼特右旗									
东乌珠穆沁旗				1					
西乌珠穆沁旗				1	2				
太仆寺旗						2			1
镶黄旗				2					
正镶白旗			1						3
正蓝旗						1			1
多伦县			1		3			1	
乌拉盖管委会									
阿拉善盟				**7**	**108**			**3**	**41**
阿拉善左旗				1	44			2	38
阿拉善右旗					2				3
额济纳旗									
内蒙古阿拉善经济开发区				6	62			1	

4-6c 续表 60

单位：人

地区 性别	生产制造及有关人员								
	纸及纸制品生产加工人员	印刷和记录媒介复制人员	文教、工美、体育和娱乐用品制造人员	石油加工和炼焦、煤化工生产人员	化学原料和化学制品制造人员	医药制造人员	化学纤维制造人员	橡胶和塑料制品制造人员	非金属矿物制品制造人员
女	**44**	**45**	**30**	**53**	**183**	**94**	**2**	**75**	**186**
呼和浩特市	**9**	**4**	**3**	**5**	**1**	**19**		**3**	**10**
新城区			1		1	1			
回民区								1	
玉泉区			1			1		1	
赛罕区	1	4	1			2			3
土默特左旗	4					2		1	6
托克托县				3		13			
和林格尔县	4								1
清水河县				2					
武川县									
呼和浩特经济技术开发区									
包头市	**4**	**8**	**2**	**1**	**4**	**1**		**3**	**4**
东河区	2								
昆都仑区			1	1	2				
青山区		2			2			1	2
石拐区			1						
白云鄂博矿区									
九原区	1	2				1		1	
土默特右旗	1	1							1
固阳县		3							
达尔罕茂明安联合旗									
包头稀土高新技术产业开发区								1	1
乌海市				**16**	**9**			**1**	**24**
海勃湾区				5				1	7
海南区				11	9				17
乌达区									
赤峰市	**10**	**20**	**14**	**12**	**28**	**16**	**1**	**15**	**68**
红山区						2			2
元宝山区	1		1		3	2			8
松山区	3	5	1	1	1	5		1	8
阿鲁科尔沁旗			1		1	1			2
巴林左旗		6	6		5	3			8
巴林右旗			1						
林西县									4
克什克腾旗	1		1	6	3				2
翁牛特旗		3							1
喀喇沁旗		3		3	4				18
宁城县	3	1	2	2	8		1	13	14
敖汉旗	2	2	1		3	3		1	1

4-6c　续表 61　　　　　　　　　　　　　　　　　　　　　　单位：人

地　区 性　别	生产制造及有关人员								
	纸及纸制品生产加工人员	印刷和记录媒介复制人员	文教、工美、体育和娱乐用品制造人员	石油加工和炼焦、煤化工生产人员	化学原料和化学制品制造人员	医药制造人员	化学纤维制造人员	橡胶和塑料制品制造人员	非金属矿物制品制造人员
通辽市	**7**	**2**	**6**	**1**	**11**	**6**		**22**	**35**
科尔沁区	3	1		1	6	2		3	1
科尔沁左翼中旗	2	1	3		3	3		6	23
科尔沁左翼后旗			1		1			1	3
开鲁县			1		1	1		5	7
库伦旗									
奈曼旗								2	
扎鲁特旗								1	
通辽经济技术开发区	2							4	1
霍林郭勒市			1						
鄂尔多斯市		**1**	**3**	**12**	**80**	**2**	**1**	**13**	**15**
东胜区			1						
康巴什区									
达拉特旗					3			1	1
准格尔旗			1		20			2	3
鄂托克前旗								2	
鄂托克旗				6	43			6	
杭锦旗				1		2		1	1
乌审旗				4	13		1		2
伊金霍洛旗		1	1	1	1			1	8
呼伦贝尔市	**1**	**2**			**7**	**1**		**2**	**4**
海拉尔区					3				
扎赉诺尔区									
阿荣旗								1	1
莫力达瓦达斡尔族自治旗		1			3				
鄂伦春自治旗								1	1
鄂温克族自治旗									1
陈巴尔虎旗					1				
新巴尔虎左旗						1			
新巴尔虎右旗									
满洲里市									
牙克石市									
扎兰屯市	1	1							1
额尔古纳市									
根河市									
巴彦淖尔市	**8**	**3**		**3**	**6**	**47**		**6**	**7**
临河区					2	47		6	5
五原县									
磴口县	7				2				
乌拉特前旗		1							
乌拉特中旗		1		3					
乌拉特后旗					1				1
杭锦后旗	1	1			1				1

4-6c 续表 62

单位：人

地 区 性 别	生产制造及有关人员 纸及纸制品生产加工人员	印刷和记录媒介复制人员	文教、工美、体育和娱乐用品制造人员	石油加工和炼焦、煤化工生产人员	化学原料和化学制品制造人员	医药制造人员	化学纤维制造人员	橡胶和塑料制品制造人员	非金属矿物制品制造人员
乌兰察布市	**3**	**3**	**1**		**12**			**8**	**6**
集宁区								1	
卓资县	1		1		1			2	
化德县								1	
商都县								2	2
兴和县									
凉城县		1							
察哈尔右翼前旗					2				3
察哈尔右翼中旗	1	1						1	
察哈尔右翼后旗	1				3			1	
四子王旗		1			6				
丰镇市									1
兴安盟	**2**	**1**	**1**		**4**	**1**		**1**	**5**
乌兰浩特市					4				2
阿尔山市									
科尔沁右翼前旗	1	1						1	1
科尔沁右翼中旗			1			1			
扎赉特旗									2
突泉县	1								
锡林郭勒盟		**1**			**4**	**1**		**1**	**1**
二连浩特市									
锡林浩特市					1			1	
阿巴嘎旗									
苏尼特左旗									
苏尼特右旗									
东乌珠穆沁旗		1							
西乌珠穆沁旗					2				
太仆寺旗						1			
镶黄旗									
正镶白旗									1
正蓝旗									
多伦县					1				
乌拉盖管委会									
阿拉善盟				**3**	**17**				**7**
阿拉善左旗				1	3				7
阿拉善右旗									
额济纳旗									
内蒙古阿拉善经济开发区				2	14				

4-6c 续表 63

单位：人

地区 性别	生产制造及有关人员								
	采矿人员	金属冶炼和压延加工人员	机械制造基础加工人员	金属制品制造人员	通用设备制造人员	专用设备制造人员	汽车制造人员	铁路、船舶、航空设备制造人员	电气机械和器材制造人员
内蒙古	**5701**	**1323**	**1579**	**482**	**370**	**80**	**95**	**111**	**114**
呼和浩特市	**60**	**57**	**237**	**36**	**25**	**1**	**6**	**17**	**23**
新城区	3	1	17	2	7		2	2	3
回民区			19	2					
玉泉区	2		31	6	3				
赛罕区	3	8	74	9	2		1	15	12
土默特左旗	2	2	18	3	6		1		6
托克托县	6	31	55	4	5		2		
和林格尔县		3	11	9	1	1			2
清水河县	42	9	6	1	1				
武川县	2	3	6						
呼和浩特经济技术开发区									
包头市	**317**	**270**	**133**	**44**	**31**	**20**	**9**		**16**
东河区	4	34	16	2	3		1		1
昆都仑区	14	81	25	4	7				2
青山区		6	20	1	5	12	4		3
石拐区	5	9	3		1				1
白云鄂博矿区									
九原区	69	59	39	20	3	3			4
土默特右旗	78	11	11	14	5	3	4		3
固阳县	101	58	13	2	7				1
达尔罕茂明安联合旗	46	1	4						
包头稀土高新技术产业开发区		11	2	1		2			1
乌海市	**68**	**115**	**52**		**6**	**1**	**15**		
海勃湾区	13	112	31		5	1	15		
海南区	55	3	21		1				
乌达区									
赤峰市	**783**	**199**	**303**	**157**	**64**	**5**	**12**	**3**	**18**
红山区	3	12	5	2	3				
元宝山区	49	29	16	8	3	1	1		1
松山区	84	13	54	39	7	2	2		1
阿鲁科尔沁旗	25	2	15	7	5	1	1	1	2
巴林左旗	181	31	25	24	16		3		3
巴林右旗	18		2	1					
林西县	47	3	16	4	3		2		
克什克腾旗	185	1	5	1	4				
翁牛特旗	13	4	14		3	1	2	1	
喀喇沁旗	62	27	36	8	4				1
宁城县	33	66	88	50	15				8
敖汉旗	83	11	27	13	1		1	1	2

4-6c 续表 64　　　　单位：人

地　区 性　别	生产制造及有关人员								
	采矿人员	金属冶炼和压延加工人员	机械制造基础加工人员	金属制品制造人员	通用设备制造人员	专用设备制造人员	汽车制造人员	铁路、船舶、航空设备制造人员	电气机械和器材制造人员
通辽市	**185**	**70**	**167**	**116**	**28**	**12**	**32**	**78**	**18**
科尔沁区	15	7	29	29	11	1	1		2
科尔沁左翼中旗	16	29	61	39	13	11	28	63	12
科尔沁左翼后旗	48	3	6	3			1	4	
开鲁县	1	1	6	12	2			10	
库伦旗	20	1	1	5					1
奈曼旗	3	7	14	12			1	1	3
扎鲁特旗	75	5	18	3	2		1		
通辽经济技术开发区	2	3	23	13					
霍林郭勒市	5	14	9						
鄂尔多斯市	**3045**	**64**	**164**	**14**	**83**	**10**	**6**	**3**	**3**
东胜区	332	2	12	3	1		3		
康巴什区									
达拉特旗	69	10	17	3	14		1		1
准格尔旗	561	3	49	1	34	1			
鄂托克前旗	430		10	1	2				
鄂托克旗	322	45	6		20		1		
杭锦旗	22		3	1	1				
乌审旗	536		34	1	2	5		3	2
伊金霍洛旗	773	4	33	4	9	4	1		
呼伦贝尔市	**214**	**5**	**81**	**18**	**18**	**2**	**4**	**6**	**4**
海拉尔区	2		2		2				
扎赉诺尔区									
阿荣旗	2		19	3	3	2	3	2	1
莫力达瓦达斡尔族自治旗		2	4	4					
鄂伦春自治旗	4		8	1	2				1
鄂温克族自治旗	34		4		3				
陈巴尔虎旗		1	11						
新巴尔虎左旗	1		1						
新巴尔虎右旗	87		18		3		1		
满洲里市									
牙克石市	69		2						
扎兰屯市	2	2	12	9	5			4	2
额尔古纳市	13			1					
根河市									
巴彦淖尔市	**319**	**72**	**176**	**55**	**24**	**3**	**5**		**2**
临河区	2	3	56	20	3	2	1		1
五原县	8	2	24	5	3	1			
磴口县		1	3	1					1
乌拉特前旗	121	29	34	1	5		2		
乌拉特中旗	75	9	13	14	2				
乌拉特后旗	107	22	15	2	6		1		
杭锦后旗	6	6	31	12	5		1		

4-6c　续表 65　　　　单位：人

地区 性别	生产制造及有关人员								
	采矿人员	金属冶炼和压延加工人员	机械制造基础加工人员	金属制品制造人员	通用设备制造人员	专用设备制造人员	汽车制造人员	铁路、船舶、航空设备制造人员	电气机械和器材制造人员
乌兰察布市	**141**	**373**	**95**	**18**	**12**	**1**	**2**	**3**	**2**
集宁区		1	10	1	1				
卓资县	4	16	4	1	1				
化德县		97	2		5		1		
商都县	20	11	12	1	1				1
兴和县	4	36	5		1				
凉城县	1	3	6	2					1
察哈尔右翼前旗	24	134	19	9				2	
察哈尔右翼中旗	53	8	7	3					
察哈尔右翼后旗	5		10	1	2				
四子王旗	28	4	6				1		
丰镇市	2	63	14		1	1		1	
兴安盟	**97**	**14**	**52**	**13**	**46**	**2**	**1**	**1**	**22**
乌兰浩特市	3	3	7	1	36				
阿尔山市			6						
科尔沁右翼前旗	25	4	12	3	7				19
科尔沁右翼中旗	11	5	9	1			1		1
扎赉特旗	23		8	1	2			1	1
突泉县	35	2	10	7	1	2			1
锡林郭勒盟	**374**	**34**	**98**	**10**	**21**	**4**	**2**		**6**
二连浩特市									
锡林浩特市	4		9	2	2		1		2
阿巴嘎旗	29		3						
苏尼特左旗	12	6	3						
苏尼特右旗	3	3	6						
东乌珠穆沁旗	126	7	1		2				
西乌珠穆沁旗	120	3	49	1	16	1			2
太仆寺旗	12	6	23	4		1			
镶黄旗	37								
正镶白旗	6	7				1			
正蓝旗	4	1	1	1	1	1			1
多伦县	21	1	3	2			1		1
乌拉盖管委会									
阿拉善盟	**98**	**50**	**21**	**1**	**12**	**19**	**1**		
阿拉善左旗	51	22	16	1	12	19	1		
阿拉善右旗	18	1	2						
额济纳旗	29		1						
内蒙古阿拉善经济开发区		27	2						

4—6c 续表 66

单位：人

地区 性别	生产制造及有关人员								
	采矿人员	金属冶炼和压延加工人员	机械制造基础加工人员	金属制品制造人员	通用设备制造人员	专用设备制造人员	汽车制造人员	铁路、船舶、航空设备制造人员	电气机械和器材制造人员
男	**5359**	**1194**	**1513**	**398**	**333**	**59**	**80**	**72**	**88**
呼和浩特市	**56**	**53**	**234**	**34**	**24**	**1**	**5**	**13**	**21**
新城区	3	1	17	2	7		2	2	3
回民区			18	2					
玉泉区	2		31	6	3				
赛罕区	2	8	72	7	1		1	11	11
土默特左旗	2	1	18	3	6		1		5
托克托县	5	28	55	4	5		1		
和林格尔县		3	11	9	1	1			2
清水河县	40	9	6	1	1				
武川县	2	3	6						
呼和浩特经济技术开发区									
包头市	**297**	**241**	**127**	**33**	**28**	**12**	**7**		**12**
东河区	4	34	16	2	3		1		1
昆都仑区	14	64	20	3	6				1
青山区		6	20		5	8	3		3
石拐区	5	7	2		1				1
白云鄂博矿区									
九原区	66	53	39	14	3	1			2
土默特右旗	74	11	11	11	5	3	3		3
固阳县	91	54	13	2	5				1
达尔罕茂明安联合旗	43	1	4						
包头稀土高新技术产业开发区		11	2	1					
乌海市	**58**	**101**	**48**		**5**	**1**	**14**		
海勃湾区	11	98	28		4	1	14		
海南区	47	3	20		1				
乌达区									
赤峰市	**701**	**173**	**285**	**125**	**58**	**4**	**12**	**3**	**15**
红山区	3	10	5	2	2				
元宝山区	46	27	16	7	3	1	1		
松山区	78	12	53	33	5	2	2		1
阿鲁科尔沁旗	25	2	14	6	4	1	1	1	2
巴林左旗	154	25	22	17	15		3		3
巴林右旗	17		2	1					
林西县	44	3	16	4	3		2		
克什克腾旗	168	1	4	1	4				
翁牛特旗	11	4	12		3		2	1	
喀喇沁旗	52	26	35	8	3				
宁城县	29	55	84	36	15				7
敖汉旗	74	8	22	10	1		1	1	2

4-6c　续表 67　　　　　　　　　　　　　　　　　　　　　　　　单位：人

地区 性别	生产制造及有关人员								
	采矿人员	金属冶炼和压延加工人员	机械制造基础加工人员	金属制品制造人员	通用设备制造人员	专用设备制造人员	汽车制造人员	铁路、船舶、航空设备制造人员	电气机械和器材制造人员
通辽市	**167**	**60**	**154**	**94**	**23**	**7**	**27**	**45**	**12**
科尔沁区	9	6	28	27	9	1	1		2
科尔沁左翼中旗	14	25	52	27	10	6	24	37	7
科尔沁左翼后旗	45	2	6	2			1	2	
开鲁县	1		6	10	2			5	
库伦旗	18	1	1	3					1
奈曼旗	3	7	13	11			1	1	2
扎鲁特旗	71	5	16	3	2				
通辽经济技术开发区	1	2	23	11					
霍林郭勒市	5	12	9						
鄂尔多斯市	**2946**	**56**	**160**	**14**	**78**	**9**	**5**	**3**	**3**
东胜区	320	2	12	3	1		3		
康巴什区									
达拉特旗	67	10	16	3	14		1		1
准格尔旗	546	3	49	1	33	1			
鄂托克前旗	427		10	1	2				
鄂托克旗	307	37	6		18				
杭锦旗	20		3	1	1				
乌审旗	506		32	1	2	5		3	2
伊金霍洛旗	753	4	32	4	7	3	1		
呼伦贝尔市	**205**	**4**	**78**	**14**	**16**	**2**	**2**	**4**	**2**
海拉尔区	2		2		2				
扎赉诺尔区									
阿荣旗	2		19	3	3	2	1	1	
莫力达瓦达斡尔族自治旗		1	4	3					
鄂伦春自治旗	4		7	1	1				1
鄂温克族自治旗	34		4		3				
陈巴尔虎旗		1	10						
新巴尔虎左旗	1		1						
新巴尔虎右旗	84		18		3		1		
满洲里市									
牙克石市	66		2						
扎兰屯市	2	2	11	6	4			3	1
额尔古纳市	10			1					
根河市									
巴彦淖尔市	**292**	**70**	**169**	**47**	**24**	**3**	**4**		**2**
临河区	2	3	55	16	3	2	1		1
五原县	6	2	22	5	3	1			
磴口县		1	2	1					1
乌拉特前旗	115	29	33	1	5		1		
乌拉特中旗	64	9	12	12	2				
乌拉特后旗	100	21	15	2	6		1		
杭锦后旗	5	5	30	10	5		1		

4－6c 续表 68 单位：人

地　区 性　别	生产制造及有关人员								
	采矿人员	金属冶炼和压延加工人员	机械制造基础加工人员	金属制品制造人员	通用设备制造人员	专用设备制造人员	汽车制造人员	铁路、船舶、航空设备制造人员	电气机械和器材制造人员
乌兰察布市	**130**	**350**	**93**	**14**	**11**	**1**	**2**	**3**	**2**
集宁区			10	1	1				
卓资县	4	16	4	1	1				
化德县		90	2		4		1		
商都县	19	11	12	1	1				1
兴和县	4	36	5		1				
凉城县	1	2	6	2					1
察哈尔右翼前旗	18	124	18	6				2	
察哈尔右翼中旗	50	7	7	2					
察哈尔右翼后旗	5		9	1	2				
四子王旗	27	4	6				1		
丰镇市	2	60	14		1	1		1	
兴安盟	**83**	**13**	**50**	**13**	**36**	**1**	**1**	**1**	**13**
乌兰浩特市	2	3	7	1	27				
阿尔山市			6						
科尔沁右翼前旗	18	4	12	3	6				10
科尔沁右翼中旗	7	4	8	1			1		1
扎赉特旗	22		7	1	2			1	1
突泉县	34	2	10	7	1	1			1
锡林郭勒盟	**346**	**29**	**94**	**9**	**20**	**3**	**1**		**6**
二连浩特市									
锡林浩特市	4		8	1	1		1		2
阿巴嘎旗	29		3						
苏尼特左旗	12	5	3						
苏尼特右旗	2	2	6						
东乌珠穆沁旗	111	7	1		2				
西乌珠穆沁旗	114	2	47	1	16	1			2
太仆寺旗	9	5	22	4		1			
镶黄旗	34								
正镶白旗	6	6							
正蓝旗	4	1	1	1	1	1			1
多伦县	21	1	3	2					1
乌拉盖管委会									
阿拉善盟	**78**	**44**	**21**	**1**	**10**	**15**			
阿拉善左旗	44	21	16	1	10	15			
阿拉善右旗	17	1	2						
额济纳旗	17		1						
内蒙古阿拉善经济开发区		22	2						

4-6c　续表 69　　　　　　　　　　　　　　　　　　　　　　单位：人

地　区 性　别	生产制造及有关人员								
	采矿人员	金属冶炼和压延加工人员	机械制造基础加工人员	金属制品制造人员	通用设备制造人员	专用设备制造人员	汽车制造人员	铁路、船舶、航空设备制造人员	电气机械和器材制造人员
女	**342**	**129**	**66**	**84**	**37**	**21**	**15**	**39**	**26**
呼和浩特市	**4**	**4**	**3**	**2**	**1**		**1**	**4**	**2**
新城区									
回民区			1						
玉泉区									
赛罕区	1		2	2	1			4	1
土默特左旗		1							1
托克托县	1	3					1		
和林格尔县									
清水河县	2								
武川县									
呼和浩特经济技术开发区									
包头市	**20**	**29**	**6**	**11**	**3**	**8**	**2**		**4**
东河区									
昆都仑区		17	5	1	1				1
青山区				1		4	1		
石拐区		2	1						
白云鄂博矿区									
九原区	3	6		6		2			2
土默特右旗	4			3			1		
固阳县	10	4			2				
达尔罕茂明安联合旗	3								
包头稀土高新技术产业开发区						2			1
乌海市	**10**	**14**	**4**		**1**		**1**		
海勃湾区	2	14	3		1		1		
海南区	8		1						
乌达区									
赤峰市	**82**	**26**	**18**	**32**	**6**	**1**			**3**
红山区		2			1				
元宝山区	3	2		1					1
松山区	6	1	1	6	2				
阿鲁科尔沁旗			1	1	1				
巴林左旗	27	6	3	7	1				
巴林右旗	1								
林西县	3								
克什克腾旗	17		1						
翁牛特旗	2		2			1			
喀喇沁旗	10	1	1		1				1
宁城县	4	11	4	14					1
敖汉旗	9	3	5	3					

4－6c 续表 70

单位：人

地区 性别	生产制造及有关人员								
	采矿人员	金属冶炼和压延加工人员	机械制造基础加工人员	金属制品制造人员	通用设备制造人员	专用设备制造人员	汽车制造人员	铁路、船舶、航空设备制造人员	电气机械和器材制造人员
通辽市	**18**	**10**	**13**	**22**	**5**	**5**	**5**	**33**	**6**
科尔沁区	6	1	1	2	2				
科尔沁左翼中旗	2	4	9	12	3	5	4	26	5
科尔沁左翼后旗	3	1		1				2	
开鲁县		1		2				5	
库伦旗	2			2					
奈曼旗			1	1					1
扎鲁特旗	4		2				1		
通辽经济技术开发区	1	1		2					
霍林郭勒市		2							
鄂尔多斯市	**99**	**8**	**4**		**5**	**1**	**1**		
东胜区	12								
康巴什区									
达拉特旗	2		1						
准格尔旗	15				1				
鄂托克前旗	3								
鄂托克旗	15	8			2		1		
杭锦旗	2								
乌审旗	30		2						
伊金霍洛旗	20		1		2	1			
呼伦贝尔市	**9**	**1**	**3**	**4**	**2**		**2**	**2**	**2**
海拉尔区									
扎赉诺尔区									
阿荣旗							2	1	1
莫力达瓦达斡尔族自治旗		1		1					
鄂伦春自治旗			1		1				
鄂温克族自治旗									
陈巴尔虎旗			1						
新巴尔虎左旗									
新巴尔虎右旗	3								
满洲里市									
牙克石市	3								
扎兰屯市			1	3	1			1	1
额尔古纳市	3								
根河市									
巴彦淖尔市	**27**	**2**	**7**	**8**			**1**		
临河区			1	4					
五原县	2		2						
磴口县			1						
乌拉特前旗	6		1				1		
乌拉特中旗	11		1	2					
乌拉特后旗	7	1							
杭锦后旗	1	1	1	2					

4-6c 续表 71

单位：人

地 区 性 别	生产制造及有关人员								
	采矿人员	金属冶炼和压延加工人员	机械制造基础加工人员	金属制品制造人员	通用设备制造人员	专用设备制造人员	汽车制造人员	铁路、船舶、航空设备制造人员	电气机械和器材制造人员
乌兰察布市	**11**	**23**	**2**	**4**	**1**				
集宁区		1							
卓资县									
化德县		7			1				
商都县	1								
兴和县									
凉城县		1							
察哈尔右翼前旗	6	10	1	3					
察哈尔右翼中旗	3	1		1					
察哈尔右翼后旗			1						
四子王旗	1								
丰镇市		3							
兴安盟	**14**	**1**	**2**		**10**	**1**			**9**
乌兰浩特市	1				9				
阿尔山市									
科尔沁右翼前旗	7				1				9
科尔沁右翼中旗	4	1	1						
扎赉特旗	1		1						
突泉县	1					1			
锡林郭勒盟	**28**	**5**	**4**	**1**	**1**	**1**	**1**		
二连浩特市									
锡林浩特市			1	1	1				
阿巴嘎旗									
苏尼特左旗		1							
苏尼特右旗	1	1							
东乌珠穆沁旗	15								
西乌珠穆沁旗	6	1	2						
太仆寺旗	3	1	1						
镶黄旗	3								
正镶白旗		1				1			
正蓝旗									
多伦县							1		
乌拉盖管委会									
阿拉善盟	**20**	**6**			**2**	**4**	**1**		
阿拉善左旗	7	1			2	4	1		
阿拉善右旗	1								
额济纳旗	12								
内蒙古阿拉善经济开发区		5							

4－6c 续表 72 单位：人

地 区 性 别	生产制造及有关人员								不便分类的其他从业人员
	计算机、通信和其他电子设备制造人员	仪器仪表制造人员	废弃资源综合利用人员	电力、热力、气体、水生产和输配人员	建筑施工人员	运输设备和通用工程机械操作人员及有关人员	生产辅助人员	其他生产制造及有关人员	
内蒙古	**405**	**45**	**108**	**1273**	**15871**	**3156**	**6380**	**124**	**783**
呼和浩特市	**60**	**9**	**18**	**94**	**2636**	**167**	**518**	**13**	**57**
新城区	9		7	11	702	30	30		28
回民区	1		1		61	3	25		
玉泉区	13		5	6	437	11	53	1	19
赛罕区	20		1	20	625	22	133		3
土默特左旗	12	1	1	14	234	38	76		2
托克托县	3	8	2	32	338	38	117		
和林格尔县	2			4	150	10	71	11	4
清水河县				2	77	14	11	1	1
武川县			1	5	12	1	2		
呼和浩特经济技术开发区									
包头市	**40**	**1**	**29**	**79**	**1402**	**212**	**341**	**14**	**69**
东河区			1		118	27	35	1	2
昆都仑区	9		1	4	187	25	67	11	10
青山区	2		17	4	223	14	17	1	
石拐区					11	2	12		2
白云鄂博矿区									
九原区	15		3	6	287	29	78	1	24
土默特右旗	11	1	5	55	231	62	44		14
固阳县	2			8	313	45	59		1
达尔罕茂明安联合旗				2	12	2	17		16
包头稀土高新技术产业开发区	1		2		20	6	12		
乌海市	**1**		**1**	**16**	**78**	**132**	**198**	**1**	**1**
海勃湾区	1		1	8	67	109	114		
海南区				8	11	23	84	1	1
乌达区									
赤峰市	**89**	**2**	**14**	**158**	**5262**	**409**	**723**	**40**	**248**
红山区	8			4	49	10	7	3	9
元宝山区			3	6	276	22	65	3	
松山区	8		1	24	1046	71	126	6	24
阿鲁科尔沁旗	3		1	3	265	22	31	1	36
巴林左旗	25		3	16	943	82	97	4	27
巴林右旗	1			2	30	5	4		1
林西县	1			7	384	27	17		7
克什克腾旗	1		2	13	55	31	59		3
翁牛特旗	5		1	27	436	32	34		38
喀喇沁旗	4	1		21	506	21	68	1	1
宁城县	26		2	25	871	62	171	22	39
敖汉旗	7	1	1	10	401	24	44		63

4-6c　续表 73　　　　单位：人

地　区 性　别	生产制造及有关人员								不便分类的其他从业人员
	计算机、通信和其他电子设备制造人　员	仪器仪表制造人员	废弃资源综合利用人　　员	电力、热力、气体、水生产和输配人员	建筑施工人　　员	运输设备和通用工程机械操作人员及有关人员	生产辅助人　　员	其他生产制造及有关人员	
通辽市	**100**	**1**	**3**	**50**	**1760**	**199**	**377**	**14**	**67**
科尔沁区	31	1	1	22	537	55	139	1	17
科尔沁左翼中旗	43			7	520	41	77	6	2
科尔沁左翼后旗	5			4	42	9	18	1	1
开鲁县	6			4	224	12	41	2	4
库伦旗				2	36	13	4		2
奈曼旗	8			4	204	14	24	2	37
扎鲁特旗	6			3	74	35	15		1
通辽经济技术开发区				1	94	6	42	2	3
霍林郭勒市	1		2	3	29	14	17		
鄂尔多斯市	**39**	**11**	**12**	**398**	**1012**	**1019**	**2164**	**17**	**47**
东胜区				23	33	183	225	1	
康巴什区									
达拉特旗	1		7	93	188	183	189	2	11
准格尔旗	15	2		139	318	233	687	3	10
鄂托克前旗				1	83	48	101	2	12
鄂托克旗		7	1	21	60	50	223		4
杭锦旗	1			22	12	6	14	1	6
乌审旗	9	2	1	45	158	120	321	2	
伊金霍洛旗	13		3	54	160	196	404	6	4
呼伦贝尔市	**17**	**3**	**5**	**75**	**569**	**157**	**209**	**7**	**60**
海拉尔区				3	13	17	18	5	
扎赉诺尔区									
阿荣旗	10			15	170	24	18		19
莫力达瓦达斡尔族自治旗	3			6	122	8	7	1	4
鄂伦春自治旗	2		1	9	29	4	13		2
鄂温克族自治旗				8	28	5	35		5
陈巴尔虎旗				2	14	3	19		1
新巴尔虎左旗				7	2		4		20
新巴尔虎右旗				6	15	65	45		6
满洲里市									
牙克石市				4	46	2	17		
扎兰屯市	2	3	4	9	125	19	22	1	2
额尔古纳市				6	5	10	11		1
根河市									
巴彦淖尔市	**18**	**12**	**14**	**131**	**895**	**222**	**654**	**13**	**50**
临河区	7		9	70	389	54	227	1	3
五原县	1		2	11	103	24	34		24
磴口县	1			5	34	17	38		4
乌拉特前旗	1	12	1	9	112	59	155	9	
乌拉特中旗	1			30	26	22	82	1	3
乌拉特后旗	2		2		117	27	78	2	4
杭锦后旗	5			6	114	19	40		12

4-6c 续表 74　　单位：人

地　区 性　别	生产制造及有关人员								不便分类的其他从业人员
	计算机、通信和其他电子设备制造人　员	仪器仪表制造人员	废弃资源综合利用人　员	电力、热力、气体、水生产和输配人员	建筑施工人　员	运输设备和通用工程机械操作人员及有关人员	生产辅助人　员	其他生产制造及有关人员	
乌兰察布市	**18**	**3**	**8**	**87**	**1152**	**168**	**509**	**5**	**34**
集宁区	3			11	158	8	38		
卓资县				5	94	28	149	2	2
化德县			4	6	42	12	41	1	2
商都县	1			5	87	7	27	1	
兴和县	3			5	127	11	31		3
凉城县				16	121	5	27		8
察哈尔右翼前旗	4		3	14	207	39	88		2
察哈尔右翼中旗	1		1	5	67	7	20		
察哈尔右翼后旗	3			7	65	19	43		7
四子王旗	1	3		7	63	11	24		9
丰镇市	2			6	121	21	21	1	1
兴安盟	**13**		**3**	**46**	**653**	**77**	**116**		**88**
乌兰浩特市				20	62	7	27		
阿尔山市				1	17	6	2		
科尔沁右翼前旗	1		2	13	198	29	39		75
科尔沁右翼中旗	2		1	3	30	5	1		3
扎赉特旗	9			4	154	10	20		5
突泉县	1			5	192	20	27		5
锡林郭勒盟	**10**	**2**	**1**	**109**	**324**	**300**	**341**		**59**
二连浩特市				1	9				
锡林浩特市	8	1	1	8	122	30	27		
阿巴嘎旗				3	46	23	2		
苏尼特左旗		1		2	16	37	25		
苏尼特右旗					2	3	13		1
东乌珠穆沁旗				5	3	11	26		14
西乌珠穆沁旗	1			73	29	182	171		1
太仆寺旗				9	45	4	20		4
镶黄旗						2	9		1
正镶白旗				3	3	3	2		3
正蓝旗	1			2	10	4	19		33
多伦县				1	39	1	27		2
乌拉盖管委会				2					
阿拉善盟		**1**		**30**	**128**	**94**	**230**		**3**
阿拉善左旗		1		24	64	72	134		3
阿拉善右旗					5	7	19		
额济纳旗				1	35	5	19		
内蒙古阿拉善经济开发区				5	24	10	58		

4-6c　续表 75　　　　　　　　　　　　　　　　　　单位：人

地　区 性　别	生产制造及有关人员								不便分类的其他从业人员
	计算机、通信和其他电子设备制造人员	仪器仪表制造人员	废弃资源综合利用人员	电力、热力、气体、水生产和输配人员	建筑施工人员	运输设备和通用工程机械操作人员及有关人员	生产辅助人员	其他生产制造及有关人员	
男	**319**	**34**	**84**	**1140**	**13942**	**3028**	**5328**	**103**	**492**
呼和浩特市	**50**	**7**	**16**	**87**	**2381**	**160**	**381**	**10**	**47**
新城区	8		5	10	620	29	19		25
回民区	1		1		52	3	23		
玉泉区	11		5	6	384	10	44	1	14
赛罕区	18		1	18	563	18	106		2
土默特左旗	8	1	1	13	225	38	42		2
托克托县	2	6	2	29	318	38	90		
和林格尔县	2			4	141	10	47	8	4
清水河县				2	66	13	8	1	
武川县			1	5	12	1	2		
呼和浩特经济技术开发区									
包头市	**34**	**1**	**20**	**67**	**1183**	**202**	**273**	**12**	**43**
东河区			1		107	27	25	1	1
昆都仑区	9		1	4	158	23	55	9	5
青山区	2		10	3	188	11	11	1	
石拐区					8	1	10		1
白云鄂博矿区									
九原区	12		3	6	249	28	59	1	15
土默特右旗	8	1	5	44	224	60	38		8
固阳县	2			8	223	44	51		
达尔罕茂明安联合旗				2	10	2	16		13
包头稀土高新技术产业开发区	1				16	6	8		
乌海市			**1**	**11**	**70**	**115**	**166**	**1**	**1**
海勃湾区			1	4	59	93	91		
海南区				7	11	22	75	1	1
乌达区									
赤峰市	**67**	**2**	**13**	**143**	**4467**	**393**	**574**	**33**	**129**
红山区	3			3	40	10	5	3	8
元宝山区			3	6	263	21	55	2	
松山区	5		1	22	871	68	107	6	13
阿鲁科尔沁旗	3		1	3	213	22	22		20
巴林左旗	17		3	14	748	81	81	4	15
巴林右旗	1			2	25	5	4		1
林西县				6	286	26	13		4
克什克腾旗	1		2	12	46	29	44		3
翁牛特旗	5			23	366	31	27		22
喀喇沁旗	4	1		18	470	18	55	1	
宁城县	22		2	24	804	59	123	17	12
敖汉旗	6	1	1	10	335	23	38		31

4-6c 续表 76　　　　单位：人

地　区 性　别	生产制造及有关人员								不便分类的其他从业人员
	计算机、通信和其他电子设备制造人员	仪器仪表制造人员	废弃资源综合利用人员	电力、热力、气体、水生产和输配人员	建筑施工人员	运输设备和通用工程机械操作人员及有关人员	生产辅助人员	其他生产制造及有关人员	
通辽市	**68**	**1**	**2**	**43**	**1539**	**194**	**270**	**12**	**36**
科尔沁区	22	1	1	19	482	53	86	1	10
科尔沁左翼中旗	27			4	446	39	54	5	2
科尔沁左翼后旗	3			4	40	9	13	1	1
开鲁县	4			3	189	11	33	1	2
库伦旗				2	29	13	4		1
奈曼旗	7			4	183	14	18	2	18
扎鲁特旗	4			3	66	35	14		
通辽经济技术开发区				1	81	6	33	2	2
霍林郭勒市	1		1	3	23	14	15		
鄂尔多斯市	**36**	**9**	**8**	**356**	**922**	**974**	**1959**	**15**	**32**
东胜区				21	31	178	204	1	
康巴什区									
达拉特旗			4	74	165	182	169	2	9
准格尔旗	14	2		133	304	227	634	3	7
鄂托克前旗				1	81	48	101	1	6
鄂托克旗		5	1	16	59	35	162		2
杭锦旗	1			21	9	6	12		5
乌审旗	9	2	1	42	139	113	289	2	
伊金霍洛旗	12		2	48	134	185	388	6	3
呼伦贝尔市	**14**	**3**	**4**	**67**	**500**	**155**	**176**	**6**	**40**
海拉尔区				3	11	17	14	5	
扎赉诺尔区									
阿荣旗	8			12	153	24	14		11
莫力达瓦达斡尔族自治旗	3			6	98	8	6	1	2
鄂伦春自治旗	1		1	8	27	3	12		1
鄂温克族自治旗				7	23	5	32		4
陈巴尔虎旗				2	14	2	16		1
新巴尔虎左旗				5	2		1		12
新巴尔虎右旗				6	14	65	41		6
满洲里市									
牙克石市				4	34	2	16		
扎兰屯市	2	3	3	8	119	19	17		2
额尔古纳市				6	5	10	7		1
根河市									
巴彦淖尔市	**16**	**8**	**10**	**119**	**796**	**217**	**508**	**11**	**36**
临河区	6		6	64	343	53	151	1	3
五原县	1		1	10	92	24	26		15
磴口县	1			5	28	17	25		3
乌拉特前旗	1	8	1	9	102	55	137	8	
乌拉特中旗	1			25	26	22	76	1	2
乌拉特后旗	2		2		105	27	64	1	3
杭锦后旗	4			6	100	19	29		10

4−6c　续表 77　　　　　　单位：人

地　区 性　别	生产制造及有关人员								不便分类的其他从业人员
	计算机、通信和其他电子设备制造人　员	仪器仪表制造人员	废弃资源综合利用人　　员	电力、热力、气体、水生产和输配人员	建筑施工人　　员	运输设备和通用工程机械操作人员及有关人员	生产辅助人　　员	其他生产制造及有关人员	
乌兰察布市	**15**	**1**	**6**	**82**	**1078**	**153**	**439**	**3**	**24**
集宁区	2			11	154	7	34		
卓资县				4	91	26	136	2	2
化德县			3	6	37	11	35		2
商都县	1			5	79	7	24		
兴和县	3			4	117	11	23		1
凉城县				15	110	5	23		6
察哈尔右翼前旗	2		3	13	196	32	71		2
察哈尔右翼中旗	1			4	61	6	14		
察哈尔右翼后旗	3			7	61	19	42		7
四子王旗	1	1		7	56	11	22		4
丰镇市	2			6	116	18	15	1	
兴安盟	**10**		**3**	**40**	**595**	**76**	**96**		**67**
乌兰浩特市				16	56	7	21		
阿尔山市				1	14	6	2		
科尔沁右翼前旗	1		2	12	185	29	26		61
科尔沁右翼中旗	2		1	3	26	5	1		2
扎赉特旗	6			3	141	10	19		1
突泉县	1			5	173	19	27		3
锡林郭勒盟	**9**	**2**	**1**	**100**	**302**	**296**	**299**		**35**
二连浩特市				1	9				
锡林浩特市	8	1	1	6	112	30	21		
阿巴嘎旗				3	44	23	2		
苏尼特左旗		1		2	16	37	22		
苏尼特右旗					2	2	10		1
东乌珠穆沁旗				5	2	11	22		5
西乌珠穆沁旗				68	26	179	161		1
太仆寺旗				7	43	4	18		3
镶黄旗						2	9		1
正镶白旗				3	3	3	2		1
正蓝旗	1			2	9	4	14		21
多伦县				1	36	1	18		2
乌拉盖管委会				2					
阿拉善盟				**25**	**109**	**93**	**187**		**2**
阿拉善左旗				24	55	72	116		2
阿拉善右旗					5	7	16		
额济纳旗				1	25	4	16		
内蒙古阿拉善经济开发区					24	10	39		

4-6c 续表 78 单位：人

地区 性别	生产制造及有关人员								不便分类的其他从业人员
	计算机、通信和其他电子设备制造人员	仪器仪表制造人员	废弃资源综合利用人员	电力、热力、气体、水生产和输配人员	建筑施工人员	运输设备和通用工程机械操作人员及有关人员	生产辅助人员	其他生产制造及有关人员	
女	**86**	**11**	**24**	**133**	**1929**	**128**	**1052**	**21**	**291**
呼和浩特市	**10**	**2**	**2**	**7**	**255**	**7**	**137**	**3**	**10**
新城区	1		2	1	82	1	11		3
回民区					9		2		
玉泉区	2				53	1	9		5
赛罕区	2			2	62	4	27		1
土默特左旗	4			1	9		34		
托克托县	1	2		3	20		27		
和林格尔县					9		24	3	
清水河县					11	1	3		1
武川县									
呼和浩特经济技术开发区									
包头市	**6**		**9**	**12**	**219**	**10**	**68**	**2**	**26**
东河区					11		10		1
昆都仑区					29	2	12	2	5
青山区			7	1	35	3	6		
石拐区					3	1	2		1
白云鄂博矿区									
九原区	3				38	1	19		9
土默特右旗	3			11	7	2	6		6
固阳县					90	1	8		1
达尔罕茂明安联合旗					2		1		3
包头稀土高新技术产业开发区			2		4		4		
乌海市	**1**			**5**	**8**	**17**	**32**		
海勃湾区	1			4	8	16	23		
海南区				1		1	9		
乌达区									
赤峰市	**22**		**1**	**15**	**795**	**16**	**149**	**7**	**119**
红山区	5			1	9		2		1
元宝山区					13	1	10	1	
松山区	3			2	175	3	19		11
阿鲁科尔沁旗					52		9	1	16
巴林左旗	8			2	195	1	16		12
巴林右旗					5				
林西县	1			1	98	1	4		3
克什克腾旗				1	9	2	15		
翁牛特旗			1	4	70	1	7		16
喀喇沁旗				3	36	3	13		1
宁城县	4			1	67	3	48	5	27
敖汉旗	1				66	1	6		32

4-6c　续表 79　　　　单位：人

地　区 性　别	生产制造及有关人员								不便分类的其他从业人员
	计算机、通信和其他电子设备制造人员	仪器仪表制造人员	废弃资源综合利用人员	电力、热力、气体、水生产和输配人员	建筑施工人员	运输设备和通用工程机械操作人员及有关人员	生产辅助人员	其他生产制造及有关人员	
通辽市	**32**		**1**	**7**	**221**	**5**	**107**	**2**	**31**
科尔沁区	9			3	55	2	53		7
科尔沁左翼中旗	16			3	74	2	23	1	
科尔沁左翼后旗	2				2		5		
开鲁县	2			1	35	1	8	1	2
库伦旗					7				1
奈曼旗	1				21		6		19
扎鲁特旗	2				8		1		1
通辽经济技术开发区					13		9		1
霍林郭勒市			1		6		2		
鄂尔多斯市	**3**	**2**	**4**	**42**	**90**	**45**	**205**	**2**	**15**
东胜区				2	2	5	21		
康巴什区									
达拉特旗	1		3	19	23	1	20		2
准格尔旗	1			6	14	6	53		3
鄂托克前旗					2			1	6
鄂托克旗		2		5	1	15	61		2
杭锦旗				1	3		2	1	1
乌审旗				3	19	7	32		
伊金霍洛旗	1		1	6	26	11	16		1
呼伦贝尔市	**3**		**1**	**8**	**69**	**2**	**33**	**1**	**20**
海拉尔区					2		4		
扎赉诺尔区									
阿荣旗	2			3	17		4		8
莫力达瓦达斡尔族自治旗					24		1		2
鄂伦春自治旗	1			1	2	1	1		1
鄂温克族自治旗				1	5		3		1
陈巴尔虎旗						1	3		
新巴尔虎左旗				2			3		8
新巴尔虎右旗					1		4		
满洲里市									
牙克石市					12		1		
扎兰屯市			1	1	6		5	1	
额尔古纳市							4		
根河市									
巴彦淖尔市	**2**	**4**	**4**	**12**	**99**	**5**	**146**	**2**	**14**
临河区	1		3	6	46	1	76		
五原县			1	1	11		8		9
磴口县					6		13		1
乌拉特前旗		4			10	4	18	1	
乌拉特中旗				5			6		1
乌拉特后旗					12		14	1	1
杭锦后旗	1				14		11		2

4－6c 续表 80 单位：人

地区 性别	生产制造及有关人员								不便分类的其他从业人员
	计算机、通信和其他电子设备制造人员	仪器仪表制造人员	废弃资源综合利用人员	电力、热力、气体、水生产和输配人员	建筑施工人员	运输设备和通用工程机械操作人员及有关人员	生产辅助人员	其他生产制造及有关人员	
乌兰察布市	**3**	**2**	**2**	**5**	**74**	**15**	**70**	**2**	**10**
集宁区	1				4	1	4		
卓资县				1	3	2	13		
化德县			1		5	1	6	1	
商都县					8		3	1	
兴和县				1	10		8		2
凉城县				1	11		4		2
察哈尔右翼前旗	2			1	11	7	17		
察哈尔右翼中旗			1	1	6	1	6		
察哈尔右翼后旗					4		1		
四子王旗		2			7		2		5
丰镇市					5	3	6		1
兴安盟	**3**			**6**	**58**	**1**	**20**		**21**
乌兰浩特市				4	6		6		
阿尔山市					3				
科尔沁右翼前旗				1	13		13		14
科尔沁右翼中旗					4				1
扎赉特旗	3			1	13		1		4
突泉县					19	1			2
锡林郭勒盟	**1**			**9**	**22**	**4**	**42**		**24**
二连浩特市									
锡林浩特市				2	10		6		
阿巴嘎旗					2				
苏尼特左旗							3		
苏尼特右旗						1	3		
东乌珠穆沁旗					1		4		9
西乌珠穆沁旗	1			5	3	3	10		
太仆寺旗				2	2		2		1
镶黄旗									
正镶白旗									2
正蓝旗					1		5		12
多伦县					3		9		
乌拉盖管委会									
阿拉善盟		**1**		**5**	**19**	**1**	**43**		**1**
阿拉善左旗		1			9		18		1
阿拉善右旗							3		
额济纳旗					10	1	3		
内蒙古阿拉善经济开发区				5			19		

4-7 全区分年龄、性别、职业中类的就业人口

单位：人

年龄组 性别	合计	党的机关、国家机关、群众团体和社会组织、企事业单位负责人						
		小计	中国共产党机关负责人	国家机关负责人	民主党派和工商联负责人	人民团体和群众团体、社会组织及其他成员组织负责人	基层群众自治组织负责人	企事业单位负责人
总　计	**1049550**	**22768**	**136**	**2127**	**9**	**819**	**875**	**18802**
16–19岁	4271	12				2		10
20–24岁	41476	322		8		12	2	300
25–29岁	99978	1556	7	39	1	58	24	1427
30–34岁	153799	3788	12	155		120	70	3431
35–39岁	144086	4052	16	262		129	96	3549
40–44岁	129746	3572	17	376	3	96	125	2955
45–49岁	161902	3992	32	489	2	136	181	3152
50–54岁	137066	3096	26	449	2	140	141	2338
55–59岁	95412	1880	22	315		89	137	1317
60–64岁	46104	324	2	20		26	59	217
65–69岁	25541	131	1	6		9	37	78
70–74岁	7599	24	1	5			3	15
75岁及以上	2570	19		3	1	2		13
男	**646349**	**17097**	**110**	**1739**	**5**	**509**	**686**	**14048**
16–19岁	2869	10				2		8
20–24岁	24001	213		4		3	1	205
25–29岁	59112	1097	6	28		27	10	1026
30–34岁	93001	2680	9	95		66	47	2463
35–39岁	87261	2918	13	190		76	77	2562
40–44岁	77315	2637	15	312	1	56	91	2162
45–49岁	95589	2970	24	406	1	81	134	2324
50–54岁	87921	2478	18	381	2	101	113	1863
55–59岁	65041	1657	21	292		70	119	1155
60–64岁	29744	287	2	17		20	55	193
65–69岁	17203	112	1	6		5	36	64
70–74岁	5482	21	1	5			3	12
75岁及以上	1810	17		3	1	2		11
女	**403201**	**5671**	**26**	**388**	**4**	**310**	**189**	**4754**
16–19岁	1402	2						2
20–24岁	17475	109		4		9	1	95
25–29岁	40866	459	1	11	1	31	14	401
30–34岁	60798	1108	3	60		54	23	968
35–39岁	56825	1134	3	72		53	19	987
40–44岁	52431	935	2	64	2	40	34	793
45–49岁	66313	1022	8	83	1	55	47	828
50–54岁	49145	618	8	68		39	28	475
55–59岁	30371	223	1	23		19	18	162
60–64岁	16360	37		3		6	4	24
65–69岁	8338	19				4	1	14
70–74岁	2117	3						3
75岁及以上	760	2						2

4-7　续表 1　　单位：人

年龄组 性　别	专业技术人员									
	小计	科学研究人　　员	工程技术人　　员	农业技术人　　员	飞机和船舶技术人　员	卫生专业技术人员	经济和金融专业人　员	法律、社会和宗教专业人员	教学人员	文学艺术、体育专业人员
总　计	**125454**	**508**	**25469**	**1472**	**61**	**21445**	**23486**	**3278**	**44137**	**1866**
16-19岁	351		38	5		80	17	5	175	24
20-24岁	9411	15	1631	82	7	1901	1507	193	3551	265
25-29岁	21433	67	3960	132	17	4175	4488	636	6924	440
30-34岁	25626	75	5965	187	20	4195	5621	703	7619	446
35-39岁	19796	70	3902	166	9	3108	3744	435	7508	279
40-44岁	13699	53	2505	191	2	2224	2469	391	5370	121
45-49岁	14454	67	3065	206	3	2378	2771	380	4974	125
50-54岁	11746	72	2603	236	3	1797	1744	298	4539	83
55-59岁	7083	80	1516	187		1005	882	184	2928	61
60-64岁	1082	6	225	51		264	141	31	330	11
65-69岁	452	3	41	21		194	60	18	102	6
70-74岁	216		10	7		87	33	1	71	4
75岁及以上	105		8	1		37	9	3	46	1
男	**54439**	**259**	**21800**	**1109**	**56**	**6806**	**7011**	**1542**	**13044**	**1047**
16-19岁	157		33	5		30	8	4	58	14
20-24岁	3172	12	1369	67	7	411	381	65	622	128
25-29岁	7568	28	3384	103	16	845	1155	238	1331	210
30-34岁	10202	39	5080	138	18	872	1426	286	1742	247
35-39岁	8145	33	3315	126	8	1032	1035	186	1979	167
40-44岁	5843	20	2093	132	2	842	702	175	1651	70
45-49岁	6524	31	2527	135	3	1001	769	163	1591	82
50-54岁	6247	31	2325	172	2	717	748	211	1797	56
55-59岁	5162	58	1413	157		610	623	168	1894	55
60-64岁	835	5	209	47		191	97	28	230	11
65-69岁	342	2	37	19		149	41	15	69	4
70-74岁	160		9	7		72	20	1	48	2
75岁及以上	82		6	1		34	6	2	32	1
女	**71015**	**249**	**3669**	**363**	**5**	**14639**	**16475**	**1736**	**31093**	**819**
16-19岁	194		5			50	9	1	117	10
20-24岁	6239	3	262	15		1490	1126	128	2929	137
25-29岁	13865	39	576	29	1	3330	3333	398	5593	230
30-34岁	15424	36	885	49	2	3323	4195	417	5877	199
35-39岁	11651	37	587	40	1	2076	2709	249	5529	112
40-44岁	7856	33	412	59		1382	1767	216	3719	51
45-49岁	7930	36	538	71		1377	2002	217	3383	43
50-54岁	5499	41	278	64	1	1080	996	87	2742	27
55-59岁	1921	22	103	30		395	259	16	1034	6
60-64岁	247	1	16	4		73	44	3	100	
65-69岁	110	1	4	2		45	19	3	33	2
70-74岁	56		1			15	13		23	2
75岁及以上	23		2			3	3	1	14	

4-7 续表 2

单位：人

年龄组 性 别	专业技术人员		办事人员和有关人员				社会生产服务和生活服务人员		
	新闻出版、文化专业人员	其他专业技术人员	小计	办事人员	安全和消防人员	其他办事人员和有关人员	小计	批发与零售服务人员	交通运输、仓储和邮政业服务人员
总 计	**2841**	**891**	**96191**	**77829**	**17311**	**1051**	**342155**	**117914**	**76857**
16-19岁	3	4	95	61	33	1	2314	418	175
20-24岁	206	53	4306	3297	947	62	16529	5005	2341
25-29岁	470	124	12767	10159	2478	130	36996	12966	6668
30-34岁	604	191	18327	15390	2743	194	57556	22080	11753
35-39岁	441	134	13929	11925	1857	147	53842	20521	13351
40-44岁	293	80	11355	9806	1418	131	47659	17811	12466
45-49岁	345	140	13172	11095	1930	147	53955	18287	13920
50-54岁	285	86	11230	8920	2184	126	38105	11602	9574
55-59岁	173	67	8576	6269	2215	92	22004	5866	4950
60-64岁	13	10	1420	565	840	15	8608	2135	1206
65-69岁	6	1	729	233	492	4	3549	883	355
70-74岁	2	1	199	59	139	1	797	242	68
75岁及以上			86	50	35	1	241	98	30
男	**1081**	**684**	**61036**	**45257**	**15107**	**672**	**199734**	**55420**	**67833**
16-19岁	3	2	66	36	30		1559	201	151
20-24岁	72	38	2306	1399	872	35	10038	2325	1919
25-29岁	172	86	7025	4779	2164	82	22568	6294	5683
30-34岁	197	157	10312	7888	2309	115	33748	10209	10236
35-39岁	161	103	8252	6662	1517	73	30913	8990	11854
40-44岁	102	54	6809	5539	1188	82	25892	7489	10997
45-49岁	117	105	8129	6402	1644	83	28208	7873	12017
50-54岁	115	73	8308	6234	1975	99	22641	6181	8739
55-59岁	126	58	7761	5570	2106	85	14866	3605	4693
60-64岁	10	7	1212	466	733	13	5906	1399	1135
65-69岁	5	1	613	193	417	3	2614	601	324
70-74岁	1		171	49	121	1	612	185	59
75岁及以上			72	40	31	1	169	68	26
女	**1760**	**207**	**35155**	**32572**	**2204**	**379**	**142421**	**62494**	**9024**
16-19岁		2	29	25	3	1	755	217	24
20-24岁	134	15	2000	1898	75	27	6491	2680	422
25-29岁	298	38	5742	5380	314	48	14428	6672	985
30-34岁	407	34	8015	7502	434	79	23808	11871	1517
35-39岁	280	31	5677	5263	340	74	22929	11531	1497
40-44岁	191	26	4546	4267	230	49	21767	10322	1469
45-49岁	228	35	5043	4693	286	64	25747	10414	1903
50-54岁	170	13	2922	2686	209	27	15464	5421	835
55-59岁	47	9	815	699	109	7	7138	2261	257
60-64岁	3	3	208	99	107	2	2702	736	71
65-69岁	1		116	40	75	1	935	282	31
70-74岁	1	1	28	10	18		185	57	9
75岁及以上			14	10	4		72	30	4

4-7 续表 3 单位：人

年龄组 性 别	社会生产服务和生活服务人员								
	住宿和餐饮服务人员	信息传输、软件和信息技术服务人员	金融服务人员	房地产服务人员	租赁和商务服务人员	技术辅助服务人员	水利、环境和公共设施管理服务人员	居民服务人员	电力、燃气及水供应服务人员
总　计	**47114**	**6373**	**11158**	**5189**	**8464**	**6099**	**18598**	**22538**	**5422**
16-19岁	920	28	13	17	29	29	16	373	11
20-24岁	2878	680	659	336	431	814	112	1476	284
25-29岁	4677	1356	1878	807	929	1443	399	2452	746
30-34岁	6940	1593	2850	1010	1119	1526	765	3371	1060
35-39岁	6982	1042	1758	650	828	892	1229	3166	774
40-44岁	6635	637	1116	491	688	502	2011	2821	613
45-49岁	8140	512	1386	614	999	431	3729	3390	837
50-54岁	5621	322	987	530	1132	275	3607	2637	649
55-59岁	2977	187	465	390	1239	154	3091	1595	380
60-64岁	1014	12	32	209	609	25	2349	726	48
65-69岁	280	2	11	101	340	8	1081	379	15
70-74岁	38	2	1	30	102		191	104	2
75岁及以上	12		2	4	19		18	48	3
男	**21232**	**3951**	**4699**	**2879**	**6402**	**3898**	**7813**	**7975**	**4273**
16-19岁	669	13	6	11	24	21	11	179	10
20-24岁	1877	441	306	201	235	516	84	608	244
25-29岁	2798	866	850	464	579	915	243	1032	602
30-34岁	3772	886	1212	528	696	959	344	1170	840
35-39岁	3327	605	689	331	512	545	385	970	588
40-44岁	2485	388	372	202	479	328	468	818	424
45-49岁	2487	320	443	255	768	269	883	1035	594
50-54岁	1813	257	420	316	1015	189	1285	926	558
55-59岁	1271	164	370	301	1153	129	1566	666	351
60-64岁	532	8	21	162	540	19	1509	327	44
65-69岁	168	2	7	78	295	8	860	175	13
70-74岁	28	1	1	26	88		161	47	2
75岁及以上	5		2	4	18		14	22	3
女	**25882**	**2422**	**6459**	**2310**	**2062**	**2201**	**10785**	**14563**	**1149**
16-19岁	251	15	7	6	5	8	5	194	1
20-24岁	1001	239	353	135	196	298	28	868	40
25-29岁	1879	490	1028	343	350	528	156	1420	144
30-34岁	3168	707	1638	482	423	567	421	2201	220
35-39岁	3655	437	1069	319	316	347	844	2196	186
40-44岁	4150	249	744	289	209	174	1543	2003	189
45-49岁	5653	192	943	359	231	162	2846	2355	243
50-54岁	3808	65	567	214	117	86	2322	1711	91
55-59岁	1706	23	95	89	86	25	1525	929	29
60-64岁	482	4	11	47	69	6	840	399	4
65-69岁	112		4	23	45		221	204	2
70-74岁	10	1		4	14		30	57	
75岁及以上	7				1		4	26	

4-7　续表 4　　　　　　　　　　　　　　　　　　　　　　　　　　单位：人

年龄组 性　别	社会生产服务和生活服务人员				农、林、牧、渔业生产及辅助人员				
	修理及制作服务人　员	文化、体育和娱乐服务人员	健康服务人　　员	其他社会生产和生活服务人　员	小计	农业生产人　　员	林业生产人　　员	畜牧业生产人员	渔业生产人　　员
总　计	**12867**	**1917**	**1004**	**641**	**292631**	**220290**	**3470**	**66027**	**298**
16−19岁	224	57	1	3	834	633	2	176	
20−24岁	1100	281	102	30	4485	3210	45	1165	5
25−29岁	2033	406	169	67	10851	7770	167	2751	20
30−34岁	2848	371	179	91	21264	15395	265	5292	26
35−39岁	2157	253	147	92	27882	20465	239	6830	31
40−44岁	1499	170	104	95	30302	22226	372	7335	38
45−49岁	1297	177	136	100	45716	33855	747	10588	57
50−54岁	894	99	93	83	48766	36512	883	10934	57
55−59岁	529	69	57	55	43297	33403	523	9052	39
60−64岁	192	23	11	17	31378	24765	155	6305	13
65−69岁	75	9	5	5	19680	15658	53	3871	9
70−74岁	12	2		3	6181	4846	11	1298	3
75岁及以上	7				1995	1552	8	430	
男	**11490**	**1137**	**342**	**390**	**172140**	**126805**	**2882**	**40312**	**242**
16−19岁	222	37	1	3	575	415	2	142	
20−24岁	1054	185	31	12	2978	2068	40	817	4
25−29岁	1884	265	54	39	6978	4892	142	1807	17
30−34岁	2584	221	43	48	13128	9309	192	3375	23
35−39岁	1865	148	47	57	16756	12082	194	4203	26
40−44岁	1270	78	39	55	17684	12725	284	4395	30
45−49岁	1081	78	39	66	25426	18434	557	6060	42
50−54岁	788	53	42	59	27315	19836	807	6357	48
55−59岁	480	49	35	33	24297	18218	477	5361	32
60−64岁	176	15	7	12	18566	14413	127	3925	9
65−69岁	68	7	4	4	12660	9933	42	2616	8
70−74岁	11	1		2	4384	3410	10	943	3
75岁及以上	7				1393	1070	8	311	
女	**1377**	**780**	**662**	**251**	**120491**	**93485**	**588**	**25715**	**56**
16−19岁	2	20			259	218		34	
20−24岁	46	96	71	18	1507	1142	5	348	1
25−29岁	149	141	115	28	3873	2878	25	944	3
30−34岁	264	150	136	43	8136	6086	73	1917	3
35−39岁	292	105	100	35	11126	8383	45	2627	5
40−44岁	229	92	65	40	12618	9501	88	2940	8
45−49岁	216	99	97	34	20290	15421	190	4528	15
50−54岁	106	46	51	24	21451	16676	76	4577	9
55−59岁	49	20	22	22	19000	15185	46	3691	7
60−64岁	16	8	4	5	12812	10352	28	2380	4
65−69岁	7	2	1	1	7020	5725	11	1255	1
70−74岁	1	1		1	1797	1436	1	355	
75岁及以上					602	482		119	

4-7 续表 5　　　　单位：人

年龄组 性 别	农林牧渔生产辅助人员	其他农、林、牧、渔业生产加工人员	生产制造及有关人员 小计	农副产品加工人员	食品、饮料生产加工人员	烟草及其制品加工人员	纺织、针织、印染人员	纺织品、服装和皮革、毛皮制品加工制作人员	木材加工、家具与木制品制作人员
总 计	**2378**	**168**	**167110**	**3541**	**4948**	**106**	**755**	**2363**	**4382**
16-19岁	22	1	446	11	45		2	7	10
20-24岁	57	3	6223	95	294	3	14	41	86
25-29岁	137	6	16067	255	596	15	28	112	264
30-34岁	266	20	26824	441	841	12	98	246	551
35-39岁	295	22	24212	458	771	9	117	323	676
40-44岁	308	23	22784	459	684	22	131	428	569
45-49岁	432	37	30114	608	744	22	182	594	876
50-54岁	353	27	23732	569	583	13	115	342	704
55-59岁	266	14	12317	402	289	10	51	171	476
60-64岁	129	11	3183	158	75		12	49	125
65-69岁	85	4	950	73	18		4	31	39
70-74岁	23		164	9	5			9	4
75岁及以上	5		94	3	3		1	10	2
男	**1789**	**110**	**139787**	**2364**	**2778**	**80**	**227**	**600**	**3714**
16-19岁	15	1	381	11	25		2	6	10
20-24岁	47	2	5186	72	186	3	6	19	76
25-29岁	115	5	13670	203	354	13	15	50	245
30-34岁	216	13	22647	290	521	11	30	73	470
35-39岁	235	16	20044	278	409	6	34	70	601
40-44岁	234	16	18221	277	321	14	27	77	446
45-49岁	309	24	24010	362	369	15	33	111	707
50-54岁	255	12	20650	400	340	9	44	95	590
55-59岁	199	10	11105	277	190	9	27	64	417
60-64岁	84	8	2857	121	50		7	21	112
65-69岁	58	3	826	63	11		1	10	36
70-74岁	18		127	8	1			2	3
75岁及以上	4		63	2	1		1	2	1
女	**589**	**58**	**27323**	**1177**	**2170**	**26**	**528**	**1763**	**668**
16-19岁	7		65		20			1	
20-24岁	10	1	1037	23	108		8	22	10
25-29岁	22	1	2397	52	242	2	13	62	19
30-34岁	50	7	4177	151	320	1	68	173	81
35-39岁	60	6	4168	180	362	3	83	253	75
40-44岁	74	7	4563	182	363	8	104	351	123
45-49岁	123	13	6104	246	375	7	149	483	169
50-54岁	98	15	3082	169	243	4	71	247	114
55-59岁	67	4	1212	125	99	1	24	107	59
60-64岁	45	3	326	37	25		5	28	13
65-69岁	27	1	124	10	7		3	21	3
70-74岁	5		37	1	4			7	1
75岁及以上	1		31	1	2			8	1

4-7 续表 6

单位：人

年龄组 性别	生产制造及有关人员								
	纸及纸制品生产加工人员	印刷和记录媒介复制人员	文教、工美、体育和娱乐用品制造人员	石油加工和炼焦、煤化工生产人员	化学原料和化学制品制造人员	医药制造人员	化学纤维制造人员	橡胶和塑料制品制造人员	非金属矿物制品制造人员
总　计	**307**	**834**	**392**	**1947**	**3891**	**1186**	**26**	**680**	**2575**
16–19岁	2	5	4	3	8	2		6	12
20–24岁	7	49	16	113	353	105	1	28	77
25–29岁	16	79	44	246	654	232	5	61	213
30–34岁	39	164	68	376	839	249	4	123	378
35–39岁	42	148	61	281	456	180	3	94	356
40–44岁	62	111	41	230	403	126	3	106	316
45–49岁	64	148	73	366	555	144	3	110	489
50–54岁	45	81	40	232	417	82	4	78	396
55–59岁	23	36	32	86	175	46	1	45	223
60–64岁	5	9	4	11	19	13	2	19	85
65–69岁	2	3	7	2	10	4		8	21
70–74岁		1	2			2		1	7
75岁及以上				1	2	1		1	2
男	**183**	**444**	**255**	**1617**	**3047**	**766**	**21**	**501**	**2169**
16–19岁	2	4	4	2	6	2		6	10
20–24岁	5	23	13	103	293	75	1	23	69
25–29岁	11	43	28	217	531	147	5	45	192
30–34岁	22	89	44	309	633	178	3	92	308
35–39岁	18	86	33	224	333	100	1	70	305
40–44岁	39	49	28	172	280	66	1	74	253
45–49岁	33	69	48	294	411	98	3	73	403
50–54岁	29	48	22	202	377	57	4	60	334
55–59岁	19	23	26	81	157	31	1	35	194
60–64岁	3	7	3	10	17	8	2	16	79
65–69岁	2	2	4	2	8	2		6	17
70–74岁		1	2			1		1	5
75岁及以上				1	1	1			
女	**124**	**390**	**137**	**330**	**844**	**420**	**5**	**179**	**406**
16–19岁		1		1	2				2
20–24岁	2	26	3	10	60	30		5	8
25–29岁	5	36	16	29	123	85		16	21
30–34岁	17	75	24	67	206	71	1	31	70
35–39岁	24	62	28	57	123	80	2	24	51
40–44岁	23	62	13	58	123	60	2	32	63
45–49岁	31	79	25	72	144	46		37	86
50–54岁	16	33	18	30	40	25		18	62
55–59岁	4	13	6	5	18	15		10	29
60–64岁	2	2	1	1	2	5		3	6
65–69岁		1	3		2	2		2	4
70–74岁						1			2
75岁及以上					1			1	2

4-7 续表 7　　单位：人

年龄组 性　别	生产制造及有关人员								
	采矿人员	金属冶炼和压延加工人员	机械制造基础加工人员	金属制品制造人员	通用设备制造人员	专用设备制造人员	汽车制造人员	铁路、船舶、航空设备制造人员	电气机械和器材制造人员
总　计	**12230**	**5927**	**6467**	**1856**	**1563**	**280**	**460**	**364**	**453**
16-19岁	11	7	20	2	1	2	9	3	1
20-24岁	282	198	206	63	79	27	55	20	44
25-29岁	915	583	633	219	178	46	98	46	94
30-34岁	1879	952	1221	398	285	64	95	58	102
35-39岁	1621	810	1074	351	211	32	68	35	58
40-44岁	1721	833	953	256	179	31	38	49	45
45-49岁	2620	1207	1089	251	249	30	60	59	47
50-54岁	2253	887	803	191	221	23	20	46	37
55-59岁	757	377	349	88	112	20	14	42	22
60-64岁	128	59	83	26	32	4	3	4	2
65-69岁	32	9	30	9	12	1			1
70-74岁	1	1	6	1	3			1	
75岁及以上	10	4		1	1			1	
男	**11291**	**5283**	**6118**	**1556**	**1429**	**225**	**387**	**302**	**378**
16-19岁	9	6	20	2	1	2	9	3	1
20-24岁	264	187	200	58	78	23	51	17	39
25-29岁	850	534	613	187	168	41	86	41	84
30-34岁	1722	860	1172	339	261	49	77	52	82
35-39岁	1486	710	1025	287	190	26	54	27	47
40-44岁	1565	711	874	200	164	24	34	27	30
45-49岁	2369	1021	1000	209	214	20	44	49	37
50-54岁	2138	830	766	164	203	23	17	41	35
55-59岁	728	355	338	82	107	15	13	40	20
60-64岁	122	58	78	20	30	1	2	3	2
65-69岁	29	8	26	8	10	1			1
70-74岁	1	1	6		3			1	
75岁及以上	8	2						1	
女	**939**	**644**	**349**	**300**	**134**	**55**	**73**	**62**	**75**
16-19岁	2	1							
20-24岁	18	11	6	5	1	4	4	3	5
25-29岁	65	49	20	32	10	5	12	5	10
30-34岁	157	92	49	59	24	15	18	6	20
35-39岁	135	100	49	64	21	6	14	8	11
40-44岁	156	122	79	56	15	7	4	22	15
45-49岁	251	186	89	42	35	10	16	10	10
50-54岁	115	57	37	27	18		3	5	2
55-59岁	29	22	11	6	5	5	1	2	2
60-64岁	6	1	5	6	2	3	1	1	
65-69岁	3	1	4	1	2				
70-74岁				1					
75岁及以上	2	2		1	1				

4-7　续表 8　　　　单位：人

年龄组 性　别	生产制造及有关人员								不便分类的其他从业人员
	计算机、通信和其他电子设备制造人　员	仪器仪表制造人员	废弃资源综合利用人　员	电力、热力、气体、水生产和输配人员	建筑施工人　员	运输设备和通用工程机械操作人员及有关人员	生产辅助人　员	其他生产制造及有关人员	
总　计	**2169**	**257**	**364**	**5875**	**60938**	**11369**	**27967**	**638**	**3241**
16−19岁	24		1	10	142	28	66	2	219
20−24岁	224	24	6	316	1293	496	1582	26	200
25−29岁	446	52	14	799	3847	1542	3658	77	308
30−34岁	513	60	33	1036	7632	2477	5485	105	414
35−39岁	300	37	42	651	9166	1826	3883	72	373
40−44岁	185	16	47	570	9346	1517	3220	87	375
45−49岁	225	30	53	1004	11875	1690	4537	110	499
50−54岁	178	20	61	839	9734	1181	3446	91	391
55−59岁	57	18	50	482	5572	525	1720	46	255
60−64岁	8		26	126	1744	67	271	14	109
65−69岁	4		24	33	482	15	72	4	50
70−74岁	5		5	7	73	3	16	2	18
75岁及以上			2	2	32	2	11	2	30
男	**1745**	**179**	**280**	**4990**	**53385**	**10668**	**22298**	**507**	**2116**
16−19岁	19		1	9	127	26	54	2	121
20−24岁	193	18	4	277	1070	460	1261	19	108
25−29岁	382	37	12	675	3382	1489	2926	64	206
30−34岁	434	41	23	872	6795	2379	4335	81	284
35−39岁	218	26	31	534	8072	1713	2979	51	233
40−44岁	132	9	34	448	7990	1386	2405	64	229
45−49岁	156	20	40	770	10060	1494	3388	90	322
50−54岁	151	13	48	776	8600	1121	3033	80	282
55−59岁	49	15	39	465	5136	516	1598	38	193
60−64岁	5		22	123	1619	65	238	13	81
65−69岁	4		19	33	448	15	57	3	36
70−74岁	2		5	7	60	2	14	1	7
75岁及以上			2	1	26	2	10	1	14
女	**424**	**78**	**84**	**885**	**7553**	**701**	**5669**	**131**	**1125**
16−19岁	5			1	15	2	12		98
20−24岁	31	6	2	39	223	36	321	7	92
25−29岁	64	15	2	124	465	53	732	13	102
30−34岁	79	19	10	164	837	98	1150	24	130
35−39岁	82	11	11	117	1094	113	904	21	140
40−44岁	53	7	13	122	1356	131	815	23	146
45−49岁	69	10	13	234	1815	196	1149	20	177
50−54岁	27	7	13	63	1134	60	413	11	109
55−59岁	8	3	11	17	436	9	122	8	62
60−64岁	3		4	3	125	2	33	1	28
65−69岁			5		34		15	1	14
70−74岁	3				13	1	2	1	11
75岁及以上				1	6		1	1	16

4-7a 全区分年龄、性别、职业中类的就业人口(城市)

单位：人

年龄组 性别	合计	党的机关、国家机关、群众团体和社会组织、企事业单位负责人						
		小计	中国共产党机关负责人	国家机关负责人	民主党派和工商联负责人	人民团体和群众团体、社会组织及其他成员组织负责人	基层群众自治组织负责人	企事业单位负责人
总　计	**388709**	**12888**	**48**	**858**	**4**	**341**	**107**	**11530**
16-19岁	1477	6				2		4
20-24岁	18741	181		4		7		170
25-29岁	46683	994	4	14		26	8	942
30-34岁	70127	2334	4	64		62	15	2189
35-39岁	61812	2503	6	107		64	12	2314
40-44岁	51901	2104	6	143	1	39	22	1893
45-49岁	59944	2134	11	182	1	53	25	1862
50-54岁	43632	1545	11	180	2	49	13	1290
55-59岁	25413	913	6	151		29	6	721
60-64岁	5935	120		7		7	3	103
65-69岁	2288	38		1		2	3	32
70-74岁	539	9		3				6
75岁及以上	217	7		2		1		4
男	**235077**	**9409**	**36**	**686**	**2**	**212**	**61**	**8412**
16-19岁	956	5				2		3
20-24岁	10065	116				3		113
25-29岁	26118	693	4	10		10	2	667
30-34岁	40501	1638	3	37		36	6	1556
35-39岁	36165	1774	4	78		40	7	1645
40-44岁	30015	1519	6	116		23	13	1361
45-49岁	34687	1523	8	152		36	12	1315
50-54岁	29598	1190	6	138	2	33	9	1002
55-59岁	20155	803	5	142		22	6	628
60-64岁	4489	106		7		5	3	91
65-69岁	1750	28		1		1	3	23
70-74岁	419	8		3				5
75岁及以上	159	6		2		1		3
女	**153632**	**3479**	**12**	**172**	**2**	**129**	**46**	**3118**
16-19岁	521	1						1
20-24岁	8676	65		4		4		57
25-29岁	20565	301		4		16	6	275
30-34岁	29626	696	1	27		26	9	633
35-39岁	25647	729	2	29		24	5	669
40-44岁	21886	585		27	1	16	9	532
45-49岁	25257	611	3	30	1	17	13	547
50-54岁	14034	355	5	42		16	4	288
55-59岁	5258	110	1	9		7		93
60-64岁	1446	14				2		12
65-69岁	538	10				1		9
70-74岁	120	1						1
75岁及以上	58	1						1

4-7a 续表 1

单位：人

年龄组 性 别	专业技术人员 小计	科学研究人员	工程技术人员	农业技术人员	飞机和船舶技术人员	卫生专业技术人员	经济和金融专业人员	法律、社会和宗教专业人员	教学人员	文学艺术、体育专业人员
总 计	**69692**	**348**	**14682**	**434**	**33**	**12028**	**14544**	**1877**	**22444**	**1102**
16-19岁	164		15			53	10	2	71	12
20-24岁	5055	5	807	18	4	1043	853	107	1922	159
25-29岁	12115	47	2183	49	8	2449	2751	360	3691	262
30-34岁	15092	56	3419	81	13	2659	3503	411	4220	254
35-39岁	11740	48	2417	46	5	1960	2467	280	3976	164
40-44岁	7639	36	1504	56	2	1151	1621	217	2736	81
45-49岁	7742	48	1735	49	1	1154	1796	202	2406	77
50-54岁	5960	44	1525	60		860	1009	169	2035	44
55-59岁	3539	59	937	64		504	448	98	1236	39
60-64岁	406	3	107	7		97	53	19	105	4
65-69岁	145	2	23	3		61	20	10	20	2
70-74岁	63		5	1		26	11	1	14	3
75岁及以上	32		5			11	2	1	12	1
男	**28805**	**171**	**12232**	**293**	**30**	**3379**	**3983**	**831**	**6269**	**619**
16-19岁	65		13			21	4	1	16	9
20-24岁	1580	3	668	15	4	214	197	25	332	71
25-29岁	4175	18	1821	31	7	496	670	132	752	121
30-34岁	5828	27	2828	57	11	544	860	150	1010	140
35-39岁	4689	19	1981	34	5	615	640	119	1012	102
40-44岁	3163	17	1224	32	2	394	419	91	842	47
45-49岁	3286	21	1371	28	1	421	453	77	734	53
50-54岁	3052	19	1336	37		283	400	118	714	33
55-59岁	2527	44	864	50		273	297	90	762	36
60-64岁	289	2	99	6		57	28	17	69	4
65-69岁	96	1	20	2		35	10	9	14	1
70-74岁	37		4	1		17	5	1	8	1
75岁及以上	18		3			9		1	4	1
女	**40887**	**177**	**2450**	**141**	**3**	**8649**	**10561**	**1046**	**16175**	**483**
16-19岁	99		2			32	6	1	55	3
20-24岁	3475	2	139	3		829	656	82	1590	88
25-29岁	7940	29	362	18	1	1953	2081	228	2939	141
30-34岁	9264	29	591	24	2	2115	2643	261	3210	114
35-39岁	7051	29	436	12		1345	1827	161	2964	62
40-44岁	4476	19	280	24		757	1202	126	1894	34
45-49岁	4456	27	364	21		733	1343	125	1672	24
50-54岁	2908	25	189	23		577	609	51	1321	11
55-59岁	1012	15	73	14		231	151	8	474	3
60-64岁	117	1	8	1		40	25	2	36	
65-69岁	49	1	3	1		26	10	1	6	1
70-74岁	26		1			9	6		6	2
75岁及以上	14		2			2	2		8	

4-7a 续表 2

单位：人

年龄组 性别	专业技术人员		办事人员和有关人员				社会生产服务和生活服务人员		
	新闻出版、文化专业人员	其他专业技术人员	小计	办事人员	安全和消防人员	其他办事人员和有关人员	小计	批发与零售服务人员	交通运输、仓储和邮政业服务人员
总 计	**1726**	**474**	**53613**	**44549**	**8596**	**468**	**174932**	**64884**	**36726**
16-19岁		1	40	25	14	1	1094	218	64
20-24岁	111	26	2139	1725	395	19	8937	2975	1128
25-29岁	251	64	6948	5677	1214	57	19846	7536	3142
30-34岁	370	106	10446	8979	1371	96	30485	12750	5397
35-39岁	303	74	8466	7416	980	70	27975	11825	6137
40-44岁	193	42	6496	5682	746	68	24704	10190	6020
45-49岁	213	61	7511	6416	1035	60	27674	10081	6804
50-54岁	159	55	6004	4819	1133	52	18652	5654	4850
55-59岁	114	40	4627	3459	1128	40	10402	2542	2513
60-64岁	7	4	575	231	341	3	3434	722	483
65-69岁	4		260	81	178	1	1366	284	142
70-74岁	1	1	71	21	49	1	275	68	30
75岁及以上			30	18	12		88	39	16
男	**644**	**354**	**32912**	**25178**	**7459**	**275**	**100428**	**30259**	**31937**
16-19岁		1	28	15	13		725	106	55
20-24岁	35	16	1065	702	353	10	5328	1397	911
25-29岁	81	46	3646	2570	1044	32	11899	3762	2609
30-34岁	117	84	5685	4500	1134	51	17524	6001	4588
35-39岁	108	54	4902	4082	789	31	15726	5221	5339
40-44岁	64	31	3733	3084	607	42	13009	4169	5215
45-49岁	82	45	4481	3573	879	29	13982	4166	5755
50-54岁	69	43	4364	3287	1035	42	11181	3020	4426
55-59岁	79	32	4216	3084	1097	35	7331	1651	2407
60-64岁	5	2	486	188	296	2	2412	489	465
65-69岁	4		220	64	156		1023	203	127
70-74岁			60	15	44	1	221	47	26
75岁及以上			26	14	12		67	27	14
女	**1082**	**120**	**20701**	**19371**	**1137**	**193**	**74504**	**34625**	**4789**
16-19岁			12	10	1	1	369	112	9
20-24岁	76	10	1074	1023	42	9	3609	1578	217
25-29岁	170	18	3302	3107	170	25	7947	3774	533
30-34岁	253	22	4761	4479	237	45	12961	6749	809
35-39岁	195	20	3564	3334	191	39	12249	6604	798
40-44岁	129	11	2763	2598	139	26	11695	6021	805
45-49岁	131	16	3030	2843	156	31	13692	5915	1049
50-54岁	90	12	1640	1532	98	10	7471	2634	424
55-59岁	35	8	411	375	31	5	3071	891	106
60-64岁	2	2	89	43	45	1	1022	233	18
65-69岁			40	17	22	1	343	81	15
70-74岁	1	1	11	6	5		54	21	4
75岁及以上			4	4			21	12	2

4-7a　续表 3

单位：人

年龄组 性　别	社会生产服务和生活服务人员								
	住宿和餐饮服务人　员	信息传输、软件和信息技术服务人　员	金融服务人　　员	房地产服务人员	租赁和商务服务人　员	技术辅助服务人员	水利、环境和公共设施管理服务人员	居民服务人　　员	电力、燃气及水供应服务人　员
总　计	**21652**	**3864**	**6657**	**3318**	**4695**	**3778**	**8620**	**10821**	**2521**
16–19岁	435	17	9	10	10	15	3	193	3
20–24岁	1506	394	323	220	250	488	40	796	115
25–29岁	2345	805	1079	534	565	892	153	1236	343
30–34岁	3188	972	1845	635	724	942	308	1649	509
35–39岁	3171	691	1096	415	509	580	536	1511	348
40–44岁	3012	397	667	325	397	311	915	1344	300
45–49岁	3732	306	806	401	574	262	1819	1703	401
50–54岁	2497	162	566	337	615	163	1693	1268	306
55–59岁	1291	111	243	251	646	108	1460	721	178
60–64岁	369	5	16	123	242	13	1108	239	11
65–69岁	91	2	6	53	124	4	491	129	4
70–74岁	10	2		13	35		86	24	1
75岁及以上	5		1	1	4		8	8	2
男	**10471**	**2364**	**2751**	**1873**	**3412**	**2413**	**3499**	**3663**	**1896**
16–19岁	322	7	4	5	9	12	3	93	2
20–24岁	1015	252	155	137	129	309	29	327	95
25–29岁	1488	515	477	306	324	555	100	498	267
30–34岁	1875	520	783	352	428	601	139	578	390
35–39岁	1648	405	435	218	282	357	183	466	253
40–44岁	1207	244	218	131	265	209	185	357	193
45–49岁	1194	186	249	175	424	159	392	456	256
50–54岁	860	129	221	211	554	106	558	408	260
55–59岁	591	100	193	195	624	91	737	293	164
60–64岁	208	3	10	91	227	10	706	110	9
65–69岁	54	2	5	38	109	4	386	59	4
70–74岁	6	1		13	33		75	13	1
75岁及以上	3		1	1	4		6	5	2
女	**11181**	**1500**	**3906**	**1445**	**1283**	**1365**	**5121**	**7158**	**625**
16–19岁	113	10	5	5	1	3		100	1
20–24岁	491	142	168	83	121	179	11	469	20
25–29岁	857	290	602	228	241	337	53	738	76
30–34岁	1313	452	1062	283	296	341	169	1071	119
35–39岁	1523	286	661	197	227	223	353	1045	95
40–44岁	1805	153	449	194	132	102	730	987	107
45–49岁	2538	120	557	226	150	103	1427	1247	145
50–54岁	1637	33	345	126	61	57	1135	860	46
55–59岁	700	11	50	56	22	17	723	428	14
60–64岁	161	2	6	32	15	3	402	129	2
65–69岁	37		1	15	15		105	70	
70–74岁	4	1			2		11	11	
75岁及以上	2						2	3	

4-7a 续表 4

单位：人

年龄组 性别	社会生产服务和生活服务人员				农、林、牧、渔业生产及辅助人员				
	修理及制作服务人员	文化、体育和娱乐服务人员	健康服务人员	其他社会生产和生活服务人员	小计	农业生产人员	林业生产人员	畜牧业生产人员	渔业生产人员
总计	**5474**	**1110**	**540**	**272**	**5928**	**3085**	**676**	**1797**	**66**
16-19岁	90	26		1	4	2	1	1	
20-24岁	444	176	60	22	63	21	6	25	1
25-29岁	832	264	81	39	277	113	23	110	5
30-34岁	1205	207	115	39	690	318	62	249	5
35-39岁	892	137	91	36	780	405	63	262	8
40-44岁	640	89	47	50	824	446	76	248	12
45-49岁	582	99	62	42	1124	567	158	337	14
50-54岁	416	51	51	23	940	440	171	278	13
55-59岁	262	37	22	17	687	381	93	176	5
60-64岁	76	17	7	3	309	216	18	66	3
65-69岁	26	6	4		168	123	3	38	
70-74岁	5	1			47	42	1	4	
75岁及以上	4				15	11	1	3	
男	**4923**	**648**	**169**	**150**	**4306**	**2113**	**547**	**1351**	**54**
16-19岁	89	17		1	2		1	1	
20-24岁	428	116	20	8	51	16	5	22	1
25-29岁	780	168	27	23	211	84	19	85	3
30-34岁	1106	121	25	17	531	246	39	197	4
35-39岁	792	86	23	18	597	299	47	211	6
40-44岁	535	37	18	26	603	316	59	187	10
45-49岁	489	36	19	26	777	375	117	237	11
50-54岁	368	27	15	18	665	280	155	187	13
55-59岁	234	24	15	12	496	248	83	131	5
60-64岁	69	10	4	1	215	138	17	54	1
65-69岁	24	5	3		110	72	3	32	
70-74岁	5	1			36	31	1	4	
75岁及以上	4				12	8	1	3	
女	**551**	**462**	**371**	**122**	**1622**	**972**	**129**	**446**	**12**
16-19岁	1	9			2	2			
20-24岁	16	60	40	14	12	5	1	3	
25-29岁	52	96	54	16	66	29	4	25	2
30-34岁	99	86	90	22	159	72	23	52	1
35-39岁	100	51	68	18	183	106	16	51	2
40-44岁	105	52	29	24	221	130	17	61	2
45-49岁	93	63	43	16	347	192	41	100	3
50-54岁	48	24	36	5	275	160	16	91	
55-59岁	28	13	7	5	191	133	10	45	
60-64岁	7	7	3	2	94	78	1	12	2
65-69岁	2	1	1		58	51		6	
70-74岁					11	11			
75岁及以上					3	3			

4-7a　续表 5　　　　单位：人

年龄组 性　别	农林牧渔生产辅助人　员	其他农、林、牧、渔业生产加工人员	生产制造及有关人员 小计	农副产品加工人员	食品、饮料生产加工人员	烟草及其制品加工人员	纺织、针织、印染人员	纺织品、服装和皮革、毛皮制品加工制作人员	木材加工、家具与木制品制作人员
总　计	**270**	**34**	**70653**	**1025**	**1809**	**91**	**461**	**1065**	**2204**
16-19岁			140	2	20			3	3
20-24岁	7	3	2318	25	132	3	5	16	39
25-29岁	24	2	6389	76	215	15	17	34	102
30-34岁	51	5	10922	146	290	9	55	102	268
35-39岁	40	2	10216	156	266	8	85	134	348
40-44岁	39	3	10011	136	250	17	88	186	299
45-49岁	42	6	13585	171	292	20	125	318	453
50-54岁	31	7	10411	176	205	12	52	179	362
55-59岁	30	2	5177	104	101	7	25	69	248
60-64岁	3	3	1067	22	28		6	9	61
65-69岁	3	1	302	9	5		2	11	20
70-74岁			71	1	3			2	1
75岁及以上			44	1	2		1	2	
男	**222**	**19**	**58551**	**694**	**1000**	**70**	**125**	**285**	**1863**
16-19岁			119	2	8			2	3
20-24岁	5	2	1897	17	78	3	1	7	34
25-29岁	19	1	5419	62	126	13	10	19	96
30-34岁	44	1	9188	97	176	8	20	28	225
35-39岁	33	1	8394	97	150	5	22	28	319
40-44岁	30	1	7913	85	119	12	19	35	228
45-49岁	32	5	10531	104	134	13	20	67	366
50-54岁	26	4	9054	132	122	9	17	57	303
55-59岁	28	1	4725	73	65	7	12	35	215
60-64岁	3	2	962	15	18		3	4	54
65-69岁	2	1	266	8	3			3	20
70-74岁			54	1	1				
75岁及以上			29	1			1		
女	**48**	**15**	**12102**	**331**	**809**	**21**	**336**	**780**	**341**
16-19岁			21		12			1	
20-24岁	2	1	421	8	54		4	9	5
25-29岁	5	1	970	14	89	2	7	15	6
30-34岁	7	4	1734	49	114	1	35	74	43
35-39岁	7	1	1822	59	116	3	63	106	29
40-44岁	9	2	2098	51	131	5	69	151	71
45-49岁	10	1	3054	67	158	7	105	251	87
50-54岁	5	3	1357	44	83	3	35	122	59
55-59岁	2	1	452	31	36		13	34	33
60-64岁		1	105	7	10		3	5	7
65-69岁	1		36	1	2		2	8	
70-74岁			17		2			2	1
75岁及以上			15		2			2	

4−7a 续表 6　　单位：人

年龄组 性　别	生产制造及有关人员								
	纸及纸制品生产加工人员	印刷和记录媒介复制人员	文教、工美、体育和娱乐用品制造人　员	石油加工和炼焦、煤化工生产人员	化学原料和化学制品制造人　员	医药制造人　　员	化学纤维制造人员	橡胶和塑料制品制造人员	非金属矿物制品制造人员
总　计	**81**	**485**	**163**	**884**	**1220**	**528**	**7**	**177**	**760**
16−19岁		3	2		2				2
20−24岁	1	19	10	30	67	24		6	18
25−29岁	2	49	27	68	153	86		12	60
30−34岁	6	82	22	132	244	111	2	29	92
35−39岁	5	84	23	131	160	85		20	104
40−44岁	17	76	14	130	165	69		31	94
45−49岁	22	93	31	225	218	83	2	35	158
50−54岁	18	51	18	128	144	44	3	27	141
55−59岁	7	24	12	36	58	17		13	62
60−64岁	3	4	2	2	7	6		2	20
65−69岁			1	1		3		2	7
70−74岁			1						1
75岁及以上				1	2				1
男	**56**	**277**	**103**	**707**	**917**	**340**	**7**	**135**	**665**
16−19岁		2	2		2				2
20−24岁	1	9	8	25	56	18		5	15
25−29岁	2	31	16	60	117	52		9	57
30−34岁	5	47	14	111	173	81	2	24	85
35−39岁	1	53	12	99	116	45		14	96
40−44岁	12	33	10	91	116	33		23	80
45−49岁	14	46	19	174	148	61	2	25	128
50−54岁	14	35	9	110	129	35	3	20	122
55−59岁	5	18	10	34	53	11		12	56
60−64岁	2	3	1	1	6	2		1	18
65−69岁			1	1		2		2	6
70−74岁			1						
75岁及以上				1	1				
女	**25**	**208**	**60**	**177**	**303**	**188**		**42**	**95**
16−19岁		1							
20−24岁		10	2	5	11	6		1	3
25−29岁		18	11	8	36	34		3	3
30−34岁	1	35	8	21	71	30		5	7
35−39岁	4	31	11	32	44	40		6	8
40−44岁	5	43	4	39	49	36		8	14
45−49岁	8	47	12	51	70	22		10	30
50−54岁	4	16	9	18	15	9		7	19
55−59岁	2	6	2	2	5	6		1	6
60−64岁	1	1	1	1	1	4		1	2
65−69岁						1			1
70−74岁									1
75岁及以上					1				1

4-7a 续表 7

单位：人

年龄组 性 别	生产制造及有关人员								
	采矿人员	金属冶炼和压延加工人员	机械制造基础加工人员	金属制品制造人员	通用设备制造人员	专用设备制造人员	汽车制造人员	铁路、船舶、航空设备制造人员	电气机械和器材制造人员
总 计	**3135**	**2804**	**3037**	**782**	**776**	**119**	**285**	**209**	**220**
16-19岁	2	1	10		1	1	8	1	1
20-24岁	63	72	105	26	52	8	31	10	21
25-29岁	208	245	279	86	90	16	53	22	52
30-34岁	461	458	523	153	149	29	62	36	50
35-39岁	406	409	478	149	93	18	41	14	26
40-44岁	384	438	460	113	96	16	23	21	17
45-49岁	754	625	549	118	126	11	46	35	21
50-54岁	624	395	417	81	110	10	12	38	24
55-59岁	198	140	172	39	43	7	9	31	6
60-64岁	22	13	33	10	8	2		1	1
65-69岁	4	4	9	5	5	1			1
70-74岁	1	1	2	1	2				
75岁及以上	8	3		1	1				
男	**2823**	**2496**	**2821**	**664**	**705**	**99**	**245**	**189**	**190**
16-19岁	2	1	10		1	1	8	1	1
20-24岁	60	67	102	25	51	7	29	8	19
25-29岁	193	232	268	74	86	14	46	22	47
30-34岁	422	419	496	130	135	22	54	33	40
35-39岁	354	358	449	128	85	15	33	12	21
40-44岁	336	378	412	94	90	13	21	16	14
45-49岁	650	517	485	98	104	9	34	30	17
50-54岁	583	374	396	69	99	10	11	35	23
55-59岁	191	133	165	35	40	6	9	31	6
60-64岁	22	12	29	7	8	1		1	1
65-69岁	3	3	7	4	4	1			1
70-74岁	1	1	2		2				
75岁及以上	6	1							
女	**312**	**308**	**216**	**118**	**71**	**20**	**40**	**20**	**30**
16-19岁									
20-24岁	3	5	3	1	1	1	2	2	2
25-29岁	15	13	11	12	4	2	7		5
30-34岁	39	39	27	23	14	7	8	3	10
35-39岁	52	51	29	21	8	3	8	2	5
40-44岁	48	60	48	19	6	3	2	5	3
45-49岁	104	108	64	20	22	2	12	5	4
50-54岁	41	21	21	12	11		1	3	1
55-59岁	7	7	7	4	3	1			
60-64岁		1	4	3		1			
65-69岁	1	1	2	1	1				
70-74岁				1					
75岁及以上	2	2		1	1				

4-7a 续表 8 单位：人

年龄组 性 别	生产制造及有关人员								不便分类的其他从业人员
	计算机、通信和其他电子设备制造人员	仪器仪表制造人员	废弃资源综合利用人员	电力、热力、气体、水生产和输配人员	建筑施工人员	运输设备和通用工程机械操作人员及有关人员	生产辅助人员	其他生产制造及有关人员	
总 计	**1238**	**102**	**130**	**2737**	**25977**	**4705**	**13061**	**376**	**1003**
16-19岁	8		1	2	42	6	19		29
20-24岁	110	5		118	460	209	619	14	48
25-29岁	245	14	4	371	1547	573	1627	41	114
30-34岁	304	12	8	491	3103	961	2469	63	158
35-39岁	159	16	15	334	3929	687	1793	40	132
40-44岁	124	13	23	292	4176	630	1561	52	123
45-49岁	136	20	23	507	5274	766	2254	74	174
50-54岁	106	9	20	383	4278	581	1702	61	120
55-59岁	36	13	15	198	2333	265	863	26	68
60-64岁	4		10	29	625	22	113	2	24
65-69岁	2		8	10	161	2	27	2	9
70-74岁	4		3	2	34	2	10		3
75岁及以上					15	1	4	1	1
男	**1012**	**80**	**103**	**2215**	**22756**	**4345**	**10264**	**300**	**666**
16-19岁	6		1	2	39	5	18		12
20-24岁	95	4		99	377	186	482	9	28
25-29岁	213	13	3	314	1356	547	1290	31	75
30-34岁	265	11	4	397	2768	916	1933	47	107
35-39岁	118	12	12	263	3465	630	1354	28	83
40-44岁	93	8	17	220	3580	563	1124	38	75
45-49岁	95	16	15	350	4445	666	1615	64	107
50-54岁	89	5	19	340	3776	547	1505	56	92
55-59岁	32	11	14	191	2160	261	811	23	57
60-64岁	3		8	27	592	20	101	2	19
65-69岁	2		7	10	156	2	18	2	7
70-74岁	1		3	2	29	1	9		3
75岁及以上					13	1	4		1
女	**226**	**22**	**27**	**522**	**3221**	**360**	**2797**	**76**	**337**
16-19岁	2				3	1	1		17
20-24岁	15	1		19	83	23	137	5	20
25-29岁	32	1	1	57	191	26	337	10	39
30-34岁	39	1	4	94	335	45	536	16	51
35-39岁	41	4	3	71	464	57	439	12	49
40-44岁	31	5	6	72	596	67	437	14	48
45-49岁	41	4	8	157	829	100	639	10	67
50-54岁	17	4	1	43	502	34	197	5	28
55-59岁	4	2	1	7	173	4	52	3	11
60-64岁	1		2	2	33	2	12		5
65-69岁			1		5		9		2
70-74岁	3				5	1	1		
75岁及以上					2			1	

4-7b　全区分年龄、性别、职业中类的就业人口(镇)

单位：人

年龄组 性　别	合计	党的机关、国家机关、群众团体和社会组织、企事业单位负责人						
		小计	中国共产党机关负责人	国家机关负责人	民主党派和工商联负责人	人民团体和群众团体、社会组织及其他成员组织负责人	基层群众自治组织负责人	企事业单位负责人
总　计	**284363**	**7380**	**75**	**1146**	**5**	**327**	**226**	**5601**
16-19岁	943	3						3
20-24岁	10812	91		3		4	1	83
25-29岁	30040	435	2	22	1	22	8	380
30-34岁	48036	1127	7	78		47	26	969
35-39岁	43454	1228	9	142		52	36	989
40-44岁	38063	1125	9	210	2	40	35	829
45-49岁	44321	1406	20	282	1	57	49	997
50-54岁	34956	1143	12	245		57	31	798
55-59岁	21475	670	14	151		34	28	443
60-64岁	7515	93		7		9	9	68
65-69岁	3443	40	1	4		4	3	28
70-74岁	952	9	1	1				7
75岁及以上	353	10		1	1	1		7
男	**177589**	**5626**	**61**	**944**	**3**	**198**	**168**	**4252**
16-19岁	648	2						2
20-24岁	6294	63		3				60
25-29岁	17691	315	1	15		12	3	284
30-34岁	29124	781	5	50		27	18	681
35-39岁	26412	882	8	101		27	28	718
40-44岁	22905	843	7	174	1	22	26	613
45-49岁	26777	1067	15	232	1	29	33	757
50-54岁	23245	943	9	220		42	21	651
55-59岁	15865	595	14	138		28	27	388
60-64岁	5231	83		5		8	9	61
65-69岁	2442	36	1	4		2	3	26
70-74岁	705	7	1	1				5
75岁及以上	250	9		1	1	1		6
女	**106774**	**1754**	**14**	**202**	**2**	**129**	**58**	**1349**
16-19岁	295	1						1
20-24岁	4518	28				4	1	23
25-29岁	12349	120	1	7	1	10	5	96
30-34岁	18912	346	2	28		20	8	288
35-39岁	17042	346	1	41		25	8	271
40-44岁	15158	282	2	36	1	18	9	216
45-49岁	17544	339	5	50		28	16	240
50-54岁	11711	200	3	25		15	10	147
55-59岁	5610	75		13		6	1	55
60-64岁	2284	10		2		1		7
65-69岁	1001	4				2		2
70-74岁	247	2						2
75岁及以上	103	1						1

4-7b 续表 1

单位：人

年龄组 性 别	专业技术人员									
	小计	科学研究人员	工程技术人员	农业技术人员	飞机和船舶技术人员	卫生专业技术人员	经济和金融专业人员	法律、社会和宗教专业人员	教学人员	文学艺术、体育专业人员
总 计	**41905**	**138**	**6600**	**572**	**25**	**7044**	**7042**	**1184**	**17502**	**585**
16－19岁	69		12			9	5		35	5
20－24岁	2591	7	431	13	2	537	399	68	984	77
25－29岁	6684	13	1031	38	9	1343	1244	232	2439	120
30－34岁	8237	17	1603	64	5	1274	1750	257	2841	164
35－39岁	6629	17	1023	77	4	945	1095	133	3088	90
40－44岁	4878	17	643	80		786	728	145	2323	33
45－49岁	5168	17	761	98	2	889	813	153	2225	40
50－54岁	4471	26	672	102	3	703	593	112	2092	33
55－59岁	2544	21	344	79		374	334	72	1237	16
60－64岁	356	2	64	17		78	48	5	133	4
65－69岁	149	1	11	4		62	17	6	44	2
70－74岁	85		4			29	12		38	1
75岁及以上	44		1			15	4	1	23	
男	**17595**	**73**	**5750**	**413**	**23**	**2299**	**2254**	**595**	**5306**	**316**
16－19岁	31		9			3	3		12	1
20－24岁	872	6	352	8	2	114	113	33	173	38
25－29岁	2219	4	900	31	9	266	367	88	406	51
30－34岁	3087	12	1392	46	5	252	447	119	603	93
35－39岁	2603	11	897	53	3	324	312	56	826	50
40－44岁	1968	3	544	57		289	228	65	710	20
45－49岁	2244	9	655	56	2	387	231	74	735	24
50－54岁	2275	11	600	74	2	274	258	84	894	19
55－59岁	1834	14	325	68		248	247	66	795	14
60－64岁	263	2	60	16		57	30	5	86	4
65－69岁	103	1	11	4		48	9	4	24	1
70－74岁	60		4			23	6		25	1
75岁及以上	36		1			14	3	1	17	
女	**24310**	**65**	**850**	**159**	**2**	**4745**	**4788**	**589**	**12196**	**269**
16－19岁	38		3			6	2		23	4
20－24岁	1719	1	79	5		423	286	35	811	39
25－29岁	4465	9	131	7		1077	877	144	2033	69
30－34岁	5150	5	211	18		1022	1303	138	2238	71
35－39岁	4026	6	126	24	1	621	783	77	2262	40
40－44岁	2910	14	99	23		497	500	80	1613	13
45－49岁	2924	8	106	42		502	582	79	1490	16
50－54岁	2196	15	72	28	1	429	335	28	1198	14
55－59岁	710	7	19	11		126	87	6	442	2
60－64岁	93		4	1		21	18		47	
65－69岁	46					14	8	2	20	1
70－74岁	25					6	6		13	
75岁及以上	8					1	1		6	

4-7b　续表 2

单位：人

年龄组 性　别	专业技术人员		办事人员和有关人员				社会生产服务和生活服务人员		
	新闻出版、文化专业人员	其他专业技术人员	小计	办事人员	安全和消防人员	其他办事人员和有关人员	小计	批发与零售服务人　员	交通运输、仓储和邮政业服务人员
总　计	**945**	**268**	**34857**	**27937**	**6492**	**428**	**111406**	**36877**	**25809**
16-19岁	2	1	22	15	7		597	87	44
20-24岁	60	13	1528	1111	392	25	4215	1132	620
25-29岁	175	40	4631	3582	1000	49	11308	3644	2112
30-34岁	202	60	6775	5573	1132	70	19167	6868	4196
35-39岁	120	37	4724	3925	736	63	18490	6483	4805
40-44岁	95	28	4160	3584	528	48	16202	5516	4382
45-49岁	118	52	4774	3988	717	69	17801	5802	4716
50-54岁	117	18	4298	3488	752	58	12513	4008	2969
55-59岁	51	16	3117	2333	741	43	6993	2118	1467
60-64岁	2	3	480	206	273	1	2750	791	363
65-69岁	2		241	79	160	2	1072	318	109
70-74岁	1		70	28	42		231	84	16
75岁及以上			37	25	12		67	26	10
男	**367**	**199**	**22715**	**16759**	**5673**	**283**	**64676**	**16889**	**23064**
16-19岁	2	1	15	8	7		410	41	40
20-24岁	24	9	874	488	370	16	2595	528	512
25-29岁	75	22	2690	1783	875	32	6809	1622	1844
30-34岁	68	50	3920	2917	961	42	11182	3002	3706
35-39岁	42	29	2878	2241	602	35	10567	2756	4317
40-44岁	37	15	2594	2111	453	30	8913	2319	3936
45-49岁	33	38	3027	2376	610	41	9466	2507	4137
50-54岁	42	17	3193	2476	674	43	7306	2081	2713
55-59岁	41	16	2826	2085	700	41	4577	1236	1392
60-64岁	1	2	411	168	242	1	1853	500	343
65-69岁	1		197	62	133	2	772	215	102
70-74岁	1		60	24	36		181	67	14
75岁及以上			30	20	10		45	15	8
女	**578**	**69**	**12142**	**11178**	**819**	**145**	**46730**	**19988**	**2745**
16-19岁			7	7			187	46	4
20-24岁	36	4	654	623	22	9	1620	604	108
25-29岁	100	18	1941	1799	125	17	4499	2022	268
30-34岁	134	10	2855	2656	171	28	7985	3866	490
35-39岁	78	8	1846	1684	134	28	7923	3727	488
40-44岁	58	13	1566	1473	75	18	7289	3197	446
45-49岁	85	14	1747	1612	107	28	8335	3295	579
50-54岁	75	1	1105	1012	78	15	5207	1927	256
55-59岁	10		291	248	41	2	2416	882	75
60-64岁	1	1	69	38	31		897	291	20
65-69岁	1		44	17	27		300	103	7
70-74岁			10	4	6		50	17	2
75岁及以上			7	5	2		22	11	2

4-7b 续表 3 单位：人

年龄组 性 别	社会生产服务和生活服务人员								
	住宿和餐饮服务人员	信息传输、软件和信息技术服务人员	金融服务人员	房地产服务人员	租赁和商务服务人员	技术辅助服务人员	水利、环境和公共设施管理服务人员	居民服务人员	电力、燃气及水供应服务人员
总 计	**16239**	**1855**	**3817**	**1433**	**2193**	**1671**	**5810**	**7699**	**2004**
16-19岁	228	8	1	3	7	8	2	103	3
20-24岁	742	131	249	76	88	201	40	387	107
25-29岁	1511	377	664	188	229	381	143	837	280
30-34岁	2477	481	847	289	261	460	298	1250	400
35-39岁	2629	283	575	195	212	240	473	1223	302
40-44岁	2514	208	382	136	192	142	709	1049	230
45-49岁	2850	169	512	165	263	122	1175	1116	313
50-54岁	1898	132	372	152	299	76	1116	853	231
55-59岁	946	60	197	109	317	30	911	485	114
60-64岁	353	6	12	65	196	8	622	243	16
65-69岁	77		4	37	91	3	268	123	8
70-74岁	11		1	15	31		46	22	
75岁及以上	3		1	3	7		7	8	
男	**6889**	**1134**	**1633**	**731**	**1682**	**1063**	**2341**	**2754**	**1591**
16-19岁	163	4		3	6	5	2	50	3
20-24岁	472	86	104	38	47	139	30	166	91
25-29岁	833	235	304	100	159	250	79	355	230
30-34岁	1279	273	358	125	166	278	127	427	322
35-39岁	1173	153	221	86	147	139	117	364	231
40-44岁	904	120	128	57	134	86	166	329	159
45-49岁	868	105	173	60	203	74	286	372	237
50-54岁	579	105	175	80	260	57	411	318	195
55-59岁	390	49	157	82	282	26	460	202	103
60-64岁	172	4	9	54	169	6	411	104	14
65-69岁	47		2	31	76	3	210	51	6
70-74岁	8		1	12	26		37	13	
75岁及以上	1		1	3	7		5	3	
女	**9350**	**721**	**2184**	**702**	**511**	**608**	**3469**	**4945**	**413**
16-19岁	65	4	1		1	3		53	
20-24岁	270	45	145	38	41	62	10	221	16
25-29岁	678	142	360	88	70	131	64	482	50
30-34岁	1198	208	489	164	95	182	171	823	78
35-39岁	1456	130	354	109	65	101	356	859	71
40-44岁	1610	88	254	79	58	56	543	720	71
45-49岁	1982	64	339	105	60	48	889	744	76
50-54岁	1319	27	197	72	39	19	705	535	36
55-59岁	556	11	40	27	35	4	451	283	11
60-64岁	181	2	3	11	27	2	211	139	2
65-69岁	30		2	6	15		58	72	2
70-74岁	3			3	5		9	9	
75岁及以上	2						2	5	

4-7b 续表 4

单位：人

年龄组 性别	社会生产服务和生活服务人员				农、林、牧、渔业生产及辅助人员				
	修理及制作服务人员	文化、体育和娱乐服务人员	健康服务人员	其他社会生产和生活服务人员	小计	农业生产人员	林业生产人员	畜牧业生产人员	渔业生产人员
总　计	**4803**	**594**	**357**	**245**	**35675**	**25411**	**1821**	**7605**	**70**
16-19岁	79	22	1	1	62	40	1	20	
20-24岁	348	68	21	5	467	313	26	118	
25-29岁	768	88	65	21	1576	1043	89	400	3
30-34岁	1116	132	53	39	3389	2301	137	849	7
35-39岁	894	90	44	42	4247	2959	119	1054	5
40-44岁	600	64	48	30	4534	3204	207	991	8
45-49岁	449	59	59	31	6063	4250	411	1231	14
50-54岁	294	41	35	37	5616	3846	507	1140	19
55-59岁	164	23	26	26	4554	3291	269	907	9
60-64岁	59	4	4	8	2845	2277	43	494	1
65-69岁	27	2	1	4	1651	1340	10	283	3
70-74岁	3	1		1	508	417	2	86	1
75岁及以上	2				163	130		32	
男	**4254**	**355**	**133**	**163**	**23139**	**15846**	**1540**	**5134**	**58**
16-19岁	78	13	1	1	41	25	1	15	
20-24岁	334	43	2	3	323	203	23	88	
25-29岁	703	62	20	13	1123	721	79	287	3
30-34岁	998	81	15	25	2381	1582	100	617	7
35-39岁	764	48	21	30	2830	1906	99	736	4
40-44岁	508	29	18	20	2930	2019	161	660	5
45-49岁	373	34	15	22	3772	2549	313	791	11
50-54岁	262	23	22	25	3602	2304	472	742	16
55-59岁	153	18	15	12	2834	1925	248	592	7
60-64岁	54	3	3	7	1740	1351	34	332	1
65-69岁	23	1	1	4	1089	872	8	195	3
70-74岁	2			1	364	300	2	59	1
75岁及以上	2				110	89		20	
女	**549**	**239**	**224**	**82**	**12536**	**9565**	**281**	**2471**	**12**
16-19岁	1	9			21	15		5	
20-24岁	14	25	19	2	144	110	3	30	
25-29岁	65	26	45	8	453	322	10	113	
30-34岁	118	51	38	14	1008	719	37	232	
35-39岁	130	42	23	12	1417	1053	20	318	1
40-44岁	92	35	30	10	1604	1185	46	331	3
45-49岁	76	25	44	9	2291	1701	98	440	3
50-54岁	32	18	13	12	2014	1542	35	398	3
55-59岁	11	5	11	14	1720	1366	21	315	2
60-64岁	5	1	1	1	1105	926	9	162	
65-69岁	4	1			562	468	2	88	
70-74岁	1	1			144	117		27	
75岁及以上					53	41		12	

4－7b　续表 5　　　　单位：人

年龄组 性　别	农林牧渔生产辅助人员	其他农、林、牧、渔业生产加工人员	生产制造及有关人员 小计	农副产品加工人员	食品、饮料生产加工人员	烟草及其制品加工人员	纺织、针织、印染人员	纺织品、服装和皮革、毛皮制品加工制作人员	木材加工、家具与木制品制作人员
总　计	**720**	**48**	**51685**	**1255**	**2000**	**9**	**123**	**810**	**1018**
16－19岁	1		127	3	10			2	1
20－24岁	10		1849	25	103		2	7	19
25－29岁	40	1	5274	97	247		6	34	70
30－34岁	88	7	9138	159	385	3	20	85	156
35－39岁	103	7	7957	154	325	1	12	109	181
40－44岁	116	8	6978	172	250	3	23	161	122
45－49岁	143	14	8870	218	283	1	23	182	189
50－54岁	98	6	6727	191	242	1	25	110	155
55－59岁	74	4	3486	153	115		8	72	90
60－64岁	29	1	942	61	26		3	28	26
65－69岁	15		271	17	11		1	10	7
70－74岁	2		43	4	2			5	2
75岁及以上	1		23	1	1			5	
男	**530**	**31**	**42880**	**811**	**1146**	**6**	**39**	**167**	**893**
16－19岁			107	3	7			2	1
20－24岁	9		1530	17	71			2	18
25－29岁	32	1	4446	78	154		4	9	64
30－34岁	70	5	7639	103	246	3	4	23	136
35－39岁	78	7	6544	94	168	1	6	21	162
40－44岁	80	5	5547	101	122	1	5	25	104
45－49岁	100	8	7043	126	140	1	4	25	152
50－54岁	66	2	5786	114	142		9	20	138
55－59岁	60	2	3116	109	72		5	21	85
60－64岁	21	1	845	50	16		2	13	26
65－69岁	11		231	13	7			3	5
70－74岁	2		31	3				2	2
75岁及以上	1		15		1			1	
女	**190**	**17**	**8805**	**444**	**854**	**3**	**84**	**643**	**125**
16－19岁	1		20		3				
20－24岁	1		319	8	32		2	5	1
25－29岁	8		828	19	93		2	25	6
30－34岁	18	2	1499	56	139		16	62	20
35－39岁	25		1413	60	157		6	88	19
40－44岁	36	3	1431	71	128	2	18	136	18
45－49岁	43	6	1827	92	143		19	157	37
50－54岁	32	4	941	77	100	1	16	90	17
55－59岁	14	2	370	44	43		3	51	5
60－64岁	8		97	11	10		1	15	
65－69岁	4		40	4	4		1	7	2
70－74岁			12	1	2			3	
75岁及以上			8	1				4	

4-7b　续表 6

单位：人

年龄组 性　别	生产制造及有关人员								
	纸及纸制品生产加工人员	印刷和记录媒介复制人员	文教、工美、体育和娱乐用品制造人　员	石油加工和炼焦、煤化工生产人员	化学原料和化学制品制造人　员	医药制造人　员	化学纤维制造人员	橡胶和塑料制品制造人员	非金属矿物制品制造人员
总　计	**125**	**252**	**135**	**675**	**1638**	**348**	**9**	**229**	**792**
16-19岁	2			3	2	1			6
20-24岁	2	17	2	57	166	32		7	16
25-29岁	10	18	10	130	301	52	3	24	69
30-34岁	17	50	26	166	386	66	1	45	130
35-39岁	23	49	20	84	200	63	1	36	114
40-44岁	25	28	19	55	147	38	1	38	92
45-49岁	27	47	26	88	210	42		41	154
50-54岁	10	27	16	67	158	23		13	107
55-59岁	7	7	11	22	57	22	1	15	63
60-64岁	1	5		3	6	6	2	8	31
65-69岁	1	3	4		5	1		2	9
70-74岁		1	1			1			1
75岁及以上						1			
男	**70**	**115**	**88**	**575**	**1280**	**210**	**6**	**167**	**667**
16-19岁	2			2		1			5
20-24岁	2	8	2	52	133	18		6	15
25-29岁	7	8	8	114	246	35	3	16	63
30-34岁	10	22	14	135	289	48		32	107
35-39岁	12	25	12	67	141	33		28	98
40-44岁	13	12	12	43	104	19		25	75
45-49岁	11	19	19	76	164	25		27	122
50-54岁	5	10	9	62	144	10		11	93
55-59岁	6	4	9	21	50	15	1	12	53
60-64岁	1	4		3	5	5	2	8	29
65-69岁	1	2	2		4			2	6
70-74岁		1	1						1
75岁及以上						1			
女	**55**	**137**	**47**	**100**	**358**	**138**	**3**	**62**	**125**
16-19岁				1	2				1
20-24岁		9		5	33	14		1	1
25-29岁	3	10	2	16	55	17		8	6
30-34岁	7	28	12	31	97	18	1	13	23
35-39岁	11	24	8	17	59	30	1	8	16
40-44岁	12	16	7	12	43	19	1	13	17
45-49岁	16	28	7	12	46	17		14	32
50-54岁	5	17	7	5	14	13		2	14
55-59岁	1	3	2	1	7	7		3	10
60-64岁		1			1	1			2
65-69岁		1	2		1	1			3
70-74岁						1			
75岁及以上									

4—7b 续表 7 单位：人

年龄组 性 别	生产制造及有关人员								
	采矿人员	金属冶炼和压延加工人员	机械制造基础加工人员	金属制品制造人员	通用设备制造人员	专用设备制造人员	汽车制造人员	铁路、船舶、航空设备制造人员	电气机械和器材制造人员
总 计	**3394**	**1800**	**1851**	**592**	**417**	**81**	**80**	**44**	**119**
16—19岁	3	1	7	1			1	1	
20—24岁	84	82	33	16	13	5	7		10
25—29岁	300	229	201	81	35	19	21	6	22
30—34岁	558	306	404	155	75	20	15	11	28
35—39岁	463	251	343	100	67	6	14	4	16
40—44岁	515	235	266	83	43	11	9	2	13
45—49岁	677	309	293	73	71	7	6	10	12
50—54岁	564	266	194	51	58	7	3	3	8
55—59岁	187	100	78	22	35	5	1	6	10
60—64岁	35	19	22	8	15	1	3		
65—69岁	8	2	7	2	4				
70—74岁			3		1			1	
75岁及以上									
男	**3109**	**1593**	**1784**	**494**	**391**	**67**	**62**	**41**	**100**
16—19岁	2	1	7	1			1	1	
20—24岁	78	77	31	12	13	5	6		10
25—29岁	271	202	196	68	33	18	19	6	19
30—34岁	498	275	393	131	71	16	11	10	21
35—39岁	423	220	333	80	64	5	9	3	15
40—44岁	453	198	253	63	39	8	7	2	10
45—49岁	622	264	278	67	64	5	4	10	9
50—54岁	541	242	185	43	55	7	2	3	7
55—59岁	180	93	77	22	34	3	1	5	9
60—64岁	34	19	21	5	14		2		
65—69岁	7	2	7	2	3				
70—74岁			3		1			1	
75岁及以上									
女	**285**	**207**	**67**	**98**	**26**	**14**	**18**	**3**	**19**
16—19岁	1								
20—24岁	6	5	2	4			1		
25—29岁	29	27	5	13	2	1	2		3
30—34岁	60	31	11	24	4	4	4	1	7
35—39岁	40	31	10	20	3	1	5	1	1
40—44岁	62	37	13	20	4	3	2		3
45—49岁	55	45	15	6	7	2	2		3
50—54岁	23	24	9	8	3		1		1
55—59岁	7	7	1		1	2		1	1
60—64岁	1		1	3	1	1	1		
65—69岁	1				1				
70—74岁									
75岁及以上									

4-7b 续表 8

单位：人

年龄组 性别	生产制造及有关人员								不便分类的其他从业人员
	计算机、通信和其他电子设备制造人员	仪器仪表制造人员	废弃资源综合利用人员	电力、热力、气体、水生产和输配人员	建筑施工人员	运输设备和通用工程机械操作人员及有关人员	生产辅助人员	其他生产制造及有关人员	
总　计	**526**	**110**	**126**	**1865**	**19090**	**3508**	**8526**	**138**	**1455**
16-19岁	6			3	36	15	23		63
20-24岁	41	12	2	88	354	137	506	4	71
25-29岁	108	27	2	255	1181	506	1190	20	132
30-34岁	132	36	12	320	2646	846	1855	24	203
35-39岁	94	15	17	206	3108	611	1258	12	179
40-44岁	36	2	15	187	2968	470	930	19	186
45-49岁	52	6	16	323	3685	489	1291	19	239
50-54岁	42	9	23	285	2848	274	929	18	188
55-59岁	11	3	20	153	1624	135	441	12	111
60-64岁	2		6	36	485	18	79	7	49
65-69岁	2		10	7	131	6	19	2	19
70-74岁			2	1	15		2	1	6
75岁及以上			1	1	9	1	3		9
男	**414**	**65**	**93**	**1635**	**16687**	**3295**	**6706**	**104**	**958**
16-19岁	4			2	33	14	18		42
20-24岁	35	9	2	78	299	126	402	3	37
25-29岁	90	16	2	211	1045	487	936	18	89
30-34岁	111	21	8	282	2345	811	1444	19	134
35-39岁	69	9	13	177	2715	572	961	8	108
40-44岁	22		8	153	2533	434	692	11	110
45-49岁	35	1	13	267	3095	430	954	14	158
50-54岁	36	7	16	273	2520	264	803	15	140
55-59岁	10	2	15	147	1504	132	411	8	83
60-64岁			5	36	454	18	66	7	36
65-69岁	2		8	7	125	6	16	1	14
70-74岁			2	1	12		1		2
75岁及以上			1	1	7	1	2		5
女	**112**	**45**	**33**	**230**	**2403**	**213**	**1820**	**34**	**497**
16-19岁	2			1	3	1	5		21
20-24岁	6	3		10	55	11	104	1	34
25-29岁	18	11		44	136	19	254	2	43
30-34岁	21	15	4	38	301	35	411	5	69
35-39岁	25	6	4	29	393	39	297	4	71
40-44岁	14	2	7	34	435	36	238	8	76
45-49岁	17	5	3	56	590	59	337	5	81
50-54岁	6	2	7	12	328	10	126	3	48
55-59岁	1	1	5	6	120	3	30	4	28
60-64岁	2		1		31		13		13
65-69岁			2		6		3	1	5
70-74岁					3		1	1	4
75岁及以上					2		1		4

4-7c 全区分年龄、性别、职业中类的就业人口(乡村)

单位：人

年龄组 性别	合计	党的机关、国家机关、群众团体和社会组织、企事业单位负责人						
		小计	中国共产党机关负责人	国家机关负责人	民主党派和工商联负责人	人民团体和群众团体、社会组织及其他成员组织负责人	基层群众自治组织负责人	企事业单位负责人
总计	**376478**	**2500**	**13**	**123**		**151**	**542**	**1671**
16-19岁	1851	3						3
20-24岁	11923	50		1		1	1	47
25-29岁	23255	127	1	3		10	8	105
30-34岁	35636	327	1	13		11	29	273
35-39岁	38820	321	1	13		13	48	246
40-44岁	39782	343	2	23		17	68	233
45-49岁	57637	452	1	25		26	107	293
50-54岁	58478	408	3	24		34	97	250
55-59岁	48524	297	2	13		26	103	153
60-64岁	32654	111	2	6		10	47	46
65-69岁	19810	53		1		3	31	18
70-74岁	6108	6		1			3	2
75岁及以上	2000	2						2
男	**233683**	**2062**	**13**	**109**		**99**	**457**	**1384**
16-19岁	1265	3						3
20-24岁	7642	34		1			1	32
25-29岁	15303	89	1	3		5	5	75
30-34岁	23376	261	1	8		3	23	226
35-39岁	24684	262	1	11		9	42	199
40-44岁	24395	275	2	22		11	52	188
45-49岁	34125	380	1	22		16	89	252
50-54岁	35078	345	3	23		26	83	210
55-59岁	29021	259	2	12		20	86	139
60-64岁	20024	98	2	5		7	43	41
65-69岁	13011	48		1		2	30	15
70-74岁	4358	6		1			3	2
75岁及以上	1401	2						2
女	**142795**	**438**		**14**		**52**	**85**	**287**
16-19岁	586							
20-24岁	4281	16				1		15
25-29岁	7952	38				5	3	30
30-34岁	12260	66		5		8	6	47
35-39岁	14136	59		2		4	6	47
40-44岁	15387	68		1		6	16	45
45-49岁	23512	72		3		10	18	41
50-54岁	23400	63		1		8	14	40
55-59岁	19503	38		1		6	17	14
60-64岁	12630	13		1		3	4	5
65-69岁	6799	5				1	1	3
70-74岁	1750							
75岁及以上	599							

4-7c 续表 1

单位：人

年龄组 性别	专业技术人员									
	小计	科学研究人员	工程技术人员	农业技术人员	飞机和船舶技术人员	卫生专业技术人员	经济和金融专业人员	法律、社会和宗教专业人员	教学人员	文学艺术、体育专业人员
总　计	**13857**	**22**	**4187**	**466**	**3**	**2373**	**1900**	**217**	**4191**	**179**
16-19岁	118		11	5		18	2	3	69	7
20-24岁	1765	3	393	51	1	321	255	18	645	29
25-29岁	2634	7	746	45		383	493	44	794	58
30-34岁	2297	2	943	42	2	262	368	35	558	28
35-39岁	1427	5	462	43		203	182	22	444	25
40-44岁	1182		358	55		287	120	29	311	7
45-49岁	1544	2	569	59		335	162	25	343	8
50-54岁	1315	2	406	74		234	142	17	412	6
55-59岁	1000		235	44		127	100	14	455	6
60-64岁	320	1	54	27		89	40	7	92	3
65-69岁	158		7	14		71	23	2	38	2
70-74岁	68		1	6		32	10		19	
75岁及以上	29		2	1		11	3	1	11	
男	**8039**	**15**	**3818**	**403**	**3**	**1128**	**774**	**116**	**1469**	**112**
16-19岁	61		11	5		6	1	3	30	4
20-24岁	720	3	349	44	1	83	71	7	117	19
25-29岁	1174	6	663	41		83	118	18	173	38
30-34岁	1287		860	35	2	76	119	17	129	14
35-39岁	853	3	437	39		93	83	11	141	15
40-44岁	712		325	43		159	55	19	99	3
45-49岁	994	1	501	51		193	85	12	122	5
50-54岁	920	1	389	61		160	90	9	189	4
55-59岁	801		224	39		89	79	12	337	5
60-64岁	283	1	50	25		77	39	6	75	3
65-69岁	143		6	13		66	22	2	31	2
70-74岁	63		1	6		32	9		15	
75岁及以上	28		2	1		11	3		11	
女	**5818**	**7**	**369**	**63**		**1245**	**1126**	**101**	**2722**	**67**
16-19岁	57					12	1		39	3
20-24岁	1045		44	7		238	184	11	528	10
25-29岁	1460	1	83	4		300	375	26	621	20
30-34岁	1010	2	83	7		186	249	18	429	14
35-39岁	574	2	25	4		110	99	11	303	10
40-44岁	470		33	12		128	65	10	212	4
45-49岁	550	1	68	8		142	77	13	221	3
50-54岁	395	1	17	13		74	52	8	223	2
55-59岁	199		11	5		38	21	2	118	1
60-64岁	37		4	2		12	1	1	17	
65-69岁	15		1	1		5	1		7	
70-74岁	5						1		4	
75岁及以上	1							1		

4-7c 续表 2 单位：人

年龄组 性 别	专业技术人员		办事人员和有关人员				社会生产服务和生活服务人员		
	新闻出版、文化专业人员	其他专业技术人员	小计	办事人员	安全和消防人员	其他办事人员和有关人员	小计	批发与零售服务人员	交通运输、仓储和邮政业服务人员
总 计	**170**	**149**	**7721**	**5343**	**2223**	**155**	**55817**	**16153**	**14322**
16-19岁	1	2	33	21	12		623	113	67
20-24岁	35	14	639	461	160	18	3377	898	593
25-29岁	44	20	1188	900	264	24	5842	1786	1414
30-34岁	32	25	1106	838	240	28	7904	2462	2160
35-39岁	18	23	739	584	141	14	7377	2213	2409
40-44岁	5	10	699	540	144	15	6753	2105	2064
45-49岁	14	27	887	691	178	18	8480	2404	2400
50-54岁	9	13	928	613	299	16	6940	1940	1755
55-59岁	8	11	832	477	346	9	4609	1206	970
60-64岁	4	3	365	128	226	11	2424	622	360
65-69岁		1	228	73	154	1	1111	281	104
70-74岁			58	10	48		291	90	22
75岁及以上			19	7	11	1	86	33	4
男	**70**	**131**	**5409**	**3320**	**1975**	**114**	**34630**	**8272**	**12832**
16-19岁	1		23	13	10		424	54	56
20-24岁	13	13	367	209	149	9	2115	400	496
25-29岁	16	18	689	426	245	18	3860	910	1230
30-34岁	12	23	707	471	214	22	5042	1206	1942
35-39岁	11	20	472	339	126	7	4620	1013	2198
40-44岁	1	8	482	344	128	10	3970	1001	1846
45-49岁	2	22	621	453	155	13	4760	1200	2125
50-54岁	4	13	751	471	266	14	4154	1080	1600
55-59岁	6	10	719	401	309	9	2958	718	894
60-64岁	4	3	315	110	195	10	1641	410	327
65-69岁		1	196	67	128	1	819	183	95
70-74岁			51	10	41		210	71	19
75岁及以上			16	6	9	1	57	26	4
女	**100**	**18**	**2312**	**2023**	**248**	**41**	**21187**	**7881**	**1490**
16-19岁		2	10	8	2		199	59	11
20-24岁	22	1	272	252	11	9	1262	498	97
25-29岁	28	2	499	474	19	6	1982	876	184
30-34岁	20	2	399	367	26	6	2862	1256	218
35-39岁	7	3	267	245	15	7	2757	1200	211
40-44岁	4	2	217	196	16	5	2783	1104	218
45-49岁	12	5	266	238	23	5	3720	1204	275
50-54岁	5		177	142	33	2	2786	860	155
55-59岁	2	1	113	76	37		1651	488	76
60-64岁			50	18	31	1	783	212	33
65-69岁			32	6	26		292	98	9
70-74岁			7		7		81	19	3
75岁及以上			3	1	2		29	7	

4-7c　续表 3　　　　单位：人

年龄组 性　别	社会生产服务和生活服务人员								
	住宿和餐饮服务人　员	信息传输、软件和信息技术服务人　员	金融服务人　　员	房地产服务人员	租赁和商务服务人　员	技术辅助服务人员	水利、环境和公共设施管理服务人员	居民服务人　　员	电力、燃气及水供应服务人　员
总　计	**9223**	**654**	**684**	**438**	**1576**	**650**	**4168**	**4018**	**897**
16-19岁	257	3	3	4	12	6	11	77	5
20-24岁	630	155	87	40	93	125	32	293	62
25-29岁	821	174	135	85	135	170	103	379	123
30-34岁	1275	140	158	86	134	124	159	472	151
35-39岁	1182	68	87	40	107	72	220	432	124
40-44岁	1109	32	67	30	99	49	387	428	83
45-49岁	1558	37	68	48	162	47	735	571	123
50-54岁	1226	28	49	41	218	36	798	516	112
55-59岁	740	16	25	30	276	16	720	389	88
60-64岁	292	1	4	21	171	4	619	244	21
65-69岁	112		1	11	125	1	322	127	3
70-74岁	17			2	36		59	58	1
75岁及以上	4				8		3	32	1
男	**3872**	**453**	**315**	**275**	**1308**	**422**	**1973**	**1558**	**786**
16-19岁	184	2	2	3	9	4	6	36	5
20-24岁	390	103	47	26	59	68	25	115	58
25-29岁	477	116	69	58	96	110	64	179	105
30-34岁	618	93	71	51	102	80	78	165	128
35-39岁	506	47	33	27	83	49	85	140	104
40-44岁	374	24	26	14	80	33	117	132	72
45-49岁	425	29	21	20	141	36	205	207	101
50-54岁	374	23	24	25	201	26	316	200	103
55-59岁	290	15	20	24	247	12	369	171	84
60-64岁	152	1	2	17	144	3	392	113	21
65-69岁	67			9	110	1	264	65	3
70-74岁	14			1	29		49	21	1
75岁及以上	1				7		3	14	1
女	**5351**	**201**	**369**	**163**	**268**	**228**	**2195**	**2460**	**111**
16-19岁	73	1	1	1	3	2	5	41	
20-24岁	240	52	40	14	34	57	7	178	4
25-29岁	344	58	66	27	39	60	39	200	18
30-34岁	657	47	87	35	32	44	81	307	23
35-39岁	676	21	54	13	24	23	135	292	20
40-44岁	735	8	41	16	19	16	270	296	11
45-49岁	1133	8	47	28	21	11	530	364	22
50-54岁	852	5	25	16	17	10	482	316	9
55-59岁	450	1	5	6	29	4	351	218	4
60-64岁	140		2	4	27	1	227	131	
65-69岁	45		1	2	15		58	62	
70-74岁	3			1	7		10	37	
75岁及以上	3				1			18	

4-7c 续表 4 单位：人

年龄组 性　别	社会生产服务和生活服务人员				农、林、牧、渔业生产及辅助人员				
	修理及制作服务人员	文化、体育和娱乐服务人员	健康服务人员	其他社会生产和生活服务人员	小计	农业生产人员	林业生产人员	畜牧业生产人员	渔业生产人员
总　计	**2590**	**213**	**107**	**124**	**251028**	**191794**	**973**	**56625**	**162**
16-19岁	55	9		1	768	591		155	
20-24岁	308	37	21	3	3955	2876	13	1022	4
25-29岁	433	54	23	7	8998	6614	55	2241	12
30-34岁	527	32	11	13	17185	12776	66	4194	14
35-39岁	371	26	12	14	22855	17101	57	5514	18
40-44岁	259	17	9	15	24944	18576	89	6096	18
45-49岁	266	19	15	27	38529	29038	178	9020	29
50-54岁	184	7	7	23	42210	32226	205	9516	25
55-59岁	103	9	9	12	38056	29731	161	7969	25
60-64岁	57	2		6	28224	22272	94	5745	9
65-69岁	22	1		1	17861	14195	40	3550	6
70-74岁	4			2	5626	4387	8	1208	2
75岁及以上	1				1817	1411	7	395	
男	**2313**	**134**	**40**	**77**	**144695**	**108846**	**795**	**33827**	**130**
16-19岁	55	7		1	532	390		126	
20-24岁	292	26	9	1	2604	1849	12	707	3
25-29岁	401	35	7	3	5644	4087	44	1435	11
30-34岁	480	19	3	6	10216	7481	53	2561	12
35-39岁	309	14	3	9	13329	9877	48	3256	16
40-44岁	227	12	3	9	14151	10390	64	3548	15
45-49岁	219	8	5	18	20877	15510	127	5032	20
50-54岁	158	3	5	16	23048	17252	180	5428	19
55-59岁	93	7	5	9	20967	16045	146	4638	20
60-64岁	53	2		4	16611	12924	76	3539	7
65-69岁	21	1			11461	8989	31	2389	5
70-74岁	4			1	3984	3079	7	880	2
75岁及以上	1				1271	973	7	288	
女	**277**	**79**	**67**	**47**	**106333**	**82948**	**178**	**22798**	**32**
16-19岁		2			236	201		29	
20-24岁	16	11	12	2	1351	1027	1	315	1
25-29岁	32	19	16	4	3354	2527	11	806	1
30-34岁	47	13	8	7	6969	5295	13	1633	2
35-39岁	62	12	9	5	9526	7224	9	2258	2
40-44岁	32	5	6	6	10793	8186	25	2548	3
45-49岁	47	11	10	9	17652	13528	51	3988	9
50-54岁	26	4	2	7	19162	14974	25	4088	6
55-59岁	10	2	4	3	17089	13686	15	3331	5
60-64岁	4			2	11613	9348	18	2206	2
65-69岁	1			1	6400	5206	9	1161	1
70-74岁				1	1642	1308	1	328	
75岁及以上					546	438		107	

4-7c 续表 5　　　　单位：人

年龄组 性　别	农林牧渔生产辅助人员	其他农、林、牧、渔业生产加工人员	生产制造及有关人员 小计	农副产品加工人员	食品、饮料生产加工人员	烟草及其制品加工人员	纺织、针织、印染人员	纺织品、服装和皮革、毛皮制品加工制作人员	木材加工、家具与木制品制作人员
总　计	**1388**	**86**	**44772**	**1261**	**1139**	**6**	**171**	**488**	**1160**
16-19岁	21	1	179	6	15		2	2	6
20-24岁	40		2056	45	59		7	18	28
25-29岁	73	3	4404	82	134		5	44	92
30-34岁	127	8	6764	136	166		23	59	127
35-39岁	152	13	6039	148	180		20	80	147
40-44岁	153	12	5795	151	184	2	20	81	148
45-49岁	247	17	7659	219	169	1	34	94	234
50-54岁	224	14	6594	202	136		38	53	187
55-59岁	162	8	3654	145	73	3	18	30	138
60-64岁	97	7	1174	75	21		3	12	38
65-69岁	67	3	377	47	2		1	10	12
70-74岁	21		50	4				2	1
75岁及以上	4		27	1				3	2
男	**1037**	**60**	**38356**	**859**	**632**	**4**	**63**	**148**	**958**
16-19岁	15	1	155	6	10		2	2	6
20-24岁	33		1759	38	37		5	10	24
25-29岁	64	3	3805	63	74		1	22	85
30-34岁	102	7	5820	90	99		6	22	109
35-39岁	124	8	5106	87	91		6	21	120
40-44岁	124	10	4761	91	80	1	3	17	114
45-49岁	177	11	6436	132	95	1	9	19	189
50-54岁	163	6	5810	154	76		18	18	149
55-59岁	111	7	3264	95	53	2	10	8	117
60-64岁	60	5	1050	56	16		2	4	32
65-69岁	45	2	329	42	1		1	4	11
70-74岁	16		42	4					1
75岁及以上	3		19	1				1	1
女	**351**	**26**	**6416**	**402**	**507**	**2**	**108**	**340**	**202**
16-19岁	6		24		5				
20-24岁	7		297	7	22		2	8	4
25-29岁	9		599	19	60		4	22	7
30-34岁	25	1	944	46	67		17	37	18
35-39岁	28	5	933	61	89		14	59	27
40-44岁	29	2	1034	60	104	1	17	64	34
45-49岁	70	6	1223	87	74		25	75	45
50-54岁	61	8	784	48	60		20	35	38
55-59岁	51	1	390	50	20	1	8	22	21
60-64岁	37	2	124	19	5		1	8	6
65-69岁	22	1	48	5	1			6	1
70-74岁	5		8					2	
75岁及以上	1		8					2	1

4-7c 续表 6 单位：人

年龄组 性 别	生产制造及有关人员								
	纸及纸制品生产加工人员	印刷和记录媒介复制人员	文教、工美、体育和娱乐用品制造人员	石油加工和炼焦、煤化工生产人员	化学原料和化学制品制造人员	医药制造人员	化学纤维制造人员	橡胶和塑料制品制造人员	非金属矿物制品制造人员
总 计	**101**	**97**	**94**	**388**	**1033**	**310**	**10**	**274**	**1023**
16-19岁		2	2		4	1		6	4
20-24岁	4	13	4	26	120	49	1	15	43
25-29岁	4	12	7	48	200	94	2	25	84
30-34岁	16	32	20	78	209	72	1	49	156
35-39岁	14	15	18	66	96	32	2	38	138
40-44岁	20	7	8	45	91	19	2	37	130
45-49岁	15	8	16	53	127	19	1	34	177
50-54岁	17	3	6	37	115	15	1	38	148
55-59岁	9	5	9	28	60	7		17	98
60-64岁	1		2	6	6	1		9	34
65-69岁	1		2	1	5			4	5
70-74岁						1		1	5
75岁及以上								1	1
男	**57**	**52**	**64**	**335**	**850**	**216**	**8**	**199**	**837**
16-19岁		2	2		4	1		6	3
20-24岁	2	6	3	26	104	39	1	12	39
25-29岁	2	4	4	43	168	60	2	20	72
30-34岁	7	20	16	63	171	49	1	36	116
35-39岁	5	8	9	58	76	22	1	28	111
40-44岁	14	4	6	38	60	14	1	26	98
45-49岁	8	4	10	44	99	12	1	21	153
50-54岁	10	3	4	30	104	12	1	29	119
55-59岁	8	1	7	26	54	5		11	85
60-64岁			2	6	6	1		7	32
65-69岁	1		1	1	4			2	5
70-74岁						1		1	4
75岁及以上									
女	**44**	**45**	**30**	**53**	**183**	**94**	**2**	**75**	**186**
16-19岁									1
20-24岁	2	7	1		16	10		3	4
25-29岁	2	8	3	5	32	34		5	12
30-34岁	9	12	4	15	38	23		13	40
35-39岁	9	7	9	8	20	10	1	10	27
40-44岁	6	3	2	7	31	5	1	11	32
45-49岁	7	4	6	9	28	7		13	24
50-54岁	7		2	7	11	3		9	29
55-59岁	1	4	2	2	6	2		6	13
60-64岁	1							2	2
65-69岁			1		1			2	
70-74岁									1
75岁及以上								1	1

4-7c　续表 7　　　　单位：人

年龄组 性　别	生产制造及有关人员								
	采矿人员	金属冶炼和压延加工人员	机械制造基础加工人员	金属制品制造人员	通用设备制造人员	专用设备制造人员	汽车制造人员	铁路、船舶、航空设备制造人员	电气机械和器材制造人员
总　计	**5701**	**1323**	**1579**	**482**	**370**	**80**	**95**	**111**	**114**
16—19岁	6	5	3	1		1		1	
20—24岁	135	44	68	21	14	14	17	10	13
25—29岁	407	109	153	52	53	11	24	18	20
30—34岁	860	188	294	90	61	15	18	11	24
35—39岁	752	150	253	102	51	8	13	17	16
40—44岁	822	160	227	60	40	4	6	26	15
45—49岁	1189	273	247	60	52	12	8	14	14
50—54岁	1065	226	192	59	53	6	5	5	5
55—59岁	372	137	99	27	34	8	4	5	6
60—64岁	71	27	28	8	9	1		3	1
65—69岁	20	3	14	2	3				
70—74岁			1						
75岁及以上	2	1						1	
男	**5359**	**1194**	**1513**	**398**	**333**	**59**	**80**	**72**	**88**
16—19岁	5	4	3	1		1		1	
20—24岁	126	43	67	21	14	11	16	9	10
25—29岁	386	100	149	45	49	9	21	13	18
30—34岁	802	166	283	78	55	11	12	9	21
35—39岁	709	132	243	79	41	6	12	12	11
40—44岁	776	135	209	43	35	3	6	9	6
45—49岁	1097	240	237	44	46	6	6	9	11
50—54岁	1014	214	185	52	49	6	4	3	5
55—59岁	357	129	96	25	33	6	3	4	5
60—64岁	66	27	28	8	8			2	1
65—69岁	19	3	12	2	3				
70—74岁			1						
75岁及以上	2	1						1	
女	**342**	**129**	**66**	**84**	**37**	**21**	**15**	**39**	**26**
16—19岁	1	1							
20—24岁	9	1	1			3	1	1	3
25—29岁	21	9	4	7	4	2	3	5	2
30—34岁	58	22	11	12	6	4	6	2	3
35—39岁	43	18	10	23	10	2	1	5	5
40—44岁	46	25	18	17	5	1		17	9
45—49岁	92	33	10	16	6	6	2	5	3
50—54岁	51	12	7	7	4		1	2	
55—59岁	15	8	3	2	1	2	1	1	1
60—64岁	5				1	1		1	
65—69岁	1		2						
70—74岁									
75岁及以上									

4-7c 续表 8 单位：人

年龄组 性 别	生产制造及有关人员								不便分类的其他从业人员
	计算机、通信和其他电子设备制造人员	仪器仪表制造人员	废弃资源综合利用人员	电力、热力、气体、水生产和输配人员	建筑施工人员	运输设备和通用工程机械操作人员及有关人员	生产辅助人员	其他生产制造及有关人员	
总 计	**405**	**45**	**108**	**1273**	**15871**	**3156**	**6380**	**124**	**783**
16-19岁	10			5	64	7	24	2	127
20-24岁	73	7	4	110	479	150	457	8	81
25-29岁	93	11	8	173	1119	463	841	16	62
30-34岁	77	12	13	225	1883	670	1161	18	53
35-39岁	47	6	10	111	2129	528	832	20	62
40-44岁	25	1	9	91	2202	417	729	16	66
45-49岁	37	4	14	174	2916	435	992	17	86
50-54岁	30	2	18	171	2608	326	815	12	83
55-59岁	10	2	15	131	1615	125	416	8	76
60-64岁	2		10	61	634	27	79	5	36
65-69岁			6	16	190	7	26		22
70-74岁	1			4	24	1	4	1	9
75岁及以上			1	1	8		4	1	20
男	**319**	**34**	**84**	**1140**	**13942**	**3028**	**5328**	**103**	**492**
16-19岁	9			5	55	7	18	2	67
20-24岁	63	5	2	100	394	148	377	7	43
25-29岁	79	8	7	150	981	455	700	15	42
30-34岁	58	9	11	193	1682	652	958	15	43
35-39岁	31	5	6	94	1892	511	664	15	42
40-44岁	17	1	9	75	1877	389	589	15	44
45-49岁	26	3	12	153	2520	398	819	12	57
50-54岁	26	1	13	163	2304	310	725	9	50
55-59岁	7	2	10	127	1472	123	376	7	53
60-64岁	2		9	60	573	27	71	4	26
65-69岁			4	16	167	7	23		15
70-74岁	1			4	19	1	4	1	2
75岁及以上			1		6		4	1	8
女	**86**	**11**	**24**	**133**	**1929**	**128**	**1052**	**21**	**291**
16-19岁	1				9		6		60
20-24岁	10	2	2	10	85	2	80	1	38
25-29岁	14	3	1	23	138	8	141	1	20
30-34岁	19	3	2	32	201	18	203	3	10
35-39岁	16	1	4	17	237	17	168	5	20
40-44岁	8			16	325	28	140	1	22
45-49岁	11	1	2	21	396	37	173	5	29
50-54岁	4	1	5	8	304	16	90	3	33
55-59岁	3		5	4	143	2	40	1	23
60-64岁			1	1	61		8	1	10
65-69岁			2		23		3		7
70-74岁					5				7
75岁及以上				1	2				12

第二部分　长表数据资料

第五卷　婚姻

5−1 各地区分性别、婚姻状况的15岁及以上人口

单位：人

地区	15岁及以上人口			未婚		
	合计	男	女	小计	男	女
内蒙古	**2005584**	**1019523**	**986061**	**302498**	**179972**	**122526**
呼和浩特市	**275716**	**137607**	**138109**	**57628**	**31349**	**26279**
新城区	54278	26600	27678	11879	6364	5515
回民区	36568	17839	18729	8998	4558	4440
玉泉区	42242	20961	21281	8948	4738	4210
赛罕区	69821	34746	35075	16956	9290	7666
土默特左旗	21415	11031	10384	3067	1893	1174
托克托县	13929	7316	6613	1594	1014	580
和林格尔县	13106	6451	6655	2983	1402	1581
清水河县	6069	3182	2887	661	442	219
武川县	8206	4243	3963	870	592	278
呼和浩特经济技术开发区	10082	5238	4844	1672	1056	616
包头市	**241792**	**122041**	**119751**	**42050**	**24447**	**17603**
东河区	42360	20919	21441	6620	3692	2928
昆都仑区	68878	34377	34501	12873	7501	5372
青山区	46262	22737	23525	9755	5236	4519
石拐区	1986	1089	897	311	197	114
白云鄂博矿区	2025	1103	922	250	169	81
九原区	20263	10797	9466	3666	2452	1214
土默特右旗	23456	12108	11348	3608	2161	1447
固阳县	14885	7905	6980	2351	1469	882
达尔罕茂明安联合旗	5821	3007	2814	512	335	177
包头稀土高新技术产业开发区	15856	7999	7857	2104	1235	869
乌海市	**46463**	**24358**	**22105**	**6937**	**4225**	**2712**
海勃湾区	28138	14413	13725	4489	2598	1891
海南区	7933	4488	3445	1006	702	304
乌达区	10392	5457	4935	1442	925	517
赤峰市	**341385**	**170863**	**170522**	**45845**	**27719**	**18126**
红山区	37287	18280	19007	6327	3418	2909
元宝山区	24451	12140	12311	2849	1763	1086
松山区	55663	27672	27991	7640	4569	3071
阿鲁科尔沁旗	20384	10216	10168	2514	1568	946
巴林左旗	26132	13007	13125	4283	2425	1858
巴林右旗	12790	6400	6390	1497	939	558
林西县	17059	8546	8513	2351	1391	960
克什克腾旗	15688	8142	7546	1707	1132	575
翁牛特旗	31218	15735	15483	3964	2406	1558
喀喇沁旗	21972	11103	10869	2911	1881	1030
宁城县	40628	20629	19999	5244	3428	1816
敖汉旗	38113	18993	19120	4558	2799	1759

5-1 续表 1

单位：人

地 区	15岁及以上人口			未 婚		
	合计	男	女	小计	男	女
通辽市	**237941**	**118911**	**119030**	**34743**	**20575**	**14168**
科尔沁区	61114	30165	30949	10588	5923	4665
科尔沁左翼中旗	36186	18539	17647	6091	3804	2287
科尔沁左翼后旗	25392	12792	12600	3082	1982	1100
开鲁县	26001	12814	13187	2984	1731	1253
库伦旗	12120	6113	6007	1459	940	519
奈曼旗	29725	14719	15006	3562	2128	1434
扎鲁特旗	20384	10228	10156	2521	1566	955
通辽经济技术开发区	16229	7933	8296	3000	1563	1437
霍林郭勒市	10790	5608	5182	1456	938	518
鄂尔多斯市	**176452**	**96936**	**79516**	**24054**	**15191**	**8863**
东胜区	45331	23392	21939	7404	4150	3254
康巴什区	8854	4482	4372	2092	1173	919
达拉特旗	26293	13772	12521	2901	1783	1118
准格尔旗	30486	17722	12764	3936	2754	1182
鄂托克前旗	7974	4535	3439	939	601	338
鄂托克旗	13339	7556	5783	1805	1298	507
杭锦旗	9086	4778	4308	905	591	314
乌审旗	13896	8266	5630	1741	1216	525
伊金霍洛旗	21193	12433	8760	2331	1625	706
呼伦贝尔市	**189811**	**95255**	**94556**	**26629**	**16121**	**10508**
海拉尔区	30596	14800	15796	5779	3070	2709
扎赉诺尔区	7351	3623	3728	885	521	364
阿荣旗	20948	10551	10397	2408	1505	903
莫力达瓦达斡尔族自治旗	18351	9304	9047	2311	1411	900
鄂伦春自治旗	14340	7257	7083	1543	995	548
鄂温克族自治旗	11713	5927	5786	1730	1187	543
陈巴尔虎旗	4645	2458	2187	652	444	208
新巴尔虎左旗	3219	1660	1559	498	341	157
新巴尔虎右旗	3335	1864	1471	505	342	163
满洲里市	12605	6309	6296	2101	1166	935
牙克石市	24580	12263	12317	3867	2355	1512
扎兰屯市	25612	12908	12704	3003	1909	1094
额尔古纳市	6005	3031	2974	718	451	267
根河市	6511	3300	3211	629	424	205
巴彦淖尔市	**128988**	**66056**	**62932**	**14266**	**8812**	**5454**
临河区	47831	24101	23730	6595	3879	2716
五原县	18775	9534	9241	1668	1054	614
磴口县	7817	3980	3837	737	462	275
乌拉特前旗	21918	11384	10534	1874	1181	693
乌拉特中旗	9646	5220	4426	1023	720	303
乌拉特后旗	4800	2697	2103	524	363	161
杭锦后旗	18201	9140	9061	1845	1153	692

5-1 续表 2

单位：人

地区	15岁及以上人口			未婚		
	合计	男	女	小计	男	女
乌兰察布市	**142656**	**72896**	**69760**	**19161**	**12133**	**7028**
集宁区	35447	17412	18035	6328	3254	3074
卓资县	7375	3986	3389	1114	841	273
化德县	8133	4209	3924	856	590	266
商都县	15085	7630	7455	1747	1098	649
兴和县	13386	6776	6610	1575	1038	537
凉城县	9505	4995	4510	1166	892	274
察哈尔右翼前旗	10807	5685	5122	1373	975	398
察哈尔右翼中旗	7606	3992	3614	844	631	213
察哈尔右翼后旗	9013	4623	4390	1010	682	328
四子王旗	10891	5594	5297	1072	712	360
丰镇市	15408	7994	7414	2076	1420	656
兴安盟	**112811**	**56681**	**56130**	**14821**	**9243**	**5578**
乌兰浩特市	28085	13611	14474	4702	2622	2080
阿尔山市	2891	1500	1391	371	249	122
科尔沁右翼前旗	23010	11787	11223	2901	1953	948
科尔沁右翼中旗	16269	8221	8048	2130	1396	734
扎赉特旗	24916	12661	12255	2837	1858	979
突泉县	17640	8901	8739	1880	1165	715
锡林郭勒盟	**89708**	**46077**	**43631**	**13166**	**8141**	**5025**
二连浩特市	6279	3223	3056	914	550	364
锡林浩特市	28022	13981	14041	4840	2798	2042
阿巴嘎旗	3421	1892	1529	489	360	129
苏尼特左旗	2785	1533	1252	428	294	134
苏尼特右旗	5283	2645	2638	685	394	291
东乌珠穆沁旗	5503	2818	2685	892	546	346
西乌珠穆沁旗	8120	4635	3485	1187	807	380
太仆寺旗	8899	4502	4397	954	652	302
镶黄旗	2228	1122	1106	308	196	112
正镶白旗	3599	1857	1742	517	351	166
正蓝旗	5597	2816	2781	761	476	285
多伦县	8103	4070	4033	987	588	399
乌拉盖管委会	1869	983	886	204	129	75
阿拉善盟	**21861**	**11842**	**10019**	**3198**	**2016**	**1182**
阿拉善左旗	15154	7995	7159	2156	1313	843
阿拉善右旗	1969	1064	905	225	144	81
额济纳旗	2468	1395	1073	399	253	146
内蒙古阿拉善经济开发区	2270	1388	882	418	306	112

5-1　续表 3

单位：人

地　区	有配偶			离婚			丧偶		
	小计	男	女	小计	男	女	小计	男	女
内蒙古	**1528435**	**778630**	**749805**	**59159**	**32463**	**26696**	**115492**	**28458**	**87034**
呼和浩特市	**199909**	**100180**	**99729**	**6252**	**3140**	**3112**	**11927**	**2938**	**8989**
新城区	39079	19263	19816	1314	544	770	2006	429	1577
回民区	25007	12473	12534	1029	474	555	1534	334	1200
玉泉区	30561	15308	15253	1167	576	591	1566	339	1227
赛罕区	49038	24327	24711	1335	562	773	2492	567	1925
土默特左旗	16415	8367	8048	451	327	124	1482	444	1038
托克托县	11245	5873	5372	278	196	82	812	233	579
和林格尔县	9168	4685	4483	217	154	63	738	210	528
清水河县	4868	2520	2348	107	83	24	433	137	296
武川县	6541	3335	3206	181	127	54	614	189	425
呼和浩特经济技术开发区	7987	4029	3958	173	97	76	250	56	194
包头市	**179874**	**90976**	**88898**	**7138**	**3657**	**3481**	**12730**	**2961**	**9769**
东河区	31642	15902	15740	1418	734	684	2680	591	2089
昆都仑区	50453	25134	25319	2226	1001	1225	3326	741	2585
青山区	32651	16352	16299	1468	644	824	2388	505	1883
石拐区	1466	803	663	78	54	24	131	35	96
白云鄂博矿区	1604	879	725	64	34	30	107	21	86
九原区	15366	7883	7483	430	258	172	801	204	597
土默特右旗	17910	9185	8725	512	385	127	1426	377	1049
固阳县	11272	5907	5365	376	260	116	886	269	617
达尔罕茂明安联合旗	4786	2485	2301	157	104	53	366	83	283
包头稀土高新技术产业开发区	12724	6446	6278	409	183	226	619	135	484
乌海市	**35445**	**18629**	**16816**	**1769**	**1004**	**765**	**2312**	**500**	**1812**
海勃湾区	21342	11016	10326	1038	521	517	1269	278	991
海南区	6331	3529	2802	244	168	76	352	89	263
乌达区	7772	4084	3688	487	315	172	691	133	558
赤峰市	**265903**	**133130**	**132773**	**8062**	**4439**	**3623**	**21575**	**5575**	**16000**
红山区	27802	13892	13910	1195	510	685	1963	460	1503
元宝山区	19178	9623	9555	747	361	386	1677	393	1284
松山区	43871	21837	22034	1253	584	669	2899	682	2217
阿鲁科尔沁旗	16006	8022	7984	515	301	214	1349	325	1024
巴林左旗	19550	9766	9784	680	378	302	1619	438	1181
巴林右旗	10103	5091	5012	315	179	136	875	191	684
林西县	13057	6577	6480	454	272	182	1197	306	891
克什克腾旗	12615	6530	6085	377	230	147	989	250	739
翁牛特旗	24560	12387	12173	597	401	196	2097	541	1556
喀喇沁旗	17074	8521	8553	468	294	174	1519	407	1112
宁城县	31785	15837	15948	816	517	299	2783	847	1936
敖汉旗	30302	15047	15255	645	412	233	2608	735	1873

5-1 续表 4

单位：人

地区	有配偶			离婚			丧偶		
	小计	男	女	小计	男	女	小计	男	女
通辽市	**180532**	**90419**	**90113**	**7370**	**4138**	**3232**	**15296**	**3779**	**11517**
科尔沁区	44501	22243	22258	2254	1119	1135	3771	880	2891
科尔沁左翼中旗	26441	13332	13109	1203	759	444	2451	644	1807
科尔沁左翼后旗	19763	9904	9859	623	397	226	1924	509	1415
开鲁县	20602	10248	10354	704	406	298	1711	429	1282
库伦旗	9550	4800	4750	252	164	88	859	209	650
奈曼旗	23471	11675	11796	627	383	244	2065	533	1532
扎鲁特旗	15907	7976	7931	651	391	260	1305	295	1010
通辽经济技术开发区	11883	5925	5958	616	271	345	730	174	556
霍林郭勒市	8414	4316	4098	440	248	192	480	106	374
鄂尔多斯市	**141498**	**77709**	**63789**	**4114**	**2287**	**1827**	**6786**	**1749**	**5037**
东胜区	35320	18372	16948	1182	566	616	1425	304	1121
康巴什区	6387	3196	3191	195	79	116	180	34	146
达拉特旗	21584	11291	10293	521	320	201	1287	378	909
准格尔旗	24743	14190	10553	686	443	243	1121	335	786
鄂托克前旗	6448	3729	2719	210	117	93	377	88	289
鄂托克旗	10677	5951	4726	342	197	145	515	110	405
杭锦旗	7376	3890	3486	248	159	89	557	138	419
乌审旗	11266	6719	4547	306	171	135	583	160	423
伊金霍洛旗	17697	10371	7326	424	235	189	741	202	539
呼伦贝尔市	**141234**	**71108**	**70126**	**8813**	**4770**	**4043**	**13135**	**3256**	**9879**
海拉尔区	21656	10737	10919	1364	618	746	1797	375	1422
扎赉诺尔区	5586	2799	2787	338	186	152	542	117	425
阿荣旗	16518	8241	8277	757	437	320	1265	368	897
莫力达瓦达斡尔族自治旗	13912	7040	6872	880	489	391	1248	364	884
鄂伦春自治旗	10972	5547	5425	749	447	302	1076	268	808
鄂温克族自治旗	8529	4282	4247	562	276	286	892	182	710
陈巴尔虎旗	3472	1829	1643	193	113	80	328	72	256
新巴尔虎左旗	2319	1182	1137	154	88	66	248	49	199
新巴尔虎右旗	2411	1361	1050	182	108	74	237	53	184
满洲里市	9389	4746	4643	512	253	259	603	144	459
牙克石市	17439	8732	8707	1303	698	605	1971	478	1493
扎兰屯市	19713	9856	9857	1017	593	424	1879	550	1329
额尔古纳市	4597	2333	2264	288	157	131	402	90	312
根河市	4721	2423	2298	514	307	207	647	146	501
巴彦淖尔市	**103874**	**53154**	**50720**	**3780**	**2249**	**1531**	**7068**	**1841**	**5227**
临河区	37393	18839	18554	1497	787	710	2346	596	1750
五原县	15540	7862	7678	496	328	168	1071	290	781
磴口县	6260	3200	3060	291	189	102	529	129	400
乌拉特前旗	18216	9482	8734	593	372	221	1235	349	886
乌拉特中旗	7816	4185	3631	291	187	104	516	128	388
乌拉特后旗	3854	2149	1705	183	120	63	239	65	174
杭锦后旗	14795	7437	7358	429	266	163	1132	284	848

5-1　续表 5　　　　单位：人

地　区	有配偶			离　婚			丧　偶		
	小计	男	女	小计	男	女	小计	男	女
乌兰察布市	**109552**	**55907**	**53645**	**3613**	**2225**	**1388**	**10330**	**2631**	**7699**
集宁区	26291	13264	13027	1069	539	530	1759	355	1404
卓资县	5400	2839	2561	172	124	48	689	182	507
化德县	6416	3304	3112	301	181	120	560	134	426
商都县	11956	6029	5927	276	186	90	1106	317	789
兴和县	10473	5286	5187	243	154	89	1095	298	797
凉城县	7171	3647	3524	269	189	80	899	267	632
察哈尔右翼前旗	8360	4373	3987	191	126	65	883	211	672
察哈尔右翼中旗	5968	3073	2895	164	122	42	630	166	464
察哈尔右翼后旗	7095	3615	3480	191	134	57	717	192	525
四子王旗	8729	4463	4266	315	205	110	775	214	561
丰镇市	11693	6014	5679	422	265	157	1217	295	922
兴安盟	**85683**	**43098**	**42585**	**4381**	**2401**	**1980**	**7926**	**1939**	**5987**
乌兰浩特市	19964	9954	10010	1562	690	872	1857	345	1512
阿尔山市	2150	1115	1035	166	93	73	204	43	161
科尔沁右翼前旗	17815	8970	8845	663	444	219	1631	420	1211
科尔沁右翼中旗	12545	6293	6252	421	235	186	1173	297	876
扎赉特旗	19477	9818	9659	889	527	362	1713	458	1255
突泉县	13732	6948	6784	680	412	268	1348	376	972
锡林郭勒盟	**68213**	**35225**	**32988**	**3006**	**1675**	**1331**	**5323**	**1036**	**4287**
二连浩特市	4967	2541	2426	168	89	79	230	43	187
锡林浩特市	20856	10483	10373	980	450	530	1346	250	1096
阿巴嘎旗	2539	1389	1150	140	90	50	253	53	200
苏尼特左旗	2054	1137	917	108	67	41	195	35	160
苏尼特右旗	4063	2076	1987	189	117	72	346	58	288
东乌珠穆沁旗	4071	2100	1971	180	105	75	360	67	293
西乌珠穆沁旗	6196	3564	2632	274	182	92	463	82	381
太仆寺旗	7004	3534	3470	254	162	92	687	154	533
镶黄旗	1656	854	802	83	50	33	181	22	159
正镶白旗	2664	1363	1301	132	83	49	286	60	226
正蓝旗	4275	2168	2107	171	100	71	390	72	318
多伦县	6344	3212	3132	278	149	129	494	121	373
乌拉盖管委会	1524	804	720	49	31	18	92	19	73
阿拉善盟	**16718**	**9095**	**7623**	**861**	**478**	**383**	**1084**	**253**	**831**
阿拉善左旗	11596	6174	5422	620	326	294	782	182	600
阿拉善右旗	1541	845	696	68	47	21	135	28	107
额济纳旗	1845	1053	792	101	58	43	123	31	92
内蒙古阿拉善经济开发区	1736	1023	713	72	47	25	44	12	32

5－1a 各地区分性别、婚姻状况的15岁及以上人口(城市)

单位：人

地　区	15岁及以上人口			未　婚		
	合计	男	女	小计	男	女
内蒙古	**771469**	**380061**	**391408**	**143652**	**78579**	**65073**
呼和浩特市	**177803**	**86992**	**90811**	**42423**	**22274**	**20149**
新城区	47756	23180	24576	10688	5621	5067
回民区	35116	17068	18048	8734	4396	4338
玉泉区	37191	18335	18856	7893	4148	3745
赛罕区	57740	28409	29331	15108	8109	6999
包头市	**163330**	**80855**	**82475**	**29883**	**16745**	**13138**
东河区	36166	17704	18462	5721	3134	2587
昆都仑区	66432	33088	33344	12528	7281	5247
青山区	44378	21727	22651	9446	5018	4428
石拐区	1197	610	587	159	100	59
白云鄂博矿区	2025	1103	922	250	169	81
九原区	13132	6623	6509	1779	1043	736
乌海市	**42469**	**21729**	**20740**	**6421**	**3796**	**2625**
海勃湾区	26353	13261	13092	4225	2375	1850
海南区	5945	3142	2803	787	519	268
乌达区	10171	5326	4845	1409	902	507
赤峰市	**80395**	**39251**	**41144**	**12879**	**7089**	**5790**
红山区	34054	16618	17436	5963	3178	2785
元宝山区	15875	7762	8113	2073	1210	863
松山区	30466	14871	15595	4843	2701	2142
通辽市	**46632**	**22804**	**23828**	**8977**	**4859**	**4118**
科尔沁区	36641	17625	19016	7618	3989	3629
霍林郭勒市	9991	5179	4812	1359	870	489
鄂尔多斯市	**51853**	**26153**	**25700**	**9259**	**5119**	**4140**
东胜区	42920	21625	21295	7162	3943	3219
康巴什区	8854	4482	4372	2092	1173	919
鄂托克旗	79	46	33	5	3	2
呼伦贝尔市	**79953**	**38986**	**40967**	**12950**	**7184**	**5766**
海拉尔区	29551	14242	15309	5671	2992	2679
扎赉诺尔区	6912	3395	3517	832	486	346
满洲里市	12232	6115	6117	2059	1139	920
牙克石市	12643	6129	6514	1992	1149	843
扎兰屯市	11268	5494	5774	1512	875	637
额尔古纳市	3627	1778	1849	455	271	184
根河市	3720	1833	1887	429	272	157
巴彦淖尔市	**31897**	**15770**	**16127**	**4648**	**2643**	**2005**
临河区	31897	15770	16127	4648	2643	2005
乌兰察布市	**40113**	**19703**	**20410**	**6442**	**3404**	**3038**
集宁区	31373	15376	15997	5354	2779	2575
丰镇市	8740	4327	4413	1088	625	463
兴安盟	**25325**	**12174**	**13151**	**4351**	**2361**	**1990**
乌兰浩特市	23690	11339	12351	4122	2209	1913
阿尔山市	1635	835	800	229	152	77
锡林郭勒盟	**31699**	**15644**	**16055**	**5419**	**3105**	**2314**
二连浩特市	6034	3061	2973	868	514	354
锡林浩特市	25665	12583	13082	4551	2591	1960

5–1a　续表　　　　　　　　　　　　　　　　　　　　　　　　　　　　单位：人

地　区	有配偶			离婚			丧偶		
	小计	男	女	小计	男	女	小计	男	女
内蒙古	**565797**	**282280**	**283517**	**25723**	**11639**	**14084**	**36297**	**7563**	**28734**
呼和浩特市	**124646**	**61544**	**63102**	**4345**	**1813**	**2532**	**6389**	**1361**	**5028**
新城区	34156	16742	17414	1172	450	722	1740	367	1373
回民区	23896	11893	12003	999	455	544	1487	324	1163
玉泉区	26856	13381	13475	1058	511	547	1384	295	1089
赛罕区	39738	19528	20210	1116	397	719	1778	375	1403
包头市	**119624**	**59830**	**59794**	**5273**	**2437**	**2836**	**8550**	**1843**	**6707**
东河区	26835	13453	13382	1271	628	643	2339	489	1850
昆都仑区	48545	24135	24410	2158	965	1193	3201	707	2494
青山区	31214	15609	15605	1426	617	809	2292	483	1809
石拐区	899	461	438	53	33	20	86	16	70
白云鄂博矿区	1604	879	725	64	34	30	107	21	86
九原区	10527	5293	5234	301	160	141	525	127	398
乌海市	**32256**	**16573**	**15683**	**1644**	**908**	**736**	**2148**	**452**	**1696**
海勃湾区	19955	10152	9803	979	475	504	1194	259	935
海南区	4681	2428	2253	196	132	64	281	63	218
乌达区	7620	3993	3627	469	301	168	673	130	543
赤峰市	**61170**	**30333**	**30837**	**2516**	**1020**	**1496**	**3830**	**809**	**3021**
红山区	25219	12573	12646	1137	474	663	1735	393	1342
元宝山区	12252	6104	6148	557	241	316	993	207	786
松山区	23699	11656	12043	822	305	517	1102	209	893
通辽市	**33324**	**16633**	**16691**	**1957**	**855**	**1102**	**2374**	**457**	**1917**
科尔沁区	25523	12647	12876	1557	625	932	1943	364	1579
霍林郭勒市	7801	3986	3815	400	230	170	431	93	338
鄂尔多斯市	**39743**	**20123**	**19620**	**1318**	**597**	**721**	**1533**	**314**	**1219**
东胜区	33284	16886	16398	1121	516	605	1353	280	1073
康巴什区	6387	3196	3191	195	79	116	180	34	146
鄂托克旗	72	41	31	2	2				
呼伦贝尔市	**57924**	**28824**	**29100**	**3925**	**1876**	**2049**	**5154**	**1102**	**4052**
海拉尔区	20813	10300	10513	1332	596	736	1735	354	1381
扎赉诺尔区	5255	2629	2626	324	176	148	501	104	397
满洲里市	9101	4601	4500	497	243	254	575	132	443
牙克石市	9037	4461	4576	692	319	373	922	200	722
扎兰屯市	8362	4164	4198	574	274	300	820	181	639
额尔古纳市	2769	1377	1392	177	86	91	226	44	182
根河市	2587	1292	1295	329	182	147	375	87	288
巴彦淖尔市	**24870**	**12378**	**12492**	**1089**	**470**	**619**	**1290**	**279**	**1011**
临河区	24870	12378	12492	1089	470	619	1290	279	1011
乌兰察布市	**30539**	**15320**	**15219**	**1177**	**588**	**589**	**1955**	**391**	**1564**
集宁区	23621	11853	11768	919	447	472	1479	297	1182
丰镇市	6918	3467	3451	258	141	117	476	94	382
兴安盟	**17953**	**8924**	**9029**	**1419**	**599**	**820**	**1602**	**290**	**1312**
乌兰浩特市	16749	8311	8438	1329	556	773	1490	263	1227
阿尔山市	1204	613	591	90	43	47	112	27	85
锡林郭勒盟	**23748**	**11798**	**11950**	**1060**	**476**	**584**	**1472**	**265**	**1207**
二连浩特市	4791	2424	2367	157	81	76	218	42	176
锡林浩特市	18957	9374	9583	903	395	508	1254	223	1031

5－1b 各地区分性别、婚姻状况的15岁及以上人口(镇)

单位：人

地区	15岁及以上人口			未婚		
	合计	男	女	小计	男	女
内蒙古	**549666**	**276033**	**273633**	**78888**	**45882**	**33006**
呼和浩特市	**38922**	**19426**	**19496**	**7432**	**3934**	**3498**
新城区	216	111	105	36	28	8
回民区						
玉泉区						
赛罕区	202	99	103	22	15	7
土默特左旗	8491	4257	4234	1817	979	838
托克托县	6092	3106	2986	799	468	331
和林格尔县	6569	2980	3589	2183	855	1328
清水河县	2851	1434	1417	391	229	162
武川县	4419	2201	2218	512	304	208
呼和浩特经济技术开发区	10082	5238	4844	1672	1056	616
包头市	**38659**	**20045**	**18614**	**7040**	**4350**	**2690**
东河区	1956	1000	956	287	167	120
昆都仑区	69	58	11	29	25	4
青山区	256	179	77	102	92	10
石拐区	280	209	71	47	39	8
白云鄂博矿区						
九原区	2412	1567	845	1348	1014	334
土默特右旗	10228	5130	5098	2037	1130	907
固阳县	5180	2685	2495	870	522	348
达尔罕茂明安联合旗	3026	1527	1499	283	168	115
包头稀土高新技术产业开发区	15252	7690	7562	2037	1193	844
乌海市	**1563**	**1030**	**533**	**177**	**143**	**34**
海勃湾区	283	154	129	20	17	3
海南区	1059	745	314	124	103	21
乌达区	221	131	90	33	23	10
赤峰市	**92210**	**45144**	**47066**	**13343**	**7520**	**5823**
红山区	1960	1014	946	234	150	84
元宝山区	2604	1307	1297	274	185	89
松山区	2041	1039	1002	172	130	42
阿鲁科尔沁旗	8490	4130	4360	1083	610	473
巴林左旗	9491	4528	4963	1908	992	916
巴林右旗	7539	3698	3841	949	544	405
林西县	9433	4649	4784	1355	761	594
克什克腾旗	7889	3902	3987	958	567	391
翁牛特旗	10703	5282	5421	1530	847	683
喀喇沁旗	8480	4192	4288	1341	804	537
宁城县	12290	5977	6313	2053	1112	941
敖汉旗	11290	5426	5864	1486	818	668

5-1b 续表 1

单位：人

地　区	15岁及以上人口			未　婚		
	合计	男	女	小计	男	女
通辽市	**70451**	**34184**	**36267**	**11134**	**6008**	**5126**
科尔沁区	3910	1981	1929	526	329	197
科尔沁左翼中旗	10380	5091	5289	1823	1025	798
科尔沁左翼后旗	8627	4183	4444	1328	724	604
开鲁县	10045	4837	5208	1483	792	691
库伦旗	4755	2345	2410	645	376	269
奈曼旗	10103	4826	5277	1529	785	744
扎鲁特旗	9283	4493	4790	1222	687	535
通辽经济技术开发区	13316	6410	6906	2577	1289	1288
霍林郭勒市	32	18	14	1	1	
鄂尔多斯市	**78469**	**41908**	**36561**	**10060**	**6280**	**3780**
东胜区	285	201	84	43	33	10
康巴什区						
达拉特旗	15648	7951	7697	2094	1184	910
准格尔旗	20032	10754	9278	2522	1591	931
鄂托克前旗	4301	2207	2094	601	358	243
鄂托克旗	9810	5290	4520	1352	936	416
杭锦旗	5526	2859	2667	629	376	253
乌审旗	7736	4331	3405	1028	649	379
伊金霍洛旗	15131	8315	6816	1791	1153	638
呼伦贝尔市	**59806**	**29975**	**29831**	**7617**	**4886**	**2731**
海拉尔区	124	69	55	9	8	1
扎赉诺尔区	439	228	211	53	35	18
阿荣旗	9684	4722	4962	1208	696	512
莫力达瓦达斡尔族自治旗	6283	3060	3223	738	467	271
鄂伦春自治旗	10513	5222	5291	1140	708	432
鄂温克族自治旗	8867	4425	4442	1309	881	428
陈巴尔虎旗	3317	1707	1610	460	301	159
新巴尔虎左旗	1677	844	833	246	171	75
新巴尔虎右旗	2014	1000	1014	296	191	105
满洲里市	373	194	179	42	27	15
牙克石市	10177	5227	4950	1605	1030	575
扎兰屯市	2599	1311	1288	232	155	77
额尔古纳市	971	511	460	83	66	17
根河市	2768	1455	1313	196	150	46
巴彦淖尔市	**42372**	**21123**	**21249**	**4750**	**2829**	**1921**
临河区	1165	602	563	125	90	35
五原县	8767	4322	4445	959	543	416
磴口县	4194	2061	2133	418	238	180
乌拉特前旗	10946	5418	5528	1084	647	437
乌拉特中旗	5035	2597	2438	624	414	210
乌拉特后旗	2967	1538	1429	352	210	142
杭锦后旗	9298	4585	4713	1188	687	501

5－1b　续表 2　　　　单位：人

地　区	15岁及以上人口			未　婚		
	合计	男	女	小计	男	女
乌兰察布市	**43344**	**21586**	**21758**	**5716**	**3184**	**2532**
集宁区	1259	522	737	425	126	299
卓资县	3207	1626	1581	458	259	199
化德县	4730	2378	2352	539	327	212
商都县	6979	3419	3560	985	499	486
兴和县	5726	2811	2915	743	409	334
凉城县	3878	1909	1969	429	267	162
察哈尔右翼前旗	4553	2311	2242	672	405	267
察哈尔右翼中旗	2588	1296	1292	283	172	111
察哈尔右翼后旗	4499	2258	2241	543	306	237
四子王旗	5100	2504	2596	519	313	206
丰镇市	825	552	273	120	101	19
兴安盟	**34203**	**16717**	**17486**	**4819**	**2749**	**2070**
乌兰浩特市	1336	638	698	198	125	73
阿尔山市	961	490	471	103	66	37
科尔沁右翼前旗	6983	3435	3548	1106	641	465
科尔沁右翼中旗	7603	3764	3839	1124	670	454
扎赉特旗	10861	5289	5572	1392	781	611
突泉县	6459	3101	3358	896	466	430
锡林郭勒盟	**32546**	**16095**	**16451**	**4242**	**2458**	**1784**
二连浩特市	75	59	16	5	5	
锡林浩特市	265	198	67	12	10	2
阿巴嘎旗	1869	973	896	234	152	82
苏尼特左旗	1338	651	687	154	93	61
苏尼特右旗	3982	1951	2031	468	257	211
东乌珠穆沁旗	3411	1659	1752	511	287	224
西乌珠穆沁旗	4678	2320	2358	662	400	262
太仆寺旗	3820	1828	1992	479	268	211
镶黄旗	1486	722	764	216	133	83
正镶白旗	1924	952	972	246	149	97
正蓝旗	2899	1427	1472	368	213	155
多伦县	5156	2499	2657	698	375	323
乌拉盖管委会	1643	856	787	189	116	73
阿拉善盟	**17121**	**8800**	**8321**	**2558**	**1541**	**1017**
阿拉善左旗	11852	5911	5941	1742	1002	740
阿拉善右旗	1434	730	704	176	109	67
额济纳旗	1843	979	864	291	176	115
内蒙古阿拉善经济开发区	1992	1180	812	349	254	95

5-1b 续表 3

单位：人

地区	有配偶			离婚			丧偶		
	小计	男	女	小计	男	女	小计	男	女
内蒙古	**425245**	**215228**	**210017**	**17069**	**8650**	**8419**	**28464**	**6273**	**22191**
呼和浩特市	**29303**	**14728**	**14575**	**724**	**398**	**326**	**1463**	**366**	**1097**
新城区	157	77	80	6	3	3	17	3	14
回民区									
玉泉区									
赛罕区	157	78	79	3	2	1	20	4	16
土默特左旗	6164	3095	3069	181	99	82	329	84	245
托克托县	4945	2514	2431	114	60	54	234	64	170
和林格尔县	4079	2030	2049	88	42	46	219	53	166
清水河县	2266	1134	1132	50	31	19	144	40	104
武川县	3548	1771	1777	109	64	45	250	62	188
呼和浩特经济技术开发区	7987	4029	3958	173	97	76	250	56	194
包头市	**29137**	**14848**	**14289**	**947**	**521**	**426**	**1535**	**326**	**1209**
东河区	1545	781	764	48	34	14	76	18	58
昆都仑区	40	33	7						
青山区	139	79	60	6	3	3	9	5	4
石拐区	217	159	58	12	10	2	4	1	3
白云鄂博矿区									
九原区	983	519	464	31	27	4	50	7	43
土默特右旗	7532	3771	3761	237	144	93	422	85	337
固阳县	3933	2021	1912	141	85	56	236	57	179
达尔罕茂明安联合旗	2512	1284	1228	77	47	30	154	28	126
包头稀土高新技术产业开发区	12236	6201	6035	395	171	224	584	125	459
乌海市	**1287**	**835**	**452**	**53**	**38**	**15**	**46**	**14**	**32**
海勃湾区	249	129	120	7	5	2	7	3	4
海南区	886	615	271	28	19	9	21	8	13
乌达区	152	91	61	18	14	4	18	3	15
赤峰市	**71820**	**35516**	**36304**	**2306**	**1060**	**1246**	**4741**	**1048**	**3693**
红山区	1580	808	772	37	22	15	109	34	75
元宝山区	2068	1042	1026	71	38	33	191	42	149
松山区	1717	856	861	23	17	6	129	36	93
阿鲁科尔沁旗	6718	3324	3394	248	106	142	441	90	351
巴林左旗	6878	3336	3542	284	110	174	421	90	331
巴林右旗	5928	2964	2964	223	100	123	439	90	349
林西县	7276	3649	3627	264	127	137	538	112	426
克什克腾旗	6269	3135	3134	224	113	111	438	87	351
翁牛特旗	8437	4208	4229	222	117	105	514	110	404
喀喇沁旗	6553	3228	3325	202	88	114	384	72	312
宁城县	9369	4585	4784	294	128	166	574	152	422
敖汉旗	9027	4381	4646	214	94	120	563	133	430

5-1b 续表 4

单位：人

地区	有配偶			离婚			丧偶		
	小计	男	女	小计	男	女	小计	男	女
通辽市	**52965**	**26219**	**26746**	**2458**	**1155**	**1303**	**3894**	**802**	**3092**
科尔沁区	2997	1500	1497	112	77	35	275	75	200
科尔沁左翼中旗	7530	3739	3791	381	198	183	646	129	517
科尔沁左翼后旗	6499	3214	3285	300	143	157	500	102	398
开鲁县	7661	3787	3874	367	155	212	534	103	431
库伦旗	3722	1849	1873	105	58	47	283	62	221
奈曼旗	7721	3791	3930	278	127	151	575	123	452
扎鲁特旗	7122	3525	3597	393	194	199	546	87	459
通辽经济技术开发区	9683	4797	4886	522	203	319	534	121	413
霍林郭勒市	30	17	13				1		1
鄂尔多斯市	**63839**	**34016**	**29823**	**1813**	**918**	**895**	**2757**	**694**	**2063**
东胜区	232	164	68				10	4	6
康巴什区									
达拉特旗	12636	6440	6196	345	181	164	573	146	427
准格尔旗	16419	8743	7676	458	254	204	633	166	467
鄂托克前旗	3356	1739	1617	131	59	72	213	51	162
鄂托克旗	7887	4152	3735	232	122	110	339	80	259
杭锦旗	4490	2348	2142	136	67	69	271	68	203
乌审旗	6261	3530	2731	202	95	107	245	57	188
伊金霍洛旗	12558	6900	5658	309	140	169	473	122	351
呼伦贝尔市	**44687**	**22424**	**22263**	**3039**	**1637**	**1402**	**4463**	**1028**	**3435**
海拉尔区	99	52	47	5	4	1	11	5	6
扎赉诺尔区	331	170	161	14	10	4	41	13	28
阿荣旗	7533	3713	3820	418	193	225	525	120	405
莫力达瓦达斡尔族自治旗	4744	2334	2410	371	164	207	430	95	335
鄂伦春自治旗	7961	3981	3980	597	350	247	815	183	632
鄂温克族自治旗	6512	3240	3272	414	185	229	632	119	513
陈巴尔虎旗	2474	1278	1196	142	75	67	241	53	188
新巴尔虎左旗	1194	596	598	90	47	43	147	30	117
新巴尔虎右旗	1445	722	723	103	51	52	170	36	134
满洲里市	288	145	143	15	10	5	28	12	16
牙克石市	7139	3627	3512	532	332	200	901	238	663
扎兰屯市	2101	1050	1051	106	62	44	160	44	116
额尔古纳市	749	394	355	49	30	19	90	21	69
根河市	2117	1122	995	183	124	59	272	59	213
巴彦淖尔市	**34145**	**17109**	**17036**	**1374**	**729**	**645**	**2103**	**456**	**1647**
临河区	946	480	466	21	14	7	73	18	55
五原县	7220	3578	3642	250	132	118	338	69	269
磴口县	3329	1672	1657	193	108	85	254	43	211
乌拉特前旗	8931	4460	4471	353	179	174	578	132	446
乌拉特中旗	3968	2028	1940	177	92	85	266	63	203
乌拉特后旗	2338	1209	1129	119	76	43	158	43	115
杭锦后旗	7413	3682	3731	261	128	133	436	88	348

5-1b　续表 5　　　　单位：人

地区	有配偶			离婚			丧偶		
	小计	男	女	小计	男	女	小计	男	女
乌兰察布市	**34224**	**17274**	**16950**	**1061**	**596**	**465**	**2343**	**532**	**1811**
集宁区	715	355	360	49	29	20	70	12	58
卓资县	2466	1255	1211	84	55	29	199	57	142
化德县	3774	1893	1881	184	109	75	233	49	184
商都县	5579	2776	2803	120	68	52	295	76	219
兴和县	4604	2293	2311	116	49	67	263	60	203
凉城县	3075	1527	1548	97	54	43	277	61	216
察哈尔右翼前旗	3549	1811	1738	85	45	40	247	50	197
察哈尔右翼中旗	2092	1057	1035	57	36	21	156	31	125
察哈尔右翼后旗	3622	1840	1782	105	62	43	229	50	179
四子王旗	4131	2052	2079	145	74	71	305	65	240
丰镇市	617	415	202	19	15	4	69	21	48
兴安盟	**25763**	**12818**	**12945**	**1530**	**692**	**838**	**2091**	**458**	**1633**
乌兰浩特市	875	425	450	139	60	79	124	28	96
阿尔山市	717	373	344	60	38	22	81	13	68
科尔沁右翼前旗	5276	2608	2668	220	98	122	381	88	293
科尔沁右翼中旗	5736	2874	2862	256	112	144	487	108	379
扎赉特旗	8369	4162	4207	496	213	283	604	133	471
突泉县	4790	2376	2414	359	171	188	414	88	326
锡林郭勒盟	**25061**	**12704**	**12357**	**1105**	**578**	**527**	**2138**	**355**	**1783**
二连浩特市	68	52	16	1	1		1	1	
锡林浩特市	230	171	59	12	11	1	11	6	5
阿巴嘎旗	1415	748	667	65	41	24	155	32	123
苏尼特左旗	1035	520	515	44	24	20	105	14	91
苏尼特右旗	3113	1573	1540	137	74	63	264	47	217
东乌珠穆沁旗	2554	1264	1290	124	69	55	222	39	183
西乌珠穆沁旗	3524	1793	1731	157	80	77	335	47	288
太仆寺旗	2985	1471	1514	123	60	63	233	29	204
镶黄旗	1084	548	536	54	27	27	132	14	118
正镶白旗	1480	749	731	65	34	31	133	20	113
正蓝旗	2259	1132	1127	88	48	40	184	34	150
多伦县	3992	1989	2003	188	80	108	278	55	223
乌拉盖管委会	1322	694	628	47	29	18	85	17	68
阿拉善盟	**13014**	**6737**	**6277**	**659**	**328**	**331**	**890**	**194**	**696**
阿拉善左旗	8991	4543	4448	481	226	255	638	140	498
阿拉善右旗	1098	568	530	49	32	17	111	21	90
额济纳旗	1380	746	634	70	34	36	102	23	79
内蒙古阿拉善经济开发区	1545	880	665	59	36	23	39	10	29

5-1c 各地区分性别、婚姻状况的15岁及以上人口(乡村)

单位：人

地区	15岁及以上人口			未婚		
	合计	男	女	小计	男	女
内蒙古	**684449**	**363429**	**321020**	**79958**	**55511**	**24447**
呼和浩特市	**58991**	**31189**	**27802**	**7773**	**5141**	**2632**
新城区	6306	3309	2997	1155	715	440
回民区	1452	771	681	264	162	102
玉泉区	5051	2626	2425	1055	590	465
赛罕区	11879	6238	5641	1826	1166	660
土默特左旗	12924	6774	6150	1250	914	336
托克托县	7837	4210	3627	795	546	249
和林格尔县	6537	3471	3066	800	547	253
清水河县	3218	1748	1470	270	213	57
武川县	3787	2042	1745	358	288	70
呼和浩特经济技术开发区						
包头市	**39803**	**21141**	**18662**	**5127**	**3352**	**1775**
东河区	4238	2215	2023	612	391	221
昆都仑区	2377	1231	1146	316	195	121
青山区	1628	831	797	207	126	81
石拐区	509	270	239	105	58	47
白云鄂博矿区						
九原区	4719	2607	2112	539	395	144
土默特右旗	13228	6978	6250	1571	1031	540
固阳县	9705	5220	4485	1481	947	534
达尔罕茂明安联合旗	2795	1480	1315	229	167	62
包头稀土高新技术产业开发区	604	309	295	67	42	25
乌海市	**2431**	**1599**	**832**	**339**	**286**	**53**
海勃湾区	1502	998	504	244	206	38
海南区	929	601	328	95	80	15
乌达区						
赤峰市	**168780**	**86468**	**82312**	**19623**	**13110**	**6513**
红山区	1273	648	625	130	90	40
元宝山区	5972	3071	2901	502	368	134
松山区	23156	11762	11394	2625	1738	887
阿鲁科尔沁旗	11894	6086	5808	1431	958	473
巴林左旗	16641	8479	8162	2375	1433	942
巴林右旗	5251	2702	2549	548	395	153
林西县	7626	3897	3729	996	630	366
克什克腾旗	7799	4240	3559	749	565	184
翁牛特旗	20515	10453	10062	2434	1559	875
喀喇沁旗	13492	6911	6581	1570	1077	493
宁城县	28338	14652	13686	3191	2316	875
敖汉旗	26823	13567	13256	3072	1981	1091

5-1c　续表 1　　单位：人

地　　区	15岁及以上人口			未　婚		
	合计	男	女	小计	男	女
通辽市	**120858**	**61923**	**58935**	**14632**	**9708**	**4924**
科尔沁区	20563	10559	10004	2444	1605	839
科尔沁左翼中旗	25806	13448	12358	4268	2779	1489
科尔沁左翼后旗	16765	8609	8156	1754	1258	496
开鲁县	15956	7977	7979	1501	939	562
库伦旗	7365	3768	3597	814	564	250
奈曼旗	19622	9893	9729	2033	1343	690
扎鲁特旗	11101	5735	5366	1299	879	420
通辽经济技术开发区	2913	1523	1390	423	274	149
霍林郭勒市	767	411	356	96	67	29
鄂尔多斯市	**46130**	**28875**	**17255**	**4735**	**3792**	**943**
东胜区	2126	1566	560	199	174	25
康巴什区						
达拉特旗	10645	5821	4824	807	599	208
准格尔旗	10454	6968	3486	1414	1163	251
鄂托克前旗	3673	2328	1345	338	243	95
鄂托克旗	3450	2220	1230	448	359	89
杭锦旗	3560	1919	1641	276	215	61
乌审旗	6160	3935	2225	713	567	146
伊金霍洛旗	6062	4118	1944	540	472	68
呼伦贝尔市	**50052**	**26294**	**23758**	**6062**	**4051**	**2011**
海拉尔区	921	489	432	99	70	29
扎赉诺尔区						
阿荣旗	11264	5829	5435	1200	809	391
莫力达瓦达斡尔族自治旗	12068	6244	5824	1573	944	629
鄂伦春自治旗	3827	2035	1792	403	287	116
鄂温克族自治旗	2846	1502	1344	421	306	115
陈巴尔虎旗	1328	751	577	192	143	49
新巴尔虎左旗	1542	816	726	252	170	82
新巴尔虎右旗	1321	864	457	209	151	58
满洲里市						
牙克石市	1760	907	853	270	176	94
扎兰屯市	11745	6103	5642	1259	879	380
额尔古纳市	1407	742	665	180	114	66
根河市	23	12	11	4	2	2
巴彦淖尔市	**54719**	**29163**	**25556**	**4868**	**3340**	**1528**
临河区	14769	7729	7040	1822	1146	676
五原县	10008	5212	4796	709	511	198
磴口县	3623	1919	1704	319	224	95
乌拉特前旗	10972	5966	5006	790	534	256
乌拉特中旗	4611	2623	1988	399	306	93
乌拉特后旗	1833	1159	674	172	153	19
杭锦后旗	8903	4555	4348	657	466	191

5-1c 续表 2

单位：人

地 区	15岁及以上人口			未 婚		
	合计	男	女	小计	男	女
乌兰察布市	**59199**	**31607**	**27592**	**7003**	**5545**	**1458**
集宁区	2815	1514	1301	549	349	200
卓资县	4168	2360	1808	656	582	74
化德县	3403	1831	1572	317	263	54
商都县	8106	4211	3895	762	599	163
兴和县	7660	3965	3695	832	629	203
凉城县	5627	3086	2541	737	625	112
察哈尔右翼前旗	6254	3374	2880	701	570	131
察哈尔右翼中旗	5018	2696	2322	561	459	102
察哈尔右翼后旗	4514	2365	2149	467	376	91
四子王旗	5791	3090	2701	553	399	154
丰镇市	5843	3115	2728	868	694	174
兴安盟	**53283**	**27790**	**25493**	**5651**	**4133**	**1518**
乌兰浩特市	3059	1634	1425	382	288	94
阿尔山市	295	175	120	39	31	8
科尔沁右翼前旗	16027	8352	7675	1795	1312	483
科尔沁右翼中旗	8666	4457	4209	1006	726	280
扎赉特旗	14055	7372	6683	1445	1077	368
突泉县	11181	5800	5381	984	699	285
锡林郭勒盟	**25463**	**14338**	**11125**	**3505**	**2578**	**927**
二连浩特市	170	103	67	41	31	10
锡林浩特市	2092	1200	892	277	197	80
阿巴嘎旗	1552	919	633	255	208	47
苏尼特左旗	1447	882	565	274	201	73
苏尼特右旗	1301	694	607	217	137	80
东乌珠穆沁旗	2092	1159	933	381	259	122
西乌珠穆沁旗	3442	2315	1127	525	407	118
太仆寺旗	5079	2674	2405	475	384	91
镶黄旗	742	400	342	92	63	29
正镶白旗	1675	905	770	271	202	69
正蓝旗	2698	1389	1309	393	263	130
多伦县	2947	1571	1376	289	213	76
乌拉盖管委会	226	127	99	15	13	2
阿拉善盟	**4740**	**3042**	**1698**	**640**	**475**	**165**
阿拉善左旗	3302	2084	1218	414	311	103
阿拉善右旗	535	334	201	49	35	14
额济纳旗	625	416	209	108	77	31
内蒙古阿拉善经济开发区	278	208	70	69	52	17

5－1c　续表 3　　单位：人

地　区	有配偶			离　婚			丧　偶		
	小计	男	女	小计	男	女	小计	男	女
内蒙古	**537393**	**281122**	**256271**	**16367**	**12174**	**4193**	**50731**	**14622**	**36109**
呼和浩特市	**45960**	**23908**	**22052**	**1183**	**929**	**254**	**4075**	**1211**	**2864**
新城区	4766	2444	2322	136	91	45	249	59	190
回民区	1111	580	531	30	19	11	47	10	37
玉泉区	3705	1927	1778	109	65	44	182	44	138
赛罕区	9143	4721	4422	216	163	53	694	188	506
土默特左旗	10251	5272	4979	270	228	42	1153	360	793
托克托县	6300	3359	2941	164	136	28	578	169	409
和林格尔县	5089	2655	2434	129	112	17	519	157	362
清水河县	2602	1386	1216	57	52	5	289	97	192
武川县	2993	1564	1429	72	63	9	364	127	237
呼和浩特经济技术开发区									
包头市	**31113**	**16298**	**14815**	**918**	**699**	**219**	**2645**	**792**	**1853**
东河区	3262	1668	1594	99	72	27	265	84	181
昆都仑区	1868	966	902	68	36	32	125	34	91
青山区	1298	664	634	36	24	12	87	17	70
石拐区	350	183	167	13	11	2	41	18	23
白云鄂博矿区									
九原区	3856	2071	1785	98	71	27	226	70	156
土默特右旗	10378	5414	4964	275	241	34	1004	292	712
固阳县	7339	3886	3453	235	175	60	650	212	438
达尔罕茂明安联合旗	2274	1201	1073	80	57	23	212	55	157
包头稀土高新技术产业开发区	488	245	243	14	12	2	35	10	25
乌海市	**1902**	**1221**	**681**	**72**	**58**	**14**	**118**	**34**	**84**
海勃湾区	1138	735	403	52	41	11	68	16	52
海南区	764	486	278	20	17	3	50	18	32
乌达区									
赤峰市	**132913**	**67281**	**65632**	**3240**	**2359**	**881**	**13004**	**3718**	**9286**
红山区	1003	511	492	21	14	7	119	33	86
元宝山区	4858	2477	2381	119	82	37	493	144	349
松山区	18455	9325	9130	408	262	146	1668	437	1231
阿鲁科尔沁旗	9288	4698	4590	267	195	72	908	235	673
巴林左旗	12672	6430	6242	396	268	128	1198	348	850
巴林右旗	4175	2127	2048	92	79	13	436	101	335
林西县	5781	2928	2853	190	145	45	659	194	465
克什克腾旗	6346	3395	2951	153	117	36	551	163	388
翁牛特旗	16123	8179	7944	375	284	91	1583	431	1152
喀喇沁旗	10521	5293	5228	266	206	60	1135	335	800
宁城县	22416	11252	11164	522	389	133	2209	695	1514
敖汉旗	21275	10666	10609	431	318	113	2045	602	1443

5-1c 续表 4

单位：人

地区	有配偶			离婚			丧偶		
	小计	男	女	小计	男	女	小计	男	女
通辽市	**94243**	**47567**	**46676**	**2955**	**2128**	**827**	**9028**	**2520**	**6508**
科尔沁区	15981	8096	7885	585	417	168	1553	441	1112
科尔沁左翼中旗	18911	9593	9318	822	561	261	1805	515	1290
科尔沁左翼后旗	13264	6690	6574	323	254	69	1424	407	1017
开鲁县	12941	6461	6480	337	251	86	1177	326	851
库伦旗	5828	2951	2877	147	106	41	576	147	429
奈曼旗	15750	7884	7866	349	256	93	1490	410	1080
扎鲁特旗	8785	4451	4334	258	197	61	759	208	551
通辽经济技术开发区	2200	1128	1072	94	68	26	196	53	143
霍林郭勒市	583	313	270	40	18	22	48	13	35
鄂尔多斯市	**37916**	**23570**	**14346**	**983**	**772**	**211**	**2496**	**741**	**1755**
东胜区	1804	1322	482	61	50	11	62	20	42
康巴什区									
达拉特旗	8948	4851	4097	176	139	37	714	232	482
准格尔旗	8324	5447	2877	228	189	39	488	169	319
鄂托克前旗	3092	1990	1102	79	58	21	164	37	127
鄂托克旗	2718	1758	960	108	73	35	176	30	146
杭锦旗	2886	1542	1344	112	92	20	286	70	216
乌审旗	5005	3189	1816	104	76	28	338	103	235
伊金霍洛旗	5139	3471	1668	115	95	20	268	80	188
呼伦贝尔市	**38623**	**19860**	**18763**	**1849**	**1257**	**592**	**3518**	**1126**	**2392**
海拉尔区	744	385	359	27	18	9	51	16	35
扎赉诺尔区									
阿荣旗	8985	4528	4457	339	244	95	740	248	492
莫力达瓦达斡尔族自治旗	9168	4706	4462	509	325	184	818	269	549
鄂伦春自治旗	3011	1566	1445	152	97	55	261	85	176
鄂温克族自治旗	2017	1042	975	148	91	57	260	63	197
陈巴尔虎旗	998	551	447	51	38	13	87	19	68
新巴尔虎左旗	1125	586	539	64	41	23	101	19	82
新巴尔虎右旗	966	639	327	79	57	22	67	17	50
满洲里市									
牙克石市	1263	644	619	79	47	32	148	40	108
扎兰屯市	9250	4642	4608	337	257	80	899	325	574
额尔古纳市	1079	562	517	62	41	21	86	25	61
根河市	17	9	8	2	1	1			
巴彦淖尔市	**44859**	**23667**	**21192**	**1317**	**1050**	**267**	**3675**	**1106**	**2569**
临河区	11577	5981	5596	387	303	84	983	299	684
五原县	8320	4284	4036	246	196	50	733	221	512
磴口县	2931	1528	1403	98	81	17	275	86	189
乌拉特前旗	9285	5022	4263	240	193	47	657	217	440
乌拉特中旗	3848	2157	1691	114	95	19	250	65	185
乌拉特后旗	1516	940	576	64	44	20	81	22	59
杭锦后旗	7382	3755	3627	168	138	30	696	196	500

5-1c　续表 5

单位：人

地　区	有配偶			离　婚			丧　偶		
	小计	男	女	小计	男	女	小计	男	女
乌兰察布市	**44789**	**23313**	**21476**	**1375**	**1041**	**334**	**6032**	**1708**	**4324**
集宁区	1955	1056	899	101	63	38	210	46	164
卓资县	2934	1584	1350	88	69	19	490	125	365
化德县	2642	1411	1231	117	72	45	327	85	242
商都县	6377	3253	3124	156	118	38	811	241	570
兴和县	5869	2993	2876	127	105	22	832	238	594
凉城县	4096	2120	1976	172	135	37	622	206	416
察哈尔右翼前旗	4811	2562	2249	106	81	25	636	161	475
察哈尔右翼中旗	3876	2016	1860	107	86	21	474	135	339
察哈尔右翼后旗	3473	1775	1698	86	72	14	488	142	346
四子王旗	4598	2411	2187	170	131	39	470	149	321
丰镇市	4158	2132	2026	145	109	36	672	180	492
兴安盟	**41967**	**21356**	**20611**	**1432**	**1110**	**322**	**4233**	**1191**	**3042**
乌兰浩特市	2340	1218	1122	94	74	20	243	54	189
阿尔山市	229	129	100	16	12	4	11	3	8
科尔沁右翼前旗	12539	6362	6177	443	346	97	1250	332	918
科尔沁右翼中旗	6809	3419	3390	165	123	42	686	189	497
扎赉特旗	11108	5656	5452	393	314	79	1109	325	784
突泉县	8942	4572	4370	321	241	80	934	288	646
锡林郭勒盟	**19404**	**10723**	**8681**	**841**	**621**	**220**	**1713**	**416**	**1297**
二连浩特市	108	65	43	10	7	3	11		11
锡林浩特市	1669	938	731	65	44	21	81	21	60
阿巴嘎旗	1124	641	483	75	49	26	98	21	77
苏尼特左旗	1019	617	402	64	43	21	90	21	69
苏尼特右旗	950	503	447	52	43	9	82	11	71
东乌珠穆沁旗	1517	836	681	56	36	20	138	28	110
西乌珠穆沁旗	2672	1771	901	117	102	15	128	35	93
太仆寺旗	4019	2063	1956	131	102	29	454	125	329
镶黄旗	572	306	266	29	23	6	49	8	41
正镶白旗	1184	614	570	67	49	18	153	40	113
正蓝旗	2016	1036	980	83	52	31	206	38	168
多伦县	2352	1223	1129	90	69	21	216	66	150
乌拉盖管委会	202	110	92	2	2		7	2	5
阿拉善盟	**3704**	**2358**	**1346**	**202**	**150**	**52**	**194**	**59**	**135**
阿拉善左旗	2605	1631	974	139	100	39	144	42	102
阿拉善右旗	443	277	166	19	15	4	24	7	17
额济纳旗	465	307	158	31	24	7	21	8	13
内蒙古阿拉善经济开发区	191	143	48	13	11	2	5	2	3

5-2 全区分性别、职业、婚姻状况的人口

单位：人

职业大类	15岁及以上人口			未婚		
	合计	男	女	小计	男	女
总计	**1049846**	**646535**	**403311**	**120832**	**81066**	**39766**
党的机关、国家机关、群众团体和社会组织、企事业单位负责人	22768	17097	5671	1310	925	385
专业技术人员	125481	54451	71030	24304	9781	14523
办事人员和有关人员	96195	61038	35157	14331	8365	5966
社会生产服务和生活服务人员	342232	199790	142442	44682	30135	14547
农、林、牧、渔业生产及辅助人员	292711	172194	120517	15743	13808	1935
生产制造及有关人员	167130	139804	27326	19673	17567	2106
不便分类的其他从业人员	3329	2161	1168	789	485	304

5-2 续表

单位：人

职业大类	有配偶			离婚			丧偶		
	小计	男	女	小计	男	女	小计	男	女
总计	**879171**	**538415**	**340756**	**35226**	**21528**	**13698**	**14617**	**5526**	**9091**
党的机关、国家机关、群众团体和社会组织、企事业单位负责人	20719	15782	4937	648	346	302	91	44	47
专业技术人员	97424	43469	53955	3094	1052	2042	659	149	510
办事人员和有关人员	78364	50775	27589	2926	1618	1308	574	280	294
社会生产服务和生活服务人员	279056	161603	117453	14819	7096	7723	3675	956	2719
农、林、牧、渔业生产及辅助人员	261264	148971	112293	7179	5949	1230	8525	3466	5059
生产制造及有关人员	140013	116255	23758	6400	5361	1039	1044	621	423
不便分类的其他从业人员	2331	1560	771	160	106	54	49	10	39

5-2a 全区分性别、职业、婚姻状况的人口(城市)

单位：人

职业大类	15岁及以上人口			未婚		
	合计	男	女	小计	男	女
总 计	**388766**	**235118**	**153648**	**56590**	**34234**	**22356**
党的机关、国家机关、群众团体和社会组织、企事业单位负责人	12888	9409	3479	830	574	256
专业技术人员	69702	28810	40892	13940	5343	8597
办事人员和有关人员	53614	32912	20702	7912	4428	3484
社会生产服务和生活服务人员	174966	100455	74511	25529	16579	8950
农、林、牧、渔业生产及辅助人员	5928	4306	1622	269	231	38
生产制造及有关人员	70657	58555	12102	7904	6956	948
不便分类的其他从业人员	1011	671	340	206	123	83

5-2a 续表

单位：人

职业大类	有配偶			离婚			丧偶		
	小计	男	女	小计	男	女	小计	男	女
总 计	**315348**	**192669**	**122679**	**14187**	**7393**	**6794**	**2641**	**822**	**1819**
党的机关、国家机关、群众团体和社会组织、企事业单位负责人	11647	8637	3010	377	184	193	34	14	20
专业技术人员	53737	22879	30858	1715	530	1185	310	58	252
办事人员和有关人员	43761	27454	16307	1693	916	777	248	114	134
社会生产服务和生活服务人员	140338	80074	60264	7520	3426	4094	1579	376	1203
农、林、牧、渔业生产及辅助人员	5424	3918	1506	165	125	40	70	32	38
生产制造及有关人员	59682	49183	10499	2678	2189	489	393	227	166
不便分类的其他从业人员	759	524	235	39	23	16	7	1	6

5-2b 全区分性别、职业、婚姻状况的人口(镇)

单位：人

职业大类	15岁及以上人口			未婚		
	合计	男	女	小计	男	女
总 计	**284423**	**177634**	**106789**	**29438**	**19479**	**9959**
党的机关、国家机关、群众团体和社会组织、企事业单位负责人	7380	5626	1754	329	244	85
专业技术人员	41911	17599	24312	6387	2532	3855
办事人员和有关人员	34859	22717	12142	4742	2870	1872
社会生产服务和生活服务人员	111423	64693	46730	10757	7487	3270
农、林、牧、渔业生产及辅助人员	35684	23143	12541	1537	1325	212
生产制造及有关人员	51690	42884	8806	5445	4859	586
不便分类的其他从业人员	1476	972	504	241	162	79

5-2b 续表

单位：人

职业大类	有配偶			离婚			丧偶		
	小计	男	女	小计	男	女	小计	男	女
总 计	**241802**	**151523**	**90279**	**10296**	**5657**	**4639**	**2887**	**975**	**1912**
党的机关、国家机关、群众团体和社会组织、企事业单位负责人	6794	5242	1552	220	121	99	37	19	18
专业技术人员	34166	14654	19512	1094	362	732	264	51	213
办事人员和有关人员	28833	19156	9677	1060	590	470	224	101	123
社会生产服务和生活服务人员	94449	54694	39755	4946	2215	2731	1271	297	974
农、林、牧、渔业生产及辅助人员	32431	20738	11693	986	767	219	730	313	417
生产制造及有关人员	44006	36290	7716	1903	1546	357	336	189	147
不便分类的其他从业人员	1123	749	374	87	56	31	25	5	20

5-2c　全区分性别、职业、婚姻状况的人口(乡村)

单位：人

职业大类	15岁及以上人口			未婚		
	合计	男	女	小计	男	女
总　计	**376657**	**233783**	**142874**	**34804**	**27353**	**7451**
党的机关、国家机关、群众团体和社会组织、企事业单位负责人	2500	2062	438	151	107	44
专业技术人员	13868	8042	5826	3977	1906	2071
办事人员和有关人员	7722	5409	2313	1677	1067	610
社会生产服务和生活服务人员	55843	34642	21201	8396	6069	2327
农、林、牧、渔业生产及辅助人员	251099	144745	106354	13937	12252	1685
生产制造及有关人员	44783	38365	6418	6324	5752	572
不便分类的其他从业人员	842	518	324	342	200	142

5-2c　续表

单位：人

职业大类	有配偶			离婚			丧偶		
	小计	男	女	小计	男	女	小计	男	女
总　计	**322021**	**194223**	**127798**	**10743**	**8478**	**2265**	**9089**	**3729**	**5360**
党的机关、国家机关、群众团体和社会组织、企事业单位负责人	2278	1903	375	51	41	10	20	11	9
专业技术人员	9521	5936	3585	285	160	125	85	40	45
办事人员和有关人员	5770	4165	1605	173	112	61	102	65	37
社会生产服务和生活服务人员	44269	26835	17434	2353	1455	898	825	283	542
农、林、牧、渔业生产及辅助人员	223409	124315	99094	6028	5057	971	7725	3121	4604
生产制造及有关人员	36325	30782	5543	1819	1626	193	315	205	110
不便分类的其他从业人员	449	287	162	34	27	7	17	4	13

5-3 全区分年龄、性别、受教育

受教育程度 年龄	15岁及以上人口			未婚		
	合计	男	女	小计	男	女
总计	**2005584**	**1019523**	**986061**	**302498**	**179972**	**122526**
15-19岁	**98564**	**50798**	**47766**	**98286**	**50751**	**47535**
15	21285	10974	10311	21283	10973	10310
16	23341	11989	11352	23333	11986	11347
17	18916	9721	9195	18899	9717	9182
18	17590	9229	8361	17508	9218	8290
19	17432	8885	8547	17263	8857	8406
20-24岁	**97296**	**49440**	**47856**	**86409**	**45882**	**40527**
20	18728	9515	9213	18322	9445	8877
21	17643	8871	8772	16818	8673	8145
22	19110	9649	9461	17539	9180	8359
23	19992	10163	9829	17066	9213	7853
24	21823	11242	10581	16664	9371	7293
25-29岁	**136463**	**70366**	**66097**	**57359**	**35576**	**21783**
25	24456	12505	11951	16009	9288	6721
26	24857	12634	12223	13289	7951	5338
27	26972	13858	13114	11292	7068	4224
28	29377	15262	14115	9433	6239	3194
29	30801	16107	14694	7336	5030	2306
30-34岁	**202841**	**104957**	**97884**	**25087**	**17801**	**7286**
30	42165	21833	20332	7801	5322	2479
31	41794	21528	20266	6074	4328	1746
32	38846	20045	18801	4433	3131	1302
33	41963	21892	20071	3853	2842	1011
34	38073	19659	18414	2926	2178	748
35-39岁	**191689**	**100215**	**91474**	**9504**	**7176**	**2328**
35	35907	18636	17271	2323	1699	624
36	39463	20727	18736	2095	1604	491
37	36680	19142	17538	1796	1379	417
38	42775	22370	20405	1878	1393	485
39	36864	19340	17524	1412	1101	311
40-44岁	**175028**	**91016**	**84012**	**5416**	**4405**	**1011**
40	34966	18206	16760	1215	965	250
41	35731	18595	17136	1201	990	211
42	34127	17640	16487	996	797	199
43	32345	16796	15549	976	784	192
44	37859	19779	18080	1028	869	159
45-49岁	**225953**	**116216**	**109737**	**5608**	**4806**	**802**
45	40331	20681	19650	1052	894	158
46	45163	23284	21879	1184	1012	172
47	45194	23236	21958	1160	964	196
48	46814	24024	22790	1148	990	158
49	48451	24991	23460	1064	946	118
50-54岁	**222310**	**114682**	**107628**	**4591**	**4070**	**521**
50	50605	26153	24452	1187	1017	170
51	44558	23058	21500	892	798	94
52	48002	24592	23410	982	853	129
53	37603	19422	18181	722	654	68
54	41542	21457	20085	808	748	60
55-59岁	**196935**	**99571**	**97364**	**3230**	**2916**	**314**
55	42256	21691	20565	736	663	73
56	43109	21960	21149	763	685	78
57	47632	24195	23437	737	670	67
58	37789	18687	19102	580	524	56
59	26149	13038	13111	414	374	40
60-64岁	**158381**	**79120**	**79261**	**2718**	**2549**	**169**
60	34863	17653	17210	558	518	40
61	29541	14949	14592	511	481	30
62	30853	15396	15457	558	523	35
63	32961	16523	16438	563	528	35
64	30163	14599	15564	528	499	29
65岁及以上	**300124**	**143142**	**156982**	**4290**	**4040**	**250**

程度、婚姻状况的人口

单位：人

有配偶			离婚			丧偶		
小计	男	女	小计	男	女	小计	男	女
1528435	**778630**	**749805**	**59159**	**32463**	**26696**	**115492**	**28458**	**87034**
275	**45**	**230**	**3**	**2**	**1**			
2	1	1						
8	3	5						
17	4	13						
82	11	71						
166	26	140	3	2	1			
10714	**3500**	**7214**	**166**	**56**	**110**	**7**	**2**	**5**
397	67	330	7	3	4	2		2
809	194	615	15	4	11	1		1
1553	461	1092	17	8	9	1		1
2888	943	1945	36	5	31	2	2	
5067	1835	3232	91	36	55	1		1
77281	**33909**	**43372**	**1784**	**871**	**913**	**39**	**10**	**29**
8295	3150	5145	151	67	84	1		1
11351	4585	6766	214	97	117	3	1	2
15340	6646	8694	333	143	190	7	1	6
19444	8782	10662	487	236	251	13	5	8
22851	10746	12105	599	328	271	15	3	12
170950	**83508**	**87442**	**6551**	**3589**	**2962**	**253**	**59**	**194**
33320	15964	17356	1015	535	480	29	12	17
34483	16554	17929	1190	634	556	47	12	35
33016	16150	16866	1345	750	595	52	14	38
36558	18235	18323	1499	804	695	53	11	42
33573	16605	16968	1502	866	636	72	10	62
172828	**87831**	**84997**	**8813**	**5069**	**3744**	**544**	**139**	**405**
31977	15990	15987	1548	934	614	59	13	46
35453	18064	17389	1805	1039	766	110	20	90
33102	16793	16309	1679	935	744	103	35	68
38728	19791	18937	2033	1152	881	136	34	102
33568	17193	16375	1748	1009	739	136	37	99
159704	**81444**	**78260**	**8827**	**4919**	**3908**	**1081**	**248**	**833**
31830	16223	15607	1755	977	778	166	41	125
32531	16566	15965	1806	998	808	193	41	152
31209	15877	15332	1710	924	786	212	42	170
29493	15010	14483	1661	937	724	215	65	150
34641	17768	16873	1895	1083	812	295	59	236
206909	**105149**	**101760**	**10570**	**5634**	**4936**	**2866**	**627**	**2239**
36957	18702	18255	1923	994	929	399	91	308
41341	21054	20287	2151	1120	1031	487	98	389
41310	20966	20344	2159	1169	990	565	137	428
42784	21683	21101	2234	1216	1018	648	135	513
44517	22744	21773	2103	1135	968	767	166	601
202773	**104213**	**98560**	**9339**	**5119**	**4220**	**5607**	**1280**	**4327**
46217	23674	22543	2258	1236	1022	943	226	717
40790	21014	19776	1930	1049	881	946	197	749
43738	22332	21406	2060	1116	944	1222	291	931
34263	17675	16588	1531	844	687	1087	249	838
37765	19518	18247	1560	874	686	1409	317	1092
178001	**91091**	**86910**	**6693**	**3598**	**3095**	**9011**	**1966**	**7045**
38323	19785	18538	1628	906	722	1569	337	1232
39057	20062	18995	1561	841	720	1728	372	1356
43101	22219	20882	1562	812	750	2232	494	1738
34064	17103	16961	1202	626	576	1943	434	1509
23456	11922	11534	740	413	327	1539	329	1210
138730	**71388**	**67342**	**3629**	**1996**	**1633**	**13304**	**3187**	**10117**
31025	16083	14942	977	515	462	2303	537	1766
26066	13508	12558	719	425	294	2245	535	1710
26934	13839	13095	739	408	331	2622	626	1996
28709	14888	13821	632	337	295	3057	770	2287
25996	13070	12926	562	311	251	3077	719	2358
210270	**116552**	**93718**	**2784**	**1610**	**1174**	**82780**	**20940**	**61840**

5-3 续表 1

受教育程度 年 龄	15岁及以上人口			未 婚		
	合计	男	女	小计	男	女
未上过学	**76006**	**18750**	**57256**	**6032**	**5277**	**755**
15-19岁	**238**	**138**	**100**	**235**	**138**	**97**
15	39	19	20	39	19	20
16	48	29	19	48	29	19
17	52	32	20	52	32	20
18	42	20	22	41	20	21
19	57	38	19	55	38	17
20-24岁	**317**	**186**	**131**	**288**	**184**	**104**
20	53	32	21	51	32	19
21	55	29	26	49	28	21
22	74	42	32	70	42	28
23	59	43	16	54	42	12
24	76	40	36	64	40	24
25-29岁	**415**	**228**	**187**	**312**	**215**	**97**
25	83	51	32	74	50	24
26	70	39	31	55	37	18
27	85	47	38	62	44	18
28	91	48	43	67	47	20
29	86	43	43	54	37	17
30-34岁	**736**	**385**	**351**	**417**	**325**	**92**
30	145	75	70	89	66	23
31	145	76	69	85	62	23
32	130	68	62	71	57	14
33	148	73	75	75	61	14
34	168	93	75	97	79	18
35-39岁	**1004**	**479**	**525**	**431**	**353**	**78**
35	166	80	86	85	71	14
36	186	88	98	84	67	17
37	180	97	83	68	59	9
38	226	110	116	101	80	21
39	246	104	142	93	76	17
40-44岁	**1495**	**634**	**861**	**436**	**383**	**53**
40	246	103	143	86	71	15
41	267	131	136	95	86	9
42	279	111	168	68	62	6
43	297	141	156	89	78	11
44	406	148	258	98	86	12
45-49岁	**3312**	**1088**	**2224**	**580**	**511**	**69**
45	452	159	293	100	91	9
46	548	202	346	116	103	13
47	641	189	452	117	92	25
48	860	279	581	128	113	15
49	811	259	552	119	112	7
50-54岁	**4103**	**1294**	**2809**	**627**	**580**	**47**
50	880	309	571	158	145	13
51	790	251	539	119	114	5
52	849	248	601	121	110	11
53	749	244	505	109	102	7
54	835	242	593	120	109	11
55-59岁	**5773**	**1183**	**4590**	**509**	**472**	**37**
55	901	239	662	123	117	6
56	1000	251	749	114	105	9
57	1366	274	1092	107	97	10
58	1305	215	1090	92	85	7
59	1201	204	997	73	68	5
60-64岁	**11901**	**2292**	**9609**	**646**	**624**	**22**
60	1826	329	1497	112	108	4
61	1970	385	1585	110	104	6
62	2400	454	1946	133	129	4
63	2837	585	2252	151	147	4
64	2868	539	2329	140	136	4
65岁及以上	**46712**	**10843**	**35869**	**1551**	**1492**	**59**

单位：人

有配偶			离婚			丧偶		
小计	男	女	小计	男	女	小计	男	女
45518	**10012**	**35506**	**834**	**454**	**380**	**23622**	**3007**	**20615**
3		**3**						
1		1						
2		2						
29	**2**	**27**						
2		2						
6	1	5						
4		4						
5	1	4						
12		12						
99	**11**	**88**	**4**	**2**	**2**			
9	1	8						
13	1	12	2	1	1			
23	3	20						
23		23	1	1				
31	6	25	1		1			
303	**52**	**251**	**13**	**8**	**5**	**3**		**3**
56	9	47						
56	11	45	4	3	1			
56	10	46	2	1	1	1		1
69	10	59	4	2	2			
66	12	54	3	2	1	2		2
532	**108**	**424**	**34**	**18**	**16**	**7**		**7**
81	9	72						
92	15	77	9	6	3	1		1
105	34	71	6	4	2	1		1
117	28	89	5	2	3	3		3
137	22	115	14	6	8	2		2
971	**206**	**765**	**63**	**40**	**23**	**25**	**5**	**20**
146	26	120	12	6	6	2		2
156	37	119	11	7	4	5	1	4
195	39	156	14	9	5	2	1	1
188	51	137	15	11	4	5	1	4
286	53	233	11	7	4	11	2	9
2554	**500**	**2054**	**110**	**62**	**48**	**68**	**15**	**53**
324	57	267	18	9	9	10	2	8
393	81	312	31	15	16	8	3	5
494	81	413	13	9	4	17	7	10
694	147	547	28	18	10	10	1	9
649	134	515	20	11	9	23	2	21
3182	**622**	**2560**	**111**	**61**	**50**	**183**	**31**	**152**
673	149	524	23	9	14	26	6	20
616	120	496	24	13	11	31	4	27
668	122	546	16	8	8	44	8	36
579	120	459	28	16	12	33	6	27
646	111	535	20	15	5	49	7	42
4622	**620**	**4002**	**99**	**50**	**49**	**543**	**41**	**502**
685	100	585	18	10	8	75	12	63
786	130	656	23	13	10	77	3	74
1113	161	952	16	7	9	130	9	121
1051	115	936	21	10	11	141	5	136
987	114	873	21	10	11	120	12	108
9432	**1439**	**7993**	**157**	**83**	**74**	**1666**	**146**	**1520**
1467	189	1278	28	13	15	219	19	200
1582	245	1337	17	10	7	261	26	235
1896	277	1619	40	20	20	331	28	303
2231	385	1846	38	22	16	417	31	386
2256	343	1913	34	18	16	438	42	396
23791	**6452**	**17339**	**243**	**130**	**113**	**21127**	**2769**	**18358**

5-3 续表 2

受教育程度 年龄	15岁及以上人口			未婚		
	合计	男	女	小计	男	女
学前教育	**669**	**207**	**462**	**102**	**64**	**38**
15-19岁	**40**	**22**	**18**	**40**	**22**	**18**
15	21	13	8	21	13	8
16	12	8	4	12	8	4
17	5		5	5		5
18						
19	2	1	1	2	1	1
20-24岁	**20**	**5**	**15**	**19**	**5**	**14**
20	4	1	3	4	1	3
21	3	2	1	3	2	1
22	3		3	3		3
23	4	2	2	4	2	2
24	6		6	5		5
25-29岁	**16**	**8**	**8**	**9**	**7**	**2**
25	3	2	1	2	2	
26	3	1	2	1		1
27	1		1			
28	3	2	1	2	2	
29	6	3	3	4	3	1
30-34岁	**17**	**8**	**9**	**1**		**1**
30	2	1	1			
31	6	3	3			
32	2	1	1			
33	5	3	2			
34	2		2	1		1
35-39岁	**17**	**9**	**8**	**8**	**7**	**1**
35	3	1	2	1	1	
36	2		2	1		1
37	2	2		2	2	
38	6	5	1	3	3	
39	4	1	3	1	1	
40-44岁	**12**	**3**	**9**	**1**	**1**	
40						
41	1	1				
42	3		3			
43	5		5			
44	3	2	1	1	1	
45-49岁	**28**	**12**	**16**	**7**	**5**	**2**
45	3	3		1	1	
46	7	3	4	3	1	2
47	4	1	3	1	1	
48	7	1	6			
49	7	4	3	2	2	
50-54岁	**40**	**13**	**27**			
50	5	2	3			
51	9	3	6			
52	6	3	3			
53	6	2	4			
54	14	3	11			
55-59岁	**47**	**14**	**33**	**4**	**4**	
55	4	3	1			
56	12	3	9	1	1	
57	13	3	10	2	2	
58	10	2	8			
59	8	3	5	1	1	
60-64岁	**89**	**20**	**69**	**4**	**4**	
60	18	3	15	2	2	
61	7	2	5			
62	19	3	16	1	1	
63	16	6	10			
64	29	6	23	1	1	
65岁及以上	**343**	**93**	**250**	**9**	**9**	

单位：人

有配偶			离婚			丧偶		
小计	男	女	小计	男	女	小计	男	女
382	**108**	**274**	**5**	**4**	**1**	**180**	**31**	**149**
1		**1**						
1		1						
7	**1**	**6**						
1		1						
2	1	1						
1		1						
1		1						
2		2						
16	**8**	**8**						
2	1	1						
6	3	3						
2	1	1						
5	3	2						
1		1						
8	**2**	**6**				**1**		**1**
2		2						
1		1						
3	2	1						
2		2				1		1
11	**2**	**9**						
1	1							
3		3						
5		5						
2	1	1						
19	**6**	**13**	**1**	**1**		**1**		**1**
1	1		1	1				
4	2	2						
3		3						
7	1	6						
4	2	2				1		1
37	**12**	**25**	**1**	**1**		**2**		**2**
5	2	3						
9	3	6						
6	3	3						
6	2	4						
11	2	9	1	1		2		2
38	**9**	**29**	**1**	**1**		**4**		**4**
3	2	1	1	1				
8	2	6				3		3
10	1	9				1		1
10	2	8						
7	2	5						
73	**14**	**59**	**1**	**1**		**11**	**1**	**10**
11	1	10				5		5
7	2	5						
15	1	14	1	1		2		2
14	5	9				2	1	1
26	5	21				2		2
172	**54**	**118**	**1**		**1**	**161**	**30**	**131**

5-3 续表 3

受教育程度 年龄	15岁及以上人口 合计	男	女	未婚 小计	男	女
小 学	**399518**	**177488**	**222030**	**15228**	**13793**	**1435**
15-19岁	**624**	**333**	**291**	**586**	**328**	**258**
15	108	55	53	107	54	53
16	90	57	33	88	57	31
17	114	55	59	111	55	56
18	129	66	63	119	65	54
19	183	100	83	161	97	64
20-24岁	**1468**	**843**	**625**	**946**	**693**	**253**
20	207	123	84	169	119	50
21	258	162	96	188	143	45
22	255	152	103	180	131	49
23	352	184	168	212	143	69
24	396	222	174	197	157	40
25-29岁	**4031**	**2170**	**1861**	**1153**	**978**	**175**
25	515	297	218	216	178	38
26	577	313	264	219	187	32
27	778	411	367	229	190	39
28	958	505	453	235	199	36
29	1203	644	559	254	224	30
30-34岁	**12241**	**6142**	**6099**	**1486**	**1307**	**179**
30	1855	964	891	320	274	46
31	2281	1138	1143	309	271	38
32	2418	1211	1207	283	252	31
33	2853	1435	1418	305	265	40
34	2834	1394	1440	269	245	24
35-39岁	**17534**	**8627**	**8907**	**1309**	**1204**	**105**
35	2882	1449	1433	252	236	16
36	3280	1645	1635	274	246	28
37	3290	1616	1674	224	208	16
38	4193	2049	2144	298	274	24
39	3889	1868	2021	261	240	21
40-44岁	**23998**	**11292**	**12706**	**1269**	**1191**	**78**
40	4167	2024	2143	259	244	15
41	4638	2158	2480	283	272	11
42	4637	2125	2512	223	208	15
43	4697	2188	2509	241	216	25
44	5859	2797	3062	263	251	12
45-49岁	**43504**	**19665**	**23839**	**1816**	**1708**	**108**
45	6911	3173	3738	311	290	21
46	8272	3780	4492	367	345	22
47	8562	3892	4670	387	359	28
48	9313	4209	5104	378	358	20
49	10446	4611	5835	373	356	17
50-54岁	**55552**	**24795**	**30757**	**1798**	**1712**	**86**
50	11374	5088	6286	400	375	25
51	10987	4964	6023	355	337	18
52	12256	5440	6816	370	351	19
53	9988	4449	5539	315	308	7
54	10947	4854	6093	358	341	17
55-59岁	**48714**	**19736**	**28978**	**1402**	**1343**	**59**
55	10549	4481	6068	328	315	13
56	10292	4254	6038	340	322	18
57	11307	4593	6714	301	289	12
58	9585	3711	5874	248	237	11
59	6981	2697	4284	185	180	5
60-64岁	**53489**	**21774**	**31715**	**1309**	**1269**	**40**
60	10015	4016	5999	263	251	12
61	9341	3776	5565	235	231	4
62	10372	4244	6128	273	266	7
63	12065	4941	7124	268	256	12
64	11696	4797	6899	270	265	5
65岁及以上	**138363**	**62111**	**76252**	**2154**	**2060**	**94**

单位：人

有配偶			离婚			丧偶		
小计	男	女	小计	男	女	小计	男	女
321165	**143823**	**177342**	**9596**	**6307**	**3289**	**53529**	**13565**	**39964**
38	**5**	**33**						
1	1							
2		2						
3		3						
10	1	9						
22	3	19						
502	**145**	**357**	**18**	**5**	**13**	**2**		**2**
33	3	30	3	1	2	2		2
69	19	50	1		1			
73	20	53	2	1	1			
135	39	96	5	2	3			
192	64	128	7	1	6			
2748	**1127**	**1621**	**125**	**65**	**60**	**5**		**5**
285	114	171	14	5	9			
342	119	223	16	7	9			
524	210	314	23	11	12	2		2
686	289	397	35	17	18	2		2
911	395	516	37	25	12	1		1
10123	**4454**	**5669**	**602**	**372**	**230**	**30**	**9**	**21**
1465	651	814	68	38	30	2	1	1
1847	797	1050	118	68	50	7	2	5
1993	871	1122	137	86	51	5	2	3
2406	1091	1315	133	76	57	9	3	6
2412	1044	1368	146	104	42	7	1	6
15212	**6756**	**8456**	**938**	**644**	**294**	**75**	**23**	**52**
2450	1079	1371	174	132	42	6	2	4
2816	1282	1534	174	116	58	16	1	15
2876	1290	1586	173	111	62	17	7	10
3653	1617	2036	229	154	75	13	4	9
3417	1488	1929	188	131	57	23	9	14
21274	**9203**	**12071**	**1240**	**859**	**381**	**215**	**39**	**176**
3661	1620	2041	225	157	68	22	3	19
4067	1713	2354	250	171	79	38	2	36
4148	1762	2386	226	148	78	40	7	33
4182	1802	2380	229	157	72	45	13	32
5216	2306	2910	310	226	84	70	14	56
39213	**16640**	**22573**	**1707**	**1122**	**585**	**768**	**195**	**573**
6205	2652	3553	301	201	100	94	30	64
7423	3176	4247	343	226	117	139	33	106
7668	3261	4407	367	235	132	140	37	103
8396	3572	4824	354	236	118	185	43	142
9521	3979	5542	342	224	118	210	52	158
50124	**21450**	**28674**	**1778**	**1205**	**573**	**1852**	**428**	**1424**
10265	4356	5909	402	278	124	307	79	228
9939	4312	5627	377	251	126	316	64	252
11090	4745	6345	382	249	133	414	95	319
9024	3857	5167	308	211	97	341	73	268
9806	4180	5626	309	216	93	474	117	357
42992	**16960**	**26032**	**1223**	**810**	**413**	**3097**	**623**	**2474**
9364	3843	5521	314	214	100	543	109	434
9107	3623	5484	284	193	91	561	116	445
9978	3973	6005	272	172	100	756	159	597
8458	3195	5263	210	135	75	669	144	525
6085	2326	3759	143	96	47	568	95	473
45365	**18618**	**26747**	**886**	**546**	**340**	**5929**	**1341**	**4588**
8661	3466	5195	203	120	83	888	179	709
7960	3223	4737	175	112	63	971	210	761
8772	3602	5170	183	115	68	1144	261	883
10204	4244	5960	172	96	76	1421	345	1076
9768	4083	5685	153	103	50	1505	346	1159
93574	**48465**	**45109**	**1079**	**679**	**400**	**41556**	**10907**	**30649**

5-3 续表 4

受教育程度 / 年龄	15岁及以上人口			未婚		
	合计	男	女	小计	男	女
初 中	**726054**	**399835**	**326219**	**50210**	**36723**	**13487**
15-19岁	**16832**	**9420**	**7412**	**16673**	**9400**	**7273**
15	9455	5116	4339	9454	5116	4338
16	3188	1759	1429	3185	1758	1427
17	1480	870	610	1471	867	604
18	1354	815	539	1302	811	491
19	1355	860	495	1261	848	413
20-24岁	**12676**	**7486**	**5190**	**8031**	**5876**	**2155**
20	1458	910	548	1232	868	364
21	1858	1096	762	1424	988	436
22	2431	1425	1006	1662	1186	476
23	3030	1801	1229	1790	1354	436
24	3899	2254	1645	1923	1480	443
25-29岁	**32992**	**18396**	**14596**	**8427**	**6795**	**1632**
25	4904	2783	2121	1987	1555	432
26	5564	3112	2452	1858	1467	391
27	6434	3575	2859	1610	1294	316
28	7453	4149	3304	1559	1298	261
29	8637	4777	3860	1413	1181	232
30-34岁	**67607**	**36101**	**31506**	**6110**	**5129**	**981**
30	12535	6853	5682	1617	1358	259
31	13032	7019	6013	1430	1202	228
32	12771	6832	5939	1101	909	192
33	14733	7795	6938	1117	931	186
34	14536	7602	6934	845	729	116
35-39岁	**87814**	**46753**	**41061**	**3240**	**2718**	**522**
35	15072	7924	7148	723	594	129
36	17589	9399	8190	712	611	101
37	16963	8988	7975	644	543	101
38	20325	10862	9463	639	529	110
39	17865	9580	8285	522	441	81
40-44岁	**85369**	**45446**	**39923**	**2118**	**1809**	**309**
40	16975	8941	8034	460	391	69
41	17533	9295	8238	467	403	64
42	16526	8825	7701	390	326	64
43	15788	8448	7340	378	318	60
44	18547	9937	8610	423	371	52
45-49岁	**108356**	**57804**	**50552**	**2096**	**1840**	**256**
45	19723	10466	9257	415	367	48
46	21834	11590	10244	447	389	58
47	21565	11460	10105	421	363	58
48	22367	11935	10432	418	366	52
49	22867	12353	10514	395	355	40
50-54岁	**100690**	**54892**	**45798**	**1527**	**1370**	**157**
50	23125	12520	10605	413	366	47
51	19774	10822	8952	295	266	29
52	21548	11658	9890	339	300	39
53	17131	9327	7804	229	206	23
54	19112	10565	8547	251	232	19
55-59岁	**84972**	**46737**	**38235**	**975**	**874**	**101**
55	19595	10696	8899	216	193	23
56	19267	10550	8717	228	202	26
57	20517	11291	9226	238	217	21
58	15591	8560	7031	183	165	18
59	10002	5640	4362	110	97	13
60-64岁	**51246**	**30416**	**20830**	**562**	**518**	**44**
60	12760	7380	5380	131	122	9
61	9869	5854	4015	119	112	7
62	9819	5852	3967	118	106	12
63	9929	6085	3844	106	99	7
64	8869	5245	3624	88	79	9
65岁及以上	**77500**	**46384**	**31116**	**451**	**394**	**57**

单位：人

有配偶			离婚			丧偶		
小计	男	女	小计	男	女	小计	男	女
622541	**338397**	**284144**	**27600**	**16510**	**11090**	**25703**	**8205**	**17498**
158	**20**	**138**	**1**		**1**			
1		1						
3	1	2						
9	3	6						
52	4	48						
93	12	81	1		1			
4545	**1576**	**2969**	**97**	**32**	**65**	**3**	**2**	**1**
222	40	182	4	2	2			
426	105	321	8	3	5			
757	234	523	11	5	6	1		1
1217	443	774	21	2	19	2	2	
1923	754	1169	53	20	33			
23608	**11096**	**12512**	**937**	**497**	**440**	**20**	**8**	**12**
2824	1182	1642	92	46	46	1		1
3587	1587	2000	116	57	59	3	1	2
4651	2209	2442	169	71	98	4	1	3
5648	2714	2934	243	134	109	3	3	
6898	3404	3494	317	189	128	9	3	6
58346	**29059**	**29287**	**3037**	**1883**	**1154**	**114**	**30**	**84**
10400	5184	5216	503	304	199	15	7	8
11051	5486	5565	528	324	204	23	7	16
11039	5526	5513	607	388	219	24	9	15
12911	6440	6471	683	419	264	22	5	17
12945	6423	6522	716	448	268	30	2	28
79867	**41109**	**38758**	**4421**	**2846**	**1575**	**286**	**80**	**206**
13570	6814	6756	749	508	241	30	8	22
15898	8179	7719	919	597	322	60	12	48
15432	7907	7525	830	518	312	57	20	37
18577	9656	8921	1037	657	380	72	20	52
16390	8553	7837	886	566	320	67	20	47
78402	**40879**	**37523**	**4300**	**2612**	**1688**	**549**	**146**	**403**
15557	7993	7564	867	528	339	91	29	62
16071	8320	7751	892	544	348	103	28	75
15196	7975	7221	826	500	326	114	24	90
14510	7613	6897	797	483	314	103	34	69
17068	8978	8090	918	557	361	138	31	107
99868	**52739**	**47129**	**5071**	**2921**	**2150**	**1321**	**304**	**1017**
18186	9539	8647	915	512	403	207	48	159
20131	10570	9561	1038	580	458	218	51	167
19854	10446	9408	1026	589	437	264	62	202
20603	10881	9722	1061	629	432	285	59	226
21094	11303	9791	1031	611	420	347	84	263
92444	**50371**	**42073**	**4373**	**2567**	**1806**	**2346**	**584**	**1762**
21288	11435	9853	1019	613	406	405	106	299
18225	9966	8259	881	502	379	373	88	285
19710	10637	9073	994	583	411	505	138	367
15699	8588	7111	720	415	305	483	118	365
17522	9745	7777	759	454	305	580	134	446
77536	**43216**	**34320**	**3057**	**1759**	**1298**	**3404**	**888**	**2516**
17941	9889	8052	798	459	339	640	155	485
17611	9758	7853	716	416	300	712	174	538
18735	10455	8280	706	397	309	838	222	616
14189	7907	6282	517	292	225	702	196	506
9060	5207	3853	320	195	125	512	141	371
45966	**27983**	**17983**	**1379**	**851**	**528**	**3339**	**1064**	**2275**
11519	6803	4716	411	247	164	699	208	491
8900	5386	3514	273	177	96	577	179	398
8772	5371	3401	278	172	106	651	203	448
8913	5605	3308	199	125	74	711	256	455
7862	4818	3044	218	130	88	701	218	483
61801	**40349**	**21452**	**927**	**542**	**385**	**14321**	**5099**	**9222**

5-3 续表 5

受教育程度 年龄	15岁及以上人口 合计	15岁及以上人口 男	15岁及以上人口 女	未婚 小计	未婚 男	未婚 女
高中	**347108**	**188361**	**158747**	**86137**	**49525**	**36612**
15-19岁	**60095**	**30901**	**29194**	**60033**	**30883**	**29150**
15	11505	5685	5820	11505	5685	5820
16	19615	9920	9695	19613	9919	9694
17	16113	8191	7922	16108	8190	7918
18	9600	5170	4430	9584	5166	4418
19	3262	1935	1327	3223	1923	1300
20-24岁	**12307**	**7436**	**4871**	**9882**	**6654**	**3228**
20	2204	1340	864	2108	1328	780
21	1932	1194	738	1738	1155	583
22	2351	1444	907	1965	1332	633
23	2643	1544	1099	1981	1342	639
24	3177	1914	1263	2090	1497	593
25-29岁	**22409**	**12704**	**9705**	**8218**	**6087**	**2131**
25	3591	2075	1516	2001	1445	556
26	4023	2299	1724	1875	1382	493
27	4359	2481	1878	1664	1227	437
28	4972	2828	2144	1473	1097	376
29	5464	3021	2443	1205	936	269
30-34岁	**32854**	**17719**	**15135**	**4168**	**3136**	**1032**
30	7108	3798	3310	1259	930	329
31	7039	3822	3217	1015	793	222
32	6307	3333	2974	765	537	228
33	6680	3667	3013	645	507	138
34	5720	3099	2621	484	369	115
35-39岁	**27991**	**14962**	**13029**	**1474**	**1056**	**418**
35	5169	2770	2399	351	253	98
36	5571	3008	2563	323	248	75
37	5227	2761	2466	296	215	81
38	6394	3373	3021	286	186	100
39	5630	3050	2580	218	154	64
40-44岁	**28774**	**15121**	**13653**	**794**	**571**	**223**
40	5610	2977	2633	189	135	54
41	5861	3092	2769	173	123	50
42	5617	2949	2668	158	112	46
43	5429	2830	2599	152	110	42
44	6257	3273	2984	122	91	31
45-49岁	**37153**	**19597**	**17556**	**693**	**499**	**194**
45	6691	3454	3237	137	97	40
46	7553	3964	3589	153	112	41
47	7593	4033	3560	140	99	41
48	7565	3997	3568	146	107	39
49	7751	4149	3602	117	84	33
50-54岁	**34733**	**18534**	**16199**	**412**	**293**	**119**
50	8411	4506	3905	128	90	38
51	7274	3888	3386	84	63	21
52	7444	3987	3457	102	66	36
53	5564	2975	2589	46	30	16
54	6040	3178	2862	52	44	8
55-59岁	**36112**	**19010**	**17102**	**228**	**165**	**63**
55	6507	3478	3029	41	28	13
56	7449	3872	3577	52	38	14
57	9063	4775	4288	62	46	16
58	7533	3943	3590	38	28	10
59	5560	2942	2618	35	25	10
60-64岁	**30734**	**17657**	**13077**	**148**	**113**	**35**
60	7510	4206	3304	38	28	10
61	6374	3674	2700	40	29	11
62	6144	3514	2630	26	20	6
63	5992	3519	2473	27	22	5
64	4714	2744	1970	17	14	3
65岁及以上	**23946**	**14720**	**9226**	**87**	**68**	**19**

单位：人

有配偶			离婚			丧偶		
小计	男	女	小计	男	女	小计	男	女
240487	**130834**	**109653**	**11640**	**5470**	**6170**	**8844**	**2532**	**6312**
60	**16**	**44**	**2**	**2**				
2	1	1						
5	1	4						
16	4	12						
37	10	27	2	2				
2399	**771**	**1628**	**24**	**11**	**13**	**2**		**2**
96	12	84						
190	39	151	3		3	1		1
385	112	273	1		1			
659	201	458	3	1	2			
1069	407	662	17	10	7	1		1
13857	**6472**	**7385**	**327**	**144**	**183**	**7**	**1**	**6**
1562	622	940	28	8	20			
2108	903	1205	40	14	26			
2623	1223	1400	71	31	40	1		1
3411	1695	1716	85	35	50	3	1	2
4153	2029	2124	103	56	47	3		3
27442	**13971**	**13471**	**1205**	**603**	**602**	**39**	**9**	**30**
5639	2776	2863	205	91	114	5	1	4
5793	2917	2876	225	110	115	6	2	4
5292	2673	2619	241	120	121	9	3	6
5751	3019	2732	274	138	136	10	3	7
4967	2586	2381	260	144	116	9		9
25004	**13148**	**11856**	**1430**	**743**	**687**	**83**	**15**	**68**
4578	2385	2193	229	131	98	11	1	10
4955	2621	2334	281	137	144	12	2	10
4646	2403	2243	275	139	136	10	4	6
5761	3022	2739	325	162	163	22	3	19
5064	2717	2347	320	174	146	28	5	23
26139	**13700**	**12439**	**1694**	**820**	**874**	**147**	**30**	**117**
5066	2668	2398	329	168	161	26	6	20
5338	2804	2534	325	159	166	25	6	19
5095	2682	2413	336	151	185	28	4	24
4907	2547	2360	337	165	172	33	8	25
5733	2999	2734	367	177	190	35	6	29
33821	**18033**	**15788**	**2196**	**996**	**1200**	**443**	**69**	**374**
6113	3178	2935	392	172	220	49	7	42
6902	3661	3241	427	183	244	71	8	63
6924	3702	3222	432	212	220	97	20	77
6823	3635	3188	499	238	261	97	17	80
7059	3857	3202	446	191	255	129	17	112
31537	**17182**	**14355**	**1951**	**896**	**1055**	**833**	**163**	**670**
7642	4152	3490	508	239	269	133	25	108
6633	3602	3031	417	198	219	140	25	115
6761	3700	3061	405	183	222	176	38	138
5030	2763	2267	314	144	170	174	38	136
5471	2965	2506	307	132	175	210	37	173
32881	**17853**	**15028**	**1557**	**694**	**863**	**1446**	**298**	**1148**
5925	3246	2679	325	158	167	216	46	170
6790	3634	3156	354	151	203	253	49	204
8229	4487	3742	387	169	218	385	73	312
6864	3717	3147	313	133	180	318	65	253
5073	2769	2304	178	83	95	274	65	209
27764	**16627**	**11137**	**910**	**398**	**512**	**1912**	**519**	**1393**
6813	3968	2845	251	101	150	408	109	299
5762	3436	2326	199	102	97	373	107	266
5542	3310	2232	183	76	107	393	108	285
5390	3313	2077	169	75	94	406	109	297
4257	2600	1657	108	44	64	332	86	246
19583	**13061**	**6522**	**344**	**163**	**181**	**3932**	**1428**	**2504**

5-3 续表 6

受教育程度 年 龄	15岁及以上人口			未 婚		
	合计	男	女	小计	男	女
大学专科	**240779**	**130290**	**110489**	**67961**	**39320**	**28641**
15-19岁	**10904**	**5784**	**5120**	**10892**	**5781**	**5111**
15	144	80	64	144	80	64
16	361	207	154	360	206	154
17	767	420	347	767	420	347
18	3382	1804	1578	3380	1802	1578
19	6250	3273	2977	6241	3273	2968
20-24岁	**33214**	**17522**	**15692**	**30784**	**16761**	**14023**
20	7113	3785	3328	7074	3775	3299
21	6113	3216	2897	6020	3193	2827
22	6342	3376	2966	6070	3302	2768
23	6615	3460	3155	5926	3262	2664
24	7031	3685	3346	5694	3229	2465
25-29岁	**38649**	**20047**	**18602**	**17597**	**10993**	**6604**
25	7697	3975	3722	5297	3134	2163
26	7149	3659	3490	4059	2440	1619
27	7764	4051	3713	3472	2223	1249
28	7986	4153	3833	2708	1787	921
29	8053	4209	3844	2061	1409	652
30-34岁	**45997**	**23994**	**22003**	**6285**	**4251**	**2034**
30	10739	5615	5124	2128	1412	716
31	10179	5249	4930	1602	1086	516
32	8889	4626	4263	1115	771	344
33	8818	4621	4197	817	561	256
34	7372	3883	3489	623	421	202
35-39岁	**26683**	**14142**	**12541**	**1437**	**974**	**463**
35	5947	3164	2783	416	277	139
36	6025	3192	2833	344	233	111
37	5038	2672	2366	274	191	83
38	5316	2840	2476	245	169	76
39	4357	2274	2083	158	104	54
40-44岁	**18548**	**9902**	**8646**	**447**	**261**	**186**
40	3894	2075	1819	116	70	46
41	3871	2089	1782	109	63	46
42	3682	1916	1766	86	52	34
43	3359	1798	1561	59	34	25
44	3742	2024	1718	77	42	35
45-49岁	**19230**	**10458**	**8772**	**271**	**164**	**107**
45	3659	1912	1747	54	30	24
46	3938	2170	1768	63	43	20
47	3975	2172	1803	61	32	29
48	3882	2129	1753	54	33	21
49	3776	2075	1701	39	26	13
50-54岁	**16267**	**9003**	**7264**	**136**	**78**	**58**
50	3975	2208	1767	47	25	22
51	3382	1819	1563	28	12	16
52	3494	1906	1588	30	20	10
53	2563	1489	1074	15	7	8
54	2853	1581	1272	16	14	2
55-59岁	**13955**	**8196**	**5759**	**59**	**32**	**27**
55	2950	1728	1222	15	7	8
56	3268	1880	1388	18	10	8
57	3549	2070	1479	13	9	4
58	2555	1506	1049	10	5	5
59	1633	1012	621	3	1	2
60-64岁	**7910**	**4949**	**2961**	**35**	**16**	**19**
60	1951	1212	739	9	6	3
61	1422	874	548	5	3	2
62	1537	946	591	6	1	5
63	1532	990	542	7	3	4
64	1468	927	541	8	3	5
65岁及以上	**9422**	**6293**	**3129**	**18**	**9**	**9**

单位：人

有配偶			离婚			丧偶		
小计	男	女	小计	男	女	小计	男	女
164415	**87748**	**76667**	**5870**	**2452**	**3418**	**2533**	**770**	**1763**
12	**3**	**9**						
1	1							
2	2							
9		9						
2410	**755**	**1655**	**20**	**6**	**14**			
39	10	29						
91	23	68	2		2			
269	72	197	3	2	1			
683	198	485	6		6			
1328	452	876	9	4	5			
20767	**8928**	**11839**	**281**	**126**	**155**	**4**		**4**
2385	834	1551	15	7	8			
3059	1204	1855	31	15	16			
4235	1803	2432	57	25	32			
5194	2330	2864	81	36	45	3		3
5894	2757	3137	97	43	54	1		1
38648	**19278**	**19370**	**1019**	**460**	**559**	**45**	**5**	**40**
8451	4135	4316	155	66	89	5	2	3
8376	4081	4295	193	82	111	8		8
7550	3749	3801	213	106	107	11		11
7740	3948	3792	250	112	138	11		11
6531	3365	3166	208	94	114	10	3	7
24101	**12660**	**11441**	**1097**	**499**	**598**	**48**	**9**	**39**
5308	2784	2524	216	102	114	7	1	6
5429	2846	2583	240	111	129	12	2	10
4537	2384	2153	216	96	120	11	1	10
4821	2561	2260	239	107	132	11	3	8
4006	2085	1921	186	83	103	7	2	5
17122	**9244**	**7878**	**891**	**380**	**511**	**88**	**17**	**71**
3589	1930	1659	175	74	101	14	1	13
3558	1958	1600	190	65	125	14	3	11
3399	1786	1613	180	74	106	17	4	13
3108	1670	1438	175	88	87	17	6	11
3468	1900	1568	171	79	92	26	3	23
17862	**9913**	**7949**	**936**	**351**	**585**	**161**	**30**	**131**
3414	1820	1594	170	59	111	21	3	18
3649	2053	1596	200	72	128	26	2	24
3666	2045	1621	218	87	131	30	8	22
3596	2021	1575	182	66	116	50	9	41
3537	1974	1563	166	67	99	34	8	26
15111	**8589**	**6522**	**759**	**287**	**472**	**261**	**49**	**212**
3668	2099	1569	207	79	128	53	5	48
3144	1729	1415	158	66	92	52	12	40
3234	1813	1421	175	65	110	55	8	47
2406	1432	974	107	41	66	35	9	26
2659	1516	1143	112	36	76	66	15	51
13005	**7885**	**5120**	**515**	**193**	**322**	**376**	**86**	**290**
2755	1662	1093	118	46	72	62	13	49
3044	1809	1235	117	40	77	89	21	68
3320	1992	1328	122	47	75	94	22	72
2365	1447	918	99	38	61	81	16	65
1521	975	546	59	22	37	50	14	36
7305	**4757**	**2548**	**216**	**85**	**131**	**354**	**91**	**263**
1814	1162	652	60	27	33	68	17	51
1326	842	484	40	18	22	51	11	40
1407	907	500	41	18	23	83	20	63
1413	953	460	37	11	26	75	23	52
1345	893	452	38	11	27	77	20	57
8072	**5736**	**2336**	**136**	**65**	**71**	**1196**	**483**	**713**

5-3 续表 7

受教育程度 年　　龄	15岁及以上人口			未　　婚		
	合计	男	女	小计	男	女
大学本科	**199402**	**97596**	**101806**	**71266**	**33216**	**38050**
15-19岁	**9823**	**4198**	**5625**	**9820**	**4197**	**5623**
15	13	6	7	13	6	7
16	27	9	18	27	9	18
17	385	153	232	385	153	232
18	3081	1353	1728	3080	1353	1727
19	6317	2677	3640	6315	2676	3639
20-24岁	**35459**	**15306**	**20153**	**34634**	**15053**	**19581**
20	7684	3323	4361	7679	3321	4358
21	7379	3159	4220	7352	3151	4201
22	7339	3093	4246	7274	3070	4204
23	6620	2903	3717	6433	2842	3591
24	6437	2828	3609	5896	2669	3227
25-29岁	**34363**	**15605**	**18758**	**18921**	**9525**	**9396**
25	6762	3022	3740	5578	2638	2940
26	6687	2943	3744	4526	2190	2336
27	6897	3084	3813	3782	1923	1859
28	7280	3366	3914	2975	1657	1318
29	6737	3190	3547	2060	1117	943
30-34岁	**39704**	**19206**	**20498**	**5888**	**3350**	**2538**
30	8939	4239	4700	2110	1178	932
31	8352	3935	4417	1456	838	618
32	7636	3702	3934	990	554	436
33	7990	4007	3983	796	474	322
34	6787	3323	3464	536	306	230
35-39岁	**27472**	**13757**	**13715**	**1392**	**770**	**622**
35	6030	2977	3053	424	236	188
36	6117	3088	3029	316	185	131
37	5338	2709	2629	251	145	106
38	5660	2812	2848	260	128	132
39	4327	2171	2156	141	76	65
40-44岁	**15331**	**7828**	**7503**	**319**	**180**	**139**
40	3656	1875	1781	94	50	44
41	3236	1658	1578	68	42	26
42	3072	1552	1520	64	36	28
43	2557	1291	1266	52	27	25
44	2810	1452	1358	41	25	16
45-49岁	**13353**	**7002**	**6351**	**131**	**72**	**59**
45	2688	1406	1282	30	17	13
46	2791	1456	1335	32	18	14
47	2638	1365	1273	32	17	15
48	2613	1351	1262	22	11	11
49	2623	1424	1199	15	9	6
50-54岁	**10304**	**5741**	**4563**	**82**	**34**	**48**
50	2664	1416	1248	36	14	22
51	2193	1210	983	11	6	5
52	2274	1261	1013	18	6	12
53	1518	878	640	8	1	7
54	1655	976	679	9	7	2
55-59岁	**6925**	**4382**	**2543**	**49**	**25**	**24**
55	1641	989	652	11	3	8
56	1700	1073	627	9	7	2
57	1712	1107	605	13	9	4
58	1149	707	442	9	4	5
59	723	506	217	7	2	5
60-64岁	**2910**	**1937**	**973**	**12**	**4**	**8**
60	759	489	270	2	1	1
61	538	373	165	2	2	
62	544	370	174	1		1
63	569	379	190	3		3
64	500	326	174	4	1	3
65岁及以上	**3758**	**2634**	**1124**	**18**	**6**	**12**

单位：人

有配偶			离婚			丧偶		
小计	男	女	小计	男	女	小计	男	女
123688	**62848**	**60840**	**3403**	**1200**	**2203**	**1045**	**332**	**713**
3	**1**	**2**						
1		1						
2	1	1						
818	**251**	**567**	**7**	**2**	**5**			
5	2	3						
26	7	19	1	1				
65	23	42						
186	61	125	1		1			
536	158	378	5	1	4			
15334	**6044**	**9290**	**106**	**36**	**70**	**2**		**2**
1183	384	799	1		1			
2152	750	1402	9	3	6			
3103	1156	1947	12	5	7			
4263	1696	2567	41	13	28	1		1
4633	2058	2575	43	15	28	1		1
33154	**15599**	**17555**	**642**	**252**	**390**	**20**	**5**	**15**
6747	3026	3721	80	34	46	2	1	1
6776	3051	3725	118	46	72	2		2
6510	3099	3411	134	49	85	2		2
7045	3481	3564	148	52	96	1		1
6076	2942	3134	162	71	91	13	4	9
25221	**12683**	**12538**	**818**	**293**	**525**	**41**	**11**	**30**
5435	2684	2751	167	56	111	4	1	3
5624	2834	2790	168	66	102	9	3	6
4923	2503	2420	158	59	99	6	2	4
5203	2613	2590	183	67	116	14	4	10
4036	2049	1987	142	45	97	8	1	7
14358	**7440**	**6918**	**601**	**198**	**403**	**53**	**10**	**43**
3416	1780	1636	135	43	92	11	2	9
3025	1564	1461	136	51	85	7	1	6
2877	1473	1404	120	41	79	11	2	9
2394	1233	1161	100	28	72	11	3	8
2646	1390	1256	110	35	75	13	2	11
12608	**6746**	**5862**	**513**	**171**	**342**	**101**	**13**	**88**
2523	1348	1175	117	40	77	18	1	17
2635	1397	1238	100	40	60	24	1	23
2495	1311	1184	94	34	60	17	3	14
2466	1308	1158	105	27	78	20	5	15
2489	1382	1107	97	30	67	22	3	19
9744	**5586**	**4158**	**352**	**97**	**255**	**126**	**24**	**102**
2515	1380	1135	95	17	78	18	5	13
2080	1183	897	71	18	53	31	3	28
2145	1225	920	83	26	57	28	4	24
1437	856	581	52	16	36	21	5	16
1567	942	625	51	20	31	28	7	21
6511	**4241**	**2270**	**231**	**89**	**142**	**134**	**27**	**107**
1546	966	580	52	18	34	32	2	30
1595	1031	564	65	27	38	31	8	23
1618	1072	546	56	19	37	25	7	18
1070	677	393	39	18	21	31	8	23
682	495	187	19	7	12	15	2	13
2728	**1877**	**851**	**80**	**32**	**48**	**90**	**24**	**66**
717	476	241	24	7	17	16	5	11
509	363	146	15	6	9	12	2	10
512	358	154	13	6	7	18	6	12
526	367	159	17	8	9	23	4	19
464	313	151	11	5	6	21	7	14
3209	**2380**	**829**	**53**	**30**	**23**	**478**	**218**	**260**

5−3 续表 8

受教育程度 年　　龄	15岁及以上人口 合计	15岁及以上人口 男	15岁及以上人口 女	未婚 小计	未婚 男	未婚 女
硕士研究生	**14916**	**6413**	**8503**	**5203**	**1900**	**3303**
15−19岁	**7**	**2**	**5**	**6**	**2**	**4**
15						
16						
17						
18	2	1	1	2	1	1
19	5	1	4	4	1	3
20−24岁	**1792**	**638**	**1154**	**1782**	**638**	**1144**
20	4		4	4		4
21	44	12	32	43	12	31
22	310	116	194	310	116	194
23	654	217	437	651	217	434
24	780	293	487	774	293	481
25−29岁	**3340**	**1108**	**2232**	**2511**	**890**	**1621**
25	849	284	565	803	270	533
26	729	246	483	644	227	417
27	619	191	428	443	150	293
28	572	184	388	366	131	235
29	571	203	368	255	112	143
30−34岁	**3468**	**1301**	**2167**	**658**	**269**	**389**
30	775	257	518	245	93	152
31	721	263	458	162	64	98
32	662	258	404	96	46	50
33	699	279	420	88	39	49
34	611	244	367	67	27	40
35−39岁	**2946**	**1368**	**1578**	**195**	**85**	**110**
35	599	251	348	66	29	37
36	660	288	372	38	13	25
37	588	274	314	34	15	19
38	602	290	312	40	20	20
39	497	265	232	17	8	9
40−44岁	**1352**	**703**	**649**	**26**	**6**	**20**
40	381	189	192	10	4	6
41	290	153	137	6	1	5
42	276	143	133	5		5
43	194	90	104	5	1	4
44	211	128	83			
45−49岁	**919**	**533**	**386**	**11**	**5**	**6**
45	180	97	83	2		2
46	199	107	92	3	1	2
47	194	107	87			
48	190	115	75	2	2	
49	156	107	49	4	2	2
50−54岁	**552**	**364**	**188**	**9**	**3**	**6**
50	153	94	59	5	2	3
51	132	89	43			
52	119	82	37	2		2
53	74	51	23			
54	74	48	26	2	1	1
55−59岁	**375**	**271**	**104**	**3**	**1**	**2**
55	98	67	31	2		2
56	102	68	34			
57	89	70	19	1	1	
58	53	40	13			
59	33	26	7			
60−64岁	**90**	**66**	**24**	**2**	**1**	**1**
60	22	17	5	1		1
61	16	8	8			
62	17	12	5			
63	18	15	3	1	1	
64	17	14	3			
65岁及以上	**75**	**59**	**16**			

单位：人

有配偶			离婚			丧偶		
小计	男	女	小计	男	女	小计	男	女
9486	**4437**	**5049**	**196**	**62**	**134**	**31**	**14**	**17**
1		**1**						
1		1						
10		**10**						
1		1						
3		3						
6		6						
824	**216**	**608**	**4**	**1**	**3**	**1**	**1**	
45	13	32	1	1				
85	19	66						
175	41	134	1		1			
204	52	152	1		1	1	1	
315	91	224	1		1			
2777	**1021**	**1756**	**31**	**10**	**21**	**2**	**1**	**1**
526	162	364	4	2	2			
554	197	357	4	1	3	1	1	
555	212	343	11		11			
604	235	369	7	5	2			
538	215	323	5	2	3	1		1
2678	**1257**	**1421**	**70**	**25**	**45**	**3**	**1**	**2**
520	217	303	12	5	7	1		1
608	269	339	14	6	8			
533	250	283	20	8	12	1	1	
547	268	279	14	2	12	1		1
470	253	217	10	4	6			
1285	**687**	**598**	**38**	**10**	**28**	**3**		**3**
359	184	175	12	1	11			
281	151	130	2	1	1	1		1
263	142	121	8	1	7			
180	84	96	8	5	3	1		1
202	126	76	8	2	6	1		1
876	**519**	**357**	**30**	**8**	**22**	**2**	**1**	**1**
171	97	74	7		7			
185	103	82	10	3	7	1		1
186	105	81	8	2	6			
183	110	73	4	2	2	1	1	
151	104	47	1	1				
526	**355**	**171**	**14**	**5**	**9**	**3**	**1**	**2**
144	91	53	4	1	3			
127	87	40	2	1	1	3	1	2
112	80	32	5	2	3			
72	50	22	2	1	1			
71	47	24	1		1			
358	**265**	**93**	**8**	**2**	**6**	**6**	**3**	**3**
93	67	26	2		2	1		1
98	66	32	2	1	1	2	1	1
84	66	18	2	1	1	2	2	
50	40	10	2		2	1		1
33	26	7						
86	**65**	**21**				**2**		**2**
21	17	4						
16	8	8						
17	12	5						
16	14	2				1		1
16	14	2				1		1
65	**52**	**13**	**1**	**1**		**9**	**6**	**3**

5-3 续表 9

受教育程度 年 龄	15岁及以上人口			未 婚		
	合计	男	女	小计	男	女
博士研究生	**1132**	**583**	**549**	**359**	**154**	**205**
15-19岁	**1**		**1**	**1**		**1**
15						
16						
17						
18						
19	1		1	1		1
20-24岁	**43**	**18**	**25**	**43**	**18**	**25**
20	1	1		1	1	
21	1	1		1	1	
22	5	1	4	5	1	4
23	15	9	6	15	9	6
24	21	6	15	21	6	15
25-29岁	**248**	**100**	**148**	**211**	**86**	**125**
25	52	16	36	51	16	35
26	55	22	33	52	21	31
27	35	18	17	30	17	13
28	62	27	35	48	21	27
29	44	17	27	30	11	19
30-34岁	**217**	**101**	**116**	**74**	**34**	**40**
30	67	31	36	33	11	22
31	39	23	16	15	12	3
32	31	14	17	12	5	7
33	37	12	25	10	4	6
34	43	21	22	4	2	2
35-39岁	**228**	**118**	**110**	**18**	**9**	**9**
35	39	20	19	5	2	3
36	33	19	14	3	1	2
37	54	23	31	3	1	2
38	53	29	24	6	4	2
39	49	27	22	1	1	
40-44岁	**149**	**87**	**62**	**6**	**3**	**3**
40	37	22	15	1		1
41	34	18	16			
42	35	19	16	2	1	1
43	19	10	9			
44	24	18	6	3	2	1
45-49岁	**98**	**57**	**41**	**3**	**2**	**1**
45	24	11	13	2	1	1
46	21	12	9			
47	22	17	5	1	1	
48	17	8	9			
49	14	9	5			
50-54岁	**69**	**46**	**23**			
50	18	10	8			
51	17	12	5			
52	12	7	5			
53	10	7	3			
54	12	10	2			
55-59岁	**62**	**42**	**20**	**1**		**1**
55	11	10	1			
56	19	9	10	1		1
57	16	12	4			
58	8	3	5			
59	8	8				
60-64岁	**12**	**9**	**3**			
60	2	1	1			
61	4	3	1			
62	1	1				
63	3	3				
64	2	1	1			
65岁及以上	**5**	**5**		**2**	**2**	

单位：人

有配偶			离　婚			丧　偶		
小计	男	女	小计	男	女	小计	男	女
753	**423**	**330**	**15**	**4**	**11**	**5**	**2**	**3**
37	**14**	**23**						
1		1						
3	1	2						
5	1	4						
14	6	8						
14	6	8						
141	**66**	**75**	**2**	**1**	**1**			
34	20	14						
24	11	13						
19	9	10						
27	8	19						
37	18	19	2	1	1			
205	**108**	**97**	**5**	**1**	**4**			
33	18	15	1		1			
30	18	12						
50	22	28	1		1			
46	24	22	1	1				
46	26	20	2		2			
142	**83**	**59**				**1**	**1**	
36	22	14						
34	18	16						
33	18	15						
19	10	9						
20	15	5				1	1	
88	**53**	**35**	**6**	**2**	**4**	**1**		**1**
20	10	10	2		2			
19	11	8	2	1	1			
20	15	5	1	1				
16	8	8	1		1			
13	9	4				1		1
68	**46**	**22**				**1**		**1**
17	10	7				1		1
17	12	5						
12	7	5						
10	7	3						
12	10	2						
58	**42**	**16**	**2**		**2**	**1**		**1**
11	10	1						
18	9	9						
14	12	2	1		1	1		1
7	3	4	1		1			
8	8							
11	**8**	**3**				**1**	**1**	
2	1	1						
4	3	1						
1	1							
2	2					1	1	
2	1	1						
3	**3**							

5-3a 全区分年龄、性别、受教育

受教育程度 / 年龄	15岁及以上人口			未婚		
	合计	男	女	小计	男	女
总 计	**771469**	**380061**	**391408**	**143652**	**78579**	**65073**
15-19岁	**44150**	**22419**	**21731**	**44077**	**22398**	**21679**
15	8077	4061	4016	8077	4061	4016
16	9754	4979	4775	9750	4978	4772
17	7923	4083	3840	7921	4081	3840
18	8449	4349	4100	8429	4344	4085
19	9947	4947	5000	9900	4934	4966
20-24岁	**51356**	**25264**	**26092**	**47644**	**24072**	**23572**
20	11545	5738	5807	11455	5722	5733
21	10142	4958	5184	9879	4887	4992
22	9850	4799	5051	9349	4655	4694
23	9545	4707	4838	8570	4395	4175
24	10274	5062	5212	8391	4413	3978
25-29岁	**61995**	**30675**	**31320**	**29106**	**16689**	**12417**
25	11276	5503	5773	7972	4297	3675
26	11534	5640	5894	6856	3777	3079
27	12316	6031	6285	5837	3381	2456
28	13331	6672	6659	4823	2972	1851
29	13538	6829	6709	3618	2262	1356
30-34岁	**89348**	**44401**	**44947**	**12324**	**7997**	**4327**
30	18645	9317	9328	3885	2459	1426
31	18554	9174	9380	3043	1989	1054
32	17239	8446	8793	2173	1380	793
33	18372	9213	9159	1827	1229	598
34	16538	8251	8287	1396	940	456
35-39岁	**79806**	**40063**	**39743**	**4104**	**2710**	**1394**
35	15246	7625	7621	1081	697	384
36	16536	8305	8231	892	600	292
37	15454	7766	7688	784	526	258
38	17800	8925	8875	809	521	288
39	14770	7442	7328	538	366	172
40-44岁	**68452**	**34071**	**34381**	**1868**	**1305**	**563**
40	13751	6829	6922	442	299	143
41	13717	6871	6846	395	281	114
42	13504	6686	6818	360	242	118
43	12822	6353	6469	335	229	106
44	14658	7332	7326	336	254	82
45-49岁	**82679**	**40971**	**41708**	**1755**	**1307**	**448**
45	14985	7393	7592	335	253	82
46	16485	8199	8286	359	264	95
47	16919	8396	8523	387	279	108
48	17033	8335	8698	354	263	91
49	17257	8648	8609	320	248	72
50-54岁	**77258**	**38589**	**38669**	**1254**	**955**	**299**
50	18090	9062	9028	350	250	100
51	15844	7921	7923	264	210	54
52	16715	8321	8394	271	199	72
53	12639	6303	6336	180	137	43
54	13970	6982	6988	189	159	30
55-59岁	**67912**	**33915**	**33997**	**704**	**518**	**186**
55	14454	7240	7214	163	121	42
56	15277	7643	7634	162	117	45
57	16831	8506	8325	161	121	40
58	12546	6165	6381	125	93	32
59	8804	4361	4443	93	66	27
60-64岁	**50975**	**25164**	**25811**	**397**	**306**	**91**
60	11334	5582	5752	87	66	21
61	9627	4822	4805	85	70	15
62	10090	5028	5062	85	64	21
63	10378	5163	5215	82	62	20
64	9546	4569	4977	58	44	14
65岁及以上	**97538**	**44529**	**53009**	**419**	**322**	**97**

程度、婚姻状况的人口(城市)

单位：人

有配偶			离婚			丧偶		
小计	男	女	小计	男	女	小计	男	女
565797	**282280**	**283517**	**25723**	**11639**	**14084**	**36297**	**7563**	**28734**
72	**20**	**52**	**1**	**1**				
4	1	3						
2	2							
20	5	15						
46	12	34	1	1				
3678	**1182**	**2496**	**34**	**10**	**24**			
90	16	74						
257	70	187	6	1	5			
500	144	356	1		1			
973	312	661	2		2			
1858	640	1218	25	9	16			
32397	**13775**	**18622**	**483**	**210**	**273**	**9**	**1**	**8**
3272	1192	2080	32	14	18			
4616	1838	2778	61	25	36	1		1
6375	2610	3765	101	40	61	3		3
8381	3650	4731	127	50	77			
9753	4485	5268	162	81	81	5	1	4
74673	**35360**	**39313**	**2277**	**1036**	**1241**	**74**	**8**	**66**
14440	6713	7727	313	142	171	7	3	4
15101	7017	8084	398	167	231	12	1	11
14604	6854	7750	451	212	239	11		11
15974	7750	8224	552	234	318	19		19
14554	7026	7528	563	281	282	25	4	21
72149	**35718**	**36431**	**3377**	**1595**	**1782**	**176**	**40**	**136**
13560	6637	6923	590	285	305	15	6	9
14945	7380	7565	671	319	352	28	6	22
13976	6934	7042	658	296	362	36	10	26
16140	8020	8120	800	373	427	51	11	40
13528	6747	6781	658	322	336	46	7	39
62658	**31068**	**31590**	**3584**	**1644**	**1940**	**342**	**54**	**288**
12584	6215	6369	677	308	369	48	7	41
12569	6263	6306	690	316	374	63	11	52
12373	6113	6260	699	321	378	72	10	62
11720	5798	5922	701	313	388	66	13	53
13412	6679	6733	817	386	431	93	13	80
75265	**37460**	**37805**	**4768**	**2069**	**2699**	**891**	**135**	**756**
13725	6784	6941	801	339	462	124	17	107
15033	7514	7519	945	400	545	148	21	127
15366	7639	7727	995	444	551	171	34	137
15408	7567	7841	1061	476	585	210	29	181
15733	7956	7777	966	410	556	238	34	204
69545	**35244**	**34301**	**4539**	**2045**	**2494**	**1920**	**345**	**1575**
16338	8276	8062	1090	483	607	312	53	259
14276	7220	7056	959	436	523	345	55	290
15021	7594	7427	991	444	547	432	84	348
11391	5772	5619	722	326	396	346	68	278
12519	6382	6137	777	356	421	485	85	400
60798	**31341**	**29457**	**3469**	**1561**	**1908**	**2941**	**495**	**2446**
12966	6660	6306	800	377	423	525	82	443
13737	7064	6673	800	360	440	578	102	476
15085	7888	7197	828	366	462	757	131	626
11169	5688	5481	639	276	363	613	108	505
7841	4041	3800	402	182	220	468	72	396
44926	**23280**	**21646**	**1852**	**849**	**1003**	**3800**	**729**	**3071**
10103	5177	4926	475	197	278	669	142	527
8496	4432	4064	375	185	190	671	135	536
8867	4646	4221	389	187	202	749	131	618
9100	4789	4311	336	145	191	860	167	693
8360	4236	4124	277	135	142	851	154	697
69636	**37832**	**31804**	**1339**	**619**	**720**	**26144**	**5756**	**20388**

5-3a　续表 1

受教育程度 年　　龄	15岁及以上人口			未　　婚		
	合计	男	女	小计	男	女
未上过学	**11728**	**2476**	**9252**	**729**	**537**	**192**
15-19岁	**62**	**33**	**29**	**60**	**33**	**27**
15	6		6	6		6
16	9	6	3	9	6	3
17	14	11	3	14	11	3
18	16	5	11	15	5	10
19	17	11	6	16	11	5
20-24岁	**67**	**41**	**26**	**64**	**41**	**23**
20	12	7	5	12	7	5
21	14	7	7	13	7	6
22	11	8	3	11	8	3
23	15	10	5	14	10	4
24	15	9	6	14	9	5
25-29岁	**61**	**29**	**32**	**50**	**27**	**23**
25	15	7	8	13	7	6
26	12	6	6	11	6	5
27	12	4	8	10	3	7
28	13	6	7	10	6	4
29	9	6	3	6	5	1
30-34岁	**119**	**67**	**52**	**76**	**58**	**18**
30	25	13	12	15	12	3
31	23	13	10	14	11	3
32	21	12	9	15	12	3
33	24	11	13	12	8	4
34	26	18	8	20	15	5
35-39岁	**134**	**52**	**82**	**54**	**34**	**20**
35	32	10	22	16	10	6
36	25	12	13	14	10	4
37	26	9	17	4	1	3
38	28	11	17	13	7	6
39	23	10	13	7	6	1
40-44岁	**232**	**71**	**161**	**44**	**35**	**9**
40	33	12	21	7	6	1
41	48	16	32	10	9	1
42	37	7	30	8	4	4
43	51	17	34	6	4	2
44	63	19	44	13	12	1
45-49岁	**577**	**159**	**418**	**91**	**63**	**28**
45	75	29	46	15	13	2
46	88	27	61	15	10	5
47	127	28	99	21	12	9
48	139	31	108	19	12	7
49	148	44	104	21	16	5
50-54岁	**653**	**199**	**454**	**88**	**73**	**15**
50	158	56	102	24	20	4
51	99	31	68	12	11	1
52	144	36	108	15	12	3
53	119	42	77	18	15	3
54	133	34	99	19	15	4
55-59岁	**842**	**161**	**681**	**55**	**43**	**12**
55	122	30	92	13	12	1
56	153	34	119	16	13	3
57	219	40	179	7	4	3
58	197	26	171	9	6	3
59	151	31	120	10	8	2
60-64岁	**1677**	**279**	**1398**	**46**	**39**	**7**
60	264	30	234	7	6	1
61	273	53	220	14	11	3
62	353	65	288	10	10	
63	406	76	330	12	9	3
64	381	55	326	3	3	
65岁及以上	**7304**	**1385**	**5919**	**101**	**91**	**10**

单位：人

有配偶			离　婚			丧　偶		
小计	男	女	小计	男	女	小计	男	女
6722	**1436**	**5286**	**166**	**71**	**95**	**4111**	**432**	**3679**
2		**2**						
1		1						
1		1						
3		**3**						
1		1						
1		1						
1		1						
11	**2**	**9**						
2		2						
1		1						
2	1	1						
3		3						
3	1	2						
40	**8**	**32**	**3**	**1**	**2**			
10	1	9						
7	1	6	2	1	1			
6		6						
12	3	9						
5	3	2	1		1			
76	**14**	**62**	**4**	**4**				
16		16						
10	1	9	1	1				
22	8	14						
14	3	11	1	1				
14	2	12	2	2				
173	**30**	**143**	**9**	**5**	**4**	**6**	**1**	**5**
24	5	19	2	1	1			
36	6	30	1	1		1		1
27	2	25	1		1	1	1	
41	10	31	3	3		1		1
45	7	38	2		2	3		3
456	**87**	**369**	**22**	**8**	**14**	**8**	**1**	**7**
54	16	38	5		5	1		1
64	13	51	9	4	5			
101	13	88	3	2	1	2	1	1
117	19	98	1		1	2		2
120	26	94	4	2	2	3		3
516	**113**	**403**	**18**	**9**	**9**	**31**	**4**	**27**
128	34	94	2	1	1	4	1	3
79	18	61	5	2	3	3		3
119	22	97	1	1		9	1	8
92	23	69	5	2	3	4	2	2
98	16	82	5	3	2	11		11
685	**108**	**577**	**24**	**8**	**16**	**78**	**2**	**76**
97	17	80	4	1	3	8		8
121	18	103	5	3	2	11		11
193	34	159	4	1	3	15	1	14
158	18	140	4	2	2	26		26
116	21	95	7	1	6	18	1	17
1344	**210**	**1134**	**32**	**14**	**18**	**255**	**16**	**239**
216	21	195	3		3	38	3	35
214	38	176	4	1	3	41	3	38
286	46	240	10	6	4	47	3	44
320	58	262	10	5	5	64	4	60
308	47	261	5	2	3	65	3	62
3416	**864**	**2552**	**54**	**22**	**32**	**3733**	**408**	**3325**

5-3a 续表 2

受教育程度 年 龄	15岁及以上人口			未 婚		
	合计	男	女	小计	男	女
学前教育	**146**	**40**	**106**	**32**	**16**	**16**
15-19岁	**16**	**10**	**6**	**16**	**10**	**6**
15	8	6	2	8	6	2
16	5	3	2	5	3	2
17	1		1	1		1
18						
19	2	1	1	2	1	1
20-24岁	**10**	**2**	**8**	**10**	**2**	**8**
20	1		1	1		1
21	1	1		1	1	
22	2		2	2		2
23	2	1	1	2	1	1
24	4		4	4		4
25-29岁	**4**	**2**	**2**	**3**	**2**	**1**
25						
26	1		1	1		1
27						
28	1	1		1	1	
29	2	1	1	1	1	
30-34岁	**4**	**2**	**2**			
30	2	1	1			
31	1		1			
32						
33	1	1				
34						
35-39岁	**2**	**1**	**1**	**1**		**1**
35						
36	1		1	1		1
37						
38	1	1				
39						
40-44岁	**1**		**1**			
40						
41						
42						
43	1		1			
44						
45-49岁	**4**	**2**	**2**	**1**	**1**	
45	1	1				
46						
47	1		1			
48	1		1			
49	1	1		1	1	
50-54岁	**6**	**1**	**5**			
50						
51	2	1	1			
52	1		1			
53						
54	3		3			
55-59岁	**12**	**4**	**8**	**1**	**1**	
55	2	1	1			
56	4	1	3	1	1	
57	2		2			
58	1		1			
59	3	2	1			
60-64岁	**12**	**6**	**6**			
60	1		1			
61						
62	2	1	1			
63	5	4	1			
64	4	1	3			
65岁及以上	**75**	**10**	**65**			

单位：人

有配偶			离　婚			丧　偶		
小计	男	女	小计	男	女	小计	男	女
64	**18**	**46**	**3**	**2**	**1**	**47**	**4**	**43**
1		**1**						
1		1						
4	**2**	**2**						
2	1	1						
1		1						
1	1							
1	**1**							
1	1							
1		**1**						
1		1						
2		**2**	**1**	**1**				
			1	1				
1		1						
1		1						
6	**1**	**5**						
2	1	1						
1		1						
3		3						
9	**3**	**6**				**2**		**2**
2	1	1						
1		1				2		2
2		2						
1		1						
3	2	1						
10	**4**	**6**	**1**	**1**		**1**	**1**	
1		1						
1		1	1	1				
4	3	1				1	1	
4	1	3						
30	**7**	**23**	**1**		**1**	**44**	**3**	**41**

5－3a 续表 3

受教育程度 年 龄	15岁及以上人口			未 婚		
	合计	男	女	小计	男	女
小 学	**74581**	**29815**	**44766**	**2144**	**1738**	**406**
15－19岁	**145**	**80**	**65**	**140**	**80**	**60**
15	30	13	17	30	13	17
16	20	14	6	19	14	5
17	30	16	14	30	16	14
18	32	15	17	30	15	15
19	33	22	11	31	22	9
20－24岁	**269**	**162**	**107**	**194**	**132**	**62**
20	44	30	14	42	30	12
21	39	24	15	31	21	10
22	42	26	16	33	21	12
23	66	38	28	41	27	14
24	78	44	34	47	33	14
25－29岁	**723**	**395**	**328**	**237**	**191**	**46**
25	98	53	45	41	33	8
26	104	57	47	45	39	6
27	135	77	58	53	39	14
28	180	90	90	47	40	7
29	206	118	88	51	40	11
30－34岁	**2340**	**1137**	**1203**	**251**	**195**	**56**
30	306	158	148	46	37	9
31	441	215	226	53	41	12
32	465	218	247	47	33	14
33	575	280	295	61	46	15
34	553	266	287	44	38	6
35－39岁	**3160**	**1472**	**1688**	**187**	**157**	**30**
35	510	242	268	24	20	4
36	673	303	370	48	41	7
37	595	291	304	37	32	5
38	693	332	361	38	32	6
39	689	304	385	40	32	8
40－44岁	**4435**	**1907**	**2528**	**173**	**149**	**24**
40	739	326	413	38	33	5
41	856	358	498	36	32	4
42	817	366	451	32	27	5
43	929	377	552	37	27	10
44	1094	480	614	30	30	
45－49岁	**7885**	**3380**	**4505**	**264**	**229**	**35**
45	1286	548	738	50	40	10
46	1507	635	872	44	38	6
47	1527	655	872	67	56	11
48	1723	748	975	49	47	2
49	1842	794	1048	54	48	6
50－54岁	**9421**	**4083**	**5338**	**254**	**224**	**30**
50	2003	877	1126	55	47	8
51	1970	859	1111	58	54	4
52	2086	882	1204	51	44	7
53	1632	722	910	41	41	
54	1730	743	987	49	38	11
55－59岁	**6991**	**2866**	**4125**	**172**	**148**	**24**
55	1590	673	917	48	40	8
56	1578	668	910	37	29	8
57	1578	648	930	36	31	5
58	1285	507	778	34	31	3
59	960	370	590	17	17	
60－64岁	**7901**	**2959**	**4942**	**124**	**112**	**12**
60	1388	542	846	24	20	4
61	1410	534	876	26	25	1
62	1539	590	949	27	24	3
63	1763	632	1131	26	22	4
64	1801	661	1140	21	21	
65岁及以上	**31311**	**11374**	**19937**	**148**	**121**	**27**

单位：人

有配偶			离　婚			丧　偶		
小计	男	女	小计	男	女	小计	男	女
56993	**24470**	**32523**	**2172**	**1125**	**1047**	**13272**	**2482**	**10790**
5		**5**						
1		1						
2		2						
2		2						
74	**30**	**44**	**1**		**1**			
2		2						
8	3	5						
9	5	4						
25	11	14						
30	11	19	1		1			
469	**195**	**274**	**16**	**9**	**7**	**1**		**1**
56	20	36	1		1			
57	17	40	2	1	1			
77	34	43	4	4		1		1
127	48	79	6	2	4			
152	76	76	3	2	1			
1979	**888**	**1091**	**106**	**53**	**53**	**4**	**1**	**3**
249	114	135	10	6	4	1	1	
362	166	196	26	8	18			
395	174	221	22	11	11	1		1
488	223	265	24	11	13	2		2
485	211	274	24	17	7			
2792	**1214**	**1578**	**172**	**99**	**73**	**9**	**2**	**7**
453	199	254	33	23	10			
582	239	343	40	23	17	3		3
525	240	285	30	18	12	3	1	2
617	281	336	37	18	19	1	1	
615	255	360	32	17	15	2		2
3993	**1636**	**2357**	**237**	**121**	**116**	**32**	**1**	**31**
653	269	384	43	24	19	5		5
761	297	464	50	28	22	9	1	8
746	318	428	33	21	12	6		6
836	332	504	49	18	31	7		7
997	420	577	62	30	32	5		5
7114	**2946**	**4168**	**398**	**187**	**211**	**109**	**18**	**91**
1161	480	681	65	27	38	10	1	9
1370	557	813	75	36	39	18	4	14
1347	548	799	95	49	46	18	2	16
1564	659	905	84	36	48	26	6	20
1672	702	970	79	39	40	37	5	32
8458	**3575**	**4883**	**404**	**229**	**175**	**305**	**55**	**250**
1819	772	1047	85	52	33	44	6	38
1773	747	1026	90	48	42	49	10	39
1877	779	1098	83	46	37	75	13	62
1470	637	833	69	38	31	52	6	46
1519	640	879	77	45	32	85	20	65
6078	**2493**	**3585**	**290**	**158**	**132**	**451**	**67**	**384**
1385	584	801	71	40	31	86	9	77
1385	578	807	70	45	25	86	16	70
1382	576	806	62	31	31	98	10	88
1107	433	674	50	26	24	94	17	77
819	322	497	37	16	21	87	15	72
6613	**2552**	**4061**	**232**	**123**	**109**	**932**	**172**	**760**
1195	474	721	49	23	26	120	25	95
1177	454	723	43	21	22	164	34	130
1281	507	774	45	28	17	186	31	155
1459	553	906	49	20	29	229	37	192
1501	564	937	46	31	15	233	45	188
19418	**8941**	**10477**	**316**	**146**	**170**	**11429**	**2166**	**9263**

5-3a 续表 4

受教育程度 年龄	15岁及以上人口			未婚		
	合计	男	女	小计	男	女
初　中	**237617**	**122081**	**115536**	**16064**	**11063**	**5001**
15-19岁	**5452**	**3036**	**2416**	**5424**	**3030**	**2394**
15	3238	1741	1497	3238	1741	1497
16	951	527	424	950	527	423
17	405	242	163	404	241	163
18	431	258	173	423	257	166
19	427	268	159	409	264	145
20-24岁	**3619**	**2113**	**1506**	**2585**	**1767**	**818**
20	437	280	157	394	271	123
21	535	320	215	436	291	145
22	691	391	300	526	347	179
23	829	490	339	571	399	172
24	1127	632	495	658	459	199
25-29岁	**8850**	**4929**	**3921**	**2732**	**2056**	**676**
25	1337	755	582	649	470	179
26	1536	850	686	614	448	166
27	1778	970	808	536	406	130
28	1906	1086	820	494	393	101
29	2293	1268	1025	439	339	100
30-34岁	**19048**	**9892**	**9156**	**1987**	**1552**	**435**
30	3446	1859	1587	526	413	113
31	3539	1853	1686	476	376	100
32	3637	1879	1758	357	272	85
33	4215	2151	2064	363	276	87
34	4211	2150	2061	265	215	50
35-39岁	**25941**	**13276**	**12665**	**998**	**764**	**234**
35	4468	2275	2193	245	185	60
36	5104	2611	2493	217	167	50
37	5023	2569	2454	200	153	47
38	6132	3123	3009	200	146	54
39	5214	2698	2516	136	113	23
40-44岁	**26231**	**13247**	**12984**	**631**	**504**	**127**
40	5039	2476	2563	129	100	29
41	5200	2625	2575	131	104	27
42	5101	2589	2512	117	95	22
43	5047	2590	2457	120	96	24
44	5844	2967	2877	134	109	25
45-49岁	**33802**	**16938**	**16864**	**690**	**567**	**123**
45	6049	3078	2971	126	106	20
46	6677	3345	3332	143	119	24
47	6880	3435	3445	146	115	31
48	6993	3436	3557	144	114	30
49	7203	3644	3559	131	113	18
50-54岁	**32332**	**16368**	**15964**	**502**	**420**	**82**
50	7235	3639	3596	137	113	24
51	6440	3305	3135	111	94	17
52	7035	3556	3479	106	88	18
53	5464	2707	2757	78	61	17
54	6158	3161	2997	70	64	6
55-59岁	**27770**	**14160**	**13610**	**286**	**227**	**59**
55	6439	3220	3219	63	52	11
56	6268	3228	3040	63	49	14
57	6758	3468	3290	68	55	13
58	4973	2546	2427	52	41	11
59	3332	1698	1634	40	30	10
60-64岁	**19030**	**10004**	**9026**	**128**	**103**	**25**
60	4325	2211	2114	31	26	5
61	3641	1936	1705	19	17	2
62	3861	2069	1792	36	25	11
63	3700	1996	1704	24	21	3
64	3503	1792	1711	18	14	4
65岁及以上	**35542**	**18118**	**17424**	**101**	**73**	**28**

单位：人

有配偶			离婚			丧偶		
小计	男	女	小计	男	女	小计	男	女
199664	**102971**	**96693**	**10502**	**5320**	**5182**	**11387**	**2727**	**8660**
28	**6**	**22**						
1		1						
1	1							
8	1	7						
18	4	14						
1025	**344**	**681**	**9**	**2**	**7**			
43	9	34						
98	29	69	1		1			
165	44	121						
258	91	167						
461	171	290	8	2	6			
5967	**2798**	**3169**	**147**	**74**	**73**	**4**	**1**	**3**
678	279	399	10	6	4			
904	392	512	17	10	7	1		1
1201	548	653	40	16	24	1		1
1380	679	701	32	14	18			
1804	900	904	48	28	20	2	1	1
16368	**7991**	**8377**	**669**	**347**	**322**	**24**	**2**	**22**
2819	1386	1433	99	59	40	2	1	1
2951	1418	1533	107	58	49	5	1	4
3155	1540	1615	122	67	55	3		3
3685	1799	1886	160	76	84	7		7
3758	1848	1910	181	87	94	7		7
23643	**11839**	**11804**	**1226**	**658**	**568**	**74**	**15**	**59**
4025	1979	2046	192	108	84	6	3	3
4625	2309	2316	250	133	117	12	2	10
4576	2292	2284	233	120	113	14	4	10
5607	2808	2799	304	166	138	21	3	18
4810	2451	2359	247	131	116	21	3	18
24009	**11972**	**12037**	**1432**	**745**	**687**	**159**	**26**	**133**
4634	2243	2391	257	129	128	19	4	15
4763	2366	2397	275	148	127	31	7	24
4682	2351	2331	267	140	127	35	3	32
4614	2349	2265	282	140	142	31	5	26
5316	2663	2653	351	188	163	43	7	36
30669	**15341**	**15328**	**2019**	**963**	**1056**	**424**	**67**	**357**
5529	2803	2726	324	158	166	70	11	59
6055	3036	3019	405	179	226	74	11	63
6233	3105	3128	420	200	220	81	15	66
6307	3084	3223	450	226	224	92	12	80
6545	3313	3232	420	200	220	107	18	89
28903	**14759**	**14144**	**2069**	**1029**	**1040**	**858**	**160**	**698**
6517	3287	3230	444	213	231	137	26	111
5743	2971	2772	437	215	222	149	25	124
6272	3190	3082	466	236	230	191	42	149
4876	2441	2435	340	170	170	170	35	135
5495	2870	2625	382	195	187	211	32	179
24652	**12897**	**11755**	**1576**	**807**	**769**	**1256**	**229**	**1027**
5730	2922	2808	396	206	190	250	40	210
5586	2941	2645	362	187	175	257	51	206
6005	3173	2832	355	178	177	330	62	268
4396	2309	2087	283	144	139	242	52	190
2935	1552	1383	180	92	88	177	24	153
16796	**9212**	**7584**	**777**	**414**	**363**	**1329**	**275**	**1054**
3824	2028	1796	206	102	104	264	55	209
3239	1784	1455	159	90	69	224	45	179
3399	1905	1494	171	94	77	255	45	210
3268	1840	1428	118	63	55	290	72	218
3066	1655	1411	123	65	58	296	58	238
27604	**15812**	**11792**	**578**	**281**	**297**	**7259**	**1952**	**5307**

5-3a 续表 5

受教育程度 年　　龄	15岁及以上人口 合计	男	女	未婚 小计	男	女
高　中	**174388**	**88652**	**85736**	**38389**	**21687**	**16702**
15-19岁	**25788**	**13173**	**12615**	**25760**	**13162**	**12598**
15	4698	2253	2445	4698	2253	2445
16	8513	4296	4217	8512	4296	4216
17	6841	3506	3335	6840	3505	3335
18	4360	2327	2033	4354	2325	2029
19	1376	791	585	1356	783	573
20-24岁	**5397**	**3154**	**2243**	**4440**	**2844**	**1596**
20	992	585	407	965	584	381
21	834	475	359	754	458	296
22	1017	604	413	863	555	308
23	1158	672	486	902	591	311
24	1396	818	578	956	656	300
25-29岁	**9919**	**5423**	**4496**	**3863**	**2679**	**1184**
25	1578	859	719	924	619	305
26	1824	1014	810	869	599	270
27	1904	1024	880	808	562	246
28	2212	1220	992	692	477	215
29	2401	1306	1095	570	422	148
30-34岁	**15404**	**7973**	**7431**	**2143**	**1536**	**607**
30	3171	1646	1525	614	419	195
31	3278	1711	1567	526	396	130
32	2967	1490	1477	397	260	137
33	3215	1661	1554	334	254	80
34	2773	1465	1308	272	207	65
35-39岁	**14476**	**7299**	**7177**	**837**	**562**	**275**
35	2562	1317	1245	191	123	68
36	2799	1429	1370	158	118	40
37	2775	1394	1381	177	122	55
38	3392	1658	1734	172	108	64
39	2948	1501	1447	139	91	48
40-44岁	**15684**	**7668**	**8016**	**467**	**327**	**140**
40	2942	1456	1486	113	79	34
41	3117	1531	1586	102	71	31
42	3100	1499	1601	89	59	30
43	3010	1467	1543	85	58	27
44	3515	1715	1800	78	60	18
45-49岁	**20204**	**10048**	**10156**	**414**	**283**	**131**
45	3621	1735	1886	80	58	22
46	4094	2054	2040	86	55	31
47	4230	2127	2103	89	64	25
48	4110	2040	2070	87	60	27
49	4149	2092	2057	72	46	26
50-54岁	**19040**	**9499**	**9541**	**249**	**163**	**86**
50	4595	2316	2279	72	45	27
51	4011	2005	2006	53	39	14
52	4089	2061	2028	62	36	26
53	3055	1504	1551	31	17	14
54	3290	1613	1677	31	26	5
55-59岁	**19232**	**9148**	**10084**	**114**	**66**	**48**
55	3603	1792	1811	20	11	9
56	4175	1941	2234	30	18	12
57	4870	2357	2513	31	20	11
58	3764	1760	2004	15	8	7
59	2820	1298	1522	18	9	9
60-64岁	**15320**	**7675**	**7645**	**60**	**37**	**23**
60	3616	1759	1857	15	8	7
61	3084	1555	1529	20	13	7
62	3020	1517	1503	7	4	3
63	3108	1602	1506	12	8	4
64	2492	1242	1250	6	4	2
65岁及以上	**13924**	**7592**	**6332**	**42**	**28**	**14**

单位：人

有配偶			离婚			丧偶		
小计	男	女	小计	男	女	小计	男	女
123926	**62836**	**61090**	**6940**	**2912**	**4028**	**5133**	**1217**	**3916**
27	**10**	**17**	**1**	**1**				
1		1						
1	1							
6	2	4						
19	7	12	1	1				
944	**304**	**640**	**13**	**6**	**7**			
27	1	26						
77	17	60	3		3			
153	49	104	1		1			
256	81	175						
431	156	275	9	6	3			
5935	**2696**	**3239**	**118**	**48**	**70**	**3**		**3**
646	238	408	8	2	6			
935	410	525	20	5	15			
1069	452	617	26	10	16	1		1
1494	734	760	26	9	17			
1791	862	929	38	22	16	2		2
12704	**6191**	**6513**	**548**	**246**	**302**	**9**		**9**
2476	1197	1279	80	30	50	1		1
2656	1280	1376	95	35	60	1		1
2459	1181	1278	110	49	61	1		1
2743	1349	1394	135	58	77	3		3
2370	1184	1186	128	74	54	3		3
12858	**6378**	**6480**	**747**	**352**	**395**	**34**	**7**	**27**
2256	1134	1122	114	59	55	1	1	
2508	1250	1258	130	61	69	3		3
2441	1208	1233	151	62	89	6	2	4
3030	1471	1559	179	77	102	11	2	9
2623	1315	1308	173	93	80	13	2	11
14168	**6903**	**7265**	**979**	**426**	**553**	**70**	**12**	**58**
2644	1295	1349	176	80	96	9	2	7
2815	1374	1441	188	84	104	12	2	10
2801	1354	1447	197	84	113	13	2	11
2713	1322	1391	196	82	114	16	5	11
3195	1558	1637	222	96	126	20	1	19
18190	**9153**	**9037**	**1372**	**580**	**792**	**228**	**32**	**196**
3295	1583	1712	223	91	132	23	3	20
3713	1888	1825	259	106	153	36	5	31
3817	1928	1889	274	123	151	50	12	38
3641	1829	1812	326	147	179	56	4	52
3724	1925	1799	290	113	177	63	8	55
16992	**8710**	**8282**	**1301**	**541**	**760**	**498**	**85**	**413**
4090	2104	1986	351	154	197	82	13	69
3592	1835	1757	276	118	158	90	13	77
3649	1896	1753	268	108	160	110	21	89
2724	1387	1337	206	82	124	94	18	76
2937	1488	1449	200	79	121	122	20	102
17242	**8550**	**8692**	**1036**	**401**	**635**	**840**	**131**	**709**
3239	1660	1579	219	95	124	125	26	99
3769	1824	1945	229	80	149	147	19	128
4327	2193	2134	270	106	164	242	38	204
3376	1662	1714	197	68	129	176	22	154
2531	1211	1320	121	52	69	150	26	124
13679	**7225**	**6454**	**585**	**214**	**371**	**996**	**199**	**797**
3247	1652	1595	160	55	105	194	44	150
2735	1442	1293	126	54	72	203	46	157
2695	1437	1258	117	38	79	201	38	163
2775	1514	1261	115	43	72	206	37	169
2227	1180	1047	67	24	43	192	34	158
11187	**6716**	**4471**	**240**	**97**	**143**	**2455**	**751**	**1704**

5−3a 续表 6

受教育程度 年 龄	15岁及以上人口			未 婚		
	合计	男	女	小计	男	女
大学专科	**136124**	**71035**	**65089**	**37772**	**21270**	**16502**
15−19岁	**6521**	**3406**	**3115**	**6515**	**3403**	**3112**
15	93	47	46	93	47	46
16	245	129	116	244	128	116
17	428	231	197	428	231	197
18	1866	994	872	1864	992	872
19	3889	2005	1884	3886	2005	1881
20−24岁	**18164**	**9425**	**8739**	**16971**	**9062**	**7909**
20	4635	2457	2178	4619	2453	2166
21	3620	1899	1721	3566	1885	1681
22	3208	1661	1547	3067	1626	1441
23	3180	1652	1528	2849	1558	1291
24	3521	1756	1765	2870	1540	1330
25−29岁	**19818**	**10041**	**9777**	**9151**	**5537**	**3614**
25	3833	1964	1869	2625	1523	1102
26	3638	1815	1823	2156	1235	921
27	3970	2006	1964	1812	1120	692
28	4197	2123	2074	1451	928	523
29	4180	2133	2047	1107	731	376
30−34岁	**25448**	**12805**	**12643**	**3589**	**2338**	**1251**
30	5744	2940	2804	1186	774	412
31	5551	2767	2784	895	582	313
32	4980	2467	2513	647	429	218
33	4937	2502	2435	476	318	158
34	4236	2129	2107	385	235	150
35−39岁	**15927**	**8091**	**7836**	**896**	**588**	**308**
35	3399	1729	1670	261	170	91
36	3537	1799	1738	204	125	79
37	3049	1545	1504	164	109	55
38	3303	1696	1607	166	117	49
39	2639	1322	1317	101	67	34
40−44岁	**11043**	**5638**	**5405**	**294**	**154**	**140**
40	2328	1193	1135	72	38	34
41	2224	1166	1058	66	35	31
42	2234	1113	1121	59	33	26
43	2039	1027	1012	44	23	21
44	2218	1139	1079	53	25	28
45−49岁	**11177**	**5754**	**5423**	**186**	**104**	**82**
45	2161	1077	1084	38	21	17
46	2271	1194	1077	43	28	15
47	2323	1200	1123	38	18	20
48	2284	1170	1114	40	21	19
49	2138	1113	1025	27	16	11
50−54岁	**8959**	**4708**	**4251**	**94**	**52**	**42**
50	2259	1189	1070	35	16	19
51	1865	947	918	23	9	14
52	1893	992	901	18	13	5
53	1365	767	598	6	3	3
54	1577	813	764	12	11	1
55−59岁	**7992**	**4432**	**3560**	**36**	**15**	**21**
55	1570	861	709	10	3	7
56	1863	1005	858	10	4	6
57	2091	1164	927	9	5	4
58	1484	821	663	6	3	3
59	984	581	403	1		1
60−64岁	**4789**	**2781**	**2008**	**26**	**11**	**15**
60	1149	666	483	7	5	2
61	822	476	346	4	2	2
62	904	517	387	4	1	3
63	948	564	384	4	1	3
64	966	558	408	7	2	5
65岁及以上	**6286**	**3954**	**2332**	**14**	**6**	**8**

单位：人

有配偶			离婚			丧偶		
小计	男	女	小计	男	女	小计	男	女
93112	**47880**	**45232**	**3660**	**1429**	**2231**	**1580**	**456**	**1124**
6	**3**	**3**						
1	1							
2	2							
3		3						
1186	**362**	**824**	**7**	**1**	**6**			
16	4	12						
53	14	39	1		1			
141	35	106						
330	94	236	1		1			
646	215	431	5	1	4			
10523	**4446**	**6077**	**143**	**58**	**85**	**1**		**1**
1197	436	761	11	5	6			
1466	571	895	16	9	7			
2132	879	1253	26	7	19			
2707	1177	1530	39	18	21			
3021	1383	1638	51	19	32	1		1
21274	**10226**	**11048**	**563**	**239**	**324**	**22**	**2**	**20**
4477	2136	2341	79	29	50	2	1	1
4560	2147	2413	92	38	54	4		4
4206	1979	2227	121	59	62	6		6
4305	2124	2181	150	60	90	6		6
3726	1840	1886	121	53	68	4	1	3
14333	**7206**	**7127**	**666**	**291**	**375**	**32**	**6**	**26**
3001	1495	1506	131	63	68	6	1	5
3190	1612	1578	137	61	76	6	1	5
2742	1379	1363	135	56	79	8	1	7
2972	1513	1459	157	64	93	8	2	6
2428	1207	1221	106	47	59	4	1	3
10164	**5251**	**4913**	**541**	**225**	**316**	**44**	**8**	**36**
2138	1108	1030	110	47	63	8		8
2051	1102	949	101	28	73	6	1	5
2048	1030	1018	118	48	70	9	2	7
1886	952	934	102	50	52	7	2	5
2041	1059	982	110	52	58	14	3	11
10313	**5426**	**4887**	**610**	**214**	**396**	**68**	**10**	**58**
2001	1020	981	110	34	76	12	2	10
2094	1120	974	126	46	80	8		8
2140	1133	1007	133	46	87	12	3	9
2090	1098	992	131	48	83	23	3	20
1988	1055	933	110	40	70	13	2	11
8220	**4459**	**3761**	**496**	**170**	**326**	**149**	**27**	**122**
2052	1121	931	138	47	91	34	5	29
1705	893	812	105	40	65	32	5	27
1737	939	798	109	35	74	29	5	24
1277	737	540	66	24	42	16	3	13
1449	769	680	78	24	54	38	9	29
7376	**4244**	**3132**	**364**	**126**	**238**	**216**	**47**	**169**
1453	831	622	71	21	50	36	6	30
1711	959	752	84	27	57	58	15	43
1943	1110	833	93	38	55	46	11	35
1355	784	571	73	24	49	50	10	40
914	560	354	43	16	27	26	5	21
4371	**2659**	**1712**	**165**	**57**	**108**	**227**	**54**	**173**
1061	637	424	39	12	27	42	12	30
755	454	301	31	14	17	32	6	26
815	490	325	35	15	20	50	11	39
864	543	321	31	8	23	49	12	37
876	535	341	29	8	21	54	13	41
5346	**3598**	**1748**	**105**	**48**	**57**	**821**	**302**	**519**

5−3a 续表 7

受教育程度 年 龄	15岁及以上人口			未 婚		
	合计	男	女	小计	男	女
大学本科	**124474**	**60498**	**63976**	**44405**	**20693**	**23712**
15−19岁	**6163**	**2681**	**3482**	**6160**	**2680**	**3480**
15	4	1	3	4	1	3
16	11	4	7	11	4	7
17	204	77	127	204	77	127
18	1744	750	994	1743	750	993
19	4200	1849	2351	4198	1848	2350
20−24岁	**22445**	**9852**	**12593**	**22003**	**9709**	**12294**
20	5422	2378	3044	5420	2376	3044
21	5068	2225	2843	5048	2217	2831
22	4651	2022	2629	4619	2011	2608
23	3789	1670	2119	3688	1635	2053
24	3515	1557	1958	3228	1470	1758
25−29岁	**20012**	**8967**	**11045**	**11082**	**5471**	**5611**
25	3764	1648	2116	3104	1437	1667
26	3845	1686	2159	2640	1252	1388
27	4044	1804	2240	2267	1131	1136
28	4363	1987	2376	1827	1010	817
29	3996	1842	2154	1244	641	603
30−34岁	**24230**	**11468**	**12762**	**3741**	**2083**	**1658**
30	5337	2483	2854	1303	723	580
31	5147	2389	2758	942	522	420
32	4665	2184	2481	631	338	293
33	4858	2394	2464	511	294	217
34	4223	2018	2205	354	206	148
35−39岁	**17647**	**8706**	**8941**	**969**	**527**	**442**
35	3790	1849	1941	289	163	126
36	3875	1931	1944	219	129	90
37	3465	1721	1744	176	95	81
38	3721	1840	1881	183	89	94
39	2796	1365	1431	102	51	51
40−44岁	**9540**	**4868**	**4672**	**233**	**127**	**106**
40	2315	1190	1125	75	39	36
41	2000	1031	969	45	29	16
42	1953	976	977	48	23	25
43	1552	782	770	39	20	19
44	1720	889	831	26	16	10
45−49岁	**8192**	**4212**	**3980**	**97**	**53**	**44**
45	1626	839	787	23	14	9
46	1663	849	814	25	13	12
47	1657	855	802	25	13	12
48	1609	805	804	13	7	6
49	1637	864	773	11	6	5
50−54岁	**6354**	**3421**	**2933**	**60**	**21**	**39**
50	1703	908	795	23	7	16
51	1342	698	644	7	3	4
52	1363	727	636	17	6	11
53	936	517	419	6		6
54	1010	571	439	7	5	2
55−59岁	**4697**	**2882**	**1815**	**37**	**17**	**20**
55	1038	601	437	7	3	4
56	1132	703	429	5	3	2
57	1220	757	463	9	5	4
58	788	468	320	9	4	5
59	519	353	166	7	2	5
60−64岁	**2164**	**1400**	**764**	**11**	**3**	**8**
60	572	360	212	2	1	1
61	381	260	121	2	2	
62	398	260	138	1		1
63	432	274	158	3		3
64	381	246	135	3		3
65岁及以上	**3030**	**2041**	**989**	**12**	**2**	**10**

单位：人

有配偶			离　婚			丧　偶		
小计	男	女	小计	男	女	小计	男	女
77213	**38843**	**38370**	**2120**	**730**	**1390**	**736**	**232**	**504**
3	**1**	**2**						
1		1						
2	1	1						
438	**142**	**296**	**4**	**1**	**3**			
2	2							
19	7	12	1	1				
32	11	21						
100	35	65	1		1			
285	87	198	2		2			
8874	**3476**	**5398**	**56**	**20**	**36**			
659	211	448	1		1			
1199	434	765	6		6			
1772	670	1102	5	3	2			
2513	970	1543	23	7	16			
2731	1191	1540	21	10	11			
20110	**9238**	**10872**	**365**	**144**	**221**	**14**	**3**	**11**
3992	1744	2248	41	16	25	1		1
4130	1840	2290	73	27	46	2		2
3965	1820	2145	69	26	43			
4267	2073	2194	79	27	52	1		1
3756	1761	1995	103	48	55	10	3	7
16145	**7996**	**8149**	**509**	**174**	**335**	**24**	**9**	**15**
3388	1654	1734	112	31	81	1	1	
3547	1762	1785	105	37	68	4	3	1
3194	1593	1601	91	32	59	4	1	3
3416	1703	1713	113	45	68	9	3	6
2600	1284	1316	88	29	59	6	1	5
8925	**4624**	**4301**	**354**	**112**	**242**	**28**	**5**	**23**
2153	1124	1029	80	26	54	7	1	6
1877	976	901	74	26	48	4		4
1821	924	897	76	27	49	8	2	6
1448	746	702	62	15	47	3	1	2
1626	854	772	62	18	44	6	1	5
7726	**4046**	**3680**	**318**	**107**	**211**	**51**	**6**	**45**
1528	797	731	67	28	39	8		8
1566	810	756	61	25	36	11	1	10
1561	819	742	63	22	41	8	1	7
1521	778	743	65	17	48	10	3	7
1550	842	708	62	15	47	14	1	13
5980	**3325**	**2655**	**239**	**62**	**177**	**75**	**13**	**62**
1604	884	720	66	15	51	10	2	8
1271	682	589	45	12	33	19	1	18
1268	703	565	60	16	44	18	2	16
886	504	382	34	9	25	10	4	6
951	552	399	34	10	24	18	4	14
4397	**2788**	**1609**	**171**	**60**	**111**	**92**	**17**	**75**
975	583	392	37	14	23	19	1	18
1063	682	381	48	17	31	16	1	15
1145	733	412	43	12	31	23	7	16
726	445	281	29	12	17	24	7	17
488	345	143	14	5	9	10	1	9
2035	**1360**	**675**	**60**	**26**	**34**	**58**	**11**	**47**
541	351	190	18	5	13	11	3	8
360	252	108	12	5	7	7	1	6
377	252	125	10	5	5	10	3	7
396	265	131	13	6	7	20	3	17
361	240	121	7	5	2	10	1	9
2580	**1847**	**733**	**44**	**24**	**20**	**394**	**168**	**226**

5-3a 续表 8

受教育程度 年龄	15岁及以上人口			未婚		
	合计	男	女	小计	男	女
硕士研究生	**11484**	**4975**	**6509**	**3852**	**1451**	**2401**
15-19岁	**2**		**2**	**1**		**1**
15						
16						
17						
18						
19	2		2	1		1
20-24岁	**1358**	**502**	**856**	**1350**	**502**	**848**
20	1		1	1		1
21	30	6	24	29	6	23
22	228	87	141	228	87	141
23	497	168	329	494	168	326
24	602	241	361	598	241	357
25-29岁	**2426**	**811**	**1615**	**1831**	**657**	**1174**
25	616	205	411	582	196	386
26	530	192	338	477	179	298
27	449	133	316	332	108	224
28	411	138	273	263	100	163
29	420	143	277	177	74	103
30-34岁	**2578**	**972**	**1606**	**480**	**207**	**273**
30	564	194	370	171	72	99
31	541	206	335	124	51	73
32	479	184	295	70	32	38
33	516	202	314	63	30	33
34	478	186	292	52	22	30
35-39岁	**2332**	**1070**	**1262**	**148**	**70**	**78**
35	461	190	271	53	25	28
36	494	204	290	28	9	19
37	475	218	257	24	13	11
38	483	238	245	31	18	13
39	419	220	199	12	5	7
40-44岁	**1147**	**590**	**557**	**21**	**6**	**15**
40	319	154	165	7	4	3
41	243	128	115	5	1	4
42	227	117	110	5		5
43	176	85	91	4	1	3
44	182	106	76			
45-49岁	**751**	**428**	**323**	**9**	**5**	**4**
45	144	76	68	1		1
46	167	86	81	3	1	2
47	154	81	73			
48	158	97	61	2	2	
49	128	88	40	3	2	1
50-54岁	**435**	**273**	**162**	**7**	**2**	**5**
50	124	70	54	4	2	2
51	100	65	35			
52	93	61	32	2		2
53	59	38	21			
54	59	39	20	1		1
55-59岁	**321**	**225**	**96**	**3**	**1**	**2**
55	82	55	27	2		2
56	86	54	32			
57	78	60	18	1	1	
58	46	34	12			
59	29	22	7			
60-64岁	**71**	**52**	**19**	**2**	**1**	**1**
60	17	13	4	1		1
61	12	5	7			
62	12	8	4			
63	13	12	1	1	1	
64	17	14	3			
65岁及以上	**63**	**52**	**11**			

单位：人

有配偶			离婚			丧偶		
小计	男	女	小计	男	女	小计	男	女
7459	**3466**	**3993**	**147**	**47**	**100**	**26**	**11**	**15**
1		**1**						
1		1						
8		**8**						
1		1						
3		3						
4		4						
592	**153**	**439**	**3**	**1**	**2**			
33	8	25	1	1				
53	13	40						
117	25	92						
147	38	109	1		1			
242	69	173	1		1			
2076	**760**	**1316**	**21**	**5**	**16**	**1**		**1**
389	120	269	4	2	2			
414	155	259	3		3			
402	152	250	7		7			
449	170	279	4	2	2			
422	163	259	3	1	2	1		1
2132	**983**	**1149**	**49**	**16**	**33**	**3**	**1**	**2**
399	164	235	8	1	7	1		1
458	192	266	8	3	5			
433	196	237	17	8	9	1	1	
443	219	224	8	1	7	1		1
399	212	187	8	3	5			
1092	**574**	**518**	**32**	**10**	**22**	**2**		**2**
303	149	154	9	1	8			
237	126	111	1	1				
215	116	99	7	1	6			
164	79	85	7	5	2	1		1
173	104	69	8	2	6	1		1
717	**414**	**303**	**23**	**8**	**15**	**2**	**1**	**1**
139	76	63	4		4			
155	82	73	8	3	5	1		1
147	79	68	7	2	5			
152	92	60	3	2	1	1	1	
124	85	39	1	1				
413	**265**	**148**	**12**	**5**	**7**	**3**	**1**	**2**
116	67	49	4	1	3			
96	63	33	1	1		3	1	2
87	59	28	4	2	2			
57	37	20	2	1	1			
57	39	18	1		1			
307	**221**	**86**	**6**	**1**	**5**	**5**	**2**	**3**
77	55	22	2		2	1		1
83	53	30	2	1	1	1		1
75	57	18				2	2	
43	34	9	2		2	1		1
29	22	7						
68	**51**	**17**				**1**		**1**
16	13	3						
12	5	7						
12	8	4						
12	11	1						
16	14	2				1		1
53	**45**	**8**	**1**	**1**		**9**	**6**	**3**

5-3a 续表 9

受教育程度 年 龄	15岁及以上人口 合计	男	女	未婚 小计	男	女
博士研究生	**927**	**489**	**438**	**265**	**124**	**141**
15-19岁	**1**		**1**	**1**		**1**
15						
16						
17						
18						
19	1		1	1		1
20-24岁	**27**	**13**	**14**	**27**	**13**	**14**
20	1	1		1	1	
21	1	1		1	1	
22						
23	9	6	3	9	6	3
24	16	5	11	16	5	11
25-29岁	**182**	**78**	**104**	**157**	**69**	**88**
25	35	12	23	34	12	22
26	44	20	24	43	19	24
27	24	13	11	19	12	7
28	48	21	27	38	17	21
29	31	12	19	23	9	14
30-34岁	**177**	**85**	**92**	**57**	**28**	**29**
30	50	23	27	24	9	15
31	33	20	13	13	10	3
32	25	12	13	9	4	5
33	31	11	20	7	3	4
34	38	19	19	4	2	2
35-39岁	**187**	**96**	**91**	**14**	**8**	**6**
35	24	13	11	2	1	1
36	28	16	12	3	1	2
37	46	19	27	2	1	1
38	47	26	21	6	4	2
39	42	22	20	1	1	
40-44岁	**139**	**82**	**57**	**5**	**3**	**2**
40	36	22	14	1		1
41	29	16	13			
42	35	19	16	2	1	1
43	17	8	9			
44	22	17	5	2	2	
45-49岁	**87**	**50**	**37**	**3**	**2**	**1**
45	22	10	12	2	1	1
46	18	9	9			
47	20	15	5	1	1	
48	16	8	8			
49	11	8	3			
50-54岁	**58**	**37**	**21**			
50	13	7	6			
51	15	10	5			
52	11	6	5			
53	9	6	3			
54	10	8	2			
55-59岁	**55**	**37**	**18**			
55	8	7	1			
56	18	9	9			
57	15	12	3			
58	8	3	5			
59	6	6				
60-64岁	**11**	**8**	**3**			
60	2	1	1			
61	4	3	1			
62	1	1				
63	3	3				
64	1		1			
65岁及以上	**3**	**3**		**1**	**1**	

单位：人

有配偶			离　婚			丧　偶		
小计	男	女	小计	男	女	小计	男	女
644	**360**	**284**	**13**	**3**	**10**	**5**	**2**	**3**
25	**9**	**16**						
1		1						
1	1							
5	1	4						
10	4	6						
8	3	5						
118	**56**	**62**	**2**	**1**	**1**			
26	14	12						
20	10	10						
16	8	8						
24	8	16						
32	16	16	2	1	1			
169	**87**	**82**	**4**	**1**	**3**			
22	12	10						
25	15	10						
43	18	25	1		1			
40	21	19	1	1				
39	21	18	2		2			
133	**78**	**55**				**1**	**1**	
35	22	13						
29	16	13						
33	18	15						
17	8	9						
19	14	5				1	1	
78	**47**	**31**	**5**	**1**	**4**	**1**		**1**
18	9	9	2		2			
16	8	8	2	1	1			
19	14	5						
15	8	7	1		1			
10	8	2				1		1
57	**37**	**20**				**1**		**1**
12	7	5				1		1
15	10	5						
11	6	5						
9	6	3						
10	8	2						
52	**37**	**15**	**2**		**2**	**1**		**1**
8	7	1						
18	9	9						
13	12	1	1		1	1		1
7	3	4	1		1			
6	6							
10	**7**	**3**				**1**	**1**	
2	1	1						
4	3	1						
1	1							
2	2					1	1	
1		1						
2	**2**							

5－3b 全区分年龄、性别、受教育

受教育程度 / 年龄	15岁及以上人口			未婚		
	合计	男	女	小计	男	女
总 计	**549666**	**276033**	**273633**	**78888**	**45882**	**33006**
15－19岁	**30848**	**15859**	**14989**	**30772**	**15847**	**14925**
15	7084	3647	3437	7083	3647	3436
16	8335	4240	4095	8335	4240	4095
17	6684	3405	3279	6681	3404	3277
18	5008	2633	2375	4981	2630	2351
19	3737	1934	1803	3692	1926	1766
20－24岁	**23436**	**11761**	**11675**	**19921**	**10651**	**9270**
20	3734	1906	1828	3600	1883	1717
21	3765	1894	1871	3524	1837	1687
22	4553	2271	2282	4073	2132	1941
23	5316	2613	2703	4360	2331	2029
24	6068	3077	2991	4364	2468	1896
25－29岁	**41796**	**20929**	**20867**	**14966**	**9373**	**5593**
25	7099	3527	3572	4294	2503	1791
26	7449	3657	3792	3463	2118	1345
27	8215	4117	4098	2864	1813	1051
28	9189	4642	4547	2456	1634	822
29	9844	4986	4858	1889	1305	584
30－34岁	**64645**	**32669**	**31976**	**6110**	**4236**	**1874**
30	13390	6733	6657	1937	1276	661
31	13301	6664	6637	1454	1011	443
32	12486	6391	6095	1101	783	318
33	13393	6794	6599	945	680	265
34	12075	6087	5988	673	486	187
35－39岁	**59202**	**30263**	**28939**	**2201**	**1627**	**574**
35	11144	5592	5552	532	375	157
36	12440	6404	6036	509	381	128
37	11155	5691	5464	406	310	96
38	13066	6740	6326	417	305	112
39	11397	5836	5561	337	256	81
40－44岁	**52233**	**26787**	**25446**	**1220**	**957**	**263**
40	10546	5457	5089	289	221	68
41	10870	5565	5305	283	226	57
42	10227	5180	5047	215	162	53
43	9534	4890	4644	213	170	43
44	11056	5695	5361	220	178	42
45－49岁	**62964**	**32296**	**30668**	**1151**	**946**	**205**
45	11645	5981	5664	229	187	42
46	12689	6470	6219	242	195	47
47	12568	6464	6104	242	195	47
48	12792	6558	6234	228	190	38
49	13270	6823	6447	210	179	31
50－54岁	**58671**	**30249**	**28422**	**870**	**740**	**130**
50	13705	7088	6617	243	203	40
51	11676	6071	5605	154	134	20
52	12905	6576	6329	195	156	39
53	9702	5019	4683	124	108	16
54	10683	5495	5188	154	139	15
55－59岁	**48862**	**24672**	**24190**	**542**	**474**	**68**
55	10712	5537	5175	113	94	19
56	10904	5573	5331	147	132	15
57	11676	5856	5820	132	119	13
58	9270	4567	4703	92	78	14
59	6300	3139	3161	58	51	7
60－64岁	**37100**	**18286**	**18814**	**398**	**361**	**37**
60	8145	4075	4070	85	78	7
61	6939	3449	3490	77	67	10
62	7401	3602	3799	69	63	6
63	7708	3832	3876	81	73	8
64	6907	3328	3579	86	80	6
65岁及以上	**69909**	**32262**	**37647**	**737**	**670**	**67**

程度、婚姻状况的人口(镇)

单位：人

有配偶			离婚			丧偶		
小计	男	女	小计	男	女	小计	男	女
425245	**215228**	**210017**	**17069**	**8650**	**8419**	**28464**	**6273**	**22191**
76	**12**	**64**						
1		1						
3	1	2						
27	3	24						
45	8	37						
3470	**1097**	**2373**	**43**	**13**	**30**	**2**		**2**
133	23	110	1		1			
239	56	183	1	1		1		1
473	135	338	7	4	3			
941	281	660	15	1	14			
1684	602	1082	19	7	12	1		1
26315	**11318**	**14997**	**502**	**235**	**267**	**13**	**3**	**10**
2762	1007	1755	42	17	25	1		1
3930	1512	2418	56	27	29			
5254	2264	2990	95	39	56	2	1	1
6583	2938	3645	145	68	77	5	2	3
7786	3597	4189	164	84	80	5		5
56380	**27402**	**28978**	**2075**	**1018**	**1057**	**80**	**13**	**67**
11146	5311	5835	302	145	157	5	1	4
11440	5459	5981	395	192	203	12	2	10
10912	5374	5538	457	231	226	16	3	13
11967	5889	6078	463	222	241	18	3	15
10915	5369	5546	458	228	230	29	4	25
54141	**27265**	**26876**	**2685**	**1339**	**1346**	**175**	**32**	**143**
10124	4966	5158	468	250	218	20	1	19
11309	5728	5581	573	288	285	49	7	42
10236	5123	5113	489	253	236	24	5	19
12006	6134	5872	598	290	308	45	11	34
10466	5314	5152	557	258	299	37	8	29
47939	**24434**	**23505**	**2701**	**1327**	**1374**	**373**	**69**	**304**
9674	4971	4703	522	251	271	61	14	47
9935	5045	4890	596	285	311	56	9	47
9400	4759	4641	533	247	286	79	12	67
8753	4436	4317	500	268	232	68	16	52
10177	5223	4954	550	276	274	109	18	91
57797	**29639**	**28158**	**3172**	**1565**	**1607**	**844**	**146**	**698**
10705	5502	5203	599	265	334	112	27	85
11642	5935	5707	661	318	343	144	22	122
11501	5909	5592	650	330	320	175	30	145
11738	6014	5724	645	328	317	181	26	155
12211	6279	5932	617	324	293	232	41	191
53628	**27822**	**25806**	**2648**	**1399**	**1249**	**1525**	**288**	**1237**
12574	6505	6069	629	326	303	259	54	205
10727	5588	5139	557	300	257	238	49	189
11771	6039	5732	606	318	288	333	63	270
8834	4622	4212	446	238	208	298	51	247
9722	5068	4654	410	217	193	397	71	326
44211	**22812**	**21399**	**1750**	**916**	**834**	**2359**	**470**	**1889**
9741	5126	4615	440	236	204	418	81	337
9866	5131	4735	419	215	204	472	95	377
10540	5414	5126	416	203	213	588	120	468
8369	4225	4144	306	167	139	503	97	406
5695	2916	2779	169	95	74	378	77	301
32529	**16765**	**15764**	**838**	**453**	**385**	**3335**	**707**	**2628**
7205	3743	3462	258	140	118	597	114	483
6166	3188	2978	152	85	67	544	109	435
6480	3317	3163	167	88	79	685	134	551
6732	3505	3227	139	76	63	756	178	578
5946	3012	2934	122	64	58	753	172	581
48759	**26662**	**22097**	**655**	**385**	**270**	**19758**	**4545**	**15213**

5-3b 续表 1

受教育程度	15岁及以上人口			未婚		
年龄	合计	男	女	小计	男	女
未上过学	**16006**	**3691**	**12315**	**1107**	**923**	**184**
15-19岁	**43**	**26**	**17**	**42**	**26**	**16**
15	6	4	2	6	4	2
16	9	7	2	9	7	2
17	9	6	3	9	6	3
18	8	3	5	8	3	5
19	11	6	5	10	6	4
20-24岁	**67**	**36**	**31**	**62**	**36**	**26**
20	16	12	4	16	12	4
21	5	3	2	5	3	2
22	20	10	10	18	10	8
23	10	6	4	10	6	4
24	16	5	11	13	5	8
25-29岁	**100**	**56**	**44**	**77**	**51**	**26**
25	22	14	8	20	14	6
26	16	11	5	12	10	2
27	20	11	9	15	10	5
28	23	10	13	17	9	8
29	19	10	9	13	8	5
30-34岁	**157**	**70**	**87**	**88**	**58**	**30**
30	30	12	18	19	11	8
31	36	18	18	24	16	8
32	22	9	13	7	6	1
33	34	16	18	19	12	7
34	35	15	20	19	13	6
35-39岁	**229**	**100**	**129**	**83**	**69**	**14**
35	36	21	15	18	17	1
36	44	19	25	17	14	3
37	39	17	22	11	10	1
38	46	19	27	18	14	4
39	64	24	40	19	14	5
40-44岁	**343**	**124**	**219**	**75**	**62**	**13**
40	58	20	38	15	12	3
41	51	25	26	18	16	2
42	69	27	42	14	12	2
43	67	31	36	16	14	2
44	98	21	77	12	8	4
45-49岁	**760**	**235**	**525**	**113**	**96**	**17**
45	102	31	71	18	15	3
46	123	45	78	25	23	2
47	136	34	102	25	18	7
48	214	70	144	25	21	4
49	185	55	130	20	19	1
50-54岁	**905**	**296**	**609**	**125**	**110**	**15**
50	199	72	127	39	35	4
51	186	70	116	24	24	
52	197	56	141	25	19	6
53	150	47	103	16	14	2
54	173	51	122	21	18	3
55-59岁	**1096**	**228**	**868**	**75**	**69**	**6**
55	172	47	125	17	16	1
56	185	45	140	14	14	
57	256	50	206	22	20	2
58	258	45	213	12	11	1
59	225	41	184	10	8	2
60-64岁	**2275**	**401**	**1874**	**91**	**86**	**5**
60	330	57	273	18	17	1
61	372	64	308	18	16	2
62	481	78	403	19	18	1
63	539	100	439	20	20	
64	553	102	451	16	15	1
65岁及以上	**10031**	**2119**	**7912**	**276**	**260**	**16**

单位：人

有配偶			离婚			丧偶		
小计	男	女	小计	男	女	小计	男	女
9348	**2060**	**7288**	**242**	**112**	**130**	**5309**	**596**	**4713**
1		**1**						
1		1						
5		**5**						
2		2						
3		3						
21	**3**	**18**	**2**	**2**				
2		2						
3		3	1	1				
5	1	4						
5		5	1	1				
6	2	4						
66	**12**	**54**	**2**		**2**	**1**		**1**
11	1	10						
12	2	10						
14	3	11	1		1			
14	4	10	1		1			
15	2	13				1		1
128	**25**	**103**	**16**	**6**	**10**	**2**		**2**
18	4	14						
24	4	20	3	1	2			
24	6	18	3	1	2	1		1
25	4	21	2	1	1	1		1
37	7	30	8	3	5			
245	**50**	**195**	**18**	**12**	**6**	**5**		**5**
41	7	34	1	1		1		1
27	7	20	4	2	2	2		2
51	12	39	4	3	1			
45	13	32	6	4	2			
81	11	70	3	2	1	2		2
592	**119**	**473**	**36**	**16**	**20**	**19**	**4**	**15**
76	12	64	5	3	2	3	1	2
86	18	68	10	3	7	2	1	1
106	15	91	1		1	4	1	3
170	41	129	13	7	6	6	1	5
154	33	121	7	3	4	4		4
713	**166**	**547**	**31**	**14**	**17**	**36**	**6**	**30**
151	36	115	6	1	5	3		3
156	45	111	3	1	2	3		3
159	32	127	7	4	3	6	1	5
112	27	85	11	5	6	11	1	10
135	26	109	4	3	1	13	4	9
893	**135**	**758**	**28**	**15**	**13**	**100**	**9**	**91**
135	26	109	6	3	3	14	2	12
151	29	122	7	2	5	13		13
205	26	179	6	3	3	23	1	22
216	29	187	4	3	1	26	2	24
186	25	161	5	4	1	24	4	20
1778	**275**	**1503**	**49**	**24**	**25**	**357**	**16**	**341**
263	37	226	6	1	5	43	2	41
296	43	253	5	3	2	53	2	51
363	49	314	14	6	8	85	5	80
424	72	352	14	8	6	81		81
432	74	358	10	6	4	95	7	88
4906	**1275**	**3631**	**60**	**23**	**37**	**4789**	**561**	**4228**

5-3b 续表 2

受教育程度 年　　龄	15岁及以上人口			未　　婚		
	合计	男	女	小计	男	女
学前教育	**150**	**45**	**105**	**22**	**13**	**9**
15-19岁	**10**	**6**	**4**	**10**	**6**	**4**
15	6	3	3	6	3	3
16	4	3	1	4	3	1
17						
18						
19						
20-24岁	**6**	**2**	**4**	**6**	**2**	**4**
20	2	1	1	2	1	1
21	1		1	1		1
22	1		1	1		1
23	2	1	1	2	1	1
24						
25-29岁	**3**		**3**			
25	1		1			
26						
27	1		1			
28						
29	1		1			
30-34岁	**4**		**4**	**1**		**1**
30						
31	1		1			
32						
33	1		1			
34	2		2	1		1
35-39岁	**4**	**2**	**2**	**2**	**2**	
35	1	1		1	1	
36						
37						
38	1		1			
39	2	1	1	1	1	
40-44岁	**3**	**1**	**2**			
40						
41	1	1				
42	1		1			
43	1		1			
44						
45-49岁	**6**	**2**	**4**	**1**	**1**	
45	1	1		1	1	
46	1	1				
47	1		1			
48	2		2			
49	1		1			
50-54岁	**12**	**5**	**7**			
50	2		2			
51	3	2	1			
52	2	1	1			
53	1	1				
54	4	1	3			
55-59岁	**13**	**3**	**10**			
55						
56	5	2	3			
57	2		2			
58	4	1	3			
59	2		2			
60-64岁	**15**	**4**	**11**	**1**	**1**	
60	3		3			
61	2	1	1			
62	4		4			
63	1	1				
64	5	2	3	1	1	
65岁及以上	**74**	**20**	**54**	**1**	**1**	

单位：人

有配偶			离婚			丧偶		
小计	男	女	小计	男	女	小计	男	女
87	**24**	**63**				**41**	**8**	**33**
3		**3**						
1		1						
1		1						
1		1						
3		**3**						
1		1						
1		1						
1		1						
2		**2**						
1		1						
1		1						
3	**1**	**2**						
1	1							
1		1						
1		1						
4	**1**	**3**				**1**		**1**
1	1							
1		1						
2		2						
						1		1
12	**5**	**7**						
2		2						
3	2	1						
2	1	1						
1	1							
4	1	3						
12	**3**	**9**				**1**		**1**
4	2	2				1		1
2		2						
4	1	3						
2		2						
11	**3**	**8**				**3**		**3**
1		1				2		2
2	1	1						
4		4						
1	1							
3	1	2				1		1
37	**11**	**26**				**36**	**8**	**28**

5-3b 续表 3

受教育程度 年 龄	15岁及以上人口 合计	男	女	未婚 小计	男	女
小 学	**88296**	**36552**	**51744**	**2610**	**2223**	**387**
15-19岁	**142**	**69**	**73**	**128**	**67**	**61**
15	22	10	12	22	10	12
16	20	9	11	20	9	11
17	23	11	12	22	11	11
18	30	15	15	26	14	12
19	47	24	23	38	23	15
20-24岁	**379**	**201**	**178**	**237**	**168**	**69**
20	54	32	22	41	31	10
21	57	38	19	43	36	7
22	59	30	29	40	24	16
23	104	49	55	66	42	24
24	105	52	53	47	35	12
25-29岁	**1115**	**546**	**569**	**247**	**192**	**55**
25	130	77	53	50	40	10
26	165	83	82	55	39	16
27	218	97	121	47	36	11
28	259	122	137	51	40	11
29	343	167	176	44	37	7
30-34岁	**3887**	**1833**	**2054**	**279**	**229**	**50**
30	572	297	275	59	45	14
31	738	348	390	55	44	11
32	783	375	408	61	52	9
33	901	427	474	60	51	9
34	893	386	507	44	37	7
35-39岁	**5022**	**2313**	**2709**	**237**	**206**	**31**
35	818	376	442	47	42	5
36	889	445	444	44	38	6
37	929	403	526	34	28	6
38	1255	583	672	57	48	9
39	1131	506	625	55	50	5
40-44岁	**6423**	**2871**	**3552**	**214**	**200**	**14**
40	1112	513	599	44	41	3
41	1309	597	712	52	51	1
42	1250	541	709	32	29	3
43	1234	541	693	36	31	5
44	1518	679	839	50	48	2
45-49岁	**10024**	**4374**	**5650**	**272**	**238**	**34**
45	1719	762	957	47	43	4
46	1933	844	1089	45	38	7
47	2067	934	1133	64	56	8
48	2020	877	1143	61	53	8
49	2285	957	1328	55	48	7
50-54岁	**11229**	**4867**	**6362**	**275**	**251**	**24**
50	2360	1012	1348	62	59	3
51	2266	1014	1252	53	44	9
52	2579	1105	1474	63	56	7
53	1920	824	1096	50	47	3
54	2104	912	1192	47	45	2
55-59岁	**8968**	**3434**	**5534**	**193**	**181**	**12**
55	1961	783	1178	37	35	2
56	1939	807	1132	55	52	3
57	2077	777	1300	43	40	3
58	1728	635	1093	33	30	3
59	1263	432	831	25	24	1
60-64岁	**10423**	**3800**	**6623**	**175**	**166**	**9**
60	1865	702	1163	40	38	2
61	1717	614	1103	27	26	1
62	2057	712	1345	28	27	1
63	2454	909	1545	34	31	3
64	2330	863	1467	46	44	2
65岁及以上	**30684**	**12244**	**18440**	**353**	**325**	**28**

单位：人

有配偶			离　婚			丧　偶		
小计	男	女	小计	男	女	小计	男	女
70759	**30366**	**40393**	**2373**	**1300**	**1073**	**12554**	**2663**	**9891**
14	**2**	**12**						
1		1						
4	1	3						
9	1	8						
141	**33**	**108**	**1**		**1**			
13	1	12						
14	2	12						
19	6	13						
38	7	31						
57	17	40	1		1			
843	**343**	**500**	**24**	**11**	**13**	**1**		**1**
78	36	42	2	1	1			
108	43	65	2	1	1			
164	60	104	7	1	6			
204	80	124	4	2	2			
289	124	165	9	6	3	1		1
3441	**1520**	**1921**	**154**	**81**	**73**	**13**	**3**	**10**
495	242	253	17	10	7	1		1
654	286	368	25	17	8	4	1	3
681	301	380	38	21	17	3	1	2
805	363	442	36	13	23			
806	328	478	38	20	18	5	1	4
4546	**1981**	**2565**	**223**	**125**	**98**	**16**	**1**	**15**
735	309	426	36	25	11			
794	382	412	44	25	19	7		7
850	350	500	43	25	18	2		2
1136	506	630	59	29	30	3		3
1031	434	597	41	21	20	4	1	3
5847	**2499**	**3348**	**304**	**168**	**136**	**58**	**4**	**54**
1012	444	568	50	27	23	6	1	5
1183	508	675	70	38	32	4		4
1151	487	664	55	25	30	12		12
1127	471	656	59	38	21	12	1	11
1374	589	785	70	40	30	24	2	22
9125	**3844**	**5281**	**455**	**262**	**193**	**172**	**30**	**142**
1569	666	903	78	46	32	25	7	18
1761	748	1013	94	51	43	33	7	26
1870	814	1056	102	58	44	31	6	25
1831	767	1064	90	57	33	38		38
2094	849	1245	91	50	41	45	10	35
10099	**4311**	**5788**	**434**	**231**	**203**	**421**	**74**	**347**
2135	897	1238	100	49	51	63	7	56
2040	904	1136	91	50	41	82	16	66
2320	983	1337	104	51	53	92	15	77
1723	718	1005	75	43	32	72	16	56
1881	809	1072	64	38	26	112	20	92
7805	**2989**	**4816**	**296**	**157**	**139**	**674**	**107**	**567**
1731	688	1043	76	44	32	117	16	101
1698	696	1002	72	38	34	114	21	93
1793	675	1118	71	33	38	170	29	141
1494	552	942	44	24	20	157	29	128
1089	378	711	33	18	15	116	12	104
8739	**3302**	**5437**	**203**	**105**	**98**	**1306**	**227**	**1079**
1570	607	963	55	28	27	200	29	171
1446	536	910	37	19	18	207	33	174
1728	625	1103	45	23	22	256	37	219
2071	799	1272	40	20	20	309	59	250
1924	735	1189	26	15	11	334	69	265
20159	**9542**	**10617**	**279**	**160**	**119**	**9893**	**2217**	**7676**

5-3b 续表 4

受教育程度 年 龄	15岁及以上人口			未 婚		
	合计	男	女	小计	男	女
初 中	**202967**	**107536**	**95431**	**12895**	**9035**	**3860**
15-19岁	**5108**	**2833**	**2275**	**5068**	**2827**	**2241**
15	3034	1623	1411	3033	1623	1410
16	978	542	436	978	542	436
17	423	242	181	422	241	181
18	362	219	143	347	218	129
19	311	207	104	288	203	85
20-24岁	**3202**	**1815**	**1387**	**1855**	**1347**	**508**
20	343	202	141	278	193	85
21	448	255	193	323	217	106
22	595	333	262	380	263	117
23	794	454	340	420	326	94
24	1022	571	451	454	348	106
25-29岁	**9956**	**5178**	**4778**	**2018**	**1579**	**439**
25	1402	726	676	484	364	120
26	1617	850	767	456	354	102
27	1942	1014	928	380	296	84
28	2291	1195	1096	356	294	62
29	2704	1393	1311	342	271	71
30-34岁	**21273**	**10860**	**10413**	**1391**	**1138**	**253**
30	3856	1995	1861	363	295	68
31	4077	2101	1976	296	239	57
32	4080	2109	1971	277	229	48
33	4616	2314	2302	258	211	47
34	4644	2341	2303	197	164	33
35-39岁	**27920**	**14296**	**13624**	**790**	**644**	**146**
35	4688	2349	2339	163	130	33
36	5699	2911	2788	170	140	30
37	5393	2776	2617	161	138	23
38	6458	3362	3096	165	137	28
39	5682	2898	2784	131	99	32
40-44岁	**25590**	**13339**	**12251**	**551**	**451**	**100**
40	5171	2726	2445	128	105	23
41	5291	2739	2552	123	103	20
42	5057	2581	2476	102	78	24
43	4661	2441	2220	100	83	17
44	5410	2852	2558	98	82	16
45-49岁	**29979**	**15690**	**14289**	**514**	**438**	**76**
45	5637	2963	2674	105	92	13
46	6096	3147	2949	115	93	22
47	5929	3126	2803	100	86	14
48	6140	3206	2934	92	81	11
49	6177	3248	2929	102	86	16
50-54岁	**26484**	**14037**	**12447**	**331**	**288**	**43**
50	6312	3364	2948	86	70	16
51	5093	2716	2377	57	53	4
52	5688	3006	2682	75	62	13
53	4442	2347	2095	43	39	4
54	4949	2604	2345	70	64	6
55-59岁	**21403**	**11141**	**10262**	**206**	**177**	**29**
55	4996	2625	2371	46	38	8
56	5013	2595	2418	59	50	9
57	5107	2631	2476	48	44	4
58	3823	1996	1827	35	30	5
59	2464	1294	1170	18	15	3
60-64岁	**12501**	**6953**	**5548**	**92**	**83**	**9**
60	3008	1606	1402	17	16	1
61	2408	1341	1067	23	20	3
62	2442	1362	1080	14	14	
63	2466	1429	1037	20	17	3
64	2177	1215	962	18	16	2
65岁及以上	**19551**	**11394**	**8157**	**79**	**63**	**16**

单位：人

有配偶			离婚			丧偶		
小计	男	女	小计	男	女	小计	男	女
174826	**92028**	**82798**	**8207**	**4463**	**3744**	**7039**	**2010**	**5029**
40	**6**	**34**						
1		1						
1	1							
15	1	14						
23	4	19						
1320	**462**	**858**	**27**	**6**	**21**			
64	9	55	1		1			
124	37	87	1	1				
211	68	143	4	2	2			
364	128	236	10		10			
557	220	337	11	3	8			
7697	**3484**	**4213**	**235**	**113**	**122**	**6**	**2**	**4**
888	351	537	29	11	18	1		1
1131	483	648	30	13	17			
1521	702	819	39	15	24	2	1	1
1869	862	1007	65	38	27	1	1	
2288	1086	1202	72	36	36	2		2
18919	**9219**	**9700**	**932**	**500**	**432**	**31**	**3**	**28**
3361	1632	1729	129	67	62	3	1	2
3599	1769	1830	179	93	86	3		3
3595	1764	1831	203	116	87	5		5
4140	1990	2150	210	112	98	8	1	7
4224	2064	2160	211	112	99	12	1	11
25665	**12890**	**12775**	**1367**	**739**	**628**	**98**	**23**	**75**
4279	2083	2196	238	135	103	8	1	7
5224	2612	2612	277	154	123	28	5	23
4968	2494	2474	249	140	109	15	4	11
5959	3052	2907	309	165	144	25	8	17
5235	2649	2586	294	145	149	22	5	17
23478	**12134**	**11344**	**1362**	**711**	**651**	**199**	**43**	**156**
4741	2477	2264	268	134	134	34	10	24
4843	2484	2359	290	146	144	35	6	29
4636	2354	2282	273	141	132	46	8	38
4282	2211	2071	251	139	112	28	8	20
4976	2608	2368	280	151	129	56	11	45
27495	**14353**	**13142**	**1585**	**825**	**760**	**385**	**74**	**311**
5180	2723	2457	297	134	163	55	14	41
5599	2875	2724	325	169	156	57	10	47
5421	2852	2569	323	170	153	85	18	67
5650	2940	2710	325	173	152	73	12	61
5645	2963	2682	315	179	136	115	20	95
24112	**12832**	**11280**	**1347**	**776**	**571**	**694**	**141**	**553**
5765	3064	2701	327	194	133	134	36	98
4652	2473	2179	287	169	118	97	21	76
5154	2739	2415	302	170	132	157	35	122
4042	2163	1879	222	125	97	135	20	115
4499	2393	2106	209	118	91	171	29	142
19373	**10282**	**9091**	**839**	**458**	**381**	**985**	**224**	**761**
4542	2424	2118	226	123	103	182	40	142
4516	2390	2126	201	108	93	237	47	190
4617	2424	2193	203	103	100	239	60	179
3455	1846	1609	138	79	59	195	41	154
2243	1198	1045	71	45	26	132	36	96
11160	**6398**	**4762**	**302**	**193**	**109**	**947**	**279**	**668**
2696	1468	1228	106	71	35	189	51	138
2171	1246	925	49	31	18	165	44	121
2181	1263	918	56	34	22	191	51	140
2201	1311	890	41	27	14	204	74	130
1911	1110	801	50	30	20	198	59	139
15567	**9968**	**5599**	**211**	**142**	**69**	**3694**	**1221**	**2473**

5-3b 续表 5

受教育程度 年 龄	15岁及以上人口			未 婚		
	合计	男	女	小计	男	女
高 中	**107341**	**57996**	**49345**	**28244**	**15921**	**12323**
15-19岁	**21567**	**11007**	**10560**	**21549**	**11003**	**10546**
15	3987	1988	1999	3987	1988	1999
16	7259	3638	3621	7259	3638	3621
17	6005	3029	2976	6004	3029	2975
18	3295	1738	1557	3287	1737	1550
19	1021	614	407	1012	611	401
20-24岁	**3397**	**2040**	**1357**	**2515**	**1767**	**748**
20	571	356	215	533	347	186
21	528	346	182	455	334	121
22	630	387	243	496	356	140
23	728	405	323	487	337	150
24	940	546	394	544	393	151
25-29岁	**7354**	**4048**	**3306**	**2239**	**1714**	**525**
25	1098	634	464	555	414	141
26	1252	686	566	503	387	116
27	1413	795	618	430	333	97
28	1711	934	777	428	334	94
29	1880	999	881	323	246	77
30-34岁	**10936**	**5726**	**5210**	**1031**	**780**	**251**
30	2424	1235	1189	325	246	79
31	2349	1229	1120	246	189	57
32	2092	1099	993	193	141	52
33	2184	1180	1004	152	120	32
34	1887	983	904	115	84	31
35-39岁	**8660**	**4641**	**4019**	**358**	**267**	**91**
35	1647	855	792	84	65	19
36	1800	977	823	98	73	25
37	1513	784	729	65	47	18
38	1965	1067	898	62	43	19
39	1735	958	777	49	39	10
40-44岁	**8617**	**4594**	**4023**	**202**	**138**	**64**
40	1725	916	809	50	33	17
41	1764	934	830	43	28	15
42	1667	915	752	36	22	14
43	1614	843	771	44	33	11
44	1847	986	861	29	22	7
45-49岁	**11049**	**5915**	**5134**	**166**	**121**	**45**
45	2025	1093	932	40	28	12
46	2187	1144	1043	37	28	9
47	2210	1165	1045	34	23	11
48	2236	1195	1041	32	23	9
49	2391	1318	1073	23	19	4
50-54岁	**10363**	**5511**	**4852**	**89**	**62**	**27**
50	2552	1374	1178	34	26	8
51	2108	1106	1002	15	9	6
52	2249	1194	1055	22	14	8
53	1659	898	761	7	5	2
54	1795	939	856	11	8	3
55-59岁	**10396**	**5467**	**4929**	**45**	**33**	**12**
55	1890	1031	859	7	3	4
56	2076	1086	990	11	10	1
57	2568	1344	1224	14	10	4
58	2250	1137	1113	9	6	3
59	1612	869	743	4	4	
60-64岁	**8659**	**4943**	**3716**	**32**	**22**	**10**
60	2112	1166	946	9	7	2
61	1806	1016	790	8	4	4
62	1751	1003	748	6	4	2
63	1661	974	687	5	4	1
64	1329	784	545	4	3	1
65岁及以上	**6343**	**4104**	**2239**	**18**	**14**	**4**

单位：人

有配偶			离婚			丧偶		
小计	男	女	小计	男	女	小计	男	女
73318	**39800**	**33518**	**3325**	**1604**	**1721**	**2454**	**671**	**1783**
18	**4**	**14**						
1		1						
8	1	7						
9	3	6						
874	**271**	**603**	**6**	**2**	**4**	**2**		**2**
38	9	29						
72	12	60				1		1
134	31	103						
238	67	171	3	1	2			
392	152	240	3	1	2	1		1
5001	**2284**	**2717**	**111**	**49**	**62**	**3**	**1**	**2**
534	216	318	9	4	5			
741	296	445	8	3	5			
958	452	506	25	10	15			
1247	587	660	34	12	22	2	1	1
1521	733	788	35	20	15	1		1
9477	**4749**	**4728**	**413**	**193**	**220**	**15**	**4**	**11**
2026	963	1063	72	26	46	1		1
2025	1002	1023	77	38	39	1		1
1812	918	894	84	38	46	3	2	1
1938	1013	925	88	45	43	6	2	4
1676	853	823	92	46	46	4		4
7821	**4156**	**3665**	**450**	**215**	**235**	**31**	**3**	**28**
1476	747	729	79	43	36	8		8
1589	858	731	108	45	63	5	1	4
1373	700	673	74	37	37	1		1
1799	978	821	95	45	50	9	1	8
1584	873	711	94	45	49	8	1	7
7860	**4203**	**3657**	**501**	**243**	**258**	**54**	**10**	**44**
1562	830	732	102	52	50	11	1	10
1616	855	761	100	50	50	5	1	4
1515	847	668	103	44	59	13	2	11
1463	759	704	94	49	45	13	2	11
1704	912	792	102	48	54	12	4	8
10094	**5471**	**4623**	**640**	**303**	**337**	**149**	**20**	**129**
1845	1004	841	126	58	68	14	3	11
1996	1055	941	129	59	70	25	2	23
2018	1078	940	122	61	61	36	3	33
2036	1100	936	138	66	72	30	6	24
2199	1234	965	125	59	66	44	6	38
9531	**5159**	**4372**	**510**	**247**	**263**	**233**	**43**	**190**
2362	1284	1078	120	56	64	36	8	28
1955	1039	916	106	51	55	32	7	25
2065	1111	954	114	59	55	48	10	38
1517	842	675	83	43	40	52	8	44
1632	883	749	87	38	49	65	10	55
9536	**5139**	**4397**	**401**	**208**	**193**	**414**	**87**	**327**
1736	968	768	78	45	33	69	15	54
1900	1010	890	98	50	48	67	16	51
2350	1265	1085	96	49	47	108	20	88
2063	1068	995	88	44	44	90	19	71
1487	828	659	41	20	21	80	17	63
7817	**4670**	**3147**	**226**	**106**	**120**	**584**	**145**	**439**
1895	1103	792	71	29	42	137	27	110
1648	959	689	50	28	22	100	25	75
1587	947	640	44	22	22	114	30	84
1484	916	568	35	17	18	137	37	100
1203	745	458	26	10	16	96	26	70
5289	**3694**	**1595**	**67**	**38**	**29**	**969**	**358**	**611**

5-3b 续表 6

受教育程度 年　　龄	15岁及以上人口			未　　婚		
	合计	男	女	小计	男	女
大学专科	**74185**	**40742**	**33443**	**16289**	**9751**	**6538**
15-19岁	**2033**	**1125**	**908**	**2030**	**1125**	**905**
15	24	15	9	24	15	9
16	54	37	17	54	37	17
17	144	88	56	144	88	56
18	641	357	284	641	357	284
19	1170	628	542	1167	628	539
20-24岁	**8099**	**4296**	**3803**	**7242**	**4038**	**3204**
20	1339	728	611	1324	724	600
21	1274	679	595	1250	674	576
22	1583	862	721	1500	839	661
23	1861	929	932	1620	869	751
24	2042	1098	944	1548	932	616
25-29岁	**12270**	**6243**	**6027**	**4772**	**3059**	**1713**
25	2313	1130	1183	1462	867	595
26	2248	1122	1126	1061	671	390
27	2426	1260	1166	919	599	320
28	2581	1346	1235	746	513	233
29	2702	1385	1317	584	409	175
30-34岁	**15015**	**7820**	**7195**	**1656**	**1132**	**524**
30	3526	1816	1710	565	372	193
31	3371	1722	1649	434	294	140
32	2871	1531	1340	279	199	80
33	2898	1496	1402	228	155	73
34	2349	1255	1094	150	112	38
35-39岁	**8317**	**4459**	**3858**	**374**	**257**	**117**
35	1929	1025	904	104	65	39
36	1920	1013	907	95	73	22
37	1557	846	711	75	55	20
38	1553	854	699	55	36	19
39	1358	721	637	45	28	17
40-44岁	**5908**	**3205**	**2703**	**102**	**66**	**36**
40	1226	655	571	32	21	11
41	1315	703	612	28	18	10
42	1144	607	537	18	11	7
43	1040	585	455	8	6	2
44	1183	655	528	16	10	6
45-49岁	**6416**	**3576**	**2840**	**58**	**40**	**18**
45	1201	635	566	12	7	5
46	1308	731	577	15	10	5
47	1321	743	578	14	9	5
48	1267	727	540	11	9	2
49	1319	740	579	6	5	1
50-54岁	**6041**	**3413**	**2628**	**29**	**18**	**11**
50	1391	800	591	9	7	2
51	1253	702	551	2	2	
52	1343	726	617	9	5	4
53	997	573	424	6	2	4
54	1057	612	445	3	2	1
55-59岁	**4966**	**3046**	**1920**	**15**	**10**	**5**
55	1149	706	443	3	2	1
56	1171	707	464	6	5	1
57	1225	741	484	2	2	
58	876	537	339	3	1	2
59	545	355	190	1		1
60-64岁	**2546**	**1700**	**846**	**7**	**3**	**4**
60	648	421	227	1		1
61	494	314	180	1	1	
62	530	345	185	2		2
63	460	324	136	2	1	1
64	414	296	118	1	1	
65岁及以上	**2574**	**1859**	**715**	**4**	**3**	**1**

单位：人

有配偶			离婚			丧偶		
小计	男	女	小计	男	女	小计	男	女
55360	**29996**	**25364**	**1747**	**756**	**991**	**789**	**239**	**550**
3		**3**						
3		3						
850	**254**	**596**	**7**	**4**	**3**			
15	4	11						
24	5	19						
80	21	59	3	2	1			
239	60	179	2		2			
492	164	328	2	2				
7407	**3136**	**4271**	**90**	**48**	**42**	**1**		**1**
849	262	587	2	1	1			
1175	445	730	12	6	6			
1489	650	839	18	11	7			
1807	821	986	27	12	15	1		1
2087	958	1129	31	18	13			
13007	**6538**	**6469**	**338**	**149**	**189**	**14**	**1**	**13**
2909	1420	1489	52	24	28			
2857	1400	1457	77	28	49	3		3
2517	1294	1223	72	38	34	3		3
2595	1312	1283	71	29	42	4		4
2129	1112	1017	66	30	36	4	1	3
7597	**4054**	**3543**	**334**	**145**	**189**	**12**	**3**	**9**
1762	937	825	62	23	39	1		1
1740	903	837	81	36	45	4	1	3
1421	764	657	58	27	31	3		3
1429	786	643	66	31	35	3	1	2
1245	664	581	67	28	39	1	1	
5488	**3015**	**2473**	**283**	**116**	**167**	**35**	**8**	**27**
1140	611	529	49	22	27	5	1	4
1205	656	549	76	28	48	6	1	5
1066	573	493	54	21	33	6	2	4
969	549	420	54	26	28	9	4	5
1108	626	482	50	19	31	9		9
6019	**3421**	**2598**	**265**	**102**	**163**	**74**	**13**	**61**
1137	611	526	46	16	30	6	1	5
1213	697	516	65	22	43	15	2	13
1225	704	521	70	29	41	12	1	11
1193	698	495	38	15	23	25	5	20
1251	711	540	46	20	26	16	4	12
5692	**3281**	**2411**	**224**	**99**	**125**	**96**	**15**	**81**
1315	769	546	52	24	28	15		15
1190	674	516	46	23	23	15	3	12
1254	694	560	58	26	32	22	1	21
936	551	385	38	15	23	17	5	12
997	593	404	30	11	19	27	6	21
4671	**2948**	**1723**	**134**	**55**	**79**	**146**	**33**	**113**
1080	677	403	42	20	22	24	7	17
1112	689	423	26	9	17	27	4	23
1150	721	429	27	8	19	46	10	36
821	519	302	24	12	12	28	5	23
508	342	166	15	6	9	21	7	14
2389	**1649**	**740**	**42**	**21**	**21**	**108**	**27**	**81**
611	408	203	15	10	5	21	3	18
470	306	164	8	3	5	15	4	11
492	335	157	5	2	3	31	8	23
431	313	118	6	3	3	21	7	14
385	287	98	8	3	5	20	5	15
2237	**1700**	**537**	**30**	**17**	**13**	**303**	**139**	**164**

5－3b 续表 7

受教育程度 年龄	15岁及以上人口			未婚		
	合计	男	女	小计	男	女
大学本科	**57797**	**28228**	**29569**	**16740**	**7695**	**9045**
15－19岁	**1943**	**792**	**1151**	**1943**	**792**	**1151**
15	5	4	1	5	4	1
16	11	4	7	11	4	7
17	80	29	51	80	29	51
18	672	301	371	672	301	371
19	1175	454	721	1175	454	721
20－24岁	**8013**	**3288**	**4725**	**7732**	**3210**	**4522**
20	1408	575	833	1405	575	830
21	1442	568	874	1437	568	869
22	1620	634	986	1593	625	968
23	1718	736	982	1656	717	939
24	1825	775	1050	1641	725	916
25－29岁	**10291**	**4629**	**5662**	**5106**	**2606**	**2500**
25	1980	896	1084	1578	757	821
26	1995	864	1131	1247	622	625
27	2055	889	1166	982	501	481
28	2195	999	1196	775	421	354
29	2066	981	1085	524	305	219
30－34岁	**12573**	**6070**	**6503**	**1518**	**849**	**669**
30	2804	1330	1474	547	295	252
31	2566	1193	1373	370	218	152
32	2469	1199	1270	260	141	119
33	2595	1293	1302	206	123	83
34	2139	1055	1084	135	72	63
35－39岁	**8465**	**4176**	**4289**	**315**	**169**	**146**
35	1890	907	983	102	51	51
36	1938	967	971	77	41	36
37	1613	811	802	49	30	19
38	1676	807	869	54	25	29
39	1348	684	664	33	22	11
40－44岁	**5158**	**2549**	**2609**	**70**	**40**	**30**
40	1199	598	601	17	9	8
41	1093	541	552	18	10	8
42	992	485	507	13	10	3
43	900	443	457	8	3	5
44	974	482	492	14	8	6
45－49岁	**4565**	**2403**	**2162**	**25**	**12**	**13**
45	925	476	449	5	1	4
46	1008	535	473	5	3	2
47	867	439	428	5	3	2
48	884	468	416	7	3	4
49	881	485	396	3	2	1
50－54岁	**3522**	**2029**	**1493**	**19**	**10**	**9**
50	855	439	416	12	6	6
51	741	440	301	3	2	1
52	822	468	354	1		1
53	520	317	203	2	1	1
54	584	365	219	1	1	
55－59岁	**1964**	**1306**	**658**	**7**	**4**	**3**
55	525	330	195	3		3
56	503	321	182	1	1	
57	429	303	126	3	3	
58	324	210	114			
59	183	142	41			
60－64岁	**663**	**472**	**191**			
60	175	120	55			
61	136	96	40			
62	131	98	33			
63	123	93	30			
64	98	65	33			
65岁及以上	**640**	**514**	**126**	**5**	**3**	**2**

单位：人

有配偶			离婚			丧偶		
小计	男	女	小计	男	女	小计	男	女
39651	**20047**	**19604**	**1132**	**402**	**730**	**274**	**84**	**190**
279	**77**	**202**	**2**	**1**	**1**			
3		3						
5		5						
27	9	18						
62	19	43						
182	49	133	2	1	1			
5143	**2011**	**3132**	**40**	**12**	**28**	**2**		**2**
402	139	263						
745	239	506	3	3				
1067	386	681	6	2	4			
1405	575	830	14	3	11	1		1
1524	672	852	17	4	13	1		1
10823	**5129**	**5694**	**227**	**91**	**136**	**5**	**1**	**4**
2225	1017	1208	32	18	14			
2159	959	1200	37	16	21			
2152	1040	1112	55	18	37	2		2
2335	1150	1185	54	20	34			
1952	963	989	49	19	30	3	1	2
7858	**3903**	**3955**	**276**	**102**	**174**	**16**	**2**	**14**
1737	836	901	48	20	28	3		3
1801	901	900	55	25	30	5		5
1502	757	745	60	23	37	2	1	1
1556	762	794	62	19	43	4	1	3
1262	647	615	51	15	36	2		2
4839	**2428**	**2411**	**228**	**77**	**151**	**21**	**4**	**17**
1128	573	555	50	15	35	4	1	3
1017	509	508	55	21	34	3	1	2
934	462	472	43	13	30	2		2
851	427	424	35	12	23	6	1	5
909	457	452	45	16	29	6	1	5
4312	**2330**	**1982**	**184**	**56**	**128**	**44**	**5**	**39**
866	466	400	45	8	37	9	1	8
955	518	437	36	14	22	12		12
825	424	401	30	11	19	7	1	6
828	453	375	40	10	30	9	2	7
838	469	369	33	13	20	7	1	6
3357	**1978**	**1379**	**101**	**32**	**69**	**45**	**9**	**36**
811	428	383	24	2	22	8	3	5
705	430	275	24	6	18	9	2	7
793	459	334	20	8	12	8	1	7
490	308	182	17	7	10	11	1	10
558	353	205	16	9	7	9	2	7
1869	**1271**	**598**	**50**	**22**	**28**	**38**	**9**	**29**
498	328	170	12	1	11	12	1	11
475	306	169	15	8	7	12	6	6
413	294	119	11	6	5	2		2
309	204	105	8	5	3	7	1	6
174	139	35	4	2	2	5	1	4
618	**455**	**163**	**16**	**4**	**12**	**29**	**13**	**16**
165	117	48	5	1	4	5	2	3
129	94	35	3	1	2	4	1	3
120	94	26	3	1	2	8	3	5
117	91	26	3	1	2	3	1	2
87	59	28	2		2	9	6	3
553	**465**	**88**	**8**	**5**	**3**	**74**	**41**	**33**

5-3b 续表 8

受教育程度 年　　龄	15岁及以上人口			未　婚		
	合计	男	女	小计	男	女
硕士研究生	**2766**	**1167**	**1599**	**918**	**300**	**618**
15-19岁	**2**	**1**	**1**	**2**	**1**	**1**
15						
16						
17						
18						
19	2	1	1	2	1	1
20-24岁	**265**	**80**	**185**	**264**	**80**	**184**
20	1		1	1		1
21	10	5	5	10	5	5
22	44	15	29	44	15	29
23	97	31	66	97	31	66
24	113	29	84	112	29	83
25-29岁	**662**	**213**	**449**	**469**	**159**	**310**
25	142	47	95	134	44	90
26	149	39	110	122	33	89
27	130	46	84	81	33	48
28	120	34	86	77	22	55
29	121	47	74	55	27	28
30-34岁	**772**	**280**	**492**	**136**	**47**	**89**
30	170	45	125	54	12	42
31	158	51	107	28	10	18
32	165	67	98	23	14	9
33	158	67	91	19	7	12
34	121	50	71	12	4	8
35-39岁	**548**	**257**	**291**	**38**	**12**	**26**
35	121	51	70	10	3	7
36	145	69	76	8	2	6
37	104	51	53	10	2	8
38	106	45	61	6	2	4
39	72	41	31	4	3	1
40-44岁	**183**	**100**	**83**	**5**		**5**
40	54	29	25	3		3
41	43	24	19	1		1
42	47	24	23			
43	15	4	11	1		1
44	24	19	5			
45-49岁	**154**	**94**	**60**	**2**		**2**
45	33	19	14	1		1
46	30	20	10			
47	35	21	14			
48	28	15	13			
49	28	19	9	1		1
50-54岁	**104**	**82**	**22**	**2**	**1**	**1**
50	29	24	5	1		1
51	24	19	5			
52	24	19	5			
53	12	11	1			
54	15	9	6	1	1	
55-59岁	**49**	**42**	**7**			
55	16	12	4			
56	11	10	1			
57	11	10	1			
58	7	6	1			
59	4	4				
60-64岁	**17**	**12**	**5**			
60	4	3	1			
61	4	3	1			
62	5	4	1			
63	4	2	2			
64						
65岁及以上	**10**	**6**	**4**			

单位：人

有配偶			离婚			丧偶		
小计	男	女	小计	男	女	小计	男	女
1803	**853**	**950**	**41**	**12**	**29**	**4**	**2**	**2**
1		**1**						
1		1						
193	**54**	**139**						
8	3	5						
27	6	21						
49	13	36						
43	12	31						
66	20	46						
626	**228**	**398**	**9**	**4**	**5**	**1**	**1**	
116	33	83						
129	40	89				1	1	
138	53	85	4		4			
136	57	79	3	3				
107	45	62	2	1	1			
492	**238**	**254**	**18**	**7**	**11**			
107	44	63	4	4				
132	65	67	5	2	3			
92	49	43	2		2			
95	43	52	5		5			
66	37	29	2	1	1			
172	**100**	**72**	**5**		**5**	**1**		**1**
49	29	20	2		2			
40	24	16	1		1	1		1
46	24	22	1		1			
13	4	9	1		1			
24	19	5						
146	**94**	**52**	**6**		**6**			
30	19	11	2		2			
28	20	8	2		2			
34	21	13	1		1			
27	15	12	1		1			
27	19	8						
101	**81**	**20**	**1**		**1**			
28	24	4						
24	19	5						
23	19	4	1		1			
12	11	1						
14	8	6						
46	**40**	**6**	**2**	**1**	**1**	**1**	**1**	
16	12	4						
10	9	1				1	1	
9	9		2	1	1			
7	6	1						
4	4							
16	**12**	**4**				**1**		**1**
4	3	1						
4	3	1						
5	4	1						
3	2	1				1		1
10	**6**	**4**						

5-3b 续表 9

受教育程度 年龄	15岁及以上人口			未婚		
	合计	男	女	小计	男	女
博士研究生	**158**	**76**	**82**	**63**	**21**	**42**
15-19岁						
15						
16						
17						
18						
19						
20-24岁	**8**	**3**	**5**	**8**	**3**	**5**
20						
21						
22	1		1	1		1
23	2	2		2	2	
24	5	1	4	5	1	4
25-29岁	**45**	**16**	**29**	**38**	**13**	**25**
25	11	3	8	11	3	8
26	7	2	5	7	2	5
27	10	5	5	10	5	5
28	9	2	7	6	1	5
29	8	4	4	4	2	2
30-34岁	**28**	**10**	**18**	**10**	**3**	**7**
30	8	3	5	5		5
31	5	2	3	1	1	
32	4	2	2	1	1	
33	6	1	5	3	1	2
34	5	2	3			
35-39岁	**37**	**19**	**18**	**4**	**1**	**3**
35	14	7	7	3	1	2
36	5	3	2			
37	7	3	4	1		1
38	6	3	3			
39	5	3	2			
40-44岁	**8**	**4**	**4**	**1**		**1**
40	1		1			
41	3	1	2			
42						
43	2	2				
44	2	1	1	1		1
45-49岁	**11**	**7**	**4**			
45	2	1	1			
46	3	3				
47	2	2				
48	1		1			
49	3	1	2			
50-54岁	**11**	**9**	**2**			
50	5	3	2			
51	2	2				
52	1	1				
53	1	1				
54	2	2				
55-59岁	**7**	**5**	**2**	**1**		**1**
55	3	3				
56	1		1	1		1
57	1		1			
58						
59	2	2				
60-64岁	**1**	**1**				
60						
61						
62						
63						
64	1	1				
65岁及以上	**2**	**2**		**1**	**1**	

单位：人

有配偶			离　婚			丧　偶		
小计	男	女	小计	男	女	小计	男	女
93	**54**	**39**	**2**	**1**	**1**			
7	**3**	**4**						
3	1	2						
4	2	2						
18	**7**	**11**						
3	3							
4	1	3						
3	1	2						
3		3						
5	2	3						
32	**18**	**14**	**1**		**1**			
10	6	4	1		1			
5	3	2						
6	3	3						
6	3	3						
5	3	2						
7	**4**	**3**						
1		1						
3	1	2						
2	2							
1	1							
10	**6**	**4**	**1**	**1**				
2	1	1						
3	3							
1	1		1	1				
1		1						
3	1	2						
11	**9**	**2**						
5	3	2						
2	2							
1	1							
1	1							
2	2							
6	**5**	**1**						
3	3							
1		1						
2	2							
1	**1**							
1	1							
1	**1**							

5-3c 全区分年龄、性别、受教育

受教育程度 年龄	15岁及以上人口			未婚		
	合计	男	女	小计	男	女
总 计	**684449**	**363429**	**321020**	**79958**	**55511**	**24447**
15-19岁	**23566**	**12520**	**11046**	**23437**	**12506**	**10931**
15	6124	3266	2858	6123	3265	2858
16	5252	2770	2482	5248	2768	2480
17	4309	2233	2076	4297	2232	2065
18	4133	2247	1886	4098	2244	1854
19	3748	2004	1744	3671	1997	1674
20-24岁	**22504**	**12415**	**10089**	**18844**	**11159**	**7685**
20	3449	1871	1578	3267	1840	1427
21	3736	2019	1717	3415	1949	1466
22	4707	2579	2128	4117	2393	1724
23	5131	2843	2288	4136	2487	1649
24	5481	3103	2378	3909	2490	1419
25-29岁	**32672**	**18762**	**13910**	**13287**	**9514**	**3773**
25	6081	3475	2606	3743	2488	1255
26	5874	3337	2537	2970	2056	914
27	6441	3710	2731	2591	1874	717
28	6857	3948	2909	2154	1633	521
29	7419	4292	3127	1829	1463	366
30-34岁	**48848**	**27887**	**20961**	**6653**	**5568**	**1085**
30	10130	5783	4347	1979	1587	392
31	9939	5690	4249	1577	1328	249
32	9121	5208	3913	1159	968	191
33	10198	5885	4313	1081	933	148
34	9460	5321	4139	857	752	105
35-39岁	**52681**	**29889**	**22792**	**3199**	**2839**	**360**
35	9517	5419	4098	710	627	83
36	10487	6018	4469	694	623	71
37	10071	5685	4386	606	543	63
38	11909	6705	5204	652	567	85
39	10697	6062	4635	537	479	58
40-44岁	**54343**	**30158**	**24185**	**2328**	**2143**	**185**
40	10669	5920	4749	484	445	39
41	11144	6159	4985	523	483	40
42	10396	5774	4622	421	393	28
43	9989	5553	4436	428	385	43
44	12145	6752	5393	472	437	35
45-49岁	**80310**	**42949**	**37361**	**2702**	**2553**	**149**
45	13701	7307	6394	488	454	34
46	15989	8615	7374	583	553	30
47	15707	8376	7331	531	490	41
48	16989	9131	7858	566	537	29
49	17924	9520	8404	534	519	15
50-54岁	**86381**	**45844**	**40537**	**2467**	**2375**	**92**
50	18810	10003	8807	594	564	30
51	17038	9066	7972	474	454	20
52	18382	9695	8687	516	498	18
53	15262	8100	7162	418	409	9
54	16889	8980	7909	465	450	15
55-59岁	**80161**	**40984**	**39177**	**1984**	**1924**	**60**
55	17090	8914	8176	460	448	12
56	16928	8744	8184	454	436	18
57	19125	9833	9292	444	430	14
58	15973	7955	8018	363	353	10
59	11045	5538	5507	263	257	6
60-64岁	**70306**	**35670**	**34636**	**1923**	**1882**	**41**
60	15384	7996	7388	386	374	12
61	12975	6678	6297	349	344	5
62	13362	6766	6596	404	396	8
63	14875	7528	7347	400	393	7
64	13710	6702	7008	384	375	9
65岁及以上	**132677**	**66351**	**66326**	**3134**	**3048**	**86**

程度、婚姻状况的人口(乡村)

单位：人

有配偶			离婚			丧偶		
小计	男	女	小计	男	女	小计	男	女
537393	**281122**	**256271**	**16367**	**12174**	**4193**	**50731**	**14622**	**36109**
127	**13**	**114**	**2**	**1**	**1**			
1	1							
4	2	2						
12	1	11						
35	3	32						
75	6	69	2	1	1			
3566	**1221**	**2345**	**89**	**33**	**56**	**5**	**2**	**3**
174	28	146	6	3	3	2		2
313	68	245	8	2	6			
580	182	398	9	4	5	1		1
974	350	624	19	4	15	2	2	
1525	593	932	47	20	27			
18569	**8816**	**9753**	**799**	**426**	**373**	**17**	**6**	**11**
2261	951	1310	77	36	41			
2805	1235	1570	97	45	52	2	1	1
3711	1772	1939	137	64	73	2		2
4480	2194	2286	215	118	97	8	3	5
5312	2664	2648	273	163	110	5	2	3
39897	**20746**	**19151**	**2199**	**1535**	**664**	**99**	**38**	**61**
7734	3940	3794	400	248	152	17	8	9
7942	4078	3864	397	275	122	23	9	14
7500	3922	3578	437	307	130	25	11	14
8617	4596	4021	484	348	136	16	8	8
8104	4210	3894	481	357	124	18	2	16
46538	**24848**	**21690**	**2751**	**2135**	**616**	**193**	**67**	**126**
8293	4387	3906	490	399	91	24	6	18
9199	4956	4243	561	432	129	33	7	26
8890	4736	4154	532	386	146	43	20	23
10582	5637	4945	635	489	146	40	12	28
9574	5132	4442	533	429	104	53	22	31
49107	**25942**	**23165**	**2542**	**1948**	**594**	**366**	**125**	**241**
9572	5037	4535	556	418	138	57	20	37
10027	5258	4769	520	397	123	74	21	53
9436	5005	4431	478	356	122	61	20	41
9020	4776	4244	460	356	104	81	36	45
11052	5866	5186	528	421	107	93	28	65
73847	**38050**	**35797**	**2630**	**2000**	**630**	**1131**	**346**	**785**
12527	6416	6111	523	390	133	163	47	116
14666	7605	7061	545	402	143	195	55	140
14443	7418	7025	514	395	119	219	73	146
15638	8102	7536	528	412	116	257	80	177
16573	8509	8064	520	401	119	297	91	206
79600	**41147**	**38453**	**2152**	**1675**	**477**	**2162**	**647**	**1515**
17305	8893	8412	539	427	112	372	119	253
15787	8206	7581	414	313	101	363	93	270
16946	8699	8247	463	354	109	457	144	313
14038	7281	6757	363	280	83	443	130	313
15524	8068	7456	373	301	72	527	161	366
72992	**36938**	**36054**	**1474**	**1121**	**353**	**3711**	**1001**	**2710**
15616	7999	7617	388	293	95	626	174	452
15454	7867	7587	342	266	76	678	175	503
17476	8917	8559	318	243	75	887	243	644
14526	7190	7336	257	183	74	827	229	598
9920	4965	4955	169	136	33	693	180	513
61275	**31343**	**29932**	**939**	**694**	**245**	**6169**	**1751**	**4418**
13717	7163	6554	244	178	66	1037	281	756
11404	5888	5516	192	155	37	1030	291	739
11587	5876	5711	183	133	50	1188	361	827
12877	6594	6283	157	116	41	1441	425	1016
11690	5822	5868	163	112	51	1473	393	1080
91875	**52058**	**39817**	**790**	**606**	**184**	**36878**	**10639**	**26239**

5-3c 续表 1

受教育程度 年龄	15岁及以上人口			未婚		
	合计	男	女	小计	男	女
未上过学	**48272**	**12583**	**35689**	**4196**	**3817**	**379**
15-19岁	**133**	**79**	**54**	**133**	**79**	**54**
15	27	15	12	27	15	12
16	30	16	14	30	16	14
17	29	15	14	29	15	14
18	18	12	6	18	12	6
19	29	21	8	29	21	8
20-24岁	**183**	**109**	**74**	**162**	**107**	**55**
20	25	13	12	23	13	10
21	36	19	17	31	18	13
22	43	24	19	41	24	17
23	34	27	7	30	26	4
24	45	26	19	37	26	11
25-29岁	**254**	**143**	**111**	**185**	**137**	**48**
25	46	30	16	41	29	12
26	42	22	20	32	21	11
27	53	32	21	37	31	6
28	55	32	23	40	32	8
29	58	27	31	35	24	11
30-34岁	**460**	**248**	**212**	**253**	**209**	**44**
30	90	50	40	55	43	12
31	86	45	41	47	35	12
32	87	47	40	49	39	10
33	90	46	44	44	41	3
34	107	60	47	58	51	7
35-39岁	**641**	**327**	**314**	**294**	**250**	**44**
35	98	49	49	51	44	7
36	117	57	60	53	43	10
37	115	71	44	53	48	5
38	152	80	72	70	59	11
39	159	70	89	67	56	11
40-44岁	**920**	**439**	**481**	**317**	**286**	**31**
40	155	71	84	64	53	11
41	168	90	78	67	61	6
42	173	77	96	46	46	
43	179	93	86	67	60	7
44	245	108	137	73	66	7
45-49岁	**1975**	**694**	**1281**	**376**	**352**	**24**
45	275	99	176	67	63	4
46	337	130	207	76	70	6
47	378	127	251	71	62	9
48	507	178	329	84	80	4
49	478	160	318	78	77	1
50-54岁	**2545**	**799**	**1746**	**414**	**397**	**17**
50	523	181	342	95	90	5
51	505	150	355	83	79	4
52	508	156	352	81	79	2
53	480	155	325	75	73	2
54	529	157	372	80	76	4
55-59岁	**3835**	**794**	**3041**	**379**	**360**	**19**
55	607	162	445	93	89	4
56	662	172	490	84	78	6
57	891	184	707	78	73	5
58	850	144	706	71	68	3
59	825	132	693	53	52	1
60-64岁	**7949**	**1612**	**6337**	**509**	**499**	**10**
60	1232	242	990	87	85	2
61	1325	268	1057	78	77	1
62	1566	311	1255	104	101	3
63	1892	409	1483	119	118	1
64	1934	382	1552	121	118	3
65岁及以上	**29377**	**7339**	**22038**	**1174**	**1141**	**33**

单位：人

有配偶			离　婚			丧　偶		
小计	男	女	小计	男	女	小计	男	女
29448	**6516**	**22932**	**426**	**271**	**155**	**14202**	**1979**	**12223**
21	**2**	**19**						
2		2						
5	1	4						
2		2						
4	1	3						
8		8						
67	**6**	**61**	**2**		**2**			
5	1	4						
9	1	8	1		1			
16	1	15						
15		15						
22	3	19	1		1			
197	**32**	**165**	**8**	**7**	**1**	**2**		**2**
35	7	28						
37	8	29	2	2				
36	7	29	1	1		1		1
43	3	40	3	2	1			
46	7	39	2	2		1		1
328	**69**	**259**	**14**	**8**	**6**	**5**		**5**
47	5	42						
58	10	48	5	4	1	1		1
59	20	39	3	3				
78	21	57	2		2	2		2
86	13	73	4	1	3	2		2
553	**126**	**427**	**36**	**23**	**13**	**14**	**4**	**10**
81	14	67	9	4	5	1		1
93	24	69	6	4	2	2	1	1
117	25	92	9	6	3	1		1
102	28	74	6	4	2	4	1	3
160	35	125	6	5	1	6	2	4
1506	**294**	**1212**	**52**	**38**	**14**	**41**	**10**	**31**
194	29	165	8	6	2	6	1	5
243	50	193	12	8	4	6	2	4
287	53	234	9	7	2	11	5	6
407	87	320	14	11	3	2		2
375	75	300	9	6	3	16	2	14
1953	**343**	**1610**	**62**	**38**	**24**	**116**	**21**	**95**
394	79	315	15	7	8	19	5	14
381	57	324	16	10	6	25	4	21
390	68	322	8	3	5	29	6	23
375	70	305	12	9	3	18	3	15
413	69	344	11	9	2	25	3	22
3044	**377**	**2667**	**47**	**27**	**20**	**365**	**30**	**335**
453	57	396	8	6	2	53	10	43
514	83	431	11	8	3	53	3	50
715	101	614	6	3	3	92	7	85
677	68	609	13	5	8	89	3	86
685	68	617	9	5	4	78	7	71
6310	**954**	**5356**	**76**	**45**	**31**	**1054**	**114**	**940**
988	131	857	19	12	7	138	14	124
1072	164	908	8	6	2	167	21	146
1247	182	1065	16	8	8	199	20	179
1487	255	1232	14	9	5	272	27	245
1516	222	1294	19	10	9	278	32	246
15469	**4313**	**11156**	**129**	**85**	**44**	**12605**	**1800**	**10805**

5−3c 续表 2

受教育程度 年 龄	15岁及以上人口			未 婚		
	合计	男	女	小计	男	女
学前教育	**373**	**122**	**251**	**48**	**35**	**13**
15−19岁	**14**	**6**	**8**	**14**	**6**	**8**
15	7	4	3	7	4	3
16	3	2	1	3	2	1
17	4		4	4		4
18						
19						
20−24岁	**4**	**1**	**3**	**3**	**1**	**2**
20	1		1	1		1
21	1	1		1	1	
22						
23						
24	2		2	1		1
25−29岁	**9**	**6**	**3**	**6**	**5**	**1**
25	2	2		2	2	
26	2	1	1			
27						
28	2	1	1	1	1	
29	3	2	1	3	2	1
30−34岁	**9**	**6**	**3**			
30						
31	4	3	1			
32	2	1	1			
33	3	2	1			
34						
35−39岁	**11**	**6**	**5**	**5**	**5**	
35	2		2			
36	1		1			
37	2	2		2	2	
38	4	4		3	3	
39	2		2			
40−44岁	**8**	**2**	**6**	**1**	**1**	
40						
41						
42	2		2			
43	3		3			
44	3	2	1	1	1	
45−49岁	**18**	**8**	**10**	**5**	**3**	**2**
45	1	1				
46	6	2	4	3	1	2
47	2	1	1	1	1	
48	4	1	3			
49	5	3	2	1	1	
50−54岁	**22**	**7**	**15**			
50	3	2	1			
51	4		4			
52	3	2	1			
53	5	1	4			
54	7	2	5			
55−59岁	**22**	**7**	**15**	**3**	**3**	
55	2	2				
56	3		3			
57	9	3	6	2	2	
58	5	1	4			
59	3	1	2	1	1	
60−64岁	**62**	**10**	**52**	**3**	**3**	
60	14	3	11	2	2	
61	5	1	4			
62	13	2	11	1	1	
63	10	1	9			
64	20	3	17			
65岁及以上	**194**	**63**	**131**	**8**	**8**	

单位：人

有配偶			离　婚			丧　偶		
小计	男	女	小计	男	女	小计	男	女
231	**66**	**165**	**2**	**2**		**92**	**19**	**73**
1		**1**						
1		1						
3	**1**	**2**						
2	1	1						
1		1						
9	**6**	**3**						
4	3	1						
2	1	1						
3	2	1						
5	**1**	**4**				**1**		**1**
2		2						
1		1						
1	1							
1		1				1		1
7	**1**	**6**						
2		2						
3		3						
2	1	1						
13	**5**	**8**						
1	1							
3	1	2						
1		1						
4	1	3						
4	2	2						
19	**6**	**13**	**1**	**1**		**2**		**2**
3	2	1						
4		4						
3	2	1						
5	1	4						
4	1	3	1	1		2		2
17	**3**	**14**	**1**	**1**		**1**		**1**
1	1		1	1				
3		3						
6	1	5				1		1
5	1	4						
2		2						
52	**7**	**45**				**7**		**7**
9	1	8				3		3
5	1	4						
10	1	9				2		2
9	1	8				1		1
19	3	16				1		1
105	**36**	**69**				**81**	**19**	**62**

5-3c 续表 3

受教育程度 / 年龄	15岁及以上人口			未婚		
	合计	男	女	小计	男	女
小 学	**236641**	**111121**	**125520**	**10474**	**9832**	**642**
15-19岁	**337**	**184**	**153**	**318**	**181**	**137**
15	56	32	24	55	31	24
16	50	34	16	49	34	15
17	61	28	33	59	28	31
18	67	36	31	63	36	27
19	103	54	49	92	52	40
20-24岁	**820**	**480**	**340**	**515**	**393**	**122**
20	109	61	48	86	58	28
21	162	100	62	114	86	28
22	154	96	58	107	86	21
23	182	97	85	105	74	31
24	213	126	87	103	89	14
25-29岁	**2193**	**1229**	**964**	**669**	**595**	**74**
25	287	167	120	125	105	20
26	308	173	135	119	109	10
27	425	237	188	129	115	14
28	519	293	226	137	119	18
29	654	359	295	159	147	12
30-34岁	**6014**	**3172**	**2842**	**956**	**883**	**73**
30	977	509	468	215	192	23
31	1102	575	527	201	186	15
32	1170	618	552	175	167	8
33	1377	728	649	184	168	16
34	1388	742	646	181	170	11
35-39岁	**9352**	**4842**	**4510**	**885**	**841**	**44**
35	1554	831	723	181	174	7
36	1718	897	821	182	167	15
37	1766	922	844	153	148	5
38	2245	1134	1111	203	194	9
39	2069	1058	1011	166	158	8
40-44岁	**13140**	**6514**	**6626**	**882**	**842**	**40**
40	2316	1185	1131	177	170	7
41	2473	1203	1270	195	189	6
42	2570	1218	1352	159	152	7
43	2534	1270	1264	168	158	10
44	3247	1638	1609	183	173	10
45-49岁	**25595**	**11911**	**13684**	**1280**	**1241**	**39**
45	3906	1863	2043	214	207	7
46	4832	2301	2531	278	269	9
47	4968	2303	2665	256	247	9
48	5570	2584	2986	268	258	10
49	6319	2860	3459	264	260	4
50-54岁	**34902**	**15845**	**19057**	**1269**	**1237**	**32**
50	7011	3199	3812	283	269	14
51	6751	3091	3660	244	239	5
52	7591	3453	4138	256	251	5
53	6436	2903	3533	224	220	4
54	7113	3199	3914	262	258	4
55-59岁	**32755**	**13436**	**19319**	**1037**	**1014**	**23**
55	6998	3025	3973	243	240	3
56	6775	2779	3996	248	241	7
57	7652	3168	4484	222	218	4
58	6572	2569	4003	181	176	5
59	4758	1895	2863	143	139	4
60-64岁	**35165**	**15015**	**20150**	**1010**	**991**	**19**
60	6762	2772	3990	199	193	6
61	6214	2628	3586	182	180	2
62	6776	2942	3834	218	215	3
63	7848	3400	4448	208	203	5
64	7565	3273	4292	203	200	3
65岁及以上	**76368**	**38493**	**37875**	**1653**	**1614**	**39**

单位：人

有配偶			离婚			丧偶		
小计	男	女	小计	男	女	小计	男	女
193413	**88987**	**104426**	**5051**	**3882**	**1169**	**27703**	**8420**	**19283**
19	**3**	**16**						
1	1							
1		1						
2		2						
4		4						
11	2	9						
287	**82**	**205**	**16**	**5**	**11**	**2**		**2**
18	2	16	3	1	2	2		2
47	14	33	1		1			
45	9	36	2	1	1			
72	21	51	5	2	3			
105	36	69	5	1	4			
1436	**589**	**847**	**85**	**45**	**40**	**3**		**3**
151	58	93	11	4	7			
177	59	118	12	5	7			
283	116	167	12	6	6	1		1
355	161	194	25	13	12	2		2
470	195	275	25	17	8			
4703	**2046**	**2657**	**342**	**238**	**104**	**13**	**5**	**8**
721	295	426	41	22	19			
831	345	486	67	43	24	3	1	2
917	396	521	77	54	23	1	1	
1113	505	608	73	52	21	7	3	4
1121	505	616	84	67	17	2		2
7874	**3561**	**4313**	**543**	**420**	**123**	**50**	**20**	**30**
1262	571	691	105	84	21	6	2	4
1440	661	779	90	68	22	6	1	5
1501	700	801	100	68	32	12	6	6
1900	830	1070	133	107	26	9	3	6
1771	799	972	115	93	22	17	8	9
11434	**5068**	**6366**	**699**	**570**	**129**	**125**	**34**	**91**
1996	907	1089	132	106	26	11	2	9
2123	908	1215	130	105	25	25	1	24
2251	957	1294	138	102	36	22	7	15
2219	999	1220	121	101	20	26	12	14
2845	1297	1548	178	156	22	41	12	29
22974	**9850**	**13124**	**854**	**673**	**181**	**487**	**147**	**340**
3475	1506	1969	158	128	30	59	22	37
4292	1871	2421	174	139	35	88	22	66
4451	1899	2552	170	128	42	91	29	62
5001	2146	2855	180	143	37	121	37	84
5755	2428	3327	172	135	37	128	37	91
31567	**13564**	**18003**	**940**	**745**	**195**	**1126**	**299**	**827**
6311	2687	3624	217	177	40	200	66	134
6126	2661	3465	196	153	43	185	38	147
6893	2983	3910	195	152	43	247	67	180
5831	2502	3329	164	130	34	217	51	166
6406	2731	3675	168	133	35	277	77	200
29109	**11478**	**17631**	**637**	**495**	**142**	**1972**	**449**	**1523**
6248	2571	3677	167	130	37	340	84	256
6024	2349	3675	142	110	32	361	79	282
6803	2722	4081	139	108	31	488	120	368
5857	2210	3647	116	85	31	418	98	320
4177	1626	2551	73	62	11	365	68	297
30013	**12764**	**17249**	**451**	**318**	**133**	**3691**	**942**	**2749**
5896	2385	3511	99	69	30	568	125	443
5337	2233	3104	95	72	23	600	143	457
5763	2470	3293	93	64	29	702	193	509
6674	2892	3782	83	56	27	883	249	634
6343	2784	3559	81	57	24	938	232	706
53997	**29982**	**24015**	**484**	**373**	**111**	**20234**	**6524**	**13710**

5－3c 续表 4

受教育程度 年 龄	15岁及以上人口			未 婚		
	合计	男	女	小计	男	女
初 中	**285470**	**170218**	**115252**	**21251**	**16625**	**4626**
15－19岁	**6272**	**3551**	**2721**	**6181**	**3543**	**2638**
15	3183	1752	1431	3183	1752	1431
16	1259	690	569	1257	689	568
17	652	386	266	645	385	260
18	561	338	223	532	336	196
19	617	385	232	564	381	183
20－24岁	**5855**	**3558**	**2297**	**3591**	**2762**	**829**
20	678	428	250	560	404	156
21	875	521	354	665	480	185
22	1145	701	444	756	576	180
23	1407	857	550	799	629	170
24	1750	1051	699	811	673	138
25－29岁	**14186**	**8289**	**5897**	**3677**	**3160**	**517**
25	2165	1302	863	854	721	133
26	2411	1412	999	788	665	123
27	2714	1591	1123	694	592	102
28	3256	1868	1388	709	611	98
29	3640	2116	1524	632	571	61
30－34岁	**27286**	**15349**	**11937**	**2732**	**2439**	**293**
30	5233	2999	2234	728	650	78
31	5416	3065	2351	658	587	71
32	5054	2844	2210	467	408	59
33	5902	3330	2572	496	444	52
34	5681	3111	2570	383	350	33
35－39岁	**33953**	**19181**	**14772**	**1452**	**1310**	**142**
35	5916	3300	2616	315	279	36
36	6786	3877	2909	325	304	21
37	6547	3643	2904	283	252	31
38	7735	4377	3358	274	246	28
39	6969	3984	2985	255	229	26
40－44岁	**33548**	**18860**	**14688**	**936**	**854**	**82**
40	6765	3739	3026	203	186	17
41	7042	3931	3111	213	196	17
42	6368	3655	2713	171	153	18
43	6080	3417	2663	158	139	19
44	7293	4118	3175	191	180	11
45－49岁	**44575**	**25176**	**19399**	**892**	**835**	**57**
45	8037	4425	3612	184	169	15
46	9061	5098	3963	189	177	12
47	8756	4899	3857	175	162	13
48	9234	5293	3941	182	171	11
49	9487	5461	4026	162	156	6
50－54岁	**41874**	**24487**	**17387**	**694**	**662**	**32**
50	9578	5517	4061	190	183	7
51	8241	4801	3440	127	119	8
52	8825	5096	3729	158	150	8
53	7225	4273	2952	108	106	2
54	8005	4800	3205	111	104	7
55－59岁	**35799**	**21436**	**14363**	**483**	**470**	**13**
55	8160	4851	3309	107	103	4
56	7986	4727	3259	106	103	3
57	8652	5192	3460	122	118	4
58	6795	4018	2777	96	94	2
59	4206	2648	1558	52	52	
60－64岁	**19715**	**13459**	**6256**	**342**	**332**	**10**
60	5427	3563	1864	83	80	3
61	3820	2577	1243	77	75	2
62	3516	2421	1095	68	67	1
63	3763	2660	1103	62	61	1
64	3189	2238	951	52	49	3
65岁及以上	**22407**	**16872**	**5535**	**271**	**258**	**13**

单位：人

有配偶			离婚			丧偶		
小计	男	女	小计	男	女	小计	男	女
248051	**143398**	**104653**	**8891**	**6727**	**2164**	**7277**	**3468**	**3809**
90	**8**	**82**	**1**		**1**			
2	1	1						
7	1	6						
29	2	27						
52	4	48	1		1			
2200	**770**	**1430**	**61**	**24**	**37**	**3**	**2**	**1**
115	22	93	3	2	1			
204	39	165	6	2	4			
381	122	259	7	3	4	1		1
595	224	371	11	2	9	2	2	
905	363	542	34	15	19			
9944	**4814**	**5130**	**555**	**310**	**245**	**10**	**5**	**5**
1258	552	706	53	29	24			
1552	712	840	69	34	35	2	1	1
1929	959	970	90	40	50	1		1
2399	1173	1226	146	82	64	2	2	
2806	1418	1388	197	125	72	5	2	3
23059	**11849**	**11210**	**1436**	**1036**	**400**	**59**	**25**	**34**
4220	2166	2054	275	178	97	10	5	5
4501	2299	2202	242	173	69	15	6	9
4289	2222	2067	282	205	77	16	9	7
5086	2651	2435	313	231	82	7	4	3
4963	2511	2452	324	249	75	11	1	10
30559	**16380**	**14179**	**1828**	**1449**	**379**	**114**	**42**	**72**
5266	2752	2514	319	265	54	16	4	12
6049	3258	2791	392	310	82	20	5	15
5888	3121	2767	348	258	90	28	12	16
7011	3796	3215	424	326	98	26	9	17
6345	3453	2892	345	290	55	24	12	12
30915	**16773**	**14142**	**1506**	**1156**	**350**	**191**	**77**	**114**
6182	3273	2909	342	265	77	38	15	23
6465	3470	2995	327	250	77	37	15	22
5878	3270	2608	286	219	67	33	13	20
5614	3053	2561	264	204	60	44	21	23
6776	3707	3069	287	218	69	39	13	26
41704	**23045**	**18659**	**1467**	**1133**	**334**	**512**	**163**	**349**
7477	4013	3464	294	220	74	82	23	59
8477	4659	3818	308	232	76	87	30	57
8200	4489	3711	283	219	64	98	29	69
8646	4857	3789	286	230	56	120	35	85
8904	5027	3877	296	232	64	125	46	79
39429	**22780**	**16649**	**957**	**762**	**195**	**794**	**283**	**511**
9006	5084	3922	248	206	42	134	44	90
7830	4522	3308	157	118	39	127	42	85
8284	4708	3576	226	177	49	157	61	96
6781	3984	2797	158	120	38	178	63	115
7528	4482	3046	168	141	27	198	73	125
33511	**20037**	**13474**	**642**	**494**	**148**	**1163**	**435**	**728**
7669	4543	3126	176	130	46	208	75	133
7509	4427	3082	153	121	32	218	76	142
8113	4858	3255	148	116	32	269	100	169
6338	3752	2586	96	69	27	265	103	162
3882	2457	1425	69	58	11	203	81	122
18010	**12373**	**5637**	**300**	**244**	**56**	**1063**	**510**	**553**
4999	3307	1692	99	74	25	246	102	144
3490	2356	1134	65	56	9	188	90	98
3192	2203	989	51	44	7	205	107	98
3444	2454	990	40	35	5	217	110	107
2885	2053	832	45	35	10	207	101	106
18630	**14569**	**4061**	**138**	**119**	**19**	**3368**	**1926**	**1442**

5-3c 续表 5

受教育程度 年 龄	15岁及以上人口			未 婚		
	合计	男	女	小计	男	女
高 中	**65379**	**41713**	**23666**	**19504**	**11917**	**7587**
15-19岁	**12740**	**6721**	**6019**	**12724**	**6718**	**6006**
15	2820	1444	1376	2820	1444	1376
16	3843	1986	1857	3842	1985	1857
17	3267	1656	1611	3264	1656	1608
18	1945	1105	840	1943	1104	839
19	865	530	335	855	529	326
20-24岁	**3513**	**2242**	**1271**	**2927**	**2043**	**884**
20	641	399	242	610	397	213
21	570	373	197	529	363	166
22	704	453	251	606	421	185
23	757	467	290	592	414	178
24	841	550	291	590	448	142
25-29岁	**5136**	**3233**	**1903**	**2116**	**1694**	**422**
25	915	582	333	522	412	110
26	947	599	348	503	396	107
27	1042	662	380	426	332	94
28	1049	674	375	353	286	67
29	1183	716	467	312	268	44
30-34岁	**6514**	**4020**	**2494**	**994**	**820**	**174**
30	1513	917	596	320	265	55
31	1412	882	530	243	208	35
32	1248	744	504	175	136	39
33	1281	826	455	159	133	26
34	1060	651	409	97	78	19
35-39岁	**4855**	**3022**	**1833**	**279**	**227**	**52**
35	960	598	362	76	65	11
36	972	602	370	67	57	10
37	939	583	356	54	46	8
38	1037	648	389	52	35	17
39	947	591	356	30	24	6
40-44岁	**4473**	**2859**	**1614**	**125**	**106**	**19**
40	943	605	338	26	23	3
41	980	627	353	28	24	4
42	850	535	315	33	31	2
43	805	520	285	23	19	4
44	895	572	323	15	9	6
45-49岁	**5900**	**3634**	**2266**	**113**	**95**	**18**
45	1045	626	419	17	11	6
46	1272	766	506	30	29	1
47	1153	741	412	17	12	5
48	1219	762	457	27	24	3
49	1211	739	472	22	19	3
50-54岁	**5330**	**3524**	**1806**	**74**	**68**	**6**
50	1264	816	448	22	19	3
51	1155	777	378	16	15	1
52	1106	732	374	18	16	2
53	850	573	277	8	8	
54	955	626	329	10	10	
55-59岁	**6484**	**4395**	**2089**	**69**	**66**	**3**
55	1014	655	359	14	14	
56	1198	845	353	11	10	1
57	1625	1074	551	17	16	1
58	1519	1046	473	14	14	
59	1128	775	353	13	12	1
60-64岁	**6755**	**5039**	**1716**	**56**	**54**	**2**
60	1782	1281	501	14	13	1
61	1484	1103	381	12	12	
62	1373	994	379	13	12	1
63	1223	943	280	10	10	
64	893	718	175	7	7	
65岁及以上	**3679**	**3024**	**655**	**27**	**26**	**1**

单位：人

有配偶			离　婚			丧　偶		
小计	男	女	小计	男	女	小计	男	女
43243	**28198**	**15045**	**1375**	**954**	**421**	**1257**	**644**	**613**
15	**2**	**13**	**1**	**1**				
1	1							
3		3						
2	1	1						
9		9	1	1				
581	**196**	**385**	**5**	**3**	**2**			
31	2	29						
41	10	31						
98	32	66						
165	53	112						
246	99	147	5	3	2			
2921	**1492**	**1429**	**98**	**47**	**51**	**1**		**1**
382	168	214	11	2	9			
432	197	235	12	6	6			
596	319	277	20	11	9			
670	374	296	25	14	11	1		1
841	434	407	30	14	16			
5261	**3031**	**2230**	**244**	**164**	**80**	**15**	**5**	**10**
1137	616	521	53	35	18	3	1	2
1112	635	477	53	37	16	4	2	2
1021	574	447	47	33	14	5	1	4
1070	657	413	51	35	16	1	1	
921	549	372	40	24	16	2		2
4325	**2614**	**1711**	**233**	**176**	**57**	**18**	**5**	**13**
846	504	342	36	29	7	2		2
858	513	345	43	31	12	4	1	3
832	495	337	50	40	10	3	2	1
932	573	359	51	40	11	2		2
857	529	328	53	36	17	7	2	5
4111	**2594**	**1517**	**214**	**151**	**63**	**23**	**8**	**15**
860	543	317	51	36	15	6	3	3
907	575	332	37	25	12	8	3	5
779	481	298	36	23	13	2		2
731	466	265	47	34	13	4	1	3
834	529	305	43	33	10	3	1	2
5537	**3409**	**2128**	**184**	**113**	**71**	**66**	**17**	**49**
973	591	382	43	23	20	12	1	11
1193	718	475	39	18	21	10	1	9
1089	696	393	36	28	8	11	5	6
1146	706	440	35	25	10	11	7	4
1136	698	438	31	19	12	22	3	19
5014	**3313**	**1701**	**140**	**108**	**32**	**102**	**35**	**67**
1190	764	426	37	29	8	15	4	11
1086	728	358	35	29	6	18	5	13
1047	693	354	23	16	7	18	7	11
789	534	255	25	19	6	28	12	16
902	594	308	20	15	5	23	7	16
6103	**4164**	**1939**	**120**	**85**	**35**	**192**	**80**	**112**
950	618	332	28	18	10	22	5	17
1121	800	321	27	21	6	39	14	25
1552	1029	523	21	14	7	35	15	20
1425	987	438	28	21	7	52	24	28
1055	730	325	16	11	5	44	22	22
6268	**4732**	**1536**	**99**	**78**	**21**	**332**	**175**	**157**
1671	1213	458	20	17	3	77	38	39
1379	1035	344	23	20	3	70	36	34
1260	926	334	22	16	6	78	40	38
1131	883	248	19	15	4	63	35	28
827	675	152	15	10	5	44	26	18
3107	**2651**	**456**	**37**	**28**	**9**	**508**	**319**	**189**

5-3c 续表 6

受教育程度 年　　龄	15岁及以上人口			未　　婚		
	合计	男	女	小计	男	女
大学专科	**30470**	**18513**	**11957**	**13900**	**8299**	**5601**
15-19岁	**2350**	**1253**	**1097**	**2347**	**1253**	**1094**
15	27	18	9	27	18	9
16	62	41	21	62	41	21
17	195	101	94	195	101	94
18	875	453	422	875	453	422
19	1191	640	551	1188	640	548
20-24岁	**6951**	**3801**	**3150**	**6571**	**3661**	**2910**
20	1139	600	539	1131	598	533
21	1219	638	581	1204	634	570
22	1551	853	698	1503	837	666
23	1574	879	695	1457	835	622
24	1468	831	637	1276	757	519
25-29岁	**6561**	**3763**	**2798**	**3674**	**2397**	**1277**
25	1551	881	670	1210	744	466
26	1263	722	541	842	534	308
27	1368	785	583	741	504	237
28	1208	684	524	511	346	165
29	1171	691	480	370	269	101
30-34岁	**5534**	**3369**	**2165**	**1040**	**781**	**259**
30	1469	859	610	377	266	111
31	1257	760	497	273	210	63
32	1038	628	410	189	143	46
33	983	623	360	113	88	25
34	787	499	288	88	74	14
35-39岁	**2439**	**1592**	**847**	**167**	**129**	**38**
35	619	410	209	51	42	9
36	568	380	188	45	35	10
37	432	281	151	35	27	8
38	460	290	170	24	16	8
39	360	231	129	12	9	3
40-44岁	**1597**	**1059**	**538**	**51**	**41**	**10**
40	340	227	113	12	11	1
41	332	220	112	15	10	5
42	304	196	108	9	8	1
43	280	186	94	7	5	2
44	341	230	111	8	7	1
45-49岁	**1637**	**1128**	**509**	**27**	**20**	**7**
45	297	200	97	4	2	2
46	359	245	114	5	5	
47	331	229	102	9	5	4
48	331	232	99	3	3	
49	319	222	97	6	5	1
50-54岁	**1267**	**882**	**385**	**13**	**8**	**5**
50	325	219	106	3	2	1
51	264	170	94	3	1	2
52	258	188	70	3	2	1
53	201	149	52	3	2	1
54	219	156	63	1	1	
55-59岁	**997**	**718**	**279**	**8**	**7**	**1**
55	231	161	70	2	2	
56	234	168	66	2	1	1
57	233	165	68	2	2	
58	195	148	47	1	1	
59	104	76	28	1	1	
60-64岁	**575**	**468**	**107**	**2**	**2**	
60	154	125	29	1	1	
61	106	84	22			
62	103	84	19			
63	124	102	22	1	1	
64	88	73	15			
65岁及以上	**562**	**480**	**82**			

单位：人

有配偶			离　婚			丧　偶		
小计	男	女	小计	男	女	小计	男	女
15943	**9872**	**6071**	**463**	**267**	**196**	**164**	**75**	**89**
3		**3**						
3		3						
374	**139**	**235**	**6**	**1**	**5**			
8	2	6						
14	4	10	1		1			
48	16	32						
114	44	70	3		3			
190	73	117	2	1	1			
2837	**1346**	**1491**	**48**	**20**	**28**	**2**		**2**
339	136	203	2	1	1			
418	188	230	3		3			
614	274	340	13	7	6			
680	332	348	15	6	9	2		2
786	416	370	15	6	9			
4367	**2514**	**1853**	**118**	**72**	**46**	**9**	**2**	**7**
1065	579	486	24	13	11	3	1	2
959	534	425	24	16	8	1		1
827	476	351	20	9	11	2		2
840	512	328	29	23	6	1		1
676	413	263	21	11	10	2	1	1
2171	**1400**	**771**	**97**	**63**	**34**	**4**		**4**
545	352	193	23	16	7			
499	331	168	22	14	8	2		2
374	241	133	23	13	10			
420	262	158	16	12	4			
333	214	119	13	8	5	2		2
1470	**978**	**492**	**67**	**39**	**28**	**9**	**1**	**8**
311	211	100	16	5	11	1		1
302	200	102	13	9	4	2	1	1
285	183	102	8	5	3	2		2
253	169	84	19	12	7	1		1
319	215	104	11	8	3	3		3
1530	**1066**	**464**	**61**	**35**	**26**	**19**	**7**	**12**
276	189	87	14	9	5	3		3
342	236	106	9	4	5	3		3
301	208	93	15	12	3	6	4	2
313	225	88	13	3	10	2	1	1
298	208	90	10	7	3	5	2	3
1199	**849**	**350**	**39**	**18**	**21**	**16**	**7**	**9**
301	209	92	17	8	9	4		4
249	162	87	7	3	4	5	4	1
243	180	63	8	4	4	4	2	2
193	144	49	3	2	1	2	1	1
213	154	59	4	1	3	1		1
958	**693**	**265**	**17**	**12**	**5**	**14**	**6**	**8**
222	154	68	5	5		2		2
221	161	60	7	4	3	4	2	2
227	161	66	2	1	1	2	1	1
189	144	45	2	2		3	1	2
99	73	26	1		1	3	2	1
545	**449**	**96**	**9**	**7**	**2**	**19**	**10**	**9**
142	117	25	6	5	1	5	2	3
101	82	19	1	1		4	1	3
100	82	18	1	1		2	1	1
118	97	21				5	4	1
84	71	13	1		1	3	2	1
489	**438**	**51**	**1**		**1**	**72**	**42**	**30**

5-3c 续表 7

受教育程度 年 龄	15岁及以上人口			未 婚		
	合计	男	女	小计	男	女
大学本科	**17131**	**8870**	**8261**	**10121**	**4828**	**5293**
15-19岁	**1717**	**725**	**992**	**1717**	**725**	**992**
15	4	1	3	4	1	3
16	5	1	4	5	1	4
17	101	47	54	101	47	54
18	665	302	363	665	302	363
19	942	374	568	942	374	568
20-24岁	**5001**	**2166**	**2835**	**4899**	**2134**	**2765**
20	854	370	484	854	370	484
21	869	366	503	867	366	501
22	1068	437	631	1062	434	628
23	1113	497	616	1089	490	599
24	1097	496	601	1027	474	553
25-29岁	**4060**	**2009**	**2051**	**2733**	**1448**	**1285**
25	1018	478	540	896	444	452
26	847	393	454	639	316	323
27	798	391	407	533	291	242
28	722	380	342	373	226	147
29	675	367	308	292	171	121
30-34岁	**2901**	**1668**	**1233**	**629**	**418**	**211**
30	798	426	372	260	160	100
31	639	353	286	144	98	46
32	502	319	183	99	75	24
33	537	320	217	79	57	22
34	425	250	175	47	28	19
35-39岁	**1360**	**875**	**485**	**108**	**74**	**34**
35	350	221	129	33	22	11
36	304	190	114	20	15	5
37	260	177	83	26	20	6
38	263	165	98	23	14	9
39	183	122	61	6	3	3
40-44岁	**633**	**411**	**222**	**16**	**13**	**3**
40	142	87	55	2	2	
41	143	86	57	5	3	2
42	127	91	36	3	3	
43	105	66	39	5	4	1
44	116	81	35	1	1	
45-49岁	**596**	**387**	**209**	**9**	**7**	**2**
45	137	91	46	2	2	
46	120	72	48	2	2	
47	114	71	43	2	1	1
48	120	78	42	2	1	1
49	105	75	30	1	1	
50-54岁	**428**	**291**	**137**	**3**	**3**	
50	106	69	37	1	1	
51	110	72	38	1	1	
52	89	66	23			
53	62	44	18			
54	61	40	21	1	1	
55-59岁	**264**	**194**	**70**	**5**	**4**	**1**
55	78	58	20	1		1
56	65	49	16	3	3	
57	63	47	16	1	1	
58	37	29	8			
59	21	11	10			
60-64岁	**83**	**65**	**18**	**1**	**1**	
60	12	9	3			
61	21	17	4			
62	15	12	3			
63	14	12	2			
64	21	15	6	1	1	
65岁及以上	**88**	**79**	**9**	**1**	**1**	

单位：人

有配偶			离 婚			丧 偶		
小计	男	女	小计	男	女	小计	男	女
6824	**3958**	**2866**	**151**	**68**	**83**	**35**	**16**	**19**
101	**32**	**69**	**1**		**1**			
2		2						
6	3	3						
24	7	17						
69	22	47	1		1			
1317	**557**	**760**	**10**	**4**	**6**			
122	34	88						
208	77	131						
264	100	164	1		1			
345	151	194	4	3	1			
378	195	183	5	1	4			
2221	**1232**	**989**	**50**	**17**	**33**	**1**	**1**	
530	265	265	7		7	1	1	
487	252	235	8	3	5			
393	239	154	10	5	5			
443	258	185	15	5	10			
368	218	150	10	4	6			
1218	**784**	**434**	**33**	**17**	**16**	**1**		**1**
310	194	116	7	5	2			
276	171	105	8	4	4			
227	153	74	7	4	3			
231	148	83	8	3	5	1		1
174	118	56	3	1	2			
594	**388**	**206**	**19**	**9**	**10**	**4**	**1**	**3**
135	83	52	5	2	3			
131	79	52	7	4	3			
122	87	35	1	1		1		1
95	60	35	3	1	2	2	1	1
111	79	32	3	1	2	1		1
570	**370**	**200**	**11**	**8**	**3**	**6**	**2**	**4**
129	85	44	5	4	1	1		1
114	69	45	3	1	2	1		1
109	68	41	1	1		2	1	1
117	77	40				1		1
101	71	30	2	2		1	1	
407	**283**	**124**	**12**	**3**	**9**	**6**	**2**	**4**
100	68	32	5		5			
104	71	33	2		2	3		3
84	63	21	3	2	1	2	1	1
61	44	17	1		1			
58	37	21	1	1		1	1	
245	**182**	**63**	**10**	**7**	**3**	**4**	**1**	**3**
73	55	18	3	3		1		1
57	43	14	2	2		3	1	2
60	45	15	2	1	1			
35	28	7	2	1	1			
20	11	9	1		1			
75	**62**	**13**	**4**	**2**	**2**	**3**		**3**
11	8	3	1	1				
20	17	3				1		1
15	12	3						
13	11	2	1	1				
16	14	2	2		2	2		2
76	**68**	**8**	**1**	**1**		**10**	**9**	**1**

5-3c 续表 8

受教育程度 年 龄	15岁及以上人口			未 婚		
	合计	男	女	小计	男	女
硕士研究生	**666**	**271**	**395**	**433**	**149**	**284**
15-19岁	**3**	**1**	**2**	**3**	**1**	**2**
15						
16						
17						
18	2	1	1	2	1	1
19	1		1	1		1
20-24岁	**169**	**56**	**113**	**168**	**56**	**112**
20	2		2	2		2
21	4	1	3	4	1	3
22	38	14	24	38	14	24
23	60	18	42	60	18	42
24	65	23	42	64	23	41
25-29岁	**252**	**84**	**168**	**211**	**74**	**137**
25	91	32	59	87	30	57
26	50	15	35	45	15	30
27	40	12	28	30	9	21
28	41	12	29	26	9	17
29	30	13	17	23	11	12
30-34岁	**118**	**49**	**69**	**42**	**15**	**27**
30	41	18	23	20	9	11
31	22	6	16	10	3	7
32	18	7	11	3		3
33	25	10	15	6	2	4
34	12	8	4	3	1	2
35-39岁	**66**	**41**	**25**	**9**	**3**	**6**
35	17	10	7	3	1	2
36	21	15	6	2	2	
37	9	5	4			
38	13	7	6	3		3
39	6	4	2	1		1
40-44岁	**22**	**13**	**9**			
40	8	6	2			
41	4	1	3			
42	2	2				
43	3	1	2			
44	5	3	2			
45-49岁	**14**	**11**	**3**			
45	3	2	1			
46	2	1	1			
47	5	5				
48	4	3	1			
49						
50-54岁	**13**	**9**	**4**			
50						
51	8	5	3			
52	2	2				
53	3	2	1			
54						
55-59岁	**5**	**4**	**1**			
55						
56	5	4	1			
57						
58						
59						
60-64岁	**2**	**2**				
60	1	1				
61						
62						
63	1	1				
64						
65岁及以上	**2**	**1**	**1**			

单位：人

有配偶			离婚			丧偶		
小计	男	女	小计	男	女	小计	男	女
224	**118**	**106**	**8**	**3**	**5**	**1**	**1**	
1		**1**						
1		1						
39	**9**	**30**	**1**		**1**	**1**	**1**	
4	2	2						
5		5						
9	3	6	1		1			
14	2	12				1	1	
7	2	5						
75	**33**	**42**	**1**	**1**				
21	9	12						
11	2	9	1	1				
15	7	8						
19	8	11						
9	7	2						
54	**36**	**18**	**3**	**2**	**1**			
14	9	5						
18	12	6	1	1				
8	5	3	1		1			
9	6	3	1	1				
5	4	1						
21	**13**	**8**	**1**		**1**			
7	6	1	1		1			
4	1	3						
2	2							
3	1	2						
5	3	2						
13	**11**	**2**	**1**		**1**			
2	2		1		1			
2	1	1						
5	5							
4	3	1						
12	**9**	**3**	**1**		**1**			
7	5	2	1		1			
2	2							
3	2	1						
5	**4**	**1**						
5	4	1						
2	**2**							
1	1							
1	1							
2	**1**	**1**						

5−3c 续表 9

受教育程度 年龄	15岁及以上人口			未婚		
	合计	男	女	小计	男	女
博士研究生	**47**	**18**	**29**	**31**	**9**	**22**
15−19岁						
15						
16						
17						
18						
19						
20−24岁	**8**	**2**	**6**	**8**	**2**	**6**
20						
21						
22	4	1	3	4	1	3
23	4	1	3	4	1	3
24						
25−29岁	**21**	**6**	**15**	**16**	**4**	**12**
25	6	1	5	6	1	5
26	4		4	2		2
27	1		1	1		1
28	5	4	1	4	3	1
29	5	1	4	3		3
30−34岁	**12**	**6**	**6**	**7**	**3**	**4**
30	9	5	4	4	2	2
31	1	1		1	1	
32	2		2	2		2
33						
34						
35−39岁	**4**	**3**	**1**			
35	1		1			
36						
37	1	1				
38						
39	2	2				
40−44岁	**2**	**1**	**1**			
40						
41	2	1	1			
42						
43						
44						
45−49岁						
45						
46						
47						
48						
49						
50−54岁						
50						
51						
52						
53						
54						
55−59岁						
55						
56						
57						
58						
59						
60−64岁						
60						
61						
62						
63						
64						
65岁及以上						

单位：人

有配偶			离　婚			丧　偶		
小计	男	女	小计	男	女	小计	男	女
16	**9**	**7**						
5	**2**	**3**						
2		2						
1	1							
2	1	1						
5	**3**	**2**						
5	3	2						
4	**3**	**1**						
1		1						
1	1							
2	2							
2	**1**	**1**						
2	1	1						

5-4 全区分初婚年龄、性别、初婚年份的人口

单位：人

初婚年龄	初婚年份								
	合计			1980年			1981年		
	合计	男	女	小计	男	女	小计	男	女
总计	**1384384**	**702087**	**682297**	**39343**	**18869**	**20474**	**28685**	**13783**	**14902**
15岁以下	**866**	**194**	**672**	**78**	**22**	**56**	**48**	**8**	**40**
15-19岁	**140194**	**38738**	**101456**	**6583**	**1646**	**4937**	**4782**	**1196**	**3586**
15	4357	1097	3260	338	69	269	184	38	146
16	8666	2049	6617	641	144	497	315	61	254
17	18035	4211	13824	1310	284	1026	786	158	628
18	37098	9644	27454	1731	400	1331	1512	366	1146
19	72038	21737	50301	2563	749	1814	1985	573	1412
20-24岁	**769553**	**373849**	**395704**	**24621**	**12003**	**12618**	**18003**	**8706**	**9297**
20	117654	41345	76309	4310	1579	2731	2757	1008	1749
21	153085	68210	84875	4692	2061	2631	3849	1714	2135
22	182742	93478	89264	5733	2851	2882	3891	1901	1990
23	168464	88606	79858	5489	2958	2531	4074	2125	1949
24	147608	82210	65398	4397	2554	1843	3432	1958	1474
25-29岁	**364244**	**220566**	**143678**	**7351**	**4689**	**2662**	**5398**	**3543**	**1855**
25	123814	72173	51641	3344	2045	1299	2368	1463	905
26	93016	55813	37203	1993	1264	729	1573	1053	520
27	67605	41968	25637	1050	709	341	828	570	258
28	47063	29646	17417	590	402	188	409	302	107
29	32746	20966	11780	374	269	105	220	155	65
30-34岁	**70388**	**44593**	**25795**	**562**	**411**	**151**	**339**	**249**	**90**
30	23154	14739	8415	246	181	65	134	98	36
31	16606	10535	6071	126	87	39	92	64	28
32	13004	8237	4767	86	60	26	64	49	15
33	9748	6164	3584	63	46	17	31	23	8
34	7876	4918	2958	41	37	4	18	15	3
35-39岁	**21008**	**13207**	**7801**	**92**	**65**	**27**	**88**	**63**	**25**
35	6100	3851	2249	28	20	8	26	18	8
36	4863	3060	1803	17	12	5	21	18	3
37	3949	2469	1480	22	16	6	23	14	9
38	3249	2008	1241	11	7	4	10	9	1
39	2847	1819	1028	14	10	4	8	4	4
40-44岁	**9419**	**5706**	**3713**	**41**	**25**	**16**	**22**	**16**	**6**
40	2494	1512	982	11	9	2	8	6	2
41	2125	1283	842	14	10	4	5	5	
42	1796	1105	691	4		4	5	3	2
43	1622	980	642	5	3	2	2	2	
44	1382	826	556	7	3	4	2		2
45-49岁	**4362**	**2666**	**1696**	**12**	**7**	**5**	**5**	**2**	**3**
45	1208	725	483	4	3	1	3	1	2
46	992	604	388	1		1	2	1	1
47	819	505	314	3	1	2			
48	737	466	271	2	2				
49	606	366	240	2	1	1			
50岁及以上	**4350**	**2568**	**1782**	**3**	**1**	**2**			
平均初婚年龄	**24.31**	**25.06**	**23.55**	**22.75**	**23.59**	**21.99**	**22.80**	**23.63**	**22.03**

5-4 续表 1

单位：人

初婚年龄	初婚年份								
	1982年			1983年			1984年		
	小计	男	女	小计	男	女	小计	男	女
总 计	**34089**	**16429**	**17660**	**32933**	**16034**	**16899**	**33878**	**16509**	**17369**
15岁以下	**47**	**13**	**34**	**58**	**11**	**47**	**28**	**4**	**24**
15-19岁	**6527**	**1841**	**4686**	**5945**	**1688**	**4257**	**5698**	**1661**	**4037**
15	228	59	169	229	61	168	226	59	167
16	427	93	334	418	115	303	394	92	302
17	879	213	666	822	206	616	730	183	547
18	1706	444	1262	1538	403	1135	1516	408	1108
19	3287	1032	2255	2938	903	2035	2832	919	1913
20-24岁	**20627**	**10089**	**10538**	**20384**	**9935**	**10449**	**21920**	**10667**	**11253**
20	3634	1260	2374	4655	1773	2882	4429	1677	2752
21	3981	1771	2210	4196	1884	2312	5786	2680	3106
22	5103	2626	2477	3916	1973	1943	4590	2296	2294
23	4199	2301	1898	4422	2443	1979	3664	1996	1668
24	3710	2131	1579	3195	1862	1333	3451	2018	1433
25-29岁	**6321**	**4082**	**2239**	**5918**	**3951**	**1967**	**5568**	**3733**	**1835**
25	2781	1723	1058	2456	1592	864	2201	1424	777
26	1659	1067	592	1635	1075	560	1517	1023	494
27	1025	707	318	961	672	289	959	675	284
28	551	373	178	532	368	164	551	381	170
29	305	212	93	334	244	90	340	230	110
30-34岁	**433**	**311**	**122**	**497**	**357**	**140**	**524**	**350**	**174**
30	176	125	51	213	152	61	219	149	70
31	107	82	25	99	66	33	112	74	38
32	73	53	20	85	62	23	95	64	31
33	39	26	13	66	47	19	52	31	21
34	38	25	13	34	30	4	46	32	14
35-39岁	**83**	**61**	**22**	**80**	**60**	**20**	**96**	**63**	**33**
35	28	22	6	21	17	4	29	19	10
36	17	10	7	25	18	7	22	15	7
37	14	12	2	13	9	4	25	16	9
38	11	8	3	11	8	3	10	7	3
39	13	9	4	10	8	2	10	6	4
40-44岁	**32**	**20**	**12**	**34**	**22**	**12**	**29**	**23**	**6**
40	6	4	2	9	8	1	3	3	
41	7	5	2	10	6	4	5	5	
42	10	4	6	3	2	1	9	4	5
43	5	4	1	10	6	4	4	3	1
44	4	3	1	2		2	8	8	
45-49岁	**13**	**7**	**6**	**13**	**7**	**6**	**12**	**7**	**5**
45	5	3	2	7	4	3	2	1	1
46	3	2	1	3	2	1	6	3	3
47	4	2	2	2	1	1	2	2	
48				1		1	1		1
49	1		1				1	1	
50岁及以上	**6**	**5**	**1**	**4**	**3**	**1**	**3**	**1**	**2**
平均初婚年龄	**22.69**	**23.50**	**21.94**	**22.64**	**23.46**	**21.87**	**22.61**	**23.36**	**21.91**

5-4 续表 2 单位：人

初婚年龄	初婚年份								
	1985年			1986年			1987年		
	小计	男	女	小计	男	女	小计	男	女
总 计	**40489**	**19951**	**20538**	**37695**	**18531**	**19164**	**37775**	**18585**	**19190**
15岁以下	**38**	**12**	**26**	**46**	**11**	**35**	**22**	**3**	**19**
15-19岁	**6652**	**1980**	**4672**	**5707**	**1657**	**4050**	**5885**	**1683**	**4202**
15	261	53	208	198	54	144	160	40	120
16	544	140	404	422	87	335	367	80	287
17	934	242	692	845	212	633	783	175	608
18	1679	481	1198	1552	414	1138	1670	439	1231
19	3234	1064	2170	2690	890	1800	2905	949	1956
20-24岁	**26268**	**12928**	**13340**	**25527**	**12613**	**12914**	**25358**	**12701**	**12657**
20	4679	1754	2925	4413	1700	2713	3897	1492	2405
21	6253	2874	3379	5444	2425	3019	5138	2368	2770
22	7201	3676	3525	6469	3291	3178	6026	3077	2949
23	4818	2588	2230	5867	3181	2686	5743	3095	2648
24	3317	2036	1281	3334	2016	1318	4554	2669	1885
25-29岁	**6491**	**4324**	**2167**	**5435**	**3625**	**1810**	**5420**	**3506**	**1914**
25	2830	1836	994	2108	1388	720	2256	1400	856
26	1529	1036	493	1553	1033	520	1321	863	458
27	1020	690	330	834	589	245	929	631	298
28	701	491	210	543	353	190	547	378	169
29	411	271	140	397	262	135	367	234	133
30-34岁	**802**	**535**	**267**	**732**	**480**	**252**	**849**	**537**	**312**
30	291	196	95	272	180	92	287	176	111
31	199	126	73	176	104	72	218	137	81
32	142	98	44	123	87	36	157	102	55
33	110	73	37	92	67	25	99	67	32
34	60	42	18	69	42	27	88	55	33
35-39岁	**146**	**113**	**33**	**161**	**93**	**68**	**162**	**110**	**52**
35	52	41	11	49	29	20	57	36	21
36	27	22	5	35	23	12	35	24	11
37	35	29	6	27	15	12	29	24	5
38	20	14	6	30	15	15	25	13	12
39	12	7	5	20	11	9	16	13	3
40-44岁	**58**	**41**	**17**	**51**	**33**	**18**	**45**	**23**	**22**
40	16	12	4	15	12	3	10	3	7
41	12	8	4	13	8	5	12	6	6
42	7	5	2	8	6	2	8	6	2
43	10	6	4	9	4	5	9	5	4
44	13	10	3	6	3	3	6	3	3
45-49岁	**23**	**8**	**15**	**19**	**10**	**9**	**22**	**14**	**8**
45	10	2	8	7	3	4	7	4	3
46	1		1	3	1	2	6	3	3
47	1		1	3	3		2	1	1
48	9	4	5	4	2	2	5	4	1
49	2	2		2	1	1	2	2	
50岁及以上	**11**	**10**	**1**	**17**	**9**	**8**	**12**	**8**	**4**
平均初婚年龄	**22.69**	**23.43**	**21.98**	**22.75**	**23.43**	**22.09**	**22.86**	**23.53**	**22.21**

5-4　续表 3　　　　单位：人

初婚年龄	初婚年份								
	1988年			1989年			1990年		
	小计	男	女	小计	男	女	小计	男	女
总　计	**40375**	**20041**	**20334**	**41278**	**20577**	**20701**	**45937**	**23288**	**22649**
15岁以下	**41**	**9**	**32**	**35**	**10**	**25**	**52**	**8**	**44**
15–19岁	**6435**	**1931**	**4504**	**6463**	**1968**	**4495**	**7568**	**2388**	**5180**
15	176	38	138	202	50	152	227	53	174
16	402	84	318	390	104	286	474	133	341
17	850	220	630	801	196	605	1007	283	724
18	1708	484	1224	1807	546	1261	2077	632	1445
19	3299	1105	2194	3263	1072	2191	3783	1287	2496
20–24岁	**26097**	**13015**	**13082**	**26207**	**12983**	**13224**	**29245**	**14786**	**14459**
20	4568	1771	2797	4866	1900	2966	5541	2174	3367
21	5155	2395	2760	5885	2620	3265	6664	3167	3497
22	6113	3094	3019	5536	2797	2739	7136	3718	3418
23	5609	3034	2575	5534	3028	2506	5429	2971	2458
24	4652	2721	1931	4386	2638	1748	4475	2756	1719
25–29岁	**6605**	**4305**	**2300**	**7416**	**4882**	**2534**	**7667**	**5160**	**2507**
25	3294	2093	1201	3377	2161	1216	3204	2122	1082
26	1539	1025	514	2166	1444	722	2162	1474	688
27	789	536	253	912	631	281	1285	873	412
28	601	397	204	542	368	174	639	442	197
29	382	254	128	419	278	141	377	249	128
30–34岁	**922**	**607**	**315**	**843**	**538**	**305**	**967**	**656**	**311**
30	307	203	104	269	176	93	321	211	110
31	229	152	77	206	131	75	205	140	65
32	168	110	58	158	107	51	183	130	53
33	129	85	44	109	65	44	141	93	48
34	89	57	32	101	59	42	117	82	35
35–39岁	**179**	**116**	**63**	**225**	**143**	**82**	**292**	**199**	**93**
35	61	37	24	80	47	33	93	66	27
36	45	30	15	46	30	16	70	45	25
37	40	30	10	38	25	13	52	37	15
38	20	10	10	25	19	6	41	27	14
39	13	9	4	36	22	14	36	24	12
40–44岁	**57**	**36**	**21**	**52**	**28**	**24**	**87**	**55**	**32**
40	18	13	5	16	12	4	25	16	9
41	15	7	8	7	3	4	17	8	9
42	4	4		11	7	4	11	7	4
43	13	9	4	12	4	8	20	13	7
44	7	3	4	6	2	4	14	11	3
45–49岁	**25**	**14**	**11**	**21**	**18**	**3**	**31**	**19**	**12**
45	8	4	4	3	3		9	8	1
46	6	4	2	10	10		7	4	3
47	7	3	4	1		1	5	3	2
48	3	2	1	3	2	1	4	2	2
49	1	1		4	3	1	6	2	4
50岁及以上	**14**	**8**	**6**	**16**	**7**	**9**	**28**	**17**	**11**
平均初婚年龄	**22.88**	**23.56**	**22.21**	**22.90**	**23.59**	**22.21**	**22.82**	**23.54**	**22.09**

5－4 续表 4　　单位：人

初婚年龄	初婚年份								
	1991年			1992年			1993年		
	小计	男	女	小计	男	女	小计	男	女
总　计	**32917**	**16596**	**16321**	**39389**	**19982**	**19407**	**40928**	**20700**	**20228**
15岁以下	**31**	**12**	**19**	**24**	**6**	**18**	**17**	**3**	**14**
15—19岁	**4679**	**1414**	**3265**	**4902**	**1464**	**3438**	**4480**	**1317**	**3163**
15	146	42	104	112	35	77	114	27	87
16	287	67	220	256	65	191	253	59	194
17	568	139	429	574	144	430	516	134	382
18	1230	345	885	1342	394	948	1128	318	810
19	2448	821	1627	2618	826	1792	2469	779	1690
20—24岁	**21693**	**10770**	**10923**	**26453**	**13145**	**13308**	**27641**	**13557**	**14084**
20	3850	1461	2389	4189	1538	2651	4194	1506	2688
21	4827	2215	2612	5699	2634	3065	5568	2512	3056
22	5259	2684	2575	6687	3429	3258	6993	3506	3487
23	4692	2569	2123	5598	3007	2591	6312	3341	2971
24	3065	1841	1224	4280	2537	1743	4574	2692	1882
25—29岁	**5675**	**3848**	**1827**	**6860**	**4629**	**2231**	**7352**	**4910**	**2442**
25	2295	1532	763	2625	1708	917	3171	2044	1127
26	1517	1016	501	1816	1275	541	1752	1156	596
27	946	678	268	1174	808	366	1175	828	347
28	633	441	192	715	490	225	718	512	206
29	284	181	103	530	348	182	536	370	166
30—34岁	**587**	**387**	**200**	**765**	**503**	**262**	**973**	**624**	**349**
30	175	110	65	254	172	82	363	226	137
31	161	115	46	170	105	65	222	138	84
32	94	61	33	159	99	60	143	94	49
33	85	57	28	95	70	25	155	105	50
34	72	44	28	87	57	30	90	61	29
35—39岁	**165**	**114**	**51**	**247**	**154**	**93**	**299**	**191**	**108**
35	46	37	9	69	44	25	84	59	25
36	39	27	12	54	32	22	77	44	33
37	36	22	14	48	29	19	50	36	14
38	21	14	7	44	31	13	48	28	20
39	23	14	9	32	18	14	40	24	16
40—44岁	**59**	**36**	**23**	**91**	**56**	**35**	**104**	**62**	**42**
40	14	10	4	28	20	8	31	18	13
41	17	10	7	20	9	11	26	18	8
42	10	3	7	22	14	8	23	12	11
43	6	3	3	13	8	5	13	7	6
44	12	10	2	8	5	3	11	7	4
45—49岁	**16**	**8**	**8**	**32**	**21**	**11**	**36**	**21**	**15**
45	5	2	3	13	8	5	11	6	5
46	4	4		7	4	3	12	11	1
47	3	1	2	5	4	1	2	1	1
48				4	3	1	6	2	4
49	4	1	3	3	2	1	5	1	4
50岁及以上	**12**	**7**	**5**	**15**	**4**	**11**	**26**	**15**	**11**
平均初婚年龄	**22.91**	**23.59**	**22.22**	**23.12**	**23.77**	**22.45**	**23.28**	**23.93**	**22.62**

5-4　续表 5　　单位：人

初婚年龄	初婚年份								
	1994年			1995年			1996年		
	小计	男	女	小计	男	女	小计	男	女
总　计	**39748**	**20192**	**19556**	**42112**	**21491**	**20621**	**38391**	**19586**	**18805**
15岁以下	**16**	**1**	**15**	**22**	**4**	**18**	**15**	**4**	**11**
15–19岁	**3832**	**1077**	**2755**	**3559**	**991**	**2568**	**2700**	**729**	**1971**
15	115	32	83	115	33	82	67	17	50
16	176	42	134	218	55	163	139	38	101
17	380	96	284	361	82	279	334	72	262
18	970	275	695	832	232	600	677	179	498
19	2191	632	1559	2033	589	1444	1483	423	1060
20–24岁	**26704**	**13045**	**13659**	**27451**	**13432**	**14019**	**24606**	**11826**	**12780**
20	3813	1351	2462	3731	1228	2503	3102	980	2122
21	5456	2449	3007	5543	2478	3065	4815	2018	2797
22	6475	3226	3249	6803	3461	3342	6399	3306	3093
23	6199	3261	2938	6132	3261	2871	5676	2900	2776
24	4761	2758	2003	5242	3004	2238	4614	2622	1992
25–29岁	**7597**	**5056**	**2541**	**9066**	**5811**	**3255**	**8991**	**5770**	**3221**
25	3198	2037	1161	4015	2450	1565	3638	2190	1448
26	2038	1357	681	2334	1519	815	2407	1565	842
27	1094	779	315	1382	938	444	1489	1012	477
28	778	542	236	756	506	250	922	650	272
29	489	341	148	579	398	181	535	353	182
30–34岁	**1092**	**701**	**391**	**1320**	**837**	**483**	**1332**	**824**	**508**
30	395	257	138	418	280	138	423	261	162
31	307	196	111	336	218	118	290	187	103
32	170	119	51	281	163	118	275	165	110
33	109	65	44	170	100	70	210	126	84
34	111	64	47	115	76	39	134	85	49
35–39岁	**311**	**200**	**111**	**385**	**236**	**149**	**380**	**236**	**144**
35	89	57	32	127	79	48	81	57	24
36	61	45	16	77	45	32	110	68	42
37	71	43	28	65	40	25	64	39	25
38	50	32	18	62	38	24	65	35	30
39	40	23	17	54	34	20	60	37	23
40–44岁	**121**	**71**	**50**	**189**	**114**	**75**	**196**	**108**	**88**
40	44	24	20	48	31	17	49	30	19
41	29	20	9	44	28	16	51	28	23
42	17	8	9	41	24	17	47	27	20
43	18	13	5	26	14	12	25	12	13
44	13	6	7	30	17	13	24	11	13
45–49岁	**48**	**26**	**22**	**66**	**40**	**26**	**91**	**43**	**48**
45	14	10	4	14	8	6	22	12	10
46	14	5	9	14	9	5	27	14	13
47	15	8	7	12	7	5	11	4	7
48	2	1	1	18	12	6	18	6	12
49	3	2	1	8	4	4	13	7	6
50岁及以上	**27**	**15**	**12**	**54**	**26**	**28**	**80**	**46**	**34**
平均初婚年龄	**23.47**	**24.11**	**22.81**	**23.73**	**24.35**	**23.08**	**24.00**	**24.62**	**23.35**

5-4 续表 6

单位：人

初婚年龄	初婚年份								
	1997年			1998年			1999年		
	小计	男	女	小计	男	女	小计	男	女
总　计	**37080**	**18934**	**18146**	**38161**	**19567**	**18594**	**34404**	**17600**	**16804**
15岁以下	**9**	**2**	**7**	**25**	**7**	**18**	**18**	**1**	**17**
15-19岁	**2552**	**614**	**1938**	**3034**	**755**	**2279**	**2883**	**669**	**2214**
15	73	22	51	83	15	68	83	27	56
16	127	30	97	173	30	143	157	33	124
17	280	61	219	277	62	215	337	63	274
18	637	148	489	793	172	621	666	129	537
19	1435	353	1082	1708	476	1232	1640	417	1223
20-24岁	**23160**	**11135**	**12025**	**22417**	**10881**	**11536**	**20288**	**9786**	**10502**
20	2805	855	1950	2821	850	1971	2995	917	2078
21	4450	1896	2554	3981	1717	2264	3909	1660	2249
22	5902	3040	2862	5718	2961	2757	4799	2516	2283
23	5607	2932	2675	5406	2833	2573	4601	2451	2150
24	4396	2412	1984	4491	2520	1971	3984	2242	1742
25-29岁	**9339**	**5953**	**3386**	**9932**	**6253**	**3679**	**9091**	**5790**	**3301**
25	3489	2132	1357	3633	2177	1456	3341	2012	1329
26	2559	1638	921	2531	1597	934	2270	1444	826
27	1687	1121	566	1787	1190	597	1638	1096	542
28	961	640	321	1173	790	383	1100	739	361
29	643	422	221	808	499	309	742	499	243
30-34岁	**1278**	**808**	**470**	**1903**	**1155**	**748**	**1448**	**929**	**519**
30	327	215	112	590	372	218	502	334	168
31	302	180	122	403	240	163	348	220	128
32	276	161	115	362	211	151	252	166	86
33	189	133	56	307	184	123	182	111	71
34	184	119	65	241	148	93	164	98	66
35-39岁	**342**	**205**	**137**	**491**	**314**	**177**	**369**	**245**	**124**
35	85	53	32	180	117	63	109	65	44
36	66	39	27	111	71	40	107	79	28
37	64	43	21	79	50	29	66	44	22
38	62	36	26	56	30	26	42	27	15
39	65	34	31	65	46	19	45	30	15
40-44岁	**249**	**133**	**116**	**209**	**118**	**91**	**173**	**101**	**72**
40	67	32	35	62	34	28	34	16	18
41	48	25	23	45	26	19	35	23	12
42	56	30	26	36	21	15	34	17	17
43	47	27	20	37	18	19	36	26	10
44	31	19	12	29	19	10	34	19	15
45-49岁	**102**	**56**	**46**	**87**	**53**	**34**	**69**	**43**	**26**
45	32	17	15	23	14	9	25	14	11
46	26	10	16	27	12	15	16	8	8
47	16	11	5	7	3	4	8	6	2
48	16	10	6	15	12	3	14	10	4
49	12	8	4	15	12	3	6	5	1
50岁及以上	**49**	**28**	**21**	**63**	**31**	**32**	**65**	**36**	**29**
平均初婚年龄	**24.13**	**24.76**	**23.47**	**24.31**	**25.00**	**23.60**	**24.15**	**24.92**	**23.35**

5-4 续表 7

单位：人

初婚年龄	初婚年份								
	2000年			2001年			2002年		
	小计	男	女	小计	男	女	小计	男	女
总　计	**40416**	**20826**	**19590**	**25923**	**13283**	**12640**	**30912**	**15912**	**15000**
15岁以下	**38**	**12**	**26**	**21**	**8**	**13**	**23**	**4**	**19**
15-19岁	**4052**	**1059**	**2993**	**2412**	**588**	**1824**	**3148**	**850**	**2298**
15	133	45	88	67	25	42	118	41	77
16	251	75	176	125	38	87	157	48	109
17	485	106	379	258	66	192	367	91	276
18	1140	279	861	596	126	470	791	183	608
19	2043	554	1489	1366	333	1033	1715	487	1228
20-24岁	**23557**	**11549**	**12008**	**15295**	**7402**	**7893**	**18368**	**9000**	**9368**
20	3648	1193	2455	2430	738	1692	3256	1086	2170
21	5074	2225	2849	3186	1426	1760	3766	1676	2090
22	5440	2820	2620	3961	2115	1846	4515	2424	2091
23	4829	2655	2174	3097	1645	1452	3912	2095	1817
24	4566	2656	1910	2621	1478	1143	2919	1719	1200
25-29岁	**10317**	**6584**	**3733**	**6720**	**4305**	**2415**	**7446**	**4773**	**2673**
25	3664	2207	1457	2366	1415	951	2415	1477	938
26	2662	1705	957	1750	1113	637	1946	1265	681
27	1847	1230	617	1274	866	408	1395	895	500
28	1304	885	419	761	515	246	1005	680	325
29	840	557	283	569	396	173	685	456	229
30-34岁	**1567**	**1057**	**510**	**1057**	**713**	**344**	**1350**	**912**	**438**
30	597	420	177	381	257	124	487	329	158
31	380	257	123	263	171	92	315	219	96
32	291	186	105	173	120	53	259	173	86
33	152	104	48	139	93	46	164	108	56
34	147	90	57	101	72	29	125	83	42
35-39岁	**460**	**302**	**158**	**256**	**171**	**85**	**334**	**227**	**107**
35	121	77	44	65	44	21	99	65	34
36	126	86	40	54	41	13	79	54	25
37	103	62	41	65	39	26	60	47	13
38	64	42	22	45	31	14	46	26	20
39	46	35	11	27	16	11	50	35	15
40-44岁	**194**	**119**	**75**	**71**	**45**	**26**	**123**	**73**	**50**
40	51	34	17	17	12	5	34	17	17
41	44	33	11	16	9	7	22	13	9
42	31	17	14	19	10	9	23	15	8
43	35	20	15	13	10	3	26	20	6
44	33	15	18	6	4	2	18	8	10
45-49岁	**118**	**71**	**47**	**43**	**25**	**18**	**76**	**47**	**29**
45	36	21	15	10	8	2	24	14	10
46	23	14	9	10	6	4	16	11	5
47	25	15	10	11	6	5	13	8	5
48	17	10	7	7	2	5	10	6	4
49	17	11	6	5	3	2	13	8	5
50岁及以上	**113**	**73**	**40**	**48**	**26**	**22**	**44**	**26**	**18**
平均初婚年龄	**24.02**	**24.82**	**23.17**	**23.95**	**24.73**	**23.12**	**23.90**	**24.69**	**23.06**

5-4 续表 8

单位：人

初婚年龄	初婚年份								
	2003年			2004年			2005年		
	小计	男	女	小计	男	女	小计	男	女
总　计	**32107**	**16486**	**15621**	**31740**	**16414**	**15326**	**32703**	**16925**	**15778**
15岁以下	**17**	**5**	**12**	**16**	**4**	**12**	**16**	**4**	**12**
15–19岁	**3015**	**766**	**2249**	**2837**	**725**	**2112**	**3016**	**775**	**2241**
15	95	21	74	94	27	67	111	30	81
16	183	45	138	158	46	112	218	54	164
17	335	79	256	321	61	260	353	88	265
18	790	177	613	672	147	525	785	183	602
19	1612	444	1168	1592	444	1148	1549	420	1129
20–24岁	**19186**	**9365**	**9821**	**18746**	**9214**	**9532**	**18596**	**9225**	**9371**
20	2987	1011	1976	2898	898	2000	2824	939	1885
21	4432	1969	2463	3893	1757	2136	3661	1658	2003
22	4541	2401	2140	4997	2673	2324	4497	2412	2085
23	3947	2153	1794	3824	2079	1745	4369	2378	1991
24	3279	1831	1448	3134	1807	1327	3245	1838	1407
25–29岁	**7631**	**4833**	**2798**	**7618**	**4811**	**2807**	**8020**	**4925**	**3095**
25	2566	1549	1017	2618	1548	1070	2700	1583	1117
26	1835	1130	705	1812	1135	677	2021	1232	789
27	1487	984	503	1391	904	487	1457	896	561
28	1008	665	343	1029	696	333	1053	690	363
29	735	505	230	768	528	240	789	524	265
30–34岁	**1584**	**1082**	**502**	**1769**	**1167**	**602**	**2026**	**1335**	**691**
30	498	354	144	605	430	175	603	385	218
31	382	259	123	392	255	137	497	335	162
32	300	194	106	329	206	123	403	271	132
33	248	164	84	251	158	93	269	162	107
34	156	111	45	192	118	74	254	182	72
35–39岁	**400**	**265**	**135**	**432**	**287**	**145**	**569**	**375**	**194**
35	141	95	46	150	95	55	170	116	54
36	80	53	27	89	65	24	148	101	47
37	58	37	21	76	50	26	104	69	35
38	62	43	19	56	36	20	70	44	26
39	59	37	22	61	41	20	77	45	32
40–44岁	**139**	**90**	**49**	**185**	**123**	**62**	**235**	**151**	**84**
40	42	26	16	55	38	17	62	41	21
41	30	22	8	58	42	16	60	33	27
42	21	13	8	29	21	8	58	40	18
43	32	20	12	23	11	12	32	22	10
44	14	9	5	20	11	9	23	15	8
45–49岁	**70**	**43**	**27**	**68**	**38**	**30**	**108**	**66**	**42**
45	27	18	9	14	6	8	24	16	8
46	12	6	6	14	8	6	19	9	10
47	13	9	4	15	10	5	21	12	9
48	10	5	5	11	8	3	23	15	8
49	8	5	3	14	6	8	21	14	7
50岁及以上	**65**	**37**	**28**	**69**	**45**	**24**	**117**	**69**	**48**
平均初婚年龄	**24.03**	**24.83**	**23.19**	**24.18**	**24.98**	**23.33**	**24.43**	**25.23**	**23.58**

5-4　续表 9

单位：人

初婚年龄	初婚年份								
	2006年			2007年			2008年		
	小计	男	女	小计	男	女	小计	男	女
总　计	**32138**	**16619**	**15519**	**30365**	**15810**	**14555**	**34766**	**18042**	**16724**
15岁以下	**11**		**11**	**6**		**6**	**12**	**1**	**11**
15–19岁	**2779**	**718**	**2061**	**2454**	**587**	**1867**	**2851**	**742**	**2109**
15	58	15	43	43	10	33	60	12	48
16	140	35	105	99	21	78	128	32	96
17	324	63	261	297	58	239	310	62	248
18	701	172	529	659	154	505	830	205	625
19	1556	433	1123	1356	344	1012	1523	431	1092
20–24岁	**17762**	**8667**	**9095**	**15979**	**7765**	**8214**	**17370**	**8527**	**8843**
20	2549	875	1674	2515	827	1688	2778	986	1792
21	3509	1545	1964	3012	1344	1668	3535	1599	1936
22	4153	2219	1934	3881	2083	1798	3911	2060	1851
23	3799	1999	1800	3401	1823	1578	3712	1973	1739
24	3752	2029	1723	3170	1688	1482	3434	1909	1525
25–29岁	**8660**	**5310**	**3350**	**8874**	**5427**	**3447**	**10680**	**6316**	**4364**
25	2960	1704	1256	3276	1886	1390	3445	1899	1546
26	2251	1382	869	2172	1331	841	2947	1715	1232
27	1624	1050	574	1562	1016	546	1943	1198	745
28	1097	670	427	1085	703	382	1379	861	518
29	728	504	224	779	491	288	966	643	323
30–34岁	**1931**	**1264**	**667**	**1949**	**1306**	**643**	**2409**	**1532**	**877**
30	582	376	206	582	399	183	734	467	267
31	432	286	146	426	302	124	513	331	182
32	371	249	122	376	239	137	454	288	166
33	304	195	109	307	208	99	388	254	134
34	242	158	84	258	158	100	320	192	128
35–39岁	**603**	**403**	**200**	**701**	**461**	**240**	**824**	**527**	**297**
35	204	145	59	193	129	64	229	148	81
36	149	97	52	179	118	61	207	133	74
37	105	66	39	122	76	46	173	112	61
38	94	62	32	108	71	37	120	74	46
39	51	33	18	99	67	32	95	60	35
40–44岁	**212**	**145**	**67**	**226**	**154**	**72**	**336**	**223**	**113**
40	54	38	16	46	28	18	102	73	29
41	45	31	14	54	38	16	76	45	31
42	48	41	7	49	34	15	55	39	16
43	43	22	21	37	27	10	48	32	16
44	22	13	9	40	27	13	55	34	21
45–49岁	**80**	**46**	**34**	**81**	**49**	**32**	**145**	**88**	**57**
45	15	10	5	24	13	11	48	32	16
46	20	11	9	10	6	4	26	15	11
47	21	10	11	15	8	7	25	13	12
48	16	9	7	17	11	6	28	17	11
49	8	6	2	15	11	4	18	11	7
50岁及以上	**100**	**66**	**34**	**95**	**61**	**34**	**139**	**86**	**53**
平均初婚年龄	**24.56**	**25.35**	**23.71**	**24.77**	**25.60**	**23.87**	**25.00**	**25.77**	**24.16**

5-4 续表 10

单位：人

初婚年龄	初婚年份								
	2009年			2010年			2011年		
	小计	男	女	小计	男	女	小计	男	女
总　计	**32071**	**16625**	**15446**	**34276**	**17952**	**16324**	**29922**	**15478**	**14444**
15岁以下	**4**	**1**	**3**	**7**	**1**	**6**	**6**		**6**
15-19岁	**2461**	**670**	**1791**	**2343**	**676**	**1667**	**1520**	**429**	**1091**
15	41	7	34	61	11	50	30	11	19
16	84	22	62	135	19	116	75	10	65
17	271	61	210	319	75	244	172	27	145
18	617	141	476	582	172	410	425	110	315
19	1448	439	1009	1246	399	847	818	271	547
20-24岁	**15175**	**7293**	**7882**	**16338**	**7918**	**8420**	**13714**	**6414**	**7300**
20	2243	759	1484	2488	873	1615	1608	525	1083
21	2899	1319	1580	3053	1381	1672	2588	1081	1507
22	3586	1829	1757	3760	2015	1745	3195	1630	1565
23	3134	1600	1534	3661	1858	1803	3082	1520	1562
24	3313	1786	1527	3376	1791	1585	3241	1658	1583
25-29岁	**10442**	**6144**	**4298**	**11095**	**6517**	**4578**	**11013**	**6310**	**4703**
25	3126	1738	1388	3319	1823	1496	3075	1628	1447
26	2718	1571	1147	2797	1629	1168	2840	1600	1240
27	2170	1298	872	2189	1304	885	2216	1234	982
28	1438	919	519	1746	1096	650	1656	1018	638
29	990	618	372	1044	665	379	1226	830	396
30-34岁	**2340**	**1490**	**850**	**2493**	**1586**	**907**	**2271**	**1410**	**861**
30	738	472	266	772	499	273	726	446	280
31	540	343	197	618	378	240	558	346	212
32	393	253	140	442	278	164	429	272	157
33	351	225	126	348	234	114	309	195	114
34	318	197	121	313	197	116	249	151	98
35-39岁	**994**	**613**	**381**	**1109**	**689**	**420**	**795**	**516**	**279**
35	281	178	103	277	158	119	218	135	83
36	207	130	77	262	168	94	195	124	71
37	192	119	73	211	132	79	152	98	54
38	165	97	68	188	116	72	122	86	36
39	149	89	60	171	115	56	108	73	35
40-44岁	**382**	**234**	**148**	**437**	**279**	**158**	**337**	**232**	**105**
40	114	68	46	131	86	45	98	65	33
41	94	53	41	109	70	39	84	57	27
42	64	38	26	73	50	23	70	50	20
43	67	50	17	72	38	34	42	30	12
44	43	25	18	52	35	17	43	30	13
45-49岁	**138**	**93**	**45**	**212**	**141**	**71**	**127**	**82**	**45**
45	35	23	12	59	37	22	35	23	12
46	35	24	11	51	36	15	31	20	11
47	30	19	11	44	31	13	21	14	7
48	18	13	5	37	25	12	15	9	6
49	20	14	6	21	12	9	25	16	9
50岁及以上	**135**	**87**	**48**	**242**	**145**	**97**	**139**	**85**	**54**
平均初婚年龄	**25.36**	**26.13**	**24.53**	**25.53**	**26.28**	**24.71**	**25.67**	**26.40**	**24.89**

5-4 续表 11

单位：人

初婚年龄	初婚年份								
	2012年			2013年			2014年		
	小计	男	女	小计	男	女	小计	男	女
总 计	**32940**	**17211**	**15729**	**32324**	**16670**	**15654**	**30363**	**15647**	**14716**
15岁以下	**3**		**3**	**5**	**1**	**4**	**2**		**2**
15–19岁	**1605**	**404**	**1201**	**1247**	**306**	**941**	**1058**	**252**	**806**
15	35	4	31	25	4	21	11	3	8
16	80	11	69	70	13	57	53	7	46
17	218	42	176	174	38	136	139	24	115
18	450	107	343	356	87	269	295	72	223
19	822	240	582	622	164	458	560	146	414
20–24岁	**13914**	**6655**	**7259**	**12525**	**5839**	**6686**	**10747**	**4946**	**5801**
20	1493	532	961	1135	355	780	933	278	655
21	2039	924	1115	1597	679	918	1356	535	821
22	3450	1738	1712	2672	1328	1344	2069	1038	1031
23	3284	1620	1664	3405	1639	1766	2549	1225	1324
24	3648	1841	1807	3716	1838	1878	3840	1870	1970
25–29岁	**12771**	**7227**	**5544**	**13443**	**7343**	**6100**	**13555**	**7411**	**6144**
25	3890	2036	1854	3901	1978	1923	4010	2023	1987
26	3122	1684	1438	3539	1876	1663	3451	1800	1651
27	2571	1528	1043	2702	1518	1184	2854	1643	1211
28	1848	1132	716	1908	1123	785	1838	1095	743
29	1340	847	493	1393	848	545	1402	850	552
30–34岁	**2816**	**1789**	**1027**	**3279**	**2058**	**1221**	**3082**	**1892**	**1190**
30	987	615	372	1070	682	388	926	594	332
31	650	411	239	839	525	314	721	456	265
32	501	323	178	580	361	219	648	367	281
33	382	250	132	450	278	172	453	278	175
34	296	190	106	340	212	128	334	197	137
35–39岁	**934**	**599**	**335**	**923**	**581**	**342**	**986**	**588**	**398**
35	237	145	92	232	149	83	306	177	129
36	203	135	68	198	119	79	188	109	79
37	174	117	57	171	105	66	186	106	80
38	170	111	59	179	105	74	162	102	60
39	150	91	59	143	103	40	144	94	50
40–44岁	**500**	**304**	**196**	**512**	**297**	**215**	**487**	**286**	**201**
40	152	94	58	130	84	46	132	79	53
41	123	76	47	116	64	52	102	60	42
42	93	57	36	101	56	45	94	59	35
43	70	42	28	92	55	37	94	51	43
44	62	35	27	73	38	35	65	37	28
45–49岁	**211**	**125**	**86**	**205**	**134**	**71**	**229**	**143**	**86**
45	58	32	26	61	42	19	70	41	29
46	60	37	23	40	30	10	65	40	25
47	28	16	12	39	26	13	29	21	8
48	34	25	9	34	19	15	33	18	15
49	31	15	16	31	17	14	32	23	9
50岁及以上	**186**	**108**	**78**	**185**	**111**	**74**	**217**	**129**	**88**
平均初婚年龄	**26.06**	**26.73**	**25.33**	**26.45**	**27.10**	**25.75**	**26.75**	**27.38**	**26.09**

5-4 续表 12

单位：人

初婚年龄	初婚年份								
	2015年			2016年			2017年		
	小计	男	女	小计	男	女	小计	男	女
总　计	**31116**	**16105**	**15011**	**26703**	**13808**	**12895**	**24887**	**12838**	**12049**
15岁以下				**2**		**2**	**2**		**2**
15-19岁	**793**	**185**	**608**	**512**	**103**	**409**	**411**	**76**	**335**
15	13	1	12	8	2	6	7		7
16	45	7	38	27	3	24	16	1	15
17	99	13	86	75	14	61	40	3	37
18	203	45	158	128	21	107	112	22	90
19	433	119	314	274	63	211	236	50	186
20-24岁	**9553**	**4275**	**5278**	**7285**	**3205**	**4080**	**6304**	**2685**	**3619**
20	756	216	540	559	151	408	438	112	326
21	1145	446	699	932	350	582	784	281	503
22	1848	880	968	1442	669	773	1268	547	721
23	2357	1047	1310	1847	833	1014	1553	675	878
24	3447	1686	1761	2505	1202	1303	2261	1070	1191
25-29岁	**15076**	**8201**	**6875**	**13688**	**7358**	**6330**	**12749**	**6786**	**5963**
25	4275	2150	2125	3301	1625	1676	2658	1312	1346
26	3814	1983	1831	3623	1886	1737	3009	1518	1491
27	3121	1735	1386	3026	1664	1362	3200	1719	1481
28	2343	1394	949	2161	1206	955	2306	1288	1018
29	1523	939	584	1577	977	600	1576	949	627
30-34岁	**3466**	**2104**	**1362**	**3220**	**1913**	**1307**	**3364**	**2042**	**1322**
30	1069	654	415	975	574	401	1147	658	489
31	818	496	322	741	435	306	760	481	279
32	686	416	270	582	359	223	620	393	227
33	511	315	196	484	284	200	460	280	180
34	382	223	159	438	261	177	377	230	147
35-39岁	**1063**	**649**	**414**	**942**	**576**	**366**	**1023**	**614**	**409**
35	312	191	121	290	179	111	313	195	118
36	236	135	101	223	141	82	238	138	100
37	198	121	77	181	99	82	187	112	75
38	165	106	59	140	87	53	154	83	71
39	152	96	56	108	70	38	131	86	45
40-44岁	**635**	**366**	**269**	**536**	**338**	**198**	**492**	**296**	**196**
40	162	95	67	123	73	50	109	65	44
41	139	73	66	108	63	45	111	61	50
42	115	69	46	115	72	43	96	52	44
43	114	68	46	100	62	38	84	60	24
44	105	61	44	90	68	22	92	58	34
45-49岁	**252**	**163**	**89**	**234**	**151**	**83**	**302**	**191**	**111**
45	79	49	30	57	34	23	77	49	28
46	55	40	15	50	35	15	66	39	27
47	51	29	22	52	35	17	63	40	23
48	29	20	9	43	27	16	56	39	17
49	38	25	13	32	20	12	40	24	16
50岁及以上	**278**	**162**	**116**	**284**	**164**	**120**	**240**	**148**	**92**
平均初婚年龄	**27.23**	**27.85**	**26.56**	**27.57**	**28.21**	**26.88**	**27.90**	**28.58**	**27.18**

5-4 续表 13

单位：人

初婚年龄	初婚年份								
	2018年			2019年			2020年		
	小计	男	女	小计	男	女	小计	男	女
总　计	**26604**	**13505**	**13099**	**21939**	**11242**	**10697**	**14562**	**7444**	**7118**
15岁以下	**3**		**3**	**1**	**1**		**1**	**1**	
15—19岁	**428**	**84**	**344**	**248**	**50**	**198**	**138**	**24**	**114**
15	6	2	4	2	1	1	2	1	1
16	28	8	20	12	2	10	2		2
17	57	7	50	28	2	26	19	6	13
18	106	19	87	55	9	46	34	4	30
19	231	48	183	151	36	115	81	13	68
20—24岁	**6462**	**2606**	**3856**	**4999**	**2071**	**2928**	**3008**	**1225**	**1783**
20	386	86	300	292	84	208	189	47	142
21	676	239	437	425	162	263	232	76	156
22	1333	552	781	945	390	555	529	226	303
23	1651	673	978	1266	546	720	714	295	419
24	2416	1056	1360	2071	889	1182	1344	581	763
25—29岁	**13320**	**7013**	**6307**	**10773**	**5612**	**5161**	**6860**	**3540**	**3320**
25	2815	1338	1477	2350	1075	1275	1460	650	810
26	2871	1396	1475	2416	1166	1250	1549	772	777
27	2872	1543	1329	2237	1225	1012	1503	785	718
28	2836	1596	1240	2028	1140	888	1272	709	563
29	1926	1140	786	1742	1006	736	1076	624	452
30—34岁	**3987**	**2370**	**1617**	**3602**	**2186**	**1416**	**2658**	**1586**	**1072**
30	1370	773	597	1171	706	465	952	575	377
31	991	611	380	856	521	335	606	355	251
32	655	389	266	692	435	257	474	304	170
33	534	327	207	470	290	180	341	188	153
34	437	270	167	413	234	179	285	164	121
35—39岁	**1184**	**717**	**467**	**1128**	**639**	**489**	**755**	**427**	**328**
35	368	219	149	307	177	130	193	114	79
36	319	192	127	264	141	123	157	83	74
37	185	111	74	230	131	99	155	87	68
38	150	96	54	173	94	79	152	88	64
39	162	99	63	154	96	58	98	55	43
40—44岁	**524**	**305**	**219**	**524**	**290**	**234**	**433**	**235**	**198**
40	126	65	61	125	56	69	115	62	53
41	92	59	33	111	67	44	99	56	43
42	98	61	37	108	70	38	70	37	33
43	107	62	45	103	52	51	68	39	29
44	101	58	43	77	45	32	81	41	40
45—49岁	**314**	**184**	**130**	**336**	**197**	**139**	**270**	**165**	**105**
45	82	42	40	86	53	33	63	35	28
46	61	34	27	61	33	28	72	43	29
47	63	44	19	73	39	34	58	39	19
48	57	38	19	74	48	26	43	28	15
49	51	26	25	42	24	18	34	20	14
50岁及以上	**382**	**226**	**156**	**328**	**196**	**132**	**439**	**241**	**198**
平均初婚年龄	**28.21**	**28.92**	**27.47**	**28.62**	**29.25**	**27.96**	**29.31**	**29.94**	**28.65**

5-4a 全区分初婚年龄、性别、初婚年份的人口(城市)

单位：人

初婚年龄	初婚年份								
	合计			1980年			1981年		
	合计	男	女	小计	男	女	小计	男	女
总　计	**532611**	**261515**	**271096**	**12365**	**5777**	**6588**	**9893**	**4632**	**5261**
15岁以下	**200**	**50**	**150**	**20**	**5**	**15**	**7**	**2**	**5**
15-19岁	**32670**	**8294**	**24376**	**1294**	**328**	**966**	**934**	**208**	**726**
15	1098	306	792	73	17	56	34	5	29
16	2054	509	1545	133	42	91	63	11	52
17	4042	926	3116	243	52	191	144	33	111
18	8528	2093	6435	342	80	262	294	71	223
19	16948	4460	12488	503	137	366	399	88	311
20-24岁	**265212**	**116249**	**148963**	**7350**	**3213**	**4137**	**6023**	**2570**	**3453**
20	30113	8883	21230	963	317	646	647	192	455
21	43520	16514	27006	1128	433	695	997	362	635
22	60659	26984	33675	1623	689	934	1269	528	741
23	65642	30540	35102	1828	853	975	1560	708	852
24	65278	33328	31950	1808	921	887	1550	780	770
25-29岁	**184418**	**106090**	**78328**	**3432**	**2048**	**1384**	**2742**	**1716**	**1026**
25	60037	32754	27283	1539	865	674	1229	712	517
26	47776	27053	20723	942	549	393	792	525	267
27	35410	21036	14374	512	338	174	438	288	150
28	24512	14880	9632	275	179	96	199	139	60
29	16683	10367	6316	164	117	47	84	52	32
30-34岁	**33688**	**20922**	**12766**	**216**	**153**	**63**	**139**	**103**	**36**
30	11597	7283	4314	105	77	28	63	49	14
31	7953	4960	2993	46	28	18	40	27	13
32	6079	3763	2316	31	19	12	23	15	8
33	4458	2734	1724	23	18	5	9	8	1
34	3601	2182	1419	11	11		4	4	
35-39岁	**9285**	**5705**	**3580**	**32**	**19**	**13**	**39**	**27**	**12**
35	2769	1685	1084	8	5	3	12	9	3
36	2173	1338	835	7	4	3	7	5	2
37	1726	1064	662	12	7	5	11	7	4
38	1434	877	557	3	2	1	4	3	1
39	1183	741	442	2	1	1	5	3	2
40-44岁	**3772**	**2199**	**1573**	**15**	**7**	**8**	**7**	**5**	**2**
40	1039	612	427	3	1	2	4	2	2
41	838	493	345	6	5	1	2	2	
42	692	417	275	2		2	1	1	
43	640	367	273	1		1			
44	563	310	253	3	1	2			
45-49岁	**1756**	**1055**	**701**	**5**	**3**	**2**	**2**	**1**	**1**
45	503	296	207	2	2		2	1	1
46	412	252	160	1		1			
47	308	187	121	2	1	1			
48	289	177	112						
49	244	143	101						
50岁及以上	**1610**	**951**	**659**	**1**	**1**				
平均初婚年龄	**25.12**	**25.87**	**24.39**	**23.58**	**24.32**	**22.94**	**23.65**	**24.44**	**22.96**

5-4a　续表 1　　　　单位：人

初婚年龄	初婚年份								
	1982年			1983年			1984年		
	小计	男	女	小计	男	女	小计	男	女
总　计	**11543**	**5422**	**6121**	**10575**	**5013**	**5562**	**10911**	**5154**	**5757**
15岁以下	**8**	**4**	**4**	**10**	**1**	**9**	**6**	**1**	**5**
15–19岁	**1370**	**355**	**1015**	**1238**	**323**	**915**	**1194**	**309**	**885**
15	57	17	40	42	14	28	54	16	38
16	91	24	67	84	25	59	77	19	58
17	183	45	138	175	32	143	145	38	107
18	333	85	248	309	82	227	333	83	250
19	706	184	522	628	170	458	585	153	432
20–24岁	**6870**	**3044**	**3826**	**6318**	**2787**	**3531**	**6924**	**3054**	**3870**
20	853	253	600	1074	351	723	1079	340	739
21	1102	409	693	1055	414	641	1581	631	950
22	1597	707	890	1273	533	740	1398	620	778
23	1645	787	858	1595	783	812	1435	690	745
24	1673	888	785	1321	706	615	1431	773	658
25–29岁	**3070**	**1859**	**1211**	**2783**	**1743**	**1040**	**2531**	**1619**	**912**
25	1341	771	570	1175	726	449	1012	618	394
26	861	520	341	804	499	305	687	447	240
27	487	317	170	429	276	153	445	306	139
28	259	173	86	237	143	94	246	164	82
29	122	78	44	138	99	39	141	84	57
30–34岁	**175**	**124**	**51**	**175**	**124**	**51**	**201**	**135**	**66**
30	80	57	23	83	53	30	97	66	31
31	52	39	13	33	22	11	43	27	16
32	23	16	7	25	18	7	29	22	7
33	9	6	3	22	19	3	16	10	6
34	11	6	5	12	12		16	10	6
35–39岁	**25**	**20**	**5**	**26**	**19**	**7**	**37**	**24**	**13**
35	10	10		7	6	1	10	6	4
36	4	2	2	8	5	3	8	7	1
37	3	2	1	3	3		11	6	5
38	3	2	1	4	3	1	3	2	1
39	5	4	1	4	2	2	5	3	2
40–44岁	**16**	**9**	**7**	**13**	**8**	**5**	**14**	**11**	**3**
40	3	1	2	2	2				
41	3	2	1	2	1	1	3	3	
42	3	1	2	1	1		3	1	2
43	4	3	1	6	4	2	2	1	1
44	3	2	1	2		2	6	6	
45–49岁	**5**	**3**	**2**	**9**	**5**	**4**	**3**	**1**	**2**
45	2	1	1	5	3	2			
46	2	1	1	2	1	1	3	1	2
47	1	1		1	1				
48				1		1			
49									
50岁及以上	**4**	**4**		**3**	**3**		**1**		**1**
平均初婚年龄	**23.50**	**24.26**	**22.83**	**23.44**	**24.24**	**22.72**	**23.33**	**24.11**	**22.64**

5-4a 续表 2　　　　单位：人

初婚年龄	初婚年份								
	1985年			1986年			1987年		
	小计	男	女	小计	男	女	小计	男	女
总　计	**13260**	**6326**	**6934**	**13322**	**6355**	**6967**	**13481**	**6393**	**7088**
15岁以下	**11**	**4**	**7**	**9**	**3**	**6**	**6**		**6**
15-19岁	**1474**	**408**	**1066**	**1300**	**321**	**979**	**1352**	**317**	**1035**
15	77	17	60	51	15	36	30	10	20
16	113	26	87	93	16	77	87	18	69
17	183	46	137	209	46	163	193	43	150
18	365	91	274	329	74	255	357	73	284
19	736	228	508	618	170	448	685	173	512
20-24岁	**8482**	**3785**	**4697**	**8988**	**4055**	**4933**	**9103**	**4187**	**4916**
20	1170	369	801	1115	364	751	984	308	676
21	1748	700	1048	1573	578	995	1436	543	893
22	2381	1048	1333	2419	1104	1315	2061	903	1158
23	1762	840	922	2404	1159	1245	2469	1224	1245
24	1421	828	593	1477	850	627	2153	1209	944
25-29岁	**2919**	**1882**	**1037**	**2643**	**1750**	**893**	**2624**	**1650**	**974**
25	1249	777	472	1035	668	367	1095	645	450
26	702	459	243	792	535	257	679	429	250
27	490	335	155	413	296	117	438	294	144
28	301	211	90	235	143	92	234	168	66
29	177	100	77	168	108	60	178	114	64
30-34岁	**289**	**192**	**97**	**280**	**176**	**104**	**307**	**188**	**119**
30	105	70	35	103	66	37	121	72	49
31	74	47	27	81	46	35	71	48	23
32	53	36	17	39	26	13	55	36	19
33	42	29	13	33	24	9	29	15	14
34	15	10	5	24	14	10	31	17	14
35-39岁	**52**	**38**	**14**	**57**	**26**	**31**	**52**	**29**	**23**
35	19	13	6	15	4	11	17	8	9
36	8	8		10	7	3	13	7	6
37	12	9	3	9	4	5	9	8	1
38	11	8	3	12	4	8	9	4	5
39	2		2	11	7	4	4	2	2
40-44岁	**19**	**12**	**7**	**24**	**14**	**10**	**18**	**9**	**9**
40	5	4	1	6	4	2	3	1	2
41	7	4	3	5	3	2	6	1	5
42	1	1		3	2	1	3	3	
43	3	1	2	7	3	4	5	3	2
44	3	2	1	3	2	1	1	1	
45-49岁	**11**	**2**	**9**	**12**	**7**	**5**	**12**	**8**	**4**
45	6	1	5	5	3	2	3	1	2
46				1		1	3	3	
47				2	2		2	1	1
48	5	1	4	2	1	1	3	2	1
49				2	1	1	1	1	
50岁及以上	**3**	**3**		**9**	**3**	**6**	**7**	**5**	**2**
平均初婚年龄	**23.32**	**24.08**	**22.62**	**23.38**	**24.09**	**22.74**	**23.50**	**24.20**	**22.86**

5-4a　续表 3　　　　单位：人

初婚年龄	初婚年份								
	1988年			1989年			1990年		
	小计	男	女	小计	男	女	小计	男	女
总　计	**13752**	**6574**	**7178**	**14914**	**7222**	**7692**	**15254**	**7430**	**7824**
15岁以下	**9**	**4**	**5**	**8**	**4**	**4**	**15**	**4**	**11**
15-19岁	**1432**	**337**	**1095**	**1632**	**427**	**1205**	**1785**	**510**	**1275**
15	39	10	29	56	13	43	54	12	42
16	83	18	65	112	27	85	100	27	73
17	178	40	138	190	38	152	215	51	164
18	390	81	309	430	116	314	520	160	360
19	742	188	554	844	233	611	896	260	636
20-24岁	**8774**	**4001**	**4773**	**9211**	**4203**	**5008**	**9527**	**4327**	**5200**
20	1144	373	771	1327	425	902	1440	509	931
21	1396	548	848	1701	651	1050	1932	763	1169
22	1934	844	1090	1945	857	1088	2301	1035	1266
23	2206	1060	1146	2219	1113	1106	2008	976	1032
24	2094	1176	918	2019	1157	862	1846	1044	802
25-29岁	**3103**	**1975**	**1128**	**3608**	**2309**	**1299**	**3416**	**2260**	**1156**
25	1630	1007	623	1684	1035	649	1410	905	505
26	705	456	249	1094	720	374	1037	690	347
27	375	245	130	423	284	139	553	370	183
28	253	175	78	237	157	80	263	198	65
29	140	92	48	170	113	57	153	97	56
30-34岁	**327**	**195**	**132**	**341**	**216**	**125**	**359**	**229**	**130**
30	116	67	49	115	73	42	123	76	47
31	81	55	26	85	59	26	74	42	32
32	59	33	26	60	38	22	66	48	18
33	40	22	18	40	26	14	55	37	18
34	31	18	13	41	20	21	41	26	15
35-39岁	**63**	**39**	**24**	**76**	**39**	**37**	**101**	**66**	**35**
35	24	15	9	25	10	15	35	26	9
36	14	9	5	15	6	9	29	17	12
37	17	12	5	10	7	3	14	10	4
38	5	1	4	7	5	2	6	4	2
39	3	2	1	19	11	8	17	9	8
40-44岁	**24**	**13**	**11**	**27**	**16**	**11**	**31**	**22**	**9**
40	6	4	2	7	6	1	11	8	3
41	8	3	5	4	3	1	4	3	1
42	2	2		5	3	2	2	1	1
43	5	2	3	7	3	4	8	6	2
44	3	2	1	4	1	3	6	4	2
45-49岁	**13**	**7**	**6**	**8**	**6**	**2**	**10**	**7**	**3**
45	3	2	1				3	3	
46	4	3	1	4	4		2	2	
47	4		4	1		1	1	1	
48	1	1		2	2		1		1
49	1	1		1		1	3	1	2
50岁及以上	**7**	**3**	**4**	**3**	**2**	**1**	**10**	**5**	**5**
平均初婚年龄	**23.53**	**24.24**	**22.88**	**23.50**	**24.24**	**22.80**	**23.40**	**24.17**	**22.67**

5-4a 续表 4　　　　单位：人

初婚年龄	初婚年份								
	1991年			1992年			1993年		
	小计	男	女	小计	男	女	小计	男	女
总　计	**11360**	**5516**	**5844**	**13907**	**6828**	**7079**	**14483**	**7109**	**7374**
15岁以下	**6**	**2**	**4**	**6**	**2**	**4**	**3**		**3**
15-19岁	**1100**	**285**	**815**	**1219**	**344**	**875**	**1125**	**317**	**808**
15	31	10	21	28	7	21	33	11	22
16	76	16	60	59	14	45	70	16	54
17	141	37	104	148	39	109	116	29	87
18	271	66	205	358	101	257	274	71	203
19	581	156	425	626	183	443	632	190	442
20-24岁	**7207**	**3217**	**3990**	**9096**	**4098**	**4998**	**9504**	**4252**	**5252**
20	919	284	635	1082	320	762	1126	330	796
21	1322	512	810	1675	659	1016	1559	596	963
22	1806	809	997	2246	997	1249	2308	997	1311
23	1866	883	983	2270	1093	1177	2496	1185	1311
24	1294	729	565	1823	1029	794	2015	1144	871
25-29岁	**2730**	**1823**	**907**	**3152**	**2119**	**1033**	**3298**	**2190**	**1108**
25	1094	695	399	1215	775	440	1409	889	520
26	744	501	243	809	560	249	813	526	287
27	475	336	139	550	382	168	521	381	140
28	298	212	86	334	240	94	323	230	93
29	119	79	40	244	162	82	232	164	68
30-34岁	**221**	**132**	**89**	**303**	**188**	**115**	**378**	**247**	**131**
30	69	36	33	110	73	37	138	83	55
31	54	37	17	58	31	27	84	54	30
32	39	22	17	62	35	27	56	38	18
33	35	24	11	36	26	10	58	42	16
34	24	13	11	37	23	14	42	30	12
35-39岁	**58**	**36**	**22**	**92**	**57**	**35**	**114**	**72**	**42**
35	19	14	5	28	17	11	40	25	15
36	14	9	5	16	12	4	29	16	13
37	15	7	8	18	11	7	17	13	4
38	7	5	2	14	9	5	14	12	2
39	3	1	2	16	8	8	14	6	8
40-44岁	**23**	**13**	**10**	**27**	**14**	**13**	**37**	**18**	**19**
40	5	3	2	10	5	5	14	6	8
41	5	3	2	4	1	3	7	4	3
42	5	1	4	5	3	2	9	4	5
43	4	2	2	2	2		4	1	3
44	4	4		6	3	3	3	3	
45-49岁	**7**	**3**	**4**	**9**	**6**	**3**	**11**	**6**	**5**
45	3	1	2	4	2	2	2		2
46	2	2		2	1	1	5	4	1
47				1	1				
48				2	2		1	1	
49	2		2				3	1	2
50岁及以上	**8**	**5**	**3**	**3**		**3**	**13**	**7**	**6**
平均初婚年龄	**23.56**	**24.31**	**22.86**	**23.64**	**24.35**	**22.95**	**23.79**	**24.52**	**23.09**

5–4a　续表 5　　　　单位：人

初婚年龄	初婚年份								
	1994年			1995年			1996年		
	小计	男	女	小计	男	女	小计	男	女
总　计	**13621**	**6684**	**6937**	**14970**	**7371**	**7599**	**14440**	**7128**	**7312**
15岁以下	**2**		**2**	**8**	**1**	**7**	**5**	**1**	**4**
15–19岁	**948**	**242**	**706**	**916**	**252**	**664**	**746**	**195**	**551**
15	34	8	26	32	9	23	26	9	17
16	42	9	33	52	16	36	32	9	23
17	86	25	61	98	26	72	91	19	72
18	232	60	172	218	65	153	175	39	136
19	554	140	414	516	136	380	422	119	303
20–24岁	**8811**	**3941**	**4870**	**9234**	**4106**	**5128**	**8627**	**3770**	**4857**
20	984	287	697	948	282	666	835	217	618
21	1542	589	953	1565	582	983	1380	494	886
22	2087	922	1165	2241	988	1253	2102	979	1123
23	2295	1083	1212	2312	1066	1246	2288	1014	1274
24	1903	1060	843	2168	1188	980	2022	1066	956
25–29岁	**3268**	**2128**	**1140**	**4032**	**2516**	**1516**	**4239**	**2670**	**1569**
25	1385	828	557	1749	1021	728	1702	969	733
26	896	612	284	1050	664	386	1180	768	412
27	480	337	143	667	458	209	725	492	233
28	325	226	99	323	214	109	391	275	116
29	182	125	57	243	159	84	241	166	75
30–34岁	**426**	**277**	**149**	**527**	**345**	**182**	**525**	**325**	**200**
30	164	106	58	188	127	61	172	112	60
31	119	82	37	131	84	47	106	71	35
32	59	39	20	102	69	33	99	51	48
33	43	26	17	59	36	23	85	52	33
34	41	24	17	47	29	18	63	39	24
35–39岁	**110**	**68**	**42**	**150**	**91**	**59**	**154**	**90**	**64**
35	35	19	16	47	30	17	36	24	12
36	20	18	2	37	18	19	48	26	22
37	26	15	11	24	16	8	21	11	10
38	12	5	7	24	14	10	31	19	12
39	17	11	6	18	13	5	18	10	8
40–44岁	**38**	**20**	**18**	**62**	**38**	**24**	**58**	**27**	**31**
40	12	6	6	17	13	4	11	9	2
41	9	5	4	15	8	7	16	8	8
42	6	2	4	14	9	5	16	7	9
43	7	4	3	8	5	3	7	2	5
44	4	3	1	8	3	5	8	1	7
45–49岁	**10**	**4**	**6**	**17**	**9**	**8**	**45**	**23**	**22**
45	2	1	1	2	2		8	4	4
46	4	1	3	6	4	2	16	9	7
47	3	2	1	2	2		6	3	3
48				4	1	3	8	3	5
49	1		1	3		3	7	4	3
50岁及以上	**8**	**4**	**4**	**24**	**13**	**11**	**41**	**27**	**14**
平均初婚年龄	**23.91**	**24.61**	**23.23**	**24.20**	**24.89**	**23.54**	**24.48**	**25.16**	**23.82**

5-4a 续表 6　　单位：人

初婚年龄	初婚年份								
	1997年			1998年			1999年		
	小计	男	女	小计	男	女	小计	男	女
总　计	**14026**	**6917**	**7109**	**14418**	**7129**	**7289**	**12888**	**6357**	**6531**
15岁以下	**2**		**2**	**7**	**4**	**3**	**5**	**1**	**4**
15-19岁	**665**	**150**	**515**	**787**	**188**	**599**	**751**	**167**	**584**
15	22	4	18	28	6	22	27	12	15
16	35	6	29	59	11	48	50	7	43
17	81	18	63	67	15	52	89	10	79
18	165	42	123	201	46	155	169	33	136
19	362	80	282	432	110	322	416	105	311
20-24岁	**8183**	**3563**	**4620**	**7789**	**3384**	**4405**	**6948**	**2999**	**3949**
20	811	211	600	759	203	556	765	192	573
21	1336	491	845	1230	452	778	1146	431	715
22	1949	887	1062	1882	834	1048	1626	713	913
23	2171	1001	1170	2033	928	1105	1740	810	930
24	1916	973	943	1885	967	918	1671	853	818
25-29岁	**4390**	**2725**	**1665**	**4788**	**2915**	**1873**	**4329**	**2656**	**1673**
25	1580	919	661	1750	980	770	1491	850	641
26	1260	791	469	1229	738	491	1132	685	447
27	782	523	259	905	604	301	822	539	283
28	502	320	182	549	373	176	530	358	172
29	266	172	94	355	220	135	354	224	130
30-34岁	**513**	**327**	**186**	**746**	**442**	**304**	**611**	**385**	**226**
30	129	83	46	242	152	90	240	161	79
31	117	66	51	155	91	64	130	79	51
32	112	66	46	115	71	44	104	62	42
33	74	59	15	132	70	62	77	47	30
34	81	53	28	102	58	44	60	36	24
35-39岁	**119**	**73**	**46**	**181**	**124**	**57**	**147**	**93**	**54**
35	37	21	16	67	49	18	41	25	16
36	30	17	13	47	31	16	48	35	13
37	25	16	9	30	20	10	26	14	12
38	17	12	5	16	7	9	17	9	8
39	10	7	3	21	17	4	15	10	5
40-44岁	**88**	**40**	**48**	**75**	**42**	**33**	**52**	**32**	**20**
40	20	9	11	24	11	13	8	3	5
41	18	9	9	18	9	9	12	9	3
42	20	9	11	9	7	2	6	3	3
43	19	7	12	13	7	6	12	10	2
44	11	6	5	11	8	3	14	7	7
45-49岁	**43**	**26**	**17**	**22**	**17**	**5**	**24**	**12**	**12**
45	11	7	4	6	5	1	12	6	6
46	9	3	6	5	3	2	6	2	4
47	9	6	3	1		1	2	2	
48	6	5	1	5	4	1	2	1	1
49	8	5	3	5	5		2	1	1
50岁及以上	**23**	**13**	**10**	**23**	**13**	**10**	**21**	**12**	**9**
平均初婚年龄	**24.58**	**25.28**	**23.91**	**24.78**	**25.53**	**24.05**	**24.70**	**25.48**	**23.93**

5-4a　续表 7　　　　单位：人

初婚年龄	初婚年份								
	2000年			2001年			2002年		
	小计	男	女	小计	男	女	小计	男	女
总　计	**15612**	**7739**	**7873**	**9790**	**4826**	**4964**	**11319**	**5578**	**5741**
15岁以下	**8**	**1**	**7**	**4**		**4**	**11**	**2**	**9**
15–19岁	**1130**	**312**	**818**	**627**	**147**	**480**	**808**	**211**	**597**
15	39	13	26	19	10	9	37	15	22
16	75	26	49	43	15	28	46	18	28
17	152	37	115	74	22	52	88	21	67
18	322	87	235	154	33	121	203	40	163
19	542	149	393	337	67	270	434	117	317
20–24岁	**8304**	**3672**	**4632**	**5114**	**2193**	**2921**	**5985**	**2636**	**3349**
20	979	274	705	640	150	490	840	236	604
21	1607	610	997	917	346	571	1036	399	637
22	1837	804	1033	1239	553	686	1420	665	755
23	1885	936	949	1206	574	632	1452	681	771
24	1996	1048	948	1112	570	542	1237	655	582
25–29岁	**5115**	**3073**	**2042**	**3343**	**2020**	**1323**	**3673**	**2176**	**1497**
25	1730	959	771	1132	628	504	1154	616	538
26	1324	789	535	865	509	356	955	585	370
27	989	638	351	656	419	237	696	425	271
28	661	424	237	398	267	131	514	318	196
29	411	263	148	292	197	95	354	232	122
30–34岁	**688**	**457**	**231**	**520**	**355**	**165**	**633**	**421**	**212**
30	276	192	84	200	142	58	241	167	74
31	165	114	51	129	82	47	126	84	42
32	124	71	53	84	57	27	129	80	49
33	55	39	16	63	45	18	85	56	29
34	68	41	27	44	29	15	52	34	18
35–39岁	**201**	**129**	**72**	**118**	**74**	**44**	**129**	**84**	**45**
35	51	34	17	34	19	15	37	23	14
36	51	34	17	25	19	6	31	20	11
37	52	31	21	30	15	15	21	16	5
38	29	16	13	21	18	3	22	15	7
39	18	14	4	8	3	5	18	10	8
40–44岁	**64**	**35**	**29**	**26**	**14**	**12**	**43**	**22**	**21**
40	19	12	7	6	3	3	12	5	7
41	11	8	3	6	2	4	5	1	4
42	10	6	4	7	4	3	10	6	4
43	10	5	5	6	5	1	11	9	2
44	14	4	10	1		1	5	1	4
45–49岁	**52**	**32**	**20**	**16**	**8**	**8**	**22**	**15**	**7**
45	17	11	6	3	2	1	7	4	3
46	11	5	6	6	4	2	4	4	
47	9	6	3	3	1	2	4	3	1
48	5	2	3	3		3	4	2	2
49	10	8	2	1	1		3	2	1
50岁及以上	**50**	**28**	**22**	**22**	**15**	**7**	**15**	**11**	**4**
平均初婚年龄	**24.64**	**25.42**	**23.87**	**24.69**	**25.55**	**23.85**	**24.62**	**25.44**	**23.82**

5-4a 续表 8　　　　单位：人

初婚年龄	初婚年份								
	2003年			2004年			2005年		
	小计	男	女	小计	男	女	小计	男	女
总　计	**11934**	**5898**	**6036**	**12016**	**5992**	**6024**	**12405**	**6167**	**6238**
15岁以下	**3**		**3**	**4**	**2**	**2**	**5**	**2**	**3**
15-19岁	**811**	**208**	**603**	**713**	**170**	**543**	**734**	**185**	**549**
15	33	7	26	34	10	24	23	6	17
16	59	18	41	44	11	33	53	16	37
17	94	25	69	85	16	69	99	28	71
18	219	46	173	162	34	128	190	45	145
19	406	112	294	388	99	289	369	90	279
20-24岁	**6229**	**2733**	**3496**	**6105**	**2660**	**3445**	**6122**	**2676**	**3446**
20	754	227	527	746	193	553	718	205	513
21	1281	517	764	1141	457	684	960	358	602
22	1389	621	768	1526	719	807	1433	639	794
23	1466	702	764	1366	625	741	1621	772	849
24	1339	666	673	1326	666	660	1390	702	688
25-29岁	**3835**	**2258**	**1577**	**4011**	**2389**	**1622**	**4121**	**2374**	**1747**
25	1229	686	543	1262	679	583	1261	694	567
26	949	545	404	995	578	417	1030	569	461
27	786	489	297	756	461	295	800	462	338
28	495	298	197	583	381	202	580	360	220
29	376	240	136	415	290	125	450	289	161
30-34岁	**743**	**498**	**245**	**851**	**550**	**301**	**1014**	**659**	**355**
30	237	165	72	315	226	89	307	195	112
31	169	114	55	190	121	69	252	168	84
32	142	90	52	157	93	64	211	137	74
33	120	78	42	109	62	47	137	81	56
34	75	51	24	80	48	32	107	78	29
35-39岁	**207**	**137**	**70**	**211**	**144**	**67**	**256**	**173**	**83**
35	75	50	25	70	47	23	83	56	27
36	35	22	13	43	33	10	72	56	16
37	26	16	10	35	22	13	45	28	17
38	34	25	9	29	19	10	26	15	11
39	37	24	13	34	23	11	30	18	12
40-44岁	**47**	**29**	**18**	**77**	**46**	**31**	**76**	**51**	**25**
40	17	9	8	22	14	8	22	16	6
41	10	10		30	20	10	22	13	9
42	8	3	5	10	8	2	14	8	6
43	6	5	1	6	3	3	14	11	3
44	6	2	4	9	1	8	4	3	1
45-49岁	**26**	**15**	**11**	**23**	**15**	**8**	**34**	**17**	**17**
45	10	8	2	5	3	2	8	4	4
46	6	2	4	4	3	1	3	1	2
47	4	4		3	2	1	10	4	6
48	5		5	4	4		8	6	2
49	1	1		7	3	4	5	2	3
50岁及以上	**33**	**20**	**13**	**21**	**16**	**5**	**43**	**30**	**13**
平均初婚年龄	**24.83**	**25.66**	**24.01**	**25.02**	**25.89**	**24.15**	**25.28**	**26.15**	**24.42**

5-4a 续表 9

单位：人

初婚年龄	初婚年份								
	2006年			2007年			2008年		
	小计	男	女	小计	男	女	小计	男	女
总　计	**13183**	**6583**	**6600**	**12268**	**6168**	**6100**	**14611**	**7299**	**7312**
15岁以下	**5**		**5**				**2**		**2**
15-19岁	**682**	**169**	**513**	**598**	**130**	**468**	**668**	**170**	**498**
15	18	7	11	10	2	8	11	4	7
16	33	10	23	26	5	21	30	11	19
17	73	16	57	69	8	61	58	13	45
18	162	37	125	176	44	132	184	42	142
19	396	99	297	317	71	246	385	100	285
20-24岁	**6284**	**2711**	**3573**	**5544**	**2417**	**3127**	**6110**	**2696**	**3414**
20	682	198	484	634	172	462	760	222	538
21	1003	371	632	867	340	527	1023	407	616
22	1371	650	721	1287	601	686	1355	629	726
23	1547	714	833	1296	609	687	1433	662	771
24	1681	778	903	1460	695	765	1539	776	763
25-29岁	**4736**	**2740**	**1996**	**4621**	**2646**	**1975**	**5854**	**3202**	**2652**
25	1496	802	694	1650	875	775	1787	886	901
26	1227	694	533	1102	628	474	1668	889	779
27	942	574	368	860	525	335	1120	660	460
28	640	371	269	586	364	222	767	442	325
29	431	299	132	423	254	169	512	325	187
30-34岁	**1013**	**664**	**349**	**1035**	**673**	**362**	**1308**	**812**	**496**
30	327	214	113	326	214	112	432	269	163
31	219	150	69	237	154	83	282	176	106
32	192	126	66	195	129	66	253	156	97
33	158	94	64	140	95	45	189	117	72
34	117	80	37	137	81	56	152	94	58
35-39岁	**280**	**182**	**98**	**318**	**209**	**109**	**394**	**240**	**154**
35	97	70	27	92	61	31	110	67	43
36	76	48	28	78	48	30	99	65	34
37	46	26	20	50	34	16	82	50	32
38	34	21	13	47	33	14	55	29	26
39	27	17	10	51	33	18	48	29	19
40-44岁	**100**	**68**	**32**	**88**	**56**	**32**	**135**	**92**	**43**
40	26	18	8	20	11	9	38	30	8
41	20	13	7	17	12	5	30	18	12
42	21	18	3	19	13	6	26	18	8
43	22	14	8	18	12	6	18	11	7
44	11	5	6	14	8	6	23	15	8
45-49岁	**36**	**19**	**17**	**34**	**21**	**13**	**68**	**41**	**27**
45	10	6	4	10	7	3	25	15	10
46	11	6	5	3	1	2	11	5	6
47	9	3	6	8	5	3	13	7	6
48	3	1	2	7	5	2	12	9	3
49	3	3		6	3	3	7	5	2
50岁及以上	**47**	**30**	**17**	**30**	**16**	**14**	**72**	**46**	**26**
平均初婚年龄	**25.44**	**26.27**	**24.62**	**25.59**	**26.41**	**24.77**	**25.91**	**26.68**	**25.15**

5-4a 续表 10

单位：人

初婚年龄	初婚年份								
	2009年			2010年			2011年		
	小计	男	女	小计	男	女	小计	男	女
总 计	**13786**	**6875**	**6911**	**14327**	**7183**	**7144**	**13506**	**6742**	**6764**
15岁以下				**1**		**1**			
15-19岁	**489**	**121**	**368**	**485**	**137**	**348**	**305**	**72**	**233**
15	10	2	8	9	2	7	7	3	4
16	17	3	14	29	3	26	16	1	15
17	40	11	29	43	13	30	29	5	24
18	143	35	108	114	36	78	80	21	59
19	279	70	209	290	83	207	173	42	131
20-24岁	**5485**	**2331**	**3154**	**5787**	**2525**	**3262**	**5130**	**2156**	**2974**
20	580	164	416	672	211	461	416	109	307
21	876	324	552	877	316	561	708	243	465
22	1266	561	705	1226	588	638	1125	511	614
23	1239	563	676	1440	662	778	1321	551	770
24	1524	719	805	1572	748	824	1560	742	818
25-29岁	**5854**	**3237**	**2617**	**6028**	**3283**	**2745**	**6224**	**3361**	**2863**
25	1687	866	821	1696	835	861	1625	791	834
26	1557	826	731	1530	808	722	1607	842	765
27	1230	696	534	1233	682	551	1295	683	612
28	842	511	331	998	598	400	979	574	405
29	538	338	200	571	360	211	718	471	247
30-34岁	**1231**	**749**	**482**	**1205**	**744**	**461**	**1219**	**755**	**464**
30	416	265	151	371	234	137	414	255	159
31	281	171	110	308	187	121	286	180	106
32	218	130	88	212	129	83	227	136	91
33	172	99	73	168	104	64	156	102	54
34	144	84	60	146	90	56	136	82	54
35-39岁	**442**	**260**	**182**	**486**	**289**	**197**	**389**	**246**	**143**
35	125	78	47	116	62	54	97	56	41
36	93	52	41	129	77	52	97	61	36
37	86	50	36	86	56	30	68	45	23
38	76	42	34	97	56	41	72	47	25
39	62	38	24	58	38	20	55	37	18
40-44岁	**167**	**101**	**66**	**187**	**116**	**71**	**146**	**98**	**48**
40	60	38	22	63	34	29	51	32	19
41	43	22	21	41	29	12	38	28	10
42	20	12	8	33	21	12	29	21	8
43	24	17	7	30	16	14	13	8	5
44	20	12	8	20	16	4	15	9	6
45-49岁	**58**	**38**	**20**	**75**	**47**	**28**	**46**	**28**	**18**
45	16	11	5	21	13	8	14	7	7
46	17	10	7	18	12	6	10	7	3
47	10	6	4	9	6	3	7	4	3
48	8	5	3	18	11	7	4	3	1
49	7	6	1	9	5	4	11	7	4
50岁及以上	**60**	**38**	**22**	**73**	**42**	**31**	**47**	**26**	**21**
平均初婚年龄	**26.22**	**26.94**	**25.49**	**26.27**	**26.97**	**25.57**	**26.42**	**27.14**	**25.70**

5-4a 续表 11

单位：人

初婚年龄	初婚年份								
	2012年			2013年			2014年		
	小计	男	女	小计	男	女	小计	男	女
总　计	**14646**	**7359**	**7287**	**14802**	**7405**	**7397**	**14146**	**7036**	**7110**
15岁以下	**1**		**1**				**1**		**1**
15-19岁	**328**	**64**	**264**	**272**	**57**	**215**	**224**	**46**	**178**
15	6		6	4		4	4	2	2
16	15	1	14	12	3	9	13	2	11
17	42	5	37	35	6	29	29	6	23
18	87	21	66	79	17	62	63	13	50
19	178	37	141	142	31	111	115	23	92
20-24岁	**5053**	**2170**	**2883**	**4861**	**2058**	**2803**	**4335**	**1824**	**2511**
20	360	108	252	310	70	240	276	69	207
21	561	223	338	469	176	293	426	141	285
22	1167	536	631	947	429	518	753	354	399
23	1256	537	719	1394	611	783	1065	475	590
24	1709	766	943	1741	772	969	1815	785	1030
25-29岁	**7011**	**3727**	**3284**	**7222**	**3778**	**3444**	**7243**	**3766**	**3477**
25	2013	949	1064	2044	973	1071	2067	978	1089
26	1723	853	870	1900	975	925	1853	894	959
27	1434	824	610	1501	812	689	1566	855	711
28	1071	635	436	1040	598	442	1006	591	415
29	770	466	304	737	420	317	751	448	303
30-34岁	**1458**	**924**	**534**	**1649**	**1022**	**627**	**1526**	**920**	**606**
30	551	335	216	584	381	203	482	307	175
31	338	220	118	436	269	167	383	240	143
32	243	154	89	273	166	107	324	174	150
33	181	121	60	196	111	85	192	118	74
34	145	94	51	160	95	65	145	81	64
35-39岁	**432**	**263**	**169**	**402**	**253**	**149**	**446**	**261**	**185**
35	123	69	54	112	73	39	140	75	65
36	93	60	33	92	56	36	82	50	32
37	76	53	23	68	42	26	96	51	45
38	84	51	33	75	46	29	76	49	27
39	56	30	26	55	36	19	52	36	16
40-44岁	**215**	**127**	**88**	**223**	**128**	**95**	**191**	**108**	**83**
40	70	41	29	60	38	22	52	29	23
41	54	34	20	46	27	19	42	27	15
42	42	27	15	43	25	18	38	23	15
43	27	15	12	40	23	17	34	16	18
44	22	10	12	34	15	19	25	13	12
45-49岁	**83**	**44**	**39**	**98**	**65**	**33**	**106**	**70**	**36**
45	20	10	10	22	16	6	36	20	16
46	19	12	7	19	14	5	34	22	12
47	15	7	8	21	13	8	12	11	1
48	12	8	4	16	11	5	14	9	5
49	17	7	10	20	11	9	10	8	2
50岁及以上	**65**	**40**	**25**	**75**	**44**	**31**	**74**	**41**	**33**
平均初婚年龄	**26.74**	**27.40**	**26.07**	**26.94**	**27.58**	**26.29**	**27.09**	**27.69**	**26.50**

5-4a 续表 12

单位：人

初婚年龄	初婚年份								
	2015年			2016年			2017年		
	小计	男	女	小计	男	女	小计	男	女
总　计	**14460**	**7249**	**7211**	**12936**	**6499**	**6437**	**12028**	**6011**	**6017**
15岁以下							**1**		**1**
15-19岁	**133**	**25**	**108**	**100**	**20**	**80**	**89**	**16**	**73**
15	1		1	2		2	1		1
16	12	2	10	4	1	3	5	1	4
17	15		15	11	3	8	9	1	8
18	27	4	23	26	6	20	20	4	16
19	78	19	59	57	10	47	54	10	44
20-24岁	**3783**	**1565**	**2218**	**2950**	**1175**	**1775**	**2569**	**1012**	**1557**
20	181	48	133	137	18	119	122	23	99
21	330	100	230	313	106	207	249	78	171
22	678	288	390	511	214	297	471	172	299
23	943	388	555	794	315	479	642	257	385
24	1651	741	910	1195	522	673	1085	482	603
25-29岁	**7886**	**4068**	**3818**	**7353**	**3795**	**3558**	**6700**	**3392**	**3308**
25	2062	972	1090	1706	805	901	1287	613	674
26	2051	994	1057	1945	938	1007	1608	752	856
27	1701	883	818	1680	901	779	1706	862	844
28	1268	734	534	1164	635	529	1275	675	600
29	804	485	319	858	516	342	824	490	334
30-34岁	**1721**	**1040**	**681**	**1658**	**967**	**691**	**1712**	**1035**	**677**
30	544	327	217	518	306	212	612	357	255
31	397	245	152	367	208	159	402	245	157
32	335	212	123	299	183	116	298	194	104
33	252	154	98	249	140	109	218	125	93
34	193	102	91	225	130	95	182	114	68
35-39岁	**498**	**290**	**208**	**445**	**281**	**164**	**512**	**298**	**214**
35	149	80	69	148	97	51	159	88	71
36	104	57	47	99	58	41	124	71	53
37	99	61	38	81	49	32	90	54	36
38	76	49	27	66	44	22	70	40	30
39	70	43	27	51	33	18	69	45	24
40-44岁	**253**	**146**	**107**	**219**	**133**	**86**	**216**	**117**	**99**
40	75	47	28	48	26	22	47	26	21
41	50	24	26	42	22	20	43	21	22
42	40	25	15	47	29	18	49	24	25
43	42	24	18	41	25	16	36	25	11
44	46	26	20	41	31	10	41	21	20
45-49岁	**95**	**64**	**31**	**110**	**72**	**38**	**136**	**84**	**52**
45	34	19	15	28	19	9	39	25	14
46	22	18	4	24	17	7	34	22	12
47	17	11	6	28	18	10	21	12	9
48	8	5	3	15	9	6	23	14	9
49	14	11	3	15	9	6	19	11	8
50岁及以上	**91**	**51**	**40**	**101**	**56**	**45**	**93**	**57**	**36**
平均初婚年龄	**27.53**	**28.11**	**26.94**	**27.81**	**28.44**	**27.19**	**28.15**	**28.78**	**27.52**

5-4a 续表 13

单位：人

初婚年龄	初婚年份								
	2018年			2019年			2020年		
	小计	男	女	小计	男	女	小计	男	女
总　计	**13109**	**6464**	**6645**	**10986**	**5443**	**5543**	**7358**	**3662**	**3696**
15岁以下	**1**		**1**						
15-19岁	**108**	**25**	**83**	**61**	**17**	**44**	**43**	**9**	**34**
15				2	1	1			
16	11	5	6						
17	12	4	8	3		3	7	4	3
18	29	4	25	14	4	10	9	1	8
19	56	12	44	42	12	30	27	4	23
20-24岁	**2780**	**1042**	**1738**	**2272**	**878**	**1394**	**1441**	**563**	**878**
20	122	19	103	104	29	75	55	11	44
21	206	68	138	151	55	96	115	41	74
22	556	213	343	417	146	271	237	97	140
23	740	280	460	583	245	338	351	125	226
24	1156	462	694	1017	403	614	683	289	394
25-29岁	**7114**	**3585**	**3529**	**5693**	**2837**	**2856**	**3684**	**1830**	**1854**
25	1457	654	803	1170	514	656	748	324	424
26	1536	693	843	1306	618	688	837	400	437
27	1517	781	736	1191	601	590	821	402	419
28	1541	839	702	1109	601	508	681	366	315
29	1063	618	445	917	503	414	597	338	259
30-34岁	**2084**	**1217**	**867**	**1942**	**1127**	**815**	**1419**	**830**	**589**
30	701	391	310	659	380	279	521	302	219
31	550	331	219	464	263	201	338	203	135
32	335	197	138	376	234	142	241	155	86
33	269	158	111	249	145	104	183	94	89
34	229	140	89	194	105	89	136	76	60
35-39岁	**556**	**334**	**222**	**554**	**318**	**236**	**324**	**190**	**134**
35	188	115	73	145	77	68	86	52	34
36	141	87	54	127	70	57	70	35	35
37	89	50	39	119	75	44	68	42	26
38	71	43	28	92	54	38	63	35	28
39	67	39	28	71	42	29	37	26	11
40-44岁	**219**	**116**	**103**	**236**	**137**	**99**	**176**	**89**	**87**
40	55	30	25	61	34	27	44	21	23
41	48	26	22	47	30	17	39	20	19
42	38	21	17	53	33	20	19	11	8
43	42	17	25	44	21	23	32	19	13
44	36	22	14	31	19	12	42	18	24
45-49岁	**125**	**70**	**55**	**127**	**71**	**56**	**108**	**63**	**45**
45	30	16	14	37	20	17	30	15	15
46	29	15	14	23	11	12	27	17	10
47	26	17	9	20	12	8	21	12	9
48	25	16	9	32	19	13	20	14	6
49	15	6	9	15	9	6	10	5	5
50岁及以上	**122**	**75**	**47**	**101**	**58**	**43**	**163**	**88**	**75**
平均初婚年龄	**28.26**	**28.91**	**27.62**	**28.58**	**29.19**	**27.99**	**29.03**	**29.62**	**28.45**

5-4b 全区分初婚年龄、性别、初婚年份的人口(镇)

单位：人

初婚年龄	初婚年份								
	合计			1980年			1981年		
	合计	男	女	小计	男	女	小计	男	女
总　计	**395767**	**198318**	**197449**	**9146**	**4360**	**4786**	**6677**	**3185**	**3492**
15岁以下	**225**	**46**	**179**	**21**	**6**	**15**	**11**	**3**	**8**
15-19岁	**37101**	**9949**	**27152**	**1461**	**359**	**1102**	**1062**	**279**	**783**
15	1032	299	733	64	14	50	41	13	28
16	2103	527	1576	121	30	91	69	15	54
17	4480	1075	3405	274	62	212	182	44	138
18	9766	2439	7327	406	94	312	323	82	241
19	19720	5609	14111	596	159	437	447	125	322
20-24岁	**226677**	**108932**	**117745**	**5953**	**2924**	**3029**	**4366**	**2126**	**2240**
20	33513	11001	22512	914	337	577	630	232	398
21	45099	19446	25653	1192	518	674	935	402	533
22	54380	27639	26741	1444	716	728	975	478	497
23	50290	26643	23647	1400	763	637	1015	548	467
24	43395	24203	19192	1003	590	413	811	466	345
25-29岁	**102221**	**61444**	**40777**	**1561**	**965**	**596**	**1130**	**701**	**429**
25	35728	20716	15012	748	452	296	514	313	201
26	26001	15586	10415	437	269	168	329	197	132
27	18673	11496	7177	192	120	72	152	99	53
28	12820	7945	4875	109	75	34	81	57	24
29	8999	5701	3298	75	49	26	54	35	19
30-34岁	**19267**	**11741**	**7526**	**116**	**80**	**36**	**79**	**56**	**23**
30	6211	3796	2415	47	34	13	28	19	9
31	4588	2764	1824	21	11	10	16	9	7
32	3575	2205	1370	22	15	7	21	18	3
33	2721	1695	1026	15	11	4	12	8	4
34	2172	1281	891	11	9	2	2	2	
35-39岁	**5658**	**3507**	**2151**	**21**	**18**	**3**	**23**	**15**	**8**
35	1645	1016	629	5	5		7	4	3
36	1306	810	496	4	3	1	5	4	1
37	1085	677	408	5	5		8	5	3
38	862	514	348	3	2	1	1	1	
39	760	490	270	4	3	1	2	1	1
40-44岁	**2499**	**1483**	**1016**	**10**	**8**	**2**	**5**	**5**	
40	677	393	284	5	5		4	4	
41	566	331	235	2	1	1	1	1	
42	459	272	187						
43	415	253	162	2	2				
44	382	234	148	1		1			
45-49岁	**1068**	**616**	**452**	**2**		**2**	**1**		**1**
45	301	158	143	1		1			
46	236	125	111				1		1
47	209	126	83						
48	180	118	62						
49	142	89	53	1		1			
50岁及以上	**1051**	**600**	**451**	**1**		**1**			
平均初婚年龄	**24.26**	**24.97**	**23.55**	**22.72**	**23.47**	**22.04**	**22.76**	**23.48**	**22.11**

5-4b 续表 1

单位：人

初婚年龄	初婚年份								
	1982年			1983年			1984年		
	小计	男	女	小计	男	女	小计	男	女
总　计	**8018**	**3835**	**4183**	**7903**	**3788**	**4115**	**8111**	**3934**	**4177**
15岁以下	**11**	**1**	**10**	**9**	**2**	**7**	**6**		**6**
15-19岁	**1513**	**429**	**1084**	**1390**	**418**	**972**	**1276**	**380**	**896**
15	51	16	35	53	14	39	46	15	31
16	91	21	70	72	16	56	75	17	58
17	185	50	135	170	58	112	159	40	119
18	405	104	301	379	106	273	335	85	250
19	781	238	543	716	224	492	661	223	438
20-24岁	**5075**	**2499**	**2576**	**5142**	**2485**	**2657**	**5514**	**2706**	**2808**
20	840	288	552	1126	450	676	1103	422	681
21	994	454	540	1079	462	617	1477	677	800
22	1314	663	651	1002	484	518	1199	597	602
23	1046	596	450	1133	623	510	907	523	384
24	881	498	383	802	466	336	828	487	341
25-29岁	**1308**	**833**	**475**	**1221**	**790**	**431**	**1182**	**763**	**419**
25	616	374	242	552	346	206	488	314	174
26	341	224	117	327	212	115	329	207	122
27	196	137	59	185	126	59	191	124	67
28	103	65	38	87	59	28	100	72	28
29	52	33	19	70	47	23	74	46	28
30-34岁	**82**	**58**	**24**	**110**	**67**	**43**	**94**	**58**	**36**
30	31	21	10	46	32	14	30	22	8
31	16	12	4	22	11	11	20	12	8
32	17	13	4	18	9	9	19	11	8
33	11	8	3	17	10	7	14	7	7
34	7	4	3	7	5	2	11	6	5
35-39岁	**18**	**9**	**9**	**22**	**19**	**3**	**26**	**17**	**9**
35	5	3	2	7	6	1	10	7	3
36	4	1	3	4	4		6	4	2
37	3	2	1	5	4	1	4	3	1
38	1	1		2	1	1	4	2	2
39	5	2	3	4	4		2	1	1
40-44岁	**8**	**6**	**2**	**8**	**6**	**2**	**8**	**6**	**2**
40	1	1		3	3				
41	1	1		3	2	1	1	1	
42	4	2	2	1	1		5	3	2
43	1	1		1		1	1	1	
44	1	1					1	1	
45-49岁	**2**		**2**	**1**	**1**		**4**	**3**	**1**
45	1		1	1	1				
46							2	1	1
47	1		1				1	1	
48									
49							1	1	
50岁及以上	**1**		**1**				**1**	**1**	
平均初婚年龄	**22.59**	**23.30**	**21.94**	**22.55**	**23.25**	**21.92**	**22.54**	**23.19**	**21.93**

5-4b 续表 2

单位：人

初婚年龄	初婚年份								
	1985年			1986年			1987年		
	小计	男	女	小计	男	女	小计	男	女
总 计	**9824**	**4807**	**5017**	**9307**	**4557**	**4750**	**9352**	**4579**	**4773**
15岁以下	**10**	**4**	**6**	**12**	**2**	**10**	**3**	**1**	**2**
15-19岁	**1460**	**438**	**1022**	**1335**	**383**	**952**	**1315**	**380**	**935**
15	39	11	28	40	12	28	34	11	23
16	118	31	87	90	21	69	74	15	59
17	202	60	142	175	42	133	151	33	118
18	361	101	260	386	101	285	394	109	285
19	740	235	505	644	207	437	662	212	450
20-24岁	**6718**	**3306**	**3412**	**6513**	**3212**	**3301**	**6553**	**3260**	**3293**
20	1183	447	736	1052	375	677	991	344	647
21	1684	755	929	1426	634	792	1365	626	739
22	1791	941	850	1673	842	831	1586	829	757
23	1262	675	587	1550	854	696	1478	788	690
24	798	488	310	812	507	305	1133	673	460
25-29岁	**1413**	**913**	**500**	**1240**	**830**	**410**	**1239**	**794**	**445**
25	662	429	233	521	357	164	540	354	186
26	326	211	115	342	224	118	313	200	113
27	217	131	86	169	116	53	203	128	75
28	137	93	44	126	81	45	118	73	45
29	71	49	22	82	52	30	65	39	26
30-34岁	**172**	**108**	**64**	**156**	**102**	**54**	**198**	**115**	**83**
30	67	43	24	59	37	22	56	32	24
31	40	22	18	33	22	11	56	28	28
32	30	21	9	35	24	11	38	22	16
33	23	12	11	15	11	4	26	19	7
34	12	10	2	14	8	6	22	14	8
35-39岁	**31**	**24**	**7**	**36**	**20**	**16**	**32**	**25**	**7**
35	10	9	1	8	5	3	8	6	2
36	8	6	2	12	7	5	8	6	2
37	5	4	1	8	5	3	10	8	2
38	5	3	2	5	2	3	3	2	1
39	3	2	1	3	1	2	3	3	
40-44岁	**11**	**7**	**4**	**9**	**5**	**4**	**10**	**4**	**6**
40	4	3	1				4	1	3
41				3	2	1	2	1	1
42	1	1		2	1	1	1		1
43	3	1	2	2	1	1	1	1	
44	3	2	1	2	1	1	2	1	1
45-49岁	**4**	**2**	**2**	**3**	**1**	**2**	**2**		**2**
45	3	1	2	1		1			
46				1		1	2		2
47				1	1				
48	1	1							
49									
50岁及以上	**5**	**5**		**3**	**2**	**1**			
平均初婚年龄	**22.63**	**23.26**	**22.02**	**22.69**	**23.34**	**22.07**	**22.82**	**23.41**	**22.26**

5-4b　续表 3　　　　　　　　　　　　　　　　　　单位：人

初婚年龄	初婚年份								
	1988年			1989年			1990年		
	小计	男	女	小计	男	女	小计	男	女
总　计	**10128**	**4987**	**5141**	**10683**	**5257**	**5426**	**12004**	**6042**	**5962**
15岁以下	**8**	**2**	**6**	**11**	**3**	**8**	**8**		**8**
15-19岁	**1512**	**459**	**1053**	**1524**	**483**	**1041**	**1864**	**594**	**1270**
15	40	12	28	54	13	41	52	13	39
16	98	22	76	87	30	57	109	34	75
17	196	54	142	181	47	134	252	83	169
18	367	99	268	415	128	287	496	143	353
19	811	272	539	787	265	522	955	321	634
20-24岁	**6837**	**3404**	**3433**	**7048**	**3457**	**3591**	**7861**	**3988**	**3873**
20	1148	419	729	1255	453	802	1418	526	892
21	1367	626	741	1617	707	910	1760	827	933
22	1643	853	790	1477	751	726	1945	1018	927
23	1451	796	655	1522	840	682	1536	862	674
24	1228	710	518	1177	706	471	1202	755	447
25-29岁	**1488**	**943**	**545**	**1810**	**1146**	**664**	**1947**	**1269**	**678**
25	765	481	284	852	534	318	851	550	301
26	349	227	122	500	311	189	544	374	170
27	151	100	51	230	153	77	327	216	111
28	138	80	58	129	84	45	141	80	61
29	85	55	30	99	64	35	84	49	35
30-34岁	**221**	**137**	**84**	**207**	**116**	**91**	**222**	**132**	**90**
30	72	46	26	66	34	32	76	38	38
31	53	32	21	45	25	20	56	38	18
32	41	25	16	42	26	16	32	23	9
33	35	22	13	28	16	12	33	17	16
34	20	12	8	26	15	11	25	16	9
35-39岁	**40**	**29**	**11**	**57**	**39**	**18**	**64**	**39**	**25**
35	11	9	2	25	17	8	20	10	10
36	11	7	4	11	9	2	19	14	5
37	9	8	1	12	8	4	13	8	5
38	9	5	4	4	3	1	8	4	4
39				5	2	3	4	3	1
40-44岁	**13**	**9**	**4**	**12**	**4**	**8**	**20**	**10**	**10**
40	4	4		2	1	1	5	3	2
41	3	1	2	2		2	4	1	3
42	2	2		2	1	1	4	3	1
43	3	2	1	4	1	3	4	1	3
44	1		1	2	1	1	3	2	1
45-49岁	**6**	**3**	**3**	**8**	**8**		**9**	**5**	**4**
45	2		2	2	2		3	2	1
46				5	5		3	1	2
47	2	2							
48	2	1	1				2	2	
49				1	1		1		1
50岁及以上	**3**	**1**	**2**	**6**	**1**	**5**	**9**	**5**	**4**
平均初婚年龄	**22.84**	**23.45**	**22.25**	**22.91**	**23.51**	**22.33**	**22.82**	**23.42**	**22.21**

5−4b 续表 4 单位：人

初婚年龄	初婚年份								
	1991年			1992年			1993年		
	小计	男	女	小计	男	女	小计	男	女
总　计	**8746**	**4381**	**4365**	**10755**	**5412**	**5343**	**11612**	**5805**	**5807**
15岁以下	**9**	**3**	**6**	**5**		**5**	**6**	**1**	**5**
15−19岁	**1166**	**356**	**810**	**1269**	**352**	**917**	**1254**	**365**	**889**
15	36	10	26	26	10	16	33	11	22
16	65	23	42	65	18	47	66	11	55
17	118	28	90	150	40	110	139	37	102
18	322	85	237	315	69	246	311	92	219
19	625	210	415	713	215	498	705	214	491
20−24岁	**5997**	**2963**	**3034**	**7435**	**3718**	**3717**	**8055**	**3947**	**4108**
20	1063	381	682	1089	390	699	1205	432	773
21	1334	592	742	1564	689	875	1633	711	922
22	1441	753	688	1932	999	933	2059	1045	1014
23	1316	735	581	1655	925	730	1847	991	856
24	843	502	341	1195	715	480	1311	768	543
25−29岁	**1382**	**932**	**450**	**1778**	**1173**	**605**	**1949**	**1283**	**666**
25	578	394	184	719	459	260	904	589	315
26	381	253	128	493	335	158	465	305	160
27	207	150	57	283	192	91	288	188	100
28	148	97	51	169	110	59	162	113	49
29	68	38	30	114	77	37	130	88	42
30−34岁	**141**	**88**	**53**	**176**	**113**	**63**	**246**	**147**	**99**
30	46	29	17	47	31	16	95	57	38
31	39	23	16	37	22	15	53	31	22
32	16	11	5	40	21	19	36	23	13
33	20	13	7	26	20	6	38	22	16
34	20	12	8	26	19	7	24	14	10
35−39岁	**32**	**25**	**7**	**49**	**29**	**20**	**68**	**44**	**24**
35	9	6	3	10	7	3	16	10	6
36	7	7		10	2	8	19	12	7
37	4	4		8	7	1	14	11	3
38	6	4	2	13	9	4	11	8	3
39	6	4	2	8	4	4	8	3	5
40−44岁	**16**	**12**	**4**	**34**	**23**	**11**	**23**	**13**	**10**
40	4	3	1	12	10	2	4	2	2
41	5	3	2	7	5	2	6	4	2
42				11	6	5	7	5	2
43				4	2	2	3	1	2
44	7	6	1				3	1	2
45−49岁	**3**	**2**	**1**	**4**	**2**	**2**	**5**	**2**	**3**
45				2	1	1	3	2	1
46	1	1		1	1				
47	2	1	1						
48							1		1
49				1		1	1		1
50岁及以上				**5**	**2**	**3**	**6**	**3**	**3**
平均初婚年龄	**22.84**	**23.49**	**22.18**	**23.08**	**23.71**	**22.44**	**23.16**	**23.74**	**22.57**

5-4b 续表 5

单位：人

初婚年龄	初婚年份								
	1994年			1995年			1996年		
	小计	男	女	小计	男	女	小计	男	女
总　计	**11197**	**5642**	**5555**	**12005**	**6009**	**5996**	**10670**	**5386**	**5284**
15岁以下	**2**		**2**	**8**	**2**	**6**	**3**		**3**
15-19岁	**1052**	**277**	**775**	**1031**	**275**	**756**	**769**	**196**	**573**
15	29	8	21	29	11	18	11	1	10
16	34	12	22	63	16	47	41	11	30
17	109	26	83	90	22	68	88	20	68
18	267	64	203	237	60	177	208	49	159
19	613	167	446	612	166	446	421	115	306
20-24岁	**7673**	**3754**	**3919**	**7952**	**3864**	**4088**	**7051**	**3377**	**3674**
20	1056	370	686	1099	341	758	931	269	662
21	1572	714	858	1592	698	894	1398	583	815
22	1876	919	957	1964	976	988	1870	928	942
23	1766	951	815	1798	990	808	1577	847	730
24	1403	800	603	1499	859	640	1275	750	525
25-29岁	**2119**	**1409**	**710**	**2520**	**1588**	**932**	**2338**	**1519**	**819**
25	902	593	309	1157	698	459	984	621	363
26	584	368	216	655	417	238	620	394	226
27	294	212	82	330	223	107	359	243	116
28	199	134	65	218	137	81	243	178	65
29	140	102	38	160	113	47	132	83	49
30-34岁	**244**	**139**	**105**	**324**	**186**	**138**	**352**	**203**	**149**
30	85	52	33	92	64	28	115	64	51
31	63	32	31	77	45	32	80	43	37
32	42	26	16	78	34	44	72	43	29
33	24	16	8	51	29	22	45	30	15
34	30	13	17	26	14	12	40	23	17
35-39岁	**63**	**41**	**22**	**97**	**56**	**41**	**82**	**55**	**27**
35	21	13	8	35	17	18	16	10	6
36	7	5	2	17	10	7	27	20	7
37	14	9	5	12	7	5	16	11	5
38	14	10	4	16	11	5	13	5	8
39	7	4	3	17	11	6	10	9	1
40-44岁	**23**	**12**	**11**	**43**	**25**	**18**	**44**	**27**	**17**
40	10	4	6	12	6	6	13	7	6
41	4	3	1	8	7	1	8	5	3
42	4	1	3	7	3	4	10	6	4
43	3	3		6	3	3	6	6	
44	2	1	1	10	6	4	7	3	4
45-49岁	**10**	**4**	**6**	**19**	**10**	**9**	**15**	**3**	**12**
45	1	1		3	1	2	5	2	3
46	5	2	3	2		2	5	1	4
47	4	1	3	5	1	4	2		2
48				6	5	1	2		2
49				3	3		1		1
50岁及以上	**11**	**6**	**5**	**11**	**3**	**8**	**16**	**6**	**10**
平均初婚年龄	**23.38**	**23.97**	**22.79**	**23.62**	**24.20**	**23.04**	**23.79**	**24.42**	**23.16**

5-4b 续表 6

单位：人

初婚年龄	初婚年份								
	1997年			1998年			1999年		
	小计	男	女	小计	男	女	小计	男	女
总　计	**10758**	**5385**	**5373**	**11194**	**5668**	**5526**	**10062**	**5058**	**5004**
15岁以下	**6**	**2**	**4**	**6**	**1**	**5**	**5**		**5**
15-19岁	**706**	**162**	**544**	**903**	**209**	**694**	**846**	**186**	**660**
15	18	8	10	21	2	19	20	4	16
16	39	10	29	55	6	49	49	8	41
17	69	16	53	83	15	68	102	27	75
18	160	36	124	237	51	186	191	34	157
19	420	92	328	507	135	372	484	113	371
20-24岁	**6919**	**3303**	**3616**	**6873**	**3335**	**3538**	**6165**	**2936**	**3229**
20	832	247	585	876	230	646	930	267	663
21	1375	556	819	1199	505	694	1240	478	762
22	1769	915	854	1785	911	874	1418	758	660
23	1638	870	768	1667	916	751	1381	749	632
24	1305	715	590	1346	773	573	1196	684	512
25-29岁	**2637**	**1647**	**990**	**2656**	**1677**	**979**	**2472**	**1576**	**896**
25	1021	605	416	980	597	383	1000	610	390
26	736	461	275	675	436	239	600	383	217
27	463	301	162	467	305	162	408	271	137
28	243	166	77	329	216	113	285	187	98
29	174	114	60	205	123	82	179	125	54
30-34岁	**314**	**179**	**135**	**530**	**318**	**212**	**386**	**243**	**143**
30	87	53	34	158	99	59	133	88	45
31	70	37	33	113	62	51	102	62	40
32	64	31	33	116	67	49	64	46	18
33	49	30	19	85	58	27	43	25	18
34	44	28	16	58	32	26	44	22	22
35-39岁	**77**	**45**	**32**	**128**	**76**	**52**	**98**	**68**	**30**
35	12	6	6	45	26	19	35	20	15
36	13	7	6	26	17	9	28	20	8
37	16	15	1	23	13	10	14	10	4
38	20	10	10	17	9	8	9	8	1
39	16	7	9	17	11	6	12	10	2
40-44岁	**64**	**32**	**32**	**54**	**32**	**22**	**45**	**22**	**23**
40	22	7	15	16	11	5	10	2	8
41	9	5	4	12	8	4	7	4	3
42	17	10	7	15	8	7	10	4	6
43	11	7	4	6	2	4	9	5	4
44	5	3	2	5	3	2	9	7	2
45-49岁	**23**	**9**	**14**	**24**	**11**	**13**	**20**	**13**	**7**
45	10	4	6	4	2	2	7	4	3
46	5	1	4	11	2	9	4	3	1
47	1		1	2	2		3	2	1
48	5	3	2	5	4	1	6	4	2
49	2	1	1	2	1	1			
50岁及以上	**12**	**6**	**6**	**20**	**9**	**11**	**25**	**14**	**11**
平均初婚年龄	**23.98**	**24.54**	**23.41**	**24.15**	**24.84**	**23.45**	**23.99**	**24.78**	**23.19**

5-4b　续表 7　　　　单位：人

初婚年龄	初婚年份								
	2000年			2001年			2002年		
	小计	男	女	小计	男	女	小计	男	女
总　计	**12188**	**6187**	**6001**	**7905**	**3976**	**3929**	**9312**	**4705**	**4607**
15岁以下	**13**	**4**	**9**	**8**	**4**	**4**	**3**	**1**	**2**
15-19岁	**1276**	**329**	**947**	**747**	**161**	**586**	**969**	**270**	**699**
15	32	14	18	22	7	15	33	16	17
16	89	26	63	36	10	26	41	16	25
17	145	29	116	73	15	58	96	28	68
18	377	94	283	199	35	164	241	57	184
19	633	166	467	417	94	323	558	153	405
20-24岁	**7457**	**3623**	**3834**	**4902**	**2366**	**2536**	**5791**	**2770**	**3021**
20	1178	359	819	751	212	539	1048	317	731
21	1598	681	917	992	451	541	1203	505	698
22	1744	902	842	1286	677	609	1418	743	675
23	1539	838	701	1035	555	480	1231	660	571
24	1398	843	555	838	471	367	891	545	346
25-29岁	**2829**	**1842**	**987**	**1885**	**1215**	**670**	**2046**	**1349**	**697**
25	1054	647	407	709	432	277	728	471	257
26	742	495	247	495	318	177	544	364	180
27	492	331	161	337	233	104	371	243	128
28	322	224	98	197	128	69	241	167	74
29	219	145	74	147	104	43	162	104	58
30-34岁	**428**	**279**	**149**	**271**	**174**	**97**	**333**	**212**	**121**
30	160	105	55	98	61	37	124	72	52
31	105	71	34	69	43	26	94	64	30
32	78	52	26	44	32	12	54	39	15
33	46	27	19	38	21	17	30	19	11
34	39	24	15	22	17	5	31	18	13
35-39岁	**103**	**61**	**42**	**54**	**35**	**19**	**96**	**66**	**30**
35	27	13	14	13	10	3	28	20	8
36	24	15	9	14	10	4	24	15	9
37	23	12	11	11	8	3	14	12	2
38	18	14	4	12	5	7	12	6	6
39	11	7	4	4	2	2	18	13	5
40-44岁	**40**	**22**	**18**	**15**	**8**	**7**	**33**	**17**	**16**
40	7	5	2	4	4		10	2	8
41	10	6	4	2	1	1	7	5	2
42	6	3	3	5	1	4	4	3	1
43	9	6	3	1		1	7	5	2
44	8	2	6	3	2	1	5	2	3
45-49岁	**23**	**16**	**7**	**9**	**6**	**3**	**22**	**11**	**11**
45	7	6	1	3	3		8	4	4
46	2	2		1		1	6	2	4
47	5	3	2	3	2	1	2	1	1
48	5	3	2	1		1	2	2	
49	4	2	2	1	1		4	2	2
50岁及以上	**19**	**11**	**8**	**14**	**7**	**7**	**19**	**9**	**10**
平均初婚年龄	**23.72**	**24.50**	**22.91**	**23.71**	**24.47**	**22.95**	**23.69**	**24.45**	**22.92**

5-4b 续表 8 单位：人

初婚年龄	初婚年份								
	2003年			2004年			2005年		
	小计	男	女	小计	男	女	小计	男	女
总　计	**9827**	**4937**	**4890**	**9815**	**4943**	**4872**	**10211**	**5135**	**5076**
15岁以下	**8**	**2**	**6**	**7**	**1**	**6**	**4**	**1**	**3**
15-19岁	**898**	**201**	**697**	**909**	**203**	**706**	**973**	**230**	**743**
15	21	4	17	25	11	14	40	11	29
16	48	14	34	55	18	37	73	13	60
17	92	15	77	97	17	80	103	22	81
18	243	51	192	223	49	174	251	56	195
19	494	117	377	509	108	401	506	128	378
20-24岁	**6227**	**2981**	**3246**	**6099**	**2950**	**3149**	**6237**	**3040**	**3197**
20	1000	302	698	914	255	659	975	291	684
21	1452	611	841	1242	535	707	1280	540	740
22	1461	778	683	1676	871	805	1504	829	675
23	1242	686	556	1272	695	577	1455	804	651
24	1072	604	468	995	594	401	1023	576	447
25-29岁	**2144**	**1401**	**743**	**2147**	**1372**	**775**	**2263**	**1401**	**862**
25	778	473	305	807	487	320	857	494	363
26	501	329	172	483	314	169	583	376	207
27	413	279	134	395	266	129	401	247	154
28	275	188	87	253	169	84	251	174	77
29	177	132	45	209	136	73	171	110	61
30-34岁	**407**	**264**	**143**	**470**	**310**	**160**	**501**	**323**	**178**
30	137	94	43	147	103	44	142	87	55
31	102	61	41	111	71	40	122	83	39
32	74	47	27	82	51	31	103	73	30
33	63	41	22	77	53	24	63	35	28
34	31	21	10	53	32	21	71	45	26
35-39岁	**82**	**50**	**32**	**107**	**63**	**44**	**127**	**79**	**48**
35	26	15	11	42	23	19	37	25	12
36	20	13	7	21	12	9	33	18	15
37	16	10	6	19	10	9	24	16	8
38	11	7	4	9	6	3	11	8	3
39	9	5	4	16	12	4	22	12	10
40-44岁	**37**	**24**	**13**	**38**	**26**	**12**	**58**	**35**	**23**
40	10	7	3	12	9	3	14	8	6
41	10	6	4	12	10	2	13	6	7
42	8	6	2	6	3	3	19	13	6
43	6	3	3	5	2	3	4	2	2
44	3	2	1	3	2	1	8	6	2
45-49岁	**14**	**9**	**5**	**19**	**8**	**11**	**21**	**11**	**10**
45	7	4	3	4	1	3	5	2	3
46	1		1	4	2	2	4	1	3
47	3	2	1	4	2	2	3	1	2
48	2	2		5	2	3	6	5	1
49	1	1		2	1	1	3	2	1
50岁及以上	**10**	**5**	**5**	**19**	**10**	**9**	**27**	**15**	**12**
平均初婚年龄	**23.74**	**24.55**	**22.91**	**23.90**	**24.70**	**23.10**	**23.99**	**24.76**	**23.20**

5-4b　续表 9　　　　单位：人

初婚年龄	初婚年份								
	2006年			2007年			2008年		
	小计	男	女	小计	男	女	小计	男	女
总　计	**9950**	**5015**	**4935**	**9435**	**4798**	**4637**	**10631**	**5397**	**5234**
15岁以下	**4**		**4**	**3**		**3**	**3**		**3**
15–19岁	**902**	**205**	**697**	**764**	**179**	**585**	**902**	**226**	**676**
15	16	2	14	15	5	10	15	3	12
16	46	10	36	26	8	18	39	7	32
17	97	16	81	90	16	74	102	18	84
18	239	65	174	193	47	146	263	70	193
19	504	112	392	440	103	337	483	128	355
20–24岁	**5849**	**2826**	**3023**	**5195**	**2461**	**2734**	**5777**	**2750**	**3027**
20	843	263	580	856	254	602	978	321	657
21	1213	527	686	981	415	566	1148	477	671
22	1392	741	651	1253	650	603	1312	686	626
23	1220	653	567	1105	586	519	1219	646	573
24	1181	642	539	1000	556	444	1120	620	500
25–29岁	**2466**	**1527**	**939**	**2632**	**1606**	**1026**	**2993**	**1824**	**1169**
25	885	508	377	1015	584	431	1001	572	429
26	656	422	234	661	400	261	791	477	314
27	439	293	146	431	293	138	537	338	199
28	289	175	114	311	200	111	377	245	132
29	197	129	68	214	129	85	287	192	95
30–34岁	**502**	**309**	**193**	**527**	**350**	**177**	**608**	**381**	**227**
30	130	75	55	158	107	51	179	113	66
31	133	84	49	106	77	29	129	79	50
32	99	65	34	109	69	40	113	74	39
33	79	50	29	83	57	26	99	66	33
34	61	35	26	71	40	31	88	49	39
35–39岁	**138**	**92**	**46**	**200**	**132**	**68**	**216**	**137**	**79**
35	48	32	16	49	32	17	60	40	20
36	33	20	13	56	38	18	55	36	19
37	30	21	9	39	26	13	40	23	17
38	21	15	6	31	21	10	40	26	14
39	6	4	2	25	15	10	21	12	9
40–44岁	**52**	**31**	**21**	**67**	**43**	**24**	**70**	**43**	**27**
40	17	10	7	18	11	7	21	14	7
41	8	6	2	20	12	8	14	6	8
42	11	8	3	11	9	2	11	7	4
43	10	3	7	10	7	3	9	7	2
44	6	4	2	8	4	4	15	9	6
45–49岁	**14**	**9**	**5**	**16**	**8**	**8**	**30**	**16**	**14**
45	2	1	1	4	1	3	8	5	3
46	1	1		2		2	7	5	2
47	3	2	1	3	1	2	5	3	2
48	7	4	3	3	3		7	1	6
49	1	1		4	3	1	3	2	1
50岁及以上	**23**	**16**	**7**	**31**	**19**	**12**	**32**	**20**	**12**
平均初婚年龄	**24.18**	**24.96**	**23.39**	**24.55**	**25.39**	**23.68**	**24.58**	**25.38**	**23.76**

5-4b 续表 10

单位：人

初婚年龄	初婚年份								
	2009年			2010年			2011年		
	小计	男	女	小计	男	女	小计	男	女
总　计	**9827**	**4986**	**4841**	**10636**	**5455**	**5181**	**9584**	**4855**	**4729**
15岁以下	**2**		**2**	**1**		**1**	**3**		**3**
15-19岁	**793**	**200**	**593**	**740**	**196**	**544**	**485**	**128**	**357**
15	10	2	8	20	5	15	12	5	7
16	25	8	17	36	8	28	21	4	17
17	87	14	73	105	25	80	51	9	42
18	184	39	145	171	47	124	121	28	93
19	487	137	350	408	111	297	280	82	198
20-24岁	**4995**	**2352**	**2643**	**5404**	**2529**	**2875**	**4760**	**2195**	**2565**
20	734	222	512	788	241	547	545	155	390
21	976	436	540	1022	460	562	913	372	541
22	1159	572	587	1311	673	638	1159	566	593
23	1045	538	507	1248	610	638	1048	540	508
24	1081	584	497	1035	545	490	1095	562	533
25-29岁	**2941**	**1752**	**1189**	**3239**	**1961**	**1278**	**3301**	**1904**	**1397**
25	909	510	399	998	570	428	981	512	469
26	758	458	300	828	501	327	877	510	367
27	622	362	260	616	373	243	657	370	287
28	383	257	126	496	332	164	447	284	163
29	269	165	104	301	185	116	339	228	111
30-34岁	**626**	**391**	**235**	**713**	**447**	**266**	**646**	**369**	**277**
30	184	110	74	231	149	82	205	120	85
31	149	92	57	187	109	78	175	94	81
32	95	66	29	114	76	38	112	69	43
33	104	68	36	96	64	32	86	43	43
34	94	55	39	85	49	36	68	43	25
35-39岁	**296**	**183**	**113**	**297**	**177**	**120**	**213**	**148**	**65**
35	92	57	35	80	43	37	67	42	25
36	59	39	20	55	33	22	51	40	11
37	60	37	23	60	38	22	41	24	17
38	42	24	18	49	31	18	30	24	6
39	43	26	17	53	32	21	24	18	6
40-44岁	**109**	**67**	**42**	**116**	**72**	**44**	**89**	**58**	**31**
40	34	20	14	31	25	6	26	17	9
41	30	16	14	37	20	17	22	12	10
42	15	8	7	19	14	5	14	10	4
43	19	16	3	14	6	8	11	7	4
44	11	7	4	15	7	8	16	12	4
45-49岁	**31**	**20**	**11**	**56**	**37**	**19**	**37**	**21**	**16**
45	8	4	4	16	7	9	10	6	4
46	6	4	2	12	9	3	6	2	4
47	6	4	2	16	13	3	9	6	3
48	5	3	2	11	8	3	4	2	2
49	6	5	1	1		1	8	5	3
50岁及以上	**34**	**21**	**13**	**70**	**36**	**34**	**50**	**32**	**18**
平均初婚年龄	**25.06**	**25.88**	**24.22**	**25.24**	**25.99**	**24.44**	**25.37**	**26.09**	**24.62**

5-4b　续表 11　　　　单位：人

初婚年龄	初婚年份								
	2012年			2013年			2014年		
	小计	男	女	小计	男	女	小计	男	女
总　计	**10936**	**5595**	**5341**	**10651**	**5410**	**5241**	**9828**	**5029**	**4799**
15岁以下	**1**		**1**	**3**		**3**	**1**		**1**
15–19岁	**538**	**126**	**412**	**377**	**80**	**297**	**324**	**74**	**250**
15	12	2	10	8	1	7	3	1	2
16	20	4	16	18	3	15	15	4	11
17	74	12	62	50	12	38	45	8	37
18	153	35	118	95	20	75	87	18	69
19	279	73	206	206	44	162	174	43	131
20–24岁	**5149**	**2399**	**2750**	**4402**	**2030**	**2372**	**3724**	**1680**	**2044**
20	563	181	382	412	121	291	294	79	215
21	777	332	445	552	212	340	485	172	313
22	1286	631	655	938	463	475	752	356	396
23	1235	594	641	1217	579	638	901	418	483
24	1288	661	627	1283	655	628	1292	655	637
25–29岁	**3946**	**2275**	**1671**	**4351**	**2369**	**1982**	**4346**	**2387**	**1959**
25	1280	703	577	1295	668	627	1313	662	651
26	943	525	418	1167	610	557	1129	611	518
27	776	456	320	860	487	373	910	529	381
28	556	335	221	575	320	255	572	337	235
29	391	256	135	454	284	170	422	248	174
30–34岁	**783**	**473**	**310**	**996**	**615**	**381**	**893**	**553**	**340**
30	260	164	96	320	192	128	263	165	98
31	175	98	77	245	151	94	204	124	80
32	148	92	56	194	119	75	179	112	67
33	121	73	48	140	91	49	144	87	57
34	79	46	33	97	62	35	103	65	38
35–39岁	**270**	**176**	**94**	**280**	**175**	**105**	**298**	**179**	**119**
35	57	31	26	70	43	27	92	57	35
36	59	43	16	54	32	22	63	33	30
37	61	41	20	55	32	23	53	33	20
38	37	25	12	58	33	25	40	26	14
39	56	36	20	43	35	8	50	30	20
40–44岁	**134**	**80**	**54**	**143**	**82**	**61**	**142**	**93**	**49**
40	40	22	18	31	20	11	42	26	16
41	31	18	13	44	24	20	30	19	11
42	24	16	8	31	15	16	21	15	6
43	17	11	6	19	13	6	30	22	8
44	22	13	9	18	10	8	19	11	8
45–49岁	**68**	**40**	**28**	**58**	**35**	**23**	**45**	**31**	**14**
45	20	10	10	22	14	8	16	10	6
46	24	15	9	10	5	5	7	4	3
47	3	2	1	11	8	3	7	5	2
48	10	8	2	10	4	6	9	8	1
49	11	5	6	5	4	1	6	4	2
50岁及以上	**47**	**26**	**21**	**41**	**24**	**17**	**55**	**32**	**23**
平均初婚年龄	**25.65**	**26.33**	**24.94**	**26.20**	**26.84**	**25.53**	**26.46**	**27.15**	**25.74**

5-4b 续表 12

单位：人

初婚年龄	初婚年份								
	2015年			2016年			2017年		
	小计	男	女	小计	男	女	小计	男	女
总 计	**10337**	**5243**	**5094**	**8742**	**4466**	**4276**	**8094**	**4173**	**3921**
15岁以下									
15—19岁	**251**	**52**	**199**	**158**	**31**	**127**	**136**	**27**	**109**
15	5		5	1		1	1		1
16	16	3	13	9	2	7	2		2
17	30	4	26	23	6	17	12	1	11
18	71	12	59	39	4	35	35	8	27
19	129	33	96	86	19	67	86	18	68
20—24岁	**3447**	**1507**	**1940**	**2601**	**1125**	**1476**	**2204**	**908**	**1296**
20	276	55	221	199	54	145	151	39	112
21	431	172	259	332	109	223	265	87	178
22	668	314	354	567	256	311	436	189	247
23	888	381	507	639	281	358	574	227	347
24	1184	585	599	864	425	439	778	366	412
25—29岁	**4944**	**2690**	**2254**	**4368**	**2360**	**2008**	**4141**	**2259**	**1882**
25	1532	756	776	1092	535	557	946	469	477
26	1215	647	568	1161	636	525	954	496	458
27	993	573	420	940	511	429	1021	572	449
28	729	426	303	691	371	320	705	407	298
29	475	288	187	484	307	177	515	315	200
30—34岁	**1066**	**628**	**438**	**1034**	**598**	**436**	**1063**	**640**	**423**
30	330	196	134	320	187	133	358	201	157
31	267	153	114	242	139	103	240	157	83
32	202	107	95	183	107	76	201	126	75
33	153	97	56	151	85	66	146	95	51
34	114	75	39	138	80	58	118	61	57
35—39岁	**319**	**192**	**127**	**308**	**184**	**124**	**294**	**177**	**117**
35	90	60	30	90	54	36	99	66	33
36	78	40	38	69	45	24	63	35	28
37	57	34	23	68	38	30	53	33	20
38	52	30	22	47	24	23	52	24	28
39	42	28	14	34	23	11	27	19	8
40—44岁	**188**	**103**	**85**	**157**	**97**	**60**	**127**	**80**	**47**
40	45	22	23	50	29	21	31	21	10
41	45	23	22	28	17	11	29	14	15
42	28	17	11	26	17	9	22	12	10
43	38	22	16	29	17	12	19	11	8
44	32	19	13	24	17	7	26	22	4
45—49岁	**73**	**44**	**29**	**47**	**29**	**18**	**77**	**50**	**27**
45	22	14	8	14	8	6	19	10	9
46	18	12	6	10	5	5	13	7	6
47	14	4	10	9	6	3	22	15	7
48	9	8	1	9	6	3	13	11	2
49	10	6	4	5	4	1	10	7	3
50岁及以上	**49**	**27**	**22**	**69**	**42**	**27**	**52**	**32**	**20**
平均初婚年龄	**26.86**	**27.47**	**26.24**	**27.28**	**27.89**	**26.63**	**27.55**	**28.24**	**26.82**

5-4b　续表 13　　　　单位：人

初婚年龄	2018年小计	2018年男	2018年女	2019年小计	2019年男	2019年女	2020年小计	2020年男	2020年女
总　计	**8348**	**4190**	**4158**	**7003**	**3534**	**3469**	**4355**	**2212**	**2143**
15岁以下	**1**		**1**						
15–19岁	**136**	**28**	**108**	**73**	**15**	**58**	**42**	**8**	**34**
15	3	1	2				1		1
16	5	2	3	2		2			
17	20	2	18	8		8	5	2	3
18	32	6	26	18	3	15	16	3	13
19	76	17	59	45	12	33	20	3	17
20–24岁	**2154**	**837**	**1317**	**1658**	**669**	**989**	**945**	**370**	**575**
20	120	24	96	84	21	63	63	15	48
21	223	70	153	147	50	97	64	18	46
22	438	180	258	299	122	177	158	64	94
23	580	231	349	433	179	254	219	100	119
24	793	332	461	695	297	398	441	173	268
25–29岁	**4156**	**2215**	**1941**	**3554**	**1859**	**1695**	**2139**	**1125**	**1014**
25	906	424	482	809	353	456	479	216	263
26	894	467	427	800	383	417	473	239	234
27	935	515	420	733	431	302	482	259	223
28	851	477	374	634	343	291	400	229	171
29	570	332	238	578	349	229	305	182	123
30–34岁	**1208**	**691**	**517**	**1065**	**645**	**420**	**757**	**444**	**313**
30	429	237	192	335	202	133	265	161	104
31	298	183	115	256	157	99	167	95	72
32	193	106	87	202	123	79	153	91	62
33	174	104	70	136	89	47	82	46	36
34	114	61	53	136	74	62	90	51	39
35–39岁	**354**	**214**	**140**	**321**	**173**	**148**	**221**	**121**	**100**
35	101	57	44	100	62	38	62	38	24
36	112	66	46	77	40	37	40	22	18
37	53	32	21	64	28	36	41	22	19
38	42	27	15	38	12	26	46	26	20
39	46	32	14	42	31	11	32	13	19
40–44岁	**165**	**103**	**62**	**151**	**72**	**79**	**108**	**59**	**49**
40	35	19	16	35	7	28	29	18	11
41	28	21	7	31	18	13	27	16	11
42	27	14	13	30	16	14	18	8	10
43	39	29	10	32	16	16	17	8	9
44	36	20	16	23	15	8	17	9	8
45–49岁	**82**	**45**	**37**	**95**	**51**	**44**	**66**	**40**	**26**
45	23	7	16	25	14	11	9	4	5
46	11	7	4	18	9	9	25	15	10
47	22	16	6	21	10	11	14	9	5
48	11	7	4	17	10	7	4	1	3
49	15	8	7	14	8	6	14	11	3
50岁及以上	**92**	**57**	**35**	**86**	**50**	**36**	**77**	**45**	**32**
平均初婚年龄	**27.97**	**28.70**	**27.23**	**28.35**	**28.90**	**27.78**	**28.78**	**29.40**	**28.14**

5-4c 全区分初婚年龄、性别、初婚年份的人口(乡村)

单位：人

初婚年龄	初婚年份								
	合计			1980年			1981年		
	合计	男	女	小计	男	女	小计	男	女
总　计	**456006**	**242254**	**213752**	**17832**	**8732**	**9100**	**12115**	**5966**	**6149**
15岁以下	**441**	**98**	**343**	**37**	**11**	**26**	**30**	**3**	**27**
15-19岁	**70423**	**20495**	**49928**	**3828**	**959**	**2869**	**2786**	**709**	**2077**
15	2227	492	1735	201	38	163	109	20	89
16	4509	1013	3496	387	72	315	183	35	148
17	9513	2210	7303	793	170	623	460	81	379
18	18804	5112	13692	983	226	757	895	213	682
19	35370	11668	23702	1464	453	1011	1139	360	779
20-24岁	**277664**	**148668**	**128996**	**11318**	**5866**	**5452**	**7614**	**4010**	**3604**
20	54028	21461	32567	2433	925	1508	1480	584	896
21	64466	32250	32216	2372	1110	1262	1917	950	967
22	67703	38855	28848	2666	1446	1220	1647	895	752
23	52532	31423	21109	2261	1342	919	1499	869	630
24	38935	24679	14256	1586	1043	543	1071	712	359
25-29岁	**77605**	**53032**	**24573**	**2358**	**1676**	**682**	**1526**	**1126**	**400**
25	28049	18703	9346	1057	728	329	625	438	187
26	19239	13174	6065	614	446	168	452	331	121
27	13522	9436	4086	346	251	95	238	183	55
28	9731	6821	2910	206	148	58	129	106	23
29	7064	4898	2166	135	103	32	82	68	14
30-34岁	**17433**	**11930**	**5503**	**230**	**178**	**52**	**121**	**90**	**31**
30	5346	3660	1686	94	70	24	43	30	13
31	4065	2811	1254	59	48	11	36	28	8
32	3350	2269	1081	33	26	7	20	16	4
33	2569	1735	834	25	17	8	10	7	3
34	2103	1455	648	19	17	2	12	9	3
35-39岁	**6065**	**3995**	**2070**	**39**	**28**	**11**	**26**	**21**	**5**
35	1686	1150	536	15	10	5	7	5	2
36	1384	912	472	6	5	1	9	9	
37	1138	728	410	5	4	1	4	2	2
38	953	617	336	5	3	2	5	5	
39	904	588	316	8	6	2	1		1
40-44岁	**3148**	**2024**	**1124**	**16**	**10**	**6**	**10**	**6**	**4**
40	778	507	271	3	3				
41	721	459	262	6	4	2	2	2	
42	645	416	229	2		2	4	2	2
43	567	360	207	2	1	1	2	2	
44	437	282	155	3	2	1	2		2
45-49岁	**1538**	**995**	**543**	**5**	**4**	**1**	**2**	**1**	**1**
45	404	271	133	1	1		1		1
46	344	227	117				1	1	
47	302	192	110	1		1			
48	268	171	97	2	2				
49	220	134	86	1	1				
50岁及以上	**1689**	**1017**	**672**	**1**		**1**			
平均初婚年龄	**23.42**	**24.26**	**22.48**	**22.19**	**23.16**	**21.27**	**22.11**	**23.07**	**21.18**

5-4c　续表 1　　　　单位：人

初婚年龄	初婚年份								
	1982年			1983年			1984年		
	小计	男	女	小计	男	女	小计	男	女
总　计	**14528**	**7172**	**7356**	**14455**	**7233**	**7222**	**14856**	**7421**	**7435**
15岁以下	**28**	**8**	**20**	**39**	**8**	**31**	**16**	**3**	**13**
15–19岁	**3644**	**1057**	**2587**	**3317**	**947**	**2370**	**3228**	**972**	**2256**
15	120	26	94	134	33	101	126	28	98
16	245	48	197	262	74	188	242	56	186
17	511	118	393	477	116	361	426	105	321
18	968	255	713	850	215	635	848	240	608
19	1800	610	1190	1594	509	1085	1586	543	1043
20–24岁	**8682**	**4546**	**4136**	**8924**	**4663**	**4261**	**9482**	**4907**	**4575**
20	1941	719	1222	2455	972	1483	2247	915	1332
21	1885	908	977	2062	1008	1054	2728	1372	1356
22	2192	1256	936	1641	956	685	1993	1079	914
23	1508	918	590	1694	1037	657	1322	783	539
24	1156	745	411	1072	690	382	1192	758	434
25–29岁	**1943**	**1390**	**553**	**1914**	**1418**	**496**	**1855**	**1351**	**504**
25	824	578	246	729	520	209	701	492	209
26	457	323	134	504	364	140	501	369	132
27	342	253	89	347	270	77	323	245	78
28	189	135	54	208	166	42	205	145	60
29	131	101	30	126	98	28	125	100	25
30–34岁	**176**	**129**	**47**	**212**	**166**	**46**	**229**	**157**	**72**
30	65	47	18	84	67	17	92	61	31
31	39	31	8	44	33	11	49	35	14
32	33	24	9	42	35	7	47	31	16
33	19	12	7	27	18	9	22	14	8
34	20	15	5	15	13	2	19	16	3
35–39岁	**40**	**32**	**8**	**32**	**22**	**10**	**33**	**22**	**11**
35	13	9	4	7	5	2	9	6	3
36	9	7	2	13	9	4	8	4	4
37	8	8		5	2	3	10	7	3
38	7	5	2	5	4	1	3	3	
39	3	3		2	2		3	2	1
40–44岁	**8**	**5**	**3**	**13**	**8**	**5**	**7**	**6**	**1**
40	2	2		4	3	1	3	3	
41	3	2	1	5	3	2	1	1	
42	3	1	2	1		1	1		1
43				3	2	1	1	1	
44							1	1	
45–49岁	**6**	**4**	**2**	**3**	**1**	**2**	**5**	**3**	**2**
45	2	2		1		1	2	1	1
46	1	1		1	1		1	1	
47	2	1	1	1		1	1	1	
48							1		1
49	1		1						
50岁及以上	**1**	**1**		**1**		**1**	**1**		**1**
平均初婚年龄	**22.11**	**23.03**	**21.21**	**22.11**	**23.03**	**21.18**	**22.13**	**22.92**	**21.33**

5-4c 续表 2 单位：人

初婚年龄	初婚年份								
	1985年			1986年			1987年		
	小计	男	女	小计	男	女	小计	男	女
总 计	**17405**	**8818**	**8587**	**15066**	**7619**	**7447**	**14942**	**7613**	**7329**
15岁以下	**17**	**4**	**13**	**25**	**6**	**19**	**13**	**2**	**11**
15-19岁	**3718**	**1134**	**2584**	**3072**	**953**	**2119**	**3218**	**986**	**2232**
15	145	25	120	107	27	80	96	19	77
16	313	83	230	239	50	189	206	47	159
17	549	136	413	461	124	337	439	99	340
18	953	289	664	837	239	598	919	257	662
19	1758	601	1157	1428	513	915	1558	564	994
20-24岁	**11068**	**5837**	**5231**	**10026**	**5346**	**4680**	**9702**	**5254**	**4448**
20	2326	938	1388	2246	961	1285	1922	840	1082
21	2821	1419	1402	2445	1213	1232	2337	1199	1138
22	3029	1687	1342	2377	1345	1032	2379	1345	1034
23	1794	1073	721	1913	1168	745	1796	1083	713
24	1098	720	378	1045	659	386	1268	787	481
25-29岁	**2159**	**1529**	**630**	**1552**	**1045**	**507**	**1557**	**1062**	**495**
25	919	630	289	552	363	189	621	401	220
26	501	366	135	419	274	145	329	234	95
27	313	224	89	252	177	75	288	209	79
28	263	187	76	182	129	53	195	137	58
29	163	122	41	147	102	45	124	81	43
30-34岁	**341**	**235**	**106**	**296**	**202**	**94**	**344**	**234**	**110**
30	119	83	36	110	77	33	110	72	38
31	85	57	28	62	36	26	91	61	30
32	59	41	18	49	37	12	64	44	20
33	45	32	13	44	32	12	44	33	11
34	33	22	11	31	20	11	35	24	11
35-39岁	**63**	**51**	**12**	**68**	**47**	**21**	**78**	**56**	**22**
35	23	19	4	26	20	6	32	22	10
36	11	8	3	13	9	4	14	11	3
37	18	16	2	10	6	4	10	8	2
38	4	3	1	13	9	4	13	7	6
39	7	5	2	6	3	3	9	8	1
40-44岁	**28**	**22**	**6**	**18**	**14**	**4**	**17**	**10**	**7**
40	7	5	2	9	8	1	3	1	2
41	5	4	1	5	3	2	4	4	
42	5	3	2	3	3		4	3	1
43	4	4					3	1	2
44	7	6	1	1		1	3	1	2
45-49岁	**8**	**4**	**4**	**4**	**2**	**2**	**8**	**6**	**2**
45	1		1	1		1	4	3	1
46	1		1	1	1		1		1
47	1		1						
48	3	2	1	2	1	1	2	2	
49	2	2					1	1	
50岁及以上	**3**	**2**	**1**	**5**	**4**	**1**	**5**	**3**	**2**
平均初婚年龄	**22.25**	**23.05**	**21.43**	**22.22**	**22.93**	**21.50**	**22.32**	**23.05**	**21.56**

5-4c　续表 3　　　　单位：人

初婚年龄	初婚年份								
	1988年			1989年			1990年		
	小计	男	女	小计	男	女	小计	男	女
总　计	**16495**	**8480**	**8015**	**15681**	**8098**	**7583**	**18679**	**9816**	**8863**
15岁以下	**24**	**3**	**21**	**16**	**3**	**13**	**29**	**4**	**25**
15-19岁	**3491**	**1135**	**2356**	**3307**	**1058**	**2249**	**3919**	**1284**	**2635**
15	97	16	81	92	24	68	121	28	93
16	221	44	177	191	47	144	265	72	193
17	476	126	350	430	111	319	540	149	391
18	951	304	647	962	302	660	1061	329	732
19	1746	645	1101	1632	574	1058	1932	706	1226
20-24岁	**10486**	**5610**	**4876**	**9948**	**5323**	**4625**	**11857**	**6471**	**5386**
20	2276	979	1297	2284	1022	1262	2683	1139	1544
21	2392	1221	1171	2567	1262	1305	2972	1577	1395
22	2536	1397	1139	2114	1189	925	2890	1665	1225
23	1952	1178	774	1793	1075	718	1885	1133	752
24	1330	835	495	1190	775	415	1427	957	470
25-29岁	**2014**	**1387**	**627**	**1998**	**1427**	**571**	**2304**	**1631**	**673**
25	899	605	294	841	592	249	943	667	276
26	485	342	143	572	413	159	581	410	171
27	263	191	72	259	194	65	405	287	118
28	210	142	68	176	127	49	235	164	71
29	157	107	50	150	101	49	140	103	37
30-34岁	**374**	**275**	**99**	**295**	**206**	**89**	**386**	**295**	**91**
30	119	90	29	88	69	19	122	97	25
31	95	65	30	76	47	29	75	60	15
32	68	52	16	56	43	13	85	59	26
33	54	41	13	41	23	18	53	39	14
34	38	27	11	34	24	10	51	40	11
35-39岁	**76**	**48**	**28**	**92**	**65**	**27**	**127**	**94**	**33**
35	26	13	13	30	20	10	38	30	8
36	20	14	6	20	15	5	22	14	8
37	14	10	4	16	10	6	25	19	6
38	6	4	2	14	11	3	27	19	8
39	10	7	3	12	9	3	15	12	3
40-44岁	**20**	**14**	**6**	**13**	**8**	**5**	**36**	**23**	**13**
40	8	5	3	7	5	2	9	5	4
41	4	3	1	1		1	9	4	5
42				4	3	1	5	3	2
43	5	5		1		1	8	6	2
44	3	1	2				5	5	
45-49岁	**6**	**4**	**2**	**5**	**4**	**1**	**12**	**7**	**5**
45	3	2	1	1	1		3	3	
46	2	1	1	1	1		2	1	1
47	1	1					4	2	2
48				1		1	1		1
49				2	2		2	1	1
50岁及以上	**4**	**4**		**7**	**4**	**3**	**9**	**7**	**2**
平均初婚年龄	**22.36**	**23.09**	**21.58**	**22.32**	**23.05**	**21.53**	**22.36**	**23.13**	**21.51**

5-4c 续表 4 单位：人

初婚年龄	初婚年份								
	1991年			1992年			1993年		
	小计	男	女	小计	男	女	小计	男	女
总　计	**12811**	**6699**	**6112**	**14727**	**7742**	**6985**	**14833**	**7786**	**7047**
15岁以下	**16**	**7**	**9**	**13**	**4**	**9**	**8**	**2**	**6**
15-19岁	**2413**	**773**	**1640**	**2414**	**768**	**1646**	**2101**	**635**	**1466**
15	79	22	57	58	18	40	48	5	43
16	146	28	118	132	33	99	117	32	85
17	309	74	235	276	65	211	261	68	193
18	637	194	443	669	224	445	543	155	388
19	1242	455	787	1279	428	851	1132	375	757
20-24岁	**8489**	**4590**	**3899**	**9922**	**5329**	**4593**	**10082**	**5358**	**4724**
20	1868	796	1072	2018	828	1190	1863	744	1119
21	2171	1111	1060	2460	1286	1174	2376	1205	1171
22	2012	1122	890	2509	1433	1076	2626	1464	1162
23	1510	951	559	1673	989	684	1969	1165	804
24	928	610	318	1262	793	469	1248	780	468
25-29岁	**1563**	**1093**	**470**	**1930**	**1337**	**593**	**2105**	**1437**	**668**
25	623	443	180	691	474	217	858	566	292
26	392	262	130	514	380	134	474	325	149
27	264	192	72	341	234	107	366	259	107
28	187	132	55	212	140	72	233	169	64
29	97	64	33	172	109	63	174	118	56
30-34岁	**225**	**167**	**58**	**286**	**202**	**84**	**349**	**230**	**119**
30	60	45	15	97	68	29	130	86	44
31	68	55	13	75	52	23	85	53	32
32	39	28	11	57	43	14	51	33	18
33	30	20	10	33	24	9	59	41	18
34	28	19	9	24	15	9	24	17	7
35-39岁	**75**	**53**	**22**	**106**	**68**	**38**	**117**	**75**	**42**
35	18	17	1	31	20	11	28	24	4
36	18	11	7	28	18	10	29	16	13
37	17	11	6	22	11	11	19	12	7
38	8	5	3	17	13	4	23	8	15
39	14	9	5	8	6	2	18	15	3
40-44岁	**20**	**11**	**9**	**30**	**19**	**11**	**44**	**31**	**13**
40	5	4	1	6	5	1	13	10	3
41	7	4	3	9	3	6	13	10	3
42	5	2	3	6	5	1	7	3	4
43	2	1	1	7	4	3	6	5	1
44	1		1	2	2		5	3	2
45-49岁	**6**	**3**	**3**	**19**	**13**	**6**	**20**	**13**	**7**
45	2	1	1	7	5	2	6	4	2
46	1	1		4	2	2	7	7	
47	1		1	4	3	1	2	1	1
48				2	1	1	4	1	3
49	2	1	1	2	2		1		1
50岁及以上	**4**	**2**	**2**	**7**	**2**	**5**	**7**	**5**	**2**
平均初婚年龄	**22.39**	**23.07**	**21.63**	**22.65**	**23.29**	**21.95**	**22.89**	**23.55**	**22.17**

5-4c 续表 5

单位：人

初婚年龄	初婚年份								
	1994年			1995年			1996年		
	小计	男	女	小计	男	女	小计	男	女
总 计	**14930**	**7866**	**7064**	**15137**	**8111**	**7026**	**13281**	**7072**	**6209**
15岁以下	**12**	**1**	**11**	**6**	**1**	**5**	**7**	**3**	**4**
15-19岁	**1832**	**558**	**1274**	**1612**	**464**	**1148**	**1185**	**338**	**847**
15	52	16	36	54	13	41	30	7	23
16	100	21	79	103	23	80	66	18	48
17	185	45	140	173	34	139	155	33	122
18	471	151	320	377	107	270	294	91	203
19	1024	325	699	905	287	618	640	189	451
20-24岁	**10220**	**5350**	**4870**	**10265**	**5462**	**4803**	**8928**	**4679**	**4249**
20	1773	694	1079	1684	605	1079	1336	494	842
21	2342	1146	1196	2386	1198	1188	2037	941	1096
22	2512	1385	1127	2598	1497	1101	2427	1399	1028
23	2138	1227	911	2022	1205	817	1811	1039	772
24	1455	898	557	1575	957	618	1317	806	511
25-29岁	**2210**	**1519**	**691**	**2514**	**1707**	**807**	**2414**	**1581**	**833**
25	911	616	295	1109	731	378	952	600	352
26	558	377	181	629	438	191	607	403	204
27	320	230	90	385	257	128	405	277	128
28	254	182	72	215	155	60	288	197	91
29	167	114	53	176	126	50	162	104	58
30-34岁	**422**	**285**	**137**	**469**	**306**	**163**	**455**	**296**	**159**
30	146	99	47	138	89	49	136	85	51
31	125	82	43	128	89	39	104	73	31
32	69	54	15	101	60	41	104	71	33
33	42	23	19	60	35	25	80	44	36
34	40	27	13	42	33	9	31	23	8
35-39岁	**138**	**91**	**47**	**138**	**89**	**49**	**144**	**91**	**53**
35	33	25	8	45	32	13	29	23	6
36	34	22	12	23	17	6	35	22	13
37	31	19	12	29	17	12	27	17	10
38	24	17	7	22	13	9	21	11	10
39	16	8	8	19	10	9	32	18	14
40-44岁	**60**	**39**	**21**	**84**	**51**	**33**	**94**	**54**	**40**
40	22	14	8	19	12	7	25	14	11
41	16	12	4	21	13	8	27	15	12
42	7	5	2	20	12	8	21	14	7
43	8	6	2	12	6	6	12	4	8
44	7	2	5	12	8	4	9	7	2
45-49岁	**28**	**18**	**10**	**30**	**21**	**9**	**31**	**17**	**14**
45	11	8	3	9	5	4	9	6	3
46	5	2	3	6	5	1	6	4	2
47	8	5	3	5	4	1	3	1	2
48	2	1	1	8	6	2	8	3	5
49	2	2		2	1	1	5	3	2
50岁及以上	**8**	**5**	**3**	**19**	**10**	**9**	**23**	**13**	**10**
平均初婚年龄	**23.14**	**23.79**	**22.41**	**23.36**	**23.98**	**22.63**	**23.64**	**24.22**	**22.97**

5-4c 续表 6

单位：人

初婚年龄	初婚年份								
	1997年			1998年			1999年		
	小计	男	女	小计	男	女	小计	男	女
总　计	**12296**	**6632**	**5664**	**12549**	**6770**	**5779**	**11454**	**6185**	**5269**
15岁以下	**1**		**1**	**12**	**2**	**10**	**8**		**8**
15-19岁	**1181**	**302**	**879**	**1344**	**358**	**986**	**1286**	**316**	**970**
15	33	10	23	34	7	27	36	11	25
16	53	14	39	59	13	46	58	18	40
17	130	27	103	127	32	95	146	26	120
18	312	70	242	355	75	280	306	62	244
19	653	181	472	769	231	538	740	199	541
20-24岁	**8058**	**4269**	**3789**	**7755**	**4162**	**3593**	**7175**	**3851**	**3324**
20	1162	397	765	1186	417	769	1300	458	842
21	1739	849	890	1552	760	792	1523	751	772
22	2184	1238	946	2051	1216	835	1755	1045	710
23	1798	1061	737	1706	989	717	1480	892	588
24	1175	724	451	1260	780	480	1117	705	412
25-29岁	**2312**	**1581**	**731**	**2488**	**1661**	**827**	**2290**	**1558**	**732**
25	888	608	280	903	600	303	850	552	298
26	563	386	177	627	423	204	538	376	162
27	442	297	145	415	281	134	408	286	122
28	216	154	62	295	201	94	285	194	91
29	203	136	67	248	156	92	209	150	59
30-34岁	**451**	**302**	**149**	**627**	**395**	**232**	**451**	**301**	**150**
30	111	79	32	190	121	69	129	85	44
31	115	77	38	135	87	48	116	79	37
32	100	64	36	131	73	58	84	58	26
33	66	44	22	90	56	34	62	39	23
34	59	38	21	81	58	23	60	40	20
35-39岁	**146**	**87**	**59**	**182**	**114**	**68**	**124**	**84**	**40**
35	36	26	10	68	42	26	33	20	13
36	23	15	8	38	23	15	31	24	7
37	23	12	11	26	17	9	26	20	6
38	25	14	11	23	14	9	16	10	6
39	39	20	19	27	18	9	18	10	8
40-44岁	**97**	**61**	**36**	**80**	**44**	**36**	**76**	**47**	**29**
40	25	16	9	22	12	10	16	11	5
41	21	11	10	15	9	6	16	10	6
42	19	11	8	12	6	6	18	10	8
43	17	13	4	18	9	9	15	11	4
44	15	10	5	13	8	5	11	5	6
45-49岁	**36**	**21**	**15**	**41**	**25**	**16**	**25**	**18**	**7**
45	11	6	5	13	7	6	6	4	2
46	12	6	6	11	7	4	6	3	3
47	6	5	1	4	1	3	3	2	1
48	5	2	3	5	4	1	6	5	1
49	2	2		8	6	2	4	4	
50岁及以上	**14**	**9**	**5**	**20**	**9**	**11**	**19**	**10**	**9**
平均初婚年龄	**23.74**	**24.41**	**22.96**	**23.92**	**24.57**	**23.16**	**23.67**	**24.45**	**22.77**

5-4c 续表 7

单位：人

初婚年龄	初婚年份								
	2000年			2001年			2002年		
	小计	男	女	小计	男	女	小计	男	女
总 计	**12616**	**6900**	**5716**	**8228**	**4481**	**3747**	**10281**	**5629**	**4652**
15岁以下	**17**	**7**	**10**	**9**	**4**	**5**	**9**	**1**	**8**
15—19岁	**1646**	**418**	**1228**	**1038**	**280**	**758**	**1371**	**369**	**1002**
15	62	18	44	26	8	18	48	10	38
16	87	23	64	46	13	33	70	14	56
17	188	40	148	111	29	82	183	42	141
18	441	98	343	243	58	185	347	86	261
19	868	239	629	612	172	440	723	217	506
20—24岁	**7796**	**4254**	**3542**	**5279**	**2843**	**2436**	**6592**	**3594**	**2998**
20	1491	560	931	1039	376	663	1368	533	835
21	1869	934	935	1277	629	648	1527	772	755
22	1859	1114	745	1436	885	551	1677	1016	661
23	1405	881	524	856	516	340	1229	754	475
24	1172	765	407	671	437	234	791	519	272
25—29岁	**2373**	**1669**	**704**	**1492**	**1070**	**422**	**1727**	**1248**	**479**
25	880	601	279	525	355	170	533	390	143
26	596	421	175	390	286	104	447	316	131
27	366	261	105	281	214	67	328	227	101
28	321	237	84	166	120	46	250	195	55
29	210	149	61	130	95	35	169	120	49
30—34岁	**451**	**321**	**130**	**266**	**184**	**82**	**384**	**279**	**105**
30	161	123	38	83	54	29	122	90	32
31	110	72	38	65	46	19	95	71	24
32	89	63	26	45	31	14	76	54	22
33	51	38	13	38	27	11	49	33	16
34	40	25	15	35	26	9	42	31	11
35—39岁	**156**	**112**	**44**	**84**	**62**	**22**	**109**	**77**	**32**
35	43	30	13	18	15	3	34	22	12
36	51	37	14	15	12	3	24	19	5
37	28	19	9	24	16	8	25	19	6
38	17	12	5	12	8	4	12	5	7
39	17	14	3	15	11	4	14	12	2
40—44岁	**90**	**62**	**28**	**30**	**23**	**7**	**47**	**34**	**13**
40	25	17	8	7	5	2	12	10	2
41	23	19	4	8	6	2	10	7	3
42	15	8	7	7	5	2	9	6	3
43	16	9	7	6	5	1	8	6	2
44	11	9	2	2	2		8	5	3
45—49岁	**43**	**23**	**20**	**18**	**11**	**7**	**32**	**21**	**11**
45	12	4	8	4	3	1	9	6	3
46	10	7	3	3	2	1	6	5	1
47	11	6	5	5	3	2	7	4	3
48	7	5	2	3	2	1	4	2	2
49	3	1	2	3	1	2	6	4	2
50岁及以上	**44**	**34**	**10**	**12**	**4**	**8**	**10**	**6**	**4**
平均初婚年龄	**23.55**	**24.43**	**22.49**	**23.30**	**24.09**	**22.34**	**23.29**	**24.15**	**22.26**

5—4c 续表 8 单位：人

初婚年龄	初婚年份								
	2003年			2004年			2005年		
	小计	男	女	小计	男	女	小计	男	女
总 计	**10346**	**5651**	**4695**	**9909**	**5479**	**4430**	**10087**	**5623**	**4464**
15岁以下	**6**	**3**	**3**	**5**	**1**	**4**	**7**	**1**	**6**
15—19岁	**1306**	**357**	**949**	**1215**	**352**	**863**	**1309**	**360**	**949**
15	41	10	31	35	6	29	48	13	35
16	76	13	63	59	17	42	92	25	67
17	149	39	110	139	28	111	151	38	113
18	328	80	248	287	64	223	344	82	262
19	712	215	497	695	237	458	674	202	472
20—24岁	**6730**	**3651**	**3079**	**6542**	**3604**	**2938**	**6237**	**3509**	**2728**
20	1233	482	751	1238	450	788	1131	443	688
21	1699	841	858	1510	765	745	1421	760	661
22	1691	1002	689	1795	1083	712	1560	944	616
23	1239	765	474	1186	759	427	1293	802	491
24	868	561	307	813	547	266	832	560	272
25—29岁	**1652**	**1174**	**478**	**1460**	**1050**	**410**	**1636**	**1150**	**486**
25	559	390	169	549	382	167	582	395	187
26	385	256	129	334	243	91	408	287	121
27	288	216	72	240	177	63	256	187	69
28	238	179	59	193	146	47	222	156	66
29	182	133	49	144	102	42	168	125	43
30—34岁	**434**	**320**	**114**	**448**	**307**	**141**	**511**	**353**	**158**
30	124	95	29	143	101	42	154	103	51
31	111	84	27	91	63	28	123	84	39
32	84	57	27	90	62	28	89	61	28
33	65	45	20	65	43	22	69	46	23
34	50	39	11	59	38	21	76	59	17
35—39岁	**111**	**78**	**33**	**114**	**80**	**34**	**186**	**123**	**63**
35	40	30	10	38	25	13	50	35	15
36	25	18	7	25	20	5	43	27	16
37	16	11	5	22	18	4	35	25	10
38	17	11	6	18	11	7	33	21	12
39	13	8	5	11	6	5	25	15	10
40—44岁	**55**	**37**	**18**	**70**	**51**	**19**	**101**	**65**	**36**
40	15	10	5	21	15	6	26	17	9
41	10	6	4	16	12	4	25	14	11
42	5	4	1	13	10	3	25	19	6
43	20	12	8	12	6	6	14	9	5
44	5	5		8	8		11	6	5
45—49岁	**30**	**19**	**11**	**26**	**15**	**11**	**53**	**38**	**15**
45	10	6	4	5	2	3	11	10	1
46	5	4	1	6	3	3	12	7	5
47	6	3	3	8	6	2	8	7	1
48	3	3		2	2		9	4	5
49	6	3	3	5	2	3	13	10	3
50岁及以上	**22**	**12**	**10**	**29**	**19**	**10**	**47**	**24**	**23**
平均初婚年龄	**23.41**	**24.22**	**22.42**	**23.45**	**24.23**	**22.47**	**23.85**	**24.65**	**22.84**

5-4c　续表 9　　　　单位：人

初婚年龄	初婚年份								
	2006年			2007年			2008年		
	小计	男	女	小计	男	女	小计	男	女
总　计	**9005**	**5021**	**3984**	**8662**	**4844**	**3818**	**9524**	**5346**	**4178**
15岁以下	**2**		**2**	**3**		**3**	**7**	**1**	**6**
15-19岁	**1195**	**344**	**851**	**1092**	**278**	**814**	**1281**	**346**	**935**
15	24	6	18	18	3	15	34	5	29
16	61	15	46	47	8	39	59	14	45
17	154	31	123	138	34	104	150	31	119
18	300	70	230	290	63	227	383	93	290
19	656	222	434	599	170	429	655	203	452
20-24岁	**5629**	**3130**	**2499**	**5240**	**2887**	**2353**	**5483**	**3081**	**2402**
20	1024	414	610	1025	401	624	1040	443	597
21	1293	647	646	1164	589	575	1364	715	649
22	1390	828	562	1341	832	509	1244	745	499
23	1032	632	400	1000	628	372	1060	665	395
24	890	609	281	710	437	273	775	513	262
25-29岁	**1458**	**1043**	**415**	**1621**	**1175**	**446**	**1833**	**1290**	**543**
25	579	394	185	611	427	184	657	441	216
26	368	266	102	409	303	106	488	349	139
27	243	183	60	271	198	73	286	200	86
28	168	124	44	188	139	49	235	174	61
29	100	76	24	142	108	34	167	126	41
30-34岁	**416**	**291**	**125**	**387**	**283**	**104**	**493**	**339**	**154**
30	125	87	38	98	78	20	123	85	38
31	80	52	28	83	71	12	102	76	26
32	80	58	22	72	41	31	88	58	30
33	67	51	16	84	56	28	100	71	29
34	64	43	21	50	37	13	80	49	31
35-39岁	**185**	**129**	**56**	**183**	**120**	**63**	**214**	**150**	**64**
35	59	43	16	52	36	16	59	41	18
36	40	29	11	45	32	13	53	32	21
37	29	19	10	33	16	17	51	39	12
38	39	26	13	30	17	13	25	19	6
39	18	12	6	23	19	4	26	19	7
40-44岁	**60**	**46**	**14**	**71**	**55**	**16**	**131**	**88**	**43**
40	11	10	1	8	6	2	43	29	14
41	17	12	5	17	14	3	32	21	11
42	16	15	1	19	12	7	18	14	4
43	11	5	6	9	8	1	21	14	7
44	5	4	1	18	15	3	17	10	7
45-49岁	**30**	**18**	**12**	**31**	**20**	**11**	**47**	**31**	**16**
45	3	3		10	5	5	15	12	3
46	8	4	4	5	5		8	5	3
47	9	5	4	4	2	2	7	3	4
48	6	4	2	7	3	4	9	7	2
49	4	2	2	5	5		8	4	4
50岁及以上	**30**	**20**	**10**	**34**	**26**	**8**	**35**	**20**	**15**
平均初婚年龄	**23.68**	**24.53**	**22.61**	**23.85**	**24.77**	**22.67**	**24.06**	**24.93**	**22.94**

5-4c 续表 10

单位：人

初婚年龄	初婚年份								
	2009年			2010年			2011年		
	小计	男	女	小计	男	女	小计	男	女
总　计	**8458**	**4764**	**3694**	**9313**	**5314**	**3999**	**6832**	**3881**	**2951**
15岁以下	**2**	**1**	**1**	**5**	**1**	**4**	**3**		**3**
15-19岁	**1179**	**349**	**830**	**1118**	**343**	**775**	**730**	**229**	**501**
15	21	3	18	32	4	28	11	3	8
16	42	11	31	70	8	62	38	5	33
17	144	36	108	171	37	134	92	13	79
18	290	67	223	297	89	208	224	61	163
19	682	232	450	548	205	343	365	147	218
20-24岁	**4695**	**2610**	**2085**	**5147**	**2864**	**2283**	**3824**	**2063**	**1761**
20	929	373	556	1028	421	607	647	261	386
21	1047	559	488	1154	605	549	967	466	501
22	1161	696	465	1223	754	469	911	553	358
23	850	499	351	973	586	387	713	429	284
24	708	483	225	769	498	271	586	354	232
25-29岁	**1647**	**1155**	**492**	**1828**	**1273**	**555**	**1488**	**1045**	**443**
25	530	362	168	625	418	207	469	325	144
26	403	287	116	439	320	119	356	248	108
27	318	240	78	340	249	91	264	181	83
28	213	151	62	252	166	86	230	160	70
29	183	115	68	172	120	52	169	131	38
30-34岁	**483**	**350**	**133**	**575**	**395**	**180**	**406**	**286**	**120**
30	138	97	41	170	116	54	107	71	36
31	110	80	30	123	82	41	97	72	25
32	80	57	23	116	73	43	90	67	23
33	75	58	17	84	66	18	67	50	17
34	80	58	22	82	58	24	45	26	19
35-39岁	**256**	**170**	**86**	**326**	**223**	**103**	**193**	**122**	**71**
35	64	43	21	81	53	28	54	37	17
36	55	39	16	78	58	20	47	23	24
37	46	32	14	65	38	27	43	29	14
38	47	31	16	42	29	13	20	15	5
39	44	25	19	60	45	15	29	18	11
40-44岁	**106**	**66**	**40**	**134**	**91**	**43**	**102**	**76**	**26**
40	20	10	10	37	27	10	21	16	5
41	21	15	6	31	21	10	24	17	7
42	29	18	11	21	15	6	27	19	8
43	24	17	7	28	16	12	18	15	3
44	12	6	6	17	12	5	12	9	3
45-49岁	**49**	**35**	**14**	**81**	**57**	**24**	**44**	**33**	**11**
45	11	8	3	22	17	5	11	10	1
46	12	10	2	21	15	6	15	11	4
47	14	9	5	19	12	7	5	4	1
48	5	5		8	6	2	7	4	3
49	7	3	4	11	7	4	6	4	2
50岁及以上	**41**	**28**	**13**	**99**	**67**	**32**	**42**	**27**	**15**
平均初婚年龄	**24.31**	**25.21**	**23.14**	**24.72**	**25.64**	**23.51**	**24.63**	**25.51**	**23.47**

5-4c 续表 11　　单位：人

初婚年龄	初婚年份								
	2012年			2013年			2014年		
	小计	男	女	小计	男	女	小计	男	女
总　计	**7358**	**4257**	**3101**	**6871**	**3855**	**3016**	**6389**	**3582**	**2807**
15岁以下	**1**		**1**	**2**	**1**	**1**			
15–19岁	**739**	**214**	**525**	**598**	**169**	**429**	**510**	**132**	**378**
15	17	2	15	13	3	10	4		4
16	45	6	39	40	7	33	25	1	24
17	102	25	77	89	20	69	65	10	55
18	210	51	159	182	50	132	145	41	104
19	365	130	235	274	89	185	271	80	191
20–24岁	**3712**	**2086**	**1626**	**3262**	**1751**	**1511**	**2688**	**1442**	**1246**
20	570	243	327	413	164	249	363	130	233
21	701	369	332	576	291	285	445	222	223
22	997	571	426	787	436	351	564	328	236
23	793	489	304	794	449	345	583	332	251
24	651	414	237	692	411	281	733	430	303
25–29岁	**1814**	**1225**	**589**	**1870**	**1196**	**674**	**1966**	**1258**	**708**
25	597	384	213	562	337	225	630	383	247
26	456	306	150	472	291	181	469	295	174
27	361	248	113	341	219	122	378	259	119
28	221	162	59	293	205	88	260	167	93
29	179	125	54	202	144	58	229	154	75
30–34岁	**575**	**392**	**183**	**634**	**421**	**213**	**663**	**419**	**244**
30	176	116	60	166	109	57	181	122	59
31	137	93	44	158	105	53	134	92	42
32	110	77	33	113	76	37	145	81	64
33	80	56	24	114	76	38	117	73	44
34	72	50	22	83	55	28	86	51	35
35–39岁	**232**	**160**	**72**	**241**	**153**	**88**	**242**	**148**	**94**
35	57	45	12	50	33	17	74	45	29
36	51	32	19	52	31	21	43	26	17
37	37	23	14	48	31	17	37	22	15
38	49	35	14	46	26	20	46	27	19
39	38	25	13	45	32	13	42	28	14
40–44岁	**151**	**97**	**54**	**146**	**87**	**59**	**154**	**85**	**69**
40	42	31	11	39	26	13	38	24	14
41	38	24	14	26	13	13	30	14	16
42	27	14	13	27	16	11	35	21	14
43	26	16	10	33	19	14	30	13	17
44	18	12	6	21	13	8	21	13	8
45–49岁	**60**	**41**	**19**	**49**	**34**	**15**	**78**	**42**	**36**
45	18	12	6	17	12	5	18	11	7
46	17	10	7	11	11		24	14	10
47	10	7	3	7	5	2	10	5	5
48	12	9	3	8	4	4	10	1	9
49	3	3		6	2	4	16	11	5
50岁及以上	**74**	**42**	**32**	**69**	**43**	**26**	**88**	**56**	**32**
平均初婚年龄	**25.33**	**26.10**	**24.27**	**25.79**	**26.55**	**24.82**	**26.45**	**27.09**	**25.63**

5-4c 续表 12

单位：人

初婚年龄	初婚年份								
	2015年			2016年			2017年		
	小计	男	女	小计	男	女	小计	男	女
总 计	**6319**	**3613**	**2706**	**5025**	**2843**	**2182**	**4765**	**2654**	**2111**
15岁以下				**2**		**2**	**1**		**1**
15-19岁	**409**	**108**	**301**	**254**	**52**	**202**	**186**	**33**	**153**
15	7	1	6	5	2	3	5		5
16	17	2	15	14		14	9		9
17	54	9	45	41	5	36	19	1	18
18	105	29	76	63	11	52	57	10	47
19	226	67	159	131	34	97	96	22	74
20-24岁	**2323**	**1203**	**1120**	**1734**	**905**	**829**	**1531**	**765**	**766**
20	299	113	186	223	79	144	165	50	115
21	384	174	210	287	135	152	270	116	154
22	502	278	224	364	199	165	361	186	175
23	526	278	248	414	237	177	337	191	146
24	612	360	252	446	255	191	398	222	176
25-29岁	**2246**	**1443**	**803**	**1967**	**1203**	**764**	**1908**	**1135**	**773**
25	681	422	259	503	285	218	425	230	195
26	548	342	206	517	312	205	447	270	177
27	427	279	148	406	252	154	473	285	188
28	346	234	112	306	200	106	326	206	120
29	244	166	78	235	154	81	237	144	93
30-34岁	**679**	**436**	**243**	**528**	**348**	**180**	**589**	**367**	**222**
30	195	131	64	137	81	56	177	100	77
31	154	98	56	132	88	44	118	79	39
32	149	97	52	100	69	31	121	73	48
33	106	64	42	84	59	25	96	60	36
34	75	46	29	75	51	24	77	55	22
35-39岁	**246**	**167**	**79**	**189**	**111**	**78**	**217**	**139**	**78**
35	73	51	22	52	28	24	55	41	14
36	54	38	16	55	38	17	51	32	19
37	42	26	16	32	12	20	44	25	19
38	37	27	10	27	19	8	32	19	13
39	40	25	15	23	14	9	35	22	13
40-44岁	**194**	**117**	**77**	**160**	**108**	**52**	**149**	**99**	**50**
40	42	26	16	25	18	7	31	18	13
41	44	26	18	38	24	14	39	26	13
42	47	27	20	42	26	16	25	16	9
43	34	22	12	30	20	10	29	24	5
44	27	16	11	25	20	5	25	15	10
45-49岁	**84**	**55**	**29**	**77**	**50**	**27**	**89**	**57**	**32**
45	23	16	7	15	7	8	19	14	5
46	15	10	5	16	13	3	19	10	9
47	20	14	6	15	11	4	20	13	7
48	12	7	5	19	12	7	20	14	6
49	14	8	6	12	7	5	11	6	5
50岁及以上	**138**	**84**	**54**	**114**	**66**	**48**	**95**	**59**	**36**
平均初婚年龄	**27.14**	**27.88**	**26.14**	**27.44**	**28.19**	**26.47**	**27.86**	**28.67**	**26.85**

5-4c　续表 13

单位：人

初婚年龄	初婚年份								
	2018年			2019年			2020年		
	小计	男	女	小计	男	女	小计	男	女
总　计	**5147**	**2851**	**2296**	**3950**	**2265**	**1685**	**2849**	**1570**	**1279**
15岁以下	**1**		**1**	**1**	**1**		**1**	**1**	
15−19岁	**184**	**31**	**153**	**114**	**18**	**96**	**53**	**7**	**46**
15	3	1	2				1	1	
16	12	1	11	10	2	8	2		2
17	25	1	24	17	2	15	7		7
18	45	9	36	23	2	21	9		9
19	99	19	80	64	12	52	34	6	28
20−24岁	**1528**	**727**	**801**	**1069**	**524**	**545**	**622**	**292**	**330**
20	144	43	101	104	34	70	71	21	50
21	247	101	146	127	57	70	53	17	36
22	339	159	180	229	122	107	134	65	69
23	331	162	169	250	122	128	144	70	74
24	467	262	205	359	189	170	220	119	101
25−29岁	**2050**	**1213**	**837**	**1526**	**916**	**610**	**1037**	**585**	**452**
25	452	260	192	371	208	163	233	110	123
26	441	236	205	310	165	145	239	133	106
27	420	247	173	313	193	120	200	124	76
28	444	280	164	285	196	89	191	114	77
29	293	190	103	247	154	93	174	104	70
30−34岁	**695**	**462**	**233**	**595**	**414**	**181**	**482**	**312**	**170**
30	240	145	95	177	124	53	166	112	54
31	143	97	46	136	101	35	101	57	44
32	127	86	41	114	78	36	80	58	22
33	91	65	26	85	56	29	76	48	28
34	94	69	25	83	55	28	59	37	22
35−39岁	**274**	**169**	**105**	**253**	**148**	**105**	**210**	**116**	**94**
35	79	47	32	62	38	24	45	24	21
36	66	39	27	60	31	29	47	26	21
37	43	29	14	47	28	19	46	23	23
38	37	26	11	43	28	15	43	27	16
39	49	28	21	41	23	18	29	16	13
40−44岁	**140**	**86**	**54**	**137**	**81**	**56**	**149**	**87**	**62**
40	36	16	20	29	15	14	42	23	19
41	16	12	4	33	19	14	33	20	13
42	33	26	7	25	21	4	33	18	15
43	26	16	10	27	15	12	19	12	7
44	29	16	13	23	11	12	22	14	8
45−49岁	**107**	**69**	**38**	**114**	**75**	**39**	**96**	**62**	**34**
45	29	19	10	24	19	5	24	16	8
46	21	12	9	20	13	7	20	11	9
47	15	11	4	32	17	15	23	18	5
48	21	15	6	25	19	6	19	13	6
49	21	12	9	13	7	6	10	4	6
50岁及以上	**168**	**94**	**74**	**141**	**88**	**53**	**199**	**108**	**91**
平均初婚年龄	**28.47**	**29.29**	**27.47**	**29.21**	**29.95**	**28.21**	**30.84**	**31.46**	**30.09**

5-5 全区分年龄、性别、初婚年龄的人口

单位：人

年龄	初婚年龄					
	合计			15岁以下		
	合计	男	女	小计	男	女
总计	**1703086**	**839551**	**863535**	**2442**	**413**	**2029**
20岁以下	**278**	**47**	**231**	**9**	**2**	**7**
20-24岁	**10887**	**3558**	**7329**	**22**	**3**	**19**
20	406	70	336	5	1	4
21	825	198	627	2	1	1
22	1571	469	1102	5		5
23	2926	950	1976	6		6
24	5159	1871	3288	4	1	3
25-29岁	**79104**	**34790**	**44314**	**55**	**5**	**50**
25	8447	3217	5230	8		8
26	11568	4683	6885	12	1	11
27	15680	6790	8890	11	1	10
28	19944	9023	10921	12		12
29	23465	11077	12388	12	3	9
30-34岁	**177754**	**87156**	**90598**	**115**	**31**	**84**
30	34364	16511	17853	18	4	14
31	35720	17200	18520	23	5	18
32	34413	16914	17499	30	6	24
33	38110	19050	19060	21	7	14
34	35147	17481	17666	23	9	14
35-39岁	**182185**	**93039**	**89146**	**85**	**20**	**65**
35	33584	16937	16647	17	6	11
36	37368	19123	18245	19	2	17
37	34884	17763	17121	19	5	14
38	40897	20977	19920	18	6	12
39	35452	18239	17213	12	1	11
40-44岁	**169612**	**86611**	**83001**	**147**	**32**	**115**
40	33751	17241	16510	24	6	18
41	34530	17605	16925	27	4	23
42	33131	16843	16288	23	6	17
43	31369	16012	15357	33	7	26
44	36831	18910	17921	40	9	31
45-49岁	**220345**	**111410**	**108935**	**185**	**43**	**142**
45	39279	19787	19492	36	7	29
46	43979	22272	21707	35	10	25
47	44034	22272	21762	36	6	30
48	45666	23034	22632	35	9	26
49	47387	24045	23342	43	11	32
50-54岁	**217719**	**110612**	**107107**	**235**	**52**	**183**
50	49418	25136	24282	44	13	31
51	43666	22260	21406	43	9	34
52	47020	23739	23281	58	13	45
53	36881	18768	18113	46	6	40
54	40734	20709	20025	44	11	33
55-59岁	**193705**	**96655**	**97050**	**162**	**31**	**131**
55	41520	21028	20492	50	15	35
56	42346	21275	21071	25	1	24
57	46895	23525	23370	35	8	27
58	37209	18163	19046	25	5	20
59	25735	12664	13071	27	2	25
60-64岁	**155663**	**76571**	**79092**	**269**	**43**	**226**
60	34305	17135	17170	35	4	31
61	29030	14468	14562	46	9	37
62	30295	14873	15422	54	11	43
63	32398	15995	16403	67	6	61
64	29635	14100	15535	67	13	54
65岁及以上	**295834**	**139102**	**156732**	**1158**	**151**	**1007**

5-5 续表 1

单位：人

年龄	初婚年龄								
	15岁			16岁			17岁		
	小计	男	女	小计	男	女	小计	男	女
总　计	**11230**	**1966**	**9264**	**21899**	**3616**	**18283**	**39796**	**7455**	**32341**
20岁以下	**21**	**6**	**15**	**51**	**11**	**40**	**81**	**13**	**68**
20-24岁	**105**	**18**	**87**	**255**	**36**	**219**	**476**	**76**	**400**
20	10		10	25	3	22	46	3	43
21	15	4	11	35	3	32	63	9	54
22	19	3	16	49	9	40	94	17	77
23	31	5	26	64	9	55	119	18	101
24	30	6	24	82	12	70	154	29	125
25-29岁	**249**	**55**	**194**	**512**	**104**	**408**	**1235**	**255**	**980**
25	53	12	41	67	9	58	197	44	153
26	53	8	45	125	19	106	201	30	171
27	46	9	37	100	20	80	270	57	213
28	53	14	39	112	28	84	290	71	219
29	44	12	32	108	28	80	277	53	224
30-34岁	**491**	**142**	**349**	**836**	**217**	**619**	**1645**	**356**	**1289**
30	91	21	70	121	26	95	324	69	255
31	109	30	79	204	53	151	308	57	251
32	89	23	66	174	46	128	324	81	243
33	123	40	83	162	44	118	345	68	277
34	79	28	51	175	48	127	344	81	263
35-39岁	**438**	**128**	**310**	**846**	**215**	**631**	**1746**	**391**	**1355**
35	96	35	61	131	43	88	322	77	245
36	115	35	80	219	63	156	313	79	234
37	80	17	63	192	52	140	369	83	286
38	77	24	53	158	27	131	434	85	349
39	70	17	53	146	30	116	308	67	241
40-44岁	**564**	**159**	**405**	**1001**	**246**	**755**	**1774**	**412**	**1362**
40	82	21	61	129	31	98	260	58	202
41	124	37	87	213	58	155	336	77	259
42	121	29	92	180	37	143	343	73	270
43	105	35	70	197	48	149	346	84	262
44	132	37	95	282	72	210	489	120	369
45-49岁	**953**	**237**	**716**	**1864**	**462**	**1402**	**3664**	**942**	**2722**
45	218	56	162	262	62	200	517	134	383
46	197	44	153	430	116	314	587	143	444
47	188	46	142	378	113	265	848	229	619
48	169	38	131	411	94	317	886	239	647
49	181	53	128	383	77	306	826	197	629
50-54岁	**1136**	**267**	**869**	**2181**	**514**	**1667**	**4170**	**1038**	**3132**
50	236	48	188	408	82	326	850	205	645
51	247	60	187	493	121	372	784	193	591
52	246	64	182	467	114	353	921	234	687
53	206	47	159	382	101	281	784	193	591
54	201	48	153	431	96	335	831	213	618
55-59岁	**934**	**185**	**749**	**1881**	**359**	**1522**	**4064**	**869**	**3195**
55	288	62	226	362	76	286	815	201	614
56	239	47	192	503	114	389	787	184	603
57	206	37	169	483	98	385	1210	255	955
58	119	23	96	348	55	293	787	153	634
59	82	16	66	185	16	169	465	76	389
60-64岁	**942**	**135**	**807**	**1745**	**250**	**1495**	**3286**	**476**	**2810**
60	140	19	121	229	34	195	515	82	433
61	148	20	128	307	49	258	453	68	385
62	182	24	158	295	47	248	679	85	594
63	246	42	204	400	56	344	764	124	640
64	226	30	196	514	64	450	875	117	758
65岁及以上	**5397**	**634**	**4763**	**10727**	**1202**	**9525**	**17655**	**2627**	**15028**

5-5 续表 2

单位：人

年 龄	初婚年龄								
	18岁			19岁			20岁		
	小计	男	女	小计	男	女	小计	男	女
总 计	**67738**	**16374**	**51364**	**111541**	**34459**	**77082**	**161373**	**59138**	**102235**
20岁以下	**68**	**9**	**59**	**48**	**6**	**42**			
20—24岁	**756**	**152**	**604**	**1198**	**280**	**918**	**1672**	**427**	**1245**
20	89	15	74	116	24	92	115	24	91
21	108	23	85	221	52	169	261	67	194
22	128	23	105	222	45	177	368	99	269
23	191	36	155	252	54	198	405	89	316
24	240	55	185	387	105	282	523	148	375
25—29岁	**2284**	**580**	**1704**	**3712**	**1092**	**2620**	**5550**	**1777**	**3773**
25	352	94	258	508	143	365	719	198	521
26	398	93	305	569	136	433	846	250	596
27	434	103	331	771	225	546	1063	328	735
28	543	144	399	844	264	580	1403	471	932
29	557	146	411	1020	324	696	1519	530	989
30—34岁	**3686**	**884**	**2802**	**7380**	**2083**	**5297**	**12397**	**4244**	**8153**
30	800	197	603	1445	465	980	2347	801	1546
31	715	178	537	1523	445	1078	2257	755	1502
32	653	157	496	1356	348	1008	2581	904	1677
33	797	199	598	1508	399	1109	2652	910	1742
34	721	153	568	1548	426	1122	2560	874	1686
35—39岁	**3969**	**894**	**3075**	**8110**	**2207**	**5903**	**14346**	**4677**	**9669**
35	709	150	559	1556	419	1137	2571	823	1748
36	811	191	620	1646	451	1195	3015	1004	2011
37	634	142	492	1622	453	1169	2788	905	1883
38	966	223	743	1535	411	1124	3342	1133	2209
39	849	188	661	1751	473	1278	2630	812	1818
40—44岁	**3743**	**939**	**2804**	**8290**	**2249**	**6041**	**15131**	**4704**	**10427**
40	742	152	590	1808	459	1349	3203	1018	2185
41	700	155	545	1746	487	1259	3321	1060	2261
42	650	179	471	1473	371	1102	2931	884	2047
43	755	204	551	1393	377	1016	2653	794	1859
44	896	249	647	1870	555	1315	3023	948	2075
45—49岁	**7369**	**2151**	**5218**	**12981**	**4077**	**8904**	**19562**	**6940**	**12622**
45	1082	306	776	2108	585	1523	3478	1104	2374
46	1304	370	934	2468	767	1701	3936	1374	2562
47	1267	366	901	2578	782	1796	4050	1482	2568
48	1774	537	1237	2471	834	1637	4203	1501	2702
49	1942	572	1370	3356	1109	2247	3895	1479	2416
50—54岁	**8183**	**2257**	**5926**	**15588**	**5173**	**10415**	**23181**	**8980**	**14201**
50	1735	515	1220	3487	1178	2309	5253	2032	3221
51	1640	455	1185	3167	1083	2084	4804	1884	2920
52	1734	421	1313	3214	1031	2183	5052	1948	3104
53	1517	450	1067	2630	879	1751	3795	1459	2336
54	1557	416	1141	3090	1002	2088	4277	1657	2620
55—59岁	**7650**	**1902**	**5748**	**13700**	**4235**	**9465**	**20498**	**7627**	**12871**
55	1557	415	1142	3012	984	2028	4627	1726	2901
56	1579	428	1151	2724	870	1854	4464	1691	2773
57	1650	399	1251	3345	1032	2313	4736	1816	2920
58	1773	413	1360	2543	752	1791	4063	1447	2616
59	1091	247	844	2076	597	1479	2608	947	1661
60—64岁	**5385**	**1004**	**4381**	**9309**	**2523**	**6786**	**14654**	**5271**	**9383**
60	1124	218	906	2314	659	1655	4050	1461	2589
61	818	176	642	1688	464	1224	3138	1139	1999
62	881	172	709	1528	403	1125	2619	912	1707
63	1255	219	1036	1797	480	1317	2484	917	1567
64	1307	219	1088	1982	517	1465	2363	842	1521
65岁及以上	**24645**	**5602**	**19043**	**31225**	**10534**	**20691**	**34382**	**14491**	**19891**

5-5 续表 3

单位：人

年龄	初婚年龄								
	21岁			22岁			23岁		
	小计	男	女	小计	男	女	小计	男	女
总　计	**192704**	**87381**	**105323**	**217982**	**112698**	**105284**	**195799**	**104765**	**91034**
20岁以下									
20–24岁	**1829**	**646**	**1183**	**2349**	**977**	**1372**	**1546**	**650**	**896**
20									
21	120	39	81						
22	363	124	239	323	149	174			
23	602	223	379	830	343	487	426	173	253
24	744	260	484	1196	485	711	1120	477	643
25–29岁	**6555**	**2645**	**3910**	**8748**	**4174**	**4574**	**9501**	**4204**	**5297**
25	872	308	564	1317	575	742	1563	641	922
26	1092	424	668	1372	603	769	1579	670	909
27	1238	486	752	1709	837	872	1766	816	950
28	1530	648	882	1997	981	1016	2258	985	1273
29	1823	779	1044	2353	1178	1175	2335	1092	1243
30–34岁	**14950**	**6696**	**8254**	**17868**	**9208**	**8660**	**16661**	**8243**	**8418**
30	2512	1090	1422	3404	1696	1708	3217	1570	1647
31	2960	1303	1657	3386	1724	1662	3475	1681	1794
32	2797	1262	1535	3383	1779	1604	3029	1495	1534
33	3492	1571	1921	3856	2004	1852	3610	1829	1781
34	3189	1470	1719	3839	2005	1834	3330	1668	1662
35–39岁	**19012**	**8456**	**10556**	**21904**	**11709**	**10195**	**18901**	**10160**	**8741**
35	3138	1352	1786	3639	1959	1680	3335	1771	1564
36	3791	1697	2094	4268	2292	1976	3651	1969	1682
37	3686	1666	2020	4194	2213	1981	3570	1892	1678
38	4496	1987	2509	5212	2862	2350	4424	2367	2057
39	3901	1754	2147	4591	2383	2208	3921	2161	1760
40–44岁	**20292**	**8798**	**11494**	**24032**	**12651**	**11381**	**20202**	**10861**	**9341**
40	3253	1454	1799	4407	2358	2049	3879	2073	1806
41	4493	1963	2530	4172	2244	1928	3969	2133	1836
42	4408	1918	2490	4948	2575	2373	3309	1779	1530
43	3831	1629	2202	4886	2537	2349	4066	2223	1843
44	4307	1834	2473	5619	2937	2682	4979	2653	2326
45–49岁	**26706**	**11864**	**14842**	**32127**	**16338**	**15789**	**28645**	**15022**	**13623**
45	4577	1918	2659	5793	2992	2801	5198	2765	2433
46	5534	2403	3131	6394	3305	3089	5604	2960	2644
47	5453	2461	2992	6576	3333	3243	5476	2790	2686
48	5489	2500	2989	6559	3294	3265	6102	3201	2901
49	5653	2582	3071	6805	3414	3391	6265	3306	2959
50–54岁	**28003**	**12923**	**15080**	**31170**	**15949**	**15221**	**27635**	**14928**	**12707**
50	5319	2486	2833	6992	3540	3452	6436	3362	3074
51	5855	2768	3087	5490	2836	2654	5417	2932	2485
52	6537	2932	3605	7004	3628	3376	5255	2840	2415
53	5052	2309	2743	5623	2871	2752	4928	2715	2213
54	5240	2428	2812	6061	3074	2987	5599	3079	2520
55–59岁	**25658**	**11692**	**13966**	**28491**	**14412**	**14079**	**26052**	**14063**	**11989**
55	5314	2411	2903	6006	3064	2942	5641	3068	2573
56	5885	2643	3242	6149	3098	3051	5601	2976	2625
57	6204	2914	3290	7389	3807	3582	6113	3356	2757
58	4870	2217	2653	5393	2668	2725	5245	2808	2437
59	3385	1507	1878	3554	1775	1779	3452	1855	1597
60–64岁	**18967**	**8270**	**10697**	**22688**	**11193**	**11495**	**21936**	**11862**	**10074**
60	4324	1941	2383	4998	2583	2415	4528	2492	2036
61	4326	1910	2416	4144	2077	2067	4044	2244	1800
62	3845	1642	2203	5162	2486	2676	4057	2133	1924
63	3606	1553	2053	4799	2373	2426	5260	2854	2406
64	2866	1224	1642	3585	1674	1911	4047	2139	1908
65岁及以上	**30732**	**15391**	**15341**	**28605**	**16087**	**12518**	**24720**	**14772**	**9948**

5-5 续表 4

单位：人

年 龄	初婚年龄								
	24岁			25岁			26岁		
	小计	男	女	小计	男	女	小计	男	女
总 计	**168357**	**95288**	**73069**	**138103**	**81596**	**56507**	**101819**	**61948**	**39871**
20岁以下									
20-24岁	**679**	**293**	**386**						
20									
21									
22									
23									
24	679	293	386						
25-29岁	**11908**	**5482**	**6426**	**11322**	**5400**	**5922**	**8702**	**4252**	**4450**
25	1853	801	1052	938	392	546			
26	2303	1006	1297	2069	972	1097	949	471	478
27	2326	1069	1257	2725	1272	1453	2200	1046	1154
28	2464	1151	1313	2723	1313	1410	2787	1380	1407
29	2962	1455	1507	2867	1451	1416	2766	1355	1411
30-34岁	**18229**	**9139**	**9090**	**19524**	**9968**	**9556**	**17799**	**9338**	**8461**
30	3809	1871	1938	4221	2085	2136	3606	1889	1717
31	3833	1866	1967	4028	2017	2011	3873	1995	1878
32	3621	1827	1794	3839	1954	1885	3320	1736	1584
33	3606	1828	1778	4125	2154	1971	3694	1975	1719
34	3360	1747	1613	3311	1758	1553	3306	1743	1563
35-39岁	**16936**	**9235**	**7701**	**16147**	**9007**	**7140**	**13701**	**7933**	**5768**
35	3180	1727	1453	3094	1665	1429	2786	1544	1242
36	3565	1952	1613	3414	1889	1525	2962	1721	1241
37	3069	1669	1400	3142	1757	1385	2656	1532	1124
38	3748	2010	1738	3502	1955	1547	2995	1751	1244
39	3374	1877	1497	2995	1741	1254	2302	1385	917
40-44岁	**16091**	**9200**	**6891**	**12862**	**7654**	**5208**	**9974**	**6187**	**3787**
40	3229	1835	1394	2795	1618	1177	2256	1373	883
41	3243	1821	1422	2615	1551	1064	2084	1274	810
42	3024	1777	1247	2675	1579	1096	1910	1187	723
43	2605	1487	1118	2342	1434	908	1802	1102	700
44	3990	2280	1710	2435	1472	963	1922	1251	671
45-49岁	**22681**	**12778**	**9903**	**17444**	**10532**	**6912**	**11689**	**7446**	**4243**
45	4178	2417	1761	3182	1918	1264	1766	1108	658
46	4464	2472	1992	3612	2154	1458	2428	1567	861
47	4421	2462	1959	3601	2193	1408	2415	1535	880
48	4559	2555	2004	3487	2064	1423	2504	1585	919
49	5059	2872	2187	3562	2203	1359	2576	1651	925
50-54岁	**21480**	**12731**	**8749**	**15726**	**9983**	**5743**	**10521**	**6946**	**3575**
50	5017	2933	2084	4082	2474	1608	2493	1599	894
51	4373	2545	1828	3267	2063	1204	2230	1457	773
52	4787	2825	1962	3338	2135	1203	2266	1498	768
53	3077	1863	1214	2549	1643	906	1707	1149	558
54	4226	2565	1661	2490	1668	822	1825	1243	582
55-59岁	**20314**	**12119**	**8195**	**14151**	**9102**	**5049**	**8771**	**5904**	**2867**
55	4412	2688	1724	2964	1960	1004	1621	1105	516
56	4505	2661	1844	3316	2157	1159	1943	1320	623
57	4735	2762	1973	3476	2178	1298	2258	1533	725
58	3795	2291	1504	2515	1589	926	1723	1129	594
59	2867	1717	1150	1880	1218	662	1226	817	409
60-64岁	**18070**	**10508**	**7562**	**12682**	**8105**	**4577**	**7867**	**5204**	**2663**
60	3741	2225	1516	2873	1877	996	1618	1056	562
61	3058	1779	1279	2225	1439	786	1442	978	464
62	3576	2086	1490	2362	1519	843	1569	1069	500
63	3606	2088	1518	2718	1737	981	1641	1074	567
64	4089	2330	1759	2504	1533	971	1597	1027	570
65岁及以上	**21969**	**13803**	**8166**	**18245**	**11845**	**6400**	**12795**	**8738**	**4057**

5-5　续表 5　　　　单位：人

年　龄	初婚年龄								
	27岁			28岁			29岁		
	小计	男	女	小计	男	女	小计	男	女
总　计	**72978**	**45786**	**27192**	**50416**	**32082**	**18334**	**34786**	**22475**	**12311**
20岁以下									
20-24岁									
20									
21									
22									
23									
24									
25-29岁	**5560**	**2969**	**2591**	**2562**	**1429**	**1133**	**649**	**367**	**282**
25									
26									
27	1021	521	500						
28	2071	1119	952	857	454	403			
29	2468	1329	1139	1705	975	730	649	367	282
30-34岁	**15191**	**8421**	**6770**	**11705**	**6675**	**5030**	**8356**	**4996**	**3360**
30	3303	1779	1524	2778	1570	1208	1703	983	720
31	3093	1668	1425	2493	1375	1118	1874	1120	754
32	3093	1746	1347	2143	1188	955	1644	969	675
33	2967	1703	1264	2336	1386	950	1598	994	604
34	2735	1525	1210	1955	1156	799	1537	930	607
35-39岁	**11317**	**6660**	**4657**	**8740**	**5372**	**3368**	**6540**	**4143**	**2397**
35	2508	1460	1048	1798	1054	744	1387	842	545
36	2444	1403	1041	1977	1207	770	1433	893	540
37	2110	1240	870	1639	1023	616	1314	813	501
38	2301	1363	938	1780	1093	687	1325	877	448
39	1954	1194	760	1546	995	551	1081	718	363
40-44岁	**7604**	**4889**	**2715**	**5710**	**3657**	**2053**	**4291**	**2798**	**1493**
40	1642	1046	596	1365	839	526	1021	618	403
41	1593	1067	526	1151	753	398	939	623	316
42	1562	966	596	1113	697	416	869	558	311
43	1338	836	502	1066	671	395	677	463	214
44	1469	974	495	1015	697	318	785	536	249
45-49岁	**7902**	**5244**	**2658**	**5201**	**3483**	**1718**	**3597**	**2434**	**1163**
45	1440	935	505	1026	667	359	773	527	246
46	1357	902	455	1042	707	335	771	523	248
47	1676	1118	558	776	529	247	684	459	225
48	1720	1153	567	1171	781	390	609	415	194
49	1709	1136	573	1186	799	387	760	510	250
50-54岁	**7026**	**4809**	**2217**	**4654**	**3176**	**1478**	**3384**	**2220**	**1164**
50	1833	1213	620	1208	830	378	809	548	261
51	1419	966	453	946	632	314	772	477	295
52	1501	1024	477	982	669	313	728	464	264
53	1093	766	327	750	529	221	514	351	163
54	1180	840	340	768	516	252	561	380	181
55-59岁	**5165**	**3585**	**1580**	**3314**	**2310**	**1004**	**2266**	**1517**	**749**
55	1156	795	361	755	550	205	536	368	168
56	1016	728	288	713	480	233	507	353	154
57	1251	860	391	688	478	210	577	391	186
58	1019	690	329	645	444	201	311	196	115
59	723	512	211	513	358	155	335	209	126
60-64岁	**4713**	**3234**	**1479**	**2950**	**1993**	**957**	**1995**	**1317**	**678**
60	960	642	318	631	417	214	443	301	142
61	838	585	253	530	363	167	366	238	128
62	949	638	311	544	361	183	368	242	126
63	988	702	286	675	461	214	391	256	135
64	978	667	311	570	391	179	427	280	147
65岁及以上	**8500**	**5975**	**2525**	**5580**	**3987**	**1593**	**3708**	**2683**	**1025**

5-5 续表 6

单位：人

年龄	初婚年龄								
	30岁			31岁			32岁		
	小计	男	女	小计	男	女	小计	男	女
总计	**24524**	**15747**	**8777**	**17495**	**11183**	**6312**	**13652**	**8721**	**4931**
20岁以下									
20-24岁									
20									
21									
22									
23									
24									
25-29岁									
25									
26									
27									
28									
29									
30-34岁	**5355**	**3134**	**2221**	**3036**	**1851**	**1185**	**1655**	**1027**	**628**
30	665	395	270						
31	1148	692	456	418	236	182			
32	1250	713	537	768	479	289	319	201	118
33	1301	770	531	1020	620	400	663	421	242
34	991	564	427	830	516	314	673	405	268
35-39岁	**4852**	**3030**	**1822**	**3782**	**2329**	**1453**	**3137**	**1904**	**1233**
35	1007	622	385	694	412	282	588	363	225
36	969	603	366	818	488	330	630	400	230
37	983	626	357	687	436	251	618	367	251
38	1100	680	420	881	560	321	686	399	287
39	793	499	294	702	433	269	615	375	240
40-44岁	**3435**	**2220**	**1215**	**2711**	**1736**	**975**	**2231**	**1428**	**803**
40	744	477	267	561	363	198	483	321	162
41	773	491	282	615	362	253	474	296	178
42	730	460	270	569	368	201	448	273	175
43	577	402	175	490	314	176	397	260	137
44	611	390	221	476	329	147	429	278	151
45-49岁	**2638**	**1797**	**841**	**2038**	**1367**	**671**	**1843**	**1199**	**644**
45	587	385	202	425	280	145	400	248	152
46	584	397	187	468	316	152	382	253	129
47	565	406	159	439	290	149	386	266	120
48	495	335	160	381	255	126	354	222	132
49	407	274	133	325	226	99	321	210	111
50-54岁	**2447**	**1613**	**834**	**1694**	**1074**	**620**	**1316**	**843**	**473**
50	539	374	165	283	188	95	255	165	90
51	521	355	166	343	233	110	194	137	57
52	589	373	216	381	243	138	283	181	102
53	383	243	140	363	220	143	255	159	96
54	415	268	147	324	190	134	329	201	128
55-59岁	**1629**	**1057**	**572**	**1361**	**864**	**497**	**1196**	**729**	**467**
55	388	260	128	314	202	112	303	177	126
56	397	256	141	307	195	112	281	171	110
57	393	245	148	321	211	110	280	163	117
58	288	193	95	255	155	100	192	122	70
59	163	103	60	164	101	63	140	96	44
60-64岁	**1457**	**949**	**508**	**1026**	**674**	**352**	**759**	**505**	**254**
60	317	206	111	180	125	55	160	95	65
61	263	176	87	179	134	45	108	74	34
62	300	195	105	204	123	81	170	120	50
63	298	189	109	235	156	79	153	102	51
64	279	183	96	228	136	92	168	114	54
65岁及以上	**2711**	**1947**	**764**	**1847**	**1288**	**559**	**1515**	**1086**	**429**

5-5 续表 7

单位：人

年龄	初婚年龄								
	33岁			34岁			35岁		
	小计	男	女	小计	男	女	小计	男	女
总计	**10227**	**6518**	**3709**	**8200**	**5152**	**3048**	**6324**	**4023**	**2301**
20岁以下									
20-24岁									
20									
21									
22									
23									
24									
25-29岁									
25									
26									
27									
28									
29									
30-34岁	**676**	**389**	**287**	**199**	**114**	**85**			
30									
31									
32									
33	234	128	106						
34	442	261	181	199	114	85			
35-39岁	**2456**	**1491**	**965**	**2030**	**1213**	**817**	**1407**	**848**	**559**
35	510	311	199	393	231	162	125	71	54
36	483	305	178	422	248	174	296	178	118
37	463	267	196	394	248	146	334	190	144
38	535	328	207	412	239	173	345	223	122
39	465	280	185	409	247	162	307	186	121
40-44岁	**1863**	**1196**	**667**	**1553**	**947**	**606**	**1306**	**800**	**506**
40	440	273	167	331	187	144	314	193	121
41	403	260	143	347	209	138	280	159	121
42	331	217	114	315	206	109	248	160	88
43	346	225	121	249	150	99	233	142	91
44	343	221	122	311	195	116	231	146	85
45-49岁	**1547**	**1001**	**546**	**1396**	**884**	**512**	**1185**	**752**	**433**
45	357	240	117	309	196	113	269	155	114
46	347	235	112	338	197	141	285	170	115
47	312	198	114	256	171	85	225	146	79
48	276	171	105	248	150	98	216	144	72
49	255	157	98	245	170	75	190	137	53
50-54岁	**911**	**592**	**319**	**755**	**502**	**253**	**666**	**440**	**226**
50	255	161	94	218	145	73	196	128	68
51	171	119	52	155	103	52	145	94	51
52	168	110	58	143	101	42	155	103	52
53	133	92	41	105	74	31	95	67	28
54	184	110	74	134	79	55	75	48	27
55-59岁	**993**	**617**	**376**	**842**	**528**	**314**	**572**	**364**	**208**
55	269	173	96	180	106	74	100	63	37
56	218	142	76	203	125	78	125	81	44
57	211	128	83	196	129	67	169	103	66
58	196	120	76	164	105	59	101	69	32
59	99	54	45	99	63	36	77	48	29
60-64岁	**595**	**396**	**199**	**489**	**313**	**176**	**426**	**287**	**139**
60	155	108	47	117	74	43	127	79	48
61	110	74	36	98	59	39	89	57	32
62	79	53	26	90	58	32	84	62	22
63	134	94	40	78	54	24	70	45	25
64	117	67	50	106	68	38	56	44	12
65岁及以上	**1186**	**836**	**350**	**936**	**651**	**285**	**762**	**532**	**230**

5-5 续表 8 单位：人

年龄	初婚年龄								
	36岁			37岁			38岁		
	小计	男	女	小计	男	女	小计	男	女
总计	**5052**	**3201**	**1851**	**4064**	**2557**	**1507**	**3355**	**2080**	**1275**
20岁以下									
20-24岁									
20									
21									
22									
23									
24									
25-29岁									
25									
26									
27									
28									
29									
30-34岁									
30									
31									
32									
33									
34									
35-39岁	**911**	**516**	**395**	**527**	**310**	**217**	**272**	**152**	**120**
35									
36	107	53	54						
37	224	118	106	97	49	48			
38	310	183	127	225	139	86	90	52	38
39	270	162	108	205	122	83	182	100	82
40-44岁	**1059**	**644**	**415**	**905**	**521**	**384**	**778**	**479**	**299**
40	228	139	89	172	92	80	165	102	63
41	230	134	96	192	119	73	144	81	63
42	194	114	80	195	110	85	147	87	60
43	190	112	78	175	100	75	152	95	57
44	217	145	72	171	100	71	170	114	56
45-49岁	**1060**	**678**	**382**	**914**	**589**	**325**	**822**	**515**	**307**
45	191	120	71	190	127	63	171	98	73
46	240	144	96	154	103	51	174	111	63
47	224	149	75	194	124	70	131	87	44
48	213	134	79	207	126	81	177	113	64
49	192	131	61	169	109	60	169	106	63
50-54岁	**572**	**388**	**184**	**496**	**316**	**180**	**482**	**304**	**178**
50	161	99	62	141	88	53	140	82	58
51	135	95	40	101	61	40	110	68	42
52	109	80	29	118	81	37	93	65	28
53	80	51	29	77	44	33	81	53	28
54	87	63	24	59	42	17	58	36	22
55-59岁	**465**	**318**	**147**	**360**	**238**	**122**	**264**	**170**	**94**
55	55	37	18	60	45	15	63	42	21
56	102	73	29	63	45	18	50	29	21
57	119	86	33	89	49	40	42	32	10
58	116	78	38	88	57	31	63	39	24
59	73	44	29	60	42	18	46	28	18
60-64岁	**388**	**237**	**151**	**332**	**209**	**123**	**290**	**169**	**121**
60	105	62	43	85	52	33	51	28	23
61	78	48	30	62	36	26	54	33	21
62	65	45	20	59	38	21	61	34	27
63	76	43	33	71	44	27	77	45	32
64	64	39	25	55	39	16	47	29	18
65岁及以上	**597**	**420**	**177**	**530**	**374**	**156**	**447**	**291**	**156**

5-5 续表 9 单位：人

年龄	初婚年龄					
	39岁			40岁及以上		
	小计	男	女	小计	男	女
总计	**2914**	**1861**	**1053**	**18316**	**11068**	**7248**
20岁以下						
20-24岁						
20						
21						
22						
23						
24						
25-29岁						
25						
26						
27						
28						
29						
30-34岁						
30						
31						
32						
33						
34						
35-39岁	**73**	**39**	**34**			
35						
36						
37						
38						
39	73	39	34			
40-44岁	**679**	**425**	**254**	**1384**	**779**	**605**
40	145	94	51	73	41	32
41	151	89	62	195	98	97
42	134	83	51	281	150	131
43	107	73	34	358	208	150
44	142	86	56	477	282	195
45-49岁	**713**	**473**	**240**	**3619**	**2162**	**1457**
45	153	102	51	593	335	258
46	141	102	39	703	427	276
47	152	97	55	727	434	293
48	125	78	47	825	506	319
49	142	94	48	771	460	311
50-54岁	**506**	**321**	**185**	**3601**	**2273**	**1328**
50	172	110	62	856	538	318
51	105	65	40	739	449	290
52	95	59	36	796	503	293
53	63	48	15	593	386	207
54	71	39	32	617	397	220
55-59岁	**252**	**167**	**85**	**2700**	**1691**	**1009**
55	61	45	16	611	390	221
56	61	35	26	583	372	211
57	58	38	20	661	417	244
58	32	21	11	540	324	216
59	40	28	12	305	188	117
60-64岁	**288**	**180**	**108**	**2155**	**1264**	**891**
60	46	35	11	439	260	179
61	51	33	18	367	206	161
62	73	44	29	440	271	169
63	58	33	25	451	248	203
64	60	35	25	458	279	179
65岁及以上	**403**	**256**	**147**	**4857**	**2899**	**1958**

5-5a 全区分年龄、性别、初婚年龄的人口(城市)

单位：人

年龄	初婚年龄					
	合计			15岁以下		
	合计	男	女	小计	男	女
总计	**627817**	**301482**	**326335**	**588**	**111**	**477**
20岁以下	**73**	**21**	**52**	**2**		**2**
20-24岁	**3712**	**1192**	**2520**	**3**		**3**
20	90	16	74			
21	263	71	192	1		1
22	501	144	357	1		1
23	975	312	663	1		1
24	1883	649	1234			
25-29岁	**32889**	**13986**	**18903**	**15**	**2**	**13**
25	3304	1206	2098	1		1
26	4678	1863	2815	2		2
27	6479	2650	3829	1		1
28	8508	3700	4808	6		6
29	9920	4567	5353	5	2	3
30-34岁	**77024**	**36404**	**40620**	**31**	**7**	**24**
30	14760	6858	7902	2		2
31	15511	7185	8326	7	2	5
32	15066	7066	8000	8		8
33	16545	7984	8561	8	3	5
34	15142	7311	7831	6	2	4
35-39岁	**75702**	**37353**	**38349**	**19**	**4**	**15**
35	14165	6928	7237	4		4
36	15644	7705	7939	1		1
37	14670	7240	7430	6	3	3
38	16991	8404	8587	5	1	4
39	14232	7076	7156	3		3
40-44岁	**66584**	**32766**	**33818**	**38**	**11**	**27**
40	13309	6530	6779	7	1	6
41	13322	6590	6732	5	1	4
42	13144	6444	6700	7	2	5
43	12487	6124	6363	7	3	4
44	14322	7078	7244	12	4	8
45-49岁	**80924**	**39664**	**41260**	**43**	**13**	**30**
45	14650	7140	7510	5	1	4
46	16126	7935	8191	11	6	5
47	16532	8117	8415	12	1	11
48	16679	8072	8607	9	2	7
49	16937	8400	8537	6	3	3
50-54岁	**76004**	**37634**	**38370**	**48**	**12**	**36**
50	17740	8812	8928	10	2	8
51	15580	7711	7869	5	1	4
52	16444	8122	8322	11	3	8
53	12459	6166	6293	12	3	9
54	13781	6823	6958	10	3	7
55-59岁	**67208**	**33397**	**33811**	**34**	**7**	**27**
55	14291	7119	7172	9	2	7
56	15115	7526	7589	8		8
57	16670	8385	8285	7	3	4
58	12421	6072	6349	4	1	3
59	8711	4295	4416	6	1	5
60-64岁	**50578**	**24858**	**25720**	**62**	**11**	**51**
60	11247	5516	5731	8	1	7
61	9542	4752	4790	10	3	7
62	10005	4964	5041	14	3	11
63	10296	5101	5195	16	1	15
64	9488	4525	4963	14	3	11
65岁及以上	**97119**	**44207**	**52912**	**293**	**44**	**249**

5-5a 续表 1

单位：人

年 龄	初婚年龄								
	15岁			16岁			17岁		
	小计	男	女	小计	男	女	小计	男	女
总 计	**2516**	**498**	**2018**	**5024**	**858**	**4166**	**9135**	**1598**	**7537**
20岁以下	**4**	**1**	**3**	**14**	**6**	**8**	**18**	**7**	**11**
20-24岁	**18**	**3**	**15**	**50**	**9**	**41**	**93**	**13**	**80**
20	1		1	3	1	2	9	2	7
21	4	2	2	10	2	8	9	3	6
22	2		2	10	1	9	16		16
23	8		8	16	4	12	16	1	15
24	3	1	2	11	1	10	43	7	36
25-29岁	**57**	**17**	**40**	**116**	**22**	**94**	**198**	**48**	**150**
25	11	4	7	13		13	35	6	29
26	11	1	10	32	3	29	30	6	24
27	9	3	6	20	2	18	39	9	30
28	12	4	8	25	10	15	41	13	28
29	14	5	9	26	7	19	53	14	39
30-34岁	**144**	**47**	**97**	**228**	**65**	**163**	**408**	**87**	**321**
30	16	4	12	28	7	21	70	7	63
31	37	11	26	51	13	38	60	12	48
32	27	6	21	44	14	30	94	28	66
33	43	14	29	50	15	35	99	19	80
34	21	12	9	55	16	39	85	21	64
35-39岁	**141**	**42**	**99**	**261**	**72**	**189**	**483**	**108**	**375**
35	31	11	20	37	20	17	81	21	60
36	31	15	16	74	20	54	93	24	69
37	27	6	21	57	16	41	98	29	69
38	25	6	19	47	8	39	129	21	108
39	27	4	23	46	8	38	82	13	69
40-44岁	**149**	**45**	**104**	**253**	**63**	**190**	**453**	**111**	**342**
40	23	8	15	36	7	29	68	17	51
41	42	14	28	55	17	38	94	22	72
42	33	7	26	37	9	28	88	18	70
43	29	11	18	56	13	43	88	27	61
44	22	5	17	69	17	52	115	27	88
45-49岁	**233**	**63**	**170**	**438**	**104**	**334**	**835**	**203**	**632**
45	60	15	45	71	14	57	116	28	88
46	46	11	35	88	27	61	153	43	110
47	51	14	37	101	24	77	184	47	137
48	31	7	24	104	21	83	206	44	162
49	45	16	29	74	18	56	176	41	135
50-54岁	**266**	**70**	**196**	**463**	**106**	**357**	**917**	**208**	**709**
50	63	14	49	95	14	81	206	41	165
51	61	14	47	113	22	91	197	49	148
52	51	19	32	87	26	61	199	41	158
53	50	11	39	78	21	57	147	40	107
54	41	12	29	90	23	67	168	37	131
55-59岁	**177**	**36**	**141**	**362**	**85**	**277**	**763**	**168**	**595**
55	60	12	48	77	16	61	171	38	133
56	44	11	33	95	30	65	162	38	124
57	41	6	35	105	29	76	216	46	170
58	19	5	14	62	10	52	149	38	111
59	13	2	11	23		23	65	8	57
60-64岁	**156**	**25**	**131**	**289**	**63**	**226**	**540**	**78**	**462**
60	21	4	17	30	7	23	82	11	71
61	20	5	15	55	14	41	76	9	67
62	31	3	28	56	12	44	129	23	106
63	45	9	36	70	15	55	112	17	95
64	39	4	35	78	15	63	141	18	123
65岁及以上	**1171**	**149**	**1022**	**2550**	**263**	**2287**	**4427**	**567**	**3860**

5-5a 续表 2

单位：人

年龄	初婚年龄								
	18岁			19岁			20岁		
	小计	男	女	小计	男	女	小计	男	女
总计	**16012**	**3476**	**12536**	**26697**	**7285**	**19412**	**41476**	**12869**	**28607**
20岁以下	**19**	**4**	**15**	**16**	**3**	**13**			
20-24岁	**142**	**22**	**120**	**265**	**60**	**205**	**481**	**90**	**391**
20	22	4	18	28	5	23	27	4	23
21	24	3	21	64	17	47	97	23	74
22	23	7	16	52	9	43	114	24	90
23	25	4	21	45	7	38	117	20	97
24	48	4	44	76	22	54	126	19	107
25-29岁	**462**	**123**	**339**	**796**	**183**	**613**	**1435**	**374**	**1061**
25	71	22	49	99	20	79	182	42	140
26	87	17	70	127	27	100	229	63	166
27	76	20	56	165	29	136	304	62	242
28	111	30	81	176	37	139	362	102	260
29	117	34	83	229	70	159	358	105	253
30-34岁	**878**	**208**	**670**	**1726**	**429**	**1297**	**3254**	**944**	**2310**
30	189	46	143	301	75	226	624	180	444
31	175	41	134	350	95	255	599	183	416
32	144	35	109	330	77	253	687	198	489
33	203	48	155	367	87	280	683	188	495
34	167	38	129	378	95	283	661	195	466
35-39岁	**1059**	**231**	**828**	**2015**	**522**	**1493**	**3690**	**1012**	**2678**
35	191	41	150	380	96	284	685	186	499
36	218	37	181	422	109	313	744	213	531
37	170	42	128	375	104	271	746	201	545
38	272	73	199	410	106	304	827	230	597
39	208	38	170	428	107	321	688	182	506
40-44岁	**963**	**242**	**721**	**2174**	**552**	**1622**	**4072**	**1063**	**3009**
40	190	53	137	495	114	381	883	229	654
41	186	37	149	445	121	324	849	227	622
42	161	43	118	365	90	275	764	201	563
43	209	52	157	382	91	291	749	199	550
44	217	57	160	487	136	351	827	207	620
45-49岁	**1784**	**491**	**1293**	**3177**	**886**	**2291**	**5052**	**1503**	**3549**
45	265	75	190	526	129	397	944	271	673
46	329	87	242	637	186	451	973	288	685
47	297	76	221	645	189	456	1077	334	743
48	423	126	297	556	150	406	1099	304	795
49	470	127	343	813	232	581	959	306	653
50-54岁	**1805**	**415**	**1390**	**3672**	**1001**	**2671**	**5950**	**1932**	**4018**
50	402	105	297	848	233	615	1336	458	878
51	370	73	297	789	223	566	1270	412	858
52	360	71	289	724	181	543	1340	434	906
53	332	89	243	622	160	462	955	292	663
54	341	77	264	689	204	485	1049	336	713
55-59岁	**1516**	**381**	**1135**	**2894**	**765**	**2129**	**4965**	**1573**	**3392**
55	342	91	251	649	188	461	1157	370	787
56	298	80	218	575	151	424	1131	360	771
57	307	75	232	732	201	531	1101	365	736
58	353	83	270	525	115	410	948	288	660
59	216	52	164	413	110	303	628	190	438
60-64岁	**868**	**157**	**711**	**1675**	**441**	**1234**	**2994**	**968**	**2026**
60	171	32	139	441	119	322	883	258	625
61	140	30	110	299	87	212	665	249	416
62	146	27	119	258	70	188	519	162	357
63	199	40	159	313	78	235	464	144	320
64	212	28	184	364	87	277	463	155	308
65岁及以上	**6516**	**1202**	**5314**	**8287**	**2443**	**5844**	**9583**	**3410**	**6173**

5-5a　续表 3　　　　单位：人

年　龄	初婚年龄								
	21岁			22岁			23岁		
	小计	男	女	小计	男	女	小计	男	女
总　计	**54449**	**21064**	**33385**	**71392**	**32124**	**39268**	**75331**	**35504**	**39827**
20岁以下									
20-24岁	**620**	**206**	**414**	**1000**	**363**	**637**	**710**	**284**	**426**
20									
21	54	21	33						
22	143	45	98	140	58	82			
23	184	63	121	362	136	226	201	77	124
24	239	77	162	498	169	329	509	207	302
25-29岁	**1953**	**673**	**1280**	**3170**	**1371**	**1799**	**3980**	**1600**	**2380**
25	292	90	202	507	206	301	697	252	445
26	329	104	225	505	197	308	688	282	406
27	377	120	257	593	250	343	727	300	427
28	453	172	281	716	327	389	930	362	568
29	502	187	315	849	391	458	938	404	534
30-34岁	**4268**	**1602**	**2666**	**6119**	**2806**	**3313**	**6734**	**2946**	**3788**
30	698	260	438	1166	538	628	1323	598	725
31	825	292	533	1167	526	641	1373	580	793
32	795	291	504	1120	524	596	1287	556	731
33	1035	379	656	1357	616	741	1444	634	810
34	915	380	535	1309	602	707	1307	578	729
35-39岁	**5404**	**2096**	**3308**	**6991**	**3231**	**3760**	**7194**	**3373**	**3821**
35	913	333	580	1197	571	626	1300	621	679
36	1015	387	628	1457	686	771	1395	651	744
37	1026	396	630	1332	591	741	1412	655	757
38	1365	550	815	1592	746	846	1672	794	878
39	1085	430	655	1413	637	776	1415	652	763
40-44岁	**6098**	**2268**	**3830**	**7842**	**3510**	**4332**	**7680**	**3654**	**4026**
40	909	334	575	1360	645	715	1432	660	772
41	1364	523	841	1323	594	729	1465	699	766
42	1347	514	833	1628	705	923	1301	616	685
43	1182	430	752	1650	720	930	1549	767	782
44	1296	467	829	1881	846	1035	1933	912	1021
45-49岁	**7587**	**2864**	**4723**	**10482**	**4696**	**5786**	**10934**	**5019**	**5915**
45	1332	491	841	1902	858	1044	1921	883	1038
46	1541	562	979	2065	959	1106	2154	1020	1134
47	1548	585	963	2196	976	1220	2185	951	1234
48	1557	602	955	2106	930	1176	2333	1072	1261
49	1609	624	985	2213	973	1240	2341	1093	1248
50-54岁	**7912**	**3077**	**4835**	**10439**	**4618**	**5821**	**10835**	**5221**	**5614**
50	1506	593	913	2331	1011	1320	2518	1171	1347
51	1616	638	978	1925	874	1051	2176	1052	1124
52	1955	759	1196	2267	1005	1262	2146	1016	1130
53	1386	533	853	1926	863	1063	1810	883	927
54	1449	554	895	1990	865	1125	2185	1099	1086
55-59岁	**7073**	**2762**	**4311**	**9650**	**4263**	**5387**	**10439**	**5060**	**5379**
55	1527	569	958	1991	887	1104	2214	1072	1142
56	1612	610	1002	2238	982	1256	2335	1132	1203
57	1753	724	1029	2514	1141	1373	2585	1276	1309
58	1281	519	762	1718	742	976	1973	937	1036
59	900	340	560	1189	511	678	1332	643	689
60-64岁	**4492**	**1640**	**2852**	**6569**	**2802**	**3767**	**7938**	**3745**	**4193**
60	1141	405	736	1544	672	872	1676	807	869
61	1070	408	662	1343	570	773	1553	748	805
62	880	311	569	1494	625	869	1571	737	834
63	799	312	487	1301	555	746	1763	835	928
64	602	204	398	887	380	507	1375	618	757
65岁及以上	**9042**	**3876**	**5166**	**9130**	**4464**	**4666**	**8887**	**4602**	**4285**

5-5a 续表 4

单位：人

年 龄	初婚年龄								
	24岁			25岁			26岁		
	小计	男	女	小计	男	女	小计	男	女
总 计	**73722**	**38070**	**35652**	**66396**	**36575**	**29821**	**51925**	**29816**	**22109**
20岁以下									
20-24岁	**330**	**142**	**188**						
20									
21									
22									
23									
24	330	142	188						
25-29岁	**5685**	**2414**	**3271**	**5703**	**2594**	**3109**	**4646**	**2159**	**2487**
25	923	376	547	473	188	285			
26	1102	442	660	1021	472	549	515	249	266
27	1081	450	631	1367	604	763	1176	541	635
28	1218	529	689	1393	642	751	1490	686	804
29	1361	617	744	1449	688	761	1465	683	782
30-34岁	**8640**	**3900**	**4740**	**9984**	**4742**	**5242**	**9592**	**4695**	**4897**
30	1816	799	1017	2039	969	1070	1931	925	1006
31	1807	786	1021	2038	956	1082	2086	1007	1079
32	1703	770	933	2015	946	1069	1801	862	939
33	1718	798	920	2164	1047	1117	1948	1002	946
34	1596	747	849	1728	824	904	1826	899	927
35-39岁	**7627**	**3672**	**3955**	**8342**	**4251**	**4091**	**7631**	**4054**	**3577**
35	1438	684	754	1592	782	810	1538	781	757
36	1629	784	845	1813	913	900	1661	895	766
37	1414	713	701	1627	824	803	1527	798	729
38	1696	793	903	1794	919	875	1660	877	783
39	1450	698	752	1516	813	703	1245	703	542
40-44岁	**6798**	**3463**	**3335**	**6181**	**3365**	**2816**	**5207**	**2988**	**2219**
40	1370	679	691	1337	720	617	1194	666	528
41	1351	679	672	1230	675	555	1087	612	475
42	1264	660	604	1309	706	603	1025	582	443
43	1101	575	526	1122	610	512	966	550	416
44	1712	870	842	1183	654	529	935	578	357
45-49岁	**9660**	**5022**	**4638**	**8076**	**4577**	**3499**	**5778**	**3485**	**2293**
45	1799	960	839	1444	800	644	880	506	374
46	1872	938	934	1673	934	739	1183	712	471
47	1892	971	921	1705	992	713	1239	759	480
48	1988	1031	957	1616	885	731	1196	707	489
49	2109	1122	987	1638	966	672	1280	801	479
50-54岁	**9044**	**5105**	**3939**	**7047**	**4298**	**2749**	**4848**	**3174**	**1674**
50	2032	1154	878	1826	1058	768	1246	797	449
51	1905	1055	850	1392	835	557	998	636	362
52	2066	1179	887	1500	930	570	1000	679	321
53	1290	741	549	1149	722	427	784	511	273
54	1751	976	775	1180	753	427	820	551	269
55-59岁	**9161**	**5208**	**3953**	**6794**	**4216**	**2578**	**4282**	**2831**	**1451**
55	1969	1129	840	1308	835	473	782	535	247
56	2026	1140	886	1610	1026	584	941	618	323
57	2253	1271	982	1750	1045	705	1131	757	374
58	1703	977	726	1218	734	484	811	523	288
59	1210	691	519	908	576	332	617	398	219
60-64岁	**7779**	**4113**	**3666**	**6034**	**3638**	**2396**	**3799**	**2432**	**1367**
60	1599	882	717	1287	806	481	820	539	281
61	1257	671	586	1030	629	401	671	441	230
62	1567	852	715	1118	690	428	726	483	243
63	1641	851	790	1289	771	518	779	487	292
64	1715	857	858	1310	742	568	803	482	321
65岁及以上	**8998**	**5031**	**3967**	**8235**	**4894**	**3341**	**6142**	**3998**	**2144**

5–5a 续表 5

单位：人

年 龄	初婚年龄								
	27岁			28岁			29岁		
	小计	男	女	小计	男	女	小计	男	女
总 计	**37813**	**22671**	**15142**	**25982**	**15908**	**10074**	**17472**	**10935**	**6537**
20岁以下									
20–24岁									
20									
21									
22									
23									
24									
25–29岁	**2926**	**1458**	**1468**	**1379**	**747**	**632**	**368**	**201**	**167**
25									
26									
27	544	260	284						
28	1114	545	569	461	241	220			
29	1268	653	615	918	506	412	368	201	167
30–34岁	**8327**	**4400**	**3927**	**6364**	**3506**	**2858**	**4470**	**2601**	**1869**
30	1775	913	862	1507	825	682	908	503	405
31	1695	879	816	1372	723	649	1016	592	424
32	1702	902	800	1184	621	563	878	508	370
33	1615	875	740	1247	725	522	858	524	334
34	1540	831	709	1054	612	442	810	474	336
35–39岁	**6412**	**3576**	**2836**	**5018**	**2972**	**2046**	**3619**	**2217**	**1402**
35	1402	785	617	986	564	422	733	440	293
36	1370	751	619	1129	670	459	773	463	310
37	1223	674	549	955	574	381	750	436	314
38	1314	727	587	1028	605	423	775	501	274
39	1103	639	464	920	559	361	588	377	211
40–44岁	**4223**	**2553**	**1670**	**3199**	**1939**	**1260**	**2364**	**1517**	**847**
40	949	576	373	754	426	328	544	330	214
41	859	551	308	626	394	232	503	327	176
42	910	526	384	644	383	261	466	284	182
43	728	418	310	597	352	245	390	270	120
44	777	482	295	578	384	194	461	306	155
45–49岁	**4057**	**2607**	**1450**	**2615**	**1666**	**949**	**1880**	**1232**	**648**
45	722	447	275	525	318	207	425	282	143
46	689	444	245	517	314	203	404	272	132
47	907	577	330	411	277	134	353	229	124
48	892	583	309	602	385	217	322	206	116
49	847	556	291	560	372	188	376	243	133
50–54岁	**3295**	**2263**	**1032**	**2139**	**1450**	**689**	**1502**	**972**	**530**
50	891	594	297	584	401	183	370	242	128
51	675	462	213	484	314	170	347	215	132
52	720	493	227	439	296	143	315	195	120
53	486	346	140	304	216	88	234	164	70
54	523	368	155	328	223	105	236	156	80
55–59岁	**2400**	**1659**	**741**	**1493**	**1064**	**429**	**943**	**637**	**306**
55	538	384	154	335	238	97	197	129	68
56	496	353	143	333	231	102	231	166	65
57	562	381	181	325	231	94	251	170	81
58	461	308	153	275	204	71	134	90	44
59	343	233	110	225	160	65	130	82	48
60–64岁	**2239**	**1513**	**726**	**1260**	**848**	**412**	**853**	**540**	**313**
60	451	297	154	263	176	87	180	113	67
61	424	292	132	237	168	69	141	91	50
62	457	315	142	229	146	83	174	114	60
63	445	317	128	278	191	87	162	107	55
64	462	292	170	253	167	86	196	115	81
65岁及以上	**3934**	**2642**	**1292**	**2515**	**1716**	**799**	**1473**	**1018**	**455**

5-5a 续表 6

单位：人

年龄	初婚年龄								
	30岁			31岁			32岁		
	小计	男	女	小计	男	女	小计	男	女
总 计	**12114**	**7662**	**4452**	**8282**	**5194**	**3088**	**6335**	**3948**	**2387**
20岁以下									
20-24岁									
20									
21									
22									
23									
24									
25-29岁									
25									
26									
27									
28									
29									
30-34岁	**2872**	**1655**	**1217**	**1665**	**987**	**678**	**870**	**537**	**333**
30	367	209	158						
31	620	352	268	233	135	98			
32	670	380	290	417	248	169	160	100	60
33	667	398	269	570	330	240	343	219	124
34	548	316	232	445	274	171	367	218	149
35-39岁	**2610**	**1628**	**982**	**1923**	**1177**	**746**	**1540**	**932**	**608**
35	515	311	204	340	199	141	287	177	110
36	487	303	184	413	243	170	313	197	116
37	544	347	197	335	212	123	309	194	115
38	617	382	235	470	299	171	332	188	144
39	447	285	162	365	224	141	299	176	123
40-44岁	**1876**	**1189**	**687**	**1423**	**891**	**532**	**1155**	**710**	**445**
40	372	226	146	291	188	103	235	155	80
41	416	268	148	302	180	122	239	142	97
42	425	260	165	288	179	109	216	124	92
43	330	216	114	275	173	102	214	133	81
44	333	219	114	267	171	96	251	156	95
45-49岁	**1349**	**922**	**427**	**975**	**649**	**326**	**933**	**598**	**335**
45	310	204	106	217	145	72	209	134	75
46	309	212	97	238	162	76	191	125	66
47	282	198	84	213	137	76	205	139	66
48	241	162	79	177	122	55	172	102	70
49	207	146	61	130	83	47	156	98	58
50-54岁	**1076**	**716**	**360**	**699**	**440**	**259**	**561**	**342**	**219**
50	258	179	79	134	85	49	125	76	49
51	247	170	77	140	98	42	93	63	30
52	252	158	94	159	95	64	127	74	53
53	150	96	54	139	89	50	103	58	45
54	169	113	56	127	73	54	113	71	42
55-59岁	**678**	**433**	**245**	**516**	**327**	**189**	**440**	**269**	**171**
55	171	118	53	116	72	44	110	66	44
56	166	106	60	112	71	41	111	61	50
57	159	94	65	126	87	39	100	64	36
58	115	76	39	99	62	37	62	39	23
59	67	39	28	63	35	28	57	39	18
60-64岁	**577**	**351**	**226**	**368**	**238**	**130**	**294**	**182**	**112**
60	122	75	47	58	40	18	62	34	28
61	103	65	38	58	40	18	40	25	15
62	130	77	53	80	47	33	66	45	21
63	112	67	45	94	62	32	57	36	21
64	110	67	43	78	49	29	69	42	27
65岁及以上	**1076**	**768**	**308**	**713**	**485**	**228**	**542**	**378**	**164**

5-5a 续表 7 单位：人

年 龄	初婚年龄								
	33岁			34岁			35岁		
	小计	男	女	小计	男	女	小计	男	女
总 计	**4667**	**2894**	**1773**	**3737**	**2277**	**1460**	**2858**	**1751**	**1107**
20岁以下									
20-24岁									
20									
21									
22									
23									
24									
25-29岁									
25									
26									
27									
28									
29									
30-34岁	**357**	**187**	**170**	**93**	**53**	**40**			
30									
31									
32									
33	126	63	63						
34	231	124	107	93	53	40			
35-39岁	**1203**	**711**	**492**	**1008**	**586**	**422**	**689**	**407**	**282**
35	268	162	106	194	112	82	53	31	22
36	223	131	92	206	116	90	132	78	54
37	233	131	102	194	122	72	168	91	77
38	277	167	110	212	120	92	179	112	67
39	202	120	82	202	116	86	157	95	62
40-44岁	**869**	**533**	**336**	**743**	**439**	**304**	**628**	**360**	**268**
40	186	111	75	157	83	74	155	85	70
41	191	124	67	149	84	65	131	69	62
42	163	106	57	157	100	57	120	77	43
43	169	105	64	130	79	51	110	63	47
44	160	87	73	150	93	57	112	66	46
45-49岁	**750**	**467**	**283**	**677**	**430**	**247**	**534**	**328**	**206**
45	163	107	56	147	88	59	106	59	47
46	170	114	56	156	90	66	131	73	58
47	164	97	67	136	92	44	119	78	41
48	143	87	56	120	73	47	90	57	33
49	110	62	48	118	87	31	88	61	27
50-54岁	**422**	**275**	**147**	**325**	**210**	**115**	**322**	**211**	**111**
50	126	75	51	79	48	31	100	68	32
51	86	61	25	74	48	26	73	48	25
52	84	56	28	66	46	20	77	51	26
53	43	33	10	43	29	14	40	27	13
54	83	50	33	63	39	24	32	17	15
55-59岁	**393**	**246**	**147**	**358**	**215**	**143**	**233**	**155**	**78**
55	115	71	44	69	39	30	44	29	15
56	93	58	35	83	47	36	51	36	15
57	86	55	31	86	56	30	61	40	21
58	64	39	25	76	47	29	44	29	15
59	35	23	12	44	26	18	33	21	12
60-64岁	**227**	**154**	**73**	**191**	**119**	**72**	**176**	**110**	**66**
60	62	41	21	45	29	16	45	27	18
61	42	31	11	44	28	16	40	24	16
62	30	21	9	35	21	14	38	23	15
63	54	37	17	29	21	8	29	18	11
64	39	24	15	38	20	18	24	18	6
65岁及以上	**446**	**321**	**125**	**342**	**225**	**117**	**276**	**180**	**96**

5−5a　续表 8　　　　单位：人

年　龄	初婚年龄								
	36岁			37岁			38岁		
	小计	男	女	小计	男	女	小计	男	女
总　计	**2244**	**1385**	**859**	**1777**	**1101**	**676**	**1464**	**900**	**564**
20岁以下									
20−24岁									
20									
21									
22									
23									
24									
25−29岁									
25									
26									
27									
28									
29									
30−34岁									
30									
31									
32									
33									
34									
35−39岁	**423**	**239**	**184**	**253**	**155**	**98**	**121**	**69**	**52**
35									
36	45	19	26						
37	101	57	44	41	24	17			
38	141	83	58	117	78	39	35	18	17
39	136	80	56	95	53	42	86	51	35
40−44岁	**484**	**290**	**194**	**432**	**251**	**181**	**372**	**236**	**136**
40	104	63	41	76	40	36	87	54	33
41	109	61	48	92	61	31	65	36	29
42	78	42	36	98	58	40	64	39	25
43	91	55	36	90	46	44	75	49	26
44	102	69	33	76	46	30	81	58	23
45−49岁	**498**	**303**	**195**	**398**	**257**	**141**	**397**	**237**	**160**
45	91	58	33	83	58	25	73	41	32
46	121	65	56	69	48	21	82	50	32
47	100	64	36	80	53	27	75	46	29
48	104	63	41	90	50	40	89	51	38
49	82	53	29	76	48	28	78	49	29
50−54岁	**274**	**193**	**81**	**217**	**134**	**83**	**213**	**127**	**86**
50	84	51	33	62	39	23	69	35	34
51	64	48	16	47	30	17	52	33	19
52	51	42	9	45	25	20	34	24	10
53	39	25	14	38	23	15	28	16	12
54	36	27	9	25	17	8	30	19	11
55−59岁	**200**	**136**	**64**	**155**	**96**	**59**	**124**	**84**	**40**
55	22	14	8	25	20	5	36	25	11
56	42	28	14	25	14	11	22	15	7
57	56	42	14	46	26	20	21	19	2
58	46	30	16	39	21	18	24	16	8
59	34	22	12	20	15	5	21	9	12
60−64岁	**154**	**88**	**66**	**122**	**75**	**47**	**103**	**61**	**42**
60	42	21	21	34	20	14	15	7	8
61	36	18	18	23	11	12	17	11	6
62	31	22	9	20	14	6	23	15	8
63	24	12	12	27	16	11	34	20	14
64	21	15	6	18	14	4	14	8	6
65岁及以上	**211**	**136**	**75**	**200**	**133**	**67**	**134**	**86**	**48**

5-5a　续表 9

单位：人

年　龄	初婚年龄					
	39岁			40岁及以上		
	小计	男	女	小计	男	女
总　计	**1204**	**756**	**448**	**7205**	**4252**	**2953**
20岁以下						
20-24岁						
20						
21						
22						
23						
24						
25-29岁						
25						
26						
27						
28						
29						
30-34岁						
30						
31						
32						
33						
34						
35-39岁	**26**	**16**	**10**			
35						
36						
37						
38						
39	26	16	10			
40-44岁	**315**	**197**	**118**	**593**	**326**	**267**
40	65	45	20	30	15	15
41	65	33	32	79	39	40
42	70	44	26	116	69	47
43	47	35	12	151	82	69
44	68	40	28	217	121	96
45-49岁	**282**	**179**	**103**	**1500**	**863**	**637**
45	58	37	21	256	131	125
46	57	36	21	267	157	110
47	52	33	19	303	178	125
48	59	37	22	354	213	141
49	56	36	20	320	184	136
50-54岁	**224**	**139**	**85**	**1489**	**925**	**564**
50	64	39	25	375	229	146
51	54	35	19	327	202	125
52	46	27	19	323	197	126
53	35	26	9	236	149	87
54	25	12	13	228	148	80
55-59岁	**123**	**79**	**44**	**1042**	**642**	**400**
55	32	26	6	225	144	81
56	41	23	18	234	139	95
57	24	13	11	272	168	104
58	11	7	4	207	132	75
59	15	10	5	104	59	45
60-64岁	**79**	**55**	**24**	**740**	**411**	**329**
60	14	11	3	151	82	69
61	17	12	5	131	72	59
62	16	13	3	167	93	74
63	15	8	7	145	74	71
64	17	11	6	146	90	56
65岁及以上	**155**	**91**	**64**	**1841**	**1085**	**756**

5-5b 全区分年龄、性别、初婚年龄的人口(镇)

单位：人

年龄	初婚年龄					
	合计			15岁以下		
	合计	男	女	小计	男	女
总计	**470778**	**230151**	**240627**	**558**	**86**	**472**
20岁以下	**76**	**12**	**64**	**1**		**1**
20-24岁	**3515**	**1110**	**2405**	**8**		**8**
20	134	23	111	2		2
21	241	57	184			
22	480	139	341	3		3
23	956	282	674	2		2
24	1704	609	1095	1		1
25-29岁	**26830**	**11556**	**15274**	**17**		**17**
25	2805	1024	1781	6		6
26	3986	1539	2447	4		4
27	5351	2304	3047	1		1
28	6733	3008	3725	3		3
29	7955	3681	4274	3		3
30-34岁	**58535**	**28433**	**30102**	**39**	**11**	**28**
30	11453	5457	5996	8	1	7
31	11847	5653	6194	5	1	4
32	11385	5608	5777	12	3	9
33	12448	6114	6334	6	2	4
34	11402	5601	5801	8	4	4
35-39岁	**57001**	**28636**	**28365**	**29**	**7**	**22**
35	10612	5217	5395	5	3	2
36	11931	6023	5908	8		8
37	10749	5381	5368	6	1	5
38	12649	6435	6214	7	3	4
39	11060	5580	5480	3		3
40-44岁	**51013**	**25830**	**25183**	**32**	**6**	**26**
40	10257	5236	5021	7	1	6
41	10587	5339	5248	6	1	5
42	10012	5018	4994	5	1	4
43	9321	4720	4601	7	2	5
44	10836	5517	5319	7	1	6
45-49岁	**61813**	**31350**	**30463**	**39**	**7**	**32**
45	11416	5794	5622	9		9
46	12447	6275	6172	4	1	3
47	12326	6269	6057	9	2	7
48	12564	6368	6196	7	2	5
49	13060	6644	6416	10	2	8
50-54岁	**57801**	**29509**	**28292**	**59**	**14**	**45**
50	13462	6885	6577	11	5	6
51	11522	5937	5585	8	1	7
52	12710	6420	6290	15	3	12
53	9578	4911	4667	11	2	9
54	10529	5356	5173	14	3	11
55-59岁	**48320**	**24198**	**24122**	**34**	**4**	**30**
55	10599	5443	5156	12	3	9
56	10757	5441	5316	5		5
57	11544	5737	5807	8		8
58	9178	4489	4689	7	1	6
59	6242	3088	3154	2		2
60-64岁	**36702**	**17925**	**18777**	**54**	**6**	**48**
60	8060	3997	4063	10		10
61	6862	3382	3480	10	2	8
62	7332	3539	3793	11	2	9
63	7627	3759	3868	11		11
64	6821	3248	3573	12	2	10
65岁及以上	**69172**	**31592**	**37580**	**246**	**31**	**215**

5-5b　续表 1　　　　　　　　　　　　　　　　　　　　　　　　　　　　　　　　　　　　单位：人

年　龄	初婚年龄								
	15岁			16岁			17岁		
	小计	男	女	小计	男	女	小计	男	女
总　计	**2570**	**508**	**2062**	**5156**	**926**	**4230**	**9575**	**1841**	**7734**
20岁以下	**5**	**1**	**4**	**8**	**2**	**6**	**23**	**3**	**20**
20-24岁	**37**	**8**	**29**	**75**	**14**	**61**	**143**	**25**	**118**
20	3		3	8	2	6	16	1	15
21	5	1	4	12	1	11	20	4	16
22	6	1	5	15	6	9	27	5	22
23	12	2	10	16	1	15	37	6	31
24	11	4	7	24	4	20	43	9	34
25-29岁	**71**	**16**	**55**	**139**	**34**	**105**	**398**	**75**	**323**
25	17	3	14	16	4	12	63	14	49
26	14	4	10	32	8	24	72	9	63
27	13	2	11	30	8	22	85	20	65
28	13	5	8	33	5	28	92	17	75
29	14	2	12	28	9	19	86	15	71
30-34岁	**141**	**47**	**94**	**264**	**71**	**193**	**489**	**91**	**398**
30	27	5	22	41	11	30	97	16	81
31	38	14	24	69	13	56	101	21	80
32	22	7	15	63	15	48	96	19	77
33	32	13	19	37	12	25	96	16	80
34	22	8	14	54	20	34	99	19	80
35-39岁	**106**	**33**	**73**	**271**	**60**	**211**	**510**	**117**	**393**
35	25	13	12	33	9	24	86	20	66
36	32	8	24	74	24	50	91	24	67
37	18	2	16	65	12	53	111	21	90
38	21	6	15	48	8	40	125	24	101
39	10	4	6	51	7	44	97	28	69
40-44岁	**144**	**45**	**99**	**253**	**64**	**189**	**466**	**106**	**360**
40	26	6	20	35	12	23	72	12	60
41	26	12	14	58	16	42	75	18	57
42	30	7	23	45	11	34	99	25	74
43	28	11	17	38	7	31	92	20	72
44	34	9	25	77	18	59	128	31	97
45-49岁	**216**	**64**	**152**	**424**	**126**	**298**	**877**	**244**	**633**
45	46	14	32	70	21	49	138	42	96
46	57	15	42	93	30	63	134	30	104
47	40	10	30	86	35	51	209	64	145
48	39	13	26	94	23	71	195	63	132
49	34	12	22	81	17	64	201	45	156
50-54岁	**235**	**65**	**170**	**442**	**100**	**342**	**879**	**239**	**640**
50	41	9	32	90	19	71	177	45	132
51	47	15	32	106	31	75	159	36	123
52	58	15	43	95	17	78	185	52	133
53	39	10	29	68	19	49	185	50	135
54	50	16	34	83	14	69	173	56	117
55-59岁	**192**	**44**	**148**	**387**	**91**	**296**	**875**	**204**	**671**
55	58	15	43	79	19	60	157	46	111
56	47	9	38	101	30	71	183	50	133
57	48	10	38	89	17	72	258	58	200
58	19	5	14	72	19	53	170	33	137
59	20	5	15	46	6	40	107	17	90
60-64岁	**209**	**36**	**173**	**360**	**51**	**309**	**703**	**120**	**583**
60	34	5	29	44	6	38	112	19	93
61	41	8	33	60	11	49	100	19	81
62	38	6	32	62	11	51	122	16	106
63	48	9	39	91	12	79	182	41	141
64	48	8	40	103	11	92	187	25	162
65岁及以上	**1214**	**149**	**1065**	**2533**	**313**	**2220**	**4212**	**617**	**3595**

5-5b 续表 2　　单位：人

年龄	初婚年龄								
	18岁			19岁			20岁		
	小计	男	女	小计	男	女	小计	男	女
总　计	**17048**	**4071**	**12977**	**29288**	**8693**	**20595**	**44220**	**15289**	**28931**
20岁以下	**27**	**5**	**22**	**12**	**1**	**11**			
20-24岁	**240**	**41**	**199**	**374**	**88**	**286**	**547**	**133**	**414**
20	28	3	25	34	7	27	43	10	33
21	32	9	23	69	18	51	69	15	54
22	38	5	33	70	16	54	110	25	85
23	68	8	60	87	17	70	146	32	114
24	74	16	58	114	30	84	179	51	128
25-29岁	**673**	**153**	**520**	**1227**	**313**	**914**	**1970**	**556**	**1414**
25	93	21	72	150	38	112	255	52	203
26	117	28	89	187	37	150	290	72	218
27	153	32	121	259	72	187	355	107	248
28	144	34	110	297	81	216	511	157	354
29	166	38	128	334	85	249	559	168	391
30-34岁	**1178**	**296**	**882**	**2402**	**611**	**1791**	**4144**	**1272**	**2872**
30	240	64	176	471	149	322	768	227	541
31	227	62	165	508	136	372	705	206	499
32	217	58	159	426	97	329	882	288	594
33	251	60	191	477	107	370	910	277	633
34	243	52	191	520	122	398	879	274	605
35-39岁	**1253**	**277**	**976**	**2556**	**617**	**1939**	**4706**	**1402**	**3304**
35	214	39	175	496	102	394	852	250	602
36	252	63	189	512	130	382	1010	301	709
37	204	40	164	525	133	392	899	266	633
38	324	70	254	468	116	352	1098	341	757
39	259	65	194	555	136	419	847	244	603
40-44岁	**1079**	**246**	**833**	**2452**	**631**	**1821**	**4695**	**1343**	**3352**
40	218	30	188	540	140	400	976	280	696
41	190	52	138	520	139	381	1061	316	745
42	192	48	144	433	92	341	929	245	684
43	222	54	168	400	108	292	787	228	559
44	257	62	195	559	152	407	942	274	668
45-49岁	**1831**	**502**	**1329**	**3513**	**1065**	**2448**	**5425**	**1855**	**3570**
45	285	77	208	594	156	438	974	284	690
46	317	72	245	698	208	490	1144	380	764
47	332	96	236	721	201	520	1131	421	710
48	412	112	300	656	226	430	1113	385	728
49	485	145	340	844	274	570	1063	385	678
50-54岁	**1842**	**495**	**1347**	**3701**	**1219**	**2482**	**5909**	**2142**	**3767**
50	375	106	269	863	302	561	1386	522	864
51	357	102	255	745	258	487	1237	445	792
52	448	110	338	794	245	549	1264	453	811
53	328	98	230	599	192	407	968	351	617
54	334	79	255	700	222	478	1054	371	683
55-59岁	**1763**	**454**	**1309**	**3236**	**985**	**2251**	**4961**	**1862**	**3099**
55	358	100	258	717	237	480	1122	411	711
56	393	108	285	642	210	432	1109	437	672
57	365	86	279	808	250	558	1190	468	722
58	396	98	298	589	167	422	950	340	610
59	251	62	189	480	121	359	590	206	384
60-64岁	**1181**	**223**	**958**	**2071**	**557**	**1514**	**3409**	**1277**	**2132**
60	232	43	189	524	145	379	875	318	557
61	178	39	139	356	85	271	735	269	466
62	198	35	163	351	86	265	638	228	410
63	287	50	237	400	112	288	602	248	354
64	286	56	230	440	129	311	559	214	345
65岁及以上	**5981**	**1379**	**4602**	**7744**	**2606**	**5138**	**8454**	**3447**	**5007**

5-5b　续表 3　　　　单位：人

年　龄	初婚年龄								
	21岁			22岁			23岁		
	小计	男	女	小计	男	女	小计	男	女
总　计	**54727**	**24062**	**30665**	**63023**	**32271**	**30752**	**56639**	**30372**	**26267**
20岁以下									
20-24岁	**604**	**188**	**416**	**744**	**310**	**434**	**515**	**216**	**299**
20									
21	34	9	25						
22	118	38	80	93	43	50			
23	188	58	130	264	101	163	136	57	79
24	264	83	181	387	166	221	379	159	220
25-29岁	**2355**	**884**	**1471**	**3147**	**1460**	**1687**	**3437**	**1471**	**1966**
25	296	96	200	452	191	261	545	221	324
26	411	155	256	495	210	285	561	217	344
27	430	159	271	650	324	326	633	278	355
28	532	201	331	724	333	391	849	366	483
29	686	273	413	826	402	424	849	389	460
30-34岁	**5056**	**2177**	**2879**	**6249**	**3127**	**3122**	**5813**	**2842**	**2971**
30	893	365	528	1257	613	644	1122	533	589
31	1018	449	569	1244	614	630	1286	606	680
32	961	424	537	1175	585	590	1044	526	518
33	1122	484	638	1280	644	636	1222	608	614
34	1062	455	607	1293	671	622	1139	569	570
35-39岁	**6308**	**2666**	**3642**	**7232**	**3841**	**3391**	**6219**	**3365**	**2854**
35	1040	441	599	1177	601	576	1083	579	504
36	1356	566	790	1396	747	649	1186	642	544
37	1205	517	688	1403	758	645	1142	605	537
38	1416	604	812	1759	968	791	1462	791	671
39	1291	538	753	1497	767	730	1346	748	598
40-44岁	**6314**	**2646**	**3668**	**7543**	**3939**	**3604**	**6368**	**3441**	**2927**
40	1016	462	554	1392	723	669	1220	662	558
41	1389	590	799	1348	709	639	1259	661	598
42	1435	585	850	1563	822	741	1057	587	470
43	1159	466	693	1533	788	745	1334	716	618
44	1315	543	772	1707	897	810	1498	815	683
45-49岁	**7734**	**3359**	**4375**	**9447**	**4724**	**4723**	**8355**	**4533**	**3822**
45	1386	562	824	1738	906	832	1581	878	703
46	1551	668	883	1903	946	957	1679	902	777
47	1575	717	858	1885	923	962	1554	825	729
48	1610	725	885	1907	940	967	1787	975	812
49	1612	687	925	2014	1009	1005	1754	953	801
50-54岁	**7497**	**3393**	**4104**	**8575**	**4450**	**4125**	**7939**	**4381**	**3558**
50	1432	647	785	2052	1063	989	1881	992	889
51	1568	742	826	1481	784	697	1597	907	690
52	1803	777	1026	1929	989	940	1509	846	663
53	1290	588	702	1515	791	724	1378	760	618
54	1404	639	765	1598	823	775	1574	876	698
55-59岁	**6725**	**3030**	**3695**	**7382**	**3771**	**3611**	**6757**	**3688**	**3069**
55	1419	641	778	1589	841	748	1472	814	658
56	1594	724	870	1627	821	806	1447	765	682
57	1588	716	872	1828	952	876	1601	883	718
58	1278	563	715	1415	698	717	1374	742	632
59	846	386	460	923	459	464	863	484	379
60-64岁	**4689**	**2031**	**2658**	**5736**	**2782**	**2954**	**5544**	**3055**	**2489**
60	1039	460	579	1265	649	616	1142	636	506
61	1057	472	585	1037	512	525	1002	564	438
62	1032	435	597	1323	627	696	1040	571	469
63	858	364	494	1219	592	627	1326	734	592
64	703	300	403	892	402	490	1034	550	484
65岁及以上	**7445**	**3688**	**3757**	**6968**	**3867**	**3101**	**5692**	**3380**	**2312**

5-5b 续表 4

单位：人

年龄	初婚年龄								
	24岁			25岁			26岁		
	小计	男	女	小计	男	女	小计	男	女
总　计	**48048**	**27100**	**20948**	**38731**	**22682**	**16049**	**27842**	**16828**	**11014**
20岁以下									
20-24岁	**228**	**87**	**141**						
20									
21									
22									
23									
24	228	87	141						
25-29岁	**4037**	**1852**	**2185**	**3812**	**1808**	**2004**	**2763**	**1379**	**1384**
25	603	253	350	309	131	178			
26	787	326	461	726	330	396	290	143	147
27	787	377	410	906	408	498	709	336	373
28	828	374	454	899	438	461	887	474	413
29	1032	522	510	972	501	471	877	426	451
30-34岁	**6173**	**3150**	**3023**	**6541**	**3358**	**3183**	**5731**	**3090**	**2641**
30	1271	645	626	1481	700	781	1150	634	516
31	1307	636	671	1362	680	682	1226	654	572
32	1280	676	604	1261	662	599	1057	576	481
33	1243	631	612	1370	729	641	1249	667	582
34	1072	562	510	1067	587	480	1049	559	490
35-39岁	**5388**	**2954**	**2434**	**4840**	**2738**	**2102**	**3951**	**2367**	**1584**
35	1027	552	475	916	491	425	853	497	356
36	1145	641	504	1028	591	437	872	515	357
37	964	522	442	915	523	392	740	454	286
38	1193	648	545	1065	607	458	829	510	319
39	1059	591	468	916	526	390	657	391	266
40-44岁	**5098**	**2974**	**2124**	**3916**	**2362**	**1554**	**2827**	**1834**	**993**
40	1019	599	420	861	494	367	670	420	250
41	1044	584	460	829	495	334	598	385	213
42	959	590	369	789	466	323	536	353	183
43	829	475	354	713	461	252	464	295	169
44	1247	726	521	724	446	278	559	381	178
45-49岁	**6596**	**3798**	**2798**	**4990**	**3057**	**1933**	**3217**	**2080**	**1137**
45	1249	738	511	949	592	357	510	323	187
46	1314	751	563	1044	629	415	664	444	220
47	1346	755	591	997	606	391	646	412	234
48	1285	745	540	999	584	415	677	440	237
49	1402	809	593	1001	646	355	720	461	259
50-54岁	**6073**	**3582**	**2491**	**4380**	**2789**	**1591**	**2876**	**1847**	**1029**
50	1495	858	637	1150	694	456	653	406	247
51	1231	720	511	924	582	342	603	382	221
52	1383	804	579	951	624	327	657	406	251
53	851	517	334	710	463	247	455	316	139
54	1113	683	430	645	426	219	508	337	171
55-59岁	**5231**	**3139**	**2092**	**3520**	**2276**	**1244**	**2116**	**1389**	**727**
55	1205	733	472	779	514	265	411	274	137
56	1182	714	468	857	535	322	489	333	156
57	1203	691	512	785	489	296	526	336	190
58	932	575	357	629	418	211	391	252	139
59	709	426	283	470	320	150	299	194	105
60-64岁	**4271**	**2487**	**1784**	**2841**	**1792**	**1049**	**1682**	**1082**	**600**
60	864	518	346	677	440	237	354	230	124
61	763	438	325	487	309	178	319	207	112
62	882	509	373	554	348	206	319	202	117
63	857	504	353	583	373	210	343	216	127
64	905	518	387	540	322	218	347	227	120
65岁及以上	**4953**	**3077**	**1876**	**3891**	**2502**	**1389**	**2679**	**1760**	**919**

5-5b　续表 5　　　　单位：人

年　龄	初婚年龄								
	27岁			28岁			29岁		
	小计	男	女	小计	男	女	小计	男	女
总　计	**19792**	**12274**	**7518**	**13493**	**8415**	**5078**	**9457**	**6028**	**3429**
20岁以下									
20–24岁									
20									
21									
22									
23									
24									
25–29岁	**1815**	**1014**	**801**	**801**	**441**	**360**	**168**	**100**	**68**
25									
26									
27	340	181	159						
28	658	384	274	263	139	124			
29	817	449	368	538	302	236	168	100	68
30–34岁	**4806**	**2719**	**2087**	**3632**	**2062**	**1570**	**2631**	**1596**	**1035**
30	1049	589	460	849	471	378	547	326	221
31	989	528	461	741	417	324	577	350	227
32	980	574	406	675	374	301	515	305	210
33	938	550	388	739	426	313	499	313	186
34	850	478	372	628	374	254	493	302	191
35–39岁	**3323**	**1957**	**1366**	**2489**	**1537**	**952**	**1946**	**1230**	**716**
35	777	446	331	539	302	237	430	249	181
36	756	435	321	603	357	246	450	277	173
37	579	343	236	454	286	168	378	248	130
38	645	377	268	496	322	174	380	251	129
39	566	356	210	397	270	127	308	205	103
40–44岁	**2092**	**1382**	**710**	**1508**	**979**	**529**	**1182**	**745**	**437**
40	436	281	155	389	254	135	297	175	122
41	457	313	144	330	210	120	267	177	90
42	397	252	145	297	193	104	254	156	98
43	385	248	137	268	175	93	182	119	63
44	417	288	129	224	147	77	182	118	64
45–49岁	**2082**	**1383**	**699**	**1341**	**910**	**431**	**894**	**604**	**290**
45	402	261	141	274	184	90	187	125	62
46	355	234	121	273	192	81	192	130	62
47	448	310	138	194	133	61	164	111	53
48	416	276	140	283	183	100	152	106	46
49	461	302	159	317	218	99	199	132	67
50–54岁	**1795**	**1220**	**575**	**1242**	**832**	**410**	**871**	**569**	**302**
50	477	314	163	335	221	114	206	145	61
51	351	226	125	230	158	72	194	118	76
52	379	266	113	264	182	82	186	118	68
53	277	191	86	213	147	66	126	87	39
54	311	223	88	200	124	76	159	101	58
55–59岁	**1199**	**804**	**395**	**774**	**509**	**265**	**562**	**377**	**185**
55	257	161	96	185	136	49	155	118	37
56	235	170	65	158	104	54	118	78	40
57	311	210	101	164	108	56	140	94	46
58	257	167	90	147	84	63	63	38	25
59	139	96	43	120	77	43	86	49	37
60–64岁	**979**	**630**	**349**	**631**	**402**	**229**	**401**	**258**	**143**
60	217	138	79	142	82	60	100	65	35
61	168	111	57	111	72	39	82	51	31
62	209	125	84	128	82	46	61	40	21
63	198	131	67	145	93	52	83	50	33
64	187	125	62	105	73	32	75	52	23
65岁及以上	**1701**	**1165**	**536**	**1075**	**743**	**332**	**802**	**549**	**253**

5-5b 续表 6

单位：人

年 龄	初婚年龄								
	30岁			31岁			32岁		
	小计	男	女	小计	男	女	小计	男	女
总 计	**6527**	**4015**	**2512**	**4789**	**2907**	**1882**	**3718**	**2311**	**1407**
20岁以下									
20-24岁									
20									
21									
22									
23									
24									
25-29岁									
25									
26									
27									
28									
29									
30-34岁	**1618**	**935**	**683**	**898**	**551**	**347**	**494**	**287**	**207**
30	182	108	74						
31	333	205	128	111	61	50			
32	387	217	170	228	141	87	104	61	43
33	411	232	179	309	191	118	205	123	82
34	305	173	132	250	158	92	185	103	82
35-39岁	**1413**	**854**	**559**	**1148**	**676**	**472**	**963**	**573**	**390**
35	313	191	122	228	127	101	192	119	73
36	303	182	121	261	152	109	194	121	73
37	273	166	107	211	132	79	183	92	91
38	295	181	114	256	155	101	204	122	82
39	229	134	95	192	110	82	190	119	71
40-44岁	**908**	**573**	**335**	**769**	**465**	**304**	**597**	**390**	**207**
40	220	148	72	169	100	69	141	91	50
41	208	122	86	187	99	88	144	88	56
42	174	105	69	178	112	66	110	68	42
43	153	111	42	119	72	47	98	71	27
44	153	87	66	116	82	34	104	72	32
45-49岁	**653**	**419**	**234**	**561**	**362**	**199**	**486**	**315**	**171**
45	131	85	46	123	76	47	112	67	45
46	132	82	50	125	83	42	105	66	39
47	155	107	48	118	78	40	96	70	26
48	133	83	50	101	61	40	92	58	34
49	102	62	40	94	64	30	81	54	27
50-54岁	**651**	**411**	**240**	**458**	**275**	**183**	**346**	**229**	**117**
50	144	92	52	74	47	27	54	36	18
51	120	80	40	103	69	34	47	36	11
52	178	116	62	106	68	38	77	52	25
53	96	56	40	100	52	48	66	44	22
54	113	67	46	75	39	36	102	61	41
55-59岁	**372**	**236**	**136**	**326**	**182**	**144**	**309**	**167**	**142**
55	86	56	30	92	52	40	71	38	33
56	94	63	31	67	35	32	74	43	31
57	96	56	40	72	42	30	82	37	45
58	61	39	22	57	32	25	47	25	22
59	35	22	13	38	21	17	35	24	11
60-64岁	**333**	**187**	**146**	**246**	**145**	**101**	**168**	**105**	**63**
60	80	41	39	42	26	16	37	18	19
61	64	33	31	53	37	16	26	18	8
62	67	38	29	48	26	22	28	20	8
63	65	41	24	45	29	16	39	24	15
64	57	34	23	58	27	31	38	25	13
65岁及以上	**579**	**400**	**179**	**383**	**251**	**132**	**355**	**245**	**110**

5-5b　续表 7　　　　单位：人

年　龄	初婚年龄								
	33岁			34岁			35岁		
	小计	男	女	小计	男	女	小计	男	女
总　计	**2827**	**1764**	**1063**	**2246**	**1336**	**910**	**1697**	**1054**	**643**
20岁以下									
20-24岁									
20									
21									
22									
23									
24									
25-29岁									
25									
26									
27									
28									
29									
30-34岁	**176**	**109**	**67**	**60**	**31**	**29**			
30									
31									
32									
33	52	29	23						
34	124	80	44	60	31	29			
35-39岁	**771**	**464**	**307**	**618**	**350**	**268**	**435**	**266**	**169**
35	157	92	65	129	72	57	40	22	18
36	165	108	57	115	62	53	98	63	35
37	139	78	61	128	71	57	104	61	43
38	155	100	55	124	68	56	98	61	37
39	155	86	69	122	77	45	95	59	36
40-44岁	**560**	**353**	**207**	**445**	**273**	**172**	**371**	**233**	**138**
40	145	93	52	100	63	37	91	62	29
41	117	72	45	106	67	39	80	50	30
42	98	59	39	85	53	32	76	48	28
43	90	53	37	71	42	29	59	32	27
44	110	76	34	83	48	35	65	41	24
45-49岁	**408**	**263**	**145**	**373**	**215**	**158**	**342**	**211**	**131**
45	100	63	37	88	53	35	86	46	40
46	91	62	29	93	52	41	83	51	32
47	73	49	24	69	41	28	64	39	25
48	70	38	32	65	36	29	62	41	21
49	74	51	23	58	33	25	47	34	13
50-54岁	**224**	**137**	**87**	**194**	**122**	**72**	**150**	**95**	**55**
50	69	45	24	69	46	23	38	24	14
51	36	24	12	36	22	14	37	21	16
52	39	24	15	31	21	10	36	20	16
53	40	20	20	27	17	10	21	17	4
54	40	24	16	31	16	15	18	13	5
55-59岁	**261**	**166**	**95**	**218**	**128**	**90**	**135**	**73**	**62**
55	71	48	23	49	27	22	25	12	13
56	64	44	20	50	26	24	31	17	14
57	47	29	18	46	33	13	49	27	22
58	55	35	20	48	27	21	16	9	7
59	24	10	14	25	15	10	14	8	6
60-64岁	**149**	**94**	**55**	**130**	**75**	**55**	**94**	**57**	**37**
60	35	24	11	28	12	16	36	18	18
61	34	23	11	25	12	13	20	12	8
62	18	10	8	29	20	9	18	13	5
63	29	19	10	18	12	6	8	4	4
64	33	18	15	30	19	11	12	10	2
65岁及以上	**278**	**178**	**100**	**208**	**142**	**66**	**170**	**119**	**51**

5-5b 续表 8

单位：人

年龄	初婚年龄								
	36岁			37岁			38岁		
	小计	男	女	小计	男	女	小计	男	女
总计	**1355**	**852**	**503**	**1113**	**701**	**412**	**899**	**535**	**364**
20岁以下									
20-24岁									
20									
21									
22									
23									
24									
25-29岁									
25									
26									
27									
28									
29									
30-34岁									
30									
31									
32									
33									
34									
35-39岁	**279**	**159**	**120**	**145**	**78**	**67**	**79**	**37**	**42**
35									
36	24	14	10						
37	77	38	39	26	12	14			
38	94	56	38	57	30	27	30	16	14
39	84	51	33	62	36	26	49	21	28
40-44岁	**317**	**183**	**134**	**279**	**162**	**117**	**227**	**124**	**103**
40	63	35	28	54	30	24	42	25	17
41	76	43	33	67	41	26	42	20	22
42	68	36	32	53	29	24	50	26	24
43	52	29	23	52	32	20	45	23	22
44	58	40	18	53	30	23	48	30	18
45-49岁	**283**	**194**	**89**	**272**	**169**	**103**	**220**	**143**	**77**
45	54	42	12	62	40	22	50	31	19
46	54	32	22	47	31	16	43	27	16
47	62	42	20	55	34	21	33	24	9
48	51	36	15	63	39	24	47	32	15
49	62	42	20	45	25	20	47	29	18
50-54岁	**134**	**78**	**56**	**135**	**86**	**49**	**115**	**76**	**39**
50	35	19	16	37	27	10	37	21	16
51	29	17	12	29	15	14	33	22	11
52	30	19	11	34	27	7	21	15	6
53	20	9	11	19	7	12	17	13	4
54	20	14	6	16	10	6	7	5	2
55-59岁	**109**	**73**	**36**	**80**	**54**	**26**	**64**	**40**	**24**
55	17	11	6	12	11	1	13	8	5
56	24	16	8	14	12	2	12	6	6
57	25	17	8	18	7	11	11	6	5
58	27	21	6	20	14	6	17	9	8
59	16	8	8	16	10	6	11	11	
60-64岁	**82**	**50**	**32**	**78**	**56**	**22**	**76**	**42**	**34**
60	26	18	8	22	18	4	17	9	8
61	20	13	7	13	9	4	14	7	7
62	8	5	3	14	8	6	16	9	7
63	19	12	7	14	9	5	18	10	8
64	9	2	7	15	12	3	11	7	4
65岁及以上	**151**	**115**	**36**	**124**	**96**	**28**	**118**	**73**	**45**

5-5b　续表 9　　　　单位：人

年　龄	初婚年龄					
	39岁			40岁及以上		
	小计	男	女	小计	男	女
总　计	**778**	**500**	**278**	**4662**	**2730**	**1932**
20岁以下						
20-24岁						
20						
21						
22						
23						
24						
25-29岁						
25						
26						
27						
28						
29						
30-34岁						
30						
31						
32						
33						
34						
35-39岁	**23**	**11**	**12**			
35						
36						
37						
38						
39	23	11	12			
40-44岁	**184**	**121**	**63**	**387**	**210**	**177**
40	40	25	15	18	13	5
41	49	36	13	54	23	31
42	24	15	9	76	34	42
43	33	20	13	108	62	46
44	38	25	13	131	78	53
45-49岁	**220**	**149**	**71**	**1014**	**599**	**415**
45	52	36	16	166	92	74
46	43	34	9	209	123	86
47	54	35	19	210	129	81
48	36	24	12	212	122	90
49	35	20	15	217	133	84
50-54岁	**134**	**82**	**52**	**945**	**581**	**364**
50	56	38	18	225	142	83
51	25	12	13	189	112	77
52	24	14	10	214	137	77
53	10	8	2	149	86	63
54	19	10	9	168	104	64
55-59岁	**60**	**40**	**20**	**672**	**412**	**260**
55	20	14	6	168	103	65
56	5	3	2	135	88	47
57	20	14	6	166	101	65
58	6	3	3	135	75	60
59	9	6	3	68	45	23
60-64岁	**72**	**47**	**25**	**513**	**278**	**235**
60	12	9	3	94	50	44
61	11	8	3	76	41	35
62	19	11	8	99	56	43
63	12	8	4	127	62	65
64	18	11	7	117	69	48
65岁及以上	**85**	**50**	**35**	**1131**	**650**	**481**

5-5c 全区分年龄、性别、初婚年龄的人口(乡村)

单位：人

年龄	初婚年龄					
	合计			15岁以下		
	合计	男	女	小计	男	女
总计	**604491**	**307918**	**296573**	**1296**	**216**	**1080**
20岁以下	**129**	**14**	**115**	**6**	**2**	**4**
20-24岁	**3660**	**1256**	**2404**	**11**	**3**	**8**
20	182	31	151	3	1	2
21	321	70	251	1	1	
22	590	186	404	1		1
23	995	356	639	3		3
24	1572	613	959	3	1	2
25-29岁	**19385**	**9248**	**10137**	**23**	**3**	**20**
25	2338	987	1351	1		1
26	2904	1281	1623	6	1	5
27	3850	1836	2014	9	1	8
28	4703	2315	2388	3		3
29	5590	2829	2761	4	1	3
30-34岁	**42195**	**22319**	**19876**	**45**	**13**	**32**
30	8151	4196	3955	8	3	5
31	8362	4362	4000	11	2	9
32	7962	4240	3722	10	3	7
33	9117	4952	4165	7	2	5
34	8603	4569	4034	9	3	6
35-39岁	**49482**	**27050**	**22432**	**37**	**9**	**28**
35	8807	4792	4015	8	3	5
36	9793	5395	4398	10	2	8
37	9465	5142	4323	7	1	6
38	11257	6138	5119	6	2	4
39	10160	5583	4577	6	1	5
40-44岁	**52015**	**28015**	**24000**	**77**	**15**	**62**
40	10185	5475	4710	10	4	6
41	10621	5676	4945	16	2	14
42	9975	5381	4594	11	3	8
43	9561	5168	4393	19	2	17
44	11673	6315	5358	21	4	17
45-49岁	**77608**	**40396**	**37212**	**103**	**23**	**80**
45	13213	6853	6360	22	6	16
46	15406	8062	7344	20	3	17
47	15176	7886	7290	15	3	12
48	16423	8594	7829	19	5	14
49	17390	9001	8389	27	6	21
50-54岁	**83914**	**43469**	**40445**	**128**	**26**	**102**
50	18216	9439	8777	23	6	17
51	16564	8612	7952	30	7	23
52	17866	9197	8669	32	7	25
53	14844	7691	7153	23	1	22
54	16424	8530	7894	20	5	15
55-59岁	**78177**	**39060**	**39117**	**94**	**20**	**74**
55	16630	8466	8164	29	10	19
56	16474	8308	8166	12	1	11
57	18681	9403	9278	20	5	15
58	15610	7602	8008	14	3	11
59	10782	5281	5501	19	1	18
60-64岁	**68383**	**33788**	**34595**	**153**	**26**	**127**
60	14998	7622	7376	17	3	14
61	12626	6334	6292	26	4	22
62	12958	6370	6588	29	6	23
63	14475	7135	7340	40	5	35
64	13326	6327	6999	41	8	33
65岁及以上	**129543**	**63303**	**66240**	**619**	**76**	**543**

5-5c　续表 1　　　　单位：人

年龄	初婚年龄								
	15岁			16岁			17岁		
	小计	男	女	小计	男	女	小计	男	女
总　计	**6144**	**960**	**5184**	**11719**	**1832**	**9887**	**21086**	**4016**	**17070**
20岁以下	**12**	**4**	**8**	**29**	**3**	**26**	**40**	**3**	**37**
20-24岁	**50**	**7**	**43**	**130**	**13**	**117**	**240**	**38**	**202**
20	6		6	14		14	21		21
21	6	1	5	13		13	34	2	32
22	11	2	9	24	2	22	51	12	39
23	11	3	8	32	4	28	66	11	55
24	16	1	15	47	7	40	68	13	55
25-29岁	**121**	**22**	**99**	**257**	**48**	**209**	**639**	**132**	**507**
25	25	5	20	38	5	33	99	24	75
26	28	3	25	61	8	53	99	15	84
27	24	4	20	50	10	40	146	28	118
28	28	5	23	54	13	41	157	41	116
29	16	5	11	54	12	42	138	24	114
30-34岁	**206**	**48**	**158**	**344**	**81**	**263**	**748**	**178**	**570**
30	48	12	36	52	8	44	157	46	111
31	34	5	29	84	27	57	147	24	123
32	40	10	30	67	17	50	134	34	100
33	48	13	35	75	17	58	150	33	117
34	36	8	28	66	12	54	160	41	119
35-39岁	**191**	**53**	**138**	**314**	**83**	**231**	**753**	**166**	**587**
35	40	11	29	61	14	47	155	36	119
36	52	12	40	71	19	52	129	31	98
37	35	9	26	70	24	46	160	33	127
38	31	12	19	63	11	52	180	40	140
39	33	9	24	49	15	34	129	26	103
40-44岁	**271**	**69**	**202**	**495**	**119**	**376**	**855**	**195**	**660**
40	33	7	26	58	12	46	120	29	91
41	56	11	45	100	25	75	167	37	130
42	58	15	43	98	17	81	156	30	126
43	48	13	35	103	28	75	166	37	129
44	76	23	53	136	37	99	246	62	184
45-49岁	**504**	**110**	**394**	**1002**	**232**	**770**	**1952**	**495**	**1457**
45	112	27	85	121	27	94	263	64	199
46	94	18	76	249	59	190	300	70	230
47	97	22	75	191	54	137	455	118	337
48	99	18	81	213	50	163	485	132	353
49	102	25	77	228	42	186	449	111	338
50-54岁	**635**	**132**	**503**	**1276**	**308**	**968**	**2374**	**591**	**1783**
50	132	25	107	223	49	174	467	119	348
51	139	31	108	274	68	206	428	108	320
52	137	30	107	285	71	214	537	141	396
53	117	26	91	236	61	175	452	103	349
54	110	20	90	258	59	199	490	120	370
55-59岁	**565**	**105**	**460**	**1132**	**183**	**949**	**2426**	**497**	**1929**
55	170	35	135	206	41	165	487	117	370
56	148	27	121	307	54	253	442	96	346
57	117	21	96	289	52	237	736	151	585
58	81	13	68	214	26	188	468	82	386
59	49	9	40	116	10	106	293	51	242
60-64岁	**577**	**74**	**503**	**1096**	**136**	**960**	**2043**	**278**	**1765**
60	85	10	75	155	21	134	321	52	269
61	87	7	80	192	24	168	277	40	237
62	113	15	98	177	24	153	428	46	382
63	153	24	129	239	29	210	470	66	404
64	139	18	121	333	38	295	547	74	473
65岁及以上	**3012**	**336**	**2676**	**5644**	**626**	**5018**	**9016**	**1443**	**7573**

5-5c 续表 2　　单位：人

年　龄	初婚年龄								
	18岁			19岁			20岁		
	小计	男	女	小计	男	女	小计	男	女
总　计	**34678**	**8827**	**25851**	**55556**	**18481**	**37075**	**75677**	**30980**	**44697**
20岁以下	**22**		**22**	**20**	**2**	**18**			
20-24岁	**374**	**89**	**285**	**559**	**132**	**427**	**644**	**204**	**440**
20	39	8	31	54	12	42	45	10	35
21	52	11	41	88	17	71	95	29	66
22	67	11	56	100	20	80	144	50	94
23	98	24	74	120	30	90	142	37	105
24	118	35	83	197	53	144	218	78	140
25-29岁	**1149**	**304**	**845**	**1689**	**596**	**1093**	**2145**	**847**	**1298**
25	188	51	137	259	85	174	282	104	178
26	194	48	146	255	72	183	327	115	212
27	205	51	154	347	124	223	404	159	245
28	288	80	208	371	146	225	530	212	318
29	274	74	200	457	169	288	602	257	345
30-34岁	**1630**	**380**	**1250**	**3252**	**1043**	**2209**	**4999**	**2028**	**2971**
30	371	87	284	673	241	432	955	394	561
31	313	75	238	665	214	451	953	366	587
32	292	64	228	600	174	426	1012	418	594
33	343	91	252	664	205	459	1059	445	614
34	311	63	248	650	209	441	1020	405	615
35-39岁	**1657**	**386**	**1271**	**3539**	**1068**	**2471**	**5950**	**2263**	**3687**
35	304	70	234	680	221	459	1034	387	647
36	341	91	250	712	212	500	1261	490	771
37	260	60	200	722	216	506	1143	438	705
38	370	80	290	657	189	468	1417	562	855
39	382	85	297	768	230	538	1095	386	709
40-44岁	**1701**	**451**	**1250**	**3664**	**1066**	**2598**	**6364**	**2298**	**4066**
40	334	69	265	773	205	568	1344	509	835
41	324	66	258	781	227	554	1411	517	894
42	297	88	209	675	189	486	1238	438	800
43	324	98	226	611	178	433	1117	367	750
44	422	130	292	824	267	557	1254	467	787
45-49岁	**3754**	**1158**	**2596**	**6291**	**2126**	**4165**	**9085**	**3582**	**5503**
45	532	154	378	988	300	688	1560	549	1011
46	658	211	447	1133	373	760	1819	706	1113
47	638	194	444	1212	392	820	1842	727	1115
48	939	299	640	1259	458	801	1991	812	1179
49	987	300	687	1699	603	1096	1873	788	1085
50-54岁	**4536**	**1347**	**3189**	**8215**	**2953**	**5262**	**11322**	**4906**	**6416**
50	958	304	654	1776	643	1133	2531	1052	1479
51	913	280	633	1633	602	1031	2297	1027	1270
52	926	240	686	1696	605	1091	2448	1061	1387
53	857	263	594	1409	527	882	1872	816	1056
54	882	260	622	1701	576	1125	2174	950	1224
55-59岁	**4371**	**1067**	**3304**	**7570**	**2485**	**5085**	**10572**	**4192**	**6380**
55	857	224	633	1646	559	1087	2348	945	1403
56	888	240	648	1507	509	998	2224	894	1330
57	978	238	740	1805	581	1224	2445	983	1462
58	1024	232	792	1429	470	959	2165	819	1346
59	624	133	491	1183	366	817	1390	551	839
60-64岁	**3336**	**624**	**2712**	**5563**	**1525**	**4038**	**8251**	**3026**	**5225**
60	721	143	578	1349	395	954	2292	885	1407
61	500	107	393	1033	292	741	1738	621	1117
62	537	110	427	919	247	672	1462	522	940
63	769	129	640	1084	290	794	1418	525	893
64	809	135	674	1178	301	877	1341	473	868
65岁及以上	**12148**	**3021**	**9127**	**15194**	**5485**	**9709**	**16345**	**7634**	**8711**

5-5c　续表 3　　单位：人

年　龄	初婚年龄								
	21岁			22岁			23岁		
	小计	男	女	小计	男	女	小计	男	女
总　计	**83528**	**42255**	**41273**	**83567**	**48303**	**35264**	**63829**	**38889**	**24940**
20岁以下									
20-24岁	**605**	**252**	**353**	**605**	**304**	**301**	**321**	**150**	**171**
20									
21	32	9	23						
22	102	41	61	90	48	42			
23	230	102	128	204	106	98	89	39	50
24	241	100	141	311	150	161	232	111	121
25-29岁	**2247**	**1088**	**1159**	**2431**	**1343**	**1088**	**2084**	**1133**	**951**
25	284	122	162	358	178	180	321	168	153
26	352	165	187	372	196	176	330	171	159
27	431	207	224	466	263	203	406	238	168
28	545	275	270	557	321	236	479	257	222
29	635	319	316	678	385	293	548	299	249
30-34岁	**5626**	**2917**	**2709**	**5500**	**3275**	**2225**	**4114**	**2455**	**1659**
30	921	465	456	981	545	436	772	439	333
31	1117	562	555	975	584	391	816	495	321
32	1041	547	494	1088	670	418	698	413	285
33	1335	708	627	1219	744	475	944	587	357
34	1212	635	577	1237	732	505	884	521	363
35-39岁	**7300**	**3694**	**3606**	**7681**	**4637**	**3044**	**5488**	**3422**	**2066**
35	1185	578	607	1265	787	478	952	571	381
36	1420	744	676	1415	859	556	1070	676	394
37	1455	753	702	1459	864	595	1016	632	384
38	1715	833	882	1861	1148	713	1290	782	508
39	1525	786	739	1681	979	702	1160	761	399
40-44岁	**7880**	**3884**	**3996**	**8647**	**5202**	**3445**	**6154**	**3766**	**2388**
40	1328	658	670	1655	990	665	1227	751	476
41	1740	850	890	1501	941	560	1245	773	472
42	1626	819	807	1757	1048	709	951	576	375
43	1490	733	757	1703	1029	674	1183	740	443
44	1696	824	872	2031	1194	837	1548	926	622
45-49岁	**11385**	**5641**	**5744**	**12198**	**6918**	**5280**	**9356**	**5470**	**3886**
45	1859	865	994	2153	1228	925	1696	1004	692
46	2442	1173	1269	2426	1400	1026	1771	1038	733
47	2330	1159	1171	2495	1434	1061	1737	1014	723
48	2322	1173	1149	2546	1424	1122	1982	1154	828
49	2432	1271	1161	2578	1432	1146	2170	1260	910
50-54岁	**12594**	**6453**	**6141**	**12156**	**6881**	**5275**	**8861**	**5326**	**3535**
50	2381	1246	1135	2609	1466	1143	2037	1199	838
51	2671	1388	1283	2084	1178	906	1644	973	671
52	2779	1396	1383	2808	1634	1174	1600	978	622
53	2376	1188	1188	2182	1217	965	1740	1072	668
54	2387	1235	1152	2473	1386	1087	1840	1104	736
55-59岁	**11860**	**5900**	**5960**	**11459**	**6378**	**5081**	**8856**	**5315**	**3541**
55	2368	1201	1167	2426	1336	1090	1955	1182	773
56	2679	1309	1370	2284	1295	989	1819	1079	740
57	2863	1474	1389	3047	1714	1333	1927	1197	730
58	2311	1135	1176	2260	1228	1032	1898	1129	769
59	1639	781	858	1442	805	637	1257	728	529
60-64岁	**9786**	**4599**	**5187**	**10383**	**5609**	**4774**	**8454**	**5062**	**3392**
60	2144	1076	1068	2189	1262	927	1710	1049	661
61	2199	1030	1169	1764	995	769	1489	932	557
62	1933	896	1037	2345	1234	1111	1446	825	621
63	1949	877	1072	2279	1226	1053	2171	1285	886
64	1561	720	841	1806	892	914	1638	971	667
65岁及以上	**14245**	**7827**	**6418**	**12507**	**7756**	**4751**	**10141**	**6790**	**3351**

5-5c 续表 4

单位：人

年 龄	初婚年龄								
	24岁			25岁			26岁		
	小计	男	女	小计	男	女	小计	男	女
总 计	**46587**	**30118**	**16469**	**32976**	**22339**	**10637**	**22052**	**15304**	**6748**
20岁以下									
20-24岁	**121**	**64**	**57**						
20									
21									
22									
23									
24	121	64	57						
25-29岁	**2186**	**1216**	**970**	**1807**	**998**	**809**	**1293**	**714**	**579**
25	327	172	155	156	73	83			
26	414	238	176	322	170	152	144	79	65
27	458	242	216	452	260	192	315	169	146
28	418	248	170	431	233	198	410	220	190
29	569	316	253	446	262	184	424	246	178
30-34岁	**3416**	**2089**	**1327**	**2999**	**1868**	**1131**	**2476**	**1553**	**923**
30	722	427	295	701	416	285	525	330	195
31	719	444	275	628	381	247	561	334	227
32	638	381	257	563	346	217	462	298	164
33	645	399	246	591	378	213	497	306	191
34	692	438	254	516	347	169	431	285	146
35-39岁	**3921**	**2609**	**1312**	**2965**	**2018**	**947**	**2119**	**1512**	**607**
35	715	491	224	586	392	194	395	266	129
36	791	527	264	573	385	188	429	311	118
37	691	434	257	600	410	190	389	280	109
38	859	569	290	643	429	214	506	364	142
39	865	588	277	563	402	161	400	291	109
40-44岁	**4195**	**2763**	**1432**	**2765**	**1927**	**838**	**1940**	**1365**	**575**
40	840	557	283	597	404	193	392	287	105
41	848	558	290	556	381	175	399	277	122
42	801	527	274	577	407	170	349	252	97
43	675	437	238	507	363	144	372	257	115
44	1031	684	347	528	372	156	428	292	136
45-49岁	**6425**	**3958**	**2467**	**4378**	**2898**	**1480**	**2694**	**1881**	**813**
45	1130	719	411	789	526	263	376	279	97
46	1278	783	495	895	591	304	581	411	170
47	1183	736	447	899	595	304	530	364	166
48	1286	779	507	872	595	277	631	438	193
49	1548	941	607	923	591	332	576	389	187
50-54岁	**6363**	**4044**	**2319**	**4299**	**2896**	**1403**	**2797**	**1925**	**872**
50	1490	921	569	1106	722	384	594	396	198
51	1237	770	467	951	646	305	629	439	190
52	1338	842	496	887	581	306	609	413	196
53	936	605	331	690	458	232	468	322	146
54	1362	906	456	665	489	176	497	355	142
55-59岁	**5922**	**3772**	**2150**	**3837**	**2610**	**1227**	**2373**	**1684**	**689**
55	1238	826	412	877	611	266	428	296	132
56	1297	807	490	849	596	253	513	369	144
57	1279	800	479	941	644	297	601	440	161
58	1160	739	421	668	437	231	521	354	167
59	948	600	348	502	322	180	310	225	85
60-64岁	**6020**	**3908**	**2112**	**3807**	**2675**	**1132**	**2386**	**1690**	**696**
60	1278	825	453	909	631	278	444	287	157
61	1038	670	368	708	501	207	452	330	122
62	1127	725	402	690	481	209	524	384	140
63	1108	733	375	846	593	253	519	371	148
64	1469	955	514	654	469	185	447	318	129
65岁及以上	**8018**	**5695**	**2323**	**6119**	**4449**	**1670**	**3974**	**2980**	**994**

5-5c 续表 5

单位：人

年龄	初婚年龄								
	27岁			28岁			29岁		
	小计	男	女	小计	男	女	小计	男	女
总计	**15373**	**10841**	**4532**	**10941**	**7759**	**3182**	**7857**	**5512**	**2345**
20岁以下									
20-24岁									
20									
21									
22									
23									
24									
25-29岁	**819**	**497**	**322**	**382**	**241**	**141**	**113**	**66**	**47**
25									
26									
27	137	80	57						
28	299	190	109	133	74	59			
29	383	227	156	249	167	82	113	66	47
30-34岁	**2058**	**1302**	**756**	**1709**	**1107**	**602**	**1255**	**799**	**456**
30	479	277	202	422	274	148	248	154	94
31	409	261	148	380	235	145	281	178	103
32	411	270	141	284	193	91	251	156	95
33	414	278	136	350	235	115	241	157	84
34	345	216	129	273	170	103	234	154	80
35-39岁	**1582**	**1127**	**455**	**1233**	**863**	**370**	**975**	**696**	**279**
35	329	229	100	273	188	85	224	153	71
36	318	217	101	245	180	65	210	153	57
37	308	223	85	230	163	67	186	129	57
38	342	259	83	256	166	90	170	125	45
39	285	199	86	229	166	63	185	136	49
40-44岁	**1289**	**954**	**335**	**1003**	**739**	**264**	**745**	**536**	**209**
40	257	189	68	222	159	63	180	113	67
41	277	203	74	195	149	46	169	119	50
42	255	188	67	172	121	51	149	118	31
43	225	170	55	201	144	57	105	74	31
44	275	204	71	213	166	47	142	112	30
45-49岁	**1763**	**1254**	**509**	**1245**	**907**	**338**	**823**	**598**	**225**
45	316	227	89	227	165	62	161	120	41
46	313	224	89	252	201	51	175	121	54
47	321	231	90	171	119	52	167	119	48
48	412	294	118	286	213	73	135	103	32
49	401	278	123	309	209	100	185	135	50
50-54岁	**1936**	**1326**	**610**	**1273**	**894**	**379**	**1011**	**679**	**332**
50	465	305	160	289	208	81	233	161	72
51	393	278	115	232	160	72	231	144	87
52	402	265	137	279	191	88	227	151	76
53	330	229	101	233	166	67	154	100	54
54	346	249	97	240	169	71	166	123	43
55-59岁	**1566**	**1122**	**444**	**1047**	**737**	**310**	**761**	**503**	**258**
55	361	250	111	235	176	59	184	121	63
56	285	205	80	222	145	77	158	109	49
57	378	269	109	199	139	60	186	127	59
58	301	215	86	223	156	67	114	68	46
59	241	183	58	168	121	47	119	78	41
60-64岁	**1495**	**1091**	**404**	**1059**	**743**	**316**	**741**	**519**	**222**
60	292	207	85	226	159	67	163	123	40
61	246	182	64	182	123	59	143	96	47
62	283	198	85	187	133	54	133	88	45
63	345	254	91	252	177	75	146	99	47
64	329	250	79	212	151	61	156	113	43
65岁及以上	**2865**	**2168**	**697**	**1990**	**1528**	**462**	**1433**	**1116**	**317**

5-5c 续表 6

单位：人

年龄	初婚年龄								
	30岁			31岁			32岁		
	小计	男	女	小计	男	女	小计	男	女
总计	**5883**	**4070**	**1813**	**4424**	**3082**	**1342**	**3599**	**2462**	**1137**
20岁以下									
20-24岁									
20									
21									
22									
23									
24									
25-29岁									
25									
26									
27									
28									
29									
30-34岁	**865**	**544**	**321**	**473**	**313**	**160**	**291**	**203**	**88**
30	116	78	38						
31	195	135	60	74	40	34			
32	193	116	77	123	90	33	55	40	15
33	223	140	83	141	99	42	115	79	36
34	138	75	63	135	84	51	121	84	37
35-39岁	**829**	**548**	**281**	**711**	**476**	**235**	**634**	**399**	**235**
35	179	120	59	126	86	40	109	67	42
36	179	118	61	144	93	51	123	82	41
37	166	113	53	141	92	49	126	81	45
38	188	117	71	155	106	49	150	89	61
39	117	80	37	145	99	46	126	80	46
40-44岁	**651**	**458**	**193**	**519**	**380**	**139**	**479**	**328**	**151**
40	152	103	49	101	75	26	107	75	32
41	149	101	48	126	83	43	91	66	25
42	131	95	36	103	77	26	122	81	41
43	94	75	19	96	69	27	85	56	29
44	125	84	41	93	76	17	74	50	24
45-49岁	**636**	**456**	**180**	**502**	**356**	**146**	**424**	**286**	**138**
45	146	96	50	85	59	26	79	47	32
46	143	103	40	105	71	34	86	62	24
47	128	101	27	108	75	33	85	57	28
48	121	90	31	103	72	31	90	62	28
49	98	66	32	101	79	22	84	58	26
50-54岁	**720**	**486**	**234**	**537**	**359**	**178**	**409**	**272**	**137**
50	137	103	34	75	56	19	76	53	23
51	154	105	49	100	66	34	54	38	16
52	159	99	60	116	80	36	79	55	24
53	137	91	46	124	79	45	86	57	29
54	133	88	45	122	78	44	114	69	45
55-59岁	**579**	**388**	**191**	**519**	**355**	**164**	**447**	**293**	**154**
55	131	86	45	106	78	28	122	73	49
56	137	87	50	128	89	39	96	67	29
57	138	95	43	123	82	41	98	62	36
58	112	78	34	99	61	38	83	58	25
59	61	42	19	63	45	18	48	33	15
60-64岁	**547**	**411**	**136**	**412**	**291**	**121**	**297**	**218**	**79**
60	115	90	25	80	59	21	61	43	18
61	96	78	18	68	57	11	42	31	11
62	103	80	23	76	50	26	76	55	21
63	121	81	40	96	65	31	57	42	15
64	112	82	30	92	60	32	61	47	14
65岁及以上	**1056**	**779**	**277**	**751**	**552**	**199**	**618**	**463**	**155**

5-5c 续表 7

单位：人

年 龄	初婚年龄								
	33岁			34岁			35岁		
	小计	男	女	小计	男	女	小计	男	女
总 计	**2733**	**1860**	**873**	**2217**	**1539**	**678**	**1769**	**1218**	**551**
20岁以下									
20—24岁									
20									
21									
22									
23									
24									
25—29岁									
25									
26									
27									
28									
29									
30—34岁	**143**	**93**	**50**	**46**	**30**	**16**			
30									
31									
32									
33	56	36	20						
34	87	57	30	46	30	16			
35—39岁	**482**	**316**	**166**	**404**	**277**	**127**	**283**	**175**	**108**
35	85	57	28	70	47	23	32	18	14
36	95	66	29	101	70	31	66	37	29
37	91	58	33	72	55	17	62	38	24
38	103	61	42	76	51	25	68	50	18
39	108	74	34	85	54	31	55	32	23
40—44岁	**434**	**310**	**124**	**365**	**235**	**130**	**307**	**207**	**100**
40	109	69	40	74	41	33	68	46	22
41	95	64	31	92	58	34	69	40	29
42	70	52	18	73	53	20	52	35	17
43	87	67	20	48	29	19	64	47	17
44	73	58	15	78	54	24	54	39	15
45—49岁	**389**	**271**	**118**	**346**	**239**	**107**	**309**	**213**	**96**
45	94	70	24	74	55	19	77	50	27
46	86	59	27	89	55	34	71	46	25
47	75	52	23	51	38	13	42	29	13
48	63	46	17	63	41	22	64	46	18
49	71	44	27	69	50	19	55	42	13
50—54岁	**265**	**180**	**85**	**236**	**170**	**66**	**194**	**134**	**60**
50	60	41	19	70	51	19	58	36	22
51	49	34	15	45	33	12	35	25	10
52	45	30	15	46	34	12	42	32	10
53	50	39	11	35	28	7	34	23	11
54	61	36	25	40	24	16	25	18	7
55—59岁	**339**	**205**	**134**	**266**	**185**	**81**	**204**	**136**	**68**
55	83	54	29	62	40	22	31	22	9
56	61	40	21	70	52	18	43	28	15
57	78	44	34	64	40	24	59	36	23
58	77	46	31	40	31	9	41	31	10
59	40	21	19	30	22	8	30	19	11
60—64岁	**219**	**148**	**71**	**168**	**119**	**49**	**156**	**120**	**36**
60	58	43	15	44	33	11	46	34	12
61	34	20	14	29	19	10	29	21	8
62	31	22	9	26	17	9	28	26	2
63	51	38	13	31	21	10	33	23	10
64	45	25	20	38	29	9	20	16	4
65岁及以上	**462**	**337**	**125**	**386**	**284**	**102**	**316**	**233**	**83**

5-5c 续表 8

单位：人

年 龄	初婚年龄								
	36岁			37岁			38岁		
	小计	男	女	小计	男	女	小计	男	女
总 计	**1453**	**964**	**489**	**1174**	**755**	**419**	**992**	**645**	**347**
20岁以下									
20-24岁									
20									
21									
22									
23									
24									
25-29岁									
25									
26									
27									
28									
29									
30-34岁									
30									
31									
32									
33									
34									
35-39岁	**209**	**118**	**91**	**129**	**77**	**52**	**72**	**46**	**26**
35									
36	38	20	18						
37	46	23	23	30	13	17			
38	75	44	31	51	31	20	25	18	7
39	50	31	19	48	33	15	47	28	19
40-44岁	**258**	**171**	**87**	**194**	**108**	**86**	**179**	**119**	**60**
40	61	41	20	42	22	20	36	23	13
41	45	30	15	33	17	16	37	25	12
42	48	36	12	44	23	21	33	22	11
43	47	28	19	33	22	11	32	23	9
44	57	36	21	42	24	18	41	26	15
45-49岁	**279**	**181**	**98**	**244**	**163**	**81**	**205**	**135**	**70**
45	46	20	26	45	29	16	48	26	22
46	65	47	18	38	24	14	49	34	15
47	62	43	19	59	37	22	23	17	6
48	58	35	23	54	37	17	41	30	11
49	48	36	12	48	36	12	44	28	16
50-54岁	**164**	**117**	**47**	**144**	**96**	**48**	**154**	**101**	**53**
50	42	29	13	42	22	20	34	26	8
51	42	30	12	25	16	9	25	13	12
52	28	19	9	39	29	10	38	26	12
53	21	17	4	20	14	6	36	24	12
54	31	22	9	18	15	3	21	12	9
55-59岁	**156**	**109**	**47**	**125**	**88**	**37**	**76**	**46**	**30**
55	16	12	4	23	14	9	14	9	5
56	36	29	7	24	19	5	16	8	8
57	38	27	11	25	16	9	10	7	3
58	43	27	16	29	22	7	22	14	8
59	23	14	9	24	17	7	14	8	6
60-64岁	**152**	**99**	**53**	**132**	**78**	**54**	**111**	**66**	**45**
60	37	23	14	29	14	15	19	12	7
61	22	17	5	26	16	10	23	15	8
62	26	18	8	25	16	9	22	10	12
63	33	19	14	30	19	11	25	15	10
64	34	22	12	22	13	9	22	14	8
65岁及以上	**235**	**169**	**66**	**206**	**145**	**61**	**195**	**132**	**63**

5-5c 续表 9

单位：人

年 龄	初婚年龄					
	39岁			40岁及以上		
	小计	男	女	小计	男	女
总 计	**932**	**605**	**327**	**6449**	**4086**	**2363**
20岁以下						
20-24岁						
20						
21						
22						
23						
24						
25-29岁						
25						
26						
27						
28						
29						
30-34岁						
30						
31						
32						
33						
34						
35-39岁	**24**	**12**	**12**			
35						
36						
37						
38						
39	24	12	12			
40-44岁	**180**	**107**	**73**	**404**	**243**	**161**
40	40	24	16	25	13	12
41	37	20	17	62	36	26
42	40	24	16	89	47	42
43	27	18	9	99	64	35
44	36	21	15	129	83	46
45-49岁	**211**	**145**	**66**	**1105**	**700**	**405**
45	43	29	14	171	112	59
46	41	32	9	227	147	80
47	46	29	17	214	127	87
48	30	17	13	259	171	88
49	51	38	13	234	143	91
50-54岁	**148**	**100**	**48**	**1167**	**767**	**400**
50	52	33	19	256	167	89
51	26	18	8	223	135	88
52	25	18	7	259	169	90
53	18	14	4	208	151	57
54	27	17	10	221	145	76
55-59岁	**69**	**48**	**21**	**986**	**637**	**349**
55	9	5	4	218	143	75
56	15	9	6	214	145	69
57	14	11	3	223	148	75
58	15	11	4	198	117	81
59	16	12	4	133	84	49
60-64岁	**137**	**78**	**59**	**902**	**575**	**327**
60	20	15	5	194	128	66
61	23	13	10	160	93	67
62	38	20	18	174	122	52
63	31	17	14	179	112	67
64	25	13	12	195	120	75
65岁及以上	**163**	**115**	**48**	**1885**	**1164**	**721**

5-6 全区分性别、受教育程度、初婚年龄的人口

单位：人

受教育程度	初婚年龄					
	合计			15岁以下		
	合计	男	女	小计	男	女
总　计	**1703086**	**839551**	**863535**	**2442**	**413**	**2029**
未上过学	69974	13473	56501	479	23	456
学前教育	567	143	424	2		2
小　学	384290	163695	220595	1101	167	934
初　中	675844	363112	312732	639	162	477
高　中	260971	138836	122135	150	42	108
大学专科	172818	90970	81848	49	12	37
大学本科	128136	64380	63756	22	7	15
硕士研究生	9713	4513	5200			
博士研究生	773	429	344			

5-6 续表 1

单位：人

受教育程度	初婚年龄								
	15岁			16岁			17岁		
	小计	男	女	小计	男	女	小计	男	女
总　计	**11230**	**1966**	**9264**	**21899**	**3616**	**18283**	**39796**	**7455**	**32341**
未上过学	2325	86	2239	4286	126	4160	6607	309	6298
学前教育	25	1	24	19	1	18	50	4	46
小　学	5016	634	4382	10089	1250	8839	17633	2582	15051
初　中	2890	863	2027	5889	1624	4265	12578	3482	9096
高　中	620	236	384	1097	390	707	2166	759	1407
大学专科	226	94	132	342	149	193	570	240	330
大学本科	120	49	71	166	70	96	185	75	110
硕士研究生	8	3	5	10	6	4	6	4	2
博士研究生				1		1	1		1

5-6　续表 2　　单位：人

受教育程度	初婚年龄								
	18岁			19岁			20岁		
	小计	男	女	小计	男	女	小计	男	女
总　计	**67738**	**16374**	**51364**	**111541**	**34459**	**77082**	**161373**	**59138**	**102235**
未上过学	8322	539	7783	9513	1002	8511	9390	1391	7999
学前教育	53	6	47	75	14	61	84	18	66
小　学	27877	5468	22409	41022	10826	30196	50729	16730	33999
初　中	25303	7989	17314	47856	17515	30341	75741	31026	44715
高　中	4611	1692	2919	9612	3717	5895	17653	7093	10560
大学专科	1175	530	645	2572	1041	1531	5696	2136	3560
大学本科	382	141	241	854	325	529	2013	713	1300
硕士研究生	14	8	6	34	16	18	62	30	32
博士研究生	1	1		3	3		5	1	4

5-6　续表 3　　单位：人

受教育程度	初婚年龄								
	21岁			22岁			23岁		
	小计	男	女	小计	男	女	小计	男	女
总　计	**192704**	**87381**	**105323**	**217982**	**112698**	**105284**	**195799**	**104765**	**91034**
未上过学	7194	1439	5755	5610	1489	4121	3926	1323	2603
学前教育	49	18	31	51	20	31	38	11	27
小　学	50467	21125	29342	46695	23154	23541	35842	19311	16531
初　中	93391	46385	47006	102641	57839	44802	83414	48703	34711
高　中	27027	12339	14688	36985	18644	18341	37698	19312	18386
大学专科	10238	4382	5856	17543	7992	9551	22015	10440	11575
大学本科	4197	1624	2573	8183	3420	4763	12285	5401	6884
硕士研究生	133	66	67	254	130	124	548	248	300
博士研究生	8	3	5	20	10	10	33	16	17

5-6 续表 4

单位：人

受教育程度	初婚年龄								
	24岁			25岁			26岁		
	小计	男	女	小计	男	女	小计	男	女
总　计	**168357**	**95288**	**73069**	**138103**	**81596**	**56507**	**101819**	**61948**	**39871**
未上过学	2813	1134	1679	2024	962	1062	1524	751	773
学前教育	26	9	17	24	11	13	16	9	7
小　学	25860	15391	10469	18144	11574	6570	12092	8125	3967
初　中	63402	39135	24267	45620	30012	15608	30556	20738	9818
高　中	33496	18752	14744	26814	15834	10980	18402	11413	6989
大学专科	24556	12522	12034	24407	13065	11342	19350	10964	8386
大学本科	17305	7909	9396	19765	9556	10209	18214	9222	8992
硕士研究生	833	400	433	1221	544	677	1548	661	887
博士研究生	66	36	30	84	38	46	117	65	52

5-6 续表 5

单位：人

受教育程度	初婚年龄								
	27岁			28岁			29岁		
	小计	男	女	小计	男	女	小计	男	女
总　计	**72978**	**45786**	**27192**	**50416**	**32082**	**18334**	**34786**	**22475**	**12311**
未上过学	1072	584	488	815	418	397	631	334	297
学前教育	16	3	13	10	5	5	6	2	4
小　学	8399	5755	2644	6208	4225	1983	4686	3171	1515
初　中	20571	14345	6226	14135	9760	4375	10271	7037	3234
高　中	12327	7881	4446	8136	5261	2875	5565	3685	1880
大学专科	14262	8504	5758	9524	5880	3644	6076	3844	2232
大学本科	14779	8025	6754	10295	5915	4380	6613	3965	2648
硕士研究生	1426	623	803	1199	560	639	874	409	465
博士研究生	126	66	60	94	58	36	64	28	36

5-6　续表 6　　单位：人

受教育程度	初婚年龄								
	30岁			31岁			32岁		
	小计	男	女	小计	男	女	小计	男	女
总　计	**24524**	**15747**	**8777**	**17495**	**11183**	**6312**	**13652**	**8721**	**4931**
未上过学	491	233	258	380	199	181	293	141	152
学前教育	2	1	1	2	1	1	2	2	
小　学	3687	2443	1244	2812	1851	961	2333	1517	816
初　中	7774	5162	2612	5907	3823	2084	5035	3274	1761
高　中	3979	2555	1424	2853	1829	1024	2240	1413	827
大学专科	3909	2521	1388	2551	1666	885	1860	1185	675
大学本科	4069	2518	1551	2636	1626	1010	1653	1059	594
硕士研究生	564	281	283	333	172	161	214	116	98
博士研究生	49	33	16	21	16	5	22	14	8

5-6　续表 7　　单位：人

受教育程度	初婚年龄								
	33岁			34岁			35岁		
	小计	男	女	小计	男	女	小计	男	女
总　计	**10227**	**6518**	**3709**	**8200**	**5152**	**3048**	**6324**	**4023**	**2301**
未上过学	250	116	134	218	110	108	163	79	84
学前教育	2	2		4	3	1			
小　学	1817	1192	625	1457	945	512	1236	818	418
初　中	3817	2506	1311	3150	2054	1096	2399	1546	853
高　中	1725	1087	638	1411	862	549	1114	707	407
大学专科	1332	850	482	1004	613	391	764	478	286
大学本科	1146	694	452	842	505	337	581	360	221
硕士研究生	130	67	63	100	51	49	58	30	28
博士研究生	8	4	4	14	9	5	9	5	4

5−6 续表 8

单位：人

受教育程度	初婚年龄								
	36岁			37岁			38岁		
	小计	男	女	小计	男	女	小计	男	女
总 计	**5052**	**3201**	**1851**	**4064**	**2557**	**1507**	**3355**	**2080**	**1275**
未上过学	164	82	82	138	59	79	132	56	76
学前教育	2		2						
小 学	1063	683	380	925	590	335	765	469	296
初 中	1975	1254	721	1524	980	544	1357	849	508
高 中	840	544	296	717	458	259	541	328	213
大学专科	529	344	185	418	269	149	320	212	108
大学本科	444	276	168	310	179	131	217	150	67
硕士研究生	33	17	16	29	19	10	17	12	5
博士研究生	2	1	1	3	3		6	4	2

5−6 续表 9

单位：人

受教育程度	初婚年龄					
	39岁			40岁及以上		
	小计	男	女	小计	男	女
总 计	**2914**	**1861**	**1053**	**18316**	**11068**	**7248**
未上过学	118	54	64	1096	434	662
学前教育	1	1		8	1	7
小 学	728	450	278	5607	3249	2358
初 中	1155	746	409	6854	4303	2551
高 中	485	324	161	2707	1679	1028
大学专科	241	163	78	1289	874	415
大学本科	165	111	54	695	485	210
硕士研究生	16	8	8	49	32	17
博士研究生	5	4	1	11	11	

5-6a 全区分性别、受教育程度、初婚年龄的人口(城市)

单位：人

受教育程度	初婚年龄					
	合计			15岁以下		
	合计	男	女	小计	男	女
总 计	**627817**	**301482**	**326335**	**588**	**111**	**477**
未上过学	10999	1939	9060	58	4	54
学前教育	114	24	90			
小 学	72437	28077	44360	217	33	184
初 中	221553	111018	110535	198	46	152
高 中	135999	66965	69034	69	18	51
大学专科	98352	49765	48587	28	5	23
大学本科	80069	39805	40264	18	5	13
硕士研究生	7632	3524	4108			
博士研究生	662	365	297			

5-6a 续表 1

单位：人

受教育程度	初婚年龄								
	15岁			16岁			17岁		
	小计	男	女	小计	男	女	小计	男	女
总 计	**2516**	**498**	**2018**	**5024**	**858**	**4166**	**9135**	**1598**	**7537**
未上过学	329	14	315	614	14	600	977	50	927
学前教育	3		3	2		2	10	2	8
小 学	864	109	755	1881	194	1687	3319	362	2957
初 中	833	217	616	1715	375	1340	3513	778	2735
高 中	291	92	199	512	153	359	926	267	659
大学专科	130	44	86	189	80	109	271	88	183
大学本科	59	20	39	101	37	64	115	48	67
硕士研究生	7	2	5	9	5	4	4	3	1
博士研究生				1		1			

5-6a 续表 2

单位：人

受教育程度	初婚年龄								
	18岁			19岁			20岁		
	小计	男	女	小计	男	女	小计	男	女
总　计	**16012**	**3476**	**12536**	**26697**	**7285**	**19412**	**41476**	**12869**	**28607**
未上过学	1261	61	1200	1438	136	1302	1492	190	1302
学前教育	13		13	15	1	14	19	3	16
小　学	5190	776	4414	7383	1601	5782	8868	2415	6453
初　中	6819	1766	5053	12394	3776	8618	20032	6761	13271
高　中	1979	595	1384	3868	1234	2634	7464	2369	5095
大学专科	532	210	322	1154	372	782	2579	796	1783
大学本科	208	63	145	416	151	265	969	312	657
硕士研究生	9	4	5	28	13	15	49	22	27
博士研究生	1	1		1	1		4	1	3

5-6a 续表 3

单位：人

受教育程度	初婚年龄								
	21岁			22岁			23岁		
	小计	男	女	小计	男	女	小计	男	女
总　计	**54449**	**21064**	**33385**	**71392**	**32124**	**39268**	**75331**	**35504**	**39827**
未上过学	1131	169	962	882	203	679	686	197	489
学前教育	8	3	5	7	2	5	9	4	5
小　学	8652	3094	5558	8379	3724	4655	6840	3302	3538
初　中	25820	10833	14987	30998	15239	15759	28722	14947	13775
高　中	11953	4471	7482	17546	7492	10054	19636	8786	10850
大学专科	4707	1734	2973	8872	3589	5283	11937	5161	6776
大学本科	2095	730	1365	4492	1765	2727	7027	2896	4131
硕士研究生	77	28	49	200	102	98	446	198	248
博士研究生	6	2	4	16	8	8	28	13	15

5-6a　续表 4　　　　单位：人

受教育程度	初婚年龄								
	24岁			25岁			26岁		
	小计	男	女	小计	男	女	小计	男	女
总　计	**73722**	**38070**	**35652**	**66396**	**36575**	**29821**	**51925**	**29816**	**22109**
未上过学	468	160	308	374	158	216	276	120	156
学前教育	6	1	5	7	4	3	3	1	2
小　学	5264	2888	2376	3972	2363	1609	2732	1764	968
初　中	24083	13647	10436	18622	11566	7056	12837	8352	4485
高　中	18492	9539	8953	15539	8638	6901	10916	6554	4362
大学专科	14025	6773	7252	14334	7393	6941	11896	6500	5396
大学本科	10679	4731	5948	12533	6010	6523	11967	5964	6003
硕士研究生	651	302	349	940	410	530	1199	508	691
博士研究生	54	29	25	75	33	42	99	53	46

5-6a　续表 5　　　　单位：人

受教育程度	初婚年龄								
	27岁			28岁			29岁		
	小计	男	女	小计	男	女	小计	男	女
总　计	**37813**	**22671**	**15142**	**25982**	**15908**	**10074**	**17472**	**10935**	**6537**
未上过学	170	87	83	147	72	75	98	57	41
学前教育	3	1	2	2		2	3		3
小　学	1819	1171	648	1286	824	462	963	604	359
初　中	8716	5868	2848	5937	3951	1986	4110	2751	1359
高　中	7406	4591	2815	4888	3087	1801	3416	2222	1194
大学专科	8841	5225	3616	5967	3638	2329	3772	2364	1408
大学本科	9621	5176	4445	6736	3837	2899	4362	2595	1767
硕士研究生	1126	493	633	946	452	494	689	317	372
博士研究生	111	59	52	73	47	26	59	25	34

5−6a 续表 6

单位：人

受教育程度	初婚年龄								
	30岁			31岁			32岁		
	小计	男	女	小计	男	女	小计	男	女
总　计	**12114**	**7662**	**4452**	**8282**	**5194**	**3088**	**6335**	**3948**	**2387**
未上过学	73	31	42	75	41	34	48	21	27
学前教育	1	1							
小　学	807	494	313	577	363	214	509	316	193
初　中	3105	2027	1078	2289	1429	860	2009	1269	740
高　中	2407	1543	864	1665	1044	621	1305	790	515
大学专科	2507	1596	911	1615	1049	566	1148	712	436
大学本科	2709	1704	1005	1775	1112	663	1129	733	396
硕士研究生	461	236	225	267	141	126	169	95	74
博士研究生	44	30	14	19	15	4	18	12	6

5−6a 续表 7

单位：人

受教育程度	初婚年龄								
	33岁			34岁			35岁		
	小计	男	女	小计	男	女	小计	男	女
总　计	**4667**	**2894**	**1773**	**3737**	**2277**	**1460**	**2858**	**1751**	**1107**
未上过学	42	23	19	49	25	24	29	13	16
学前教育	1	1							
小　学	417	278	139	302	179	123	244	161	83
初　中	1445	926	519	1259	798	461	930	555	375
高　中	1001	602	399	828	492	336	699	442	257
大学专科	862	539	323	628	383	245	491	299	192
大学本科	787	470	317	576	350	226	407	249	158
硕士研究生	105	52	53	82	42	40	49	27	22
博士研究生	7	3	4	13	8	5	9	5	4

5-6a　续表 8　　　单位：人

受教育程度	初婚年龄								
	36岁			37岁			38岁		
	小计	男	女	小计	男	女	小计	男	女
总　计	**2244**	**1385**	**859**	**1777**	**1101**	**676**	**1464**	**900**	**564**
未上过学	32	11	21	20	6	14	23	8	15
学前教育	1		1						
小　学	234	136	98	191	120	71	176	97	79
初　中	757	472	285	631	402	229	528	314	214
高　中	524	333	191	421	261	160	339	207	132
大学专科	353	229	124	276	172	104	218	141	77
大学本科	316	191	125	211	122	89	159	118	41
硕士研究生	25	12	13	24	15	9	15	11	4
博士研究生	2	1	1	3	3		6	4	2

5-6a　续表 9　　　单位：人

受教育程度	初婚年龄					
	39岁			40岁及以上		
	小计	男	女	小计	男	女
总　计	**1204**	**756**	**448**	**7205**	**4252**	**2953**
未上过学	17	7	10	190	61	129
学前教育				1		1
小　学	164	85	79	1187	624	563
初　中	459	296	163	2792	1657	1135
高　中	272	176	96	1637	967	670
大学专科	161	106	55	859	567	292
大学本科	113	75	38	489	341	148
硕士研究生	13	7	6	42	27	15
博士研究生	5	4	1	8	8	

5-6b 全区分性别、受教育程度、初婚年龄的人口(镇)

单位：人

受教育程度	初婚年龄					
	合计			15岁以下		
	合计	男	女	小计	男	女
总　计	**470778**	**230151**	**240627**	**558**	**86**	**472**
未上过学	14899	2768	12131	92	5	87
学前教育	128	32	96			
小　学	85686	34329	51357	234	30	204
初　中	190072	98501	91571	170	35	135
高　中	79097	42075	37022	41	9	32
大学专科	57896	30991	26905	18	5	13
大学本科	41057	20533	20524	3	2	1
硕士研究生	1848	867	981			
博士研究生	95	55	40			

5-6b 续表 1

单位：人

受教育程度	初婚年龄								
	15岁			16岁			17岁		
	小计	男	女	小计	男	女	小计	男	女
总　计	**2570**	**508**	**2062**	**5156**	**926**	**4230**	**9575**	**1841**	**7734**
未上过学	445	16	429	896	28	868	1389	65	1324
学前教育	4		4	6	1	5	12		12
小　学	1054	147	907	2171	265	1906	3794	508	3286
初　中	774	226	548	1597	448	1149	3396	896	2500
高　中	184	70	114	326	110	216	716	249	467
大学专科	62	29	33	106	48	58	208	100	108
大学本科	46	19	27	54	26	28	58	22	36
硕士研究生	1	1					1	1	
博士研究生							1		1

5-6b　续表 2　　单位：人

受教育程度	初婚年龄								
	18岁			19岁			20岁		
	小计	男	女	小计	男	女	小计	男	女
总　计	**17048**	**4071**	**12977**	**29288**	**8693**	**20595**	**44220**	**15289**	**28931**
未上过学	1759	101	1658	2054	227	1827	2033	271	1762
学前教育	10	1	9	16		16	18	5	13
小　学	6177	1107	5070	9105	2181	6924	11427	3379	8048
初　中	7048	2068	4980	13462	4501	8961	21576	8037	13539
高　中	1471	529	942	3280	1212	2068	5959	2352	3607
大学专科	445	206	239	1007	430	577	2313	921	1392
大学本科	135	57	78	357	138	219	886	319	567
硕士研究生	3	2	1	6	3	3	8	5	3
博士研究生				1	1				

5-6b　续表 3　　单位：人

受教育程度	初婚年龄								
	21岁			22岁			23岁		
	小计	男	女	小计	男	女	小计	男	女
总　计	**54727**	**24062**	**30665**	**63023**	**32271**	**30752**	**56639**	**30372**	**26267**
未上过学	1573	321	1252	1199	312	887	836	255	581
学前教育	15	5	10	10	5	5	9	3	6
小　学	11436	4443	6993	10433	4907	5526	7922	4100	3822
初　中	26519	12492	14027	29330	16120	13210	23635	13659	9976
高　中	9117	4152	4965	12092	6277	5815	11593	6156	5437
大学专科	4202	1868	2334	6710	3224	3486	7959	4019	3940
大学本科	1811	743	1068	3194	1399	1795	4588	2132	2456
硕士研究生	53	37	16	51	25	26	92	45	47
博士研究生	1	1		4	2	2	5	3	2

5-6b 续表 4

单位：人

受教育程度	初婚年龄								
	24岁			25岁			26岁		
	小计	男	女	小计	男	女	小计	男	女
总　计	**48048**	**27100**	**20948**	**38731**	**22682**	**16049**	**27842**	**16828**	**11014**
未上过学	610	242	368	384	170	214	325	153	172
学前教育	8	4	4	5	1	4	4	1	3
小　学	5719	3223	2496	3998	2455	1543	2705	1746	959
初　中	17546	10689	6857	12442	8010	4432	8393	5603	2790
高　中	9888	5706	4182	7431	4512	2919	4984	3062	1922
大学专科	8404	4463	3941	7984	4424	3560	5823	3423	2400
大学本科	5699	2684	3015	6219	2981	3238	5279	2693	2586
硕士研究生	162	82	80	261	125	136	314	138	176
博士研究生	12	7	5	7	4	3	15	9	6

5-6b 续表 5

单位：人

受教育程度	初婚年龄								
	27岁			28岁			29岁		
	小计	男	女	小计	男	女	小计	男	女
总　计	**19792**	**12274**	**7518**	**13493**	**8415**	**5078**	**9457**	**6028**	**3429**
未上过学	243	132	111	137	74	63	154	79	75
学前教育	3		3	2	1	1			
小　学	1779	1157	622	1420	916	504	1094	719	375
初　中	5564	3828	1736	3847	2564	1283	2923	1932	991
高　中	3370	2188	1182	2145	1376	769	1443	950	493
大学专科	4177	2460	1717	2708	1660	1048	1769	1122	647
大学本科	4379	2390	1989	2993	1718	1275	1913	1148	765
硕士研究生	264	114	150	222	96	126	159	76	83
博士研究生	13	5	8	19	10	9	2	2	

5-6b 续表 6

单位：人

受教育程度	初婚年龄								
	30岁			31岁			32岁		
	小计	男	女	小计	男	女	小计	男	女
总 计	**6527**	**4015**	**2512**	**4789**	**2907**	**1882**	**3718**	**2311**	**1407**
未上过学	115	47	68	76	33	43	67	32	35
学前教育							2	2	
小 学	866	547	319	677	402	275	564	344	220
初 中	2195	1376	819	1728	1061	667	1419	888	531
高 中	1045	643	402	825	519	306	630	395	235
大学专科	1080	703	377	700	442	258	558	360	198
大学本科	1131	660	471	724	422	302	437	271	166
硕士研究生	90	36	54	57	27	30	38	17	21
博士研究生	5	3	2	2	1	1	3	2	1

5-6b 续表 7

单位：人

受教育程度	初婚年龄								
	33岁			34岁			35岁		
	小计	男	女	小计	男	女	小计	男	女
总 计	**2827**	**1764**	**1063**	**2246**	**1336**	**910**	**1697**	**1054**	**643**
未上过学	47	18	29	49	23	26	36	19	17
学前教育	1	1		1	1				
小 学	454	277	177	348	207	141	297	170	127
初 中	1148	731	417	919	581	338	701	449	252
高 中	480	304	176	390	221	169	280	163	117
大学专科	372	237	135	304	174	130	224	151	73
大学本科	302	180	122	220	122	98	151	99	52
硕士研究生	22	15	7	14	6	8	8	3	5
博士研究生	1	1		1	1				

5-6b 续表 8

单位：人

受教育程度	初婚年龄								
	36岁			37岁			38岁		
	小计	男	女	小计	男	女	小计	男	女
总 计	**1355**	**852**	**503**	**1113**	**701**	**412**	**899**	**535**	**364**
未上过学	33	17	16	28	12	16	35	11	24
学前教育	1		1						
小 学	224	131	93	230	142	88	174	102	72
初 中	621	390	231	445	279	166	421	256	165
高 中	210	144	66	198	132	66	136	80	56
大学专科	144	91	53	118	80	38	83	58	25
大学本科	116	76	40	90	53	37	48	27	21
硕士研究生	6	3	3	4	3	1	2	1	1
博士研究生									

5-6b 续表 9

单位：人

受教育程度	初婚年龄					
	39岁			40岁及以上		
	小计	男	女	小计	男	女
总 计	**778**	**500**	**278**	**4662**	**2730**	**1932**
未上过学	29	13	16	255	92	163
学前教育	1	1				
小 学	149	93	56	1235	631	604
初 中	327	201	126	1926	1181	745
高 中	150	109	41	713	455	258
大学专科	74	53	21	344	240	104
大学本科	45	29	16	179	123	56
硕士研究生	3	1	2	7	5	2
博士研究生				3	3	

5-6c　全区分性别、受教育程度、初婚年龄的人口(乡村)

单位：人

受教育程度	初婚年龄					
	合　计			15岁以下		
	合计	男	女	小计	男	女
总　计	**604491**	**307918**	**296573**	**1296**	**216**	**1080**
未上过学	44076	8766	35310	329	14	315
学前教育	325	87	238	2		2
小　学	226167	101289	124878	650	104	546
初　中	264219	153593	110626	271	81	190
高　中	45875	29796	16079	40	15	25
大学专科	16570	10214	6356	3	2	1
大学本科	7010	4042	2968	1		1
硕士研究生	233	122	111			
博士研究生	16	9	7			

5-6c　续表 1

单位：人

受教育程度	初婚年龄								
	15岁			16岁			17岁		
	小计	男	女	小计	男	女	小计	男	女
总　计	**6144**	**960**	**5184**	**11719**	**1832**	**9887**	**21086**	**4016**	**17070**
未上过学	1551	56	1495	2776	84	2692	4241	194	4047
学前教育	18	1	17	11		11	28	2	26
小　学	3098	378	2720	6037	791	5246	10520	1712	8808
初　中	1283	420	863	2577	801	1776	5669	1808	3861
高　中	145	74	71	259	127	132	524	243	281
大学专科	34	21	13	47	21	26	91	52	39
大学本科	15	10	5	11	7	4	12	5	7
硕士研究生				1	1		1		1
博士研究生									

5－6c 续表 2　　　　单位：人

受教育程度	初婚年龄								
	18岁			19岁			20岁		
	小计	男	女	小计	男	女	小计	男	女
总　计	**34678**	**8827**	**25851**	**55556**	**18481**	**37075**	**75677**	**30980**	**44697**
未上过学	5302	377	4925	6021	639	5382	5865	930	4935
学前教育	30	5	25	44	13	31	47	10	37
小　学	16510	3585	12925	24534	7044	17490	30434	10936	19498
初　中	11436	4155	7281	22000	9238	12762	34133	16228	17905
高　中	1161	568	593	2464	1271	1193	4230	2372	1858
大学专科	198	114	84	411	239	172	804	419	385
大学本科	39	21	18	81	36	45	158	82	76
硕士研究生	2	2					5	3	2
博士研究生				1	1		1		1

5－6c 续表 3　　　　单位：人

受教育程度	初婚年龄								
	21岁			22岁			23岁		
	小计	男	女	小计	男	女	小计	男	女
总　计	**83528**	**42255**	**41273**	**83567**	**48303**	**35264**	**63829**	**38889**	**24940**
未上过学	4490	949	3541	3529	974	2555	2404	871	1533
学前教育	26	10	16	34	13	21	20	4	16
小　学	30379	13588	16791	27883	14523	13360	21080	11909	9171
初　中	41052	23060	17992	42313	26480	15833	31057	20097	10960
高　中	5957	3716	2241	7347	4875	2472	6469	4370	2099
大学专科	1329	780	549	1961	1179	782	2119	1260	859
大学本科	291	151	140	497	256	241	670	373	297
硕士研究生	3	1	2	3	3		10	5	5
博士研究生	1		1						

5-6c　续表 4　　单位：人

受教育程度	初婚年龄								
	24岁			25岁			26岁		
	小计	男	女	小计	男	女	小计	男	女
总　计	**46587**	**30118**	**16469**	**32976**	**22339**	**10637**	**22052**	**15304**	**6748**
未上过学	1735	732	1003	1266	634	632	923	478	445
学前教育	12	4	8	12	6	6	9	7	2
小　学	14877	9280	5597	10174	6756	3418	6655	4615	2040
初　中	21773	14799	6974	14556	10436	4120	9326	6783	2543
高　中	5116	3507	1609	3844	2684	1160	2502	1797	705
大学专科	2127	1286	841	2089	1248	841	1631	1041	590
大学本科	927	494	433	1013	565	448	968	565	403
硕士研究生	20	16	4	20	9	11	35	15	20
博士研究生				2	1	1	3	3	

5-6c　续表 5　　单位：人

受教育程度	初婚年龄								
	27岁			28岁			29岁		
	小计	男	女	小计	男	女	小计	男	女
总　计	**15373**	**10841**	**4532**	**10941**	**7759**	**3182**	**7857**	**5512**	**2345**
未上过学	659	365	294	531	272	259	379	198	181
学前教育	10	2	8	6	4	2	3	2	1
小　学	4801	3427	1374	3502	2485	1017	2629	1848	781
初　中	6291	4649	1642	4351	3245	1106	3238	2354	884
高　中	1551	1102	449	1103	798	305	706	513	193
大学专科	1244	819	425	849	582	267	535	358	177
大学本科	779	459	320	566	360	206	338	222	116
硕士研究生	36	16	20	31	12	19	26	16	10
博士研究生	2	2		2	1	1	3	1	2

5-6c 续表 6

单位：人

受教育程度	初婚年龄								
	30岁			31岁			32岁		
	小计	男	女	小计	男	女	小计	男	女
总　计	**5883**	**4070**	**1813**	**4424**	**3082**	**1342**	**3599**	**2462**	**1137**
未上过学	303	155	148	229	125	104	178	88	90
学前教育	1		1	2	1	1			
小　学	2014	1402	612	1558	1086	472	1260	857	403
初　中	2474	1759	715	1890	1333	557	1607	1117	490
高　中	527	369	158	363	266	97	305	228	77
大学专科	322	222	100	236	175	61	154	113	41
大学本科	229	154	75	137	92	45	87	55	32
硕士研究生	13	9	4	9	4	5	7	4	3
博士研究生							1		1

5-6c 续表 7

单位：人

受教育程度	初婚年龄								
	33岁			34岁			35岁		
	小计	男	女	小计	男	女	小计	男	女
总　计	**2733**	**1860**	**873**	**2217**	**1539**	**678**	**1769**	**1218**	**551**
未上过学	161	75	86	120	62	58	98	47	51
学前教育				3	2	1			
小　学	946	637	309	807	559	248	695	487	208
初　中	1224	849	375	972	675	297	768	542	226
高　中	244	181	63	193	149	44	135	102	33
大学专科	98	74	24	72	56	16	49	28	21
大学本科	57	44	13	46	33	13	23	12	11
硕士研究生	3		3	4	3	1	1		1
博士研究生									

5-6c　续表 8　　单位：人

受教育程度	初婚年龄								
	36岁			37岁			38岁		
	小计	男	女	小计	男	女	小计	男	女
总　计	**1453**	**964**	**489**	**1174**	**755**	**419**	**992**	**645**	**347**
未上过学	99	54	45	90	41	49	74	37	37
学前教育									
小　学	605	416	189	504	328	176	415	270	145
初　中	597	392	205	448	299	149	408	279	129
高　中	106	67	39	98	65	33	66	41	25
大学专科	32	24	8	24	17	7	19	13	6
大学本科	12	9	3	9	4	5	10	5	5
硕士研究生	2	2		1	1				
博士研究生									

5-6c　续表 9　　单位：人

受教育程度	初婚年龄					
	39岁			40岁及以上		
	小计	男	女	小计	男	女
总　计	**932**	**605**	**327**	**6449**	**4086**	**2363**
未上过学	72	34	38	651	281	370
学前教育				7	1	6
小　学	415	272	143	3185	1994	1191
初　中	369	249	120	2136	1465	671
高　中	63	39	24	357	257	100
大学专科	6	4	2	86	67	19
大学本科	7	7		27	21	6
硕士研究生						
博士研究生						

第二部分　长表数据资料

第六卷　生育

6−1 各地区分性别、孩次的出生人口
(2019.11.1−2020.10.31)

单位：人

地区	出生人数				第一孩			
	合计	男	女	性别比(女=100)	小计	男	女	性别比(女=100)
内蒙古	**18428**	**9465**	**8963**	**105.60**	**9734**	**5005**	**4729**	**105.84**
呼和浩特市	**2874**	**1462**	**1412**	**103.54**	**1689**	**841**	**848**	**99.17**
新城区	575	276	299	92.31	338	160	178	89.89
回民区	344	174	170	102.35	215	107	108	99.07
玉泉区	506	249	257	96.89	324	155	169	91.72
赛罕区	827	429	398	107.79	489	243	246	98.78
土默特左旗	135	68	67	101.49	75	38	37	102.70
托克托县	113	56	57	98.25	49	26	23	113.04
和林格尔县	90	48	42	114.29	41	22	19	115.79
清水河县	44	23	21	109.52	18	8	10	80.00
武川县	48	25	23	108.70	25	15	10	150.00
呼和浩特经济技术开发区	192	114	78	146.15	115	67	48	139.58
包头市	**2033**	**1058**	**975**	**108.51**	**1185**	**604**	**581**	**103.96**
东河区	311	171	140	122.14	200	105	95	110.53
昆都仑区	608	316	292	108.22	354	175	179	97.77
青山区	378	195	183	106.56	219	112	107	104.67
石拐区	19	7	12	58.33	11	5	6	83.33
白云鄂博矿区	8	4	4	100.00	5	2	3	66.67
九原区	221	111	110	100.91	136	68	68	100.00
土默特右旗	158	80	78	102.56	82	41	41	100.00
固阳县	85	45	40	112.50	47	25	22	113.64
达尔罕茂明安联合旗	46	23	23	100.00	23	11	12	91.67
包头稀土高新技术产业开发区	199	106	93	113.98	108	60	48	125.00
乌海市	**438**	**222**	**216**	**102.78**	**242**	**129**	**113**	**114.16**
海勃湾区	287	145	142	102.11	169	89	80	111.25
海南区	59	24	35	68.57	23	8	15	53.33
乌达区	92	53	39	135.90	50	32	18	177.78
赤峰市	**3229**	**1695**	**1534**	**110.50**	**1512**	**817**	**695**	**117.55**
红山区	410	233	177	131.64	217	124	93	133.33
元宝山区	189	94	95	98.95	87	42	45	93.33
松山区	729	379	350	108.29	374	213	161	132.30
阿鲁科尔沁旗	176	98	78	125.64	86	45	41	109.76
巴林左旗	212	119	93	127.96	117	65	52	125.00
巴林右旗	133	64	69	92.75	63	30	33	90.91
林西县	155	85	70	121.43	73	43	30	143.33
克什克腾旗	123	65	58	112.07	58	28	30	93.33
翁牛特旗	291	148	143	103.50	123	64	59	108.47
喀喇沁旗	156	80	76	105.26	63	30	33	90.91
宁城县	358	182	176	103.41	147	80	67	119.40
敖汉旗	297	148	149	99.33	104	53	51	103.92

6-1　续表 1　　单位：人

地　　区	出生人数				第　一　孩			
	合计	男	女	性别比（女=100）	小计	男	女	性别比（女=100）
通辽市	**1993**	**1018**	**975**	**104.41**	**1073**	**550**	**523**	**105.16**
科尔沁区	439	229	210	109.05	285	151	134	112.69
科尔沁左翼中旗	260	145	115	126.09	144	81	63	128.57
科尔沁左翼后旗	178	88	90	97.78	82	40	42	95.24
开鲁县	212	103	109	94.50	94	46	48	95.83
库伦旗	96	43	53	81.13	44	19	25	76.00
奈曼旗	275	140	135	103.70	111	60	51	117.65
扎鲁特旗	180	94	86	109.30	94	47	47	100.00
通辽经济技术开发区	203	95	108	87.96	144	65	79	82.28
霍林郭勒市	150	81	69	117.39	75	41	34	120.59
鄂尔多斯市	**2196**	**1130**	**1066**	**106.00**	**926**	**477**	**449**	**106.24**
东胜区	652	322	330	97.58	304	156	148	105.41
康巴什区	146	73	73	100.00	56	31	25	124.00
达拉特旗	263	143	120	119.17	83	56	27	207.41
准格尔旗	339	163	176	92.61	144	68	76	89.47
鄂托克前旗	84	42	42	100.00	31	12	19	63.16
鄂托克旗	167	88	79	111.39	72	34	38	89.47
杭锦旗	102	55	47	117.02	48	28	20	140.00
乌审旗	162	97	65	149.23	61	31	30	103.33
伊金霍洛旗	281	147	134	109.70	127	61	66	92.42
呼伦贝尔市	**1444**	**731**	**713**	**102.52**	**872**	**452**	**420**	**107.62**
海拉尔区	234	123	111	110.81	179	101	78	129.49
扎赉诺尔区	43	16	27	59.26	36	12	24	50.00
阿荣旗	210	108	102	105.88	107	53	54	98.15
莫力达瓦达斡尔族自治旗	154	86	68	126.47	71	44	27	162.96
鄂伦春自治旗	101	50	51	98.04	47	21	26	80.77
鄂温克族自治旗	104	41	63	65.08	64	27	37	72.97
陈巴尔虎旗	26	15	11	136.36	16	9	7	128.57
新巴尔虎左旗	29	14	15	93.33	19	8	11	72.73
新巴尔虎右旗	36	18	18	100.00	16	8	8	100.00
满洲里市	109	50	59	84.75	67	34	33	103.03
牙克石市	102	47	55	85.45	80	38	42	90.48
扎兰屯市	229	128	101	126.73	131	77	54	142.59
额尔古纳市	50	26	24	108.33	29	15	14	107.14
根河市	17	9	8	112.50	10	5	5	100.00
巴彦淖尔市	**1101**	**559**	**542**	**103.14**	**562**	**287**	**275**	**104.36**
临河区	467	249	218	114.22	236	131	105	124.76
五原县	145	74	71	104.23	67	30	37	81.08
磴口县	58	29	29	100.00	33	14	19	73.68
乌拉特前旗	160	85	75	113.33	71	41	30	136.67
乌拉特中旗	72	31	41	75.61	41	18	23	78.26
乌拉特后旗	49	22	27	81.48	23	8	15	53.33
杭锦后旗	150	69	81	85.19	91	45	46	97.83

6-1 续表 2

单位：人

地　区	出生人数				第　一　孩			
	合计	男	女	性别比（女=100）	小计	男	女	性别比（女=100）
乌兰察布市	**912**	**479**	**433**	**110.62**	**536**	**275**	**261**	**105.36**
集宁区	320	166	154	107.79	206	102	104	98.08
卓资县	27	13	14	92.86	17	8	9	88.89
化德县	36	16	20	80.00	20	9	11	81.82
商都县	65	31	34	91.18	33	15	18	83.33
兴和县	96	53	43	123.26	59	32	27	118.52
凉城县	43	19	24	79.17	21	11	10	110.00
察哈尔右翼前旗	70	42	28	150.00	38	23	15	153.33
察哈尔右翼中旗	34	15	19	78.95	18	9	9	100.00
察哈尔右翼后旗	39	23	16	143.75	21	12	9	133.33
四子王旗	83	42	41	102.44	47	20	27	74.07
丰镇市	99	59	40	147.50	56	34	22	154.55
兴安盟	**964**	**484**	**480**	**100.83**	**490**	**233**	**257**	**90.66**
乌兰浩特市	265	123	142	86.62	154	66	88	75.00
阿尔山市	24	10	14	71.43	14	5	9	55.56
科尔沁右翼前旗	212	108	104	103.85	118	56	62	90.32
科尔沁右翼中旗	112	58	54	107.41	50	27	23	117.39
扎赉特旗	211	117	94	124.47	86	47	39	120.51
突泉县	140	68	72	94.44	68	32	36	88.89
锡林郭勒盟	**976**	**488**	**488**	**100.00**	**501**	**263**	**238**	**110.50**
二连浩特市	77	38	39	97.44	39	22	17	129.41
锡林浩特市	344	170	174	97.70	194	97	97	100.00
阿巴嘎旗	31	15	16	93.75	17	6	11	54.55
苏尼特左旗	40	19	21	90.48	18	10	8	125.00
苏尼特右旗	42	23	19	121.05	21	11	10	110.00
东乌珠穆沁旗	57	29	28	103.57	26	13	13	100.00
西乌珠穆沁旗	105	53	52	101.92	53	27	26	103.85
太仆寺旗	56	30	26	115.38	29	17	12	141.67
镶黄旗	27	15	12	125.00	16	9	7	128.57
正镶白旗	18	5	13	38.46	14	5	9	55.56
正蓝旗	64	32	32	100.00	30	18	12	150.00
多伦县	99	53	46	115.22	37	26	11	236.36
乌拉盖管委会	16	6	10	60.00	7	2	5	40.00
阿拉善盟	**268**	**139**	**129**	**107.75**	**146**	**77**	**69**	**111.59**
阿拉善左旗	173	91	82	110.98	97	51	46	110.87
阿拉善右旗	31	16	15	106.67	17	9	8	112.50
额济纳旗	24	15	9	166.67	11	9	2	450.00
内蒙古阿拉善经济开发区	40	17	23	73.91	21	8	13	61.54

6-1 续表 3

单位：人

地 区	第二孩				第三孩			
	小计	男	女	性别比(女=100)	小计	男	女	性别比(女=100)
内蒙古	**7958**	**4058**	**3900**	**104.05**	**653**	**366**	**287**	**127.53**
呼和浩特市	**1097**	**579**	**518**	**111.78**	**73**	**40**	**33**	**121.21**
新城区	215	105	110	95.45	17	10	7	142.86
回民区	122	63	59	106.78	7	4	3	133.33
玉泉区	171	91	80	113.75	8	3	5	60.00
赛罕区	316	177	139	127.34	17	9	8	112.50
土默特左旗	53	25	28	89.29	7	5	2	250.00
托克托县	56	27	29	93.10	8	3	5	60.00
和林格尔县	43	23	20	115.00	4	2	2	100.00
清水河县	23	13	10	130.00	3	2	1	200.00
武川县	23	10	13	76.92				
呼和浩特经济技术开发区	75	45	30	150.00	2	2		
包头市	**791**	**419**	**372**	**112.63**	**52**	**34**	**18**	**188.89**
东河区	105	62	43	144.19	4	3	1	300.00
昆都仑区	235	130	105	123.81	18	11	7	157.14
青山区	153	81	72	112.50	5	2	3	66.67
石拐区	7	2	5	40.00	1		1	
白云鄂博矿区	3	2	1	200.00				
九原区	76	36	40	90.00	9	7	2	350.00
土默特右旗	72	37	35	105.71	4	2	2	100.00
固阳县	34	17	17	100.00	4	3	1	300.00
达尔罕茂明安联合旗	20	9	11	81.82	3	3		
包头稀土高新技术产业开发区	86	43	43	100.00	4	3	1	300.00
乌海市	**177**	**85**	**92**	**92.39**	**18**	**7**	**11**	**63.64**
海勃湾区	103	49	54	90.74	15	7	8	87.50
海南区	33	15	18	83.33	2		2	
乌达区	41	21	20	105.00	1		1	
赤峰市	**1543**	**780**	**763**	**102.23**	**160**	**89**	**71**	**125.35**
红山区	187	105	82	128.05	6	4	2	200.00
元宝山区	98	50	48	104.17	4	2	2	100.00
松山区	319	147	172	85.47	34	17	17	100.00
阿鲁科尔沁旗	82	46	36	127.78	8	7	1	700.00
巴林左旗	87	50	37	135.14	7	4	3	133.33
巴林右旗	67	32	35	91.43	3	2	1	200.00
林西县	71	37	34	108.82	11	5	6	83.33
克什克腾旗	57	33	24	137.50	8	4	4	100.00
翁牛特旗	144	70	74	94.59	23	13	10	130.00
喀喇沁旗	77	40	37	108.11	15	9	6	150.00
宁城县	186	88	98	89.80	21	11	10	110.00
敖汉旗	168	82	86	95.35	20	11	9	122.22

6-1 续表 4

单位：人

地区	第二孩				第三孩			
	小计	男	女	性别比（女=100）	小计	男	女	性别比（女=100）
通辽市	**848**	**425**	**423**	**100.47**	**65**	**39**	**26**	**150.00**
科尔沁区	141	70	71	98.59	11	7	4	175.00
科尔沁左翼中旗	108	59	49	120.41	7	5	2	250.00
科尔沁左翼后旗	91	45	46	97.83	5	3	2	150.00
开鲁县	112	53	59	89.83	6	4	2	200.00
库伦旗	48	22	26	84.62	4	2	2	100.00
奈曼旗	145	66	79	83.54	16	11	5	220.00
扎鲁特旗	77	43	34	126.47	9	4	5	80.00
通辽经济技术开发区	56	29	27	107.41	3	1	2	50.00
霍林郭勒市	70	38	32	118.75	4	2	2	100.00
鄂尔多斯市	**1144**	**576**	**568**	**101.41**	**110**	**69**	**41**	**168.29**
东胜区	317	151	166	90.96	29	14	15	93.33
康巴什区	85	40	45	88.89	5	2	3	66.67
达拉特旗	162	76	86	88.37	14	11	3	366.67
准格尔旗	172	84	88	95.45	21	11	10	110.00
鄂托克前旗	47	24	23	104.35	3	3		
鄂托克旗	81	46	35	131.43	14	8	6	133.33
杭锦旗	53	27	26	103.85				
乌审旗	89	56	33	169.70	11	9	2	450.00
伊金霍洛旗	138	72	66	109.09	13	11	2	550.00
呼伦贝尔市	**515**	**254**	**261**	**97.32**	**51**	**24**	**27**	**88.89**
海拉尔区	52	22	30	73.33	3		3	
扎赉诺尔区	7	4	3	133.33				
阿荣旗	92	50	42	119.05	10	5	5	100.00
莫力达瓦达斡尔族自治旗	76	39	37	105.41	4	2	2	100.00
鄂伦春自治旗	44	24	20	120.00	9	5	4	125.00
鄂温克族自治旗	35	14	21	66.67	5		5	
陈巴尔虎旗	9	6	3	200.00	1		1	
新巴尔虎左旗	8	5	3	166.67	2	1	1	100.00
新巴尔虎右旗	17	8	9	88.89	3	2	1	200.00
满洲里市	38	15	23	65.22	3	1	2	50.00
牙克石市	22	9	13	69.23				
扎兰屯市	89	45	44	102.27	9	6	3	200.00
额尔古纳市	19	9	10	90.00	2	2		
根河市	7	4	3	133.33				
巴彦淖尔市	**499**	**254**	**245**	**103.67**	**35**	**16**	**19**	**84.21**
临河区	214	109	105	103.81	16	9	7	128.57
五原县	73	41	32	128.13	5	3	2	150.00
磴口县	21	13	8	162.50	4	2	2	100.00
乌拉特前旗	83	41	42	97.62	4	2	2	100.00
乌拉特中旗	27	12	15	80.00	3		3	
乌拉特后旗	26	14	12	116.67				
杭锦后旗	55	24	31	77.42	3		3	

6-1 续表 5

单位：人

地区	第二孩				第三孩			
	小计	男	女	性别比(女=100)	小计	男	女	性别比(女=100)
乌兰察布市	**350**	**190**	**160**	**118.75**	**20**	**11**	**9**	**122.22**
集宁区	111	63	48	131.25	2	1	1	100.00
卓资县	9	4	5	80.00				
化德县	15	6	9	66.67	1	1		
商都县	27	14	13	107.69	5	2	3	66.67
兴和县	34	19	15	126.67	2	2		
凉城县	21	8	13	61.54	1		1	
察哈尔右翼前旗	30	18	12	150.00	2	1	1	100.00
察哈尔右翼中旗	15	6	9	66.67	1		1	
察哈尔右翼后旗	18	11	7	157.14				
四子王旗	31	19	12	158.33	3	2	1	200.00
丰镇市	39	22	17	129.41	3	2	1	200.00
兴安盟	**435**	**229**	**206**	**111.17**	**34**	**18**	**16**	**112.50**
乌兰浩特市	111	57	54	105.56				
阿尔山市	10	5	5	100.00				
科尔沁右翼前旗	83	45	38	118.42	9	6	3	200.00
科尔沁右翼中旗	57	28	29	96.55	4	2	2	100.00
扎赉特旗	111	64	47	136.17	13	5	8	62.50
突泉县	63	30	33	90.91	8	5	3	166.67
锡林郭勒盟	**445**	**208**	**237**	**87.76**	**28**	**17**	**11**	**154.55**
二连浩特市	38	16	22	72.73				
锡林浩特市	146	70	76	92.11	4	3	1	300.00
阿巴嘎旗	13	9	4	225.00	1		1	
苏尼特左旗	20	9	11	81.82	2		2	
苏尼特右旗	19	11	8	137.50	2	1	1	100.00
东乌珠穆沁旗	27	14	13	107.69	3	2	1	200.00
西乌珠穆沁旗	48	22	26	84.62	4	4		
太仆寺旗	26	12	14	85.71	1	1		
镶黄旗	11	6	5	120.00				
正镶白旗	3		3		1		1	
正蓝旗	32	12	20	60.00	2	2		
多伦县	53	23	30	76.67	8	4	4	100.00
乌拉盖管委会	9	4	5	80.00				
阿拉善盟	**114**	**59**	**55**	**107.27**	**7**	**2**	**5**	**40.00**
阿拉善左旗	71	38	33	115.15	4	1	3	33.33
阿拉善右旗	13	7	6	116.67	1		1	
额济纳旗	12	5	7	71.43	1	1		
内蒙古阿拉善经济开发区	18	9	9	100.00	1		1	

6-1 续表 6

单位：人

地区	第四孩				第五孩及以上			
	小计	男	女	性别比（女=100）	小计	男	女	性别比（女=100）
内蒙古	**71**	**27**	**44**	**61.36**	**12**	**9**	**3**	**300.00**
呼和浩特市	**14**	**2**	**12**	**16.67**	**1**		**1**	
新城区	5	1	4	25.00				
回民区								
玉泉区	3		3					
赛罕区	4		4		1		1	
土默特左旗								
托克托县								
和林格尔县	2	1	1	100.00				
清水河县								
武川县								
呼和浩特经济技术开发区								
包头市	**4**		**4**		**1**	**1**		
东河区	1		1		1	1		
昆都仑区	1		1					
青山区	1		1					
石拐区								
白云鄂博矿区								
九原区								
土默特右旗								
固阳县								
达尔罕茂明安联合旗								
包头稀土高新技术产业开发区	1		1					
乌海市	**1**	**1**						
海勃湾区								
海南区	1	1						
乌达区								
赤峰市	**11**	**6**	**5**	**120.00**	**3**	**3**		
红山区								
元宝山区								
松山区	1	1			1	1		
阿鲁科尔沁旗								
巴林左旗	1		1					
巴林右旗								
林西县								
克什克腾旗								
翁牛特旗	1	1						
喀喇沁旗	1	1						
宁城县	3	2	1	200.00	1	1		
敖汉旗	4	1	3	33.33	1	1		

6-1 续表 7

单位：人

地区	第四孩				第五孩及以上			
	小计	男	女	性别比(女=100)	小计	男	女	性别比(女=100)
通辽市	**6**	**3**	**3**	**100.00**	**1**	**1**		
科尔沁区	2	1	1	100.00				
科尔沁左翼中旗	1		1					
科尔沁左翼后旗								
开鲁县								
库伦旗								
奈曼旗	2	2			1	1		
扎鲁特旗								
通辽经济技术开发区								
霍林郭勒市	1		1					
鄂尔多斯市	**14**	**6**	**8**	**75.00**	**2**	**2**		
东胜区	2	1	1	100.00				
康巴什区								
达拉特旗	4		4					
准格尔旗	2		2					
鄂托克前旗	2	2			1	1		
鄂托克旗								
杭锦旗	1		1					
乌审旗					1	1		
伊金霍洛旗	3	3						
呼伦贝尔市	**6**	**1**	**5**	**20.00**				
海拉尔区								
扎赉诺尔区								
阿荣旗	1		1					
莫力达瓦达斡尔族自治旗	3	1	2	50.00				
鄂伦春自治旗	1		1					
鄂温克族自治旗								
陈巴尔虎旗								
新巴尔虎左旗								
新巴尔虎右旗								
满洲里市	1		1					
牙克石市								
扎兰屯市								
额尔古纳市								
根河市								
巴彦淖尔市	**5**	**2**	**3**	**66.67**				
临河区	1		1					
五原县								
磴口县								
乌拉特前旗	2	1	1	100.00				
乌拉特中旗	1	1						
乌拉特后旗								
杭锦后旗	1		1					

6-1 续表 8

单位：人

地区	第四孩				第五孩及以上			
	小计	男	女	性别比(女=100)	小计	男	女	性别比(女=100)
乌兰察布市	**5**	**2**	**3**	**66.67**	**1**	**1**		
集宁区	1		1					
卓资县	1	1						
化德县								
商都县								
兴和县	1		1					
凉城县								
察哈尔右翼前旗								
察哈尔右翼中旗								
察哈尔右翼后旗								
四子王旗	2	1	1	100.00				
丰镇市					1	1		
兴安盟	**4**	**3**	**1**	**300.00**	**1**	**1**		
乌兰浩特市								
阿尔山市								
科尔沁右翼前旗	1		1		1	1		
科尔沁右翼中旗	1	1						
扎赉特旗	1	1						
突泉县	1	1						
锡林郭勒盟					**2**		**2**	
二连浩特市								
锡林浩特市								
阿巴嘎旗								
苏尼特左旗								
苏尼特右旗								
东乌珠穆沁旗					1		1	
西乌珠穆沁旗								
太仆寺旗								
镶黄旗								
正镶白旗								
正蓝旗								
多伦县					1		1	
乌拉盖管委会								
阿拉善盟	**1**	**1**						
阿拉善左旗	1	1						
阿拉善右旗								
额济纳旗								
内蒙古阿拉善经济开发区								

6-1a　各地区分性别、孩次的出生人口
(2019.11.1-2020.10.31)(城市)

单位：人

地　区	出生人数				第　一　孩			
	合计	男	女	性别比(女=100)	小计	男	女	性别比(女=100)
内蒙古	**8176**	**4189**	**3987**	**105.07**	**4774**	**2462**	**2312**	**106.49**
呼和浩特市	**2054**	**1036**	**1018**	**101.77**	**1260**	**616**	**644**	**95.65**
新城区	523	252	271	92.99	312	147	165	89.09
回民区	324	165	159	103.77	203	103	100	103.00
玉泉区	468	234	234	100.00	301	144	157	91.72
赛罕区	739	385	354	108.76	444	222	222	100.00
包头市	**1412**	**740**	**672**	**110.12**	**855**	**437**	**418**	**104.55**
东河区	263	145	118	122.88	170	92	78	117.95
昆都仑区	590	306	284	107.75	347	172	175	98.29
青山区	360	187	173	108.09	213	109	104	104.81
石拐区	17	7	10	70.00	10	5	5	100.00
白云鄂博矿区	8	4	4	100.00	5	2	3	66.67
九原区	174	91	83	109.64	110	57	53	107.55
乌海市	**426**	**217**	**209**	**103.83**	**236**	**129**	**107**	**120.56**
海勃湾区	278	142	136	104.41	164	89	75	118.67
海南区	56	22	34	64.71	22	8	14	57.14
乌达区	92	53	39	135.90	50	32	18	177.78
赤峰市	**1034**	**537**	**497**	**108.05**	**533**	**293**	**240**	**122.08**
红山区	397	224	173	129.48	211	120	91	131.87
元宝山区	139	66	73	90.41	63	31	32	96.88
松山区	498	247	251	98.41	259	142	117	121.37
通辽市	**450**	**237**	**213**	**111.27**	**287**	**151**	**136**	**111.03**
科尔沁区	306	158	148	106.76	214	110	104	105.77
霍林郭勒市	144	79	65	121.54	73	41	32	128.13
鄂尔多斯市	**793**	**393**	**400**	**98.25**	**359**	**186**	**173**	**107.51**
东胜区	645	318	327	97.25	303	155	148	104.73
康巴什区	146	73	73	100.00	56	31	25	124.00
鄂托克旗	2	2						
呼伦贝尔市	**605**	**314**	**291**	**107.90**	**441**	**242**	**199**	**121.61**
海拉尔区	230	121	109	111.01	177	101	76	132.89
扎赉诺尔区	41	15	26	57.69	35	12	23	52.17
满洲里市	109	50	59	84.75	67	34	33	103.03
牙克石市	69	33	36	91.67	54	27	27	100.00
扎兰屯市	116	73	43	169.77	85	55	30	183.33
额尔古纳市	33	19	14	135.71	18	11	7	157.14
根河市	7	3	4	75.00	5	2	3	66.67
巴彦淖尔市	**372**	**199**	**173**	**115.03**	**195**	**108**	**87**	**124.14**
临河区	372	199	173	115.03	195	108	87	124.14
乌兰察布市	**385**	**208**	**177**	**117.51**	**237**	**124**	**113**	**109.73**
集宁区	296	155	141	109.93	186	94	92	102.17
丰镇市	89	53	36	147.22	51	30	21	142.86
兴安盟	**243**	**109**	**134**	**81.34**	**146**	**60**	**86**	**69.77**
乌兰浩特市	230	106	124	85.48	136	58	78	74.36
阿尔山市	13	3	10	30.00	10	2	8	25.00
锡林郭勒盟	**402**	**199**	**203**	**98.03**	**225**	**116**	**109**	**106.42**
二连浩特市	76	37	39	94.87	38	21	17	123.53
锡林浩特市	326	162	164	98.78	187	95	92	103.26

6-1a 续表 1

单位：人

地区	第二孩				第三孩			
	小计	男	女	性别比(女=100)	小计	男	女	性别比(女=100)
内蒙古	**3193**	**1621**	**1572**	**103.12**	**184**	**100**	**84**	**119.05**
呼和浩特市	**736**	**396**	**340**	**116.47**	**45**	**23**	**22**	**104.55**
新城区	190	94	96	97.92	16	10	6	166.67
回民区	114	58	56	103.57	7	4	3	133.33
玉泉区	156	87	69	126.09	8	3	5	60.00
赛罕区	276	157	119	131.93	14	6	8	75.00
包头市	**522**	**283**	**239**	**118.41**	**32**	**19**	**13**	**146.15**
东河区	89	50	39	128.21	3	2	1	200.00
昆都仑区	227	125	102	122.55	15	9	6	150.00
青山区	141	76	65	116.92	5	2	3	66.67
石拐区	6	2	4	50.00	1		1	
白云鄂博矿区	3	2	1	200.00				
九原区	56	28	28	100.00	8	6	2	300.00
乌海市	**172**	**81**	**91**	**89.01**	**17**	**6**	**11**	**54.55**
海勃湾区	100	47	53	88.68	14	6	8	75.00
海南区	31	13	18	72.22	2		2	
乌达区	41	21	20	105.00	1		1	
赤峰市	**479**	**229**	**250**	**91.60**	**22**	**15**	**7**	**214.29**
红山区	180	100	80	125.00	6	4	2	200.00
元宝山区	75	34	41	82.93	1	1		
松山区	224	95	129	73.64	15	10	5	200.00
通辽市	**149**	**78**	**71**	**109.86**	**11**	**7**	**4**	**175.00**
科尔沁区	83	42	41	102.44	7	5	2	250.00
霍林郭勒市	66	36	30	120.00	4	2	2	100.00
鄂尔多斯市	**398**	**190**	**208**	**91.35**	**34**	**16**	**18**	**88.89**
东胜区	311	148	163	90.80	29	14	15	93.33
康巴什区	85	40	45	88.89	5	2	3	66.67
鄂托克旗	2	2						
呼伦贝尔市	**155**	**70**	**85**	**82.35**	**8**	**2**	**6**	**33.33**
海拉尔区	50	20	30	66.67	3		3	
扎赉诺尔区	6	3	3	100.00				
满洲里市	38	15	23	65.22	3	1	2	50.00
牙克石市	15	6	9	66.67				
扎兰屯市	30	18	12	150.00	1		1	
额尔古纳市	14	7	7	100.00	1	1		
根河市	2	1	1	100.00				
巴彦淖尔市	**170**	**85**	**85**	**100.00**	**7**	**6**	**1**	**600.00**
临河区	170	85	85	100.00	7	6	1	600.00
乌兰察布市	**142**	**80**	**62**	**129.03**	**4**	**3**	**1**	**300.00**
集宁区	107	60	47	127.66	2	1	1	100.00
丰镇市	35	20	15	133.33	2	2		
兴安盟	**97**	**49**	**48**	**102.08**				
乌兰浩特市	94	48	46	104.35				
阿尔山市	3	1	2	50.00				
锡林郭勒盟	**173**	**80**	**93**	**86.02**	**4**	**3**	**1**	**300.00**
二连浩特市	38	16	22	72.73				
锡林浩特市	135	64	71	90.14	4	3	1	300.00

6−1a　续表 2　　　　单位：人

地　　区	第　四　孩				第五孩及以上			
	小计	男	女	性别比（女=100）	小计	男	女	性别比（女=100）
内蒙古	**22**	**4**	**18**	**22.22**	**3**	**2**	**1**	**200.00**
呼和浩特市	**12**	**1**	**11**	**9.09**	**1**		**1**	
新城区	5	1	4	25.00				
回民区								
玉泉区	3		3					
赛罕区	4		4		1		1	
包头市	**2**		**2**		**1**	**1**		
东河区					1	1		
昆都仑区	1		1					
青山区	1		1					
石拐区								
白云鄂博矿区								
九原区								
乌海市	**1**	**1**						
海勃湾区								
海南区	1	1						
乌达区								
赤峰市								
红山区								
元宝山区								
松山区								
通辽市	**3**	**1**	**2**	**50.00**				
科尔沁区	2	1	1	100.00				
霍林郭勒市	1		1					
鄂尔多斯市	**2**	**1**	**1**	**100.00**				
东胜区	2	1	1	100.00				
康巴什区								
鄂托克旗								
呼伦贝尔市	**1**		**1**					
海拉尔区								
扎赉诺尔区								
满洲里市	1		1					
牙克石市								
扎兰屯市								
额尔古纳市								
根河市								
巴彦淖尔市								
临河区								
乌兰察布市	**1**		**1**		**1**	**1**		
集宁区	1		1					
丰镇市					1	1		
兴安盟								
乌兰浩特市								
阿尔山市								
锡林郭勒盟								
二连浩特市								
锡林浩特市								

6-1b 各地区分性别、孩次的出生人口(2019.11.1-2020.10.31)(镇)

单位：人

地区	出生人数				第一孩			
	合计	男	女	性别比(女=100)	小计	男	女	性别比(女=100)
内蒙古	**6312**	**3232**	**3080**	**104.94**	**3239**	**1641**	**1598**	**102.69**
呼和浩特市	**474**	**254**	**220**	**115.45**	**251**	**136**	**115**	**118.26**
新城区	1		1		1		1	
回民区								
玉泉区								
赛罕区	2		2		1		1	
土默特左旗	88	41	47	87.23	48	24	24	100.00
托克托县	63	35	28	125.00	26	16	10	160.00
和林格尔县	58	29	29	100.00	30	15	15	100.00
清水河县	33	18	15	120.00	12	5	7	71.43
武川县	37	17	20	85.00	18	9	9	100.00
呼和浩特经济技术开发区	192	114	78	146.15	115	67	48	139.58
包头市	**406**	**220**	**186**	**118.28**	**210**	**115**	**95**	**121.05**
东河区	22	14	8	175.00	14	7	7	100.00
昆都仑区								
青山区	6	3	3	100.00	3	2	1	200.00
石拐区	1		1					
白云鄂博矿区								
九原区	9	5	4	125.00	4	3	1	300.00
土默特右旗	103	54	49	110.20	49	26	23	113.04
固阳县	39	21	18	116.67	19	10	9	111.11
达尔罕茂明安联合旗	33	17	16	106.25	15	7	8	87.50
包头稀土高新技术产业开发区	193	106	87	121.84	106	60	46	130.43
乌海市	**4**	**2**	**2**	**100.00**	**2**		**2**	
海勃湾区	3	1	2	50.00	2		2	
海南区	1	1						
乌达区								
赤峰市	**1101**	**587**	**514**	**114.20**	**520**	**267**	**253**	**105.53**
红山区	8	5	3	166.67	4	2	2	100.00
元宝山区	22	11	11	100.00	10	3	7	42.86
松山区	13	12	1	1200.00	2	2		
阿鲁科尔沁旗	111	63	48	131.25	62	35	27	129.63
巴林左旗	112	59	53	111.32	68	35	33	106.06
巴林右旗	103	50	53	94.34	54	24	30	80.00
林西县	105	58	47	123.40	50	30	20	150.00
克什克腾旗	92	51	41	124.39	45	22	23	95.65
翁牛特旗	145	74	71	104.23	63	30	33	90.91
喀喇沁旗	98	51	47	108.51	41	20	21	95.24
宁城县	141	77	64	120.31	66	37	29	127.59
敖汉旗	151	76	75	101.33	55	27	28	96.43

6-1b　续表 1　　单位：人

地　区	出生人数				第　一　孩			
	合计	男	女	性别比（女=100）	小计	男	女	性别比（女=100）
通辽市	**759**	**377**	**382**	**98.69**	**460**	**230**	**230**	**100.00**
科尔沁区	24	17	7	242.86	15	12	3	400.00
科尔沁左翼中旗	88	50	38	131.58	57	35	22	159.09
科尔沁左翼后旗	76	34	42	80.95	43	16	27	59.26
开鲁县	90	44	46	95.65	48	26	22	118.18
库伦旗	52	25	27	92.59	28	13	15	86.67
奈曼旗	123	54	69	78.26	62	30	32	93.75
扎鲁特旗	116	64	52	123.08	70	37	33	112.12
通辽经济技术开发区	190	89	101	88.12	137	61	76	80.26
霍林郭勒市								
鄂尔多斯市	**1209**	**629**	**580**	**108.45**	**490**	**245**	**245**	**100.00**
东胜区	1	1						
康巴什区								
达拉特旗	214	113	101	111.88	67	43	24	179.17
准格尔旗	286	139	147	94.56	119	55	64	85.94
鄂托克前旗	75	37	38	97.37	27	10	17	58.82
鄂托克旗	151	80	71	112.68	65	32	33	96.97
杭锦旗	96	52	44	118.18	46	26	20	130.00
乌审旗	133	77	56	137.50	47	23	24	95.83
伊金霍洛旗	253	130	123	105.69	119	56	63	88.89
呼伦贝尔市	**480**	**235**	**245**	**95.92**	**271**	**133**	**138**	**96.38**
海拉尔区								
扎赉诺尔区	2	1	1	100.00	1		1	
阿荣旗	122	52	70	74.29	64	28	36	77.78
莫力达瓦达斡尔族自治旗	57	36	21	171.43	28	21	7	300.00
鄂伦春自治旗	70	37	33	112.12	35	17	18	94.44
鄂温克族自治旗	88	38	50	76.00	57	25	32	78.13
陈巴尔虎旗	22	13	9	144.44	13	8	5	160.00
新巴尔虎左旗	19	10	9	111.11	13	7	6	116.67
新巴尔虎右旗	28	17	11	154.55	12	7	5	140.00
满洲里市								
牙克石市	28	11	17	64.71	22	8	14	57.14
扎兰屯市	30	12	18	66.67	18	8	10	80.00
额尔古纳市	4	2	2	100.00	3	1	2	50.00
根河市	10	6	4	150.00	5	3	2	150.00
巴彦淖尔市	**506**	**240**	**266**	**90.23**	**272**	**127**	**145**	**87.59**
临河区	8	3	5	60.00	5	1	4	25.00
五原县	114	58	56	103.57	55	24	31	77.42
磴口县	47	23	24	95.83	26	12	14	85.71
乌拉特前旗	124	64	60	106.67	59	34	25	136.00
乌拉特中旗	51	19	32	59.38	31	11	20	55.00
乌拉特后旗	41	16	25	64.00	20	6	14	42.86
杭锦后旗	121	57	64	89.06	76	39	37	105.41

6-1b 续表 2

单位：人

地区	出生人数				第一孩			
	合计	男	女	性别比(女=100)	小计	男	女	性别比(女=100)
乌兰察布市	**387**	**189**	**198**	**95.45**	**217**	**106**	**111**	**95.50**
集宁区	10	4	6	66.67	9	3	6	50.00
卓资县	21	10	11	90.91	13	7	6	116.67
化德县	34	14	20	70.00	20	9	11	81.82
商都县	55	27	28	96.43	28	14	14	100.00
兴和县	77	44	33	133.33	48	26	22	118.18
凉城县	34	11	23	47.83	15	6	9	66.67
察哈尔右翼前旗	46	27	19	142.11	23	14	9	155.56
察哈尔右翼中旗	23	9	14	64.29	12	5	7	71.43
察哈尔右翼后旗	30	16	14	114.29	15	7	8	87.50
四子王旗	56	27	29	93.10	34	15	19	78.95
丰镇市	1		1					
兴安盟	**360**	**183**	**177**	**103.39**	**211**	**106**	**105**	**100.95**
乌兰浩特市	13	6	7	85.71	8	4	4	100.00
阿尔山市	8	4	4	100.00	2	1	1	100.00
科尔沁右翼前旗	103	50	53	94.34	77	37	40	92.50
科尔沁右翼中旗	47	25	22	113.64	24	15	9	166.67
扎赉特旗	110	62	48	129.17	57	30	27	111.11
突泉县	79	36	43	83.72	43	19	24	79.17
锡林郭勒盟	**382**	**194**	**188**	**103.19**	**199**	**105**	**94**	**111.70**
二连浩特市								
锡林浩特市								
阿巴嘎旗	16	8	8	100.00	10	3	7	42.86
苏尼特左旗	19	8	11	72.73	12	5	7	71.43
苏尼特右旗	28	16	12	133.33	15	7	8	87.50
东乌珠穆沁旗	39	18	21	85.71	20	10	10	100.00
西乌珠穆沁旗	73	35	38	92.11	38	20	18	111.11
太仆寺旗	39	23	16	143.75	23	13	10	130.00
镶黄旗	19	12	7	171.43	11	7	4	175.00
正镶白旗	12	3	9	33.33	10	3	7	42.86
正蓝旗	39	18	21	85.71	20	11	9	122.22
多伦县	83	47	36	130.56	33	24	9	266.67
乌拉盖管委会	15	6	9	66.67	7	2	5	40.00
阿拉善盟	**244**	**122**	**122**	**100.00**	**136**	**71**	**65**	**109.23**
阿拉善左旗	156	79	77	102.60	90	47	43	109.30
阿拉善右旗	27	13	14	92.86	16	8	8	100.00
额济纳旗	22	13	9	144.44	10	8	2	400.00
内蒙古阿拉善经济开发区	39	17	22	77.27	20	8	12	66.67

6-1b　续表 3　　　　单位：人

地　区	第　二　孩				第　三　孩			
	小计	男	女	性别比（女=100）	小计	男	女	性别比（女=100）
内蒙古	**2824**	**1454**	**1370**	**106.13**	**221**	**125**	**96**	**130.21**
呼和浩特市	**208**	**109**	**99**	**110.10**	**14**	**9**	**5**	**180.00**
新城区								
回民区								
玉泉区								
赛罕区	1		1					
土默特左旗	35	14	21	66.67	5	3	2	150.00
托克托县	33	17	16	106.25	4	2	2	100.00
和林格尔县	26	13	13	100.00	1	1		
清水河县	19	12	7	171.43	2	1	1	100.00
武川县	19	8	11	72.73				
呼和浩特经济技术开发区	75	45	30	150.00	2	2		
包头市	**180**	**94**	**86**	**109.30**	**14**	**11**	**3**	**366.67**
东河区	6	6			1	1		
昆都仑区								
青山区	3	1	2	50.00				
石拐区	1		1					
白云鄂博矿区								
九原区	4	1	3	33.33	1	1		
土默特右旗	51	26	25	104.00	3	2	1	200.00
固阳县	17	9	8	112.50	3	2	1	200.00
达尔罕茂明安联合旗	16	8	8	100.00	2	2		
包头稀土高新技术产业开发区	82	43	39	110.26	4	3	1	300.00
乌海市	**2**	**2**						
海勃湾区	1	1						
海南区	1	1						
乌达区								
赤峰市	**531**	**292**	**239**	**122.18**	**45**	**26**	**19**	**136.84**
红山区	4	3	1	300.00				
元宝山区	12	8	4	200.00				
松山区	10	9	1	900.00	1	1		
阿鲁科尔沁旗	47	26	21	123.81	2	2		
巴林左旗	41	22	19	115.79	3	2	1	200.00
巴林右旗	48	26	22	118.18	1		1	
林西县	50	26	24	108.33	5	2	3	66.67
克什克腾旗	42	27	15	180.00	5	2	3	66.67
翁牛特旗	72	38	34	111.76	10	6	4	150.00
喀喇沁旗	50	26	24	108.33	6	4	2	200.00
宁城县	68	37	31	119.35	6	3	3	100.00
敖汉旗	87	44	43	102.33	6	4	2	200.00

6-1b 续表 4

单位：人

地区	第二孩				第三孩			
	小计	男	女	性别比(女=100)	小计	男	女	性别比(女=100)
通辽市	**286**	**141**	**145**	**97.24**	**12**	**5**	**7**	**71.43**
科尔沁区	9	5	4	125.00				
科尔沁左翼中旗	31	15	16	93.75				
科尔沁左翼后旗	33	18	15	120.00				
开鲁县	41	18	23	78.26	1		1	
库伦旗	21	11	10	110.00	3	1	2	50.00
奈曼旗	56	20	36	55.56	4	3	1	300.00
扎鲁特旗	45	27	18	150.00	1		1	
通辽经济技术开发区	50	27	23	117.39	3	1	2	50.00
霍林郭勒市								
鄂尔多斯市	**641**	**332**	**309**	**107.44**	**66**	**47**	**19**	**247.37**
东胜区	1	1						
康巴什区								
达拉特旗	131	60	71	84.51	12	10	2	500.00
准格尔旗	146	73	73	100.00	19	11	8	137.50
鄂托克前旗	44	23	21	109.52	2	2		
鄂托克旗	73	41	32	128.13	13	7	6	116.67
杭锦旗	49	26	23	113.04				
乌审旗	76	46	30	153.33	9	7	2	350.00
伊金霍洛旗	121	62	59	105.08	11	10	1	1000.00
呼伦贝尔市	**186**	**92**	**94**	**97.87**	**21**	**9**	**12**	**75.00**
海拉尔区								
扎赉诺尔区	1	1						
阿荣旗	54	23	31	74.19	4	1	3	33.33
莫力达瓦达斡尔族自治旗	27	13	14	92.86	1	1		
鄂伦春自治旗	29	17	12	141.67	5	3	2	150.00
鄂温克族自治旗	27	13	14	92.86	4		4	
陈巴尔虎旗	8	5	3	166.67	1		1	
新巴尔虎左旗	4	2	2	100.00	2	1	1	100.00
新巴尔虎右旗	13	8	5	160.00	3	2	1	200.00
满洲里市								
牙克石市	6	3	3	100.00				
扎兰屯市	11	3	8	37.50	1	1		
额尔古纳市	1	1						
根河市	5	3	2	150.00				
巴彦淖尔市	**222**	**110**	**112**	**98.21**	**10**	**2**	**8**	**25.00**
临河区	3	2	1	200.00				
五原县	57	34	23	147.83	2		2	
磴口县	19	11	8	137.50	2		2	
乌拉特前旗	60	27	33	81.82	3	2	1	200.00
乌拉特中旗	18	8	10	80.00	2		2	
乌拉特后旗	21	10	11	90.91				
杭锦后旗	44	18	26	69.23	1		1	

6-1b　续表 5　　　　单位：人

地　区	第二孩				第三孩			
	小计	男	女	性别比(女=100)	小计	男	女	性别比(女=100)
乌兰察布市	**157**	**77**	**80**	**96.25**	**11**	**5**	**6**	**83.33**
集宁区	1	1						
卓资县	8	3	5	60.00				
化德县	13	4	9	44.44	1	1		
商都县	25	12	13	92.31	2	1	1	100.00
兴和县	26	16	10	160.00	2	2		
凉城县	18	5	13	38.46	1		1	
察哈尔右翼前旗	21	12	9	133.33	2	1	1	100.00
察哈尔右翼中旗	10	4	6	66.67	1		1	
察哈尔右翼后旗	15	9	6	150.00				
四子王旗	20	11	9	122.22	1		1	
丰镇市					1		1	
兴安盟	**138**	**74**	**64**	**115.63**	**11**	**3**	**8**	**37.50**
乌兰浩特市	5	2	3	66.67				
阿尔山市	6	3	3	100.00				
科尔沁右翼前旗	24	13	11	118.18	2		2	
科尔沁右翼中旗	22	10	12	83.33	1		1	
扎赉特旗	49	31	18	172.22	4	1	3	33.33
突泉县	32	15	17	88.24	4	2	2	100.00
锡林郭勒盟	**173**	**83**	**90**	**92.22**	**10**	**6**	**4**	**150.00**
二连浩特市								
锡林浩特市								
阿巴嘎旗	6	5	1	500.00				
苏尼特左旗	7	3	4	75.00				
苏尼特右旗	13	9	4	225.00				
东乌珠穆沁旗	17	7	10	70.00	2	1	1	100.00
西乌珠穆沁旗	33	13	20	65.00	2	2		
太仆寺旗	16	10	6	166.67				
镶黄旗	8	5	3	166.67				
正镶白旗	2		2					
正蓝旗	19	7	12	58.33				
多伦县	44	20	24	83.33	6	3	3	100.00
乌拉盖管委会	8	4	4	100.00				
阿拉善盟	**100**	**48**	**52**	**92.31**	**7**	**2**	**5**	**40.00**
阿拉善左旗	61	30	31	96.77	4	1	3	33.33
阿拉善右旗	10	5	5	100.00	1		1	
额济纳旗	11	4	7	57.14	1	1		
内蒙古阿拉善经济开发区	18	9	9	100.00	1		1	

6-1b 续表 6 单位：人

地区	第四孩				第五孩及以上			
	小计	男	女	性别比(女=100)	小计	男	女	性别比(女=100)
内蒙古	**24**	**8**	**16**	**50.00**	**4**	**4**		
呼和浩特市	**1**		**1**					
新城区								
回民区								
玉泉区								
赛罕区								
土默特左旗								
托克托县								
和林格尔县	1		1					
清水河县								
武川县								
呼和浩特经济技术开发区								
包头市	**2**		**2**					
东河区	1		1					
昆都仑区								
青山区								
石拐区								
白云鄂博矿区								
九原区								
土默特右旗								
固阳县								
达尔罕茂明安联合旗								
包头稀土高新技术产业开发区	1		1					
乌海市								
海勃湾区								
海南区								
乌达区								
赤峰市	**4**	**1**	**3**	**33.33**	**1**	**1**		
红山区								
元宝山区								
松山区								
阿鲁科尔沁旗								
巴林左旗								
巴林右旗								
林西县								
克什克腾旗								
翁牛特旗								
喀喇沁旗	1	1						
宁城县	1		1					
敖汉旗	2		2		1	1		

6-1b　续表 7　　单位：人

地　区	第四孩 小计	第四孩 男	第四孩 女	第四孩 性别比(女=100)	第五孩及以上 小计	第五孩及以上 男	第五孩及以上 女	第五孩及以上 性别比(女=100)
通辽市					**1**	**1**		
科尔沁区								
科尔沁左翼中旗								
科尔沁左翼后旗								
开鲁县								
库伦旗								
奈曼旗					1	1		
扎鲁特旗								
通辽经济技术开发区								
霍林郭勒市								
鄂尔多斯市	**10**	**3**	**7**	**42.86**	**2**	**2**		
东胜区								
康巴什区								
达拉特旗	4		4					
准格尔旗	2		2					
鄂托克前旗	1	1			1	1		
鄂托克旗								
杭锦旗	1		1					
乌审旗					1	1		
伊金霍洛旗	2	2						
呼伦贝尔市	**2**	**1**	**1**	**100.00**				
海拉尔区								
扎赉诺尔区								
阿荣旗								
莫力达瓦达斡尔族自治旗	1	1						
鄂伦春自治旗	1		1					
鄂温克族自治旗								
陈巴尔虎旗								
新巴尔虎左旗								
新巴尔虎右旗								
满洲里市								
牙克石市								
扎兰屯市								
额尔古纳市								
根河市								
巴彦淖尔市	**2**	**1**	**1**	**100.00**				
临河区								
五原县								
磴口县								
乌拉特前旗	2	1	1	100.00				
乌拉特中旗								
乌拉特后旗								
杭锦后旗								

6－1b 续表 8　　单位：人

地　区	第四孩				第五孩及以上			
	小计	男	女	性别比（女=100）	小计	男	女	性别比（女=100）
乌兰察布市	**2**	**1**	**1**	**100.00**				
集宁区								
卓资县								
化德县								
商都县								
兴和县	1		1					
凉城县								
察哈尔右翼前旗								
察哈尔右翼中旗								
察哈尔右翼后旗								
四子王旗	1	1						
丰镇市								
兴安盟								
乌兰浩特市								
阿尔山市								
科尔沁右翼前旗								
科尔沁右翼中旗								
扎赉特旗								
突泉县								
锡林郭勒盟								
二连浩特市								
锡林浩特市								
阿巴嘎旗								
苏尼特左旗								
苏尼特右旗								
东乌珠穆沁旗								
西乌珠穆沁旗								
太仆寺旗								
镶黄旗								
正镶白旗								
正蓝旗								
多伦县								
乌拉盖管委会								
阿拉善盟	**1**	**1**						
阿拉善左旗	1	1						
阿拉善右旗								
额济纳旗								
内蒙古阿拉善经济开发区								

6-1c　各地区分性别、孩次的出生人口
(2019.11.1-2020.10.31)(乡村)

单位：人

地　　区	出生人数				第　一　孩			
	合计	男	女	性别比(女=100)	小计	男	女	性别比(女=100)
内蒙古	**3940**	**2044**	**1896**	**107.81**	**1721**	**902**	**819**	**110.13**
呼和浩特市	**346**	**172**	**174**	**98.85**	**178**	**89**	**89**	**100.00**
新城区	51	24	27	88.89	25	13	12	108.33
回民区	20	9	11	81.82	12	4	8	50.00
玉泉区	38	15	23	65.22	23	11	12	91.67
赛罕区	86	44	42	104.76	44	21	23	91.30
土默特左旗	47	27	20	135.00	27	14	13	107.69
托克托县	50	21	29	72.41	23	10	13	76.92
和林格尔县	32	19	13	146.15	11	7	4	175.00
清水河县	11	5	6	83.33	6	3	3	100.00
武川县	11	8	3	266.67	7	6	1	600.00
呼和浩特经济技术开发区								
包头市	**215**	**98**	**117**	**83.76**	**120**	**52**	**68**	**76.47**
东河区	26	12	14	85.71	16	6	10	60.00
昆都仑区	18	10	8	125.00	7	3	4	75.00
青山区	12	5	7	71.43	3	1	2	50.00
石拐区	1		1		1		1	
白云鄂博矿区								
九原区	38	15	23	65.22	22	8	14	57.14
土默特右旗	55	26	29	89.66	33	15	18	83.33
固阳县	46	24	22	109.09	28	15	13	115.38
达尔罕茂明安联合旗	13	6	7	85.71	8	4	4	100.00
包头稀土高新技术产业开发区	6		6		2		2	
乌海市	**8**	**3**	**5**	**60.00**	**4**		**4**	
海勃湾区	6	2	4	50.00	3		3	
海南区	2	1	1	100.00	1		1	
乌达区								
赤峰市	**1094**	**571**	**523**	**109.18**	**459**	**257**	**202**	**127.23**
红山区	5	4	1	400.00	2	2		
元宝山区	28	17	11	154.55	14	8	6	133.33
松山区	218	120	98	122.45	113	69	44	156.82
阿鲁科尔沁旗	65	35	30	116.67	24	10	14	71.43
巴林左旗	100	60	40	150.00	49	30	19	157.89
巴林右旗	30	14	16	87.50	9	6	3	200.00
林西县	50	27	23	117.39	23	13	10	130.00
克什克腾旗	31	14	17	82.35	13	6	7	85.71
翁牛特旗	146	74	72	102.78	60	34	26	130.77
喀喇沁旗	58	29	29	100.00	22	10	12	83.33
宁城县	217	105	112	93.75	81	43	38	113.16
敖汉旗	146	72	74	97.30	49	26	23	113.04

6-1c 续表 1

单位：人

地区	出生人数				第一孩			
	合计	男	女	性别比(女=100)	小计	男	女	性别比(女=100)
通辽市	**784**	**404**	**380**	**106.32**	**326**	**169**	**157**	**107.64**
科尔沁区	109	54	55	98.18	56	29	27	107.41
科尔沁左翼中旗	172	95	77	123.38	87	46	41	112.20
科尔沁左翼后旗	102	54	48	112.50	39	24	15	160.00
开鲁县	122	59	63	93.65	46	20	26	76.92
库伦旗	44	18	26	69.23	16	6	10	60.00
奈曼旗	152	86	66	130.30	49	30	19	157.89
扎鲁特旗	64	30	34	88.24	24	10	14	71.43
通辽经济技术开发区	13	6	7	85.71	7	4	3	133.33
霍林郭勒市	6	2	4	50.00	2		2	
鄂尔多斯市	**194**	**108**	**86**	**125.58**	**77**	**46**	**31**	**148.39**
东胜区	6	3	3	100.00	1	1		
康巴什区								
达拉特旗	49	30	19	157.89	16	13	3	433.33
准格尔旗	53	24	29	82.76	25	13	12	108.33
鄂托克前旗	9	5	4	125.00	4	2	2	100.00
鄂托克旗	14	6	8	75.00	7	2	5	40.00
杭锦旗	6	3	3	100.00	2	2		
乌审旗	29	20	9	222.22	14	8	6	133.33
伊金霍洛旗	28	17	11	154.55	8	5	3	166.67
呼伦贝尔市	**359**	**182**	**177**	**102.82**	**160**	**77**	**83**	**92.77**
海拉尔区	4	2	2	100.00	2		2	
扎赉诺尔区								
阿荣旗	88	56	32	175.00	43	25	18	138.89
莫力达瓦达斡尔族自治旗	97	50	47	106.38	43	23	20	115.00
鄂伦春自治旗	31	13	18	72.22	12	4	8	50.00
鄂温克族自治旗	16	3	13	23.08	7	2	5	40.00
陈巴尔虎旗	4	2	2	100.00	3	1	2	50.00
新巴尔虎左旗	10	4	6	66.67	6	1	5	20.00
新巴尔虎右旗	8	1	7	14.29	4	1	3	33.33
满洲里市								
牙克石市	5	3	2	150.00	4	3	1	300.00
扎兰屯市	83	43	40	107.50	28	14	14	100.00
额尔古纳市	13	5	8	62.50	8	3	5	60.00
根河市								
巴彦淖尔市	**223**	**120**	**103**	**116.50**	**95**	**52**	**43**	**120.93**
临河区	87	47	40	117.50	36	22	14	157.14
五原县	31	16	15	106.67	12	6	6	100.00
磴口县	11	6	5	120.00	7	2	5	40.00
乌拉特前旗	36	21	15	140.00	12	7	5	140.00
乌拉特中旗	21	12	9	133.33	10	7	3	233.33
乌拉特后旗	8	6	2	300.00	3	2	1	200.00
杭锦后旗	29	12	17	70.59	15	6	9	66.67

6-1c　续表 2　　单位：人

地　区	出生人数				第　一　孩			
	合计	男	女	性别比（女=100）	小计	男	女	性别比（女=100）
乌兰察布市	**140**	**82**	**58**	**141.38**	**82**	**45**	**37**	**121.62**
集宁区	14	7	7	100.00	11	5	6	83.33
卓资县	6	3	3	100.00	4	1	3	33.33
化德县	2	2						
商都县	10	4	6	66.67	5	1	4	25.00
兴和县	19	9	10	90.00	11	6	5	120.00
凉城县	9	8	1	800.00	6	5	1	500.00
察哈尔右翼前旗	24	15	9	166.67	15	9	6	150.00
察哈尔右翼中旗	11	6	5	120.00	6	4	2	200.00
察哈尔右翼后旗	9	7	2	350.00	6	5	1	500.00
四子王旗	27	15	12	125.00	13	5	8	62.50
丰镇市	9	6	3	200.00	5	4	1	400.00
兴安盟	**361**	**192**	**169**	**113.61**	**133**	**67**	**66**	**101.52**
乌兰浩特市	22	11	11	100.00	10	4	6	66.67
阿尔山市	3	3			2	2		
科尔沁右翼前旗	109	58	51	113.73	41	19	22	86.36
科尔沁右翼中旗	65	33	32	103.13	26	12	14	85.71
扎赉特旗	101	55	46	119.57	29	17	12	141.67
突泉县	61	32	29	110.34	25	13	12	108.33
锡林郭勒盟	**192**	**95**	**97**	**97.94**	**77**	**42**	**35**	**120.00**
二连浩特市	1	1			1	1		
锡林浩特市	18	8	10	80.00	7	2	5	40.00
阿巴嘎旗	15	7	8	87.50	7	3	4	75.00
苏尼特左旗	21	11	10	110.00	6	5	1	500.00
苏尼特右旗	14	7	7	100.00	6	4	2	200.00
东乌珠穆沁旗	18	11	7	157.14	6	3	3	100.00
西乌珠穆沁旗	32	18	14	128.57	15	7	8	87.50
太仆寺旗	17	7	10	70.00	6	4	2	200.00
镶黄旗	8	3	5	60.00	5	2	3	66.67
正镶白旗	6	2	4	50.00	4	2	2	100.00
正蓝旗	25	14	11	127.27	10	7	3	233.33
多伦县	16	6	10	60.00	4	2	2	100.00
乌拉盖管委会	1		1					
阿拉善盟	**24**	**17**	**7**	**242.86**	**10**	**6**	**4**	**150.00**
阿拉善左旗	17	12	5	240.00	7	4	3	133.33
阿拉善右旗	4	3	1	300.00	1	1		
额济纳旗	2	2			1	1		
内蒙古阿拉善经济开发区	1		1		1		1	

6-1c　续表 3　　　　单位：人

地　区	第　二　孩				第　三　孩			
	小计	男	女	性别比（女=100）	小计	男	女	性别比（女=100）
内蒙古	**1941**	**983**	**958**	**102.61**	**248**	**141**	**107**	**131.78**
呼和浩特市	**153**	**74**	**79**	**93.67**	**14**	**8**	**6**	**133.33**
新城区	25	11	14	78.57	1		1	
回民区	8	5	3	166.67				
玉泉区	15	4	11	36.36				
赛罕区	39	20	19	105.26	3	3		
土默特左旗	18	11	7	157.14	2	2		
托克托县	23	10	13	76.92	4	1	3	33.33
和林格尔县	17	10	7	142.86	3	1	2	50.00
清水河县	4	1	3	33.33	1	1		
武川县	4	2	2	100.00				
呼和浩特经济技术开发区								
包头市	**89**	**42**	**47**	**89.36**	**6**	**4**	**2**	**200.00**
东河区	10	6	4	150.00				
昆都仑区	8	5	3	166.67	3	2	1	200.00
青山区	9	4	5	80.00				
石拐区								
白云鄂博矿区								
九原区	16	7	9	77.78				
土默特右旗	21	11	10	110.00	1		1	
固阳县	17	8	9	88.89	1	1		
达尔罕茂明安联合旗	4	1	3	33.33	1	1		
包头稀土高新技术产业开发区	4		4					
乌海市	**3**	**2**	**1**	**200.00**	**1**	**1**		
海勃湾区	2	1	1	100.00	1	1		
海南区	1	1						
乌达区								
赤峰市	**533**	**259**	**274**	**94.53**	**93**	**48**	**45**	**106.67**
红山区	3	2	1	200.00				
元宝山区	11	8	3	266.67	3	1	2	50.00
松山区	85	43	42	102.38	18	6	12	50.00
阿鲁科尔沁旗	35	20	15	133.33	6	5	1	500.00
巴林左旗	46	28	18	155.56	4	2	2	100.00
巴林右旗	19	6	13	46.15	2	2		
林西县	21	11	10	110.00	6	3	3	100.00
克什克腾旗	15	6	9	66.67	3	2	1	200.00
翁牛特旗	72	32	40	80.00	13	7	6	116.67
喀喇沁旗	27	14	13	107.69	9	5	4	125.00
宁城县	118	51	67	76.12	15	8	7	114.29
敖汉旗	81	38	43	88.37	14	7	7	100.00

6-1c　续表 4　　　　单位：人

地　区	第　二　孩				第　三　孩			
	小计	男	女	性别比（女=100）	小计	男	女	性别比（女=100）
通辽市	**413**	**206**	**207**	**99.52**	**42**	**27**	**15**	**180.00**
科尔沁区	49	23	26	88.46	4	2	2	100.00
科尔沁左翼中旗	77	44	33	133.33	7	5	2	250.00
科尔沁左翼后旗	58	27	31	87.10	5	3	2	150.00
开鲁县	71	35	36	97.22	5	4	1	400.00
库伦旗	27	11	16	68.75	1	1		
奈曼旗	89	46	43	106.98	12	8	4	200.00
扎鲁特旗	32	16	16	100.00	8	4	4	100.00
通辽经济技术开发区	6	2	4	50.00				
霍林郭勒市	4	2	2	100.00				
鄂尔多斯市	**105**	**54**	**51**	**105.88**	**10**	**6**	**4**	**150.00**
东胜区	5	2	3	66.67				
康巴什区								
达拉特旗	31	16	15	106.67	2	1	1	100.00
准格尔旗	26	11	15	73.33	2		2	
鄂托克前旗	3	1	2	50.00	1	1		
鄂托克旗	6	3	3	100.00	1	1		
杭锦旗	4	1	3	33.33				
乌审旗	13	10	3	333.33	2	2		
伊金霍洛旗	17	10	7	142.86	2	1	1	100.00
呼伦贝尔市	**174**	**92**	**82**	**112.20**	**22**	**13**	**9**	**144.44**
海拉尔区	2	2						
扎赉诺尔区								
阿荣旗	38	27	11	245.45	6	4	2	200.00
莫力达瓦达斡尔族自治旗	49	26	23	113.04	3	1	2	50.00
鄂伦春自治旗	15	7	8	87.50	4	2	2	100.00
鄂温克族自治旗	8	1	7	14.29	1		1	
陈巴尔虎旗	1	1						
新巴尔虎左旗	4	3	1	300.00				
新巴尔虎右旗	4		4					
满洲里市								
牙克石市	1		1					
扎兰屯市	48	24	24	100.00	7	5	2	250.00
额尔古纳市	4	1	3	33.33	1	1		
根河市								
巴彦淖尔市	**107**	**59**	**48**	**122.92**	**18**	**8**	**10**	**80.00**
临河区	41	22	19	115.79	9	3	6	50.00
五原县	16	7	9	77.78	3	3		
磴口县	2	2			2	2		
乌拉特前旗	23	14	9	155.56	1		1	
乌拉特中旗	9	4	5	80.00	1		1	
乌拉特后旗	5	4	1	400.00				
杭锦后旗	11	6	5	120.00	2		2	

6−1c 续表 5

单位：人

地　区	第二孩				第三孩			
	小计	男	女	性别比（女=100）	小计	男	女	性别比（女=100）
乌兰察布市	**51**	**33**	**18**	**183.33**	**5**	**3**	**2**	**150.00**
集宁区	3	2	1	200.00				
卓资县	1	1						
化德县	2	2						
商都县	2	2			3	1	2	50.00
兴和县	8	3	5	60.00				
凉城县	3	3						
察哈尔右翼前旗	9	6	3	200.00				
察哈尔右翼中旗	5	2	3	66.67				
察哈尔右翼后旗	3	2	1	200.00				
四子王旗	11	8	3	266.67	2	2		
丰镇市	4	2	2	100.00				
兴安盟	**200**	**106**	**94**	**112.77**	**23**	**15**	**8**	**187.50**
乌兰浩特市	12	7	5	140.00				
阿尔山市	1	1						
科尔沁右翼前旗	59	32	27	118.52	7	6	1	600.00
科尔沁右翼中旗	35	18	17	105.88	3	2	1	200.00
扎赉特旗	62	33	29	113.79	9	4	5	80.00
突泉县	31	15	16	93.75	4	3	1	300.00
锡林郭勒盟	**99**	**45**	**54**	**83.33**	**14**	**8**	**6**	**133.33**
二连浩特市								
锡林浩特市	11	6	5	120.00				
阿巴嘎旗	7	4	3	133.33	1		1	
苏尼特左旗	13	6	7	85.71	2		2	
苏尼特右旗	6	2	4	50.00	2	1	1	100.00
东乌珠穆沁旗	10	7	3	233.33	1	1		
西乌珠穆沁旗	15	9	6	150.00	2	2		
太仆寺旗	10	2	8	25.00	1	1		
镶黄旗	3	1	2	50.00				
正镶白旗	1		1		1		1	
正蓝旗	13	5	8	62.50	2	2		
多伦县	9	3	6	50.00	2	1	1	100.00
乌拉盖管委会	1		1					
阿拉善盟	**14**	**11**	**3**	**366.67**				
阿拉善左旗	10	8	2	400.00				
阿拉善右旗	3	2	1	200.00				
额济纳旗	1	1						
内蒙古阿拉善经济开发区								

6-1c　续表 6

单位：人

地　区	第　四　孩				第五孩及以上			
	小计	男	女	性别比（女=100）	小计	男	女	性别比（女=100）
内蒙古	**25**	**15**	**10**	**150.00**	**5**	**3**	**2**	**150.00**
呼和浩特市	**1**	**1**						
新城区								
回民区								
玉泉区								
赛罕区								
土默特左旗								
托克托县								
和林格尔县	1	1						
清水河县								
武川县								
呼和浩特经济技术开发区								
包头市								
东河区								
昆都仑区								
青山区								
石拐区								
白云鄂博矿区								
九原区								
土默特右旗								
固阳县								
达尔罕茂明安联合旗								
包头稀土高新技术产业开发区								
乌海市								
海勃湾区								
海南区								
乌达区								
赤峰市	**7**	**5**	**2**	**250.00**	**2**	**2**		
红山区								
元宝山区								
松山区	1	1			1	1		
阿鲁科尔沁旗								
巴林左旗	1		1					
巴林右旗								
林西县								
克什克腾旗								
翁牛特旗	1	1						
喀喇沁旗								
宁城县	2	2			1	1		
敖汉旗	2	1	1	100.00				

6—1c 续表 7

单位：人

地区	第四孩				第五孩及以上			
	小计	男	女	性别比(女=100)	小计	男	女	性别比(女=100)
通辽市	**3**	**2**	**1**	**200.00**				
科尔沁区								
科尔沁左翼中旗	1		1					
科尔沁左翼后旗								
开鲁县								
库伦旗								
奈曼旗	2	2						
扎鲁特旗								
通辽经济技术开发区								
霍林郭勒市								
鄂尔多斯市	**2**	**2**						
东胜区								
康巴什区								
达拉特旗								
准格尔旗								
鄂托克前旗	1	1						
鄂托克旗								
杭锦旗								
乌审旗								
伊金霍洛旗	1	1						
呼伦贝尔市	**3**		**3**					
海拉尔区								
扎赉诺尔区								
阿荣旗	1		1					
莫力达瓦达斡尔族自治旗	2		2					
鄂伦春自治旗								
鄂温克族自治旗								
陈巴尔虎旗								
新巴尔虎左旗								
新巴尔虎右旗								
满洲里市								
牙克石市								
扎兰屯市								
额尔古纳市								
根河市								
巴彦淖尔市	**3**	**1**	**2**	**50.00**				
临河区	1		1					
五原县								
磴口县								
乌拉特前旗								
乌拉特中旗	1	1						
乌拉特后旗								
杭锦后旗	1		1					

6-1c　续表 8　　单位：人

地　　区	第　四　孩				第五孩及以上			
	小计	男	女	性别比（女=100）	小计	男	女	性别比（女=100）
乌兰察布市	**2**	**1**	**1**	**100.00**				
集宁区								
卓资县	1	1						
化德县								
商都县								
兴和县								
凉城县								
察哈尔右翼前旗								
察哈尔右翼中旗								
察哈尔右翼后旗								
四子王旗	1		1					
丰镇市								
兴安盟	**4**	**3**	**1**	**300.00**	**1**	**1**		
乌兰浩特市								
阿尔山市								
科尔沁右翼前旗	1		1		1	1		
科尔沁右翼中旗	1	1						
扎赉特旗	1	1						
突泉县	1	1						
锡林郭勒盟					**2**		**2**	
二连浩特市								
锡林浩特市								
阿巴嘎旗								
苏尼特左旗								
苏尼特右旗								
东乌珠穆沁旗					1		1	
西乌珠穆沁旗								
太仆寺旗								
镶黄旗								
正镶白旗								
正蓝旗								
多伦县					1		1	
乌拉盖管委会								
阿拉善盟								
阿拉善左旗								
阿拉善右旗								
额济纳旗								
内蒙古阿拉善经济开发区								

6-2 全区按年龄、受教育程度、生育孩次

受教育程度 年 龄	合 计	生男孩的妇女人数	生女孩的妇女人数	一 孩 小计	一 孩 男	一 孩 女
总 计	**18428**	**9465**	**8963**	**9734**	**5005**	**4729**
15-19岁	**68**	**37**	**31**	**65**	**37**	**28**
15						
16	2	1	1	1	1	
17	2	1	1	2	1	1
18	25	11	14	25	11	14
19	39	24	15	37	24	13
20-24岁	**1379**	**718**	**661**	**1125**	**597**	**528**
20	89	42	47	75	36	39
21	153	79	74	130	70	60
22	216	117	99	179	103	76
23	355	184	171	291	153	138
24	566	296	270	450	235	215
25-29岁	**6273**	**3182**	**3091**	**4587**	**2325**	**2262**
25	786	418	368	626	338	288
26	1093	562	531	854	444	410
27	1412	686	726	1054	509	545
28	1522	755	767	1096	542	554
29	1460	761	699	957	492	465
30-34岁	**7199**	**3690**	**3509**	**3116**	**1581**	**1535**
30	1906	976	930	1102	541	561
31	1648	843	805	789	397	392
32	1324	695	629	519	278	241
33	1271	627	644	413	203	210
34	1050	549	501	293	162	131
35-39岁	**2858**	**1512**	**1346**	**669**	**371**	**298**
35	798	426	372	219	110	109
36	725	369	356	150	80	70
37	540	298	242	134	82	52
38	479	244	235	86	49	37
39	316	175	141	80	50	30
40-44岁	**550**	**271**	**279**	**132**	**66**	**66**
40	217	106	111	53	25	28
41	145	81	64	26	15	11
42	87	38	49	22	12	10
43	58	27	31	16	8	8
44	43	19	24	15	6	9
45-49岁	**101**	**55**	**46**	**40**	**28**	**12**
45	26	13	13	6	3	3
46	26	12	14	11	7	4
47	19	8	11	7	5	2
48	17	11	6	8	6	2
49	13	11	2	8	7	1

分的育龄妇女人数(2019.11.1—2020.10.31)

单位：人

二孩			三孩及以上		
小计	男	女	小计	男	女
7958	**4058**	**3900**	**736**	**402**	**334**
3		**3**			
1		1			
2		2			
234	**111**	**123**	**20**	**10**	**10**
12	6	6	2		2
22	9	13	1		1
35	13	22	2	1	1
57	26	31	7	5	2
108	57	51	8	4	4
1581	**801**	**780**	**105**	**56**	**49**
152	76	76	8	4	4
226	110	116	13	8	5
335	166	169	23	11	12
403	200	203	23	13	10
465	249	216	38	20	18
3785	**1955**	**1830**	**298**	**154**	**144**
754	413	341	50	22	28
808	416	392	51	30	21
737	380	357	68	37	31
800	397	403	58	27	31
686	349	337	71	38	33
1952	**999**	**953**	**237**	**142**	**95**
525	286	239	54	30	24
529	259	270	46	30	16
346	180	166	60	36	24
348	167	181	45	28	17
204	107	97	32	18	14
351	**170**	**181**	**67**	**35**	**32**
138	69	69	26	12	14
98	53	45	21	13	8
54	22	32	11	4	7
35	14	21	7	5	2
26	12	14	2	1	1
52	**22**	**30**	**9**	**5**	**4**
16	7	9	4	3	1
13	4	9	2	1	1
11	3	8	1		1
7	4	3	2	1	1
5	4	1			

6–2 续表 1

受教育程度 年龄	合计	生男孩的妇女人数	生女孩的妇女人数	一孩 小计	一孩 男	一孩 女
未上过学	**35**	**21**	**14**	**12**	**6**	**6**
15—19岁	**1**		**1**	**1**		**1**
15						
16						
17						
18	1		1	1		1
19						
20—24岁	**2**	**2**		**1**	**1**	
20						
21						
22						
23						
24	2	2		1	1	
25—29岁	**5**	**1**	**4**	**2**		**2**
25						
26	2	1	1			
27	1		1	1		1
28						
29	2		2	1		1
30—34岁	**13**	**10**	**3**	**7**	**5**	**2**
30	4	3	1	4	3	1
31	7	5	2	2	1	1
32	1	1		1	1	
33						
34	1	1				
35—39岁	**6**	**4**	**2**			
35	1	1				
36						
37	1		1			
38	3	2	1			
39	1	1				
40—44岁	**7**	**3**	**4**	**1**		**1**
40	4	3	1	1		1
41	1		1			
42	2		2			
43						
44						
45—49岁	**1**	**1**				
45						
46						
47						
48						
49	1	1				

单位：人

二孩			三孩及以上		
小计	男	女	小计	男	女
14	**10**	**4**	**9**	**5**	**4**
1	**1**				
1	1				
3	**1**	**2**			
2	1	1			
1		1			
4	**3**	**1**	**2**	**2**	
4	3	1	1	1	
			1	1	
4	**3**	**1**	**2**	**1**	**1**
			1	1	
			1		1
3	2	1			
1	1				
1	**1**		**5**	**2**	**3**
1	1		2	2	
			1		1
			2		2
1	**1**				
1	1				

6-2 续表 2

受教育程度 年龄	合计	生男孩的妇女人数	生女孩的妇女人数	一孩		
				小计	男	女
学前教育	**2**		**2**			
15—19岁						
15						
16						
17						
18						
19						
20—24岁						
20						
21						
22						
23						
24						
25—29岁						
25						
26						
27						
28						
29						
30—34岁	**2**		**2**			
30						
31	1		1			
32	1		1			
33						
34						
35—39岁						
35						
36						
37						
38						
39						
40—44岁						
40						
41						
42						
43						
44						
45—49岁						
45						
46						
47						
48						
49						

单位：人

二孩			三孩及以上		
小计	男	女	小计	男	女
2		**2**			
2		**2**			
1		1			
1		1			

6-2 续表 3

受教育程度 年 龄	合 计	生男孩的妇女人数	生女孩的妇女人数	一 孩		
				小计	男	女
小 学	**858**	**439**	**419**	**250**	**125**	**125**
15-19岁	**6**	**2**	**4**	**4**	**2**	**2**
15						
16						
17						
18	4	2	2	4	2	2
19	2		2			
20-24岁	**66**	**35**	**31**	**34**	**18**	**16**
20	7	3	4	6	3	3
21	12	5	7	7	4	3
22	7	4	3	1		1
23	24	13	11	12	7	5
24	16	10	6	8	4	4
25-29岁	**155**	**74**	**81**	**69**	**32**	**37**
25	14	8	6	9	5	4
26	24	10	14	10	4	6
27	44	21	23	22	12	10
28	28	14	14	11	4	7
29	45	21	24	17	7	10
30-34岁	**327**	**168**	**159**	**69**	**26**	**43**
30	67	39	28	15	6	9
31	65	35	30	16	9	7
32	57	33	24	14	5	9
33	72	34	38	17	4	13
34	66	27	39	7	2	5
35-39岁	**212**	**113**	**99**	**39**	**23**	**16**
35	62	33	29	15	7	8
36	42	22	20	8	5	3
37	39	25	14	7	6	1
38	38	17	21	6	2	4
39	31	16	15	3	3	
40-44岁	**72**	**34**	**38**	**24**	**14**	**10**
40	24	11	13	10	6	4
41	20	10	10	4	3	1
42	10	6	4	1	1	
43	12	5	7	5	3	2
44	6	2	4	4	1	3
45-49岁	**20**	**13**	**7**	**11**	**10**	**1**
45	9	6	3	4	3	1
46	5	4	1	4	4	
47	4	2	2	2	2	
48	2	1	1	1	1	
49						

单位：人

二孩			三孩及以上		
小计	男	女	小计	男	女
506	**258**	**248**	**102**	**56**	**46**
2		**2**			
2		2			
29	**15**	**14**	**3**	**2**	**1**
1		1			
5	1	4			
6	4	2			
11	5	6	1	1	
6	5	1	2	1	1
78	**38**	**40**	**8**	**4**	**4**
5	3	2			
13	6	7	1		1
21	8	13	1	1	
15	8	7	2	2	
24	13	11	4	1	3
221	**120**	**101**	**37**	**22**	**15**
46	29	17	6	4	2
45	24	21	4	2	2
31	19	12	12	9	3
50	28	22	5	2	3
49	20	29	10	5	5
137	**69**	**68**	**36**	**21**	**15**
42	23	19	5	3	2
27	13	14	7	4	3
21	12	9	11	7	4
27	12	15	5	3	2
20	9	11	8	4	4
34	**14**	**20**	**14**	**6**	**8**
10	4	6	4	1	3
11	5	6	5	2	3
5	2	3	4	3	1
6	2	4	1		1
2	1	1			
5	**2**	**3**	**4**	**1**	**3**
3	2	1	2	1	1
			1		1
2		2			
			1		1

6-2 续表 4

受教育程度 年龄	合计	生男孩的妇女人数	生女孩的妇女人数	一孩		
				小计	男	女
初中	**5146**	**2664**	**2482**	**1838**	**958**	**880**
15-19岁	**41**	**26**	**15**	**41**	**26**	**15**
15						
16	1	1		1	1	
17						
18	14	8	6	14	8	6
19	26	17	9	26	17	9
20-24岁	**559**	**279**	**280**	**418**	**220**	**198**
20	52	22	30	43	19	24
21	87	44	43	73	38	35
22	107	56	51	86	50	36
23	130	66	64	98	52	46
24	183	91	92	118	61	57
25-29岁	**1361**	**689**	**672**	**649**	**326**	**323**
25	218	114	104	130	64	66
26	258	138	120	145	78	67
27	288	137	151	132	63	69
28	270	123	147	109	45	64
29	327	177	150	133	76	57
30-34岁	**1832**	**960**	**872**	**454**	**237**	**217**
30	418	216	202	141	63	78
31	399	209	190	109	58	51
32	351	173	178	81	44	37
33	346	185	161	64	35	29
34	318	177	141	59	37	22
35-39岁	**1076**	**567**	**509**	**215**	**116**	**99**
35	282	150	132	57	25	32
36	253	131	122	45	25	20
37	205	109	96	39	24	15
38	202	103	99	30	17	13
39	134	74	60	44	25	19
40-44岁	**235**	**121**	**114**	**47**	**23**	**24**
40	92	46	46	17	8	9
41	55	33	22	10	7	3
42	41	17	24	9	3	6
43	29	16	13	6	3	3
44	18	9	9	5	2	3
45-49岁	**42**	**22**	**20**	**14**	**10**	**4**
45	8	3	5	1		1
46	7	3	4	1	1	
47	8	3	5	2	2	
48	12	8	4	6	4	2
49	7	5	2	4	3	1

单位：人

二孩			三孩及以上		
小计	男	女	小计	男	女
2936	**1494**	**1442**	**372**	**212**	**160**
131	**55**	**76**	**10**	**4**	**6**
8	3	5	1		1
13	6	7	1		1
20	6	14	1		1
29	13	16	3	1	2
61	27	34	4	3	1
658	**331**	**327**	**54**	**32**	**22**
85	48	37	3	2	1
107	55	52	6	5	1
141	66	75	15	8	7
150	73	77	11	5	6
175	89	86	19	12	7
1232	**647**	**585**	**146**	**76**	**70**
252	142	110	25	11	14
259	131	128	31	20	11
243	117	126	27	12	15
251	135	116	31	15	16
227	122	105	32	18	14
738	**378**	**360**	**123**	**73**	**50**
192	108	84	33	17	16
189	92	97	19	14	5
134	66	68	32	19	13
145	68	77	27	18	9
78	44	34	12	5	7
154	**75**	**79**	**34**	**23**	**11**
61	30	31	14	8	6
36	18	18	9	8	1
28	13	15	4	1	3
18	8	10	5	5	
11	6	5	2	1	1
23	**8**	**15**	**5**	**4**	**1**
5	1	4	2	2	
5	1	4	1	1	
5	1	4	1		1
5	3	2	1	1	
3	2	1			

6-2 续表 5

受教育程度 年　　龄	合　计	生男孩的 妇女人数	生女孩的 妇女人数	一　孩		
				小计	男	女
高　中	**2750**	**1400**	**1350**	**1419**	**743**	**676**
15—19岁	**16**	**6**	**10**	**15**	**6**	**9**
15						
16	1		1			
17	2	1	1	2	1	1
18	6	1	5	6	1	5
19	7	4	3	7	4	3
20—24岁	**334**	**172**	**162**	**278**	**143**	**135**
20	22	14	8	18	11	7
21	39	22	17	36	21	15
22	58	32	26	50	29	21
23	94	47	47	79	39	40
24	121	57	64	95	43	52
25—29岁	**945**	**503**	**442**	**614**	**336**	**278**
25	149	74	75	116	62	54
26	184	94	90	140	75	65
27	195	100	95	122	60	62
28	211	108	103	125	65	60
29	206	127	79	111	74	37
30—34岁	**990**	**494**	**496**	**397**	**199**	**198**
30	278	143	135	137	67	70
31	227	118	109	110	57	53
32	195	92	103	65	33	32
33	170	73	97	54	20	34
34	120	68	52	31	22	9
35—39岁	**370**	**176**	**194**	**92**	**43**	**49**
35	105	46	59	28	11	17
36	83	38	45	17	4	13
37	78	45	33	27	16	11
38	61	25	36	11	6	5
39	43	22	21	9	6	3
40—44岁	**78**	**40**	**38**	**18**	**12**	**6**
40	26	14	12	7	4	3
41	23	14	9	3	3	
42	15	6	9	5	3	2
43	7	3	4	2	1	1
44	7	3	4	1	1	
45—49岁	**17**	**9**	**8**	**5**	**4**	**1**
45	4	3	1			
46	7	3	4	3	2	1
47	2		2			
48	2	1	1	1	1	
49	2	2		1	1	

单位：人

二孩			三孩及以上		
小计	男	女	小计	男	女
1230	**606**	**624**	**101**	**51**	**50**
1		**1**			
1		1			
50	**26**	**24**	**6**	**3**	**3**
3	3		1		1
3	1	2			
7	2	5	1	1	
13	6	7	2	2	
24	14	10	2		2
308	**157**	**151**	**23**	**10**	**13**
29	11	18	4	1	3
40	18	22	4	1	3
70	38	32	3	2	1
81	41	40	5	2	3
88	49	39	7	4	3
551	**272**	**279**	**42**	**23**	**19**
132	71	61	9	5	4
113	60	53	4	1	3
118	52	66	12	7	5
113	51	62	3	2	1
75	38	37	14	8	6
252	**118**	**134**	**26**	**15**	**11**
71	33	38	6	2	4
58	28	30	8	6	2
47	27	20	4	2	2
47	18	29	3	1	2
29	12	17	5	4	1
56	**28**	**28**	**4**		**4**
19	10	9			
17	11	6	3		3
9	3	6	1		1
5	2	3			
6	2	4			
12	**5**	**7**			
4	3	1			
4	1	3			
2		2			
1		1			
1	1				

6-2 续表 6

受教育程度 年　　龄	合　计	生男孩的 妇女人数	生女孩的 妇女人数	一　孩		
				小计	男	女
大学专科	**4726**	**2450**	**2276**	**3039**	**1570**	**1469**
15-19岁	**4**	**3**	**1**	**4**	**3**	**1**
15						
16						
17						
18						
19	4	3	1	4	3	1
20-24岁	**323**	**183**	**140**	**303**	**171**	**132**
20	7	3	4	7	3	4
21	13	7	6	12	6	6
22	38	21	17	37	21	16
23	81	46	35	77	44	33
24	184	106	78	170	97	73
25-29岁	**2009**	**1015**	**994**	**1666**	**834**	**832**
25	280	148	132	254	137	117
26	359	180	179	321	162	159
27	466	229	237	392	190	202
28	503	242	261	404	191	213
29	401	216	185	295	154	141
30-34岁	**1813**	**935**	**878**	**903**	**464**	**439**
30	512	268	244	346	179	167
31	429	216	213	218	103	115
32	326	185	141	143	78	65
33	299	149	150	115	60	55
34	247	117	130	81	44	37
35-39岁	**492**	**274**	**218**	**135**	**87**	**48**
35	134	80	54	39	28	11
36	142	69	73	37	21	16
37	93	51	42	30	17	13
38	74	43	31	19	13	6
39	49	31	18	10	8	2
40-44岁	**74**	**35**	**39**	**23**	**9**	**14**
40	29	16	13	12	6	6
41	24	13	11	4		4
42	6		6	2		2
43	6	2	4	2	1	1
44	9	4	5	3	2	1
45-49岁	**11**	**5**	**6**	**5**	**2**	**3**
45	4		4	1		1
46						
47	4	2	2	2		2
48	1	1				
49	2	2		2	2	

单位：人

二孩			三孩及以上		
小计	男	女	小计	男	女
1594	**828**	**766**	**93**	**52**	**41**
19	**11**	**8**	**1**	**1**	
1	1				
1		1			
3	1	2	1	1	
14	9	5			
330	**174**	**156**	**13**	**7**	**6**
26	11	15			
37	17	20	1	1	
72	39	33	2		2
95	47	48	4	4	
100	60	40	6	2	4
863	**449**	**414**	**47**	**22**	**25**
161	87	74	5	2	3
202	108	94	9	5	4
173	102	71	10	5	5
172	84	88	12	5	7
155	68	87	11	5	6
329	**167**	**162**	**28**	**20**	**8**
89	46	43	6	6	
96	43	53	9	5	4
58	31	27	5	3	2
51	28	23	4	2	2
35	19	16	4	4	
47	**24**	**23**	**4**	**2**	**2**
15	10	5	2		2
18	11	7	2	2	
4		4			
4	1	3			
6	2	4			
6	**3**	**3**			
3		3			
2	2				
1	1				

6-2 续表 7

受教育程度 年龄	合计	生男孩的妇女人数	生女孩的妇女人数	一孩		
				小计	男	女
大学本科	**4397**	**2240**	**2157**	**2847**	**1442**	**1405**
15-19岁						
15						
16						
17						
18						
19						
20-24岁	**94**	**46**	**48**	**90**	**43**	**47**
20	1		1	1		1
21	2	1	1	2	1	1
22	6	4	2	5	3	2
23	26	12	14	25	11	14
24	59	29	30	57	28	29
25-29岁	**1680**	**849**	**831**	**1477**	**749**	**728**
25	121	73	48	113	69	44
26	260	136	124	233	122	111
27	393	185	208	361	171	190
28	478	255	223	415	224	191
29	428	200	228	355	163	192
30-34岁	**1935**	**975**	**960**	**1103**	**556**	**547**
30	556	269	287	402	192	210
31	460	228	232	293	148	145
32	344	185	159	184	101	83
33	321	154	167	131	68	63
34	254	139	115	93	47	46
35-39岁	**607**	**334**	**273**	**157**	**86**	**71**
35	188	104	84	68	35	33
36	179	100	79	36	22	14
37	105	63	42	27	17	10
38	87	43	44	15	7	8
39	48	24	24	11	5	6
40-44岁	**72**	**32**	**40**	**15**	**6**	**9**
40	35	14	21	5	1	4
41	20	10	10	4	2	2
42	10	6	4	3	3	
43	4	1	3	1		1
44	3	1	2	2		2
45-49岁	**9**	**4**	**5**	**5**	**2**	**3**
45	1	1				
46	6	1	5	3		3
47	1	1		1	1	
48						
49	1	1		1	1	

单位：人

二孩			三孩及以上		
小计	男	女	小计	男	女
1499	**775**	**724**	**51**	**23**	**28**
4	**3**	**1**			
1	1				
1	1				
2	1	1			
197	**98**	**99**	**6**	**2**	**4**
7	3	4	1	1	
26	13	13	1	1	
30	14	16	2		2
62	31	31	1		1
72	37	35	1		1
812	**411**	**401**	**20**	**8**	**12**
149	77	72	5		5
165	79	86	2	1	1
155	81	74	5	3	2
184	83	101	6	3	3
159	91	68	2	1	1
430	**237**	**193**	**20**	**11**	**9**
117	68	49	3	1	2
140	77	63	3	1	2
71	41	30	7	5	2
67	33	34	5	3	2
35	18	17	2	1	1
52	**24**	**28**	**5**	**2**	**3**
27	12	15	3	1	2
15	7	8	1	1	
7	3	4			
2	1	1	1		1
1	1				
4	**2**	**2**			
1	1				
3	1	2			

6-2 续表 8

受教育程度 年 龄	合 计	生男孩的 妇女人数	生女孩的 妇女人数	一 孩 小计	一 孩 男	一 孩 女
硕士研究生	**501**	**244**	**257**	**322**	**157**	**165**
15-19岁						
15						
16						
17						
18						
19						
20-24岁	**1**	**1**		**1**	**1**	
20						
21						
22						
23						
24	1	1		1	1	
25-29岁	**116**	**50**	**66**	**108**	**47**	**61**
25	4	1	3	4	1	3
26	6	3	3	5	3	2
27	25	14	11	24	13	11
28	30	12	18	30	12	18
29	51	20	31	45	18	27
30-34岁	**281**	**144**	**137**	**181**	**92**	**89**
30	71	38	33	57	31	26
31	59	31	28	40	20	20
32	48	25	23	30	15	15
33	62	31	31	32	16	16
34	41	19	22	22	10	12
35-39岁	**90**	**42**	**48**	**28**	**15**	**13**
35	25	12	13	11	4	7
36	25	9	16	6	3	3
37	18	5	13	4	2	2
38	13	10	3	4	3	1
39	9	6	3	3	3	
40-44岁	**12**	**6**	**6**	**4**	**2**	**2**
40	7	2	5	1		1
41	2	1	1	1		1
42	3	3		2	2	
43						
44						
45-49岁	**1**	**1**				
45						
46	1	1				
47						
48						
49						

单位：人

二孩			三孩及以上		
小计	男	女	小计	男	女
172	**84**	**88**	**7**	**3**	**4**
7	**2**	**5**	**1**	**1**	
1		1			
1	1				
5	1	4	1	1	
97	**51**	**46**	**3**	**1**	**2**
14	7	7			
19	11	8			
16	9	7	2	1	1
29	15	14	1		1
19	9	10			
60	**26**	**34**	**2**	**1**	**1**
14	8	6			
19	6	13			
14	3	11			
8	6	2	1	1	
5	3	2	1		1
7	**4**	**3**	**1**		**1**
5	2	3	1		1
1	1				
1	1				
1	**1**				
1	1				

6-2 续表 9

受教育程度 年 龄	合 计	生男孩的妇女人数	生女孩的妇女人数	一 孩		
				小计	男	女
博士研究生	**13**	**7**	**6**	**7**	**4**	**3**
15-19岁						
15						
16						
17						
18						
19						
20-24岁						
20						
21						
22						
23						
24						
25-29岁	**2**	**1**	**1**	**2**	**1**	**1**
25						
26						
27						
28	2	1	1	2	1	1
29						
30-34岁	**6**	**4**	**2**	**2**	**2**	
30						
31	1	1		1	1	
32	1	1		1	1	
33	1	1				
34	3	1	2			
35-39岁	**5**	**2**	**3**	**3**	**1**	**2**
35	1		1	1		1
36	1		1	1		1
37	1		1			
38	1	1		1	1	
39	1	1				
40-44岁						
40						
41						
42						
43						
44						
45-49岁						
45						
46						
47						
48						
49						

单位：人

二孩			三孩及以上		
小计	男	女	小计	男	女
5	**3**	**2**	**1**		**1**
3	**2**	**1**	**1**		**1**
1	1				
2	1	1	1		1
2	**1**	**1**			
1		1			
1	1				

6-2a 全区按年龄、受教育程度、生育孩次

受教育程度 年 龄	合 计	生男孩的妇女人数	生女孩的妇女人数	一孩 小计	一孩 男	一孩 女
总 计	**8176**	**4189**	**3987**	**4774**	**2462**	**2312**
15-19岁	**18**	**9**	**9**	**16**	**9**	**7**
15						
16	2	1	1	1	1	
17						
18	5	2	3	5	2	3
19	11	6	5	10	6	4
20-24岁	**422**	**230**	**192**	**367**	**206**	**161**
20	17	8	9	13	7	6
21	40	25	15	33	22	11
22	59	35	24	54	32	22
23	104	55	49	96	53	43
24	202	107	95	171	92	79
25-29岁	**2807**	**1455**	**1352**	**2280**	**1182**	**1098**
25	316	175	141	277	155	122
26	448	223	225	383	195	188
27	635	332	303	533	277	256
28	743	377	366	603	302	301
29	665	348	317	484	253	231
30-34岁	**3400**	**1720**	**1680**	**1724**	**865**	**859**
30	898	442	456	594	287	307
31	761	395	366	453	225	228
32	591	308	283	264	138	126
33	612	293	319	237	118	119
34	538	282	256	176	97	79
35-39岁	**1279**	**656**	**623**	**318**	**173**	**145**
35	356	185	171	110	51	59
36	330	168	162	77	43	34
37	247	133	114	65	40	25
38	213	96	117	36	19	17
39	133	74	59	30	20	10
40-44岁	**210**	**99**	**111**	**53**	**18**	**35**
40	92	44	48	22	6	16
41	57	30	27	12	5	7
42	32	13	19	11	5	6
43	20	9	11	5	2	3
44	9	3	6	3		3
45-49岁	**40**	**20**	**20**	**16**	**9**	**7**
45	9	5	4	2	1	1
46	14	4	10	4	1	3
47	8	4	4	4	2	2
48	5	4	1	4	3	1
49	4	3	1	2	2	

分的育龄妇女人数(2019.11.1—2020.10.31)(城市)

单位：人

二孩			三孩及以上		
小计	男	女	小计	男	女
3193	**1621**	**1572**	**209**	**106**	**103**
2		**2**			
1		1			
1		1			
52	**23**	**29**	**3**	**1**	**2**
4	1	3			
6	3	3	1		1
5	3	2			
7	2	5	1		1
30	14	16	1	1	
508	**262**	**246**	**19**	**11**	**8**
38	20	18	1		1
62	26	36	3	2	1
98	53	45	4	2	2
137	73	64	3	2	1
173	90	83	8	5	3
1585	**815**	**770**	**91**	**40**	**51**
291	153	138	13	2	11
294	161	133	14	9	5
306	161	145	21	9	12
354	167	187	21	8	13
340	173	167	22	12	10
882	**436**	**446**	**79**	**47**	**32**
225	120	105	21	14	7
235	113	122	18	12	6
169	88	81	13	5	8
159	66	93	18	11	7
94	49	45	9	5	4
140	**74**	**66**	**17**	**7**	**10**
60	35	25	10	3	7
43	24	19	2	1	1
20	8	12	1		1
11	4	7	4	3	1
6	3	3			
24	**11**	**13**			
7	4	3			
10	3	7			
4	2	2			
1	1				
2	1	1			

6-2a 续表 1

受教育程度 年龄	合计	生男孩的妇女人数	生女孩的妇女人数	一孩		
				小计	男	女
未上过学	**6**	**4**	**2**	**3**	**2**	**1**
15-19岁	**1**		**1**	**1**		**1**
15						
16						
17						
18	1		1	1		1
19						
20-24岁						
20						
21						
22						
23						
24						
25-29岁						
25						
26						
27						
28						
29						
30-34岁	**4**	**3**	**1**	**2**	**2**	
30	1	1		1	1	
31	2	1	1			
32	1	1		1	1	
33						
34						
35-39岁	**1**	**1**				
35	1	1				
36						
37						
38						
39						
40-44岁						
40						
41						
42						
43						
44						
45-49岁						
45						
46						
47						
48						
49						

单位：人

二孩			三孩及以上		
小计	男	女	小计	男	女
1		**1**	**2**	**2**	
1		**1**	**1**	**1**	
1		1	1	1	
			1	**1**	
			1	1	

6—2a 续表 2

受教育程度 年龄	合计	生男孩的妇女人数	生女孩的妇女人数	一孩		
				小计	男	女
学前教育	**1**		**1**			
15—19岁						
15						
16						
17						
18						
19						
20—24岁						
20						
21						
22						
23						
24						
25—29岁						
25						
26						
27						
28						
29						
30—34岁	**1**		**1**			
30						
31	1		1			
32						
33						
34						
35—39岁						
35						
36						
37						
38						
39						
40—44岁						
40						
41						
42						
43						
44						
45—49岁						
45						
46						
47						
48						
49						

单位：人

二　孩			三孩及以上		
小计	男	女	小计	男	女
1		**1**			
1		**1**			
1		1			

6-2a 续表 3

受教育程度 年　　龄	合　计	生男孩的 妇女人数	生女孩的 妇女人数	一　孩		
				小计	男	女
小　学	**160**	**89**	**71**	**45**	**24**	**21**
15-19岁	**2**	**1**	**1**	**1**	**1**	
15						
16						
17						
18	1	1		1	1	
19	1		1			
20-24岁	**6**	**4**	**2**	**4**	**3**	**1**
20	1		1			
21						
22						
23	4	3	1	4	3	1
24	1	1				
25-29岁	**25**	**13**	**12**	**12**	**6**	**6**
25	5	3	2	4	2	2
26	5	3	2	1		1
27	5	4	1	4	3	1
28	3	1	2	2		2
29	7	2	5	1	1	
30-34岁	**72**	**39**	**33**	**13**	**3**	**10**
30	16	10	6	4	1	3
31	21	10	11	4	1	3
32	9	6	3	3	1	2
33	8	5	3			
34	18	8	10	2		2
35-39岁	**38**	**23**	**15**	**6**	**6**	
35	7	5	2	1	1	
36	10	6	4	3	3	
37	7	6	1	1	1	
38	7	2	5			
39	7	4	3	1	1	
40-44岁	**11**	**4**	**7**	**5**	**1**	**4**
40	5	1	4	3	1	2
41	4	2	2	1		1
42						
43	2	1	1	1		1
44						
45-49岁	**6**	**5**	**1**	**4**	**4**	
45	2	2		1	1	
46	1	1		1	1	
47	2	1	1	1	1	
48	1	1		1	1	
49						

单位：人

二孩			三孩及以上		
小计	男	女	小计	男	女
103	**56**	**47**	**12**	**9**	**3**
1		**1**			
1		1			
1		**1**	**1**	**1**	
1		1			
			1	1	
12	**6**	**6**	**1**	**1**	
1	1				
4	3	1			
1	1				
			1	1	
6	1	5			
57	**34**	**23**	**2**	**2**	
11	8	3	1	1	
16	8	8	1	1	
6	5	1			
8	5	3			
16	8	8			
25	**12**	**13**	**7**	**5**	**2**
5	3	2	1	1	
5	2	3	2	1	1
4	3	1	2	2	
7	2	5			
4	2	2	2	1	1
5	**3**	**2**	**1**		**1**
1		1	1		1
3	2	1			
1	1				
2	**1**	**1**			
1	1				
1		1			

6-2a 续表 4

受教育程度 年龄	合计	生男孩的妇女人数	生女孩的妇女人数	一孩		
				小计	男	女
初中	**1417**	**715**	**702**	**562**	**293**	**269**
15-19岁	**7**	**6**	**1**	**7**	**6**	**1**
15						
16	1	1		1	1	
17						
18	1	1		1	1	
19	5	4	1	5	4	1
20-24岁	**118**	**68**	**50**	**94**	**59**	**35**
20	7	3	4	5	3	2
21	18	11	7	13	9	4
22	19	12	7	17	11	6
23	22	12	10	19	12	7
24	52	30	22	40	24	16
25-29岁	**352**	**169**	**183**	**217**	**100**	**117**
25	59	25	34	44	16	28
26	63	33	30	44	23	21
27	88	41	47	50	23	27
28	60	29	31	37	15	22
29	82	41	41	42	23	19
30-34岁	**534**	**271**	**263**	**169**	**92**	**77**
30	126	64	62	54	29	25
31	93	47	46	40	20	20
32	101	46	55	26	12	14
33	108	56	52	25	14	11
34	106	58	48	24	17	7
35-39岁	**336**	**167**	**169**	**61**	**31**	**30**
35	86	48	38	22	11	11
36	82	41	41	15	7	8
37	59	26	33	7	3	4
38	65	28	37	9	4	5
39	44	24	20	8	6	2
40-44岁	**62**	**30**	**32**	**10**	**2**	**8**
40	27	15	12	3		3
41	16	8	8	3	2	1
42	12	3	9	3		3
43	6	4	2			
44	1		1	1		1
45-49岁	**8**	**4**	**4**	**4**	**3**	**1**
45						
46	3	1	2			
47	1	1		1	1	
48	2	1	1	2	1	1
49	2	1	1	1	1	

单位：人

二孩			三孩及以上		
小计	男	女	小计	男	女
767	**374**	**393**	**88**	**48**	**40**
22	**9**	**13**	**2**		**2**
2		2			
4	2	2	1		1
2	1	1			
2		2	1		1
12	6	6			
126	**63**	**63**	**9**	**6**	**3**
15	9	6			
18	9	9	1	1	
34	16	18	4	2	2
23	14	9			
36	15	21	4	3	1
331	**164**	**167**	**34**	**15**	**19**
67	35	32	5		5
49	23	26	4	4	
69	31	38	6	3	3
73	39	34	10	3	7
73	36	37	9	5	4
241	**115**	**126**	**34**	**21**	**13**
51	29	22	13	8	5
61	29	32	6	5	1
47	22	25	5	1	4
48	18	30	8	6	2
34	17	17	2	1	1
43	**22**	**21**	**9**	**6**	**3**
20	13	7	4	2	2
12	5	7	1	1	
8	3	5	1		1
3	1	2	3	3	
4	**1**	**3**			
3	1	2			
1		1			

6-2a 续表 5

受教育程度 年龄	合计	生男孩的妇女人数	生女孩的妇女人数	一孩		
				小计	男	女
高中	**1230**	**642**	**588**	**644**	**349**	**295**
15-19岁	**6**	**1**	**5**	**5**	**1**	**4**
15						
16	1		1			
17						
18	2		2	2		2
19	3	1	2	3	1	2
20-24岁	**133**	**66**	**67**	**112**	**57**	**55**
20	6	5	1	5	4	1
21	13	8	5	12	8	4
22	22	13	9	20	12	8
23	38	18	20	34	17	17
24	54	22	32	41	16	25
25-29岁	**411**	**229**	**182**	**286**	**164**	**122**
25	55	32	23	43	27	16
26	76	37	39	60	31	29
27	80	40	40	58	27	31
28	101	53	48	63	34	29
29	99	67	32	62	45	17
30-34岁	**435**	**225**	**210**	**185**	**100**	**85**
30	110	56	54	59	28	31
31	98	55	43	53	34	19
32	77	42	35	26	16	10
33	83	32	51	28	8	20
34	67	40	27	19	14	5
35-39岁	**195**	**96**	**99**	**46**	**21**	**25**
35	49	19	30	11	2	9
36	48	24	24	10	2	8
37	40	25	15	16	11	5
38	35	15	20	3	2	1
39	23	13	10	6	4	2
40-44岁	**41**	**21**	**20**	**9**	**5**	**4**
40	15	8	7	3	1	2
41	13	8	5	2	2	
42	6	3	3	2	1	1
43	5	1	4	2	1	1
44	2	1	1			
45-49岁	**9**	**4**	**5**	**1**	**1**	
45	3	2	1			
46	3		3			
47	1		1			
48	1	1		1	1	
49	1	1				

单位：人

二孩			三孩及以上		
小计	男	女	小计	男	女
552	**278**	**274**	**34**	**15**	**19**
1		**1**			
1		1			
21	**9**	**12**			
1	1				
1		1			
2	1	1			
4	1	3			
13	6	7			
119	**63**	**56**	**6**	**2**	**4**
11	5	6	1		1
15	6	9	1		1
22	13	9			
36	18	18	2	1	1
35	21	14	2	1	1
234	**119**	**115**	**16**	**6**	**10**
47	27	20	4	1	3
43	21	22	2		2
45	24	21	6	2	4
55	24	31			
44	23	21	4	3	1
138	**68**	**70**	**11**	**7**	**4**
37	17	20	1		1
33	18	15	5	4	1
23	14	9	1		1
30	12	18	2	1	1
15	7	8	2	2	
31	**16**	**15**	**1**		**1**
12	7	5			
10	6	4	1		1
4	2	2			
3		3			
2	1	1			
8	**3**	**5**			
3	2	1			
3		3			
1		1			
1	1				

6−2a 续表 6

受教育程度 年龄	合计	生男孩的妇女人数	生女孩的妇女人数	一孩		
				小计	男	女
大学专科	**2449**	**1295**	**1154**	**1602**	**842**	**760**
15−19岁	**2**	**1**	**1**	**2**	**1**	**1**
15						
16						
17						
18						
19	2	1	1	2	1	1
20−24岁	**123**	**72**	**51**	**119**	**70**	**49**
20	3		3	3		3
21	7	5	2	6	4	2
22	14	8	6	14	8	6
23	27	16	11	27	16	11
24	72	43	29	69	42	27
25−29岁	**1001**	**526**	**475**	**855**	**448**	**407**
25	139	79	60	131	76	55
26	168	82	86	153	76	77
27	227	131	96	202	114	88
28	260	125	135	218	103	115
29	207	109	98	151	79	72
30−34岁	**998**	**526**	**472**	**526**	**269**	**257**
30	273	142	131	200	103	97
31	230	127	103	128	61	67
32	176	98	78	79	43	36
33	173	86	87	68	36	32
34	146	73	73	51	26	25
35−39岁	**272**	**145**	**127**	**80**	**49**	**31**
35	74	40	34	21	13	8
36	71	34	37	21	14	7
37	58	34	24	20	11	9
38	43	21	22	11	6	5
39	26	16	10	7	5	2
40−44岁	**45**	**22**	**23**	**17**	**5**	**12**
40	20	12	8	9	4	5
41	13	7	6	3		3
42	4		4	2		2
43	4	2	2	2	1	1
44	4	1	3	1		1
45−49岁	**8**	**3**	**5**	**3**		**3**
45	3		3	1		1
46						
47	4	2	2	2		2
48	1	1				
49						

单位：人

二孩			三孩及以上		
小计	男	女	小计	男	女
810	**434**	**376**	**37**	**19**	**18**
4	**2**	**2**			
1	1				
3	1	2			
144	**77**	**67**	**2**	**1**	**1**
8	3	5			
14	5	9	1	1	
25	17	8			
42	22	20			
55	30	25	1		1
450	**247**	**203**	**22**	**10**	**12**
73	39	34			
98	64	34	4	2	2
92	53	39	5	2	3
98	47	51	7	3	4
89	44	45	6	3	3
180	**88**	**92**	**12**	**8**	**4**
49	23	26	4	4	
48	19	29	2	1	1
36	22	14	2	1	1
28	13	15	4	2	2
19	11	8			
27	**17**	**10**	**1**		**1**
10	8	2	1		1
10	7	3			
2		2			
2	1	1			
3	1	2			
5	**3**	**2**			
2		2			
2	2				
1	1				

6-2a 续表 7

受教育程度 年龄	合计	生男孩的妇女人数	生女孩的妇女人数	一孩 小计	一孩 男	一孩 女
大学本科	**2536**	**1264**	**1272**	**1678**	**834**	**844**
15-19岁						
15						
16						
17						
18						
19						
20-24岁	**42**	**20**	**22**	**38**	**17**	**21**
20						
21	2	1	1	2	1	1
22	4	2	2	3	1	2
23	13	6	7	12	5	7
24	23	11	12	21	10	11
25-29岁	**939**	**480**	**459**	**836**	**428**	**408**
25	55	35	20	52	33	19
26	132	66	66	122	63	59
27	220	106	114	205	101	104
28	298	160	138	262	141	121
29	234	113	121	195	90	105
30-34岁	**1142**	**549**	**593**	**690**	**329**	**361**
30	325	146	179	239	107	132
31	268	129	139	195	91	104
32	190	97	93	106	53	53
33	197	92	105	91	48	43
34	162	85	77	59	30	29
35-39岁	**364**	**194**	**170**	**101**	**55**	**46**
35	118	62	56	44	20	24
36	98	56	42	22	14	8
37	67	38	29	17	12	5
38	54	24	30	10	5	5
39	27	14	13	8	4	4
40-44岁	**41**	**18**	**23**	**9**	**4**	**5**
40	18	6	12	3		3
41	9	4	5	2	1	1
42	9	6	3	3	3	
43	3	1	2			
44	2	1	1	1		1
45-49岁	**8**	**3**	**5**	**4**	**1**	**3**
45	1	1				
46	6	1	5	3		3
47						
48						
49	1	1		1	1	

单位：人

二孩			三孩及以上		
小计	男	女	小计	男	女
828	**419**	**409**	**30**	**11**	**19**
4	**3**	**1**			
1	1				
1	1				
2	1	1			
103	**52**	**51**			
3	2	1			
10	3	7			
15	5	10			
36	19	17			
39	23	16			
439	**215**	**224**	**13**	**5**	**8**
83	39	44	3		3
71	37	34	2	1	1
82	43	39	2	1	1
102	42	60	4	2	2
101	54	47	2	1	1
250	**134**	**116**	**13**	**5**	**8**
73	42	31	1		1
73	41	32	3	1	2
47	25	22	3	1	2
40	17	23	4	2	2
17	9	8	2	1	1
28	**13**	**15**	**4**	**1**	**3**
12	5	7	3	1	2
7	3	4			
6	3	3			
2	1	1	1		1
1	1				
4	**2**	**2**			
1	1				
3	1	2			

6-2a 续表 8

受教育程度 年龄	合计	生男孩的妇女人数	生女孩的妇女人数	一孩		
				小计	男	女
硕士研究生	**367**	**174**	**193**	**235**	**114**	**121**
15-19岁						
15						
16						
17						
18						
19						
20-24岁						
20						
21						
22						
23						
24						
25-29岁	**78**	**37**	**41**	**73**	**35**	**38**
25	3	1	2	3	1	2
26	4	2	2	3	2	1
27	15	10	5	14	9	5
28	20	8	12	20	8	12
29	36	16	20	33	15	18
30-34岁	**209**	**104**	**105**	**137**	**68**	**69**
30	47	23	24	37	18	19
31	47	25	22	32	17	15
32	36	17	19	22	11	11
33	43	22	21	25	12	13
34	36	17	19	21	10	11
35-39岁	**69**	**28**	**41**	**22**	**10**	**12**
35	20	10	10	10	4	6
36	21	7	14	6	3	3
37	15	4	11	4	2	2
38	8	5	3	2	1	1
39	5	2	3			
40-44岁	**10**	**4**	**6**	**3**	**1**	**2**
40	7	2	5	1		1
41	2	1	1	1		1
42	1	1		1	1	
43						
44						
45-49岁	**1**	**1**				
45						
46	1	1				
47						
48						
49						

单位：人

二孩			三孩及以上		
小计	男	女	小计	男	女
127	**58**	**69**	**5**	**2**	**3**
4	**1**	**3**	**1**	**1**	
1		1			
1	1				
2		2	1	1	
70	**35**	**35**	**2**	**1**	**1**
10	5	5			
15	8	7			
12	5	7	2	1	1
18	10	8			
15	7	8			
46	**18**	**28**	**1**		**1**
10	6	4			
15	4	11			
11	2	9			
6	4	2			
4	2	2	1		1
6	**3**	**3**	**1**		**1**
5	2	3	1		1
1	1				
1	**1**				
1	1				

6-2a 续表 9

受教育程度 年龄	合计	生男孩的妇女人数	生女孩的妇女人数	一孩 小计	一孩 男	一孩 女
博士研究生	**10**	**6**	**4**	**5**	**4**	**1**
15-19岁						
15						
16						
17						
18						
19						
20-24岁						
20						
21						
22						
23						
24						
25-29岁	**1**	**1**		**1**	**1**	
25						
26						
27						
28	1	1		1	1	
29						
30-34岁	**5**	**3**	**2**	**2**	**2**	
30						
31	1	1		1	1	
32	1	1		1	1	
33						
34	3	1	2			
35-39岁	**4**	**2**	**2**	**2**	**1**	**1**
35	1		1	1		1
36						
37	1		1			
38	1	1		1	1	
39	1	1				
40-44岁						
40						
41						
42						
43						
44						
45-49岁						
45						
46						
47						
48						
49						

单位：人

二孩			三孩及以上		
小计	男	女	小计	男	女
4	**2**	**2**	**1**		**1**
2	**1**	**1**	**1**		**1**
2	1	1	1		1
2	**1**	**1**			
1		1			
1	1				

6-2b 全区按年龄、受教育程度、生育孩次

受教育程度 年龄	合计	生男孩的妇女人数	生女孩的妇女人数	一孩		
				小计	男	女
总计	**6312**	**3232**	**3080**	**3239**	**1641**	**1598**
15–19岁	**17**	**12**	**5**	**17**	**12**	**5**
15						
16						
17	1	1		1	1	
18	6	4	2	6	4	2
19	10	7	3	10	7	3
20–24岁	**476**	**252**	**224**	**398**	**213**	**185**
20	27	15	12	22	12	10
21	43	24	19	38	21	17
22	66	34	32	58	31	27
23	138	70	68	115	59	56
24	202	109	93	165	90	75
25–29岁	**2218**	**1067**	**1151**	**1609**	**767**	**842**
25	272	120	152	228	105	123
26	416	216	200	334	171	163
27	505	230	275	366	165	201
28	514	239	275	354	162	192
29	511	262	249	327	164	163
30–34岁	**2433**	**1268**	**1165**	**959**	**505**	**454**
30	647	337	310	356	180	176
31	560	287	273	223	114	109
32	478	255	223	181	100	81
33	421	215	206	121	67	54
34	327	174	153	78	44	34
35–39岁	**953**	**523**	**430**	**208**	**114**	**94**
35	260	138	122	64	33	31
36	248	126	122	44	21	23
37	186	105	81	46	25	21
38	156	94	62	26	17	9
39	103	60	43	28	18	10
40–44岁	**190**	**95**	**95**	**39**	**23**	**16**
40	71	36	35	14	8	6
41	48	29	19	6	3	3
42	33	14	19	8	5	3
43	20	8	12	5	2	3
44	18	8	10	6	5	1
45–49岁	**25**	**15**	**10**	**9**	**7**	**2**
45	5	3	2			
46	4	3	1	3	2	1
47	6	2	4	2	2	
48	5	3	2	1	1	
49	5	4	1	3	2	1

分的育龄妇女人数(2019.11.1—2020.10.31)(镇)

单位：人

二孩			三孩及以上		
小计	男	女	小计	男	女
2824	**1454**	**1370**	**249**	**137**	**112**
70	**36**	**34**	**8**	**3**	**5**
4	3	1	1		1
5	3	2			
7	2	5	1	1	
20	9	11	3	2	1
34	19	15	3		3
567	**283**	**284**	**42**	**17**	**25**
41	14	27	3	1	2
76	41	35	6	4	2
130	63	67	9	2	7
148	72	76	12	5	7
172	93	79	12	5	7
1375	**711**	**664**	**99**	**52**	**47**
273	150	123	18	7	11
321	163	158	16	10	6
274	142	132	23	13	10
285	140	145	15	8	7
222	116	106	27	14	13
671	**361**	**310**	**74**	**48**	**26**
179	97	82	17	8	9
189	94	95	15	11	4
121	67	54	19	13	6
117	68	49	13	9	4
65	35	30	10	7	3
130	**58**	**72**	**21**	**14**	**7**
47	22	25	10	6	4
34	19	15	8	7	1
22	8	14	3	1	2
15	6	9			
12	3	9			
11	**5**	**6**	**5**	**3**	**2**
2	1	1	3	2	1
			1	1	
4		4			
3	2	1	1		1
2	2				

6-2b 续表 1

受教育程度 年 龄	合 计	生男孩的 妇女人数	生女孩的 妇女人数	一 孩		
				小计	男	女
未上过学	**8**	**6**	**2**	**1**	**1**	
15-19岁						
15						
16						
17						
18						
19						
20-24岁	**1**	**1**				
20						
21						
22						
23						
24	1	1				
25-29岁						
25						
26						
27						
28						
29						
30-34岁	**3**	**3**		**1**	**1**	
30						
31	3	3		1	1	
32						
33						
34						
35-39岁						
35						
36						
37						
38						
39						
40-44岁	**4**	**2**	**2**			
40	2	2				
41						
42	2		2			
43						
44						
45-49岁						
45						
46						
47						
48						
49						

单位：人

二孩			三孩及以上		
小计	男	女	小计	男	女
3	**3**		**4**	**2**	**2**
1	**1**				
1	1				
2	**2**				
2	2				
			4	**2**	**2**
			2	2	
			2		2

6-2b 续表 2

受教育程度 年龄	合计	生男孩的妇女人数	生女孩的妇女人数	一孩		
				小计	男	女
学前教育						
15-19岁						
15						
16						
17						
18						
19						
20-24岁						
20						
21						
22						
23						
24						
25-29岁						
25						
26						
27						
28						
29						
30-34岁						
30						
31						
32						
33						
34						
35-39岁						
35						
36						
37						
38						
39						
40-44岁						
40						
41						
42						
43						
44						
45-49岁						
45						
46						
47						
48						
49						

单位：人

二　孩			三孩及以上		
小计	男	女	小计	男	女

6-2b 续表 3

受教育程度 年 龄	合 计	生男孩的 妇女人数	生女孩的 妇女人数	一 孩		
				小计	男	女
小 学	**269**	**138**	**131**	**81**	**37**	**44**
15-19岁						
15						
16						
17						
18						
19						
20-24岁	**26**	**13**	**13**	**11**	**4**	**7**
20	2	1	1	2	1	1
21	3	1	2	1		1
22	3	1	2	1		1
23	8	4	4	2		2
24	10	6	4	5	3	2
25-29岁	**43**	**21**	**22**	**21**	**7**	**14**
25	4	2	2	4	2	2
26	4	2	2	3	2	1
27	14	6	8	7	2	5
28	9	4	5	4		4
29	12	7	5	3	1	2
30-34岁	**123**	**64**	**59**	**31**	**13**	**18**
30	26	14	12	7	3	4
31	21	12	9	4	3	1
32	21	16	5	6	3	3
33	29	12	17	10	2	8
34	26	10	16	4	2	2
35-39岁	**53**	**28**	**25**	**9**	**6**	**3**
35	17	8	9	2	1	1
36	8	5	3	1	1	
37	8	5	3	2	2	
38	13	7	6	4	2	2
39	7	3	4			
40-44岁	**18**	**9**	**9**	**7**	**5**	**2**
40	8	5	3	4	3	1
41	3	1	2			
42						
43	4	2	2	1	1	
44	3	1	2	2	1	1
45-49岁	**6**	**3**	**3**	**2**	**2**	
45	2	1	1			
46	2	2		2	2	
47	1		1			
48	1		1			
49						

单位：人

二孩			三孩及以上		
小计	男	女	小计	男	女
163	**87**	**76**	**25**	**14**	**11**
13	**8**	**5**	**2**	**1**	**1**
2	1	1			
2	1	1			
5	3	2	1	1	
4	3	1	1		1
22	**14**	**8**			
1		1			
7	4	3			
5	4	1			
9	6	3			
77	**41**	**36**	**15**	**10**	**5**
17	10	7	2	1	1
17	9	8			
10	8	2	5	5	
18	10	8	1		1
15	4	11	7	4	3
41	**20**	**21**	**3**	**2**	**1**
14	7	7	1		1
6	3	3	1	1	
6	3	3			
8	4	4	1	1	
7	3	4			
9	**4**	**5**	**2**		**2**
3	2	1	1		1
2	1	1	1		1
3	1	2			
1		1			
1		**1**	**3**	**1**	**2**
			2	1	1
1		1			
			1		1

6-2b 续表 4

受教育程度 年龄	合计	生男孩的妇女人数	生女孩的妇女人数	一孩 小计	一孩 男	一孩 女
初 中	**1684**	**878**	**806**	**594**	**308**	**286**
15-19岁	**8**	**6**	**2**	**8**	**6**	**2**
15						
16						
17						
18	3	3		3	3	
19	5	3	2	5	3	2
20-24岁	**158**	**76**	**82**	**124**	**63**	**61**
20	16	9	7	13	7	6
21	25	14	11	23	12	11
22	25	10	15	20	9	11
23	48	21	27	41	19	22
24	44	22	22	27	16	11
25-29岁	**460**	**224**	**236**	**235**	**118**	**117**
25	64	30	34	46	22	24
26	93	50	43	58	30	28
27	96	48	48	46	22	24
28	95	39	56	37	17	20
29	112	57	55	48	27	21
30-34岁	**597**	**315**	**282**	**134**	**69**	**65**
30	139	69	70	46	21	25
31	136	78	58	28	15	13
32	111	52	59	26	14	12
33	112	57	55	19	11	8
34	99	59	40	15	8	7
35-39岁	**360**	**201**	**159**	**74**	**41**	**33**
35	85	43	42	17	7	10
36	85	45	40	14	8	6
37	81	46	35	18	10	8
38	67	42	25	7	6	1
39	42	25	17	18	10	8
40-44岁	**88**	**47**	**41**	**15**	**8**	**7**
40	32	17	15	4	2	2
41	20	15	5	3	2	1
42	19	9	10	4	2	2
43	11	4	7	3	1	2
44	6	2	4	1	1	
45-49岁	**13**	**9**	**4**	**4**	**3**	**1**
45	2	1	1			
46	1	1				
47	3	1	2	1	1	
48	3	3		1	1	
49	4	3	1	2	1	1

单位：人

二孩			三孩及以上		
小计	男	女	小计	男	女
982	**508**	**474**	**108**	**62**	**46**
33	**13**	**20**	**1**		**1**
3	2	1			
2	2				
5	1	4			
6	2	4	1		1
17	6	11			
211	**100**	**111**	**14**	**6**	**8**
18	8	10			
32	17	15	3	3	
45	24	21	5	2	3
54	22	32	4		4
62	29	33	2	1	1
424	**228**	**196**	**39**	**18**	**21**
86	46	40	7	2	5
97	56	41	11	7	4
78	37	41	7	1	6
89	43	46	4	3	1
74	46	28	10	5	5
246	**134**	**112**	**40**	**26**	**14**
60	32	28	8	4	4
65	31	34	6	6	
52	29	23	11	7	4
51	30	21	9	6	3
18	12	6	6	3	3
61	**29**	**32**	**12**	**10**	**2**
22	11	11	6	4	2
12	8	4	5	5	
14	6	8	1	1	
8	3	5			
5	1	4			
7	**4**	**3**	**2**	**2**	
1		1	1	1	
			1	1	
2		2			
2	2				
2	2				

6–2b 续表 5

受教育程度 年 龄	合 计	生男孩的妇女人数	生女孩的妇女人数	一 孩		
				小计	男	女
高 中	**980**	**484**	**496**	**491**	**246**	**245**
15–19岁	**7**	**4**	**3**	**7**	**4**	**3**
15						
16						
17	1	1		1	1	
18	3	1	2	3	1	2
19	3	2	1	3	2	1
20–24岁	**123**	**65**	**58**	**103**	**55**	**48**
20	7	4	3	5	3	2
21	13	8	5	12	8	4
22	22	13	9	21	12	9
23	35	17	18	27	13	14
24	46	23	23	38	19	19
25–29岁	**344**	**174**	**170**	**211**	**108**	**103**
25	50	14	36	40	14	26
26	70	36	34	52	27	25
27	74	37	37	42	22	20
28	75	39	36	43	21	22
29	75	48	27	34	24	10
30–34岁	**352**	**175**	**177**	**133**	**64**	**69**
30	99	46	53	50	22	28
31	76	38	38	33	14	19
32	81	35	46	26	11	15
33	62	35	27	17	10	7
34	34	21	13	7	7	
35–39岁	**127**	**54**	**73**	**31**	**12**	**19**
35	41	17	24	12	5	7
36	25	9	16	4	1	3
37	31	15	16	10	4	6
38	18	6	12	4	1	3
39	12	7	5	1	1	
40–44岁	**23**	**11**	**12**	**5**	**3**	**2**
40	4	1	3	1		1
41	5	3	2			
42	7	3	4	3	2	1
43	2	2				
44	5	2	3	1	1	
45–49岁	**4**	**1**	**3**	**1**		**1**
45	1	1				
46	1		1	1		1
47	1		1			
48	1		1			
49						

单位：人

二孩			三孩及以上		
小计	男	女	小计	男	女
445	**217**	**228**	**44**	**21**	**23**
15	**8**	**7**	**5**	**2**	**3**
1	1		1		1
1		1			
			1	1	
7	3	4	1	1	
6	4	2	2		2
120	**62**	**58**	**13**	**4**	**9**
8		8	2		2
15	8	7	3	1	2
31	15	16	1		1
29	17	12	3	1	2
37	22	15	4	2	2
204	**101**	**103**	**15**	**10**	**5**
46	22	24	3	2	1
42	24	18	1		1
51	21	30	4	3	1
43	23	20	2	2	
22	11	11	5	3	2
85	**37**	**48**	**11**	**5**	**6**
25	11	14	4	1	3
18	6	12	3	2	1
20	11	9	1		1
13	5	8	1		1
9	4	5	2	2	
18	**8**	**10**			
3	1	2			
5	3	2			
4	1	3			
2	2				
4	1	3			
3	**1**	**2**			
1	1				
1		1			
1		1			

6-2b 续表 6

受教育程度 年　　龄	合　计	生男孩的 妇女人数	生女孩的 妇女人数	一　孩		
				小计	男	女
大学专科	**1706**	**857**	**849**	**1053**	**529**	**524**
15-19岁	**2**	**2**		**2**	**2**	
15						
16						
17						
18						
19	2	2		2	2	
20-24岁	**133**	**78**	**55**	**125**	**72**	**53**
20	1	1		1	1	
21	2	1	1	2	1	1
22	15	9	6	15	9	6
23	38	23	15	36	22	14
24	77	44	33	71	39	32
25-29岁	**753**	**352**	**401**	**603**	**276**	**327**
25	103	48	55	91	43	48
26	146	72	74	127	63	64
27	171	66	105	137	54	83
28	190	86	104	146	63	83
29	143	80	63	102	53	49
30-34岁	**620**	**314**	**306**	**275**	**147**	**128**
30	177	97	80	106	56	50
31	142	65	77	62	30	32
32	118	65	53	48	25	23
33	98	49	49	35	21	14
34	85	38	47	24	15	9
35-39岁	**171**	**99**	**72**	**41**	**27**	**14**
35	49	32	17	13	10	3
36	50	24	26	12	5	7
37	30	14	16	9	5	4
38	23	17	6	4	4	
39	19	12	7	3	3	
40-44岁	**26**	**11**	**15**	**6**	**4**	**2**
40	9	4	5	3	2	1
41	9	4	5	1		1
42	2		2			
43	2		2			
44	4	3	1	2	2	
45-49岁	**1**	**1**		**1**	**1**	
45						
46						
47						
48						
49	1	1		1	1	

单位：人

二孩			三孩及以上		
小计	男	女	小计	男	女
606	**302**	**304**	**47**	**26**	**21**
8	**6**	**2**			
2	1	1			
6	5	1			
140	**70**	**70**	**10**	**6**	**4**
12	5	7			
19	9	10			
33	12	21	1		1
40	19	21	4	4	
36	25	11	5	2	3
322	**156**	**166**	**23**	**11**	**12**
66	39	27	5	2	3
76	32	44	4	3	1
66	38	28	4	2	2
58	26	32	5	2	3
56	21	35	5	2	3
118	**64**	**54**	**12**	**8**	**4**
34	20	14	2	2	
33	17	16	5	2	3
18	7	11	3	2	1
19	13	6			
14	7	7	2	2	
18	**6**	**12**	**2**	**1**	**1**
5	2	3	1		1
7	3	4	1	1	
2		2			
2		2			
2	1	1			

6-2b 续表 7

受教育程度 年　　龄	合　计	生男孩的 妇女人数	生女孩的 妇女人数	一　孩		
				小计	男	女
大学本科	**1548**	**807**	**741**	**947**	**485**	**462**
15-19岁						
15						
16						
17						
18						
19						
20-24岁	**35**	**19**	**16**	**35**	**19**	**16**
20	1		1	1		1
21						
22	1	1		1	1	
23	9	5	4	9	5	4
24	24	13	11	24	13	11
25-29岁	**587**	**286**	**301**	**511**	**249**	**262**
25	50	26	24	46	24	22
26	102	55	47	93	48	45
27	142	71	71	126	63	63
28	137	68	69	116	58	58
29	156	66	90	130	56	74
30-34岁	**675**	**361**	**314**	**349**	**191**	**158**
30	187	100	87	132	69	63
31	170	85	85	87	48	39
32	137	79	58	69	43	26
33	103	53	50	34	19	15
34	78	44	34	27	12	15
35-39岁	**221**	**127**	**94**	**46**	**23**	**23**
35	63	36	27	19	10	9
36	76	41	35	12	6	6
37	33	24	9	7	4	3
38	30	17	13	5	2	3
39	19	9	10	3	1	2
40-44岁	**29**	**13**	**16**	**5**	**2**	**3**
40	16	7	9	2	1	1
41	11	6	5	2	1	1
42	1		1			
43	1		1	1		1
44						
45-49岁	**1**	**1**		**1**	**1**	
45						
46						
47	1	1		1	1	
48						
49						

单位：人

二孩			三孩及以上		
小计	男	女	小计	男	女
582	**311**	**271**	**19**	**11**	**8**
71	**36**	**35**	**5**	**1**	**4**
3	1	2	1	1	
9	7	2			
14	8	6	2		2
20	10	10	1		1
25	10	15	1		1
320	**167**	**153**	**6**	**3**	**3**
54	31	23	1		1
83	37	46			
65	34	31	3	2	1
67	33	34	2	1	1
51	32	19			
168	**98**	**70**	**7**	**6**	**1**
42	25	17	2	1	1
64	35	29			
22	16	6	4	4	
24	14	10	1	1	
16	8	8			
23	**10**	**13**	**1**	**1**	
14	6	8			
8	4	4	1	1	
1		1			

6-2b 续表 8

受教育程度 年龄	合计	生男孩的妇女人数	生女孩的妇女人数	一孩		
				小计	男	女
硕士研究生	**114**	**61**	**53**	**70**	**35**	**35**
15-19岁						
15						
16						
17						
18						
19						
20-24岁						
20						
21						
22						
23						
24						
25-29岁	**30**	**10**	**20**	**27**	**9**	**18**
25	1		1	1		1
26	1	1		1	1	
27	8	2	6	8	2	6
28	7	3	4	7	3	4
29	13	4	9	10	3	7
30-34岁	**62**	**35**	**27**	**36**	**20**	**16**
30	19	11	8	15	9	6
31	12	6	6	8	3	5
32	10	8	2	6	4	2
33	16	8	8	6	4	2
34	5	2	3	1		1
35-39岁	**20**	**14**	**6**	**6**	**5**	**1**
35	5	2	3	1		1
36	3	2	1			
37	3	1	2			
38	5	5		2	2	
39	4	4		3	3	
40-44岁	**2**	**2**		**1**	**1**	
40						
41						
42	2	2		1	1	
43						
44						
45-49岁						
45						
46						
47						
48						
49						

单位：人

二孩			三孩及以上		
小计	男	女	小计	男	女
42	**25**	**17**	**2**	**1**	**1**
3	**1**	**2**			
3	1	2			
25	**15**	**10**	**1**		**1**
4	2	2			
4	3	1			
4	4				
9	4	5	1		1
4	2	2			
13	**8**	**5**	**1**	**1**	
4	2	2			
3	2	1			
3	1	2			
2	2		1	1	
1	1				
1	**1**				
1	1				

6-2b 续表 9

受教育程度 年龄	合计	生男孩的妇女人数	生女孩的妇女人数	一孩		
				小计	男	女
博士研究生	**3**	**1**	**2**	**2**		**2**
15-19岁						
15						
16						
17						
18						
19						
20-24岁						
20						
21						
22						
23						
24						
25-29岁	**1**		**1**	**1**		**1**
25						
26						
27						
28	1		1	1		1
29						
30-34岁	**1**	**1**				
30						
31						
32						
33	1	1				
34						
35-39岁	**1**		**1**	**1**		**1**
35						
36	1		1	1		1
37						
38						
39						
40-44岁						
40						
41						
42						
43						
44						
45-49岁						
45						
46						
47						
48						
49						

单位：人

二孩			三孩及以上		
小计	男	女	小计	男	女
1	**1**				
1	**1**				
1	1				

6－2c　全区按年龄、受教育程度、生育孩次

受教育程度 年　　龄	合　计	生男孩的 妇女人数	生女孩的 妇女人数	一　孩		
				小计	男	女
总　计	**3940**	**2044**	**1896**	**1721**	**902**	**819**
15－19岁	**33**	**16**	**17**	**32**	**16**	**16**
15						
16						
17	1		1	1		1
18	14	5	9	14	5	9
19	18	11	7	17	11	6
20－24岁	**481**	**236**	**245**	**360**	**178**	**182**
20	45	19	26	40	17	23
21	70	30	40	59	27	32
22	91	48	43	67	40	27
23	113	59	54	80	41	39
24	162	80	82	114	53	61
25－29岁	**1248**	**660**	**588**	**698**	**376**	**322**
25	198	123	75	121	78	43
26	229	123	106	137	78	59
27	272	124	148	155	67	88
28	265	139	126	139	78	61
29	284	151	133	146	75	71
30－34岁	**1366**	**702**	**664**	**433**	**211**	**222**
30	361	197	164	152	74	78
31	327	161	166	113	58	55
32	255	132	123	74	40	34
33	238	119	119	55	18	37
34	185	93	92	39	21	18
35－39岁	**626**	**333**	**293**	**143**	**84**	**59**
35	182	103	79	45	26	19
36	147	75	72	29	16	13
37	107	60	47	23	17	6
38	110	54	56	24	13	11
39	80	41	39	22	12	10
40－44岁	**150**	**77**	**73**	**40**	**25**	**15**
40	54	26	28	17	11	6
41	40	22	18	8	7	1
42	22	11	11	3	2	1
43	18	10	8	6	4	2
44	16	8	8	6	1	5
45－49岁	**36**	**20**	**16**	**15**	**12**	**3**
45	12	5	7	4	2	2
46	8	5	3	4	4	
47	5	2	3	1	1	
48	7	4	3	3	2	1
49	4	4		3	3	

分的育龄妇女人数(2019.11.1—2020.10.31)(乡村)

单位：人

二孩			三孩及以上		
小计	男	女	小计	男	女
1941	**983**	**958**	**278**	**159**	**119**
1		**1**			
1		1			
112	**52**	**60**	**9**	**6**	**3**
4	2	2	1		1
11	3	8			
23	8	15	1		1
30	15	15	3	3	
44	24	20	4	3	1
506	**256**	**250**	**44**	**28**	**16**
73	42	31	4	3	1
88	43	45	4	2	2
107	50	57	10	7	3
118	55	63	8	6	2
120	66	54	18	10	8
825	**429**	**396**	**108**	**62**	**46**
190	110	80	19	13	6
193	92	101	21	11	10
157	77	80	24	15	9
161	90	71	22	11	11
124	60	64	22	12	10
399	**202**	**197**	**84**	**47**	**37**
121	69	52	16	8	8
105	52	53	13	7	6
56	25	31	28	18	10
72	33	39	14	8	6
45	23	22	13	6	7
81	**38**	**43**	**29**	**14**	**15**
31	12	19	6	3	3
21	10	11	11	5	6
12	6	6	7	3	4
9	4	5	3	2	1
8	6	2	2	1	1
17	**6**	**11**	**4**	**2**	**2**
7	2	5	1	1	
3	1	2	1		1
3	1	2	1		1
3	1	2	1	1	
1	1				

6-2c 续表 1

受教育程度 年 龄	合 计	生男孩的 妇女人数	生女孩的 妇女人数	一 孩		
				小计	男	女
未上过学	**21**	**11**	**10**	**8**	**3**	**5**
15-19岁						
15						
16						
17						
18						
19						
20-24岁	**1**	**1**		**1**	**1**	
20						
21						
22						
23						
24	1	1		1	1	
25-29岁	**5**	**1**	**4**	**2**		**2**
25						
26	2	1	1			
27	1		1	1		1
28						
29	2		2	1		1
30-34岁	**6**	**4**	**2**	**4**	**2**	**2**
30	3	2	1	3	2	1
31	2	1	1	1		1
32						
33						
34	1	1				
35-39岁	**5**	**3**	**2**			
35						
36						
37	1		1			
38	3	2	1			
39	1	1				
40-44岁	**3**	**1**	**2**	**1**		**1**
40	2	1	1	1		1
41	1		1			
42						
43						
44						
45-49岁	**1**	**1**				
45						
46						
47						
48						
49	1	1				

单位：人

二孩			三孩及以上		
小计	男	女	小计	男	女
10	**7**	**3**	**3**	**1**	**2**
3	**1**	**2**			
2	1	1			
1		1			
1	**1**		**1**	**1**	
1	1				
			1	1	
4	**3**	**1**	**1**		**1**
			1		1
3	2	1			
1	1				
1	**1**		**1**		**1**
1	1				
			1		1
1	**1**				
1	1				

6-2c 续表 2

受教育程度 年龄	合计	生男孩的妇女人数	生女孩的妇女人数	一孩		
				小计	男	女
学前教育	**1**		**1**			
15-19岁						
15						
16						
17						
18						
19						
20-24岁						
20						
21						
22						
23						
24						
25-29岁						
25						
26						
27						
28						
29						
30-34岁	**1**		**1**			
30						
31						
32	1		1			
33						
34						
35-39岁						
35						
36						
37						
38						
39						
40-44岁						
40						
41						
42						
43						
44						
45-49岁						
45						
46						
47						
48						
49						

单位：人

二孩			三孩及以上		
小计	男	女	小计	男	女
1		**1**			
1		**1**			
1		1			

6–2c 续表 3

受教育程度 年　龄	合　计	生男孩的妇女人数	生女孩的妇女人数	一　孩		
				小计	男	女
小　学	**429**	**212**	**217**	**124**	**64**	**60**
15–19岁	**4**	**1**	**3**	**3**	**1**	**2**
15						
16						
17						
18	3	1	2	3	1	2
19	1		1			
20–24岁	**34**	**18**	**16**	**19**	**11**	**8**
20	4	2	2	4	2	2
21	9	4	5	6	4	2
22	4	3	1			
23	12	6	6	6	4	2
24	5	3	2	3	1	2
25–29岁	**87**	**40**	**47**	**36**	**19**	**17**
25	5	3	2	1	1	
26	15	5	10	6	2	4
27	25	11	14	11	7	4
28	16	9	7	5	4	1
29	26	12	14	13	5	8
30–34岁	**132**	**65**	**67**	**25**	**10**	**15**
30	25	15	10	4	2	2
31	23	13	10	8	5	3
32	27	11	16	5	1	4
33	35	17	18	7	2	5
34	22	9	13	1		1
35–39岁	**121**	**62**	**59**	**24**	**11**	**13**
35	38	20	18	12	5	7
36	24	11	13	4	1	3
37	24	14	10	4	3	1
38	18	8	10	2		2
39	17	9	8	2	2	
40–44岁	**43**	**21**	**22**	**12**	**8**	**4**
40	11	5	6	3	2	1
41	13	7	6	3	3	
42	10	6	4	1	1	
43	6	2	4	3	2	1
44	3	1	2	2		2
45–49岁	**8**	**5**	**3**	**5**	**4**	**1**
45	5	3	2	3	2	1
46	2	1	1	1	1	
47	1	1		1	1	
48						
49						

单位：人

二孩			三孩及以上		
小计	男	女	小计	男	女
240	**115**	**125**	**65**	**33**	**32**
1		**1**			
1		1			
15	**7**	**8**			
3		3			
4	3	1			
6	2	4			
2	2				
44	**18**	**26**	**7**	**3**	**4**
4	2	2			
8	3	5	1		1
13	3	10	1	1	
10	4	6	1	1	
9	6	3	4	1	3
87	**45**	**42**	**20**	**10**	**10**
18	11	7	3	2	1
12	7	5	3	1	2
15	6	9	7	4	3
24	13	11	4	2	2
18	8	10	3	1	2
71	**37**	**34**	**26**	**14**	**12**
23	13	10	3	2	1
16	8	8	4	2	2
11	6	5	9	5	4
12	6	6	4	2	2
9	4	5	6	3	3
20	**7**	**13**	**11**	**6**	**5**
6	2	4	2	1	1
6	2	4	4	2	2
5	2	3	4	3	1
2		2	1		1
1	1				
2	**1**	**1**	**1**		**1**
2	1	1			
			1		1

6-2c　续表 4

受教育程度 年　　龄	合　计	生男孩的妇女人数	生女孩的妇女人数	一　孩		
				小计	男	女
初　中	**2045**	**1071**	**974**	**682**	**357**	**325**
15-19岁	**26**	**14**	**12**	**26**	**14**	**12**
15						
16						
17						
18	10	4	6	10	4	6
19	16	10	6	16	10	6
20-24岁	**283**	**135**	**148**	**200**	**98**	**102**
20	29	10	19	25	9	16
21	44	19	25	37	17	20
22	63	34	29	49	30	19
23	60	33	27	38	21	17
24	87	39	48	51	21	30
25-29岁	**549**	**296**	**253**	**197**	**108**	**89**
25	95	59	36	40	26	14
26	102	55	47	43	25	18
27	104	48	56	36	18	18
28	115	55	60	35	13	22
29	133	79	54	43	26	17
30-34岁	**701**	**374**	**327**	**151**	**76**	**75**
30	153	83	70	41	13	28
31	170	84	86	41	23	18
32	139	75	64	29	18	11
33	126	72	54	20	10	10
34	113	60	53	20	12	8
35-39岁	**380**	**199**	**181**	**80**	**44**	**36**
35	111	59	52	18	7	11
36	86	45	41	16	10	6
37	65	37	28	14	11	3
38	70	33	37	14	7	7
39	48	25	23	18	9	9
40-44岁	**85**	**44**	**41**	**22**	**13**	**9**
40	33	14	19	10	6	4
41	19	10	9	4	3	1
42	10	5	5	2	1	1
43	12	8	4	3	2	1
44	11	7	4	3	1	2
45-49岁	**21**	**9**	**12**	**6**	**4**	**2**
45	6	2	4	1		1
46	3	1	2	1	1	
47	4	1	3			
48	7	4	3	3	2	1
49	1	1		1	1	

单位：人

二孩			三孩及以上		
小计	男	女	小计	男	女
1187	**612**	**575**	**176**	**102**	**74**
76	**33**	**43**	**7**	**4**	**3**
3	1	2	1		1
7	2	5			
13	4	9	1		1
21	11	10	1	1	
32	15	17	4	3	1
321	**168**	**153**	**31**	**20**	**11**
52	31	21	3	2	1
57	29	28	2	1	1
62	26	36	6	4	2
73	37	36	7	5	2
77	45	32	13	8	5
477	**255**	**222**	**73**	**43**	**30**
99	61	38	13	9	4
113	52	61	16	9	7
96	49	47	14	8	6
89	53	36	17	9	8
80	40	40	13	8	5
251	**129**	**122**	**49**	**26**	**23**
81	47	34	12	5	7
63	32	31	7	3	4
35	15	20	16	11	5
46	20	26	10	6	4
26	15	11	4	1	3
50	**24**	**26**	**13**	**7**	**6**
19	6	13	4	2	2
12	5	7	3	2	1
6	4	2	2		2
7	4	3	2	2	
6	5	1	2	1	1
12	**3**	**9**	**3**	**2**	**1**
4	1	3	1	1	
2		2			
3	1	2	1		1
3	1	2	1	1	

6-2c 续表 5

受教育程度 年龄	合计	生男孩的妇女人数	生女孩的妇女人数	一孩 小计	一孩 男	一孩 女
高 中	**540**	**274**	**266**	**284**	**148**	**136**
15-19岁	**3**	**1**	**2**	**3**	**1**	**2**
15						
16						
17	1		1	1		1
18	1		1	1		1
19	1	1		1	1	
20-24岁	**78**	**41**	**37**	**63**	**31**	**32**
20	9	5	4	8	4	4
21	13	6	7	12	5	7
22	14	6	8	9	5	4
23	21	12	9	18	9	9
24	21	12	9	16	8	8
25-29岁	**190**	**100**	**90**	**117**	**64**	**53**
25	44	28	16	33	21	12
26	38	21	17	28	17	11
27	41	23	18	22	11	11
28	35	16	19	19	10	9
29	32	12	20	15	5	10
30-34岁	**203**	**94**	**109**	**79**	**35**	**44**
30	69	41	28	28	17	11
31	53	25	28	24	9	15
32	37	15	22	13	6	7
33	25	6	19	9	2	7
34	19	7	12	5	1	4
35-39岁	**48**	**26**	**22**	**15**	**10**	**5**
35	15	10	5	5	4	1
36	10	5	5	3	1	2
37	7	5	2	1	1	
38	8	4	4	4	3	1
39	8	2	6	2	1	1
40-44岁	**14**	**8**	**6**	**4**	**4**	
40	7	5	2	3	3	
41	5	3	2	1	1	
42	2		2			
43						
44						
45-49岁	**4**	**4**		**3**	**3**	
45						
46	3	3		2	2	
47						
48						
49	1	1		1	1	

单位：人

二孩			三孩及以上		
小计	男	女	小计	男	女
233	**111**	**122**	**23**	**15**	**8**
14	**9**	**5**	**1**	**1**	
1	1				
1	1				
5	1	4			
2	2		1	1	
5	4	1			
69	**32**	**37**	**4**	**4**	
10	6	4	1	1	
10	4	6			
17	10	7	2	2	
16	6	10			
16	6	10	1	1	
113	**52**	**61**	**11**	**7**	**4**
39	22	17	2	2	
28	15	13	1	1	
22	7	15	2	2	
15	4	11	1		1
9	4	5	5	2	3
29	**13**	**16**	**4**	**3**	**1**
9	5	4	1	1	
7	4	3			
4	2	2	2	2	
4	1	3			
5	1	4	1		1
7	**4**	**3**	**3**		**3**
4	2	2			
2	2		2		2
1		1	1		1
1	**1**				
1	1				

6－2c 续表 6

受教育程度 年　龄	合　计	生男孩的 妇女人数	生女孩的 妇女人数	一　孩		
				小计	男	女
大学专科	**571**	**298**	**273**	**384**	**199**	**185**
15－19岁						
15						
16						
17						
18						
19						
20－24岁	**67**	**33**	**34**	**59**	**29**	**30**
20	3	2	1	3	2	1
21	4	1	3	4	1	3
22	9	4	5	8	4	4
23	16	7	9	14	6	8
24	35	19	16	30	16	14
25－29岁	**255**	**137**	**118**	**208**	**110**	**98**
25	38	21	17	32	18	14
26	45	26	19	41	23	18
27	68	32	36	53	22	31
28	53	31	22	40	25	15
29	51	27	24	42	22	20
30－34岁	**195**	**95**	**100**	**102**	**48**	**54**
30	62	29	33	40	20	20
31	57	24	33	28	12	16
32	32	22	10	16	10	6
33	28	14	14	12	3	9
34	16	6	10	6	3	3
35－39岁	**49**	**30**	**19**	**14**	**11**	**3**
35	11	8	3	5	5	
36	21	11	10	4	2	2
37	5	3	2	1	1	
38	8	5	3	4	3	1
39	4	3	1			
40－44岁	**3**	**2**	**1**			
40						
41	2	2				
42						
43						
44	1		1			
45－49岁	**2**	**1**	**1**	**1**	**1**	
45	1		1			
46						
47						
48						
49	1	1		1	1	

单位：人

二孩			三孩及以上		
小计	男	女	小计	男	女
178	**92**	**86**	**9**	**7**	**2**
7	**3**	**4**	**1**	**1**	
1		1			
1		1	1	1	
5	3	2			
46	**27**	**19**	**1**		**1**
6	3	3			
4	3	1			
14	10	4	1		1
13	6	7			
9	5	4			
91	**46**	**45**	**2**	**1**	**1**
22	9	13			
28	12	16	1		1
15	11	4	1	1	
16	11	5			
10	3	7			
31	**15**	**16**	**4**	**4**	
6	3	3			
15	7	8	2	2	
4	2	2			
4	2	2			
2	1	1	2	2	
2	**1**	**1**	**1**	**1**	
1	1		1	1	
1		1			
1		**1**			
1		1			

6－2c　续表 7

受教育程度 年　　龄	合　计	生男孩的 妇女人数	生女孩的 妇女人数	一　　孩		
				小计	男	女
大学本科	**313**	**169**	**144**	**222**	**123**	**99**
15－19岁						
15						
16						
17						
18						
19						
20－24岁	**17**	**7**	**10**	**17**	**7**	**10**
20						
21						
22	1	1		1	1	
23	4	1	3	4	1	3
24	12	5	7	12	5	7
25－29岁	**154**	**83**	**71**	**130**	**72**	**58**
25	16	12	4	15	12	3
26	26	15	11	18	11	7
27	31	8	23	30	7	23
28	43	27	16	37	25	12
29	38	21	17	30	17	13
30－34岁	**118**	**65**	**53**	**64**	**36**	**28**
30	44	23	21	31	16	15
31	22	14	8	11	9	2
32	17	9	8	9	5	4
33	21	9	12	6	1	5
34	14	10	4	7	5	2
35－39岁	**22**	**13**	**9**	**10**	**8**	**2**
35	7	6	1	5	5	
36	5	3	2	2	2	
37	5	1	4	3	1	2
38	3	2	1			
39	2	1	1			
40－44岁	**2**	**1**	**1**	**1**		**1**
40	1	1				
41						
42						
43						
44	1		1	1		1
45－49岁						
45						
46						
47						
48						
49						

单位：人

二孩			三孩及以上		
小计	男	女	小计	男	女
89	**45**	**44**	**2**	**1**	**1**
23	**10**	**13**	**1**	**1**	
1		1			
7	3	4	1	1	
1	1				
6	2	4			
8	4	4			
53	**29**	**24**	**1**		**1**
12	7	5	1		1
11	5	6			
8	4	4			
15	8	7			
7	5	2			
12	**5**	**7**			
2	1	1			
3	1	2			
2		2			
3	2	1			
2	1	1			
1	**1**				
1	1				

6-2c 续表 8

受教育程度 年龄	合计	生男孩的妇女人数	生女孩的妇女人数	一孩		
				小计	男	女
硕士研究生	**20**	**9**	**11**	**17**	**8**	**9**
15-19岁						
15						
16						
17						
18						
19						
20-24岁	**1**	**1**		**1**	**1**	
20						
21						
22						
23						
24	1	1		1	1	
25-29岁	**8**	**3**	**5**	**8**	**3**	**5**
25						
26	1		1	1		1
27	2	2		2	2	
28	3	1	2	3	1	2
29	2		2	2		2
30-34岁	**10**	**5**	**5**	**8**	**4**	**4**
30	5	4	1	5	4	1
31						
32	2		2	2		2
33	3	1	2	1		1
34						
35-39岁	**1**		**1**			
35						
36	1		1			
37						
38						
39						
40-44岁						
40						
41						
42						
43						
44						
45-49岁						
45						
46						
47						
48						
49						

单位：人

二孩			三孩及以上		
小计	男	女	小计	男	女
3	**1**	**2**			
2	**1**	**1**			
2	1	1			
1		**1**			
1		1			

6-2c 续表 9

受教育程度 年 龄	合 计	生男孩的妇女人数	生女孩的妇女人数	一 孩		
				小计	男	女
博士研究生						
15-19岁						
15						
16						
17						
18						
19						
20-24岁						
20						
21						
22						
23						
24						
25-29岁						
25						
26						
27						
28						
29						
30-34岁						
30						
31						
32						
33						
34						
35-39岁						
35						
36						
37						
38						
39						
40-44岁						
40						
41						
42						
43						
44						
45-49岁						
45						
46						
47						
48						
49						

单位：人

二　　孩			三孩及以上		
小计	男	女	小计	男	女

6–3 全区育龄妇女分年龄、孩次的生育状况（2019.11.1–2020.10.31）

单位：人、‰

年龄	平均育龄妇女人数	出生人数	生育率	第一孩		第二孩		第三孩及以上	
				出生数	生育率	出生数	生育率	出生数	生育率
总计	**552374**	**18430**	**33.37**	**9734**	**17.62**	**7960**	**14.41**	**736**	**1.33**
15–19岁	**47317**	**101**	**2.13**	**94**	**1.99**	**6**	**0.13**	**1**	**0.02**
15	11432	1	0.09	1	0.09				
16	9306	1	0.11			1	0.11		
17	9825	14	1.42	14	1.42				
18	7861	26	3.31	25	3.18	1	0.13		
19	8893	59	6.63	54	6.07	4	0.45	1	0.11
20–24岁	**49250**	**1687**	**34.25**	**1376**	**27.94**	**289**	**5.87**	**22**	**0.45**
20	8916	121	13.57	101	11.33	18	2.02	2	0.22
21	9384	186	19.82	165	17.58	21	2.24		
22	9363	250	26.70	191	20.40	56	5.98	3	0.32
23	10187	483	47.41	397	38.97	78	7.66	8	0.79
24	11400	647	56.75	522	45.79	116	10.18	9	0.79
25–29岁	**69906**	**6869**	**98.26**	**4870**	**69.66**	**1876**	**26.84**	**123**	**1.76**
25	12244	954	77.92	751	61.34	192	15.68	11	0.90
26	12363	1222	98.84	928	75.06	273	22.08	21	1.70
27	13658	1520	111.29	1131	82.81	371	27.16	18	1.32
28	14266	1470	103.04	1011	70.87	425	29.79	34	2.38
29	17375	1703	98.01	1049	60.37	615	35.40	39	2.24
30–34岁	**96764**	**6661**	**68.84**	**2661**	**27.50**	**3695**	**38.19**	**305**	**3.15**
30	20683	1788	86.45	949	45.88	788	38.10	51	2.47
31	19718	1522	77.19	672	34.08	786	39.86	64	3.25
32	19753	1324	67.03	457	23.14	806	40.80	61	3.09
33	18860	1110	58.85	335	17.76	714	37.86	61	3.23
34	17750	917	51.66	248	13.97	601	33.86	68	3.83
35–39岁	**91192**	**2578**	**28.27**	**592**	**6.49**	**1767**	**19.38**	**219**	**2.40**
35	18564	780	42.02	187	10.07	542	29.20	51	2.75
36	17652	642	36.37	144	8.16	446	25.27	52	2.95
37	18700	492	26.31	112	5.99	330	17.65	50	2.67
38	19572	402	20.54	86	4.39	280	14.31	36	1.84
39	16704	262	15.68	63	3.77	169	10.12	30	1.80
40–44岁	**85467**	**442**	**5.17**	**102**	**1.19**	**280**	**3.28**	**60**	**0.70**
40	17142	167	9.74	37	2.16	103	6.01	27	1.58
41	16759	130	7.76	24	1.43	87	5.19	19	1.13
42	15912	70	4.40	19	1.19	43	2.70	8	0.50
43	16840	38	2.26	11	0.65	26	1.54	1	0.06
44	18814	37	1.97	11	0.58	21	1.12	5	0.27
45–49岁	**112478**	**92**	**0.82**	**39**	**0.35**	**47**	**0.42**	**6**	**0.05**
45	20624	21	1.02	8	0.39	12	0.58	1	0.05
46	22069	37	1.68	15	0.68	19	0.86	3	0.14
47	22664	9	0.40	4	0.18	3	0.13	2	0.09
48	22851	18	0.79	8	0.35	10	0.44		
49	24270	7	0.29	4	0.16	3	0.12		

6-3a 全区育龄妇女分年龄、孩次的生育状况(2019.11.1-2020.10.31)(城市)

单位：人、‰

年 龄	平均育龄妇女人数	出生人数	生育率	第一孩		第二孩		第三孩及以上	
				出生数	生育率	出生数	生育率	出生数	生育率
总 计	**242688**	**8176**	**33.69**	**4774**	**19.67**	**3193**	**13.16**	**209**	**0.86**
15-19岁	**22652**	**23**	**1.02**	**20**	**0.88**	**3**	**0.13**		
15	4745	1	0.21	1	0.21				
16	3841	1	0.26			1	0.26		
17	4392	3	0.68	3	0.68				
18	4209	5	1.19	5	1.19				
19	5465	13	2.38	11	2.01	2	0.37		
20-24岁	**26090**	**552**	**21.16**	**481**	**18.44**	**68**	**2.61**	**3**	**0.11**
20	5566	30	5.39	23	4.13	6	1.08	1	0.18
21	5289	53	10.02	48	9.08	5	0.95		
22	4766	69	14.48	61	12.80	8	1.68		
23	5056	157	31.05	138	27.29	18	3.56	1	0.20
24	5413	243	44.89	211	38.98	31	5.73	1	0.18
25-29岁	**33065**	**3111**	**94.09**	**2463**	**74.49**	**624**	**18.87**	**24**	**0.73**
25	6009	401	66.73	347	57.75	50	8.32	4	0.67
26	5941	505	85.00	435	73.22	67	11.28	3	0.50
27	6530	718	109.95	592	90.66	123	18.84	3	0.46
28	6545	697	106.49	541	82.66	150	22.92	6	0.92
29	8040	790	98.26	548	68.16	234	29.10	8	1.00
30-34岁	**44229**	**3129**	**70.75**	**1474**	**33.33**	**1559**	**35.25**	**96**	**2.17**
30	9528	845	88.69	526	55.21	305	32.01	14	1.47
31	9182	697	75.91	379	41.28	299	32.56	19	2.07
32	9043	613	67.79	237	26.21	356	39.37	20	2.21
33	8493	535	62.99	196	23.08	321	37.80	18	2.12
34	7983	439	54.99	136	17.04	278	34.82	25	3.13
35-39岁	**39370**	**1167**	**29.64**	**279**	**7.09**	**815**	**20.70**	**73**	**1.85**
35	8139	372	45.71	99	12.16	251	30.84	22	2.70
36	7715	288	37.33	78	10.11	198	25.66	12	1.56
37	8215	213	25.93	41	4.99	156	18.99	16	1.95
38	8377	180	21.49	36	4.30	129	15.40	15	1.79
39	6924	114	16.46	25	3.61	81	11.70	8	1.16
40-44岁	**34773**	**158**	**4.54**	**41**	**1.18**	**104**	**2.99**	**13**	**0.37**
40	6896	60	8.70	15	2.18	37	5.37	8	1.16
41	6878	51	7.41	13	1.89	37	5.38	1	0.15
42	6565	28	4.27	9	1.37	16	2.44	3	0.46
43	6925	10	1.44	2	0.29	7	1.01	1	0.14
44	7509	9	1.20	2	0.27	7	0.93		
45-49岁	**42509**	**36**	**0.85**	**16**	**0.38**	**20**	**0.47**		
45	7896	8	1.01	2	0.25	6	0.76		
46	8435	18	2.13	8	0.95	10	1.19		
47	8706	3	0.34	2	0.23	1	0.11		
48	8601	5	0.58	3	0.35	2	0.23		
49	8871	2	0.23	1	0.11	1	0.11		

6-3b 全区育龄妇女分年龄、孩次的生育状况 (2019.11.1-2020.10.31)(镇)

单位：人、‰

年龄	平均育龄妇女人数	出生人数	生育率	第一孩		第二孩		第三孩及以上	
				出生数	生育率	出生数	生育率	出生数	生育率
总计	**166333**	**6312**	**37.95**	**3239**	**19.47**	**2824**	**16.98**	**249**	**1.50**
15-19岁	**14316**	**25**	**1.75**	**25**	**1.75**				
15	3969								
16	3363								
17	3296	2	0.61	2	0.61				
18	1871	9	4.81	9	4.81				
19	1817	14	7.71	14	7.71				
20-24岁	**12523**	**597**	**47.67**	**503**	**40.17**	**85**	**6.79**	**9**	**0.72**
20	1778	36	20.25	28	15.75	7	3.94	1	0.56
21	2104	54	25.67	51	24.24	3	1.43		
22	2429	89	36.64	70	28.82	18	7.41	1	0.41
23	2815	180	63.94	156	55.42	21	7.46	3	1.07
24	3397	238	70.06	198	58.29	36	10.60	4	1.18
25-29岁	**22272**	**2416**	**108.48**	**1680**	**75.43**	**686**	**30.80**	**50**	**2.24**
25	3682	330	89.63	267	72.51	59	16.02	4	1.09
26	3876	464	119.71	348	89.78	105	27.09	11	2.84
27	4277	527	123.22	381	89.08	140	32.73	6	1.40
28	4700	500	106.38	336	71.49	148	31.49	16	3.40
29	5737	595	103.71	348	60.66	234	40.79	13	2.27
30-34岁	**31553**	**2245**	**71.15**	**808**	**25.61**	**1338**	**42.40**	**99**	**3.14**
30	6745	596	88.36	292	43.29	288	42.70	16	2.37
31	6400	506	79.06	193	30.16	292	45.63	21	3.28
32	6490	476	73.34	160	24.65	298	45.92	18	2.77
33	6189	373	60.27	92	14.87	261	42.17	20	3.23
34	5729	294	51.32	71	12.39	199	34.74	24	4.19
35-39岁	**28683**	**847**	**29.53**	**182**	**6.35**	**596**	**20.78**	**69**	**2.41**
35	5992	252	42.06	52	8.68	184	30.71	16	2.67
36	5582	222	39.77	43	7.70	161	28.84	18	3.22
37	5786	168	29.04	45	7.78	109	18.84	14	2.42
38	6136	131	21.35	27	4.40	93	15.16	11	1.79
39	5187	74	14.27	15	2.89	49	9.45	10	1.93
40-44岁	**25807**	**159**	**6.16**	**32**	**1.24**	**108**	**4.18**	**19**	**0.74**
40	5316	61	11.47	11	2.07	41	7.71	9	1.69
41	5129	47	9.16	7	1.36	32	6.24	8	1.56
42	4832	20	4.14	5	1.03	15	3.10		
43	5012	18	3.59	5	1.00	13	2.59		
44	5518	13	2.36	4	0.72	7	1.27	2	0.36
45-49岁	**31179**	**23**	**0.74**	**9**	**0.29**	**11**	**0.35**	**3**	**0.10**
45	5816	4	0.69	1	0.17	2	0.34	1	0.17
46	6193	9	1.45	4	0.65	4	0.65	1	0.16
47	6353	3	0.47	1	0.16	1	0.16	1	0.16
48	6173	4	0.65			4	0.65		
49	6644	3	0.45	3	0.45				

6-3c 全区育龄妇女分年龄、孩次的生育状况 (2019.11.1-2020.10.31)(乡村)

单位：人、‰

年 龄	平均育龄妇女人数	出生人数	生育率	第一孩		第二孩		第三孩及以上	
				出生数	生育率	出生数	生育率	出生数	生育率
总 计	**143353**	**3942**	**27.50**	**1721**	**12.01**	**1943**	**13.55**	**278**	**1.94**
15-19岁	**10349**	**53**	**5.12**	**49**	**4.73**	**3**	**0.29**	**1**	**0.10**
15	2718								
16	2102								
17	2137	9	4.21	9	4.21				
18	1781	12	6.74	11	6.18	1	0.56		
19	1611	32	19.86	29	18.00	2	1.24	1	0.62
20-24岁	**10637**	**538**	**50.58**	**392**	**36.85**	**136**	**12.79**	**10**	**0.94**
20	1572	55	34.99	50	31.81	5	3.18		
21	1991	79	39.68	66	33.15	13	6.53		
22	2168	92	42.44	60	27.68	30	13.84	2	0.92
23	2316	146	63.04	103	44.47	39	16.84	4	1.73
24	2590	166	64.09	113	43.63	49	18.92	4	1.54
25-29岁	**14569**	**1342**	**92.11**	**727**	**49.90**	**566**	**38.85**	**49**	**3.36**
25	2553	223	87.35	137	53.66	83	32.51	3	1.18
26	2546	253	99.37	145	56.95	101	39.67	7	2.75
27	2851	275	96.46	158	55.42	108	37.88	9	3.16
28	3021	273	90.37	134	44.36	127	42.04	12	3.97
29	3598	318	88.38	153	42.52	147	40.86	18	5.00
30-34岁	**20982**	**1287**	**61.34**	**379**	**18.06**	**798**	**38.03**	**110**	**5.24**
30	4410	347	78.68	131	29.71	195	44.22	21	4.76
31	4136	319	77.13	100	24.18	195	47.15	24	5.80
32	4220	235	55.69	60	14.22	152	36.02	23	5.45
33	4178	202	48.35	47	11.25	132	31.59	23	5.51
34	4038	184	45.57	41	10.15	124	30.71	19	4.71
35-39岁	**23139**	**564**	**24.37**	**131**	**5.66**	**356**	**15.39**	**77**	**3.33**
35	4433	156	35.19	36	8.12	107	24.14	13	2.93
36	4355	132	30.31	23	5.28	87	19.98	22	5.05
37	4699	111	23.62	26	5.53	65	13.83	20	4.26
38	5059	91	17.99	23	4.55	58	11.46	10	1.98
39	4593	74	16.11	23	5.01	39	8.49	12	2.61
40-44岁	**24887**	**125**	**5.02**	**29**	**1.17**	**68**	**2.73**	**28**	**1.13**
40	4930	46	9.33	11	2.23	25	5.07	10	2.03
41	4752	32	6.73	4	0.84	18	3.79	10	2.10
42	4515	22	4.87	5	1.11	12	2.66	5	1.11
43	4903	10	2.04	4	0.82	6	1.22		
44	5787	15	2.59	5	0.86	7	1.21	3	0.52
45-49岁	**38790**	**33**	**0.85**	**14**	**0.36**	**16**	**0.41**	**3**	**0.08**
45	6912	9	1.30	5	0.72	4	0.58		
46	7441	10	1.34	3	0.40	5	0.67	2	0.27
47	7605	3	0.39	1	0.13	1	0.13	1	0.13
48	8077	9	1.11	5	0.62	4	0.50		
49	8755	2	0.23			2	0.23		

6-4 各地区育龄妇女年龄别生育率

单位：‰

地区	15-19岁	20-24岁	25-29岁	30-34岁	35-39岁	40-44岁	45-49岁	总和生育率
内蒙古	**2.13**	**34.25**	**98.26**	**68.84**	**28.27**	**5.17**	**0.82**	**1188.73**
呼和浩特市	**0.43**	**16.52**	**92.68**	**78.07**	**32.56**	**4.59**	**0.72**	**1127.86**
新城区	0.58	9.67	83.62	77.88	32.01	5.42	1.07	1051.26
回民区		11.29	82.63	67.25	30.62	3.59	0.56	979.74
玉泉区	1.48	23.04	96.30	72.85	28.37	3.58	0.88	1132.54
赛罕区		9.66	92.05	91.09	40.50	4.84	0.90	1195.16
土默特左旗		24.55	97.83	73.14	22.73	2.59		1104.17
托克托县		79.21	105.11	76.05	24.50	4.66	1.32	1454.23
和林格尔县	1.34	12.11	108.84	74.73	23.86	3.93		1124.04
清水河县		62.50	128.79	77.32	36.65	4.61		1549.32
武川县		26.09	116.13	83.33	31.82	5.42		1313.94
呼和浩特经济技术开发区		73.85	108.00	63.85	36.14	10.61		1462.26
包头市	**0.92**	**19.40**	**92.31**	**64.60**	**25.50**	**4.82**	**0.68**	**1041.23**
东河区	0.98	13.83	101.07	51.04	21.90	3.47		961.46
昆都仑区	0.59	20.84	83.89	64.72	23.62	3.17	1.01	989.27
青山区	1.10	7.41	80.10	74.30	27.69	7.55	0.80	994.73
石拐区			100.00	178.57	81.08			1798.26
白云鄂博矿区			75.76	21.98	17.24			574.88
九原区		49.00	125.60	61.86	26.23	4.61		1336.49
土默特右旗	1.56	29.56	90.76	58.38	23.48	5.45	1.58	1053.88
固阳县	3.06	19.66	77.25	44.40	23.77	4.86		865.04
达尔罕茂明安联合旗		66.67	79.71	107.78	49.72	7.91	2.56	1571.74
包头稀土高新技术产业开发区		27.86	108.48	79.44	30.58	7.22		1267.92
乌海市	**1.03**	**33.88**	**105.11**	**65.73**	**31.54**	**2.50**	**0.69**	**1202.37**
海勃湾区	1.46	27.52	103.15	68.02	30.98	3.30		1172.12
海南区		29.24	88.71	58.82	32.64	2.86		1061.36
乌达区		59.91	125.40	62.95	32.43		3.16	1419.30
赤峰市	**1.68**	**50.49**	**104.97**	**69.64**	**29.31**	**7.19**	**1.04**	**1321.66**
红山区		29.56	86.55	65.12	28.99	6.49	1.59	1091.58
元宝山区		52.51	112.90	68.48	25.57	1.91		1306.82
松山区	0.79	55.74	124.13	74.52	39.02	5.97	1.30	1507.40
阿鲁科尔沁旗		58.54	77.64	65.90	28.54	15.20	1.70	1237.56
巴林左旗		44.52	93.39	65.87	19.43	9.33	1.34	1169.35
巴林右旗	9.05	77.98	108.91	77.97	31.70	7.68		1566.41
林西县	2.34	48.59	104.59	74.22	26.99	5.05	1.07	1314.26
克什克腾旗	4.31	62.24	106.87	60.73	32.26	3.85	2.33	1363.01
翁牛特旗		58.41	123.82	73.10	28.86	10.07	0.61	1474.34
喀喇沁旗	1.90	52.34	88.66	66.10	21.41	12.20		1213.03
宁城县	2.14	60.00	111.22	71.51	34.19	5.11	0.87	1425.18
敖汉旗	5.38	54.05	95.86	67.51	24.71	7.43	1.40	1281.72

6-4 续表 1

单位：‰

地 区	15-19岁	20-24岁	25-29岁	30-34岁	35-39岁	40-44岁	45-49岁	总和生育率
通辽市	**5.08**	**48.61**	**89.02**	**54.71**	**21.32**	**2.78**	**1.05**	**1112.81**
科尔沁区	5.36	34.39	73.04	45.49	17.17	2.54	0.60	892.99
科尔沁左翼中旗	5.46	46.09	68.74	50.18	16.61	1.89	1.02	949.89
科尔沁左翼后旗	10.08	57.47	87.74	51.09	21.77	2.45	2.55	1165.81
开鲁县	5.76	61.68	105.02	46.39	24.25		1.34	1222.21
库伦旗	5.10	45.45	93.84	60.49	28.32	5.18	1.43	1199.09
奈曼旗	2.66	67.71	106.11	66.87	23.62	5.20	0.57	1363.66
扎鲁特旗	9.39	60.39	105.50	57.97	24.56	3.96	1.49	1316.29
通辽经济技术开发区	1.36	51.34	102.51	60.69	24.48	3.10		1217.33
霍林郭勒市		61.14	110.07	79.58	25.16	2.03		1389.86
鄂尔多斯市	**1.21**	**36.48**	**117.33**	**86.94**	**34.39**	**7.14**	**0.54**	**1420.25**
东胜区	1.72	32.31	118.86	85.79	31.48	4.75	0.39	1376.47
康巴什区		2.82	104.17	105.26	51.42	4.74		1342.02
达拉特旗	1.87	36.46	111.11	86.99	32.62	6.34	0.69	1380.34
准格尔旗		35.29	120.25	86.61	35.74	9.29		1435.93
鄂托克前旗		52.29	109.09	83.33	30.67	8.20	2.33	1429.57
鄂托克旗		59.23	118.07	74.12	28.79	3.53		1418.67
杭锦旗		56.00	134.55	92.91	40.57	7.03		1655.27
乌审旗	5.29	63.73	104.53	70.24	34.27	10.71	3.20	1459.79
伊金霍洛旗		40.12	128.10	99.11	35.40	13.25		1579.96
呼伦贝尔市	**3.32**	**39.39**	**88.54**	**57.48**	**22.52**	**4.66**	**0.60**	**1082.59**
海拉尔区	1.11	14.63	78.27	55.83	21.09	2.58		867.61
扎赉诺尔区		7.69	96.77	52.43	18.02			874.59
阿荣旗	4.59	71.82	108.21	51.12	25.04	8.43		1346.05
莫力达瓦达斡尔族自治旗	6.91	89.55	88.82	51.31	15.67	5.14		1287.04
鄂伦春自治旗	5.81	67.73	100.00	41.88	21.70	3.06	1.10	1206.42
鄂温克族自治旗		33.11	96.20	71.31	32.65	6.04		1196.56
陈巴尔虎旗		51.28	45.80	63.58	18.52	4.59	3.07	934.20
新巴尔虎左旗			88.50	88.05	28.25			1023.97
新巴尔虎右旗		17.86	154.47	71.86	25.00			1345.92
满洲里市	6.56	31.88	76.45	57.02	24.75	6.71	1.30	1023.34
牙克石市		12.27	62.10	53.88	13.16	5.31	1.24	739.81
扎兰屯市	6.94	65.98	100.70	61.51	23.61	6.08	1.33	1330.76
额尔古纳市		20.62	113.10	88.00	31.82			1267.66
根河市		26.67	18.02	53.85	44.12			713.24
巴彦淖尔市	**1.80**	**39.29**	**109.51**	**69.22**	**28.98**	**4.57**	**0.73**	**1270.50**
临河区	1.02	32.45	99.52	64.54	32.35	5.58	1.02	1182.36
五原县	3.37	41.51	119.43	76.92	19.61	4.77		1328.04
磴口县		45.45	115.04	56.68	38.76	6.83		1313.82
乌拉特前旗	3.02	31.25	129.59	71.68	28.50	0.98	0.68	1328.53
乌拉特中旗		40.98	124.00	68.40	24.52	11.19	1.72	1354.07
乌拉特后旗		51.28	105.63	98.04	27.47			1412.14
杭锦后旗	2.99	68.97	107.69	68.69	28.21	2.81	0.91	1401.38

6-4 续表 2

单位：‰

地　　区	15-19岁	20-24岁	25-29岁	30-34岁	35-39岁	40-44岁	45-49岁	总　和 生育率
乌兰察布市	**1.30**	**39.64**	**96.11**	**63.07**	**26.07**	**4.39**	**0.53**	**1155.53**
集宁区	1.50	13.02	97.78	69.31	28.89	2.64	0.51	1068.22
卓资县		37.50	89.43	53.57	16.85	5.68		1015.19
化德县		71.43	66.67	45.05	9.17	6.35		993.32
商都县		40.16	94.92	51.43	10.08	6.63		1016.09
兴和县	4.08	100.96	71.65	63.23	42.74	9.01		1458.35
凉城县		41.67	96.30	53.10	40.16	6.78	4.12	1210.58
察哈尔右翼前旗		90.91	100.81	69.08	36.90			1488.47
察哈尔右翼中旗		24.39	145.16	61.22	20.94	4.39		1280.52
察哈尔右翼后旗		46.15	83.77	39.06	16.08	6.10		955.80
四子王旗	6.90	68.70	125.49	78.72	34.88	1.94	1.38	1590.06
丰镇市		50.00	97.56	62.62	17.75	3.88		1159.02
兴安盟	**8.37**	**50.14**	**92.78**	**54.55**	**21.95**	**5.18**	**0.76**	**1168.62**
乌兰浩特市	6.86	32.88	98.42	50.00	24.06	2.55	2.00	1083.88
阿尔山市			85.11	92.59	37.74	19.05		1172.41
科尔沁右翼前旗	17.11	74.07	105.26	54.87	24.05	5.38		1403.76
科尔沁右翼中旗		44.61	80.07	46.45	20.52	3.61		976.34
扎赉特旗	4.26	62.07	89.14	52.01	18.83	5.79	0.67	1163.86
突泉县	16.84	55.38	81.78	70.93	19.69	7.80	1.00	1267.12
锡林郭勒盟	**0.56**	**36.16**	**103.80**	**84.31**	**41.00**	**6.71**	**1.48**	**1370.13**
二连浩特市		32.47	104.07	75.76	53.22	5.46	6.61	1387.96
锡林浩特市		30.55	96.88	85.57	37.78	9.03	1.70	1307.57
阿巴嘎旗		49.18	164.71	78.43	13.33			1528.25
苏尼特左旗			207.92	104.84	50.85			1818.03
苏尼特右旗		9.17	91.50	77.27	35.09	8.40		1107.21
东乌珠穆沁旗		13.99	98.45	77.16	33.09	7.12		1148.99
西乌珠穆沁旗		64.10	116.88	83.33	51.77	6.13	2.23	1622.29
太仆寺旗		28.30	142.01	88.35	19.69	3.45	1.97	1418.86
镶黄旗			148.15	133.33	48.54			1650.13
正镶白旗		33.90	51.95	62.94	22.22			855.03
正蓝旗		29.41	82.42	83.92	76.00	11.36		1415.55
多伦县	5.38	106.38	78.07	92.81	41.48	9.01		1665.64
乌拉盖管委会		32.26	69.44	51.02	48.08			1004.00
阿拉善盟	**2.82**	**54.31**	**116.10**	**77.46**	**36.99**	**9.10**	**1.56**	**1491.66**
阿拉善左旗	3.55	44.44	112.61	74.57	38.83	9.54	2.18	1428.55
阿拉善右旗		25.00	283.33	134.15	28.57			2355.26
额济纳旗		65.57	65.57	76.27	21.74	10.00		1195.79
内蒙古阿拉善经济开发区		109.59	102.94	65.66	47.06	15.15		1701.99

6-4a 各地区育龄妇女年龄别生育率(城市)

单位：‰

地 区	15-19岁	20-24岁	25-29岁	30-34岁	35-39岁	40-44岁	45-49岁	总 和 生育率
内蒙古	**1.02**	**21.16**	**94.09**	**70.75**	**29.64**	**4.54**	**0.85**	**1110.19**
呼和浩特市	**0.46**	**10.87**	**89.41**	**80.05**	**34.13**	**4.88**	**0.81**	**1103.01**
新城区	0.65	9.49	83.45	77.45	32.63	5.78	1.26	1053.57
回民区		10.53	80.69	67.43	29.24	3.70	0.59	960.90
玉泉区	1.73	21.75	98.02	74.40	28.44	3.47	1.02	1144.18
赛罕区		5.97	92.84	91.72	41.83	5.85	0.38	1192.90
包头市	**0.86**	**16.58**	**89.03**	**64.89**	**24.78**	**4.17**	**0.55**	**1004.38**
东河区	1.15	13.71	97.37	50.39	22.37	3.40		941.99
昆都仑区	0.60	21.01	82.44	65.09	23.98	3.28	1.05	987.27
青山区	1.12	7.61	77.89	75.08	27.29	6.79	0.42	981.05
石拐区			127.66	210.53	130.43			2343.10
白云鄂博矿区			75.76	21.98	17.24			574.88
九原区		49.67	121.39	65.17	23.78	3.25		1316.23
乌海市		**34.45**	**107.03**	**66.97**	**32.53**	**2.13**	**0.74**	**1219.29**
海勃湾区		27.06	104.26	69.06	31.43	2.58		1171.99
海南区		33.56	94.17	62.07	37.16	3.47		1152.15
乌达区		60.47	126.21	62.95	32.43		3.24	1426.51
赤峰市	**0.51**	**37.32**	**103.16**	**70.59**	**34.55**	**6.66**	**1.13**	**1269.70**
红山区		29.55	88.47	66.47	30.37	7.05	1.77	1118.35
元宝山区		50.63	98.59	68.74	23.57	2.61		1220.74
松山区	1.21	44.03	118.49	75.35	43.82	8.47	1.22	1462.99
通辽市	**2.15**	**29.46**	**80.81**	**60.04**	**19.97**	**3.04**	**0.42**	**979.46**
科尔沁区	2.49	25.66	70.23	53.25	18.41	3.33	0.53	869.53
霍林郭勒市		54.30	115.23	79.17	24.88	2.12		1378.47
鄂尔多斯市	**1.28**	**25.76**	**117.60**	**90.29**	**34.02**	**4.81**	**0.35**	**1370.54**
东胜区	1.73	31.96	120.28	86.34	30.39	4.82	0.41	1379.66
康巴什区		2.82	104.17	105.26	51.42	4.74		1342.02
鄂托克旗				500.00				2500.00
呼伦贝尔市	**2.06**	**24.15**	**83.00**	**58.26**	**19.40**	**3.64**	**0.62**	**955.62**
海拉尔区	1.12	14.84	78.24	55.97	21.51	1.78		867.27
扎赉诺尔区		8.33	91.67	53.44	18.52			859.77
满洲里市	6.64	32.35	77.08	57.78	25.13	6.91	1.33	1036.12
牙克石市		19.53	79.77	60.22	6.65	7.45	1.23	874.27
扎兰屯市	4.12	65.22	110.88	58.33	17.86	4.12	1.56	1310.45
额尔古纳市		15.15	83.97	90.91	28.57			1093.01
根河市		42.55	11.90	36.59	11.90			514.74
巴彦淖尔市	**1.32**	**37.36**	**98.71**	**60.14**	**30.65**	**4.26**	**1.56**	**1169.95**
临河区	1.32	37.36	98.71	60.14	30.65	4.26	1.56	1169.95
乌兰察布市	**0.79**	**23.06**	**97.81**	**68.47**	**27.09**	**2.81**	**0.44**	**1102.38**
集宁区	0.93	15.63	96.14	67.41	30.18	2.89	0.57	1068.69
丰镇市		56.87	103.86	72.34	16.63	2.54		1261.18
兴安盟	**4.79**	**30.03**	**97.69**	**48.26**	**25.42**	**3.88**	**1.48**	**1057.73**
乌兰浩特市	4.88	31.45	98.96	47.55	25.15	2.06	1.62	1058.32
阿尔山市			76.92	63.49	30.77	33.90		1025.41
锡林郭勒盟		**32.70**	**97.91**	**82.98**	**40.84**	**8.32**	**2.93**	**1328.39**
二连浩特市		33.33	105.02	77.88	51.72	5.67	6.76	1401.92
锡林浩特市		32.53	96.58	84.03	37.85	9.03	1.87	1309.47

6－4b　各地区育龄妇女年龄别生育率(镇)

单位：‰

地　　区	15－19岁	20－24岁	25－29岁	30－34岁	35－39岁	40－44岁	45－49岁	总　和 生育率
内蒙古	**1.75**	**47.67**	**108.48**	**71.15**	**29.53**	**6.16**	**0.74**	**1327.37**
呼和浩特市		**32.83**	**106.10**	**66.37**	**30.14**	**5.27**		**1203.58**
新城区		166.67						833.33
回民区								
玉泉区								
赛罕区			333.33	125.00				2291.67
土默特左旗		21.60	96.87	69.33	31.03	2.64		1107.32
托克托县		70.80	90.91	70.62	23.81	2.56		1293.47
和林格尔县		10.23	119.82	51.61	20.96	6.47		1045.47
清水河县		48.78	125.00	81.76	41.67	6.54		1518.72
武川县		34.09	110.24	75.14	32.79	3.69		1279.74
呼和浩特经济技术开发区		73.85	108.00	63.85	36.14	10.61		1462.26
包头市	**1.67**	**23.46**	**109.94**	**69.40**	**30.18**	**4.06**	**0.94**	**1198.20**
东河区		16.95	168.67	53.57	10.20			1247.00
昆都仑区								
青山区			272.73	125.00	111.11		76.92	2928.81
石拐区				111.11				555.56
白云鄂博矿区								
九原区			137.93	52.63	26.32	18.52		1176.98
土默特右旗	2.42	20.67	110.82	58.00	26.89	2.14	1.79	1113.64
固阳县	6.85	21.43	88.54	45.45	33.76	3.77		999.01
达尔罕茂明安联合旗		65.22	89.11	105.26	42.55	6.13		1541.39
包头稀土高新技术产业开发区		28.57	109.22	77.94	31.36	4.47		1257.78
乌海市		**50.00**	**34.48**	**28.57**		**16.95**		**650.02**
海勃湾区		333.33	83.33			66.67		2416.67
海南区				35.71				178.57
乌达区								
赤峰市	**2.34**	**64.14**	**107.45**	**74.67**	**28.77**	**9.44**	**0.77**	**1437.97**
红山区		20.41	49.18	30.30	11.63			557.60
元宝山区		58.82	208.33	68.18	44.44			1898.92
松山区			166.67	43.96	21.05			1158.38
阿鲁科尔沁旗		86.54	69.71	75.93	33.96	18.40	4.16	1443.47
巴林左旗		62.50	118.25	68.18	17.78	8.18		1374.46
巴林右旗	10.93	83.87	118.42	85.71	25.97	11.49		1682.02
林西县	3.55	46.61	112.36	77.82	22.09	5.13		1337.77
克什克腾旗		90.91	104.32	68.23	31.41	3.25	2.40	1502.58
翁牛特旗		66.08	123.99	86.82	36.71	14.58		1640.93
喀喇沁旗		51.28	108.77	72.22	29.94	14.75		1384.83
宁城县	3.57	63.29	89.49	74.36	31.34	4.93	1.44	1342.07
敖汉旗	5.49	53.40	114.58	76.58	31.62	11.93		1468.02

6-4b 续表 1

单位：‰

地 区	15-19岁	20-24岁	25-29岁	30-34岁	35-39岁	40-44岁	45-49岁	总和生育率
通辽市	**2.38**	**56.02**	**100.28**	**56.43**	**26.13**	**2.80**	**1.37**	**1227.02**
科尔沁区	14.71	80.46	64.75	25.00	21.58			1032.48
科尔沁左翼中旗	5.45	60.98	74.42	51.00	17.75	2.07	1.90	1067.85
科尔沁左翼后旗		46.78	89.02	50.24	28.82	4.85	4.26	1119.94
开鲁县	4.96	49.79	87.64	37.57	27.83		1.92	1048.56
库伦旗		57.69	101.06	73.17	32.65	4.67		1346.26
奈曼旗		61.40	118.90	63.06	28.85	4.22	1.72	1390.76
扎鲁特旗	4.22	58.82	127.45	65.95	22.99	2.07		1407.55
通辽经济技术开发区		50.00	107.10	64.62	28.09	3.72		1267.64
霍林郭勒市								
鄂尔多斯市	**0.72**	**47.02**	**123.57**	**88.95**	**34.80**	**8.79**	**0.70**	**1522.76**
东胜区					250.00			1250.00
康巴什区								
达拉特旗		41.38	118.93	84.79	31.22	7.61		1419.64
准格尔旗		31.03	117.42	90.72	33.58	11.27		1420.08
鄂托克前旗		55.56	119.82	100.33	46.08	8.58	4.07	1672.19
鄂托克旗		65.57	123.71	77.66	28.37	4.52		1499.18
杭锦旗		69.31	144.00	98.87	48.05	6.78		1835.02
乌审旗	7.41	62.50	119.37	72.33	41.39	9.32	5.48	1588.97
伊金霍洛旗		41.96	131.81	102.28	32.68	10.32		1595.25
呼伦贝尔市		**50.28**	**93.47**	**55.90**	**26.47**	**5.56**	**0.54**	**1161.08**
海拉尔区								
扎赉诺尔区			250.00					1250.00
阿荣旗		60.91	112.29	52.20	28.94	13.51		1339.28
莫力达瓦达斡尔族自治旗		85.37	84.00	37.74	15.54	5.52		1140.85
鄂伦春自治旗		67.04	94.22	36.78	24.13	2.04	1.50	1128.59
鄂温克族自治旗		42.37	94.51	74.60	32.75	5.46		1248.46
陈巴尔虎旗		76.92	56.07	62.02	23.44	6.62		1125.37
新巴尔虎左旗			104.48	94.74	32.97			1160.91
新巴尔虎右旗		30.30	156.25	82.64	17.54			1433.71
满洲里市								
牙克石市		4.98	37.19	44.53	25.64	2.92	1.48	583.71
扎兰屯市		104.17	131.58	74.32	22.39	8.00		1702.29
额尔古纳市			214.29	52.63				1334.59
根河市			38.46	85.11	98.04			1108.04
巴彦淖尔市	**2.32**	**48.69**	**118.92**	**75.43**	**31.02**	**4.51**	**0.76**	**1408.29**
临河区		52.63	153.85	76.92	29.41			1564.06
五原县		33.33	118.42	86.33	23.30	6.25		1338.18
磴口县		44.44	119.32	64.36	41.18	11.70		1404.96
乌拉特前旗	4.98	47.62	126.94	76.80	31.89	1.53	1.38	1455.68
乌拉特中旗		23.53	117.95	61.98	31.50	7.55	3.55	1230.25
乌拉特后旗		58.82	107.44	89.20	35.46			1454.62
杭锦后旗	4.00	73.30	113.48	67.83	33.14	4.45		1480.96

6-4b 续表 2 单位：‰

地　　区	15-19岁	20-24岁	25-29岁	30-34岁	35-39岁	40-44岁	45-49岁	总　和 生育率
乌兰察布市	**1.65**	**48.21**	**105.19**	**64.19**	**26.46**	**5.17**	**0.37**	**1256.18**
集宁区			73.17	120.00	26.32			1097.43
卓资县			116.28	53.44	22.56	8.40		1003.37
化德县		91.95	73.86	50.00	11.24	4.00		1155.27
商都县		50.00	99.14	60.84	13.02	5.04		1140.17
兴和县	5.99	86.96	93.62	67.25	46.11	10.79		1553.57
凉城县		34.48	130.43	61.22	48.65	5.41	3.91	1420.51
察哈尔右翼前旗		89.11	97.70	75.12	21.62			1417.75
察哈尔右翼中旗			181.82	68.18	18.87	8.00		1384.34
察哈尔右翼后旗		10.99	94.59	49.75	17.54	4.59		887.33
四子王旗	12.05	76.92	131.43	74.38	33.18	3.22		1655.85
丰镇市			111.11					555.56
兴安盟	**3.38**	**43.65**	**101.83**	**54.95**	**20.60**	**5.09**	**1.07**	**1152.82**
乌兰浩特市	52.63	43.48	123.08	17.54	16.95			1268.40
阿尔山市			41.67	138.89	64.52			1225.36
科尔沁右翼前旗	9.76	61.35	141.46	53.93	24.17	3.69		1471.81
科尔沁右翼中旗		23.08	68.54	32.35	23.08	2.62		748.26
扎赉特旗		55.08	87.21	52.13	13.93	7.56	1.69	1088.03
突泉县		30.49	108.55	82.42	23.60	6.85	3.00	1274.55
锡林郭勒盟	**1.62**	**47.62**	**106.73**	**84.93**	**35.02**	**5.42**	**0.53**	**1409.35**
二连浩特市								
锡林浩特市								
阿巴嘎旗		25.64	145.83	73.68	12.66			1289.08
苏尼特左旗			226.42	111.11				1687.63
苏尼特右旗			100.00	65.09	18.18	11.56		974.16
东乌珠穆沁旗		21.74	104.48	85.31	31.06			1212.90
西乌珠穆沁旗		76.92	109.59	91.48	45.66	5.08	3.80	1662.68
太仆寺旗		12.99	146.15	84.27	17.14	5.85		1332.01
镶黄旗			150.00	128.21	44.78			1614.91
正镶白旗		60.61	36.36	68.97	25.00			954.68
正蓝旗		38.46	97.56	76.02	72.46	14.29		1493.98
多伦县	6.21	129.63	76.23	96.95	39.11	8.73		1784.33
乌拉盖管委会		32.26	71.43	43.48	53.19			1001.78
阿拉善盟	**3.18**	**53.88**	**123.12**	**79.53**	**40.27**	**8.52**	**0.98**	**1547.40**
阿拉善左旗	4.02	43.48	117.08	75.56	43.23	8.21	1.38	1464.77
阿拉善右旗		29.41	306.12	144.93	18.87			2496.65
额济纳旗		66.67	76.19	78.43	24.69	12.66		1293.19
内蒙古阿拉善经济开发区		111.11	115.70	70.27	50.63	15.87		1817.95

6–4c　各地区育龄妇女年龄别生育率(乡村)

单位：‰

地　　区	15–19岁	20–24岁	25–29岁	30–34岁	35–39岁	40–44岁	45–49岁	总　和 生育率
内蒙古	**5.12**	**50.58**	**92.11**	**61.34**	**24.37**	**5.02**	**0.85**	**1196.99**
呼和浩特市	**0.84**	**39.20**	**95.73**	**83.39**	**26.69**	**2.86**	**0.93**	**1248.14**
新城区		6.21	88.67	83.64	26.40	3.11		1040.13
回民区		46.51	119.05	62.50	76.92			1524.91
玉泉区		32.71	76.02	55.28	27.65	4.48		980.72
赛罕区		50.98	83.07	84.43	31.10		2.77	1261.73
土默特左旗		32.26	99.50	80.85	10.53	2.54		1128.41
托克托县		89.89	125.87	87.21	25.75	7.91	2.42	1695.24
和林格尔县	6.17	33.90	77.92	124.14	29.59			1358.58
清水河县		86.96	136.36	57.14	21.28			1508.70
武川县			142.86	116.28	27.03	10.20		1481.84
呼和浩特经济技术开发区								
包头市		**33.42**	**85.43**	**55.04**	**22.44**	**8.92**	**0.93**	**1030.95**
东河区		12.99	94.02	55.90	24.54	5.95		966.98
昆都仑区		15.63	140.85	53.57	10.99			1105.15
青山区			106.38	44.12	28.57	28.57		1038.22
石拐区				111.11				555.56
白云鄂博矿区								
九原区		84.34	149.53	48.19	37.97	5.05		1625.44
土默特右旗		45.05	58.33	58.99	17.54	8.91	1.42	951.22
固阳县		18.52	69.34	43.84	16.13	5.68		767.54
达尔罕茂明安联合旗		68.97	54.05	117.65	75.00	11.11	6.06	1664.19
包头稀土高新技术产业开发区			71.43	157.89		90.91		1601.16
乌海市	**76.92**		**76.92**	**44.78**	**20.41**			**1095.15**
海勃湾区	111.11		68.97	44.44	30.30			1274.12
海南区			100.00	45.45				727.27
乌达区								
赤峰市	**1.81**	**52.91**	**104.44**	**63.92**	**26.04**	**5.86**	**1.16**	**1280.65**
红山区		55.56	52.63	71.43				898.08
元宝山区		57.97	146.67	67.16	25.00			1484.01
松山区		87.98	135.26	75.43	30.75	2.38	1.50	1666.48
阿鲁科尔沁旗		29.70	88.56	52.88	21.63	12.05		1024.16
巴林左旗		34.57	68.06	63.72	20.89	10.29	2.10	998.12
巴林右旗		63.49	80.00	58.82	47.34			1248.26
林西县		51.61	89.95	66.08	38.83	4.90	2.53	1269.54
克什克腾旗	14.29	11.49	113.04	41.03	34.09	4.74	2.27	1104.73
翁牛特旗		53.25	123.69	60.86	23.34	7.02	0.94	1345.53
喀喇沁旗	4.63	53.14	60.00	57.79	12.50	10.40		992.27
宁城县		58.11	128.03	69.44	36.09	5.21	0.63	1487.56
敖汉旗	5.30	54.40	80.48	59.98	19.37	4.47	1.97	1129.86

6-4c 续表 1

单位：‰

地 区	15-19岁	20-24岁	25-29岁	30-34岁	35-39岁	40-44岁	45-49岁	总 和 生育率
通辽市	**10.07**	**56.63**	**83.53**	**49.94**	**18.63**	**2.67**	**1.09**	**1112.87**
科尔沁区	12.32	54.89	82.91	28.01	13.25	1.38	0.83	967.92
科尔沁左翼中旗	5.46	40.76	66.09	49.79	16.12	1.81	0.70	903.61
科尔沁左翼后旗	22.94	64.39	86.61	51.76	18.16	1.23	1.82	1234.55
开鲁县	6.87	71.43	122.97	55.16	21.31		1.03	1393.85
库伦旗	9.90	36.23	84.97	49.47	25.00	5.48	2.15	1066.00
奈曼旗	5.92	71.84	94.70	69.65	20.36	5.74		1340.99
扎鲁特旗	15.87	62.18	69.11	44.64	26.21	5.68	2.48	1130.82
通辽经济技术开发区	12.82	58.82	53.33	31.01				779.93
霍林郭勒市		250.00		88.24	31.25			1847.43
鄂尔多斯市	**2.86**	**39.12**	**85.47**	**65.47**	**33.66**	**7.08**	**0.48**	**1170.72**
东胜区		71.43		55.56	96.77			1118.79
康巴什区								
达拉特旗	13.70	21.28	80.00	97.05	38.79	2.92	1.80	1277.69
准格尔旗		54.95	132.60	62.50	50.56			1503.02
鄂托克前旗		44.44	68.97	23.53		7.52		722.29
鄂托克旗		23.26	83.33	35.71	32.61			874.56
杭锦旗			40.00	54.55	11.63	7.58		568.75
乌审旗		66.67	53.85	63.73	16.39	13.79		1072.12
伊金霍洛旗		26.32	89.55	75.34	60.61	26.32		1390.66
呼伦贝尔市	**8.80**	**62.28**	**93.49**	**58.18**	**22.43**	**5.06**	**0.67**	**1254.58**
海拉尔区			90.91	50.00		30.30		856.06
扎赉诺尔区								
阿荣旗	10.05	84.85	102.41	49.80	20.52	3.64		1356.34
莫力达瓦达斡尔族自治旗	8.36	92.44	92.18	63.08	15.76	4.91		1383.64
鄂伦春自治旗	27.78	69.44	117.12	55.56	14.93	6.13		1454.78
鄂温克族自治旗			104.48	53.76	32.26	7.63		990.66
陈巴尔虎旗				68.18			9.01	385.95
新巴尔虎左旗			65.22	78.13	23.26			832.99
新巴尔虎右旗			148.15	43.48	43.48			1175.52
满洲里市								
牙克石市			57.14	40.82	26.32			621.37
扎兰屯市	12.20	57.97	75.60	61.54	29.35	7.38	1.41	1227.21
额尔古纳市		37.04	217.39	90.91	53.57			1994.54
根河市								
巴彦淖尔市	**1.64**	**30.90**	**110.38**	**72.23**	**23.03**	**4.90**	**0.28**	**1216.86**
临河区		21.05	98.98	89.08	42.17	10.57		1309.24
五原县	11.11	58.82	122.81	44.03	12.00	2.79		1257.76
磴口县		47.62	100.00	22.22	34.09			1019.66
乌拉特前旗			137.40	57.78	20.92			1080.51
乌拉特中旗		81.08	145.45	92.31	8.85	16.48		1720.88
乌拉特后旗			95.24	142.86				1190.48
杭锦后旗		57.14	82.47	71.43	15.31		1.77	1140.61

6-4c　续表 2　　　　　　　　　　　　　　　　　　单位：‰

地　区	15-19岁	20-24岁	25-29岁	30-34岁	35-39岁	40-44岁	45-49岁	总　和 生育率
乌兰察布市	**1.64**	**60.61**	**70.74**	**44.41**	**23.15**	**5.23**	**0.77**	**1032.81**
集宁区	7.94		156.86	80.65				1227.22
卓资县		85.71	27.03	54.05				833.98
化德县			29.41			15.38		223.98
商都县		14.49	79.37	22.99		9.71		632.78
兴和县		128.57	11.63	47.06	33.06	6.02		1131.70
凉城县		52.63	23.26	37.97	15.63	9.09	4.35	714.63
察哈尔右翼前旗		94.34	108.11	54.95	69.77			1635.80
察哈尔右翼中旗		54.05	85.11	50.85	23.53			1067.69
察哈尔右翼后旗		128.21	46.51		12.05	9.09		979.28
四子王旗		56.60	112.50	89.11	37.59		2.70	1492.55
丰镇市		33.90	62.50		25.64	8.93		654.84
兴安盟	**19.49**	**73.23**	**77.33**	**58.45**	**20.99**	**5.80**	**0.30**	**1277.99**
乌兰浩特市	28.57	41.67	68.49	103.09	16.00	7.14	5.43	1352.01
阿尔山市			400.00	111.11				2555.56
科尔沁右翼前旗	24.51	82.64	68.80	55.56	24.00	6.07		1307.88
科尔沁右翼中旗		64.75	95.44	60.94	18.48	4.46		1220.35
扎赉特旗	10.75	70.35	91.92	51.89	23.46	4.41		1263.93
突泉县	38.46	80.75	47.01	59.15	16.55	8.39		1251.52
锡林郭勒盟		**23.38**	**113.13**	**85.92**	**51.56**	**5.93**	**0.68**	**1402.99**
二连浩特市					125.00			625.00
锡林浩特市			111.11	118.42	38.46	10.00		1389.97
阿巴嘎旗		90.91	189.19	86.21	14.08			1901.95
苏尼特左旗			187.50	98.36	100.00			1929.30
苏尼特右旗		26.32	60.61	117.65	79.37			1419.67
东乌珠穆沁旗			84.75	61.95	36.04	20.00		1013.64
西乌珠穆沁旗		38.46	134.83	62.99	60.81	7.75		1524.24
太仆寺旗		68.97	128.21	98.59	25.32		3.83	1624.55
镶黄旗			142.86	148.15	55.56			1732.80
正镶白旗			90.91	53.57	18.18			813.31
正蓝旗		20.00	50.85	95.65	80.36	8.06		1274.61
多伦县		30.30	86.96	71.43	50.00	9.62		1241.52
乌拉盖管委会				166.67				833.33
阿拉善盟		**57.14**	**68.38**	**59.32**	**16.67**	**11.98**	**3.73**	**1086.08**
阿拉善左旗		52.63	81.08	65.79	11.63	16.00	5.18	1161.56
阿拉善右旗			181.82	76.92	58.82			1587.82
额济纳旗		62.50		62.50				625.00
内蒙古阿拉善经济开发区		100.00						500.00

6-5 各地区按活产子女数分的15-64岁妇女人数

单位：人

地区	15-64岁妇女人数	活产0个	活产1个	活产2个	活产3个	活产4个	活产5个及以上
内蒙古	**829079**	**159001**	**371851**	**251133**	**38922**	**6594**	**1578**
呼和浩特市	**118491**	**32525**	**51570**	**29578**	**4151**	**585**	**82**
新城区	24223	7093	12070	4612	348	85	15
回民区	16359	5286	7513	3198	333	25	4
玉泉区	18931	5250	8510	4558	554	50	9
赛罕区	30548	9375	14335	6164	572	87	15
土默特左旗	8066	1475	2576	3311	637	59	8
托克托县	5266	706	1503	2490	516	47	4
和林格尔县	5478	1727	1271	1934	450	89	7
清水河县	2204	264	385	1011	442	87	15
武川县	2941	366	1170	1220	145	37	3
呼和浩特经济技术开发区	4475	983	2237	1080	154	19	2
包头市	**100357**	**22385**	**51881**	**22779**	**2882**	**364**	**66**
东河区	17685	3575	10230	3434	349	86	11
昆都仑区	29371	6977	16522	5274	523	65	10
青山区	19587	5512	10683	3090	255	41	6
石拐区	701	137	295	225	39	4	1
白云鄂博矿区	788	114	525	140	9		
九原区	8243	1678	3592	2563	363	40	7
土默特右旗	9185	1797	3084	3467	764	60	13
固阳县	5653	1112	2292	1955	253	33	8
达尔罕茂明安联合旗	2221	253	1026	811	113	13	5
包头稀土高新技术产业开发区	6923	1230	3632	1820	214	22	5
乌海市	**18883**	**3577**	**9828**	**4741**	**617**	**97**	**23**
海勃湾区	11930	2472	6358	2712	324	48	16
海南区	2975	415	1327	1049	157	23	4
乌达区	3978	690	2143	980	136	26	3
赤峰市	**142692**	**23438**	**56693**	**53771**	**7445**	**1061**	**284**
红山区	16272	3764	8034	4032	361	69	12
元宝山区	10060	1334	4935	3366	375	45	5
松山区	24014	4098	9753	8762	1202	155	44
阿鲁科尔沁旗	8546	1281	3956	2774	416	88	31
巴林左旗	11204	2382	4293	3916	520	73	20
巴林右旗	5409	779	2464	1823	279	52	12
林西县	7078	1182	3364	2320	187	23	2
克什克腾旗	6170	794	2579	2521	233	36	7
翁牛特旗	12728	2070	4578	5052	871	123	34
喀喇沁旗	8960	1237	2393	4530	688	85	27
宁城县	16667	2309	5416	7534	1209	148	51
敖汉旗	15584	2208	4928	7141	1104	164	39

6-5　续表 1　　单位：人

地　区	15—64岁妇女人数	活产0个	活产1个	活产2个	活产3个	活产4个	活产5个及以上
通辽市	**100849**	**18398**	**43406**	**32441**	**5304**	**1031**	**269**
科尔沁区	26058	5824	13238	6231	650	98	17
科尔沁左翼中旗	15148	2964	5359	5176	1263	287	99
科尔沁左翼后旗	10440	1490	4127	4006	685	101	31
开鲁县	10993	1596	4829	3904	551	95	18
库伦旗	4970	734	1898	1919	331	69	19
奈曼旗	12503	1806	4355	5170	938	195	39
扎鲁特旗	8656	1337	3368	3169	610	139	33
通辽经济技术开发区	7404	1879	3741	1613	149	20	2
霍林郭勒市	4677	768	2491	1253	127	27	11
鄂尔多斯市	**69481**	**11691**	**24665**	**27489**	**4677**	**810**	**149**
东胜区	19841	4097	7817	6808	901	183	35
康巴什区	4093	1090	1463	1349	165	24	2
达拉特旗	10417	1383	3383	4527	958	146	20
准格尔旗	10950	1598	3388	4820	968	149	27
鄂托克前旗	2975	491	1023	1181	210	55	15
鄂托克旗	5133	727	2057	2005	289	47	8
杭锦旗	3524	451	1320	1465	236	42	10
乌审旗	4953	792	1497	2124	444	79	17
伊金霍洛旗	7595	1062	2717	3210	506	85	15
呼伦贝尔市	**78884**	**14596**	**43774**	**16664**	**2896**	**725**	**229**
海拉尔区	13345	3642	7951	1576	149	22	5
扎赉诺尔区	2974	546	2046	337	39	4	2
阿荣旗	8952	1275	3897	2851	655	203	71
莫力达瓦达斡尔族自治旗	7801	1180	3088	2735	568	172	58
鄂伦春自治旗	5742	782	3252	1349	259	75	25
鄂温克族自治旗	4830	836	2840	942	187	21	4
陈巴尔虎旗	1825	325	990	429	66	10	5
新巴尔虎左旗	1362	262	639	385	60	11	5
新巴尔虎右旗	1302	249	612	337	77	19	8
满洲里市	5481	1362	3173	823	99	22	2
牙克石市	9827	2033	6497	1160	107	23	7
扎兰屯市	10508	1449	5359	2974	564	128	34
额尔古纳市	2447	354	1544	489	48	11	1
根河市	2488	301	1886	277	18	4	2
巴彦淖尔市	**52333**	**7209**	**25310**	**16247**	**3038**	**448**	**81**
临河区	20346	3475	10513	5412	797	122	27
五原县	7561	843	3375	2709	557	67	10
磴口县	3096	359	1609	930	180	17	1
乌拉特前旗	8466	893	3882	2974	607	95	15
乌拉特中旗	3622	442	1659	1246	221	46	8
乌拉特后旗	1818	275	925	504	92	17	5
杭锦后旗	7424	922	3347	2472	584	84	15

6-5 续表 2　　单位：人

地　区	15-64岁妇女人数	活产0个	活产1个	活产2个	活产3个	活产4个	活产5个及以上
乌兰察布市	**53321**	**8896**	**22092**	**18436**	**3336**	**460**	**101**
集宁区	15363	3677	7950	3332	357	37	10
卓资县	2284	348	843	874	196	22	1
化德县	2968	385	1212	1250	106	12	3
商都县	5499	814	2101	2245	283	40	16
兴和县	4766	753	1337	1990	571	98	17
凉城县	3171	327	1008	1509	280	40	7
察哈尔右翼前旗	3687	533	1359	1470	281	41	3
察哈尔右翼中旗	2622	311	1029	1021	225	26	10
察哈尔右翼后旗	3216	482	1321	1134	235	34	10
四子王旗	4179	502	1804	1588	231	40	14
丰镇市	5566	764	2128	2023	571	70	10
兴安盟	**47782**	**7696**	**21916**	**14622**	**2737**	**642**	**169**
乌兰浩特市	12348	2662	6728	2626	285	35	12
阿尔山市	1169	176	786	189	17	1	
科尔沁右翼前旗	9540	1369	3940	3357	686	147	41
科尔沁右翼中旗	6911	1016	2795	2430	527	119	24
扎赉特旗	10638	1515	4621	3380	822	229	71
突泉县	7176	958	3046	2640	400	111	21
锡林郭勒盟	**37223**	**6967**	**16569**	**11776**	**1485**	**313**	**113**
二连浩特市	2768	482	1356	838	79	9	4
锡林浩特市	12315	2705	6189	3120	251	41	9
阿巴嘎旗	1285	196	616	405	42	19	7
苏尼特左旗	1060	185	420	359	71	17	8
苏尼特右旗	2182	390	1069	620	81	16	6
东乌珠穆沁旗	2407	463	922	826	137	39	20
西乌珠穆沁旗	3104	555	1340	987	163	37	22
太仆寺旗	3278	474	1226	1430	123	21	4
镶黄旗	920	155	399	307	40	14	5
正镶白旗	1420	267	587	455	82	24	5
正蓝旗	2320	403	991	735	147	31	13
多伦县	3382	579	1124	1400	235	34	10
乌拉盖管委会	782	113	330	294	34	11	
阿拉善盟	**8783**	**1623**	**4147**	**2589**	**354**	**58**	**12**
阿拉善左旗	6214	1165	3023	1723	247	46	10
阿拉善右旗	759	110	382	232	29	6	
额济纳旗	958	192	412	316	33	3	2
内蒙古阿拉善经济开发区	852	156	330	318	45	3	

6-6　全区按受教育程度、活产子女数分的15-64岁妇女人数

单位：人

受教育程度	15-64岁妇女人数	活产0个	活产1个	活产2个	活产3个	活产4个	活产5个及以上
总　计	**829079**	**159001**	**371851**	**251133**	**38922**	**6594**	**1578**
未上过学	21387	1239	3684	10636	4593	995	240
学前教育	212	43	52	79	31	6	1
小　学	145778	4867	43492	75211	17997	3354	857
初　中	295103	22283	146841	110738	13076	1756	409
高　中	149521	42119	76145	28494	2394	318	51
大学专科	107360	37165	55275	14285	527	95	13
大学本科	100682	46753	42883	10702	278	60	6
硕士研究生	8487	4275	3250	928	26	8	
博士研究生	549	257	229	60		2	1

6-7　全区按职业、活产子女数分的15-64岁妇女人数

单位：人

职业大类	15-64岁妇女人数	活产0个	活产1个	活产2个	活产3个	活产4个	活产5个及以上	妇女平均活产子女数
总　计	**392096**	**62504**	**193702**	**117471**	**15530**	**2324**	**565**	**1.24**
党的机关、国家机关、群众团体和社会组织、企事业单位负责人	5647	718	3543	1288	87	10	1	1.14
专业技术人员	70841	21216	39116	10127	314	60	8	0.86
办事人员和有关人员	34999	9202	20362	5176	213	39	7	0.90
社会生产服务和生活服务人员	141250	22603	77454	37144	3472	476	101	1.17
农、林、牧、渔业生产及辅助人员	111098	4952	37958	55444	10698	1617	429	1.71
生产制造及有关人员	27134	3447	14784	8056	714	115	18	1.24
不便分类的其他从业人员	1127	366	485	236	32	7	1	0.96

6-8 各地区按存活子女数分的15-64岁妇女人数

单位：人

地　　区	15-64岁妇女人数	存活0个	存活1个	存活2个	存活3个	存活4个	存活5个及以上
内蒙古	**829079**	**172133**	**368101**	**245481**	**36675**	**5559**	**1130**
呼和浩特市	**118491**	**33634**	**51229**	**29090**	**3995**	**486**	**57**
新城区	24223	7254	12019	4533	338	71	8
回民区	16359	5430	7442	3139	323	22	3
玉泉区	18931	5513	8388	4453	526	43	8
赛罕区	30548	9614	14254	6048	554	69	9
土默特左旗	8066	1531	2581	3289	609	51	5
托克托县	5266	755	1511	2465	489	43	3
和林格尔县	5478	1749	1282	1928	436	76	7
清水河县	2204	327	361	989	438	78	11
武川县	2941	393	1201	1188	137	19	3
呼和浩特经济技术开发区	4475	1068	2190	1058	145	14	
包头市	**100357**	**23999**	**51169**	**22189**	**2711**	**248**	**41**
东河区	17685	3982	10029	3299	328	41	6
昆都仑区	29371	7333	16378	5119	494	41	6
青山区	19587	5764	10523	3020	241	34	5
石拐区	701	144	297	217	39	4	
白云鄂博矿区	788	128	524	127	9		
九原区	8243	1840	3538	2497	334	30	4
土默特右旗	9185	2024	3010	3389	713	43	6
固阳县	5653	1178	2268	1936	240	25	6
达尔罕茂明安联合旗	2221	310	1003	786	108	9	5
包头稀土高新技术产业开发区	6923	1296	3599	1799	205	21	3
乌海市	**18883**	**3905**	**9693**	**4595**	**593**	**80**	**17**
海勃湾区	11930	2676	6248	2631	321	43	11
海南区	2975	477	1313	1018	146	17	4
乌达区	3978	752	2132	946	126	20	2
赤峰市	**142692**	**25227**	**56497**	**52870**	**7014**	**884**	**200**
红山区	16272	3941	7986	3942	347	48	8
元宝山区	10060	1545	4833	3290	350	39	3
松山区	24014	4451	9657	8577	1152	143	34
阿鲁科尔沁旗	8546	1401	3946	2721	391	66	21
巴林左旗	11204	2581	4277	3804	483	46	13
巴林右旗	5409	819	2461	1819	263	40	7
林西县	7078	1222	3391	2279	168	17	1
克什克腾旗	6170	910	2543	2471	212	30	4
翁牛特旗	12728	2218	4581	4981	812	108	28
喀喇沁旗	8960	1343	2426	4480	624	70	17
宁城县	16667	2427	5448	7464	1159	132	37
敖汉旗	15584	2369	4948	7042	1053	145	27

6-8　续表 1　　　　单位：人

地　区	15-64岁妇女人数	存活0个	存活1个	存活2个	存活3个	存活4个	存活5个及以上
通辽市	**100849**	**19777**	**43218**	**31799**	**4980**	**877**	**198**
科尔沁区	26058	6097	13193	6078	606	70	14
科尔沁左翼中旗	15148	3217	5341	5082	1197	249	62
科尔沁左翼后旗	10440	1651	4095	3943	646	81	24
开鲁县	10993	1742	4821	3826	505	85	14
库伦旗	4970	848	1876	1871	303	58	14
奈曼旗	12503	2019	4332	5059	887	174	32
扎鲁特旗	8656	1408	3388	3138	575	122	25
通辽经济技术开发区	7404	1989	3687	1568	141	17	2
霍林郭勒市	4677	806	2485	1234	120	21	11
鄂尔多斯市	**69481**	**13073**	**24311**	**26835**	**4438**	**716**	**108**
东胜区	19841	4475	7662	6642	858	173	31
康巴什区	4093	1143	1448	1327	151	22	2
达拉特旗	10417	1509	3388	4454	918	133	15
准格尔旗	10950	1879	3313	4695	919	128	16
鄂托克前旗	2975	546	1030	1153	193	44	9
鄂托克旗	5133	834	2047	1934	275	37	6
杭锦旗	3524	493	1315	1448	224	35	9
乌审旗	4953	881	1497	2075	421	67	12
伊金霍洛旗	7595	1313	2611	3107	479	77	8
呼伦贝尔市	**78884**	**16026**	**43242**	**16111**	**2681**	**636**	**188**
海拉尔区	13345	3927	7766	1486	145	17	4
扎赉诺尔区	2974	573	2029	332	35	4	1
阿荣旗	8952	1455	3859	2769	620	188	61
莫力达瓦达斡尔族自治旗	7801	1305	3078	2681	534	157	46
鄂伦春自治旗	5742	912	3226	1286	236	60	22
鄂温克族自治旗	4830	937	2782	918	171	18	4
陈巴尔虎旗	1825	390	968	397	58	7	5
新巴尔虎左旗	1362	287	635	372	54	10	4
新巴尔虎右旗	1302	257	629	332	67	12	5
满洲里市	5481	1397	3162	804	94	22	2
牙克石市	9827	2134	6454	1123	92	18	6
扎兰屯市	10508	1675	5301	2876	518	112	26
额尔古纳市	2447	404	1513	478	44	8	
根河市	2488	373	1840	257	13	3	2
巴彦淖尔市	**52333**	**8205**	**25017**	**15826**	**2863**	**378**	**44**
临河区	20346	3908	10320	5260	734	112	12
五原县	7561	910	3372	2671	540	62	6
磴口县	3096	402	1597	909	174	13	1
乌拉特前旗	8466	1063	3856	2894	572	72	9
乌拉特中旗	3622	516	1650	1210	208	34	4
乌拉特后旗	1818	298	923	491	89	15	2
杭锦后旗	7424	1108	3299	2391	546	70	10

6-8 续表 2

单位：人

地 区	15-64岁妇女人数	存活0个	存活1个	存活2个	存活3个	存活4个	存活5个及以上
乌兰察布市	**53321**	**9925**	**21781**	**18029**	**3135**	**389**	**62**
集宁区	15363	3926	7812	3259	328	34	4
卓资县	2284	399	831	846	190	17	1
化德县	2968	470	1189	1215	88	6	
商都县	5499	948	2070	2186	250	34	11
兴和县	4766	860	1320	1960	530	83	13
凉城县	3171	384	1002	1485	265	32	3
察哈尔右翼前旗	3687	597	1345	1433	272	37	3
察哈尔右翼中旗	2622	365	1019	1001	213	20	4
察哈尔右翼后旗	3216	590	1264	1103	220	30	9
四子王旗	4179	577	1800	1542	223	29	8
丰镇市	5566	809	2129	1999	556	67	6
兴安盟	**47782**	**8853**	**21507**	**14213**	**2528**	**561**	**120**
乌兰浩特市	12348	2871	6624	2555	261	29	8
阿尔山市	1169	206	762	186	15		
科尔沁右翼前旗	9540	1586	3913	3262	631	125	23
科尔沁右翼中旗	6911	1392	2615	2303	482	107	12
扎赉特旗	10638	1756	4548	3307	762	203	62
突泉县	7176	1042	3045	2600	377	97	15
锡林郭勒盟	**37223**	**7711**	**16351**	**11414**	**1413**	**250**	**84**
二连浩特市	2768	498	1352	829	76	9	4
锡林浩特市	12315	2819	6158	3054	243	33	8
阿巴嘎旗	1285	232	597	395	43	13	5
苏尼特左旗	1060	217	423	335	65	14	6
苏尼特右旗	2182	436	1053	597	76	16	4
东乌珠穆沁旗	2407	548	892	781	135	35	16
西乌珠穆沁旗	3104	669	1307	922	155	33	18
太仆寺旗	3278	532	1215	1409	108	13	1
镶黄旗	920	167	403	296	40	9	5
正镶白旗	1420	296	583	442	78	17	4
正蓝旗	2320	492	943	711	142	24	8
多伦县	3382	682	1096	1357	217	25	5
乌拉盖管委会	782	123	329	286	35	9	
阿拉善盟	**8783**	**1798**	**4086**	**2510**	**324**	**54**	**11**
阿拉善左旗	6214	1273	2987	1678	224	43	9
阿拉善右旗	759	138	369	220	27	5	
额济纳旗	958	213	406	304	30	3	2
内蒙古阿拉善经济开发区	852	174	324	308	43	3	

6-9　全区按受教育程度、存活子女数分的15-64岁妇女人数

单位：人

受教育程度	15-64岁妇女人数	存活0个	存活1个	存活2个	存活3个	存活4个	存活5个及以上
总　计	**829079**	**172133**	**368101**	**245481**	**36675**	**5559**	**1130**
未上过学	21387	1664	3816	10465	4370	896	176
学前教育	212	50	50	81	26	4	1
小　学	145778	7799	43714	73577	17097	2944	647
初　中	295103	27730	145112	108409	12192	1386	274
高　中	149521	44247	75061	27723	2237	228	25
大学专科	107360	38389	54567	13855	483	60	6
大学本科	100682	47661	42335	10403	248	34	1
硕士研究生	8487	4332	3219	909	22	5	
博士研究生	549	261	227	59		2	

6-10　全区按职业、存活子女数分的15-64岁妇女人数

单位：人

职业大类	15-64岁妇女人数	存活0个	存活1个	存活2个	存活3个	存活4个	存活5个及以上	妇女平均存活子女数
总　计	**392096**	**68399**	**191865**	**114982**	**14551**	**1914**	**385**	**1.21**
党的机关、国家机关、群众团体和社会组织、企事业单位负责人	5647	799	3508	1250	82	8		1.11
专业技术人员	70841	22070	38594	9851	287	36	3	0.84
办事人员和有关人员	34999	9649	20113	5013	192	28	4	0.88
社会生产服务和生活服务人员	141250	24776	76469	36303	3252	378	72	1.14
农、林、牧、渔业生产及辅助人员	111098	6832	38101	54471	10033	1370	291	1.66
生产制造及有关人员	27134	3894	14600	7860	678	88	14	1.21
不便分类的其他从业人员	1127	379	480	234	27	6	1	0.94

6-11　各地区15-64岁妇女平均活产子女数和平均存活子女数

单位：人、%

地　区	15-64岁妇女人数	活产子女总数			存活子女总数			存活子女数占活产子女数的百分比	妇女平均活产子女数	妇女平均存活子女数
		合计	男	女	合计	男	女			
内蒙古	**829079**	**1025776**	**539041**	**486735**	**997359**	**521998**	**475361**	**97.23**	**1.24**	**1.20**
呼和浩特市	**118491**	**125949**	**66231**	**59718**	**123634**	**64866**	**58768**	**98.16**	**1.06**	**1.04**
新城区	24223	22756	11974	10782	22424	11783	10641	98.54	0.94	0.93
回民区	16359	15028	7768	7260	14792	7643	7149	98.43	0.92	0.90
玉泉区	18931	19533	10195	9338	19084	9940	9144	97.70	1.03	1.01
赛罕区	30548	28804	15060	13744	28334	14772	13562	98.37	0.94	0.93
土默特左旗	8066	11390	6181	5209	11218	6071	5147	98.49	1.41	1.39
托克托县	5266	8241	4346	3895	8095	4261	3834	98.23	1.56	1.54
和林格尔县	5478	6882	3684	3198	6787	3614	3173	98.62	1.26	1.24
清水河县	2204	4159	2186	1973	4021	2099	1922	96.68	1.89	1.82
武川县	2941	4211	2223	1988	4082	2153	1929	96.94	1.43	1.39
呼和浩特经济技术开发区	4475	4945	2614	2331	4797	2530	2267	97.01	1.11	1.07
包头市	**100357**	**107892**	**56427**	**51465**	**104891**	**54652**	**50239**	**97.22**	**1.08**	**1.05**
东河区	17685	18547	9645	8902	17805	9235	8570	96.00	1.05	1.01
昆都仑区	29371	28954	14988	13966	28296	14587	13709	97.73	0.99	0.96
青山区	19587	17823	9231	8592	17448	9014	8434	97.90	0.91	0.89
石拐区	701	884	467	417	864	456	408	97.74	1.26	1.23
白云鄂博矿区	788	832	455	377	805	440	365	96.75	1.06	1.02
九原区	8243	10003	5285	4718	9674	5089	4585	96.71	1.21	1.17
土默特右旗	9185	12616	6681	5935	12130	6377	5753	96.15	1.37	1.32
固阳县	5653	7138	3909	3229	6994	3812	3182	97.98	1.26	1.24
达尔罕茂明安联合旗	2221	3068	1577	1491	2964	1521	1443	96.61	1.38	1.33
包头稀土高新技术产业开发区	6923	8027	4189	3838	7911	4121	3790	98.55	1.16	1.14
乌海市	**18883**	**21673**	**11381**	**10292**	**21073**	**11023**	**10050**	**97.23**	**1.15**	**1.12**
海勃湾区	11930	13031	6778	6253	12704	6588	6116	97.49	1.09	1.06
海南区	2975	4011	2151	1860	3877	2062	1815	96.66	1.35	1.30
乌达区	3978	4631	2452	2179	4492	2373	2119	97.00	1.16	1.13
赤峰市	**142692**	**192334**	**104362**	**87972**	**187869**	**101572**	**86297**	**97.68**	**1.35**	**1.32**
红山区	16272	17522	9524	7998	17144	9314	7830	97.84	1.08	1.05
元宝山区	10060	12999	7103	5896	12634	6902	5732	97.19	1.29	1.26
松山区	24014	31731	17410	14321	31015	16960	14055	97.74	1.32	1.29
阿鲁科尔沁旗	8546	11276	5970	5306	10938	5778	5160	97.00	1.32	1.28
巴林左旗	11204	14082	7694	6388	13585	7384	6201	96.47	1.26	1.21
巴林右旗	5409	7221	3759	3462	7083	3657	3426	98.09	1.33	1.31
林西县	7078	8667	4536	4131	8526	4445	4081	98.37	1.22	1.20
克什克腾旗	6170	8504	4408	4096	8263	4253	4010	97.17	1.38	1.34
翁牛特旗	12728	17968	10059	7909	17560	9782	7778	97.73	1.41	1.38
喀喇沁旗	8960	13998	7543	6455	13625	7314	6311	97.34	1.56	1.52
宁城县	16667	24973	13668	11305	24576	13393	11183	98.41	1.50	1.47
敖汉旗	15584	23393	12688	10705	22920	12390	10530	97.98	1.50	1.47

6-11 续表 1

单位：人、%

地 区	15-64岁妇女人数	活产子女总数			存活子女总数			存活子女数占活产子女数的百分比	妇女平均活产子女数	妇女平均存活子女数
		合计	男	女	合计	男	女			
通辽市	**100849**	**129790**	**67988**	**61802**	**126330**	**65884**	**60446**	**97.33**	**1.29**	**1.25**
科尔沁区	26058	28135	14902	13233	27524	14538	12986	97.83	1.08	1.06
科尔沁左翼中旗	15148	21188	11156	10032	20423	10651	9772	96.39	1.40	1.35
科尔沁左翼后旗	10440	14765	7710	7055	14374	7485	6889	97.35	1.41	1.38
开鲁县	10993	14770	7703	7067	14405	7488	6917	97.53	1.34	1.31
库伦旗	4970	7113	3830	3283	6838	3668	3170	96.13	1.43	1.38
奈曼旗	12503	18497	9579	8918	17974	9266	8708	97.17	1.48	1.44
扎鲁特旗	8656	12272	6302	5970	12011	6132	5879	97.87	1.42	1.39
通辽经济技术开发区	7404	7504	3840	3664	7324	3741	3583	97.60	1.01	0.99
霍林郭勒市	4677	5546	2966	2580	5457	2915	2542	98.40	1.19	1.17
鄂尔多斯市	**69481**	**97716**	**51797**	**45919**	**94733**	**50046**	**44687**	**96.95**	**1.41**	**1.36**
东胜区	19841	25053	13164	11889	24375	12778	11597	97.29	1.26	1.23
康巴什区	4093	4763	2493	2270	4654	2422	2232	97.71	1.16	1.14
达拉特旗	10417	16003	8358	7645	15664	8176	7488	97.88	1.54	1.50
准格尔旗	10950	16678	8845	7833	16056	8479	7577	96.27	1.52	1.47
鄂托克前旗	2975	4316	2350	1966	4139	2222	1917	95.90	1.45	1.39
鄂托克旗	5133	7166	3848	3318	6922	3695	3227	96.60	1.40	1.35
杭锦旗	3524	5179	2706	2473	5071	2641	2430	97.91	1.47	1.44
乌审旗	4953	7483	4074	3409	7240	3935	3305	96.75	1.51	1.46
伊金霍洛旗	7595	11075	5959	5116	10612	5698	4914	95.82	1.46	1.40
呼伦贝尔市	**78884**	**89920**	**46659**	**43261**	**87050**	**44961**	**42089**	**96.81**	**1.14**	**1.10**
海拉尔区	13345	11664	6030	5634	11262	5807	5455	96.55	0.87	0.84
扎赉诺尔区	2974	2863	1467	1396	2819	1438	1381	98.46	0.96	0.95
阿荣旗	8952	12764	6535	6229	12345	6281	6064	96.72	1.43	1.38
莫力达瓦达斡尔族自治旗	7801	11264	5813	5451	10911	5593	5318	96.87	1.44	1.40
鄂伦春自治旗	5742	7161	3727	3434	6863	3559	3304	95.84	1.25	1.20
鄂温克族自治旗	4830	5389	2785	2604	5223	2676	2547	96.92	1.12	1.08
陈巴尔虎旗	1825	2112	1148	964	1990	1069	921	94.22	1.16	1.09
新巴尔虎左旗	1362	1661	879	782	1604	843	761	96.57	1.22	1.18
新巴尔虎右旗	1302	1634	841	793	1567	781	786	95.90	1.25	1.20
满洲里市	5481	5214	2788	2426	5150	2752	2398	98.77	0.95	0.94
牙克石市	9827	9268	4972	4296	9081	4858	4223	97.98	0.94	0.92
扎兰屯市	10508	13688	6960	6728	13187	6690	6497	96.34	1.30	1.25
额尔古纳市	2447	2718	1377	1341	2633	1337	1296	96.87	1.11	1.08
根河市	2488	2520	1337	1183	2415	1277	1138	95.83	1.01	0.97
巴彦淖尔市	**52333**	**69147**	**35835**	**33312**	**67006**	**34558**	**32448**	**96.90**	**1.32**	**1.28**
临河区	20346	24364	12723	11641	23559	12230	11329	96.70	1.20	1.16
五原县	7561	10786	5532	5254	10613	5422	5191	98.40	1.43	1.40
磴口县	3096	4082	2095	1987	3994	2035	1959	97.84	1.32	1.29
乌拉特前旗	8466	12113	6282	5831	11695	6038	5657	96.55	1.43	1.38
乌拉特中旗	3622	5039	2611	2428	4850	2502	2348	96.25	1.39	1.34
乌拉特后旗	1818	2303	1188	1115	2243	1152	1091	97.39	1.27	1.23
杭锦后旗	7424	10460	5404	5056	10052	5179	4873	96.10	1.41	1.35

6-11 续表 2

单位：人、%

地区	15-64岁妇女人数	活产子女总数			存活子女总数			存活子女数占活产子女数的百分比	妇女平均活产子女数	妇女平均存活子女数
		合计	男	女	合计	男	女			
乌兰察布市	**53321**	**71355**	**36169**	**35186**	**69121**	**34844**	**34277**	**96.87**	**1.34**	**1.30**
集宁区	15363	15887	8057	7830	15470	7825	7645	97.38	1.03	1.01
卓资县	2284	3274	1647	1627	3168	1589	1579	96.76	1.43	1.39
化德县	2968	4094	2034	2060	3907	1917	1990	95.43	1.38	1.32
商都县	5499	7684	3781	3903	7385	3599	3786	96.11	1.40	1.34
兴和县	4766	7511	3811	3700	7228	3645	3583	96.23	1.58	1.52
凉城县	3171	5064	2698	2366	4910	2603	2307	96.96	1.60	1.55
察哈尔右翼前旗	3687	5321	2698	2623	5190	2624	2566	97.54	1.44	1.41
察哈尔右翼中旗	2622	3904	1999	1905	3761	1913	1848	96.34	1.49	1.43
察哈尔右翼后旗	3216	4486	2230	2256	4298	2115	2183	95.81	1.39	1.34
四子王旗	4179	5907	3053	2854	5711	2930	2781	96.68	1.41	1.37
丰镇市	5566	8223	4161	4062	8093	4084	4009	98.42	1.48	1.45
兴安盟	**47782**	**62883**	**32601**	**30282**	**60435**	**31134**	**29301**	**96.11**	**1.32**	**1.26**
乌兰浩特市	12348	13040	6747	6293	12677	6530	6147	97.22	1.06	1.03
阿尔山市	1169	1219	630	589	1179	610	569	96.72	1.04	1.01
科尔沁右翼前旗	9540	13521	6978	6543	12957	6646	6311	95.83	1.42	1.36
科尔沁右翼中旗	6911	9838	5223	4615	9158	4835	4323	93.09	1.42	1.33
扎赉特旗	10638	15175	7814	7361	14614	7464	7150	96.30	1.43	1.37
突泉县	7176	10090	5209	4881	9850	5049	4801	97.62	1.41	1.37
锡林郭勒盟	**37223**	**46433**	**23949**	**22484**	**44864**	**23010**	**21854**	**96.62**	**1.25**	**1.21**
二连浩特市	2768	3326	1715	1611	3295	1698	1597	99.07	1.20	1.19
锡林浩特市	12315	13395	6798	6597	13170	6676	6494	98.32	1.09	1.07
阿巴嘎旗	1285	1669	907	762	1595	860	735	95.57	1.30	1.24
苏尼特左旗	1060	1461	776	685	1376	718	658	94.18	1.38	1.30
苏尼特右旗	2182	2651	1345	1306	2562	1293	1269	96.64	1.21	1.17
东乌珠穆沁旗	2407	3245	1696	1549	3082	1600	1482	94.98	1.35	1.28
西乌珠穆沁旗	3104	4063	2155	1908	3840	2027	1813	94.51	1.31	1.24
太仆寺旗	3278	4561	2358	2203	4415	2256	2159	96.80	1.39	1.35
镶黄旗	920	1220	618	602	1180	592	588	96.72	1.33	1.28
正镶白旗	1420	1867	967	900	1792	919	873	95.98	1.31	1.26
正蓝旗	2320	3096	1545	1551	2929	1444	1485	94.61	1.33	1.26
多伦县	3382	4815	2495	2320	4586	2365	2221	95.24	1.42	1.36
乌拉盖管委会	782	1064	574	490	1042	562	480	97.93	1.36	1.33
阿拉善盟	**8783**	**10684**	**5642**	**5042**	**10353**	**5448**	**4905**	**96.90**	**1.22**	**1.18**
阿拉善左旗	6214	7447	3912	3535	7234	3787	3447	97.14	1.20	1.16
阿拉善右旗	759	957	509	448	910	477	433	95.09	1.26	1.20
额济纳旗	958	1167	629	538	1128	611	517	96.66	1.22	1.18
内蒙古阿拉善经济开发区	852	1113	592	521	1081	573	508	97.12	1.31	1.27

6-12　全区按年龄分的15-64岁妇女平均活产子女数和平均存活子女数

单位：人、%

年　龄	15-64岁妇女人数	活产子女总数			存活子女总数			存活子女数占活产子女数的百分比	妇女平均活产子女数	妇女平均存活子女数
		合计	男	女	合计	男	女			
总　计	**829079**	**1025776**	**539041**	**486735**	**997359**	**521998**	**475361**	**97.23**	**1.24**	**1.20**
15-19岁	**47766**	**122**	**68**	**54**	**120**	**67**	**53**	**98.36**		
15	10311									
16	11352	4	2	2	4	2	2	100.00		
17	9195	7	4	3	7	4	3	100.00		
18	8361	38	17	21	37	17	20	97.37		
19	8547	73	45	28	72	44	28	98.63	0.01	0.01
20-24岁	**47856**	**5174**	**2722**	**2452**	**5076**	**2661**	**2415**	**98.11**	**0.11**	**0.11**
20	9213	227	115	112	224	113	111	98.68	0.02	0.02
21	8772	427	225	202	423	221	202	99.06	0.05	0.05
22	9461	764	403	361	748	392	356	97.91	0.08	0.08
23	9829	1388	700	688	1356	685	671	97.69	0.14	0.14
24	10581	2368	1279	1089	2325	1250	1075	98.18	0.22	0.22
25-29岁	**66097**	**40165**	**20780**	**19385**	**39363**	**20292**	**19071**	**98.00**	**0.61**	**0.60**
25	11951	3792	1983	1809	3709	1930	1779	97.81	0.32	0.31
26	12223	5498	2857	2641	5399	2789	2610	98.20	0.45	0.44
27	13114	7656	3966	3690	7511	3878	3633	98.11	0.58	0.57
28	14115	10289	5342	4947	10089	5223	4866	98.06	0.73	0.71
29	14694	12930	6632	6298	12655	6472	6183	97.87	0.88	0.86
30-34岁	**97884**	**111385**	**58422**	**52963**	**108919**	**56980**	**51939**	**97.79**	**1.14**	**1.11**
30	20332	19836	10465	9371	19422	10228	9194	97.91	0.98	0.96
31	20266	21793	11338	10455	21338	11073	10265	97.91	1.08	1.05
32	18801	21594	11326	10268	21125	11040	10085	97.83	1.15	1.12
33	20071	24591	12911	11680	24064	12615	11449	97.86	1.23	1.20
34	18414	23571	12382	11189	22970	12024	10946	97.45	1.28	1.25
35-39岁	**91474**	**125314**	**65766**	**59548**	**122325**	**64064**	**58261**	**97.61**	**1.37**	**1.34**
35	17271	22949	12041	10908	22415	11738	10677	97.67	1.33	1.30
36	18736	25493	13405	12088	24886	13068	11818	97.62	1.36	1.33
37	17538	24218	12665	11553	23636	12334	11302	97.60	1.38	1.35
38	20405	28210	14769	13441	27553	14404	13149	97.67	1.38	1.35
39	17524	24444	12886	11558	23835	12520	11315	97.51	1.39	1.36
40-44岁	**84012**	**114586**	**59975**	**54611**	**111692**	**58289**	**53403**	**97.47**	**1.36**	**1.33**
40	16760	23179	12238	10941	22562	11862	10700	97.34	1.38	1.35
41	17136	23678	12330	11348	23173	12045	11128	97.87	1.38	1.35
42	16487	22390	11776	10614	21787	11431	10356	97.31	1.36	1.32
43	15549	20968	10933	10035	20429	10629	9800	97.43	1.35	1.31
44	18080	24371	12698	11673	23741	12322	11419	97.41	1.35	1.31
45-49岁	**109737**	**147810**	**77623**	**70187**	**143968**	**75315**	**68653**	**97.40**	**1.35**	**1.31**
45	19650	26531	13946	12585	25877	13541	12336	97.53	1.35	1.32
46	21879	29291	15336	13955	28509	14884	13625	97.33	1.34	1.30
47	21958	29405	15403	14002	28641	14963	13678	97.40	1.34	1.30
48	22790	30677	16212	14465	29911	15736	14175	97.50	1.35	1.31
49	23460	31906	16726	15180	31030	16191	14839	97.25	1.36	1.32
50-54岁	**107628**	**156886**	**82547**	**74339**	**152260**	**79781**	**72479**	**97.05**	**1.46**	**1.41**
50	24452	33702	17657	16045	32674	17051	15623	96.95	1.38	1.34
51	21500	30434	15988	14446	29601	15494	14107	97.26	1.42	1.38
52	23410	34038	17855	16183	33045	17242	15803	97.08	1.45	1.41
53	18181	27400	14481	12919	26607	14006	12601	97.11	1.51	1.46
54	20085	31312	16566	14746	30333	15988	14345	96.87	1.56	1.51
55-59岁	**97364**	**165588**	**87793**	**77795**	**160365**	**84592**	**75773**	**96.85**	**1.70**	**1.65**
55	20565	32927	17491	15436	31956	16921	15035	97.05	1.60	1.55
56	21149	34724	18340	16384	33650	17675	15975	96.91	1.64	1.59
57	23437	39910	21172	18738	38556	20363	18193	96.61	1.70	1.65
58	19102	34099	18057	16042	33056	17395	15661	96.94	1.79	1.73
59	13111	23928	12733	11195	23147	12238	10909	96.74	1.83	1.77
60-64岁	**79261**	**158746**	**83345**	**75401**	**153271**	**79957**	**73314**	**96.55**	**2.00**	**1.93**
60	17210	32108	17075	15033	30975	16380	14595	96.47	1.87	1.80
61	14592	28227	14848	13379	27308	14243	13065	96.74	1.93	1.87
62	15457	30695	16062	14633	29649	15412	14237	96.59	1.99	1.92
63	16438	34259	17909	16350	33140	17230	15910	96.73	2.08	2.02
64	15564	33457	17451	16006	32199	16692	15507	96.24	2.15	2.07

6−13 全区按受教育程度分的15−64岁妇女平均活产子女数和平均存活子女数

单位：人、%

受教育程度	15−64岁妇女人数	活产子女总数			存活子女总数			存活子女数占活产子女数的百分比	妇女平均活产子女数	妇女平均存活子女数
		合计	男	女	合计	男	女			
总　计	**829079**	**1025776**	**539041**	**486735**	**997359**	**521998**	**475361**	**97.23**	**1.24**	**1.20**
未上过学	21387	44021	23071	20950	42383	22040	20343	96.28	2.06	1.98
学前教育	212	333	169	164	312	154	158	93.69	1.57	1.47
小　学	145778	265942	140662	125280	257392	135382	122010	96.79	1.82	1.77
初　中	295103	416770	219055	197715	405506	212362	193144	97.30	1.41	1.37
高　中	149521	141865	74283	67582	138265	72159	66106	97.46	0.95	0.92
大学专科	107360	85875	44645	41230	83999	43592	40407	97.82	0.80	0.78
大学本科	100682	65392	34209	31183	64026	33429	30597	97.91	0.65	0.64
硕士研究生	8487	5216	2776	2440	5123	2716	2407	98.22	0.61	0.60
博士研究生	549	362	171	191	353	164	189	97.51	0.66	0.64

中国人口普查
CHINA POPULATION CENSUS

2020

内蒙古自治区人口普查年鉴（第5册）

INNER MONGOLIA POPULATION CENSUS YEARBOOK 2020

(BOOK 5)

内蒙古自治区第七次全国人口普查领导小组办公室
内 蒙 古 自 治 区 统 计 局 编

Compiled by
Office of the Leading Group of Inner Mongolia Autonomous Region for the Seventh National Population Census
Inner Mongolia Autonomous Region Bureau of Statistics

中国统计出版社
China Statistics Press

图书在版编目（CIP）数据

内蒙古自治区人口普查年鉴. 2020. 第 5 册 / 内蒙古自治区第七次全国人口普查领导小组办公室, 内蒙古自治区统计局编. -- 北京 : 中国统计出版社, 2022.8
ISBN 978-7-5037-9860-3

Ⅰ. ①内… Ⅱ. ①内… ②内… Ⅲ. ①人口普查－统计资料－内蒙古－2020－年鉴 Ⅳ. ①C924.252.6

中国版本图书馆 CIP 数据核字(2022)第 127293 号

内蒙古自治区人口普查年鉴-2020（第 5 册）
Inner Mongolia Population Census Yearbook 2020 (Book 5)

作　　者/内蒙古自治区第七次全国人口普查领导小组办公室　内蒙古自治区统计局
责任编辑/张　洁
封面设计/李雪燕
出版发行/中国统计出版社有限公司
通信地址/北京市丰台区西三环南路甲 6 号　邮政编码/100073
发行电话/邮购（010）63376909　书店（010）68783171
网　　址/http://www.zgtjcbs.com/
印　　刷/内蒙古宏业包装印务有限公司
经　　销/新华书店
开　　本/880mm×1230mm　1/16
字　　数/1230 千字
印　　张/38.5
版　　别/2022 年 8 月第 1 版
版　　次/2022 年 8 月第 1 次印刷
定　　价/1080.00 元（全五册附光盘）

目　　录

第5册

第二部分　长表数据资料(续)

第七卷　迁移和户口登记地

第八卷　老年人口

第九卷 住房

第三部分 附 录

第二部分　长表数据资料

第七卷　迁移和户口登记地

7-1 全区按现住地、户口登记地类型分的户口登记地在外乡镇街道人口

单位：人

现住地	合计					自治区内				
	合计	乡	镇的村委会	镇的居委会	街道	小计	乡	镇的村委会	镇的居委会	街道
内蒙古	**1037156**	**200025**	**479060**	**113182**	**244889**	**884680**	**166579**	**395581**	**99720**	**222800**
呼和浩特市	**190849**	**46947**	**72677**	**20404**	**50821**	**169283**	**41728**	**62601**	**18327**	**46627**
新城区	38011	7005	12994	5108	12904	33305	6072	10960	4534	11739
回民区	28612	5917	11911	2657	8127	24984	5072	9977	2348	7587
玉泉区	38606	9544	16928	3378	8756	34245	8373	14637	3021	8214
赛罕区	46761	6867	16009	6651	17234	41507	5804	13829	6095	15779
土默特左旗	8347	3695	3381	526	745	7529	3393	3006	471	659
托克托县	6707	1688	4358	396	265	6074	1545	3998	331	200
和林格尔县	6906	3459	2048	552	847	6189	3238	1755	503	693
清水河县	2666	1623	752	157	134	2466	1563	638	144	121
武川县	4272	3345	443	330	154	4114	3264	416	307	127
呼和浩特经济技术开发区	9961	3804	3853	649	1655	8870	3404	3385	573	1508
包头市	**147048**	**22322**	**63255**	**12127**	**49344**	**125590**	**17560**	**50950**	**10844**	**46236**
东河区	25797	2163	9832	1915	11887	22219	1629	7557	1738	11295
昆都仑区	46035	8015	17298	3654	17068	39262	6314	13887	3190	15871
青山区	29519	3675	11861	2783	11200	25009	2705	9331	2489	10484
石拐区	1428	104	736	175	413	1146	50	555	156	385
白云鄂博矿区	1224	144	545	85	450	1089	116	463	80	430
九原区	17148	3125	9307	1348	3368	14377	2397	7586	1221	3173
土默特右旗	7219	2606	3421	575	617	6679	2442	3174	533	530
固阳县	3476	382	2481	255	358	3186	330	2296	232	328
达尔罕茂明安联合旗	2443	445	1659	223	116	2272	403	1558	208	103
包头稀土高新技术产业开发区	12759	1663	6115	1114	3867	10351	1174	4543	997	3637
乌海市	**28988**	**4561**	**9781**	**3049**	**11597**	**20458**	**2236**	**5147**	**2416**	**10659**
海勃湾区	17458	2748	5271	1671	7768	13054	1421	2946	1421	7266
海南区	5452	1151	2657	627	1017	3021	533	1300	397	791
乌达区	6078	662	1853	751	2812	4383	282	901	598	2602
赤峰市	**144697**	**26454**	**80924**	**14526**	**22793**	**135857**	**24579**	**76048**	**13736**	**21494**
红山区	27890	4004	13651	3208	7027	25694	3554	12495	2977	6668
元宝山区	11217	733	7018	1750	1716	10030	577	6241	1641	1571
松山区	36509	4985	22300	2610	6614	34526	4679	21116	2477	6254
阿鲁科尔沁旗	7096	2886	2856	587	767	6908	2801	2800	575	732
巴林左旗	9811	1808	5516	959	1528	9535	1742	5366	930	1497
巴林右旗	6100	1122	3450	490	1038	5867	1060	3329	467	1011
林西县	6796	1273	3984	801	738	6461	1219	3826	765	651
克什克腾旗	6960	2209	3318	866	567	6452	1962	3181	813	496
翁牛特旗	7735	1798	4824	628	485	7483	1725	4700	599	459
喀喇沁旗	6192	551	4329	868	444	5843	493	4097	839	414
宁城县	8887	1261	5662	946	1018	8029	1105	5112	877	935
敖汉旗	9504	3824	4016	813	851	9029	3662	3785	776	806

7−1　续表 1　　单位：人

现住地	合计					自治区内				
	合计	乡	镇的村委会	镇的居委会	街道	小计	乡	镇的村委会	镇的居委会	街道
通辽市	**75462**	**8295**	**39249**	**8623**	**19295**	**68313**	**7180**	**35463**	**7811**	**17859**
科尔沁区	27893	1582	11577	3412	11322	25675	1280	10506	3180	10709
科尔沁左翼中旗	4723	689	3004	660	370	4137	570	2668	605	294
科尔沁左翼后旗	4313	757	2534	850	172	3649	635	2220	699	95
开鲁县	4907	253	4139	385	130	4500	228	3870	310	92
库伦旗	2101	445	1245	291	120	1850	402	1074	265	109
奈曼旗	5133	569	3960	338	266	4744	506	3731	303	204
扎鲁特旗	5891	2269	2808	657	157	5533	2185	2628	591	129
通辽经济技术开发区	11858	649	5661	1534	4014	10991	557	5200	1457	3777
霍林郭勒市	8643	1082	4321	496	2744	7234	817	3566	401	2450
鄂尔多斯市	**140603**	**27717**	**81013**	**12515**	**19358**	**102213**	**19410**	**57836**	**9746**	**15221**
东胜区	43803	7572	24576	3023	8632	33471	5319	17701	2586	7865
康巴什区	8190	1467	3486	1383	1854	6688	1128	2694	1247	1619
达拉特旗	18499	4783	11151	736	1829	16414	4204	9965	656	1589
准格尔旗	22759	4185	14486	1888	2200	16902	3001	10822	1547	1532
鄂托克前旗	4298	602	2637	485	574	2015	233	1452	235	95
鄂托克旗	10718	1177	7271	1532	738	6612	531	4261	1258	562
杭锦旗	4462	954	2576	620	312	3758	868	2145	521	224
乌审旗	9860	2523	5253	1043	1041	4160	1008	2487	450	215
伊金霍洛旗	18014	4454	9577	1805	2178	12193	3118	6309	1246	1520
呼伦贝尔市	**73787**	**8615**	**23091**	**15869**	**26212**	**59208**	**6284**	**15415**	**13790**	**23719**
海拉尔区	17768	1470	3395	4855	8048	14681	917	1939	4409	7416
扎赉诺尔区	3298	282	404	741	1871	2719	111	178	693	1737
阿荣旗	7293	1452	4418	1096	327	6469	1294	4010	943	222
莫力达瓦达斡尔族自治旗	4901	867	2993	907	134	3996	696	2485	737	78
鄂伦春自治旗	4037	581	2115	1168	173	2734	324	1382	931	97
鄂温克族自治旗	4643	740	958	1332	1613	3839	547	626	1175	1491
陈巴尔虎旗	1583	282	626	409	266	1240	214	470	332	224
新巴尔虎左旗	1177	583	241	198	155	1032	552	206	172	102
新巴尔虎右旗	1592	499	611	232	250	1151	396	411	178	166
满洲里市	8238	470	3554	1170	3044	4470	136	1044	766	2524
牙克石市	6967	258	670	2115	3924	6107	132	389	1967	3619
扎兰屯市	8461	630	2534	1026	4271	7510	521	2016	947	4026
额尔古纳市	1644	412	433	210	589	1316	374	226	180	536
根河市	2185	89	139	410	1547	1944	70	33	360	1481
巴彦淖尔市	**64253**	**12597**	**35745**	**5051**	**10860**	**57166**	**10932**	**31528**	**4547**	**10159**
临河区	31286	5908	14791	2078	8509	28230	5062	13043	1950	8175
五原县	7254	1126	5014	640	474	6659	1004	4657	568	430
磴口县	2848	812	1502	353	181	2435	687	1267	325	156
乌拉特前旗	9403	1910	6475	717	301	8231	1695	5647	645	244
乌拉特中旗	4374	1108	2466	409	391	3521	1008	1901	316	296
乌拉特后旗	2710	381	1502	304	523	2074	218	1205	228	423
杭锦后旗	6378	1352	3995	550	481	6016	1258	3808	515	435

7-1　续表 2

单位：人

现住地	合计					自治区内				
	合计	乡	镇的村委会	镇的居委会	街道	小计	乡	镇的村委会	镇的居委会	街道
乌兰察布市	**68724**	**22642**	**24635**	**6750**	**14697**	**62324**	**20975**	**21637**	**6067**	**13645**
集宁区	25841	4858	8422	2587	9974	23339	4263	7212	2380	9484
卓资县	2526	768	1287	276	195	2264	696	1162	252	154
化德县	3822	1853	1488	273	208	3345	1727	1256	229	133
商都县	5459	2722	2167	433	137	5070	2594	2007	355	114
兴和县	4793	1922	2044	647	180	4411	1807	1849	604	151
凉城县	3214	1556	1225	302	131	3047	1490	1160	289	108
察哈尔右翼前旗	4179	797	2099	563	720	3404	662	1641	476	625
察哈尔右翼中旗	2316	1350	643	241	82	2141	1291	560	225	65
察哈尔右翼后旗	3824	1486	1668	507	163	3626	1432	1593	465	136
四子王旗	5442	3965	944	388	145	5223	3844	881	369	129
丰镇市	7308	1365	2648	533	2762	6454	1169	2316	423	2546
兴安盟	**37033**	**7285**	**14894**	**4569**	**10285**	**32264**	**6241**	**12575**	**4034**	**9414**
乌兰浩特市	15206	1096	5744	1432	6934	13304	849	4729	1278	6448
阿尔山市	739	56	146	233	304	612	34	96	207	275
科尔沁右翼前旗	7270	1229	3138	589	2314	6457	1093	2673	534	2157
科尔沁右翼中旗	3722	1176	1716	630	200	3390	1062	1589	581	158
扎赉特旗	5954	2257	2417	1034	246	4896	1902	1977	882	135
突泉县	4142	1471	1733	651	287	3605	1301	1511	552	241
锡林郭勒盟	**51067**	**9323**	**26559**	**7117**	**8068**	**43556**	**7941**	**22703**	**6294**	**6618**
二连浩特市	4717	997	2725	429	566	3943	796	2301	363	483
锡林浩特市	21234	1685	11259	2905	5385	18251	1324	9422	2585	4920
阿巴嘎旗	1500	558	561	152	229	1300	518	466	131	185
苏尼特左旗	1099	286	567	166	80	905	221	486	139	59
苏尼特右旗	2399	482	1305	493	119	2164	450	1187	461	66
东乌珠穆沁旗	2524	446	1537	411	130	2260	408	1387	376	89
西乌珠穆沁旗	4972	830	2641	749	752	3921	708	2280	663	270
太仆寺旗	2506	422	1637	315	132	2121	338	1439	275	69
镶黄旗	998	450	280	187	81	816	403	218	160	35
正镶白旗	1453	567	565	225	96	1334	524	522	220	68
正蓝旗	2468	678	1260	332	198	2241	610	1145	310	176
多伦县	4060	1603	1652	553	252	3284	1349	1334	447	154
乌拉盖管委会	1137	319	570	200	48	1016	292	516	164	44
阿拉善盟	**14645**	**3267**	**7237**	**2582**	**1559**	**8448**	**1513**	**3678**	**2108**	**1149**
阿拉善左旗	9602	1726	4881	1832	1163	6210	794	2908	1580	928
阿拉善右旗	1017	490	350	151	26	643	343	176	115	9
额济纳旗	1577	661	541	242	133	771	296	214	174	87
内蒙古阿拉善经济开发区	2449	390	1465	357	237	824	80	380	239	125

7-1 续表 3

单位：人

现住地	自治区外									
	小计					北京				
	小计	乡	镇的村委会	镇的居委会	街道	小计	乡	镇的村委会	镇的居委会	街道
内蒙古	**152476**	**33446**	**83479**	**13462**	**22089**	**1045**	**54**	**127**	**135**	**729**
呼和浩特市	**21566**	**5219**	**10076**	**2077**	**4194**	**309**	**14**	**21**	**28**	**246**
新城区	4706	933	2034	574	1165	75	3	3	6	63
回民区	3628	845	1934	309	540	36	2	5	7	22
玉泉区	4361	1171	2291	357	542	41	2	1	3	35
赛罕区	5254	1063	2180	556	1455	129	7	7	11	104
土默特左旗	818	302	375	55	86	4			1	3
托克托县	633	143	360	65	65	3		1		2
和林格尔县	717	221	293	49	154	2		1		1
清水河县	200	60	114	13	13	1		1		
武川县	158	81	27	23	27					
呼和浩特经济技术开发区	1091	400	468	76	147	18		2		16
包头市	**21458**	**4762**	**12305**	**1283**	**3108**	**133**	**3**	**10**	**14**	**106**
东河区	3578	534	2275	177	592	10				10
昆都仑区	6773	1701	3411	464	1197	48	2	5	3	38
青山区	4510	970	2530	294	716	50			5	45
石拐区	282	54	181	19	28					
白云鄂博矿区	135	28	82	5	20					
九原区	2771	728	1721	127	195	5		2	1	2
土默特右旗	540	164	247	42	87	4	1	1		2
固阳县	290	52	185	23	30					
达尔罕茂明安联合旗	171	42	101	15	13					
包头稀土高新技术产业开发区	2408	489	1572	117	230	16		2	5	9
乌海市	**8530**	**2325**	**4634**	**633**	**938**	**24**	**1**	**2**	**5**	**16**
海勃湾区	4404	1327	2325	250	502	18		1	5	12
海南区	2431	618	1357	230	226	2		1		1
乌达区	1695	380	952	153	210	4	1			3
赤峰市	**8840**	**1875**	**4876**	**790**	**1299**	**136**	**13**	**27**	**19**	**77**
红山区	2196	450	1156	231	359	20		3	6	11
元宝山区	1187	156	777	109	145	7	2			5
松山区	1983	306	1184	133	360	43	2	5	2	34
阿鲁科尔沁旗	188	85	56	12	35	6			1	5
巴林左旗	276	66	150	29	31	8	2	4	1	1
巴林右旗	233	62	121	23	27	2		2		
林西县	335	54	158	36	87	6				6
克什克腾旗	508	247	137	53	71	9	3	2	2	2
翁牛特旗	252	73	124	29	26	5		2	2	1
喀喇沁旗	349	58	232	29	30	6		2	1	3
宁城县	858	156	550	69	83	13		5	2	6
敖汉旗	475	162	231	37	45	11	4	2	2	3

7-1　续表 4　　　　　　　　　　　　　　　　　　　　　　　　　　单位：人

现住地	自治区外									
	小计					北京				
	小计	乡	镇的村委会	镇的居委会	街道	小计	乡	镇的村委会	镇的居委会	街道
通辽市	**7149**	**1115**	**3786**	**812**	**1436**	**71**	**5**	**9**	**8**	**49**
科尔沁区	2218	302	1071	232	613	21		1	1	19
科尔沁左翼中旗	586	119	336	55	76	9	2	4	1	2
科尔沁左翼后旗	664	122	314	151	77	2			2	
开鲁县	407	25	269	75	38	6			2	4
库伦旗	251	43	171	26	11	3	2	1		
奈曼旗	389	63	229	35	62	10	1	2	2	5
扎鲁特旗	358	84	180	66	28	1				1
通辽经济技术开发区	867	92	461	77	237	15		1		14
霍林郭勒市	1409	265	755	95	294	4				4
鄂尔多斯市	**38390**	**8307**	**23177**	**2769**	**4137**	**98**		**17**	**10**	**71**
东胜区	10332	2253	6875	437	767	22		5	1	16
康巴什区	1502	339	792	136	235	18		4	5	9
达拉特旗	2085	579	1186	80	240	14		5	1	8
准格尔旗	5857	1184	3664	341	668	4		1		3
鄂托克前旗	2283	369	1185	250	479					
鄂托克旗	4106	646	3010	274	176					
杭锦旗	704	86	431	99	88	2				2
乌审旗	5700	1515	2766	593	826	29		1	1	27
伊金霍洛旗	5821	1336	3268	559	658	9		1	2	6
呼伦贝尔市	**14579**	**2331**	**7676**	**2079**	**2493**	**61**		**7**	**13**	**41**
海拉尔区	3087	553	1456	446	632	30		4	11	15
扎赉诺尔区	579	171	226	48	134					
阿荣旗	824	158	408	153	105	1				1
莫力达瓦达斡尔族自治旗	905	171	508	170	56	1			1	
鄂伦春自治旗	1303	257	733	237	76	2				2
鄂温克族自治旗	804	193	332	157	122	5		2		3
陈巴尔虎旗	343	68	156	77	42	4				4
新巴尔虎左旗	145	31	35	26	53					
新巴尔虎右旗	441	103	200	54	84					
满洲里市	3768	334	2510	404	520	3			1	2
牙克石市	860	126	281	148	305	9				9
扎兰屯市	951	109	518	79	245	4		1		3
额尔古纳市	328	38	207	30	53	1				1
根河市	241	19	106	50	66	1				1
巴彦淖尔市	**7087**	**1665**	**4217**	**504**	**701**	**38**	**2**	**2**	**7**	**27**
临河区	3056	846	1748	128	334	21			1	20
五原县	595	122	357	72	44	3		1	1	1
磴口县	413	125	235	28	25					
乌拉特前旗	1172	215	828	72	57	8			4	4
乌拉特中旗	853	100	565	93	95	2	1			1
乌拉特后旗	636	163	297	76	100	2	1			1
杭锦后旗	362	94	187	35	46	2		1	1	

7-1 续表 5

单位：人

现住地	自治区外									
	小计					北京				
	小计	乡	镇的村委会	镇的居委会	街道	小计	乡	镇的村委会	镇的居委会	街道
乌兰察布市	**6400**	**1667**	**2998**	**683**	**1052**	**85**	**7**	**12**	**17**	**49**
集宁区	2502	595	1210	207	490	36		4	5	27
卓资县	262	72	125	24	41	4	1		1	2
化德县	477	126	232	44	75	7	1		4	2
商都县	389	128	160	78	23	5			4	1
兴和县	382	115	195	43	29	8	3	3	2	
凉城县	167	66	65	13	23	2				2
察哈尔右翼前旗	775	135	458	87	95	6		2		4
察哈尔右翼中旗	175	59	83	16	17	1			1	
察哈尔右翼后旗	198	54	75	42	27	9	1	1		7
四子王旗	219	121	63	19	16	1	1			
丰镇市	854	196	332	110	216	6		2		4
兴安盟	**4769**	**1044**	**2319**	**535**	**871**	**31**	**2**	**5**	**4**	**20**
乌兰浩特市	1902	247	1015	154	486	11				11
阿尔山市	127	22	50	26	29					
科尔沁右翼前旗	813	136	465	55	157	5		2		3
科尔沁右翼中旗	332	114	127	49	42	2				2
扎赉特旗	1058	355	440	152	111	7	1	3	2	1
突泉县	537	170	222	99	46	6	1		2	3
锡林郭勒盟	**7511**	**1382**	**3856**	**823**	**1450**	**50**	**7**	**15**	**7**	**21**
二连浩特市	774	201	424	66	83	2	1			1
锡林浩特市	2983	361	1837	320	465	14		4	2	8
阿巴嘎旗	200	40	95	21	44	2				2
苏尼特左旗	194	65	81	27	21					
苏尼特右旗	235	32	118	32	53	2				2
东乌珠穆沁旗	264	38	150	35	41					
西乌珠穆沁旗	1051	122	361	86	482					
太仆寺旗	385	84	198	40	63	8	2	2		4
镶黄旗	182	47	62	27	46	1				1
正镶白旗	119	43	43	5	28	5		3	1	1
正蓝旗	227	68	115	22	22	5	3	2		
多伦县	776	254	318	106	98	9	1	4	3	1
乌拉盖管委会	121	27	54	36	4	2			1	1
阿拉善盟	**6197**	**1754**	**3559**	**474**	**410**	**9**			**3**	**6**
阿拉善左旗	3392	932	1973	252	235	5			2	3
阿拉善右旗	374	147	174	36	17	1			1	
额济纳旗	806	365	327	68	46	1				1
内蒙古阿拉善经济开发区	1625	310	1085	118	112	2				2

7-1　续表 6　　　　单位：人

现住地	自治区外									
	天津					河北				
	小计	乡	镇的村委会	镇的居委会	街道	小计	乡	镇的村委会	镇的居委会	街道
内蒙古	**1137**	**65**	**243**	**151**	**678**	**20417**	**4993**	**11547**	**1476**	**2401**
呼和浩特市	**351**	**17**	**62**	**45**	**227**	**3800**	**984**	**2015**	**280**	**521**
新城区	76	1	13	15	47	850	210	403	77	160
回民区	35		9	3	23	799	188	494	49	68
玉泉区	26	5	7	2	12	750	220	421	46	63
赛罕区	160	9	11	19	121	734	146	345	77	166
土默特左旗	11		6		5	146	65	64	4	13
托克托县	4		2	1	1	176	36	108	14	18
和林格尔县	27	2	9	4	12	79	27	31	4	17
清水河县						55	9	44	1	1
武川县						22	14	3	3	2
呼和浩特经济技术开发区	12		5	1	6	189	69	102	5	13
包头市	**180**	**8**	**31**	**25**	**116**	**4453**	**1141**	**2614**	**196**	**502**
东河区	22		3	1	18	841	142	568	22	109
昆都仑区	75	4	14	9	48	1382	423	714	85	160
青山区	41		4	4	33	777	198	461	27	91
石拐区						35	4	27	2	2
白云鄂博矿区	1		1			42	14	21		7
九原区	21	1	7	7	6	665	189	396	32	48
土默特右旗	3		2		1	118	27	51	2	38
固阳县	1				1	74	29	35	8	2
达尔罕茂明安联合旗						30	6	19	2	3
包头稀土高新技术产业开发区	16	3		4	9	489	109	322	16	42
乌海市	**17**	**1**	**2**		**14**	**739**	**188**	**418**	**38**	**95**
海勃湾区	14	1	2		11	436	114	258	14	50
海南区	2				2	154	33	87	20	14
乌达区	1				1	149	41	73	4	31
赤峰市	**154**	**9**	**70**	**13**	**62**	**1674**	**365**	**1041**	**106**	**162**
红山区	47	1	16	7	23	398	80	250	22	46
元宝山区	9		4		5	130	27	71	14	18
松山区	36	1	18		17	522	110	357	18	37
阿鲁科尔沁旗	1		1			16	8	6		2
巴林左旗	13	1	4	4	4	53	9	37	4	3
巴林右旗	3		3			30	9	17	3	1
林西县	10			1	9	86	18	40	6	22
克什克腾旗	9	3	4		2	104	53	37	6	8
翁牛特旗	4	2	1	1		56	8	30	13	5
喀喇沁旗	6		6			83	18	58	6	1
宁城县	14	1	11		2	166	14	126	11	15
敖汉旗	2		2			30	11	12	3	4

7-1 续表 7

单位：人

现住地	自治区外									
	天津					河北				
	小计	乡	镇的村委会	镇的居委会	街道	小计	乡	镇的村委会	镇的居委会	街道
通辽市	**60**	**4**	**6**	**14**	**36**	**489**	**91**	**286**	**44**	**68**
科尔沁区	26	1	5	3	17	127	19	78	10	20
科尔沁左翼中旗	2			1	1	13	1	9	1	2
科尔沁左翼后旗	2				2	22	7	5	7	3
开鲁县	7		1	5	1	51	3	33	9	6
库伦旗	1			1		34		29	4	1
奈曼旗	9	3		1	5	54	7	38	4	5
扎鲁特旗						24	5	17	2	
通辽经济技术开发区	9			3	6	81	18	40	6	17
霍林郭勒市	4				4	83	31	37	1	14
鄂尔多斯市	**126**	**12**	**26**	**22**	**66**	**2578**	**637**	**1479**	**159**	**303**
东胜区	32	6	5	3	18	732	176	458	21	77
康巴什区	3				3	103	19	64	7	13
达拉特旗	7			3	4	285	114	147	8	16
准格尔旗	24	2	9	6	7	588	142	341	34	71
鄂托克前旗						26	7	11	1	7
鄂托克旗	7	1	1	2	3	188	24	128	12	24
杭锦旗	4		4			37	5	21	7	4
乌审旗	32	2	2	4	24	255	44	111	46	54
伊金霍洛旗	17	1	5	4	7	364	106	198	23	37
呼伦贝尔市	**59**	**4**	**4**	**7**	**44**	**553**	**88**	**229**	**83**	**153**
海拉尔区	16	3		1	12	145	20	61	16	48
扎赉诺尔区	2			2		22	6	5	4	7
阿荣旗	1		1			43	2	30	5	6
莫力达瓦达斡尔族自治旗	3		1	1	1	10	2	7		1
鄂伦春自治旗	1		1			35	4	11	17	3
鄂温克族自治旗	5			1	4	39	8	13	7	11
陈巴尔虎旗	2				2	9	2	5	1	1
新巴尔虎左旗						7	2	1	4	
新巴尔虎右旗						20	3	8	2	7
满洲里市	12				12	105	30	44	9	22
牙克石市	7				7	47	3	12	9	23
扎兰屯市	7	1	1	1	4	40	4	17	5	14
额尔古纳市	2				2	11		8		3
根河市	1			1		20	2	7	4	7
巴彦淖尔市	**34**	**1**	**8**	**5**	**20**	**939**	**242**	**567**	**64**	**66**
临河区	14		2		12	385	115	224	15	31
五原县	7		1	2	4	116	30	67	13	6
磴口县	2				2	39	11	25	1	2
乌拉特前旗	5	1	4			197	49	125	15	8
乌拉特中旗	6		1	3	2	118	18	81	12	7
乌拉特后旗						46	10	22	4	10
杭锦后旗						38	9	23	4	2

7-1　续表 8　　　　单位：人

现住地	自治区外									
	天津					河北				
	小计	乡	镇的村委会	镇的居委会	街道	小计	乡	镇的村委会	镇的居委会	街道
乌兰察布市	**50**	**4**	**8**	**6**	**32**	**1435**	**439**	**723**	**135**	**138**
集宁区	30	2	2		26	524	138	283	42	61
卓资县						30	9	14	2	5
化德县	8		4		4	244	94	104	26	20
商都县	3	1		2		157	59	66	28	4
兴和县	5		2	3		154	64	74	7	9
凉城县						18	8	9		1
察哈尔右翼前旗	2	1		1		151	23	96	13	19
察哈尔右翼中旗						30	10	17	1	2
察哈尔右翼后旗						35	6	22	5	2
四子王旗						36	17	13	2	4
丰镇市	2				2	56	11	25	9	11
兴安盟	**38**	**1**	**12**	**3**	**22**	**258**	**47**	**156**	**20**	**35**
乌兰浩特市	13		1		12	125	14	87	4	20
阿尔山市						17		10	5	2
科尔沁右翼前旗	15		6	1	8	42	6	27	3	6
科尔沁右翼中旗	3		1	1	1	25	7	14	2	2
扎赉特旗	1		1			24	11	7	1	5
突泉县	6	1	3	1	1	25	9	11	5	
锡林郭勒盟	**56**	**4**	**9**	**9**	**34**	**3274**	**717**	**1891**	**323**	**343**
二连浩特市	3				3	272	69	162	17	24
锡林浩特市	36	3	5	5	23	1662	245	1116	133	168
阿巴嘎旗						66	20	30	13	3
苏尼特左旗						42	5	30	6	1
苏尼特右旗	1				1	75	8	26	4	37
东乌珠穆沁旗	1				1	139	19	84	18	18
西乌珠穆沁旗	2		1	1		80	14	50	11	5
太仆寺旗	2				2	174	45	85	27	17
镶黄旗						62	18	17	17	10
正镶白旗						65	30	28	4	3
正蓝旗	1		1			131	46	58	16	11
多伦县	10	1	2	3	4	470	188	185	53	44
乌拉盖管委会						36	10	20	4	2
阿拉善盟	**12**		**5**	**2**	**5**	**225**	**54**	**128**	**28**	**15**
阿拉善左旗	10		3	2	5	103	23	57	18	5
阿拉善右旗	1		1			5	2	1	2	
额济纳旗	1		1			26	7	16	3	
内蒙古阿拉善经济开发区						91	22	54	5	10

7-1 续表 9 单位：人

现住地	自治区外									
	山西					内蒙古				
	小计	乡	镇的村委会	镇的居委会	街道	小计	乡	镇的村委会	镇的居委会	街道
内蒙古	**20971**	**5448**	**12091**	**1368**	**2064**					
呼和浩特市	**4628**	**1449**	**2264**	**351**	**564**					
新城区	880	246	418	70	146					
回民区	635	199	323	42	71					
玉泉区	1168	363	640	81	84					
赛罕区	984	250	463	92	179					
土默特左旗	269	110	130	17	12					
托克托县	108	37	56	11	4					
和林格尔县	190	66	81	8	35					
清水河县	69	35	28	4	2					
武川县	23	12	1	2	8					
呼和浩特经济技术开发区	302	131	124	24	23					
包头市	**5133**	**1275**	**3156**	**237**	**465**					
东河区	990	181	652	30	127					
昆都仑区	1596	480	859	89	168					
青山区	1061	236	678	60	87					
石拐区	118	20	86	7	5					
白云鄂博矿区	40	9	26	1	4					
九原区	691	196	448	16	31					
土默特右旗	96	36	42	11	7					
固阳县	64	8	50		6					
达尔罕茂明安联合旗	45	9	29	3	4					
包头稀土高新技术产业开发区	432	100	286	20	26					
乌海市	**662**	**203**	**354**	**38**	**67**					
海勃湾区	328	102	175	16	35					
海南区	224	77	117	15	15					
乌达区	110	24	62	7	17					
赤峰市	**225**	**82**	**89**	**23**	**31**					
红山区	55	18	23	6	8					
元宝山区	16	2	10	3	1					
松山区	48	10	20	3	15					
阿鲁科尔沁旗	7	3	3		1					
巴林左旗	6	1	4		1					
巴林右旗	3	1	2							
林西县	11	6	5							
克什克腾旗	49	31	9	8	1					
翁牛特旗	7	1	6							
喀喇沁旗	6		3		3					
宁城县	8	3	3	1	1					
敖汉旗	9	6	1	2						

7-1　续表 10　　　　单位：人

现住地	自治区外									
	山西					内蒙古				
	小计	乡	镇的村委会	镇的居委会	街道	小计	乡	镇的村委会	镇的居委会	街道
通辽市	**129**	**18**	**86**	**6**	**19**					
科尔沁区	40	7	22	2	9					
科尔沁左翼中旗	7		7							
科尔沁左翼后旗	5		4		1					
开鲁县	8	3	4	1						
库伦旗	4		4							
奈曼旗	10	5	1		4					
扎鲁特旗	15	1	11	3						
通辽经济技术开发区	10	1	4		5					
霍林郭勒市	30	1	29							
鄂尔多斯市	**6885**	**1622**	**4474**	**352**	**437**					
东胜区	3267	781	2286	96	104					
康巴什区	273	61	146	22	44					
达拉特旗	344	108	205	5	26					
准格尔旗	1531	354	985	80	112					
鄂托克前旗	33	3	19	1	10					
鄂托克旗	196	21	160	6	9					
杭锦旗	76	10	36	22	8					
乌审旗	302	75	149	28	50					
伊金霍洛旗	863	209	488	92	74					
呼伦贝尔市	**94**	**9**	**34**	**21**	**30**					
海拉尔区	33	4	11	7	11					
扎赉诺尔区										
阿荣旗	6		3	1	2					
莫力达瓦达斡尔族自治旗	6	1	1	4						
鄂伦春自治旗	2			2						
鄂温克族自治旗	9	3	1	3	2					
陈巴尔虎旗	2			2						
新巴尔虎左旗	3		1	1	1					
新巴尔虎右旗	10		4	1	5					
满洲里市	15	1	8		6					
牙克石市										
扎兰屯市	5		3		2					
额尔古纳市										
根河市	3		2		1					
巴彦淖尔市	**724**	**161**	**450**	**50**	**63**					
临河区	198	52	112	8	26					
五原县	64	4	31	20	9					
磴口县	28	7	13	1	7					
乌拉特前旗	292	70	205	8	9					
乌拉特中旗	78	8	57	6	7					
乌拉特后旗	39	11	22	2	4					
杭锦后旗	25	9	10	5	1					

7−1 续表 11　　　　单位：人

现住地	自治区外									
	山西					内蒙古				
	小计	乡	镇的村委会	镇的居委会	街道	小计	乡	镇的村委会	镇的居委会	街道
乌兰察布市	**1818**	**495**	**808**	**208**	**307**					
集宁区	618	167	271	47	133					
卓资县	50	17	19	7	7					
化德县	65	5	51	8	1					
商都县	75	28	23	15	9					
兴和县	95	21	53	14	7					
凉城县	84	35	32	6	11					
察哈尔右翼前旗	203	38	103	36	26					
察哈尔右翼中旗	43	11	26	1	5					
察哈尔右翼后旗	61	17	19	19	6					
四子王旗	57	28	21	6	2					
丰镇市	467	128	190	49	100					
兴安盟	**51**	**11**	**26**	**3**	**11**					
乌兰浩特市	22	2	14	1	5					
阿尔山市	1				1					
科尔沁右翼前旗	5		2		3					
科尔沁右翼中旗	6	4	1	1						
扎赉特旗	5	2		1	2					
突泉县	12	3	9							
锡林郭勒盟	**468**	**85**	**258**	**68**	**57**					
二连浩特市	84	21	50	8	5					
锡林浩特市	190	15	115	36	24					
阿巴嘎旗	11	5	5		1					
苏尼特左旗	35	11	17	3	4					
苏尼特右旗	46	12	28	5	1					
东乌珠穆沁旗	6	2	3	1						
西乌珠穆沁旗	24	5	11		8					
太仆寺旗	14	4	8	1	1					
镶黄旗	2			2						
正镶白旗	14	2	1		11					
正蓝旗	11	1	7	3						
多伦县	29	7	12	8	2					
乌拉盖管委会	2		1	1						
阿拉善盟	**154**	**38**	**92**	**11**	**13**					
阿拉善左旗	63	21	35	1	6					
阿拉善右旗	11	2	7		2					
额济纳旗	26	7	10	6	3					
内蒙古阿拉善经济开发区	54	8	40	4	2					

7-1　续表 12

单位：人

现住地	自治区外									
	辽宁					吉林				
	小计	乡	镇的村委会	镇的居委会	街道	小计	乡	镇的村委会	镇的居委会	街道
内蒙古	**10549**	**1743**	**5177**	**1144**	**2485**	**8080**	**1510**	**3889**	**947**	**1734**
呼和浩特市	**760**	**160**	**294**	**86**	**220**	**730**	**127**	**283**	**94**	**226**
新城区	190	35	59	31	65	160	14	49	21	76
回民区	116	26	50	10	30	92	13	41	12	26
玉泉区	138	16	75	13	34	137	29	60	24	24
赛罕区	203	39	77	23	64	200	26	78	26	70
土默特左旗	15	6	4	3	2	24	5	12	2	5
托克托县	10	1	7		2	20	5	12	1	2
和林格尔县	27	9	8	1	9	25	5	9	5	6
清水河县	3	1	2							
武川县	6	1	3	1	1	9	3	1	2	3
呼和浩特经济技术开发区	52	26	9	4	13	63	27	21	1	14
包头市	**785**	**111**	**359**	**87**	**228**	**435**	**69**	**192**	**50**	**124**
东河区	79	4	44	5	26	45	4	19	2	20
昆都仑区	308	56	121	39	92	179	26	84	18	51
青山区	215	29	89	23	74	101	20	39	15	27
石拐区	1			1		5		3	1	1
白云鄂博矿区	3	1	1		1	3		1		2
九原区	69	9	38	9	13	59	15	26	8	10
土默特右旗	23	7	14		2	8	2	2	2	2
固阳县	14	1	6	2	5	4		4		
达尔罕茂明安联合旗	7		7							
包头稀土高新技术产业开发区	66	4	39	8	15	31	2	14	4	11
乌海市	**158**	**42**	**68**	**15**	**33**	**117**	**23**	**60**	**15**	**19**
海勃湾区	82	21	42	5	14	58	6	38	6	8
海南区	43	12	14	5	12	33	8	14	4	7
乌达区	33	9	12	5	7	26	9	8	5	4
赤峰市	**2878**	**568**	**1684**	**242**	**384**	**537**	**124**	**251**	**68**	**94**
红山区	668	139	353	65	111	146	34	75	17	20
元宝山区	674	91	469	54	60	54	7	27	11	9
松山区	507	71	324	33	79	97	11	46	13	27
阿鲁科尔沁旗	52	18	19	3	12	21	7	8		6
巴林左旗	47	11	20	6	10	28	9	14	1	4
巴林右旗	42	11	19	7	5	24	8	7	2	7
林西县	56	12	18	15	11	16	1	3	5	7
克什克腾旗	88	29	23	15	21	34	14	13	4	3
翁牛特旗	67	18	34	3	12	23	9	11	3	
喀喇沁旗	80	18	47	10	5	20	1	9	3	7
宁城县	358	88	215	19	36	41	9	26	4	2
敖汉旗	239	62	143	12	22	33	14	12	5	2

7-1 续表 13

单位：人

现住地	自治区外									
	辽宁					吉林				
	小计	乡	镇的村委会	镇的居委会	街道	小计	乡	镇的村委会	镇的居委会	街道
通辽市	**2113**	**314**	**1144**	**246**	**409**	**1790**	**269**	**923**	**214**	**384**
科尔沁区	621	60	300	67	194	441	53	189	67	132
科尔沁左翼中旗	92	16	42	11	23	324	68	201	25	30
科尔沁左翼后旗	378	73	207	72	26	166	26	62	39	39
开鲁县	104	5	79	18	2	60	4	41	9	6
库伦旗	142	24	99	13	6	11	3	5		3
奈曼旗	137	21	80	18	18	38	5	31	1	1
扎鲁特旗	104	28	59	10	7	85	20	39	18	8
通辽经济技术开发区	241	31	141	18	51	154	7	79	13	55
霍林郭勒市	294	56	137	19	82	511	83	276	42	110
鄂尔多斯市	**1054**	**186**	**464**	**120**	**284**	**670**	**149**	**329**	**66**	**126**
东胜区	215	19	122	23	51	191	56	77	15	43
康巴什区	55	13	24	3	15	46	7	24	4	11
达拉特旗	52	11	31	3	7	47	17	22	3	5
准格尔旗	328	64	134	21	109	209	41	123	14	31
鄂托克前旗	9	3	2	1	3	19	6	6	1	6
鄂托克旗	53	5	35	9	4	30		20	5	5
杭锦旗	5		3		2	11	1	9	1	
乌审旗	141	16	36	48	41	45	8	16	8	13
伊金霍洛旗	196	55	77	12	52	72	13	32	15	12
呼伦贝尔市	**895**	**98**	**406**	**158**	**233**	**1219**	**212**	**605**	**171**	**231**
海拉尔区	168	23	66	28	51	297	42	143	42	70
扎赉诺尔区	34	4	15	3	12	63	23	29	3	8
阿荣旗	82	8	33	20	21	61	14	23	18	6
莫力达瓦达斡尔族自治旗	32	3	18	6	5	44	9	26	9	
鄂伦春自治旗	55	6	27	17	5	83	13	44	20	6
鄂温克族自治旗	64	6	30	13	15	68	17	30	12	9
陈巴尔虎旗	26	4	7	7	8	47	13	21	8	5
新巴尔虎左旗	10		8	1	1	15	2	5	5	3
新巴尔虎右旗	65	7	39	6	13	40	6	15	4	15
满洲里市	171	12	98	31	30	242	27	154	25	36
牙克石市	67	3	14	13	37	98	20	29	12	37
扎兰屯市	80	20	34	4	22	105	22	56	3	24
额尔古纳市	19	1	13	1	4	37	3	21	6	7
根河市	22	1	4	8	9	19	1	9	4	5
巴彦淖尔市	**164**	**28**	**90**	**17**	**29**	**183**	**18**	**110**	**22**	**33**
临河区	52	16	15	5	16	32	7	13		12
五原县	6		4		2	12	1	6	4	1
磴口县	9		6	2	1	5		1	1	3
乌拉特前旗	39	3	31	3	2	29	3	23	2	1
乌拉特中旗	45	7	24	6	8	87	1	62	13	11
乌拉特后旗	9		8	1		11	4	4		3
杭锦后旗	4	2	2			7	2	1	2	2

7—1　续表 14　　　　　　　　　　　　　　　　　　　　　　　　单位：人

现住地	自治区外									
	辽宁					吉林				
	小计	乡	镇的村委会	镇的居委会	街道	小计	乡	镇的村委会	镇的居委会	街道
乌兰察布市	**196**	**40**	**102**	**20**	**34**	**206**	**37**	**63**	**25**	**81**
集宁区	106	19	58	7	22	65	8	28	10	19
卓资县	13	5	7	1		17	9	7	1	
化德县	5	1	2	1	1	9		4		5
商都县	18	1	14	2	1	3		1	2	
兴和县	5	1	2		2	6		4	1	1
凉城县	1				1	1	1			
察哈尔右翼前旗	12	2	6	2	2	32	6	14	2	10
察哈尔右翼中旗	8	3	5			4	1		3	
察哈尔右翼后旗	4	3	1			6	3	2		1
四子王旗	7	1	4		2	6	5		1	
丰镇市	17	4	3	7	3	57	4	3	5	45
兴安盟	**565**	**97**	**265**	**54**	**149**	**1759**	**405**	**871**	**163**	**320**
乌兰浩特市	221	17	110	16	78	844	136	458	59	191
阿尔山市	16	1	7	4	4	64	18	22	10	14
科尔沁右翼前旗	110	15	58	5	32	355	88	190	24	53
科尔沁右翼中旗	50	6	24	7	13	135	59	48	14	14
扎赉特旗	88	26	37	10	15	146	51	52	19	24
突泉县	80	32	29	12	7	215	53	101	37	24
锡林郭勒盟	**932**	**88**	**277**	**92**	**475**	**399**	**55**	**193**	**56**	**95**
二连浩特市	23	4	13		6	36	7	11	7	11
锡林浩特市	175	19	87	27	42	154	12	81	18	43
阿巴嘎旗	11	1	7	2	1	24	2	16		6
苏尼特左旗	9	1	3	3	2	9	5	1	1	2
苏尼特右旗	8	1	3	4		8		7	1	
东乌珠穆沁旗	19	4	10	4	1	16	2	7	3	4
西乌珠穆沁旗	577	37	120	36	384	90	11	45	11	23
太仆寺旗	11	5	3	2	1	9	2	5	1	1
镶黄旗	40	1	8		31	1				1
正镶白旗						2	2			
正蓝旗	6	1	3	1	1	7		4	1	2
多伦县	38	11	13	8	6	20	4	9	5	2
乌拉盖管委会	15	3	7	5		23	8	7	8	
阿拉善盟	**49**	**11**	**24**	**7**	**7**	**35**	**22**	**9**	**3**	**1**
阿拉善左旗	23	2	18		3	16	8	4	3	1
阿拉善右旗	12	8	2	1	1	1	1			
额济纳旗	6	1	2	2	1	14	11	3		
内蒙古阿拉善经济开发区	8		2	4	2	4	2	2		

7-1 续表 15

单位：人

现住地	自治区外									
	黑龙江					上海				
	小计	乡	镇的村委会	镇的居委会	街道	小计	乡	镇的村委会	镇的居委会	街道
内蒙古	**17078**	**3240**	**8657**	**2334**	**2847**	**140**	**5**	**9**	**31**	**95**
呼和浩特市	**1075**	**211**	**391**	**152**	**321**	**40**	**1**		**8**	**31**
新城区	254	40	88	49	77	9			1	8
回民区	161	39	56	27	39	3				3
玉泉区	176	33	71	23	49	5			1	4
赛罕区	364	53	129	47	135	19	1		6	12
土默特左旗	26	13	7		6					
托克托县	24	7	12	2	3	1				1
和林格尔县	26	8	13		5	2				2
清水河县	8	1	3	1	3					
武川县	3	3								
呼和浩特经济技术开发区	33	14	12	3	4	1				1
包头市	**851**	**184**	**380**	**95**	**192**	**23**		**1**	**4**	**18**
东河区	103	14	41	12	36					
昆都仑区	367	95	155	32	85	13		1	4	8
青山区	189	42	86	22	39	7				7
石拐区	2		2							
白云鄂博矿区	3	1			2					
九原区	78	12	37	19	10	1				1
土默特右旗	17	4	10	1	2	1				1
固阳县	9	3	4	2						
达尔罕茂明安联合旗	5		2		3					
包头稀土高新技术产业开发区	78	13	43	7	15	1				1
乌海市	**294**	**71**	**124**	**35**	**64**	**3**	**1**			**2**
海勃湾区	107	25	32	13	37	2				2
海南区	116	29	52	19	16					
乌达区	71	17	40	3	11	1	1			
赤峰市	**900**	**197**	**492**	**88**	**123**	**21**	**2**	**4**	**7**	**8**
红山区	238	48	122	32	36	6	1	3		2
元宝山区	74	8	50	4	12	1		1		
松山区	202	29	119	13	41	7			2	5
阿鲁科尔沁旗	19	11	5		3	1	1			
巴林左旗	32	5	20	6	1					
巴林右旗	43	9	23	7	4	1				1
林西县	32	5	17	3	7					
克什克腾旗	45	27	9	7	2					
翁牛特旗	26	10	13	1	2	3			3	
喀喇沁旗	39	7	22	7	3					
宁城县	86	12	61	6	7	1			1	
敖汉旗	64	26	31	2	5	1			1	

7-1 续表 16

单位：人

现住地	自治区外									
	黑龙江					上海				
	小计	乡	镇的村委会	镇的居委会	街道	小计	乡	镇的村委会	镇的居委会	街道
通辽市	**912**	**157**	**461**	**114**	**180**	**6**		**2**	**2**	**2**
科尔沁区	271	22	139	35	75	2				2
科尔沁左翼中旗	55	19	20	8	8					
科尔沁左翼后旗	32	9	7	13	3					
开鲁县	52	6	24	12	10					
库伦旗	6	4	1	1		1			1	
奈曼旗	38	4	23	4	7					
扎鲁特旗	63	23	23	11	6					
通辽经济技术开发区	123	10	67	10	36	3		2	1	
霍林郭勒市	272	60	157	20	35					
鄂尔多斯市	**1268**	**269**	**571**	**156**	**272**	**13**		**2**	**1**	**10**
东胜区	261	38	132	29	62	7				7
康巴什区	61	17	25	5	14					
达拉特旗	75	20	31	1	23	1		1		
准格尔旗	335	73	187	25	50	3				3
鄂托克前旗	17	1	6	2	8					
鄂托克旗	71	13	37	16	5	2		1	1	
杭锦旗	23		13	9	1					
乌审旗	171	29	46	41	55					
伊金霍洛旗	254	78	94	28	54					
呼伦贝尔市	**9491**	**1612**	**5214**	**1342**	**1323**	**10**			**4**	**6**
海拉尔区	1769	346	918	252	253	6			3	3
扎赉诺尔区	404	122	162	31	89					
阿荣旗	506	113	253	87	53					
莫力达瓦达斡尔族自治旗	736	149	415	135	37	1			1	
鄂伦春自治旗	1042	220	606	165	51					
鄂温克族自治旗	521	137	214	103	67					
陈巴尔虎旗	219	44	108	48	19					
新巴尔虎左旗	96	21	17	13	45					
新巴尔虎右旗	170	56	75	22	17					
满洲里市	2663	221	1779	303	360	1				1
牙克石市	528	92	197	91	148					
扎兰屯市	556	50	312	60	134	2				2
额尔古纳市	207	29	135	15	28					
根河市	74	12	23	17	22					
巴彦淖尔市	**229**	**36**	**119**	**37**	**37**	**4**				**4**
临河区	48	11	20	6	11	4				4
五原县	20	6	7	2	5					
磴口县	7	2		5						
乌拉特前旗	19	2	14	2	1					
乌拉特中旗	117	13	69	19	16					
乌拉特后旗	11		7	3	1					
杭锦后旗	7	2	2		3					

7-1 续表 17

单位：人

现住地	自治区外									
	黑龙江					上海				
	小计	乡	镇的村委会	镇的居委会	街道	小计	乡	镇的村委会	镇的居委会	街道
乌兰察布市	**196**	**34**	**74**	**22**	**66**	**7**			**1**	**6**
集宁区	104	18	38	8	40	3			1	2
卓资县	10	2	2	1	5					
化德县	2	2								
商都县	13		12		1					
兴和县	14		10	3	1					
凉城县	4		3		1					
察哈尔右翼前旗	17	5	5	3	4	2				2
察哈尔右翼中旗	5	2			3					
察哈尔右翼后旗	6		2	3	1					
四子王旗	6	4	1	1						
丰镇市	15	1	1	3	10	2				2
兴安盟	**1274**	**318**	**599**	**204**	**153**	**9**			**4**	**5**
乌兰浩特市	332	35	170	56	71	3				3
阿尔山市	10	1		5	4	2				2
科尔沁右翼前旗	148	20	89	12	27					
科尔沁右翼中旗	34	10	12	9	3					
扎赉特旗	678	237	305	94	42	2			2	
突泉县	72	15	23	28	6	2			2	
锡林郭勒盟	**455**	**93**	**191**	**71**	**100**	**2**				**2**
二连浩特市	50	11	24	7	8					
锡林浩特市	138	21	63	22	32					
阿巴嘎旗	15	2	8	1	4					
苏尼特左旗	13	2	1	6	4					
苏尼特右旗	8	2	3		3					
东乌珠穆沁旗	21	3	9	4	5					
西乌珠穆沁旗	84	14	46	10	14	2				2
太仆寺旗	17	4	3	2	8					
镶黄旗	7	3	1	3						
正镶白旗	2	1			1					
正蓝旗	22	6	11		5					
多伦县	70	22	21	12	15					
乌拉盖管委会	8	2	1	4	1					
阿拉善盟	**133**	**58**	**41**	**18**	**16**	**2**	**1**			**1**
阿拉善左旗	24	6	14	2	2	1				1
阿拉善右旗	8	6	2							
额济纳旗	82	42	18	9	13	1	1			
内蒙古阿拉善经济开发区	19	4	7	7	1					

7-1　续表 18　　　　单位：人

现住地	自治区外									
	江苏					浙江				
	小计	乡	镇的村委会	镇的居委会	街道	小计	乡	镇的村委会	镇的居委会	街道
内蒙古	**2389**	**361**	**1259**	**294**	**475**	**1547**	**211**	**845**	**191**	**300**
呼和浩特市	**444**	**60**	**229**	**54**	**101**	**340**	**55**	**138**	**52**	**95**
新城区	131	11	65	15	40	62	4	24	10	24
回民区	77	17	42	9	9	109	10	60	16	23
玉泉区	70	16	39	6	9	61	11	32	8	10
赛罕区	122	7	62	18	35	72	11	18	14	29
土默特左旗	9	1	3	3	2	17	8	3		6
托克托县	7	1	4	1	1	2				2
和林格尔县	10	2	7		1	6	6			
清水河县	2		2							
武川县	4	4				5	4	1		
呼和浩特经济技术开发区	12	1	5	2	4	6	1		4	1
包头市	**436**	**76**	**242**	**40**	**78**	**295**	**29**	**178**	**20**	**68**
东河区	80	4	46	9	21	89	7	70	5	7
昆都仑区	95	21	41	7	26	76	4	37	5	30
青山区	121	24	50	22	25	74	9	40	4	21
石拐区						2		2		
白云鄂博矿区										
九原区	30	4	23		3	20	5	8	1	6
土默特右旗	22	9	11	1	1	10	4	4	1	1
固阳县	4		2		2	10		8	1	1
达尔罕茂明安联合旗										
包头稀土高新技术产业开发区	84	14	69	1		14		9	3	2
乌海市	**94**	**18**	**43**	**14**	**19**	**77**	**15**	**38**	**11**	**13**
海勃湾区	50	10	22	6	12	57	11	32	4	10
海南区	19	5	3	6	5	9	1	3	3	2
乌达区	25	3	18	2	2	11	3	3	4	1
赤峰市	**143**	**25**	**77**	**16**	**25**	**132**	**14**	**71**	**28**	**19**
红山区	39	5	25	5	4	47	6	15	16	10
元宝山区	14	1	6	4	3	12		10		2
松山区	37	6	12	7	12	16	2	9	2	3
阿鲁科尔沁旗	1	1				9	2		5	2
巴林左旗	2	1			1	7	3	3	1	
巴林右旗	1	1				3		2		1
林西县	21		17		4	9		8		1
克什克腾旗	7	7				9		6	3	
翁牛特旗	4		3		1					
喀喇沁旗	7		7			14		14		
宁城县	6	1	5			5	1	4		
敖汉旗	4	2	2			1			1	

7－1 续表 19 单位：人

现住地	自治区外									
	江苏					浙江				
	小计	乡	镇的村委会	镇的居委会	街道	小计	乡	镇的村委会	镇的居委会	街道
通辽市	**112**	**11**	**51**	**15**	**35**	**75**	**11**	**39**	**9**	**16**
科尔沁区	38	2	20	4	12	29	5	15	2	7
科尔沁左翼中旗	2	1	1			3		1	2	
科尔沁左翼后旗	5		3	2		8	1	2	3	2
开鲁县	1		1			4		2	1	1
库伦旗						10	2	7	1	
奈曼旗	9	3	3	3		8		7		1
扎鲁特旗	4		2	1	1	1		1		
通辽经济技术开发区	33		11	4	18	5	3	1		1
霍林郭勒市	20	5	10	1	4	7		3		4
鄂尔多斯市	**551**	**95**	**298**	**64**	**94**	**166**	**28**	**104**	**13**	**21**
东胜区	135	32	59	23	21	66	10	39	8	9
康巴什区	24	2	11	2	9	4	3	1		
达拉特旗	28		22	3	3	27	2	15	2	8
准格尔旗	98	13	66	3	16	38	12	25		1
鄂托克前旗	26	3	8	3	12	8		7		1
鄂托克旗	35	7	24	1	3	5		4		1
杭锦旗	9	3	6							
乌审旗	90	16	37	17	20	6	1	4	1	
伊金霍洛旗	106	19	65	12	10	12		9	2	1
呼伦贝尔市	**140**	**11**	**69**	**24**	**36**	**86**	**9**	**50**	**15**	**12**
海拉尔区	54	2	31	8	13	12	4	4	1	3
扎赉诺尔区	5		1	3	1	1		1		
阿荣旗	10	4	5		1	9		1	7	1
莫力达瓦达斡尔族自治旗	1		1			5		4		1
鄂伦春自治旗	6		3	1	2	2			2	
鄂温克族自治旗	4	1	2		1	6	3	3		
陈巴尔虎旗	5			4	1	4	1	3		
新巴尔虎左旗										
新巴尔虎右旗	8	1		1	6	5	1	1	2	1
满洲里市	37	1	23	7	6	18		14	2	2
牙克石市	2				2	4		3		1
扎兰屯市	8	2	3		3	3		1		2
额尔古纳市						5		5		
根河市						12		10	1	1
巴彦淖尔市	**82**	**14**	**42**	**13**	**13**	**91**	**13**	**51**	**10**	**17**
临河区	38	11	22	1	4	43	11	25	3	4
五原县	6		3	1	2	5				5
磴口县	5		4		1	4	2	2		
乌拉特前旗	10		4	6		10		8	1	1
乌拉特中旗	14	3	8		3	11		4	3	4
乌拉特后旗	2		1		1	16		10	3	3
杭锦后旗	7			5	2	2		2		

7-1　续表 20　　　　　　　　　　　　　　　　　　单位：人

现住地	自治区外									
	江苏					浙江				
	小计	乡	镇的村委会	镇的居委会	街道	小计	乡	镇的村委会	镇的居委会	街道
乌兰察布市	**132**	**22**	**80**	**13**	**17**	**89**	**15**	**47**	**17**	**10**
集宁区	57	13	30	4	10	42	4	26	8	4
卓资县	5		2		3	2		1		1
化德县	4	1	2	1		1	1			
商都县	5		4	1		5		4		1
兴和县	3	2	1							
凉城县	7	1	5	1		5	4		1	
察哈尔右翼前旗	24	1	19	2	2	7		3	4	
察哈尔右翼中旗										
察哈尔右翼后旗	5	2	3			7	3	3		1
四子王旗	1			1		7	1	5		1
丰镇市	21	2	14	3	2	13	2	5	4	2
兴安盟	**50**	**6**	**24**	**6**	**14**	**28**	**3**	**19**	**2**	**4**
乌兰浩特市	26	3	9	3	11	14	1	9		4
阿尔山市	5	1	4							
科尔沁右翼前旗	7		7			5		5		
科尔沁右翼中旗	6		2	2	2	3	2		1	
扎赉特旗	4	1	2	1		2		1	1	
突泉县	2	1			1	4		4		
锡林郭勒盟	**112**	**12**	**47**	**24**	**29**	**130**	**19**	**76**	**12**	**23**
二连浩特市	12		4	5	3	47	12	27	2	6
锡林浩特市	49	3	19	14	13	26	4	10	5	7
阿巴嘎旗	2				2					
苏尼特左旗	1		1							
苏尼特右旗	11	2	7	1	1	6		2	4	
东乌珠穆沁旗	3	1			2	13		10	1	2
西乌珠穆沁旗	13	6	4	2	1	9		3		6
太仆寺旗	13		4	2	7	19	2	15		2
镶黄旗										
正镶白旗										
正蓝旗	4		4			2		2		
多伦县	4		4			8	1	7		
乌拉盖管委会										
阿拉善盟	**93**	**11**	**57**	**11**	**14**	**38**		**34**	**2**	**2**
阿拉善左旗	22	1	13	3	5	30		29		1
阿拉善右旗	11		10		1					
额济纳旗	3	2		1		5		4	1	
内蒙古阿拉善经济开发区	57	8	34	7	8	3		1	1	1

7－1 续表 21 单位：人

现住地	自治区外									
	安徽					福建				
	小计	乡	镇的村委会	镇的居委会	街道	小计	乡	镇的村委会	镇的居委会	街道
内蒙古	**3915**	**819**	**2348**	**294**	**454**	**1614**	**201**	**1042**	**142**	**229**
呼和浩特市	**768**	**174**	**441**	**68**	**85**	**331**	**33**	**193**	**43**	**62**
新城区	135	21	72	16	26	100	3	46	24	27
回民区	132	21	81	12	18	41	5	25	1	10
玉泉区	204	54	131	14	5	107	11	78	7	11
赛罕区	217	61	115	17	24	56	9	37	4	6
土默特左旗	17	8	7	1	1	8	1	1	3	3
托克托县	15		11	2	2	7		4		3
和林格尔县	14	2	6	2	4	5	4			1
清水河县	10		9		1					
武川县	3	1	2			5		1	4	
呼和浩特经济技术开发区	21	6	7	4	4	2		1		1
包头市	**735**	**145**	**468**	**37**	**85**	**306**	**33**	**183**	**29**	**61**
东河区	107	12	73	4	18	54	1	42	4	7
昆都仑区	221	42	135	11	33	101	14	54	11	22
青山区	206	47	127	9	23	63	14	30	3	16
石拐区	1	1				13		4	2	7
白云鄂博矿区										
九原区	81	20	59	1	1	10		6		4
土默特右旗	8	7		1		29	4	22	3	
固阳县	5		2	3		1		1		
达尔罕茂明安联合旗	1		1			4		2	2	
包头稀土高新技术产业开发区	105	16	71	8	10	31		22	4	5
乌海市	**183**	**46**	**119**	**6**	**12**	**75**	**9**	**47**	**6**	**13**
海勃湾区	94	23	63	3	5	49	7	35	2	5
海南区	24	8	11	3	2	24	2	11	3	8
乌达区	65	15	45		5	2		1	1	
赤峰市	**256**	**45**	**170**	**10**	**31**	**95**	**14**	**62**	**8**	**11**
红山区	87	16	46	3	22	32	7	16	4	5
元宝山区	32		30		2	1		1		
松山区	67	12	48	2	5	42	1	32	3	6
阿鲁科尔沁旗	4	1	3			3	1	1	1	
巴林左旗	7	2	3	1	1					
巴林右旗	9	3	4	2		1		1		
林西县	14	2	11		1	4		4		
克什克腾旗	6	3	3							
翁牛特旗	3	3				4	1	3		
喀喇沁旗	14		14							
宁城县	13	3	8	2		4		4		
敖汉旗						4	4			

7-1 续表 22

单位：人

现住地	自治区外									
	安徽					福建				
	小计	乡	镇的村委会	镇的居委会	街道	小计	乡	镇的村委会	镇的居委会	街道
通辽市	**158**	**26**	**107**	**16**	**9**	**54**	**9**	**35**	**2**	**8**
科尔沁区	63	9	46	5	3	25	5	12		8
科尔沁左翼中旗	12	1	10		1	5		5		
科尔沁左翼后旗	8		6	2						
开鲁县	13		10	2	1	1		1		
库伦旗	7	1	5		1	5		5		
奈曼旗	13	7	6			3		3		
扎鲁特旗	10		6	4						
通辽经济技术开发区	19	7	9	3		13	4	8	1	
霍林郭勒市	13	1	9		3	2		1	1	
鄂尔多斯市	**1009**	**181**	**579**	**97**	**152**	**220**	**30**	**145**	**17**	**28**
东胜区	329	51	188	31	59	83	14	51	9	9
康巴什区	26	7	13	3	3	4		4		
达拉特旗	48	2	38	3	5	19	2	12		5
准格尔旗	200	28	97	34	41	61	4	45	4	8
鄂托克前旗	63	15	42		6					
鄂托克旗	48	13	32	1	2	22		16	2	4
杭锦旗	26		19	2	5	2		2		
乌审旗	99	24	51	13	11	17	8	8	1	
伊金霍洛旗	170	41	99	10	20	12	2	7	1	2
呼伦贝尔市	**124**	**22**	**74**	**10**	**18**	**255**	**22**	**206**	**15**	**12**
海拉尔区	38	6	21	3	8	19	1	10	3	5
扎赉诺尔区	8	6	2							
阿荣旗						8	5	1	2	
莫力达瓦达斡尔族自治旗						1			1	
鄂伦春自治旗	13		12	1		1		1		
鄂温克族自治旗	9	1	3	3	2					
陈巴尔虎旗										
新巴尔虎左旗										
新巴尔虎右旗	4	1	3							
满洲里市	30	5	23	1	1	216	15	189	7	5
牙克石市	8	1	2	1	4	4		1	2	1
扎兰屯市	5		4	1		4	1	3		
额尔古纳市	6		4		2	1		1		
根河市	3	2			1	1				1
巴彦淖尔市	**295**	**71**	**176**	**19**	**29**	**83**	**9**	**58**	**5**	**11**
临河区	128	36	77	5	10	21	7	8		6
五原县	64	22	34	8						
磴口县	16		14		2					
乌拉特前旗	32	5	23	1	3	30		28	2	
乌拉特中旗	17	2	12	2	1	14		7	2	5
乌拉特后旗	16	2	7	2	5	18	2	15	1	
杭锦后旗	22	4	9	1	8					

7－1 续表 23 单位：人

现住地	自治区外									
	安徽					福建				
	小计	乡	镇的村委会	镇的居委会	街道	小计	乡	镇的村委会	镇的居委会	街道
乌兰察布市	**116**	**33**	**57**	**17**	**9**	**44**	**6**	**22**	**10**	**6**
集宁区	51	12	32	2	5	11		11		
卓资县	2	2								
化德县	2	1	1			1		1		
商都县	4	2	1	1		3		2	1	
兴和县	12	4	8			4		2	1	1
凉城县										
察哈尔右翼前旗	6	1	3	2		10		3	4	3
察哈尔右翼中旗	6			3	3	1				1
察哈尔右翼后旗	12	4	1	7		7		3	4	
四子王旗	11	6	5			1				1
丰镇市	10	1	6	2	1	6	6			
兴安盟	**53**	**13**	**23**	**3**	**14**	**39**	**7**	**25**	**1**	**6**
乌兰浩特市	31	5	15	2	9	26		19	1	6
阿尔山市	1				1					
科尔沁右翼前旗	11	2	4	1	4	4		4		
科尔沁右翼中旗	1		1			4	4			
扎赉特旗	4	2	2			2	1	1		
突泉县	5	4	1			3	2	1		
锡林郭勒盟	**90**	**14**	**57**	**9**	**10**	**61**	**10**	**37**	**5**	**9**
二连浩特市	9		6	3		12	3	5	2	2
锡林浩特市	28	1	21	2	4	36	2	26	2	6
阿巴嘎旗	4		4							
苏尼特左旗	10	8	1	1		4		2	1	1
苏尼特右旗	5		4	1						
东乌珠穆沁旗	3		3							
西乌珠穆沁旗	3		3			1		1		
太仆寺旗	6		4		2					
镶黄旗	1		1			8	5	3		
正镶白旗	2				2					
正蓝旗	3	1	1	1						
多伦县	16	4	9	1	2					
乌拉盖管委会										
阿拉善盟	**128**	**49**	**77**	**2**		**51**	**19**	**29**	**1**	**2**
阿拉善左旗	96	28	67	1		48	18	29	1	
阿拉善右旗	1		1							
额济纳旗	23	13	9	1		1				1
内蒙古阿拉善经济开发区	8	8				2	1			1

7-1　续表 24　　　　　　　　　　　　　　　　　　　　　　　　单位：人

现住地	自治区外									
	江西					山东				
	小计	乡	镇的村委会	镇的居委会	街道	小计	乡	镇的村委会	镇的居委会	街道
内蒙古	**1234**	**304**	**567**	**150**	**213**	**8110**	**1102**	**4412**	**961**	**1635**
呼和浩特市	**393**	**114**	**130**	**67**	**82**	**1279**	**244**	**646**	**102**	**287**
新城区	100	23	22	26	29	275	43	123	26	83
回民区	79	17	36	10	16	238	49	130	20	39
玉泉区	100	43	37	13	7	202	32	127	6	37
赛罕区	55	8	18	11	18	314	67	120	30	97
土默特左旗	16	7	4	4	1	44	7	28	2	7
托克托县	2		1		1	37	3	20	9	5
和林格尔县	18	7	6	3	2	42	8	26	2	6
清水河县	4		4			2		1		1
武川县	8	2			6	4	3	1		
呼和浩特经济技术开发区	11	7	2		2	121	32	70	7	12
包头市	**193**	**41**	**104**	**18**	**30**	**952**	**159**	**542**	**64**	**187**
东河区	34		23	3	8	137	13	86	11	27
昆都仑区	63	22	35	1	5	356	57	208	17	74
青山区	53	5	31	10	7	197	35	101	18	43
石拐区	1		1			14		9		5
白云鄂博矿区						7		6		1
九原区	24	7	11	1	5	113	39	61	2	11
土默特右旗	3		1		2	32	2	15	9	6
固阳县						4	1	3		
达尔罕茂明安联合旗						2			1	1
包头稀土高新技术产业开发区	15	7	2	3	3	90	12	53	6	19
乌海市	**22**	**1**	**17**	**2**	**2**	**334**	**75**	**164**	**48**	**47**
海勃湾区	12		10		2	174	49	91	10	24
海南区	7		7			124	23	54	36	11
乌达区	3	1		2		36	3	19	2	12
赤峰市	**66**	**9**	**29**	**11**	**17**	**400**	**84**	**213**	**39**	**64**
红山区	24	6	11	3	4	112	15	69	17	11
元宝山区	6	1	3	1	1	36	2	22	6	6
松山区	6		5		1	88	13	48	4	23
阿鲁科尔沁旗	2	1			1	9	7	2		
巴林左旗	1		1			35	7	21	3	4
巴林右旗	2		2			16	8	3	2	3
林西县	7		1		6	11	4	4	2	1
克什克腾旗	1			1		34	14	6	4	10
翁牛特旗						15	5	8		2
喀喇沁旗	2				2	18	3	12	1	2
宁城县	12		4	6	2	18	3	13		2
敖汉旗	3	1	2			8	3	5		

7−1 续表 25

单位：人

现住地	自治区外									
	江西					山东				
	小计	乡	镇的村委会	镇的居委会	街道	小计	乡	镇的村委会	镇的居委会	街道
通辽市	**77**	**6**	**49**	**9**	**13**	**362**	**64**	**210**	**27**	**61**
科尔沁区	56	4	38	4	10	159	51	72	6	30
科尔沁左翼中旗	4		1	3		14	2	8	1	3
科尔沁左翼后旗	2		1	1		5	1	2	2	
开鲁县	1			1		48	2	42	4	
库伦旗	6		6			4	2	1	1	
奈曼旗	4		2		2	21	2	17		2
扎鲁特旗						13	1	7	3	2
通辽经济技术开发区	1		1			51		30	5	16
霍林郭勒市	3	2			1	47	3	31	5	8
鄂尔多斯市	**121**	**53**	**52**	**7**	**9**	**3227**	**242**	**1775**	**487**	**723**
东胜区	42	24	14	2	2	324	45	232	7	40
康巴什区	11	5	4	2		79	11	38	12	18
达拉特旗	6	2	4			142	3	67	15	57
准格尔旗	7	1	5		1	418	37	280	38	63
鄂托克前旗						1085	35	610	178	262
鄂托克旗	5		4		1	108	9	65	14	20
杭锦旗	6	6				17	1	14		2
乌审旗	21	12	7		2	414	45	161	123	85
伊金霍洛旗	23	3	14	3	3	640	56	308	100	176
呼伦贝尔市	**64**	**18**	**30**	**4**	**12**	**576**	**68**	**296**	**91**	**121**
海拉尔区	32	14	13	2	3	174	30	72	25	47
扎赉诺尔区	4	3			1	21	6	7		8
阿荣旗						48	7	27	5	9
莫力达瓦达斡尔族自治旗						37	2	23	7	5
鄂伦春自治旗	3		2	1		32	7	15	6	4
鄂温克族自治旗	2				2	26	5	12	9	
陈巴尔虎旗						13	2	9	2	
新巴尔虎左旗						2	1			1
新巴尔虎右旗						28	2	14	10	2
满洲里市	14		11		3	67	3	51	7	6
牙克石市	3		1	1	1	26	2	6	9	9
扎兰屯市	2		1		1	73	1	52	1	19
额尔古纳市	1	1				11		6	2	3
根河市	3		2		1	18		2	8	8
巴彦淖尔市	**35**	**3**	**17**		**15**	**243**	**46**	**155**	**14**	**28**
临河区	23	2	14		7	114	18	78	6	12
五原县	3	1	1		1	21	2	16	1	2
磴口县						6	1	4		1
乌拉特前旗	6		1		5	19	6	11		2
乌拉特中旗						61	13	34	6	8
乌拉特后旗	3		1		2	15	2	11	1	1
杭锦后旗						7	4	1		2

7-1 续表 26

单位：人

现住地	自治区外									
	江西					山东				
	小计	乡	镇的村委会	镇的居委会	街道	小计	乡	镇的村委会	镇的居委会	街道
乌兰察布市	**66**	**12**	**27**	**12**	**15**	**226**	**28**	**133**	**28**	**37**
集宁区	30		13	5	12	92	8	65	6	13
卓资县	3			3		25		19	2	4
化德县	3	2		1		7		2		5
商都县	1		1			22	5	6	10	1
兴和县	5	2		3		9	4	4	1	
凉城县						2		2		
察哈尔右翼前旗	8		8			27	4	20	3	
察哈尔右翼中旗	4	3			1	9	3	4	1	1
察哈尔右翼后旗	4		3		1	4		3	1	
四子王旗	6	5			1	7	3	2		2
丰镇市	2		2			22	1	6	4	11
兴安盟	**28**	**1**	**19**	**3**	**5**	**135**	**33**	**63**	**10**	**29**
乌兰浩特市	7		6		1	62	13	28	3	18
阿尔山市						2		2		
科尔沁右翼前旗	2		1		1	12		8		4
科尔沁右翼中旗	3		2		1	24	13	8		3
扎赉特旗	12	1	6	3	2	18	1	11	5	1
突泉县	4		4			17	6	6	2	3
锡林郭勒盟	**128**	**34**	**69**	**16**	**9**	**251**	**27**	**152**	**33**	**39**
二连浩特市	72	27	33	10	2	18	3	12	1	2
锡林浩特市	27		23	1	3	77	9	51	8	9
阿巴嘎旗						5	1	1		3
苏尼特左旗	1		1			4		1	1	2
苏尼特右旗						4		3	1	
东乌珠穆沁旗	6	3	3			16		7	3	6
西乌珠穆沁旗	3	1		2		39	3	24	3	9
太仆寺旗	5			2	3	27	1	22		4
镶黄旗	7	3	4			7	1	4	2	
正镶白旗						2	2			
正蓝旗	2		2			7	2	4		1
多伦县	4		3		1	19	3	9	4	3
乌拉盖管委会	1			1		26	2	14	10	
阿拉善盟	**41**	**12**	**24**	**1**	**4**	**125**	**32**	**63**	**18**	**12**
阿拉善左旗	40	12	24		4	78	23	38	14	3
阿拉善右旗	1			1		6	1	3	2	
额济纳旗						27	7	16	1	3
内蒙古阿拉善经济开发区						14	1	6	1	6

7-1 续表 27

单位：人

现住地	自治区外									
	河南					湖北				
	小计	乡	镇的村委会	镇的居委会	街道	小计	乡	镇的村委会	镇的居委会	街道
内蒙古	**9524**	**2611**	**5378**	**603**	**932**	**2361**	**455**	**1287**	**235**	**384**
呼和浩特市	**1726**	**495**	**899**	**139**	**193**	**503**	**116**	**247**	**49**	**91**
新城区	376	88	201	34	53	115	15	59	15	26
回民区	355	108	196	26	25	87	19	48	7	13
玉泉区	365	113	189	26	37	84	23	48	5	8
赛罕区	396	99	202	34	61	146	36	63	16	31
土默特左旗	47	18	24	2	3	27	10	9	2	6
托克托县	92	26	49	14	3	11	3	6		2
和林格尔县	31	10	12		9	7	3	3		1
清水河县	10	3	6	1		2		2		
武川县	8	6	1		1	3		2	1	
呼和浩特经济技术开发区	46	24	19	2	1	21	7	7	3	4
包头市	**1852**	**564**	**1036**	**88**	**164**	**452**	**74**	**248**	**40**	**90**
东河区	264	53	154	7	50	75	3	41	18	13
昆都仑区	591	211	273	40	67	147	18	73	10	46
青山区	391	119	231	18	23	92	22	48	6	16
石拐区	25	3	17	2	3	1		1		
白云鄂博矿区	10	3	7			8		8		
九原区	275	74	182	10	9	47	14	31		2
土默特右旗	37	15	17	3	2	5	3	1		1
固阳县	26	2	18	4	2	13		11		2
达尔罕茂明安联合旗	12	7	4		1	23	10	10	3	
包头稀土高新技术产业开发区	221	77	133	4	7	41	4	24	3	10
乌海市	**850**	**239**	**489**	**53**	**69**	**125**	**27**	**62**	**16**	**20**
海勃湾区	433	150	232	21	30	60	12	31	6	11
海南区	191	50	98	18	25	33	10	17	3	3
乌达区	226	39	159	14	14	32	5	14	7	6
赤峰市	**349**	**122**	**164**	**25**	**38**	**127**	**27**	**74**	**9**	**17**
红山区	92	25	49	7	11	41	14	14	4	9
元宝山区	40	8	26	2	4	13		12		1
松山区	69	13	41	10	5	29	6	20	1	2
阿鲁科尔沁旗	4	1	1	1	1	2		1	1	
巴林左旗	7	2	5							
巴林右旗	15	7	8			10	1	8		1
林西县	8		4		4	1				1
克什克腾旗	42	37	1		4	11	5	3	1	2
翁牛特旗	17	7	8		2	3	1		1	1
喀喇沁旗	16	6	9	1		11		11		
宁城县	13	1	8	1	3	4		4		
敖汉旗	26	15	4	3	4	2		1	1	

7-1 续表 28

单位：人

现住地	自治区外									
	河南					湖北				
	小计	乡	镇的村委会	镇的居委会	街道	小计	乡	镇的村委会	镇的居委会	街道
通辽市	**228**	**41**	**135**	**15**	**37**	**75**	**13**	**45**	**8**	**9**
科尔沁区	93	17	48	5	23	34	7	20	2	5
科尔沁左翼中旗	14	3	11			3		2	1	
科尔沁左翼后旗	8		4	4		3		2	1	
开鲁县	17		9	3	5	7		5	2	
库伦旗	2	1	1			5	3	2		
奈曼旗	8	2	6			1				1
扎鲁特旗	5	1	4			5	1	1	1	2
通辽经济技术开发区	32	6	23	2	1	8		6	1	1
霍林郭勒市	49	11	29	1	8	9	2	7		
鄂尔多斯市	**2404**	**599**	**1448**	**127**	**230**	**442**	**85**	**274**	**32**	**51**
东胜区	595	130	406	24	35	118	29	71	8	10
康巴什区	108	19	64	13	12	10	1	7		2
达拉特旗	217	69	111	10	27	30	6	23		1
准格尔旗	460	114	294	11	41	72	11	47	8	6
鄂托克前旗	50	18	14	1	17	7	4	3		
鄂托克旗	178	44	121	8	5	42	8	28	2	4
杭锦旗	97	12	60	1	24	13	3	6	2	2
乌审旗	208	50	87	34	37	59	9	26	8	16
伊金霍洛旗	491	143	291	25	32	91	14	63	4	10
呼伦贝尔市	**274**	**64**	**152**	**20**	**38**	**104**	**15**	**57**	**11**	**21**
海拉尔区	81	26	33	9	13	47	10	17	8	12
扎赉诺尔区	2	1	1							
阿荣旗	15	2	9	3	1	3		3		
莫力达瓦达斡尔族自治旗	13	3	8		2					
鄂伦春自治旗	6	3	3			4	3	1		
鄂温克族自治旗	15	4	7	1	3	3		1	1	1
陈巴尔虎旗	4	1	2	1		2		1		1
新巴尔虎左旗	5	3	1		1					
新巴尔虎右旗	3	2			1	6	2	2		2
满洲里市	96	12	69	5	10	24		19		5
牙克石市	11	1	6	1	3	5		4	1	
扎兰屯市	14	6	6		2	1		1		
额尔古纳市	3		2		1					
根河市	6		5		1	9		8	1	
巴彦淖尔市	**628**	**177**	**368**	**31**	**52**	**157**	**24**	**93**	**19**	**21**
临河区	324	112	175	12	25	86	10	54	11	11
五原县	46	12	30	3	1	17	3	11	3	
磴口县	36	3	28	4	1	6	3	3		
乌拉特前旗	100	16	78	2	4	13	4	3	3	3
乌拉特中旗	57	6	34	7	10	10		7	2	1
乌拉特后旗	43	17	13	3	10	18	3	9		6
杭锦后旗	22	11	10		1	7	1	6		

7-1　续表 29　　　　单位：人

现住地	自治区外									
	河南					湖北				
	小计	乡	镇的村委会	镇的居委会	街道	小计	乡	镇的村委会	镇的居委会	街道
乌兰察布市	**403**	**138**	**198**	**32**	**35**	**169**	**28**	**78**	**20**	**43**
集宁区	206	77	97	17	15	83	15	36	9	23
卓资县	14	3	8		3	6		5		1
化德县	18	11	6	1		14		7	1	6
商都县	8	1	3	3	1	5	2	1		2
兴和县	19	7	8	3	1					
凉城县	4	2	2			7		5	2	
察哈尔右翼前旗	74	16	49	3	6	13	1	10		2
察哈尔右翼中旗	11	2	9			14	3	7	4	
察哈尔右翼后旗	5	1	2		2	4	2			2
四子王旗	12	9	2	1		6	4		1	1
丰镇市	32	9	12	4	7	17	1	7	3	6
兴安盟	**122**	**14**	**76**	**20**	**12**	**31**	**9**	**15**	**4**	**3**
乌兰浩特市	58	3	39	5	11	15	4	6	2	3
阿尔山市	6		5	1						
科尔沁右翼前旗	25	2	20	3						
科尔沁右翼中旗	6	2	4			4	1	2	1	
扎赉特旗	13	2	5	6		2		1	1	
突泉县	14	5	3	5	1	10	4	6		
锡林郭勒盟	**376**	**87**	**205**	**25**	**59**	**106**	**11**	**70**	**11**	**14**
二连浩特市	47	15	27	2	3	14	4	7	2	1
锡林浩特市	149	18	85	17	29	38		29	4	5
阿巴嘎旗	18	3	12	1	2	1		1		
苏尼特左旗	21	14	3	2	2	2	1			1
苏尼特右旗	15	3	8		4	6	1	5		
东乌珠穆沁旗	5		3		2	2		2		
西乌珠穆沁旗	41	11	24	1	5	9		6	3	
太仆寺旗	26	10	12	1	3	15	1	11		3
镶黄旗	7	4	3			2	1		1	
正镶白旗	5				5	1	1			
正蓝旗	14	4	10			2		2		
多伦县	24	5	14	1	4	13	2	7		4
乌拉盖管委会	4		4			1			1	
阿拉善盟	**312**	**71**	**208**	**28**	**5**	**70**	**26**	**24**	**16**	**4**
阿拉善左旗	174	37	122	14	1	35	12	13	8	2
阿拉善右旗	26	8	13	5		3			2	1
额济纳旗	41	22	14	3	2	6	5	1		
内蒙古阿拉善经济开发区	71	4	59	6	2	26	9	10	6	1

7-1　续表 30　　　　单位：人

现住地	自治区外									
	湖南					广东				
	小计	乡	镇的村委会	镇的居委会	街道	小计	乡	镇的村委会	镇的居委会	街道
内蒙古	**1244**	**233**	**592**	**140**	**279**	**553**	**49**	**128**	**99**	**277**
呼和浩特市	**261**	**39**	**130**	**26**	**66**	**185**	**13**	**50**	**32**	**90**
新城区	64	8	29	13	14	58	4	15	7	32
回民区	32	1	20	1	10	16		3	1	12
玉泉区	30	6	14	1	9	28	1	12	6	9
赛罕区	91	15	46	9	21	67	6	14	14	33
土默特左旗	12	2	7		3	6		4	2	
托克托县	2		1		1	2	2			
和林格尔县	18	3	8	1	6	2		1		1
清水河县	1	1				1			1	
武川县						1			1	
呼和浩特经济技术开发区	11	3	5	1	2	4		1		3
包头市	**203**	**31**	**121**	**24**	**27**	**99**	**3**	**27**	**13**	**56**
东河区	37	2	25	5	5	13	1	5	1	6
昆都仑区	78	5	44	17	12	51	1	15	7	28
青山区	41	8	25	1	7	20		5	2	13
石拐区	1	1								
白云鄂博矿区										
九原区	24	6	16	1	1	3		1		2
土默特右旗	6	4	1		1	2	1			1
固阳县										
达尔罕茂明安联合旗										
包头稀土高新技术产业开发区	16	5	10		1	10		1	3	6
乌海市	**45**	**7**	**15**	**5**	**18**	**21**	**2**	**6**	**3**	**10**
海勃湾区	19	6	7	2	4	11	1	4		6
海南区	16	1	6		9	2			1	1
乌达区	10		2	3	5	8	1	2	2	3
赤峰市	**109**	**31**	**47**	**12**	**19**	**56**	**9**	**12**	**6**	**29**
红山区	14	3	6		5	11	1		3	7
元宝山区	16	4	2	2	8	4	1	2		1
松山区	24	7	8	7	2	22	1	3	3	15
阿鲁科尔沁旗	2	1	1							
巴林左旗	1				1	3	3			
巴林右旗	5	3	1		1					
林西县	25	1	20	3	1	2				2
克什克腾旗	6	6				5	3			2
翁牛特旗						1		1		
喀喇沁旗	3		3			3		2		1
宁城县	8	4	4			4		3		1
敖汉旗	5	2	2		1	1		1		

7-1 续表 31　　　　单位：人

现住地	自治区外									
	湖南					广东				
	小计	乡	镇的村委会	镇的居委会	街道	小计	乡	镇的村委会	镇的居委会	街道
通辽市	**61**	**9**	**34**	**6**	**12**	**28**	**4**	**5**	**7**	**12**
科尔沁区	24	7	8	3	6	9	4			5
科尔沁左翼中旗	8		7	1		1				1
科尔沁左翼后旗	1				1					
开鲁县	3		2		1	3		1	1	1
库伦旗	1			1		1			1	
奈曼旗	2		1		1	1				1
扎鲁特旗	3		3			2			2	
通辽经济技术开发区	10		8	1	1	10		4	3	3
霍林郭勒市	9	2	5		2	1				1
鄂尔多斯市	**206**	**23**	**100**	**40**	**43**	**49**	**2**	**13**	**14**	**20**
东胜区	59	8	38	6	7	24		11	4	9
康巴什区	15	5	5	4	1	6			3	3
达拉特旗	9		7	1	1	1				1
准格尔旗	13		9	2	2	7		1	3	3
鄂托克前旗	12	4			8	2	2			
鄂托克旗	5		1	2	2	2			1	1
杭锦旗	16		3	10	3					
乌审旗	32	3	12	1	16	1				1
伊金霍洛旗	45	3	25	14	3	6		1	3	2
呼伦贝尔市	**52**	**5**	**27**	**7**	**13**	**36**	**6**		**11**	**19**
海拉尔区	27	4	16	3	4	23	3		6	14
扎赉诺尔区										
阿荣旗	2		1	1						
莫力达瓦达斡尔族自治旗										
鄂伦春自治旗	1				1	3			1	2
鄂温克族自治旗	5		3		2	2	1		1	
陈巴尔虎旗										
新巴尔虎左旗	1		1			2			1	1
新巴尔虎右旗	2		1	1						
满洲里市	2				2	3	1		1	1
牙克石市	4	1	2	1		1			1	
扎兰屯市	2		1	1		2	1			1
额尔古纳市	1				1					
根河市	5		2		3					
巴彦淖尔市	**62**	**22**	**18**	**4**	**18**	**19**	**3**	**6**		**10**
临河区	16	9	2	1	4	14	1	5		8
五原县	3		3			3	2	1		
磴口县	2		2							
乌拉特前旗	4		3	1		1				1
乌拉特中旗	2		1		1	1				1
乌拉特后旗	18	7	7	2	2					
杭锦后旗	17	6			11					

7-1　续表 32　　　　单位：人

现住地	自治区外									
	湖南					广东				
	小计	乡	镇的村委会	镇的居委会	街道	小计	乡	镇的村委会	镇的居委会	街道
乌兰察布市	**94**	**21**	**24**	**8**	**41**	**18**	**3**	**4**	**1**	**10**
集宁区	26	7	11	1	7	10		3		7
卓资县						2				2
化德县	31		2		29					
商都县	5	1	3	1		1			1	
兴和县	1			1		1				1
凉城县	3	1			2					
察哈尔右翼前旗	13	4	4	2	3	1		1		
察哈尔右翼中旗	2		2			3	3			
察哈尔右翼后旗										
四子王旗	10	8	1	1						
丰镇市	3		1	2						
兴安盟	**19**	**4**	**7**	**2**	**6**	**25**	**1**	**2**	**5**	**17**
乌兰浩特市	7		4	1	2	15		1		14
阿尔山市						2			1	1
科尔沁右翼前旗	1				1	5	1	1	1	2
科尔沁右翼中旗	7	4	2	1		1			1	
扎赉特旗	4		1		3					
突泉县						2			2	
锡林郭勒盟	**98**	**31**	**51**	**2**	**14**	**13**	**2**	**2**	**5**	**4**
二连浩特市	41	21	18		2	1				1
锡林浩特市	26		22		4	5			4	1
阿巴嘎旗	2	1		1						
苏尼特左旗	3		3							
苏尼特右旗	1				1					
东乌珠穆沁旗	2	2								
西乌珠穆沁旗	10	5	1		4	3	1	1		1
太仆寺旗	3		1		2					
镶黄旗	3	1	2							
正镶白旗	1				1					
正蓝旗										
多伦县	6	1	4	1		4	1	1	1	1
乌拉盖管委会										
阿拉善盟	**34**	**10**	**18**	**4**	**2**	**4**	**1**	**1**	**2**	
阿拉善左旗	24	9	12	3		3	1		2	
阿拉善右旗	2		2							
额济纳旗	1			1						
内蒙古阿拉善经济开发区	7	1	4		2	1		1		

7-1 续表 33

单位：人

现住地	自治区外									
	广西					海南				
	小计	乡	镇的村委会	镇的居委会	街道	小计	乡	镇的村委会	镇的居委会	街道
内蒙古	**319**	**54**	**135**	**43**	**87**	**189**	**9**	**44**	**39**	**97**
呼和浩特市	**69**	**7**	**30**	**6**	**26**	**68**	**4**	**11**	**19**	**34**
新城区	11	1	5	1	4	19	1	2	7	9
回民区	7		2	1	4	5	1	1		3
玉泉区	13	1	5	3	4	3			3	
赛罕区	12	2	1		9	31	1	4	9	17
土默特左旗	10	1	8	1		3		3		
托克托县										
和林格尔县	15	2	8		5	1		1		
清水河县						1				1
武川县						1	1			
呼和浩特经济技术开发区	1		1			4				4
包头市	**73**	**13**	**38**	**9**	**13**	**40**		**15**	**8**	**17**
东河区	15	3	3	5	4					
昆都仑区	25	6	17	1	1	29		14	5	10
青山区	16	2	6	3	5	6			1	5
石拐区										
白云鄂博矿区	1				1					
九原区	14	2	11		1	3		1	1	1
土默特右旗										
固阳县	1				1					
达尔罕茂明安联合旗										
包头稀土高新技术产业开发区	1		1			2			1	1
乌海市	**8**	**1**	**3**	**3**	**1**	**4**	**1**	**1**		**2**
海勃湾区	5	1	2	2		2		1		1
海南区	1		1							
乌达区	2			1	1	2	1			1
赤峰市	**25**	**6**	**8**	**3**	**8**	**14**	**1**	**7**		**6**
红山区	5	2	1	1	1	3		1		2
元宝山区	1		1							
松山区	4		1	2	1	7		4		3
阿鲁科尔沁旗	1				1					
巴林左旗						1		1		
巴林右旗										
林西县	3		2		1					
克什克腾旗	2	1			1					
翁牛特旗										
喀喇沁旗	2		1		1					
宁城县	2		1		1	2		1		1
敖汉旗	5	3	1		1	1	1			

7-1　续表 34

单位：人

现住地	自治区外									
	广西					海南				
	小计	乡	镇的村委会	镇的居委会	街道	小计	乡	镇的村委会	镇的居委会	街道
通辽市	**25**	**3**	**14**	**3**	**5**	**8**		**3**	**1**	**4**
科尔沁区	6	2	3		1	6		2		4
科尔沁左翼中旗	1		1							
科尔沁左翼后旗	4	1	3							
开鲁县	1		1							
库伦旗										
奈曼旗										
扎鲁特旗	2		1	1						
通辽经济技术开发区	3			2	1	2		1	1	
霍林郭勒市	8		5		3					
鄂尔多斯市	**36**	**14**	**16**	**2**	**4**	**11**		**4**	**1**	**6**
东胜区	16	9	5		2	3				3
康巴什区	4	1	2		1	5		3	1	1
达拉特旗	2		2			1				1
准格尔旗	4	2	2			1				1
鄂托克前旗										
鄂托克旗	2		2							
杭锦旗	3	1	1		1					
乌审旗										
伊金霍洛旗	5	1	2	2		1		1		
呼伦贝尔市	**30**	**2**	**2**	**7**	**19**	**27**	**2**	**2**	**5**	**18**
海拉尔区	17	1	1	2	13	11		1	3	7
扎赉诺尔区	1			1						
阿荣旗										
莫力达瓦达斡尔族自治旗	1		1							
鄂伦春自治旗	1			1		1			1	
鄂温克族自治旗						1		1		
陈巴尔虎旗	1			1						
新巴尔虎左旗										
新巴尔虎右旗						1				1
满洲里市	1			1		1				1
牙克石市	3			1	2	8			1	7
扎兰屯市	4	1			3	1				1
额尔古纳市						2	2			
根河市	1				1	1				1
巴彦淖尔市	**10**		**8**	**1**	**1**	**8**			**1**	**7**
临河区	7		6		1	8			1	7
五原县	1		1							
磴口县										
乌拉特前旗	1		1							
乌拉特中旗										
乌拉特后旗	1			1						
杭锦后旗										

7–1 续表 35　　　　单位：人

现住地	自治区外									
	广西					海南				
	小计	乡	镇的村委会	镇的居委会	街道	小计	乡	镇的村委会	镇的居委会	街道
乌兰察布市	**21**	**4**	**7**	**3**	**7**	**1**	**1**			
集宁区	17	2	6	2	7					
卓资县										
化德县										
商都县	2	1	1							
兴和县										
凉城县										
察哈尔右翼前旗	1			1						
察哈尔右翼中旗										
察哈尔右翼后旗										
四子王旗	1	1								
丰镇市						1	1			
兴安盟	**3**	**3**				**6**			**4**	**2**
乌兰浩特市						3			1	2
阿尔山市	1	1								
科尔沁右翼前旗										
科尔沁右翼中旗	1	1								
扎赉特旗	1	1				3			3	
突泉县										
锡林郭勒盟	**15**	**1**	**7**	**4**	**3**	**1**		**1**		
二连浩特市										
锡林浩特市	5		1	1	3					
阿巴嘎旗										
苏尼特左旗										
苏尼特右旗	4		3	1						
东乌珠穆沁旗										
西乌珠穆沁旗	5	1	2	2						
太仆寺旗	1		1			1		1		
镶黄旗										
正镶白旗										
正蓝旗										
多伦县										
乌拉盖管委会										
阿拉善盟	**4**		**2**	**2**		**1**				**1**
阿拉善左旗	3		1	2		1				1
阿拉善右旗										
额济纳旗	1		1							
内蒙古阿拉善经济开发区										

7-1 续表 36

单位：人

现住地	自治区外									
	重庆					四川				
	小计	乡	镇的村委会	镇的居委会	街道	小计	乡	镇的村委会	镇的居委会	街道
内蒙古	**1048**	**205**	**526**	**117**	**200**	**3975**	**920**	**2220**	**324**	**511**
呼和浩特市	**235**	**60**	**89**	**42**	**44**	**1027**	**281**	**488**	**106**	**152**
新城区	70	16	25	15	14	259	64	121	31	43
回民区	33	4	20	5	4	142	43	72	14	13
玉泉区	40	11	8	8	13	213	68	99	26	20
赛罕区	48	15	21	4	8	272	58	139	23	52
土默特左旗	10	3	5		2	26	9	11	4	2
托克托县	2		2			39	6	23	3	7
和林格尔县	18	7	2	7	2	35	15	12		8
清水河县						16	7	3	4	2
武川县	1				1	8	5	1		2
呼和浩特经济技术开发区	13	4	6	3		17	6	7	1	3
包头市	**134**	**26**	**71**	**12**	**25**	**689**	**124**	**440**	**26**	**99**
东河区	17	5	5	6	1	100	6	74	2	18
昆都仑区	45	10	24	1	10	187	27	107	8	45
青山区	29	9	17		3	184	39	117	8	20
石拐区	1		1			6	4	1	1	
白云鄂博矿区						1		1		
九原区	24	1	18		5	77	22	48	3	4
土默特右旗	4	1	2		1	15	3	7		5
固阳县	3		1	1	1	8	2	3	1	2
达尔罕茂明安联合旗	2			2		12	4	6	1	1
包头稀土高新技术产业开发区	9		3	2	4	99	17	76	2	4
乌海市	**112**	**23**	**58**	**7**	**24**	**199**	**45**	**107**	**15**	**32**
海勃湾区	30	4	15	1	10	106	32	48	6	20
海南区	53	11	30	6	6	48	9	25	5	9
乌达区	29	8	13		8	45	4	34	4	3
赤峰市	**28**	**7**	**12**	**3**	**6**	**135**	**17**	**74**	**17**	**27**
红山区	8		5	2	1	19	3	11	2	3
元宝山区	1			1		21		17	1	3
松山区	9		6		3	33	1	19	2	11
阿鲁科尔沁旗						1	1			
巴林左旗	1	1				5	2	1	2	
巴林右旗	1		1			5		5		
林西县						4		3	1	
克什克腾旗	1				1	12	1	5		6
翁牛特旗						2	1		1	
喀喇沁旗						8	2	5		1
宁城县	6	6				18	3	5	8	2
敖汉旗	1				1	7	3	3		1

7-1 续表 37　　　　单位：人

现住地	自治区外									
	重庆					四川				
	小计	乡	镇的村委会	镇的居委会	街道	小计	乡	镇的村委会	镇的居委会	街道
通辽市	**40**	**2**	**27**	**3**	**8**	**57**	**11**	**24**	**14**	**8**
科尔沁区	14	1	10	1	2	14	3	3	3	5
科尔沁左翼中旗	2		2			2	1			1
科尔沁左翼后旗	2		2			6	2	2	2	
开鲁县	6	1	4	1		3	1		2	
库伦旗	2		1	1		2	1	1		
奈曼旗	2		1		1	3	1	1	1	
扎鲁特旗	1				1	9		3	6	
通辽经济技术开发区	3				3	17	2	13		2
霍林郭勒市	8		7		1	1		1		
鄂尔多斯市	**206**	**37**	**106**	**26**	**37**	**762**	**170**	**454**	**55**	**83**
东胜区	56	12	32	5	7	179	32	130		17
康巴什区	15	8	5	1	1	69	17	45	6	1
达拉特旗	17	5	12			63	19	37	2	5
准格尔旗	26	2	16	2	6	103	6	83	3	11
鄂托克前旗	1	1				26	16	3	2	5
鄂托克旗	9	1	7		1	31	2	16	10	3
杭锦旗	11		4	5	2	29	3	16	2	8
乌审旗	31		8	7	16	155	43	59	27	26
伊金霍洛旗	40	8	22	6	4	107	32	65	3	7
呼伦贝尔市	**64**	**6**	**28**	**5**	**25**	**87**	**9**	**52**	**17**	**9**
海拉尔区	17	2	10	1	4	19	2	8	3	6
扎赉诺尔区	3		1		2					
阿荣旗	6	1		1	4	16	1	13	2	
莫力达瓦达斡尔族自治旗	1	1				4	1	3		
鄂伦春自治旗	3		2	1		3	1	2		
鄂温克族自治旗						5	1	1	3	
陈巴尔虎旗	1				1	1			1	
新巴尔虎左旗						2		1	1	
新巴尔虎右旗	2				2	5		5		
满洲里市	9		6		3	10	1	6	2	1
牙克石市	10	2			8	4	1	3		
扎兰屯市	2		1		1	5		2	1	2
额尔古纳市	1			1		10	1	5	4	
根河市	9		8	1		3		3		
巴彦淖尔市	**73**	**11**	**48**	**2**	**12**	**301**	**88**	**166**	**14**	**33**
临河区	28	6	12	2	8	154	44	81	3	26
五原县	5	1	4			22	9	11	2	
磴口县	9		8		1	7	3	3	1	
乌拉特前旗	18	3	14		1	46	7	35	3	1
乌拉特中旗	10		9		1	30	8	20	2	
乌拉特后旗	2	1			1	34	15	11	3	5
杭锦后旗	1		1			8	2	5		1

7-1　续表 38　　　　单位：人

现住地	自治区外									
	重庆					四川				
	小计	乡	镇的村委会	镇的居委会	街道	小计	乡	镇的村委会	镇的居委会	街道
乌兰察布市	**43**	**10**	**29**		**4**	**375**	**91**	**225**	**30**	**29**
集宁区	20	3	13		4	166	44	102	8	12
卓资县	2	1	1			6	3	3		
化德县						7		6		1
商都县	1	1				12	5	2	5	
兴和县						8	4	3		1
凉城县	2		2			8	3	2	3	
察哈尔右翼前旗	6		6			86	14	64	2	6
察哈尔右翼中旗						3		2	1	
察哈尔右翼后旗	1	1				5	1	2	1	1
四子王旗	3	2	1			8	6	1		1
丰镇市	8	2	6			66	11	38	10	7
兴安盟	**14**	**3**	**3**	**3**	**5**	**89**	**24**	**49**	**3**	**13**
乌兰浩特市	3	1	2			37	2	28		7
阿尔山市										
科尔沁右翼前旗	7	1	1	1	4	16		14	2	
科尔沁右翼中旗	1				1	4		3	1	
扎赉特旗	1			1		14	7	1		6
突泉县	2	1		1		18	15	3		
锡林郭勒盟	**46**	**5**	**34**	**5**	**2**	**102**	**24**	**46**	**16**	**16**
二连浩特市	3		3			10		7		3
锡林浩特市	19		15	4		32	2	16	9	5
阿巴嘎旗	2		2			6		3	1	2
苏尼特左旗	1	1				19	13	4	2	
苏尼特右旗	3		3			1	1			
东乌珠穆沁旗	2		2			1		1		
西乌珠穆沁旗						8		3	2	3
太仆寺旗						10	4	4	1	1
镶黄旗	5	3	2			3	1	1	1	
正镶白旗	5	1	4			3		2		1
正蓝旗	1		1			1	1			
多伦县	5		2	1	2	8	2	5		1
乌拉盖管委会										
阿拉善盟	**53**	**15**	**21**	**9**	**8**	**152**	**36**	**95**	**11**	**10**
阿拉善左旗	41	13	17	8	3	90	10	65	6	9
阿拉善右旗						13	6	7		
额济纳旗	1		1			38	20	15	3	
内蒙古阿拉善经济开发区	11	2	3	1	5	11		8	2	1

7-1 续表 39 单位：人

现住地	自治区外									
	贵州					云南				
	小计	乡	镇的村委会	镇的居委会	街道	小计	乡	镇的村委会	镇的居委会	街道
内蒙古	**646**	**115**	**383**	**55**	**93**	**591**	**147**	**304**	**44**	**96**
呼和浩特市	**136**	**30**	**64**	**18**	**24**	**173**	**44**	**75**	**20**	**34**
新城区	15	2	4	7	2	19	4	11	1	3
回民区	19	4	5	3	7	25	7	7	2	9
玉泉区	34	13	15	4	2	33	4	15	9	5
赛罕区	37	7	18	1	11	31	7	8	4	12
土默特左旗	3	2	1			8	2	4	2	
托克托县	1			1		8	1	7		
和林格尔县	5		4	1		23	9	8	1	5
清水河县						4		4		
武川县	1				1	16	6	9	1	
呼和浩特经济技术开发区	21	2	17	1	1	6	4	2		
包头市	**151**	**13**	**103**	**12**	**23**	**111**	**20**	**68**	**2**	**21**
东河区	20	1	11	5	3	10	3	5		2
昆都仑区	30	5	20		5	42	6	25		11
青山区	64	2	50	6	6	29	6	17		6
石拐区	1		1			2		2		
白云鄂博矿区	3		2		1	1		1		
九原区	9		5		4	14	2	9	1	2
土默特右旗	2	1			1	3		2	1	
固阳县	7		5		2					
达尔罕茂明安联合旗	4		4			1		1		
包头稀土高新技术产业开发区	11	4	5	1	1	9	3	6		
乌海市	**25**	**3**	**11**	**2**	**9**	**20**		**17**	**2**	**1**
海勃湾区	21	2	10		9	8		7		1
海南区	2	1		1		10		8	2	
乌达区	2		1	1		2		2		
赤峰市	**44**	**6**	**34**	**2**	**2**	**33**	**6**	**20**	**4**	**3**
红山区	6	2	4			4		3		1
元宝山区	2			1	1	10		6	4	
松山区	4		3	1		5	3			2
阿鲁科尔沁旗	2		2			1	1			
巴林左旗	4		4							
巴林右旗	1				1					
林西县	2	1	1							
克什克腾旗	2	1	1			1		1		
翁牛特旗	2		2							
喀喇沁旗						4	1	3		
宁城县	16		16			8	1	7		
敖汉旗	3	2	1							

7-1　续表 40　　　　单位：人

现住地	自治区外									
	贵州					云南				
	小计	乡	镇的村委会	镇的居委会	街道	小计	乡	镇的村委会	镇的居委会	街道
通辽市	**27**	**7**	**13**	**1**	**6**	**24**	**4**	**9**	**2**	**9**
科尔沁区	14	5	6		3	17	3	7	1	6
科尔沁左翼中旗	2	1	1			1	1			
科尔沁左翼后旗	1	1								
开鲁县										
库伦旗	1		1			1		1		
奈曼旗										
扎鲁特旗										
通辽经济技术开发区	7		3	1	3	2		1	1	
霍林郭勒市	2		2			3				3
鄂尔多斯市	**93**	**23**	**60**	**4**	**6**	**60**	**19**	**34**	**1**	**6**
东胜区	30	1	27		2	12	3	8		1
康巴什区	8	6	2			2		2		
达拉特旗	6		6			8	8			
准格尔旗	26	8	16		2	11	1	10		
鄂托克前旗	1				1	4	4			
鄂托克旗	1		1			6		6		
杭锦旗	1				1					
乌审旗	5	2		3		3	1	2		
伊金霍洛旗	15	6	8	1		14	2	6	1	5
呼伦贝尔市	**23**	**6**	**9**	**4**	**4**	**18**		**6**	**7**	**5**
海拉尔区	3		1	1	1	4			2	2
扎赉诺尔区										
阿荣旗						1		1		
莫力达瓦达斡尔族自治旗	1			1						
鄂伦春自治旗						2		2		
鄂温克族自治旗	9	6	3							
陈巴尔虎旗						2			2	
新巴尔虎左旗										
新巴尔虎右旗						5		1	1	3
满洲里市	5		3		2	2		1	1	
牙克石市	2			2		1			1	
扎兰屯市										
额尔古纳市	1				1					
根河市	2		2			1		1		
巴彦淖尔市	**48**	**7**	**39**	**2**		**33**	**8**	**24**		**1**
临河区	16	2	13	1		9	3	5		1
五原县	12	2	9	1		2		2		
磴口县						1		1		
乌拉特前旗	3		3			8	2	6		
乌拉特中旗	12	1	11			3	1	2		
乌拉特后旗	4	2	2			9	2	7		
杭锦后旗	1		1			1		1		

7－1 续表 41

单位：人

现住地	自治区外									
	贵州					云南				
	小计	乡	镇的村委会	镇的居委会	街道	小计	乡	镇的村委会	镇的居委会	街道
乌兰察布市	**49**	**11**	**22**	**5**	**11**	**80**	**35**	**30**	**4**	**11**
集宁区	19	1	8	2	8	30	15	6	1	8
卓资县	1		1			1				1
化德县	8	1	6	1		4		4		
商都县	1	1				14	11	3		
兴和县	4		2		2	16	2	11	2	1
凉城县	1				1	2	1	1		
察哈尔右翼前旗	9	3	5	1		4	3	1		
察哈尔右翼中旗										
察哈尔右翼后旗						1		1		
四子王旗						3	3			
丰镇市	6	5		1		5		3	1	1
兴安盟	**11**	**4**	**2**	**1**	**4**	**11**	**3**	**5**	**2**	**1**
乌兰浩特市	2		1		1	2	2			
阿尔山市										
科尔沁右翼前旗						4		3		1
科尔沁右翼中旗						2			2	
扎赉特旗	6	3			3	1	1			
突泉县	3	1	1	1		2		2		
锡林郭勒盟	**16**	**4**	**6**	**2**	**4**	**14**	**4**	**6**		**4**
二连浩特市										
锡林浩特市	4		3		1	7	1	4		2
阿巴嘎旗						1				1
苏尼特左旗										
苏尼特右旗	1			1						
东乌珠穆沁旗						1	1			
西乌珠穆沁旗	4		1	1	2					
太仆寺旗	1	1				1		1		
镶黄旗	5	3	2			1	1			
正镶白旗										
正蓝旗						1				1
多伦县	1				1	1		1		
乌拉盖管委会						1	1			
阿拉善盟	**23**	**1**	**20**	**2**		**14**	**4**	**10**		
阿拉善左旗	22	1	20	1		11	3	8		
阿拉善右旗										
额济纳旗						1		1		
内蒙古阿拉善经济开发区	1			1		2	1	1		

7-1　续表 42　　　　单位：人

现住地	自治区外									
	西藏					陕西				
	小计	乡	镇的村委会	镇的居委会	街道	小计	乡	镇的村委会	镇的居委会	街道
内蒙古	**24**	**3**	**8**	**6**	**7**	**16049**	**3955**	**9924**	**915**	**1255**
呼和浩特市	**15**	**2**	**4**	**3**	**6**	**704**	**153**	**338**	**67**	**146**
新城区	2		1	1		166	28	71	23	44
回民区	1		1			106	17	77	5	7
玉泉区	1			1		129	20	77	12	20
赛罕区	10	1	2	1	6	183	47	61	17	58
土默特左旗	1	1				13	5	4	1	3
托克托县						24	3	18	1	2
和林格尔县						28	8	14	3	3
清水河县						3	1	2		
武川县						13	10		2	1
呼和浩特经济技术开发区						39	14	14	3	8
包头市	**3**		**2**	**1**		**1020**	**215**	**584**	**55**	**166**
东河区						167	26	111	8	22
昆都仑区	2		2			287	78	137	15	57
青山区						206	32	112	14	48
石拐区						9	2	1	2	4
白云鄂博矿区						3		3		
九原区						170	42	113	7	8
土默特右旗						36	16	8	3	9
固阳县	1			1		21	1	18		2
达尔罕茂明安联合旗						14	1	12	1	
包头稀土高新技术产业开发区						107	17	69	5	16
乌海市						**1259**	**325**	**779**	**68**	**87**
海勃湾区						690	203	397	31	59
海南区						414	101	273	23	17
乌达区						155	21	109	14	11
赤峰市	**1**			**1**		**110**	**21**	**57**	**16**	**16**
红山区						22	3	14	4	1
元宝山区						8	1	6	1	
松山区						22	1	11	2	8
阿鲁科尔沁旗						2		1		1
巴林左旗						9	5	4		
巴林右旗						1		1		
林西县						1				1
克什克腾旗	1			1		12	3	6		3
翁牛特旗						1			1	
喀喇沁旗						4	1	2		1
宁城县						19	4	7	7	1
敖汉旗						9	3	5	1	

7－1 续表 43　　　　单位：人

现住地	自治区外									
	西藏					陕西				
	小计	乡	镇的村委会	镇的居委会	街道	小计	乡	镇的村委会	镇的居委会	街道
通辽市						**58**	**10**	**24**	**7**	**17**
科尔沁区						27	7	12	4	4
科尔沁左翼中旗						2	1	1		
科尔沁左翼后旗						1		1		
开鲁县						6		4	2	
库伦旗										
奈曼旗						6				6
扎鲁特旗						1		1		
通辽经济技术开发区						8	2	4	1	1
霍林郭勒市						7		1		6
鄂尔多斯市	**2**		**1**	**1**		**11606**	**2975**	**7373**	**585**	**673**
东胜区						2999	657	2143	92	107
康巴什区						445	106	248	34	57
达拉特旗						433	151	245	15	22
准格尔旗						1004	212	703	38	51
鄂托克前旗	1		1			541	185	282	29	45
鄂托克旗	1			1		1157	221	855	58	23
杭锦旗						141	15	97	13	16
乌审旗						3059	1009	1678	136	236
伊金霍洛旗						1827	419	1122	170	116
呼伦贝尔市						**101**	**5**	**61**	**15**	**20**
海拉尔区						21	1	9	5	6
扎赉诺尔区						5		2		3
阿荣旗						5	1	4		
莫力达瓦达斡尔族自治旗						2			2	
鄂伦春自治旗										
鄂温克族自治旗						3		3		
陈巴尔虎旗						1	1			
新巴尔虎左旗						2	2			
新巴尔虎右旗						3		1		2
满洲里市						10		9		1
牙克石市						3			1	2
扎兰屯市						22		18	1	3
额尔古纳市						6		5	1	
根河市						18		10	5	3
巴彦淖尔市	**3**	**1**	**1**		**1**	**548**	**94**	**353**	**42**	**59**
临河区	2	1			1	157	32	101	4	20
五原县						29	1	25		3
磴口县						26	8	15	2	1
乌拉特前旗						105	12	86	5	2
乌拉特中旗	1		1			56	5	45	4	2
乌拉特后旗						140	30	59	24	27
杭锦后旗						35	6	22	3	4

7-1　续表 44　　　　单位：人

现住地	自治区外									
	西藏					陕西				
	小计	乡	镇的村委会	镇的居委会	街道	小计	乡	镇的村委会	镇的居委会	街道
乌兰察布市						**151**	**45**	**68**	**14**	**24**
集宁区						59	12	31	4	12
卓资县						9	2	2	2	3
化德县						7	6	1		
商都县						19	9	7	1	2
兴和县						1			1	
凉城县						4		1		3
察哈尔右翼前旗						24	4	15	2	3
察哈尔右翼中旗						13	7	6		
察哈尔右翼后旗						9	4	3	1	1
四子王旗						1	1			
丰镇市						5		2	3	
兴安盟						**50**	**7**	**25**	**6**	**12**
乌兰浩特市						5		4		1
阿尔山市										
科尔沁右翼前旗						14		10		4
科尔沁右翼中旗						7		2	5	
扎赉特旗						12	4	1		7
突泉县						12	3	8	1	
锡林郭勒盟						**146**	**15**	**91**	**15**	**25**
二连浩特市						5		5		
锡林浩特市						51	1	26	5	19
阿巴嘎旗						6		4	1	1
苏尼特左旗						13	2	10	1	
苏尼特右旗						14		8	4	2
东乌珠穆沁旗						7	1	5	1	
西乌珠穆沁旗						12	5	7		
太仆寺旗						13		12		1
镶黄旗						14	1	12	1	
正镶白旗						3	1			2
正蓝旗						4	2	2		
多伦县						3	1		2	
乌拉盖管委会						1	1			
阿拉善盟						**296**	**90**	**171**	**25**	**10**
阿拉善左旗						202	63	117	18	4
阿拉善右旗						15	4	10		1
额济纳旗						40	19	15	3	3
内蒙古阿拉善经济开发区						39	4	29	4	2

7-1 续表 45 单位：人

现住地	自治区外									
	甘肃					青海				
	小计	乡	镇的村委会	镇的居委会	街道	小计	乡	镇的村委会	镇的居委会	街道
内蒙古	**12707**	**3509**	**7897**	**648**	**653**	**645**	**198**	**297**	**70**	**80**
呼和浩特市	**826**	**249**	**419**	**58**	**100**	**105**	**31**	**42**	**12**	**20**
新城区	159	36	83	14	26	15	1	8	2	4
回民区	166	45	94	9	18	14	1	11		2
玉泉区	151	58	80	3	10	19	13	4		2
赛罕区	217	62	97	21	37	27	6	9	3	9
土默特左旗	34	10	23	1		5	4	1		
托克托县	26	9	11	4	2	1	1			
和林格尔县	25	13	9		3	18	3	7	6	2
清水河县	6	1	3	1	1					
武川县	8	6	1	1		2			1	1
呼和浩特经济技术开发区	34	9	18	4	3	4	2	2		
包头市	**1366**	**330**	**903**	**48**	**85**	**69**	**11**	**39**	**6**	**13**
东河区	212	41	144	8	19	11	4	5		2
昆都仑区	279	66	157	17	39	23	4	6	6	7
青山区	205	56	131	5	13	4		2		2
石拐区	32	15	16		1	5		5		
白云鄂博矿区	6		2	4						
九原区	199	58	132	6	3	7		7		
土默特右旗	40	13	26	1		2		2		
固阳县	14	5	8		1	3		3		
达尔罕茂明安联合旗	8	4	4							
包头稀土高新技术产业开发区	371	72	283	7	9	14	3	9		2
乌海市	**2138**	**716**	**1188**	**117**	**117**	**43**	**23**	**14**	**4**	**2**
海勃湾区	1208	460	626	53	69	15	6	6	1	2
海南区	557	167	346	22	22	14	7	7		
乌达区	373	89	216	42	26	14	10	1	3	
赤峰市	**79**	**28**	**37**	**6**	**8**	**80**	**28**	**40**	**6**	**6**
红山区	10	1	5	3	1	28	9	16	1	2
元宝山区	2	1	1			2				2
松山区	14	1	9	3	1	20	4	15		1
阿鲁科尔沁旗	19	17	2			3	3			
巴林左旗	1		1			3	1	2		
巴林右旗	5		5			1				1
林西县	4	2			2	2	2			
克什克腾旗	11	5	3		3	6		5	1	
翁牛特旗	1		1			8	7	1		
喀喇沁旗	3	1	2							
宁城县	7		7			3	2	1		
敖汉旗	2		1		1	4			4	

7-1 续表 46　　　　单位：人

现住地	自治区外									
	甘肃					青海				
	小计	乡	镇的村委会	镇的居委会	街道	小计	乡	镇的村委会	镇的居委会	街道
通辽市	**55**	**15**	**21**	**7**	**12**	**24**	**6**	**6**	**10**	**2**
科尔沁区	17	3	5	2	7	13	1	5	5	2
科尔沁左翼中旗	6	2	1		3					
科尔沁左翼后旗	1			1						
开鲁县										
库伦旗										
奈曼旗	6		5		1	3	2	1		
扎鲁特旗	4	2	2			6	2		4	
通辽经济技术开发区	2		2			1	1			
霍林郭勒市	19	8	6	4	1	1			1	
鄂尔多斯市	**3222**	**631**	**2270**	**166**	**155**	**130**	**41**	**64**	**10**	**15**
东胜区	392	83	281	20	8	33	13	12	1	7
康巴什区	98	29	50	5	14	3			3	
达拉特旗	172	37	130	1	4	4	1	1		2
准格尔旗	215	47	140	11	17	15	5	8	1	1
鄂托克前旗	116	29	48	6	33	7		6	1	
鄂托克旗	1387	217	1080	63	27	15	2	10	3	
杭锦旗	130	12	93	21	4	1				1
乌审旗	349	77	216	21	35	19	1	13	1	4
伊金霍洛旗	363	100	232	18	13	33	19	14		
呼伦贝尔市	**109**	**33**	**55**	**10**	**11**	**10**	**5**	**1**	**1**	**3**
海拉尔区	18	9	6	1	2	2				2
扎赉诺尔区	3			1	2	1				1
阿荣旗						1			1	
莫力达瓦达斡尔族自治旗	2			2						
鄂伦春自治旗	2		1	1						
鄂温克族自治旗	3		3							
陈巴尔虎旗										
新巴尔虎左旗										
新巴尔虎右旗	63	22	31	3	7					
满洲里市	3		2	1		6	5	1		
牙克石市	1		1							
扎兰屯市	2		1	1						
额尔古纳市	3	1	2							
根河市	9	1	8							
巴彦淖尔市	**1650**	**482**	**1053**	**69**	**46**	**29**	**3**	**10**	**8**	**8**
临河区	914	297	574	22	21	11	1	2	3	5
五原县	102	18	78	6		4	1		2	1
磴口县	145	58	82	4	1	1		1		
乌拉特前旗	127	24	98	1	4	5		3	1	1
乌拉特中旗	83	8	65	5	5	2		2		
乌拉特后旗	149	45	70	21	13	6	1	2	2	1
杭锦后旗	130	32	86	10	2					

7-1 续表 47　　　　单位：人

现住地	自治区外									
	甘肃					青海				
	小计	乡	镇的村委会	镇的居委会	街道	小计	乡	镇的村委会	镇的居委会	街道
乌兰察布市	**190**	**71**	**84**	**18**	**17**	**78**	**29**	**38**	**8**	**3**
集宁区	70	25	27	10	8	9	5	2	2	
卓资县	12	6	5	1		35	10	21	1	3
化德县	9		9			8		8		
商都县	5		4	1						
兴和县	11	1	8	1	1					
凉城县	10	8	1		1	2	2			
察哈尔右翼前旗	29	8	15	3	3	4		4		
察哈尔右翼中旗	17	10	5	1	1					
察哈尔右翼后旗	11	4	4	1	2					
四子王旗	7	6	1			17	9	3	5	
丰镇市	9	3	5		1	3	3			
兴安盟	**37**	**10**	**22**	**2**	**3**	**11**	**5**	**2**	**2**	**2**
乌兰浩特市	8	4	3		1	6	5			1
阿尔山市										
科尔沁右翼前旗	16	1	12	1	2	2			1	1
科尔沁右翼中旗	3	1	1	1						
扎赉特旗	4	3	1			1			1	
突泉县	6	1	5			2		2		
锡林郭勒盟	**84**	**14**	**41**	**11**	**18**	**23**	**4**	**13**		**6**
二连浩特市	10	3	7							
锡林浩特市	25	4	15	1	5	2				2
阿巴嘎旗	17	5	2	1	9					
苏尼特左旗	1		1			1		1		
苏尼特右旗	10		6	4		1		1		
东乌珠穆沁旗	1		1							
西乌珠穆沁旗	7		4	1	2	1	1			
太仆寺旗	1			1		3		3		
镶黄旗	3	1	2			3				3
正镶白旗	1				1	8	3	5		
正蓝旗	2	1			1					
多伦县	6		3	3		4		3		1
乌拉盖管委会										
阿拉善盟	**2951**	**930**	**1804**	**136**	**81**	**43**	**12**	**28**	**3**	
阿拉善左旗	1360	452	820	57	31	15	3	11	1	
阿拉善右旗	223	90	109	15	9	5	2	2	1	
额济纳旗	416	187	187	26	16	7	5	2		
内蒙古阿拉善经济开发区	952	201	688	38	25	16	2	13	1	

7-1　续表 48　　　　单位：人

现住地	自治区外									
	宁夏					新疆				
	小计	乡	镇的村委会	镇的居委会	街道	小计	乡	镇的村委会	镇的居委会	街道
内蒙古	**4031**	**854**	**2053**	**451**	**673**	**344**	**73**	**90**	**55**	**126**
呼和浩特市	**184**	**42**	**62**	**36**	**44**	**101**	**10**	**21**	**14**	**56**
新城区	43	11	10	10	12	18		4	6	8
回民区	47	6	20	13	8	20	3	5	4	8
玉泉区	14	4	4	1	5	19	1	2	2	14
赛罕区	26	4	10	3	9	31	3	5	2	21
土默特左旗	7	4	2		1					
托克托县	8	2	5	1		1				1
和林格尔县	14	1	6	1	6	4	1	1		2
清水河县	2	1			1					
武川县	4			4						
呼和浩特经济技术开发区	19	9	5	3	2	8	2	4		2
包头市	**239**	**58**	**133**	**17**	**31**	**47**	**6**	**17**	**6**	**18**
东河区	39	4	22	4	9	7		3		4
昆都仑区	52	15	27	5	5	25	3	7	1	14
青山区	59	15	30	3	11	9	1	3	5	
石拐区	6	4	1	1		1		1		
白云鄂博矿区	3		2		1					
九原区	36	10	23	1	2	2		2		
土默特右旗	13	4	5	3	1	1		1		
固阳县	3		3							
达尔罕茂明安联合旗	1	1								
包头稀土高新技术产业开发区	27	5	20		2	2	2			
乌海市	**863**	**214**	**423**	**100**	**126**	**19**	**5**	**5**	**5**	**4**
海勃湾区	305	77	137	41	50	10	4	1	2	3
海南区	303	62	169	34	38	6	1	3	1	1
乌达区	255	75	117	25	38	3		1	2	
赤峰市	**10**	**7**	**2**		**1**	**23**	**8**	**8**	**2**	**5**
红山区	5	5				9	6		1	2
元宝山区						1				1
松山区						3	1	1		1
阿鲁科尔沁旗										
巴林左旗						2	1	1		
巴林右旗	3	1	1		1	6		6		
林西县										
克什克腾旗	1	1								
翁牛特旗										
喀喇沁旗										
宁城县	1		1			2			1	1
敖汉旗										

7−1 续表 49

单位：人

现住地	自治区外									
	宁夏					新疆				
	小计	乡	镇的村委会	镇的居委会	街道	小计	乡	镇的村委会	镇的居委会	街道
通辽市	**12**	**4**	**6**	**1**	**1**	**19**	**1**	**12**	**1**	**5**
科尔沁区	8	4	3		1	3		2		1
科尔沁左翼中旗						2		1		1
科尔沁左翼后旗						2	1	1		
开鲁县	1		1			4		4		
库伦旗	1			1		1		1		
奈曼旗						3		1	1	1
扎鲁特旗										
通辽经济技术开发区						4		2		2
霍林郭勒市	2		2							
鄂尔多斯市	**1118**	**165**	**635**	**121**	**197**	**57**	**19**	**10**	**13**	**15**
东胜区	94	19	38	7	30	16	5	5	2	4
康巴什区	7	2	1	1	3					
达拉特旗	26	1	12	4	9	1	1			
准格尔旗	53	4	37	3	9	3	1			2
鄂托克前旗	224	32	116	22	54	5	1	1	2	1
鄂托克旗	499	57	356	57	29	1	1			
杭锦旗	40	14	22	3	1	4		2	1	1
乌审旗	133	30	35	17	51	24	10	1	7	6
伊金霍洛旗	42	6	18	7	11	3		1	1	1
呼伦贝尔市	**10**				**10**	**7**			**1**	**6**
海拉尔区	4				4					
扎赉诺尔区										
阿荣旗										
莫力达瓦达斡尔族自治旗	4				4					
鄂伦春自治旗										
鄂温克族自治旗										
陈巴尔虎旗										
新巴尔虎左旗										
新巴尔虎右旗						1			1	
满洲里市						2				2
牙克石市						4				4
扎兰屯市	2				2					
额尔古纳市										
根河市										
巴彦淖尔市	**360**	**97**	**182**	**43**	**38**	**14**	**4**	**3**	**5**	**2**
临河区	187	42	108	17	20	2			1	1
五原县	19	5	11	3		3	2			1
磴口县	59	27	23	7	2					
乌拉特前旗	39	7	20	8	4	6	1	1	4	
乌拉特中旗	14	4	8	1	1	2	1	1		
乌拉特后旗	23	8	8	3	4	1		1		
杭锦后旗	19	4	4	4	7					

7-1 续表 50

单位：人

现住地	自治区外									
	宁夏					新疆				
	小计	乡	镇的村委会	镇的居委会	街道	小计	乡	镇的村委会	镇的居委会	街道
乌兰察布市	**49**	**7**	**29**	**5**	**8**	**13**	**1**	**6**	**4**	**2**
集宁区	13		7	2	4	5			4	1
卓资县	10	2	5	2	1	3		3		
化德县	12		11		1	1		1		
商都县	2		2							
兴和县	1				1					
凉城县										
察哈尔右翼前旗	2	1		1		2		2		
察哈尔右翼中旗						1	1			
察哈尔右翼后旗	2	2								
四子王旗	5	1	3		1					
丰镇市	2	1	1			1				1
兴安盟	**19**	**13**	**4**	**1**	**1**	**3**				**3**
乌兰浩特市	2		1		1	2				2
阿尔山市										
科尔沁右翼前旗	1		1			1				1
科尔沁右翼中旗										
扎赉特旗	3		2	1						
突泉县	13	13								
锡林郭勒盟	**52**	**10**	**9**	**2**	**31**	**11**	**5**	**2**		**4**
二连浩特市	3		3							
锡林浩特市	6				6	2	1			1
阿巴嘎旗	7				7					
苏尼特左旗	3		1		2	2	2			
苏尼特右旗	5	2	1	1	1					
东乌珠穆沁旗										
西乌珠穆沁旗	24	7	4		13					
太仆寺旗	1	1				4	2	1		1
镶黄旗										
正镶白旗										
正蓝旗						1		1		
多伦县	2				2	2				2
乌拉盖管委会	1			1						
阿拉善盟	**1115**	**237**	**568**	**125**	**185**	**30**	**14**	**6**	**4**	**6**
阿拉善左旗	837	182	430	83	142	15	4	6	2	3
阿拉善右旗	20	8	4	6	2	9	9			
额济纳旗	35	15	11	6	3	3	1		2	
内蒙古阿拉善经济开发区	223	32	123	30	38	3				3

7-1a 全区按现住地、户口登记地类型分的户口登记地在外乡镇街道人口(城市)

单位：人

现住地	合计					自治区内				
	合计	乡	镇的村委会	镇的居委会	街道	小计	乡	镇的村委会	镇的居委会	街道
内蒙古	**557888**	**77237**	**226409**	**63223**	**191019**	**483794**	**62377**	**186563**	**56895**	**177959**
呼和浩特市	**135573**	**23696**	**48678**	**17203**	**45996**	**120300**	**20522**	**41887**	**15486**	**42405**
新城区	32799	4975	10120	5027	12677	28849	4296	8541	4472	11540
回民区	27496	5747	11152	2578	8019	24126	4943	9411	2277	7495
玉泉区	34620	8180	14631	3284	8525	30873	7202	12721	2943	8007
赛罕区	40658	4794	12775	6314	16775	36452	4081	11214	5794	15363
包头市	**109800**	**14383**	**43117**	**9492**	**42808**	**94319**	**11179**	**34465**	**8492**	**40183**
东河区	23137	1574	8419	1824	11320	20056	1191	6461	1649	10755
昆都仑区	44295	7412	16297	3579	17007	37983	5880	13147	3131	15825
青山区	27755	3241	10760	2741	11013	23600	2396	8437	2462	10305
石拐区	1043	41	517	144	341	951	29	454	141	327
白云鄂博矿区	1224	144	545	85	450	1089	116	463	80	430
九原区	12346	1971	6579	1119	2677	10640	1567	5503	1029	2541
乌海市	**26132**	**4010**	**8154**	**2802**	**11166**	**19271**	**2067**	**4547**	**2299**	**10358**
海勃湾区	16035	2428	4425	1624	7558	12388	1304	2584	1393	7107
海南区	4112	930	1919	437	826	2546	484	1076	315	671
乌达区	5985	652	1810	741	2782	4337	279	887	591	2580
赤峰市	**64961**	**7882**	**35767**	**7157**	**14155**	**60687**	**7164**	**33395**	**6719**	**13409**
红山区	26767	3865	12827	3180	6895	24694	3445	11751	2953	6545
元宝山区	9823	607	6071	1667	1478	8949	478	5523	1572	1376
松山区	28371	3410	16869	2310	5782	27044	3241	16121	2194	5488
通辽市	**33671**	**2196**	**14032**	**3812**	**13631**	**30465**	**1707**	**12490**	**3498**	**12770**
科尔沁区	25583	1208	9977	3331	11067	23691	970	9133	3107	10481
霍林郭勒市	8088	988	4055	481	2564	6774	737	3357	391	2289
鄂尔多斯市	**50285**	**8768**	**27061**	**4312**	**10144**	**39441**	**6363**	**20040**	**3782**	**9256**
东胜区	42079	7294	23569	2927	8289	32739	5228	17342	2533	7636
康巴什区	8190	1467	3486	1383	1854	6688	1128	2694	1247	1619
鄂托克旗	16	7	6	2	1	14	7	4	2	1
呼伦贝尔市	**43771**	**3045**	**9591**	**9123**	**22012**	**35188**	**1882**	**4947**	**8132**	**20227**
海拉尔区	17488	1425	3258	4807	7998	14499	892	1866	4367	7374
扎赉诺尔区	3190	268	369	696	1857	2652	105	165	657	1725
满洲里市	8088	439	3500	1118	3031	4398	132	1019	733	2514
牙克石市	5133	107	429	1318	3279	4654	54	280	1260	3060
扎兰屯市	6876	455	1685	828	3908	6303	390	1428	783	3702
额尔古纳市	1200	283	310	141	466	984	257	174	126	427
根河市	1796	68	40	215	1473	1698	52	15	206	1425
巴彦淖尔市	**26162**	**5029**	**11759**	**1775**	**7599**	**24287**	**4469**	**10781**	**1685**	**7352**
临河区	26162	5029	11759	1775	7599	24287	4469	10781	1685	7352
乌兰察布市	**29130**	**4909**	**10200**	**2886**	**11135**	**26419**	**4311**	**8914**	**2635**	**10559**
集宁区	23050	3988	7884	2434	8744	20822	3492	6789	2238	8303
丰镇市	6080	921	2316	452	2391	5597	819	2125	397	2256
兴安盟	**14064**	**1032**	**4990**	**1408**	**6634**	**12374**	**798**	**4120**	**1280**	**6176**
乌兰浩特市	13632	995	4897	1329	6411	12005	781	4050	1203	5971
阿尔山市	432	37	93	79	223	369	17	70	77	205
锡林郭勒盟	**24339**	**2287**	**13060**	**3253**	**5739**	**21043**	**1915**	**10977**	**2887**	**5264**
二连浩特市	4595	973	2637	427	558	3864	785	2238	362	479
锡林浩特市	19744	1314	10423	2826	5181	17179	1130	8739	2525	4785

7-1a　续表 1　　　　　　　　　　　　　　　　　　　　　　　　单位：人

现 住 地	自治区外									
	小计					北京				
	小计	乡	镇的村委会	镇的居委会	街道	小计	乡	镇的村委会	镇的居委会	街道
内蒙古	**74094**	**14860**	**39846**	**6328**	**13060**	**665**	**18**	**50**	**72**	**525**
呼和浩特市	**15273**	**3174**	**6791**	**1717**	**3591**	**271**	**12**	**12**	**26**	**221**
新城区	3950	679	1579	555	1137	70	2		5	63
回民区	3370	804	1741	301	524	36	2	5	7	22
玉泉区	3747	978	1910	341	518	40	1	1	3	35
赛罕区	4206	713	1561	520	1412	125	7	6	11	101
包头市	**15481**	**3204**	**8652**	**1000**	**2625**	**112**	**2**	**6**	**9**	**95**
东河区	3081	383	1958	175	565	10				10
昆都仑区	6312	1532	3150	448	1182	48	2	5	3	38
青山区	4155	845	2323	279	708	50			5	45
石拐区	92	12	63	3	14					
白云鄂博矿区	135	28	82	5	20					
九原区	1706	404	1076	90	136	4		1	1	2
乌海市	**6861**	**1943**	**3607**	**503**	**808**	**24**	**1**	**2**	**5**	**16**
海勃湾区	3647	1124	1841	231	451	18		1	5	12
海南区	1566	446	843	122	155	2		1		1
乌达区	1648	373	923	150	202	4	1			3
赤峰市	**4274**	**718**	**2372**	**438**	**746**	**65**	**2**	**7**	**6**	**50**
红山区	2073	420	1076	227	350	18		2	5	11
元宝山区	874	129	548	95	102	7	2			5
松山区	1327	169	748	116	294	40		5	1	34
通辽市	**3206**	**489**	**1542**	**314**	**861**	**23**				**23**
科尔沁区	1892	238	844	224	586	19				19
霍林郭勒市	1314	251	698	90	275	4				4
鄂尔多斯市	**10844**	**2405**	**7021**	**530**	**888**	**40**		**9**	**6**	**25**
东胜区	9340	2066	6227	394	653	22		5	1	16
康巴什区	1502	339	792	136	235	18		4	5	9
鄂托克旗	2		2							
呼伦贝尔市	**8583**	**1163**	**4644**	**991**	**1785**	**45**		**4**	**12**	**29**
海拉尔区	2989	533	1392	440	624	30		4	11	15
扎赉诺尔区	538	163	204	39	132					
满洲里市	3690	307	2481	385	517	3			1	2
牙克石市	479	53	149	58	219	8				8
扎兰屯市	573	65	257	45	206	3				3
额尔古纳市	216	26	136	15	39					
根河市	98	16	25	9	48	1				1
巴彦淖尔市	**1875**	**560**	**978**	**90**	**247**	**19**			**1**	**18**
临河区	1875	560	978	90	247	19			1	18
乌兰察布市	**2711**	**598**	**1286**	**251**	**576**	**40**		**6**	**5**	**29**
集宁区	2228	496	1095	196	441	34		4	5	25
丰镇市	483	102	191	55	135	6		2		4
兴安盟	**1690**	**234**	**870**	**128**	**458**	**11**				**11**
乌兰浩特市	1627	214	847	126	440	11				11
阿尔山市	63	20	23	2	18					
锡林郭勒盟	**3296**	**372**	**2083**	**366**	**475**	**15**	**1**	**4**	**2**	**8**
二连浩特市	731	188	399	65	79	2	1			1
锡林浩特市	2565	184	1684	301	396	13		4	2	7

7-1a 续表 2

单位：人

现住地	自治区外									
	天津					河北				
	小计	乡	镇的村委会	镇的居委会	街道	小计	乡	镇的村委会	镇的居委会	街道
内蒙古	**726**	**33**	**113**	**82**	**498**	**10846**	**2329**	**6298**	**746**	**1473**
呼和浩特市	**292**	**15**	**39**	**39**	**199**	**2538**	**573**	**1281**	**238**	**446**
新城区	76	1	13	15	47	652	126	299	71	156
回民区	35		9	3	23	698	178	404	49	67
玉泉区	24	5	6	2	11	630	184	343	43	60
赛罕区	157	9	11	19	118	558	85	235	75	163
包头市	**156**	**4**	**26**	**21**	**105**	**3187**	**782**	**1867**	**153**	**385**
东河区	22		3	1	18	722	95	503	22	102
昆都仑区	74	4	13	9	48	1287	380	671	82	154
青山区	41		4	4	33	702	181	410	22	89
石拐区						14	1	13		
白云鄂博矿区	1		1			42	14	21		7
九原区	18		5	7	6	420	111	249	27	33
乌海市	**15**	**1**	**2**		**12**	**580**	**149**	**323**	**26**	**82**
海勃湾区	13	1	2		10	320	85	184	13	38
海南区	1				1	112	24	66	9	13
乌达区	1				1	148	40	73	4	31
赤峰市	**79**	**2**	**31**	**7**	**39**	**758**	**154**	**481**	**46**	**77**
红山区	47	1	16	7	23	375	78	229	22	46
元宝山区	6		3		3	71	17	37	9	8
松山区	26	1	12		13	312	59	215	15	23
通辽市	**25**	**1**	**4**	**3**	**17**	**182**	**44**	**95**	**11**	**32**
科尔沁区	21	1	4	3	13	102	14	59	10	19
霍林郭勒市	4				4	80	30	36	1	13
鄂尔多斯市	**35**	**6**	**5**	**3**	**21**	**740**	**179**	**456**	**26**	**79**
东胜区	32	6	5	3	18	635	160	390	19	66
康巴什区	3				3	103	19	64	7	13
鄂托克旗						2		2		
呼伦贝尔市	**43**	**4**		**4**	**35**	**326**	**54**	**122**	**39**	**111**
海拉尔区	16	3		1	12	139	19	57	15	48
扎赉诺尔区	2			2		21	6	5	3	7
满洲里市	12				12	101	26	44	9	22
牙克石市	7				7	27		5	7	15
扎兰屯市	6	1		1	4	26	2	6	5	13
额尔古纳市						3		2		1
根河市						9	1	3		5
巴彦淖尔市	**14**		**2**		**12**	**255**	**86**	**133**	**13**	**23**
临河区	14		2		12	255	86	133	13	23
乌兰察布市	**25**				**25**	**511**	**119**	**281**	**46**	**65**
集宁区	23				23	472	112	264	41	55
丰镇市	2				2	39	7	17	5	10
兴安盟	**12**				**12**	**119**	**12**	**84**	**3**	**20**
乌兰浩特市	12				12	115	12	81	3	19
阿尔山市						4		3		1
锡林郭勒盟	**30**		**4**	**5**	**21**	**1650**	**177**	**1175**	**145**	**153**
二连浩特市	3				3	256	64	153	17	22
锡林浩特市	27		4	5	18	1394	113	1022	128	131

7-1a　续表 3　　单位：人

现住地	自治区外									
	山西					内蒙古				
	小计	乡	镇的村委会	镇的居委会	街道	小计	乡	镇的村委会	镇的居委会	街道
内蒙古	**12123**	**2985**	**7101**	**719**	**1318**					
呼和浩特市	**3047**	**825**	**1495**	**264**	**463**					
新城区	696	178	315	67	136					
回民区	604	181	312	42	69					
玉泉区	1010	316	541	74	79					
赛罕区	737	150	327	81	179					
包头市	**3750**	**875**	**2301**	**177**	**397**					
东河区	795	116	530	29	120					
昆都仑区	1463	432	787	81	163					
青山区	977	206	629	56	86					
石拐区	38	4	32	1	1					
白云鄂博矿区	40	9	26	1	4					
九原区	437	108	297	9	23					
乌海市	**517**	**157**	**279**	**29**	**52**					
海勃湾区	240	71	129	14	26					
海南区	172	62	91	8	11					
乌达区	105	24	59	7	15					
赤峰市	**97**	**27**	**46**	**11**	**13**					
红山区	54	18	22	6	8					
元宝山区	14	1	9	3	1					
松山区	29	8	15	2	4					
通辽市	**59**	**8**	**40**	**2**	**9**					
科尔沁区	40	7	22	2	9					
霍林郭勒市	19	1	18							
鄂尔多斯市	**3335**	**794**	**2302**	**111**	**128**					
东胜区	3062	733	2156	89	84					
康巴什区	273	61	146	22	44					
鄂托克旗										
呼伦贝尔市	**53**	**5**	**21**	**7**	**20**					
海拉尔区	32	4	10	7	11					
扎赉诺尔区										
满洲里市	15	1	8		6					
牙克石市										
扎兰屯市	4		2		2					
额尔古纳市										
根河市	2		1		1					
巴彦淖尔市	**137**	**35**	**77**	**8**	**17**					
临河区	137	35	77	8	17					
乌兰察布市	**868**	**223**	**381**	**76**	**188**					
集宁区	564	147	255	45	117					
丰镇市	304	76	126	31	71					
兴安盟	**11**	**2**	**6**		**3**					
乌兰浩特市	11	2	6		3					
阿尔山市										
锡林郭勒盟	**249**	**34**	**153**	**34**	**28**					
二连浩特市	78	20	47	7	4					
锡林浩特市	171	14	106	27	24					

7-1a 续表 4

单位：人

现住地	自治区外									
	辽宁					吉林				
	小计	乡	镇的村委会	镇的居委会	街道	小计	乡	镇的村委会	镇的居委会	街道
内蒙古	**4837**	**704**	**2359**	**527**	**1247**	**4046**	**621**	**1897**	**450**	**1078**
呼和浩特市	**613**	**101**	**247**	**75**	**190**	**552**	**71**	**213**	**80**	**188**
新城区	182	31	56	31	64	149	13	43	19	74
回民区	115	26	50	10	29	88	13	39	12	24
玉泉区	134	16	71	13	34	133	27	59	24	23
赛罕区	182	28	70	21	63	182	18	72	25	67
包头市	**618**	**90**	**258**	**72**	**198**	**336**	**46**	**148**	**37**	**105**
东河区	72	4	38	5	25	39	1	17	1	20
昆都仑区	299	52	116	39	92	169	26	74	18	51
青山区	205	27	84	22	72	96	16	38	15	27
石拐区						2		2		
白云鄂博矿区	3	1	1		1	3		1		2
九原区	39	6	19	6	8	27	3	16	3	5
乌海市	**108**	**35**	**44**	**12**	**17**	**99**	**20**	**48**	**12**	**19**
海勃湾区	63	20	28	5	10	51	5	32	6	8
海南区	21	6	8	2	5	25	6	10	2	7
乌达区	24	9	8	5	2	23	9	6	4	4
赤峰市	**1507**	**252**	**892**	**140**	**223**	**247**	**48**	**113**	**38**	**48**
红山区	625	129	326	62	108	142	33	73	17	19
元宝山区	549	81	368	52	48	36	7	12	10	7
松山区	333	42	198	26	67	69	8	28	11	22
通辽市	**800**	**94**	**357**	**83**	**266**	**855**	**114**	**407**	**100**	**234**
科尔沁区	521	41	231	64	185	388	40	156	63	129
霍林郭勒市	279	53	126	19	81	467	74	251	37	105
鄂尔多斯市	**231**	**29**	**118**	**24**	**60**	**204**	**51**	**90**	**18**	**45**
东胜区	176	16	94	21	45	158	44	66	14	34
康巴什区	55	13	24	3	15	46	7	24	4	11
鄂托克旗										
呼伦贝尔市	**442**	**41**	**193**	**65**	**143**	**729**	**109**	**374**	**78**	**168**
海拉尔区	161	21	62	28	50	286	41	137	42	66
扎赉诺尔区	31	4	12	3	12	58	23	25	2	8
满洲里市	163	10	97	26	30	236	22	154	25	35
牙克石市	37	1	8		28	55	4	20	6	25
扎兰屯市	31	4	9	2	16	55	15	18		22
额尔古纳市	8		5	1	2	29	3	16	3	7
根河市	11	1		5	5	10	1	4		5
巴彦淖尔市	**47**	**16**	**11**	**5**	**15**	**27**	**7**	**9**		**11**
临河区	47	16	11	5	15	27	7	9		11
乌兰察布市	**111**	**20**	**58**	**13**	**20**	**82**	**9**	**29**	**12**	**32**
集宁区	101	19	56	7	19	64	8	28	10	18
丰镇市	10	1	2	6	1	18	1	1	2	14
兴安盟	**202**	**15**	**98**	**13**	**76**	**747**	**136**	**384**	**51**	**176**
乌兰浩特市	198	14	97	12	75	708	120	371	50	167
阿尔山市	4	1	1	1	1	39	16	13	1	9
锡林郭勒盟	**158**	**11**	**83**	**25**	**39**	**168**	**10**	**82**	**24**	**52**
二连浩特市	20	3	11		6	36	7	11	7	11
锡林浩特市	138	8	72	25	33	132	3	71	17	41

7-1a　续表 5

单位：人

现住地	自治区外 黑龙江 小计	乡	镇的村委会	镇的居委会	街道	上海 小计	乡	镇的村委会	镇的居委会	街道
内蒙古	**9055**	**1386**	**4696**	**1112**	**1861**	**101**	**3**	**2**	**18**	**78**
呼和浩特市	**865**	**153**	**276**	**146**	**290**	**36**	**1**		**8**	**27**
新城区	235	35	74	49	77	9			1	8
回民区	153	39	50	27	37	3				3
玉泉区	167	33	63	23	48	5			1	4
赛罕区	310	46	89	47	128	19	1		6	12
包头市	**649**	**132**	**274**	**77**	**166**	**20**			**4**	**16**
东河区	96	12	39	12	33					
昆都仑区	319	73	133	30	83	12			4	8
青山区	179	41	77	22	39	7				7
石拐区	1		1							
白云鄂博矿区	3	1			2					
九原区	51	5	24	13	9	1				1
乌海市	**239**	**62**	**95**	**30**	**52**	**3**	**1**			**2**
海勃湾区	88	23	20	12	33	2				2
海南区	84	22	39	15	8					
乌达区	67	17	36	3	11	1	1			
赤峰市	**411**	**70**	**217**	**46**	**78**	**12**	**1**	**2**	**2**	**7**
红山区	227	46	114	32	35	5	1	2		2
元宝山区	42	8	28	1	5					
松山区	142	16	75	13	38	7			2	5
通辽市	**490**	**76**	**261**	**55**	**98**	**2**				**2**
科尔沁区	232	16	111	35	70	2				2
霍林郭勒市	258	60	150	20	28					
鄂尔多斯市	**296**	**49**	**146**	**32**	**69**	**7**				**7**
东胜区	235	32	121	27	55	7				7
康巴什区	61	17	25	5	14					
鄂托克旗										
呼伦贝尔市	**5501**	**764**	**3146**	**641**	**950**	**9**			**3**	**6**
海拉尔区	1699	330	871	247	251	6			3	3
扎赉诺尔区	377	115	149	24	89					
满洲里市	2606	205	1752	289	360	1				1
牙克石市	279	45	98	37	99					
扎兰屯市	333	35	158	32	108	2				2
额尔古纳市	158	22	105	8	23					
根河市	49	12	13	4	20					
巴彦淖尔市	**35**	**7**	**15**	**5**	**8**	**3**				**3**
临河区	35	7	15	5	8	3				3
乌兰察布市	**103**	**17**	**33**	**8**	**45**	**4**			**1**	**3**
集宁区	93	16	32	7	38	3			1	2
丰镇市	10	1	1	1	7	1				1
兴安盟	**299**	**32**	**155**	**44**	**68**	**5**				**5**
乌兰浩特市	294	31	155	44	64	3				3
阿尔山市	5	1			4	2				2
锡林郭勒盟	**167**	**24**	**78**	**28**	**37**					
二连浩特市	41	8	19	7	7					
锡林浩特市	126	16	59	21	30					

7-1a 续表 6

单位：人

现住地	自治区外									
	江苏					浙江				
	小计	乡	镇的村委会	镇的居委会	街道	小计	乡	镇的村委会	镇的居委会	街道
内蒙古	**1305**	**185**	**641**	**182**	**297**	**967**	**136**	**495**	**114**	**222**
呼和浩特市	**368**	**48**	**183**	**47**	**90**	**268**	**36**	**107**	**44**	**81**
新城区	124	11	60	15	38	56	4	21	10	21
回民区	68	17	34	8	9	85	10	42	12	21
玉泉区	65	15	35	6	9	58	11	29	8	10
赛罕区	111	5	54	18	34	69	11	15	14	29
包头市	**309**	**46**	**150**	**38**	**75**	**246**	**24**	**145**	**15**	**62**
东河区	80	4	46	9	21	81	7	62	5	7
昆都仑区	94	20	41	7	26	70	4	33	5	28
青山区	115	19	49	22	25	73	8	40	4	21
石拐区						2		2		
白云鄂博矿区										
九原区	20	3	14		3	20	5	8	1	6
乌海市	**77**	**14**	**38**	**9**	**16**	**67**	**15**	**33**	**7**	**12**
海勃湾区	45	10	20	4	11	54	11	30	3	10
海南区	7	1		3	3	2	1			1
乌达区	25	3	18	2	2	11	3	3	4	1
赤峰市	**75**	**8**	**36**	**16**	**15**	**68**	**8**	**29**	**18**	**13**
红山区	36	2	25	5	4	47	6	15	16	10
元宝山区	10		5	4	1	7		6		1
松山区	29	6	6	7	10	14	2	8	2	2
通辽市	**52**	**5**	**29**	**5**	**13**	**36**	**5**	**18**	**2**	**11**
科尔沁区	35		19	4	12	29	5	15	2	7
霍林郭勒市	17	5	10	1	1	7		3		4
鄂尔多斯市	**152**	**32**	**69**	**22**	**29**	**68**	**12**	**40**	**8**	**8**
东胜区	128	30	58	20	20	64	9	39	8	8
康巴什区	24	2	11	2	9	4	3	1		
鄂托克旗										
呼伦贝尔市	**104**	**4**	**57**	**18**	**25**	**42**	**4**	**26**	**3**	**9**
海拉尔区	54	2	31	8	13	12	4	4	1	3
扎赉诺尔区	5		1	3	1	1		1		
满洲里市	37	1	23	7	6	18		14	2	2
牙克石市	2				2	4		3		1
扎兰屯市	6	1	2		3	3		1		2
额尔古纳市						3		3		
根河市						1				1
巴彦淖尔市	**27**	**10**	**15**	**1**	**1**	**38**	**11**	**21**	**2**	**4**
临河区	27	10	15	1	1	38	11	21	2	4
乌兰察布市	**57**	**13**	**30**	**5**	**9**	**48**	**4**	**31**	**8**	**5**
集宁区	46	12	22	4	8	42	4	26	8	4
丰镇市	11	1	8	1	1	6		5		1
兴安盟	**27**	**4**	**13**	**2**	**8**	**13**	**1**	**8**		**4**
乌兰浩特市	22	3	9	2	8	13	1	8		4
阿尔山市	5	1	4							
锡林郭勒盟	**57**	**1**	**21**	**19**	**16**	**73**	**16**	**37**	**7**	**13**
二连浩特市	12		4	5	3	47	12	27	2	6
锡林浩特市	45	1	17	14	13	26	4	10	5	7

7－1a　续表 7

单位：人

现住地	自治区外									
	安徽					福建				
	小计	乡	镇的村委会	镇的居委会	街道	小计	乡	镇的村委会	镇的居委会	街道
内蒙古	**2013**	**395**	**1213**	**135**	**270**	**1073**	**113**	**700**	**89**	**171**
呼和浩特市	**552**	**118**	**306**	**56**	**72**	**287**	**25**	**178**	**35**	**49**
新城区	113	20	51	16	26	97	3	43	24	27
回民区	124	21	73	12	18	34	3	24	1	6
玉泉区	156	41	97	14	4	101	10	74	6	11
赛罕区	159	36	85	14	24	55	9	37	4	5
包头市	**563**	**104**	**359**	**25**	**75**	**229**	**29**	**128**	**16**	**56**
东河区	98	10	66	4	18	54	1	42	4	7
昆都仑区	216	41	131	11	33	95	14	50	9	22
青山区	201	46	123	9	23	62	14	29	3	16
石拐区	1	1				8		1		7
白云鄂博矿区										
九原区	47	6	39	1	1	10		6		4
乌海市	**167**	**40**	**113**	**4**	**10**	**48**	**5**	**32**	**4**	**7**
海勃湾区	86	21	57	3	5	31	5	20	2	4
海南区	18	6	11	1		15		11	1	3
乌达区	63	13	45		5	2		1	1	
赤峰市	**139**	**24**	**88**	**3**	**24**	**67**	**8**	**41**	**7**	**11**
红山区	77	16	40	3	18	32	7	16	4	5
元宝山区	14		12		2					
松山区	48	8	36		4	35	1	25	3	6
通辽市	**71**	**8**	**52**	**5**	**6**	**20**	**1**	**10**	**1**	**8**
科尔沁区	58	7	43	5	3	18	1	9		8
霍林郭勒市	13	1	9		3	2		1	1	
鄂尔多斯市	**243**	**43**	**132**	**25**	**43**	**75**	**10**	**47**	**9**	**9**
东胜区	217	36	119	22	40	71	10	43	9	9
康巴什区	26	7	13	3	3	4		4		
鄂托克旗										
呼伦贝尔市	**88**	**16**	**51**	**5**	**16**	**241**	**17**	**201**	**12**	**11**
海拉尔区	38	6	21	3	8	19	1	10	3	5
扎赉诺尔区	7	5	2							
满洲里市	30	5	23	1	1	215	15	189	7	4
牙克石市	6		2		4	4		1	2	1
扎兰屯市	2		1	1		2	1	1		
额尔古纳市	4		2		2					
根河市	1				1	1				1
巴彦淖尔市	**79**	**26**	**43**	**4**	**6**	**19**	**7**	**6**		**6**
临河区	79	26	43	4	6	19	7	6		6
乌兰察布市	**49**	**10**	**33**	**1**	**5**	**13**	**6**	**7**		
集宁区	45	10	30	1	4	7		7		
丰镇市	4		3		1	6	6			
兴安盟	**29**	**5**	**13**	**2**	**9**	**26**		**19**	**1**	**6**
乌兰浩特市	29	5	13	2	9	26		19	1	6
阿尔山市										
锡林郭勒盟	**33**	**1**	**23**	**5**	**4**	**48**	**5**	**31**	**4**	**8**
二连浩特市	9		6	3		12	3	5	2	2
锡林浩特市	24	1	17	2	4	36	2	26	2	6

7-1a 续表 8

单位：人

现住地	自治区外									
	江西					山东				
	小计	乡	镇的村委会	镇的居委会	街道	小计	乡	镇的村委会	镇的居委会	街道
内蒙古	**820**	**207**	**370**	**101**	**142**	**3180**	**545**	**1684**	**256**	**695**
呼和浩特市	**309**	**89**	**96**	**55**	**69**	**933**	**166**	**435**	**78**	**254**
新城区	97	23	19	26	29	250	37	104	26	83
回民区	74	17	31	10	16	227	45	124	19	39
玉泉区	91	41	34	10	6	176	30	103	6	37
赛罕区	47	8	12	9	18	280	54	104	27	95
包头市	**155**	**31**	**91**	**14**	**19**	**722**	**122**	**402**	**46**	**152**
东河区	29		20	3	6	120	10	75	11	24
昆都仑区	60	20	34	1	5	342	52	199	17	74
青山区	50	5	29	9	7	185	33	91	18	43
石拐区						3		2		1
白云鄂博矿区						7		6		1
九原区	16	6	8	1	1	65	27	29		9
乌海市	**21**	**1**	**17**	**2**	**1**	**246**	**66**	**109**	**29**	**42**
海勃湾区	11		10		1	147	46	69	8	24
海南区	7		7			67	17	25	19	6
乌达区	3	1		2		32	3	15	2	12
赤峰市	**33**	**7**	**16**	**4**	**6**	**193**	**25**	**107**	**26**	**35**
红山区	24	6	11	3	4	107	15	64	17	11
元宝山区	3	1		1	1	31	1	20	5	5
松山区	6		5		1	55	9	23	4	19
通辽市	**45**	**6**	**24**	**4**	**11**	**179**	**47**	**85**	**11**	**36**
科尔沁区	42	4	24	4	10	135	45	56	6	28
霍林郭勒市	3	2			1	44	2	29	5	8
鄂尔多斯市	**50**	**28**	**16**	**4**	**2**	**299**	**50**	**195**	**14**	**40**
东胜区	39	23	12	2	2	220	39	157	2	22
康巴什区	11	5	4	2		79	11	38	12	18
鄂托克旗										
呼伦贝尔市	**55**	**17**	**26**	**2**	**10**	**333**	**40**	**175**	**34**	**84**
海拉尔区	32	14	13	2	3	174	30	72	25	47
扎赉诺尔区	4	3			1	19	6	6		7
满洲里市	13		10		3	67	3	51	7	6
牙克石市	2		1		1	8		3	1	4
扎兰屯市	1				1	60	1	41	1	17
额尔古纳市						4		2		2
根河市	3		2		1	1				1
巴彦淖尔市	**17**	**1**	**9**		**7**	**51**	**10**	**34**	**1**	**6**
临河区	17	1	9		7	51	10	34	1	6
乌兰察布市	**30**		**14**	**5**	**11**	**96**	**5**	**64**	**6**	**21**
集宁区	29		13	5	11	83	4	61	5	13
丰镇市	1		1			13	1	3	1	8
兴安盟	**6**		**5**		**1**	**52**	**5**	**29**	**3**	**15**
乌兰浩特市	6		5		1	50	5	27	3	15
阿尔山市						2		2		
锡林郭勒盟	**99**	**27**	**56**	**11**	**5**	**76**	**9**	**49**	**8**	**10**
二连浩特市	72	27	33	10	2	13	3	7	1	2
锡林浩特市	27		23	1	3	63	6	42	7	8

7-1a 续表 9

单位：人

现住地	自治区外									
	河南					湖北				
	小计	乡	镇的村委会	镇的居委会	街道	小计	乡	镇的村委会	镇的居委会	街道
内蒙古	**4821**	**1246**	**2665**	**354**	**556**	**1262**	**218**	**653**	**141**	**250**
呼和浩特市	**1204**	**312**	**610**	**117**	**165**	**338**	**67**	**153**	**43**	**75**
新城区	303	66	150	34	53	80	6	35	15	24
回民区	331	102	178	26	25	80	19	42	7	12
玉泉区	303	87	156	26	34	67	17	37	5	8
赛罕区	267	57	126	31	53	111	25	39	16	31
包头市	**1276**	**365**	**693**	**72**	**146**	**323**	**48**	**168**	**34**	**73**
东河区	236	46	133	7	50	58	3	26	18	11
昆都仑区	554	202	245	40	67	147	18	73	10	46
青山区	321	83	197	18	23	81	15	45	6	15
石拐区	3		3							
白云鄂博矿区	10	3	7			8		8		
九原区	152	31	108	7	6	29	12	16		1
乌海市	**719**	**208**	**399**	**44**	**68**	**104**	**17**	**55**	**15**	**17**
海勃湾区	377	135	193	19	30	60	12	31	6	11
海南区	122	36	49	13	24	12		10	2	
乌达区	220	37	157	12	14	32	5	14	7	6
赤峰市	**153**	**30**	**90**	**17**	**16**	**68**	**14**	**39**	**5**	**10**
红山区	87	21	48	7	11	39	14	12	4	9
元宝山区	23	4	17	1	1	12		12		
松山区	43	5	25	9	4	17		15	1	1
通辽市	**117**	**23**	**58**	**6**	**30**	**38**	**9**	**22**	**2**	**5**
科尔沁区	69	12	29	5	23	29	7	15	2	5
霍林郭勒市	48	11	29	1	7	9	2	7		
鄂尔多斯市	**585**	**122**	**388**	**34**	**41**	**119**	**29**	**72**	**7**	**11**
东胜区	477	103	324	21	29	109	28	65	7	9
康巴什区	108	19	64	13	12	10	1	7		2
鄂托克旗										
呼伦贝尔市	**191**	**44**	**105**	**15**	**27**	**76**	**10**	**40**	**9**	**17**
海拉尔区	80	26	32	9	13	47	10	17	8	12
扎赉诺尔区	1	1								
满洲里市	96	12	69	5	10	24		19		5
牙克石市	6	1	2	1	2	5		4	1	
扎兰屯市	7	4	2		1					
额尔古纳市	1				1					
根河市										
巴彦淖尔市	**176**	**48**	**108**	**6**	**14**	**62**	**5**	**37**	**10**	**10**
临河区	176	48	108	6	14	62	5	37	10	10
乌兰察布市	**182**	**68**	**78**	**19**	**17**	**68**	**11**	**25**	**8**	**24**
集宁区	167	64	75	15	13	60	11	25	6	18
丰镇市	15	4	3	4	4	8			2	6
兴安盟	**43**	**3**	**26**	**5**	**9**	**14**	**4**	**6**	**2**	**2**
乌兰浩特市	43	3	26	5	9	14	4	6	2	2
阿尔山市										
锡林郭勒盟	**175**	**23**	**110**	**19**	**23**	**52**	**4**	**36**	**6**	**6**
二连浩特市	43	12	26	2	3	14	4	7	2	1
锡林浩特市	132	11	84	17	20	38		29	4	5

7－1a 续表 10　　　　单位：人

现住地	自治区外									
	湖南					广东				
	小计	乡	镇的村委会	镇的居委会	街道	小计	乡	镇的村委会	镇的居委会	街道
内蒙古	**694**	**123**	**342**	**79**	**150**	**401**	**23**	**92**	**63**	**223**
呼和浩特市	**199**	**26**	**96**	**24**	**53**	**161**	**9**	**40**	**26**	**86**
新城区	61	8	26	13	14	55	3	14	6	32
回民区	29	1	17	1	10	16		3	1	12
玉泉区	26	5	11	1	9	28	1	12	6	9
赛罕区	83	12	42	9	20	62	5	11	13	33
包头市	**157**	**18**	**91**	**23**	**25**	**83**	**2**	**25**	**10**	**46**
东河区	37	2	25	5	5	11	1	5	1	4
昆都仑区	75	5	41	17	12	51	1	15	7	28
青山区	40	8	24	1	7	20		5	2	13
石拐区										
白云鄂博矿区										
九原区	5	3	1		1	1				1
乌海市	**39**	**7**	**12**	**4**	**16**	**20**	**2**	**6**	**3**	**9**
海勃湾区	16	6	5	1	4	11	1	4		6
海南区	13	1	5		7	1			1	
乌达区	10		2	3	5	8	1	2	2	3
赤峰市	**46**	**10**	**13**	**8**	**15**	**32**	**2**	**3**	**6**	**21**
红山区	13	3	5		5	11	1		3	7
元宝山区	14	4	1	1	8	4	1	2		1
松山区	19	3	7	7	2	17		1	3	13
通辽市	**32**	**9**	**12**	**3**	**8**	**10**	**4**			**6**
科尔沁区	23	7	7	3	6	9	4			5
霍林郭勒市	9	2	5		2	1				1
鄂尔多斯市	**74**	**13**	**43**	**10**	**8**	**30**		**11**	**7**	**12**
东胜区	59	8	38	6	7	24		11	4	9
康巴什区	15	5	5	4	1	6			3	3
鄂托克旗										
呼伦贝尔市	**34**	**4**	**19**	**3**	**8**	**25**	**4**		**7**	**14**
海拉尔区	27	4	16	3	4	22	3		6	13
扎赉诺尔区										
满洲里市	2				2	2	1		1	
牙克石市	1		1							
扎兰屯市						1				1
额尔古纳市										
根河市	4		2		2					
巴彦淖尔市	**14**	**9**	**1**	**1**	**3**	**10**		**4**		**6**
临河区	14	9	1	1	3	10		4		6
乌兰察布市	**26**	**6**	**11**	**2**	**7**	**9**		**3**		**6**
集宁区	25	6	11	1	7	9		3		6
丰镇市	1			1						
兴安盟	**7**		**4**	**1**	**2**	**15**				**15**
乌兰浩特市	7		4	1	2	14				14
阿尔山市						1				1
锡林郭勒盟	**66**	**21**	**40**		**5**	**6**			**4**	**2**
二连浩特市	41	21	18		2	1				1
锡林浩特市	25		22		3	5			4	1

7-1a　续表 11　　　　　　　　　　　　　　　　　　　　　　单位：人

现住地	自治区外									
	广西					海南				
	小计	乡	镇的村委会	镇的居委会	街道	小计	乡	镇的村委会	镇的居委会	街道
内蒙古	**194**	**33**	**65**	**27**	**69**	**151**	**5**	**29**	**33**	**84**
呼和浩特市	**38**	**4**	**10**	**5**	**19**	**58**	**3**	**7**	**19**	**29**
新城区	9	1	3	1	4	19	1	2	7	9
回民区	7		2	1	4	5	1	1		3
玉泉区	10	1	4	3	2	3			3	
赛罕区	12	2	1		9	31	1	4	9	17
包头市	**60**	**11**	**28**	**9**	**12**	**37**		**14**	**7**	**16**
东河区	14	2	3	5	4					
昆都仑区	25	6	17	1	1	29		14	5	10
青山区	15	2	5	3	5	6			1	5
石拐区										
白云鄂博矿区	1				1					
九原区	5	1	3		1	2			1	1
乌海市	**8**	**1**	**3**	**3**	**1**	**4**	**1**	**1**		**2**
海勃湾区	5	1	2	2		2		1		1
海南区	1		1							
乌达区	2			1	1	2	1			1
赤峰市	**9**	**1**	**3**	**3**	**2**	**6**		**1**		**5**
红山区	4	1	1	1	1	3		1		2
元宝山区	1		1							
松山区	4		1	2	1	3				3
通辽市	**11**	**2**	**5**		**4**	**6**		**2**		**4**
科尔沁区	3	2			1	6		2		4
霍林郭勒市	8		5		3					
鄂尔多斯市	**20**	**10**	**7**		**3**	**8**		**3**	**1**	**4**
东胜区	16	9	5		2	3				3
康巴什区	4	1	2		1	5		3	1	1
鄂托克旗										
呼伦贝尔市	**26**	**2**	**1**	**4**	**19**	**21**		**1**	**4**	**16**
海拉尔区	17	1	1	2	13	11		1	3	7
扎赉诺尔区	1			1						
满洲里市	1			1		1				1
牙克石市	2				2	7			1	6
扎兰屯市	4	1			3	1				1
额尔古纳市										
根河市	1				1	1				1
巴彦淖尔市	**1**		**1**			**7**			**1**	**6**
临河区	1		1			7			1	6
乌兰察布市	**15**	**1**	**6**	**2**	**6**	**1**	**1**			
集宁区	15	1	6	2	6					
丰镇市						1	1			
兴安盟	**1**	**1**				**3**			**1**	**2**
乌兰浩特市						3			1	2
阿尔山市	1	1								
锡林郭勒盟	**5**		**1**	**1**	**3**					
二连浩特市										
锡林浩特市	5		1	1	3					

7-1a 续表 12

单位：人

现住地	自治区外									
	重庆					四川				
	小计	乡	镇的村委会	镇的居委会	街道	小计	乡	镇的村委会	镇的居委会	街道
内蒙古	**571**	**112**	**281**	**61**	**117**	**1936**	**398**	**1071**	**152**	**315**
呼和浩特市	**157**	**35**	**52**	**32**	**38**	**621**	**155**	**259**	**82**	**125**
新城区	60	14	18	15	13	163	35	59	27	42
回民区	32	4	19	5	4	136	43	68	12	13
玉泉区	28	5	2	8	13	163	44	75	24	20
赛罕区	37	12	13	4	8	159	33	57	19	50
包头市	**104**	**23**	**60**	**7**	**14**	**471**	**75**	**291**	**20**	**85**
东河区	16	4	5	6	1	84	5	59	2	18
昆都仑区	41	9	21	1	10	163	24	86	8	45
青山区	29	9	17		3	177	36	113	8	20
石拐区	1		1							
白云鄂博矿区						1		1		
九原区	17	1	16			46	10	32	2	2
乌海市	**89**	**18**	**43**	**5**	**23**	**169**	**33**	**101**	**11**	**24**
海勃湾区	26	3	12	1	10	99	28	47	6	18
海南区	35	7	18	4	6	25	1	20	1	3
乌达区	28	8	13		7	45	4	34	4	3
赤峰市	**15**		**9**	**3**	**3**	**53**	**4**	**32**	**5**	**12**
红山区	8		5	2	1	19	3	11	2	3
元宝山区	1			1		8		6	1	1
松山区	6		4		2	26	1	15	2	8
通辽市	**22**	**1**	**17**	**1**	**3**	**13**	**3**	**3**	**3**	**4**
科尔沁区	14	1	10	1	2	12	3	2	3	4
霍林郭勒市	8		7		1	1		1		
鄂尔多斯市	**71**	**20**	**37**	**6**	**8**	**237**	**45**	**169**	**6**	**17**
东胜区	56	12	32	5	7	168	28	124		16
康巴什区	15	8	5	1	1	69	17	45	6	1
鄂托克旗										
呼伦贝尔市	**42**	**4**	**18**	**2**	**18**	**34**	**3**	**16**	**7**	**8**
海拉尔区	17	2	10	1	4	18	2	7	3	6
扎赉诺尔区	3		1		2					
满洲里市	9		6		3	10	1	6	2	1
牙克石市	10	2			8	1		1		
扎兰屯市	2		1		1	3		1	1	1
额尔古纳市	1			1		2		1	1	
根河市										
巴彦淖尔市	**23**	**6**	**10**	**1**	**6**	**113**	**37**	**64**		**12**
临河区	23	6	10	1	6	113	37	64		12
乌兰察布市	**25**	**4**	**17**		**4**	**163**	**41**	**100**	**9**	**13**
集宁区	20	3	13		4	149	39	91	8	11
丰镇市	5	1	4			14	2	9	1	2
兴安盟	**2**	**1**	**1**			**22**	**2**	**13**		**7**
乌兰浩特市	2	1	1			22	2	13		7
阿尔山市										
锡林郭勒盟	**21**		**17**	**4**		**40**		**23**	**9**	**8**
二连浩特市	3		3			10		7		3
锡林浩特市	18		14	4		30		16	9	5

7-1a　续表 13

单位：人

现住地	自治区外									
	贵州					云南				
	小计	乡	镇的村委会	镇的居委会	街道	小计	乡	镇的村委会	镇的居委会	街道
内蒙古	**323**	**46**	**176**	**32**	**69**	**281**	**43**	**134**	**27**	**77**
呼和浩特市	**74**	**19**	**18**	**15**	**22**	**93**	**15**	**34**	**15**	**29**
新城区	14	2	3	7	2	15	2	9	1	3
回民区	17	3	4	3	7	25	7	7	2	9
玉泉区	21	7	8	4	2	28	2	12	9	5
赛罕区	22	7	3	1	11	25	4	6	3	12
包头市	**125**	**8**	**87**	**11**	**19**	**90**	**13**	**55**	**1**	**21**
东河区	20	1	11	5	3	8	1	5		2
昆都仑区	29	5	19		5	41	5	25		11
青山区	64	2	50	6	6	28	6	16		6
石拐区	1		1			2		2		
白云鄂博矿区	3		2		1	1		1		
九原区	8		4		4	10	1	6	1	2
乌海市	**20**	**3**	**7**	**1**	**9**	**10**		**8**	**1**	**1**
海勃湾区	17	2	6		9	3		2		1
海南区	1	1				5		4	1	
乌达区	2		1	1		2		2		
赤峰市	**12**	**2**	**7**	**2**	**1**	**13**		**6**	**4**	**3**
红山区	6	2	4			4		3		1
元宝山区	2			1	1	7		3	4	
松山区	4		3	1		2				2
通辽市	**15**	**5**	**7**		**3**	**19**	**2**	**7**	**1**	**9**
科尔沁区	13	5	5		3	16	2	7	1	6
霍林郭勒市	2		2			3				3
鄂尔多斯市	**37**	**6**	**29**		**2**	**13**	**3**	**9**		**1**
东胜区	29		27		2	11	3	7		1
康巴什区	8	6	2			2		2		
鄂托克旗										
呼伦贝尔市	**9**		**4**	**1**	**4**	**7**		**1**	**4**	**2**
海拉尔区	3		1	1	1	4			2	2
扎赉诺尔区										
满洲里市	5		3		2	2		1	1	
牙克石市						1			1	
扎兰屯市										
额尔古纳市	1				1					
根河市										
巴彦淖尔市	**7**	**2**	**5**			**7**	**3**	**4**		
临河区	7	2	5			7	3	4		
乌兰察布市	**18**	**1**	**8**	**2**	**7**	**20**	**4**	**6**	**1**	**9**
集宁区	18	1	8	2	7	18	4	5	1	8
丰镇市						2		1		1
兴安盟	**2**		**1**		**1**	**2**	**2**			
乌兰浩特市	2		1		1	2	2			
阿尔山市										
锡林郭勒盟	**4**		**3**		**1**	**7**	**1**	**4**		**2**
二连浩特市										
锡林浩特市	4		3		1	7	1	4		2

7-1a　续表 14　　　　单位：人

现住地	自治区外									
	西藏					陕西				
	小计	乡	镇的村委会	镇的居委会	街道	小计	乡	镇的村委会	镇的居委会	街道
内蒙古	**17**	**1**	**6**	**3**	**7**	**5947**	**1283**	**3776**	**312**	**576**
呼和浩特市	**14**	**1**	**4**	**3**	**6**	**532**	**87**	**264**	**56**	**125**
新城区	2		1	1		154	20	69	22	43
回民区	1		1			103	17	74	5	7
玉泉区	1			1		115	18	67	12	18
赛罕区	10	1	2	1	6	160	32	54	17	57
包头市	**2**		**2**			**716**	**122**	**414**	**45**	**135**
东河区						145	17	98	8	22
昆都仑区	2		2			260	57	131	15	57
青山区						196	29	106	14	47
石拐区						7		1	2	4
白云鄂博矿区						3		3		
九原区						105	19	75	6	5
乌海市						**1075**	**288**	**646**	**57**	**84**
海勃湾区						578	174	318	29	57
海南区						344	94	220	14	16
乌达区						153	20	108	14	11
赤峰市						**47**	**4**	**27**	**7**	**9**
红山区						22	3	14	4	1
元宝山区						8	1	6	1	
松山区						17		7	2	8
通辽市						**30**	**6**	**12**	**4**	**8**
科尔沁区						24	6	11	4	3
霍林郭勒市						6		1		5
鄂尔多斯市						**3275**	**736**	**2267**	**122**	**150**
东胜区						2830	630	2019	88	93
康巴什区						445	106	248	34	57
鄂托克旗										
呼伦贝尔市						**59**	**1**	**34**	**8**	**16**
海拉尔区						21	1	9	5	6
扎赉诺尔区						4		2		2
满洲里市						10		9		1
牙克石市						3			1	2
扎兰屯市						18		14	1	3
额尔古纳市						1			1	
根河市						2				2
巴彦淖尔市	**1**				**1**	**105**	**27**	**55**	**4**	**19**
临河区	1				1	105	27	55	4	19
乌兰察布市						**53**	**11**	**26**	**4**	**12**
集宁区						52	11	25	4	12
丰镇市						1		1		
兴安盟						**3**		**2**		**1**
乌兰浩特市						3		2		1
阿尔山市										
锡林郭勒盟						**52**	**1**	**29**	**5**	**17**
二连浩特市						5		5		
锡林浩特市						47	1	24	5	17

7-1a　续表 15

单位：人

现住地	自治区外									
	甘肃					青海				
	小计	乡	镇的村委会	镇的居委会	街道	小计	乡	镇的村委会	镇的居委会	街道
内蒙古	**4201**	**1299**	**2323**	**254**	**325**	**259**	**77**	**97**	**30**	**55**
呼和浩特市	**581**	**162**	**293**	**43**	**83**	**69**	**18**	**29**	**5**	**17**
新城区	139	25	76	13	25	12	1	5	2	4
回民区	164	45	92	9	18	14	1	11		2
玉泉区	118	47	60	3	8	17	11	4		2
赛罕区	160	45	65	18	32	26	5	9	3	9
包头市	**783**	**192**	**480**	**38**	**73**	**40**	**8**	**16**	**5**	**11**
东河区	189	33	129	8	19	11	4	5		2
昆都仑区	259	64	139	17	39	22	4	6	5	7
青山区	188	51	119	5	13	3		1		2
石拐区	9	6	2		1					
白云鄂博矿区	6		2	4						
九原区	132	38	89	4	1	4		4		
乌海市	**1715**	**606**	**899**	**105**	**105**	**37**	**20**	**11**	**4**	**2**
海勃湾区	1025	398	515	52	60	13	5	5	1	2
海南区	324	119	175	11	19	10	5	5		
乌达区	366	89	209	42	26	14	10	1	3	
赤峰市	**22**	**2**	**13**	**6**	**1**	**36**	**7**	**23**	**1**	**5**
红山区	10	1	5	3	1	22	7	12	1	2
元宝山区	1	1				2				2
松山区	11		8	3		12		11		1
通辽市	**33**	**11**	**8**	**6**	**8**	**10**	**1**	**1**	**6**	**2**
科尔沁区	14	3	2	2	7	9	1	1	5	2
霍林郭勒市	19	8	6	4	1	1			1	
鄂尔多斯市	**456**	**100**	**311**	**23**	**22**	**36**	**13**	**12**	**4**	**7**
东胜区	358	71	261	18	8	33	13	12	1	7
康巴什区	98	29	50	5	14	3			3	
鄂托克旗										
呼伦贝尔市	**27**	**11**	**8**	**4**	**4**	**9**	**5**	**1**		**3**
海拉尔区	18	9	6	1	2	2				2
扎赉诺尔区	3			1	2	1				1
满洲里市	3		2	1		6	5	1		
牙克石市										
扎兰屯市	1			1						
额尔古纳市	1	1								
根河市	1	1								
巴彦淖尔市	**472**	**182**	**257**	**18**	**15**	**10**		**2**	**3**	**5**
临河区	472	182	257	18	15	10		2	3	5
乌兰察布市	**73**	**24**	**31**	**10**	**8**	**4**		**2**	**2**	
集宁区	69	24	27	10	8	4		2	2	
丰镇市	4		4							
兴安盟	**7**	**4**	**2**		**1**	**6**	**5**			**1**
乌兰浩特市	7	4	2		1	6	5			1
阿尔山市										
锡林郭勒盟	**32**	**5**	**21**	**1**	**5**	**2**				**2**
二连浩特市	10	3	7							
锡林浩特市	22	2	14	1	5	2				2

7-1a 续表 16

单位：人

现住地	自治区外									
	宁夏					新疆				
	小计	乡	镇的村委会	镇的居委会	街道	小计	乡	镇的村委会	镇的居委会	街道
内蒙古	**1094**	**270**	**476**	**128**	**220**	**185**	**23**	**41**	**29**	**92**
呼和浩特市	**116**	**21**	**38**	**27**	**30**	**87**	**7**	**16**	**14**	**50**
新城区	40	11	7	10	12	18		4	6	8
回民区	46	6	20	13	7	20	3	5	4	8
玉泉区	10	2	4	1	3	19	1	2	2	14
赛罕区	20	2	7	3	8	30	3	5	2	20
包头市	**124**	**28**	**60**	**11**	**25**	**38**	**4**	**13**	**3**	**18**
东河区	27	4	10	4	9	7		3		4
昆都仑区	41	9	22	5	5	25	3	7	1	14
青山区	38	7	19	2	10	6	1	3	2	
石拐区										
白云鄂博矿区	3		2		1					
九原区	15	8	7							
乌海市	**622**	**167**	**276**	**76**	**103**	**19**	**5**	**5**	**5**	**4**
海勃湾区	236	57	97	37	45	10	4	1	2	3
海南区	134	36	64	14	20	6	1	3	1	1
乌达区	252	74	115	25	38	3		1	2	
赤峰市	**5**	**5**				**6**	**1**		**1**	**4**
红山区	5	5				4	1		1	2
元宝山区						1				1
松山区						1				1
通辽市	**9**	**4**	**4**		**1**	**2**		**2**		
科尔沁区	7	4	2		1	2		2		
霍林郭勒市	2		2							
鄂尔多斯市	**92**	**20**	**33**	**6**	**33**	**16**	**5**	**5**	**2**	**4**
东胜区	85	18	32	5	30	16	5	5	2	4
康巴什区	7	2	1	1	3					
鄂托克旗										
呼伦贝尔市	**6**				**6**	**6**				**6**
海拉尔区	4				4					
扎赉诺尔区										
满洲里市						2				2
牙克石市						4				4
扎兰屯市	2				2					
额尔古纳市										
根河市										
巴彦淖尔市	**98**	**25**	**55**	**6**	**12**	**1**				**1**
临河区	98	25	55	6	12	1				1
乌兰察布市	**11**		**6**	**2**	**3**	**6**			**4**	**2**
集宁区	11		6	2	3	5			4	1
丰镇市						1				1
兴安盟	**2**		**1**		**1**	**2**				**2**
乌兰浩特市	2		1		1	2				2
阿尔山市										
锡林郭勒盟	**9**		**3**		**6**	**2**	**1**			**1**
二连浩特市	3		3							
锡林浩特市	6				6	2	1			1

7-1b　全区按现住地、户口登记地类型分的户口登记地在外乡镇街道人口(镇)

单位：人

现住地	合计					自治区内				
	合计	乡	镇的村委会	镇的居委会	街道	小计	乡	镇的村委会	镇的居委会	街道
内蒙古	**348925**	**88126**	**180518**	**40697**	**39584**	**303825**	**77454**	**155869**	**35954**	**34548**
呼和浩特市	**31526**	**14218**	**11626**	**2254**	**3428**	**28910**	**13320**	**10563**	**2028**	**2999**
新城区	26	15	4	4	3	22	14	3	2	3
回民区										
玉泉区										
赛罕区	31	2	27	1	1	29	2	25	1	1
土默特左旗	6582	2851	2705	428	598	5994	2636	2444	388	526
托克托县	4437	1086	2864	303	184	4194	1054	2754	251	135
和林格尔县	4993	2399	1412	430	752	4472	2235	1223	402	612
清水河县	1993	1284	464	136	109	1924	1260	436	125	103
武川县	3503	2777	297	303	126	3405	2715	293	286	111
呼和浩特经济技术开发区	9961	3804	3853	649	1655	8870	3404	3385	573	1508
包头市	**27116**	**5321**	**13744**	**2281**	**5770**	**23398**	**4474**	**11474**	**2062**	**5388**
东河区	1423	241	766	65	351	1173	166	607	63	337
昆都仑区	69		55	4	10	32		24	2	6
青山区	267	34	142	23	68	207	21	107	16	63
石拐区	249	52	149	19	29	76	11	43	7	15
白云鄂博矿区										
九原区	2022	546	805	155	516	1645	395	626	137	487
土默特右旗	6335	2347	2907	541	540	6014	2252	2783	502	477
固阳县	2601	263	1806	215	317	2464	245	1721	197	301
达尔罕茂明安联合旗	1791	308	1232	161	90	1692	282	1172	156	82
包头稀土高新技术产业开发区	12359	1530	5882	1098	3849	10095	1102	4391	982	3620
乌海市	**1255**	**246**	**717**	**109**	**183**	**497**	**70**	**248**	**53**	**126**
海勃湾区	292	119	139	5	29	146	42	78	4	22
海南区	870	117	535	94	124	305	25	156	42	82
乌达区	93	10	43	10	30	46	3	14	7	22
赤峰市	**60315**	**13930**	**33354**	**6273**	**6758**	**58112**	**13422**	**32217**	**6041**	**6432**
红山区	972	105	734	19	114	867	84	661	15	107
元宝山区	662	50	414	53	145	552	43	332	45	132
松山区	293	68	202	15	8	257	55	180	14	8
阿鲁科尔沁旗	6434	2665	2534	553	682	6312	2616	2499	541	656
巴林左旗	7131	1243	3792	708	1388	6997	1219	3718	696	1364
巴林右旗	5593	923	3222	435	1013	5429	877	3148	415	989
林西县	6214	1181	3644	749	640	5940	1134	3529	718	559
克什克腾旗	5720	1650	2884	756	430	5521	1604	2795	729	393
翁牛特旗	6956	1492	4465	587	412	6799	1459	4376	562	402
喀喇沁旗	5534	412	3930	824	368	5316	391	3785	797	343
宁城县	7465	1075	4601	868	921	7021	970	4355	829	867
敖汉旗	7341	3066	2932	706	637	7101	2970	2839	680	612

7-1b 续表 1

单位：人

现住地	合计					自治区内				
	合计	乡	镇的村委会	镇的居委会	街道	小计	乡	镇的村委会	镇的居委会	街道
通辽市	**34145**	**4542**	**20382**	**4289**	**4932**	**31473**	**4169**	**18938**	**3868**	**4498**
科尔沁区	658	121	423	37	77	561	92	366	34	69
科尔沁左翼中旗	3839	448	2467	611	313	3426	378	2224	566	258
科尔沁左翼后旗	3481	513	2102	774	92	3079	446	1923	652	58
开鲁县	3925	167	3332	343	83	3631	151	3156	271	53
库伦旗	1789	409	1017	267	96	1643	376	934	245	88
奈曼旗	4219	349	3380	287	203	3950	322	3211	259	158
扎鲁特旗	4918	1933	2379	493	113	4662	1877	2252	440	93
通辽经济技术开发区	11291	602	5260	1477	3952	10502	527	4856	1401	3718
霍林郭勒市	25		22		3	19		16		3
鄂尔多斯市	**70324**	**15469**	**42466**	**6433**	**5956**	**53546**	**11636**	**32426**	**5151**	**4333**
东胜区	167	9	102	12	44	38	7	11	2	18
康巴什区										
达拉特旗	15254	4101	9072	631	1450	13837	3709	8295	564	1269
准格尔旗	17370	3187	11284	1466	1433	14293	2567	9247	1313	1166
鄂托克前旗	2910	456	1882	304	268	1810	220	1319	203	68
鄂托克旗	8836	1022	6147	1345	322	5599	479	3733	1116	271
杭锦旗	4000	923	2263	575	239	3417	847	1917	477	176
乌审旗	7252	1974	4010	616	652	3661	907	2248	357	149
伊金霍洛旗	14535	3797	7706	1484	1548	10891	2900	5656	1119	1216
呼伦贝尔市	**21688**	**4071**	**8862**	**5552**	**3203**	**18103**	**3357**	**7261**	**4724**	**2761**
海拉尔区	30		16	8	6	17		4	7	6
扎赉诺尔区	108	14	35	45	14	67	6	13	36	12
阿荣旗	5490	1260	3179	843	208	4987	1150	2989	717	131
莫力达瓦达斡尔族自治旗	2884	440	1754	620	70	2491	389	1540	516	46
鄂伦春自治旗	2932	395	1422	993	122	2188	257	1055	805	71
鄂温克族自治旗	4156	605	802	1223	1526	3483	442	537	1087	1417
陈巴尔虎旗	1229	204	511	302	212	956	150	372	255	179
新巴尔虎左旗	983	516	199	165	103	897	498	171	148	80
新巴尔虎右旗	1036	392	352	166	126	895	336	304	145	110
满洲里市	150	31	54	52	13	72	4	25	33	10
牙克石市	1663	134	192	752	585	1337	68	84	670	515
扎兰屯市	489	44	208	137	100	360	30	131	108	91
额尔古纳市	154	15	41	51	47	110	9	18	43	40
根河市	384	21	97	195	71	243	18	18	154	53
巴彦淖尔市	**25437**	**5176**	**16177**	**2272**	**1812**	**23301**	**4790**	**14830**	**2067**	**1614**
临河区	274	29	152	19	74	240	26	123	18	73
五原县	5680	839	4045	415	381	5330	771	3824	385	350
磴口县	2022	575	1052	290	105	1819	522	935	272	90
乌拉特前旗	6880	1476	4661	552	191	6328	1386	4272	507	163
乌拉特中旗	3434	970	1853	328	283	2935	908	1545	266	216
乌拉特后旗	1992	202	1165	206	419	1733	146	1014	182	391
杭锦后旗	5155	1085	3249	462	359	4916	1031	3117	437	331

7-1b 续表 2

单位：人

现住地	合计					自治区内				
	合计	乡	镇的村委会	镇的居委会	街道	小计	乡	镇的村委会	镇的居委会	街道
乌兰察布市	**26071**	**11969**	**9261**	**2861**	**1980**	**24197**	**11395**	**8504**	**2566**	**1732**
集宁区	1097	330	188	66	513	1054	316	176	63	499
卓资县	1361	417	628	182	134	1215	367	570	161	117
化德县	3047	1544	1115	233	155	2816	1452	1035	206	123
商都县	3921	2035	1467	329	90	3719	1967	1402	274	76
兴和县	3594	1474	1439	538	143	3374	1397	1344	507	126
凉城县	2059	1005	788	191	75	1973	960	764	185	64
察哈尔右翼前旗	2765	475	1334	438	518	2422	431	1118	391	482
察哈尔右翼中旗	1282	695	415	129	43	1222	671	390	121	40
察哈尔右翼后旗	2832	1049	1244	420	119	2691	1013	1186	388	104
四子王旗	3760	2863	522	281	94	3651	2808	495	267	81
丰镇市	353	82	121	54	96	60	13	24	3	20
兴安盟	**18196**	**4851**	**7559**	**2756**	**3030**	**16405**	**4404**	**6781**	**2462**	**2758**
乌兰浩特市	1035	36	508	69	422	939	29	450	56	404
阿尔山市	218	14	27	102	75	192	12	20	92	68
科尔沁右翼前旗	5602	754	2363	498	1987	5156	697	2124	463	1872
科尔沁右翼中旗	3320	1048	1512	596	164	3059	969	1405	553	132
扎赉特旗	5068	1961	1944	990	173	4315	1701	1670	849	95
突泉县	2953	1038	1205	501	209	2744	996	1112	449	187
锡林郭勒盟	**20566**	**5713**	**10279**	**3281**	**1293**	**18278**	**5095**	**9262**	**2972**	**949**
二连浩特市	75	24	42	1	8	38	11	23		4
锡林浩特市	247	150	33	7	57	88	45	19	4	20
阿巴嘎旗	1131	477	391	119	144	1023	443	346	104	130
苏尼特左旗	712	172	382	122	36	678	167	359	118	34
苏尼特右旗	2192	457	1187	452	96	1992	428	1083	429	52
东乌珠穆沁旗	2055	342	1290	363	60	1907	318	1193	346	50
西乌珠穆沁旗	3459	559	2077	609	214	3187	526	1935	568	158
太仆寺旗	1823	305	1172	251	95	1629	277	1077	224	51
镶黄旗	892	437	227	180	48	777	396	191	155	35
正镶白旗	1289	521	485	212	71	1222	490	459	207	66
正蓝旗	2042	613	983	265	181	1866	558	894	251	163
多伦县	3624	1391	1475	521	237	2953	1190	1197	422	144
乌拉盖管委会	1025	265	535	179	46	918	246	486	144	42
阿拉善盟	**12286**	**2620**	**6091**	**2336**	**1239**	**7605**	**1322**	**3365**	**1960**	**958**
阿拉善左旗	8131	1387	4095	1681	968	5667	703	2672	1489	803
阿拉善右旗	802	402	258	128	14	563	301	156	101	5
额济纳旗	1172	508	407	193	64	612	252	174	140	46
内蒙古阿拉善经济开发区	2181	323	1331	334	193	763	66	363	230	104

7-1b 续表 3

单位：人

现住地	自治区外									
	小计					北京				
	小计	乡	镇的村委会	镇的居委会	街道	小计	乡	镇的村委会	镇的居委会	街道
内蒙古	**45100**	**10672**	**24649**	**4743**	**5036**	**264**	**19**	**40**	**52**	**153**
呼和浩特市	**2616**	**898**	**1063**	**226**	**429**	**26**		**3**	**1**	**22**
新城区	4	1	1	2						
回民区										
玉泉区										
赛罕区	2		2							
土默特左旗	588	215	261	40	72	4			1	3
托克托县	243	32	110	52	49	2				2
和林格尔县	521	164	189	28	140	1				1
清水河县	69	24	28	11	6	1		1		
武川县	98	62	4	17	15					
呼和浩特经济技术开发区	1091	400	468	76	147	18		2		16
包头市	**3718**	**847**	**2270**	**219**	**382**	**19**	**1**	**2**	**5**	**11**
东河区	250	75	159	2	14					
昆都仑区	37		31	2	4					
青山区	60	13	35	7	5					
石拐区	173	41	106	12	14					
白云鄂博矿区										
九原区	377	151	179	18	29					
土默特右旗	321	95	124	39	63	3	1			2
固阳县	137	18	85	18	16					
达尔罕茂明安联合旗	99	26	60	5	8					
包头稀土高新技术产业开发区	2264	428	1491	116	229	16		2	5	9
乌海市	**758**	**176**	**469**	**56**	**57**					
海勃湾区	146	77	61	1	7					
海南区	565	92	379	52	42					
乌达区	47	7	29	3	8					
赤峰市	**2203**	**508**	**1137**	**232**	**326**	**46**	**6**	**11**	**9**	**20**
红山区	105	21	73	4	7	2		1	1	
元宝山区	110	7	82	8	13					
松山区	36	13	22	1						
阿鲁科尔沁旗	122	49	35	12	26	6			1	5
巴林左旗	134	24	74	12	24	2	2			
巴林右旗	164	46	74	20	24	2		2		
林西县	274	47	115	31	81	5				5
克什克腾旗	199	46	89	27	37	6	1	1	2	2
翁牛特旗	157	33	89	25	10	4		2	2	
喀喇沁旗	218	21	145	27	25	6		2	1	3
宁城县	444	105	246	39	54	9		3	1	5
敖汉旗	240	96	93	26	25	4	3		1	

7-1b 续表 4

单位：人

现住地	自治区外									
	小计					北京				
	小计	乡	镇的村委会	镇的居委会	街道	小计	乡	镇的村委会	镇的居委会	街道
通辽市	**2672**	**373**	**1444**	**421**	**434**	**32**	**2**	**4**	**6**	**20**
科尔沁区	97	29	57	3	8					
科尔沁左翼中旗	413	70	243	45	55	4	2	2		
科尔沁左翼后旗	402	67	179	122	34	2			2	
开鲁县	294	16	176	72	30	4			2	2
库伦旗	146	33	83	22	8	1		1		
奈曼旗	269	27	169	28	45	6			2	4
扎鲁特旗	256	56	127	53	20					
通辽经济技术开发区	789	75	404	76	234	15		1		14
霍林郭勒市	6		6							
鄂尔多斯市	**16778**	**3833**	**10040**	**1282**	**1623**	**40**		**4**	**3**	**33**
东胜区	129	2	91	10	26					
康巴什区										
达拉特旗	1417	392	777	67	181	4		2	1	1
准格尔旗	3077	620	2037	153	267	2		1		1
鄂托克前旗	1100	236	563	101	200					
鄂托克旗	3237	543	2414	229	51					
杭锦旗	583	76	346	98	63	2				2
乌审旗	3591	1067	1762	259	503	29		1	1	27
伊金霍洛旗	3644	897	2050	365	332	3			1	2
呼伦贝尔市	**3585**	**714**	**1601**	**828**	**442**	**13**		**1**	**1**	**11**
海拉尔区	13		12	1						
扎赉诺尔区	41	8	22	9	2					
阿荣旗	503	110	190	126	77	1				1
莫力达瓦达斡尔族自治旗	393	51	214	104	24	1			1	
鄂伦春自治旗	744	138	367	188	51	1				1
鄂温克族自治旗	673	163	265	136	109	4		1		3
陈巴尔虎旗	273	54	139	47	33	4				4
新巴尔虎左旗	86	18	28	17	23					
新巴尔虎右旗	141	56	48	21	16					
满洲里市	78	27	29	19	3					
牙克石市	326	66	108	82	70	1				1
扎兰屯市	129	14	77	29	9					
额尔古纳市	44	6	23	8	7	1				1
根河市	141	3	79	41	18					
巴彦淖尔市	**2136**	**386**	**1347**	**205**	**198**	**11**	**1**	**1**	**5**	**4**
临河区	34	3	29	1	1					
五原县	350	68	221	30	31	2		1	1	
磴口县	203	53	117	18	15					
乌拉特前旗	552	90	389	45	28	7			3	4
乌拉特中旗	499	62	308	62	67	1	1			
乌拉特后旗	259	56	151	24	28					
杭锦后旗	239	54	132	25	28	1			1	

7-1b　续表 5　　　　　　　　　　　　　　　　　　　　　　　　　　　　单位：人

现住地	自治区外									
	小计					北京				
	小计	乡	镇的村委会	镇的居委会	街道	小计	乡	镇的村委会	镇的居委会	街道
乌兰察布市	**1874**	**574**	**757**	**295**	**248**	**33**	**4**	**6**	**12**	**11**
集宁区	43	14	12	3	14					
卓资县	146	50	58	21	17	2			1	1
化德县	231	92	80	27	32	7	1		4	2
商都县	202	68	65	55	14	4			4	
兴和县	220	77	95	31	17	8	3	3	2	
凉城县	86	45	24	6	11	2				2
察哈尔右翼前旗	343	44	216	47	36	4		2		2
察哈尔右翼中旗	60	24	25	8	3	1			1	
察哈尔右翼后旗	141	36	58	32	15	5		1		4
四子王旗	109	55	27	14	13					
丰镇市	293	69	97	51	76					
兴安盟	**1791**	**447**	**778**	**294**	**272**	**12**	**1**	**3**	**3**	**5**
乌兰浩特市	96	7	58	13	18					
阿尔山市	26	2	7	10	7					
科尔沁右翼前旗	446	57	239	35	115	4		1		3
科尔沁右翼中旗	261	79	107	43	32	1				1
扎赉特旗	753	260	274	141	78	6	1	2	2	1
突泉县	209	42	93	52	22	1			1	
锡林郭勒盟	**2288**	**618**	**1017**	**309**	**344**	**26**	**4**	**5**	**5**	**12**
二连浩特市	37	13	19	1	4					
锡林浩特市	159	105	14	3	37					
阿巴嘎旗	108	34	45	15	14	2				2
苏尼特左旗	34	5	23	4	2					
苏尼特右旗	200	29	104	23	44	2				2
东乌珠穆沁旗	148	24	97	17	10					
西乌珠穆沁旗	272	33	142	41	56					
太仆寺旗	194	28	95	27	44	6	1	1		4
镶黄旗	115	41	36	25	13	1				1
正镶白旗	67	31	26	5	5	2			1	1
正蓝旗	176	55	89	14	18	4	2	2		
多伦县	671	201	278	99	93	7	1	2	3	1
乌拉盖管委会	107	19	49	35	4	2			1	1
阿拉善盟	**4681**	**1298**	**2726**	**376**	**281**	**6**			**2**	**4**
阿拉善左旗	2464	684	1423	192	165	3			2	1
阿拉善右旗	239	101	102	27	9					
额济纳旗	560	256	233	53	18	1				1
内蒙古阿拉善经济开发区	1418	257	968	104	89	2				2

7-1b 续表 6

单位：人

现住地	自治区外									
	天津					河北				
	小计	乡	镇的村委会	镇的居委会	街道	小计	乡	镇的村委会	镇的居委会	街道
内蒙古	**278**	**20**	**75**	**59**	**124**	**5149**	**1465**	**2634**	**483**	**567**
呼和浩特市	**52**	**2**	**21**	**6**	**23**	**419**	**155**	**188**	**21**	**55**
新城区						1		1		
回民区										
玉泉区										
赛罕区						2		2		
土默特左旗	11		6		5	103	47	43	4	9
托克托县	3		2	1		48	5	19	10	14
和林格尔县	26	2	8	4	12	56	18	21	1	16
清水河县						3	2			1
武川县						17	14		1	2
呼和浩特经济技术开发区	12		5	1	6	189	69	102	5	13
包头市	**19**	**3**	**1**	**4**	**11**	**714**	**169**	**427**	**33**	**85**
东河区						57	21	34		2
昆都仑区						11		8		3
青山区						12	2	5	4	1
石拐区						20	2	14	2	2
白云鄂博矿区										
九原区						78	33	36	2	7
土默特右旗	2		1		1	68	19	22	2	25
固阳县	1				1	38	7	22	7	2
达尔罕茂明安联合旗						19	6	12		1
包头稀土高新技术产业开发区	16	3		4	9	411	79	274	16	42
乌海市						**41**	**10**	**23**	**7**	**1**
海勃湾区						14	6	8		
海南区						26	3	15	7	1
乌达区						1	1			
赤峰市	**42**	**1**	**20**	**5**	**16**	**398**	**82**	**235**	**38**	**43**
红山区						20	1	19		
元宝山区	3		1		2	22		17	5	
松山区						16	10	5	1	
阿鲁科尔沁旗	1		1			12	8	4		
巴林左旗	11		3	4	4	26	3	21		2
巴林右旗	1		1			22	5	14	2	1
林西县	10			1	9	77	15	38	3	21
克什克腾旗	2		2			36	15	19	1	1
翁牛特旗	1		1			42	6	20	12	4
喀喇沁旗	5		5			50	11	33	5	1
宁城县	6	1	4		1	61	2	40	8	11
敖汉旗	2		2			14	6	5	1	2

7-1b 续表 7　　　　单位：人

现住地	自治区外									
	天津					河北				
	小计	乡	镇的村委会	镇的居委会	街道	小计	乡	镇的村委会	镇的居委会	街道
通辽市	**26**	**3**		**10**	**13**	**216**	**35**	**118**	**32**	**31**
科尔沁区						12	4	7		1
科尔沁左翼中旗						10		7	1	2
科尔沁左翼后旗	2				2	20	6	4	7	3
开鲁县	6			5	1	40	2	23	9	6
库伦旗	1			1		7		2	4	1
奈曼旗	8	3		1	4	38	6	27	4	1
扎鲁特旗						17	3	12	2	
通辽经济技术开发区	9			3	6	72	14	36	5	17
霍林郭勒市										
鄂尔多斯市	**55**	**4**	**14**	**16**	**21**	**997**	**280**	**559**	**68**	**90**
东胜区						5		4		1
康巴什区										
达拉特旗	7			3	4	210	99	92	7	12
准格尔旗	13	1	4	5	3	303	77	195	13	18
鄂托克前旗						18	6	5	1	6
鄂托克旗	2		1	1		121	17	90	10	4
杭锦旗	4		4			30	4	17	7	2
乌审旗	16	2	1	3	10	127	25	56	20	26
伊金霍洛旗	13	1	4	4	4	183	52	100	10	21
呼伦贝尔市	**14**		**2**	**3**	**9**	**141**	**23**	**53**	**39**	**26**
海拉尔区						2		1	1	
扎赉诺尔区						1			1	
阿荣旗	1		1			16	1	8	5	2
莫力达瓦达斡尔族自治旗	2			1	1	6		6		
鄂伦春自治旗	1		1			26	2	8	14	2
鄂温克族自治旗	5			1	4	34	8	9	7	10
陈巴尔虎旗	2				2	5	1	3		1
新巴尔虎左旗						3			3	
新巴尔虎右旗						10	3	3	2	2
满洲里市						4	4			
牙克石市						18	3	7	2	6
扎兰屯市						3		3		
额尔古纳市	2				2	2		1		1
根河市	1			1		11	1	4	4	2
巴彦淖尔市	**16**	**1**	**5**	**5**	**5**	**326**	**67**	**211**	**30**	**18**
临河区						1		1		
五原县	4		1	2	1	73	19	47	2	5
磴口县	2				2	15	4	8	1	2
乌拉特前旗	4	1	3			103	18	71	12	2
乌拉特中旗	6		1	3	2	85	18	53	9	5
乌拉特后旗						27	6	16	2	3
杭锦后旗						22	2	15	4	1

7-1b　续表 8

单位：人

现住地	自治区外									
	天津					河北				
	小计	乡	镇的村委会	镇的居委会	街道	小计	乡	镇的村委会	镇的居委会	街道
乌兰察布市	**11**	**1**	**3**	**3**	**4**	**493**	**186**	**210**	**53**	**44**
集宁区	1				1	7	1	5	1	
卓资县						13	6	4	2	1
化德县	6		3		3	161	76	53	14	18
商都县	3	1		2		89	34	35	17	3
兴和县	1			1		93	40	41	4	8
凉城县						13	7	5		1
察哈尔右翼前旗						64	9	41	7	7
察哈尔右翼中旗						7	1	5	1	
察哈尔右翼后旗						23		16	5	2
四子王旗						19	12	4		3
丰镇市						4		1	2	1
兴安盟	**19**	**1**	**6**	**3**	**9**	**81**	**15**	**42**	**12**	**12**
乌兰浩特市						5		3	1	1
阿尔山市						2		1		1
科尔沁右翼前旗	11		2	1	8	25	1	16	3	5
科尔沁右翼中旗	3		1	1	1	19	4	13	2	
扎赉特旗						17	7	4	1	5
突泉县	5	1	3	1		13	3	5	5	
锡林郭勒盟	**19**	**4**	**2**	**3**	**10**	**1168**	**400**	**476**	**138**	**154**
二连浩特市						15	5	8		2
锡林浩特市	6	3			3	141	93	11	3	34
阿巴嘎旗						47	18	17	10	2
苏尼特左旗						19	3	15	1	
苏尼特右旗	1				1	72	8	26	3	35
东乌珠穆沁旗						85	14	65	6	
西乌珠穆沁旗						54	9	31	11	3
太仆寺旗	2				2	102	16	50	21	15
镶黄旗						56	18	14	17	7
正镶白旗						47	22	20	4	1
正蓝旗	1		1			104	36	46	11	11
多伦县	9	1	1	3	4	398	152	157	47	42
乌拉盖管委会						28	6	16	4	2
阿拉善盟	**5**		**1**	**1**	**3**	**155**	**43**	**92**	**12**	**8**
阿拉善左旗	4			1	3	67	16	42	6	3
阿拉善右旗	1		1			2	2			
额济纳旗						18	6	9	3	
内蒙古阿拉善经济开发区						68	19	41	3	5

7-1b 续表 9

单位：人

现住地	自治区外									
	山西					内蒙古				
	小计	乡	镇的村委会	镇的居委会	街道	小计	乡	镇的村委会	镇的居委会	街道
内蒙古	**4662**	**1259**	**2625**	**394**	**384**					
呼和浩特市	**721**	**300**	**294**	**60**	**67**					
新城区	2			2						
回民区										
玉泉区										
赛罕区										
土默特左旗	197	87	85	15	10					
托克托县	49	12	27	7	3					
和林格尔县	122	45	43	7	27					
清水河县	36	17	15	4						
武川县	13	8		1	4					
呼和浩特经济技术开发区	302	131	124	24	23					
包头市	**809**	**206**	**511**	**41**	**51**					
东河区	80	29	48	1	2					
昆都仑区	5		4		1					
青山区	12	4	7		1					
石拐区	70	16	48	2	4					
白云鄂博矿区										
九原区	101	50	42	5	4					
土默特右旗	64	16	33	10	5					
固阳县	31	3	23		5					
达尔罕茂明安联合旗	41	9	26	3	3					
包头稀土高新技术产业开发区	405	79	280	20	26					
乌海市	**60**	**16**	**36**	**3**	**5**					
海勃湾区	23	10	12		1					
海南区	32	6	21	3	2					
乌达区	5		3		2					
赤峰市	**49**	**14**	**25**	**5**	**5**					
红山区	1		1							
元宝山区	1	1								
松山区	2		2							
阿鲁科尔沁旗	3	2	1							
巴林左旗	1				1					
巴林右旗	2	1	1							
林西县	11	6	5							
克什克腾旗	13	1	7	5						
翁牛特旗	7	1	6							
喀喇沁旗	5		2		3					
宁城县	2	1			1					
敖汉旗	1	1								

7-1b　续表 10　　　　单位：人

现住地	自治区外									
	山西					内蒙古				
	小计	乡	镇的村委会	镇的居委会	街道	小计	乡	镇的村委会	镇的居委会	街道
通辽市	**47**	**9**	**24**	**4**	**10**					
科尔沁区										
科尔沁左翼中旗	2		2							
科尔沁左翼后旗	5		4		1					
开鲁县	8	3	4	1						
库伦旗										
奈曼旗	10	5	1		4					
扎鲁特旗	14		11	3						
通辽经济技术开发区	8	1	2		5					
霍林郭勒市										
鄂尔多斯市	**2030**	**468**	**1281**	**135**	**146**					
东胜区	19		12		7					
康巴什区										
达拉特旗	228	74	133	5	16					
准格尔旗	889	203	602	38	46					
鄂托克前旗	11		9		2					
鄂托克旗	141	20	115	5	1					
杭锦旗	67	7	31	22	7					
乌审旗	114	27	57	5	25					
伊金霍洛旗	561	137	322	60	42					
呼伦贝尔市	**23**	**3**	**6**	**9**	**5**					
海拉尔区	1		1							
扎赉诺尔区										
阿荣旗	4		2		2					
莫力达瓦达斡尔族自治旗	5	1		4						
鄂伦春自治旗	2			2						
鄂温克族自治旗	5	2		2	1					
陈巴尔虎旗	1			1						
新巴尔虎左旗	2		1		1					
新巴尔虎右旗	2		1		1					
满洲里市										
牙克石市										
扎兰屯市										
额尔古纳市										
根河市	1		1							
巴彦淖尔市	**201**	**26**	**142**	**16**	**17**					
临河区	1		1							
五原县	31	2	17	5	7					
磴口县	10	3	4		3					
乌拉特前旗	93	16	72	2	3					
乌拉特中旗	33	3	24	4	2					
乌拉特后旗	17	1	15		1					
杭锦后旗	16	1	9	5	1					

7－1b 续表 11 单位：人

现住地	自治区外									
	山西					内蒙古				
	小计	乡	镇的村委会	镇的居委会	街道	小计	乡	镇的村委会	镇的居委会	街道
乌兰察布市	**473**	**153**	**170**	**90**	**60**					
集宁区	22	5	6	1	10					
卓资县	27	14	6	5	2					
化德县	22	4	10	7	1					
商都县	35	12	6	12	5					
兴和县	54	17	25	9	3					
凉城县	38	23	10	1	4					
察哈尔右翼前旗	71	7	36	22	6					
察哈尔右翼中旗	13	2	10		1					
察哈尔右翼后旗	39	12	14	12	1					
四子王旗	27	14	8	4	1					
丰镇市	125	43	39	17	26					
兴安盟	**26**	**6**	**10**	**3**	**7**					
乌兰浩特市	4		1	1	2					
阿尔山市	1				1					
科尔沁右翼前旗	5		2		3					
科尔沁右翼中旗	6	4	1	1						
扎赉特旗	4	2		1	1					
突泉县	6		6							
锡林郭勒盟	**113**	**32**	**57**	**18**	**6**					
二连浩特市	4	1	1	1	1					
锡林浩特市										
阿巴嘎旗	7	5	2							
苏尼特左旗	2	1	1							
苏尼特右旗	41	10	26	4	1					
东乌珠穆沁旗	6	2	3	1						
西乌珠穆沁旗	4	1	2		1					
太仆寺旗	10	3	5	1	1					
镶黄旗	2			2						
正镶白旗	1	1								
正蓝旗	7	1	5	1						
多伦县	28	7	11	8	2					
乌拉盖管委会	1		1							
阿拉善盟	**110**	**26**	**69**	**10**	**5**					
阿拉善左旗	49	18	26	1	4					
阿拉善右旗	1		1							
额济纳旗	16	6	5	5						
内蒙古阿拉善经济开发区	44	2	37	4	1					

7-1b　续表 12　　　　单位：人

现住地	自治区外									
	辽宁					吉林				
	小计	乡	镇的村委会	镇的居委会	街道	小计	乡	镇的村委会	镇的居委会	街道
内蒙古	**2890**	**542**	**1400**	**420**	**528**	**2420**	**499**	**1149**	**346**	**426**
呼和浩特市	**89**	**33**	**25**	**6**	**25**	**124**	**40**	**45**	**10**	**29**
新城区										
回民区										
玉泉区										
赛罕区										
土默特左旗	7	1	4	1	1	23	4	12	2	5
托克托县	7	1	4		2	7	1	4	1	1
和林格尔县	22	4	8	1	9	22	5	7	4	6
清水河县	1	1								
武川县						9	3	1	2	3
呼和浩特经济技术开发区	52	26	9	4	13	63	27	21	1	14
包头市	**110**	**10**	**66**	**11**	**23**	**53**	**10**	**21**	**8**	**14**
东河区	7		6		1	5	2	2	1	
昆都仑区	1		1							
青山区	2	1		1						
石拐区	1			1		3		1	1	1
白云鄂博矿区										
九原区	7		4		3	8	4	3		1
土默特右旗	19	5	12		2	6	2	1	2	1
固阳县	3			1	2	1		1		
达尔罕茂明安联合旗	4		4							
包头稀土高新技术产业开发区	66	4	39	8	15	30	2	13	4	11
乌海市	**22**	**4**	**6**	**2**	**10**	**9**	**2**	**5**	**2**	
海勃湾区										
海南区	13	4	2	2	5	6	2	3	1	
乌达区	9		4		5	3		2	1	
赤峰市	**706**	**179**	**368**	**66**	**93**	**151**	**33**	**61**	**24**	**33**
红山区	37	5	27	3	2	3	1	2		
元宝山区	55	5	46		4	5		4		1
松山区	6	2	4							
阿鲁科尔沁旗	35	11	12	3	9	13	3	6		4
巴林左旗	27	4	11	4	8	18	5	9		4
巴林右旗	32	10	14	5	3	19	6	4	2	7
林西县	40	10	7	14	9	13	1	1	5	6
克什克腾旗	40	6	13	6	15	21	3	12	3	3
翁牛特旗	41	7	28	2	4	11	1	7	3	
喀喇沁旗	34	4	17	10	3	14	1	5	2	6
宁城县	241	71	136	12	22	16	4	7	4	1
敖汉旗	118	44	53	7	14	18	8	4	5	1

7－1b 续表 13

单位：人

现住地	自治区外									
	辽宁					吉林				
	小计	乡	镇的村委会	镇的居委会	街道	小计	乡	镇的村委会	镇的居委会	街道
通辽市	**828**	**113**	**470**	**138**	**107**	**617**	**90**	**344**	**82**	**101**
科尔沁区	21	4	15	1	1	22	6	13	2	1
科尔沁左翼中旗	61	8	25	9	19	240	39	156	21	24
科尔沁左翼后旗	226	36	110	64	16	84	17	35	22	10
开鲁县	67	2	47	17	1	37	4	21	8	4
库伦旗	82	17	51	9	5	8	3	4		1
奈曼旗	90	6	60	13	11	22	2	20		
扎鲁特旗	72	17	43	7	5	59	14	22	16	7
通辽经济技术开发区	206	23	116	18	49	142	5	70	13	54
霍林郭勒市	3		3			3		3		
鄂尔多斯市	**419**	**95**	**163**	**48**	**113**	**271**	**57**	**148**	**25**	**41**
东胜区	2		1		1					
康巴什区										
达拉特旗	39	10	22	2	5	39	13	18	3	5
准格尔旗	142	26	63	14	39	116	25	60	8	23
鄂托克前旗	5	3			2	13	6	5	1	1
鄂托克旗	26	2	15	8	1	19		17	2	
杭锦旗	2		1		1	11	1	9	1	
乌审旗	65	7	19	16	23	21	1	13	4	3
伊金霍洛旗	138	47	42	8	41	52	11	26	6	9
呼伦贝尔市	**257**	**35**	**100**	**65**	**57**	**304**	**67**	**126**	**72**	**39**
海拉尔区	2		2							
扎赉诺尔区	3		3			5		4	1	
阿荣旗	52	3	13	18	18	37	9	11	14	3
莫力达瓦达斡尔族自治旗	19	2	9	4	4	18	2	10	6	
鄂伦春自治旗	31	6	11	10	4	56	6	27	19	4
鄂温克族自治旗	55	6	28	8	13	53	10	23	11	9
陈巴尔虎旗	10	3	5	1	1	41	11	20	5	5
新巴尔虎左旗	9		7	1	1	10	1	4	3	2
新巴尔虎右旗	11	2	6	1	2	10	6	1		3
满洲里市	8	2	1	5		6	5			1
牙克石市	27	2	5	13	7	43	16	9	6	12
扎兰屯市	15	8	4	1	2	16	1	12	3	
额尔古纳市	4	1	2		1					
根河市	11		4	3	4	9		5	4	
巴彦淖尔市	**75**	**9**	**43**	**11**	**12**	**108**	**8**	**71**	**15**	**14**
临河区										
五原县	4		2		2	8		4	3	1
磴口县	6		4	1	1	4		1	1	2
乌拉特前旗	18	2	11	3	2	13	2	9	1	1
乌拉特中旗	35	5	17	6	7	66		52	8	6
乌拉特后旗	8		7	1		10	4	4		2
杭锦后旗	4	2	2			7	2	1	2	2

7-1b 续表 14　　　　单位：人

现住地	自治区外									
	辽宁					吉林				
	小计	乡	镇的村委会	镇的居委会	街道	小计	乡	镇的村委会	镇的居委会	街道
乌兰察布市	**37**	**12**	**15**	**4**	**6**	**84**	**22**	**13**	**9**	**40**
集宁区										
卓资县	5	2	2	1		13	8	4	1	
化德县	2		1	1		3		1		2
商都县	2			1	1	3		1	2	
兴和县	4	1	2		1	3		2		1
凉城县						1	1			
察哈尔右翼前旗	5	2	3			14	3	3	2	6
察哈尔右翼中旗	3	1	2							
察哈尔右翼后旗	3	2	1			5	3	2		
四子王旗	6	1	3		2	5	4		1	
丰镇市	7	3	1	1	2	37	3		3	31
兴安盟	**185**	**25**	**78**	**29**	**53**	**550**	**140**	**250**	**72**	**88**
乌兰浩特市	8		4	4		58	6	40	3	9
阿尔山市	10		5	2	3	8	2	1	4	1
科尔沁右翼前旗	61	7	26	3	25	184	33	99	14	38
科尔沁右翼中旗	37	5	18	4	10	97	40	36	11	10
扎赉特旗	46	9	16	10	11	97	35	28	16	18
突泉县	23	4	9	6	4	106	24	46	24	12
锡林郭勒盟	**134**	**26**	**48**	**35**	**25**	**127**	**19**	**57**	**25**	**26**
二连浩特市	1	1								
锡林浩特市										
阿巴嘎旗	4		3		1	10	2	3		5
苏尼特左旗	1		1			3	1	1		1
苏尼特右旗	7	1	3	3		7		6	1	
东乌珠穆沁旗	12	3	5	3	1	10		3	3	4
西乌珠穆沁旗	48	6	13	13	16	44	4	21	7	12
太仆寺旗	6	3	1	2		5	1	4		
镶黄旗	2	1			1	1				1
正镶白旗						1	1			
正蓝旗	4	1	2	1		5		3	1	1
多伦县	35	8	13	8	6	20	4	9	5	2
乌拉盖管委会	14	2	7	5		21	6	7	8	
阿拉善盟	**28**	**1**	**18**	**5**	**4**	**22**	**11**	**8**	**2**	**1**
阿拉善左旗	16	1	13		2	13	7	3	2	1
阿拉善右旗	3		2		1					
额济纳旗	2		1	1		7	4	3		
内蒙古阿拉善经济开发区	7		2	4	1	2		2		

7−1b 续表 15　　单位：人

现住地	自治区外									
	黑龙江					上海				
	小计	乡	镇的村委会	镇的居委会	街道	小计	乡	镇的村委会	镇的居委会	街道
内蒙古	**4724**	**1095**	**2114**	**899**	**616**	**30**	**2**	**2**	**12**	**14**
呼和浩特市	**87**	**35**	**30**	**5**	**17**	**3**				**3**
新城区										
回民区										
玉泉区										
赛罕区										
土默特左旗	22	11	5		6					
托克托县	11	1	6	2	2					
和林格尔县	16	7	4		5	2				2
清水河县	4	1	3							
武川县	1	1								
呼和浩特经济技术开发区	33	14	12	3	4	1				1
包头市	**113**	**22**	**62**	**10**	**19**	**2**				**2**
东河区	4	1	1		2					
昆都仑区	6		6							
青山区										
石拐区										
白云鄂博矿区										
九原区	9	3	5	1						
土默特右旗	9	2	5	1	1	1				1
固阳县	6	3	2	1						
达尔罕茂明安联合旗	3		2		1					
包头稀土高新技术产业开发区	76	13	41	7	15	1				1
乌海市	**31**	**2**	**16**	**4**	**9**					
海勃湾区	3		1		2					
海南区	24	2	11	4	7					
乌达区	4		4							
赤峰市	**224**	**46**	**114**	**35**	**29**	**7**	**1**		**5**	**1**
红山区	7	2	4		1					
元宝山区	16		8	3	5					
松山区	2		2							
阿鲁科尔沁旗	7	3	1		3	1	1			
巴林左旗	13	3	7	3						
巴林右旗	29	8	10	7	4	1				1
林西县	23	5	9	2	7					
克什克腾旗	17	4	8	5						
翁牛特旗	18	4	12	1	1	3			3	
喀喇沁旗	33	4	19	7	3					
宁城县	36	6	21	5	4	1			1	
敖汉旗	23	7	13	2	1	1			1	

7-1b　续表 16

单位：人

现住地	自治区外									
	黑龙江					上海				
	小计	乡	镇的村委会	镇的居委会	街道	小计	乡	镇的村委会	镇的居委会	街道
通辽市	**289**	**54**	**130**	**49**	**56**	**2**			**2**	
科尔沁区	12	3	7		2					
科尔沁左翼中旗	35	15	11	7	2					
科尔沁左翼后旗	18	5	3	9	1					
开鲁县	34	1	15	11	7					
库伦旗	5	4		1		1			1	
奈曼旗	28	1	18	4	5					
扎鲁特旗	40	16	14	7	3					
通辽经济技术开发区	117	9	62	10	36	1			1	
霍林郭勒市										
鄂尔多斯市	**521**	**123**	**205**	**71**	**122**	**5**		**2**	**1**	**2**
东胜区	6		3		3					
康巴什区										
达拉特旗	67	16	28	1	22	1		1		
准格尔旗	104	17	64	9	14	2				2
鄂托克前旗	7	1	3	1	2					
鄂托克旗	32	9	13	9	1	2		1	1	
杭锦旗	23		13	9	1					
乌审旗	103	20	29	21	33					
伊金霍洛旗	179	60	52	21	46					
呼伦贝尔市	**2380**	**518**	**1089**	**532**	**241**					
海拉尔区	8		8							
扎赉诺尔区	27	7	13	7						
阿荣旗	317	81	124	71	41					
莫力达瓦达斡尔族自治旗	296	44	161	76	15					
鄂伦春自治旗	576	112	302	128	34					
鄂温克族自治旗	445	122	172	91	60					
陈巴尔虎旗	185	36	99	33	17					
新巴尔虎左旗	51	12	14	9	16					
新巴尔虎右旗	95	43	31	15	6					
满洲里市	57	16	27	14						
牙克石市	206	40	76	48	42					
扎兰屯市	81	4	46	24	7					
额尔古纳市	13	1	8	3	1					
根河市	23		8	13	2					
巴彦淖尔市	**136**	**16**	**77**	**24**	**19**					
临河区	1				1					
五原县	10	1	5	2	2					
磴口县	6	1		5						
乌拉特前旗	14	2	9	2	1					
乌拉特中旗	95	11	58	13	13					
乌拉特后旗	7		4	2	1					
杭锦后旗	3	1	1		1					

7－1b　续表 17　　　　单位：人

现住地	自治区外									
	黑龙江					上海				
	小计	乡	镇的村委会	镇的居委会	街道	小计	乡	镇的村委会	镇的居委会	街道
乌兰察布市	**46**	**8**	**19**	**12**	**7**	**3**				**3**
集宁区	1	1								
卓资县	3	1	1		1					
化德县	1	1								
商都县	8		8							
兴和县	10		6	3	1					
凉城县	1				1					
察哈尔右翼前旗	6		3	3		2				2
察哈尔右翼中旗	1	1								
察哈尔右翼后旗	5		1	3	1					
四子王旗	5	4		1						
丰镇市	5			2	3	1				1
兴安盟	**666**	**220**	**261**	**121**	**64**	**4**			**4**	
乌兰浩特市	11	1	5	3	2					
阿尔山市	4			4						
科尔沁右翼前旗	80	14	37	10	19					
科尔沁右翼中旗	32	8	12	9	3					
扎赉特旗	515	193	198	87	37	2			2	
突泉县	24	4	9	8	3	2			2	
锡林郭勒盟	**177**	**38**	**83**	**25**	**31**	**2**				**2**
二连浩特市	9	3	5		1					
锡林浩特市	2	2								
阿巴嘎旗	13	2	7	1	3					
苏尼特左旗	1			1						
苏尼特右旗	6	2	1		3					
东乌珠穆沁旗	11	2	6	3						
西乌珠穆沁旗	39	1	29	1	8	2				2
太仆寺旗	3	2	1							
镶黄旗	7	3	1	3						
正镶白旗										
正蓝旗	20	6	11		3					
多伦县	58	13	21	12	12					
乌拉盖管委会	8	2	1	4	1					
阿拉善盟	**54**	**13**	**28**	**11**	**2**	**2**	**1**			**1**
阿拉善左旗	17	5	10	2		1				1
阿拉善右旗	4	2	2							
额济纳旗	16	2	9	3	2	1	1			
内蒙古阿拉善经济开发区	17	4	7	6						

7-1b 续表 18

单位：人

现住地	自治区外									
	江苏					浙江				
	小计	乡	镇 的村委会	镇 的居委会	街道	小计	乡	镇 的村委会	镇 的居委会	街道
内蒙古	**636**	**99**	**369**	**70**	**98**	**392**	**56**	**231**	**54**	**51**
呼和浩特市	**32**	**6**	**17**	**3**	**6**	**29**	**17**	**1**	**4**	**7**
新城区										
回民区										
玉泉区										
赛罕区										
土默特左旗	5	1	3		1	12	6			6
托克托县	1			1						
和林格尔县	8		7		1	6	6			
清水河县	2		2							
武川县	4	4				5	4	1		
呼和浩特经济技术开发区	12	1	5	2	4	6	1		4	1
包头市	**92**	**16**	**74**	**1**	**1**	**31**	**3**	**21**	**4**	**3**
东河区						3		3		
昆都仑区										
青山区										
石拐区										
白云鄂博矿区										
九原区	2	1	1							
土默特右旗	5	1	3		1	9	3	4	1	1
固阳县	1		1			5		5		
达尔罕茂明安联合旗										
包头稀土高新技术产业开发区	84	14	69	1		14		9	3	2
乌海市	**7**	**4**	**2**		**1**	**7**		**3**	**3**	**1**
海勃湾区										
海南区	7	4	2		1	7		3	3	1
乌达区										
赤峰市	**33**	**6**	**22**		**5**	**46**	**4**	**32**	**6**	**4**
红山区										
元宝山区	1	1								
松山区										
阿鲁科尔沁旗	1	1				8	1		5	2
巴林左旗	1				1	3	2	1		
巴林右旗	1	1				3		2		1
林西县	15		11		4	9		8		1
克什克腾旗	2	2				3		3		
翁牛特旗	2		2							
喀喇沁旗	5		5			14		14		
宁城县	4	1	3			5	1	4		
敖汉旗	1		1			1			1	

7-1b 续表 19 单位：人

现住地	自治区外									
	江苏					浙江				
	小计	乡	镇的村委会	镇的居委会	街道	小计	乡	镇的村委会	镇的居委会	街道
通辽市	**48**	**3**	**17**	**9**	**19**	**36**	**5**	**21**	**7**	**3**
科尔沁区	2	2								
科尔沁左翼中旗	2	1	1			3		1	2	
科尔沁左翼后旗	4		2	2		5		2	3	
开鲁县						4		2	1	1
库伦旗						10	2	7	1	
奈曼旗	4		2	2		8		7		1
扎鲁特旗	4		2	1	1	1		1		
通辽经济技术开发区	32		10	4	18	5	3	1		1
霍林郭勒市										
鄂尔多斯市	**206**	**32**	**126**	**21**	**27**	**81**	**7**	**59**	**4**	**11**
东胜区	1			1						
康巴什区										
达拉特旗	17		13	1	3	26	1	15	2	8
准格尔旗	32	2	21	2	7	29	6	23		
鄂托克前旗	8	3		2	3	8		7		1
鄂托克旗	13	1	11	1		4		3		1
杭锦旗	9	3	6							
乌审旗	35	6	16	5	8	3		3		
伊金霍洛旗	91	17	59	9	6	11		8	2	1
呼伦贝尔市	**21**	**5**	**7**	**5**	**4**	**36**	**5**	**20**	**9**	**2**
海拉尔区										
扎赉诺尔区										
阿荣旗	6	4	2			8			7	1
莫力达瓦达斡尔族自治旗	1		1			5		4		1
鄂伦春自治旗	5		2	1	2	1			1	
鄂温克族自治旗	4	1	2		1	6	3	3		
陈巴尔虎旗	5			4	1	4	1	3		
新巴尔虎左旗										
新巴尔虎右旗						1	1			
满洲里市										
牙克石市										
扎兰屯市										
额尔古纳市										
根河市						11		10	1	
巴彦淖尔市	**36**	**3**	**18**	**8**	**7**	**21**	**2**	**9**	**3**	**7**
临河区										
五原县	4		2		2	5				5
磴口县	4		4			4	2	2		
乌拉特前旗	10		4	6		8		7	1	
乌拉特中旗	13	3	7		3	4			2	2
乌拉特后旗	1		1							
杭锦后旗	4			2	2					

7-1b 续表 20

单位：人

现住地	自治区外									
	江苏					浙江				
	小计	乡	镇的村委会	镇的居委会	街道	小计	乡	镇的村委会	镇的居委会	街道
乌兰察布市	**42**	**6**	**26**	**5**	**5**	**30**	**9**	**10**	**8**	**3**
集宁区										
卓资县	3				3					
化德县	2		2			1	1			
商都县	5		4	1		3		3		
兴和县	2	1	1							
凉城县	5	1	3	1		5	4		1	
察哈尔右翼前旗	9	1	7		1	5		2	3	
察哈尔右翼中旗										
察哈尔右翼后旗	5	2	3			6	2	3		1
四子王旗	1			1		3		2		1
丰镇市	10	1	6	2	1	7	2		4	1
兴安盟	**18**	**1**	**9**	**4**	**4**	**9**	**2**	**5**	**2**	
乌兰浩特市	2			1	1	1		1		
阿尔山市										
科尔沁右翼前旗	5		5			2		2		
科尔沁右翼中旗	6		2	2	2	3	2		1	
扎赉特旗	4	1	2	1		1			1	
突泉县	1				1	2		2		
锡林郭勒盟	**41**	**10**	**18**	**4**	**9**	**41**	**2**	**28**	**3**	**8**
二连浩特市										
锡林浩特市	2	2								
阿巴嘎旗										
苏尼特左旗	1		1							
苏尼特右旗	8	1	6	1		5		2	3	
东乌珠穆沁旗	3	1			2	4		4		
西乌珠穆沁旗	10	6	2	2		9		3		6
太仆寺旗	9		1	1	7	14	2	10		2
镶黄旗										
正镶白旗										
正蓝旗	4		4			2		2		
多伦县	4		4			7		7		
乌拉盖管委会										
阿拉善盟	**60**	**7**	**33**	**10**	**10**	**25**		**22**	**1**	**2**
阿拉善左旗	8		5	2	1	18		17		1
阿拉善右旗	9		8		1					
额济纳旗	3	2		1		4		4		
内蒙古阿拉善经济开发区	40	5	20	7	8	3		1	1	1

7-1b　续表 21　　　　单位：人

现住地	自治区外									
	安徽					福建				
	小计	乡	镇的村委会	镇的居委会	街道	小计	乡	镇的村委会	镇的居委会	街道
内蒙古	**987**	**198**	**580**	**114**	**95**	**251**	**48**	**138**	**36**	**29**
呼和浩特市	**47**	**11**	**17**	**8**	**11**	**21**	**3**	**3**	**7**	**8**
新城区										
回民区										
玉泉区										
赛罕区										
土默特左旗	8	4	3		1	8	1	1	3	3
托克托县	6		2	2	2	4		1		3
和林格尔县	11	1	5	2	3	3	2			1
清水河县	1				1					
武川县						4			4	
呼和浩特经济技术开发区	21	6	7	4	4	2		1		1
包头市	**123**	**26**	**75**	**12**	**10**	**57**	**2**	**38**	**12**	**5**
东河区	3	2	1							
昆都仑区						6		4	2	
青山区						1		1		
石拐区						5		3	2	
白云鄂博矿区										
九原区	6	1	5							
土默特右旗	8	7		1		11	2	6	3	
固阳县	3			3						
达尔罕茂明安联合旗						3		2	1	
包头稀土高新技术产业开发区	103	16	69	8	10	31		22	4	5
乌海市	**6**	**4**		**1**	**1**					
海勃湾区										
海南区	4	2		1	1					
乌达区	2	2								
赤峰市	**52**	**11**	**31**	**5**	**5**	**11**	**4**	**6**	**1**	
红山区	10		6		4					
元宝山区	1		1							
松山区										
阿鲁科尔沁旗	4	1	3			2		1	1	
巴林左旗	2	1		1						
巴林右旗	9	3	4	2		1		1		
林西县	7	2	4		1					
克什克腾旗	4	1	3							
翁牛特旗										
喀喇沁旗	8		8							
宁城县	7	3	2	2		4		4		
敖汉旗						4	4			

7-1b　续表 22

单位：人

现住地	自治区外									
	安徽					福建				
	小计	乡	镇的村委会	镇的居委会	街道	小计	乡	镇的村委会	镇的居委会	街道
通辽市	**64**	**10**	**41**	**11**	**2**	**20**	**6**	**13**	**1**	
科尔沁区	1	1				2	2			
科尔沁左翼中旗	6	1	5			4		4		
科尔沁左翼后旗	8		6	2						
开鲁县	11		8	2	1					
库伦旗	6	1	4		1	1		1		
奈曼旗	4		4							
扎鲁特旗	10		6	4						
通辽经济技术开发区	18	7	8	3		13	4	8	1	
霍林郭勒市										
鄂尔多斯市	**428**	**62**	**266**	**50**	**50**	**53**	**7**	**38**	**2**	**6**
东胜区	57		40	9	8					
康巴什区										
达拉特旗	20	2	15	2	1	17	1	11		5
准格尔旗	100	9	55	21	15	19		19		
鄂托克前旗	51	12	38		1					
鄂托克旗	42	13	28	1						
杭锦旗	21		14	2	5	2		2		
乌审旗	67	14	31	11	11	12	5	6	1	
伊金霍洛旗	70	12	45	4	9	3	1		1	1
呼伦贝尔市	**23**	**5**	**11**	**5**	**2**	**7**	**5**		**1**	**1**
海拉尔区										
扎赉诺尔区	1	1								
阿荣旗						6	5		1	
莫力达瓦达斡尔族自治旗										
鄂伦春自治旗	4		3	1						
鄂温克族自治旗	9	1	3	3	2					
陈巴尔虎旗										
新巴尔虎左旗										
新巴尔虎右旗	2		2							
满洲里市						1				1
牙克石市	2	1		1						
扎兰屯市	1		1							
额尔古纳市	2		2							
根河市	2	2								
巴彦淖尔市	**72**	**14**	**47**	**7**	**4**	**24**		**17**	**2**	**5**
临河区	4		4							
五原县	24	4	18	2						
磴口县	3		3							
乌拉特前旗	17	2	12	1	2	9		9		
乌拉特中旗	7	2	3	1	1	10		4	1	5
乌拉特后旗	12	2	7	2	1	5		4	1	
杭锦后旗	5	4		1						

7—1b 续表 23

单位：人

现住地	自治区外									
	安徽					福建				
	小计	乡	镇的村委会	镇的居委会	街道	小计	乡	镇的村委会	镇的居委会	街道
乌兰察布市	**35**	**15**	**8**	**11**	**1**	**19**		**5**	**10**	**4**
集宁区	1	1								
卓资县	2	2								
化德县										
商都县	4	2	1	1		1			1	
兴和县	5	4	1			4		2	1	1
凉城县										
察哈尔右翼前旗	4	1	3			7			4	3
察哈尔右翼中旗	2			1	1					
察哈尔右翼后旗	11	4		7		7		3	4	
四子王旗										
丰镇市	6	1	3	2						
兴安盟	**12**	**2**	**5**		**5**	**10**	**5**	**5**		
乌兰浩特市										
阿尔山市	1				1					
科尔沁右翼前旗	6		2		4	4		4		
科尔沁右翼中旗	1		1			4	4			
扎赉特旗	3	2	1			2	1	1		
突泉县	1		1							
锡林郭勒盟	**33**	**5**	**22**	**2**	**4**	**7**	**3**	**4**		
二连浩特市										
锡林浩特市										
阿巴嘎旗	1		1							
苏尼特左旗										
苏尼特右旗	5		4	1						
东乌珠穆沁旗	3		3							
西乌珠穆沁旗	2		2			1		1		
太仆寺旗	4		2		2					
镶黄旗	1		1			6	3	3		
正镶白旗										
正蓝旗	2	1	1							
多伦县	15	4	8	1	2					
乌拉盖管委会										
阿拉善盟	**92**	**33**	**57**	**2**		**22**	**13**	**9**		
阿拉善左旗	66	13	52	1		21	12	9		
阿拉善右旗	1		1							
额济纳旗	17	12	4	1						
内蒙古阿拉善经济开发区	8	8				1	1			

7-1b　续表 24

单位：人

现住地	自治区外									
	江西					山东				
	小计	乡	镇的村委会	镇的居委会	街道	小计	乡	镇的村委会	镇的居委会	街道
内蒙古	**273**	**74**	**119**	**35**	**45**	**2101**	**260**	**1142**	**282**	**417**
呼和浩特市	**47**	**21**	**14**	**3**	**9**	**197**	**48**	**105**	**16**	**28**
新城区						1	1			
回民区										
玉泉区										
赛罕区										
土默特左旗	10	5	4		1	34	4	24	1	5
托克托县	2		1		1	18	2	4	8	4
和林格尔县	16	7	4	3	2	20	7	7		6
清水河县	3		3			1				1
武川县	5	2			3	2	2			
呼和浩特经济技术开发区	11	7	2		2	121	32	70	7	12
包头市	**21**	**7**	**4**	**3**	**7**	**163**	**18**	**95**	**17**	**33**
东河区						8		5		3
昆都仑区						2		2		
青山区	1			1		5		5		
石拐区	1		1			11		7		4
白云鄂博矿区										
九原区	5		1		4	25	4	19	2	
土默特右旗	1		1			17	1	2	8	6
固阳县						3	1	2		
达尔罕茂明安联合旗						2			1	1
包头稀土高新技术产业开发区	13	7	1	2	3	90	12	53	6	19
乌海市						**35**	**1**	**24**	**7**	**3**
海勃湾区										
海南区						31	1	20	7	3
乌达区						4		4		
赤峰市	**26**	**2**	**7**	**7**	**10**	**87**	**19**	**48**	**6**	**14**
红山区						5		5		
元宝山区										
松山区						2		2		
阿鲁科尔沁旗	1	1				6	6			
巴林左旗	1		1			18	3	12		3
巴林右旗	2		2			10	2	3	2	3
林西县	7		1		6	11	4	4	2	1
克什克腾旗	1			1		11	1	5	1	4
翁牛特旗						6	2	4		
喀喇沁旗	2				2	10		8	1	1
宁城县	9		1	6	2	5	1	2		2
敖汉旗	3	1	2			3		3		

7-1b 续表 25

单位：人

现住地	自治区外									
	江西					山东				
	小计	乡	镇的村委会	镇的居委会	街道	小计	乡	镇的村委会	镇的居委会	街道
通辽市	**18**		**11**	**5**	**2**	**133**	**8**	**88**	**14**	**23**
科尔沁区						5	2	1		2
科尔沁左翼中旗	4		1	3		8		5	1	2
科尔沁左翼后旗	2		1	1		5	1	2	2	
开鲁县	1			1		37	2	31	4	
库伦旗	6		6			4	2	1	1	
奈曼旗	4		2		2	19	1	17		1
扎鲁特旗						9		6	1	2
通辽经济技术开发区	1		1			46		25	5	16
霍林郭勒市										
鄂尔多斯市	**62**	**23**	**31**	**3**	**5**	**952**	**74**	**525**	**116**	**237**
东胜区						6		5		1
康巴什区										
达拉特旗	6	2	4			120	1	51	14	54
准格尔旗	2		2			145	13	100	5	27
鄂托克前旗						387	15	191	68	113
鄂托克旗	4		4			55	5	33	13	4
杭锦旗	6	6				16	1	14		1
乌审旗	21	12	7		2	65	18	22	5	20
伊金霍洛旗	23	3	14	3	3	158	21	109	11	17
呼伦贝尔市	**6**	**1**	**3**	**2**		**139**	**19**	**55**	**44**	**21**
海拉尔区										
扎赉诺尔区						2		1		1
阿荣旗						21	3	11	3	4
莫力达瓦达斡尔族自治旗						23	1	13	7	2
鄂伦春自治旗	3		2	1		19	6	3	6	4
鄂温克族自治旗						17	5	4	8	
陈巴尔虎旗						7		6	1	
新巴尔虎左旗						2	1			1
新巴尔虎右旗						6	1	4	1	
满洲里市	1		1							
牙克石市	1			1		15	2	3	8	2
扎兰屯市						7		7		
额尔古纳市	1	1				3		1	2	
根河市						17		2	8	7
巴彦淖尔市	**2**	**1**			**1**	**74**	**9**	**45**	**6**	**14**
临河区						2		1	1	
五原县	2	1			1	7		5	1	1
磴口县						3		2		1
乌拉特前旗						12	2	8		2
乌拉特中旗						36	4	21	4	7
乌拉特后旗						9		8		1
杭锦后旗						5	3			2

7-1b　续表 26　　　　单位：人

现住地	自治区外									
	江西					山东				
	小计	乡	镇的村委会	镇的居委会	街道	小计	乡	镇的村委会	镇的居委会	街道
乌兰察布市	**20**	**5**	**7**	**6**	**2**	**67**	**13**	**28**	**16**	**10**
集宁区						2		1	1	
卓资县	3			3		9		6	2	1
化德县						5				5
商都县	1		1			9	1		7	1
兴和县	3			3		8	4	3	1	
凉城县						1		1		
察哈尔右翼前旗	2		2			16	4	10	2	
察哈尔右翼中旗	3	3				3	3			
察哈尔右翼后旗	4		3		1	2		2		
四子王旗	3	2			1	5	1	2		2
丰镇市	1		1			7		3	3	1
兴安盟	**20**	**1**	**13**	**3**	**3**	**45**	**8**	**23**	**5**	**9**
乌兰浩特市	1		1			1				1
阿尔山市										
科尔沁右翼前旗						6		4		2
科尔沁右翼中旗	3		2		1	15	4	8		3
扎赉特旗	12	1	6	3	2	15	1	8	5	1
突泉县	4		4			8	3	3		2
锡林郭勒盟	**18**	**3**	**11**	**2**	**2**	**100**	**13**	**54**	**18**	**15**
二连浩特市						4		4		
锡林浩特市						2	2			
阿巴嘎旗						3	1	1		1
苏尼特左旗										
苏尼特右旗						4		3	1	
东乌珠穆沁旗	3		3			5		1	1	3
西乌珠穆沁旗	1			1		16	2	8	2	4
太仆寺旗	1				1	11		8		3
镶黄旗	7	3	4			4	1	3		
正镶白旗						2	2			
正蓝旗	2		2			7	2	4		1
多伦县	3		2		1	17	1	9	4	3
乌拉盖管委会	1			1		25	2	13	10	
阿拉善盟	**33**	**10**	**18**	**1**	**4**	**109**	**30**	**52**	**17**	**10**
阿拉善左旗	32	10	18		4	68	21	32	13	2
阿拉善右旗	1			1		5	1	2	2	
额济纳旗						25	7	14	1	3
内蒙古阿拉善经济开发区						11	1	4	1	5

7－1b 续表 27 单位：人

现住地	自治区外									
	河南					湖北				
	小计	乡	镇的村委会	镇的居委会	街道	小计	乡	镇的村委会	镇的居委会	街道
内蒙古	**2474**	**655**	**1447**	**174**	**198**	**614**	**108**	**349**	**68**	**89**
呼和浩特市	**149**	**54**	**64**	**18**	**13**	**55**	**14**	**23**	**5**	**13**
新城区										
回民区										
玉泉区										
赛罕区										
土默特左旗	36	12	21	2	1	22	6	9	1	6
托克托县	34	4	15	13	2	7	1	4		2
和林格尔县	25	10	7		8	4		3		1
清水河县	2		1	1						
武川县	6	4	1		1	1			1	
呼和浩特经济技术开发区	46	24	19	2	1	21	7	7	3	4
包头市	**352**	**124**	**194**	**16**	**18**	**73**	**7**	**48**	**3**	**15**
东河区	11	5	6			17		15		2
昆都仑区	3		3							
青山区	2		2			1				1
石拐区	18	3	10	2	3	1		1		
白云鄂博矿区										
九原区	61	32	23	3	3	7		6		1
土默特右旗	22	6	11	3	2	4	3	1		
固阳县	17	1	10	4	2	2		1		1
达尔罕茂明安联合旗	5	2	2		1					
包头稀土高新技术产业开发区	213	75	127	4	7	41	4	24	3	10
乌海市	**58**	**16**	**36**	**6**		**7**	**2**	**3**		**2**
海勃湾区	3	3								
海南区	49	11	34	4		7	2	3		2
乌达区	6	2	2	2						
赤峰市	**79**	**36**	**26**	**4**	**13**	**31**	**1**	**22**	**4**	**4**
红山区	5	4	1			2		2		
元宝山区	2		2			1				1
松山区	1		1							
阿鲁科尔沁旗	4	1	1	1	1	2		1	1	
巴林左旗	2	1	1							
巴林右旗	11	7	4			2		2		
林西县	7		3		4	1				1
克什克腾旗	9	7			2	7	1	3	1	2
翁牛特旗	9	4	4		1	1			1	
喀喇沁旗	7		6	1		10		10		
宁城县	1				1	3		3		
敖汉旗	21	12	3	2	4	2		1	1	

7-1b 续表 28

单位：人

现住地	自治区外									
	河南					湖北				
	小计	乡	镇的村委会	镇的居委会	街道	小计	乡	镇的村委会	镇的居委会	街道
通辽市	**84**	**13**	**56**	**9**	**6**	**30**	**4**	**17**	**6**	**3**
科尔沁区	17	5	12							
科尔沁左翼中旗	12	2	10			3		2	1	
科尔沁左翼后旗	7		3	4		3		2	1	
开鲁县	13		5	3	5	7		5	2	
库伦旗						5	3	2		
奈曼旗	5	1	4			1				1
扎鲁特旗	2	1	1			3	1		1	1
通辽经济技术开发区	28	4	21	2	1	8		6	1	1
霍林郭勒市										
鄂尔多斯市	**1069**	**266**	**633**	**62**	**108**	**218**	**34**	**137**	**16**	**31**
东胜区	7		7			1		1		
康巴什区										
达拉特旗	121	40	64	6	11	22	5	17		
准格尔旗	242	50	164	5	23	48	7	31	5	5
鄂托克前旗	32	13	11		8	2		2		
鄂托克旗	148	41	95	7	5	18	3	12	1	2
杭锦旗	76	11	50		15	9	3	3	2	1
乌审旗	143	32	58	23	30	42	3	19	5	15
伊金霍洛旗	300	79	184	21	16	76	13	52	3	8
呼伦贝尔市	**54**	**10**	**32**	**4**	**8**	**20**	**3**	**13**	**2**	**2**
海拉尔区										
扎赉诺尔区	1		1							
阿荣旗	7	1	2	3	1	1		1		
莫力达瓦达斡尔族自治旗	10	1	8		1					
鄂伦春自治旗	5	2	3			4	3	1		
鄂温克族自治旗	12	3	6		3	3		1	1	1
陈巴尔虎旗	4	1	2	1		2		1		1
新巴尔虎左旗	4	2	1		1					
新巴尔虎右旗	1				1					
满洲里市										
牙克石市	4		4							
扎兰屯市						1		1		
额尔古纳市										
根河市	6		5		1	9		8	1	
巴彦淖尔市	**183**	**38**	**119**	**14**	**12**	**39**	**6**	**22**	**6**	**5**
临河区	3		3							
五原县	35	9	24	2		11		8	3	
磴口县	24	2	17	4	1	5	3	2		
乌拉特前旗	61	9	47	2	3	5	2	1	1	1
乌拉特中旗	32	3	17	6	6	8		5	2	1
乌拉特后旗	17	9	6		2	3				3
杭锦后旗	11	6	5			7	1	6		

7–1b　续表 29　　　　单位：人

现住地	自治区外									
	河南					湖北				
	小计	乡	镇的村委会	镇的居委会	街道	小计	乡	镇的村委会	镇的居委会	街道
乌兰察布市	**72**	**21**	**39**	**7**	**5**	**40**	**6**	**20**	**7**	**7**
集宁区										
卓资县	1		1			4		4		
化德县	4	3	1			1		1		
商都县	2			2		4	2			2
兴和县	10	6	1	3						
凉城县	2	1	1			2			2	
察哈尔右翼前旗	27	7	17	1	2	9		7		2
察哈尔右翼中旗	5		5			5		1	4	
察哈尔右翼后旗	3	1	2			4	2			2
四子王旗	3		2	1		2	1			1
丰镇市	15	3	9		3	9	1	7	1	
兴安盟	**41**	**6**	**25**	**8**	**2**	**6**	**1**	**3**	**2**	
乌兰浩特市	3		1		2					
阿尔山市										
科尔沁右翼前旗	14		14							
科尔沁右翼中旗	6	2	4			4	1	2	1	
扎赉特旗	12	1	5	6		2		1	1	
突泉县	6	3	1	2						
锡林郭勒盟	**87**	**18**	**54**	**4**	**11**	**34**	**5**	**21**	**3**	**5**
二连浩特市	4	3	1							
锡林浩特市										
阿巴嘎旗	10		10							
苏尼特左旗	4		2	1	1					
苏尼特右旗	6	3	3			6	1	5		
东乌珠穆沁旗	2		2			2		2		
西乌珠穆沁旗	17	2	12	1	2	6		5	1	
太仆寺旗	5		2	1	2	1				1
镶黄旗	3	2	1			2	1		1	
正镶白旗	2				2	1	1			
正蓝旗	7	3	4			2		2		
多伦县	23	5	13	1	4	13	2	7		4
乌拉盖管委会	4		4			1			1	
阿拉善盟	**246**	**53**	**169**	**22**	**2**	**61**	**25**	**20**	**14**	**2**
阿拉善左旗	142	27	102	12	1	27	11	10	6	
阿拉善右旗	19	5	12	2		3			2	1
额济纳旗	30	18	9	3		5	5			
内蒙古阿拉善经济开发区	55	3	46	5	1	26	9	10	6	1

7-1b　续表 30　　　　单位：人

现住地	自治区外									
	湖南					广东				
	小计	乡	镇的村委会	镇的居委会	街道	小计	乡	镇的村委会	镇的居委会	街道
内蒙古	**335**	**57**	**154**	**53**	**71**	**100**	**13**	**20**	**28**	**39**
呼和浩特市	**36**	**8**	**14**	**2**	**12**	**13**		**5**	**4**	**4**
新城区										
回民区										
玉泉区										
赛罕区										
土默特左旗	6	2	1		3	5		3	2	
托克托县	1				1					
和林格尔县	18	3	8	1	6	2		1		1
清水河县						1			1	
武川县						1			1	
呼和浩特经济技术开发区	11	3	5	1	2	4		1		3
包头市	**26**	**12**	**11**	**1**	**2**	**14**	**1**	**1**	**3**	**9**
东河区						2				2
昆都仑区										
青山区	1		1							
石拐区	1	1								
白云鄂博矿区										
九原区	4	3		1		1				1
土默特右旗	5	3	1		1	1	1			
固阳县										
达尔罕茂明安联合旗										
包头稀土高新技术产业开发区	15	5	9		1	10		1	3	6
乌海市	**3**		**1**		**2**					
海勃湾区										
海南区	3		1		2					
乌达区										
赤峰市	**45**	**10**	**28**	**3**	**4**	**12**	**3**	**5**		**4**
红山区	1		1							
元宝山区										
松山区	1	1								
阿鲁科尔沁旗	1	1								
巴林左旗	1				1					
巴林右旗	3	2			1					
林西县	24		20	3	1	1				1
克什克腾旗						5	3			2
翁牛特旗						1		1		
喀喇沁旗	3		3			3		2		1
宁城县	7	4	3			1		1		
敖汉旗	4	2	1		1	1		1		

7-1b 续表 31

单位：人

现住地	自治区外									
	湖南					广东				
	小计	乡	镇的村委会	镇的居委会	街道	小计	乡	镇的村委会	镇的居委会	街道
通辽市	**26**		**20**	**2**	**4**	**17**		**4**	**7**	**6**
科尔沁区	1		1							
科尔沁左翼中旗	6		6			1				1
科尔沁左翼后旗	1				1					
开鲁县	3		2		1	3		1	1	1
库伦旗	1			1		1			1	
奈曼旗	1				1	1				1
扎鲁特旗	3		3			2			2	
通辽经济技术开发区	10		8	1	1	9		3	3	3
霍林郭勒市										
鄂尔多斯市	**98**	**5**	**40**	**28**	**25**	**16**	**2**	**2**	**6**	**6**
东胜区										
康巴什区										
达拉特旗	1			1		1				1
准格尔旗	7		5		2	5		1	2	2
鄂托克前旗	3	3				2	2			
鄂托克旗	3			2	1	1			1	
杭锦旗	16		3	10	3					
乌审旗	31	2	12	1	16	1				1
伊金霍洛旗	37		20	14	3	6		1	3	2
呼伦贝尔市	**15**	**1**	**7**	**3**	**4**	**7**	**2**		**3**	**2**
海拉尔区										
扎赉诺尔区										
阿荣旗	2		1	1						
莫力达瓦达斡尔族自治旗										
鄂伦春自治旗						1			1	
鄂温克族自治旗	5		3		2	2	1		1	
陈巴尔虎旗										
新巴尔虎左旗	1		1			1				1
新巴尔虎右旗										
满洲里市						1				1
牙克石市	3	1	1	1		1			1	
扎兰屯市	2		1	1		1	1			
额尔古纳市	1				1					
根河市	1				1					
巴彦淖尔市	**21**	**6**	**3**	**1**	**11**	**2**				**2**
临河区										
五原县										
磴口县										
乌拉特前旗	1			1		1				1
乌拉特中旗	1		1			1				1
乌拉特后旗	2		2							
杭锦后旗	17	6			11					

7-1b　续表 32　　　　单位：人

现住地	自治区外									
	湖南					广东				
	小计	乡	镇的村委会	镇的居委会	街道	小计	乡	镇的村委会	镇的居委会	街道
乌兰察布市	**18**	**6**	**4**	**6**	**2**	**7**	**3**		**1**	**3**
集宁区						1				1
卓资县						2				2
化德县	1		1							
商都县	5	1	3	1		1			1	
兴和县	1			1						
凉城县	1				1					
察哈尔右翼前旗	3			2	1					
察哈尔右翼中旗						3	3			
察哈尔右翼后旗										
四子王旗	6	5		1						
丰镇市	1			1						
兴安盟	**7**	**4**	**2**	**1**		**4**			**2**	**2**
乌兰浩特市										
阿尔山市										
科尔沁右翼前旗						2				2
科尔沁右翼中旗	7	4	2	1		1			1	
扎赉特旗										
突泉县						1			1	
锡林郭勒盟	**12**	**1**	**6**	**2**	**3**	**4**	**1**	**2**		**1**
二连浩特市										
锡林浩特市										
阿巴嘎旗	2	1		1						
苏尼特左旗	2		2							
苏尼特右旗	1				1					
东乌珠穆沁旗										
西乌珠穆沁旗						2	1	1		
太仆寺旗	2				2					
镶黄旗										
正镶白旗										
正蓝旗										
多伦县	5		4	1		2		1		1
乌拉盖管委会										
阿拉善盟	**28**	**4**	**18**	**4**	**2**	**4**	**1**	**1**	**2**	
阿拉善左旗	18	3	12	3		3	1		2	
阿拉善右旗	2		2							
额济纳旗	1			1						
内蒙古阿拉善经济开发区	7	1	4		2	1		1		

7－1b 续表 33 单位：人

现住地	自治区外									
	广西					海南				
	小计	乡	镇 的 村委会	镇 的 居委会	街道	小计	乡	镇 的 村委会	镇 的 居委会	街道
内蒙古	**73**	**13**	**39**	**10**	**11**	**28**	**3**	**10**	**6**	**9**
呼和浩特市	**25**	**2**	**17**	**1**	**5**	**10**	**1**	**4**		**5**
新城区										
回民区										
玉泉区										
赛罕区										
土默特左旗	9		8	1		3		3		
托克托县										
和林格尔县	15	2	8		5	1		1		
清水河县						1				1
武川县						1	1			
呼和浩特经济技术开发区	1		1			4				4
包头市	**4**	**2**	**1**		**1**	**2**			**1**	**1**
东河区	1	1								
昆都仑区										
青山区										
石拐区										
白云鄂博矿区										
九原区	1	1								
土默特右旗										
固阳县	1				1					
达尔罕茂明安联合旗										
包头稀土高新技术产业开发区	1		1			2			1	1
乌海市										
海勃湾区										
海南区										
乌达区										
赤峰市	**14**	**5**	**5**		**4**	**3**		**2**		**1**
红山区	1	1								
元宝山区										
松山区										
阿鲁科尔沁旗	1				1					
巴林左旗						1		1		
巴林右旗										
林西县	3		2		1					
克什克腾旗	2	1			1					
翁牛特旗										
喀喇沁旗	1		1							
宁城县	2		1		1	2		1		1
敖汉旗	4	3	1							

7-1b　续表 34　　　　　　　　　　　　　　　　　　　　　　　　　　　　单位：人

现住地	自治区外									
	广西					海南				
	小计	乡	镇的村委会	镇的居委会	街道	小计	乡	镇的村委会	镇的居委会	街道
通辽市	**7**	**1**	**3**	**2**	**1**	**2**		**1**	**1**	
科尔沁区										
科尔沁左翼中旗	1		1							
科尔沁左翼后旗	2	1	1							
开鲁县										
库伦旗										
奈曼旗										
扎鲁特旗	1		1							
通辽经济技术开发区	3			2	1	2		1	1	
霍林郭勒市										
鄂尔多斯市	**10**	**2**	**7**	**1**		**2**		**1**		**1**
东胜区										
康巴什区										
达拉特旗	2		2			1				1
准格尔旗	2		2							
鄂托克前旗										
鄂托克旗	1		1							
杭锦旗	2	1	1							
乌审旗										
伊金霍洛旗	3	1	1	1		1		1		
呼伦贝尔市	**3**			**3**		**4**	**2**	**1**	**1**	
海拉尔区										
扎赉诺尔区										
阿荣旗										
莫力达瓦达斡尔族自治旗										
鄂伦春自治旗	1			1		1			1	
鄂温克族自治旗						1		1		
陈巴尔虎旗	1			1						
新巴尔虎左旗										
新巴尔虎右旗										
满洲里市										
牙克石市	1			1						
扎兰屯市										
额尔古纳市						2	2			
根河市										
巴彦淖尔市	**1**		**1**							
临河区										
五原县	1		1							
磴口县										
乌拉特前旗										
乌拉特中旗										
乌拉特后旗										
杭锦后旗										

7-1b 续表 35

单位：人

现住地	自治区外									
	广西					海南				
	小计	乡	镇的村委会	镇的居委会	街道	小计	乡	镇的村委会	镇的居委会	街道
乌兰察布市	**1**		**1**							
集宁区										
卓资县										
化德县										
商都县	1		1							
兴和县										
凉城县										
察哈尔右翼前旗										
察哈尔右翼中旗										
察哈尔右翼后旗										
四子王旗										
丰镇市										
兴安盟	**1**	**1**				**3**			**3**	
乌兰浩特市										
阿尔山市										
科尔沁右翼前旗										
科尔沁右翼中旗										
扎赉特旗	1	1				3			3	
突泉县										
锡林郭勒盟	**3**		**2**	**1**		**1**		**1**		
二连浩特市										
锡林浩特市										
阿巴嘎旗										
苏尼特左旗										
苏尼特右旗	3		2	1						
东乌珠穆沁旗										
西乌珠穆沁旗										
太仆寺旗						1		1		
镶黄旗										
正镶白旗										
正蓝旗										
多伦县										
乌拉盖管委会										
阿拉善盟	**4**		**2**	**2**		**1**				**1**
阿拉善左旗	3		1	2		1				1
阿拉善右旗										
额济纳旗	1		1							
内蒙古阿拉善经济开发区										

7−1b　续表 36　　　　单位：人

现住地	自治区外									
	重庆					四川				
	小计	乡	镇的村委会	镇的居委会	街道	小计	乡	镇的村委会	镇的居委会	街道
内蒙古	**259**	**48**	**127**	**35**	**49**	**1008**	**223**	**566**	**115**	**104**
呼和浩特市	**24**	**11**	**8**	**3**	**2**	**84**	**25**	**27**	**11**	**21**
新城区										
回民区										
玉泉区										
赛罕区										
土默特左旗	3	2	1			18	5	7	4	2
托克托县						10		2	2	6
和林格尔县	8	5	1		2	29	11	11		7
清水河县						8	2		4	2
武川县						2	1			1
呼和浩特经济技术开发区	13	4	6	3		17	6	7	1	3
包头市	**13**	**1**	**5**	**2**	**5**	**143**	**27**	**100**	**5**	**11**
东河区	1	1				13		13		
昆都仑区						1		1		
青山区						3		3		
石拐区						6	4	1	1	
白云鄂博矿区										
九原区	1		1			8	4	3	1	
土默特右旗	3		2		1	8		3		5
固阳县						3		1	1	1
达尔罕茂明安联合旗						8	4	3		1
包头稀土高新技术产业开发区	8		2	2	4	93	15	72	2	4
乌海市	**15**	**4**	**10**		**1**	**12**	**7**	**1**	**2**	**2**
海勃湾区						3	3			
海南区	14	4	10			9	4	1	2	2
乌达区	1				1					
赤峰市	**7**	**4**	**1**		**2**	**31**	**9**	**16**	**2**	**4**
红山区										
元宝山区						3		3		
松山区						1		1		
阿鲁科尔沁旗						1	1			
巴林左旗						1		1		
巴林右旗	1		1			2		2		
林西县						3		2	1	
克什克腾旗	1				1	4		3		1
翁牛特旗						2	1		1	
喀喇沁旗						4	1	2		1
宁城县	4	4				6	3	1		2
敖汉旗	1				1	4	3	1		

7-1b 续表 37 单位：人

现住地	自治区外									
	重庆					四川				
	小计	乡	镇的村委会	镇的居委会	街道	小计	乡	镇的村委会	镇的居委会	街道
通辽市	**17**	**1**	**9**	**2**	**5**	**35**	**5**	**16**	**10**	**4**
科尔沁区						1				1
科尔沁左翼中旗	2		2			1				1
科尔沁左翼后旗	2		2			4	1	1	2	
开鲁县	6	1	4	1		3	1		2	
库伦旗	2		1	1		1	1			
奈曼旗	1				1	1			1	
扎鲁特旗	1				1	7		2	5	
通辽经济技术开发区	3				3	17	2	13		2
霍林郭勒市										
鄂尔多斯市	**88**	**5**	**50**	**18**	**15**	**321**	**70**	**170**	**41**	**40**
东胜区										
康巴什区										
达拉特旗	12		12			53	17	31	2	3
准格尔旗	16	2	11	2	1	58	4	46	2	6
鄂托克前旗	1	1				5	1	1	1	2
鄂托克旗	6	1	5			23	1	13	9	
杭锦旗	11		4	5	2	19	2	11	2	4
乌审旗	24		7	7	10	98	25	29	22	22
伊金霍洛旗	18	1	11	4	2	65	20	39	3	3
呼伦贝尔市	**17**	**1**	**9**	**2**	**5**	**37**	**5**	**23**	**9**	
海拉尔区										
扎赉诺尔区										
阿荣旗	5	1			4	14	1	11	2	
莫力达瓦达斡尔族自治旗						2		2		
鄂伦春自治旗	2		1	1		3	1	2		
鄂温克族自治旗						5	1	1	3	
陈巴尔虎旗	1				1					
新巴尔虎左旗						1			1	
新巴尔虎右旗										
满洲里市										
牙克石市						3	1	2		
扎兰屯市										
额尔古纳市						6	1	2	3	
根河市	9		8	1		3		3		
巴彦淖尔市	**23**	**3**	**17**		**3**	**52**	**15**	**32**	**5**	
临河区										
五原县	4	1	3			16	8	7	1	
磴口县	7		6		1	4	1	2	1	
乌拉特前旗	8	2	5		1	13	1	12		
乌拉特中旗	4		3		1	8	2	5	1	
乌拉特后旗						6	1	3	2	
杭锦后旗						5	2	3		

7-1b　续表 38　　　　　　　　　　　　　　　　　　　　单位：人

现住地	自治区外									
	重庆					四川				
	小计	乡	镇的村委会	镇的居委会	街道	小计	乡	镇的村委会	镇的居委会	街道
乌兰察布市	**6**	**2**	**4**			**128**	**23**	**81**	**14**	**10**
集宁区						1	1			
卓资县						4	2	2		
化德县						1		1		
商都县	1	1				4	1		3	
兴和县						1				1
凉城县	2		2			4	2	1	1	
察哈尔右翼前旗						63	7	54		2
察哈尔右翼中旗						1			1	
察哈尔右翼后旗	1	1				4	1	2		1
四子王旗						7	5	1		1
丰镇市	2		2			38	4	20	9	5
兴安盟	**6**	**1**	**1**	**3**	**1**	**20**	**2**	**14**	**2**	**2**
乌兰浩特市						1		1		
阿尔山市										
科尔沁右翼前旗	3	1	1	1		9		8	1	
科尔沁右翼中旗	1				1	4		3	1	
扎赉特旗	1			1		4	2			2
突泉县	1			1		2		2		
锡林郭勒盟	**13**	**3**	**7**	**1**	**2**	**26**	**6**	**11**	**6**	**3**
二连浩特市										
锡林浩特市						1	1			
阿巴嘎旗						1			1	
苏尼特左旗						1			1	
苏尼特右旗	3		3			1	1			
东乌珠穆沁旗										
西乌珠穆沁旗						6		3	2	1
太仆寺旗						5		3	1	1
镶黄旗	5	3	2			3	1	1	1	
正镶白旗						1		1		
正蓝旗						1	1			
多伦县	5		2	1	2	6	2	3		1
乌拉盖管委会										
阿拉善盟	**30**	**12**	**6**	**4**	**8**	**119**	**29**	**75**	**8**	**7**
阿拉善左旗	18	10	2	3	3	63	6	48	3	6
阿拉善右旗						8	3	5		
额济纳旗	1		1			37	20	14	3	
内蒙古阿拉善经济开发区	11	2	3	1	5	11		8	2	1

7-1b 续表 39 单位：人

现住地	自治区外									
	贵州					云南				
	小计	乡	镇的村委会	镇的居委会	街道	小计	乡	镇的村委会	镇的居委会	街道
内蒙古	**128**	**27**	**77**	**12**	**12**	**116**	**42**	**57**	**10**	**7**
呼和浩特市	**29**	**3**	**22**	**3**	**1**	**41**	**15**	**17**	**4**	**5**
新城区										
回民区										
玉泉区										
赛罕区										
土默特左旗	2	1	1			6		4	2	
托克托县	1			1						
和林格尔县	5		4	1		22	8	8	1	5
清水河县						2		2		
武川县						5	3	1	1	
呼和浩特经济技术开发区	21	2	17	1	1	6	4	2		
包头市	**14**	**5**	**6**	**1**	**2**	**14**	**5**	**8**	**1**	
东河区						2	2			
昆都仑区										
青山区										
石拐区										
白云鄂博矿区										
九原区						1		1		
土默特右旗	2	1			1	1			1	
固阳县										
达尔罕茂明安联合旗	1		1			1		1		
包头稀土高新技术产业开发区	11	4	5	1	1	9	3	6		
乌海市	**1**			**1**		**1**		**1**		
海勃湾区										
海南区	1			1		1		1		
乌达区										
赤峰市	**8**		**7**		**1**	**2**	**1**	**1**		
红山区										
元宝山区										
松山区										
阿鲁科尔沁旗	2		2			1	1			
巴林左旗	1		1							
巴林右旗	1				1					
林西县										
克什克腾旗	1		1			1		1		
翁牛特旗	2		2							
喀喇沁旗										
宁城县	1		1							
敖汉旗										

7-1b　续表 40　　　　单位：人

现住地	自治区外									
	贵州					云南				
	小计	乡	镇的村委会	镇的居委会	街道	小计	乡	镇的村委会	镇的居委会	街道
通辽市	**10**	**1**	**5**	**1**	**3**	**3**		**2**	**1**	
科尔沁区										
科尔沁左翼中旗	2	1	1							
科尔沁左翼后旗										
开鲁县										
库伦旗	1		1			1		1		
奈曼旗										
扎鲁特旗										
通辽经济技术开发区	7		3	1	3	2		1	1	
霍林郭勒市										
鄂尔多斯市	**25**	**7**	**14**	**1**	**3**	**6**	**2**	**4**		
东胜区										
康巴什区										
达拉特旗	2		2							
准格尔旗	15	4	9		2	3		3		
鄂托克前旗										
鄂托克旗										
杭锦旗	1				1					
乌审旗	1			1						
伊金霍洛旗	6	3	3			3	2	1		
呼伦贝尔市	**5**		**4**	**1**		**1**		**1**		
海拉尔区										
扎赉诺尔区										
阿荣旗										
莫力达瓦达斡尔族自治旗	1			1						
鄂伦春自治旗										
鄂温克族自治旗	2		2							
陈巴尔虎旗										
新巴尔虎左旗										
新巴尔虎右旗										
满洲里市										
牙克石市										
扎兰屯市										
额尔古纳市										
根河市	2		2			1		1		
巴彦淖尔市	**5**	**1**	**4**			**12**	**3**	**9**		
临河区										
五原县	3		3			1		1		
磴口县										
乌拉特前旗						7	2	5		
乌拉特中旗	1	1				1	1			
乌拉特后旗	1		1			2		2		
杭锦后旗						1		1		

7-1b 续表 41

单位：人

现住地	自治区外									
	贵州					云南				
	小计	乡	镇的村委会	镇的居委会	街道	小计	乡	镇的村委会	镇的居委会	街道
乌兰察布市	**18**	**7**	**8**	**2**	**1**	**19**	**13**	**3**	**2**	**1**
集宁区	1				1					
卓资县						1				1
化德县	4		3	1						
商都县	1	1				9	9			
兴和县						1			1	
凉城县						2	1	1		
察哈尔右翼前旗	7	2	5			1	1			
察哈尔右翼中旗										
察哈尔右翼后旗										
四子王旗						2	2			
丰镇市	5	4		1		3		2	1	
兴安盟						**5**		**3**	**2**	
乌兰浩特市										
阿尔山市										
科尔沁右翼前旗						3		3		
科尔沁右翼中旗						2			2	
扎赉特旗										
突泉县										
锡林郭勒盟	**7**	**3**	**2**	**1**	**1**	**4**	**2**	**1**		**1**
二连浩特市										
锡林浩特市										
阿巴嘎旗										
苏尼特左旗										
苏尼特右旗	1			1						
东乌珠穆沁旗						1	1			
西乌珠穆沁旗										
太仆寺旗										
镶黄旗	5	3	2			1	1			
正镶白旗										
正蓝旗						1				1
多伦县	1				1	1		1		
乌拉盖管委会										
阿拉善盟	**6**		**5**	**1**		**8**	**1**	**7**		
阿拉善左旗	5		5			6		6		
阿拉善右旗										
额济纳旗										
内蒙古阿拉善经济开发区	1			1		2	1	1		

7-1b　续表 42　　　　单位：人

现住地	自治区外									
	西藏					陕西				
	小计	乡	镇的村委会	镇的居委会	街道	小计	乡	镇的村委会	镇的居委会	街道
内蒙古	**4**		**1**	**3**		**6799**	**1894**	**4076**	**417**	**412**
呼和浩特市						**95**	**37**	**33**	**10**	**15**
新城区										
回民区										
玉泉区										
赛罕区										
土默特左旗						13	5	4	1	3
托克托县						9	1	6	1	1
和林格尔县						22	8	9	3	2
清水河县										
武川县						12	9		2	1
呼和浩特经济技术开发区						39	14	14	3	8
包头市	**1**			**1**		**176**	**45**	**98**	**8**	**25**
东河区						11	7	4		
昆都仑区						1		1		
青山区						2		1		1
石拐区						2	2			
白云鄂博矿区										
九原区						14	6	7		1
土默特右旗						26	12	4	3	7
固阳县	1			1		11	1	10		
达尔罕茂明安联合旗						5	1	4		
包头稀土高新技术产业开发区						104	16	67	5	16
乌海市						**89**	**20**	**63**	**5**	**1**
海勃湾区						38	17	20	1	
海南区						49	2	42	4	1
乌达区						2	1	1		
赤峰市	**1**			**1**		**19**	**3**	**9**	**1**	**6**
红山区										
元宝山区										
松山区										
阿鲁科尔沁旗						1				1
巴林左旗						3		3		
巴林右旗						1		1		
林西县						1				1
克什克腾旗	1			1		3				3
翁牛特旗										
喀喇沁旗						3		2		1
宁城县						2	1	1		
敖汉旗						5	2	2	1	

7-1b 续表 43 单位：人

现住地	自治区外									
	西藏					陕西				
	小计	乡	镇的村委会	镇的居委会	街道	小计	乡	镇的村委会	镇的居委会	街道
通辽市						**22**	**2**	**10**	**3**	**7**
科尔沁区										
科尔沁左翼中旗										
科尔沁左翼后旗						1		1		
开鲁县						6		4	2	
库伦旗										
奈曼旗						6				6
扎鲁特旗						1		1		
通辽经济技术开发区						8	2	4	1	1
霍林郭勒市										
鄂尔多斯市	**2**		**1**	**1**		**5937**	**1672**	**3591**	**345**	**329**
东胜区						24	2	17		5
康巴什区										
达拉特旗						269	86	153	13	17
准格尔旗						624	140	446	14	24
鄂托克前旗	1		1			356	124	199	13	20
鄂托克旗	1			1		1035	212	760	52	11
杭锦旗						118	12	80	13	13
乌审旗						2198	782	1169	88	159
伊金霍洛旗						1313	314	767	152	80
呼伦贝尔市						**36**	**4**	**22**	**7**	**3**
海拉尔区										
扎赉诺尔区						1				1
阿荣旗						4	1	3		
莫力达瓦达斡尔族自治旗						2			2	
鄂伦春自治旗										
鄂温克族自治旗						3		3		
陈巴尔虎旗						1	1			
新巴尔虎左旗						2	2			
新巴尔虎右旗						1				1
满洲里市										
牙克石市										
扎兰屯市						1		1		
额尔古纳市						5		5		
根河市						16		10	5	1
巴彦淖尔市						**130**	**19**	**91**	**9**	**11**
临河区						2		2		
五原县						19	1	15		3
磴口县						6	1	4	1	
乌拉特前旗						43	10	33		
乌拉特中旗						12		10		2
乌拉特后旗						34	3	19	6	6
杭锦后旗						14	4	8	2	

7-1b　续表 44　　　　单位：人

现住地	自治区外									
	西藏					陕西				
	小计	乡	镇的村委会	镇的居委会	街道	小计	乡	镇的村委会	镇的居委会	街道
乌兰察布市						**43**	**20**	**13**	**5**	**5**
集宁区						1	1			
卓资县						6	2		2	2
化德县						7	6	1		
商都县						6	3	1		2
兴和县						1			1	
凉城县						1				1
察哈尔右翼前旗						7		7		
察哈尔右翼中旗						7	5	2		
察哈尔右翼后旗						4	3	1		
四子王旗										
丰镇市						3		1	2	
兴安盟						**20**	**2**	**9**	**6**	**3**
乌兰浩特市						1		1		
阿尔山市										
科尔沁右翼前旗						9		6		3
科尔沁右翼中旗						6		1	5	
扎赉特旗						2	2			
突泉县						2		1	1	
锡林郭勒盟						**28**	**5**	**19**	**4**	
二连浩特市										
锡林浩特市						2		2		
阿巴嘎旗						1			1	
苏尼特左旗										
苏尼特右旗						7		7		
东乌珠穆沁旗						1	1			
西乌珠穆沁旗						6		6		
太仆寺旗						2		2		
镶黄旗						3		2	1	
正镶白旗						1	1			
正蓝旗						1	1			
多伦县						3	1		2	
乌拉盖管委会						1	1			
阿拉善盟						**204**	**65**	**118**	**14**	**7**
阿拉善左旗						139	48	81	7	3
阿拉善右旗						6	3	3		
额济纳旗						23	11	6	3	3
内蒙古阿拉善经济开发区						36	3	28	4	1

7-1b 续表 45

单位：人

现住地	自治区外									
	甘肃					青海				
	小计	乡	镇的村委会	镇的居委会	街道	小计	乡	镇的村委会	镇的居委会	街道
内蒙古	**5882**	**1473**	**3957**	**290**	**162**	**277**	**87**	**141**	**29**	**20**
呼和浩特市	**90**	**34**	**39**	**9**	**8**	**16**	**6**	**8**	**1**	**1**
新城区										
回民区										
玉泉区										
赛罕区										
土默特左旗	12	5	7			2	2			
托克托县	19	4	10	3	2					
和林格尔县	15	9	3		3	9	2	6		1
清水河县	3	1	1	1						
武川县	7	6		1		1			1	
呼和浩特经济技术开发区	34	9	18	4	3	4	2	2		
包头市	**456**	**103**	**331**	**10**	**12**	**25**	**3**	**20**		**2**
东河区	15	4	11							
昆都仑区	1		1							
青山区	5	1	4							
石拐区	22	9	13			5		5		
白云鄂博矿区										
九原区	23	7	12	2	2	3		3		
土默特右旗	20	9	10	1						
固阳县	4	2	1		1	3		3		
达尔罕茂明安联合旗	7	4	3							
包头稀土高新技术产业开发区	359	67	276	7	9	14	3	9		2
乌海市	**199**	**44**	**148**	**3**	**4**	**2**		**2**		
海勃湾区	42	22	17		3					
海南区	150	22	124	3	1	2		2		
乌达区	7		7							
赤峰市	**28**	**6**	**19**		**3**	**35**	**16**	**13**	**5**	**1**
红山区						6	2	4		
元宝山区										
松山区	1		1			4		4		
阿鲁科尔沁旗	6	4	2			3	3			
巴林左旗	1		1							
巴林右旗	5		5			1				1
林西县	4	2			2	2	2			
克什克腾旗	3		3			6		5	1	
翁牛特旗						7	7			
喀喇沁旗	1		1							
宁城县	6		6			2	2			
敖汉旗	1				1	4			4	

7-1b　续表 46　　　　单位：人

现住地	自治区外									
	甘肃					青海				
	小计	乡	镇的村委会	镇的居委会	街道	小计	乡	镇的村委会	镇的居委会	街道
通辽市	**19**	**3**	**11**	**1**	**4**	**10**	**5**	**1**	**4**	
科尔沁区	1		1							
科尔沁左翼中旗	5	1	1		3					
科尔沁左翼后旗	1			1						
开鲁县										
库伦旗										
奈曼旗	6		5		1	3	2	1		
扎鲁特旗	4	2	2			6	2		4	
通辽经济技术开发区	2		2			1	1			
霍林郭勒市										
鄂尔多斯市	**2055**	**398**	**1503**	**108**	**46**	**67**	**25**	**30**	**5**	**7**
东胜区	1		1							
康巴什区										
达拉特旗	105	22	82		1	4	1	1		2
准格尔旗	130	32	88	5	5	5	2	2	1	
鄂托克前旗	60	26	30	2	2					
鄂托克旗	1134	174	902	52	6	11	2	6	3	
杭锦旗	103	12	67	21	3	1				1
乌审旗	257	52	171	12	22	17	1	11	1	4
伊金霍洛旗	265	80	162	16	7	29	19	10		
呼伦贝尔市	**20**		**16**	**4**		**1**			**1**	
海拉尔区										
扎赉诺尔区										
阿荣旗						1			1	
莫力达瓦达斡尔族自治旗	2			2						
鄂伦春自治旗	2		1	1						
鄂温克族自治旗	3		3							
陈巴尔虎旗										
新巴尔虎左旗										
新巴尔虎右旗	1			1						
满洲里市										
牙克石市	1		1							
扎兰屯市	1		1							
额尔古纳市	2		2							
根河市	8		8							
巴彦淖尔市	**460**	**100**	**325**	**20**	**15**	**9**	**2**	**3**	**3**	**1**
临河区	20	3	17							
五原县	66	14	49	3		3	1		2	
磴口县	66	19	45	2						
乌拉特前旗	82	15	62	1	4	5		3	1	1
乌拉特中旗	33	4	24	2	3					
乌拉特后旗	88	27	49	6	6	1	1			
杭锦后旗	105	18	79	6	2					

7-1b 续表 47 单位：人

现住地	自治区外									
	甘肃					青海				
	小计	乡	镇的村委会	镇的居委会	街道	小计	乡	镇的村委会	镇的居委会	街道
乌兰察布市	**58**	**19**	**28**	**4**	**7**	**54**	**17**	**28**	**6**	**3**
集宁区	1	1				3	3			
卓资县	4	1	2	1		35	10	21	1	3
化德县	1		1							
商都县	1		1							
兴和县	10	1	8	1						
凉城县	5	4			1	1	1			
察哈尔右翼前旗	13		10	1	2	4		4		
察哈尔右翼中旗	6	5			1					
察哈尔右翼后旗	10	3	4	1	2					
四子王旗	2	1	1			11	3	3	5	
丰镇市	5	3	1		1					
兴安盟	**15**	**3**	**8**	**2**	**2**	**2**			**1**	**1**
乌兰浩特市										
阿尔山市										
科尔沁右翼前旗	10	1	6	1	2	2			1	1
科尔沁右翼中旗	3	1	1	1						
扎赉特旗	1	1								
突泉县	1		1							
锡林郭勒盟	**31**	**9**	**12**	**7**	**3**	**20**	**4**	**12**		**4**
二连浩特市										
锡林浩特市	3	2	1							
阿巴嘎旗	7	5	1	1						
苏尼特左旗										
苏尼特右旗	8		5	3		1		1		
东乌珠穆沁旗										
西乌珠穆沁旗	4		3		1	1	1			
太仆寺旗						3		3		
镶黄旗	3	1	2			3				3
正镶白旗	1				1	8	3	5		
正蓝旗	2	1			1					
多伦县	3			3		4		3		1
乌拉盖管委会										
阿拉善盟	**2451**	**754**	**1517**	**122**	**58**	**36**	**9**	**24**	**3**	
阿拉善左旗	1109	353	676	55	25	12	1	10	1	
阿拉善右旗	161	82	61	13	5	3	2		1	
额济纳旗	323	147	145	22	9	5	4	1		
内蒙古阿拉善经济开发区	858	172	635	32	19	16	2	13	1	

7-1b　续表 48　　　　单位：人

现住地	自治区外									
	宁夏					新疆				
	小计	乡	镇的村委会	镇的居委会	街道	小计	乡	镇的村委会	镇的居委会	街道
内蒙古	**1858**	**367**	**985**	**225**	**281**	**88**	**26**	**25**	**12**	**25**
呼和浩特市	**42**	**14**	**14**	**5**	**9**	**13**	**3**	**5**		**5**
新城区										
回民区										
玉泉区										
赛罕区										
土默特左旗	7	4	2		1					
托克托县	3		3			1				1
和林格尔县	11	1	4		6	4	1	1		2
清水河县										
武川县	2			2						
呼和浩特经济技术开发区	19	9	5	3	2	8	2	4		2
包头市	**76**	**17**	**49**	**6**	**4**	**3**	**2**	**1**		
东河区	10		10							
昆都仑区										
青山区	13	5	6	1	1					
石拐区	6	4	1	1		1		1		
白云鄂博矿区										
九原区	12	2	7	1	2					
土默特右旗	6	1	2	3						
固阳县	3		3							
达尔罕茂明安联合旗										
包头稀土高新技术产业开发区	26	5	20		1	2	2			
乌海市	**153**	**40**	**89**	**10**	**14**					
海勃湾区	20	16	3		1					
海南区	130	23	84	10	13					
乌达区	3	1	2							
赤峰市	**4**	**1**	**2**		**1**	**6**	**5**	**1**		
红山区						5	5			
元宝山区										
松山区										
阿鲁科尔沁旗										
巴林左旗						1		1		
巴林右旗	3	1	1		1					
林西县										
克什克腾旗										
翁牛特旗										
喀喇沁旗										
宁城县	1		1							
敖汉旗										

7-1b 续表 49

单位：人

现住地	自治区外									
	宁夏					新疆				
	小计	乡	镇的村委会	镇的居委会	街道	小计	乡	镇的村委会	镇的居委会	街道
通辽市	**1**			**1**		**13**		**8**	**1**	**4**
科尔沁区										
科尔沁左翼中旗						1				1
科尔沁左翼后旗										
开鲁县						4		4		
库伦旗	1			1		1		1		
奈曼旗						3		1	1	1
扎鲁特旗										
通辽经济技术开发区						4		2		2
霍林郭勒市										
鄂尔多斯市	**716**	**102**	**433**	**81**	**100**	**28**	**11**	**3**	**6**	**8**
东胜区										
康巴什区										
达拉特旗	22	1	8	4	9	1	1			
准格尔旗	23		20	2	1	1				1
鄂托克前旗	129	19	61	12	37	1	1			
鄂托克旗	394	41	289	50	14	1	1			
杭锦旗	30	13	14	3		4		2	1	1
乌审旗	84	25	25	3	31	17	8		4	5
伊金霍洛旗	34	3	16	7	8	3		1	1	1
呼伦贝尔市						**1**			**1**	
海拉尔区										
扎赉诺尔区										
阿荣旗										
莫力达瓦达斡尔族自治旗										
鄂伦春自治旗										
鄂温克族自治旗										
陈巴尔虎旗										
新巴尔虎左旗										
新巴尔虎右旗						1			1	
满洲里市										
牙克石市										
扎兰屯市										
额尔古纳市										
根河市										
巴彦淖尔市	**94**	**34**	**35**	**15**	**10**	**3**	**2**			**1**
临河区										
五原县	14	5	8	1		3	2			1
磴口县	34	17	13	2	2					
乌拉特前旗	18	4	6	8						
乌拉特中旗	7	4	3							
乌拉特后旗	9	2	3	2	2					
杭锦后旗	12	2	2	2	6					

7-1b　续表 50　　　　　　　　　　　　　　　　　　　　单位：人

现住地	自治区外									
	宁夏					新疆				
	小计	乡	镇的村委会	镇的居委会	街道	小计	乡	镇的村委会	镇的居委会	街道
乌兰察布市	**14**	**3**	**5**	**2**	**4**	**3**		**3**		
集宁区	1				1					
卓资县	6	2	2	2		3		3		
化德县	2		1		1					
商都县										
兴和县	1				1					
凉城县										
察哈尔右翼前旗										
察哈尔右翼中旗										
察哈尔右翼后旗										
四子王旗	2		1		1					
丰镇市	2	1	1							
兴安盟	**4**		**3**	**1**						
乌兰浩特市										
阿尔山市										
科尔沁右翼前旗	1		1							
科尔沁右翼中旗										
扎赉特旗	3		2	1						
突泉县										
锡林郭勒盟	**8**	**2**	**1**	**2**	**3**	**4**		**1**		**3**
二连浩特市										
锡林浩特市										
阿巴嘎旗										
苏尼特左旗										
苏尼特右旗	5	2	1	1	1					
东乌珠穆沁旗										
西乌珠穆沁旗										
太仆寺旗						2		1		1
镶黄旗										
正镶白旗										
正蓝旗										
多伦县	2				2	2				2
乌拉盖管委会	1			1						
阿拉善盟	**746**	**154**	**354**	**102**	**136**	**14**	**3**	**3**	**4**	**4**
阿拉善左旗	527	119	240	66	102	8	2	3	2	1
阿拉善右旗	10	1	2	6	1					
额济纳旗	21	10	7	4		3	1		2	
内蒙古阿拉善经济开发区	188	24	105	26	33	3				3

7-1c 全区按现住地、户口登记地类型分的户口登记地在外乡镇街道人口(乡村)

单位：人

现住地	合计					自治区内				
	合计	乡	镇的村委会	镇的居委会	街道	小计	乡	镇的村委会	镇的居委会	街道
内蒙古	**130343**	**34662**	**72133**	**9262**	**14286**	**97061**	**26748**	**53149**	**6871**	**10293**
呼和浩特市	**23750**	**9033**	**12373**	**947**	**1397**	**20073**	**7886**	**10151**	**813**	**1223**
新城区	5186	2015	2870	77	224	4434	1762	2416	60	196
回民区	1116	170	759	79	108	858	129	566	71	92
玉泉区	3986	1364	2297	94	231	3372	1171	1916	78	207
赛罕区	6072	2071	3207	336	458	5026	1721	2590	300	415
土默特左旗	1765	844	676	98	147	1535	757	562	83	133
托克托县	2270	602	1494	93	81	1880	491	1244	80	65
和林格尔县	1913	1060	636	122	95	1717	1003	532	101	81
清水河县	673	339	288	21	25	542	303	202	19	18
武川县	769	568	146	27	28	709	549	123	21	16
呼和浩特经济技术开发区										
包头市	**10132**	**2618**	**6394**	**354**	**766**	**7873**	**1907**	**5011**	**290**	**665**
东河区	1237	348	647	26	216	990	272	489	26	203
昆都仑区	1671	603	946	71	51	1247	434	716	57	40
青山区	1497	400	959	19	119	1202	288	787	11	116
石拐区	136	11	70	12	43	119	10	58	8	43
白云鄂博矿区										
九原区	2780	608	1923	74	175	2092	435	1457	55	145
土默特右旗	884	259	514	34	77	665	190	391	31	53
固阳县	875	119	675	40	41	722	85	575	35	27
达尔罕茂明安联合旗	652	137	427	62	26	580	121	386	52	21
包头稀土高新技术产业开发区	400	133	233	16	18	256	72	152	15	17
乌海市	**1601**	**305**	**910**	**138**	**248**	**690**	**99**	**352**	**64**	**175**
海勃湾区	1131	201	707	42	181	520	75	284	24	137
海南区	470	104	203	96	67	170	24	68	40	38
乌达区										
赤峰市	**19421**	**4642**	**11803**	**1096**	**1880**	**17058**	**3993**	**10436**	**976**	**1653**
红山区	151	34	90	9	18	133	25	83	9	16
元宝山区	732	76	533	30	93	529	56	386	24	63
松山区	7845	1507	5229	285	824	7225	1383	4815	269	758
阿鲁科尔沁旗	662	221	322	34	85	596	185	301	34	76
巴林左旗	2680	565	1724	251	140	2538	523	1648	234	133
巴林右旗	507	199	228	55	25	438	183	181	52	22
林西县	582	92	340	52	98	521	85	297	47	92
克什克腾旗	1240	559	434	110	137	931	358	386	84	103
翁牛特旗	779	306	359	41	73	684	266	324	37	57
喀喇沁旗	658	139	399	44	76	527	102	312	42	71
宁城县	1422	186	1061	78	97	1008	135	757	48	68
敖汉旗	2163	758	1084	107	214	1928	692	946	96	194

7-1c 续表 1

单位：人

现住地	合计					自治区内				
	合计	乡	镇的村委会	镇的居委会	街道	小计	乡	镇的村委会	镇的居委会	街道
通辽市	**7646**	**1557**	**4835**	**522**	**732**	**6375**	**1304**	**4035**	**445**	**591**
科尔沁区	1652	253	1177	44	178	1423	218	1007	39	159
科尔沁左翼中旗	884	241	537	49	57	711	192	444	39	36
科尔沁左翼后旗	832	244	432	76	80	570	189	297	47	37
开鲁县	982	86	807	42	47	869	77	714	39	39
库伦旗	312	36	228	24	24	207	26	140	20	21
奈曼旗	914	220	580	51	63	794	184	520	44	46
扎鲁特旗	973	336	429	164	44	871	308	376	151	36
通辽经济技术开发区	567	47	401	57	62	489	30	344	56	59
霍林郭勒市	530	94	244	15	177	441	80	193	10	158
鄂尔多斯市	**19994**	**3480**	**11486**	**1770**	**3258**	**9226**	**1411**	**5370**	**813**	**1632**
东胜区	1557	269	905	84	299	694	84	348	51	211
康巴什区										
达拉特旗	3245	682	2079	105	379	2577	495	1670	92	320
准格尔旗	5389	998	3202	422	767	2609	434	1575	234	366
鄂托克前旗	1388	146	755	181	306	205	13	133	32	27
鄂托克旗	1866	148	1118	185	415	999	45	524	140	290
杭锦旗	462	31	313	45	73	341	21	228	44	48
乌审旗	2608	549	1243	427	389	499	101	239	93	66
伊金霍洛旗	3479	657	1871	321	630	1302	218	653	127	304
呼伦贝尔市	**8328**	**1499**	**4638**	**1194**	**997**	**5917**	**1045**	**3207**	**934**	**731**
海拉尔区	250	45	121	40	44	165	25	69	35	36
扎赉诺尔区										
阿荣旗	1803	192	1239	253	119	1482	144	1021	226	91
莫力达瓦达斡尔族自治旗	2017	427	1239	287	64	1505	307	945	221	32
鄂伦春自治旗	1105	186	693	175	51	546	67	327	126	26
鄂温克族自治旗	487	135	156	109	87	356	105	89	88	74
陈巴尔虎旗	354	78	115	107	54	284	64	98	77	45
新巴尔虎左旗	194	67	42	33	52	135	54	35	24	22
新巴尔虎右旗	556	107	259	66	124	256	60	107	33	56
满洲里市										
牙克石市	171	17	49	45	60	116	10	25	37	44
扎兰屯市	1096	131	641	61	263	847	101	457	56	233
额尔古纳市	290	114	82	18	76	222	108	34	11	69
根河市	5		2		3	3				3
巴彦淖尔市	**12654**	**2392**	**7809**	**1004**	**1449**	**9578**	**1673**	**5917**	**795**	**1193**
临河区	4850	850	2880	284	836	3703	567	2139	247	750
五原县	1574	287	969	225	93	1329	233	833	183	80
磴口县	826	237	450	63	76	616	165	332	53	66
乌拉特前旗	2523	434	1814	165	110	1903	309	1375	138	81
乌拉特中旗	940	138	613	81	108	586	100	356	50	80
乌拉特后旗	718	179	337	98	104	341	72	191	46	32
杭锦后旗	1223	267	746	88	122	1100	227	691	78	104

7-1c 续表 2

单位：人

现住地	合计					自治区内				
	合计	乡	镇的村委会	镇的居委会	街道	小计	乡	镇的村委会	镇的居委会	街道
乌兰察布市	**13523**	**5764**	**5174**	**1003**	**1582**	**11708**	**5269**	**4219**	**866**	**1354**
集宁区	1694	540	350	87	717	1463	455	247	79	682
卓资县	1165	351	659	94	61	1049	329	592	91	37
化德县	775	309	373	40	53	529	275	221	23	10
商都县	1538	687	700	104	47	1351	627	605	81	38
兴和县	1199	448	605	109	37	1037	410	505	97	25
凉城县	1155	551	437	111	56	1074	530	396	104	44
察哈尔右翼前旗	1414	322	765	125	202	982	231	523	85	143
察哈尔右翼中旗	1034	655	228	112	39	919	620	170	104	25
察哈尔右翼后旗	992	437	424	87	44	935	419	407	77	32
四子王旗	1682	1102	422	107	51	1572	1036	386	102	48
丰镇市	875	362	211	27	275	797	337	167	23	270
兴安盟	**4773**	**1402**	**2345**	**405**	**621**	**3485**	**1039**	**1674**	**292**	**480**
乌兰浩特市	539	65	339	34	101	360	39	229	19	73
阿尔山市	89	5	26	52	6	51	5	6	38	2
科尔沁右翼前旗	1668	475	775	91	327	1301	396	549	71	285
科尔沁右翼中旗	402	128	204	34	36	331	93	184	28	26
扎赉特旗	886	296	473	44	73	581	201	307	33	40
突泉县	1189	433	528	150	78	861	305	399	103	54
锡林郭勒盟	**6162**	**1323**	**3220**	**583**	**1036**	**4235**	**931**	**2464**	**435**	**405**
二连浩特市	47		46	1		41		40	1	
锡林浩特市	1243	221	803	72	147	984	149	664	56	115
阿巴嘎旗	369	81	170	33	85	277	75	120	27	55
苏尼特左旗	387	114	185	44	44	227	54	127	21	25
苏尼特右旗	207	25	118	41	23	172	22	104	32	14
东乌珠穆沁旗	469	104	247	48	70	353	90	194	30	39
西乌珠穆沁旗	1513	271	564	140	538	734	182	345	95	112
太仆寺旗	683	117	465	64	37	492	61	362	51	18
镶黄旗	106	13	53	7	33	39	7	27	5	
正镶白旗	164	46	80	13	25	112	34	63	13	2
正蓝旗	426	65	277	67	17	375	52	251	59	13
多伦县	436	212	177	32	15	331	159	137	25	10
乌拉盖管委会	112	54	35	21	2	98	46	30	20	2
阿拉善盟	**2359**	**647**	**1146**	**246**	**320**	**843**	**191**	**313**	**148**	**191**
阿拉善左旗	1471	339	786	151	195	543	91	236	91	125
阿拉善右旗	215	88	92	23	12	80	42	20	14	4
额济纳旗	405	153	134	49	69	159	44	40	34	41
内蒙古阿拉善经济开发区	268	67	134	23	44	61	14	17	9	21

7-1c　续表 3　　　　单位：人

现住地	自治区外									
	小计					北京				
	小计	乡	镇的村委会	镇的居委会	街道	小计	乡	镇的村委会	镇的居委会	街道
内蒙古	**33282**	**7914**	**18984**	**2391**	**3993**	**116**	**17**	**37**	**11**	**51**
呼和浩特市	**3677**	**1147**	**2222**	**134**	**174**	**12**	**2**	**6**	**1**	**3**
新城区	752	253	454	17	28	5	1	3	1	
回民区	258	41	193	8	16					
玉泉区	614	193	381	16	24	1	1			
赛罕区	1046	350	617	36	43	4		1		3
土默特左旗	230	87	114	15	14					
托克托县	390	111	250	13	16	1		1		
和林格尔县	196	57	104	21	14	1		1		
清水河县	131	36	86	2	7					
武川县	60	19	23	6	12					
呼和浩特经济技术开发区										
包头市	**2259**	**711**	**1383**	**64**	**101**	**2**		**2**		
东河区	247	76	158		13					
昆都仑区	424	169	230	14	11					
青山区	295	112	172	8	3					
石拐区	17	1	12	4						
白云鄂博矿区										
九原区	688	173	466	19	30	1		1		
土默特右旗	219	69	123	3	24	1		1		
固阳县	153	34	100	5	14					
达尔罕茂明安联合旗	72	16	41	10	5					
包头稀土高新技术产业开发区	144	61	81	1	1					
乌海市	**911**	**206**	**558**	**74**	**73**					
海勃湾区	611	126	423	18	44					
海南区	300	80	135	56	29					
乌达区										
赤峰市	**2363**	**649**	**1367**	**120**	**227**	**25**	**5**	**9**	**4**	**7**
红山区	18	9	7		2					
元宝山区	203	20	147	6	30					
松山区	620	124	414	16	66	3	2		1	
阿鲁科尔沁旗	66	36	21		9					
巴林左旗	142	42	76	17	7	6		4	1	1
巴林右旗	69	16	47	3	3					
林西县	61	7	43	5	6	1				1
克什克腾旗	309	201	48	26	34	3	2	1		
翁牛特旗	95	40	35	4	16	1				1
喀喇沁旗	131	37	87	2	5					
宁城县	414	51	304	30	29	4		2	1	1
敖汉旗	235	66	138	11	20	7	1	2	1	3

7-1c 续表 4

单位：人

现住地	自治区外									
	小计					北京				
	小计	乡	镇的村委会	镇的居委会	街道	小计	乡	镇的村委会	镇的居委会	街道
通辽市	**1271**	**253**	**800**	**77**	**141**	**16**	**3**	**5**	**2**	**6**
科尔沁区	229	35	170	5	19	2		1	1	
科尔沁左翼中旗	173	49	93	10	21	5		2	1	2
科尔沁左翼后旗	262	55	135	29	43					
开鲁县	113	9	93	3	8	2				2
库伦旗	105	10	88	4	3	2	2			
奈曼旗	120	36	60	7	17	4	1	2		1
扎鲁特旗	102	28	53	13	8	1				1
通辽经济技术开发区	78	17	57	1	3					
霍林郭勒市	89	14	51	5	19					
鄂尔多斯市	**10768**	**2069**	**6116**	**957**	**1626**	**18**		**4**	**1**	**13**
东胜区	863	185	557	33	88					
康巴什区										
达拉特旗	668	187	409	13	59	10		3		7
准格尔旗	2780	564	1627	188	401	2				2
鄂托克前旗	1183	133	622	149	279					
鄂托克旗	867	103	594	45	125					
杭锦旗	121	10	85	1	25					
乌审旗	2109	448	1004	334	323					
伊金霍洛旗	2177	439	1218	194	326	6		1	1	4
呼伦贝尔市	**2411**	**454**	**1431**	**260**	**266**	**3**		**2**		**1**
海拉尔区	85	20	52	5	8					
扎赉诺尔区										
阿荣旗	321	48	218	27	28					
莫力达瓦达斡尔族自治旗	512	120	294	66	32					
鄂伦春自治旗	559	119	366	49	25	1				1
鄂温克族自治旗	131	30	67	21	13	1		1		
陈巴尔虎旗	70	14	17	30	9					
新巴尔虎左旗	59	13	7	9	30					
新巴尔虎右旗	300	47	152	33	68					
满洲里市										
牙克石市	55	7	24	8	16					
扎兰屯市	249	30	184	5	30	1		1		
额尔古纳市	68	6	48	7	7					
根河市	2		2							
巴彦淖尔市	**3076**	**719**	**1892**	**209**	**256**	**8**	**1**	**1**	**1**	**5**
临河区	1147	283	741	37	86	2				2
五原县	245	54	136	42	13	1				1
磴口县	210	72	118	10	10					
乌拉特前旗	620	125	439	27	29	1			1	
乌拉特中旗	354	38	257	31	28	1				1
乌拉特后旗	377	107	146	52	72	2	1			1
杭锦后旗	123	40	55	10	18	1		1		

7-1c　续表 5

单位：人

现住地	自治区外									
	小计					北京				
	小计	乡	镇的村委会	镇的居委会	街道	小计	乡	镇的村委会	镇的居委会	街道
乌兰察布市	**1815**	**495**	**955**	**137**	**228**	**12**	**3**			**9**
集宁区	231	85	103	8	35	2				2
卓资县	116	22	67	3	24	2	1			1
化德县	246	34	152	17	43					
商都县	187	60	95	23	9	1				1
兴和县	162	38	100	12	12					
凉城县	81	21	41	7	12					
察哈尔右翼前旗	432	91	242	40	59	2				2
察哈尔右翼中旗	115	35	58	8	14					
察哈尔右翼后旗	57	18	17	10	12	4	1			3
四子王旗	110	66	36	5	3	1	1			
丰镇市	78	25	44	4	5					
兴安盟	**1288**	**363**	**671**	**113**	**141**	**8**	**1**	**2**	**1**	**4**
乌兰浩特市	179	26	110	15	28					
阿尔山市	38		20	14	4					
科尔沁右翼前旗	367	79	226	20	42	1		1		
科尔沁右翼中旗	71	35	20	6	10	1				1
扎赉特旗	305	95	166	11	33	1		1		
突泉县	328	128	129	47	24	5	1		1	3
锡林郭勒盟	**1927**	**392**	**756**	**148**	**631**	**9**	**2**	**6**		**1**
二连浩特市	6		6							
锡林浩特市	259	72	139	16	32	1				1
阿巴嘎旗	92	6	50	6	30					
苏尼特左旗	160	60	58	23	19					
苏尼特右旗	35	3	14	9	9					
东乌珠穆沁旗	116	14	53	18	31					
西乌珠穆沁旗	779	89	219	45	426					
太仆寺旗	191	56	103	13	19	2	1	1		
镶黄旗	67	6	26	2	33					
正镶白旗	52	12	17		23	3		3		
正蓝旗	51	13	26	8	4	1	1			
多伦县	105	53	40	7	5	2		2		
乌拉盖管委会	14	8	5	1						
阿拉善盟	**1516**	**456**	**833**	**98**	**129**	**3**			**1**	**2**
阿拉善左旗	928	248	550	60	70	2				2
阿拉善右旗	135	46	72	9	8	1			1	
额济纳旗	246	109	94	15	28					
内蒙古阿拉善经济开发区	207	53	117	14	23					

7－1c　续表 6

单位：人

现住地	自治区外									
	天津					河北				
	小计	乡	镇的村委会	镇的居委会	街道	小计	乡	镇的村委会	镇的居委会	街道
内蒙古	**133**	**12**	**55**	**10**	**56**	**4422**	**1199**	**2615**	**247**	**361**
呼和浩特市	**7**		**2**		**5**	**843**	**256**	**546**	**21**	**20**
新城区						197	84	103	6	4
回民区						101	10	90		1
玉泉区	2		1		1	120	36	78	3	3
赛罕区	3				3	174	61	108	2	3
土默特左旗						43	18	21		4
托克托县	1				1	128	31	89	4	4
和林格尔县	1		1			23	9	10	3	1
清水河县						52	7	44	1	
武川县						5		3	2	
呼和浩特经济技术开发区										
包头市	**5**	**1**	**4**			**552**	**190**	**320**	**10**	**32**
东河区						62	26	31		5
昆都仑区	1		1			84	43	35	3	3
青山区						63	15	46	1	1
石拐区						1	1			
白云鄂博矿区										
九原区	3	1	2			167	45	111	3	8
土默特右旗	1		1			50	8	29		13
固阳县						36	22	13	1	
达尔罕茂明安联合旗						11		7	2	2
包头稀土高新技术产业开发区						78	30	48		
乌海市	**2**				**2**	**118**	**29**	**72**	**5**	**12**
海勃湾区	1				1	102	23	66	1	12
海南区	1				1	16	6	6	4	
乌达区										
赤峰市	**33**	**6**	**19**	**1**	**7**	**518**	**129**	**325**	**22**	**42**
红山区						3	1	2		
元宝山区						37	10	17		10
松山区	10		6		4	194	41	137	2	14
阿鲁科尔沁旗						4		2		2
巴林左旗	2	1	1			27	6	16	4	1
巴林右旗	2		2			8	4	3	1	
林西县						9	3	2	3	1
克什克腾旗	7	3	2		2	68	38	18	5	7
翁牛特旗	3	2		1		14	2	10	1	1
喀喇沁旗	1		1			33	7	25	1	
宁城县	8		7		1	105	12	86	3	4
敖汉旗						16	5	7	2	2

7-1c 续表 7

单位：人

现住地	自治区外									
	天津					河北				
	小计	乡	镇的村委会	镇的居委会	街道	小计	乡	镇的村委会	镇的居委会	街道
通辽市	**9**		**2**	**1**	**6**	**91**	**12**	**73**	**1**	**5**
科尔沁区	5		1		4	13	1	12		
科尔沁左翼中旗	2			1	1	3	1	2		
科尔沁左翼后旗						2	1	1		
开鲁县	1		1			11	1	10		
库伦旗						27		27		
奈曼旗	1				1	16	1	11		4
扎鲁特旗						7	2	5		
通辽经济技术开发区						9	4	4	1	
霍林郭勒市						3	1	1		1
鄂尔多斯市	**36**	**2**	**7**	**3**	**24**	**841**	**178**	**464**	**65**	**134**
东胜区						92	16	64	2	10
康巴什区										
达拉特旗						75	15	55	1	4
准格尔旗	11	1	5	1	4	285	65	146	21	53
鄂托克前旗						8	1	6		1
鄂托克旗	5	1		1	3	65	7	36	2	20
杭锦旗						7	1	4		2
乌审旗	16		1	1	14	128	19	55	26	28
伊金霍洛旗	4		1		3	181	54	98	13	16
呼伦贝尔市	**2**		**2**			**86**	**11**	**54**	**5**	**16**
海拉尔区						4	1	3		
扎赉诺尔区										
阿荣旗						27	1	22		4
莫力达瓦达斡尔族自治旗	1		1			4	2	1		1
鄂伦春自治旗						9	2	3	3	1
鄂温克族自治旗						5		4		1
陈巴尔虎旗						4	1	2	1	
新巴尔虎左旗						4	2	1	1	
新巴尔虎右旗						10		5		5
满洲里市										
牙克石市						2				2
扎兰屯市	1		1			11	2	8		1
额尔古纳市						6		5		1
根河市										
巴彦淖尔市	**4**		**1**		**3**	**358**	**89**	**223**	**21**	**25**
临河区						129	29	90	2	8
五原县	3				3	43	11	20	11	1
磴口县						24	7	17		
乌拉特前旗	1		1			94	31	54	3	6
乌拉特中旗						33		28	3	2
乌拉特后旗						19	4	6	2	7
杭锦后旗						16	7	8		1

7－1c　续表 8

单位：人

现住地	自治区外									
	天津					河北				
	小计	乡	镇的村委会	镇的居委会	街道	小计	乡	镇的村委会	镇的居委会	街道
乌兰察布市	**14**	**3**	**5**	**3**	**3**	**431**	**134**	**232**	**36**	**29**
集宁区	6	2	2		2	45	25	14		6
卓资县						17	3	10		4
化德县	2		1		1	83	18	51	12	2
商都县						68	25	31	11	1
兴和县	4		2	2		61	24	33	3	1
凉城县						5	1	4		
察哈尔右翼前旗	2	1		1		87	14	55	6	12
察哈尔右翼中旗						23	9	12		2
察哈尔右翼后旗						12	6	6		
四子王旗						17	5	9	2	1
丰镇市						13	4	7	2	
兴安盟	**7**		**6**		**1**	**58**	**20**	**30**	**5**	**3**
乌兰浩特市	1		1			5	2	3		
阿尔山市						11		6	5	
科尔沁右翼前旗	4		4			17	5	11		1
科尔沁右翼中旗						6	3	1		2
扎赉特旗	1		1			7	4	3		
突泉县	1				1	12	6	6		
锡林郭勒盟	**7**		**3**	**1**	**3**	**456**	**140**	**240**	**40**	**36**
二连浩特市						1		1		
锡林浩特市	3		1		2	127	39	83	2	3
阿巴嘎旗						19	2	13	3	1
苏尼特左旗						23	2	15	5	1
苏尼特右旗						3			1	2
东乌珠穆沁旗	1				1	54	5	19	12	18
西乌珠穆沁旗	2		1	1		26	5	19		2
太仆寺旗						72	29	35	6	2
镶黄旗						6		3		3
正镶白旗						18	8	8		2
正蓝旗						27	10	12	5	
多伦县	1		1			72	36	28	6	2
乌拉盖管委会						8	4	4		
阿拉善盟	**7**		**4**	**1**	**2**	**70**	**11**	**36**	**16**	**7**
阿拉善左旗	6		3	1	2	36	7	15	12	2
阿拉善右旗						3		1	2	
额济纳旗	1		1			8	1	7		
内蒙古阿拉善经济开发区						23	3	13	2	5

7-1c　续表 9

单位：人

现住地	自治区外									
	山西					内蒙古				
	小计	乡	镇的村委会	镇的居委会	街道	小计	乡	镇的村委会	镇的居委会	街道
内蒙古	**4186**	**1204**	**2365**	**255**	**362**					
呼和浩特市	**860**	**324**	**475**	**27**	**34**					
新城区	182	68	103	1	10					
回民区	31	18	11		2					
玉泉区	158	47	99	7	5					
赛罕区	247	100	136	11						
土默特左旗	72	23	45	2	2					
托克托县	59	25	29	4	1					
和林格尔县	68	21	38	1	8					
清水河县	33	18	13		2					
武川县	10	4	1	1	4					
呼和浩特经济技术开发区										
包头市	**574**	**194**	**344**	**19**	**17**					
东河区	115	36	74		5					
昆都仑区	128	48	68	8	4					
青山区	72	26	42	4						
石拐区	10		6	4						
白云鄂博矿区										
九原区	153	38	109	2	4					
土默特右旗	32	20	9	1	2					
固阳县	33	5	27		1					
达尔罕茂明安联合旗	4		3		1					
包头稀土高新技术产业开发区	27	21	6							
乌海市	**85**	**30**	**39**	**6**	**10**					
海勃湾区	65	21	34	2	8					
海南区	20	9	5	4	2					
乌达区										
赤峰市	**79**	**41**	**18**	**7**	**13**					
红山区										
元宝山区	1		1							
松山区	17	2	3	1	11					
阿鲁科尔沁旗	4	1	2		1					
巴林左旗	5	1	4							
巴林右旗	1		1							
林西县										
克什克腾旗	36	30	2	3	1					
翁牛特旗										
喀喇沁旗	1		1							
宁城县	6	2	3	1						
敖汉旗	8	5	1	2						

7-1c 续表 10

单位：人

现住地	自治区外									
	山西					内蒙古				
	小计	乡	镇的村委会	镇的居委会	街道	小计	乡	镇的村委会	镇的居委会	街道
通辽市	**23**	**1**	**22**							
科尔沁区										
科尔沁左翼中旗	5		5							
科尔沁左翼后旗										
开鲁县										
库伦旗	4		4							
奈曼旗										
扎鲁特旗	1	1								
通辽经济技术开发区	2		2							
霍林郭勒市	11		11							
鄂尔多斯市	**1520**	**360**	**891**	**106**	**163**					
东胜区	186	48	118	7	13					
康巴什区										
达拉特旗	116	34	72		10					
准格尔旗	642	151	383	42	66					
鄂托克前旗	22	3	10	1	8					
鄂托克旗	55	1	45	1	8					
杭锦旗	9	3	5		1					
乌审旗	188	48	92	23	25					
伊金霍洛旗	302	72	166	32	32					
呼伦贝尔市	**18**	**1**	**7**	**5**	**5**					
海拉尔区										
扎赉诺尔区										
阿荣旗	2		1	1						
莫力达瓦达斡尔族自治旗	1		1							
鄂伦春自治旗										
鄂温克族自治旗	4	1	1	1	1					
陈巴尔虎旗	1			1						
新巴尔虎左旗	1			1						
新巴尔虎右旗	8		3	1	4					
满洲里市										
牙克石市										
扎兰屯市	1		1							
额尔古纳市										
根河市										
巴彦淖尔市	**386**	**100**	**231**	**26**	**29**					
临河区	60	17	34		9					
五原县	33	2	14	15	2					
磴口县	18	4	9	1	4					
乌拉特前旗	199	54	133	6	6					
乌拉特中旗	45	5	33	2	5					
乌拉特后旗	22	10	7	2	3					
杭锦后旗	9	8	1							

7-1c 续表 11

单位：人

现住地	自治区外									
	山西					内蒙古				
	小计	乡	镇的村委会	镇的居委会	街道	小计	乡	镇的村委会	镇的居委会	街道
乌兰察布市	**477**	**119**	**257**	**42**	**59**					
集宁区	32	15	10	1	6					
卓资县	23	3	13	2	5					
化德县	43	1	41	1						
商都县	40	16	17	3	4					
兴和县	41	4	28	5	4					
凉城县	46	12	22	5	7					
察哈尔右翼前旗	132	31	67	14	20					
察哈尔右翼中旗	30	9	16	1	4					
察哈尔右翼后旗	22	5	5	7	5					
四子王旗	30	14	13	2	1					
丰镇市	38	9	25	1	3					
兴安盟	**14**	**3**	**10**		**1**					
乌兰浩特市	7		7							
阿尔山市										
科尔沁右翼前旗										
科尔沁右翼中旗										
扎赉特旗	1				1					
突泉县	6	3	3							
锡林郭勒盟	**106**	**19**	**48**	**16**	**23**					
二连浩特市	2		2							
锡林浩特市	19	1	9	9						
阿巴嘎旗	4		3		1					
苏尼特左旗	33	10	16	3	4					
苏尼特右旗	5	2	2	1						
东乌珠穆沁旗										
西乌珠穆沁旗	20	4	9		7					
太仆寺旗	4	1	3							
镶黄旗										
正镶白旗	13	1	1		11					
正蓝旗	4		2	2						
多伦县	1		1							
乌拉盖管委会	1			1						
阿拉善盟	**44**	**12**	**23**	**1**	**8**					
阿拉善左旗	14	3	9		2					
阿拉善右旗	10	2	6		2					
额济纳旗	10	1	5	1	3					
内蒙古阿拉善经济开发区	10	6	3		1					

7-1c 续表 12

单位：人

现住地	自治区外									
	辽宁					吉林				
	小计	乡	镇的村委会	镇的居委会	街道	小计	乡	镇的村委会	镇的居委会	街道
内蒙古	**2822**	**497**	**1418**	**197**	**710**	**1614**	**390**	**843**	**151**	**230**
呼和浩特市	**58**	**26**	**22**	**5**	**5**	**54**	**16**	**25**	**4**	**9**
新城区	8	4	3		1	11	1	6	2	2
回民区	1				1	4		2		2
玉泉区	4		4			4	2	1		1
赛罕区	21	11	7	2	1	18	8	6	1	3
土默特左旗	8	5		2	1	1	1			
托克托县	3		3			13	4	8		1
和林格尔县	5	5				3		2	1	
清水河县	2		2							
武川县	6	1	3	1	1					
呼和浩特经济技术开发区										
包头市	**57**	**11**	**35**	**4**	**7**	**46**	**13**	**23**	**5**	**5**
东河区						1	1			
昆都仑区	8	4	4			10		10		
青山区	8	1	5		2	5	4	1		
石拐区										
白云鄂博矿区										
九原区	23	3	15	3	2	24	8	7	5	4
土默特右旗	4	2	2			2		1		1
固阳县	11	1	6	1	3	3		3		
达尔罕茂明安联合旗	3		3							
包头稀土高新技术产业开发区						1		1		
乌海市	**28**	**3**	**18**	**1**	**6**	**9**	**1**	**7**	**1**	
海勃湾区	19	1	14		4	7	1	6		
海南区	9	2	4	1	2	2		1	1	
乌达区										
赤峰市	**665**	**137**	**424**	**36**	**68**	**139**	**43**	**77**	**6**	**13**
红山区	6	5			1	1				1
元宝山区	70	5	55	2	8	13		11	1	1
松山区	168	27	122	7	12	28	3	18	2	5
阿鲁科尔沁旗	17	7	7		3	8	4	2		2
巴林左旗	20	7	9	2	2	10	4	5	1	
巴林右旗	10	1	5	2	2	5	2	3		
林西县	16	2	11	1	2	3		2		1
克什克腾旗	48	23	10	9	6	13	11	1	1	
翁牛特旗	26	11	6	1	8	12	8	4		
喀喇沁旗	46	14	30		2	6		4	1	1
宁城县	117	17	79	7	14	25	5	19		1
敖汉旗	121	18	90	5	8	15	6	8		1

7-1c 续表 13

单位：人

现住地	自治区外									
	辽宁					吉林				
	小计	乡	镇的村委会	镇的居委会	街道	小计	乡	镇的村委会	镇的居委会	街道
通辽市	**485**	**107**	**317**	**25**	**36**	**318**	**65**	**172**	**32**	**49**
科尔沁区	79	15	54	2	8	31	7	20	2	2
科尔沁左翼中旗	31	8	17	2	4	84	29	45	4	6
科尔沁左翼后旗	152	37	97	8	10	82	9	27	17	29
开鲁县	37	3	32	1	1	23		20	1	2
库伦旗	60	7	48	4	1	3		1		2
奈曼旗	47	15	20	5	7	16	3	11	1	1
扎鲁特旗	32	11	16	3	2	26	6	17	2	1
通辽经济技术开发区	35	8	25		2	12	2	9		1
霍林郭勒市	12	3	8		1	41	9	22	5	5
鄂尔多斯市	**404**	**62**	**183**	**48**	**111**	**195**	**41**	**91**	**23**	**40**
东胜区	37	3	27	2	5	33	12	11	1	9
康巴什区										
达拉特旗	13	1	9	1	2	8	4	4		
准格尔旗	186	38	71	7	70	93	16	63	6	8
鄂托克前旗	4		2	1	1	6		1		5
鄂托克旗	27	3	20	1	3	11		3	3	5
杭锦旗	3		2		1					
乌审旗	76	9	17	32	18	24	7	3	4	10
伊金霍洛旗	58	8	35	4	11	20	2	6	9	3
呼伦贝尔市	**196**	**22**	**113**	**28**	**33**	**186**	**36**	**105**	**21**	**24**
海拉尔区	5	2	2		1	11	1	6		4
扎赉诺尔区										
阿荣旗	30	5	20	2	3	24	5	12	4	3
莫力达瓦达斡尔族自治旗	13	1	9	2	1	26	7	16	3	
鄂伦春自治旗	24		16	7	1	27	7	17	1	2
鄂温克族自治旗	9		2	5	2	15	7	7	1	
陈巴尔虎旗	16	1	2	6	7	6	2	1	3	
新巴尔虎左旗	1		1			5	1	1	2	1
新巴尔虎右旗	54	5	33	5	11	30		14	4	12
满洲里市										
牙克石市	3		1		2					
扎兰屯市	34	8	21	1	4	34	6	26		2
额尔古纳市	7		6		1	8		5	3	
根河市										
巴彦淖尔市	**42**	**3**	**36**	**1**	**2**	**48**	**3**	**30**	**7**	**8**
临河区	5		4		1	5		4		1
五原县	2		2			4	1	2	1	
磴口县	3		2	1		1				1
乌拉特前旗	21	1	20			16	1	14	1	
乌拉特中旗	10	2	7		1	21	1	10	5	5
乌拉特后旗	1		1			1				1
杭锦后旗										

7-1c 续表 14　　　　单位：人

现住地	自治区外									
	辽宁					吉林				
	小计	乡	镇的村委会	镇的居委会	街道	小计	乡	镇的村委会	镇的居委会	街道
乌兰察布市	**48**	**8**	**29**	**3**	**8**	**40**	**6**	**21**	**4**	**9**
集宁区	5		2		3	1				1
卓资县	8	3	5			4	1	3		
化德县	3	1	1		1	6		3		3
商都县	16	1	14	1						
兴和县	1				1	3		2	1	
凉城县	1				1					
察哈尔右翼前旗	7		3	2	2	18	3	11		4
察哈尔右翼中旗	5	2	3			4	1		3	
察哈尔右翼后旗	1	1				1				1
四子王旗	1		1			1	1			
丰镇市						2		2		
兴安盟	**178**	**57**	**89**	**12**	**20**	**462**	**129**	**237**	**40**	**56**
乌兰浩特市	15	3	9		3	78	10	47	6	15
阿尔山市	2		1	1		17		8	5	4
科尔沁右翼前旗	49	8	32	2	7	171	55	91	10	15
科尔沁右翼中旗	13	1	6	3	3	38	19	12	3	4
扎赉特旗	42	17	21		4	49	16	24	3	6
突泉县	57	28	20	6	3	109	29	55	13	12
锡林郭勒盟	**640**	**51**	**146**	**32**	**411**	**104**	**26**	**54**	**7**	**17**
二连浩特市	2		2							
锡林浩特市	37	11	15	2	9	22	9	10	1	2
阿巴嘎旗	7	1	4	2		14		13		1
苏尼特左旗	8	1	2	3	2	6	4		1	1
苏尼特右旗	1			1		1		1		
东乌珠穆沁旗	7	1	5	1		6	2	4		
西乌珠穆沁旗	529	31	107	23	368	46	7	24	4	11
太仆寺旗	5	2	2		1	4	1	1	1	1
镶黄旗	38		8		30					
正镶白旗						1	1			
正蓝旗	2		1		1	2		1		1
多伦县	3	3								
乌拉盖管委会	1	1				2	2			
阿拉善盟	**21**	**10**	**6**	**2**	**3**	**13**	**11**	**1**	**1**	
阿拉善左旗	7	1	5		1	3	1	1	1	
阿拉善右旗	9	8		1		1	1			
额济纳旗	4	1	1	1	1	7	7			
内蒙古阿拉善经济开发区	1				1	2	2			

7-1c　续表 15　　　　单位：人

现住地	自治区外									
	黑龙江					上海				
	小计	乡	镇的村委会	镇的居委会	街道	小计	乡	镇的村委会	镇的居委会	街道
内蒙古	**3299**	**759**	**1847**	**323**	**370**	**9**		**5**	**1**	**3**
呼和浩特市	**123**	**23**	**85**	**1**	**14**	**1**				**1**
新城区	19	5	14							
回民区	8		6		2					
玉泉区	9		8		1					
赛罕区	54	7	40		7					
土默特左旗	4	2	2							
托克托县	13	6	6		1	1				1
和林格尔县	10	1	9							
清水河县	4			1	3					
武川县	2	2								
呼和浩特经济技术开发区										
包头市	**89**	**30**	**44**	**8**	**7**	**1**		**1**		
东河区	3	1	1		1					
昆都仑区	42	22	16	2	2	1		1		
青山区	10	1	9							
石拐区	1		1							
白云鄂博矿区										
九原区	18	4	8	5	1					
土默特右旗	8	2	5		1					
固阳县	3		2	1						
达尔罕茂明安联合旗	2				2					
包头稀土高新技术产业开发区	2		2							
乌海市	**24**	**7**	**13**	**1**	**3**					
海勃湾区	16	2	11	1	2					
海南区	8	5	2		1					
乌达区										
赤峰市	**265**	**81**	**161**	**7**	**16**	**2**		**2**		
红山区	4		4			1		1		
元宝山区	16		14		2	1		1		
松山区	58	13	42		3					
阿鲁科尔沁旗	12	8	4							
巴林左旗	19	2	13	3	1					
巴林右旗	14	1	13							
林西县	9		8	1						
克什克腾旗	28	23	1	2	2					
翁牛特旗	8	6	1		1					
喀喇沁旗	6	3	3							
宁城县	50	6	40	1	3					
敖汉旗	41	19	18		4					

7-1c 续表 16

单位：人

现住地	自治区外									
	黑龙江					上海				
	小计	乡	镇的村委会	镇的居委会	街道	小计	乡	镇的村委会	镇的居委会	街道
通辽市	**133**	**27**	**70**	**10**	**26**	**2**		**2**		
科尔沁区	27	3	21		3					
科尔沁左翼中旗	20	4	9	1	6					
科尔沁左翼后旗	14	4	4	4	2					
开鲁县	18	5	9	1	3					
库伦旗	1		1							
奈曼旗	10	3	5		2					
扎鲁特旗	23	7	9	4	3					
通辽经济技术开发区	6	1	5			2		2		
霍林郭勒市	14		7		7					
鄂尔多斯市	**451**	**97**	**220**	**53**	**81**	**1**				**1**
东胜区	20	6	8	2	4					
康巴什区										
达拉特旗	8	4	3		1					
准格尔旗	231	56	123	16	36	1				1
鄂托克前旗	10		3	1	6					
鄂托克旗	39	4	24	7	4					
杭锦旗										
乌审旗	68	9	17	20	22					
伊金霍洛旗	75	18	42	7	8					
呼伦贝尔市	**1610**	**330**	**979**	**169**	**132**	**1**			**1**	
海拉尔区	62	16	39	5	2					
扎赉诺尔区										
阿荣旗	189	32	129	16	12					
莫力达瓦达斡尔族自治旗	440	105	254	59	22	1			1	
鄂伦春自治旗	466	108	304	37	17					
鄂温克族自治旗	76	15	42	12	7					
陈巴尔虎旗	34	8	9	15	2					
新巴尔虎左旗	45	9	3	4	29					
新巴尔虎右旗	75	13	44	7	11					
满洲里市										
牙克石市	43	7	23	6	7					
扎兰屯市	142	11	108	4	19					
额尔古纳市	36	6	22	4	4					
根河市	2		2							
巴彦淖尔市	**58**	**13**	**27**	**8**	**10**	**1**				**1**
临河区	12	4	5	1	2	1				1
五原县	10	5	2		3					
磴口县	1	1								
乌拉特前旗	5		5							
乌拉特中旗	22	2	11	6	3					
乌拉特后旗	4		3	1						
杭锦后旗	4	1	1		2					

7-1c 续表 17

单位：人

现住地	自治区外									
	黑龙江					上海				
	小计	乡	镇的村委会	镇的居委会	街道	小计	乡	镇的村委会	镇的居委会	街道
乌兰察布市	**47**	**9**	**22**	**2**	**14**					
集宁区	10	1	6	1	2					
卓资县	7	1	1	1	4					
化德县	1	1								
商都县	5		4		1					
兴和县	4		4							
凉城县	3		3							
察哈尔右翼前旗	11	5	2		4					
察哈尔右翼中旗	4	1			3					
察哈尔右翼后旗	1		1							
四子王旗	1		1							
丰镇市										
兴安盟	**309**	**66**	**183**	**39**	**21**					
乌兰浩特市	27	3	10	9	5					
阿尔山市	1			1						
科尔沁右翼前旗	68	6	52	2	8					
科尔沁右翼中旗	2	2								
扎赉特旗	163	44	107	7	5					
突泉县	48	11	14	20	3					
锡林郭勒盟	**111**	**31**	**30**	**18**	**32**					
二连浩特市										
锡林浩特市	10	3	4	1	2					
阿巴嘎旗	2		1		1					
苏尼特左旗	12	2	1	5	4					
苏尼特右旗	2		2							
东乌珠穆沁旗	10	1	3	1	5					
西乌珠穆沁旗	45	13	17	9	6					
太仆寺旗	14	2	2	2	8					
镶黄旗										
正镶白旗	2	1			1					
正蓝旗	2				2					
多伦县	12	9			3					
乌拉盖管委会										
阿拉善盟	**79**	**45**	**13**	**7**	**14**					
阿拉善左旗	7	1	4		2					
阿拉善右旗	4	4								
额济纳旗	66	40	9	6	11					
内蒙古阿拉善经济开发区	2			1	1					

7-1c 续表 18 单位：人

现住地	自治区外									
	江苏					浙江				
	小计	乡	镇的村委会	镇的居委会	街道	小计	乡	镇的村委会	镇的居委会	街道
内蒙古	**448**	**77**	**249**	**42**	**80**	**188**	**19**	**119**	**23**	**27**
呼和浩特市	**44**	**6**	**29**	**4**	**5**	**43**	**2**	**30**	**4**	**7**
新城区	7		5		2	6		3		3
回民区	9		8	1		24		18	4	2
玉泉区	5	1	4			3		3		
赛罕区	11	2	8		1	3		3		
土默特左旗	4			3	1	5	2	3		
托克托县	6	1	4		1	2				2
和林格尔县	2	2								
清水河县										
武川县										
呼和浩特经济技术开发区										
包头市	**35**	**14**	**18**	**1**	**2**	**18**	**2**	**12**	**1**	**3**
东河区						5		5		
昆都仑区	1	1				6		4		2
青山区	6	5	1			1	1			
石拐区										
白云鄂博矿区										
九原区	8		8							
土默特右旗	17	8	8	1		1	1			
固阳县	3		1		2	5		3	1	1
达尔罕茂明安联合旗										
包头稀土高新技术产业开发区										
乌海市	**10**		**3**	**5**	**2**	**3**		**2**	**1**	
海勃湾区	5		2	2	1	3		2	1	
海南区	5		1	3	1					
乌达区										
赤峰市	**35**	**11**	**19**		**5**	**18**	**2**	**10**	**4**	**2**
红山区	3	3								
元宝山区	3		1		2	5		4		1
松山区	8		6		2	2		1		1
阿鲁科尔沁旗						1	1			
巴林左旗	1	1				4	1	2	1	
巴林右旗										
林西县	6		6							
克什克腾旗	5	5				6		3	3	
翁牛特旗	2		1		1					
喀喇沁旗	2		2							
宁城县	2		2							
敖汉旗	3	2	1							

7-1c　续表 19　　　　单位：人

现住地	自治区外									
	江苏					浙江				
	小计	乡	镇的村委会	镇的居委会	街道	小计	乡	镇的村委会	镇的居委会	街道
通辽市	**12**	**3**	**5**	**1**	**3**	**3**	**1**			**2**
科尔沁区	1		1							
科尔沁左翼中旗										
科尔沁左翼后旗	1		1			3	1			2
开鲁县	1		1							
库伦旗										
奈曼旗	5	3	1	1						
扎鲁特旗										
通辽经济技术开发区	1		1							
霍林郭勒市	3				3					
鄂尔多斯市	**193**	**31**	**103**	**21**	**38**	**17**	**9**	**5**	**1**	**2**
东胜区	6	2	1	2	1	2	1			1
康巴什区										
达拉特旗	11		9	2		1	1			
准格尔旗	66	11	45	1	9	9	6	2		1
鄂托克前旗	18		8	1	9					
鄂托克旗	22	6	13		3	1		1		
杭锦旗										
乌审旗	55	10	21	12	12	3	1	1	1	
伊金霍洛旗	15	2	6	3	4	1		1		
呼伦贝尔市	**15**	**2**	**5**	**1**	**7**	**8**		**4**	**3**	**1**
海拉尔区										
扎赉诺尔区										
阿荣旗	4		3		1	1		1		
莫力达瓦达斡尔族自治旗										
鄂伦春自治旗	1		1			1			1	
鄂温克族自治旗										
陈巴尔虎旗										
新巴尔虎左旗										
新巴尔虎右旗	8	1		1	6	4		1	2	1
满洲里市										
牙克石市										
扎兰屯市	2	1	1							
额尔古纳市						2		2		
根河市										
巴彦淖尔市	**19**	**1**	**9**	**4**	**5**	**32**		**21**	**5**	**6**
临河区	11	1	7		3	5		4	1	
五原县	2		1	1						
磴口县	1				1					
乌拉特前旗						2		1		1
乌拉特中旗	1		1			7		4	1	2
乌拉特后旗	1				1	16		10	3	3
杭锦后旗	3			3		2		2		

7−1c 续表 20 单位：人

现住地	自治区外									
	江苏					浙江				
	小计	乡	镇的村委会	镇的居委会	街道	小计	乡	镇的村委会	镇的居委会	街道
乌兰察布市	**33**	**3**	**24**	**3**	**3**	**11**	**2**	**6**	**1**	**2**
集宁区	11	1	8		2					
卓资县	2		2			2		1		1
化德县	2	1		1						
商都县						2		1		1
兴和县	1	1								
凉城县	2		2							
察哈尔右翼前旗	15		12	2	1	2		1	1	
察哈尔右翼中旗										
察哈尔右翼后旗						1	1			
四子王旗						4	1	3		
丰镇市										
兴安盟	**5**	**1**	**2**		**2**	**6**		**6**		
乌兰浩特市	2				2					
阿尔山市										
科尔沁右翼前旗	2		2			3		3		
科尔沁右翼中旗										
扎赉特旗						1		1		
突泉县	1	1				2		2		
锡林郭勒盟	**14**	**1**	**8**	**1**	**4**	**16**	**1**	**11**	**2**	**2**
二连浩特市										
锡林浩特市	2		2							
阿巴嘎旗	2				2					
苏尼特左旗										
苏尼特右旗	3	1	1		1	1			1	
东乌珠穆沁旗						9		6	1	2
西乌珠穆沁旗	3		2		1					
太仆寺旗	4		3	1		5		5		
镶黄旗										
正镶白旗										
正蓝旗										
多伦县						1	1			
乌拉盖管委会										
阿拉善盟	**33**	**4**	**24**	**1**	**4**	**13**		**12**	**1**	
阿拉善左旗	14	1	8	1	4	12		12		
阿拉善右旗	2		2							
额济纳旗						1			1	
内蒙古阿拉善经济开发区	17	3	14							

7-1c　续表 21

单位：人

现住地	自治区外									
	安徽					福建				
	小计	乡	镇的村委会	镇的居委会	街道	小计	乡	镇的村委会	镇的居委会	街道
内蒙古	**915**	**226**	**555**	**45**	**89**	**290**	**40**	**204**	**17**	**29**
呼和浩特市	**169**	**45**	**118**	**4**	**2**	**23**	**5**	**12**	**1**	**5**
新城区	22	1	21			3		3		
回民区	8		8			7	2	1		4
玉泉区	48	13	34		1	6	1	4	1	
赛罕区	58	25	30	3		1				1
土默特左旗	9	4	4	1						
托克托县	9		9			3		3		
和林格尔县	3	1	1		1	2	2			
清水河县	9		9							
武川县	3	1	2			1		1		
呼和浩特经济技术开发区										
包头市	**49**	**15**	**34**			**20**	**2**	**17**	**1**	
东河区	6		6							
昆都仑区	5	1	4							
青山区	5	1	4							
石拐区										
白云鄂博矿区										
九原区	28	13	15							
土默特右旗						18	2	16		
固阳县	2		2			1		1		
达尔罕茂明安联合旗	1		1			1			1	
包头稀土高新技术产业开发区	2		2							
乌海市	**10**	**2**	**6**	**1**	**1**	**27**	**4**	**15**	**2**	**6**
海勃湾区	8	2	6			18	2	15		1
海南区	2			1	1	9	2		2	5
乌达区										
赤峰市	**65**	**10**	**51**	**2**	**2**	**17**	**2**	**15**		
红山区										
元宝山区	17		17			1		1		
松山区	19	4	12	2	1	7		7		
阿鲁科尔沁旗						1	1			
巴林左旗	5	1	3		1					
巴林右旗										
林西县	7		7			4		4		
克什克腾旗	2	2								
翁牛特旗	3	3				4	1	3		
喀喇沁旗	6		6							
宁城县	6		6							
敖汉旗										

7-1c 续表 22

单位：人

现住地	自治区外									
	安徽					福建				
	小计	乡	镇的村委会	镇的居委会	街道	小计	乡	镇的村委会	镇的居委会	街道
通辽市	**23**	**8**	**14**		**1**	**14**	**2**	**12**		
科尔沁区	4	1	3			5	2	3		
科尔沁左翼中旗	6		5		1	1		1		
科尔沁左翼后旗										
开鲁县	2		2			1		1		
库伦旗	1		1			4		4		
奈曼旗	9	7	2			3		3		
扎鲁特旗										
通辽经济技术开发区	1		1							
霍林郭勒市										
鄂尔多斯市	**338**	**76**	**181**	**22**	**59**	**92**	**13**	**60**	**6**	**13**
东胜区	55	15	29		11	12	4	8		
康巴什区										
达拉特旗	28		23	1	4	2	1	1		
准格尔旗	100	19	42	13	26	42	4	26	4	8
鄂托克前旗	12	3	4		5					
鄂托克旗	6		4		2	22		16	2	4
杭锦旗	5		5							
乌审旗	32	10	20	2		5	3	2		
伊金霍洛旗	100	29	54	6	11	9	1	7		1
呼伦贝尔市	**13**	**1**	**12**			**7**		**5**	**2**	
海拉尔区										
扎赉诺尔区										
阿荣旗						2		1	1	
莫力达瓦达斡尔族自治旗						1			1	
鄂伦春自治旗	9		9			1		1		
鄂温克族自治旗										
陈巴尔虎旗										
新巴尔虎左旗										
新巴尔虎右旗	2	1	1							
满洲里市										
牙克石市										
扎兰屯市	2		2			2		2		
额尔古纳市						1		1		
根河市										
巴彦淖尔市	**144**	**31**	**86**	**8**	**19**	**40**	**2**	**35**	**3**	
临河区	45	10	30	1	4	2		2		
五原县	40	18	16	6						
磴口县	13		11		2					
乌拉特前旗	15	3	11		1	21		19	2	
乌拉特中旗	10		9	1		4		3	1	
乌拉特后旗	4				4	13	2	11		
杭锦后旗	17		9		8					

7-1c　续表 23　　　　　　　　　　　　　　　　　　　　　　　　　　　　单位：人

现住地	自治区外									
	安徽					福建				
	小计	乡	镇的村委会	镇的居委会	街道	小计	乡	镇的村委会	镇的居委会	街道
乌兰察布市	**32**	**8**	**16**	**5**	**3**	**12**		**10**		**2**
集宁区	5	1	2	1	1	4		4		
卓资县										
化德县	2	1	1			1		1		
商都县						2		2		
兴和县	7		7							
凉城县										
察哈尔右翼前旗	2			2		3		3		
察哈尔右翼中旗	4			2	2	1				1
察哈尔右翼后旗	1		1							
四子王旗	11	6	5			1				1
丰镇市										
兴安盟	**12**	**6**	**5**	**1**		**3**	**2**	**1**		
乌兰浩特市	2		2							
阿尔山市										
科尔沁右翼前旗	5	2	2	1						
科尔沁右翼中旗										
扎赉特旗	1		1							
突泉县	4	4				3	2	1		
锡林郭勒盟	**24**	**8**	**12**	**2**	**2**	**6**	**2**	**2**	**1**	**1**
二连浩特市										
锡林浩特市	4		4							
阿巴嘎旗	3		3							
苏尼特左旗	10	8	1	1		4		2	1	1
苏尼特右旗										
东乌珠穆沁旗										
西乌珠穆沁旗	1		1							
太仆寺旗	2		2							
镶黄旗						2	2			
正镶白旗	2				2					
正蓝旗	1			1						
多伦县	1		1							
乌拉盖管委会										
阿拉善盟	**36**	**16**	**20**			**29**	**6**	**20**	**1**	**2**
阿拉善左旗	30	15	15			27	6	20	1	
阿拉善右旗										
额济纳旗	6	1	5			1				1
内蒙古阿拉善经济开发区						1				1

7－1c　续表 24　　　　单位：人

现住地	自治区外									
	江西					山东				
	小计	乡	镇的村委会	镇的居委会	街道	小计	乡	镇的村委会	镇的居委会	街道
内蒙古	**141**	**23**	**78**	**14**	**26**	**2829**	**297**	**1586**	**423**	**523**
呼和浩特市	**37**	**4**	**20**	**9**	**4**	**149**	**30**	**106**	**8**	**5**
新城区	3		3			24	5	19		
回民区	5		5			11	4	6	1	
玉泉区	9	2	3	3	1	26	2	24		
赛罕区	8		6	2		34	13	16	3	2
土默特左旗	6	2		4		10	3	4	1	2
托克托县						19	1	16	1	1
和林格尔县	2		2			22	1	19	2	
清水河县	1		1			1		1		
武川县	3				3	2	1	1		
呼和浩特经济技术开发区										
包头市	**17**	**3**	**9**	**1**	**4**	**67**	**19**	**45**	**1**	**2**
东河区	5		3		2	9	3	6		
昆都仑区	3	2	1			12	5	7		
青山区	2		2			7	2	5		
石拐区										
白云鄂博矿区										
九原区	3	1	2			23	8	13		2
土默特右旗	2				2	15	1	13	1	
固阳县						1		1		
达尔罕茂明安联合旗										
包头稀土高新技术产业开发区	2		1	1						
乌海市	**1**				**1**	**53**	**8**	**31**	**12**	**2**
海勃湾区	1				1	27	3	22	2	
海南区						26	5	9	10	2
乌达区										
赤峰市	**7**		**6**		**1**	**120**	**40**	**58**	**7**	**15**
红山区										
元宝山区	3		3			5	1	2	1	1
松山区						31	4	23		4
阿鲁科尔沁旗	1				1	3	1	2		
巴林左旗						17	4	9	3	1
巴林右旗						6	6			
林西县										
克什克腾旗						23	13	1	3	6
翁牛特旗						9	3	4		2
喀喇沁旗						8	3	4		1
宁城县	3		3			13	2	11		
敖汉旗						5	3	2		

7-1c 续表 25

单位：人

现住地	自治区外									
	江西					山东				
	小计	乡	镇的村委会	镇的居委会	街道	小计	乡	镇的村委会	镇的居委会	街道
通辽市	**14**		**14**			**50**	**9**	**37**	**2**	**2**
科尔沁区	14		14			19	4	15		
科尔沁左翼中旗						6	2	3		1
科尔沁左翼后旗										
开鲁县						11		11		
库伦旗										
奈曼旗						2	1			1
扎鲁特旗						4	1	1	2	
通辽经济技术开发区						5		5		
霍林郭勒市						3	1	2		
鄂尔多斯市	**9**	**2**	**5**		**2**	**1976**	**118**	**1055**	**357**	**446**
东胜区	3	1	2			98	6	70	5	17
康巴什区										
达拉特旗						22	2	16	1	3
准格尔旗	5	1	3		1	273	24	180	33	36
鄂托克前旗						698	20	419	110	149
鄂托克旗	1				1	53	4	32	1	16
杭锦旗						1				1
乌审旗						349	27	139	118	65
伊金霍洛旗						482	35	199	89	159
呼伦贝尔市	**3**		**1**		**2**	**104**	**9**	**66**	**13**	**16**
海拉尔区										
扎赉诺尔区										
阿荣旗						27	4	16	2	5
莫力达瓦达斡尔族自治旗						14	1	10		3
鄂伦春自治旗						13	1	12		
鄂温克族自治旗	2				2	9		8	1	
陈巴尔虎旗						6	2	3	1	
新巴尔虎左旗										
新巴尔虎右旗						22	1	10	9	2
满洲里市										
牙克石市						3				3
扎兰屯市	1		1			6		4		2
额尔古纳市						4		3		1
根河市										
巴彦淖尔市	**16**	**1**	**8**		**7**	**118**	**27**	**76**	**7**	**8**
临河区	6	1	5			61	8	43	4	6
五原县	1		1			14	2	11		1
磴口县						3	1	2		
乌拉特前旗	6		1		5	7	4	3		
乌拉特中旗						25	9	13	2	1
乌拉特后旗	3		1		2	6	2	3	1	
杭锦后旗						2	1	1		

7−1c 续表 26

单位：人

现住地	自治区外									
	江西					山东				
	小计	乡	镇的村委会	镇的居委会	街道	小计	乡	镇的村委会	镇的居委会	街道
乌兰察布市	**16**	**7**	**6**	**1**	**2**	**63**	**10**	**41**	**6**	**6**
集宁区	1				1	7	4	3		
卓资县						16		13		3
化德县	3	2		1		2		2		
商都县						13	4	6	3	
兴和县	2	2				1		1		
凉城县						1		1		
察哈尔右翼前旗	6		6			11		10	1	
察哈尔右翼中旗	1				1	6		4	1	1
察哈尔右翼后旗						2		1	1	
四子王旗	3	3				2	2			
丰镇市						2				2
兴安盟	**2**		**1**		**1**	**38**	**20**	**11**	**2**	**5**
乌兰浩特市						11	8	1		2
阿尔山市										
科尔沁右翼前旗	2		1		1	6		4		2
科尔沁右翼中旗						9	9			
扎赉特旗						3		3		
突泉县						9	3	3	2	1
锡林郭勒盟	**11**	**4**	**2**	**3**	**2**	**75**	**5**	**49**	**7**	**14**
二连浩特市						1		1		
锡林浩特市						12	1	9	1	1
阿巴嘎旗						2				2
苏尼特左旗	1		1			4		1	1	2
苏尼特右旗										
东乌珠穆沁旗	3	3				11		6	2	3
西乌珠穆沁旗	2	1		1		23	1	16	1	5
太仆寺旗	4			2	2	16	1	14		1
镶黄旗						3		1	2	
正镶白旗										
正蓝旗										
多伦县	1		1			2	2			
乌拉盖管委会						1		1		
阿拉善盟	**8**	**2**	**6**			**16**	**2**	**11**	**1**	**2**
阿拉善左旗	8	2	6			10	2	6	1	1
阿拉善右旗						1		1		
额济纳旗						2		2		
内蒙古阿拉善经济开发区						3		2		1

7-1c 续表 27 单位：人

现住地	自治区外									
	河南					湖北				
	小计	乡	镇的村委会	镇的居委会	街道	小计	乡	镇的村委会	镇的居委会	街道
内蒙古	**2229**	**710**	**1266**	**75**	**178**	**485**	**129**	**285**	**26**	**45**
呼和浩特市	**373**	**129**	**225**	**4**	**15**	**110**	**35**	**71**	**1**	**3**
新城区	73	22	51			35	9	24		2
回民区	24	6	18			7		6		1
玉泉区	62	26	33		3	17	6	11		
赛罕区	129	42	76	3	8	35	11	24		
土默特左旗	11	6	3		2	5	4		1	
托克托县	58	22	34	1	1	4	2	2		
和林格尔县	6		5		1	3	3			
清水河县	8	3	5			2		2		
武川县	2	2				2		2		
呼和浩特经济技术开发区										
包头市	**224**	**75**	**149**			**56**	**19**	**32**	**3**	**2**
东河区	17	2	15							
昆都仑区	34	9	25							
青山区	68	36	32			10	7	3		
石拐区	4		4							
白云鄂博矿区										
九原区	62	11	51			11	2	9		
土默特右旗	15	9	6			1				1
固阳县	9	1	8			11		10		1
达尔罕茂明安联合旗	7	5	2			23	10	10	3	
包头稀土高新技术产业开发区	8	2	6							
乌海市	**73**	**15**	**54**	**3**	**1**	**14**	**8**	**4**	**1**	**1**
海勃湾区	53	12	39	2						
海南区	20	3	15	1	1	14	8	4	1	1
乌达区										
赤峰市	**117**	**56**	**48**	**4**	**9**	**28**	**12**	**13**		**3**
红山区										
元宝山区	15	4	7	1	3					
松山区	25	8	15	1	1	12	6	5		1
阿鲁科尔沁旗										
巴林左旗	5	1	4							
巴林右旗	4		4			8	1	6		1
林西县	1		1							
克什克腾旗	33	30	1		2	4	4			
翁牛特旗	8	3	4		1	2	1			1
喀喇沁旗	9	6	3			1		1		
宁城县	12	1	8	1	2	1		1		
敖汉旗	5	3	1	1						

7－1c 续表 28

单位：人

现住地	自治区外									
	河南					湖北				
	小计	乡	镇的村委会	镇的居委会	街道	小计	乡	镇的村委会	镇的居委会	街道
通辽市	**27**	**5**	**21**		**1**	**7**		**6**		**1**
科尔沁区	7		7			5		5		
科尔沁左翼中旗	2	1	1							
科尔沁左翼后旗	1		1							
开鲁县	4		4							
库伦旗	2	1	1							
奈曼旗	3	1	2							
扎鲁特旗	3		3			2		1		1
通辽经济技术开发区	4	2	2							
霍林郭勒市	1				1					
鄂尔多斯市	**750**	**211**	**427**	**31**	**81**	**105**	**22**	**65**	**9**	**9**
东胜区	111	27	75	3	6	8	1	5	1	1
康巴什区										
达拉特旗	96	29	47	4	16	8	1	6		1
准格尔旗	218	64	130	6	18	24	4	16	3	1
鄂托克前旗	18	5	3	1	9	5	4	1		
鄂托克旗	30	3	26	1		24	5	16	1	2
杭锦旗	21	1	10	1	9	4		3		1
乌审旗	65	18	29	11	7	17	6	7	3	1
伊金霍洛旗	191	64	107	4	16	15	1	11	1	2
呼伦贝尔市	**29**	**10**	**15**	**1**	**3**	**8**	**2**	**4**		**2**
海拉尔区	1		1							
扎赉诺尔区										
阿荣旗	8	1	7			2		2		
莫力达瓦达斡尔族自治旗	3	2			1					
鄂伦春自治旗	1	1								
鄂温克族自治旗	3	1	1	1						
陈巴尔虎旗										
新巴尔虎左旗	1	1								
新巴尔虎右旗	2	2				6	2	2		2
满洲里市										
牙克石市	1				1					
扎兰屯市	7	2	4		1					
额尔古纳市	2		2							
根河市										
巴彦淖尔市	**269**	**91**	**141**	**11**	**26**	**56**	**13**	**34**	**3**	**6**
临河区	145	64	64	6	11	24	5	17	1	1
五原县	11	3	6	1	1	6	3	3		
磴口县	12	1	11			1		1		
乌拉特前旗	39	7	31		1	8	2	2	2	2
乌拉特中旗	25	3	17	1	4	2		2		
乌拉特后旗	26	8	7	3	8	15	3	9		3
杭锦后旗	11	5	5		1					

7-1c 续表 29

单位：人

现住地	自治区外									
	河南					湖北				
	小计	乡	镇的村委会	镇的居委会	街道	小计	乡	镇的村委会	镇的居委会	街道
乌兰察布市	**149**	**49**	**81**	**6**	**13**	**61**	**11**	**33**	**5**	**12**
集宁区	39	13	22	2	2	23	4	11	3	5
卓资县	13	3	7		3	2		1		1
化德县	14	8	5	1		13		6	1	6
商都县	6	1	3	1	1	1		1		
兴和县	9	1	7		1					
凉城县	2	1	1			5		5		
察哈尔右翼前旗	47	9	32	2	4	4	1	3		
察哈尔右翼中旗	6	2	4			9	3	6		
察哈尔右翼后旗	2				2					
四子王旗	9	9				4	3		1	
丰镇市	2	2								
兴安盟	**38**	**5**	**25**	**7**	**1**	**11**	**4**	**6**		**1**
乌兰浩特市	12		12			1				1
阿尔山市	6		5	1						
科尔沁右翼前旗	11	2	6	3						
科尔沁右翼中旗										
扎赉特旗	1	1								
突泉县	8	2	2	3	1	10	4	6		
锡林郭勒盟	**114**	**46**	**41**	**2**	**25**	**20**	**2**	**13**	**2**	**3**
二连浩特市										
锡林浩特市	17	7	1		9					
阿巴嘎旗	8	3	2	1	2	1		1		
苏尼特左旗	17	14	1	1	1	2	1			1
苏尼特右旗	9		5		4					
东乌珠穆沁旗	3		1		2					
西乌珠穆沁旗	24	9	12		3	3		1	2	
太仆寺旗	21	10	10		1	14	1	11		2
镶黄旗	4	2	2							
正镶白旗	3				3					
正蓝旗	7	1	6							
多伦县	1		1							
乌拉盖管委会										
阿拉善盟	**66**	**18**	**39**	**6**	**3**	**9**	**1**	**4**	**2**	**2**
阿拉善左旗	32	10	20	2		8	1	3	2	2
阿拉善右旗	7	3	1	3						
额济纳旗	11	4	5		2	1		1		
内蒙古阿拉善经济开发区	16	1	13	1	1					

7-1c 续表 30 单位：人

现住地	自治区外									
	湖南					广东				
	小计	乡	镇的村委会	镇的居委会	街道	小计	乡	镇的村委会	镇的居委会	街道
内蒙古	**215**	**53**	**96**	**8**	**58**	**52**	**13**	**16**	**8**	**15**
呼和浩特市	**26**	**5**	**20**		**1**	**11**	**4**	**5**	**2**	
新城区	3		3			3	1	1	1	
回民区	3		3							
玉泉区	4	1	3							
赛罕区	8	3	4		1	5	1	3	1	
土默特左旗	6		6			1		1		
托克托县	1		1			2	2			
和林格尔县										
清水河县	1	1								
武川县										
呼和浩特经济技术开发区										
包头市	**20**	**1**	**19**			**2**		**1**		**1**
东河区										
昆都仑区	3		3							
青山区										
石拐区										
白云鄂博矿区										
九原区	15		15			1		1		
土默特右旗	1	1				1				1
固阳县										
达尔罕茂明安联合旗										
包头稀土高新技术产业开发区	1		1							
乌海市	**3**		**2**	**1**		**1**				**1**
海勃湾区	3		2	1						
海南区						1				1
乌达区										
赤峰市	**18**	**11**	**6**	**1**		**12**	**4**	**4**		**4**
红山区										
元宝山区	2		1	1						
松山区	4	3	1			5	1	2		2
阿鲁科尔沁旗	1		1							
巴林左旗						3	3			
巴林右旗	2	1	1							
林西县	1	1				1				1
克什克腾旗	6	6								
翁牛特旗										
喀喇沁旗										
宁城县	1		1			3		2		1
敖汉旗	1		1							

7-1c 续表 31 单位：人

现住地	自治区外									
	湖南					广东				
	小计	乡	镇的村委会	镇的居委会	街道	小计	乡	镇的村委会	镇的居委会	街道
通辽市	**3**		**2**	**1**		**1**		**1**		
科尔沁区										
科尔沁左翼中旗	2		1	1						
科尔沁左翼后旗										
开鲁县										
库伦旗										
奈曼旗	1		1							
扎鲁特旗										
通辽经济技术开发区						1		1		
霍林郭勒市										
鄂尔多斯市	**34**	**5**	**17**	**2**	**10**	**3**			**1**	**2**
东胜区										
康巴什区										
达拉特旗	8		7		1					
准格尔旗	6		4	2		2			1	1
鄂托克前旗	9	1			8					
鄂托克旗	2		1		1	1				1
杭锦旗										
乌审旗	1	1								
伊金霍洛旗	8	3	5							
呼伦贝尔市	**3**		**1**	**1**	**1**	**4**			**1**	**3**
海拉尔区						1				1
扎赉诺尔区										
阿荣旗										
莫力达瓦达斡尔族自治旗										
鄂伦春自治旗	1				1	2				2
鄂温克族自治旗										
陈巴尔虎旗										
新巴尔虎左旗						1			1	
新巴尔虎右旗	2		1	1						
满洲里市										
牙克石市										
扎兰屯市										
额尔古纳市										
根河市										
巴彦淖尔市	**27**	**7**	**14**	**2**	**4**	**7**	**3**	**2**		**2**
临河区	2		1		1	4	1	1		2
五原县	3		3			3	2	1		
磴口县	2		2							
乌拉特前旗	3		3							
乌拉特中旗	1				1					
乌拉特后旗	16	7	5	2	2					
杭锦后旗										

7-1c 续表 32 单位：人

现住地	自治区外									
	湖南					广东				
	小计	乡	镇的村委会	镇的居委会	街道	小计	乡	镇的村委会	镇的居委会	街道
乌兰察布市	**50**	**9**	**9**		**32**	**2**		**1**		**1**
集宁区	1	1								
卓资县										
化德县	30		1		29					
商都县										
兴和县						1				1
凉城县	2	1			1					
察哈尔右翼前旗	10	4	4		2	1		1		
察哈尔右翼中旗	2		2							
察哈尔右翼后旗										
四子王旗	4	3	1							
丰镇市	1		1							
兴安盟	**5**		**1**		**4**	**6**	**1**	**2**	**3**	
乌兰浩特市						1		1		
阿尔山市						1			1	
科尔沁右翼前旗	1				1	3	1	1	1	
科尔沁右翼中旗										
扎赉特旗	4		1		3					
突泉县						1			1	
锡林郭勒盟	**20**	**9**	**5**		**6**	**3**	**1**		**1**	**1**
二连浩特市										
锡林浩特市	1				1					
阿巴嘎旗										
苏尼特左旗	1		1							
苏尼特右旗										
东乌珠穆沁旗	2	2								
西乌珠穆沁旗	10	5	1		4	1				1
太仆寺旗	1		1							
镶黄旗	3	1	2							
正镶白旗	1				1					
正蓝旗										
多伦县	1	1				2	1		1	
乌拉盖管委会										
阿拉善盟	**6**	**6**								
阿拉善左旗	6	6								
阿拉善右旗										
额济纳旗										
内蒙古阿拉善经济开发区										

7-1c　续表 33

单位：人

现住地	自治区外									
	广西					海南				
	小计	乡	镇的村委会	镇的居委会	街道	小计	乡	镇的村委会	镇的居委会	街道
内蒙古	**52**	**8**	**31**	**6**	**7**	**10**	**1**	**5**		**4**
呼和浩特市	**6**	**1**	**3**		**2**					
新城区	2		2							
回民区										
玉泉区	3		1		2					
赛罕区										
土默特左旗	1	1								
托克托县										
和林格尔县										
清水河县										
武川县										
呼和浩特经济技术开发区										
包头市	**9**		**9**			**1**		**1**		
东河区										
昆都仑区										
青山区	1		1							
石拐区										
白云鄂博矿区										
九原区	8		8			1		1		
土默特右旗										
固阳县										
达尔罕茂明安联合旗										
包头稀土高新技术产业开发区										
乌海市										
海勃湾区										
海南区										
乌达区										
赤峰市	**2**				**2**	**5**	**1**	**4**		
红山区										
元宝山区										
松山区						4		4		
阿鲁科尔沁旗										
巴林左旗										
巴林右旗										
林西县										
克什克腾旗										
翁牛特旗										
喀喇沁旗	1				1					
宁城县										
敖汉旗	1				1	1	1			

7—1c 续表 34 单位：人

现住地	自治区外									
	广西					海南				
	小计	乡	镇的村委会	镇的居委会	街道	小计	乡	镇的村委会	镇的居委会	街道
通辽市	**7**		**6**	**1**						
科尔沁区	3		3							
科尔沁左翼中旗										
科尔沁左翼后旗	2		2							
开鲁县	1		1							
库伦旗										
奈曼旗										
扎鲁特旗	1			1						
通辽经济技术开发区										
霍林郭勒市										
鄂尔多斯市	**6**	**2**	**2**	**1**	**1**	**1**				**1**
东胜区										
康巴什区										
达拉特旗										
准格尔旗	2	2				1				1
鄂托克前旗										
鄂托克旗	1		1							
杭锦旗	1				1					
乌审旗										
伊金霍洛旗	2		1	1						
呼伦贝尔市	**1**		**1**			**2**				**2**
海拉尔区										
扎赉诺尔区										
阿荣旗										
莫力达瓦达斡尔族自治旗	1		1							
鄂伦春自治旗										
鄂温克族自治旗										
陈巴尔虎旗										
新巴尔虎左旗										
新巴尔虎右旗						1				1
满洲里市										
牙克石市						1				1
扎兰屯市										
额尔古纳市										
根河市										
巴彦淖尔市	**8**		**6**	**1**	**1**	**1**				**1**
临河区	6		5		1	1				1
五原县										
磴口县										
乌拉特前旗	1		1							
乌拉特中旗										
乌拉特后旗	1			1						
杭锦后旗										

7-1c　续表 35　　　　单位：人

现住地	自治区外									
	广西					海南				
	小计	乡	镇的村委会	镇的居委会	街道	小计	乡	镇的村委会	镇的居委会	街道
乌兰察布市	**5**	**3**		**1**	**1**					
集宁区	2	1			1					
卓资县										
化德县										
商都县	1	1								
兴和县										
凉城县										
察哈尔右翼前旗	1			1						
察哈尔右翼中旗										
察哈尔右翼后旗										
四子王旗	1	1								
丰镇市										
兴安盟	**1**	**1**								
乌兰浩特市										
阿尔山市										
科尔沁右翼前旗										
科尔沁右翼中旗	1	1								
扎赉特旗										
突泉县										
锡林郭勒盟	**7**	**1**	**4**	**2**						
二连浩特市										
锡林浩特市										
阿巴嘎旗										
苏尼特左旗										
苏尼特右旗	1		1							
东乌珠穆沁旗										
西乌珠穆沁旗	5	1	2	2						
太仆寺旗	1		1							
镶黄旗										
正镶白旗										
正蓝旗										
多伦县										
乌拉盖管委会										
阿拉善盟										
阿拉善左旗										
阿拉善右旗										
额济纳旗										
内蒙古阿拉善经济开发区										

7-1c 续表 36　　单位：人

现住地	自治区外									
	重庆					四川				
	小计	乡	镇的村委会	镇的居委会	街道	小计	乡	镇的村委会	镇的居委会	街道
内蒙古	**218**	**45**	**118**	**21**	**34**	**1031**	**299**	**583**	**57**	**92**
呼和浩特市	**54**	**14**	**29**	**7**	**4**	**322**	**101**	**202**	**13**	**6**
新城区	10	2	7		1	96	29	62	4	1
回民区	1		1			6		4	2	
玉泉区	12	6	6			50	24	24	2	
赛罕区	11	3	8			113	25	82	4	2
土默特左旗	7	1	4		2	8	4	4		
托克托县	2		2			29	6	21	1	1
和林格尔县	10	2	1	7		6	4	1		1
清水河县						8	5	3		
武川县	1				1	6	4	1		1
呼和浩特经济技术开发区										
包头市	**17**	**2**	**6**	**3**	**6**	**75**	**22**	**49**	**1**	**3**
东河区						3	1	2		
昆都仑区	4	1	3			23	3	20		
青山区						4	3	1		
石拐区										
白云鄂博矿区										
九原区	6		1		5	23	8	13		2
土默特右旗	1	1				7	3	4		
固阳县	3		1	1	1	5	2	2		1
达尔罕茂明安联合旗	2			2		4		3	1	
包头稀土高新技术产业开发区	1		1			6	2	4		
乌海市	**8**	**1**	**5**	**2**		**18**	**5**	**5**	**2**	**6**
海勃湾区	4	1	3			4	1	1		2
海南区	4		2	2		14	4	4	2	4
乌达区										
赤峰市	**6**	**3**	**2**		**1**	**51**	**4**	**26**	**10**	**11**
红山区										
元宝山区						10		8		2
松山区	3		2		1	6		3		3
阿鲁科尔沁旗										
巴林左旗	1	1				4	2		2	
巴林右旗						3		3		
林西县						1		1		
克什克腾旗						8	1	2		5
翁牛特旗										
喀喇沁旗						4	1	3		
宁城县	2	2				12		4	8	
敖汉旗						3		2		1

7-1c　续表 37　　　　单位：人

现住地	自治区外									
	重庆					四川				
	小计	乡	镇的村委会	镇的居委会	街道	小计	乡	镇的村委会	镇的居委会	街道
通辽市	**1**		**1**			**9**	**3**	**5**	**1**	
科尔沁区						1		1		
科尔沁左翼中旗						1	1			
科尔沁左翼后旗						2	1	1		
开鲁县										
库伦旗						1		1		
奈曼旗	1		1			2	1	1		
扎鲁特旗						2		1	1	
通辽经济技术开发区										
霍林郭勒市										
鄂尔多斯市	**47**	**12**	**19**	**2**	**14**	**204**	**55**	**115**	**8**	**26**
东胜区						11	4	6		1
康巴什区										
达拉特旗	5	5				10	2	6		2
准格尔旗	10		5		5	45	2	37	1	5
鄂托克前旗						21	15	2	1	3
鄂托克旗	3		2		1	8	1	3	1	3
杭锦旗						10	1	5		4
乌审旗	7		1		6	57	18	30	5	4
伊金霍洛旗	22	7	11	2	2	42	12	26		4
呼伦贝尔市	**5**	**1**	**1**	**1**	**2**	**16**	**1**	**13**	**1**	**1**
海拉尔区						1		1		
扎赉诺尔区										
阿荣旗	1			1		2		2		
莫力达瓦达斡尔族自治旗	1	1				2	1	1		
鄂伦春自治旗	1		1							
鄂温克族自治旗										
陈巴尔虎旗						1			1	
新巴尔虎左旗						1		1		
新巴尔虎右旗	2				2	5		5		
满洲里市										
牙克石市										
扎兰屯市						2		1		1
额尔古纳市						2		2		
根河市										
巴彦淖尔市	**27**	**2**	**21**	**1**	**3**	**136**	**36**	**70**	**9**	**21**
临河区	5		2	1	2	41	7	17	3	14
五原县	1		1			6	1	4	1	
磴口县	2		2			3	2	1		
乌拉特前旗	10	1	9			33	6	23	3	1
乌拉特中旗	6		6			22	6	15	1	
乌拉特后旗	2	1			1	28	14	8	1	5
杭锦后旗	1		1			3		2		1

7–1c 续表 38 单位：人

现住地	自治区外									
	重庆					四川				
	小计	乡	镇的村委会	镇的居委会	街道	小计	乡	镇的村委会	镇的居委会	街道
乌兰察布市	**12**	**4**	**8**			**84**	**27**	**44**	**7**	**6**
集宁区						16	4	11		1
卓资县	2	1	1			2	1	1		
化德县						6		5		1
商都县						8	4	2	2	
兴和县						7	4	3		
凉城县						4	1	1	2	
察哈尔右翼前旗	6		6			23	7	10	2	4
察哈尔右翼中旗						2		2		
察哈尔右翼后旗						1			1	
四子王旗	3	2	1			1	1			
丰镇市	1	1				14	5	9		
兴安盟	**6**	**1**	**1**		**4**	**47**	**20**	**22**	**1**	**4**
乌兰浩特市	1		1			14		14		
阿尔山市										
科尔沁右翼前旗	4				4	7		6	1	
科尔沁右翼中旗										
扎赉特旗						10	5	1		4
突泉县	1	1				16	15	1		
锡林郭勒盟	**12**	**2**	**10**			**36**	**18**	**12**	**1**	**5**
二连浩特市										
锡林浩特市	1		1			1	1			
阿巴嘎旗	2		2			5		3		2
苏尼特左旗	1	1				18	13	4	1	
苏尼特右旗										
东乌珠穆沁旗	2		2			1		1		
西乌珠穆沁旗						2				2
太仆寺旗						5	4	1		
镶黄旗										
正镶白旗	5	1	4			2		1		1
正蓝旗	1		1							
多伦县						2		2		
乌拉盖管委会										
阿拉善盟	**23**	**3**	**15**	**5**		**33**	**7**	**20**	**3**	**3**
阿拉善左旗	23	3	15	5		27	4	17	3	3
阿拉善右旗						5	3	2		
额济纳旗						1		1		
内蒙古阿拉善经济开发区										

7-1c　续表 39　　　　单位：人

现住地	自治区外									
	贵州					云南				
	小计	乡	镇的村委会	镇的居委会	街道	小计	乡	镇的村委会	镇的居委会	街道
内蒙古	**195**	**42**	**130**	**11**	**12**	**194**	**62**	**113**	**7**	**12**
呼和浩特市	**33**	**8**	**24**		**1**	**39**	**14**	**24**	**1**	
新城区	1		1			4	2	2		
回民区	2	1	1							
玉泉区	13	6	7			5	2	3		
赛罕区	15		15			6	3	2	1	
土默特左旗	1	1				2	2			
托克托县						8	1	7		
和林格尔县						1	1			
清水河县						2		2		
武川县	1				1	11	3	8		
呼和浩特经济技术开发区										
包头市	**12**		**10**		**2**	**7**	**2**	**5**		
东河区										
昆都仑区	1		1			1	1			
青山区						1		1		
石拐区										
白云鄂博矿区										
九原区	1		1			3	1	2		
土默特右旗						2		2		
固阳县	7		5		2					
达尔罕茂明安联合旗	3		3							
包头稀土高新技术产业开发区										
乌海市	**4**		**4**			**9**		**8**	**1**	
海勃湾区	4		4			5		5		
海南区						4		3	1	
乌达区										
赤峰市	**24**	**4**	**20**			**18**	**5**	**13**		
红山区										
元宝山区						3		3		
松山区						3	3			
阿鲁科尔沁旗										
巴林左旗	3		3							
巴林右旗										
林西县	2	1	1							
克什克腾旗	1	1								
翁牛特旗										
喀喇沁旗						4	1	3		
宁城县	15		15			8	1	7		
敖汉旗	3	2	1							

7－1c　续表 40　　　　单位：人

现住地	自治区外									
	贵州					云南				
	小计	乡	镇的村委会	镇的居委会	街道	小计	乡	镇的村委会	镇的居委会	街道
通辽市	**2**	**1**	**1**			**2**	**2**			
科尔沁区	1		1			1	1			
科尔沁左翼中旗						1	1			
科尔沁左翼后旗	1	1								
开鲁县										
库伦旗										
奈曼旗										
扎鲁特旗										
通辽经济技术开发区										
霍林郭勒市										
鄂尔多斯市	**31**	**10**	**17**	**3**	**1**	**41**	**14**	**21**	**1**	**5**
东胜区	1	1				1		1		
康巴什区										
达拉特旗	4		4			8	8			
准格尔旗	11	4	7			8	1	7		
鄂托克前旗	1				1	4	4			
鄂托克旗	1		1			6		6		
杭锦旗										
乌审旗	4	2		2		3	1	2		
伊金霍洛旗	9	3	5	1		11		5	1	5
呼伦贝尔市	**9**	**6**	**1**	**2**		**10**		**4**	**3**	**3**
海拉尔区										
扎赉诺尔区										
阿荣旗						1		1		
莫力达瓦达斡尔族自治旗										
鄂伦春自治旗						2		2		
鄂温克族自治旗	7	6	1							
陈巴尔虎旗						2			2	
新巴尔虎左旗										
新巴尔虎右旗						5		1	1	3
满洲里市										
牙克石市	2			2						
扎兰屯市										
额尔古纳市										
根河市										
巴彦淖尔市	**36**	**4**	**30**	**2**		**14**	**2**	**11**		**1**
临河区	9		8	1		2		1		1
五原县	9	2	6	1		1		1		
磴口县						1		1		
乌拉特前旗	3		3			1		1		
乌拉特中旗	11		11			2		2		
乌拉特后旗	3	2	1			7	2	5		
杭锦后旗	1		1							

7-1c　续表 41　　　　单位：人

现住地	自治区外									
	贵州					云南				
	小计	乡	镇的村委会	镇的居委会	街道	小计	乡	镇的村委会	镇的居委会	街道
乌兰察布市	**13**	**3**	**6**	**1**	**3**	**41**	**18**	**21**	**1**	**1**
集宁区						12	11	1		
卓资县	1		1							
化德县	4	1	3			4		4		
商都县						5	2	3		
兴和县	4		2		2	15	2	11	1	1
凉城县	1				1					
察哈尔右翼前旗	2	1		1		3	2	1		
察哈尔右翼中旗										
察哈尔右翼后旗						1		1		
四子王旗						1	1			
丰镇市	1	1								
兴安盟	**9**	**4**	**1**	**1**	**3**	**4**	**1**	**2**		**1**
乌兰浩特市										
阿尔山市										
科尔沁右翼前旗						1				1
科尔沁右翼中旗										
扎赉特旗	6	3			3	1	1			
突泉县	3	1	1	1		2		2		
锡林郭勒盟	**5**	**1**	**1**	**1**	**2**	**3**	**1**	**1**		**1**
二连浩特市										
锡林浩特市										
阿巴嘎旗						1				1
苏尼特左旗										
苏尼特右旗										
东乌珠穆沁旗										
西乌珠穆沁旗	4		1	1	2					
太仆寺旗	1	1				1		1		
镶黄旗										
正镶白旗										
正蓝旗										
多伦县										
乌拉盖管委会						1	1			
阿拉善盟	**17**	**1**	**15**	**1**		**6**	**3**	**3**		
阿拉善左旗	17	1	15	1		5	3	2		
阿拉善右旗										
额济纳旗						1		1		
内蒙古阿拉善经济开发区										

7-1c 续表 42 单位：人

现住地	自治区外									
	西藏					陕西				
	小计	乡	镇的村委会	镇的居委会	街道	小计	乡	镇的村委会	镇的居委会	街道
内蒙古	**3**	**2**	**1**			**3303**	**778**	**2072**	**186**	**267**
呼和浩特市	**1**	**1**				**77**	**29**	**41**	**1**	**6**
新城区						12	8	2	1	1
回民区						3		3		
玉泉区						14	2	10		2
赛罕区						23	15	7		1
土默特左旗	1	1								
托克托县						15	2	12		1
和林格尔县						6		5		1
清水河县						3	1	2		
武川县						1	1			
呼和浩特经济技术开发区										
包头市						**128**	**48**	**72**	**2**	**6**
东河区						11	2	9		
昆都仑区						26	21	5		
青山区						8	3	5		
石拐区										
白云鄂博矿区										
九原区						51	17	31	1	2
土默特右旗						10	4	4		2
固阳县						10		8		2
达尔罕茂明安联合旗						9		8	1	
包头稀土高新技术产业开发区						3	1	2		
乌海市						**95**	**17**	**70**	**6**	**2**
海勃湾区						74	12	59	1	2
海南区						21	5	11	5	
乌达区										
赤峰市						**44**	**14**	**21**	**8**	**1**
红山区										
元宝山区										
松山区						5	1	4		
阿鲁科尔沁旗						1		1		
巴林左旗						6	5	1		
巴林右旗										
林西县										
克什克腾旗						9	3	6		
翁牛特旗						1			1	
喀喇沁旗						1	1			
宁城县						17	3	6	7	1
敖汉旗						4	1	3		

7−1c　续表 43　　　　单位：人

现住地	自治区外									
	西藏					陕西				
	小计	乡	镇的村委会	镇的居委会	街道	小计	乡	镇的村委会	镇的居委会	街道
通辽市						**6**	**2**	**2**		**2**
科尔沁区						3	1	1		1
科尔沁左翼中旗						2	1	1		
科尔沁左翼后旗										
开鲁县										
库伦旗										
奈曼旗										
扎鲁特旗										
通辽经济技术开发区										
霍林郭勒市						1				1
鄂尔多斯市						**2394**	**567**	**1515**	**118**	**194**
东胜区						145	25	107	4	9
康巴什区										
达拉特旗						164	65	92	2	5
准格尔旗						380	72	257	24	27
鄂托克前旗						185	61	83	16	25
鄂托克旗						122	9	95	6	12
杭锦旗						23	3	17		3
乌审旗						861	227	509	48	77
伊金霍洛旗						514	105	355	18	36
呼伦贝尔市						**6**		**5**		**1**
海拉尔区										
扎赉诺尔区										
阿荣旗						1		1		
莫力达瓦达斡尔族自治旗										
鄂伦春自治旗										
鄂温克族自治旗										
陈巴尔虎旗										
新巴尔虎左旗										
新巴尔虎右旗						2		1		1
满洲里市										
牙克石市										
扎兰屯市						3		3		
额尔古纳市										
根河市										
巴彦淖尔市	**2**	**1**	**1**			**313**	**48**	**207**	**29**	**29**
临河区	1	1				50	5	44		1
五原县						10		10		
磴口县						20	7	11	1	1
乌拉特前旗						62	2	53	5	2
乌拉特中旗	1		1			44	5	35	4	
乌拉特后旗						106	27	40	18	21
杭锦后旗						21	2	14	1	4

7-1c 续表 44

单位：人

现住地	自治区外									
	西藏					陕西				
	小计	乡	镇的村委会	镇的居委会	街道	小计	乡	镇的村委会	镇的居委会	街道
乌兰察布市						**55**	**14**	**29**	**5**	**7**
集宁区						6		6		
卓资县						3		2		1
化德县										
商都县						13	6	6	1	
兴和县										
凉城县						3		1		2
察哈尔右翼前旗						17	4	8	2	3
察哈尔右翼中旗						6	2	4		
察哈尔右翼后旗						5	1	2	1	1
四子王旗						1	1			
丰镇市						1			1	
兴安盟						**27**	**5**	**14**		**8**
乌兰浩特市						1		1		
阿尔山市										
科尔沁右翼前旗						5		4		1
科尔沁右翼中旗						1		1		
扎赉特旗						10	2	1		7
突泉县						10	3	7		
锡林郭勒盟						**66**	**9**	**43**	**6**	**8**
二连浩特市										
锡林浩特市						2				2
阿巴嘎旗						5		4		1
苏尼特左旗						13	2	10	1	
苏尼特右旗						7		1	4	2
东乌珠穆沁旗						6		5	1	
西乌珠穆沁旗						6	5	1		
太仆寺旗						11		10		1
镶黄旗						11	1	10		
正镶白旗						2				2
正蓝旗						3	1	2		
多伦县										
乌拉盖管委会										
阿拉善盟						**92**	**25**	**53**	**11**	**3**
阿拉善左旗						63	15	36	11	1
阿拉善右旗						9	1	7		1
额济纳旗						17	8	9		
内蒙古阿拉善经济开发区						3	1	1		1

7−1c　续表 45　　　　　　　　　　　　　　　　　　　　　　　　单位：人

现住地	自治区外									
	甘肃					青海				
	小计	乡	镇的村委会	镇的居委会	街道	小计	乡	镇的村委会	镇的居委会	街道
内蒙古	**2624**	**737**	**1617**	**104**	**166**	**109**	**34**	**59**	**11**	**5**
呼和浩特市	**155**	**53**	**87**	**6**	**9**	**20**	**7**	**5**	**6**	**2**
新城区	20	11	7	1	1	3		3		
回民区	2		2							
玉泉区	33	11	20		2	2	2			
赛罕区	57	17	32	3	5	1	1			
土默特左旗	22	5	16	1		3	2	1		
托克托县	7	5	1	1		1	1			
和林格尔县	10	4	6			9	1	1	6	1
清水河县	3		2		1					
武川县	1		1			1				1
呼和浩特经济技术开发区										
包头市	**127**	**35**	**92**			**4**		**3**	**1**	
东河区	8	4	4							
昆都仑区	19	2	17			1			1	
青山区	12	4	8			1		1		
石拐区	1		1							
白云鄂博矿区										
九原区	44	13	31							
土默特右旗	20	4	16			2		2		
固阳县	10	3	7							
达尔罕茂明安联合旗	1		1							
包头稀土高新技术产业开发区	12	5	7							
乌海市	**224**	**66**	**141**	**9**	**8**	**4**	**3**	**1**		
海勃湾区	141	40	94	1	6	2	1	1		
海南区	83	26	47	8	2	2	2			
乌达区										
赤峰市	**29**	**20**	**5**		**4**	**9**	**5**	**4**		
红山区										
元宝山区	1		1							
松山区	2	1			1	4	4			
阿鲁科尔沁旗	13	13								
巴林左旗						3	1	2		
巴林右旗										
林西县										
克什克腾旗	8	5			3					
翁牛特旗	1		1			1		1		
喀喇沁旗	2	1	1							
宁城县	1		1			1		1		
敖汉旗	1		1							

7-1c 续表 46

单位：人

现住地	自治区外									
	甘肃					青海				
	小计	乡	镇的村委会	镇的居委会	街道	小计	乡	镇的村委会	镇的居委会	街道
通辽市	**3**	**1**	**2**			**4**		**4**		
科尔沁区	2		2			4		4		
科尔沁左翼中旗	1	1								
科尔沁左翼后旗										
开鲁县										
库伦旗										
奈曼旗										
扎鲁特旗										
通辽经济技术开发区										
霍林郭勒市										
鄂尔多斯市	**711**	**133**	**456**	**35**	**87**	**27**	**3**	**22**	**1**	**1**
东胜区	33	12	19	2						
康巴什区										
达拉特旗	67	15	48	1	3					
准格尔旗	85	15	52	6	12	10	3	6		1
鄂托克前旗	56	3	18	4	31	7		6	1	
鄂托克旗	253	43	178	11	21	4		4		
杭锦旗	27		26		1					
乌审旗	92	25	45	9	13	2		2		
伊金霍洛旗	98	20	70	2	6	4		4		
呼伦贝尔市	**62**	**22**	**31**	**2**	**7**					
海拉尔区										
扎赉诺尔区										
阿荣旗										
莫力达瓦达斡尔族自治旗										
鄂伦春自治旗										
鄂温克族自治旗										
陈巴尔虎旗										
新巴尔虎左旗										
新巴尔虎右旗	62	22	31	2	7					
满洲里市										
牙克石市										
扎兰屯市										
额尔古纳市										
根河市										
巴彦淖尔市	**718**	**200**	**471**	**31**	**16**	**10**	**1**	**5**	**2**	**2**
临河区	422	112	300	4	6	1	1			
五原县	36	4	29	3		1				1
磴口县	79	39	37	2	1	1		1		
乌拉特前旗	45	9	36							
乌拉特中旗	50	4	41	3	2	2		2		
乌拉特后旗	61	18	21	15	7	5		2	2	1
杭锦后旗	25	14	7	4						

7-1c　续表 47　　　　　　　　　　　　　　　　　　　　单位：人

现住地	自治区外									
	甘肃					青海				
	小计	乡	镇的村委会	镇的居委会	街道	小计	乡	镇的村委会	镇的居委会	街道
乌兰察布市	**59**	**28**	**25**	**4**	**2**	**20**	**12**	**8**		
集宁区						2	2			
卓资县	8	5	3							
化德县	8		8			8		8		
商都县	4		3	1						
兴和县	1				1					
凉城县	5	4	1			1	1			
察哈尔右翼前旗	16	8	5	2	1					
察哈尔右翼中旗	11	5	5	1						
察哈尔右翼后旗	1	1								
四子王旗	5	5				6	6			
丰镇市						3	3			
兴安盟	**15**	**3**	**12**			**3**		**2**	**1**	
乌兰浩特市	1		1							
阿尔山市										
科尔沁右翼前旗	6		6							
科尔沁右翼中旗										
扎赉特旗	3	2	1			1			1	
突泉县	5	1	4			2		2		
锡林郭勒盟	**21**		**8**	**3**	**10**	**1**		**1**		
二连浩特市										
锡林浩特市										
阿巴嘎旗	10		1		9					
苏尼特左旗	1		1			1		1		
苏尼特右旗	2		1	1						
东乌珠穆沁旗	1		1							
西乌珠穆沁旗	3		1	1	1					
太仆寺旗	1			1						
镶黄旗										
正镶白旗										
正蓝旗										
多伦县	3		3							
乌拉盖管委会										
阿拉善盟	**500**	**176**	**287**	**14**	**23**	**7**	**3**	**4**		
阿拉善左旗	251	99	144	2	6	3	2	1		
阿拉善右旗	62	8	48	2	4	2		2		
额济纳旗	93	40	42	4	7	2	1	1		
内蒙古阿拉善经济开发区	94	29	53	6	6					

7−1c 续表 48

单位：人

现住地	自治区外									
	宁夏					新疆				
	小计	乡	镇的村委会	镇的居委会	街道	小计	乡	镇的村委会	镇的居委会	街道
内蒙古	**1079**	**217**	**592**	**98**	**172**	**71**	**24**	**24**	**14**	**9**
呼和浩特市	**26**	**7**	**10**	**4**	**5**	**1**				**1**
新城区	3		3							
回民区	1				1					
玉泉区	4	2			2					
赛罕区	6	2	3		1	1				1
土默特左旗										
托克托县	5	2	2	1						
和林格尔县	3		2	1						
清水河县	2	1			1					
武川县	2			2						
呼和浩特经济技术开发区										
包头市	**39**	**13**	**24**		**2**	**6**		**3**	**3**	
东河区	2		2							
昆都仑区	11	6	5							
青山区	8	3	5			3			3	
石拐区										
白云鄂博矿区										
九原区	9		9			2		2		
土默特右旗	7	3	3		1	1		1		
固阳县										
达尔罕茂明安联合旗	1	1								
包头稀土高新技术产业开发区	1				1					
乌海市	**88**	**7**	**58**	**14**	**9**					
海勃湾区	49	4	37	4	4					
海南区	39	3	21	10	5					
乌达区										
赤峰市	**1**	**1**				**11**	**2**	**7**	**1**	**1**
红山区										
元宝山区										
松山区						2	1	1		
阿鲁科尔沁旗										
巴林左旗						1	1			
巴林右旗						6		6		
林西县										
克什克腾旗	1	1								
翁牛特旗										
喀喇沁旗										
宁城县						2			1	1
敖汉旗										

7-1c　续表 49　　　　单位：人

现住地	自治区外									
	宁夏					新疆				
	小计	乡	镇的村委会	镇的居委会	街道	小计	乡	镇的村委会	镇的居委会	街道
通辽市	**2**		**2**			**4**	**1**	**2**		**1**
科尔沁区	1		1			1				1
科尔沁左翼中旗						1		1		
科尔沁左翼后旗						2	1	1		
开鲁县	1		1							
库伦旗										
奈曼旗										
扎鲁特旗										
通辽经济技术开发区										
霍林郭勒市										
鄂尔多斯市	**310**	**43**	**169**	**34**	**64**	**13**	**3**	**2**	**5**	**3**
东胜区	9	1	6	2						
康巴什区										
达拉特旗	4		4							
准格尔旗	30	4	17	1	8	2	1			1
鄂托克前旗	95	13	55	10	17	4		1	2	1
鄂托克旗	105	16	67	7	15					
杭锦旗	10	1	8		1					
乌审旗	49	5	10	14	20	7	2	1	3	1
伊金霍洛旗	8	3	2		3					
呼伦贝尔市	**4**				**4**					
海拉尔区										
扎赉诺尔区										
阿荣旗										
莫力达瓦达斡尔族自治旗	4				4					
鄂伦春自治旗										
鄂温克族自治旗										
陈巴尔虎旗										
新巴尔虎左旗										
新巴尔虎右旗										
满洲里市										
牙克石市										
扎兰屯市										
额尔古纳市										
根河市										
巴彦淖尔市	**168**	**38**	**92**	**22**	**16**	**10**	**2**	**3**	**5**	
临河区	89	17	53	11	8	1			1	
五原县	5		3	2						
磴口县	25	10	10	5						
乌拉特前旗	21	3	14		4	6	1	1	4	
乌拉特中旗	7		5	1	1	2	1	1		
乌拉特后旗	14	6	5	1	2	1		1		
杭锦后旗	7	2	2	2	1					

7-1c 续表 50 单位：人

现住地	自治区外									
	宁夏					新疆				
	小计	乡	镇的村委会	镇的居委会	街道	小计	乡	镇的村委会	镇的居委会	街道
乌兰察布市	**24**	**4**	**18**	**1**	**1**	**4**	**1**	**3**		
集宁区	1		1							
卓资县	4		3		1					
化德县	10		10			1		1		
商都县	2		2							
兴和县										
凉城县										
察哈尔右翼前旗	2	1		1		2		2		
察哈尔右翼中旗						1	1			
察哈尔右翼后旗	2	2								
四子王旗	3	1	2							
丰镇市										
兴安盟	**13**	**13**				**1**				**1**
乌兰浩特市										
阿尔山市										
科尔沁右翼前旗						1				1
科尔沁右翼中旗										
扎赉特旗										
突泉县	13	13								
锡林郭勒盟	**35**	**8**	**5**		**22**	**5**	**4**	**1**		
二连浩特市										
锡林浩特市										
阿巴嘎旗	7				7					
苏尼特左旗	3		1		2	2	2			
苏尼特右旗										
东乌珠穆沁旗										
西乌珠穆沁旗	24	7	4		13					
太仆寺旗	1	1				2	2			
镶黄旗										
正镶白旗										
正蓝旗						1		1		
多伦县										
乌拉盖管委会										
阿拉善盟	**369**	**83**	**214**	**23**	**49**	**16**	**11**	**3**		**2**
阿拉善左旗	310	63	190	17	40	7	2	3		2
阿拉善右旗	10	7	2		1	9	9			
额济纳旗	14	5	4	2	3					
内蒙古阿拉善经济开发区	35	8	18	4	5					

7-2　全区按现住地、职业和性别分的户口登记地在本自治区其他乡镇街道人口

单位：人

现住地	合计			党的机关、国家机关、群众团体和社会组织、企事业单位负责人		
	合计	男	女	小计	男	女
内蒙古	**391683**	**239560**	**152123**	**10526**	**7836**	**2690**
呼和浩特市	**73040**	**44028**	**29012**	**1910**	**1390**	**520**
新城区	14617	8492	6125	608	432	176
回民区	11060	6524	4536	221	173	48
玉泉区	15644	9569	6075	334	237	97
赛罕区	17672	10049	7623	543	386	157
土默特左旗	2834	1903	931	44	33	11
托克托县	2659	1863	796	31	23	8
和林格尔县	2294	1482	812	27	22	5
清水河县	960	661	299	6	6	
武川县	1397	956	441	8	8	
呼和浩特经济技术开发区	3903	2529	1374	88	70	18
包头市	**56394**	**35076**	**21318**	**1643**	**1189**	**454**
东河区	9320	5822	3498	251	177	74
昆都仑区	18054	11214	6840	583	432	151
青山区	11426	6698	4728	315	223	92
石拐区	480	331	149	4	4	
白云鄂博矿区	641	426	215	19	13	6
九原区	6086	3970	2116	139	105	34
土默特右旗	2833	1826	1007	30	21	9
固阳县	1473	1044	429	8	8	
达尔罕茂明安联合旗	945	605	340	22	12	10
包头稀土高新技术产业开发区	5136	3140	1996	272	194	78
乌海市	**9858**	**6238**	**3620**	**172**	**134**	**38**
海勃湾区	6292	3843	2449	117	93	24
海南区	1559	1071	488	30	23	7
乌达区	2007	1324	683	25	18	7
赤峰市	**60297**	**36233**	**24064**	**1540**	**1202**	**338**
红山区	11191	6708	4483	339	253	86
元宝山区	3572	2347	1225	112	92	20
松山区	15727	9473	6254	551	415	136
阿鲁科尔沁旗	2987	1859	1128	44	38	6
巴林左旗	5514	2807	2707	50	38	12
巴林右旗	2600	1626	974	27	20	7
林西县	2879	1793	1086	28	22	6
克什克腾旗	2955	1966	989	114	94	20
翁牛特旗	3069	1897	1172	77	62	15
喀喇沁旗	2388	1483	905	40	36	4
宁城县	3746	2084	1662	88	75	13
敖汉旗	3669	2190	1479	70	57	13

7-2 续表 1

单位：人

现住地	合计			党的机关、国家机关、群众团体和社会组织、企事业单位负责人		
	合计	男	女	小计	男	女
通辽市	**29768**	**16883**	**12885**	**828**	**571**	**257**
科尔沁区	10868	6060	4808	312	216	96
科尔沁左翼中旗	1565	850	715	44	30	14
科尔沁左翼后旗	1533	825	708	29	26	3
开鲁县	2133	1091	1042	30	23	7
库伦旗	863	474	389	17	13	4
奈曼旗	1949	1071	878	46	31	15
扎鲁特旗	2672	1571	1101	36	25	11
通辽经济技术开发区	4655	2595	2060	221	141	80
霍林郭勒市	3530	2346	1184	93	66	27
鄂尔多斯市	**49050**	**31558**	**17492**	**1659**	**1326**	**333**
东胜区	15931	9692	6239	731	573	158
康巴什区	2791	1570	1221	124	96	28
达拉特旗	7336	4847	2489	173	142	31
准格尔旗	8029	5702	2327	235	199	36
鄂托克前旗	979	568	411	27	18	9
鄂托克旗	3814	2537	1277	78	67	11
杭锦旗	1822	1119	703	53	43	10
乌审旗	2172	1377	795	53	45	8
伊金霍洛旗	6176	4146	2030	185	143	42
呼伦贝尔市	**23428**	**14060**	**9368**	**667**	**478**	**189**
海拉尔区	5977	3438	2539	197	133	64
扎赉诺尔区	915	590	325	11	7	4
阿荣旗	2277	1431	846	34	27	7
莫力达瓦达斡尔族自治旗	1219	753	466	14	14	
鄂伦春自治旗	915	605	310	18	17	1
鄂温克族自治旗	1872	1040	832	74	62	12
陈巴尔虎旗	614	407	207	8	6	2
新巴尔虎左旗	504	297	207	8	6	2
新巴尔虎右旗	650	427	223	16	10	6
满洲里市	1894	1120	774	69	50	19
牙克石市	1956	1213	743	71	49	22
扎兰屯市	3448	1979	1469	112	72	40
额尔古纳市	525	330	195	20	14	6
根河市	662	430	232	15	11	4
巴彦淖尔市	**27901**	**16877**	**11024**	**653**	**497**	**156**
临河区	14077	8333	5744	411	309	102
五原县	3076	1889	1187	30	26	4
磴口县	1342	804	538	23	19	4
乌拉特前旗	3779	2368	1411	66	52	14
乌拉特中旗	1756	1085	671	44	37	7
乌拉特后旗	1157	737	420	9	8	1
杭锦后旗	2714	1661	1053	70	46	24

7-2 续表 2

单位：人

现住地	合计			党的机关、国家机关、群众团体和社会组织、企事业单位负责人		
	合计	男	女	小计	男	女
乌兰察布市	**24258**	**15959**	**8299**	**457**	**336**	**121**
集宁区	10180	6226	3954	177	131	46
卓资县	884	650	234	14	9	5
化德县	1230	819	411	44	27	17
商都县	1582	1090	492	24	17	7
兴和县	1184	914	270	29	27	2
凉城县	974	676	298	13	8	5
察哈尔右翼前旗	1588	1070	518	32	22	10
察哈尔右翼中旗	708	477	231	7	6	1
察哈尔右翼后旗	1417	982	435	23	19	4
四子王旗	2163	1420	743	58	41	17
丰镇市	2348	1635	713	36	29	7
兴安盟	**13467**	**7693**	**5774**	**320**	**232**	**88**
乌兰浩特市	5720	3246	2474	110	80	30
阿尔山市	317	183	134	17	11	6
科尔沁右翼前旗	3056	1760	1296	124	94	30
科尔沁右翼中旗	1352	760	592	21	16	5
扎赉特旗	1650	930	720	33	21	12
突泉县	1372	814	558	15	10	5
锡林郭勒盟	**19835**	**12327**	**7508**	**541**	**380**	**161**
二连浩特市	1880	1263	617	38	30	8
锡林浩特市	8350	5080	3270	316	215	101
阿巴嘎旗	670	428	242	10	9	1
苏尼特左旗	496	309	187	8	8	
苏尼特右旗	892	541	351	16	11	5
东乌珠穆沁旗	1147	728	419	16	8	8
西乌珠穆沁旗	2049	1345	704	21	17	4
太仆寺旗	726	459	267	17	12	5
镶黄旗	303	164	139	16	12	4
正镶白旗	533	322	211	24	16	8
正蓝旗	924	558	366	24	18	6
多伦县	1356	808	548	16	10	6
乌拉盖管委会	509	322	187	19	14	5
阿拉善盟	**4387**	**2628**	**1759**	**136**	**101**	**35**
阿拉善左旗	3111	1812	1299	82	55	27
阿拉善右旗	313	193	120	14	12	2
额济纳旗	444	287	157	17	16	1
内蒙古阿拉善经济开发区	519	336	183	23	18	5

7–2 续表 3 单位：人

现住地	专业技术人员			办事人员和有关人员			社会生产服务和生活服务人员		
	小计	男	女	小计	男	女	小计	男	女
内蒙古	**60118**	**24833**	**35285**	**42313**	**25863**	**16450**	**174074**	**99639**	**74435**
呼和浩特市	**12795**	**5288**	**7507**	**9212**	**5418**	**3794**	**34401**	**19897**	**14504**
新城区	2783	1100	1683	2173	1278	895	6721	3766	2955
回民区	1843	757	1086	1092	626	466	6053	3408	2645
玉泉区	2489	1063	1426	1538	928	610	7898	4506	3392
赛罕区	3960	1616	2344	3370	1946	1424	7439	4219	3220
土默特左旗	332	156	176	174	114	60	1221	758	463
托克托县	255	104	151	175	109	66	1133	739	394
和林格尔县	256	115	141	191	124	67	978	568	410
清水河县	110	52	58	107	67	40	406	281	125
武川县	126	51	75	129	90	39	625	407	218
呼和浩特经济技术开发区	641	274	367	263	136	127	1927	1245	682
包头市	**8781**	**3619**	**5162**	**5383**	**3168**	**2215**	**25668**	**14839**	**10829**
东河区	1386	551	835	847	534	313	4827	2873	1954
昆都仑区	2969	1272	1697	1614	938	676	7965	4447	3518
青山区	2129	828	1301	1189	676	513	5330	2928	2402
石拐区	47	21	26	61	35	26	197	123	74
白云鄂博矿区	62	28	34	82	52	30	175	86	89
九原区	802	341	461	449	257	192	2911	1808	1103
土默特右旗	306	122	184	190	121	69	1263	790	473
固阳县	100	47	53	149	96	53	563	384	179
达尔罕茂明安联合旗	118	54	64	99	63	36	343	197	146
包头稀土高新技术产业开发区	862	355	507	703	396	307	2094	1203	891
乌海市	**1239**	**417**	**822**	**1161**	**685**	**476**	**4075**	**2434**	**1641**
海勃湾区	883	280	603	900	539	361	2723	1593	1130
海南区	130	50	80	82	45	37	583	378	205
乌达区	226	87	139	179	101	78	769	463	306
赤峰市	**9336**	**4164**	**5172**	**4857**	**3084**	**1773**	**25892**	**13911**	**11981**
红山区	1740	752	988	963	590	373	5615	3152	2463
元宝山区	541	222	319	329	203	126	1371	825	546
松山区	3016	1334	1682	1413	920	493	6689	3660	3029
阿鲁科尔沁旗	402	158	244	252	159	93	1124	657	467
巴林左旗	634	275	359	254	158	96	3004	1277	1727
巴林右旗	301	133	168	186	116	70	1039	621	418
林西县	333	157	176	182	109	73	1071	601	470
克什克腾旗	508	306	202	234	145	89	1012	554	458
翁牛特旗	419	204	215	259	169	90	991	516	475
喀喇沁旗	357	160	197	250	161	89	908	484	424
宁城县	550	209	341	294	202	92	1696	832	864
敖汉旗	535	254	281	241	152	89	1372	732	640

7-2 续表 4

单位：人

现住地	专业技术人员			办事人员和有关人员			社会生产服务和生活服务人员		
	小计	男	女	小计	男	女	小计	男	女
通辽市	**4608**	**1784**	**2824**	**2879**	**1816**	**1063**	**13204**	**7088**	**6116**
科尔沁区	1680	630	1050	1198	770	428	5621	3035	2586
科尔沁左翼中旗	272	93	179	133	78	55	539	290	249
科尔沁左翼后旗	197	81	116	117	77	40	635	321	314
开鲁县	271	103	168	181	112	69	773	382	391
库伦旗	148	67	81	77	49	28	295	159	136
奈曼旗	311	109	202	120	83	37	782	402	380
扎鲁特旗	360	142	218	163	103	60	1104	608	496
通辽经济技术开发区	984	401	583	624	379	245	1994	1103	891
霍林郭勒市	385	158	227	266	165	101	1461	788	673
鄂尔多斯市	**8126**	**3551**	**4575**	**5886**	**3663**	**2223**	**20786**	**12639**	**8147**
东胜区	3107	1297	1810	1769	1068	701	7504	4388	3116
康巴什区	673	256	417	643	376	267	978	542	436
达拉特旗	906	372	534	552	366	186	3506	2155	1351
准格尔旗	1256	623	633	927	613	314	3248	2148	1100
鄂托克前旗	154	64	90	148	87	61	324	192	132
鄂托克旗	541	255	286	318	199	119	1381	893	488
杭锦旗	235	97	138	192	115	77	704	411	293
乌审旗	329	159	170	308	205	103	802	454	348
伊金霍洛旗	925	428	497	1029	634	395	2339	1456	883
呼伦贝尔市	**3576**	**1320**	**2256**	**3439**	**2162**	**1277**	**9460**	**5326**	**4134**
海拉尔区	1045	366	679	975	588	387	2827	1604	1223
扎赉诺尔区	144	56	88	126	86	40	336	184	152
阿荣旗	304	124	180	137	99	38	912	493	419
莫力达瓦达斡尔族自治旗	155	58	97	85	61	24	528	286	242
鄂伦春自治旗	105	37	68	135	91	44	280	163	117
鄂温克族自治旗	386	144	242	453	253	200	553	297	256
陈巴尔虎旗	53	16	37	51	35	16	216	138	78
新巴尔虎左旗	60	22	38	84	57	27	161	87	74
新巴尔虎右旗	61	26	35	70	43	27	181	111	70
满洲里市	232	75	157	330	197	133	908	537	371
牙克石市	363	148	215	383	267	116	721	422	299
扎兰屯市	482	169	313	359	234	125	1485	806	679
额尔古纳市	63	27	36	87	49	38	152	76	76
根河市	123	52	71	164	102	62	200	122	78
巴彦淖尔市	**3673**	**1446**	**2227**	**2453**	**1453**	**1000**	**12897**	**7271**	**5626**
临河区	2124	801	1323	1502	901	601	6753	3783	2970
五原县	325	124	201	173	91	82	1590	937	653
磴口县	143	64	79	117	71	46	471	260	211
乌拉特前旗	403	163	240	195	122	73	1759	955	804
乌拉特中旗	211	102	109	191	118	73	703	403	300
乌拉特后旗	167	80	87	147	82	65	359	206	153
杭锦后旗	300	112	188	128	68	60	1262	727	535

7-2 续表 5

单位：人

现住地	专业技术人员			办事人员和有关人员			社会生产服务和生活服务人员		
	小计	男	女	小计	男	女	小计	男	女
乌兰察布市	**2907**	**1262**	**1645**	**2667**	**1716**	**951**	**11245**	**6865**	**4380**
集宁区	1503	601	902	1558	982	576	5067	2893	2174
卓资县	77	39	38	61	39	22	352	233	119
化德县	120	56	64	94	66	28	466	294	172
商都县	111	50	61	62	48	14	909	597	312
兴和县	133	76	57	88	61	27	609	457	152
凉城县	90	33	57	105	71	34	420	261	159
察哈尔右翼前旗	184	96	88	147	94	53	640	388	252
察哈尔右翼中旗	96	46	50	84	47	37	259	168	91
察哈尔右翼后旗	144	61	83	86	57	29	626	384	242
四子王旗	198	85	113	150	88	62	899	557	342
丰镇市	251	119	132	232	163	69	998	633	365
兴安盟	**2194**	**777**	**1417**	**1802**	**1106**	**696**	**5664**	**3048**	**2616**
乌兰浩特市	889	305	584	788	473	315	2726	1434	1292
阿尔山市	49	12	37	100	64	36	100	54	46
科尔沁右翼前旗	636	235	401	505	324	181	1014	549	465
科尔沁右翼中旗	192	78	114	119	67	52	612	311	301
扎赉特旗	258	85	173	191	124	67	603	326	277
突泉县	170	62	108	99	54	45	609	374	235
锡林郭勒盟	**2193**	**898**	**1295**	**1928**	**1222**	**706**	**8935**	**5250**	**3685**
二连浩特市	143	51	92	106	71	35	1261	822	439
锡林浩特市	1091	431	660	962	603	359	3834	2189	1645
阿巴嘎旗	67	30	37	69	48	21	222	147	75
苏尼特左旗	49	27	22	62	29	33	163	105	58
苏尼特右旗	101	52	49	71	46	25	395	233	162
东乌珠穆沁旗	83	33	50	91	61	30	376	212	164
西乌珠穆沁旗	210	115	95	157	96	61	775	463	312
太仆寺旗	97	32	65	70	44	26	302	184	118
镶黄旗	42	18	24	44	25	19	119	60	59
正镶白旗	57	19	38	83	53	30	222	129	93
正蓝旗	83	35	48	57	37	20	397	223	174
多伦县	124	37	87	95	71	24	658	343	315
乌拉盖管委会	46	18	28	61	38	23	211	140	71
阿拉善盟	**690**	**307**	**383**	**646**	**370**	**276**	**1847**	**1071**	**776**
阿拉善左旗	498	214	284	487	279	208	1420	803	617
阿拉善右旗	51	28	23	49	29	20	104	63	41
额济纳旗	64	29	35	51	26	25	191	131	60
内蒙古阿拉善经济开发区	77	36	41	59	36	23	132	74	58

7-2　续表 6　　　　单位：人

现住地	农、林、牧、渔业生产及辅助人员			生产制造及有关人员			不便分类的其他从业人员		
	小计	男	女	小计	男	女	小计	男	女
内蒙古	**27090**	**17018**	**10072**	**76083**	**63411**	**12672**	**1479**	**960**	**519**
呼和浩特市	**2106**	**1500**	**606**	**12440**	**10424**	**2016**	**176**	**111**	**65**
新城区	93	68	25	2138	1783	355	101	65	36
回民区	67	55	12	1780	1503	277	4	2	2
玉泉区	186	142	44	3143	2658	485	56	35	21
赛罕区	371	235	136	1978	1641	337	11	6	5
土默特左旗	325	228	97	738	614	124			
托克托县	240	181	59	825	707	118			
和林格尔县	287	203	84	553	449	104	2	1	1
清水河县	129	87	42	202	168	34			
武川县	355	266	89	154	134	20			
呼和浩特经济技术开发区	53	35	18	929	767	162	2	2	
包头市	**1824**	**1230**	**594**	**12893**	**10889**	**2004**	**202**	**142**	**60**
东河区	159	109	50	1842	1572	270	8	6	2
昆都仑区	175	135	40	4641	3913	728	107	77	30
青山区	110	77	33	2342	1960	382	11	6	5
石拐区	16	11	5	154	137	17	1		1
白云鄂博矿区	14	13	1	289	234	55			
九原区	199	135	64	1560	1304	256	26	20	6
土默特右旗	573	358	215	469	414	55	2		2
固阳县	362	251	111	291	258	33			
达尔罕茂明安联合旗	148	96	52	174	156	18	41	27	14
包头稀土高新技术产业开发区	68	45	23	1131	941	190	6	6	
乌海市	**126**	**86**	**40**	**3080**	**2480**	**600**	**5**	**2**	**3**
海勃湾区	92	65	27	1576	1272	304	1	1	
海南区	13	8	5	720	567	153	1		1
乌达区	21	13	8	784	641	143	3	1	2
赤峰市	**5338**	**3124**	**2214**	**12936**	**10490**	**2446**	**398**	**258**	**140**
红山区	213	135	78	2259	1783	476	62	43	19
元宝山区	198	126	72	1021	879	142			
松山区	701	419	282	3306	2695	611	51	30	21
阿鲁科尔沁旗	476	306	170	652	519	133	37	22	15
巴林左旗	506	246	260	1066	813	253			
巴林右旗	519	311	208	526	423	103	2	2	
林西县	390	232	158	819	640	179	56	32	24
克什克腾旗	269	175	94	810	685	125	8	7	1
翁牛特旗	557	340	217	695	561	134	71	45	26
喀喇沁旗	343	209	134	490	433	57			
宁城县	493	249	244	614	509	105	11	8	3
敖汉旗	673	376	297	678	550	128	100	69	31

7－2　续表 7　　　　单位：人

现 住 地	农、林、牧、渔业生产及辅助人员			生产制造及有关人员			不便分类的其他从业人员		
	小计	男	女	小计	男	女	小计	男	女
通辽市	**3428**	**1778**	**1650**	**4771**	**3812**	**959**	**50**	**34**	**16**
科尔沁区	553	281	272	1484	1113	371	20	15	5
科尔沁左翼中旗	460	265	195	116	93	23	1	1	
科尔沁左翼后旗	388	197	191	167	123	44			
开鲁县	614	272	342	263	199	64	1		1
库伦旗	236	118	118	90	68	22			
奈曼旗	374	185	189	313	259	54	3	2	1
扎鲁特旗	565	320	245	443	372	71	1	1	
通辽经济技术开发区	192	106	86	626	457	169	14	8	6
霍林郭勒市	46	34	12	1269	1128	141	10	7	3
鄂尔多斯市	**2262**	**1507**	**755**	**10166**	**8769**	**1397**	**165**	**103**	**62**
东胜区	303	221	82	2516	2144	372	1	1	
康巴什区	23	18	5	328	268	60	22	14	8
达拉特旗	631	450	181	1561	1356	205	7	6	1
准格尔旗	160	124	36	2170	1971	199	33	24	9
鄂托克前旗	223	128	95	89	72	17	14	7	7
鄂托克旗	241	144	97	1232	965	267	23	14	9
杭锦旗	271	160	111	311	261	50	56	32	24
乌审旗	203	116	87	476	398	78	1		1
伊金霍洛旗	207	146	61	1483	1334	149	8	5	3
呼伦贝尔市	**2935**	**2053**	**882**	**3243**	**2654**	**589**	**108**	**67**	**41**
海拉尔区	154	112	42	775	634	141	4	1	3
扎赉诺尔区	32	21	11	258	230	28	8	6	2
阿荣旗	535	390	145	339	286	53	16	12	4
莫力达瓦达斡尔族自治旗	326	243	83	111	91	20			
鄂伦春自治旗	295	234	61	44	38	6	38	25	13
鄂温克族自治旗	227	140	87	176	143	33	3	1	2
陈巴尔虎旗	171	107	64	111	102	9	4	3	1
新巴尔虎左旗	150	97	53	27	20	7	14	8	6
新巴尔虎右旗	226	155	71	95	81	14	1	1	
满洲里市	29	20	9	320	239	81	6	2	4
牙克石市	109	84	25	302	240	62	7	3	4
扎兰屯市	435	241	194	571	453	118	4	4	
额尔古纳市	151	121	30	49	42	7	3	1	2
根河市	95	88	7	65	55	10			
巴彦淖尔市	**3264**	**2134**	**1130**	**4865**	**4010**	**855**	**96**	**66**	**30**
临河区	872	567	305	2388	1953	435	27	19	8
五原县	541	366	175	389	325	64	28	20	8
磴口县	311	189	122	275	200	75	2	1	1
乌拉特前旗	725	522	203	627	550	77	4	4	
乌拉特中旗	324	183	141	260	226	34	23	16	7
乌拉特后旗	114	59	55	361	302	59			
杭锦后旗	377	248	129	565	454	111	12	6	6

7-2　续表 8　　　　单位：人

现 住 地	农、林、牧、渔业生产及辅助人员			生产制造及有关人员			不便分类的其他从业人员		
	小计	男	女	小计	男	女	小计	男	女
乌兰察布市	**1658**	**1182**	**476**	**5296**	**4580**	**716**	**28**	**18**	**10**
集宁区	139	109	30	1733	1507	226	3	3	
卓资县	43	31	12	337	299	38			
化德县	97	67	30	405	307	98	4	2	2
商都县	183	124	59	293	254	39			
兴和县	45	39	6	277	253	24	3	1	2
凉城县	122	97	25	221	204	17	3	2	1
察哈尔右翼前旗	137	83	54	444	384	60	4	3	1
察哈尔右翼中旗	115	84	31	147	126	21			
察哈尔右翼后旗	116	90	26	420	370	50	2	1	1
四子王旗	535	370	165	320	277	43	3	2	1
丰镇市	126	88	38	699	599	100	6	4	2
兴安盟	**1441**	**811**	**630**	**1997**	**1678**	**319**	**49**	**41**	**8**
乌兰浩特市	219	131	88	988	823	165			
阿尔山市	19	16	3	32	26	6			
科尔沁右翼前旗	382	223	159	356	302	54	39	33	6
科尔沁右翼中旗	229	131	98	175	153	22	4	4	
扎赉特旗	347	195	152	216	178	38	2	1	1
突泉县	245	115	130	230	196	34	4	3	1
锡林郭勒盟	**2331**	**1391**	**940**	**3708**	**3071**	**637**	**199**	**115**	**84**
二连浩特市	49	34	15	282	255	27	1		1
锡林浩特市	592	387	205	1493	1220	273	62	35	27
阿巴嘎旗	215	114	101	87	80	7			
苏尼特左旗	133	71	62	81	69	12			
苏尼特右旗	153	80	73	155	118	37	1	1	
东乌珠穆沁旗	285	184	101	226	185	41	70	45	25
西乌珠穆沁旗	327	186	141	557	467	90	2	1	1
太仆寺旗	81	52	29	157	133	24	2	2	
镶黄旗	51	23	28	31	26	5			
正镶白旗	56	27	29	86	73	13	5	5	
正蓝旗	138	74	64	207	162	45	18	9	9
多伦县	131	91	40	295	239	56	37	17	20
乌拉盖管委会	120	68	52	51	44	7	1		1
阿拉善盟	**377**	**222**	**155**	**688**	**554**	**134**	**3**	**3**	
阿拉善左旗	240	146	94	381	312	69	3	3	
阿拉善右旗	66	35	31	29	26	3			
额济纳旗	70	41	29	51	44	7			
内蒙古阿拉善经济开发区	1		1	227	172	55			

7-3 全区按现住地、职业和性别分的户口登记地在外省人口

单位：人

现住地	合计			党的机关、国家机关、群众团体和社会组织、企事业单位负责人		
	合计	男	女	小计	男	女
内蒙古	**93816**	**68100**	**25716**	**2514**	**2027**	**487**
呼和浩特市	**11404**	**7726**	**3678**	**383**	**293**	**90**
新城区	2428	1633	795	126	92	34
回民区	1996	1310	686	52	39	13
玉泉区	2305	1504	801	62	48	14
赛罕区	2652	1778	874	102	82	20
土默特左旗	415	285	130	7	5	2
托克托县	497	420	77	9	8	1
和林格尔县	274	184	90	5	3	2
清水河县	132	112	20	2	2	
武川县	61	39	22	1	1	
呼和浩特经济技术开发区	644	461	183	17	13	4
包头市	**12076**	**8349**	**3727**	**385**	**295**	**90**
东河区	2067	1400	667	69	49	20
昆都仑区	3348	2232	1116	128	94	34
青山区	2679	1771	908	80	62	18
石拐区	240	174	66			
白云鄂博矿区	94	73	21	1	1	
九原区	1472	1084	388	32	25	7
土默特右旗	350	277	73	2	2	
固阳县	209	160	49	3	2	1
达尔罕茂明安联合旗	118	92	26	1		1
包头稀土高新技术产业开发区	1499	1086	413	69	60	9
乌海市	**5660**	**4196**	**1464**	**68**	**58**	**10**
海勃湾区	2908	2091	817	30	24	6
海南区	1612	1237	375	28	25	3
乌达区	1140	868	272	10	9	1
赤峰市	**5152**	**3520**	**1632**	**228**	**183**	**45**
红山区	1129	776	353	49	34	15
元宝山区	589	448	141	19	16	3
松山区	1113	760	353	77	61	16
阿鲁科尔沁旗	131	99	32	7	7	
巴林左旗	200	127	73	7	7	
巴林右旗	162	106	56	2	2	
林西县	235	177	58	7	5	2
克什克腾旗	410	324	86	24	22	2
翁牛特旗	143	97	46	7	7	
喀喇沁旗	188	113	75	6	3	3
宁城县	576	340	236	19	16	3
敖汉旗	276	153	123	4	3	1

7-3　续表 1　　　　单位：人

现 住 地	合　计			党的机关、国家机关、群众团体和社会组织、企事业单位负责人		
	合计	男	女	小计	男	女
通辽市	**3924**	**2658**	**1266**	**164**	**134**	**30**
科尔沁区	1141	779	362	50	40	10
科尔沁左翼中旗	257	155	102	7	5	2
科尔沁左翼后旗	370	223	147	5	5	
开鲁县	257	175	82	14	12	2
库伦旗	169	112	57	7	6	1
奈曼旗	221	140	81	10	8	2
扎鲁特旗	234	159	75	4	2	2
通辽经济技术开发区	483	335	148	34	28	6
霍林郭勒市	792	580	212	33	28	5
鄂尔多斯市	**27653**	**21616**	**6037**	**581**	**502**	**79**
东胜区	6727	4761	1966	176	147	29
康巴什区	911	612	299	24	23	1
达拉特旗	1472	1150	322	26	24	2
准格尔旗	4430	3784	646	115	96	19
鄂托克前旗	1736	1436	300	9	7	2
鄂托克旗	2924	2183	741	20	16	4
杭锦旗	575	445	130	14	12	2
乌审旗	4357	3517	840	91	83	8
伊金霍洛旗	4521	3728	793	106	94	12
呼伦贝尔市	**7191**	**4859**	**2332**	**202**	**150**	**52**
海拉尔区	1600	1030	570	43	31	12
扎赉诺尔区	252	169	83			
阿荣旗	367	254	113	12	10	2
莫力达瓦达斡尔族自治旗	340	208	132	7	5	2
鄂伦春自治旗	477	319	158	6	6	
鄂温克族自治旗	415	288	127	17	11	6
陈巴尔虎旗	206	173	33	4	2	2
新巴尔虎左旗	111	72	39	2		2
新巴尔虎右旗	377	329	48	15	14	1
满洲里市	1866	1209	657	56	37	19
牙克石市	342	238	104	14	12	2
扎兰屯市	518	334	184	18	15	3
额尔古纳市	168	121	47	2	2	
根河市	152	115	37	6	5	1
巴彦淖尔市	**4704**	**3485**	**1219**	**96**	**85**	**11**
临河区	1946	1348	598	32	28	4
五原县	358	252	106	12	10	2
磴口县	254	166	88	6	6	
乌拉特前旗	811	639	172	16	14	2
乌拉特中旗	598	488	110	11	9	2
乌拉特后旗	525	456	69	11	11	
杭锦后旗	212	136	76	8	7	1

7－3　续表 2

单位：人

现住地	合计			党的机关、国家机关、群众团体和社会组织、企事业单位负责人		
	合计	男	女	小计	男	女
乌兰察布市	**4130**	**3050**	**1080**	**106**	**81**	**25**
集宁区	1621	1124	497	40	23	17
卓资县	155	124	31	2	2	
化德县	320	256	64	12	7	5
商都县	225	159	66	3	2	1
兴和县	153	119	34	9	8	1
凉城县	95	69	26	3	3	
察哈尔右翼前旗	604	469	135	14	13	1
察哈尔右翼中旗	121	92	29	2	2	
察哈尔右翼后旗	121	91	30	5	5	
四子王旗	139	98	41	2	2	
丰镇市	576	449	127	14	14	
兴安盟	**2652**	**1813**	**839**	**59**	**51**	**8**
乌兰浩特市	1080	718	362	25	21	4
阿尔山市	85	64	21			
科尔沁右翼前旗	476	343	133	14	13	1
科尔沁右翼中旗	221	170	51	6	5	1
扎赉特旗	444	291	153	12	10	2
突泉县	346	227	119	2	2	
锡林郭勒盟	**4972**	**3790**	**1182**	**151**	**117**	**34**
二连浩特市	457	314	143	21	17	4
锡林浩特市	1791	1264	527	76	52	24
阿巴嘎旗	171	154	17	5	5	
苏尼特左旗	181	167	14	1	1	
苏尼特右旗	187	139	48	3	3	
东乌珠穆沁旗	197	148	49	3	3	
西乌珠穆沁旗	922	834	88	5	5	
太仆寺旗	212	161	51	13	10	3
镶黄旗	146	116	30	7	6	1
正镶白旗	71	59	12	8	8	
正蓝旗	121	79	42	2	2	
多伦县	436	291	145	6	4	2
乌拉盖管委会	80	64	16	1	1	
阿拉善盟	**4298**	**3038**	**1260**	**91**	**78**	**13**
阿拉善左旗	2313	1629	684	50	42	8
阿拉善右旗	295	214	81	8	6	2
额济纳旗	552	386	166	11	10	1
内蒙古阿拉善经济开发区	1138	809	329	22	20	2

7-3　续表 3　　单位：人

现 住 地	专业技术人员			办事人员和有关人员			社会生产服务和生活服务人员		
	小计	男	女	小计	男	女	小计	男	女
内蒙古	**7438**	**4917**	**2521**	**4225**	**2967**	**1258**	**40059**	**25060**	**14999**
呼和浩特市	**1070**	**621**	**449**	**644**	**409**	**235**	**5901**	**3600**	**2301**
新城区	229	120	109	147	99	48	1279	783	496
回民区	159	96	63	71	40	31	1292	780	512
玉泉区	176	101	75	80	46	34	1343	786	557
赛罕区	345	200	145	268	169	99	1260	783	477
土默特左旗	28	22	6	20	16	4	182	115	67
托克托县	24	17	7	14	11	3	135	100	35
和林格尔县	31	17	14	9	4	5	96	54	42
清水河县	11	7	4	9	7	2	25	19	6
武川县	10	8	2	2	2		33	19	14
呼和浩特经济技术开发区	57	33	24	24	15	9	256	161	95
包头市	**790**	**454**	**336**	**407**	**244**	**163**	**5954**	**3562**	**2392**
东河区	107	53	54	49	34	15	1189	715	474
昆都仑区	248	135	113	109	69	40	1830	1082	748
青山区	208	116	92	115	57	58	1484	871	613
石拐区	5	3	2	8	4	4	36	13	23
白云鄂博矿区	1	1		13	7	6	23	13	10
九原区	107	75	32	34	22	12	608	383	225
土默特右旗	15	7	8	6	4	2	100	67	33
固阳县	3	2	1	9	6	3	88	59	29
达尔罕茂明安联合旗	7	6	1	11	7	4	25	15	10
包头稀土高新技术产业开发区	89	56	33	53	34	19	571	344	227
乌海市	**250**	**139**	**111**	**180**	**128**	**52**	**2348**	**1526**	**822**
海勃湾区	127	65	62	101	60	41	1415	889	526
海南区	64	38	26	38	32	6	566	413	153
乌达区	59	36	23	41	36	5	367	224	143
赤峰市	**691**	**468**	**223**	**257**	**180**	**77**	**2099**	**1277**	**822**
红山区	124	80	44	61	41	20	620	391	229
元宝山区	65	43	22	30	22	8	224	149	75
松山区	137	81	56	74	55	19	497	304	193
阿鲁科尔沁旗	26	24	2	5	3	2	51	35	16
巴林左旗	10	3	7	4	3	1	106	60	46
巴林右旗	10	3	7	8	4	4	66	38	28
林西县	15	9	6	11	7	4	71	43	28
克什克腾旗	208	166	42	22	18	4	69	47	22
翁牛特旗	14	7	7	13	12	1	37	24	13
喀喇沁旗	13	6	7	3	1	2	64	37	27
宁城县	56	36	20	17	9	8	184	92	92
敖汉旗	13	10	3	9	5	4	110	57	53

7-3 续表 4 单位：人

现住地	专业技术人员			办事人员和有关人员			社会生产服务和生活服务人员		
	小计	男	女	小计	男	女	小计	男	女
通辽市	**340**	**190**	**150**	**164**	**119**	**45**	**1752**	**1098**	**654**
科尔沁区	99	53	46	56	40	16	592	376	216
科尔沁左翼中旗	27	22	5	3	1	2	106	66	40
科尔沁左翼后旗	16	10	6	9	8	1	161	95	66
开鲁县	25	16	9	4	2	2	85	55	30
库伦旗	2	2		12	10	2	63	39	24
奈曼旗	14	5	9	8	7	1	99	60	39
扎鲁特旗	19	14	5	2	2		106	66	40
通辽经济技术开发区	71	35	36	31	17	14	201	136	65
霍林郭勒市	67	33	34	39	32	7	339	205	134
鄂尔多斯市	**2268**	**1686**	**582**	**1224**	**906**	**318**	**10390**	**6719**	**3671**
东胜区	502	287	215	230	164	66	3384	1990	1394
康巴什区	112	57	55	97	65	32	440	257	183
达拉特旗	99	75	24	40	31	9	487	313	174
准格尔旗	331	283	48	171	138	33	1784	1349	435
鄂托克前旗	163	134	29	130	108	22	393	232	161
鄂托克旗	143	90	53	72	42	30	1038	704	334
杭锦旗	64	58	6	31	13	18	164	96	68
乌审旗	531	451	80	233	176	57	1320	877	443
伊金霍洛旗	323	251	72	220	169	51	1380	901	479
呼伦贝尔市	**404**	**224**	**180**	**394**	**272**	**122**	**3407**	**2090**	**1317**
海拉尔区	94	56	38	106	69	37	912	522	390
扎赉诺尔区	12	6	6	7	4	3	126	74	52
阿荣旗	35	18	17	18	14	4	145	89	56
莫力达瓦达斡尔族自治旗	21	5	16	5	4	1	147	83	64
鄂伦春自治旗	25	15	10	24	13	11	208	141	67
鄂温克族自治旗	27	18	9	30	20	10	192	120	72
陈巴尔虎旗	14	10	4	4	4		87	71	16
新巴尔虎左旗	5	5		9	9		46	25	21
新巴尔虎右旗	43	35	8	26	24	2	80	51	29
满洲里市	61	19	42	62	35	27	1005	628	377
牙克石市	25	15	10	34	27	7	161	100	61
扎兰屯市	24	13	11	20	14	6	196	120	76
额尔古纳市	7	3	4	36	25	11	56	40	16
根河市	11	6	5	13	10	3	46	26	20
巴彦淖尔市	**296**	**219**	**77**	**168**	**128**	**40**	**1590**	**1035**	**555**
临河区	90	53	37	53	33	20	681	430	251
五原县	19	11	8	10	8	2	172	110	62
磴口县	13	9	4	7	4	3	72	46	26
乌拉特前旗	45	36	9	43	37	6	266	169	97
乌拉特中旗	57	51	6	31	27	4	252	183	69
乌拉特后旗	63	57	6	16	12	4	88	61	27
杭锦后旗	9	2	7	8	7	1	59	36	23

7-3　续表 5

单位：人

现住地	专业技术人员			办事人员和有关人员			社会生产服务和生活服务人员		
	小计	男	女	小计	男	女	小计	男	女
乌兰察布市	**356**	**240**	**116**	**218**	**162**	**56**	**1498**	**922**	**576**
集宁区	140	97	43	117	83	34	750	431	319
卓资县	19	17	2	4	4		45	28	17
化德县	14	10	4	20	18	2	84	57	27
商都县	14	5	9	10	6	4	79	52	27
兴和县	11	9	2	2	2		55	34	21
凉城县	5	2	3	3	1	2	34	22	12
察哈尔右翼前旗	46	32	14	28	23	5	152	101	51
察哈尔右翼中旗	9	8	1	6	5	1	36	24	12
察哈尔右翼后旗	26	18	8	5	3	2	47	33	14
四子王旗	17	12	5	3		3	67	43	24
丰镇市	55	30	25	20	17	3	149	97	52
兴安盟	**244**	**159**	**85**	**124**	**87**	**37**	**1215**	**738**	**477**
乌兰浩特市	107	63	44	51	34	17	598	354	244
阿尔山市	4	4		4	4		32	20	12
科尔沁右翼前旗	71	54	17	33	26	7	152	94	58
科尔沁右翼中旗	16	14	2	6	3	3	105	70	35
扎赉特旗	25	14	11	16	12	4	183	108	75
突泉县	21	10	11	14	8	6	145	92	53
锡林郭勒盟	**444**	**334**	**110**	**282**	**222**	**60**	**2135**	**1433**	**702**
二连浩特市	16	9	7	28	21	7	299	193	106
锡林浩特市	144	83	61	122	94	28	890	577	313
阿巴嘎旗	8	8		3	3		62	53	9
苏尼特左旗	65	62	3	7	7		34	28	6
苏尼特右旗	22	15	7	4	3	1	72	47	25
东乌珠穆沁旗	9	6	3	8	6	2	68	38	30
西乌珠穆沁旗	121	108	13	66	59	7	260	221	39
太仆寺旗	8	8		9	7	2	95	65	30
镶黄旗	10	8	2	5	3	2	31	17	14
正镶白旗	10	7	3	7	6	1	20	16	4
正蓝旗	4	2	2	3	2	1	68	37	31
多伦县	23	17	6	13	8	5	200	111	89
乌拉盖管委会	4	1	3	7	3	4	36	30	6
阿拉善盟	**285**	**183**	**102**	**163**	**110**	**53**	**1770**	**1060**	**710**
阿拉善左旗	140	81	59	89	61	28	1116	671	445
阿拉善右旗	15	12	3	10	6	4	101	58	43
额济纳旗	39	26	13	20	14	6	314	202	112
内蒙古阿拉善经济开发区	91	64	27	44	29	15	239	129	110

7-3 续表 6

单位：人

现住地	农、林、牧、渔业生产及辅助人员			生产制造及有关人员			不便分类的其他从业人员		
	小计	男	女	小计	男	女	小计	男	女
内蒙古	**3886**	**2206**	**1680**	**35475**	**30769**	**4706**	**219**	**154**	**65**
呼和浩特市	**233**	**134**	**99**	**3152**	**2652**	**500**	**21**	**17**	**4**
新城区	9	7	2	623	520	103	15	12	3
回民区	9	5	4	413	350	63			
玉泉区	14	8	6	626	511	115	4	4	
赛罕区	84	52	32	591	491	100	2	1	1
土默特左旗	38	21	17	140	106	34			
托克托县	17	8	9	298	276	22			
和林格尔县	31	17	14	102	89	13			
清水河县	9	4	5	76	73	3			
武川县	8	2	6	7	7				
呼和浩特经济技术开发区	14	10	4	276	229	47			
包头市	**231**	**142**	**89**	**4279**	**3634**	**645**	**30**	**18**	**12**
东河区	23	11	12	630	538	92			
昆都仑区	28	19	9	988	823	165	17	10	7
青山区	24	12	12	765	651	114	3	2	1
石拐区				191	154	37			
白云鄂博矿区				56	51	5			
九原区	94	63	31	590	512	78	7	4	3
土默特右旗	26	12	14	201	185	16			
固阳县	13	10	3	93	81	12			
达尔罕茂明安联合旗	5	2	3	68	62	6	1		1
包头稀土高新技术产业开发区	18	13	5	697	577	120	2	2	
乌海市	**40**	**22**	**18**	**2772**	**2322**	**450**	**2**	**1**	**1**
海勃湾区	32	16	16	1202	1036	166	1	1	
海南区	5	4	1	910	725	185	1		1
乌达区	3	2	1	660	561	99			
赤峰市	**492**	**224**	**268**	**1368**	**1175**	**193**	**17**	**13**	**4**
红山区	12	9	3	257	216	41	6	5	1
元宝山区	28	19	9	223	199	24			
松山区	61	29	32	266	229	37	1	1	
阿鲁科尔沁旗	13	5	8	29	25	4			
巴林左旗	32	16	16	41	38	3			
巴林右旗	28	16	12	48	43	5			
林西县	19	10	9	111	102	9	1	1	
克什克腾旗	8	4	4	79	67	12			
翁牛特旗	45	24	21	26	23	3	1		1
喀喇沁旗	44	14	30	58	52	6			
宁城县	119	46	73	177	138	39	4	3	1
敖汉旗	83	32	51	53	43	10	4	3	1

7−3　续表 7　　单位：人

现 住 地	农、林、牧、渔业生产及辅助人员			生产制造及有关人员			不便分类的其他从业人员		
	小计	男	女	小计	男	女	小计	男	女
通辽市	**430**	**185**	**245**	**1068**	**928**	**140**	**6**	**4**	**2**
科尔沁区	60	32	28	284	238	46			
科尔沁左翼中旗	90	40	50	24	21	3			
科尔沁左翼后旗	105	43	62	74	62	12			
开鲁县	52	22	30	77	68	9			
库伦旗	38	11	27	47	44	3			
奈曼旗	38	12	26	52	48	4			
扎鲁特旗	30	13	17	73	62	11			
通辽经济技术开发区	12	8	4	133	110	23	1	1	
霍林郭勒市	5	4	1	304	275	29	5	3	2
鄂尔多斯市	**650**	**413**	**237**	**12494**	**11361**	**1133**	**46**	**29**	**17**
东胜区	58	37	21	2376	2135	241	1	1	
康巴什区	3	3		229	203	26	6	4	2
达拉特旗	67	41	26	748	662	86	5	4	1
准格尔旗	42	26	16	1983	1891	92	4	1	3
鄂托克前旗	142	92	50	897	861	36	2	2	
鄂托克旗	97	59	38	1536	1262	274	18	10	8
杭锦旗	26	17	9	272	246	26	4	3	1
乌审旗	143	84	59	2036	1845	191	3	1	2
伊金霍洛旗	72	54	18	2417	2256	161	3	3	
呼伦贝尔市	**699**	**426**	**273**	**2055**	**1677**	**378**	**30**	**20**	**10**
海拉尔区	38	22	16	407	330	77			
扎赉诺尔区	25	17	8	78	65	13	4	3	1
阿荣旗	57	39	18	100	84	16			
莫力达瓦达斡尔族自治旗	135	87	48	24	23	1	1	1	
鄂伦春自治旗	166	103	63	45	38	7	3	3	
鄂温克族自治旗	31	19	12	113	96	17	5	4	1
陈巴尔虎旗	23	16	7	74	70	4			
新巴尔虎左旗	11	5	6	28	24	4	10	4	6
新巴尔虎右旗	12	9	3	196	191	5	5	5	
满洲里市	22	11	11	659	479	180	1		1
牙克石市	31	24	7	76	60	16	1		1
扎兰屯市	110	50	60	150	122	28			
额尔古纳市	33	22	11	34	29	5			
根河市	5	2	3	71	66	5			
巴彦淖尔市	**377**	**226**	**151**	**2157**	**1779**	**378**	**20**	**13**	**7**
临河区	124	77	47	959	724	235	7	3	4
五原县	37	22	15	107	90	17	1	1	
磴口县	87	52	35	69	49	20			
乌拉特前旗	62	41	21	378	341	37	1	1	
乌拉特中旗	14	10	4	224	201	23	9	7	2
乌拉特后旗	7	4	3	339	310	29	1	1	
杭锦后旗	46	20	26	81	64	17	1		1

7-3 续表 8

单位：人

现住地	农、林、牧、渔业生产及辅助人员			生产制造及有关人员			不便分类的其他从业人员		
	小计	男	女	小计	男	女	小计	男	女
乌兰察布市	**156**	**94**	**62**	**1788**	**1543**	**245**	**8**	**8**	
集宁区	5	4	1	568	485	83	1	1	
卓资县	3	2	1	81	70	11	1	1	
化德县	10	6	4	178	156	22	2	2	
商都县	45	25	20	74	69	5			
兴和县	7	6	1	69	60	9			
凉城县	14	10	4	36	31	5			
察哈尔右翼前旗	27	16	11	336	283	53	1	1	
察哈尔右翼中旗	12	5	7	56	48	8			
察哈尔右翼后旗	5	3	2	33	29	4			
四子王旗	12	7	5	37	33	4	1	1	
丰镇市	16	10	6	320	279	41	2	2	
兴安盟	**330**	**180**	**150**	**673**	**591**	**82**	**7**	**7**	
乌兰浩特市	32	20	12	267	226	41			
阿尔山市	10	6	4	35	30	5			
科尔沁右翼前旗	75	41	34	125	109	16	6	6	
科尔沁右翼中旗	36	27	9	52	51	1			
扎赉特旗	123	69	54	84	77	7	1	1	
突泉县	54	17	37	110	98	12			
锡林郭勒盟	**141**	**89**	**52**	**1787**	**1571**	**216**	**32**	**24**	**8**
二连浩特市	2	1	1	91	73	18			
锡林浩特市	61	41	20	481	404	77	17	13	4
阿巴嘎旗	7	4	3	86	81	5			
苏尼特左旗	3		3	71	69	2			
苏尼特右旗				86	71	15			
东乌珠穆沁旗	1	1		107	93	14	1	1	
西乌珠穆沁旗	9	6	3	461	435	26			
太仆寺旗	15	9	6	72	62	10			
镶黄旗	4	1	3	89	81	8			
正镶白旗	6	3	3	19	18	1	1	1	
正蓝旗	3	3		38	31	7	3	2	1
多伦县	21	13	8	164	132	32	9	6	3
乌拉盖管委会	9	7	2	22	21	1	1	1	
阿拉善盟	**107**	**71**	**36**	**1882**	**1536**	**346**			
阿拉善左旗	71	45	26	847	729	118			
阿拉善右旗	29	20	9	132	112	20			
额济纳旗	6	5	1	162	129	33			
内蒙古阿拉善经济开发区	1	1		741	566	175			

7–4　全区按现住地、户口登记地类型、受教育程度分的户口登记地在本自治区其他乡镇街道人口

单位：人

现住地	合计					未上过学				
	合计	乡	镇的村委会	镇的居委会	街道	小计	乡	镇的村委会	镇的居委会	街道
内蒙古	**864466**	**162849**	**384915**	**97914**	**218788**	**21729**	**5915**	**11263**	**1672**	**2879**
呼和浩特市	**165836**	**40876**	**61189**	**17995**	**45776**	**3559**	**1328**	**1508**	**251**	**472**
新城区	32745	5977	10781	4451	11536	541	123	254	59	105
回民区	24513	4979	9760	2304	7470	480	126	232	39	83
玉泉区	33445	8170	14264	2969	8042	734	255	335	50	94
赛罕区	40796	5716	13583	6001	15496	698	151	333	61	153
土默特左旗	7366	3317	2937	462	650	156	77	58	9	12
托克托县	5937	1529	3891	321	196	193	62	126	2	3
和林格尔县	6081	3187	1712	496	686	220	161	40	12	7
清水河县	2412	1522	629	142	119	185	132	45	8	
武川县	4052	3222	406	301	123	192	170	18	4	
呼和浩特经济技术开发区	8489	3257	3226	548	1458	160	71	67	7	15
包头市	**122994**	**17218**	**49695**	**10674**	**45407**	**2654**	**557**	**1381**	**161**	**555**
东河区	21804	1603	7353	1727	11121	465	46	210	25	184
昆都仑区	38438	6188	13555	3124	15571	647	176	307	36	128
青山区	24573	2665	9124	2463	10321	367	63	183	28	93
石拐区	1120	50	537	154	379	79	3	45	11	20
白云鄂博矿区	1069	113	454	79	423	33	6	18	4	5
九原区	14029	2344	7399	1193	3093	452	109	267	27	49
土默特右旗	6516	2389	3080	524	523	129	57	48	11	13
固阳县	3122	321	2248	229	324	53	4	40	4	5
达尔罕茂明安联合旗	2227	394	1528	204	101	124	20	95	8	1
包头稀土高新技术产业开发区	10096	1151	4417	977	3551	305	73	168	7	57
乌海市	**20060**	**2194**	**5031**	**2377**	**10458**	**585**	**76**	**198**	**51**	**260**
海勃湾区	12812	1394	2883	1399	7136	346	42	111	27	166
海南区	2957	524	1267	392	774	113	24	56	11	22
乌达区	4291	276	881	586	2548	126	10	31	13	72
赤峰市	**132150**	**23921**	**73708**	**13439**	**21082**	**2415**	**523**	**1464**	**176**	**252**
红山区	24997	3438	12093	2927	6539	347	58	190	22	77
元宝山区	9804	565	6081	1612	1546	178	11	113	32	22
松山区	33447	4532	20348	2416	6151	636	122	416	34	64
阿鲁科尔沁旗	6728	2729	2722	561	716	107	40	47	11	9
巴林左旗	9319	1695	5235	914	1475	116	14	83	8	11
巴林右旗	5695	1036	3224	452	983	94	18	53	8	15
林西县	6289	1198	3714	745	632	120	19	88	7	6
克什克腾旗	6283	1916	3079	799	489	200	81	92	19	8
翁牛特旗	7297	1691	4579	589	438	209	53	138	11	7
喀喇沁旗	5673	486	3963	818	406	102	4	89	3	6
宁城县	7822	1079	4984	846	913	124	14	86	14	10
敖汉旗	8796	3556	3686	760	794	182	89	69	7	17

7-4 续表 1 单位：人

现住地	合计					未上过学				
	合计	乡	镇的村委会	镇的居委会	街道	小计	乡	镇的村委会	镇的居委会	街道
通辽市	**66950**	**7027**	**34643**	**7705**	**17575**	**982**	**183**	**572**	**79**	**148**
科尔沁区	25271	1263	10281	3144	10583	211	13	102	20	76
科尔沁左翼中旗	4049	555	2604	600	290	85	16	60	4	5
科尔沁左翼后旗	3582	618	2185	686	93	79	16	51	12	
开鲁县	4406	224	3783	309	90	76	2	69	1	4
库伦旗	1802	390	1051	259	102	39	3	31	3	2
奈曼旗	4654	499	3651	301	203	77	10	59	2	6
扎鲁特旗	5409	2141	2563	577	128	197	90	85	19	3
通辽经济技术开发区	10756	539	5067	1436	3714	101	5	60	13	23
霍林郭勒市	7021	798	3458	393	2372	117	28	55	5	29
鄂尔多斯市	**99122**	**18873**	**55827**	**9527**	**14895**	**3770**	**937**	**2383**	**208**	**242**
东胜区	32451	5161	17070	2536	7684	1048	210	655	49	134
康巴什区	6516	1091	2604	1230	1591	180	44	66	34	36
达拉特旗	15929	4131	9599	640	1559	600	176	393	7	24
准格尔旗	16435	2919	10495	1517	1504	607	139	439	16	13
鄂托克前旗	1950	223	1405	229	93	110	7	95	8	
鄂托克旗	6424	509	4137	1220	558	313	40	225	40	8
杭锦旗	3635	847	2070	502	216	237	81	128	18	10
乌审旗	4009	975	2381	440	213	89	23	57	8	1
伊金霍洛旗	11773	3017	6066	1213	1477	586	217	325	28	16
呼伦贝尔市	**58174**	**6150**	**15066**	**13591**	**23367**	**934**	**155**	**328**	**184**	**267**
海拉尔区	14476	907	1902	4350	7317	184	23	36	43	82
扎赉诺尔区	2696	109	176	688	1723	30	1	6	9	14
阿荣旗	6283	1248	3892	927	216	115	21	68	21	5
莫力达瓦达斡尔族自治旗	3898	681	2420	719	78	76	11	56	9	
鄂伦春自治旗	2667	319	1347	907	94	58	14	27	17	
鄂温克族自治旗	3759	538	612	1157	1452	63	11	17	22	13
陈巴尔虎旗	1222	211	463	327	221	24	5	13	3	3
新巴尔虎左旗	1005	539	197	168	101	20	18	2		
新巴尔虎右旗	1128	388	401	177	162	29	12	13	4	
满洲里市	4423	133	1029	757	2504	20	2	8	1	9
牙克石市	6043	132	387	1954	3570	64	4	10	19	31
扎兰屯市	7357	512	1984	926	3935	139	15	64	16	44
额尔古纳市	1285	365	223	177	520	33	18	7	3	5
根河市	1932	68	33	357	1474	79		1	17	61
巴彦淖尔市	**55614**	**10646**	**30549**	**4461**	**9958**	**2116**	**530**	**1277**	**120**	**189**
临河区	27458	4928	12603	1909	8018	884	222	482	43	137
五原县	6468	984	4504	561	419	222	26	168	19	9
磴口县	2379	670	1235	320	154	135	52	68	9	6
乌拉特前旗	8017	1655	5493	630	239	378	76	277	18	7
乌拉特中旗	3442	986	1854	310	292	191	95	87	8	1
乌拉特后旗	2011	215	1165	225	406	95	17	56	6	16
杭锦后旗	5839	1208	3695	506	430	211	42	139	17	13

7-4　续表 2　　　　单位：人

现住地	合计					未上过学				
	合计	乡	镇的村委会	镇的居委会	街道	小计	乡	镇的村委会	镇的居委会	街道
乌兰察布市	**61245**	**20611**	**21208**	**5964**	**13462**	**2510**	**1115**	**923**	**173**	**299**
集宁区	22946	4179	7058	2348	9361	531	164	177	31	159
卓资县	2228	691	1143	242	152	162	59	91	10	2
化德县	3274	1687	1233	222	132	165	94	62	7	2
商都县	4995	2561	1974	349	111	245	152	81	7	5
兴和县	4318	1767	1808	593	150	220	89	100	23	8
凉城县	2993	1469	1139	282	103	240	116	99	21	4
察哈尔右翼前旗	3332	651	1596	469	616	141	38	72	16	15
察哈尔右翼中旗	2111	1275	551	220	65	126	78	33	13	2
察哈尔右翼后旗	3575	1413	1573	459	130	143	73	51	15	4
四子王旗	5128	3771	866	365	126	223	175	33	12	3
丰镇市	6345	1147	2267	415	2516	314	77	124	18	95
兴安盟	**31538**	**6095**	**12257**	**3961**	**9225**	**568**	**115**	**269**	**79**	**105**
乌兰浩特市	13025	827	4611	1258	6329	214	18	98	23	75
阿尔山市	594	34	93	204	263	11		1	6	4
科尔沁右翼前旗	6292	1064	2599	520	2109	106	23	57	10	16
科尔沁右翼中旗	3316	1039	1549	572	156	89	28	43	15	3
扎赉特旗	4786	1861	1930	863	132	115	38	57	17	3
突泉县	3525	1270	1475	544	236	33	8	13	8	4
锡林郭勒盟	**42563**	**7763**	**22170**	**6166**	**6464**	**1319**	**314**	**801**	**136**	**68**
二连浩特市	3880	784	2262	356	478	99	21	74	1	3
锡林浩特市	17838	1297	9199	2536	4806	376	43	242	40	51
阿巴嘎旗	1273	510	458	126	179	63	26	34	1	2
苏尼特左旗	885	218	470	139	58	35	8	23	4	
苏尼特右旗	2127	444	1159	458	66	88	12	61	15	
东乌珠穆沁旗	2222	401	1368	368	85	91	19	58	13	1
西乌珠穆沁旗	3819	695	2222	642	260	109	24	77	7	1
太仆寺旗	2063	328	1398	269	68	106	21	68	15	2
镶黄旗	785	386	210	157	32	41	19	12	10	
正镶白旗	1309	513	515	216	65	92	41	42	7	2
正蓝旗	2179	590	1114	302	173	71	19	42	10	
多伦县	3191	1312	1295	434	150	99	48	41	6	4
乌拉盖管委会	992	285	500	163	44	49	13	27	7	2
阿拉善盟	**8220**	**1475**	**3572**	**2054**	**1119**	**317**	**82**	**159**	**54**	**22**
阿拉善左旗	6049	775	2825	1545	904	236	36	132	46	22
阿拉善右旗	623	331	170	113	9	41	26	14	1	
额济纳旗	750	291	207	166	86	26	19	4	3	
内蒙古阿拉善经济开发区	798	78	370	230	120	14	1	9	4	

7-4 续表 3

单位：人

现住地	学前教育					小学				
	小计	乡	镇的村委会	镇的居委会	街道	小计	乡	镇的村委会	镇的居委会	街道
内蒙古	**29612**	**5834**	**15430**	**2505**	**5843**	**159102**	**39370**	**84483**	**12446**	**22803**
呼和浩特市	**5196**	**1367**	**2069**	**452**	**1308**	**24785**	**8610**	**10978**	**1665**	**3532**
新城区	825	138	263	109	315	4424	1275	1803	382	964
回民区	667	115	282	50	220	3329	873	1676	198	582
玉泉区	1172	290	539	89	254	5623	1701	2854	317	751
赛罕区	1022	145	365	109	403	4436	967	2020	460	989
土默特左旗	252	115	108	16	13	1579	766	682	67	64
托克托县	226	39	166	14	7	1290	357	859	52	22
和林格尔县	204	124	51	19	10	1139	749	308	59	23
清水河县	86	51	24	7	4	721	509	173	26	13
武川县	150	117	14	10	9	1037	864	103	56	14
呼和浩特经济技术开发区	592	233	257	29	73	1207	549	500	48	110
包头市	**3718**	**508**	**1775**	**257**	**1178**	**20469**	**4112**	**10493**	**1214**	**4650**
东河区	581	48	285	31	217	3380	401	1511	205	1263
昆都仑区	1113	178	452	64	419	6258	1558	2764	356	1580
青山区	635	55	255	49	276	3344	510	1615	233	986
石拐区	25		16	3	6	201	11	126	22	42
白云鄂博矿区	39	4	17	2	16	171	24	95	11	41
九原区	457	63	282	33	79	2751	552	1766	123	310
土默特右旗	266	96	140	15	15	1254	546	589	76	43
固阳县	108	9	82	10	7	758	78	600	36	44
达尔罕茂明安联合旗	80	12	52	11	5	592	104	438	38	12
包头稀土高新技术产业开发区	414	43	194	39	138	1760	328	989	114	329
乌海市	**516**	**53**	**131**	**53**	**279**	**3186**	**516**	**1032**	**310**	**1328**
海勃湾区	315	30	73	30	182	1806	303	543	149	811
海南区	71	18	28	5	20	629	146	305	62	116
乌达区	130	5	30	18	77	751	67	184	99	401
赤峰市	**4892**	**922**	**2963**	**402**	**605**	**27691**	**6276**	**16853**	**1885**	**2677**
红山区	935	136	522	86	191	4348	770	2393	332	853
元宝山区	332	19	232	37	44	1856	143	1303	201	209
松山区	1258	191	841	64	162	6047	1065	4123	299	560
阿鲁科尔沁旗	212	88	88	17	19	1579	702	649	90	138
巴林左旗	263	45	163	28	27	1990	396	1205	159	230
巴林右旗	206	28	132	14	32	1518	307	962	88	161
林西县	237	50	141	25	21	1653	371	1011	157	114
克什克腾旗	194	58	106	16	14	1652	520	940	129	63
翁牛特旗	240	53	148	15	24	2019	479	1364	94	82
喀喇沁旗	239	11	186	30	12	1074	76	863	91	44
宁城县	357	55	228	43	31	1406	226	965	112	103
敖汉旗	419	188	176	27	28	2549	1221	1075	133	120

7-4　续表 4　　　　单位：人

现住地	学前教育					小　学				
	小计	乡	镇的村委会	镇的居委会	街道	小计	乡	镇的村委会	镇的居委会	街道
通辽市	**2140**	**230**	**1260**	**190**	**460**	**10190**	**1469**	**6188**	**909**	**1624**
科尔沁区	620	22	297	57	244	2749	153	1400	292	904
科尔沁左翼中旗	143	26	91	15	11	771	132	523	75	41
科尔沁左翼后旗	128	24	81	22	1	753	128	488	124	13
开鲁县	148	5	128	13	2	778	47	679	42	10
库伦旗	83	7	61	12	3	369	70	255	27	17
奈曼旗	179	19	149	5	6	984	117	789	45	33
扎鲁特旗	206	89	96	17	4	1308	548	606	128	26
通辽经济技术开发区	344	20	192	34	98	1169	79	678	132	280
霍林郭勒市	289	18	165	15	91	1309	195	770	44	300
鄂尔多斯市	**4806**	**870**	**3140**	**320**	**476**	**21339**	**4664**	**13909**	**1240**	**1526**
东胜区	1439	243	875	66	255	6311	1200	3901	311	899
康巴什区	273	51	149	39	34	1006	237	486	137	146
达拉特旗	752	106	594	12	40	3819	997	2577	75	170
准格尔旗	825	159	543	54	69	4065	784	2956	199	126
鄂托克前旗	127	17	101	9		491	48	394	39	10
鄂托克旗	316	21	234	54	7	1215	123	872	189	31
杭锦旗	191	51	113	23	4	866	202	566	70	28
乌审旗	267	76	168	21	2	950	243	646	53	8
伊金霍洛旗	616	146	363	42	65	2616	830	1511	167	108
呼伦贝尔市	**1435**	**193**	**529**	**237**	**476**	**9094**	**1428**	**3544**	**1671**	**2451**
海拉尔区	246	15	31	61	139	1443	133	301	377	632
扎赉诺尔区	43	2	4	13	24	395	31	49	97	218
阿荣旗	230	47	157	19	7	1415	297	928	160	30
莫力达瓦达斡尔族自治旗	159	28	103	27	1	941	174	625	128	14
鄂伦春自治旗	114	13	80	20	1	641	75	390	157	19
鄂温克族自治旗	123	14	30	27	52	524	123	141	133	127
陈巴尔虎旗	32	4	14	8	6	263	52	136	41	34
新巴尔虎左旗	31	16	10	5		247	158	51	35	3
新巴尔虎右旗	39	17	12	3	7	332	136	118	41	37
满洲里市	98	5	26	17	50	424	12	159	76	177
牙克石市	62		1	11	50	660	16	55	220	369
扎兰屯市	200	23	53	19	105	1322	119	523	139	541
额尔古纳市	40	9	8	4	19	259	92	61	31	75
根河市	18			3	15	228	10	7	36	175
巴彦淖尔市	**2260**	**432**	**1399**	**139**	**290**	**9124**	**2029**	**5517**	**567**	**1011**
临河区	1056	199	565	63	229	3775	880	1926	183	786
五原县	283	50	198	17	18	1336	235	951	88	62
磴口县	79	25	36	12	6	413	123	221	48	21
乌拉特前旗	364	62	284	12	6	1583	303	1174	86	20
乌拉特中旗	119	34	66	10	9	766	238	442	54	32
乌拉特后旗	82	7	50	10	15	299	44	194	22	39
杭锦后旗	277	55	200	15	7	952	206	609	86	51

7−4 续表 5　　　　单位：人

现住地	学前教育					小学				
	小计	乡	镇的村委会	镇的居委会	街道	小计	乡	镇的村委会	镇的居委会	街道
乌兰察布市	**1749**	**634**	**709**	**130**	**276**	**15127**	**6169**	**5901**	**1045**	**2012**
集宁区	558	116	227	41	174	4054	1012	1584	263	1195
卓资县	43	15	13	5	10	585	184	327	49	25
化德县	107	62	41	1	3	1061	587	400	51	23
商都县	153	80	66	4	3	1644	867	652	98	27
兴和县	177	64	87	23	3	1324	577	587	134	26
凉城县	86	39	35	8	4	1003	494	404	81	24
察哈尔右翼前旗	98	16	60	9	13	822	199	433	88	102
察哈尔右翼中旗	51	33	13	4	1	635	406	178	43	8
察哈尔右翼后旗	101	37	45	15	4	1005	445	452	92	16
四子王旗	186	135	32	14	5	1300	1006	218	61	15
丰镇市	189	37	90	6	56	1694	392	666	85	551
兴安盟	**1062**	**252**	**441**	**104**	**265**	**6154**	**1542**	**2934**	**632**	**1046**
乌兰浩特市	379	29	146	32	172	2066	175	965	161	765
阿尔山市	20		4	5	11	100	5	24	41	30
科尔沁右翼前旗	240	46	118	14	62	1066	230	590	71	175
科尔沁右翼中旗	121	56	47	11	7	821	286	418	97	20
扎赉特旗	184	89	67	23	5	1206	486	531	171	18
突泉县	118	32	59	19	8	895	360	406	91	38
锡林郭勒盟	**1499**	**297**	**829**	**162**	**211**	**10605**	**2267**	**6440**	**1043**	**855**
二连浩特市	110	14	77	3	16	1085	241	698	72	74
锡林浩特市	540	42	282	56	160	3655	283	2356	366	650
阿巴嘎旗	40	17	15	5	3	396	182	168	29	17
苏尼特左旗	36	8	20	5	3	256	83	151	18	4
苏尼特右旗	63	10	42	11		623	139	396	84	4
东乌珠穆沁旗	66	13	46	5	2	752	140	507	95	10
西乌珠穆沁旗	160	36	103	20	1	1005	191	696	97	21
太仆寺旗	85	10	62	6	7	566	100	416	40	10
镶黄旗	30	15	12	3		225	108	68	45	4
正镶白旗	43	17	13	9	4	392	158	191	29	14
正蓝旗	105	30	55	13	7	537	166	295	57	19
多伦县	170	71	72	21	6	820	386	339	73	22
乌拉盖管委会	51	14	30	5	2	293	90	159	38	6
阿拉善盟	**339**	**76**	**185**	**59**	**19**	**1338**	**288**	**694**	**265**	**91**
阿拉善左旗	230	39	132	43	16	967	130	562	208	67
阿拉善右旗	34	22	8	4		137	83	38	16	
额济纳旗	23	8	12	2	1	130	65	33	26	6
内蒙古阿拉善经济开发区	52	7	33	10	2	104	10	61	15	18

7-4　续表 6　　　　单位：人

现住地	初中					高中				
	小计	乡	镇的村委会	镇的居委会	街道	小计	乡	镇的村委会	镇的居委会	街道
内蒙古	**274793**	**59137**	**136862**	**26885**	**51909**	**156581**	**24884**	**63175**	**20666**	**47856**
呼和浩特市	**44852**	**14420**	**19436**	**3645**	**7351**	**27905**	**6011**	**9423**	**3574**	**8897**
新城区	8054	2219	3207	771	1857	5631	898	1620	892	2221
回民区	6691	1569	3109	559	1454	4694	720	1729	560	1685
玉泉区	10774	3066	5223	746	1739	5796	1301	2053	616	1826
赛罕区	7684	1485	3385	966	1848	6367	777	1995	1078	2517
土默特左旗	2806	1436	1120	140	110	1152	487	424	77	164
托克托县	2504	694	1664	100	46	960	213	638	75	34
和林格尔县	1720	1151	398	101	70	883	456	280	60	87
清水河县	737	478	207	40	12	330	191	91	25	23
武川县	1659	1364	183	94	18	579	434	48	64	33
呼和浩特经济技术开发区	2223	958	940	128	197	1513	534	545	127	307
包头市	**38686**	**6638**	**18312**	**2754**	**10982**	**22448**	**2548**	**7453**	**2118**	**10329**
东河区	8126	686	3029	554	3857	4474	215	1204	304	2751
昆都仑区	11452	2356	4907	809	3380	7356	905	2079	672	3700
青山区	6088	855	2834	486	1913	4419	432	1434	443	2110
石拐区	439	23	215	58	143	233	7	81	36	109
白云鄂博矿区	278	51	173	16	38	247	16	67	20	144
九原区	4829	931	2857	337	704	2389	381	1065	289	654
土默特右旗	2579	1049	1271	141	118	839	350	361	80	48
固阳县	1262	133	954	62	113	512	67	335	41	69
达尔罕茂明安联合旗	845	153	611	58	23	264	54	158	36	16
包头稀土高新技术产业开发区	2788	401	1461	233	693	1715	121	669	197	728
乌海市	**6479**	**835**	**1997**	**732**	**2915**	**3838**	**323**	**731**	**512**	**2272**
海勃湾区	3667	509	1040	381	1737	2537	211	455	311	1560
海南区	1221	213	580	157	271	483	75	153	75	180
乌达区	1591	113	377	194	907	818	37	123	126	532
赤峰市	**42928**	**8520**	**25814**	**3561**	**5033**	**26759**	**4295**	**14274**	**3081**	**5109**
红山区	7275	1105	3939	647	1584	5585	645	2509	725	1706
元宝山区	3897	256	2554	548	539	1980	69	1171	378	362
松山区	9182	1445	6264	502	971	7057	894	4071	534	1558
阿鲁科尔沁旗	2740	1160	1168	165	247	1025	415	407	93	110
巴林左旗	3555	709	2111	309	426	1902	336	1002	190	374
巴林右旗	2155	377	1303	166	309	889	198	413	87	191
林西县	2182	458	1313	238	173	1131	187	649	147	148
克什克腾旗	1897	597	979	206	115	1202	317	572	195	118
翁牛特旗	2372	593	1495	156	128	1296	265	809	141	81
喀喇沁旗	1996	130	1614	179	73	1229	233	722	186	88
宁城县	2675	419	1801	231	224	1824	220	1213	176	215
敖汉旗	3002	1271	1273	214	244	1639	516	736	229	158

7-4 续表 7 单位：人

现住地	初中					高中				
	小计	乡	镇的村委会	镇的居委会	街道	小计	乡	镇的村委会	镇的居委会	街道
通辽市	**23581**	**2654**	**14108**	**2397**	**4422**	**15171**	**1217**	**6968**	**2030**	**4956**
科尔沁区	8602	521	4481	936	2664	6680	202	2196	988	3294
科尔沁左翼中旗	1804	236	1163	329	76	644	61	436	83	64
科尔沁左翼后旗	1202	227	729	205	41	851	125	553	161	12
开鲁县	1922	115	1677	94	36	849	23	730	78	18
库伦旗	580	112	375	65	28	357	128	153	55	21
奈曼旗	1745	202	1394	91	58	975	75	785	69	46
扎鲁特旗	2082	758	1086	203	35	844	343	371	111	19
通辽经济技术开发区	3024	171	1772	322	759	2569	108	1134	393	934
霍林郭勒市	2620	312	1431	152	725	1402	152	610	92	548
鄂尔多斯市	**26928**	**5943**	**16418**	**1936**	**2631**	**15346**	**2612**	**7878**	**1833**	**3023**
东胜区	8959	1574	5325	562	1498	5272	706	2450	580	1536
康巴什区	1084	237	503	184	160	1112	162	361	203	386
达拉特旗	5392	1767	3115	167	343	2601	625	1505	141	330
准格尔旗	4506	880	3086	290	250	2250	371	1320	282	277
鄂托克前旗	467	46	360	45	16	269	32	174	46	17
鄂托克旗	1748	132	1221	296	99	1133	84	659	246	144
杭锦旗	1009	250	615	99	45	475	114	253	75	33
乌审旗	876	216	570	72	18	642	168	363	72	39
伊金霍洛旗	2887	841	1623	221	202	1592	350	793	188	261
呼伦贝尔市	**22912**	**2536**	**6832**	**5328**	**8216**	**10165**	**872**	**2054**	**2791**	**4448**
海拉尔区	4623	322	750	1508	2043	3033	152	343	1030	1508
扎赉诺尔区	1291	61	83	323	824	454	9	18	112	315
阿荣旗	2965	618	1873	400	74	825	142	493	153	37
莫力达瓦达斡尔族自治旗	1683	300	1074	283	26	581	99	368	102	12
鄂伦春自治旗	1143	141	613	351	38	350	40	133	161	16
鄂温克族自治旗	864	167	199	279	219	653	101	89	267	196
陈巴尔虎旗	534	92	218	126	98	161	21	40	68	32
新巴尔虎左旗	368	194	84	61	29	132	61	19	29	23
新巴尔虎右旗	387	123	162	42	60	143	51	43	30	19
满洲里市	2033	81	627	434	891	683	17	118	99	449
牙克石市	2701	51	175	953	1522	1303	31	111	450	711
扎兰屯市	2906	226	864	345	1471	1377	85	249	210	833
额尔古纳市	503	134	96	61	212	178	51	27	28	72
根河市	911	26	14	162	709	292	12	3	52	225
巴彦淖尔市	**19834**	**4142**	**11949**	**1263**	**2480**	**11088**	**2002**	**5735**	**1036**	**2315**
临河区	8945	1836	4713	467	1929	5903	974	2529	479	1921
五原县	2594	408	1852	186	148	1128	169	762	112	85
磴口县	931	263	530	100	38	407	115	209	59	24
乌拉特前旗	3156	665	2202	209	80	1469	347	936	141	45
乌拉特中旗	1197	349	701	80	67	546	145	288	68	45
乌拉特后旗	673	97	429	65	82	372	23	214	50	85
杭锦后旗	2338	524	1522	156	136	1263	229	797	127	110

7-4 续表 8

单位：人

现住地	初中					高中				
	小计	乡	镇的村委会	镇的居委会	街道	小计	乡	镇的村委会	镇的居委会	街道
乌兰察布市	**21564**	**7907**	**8221**	**1711**	**3725**	**9293**	**2637**	**2752**	**1110**	**2794**
集宁区	7150	1509	2600	572	2469	4255	660	1050	511	2034
卓资县	762	259	404	80	19	336	99	165	40	32
化德县	1206	627	475	70	34	371	168	143	38	22
商都县	1936	1025	788	93	30	649	286	272	66	25
兴和县	1738	711	740	234	53	489	225	155	81	28
凉城县	996	495	410	67	24	346	188	115	33	10
察哈尔右翼前旗	1142	208	632	133	169	549	124	204	87	134
察哈尔右翼中旗	738	450	202	68	18	287	172	70	34	11
察哈尔右翼后旗	1356	532	663	145	16	534	205	216	91	22
四子王旗	2096	1625	342	93	36	619	410	126	58	25
丰镇市	2444	466	965	156	857	858	100	236	71	451
兴安盟	**10590**	**2418**	**4454**	**1308**	**2410**	**6419**	**1016**	**2315**	**900**	**2188**
乌兰浩特市	4073	318	1639	350	1766	3116	164	970	421	1561
阿尔山市	178	21	27	80	50	87	3	10	22	52
科尔沁右翼前旗	1794	356	851	168	419	1226	202	476	98	450
科尔沁右翼中旗	1137	351	544	189	53	662	192	322	121	27
扎赉特旗	1911	766	756	333	56	730	270	310	125	25
突泉县	1497	606	637	188	66	598	185	227	113	73
锡林郭勒盟	**14260**	**2688**	**8173**	**1841**	**1558**	**6669**	**1134**	**3006**	**1226**	**1303**
二连浩特市	1476	303	918	137	118	557	119	264	84	90
锡林浩特市	5956	410	3603	728	1215	3183	261	1375	579	968
阿巴嘎旗	348	151	132	39	26	168	58	49	21	40
苏尼特左旗	264	59	155	39	11	114	37	55	10	12
苏尼特右旗	731	175	404	140	12	297	58	125	101	13
东乌珠穆沁旗	732	130	461	105	36	282	43	163	64	12
西乌珠穆沁旗	1214	276	709	178	51	580	76	309	134	61
太仆寺旗	740	121	520	83	16	293	36	200	45	12
镶黄旗	194	90	61	39	4	132	72	30	23	7
正镶白旗	374	166	157	44	7	174	76	52	37	9
正蓝旗	698	198	379	100	21	331	87	172	48	24
多伦县	1195	511	501	151	32	465	178	172	65	50
乌拉盖管委会	338	98	173	58	9	93	33	40	15	5
阿拉善盟	**2179**	**436**	**1148**	**409**	**186**	**1480**	**217**	**586**	**455**	**222**
阿拉善左旗	1680	261	944	322	153	1090	123	450	337	180
阿拉善右旗	145	68	50	27		74	27	27	18	2
额济纳旗	183	85	55	29	14	158	55	42	42	19
内蒙古阿拉善经济开发区	171	22	99	31	19	158	12	67	58	21

7-4 续表 9 单位：人

现住地	大学专科					大学本科				
	小计	乡	镇的村委会	镇的居委会	街道	小计	乡	镇的村委会	镇的居委会	街道
内蒙古	**117111**	**16287**	**43965**	**16821**	**40038**	**98097**	**10855**	**28368**	**15739**	**43135**
呼和浩特市	**28951**	**5340**	**10382**	**3843**	**9386**	**27221**	**3489**	**6846**	**4082**	**12804**
新城区	5953	793	1767	928	2465	6666	504	1782	1204	3176
回民区	4473	1058	1609	421	1385	3817	489	1037	435	1856
玉泉区	4839	942	1920	546	1431	4035	561	1254	536	1684
赛罕区	9725	983	3566	1609	3567	9181	1037	1666	1478	5000
土默特左旗	701	299	267	53	82	703	135	269	95	204
托克托县	507	120	312	36	39	248	42	123	40	43
和林格尔县	525	200	200	70	55	1315	329	421	165	400
清水河县	171	90	44	13	24	172	70	40	22	40
武川县	289	195	31	42	21	141	76	9	28	28
呼和浩特经济技术开发区	1768	660	666	125	317	943	246	245	79	373
包头市	**17975**	**1721**	**6040**	**1993**	**8221**	**15892**	**1082**	**4081**	**2038**	**8691**
东河区	2401	114	675	186	1426	2261	91	422	408	1340
昆都仑区	5640	570	1595	559	2916	5516	419	1391	571	3135
青山区	5205	518	1873	676	2138	4203	225	896	518	2564
石拐区	87	3	34	15	35	51	3	20	7	21
白云鄂博矿区	155	8	42	17	88	143	4	41	9	89
九原区	1901	202	732	209	758	1183	102	411	166	504
土默特右旗	656	150	314	80	112	768	134	353	121	160
固阳县	228	18	137	34	39	192	12	97	41	42
达尔罕茂明安联合旗	188	26	98	37	27	131	24	76	15	16
包头稀土高新技术产业开发区	1514	112	540	180	682	1444	68	374	182	820
乌海市	**3363**	**254**	**679**	**444**	**1986**	**1967**	**131**	**253**	**260**	**1323**
海勃湾区	2459	182	473	301	1503	1563	112	179	186	1086
海南区	282	35	100	50	97	156	12	45	32	67
乌达区	622	37	106	93	386	248	7	29	42	170
赤峰市	**15455**	**2073**	**7503**	**2219**	**3660**	**11465**	**1265**	**4667**	**2014**	**3519**
红山区	3465	440	1461	514	1050	2898	267	1045	568	1018
元宝山区	939	36	468	221	214	591	27	225	191	148
松山区	5282	540	2890	522	1330	3734	269	1662	423	1380
阿鲁科尔沁旗	529	169	187	83	90	521	151	169	101	100
巴林左旗	867	121	399	130	217	617	71	269	88	189
巴林右旗	484	59	221	52	152	334	47	134	37	116
林西县	613	76	337	96	104	345	37	172	71	65
克什克腾旗	714	230	260	133	91	417	113	128	98	78
翁牛特旗	614	133	355	84	42	529	113	264	84	68
喀喇沁旗	586	18	302	172	94	427	12	182	153	80
宁城县	766	89	388	134	155	651	54	297	129	171
敖汉旗	596	162	235	78	121	401	104	120	71	106

7−4　续表 10　　　　　　　　　　　　　　　　　　　　　　　　　单位：人

现住地	大学专科					大学本科				
	小计	乡	镇的村委会	镇的居委会	街道	小计	乡	镇的村委会	镇的居委会	街道
通辽市	**7715**	**587**	**3181**	**1075**	**2872**	**6688**	**659**	**2225**	**945**	**2859**
科尔沁区	3142	90	980	416	1656	3059	260	776	401	1622
科尔沁左翼中旗	300	40	161	52	47	293	43	165	41	44
科尔沁左翼后旗	299	52	151	81	15	257	44	127	78	8
开鲁县	336	14	277	39	6	279	16	211	39	13
库伦旗	171	32	84	43	12	193	36	89	51	17
奈曼旗	400	50	281	41	28	271	26	179	42	24
扎鲁特旗	419	150	184	57	28	329	154	123	40	12
通辽经济技术开发区	1898	100	785	296	717	1492	47	415	221	809
霍林郭勒市	750	59	278	50	363	515	33	140	32	310
鄂尔多斯市	**14275**	**2140**	**7097**	**1937**	**3101**	**12005**	**1660**	**4846**	**1922**	**3577**
东胜区	4931	685	2308	486	1452	4260	523	1506	456	1775
康巴什区	1327	201	504	253	369	1397	153	505	338	401
达拉特旗	1643	282	923	120	318	1084	172	484	114	314
准格尔旗	2188	316	1214	336	322	1921	265	913	328	415
鄂托克前旗	250	37	150	42	21	230	36	128	39	27
鄂托克旗	1120	64	637	247	172	560	43	282	139	96
杭锦旗	468	80	220	122	46	373	68	173	89	43
乌审旗	674	142	352	107	73	499	106	220	106	67
伊金霍洛旗	1674	333	789	224	328	1681	294	635	313	439
呼伦贝尔市	**6837**	**520**	**979**	**1810**	**3528**	**6524**	**438**	**771**	**1509**	**3806**
海拉尔区	2108	101	185	700	1122	2731	160	247	607	1717
扎赉诺尔区	307	5	11	77	214	167		5	52	110
阿荣旗	450	76	241	101	32	278	45	129	73	31
莫力达瓦达斡尔族自治旗	283	47	117	103	16	168	22	73	64	9
鄂伦春自治旗	211	21	62	116	12	147	15	40	84	8
鄂温克族自治旗	659	66	55	200	338	799	54	73	212	460
陈巴尔虎旗	126	25	27	49	25	81	12	15	32	22
新巴尔虎左旗	104	47	14	16	27	100	43	16	22	19
新巴尔虎右旗	95	26	26	33	10	102	23	26	24	29
满洲里市	529	6	37	63	423	616	9	54	65	488
牙克石市	715	22	20	158	515	528	8	15	140	365
扎兰屯市	855	28	163	122	542	537	16	68	73	380
额尔古纳市	171	43	16	30	82	95	18	7	18	52
根河市	224	7	5	42	170	175	13	3	43	116
巴彦淖尔市	**6665**	**989**	**3051**	**697**	**1928**	**4310**	**513**	**1588**	**603**	**1606**
临河区	3918	537	1491	322	1568	2798	275	874	327	1322
五原县	582	66	384	76	56	317	29	185	63	40
磴口县	259	58	115	48	38	150	34	56	41	19
乌拉特前旗	753	144	457	102	50	306	57	161	58	30
乌拉特中旗	344	64	157	46	77	272	61	111	44	56
乌拉特后旗	269	19	138	35	77	213	7	82	35	89
杭锦后旗	540	101	309	68	62	254	50	119	35	50

7-4 续表 11 单位：人

现住地	大学专科					大学本科				
	小计	乡	镇的村委会	镇的居委会	街道	小计	乡	镇的村委会	镇的居委会	街道
乌兰察布市	**6467**	**1398**	**1703**	**963**	**2403**	**4306**	**723**	**967**	**785**	**1831**
集宁区	3469	401	786	459	1823	2760	308	612	439	1401
卓资县	214	48	106	31	29	122	26	35	27	34
化德县	248	107	85	34	22	112	41	27	19	25
商都县	267	112	97	44	14	99	38	18	36	7
兴和县	254	80	93	63	18	114	21	46	33	14
凉城县	186	90	47	31	18	131	45	28	40	18
察哈尔右翼前旗	366	42	140	83	101	205	21	55	50	79
察哈尔右翼中旗	161	89	34	26	12	106	43	20	31	12
察哈尔右翼后旗	280	81	96	62	41	148	37	47	38	26
四子王旗	475	288	85	81	21	220	128	29	43	20
丰镇市	547	60	134	49	304	289	15	50	29	195
兴安盟	**3548**	**424**	**1074**	**508**	**1542**	**3039**	**320**	**736**	**407**	**1576**
乌兰浩特市	1737	75	483	158	1021	1370	47	296	106	921
阿尔山市	76	2	13	20	41	112	2	14	29	67
科尔沁右翼前旗	872	109	265	79	419	935	96	227	75	537
科尔沁右翼中旗	279	59	107	86	27	192	65	64	48	15
扎赉特旗	369	132	122	103	12	265	79	86	88	12
突泉县	215	47	84	62	22	165	31	49	61	24
锡林郭勒盟	**4533**	**636**	**1792**	**948**	**1157**	**3491**	**412**	**1084**	**766**	**1229**
二连浩特市	269	44	127	30	68	271	39	101	29	102
锡林浩特市	2318	157	869	425	867	1699	95	452	319	833
阿巴嘎旗	129	39	39	19	32	125	34	21	12	58
苏尼特左旗	94	11	37	36	10	83	12	29	24	18
苏尼特右旗	196	27	87	60	22	121	23	38	45	15
东乌珠穆沁旗	169	35	83	36	15	121	21	46	48	6
西乌珠穆沁旗	375	53	159	108	55	368	39	167	94	68
太仆寺旗	160	30	87	38	5	109	10	43	40	16
镶黄旗	76	46	8	17	5	85	36	19	18	12
正镶白旗	135	35	35	51	14	96	20	24	38	14
正蓝旗	241	53	106	46	36	185	36	61	27	61
多伦县	285	86	117	61	21	150	31	51	54	14
乌拉盖管委会	86	20	38	21	7	78	16	32	18	12
阿拉善盟	**1327**	**205**	**484**	**384**	**254**	**1189**	**163**	**304**	**408**	**314**
阿拉善左旗	906	88	360	269	189	900	92	237	304	267
阿拉善右旗	105	53	22	26	4	84	50	11	21	2
额济纳旗	142	44	35	31	32	85	15	25	31	14
内蒙古阿拉善经济开发区	174	20	67	58	29	120	6	31	52	31

7-4　续表 12　　　　　　　　　　　　　　　　　　　　　　单位：人

现住地	硕士研究生					博士研究生				
	小计	乡	镇的村委会	镇的居委会	街道	小计	乡	镇的村委会	镇的居委会	街道
内蒙古	**6925**	**525**	**1294**	**1111**	**3995**	**516**	**42**	**75**	**69**	**330**
呼和浩特市	**3048**	**282**	**504**	**433**	**1829**	**319**	**29**	**43**	**50**	**197**
新城区	602	25	80	97	400	49	2	5	9	33
回民区	327	21	83	40	183	35	8	3	2	22
玉泉区	429	49	75	66	239	43	5	11	3	24
赛罕区	1502	159	234	206	903	181	12	19	34	116
土默特左旗	15	1	8	5	1	2	1	1		
托克托县	9	2	3	2	2					
和林格尔县	71	16	12	9	34	4	1	2	1	
清水河县	7	1	3		3	3		2	1	
武川县	5	2		3						
呼和浩特经济技术开发区	81	6	6	5	64	2				2
包头市	**1088**	**49**	**156**	**133**	**750**	**64**	**3**	**4**	**6**	**51**
东河区	113	2	17	14	80	3				3
昆都仑区	419	24	59	52	284	37	2	1	5	29
青山区	297	7	32	29	229	15		2	1	12
石拐区	5			2	3					
白云鄂博矿区	3		1		2					
九原区	65	4	18	9	34	2		1		1
土默特右旗	24	7	4		13	1				1
固阳县	9		3	1	5					
达尔罕茂明安联合旗	3	1		1	1					
包头稀土高新技术产业开发区	150	4	22	25	99	6	1			5
乌海市	**125**	**6**	**10**	**15**	**94**	**1**				**1**
海勃湾区	118	5	9	14	90	1				1
海南区	2	1			1					
乌达区	5		1	1	3					
赤峰市	**516**	**46**	**163**	**94**	**213**	**29**	**1**	**7**	**7**	**14**
红山区	139	17	34	32	56	5			1	4
元宝山区	31	4	15	4	8					
松山区	234	6	74	35	119	17		7	3	7
阿鲁科尔沁旗	15	4	7	1	3					
巴林左旗	8	2	3	2	1	1	1			
巴林右旗	15	2	6		7					
林西县	7		3	3	1	1			1	
克什克腾旗	7		2	3	2					
翁牛特旗	14	2	6	2	4	4			2	2
喀喇沁旗	19	2	5	4	8	1				1
宁城县	19	2	6	7	4					
敖汉旗	8	5	2	1						

7-4 续表 13 单位：人

现住地	硕士研究生					博士研究生				
	小计	乡	镇的村委会	镇的居委会	街道	小计	乡	镇的村委会	镇的居委会	街道
通辽市	**440**	**25**	**130**	**79**	**206**	**43**	**3**	**11**	**1**	**28**
科尔沁区	191	2	46	34	109	17		3		14
科尔沁左翼中旗	6	1	3	1	1	3		2		1
科尔沁左翼后旗	12	2	5	3	2	1				1
开鲁县	17	2	11	3	1	1		1		
库伦旗	10	2	3	3	2					
奈曼旗	23		15	6	2					
扎鲁特旗	23	8	12	2	1	1	1			
通辽经济技术开发区	139	7	26	24	82	20	2	5	1	12
霍林郭勒市	19	1	9	3	6					
鄂尔多斯市	**632**	**45**	**151**	**128**	**308**	**21**	**2**	**5**	**3**	**11**
东胜区	223	19	48	26	130	8	1	2		5
康巴什区	135	5	30	42	58	2	1			1
达拉特旗	37	6	8	4	19	1				1
准格尔旗	73	5	24	12	32					
鄂托克前旗	6		3	1	2					
鄂托克旗	18	2	6	9	1	1		1		
杭锦旗	15	1	2	6	6	1				1
乌审旗	10	1	4	1	4	2		1		1
伊金霍洛旗	115	6	26	27	56	6		1	3	2
呼伦贝尔市	**258**	**7**	**27**	**61**	**163**	**15**	**1**	**2**		**12**
海拉尔区	102		9	24	69	6	1			5
扎赉诺尔区	9			5	4					
阿荣旗	5	2	3							
莫力达瓦达斡尔族自治旗	6		3	3		1		1		
鄂伦春自治旗	3		2	1						
鄂温克族自治旗	69	2	7	17	43	5		1		4
陈巴尔虎旗	1				1					
新巴尔虎左旗	3	2	1							
新巴尔虎右旗	1		1							
满洲里市	19	1		2	16	1				1
牙克石市	9			3	6	1				1
扎兰屯市	20			2	18	1				1
额尔古纳市	6		1	2	3					
根河市	5			2	3					
巴彦淖尔市	**209**	**9**	**32**	**36**	**132**	**8**		**1**		**7**
临河区	172	5	22	25	120	7		1		6
五原县	6	1	4		1					
磴口县	5			3	2					
乌拉特前旗	8	1	2	4	1					
乌拉特中旗	7		2		5					
乌拉特后旗	8	1	2	2	3					
杭锦后旗	3	1		2		1				1

7-4　续表 14

单位：人

现住地	硕士研究生					博士研究生				
	小计	乡	镇的村委会	镇的居委会	街道	小计	乡	镇的村委会	镇的居委会	街道
乌兰察布市	**222**	**27**	**32**	**46**	**117**	**7**	**1**		**1**	**5**
集宁区	164	9	22	31	102	5			1	4
卓资县	4	1	2		1					
化德县	4	1		2	1					
商都县	2	1		1						
兴和县	2			2						
凉城县	5	2	1	1	1					
察哈尔右翼前旗	8	2		3	3	1	1			
察哈尔右翼中旗	7	4	1	1	1					
察哈尔右翼后旗	7	3	3	1		1				1
四子王旗	9	4	1	3	1					
丰镇市	10		2	1	7					
兴安盟	**157**	**8**	**33**	**23**	**93**	**1**		**1**		
乌兰浩特市	69	1	13	7	48	1		1		
阿尔山市	10	1		1	8					
科尔沁右翼前旗	53	2	15	5	31					
科尔沁右翼中旗	15	2	4	5	4					
扎赉特旗	6	1	1	3	1					
突泉县	4	1		2	1					
锡林郭勒盟	**181**	**14**	**44**	**43**	**80**	**6**	**1**	**1**	**1**	**3**
二连浩特市	13	3	3		7					
锡林浩特市	105	5	19	22	59	6	1	1	1	3
阿巴嘎旗	4	3			1					
苏尼特左旗	3			3						
苏尼特右旗	8		6	2						
东乌珠穆沁旗	9		4	2	3					
西乌珠穆沁旗	8		2	4	2					
太仆寺旗	4		2	2						
镶黄旗	2			2						
正镶白旗	3		1	1	1					
正蓝旗	11	1	4	1	5					
多伦县	7	1	2	3	1					
乌拉盖管委会	4	1	1	1	1					
阿拉善盟	**49**	**7**	**12**	**20**	**10**	**2**	**1**			**1**
阿拉善左旗	38	5	8	16	9	2	1			1
阿拉善右旗	3	2			1					
额济纳旗	3		1	2						
内蒙古阿拉善经济开发区	5		3	2						

7-5 全区按现住地、户口登记地类型、受教育程度分的户口登记地在外省人口

单位：人

现住地	合计					未上过学				
	合计	乡	镇的村委会	镇的居委会	街道	小计	乡	镇的村委会	镇的居委会	街道
内蒙古	**150114**	**32938**	**82090**	**13279**	**21807**	**3633**	**1029**	**2245**	**185**	**174**
呼和浩特市	**21251**	**5147**	**9909**	**2051**	**4144**	**375**	**115**	**218**	**19**	**23**
新城区	4634	920	2000	566	1148	81	18	47	8	8
回民区	3557	828	1892	306	531	86	17	63	3	3
玉泉区	4306	1157	2260	352	537	86	33	48	2	3
赛罕区	5186	1054	2142	550	1440	72	19	44	3	6
土默特左旗	797	291	369	52	85	12	8	3		1
托克托县	627	143	355	65	64	5	3	2		
和林格尔县	713	218	292	49	154	9	4	5		
清水河县	198	59	113	13	13	4	1	2	1	
武川县	157	81	27	22	27	9	7	1	1	
呼和浩特经济技术开发区	1076	396	459	76	145	11	5	3	1	2
包头市	**21131**	**4699**	**12099**	**1268**	**3065**	**502**	**130**	**332**	**16**	**24**
东河区	3501	523	2221	174	583	69	13	49	2	5
昆都仑区	6688	1680	3368	460	1180	119	40	69	4	6
青山区	4443	960	2483	291	709	87	25	57		5
石拐区	280	54	179	19	28	5	3	2		
白云鄂博矿区	134	28	81	5	20	5		5		
九原区	2728	719	1691	127	191	88	23	53	6	6
土默特右旗	529	161	242	42	84	10	3	5	1	1
固阳县	290	52	185	23	30	3		1	2	
达尔罕茂明安联合旗	169	42	100	14	13	4		4		
包头稀土高新技术产业开发区	2369	480	1549	113	227	112	23	87	1	1
乌海市	**8400**	**2298**	**4554**	**625**	**923**	**258**	**94**	**140**	**9**	**15**
海勃湾区	4334	1312	2284	244	494	159	55	89	5	10
海南区	2395	610	1334	229	222	64	27	35	1	1
乌达区	1671	376	936	152	207	35	12	16	3	4
赤峰市	**8680**	**1840**	**4787**	**774**	**1279**	**121**	**24**	**79**	**10**	**8**
红山区	2149	439	1134	226	350	28	8	14	3	3
元宝山区	1163	151	764	105	143	20	1	15	2	2
松山区	1948	299	1160	133	356	28	7	20		1
阿鲁科尔沁旗	185	83	55	12	35	2		2		
巴林左旗	269	63	148	28	30	3		2		1
巴林右旗	231	61	120	23	27	4	1	3		
林西县	330	53	156	35	86	3	1	2		
克什克腾旗	504	247	135	51	71	4		1	3	
翁牛特旗	249	72	122	29	26	2		1	1	
喀喇沁旗	342	57	228	28	29	6	1	4	1	
宁城县	843	153	540	68	82	18	5	12		1
敖汉旗	467	162	225	36	44	3		3		

7–5 续表 1

单位：人

现住地	合计					未上过学				
	合计	乡	镇的村委会	镇的居委会	街道	小计	乡	镇的村委会	镇的居委会	街道
通辽市	**7035**	**1100**	**3722**	**797**	**1416**	**88**	**19**	**52**	**6**	**11**
科尔沁区	2190	300	1058	227	605	25	4	14	3	4
科尔沁左翼中旗	580	118	331	55	76	12	3	8		1
科尔沁左翼后旗	647	119	306	146	76	5	1	2	1	1
开鲁县	398	25	263	75	35	7		6		1
库伦旗	249	43	169	26	11	2		2		
奈曼旗	380	61	224	35	60	7	2	3		2
扎鲁特旗	351	83	177	63	28	6	3	2	1	
通辽经济技术开发区	852	91	450	76	235	6	1	4		1
霍林郭勒市	1388	260	744	94	290	18	5	11	1	1
鄂尔多斯市	**37692**	**8129**	**22738**	**2729**	**4096**	**1092**	**311**	**713**	**39**	**29**
东胜区	10099	2198	6716	431	754	316	73	229	4	10
康巴什区	1472	330	779	132	231	36	9	22	3	2
达拉特旗	2060	573	1168	79	240	80	36	42	1	1
准格尔旗	5780	1170	3610	338	662	113	39	69	3	2
鄂托克前旗	2250	360	1170	247	473	78	25	47	2	4
鄂托克旗	4026	634	2949	268	175	180	35	133	12	
杭锦旗	695	83	425	99	88	23	10	11	1	1
乌审旗	5585	1466	2708	587	824	122	44	68	6	4
伊金霍洛旗	5725	1315	3213	548	649	144	40	92	7	5
呼伦贝尔市	**14422**	**2310**	**7603**	**2053**	**2456**	**297**	**66**	**170**	**36**	**25**
海拉尔区	3054	548	1443	443	620	53	13	27	9	4
扎赉诺尔区	574	171	224	48	131	14	3	9	1	1
阿荣旗	816	158	404	150	104	28	6	16	4	2
莫力达瓦达斡尔族自治旗	900	171	503	170	56	44	12	25	6	1
鄂伦春自治旗	1285	252	724	233	76	68	16	46	6	
鄂温克族自治旗	793	190	329	153	121	12	2	3	7	
陈巴尔虎旗	341	68	155	76	42	6	3	1		2
新巴尔虎左旗	145	31	35	26	53	3		2		1
新巴尔虎右旗	437	102	199	52	84	1				1
满洲里市	3727	329	2485	401	512	29	4	20	1	4
牙克石市	852	125	278	146	303	8	2	3		3
扎兰屯市	939	108	515	78	238	14	3	8	1	2
额尔古纳市	322	38	203	29	52	12	1	7	1	3
根河市	237	19	106	48	64	5	1	3		1
巴彦淖尔市	**6954**	**1641**	**4127**	**499**	**687**	**393**	**126**	**240**	**17**	**10**
临河区	2978	829	1699	125	325	185	66	112	4	3
五原县	579	117	347	72	43	33	6	22	3	2
磴口县	409	123	233	28	25	50	21	27	1	1
乌拉特前旗	1161	215	820	71	55	54	13	38	2	1
乌拉特中旗	841	100	555	92	94	34	5	23	5	1
乌拉特后旗	629	163	290	76	100	13	4	8		1
杭锦后旗	357	94	183	35	45	24	11	10	2	1

7-5 续表 2

单位：人

现住地	合计					未上过学				
	合计	乡	镇的村委会	镇的居委会	街道	小计	乡	镇的村委会	镇的居委会	街道
乌兰察布市	**6337**	**1657**	**2964**	**673**	**1043**	**111**	**44**	**51**	**8**	**8**
集宁区	2472	593	1192	203	484	27	11	12		4
卓资县	262	72	125	24	41	3	2	1		
化德县	473	126	230	43	74	9	3	6		
商都县	382	126	157	76	23	9	1	6	2	
兴和县	377	115	191	42	29	15	6	6	2	1
凉城县	166	65	65	13	23	10	5	3	1	1
察哈尔右翼前旗	772	134	456	87	95	6	2	3	1	
察哈尔右翼中旗	172	57	83	15	17	2		2		
察哈尔右翼后旗	197	54	74	42	27	9	4	4	1	
四子王旗	215	119	62	18	16	6	6			
丰镇市	849	196	329	110	214	15	4	8	1	2
兴安盟	**4705**	**1027**	**2289**	**530**	**859**	**85**	**18**	**47**	**12**	**8**
乌兰浩特市	1873	242	998	152	481	35	4	22	3	6
阿尔山市	127	22	50	26	29	2	1		1	
科尔沁右翼前旗	803	133	461	55	154	14	2	9	2	1
科尔沁右翼中旗	328	113	126	49	40	4		4		
扎赉特旗	1042	347	436	149	110	25	10	10	4	1
突泉县	532	170	218	99	45	5	1	2	2	
锡林郭勒盟	**7423**	**1363**	**3810**	**814**	**1436**	**128**	**29**	**81**	**10**	**8**
二连浩特市	765	197	421	64	83	11	3	5	1	2
锡林浩特市	2935	357	1809	315	454	45	3	35	3	4
阿巴嘎旗	198	38	95	21	44	2	1	1		
苏尼特左旗	194	65	81	27	21	1		1		
苏尼特右旗	235	32	118	32	53					
东乌珠穆沁旗	261	37	148	35	41	5		5		
西乌珠穆沁旗	1043	121	355	86	481	5		4		1
太仆寺旗	383	84	196	40	63	17	7	8	2	
镶黄旗	182	47	62	27	46	3	1	1		1
正镶白旗	119	43	43	5	28	11	3	7	1	
正蓝旗	225	68	113	22	22	7	3	4		
多伦县	763	247	316	104	96	18	7	8	3	
乌拉盖管委会	120	27	53	36	4	3	1	2		
阿拉善盟	**6084**	**1727**	**3488**	**466**	**403**	**183**	**53**	**122**	**3**	**5**
阿拉善左旗	3330	917	1934	247	232	119	38	79	1	1
阿拉善右旗	369	146	171	35	17	10	4	5	1	
额济纳旗	797	362	322	67	46	22	9	11	1	1
内蒙古阿拉善经济开发区	1588	302	1061	117	108	32	2	27		3

7-5　续表 3　　　　单位：人

现住地	学前教育					小学				
	小计	乡	镇的村委会	镇的居委会	街道	小计	乡	镇的村委会	镇的居委会	街道
内蒙古	**3715**	**849**	**2161**	**268**	**437**	**29773**	**8042**	**18079**	**1711**	**1941**
呼和浩特市	**498**	**122**	**256**	**43**	**77**	**3512**	**1094**	**1887**	**226**	**305**
新城区	88	16	40	10	22	753	211	359	54	129
回民区	101	25	57	7	12	605	183	350	44	28
玉泉区	121	35	66	11	9	804	236	491	42	35
赛罕区	104	15	56	9	24	730	202	411	49	68
土默特左旗	17	6	10	1		182	74	84	9	15
托克托县	6	1	5			134	55	68	5	6
和林格尔县	14	4	9	1		73	38	23	8	4
清水河县	1	1				40	18	15	3	4
武川县	7	4		1	2	41	23	10	7	1
呼和浩特经济技术开发区	39	15	13	3	8	150	54	76	5	15
包头市	**518**	**108**	**315**	**19**	**76**	**4348**	**1167**	**2705**	**150**	**326**
东河区	120	19	76	2	23	732	132	497	26	77
昆都仑区	151	39	85	4	23	1196	378	659	49	110
青山区	102	20	58	6	18	815	215	524	27	49
石拐区	5		2		3	40	12	25	2	1
白云鄂博矿区						21	10	8		3
九原区	68	11	53	3	1	688	194	446	21	27
土默特右旗	10	3	3	1	3	103	33	38	4	28
固阳县	5	1	3	1		60	17	35	5	3
达尔罕茂明安联合旗	1	1				41	8	30	2	1
包头稀土高新技术产业开发区	56	14	35	2	5	652	168	443	14	27
乌海市	**232**	**66**	**130**	**14**	**22**	**1868**	**606**	**1066**	**84**	**112**
海勃湾区	99	29	52	7	11	943	354	509	33	47
海南区	80	23	48	2	7	543	158	325	24	36
乌达区	53	14	30	5	4	382	94	232	27	29
赤峰市	**238**	**54**	**126**	**19**	**39**	**1646**	**373**	**1034**	**99**	**140**
红山区	62	16	33	6	7	383	96	215	27	45
元宝山区	25	7	12	3	3	257	36	195	8	18
松山区	68	8	41	3	16	364	71	246	18	29
阿鲁科尔沁旗	2	2				22	10	8	2	2
巴林左旗	8	2	5		1	47	12	31	3	1
巴林右旗	3	1	2			31	13	12	3	3
林西县	7	3		2	2	61	16	31	4	10
克什克腾旗	10	5	3		2	59	21	28	8	2
翁牛特旗	11	3	1	3	4	48	17	23	7	1
喀喇沁旗	9		8		1	87	7	67	6	7
宁城县	24	5	16	1	2	151	31	102	8	10
敖汉旗	9	2	5	1	1	136	43	76	5	12

7－5 续表 4 单位：人

现住地	学前教育					小学				
	小计	乡	镇的村委会	镇的居委会	街道	小计	乡	镇的村委会	镇的居委会	街道
通辽市	**185**	**34**	**88**	**23**	**40**	**1182**	**240**	**704**	**108**	**130**
科尔沁区	55	11	23	7	14	260	37	161	17	45
科尔沁左翼中旗	11	2	6	1	2	120	27	69	7	17
科尔沁左翼后旗	14	4	3	4	3	142	31	75	25	11
开鲁县	17	1	12	2	2	83	5	66	10	2
库伦旗	8	2	5	1		43	9	29	4	1
奈曼旗	10	2	6	1	1	70	14	42	3	11
扎鲁特旗	12		8	4		75	32	26	15	2
通辽经济技术开发区	24	6	8		10	119	18	81	7	13
霍林郭勒市	34	6	17	3	8	270	67	155	20	28
鄂尔多斯市	**1095**	**257**	**710**	**60**	**68**	**7511**	**2085**	**4916**	**277**	**233**
东胜区	339	74	239	14	12	2435	635	1685	52	63
康巴什区	49	9	29	5	6	285	89	161	15	20
达拉特旗	55	13	36		6	486	167	291	14	14
准格尔旗	127	28	88	1	10	967	231	678	29	29
鄂托克前旗	55	11	26	2	16	361	105	186	21	49
鄂托克旗	137	23	105	6	3	867	184	623	48	12
杭锦旗	14	1	8	2	3	115	18	87	2	8
乌审旗	176	67	95	11	3	995	361	574	41	19
伊金霍洛旗	143	31	84	19	9	1000	295	631	55	19
呼伦贝尔市	**266**	**48**	**147**	**34**	**37**	**3112**	**652**	**1836**	**321**	**303**
海拉尔区	56	16	31	5	4	605	126	349	63	67
扎赉诺尔区	9	4	1	2	2	151	53	69	7	22
阿荣旗	15		5	6	4	196	45	110	25	16
莫力达瓦达斡尔族自治旗	12	2	6	4		276	48	192	34	2
鄂伦春自治旗	21	6	12	2	1	462	107	303	44	8
鄂温克族自治旗	17	5	10		2	208	66	92	33	17
陈巴尔虎旗	3		2		1	83	19	47	11	6
新巴尔虎左旗						36	16	8	7	5
新巴尔虎右旗	1		1			77	19	37	11	10
满洲里市	81	11	53	8	9	457	42	343	36	36
牙克石市	13	2	3	5	3	204	57	64	28	55
扎兰屯市	28	2	17		9	215	33	135	12	35
额尔古纳市	5		5			93	12	62	5	14
根河市	5		1	2	2	49	9	25	5	10
巴彦淖尔市	**167**	**31**	**105**	**14**	**17**	**1676**	**484**	**1040**	**75**	**77**
临河区	102	24	61	2	15	705	246	400	24	35
五原县	8	1	5	1	1	186	44	122	15	5
磴口县	5	3	2			123	47	71	3	2
乌拉特前旗	23	2	15	6		278	55	207	6	10
乌拉特中旗	10		9	1		153	23	116	11	3
乌拉特后旗	8		8			125	42	59	9	15
杭锦后旗	11	1	5	4	1	106	27	65	7	7

7-5 续表 5

单位：人

现住地	学前教育					小学				
	小计	乡	镇的村委会	镇的居委会	街道	小计	乡	镇的村委会	镇的居委会	街道
乌兰察布市	**136**	**34**	**67**	**15**	**20**	**1184**	**342**	**630**	**96**	**116**
集宁区	55	8	32	7	8	362	99	187	27	49
卓资县	7	2	4		1	37	10	20	3	4
化德县	9	2	2	2	3	130	35	79	5	11
商都县	5	2	2	1		96	34	46	9	7
兴和县	15	6	6	1	2	110	34	62	9	5
凉城县	2	1			1	37	17	12	6	2
察哈尔右翼前旗	10		9	1		152	23	103	14	12
察哈尔右翼中旗	5	2	3			45	13	28	2	2
察哈尔右翼后旗	2	1	1			38	16	16	4	2
四子王旗	4	3	1			50	28	14	7	1
丰镇市	22	7	7	3	5	127	33	63	10	21
兴安盟	**85**	**27**	**36**	**5**	**17**	**1018**	**238**	**576**	**103**	**101**
乌兰浩特市	35	8	14	1	12	359	54	224	30	51
阿尔山市	6		2		4	33	9	18	3	3
科尔沁右翼前旗	10	2	6	1	1	165	35	110	10	10
科尔沁右翼中旗	9	7	2			68	18	39	10	1
扎赉特旗	16	6	8	2		312	101	148	34	29
突泉县	9	4	4	1		81	21	37	16	7
锡林郭勒盟	**139**	**23**	**87**	**14**	**15**	**1485**	**326**	**970**	**111**	**78**
二连浩特市	18	2	14	1	1	197	55	126	10	6
锡林浩特市	62	4	44	3	11	630	68	493	32	37
阿巴嘎旗						35	12	13	8	2
苏尼特左旗	2	1	1			32	14	16	2	
苏尼特右旗	6	1	4		1	49	10	31	8	
东乌珠穆沁旗	5	2	3			56	7	46	3	
西乌珠穆沁旗	9		5	3	1	80	19	48	8	5
太仆寺旗	10	2	7	1		103	37	50	5	11
镶黄旗	1		1			44	11	19	9	5
正镶白旗						17	4	10	3	
正蓝旗	4	2	1	1		45	13	24	4	4
多伦县	21	9	6	5	1	167	68	77	14	8
乌拉盖管委会	1		1			30	8	17	5	
阿拉善盟	**156**	**45**	**94**	**8**	**9**	**1231**	**435**	**715**	**61**	**20**
阿拉善左旗	68	21	38	3	6	708	254	414	30	10
阿拉善右旗	5	3	2			74	33	40		1
额济纳旗	18	9	8	1		172	85	72	14	1
内蒙古阿拉善经济开发区	65	12	46	4	3	277	63	189	17	8

7-5 续表 6 单位：人

现住地	初中					高中				
	小计	乡	镇的村委会	镇的居委会	街道	小计	乡	镇的村委会	镇的居委会	街道
内蒙古	**60789**	**13976**	**36448**	**4571**	**5794**	**24081**	**4827**	**12223**	**2624**	**4407**
呼和浩特市	**6994**	**1968**	**3804**	**517**	**705**	**3361**	**790**	**1555**	**401**	**615**
新城区	1482	378	748	127	229	750	135	306	111	198
回民区	1324	305	805	87	127	614	131	333	60	90
玉泉区	1651	487	942	97	125	676	193	337	60	86
赛罕区	1350	344	733	127	146	697	135	294	88	180
土默特左旗	329	125	162	23	19	131	56	48	11	16
托克托县	237	51	164	12	10	130	18	68	31	13
和林格尔县	127	61	46	8	12	80	20	46	9	5
清水河县	66	23	33	6	4	43	12	27	1	3
武川县	64	30	15	3	16	28	14	1	9	4
呼和浩特经济技术开发区	364	164	156	27	17	212	76	95	21	20
包头市	**8545**	**2122**	**5262**	**375**	**786**	**3355**	**672**	**1823**	**266**	**594**
东河区	1586	240	1084	54	208	549	72	322	29	126
昆都仑区	2430	757	1267	125	281	1087	248	529	83	227
青山区	1693	415	1038	81	159	777	174	408	71	124
石拐区	154	21	113	9	11	55	14	25	7	9
白云鄂博矿区	66	9	49	5	3	25	7	13		5
九原区	1209	354	778	34	43	382	83	235	26	38
土默特右旗	241	83	127	18	13	74	18	28	13	15
固阳县	146	27	94	9	16	61	6	43	5	7
达尔罕茂明安联合旗	91	27	52	7	5	17	1	9	3	4
包头稀土高新技术产业开发区	929	189	660	33	47	328	49	211	29	39
乌海市	**3768**	**1012**	**2193**	**243**	**320**	**1287**	**309**	**644**	**143**	**191**
海勃湾区	1859	561	1061	81	156	691	183	352	62	94
海南区	1162	278	672	114	98	362	87	167	55	53
乌达区	747	173	460	48	66	234	39	125	26	44
赤峰市	**3419**	**740**	**2133**	**222**	**324**	**1469**	**314**	**732**	**162**	**261**
红山区	793	164	470	58	101	431	94	214	55	68
元宝山区	499	73	355	34	37	190	18	112	26	34
松山区	659	99	464	25	71	315	57	182	17	59
阿鲁科尔沁旗	78	36	27	4	11	31	10	9	6	6
巴林左旗	129	31	81	8	9	32	6	15	6	5
巴林右旗	119	32	62	13	12	23	6	11	2	4
林西县	124	19	71	17	17	92	8	40	7	37
克什克腾旗	144	59	57	17	11	117	69	22	7	19
翁牛特旗	87	25	51	3	8	38	8	22	6	2
喀喇沁旗	150	33	103	8	6	48	8	28	6	6
宁城县	411	79	291	19	22	108	15	58	18	17
敖汉旗	226	90	101	16	19	44	15	19	6	4

7-5 续表 7

单位：人

现住地	初中					高中				
	小计	乡	镇的村委会	镇的居委会	街道	小计	乡	镇的村委会	镇的居委会	街道
通辽市	**3006**	**507**	**1823**	**299**	**377**	**1184**	**133**	**562**	**167**	**322**
科尔沁区	810	114	492	74	130	410	33	173	64	140
科尔沁左翼中旗	329	74	188	30	37	69	10	38	9	12
科尔沁左翼后旗	332	55	180	63	34	90	18	27	31	14
开鲁县	179	14	129	24	12	46	2	24	11	9
库伦旗	125	15	96	10	4	42	11	25	5	1
奈曼旗	191	37	117	19	18	50	2	33	3	12
扎鲁特旗	170	37	96	27	10	51	8	28	9	6
通辽经济技术开发区	304	41	195	19	49	151	9	71	18	53
霍林郭勒市	566	120	330	33	83	275	40	143	17	75
鄂尔多斯市	**14465**	**3220**	**9475**	**807**	**963**	**6527**	**1274**	**3732**	**576**	**945**
东胜区	4005	895	2775	136	199	1544	291	997	103	153
康巴什区	458	117	272	29	40	211	38	107	20	46
达拉特旗	830	263	501	20	46	307	62	167	19	59
准格尔旗	2593	531	1732	120	210	1026	214	590	69	153
鄂托克前旗	895	122	550	93	130	437	51	230	51	105
鄂托克旗	1630	256	1239	84	51	696	95	495	56	50
杭锦旗	240	36	165	23	16	110	6	66	15	23
乌审旗	1669	479	936	148	106	1035	257	454	133	191
伊金霍洛旗	2145	521	1305	154	165	1161	260	626	110	165
呼伦贝尔市	**7441**	**1176**	**4255**	**1003**	**1007**	**1725**	**233**	**732**	**335**	**425**
海拉尔区	1372	259	725	197	191	435	78	173	84	100
扎赉诺尔区	308	99	122	21	66	55	8	12	11	24
阿荣旗	404	86	212	70	36	104	16	39	25	24
莫力达瓦达斡尔族自治旗	438	84	245	77	32	79	19	26	27	7
鄂伦春自治旗	558	102	307	118	31	91	16	35	25	15
鄂温克族自治旗	326	79	150	58	39	103	21	34	27	21
陈巴尔虎旗	182	33	86	46	17	30	8	14	6	2
新巴尔虎左旗	48	8	19	10	11	27	3	5	3	16
新巴尔虎右旗	235	59	113	29	34	65	16	27	6	16
满洲里市	2480	240	1708	250	282	437	23	257	68	89
牙克石市	410	51	155	63	141	106	8	28	22	48
扎兰屯市	431	48	253	38	92	127	15	51	11	50
额尔古纳市	147	23	97	12	15	41		25	9	7
根河市	102	5	63	14	20	25	2	6	11	6
巴彦淖尔市	**2837**	**658**	**1812**	**183**	**184**	**1002**	**200**	**536**	**110**	**156**
临河区	1097	308	685	40	64	421	104	216	32	69
五原县	232	46	141	30	15	71	13	33	13	12
磴口县	141	32	90	8	11	51	12	25	7	7
乌拉特前旗	549	106	401	24	18	164	25	108	21	10
乌拉特中旗	384	52	272	32	28	138	8	87	18	25
乌拉特后旗	303	84	147	37	35	104	21	49	14	20
杭锦后旗	131	30	76	12	13	53	17	18	5	13

7-5 续表 8

单位：人

现住地	初中					高中				
	小计	乡	镇的村委会	镇的居委会	街道	小计	乡	镇的村委会	镇的居委会	街道
乌兰察布市	**2699**	**803**	**1349**	**262**	**285**	**1028**	**250**	**473**	**99**	**206**
集宁区	1008	300	545	58	105	397	86	201	26	84
卓资县	101	31	37	13	20	72	19	44	2	7
化德县	197	64	97	21	15	71	14	28	6	23
商都县	166	55	67	38	6	56	21	18	11	6
兴和县	156	53	80	14	9	55	13	26	10	6
凉城县	58	25	22	4	7	33	13	18		2
察哈尔右翼前旗	394	87	245	35	27	125	15	64	19	27
察哈尔右翼中旗	72	21	40	7	4	16	9	1	3	3
察哈尔右翼后旗	58	22	26	5	5	36	6	13	9	8
四子王旗	100	54	34	5	7	23	16	5	1	1
丰镇市	389	91	156	62	80	144	38	55	12	39
兴安盟	**2203**	**546**	**1122**	**236**	**299**	**680**	**116**	**291**	**86**	**187**
乌兰浩特市	811	103	490	69	149	328	36	152	24	116
阿尔山市	58	10	22	17	9	18	1	5	4	8
科尔沁右翼前旗	354	65	214	21	54	117	17	59	7	34
科尔沁右翼中旗	156	65	57	20	14	44	14	16	8	6
扎赉特旗	488	177	211	52	48	121	38	34	31	18
突泉县	336	126	128	57	25	52	10	25	12	5
锡林郭勒盟	**3027**	**573**	**1738**	**267**	**449**	**1375**	**237**	**560**	**175**	**403**
二连浩特市	327	91	180	25	31	125	34	62	13	16
锡林浩特市	1166	113	818	92	143	483	89	230	70	94
阿巴嘎旗	96	18	62	7	9	30	6	10	3	11
苏尼特左旗	61	24	24	8	5	72	22	27	12	11
苏尼特右旗	86	11	57	9	9	48	5	17	7	19
东乌珠穆沁旗	117	22	72	10	13	38	3	15	9	11
西乌珠穆沁旗	416	57	163	36	160	312	24	92	18	178
太仆寺旗	159	29	90	14	26	58	7	27	8	16
镶黄旗	95	27	30	9	29	18	5	5	4	4
正镶白旗	41	19	17		5	17	3	6		8
正蓝旗	98	31	53	9	5	39	9	20	3	7
多伦县	318	116	150	38	14	116	27	42	21	26
乌拉盖管委会	47	15	22	10		19	3	7	7	2
阿拉善盟	**2385**	**651**	**1482**	**157**	**95**	**1088**	**299**	**583**	**104**	**102**
阿拉善左旗	1429	365	909	99	56	541	140	301	47	53
阿拉善右旗	144	61	71	9	3	74	27	32	9	6
额济纳旗	311	145	137	18	11	161	73	54	18	16
内蒙古阿拉善经济开发区	501	80	365	31	25	312	59	196	30	27

7-5　续表 9　　　　单位：人

现住地	大学专科					大学本科				
	小计	乡	镇　的 村委会	镇　的 居委会	街道	小计	乡	镇　的 村委会	镇　的 居委会	街道
内蒙古	**14986**	**2476**	**6642**	**2023**	**3845**	**11832**	**1605**	**3901**	**1684**	**4642**
呼和浩特市	**2519**	**474**	**1051**	**315**	**679**	**3390**	**503**	**962**	**459**	**1466**
新城区	580	74	236	92	178	772	77	229	148	318
回民区	376	95	146	49	86	385	63	116	47	159
玉泉区	370	91	166	37	76	500	68	172	93	167
赛罕区	812	116	329	112	255	1156	183	207	130	636
土默特左旗	53	13	24	3	13	72	9	38	5	20
托克托县	68	11	31	10	16	43	4	15	7	17
和林格尔县	68	18	36		14	320	68	119	20	113
清水河县	24	1	22		1	19	3	13	2	1
武川县	8	3		1	4					
呼和浩特经济技术开发区	160	52	61	11	36	123	28	53	7	35
包头市	**1741**	**276**	**801**	**174**	**490**	**1865**	**208**	**764**	**198**	**695**
东河区	243	27	127	16	73	189	19	63	41	66
昆都仑区	573	102	232	71	168	957	109	456	66	326
青山区	495	70	238	48	139	430	38	143	54	195
石拐区	17	3	11	1	2	4	1	1		2
白云鄂博矿区	9	2	3		4	8		3		5
九原区	189	39	89	19	42	94	14	37	15	28
土默特右旗	43	8	20	3	12	47	13	20	2	12
固阳县	10	1	7	1	1	5		2		3
达尔罕茂明安联合旗	7	3	2		2	8	2	3	2	1
包头稀土高新技术产业开发区	155	21	72	15	47	123	12	36	18	57
乌海市	**671**	**144**	**289**	**89**	**149**	**301**	**63**	**90**	**43**	**105**
海勃湾区	382	89	163	38	92	189	39	57	18	75
海南区	134	25	68	22	19	49	11	19	11	8
乌达区	155	30	58	29	38	63	13	14	14	22
赤峰市	**908**	**180**	**395**	**114**	**219**	**789**	**146**	**261**	**130**	**252**
红山区	214	33	96	34	51	212	27	83	36	66
元宝山区	99	10	46	16	27	70	5	29	15	21
松山区	255	29	123	32	71	219	24	70	33	92
阿鲁科尔沁旗	33	18	5		10	16	7	4		5
巴林左旗	21	6	6	5	4	28	6	8	6	8
巴林右旗	25	5	16	2	2	22	3	12	3	4
林西县	23	3	7	3	10	17	3	4	1	9
克什克腾旗	82	44	16	6	16	83	47	8	9	19
翁牛特旗	35	13	12	3	7	27	6	11	6	4
喀喇沁旗	25	6	11	3	5	13	2	7	1	3
宁城县	67	6	41	9	11	62	11	20	13	18
敖汉旗	29	7	16	1	5	20	5	5	7	3

7-5 续表 10

单位：人

现 住 地	大学专科					大学本科				
	小计	乡	镇 的 村委会	镇 的 居委会	街道	小计	乡	镇 的 村委会	镇 的 居委会	街道
通辽市	**679**	**56**	**277**	**102**	**244**	**660**	**108**	**198**	**79**	**275**
科尔沁区	245	14	91	36	104	364	87	95	22	160
科尔沁左翼中旗	25		16	3	6	14	2	6	5	1
科尔沁左翼后旗	40	8	12	12	8	23	2	7	9	5
开鲁县	33	1	11	14	7	29	2	13	12	2
库伦旗	18	6	7	3	2	11		5	3	3
奈曼旗	34	4	15	7	8	16		7	2	7
扎鲁特旗	24	2	11	4	7	12	1	5	3	3
通辽经济技术开发区	131	10	60	11	50	97	4	27	15	51
霍林郭勒市	129	11	54	12	52	94	10	33	8	43
鄂尔多斯市	**4432**	**680**	**2216**	**593**	**943**	**2434**	**289**	**938**	**362**	**845**
东胜区	918	150	538	69	161	509	76	239	51	143
康巴什区	194	33	89	28	44	216	31	95	29	61
达拉特旗	198	23	98	15	62	102	9	33	10	50
准格尔旗	614	91	315	65	143	325	36	131	50	108
鄂托克前旗	256	20	90	51	95	166	26	40	27	73
鄂托克旗	399	35	293	39	32	115	6	61	22	26
杭锦旗	139	8	70	42	19	48	4	18	14	12
乌审旗	1007	195	410	171	231	561	61	167	75	258
伊金霍洛旗	707	125	313	113	156	392	40	154	84	114
呼伦贝尔市	**849**	**75**	**302**	**189**	**283**	**698**	**58**	**156**	**128**	**356**
海拉尔区	247	33	91	45	78	270	23	45	35	167
扎赉诺尔区	26	4	10	2	10	10		1	4	5
阿荣旗	40	2	17	10	11	29	3	5	10	11
莫力达瓦达斡尔族自治旗	34	5	7	12	10	16	1	2	9	4
鄂伦春自治旗	58	4	12	27	15	27	1	9	11	6
鄂温克族自治旗	64	8	20	20	16	56	8	17	7	24
陈巴尔虎旗	19	3	4	7	5	17	1	1	6	9
新巴尔虎左旗	15	2		5	8	16	2	1	1	12
新巴尔虎右旗	27	2	9	4	12	30	6	12	2	10
满洲里市	142	6	72	22	42	98	3	32	16	47
牙克石市	56	1	12	10	33	55	4	13	18	20
扎兰屯市	79	4	36	11	28	43	3	15	5	20
额尔古纳市	15	1	6	2	6	9	1	1		7
根河市	27		6	12	9	22	2	2	4	14
巴彦淖尔市	**563**	**109**	**287**	**58**	**109**	**291**	**32**	**101**	**39**	**119**
临河区	290	59	162	15	54	162	21	60	7	74
五原县	31	4	17	6	4	17	3	7	4	3
磴口县	25	6	12	4	3	13	2	5	5	1
乌拉特前旗	68	11	41	6	10	24	3	9	6	6
乌拉特中旗	80	11	33	15	21	38	1	15	9	13
乌拉特后旗	44	11	15	8	10	30	1	3	7	19
杭锦后旗	25	7	7	4	7	7	1	2	1	3

7-5　续表 11　　　　单位：人

现住地	大学专科					大学本科				
	小计	乡	镇的村委会	镇的居委会	街道	小计	乡	镇的村委会	镇的居委会	街道
乌兰察布市	**735**	**120**	**258**	**113**	**244**	**404**	**63**	**126**	**72**	**143**
集宁区	353	55	120	40	138	242	34	87	42	79
卓资县	29	6	16	4	3	12	2	3	1	6
化德县	37	5	13	5	14	19	3	5	4	7
商都县	36	12	17	6	1	12	1	1	8	2
兴和县	19	2	8	4	5	6	1	2	2	1
凉城县	18	3	8	1	6	8	1	2	1	4
察哈尔右翼前旗	66	5	26	11	24	18	2	5	6	5
察哈尔右翼中旗	24	8	7	1	8	6	4	2		
察哈尔右翼后旗	40	4	10	20	6	13	1	4	3	5
四子王旗	15	6	3	2	4	15	5	5	2	3
丰镇市	98	14	30	19	35	53	9	10	3	31
兴安盟	**363**	**55**	**139**	**57**	**112**	**252**	**27**	**73**	**30**	**122**
乌兰浩特市	162	22	63	16	61	135	15	31	9	80
阿尔山市	6		2	1	3	4	1	1		2
科尔沁右翼前旗	76	8	39	6	23	60	4	22	7	27
科尔沁右翼中旗	33	7	4	9	13	12	2	4	2	4
扎赉特旗	49	12	14	16	7	30	3	10	10	7
突泉县	37	6	17	9	5	11	2	5	2	2
锡林郭勒盟	**783**	**115**	**239**	**138**	**291**	**462**	**57**	**129**	**96**	**180**
二连浩特市	60	10	22	11	17	25	2	11	3	9
锡林浩特市	325	51	118	65	91	214	28	68	50	68
阿巴嘎旗	22	1	5	1	15	13		4	2	7
苏尼特左旗	15	1	10	2	2	11	3	2	3	3
苏尼特右旗	35	5	6	5	19	11		3	3	5
东乌珠穆沁旗	24	3	3	7	11	15		4	6	5
西乌珠穆沁旗	138	12	29	10	87	78	9	13	9	47
太仆寺旗	30	2	11	8	9	5		3	1	1
镶黄旗	13	1	3	4	5	8	2	3	1	2
正镶白旗	13	9	1	1	2	19	5	2		12
正蓝旗	15	7	2	4	2	16	3	8	1	4
多伦县	82	13	26	13	30	39	5	7	10	17
乌拉盖管委会	11		3	7	1	8		1	7	
阿拉善盟	**743**	**192**	**388**	**81**	**82**	**286**	**51**	**103**	**48**	**84**
阿拉善左旗	306	79	148	35	44	150	20	45	28	57
阿拉善右旗	45	13	16	12	4	16	5	4	4	3
额济纳旗	75	26	28	11	10	37	14	12	4	7
内蒙古阿拉善经济开发区	317	74	196	23	24	83	12	42	12	17

7−5 续表 12 单位：人

现住地	硕士研究生					博士研究生				
	小计	乡	镇的村委会	镇的居委会	街道	小计	乡	镇的村委会	镇的居委会	街道
内蒙古	**1208**	**125**	**373**	**201**	**509**	**97**	**9**	**18**	**12**	**58**
呼和浩特市	**546**	**75**	**164**	**65**	**242**	**56**	**6**	**12**	**6**	**32**
新城区	115	11	35	13	56	13			3	10
回民区	64	9	21	9	25	2		1		1
玉泉区	88	13	34	10	31	10	1	4		5
赛罕区	238	35	61	29	113	27	5	7	3	12
土默特左旗	1				1					
托克托县	4		2		2					
和林格尔县	20	5	8	3	4	2				2
清水河县	1		1							
武川县										
呼和浩特经济技术开发区	15	2	2	1	10	2				2
包头市	**240**	**15**	**96**	**68**	**61**	**17**	**1**	**1**	**2**	**13**
东河区	12	1	3	4	4	1				1
昆都仑区	164	7	70	57	30	11		1	1	9
青山区	43	3	17	4	19	1				1
石拐区										
白云鄂博矿区										
九原区	9	1		3	5	1				1
土默特右旗	1		1							
固阳县										
达尔罕茂明安联合旗										
包头稀土高新技术产业开发区	11	3	5		3	3	1		1	1
乌海市	**15**	**4**	**2**		**9**					
海勃湾区	12	2	1		9					
海南区	1	1								
乌达区	2	1	1							
赤峰市	**86**	**9**	**25**	**16**	**36**	**4**		**2**	**2**	
红山区	25	1	8	7	9	1		1		
元宝山区	3	1		1	1					
松山区	38	4	13	4	17	2		1	1	
阿鲁科尔沁旗	1				1					
巴林左旗	1				1					
巴林右旗	4		2		2					
林西县	3		1	1	1					
克什克腾旗	5	2		1	2					
翁牛特旗	1		1							
喀喇沁旗	3			2	1	1			1	
宁城县	2	1			1					
敖汉旗										

7-5　续表 13　　　　单位：人

现住地	硕士研究生					博士研究生				
	小计	乡	镇的村委会	镇的居委会	街道	小计	乡	镇的村委会	镇的居委会	街道
通辽市	**50**	**3**	**18**	**13**	**16**	**1**				**1**
科尔沁区	21		9	4	8					
科尔沁左翼中旗										
科尔沁左翼后旗	1			1						
开鲁县	4		2	2						
库伦旗										
奈曼旗	2		1		1					
扎鲁特旗	1		1							
通辽经济技术开发区	19	2	4	6	7	1				1
霍林郭勒市	2	1	1							
鄂尔多斯市	**129**	**12**	**36**	**15**	**66**	**7**	**1**	**2**		**4**
东胜区	32	4	14	2	12	1				1
康巴什区	21	4	4	3	10	2				2
达拉特旗	2				2					
准格尔旗	13		5	1	7	2		2		
鄂托克前旗	2		1		1					
鄂托克旗	2			1	1					
杭锦旗	6				6					
乌审旗	20	2	4	2	12					
伊金霍洛旗	31	2	8	6	15	2	1			1
呼伦贝尔市	**33**	**1**	**5**	**7**	**20**	**1**	**1**			
海拉尔区	16		2	5	9					
扎赉诺尔区	1				1					
阿荣旗										
莫力达瓦达斡尔族自治旗	1			1						
鄂伦春自治旗										
鄂温克族自治旗	6		3	1	2	1	1			
陈巴尔虎旗	1	1								
新巴尔虎左旗										
新巴尔虎右旗	1				1					
满洲里市	3				3					
牙克石市										
扎兰屯市	2				2					
额尔古纳市										
根河市	2				2					
巴彦淖尔市	**23**	**1**	**5**	**3**	**14**	**2**		**1**		**1**
临河区	15	1	3	1	10	1				1
五原县	1				1					
磴口县						1		1		
乌拉特前旗	1		1							
乌拉特中旗	4			1	3					
乌拉特后旗	2		1	1						
杭锦后旗										

7-5 续表 14　　　　单位：人

现住地	硕士研究生					博士研究生				
	小计	乡	镇的村委会	镇的居委会	街道	小计	乡	镇的村委会	镇的居委会	街道
乌兰察布市	**36**	**1**	**10**	**7**	**18**	**4**			**1**	**3**
集宁区	24		8	2	14	4			1	3
卓资县	1			1						
化德县	1				1					
商都县	2			1	1					
兴和县	1		1							
凉城县										
察哈尔右翼前旗	1		1							
察哈尔右翼中旗	2			2						
察哈尔右翼后旗	1				1					
四子王旗	2	1		1						
丰镇市	1				1					
兴安盟	**17**		**5**	**1**	**11**	**2**				**2**
乌兰浩特市	7		2		5	1				1
阿尔山市										
科尔沁右翼前旗	6		2	1	3	1				1
科尔沁右翼中旗	2				2					
扎赉特旗	1		1							
突泉县	1				1					
锡林郭勒盟	**22**	**3**	**6**	**3**	**10**	**2**				**2**
二连浩特市	2		1		1					
锡林浩特市	9	1	3		5	1				1
阿巴嘎旗										
苏尼特左旗										
苏尼特右旗										
东乌珠穆沁旗	1				1					
西乌珠穆沁旗	5		1	2	2					
太仆寺旗	1			1						
镶黄旗										
正镶白旗	1				1					
正蓝旗	1		1							
多伦县	2	2								
乌拉盖管委会						1				1
阿拉善盟	**11**	**1**	**1**	**3**	**6**	**1**			**1**	
阿拉善左旗	8			3	5	1			1	
阿拉善右旗	1		1							
额济纳旗	1	1								
内蒙古阿拉善经济开发区	1				1					

7-6　全区按现住地和出生地分的人口

单位：人

现住地	出生地							
	合计	自治区内		自治区外				
		本县市区	本自治区其他县市区	北京	天津	河北	山西	内蒙古
内蒙古	**2339123**	**1656209**	**449756**	**1733**	**1734**	**35408**	**28556**	
呼和浩特市	**321280**	**172603**	**120020**	**472**	**517**	**5651**	**6110**	
新城区	64145	31317	26745	104	127	1295	1118	
回民区	42032	18083	18893	96	93	1208	1046	
玉泉区	49436	21258	22938	56	56	1015	1406	
赛罕区	81543	38956	34551	193	199	1487	1565	
土默特左旗	24201	18809	4467	3	5	132	223	
托克托县	16316	13620	1787	2	2	146	143	
和林格尔县	15095	11197	2986	6	24	98	213	
清水河县	6917	6353	282			57	100	
武川县	9148	8474	457	1		23	49	
呼和浩特经济技术开发区	12447	4536	6914	11	11	190	247	
包头市	**279082**	**175936**	**67789**	**373**	**474**	**8183**	**7938**	
东河区	48058	34095	8609	57	63	1374	1553	
昆都仑区	80105	45601	22447	121	179	2760	2344	
青山区	52991	28888	15284	145	191	2119	1801	
石拐区	2151	1310	410		4	64	183	
白云鄂博矿区	2232	1141	763	1	2	137	95	
九原区	23955	11995	8833	19	12	733	818	
土默特右旗	27278	24213	2142	6	4	118	137	
固阳县	17012	16020	580	1	1	80	114	
达尔罕茂明安联合旗	6468	5206	921	1		50	139	
包头稀土高新技术产业开发区	18832	7467	7800	22	18	748	754	
乌海市	**53605**	**23407**	**17176**	**70**	**60**	**1890**	**1206**	
海勃湾区	32674	14866	10907	52	45	1041	664	
海南区	9144	2999	3059	4	7	275	297	
乌达区	11787	5542	3210	14	8	574	245	
赤峰市	**404382**	**351848**	**41086**	**152**	**125**	**2215**	**241**	
红山区	44277	28089	13415	33	32	523	69	
元宝山区	28223	22130	3862	8	14	245	21	
松山区	66900	49885	14410	58	28	673	54	
阿鲁科尔沁旗	23691	22784	724	4		19	8	
巴林左旗	30547	29131	1210	7	4	30	6	
巴林右旗	15041	13163	1586		2	36	5	
林西县	19748	18249	1193	6	3	74	16	
克什克腾旗	18034	16470	1118	6	5	123	26	
翁牛特旗	36767	35401	1094	6	12	53	8	
喀喇沁旗	26062	24534	1028	3	9	179	7	
宁城县	48843	47093	650	11	14	227	10	
敖汉旗	46249	44919	796	10	2	33	11	

7−6 续表 1　　单位：人

现住地	出生地							
	合计	自治区内		自治区外				
		本县市区	本自治区其他县市区	北京	天津	河北	山西	内蒙古
通辽市	**279255**	**244080**	**23993**	**69**	**71**	**784**	**162**	
科尔沁区	69895	60143	6320	18	32	215	47	
科尔沁左翼中旗	42435	40661	911	8	3	23	8	
科尔沁左翼后旗	30058	28206	870	2	5	19	9	
开鲁县	30564	29054	1011	9	6	71	11	
库伦旗	14321	13385	599	1	2	38	5	
奈曼旗	35796	34288	1057	8	3	48	15	
扎鲁特旗	24103	21591	1813	4	1	49	15	
通辽经济技术开发区	19093	13825	3977	13	12	126	11	
霍林郭勒市	12990	2927	7435	6	7	195	41	
鄂尔多斯市	**214933**	**123898**	**50447**	**109**	**105**	**2800**	**7048**	
东胜区	56498	24926	20673	39	36	871	3214	
康巴什区	11290	3355	5922	11	4	148	350	
达拉特旗	31842	24945	4229	17	4	320	424	
准格尔旗	36658	23684	6875	11	14	600	1556	
鄂托克前旗	9442	6469	440	2		31	40	
鄂托克旗	16006	7907	4146	2	6	185	199	
杭锦旗	10773	8590	1424	2	5	34	84	
乌审旗	16859	9999	1178	20	23	238	303	
伊金霍洛旗	25565	14023	5560	5	13	373	878	
呼伦贝尔市	**215393**	**139830**	**33371**	**101**	**93**	**3781**	**322**	
海拉尔区	34179	17017	10275	36	23	900	133	
扎赉诺尔区	7985	5065	919	3	12	506	5	
阿荣旗	24997	20237	1249	5	2	122	15	
莫力达瓦达斡尔族自治旗	21969	17820	949		6	64	6	
鄂伦春自治旗	16337	8643	2310	5	6	215	5	
鄂温克族自治旗	13294	5966	3683	12	4	329	26	
陈巴尔虎旗	5104	2886	1390	1	4	104	8	
新巴尔虎左旗	3766	2790	699		1	54	14	
新巴尔虎右旗	3766	2291	905		2	71	19	
满洲里市	14431	5738	3766	12	7	265	37	
牙克石市	26347	19616	2887	15	9	467	16	
扎兰屯市	29635	23976	1960	11	7	237	14	
额尔古纳市	6678	3557	1605		2	157	11	
根河市	6905	4228	774	1	8	290	13	
巴彦淖尔市	**147958**	**111968**	**21521**	**93**	**82**	**2196**	**1610**	
临河区	55546	40645	9383	39	40	817	482	
五原县	21544	17596	2306	8	10	298	162	
磴口县	8698	5264	2056	13	4	163	107	
乌拉特前旗	25157	19995	2558	17	18	576	557	
乌拉特中旗	10810	7967	1626	8	6	188	174	
乌拉特后旗	5486	3386	1425			56	46	
杭锦后旗	20717	17115	2167	8	4	98	82	

7-6 续表 2

单位：人

现住地	出生地							
	合计	自治区内		自治区外				
		本县市区	本自治区其他县市区	北京	天津	河北	山西	内蒙古
乌兰察布市	**160362**	**128868**	**22848**	**118**	**90**	**2064**	**2867**	
集宁区	40633	22068	14649	73	67	886	1273	
卓资县	8007	7126	664	1	1	23	54	
化德县	9052	7614	759	12	6	394	98	
商都县	16838	15467	904	1	2	211	103	
兴和县	15368	14545	394	5	3	199	106	
凉城县	10659	10037	403	1		26	79	
察哈尔右翼前旗	11902	9239	1790	8	6	152	286	
察哈尔右翼中旗	8260	7465	529			27	114	
察哈尔右翼后旗	9948	8832	886	7	1	29	98	
四子王旗	12173	10917	930	2	2	42	112	
丰镇市	17522	15558	940	8	2	75	544	
兴安盟	**132743**	**107178**	**16391**	**49**	**46**	**529**	**86**	
乌兰浩特市	32718	19019	9477	32	24	264	35	
阿尔山市	3140	1945	716	3	1	60	1	
科尔沁右翼前旗	27109	22303	3024	5	11	87	13	
科尔沁右翼中旗	19373	17614	1253	3	1	32	9	
扎赉特旗	29790	26840	1339	2	3	56	16	
突泉县	20613	19457	582	4	6	30	12	
锡林郭勒盟	**104915**	**63756**	**31068**	**113**	**66**	**5002**	**777**	
二连浩特市	7465	1554	5062	6	5	311	122	
锡林浩特市	33000	14536	14624	48	44	2069	288	
阿巴嘎旗	3896	2691	816	1	2	218	25	
苏尼特左旗	3258	2180	762			130	42	
苏尼特右旗	6002	4134	1508			115	97	
东乌珠穆沁旗	6553	4474	1748		1	196	5	
西乌珠穆沁旗	9428	5948	2463	3	1	142	37	
太仆寺旗	9986	8799	403	29	3	479	57	
镶黄旗	2602	1871	486	1		97	9	
正镶白旗	4046	3419	408	2		149	31	
正蓝旗	6555	5331	877	4	2	231	22	
多伦县	9903	8074	690	18	6	749	36	
乌拉盖管委会	2221	745	1221	1	2	116	6	
阿拉善盟	**25215**	**12837**	**4046**	**14**	**5**	**313**	**189**	
阿拉善左旗	17468	10113	2538	9	3	169	93	
阿拉善右旗	2217	1343	122	2	1	12	12	
额济纳旗	2827	1184	506	1	1	37	26	
内蒙古阿拉善经济开发区	2703	197	880	2		95	58	

7-6 续表 3　　　　单位：人

现住地	出生地								
	自治区外								
	辽宁	吉林	黑龙江	上海	江苏	浙江	安徽	福建	江西
内蒙古	**23169**	**16020**	**28402**	**224**	**3373**	**1532**	**4433**	**1551**	**1331**
呼和浩特市	**1392**	**1036**	**1458**	**49**	**565**	**326**	**782**	**312**	**393**
新城区	367	210	343	5	144	66	139	85	89
回民区	213	137	206	6	107	93	133	42	73
玉泉区	220	180	231	6	91	58	197	95	99
赛罕区	460	368	548	30	175	78	248	66	77
土默特左旗	23	25	25		13	14	12	5	15
托克托县	11	20	26	1	8	4	14	7	4
和林格尔县	28	28	30		11	4	13	4	17
清水河县	3	3	13		1		7		3
武川县	5	10	3		4	4		5	6
呼和浩特经济技术开发区	62	55	33	1	11	5	19	3	10
包头市	**2929**	**812**	**1257**	**77**	**753**	**315**	**775**	**319**	**237**
东河区	186	83	143	12	104	82	107	54	33
昆都仑区	1663	328	503	28	214	82	220	117	92
青山区	696	232	369	29	270	94	245	57	70
石拐区	5	5	3		1	3	1	14	1
白云鄂博矿区	11	5	4		2	1	1		
九原区	118	72	77	2	33	19	75	11	21
土默特右旗	24	10	21		22	11	16	33	4
固阳县	7	7	13		5	5	3	1	2
达尔罕茂明安联合旗	19	3	3	1	1		4	4	
包头稀土高新技术产业开发区	200	67	121	5	101	18	103	28	14
乌海市	**362**	**166**	**410**	**5**	**210**	**74**	**316**	**55**	**39**
海勃湾区	210	101	197	3	106	52	172	31	23
海南区	76	30	126		38	10	40	20	10
乌达区	76	35	87	2	66	12	104	4	6
赤峰市	**4322**	**650**	**1113**	**14**	**161**	**117**	**238**	**91**	**80**
红山区	939	193	289	2	41	34	75	21	28
元宝山区	1446	77	111		29	12	33	4	9
松山区	712	150	289	6	42	16	66	43	15
阿鲁科尔沁旗	51	19	15		2	10	5	3	2
巴林左旗	27	23	25		4	7	6		
巴林右旗	58	27	68	1	1	4	8	1	2
林西县	55	18	18		19	5	12	4	6
克什克腾旗	73	35	43		3	6	4		1
翁牛特旗	76	18	32	4	6		2	4	2
喀喇沁旗	108	25	48		6	13	12		2
宁城县	494	35	108	1	2	10	14	6	10
敖汉旗	283	30	67		6		1	5	3

7-6　续表 4　　　　单位：人

现住地	出生地								
	自治区外								
	辽宁	吉林	黑龙江	上海	江苏	浙江	安徽	福建	江西
通辽市	**3713**	**3129**	**1199**	**8**	**117**	**70**	**167**	**46**	**81**
科尔沁区	1113	851	332	1	44	33	58	18	56
科尔沁左翼中旗	138	497	64	2	3	1	14	4	4
科尔沁左翼后旗	619	207	39		4	5	5		2
开鲁县	151	61	56		2	4	14	1	2
库伦旗	210	12	15	2		10	6	5	5
奈曼旗	189	43	48		5	3	13	3	4
扎鲁特旗	360	85	85		7	2	12		
通辽经济技术开发区	375	279	180	3	37	5	20	14	4
霍林郭勒市	558	1094	380		15	7	25	1	4
鄂尔多斯市	**1222**	**853**	**1462**	**19**	**580**	**156**	**981**	**214**	**124**
东胜区	270	233	336	8	154	66	317	88	41
康巴什区	92	85	115		32	6	40	6	14
达拉特旗	54	60	89	4	37	21	57	20	2
准格尔旗	381	276	361	3	100	31	197	49	9
鄂托克前旗	12	17	19		26	8	53	1	1
鄂托克旗	52	33	73	1	33	4	44	21	6
杭锦旗	5	9	24		11	1	19	1	
乌审旗	135	47	181	1	81	8	104	16	19
伊金霍洛旗	221	93	264	2	106	11	150	12	32
呼伦贝尔市	**5962**	**4945**	**18436**	**18**	**360**	**114**	**399**	**245**	**87**
海拉尔区	639	794	2828	4	80	22	74	24	40
扎赉诺尔区	169	160	713	2	15	2	26		4
阿荣旗	1275	547	931	1	35	7	6	8	
莫力达瓦达斡尔族自治旗	403	321	1920		23	4	17	1	
鄂伦春自治旗	590	619	3109	1	37	5	56	2	3
鄂温克族自治旗	364	416	1918	1	18	7	38	1	3
陈巴尔虎旗	72	149	366		7	3	1		
新巴尔虎左旗	29	24	123				1		
新巴尔虎右旗	69	60	197		8	5	3		3
满洲里市	320	399	3083	2	47	26	53	193	17
牙克石市	503	567	1199	3	19	7	33	5	8
扎兰屯市	1003	501	1130	3	42	7	15	9	3
额尔古纳市	193	148	489	1	18	6	15	1	2
根河市	333	240	430		11	13	61	1	4
巴彦淖尔市	**301**	**243**	**265**	**9**	**137**	**87**	**355**	**76**	**45**
临河区	123	60	72	6	61	44	130	21	25
五原县	9	18	17	2	7	5	93		8
磴口县	10	11	12	1	16	5	25		
乌拉特前旗	57	34	23		16	10	47	25	8
乌拉特中旗	64	92	113		16	12	19	13	2
乌拉特后旗	28	11	12		3	8	16	17	1
杭锦后旗	10	17	16		18	3	25		1

7-6 续表 5

单位：人

现住地	出生地								
	自治区外								
	辽宁	吉林	黑龙江	上海	江苏	浙江	安徽	福建	江西
乌兰察布市	**262**	**257**	**231**	**8**	**130**	**89**	**114**	**42**	**63**
集宁区	161	119	146	4	68	44	54	11	28
卓资县	7	13	13	1	2	2	2		3
化德县	5	10	3		4	1	2	2	3
商都县	18	4	7		5	3	4	3	1
兴和县	5	3	6		4		14	4	4
凉城县	1	1	5		6	4			3
察哈尔右翼前旗	22	29	14	2	15	8	5	10	8
察哈尔右翼中旗	7	3	5		3	1	5	1	1
察哈尔右翼后旗	7	7	6		3	5	12	4	4
四子王旗	8	8	8			7	5	1	6
丰镇市	21	60	18	1	20	14	11	6	2
兴安盟	**1687**	**3437**	**1888**	**8**	**111**	**44**	**76**	**41**	**37**
乌兰浩特市	711	1898	606	3	43	21	40	24	11
阿尔山市	95	168	45	2	26		3		1
科尔沁右翼前旗	473	701	219		18	6	16	7	3
科尔沁右翼中旗	115	194	36		5	2	2	4	6
扎赉特旗	179	252	915	1	16	11	8	3	13
突泉县	114	224	67	2	3	4	7	3	3
锡林郭勒盟	**946**	**450**	**541**	**6**	**131**	**108**	**113**	**60**	**104**
二连浩特市	31	43	53		15	35	9	12	59
锡林浩特市	257	171	174	1	62	24	45	33	16
阿巴嘎旗	27	26	16	1	3		5		
苏尼特左旗	18	12	20		1		10	4	1
苏尼特右旗	11	14	9	1	16	4	7		1
东乌珠穆沁旗	31	16	12		4	13	3		3
西乌珠穆沁旗	437	87	89	1	8	6	5	2	2
太仆寺旗	12	7	25	1	12	17	7		6
镶黄旗	45	3	13	1	1		1	8	6
正镶白旗	3	2	1				2	1	
正蓝旗	10	10	20		4	2	2		2
多伦县	40	23	94		4	7	17		6
乌拉盖管委会	24	36	15		1				2
阿拉善盟	**71**	**42**	**142**	**3**	**118**	**32**	**117**	**50**	**41**
阿拉善左旗	37	20	32	3	35	24	87	47	38
阿拉善右旗	15	2	7		13		1		1
额济纳旗	11	14	84		14	5	23	1	
内蒙古阿拉善经济开发区	8	6	19		56	3	6	2	2

7-6　续表 6

单位：人

现住地	出生地								
	自治区外								
	山东	河南	湖北	湖南	广东	广西	海南	重庆	四川
内蒙古	**17448**	**11511**	**2698**	**1497**	**534**	**414**	**126**	**1138**	**6044**
呼和浩特市	**1837**	**1917**	**569**	**317**	**144**	**85**	**38**	**229**	**1543**
新城区	410	448	130	81	43	12	13	56	283
回民区	393	375	109	32	19	7	8	35	162
玉泉区	254	350	86	39	31	19	1	41	240
赛罕区	533	522	184	119	38	18	13	61	307
土默特左旗	47	41	24	12	2	11	2	12	116
托克托县	41	92	12	4	4	1		4	221
和林格尔县	49	34	9	18	5	15	1	8	123
清水河县	2	9	2	1					54
武川县	9	10	3	1	1			1	12
呼和浩特经济技术开发区	99	36	10	10	1	2		11	25
包头市	**2317**	**2318**	**501**	**272**	**120**	**96**	**29**	**195**	**1037**
东河区	262	313	78	39	19	25	2	17	129
昆都仑区	947	726	161	119	67	28	22	73	269
青山区	658	576	117	55	19	24	2	58	248
石拐区	21	32	2	2	1			2	9
白云鄂博矿区	20	13	9	2				2	5
九原区	146	282	44	25	3	13	1	26	90
土默特右旗	53	44	7	7	2	2	1	2	116
固阳县	15	22	14	1		1		4	13
达尔罕茂明安联合旗	4	14	24					2	24
包头稀土高新技术产业开发区	191	296	45	22	9	3	1	9	134
乌海市	**924**	**1121**	**141**	**66**	**27**	**10**	**6**	**111**	**378**
海勃湾区	475	569	76	30	16	6	2	39	186
海南区	177	237	32	13	4	1	2	42	70
乌达区	272	315	33	23	7	3	2	30	122
赤峰市	**572**	**389**	**145**	**118**	**49**	**37**	**6**	**28**	**177**
红山区	155	120	45	24	9	6		11	33
元宝山区	76	48	15	19	5	3		1	23
松山区	137	82	36	24	17	12	4	12	42
阿鲁科尔沁旗	12	7	2	1		1			2
巴林左旗	35	7		1	3	1			6
巴林右旗	22	15	12	4				1	6
林西县	18	8	1	23	2	2			5
克什克腾旗	43	23	8	4	1	3			13
翁牛特旗	13	17	1						6
喀喇沁旗	19	15	13	3	4	2			13
宁城县	27	21	6	7	6	4	1	2	23
敖汉旗	15	26	6	8	2	3	1	1	5

7-6 续表 7 单位：人

现住地	出生地								
	自治区外								
	山东	河南	湖北	湖南	广东	广西	海南	重庆	四川
通辽市	**614**	**316**	**101**	**66**	**31**	**32**	**7**	**41**	**102**
科尔沁区	246	117	45	28	11	11	5	17	30
科尔沁左翼中旗	36	23	3	6	1			1	7
科尔沁左翼后旗	30	8	1	1	2	5	1	1	6
开鲁县	53	22	5	2	2	2		5	5
库伦旗	10	4	4			1			2
奈曼旗	26	14	4	3	2			1	3
扎鲁特旗	35	9	7	3		3		1	6
通辽经济技术开发区	72	48	16	15	8	1	1	4	17
霍林郭勒市	106	71	16	8	5	9		11	26
鄂尔多斯市	**3344**	**2431**	**486**	**236**	**51**	**45**	**14**	**208**	**918**
东胜区	386	630	127	69	21	18	3	55	241
康巴什区	133	123	21	20	7	6	2	14	78
达拉特旗	167	223	35	9	8	3	1	17	91
准格尔旗	447	445	76	15	5	8	5	25	130
鄂托克前旗	1031	49	7	12	2			2	24
鄂托克旗	113	177	50	4	2	2		9	36
杭锦旗	21	92	13	17	1	1		11	38
乌审旗	426	202	61	43	2		2	31	166
伊金霍洛旗	620	490	96	47	3	7	1	44	114
呼伦贝尔市	**5487**	**703**	**154**	**96**	**30**	**31**	**10**	**79**	**334**
海拉尔区	875	153	53	37	12	13	3	25	47
扎赉诺尔区	332	23	3	1				1	11
阿荣旗	476	20	6	5	1	3	1	5	25
莫力达瓦达斡尔族自治旗	378	30	4	2		1		1	13
鄂伦春自治旗	568	61	10	8	1	3	1	10	54
鄂温克族自治旗	362	38	5	9	3	3	1	5	20
陈巴尔虎旗	82	16	4			1			5
新巴尔虎左旗	13	7		2					3
新巴尔虎右旗	39	6	8	2				2	5
满洲里市	252	124	27	5	1	1	1	7	13
牙克石市	786	94	18	10	5	2	1	7	42
扎兰屯市	619	37	2	3	5	2	2	2	12
额尔古纳市	365	38	1	4		1		1	48
根河市	340	56	13	8	2	1		13	36
巴彦淖尔市	**1022**	**859**	**171**	**77**	**37**	**25**	**3**	**90**	**569**
临河区	474	392	96	21	22	13	1	32	223
五原县	137	71	21	11	8	5	1	5	88
磴口县	47	72	10	3	1	2		10	28
乌拉特前旗	137	164	18	13	3	3	1	30	107
乌拉特中旗	110	73	10	1		1		8	51
乌拉特后旗	39	45	7	11		1		2	19
杭锦后旗	78	42	9	17	3			3	53

7-6 续表 8

单位：人

现住地	出生地								
	自治区外								
	山东	河南	湖北	湖南	广东	广西	海南	重庆	四川
乌兰察布市	**286**	**437**	**180**	**106**	**8**	**26**	**4**	**38**	**534**
集宁区	161	242	89	38	2	17	3	21	179
卓资县	3	10	3					1	14
化德县	11	18	16	27	2				13
商都县	14	14	6	5		2			12
兴和县	7	19	1	3	1	1			17
凉城县	4	4	3	2		3		3	38
察哈尔右翼前旗	30	72	14	12	3	1		2	95
察哈尔右翼中旗	11	9	13	3					34
察哈尔右翼后旗	4	6	3					1	10
四子王旗	17	9	6	10		1		2	27
丰镇市	24	34	26	6		1	1	8	95
兴安盟	**474**	**255**	**53**	**26**	**20**	**4**	**4**	**8**	**121**
乌兰浩特市	239	122	29	11	10	1	3	4	41
阿尔山市	46	15	2			1			3
科尔沁右翼前旗	83	54	7	2	3			2	31
科尔沁右翼中旗	37	12	4	7	3	1			14
扎赉特旗	49	30	2	6	2	1	1	1	14
突泉县	20	22	9		2			1	18
锡林郭勒盟	**403**	**415**	**122**	**85**	**15**	**19**	**3**	**49**	**146**
二连浩特市	25	42	17	21			1	3	18
锡林浩特市	132	183	49	26	8	5		21	50
阿巴嘎旗	13	9	2	2				2	7
苏尼特左旗	10	20	2	4		1		1	19
苏尼特右旗	14	15	7	4		4		3	4
东乌珠穆沁旗	18	3	2	3	1			3	3
西乌珠穆沁旗	61	44	11	8	2	5	1	1	12
太仆寺旗	39	30	12	4		1	1	1	13
镶黄旗	9	9	3	3		1		5	3
正镶白旗	3	5	1	1					4
正蓝旗	11	14	2					2	1
多伦县	36	31	12	9	4	2		7	12
乌拉盖管委会	32	10	2						
阿拉善盟	**168**	**350**	**75**	**32**	**2**	**4**	**2**	**62**	**185**
阿拉善左旗	107	207	39	20	2	3		46	106
阿拉善右旗	6	23	4	2					13
额济纳旗	38	46	6	1		1		3	55
内蒙古阿拉善经济开发区	17	74	26	9			2	13	11

7-6 续表 9 单位：人

现住地	出生地								
	自治区外								港澳台或国外
	贵州	云南	西藏	陕西	甘肃	青海	宁夏	新疆	
内蒙古	**827**	**816**	**30**	**19023**	**17179**	**761**	**5044**	**497**	**105**
呼和浩特市	**186**	**222**	**13**	**865**	**1077**	**168**	**213**	**145**	**26**
新城区	16	21	2	188	200	15	46	23	4
回民区	23	27		117	193	17	47	32	7
玉泉区	41	33	1	144	181	22	20	25	2
赛罕区	44	29	7	241	291	31	44	48	12
土默特左旗	13	26	2	26	67	21	7	1	
托克托县	10	20		41	49	8	12	1	1
和林格尔县	10	27		44	40	32	17	4	
清水河县	1	6		8	10		2		
武川县	7	27	1	14	13	4	4		
呼和浩特经济技术开发区	21	6		42	33	18	14	11	
包头市	**178**	**160**	**3**	**1496**	**1680**	**86**	**341**	**71**	**15**
东河区	24	15		203	272	20	76	8	1
昆都仑区	36	52	3	387	380	24	67	37	8
青山区	71	39		299	243	4	66	16	6
石拐区	1	3		15	43	5	10	1	
白云鄂博矿区	3	2		4	8		1		
九原区	10	14		211	205	3	41	3	
土默特右旗	5	13		123	92	6	43	1	
固阳县	9	1		55	31	3	4		
达尔罕茂明安联合旗	5	7		15	17	3	1		
包头稀土高新技术产业开发区	14	14		184	389	18	32	5	
乌海市	**28**	**23**		**1885**	**2281**	**50**	**1069**	**37**	**2**
海勃湾区	20	9		1087	1266	17	382	23	1
海南区	4	10		590	562	15	388	6	
乌达区	4	4		208	453	18	299	8	1
赤峰市	**48**	**49**	**1**	**108**	**86**	**65**	**15**	**31**	**5**
红山区	4	7		22	15	26	6	9	2
元宝山区	5	10		12	5				
松山区	8	6		21	22	21		8	1
阿鲁科尔沁旗	1	2		3	9	3		1	1
巴林左旗	1	3		6	2	1		1	
巴林右旗	1			1	7	1	3	6	
林西县	3			3	2	2	1		
克什克腾旗	2	2		5	11	5	1		
翁牛特旗	4	1		2	1	1	2	1	
喀喇沁旗	1	9		6	2		1		
宁城县	17	9	1	19	6	3	1	5	
敖汉旗	1			8	4	2			1

7-6 续表 10 单位：人

现住地	出生地								
	自治区外								港澳台或国外
	贵州	云南	西藏	陕西	甘肃	青海	宁夏	新疆	
通辽市	**26**	**30**		**63**	**69**	**26**	**13**	**20**	**9**
科尔沁区	12	13		29	18	14	9	7	2
科尔沁左翼中旗	2	2		3	9				1
科尔沁左翼后旗	1	3		1	4				2
开鲁县		1		8	1			5	
库伦旗		1		1	1				2
奈曼旗				4	8	3		1	
扎鲁特旗		1		3	4	7			
通辽经济技术开发区	9	3		8	2	2	2	4	
霍林郭勒市	2	6		6	22		2	3	2
鄂尔多斯市	**109**	**80**	**4**	**12307**	**3306**	**140**	**1157**	**73**	**6**
东胜区	37	25	1	3029	418	30	110	26	
康巴什区	6	2		571	105	4	15	2	1
达拉特旗	3	11		748	204	5	33	1	
准格尔旗	33	16		983	248	18	52	5	
鄂托克前旗	2	4	1	795	122	7	259	5	1
鄂托克旗	1	6	2	1098	1299	17	473	5	
杭锦旗	3	1		176	140	4	40	4	2
乌审旗	6	2		3004	393	20	126	20	2
伊金霍洛旗	18	13		1903	377	35	49	5	
呼伦贝尔市	**70**	**31**		**109**	**144**	**10**	**14**	**19**	**8**
海拉尔区	4	7		18	27	3	7	3	3
扎赉诺尔区		1		6	4	1		1	
阿荣旗	1	3		8	1	1		1	
莫力达瓦达斡尔族自治旗	2			3	1				
鄂伦春自治旗	1	5		3	6				
鄂温克族自治旗	46	2		5	3		2	3	1
陈巴尔虎旗		2		1	1	1			
新巴尔虎左旗	2			2			1	1	
新巴尔虎右旗		5		2	62	1		1	
满洲里市	6	4		11	9	2		1	2
牙克石市	5			9	7		1	5	1
扎兰屯市		1		20	5	1	2	3	1
额尔古纳市	2			6	6		1		
根河市	1	1		15	12				
巴彦淖尔市	**69**	**60**	**5**	**1462**	**3636**	**55**	**803**	**24**	**3**
临河区	23	17	2	428	1526	27	294	6	1
五原县	16	14		156	370	5	91	5	1
磴口县	2	2	1	149	500	7	175	2	
乌拉特前旗	9	13		309	321	6	77	5	
乌拉特中旗	13	7	1	77	127	2	24	4	1
乌拉特后旗	5	4		107	197	6	33	1	
杭锦后旗	1	3	1	236	595	2	109	1	

7-6 续表 11 单位：人

现住地	出生地								
	自治区外								港澳台或国外
	贵州	云南	西藏	陕西	甘肃	青海	宁夏	新疆	
乌兰察布市	**51**	**111**	**2**	**159**	**220**	**75**	**51**	**19**	**4**
集宁区	20	32		62	87	6	14	9	
卓资县		4	1	5	9	29	12	4	
化德县	8	10		4	9	8	12	1	
商都县	1	16		22	11		2		
兴和县	1	14			11				1
凉城县	3	6		6	13	7		1	
察哈尔右翼前旗	6	5		28	27	9	2	2	
察哈尔右翼中旗	3	2		7	16		1		
察哈尔右翼后旗	1	2		6	11		2	1	
四子王旗		10	1	10	14	12	4		2
丰镇市	8	10		9	12	4	2	1	1
兴安盟	**18**	**15**		**59**	**42**	**10**	**8**	**4**	**14**
乌兰浩特市	5	3		11	12	8	1	2	8
阿尔山市	4			2			1		
科尔沁右翼前旗	2	3		13	17		2	1	3
科尔沁右翼中旗		4		9	5			1	
扎赉特旗	5	2		14	3	1	2		3
突泉县	2	3		10	5	1	2		
锡林郭勒盟	**23**	**24**	**2**	**149**	**109**	**26**	**52**	**21**	**11**
二连浩特市				3	13	2	3		
锡林浩特市	6	9		56	38	3	9	9	4
阿巴嘎旗	1			6	16		7		
苏尼特左旗	1			13	1	1	3	1	1
苏尼特右旗	1			12	13	1	4	3	
东乌珠穆沁旗		1	1	9	2				1
西乌珠穆沁旗	4		1	12	11	1	23		
太仆寺旗	4	4		9	5	3	1	2	
镶黄旗	5	2		13	4	3			
正镶白旗				3	2	8			1
正蓝旗				3	1			1	3
多伦县	1	7		6	3	4	1	3	1
乌拉盖管委会		1		4			1	2	
阿拉善盟	**21**	**11**		**361**	**4529**	**50**	**1308**	**33**	**2**
阿拉善左旗	20	8		258	2322	20	1041	19	2
阿拉善右旗				19	585	5	20	9	
额济纳旗		1		38	674	11	44	2	
内蒙古阿拉善经济开发区	1	2		46	948	14	203	3	

7-7　全区按现住地和五年前常住地分的人口

单位：人

现住地	五年前常住地							
	合计	自治区内		自治区外				
		本县市区	本自治区其他县市区	北京	天津	河北	山西	内蒙古
内蒙古	**2235917**	**2069480**	**104482**	**2970**	**937**	**6552**	**6866**	
呼和浩特市	**306171**	**266818**	**30283**	**661**	**245**	**1148**	**1393**	
新城区	60991	52899	6156	159	35	272	302	
回民区	40283	34529	4543	91	26	165	153	
玉泉区	46984	40747	4654	109	24	212	245	
赛罕区	77370	65373	9363	243	119	238	364	
土默特左旗	23335	21859	1174	12	3	38	62	
托克托县	15677	14828	526	6		63	46	
和林格尔县	14546	12277	1776	6	26	48	108	
清水河县	6695	6440	126	1		46	36	
武川县	8879	8730	96			9	2	
呼和浩特经济技术开发区	11411	9136	1869	34	12	57	75	
包头市	**267605**	**246810**	**14355**	**309**	**105**	**858**	**1016**	
东河区	46262	44028	1393	39	14	157	122	
昆都仑区	76775	71307	3575	60	40	259	326	
青山区	50908	45487	3914	105	26	145	226	
石拐区	2083	1806	136		2	23	59	
白云鄂博矿区	2156	1974	132	1		11	11	
九原区	22797	19911	2108	45	11	110	93	
土默特右旗	26162	24898	986	6	2	66	35	
固阳县	16433	15999	265	1		31	41	
达尔罕茂明安联合旗	6251	6024	129			6	31	
包头稀土高新技术产业开发区	17778	15376	1717	52	10	50	72	
乌海市	**51332**	**46484**	**1928**	**67**	**11**	**222**	**182**	
海勃湾区	31148	28562	1283	46	8	132	71	
海南区	8809	7600	301	11	1	42	64	
乌达区	11375	10322	344	10	2	48	47	
赤峰市	**385331**	**371232**	**9840**	**457**	**124**	**670**	**107**	
红山区	41978	38084	3049	86	21	133	23	
元宝山区	27103	26104	517	24	3	51	13	
松山区	62962	57584	4247	189	43	194	25	
阿鲁科尔沁旗	22789	22433	231	10	7	13	3	
巴林左旗	29378	29072	159	18	16	7	3	
巴林右旗	14343	13939	270	6	5	15	2	
林西县	18932	18419	353	21	3	29	3	
克什克腾旗	17238	16766	234	14	4	48	12	
翁牛特旗	35084	34675	263	22	4	23	3	
喀喇沁旗	24977	24575	219	19	4	45	9	
宁城县	46500	45861	182	39	10	100	3	
敖汉旗	44047	43720	116	9	4	12	8	

7-7 续表 1

单位：人

现住地	五年前常住地							
	合计	自治区内		自治区外				
		本县市区	本自治区其他县市区	北京	天津	河北	山西	内蒙古
通辽市	**267664**	**258639**	**5627**	**189**	**63**	**256**	**71**	
科尔沁区	67524	65086	1536	34	12	48	21	
科尔沁左翼中旗	40803	39971	340	28	19	23	3	
科尔沁左翼后旗	28962	28538	207	6	2	2	1	
开鲁县	29341	28734	323	23	9	44	8	
库伦旗	13684	13455	105	7	2	29	1	
奈曼旗	34068	33579	244	20	6	26	6	
扎鲁特旗	22997	22430	358	18	1	18	13	
通辽经济技术开发区	18041	16378	1243	34	7	40	11	
霍林郭勒市	12244	10468	1271	19	5	26	7	
鄂尔多斯市	**202898**	**173820**	**12990**	**222**	**87**	**992**	**2507**	
东胜区	53023	46350	3635	85	34	207	735	
康巴什区	10438	6455	3140	22	1	51	157	
达拉特旗	30315	28301	1155	22	4	70	95	
准格尔旗	34832	30561	1464	27	15	266	716	
鄂托克前旗	8929	7767	127	2	1	21	14	
鄂托克旗	15120	12613	1136	9	5	61	65	
杭锦旗	10240	9463	342	6	2	14	40	
乌审旗	15891	12761	406	18	10	154	243	
伊金霍洛旗	24110	19549	1585	31	15	148	442	
呼伦贝尔市	**207594**	**196316**	**6762**	**248**	**77**	**307**	**60**	
海拉尔区	32867	28694	3087	77	20	83	15	
扎赉诺尔区	7777	7587	108	4	2	3		
阿荣旗	23806	23159	259	19	3	39	8	
莫力达瓦达斡尔族自治旗	21037	20619	126	11	5	7	5	
鄂伦春自治旗	15747	15275	175	22	6	24	2	
鄂温克族自治旗	12764	11591	915	21	3	15	13	
陈巴尔虎旗	4959	4708	141	6	1	8	3	
新巴尔虎左旗	3589	3409	110	2	1	1	2	
新巴尔虎右旗	3614	3187	176	1		12	7	
满洲里市	13896	12679	546	12	4	25	1	
牙克石市	25812	25059	471	30	9	21	1	
扎兰屯市	28491	27619	429	31	17	38	1	
额尔古纳市	6439	6207	105	6	2	9		
根河市	6796	6523	114	6	4	22	2	
巴彦淖尔市	**141465**	**133969**	**4559**	**117**	**33**	**313**	**288**	
临河区	52845	49911	1884	59	16	88	44	
五原县	20639	19901	519	13	2	26	28	
磴口县	8365	7857	363	5	2	18	9	
乌拉特前旗	24148	23041	557	13	1	86	136	
乌拉特中旗	10404	9420	464	18	4	60	51	
乌拉特后旗	5214	4713	238	4		14	10	
杭锦后旗	19850	19126	534	5	8	21	10	

7-7 续表 2

单位：人

现住地	五年前常住地							
	合计	自治区内		自治区外				
		本县市区	本自治区其他县市区	北京	天津	河北	山西	内蒙古
乌兰察布市	**155192**	**144503**	**6989**	**292**	**72**	**608**	**935**	
集宁区	38985	33895	3677	162	40	198	247	
卓资县	7798	7339	334	3		9	23	
化德县	8771	8209	248	18	10	108	54	
商都县	16367	15724	383	15		75	77	
兴和县	14862	14483	204	19	6	49	58	
凉城县	10345	10126	147	4	2	8	33	
察哈尔右翼前旗	11577	10103	921	41	8	89	138	
察哈尔右翼中旗	8078	7761	227	5	1	11	24	
察哈尔右翼后旗	9710	9349	256	9		15	45	
四子王旗	11774	11307	336	8		22	21	
丰镇市	16925	16207	256	8	5	24	215	
兴安盟	**127039**	**119610**	**4734**	**148**	**58**	**136**	**36**	
乌兰浩特市	31189	27924	2321	75	17	41	15	
阿尔山市	3041	2827	131	1	2	17	2	
科尔沁右翼前旗	25921	23750	1550	35	18	31	4	
科尔沁右翼中旗	18534	18083	256	15	3	8	5	
扎赉特旗	28538	27819	219	8	10	19	5	
突泉县	19816	19207	257	14	8	20	5	
锡林郭勒盟	**99746**	**90880**	**5527**	**220**	**41**	**925**	**189**	
二连浩特市	7126	6662	304	13	2	37	20	
锡林浩特市	31237	27564	2715	79	18	333	49	
阿巴嘎旗	3726	3370	223	4	1	17	4	
苏尼特左旗	3095	2765	170	1		24	29	
苏尼特右旗	5755	5448	175	1		43	16	
东乌珠穆沁旗	6242	5881	247	2	1	47	3	
西乌珠穆沁旗	8939	7587	677	8	1	33	19	
太仆寺旗	9630	9152	171	55	3	116	9	
镶黄旗	2466	2236	111	6	1	19	3	
正镶白旗	3896	3713	121	5		14	15	
正蓝旗	6208	5936	197	10	3	26	3	
多伦县	9326	8681	241	32	11	213	19	
乌拉盖管委会	2100	1885	175	4		3		
阿拉善盟	**23880**	**20399**	**888**	**40**	**21**	**117**	**82**	
阿拉善左旗	16580	14820	416	24	14	53	27	
阿拉善右旗	2088	1852	60	3	4	3	11	
额济纳旗	2687	2100	193	4	1	5	10	
内蒙古阿拉善经济开发区	2525	1627	219	9	2	56	34	

7−7 续表 3　　单位：人

现住地	五年前常住地								
	自治区外								
	辽宁	吉林	黑龙江	上海	江苏	浙江	安徽	福建	江西
内蒙古	**4847**	**3239**	**4956**	**292**	**1294**	**693**	**1239**	**534**	**490**
呼和浩特市	**349**	**337**	**408**	**76**	**183**	**123**	**249**	**78**	**142**
新城区	71	74	99	10	33	11	50	17	31
回民区	61	37	60	17	31	29	30	11	18
玉泉区	65	59	52	9	32	20	69	9	25
赛罕区	95	97	136	29	64	48	67	24	30
土默特左旗	9	6	14	1	9	6	5	7	8
托克托县	4	10	14	1	3	3	10	4	2
和林格尔县	21	19	16	1	5		12	1	14
清水河县	4	1	8		1		4		3
武川县	2	8	2			4		3	4
呼和浩特经济技术开发区	17	26	7	8	5	2	2	2	7
包头市	**257**	**147**	**208**	**47**	**198**	**105**	**136**	**101**	**71**
东河区	21	11	27	7	32	11	11	10	6
昆都仑区	81	52	86	14	40	30	52	30	26
青山区	77	32	49	12	53	33	46	12	23
石拐区	2	3		1				6	1
白云鄂博矿区	2	1	1		1				
九原区	38	26	18	1	14	7	13	11	10
土默特右旗	11	6	8	1	19	4	2	22	2
固阳县	4	3	3		3	5	3	1	
达尔罕茂明安联合旗	3	1	3	2	1			1	
包头稀土高新技术产业开发区	18	12	13	9	35	15	9	8	3
乌海市	**90**	**37**	**139**	**3**	**59**	**27**	**44**	**19**	**14**
海勃湾区	37	19	39	3	26	16	22	6	5
海南区	32	8	62		16	5	4	12	5
乌达区	21	10	38		17	6	18	1	4
赤峰市	**1056**	**234**	**307**	**27**	**116**	**66**	**94**	**41**	**42**
红山区	189	46	74	4	27	8	32	6	11
元宝山区	187	24	23	3	21	8	15		6
松山区	229	51	75	13	31	21	16	14	4
阿鲁科尔沁旗	38	16	5	1	1	6	1	3	2
巴林左旗	23	13	10	2	2	4	2		1
巴林右旗	19	10	24	1			2		2
林西县	27	4	8		13	2	5	4	5
克什克腾旗	43	18	21		2	5	4		1
翁牛特旗	33	13	7		3	3		3	3
喀喇沁旗	30	9	15		4	6	5		2
宁城县	146	18	21	3	6	3	11	6	1
敖汉旗	92	12	24		6		1	5	4

7-7　续表 4　　　　　　单位：人

现住地	五年前常住地								
	自治区外								
	辽宁	吉林	黑龙江	上海	江苏	浙江	安徽	福建	江西
通辽市	**928**	**668**	**287**	**22**	**59**	**52**	**57**	**22**	**39**
科尔沁区	246	145	86	8	14	15	21	7	27
科尔沁左翼中旗	124	161	31	5	5	16	7	1	3
科尔沁左翼后旗	97	53	14		4	1			1
开鲁县	66	43	26		4		5		2
库伦旗	51	1	2	3		6	2	5	
奈曼旗	77	24	13	1	7	3	7	3	2
扎鲁特旗	47	35	26		7	3	3		2
通辽经济技术开发区	105	72	34	1	10	1	3	6	1
霍林郭勒市	115	134	55	4	8	7	9		1
鄂尔多斯市	**466**	**303**	**640**	**35**	**324**	**84**	**444**	**91**	**60**
东胜区	93	90	109	12	58	25	136	24	12
康巴什区	31	17	37	4	21	3	7	1	4
达拉特旗	22	29	45	5	26	10	17	14	3
准格尔旗	159	70	151	4	63	20	133	26	5
鄂托克前旗	7	15	15		10	4	14		
鄂托克旗	29	12	36	2	21	4	7	13	1
杭锦旗	3	7	20	2	6		10	2	6
乌审旗	66	21	114	2	59	3	46	4	17
伊金霍洛旗	56	42	113	4	60	15	74	7	12
呼伦贝尔市	**465**	**347**	**1922**	**35**	**53**	**46**	**35**	**49**	**16**
海拉尔区	79	93	445	13	14	9	5	7	8
扎赉诺尔区	11	9	36			1	3		
阿荣旗	55	24	149	4	7	3		3	
莫力达瓦达斡尔族自治旗	30	19	174		1	2	3	2	1
鄂伦春自治旗	34	23	111	3	3	4	5	2	1
鄂温克族自治旗	23	14	98	3	3	3	4		
陈巴尔虎旗	11	10	50		1		1		
新巴尔虎左旗	4	5	45						
新巴尔虎右旗	39	23	75		8	5	2	1	
满洲里市	41	43	409	2	7	2	8	29	2
牙克石市	24	27	92	5	2	4	1		1
扎兰屯市	78	23	176	2	4	2		4	2
额尔古纳市	11	25	41	1	3	2	2	1	1
根河市	25	9	21	2		9	1		
巴彦淖尔市	**99**	**102**	**119**	**9**	**63**	**46**	**43**	**38**	**14**
临河区	30	18	23	3	31	16	19	4	10
五原县	3	6	12	1	8	2	4		1
磴口县	7	3	4		5	2			
乌拉特前旗	21	16	12	3			6	12	1
乌拉特中旗	32	47	60		9	14	8	9	1
乌拉特后旗	2	9	6	1	1	11	4	13	1
杭锦后旗	4	3	2	1	9	1	2		

7-7 续表 5

单位：人

现住地	五年前常住地								
	自治区外								
	辽宁	吉林	黑龙江	上海	江苏	浙江	安徽	福建	江西
乌兰察布市	**145**	**123**	**82**	**13**	**82**	**66**	**49**	**19**	**17**
集宁区	76	19	36	6	45	23	19	3	8
卓资县	10	11	6		3	1			
化德县	3	7	1		2	3			1
商都县	17	2	4		5	3	2	3	
兴和县	4	2	4	2		1	6	4	2
凉城县	1		3		3	1			
察哈尔右翼前旗	13	20	10		11	9	3	3	1
察哈尔右翼中旗	2	3	3	1		3	5	1	
察哈尔右翼后旗	5	3	2			6	5		2
四子王旗	2	6	8		3	4	5	1	2
丰镇市	12	50	5	4	10	12	4	4	1
兴安盟	**373**	**734**	**540**	**16**	**37**	**28**	**25**	**17**	**16**
乌兰浩特市	141	314	132	6	17	8	11	4	6
阿尔山市	8	25	5	2	7			1	
科尔沁右翼前旗	103	176	88	3	4	11	7	2	1
科尔沁右翼中旗	23	44	13	1	4	3	1	5	2
扎赉特旗	43	68	261	2	1	3	1	2	7
突泉县	55	107	41	2	4	3	5	3	
锡林郭勒盟	**584**	**185**	**218**	**7**	**51**	**29**	**45**	**24**	**30**
二连浩特市	11	6	14		3	2			5
锡林浩特市	93	63	62		20	9	13	8	7
阿巴嘎旗	10	21	14		3		4		
苏尼特左旗	8	7	10		1		10	4	1
苏尼特右旗	5	2	4		6	2	3		
东乌珠穆沁旗	15	6	4		1	5			3
西乌珠穆沁旗	385	51	43	3	3	1	2		3
太仆寺旗	8	3	14	1	12	7	4		6
镶黄旗	14	3	12				2	12	2
正镶白旗		3		1		1	2		
正蓝旗	3	3	5		1		1		
多伦县	25	12	32	2	1	2	3		2
乌拉盖管委会	7	5	4				1		1
阿拉善盟	**35**	**22**	**86**	**2**	**69**	**21**	**18**	**35**	**29**
阿拉善左旗	16	12	10		18	11	11	33	24
阿拉善右旗	10	1	3		12	1			2
额济纳旗	5	7	70	1	2	7	4	1	
内蒙古阿拉善经济开发区	4	2	3	1	37	2	3	1	3

7-7　续表 6　　　　单位：人

现住地	五年前常住地								
	自治区外								
	山东	河南	湖北	湖南	广东	广西	海南	重庆	四川
内蒙古	**4101**	**3539**	**1148**	**586**	**551**	**229**	**110**	**521**	**2172**
呼和浩特市	**571**	**594**	**201**	**134**	**130**	**57**	**37**	**152**	**522**
新城区	99	126	57	21	34	10	10	50	141
回民区	88	97	32	12	17	3	4	10	44
玉泉区	96	100	29	17	18	14	4	33	112
赛罕区	166	145	56	52	46	9	12	44	158
土默特左旗	21	25	6	8	2	5	3	3	12
托克托县	28	59	7	2	2	1		1	13
和林格尔县	35	21	6	16	7	15	3	3	26
清水河县	1	3	2	1	1				6
武川县	1	3						1	1
呼和浩特经济技术开发区	36	15	6	5	3		1	7	9
包头市	**367**	**459**	**187**	**80**	**101**	**43**	**23**	**63**	**313**
东河区	41	38	21	13	16	11		4	52
昆都仑区	147	141	53	34	40	12	19	19	55
青山区	81	129	39	15	26	9	2	9	102
石拐区	3	6		1					6
白云鄂博矿区	4	2	8						
九原区	46	53	20	9	11	6	1	17	40
土默特右旗	11	21	2	2	2			1	11
固阳县	2	9	12	1	1	1		3	5
达尔罕茂明安联合旗	2	7	21					2	4
包头稀土高新技术产业开发区	30	53	11	5	5	4	1	8	38
乌海市	**131**	**223**	**48**	**12**	**20**	**2**	**3**	**24**	**68**
海勃湾区	57	85	21	3	10	2	3	6	32
海南区	60	55	9	5	3			11	20
乌达区	14	83	18	4	7			7	16
赤峰市	**245**	**153**	**81**	**60**	**48**	**19**	**10**	**14**	**75**
红山区	64	40	18	10	6	9	4	1	7
元宝山区	25	23	9	2	1	2			17
松山区	60	25	25	11	23	5	6	10	17
阿鲁科尔沁旗	2	1		1	2	1			
巴林左旗	18	4	1	1	6			1	2
巴林右旗	11	10	9	4					2
林西县	4	2		18	1	1			2
克什克腾旗	17	12	4	3	1			1	9
翁牛特旗	7	13	2		1				2
喀喇沁旗	14	6	5	1	1	1			3
宁城县	17	10	5	3	4				14
敖汉旗	6	7	3	6	2			1	

7－7 续表 7　　单位：人

现住地	五年前常住地								
	自治区外								
	山东	河南	湖北	湖南	广东	广西	海南	重庆	四川
通辽市	**198**	**116**	**28**	**27**	**31**	**17**	**7**	**20**	**27**
科尔沁区	56	36	14	10	7	5	5	8	7
科尔沁左翼中旗	27	4	1	3	5	2		2	2
科尔沁左翼后旗	7	2		1	2	2		1	2
开鲁县	18	12	2	3	3			2	4
库伦旗	1	2	1			1			1
奈曼旗	20	6	1	1	2				2
扎鲁特旗	5	5	1	1	5	1			2
通辽经济技术开发区	25	18	5	4	5	1	2	2	6
霍林郭勒市	39	31	3	4	2	5		5	1
鄂尔多斯市	**1778**	**1096**	**212**	**100**	**47**	**23**	**6**	**124**	**501**
东胜区	152	198	46	30	20	7	3	30	104
康巴什区	55	39	8	1	2	4	2	11	52
达拉特旗	79	108	9	6	2			11	30
准格尔旗	246	204	40	6	10	4		18	58
鄂托克前旗	463	26	4	4	2				24
鄂托克旗	45	63	17	3	1	1		1	20
杭锦旗	13	44	7	16	1	2		10	20
乌审旗	313	146	31	16	3			18	114
伊金霍洛旗	412	268	50	18	6	5	1	25	79
呼伦贝尔市	**298**	**115**	**49**	**22**	**50**	**19**	**10**	**22**	**67**
海拉尔区	55	31	20	9	17	11	4	5	17
扎赉诺尔区	4					1		1	
阿荣旗	31	7	2		2	2		1	18
莫力达瓦达斡尔族自治旗	15	5			1		1		2
鄂伦春自治旗	32	7	1	3	1				1
鄂温克族自治旗	12	12	8		5				1
陈巴尔虎旗	7	3	3						1
新巴尔虎左旗	2	4			2				
新巴尔虎右旗	25	6	3	2	2			3	5
满洲里市	20	27	5	3	4	1	2	3	4
牙克石市	32	3	1	2	8	3	2		5
扎兰屯市	40	4	1	3	1				2
额尔古纳市	4				7		1	1	7
根河市	19	6	5			1		8	4
巴彦淖尔市	**102**	**200**	**89**	**42**	**34**	**12**	**1**	**21**	**155**
临河区	29	59	46	6	24	7		10	85
五原县	9	16	7	3	2				14
磴口县	4	14	6					2	5
乌拉特前旗	10	55	10	4	4	3		7	18
乌拉特中旗	40	34	6	1	2	1	1	1	15
乌拉特后旗	4	20	7	10	2	1			12
杭锦后旗	6	2	7	18				1	6

7-7 续表 8

单位：人

现住地	五年前常住地								
	自治区外								
	山东	河南	湖北	湖南	广东	广西	海南	重庆	四川
乌兰察布市	**107**	**214**	**117**	**43**	**31**	**13**	**1**	**26**	**261**
集宁区	47	113	57	10	15	7		16	126
卓资县	5	3	1		2			1	3
化德县	7	16	17	12	1				7
商都县	12	6	4	2		2			5
兴和县	2	2			2				1
凉城县	1	2	1	4					3
察哈尔右翼前旗	15	46	9	4	8			3	76
察哈尔右翼中旗	3	1	9	2					1
察哈尔右翼后旗	1	3	3						1
四子王旗	2	6	4	7	2	1		2	2
丰镇市	12	16	12	2	1	3	1	4	36
兴安盟	**123**	**71**	**32**	**17**	**24**	**9**	**6**	**10**	**58**
乌兰浩特市	39	30	9	6	10	8	3	3	12
阿尔山市	3	7			1				
科尔沁右翼前旗	29	14	7	4	6		2	6	12
科尔沁右翼中旗	35	4	5	3	3				5
扎赉特旗	6	5	3	4	2	1			12
突泉县	11	11	8		2		1	1	17
锡林郭勒盟	**126**	**195**	**50**	**39**	**15**	**14**	**6**	**28**	**62**
二连浩特市	4	18	2	1		1	2	2	8
锡林浩特市	30	58	21	7	8	4	1	8	9
阿巴嘎旗	4	13	1	2	1			2	5
苏尼特左旗	3	16	1	2				1	18
苏尼特右旗	4	12	1	1	2	4	2	3	
东乌珠穆沁旗	9	4		3				1	1
西乌珠穆沁旗	27	29	1	10	4	5			4
太仆寺旗	19	20	9	3			1		8
镶黄旗	5	8	1	4				2	1
正镶白旗	1	1	2					4	3
正蓝旗		3	1	1				1	
多伦县	11	9	8	5				4	5
乌拉盖管委会	9	4	2						
阿拉善盟	**55**	**103**	**54**	**10**	**20**	**1**		**17**	**63**
阿拉善左旗	35	51	24	6	12			14	33
阿拉善右旗	4	12							7
额济纳旗	11	12	2		2	1		1	22
内蒙古阿拉善经济开发区	5	28	28	4	6			2	1

7-7 续表 9 单位：人

现 住 地	五年前常住地								
	自 治 区 外								港澳台或国外
	贵州	云南	西藏	陕西	甘肃	青海	宁夏	新疆	
内蒙古	**434**	**415**	**25**	**5179**	**4825**	**388**	**1991**	**399**	**433**
呼和浩特市	**101**	**109**	**12**	**356**	**344**	**41**	**129**	**77**	**111**
新城区	5	12	1	62	79	3	26	12	24
回民区	11	19	2	33	48	5	30	14	13
玉泉区	22	29	3	87	43	5	14	17	10
赛罕区	35	18	6	105	110	21	23	16	58
土默特左旗	3	6		9	14	1	3		1
托克托县	2			17	10	1	9	3	2
和林格尔县	5	18		21	19	4	12	4	1
清水河县		1		3	5		2		
武川县	1	4		3	2		2		1
呼和浩特经济技术开发区	17	2		16	14	1	8	11	1
包头市	**92**	**72**	**5**	**317**	**517**	**46**	**107**	**45**	**45**
东河区	17	6		31	88	11	17	3	4
昆都仑区	21	26	2	83	85	13	16	21	10
青山区	37	25	1	67	62	3	26	13	22
石拐区				4	15	3	6		
白云鄂博矿区	2				2		2	1	1
九原区	6	7		54	81	5	19	2	4
土默特右旗		3		14	17	2	8		
固阳县	6			25	9				
达尔罕茂明安联合旗		1		6	4	2	1		
包头稀土高新技术产业开发区	3	4	2	33	154	7	12	5	4
乌海市	**18**	**19**	**1**	**239**	**736**	**23**	**400**	**34**	**5**
海勃湾区	15	9	1	95	368	9	134	20	3
海南区	2	5		88	240	8	136	4	
乌达区	1	5		56	128	6	130	10	2
赤峰市	**25**	**21**		**54**	**26**	**30**	**8**	**19**	**30**
红山区	2	3		12	3	3		2	1
元宝山区	1	6		3	1	2			12
松山区	4	1		8	9	8	4	4	6
阿鲁科尔沁旗		3			4	3			2
巴林左旗	1			8		1		2	1
巴林右旗					1		1	6	4
林西县	2			3	1	2			
克什克腾旗		2		4	3	5	1	1	3
翁牛特旗					1	1	1	1	
喀喇沁旗				1	1	1	1		
宁城县	14	6		12	1	1		3	
敖汉旗	1			3	1	3			1

7-7　续表 10　　　　单位：人

现住地	五年前常住地								
	自治区外								港澳台或国外
	贵州	云南	西藏	陕西	甘肃	青海	宁夏	新疆	
通辽市	**17**	**11**		**41**	**42**	**18**	**11**	**18**	**56**
科尔沁区	8	8		16	11	9	8	5	5
科尔沁左翼中旗	1	1		5	5			5	3
科尔沁左翼后旗					1				18
开鲁县				1	3			4	2
库伦旗		1		1					7
奈曼旗				3	10				5
扎鲁特旗				2	1	5	1		7
通辽经济技术开发区	6	1		10	1	1	1	2	5
霍林郭勒市	2			3	10	3	1	2	4
鄂尔多斯市	**73**	**52**	**1**	**3546**	**1558**	**93**	**530**	**76**	**17**
东胜区	24	8		516	190	19	56	9	6
康巴什区	7	2		234	54	3	9	1	3
达拉特旗	3	7		133	75	4	16	14	
准格尔旗	20	9		365	119	14	30	9	
鄂托克前旗	2	5		202	73	7	114	3	3
鄂托克旗	2	6	1	189	563	5	182	6	1
杭锦旗	2			76	99	1	23	3	
乌审旗	5	2		1035	189	8	60	24	3
伊金霍洛旗	8	13		796	196	32	40	7	1
呼伦贝尔市	**8**	**17**	**2**	**46**	**41**	**5**	**7**	**16**	**62**
海拉尔区	2	4		12	7	3	4	3	14
扎赉诺尔区				2	1	1			3
阿荣旗				4				1	6
莫力达瓦达斡尔族自治旗				1	2				5
鄂伦春自治旗		3		1	3			1	4
鄂温克族自治旗	2			4	1		1	1	11
陈巴尔虎旗		2						1	2
新巴尔虎左旗				2					
新巴尔虎右旗		3		3	22		1	2	1
满洲里市	2	4	2	2	1	1		1	4
牙克石市	1			2	2				4
扎兰屯市				5			1	2	6
额尔古纳市				1					2
根河市	1	1		7	2			4	
巴彦淖尔市	**32**	**33**	**1**	**235**	**500**	**15**	**150**	**24**	**7**
临河区	6	11	1	48	261	2	84	8	2
五原县	11	6		10	23	2	7	3	
磴口县		1		12	28	2	15	1	
乌拉特前旗	2	5		53	48	3	13	5	3
乌拉特中旗	9	2		37	43	2	6	6	1
乌拉特后旗	4	8		53	56	1	8	1	
杭锦后旗				22	41	3	17		1

7-7 续表 11

单位：人

现 住 地	五年前常住地								
	自 治 区 外								港澳台或国外
	贵州	云南	西藏	陕西	甘肃	青海	宁夏	新疆	
乌兰察布市	**32**	**49**	**2**	**76**	**97**	**56**	**46**	**14**	**12**
集宁区	16	24		31	41	6	13	6	3
卓资县				4	3	27	6	3	1
化德县	8	6			9	8	15	1	
商都县		11		12			2		1
兴和县		3		1	6		1		
凉城县			1	3	2				
察哈尔右翼前旗	2	3		12	20		5	2	2
察哈尔右翼中旗	1			4	8			2	
察哈尔右翼后旗				4					1
四子王旗			1	2	2	12	2		4
丰镇市	5	2		3	6	3	2		
兴安盟	**11**	**11**		**44**	**33**	**12**	**15**	**6**	**49**
乌兰浩特市	2	4		3	3	8	1	1	15
阿尔山市									2
科尔沁右翼前旗	1	3		16	20	2	1	3	12
科尔沁右翼中旗				3	3	1		1	5
扎赉特旗	6	2		11	3	1			14
突泉县	2	2		11	4		13	1	1
锡林郭勒盟	**10**	**10**		**87**	**36**	**20**	**44**	**17**	**32**
二连浩特市				1	2			1	5
锡林浩特市	3	7		20	7	3	8	3	7
阿巴嘎旗				5	12	1	7	1	1
苏尼特左旗				13	1	2	2	4	2
苏尼特右旗	1			11	5	1	1	2	
东乌珠穆沁旗				5		1			3
西乌珠穆沁旗	3			11	3		24	1	1
太仆寺旗				2	1	3	1	2	
镶黄旗	3			13	4	3			1
正镶白旗		1		1		5			3
正蓝旗				3	1			1	9
多伦县		2		2		1	1	2	
乌拉盖管委会									
阿拉善盟	**15**	**11**	**1**	**138**	**895**	**29**	**544**	**53**	**7**
阿拉善左旗	14	7	1	80	366	13	406	24	5
阿拉善右旗		1		9	72	2	9	9	1
额济纳旗		2		26	160	4	26	7	1
内蒙古阿拉善经济开发区	1	1		23	297	10	103	13	

第二部分　长表数据资料

第八卷　老年人口

8-1　各地区分性别、健康状况的60岁及以上老年人口

单位：人

地　　区	60岁及以上人口			健　　康		
	合计	男	女	小计	男	女
内蒙古	**458505**	**222262**	**236243**	**208250**	**108419**	**99831**
呼和浩特市	**58664**	**29098**	**29566**	**31896**	**16635**	**15261**
新城区	10178	4874	5304	6621	3300	3321
回民区	6869	3295	3574	4144	2077	2067
玉泉区	7274	3575	3699	4458	2278	2180
赛罕区	13486	6551	6935	8295	4201	4094
土默特左旗	6703	3464	3239	2398	1406	992
托克托县	3981	2040	1941	1580	903	677
和林格尔县	3707	1945	1762	1707	969	738
清水河县	2158	1149	1009	700	422	278
武川县	3004	1563	1441	1255	708	547
呼和浩特经济技术开发区	1304	642	662	738	371	367
包头市	**54387**	**26136**	**28251**	**30254**	**15344**	**14910**
东河区	10700	5037	5663	6231	3118	3113
昆都仑区	13702	6403	7299	8901	4314	4587
青山区	10027	4634	5393	5757	2802	2955
石拐区	583	299	284	241	136	105
白云鄂博矿区	349	169	180	198	103	95
九原区	3836	1934	1902	2006	1063	943
土默特右旗	6413	3242	3171	2874	1626	1248
固阳县	4082	2096	1986	1375	788	587
达尔罕茂明安联合旗	1834	929	905	1012	539	473
包头稀土高新技术产业开发区	2861	1393	1468	1659	855	804
乌海市	**8637**	**4130**	**4507**	**4594**	**2345**	**2249**
海勃湾区	5000	2421	2579	2880	1483	1397
海南区	1363	679	684	628	328	300
乌达区	2274	1030	1244	1086	534	552
赤峰市	**83587**	**39734**	**43853**	**36591**	**18747**	**17844**
红山区	7720	3584	4136	4815	2302	2513
元宝山区	6071	2760	3311	2838	1388	1450
松山区	11950	5572	6378	6057	2988	3069
阿鲁科尔沁旗	4852	2288	2564	2041	1041	1000
巴林左旗	5957	2827	3130	2490	1290	1200
巴林右旗	2899	1334	1565	1173	583	590
林西县	4548	2172	2376	1502	798	704
克什克腾旗	4360	2151	2209	1810	986	824
翁牛特旗	8307	3961	4346	2763	1449	1314
喀喇沁旗	5964	2921	3043	2220	1196	1024
宁城县	10425	5068	5357	4613	2454	2159
敖汉旗	10534	5096	5438	4269	2272	1997

8-1 续表 1

单位：人

地区	60岁及以上人口			健康		
	合计	男	女	小计	男	女
通辽市	**52119**	**24203**	**27916**	**20552**	**10247**	**10305**
科尔沁区	13937	6495	7442	6899	3415	3484
科尔沁左翼中旗	7424	3495	3929	2263	1178	1085
科尔沁左翼后旗	6058	2858	3200	2519	1257	1262
开鲁县	6220	2842	3378	2383	1177	1206
库伦旗	2867	1326	1541	1067	550	517
奈曼旗	7095	3277	3818	2072	1046	1026
扎鲁特旗	4189	1896	2293	1165	560	605
通辽经济技术开发区	2799	1315	1484	1659	802	857
霍林郭勒市	1530	699	831	525	262	263
鄂尔多斯市	**31364**	**16133**	**15231**	**15503**	**8652**	**6851**
东胜区	6492	3257	3235	3659	1954	1705
康巴什区	1004	512	492	685	368	317
达拉特旗	6648	3450	3198	2998	1716	1282
准格尔旗	5846	3185	2661	2606	1531	1075
鄂托克前旗	1371	661	710	685	374	311
鄂托克旗	1926	950	976	976	526	450
杭锦旗	2262	1139	1123	1025	568	457
乌审旗	2095	1042	1053	983	543	440
伊金霍洛旗	3720	1937	1783	1886	1072	814
呼伦贝尔市	**43840**	**20760**	**23080**	**18235**	**9108**	**9127**
海拉尔区	6775	3148	3627	4054	1973	2081
扎赉诺尔区	2016	929	1087	932	445	487
阿荣旗	4544	2282	2262	1351	729	622
莫力达瓦达斡尔族自治旗	3861	1880	1981	1151	623	528
鄂伦春自治旗	3590	1712	1878	1198	616	582
鄂温克族自治旗	2734	1249	1485	1116	544	572
陈巴尔虎旗	961	439	522	362	174	188
新巴尔虎左旗	542	227	315	232	96	136
新巴尔虎右旗	534	242	292	229	107	122
满洲里市	2385	1146	1239	1303	667	636
牙克石市	6519	3028	3491	2743	1340	1403
扎兰屯市	6339	3096	3243	2171	1113	1058
额尔古纳市	1408	661	747	684	338	346
根河市	1632	721	911	709	343	366
巴彦淖尔市	**31090**	**15574**	**15516**	**13904**	**7702**	**6202**
临河区	9946	4942	5004	4629	2519	2110
五原县	4973	2535	2438	2151	1237	914
磴口县	2121	1066	1055	838	467	371
乌拉特前旗	5905	2982	2923	2462	1392	1070
乌拉特中旗	2412	1196	1216	1267	676	591
乌拉特后旗	856	435	421	344	200	144
杭锦后旗	4877	2418	2459	2213	1211	1002

8-1 续表 2

单位：人

地 区	60岁及以上人口			健 康		
	合计	男	女	小计	男	女
乌兰察布市	**48786**	**24954**	**23832**	**19111**	**10692**	**8419**
集宁区	7920	3837	4083	4618	2362	2256
卓资县	3217	1706	1511	815	493	322
化德县	2867	1428	1439	1048	576	472
商都县	5849	3037	2812	2186	1273	913
兴和县	5263	2687	2576	1858	1078	780
凉城县	4046	2182	1864	1200	714	486
察哈尔右翼前旗	4233	2148	2085	1919	1059	860
察哈尔右翼中旗	3148	1680	1468	1269	753	516
察哈尔右翼后旗	3362	1694	1668	1259	716	543
四子王旗	3418	1752	1666	1100	626	474
丰镇市	5463	2803	2660	1839	1042	797
兴安盟	**24141**	**11216**	**12925**	**8082**	**4013**	**4069**
乌兰浩特市	5803	2596	3207	2835	1339	1496
阿尔山市	540	248	292	150	84	66
科尔沁右翼前旗	4952	2351	2601	1424	734	690
科尔沁右翼中旗	3325	1522	1803	900	452	448
扎赉特旗	4893	2289	2604	1353	676	677
突泉县	4628	2210	2418	1420	728	692
锡林郭勒盟	**18429**	**8640**	**9789**	**8107**	**4157**	**3950**
二连浩特市	928	456	472	369	210	159
锡林浩特市	4937	2305	2632	2784	1381	1403
阿巴嘎旗	613	272	341	329	153	176
苏尼特左旗	515	241	274	195	104	91
苏尼特右旗	1218	557	661	388	202	186
东乌珠穆沁旗	800	356	444	272	137	135
西乌珠穆沁旗	1059	453	606	514	242	272
太仆寺旗	3334	1640	1694	1177	642	535
镶黄旗	514	219	295	189	94	95
正镶白旗	954	464	490	360	189	171
正蓝旗	1274	576	698	495	247	248
多伦县	1940	935	1005	860	465	395
乌拉盖管委会	343	166	177	175	91	84
阿拉善盟	**3461**	**1684**	**1777**	**1421**	**777**	**644**
阿拉善左旗	2662	1289	1373	1097	591	506
阿拉善右旗	345	154	191	122	68	54
额济纳旗	341	176	165	145	82	63
内蒙古阿拉善经济开发区	113	65	48	57	36	21

8-1 续表 3 单位：人

地　区	基本健康			不健康，但生活能自理			不健康，生活不能自理		
	小计	男	女	小计	男	女	小计	男	女
内蒙古	**163337**	**75043**	**88294**	**72460**	**32249**	**40211**	**14458**	**6551**	**7907**
呼和浩特市	**18602**	**8738**	**9864**	**6851**	**3107**	**3744**	**1315**	**618**	**697**
新城区	2820	1245	1575	606	273	333	131	56	75
回民区	2121	956	1165	455	192	263	149	70	79
玉泉区	1951	902	1049	686	308	378	179	87	92
赛罕区	3768	1736	2032	1155	499	656	268	115	153
土默特左旗	2732	1334	1398	1361	627	734	212	97	115
托克托县	1491	716	775	786	356	430	124	65	59
和林格尔县	1263	622	641	660	317	343	77	37	40
清水河县	888	455	433	482	228	254	88	44	44
武川县	1172	582	590	524	245	279	53	28	25
呼和浩特经济技术开发区	396	190	206	136	62	74	34	19	15
包头市	**17704**	**7960**	**9744**	**4993**	**2183**	**2810**	**1436**	**649**	**787**
东河区	3419	1472	1947	769	325	444	281	122	159
昆都仑区	3643	1577	2066	811	354	457	347	158	189
青山区	3237	1410	1827	767	314	453	266	108	158
石拐区	221	100	121	105	57	48	16	6	10
白云鄂博矿区	117	53	64	21	7	14	13	6	7
九原区	1301	626	675	424	191	233	105	54	51
土默特右旗	2331	1069	1262	999	440	559	209	107	102
固阳县	1952	964	988	672	306	366	83	38	45
达尔罕茂明安联合旗	584	287	297	201	85	116	37	18	19
包头稀土高新技术产业开发区	899	402	497	224	104	120	79	32	47
乌海市	**2954**	**1295**	**1659**	**840**	**385**	**455**	**249**	**105**	**144**
海勃湾区	1576	703	873	419	189	230	125	46	79
海南区	517	244	273	177	88	89	41	19	22
乌达区	861	348	513	244	108	136	83	40	43
赤峰市	**30032**	**13658**	**16374**	**14250**	**6087**	**8163**	**2714**	**1242**	**1472**
红山区	2123	938	1185	566	238	328	216	106	110
元宝山区	2109	905	1204	863	341	522	261	126	135
松山区	3953	1758	2195	1603	672	931	337	154	183
阿鲁科尔沁旗	1836	858	978	848	338	510	127	51	76
巴林左旗	2310	1043	1267	999	421	578	158	73	85
巴林右旗	1183	528	655	455	184	271	88	39	49
林西县	1858	872	986	1020	425	595	168	77	91
克什克腾旗	1607	739	868	810	367	443	133	59	74
翁牛特旗	3566	1666	1900	1740	742	998	238	104	134
喀喇沁旗	2197	1024	1173	1306	589	717	241	112	129
宁城县	3516	1566	1950	1928	880	1048	368	168	200
敖汉旗	3774	1761	2013	2112	890	1222	379	173	206

8-1　续表 4

单位：人

地　　区	基本健康			不健康，但生活能自理			不健康，生活不能自理		
	小计	男	女	小计	男	女	小计	男	女
通辽市	**19325**	**8554**	**10771**	**10219**	**4481**	**5738**	**2023**	**921**	**1102**
科尔沁区	4938	2148	2790	1707	749	958	393	183	210
科尔沁左翼中旗	2967	1341	1626	1851	811	1040	343	165	178
科尔沁左翼后旗	2241	1004	1237	1078	491	587	220	106	114
开鲁县	2285	1003	1282	1289	551	738	263	111	152
库伦旗	1082	480	602	593	243	350	125	53	72
奈曼旗	2852	1277	1575	1831	812	1019	340	142	198
扎鲁特旗	1634	719	915	1199	528	671	191	89	102
通辽经济技术开发区	742	323	419	308	147	161	90	43	47
霍林郭勒市	584	259	325	363	149	214	58	29	29
鄂尔多斯市	**10402**	**4949**	**5453**	**4413**	**2057**	**2356**	**1046**	**475**	**571**
东胜区	1888	883	1005	737	316	421	208	104	104
康巴什区	221	94	127	85	47	38	13	3	10
达拉特旗	2323	1125	1198	1059	488	571	268	121	147
准格尔旗	2178	1115	1063	880	456	424	182	83	99
鄂托克前旗	493	209	284	156	63	93	37	15	22
鄂托克旗	614	272	342	262	128	134	74	24	50
杭锦旗	826	387	439	349	150	199	62	34	28
乌审旗	727	328	399	320	146	174	65	25	40
伊金霍洛旗	1132	536	596	565	263	302	137	66	71
呼伦贝尔市	**17358**	**7878**	**9480**	**6810**	**3111**	**3699**	**1437**	**663**	**774**
海拉尔区	2013	866	1147	549	240	309	159	69	90
扎赉诺尔区	762	334	428	241	108	133	81	42	39
阿荣旗	1957	963	994	1077	519	558	159	71	88
莫力达瓦达斡尔族自治旗	1591	762	829	954	422	532	165	73	92
鄂伦春自治旗	1661	759	902	600	272	328	131	65	66
鄂温克族自治旗	1131	493	638	407	173	234	80	39	41
陈巴尔虎旗	441	190	251	139	66	73	19	9	10
新巴尔虎左旗	195	82	113	100	43	57	15	6	9
新巴尔虎右旗	220	98	122	72	32	40	13	5	8
满洲里市	827	360	467	192	89	103	63	30	33
牙克石市	2781	1245	1536	840	372	468	155	71	84
扎兰屯市	2638	1229	1409	1268	627	641	262	127	135
额尔古纳市	511	232	279	168	72	96	45	19	26
根河市	630	265	365	203	76	127	90	37	53
巴彦淖尔市	**10710**	**5028**	**5682**	**5351**	**2338**	**3013**	**1125**	**506**	**619**
临河区	3344	1552	1792	1622	700	922	351	171	180
五原县	1713	803	910	946	421	525	163	74	89
磴口县	759	368	391	431	187	244	93	44	49
乌拉特前旗	2144	1028	1116	1088	484	604	211	78	133
乌拉特中旗	737	344	393	336	151	185	72	25	47
乌拉特后旗	293	137	156	176	79	97	43	19	24
杭锦后旗	1720	796	924	752	316	436	192	95	97

8-1 续表 5 单位：人

地区	基本健康			不健康，但生活能自理			不健康，生活不能自理		
	小计	男	女	小计	男	女	小计	男	女
乌兰察布市	**18730**	**9145**	**9585**	**9560**	**4511**	**5049**	**1385**	**606**	**779**
集宁区	2247	994	1253	847	387	460	208	94	114
卓资县	1463	748	715	837	407	430	102	58	44
化德县	1132	527	605	602	281	321	85	44	41
商都县	2374	1155	1219	1144	540	604	145	69	76
兴和县	2173	1067	1106	1085	485	600	147	57	90
凉城县	1759	926	833	966	491	475	121	51	70
察哈尔右翼前旗	1506	734	772	706	310	396	102	45	57
察哈尔右翼中旗	1188	580	608	593	299	294	98	48	50
察哈尔右翼后旗	1238	612	626	761	338	423	104	28	76
四子王旗	1448	715	733	772	368	404	98	43	55
丰镇市	2202	1087	1115	1247	605	642	175	69	106
兴安盟	**9010**	**4086**	**4924**	**5966**	**2627**	**3339**	**1083**	**490**	**593**
乌兰浩特市	1811	752	1059	935	401	534	222	104	118
阿尔山市	235	98	137	119	52	67	36	14	22
科尔沁右翼前旗	1813	851	962	1462	644	818	253	122	131
科尔沁右翼中旗	1414	625	789	848	367	481	163	78	85
扎赉特旗	1898	889	1009	1432	642	790	210	82	128
突泉县	1839	871	968	1170	521	649	199	90	109
锡林郭勒盟	**7052**	**3086**	**3966**	**2747**	**1173**	**1574**	**523**	**224**	**299**
二连浩特市	413	178	235	111	46	65	35	22	13
锡林浩特市	1580	691	889	490	191	299	83	42	41
阿巴嘎旗	191	82	109	68	28	40	25	9	16
苏尼特左旗	232	95	137	70	32	38	18	10	8
苏尼特右旗	584	257	327	204	80	124	42	18	24
东乌珠穆沁旗	381	162	219	126	49	77	21	8	13
西乌珠穆沁旗	367	143	224	134	55	79	44	13	31
太仆寺旗	1394	648	746	650	305	345	113	45	68
镶黄旗	209	84	125	94	32	62	22	9	13
正镶白旗	355	170	185	204	92	112	35	13	22
正蓝旗	512	213	299	241	105	136	26	11	15
多伦县	720	310	410	308	137	171	52	23	29
乌拉盖管委会	114	53	61	47	21	26	7	1	6
阿拉善盟	**1458**	**666**	**792**	**460**	**189**	**271**	**122**	**52**	**70**
阿拉善左旗	1127	514	613	346	146	200	92	38	54
阿拉善右旗	152	62	90	58	18	40	13	6	7
额济纳旗	142	68	74	43	21	22	11	5	6
内蒙古阿拉善经济开发区	37	22	15	13	4	9	6	3	3

8-1a 各地区分性别、健康状况的60岁及以上老年人口(城市)

单位：人

地区	60岁及以上人口			健康		
	合计	男	女	小计	男	女
内蒙古	**148513**	**69693**	**78820**	**88137**	**43358**	**44779**
呼和浩特市	**31883**	**15231**	**16652**	**20812**	**10309**	**10503**
新城区	8902	4206	4696	5939	2912	3027
回民区	6590	3150	3440	3915	1955	1960
玉泉区	6293	3059	3234	4009	2017	1992
赛罕区	10098	4816	5282	6949	3425	3524
包头市	**35001**	**16318**	**18683**	**21514**	**10498**	**11016**
东河区	9135	4248	4887	5534	2730	2804
昆都仑区	13187	6139	7048	8748	4218	4530
青山区	9662	4458	5204	5609	2715	2894
石拐区	362	177	185	153	81	72
白云鄂博矿区	349	169	180	198	103	95
九原区	2306	1127	1179	1272	651	621
乌海市	**7913**	**3748**	**4165**	**4304**	**2174**	**2130**
海勃湾区	4681	2256	2425	2756	1409	1347
海南区	1019	492	527	491	246	245
乌达区	2213	1000	1213	1057	519	538
赤峰市	**14870**	**6770**	**8100**	**9413**	**4440**	**4973**
红山区	6820	3151	3669	4478	2121	2357
元宝山区	3249	1440	1809	1743	826	917
松山区	4801	2179	2622	3192	1493	1699
通辽市	**8803**	**4012**	**4791**	**4962**	**2358**	**2604**
科尔沁区	7462	3400	4062	4490	2125	2365
霍林郭勒市	1341	612	729	472	233	239
鄂尔多斯市	**7006**	**3493**	**3513**	**4103**	**2174**	**1929**
东胜区	5974	2964	3010	3395	1792	1603
康巴什区	1004	512	492	685	368	317
鄂托克旗	28	17	11	23	14	9
呼伦贝尔市	**18587**	**8617**	**9970**	**9710**	**4728**	**4982**
海拉尔区	6506	3011	3495	3983	1930	2053
扎赉诺尔区	1859	852	1007	881	419	462
满洲里市	2258	1083	1175	1240	637	603
牙克石市	3379	1554	1825	1632	795	837
扎兰屯市	2695	1244	1451	1118	527	591
额尔古纳市	883	417	466	438	214	224
根河市	1007	456	551	418	206	212
巴彦淖尔市	**5136**	**2478**	**2658**	**2569**	**1324**	**1245**
临河区	5136	2478	2658	2569	1324	1245
乌兰察布市	**8794**	**4232**	**4562**	**5051**	**2586**	**2465**
集宁区	6719	3231	3488	4197	2141	2056
丰镇市	2075	1001	1074	854	445	409
兴安盟	**5077**	**2254**	**2823**	**2704**	**1270**	**1434**
乌兰浩特市	4799	2123	2676	2630	1227	1403
阿尔山市	278	131	147	74	43	31
锡林郭勒盟	**5443**	**2540**	**2903**	**2995**	**1497**	**1498**
二连浩特市	889	436	453	361	203	158
锡林浩特市	4554	2104	2450	2634	1294	1340

8-1a 续表

单位：人

地区	基本健康			不健康，但生活能自理			不健康，生活不能自理		
	小计	男	女	小计	男	女	小计	男	女
内蒙古	**44389**	**19309**	**25080**	**12211**	**5263**	**6948**	**3776**	**1763**	**2013**
呼和浩特市	**8470**	**3764**	**4706**	**2021**	**882**	**1139**	**580**	**276**	**304**
新城区	2368	1031	1337	485	217	268	110	46	64
回民区	2091	942	1149	439	186	253	145	67	78
玉泉区	1579	715	864	553	250	303	152	77	75
赛罕区	2432	1076	1356	544	229	315	173	86	87
包头市	**10289**	**4437**	**5852**	**2308**	**986**	**1322**	**890**	**397**	**493**
东河区	2815	1187	1628	566	235	331	220	96	124
昆都仑区	3371	1446	1925	743	321	422	325	154	171
青山区	3084	1342	1742	711	295	416	258	106	152
石拐区	140	62	78	58	31	27	11	3	8
白云鄂博矿区	117	53	64	21	7	14	13	6	7
九原区	762	347	415	209	97	112	63	32	31
乌海市	**2663**	**1149**	**1514**	**716**	**327**	**389**	**230**	**98**	**132**
海勃湾区	1459	648	811	350	156	194	116	43	73
海南区	361	163	198	133	68	65	34	15	19
乌达区	843	338	505	233	103	130	80	40	40
赤峰市	**3977**	**1686**	**2291**	**1065**	**435**	**630**	**415**	**209**	**206**
红山区	1725	752	973	435	188	247	182	90	92
元宝山区	1045	418	627	329	128	201	132	68	64
松山区	1207	516	691	301	119	182	101	51	50
通辽市	**2869**	**1230**	**1639**	**772**	**328**	**444**	**200**	**96**	**104**
科尔沁区	2311	982	1329	516	225	291	145	68	77
霍林郭勒市	558	248	310	256	103	153	55	28	27
鄂尔多斯市	**1956**	**894**	**1062**	**746**	**329**	**417**	**201**	**96**	**105**
东胜区	1730	797	933	661	282	379	188	93	95
康巴什区	221	94	127	85	47	38	13	3	10
鄂托克旗	5	3	2						
呼伦贝尔市	**6541**	**2836**	**3705**	**1786**	**790**	**996**	**550**	**263**	**287**
海拉尔区	1860	792	1068	510	221	289	153	68	85
扎赉诺尔区	684	297	387	219	98	121	75	38	37
满洲里市	784	339	445	177	79	98	57	28	29
牙克石市	1356	592	764	318	136	182	73	31	42
扎兰屯市	1119	495	624	345	164	181	113	58	55
额尔古纳市	329	148	181	91	43	48	25	12	13
根河市	409	173	236	126	49	77	54	28	26
巴彦淖尔市	**1689**	**771**	**918**	**688**	**294**	**394**	**190**	**89**	**101**
临河区	1689	771	918	688	294	394	190	89	101
乌兰察布市	**2587**	**1130**	**1457**	**933**	**421**	**512**	**223**	**95**	**128**
集宁区	1824	775	1049	540	247	293	158	68	90
丰镇市	763	355	408	393	174	219	65	27	38
兴安盟	**1546**	**632**	**914**	**643**	**269**	**374**	**184**	**83**	**101**
乌兰浩特市	1439	583	856	569	238	331	161	75	86
阿尔山市	107	49	58	74	31	43	23	8	15
锡林郭勒盟	**1802**	**780**	**1022**	**533**	**202**	**331**	**113**	**61**	**52**
二连浩特市	393	168	225	100	43	57	35	22	13
锡林浩特市	1409	612	797	433	159	274	78	39	39

8-1b　各地区分性别、健康状况的60岁及以上老年人口(镇)

单位：人

地　　区	60岁及以上人口			健　　康		
	合计	男	女	小计	男	女
内蒙古	**107009**	**50548**	**56461**	**48662**	**24640**	**24022**
呼和浩特市	**6554**	**3274**	**3280**	**3177**	**1710**	**1467**
新城区	78	41	37	17	14	3
回民区						
玉泉区						
赛罕区	98	45	53	16	9	7
土默特左旗	1312	658	654	574	317	257
托克托县	1075	538	537	530	287	243
和林格尔县	972	497	475	522	287	235
清水河县	640	321	319	263	152	111
武川县	1075	532	543	517	273	244
呼和浩特经济技术开发区	1304	642	662	738	371	367
包头市	**7003**	**3396**	**3607**	**3687**	**1917**	**1770**
东河区	399	199	200	166	89	77
昆都仑区						
青山区	25	14	11	14	8	6
石拐区	26	14	12	10	7	3
白云鄂博矿区						
九原区	283	137	146	152	78	74
土默特右旗	1818	876	942	942	496	446
固阳县	1073	516	557	382	199	183
达尔罕茂明安联合旗	673	329	344	427	225	202
包头稀土高新技术产业开发区	2706	1311	1395	1594	815	779
乌海市	**224**	**122**	**102**	**103**	**57**	**46**
海勃湾区	46	24	22	3	1	2
海南区	117	68	49	71	41	30
乌达区	61	30	31	29	15	14
赤峰市	**18767**	**8735**	**10032**	**9244**	**4579**	**4665**
红山区	466	228	238	182	94	88
元宝山区	790	366	424	345	172	173
松山区	579	268	311	270	130	140
阿鲁科尔沁旗	1622	735	887	941	453	488
巴林左旗	1626	750	876	899	438	461
巴林右旗	1434	652	782	707	345	362
林西县	1985	913	1072	805	402	403
克什克腾旗	1857	889	968	858	443	415
翁牛特旗	2351	1098	1253	950	473	477
喀喇沁旗	1650	779	871	692	362	330
宁城县	2207	1034	1173	1373	675	698
敖汉旗	2200	1023	1177	1222	592	630

8-1b 续表 1 单位：人

地区	60岁及以上人口			健康		
	合计	男	女	小计	男	女
通辽市	**13948**	**6270**	**7678**	**6379**	**2992**	**3387**
科尔沁区	1038	488	550	301	162	139
科尔沁左翼中旗	2153	955	1198	781	374	407
科尔沁左翼后旗	1915	876	1039	1031	473	558
开鲁县	1979	885	1094	978	445	533
库伦旗	1069	485	584	485	232	253
奈曼旗	1952	868	1084	756	359	397
扎鲁特旗	1707	729	978	652	288	364
通辽经济技术开发区	2128	981	1147	1389	656	733
霍林郭勒市	7	3	4	6	3	3
鄂尔多斯市	**11369**	**5743**	**5626**	**5529**	**3027**	**2502**
东胜区	74	41	33	32	20	12
康巴什区						
达拉特旗	2491	1250	1241	1229	668	561
准格尔旗	3012	1600	1412	1459	836	623
鄂托克前旗	649	303	346	278	148	130
鄂托克旗	1258	612	646	655	340	315
杭锦旗	946	458	488	394	207	187
乌审旗	783	380	403	406	216	190
伊金霍洛旗	2156	1099	1057	1076	592	484
呼伦贝尔市	**13654**	**6274**	**7380**	**5171**	**2518**	**2653**
海拉尔区	36	19	17	9	7	2
扎赉诺尔区	157	77	80	51	26	25
阿荣旗	1837	870	967	697	344	353
莫力达瓦达斡尔族自治旗	1219	548	671	420	208	212
鄂伦春自治旗	2664	1224	1440	942	462	480
鄂温克族自治旗	2053	931	1122	878	418	460
陈巴尔虎旗	752	344	408	285	132	153
新巴尔虎左旗	307	123	184	125	47	78
新巴尔虎右旗	376	168	208	171	83	88
满洲里市	127	63	64	63	30	33
牙克石市	2680	1256	1424	964	475	489
扎兰屯市	601	293	308	193	110	83
额尔古纳市	226	96	130	86	41	45
根河市	619	262	357	287	135	152
巴彦淖尔市	**8513**	**4089**	**4424**	**4141**	**2169**	**1972**
临河区	367	186	181	164	96	68
五原县	1531	744	787	782	413	369
磴口县	979	466	513	486	255	231
乌拉特前旗	2365	1133	1232	1074	575	499
乌拉特中旗	1092	531	561	578	300	278
乌拉特后旗	463	224	239	176	96	80
杭锦后旗	1716	805	911	881	434	447

8-1b　续表 2

单位：人

地　　区	60岁及以上人口			健　　康		
	合计	男	女	小计	男	女
乌兰察布市	**10443**	**5108**	**5335**	**4387**	**2330**	**2057**
集宁区	235	112	123	92	51	41
卓资县	924	476	448	329	189	140
化德县	1122	535	587	473	233	240
商都县	1540	789	751	701	384	317
兴和县	1166	554	612	392	208	184
凉城县	1076	516	560	373	195	178
察哈尔右翼前旗	1079	512	567	550	281	269
察哈尔右翼中旗	708	350	358	394	206	188
察哈尔右翼后旗	1049	512	537	494	268	226
四子王旗	1238	586	652	476	247	229
丰镇市	306	166	140	113	68	45
兴安盟	**6709**	**3047**	**3662**	**2823**	**1316**	**1507**
乌兰浩特市	287	127	160	91	41	50
阿尔山市	209	89	120	68	34	34
科尔沁右翼前旗	1276	590	686	682	314	368
科尔沁右翼中旗	1572	705	867	591	277	314
扎赉特旗	1914	867	1047	834	393	441
突泉县	1451	669	782	557	257	300
锡林郭勒盟	**7054**	**3174**	**3880**	**2945**	**1454**	**1491**
二连浩特市	16	10	6	8	7	1
锡林浩特市	29	15	14	8	4	4
阿巴嘎旗	443	195	248	243	109	134
苏尼特左旗	340	150	190	113	59	54
苏尼特右旗	1027	473	554	313	160	153
东乌珠穆沁旗	611	280	331	192	97	95
西乌珠穆沁旗	835	347	488	411	189	222
太仆寺旗	992	445	547	457	227	230
镶黄旗	374	160	214	120	64	56
正镶白旗	453	212	241	171	83	88
正蓝旗	645	294	351	307	150	157
多伦县	990	450	540	449	227	222
乌拉盖管委会	299	143	156	153	78	75
阿拉善盟	**2771**	**1316**	**1455**	**1076**	**571**	**505**
阿拉善左旗	2116	1000	1116	831	435	396
阿拉善右旗	276	120	156	83	45	38
额济纳旗	275	135	140	111	58	53
内蒙古阿拉善经济开发区	104	61	43	51	33	18

8-1b 续表 3

单位：人

地 区	基本健康			不健康，但生活能自理			不健康，生活不能自理		
	小计	男	女	小计	男	女	小计	男	女
内蒙古	**39216**	**17443**	**21773**	**15667**	**6886**	**8781**	**3464**	**1579**	**1885**
呼和浩特市	**2341**	**1078**	**1263**	**879**	**411**	**468**	**157**	**75**	**82**
新城区	49	22	27	12	5	7			
回民区									
玉泉区									
赛罕区	44	18	26	34	17	17	4	1	3
土默特左旗	548	252	296	158	73	85	32	16	16
托克托县	344	158	186	168	76	92	33	17	16
和林格尔县	321	146	175	118	59	59	11	5	6
清水河县	244	107	137	111	56	55	22	6	16
武川县	395	185	210	142	63	79	21	11	10
呼和浩特经济技术开发区	396	190	206	136	62	74	34	19	15
包头市	**2501**	**1127**	**1374**	**640**	**276**	**364**	**175**	**76**	**99**
东河区	162	80	82	57	26	31	14	4	10
昆都仑区									
青山区	9	4	5	2	2				
石拐区	14	6	8	2	1	1			
白云鄂博矿区									
九原区	100	48	52	24	8	16	7	3	4
土默特右旗	665	284	381	172	71	101	39	25	14
固阳县	561	265	296	107	44	63	23	8	15
达尔罕茂明安联合旗	165	72	93	63	25	38	18	7	11
包头稀土高新技术产业开发区	825	368	457	213	99	114	74	29	45
乌海市	**87**	**48**	**39**	**29**	**16**	**13**	**5**	**1**	**4**
海勃湾区	37	19	18	5	3	2	1	1	
海南区	32	19	13	13	8	5	1		1
乌达区	18	10	8	11	5	6	3		3
赤峰市	**6369**	**2807**	**3562**	**2634**	**1129**	**1505**	**520**	**220**	**300**
红山区	211	104	107	62	25	37	11	5	6
元宝山区	235	109	126	176	69	107	34	16	18
松山区	195	86	109	104	46	58	10	6	4
阿鲁科尔沁旗	510	225	285	140	49	91	31	8	23
巴林左旗	538	229	309	164	71	93	25	12	13
巴林右旗	535	227	308	156	63	93	36	17	19
林西县	814	356	458	307	125	182	59	30	29
克什克腾旗	625	276	349	317	145	172	57	25	32
翁牛特旗	908	412	496	438	194	244	55	19	36
喀喇沁旗	640	274	366	256	119	137	62	24	38
宁城县	504	210	294	256	119	137	74	30	44
敖汉旗	654	299	355	258	104	154	66	28	38

8-1b 续表 4

单位：人

地区	基本健康			不健康，但生活能自理			不健康，生活不能自理		
	小计	男	女	小计	男	女	小计	男	女
通辽市	**4918**	**2081**	**2837**	**2118**	**928**	**1190**	**533**	**269**	**264**
科尔沁区	513	227	286	186	79	107	38	20	18
科尔沁左翼中旗	871	370	501	415	170	245	86	41	45
科尔沁左翼后旗	630	279	351	204	91	113	50	33	17
开鲁县	637	262	375	275	132	143	89	46	43
库伦旗	381	160	221	164	73	91	39	20	19
奈曼旗	710	296	414	383	167	216	103	46	57
扎鲁特旗	679	272	407	312	134	178	64	35	29
通辽经济技术开发区	496	215	281	179	82	97	64	28	36
霍林郭勒市	1		1						
鄂尔多斯市	**3831**	**1763**	**2068**	**1593**	**757**	**836**	**416**	**196**	**220**
东胜区	34	18	16	7	3	4	1		1
康巴什区									
达拉特旗	783	361	422	359	162	197	120	59	61
准格尔旗	1072	518	554	383	197	186	98	49	49
鄂托克前旗	265	107	158	84	36	48	22	12	10
鄂托克旗	386	170	216	169	84	85	48	18	30
杭锦旗	356	159	197	170	76	94	26	16	10
乌审旗	240	110	130	115	47	68	22	7	15
伊金霍洛旗	695	320	375	306	152	154	79	35	44
呼伦贝尔市	**5777**	**2551**	**3226**	**2254**	**1003**	**1251**	**452**	**202**	**250**
海拉尔区	17	7	10	10	5	5			
扎赉诺尔区	78	37	41	22	10	12	6	4	2
阿荣旗	667	304	363	405	193	212	68	29	39
莫力达瓦达斡尔族自治旗	499	209	290	244	103	141	56	28	28
鄂伦春自治旗	1237	542	695	392	174	218	93	46	47
鄂温克族自治旗	843	369	474	279	116	163	53	28	25
陈巴尔虎旗	353	156	197	101	50	51	13	6	7
新巴尔虎左旗	110	48	62	63	25	38	9	3	6
新巴尔虎右旗	145	63	82	51	19	32	9	3	6
满洲里市	43	21	22	15	10	5	6	2	4
牙克石市	1207	545	662	435	200	235	74	36	38
扎兰屯市	255	117	138	131	59	72	22	7	15
额尔古纳市	103	42	61	30	12	18	7	1	6
根河市	220	91	129	76	27	49	36	9	27
巴彦淖尔市	**2904**	**1293**	**1611**	**1175**	**505**	**670**	**293**	**122**	**171**
临河区	147	63	84	46	22	24	10	5	5
五原县	526	232	294	183	79	104	40	20	20
磴口县	349	154	195	112	45	67	32	12	20
乌拉特前旗	852	385	467	349	146	203	90	27	63
乌拉特中旗	319	147	172	161	73	88	34	11	23
乌拉特后旗	176	80	96	90	37	53	21	11	10
杭锦后旗	535	232	303	234	103	131	66	36	30

8−1b 续表 5

单位：人

地区	基本健康			不健康，但生活能自理			不健康，生活不能自理		
	小计	男	女	小计	男	女	小计	男	女
乌兰察布市	**4108**	**1917**	**2191**	**1662**	**722**	**940**	**286**	**139**	**147**
集宁区	86	43	43	47	14	33	10	4	6
卓资县	403	193	210	167	77	90	25	17	8
化德县	425	194	231	187	83	104	37	25	12
商都县	611	288	323	196	96	100	32	21	11
兴和县	481	222	259	249	107	142	44	17	27
凉城县	492	234	258	179	74	105	32	13	19
察哈尔右翼前旗	371	160	211	138	60	78	20	11	9
察哈尔右翼中旗	210	98	112	85	35	50	19	11	8
察哈尔右翼后旗	378	178	200	147	59	88	30	7	23
四子王旗	520	236	284	214	93	121	28	10	18
丰镇市	131	71	60	53	24	29	9	3	6
兴安盟	**2405**	**1044**	**1361**	**1200**	**541**	**659**	**281**	**146**	**135**
乌兰浩特市	115	50	65	62	28	34	19	8	11
阿尔山市	99	35	64	31	15	16	11	5	6
科尔沁右翼前旗	346	148	198	198	94	104	50	34	16
科尔沁右翼中旗	625	273	352	283	119	164	73	36	37
扎赉特旗	676	298	378	326	144	182	78	32	46
突泉县	544	240	304	300	141	159	50	31	19
锡林郭勒盟	**2765**	**1189**	**1576**	**1101**	**439**	**662**	**243**	**92**	**151**
二连浩特市	5	2	3	3	1	2			
锡林浩特市	16	9	7	5	2	3			
阿巴嘎旗	134	58	76	47	21	26	19	7	12
苏尼特左旗	168	67	101	48	19	29	11	5	6
苏尼特右旗	497	224	273	181	73	108	36	16	20
东乌珠穆沁旗	305	135	170	97	41	56	17	7	10
西乌珠穆沁旗	281	108	173	108	39	69	35	11	24
太仆寺旗	352	150	202	145	54	91	38	14	24
镶黄旗	159	63	96	78	26	52	17	7	10
正镶白旗	162	79	83	103	45	58	17	5	12
正蓝旗	239	104	135	82	33	49	17	7	10
多伦县	351	145	206	160	66	94	30	12	18
乌拉盖管委会	96	45	51	44	19	25	6	1	5
阿拉善盟	**1210**	**545**	**665**	**382**	**159**	**223**	**103**	**41**	**62**
阿拉善左旗	926	413	513	279	121	158	80	31	49
阿拉善右旗	132	54	78	52	17	35	9	4	5
额济纳旗	117	56	61	38	17	21	9	4	5
内蒙古阿拉善经济开发区	35	22	13	13	4	9	5	2	3

8-1c　各地区分性别、健康状况的60岁及以上老年人口(乡村)

单位：人

地　区	60岁及以上人口			健　康		
	合计	男	女	小计	男	女
内蒙古	**202983**	**102021**	**100962**	**71451**	**40421**	**31030**
呼和浩特市	**20227**	**10593**	**9634**	**7907**	**4616**	**3291**
新城区	1198	627	571	665	374	291
回民区	279	145	134	229	122	107
玉泉区	981	516	465	449	261	188
赛罕区	3290	1690	1600	1330	767	563
土默特左旗	5391	2806	2585	1824	1089	735
托克托县	2906	1502	1404	1050	616	434
和林格尔县	2735	1448	1287	1185	682	503
清水河县	1518	828	690	437	270	167
武川县	1929	1031	898	738	435	303
呼和浩特经济技术开发区						
包头市	**12383**	**6422**	**5961**	**5053**	**2929**	**2124**
东河区	1166	590	576	531	299	232
昆都仑区	515	264	251	153	96	57
青山区	340	162	178	134	79	55
石拐区	195	108	87	78	48	30
白云鄂博矿区						
九原区	1247	670	577	582	334	248
土默特右旗	4595	2366	2229	1932	1130	802
固阳县	3009	1580	1429	993	589	404
达尔罕茂明安联合旗	1161	600	561	585	314	271
包头稀土高新技术产业开发区	155	82	73	65	40	25
乌海市	**500**	**260**	**240**	**187**	**114**	**73**
海勃湾区	273	141	132	121	73	48
海南区	227	119	108	66	41	25
乌达区						
赤峰市	**49950**	**24229**	**25721**	**17934**	**9728**	**8206**
红山区	434	205	229	155	87	68
元宝山区	2032	954	1078	750	390	360
松山区	6570	3125	3445	2595	1365	1230
阿鲁科尔沁旗	3230	1553	1677	1100	588	512
巴林左旗	4331	2077	2254	1591	852	739
巴林右旗	1465	682	783	466	238	228
林西县	2563	1259	1304	697	396	301
克什克腾旗	2503	1262	1241	952	543	409
翁牛特旗	5956	2863	3093	1813	976	837
喀喇沁旗	4314	2142	2172	1528	834	694
宁城县	8218	4034	4184	3240	1779	1461
敖汉旗	8334	4073	4261	3047	1680	1367

8-1c 续表 1

单位：人

地区	60岁及以上人口			健康		
	合计	男	女	小计	男	女
通辽市	**29368**	**13921**	**15447**	**9211**	**4897**	**4314**
科尔沁区	5437	2607	2830	2108	1128	980
科尔沁左翼中旗	5271	2540	2731	1482	804	678
科尔沁左翼后旗	4143	1982	2161	1488	784	704
开鲁县	4241	1957	2284	1405	732	673
库伦旗	1798	841	957	582	318	264
奈曼旗	5143	2409	2734	1316	687	629
扎鲁特旗	2482	1167	1315	513	272	241
通辽经济技术开发区	671	334	337	270	146	124
霍林郭勒市	182	84	98	47	26	21
鄂尔多斯市	**12989**	**6897**	**6092**	**5871**	**3451**	**2420**
东胜区	444	252	192	232	142	90
康巴什区						
达拉特旗	4157	2200	1957	1769	1048	721
准格尔旗	2834	1585	1249	1147	695	452
鄂托克前旗	722	358	364	407	226	181
鄂托克旗	640	321	319	298	172	126
杭锦旗	1316	681	635	631	361	270
乌审旗	1312	662	650	577	327	250
伊金霍洛旗	1564	838	726	810	480	330
呼伦贝尔市	**11599**	**5869**	**5730**	**3354**	**1862**	**1492**
海拉尔区	233	118	115	62	36	26
扎赉诺尔区						
阿荣旗	2707	1412	1295	654	385	269
莫力达瓦达斡尔族自治旗	2642	1332	1310	731	415	316
鄂伦春自治旗	926	488	438	256	154	102
鄂温克族自治旗	681	318	363	238	126	112
陈巴尔虎旗	209	95	114	77	42	35
新巴尔虎左旗	235	104	131	107	49	58
新巴尔虎右旗	158	74	84	58	24	34
满洲里市						
牙克石市	460	218	242	147	70	77
扎兰屯市	3043	1559	1484	860	476	384
额尔古纳市	299	148	151	160	83	77
根河市	6	3	3	4	2	2
巴彦淖尔市	**17441**	**9007**	**8434**	**7194**	**4209**	**2985**
临河区	4443	2278	2165	1896	1099	797
五原县	3442	1791	1651	1369	824	545
磴口县	1142	600	542	352	212	140
乌拉特前旗	3540	1849	1691	1388	817	571
乌拉特中旗	1320	665	655	689	376	313
乌拉特后旗	393	211	182	168	104	64
杭锦后旗	3161	1613	1548	1332	777	555

8-1c　续表 2

单位：人

地　　区	60岁及以上人口			健　　康		
	合计	男	女	小计	男	女
乌兰察布市	**29549**	**15614**	**13935**	**9673**	**5776**	**3897**
集宁区	966	494	472	329	170	159
卓资县	2293	1230	1063	486	304	182
化德县	1745	893	852	575	343	232
商都县	4309	2248	2061	1485	889	596
兴和县	4097	2133	1964	1466	870	596
凉城县	2970	1666	1304	827	519	308
察哈尔右翼前旗	3154	1636	1518	1369	778	591
察哈尔右翼中旗	2440	1330	1110	875	547	328
察哈尔右翼后旗	2313	1182	1131	765	448	317
四子王旗	2180	1166	1014	624	379	245
丰镇市	3082	1636	1446	872	529	343
兴安盟	**12355**	**5915**	**6440**	**2555**	**1427**	**1128**
乌兰浩特市	717	346	371	114	71	43
阿尔山市	53	28	25	8	7	1
科尔沁右翼前旗	3676	1761	1915	742	420	322
科尔沁右翼中旗	1753	817	936	309	175	134
扎赉特旗	2979	1422	1557	519	283	236
突泉县	3177	1541	1636	863	471	392
锡林郭勒盟	**5932**	**2926**	**3006**	**2167**	**1206**	**961**
二连浩特市	23	10	13			
锡林浩特市	354	186	168	142	83	59
阿巴嘎旗	170	77	93	86	44	42
苏尼特左旗	175	91	84	82	45	37
苏尼特右旗	191	84	107	75	42	33
东乌珠穆沁旗	189	76	113	80	40	40
西乌珠穆沁旗	224	106	118	103	53	50
太仆寺旗	2342	1195	1147	720	415	305
镶黄旗	140	59	81	69	30	39
正镶白旗	501	252	249	189	106	83
正蓝旗	629	282	347	188	97	91
多伦县	950	485	465	411	238	173
乌拉盖管委会	44	23	21	22	13	9
阿拉善盟	**690**	**368**	**322**	**345**	**206**	**139**
阿拉善左旗	546	289	257	266	156	110
阿拉善右旗	69	34	35	39	23	16
额济纳旗	66	41	25	34	24	10
内蒙古阿拉善经济开发区	9	4	5	6	3	3

8-1c 续表 3 单位：人

地　　区	基本健康			不健康，但生活能自理			不健康，生活不能自理		
	小计	男	女	小计	男	女	小计	男	女
内蒙古	**79732**	**38291**	**41441**	**44582**	**20100**	**24482**	**7218**	**3209**	**4009**
呼和浩特市	**7791**	**3896**	**3895**	**3951**	**1814**	**2137**	**578**	**267**	**311**
新城区	403	192	211	109	51	58	21	10	11
回民区	30	14	16	16	6	10	4	3	1
玉泉区	372	187	185	133	58	75	27	10	17
赛罕区	1292	642	650	577	253	324	91	28	63
土默特左旗	2184	1082	1102	1203	554	649	180	81	99
托克托县	1147	558	589	618	280	338	91	48	43
和林格尔县	942	476	466	542	258	284	66	32	34
清水河县	644	348	296	371	172	199	66	38	28
武川县	777	397	380	382	182	200	32	17	15
呼和浩特经济技术开发区									
包头市	**4914**	**2396**	**2518**	**2045**	**921**	**1124**	**371**	**176**	**195**
东河区	442	205	237	146	64	82	47	22	25
昆都仑区	272	131	141	68	33	35	22	4	18
青山区	144	64	80	54	17	37	8	2	6
石拐区	67	32	35	45	25	20	5	3	2
白云鄂博矿区									
九原区	439	231	208	191	86	105	35	19	16
土默特右旗	1666	785	881	827	369	458	170	82	88
固阳县	1391	699	692	565	262	303	60	30	30
达尔罕茂明安联合旗	419	215	204	138	60	78	19	11	8
包头稀土高新技术产业开发区	74	34	40	11	5	6	5	3	2
乌海市	**204**	**98**	**106**	**95**	**42**	**53**	**14**	**6**	**8**
海勃湾区	80	36	44	64	30	34	8	2	6
海南区	124	62	62	31	12	19	6	4	2
乌达区									
赤峰市	**19686**	**9165**	**10521**	**10551**	**4523**	**6028**	**1779**	**813**	**966**
红山区	187	82	105	69	25	44	23	11	12
元宝山区	829	378	451	358	144	214	95	42	53
松山区	2551	1156	1395	1198	507	691	226	97	129
阿鲁科尔沁旗	1326	633	693	708	289	419	96	43	53
巴林左旗	1772	814	958	835	350	485	133	61	72
巴林右旗	648	301	347	299	121	178	52	22	30
林西县	1044	516	528	713	300	413	109	47	62
克什克腾旗	982	463	519	493	222	271	76	34	42
翁牛特旗	2658	1254	1404	1302	548	754	183	85	98
喀喇沁旗	1557	750	807	1050	470	580	179	88	91
宁城县	3012	1356	1656	1672	761	911	294	138	156
敖汉旗	3120	1462	1658	1854	786	1068	313	145	168

8-1c　续表 4　　　　单位：人

地　区	基本健康			不健康，但生活能自理			不健康，生活不能自理		
	小计	男	女	小计	男	女	小计	男	女
通辽市	**11538**	**5243**	**6295**	**7329**	**3225**	**4104**	**1290**	**556**	**734**
科尔沁区	2114	939	1175	1005	445	560	210	95	115
科尔沁左翼中旗	2096	971	1125	1436	641	795	257	124	133
科尔沁左翼后旗	1611	725	886	874	400	474	170	73	97
开鲁县	1648	741	907	1014	419	595	174	65	109
库伦旗	701	320	381	429	170	259	86	33	53
奈曼旗	2142	981	1161	1448	645	803	237	96	141
扎鲁特旗	955	447	508	887	394	493	127	54	73
通辽经济技术开发区	246	108	138	129	65	64	26	15	11
霍林郭勒市	25	11	14	107	46	61	3	1	2
鄂尔多斯市	**4615**	**2292**	**2323**	**2074**	**971**	**1103**	**429**	**183**	**246**
东胜区	124	68	56	69	31	38	19	11	8
康巴什区									
达拉特旗	1540	764	776	700	326	374	148	62	86
准格尔旗	1106	597	509	497	259	238	84	34	50
鄂托克前旗	228	102	126	72	27	45	15	3	12
鄂托克旗	223	99	124	93	44	49	26	6	20
杭锦旗	470	228	242	179	74	105	36	18	18
乌审旗	487	218	269	205	99	106	43	18	25
伊金霍洛旗	437	216	221	259	111	148	58	31	27
呼伦贝尔市	**5040**	**2491**	**2549**	**2770**	**1318**	**1452**	**435**	**198**	**237**
海拉尔区	136	67	69	29	14	15	6	1	5
扎赉诺尔区									
阿荣旗	1290	659	631	672	326	346	91	42	49
莫力达瓦达斡尔族自治旗	1092	553	539	710	319	391	109	45	64
鄂伦春自治旗	424	217	207	208	98	110	38	19	19
鄂温克族自治旗	288	124	164	128	57	71	27	11	16
陈巴尔虎旗	88	34	54	38	16	22	6	3	3
新巴尔虎左旗	85	34	51	37	18	19	6	3	3
新巴尔虎右旗	75	35	40	21	13	8	4	2	2
满洲里市									
牙克石市	218	108	110	87	36	51	8	4	4
扎兰屯市	1264	617	647	792	404	388	127	62	65
额尔古纳市	79	42	37	47	17	30	13	6	7
根河市	1	1		1		1			
巴彦淖尔市	**6117**	**2964**	**3153**	**3488**	**1539**	**1949**	**642**	**295**	**347**
临河区	1508	718	790	888	384	504	151	77	74
五原县	1187	571	616	763	342	421	123	54	69
磴口县	410	214	196	319	142	177	61	32	29
乌拉特前旗	1292	643	649	739	338	401	121	51	70
乌拉特中旗	418	197	221	175	78	97	38	14	24
乌拉特后旗	117	57	60	86	42	44	22	8	14
杭锦后旗	1185	564	621	518	213	305	126	59	67

8-1c　续表 5　　　　单位：人

地　区	基本健康			不健康，但生活能自理			不健康，生活不能自理		
	小计	男	女	小计	男	女	小计	男	女
乌兰察布市	**12035**	**6098**	**5937**	**6965**	**3368**	**3597**	**876**	**372**	**504**
集宁区	337	176	161	260	126	134	40	22	18
卓资县	1060	555	505	670	330	340	77	41	36
化德县	707	333	374	415	198	217	48	19	29
商都县	1763	867	896	948	444	504	113	48	65
兴和县	1692	845	847	836	378	458	103	40	63
凉城县	1267	692	575	787	417	370	89	38	51
察哈尔右翼前旗	1135	574	561	568	250	318	82	34	48
察哈尔右翼中旗	978	482	496	508	264	244	79	37	42
察哈尔右翼后旗	860	434	426	614	279	335	74	21	53
四子王旗	928	479	449	558	275	283	70	33	37
丰镇市	1308	661	647	801	407	394	101	39	62
兴安盟	**5059**	**2410**	**2649**	**4123**	**1817**	**2306**	**618**	**261**	**357**
乌兰浩特市	257	119	138	304	135	169	42	21	21
阿尔山市	29	14	15	14	6	8	2	1	1
科尔沁右翼前旗	1467	703	764	1264	550	714	203	88	115
科尔沁右翼中旗	789	352	437	565	248	317	90	42	48
扎赉特旗	1222	591	631	1106	498	608	132	50	82
突泉县	1295	631	664	870	380	490	149	59	90
锡林郭勒盟	**2485**	**1117**	**1368**	**1113**	**532**	**581**	**167**	**71**	**96**
二连浩特市	15	8	7	8	2	6			
锡林浩特市	155	70	85	52	30	22	5	3	2
阿巴嘎旗	57	24	33	21	7	14	6	2	4
苏尼特左旗	64	28	36	22	13	9	7	5	2
苏尼特右旗	87	33	54	23	7	16	6	2	4
东乌珠穆沁旗	76	27	49	29	8	21	4	1	3
西乌珠穆沁旗	86	35	51	26	16	10	9	2	7
太仆寺旗	1042	498	544	505	251	254	75	31	44
镶黄旗	50	21	29	16	6	10	5	2	3
正镶白旗	193	91	102	101	47	54	18	8	10
正蓝旗	273	109	164	159	72	87	9	4	5
多伦县	369	165	204	148	71	77	22	11	11
乌拉盖管委会	18	8	10	3	2	1	1		1
阿拉善盟	**248**	**121**	**127**	**78**	**30**	**48**	**19**	**11**	**8**
阿拉善左旗	201	101	100	67	25	42	12	7	5
阿拉善右旗	20	8	12	6	1	5	4	2	2
额济纳旗	25	12	13	5	4	1	2	1	1
内蒙古阿拉善经济开发区	2		2				1	1	

8-2　全区分年龄、性别、健康状况的60岁及以上老年人口

单位：人

年龄	60岁及以上人口			健康		
	合计	男	女	小计	男	女
总计	**458505**	**222262**	**236243**	**208250**	**108419**	**99831**
60-64岁	**158381**	**79120**	**79261**	**95013**	**49717**	**45296**
60	34863	17653	17210	22496	11801	10695
61	29541	14949	14592	18371	9646	8725
62	30853	15396	15457	18419	9606	8813
63	32961	16523	16438	19009	10031	8978
64	30163	14599	15564	16718	8633	8085
65-69岁	**129607**	**63251**	**66356**	**61590**	**32206**	**29384**
65	30414	15024	15390	15755	8357	7398
66	28882	14000	14882	14454	7393	7061
67	25492	12367	13125	11877	6207	5670
68	23945	11716	12229	10610	5610	5000
69	20874	10144	10730	8894	4639	4255
70-74岁	**76221**	**36408**	**39813**	**27681**	**14357**	**13324**
70	19062	9223	9839	7587	3929	3658
71	17725	8574	9151	6619	3456	3163
72	13852	6561	7291	4972	2513	2459
73	14198	6765	7433	4805	2513	2292
74	11384	5285	6099	3698	1946	1752
75-79岁	**46100**	**21210**	**24890**	**13700**	**6847**	**6853**
75	10217	4770	5447	3230	1620	1610
76	10394	4774	5620	3124	1571	1553
77	8709	4026	4683	2561	1314	1247
78	8336	3796	4540	2430	1174	1256
79	8444	3844	4600	2355	1168	1187
80-84岁	**31282**	**14400**	**16882**	**7382**	**3756**	**3626**
80	7812	3537	4275	2101	1039	1062
81	6779	3087	3692	1613	819	794
82	6411	3017	3394	1467	744	723
83	5469	2532	2937	1174	618	556
84	4811	2227	2584	1027	536	491
85-89岁	**13187**	**6101**	**7086**	**2320**	**1202**	**1118**
85	3816	1736	2080	742	369	373
86	3267	1473	1794	593	298	295
87	2610	1193	1417	420	212	208
88	2027	976	1051	308	171	137
89	1467	723	744	257	152	105
90-94岁	**3171**	**1520**	**1651**	**491**	**296**	**195**
90	1190	597	593	187	123	64
91	748	336	412	117	57	60
92	604	277	327	95	62	33
93	353	162	191	46	29	17
94	276	148	128	46	25	21
95-99岁	**504**	**233**	**271**	**70**	**36**	**34**
95	186	95	91	32	17	15
96	143	58	85	16	9	7
97	84	42	42	9	4	5
98	51	17	34	7	2	5
99	40	21	19	6	4	2
100岁及以上	**52**	**19**	**33**	**3**	**2**	**1**

8-2 续表

单位：人

年 龄	基本健康			不健康，但生活能自理			不健康，生活不能自理		
	小计	男	女	小计	男	女	小计	男	女
总 计	**163337**	**75043**	**88294**	**72460**	**32249**	**40211**	**14458**	**6551**	**7907**
60-64岁	**47251**	**21700**	**25551**	**14260**	**6707**	**7553**	**1857**	**996**	**861**
60	9363	4376	4987	2674	1303	1371	330	173	157
61	8425	3939	4486	2430	1184	1246	315	180	135
62	9312	4269	5043	2746	1301	1445	376	220	156
63	10310	4795	5515	3220	1483	1737	422	214	208
64	9841	4321	5520	3190	1436	1754	414	209	205
65-69岁	**47855**	**21868**	**25987**	**17734**	**7904**	**9830**	**2428**	**1273**	**1155**
65	10579	4808	5771	3584	1597	1987	496	262	234
66	10316	4742	5574	3619	1613	2006	493	252	241
67	9580	4286	5294	3561	1627	1934	474	247	227
68	9215	4269	4946	3636	1584	2052	484	253	231
69	8165	3763	4402	3334	1483	1851	481	259	222
70-74岁	**31079**	**14264**	**16815**	**15154**	**6688**	**8466**	**2307**	**1099**	**1208**
70	7677	3535	4142	3317	1500	1817	481	259	222
71	7199	3353	3846	3419	1536	1883	488	229	259
72	5611	2595	3016	2840	1249	1591	429	204	225
73	5864	2704	3160	3067	1340	1727	462	208	254
74	4728	2077	2651	2511	1063	1448	447	199	248
75-79岁	**19059**	**8653**	**10406**	**11016**	**4665**	**6351**	**2325**	**1045**	**1280**
75	4219	1952	2267	2319	990	1329	449	208	241
76	4336	1975	2361	2440	1004	1436	494	224	270
77	3660	1646	2014	2056	875	1181	432	191	241
78	3435	1567	1868	2030	857	1173	441	198	243
79	3409	1513	1896	2171	939	1232	509	224	285
80-84岁	**12221**	**5665**	**6556**	**8872**	**3850**	**5022**	**2807**	**1129**	**1678**
80	3077	1384	1693	2064	873	1191	570	241	329
81	2676	1215	1461	1906	823	1083	584	230	354
82	2618	1260	1358	1747	790	957	579	223	356
83	2081	967	1114	1669	728	941	545	219	326
84	1769	839	930	1486	636	850	529	216	313
85-89岁	**4746**	**2319**	**2427**	**4242**	**1900**	**2342**	**1879**	**680**	**1199**
85	1376	670	706	1211	542	669	487	155	332
86	1193	571	622	1045	455	590	436	149	287
87	971	460	511	827	371	456	392	150	242
88	719	370	349	680	307	373	320	128	192
89	487	248	239	479	225	254	244	98	146
90-94岁	**986**	**496**	**490**	**1023**	**466**	**557**	**671**	**262**	**409**
90	389	192	197	405	184	221	209	98	111
91	225	109	116	241	107	134	165	63	102
92	164	79	85	199	89	110	146	47	99
93	121	62	59	96	43	53	90	28	62
94	87	54	33	82	43	39	61	26	35
95-99岁	**126**	**70**	**56**	**148**	**66**	**82**	**160**	**61**	**99**
95	50	29	21	53	29	24	51	20	31
96	32	15	17	44	17	27	51	17	34
97	23	13	10	27	12	15	25	13	12
98	11	5	6	15	6	9	18	4	14
99	10	8	2	9	2	7	15	7	8
100岁及以上	**14**	**8**	**6**	**11**	**3**	**8**	**24**	**6**	**18**

8-2a 全区分年龄、性别、健康状况的60岁及以上老年人口(城市)

单位：人

年龄	60岁及以上人口			健康		
	合计	男	女	小计	男	女
总计	**148513**	**69693**	**78820**	**88137**	**43358**	**44779**
60-64岁	**50975**	**25164**	**25811**	**37054**	**18495**	**18559**
60	11334	5582	5752	8570	4244	4326
61	9627	4822	4805	7085	3568	3517
62	10090	5028	5062	7296	3660	3636
63	10378	5163	5215	7400	3727	3673
64	9546	4569	4977	6703	3296	3407
65-69岁	**38771**	**18397**	**20374**	**25121**	**12343**	**12778**
65	9110	4444	4666	6228	3133	3095
66	8891	4244	4647	5909	2897	3012
67	7545	3556	3989	4841	2365	2476
68	7005	3333	3672	4355	2162	2193
69	6220	2820	3400	3788	1786	2002
70-74岁	**23417**	**10420**	**12997**	**12542**	**5972**	**6570**
70	5685	2558	3127	3296	1574	1722
71	5363	2425	2938	2918	1396	1522
72	4360	1891	2469	2287	1048	1239
73	4325	1909	2416	2234	1060	1174
74	3684	1637	2047	1807	894	913
75-79岁	**16676**	**7124**	**9552**	**7347**	**3418**	**3929**
75	3507	1477	2030	1625	740	885
76	3521	1479	2042	1629	748	881
77	3170	1395	1775	1382	678	704
78	3269	1409	1860	1423	655	768
79	3209	1364	1845	1288	597	691
80-84岁	**12198**	**5504**	**6694**	**4359**	**2198**	**2161**
80	3130	1371	1759	1252	608	644
81	2572	1142	1430	964	480	484
82	2480	1133	1347	852	431	421
83	2101	961	1140	683	361	322
84	1915	897	1018	608	318	290
85-89岁	**4922**	**2275**	**2647**	**1379**	**724**	**655**
85	1434	636	798	441	222	219
86	1200	539	661	358	185	173
87	981	464	517	248	136	112
88	731	345	386	183	94	89
89	576	291	285	149	87	62
90-94岁	**1331**	**691**	**640**	**290**	**184**	**106**
90	489	264	225	105	74	31
91	307	151	156	63	32	31
92	251	119	132	67	44	23
93	163	80	83	28	16	12
94	121	77	44	27	18	9
95-99岁	**205**	**110**	**95**	**43**	**23**	**20**
95	83	47	36	22	12	10
96	60	25	35	11	7	4
97	35	24	11	6	2	4
98	16	7	9	3	1	2
99	11	7	4	1	1	
100岁及以上	**18**	**8**	**10**	**2**	**1**	**1**

8-2a 续表

单位：人

年　龄	基本健康			不健康，但生活能自理			不健康，生活不能自理		
	小计	男	女	小计	男	女	小计	男	女
总　计	**44389**	**19309**	**25080**	**12211**	**5263**	**6948**	**3776**	**1763**	**2013**
60-64岁	**11062**	**5165**	**5897**	**2443**	**1258**	**1185**	**416**	**246**	**170**
60	2172	1031	1141	513	264	249	79	43	36
61	2024	983	1041	441	223	218	77	48	29
62	2215	1047	1168	480	260	220	99	61	38
63	2358	1112	1246	535	274	261	85	50	35
64	2293	992	1301	474	237	237	76	44	32
65-69岁	**10743**	**4659**	**6084**	**2425**	**1097**	**1328**	**482**	**298**	**184**
65	2284	988	1296	498	255	243	100	68	32
66	2363	1054	1309	523	241	282	96	52	44
67	2118	909	1209	484	216	268	102	66	36
68	2093	926	1167	468	196	272	89	49	40
69	1885	782	1103	452	189	263	95	63	32
70-74岁	**8231**	**3331**	**4900**	**2132**	**860**	**1272**	**512**	**257**	**255**
70	1819	726	1093	462	199	263	108	59	49
71	1878	790	1088	467	184	283	100	55	45
72	1580	633	947	404	167	237	89	43	46
73	1576	642	934	415	164	251	100	43	57
74	1378	540	838	384	146	238	115	57	58
75-79岁	**6687**	**2685**	**4002**	**2006**	**719**	**1287**	**636**	**302**	**334**
75	1380	545	835	398	140	258	104	52	52
76	1382	537	845	389	133	256	121	61	60
77	1301	529	772	356	129	227	131	59	72
78	1302	545	757	413	147	266	131	62	69
79	1322	529	793	450	170	280	149	68	81
80-84岁	**5055**	**2221**	**2834**	**1923**	**753**	**1170**	**861**	**332**	**529**
80	1233	522	711	465	171	294	180	70	110
81	1071	460	611	378	141	237	159	61	98
82	1074	483	591	372	156	216	182	63	119
83	881	385	496	363	141	222	174	74	100
84	796	371	425	345	144	201	166	64	102
85-89岁	**2046**	**943**	**1103**	**930**	**404**	**526**	**567**	**204**	**363**
85	579	259	320	260	107	153	154	48	106
86	502	222	280	215	87	128	125	45	80
87	426	201	225	188	83	105	119	44	75
88	310	147	163	150	73	77	88	31	57
89	229	114	115	117	54	63	81	36	45
90-94岁	**496**	**261**	**235**	**310**	**150**	**160**	**235**	**96**	**139**
90	199	97	102	117	59	58	68	34	34
91	115	65	50	75	34	41	54	20	34
92	78	36	42	58	24	34	48	15	33
93	66	35	31	30	14	16	39	15	24
94	38	28	10	30	19	11	26	12	14
95-99岁	**63**	**40**	**23**	**40**	**22**	**18**	**59**	**25**	**34**
95	27	15	12	15	10	5	19	10	9
96	14	7	7	15	5	10	20	6	14
97	14	12	2	7	5	2	8	5	3
98	3	3		1	1		9	2	7
99	5	3	2	2	1	1	3	2	1
100岁及以上	**6**	**4**	**2**	**2**		**2**	**8**	**3**	**5**

8–2b　全区分年龄、性别、健康状况的60岁及以上老年人口(镇)

单位：人

年　龄	60岁及以上人口			健　康		
	合计	男	女	小计	男	女
总　计	**107009**	**50548**	**56461**	**48662**	**24640**	**24022**
60–64岁	**37100**	**18286**	**18814**	**22264**	**11456**	**10808**
60	8145	4075	4070	5220	2692	2528
61	6939	3449	3490	4350	2243	2107
62	7401	3602	3799	4387	2249	2138
63	7708	3832	3876	4460	2313	2147
64	6907	3328	3579	3847	1959	1888
65–69岁	**29614**	**13973**	**15641**	**14146**	**7076**	**7070**
65	7110	3440	3670	3668	1880	1788
66	6653	3113	3540	3442	1681	1761
67	5809	2680	3129	2658	1319	1339
68	5331	2511	2820	2393	1207	1186
69	4711	2229	2482	1985	989	996
70–74岁	**17886**	**8103**	**9783**	**6651**	**3295**	**3356**
70	4407	2059	2348	1805	902	903
71	4153	1902	2251	1602	785	817
72	3300	1495	1805	1227	585	642
73	3293	1470	1823	1137	588	549
74	2733	1177	1556	880	435	445
75–79岁	**11145**	**5039**	**6106**	**3307**	**1634**	**1673**
75	2437	1094	1343	791	382	409
76	2539	1181	1358	756	389	367
77	2157	955	1202	615	302	313
78	2006	892	1114	577	282	295
79	2006	917	1089	568	279	289
80–84岁	**7382**	**3322**	**4060**	**1662**	**845**	**817**
80	1866	811	1055	486	238	248
81	1620	719	901	359	187	172
82	1505	712	793	331	170	161
83	1311	586	725	256	134	122
84	1080	494	586	230	116	114
85–89岁	**3037**	**1428**	**1609**	**493**	**254**	**239**
85	890	390	500	155	68	87
86	738	354	384	120	69	51
87	610	282	328	95	43	52
88	475	232	243	62	38	24
89	324	170	154	61	36	25
90–94岁	**714**	**343**	**371**	**124**	**73**	**51**
90	267	133	134	49	31	18
91	176	83	93	34	18	16
92	143	67	76	16	9	7
93	74	37	37	15	11	4
94	54	23	31	10	4	6
95–99岁	**120**	**50**	**70**	**14**	**6**	**8**
95	36	18	18	5	2	3
96	36	14	22	2	1	1
97	25	8	17	2	1	1
98	12	4	8	1		1
99	11	6	5	4	2	2
100岁及以上	**11**	**4**	**7**	**1**	**1**	

8−2b 续表 单位：人

年 龄	基本健康			不健康，但生活能自理			不健康，生活不能自理		
	小计	男	女	小计	男	女	小计	男	女
总 计	**39216**	**17443**	**21773**	**15667**	**6886**	**8781**	**3464**	**1579**	**1885**
60−64岁	**11179**	**5024**	**6155**	**3220**	**1551**	**1669**	**437**	**255**	**182**
60	2216	1008	1208	638	332	306	71	43	28
61	1980	880	1100	538	279	259	71	47	24
62	2282	998	1284	652	313	339	80	42	38
63	2454	1141	1313	685	314	371	109	64	45
64	2247	997	1250	707	313	394	106	59	47
65−69岁	**11201**	**4965**	**6236**	**3676**	**1631**	**2045**	**591**	**301**	**290**
65	2548	1157	1391	774	339	435	120	64	56
66	2362	1059	1303	722	316	406	127	57	70
67	2252	946	1306	784	360	424	115	55	60
68	2094	911	1183	733	329	404	111	64	47
69	1945	892	1053	663	287	376	118	61	57
70−74岁	**7550**	**3239**	**4311**	**3160**	**1333**	**1827**	**525**	**236**	**289**
70	1818	799	1019	685	304	381	99	54	45
71	1735	779	956	709	293	416	107	45	62
72	1365	601	764	607	264	343	101	45	56
73	1416	577	839	625	256	369	115	49	66
74	1216	483	733	534	216	318	103	43	60
75−79岁	**4856**	**2166**	**2690**	**2399**	**1000**	**1399**	**583**	**239**	**344**
75	1034	457	577	502	215	287	110	40	70
76	1122	498	624	546	240	306	115	54	61
77	973	421	552	451	181	270	118	51	67
78	872	392	480	456	180	276	101	38	63
79	855	398	457	444	184	260	139	56	83
80−84岁	**3036**	**1348**	**1688**	**1992**	**828**	**1164**	**692**	**301**	**391**
80	789	331	458	453	181	272	138	61	77
81	666	284	382	440	181	259	155	67	88
82	642	317	325	393	167	226	139	58	81
83	533	235	298	373	150	223	149	67	82
84	406	181	225	333	149	184	111	48	63
85−89岁	**1132**	**572**	**560**	**968**	**429**	**539**	**444**	**173**	**271**
85	339	155	184	275	123	152	121	44	77
86	270	136	134	239	106	133	109	43	66
87	223	112	111	200	91	109	92	36	56
88	184	105	79	150	55	95	79	34	45
89	116	64	52	104	54	50	43	16	27
90−94岁	**222**	**109**	**113**	**219**	**99**	**120**	**149**	**62**	**87**
90	91	45	46	77	35	42	50	22	28
91	53	21	32	53	30	23	36	14	22
92	38	19	19	55	23	32	34	16	18
93	24	13	11	18	8	10	17	5	12
94	16	11	5	16	3	13	12	5	7
95−99岁	**36**	**18**	**18**	**32**	**14**	**18**	**38**	**12**	**26**
95	12	7	5	10	7	3	9	2	7
96	12	6	6	8	2	6	14	5	9
97	5	1	4	8	3	5	10	3	7
98	4	1	3	5	2	3	2	1	1
99	3	3		1		1	3	1	2
100岁及以上	**4**	**2**	**2**	**1**	**1**		**5**		**5**

8-2c　全区分年龄、性别、健康状况的60岁及以上老年人口(乡村)

单位：人

年　龄	60岁及以上人口			健　康		
	合计	男	女	小计	男	女
总　计	**202983**	**102021**	**100962**	**71451**	**40421**	**31030**
60-64岁	**70306**	**35670**	**34636**	**35695**	**19766**	**15929**
60	15384	7996	7388	8706	4865	3841
61	12975	6678	6297	6936	3835	3101
62	13362	6766	6596	6736	3697	3039
63	14875	7528	7347	7149	3991	3158
64	13710	6702	7008	6168	3378	2790
65-69岁	**61222**	**30881**	**30341**	**22323**	**12787**	**9536**
65	14194	7140	7054	5859	3344	2515
66	13338	6643	6695	5103	2815	2288
67	12138	6131	6007	4378	2523	1855
68	11609	5872	5737	3862	2241	1621
69	9943	5095	4848	3121	1864	1257
70-74岁	**34918**	**17885**	**17033**	**8488**	**5090**	**3398**
70	8970	4606	4364	2486	1453	1033
71	8209	4247	3962	2099	1275	824
72	6192	3175	3017	1458	880	578
73	6580	3386	3194	1434	865	569
74	4967	2471	2496	1011	617	394
75-79岁	**18279**	**9047**	**9232**	**3046**	**1795**	**1251**
75	4273	2199	2074	814	498	316
76	4334	2114	2220	739	434	305
77	3382	1676	1706	564	334	230
78	3061	1495	1566	430	237	193
79	3229	1563	1666	499	292	207
80-84岁	**11702**	**5574**	**6128**	**1361**	**713**	**648**
80	2816	1355	1461	363	193	170
81	2587	1226	1361	290	152	138
82	2426	1172	1254	284	143	141
83	2057	985	1072	235	123	112
84	1816	836	980	189	102	87
85-89岁	**5228**	**2398**	**2830**	**448**	**224**	**224**
85	1492	710	782	146	79	67
86	1329	580	749	115	44	71
87	1019	447	572	77	33	44
88	821	399	422	63	39	24
89	567	262	305	47	29	18
90-94岁	**1126**	**486**	**640**	**77**	**39**	**38**
90	434	200	234	33	18	15
91	265	102	163	20	7	13
92	210	91	119	12	9	3
93	116	45	71	3	2	1
94	101	48	53	9	3	6
95-99岁	**179**	**73**	**106**	**13**	**7**	**6**
95	67	30	37	5	3	2
96	47	19	28	3	1	2
97	24	10	14	1	1	
98	23	6	17	3	1	2
99	18	8	10	1	1	
100岁及以上	**23**	**7**	**16**			

8-2c 续表　　单位：人

年龄	基本健康			不健康，但生活能自理			不健康，生活不能自理		
	小计	男	女	小计	男	女	小计	男	女
总　计	**79732**	**38291**	**41441**	**44582**	**20100**	**24482**	**7218**	**3209**	**4009**
60-64岁	**25010**	**11511**	**13499**	**8597**	**3898**	**4699**	**1004**	**495**	**509**
60	4975	2337	2638	1523	707	816	180	87	93
61	4421	2076	2345	1451	682	769	167	85	82
62	4815	2224	2591	1614	728	886	197	117	80
63	5498	2542	2956	2000	895	1105	228	100	128
64	5301	2332	2969	2009	886	1123	232	106	126
65-69岁	**25911**	**12244**	**13667**	**11633**	**5176**	**6457**	**1355**	**674**	**681**
65	5747	2663	3084	2312	1003	1309	276	130	146
66	5591	2629	2962	2374	1056	1318	270	143	127
67	5210	2431	2779	2293	1051	1242	257	126	131
68	5028	2432	2596	2435	1059	1376	284	140	144
69	4335	2089	2246	2219	1007	1212	268	135	133
70-74岁	**15298**	**7694**	**7604**	**9862**	**4495**	**5367**	**1270**	**606**	**664**
70	4040	2010	2030	2170	997	1173	274	146	128
71	3586	1784	1802	2243	1059	1184	281	129	152
72	2666	1361	1305	1829	818	1011	239	116	123
73	2872	1485	1387	2027	920	1107	247	116	131
74	2134	1054	1080	1593	701	892	229	99	130
75-79岁	**7516**	**3802**	**3714**	**6611**	**2946**	**3665**	**1106**	**504**	**602**
75	1805	950	855	1419	635	784	235	116	119
76	1832	940	892	1505	631	874	258	109	149
77	1386	696	690	1249	565	684	183	81	102
78	1261	630	631	1161	530	631	209	98	111
79	1232	586	646	1277	585	692	221	100	121
80-84岁	**4130**	**2096**	**2034**	**4957**	**2269**	**2688**	**1254**	**496**	**758**
80	1055	531	524	1146	521	625	252	110	142
81	939	471	468	1088	501	587	270	102	168
82	902	460	442	982	467	515	258	102	156
83	667	347	320	933	437	496	222	78	144
84	567	287	280	808	343	465	252	104	148
85-89岁	**1568**	**804**	**764**	**2344**	**1067**	**1277**	**868**	**303**	**565**
85	458	256	202	676	312	364	212	63	149
86	421	213	208	591	262	329	202	61	141
87	322	147	175	439	197	242	181	70	111
88	225	118	107	380	179	201	153	63	90
89	142	70	72	258	117	141	120	46	74
90-94岁	**268**	**126**	**142**	**494**	**217**	**277**	**287**	**104**	**183**
90	99	50	49	211	90	121	91	42	49
91	57	23	34	113	43	70	75	29	46
92	48	24	24	86	42	44	64	16	48
93	31	14	17	48	21	27	34	8	26
94	33	15	18	36	21	15	23	9	14
95-99岁	**27**	**12**	**15**	**76**	**30**	**46**	**63**	**24**	**39**
95	11	7	4	28	12	16	23	8	15
96	6	2	4	21	10	11	17	6	11
97	4		4	12	4	8	7	5	2
98	4	1	3	9	3	6	7	1	6
99	2	2		6	1	5	9	4	5
100岁及以上	**4**	**2**	**2**	**8**	**2**	**6**	**11**	**3**	**8**

8−3 全区分性别、婚姻状况、健康状况的60岁及以上老年人口

单位：人

婚姻状况	60岁及以上人口			健康		
	合计	男	女	小计	男	女
总 计	**458505**	**222262**	**236243**	**208250**	**108419**	**99831**
未 婚	7008	6589	419	1835	1642	193
有配偶	349000	187940	161060	176512	98530	77982
离 婚	6413	3606	2807	3228	1680	1548
丧 偶	96084	24127	71957	26675	6567	20108

8−3 续表

单位：人

婚姻状况	基本健康			不健康，但生活能自理			不健康，生活不能自理		
	小计	男	女	小计	男	女	小计	男	女
总 计	**163337**	**75043**	**88294**	**72460**	**32249**	**40211**	**14458**	**6551**	**7907**
未 婚	2432	2335	97	2251	2161	90	490	451	39
有配偶	120734	62067	58667	44310	23048	21262	7444	4295	3149
离 婚	2064	1181	883	983	650	333	138	95	43
丧 偶	38107	9460	28647	24916	6390	18526	6386	1710	4676

8−3a 全区分性别、婚姻状况、健康状况的60岁及以上老年人口(城市)

单位：人

婚姻状况	60岁及以上人口			健康		
	合计	男	女	小计	男	女
总 计	**148513**	**69693**	**78820**	**88137**	**43358**	**44779**
未 婚	816	628	188	360	247	113
有配偶	114562	61112	53450	73872	39809	34063
离 婚	3191	1468	1723	1920	837	1083
丧 偶	29944	6485	23459	11985	2465	9520

8−3a 续表

单位：人

婚姻状况	基本健康			不健康，但生活能自理			不健康，生活不能自理		
	小计	男	女	小计	男	女	小计	男	女
总 计	**44389**	**19309**	**25080**	**12211**	**5263**	**6948**	**3776**	**1763**	**2013**
未 婚	187	157	30	179	151	28	90	73	17
有配偶	31643	16230	15413	7159	3875	3284	1888	1198	690
离 婚	888	413	475	343	188	155	40	30	10
丧 偶	11671	2509	9162	4530	1049	3481	1758	462	1296

8-3b 全区分性别、婚姻状况、健康状况的60岁及以上老年人口(镇)

单位：人

婚姻状况	60岁及以上人口			健康		
	合计	男	女	小计	男	女
总　计	**107009**	**50548**	**56461**	**48662**	**24640**	**24022**
未　婚	1135	1031	104	246	208	38
有配偶	81288	43427	37861	41156	22661	18495
离　婚	1493	838	655	646	342	304
丧　偶	23093	5252	17841	6614	1429	5185

8-3b 续表

单位：人

婚姻状况	基本健康			不健康，但生活能自理			不健康，生活不能自理		
	小计	男	女	小计	男	女	小计	男	女
总　计	**39216**	**17443**	**21773**	**15667**	**6886**	**8781**	**3464**	**1579**	**1885**
未　婚	401	371	30	373	346	27	115	106	9
有配偶	28883	14692	14191	9510	5069	4441	1739	1005	734
离　婚	539	302	237	268	169	99	40	25	15
丧　偶	9393	2078	7315	5516	1302	4214	1570	443	1127

8-3c 全区分性别、婚姻状况、健康状况的60岁及以上老年人口(乡村)

单位：人

婚姻状况	60岁及以上人口			健康		
	合计	男	女	小计	男	女
总　计	**202983**	**102021**	**100962**	**71451**	**40421**	**31030**
未　婚	5057	4930	127	1229	1187	42
有配偶	153150	83401	69749	61484	36060	25424
离　婚	1729	1300	429	662	501	161
丧　偶	43047	12390	30657	8076	2673	5403

8-3c 续表

单位：人

婚姻状况	基本健康			不健康，但生活能自理			不健康，生活不能自理		
	小计	男	女	小计	男	女	小计	男	女
总　计	**79732**	**38291**	**41441**	**44582**	**20100**	**24482**	**7218**	**3209**	**4009**
未　婚	1844	1807	37	1699	1664	35	285	272	13
有配偶	60208	31145	29063	27641	14104	13537	3817	2092	1725
离　婚	637	466	171	372	293	79	58	40	18
丧　偶	17043	4873	12170	14870	4039	10831	3058	805	2253

8-4 全区分性别、主要生活来源、健康状况的60岁及以上老年人口

单位：人

主要生活来源	60岁及以上人口			健康		
	合计	男	女	小计	男	女
总　计	**458505**	**222262**	**236243**	**208250**	**108419**	**99831**
劳动收入	87306	58070	29236	54258	36992	17266
离退休金/养老金	184561	91310	93251	104446	52949	51497
最低生活保障金	62930	28899	34031	9173	4437	4736
失业保险金	136	60	76	71	30	41
财产性收入	7973	4226	3747	2892	1628	1264
家庭其他成员供养	85152	25587	59565	25524	6661	18863
其　他	30447	14110	16337	11886	5722	6164

8-4 续表

单位：人

主要生活来源	基本健康			不健康，但生活能自理			不健康，生活不能自理		
	小计	男	女	小计	男	女	小计	男	女
总　计	**163337**	**75043**	**88294**	**72460**	**32249**	**40211**	**14458**	**6551**	**7907**
劳动收入	29366	18745	10621	3568	2268	1300	114	65	49
离退休金/养老金	59890	28302	31588	15952	7771	8181	4273	2288	1985
最低生活保障金	24203	10863	13340	25317	11654	13663	4237	1945	2292
失业保险金	50	22	28	13	7	6	2	1	1
财产性收入	3440	1745	1695	1502	775	727	139	78	61
家庭其他成员供养	33755	9773	23982	21079	7385	13694	4794	1768	3026
其　他	12633	5593	7040	5029	2389	2640	899	406	493

8－4a　全区分性别、主要生活来源、健康状况的60岁及以上老年人口(城市)

单位：人

主要生活来源	60岁及以上人口			健　康		
	合计	男	女	小计	男	女
总　计	**148513**	**69693**	**78820**	**88137**	**43358**	**44779**
劳动收入	8816	6767	2049	6830	5253	1577
离退休金/养老金	111586	53056	58530	69109	33839	35270
最低生活保障金	4522	1941	2581	1237	546	691
失业保险金	8	3	5	4	1	3
财产性收入	690	347	343	364	195	169
家庭其他成员供养	17682	5343	12339	7932	2284	5648
其　他	5209	2236	2973	2661	1240	1421

8－4a　续表

单位：人

主要生活来源	基本健康			不健康，但生活能自理			不健康，生活不能自理		
	小计	男	女	小计	男	女	小计	男	女
总　计	**44389**	**19309**	**25080**	**12211**	**5263**	**6948**	**3776**	**1763**	**2013**
劳动收入	1784	1357	427	188	147	41	14	10	4
离退休金/养老金	32851	14702	18149	7269	3302	3967	2357	1213	1144
最低生活保障金	1573	639	934	1399	605	794	313	151	162
失业保险金	2	1	1	2	1	1			
财产性收入	195	90	105	117	51	66	14	11	3
家庭其他成员供养	6224	1846	4378	2652	915	1737	874	298	576
其　他	1760	674	1086	584	242	342	204	80	124

8-4b　全区分性别、主要生活来源、健康状况的60岁及以上老年人口(镇)

单位：人

主要生活来源	60岁及以上人口			健康		
	合计	男	女	小计	男	女
总　计	**107009**	**50548**	**56461**	**48662**	**24640**	**24022**
劳动收入	12567	8952	3615	8324	6050	2274
离退休金/养老金	51100	26327	24773	26635	14176	12459
最低生活保障金	10793	4747	6046	1838	773	1065
失业保险金	31	16	15	8	4	4
财产性收入	1262	633	629	506	267	239
家庭其他成员供养	22632	6218	16414	7978	1880	6098
其　他	8624	3655	4969	3373	1490	1883

8-4b　续表

单位：人

主要生活来源	基本健康			不健康，但生活能自理			不健康，生活不能自理		
	小计	男	女	小计	男	女	小计	男	女
总　计	**39216**	**17443**	**21773**	**15667**	**6886**	**8781**	**3464**	**1579**	**1885**
劳动收入	3793	2599	1194	442	299	143	8	4	4
离退休金/养老金	18097	8886	9211	5134	2582	2552	1234	683	551
最低生活保障金	4189	1795	2394	4013	1831	2182	753	348	405
失业保险金	20	10	10	2	2		1		1
财产性收入	541	264	277	186	89	97	29	13	16
家庭其他成员供养	8935	2411	6524	4559	1518	3041	1160	409	751
其　他	3641	1478	2163	1331	565	766	279	122	157

8-4c 全区分性别、主要生活来源、健康状况的60岁及以上老年人口(乡村)

单位：人

主要生活来源	60岁及以上人口			健康		
	合计	男	女	小计	男	女
总　计	**202983**	**102021**	**100962**	**71451**	**40421**	**31030**
劳动收入	65923	42351	23572	39104	25689	13415
离退休金/养老金	21875	11927	9948	8702	4934	3768
最低生活保障金	47615	22211	25404	6098	3118	2980
失业保险金	97	41	56	59	25	34
财产性收入	6021	3246	2775	2022	1166	856
家庭其他成员供养	44838	14026	30812	9614	2497	7117
其　他	16614	8219	8395	5852	2992	2860

8-4c 续表

单位：人

主要生活来源	基本健康			不健康，但生活能自理			不健康，生活不能自理		
	小计	男	女	小计	男	女	小计	男	女
总　计	**79732**	**38291**	**41441**	**44582**	**20100**	**24482**	**7218**	**3209**	**4009**
劳动收入	23789	14789	9000	2938	1822	1116	92	51	41
离退休金/养老金	8942	4714	4228	3549	1887	1662	682	392	290
最低生活保障金	18441	8429	10012	19905	9218	10687	3171	1446	1725
失业保险金	28	11	17	9	4	5	1	1	
财产性收入	2704	1391	1313	1199	635	564	96	54	42
家庭其他成员供养	18596	5516	13080	13868	4952	8916	2760	1061	1699
其　他	7232	3441	3791	3114	1582	1532	416	204	212

8-5　全区分性别、居住状况、健康状况的60岁及以上老年人口

单位：人

居住状况	60岁及以上人口			健康		
	合计	男	女	小计	男	女
总　计	**458505**	**222262**	**236243**	**208250**	**108419**	**99831**
与配偶和子女同住	54046	29333	24713	28558	16015	12543
与配偶同住	272660	146630	126030	136061	75962	60099
与子女同住	56232	14951	41281	17932	4920	13012
独居(有保姆)	945	406	539	220	115	105
独居(无保姆)	57643	21540	36103	19090	7776	11314
养老机构	3591	2132	1459	308	167	141
其　他	13388	7270	6118	6081	3464	2617

8-5　续表

单位：人

居住状况	基本健康			不健康，但生活能自理			不健康，生活不能自理		
	小计	男	女	小计	男	女	小计	男	女
总　计	**163337**	**75043**	**88294**	**72460**	**32249**	**40211**	**14458**	**6551**	**7907**
与配偶和子女同住	16952	8732	8220	7025	3664	3361	1511	922	589
与配偶同住	96609	49591	47018	34698	18064	16634	5292	3013	2279
与子女同住	20542	5362	15180	13378	3503	9875	4380	1166	3214
独居(有保姆)	270	132	138	202	76	126	253	83	170
独居(无保姆)	23552	8390	15162	13624	4919	8705	1377	455	922
养老机构	1006	576	430	1345	833	512	932	556	376
其　他	4406	2260	2146	2188	1190	998	713	356	357

8−5a 全区分性别、居住状况、健康状况的60岁及以上老年人口(城市)

单位：人

居住状况	60岁及以上人口			健康		
	合计	男	女	小计	男	女
总　计	**148513**	**69693**	**78820**	**88137**	**43358**	**44779**
与配偶和子女同住	20532	11212	9320	13804	7603	6201
与配偶同住	85941	45856	40085	54700	29528	25172
与子女同住	18681	4548	14133	8820	2211	6609
独居(有保姆)	507	199	308	131	57	74
独居(无保姆)	18013	5563	12450	8414	2837	5577
养老机构	1137	556	581	104	37	67
其　他	3702	1759	1943	2164	1085	1079

8−5a 续表

单位：人

居住状况	基本健康			不健康，但生活能自理			不健康，生活不能自理		
	小计	男	女	小计	男	女	小计	男	女
总　计	**44389**	**19309**	**25080**	**12211**	**5263**	**6948**	**3776**	**1763**	**2013**
与配偶和子女同住	5000	2609	2391	1330	742	588	398	258	140
与配偶同住	24598	12608	11990	5370	2902	2468	1273	818	455
与子女同住	6362	1472	4890	2373	577	1796	1126	288	838
独居(有保姆)	145	64	81	101	33	68	130	45	85
独居(无保姆)	6953	1971	4982	2341	675	1666	305	80	225
养老机构	327	153	174	374	193	181	332	173	159
其　他	1004	432	572	322	141	181	212	101	111

8-5b　全区分性别、居住状况、健康状况的60岁及以上老年人口(镇)

单位：人

居住状况	60岁及以上人口			健　康		
	合计	男	女	小计	男	女
总　计	**107009**	**50548**	**56461**	**48662**	**24640**	**24022**
与配偶和子女同住	11919	6420	5499	6312	3520	2792
与配偶同住	63968	34182	29786	32029	17618	14411
与子女同住	13372	3301	10071	4419	1123	3296
独居(有保姆)	273	118	155	52	35	17
独居(无保姆)	13196	4277	8919	4274	1525	2749
养老机构	1037	652	385	90	51	39
其　他	3244	1598	1646	1486	768	718

8-5b　续表

单位：人

居住状况	基本健康			不健康，但生活能自理			不健康，生活不能自理		
	小计	男	女	小计	男	女	小计	男	女
总　计	**39216**	**17443**	**21773**	**15667**	**6886**	**8781**	**3464**	**1579**	**1885**
与配偶和子女同住	3877	1971	1906	1373	706	667	357	223	134
与配偶同住	23173	11810	11363	7533	4056	3477	1233	698	535
与子女同住	4995	1157	3838	2908	734	2174	1050	287	763
独居(有保姆)	80	39	41	59	23	36	82	21	61
独居(无保姆)	5712	1774	3938	2912	886	2026	298	92	206
养老机构	275	182	93	382	233	149	290	186	104
其　他	1104	510	594	500	248	252	154	72	82

8−5c 全区分性别、居住状况、健康状况的60岁及以上老年人口(乡村)

单位：人

居住状况	60岁及以上人口			健康		
	合计	男	女	小计	男	女
总　计	**202983**	**102021**	**100962**	**71451**	**40421**	**31030**
与配偶和子女同住	21595	11701	9894	8442	4892	3550
与配偶同住	122751	66592	56159	49332	28816	20516
与子女同住	24179	7102	17077	4693	1586	3107
独居(有保姆)	165	89	76	37	23	14
独居(无保姆)	26434	11700	14734	6402	3414	2988
养老机构	1417	924	493	114	79	35
其　他	6442	3913	2529	2431	1611	820

8−5c 续表

单位：人

居住状况	基本健康			不健康，但生活能自理			不健康，生活不能自理		
	小计	男	女	小计	男	女	小计	男	女
总　计	**79732**	**38291**	**41441**	**44582**	**20100**	**24482**	**7218**	**3209**	**4009**
与配偶和子女同住	8075	4152	3923	4322	2216	2106	756	441	315
与配偶同住	48838	25173	23665	21795	11106	10689	2786	1497	1289
与子女同住	9185	2733	6452	8097	2192	5905	2204	591	1613
独居(有保姆)	45	29	16	42	20	22	41	17	24
独居(无保姆)	10887	4645	6242	8371	3358	5013	774	283	491
养老机构	404	241	163	589	407	182	310	197	113
其　他	2298	1318	980	1366	801	565	347	183	164

8-6　各地区分性别、主要生活来源的60岁及以上老年人口

单位：人

地　　区	60岁及以上人口			劳动收入		
	合计	男	女	小计	男	女
内蒙古	**458505**	**222262**	**236243**	**87306**	**58070**	**29236**
呼和浩特市	**58664**	**29098**	**29566**	**8768**	**6502**	**2266**
新城区	10178	4874	5304	810	620	190
回民区	6869	3295	3574	530	426	104
玉泉区	7274	3575	3699	892	703	189
赛罕区	13486	6551	6935	1373	974	399
土默特左旗	6703	3464	3239	1657	1241	416
托克托县	3981	2040	1941	961	717	244
和林格尔县	3707	1945	1762	1029	761	268
清水河县	2158	1149	1009	544	372	172
武川县	3004	1563	1441	768	533	235
呼和浩特经济技术开发区	1304	642	662	204	155	49
包头市	**54387**	**26136**	**28251**	**7729**	**5508**	**2221**
东河区	10700	5037	5663	894	643	251
昆都仑区	13702	6403	7299	817	653	164
青山区	10027	4634	5393	486	378	108
石拐区	583	299	284	109	82	27
白云鄂博矿区	349	169	180	36	29	7
九原区	3836	1934	1902	813	588	225
土默特右旗	6413	3242	3171	2484	1660	824
固阳县	4082	2096	1986	1264	886	378
达尔罕茂明安联合旗	1834	929	905	496	327	169
包头稀土高新技术产业开发区	2861	1393	1468	330	262	68
乌海市	**8637**	**4130**	**4507**	**550**	**454**	**96**
海勃湾区	5000	2421	2579	303	259	44
海南区	1363	679	684	137	99	38
乌达区	2274	1030	1244	110	96	14
赤峰市	**83587**	**39734**	**43853**	**23380**	**14023**	**9357**
红山区	7720	3584	4136	634	438	196
元宝山区	6071	2760	3311	713	497	216
松山区	11950	5572	6378	3021	1812	1209
阿鲁科尔沁旗	4852	2288	2564	1180	717	463
巴林左旗	5957	2827	3130	2470	1345	1125
巴林右旗	2899	1334	1565	794	448	346
林西县	4548	2172	2376	1201	768	433
克什克腾旗	4360	2151	2209	1144	730	414
翁牛特旗	8307	3961	4346	2422	1446	976
喀喇沁旗	5964	2921	3043	2053	1271	782
宁城县	10425	5068	5357	3694	2213	1481
敖汉旗	10534	5096	5438	4054	2338	1716

8−6 续表 1

单位：人

地　区	60岁及以上人口			劳动收入		
	合计	男	女	小计	男	女
通辽市	**52119**	**24203**	**27916**	**10687**	**6635**	**4052**
科尔沁区	13937	6495	7442	2368	1512	856
科尔沁左翼中旗	7424	3495	3929	1299	866	433
科尔沁左翼后旗	6058	2858	3200	1705	1049	656
开鲁县	6220	2842	3378	1834	1047	787
库伦旗	2867	1326	1541	860	495	365
奈曼旗	7095	3277	3818	1628	1003	625
扎鲁特旗	4189	1896	2293	558	359	199
通辽经济技术开发区	2799	1315	1484	308	209	99
霍林郭勒市	1530	699	831	127	95	32
鄂尔多斯市	**31364**	**16133**	**15231**	**8821**	**5922**	**2899**
东胜区	6492	3257	3235	968	738	230
康巴什区	1004	512	492	140	109	31
达拉特旗	6648	3450	3198	2420	1597	823
准格尔旗	5846	3185	2661	1341	1025	316
鄂托克前旗	1371	661	710	464	278	186
鄂托克旗	1926	950	976	601	380	221
杭锦旗	2262	1139	1123	850	530	320
乌审旗	2095	1042	1053	918	526	392
伊金霍洛旗	3720	1937	1783	1119	739	380
呼伦贝尔市	**43840**	**20760**	**23080**	**3460**	**2519**	**941**
海拉尔区	6775	3148	3627	260	181	79
扎赉诺尔区	2016	929	1087	30	23	7
阿荣旗	4544	2282	2262	616	469	147
莫力达瓦达斡尔族自治旗	3861	1880	1981	694	480	214
鄂伦春自治旗	3590	1712	1878	273	211	62
鄂温克族自治旗	2734	1249	1485	148	95	53
陈巴尔虎旗	961	439	522	84	54	30
新巴尔虎左旗	542	227	315	73	45	28
新巴尔虎右旗	534	242	292	75	52	23
满洲里市	2385	1146	1239	179	138	41
牙克石市	6519	3028	3491	124	98	26
扎兰屯市	6339	3096	3243	817	605	212
额尔古纳市	1408	661	747	63	50	13
根河市	1632	721	911	24	18	6
巴彦淖尔市	**31090**	**15574**	**15516**	**9175**	**5971**	**3204**
临河区	9946	4942	5004	2460	1613	847
五原县	4973	2535	2438	1769	1164	605
磴口县	2121	1066	1055	523	356	167
乌拉特前旗	5905	2982	2923	1894	1252	642
乌拉特中旗	2412	1196	1216	826	510	316
乌拉特后旗	856	435	421	176	126	50
杭锦后旗	4877	2418	2459	1527	950	577

8-6　续表 2　　　　单位：人

地　区	60岁及以上人口			劳动收入		
	合计	男	女	小计	男	女
乌兰察布市	**48786**	**24954**	**23832**	**8321**	**6054**	**2267**
集宁区	7920	3837	4083	639	515	124
卓资县	3217	1706	1511	380	287	93
化德县	2867	1428	1439	392	278	114
商都县	5849	3037	2812	1251	880	371
兴和县	5263	2687	2576	801	593	208
凉城县	4046	2182	1864	868	631	237
察哈尔右翼前旗	4233	2148	2085	1030	729	301
察哈尔右翼中旗	3148	1680	1468	650	484	166
察哈尔右翼后旗	3362	1694	1668	463	370	93
四子王旗	3418	1752	1666	776	553	223
丰镇市	5463	2803	2660	1071	734	337
兴安盟	**24141**	**11216**	**12925**	**2972**	**2086**	**886**
乌兰浩特市	5803	2596	3207	272	210	62
阿尔山市	540	248	292	29	22	7
科尔沁右翼前旗	4952	2351	2601	782	577	205
科尔沁右翼中旗	3325	1522	1803	435	293	142
扎赉特旗	4893	2289	2604	601	434	167
突泉县	4628	2210	2418	853	550	303
锡林郭勒盟	**18429**	**8640**	**9789**	**2958**	**2054**	**904**
二连浩特市	928	456	472	174	135	39
锡林浩特市	4937	2305	2632	503	383	120
阿巴嘎旗	613	272	341	106	69	37
苏尼特左旗	515	241	274	99	72	27
苏尼特右旗	1218	557	661	157	109	48
东乌珠穆沁旗	800	356	444	135	85	50
西乌珠穆沁旗	1059	453	606	169	108	61
太仆寺旗	3334	1640	1694	547	417	130
镶黄旗	514	219	295	109	69	40
正镶白旗	954	464	490	190	114	76
正蓝旗	1274	576	698	308	175	133
多伦县	1940	935	1005	409	281	128
乌拉盖管委会	343	166	177	52	37	15
阿拉善盟	**3461**	**1684**	**1777**	**485**	**342**	**143**
阿拉善左旗	2662	1289	1373	372	255	117
阿拉善右旗	345	154	191	24	21	3
额济纳旗	341	176	165	50	34	16
内蒙古阿拉善经济开发区	113	65	48	39	32	7

8-6 续表 3

单位：人

地区	离退休金/养老金			最低生活保障金			失业保险金		
	小计	男	女	小计	男	女	小计	男	女
内蒙古	**184561**	**91310**	**93251**	**62930**	**28899**	**34031**	**136**	**60**	**76**
呼和浩特市	**28582**	**14261**	**14321**	**7833**	**3596**	**4237**	**15**	**8**	**7**
新城区	6995	3389	3606	318	138	180	1		1
回民区	4950	2369	2581	261	106	155			
玉泉区	4094	2018	2076	453	209	244	1	1	
赛罕区	8603	4213	4390	1176	524	652	2	1	1
土默特左旗	1073	618	455	1766	799	967	1	1	
托克托县	885	514	371	808	378	430	9	4	5
和林格尔县	669	382	287	1183	553	630	1	1	
清水河县	354	230	124	709	337	372			
武川县	463	275	188	1021	494	527			
呼和浩特经济技术开发区	496	253	243	138	58	80			
包头市	**34077**	**15945**	**18132**	**1961**	**929**	**1032**	**2**		**2**
东河区	8355	3863	4492	238	115	123			
昆都仑区	10877	5020	5857	330	138	192			
青山区	8514	3895	4619	108	48	60			
石拐区	241	112	129	48	28	20			
白云鄂博矿区	222	109	113	10	4	6			
九原区	1475	752	723	246	110	136			
土默特右旗	1267	653	614	359	187	172	1		1
固阳县	661	344	317	448	214	234	1		1
达尔罕茂明安联合旗	472	241	231	135	67	68			
包头稀土高新技术产业开发区	1993	956	1037	39	18	21			
乌海市	**6934**	**3239**	**3695**	**135**	**72**	**63**			
海勃湾区	4081	1943	2138	77	37	40			
海南区	967	468	499	25	13	12			
乌达区	1886	828	1058	33	22	11			
赤峰市	**21546**	**11271**	**10275**	**13430**	**5892**	**7538**	**89**	**39**	**50**
红山区	5377	2531	2846	184	76	108	2	1	1
元宝山区	3074	1458	1616	256	108	148	1	1	
松山区	3760	1899	1861	1149	483	666	25	9	16
阿鲁科尔沁旗	856	502	354	1229	541	688	1	1	
巴林左旗	926	520	406	1264	536	728			
巴林右旗	673	382	291	507	211	296	1	1	
林西县	1005	525	480	1054	458	596	2	2	
克什克腾旗	929	532	397	919	396	523	2	1	1
翁牛特旗	1164	678	486	1811	796	1015	19	6	13
喀喇沁旗	873	513	360	1214	536	678	23	12	11
宁城县	1500	895	605	1904	890	1014	3		3
敖汉旗	1409	836	573	1939	861	1078	10	5	5

8-6　续表 4　　　　单位：人

地　　区	离退休金/养老金			最低生活保障金			失业保险金		
	小计	男	女	小计	男	女	小计	男	女
通辽市	**15151**	**7653**	**7498**	**5654**	**2624**	**3030**	**3**	**1**	**2**
科尔沁区	6477	3128	3349	409	211	198			
科尔沁左翼中旗	1298	706	592	1164	537	627	1		1
科尔沁左翼后旗	1237	664	573	268	132	136			
开鲁县	1348	667	681	677	314	363			
库伦旗	597	309	288	275	128	147			
奈曼旗	921	533	388	1364	627	737			
扎鲁特旗	1305	629	676	1126	515	611			
通辽经济技术开发区	1386	700	686	112	50	62	2	1	1
霍林郭勒市	582	317	265	259	110	149			
鄂尔多斯市	**11577**	**6021**	**5556**	**1500**	**707**	**793**	**1**		**1**
东胜区	3378	1714	1664	351	155	196			
康巴什区	516	286	230	18	8	10			
达拉特旗	2650	1265	1385	178	100	78			
准格尔旗	2022	1146	876	341	174	167			
鄂托克前旗	248	143	105	151	57	94			
鄂托克旗	766	365	401	81	41	40			
杭锦旗	547	285	262	69	32	37			
乌审旗	465	244	221	82	36	46			
伊金霍洛旗	985	573	412	229	104	125	1		1
呼伦贝尔市	**27392**	**12935**	**14457**	**2537**	**1278**	**1259**	**1**		**1**
海拉尔区	5533	2610	2923	96	35	61			
扎赉诺尔区	1769	831	938	40	22	18			
阿荣旗	1300	676	624	395	205	190			
莫力达瓦达斡尔族自治旗	834	415	419	350	170	180			
鄂伦春自治旗	2261	1047	1214	261	130	131			
鄂温克族自治旗	1943	947	996	172	72	100			
陈巴尔虎旗	516	256	260	62	28	34	1		1
新巴尔虎左旗	246	109	137	39	15	24			
新巴尔虎右旗	171	86	85	38	17	21			
满洲里市	1657	789	868	50	29	21			
牙克石市	5721	2650	3071	175	90	85			
扎兰屯市	2830	1330	1500	749	402	347			
额尔古纳市	1130	532	598	54	26	28			
根河市	1481	657	824	56	37	19			
巴彦淖尔市	**8548**	**4500**	**4048**	**3035**	**1361**	**1674**	**4**	**2**	**2**
临河区	3569	1867	1702	521	257	264	1	1	
五原县	1005	543	462	514	228	286	1		1
磴口县	780	385	395	449	198	251			
乌拉特前旗	1379	748	631	755	322	433			
乌拉特中旗	497	273	224	289	121	168			
乌拉特后旗	288	152	136	113	58	55			
杭锦后旗	1030	532	498	394	177	217	2	1	1

8-6 续表 5

单位：人

地　区	离退休金/养老金			最低生活保障金			失业保险金		
	小计	男	女	小计	男	女	小计	男	女
乌兰察布市	**13325**	**6949**	**6376**	**18924**	**8907**	**10017**	**20**	**9**	**11**
集宁区	5455	2630	2825	890	390	500	16	8	8
卓资县	630	355	275	1763	887	876			
化德县	557	293	264	1416	649	767			
商都县	814	480	334	2603	1232	1371	2	1	1
兴和县	851	475	376	2480	1149	1331			
凉城县	699	399	300	1818	907	911	1		1
察哈尔右翼前旗	1000	487	513	1487	650	837	1		1
察哈尔右翼中旗	600	337	263	1391	668	723			
察哈尔右翼后旗	743	424	319	1538	703	835			
四子王旗	550	326	224	1376	617	759			
丰镇市	1426	743	683	2162	1055	1107			
兴安盟	**8206**	**4015**	**4191**	**4857**	**2200**	**2657**	**1**	**1**	
乌兰浩特市	3932	1793	2139	607	259	348			
阿尔山市	408	185	223	47	25	22			
科尔沁右翼前旗	1032	543	489	1216	567	649			
科尔沁右翼中旗	955	493	462	382	184	198			
扎赉特旗	951	507	444	1285	571	714	1	1	
突泉县	928	494	434	1320	594	726			
锡林郭勒盟	**7115**	**3488**	**3627**	**2949**	**1286**	**1663**			
二连浩特市	349	185	164	74	35	39			
锡林浩特市	3019	1425	1594	221	89	132			
阿巴嘎旗	182	89	93	38	14	24			
苏尼特左旗	189	93	96	29	8	21			
苏尼特右旗	579	279	300	245	99	146			
东乌珠穆沁旗	279	146	133	46	20	26			
西乌珠穆沁旗	418	206	212	78	32	46			
太仆寺旗	640	320	320	1169	522	647			
镶黄旗	174	82	92	67	29	38			
正镶白旗	192	111	81	321	156	165			
正蓝旗	320	170	150	199	90	109			
多伦县	583	286	297	450	188	262			
乌拉盖管委会	191	96	95	12	4	8			
阿拉善盟	**2108**	**1033**	**1075**	**115**	**47**	**68**			
阿拉善左旗	1603	792	811	104	43	61			
阿拉善右旗	218	101	117	8	2	6			
额济纳旗	242	118	124	2	2				
内蒙古阿拉善经济开发区	45	22	23	1		1			

8-6　续表 6　　　　单位：人

地　区	财产性收入			家庭其他成员供养			其　他		
	小计	男	女	小计	男	女	小计	男	女
内蒙古	**7973**	**4226**	**3747**	**85152**	**25587**	**59565**	**30447**	**14110**	**16337**
呼和浩特市	**599**	**305**	**294**	**8506**	**2325**	**6181**	**4361**	**2101**	**2260**
新城区	67	29	38	1137	318	819	850	380	470
回民区	19	10	9	773	226	547	336	158	178
玉泉区	23	14	9	1319	391	928	492	239	253
赛罕区	37	20	17	1514	454	1060	781	365	416
土默特左旗	215	101	114	1313	339	974	678	365	313
托克托县	70	40	30	894	220	674	354	167	187
和林格尔县	22	14	8	547	115	432	256	119	137
清水河县	22	13	9	286	62	224	243	135	108
武川县	118	60	58	380	82	298	254	119	135
呼和浩特经济技术开发区	6	4	2	343	118	225	117	54	63
包头市	**383**	**194**	**189**	**7814**	**2433**	**5381**	**2421**	**1127**	**1294**
东河区	44	21	23	1080	355	725	89	40	49
昆都仑区	53	30	23	1331	430	901	294	132	162
青山区	52	26	26	685	209	476	182	78	104
石拐区	3	1	2	109	39	70	73	37	36
白云鄂博矿区				45	11	34	36	16	20
九原区	21	10	11	909	291	618	372	183	189
土默特右旗	84	35	49	1806	523	1283	412	184	228
固阳县	57	34	23	1077	333	744	574	285	289
达尔罕茂明安联合旗	53	30	23	386	125	261	292	139	153
包头稀土高新技术产业开发区	16	7	9	386	117	269	97	33	64
乌海市	**11**	**7**	**4**	**758**	**268**	**490**	**249**	**90**	**159**
海勃湾区	8	4	4	430	139	291	101	39	62
海南区	2	2		168	70	98	64	27	37
乌达区	1	1		160	59	101	84	24	60
赤峰市	**978**	**518**	**460**	**19197**	**5724**	**13473**	**4967**	**2267**	**2700**
红山区	38	16	22	1250	413	837	235	109	126
元宝山区	40	25	15	1425	432	993	562	239	323
松山区	146	71	75	3295	1046	2249	554	252	302
阿鲁科尔沁旗	94	52	42	976	248	728	516	227	289
巴林左旗	54	29	25	984	293	691	259	104	155
巴林右旗	62	30	32	778	224	554	84	38	46
林西县	43	23	20	948	261	687	295	135	160
克什克腾旗	82	41	41	921	267	654	363	184	179
翁牛特旗	208	104	104	1907	598	1309	776	333	443
喀喇沁旗	56	36	20	1709	535	1174	36	18	18
宁城县	60	37	23	2697	750	1947	567	283	284
敖汉旗	95	54	41	2307	657	1650	720	345	375

8－6 续表 7 单位：人

地　　区	财产性收入			家庭其他成员供养			其　　他		
	小计	男	女	小计	男	女	小计	男	女
通辽市	**1297**	**661**	**636**	**15507**	**4926**	**10581**	**3820**	**1703**	**2117**
科尔沁区	201	111	90	3558	1108	2450	924	425	499
科尔沁左翼中旗	437	230	207	2481	804	1677	744	352	392
科尔沁左翼后旗	131	67	64	2259	751	1508	458	195	263
开鲁县	176	87	89	1837	573	1264	348	154	194
库伦旗	86	44	42	866	276	590	183	74	109
奈曼旗	189	87	102	2292	714	1578	701	313	388
扎鲁特旗	44	24	20	987	305	682	169	64	105
通辽经济技术开发区	20	7	13	772	261	511	199	87	112
霍林郭勒市	13	4	9	455	134	321	94	39	55
鄂尔多斯市	**384**	**211**	**173**	**6109**	**1861**	**4248**	**2972**	**1411**	**1561**
东胜区	49	27	22	1438	471	967	308	152	156
康巴什区	22	10	12	212	57	155	96	42	54
达拉特旗	41	21	20	990	302	688	369	165	204
准格尔旗	89	52	37	1047	282	765	1006	506	500
鄂托克前旗	8	4	4	324	98	226	176	81	95
鄂托克旗	27	14	13	398	120	278	53	30	23
杭锦旗	51	30	21	482	151	331	263	111	152
乌审旗	22	9	13	442	152	290	166	75	91
伊金霍洛旗	75	44	31	776	228	548	535	249	286
呼伦贝尔市	**1452**	**812**	**640**	**6897**	**2280**	**4617**	**2101**	**936**	**1165**
海拉尔区	36	19	17	602	202	400	248	101	147
扎赉诺尔区	3	1	2	120	38	82	54	14	40
阿荣旗	613	342	271	1224	399	825	396	191	205
莫力达瓦达斡尔族自治旗	282	162	120	1223	427	796	478	226	252
鄂伦春自治旗	73	46	27	562	195	367	160	83	77
鄂温克族自治旗	30	12	18	344	84	260	97	39	58
陈巴尔虎旗	22	8	14	198	62	136	78	31	47
新巴尔虎左旗	23	11	12	125	34	91	36	13	23
新巴尔虎右旗	23	12	11	163	47	116	64	28	36
满洲里市	14	8	6	362	130	232	123	52	71
牙克石市	44	25	19	309	103	206	146	62	84
扎兰屯市	283	163	120	1526	520	1006	134	76	58
额尔古纳市	6	3	3	111	36	75	44	14	30
根河市				28	3	25	43	6	37
巴彦淖尔市	**767**	**408**	**359**	**7176**	**2211**	**4965**	**2385**	**1121**	**1264**
临河区	206	110	96	2430	730	1700	759	364	395
五原县	185	97	88	1213	368	845	286	135	151
磴口县	27	18	9	238	66	172	104	43	61
乌拉特前旗	109	52	57	1447	457	990	321	151	170
乌拉特中旗	38	19	19	516	162	354	246	111	135
乌拉特后旗	34	20	14	142	36	106	103	43	60
杭锦后旗	168	92	76	1190	392	798	566	274	292

8-6　续表 8　　　　　　　　　　　　　　　　　　　　　　　　　　　　　　单位：人

地　区	财产性收入			家庭其他成员供养			其　他		
	小计	男	女	小计	男	女	小计	男	女
乌兰察布市	**614**	**365**	**249**	**3898**	**846**	**3052**	**3684**	**1824**	**1860**
集宁区	12	5	7	629	168	461	279	121	158
卓资县	11	8	3	218	46	172	215	123	92
化德县	42	22	20	201	44	157	259	142	117
商都县	151	89	62	412	65	347	616	290	326
兴和县	136	84	52	364	79	285	631	307	324
凉城县	38	23	15	314	52	262	308	170	138
察哈尔右翼前旗	70	40	30	272	68	204	373	174	199
察哈尔右翼中旗	48	33	15	213	30	183	246	128	118
察哈尔右翼后旗	50	28	22	302	42	260	266	127	139
四子王旗	46	26	20	468	134	334	202	96	106
丰镇市	10	7	3	505	118	387	289	146	143
兴安盟	**866**	**441**	**425**	**5514**	**1704**	**3810**	**1725**	**769**	**956**
乌兰浩特市	65	31	34	768	238	530	159	65	94
阿尔山市	2	2		29	6	23	25	8	17
科尔沁右翼前旗	204	95	109	1383	411	972	335	158	177
科尔沁右翼中旗	80	44	36	1238	408	830	235	100	135
扎赉特旗	386	204	182	1215	371	844	454	201	253
突泉县	129	65	64	881	270	611	517	237	280
锡林郭勒盟	**573**	**285**	**288**	**3385**	**891**	**2494**	**1449**	**636**	**813**
二连浩特市	6	5	1	285	77	208	40	19	21
锡林浩特市	56	27	29	899	268	631	239	113	126
阿巴嘎旗	29	13	16	207	69	138	51	18	33
苏尼特左旗	20	12	8	163	50	113	15	6	9
苏尼特右旗	27	11	16	126	26	100	84	33	51
东乌珠穆沁旗	40	19	21	246	63	183	54	23	31
西乌珠穆沁旗	61	17	44	247	60	187	86	30	56
太仆寺旗	169	98	71	349	60	289	460	223	237
镶黄旗	12	4	8	122	25	97	30	10	20
正镶白旗	14	9	5	144	40	104	93	34	59
正蓝旗	44	23	21	265	66	199	138	52	86
多伦县	93	45	48	268	69	199	137	66	71
乌拉盖管委会	2	2		64	18	46	22	9	13
阿拉善盟	**49**	**19**	**30**	**391**	**118**	**273**	**313**	**125**	**188**
阿拉善左旗	47	19	28	325	91	234	211	89	122
阿拉善右旗				17	6	11	78	24	54
额济纳旗				23	10	13	24	12	12
内蒙古阿拉善经济开发区	2		2	26	11	15			

8-6a 各地区分性别、主要生活来源的60岁及以上老年人口(城市)

单位：人

地区	60岁及以上人口			劳动收入		
	合计	男	女	小计	男	女
内蒙古	**148513**	**69693**	**78820**	**8816**	**6767**	**2049**
呼和浩特市	**31883**	**15231**	**16652**	**2144**	**1616**	**528**
新城区	8902	4206	4696	555	398	157
回民区	6590	3150	3440	476	383	93
玉泉区	6293	3059	3234	617	486	131
赛罕区	10098	4816	5282	496	349	147
包头市	**35001**	**16318**	**18683**	**1755**	**1394**	**361**
东河区	9135	4248	4887	331	264	67
昆都仑区	13187	6139	7048	699	556	143
青山区	9662	4458	5204	387	300	87
石拐区	362	177	185	35	30	5
白云鄂博矿区	349	169	180	36	29	7
九原区	2306	1127	1179	267	215	52
乌海市	**7913**	**3748**	**4165**	**395**	**336**	**59**
海勃湾区	4681	2256	2425	235	205	30
海南区	1019	492	527	64	47	17
乌达区	2213	1000	1213	96	84	12
赤峰市	**14870**	**6770**	**8100**	**759**	**544**	**215**
红山区	6820	3151	3669	365	267	98
元宝山区	3249	1440	1809	123	88	35
松山区	4801	2179	2622	271	189	82
通辽市	**8803**	**4012**	**4791**	**417**	**288**	**129**
科尔沁区	7462	3400	4062	310	208	102
霍林郭勒市	1341	612	729	107	80	27
鄂尔多斯市	**7006**	**3493**	**3513**	**919**	**713**	**206**
东胜区	5974	2964	3010	767	595	172
康巴什区	1004	512	492	140	109	31
鄂托克旗	28	17	11	12	9	3
呼伦贝尔市	**18587**	**8617**	**9970**	**624**	**457**	**167**
海拉尔区	6506	3011	3495	212	147	65
扎赉诺尔区	1859	852	1007	26	20	6
满洲里市	2258	1083	1175	168	131	37
牙克石市	3379	1554	1825	58	42	16
扎兰屯市	2695	1244	1451	111	80	31
额尔古纳市	883	417	466	40	30	10
根河市	1007	456	551	9	7	2
巴彦淖尔市	**5136**	**2478**	**2658**	**428**	**331**	**97**
临河区	5136	2478	2658	428	331	97
乌兰察布市	**8794**	**4232**	**4562**	**692**	**556**	**136**
集宁区	6719	3231	3488	522	427	95
丰镇市	2075	1001	1074	170	129	41
兴安盟	**5077**	**2254**	**2823**	**173**	**130**	**43**
乌兰浩特市	4799	2123	2676	156	117	39
阿尔山市	278	131	147	17	13	4
锡林郭勒盟	**5443**	**2540**	**2903**	**510**	**402**	**108**
二连浩特市	889	436	453	147	117	30
锡林浩特市	4554	2104	2450	363	285	78

8-6a　续表 1　　单位：人

地　　区	离退休金/养老金			最低生活保障金			失业保险金		
	小计	男	女	小计	男	女	小计	男	女
内蒙古	**111586**	**53056**	**58530**	**4522**	**1941**	**2581**	**8**	**3**	**5**
呼和浩特市	**23468**	**11390**	**12078**	**1020**	**431**	**589**	**2**		**2**
新城区	6681	3235	3446	220	93	127	1		1
回民区	4834	2310	2524	246	99	147			
玉泉区	3932	1931	2001	372	164	208			
赛罕区	8021	3914	4107	182	75	107	1		1
包头市	**28905**	**13354**	**15551**	**556**	**242**	**314**			
东河区	7999	3692	4307	105	49	56			
昆都仑区	10768	4961	5807	248	100	148			
青山区	8422	3852	4570	79	34	45			
石拐区	185	84	101	24	16	8			
白云鄂博矿区	222	109	113	10	4	6			
九原区	1309	656	653	90	39	51			
乌海市	**6493**	**3035**	**3458**	**116**	**60**	**56**			
海勃湾区	3920	1867	2053	64	29	35			
海南区	728	355	373	22	11	11			
乌达区	1845	813	1032	30	20	10			
赤峰市	**10528**	**5038**	**5490**	**217**	**84**	**133**	**5**	**2**	**3**
红山区	5091	2404	2687	112	44	68	2	1	1
元宝山区	2401	1119	1282	33	14	19			
松山区	3036	1515	1521	72	26	46	3	1	2
通辽市	**6460**	**3114**	**3346**	**296**	**118**	**178**			
科尔沁区	5902	2810	3092	137	50	87			
霍林郭勒市	558	304	254	159	68	91			
鄂尔多斯市	**3767**	**1938**	**1829**	**346**	**144**	**202**			
东胜区	3250	1651	1599	313	129	184			
康巴什区	516	286	230	18	8	10			
鄂托克旗	1	1		15	7	8			
呼伦贝尔市	**15475**	**7208**	**8267**	**421**	**199**	**222**			
海拉尔区	5408	2548	2860	84	29	55			
扎赉诺尔区	1649	770	879	34	20	14			
满洲里市	1579	750	829	38	22	16			
牙克石市	3068	1414	1654	36	16	20			
扎兰屯市	2149	982	1167	143	63	80			
额尔古纳市	695	328	367	47	22	25			
根河市	927	416	511	39	27	12			
巴彦淖尔市	**3160**	**1641**	**1519**	**171**	**76**	**95**	**1**	**1**	
临河区	3160	1641	1519	171	76	95	1	1	
乌兰察布市	**6146**	**2990**	**3156**	**848**	**367**	**481**			
集宁区	5034	2427	2607	413	160	253			
丰镇市	1112	563	549	435	207	228			
兴安盟	**3906**	**1778**	**2128**	**267**	**110**	**157**			
乌兰浩特市	3694	1682	2012	236	93	143			
阿尔山市	212	96	116	31	17	14			
锡林郭勒盟	**3278**	**1570**	**1708**	**264**	**110**	**154**			
二连浩特市	343	184	159	74	35	39			
锡林浩特市	2935	1386	1549	190	75	115			

8-6a 续表 2

单位：人

地 区	财产性收入			家庭其他成员供养			其 他		
	小计	男	女	小计	男	女	小计	男	女
内蒙古	**690**	**347**	**343**	**17682**	**5343**	**12339**	**5209**	**2236**	**2973**
呼和浩特市	**106**	**50**	**56**	**3516**	**1019**	**2497**	**1627**	**725**	**902**
新城区	56	23	33	872	240	632	517	217	300
回民区	16	8	8	717	208	509	301	142	159
玉泉区	20	11	9	1000	291	709	352	176	176
赛罕区	14	8	6	927	280	647	457	190	267
包头市	**129**	**67**	**62**	**2984**	**961**	**2023**	**672**	**300**	**372**
东河区	13	7	6	632	212	420	55	24	31
昆都仑区	52	29	23	1165	379	786	255	114	141
青山区	42	21	21	568	180	388	164	71	93
石拐区	3	1	2	75	24	51	40	22	18
白云鄂博矿区				45	11	34	36	16	20
九原区	19	9	10	499	155	344	122	53	69
乌海市	**8**	**5**	**3**	**664**	**230**	**434**	**237**	**82**	**155**
海勃湾区	7	4	3	362	117	245	93	34	59
海南区				143	54	89	62	25	37
乌达区	1	1		159	59	100	82	23	59
赤峰市	**82**	**40**	**42**	**2744**	**834**	**1910**	**535**	**228**	**307**
红山区	36	14	22	1016	333	683	198	88	110
元宝山区	7	5	2	499	137	362	186	77	109
松山区	39	21	18	1229	364	865	151	63	88
通辽市	**37**	**15**	**22**	**1251**	**346**	**905**	**342**	**131**	**211**
科尔沁区	24	11	13	817	217	600	272	104	168
霍林郭勒市	13	4	9	434	129	305	70	27	43
鄂尔多斯市	**70**	**36**	**34**	**1534**	**488**	**1046**	**370**	**174**	**196**
东胜区	48	26	22	1322	431	891	274	132	142
康巴什区	22	10	12	212	57	155	96	42	54
鄂托克旗									
呼伦贝尔市	**99**	**51**	**48**	**1452**	**499**	**953**	**516**	**203**	**313**
海拉尔区	33	17	16	534	175	359	235	95	140
扎赉诺尔区	3	1	2	103	31	72	44	10	34
满洲里市	14	8	6	347	125	222	112	47	65
牙克石市	30	15	15	120	41	79	67	26	41
扎兰屯市	14	7	7	255	100	155	23	12	11
额尔古纳市	5	3	2	74	25	49	22	9	13
根河市				19	2	17	13	4	9
巴彦淖尔市	**50**	**27**	**23**	**1095**	**295**	**800**	**231**	**107**	**124**
临河区	50	27	23	1095	295	800	231	107	124
乌兰察布市	**12**	**5**	**7**	**804**	**198**	**606**	**292**	**116**	**176**
集宁区	12	5	7	552	140	412	186	72	114
丰镇市				252	58	194	106	44	62
兴安盟	**37**	**20**	**17**	**573**	**172**	**401**	**121**	**44**	**77**
乌兰浩特市	36	19	17	563	170	393	114	42	72
阿尔山市	1	1		10	2	8	7	2	5
锡林郭勒盟	**60**	**31**	**29**	**1065**	**301**	**764**	**266**	**126**	**140**
二连浩特市	6	5	1	279	76	203	40	19	21
锡林浩特市	54	26	28	786	225	561	226	107	119

8-6b　各地区分性别、主要生活来源的60岁及以上老年人口(镇)

单位：人

地　区	60岁及以上人口			劳动收入		
	合计	男	女	小计	男	女
内蒙古	**107009**	**50548**	**56461**	**12567**	**8952**	**3615**
呼和浩特市	**6554**	**3274**	**3280**	**877**	**696**	**181**
新城区	78	41	37	8	8	
回民区						
玉泉区						
赛罕区	98	45	53	13	8	5
土默特左旗	1312	658	654	200	158	42
托克托县	1075	538	537	126	100	26
和林格尔县	972	497	475	129	108	21
清水河县	640	321	319	63	49	14
武川县	1075	532	543	134	110	24
呼和浩特经济技术开发区	1304	642	662	204	155	49
包头市	**7003**	**3396**	**3607**	**1106**	**796**	**310**
东河区	399	199	200	84	58	26
昆都仑区						
青山区	25	14	11	1	1	
石拐区	26	14	12	15	9	6
白云鄂博矿区						
九原区	283	137	146	117	74	43
土默特右旗	1818	876	942	324	223	101
固阳县	1073	516	557	184	137	47
达尔罕茂明安联合旗	673	329	344	100	68	32
包头稀土高新技术产业开发区	2706	1311	1395	281	226	55
乌海市	**224**	**122**	**102**	**56**	**45**	**11**
海勃湾区	46	24	22	17	14	3
海南区	117	68	49	25	19	6
乌达区	61	30	31	14	12	2
赤峰市	**18767**	**8735**	**10032**	**2964**	**1928**	**1036**
红山区	466	228	238	139	95	44
元宝山区	790	366	424	101	76	25
松山区	579	268	311	185	120	65
阿鲁科尔沁旗	1622	735	887	170	119	51
巴林左旗	1626	750	876	411	217	194
巴林右旗	1434	652	782	119	85	34
林西县	1985	913	1072	265	183	82
克什克腾旗	1857	889	968	173	129	44
翁牛特旗	2351	1098	1253	379	241	138
喀喇沁旗	1650	779	871	314	207	107
宁城县	2207	1034	1173	308	200	108
敖汉旗	2200	1023	1177	400	256	144

8-6b 续表 1

单位：人

地　区	60岁及以上人口			劳动收入		
	合计	男	女	小计	男	女
通辽市	**13948**	**6270**	**7678**	**1564**	**994**	**570**
科尔沁区	1038	488	550	260	169	91
科尔沁左翼中旗	2153	955	1198	239	151	88
科尔沁左翼后旗	1915	876	1039	207	128	79
开鲁县	1979	885	1094	271	161	110
库伦旗	1069	485	584	129	81	48
奈曼旗	1952	868	1084	249	168	81
扎鲁特旗	1707	729	978	104	68	36
通辽经济技术开发区	2128	981	1147	105	68	37
霍林郭勒市	7	3	4			
鄂尔多斯市	**11369**	**5743**	**5626**	**1730**	**1333**	**397**
东胜区	74	41	33	27	19	8
康巴什区						
达拉特旗	2491	1250	1241	439	331	108
准格尔旗	3012	1600	1412	398	349	49
鄂托克前旗	649	303	346	79	57	22
鄂托克旗	1258	612	646	242	163	79
杭锦旗	946	458	488	122	95	27
乌审旗	783	380	403	122	84	38
伊金霍洛旗	2156	1099	1057	301	235	66
呼伦贝尔市	**13654**	**6274**	**7380**	**716**	**515**	**201**
海拉尔区	36	19	17	10	8	2
扎赉诺尔区	157	77	80	4	3	1
阿荣旗	1837	870	967	128	96	32
莫力达瓦达斡尔族自治旗	1219	548	671	157	98	59
鄂伦春自治旗	2664	1224	1440	108	82	26
鄂温克族自治旗	2053	931	1122	69	46	23
陈巴尔虎旗	752	344	408	50	34	16
新巴尔虎左旗	307	123	184	16	11	5
新巴尔虎右旗	376	168	208	29	22	7
满洲里市	127	63	64	11	7	4
牙克石市	2680	1256	1424	53	43	10
扎兰屯市	601	293	308	59	48	11
额尔古纳市	226	96	130	7	6	1
根河市	619	262	357	15	11	4
巴彦淖尔市	**8513**	**4089**	**4424**	**1277**	**884**	**393**
临河区	367	186	181	163	100	63
五原县	1531	744	787	253	182	71
磴口县	979	466	513	89	65	24
乌拉特前旗	2365	1133	1232	331	240	91
乌拉特中旗	1092	531	561	143	105	38
乌拉特后旗	463	224	239	46	32	14
杭锦后旗	1716	805	911	252	160	92

8-6b　续表 2　　　　单位：人

地　　区	60岁及以上人口			劳动收入		
	合计	男	女	小计	男	女
乌兰察布市	**10443**	**5108**	**5335**	**1074**	**857**	**217**
集宁区	235	112	123	27	18	9
卓资县	924	476	448	78	61	17
化德县	1122	535	587	95	74	21
商都县	1540	789	751	152	132	20
兴和县	1166	554	612	75	63	12
凉城县	1076	516	560	113	91	22
察哈尔右翼前旗	1079	512	567	140	100	40
察哈尔右翼中旗	708	350	358	82	73	9
察哈尔右翼后旗	1049	512	537	101	88	13
四子王旗	1238	586	652	135	106	29
丰镇市	306	166	140	76	51	25
兴安盟	**6709**	**3047**	**3662**	**375**	**266**	**109**
乌兰浩特市	287	127	160	14	10	4
阿尔山市	209	89	120	3	2	1
科尔沁右翼前旗	1276	590	686	89	59	30
科尔沁右翼中旗	1572	705	867	71	57	14
扎赉特旗	1914	867	1047	112	77	35
突泉县	1451	669	782	86	61	25
锡林郭勒盟	**7054**	**3174**	**3880**	**611**	**471**	**140**
二连浩特市	16	10	6	11	9	2
锡林浩特市	29	15	14	10	7	3
阿巴嘎旗	443	195	248	33	25	8
苏尼特左旗	340	150	190	29	20	9
苏尼特右旗	1027	473	554	83	63	20
东乌珠穆沁旗	611	280	331	61	44	17
西乌珠穆沁旗	835	347	488	58	43	15
太仆寺旗	992	445	547	69	57	12
镶黄旗	374	160	214	34	29	5
正镶白旗	453	212	241	32	26	6
正蓝旗	645	294	351	52	41	11
多伦县	990	450	540	110	85	25
乌拉盖管委会	299	143	156	29	22	7
阿拉善盟	**2771**	**1316**	**1455**	**217**	**167**	**50**
阿拉善左旗	2116	1000	1116	148	112	36
阿拉善右旗	276	120	156	11	10	1
额济纳旗	275	135	140	23	16	7
内蒙古阿拉善经济开发区	104	61	43	35	29	6

8-6b 续表 3

单位：人

地区	离退休金/养老金			最低生活保障金			失业保险金		
	小计	男	女	小计	男	女	小计	男	女
内蒙古	**51100**	**26327**	**24773**	**10793**	**4747**	**6046**	**31**	**16**	**15**
呼和浩特市	**2561**	**1434**	**1127**	**1022**	**448**	**574**	**1**	**1**	
新城区	6	6							
回民区									
玉泉区									
赛罕区	21	11	10	47	22	25			
土默特左旗	480	260	220	198	84	114			
托克托县	513	288	225	137	56	81			
和林格尔县	395	230	165	157	68	89	1	1	
清水河县	254	158	96	127	60	67			
武川县	396	228	168	218	100	118			
呼和浩特经济技术开发区	496	253	243	138	58	80			
包头市	**3802**	**1886**	**1916**	**220**	**96**	**124**			
东河区	174	87	87	12	6	6			
昆都仑区									
青山区	19	10	9	3	2	1			
石拐区				4	2	2			
白云鄂博矿区									
九原区	29	17	12	17	4	13			
土默特右旗	910	458	452	58	24	34			
固阳县	391	207	184	54	24	30			
达尔罕茂明安联合旗	333	172	161	33	16	17			
包头稀土高新技术产业开发区	1946	935	1011	39	18	21			
乌海市	**122**	**54**	**68**	**7**	**4**	**3**			
海勃湾区	10	4	6	2	1	1			
海南区	71	35	36	2	1	1			
乌达区	41	15	26	3	2	1			
赤峰市	**7139**	**3922**	**3217**	**1989**	**859**	**1130**	**22**	**12**	**10**
红山区	172	76	96	33	16	17			
元宝山区	375	174	201	60	24	36			
松山区	82	42	40	79	36	43			
阿鲁科尔沁旗	562	331	231	167	65	102			
巴林左旗	599	321	278	145	63	82			
巴林右旗	607	339	268	138	60	78			
林西县	815	420	395	271	119	152	1	1	
克什克腾旗	783	438	345	292	126	166	1	1	
翁牛特旗	765	442	323	337	149	188	3	3	
喀喇沁旗	647	358	289	178	74	104	6	2	4
宁城县	971	528	443	158	70	88	1		1
敖汉旗	761	453	308	131	57	74	10	5	5

8-6b 续表 4

单位：人

地区	离退休金/养老金			最低生活保障金			失业保险金		
	小计	男	女	小计	男	女	小计	男	女
通辽市	**6477**	**3290**	**3187**	**934**	**420**	**514**	**2**	**1**	**1**
科尔沁区	196	105	91	47	26	21			
科尔沁左翼中旗	917	465	452	163	69	94			
科尔沁左翼后旗	936	501	435	47	27	20			
开鲁县	911	448	463	107	54	53			
库伦旗	499	258	241	75	32	43			
奈曼旗	701	388	313	157	67	90			
扎鲁特旗	956	441	515	267	115	152			
通辽经济技术开发区	1357	682	675	71	30	41	2	1	1
霍林郭勒市	4	2	2						
鄂尔多斯市	**4912**	**2666**	**2246**	**627**	**281**	**346**	**1**		**1**
东胜区	22	10	12	6	5	1			
康巴什区									
达拉特旗	1303	652	651	63	30	33			
准格尔旗	1350	769	581	147	73	74			
鄂托克前旗	172	104	68	123	47	76			
鄂托克旗	641	314	327	49	23	26			
杭锦旗	331	184	147	41	19	22			
乌审旗	312	170	142	52	21	31			
伊金霍洛旗	781	463	318	146	63	83	1		1
呼伦贝尔市	**9345**	**4433**	**4912**	**735**	**349**	**386**	**1**		**1**
海拉尔区	6	2	4	2	1	1			
扎赉诺尔区	120	61	59	6	2	4			
阿荣旗	969	493	476	142	69	73			
莫力达瓦达斡尔族自治旗	432	209	223	72	37	35			
鄂伦春自治旗	2058	942	1116	104	49	55			
鄂温克族自治旗	1555	756	799	111	45	66			
陈巴尔虎旗	433	215	218	43	19	24	1		1
新巴尔虎左旗	178	77	101	25	8	17			
新巴尔虎右旗	153	79	74	26	12	14			
满洲里市	78	39	39	12	7	5			
牙克石市	2299	1075	1224	107	59	48			
扎兰屯市	321	163	158	63	28	35			
额尔古纳市	194	84	110	5	3	2			
根河市	549	238	311	17	10	7			
巴彦淖尔市	**3851**	**2022**	**1829**	**746**	**305**	**441**	**3**	**1**	**2**
临河区	39	25	14	21	7	14			
五原县	735	385	350	62	19	43	1		1
磴口县	611	302	309	115	52	63			
乌拉特前旗	1104	584	520	224	90	134			
乌拉特中旗	416	233	183	151	59	92			
乌拉特后旗	200	113	87	51	29	22			
杭锦后旗	746	380	366	122	49	73	2	1	1

8-6b 续表 5

单位：人

地 区	离退休金/养老金			最低生活保障金			失业保险金		
	小计	男	女	小计	男	女	小计	男	女
乌兰察布市	**4235**	**2286**	**1949**	**2716**	**1219**	**1497**			
集宁区	128	61	67	46	23	23			
卓资县	408	226	182	279	142	137			
化德县	424	219	205	397	173	224			
商都县	540	320	220	348	171	177			
兴和县	501	273	228	298	129	169			
凉城县	430	232	198	279	123	156			
察哈尔右翼前旗	537	256	281	180	73	107			
察哈尔右翼中旗	337	188	149	151	58	93			
察哈尔右翼后旗	480	259	221	246	106	140			
四子王旗	406	227	179	354	153	201			
丰镇市	44	25	19	138	68	70			
兴安盟	**3404**	**1728**	**1676**	**756**	**348**	**408**	**1**	**1**	
乌兰浩特市	149	65	84	66	29	37			
阿尔山市	172	76	96	11	6	5			
科尔沁右翼前旗	683	358	325	122	60	62			
科尔沁右翼中旗	833	420	413	98	46	52			
扎赉特旗	847	439	408	260	114	146	1	1	
突泉县	720	370	350	199	93	106			
锡林郭勒盟	**3351**	**1675**	**1676**	**961**	**386**	**575**			
二连浩特市									
锡林浩特市	10	5	5	1	1				
阿巴嘎旗	176	85	91	34	13	21			
苏尼特左旗	182	89	93	23	5	18			
苏尼特右旗	546	267	279	198	83	115			
东乌珠穆沁旗	267	143	124	42	19	23			
西乌珠穆沁旗	397	199	198	71	27	44			
太仆寺旗	546	266	280	154	59	95			
镶黄旗	164	77	87	55	23	32			
正镶白旗	173	99	74	96	41	55			
正蓝旗	241	132	109	108	45	63			
多伦县	460	218	242	167	66	101			
乌拉盖管委会	189	95	94	12	4	8			
阿拉善盟	**1901**	**931**	**970**	**80**	**32**	**48**			
阿拉善左旗	1457	719	738	69	28	41			
阿拉善右旗	189	87	102	8	2	6			
额济纳旗	215	104	111	2	2				
内蒙古阿拉善经济开发区	40	21	19	1		1			

8-6b　续表 6　　　　单位：人

地　区	财产性收入			家庭其他成员供养			其　他		
	小计	男	女	小计	男	女	小计	男	女
内蒙古	**1262**	**633**	**629**	**22632**	**6218**	**16414**	**8624**	**3655**	**4969**
呼和浩特市	**53**	**28**	**25**	**1429**	**386**	**1043**	**611**	**281**	**330**
新城区				2		2	62	27	35
回民区									
玉泉区									
赛罕区				16	4	12	1		1
土默特左旗	24	13	11	320	102	218	90	41	49
托克托县	4	2	2	203	51	152	92	41	51
和林格尔县	6	3	3	193	42	151	91	45	46
清水河县	6	3	3	127	22	105	63	29	34
武川县	7	3	4	225	47	178	95	44	51
呼和浩特经济技术开发区	6	4	2	343	118	225	117	54	63
包头市	**43**	**20**	**23**	**1448**	**431**	**1017**	**384**	**167**	**217**
东河区	9	5	4	99	33	66	21	10	11
昆都仑区									
青山区				1		1	1	1	
石拐区				7	3	4			
白云鄂博矿区									
九原区				75	22	53	45	20	25
土默特右旗	9	4	5	498	159	339	19	8	11
固阳县	2	1	1	283	69	214	159	78	81
达尔罕茂明安联合旗	7	3	4	142	43	99	58	27	31
包头稀土高新技术产业开发区	16	7	9	343	102	241	81	23	58
乌海市	**2**	**1**	**1**	**35**	**17**	**18**	**2**	**1**	**1**
海勃湾区	1		1	16	5	11			
海南区	1	1		18	12	6			
乌达区				1		1	2	1	1
赤峰市	**113**	**65**	**48**	**5216**	**1373**	**3843**	**1324**	**576**	**748**
红山区	1	1		106	31	75	15	9	6
元宝山区	6	4	2	144	46	98	104	42	62
松山区	13	5	8	180	46	134	40	19	21
阿鲁科尔沁旗	14	7	7	474	114	360	235	99	136
巴林左旗	6	4	2	397	113	284	68	32	36
巴林右旗	16	9	7	507	143	364	47	16	31
林西县	6	4	2	532	140	392	95	46	49
克什克腾旗	6	4	2	465	121	344	137	70	67
翁牛特旗	27	16	11	567	142	425	273	105	168
喀喇沁旗	9	4	5	486	128	358	10	6	4
宁城县	6	5	1	670	180	490	93	51	42
敖汉旗	3	2	1	688	169	519	207	81	126

8-6b 续表 7

单位：人

地区	财产性收入			家庭其他成员供养			其他		
	小计	男	女	小计	男	女	小计	男	女
通辽市	**192**	**92**	**100**	**3820**	**1113**	**2707**	**959**	**360**	**599**
科尔沁区	8	4	4	440	141	299	87	43	44
科尔沁左翼中旗	56	29	27	626	180	446	152	61	91
科尔沁左翼后旗	11	7	4	534	155	379	180	58	122
开鲁县	50	25	25	542	160	382	98	37	61
库伦旗	12	9	3	274	76	198	80	29	51
奈曼旗	35	12	23	656	179	477	154	54	100
扎鲁特旗	2		2	287	73	214	91	32	59
通辽经济技术开发区	18	6	12	459	149	310	116	45	71
霍林郭勒市				2		2	1	1	
鄂尔多斯市	**135**	**75**	**60**	**2665**	**800**	**1865**	**1299**	**588**	**711**
东胜区				11	2	9	8	5	3
康巴什区									
达拉特旗	15	8	7	505	161	344	166	68	98
准格尔旗	28	18	10	629	175	454	460	216	244
鄂托克前旗				184	55	129	91	40	51
鄂托克旗	19	10	9	275	83	192	32	19	13
杭锦旗	6	3	3	314	95	219	132	62	70
乌审旗	12	5	7	218	72	146	67	28	39
伊金霍洛旗	55	31	24	529	157	372	343	150	193
呼伦贝尔市	**201**	**108**	**93**	**1876**	**541**	**1335**	**780**	**328**	**452**
海拉尔区				16	7	9	2	1	1
扎赉诺尔区				17	7	10	10	4	6
阿荣旗	63	35	28	388	107	281	147	70	77
莫力达瓦达斡尔族自治旗	39	22	17	312	92	220	207	90	117
鄂伦春自治旗	25	13	12	266	88	178	103	50	53
鄂温克族自治旗	19	8	11	231	50	181	68	26	42
陈巴尔虎旗	7	3	4	154	48	106	64	25	39
新巴尔虎左旗	17	9	8	59	15	44	12	3	9
新巴尔虎右旗	12	8	4	107	25	82	49	22	27
满洲里市				15	5	10	11	5	6
牙克石市	6	4	2	154	48	106	61	27	34
扎兰屯市	13	6	7	140	46	94	5	2	3
额尔古纳市				9	2	7	11	1	10
根河市				8	1	7	30	2	28
巴彦淖尔市	**135**	**71**	**64**	**1752**	**489**	**1263**	**749**	**317**	**432**
临河区	6	3	3	90	27	63	48	24	24
五原县	28	15	13	365	105	260	87	38	49
磴口县	4	3	1	116	29	87	44	15	29
乌拉特前旗	32	14	18	530	141	389	144	64	80
乌拉特中旗	14	6	8	181	47	134	187	81	106
乌拉特后旗	18	11	7	94	20	74	54	19	35
杭锦后旗	33	19	14	376	120	256	185	76	109

8-6b 续表 8

单位：人

地区	财产性收入			家庭其他成员供养			其他		
	小计	男	女	小计	男	女	小计	男	女
乌兰察布市	**51**	**27**	**24**	**1286**	**250**	**1036**	**1081**	**469**	**612**
集宁区				21	5	16	13	5	8
卓资县				90	14	76	69	33	36
化德县	8	4	4	117	21	96	81	44	37
商都县	5	1	4	199	34	165	296	131	165
兴和县	4	1	3	135	28	107	153	60	93
凉城县	3	3		133	18	115	118	49	69
察哈尔右翼前旗	3	3		107	33	74	112	47	65
察哈尔右翼中旗				96	12	84	42	19	23
察哈尔右翼后旗	12	6	6	125	19	106	85	34	51
四子王旗	14	7	7	248	62	186	81	31	50
丰镇市	2	2		15	4	11	31	16	15
兴安盟	**101**	**51**	**50**	**1470**	**401**	**1069**	**602**	**252**	**350**
乌兰浩特市	4	2	2	42	15	27	12	6	6
阿尔山市				14	3	11	9	2	7
科尔沁右翼前旗	23	9	14	287	77	210	72	27	45
科尔沁右翼中旗	6	4	2	450	127	323	114	51	63
扎赉特旗	45	25	20	407	106	301	242	105	137
突泉县	23	11	12	270	73	197	153	61	92
锡林郭勒盟	**208**	**85**	**123**	**1309**	**322**	**987**	**614**	**235**	**379**
二连浩特市				5	1	4			
锡林浩特市				4		4	4	2	2
阿巴嘎旗	24	11	13	131	46	85	45	15	30
苏尼特左旗	11	5	6	82	25	57	13	6	7
苏尼特右旗	20	8	12	103	21	82	77	31	46
东乌珠穆沁旗	31	15	16	161	39	122	49	20	29
西乌珠穆沁旗	60	17	43	177	38	139	72	23	49
太仆寺旗	4	2	2	123	19	104	96	42	54
镶黄旗	7	3	4	87	18	69	27	10	17
正镶白旗	3	2	1	97	27	70	52	17	35
正蓝旗	19	10	9	127	30	97	98	36	62
多伦县	27	10	17	153	41	112	73	30	43
乌拉盖管委会	2	2		59	17	42	8	3	5
阿拉善盟	**28**	**10**	**18**	**326**	**95**	**231**	**219**	**81**	**138**
阿拉善左旗	26	10	16	268	71	197	148	60	88
阿拉善右旗				10	4	6	58	17	41
额济纳旗				22	9	13	13	4	9
内蒙古阿拉善经济开发区	2		2	26	11	15			

8－6c 各地区分性别、主要生活来源的60岁及以上老年人口(乡村)

单位：人

地　　区	60岁及以上人口			劳动收入		
	合计	男	女	小计	男	女
内蒙古	**202983**	**102021**	**100962**	**65923**	**42351**	**23572**
呼和浩特市	**20227**	**10593**	**9634**	**5747**	**4190**	**1557**
新城区	1198	627	571	247	214	33
回民区	279	145	134	54	43	11
玉泉区	981	516	465	275	217	58
赛罕区	3290	1690	1600	864	617	247
土默特左旗	5391	2806	2585	1457	1083	374
托克托县	2906	1502	1404	835	617	218
和林格尔县	2735	1448	1287	900	653	247
清水河县	1518	828	690	481	323	158
武川县	1929	1031	898	634	423	211
呼和浩特经济技术开发区						
包头市	**12383**	**6422**	**5961**	**4868**	**3318**	**1550**
东河区	1166	590	576	479	321	158
昆都仑区	515	264	251	118	97	21
青山区	340	162	178	98	77	21
石拐区	195	108	87	59	43	16
白云鄂博矿区						
九原区	1247	670	577	429	299	130
土默特右旗	4595	2366	2229	2160	1437	723
固阳县	3009	1580	1429	1080	749	331
达尔罕茂明安联合旗	1161	600	561	396	259	137
包头稀土高新技术产业开发区	155	82	73	49	36	13
乌海市	**500**	**260**	**240**	**99**	**73**	**26**
海勃湾区	273	141	132	51	40	11
海南区	227	119	108	48	33	15
乌达区						
赤峰市	**49950**	**24229**	**25721**	**19657**	**11551**	**8106**
红山区	434	205	229	130	76	54
元宝山区	2032	954	1078	489	333	156
松山区	6570	3125	3445	2565	1503	1062
阿鲁科尔沁旗	3230	1553	1677	1010	598	412
巴林左旗	4331	2077	2254	2059	1128	931
巴林右旗	1465	682	783	675	363	312
林西县	2563	1259	1304	936	585	351
克什克腾旗	2503	1262	1241	971	601	370
翁牛特旗	5956	2863	3093	2043	1205	838
喀喇沁旗	4314	2142	2172	1739	1064	675
宁城县	8218	4034	4184	3386	2013	1373
敖汉旗	8334	4073	4261	3654	2082	1572

8-6c　续表 1　　　　单位：人

地　区	60岁及以上人口			劳动收入		
	合计	男	女	小计	男	女
通辽市	**29368**	**13921**	**15447**	**8706**	**5353**	**3353**
科尔沁区	5437	2607	2830	1798	1135	663
科尔沁左翼中旗	5271	2540	2731	1060	715	345
科尔沁左翼后旗	4143	1982	2161	1498	921	577
开鲁县	4241	1957	2284	1563	886	677
库伦旗	1798	841	957	731	414	317
奈曼旗	5143	2409	2734	1379	835	544
扎鲁特旗	2482	1167	1315	454	291	163
通辽经济技术开发区	671	334	337	203	141	62
霍林郭勒市	182	84	98	20	15	5
鄂尔多斯市	**12989**	**6897**	**6092**	**6172**	**3876**	**2296**
东胜区	444	252	192	174	124	50
康巴什区						
达拉特旗	4157	2200	1957	1981	1266	715
准格尔旗	2834	1585	1249	943	676	267
鄂托克前旗	722	358	364	385	221	164
鄂托克旗	640	321	319	347	208	139
杭锦旗	1316	681	635	728	435	293
乌审旗	1312	662	650	796	442	354
伊金霍洛旗	1564	838	726	818	504	314
呼伦贝尔市	**11599**	**5869**	**5730**	**2120**	**1547**	**573**
海拉尔区	233	118	115	38	26	12
扎赉诺尔区						
阿荣旗	2707	1412	1295	488	373	115
莫力达瓦达斡尔族自治旗	2642	1332	1310	537	382	155
鄂伦春自治旗	926	488	438	165	129	36
鄂温克族自治旗	681	318	363	79	49	30
陈巴尔虎旗	209	95	114	34	20	14
新巴尔虎左旗	235	104	131	57	34	23
新巴尔虎右旗	158	74	84	46	30	16
满洲里市						
牙克石市	460	218	242	13	13	
扎兰屯市	3043	1559	1484	647	477	170
额尔古纳市	299	148	151	16	14	2
根河市	6	3	3			
巴彦淖尔市	**17441**	**9007**	**8434**	**7470**	**4756**	**2714**
临河区	4443	2278	2165	1869	1182	687
五原县	3442	1791	1651	1516	982	534
磴口县	1142	600	542	434	291	143
乌拉特前旗	3540	1849	1691	1563	1012	551
乌拉特中旗	1320	665	655	683	405	278
乌拉特后旗	393	211	182	130	94	36
杭锦后旗	3161	1613	1548	1275	790	485

8-6c 续表 2 单位：人

地区	60岁及以上人口			劳动收入		
	合计	男	女	小计	男	女
乌兰察布市	**29549**	**15614**	**13935**	**6555**	**4641**	**1914**
集宁区	966	494	472	90	70	20
卓资县	2293	1230	1063	302	226	76
化德县	1745	893	852	297	204	93
商都县	4309	2248	2061	1099	748	351
兴和县	4097	2133	1964	726	530	196
凉城县	2970	1666	1304	755	540	215
察哈尔右翼前旗	3154	1636	1518	890	629	261
察哈尔右翼中旗	2440	1330	1110	568	411	157
察哈尔右翼后旗	2313	1182	1131	362	282	80
四子王旗	2180	1166	1014	641	447	194
丰镇市	3082	1636	1446	825	554	271
兴安盟	**12355**	**5915**	**6440**	**2424**	**1690**	**734**
乌兰浩特市	717	346	371	102	83	19
阿尔山市	53	28	25	9	7	2
科尔沁右翼前旗	3676	1761	1915	693	518	175
科尔沁右翼中旗	1753	817	936	364	236	128
扎赉特旗	2979	1422	1557	489	357	132
突泉县	3177	1541	1636	767	489	278
锡林郭勒盟	**5932**	**2926**	**3006**	**1837**	**1181**	**656**
二连浩特市	23	10	13	16	9	7
锡林浩特市	354	186	168	130	91	39
阿巴嘎旗	170	77	93	73	44	29
苏尼特左旗	175	91	84	70	52	18
苏尼特右旗	191	84	107	74	46	28
东乌珠穆沁旗	189	76	113	74	41	33
西乌珠穆沁旗	224	106	118	111	65	46
太仆寺旗	2342	1195	1147	478	360	118
镶黄旗	140	59	81	75	40	35
正镶白旗	501	252	249	158	88	70
正蓝旗	629	282	347	256	134	122
多伦县	950	485	465	299	196	103
乌拉盖管委会	44	23	21	23	15	8
阿拉善盟	**690**	**368**	**322**	**268**	**175**	**93**
阿拉善左旗	546	289	257	224	143	81
阿拉善右旗	69	34	35	13	11	2
额济纳旗	66	41	25	27	18	9
内蒙古阿拉善经济开发区	9	4	5	4	3	1

8-6c 续表 3

单位：人

地区	离退休金/养老金			最低生活保障金			失业保险金		
	小计	男	女	小计	男	女	小计	男	女
内蒙古	**21875**	**11927**	**9948**	**47615**	**22211**	**25404**	**97**	**41**	**56**
呼和浩特市	**2553**	**1437**	**1116**	**5791**	**2717**	**3074**	**12**	**7**	**5**
新城区	308	148	160	98	45	53			
回民区	116	59	57	15	7	8			
玉泉区	162	87	75	81	45	36	1	1	
赛罕区	561	288	273	947	427	520	1	1	
土默特左旗	593	358	235	1568	715	853	1	1	
托克托县	372	226	146	671	322	349	9	4	5
和林格尔县	274	152	122	1026	485	541			
清水河县	100	72	28	582	277	305			
武川县	67	47	20	803	394	409			
呼和浩特经济技术开发区									
包头市	**1370**	**705**	**665**	**1185**	**591**	**594**	**2**		**2**
东河区	182	84	98	121	60	61			
昆都仑区	109	59	50	82	38	44			
青山区	73	33	40	26	12	14			
石拐区	56	28	28	20	10	10			
白云鄂博矿区									
九原区	137	79	58	139	67	72			
土默特右旗	357	195	162	301	163	138	1		1
固阳县	270	137	133	394	190	204	1		1
达尔罕茂明安联合旗	139	69	70	102	51	51			
包头稀土高新技术产业开发区	47	21	26						
乌海市	**319**	**150**	**169**	**12**	**8**	**4**			
海勃湾区	151	72	79	11	7	4			
海南区	168	78	90	1	1				
乌达区									
赤峰市	**3879**	**2311**	**1568**	**11224**	**4949**	**6275**	**62**	**25**	**37**
红山区	114	51	63	39	16	23			
元宝山区	298	165	133	163	70	93	1	1	
松山区	642	342	300	998	421	577	22	8	14
阿鲁科尔沁旗	294	171	123	1062	476	586	1	1	
巴林左旗	327	199	128	1119	473	646			
巴林右旗	66	43	23	369	151	218	1	1	
林西县	190	105	85	783	339	444	1	1	
克什克腾旗	146	94	52	627	270	357	1		1
翁牛特旗	399	236	163	1474	647	827	16	3	13
喀喇沁旗	226	155	71	1036	462	574	17	10	7
宁城县	529	367	162	1746	820	926	2		2
敖汉旗	648	383	265	1808	804	1004			

8-6c 续表 4

单位：人

地　区	离退休金/养老金			最低生活保障金			失业保险金		
	小计	男	女	小计	男	女	小计	男	女
通辽市	**2214**	**1249**	**965**	**4424**	**2086**	**2338**	**1**		**1**
科尔沁区	379	213	166	225	135	90			
科尔沁左翼中旗	381	241	140	1001	468	533	1		1
科尔沁左翼后旗	301	163	138	221	105	116			
开鲁县	437	219	218	570	260	310			
库伦旗	98	51	47	200	96	104			
奈曼旗	220	145	75	1207	560	647			
扎鲁特旗	349	188	161	859	400	459			
通辽经济技术开发区	29	18	11	41	20	21			
霍林郭勒市	20	11	9	100	42	58			
鄂尔多斯市	**2898**	**1417**	**1481**	**527**	**282**	**245**			
东胜区	106	53	53	32	21	11			
康巴什区									
达拉特旗	1347	613	734	115	70	45			
准格尔旗	672	377	295	194	101	93			
鄂托克前旗	76	39	37	28	10	18			
鄂托克旗	124	50	74	17	11	6			
杭锦旗	216	101	115	28	13	15			
乌审旗	153	74	79	30	15	15			
伊金霍洛旗	204	110	94	83	41	42			
呼伦贝尔市	**2572**	**1294**	**1278**	**1381**	**730**	**651**			
海拉尔区	119	60	59	10	5	5			
扎赉诺尔区									
阿荣旗	331	183	148	253	136	117			
莫力达瓦达斡尔族自治旗	402	206	196	278	133	145			
鄂伦春自治旗	203	105	98	157	81	76			
鄂温克族自治旗	388	191	197	61	27	34			
陈巴尔虎旗	83	41	42	19	9	10			
新巴尔虎左旗	68	32	36	14	7	7			
新巴尔虎右旗	18	7	11	12	5	7			
满洲里市									
牙克石市	354	161	193	32	15	17			
扎兰屯市	360	185	175	543	311	232			
额尔古纳市	241	120	121	2	1	1			
根河市	5	3	2						
巴彦淖尔市	**1537**	**837**	**700**	**2118**	**980**	**1138**			
临河区	370	201	169	329	174	155			
五原县	270	158	112	452	209	243			
磴口县	169	83	86	334	146	188			
乌拉特前旗	275	164	111	531	232	299			
乌拉特中旗	81	40	41	138	62	76			
乌拉特后旗	88	39	49	62	29	33			
杭锦后旗	284	152	132	272	128	144			

8-6c 续表 5

单位：人

地 区	离退休金/养老金			最低生活保障金			失业保险金		
	小计	男	女	小计	男	女	小计	男	女
乌兰察布市	**2944**	**1673**	**1271**	**15360**	**7321**	**8039**	**20**	**9**	**11**
集宁区	293	142	151	431	207	224	16	8	8
卓资县	222	129	93	1484	745	739			
化德县	133	74	59	1019	476	543			
商都县	274	160	114	2255	1061	1194	2	1	1
兴和县	350	202	148	2182	1020	1162			
凉城县	269	167	102	1539	784	755	1		1
察哈尔右翼前旗	463	231	232	1307	577	730	1		1
察哈尔右翼中旗	263	149	114	1240	610	630			
察哈尔右翼后旗	263	165	98	1292	597	695			
四子王旗	144	99	45	1022	464	558			
丰镇市	270	155	115	1589	780	809			
兴安盟	**896**	**509**	**387**	**3834**	**1742**	**2092**			
乌兰浩特市	89	46	43	305	137	168			
阿尔山市	24	13	11	5	2	3			
科尔沁右翼前旗	349	185	164	1094	507	587			
科尔沁右翼中旗	122	73	49	284	138	146			
扎赉特旗	104	68	36	1025	457	568			
突泉县	208	124	84	1121	501	620			
锡林郭勒盟	**486**	**243**	**243**	**1724**	**790**	**934**			
二连浩特市	6	1	5						
锡林浩特市	74	34	40	30	13	17			
阿巴嘎旗	6	4	2	4	1	3			
苏尼特左旗	7	4	3	6	3	3			
苏尼特右旗	33	12	21	47	16	31			
东乌珠穆沁旗	12	3	9	4	1	3			
西乌珠穆沁旗	21	7	14	7	5	2			
太仆寺旗	94	54	40	1015	463	552			
镶黄旗	10	5	5	12	6	6			
正镶白旗	19	12	7	225	115	110			
正蓝旗	79	38	41	91	45	46			
多伦县	123	68	55	283	122	161			
乌拉盖管委会	2	1	1						
阿拉善盟	**207**	**102**	**105**	**35**	**15**	**20**			
阿拉善左旗	146	73	73	35	15	20			
阿拉善右旗	29	14	15						
额济纳旗	27	14	13						
内蒙古阿拉善经济开发区	5	1	4						

8-6c 续表 6 单位：人

地区	财产性收入			家庭其他成员供养			其他		
	小计	男	女	小计	男	女	小计	男	女
内蒙古	**6021**	**3246**	**2775**	**44838**	**14026**	**30812**	**16614**	**8219**	**8395**
呼和浩特市	**440**	**227**	**213**	**3561**	**920**	**2641**	**2123**	**1095**	**1028**
新城区	11	6	5	263	78	185	271	136	135
回民区	3	2	1	56	18	38	35	16	19
玉泉区	3	3		319	100	219	140	63	77
赛罕区	23	12	11	571	170	401	323	175	148
土默特左旗	191	88	103	993	237	756	588	324	264
托克托县	66	38	28	691	169	522	262	126	136
和林格尔县	16	11	5	354	73	281	165	74	91
清水河县	16	10	6	159	40	119	180	106	74
武川县	111	57	54	155	35	120	159	75	84
呼和浩特经济技术开发区									
包头市	**211**	**107**	**104**	**3382**	**1041**	**2341**	**1365**	**660**	**705**
东河区	22	9	13	349	110	239	13	6	7
昆都仑区	1	1		166	51	115	39	18	21
青山区	10	5	5	116	29	87	17	6	11
石拐区				27	12	15	33	15	18
白云鄂博矿区									
九原区	2	1	1	335	114	221	205	110	95
土默特右旗	75	31	44	1308	364	944	393	176	217
固阳县	55	33	22	794	264	530	415	207	208
达尔罕茂明安联合旗	46	27	19	244	82	162	234	112	122
包头稀土高新技术产业开发区				43	15	28	16	10	6
乌海市	**1**	**1**		**59**	**21**	**38**	**10**	**7**	**3**
海勃湾区				52	17	35	8	5	3
海南区	1	1		7	4	3	2	2	
乌达区									
赤峰市	**783**	**413**	**370**	**11237**	**3517**	**7720**	**3108**	**1463**	**1645**
红山区	1	1		128	49	79	22	12	10
元宝山区	27	16	11	782	249	533	272	120	152
松山区	94	45	49	1886	636	1250	363	170	193
阿鲁科尔沁旗	80	45	35	502	134	368	281	128	153
巴林左旗	48	25	23	587	180	407	191	72	119
巴林右旗	46	21	25	271	81	190	37	22	15
林西县	37	19	18	416	121	295	200	89	111
克什克腾旗	76	37	39	456	146	310	226	114	112
翁牛特旗	181	88	93	1340	456	884	503	228	275
喀喇沁旗	47	32	15	1223	407	816	26	12	14
宁城县	54	32	22	2027	570	1457	474	232	242
敖汉旗	92	52	40	1619	488	1131	513	264	249

8-6c　续表 7　　　　单位：人

地　区	财产性收入			家庭其他成员供养			其　他		
	小计	男	女	小计	男	女	小计	男	女
通辽市	**1068**	**554**	**514**	**10436**	**3467**	**6969**	**2519**	**1212**	**1307**
科尔沁区	169	96	73	2301	750	1551	565	278	287
科尔沁左翼中旗	381	201	180	1855	624	1231	592	291	301
科尔沁左翼后旗	120	60	60	1725	596	1129	278	137	141
开鲁县	126	62	64	1295	413	882	250	117	133
库伦旗	74	35	39	592	200	392	103	45	58
奈曼旗	154	75	79	1636	535	1101	547	259	288
扎鲁特旗	42	24	18	700	232	468	78	32	46
通辽经济技术开发区	2	1	1	313	112	201	83	42	41
霍林郭勒市				19	5	14	23	11	12
鄂尔多斯市	**179**	**100**	**79**	**1910**	**573**	**1337**	**1303**	**649**	**654**
东胜区	1	1		105	38	67	26	15	11
康巴什区									
达拉特旗	26	13	13	485	141	344	203	97	106
准格尔旗	61	34	27	418	107	311	546	290	256
鄂托克前旗	8	4	4	140	43	97	85	41	44
鄂托克旗	8	4	4	123	37	86	21	11	10
杭锦旗	45	27	18	168	56	112	131	49	82
乌审旗	10	4	6	224	80	144	99	47	52
伊金霍洛旗	20	13	7	247	71	176	192	99	93
呼伦贝尔市	**1152**	**653**	**499**	**3569**	**1240**	**2329**	**805**	**405**	**400**
海拉尔区	3	2	1	52	20	32	11	5	6
扎赉诺尔区									
阿荣旗	550	307	243	836	292	544	249	121	128
莫力达瓦达斡尔族自治旗	243	140	103	911	335	576	271	136	135
鄂伦春自治旗	48	33	15	296	107	189	57	33	24
鄂温克族自治旗	11	4	7	113	34	79	29	13	16
陈巴尔虎旗	15	5	10	44	14	30	14	6	8
新巴尔虎左旗	6	2	4	66	19	47	24	10	14
新巴尔虎右旗	11	4	7	56	22	34	15	6	9
满洲里市									
牙克石市	8	6	2	35	14	21	18	9	9
扎兰屯市	256	150	106	1131	374	757	106	62	44
额尔古纳市	1		1	28	9	19	11	4	7
根河市				1		1			
巴彦淖尔市	**582**	**310**	**272**	**4329**	**1427**	**2902**	**1405**	**697**	**708**
临河区	150	80	70	1245	408	837	480	233	247
五原县	157	82	75	848	263	585	199	97	102
磴口县	23	15	8	122	37	85	60	28	32
乌拉特前旗	77	38	39	917	316	601	177	87	90
乌拉特中旗	24	13	11	335	115	220	59	30	29
乌拉特后旗	16	9	7	48	16	32	49	24	25
杭锦后旗	135	73	62	814	272	542	381	198	183

8-6c 续表 8 单位：人

地区	财产性收入			家庭其他成员供养			其他		
	小计	男	女	小计	男	女	小计	男	女
乌兰察布市	**551**	**333**	**218**	**1808**	**398**	**1410**	**2311**	**1239**	**1072**
集宁区				56	23	33	80	44	36
卓资县	11	8	3	128	32	96	146	90	56
化德县	34	18	16	84	23	61	178	98	80
商都县	146	88	58	213	31	182	320	159	161
兴和县	132	83	49	229	51	178	478	247	231
凉城县	35	20	15	181	34	147	190	121	69
察哈尔右翼前旗	67	37	30	165	35	130	261	127	134
察哈尔右翼中旗	48	33	15	117	18	99	204	109	95
察哈尔右翼后旗	38	22	16	177	23	154	181	93	88
四子王旗	32	19	13	220	72	148	121	65	56
丰镇市	8	5	3	238	56	182	152	86	66
兴安盟	**728**	**370**	**358**	**3471**	**1131**	**2340**	**1002**	**473**	**529**
乌兰浩特市	25	10	15	163	53	110	33	17	16
阿尔山市	1	1		5	1	4	9	4	5
科尔沁右翼前旗	181	86	95	1096	334	762	263	131	132
科尔沁右翼中旗	74	40	34	788	281	507	121	49	72
扎赉特旗	341	179	162	808	265	543	212	96	116
突泉县	106	54	52	611	197	414	364	176	188
锡林郭勒盟	**305**	**169**	**136**	**1011**	**268**	**743**	**569**	**275**	**294**
二连浩特市				1		1			
锡林浩特市	2	1	1	109	43	66	9	4	5
阿巴嘎旗	5	2	3	76	23	53	6	3	3
苏尼特左旗	9	7	2	81	25	56	2		2
苏尼特右旗	7	3	4	23	5	18	7	2	5
东乌珠穆沁旗	9	4	5	85	24	61	5	3	2
西乌珠穆沁旗	1		1	70	22	48	14	7	7
太仆寺旗	165	96	69	226	41	185	364	181	183
镶黄旗	5	1	4	35	7	28	3		3
正镶白旗	11	7	4	47	13	34	41	17	24
正蓝旗	25	13	12	138	36	102	40	16	24
多伦县	66	35	31	115	28	87	64	36	28
乌拉盖管委会				5	1	4	14	6	8
阿拉善盟	**21**	**9**	**12**	**65**	**23**	**42**	**94**	**44**	**50**
阿拉善左旗	21	9	12	57	20	37	63	29	34
阿拉善右旗				7	2	5	20	7	13
额济纳旗				1	1		11	8	3
内蒙古阿拉善经济开发区									

8-7 全区分年龄、性别、主要生活来源的人口

单位：人

年龄	15岁及以上人口			劳动收入		
	合计	男	女	小计	男	女
总 计	**2005584**	**1019523**	**986061**	**1105086**	**682158**	**422928**
45岁以下	**901881**	**466792**	**435089**	**595396**	**358033**	**237363**
45-49岁	**225953**	**116216**	**109737**	**171818**	**101663**	**70155**
45	40331	20681	19650	31209	18310	12899
46	45163	23284	21879	34760	20514	14246
47	45194	23236	21958	34402	20298	14104
48	46814	24024	22790	35451	20913	14538
49	48451	24991	23460	35996	21628	14368
50-54岁	**222310**	**114682**	**107628**	**147176**	**94305**	**52871**
50	50605	26153	24452	35486	22186	13300
51	44558	23058	21500	30224	19298	10926
52	48002	24592	23410	31785	20312	11473
53	37603	19422	18181	24163	15707	8456
54	41542	21457	20085	25518	16802	8716
55-59岁	**196935**	**99571**	**97364**	**103390**	**70087**	**33303**
55	42256	21691	20565	24331	16387	7944
56	43109	21960	21149	23426	16040	7386
57	47632	24195	23437	24739	16961	7778
58	37789	18687	19102	18849	12602	6247
59	26149	13038	13111	12045	8097	3948
60-64岁	**158381**	**79120**	**79261**	**50482**	**32581**	**17901**
60	34863	17653	17210	13006	8520	4486
61	29541	14949	14592	10087	6515	3572
62	30853	15396	15457	9555	6048	3507
63	32961	16523	16438	9739	6377	3362
64	30163	14599	15564	8095	5121	2974
65-69岁	**129607**	**63251**	**66356**	**27141**	**18420**	**8721**
65	30414	15024	15390	7662	5031	2631
66	28882	14000	14882	6470	4306	2164
67	25492	12367	13125	5303	3626	1677
68	23945	11716	12229	4450	3116	1334
69	20874	10144	10730	3256	2341	915

8-7 续表 1

单位：人

年 龄	15岁及以上人口			劳动收入		
	合计	男	女	小计	男	女
70-74岁	**76221**	**36408**	**39813**	**7504**	**5498**	**2006**
70	19062	9223	9839	2514	1817	697
71	17725	8574	9151	1856	1363	493
72	13852	6561	7291	1285	939	346
73	14198	6765	7433	1144	857	287
74	11384	5285	6099	705	522	183
75-79岁	**46100**	**21210**	**24890**	**1628**	**1204**	**424**
75	10217	4770	5447	516	384	132
76	10394	4774	5620	456	347	109
77	8709	4026	4683	271	202	69
78	8336	3796	4540	201	134	67
79	8444	3844	4600	184	137	47
80-84岁	**31282**	**14400**	**16882**	**425**	**286**	**139**
80	7812	3537	4275	133	86	47
81	6779	3087	3692	102	75	27
82	6411	3017	3394	89	55	34
83	5469	2532	2937	59	42	17
84	4811	2227	2584	42	28	14
85-89岁	**13187**	**6101**	**7086**	**107**	**70**	**37**
85	3816	1736	2080	40	29	11
86	3267	1473	1794	28	17	11
87	2610	1193	1417	17	8	9
88	2027	976	1051	14	10	4
89	1467	723	744	8	6	2
90-94岁	**3171**	**1520**	**1651**	**18**	**11**	**7**
90	1190	597	593	7	5	2
91	748	336	412	4	3	1
92	604	277	327	2	1	1
93	353	162	191	3	2	1
94	276	148	128	2		2
95-99岁	**504**	**233**	**271**	**1**		**1**
95	186	95	91	1		1
96	143	58	85			
97	84	42	42			
98	51	17	34			
99	40	21	19			
100岁及以上	**52**	**19**	**33**			

8-7 续表 2

单位：人

年 龄	离退休金/养老金			最低生活保障金			失业保险金		
	小计	男	女	小计	男	女	小计	男	女
总 计	**254466**	**105226**	**149240**	**85467**	**40991**	**44476**	**486**	**258**	**228**
45岁以下	**126**	**57**	**69**	**6521**	**3589**	**2932**	**121**	**64**	**57**
45–49岁	**2431**	**209**	**2222**	**4487**	**2415**	**2072**	**119**	**45**	**74**
45	124	19	105	708	384	324	15	8	7
46	230	20	210	857	466	391	22	8	14
47	426	41	385	873	476	397	21	7	14
48	589	47	542	995	515	480	27	7	20
49	1062	82	980	1054	574	480	34	15	19
50–54岁	**24511**	**3021**	**21490**	**4947**	**2819**	**2128**	**66**	**58**	**8**
50	3770	350	3420	1019	599	420	22	16	6
51	4681	478	4203	923	542	381	7	5	2
52	5501	640	4861	1012	574	438	16	16	
53	4627	632	3995	899	494	405	5	5	
54	5932	921	5011	1094	610	484	16	16	
55–59岁	**42837**	**10629**	**32208**	**6582**	**3269**	**3313**	**44**	**31**	**13**
55	7680	1554	6126	1169	658	511	10	9	1
56	9144	2055	7089	1291	681	610	3	2	1
57	10667	2612	8055	1513	738	775	14	6	8
58	8603	2278	6325	1510	694	816	10	10	
59	6743	2130	4613	1099	498	601	7	4	3
60–64岁	**59002**	**28738**	**30264**	**11290**	**5060**	**6230**	**53**	**23**	**30**
60	12002	5568	6434	1836	834	1002	9	2	7
61	10952	5341	5611	1827	827	1000	10	6	4
62	11997	5961	6036	2200	1008	1192	12	4	8
63	12410	6182	6228	2618	1184	1434	11	7	4
64	11641	5686	5955	2809	1207	1602	11	4	7
65–69岁	**49932**	**24798**	**25134**	**17091**	**7540**	**9551**	**52**	**22**	**30**
65	11459	5757	5702	3306	1441	1865	6	2	4
66	11402	5671	5731	3354	1406	1948	9	4	5
67	9699	4756	4943	3489	1519	1970	10	5	5
68	9093	4547	4546	3564	1600	1964	16	6	10
69	8279	4067	4212	3378	1574	1804	11	5	6

8−7 续表 3

单位：人

年 龄	离退休金/养老金			最低生活保障金			失业保险金		
	小计	男	女	小计	男	女	小计	男	女
70−74岁	**31384**	**15285**	**16099**	**14848**	**7038**	**7810**	**22**	**10**	**12**
70	7590	3680	3910	3321	1549	1772	7	5	2
71	7194	3530	3664	3383	1610	1773	1	1	
72	5871	2836	3035	2704	1291	1413	5	2	3
73	5726	2788	2938	3130	1521	1609	3	2	1
74	5003	2451	2552	2310	1067	1243	6		6
75−79岁	**21827**	**10576**	**11251**	**9485**	**4546**	**4939**	**9**	**5**	**4**
75	4653	2247	2406	2157	1045	1112	4	3	1
76	4651	2246	2405	2148	1022	1126	3	1	2
77	4185	2053	2132	1720	824	896			
78	4230	2023	2207	1668	803	865	2	1	1
79	4108	2007	2101	1792	852	940			
80−84岁	**15054**	**7673**	**7381**	**6550**	**3119**	**3431**			
80	3956	1924	2032	1548	760	788			
81	3281	1639	1642	1450	690	760			
82	3061	1590	1471	1370	660	710			
83	2514	1324	1190	1154	538	616			
84	2242	1196	1046	1028	471	557			
85−89岁	**5728**	**3190**	**2538**	**2956**	**1318**	**1638**			
85	1696	904	792	866	385	481			
86	1424	758	666	748	333	415			
87	1104	626	478	579	248	331			
88	854	504	350	446	197	249			
89	650	398	252	317	155	162			
90−94岁	**1424**	**905**	**519**	**606**	**244**	**362**			
90	539	352	187	231	100	131			
91	338	204	134	140	51	89			
92	260	155	105	128	50	78			
93	151	97	54	68	28	40			
94	136	97	39	39	15	24			
95−99岁	**197**	**135**	**62**	**91**	**31**	**60**			
95	81	59	22	31	10	21			
96	53	34	19	25	11	14			
97	30	22	8	17	5	12			
98	19	11	8	10	2	8			
99	14	9	5	8	3	5			
100岁及以上	**13**	**10**	**3**	**13**	**3**	**10**			

8-7　续表 4

单位：人

年　龄	财产性收入			家庭其他成员供养			其　他		
	小计	男	女	小计	男	女	小计	男	女
总　计	**25120**	**13391**	**11729**	**417029**	**120701**	**296328**	**117930**	**56798**	**61132**
45岁以下	**7194**	**3880**	**3314**	**246482**	**79041**	**167441**	**46041**	**22128**	**23913**
45—49岁	**3003**	**1559**	**1444**	**30018**	**3582**	**26436**	**14077**	**6743**	**7334**
45	527	287	240	5307	531	4776	2441	1142	1299
46	603	306	297	5927	647	5280	2764	1323	1441
47	611	310	301	5997	734	5263	2864	1370	1494
48	596	324	272	6214	797	5417	2942	1421	1521
49	666	332	334	6573	873	5700	3066	1487	1579
50—54岁	**3405**	**1847**	**1558**	**27950**	**5395**	**22555**	**14255**	**7237**	**7018**
50	725	411	314	6390	1033	5357	3193	1558	1635
51	628	348	280	5340	969	4371	2755	1418	1337
52	739	388	351	5863	1103	4760	3086	1559	1527
53	562	293	269	4831	982	3849	2516	1309	1207
54	751	407	344	5526	1308	4218	2705	1393	1312
55—59岁	**3545**	**1879**	**1666**	**27427**	**7096**	**20331**	**13110**	**6580**	**6530**
55	731	401	330	5583	1319	4264	2752	1363	1389
56	761	401	360	5787	1400	4387	2697	1381	1316
57	823	435	388	6661	1798	4863	3215	1645	1570
58	715	370	345	5484	1458	4026	2618	1275	1343
59	515	272	243	3912	1121	2791	1828	916	912
60—64岁	**3068**	**1589**	**1479**	**23888**	**6076**	**17812**	**10598**	**5053**	**5545**
60	659	327	332	5017	1253	3764	2334	1149	1185
61	558	312	246	4216	1062	3154	1891	886	1005
62	552	274	278	4553	1179	3374	1984	922	1062
63	674	364	310	5269	1326	3943	2240	1083	1157
64	625	312	313	4833	1256	3577	2149	1013	1136
65—69岁	**2724**	**1390**	**1334**	**23452**	**6732**	**16720**	**9215**	**4349**	**4866**
65	640	299	341	5138	1413	3725	2203	1081	1122
66	602	316	286	5041	1370	3671	2004	927	1077
67	560	290	270	4663	1338	3325	1768	833	935
68	492	265	227	4633	1405	3228	1697	777	920
69	430	220	210	3977	1206	2771	1543	731	812

8-7 续表 5

单位：人

年 龄	财产性收入			家庭其他成员供养			其 他		
	小计	男	女	小计	男	女	小计	男	女
70—74岁	**1375**	**790**	**585**	**15936**	**5350**	**10586**	**5152**	**2437**	**2715**
70	389	214	175	3867	1276	2591	1374	682	692
71	350	205	145	3704	1268	2436	1237	597	640
72	234	127	107	2906	988	1918	847	378	469
73	235	139	96	2988	999	1989	972	459	513
74	167	105	62	2471	819	1652	722	321	401
75—79岁	**500**	**294**	**206**	**9913**	**3371**	**6542**	**2738**	**1214**	**1524**
75	136	91	45	2119	717	1402	632	283	349
76	132	74	58	2342	776	1566	662	308	354
77	89	50	39	1909	662	1247	535	235	300
78	65	40	25	1706	600	1106	464	195	269
79	78	39	39	1837	616	1221	445	193	252
80—84岁	**222**	**116**	**106**	**7263**	**2501**	**4762**	**1768**	**705**	**1063**
80	59	28	31	1668	555	1113	448	184	264
81	44	20	24	1536	522	1014	366	141	225
82	44	28	16	1496	535	961	351	149	202
83	39	22	17	1362	481	881	341	125	216
84	36	18	18	1201	408	793	262	106	156
85—89岁	**69**	**38**	**31**	**3567**	**1206**	**2361**	**760**	**279**	**481**
85	22	13	9	955	311	644	237	94	143
86	12	6	6	889	306	583	166	53	113
87	16	7	9	742	242	500	152	62	90
88	14	9	5	579	215	364	120	41	79
89	5	3	2	402	132	270	85	29	56
90—94岁	**13**	**9**	**4**	**928**	**289**	**639**	**182**	**62**	**120**
90	5	4	1	341	109	232	67	27	40
91	3		3	220	67	153	43	11	32
92	2	2		180	61	119	32	8	24
93	1	1		108	28	80	22	6	16
94	2	2		79	24	55	18	10	8
95—99岁	**2**		**2**	**182**	**57**	**125**	**31**	**10**	**21**
95	2		2	59	20	39	12	6	6
96				53	11	42	12	2	10
97				34	14	20	3	1	2
98				19	4	15	3		3
99				17	8	9	1	1	
100岁及以上				**23**	**5**	**18**	**3**	**1**	**2**

8-7a 全区分年龄、性别、主要生活来源的人口(城市)

单位：人

年 龄	15岁及以上人口			劳动收入		
	合计	男	女	小计	男	女
总 计	**771469**	**380061**	**391408**	**394217**	**239322**	**154895**
45岁以下	**395107**	**196893**	**198214**	**254002**	**146173**	**107829**
45-49岁	**82679**	**40971**	**41708**	**61113**	**35506**	**25607**
45	14985	7393	7592	11402	6532	4870
46	16485	8199	8286	12381	7171	5210
47	16919	8396	8523	12560	7266	5294
48	17033	8335	8698	12550	7174	5376
49	17257	8648	8609	12220	7363	4857
50-54岁	**77258**	**38589**	**38669**	**44486**	**30316**	**14170**
50	18090	9062	9028	11589	7512	4077
51	15844	7921	7923	9462	6416	3046
52	16715	8321	8394	9600	6559	3041
53	12639	6303	6336	6812	4768	2044
54	13970	6982	6988	7023	5061	1962
55-59岁	**67912**	**33915**	**33997**	**25800**	**20560**	**5240**
55	14454	7240	7214	6370	4939	1431
56	15277	7643	7634	6182	4946	1236
57	16831	8506	8325	6330	5116	1214
58	12546	6165	6381	4327	3451	876
59	8804	4361	4443	2591	2108	483
60-64岁	**50975**	**25164**	**25811**	**5929**	**4511**	**1418**
60	11334	5582	5752	1745	1352	393
61	9627	4822	4805	1242	949	293
62	10090	5028	5062	1087	817	270
63	10378	5163	5215	1041	782	259
64	9546	4569	4977	814	611	203
65-69岁	**38771**	**18397**	**20374**	**2252**	**1752**	**500**
65	9110	4444	4666	686	512	174
66	8891	4244	4647	564	447	117
67	7545	3556	3989	433	342	91
68	7005	3333	3672	339	268	71
69	6220	2820	3400	230	183	47

8-7a 续表 1

单位：人

年 龄	15岁及以上人口			劳动收入		
	合计	男	女	小计	男	女
70—74岁	**23417**	**10420**	**12997**	**492**	**396**	**96**
70	5685	2558	3127	192	156	36
71	5363	2425	2938	112	91	21
72	4360	1891	2469	86	69	17
73	4325	1909	2416	68	55	13
74	3684	1637	2047	34	25	9
75—79岁	**16676**	**7124**	**9552**	**101**	**78**	**23**
75	3507	1477	2030	30	21	9
76	3521	1479	2042	33	25	8
77	3170	1395	1775	12	9	3
78	3269	1409	1860	14	12	2
79	3209	1364	1845	12	11	1
80—84岁	**12198**	**5504**	**6694**	**36**	**26**	**10**
80	3130	1371	1759	12	7	5
81	2572	1142	1430	7	6	1
82	2480	1133	1347	6	5	1
83	2101	961	1140	4	4	
84	1915	897	1018	7	4	3
85—89岁	**4922**	**2275**	**2647**	**4**	**3**	**1**
85	1434	636	798			
86	1200	539	661	1	1	
87	981	464	517	3	2	1
88	731	345	386			
89	576	291	285			
90—94岁	**1331**	**691**	**640**	**2**	**1**	**1**
90	489	264	225			
91	307	151	156	1	1	
92	251	119	132			
93	163	80	83	1		1
94	121	77	44			
95—99岁	**205**	**110**	**95**			
95	83	47	36			
96	60	25	35			
97	35	24	11			
98	16	7	9			
99	11	7	4			
100岁及以上	**18**	**8**	**10**			

8-7a　续表 2　　　　单位：人

年龄	离退休金/养老金			最低生活保障金			失业保险金		
	小计	男	女	小计	男	女	小计	男	女
总　计	**157431**	**62204**	**95227**	**9572**	**4684**	**4888**	**231**	**136**	**95**
45岁以下	**62**	**28**	**34**	**1596**	**821**	**775**	**73**	**45**	**28**
45-49岁	**1603**	**124**	**1479**	**1204**	**615**	**589**	**83**	**27**	**56**
45	73	11	62	178	92	86	9	4	5
46	147	12	135	232	117	115	12	4	8
47	268	21	247	266	144	122	18	6	12
48	397	30	367	275	124	151	20	3	17
49	718	50	668	253	138	115	24	10	14
50-54岁	**16194**	**1970**	**14224**	**1141**	**678**	**463**	**42**	**36**	**6**
50	2545	219	2326	238	146	92	18	13	5
51	3147	302	2845	222	136	86	4	3	1
52	3596	413	3183	244	139	105	9	9	
53	3032	423	2609	184	116	68	4	4	
54	3874	613	3261	253	141	112	7	7	
55-59岁	**27986**	**7026**	**20960**	**1109**	**629**	**480**	**25**	**25**	
55	5036	1035	4001	217	133	84	7	7	
56	6015	1352	4663	258	153	105	2	2	
57	7090	1798	5292	244	137	107	3	3	
58	5475	1462	4013	224	119	105	10	10	
59	4370	1379	2991	166	87	79	3	3	
60-64岁	**35981**	**17228**	**18753**	**1137**	**543**	**594**	**2**	**1**	**1**
60	7514	3424	4090	228	121	107	1		1
61	6760	3249	3511	212	106	106	1	1	
62	7272	3555	3717	213	103	110			
63	7455	3668	3787	231	110	121			
64	6980	3332	3648	253	103	150			
65-69岁	**28987**	**13933**	**15054**	**1265**	**536**	**729**	**3**	**1**	**2**
65	6673	3276	3397	275	124	151			
66	6630	3207	3423	270	105	165			
67	5625	2683	2942	240	88	152	1		1
68	5292	2564	2728	247	111	136	1		1
69	4767	2203	2564	233	108	125	1	1	

8-7a 续表 3

单位：人

年龄	离退休金/养老金			最低生活保障金			失业保险金		
	小计	男	女	小计	男	女	小计	男	女
70-74岁	**18267**	**8322**	**9945**	**889**	**388**	**501**	**3**	**1**	**2**
70	4314	1952	2362	201	93	108			
71	4177	1916	2261	208	94	114			
72	3441	1523	1918	168	67	101	1		1
73	3385	1533	1852	172	84	88	1	1	
74	2950	1398	1552	140	50	90	1		1
75-79岁	**13607**	**6107**	**7500**	**560**	**215**	**345**			
75	2815	1254	1561	146	59	87			
76	2825	1245	1580	119	46	73			
77	2596	1200	1396	89	34	55			
78	2752	1232	1520	106	42	64			
79	2619	1176	1443	100	34	66			
80-84岁	**9886**	**4803**	**5083**	**433**	**188**	**245**			
80	2562	1190	1372	119	56	63			
81	2130	1008	1122	76	35	41			
82	2009	987	1022	94	35	59			
83	1664	843	821	73	31	42			
84	1521	775	746	71	31	40			
85-89岁	**3757**	**1962**	**1795**	**181**	**52**	**129**			
85	1102	546	556	56	12	44			
86	942	473	469	39	5	34			
87	739	393	346	33	13	20			
88	547	303	244	31	11	20			
89	427	247	180	22	11	11			
90-94岁	**965**	**606**	**359**	**48**	**16**	**32**			
90	362	235	127	15	6	9			
91	220	134	86	15	3	12			
92	187	105	82	7	2	5			
93	110	69	41	8	3	5			
94	86	63	23	3	2	1			
95-99岁	**129**	**90**	**39**	**9**	**3**	**6**			
95	57	40	17	5	1	4			
96	36	22	14	2	1	1			
97	21	17	4	1	1				
98	10	6	4	1		1			
99	5	5							
100岁及以上	**7**	**5**	**2**						

8-7a 续表 4

单位：人

年 龄	财产性收入			家庭其他成员供养			其 他		
	小计	男	女	小计	男	女	小计	男	女
总 计	**3718**	**2046**	**1672**	**174265**	**55265**	**119000**	**32035**	**16404**	**15631**
45岁以下	**1408**	**730**	**678**	**122649**	**41418**	**81231**	**15317**	**7678**	**7639**
45-49岁	**588**	**312**	**276**	**13530**	**2035**	**11495**	**4558**	**2352**	**2206**
45	108	57	51	2411	298	2113	804	399	405
46	119	55	64	2665	371	2294	929	469	460
47	112	60	52	2766	426	2340	929	473	456
48	116	68	48	2765	459	2306	910	477	433
49	133	72	61	2923	481	2442	986	534	452
50-54岁	**561**	**345**	**216**	**10956**	**2944**	**8012**	**3878**	**2300**	**1578**
50	135	84	51	2632	561	2071	933	527	406
51	118	71	47	2148	544	1604	743	449	294
52	116	69	47	2272	615	1657	878	517	361
53	87	49	38	1885	554	1331	635	389	246
54	105	72	33	2019	670	1349	689	418	271
55-59岁	**471**	**312**	**159**	**9448**	**3525**	**5923**	**3073**	**1838**	**1235**
55	106	71	35	2023	659	1364	695	396	299
56	106	75	31	2057	724	1333	657	391	266
57	104	67	37	2288	902	1386	772	483	289
58	99	61	38	1832	722	1110	579	340	239
59	56	38	18	1248	518	730	370	228	142
60-64岁	**286**	**151**	**135**	**5859**	**1815**	**4044**	**1781**	**915**	**866**
60	67	34	33	1361	422	939	418	229	189
61	52	29	23	1047	334	713	313	154	159
62	54	32	22	1132	363	769	332	158	174
63	60	33	27	1197	354	843	394	216	178
64	53	23	30	1122	342	780	324	158	166
65-69岁	**206**	**101**	**105**	**4628**	**1434**	**3194**	**1430**	**640**	**790**
65	40	13	27	1086	352	734	350	167	183
66	50	27	23	1066	327	739	311	131	180
67	57	31	26	917	284	633	272	128	144
68	32	20	12	850	266	584	244	104	140
69	27	10	17	709	205	504	253	110	143

8-7a 续表 5　　　　单位：人

年 龄	财产性收入			家庭其他成员供养			其 他		
	小计	男	女	小计	男	女	小计	男	女
70-74岁	**94**	**44**	**50**	**2817**	**913**	**1904**	**855**	**356**	**499**
70	27	14	13	734	251	483	217	92	125
71	27	12	15	640	224	416	199	88	111
72	14	7	7	512	167	345	138	58	80
73	16	5	11	516	158	358	167	73	94
74	10	6	4	415	113	302	134	45	89
75-79岁	**57**	**30**	**27**	**1838**	**522**	**1316**	**513**	**172**	**341**
75	9	6	3	392	104	288	115	33	82
76	16	11	5	425	111	314	103	41	62
77	9	2	7	360	110	250	104	40	64
78	9	5	4	291	92	199	97	26	71
79	14	6	8	370	105	265	94	32	62
80-84岁	**32**	**12**	**20**	**1444**	**383**	**1061**	**367**	**92**	**275**
80	5		5	340	89	251	92	29	63
81	4		4	289	77	212	66	16	50
82	9	6	3	290	85	205	72	15	57
83	6	2	4	284	69	215	70	12	58
84	8	4	4	241	63	178	67	20	47
85-89岁	**13**	**7**	**6**	**786**	**209**	**577**	**181**	**42**	**139**
85	3	2	1	214	63	151	59	13	46
86	2	1	1	179	50	129	37	9	28
87	5	2	3	168	43	125	33	11	22
88	3	2	1	123	26	97	27	3	24
89				102	27	75	25	6	19
90-94岁	**2**	**2**		**244**	**51**	**193**	**70**	**15**	**55**
90	1	1		85	18	67	26	4	22
91				59	12	47	12	1	11
92	1	1		43	9	34	13	2	11
93				35	5	30	9	3	6
94				22	7	15	10	5	5
95-99岁				**56**	**14**	**42**	**11**	**3**	**8**
95				17	5	12	4	1	3
96				18	2	16	4		4
97				11	5	6	2	1	1
98				5	1	4			
99				5	1	4	1	1	
100岁及以上				**10**	**2**	**8**	**1**	**1**	

8−7b　全区分年龄、性别、主要生活来源的人口(镇)

单位：人

年　龄	15岁及以上人口			劳动收入		
	合计	男	女	小计	男	女
总　计	**549666**	**276033**	**273633**	**294747**	**185417**	**109330**
45岁以下	**272160**	**138268**	**133892**	**176716**	**107006**	**69710**
45−49岁	**62964**	**32296**	**30668**	**46243**	**28137**	**18106**
45	11645	5981	5664	8760	5297	3463
46	12689	6470	6219	9464	5696	3768
47	12568	6464	6104	9221	5612	3609
48	12792	6558	6234	9331	5681	3650
49	13270	6823	6447	9467	5851	3616
50−54岁	**58671**	**30249**	**28422**	**36702**	**24607**	**12095**
50	13705	7088	6617	9147	5949	3198
51	11676	6071	5605	7548	5028	2520
52	12905	6576	6329	8107	5384	2723
53	9702	5019	4683	5867	4014	1853
54	10683	5495	5188	6033	4232	1801
55−59岁	**48862**	**24672**	**24190**	**22519**	**16715**	**5804**
55	10712	5537	5175	5567	4064	1503
56	10904	5573	5331	5311	3958	1353
57	11676	5856	5820	5288	3972	1316
58	9270	4567	4703	3941	2911	1030
59	6300	3139	3161	2412	1810	602
60−64岁	**37100**	**18286**	**18814**	**7930**	**5582**	**2348**
60	8145	4075	4070	2116	1532	584
61	6939	3449	3490	1657	1143	514
62	7401	3602	3799	1490	1022	468
63	7708	3832	3876	1477	1066	411
64	6907	3328	3579	1190	819	371
65−69岁	**29614**	**13973**	**15641**	**3501**	**2519**	**982**
65	7110	3440	3670	1042	726	316
66	6653	3113	3540	885	631	254
67	5809	2680	3129	637	457	180
68	5331	2511	2820	527	401	126
69	4711	2229	2482	410	304	106

8-7b 续表 1

单位：人

年 龄	15岁及以上人口			劳动收入		
	合计	男	女	小计	男	女
70-74岁	**17886**	**8103**	**9783**	**884**	**669**	**215**
70	4407	2059	2348	308	237	71
71	4153	1902	2251	208	164	44
72	3300	1495	1805	147	104	43
73	3293	1470	1823	147	110	37
74	2733	1177	1556	74	54	20
75-79岁	**11145**	**5039**	**6106**	**170**	**124**	**46**
75	2437	1094	1343	45	33	12
76	2539	1181	1358	51	41	10
77	2157	955	1202	27	18	9
78	2006	892	1114	24	16	8
79	2006	917	1089	23	16	7
80-84岁	**7382**	**3322**	**4060**	**67**	**49**	**18**
80	1866	811	1055	19	12	7
81	1620	719	901	16	13	3
82	1505	712	793	14	12	2
83	1311	586	725	9	8	1
84	1080	494	586	9	4	5
85-89岁	**3037**	**1428**	**1609**	**9**	**5**	**4**
85	890	390	500	3	2	1
86	738	354	384	2	2	
87	610	282	328	1		1
88	475	232	243	2	1	1
89	324	170	154	1		1
90-94岁	**714**	**343**	**371**	**6**	**4**	**2**
90	267	133	134			
91	176	83	93	1	1	
92	143	67	76	2	1	1
93	74	37	37	2	2	
94	54	23	31	1		1
95-99岁	**120**	**50**	**70**			
95	36	18	18			
96	36	14	22			
97	25	8	17			
98	12	4	8			
99	11	6	5			
100岁及以上	**11**	**4**	**7**			

8-7b 续表 2

单位：人

年 龄	离退休金/养老金			最低生活保障金			失业保险金		
	小计	男	女	小计	男	女	小计	男	女
总 计	**71112**	**30245**	**40867**	**17643**	**8424**	**9219**	**112**	**62**	**50**
45岁以下	**45**	**23**	**22**	**2105**	**1093**	**1012**	**33**	**14**	**19**
45-49岁	**737**	**71**	**666**	**1590**	**832**	**758**	**25**	**13**	**12**
45	45	6	39	270	138	132	5	3	2
46	73	8	65	283	145	138	6	3	3
47	141	16	125	298	165	133	1		1
48	170	14	156	344	171	173	5	3	2
49	308	27	281	395	213	182	8	4	4
50-54岁	**7018**	**867**	**6151**	**1482**	**881**	**601**	**16**	**16**	
50	1053	105	948	337	202	135	1	1	
51	1277	138	1139	275	165	110	2	2	
52	1625	195	1430	319	189	130	6	6	
53	1348	179	1169	246	140	106			
54	1715	250	1465	305	185	120	7	7	
55-59岁	**12212**	**2957**	**9255**	**1673**	**871**	**802**	**7**	**3**	**4**
55	2212	433	1779	342	204	138	1	1	
56	2609	578	2031	341	178	163			
57	2949	673	2276	372	196	176	5	2	3
58	2548	677	1871	359	180	179			
59	1894	596	1298	259	113	146	1		1
60-64岁	**17100**	**8579**	**8521**	**2137**	**962**	**1175**	**12**	**6**	**6**
60	3487	1667	1820	378	165	213	2	1	1
61	3182	1594	1588	340	158	182	2	2	
62	3541	1817	1724	437	183	254	4	1	3
63	3574	1821	1753	503	245	258	3	2	1
64	3316	1680	1636	479	211	268	1		1
65-69岁	**14191**	**7299**	**6892**	**2858**	**1257**	**1601**	**13**	**7**	**6**
65	3379	1759	1620	588	255	333	2	1	1
66	3254	1661	1593	569	235	334	2	1	1
67	2782	1428	1354	595	257	338	2	1	1
68	2487	1274	1213	582	265	317	4	2	2
69	2289	1177	1112	524	245	279	3	2	1

8-7b 续表 3

单位：人

年 龄	离退休金/养老金			最低生活保障金			失业保险金		
	小计	男	女	小计	男	女	小计	男	女
70-74岁	**8735**	**4421**	**4314**	**2390**	**1058**	**1332**	**6**	**3**	**3**
70	2171	1118	1053	527	226	301	3	2	1
71	1964	989	975	549	237	312			
72	1646	847	799	440	200	240			
73	1550	781	769	491	218	273	1	1	
74	1404	686	718	383	177	206	2		2
75-79岁	**5700**	**2958**	**2742**	**1664**	**744**	**920**			
75	1236	625	611	357	148	209			
76	1244	655	589	384	181	203			
77	1101	563	538	324	139	185			
78	1070	549	521	282	133	149			
79	1049	566	483	317	143	174			
80-84岁	**3663**	**1977**	**1686**	**1118**	**490**	**628**			
80	1024	516	508	256	116	140			
81	813	427	386	246	109	137			
82	734	412	322	236	105	131			
83	584	325	259	210	88	122			
84	508	297	211	170	72	98			
85-89岁	**1344**	**851**	**493**	**504**	**197**	**307**			
85	398	233	165	146	56	90			
86	343	214	129	127	50	77			
87	255	164	91	95	35	60			
88	195	134	61	84	31	53			
89	153	106	47	52	25	27			
90-94岁	**314**	**206**	**108**	**99**	**36**	**63**			
90	120	79	41	36	13	23			
91	80	52	28	22	7	15			
92	52	34	18	26	10	16			
93	33	23	10	10	5	5			
94	29	18	11	5	1	4			
95-99岁	**49**	**32**	**17**	**19**	**3**	**16**			
95	17	12	5	4	1	3			
96	13	10	3	5	2	3			
97	8	4	4	5		5			
98	5	3	2	4		4			
99	6	3	3	1		1			
100岁及以上	**4**	**4**		**4**		**4**			

8-7b 续表 4

单位：人

年龄	财产性收入			家庭其他成员供养			其他		
	小计	男	女	小计	男	女	小计	男	女
总计	**4883**	**2571**	**2312**	**125727**	**32918**	**92809**	**35442**	**16396**	**19046**
45岁以下	**1752**	**909**	**843**	**76507**	**22317**	**54190**	**15002**	**6906**	**8096**
45-49岁	**576**	**331**	**245**	**9628**	**960**	**8668**	**4165**	**1952**	**2213**
45	107	65	42	1699	132	1567	759	340	419
46	120	71	49	1938	172	1766	805	375	430
47	117	66	51	1933	200	1733	857	405	452
48	108	64	44	1962	207	1755	872	418	454
49	124	65	59	2096	249	1847	872	414	458
50-54岁	**663**	**367**	**296**	**8783**	**1489**	**7294**	**4007**	**2022**	**1985**
50	150	79	71	2083	297	1786	934	455	479
51	131	78	53	1667	260	1407	776	400	376
52	146	81	65	1859	307	1552	843	414	429
53	96	55	41	1444	263	1181	701	368	333
54	140	74	66	1730	362	1368	753	385	368
55-59岁	**630**	**331**	**299**	**8177**	**1934**	**6243**	**3644**	**1861**	**1783**
55	131	72	59	1678	368	1310	781	395	386
56	149	80	69	1729	384	1345	765	395	370
57	148	74	74	2037	480	1557	877	459	418
58	108	58	50	1596	380	1216	718	361	357
59	94	47	47	1137	322	815	503	251	252
60-64岁	**467**	**234**	**233**	**6719**	**1710**	**5009**	**2735**	**1213**	**1522**
60	104	55	49	1466	370	1096	592	285	307
61	78	46	32	1194	303	891	486	203	283
62	84	34	50	1316	322	994	529	223	306
63	118	53	65	1482	391	1091	551	254	297
64	83	46	37	1261	324	937	577	248	329
65-69岁	**436**	**209**	**227**	**6140**	**1601**	**4539**	**2475**	**1081**	**1394**
65	118	58	60	1408	354	1054	573	287	286
66	97	46	51	1309	305	1004	537	234	303
67	78	37	41	1229	306	923	486	194	292
68	71	35	36	1192	334	858	468	200	268
69	72	33	39	1002	302	700	411	166	245

8－7b 续表 5

单位：人

年 龄	财产性收入			家庭其他成员供养			其 他		
	小计	男	女	小计	男	女	小计	男	女
70－74岁	**212**	**113**	**99**	**4098**	**1176**	**2922**	**1561**	**663**	**898**
70	54	20	34	947	262	685	397	194	203
71	56	33	23	997	307	690	379	172	207
72	40	24	16	765	227	538	262	93	169
73	34	23	11	769	216	553	301	121	180
74	28	13	15	620	164	456	222	83	139
75－79岁	**89**	**50**	**39**	**2595**	**785**	**1810**	**927**	**378**	**549**
75	22	16	6	581	183	398	196	89	107
76	26	11	15	606	185	421	228	108	120
77	18	9	9	495	150	345	192	76	116
78	8	4	4	460	129	331	162	61	101
79	15	10	5	453	138	315	149	44	105
80－84岁	**37**	**15**	**22**	**1880**	**569**	**1311**	**617**	**222**	**395**
80	10	4	6	398	107	291	159	56	103
81	8	2	6	410	123	287	127	45	82
82	5	3	2	405	135	270	111	45	66
83	6	2	4	371	119	252	131	44	87
84	8	4	4	296	85	211	89	32	57
85－89岁	**15**	**9**	**6**	**922**	**287**	**635**	**243**	**79**	**164**
85	4	4		264	67	197	75	28	47
86	4	1	3	215	77	138	47	10	37
87	3	2	1	198	60	138	58	21	37
88	4	2	2	149	49	100	41	15	26
89				96	34	62	22	5	17
90－94岁	**5**	**3**	**2**	**233**	**75**	**158**	**57**	**19**	**38**
90	2	2		89	31	58	20	8	12
91	2		2	56	18	38	15	5	10
92				51	18	33	12	4	8
93				22	6	16	7	1	6
94	1	1		15	2	13	3	1	2
95－99岁	**1**		**1**	**44**	**15**	**29**	**7**		**7**
95	1		1	13	5	8	1		1
96				14	2	12	4		4
97				11	4	7	1		1
98				2	1	1	1		1
99				4	3	1			
100岁及以上				**1**		**1**	**2**		**2**

8-7c　全区分年龄、性别、主要生活来源的人口(乡村)

单位：人

年　龄	15岁及以上人口			劳动收入		
	合计	男	女	小计	男	女
总　计	**684449**	**363429**	**321020**	**416122**	**257419**	**158703**
45岁以下	**234614**	**131631**	**102983**	**164678**	**104854**	**59824**
45-49岁	**80310**	**42949**	**37361**	**64462**	**38020**	**26442**
45	13701	7307	6394	11047	6481	4566
46	15989	8615	7374	12915	7647	5268
47	15707	8376	7331	12621	7420	5201
48	16989	9131	7858	13570	8058	5512
49	17924	9520	8404	14309	8414	5895
50-54岁	**86381**	**45844**	**40537**	**65988**	**39382**	**26606**
50	18810	10003	8807	14750	8725	6025
51	17038	9066	7972	13214	7854	5360
52	18382	9695	8687	14078	8369	5709
53	15262	8100	7162	11484	6925	4559
54	16889	8980	7909	12462	7509	4953
55-59岁	**80161**	**40984**	**39177**	**55071**	**32812**	**22259**
55	17090	8914	8176	12394	7384	5010
56	16928	8744	8184	11933	7136	4797
57	19125	9833	9292	13121	7873	5248
58	15973	7955	8018	10581	6240	4341
59	11045	5538	5507	7042	4179	2863
60-64岁	**70306**	**35670**	**34636**	**36623**	**22488**	**14135**
60	15384	7996	7388	9145	5636	3509
61	12975	6678	6297	7188	4423	2765
62	13362	6766	6596	6978	4209	2769
63	14875	7528	7347	7221	4529	2692
64	13710	6702	7008	6091	3691	2400
65-69岁	**61222**	**30881**	**30341**	**21388**	**14149**	**7239**
65	14194	7140	7054	5934	3793	2141
66	13338	6643	6695	5021	3228	1793
67	12138	6131	6007	4233	2827	1406
68	11609	5872	5737	3584	2447	1137
69	9943	5095	4848	2616	1854	762

8−7c 续表 1

单位：人

年 龄	15岁及以上人口			劳动收入		
	合计	男	女	小计	男	女
70−74岁	**34918**	**17885**	**17033**	**6128**	**4433**	**1695**
70	8970	4606	4364	2014	1424	590
71	8209	4247	3962	1536	1108	428
72	6192	3175	3017	1052	766	286
73	6580	3386	3194	929	692	237
74	4967	2471	2496	597	443	154
75−79岁	**18279**	**9047**	**9232**	**1357**	**1002**	**355**
75	4273	2199	2074	441	330	111
76	4334	2114	2220	372	281	91
77	3382	1676	1706	232	175	57
78	3061	1495	1566	163	106	57
79	3229	1563	1666	149	110	39
80−84岁	**11702**	**5574**	**6128**	**322**	**211**	**111**
80	2816	1355	1461	102	67	35
81	2587	1226	1361	79	56	23
82	2426	1172	1254	69	38	31
83	2057	985	1072	46	30	16
84	1816	836	980	26	20	6
85−89岁	**5228**	**2398**	**2830**	**94**	**62**	**32**
85	1492	710	782	37	27	10
86	1329	580	749	25	14	11
87	1019	447	572	13	6	7
88	821	399	422	12	9	3
89	567	262	305	7	6	1
90−94岁	**1126**	**486**	**640**	**10**	**6**	**4**
90	434	200	234	7	5	2
91	265	102	163	2	1	1
92	210	91	119			
93	116	45	71			
94	101	48	53	1		1
95−99岁	**179**	**73**	**106**	**1**		**1**
95	67	30	37	1		1
96	47	19	28			
97	24	10	14			
98	23	6	17			
99	18	8	10			
100岁及以上	**23**	**7**	**16**			

8-7c　续表 2　　　　单位：人

年　龄	离退休金/养老金			最低生活保障金			失业保险金		
	小计	男	女	小计	男	女	小计	男	女
总　计	**25923**	**12777**	**13146**	**58252**	**27883**	**30369**	**143**	**60**	**83**
45岁以下	**19**	**6**	**13**	**2820**	**1675**	**1145**	**15**	**5**	**10**
45-49岁	**91**	**14**	**77**	**1693**	**968**	**725**	**11**	**5**	**6**
45	6	2	4	260	154	106	1	1	
46	10		10	342	204	138	4	1	3
47	17	4	13	309	167	142	2	1	1
48	22	3	19	376	220	156	2	1	1
49	36	5	31	406	223	183	2	1	1
50-54岁	**1299**	**184**	**1115**	**2324**	**1260**	**1064**	**8**	**6**	**2**
50	172	26	146	444	251	193	3	2	1
51	257	38	219	426	241	185	1		1
52	280	32	248	449	246	203	1	1	
53	247	30	217	469	238	231	1	1	
54	343	58	285	536	284	252	2	2	
55-59岁	**2639**	**646**	**1993**	**3800**	**1769**	**2031**	**12**	**3**	**9**
55	432	86	346	610	321	289	2	1	1
56	520	125	395	692	350	342	1		1
57	628	141	487	897	405	492	6	1	5
58	580	139	441	927	395	532			
59	479	155	324	674	298	376	3	1	2
60-64岁	**5921**	**2931**	**2990**	**8016**	**3555**	**4461**	**39**	**16**	**23**
60	1001	477	524	1230	548	682	6	1	5
61	1010	498	512	1275	563	712	7	3	4
62	1184	589	595	1550	722	828	8	3	5
63	1381	693	688	1884	829	1055	8	5	3
64	1345	674	671	2077	893	1184	10	4	6
65-69岁	**6754**	**3566**	**3188**	**12968**	**5747**	**7221**	**36**	**14**	**22**
65	1407	722	685	2443	1062	1381	4	1	3
66	1518	803	715	2515	1066	1449	7	3	4
67	1292	645	647	2654	1174	1480	7	4	3
68	1314	709	605	2735	1224	1511	11	4	7
69	1223	687	536	2621	1221	1400	7	2	5

8－7c 续表 3 单位：人

年 龄	离退休金/养老金			最低生活保障金			失业保险金		
	小计	男	女	小计	男	女	小计	男	女
70—74岁	**4382**	**2542**	**1840**	**11569**	**5592**	**5977**	**13**	**6**	**7**
70	1105	610	495	2593	1230	1363	4	3	1
71	1053	625	428	2626	1279	1347	1	1	
72	784	466	318	2096	1024	1072	4	2	2
73	791	474	317	2467	1219	1248	1		1
74	649	367	282	1787	840	947	3		3
75—79岁	**2520**	**1511**	**1009**	**7261**	**3587**	**3674**	**9**	**5**	**4**
75	602	368	234	1654	838	816	4	3	1
76	582	346	236	1645	795	850	3	1	2
77	488	290	198	1307	651	656			
78	408	242	166	1280	628	652	2	1	1
79	440	265	175	1375	675	700			
80—84岁	**1505**	**893**	**612**	**4999**	**2441**	**2558**			
80	370	218	152	1173	588	585			
81	338	204	134	1128	546	582			
82	318	191	127	1040	520	520			
83	266	156	110	871	419	452			
84	213	124	89	787	368	419			
85—89岁	**627**	**377**	**250**	**2271**	**1069**	**1202**			
85	196	125	71	664	317	347			
86	139	71	68	582	278	304			
87	110	69	41	451	200	251			
88	112	67	45	331	155	176			
89	70	45	25	243	119	124			
90—94岁	**145**	**93**	**52**	**459**	**192**	**267**			
90	57	38	19	180	81	99			
91	38	18	20	103	41	62			
92	21	16	5	95	38	57			
93	8	5	3	50	20	30			
94	21	16	5	31	12	19			
95—99岁	**19**	**13**	**6**	**63**	**25**	**38**			
95	7	7		22	8	14			
96	4	2	2	18	8	10			
97	1	1		11	4	7			
98	4	2	2	5	2	3			
99	3	1	2	7	3	4			
100岁及以上	**2**	**1**	**1**	**9**	**3**	**6**			

8−7c　续表 4　　　　单位：人

年　龄	财产性收入			家庭其他成员供养			其　　他		
	小计	男	女	小计	男	女	小计	男	女
总　计	**16519**	**8774**	**7745**	**117037**	**32518**	**84519**	**50453**	**23998**	**26455**
45岁以下	**4034**	**2241**	**1793**	**47326**	**15306**	**32020**	**15722**	**7544**	**8178**
45−49岁	**1839**	**916**	**923**	**6860**	**587**	**6273**	**5354**	**2439**	**2915**
45	312	165	147	1197	101	1096	878	403	475
46	364	180	184	1324	104	1220	1030	479	551
47	382	184	198	1298	108	1190	1078	492	586
48	372	192	180	1487	131	1356	1160	526	634
49	409	195	214	1554	143	1411	1208	539	669
50−54岁	**2181**	**1135**	**1046**	**8211**	**962**	**7249**	**6370**	**2915**	**3455**
50	440	248	192	1675	175	1500	1326	576	750
51	379	199	180	1525	165	1360	1236	569	667
52	477	238	239	1732	181	1551	1365	628	737
53	379	189	190	1502	165	1337	1180	552	628
54	506	261	245	1777	276	1501	1263	590	673
55−59岁	**2444**	**1236**	**1208**	**9802**	**1637**	**8165**	**6393**	**2881**	**3512**
55	494	258	236	1882	292	1590	1276	572	704
56	506	246	260	2001	292	1709	1275	595	680
57	571	294	277	2336	416	1920	1566	703	863
58	508	251	257	2056	356	1700	1321	574	747
59	365	187	178	1527	281	1246	955	437	518
60−64岁	**2315**	**1204**	**1111**	**11310**	**2551**	**8759**	**6082**	**2925**	**3157**
60	488	238	250	2190	461	1729	1324	635	689
61	428	237	191	1975	425	1550	1092	529	563
62	414	208	206	2105	494	1611	1123	541	582
63	496	278	218	2590	581	2009	1295	613	682
64	489	243	246	2450	590	1860	1248	607	641
65−69岁	**2082**	**1080**	**1002**	**12684**	**3697**	**8987**	**5310**	**2628**	**2682**
65	482	228	254	2644	707	1937	1280	627	653
66	455	243	212	2666	738	1928	1156	562	594
67	425	222	203	2517	748	1769	1010	511	499
68	389	210	179	2591	805	1786	985	473	512
69	331	177	154	2266	699	1567	879	455	424

8-7c 续表 5 单位：人

年龄	财产性收入			家庭其他成员供养			其他		
	小计	男	女	小计	男	女	小计	男	女
70-74岁	**1069**	**633**	**436**	**9021**	**3261**	**5760**	**2736**	**1418**	**1318**
70	308	180	128	2186	763	1423	760	396	364
71	267	160	107	2067	737	1330	659	337	322
72	180	96	84	1629	594	1035	447	227	220
73	185	111	74	1703	625	1078	504	265	239
74	129	86	43	1436	542	894	366	193	173
75-79岁	**354**	**214**	**140**	**5480**	**2064**	**3416**	**1298**	**664**	**634**
75	105	69	36	1146	430	716	321	161	160
76	90	52	38	1311	480	831	331	159	172
77	62	39	23	1054	402	652	239	119	120
78	48	31	17	955	379	576	205	108	97
79	49	23	26	1014	373	641	202	117	85
80-84岁	**153**	**89**	**64**	**3939**	**1549**	**2390**	**784**	**391**	**393**
80	44	24	20	930	359	571	197	99	98
81	32	18	14	837	322	515	173	80	93
82	30	19	11	801	315	486	168	89	79
83	27	18	9	707	293	414	140	69	71
84	20	10	10	664	260	404	106	54	52
85-89岁	**41**	**22**	**19**	**1859**	**710**	**1149**	**336**	**158**	**178**
85	15	7	8	477	181	296	103	53	50
86	6	4	2	495	179	316	82	34	48
87	8	3	5	376	139	237	61	30	31
88	7	5	2	307	140	167	52	23	29
89	5	3	2	204	71	133	38	18	20
90-94岁	**6**	**4**	**2**	**451**	**163**	**288**	**55**	**28**	**27**
90	2	1	1	167	60	107	21	15	6
91	1		1	105	37	68	16	5	11
92	1	1		86	34	52	7	2	5
93	1	1		51	17	34	6	2	4
94	1	1		42	15	27	5	4	1
95-99岁	**1**		**1**	**82**	**28**	**54**	**13**	**7**	**6**
95	1		1	29	10	19	7	5	2
96				21	7	14	4	2	2
97				12	5	7			
98				12	2	10	2		2
99				8	4	4			
100岁及以上				**12**	**3**	**9**			

8-8　全区分性别、婚姻状况、主要生活来源的60岁及以上老年人口

单位：人

婚姻状况	60岁及以上人口			劳动收入		
	合计	男	女	小计	男	女
总　计	**458505**	**222262**	**236243**	**87306**	**58070**	**29236**
未　婚	7008	6589	419	1280	1227	53
有配偶	349000	187940	161060	78808	52990	25818
离　婚	6413	3606	2807	1148	937	211
丧　偶	96084	24127	71957	6070	2916	3154

8-8　续表 1

单位：人

婚姻状况	离退休金/养老金			最低生活保障金			失业保险金		
	小计	男	女	小计	男	女	小计	男	女
总　计	**184561**	**91310**	**93251**	**62930**	**28899**	**34031**	**136**	**60**	**76**
未　婚	550	406	144	3292	3226	66			
有配偶	146270	80915	65355	39422	20043	19379	107	49	58
离　婚	3333	1440	1893	832	591	241	1	1	
丧　偶	34408	8549	25859	19384	5039	14345	28	10	18

8-8　续表 2

单位：人

婚姻状况	财产性收入			家庭其他成员供养			其　他		
	小计	男	女	小计	男	女	小计	男	女
总　计	**7973**	**4226**	**3747**	**85152**	**25587**	**59565**	**30447**	**14110**	**16337**
未　婚	112	108	4	442	380	62	1332	1242	90
有配偶	6530	3666	2864	55601	19021	36580	22262	11256	11006
离　婚	62	44	18	626	323	303	411	270	141
丧　偶	1269	408	861	28483	5863	22620	6442	1342	5100

8-8a 全区分性别、婚姻状况、主要生活来源的60岁及以上老年人口(城市)

单位：人

婚姻状况	60岁及以上人口			劳动收入		
	合计	男	女	小计	男	女
总　计	**148513**	**69693**	**78820**	**8816**	**6767**	**2049**
未　婚	816	628	188	178	167	11
有配偶	114562	61112	53450	7908	6167	1741
离　婚	3191	1468	1723	286	219	67
丧　偶	29944	6485	23459	444	214	230

8-8a 续表 1

单位：人

婚姻状况	离退休金/养老金			最低生活保障金			失业保险金		
	小计	男	女	小计	男	女	小计	男	女
总　计	**111586**	**53056**	**58530**	**4522**	**1941**	**2581**	**8**	**3**	**5**
未　婚	248	139	109	170	157	13			
有配偶	87923	47158	40765	2731	1380	1351	7	3	4
离　婚	2355	939	1416	204	120	84			
丧　偶	21060	4820	16240	1417	284	1133	1		1

8-8a 续表 2

单位：人

婚姻状况	财产性收入			家庭其他成员供养			其　他		
	小计	男	女	小计	男	女	小计	男	女
总　计	**690**	**347**	**343**	**17682**	**5343**	**12339**	**5209**	**2236**	**2973**
未　婚	8	7	1	69	46	23	143	112	31
有配偶	550	302	248	11867	4246	7621	3576	1856	1720
离　婚	10	8	2	226	119	107	110	63	47
丧　偶	122	30	92	5520	932	4588	1380	205	1175

8-8b　全区分性别、婚姻状况、主要生活来源的60岁及以上老年人口(镇)

单位：人

婚姻状况	60岁及以上人口			劳动收入		
	合计	男	女	小计	男	女
总　计	**107009**	**50548**	**56461**	**12567**	**8952**	**3615**
未　婚	1135	1031	104	157	148	9
有配偶	81288	43427	37861	11402	8253	3149
离　婚	1493	838	655	220	176	44
丧　偶	23093	5252	17841	788	375	413

8-8b　续表 1

单位：人

婚姻状况	离退休金/养老金			最低生活保障金			失业保险金		
	小计	男	女	小计	男	女	小计	男	女
总　计	**51100**	**26327**	**24773**	**10793**	**4747**	**6046**	**31**	**16**	**15**
未　婚	124	98	26	470	451	19			
有配偶	41113	23527	17586	6575	3348	3227	25	12	13
离　婚	740	356	384	232	147	85			
丧　偶	9123	2346	6777	3516	801	2715	6	4	2

8-8b　续表 2

单位：人

婚姻状况	财产性收入			家庭其他成员供养			其　他		
	小计	男	女	小计	男	女	小计	男	女
总　计	**1262**	**633**	**629**	**22632**	**6218**	**16414**	**8624**	**3655**	**4969**
未　婚	13	12	1	108	89	19	263	233	30
有配偶	1018	567	451	15050	4732	10318	6105	2988	3117
离　婚	9	5	4	165	75	90	127	79	48
丧　偶	222	49	173	7309	1322	5987	2129	355	1774

8-8c 全区分性别、婚姻状况、主要生活来源的60岁及以上老年人口(乡村)

单位：人

婚姻状况	60岁及以上人口			劳动收入		
	合计	男	女	小计	男	女
总　计	**202983**	**102021**	**100962**	**65923**	**42351**	**23572**
未　婚	5057	4930	127	945	912	33
有配偶	153150	83401	69749	59498	38570	20928
离　婚	1729	1300	429	642	542	100
丧　偶	43047	12390	30657	4838	2327	2511

8-8c 续表 1

单位：人

婚姻状况	离退休金/养老金			最低生活保障金			失业保险金		
	小计	男	女	小计	男	女	小计	男	女
总　计	**21875**	**11927**	**9948**	**47615**	**22211**	**25404**	**97**	**41**	**56**
未　婚	178	169	9	2652	2618	34			
有配偶	17234	10230	7004	30116	15315	14801	75	34	41
离　婚	238	145	93	396	324	72	1	1	
丧　偶	4225	1383	2842	14451	3954	10497	21	6	15

8-8c 续表 2

单位：人

婚姻状况	财产性收入			家庭其他成员供养			其　他		
	小计	男	女	小计	男	女	小计	男	女
总　计	**6021**	**3246**	**2775**	**44838**	**14026**	**30812**	**16614**	**8219**	**8395**
未　婚	91	89	2	265	245	20	926	897	29
有配偶	4962	2797	2165	28684	10043	18641	12581	6412	6169
离　婚	43	31	12	235	129	106	174	128	46
丧　偶	925	329	596	15654	3609	12045	2933	782	2151

8-9　全区分性别、居住状况、主要生活来源的60岁及以上老年人口

单位：人

居住状况	60岁及以上人口			劳动收入		
	合计	男	女	小计	男	女
总　计	**458505**	**222262**	**236243**	**87306**	**58070**	**29236**
与配偶和子女同住	54046	29333	24713	11046	7439	3607
与配偶同住	272660	146630	126030	62568	41692	20876
与子女同住	56232	14951	41281	4038	2065	1973
独居(有保姆)	945	406	539	43	31	12
独居(无保姆)	57643	21540	36103	6420	4426	1994
养老机构	3591	2132	1459	44	32	12
其　他	13388	7270	6118	3147	2385	762

8-9　续表 1

单位：人

居住状况	离退休金/养老金			最低生活保障金			失业保险金		
	小计	男	女	小计	男	女	小计	男	女
总　计	**184561**	**91310**	**93251**	**62930**	**28899**	**34031**	**136**	**60**	**76**
与配偶和子女同住	22652	12675	9977	4094	2131	1963	19	10	9
与配偶同住	115626	64001	51625	33520	17004	16516	83	38	45
与子女同住	18823	5142	13681	8053	2083	5970	12	4	8
独居(有保姆)	603	275	328	81	32	49			
独居(无保姆)	22260	7005	15255	13895	5597	8298	22	8	14
养老机构	1080	552	528	891	643	248			
其　他	3517	1660	1857	2396	1409	987			

8-9　续表 2

单位：人

居住状况	财产性收入			家庭其他成员供养			其　他		
	小计	男	女	小计	男	女	小计	男	女
总　计	**7973**	**4226**	**3747**	**85152**	**25587**	**59565**	**30447**	**14110**	**16337**
与配偶和子女同住	767	454	313	12931	5280	7651	2537	1344	1193
与配偶同住	5443	3032	2411	37665	11947	25718	17755	8916	8839
与子女同住	570	177	393	21611	4759	16852	3125	721	2404
独居(有保姆)	10	6	4	166	47	119	42	15	27
独居(无保姆)	972	450	522	9756	2448	7308	4318	1606	2712
养老机构	22	11	11	956	435	521	598	459	139
其　他	189	96	93	2067	671	1396	2072	1049	1023

8-9a 全区分性别、居住状况、主要生活来源的60岁及以上老年人口(城市)

单位：人

居住状况	60岁及以上人口			劳动收入		
	合计	男	女	小计	男	女
总　计	**148513**	**69693**	**78820**	**8816**	**6767**	**2049**
与配偶和子女同住	20532	11212	9320	1474	1166	308
与配偶同住	85941	45856	40085	5458	4242	1216
与子女同住	18681	4548	14133	410	251	159
独居(有保姆)	507	199	308	9	5	4
独居(无保姆)	18013	5563	12450	806	641	165
养老机构	1137	556	581	4	3	1
其　他	3702	1759	1943	655	459	196

8-9a　续表 1

单位：人

居住状况	离退休金/养老金			最低生活保障金			失业保险金		
	小计	男	女	小计	男	女	小计	男	女
总　计	**111586**	**53056**	**58530**	**4522**	**1941**	**2581**	**8**	**3**	**5**
与配偶和子女同住	14986	8190	6796	453	243	210	1		1
与配偶同住	67962	36453	31509	2085	1062	1023	6	3	3
与子女同住	11928	3045	8883	724	163	561			
独居(有保姆)	402	166	236	16	3	13			
独居(无保姆)	13545	3977	9568	1004	332	672	1		1
养老机构	679	314	365	68	51	17			
其　他	2084	911	1173	172	87	85			

8-9a　续表 2

单位：人

居住状况	财产性收入			家庭其他成员供养			其　他		
	小计	男	女	小计	男	女	小计	男	女
总　计	**690**	**347**	**343**	**17682**	**5343**	**12339**	**5209**	**2236**	**2973**
与配偶和子女同住	81	52	29	2921	1224	1697	616	337	279
与配偶同住	443	242	201	7469	2534	4935	2518	1320	1198
与子女同住	69	15	54	4694	915	3779	856	159	697
独居(有保姆)	3	2	1	62	17	45	15	6	9
独居(无保姆)	68	24	44	1814	394	1420	775	195	580
养老机构	5	3	2	291	123	168	90	62	28
其　他	21	9	12	431	136	295	339	157	182

8-9b 全区分性别、居住状况、主要生活来源的60岁及以上老年人口(镇)

单位：人

居住状况	60岁及以上人口			劳动收入		
	合计	男	女	小计	男	女
总　计	**107009**	**50548**	**56461**	**12567**	**8952**	**3615**
与配偶和子女同住	11919	6420	5499	1585	1138	447
与配偶同住	63968	34182	29786	8775	6309	2466
与子女同住	13372	3301	10071	581	320	261
独居(有保姆)	273	118	155	9	8	1
独居(无保姆)	13196	4277	8919	973	691	282
养老机构	1037	652	385	12	9	3
其　他	3244	1598	1646	632	477	155

8-9b 续表 1

单位：人

居住状况	离退休金/养老金			最低生活保障金			失业保险金		
	小计	男	女	小计	男	女	小计	男	女
总　计	**51100**	**26327**	**24773**	**10793**	**4747**	**6046**	**31**	**16**	**15**
与配偶和子女同住	5720	3287	2433	712	378	334	4	2	2
与配偶同住	33338	19108	14230	5513	2802	2711	20	9	11
与子女同住	4860	1396	3464	1512	348	1164	2	2	
独居(有保姆)	165	86	79	21	8	13			
独居(无保姆)	5826	1829	3997	2321	772	1549	5	3	2
养老机构	231	143	88	262	203	59			
其　他	960	478	482	452	236	216			

8-9b 续表 2

单位：人

居住状况	财产性收入			家庭其他成员供养			其　他		
	小计	男	女	小计	男	女	小计	男	女
总　计	**1262**	**633**	**629**	**22632**	**6218**	**16414**	**8624**	**3655**	**4969**
与配偶和子女同住	137	82	55	3039	1165	1874	722	368	354
与配偶同住	826	461	365	10667	3141	7526	4829	2352	2477
与子女同住	110	25	85	5305	1010	4295	1002	200	802
独居(有保姆)	1		1	62	11	51	15	5	10
独居(无保姆)	150	49	101	2573	562	2011	1348	371	977
养老机构	2	1	1	353	166	187	177	130	47
其　他	36	15	21	633	163	470	531	229	302

8-9c 全区分性别、居住状况、主要生活来源的60岁及以上老年人口(乡村)

单位：人

居住状况	60岁及以上人口			劳动收入		
	合计	男	女	小计	男	女
总　计	**202983**	**102021**	**100962**	**65923**	**42351**	**23572**
与配偶和子女同住	21595	11701	9894	7987	5135	2852
与配偶同住	122751	66592	56159	48335	31141	17194
与子女同住	24179	7102	17077	3047	1494	1553
独居(有保姆)	165	89	76	25	18	7
独居(无保姆)	26434	11700	14734	4641	3094	1547
养老机构	1417	924	493	28	20	8
其　他	6442	3913	2529	1860	1449	411

8-9c 续表 1

单位：人

居住状况	离退休金/养老金			最低生活保障金			失业保险金		
	小计	男	女	小计	男	女	小计	男	女
总　计	**21875**	**11927**	**9948**	**47615**	**22211**	**25404**	**97**	**41**	**56**
与配偶和子女同住	1946	1198	748	2929	1510	1419	14	8	6
与配偶同住	14326	8440	5886	25922	13140	12782	57	26	31
与子女同住	2035	701	1334	5817	1572	4245	10	2	8
独居(有保姆)	36	23	13	44	21	23			
独居(无保姆)	2889	1199	1690	10570	4493	6077	16	5	11
养老机构	170	95	75	561	389	172			
其　他	473	271	202	1772	1086	686			

8-9c 续表 2

单位：人

居住状况	财产性收入			家庭其他成员供养			其　他		
	小计	男	女	小计	男	女	小计	男	女
总　计	**6021**	**3246**	**2775**	**44838**	**14026**	**30812**	**16614**	**8219**	**8395**
与配偶和子女同住	549	320	229	6971	2891	4080	1199	639	560
与配偶同住	4174	2329	1845	19529	6272	13257	10408	5244	5164
与子女同住	391	137	254	11612	2834	8778	1267	362	905
独居(有保姆)	6	4	2	42	19	23	12	4	8
独居(无保姆)	754	377	377	5369	1492	3877	2195	1040	1155
养老机构	15	7	8	312	146	166	331	267	64
其　他	132	72	60	1003	372	631	1202	663	539

8-10　各地区分性别、居住状况的60岁及以上老年人口

单位：人

地　区	60岁及以上人口			与配偶和子女同住		
	合计	男	女	小计	男	女
内蒙古	**458505**	**222262**	**236243**	**54046**	**29333**	**24713**
呼和浩特市	**58664**	**29098**	**29566**	**6404**	**3578**	**2826**
新城区	10178	4874	5304	1680	928	752
回民区	6869	3295	3574	925	518	407
玉泉区	7274	3575	3699	914	522	392
赛罕区	13486	6551	6935	2039	1126	913
土默特左旗	6703	3464	3239	241	139	102
托克托县	3981	2040	1941	96	53	43
和林格尔县	3707	1945	1762	158	93	65
清水河县	2158	1149	1009	56	33	23
武川县	3004	1563	1441	86	44	42
呼和浩特经济技术开发区	1304	642	662	209	122	87
包头市	**54387**	**26136**	**28251**	**4664**	**2551**	**2113**
东河区	10700	5037	5663	994	546	448
昆都仑区	13702	6403	7299	1583	866	717
青山区	10027	4634	5393	1065	572	493
石拐区	583	299	284	36	20	16
白云鄂博矿区	349	169	180	40	21	19
九原区	3836	1934	1902	289	157	132
土默特右旗	6413	3242	3171	140	82	58
固阳县	4082	2096	1986	133	72	61
达尔罕茂明安联合旗	1834	929	905	67	40	27
包头稀土高新技术产业开发区	2861	1393	1468	317	175	142
乌海市	**8637**	**4130**	**4507**	**886**	**504**	**382**
海勃湾区	5000	2421	2579	595	338	257
海南区	1363	679	684	96	55	41
乌达区	2274	1030	1244	195	111	84
赤峰市	**83587**	**39734**	**43853**	**12388**	**6548**	**5840**
红山区	7720	3584	4136	1480	772	708
元宝山区	6071	2760	3311	859	441	418
松山区	11950	5572	6378	2110	1104	1006
阿鲁科尔沁旗	4852	2288	2564	510	273	237
巴林左旗	5957	2827	3130	469	252	217
巴林右旗	2899	1334	1565	343	190	153
林西县	4548	2172	2376	347	188	159
克什克腾旗	4360	2151	2209	374	204	170
翁牛特旗	8307	3961	4346	1130	600	530
喀喇沁旗	5964	2921	3043	910	484	426
宁城县	10425	5068	5357	2203	1158	1045
敖汉旗	10534	5096	5438	1653	882	771

8-10 续表 1

单位：人

地区	60岁及以上人口			与配偶和子女同住		
	合计	男	女	小计	男	女
通辽市	**52119**	**24203**	**27916**	**11168**	**5907**	**5261**
科尔沁区	13937	6495	7442	3046	1605	1441
科尔沁左翼中旗	7424	3495	3929	1771	950	821
科尔沁左翼后旗	6058	2858	3200	1514	811	703
开鲁县	6220	2842	3378	1091	566	525
库伦旗	2867	1326	1541	575	305	270
奈曼旗	7095	3277	3818	1663	872	791
扎鲁特旗	4189	1896	2293	580	307	273
通辽经济技术开发区	2799	1315	1484	701	371	330
霍林郭勒市	1530	699	831	227	120	107
鄂尔多斯市	**31364**	**16133**	**15231**	**2414**	**1414**	**1000**
东胜区	6492	3257	3235	774	466	308
康巴什区	1004	512	492	207	117	90
达拉特旗	6648	3450	3198	381	213	168
准格尔旗	5846	3185	2661	254	153	101
鄂托克前旗	1371	661	710	140	78	62
鄂托克旗	1926	950	976	169	100	69
杭锦旗	2262	1139	1123	81	49	32
乌审旗	2095	1042	1053	186	110	76
伊金霍洛旗	3720	1937	1783	222	128	94
呼伦贝尔市	**43840**	**20760**	**23080**	**5945**	**3211**	**2734**
海拉尔区	6775	3148	3627	907	499	408
扎赉诺尔区	2016	929	1087	181	95	86
阿荣旗	4544	2282	2262	741	406	335
莫力达瓦达斡尔族自治旗	3861	1880	1981	539	297	242
鄂伦春自治旗	3590	1712	1878	470	253	217
鄂温克族自治旗	2734	1249	1485	341	185	156
陈巴尔虎旗	961	439	522	185	101	84
新巴尔虎左旗	542	227	315	100	53	47
新巴尔虎右旗	534	242	292	90	50	40
满洲里市	2385	1146	1239	317	171	146
牙克石市	6519	3028	3491	732	389	343
扎兰屯市	6339	3096	3243	1017	541	476
额尔古纳市	1408	661	747	172	90	82
根河市	1632	721	911	153	81	72
巴彦淖尔市	**31090**	**15574**	**15516**	**1929**	**1062**	**867**
临河区	9946	4942	5004	856	478	378
五原县	4973	2535	2438	216	117	99
磴口县	2121	1066	1055	141	81	60
乌拉特前旗	5905	2982	2923	223	122	101
乌拉特中旗	2412	1196	1216	137	72	65
乌拉特后旗	856	435	421	74	42	32
杭锦后旗	4877	2418	2459	282	150	132

8-10 续表 2

单位：人

地 区	60岁及以上人口			与配偶和子女同住		
	合计	男	女	小计	男	女
乌兰察布市	**48786**	**24954**	**23832**	**1824**	**1036**	**788**
集宁区	7920	3837	4083	697	395	302
卓资县	3217	1706	1511	108	64	44
化德县	2867	1428	1439	76	40	36
商都县	5849	3037	2812	148	84	64
兴和县	5263	2687	2576	130	72	58
凉城县	4046	2182	1864	114	66	48
察哈尔右翼前旗	4233	2148	2085	136	78	58
察哈尔右翼中旗	3148	1680	1468	77	43	34
察哈尔右翼后旗	3362	1694	1668	70	39	31
四子王旗	3418	1752	1666	77	44	33
丰镇市	5463	2803	2660	191	111	80
兴安盟	**24141**	**11216**	**12925**	**4057**	**2173**	**1884**
乌兰浩特市	5803	2596	3207	963	515	448
阿尔山市	540	248	292	84	47	37
科尔沁右翼前旗	4952	2351	2601	995	537	458
科尔沁右翼中旗	3325	1522	1803	737	394	343
扎赉特旗	4893	2289	2604	788	415	373
突泉县	4628	2210	2418	490	265	225
锡林郭勒盟	**18429**	**8640**	**9789**	**1966**	**1112**	**854**
二连浩特市	928	456	472	83	47	36
锡林浩特市	4937	2305	2632	677	385	292
阿巴嘎旗	613	272	341	78	48	30
苏尼特左旗	515	241	274	83	52	31
苏尼特右旗	1218	557	661	97	55	42
东乌珠穆沁旗	800	356	444	177	99	78
西乌珠穆沁旗	1059	453	606	149	83	66
太仆寺旗	3334	1640	1694	134	71	63
镶黄旗	514	219	295	64	35	29
正镶白旗	954	464	490	76	41	35
正蓝旗	1274	576	698	144	78	66
多伦县	1940	935	1005	176	100	76
乌拉盖管委会	343	166	177	28	18	10
阿拉善盟	**3461**	**1684**	**1777**	**401**	**237**	**164**
阿拉善左旗	2662	1289	1373	301	172	129
阿拉善右旗	345	154	191	27	17	10
额济纳旗	341	176	165	50	31	19
内蒙古阿拉善经济开发区	113	65	48	23	17	6

8-10 续表 3

单位：人

地区	与配偶同住			与子女同住			独居(有保姆)		
	小计	男	女	小计	男	女	小计	男	女
内蒙古	**272660**	**146630**	**126030**	**56232**	**14951**	**41281**	**945**	**406**	**539**
呼和浩特市	**37103**	**20191**	**16912**	**5447**	**1373**	**4074**	**175**	**66**	**109**
新城区	5696	3059	2637	1244	311	933	41	11	30
回民区	4081	2202	1879	802	201	601	14	7	7
玉泉区	4436	2422	2014	769	182	587	29	13	16
赛罕区	8046	4326	3720	1523	386	1137	62	21	41
土默特左旗	4721	2608	2113	381	106	275	9	3	6
托克托县	2962	1608	1354	176	52	124	4	3	1
和林格尔县	2661	1491	1170	204	41	163	11	5	6
清水河县	1578	886	692	57	12	45	2	1	1
武川县	2157	1182	975	123	33	90	3	2	1
呼和浩特经济技术开发区	765	407	358	168	49	119			
包头市	**34741**	**18681**	**16060**	**5061**	**1280**	**3781**	**114**	**36**	**78**
东河区	6730	3597	3133	990	213	777	10	4	6
昆都仑区	8070	4296	3774	1639	425	1214	29	9	20
青山区	6221	3282	2939	1030	238	792	42	11	31
石拐区	384	207	177	40	12	28			
白云鄂博矿区	193	110	83	39	13	26			
九原区	2574	1410	1164	290	75	215	11	5	6
土默特右旗	4676	2576	2100	321	93	228	10	3	7
固阳县	2773	1504	1269	282	92	190	5	1	4
达尔罕茂明安联合旗	1331	725	606	93	29	64	2	2	
包头稀土高新技术产业开发区	1789	974	815	337	90	247	5	1	4
乌海市	**5266**	**2838**	**2428**	**990**	**278**	**712**	**23**	**7**	**16**
海勃湾区	3046	1651	1395	562	159	403	19	6	13
海南区	884	476	408	135	55	80	2		2
乌达区	1336	711	625	293	64	229	2	1	1
赤峰市	**47312**	**24866**	**22446**	**12080**	**3293**	**8787**	**153**	**85**	**68**
红山区	3973	2084	1889	1228	315	913	40	23	17
元宝山区	3489	1793	1696	893	222	671	16	10	6
松山区	6600	3463	3137	1812	456	1356	33	16	17
阿鲁科尔沁旗	2915	1545	1370	643	147	496	7	5	2
巴林左旗	3683	1931	1752	722	211	511	5	3	2
巴林右旗	1696	899	797	444	103	341	1	1	
林西县	2887	1550	1337	455	95	360	2		2
克什克腾旗	2876	1533	1343	424	120	304	5	3	2
翁牛特旗	4916	2613	2303	1115	314	801	7	3	4
喀喇沁旗	3321	1771	1550	948	269	679	12	10	2
宁城县	4964	2568	2396	1903	604	1299	9	3	6
敖汉旗	5992	3116	2876	1493	437	1056	16	8	8

8-10　续表 4　　　　　　　　　　　　　　　　　　　　单位：人

地　区	与配偶同住			与子女同住			独居(有保姆)		
	小计	男	女	小计	男	女	小计	男	女
通辽市	**24589**	**12845**	**11744**	**10308**	**2821**	**7487**	**66**	**28**	**38**
科尔沁区	6871	3590	3281	2439	621	1818	22	8	14
科尔沁左翼中旗	3084	1629	1455	1671	485	1186	10	3	7
科尔沁左翼后旗	2558	1362	1196	1378	385	993	2	1	1
开鲁县	3249	1657	1592	1137	313	824	8	5	3
库伦旗	1363	720	643	596	171	425	1	1	
奈曼旗	3094	1588	1506	1540	468	1072	9	4	5
扎鲁特旗	2283	1197	1086	777	177	600	2		2
通辽经济技术开发区	1274	676	598	506	133	373	11	6	5
霍林郭勒市	813	426	387	264	68	196	1		1
鄂尔多斯市	**20544**	**11343**	**9201**	**2710**	**779**	**1931**	**116**	**55**	**61**
东胜区	3941	2178	1763	708	186	522	35	13	22
康巴什区	509	279	230	158	47	111	5	3	2
达拉特旗	4728	2592	2136	454	133	321	14	9	5
准格尔旗	4060	2266	1794	309	114	195	27	15	12
鄂托克前旗	814	446	368	193	48	145	6	2	4
鄂托克旗	1180	651	529	216	58	158	4	3	1
杭锦旗	1552	862	690	162	38	124	3	1	2
乌审旗	1228	671	557	264	81	183	3	1	2
伊金霍洛旗	2532	1398	1134	246	74	172	19	8	11
呼伦贝尔市	**23810**	**12769**	**11041**	**7031**	**1955**	**5076**	**94**	**44**	**50**
海拉尔区	3891	2064	1827	1020	246	774	21	7	14
扎赉诺尔区	1299	681	618	186	45	141	2	2	
阿荣旗	2397	1308	1089	770	256	514	10	6	4
莫力达瓦达斡尔族自治旗	1939	1047	892	787	250	537	6	3	3
鄂伦春自治旗	1947	1043	904	562	145	417	3	2	1
鄂温克族自治旗	1502	804	698	442	97	345	16	7	9
陈巴尔虎旗	455	239	216	171	42	129	1		1
新巴尔虎左旗	227	119	108	128	29	99			
新巴尔虎右旗	231	127	104	115	24	91			
满洲里市	1380	741	639	326	95	231	10	7	3
牙克石市	3613	1932	1681	984	283	701	17	6	11
扎兰屯市	3335	1798	1537	1037	328	709	7	4	3
额尔古纳市	781	423	358	209	55	154	1		1
根河市	813	443	370	294	60	234			
巴彦淖尔市	**21271**	**11625**	**9646**	**2673**	**700**	**1973**	**47**	**15**	**32**
临河区	6470	3527	2943	1010	266	744	19	7	12
五原县	3575	1973	1602	345	99	246	6	1	5
磴口县	1396	775	621	193	46	147	3	2	1
乌拉特前旗	4264	2306	1958	358	102	256	7	2	5
乌拉特中旗	1626	874	752	208	56	152	4	2	2
乌拉特后旗	521	286	235	113	30	83	2		2
杭锦后旗	3419	1884	1535	446	101	345	6	1	5

8-10 续表 5

单位：人

地　区	与配偶同住			与子女同住			独居(有保姆)		
	小计	男	女	小计	男	女	小计	男	女
乌兰察布市	**33447**	**18239**	**15208**	**2232**	**572**	**1660**	**87**	**39**	**48**
集宁区	5210	2832	2378	562	127	435	22	14	8
卓资县	2060	1117	943	145	39	106	6	4	2
化德县	2048	1090	958	101	27	74	4	3	1
商都县	4246	2318	1928	217	64	153	5	1	4
兴和县	3743	2042	1701	168	47	121	6	2	4
凉城县	2602	1438	1164	201	55	146	14	7	7
察哈尔右翼前旗	2888	1572	1316	170	45	125	5	2	3
察哈尔右翼中旗	2201	1219	982	107	25	82	2		2
察哈尔右翼后旗	2432	1313	1119	126	29	97	5	1	4
四子王旗	2396	1313	1083	176	47	129	4	1	3
丰镇市	3621	1985	1636	259	67	192	14	4	10
兴安盟	**11844**	**6320**	**5524**	**4794**	**1262**	**3532**	**22**	**8**	**14**
乌兰浩特市	2955	1568	1387	1028	207	821	11	2	9
阿尔山市	263	142	121	102	27	75			
科尔沁右翼前旗	2285	1237	1048	1010	269	741	6	4	2
科尔沁右翼中旗	1414	751	663	801	219	582			
扎赉特旗	2304	1245	1059	1096	312	784	2	1	1
突泉县	2623	1377	1246	757	228	529	3	1	2
锡林郭勒盟	**10842**	**5868**	**4974**	**2427**	**519**	**1908**	**32**	**15**	**17**
二连浩特市	610	336	274	100	26	74			
锡林浩特市	2801	1523	1278	685	148	537	15	9	6
阿巴嘎旗	288	156	132	122	26	96			
苏尼特左旗	230	128	102	123	29	94	1	1	
苏尼特右旗	773	414	359	127	22	105	2		2
东乌珠穆沁旗	309	178	131	211	45	166	1		1
西乌珠穆沁旗	507	274	233	217	38	179			
太仆寺旗	2397	1286	1111	194	40	154	4	1	3
镶黄旗	257	138	119	85	14	71	3		3
正镶白旗	555	304	251	126	33	93	2	2	
正蓝旗	715	383	332	186	34	152	2	1	1
多伦县	1184	625	559	216	59	157	2	1	1
乌拉盖管委会	216	123	93	35	5	30			
阿拉善盟	**1891**	**1045**	**846**	**479**	**119**	**360**	**16**	**8**	**8**
阿拉善左旗	1512	826	686	345	85	260	15	7	8
阿拉善右旗	179	97	82	58	14	44			
额济纳旗	156	95	61	52	16	36	1	1	
内蒙古阿拉善经济开发区	44	27	17	24	4	20			

8-10　续表 6　　　　单位：人

地　区	独居(无保姆)			养老机构			其　他		
	小计	男	女	小计	男	女	小计	男	女
内蒙古	**57643**	**21540**	**36103**	**3591**	**2132**	**1459**	**13388**	**7270**	**6118**
呼和浩特市	**7452**	**2786**	**4666**	**241**	**138**	**103**	**1842**	**966**	**876**
新城区	1103	369	734	31	17	14	383	179	204
回民区	830	262	568	7		7	210	105	105
玉泉区	898	320	578	18	7	11	210	109	101
赛罕区	1401	477	924	34	17	17	381	198	183
土默特左旗	1085	454	631	72	41	31	194	113	81
托克托县	633	266	367	24	13	11	86	45	41
和林格尔县	527	229	298	5	2	3	141	84	57
清水河县	377	162	215	22	20	2	66	35	31
武川县	492	217	275	20	16	4	123	69	54
呼和浩特经济技术开发区	106	30	76	8	5	3	48	29	19
包头市	**7960**	**2654**	**5306**	**574**	**282**	**292**	**1273**	**652**	**621**
东河区	1647	528	1119	183	79	104	146	70	76
昆都仑区	1922	606	1316	118	49	69	341	152	189
青山区	1392	397	995	57	28	29	220	106	114
石拐区	93	40	53	4	3	1	26	17	9
白云鄂博矿区	62	15	47	7	4	3	8	6	2
九原区	476	181	295	84	44	40	112	62	50
土默特右旗	1110	391	719	47	35	12	109	62	47
固阳县	667	295	372	34	22	12	188	110	78
达尔罕茂明安联合旗	270	95	175	16	11	5	55	27	28
包头稀土高新技术产业开发区	321	106	215	24	7	17	68	40	28
乌海市	**1188**	**355**	**833**	**59**	**30**	**29**	**225**	**118**	**107**
海勃湾区	622	186	436	43	22	21	113	59	54
海南区	195	66	129	4	1	3	47	26	21
乌达区	371	103	268	12	7	5	65	33	32
赤峰市	**8974**	**3444**	**5530**	**640**	**407**	**233**	**2040**	**1091**	**949**
红山区	727	256	471	80	34	46	192	100	92
元宝山区	693	222	471	16	11	5	105	61	44
松山区	1087	381	706	63	34	29	245	118	127
阿鲁科尔沁旗	577	216	361	17	12	5	183	90	93
巴林左旗	797	283	514	75	45	30	206	102	104
巴林右旗	347	102	245	20	14	6	48	25	23
林西县	657	246	411	44	28	16	156	65	91
克什克腾旗	517	188	329	58	46	12	106	57	49
翁牛特旗	908	329	579	16	9	7	215	93	122
喀喇沁旗	664	312	352	47	28	19	62	47	15
宁城县	920	452	468	144	91	53	282	192	90
敖汉旗	1080	457	623	60	55	5	240	141	99

8-10 续表 7

单位：人

地区	独居(无保姆)			养老机构			其他		
	小计	男	女	小计	男	女	小计	男	女
通辽市	**4276**	**1642**	**2634**	**203**	**146**	**57**	**1509**	**814**	**695**
科尔沁区	1128	436	692	37	22	15	394	213	181
科尔沁左翼中旗	543	237	306	18	13	5	327	178	149
科尔沁左翼后旗	410	182	228	9	7	2	187	110	77
开鲁县	537	194	343	44	31	13	154	76	78
库伦旗	254	80	174	11	11		67	38	29
奈曼旗	585	233	352	22	13	9	182	99	83
扎鲁特旗	455	161	294	15	13	2	77	41	36
通辽经济技术开发区	200	67	133	31	26	5	76	36	40
霍林郭勒市	164	52	112	16	10	6	45	23	22
鄂尔多斯市	**4206**	**1655**	**2551**	**365**	**225**	**140**	**1009**	**662**	**347**
东胜区	764	263	501	120	65	55	150	86	64
康巴什区	68	29	39	2	1	1	55	36	19
达拉特旗	827	349	478	81	47	34	163	107	56
准格尔旗	951	450	501	35	30	5	210	157	53
鄂托克前旗	166	61	105	4	2	2	48	24	24
鄂托克旗	286	91	195	11	7	4	60	40	20
杭锦旗	358	123	235	41	34	7	65	32	33
乌审旗	316	118	198	18	9	9	80	52	28
伊金霍洛旗	470	171	299	53	30	23	178	128	50
呼伦贝尔市	**5247**	**1891**	**3356**	**367**	**219**	**148**	**1346**	**671**	**675**
海拉尔区	713	227	486	52	26	26	171	79	92
扎赉诺尔区	319	94	225	2	1	1	27	11	16
阿荣旗	424	189	235	36	21	15	166	96	70
莫力达瓦达斡尔族自治旗	401	180	221	35	22	13	154	81	73
鄂伦春自治旗	479	192	287	17	13	4	112	64	48
鄂温克族自治旗	325	103	222	22	13	9	86	40	46
陈巴尔虎旗	103	36	67				46	21	25
新巴尔虎左旗	59	11	48	5	5		23	10	13
新巴尔虎右旗	55	18	37	3	3		40	20	20
满洲里市	285	106	179	17	7	10	50	19	31
牙克石市	884	286	598	44	27	17	245	105	140
扎兰屯市	717	294	423	116	66	50	110	65	45
额尔古纳市	189	64	125	4	3	1	52	26	26
根河市	294	91	203	14	12	2	64	34	30
巴彦淖尔市	**4148**	**1564**	**2584**	**311**	**176**	**135**	**711**	**432**	**279**
临河区	1285	487	798	93	50	43	213	127	86
五原县	702	265	437	51	25	26	78	55	23
磴口县	297	113	184	25	14	11	66	35	31
乌拉特前旗	864	333	531	39	25	14	150	92	58
乌拉特中旗	345	136	209	32	14	18	60	42	18
乌拉特后旗	90	34	56	13	9	4	43	34	9
杭锦后旗	565	196	369	58	39	19	101	47	54

8-10　续表 8　　　　单位：人

地　区	独居(无保姆)			养老机构			其　他		
	小计	男	女	小计	男	女	小计	男	女
乌兰察布市	**8795**	**3681**	**5114**	**452**	**278**	**174**	**1949**	**1109**	**840**
集宁区	1167	337	830	41	20	21	221	112	109
卓资县	713	367	346	14	12	2	171	103	68
化德县	448	172	276	39	23	16	151	73	78
商都县	969	417	552	39	26	13	225	127	98
兴和县	978	394	584	34	17	17	204	113	91
凉城县	871	449	422	46	37	9	198	130	68
察哈尔右翼前旗	720	270	450	108	57	51	206	124	82
察哈尔右翼中旗	581	273	308	30	23	7	150	97	53
察哈尔右翼后旗	579	238	341	14	10	4	136	64	72
四子王旗	633	272	361	16	12	4	116	63	53
丰镇市	1136	492	644	71	41	30	171	103	68
兴安盟	**2435**	**901**	**1534**	**256**	**157**	**99**	**733**	**395**	**338**
乌兰浩特市	677	221	456	56	30	26	113	53	60
阿尔山市	69	20	49	4	4		18	8	10
科尔沁右翼前旗	431	162	269	48	37	11	177	105	72
科尔沁右翼中旗	249	93	156	33	19	14	91	46	45
扎赉特旗	480	192	288	59	34	25	164	90	74
突泉县	529	213	316	56	33	23	170	93	77
锡林郭勒盟	**2425**	**771**	**1654**	**100**	**61**	**39**	**637**	**294**	**343**
二连浩特市	102	31	71	5	3	2	28	13	15
锡林浩特市	594	160	434	17	9	8	148	71	77
阿巴嘎旗	83	27	56	14	8	6	28	7	21
苏尼特左旗	59	19	40	1	1		18	11	7
苏尼特右旗	177	47	130	8	5	3	34	14	20
东乌珠穆沁旗	67	19	48	3	1	2	32	14	18
西乌珠穆沁旗	131	33	98	2	1	1	53	24	29
太仆寺旗	469	174	295	21	11	10	115	57	58
镶黄旗	78	19	59	2	1	1	25	12	13
正镶白旗	142	60	82	10	7	3	43	17	26
正蓝旗	179	58	121	4	3	1	44	19	25
多伦县	289	108	181	11	10	1	62	32	30
乌拉盖管委会	55	16	39	2	1	1	7	3	4
阿拉善盟	**537**	**196**	**341**	**23**	**13**	**10**	**114**	**66**	**48**
阿拉善左旗	395	147	248	17	12	5	77	40	37
阿拉善右旗	63	16	47	5	1	4	13	9	4
额济纳旗	63	22	41	1		1	18	11	7
内蒙古阿拉善经济开发区	16	11	5				6	6	

8-10a 各地区分性别、居住状况的60岁及以上老年人口(城市)

单位：人

地区	60岁及以上人口			与配偶和子女同住		
	合计	男	女	小计	男	女
内蒙古	**148513**	**69693**	**78820**	**20532**	**11212**	**9320**
呼和浩特市	**31883**	**15231**	**16652**	**5046**	**2791**	**2255**
新城区	8902	4206	4696	1567	859	708
回民区	6590	3150	3440	912	511	401
玉泉区	6293	3059	3234	839	478	361
赛罕区	10098	4816	5282	1728	943	785
包头市	**35001**	**16318**	**18683**	**3829**	**2079**	**1750**
东河区	9135	4248	4887	904	497	407
昆都仑区	13187	6139	7048	1564	853	711
青山区	9662	4458	5204	1047	561	486
石拐区	362	177	185	31	18	13
白云鄂博矿区	349	169	180	40	21	19
九原区	2306	1127	1179	243	129	114
乌海市	**7913**	**3748**	**4165**	**830**	**471**	**359**
海勃湾区	4681	2256	2425	559	317	242
海南区	1019	492	527	77	44	33
乌达区	2213	1000	1213	194	110	84
赤峰市	**14870**	**6770**	**8100**	**2795**	**1462**	**1333**
红山区	6820	3151	3669	1319	690	629
元宝山区	3249	1440	1809	423	222	201
松山区	4801	2179	2622	1053	550	503
通辽市	**8803**	**4012**	**4791**	**1685**	**886**	**799**
科尔沁区	7462	3400	4062	1471	773	698
霍林郭勒市	1341	612	729	214	113	101
鄂尔多斯市	**7006**	**3493**	**3513**	**969**	**576**	**393**
东胜区	5974	2964	3010	762	459	303
康巴什区	1004	512	492	207	117	90
鄂托克旗	28	17	11			
呼伦贝尔市	**18587**	**8617**	**9970**	**2416**	**1302**	**1114**
海拉尔区	6506	3011	3495	881	486	395
扎赉诺尔区	1859	852	1007	165	88	77
满洲里市	2258	1083	1175	301	163	138
牙克石市	3379	1554	1825	423	225	198
扎兰屯市	2695	1244	1451	438	230	208
额尔古纳市	883	417	466	110	58	52
根河市	1007	456	551	98	52	46
巴彦淖尔市	**5136**	**2478**	**2658**	**641**	**357**	**284**
临河区	5136	2478	2658	641	357	284
乌兰察布市	**8794**	**4232**	**4562**	**737**	**418**	**319**
集宁区	6719	3231	3488	611	345	266
丰镇市	2075	1001	1074	126	73	53
兴安盟	**5077**	**2254**	**2823**	**876**	**467**	**409**
乌兰浩特市	4799	2123	2676	828	440	388
阿尔山市	278	131	147	48	27	21
锡林郭勒盟	**5443**	**2540**	**2903**	**708**	**403**	**305**
二连浩特市	889	436	453	80	45	35
锡林浩特市	4554	2104	2450	628	358	270

8-10a　续表 1

单位：人

地　区	与配偶同住			与子女同住			独居(有保姆)		
	小计	男	女	小计	男	女	小计	男	女
内蒙古	**85941**	**45856**	**40085**	**18681**	**4548**	**14133**	**507**	**199**	**308**
呼和浩特市	**18349**	**9841**	**8508**	**3827**	**941**	**2886**	**137**	**48**	**89**
新城区	4880	2604	2276	1123	279	844	41	11	30
回民区	3875	2090	1785	784	195	589	14	7	7
玉泉区	3745	2032	1713	699	167	532	26	12	14
赛罕区	5849	3115	2734	1221	300	921	56	18	38
包头市	**21181**	**11248**	**9933**	**3741**	**900**	**2841**	**87**	**26**	**61**
东河区	5637	3000	2637	862	177	685	9	3	6
昆都仑区	7714	4092	3622	1600	416	1184	28	8	20
青山区	5985	3152	2833	999	234	765	42	11	31
石拐区	223	118	105	30	9	21			
白云鄂博矿区	193	110	83	39	13	26			
九原区	1429	776	653	211	51	160	8	4	4
乌海市	**4804**	**2582**	**2222**	**941**	**260**	**681**	**23**	**7**	**16**
海勃湾区	2855	1546	1309	528	149	379	19	6	13
海南区	650	347	303	123	48	75	2		2
乌达区	1299	689	610	290	63	227	2	1	1
赤峰市	**7825**	**4074**	**3751**	**2347**	**569**	**1778**	**80**	**44**	**36**
红山区	3494	1831	1663	1087	277	810	39	22	17
元宝山区	1824	941	883	505	122	383	15	9	6
松山区	2507	1302	1205	755	170	585	26	13	13
通辽市	**4564**	**2391**	**2173**	**1381**	**312**	**1069**	**23**	**8**	**15**
科尔沁区	3874	2028	1846	1140	251	889	22	8	14
霍林郭勒市	690	363	327	241	61	180	1		1
鄂尔多斯市	**4090**	**2252**	**1838**	**850**	**228**	**622**	**38**	**15**	**23**
东胜区	3555	1958	1597	692	181	511	33	12	21
康巴什区	509	279	230	158	47	111	5	3	2
鄂托克旗	26	15	11						
呼伦贝尔市	**10505**	**5589**	**4916**	**2730**	**700**	**2030**	**41**	**17**	**24**
海拉尔区	3713	1968	1745	987	233	754	20	6	14
扎赉诺尔区	1197	628	569	175	39	136	2	2	
满洲里市	1295	698	597	319	92	227	10	7	3
牙克石市	1880	1003	877	528	152	376	3		3
扎兰屯市	1387	738	649	433	115	318	5	2	3
额尔古纳市	508	275	233	129	36	93	1		1
根河市	525	279	246	159	33	126			
巴彦淖尔市	**3070**	**1656**	**1414**	**651**	**162**	**489**	**18**	**6**	**12**
临河区	3070	1656	1414	651	162	489	18	6	12
乌兰察布市	**5803**	**3137**	**2666**	**600**	**144**	**456**	**34**	**17**	**17**
集宁区	4432	2399	2033	480	112	368	22	14	8
丰镇市	1371	738	633	120	32	88	12	3	9
兴安盟	**2589**	**1366**	**1223**	**884**	**173**	**711**	**11**	**2**	**9**
乌兰浩特市	2464	1299	1165	829	156	673	11	2	9
阿尔山市	125	67	58	55	17	38			
锡林郭勒盟	**3161**	**1720**	**1441**	**729**	**159**	**570**	**15**	**9**	**6**
二连浩特市	586	323	263	97	26	71			
锡林浩特市	2575	1397	1178	632	133	499	15	9	6

8-10a 续表 2

单位：人

地区	独居(无保姆)			养老机构			其他		
	小计	男	女	小计	男	女	小计	男	女
内蒙古	**18013**	**5563**	**12450**	**1137**	**556**	**581**	**3702**	**1759**	**1943**
呼和浩特市	**3490**	**1120**	**2370**	**57**	**24**	**33**	**977**	**466**	**511**
新城区	936	298	638	28	14	14	327	141	186
回民区	805	252	553	6		6	194	95	99
玉泉区	785	269	516	15	7	8	184	94	90
赛罕区	964	301	663	8	3	5	272	136	136
包头市	**5014**	**1529**	**3485**	**398**	**179**	**219**	**751**	**357**	**394**
东河区	1432	441	991	160	67	93	131	63	68
昆都仑区	1843	578	1265	111	47	64	327	145	182
青山区	1342	381	961	35	17	18	212	102	110
石拐区	61	22	39	3	2	1	14	8	6
白云鄂博矿区	62	15	47	7	4	3	8	6	2
九原区	274	92	182	82	42	40	59	33	26
乌海市	**1076**	**307**	**769**	**49**	**24**	**25**	**190**	**97**	**93**
海勃湾区	579	167	412	39	18	21	102	53	49
海南区	139	40	99	2		2	26	13	13
乌达区	358	100	258	8	6	2	62	31	31
赤峰市	**1428**	**435**	**993**	**81**	**41**	**40**	**314**	**145**	**169**
红山区	643	214	429	71	31	40	167	86	81
元宝山区	425	114	311	10	10		47	22	25
松山区	360	107	253				100	37	63
通辽市	**845**	**269**	**576**	**36**	**19**	**17**	**269**	**127**	**142**
科尔沁区	704	222	482	20	9	11	231	109	122
霍林郭勒市	141	47	94	16	10	6	38	18	20
鄂尔多斯市	**768**	**258**	**510**	**111**	**61**	**50**	**180**	**103**	**77**
东胜区	698	227	471	109	60	49	125	67	58
康巴什区	68	29	39	2	1	1	55	36	19
鄂托克旗	2	2							
呼伦贝尔市	**2215**	**700**	**1515**	**216**	**112**	**104**	**464**	**197**	**267**
海拉尔区	686	217	469	52	26	26	167	75	92
扎赉诺尔区	294	84	210	1		1	25	11	14
满洲里市	266	97	169	17	7	10	50	19	31
牙克石市	399	115	284	33	19	14	113	40	73
扎兰屯市	302	99	203	95	45	50	35	15	20
额尔古纳市	103	31	72	4	3	1	28	14	14
根河市	165	57	108	14	12	2	46	23	23
巴彦淖尔市	**610**	**219**	**391**	**56**	**27**	**29**	**90**	**51**	**39**
临河区	610	219	391	56	27	29	90	51	39
乌兰察布市	**1342**	**382**	**960**	**57**	**27**	**30**	**221**	**107**	**114**
集宁区	979	272	707	36	15	21	159	74	85
丰镇市	363	110	253	21	12	9	62	33	29
兴安盟	**566**	**172**	**394**	**54**	**30**	**24**	**97**	**44**	**53**
乌兰浩特市	524	158	366	50	26	24	93	42	51
阿尔山市	42	14	28	4	4		4	2	2
锡林郭勒盟	**659**	**172**	**487**	**22**	**12**	**10**	**149**	**65**	**84**
二连浩特市	98	30	68	5	3	2	23	9	14
锡林浩特市	561	142	419	17	9	8	126	56	70

8-10b　各地区分性别、居住状况的60岁及以上老年人口(镇)

单位：人

地　区	60岁及以上人口			与配偶和子女同住		
	合计	男	女	小计	男	女
内蒙古	**107009**	**50548**	**56461**	**11919**	**6420**	**5499**
呼和浩特市	**6554**	**3274**	**3280**	**481**	**278**	**203**
新城区	78	41	37	2	1	1
回民区						
玉泉区						
赛罕区	98	45	53	6	3	3
土默特左旗	1312	658	654	93	55	38
托克托县	1075	538	537	25	14	11
和林格尔县	972	497	475	79	48	31
清水河县	640	321	319	20	11	9
武川县	1075	532	543	47	24	23
呼和浩特经济技术开发区	1304	642	662	209	122	87
包头市	**7003**	**3396**	**3607**	**528**	**289**	**239**
东河区	399	199	200	28	15	13
昆都仑区						
青山区	25	14	11	5	3	2
石拐区	26	14	12			
白云鄂博矿区						
九原区	283	137	146	10	4	6
土默特右旗	1818	876	942	79	44	35
固阳县	1073	516	557	65	35	30
达尔罕茂明安联合旗	673	329	344	36	20	16
包头稀土高新技术产业开发区	2706	1311	1395	305	168	137
乌海市	**224**	**122**	**102**	**13**	**9**	**4**
海勃湾区	46	24	22	3	2	1
海南区	117	68	49	9	6	3
乌达区	61	30	31	1	1	
赤峰市	**18767**	**8735**	**10032**	**2526**	**1336**	**1190**
红山区	466	228	238	78	39	39
元宝山区	790	366	424	111	57	54
松山区	579	268	311	99	52	47
阿鲁科尔沁旗	1622	735	887	202	104	98
巴林左旗	1626	750	876	217	111	106
巴林右旗	1434	652	782	168	93	75
林西县	1985	913	1072	203	108	95
克什克腾旗	1857	889	968	229	126	103
翁牛特旗	2351	1098	1253	233	125	108
喀喇沁旗	1650	779	871	243	131	112
宁城县	2207	1034	1173	410	213	197
敖汉旗	2200	1023	1177	333	177	156

8-10b 续表 1

单位：人

地区	60岁及以上人口			与配偶和子女同住		
	合计	男	女	小计	男	女
通辽市	**13948**	**6270**	**7678**	**2621**	**1346**	**1275**
科尔沁区	1038	488	550	176	89	87
科尔沁左翼中旗	2153	955	1198	471	242	229
科尔沁左翼后旗	1915	876	1039	389	195	194
开鲁县	1979	885	1094	280	145	135
库伦旗	1069	485	584	148	80	68
奈曼旗	1952	868	1084	424	214	210
扎鲁特旗	1707	729	978	209	108	101
通辽经济技术开发区	2128	981	1147	522	272	250
霍林郭勒市	7	3	4	2	1	1
鄂尔多斯市	**11369**	**5743**	**5626**	**963**	**562**	**401**
东胜区	74	41	33	2	1	1
康巴什区						
达拉特旗	2491	1250	1241	244	138	106
准格尔旗	3012	1600	1412	211	127	84
鄂托克前旗	649	303	346	62	35	27
鄂托克旗	1258	612	646	110	65	45
杭锦旗	946	458	488	49	29	20
乌审旗	783	380	403	84	50	34
伊金霍洛旗	2156	1099	1057	201	117	84
呼伦贝尔市	**13654**	**6274**	**7380**	**1839**	**982**	**857**
海拉尔区	36	19	17	5	3	2
扎赉诺尔区	157	77	80	16	7	9
阿荣旗	1837	870	967	288	154	134
莫力达瓦达斡尔族自治旗	1219	548	671	181	100	81
鄂伦春自治旗	2664	1224	1440	358	189	169
鄂温克族自治旗	2053	931	1122	281	154	127
陈巴尔虎旗	752	344	408	150	82	68
新巴尔虎左旗	307	123	184	46	23	23
新巴尔虎右旗	376	168	208	61	33	28
满洲里市	127	63	64	16	8	8
牙克石市	2680	1256	1424	277	145	132
扎兰屯市	601	293	308	83	44	39
额尔古纳市	226	96	130	22	11	11
根河市	619	262	357	55	29	26
巴彦淖尔市	**8513**	**4089**	**4424**	**547**	**303**	**244**
临河区	367	186	181	16	9	7
五原县	1531	744	787	103	55	48
磴口县	979	466	513	66	40	26
乌拉特前旗	2365	1133	1232	120	66	54
乌拉特中旗	1092	531	561	78	42	36
乌拉特后旗	463	224	239	33	20	13
杭锦后旗	1716	805	911	131	71	60

8-10b　续表 2　　　　单位：人

地　区	60岁及以上人口			与配偶和子女同住		
	合计	男	女	小计	男	女
乌兰察布市	**10443**	**5108**	**5335**	**435**	**248**	**187**
集宁区	235	112	123	27	18	9
卓资县	924	476	448	44	29	15
化德县	1122	535	587	38	19	19
商都县	1540	789	751	64	37	27
兴和县	1166	554	612	55	30	25
凉城县	1076	516	560	38	23	15
察哈尔右翼前旗	1079	512	567	66	35	31
察哈尔右翼中旗	708	350	358	27	14	13
察哈尔右翼后旗	1049	512	537	29	17	12
四子王旗	1238	586	652	41	23	18
丰镇市	306	166	140	6	3	3
兴安盟	**6709**	**3047**	**3662**	**951**	**494**	**457**
乌兰浩特市	287	127	160	34	19	15
阿尔山市	209	89	120	28	15	13
科尔沁右翼前旗	1276	590	686	244	126	118
科尔沁右翼中旗	1572	705	867	274	145	129
扎赉特旗	1914	867	1047	242	120	122
突泉县	1451	669	782	129	69	60
锡林郭勒盟	**7054**	**3174**	**3880**	**703**	**388**	**315**
二连浩特市	16	10	6			
锡林浩特市	29	15	14	3	2	1
阿巴嘎旗	443	195	248	30	19	11
苏尼特左旗	340	150	190	31	18	13
苏尼特右旗	1027	473	554	71	40	31
东乌珠穆沁旗	611	280	331	111	60	51
西乌珠穆沁旗	835	347	488	97	52	45
太仆寺旗	992	445	547	79	42	37
镶黄旗	374	160	214	33	17	16
正镶白旗	453	212	241	45	23	22
正蓝旗	645	294	351	59	33	26
多伦县	990	450	540	118	65	53
乌拉盖管委会	299	143	156	26	17	9
阿拉善盟	**2771**	**1316**	**1455**	**312**	**185**	**127**
阿拉善左旗	2116	1000	1116	224	128	96
阿拉善右旗	276	120	156	19	12	7
额济纳旗	275	135	140	46	28	18
内蒙古阿拉善经济开发区	104	61	43	23	17	6

8-10b　续表 3

单位：人

地　　区	与配偶同住			与子女同住			独居(有保姆)		
	小计	男	女	小计	男	女	小计	男	女
内蒙古	**63968**	**34182**	**29786**	**13372**	**3301**	**10071**	**273**	**118**	**155**
呼和浩特市	**4420**	**2421**	**1999**	**469**	**116**	**353**	**16**	**9**	**7**
新城区	52	29	23	4		4			
回民区									
玉泉区									
赛罕区	69	35	34	14	4	10			
土默特左旗	847	473	374	108	27	81	3	2	1
托克托县	819	440	379	40	11	29	3	3	
和林格尔县	652	367	285	54	8	46	7	2	5
清水河县	464	255	209	21	4	17			
武川县	752	415	337	60	13	47	3	2	1
呼和浩特经济技术开发区	765	407	358	168	49	119			
包头市	**4676**	**2532**	**2144**	**642**	**160**	**482**	**12**	**3**	**9**
东河区	272	148	124	29	7	22			
昆都仑区									
青山区	12	6	6	2		2			
石拐区	19	10	9	1	1				
白云鄂博矿区									
九原区	212	118	94	15	1	14			
土默特右旗	1275	692	583	128	31	97	3		3
固阳县	716	379	337	98	22	76	3	1	2
达尔罕茂明安联合旗	477	260	217	49	11	38	1	1	
包头稀土高新技术产业开发区	1693	919	774	320	87	233	5	1	4
乌海市	**141**	**81**	**60**	**18**	**9**	**9**			
海勃湾区	29	16	13	8	4	4			
海南区	75	43	32	7	4	3			
乌达区	37	22	15	3	1	2			
赤峰市	**11122**	**5809**	**5313**	**2578**	**625**	**1953**	**37**	**19**	**18**
红山区	247	131	116	73	22	51	1	1	
元宝山区	470	243	227	92	22	70			
松山区	348	176	172	70	14	56	1	1	
阿鲁科尔沁旗	952	499	453	240	47	193	4	3	1
巴林左旗	955	495	460	214	47	167	3	1	2
巴林右旗	834	442	392	224	55	169	1	1	
林西县	1214	651	563	252	49	203	2		2
克什克腾旗	1128	596	532	226	60	166	2		2
翁牛特旗	1545	807	738	279	66	213	4	2	2
喀喇沁旗	969	508	461	245	62	183	6	5	1
宁城县	1177	602	575	355	96	259	4	1	3
敖汉旗	1283	659	624	308	85	223	9	4	5

8-10b 续表 4

单位：人

地 区	与配偶同住			与子女同住			独居(有保姆)		
	小计	男	女	小计	男	女	小计	男	女
通辽市	**7148**	**3697**	**3451**	**2461**	**575**	**1886**	**34**	**14**	**20**
科尔沁区	574	295	279	172	48	124			
科尔沁左翼中旗	1021	526	495	419	88	331	7	2	5
科尔沁左翼后旗	1022	536	486	294	65	229	1		1
开鲁县	1081	552	529	312	69	243	8	5	3
库伦旗	598	308	290	178	45	133			
奈曼旗	910	463	447	398	105	293	6	2	4
扎鲁特旗	943	489	454	307	60	247	2		2
通辽经济技术开发区	996	526	470	380	95	285	10	5	5
霍林郭勒市	3	2	1	1		1			
鄂尔多斯市	**7151**	**3944**	**3207**	**1065**	**329**	**736**	**55**	**26**	**29**
东胜区	60	35	25	1		1			
康巴什区									
达拉特旗	1588	866	722	233	72	161	9	4	5
准格尔旗	2035	1143	892	211	78	133	17	8	9
鄂托克前旗	349	190	159	106	29	77	5	2	3
鄂托克旗	773	420	353	141	40	101	3	2	1
杭锦旗	572	313	259	77	19	58	1	1	
乌审旗	420	230	190	102	30	72	3	1	2
伊金霍洛旗	1354	747	607	194	61	133	17	8	9
呼伦贝尔市	**7213**	**3846**	**3367**	**2312**	**573**	**1739**	**41**	**19**	**22**
海拉尔区	22	12	10	6	2	4			
扎赉诺尔区	102	53	49	11	6	5			
阿荣旗	977	520	457	326	90	236	7	4	3
莫力达瓦达斡尔族自治旗	574	301	273	281	75	206	6	3	3
鄂伦春自治旗	1431	757	674	425	100	325	3	2	1
鄂温克族自治旗	1129	602	527	338	67	271	10	4	6
陈巴尔虎旗	357	187	170	125	29	96	1		1
新巴尔虎左旗	138	70	68	72	15	57			
新巴尔虎右旗	173	96	77	79	12	67			
满洲里市	85	43	42	7	3	4			
牙克石市	1467	785	682	391	116	275	14	6	8
扎兰屯市	367	200	167	79	25	54			
额尔古纳市	109	59	50	37	6	31			
根河市	282	161	121	135	27	108			
巴彦淖尔市	**5655**	**3044**	**2611**	**805**	**200**	**605**	**22**	**8**	**14**
临河区	265	143	122	31	8	23			
五原县	1070	584	486	132	38	94	5	1	4
磴口县	634	345	289	97	20	77	3	2	1
乌拉特前旗	1595	847	748	184	45	139	6	2	4
乌拉特中旗	664	359	305	118	37	81	3	2	1
乌拉特后旗	276	149	127	65	18	47	1		1
杭锦后旗	1151	617	534	178	34	144	4	1	3

8-10b 续表 5

单位：人

地区	与配偶同住			与子女同住			独居(有保姆)		
	小计	男	女	小计	男	女	小计	男	女
乌兰察布市	**7235**	**3895**	**3340**	**544**	**136**	**408**	**23**	**7**	**16**
集宁区	144	80	64	28	5	23			
卓资县	613	331	282	41	10	31	3	2	1
化德县	809	422	387	41	10	31			
商都县	1117	616	501	81	22	59	3	1	2
兴和县	812	432	380	55	17	38	4	1	3
凉城县	691	366	325	70	16	54	6	2	4
察哈尔右翼前旗	728	394	334	61	19	42	2		2
察哈尔右翼中旗	513	281	232	33	7	26			
察哈尔右翼后旗	768	414	354	47	11	36	1		1
四子王旗	858	458	400	77	17	60	4	1	3
丰镇市	182	101	81	10	2	8			
兴安盟	**3590**	**1892**	**1698**	**1174**	**290**	**884**	**5**	**2**	**3**
乌兰浩特市	139	75	64	62	17	45			
阿尔山市	107	57	50	40	7	33			
科尔沁右翼前旗	640	341	299	219	54	165	3	1	2
科尔沁右翼中旗	832	431	401	283	64	219			
扎赉特旗	1000	530	470	358	94	264			
突泉县	872	458	414	212	54	158	2	1	1
锡林郭勒盟	**4089**	**2185**	**1904**	**928**	**194**	**734**	**13**	**4**	**9**
二连浩特市	12	6	6						
锡林浩特市	13	7	6	6	1	5			
阿巴嘎旗	244	131	113	65	13	52			
苏尼特左旗	189	102	87	60	12	48	1	1	
苏尼特右旗	683	361	322	80	14	66	2		2
东乌珠穆沁旗	281	157	124	129	35	94	1		1
西乌珠穆沁旗	435	232	203	142	22	120			
太仆寺旗	657	343	314	83	18	65	4	1	3
镶黄旗	200	109	91	58	11	47	2		2
正镶白旗	258	143	115	66	16	50	1	1	
正蓝旗	380	203	177	81	15	66			
多伦县	555	287	268	127	32	95	2	1	1
乌拉盖管委会	182	104	78	31	5	26			
阿拉善盟	**1528**	**836**	**692**	**376**	**94**	**282**	**15**	**7**	**8**
阿拉善左旗	1213	656	557	276	68	208	15	7	8
阿拉善右旗	152	82	70	37	10	27			
额济纳旗	123	73	50	41	12	29			
内蒙古阿拉善经济开发区	40	25	15	22	4	18			

8-10b　续表 6　　　　单位：人

地　区	独居(无保姆)			养老机构			其　他		
	小计	男	女	小计	男	女	小计	男	女
内蒙古	**13196**	**4277**	**8919**	**1037**	**652**	**385**	**3244**	**1598**	**1646**
呼和浩特市	**887**	**293**	**594**	**70**	**45**	**25**	**211**	**112**	**99**
新城区	17	8	9	3	3				
回民区									
玉泉区									
赛罕区	6	1	5				3	2	1
土默特左旗	196	63	133	41	25	16	24	13	11
托克托县	149	51	98	10	6	4	29	13	16
和林格尔县	138	48	90	1		1	41	24	17
清水河县	108	40	68	1	1		26	10	16
武川县	167	52	115	6	5	1	40	21	19
呼和浩特经济技术开发区	106	30	76	8	5	3	48	29	19
包头市	**940**	**306**	**634**	**51**	**21**	**30**	**154**	**85**	**69**
东河区	57	22	35	5	2	3	8	5	3
昆都仑区									
青山区	2	1	1	4	4				
石拐区	4	1	3				2	2	
白云鄂博矿区									
九原区	38	11	27				8	3	5
土默特右旗	300	94	206	10	4	6	23	11	12
固阳县	150	56	94	7	5	2	34	18	16
达尔罕茂明安联合旗	94	28	66	2		2	14	9	5
包头稀土高新技术产业开发区	295	93	202	23	6	17	65	37	28
乌海市	**35**	**14**	**21**	**5**	**1**	**4**	**12**	**8**	**4**
海勃湾区	5	2	3				1		1
海南区	17	9	8	1		1	8	6	2
乌达区	13	3	10	4	1	3	3	2	1
赤峰市	**1841**	**613**	**1228**	**209**	**133**	**76**	**454**	**200**	**254**
红山区	44	25	19	8	3	5	15	7	8
元宝山区	96	31	65				21	13	8
松山区	39	12	27	8	4	4	14	9	5
阿鲁科尔沁旗	163	54	109	10	7	3	51	21	30
巴林左旗	156	56	100	20	13	7	61	27	34
巴林右旗	173	45	128	9	5	4	25	11	14
林西县	231	71	160	26	18	8	57	16	41
克什克腾旗	190	55	135	46	36	10	36	16	20
翁牛特旗	232	73	159	4	1	3	54	24	30
喀喇沁旗	157	53	104	20	12	8	10	8	2
宁城县	166	71	95	54	31	23	41	20	21
敖汉旗	194	67	127	4	3	1	69	28	41

8－10b 续表 7

单位：人

地区	独居(无保姆)			养老机构			其他		
	小计	男	女	小计	男	女	小计	男	女
通辽市	**1142**	**363**	**779**	**120**	**90**	**30**	**422**	**185**	**237**
科尔沁区	82	34	48	7	7		27	15	12
科尔沁左翼中旗	142	55	87	11	8	3	82	34	48
科尔沁左翼后旗	143	47	96	5	4	1	61	29	32
开鲁县	179	51	128	41	29	12	78	34	44
库伦旗	112	33	79	8	8		25	11	14
奈曼旗	140	48	92	21	12	9	53	24	29
扎鲁特旗	198	52	146	8	6	2	40	14	26
通辽经济技术开发区	145	43	102	19	16	3	56	24	32
霍林郭勒市	1		1						
鄂尔多斯市	**1591**	**548**	**1043**	**159**	**99**	**60**	**385**	**235**	**150**
东胜区	11	5	6						
康巴什区									
达拉特旗	292	98	194	53	28	25	72	44	28
准格尔旗	440	179	261	12	9	3	86	56	30
鄂托克前旗	100	35	65	4	2	2	23	10	13
鄂托克旗	204	67	137	2	2		25	16	9
杭锦旗	169	47	122	38	32	6	40	17	23
乌审旗	132	45	87	3	1	2	39	23	16
伊金霍洛旗	243	72	171	47	25	22	100	69	31
呼伦贝尔市	**1724**	**579**	**1145**	**75**	**49**	**26**	**450**	**226**	**224**
海拉尔区	3	2	1						
扎赉诺尔区	25	10	15	1	1		2		2
阿荣旗	161	63	98	15	6	9	63	33	30
莫力达瓦达斡尔族自治旗	105	33	72	25	15	10	47	21	26
鄂伦春自治旗	356	125	231	13	9	4	78	42	36
鄂温克族自治旗	237	77	160	2	2		56	25	31
陈巴尔虎旗	82	28	54				37	18	19
新巴尔虎左旗	39	7	32	5	5		7	3	4
新巴尔虎右旗	43	14	29	3	3		17	10	7
满洲里市	19	9	10						
牙克石市	420	143	277	11	8	3	100	53	47
扎兰屯市	62	21	41				10	3	7
额尔古纳市	43	13	30				15	7	8
根河市	129	34	95				18	11	7
巴彦淖尔市	**1181**	**373**	**808**	**99**	**55**	**44**	**204**	**106**	**98**
临河区	49	23	26	1	1		5	2	3
五原县	182	43	139	6	2	4	33	21	12
磴口县	144	47	97	4	2	2	31	10	21
乌拉特前旗	368	121	247	33	21	12	59	31	28
乌拉特中旗	171	63	108	30	12	18	28	16	12
乌拉特后旗	57	17	40	13	9	4	18	11	7
杭锦后旗	210	59	151	12	8	4	30	15	15

8-10b　续表 8　　　　单位：人

地　区	独居(无保姆)			养老机构			其　他		
	小计	男	女	小计	男	女	小计	男	女
乌兰察布市	**1739**	**579**	**1160**	**62**	**47**	**15**	**405**	**196**	**209**
集宁区	29	5	24				7	4	3
卓资县	169	72	97	8	8		46	24	22
化德县	163	51	112	15	10	5	56	23	33
商都县	203	77	126	9	6	3	63	30	33
兴和县	204	55	149	2	1	1	34	18	16
凉城县	212	74	138	17	13	4	42	22	20
察哈尔右翼前旗	188	45	143				34	19	15
察哈尔右翼中旗	117	37	80				18	11	7
察哈尔右翼后旗	172	60	112				32	10	22
四子王旗	210	67	143	1		1	47	20	27
丰镇市	72	36	36	10	9	1	26	15	11
兴安盟	**665**	**199**	**466**	**112**	**73**	**39**	**212**	**97**	**115**
乌兰浩特市	45	14	31	2		2	5	2	3
阿尔山市	22	5	17				12	5	7
科尔沁右翼前旗	101	25	76	36	27	9	33	16	17
科尔沁右翼中旗	134	44	90	12	8	4	37	13	24
扎赉特旗	182	53	129	55	32	23	77	38	39
突泉县	181	58	123	7	6	1	48	23	25
锡林郭勒盟	**1012**	**272**	**740**	**52**	**26**	**26**	**257**	**105**	**152**
二连浩特市	1	1					3	3	
锡林浩特市	3	2	1				4	3	1
阿巴嘎旗	71	21	50	14	8	6	19	3	16
苏尼特左旗	48	11	37	1	1		10	5	5
苏尼特右旗	156	41	115	8	5	3	27	12	15
东乌珠穆沁旗	64	17	47	2	1	1	23	10	13
西乌珠穆沁旗	120	26	94	2	1	1	39	14	25
太仆寺旗	136	32	104	10		10	23	9	14
镶黄旗	62	14	48				19	9	10
正镶白旗	57	17	40	5	3	2	21	9	12
正蓝旗	98	32	66	4	3	1	23	8	15
多伦县	144	44	100	4	3	1	40	18	22
乌拉盖管委会	52	14	38	2	1	1	6	2	4
阿拉善盟	**439**	**138**	**301**	**23**	**13**	**10**	**78**	**43**	**35**
阿拉善左旗	316	100	216	17	12	5	55	29	26
阿拉善右旗	54	10	44	5	1	4	9	5	4
额济纳旗	54	17	37	1		1	10	5	5
内蒙古阿拉善经济开发区	15	11	4				4	4	

8-10c 各地区分性别、居住状况的60岁及以上老年人口(乡村)

单位：人

地区	60岁及以上人口			与配偶和子女同住		
	合计	男	女	小计	男	女
内蒙古	**202983**	**102021**	**100962**	**21595**	**11701**	**9894**
呼和浩特市	**20227**	**10593**	**9634**	**877**	**509**	**368**
新城区	1198	627	571	111	68	43
回民区	279	145	134	13	7	6
玉泉区	981	516	465	75	44	31
赛罕区	3290	1690	1600	305	180	125
土默特左旗	5391	2806	2585	148	84	64
托克托县	2906	1502	1404	71	39	32
和林格尔县	2735	1448	1287	79	45	34
清水河县	1518	828	690	36	22	14
武川县	1929	1031	898	39	20	19
呼和浩特经济技术开发区						
包头市	**12383**	**6422**	**5961**	**307**	**183**	**124**
东河区	1166	590	576	62	34	28
昆都仑区	515	264	251	19	13	6
青山区	340	162	178	13	8	5
石拐区	195	108	87	5	2	3
白云鄂博矿区						
九原区	1247	670	577	36	24	12
土默特右旗	4595	2366	2229	61	38	23
固阳县	3009	1580	1429	68	37	31
达尔罕茂明安联合旗	1161	600	561	31	20	11
包头稀土高新技术产业开发区	155	82	73	12	7	5
乌海市	**500**	**260**	**240**	**43**	**24**	**19**
海勃湾区	273	141	132	33	19	14
海南区	227	119	108	10	5	5
乌达区						
赤峰市	**49950**	**24229**	**25721**	**7067**	**3750**	**3317**
红山区	434	205	229	83	43	40
元宝山区	2032	954	1078	325	162	163
松山区	6570	3125	3445	958	502	456
阿鲁科尔沁旗	3230	1553	1677	308	169	139
巴林左旗	4331	2077	2254	252	141	111
巴林右旗	1465	682	783	175	97	78
林西县	2563	1259	1304	144	80	64
克什克腾旗	2503	1262	1241	145	78	67
翁牛特旗	5956	2863	3093	897	475	422
喀喇沁旗	4314	2142	2172	667	353	314
宁城县	8218	4034	4184	1793	945	848
敖汉旗	8334	4073	4261	1320	705	615

8-10c　续表 1　　　　单位：人

地　区	60岁及以上人口			与配偶和子女同住		
	合计	男	女	小计	男	女
通辽市	**29368**	**13921**	**15447**	**6862**	**3675**	**3187**
科尔沁区	5437	2607	2830	1399	743	656
科尔沁左翼中旗	5271	2540	2731	1300	708	592
科尔沁左翼后旗	4143	1982	2161	1125	616	509
开鲁县	4241	1957	2284	811	421	390
库伦旗	1798	841	957	427	225	202
奈曼旗	5143	2409	2734	1239	658	581
扎鲁特旗	2482	1167	1315	371	199	172
通辽经济技术开发区	671	334	337	179	99	80
霍林郭勒市	182	84	98	11	6	5
鄂尔多斯市	**12989**	**6897**	**6092**	**482**	**276**	**206**
东胜区	444	252	192	10	6	4
康巴什区						
达拉特旗	4157	2200	1957	137	75	62
准格尔旗	2834	1585	1249	43	26	17
鄂托克前旗	722	358	364	78	43	35
鄂托克旗	640	321	319	59	35	24
杭锦旗	1316	681	635	32	20	12
乌审旗	1312	662	650	102	60	42
伊金霍洛旗	1564	838	726	21	11	10
呼伦贝尔市	**11599**	**5869**	**5730**	**1690**	**927**	**763**
海拉尔区	233	118	115	21	10	11
扎赉诺尔区						
阿荣旗	2707	1412	1295	453	252	201
莫力达瓦达斡尔族自治旗	2642	1332	1310	358	197	161
鄂伦春自治旗	926	488	438	112	64	48
鄂温克族自治旗	681	318	363	60	31	29
陈巴尔虎旗	209	95	114	35	19	16
新巴尔虎左旗	235	104	131	54	30	24
新巴尔虎右旗	158	74	84	29	17	12
满洲里市						
牙克石市	460	218	242	32	19	13
扎兰屯市	3043	1559	1484	496	267	229
额尔古纳市	299	148	151	40	21	19
根河市	6	3	3			
巴彦淖尔市	**17441**	**9007**	**8434**	**741**	**402**	**339**
临河区	4443	2278	2165	199	112	87
五原县	3442	1791	1651	113	62	51
磴口县	1142	600	542	75	41	34
乌拉特前旗	3540	1849	1691	103	56	47
乌拉特中旗	1320	665	655	59	30	29
乌拉特后旗	393	211	182	41	22	19
杭锦后旗	3161	1613	1548	151	79	72

8-10c 续表 2

单位：人

地区	60岁及以上人口			与配偶和子女同住		
	合计	男	女	小计	男	女
乌兰察布市	**29549**	**15614**	**13935**	**652**	**370**	**282**
集宁区	966	494	472	59	32	27
卓资县	2293	1230	1063	64	35	29
化德县	1745	893	852	38	21	17
商都县	4309	2248	2061	84	47	37
兴和县	4097	2133	1964	75	42	33
凉城县	2970	1666	1304	76	43	33
察哈尔右翼前旗	3154	1636	1518	70	43	27
察哈尔右翼中旗	2440	1330	1110	50	29	21
察哈尔右翼后旗	2313	1182	1131	41	22	19
四子王旗	2180	1166	1014	36	21	15
丰镇市	3082	1636	1446	59	35	24
兴安盟	**12355**	**5915**	**6440**	**2230**	**1212**	**1018**
乌兰浩特市	717	346	371	101	56	45
阿尔山市	53	28	25	8	5	3
科尔沁右翼前旗	3676	1761	1915	751	411	340
科尔沁右翼中旗	1753	817	936	463	249	214
扎赉特旗	2979	1422	1557	546	295	251
突泉县	3177	1541	1636	361	196	165
锡林郭勒盟	**5932**	**2926**	**3006**	**555**	**321**	**234**
二连浩特市	23	10	13	3	2	1
锡林浩特市	354	186	168	46	25	21
阿巴嘎旗	170	77	93	48	29	19
苏尼特左旗	175	91	84	52	34	18
苏尼特右旗	191	84	107	26	15	11
东乌珠穆沁旗	189	76	113	66	39	27
西乌珠穆沁旗	224	106	118	52	31	21
太仆寺旗	2342	1195	1147	55	29	26
镶黄旗	140	59	81	31	18	13
正镶白旗	501	252	249	31	18	13
正蓝旗	629	282	347	85	45	40
多伦县	950	485	465	58	35	23
乌拉盖管委会	44	23	21	2	1	1
阿拉善盟	**690**	**368**	**322**	**89**	**52**	**37**
阿拉善左旗	546	289	257	77	44	33
阿拉善右旗	69	34	35	8	5	3
额济纳旗	66	41	25	4	3	1
内蒙古阿拉善经济开发区	9	4	5			

8-10c　续表 3　　　　单位：人

地　区	与配偶同住			与子女同住			独居(有保姆)		
	小计	男	女	小计	男	女	小计	男	女
内蒙古	**122751**	**66592**	**56159**	**24179**	**7102**	**17077**	**165**	**89**	**76**
呼和浩特市	**14334**	**7929**	**6405**	**1151**	**316**	**835**	**22**	**9**	**13**
新城区	764	426	338	117	32	85			
回民区	206	112	94	18	6	12			
玉泉区	691	390	301	70	15	55	3	1	2
赛罕区	2128	1176	952	288	82	206	6	3	3
土默特左旗	3874	2135	1739	273	79	194	6	1	5
托克托县	2143	1168	975	136	41	95	1		1
和林格尔县	2009	1124	885	150	33	117	4	3	1
清水河县	1114	631	483	36	8	28	2	1	1
武川县	1405	767	638	63	20	43			
呼和浩特经济技术开发区									
包头市	**8884**	**4901**	**3983**	**678**	**220**	**458**	**15**	**7**	**8**
东河区	821	449	372	99	29	70	1	1	
昆都仑区	356	204	152	39	9	30	1	1	
青山区	224	124	100	29	4	25			
石拐区	142	79	63	9	2	7			
白云鄂博矿区									
九原区	933	516	417	64	23	41	3	1	2
土默特右旗	3401	1884	1517	193	62	131	7	3	4
固阳县	2057	1125	932	184	70	114	2		2
达尔罕茂明安联合旗	854	465	389	44	18	26	1	1	
包头稀土高新技术产业开发区	96	55	41	17	3	14			
乌海市	**321**	**175**	**146**	**31**	**9**	**22**			
海勃湾区	162	89	73	26	6	20			
海南区	159	86	73	5	3	2			
乌达区									
赤峰市	**28365**	**14983**	**13382**	**7155**	**2099**	**5056**	**36**	**22**	**14**
红山区	232	122	110	68	16	52			
元宝山区	1195	609	586	296	78	218	1	1	
松山区	3745	1985	1760	987	272	715	6	2	4
阿鲁科尔沁旗	1963	1046	917	403	100	303	3	2	1
巴林左旗	2728	1436	1292	508	164	344	2	2	
巴林右旗	862	457	405	220	48	172			
林西县	1673	899	774	203	46	157			
克什克腾旗	1748	937	811	198	60	138	3	3	
翁牛特旗	3371	1806	1565	836	248	588	3	1	2
喀喇沁旗	2352	1263	1089	703	207	496	6	5	1
宁城县	3787	1966	1821	1548	508	1040	5	2	3
敖汉旗	4709	2457	2252	1185	352	833	7	4	3

8-10c 续表 4 单位：人

地　区	与配偶同住			与子女同住			独居(有保姆)		
	小计	男	女	小计	男	女	小计	男	女
通辽市	**12877**	**6757**	**6120**	**6466**	**1934**	**4532**	**9**	**6**	**3**
科尔沁区	2423	1267	1156	1127	322	805			
科尔沁左翼中旗	2063	1103	960	1252	397	855	3	1	2
科尔沁左翼后旗	1536	826	710	1084	320	764	1	1	
开鲁县	2168	1105	1063	825	244	581			
库伦旗	765	412	353	418	126	292	1	1	
奈曼旗	2184	1125	1059	1142	363	779	3	2	1
扎鲁特旗	1340	708	632	470	117	353			
通辽经济技术开发区	278	150	128	126	38	88	1	1	
霍林郭勒市	120	61	59	22	7	15			
鄂尔多斯市	**9303**	**5147**	**4156**	**795**	**222**	**573**	**23**	**14**	**9**
东胜区	326	185	141	15	5	10	2	1	1
康巴什区									
达拉特旗	3140	1726	1414	221	61	160	5	5	
准格尔旗	2025	1123	902	98	36	62	10	7	3
鄂托克前旗	465	256	209	87	19	68	1		1
鄂托克旗	381	216	165	75	18	57	1	1	
杭锦旗	980	549	431	85	19	66	2		2
乌审旗	808	441	367	162	51	111			
伊金霍洛旗	1178	651	527	52	13	39	2		2
呼伦贝尔市	**6092**	**3334**	**2758**	**1989**	**682**	**1307**	**12**	**8**	**4**
海拉尔区	156	84	72	27	11	16	1	1	
扎赉诺尔区									
阿荣旗	1420	788	632	444	166	278	3	2	1
莫力达瓦达斡尔族自治旗	1365	746	619	506	175	331			
鄂伦春自治旗	516	286	230	137	45	92			
鄂温克族自治旗	373	202	171	104	30	74	6	3	3
陈巴尔虎旗	98	52	46	46	13	33			
新巴尔虎左旗	89	49	40	56	14	42			
新巴尔虎右旗	58	31	27	36	12	24			
满洲里市									
牙克石市	266	144	122	65	15	50			
扎兰屯市	1581	860	721	525	188	337	2	2	
额尔古纳市	164	89	75	43	13	30			
根河市	6	3	3						
巴彦淖尔市	**12546**	**6925**	**5621**	**1217**	**338**	**879**	**7**	**1**	**6**
临河区	3135	1728	1407	328	96	232	1	1	
五原县	2505	1389	1116	213	61	152	1		1
磴口县	762	430	332	96	26	70			
乌拉特前旗	2669	1459	1210	174	57	117	1		1
乌拉特中旗	962	515	447	90	19	71	1		1
乌拉特后旗	245	137	108	48	12	36	1		1
杭锦后旗	2268	1267	1001	268	67	201	2		2

8-10c　续表 5　　　　　　　　　　　　　　　　　　　　　　　　单位：人

地　　区	与配偶同住			与子女同住			独居(有保姆)		
	小计	男	女	小计	男	女	小计	男	女
乌兰察布市	**20409**	**11207**	**9202**	**1088**	**292**	**796**	**30**	**15**	**15**
集宁区	634	353	281	54	10	44			
卓资县	1447	786	661	104	29	75	3	2	1
化德县	1239	668	571	60	17	43	4	3	1
商都县	3129	1702	1427	136	42	94	2		2
兴和县	2931	1610	1321	113	30	83	2	1	1
凉城县	1911	1072	839	131	39	92	8	5	3
察哈尔右翼前旗	2160	1178	982	109	26	83	3	2	1
察哈尔右翼中旗	1688	938	750	74	18	56	2		2
察哈尔右翼后旗	1664	899	765	79	18	61	4	1	3
四子王旗	1538	855	683	99	30	69			
丰镇市	2068	1146	922	129	33	96	2	1	1
兴安盟	**5665**	**3062**	**2603**	**2736**	**799**	**1937**	**6**	**4**	**2**
乌兰浩特市	352	194	158	137	34	103			
阿尔山市	31	18	13	7	3	4			
科尔沁右翼前旗	1645	896	749	791	215	576	3	3	
科尔沁右翼中旗	582	320	262	518	155	363			
扎赉特旗	1304	715	589	738	218	520	2	1	1
突泉县	1751	919	832	545	174	371	1		1
锡林郭勒盟	**3592**	**1963**	**1629**	**770**	**166**	**604**	**4**	**2**	**2**
二连浩特市	12	7	5	3		3			
锡林浩特市	213	119	94	47	14	33			
阿巴嘎旗	44	25	19	57	13	44			
苏尼特左旗	41	26	15	63	17	46			
苏尼特右旗	90	53	37	47	8	39			
东乌珠穆沁旗	28	21	7	82	10	72			
西乌珠穆沁旗	72	42	30	75	16	59			
太仆寺旗	1740	943	797	111	22	89			
镶黄旗	57	29	28	27	3	24	1		1
正镶白旗	297	161	136	60	17	43	1	1	
正蓝旗	335	180	155	105	19	86	2	1	1
多伦县	629	338	291	89	27	62			
乌拉盖管委会	34	19	15	4		4			
阿拉善盟	**363**	**209**	**154**	**103**	**25**	**78**	**1**	**1**	
阿拉善左旗	299	170	129	69	17	52			
阿拉善右旗	27	15	12	21	4	17			
额济纳旗	33	22	11	11	4	7	1	1	
内蒙古阿拉善经济开发区	4	2	2	2		2			

8-10c 续表 6

单位：人

地　区	独居(无保姆)			养老机构			其　他		
	小计	男	女	小计	男	女	小计	男	女
内蒙古	**26434**	**11700**	**14734**	**1417**	**924**	**493**	**6442**	**3913**	**2529**
呼和浩特市	**3075**	**1373**	**1702**	**114**	**69**	**45**	**654**	**388**	**266**
新城区	150	63	87				56	38	18
回民区	25	10	15	1		1	16	10	6
玉泉区	113	51	62	3		3	26	15	11
赛罕区	431	175	256	26	14	12	106	60	46
土默特左旗	889	391	498	31	16	15	170	100	70
托克托县	484	215	269	14	7	7	57	32	25
和林格尔县	389	181	208	4	2	2	100	60	40
清水河县	269	122	147	21	19	2	40	25	15
武川县	325	165	160	14	11	3	83	48	35
呼和浩特经济技术开发区									
包头市	**2006**	**819**	**1187**	**125**	**82**	**43**	**368**	**210**	**158**
东河区	158	65	93	18	10	8	7	2	5
昆都仑区	79	28	51	7	2	5	14	7	7
青山区	48	15	33	18	7	11	8	4	4
石拐区	28	17	11	1	1		10	7	3
白云鄂博矿区									
九原区	164	78	86	2	2		45	26	19
土默特右旗	810	297	513	37	31	6	86	51	35
固阳县	517	239	278	27	17	10	154	92	62
达尔罕茂明安联合旗	176	67	109	14	11	3	41	18	23
包头稀土高新技术产业开发区	26	13	13	1	1		3	3	
乌海市	**77**	**34**	**43**	**5**	**5**		**23**	**13**	**10**
海勃湾区	38	17	21	4	4		10	6	4
海南区	39	17	22	1	1		13	7	6
乌达区									
赤峰市	**5705**	**2396**	**3309**	**350**	**233**	**117**	**1272**	**746**	**526**
红山区	40	17	23	1		1	10	7	3
元宝山区	172	77	95	6	1	5	37	26	11
松山区	688	262	426	55	30	25	131	72	59
阿鲁科尔沁旗	414	162	252	7	5	2	132	69	63
巴林左旗	641	227	414	55	32	23	145	75	70
巴林右旗	174	57	117	11	9	2	23	14	9
林西县	426	175	251	18	10	8	99	49	50
克什克腾旗	327	133	194	12	10	2	70	41	29
翁牛特旗	676	256	420	12	8	4	161	69	92
喀喇沁旗	507	259	248	27	16	11	52	39	13
宁城县	754	381	373	90	60	30	241	172	69
敖汉旗	886	390	496	56	52	4	171	113	58

8-10c 续表 7

单位：人

地区	独居(无保姆)			养老机构			其他		
	小计	男	女	小计	男	女	小计	男	女
通辽市	**2289**	**1010**	**1279**	**47**	**37**	**10**	**818**	**502**	**316**
科尔沁区	342	180	162	10	6	4	136	89	47
科尔沁左翼中旗	401	182	219	7	5	2	245	144	101
科尔沁左翼后旗	267	135	132	4	3	1	126	81	45
开鲁县	358	143	215	3	2	1	76	42	34
库伦旗	142	47	95	3	3		42	27	15
奈曼旗	445	185	260	1	1		129	75	54
扎鲁特旗	257	109	148	7	7		37	27	10
通辽经济技术开发区	55	24	31	12	10	2	20	12	8
霍林郭勒市	22	5	17				7	5	2
鄂尔多斯市	**1847**	**849**	**998**	**95**	**65**	**30**	**444**	**324**	**120**
东胜区	55	31	24	11	5	6	25	19	6
康巴什区									
达拉特旗	535	251	284	28	19	9	91	63	28
准格尔旗	511	271	240	23	21	2	124	101	23
鄂托克前旗	66	26	40				25	14	11
鄂托克旗	80	22	58	9	5	4	35	24	11
杭锦旗	189	76	113	3	2	1	25	15	10
乌审旗	184	73	111	15	8	7	41	29	12
伊金霍洛旗	227	99	128	6	5	1	78	59	19
呼伦贝尔市	**1308**	**612**	**696**	**76**	**58**	**18**	**432**	**248**	**184**
海拉尔区	24	8	16				4	4	
扎赉诺尔区									
阿荣旗	263	126	137	21	15	6	103	63	40
莫力达瓦达斡尔族自治旗	296	147	149	10	7	3	107	60	47
鄂伦春自治旗	123	67	56	4	4		34	22	12
鄂温克族自治旗	88	26	62	20	11	9	30	15	15
陈巴尔虎旗	21	8	13				9	3	6
新巴尔虎左旗	20	4	16				16	7	9
新巴尔虎右旗	12	4	8				23	10	13
满洲里市									
牙克石市	65	28	37				32	12	20
扎兰屯市	353	174	179	21	21		65	47	18
额尔古纳市	43	20	23				9	5	4
根河市									
巴彦淖尔市	**2357**	**972**	**1385**	**156**	**94**	**62**	**417**	**275**	**142**
临河区	626	245	381	36	22	14	118	74	44
五原县	520	222	298	45	23	22	45	34	11
磴口县	153	66	87	21	12	9	35	25	10
乌拉特前旗	496	212	284	6	4	2	91	61	30
乌拉特中旗	174	73	101	2	2		32	26	6
乌拉特后旗	33	17	16				25	23	2
杭锦后旗	355	137	218	46	31	15	71	32	39

8-10c　续表 8　　单位：人

地　区	独居(无保姆)			养老机构			其　他		
	小计	男	女	小计	男	女	小计	男	女
乌兰察布市	**5714**	**2720**	**2994**	**333**	**204**	**129**	**1323**	**806**	**517**
集宁区	159	60	99	5	5		55	34	21
卓资县	544	295	249	6	4	2	125	79	46
化德县	285	121	164	24	13	11	95	50	45
商都县	766	340	426	30	20	10	162	97	65
兴和县	774	339	435	32	16	16	170	95	75
凉城县	659	375	284	29	24	5	156	108	48
察哈尔右翼前旗	532	225	307	108	57	51	172	105	67
察哈尔右翼中旗	464	236	228	30	23	7	132	86	46
察哈尔右翼后旗	407	178	229	14	10	4	104	54	50
四子王旗	423	205	218	15	12	3	69	43	26
丰镇市	701	346	355	40	20	20	83	55	28
兴安盟	**1204**	**530**	**674**	**90**	**54**	**36**	**424**	**254**	**170**
乌兰浩特市	108	49	59	4	4		15	9	6
阿尔山市	5	1	4				2	1	1
科尔沁右翼前旗	330	137	193	12	10	2	144	89	55
科尔沁右翼中旗	115	49	66	21	11	10	54	33	21
扎赉特旗	298	139	159	4	2	2	87	52	35
突泉县	348	155	193	49	27	22	122	70	52
锡林郭勒盟	**754**	**327**	**427**	**26**	**23**	**3**	**231**	**124**	**107**
二连浩特市	3		3				2	1	1
锡林浩特市	30	16	14				18	12	6
阿巴嘎旗	12	6	6				9	4	5
苏尼特左旗	11	8	3				8	6	2
苏尼特右旗	21	6	15				7	2	5
东乌珠穆沁旗	3	2	1	1		1	9	4	5
西乌珠穆沁旗	11	7	4				14	10	4
太仆寺旗	333	142	191	11	11		92	48	44
镶黄旗	16	5	11	2	1	1	6	3	3
正镶白旗	85	43	42	5	4	1	22	8	14
正蓝旗	81	26	55				21	11	10
多伦县	145	64	81	7	7		22	14	8
乌拉盖管委会	3	2	1				1	1	
阿拉善盟	**98**	**58**	**40**				**36**	**23**	**13**
阿拉善左旗	79	47	32				22	11	11
阿拉善右旗	9	6	3				4	4	
额济纳旗	9	5	4				8	6	2
内蒙古阿拉善经济开发区	1		1				2	2	

8-11　全区分年龄、性别、居住状况的60岁及以上老年人口

单位：人

年　龄	60岁及以上人口			与配偶和子女同住		
	合计	男	女	小计	男	女
总　计	**458505**	**222262**	**236243**	**54046**	**29333**	**24713**
60-64岁	**158381**	**79120**	**79261**	**24054**	**12788**	**11266**
60	34863	17653	17210	5737	3088	2649
61	29541	14949	14592	4663	2486	2177
62	30853	15396	15457	4742	2550	2192
63	32961	16523	16438	4783	2569	2214
64	30163	14599	15564	4129	2095	2034
65-69岁	**129607**	**63251**	**66356**	**16102**	**8464**	**7638**
65	30414	15024	15390	4136	2199	1937
66	28882	14000	14882	3757	1952	1805
67	25492	12367	13125	3068	1585	1483
68	23945	11716	12229	2786	1474	1312
69	20874	10144	10730	2355	1254	1101
70-74岁	**76221**	**36408**	**39813**	**7462**	**4091**	**3371**
70	19062	9223	9839	1985	1061	924
71	17725	8574	9151	1808	961	847
72	13852	6561	7291	1355	734	621
73	14198	6765	7433	1315	762	553
74	11384	5285	6099	999	573	426
75-79岁	**46100**	**21210**	**24890**	**3640**	**2142**	**1498**
75	10217	4770	5447	870	508	362
76	10394	4774	5620	879	518	361
77	8709	4026	4683	700	414	286
78	8336	3796	4540	592	333	259
79	8444	3844	4600	599	369	230
80-84岁	**31282**	**14400**	**16882**	**2028**	**1276**	**752**
80	7812	3537	4275	500	292	208
81	6779	3087	3692	461	284	177
82	6411	3017	3394	420	255	165
83	5469	2532	2937	341	232	109
84	4811	2227	2584	306	213	93
85-89岁	**13187**	**6101**	**7086**	**609**	**453**	**156**
85	3816	1736	2080	212	155	57
86	3267	1473	1794	152	105	47
87	2610	1193	1417	114	94	20
88	2027	976	1051	84	65	19
89	1467	723	744	47	34	13
90-94岁	**3171**	**1520**	**1651**	**133**	**103**	**30**
90	1190	597	593	57	42	15
91	748	336	412	28	21	7
92	604	277	327	28	23	5
93	353	162	191	12	11	1
94	276	148	128	8	6	2
95-99岁	**504**	**233**	**271**	**17**	**15**	**2**
95	186	95	91	6	5	1
96	143	58	85	4	4	
97	84	42	42	3	3	
98	51	17	34	1	1	
99	40	21	19	3	2	1
100岁及以上	**52**	**19**	**33**	**1**	**1**	

8-11 续表 1

单位：人

年 龄	与配偶同住			与子女同住			独居(有保姆)		
	小计	男	女	小计	男	女	小计	男	女
总 计	**272660**	**146630**	**126030**	**56232**	**14951**	**41281**	**945**	**406**	**539**
60-64岁	**104350**	**53123**	**51227**	**11502**	**3261**	**8241**	**70**	**36**	**34**
60	22887	11691	11196	2315	665	1650	14	4	10
61	19417	9984	9433	2091	610	1481	13	9	4
62	20188	10236	9952	2273	624	1649	9	3	6
63	21891	11248	10643	2431	695	1736	20	11	9
64	19967	9964	10003	2392	667	1725	14	9	5
65-69岁	**84987**	**43992**	**40995**	**11357**	**3104**	**8253**	**87**	**48**	**39**
65	20295	10404	9891	2360	668	1692	14	9	5
66	19036	9625	9411	2376	668	1708	18	12	6
67	16810	8647	8163	2189	615	1574	20	11	9
68	15543	8191	7352	2309	620	1689	15	6	9
69	13303	7125	6178	2123	533	1590	20	10	10
70-74岁	**45393**	**25157**	**20236**	**9807**	**2367**	**7440**	**90**	**37**	**53**
70	11989	6473	5516	2094	532	1562	19	8	11
71	10843	5962	4881	2143	564	1579	18	8	10
72	8259	4556	3703	1817	424	1393	13	4	9
73	8036	4587	3449	2014	454	1560	25	12	13
74	6266	3579	2687	1739	393	1346	15	5	10
75-79岁	**22765**	**13705**	**9060**	**8618**	**1940**	**6678**	**156**	**49**	**107**
75	5498	3182	2316	1637	368	1269	21	5	16
76	5308	3113	2195	1796	385	1411	26	9	17
77	4239	2587	1652	1679	377	1302	26	8	18
78	3897	2449	1448	1701	377	1324	37	16	21
79	3823	2374	1449	1805	433	1372	46	11	35
80-84岁	**11418**	**7761**	**3657**	**8480**	**2254**	**6226**	**249**	**100**	**149**
80	3250	2096	1154	1898	486	1412	38	19	19
81	2578	1733	845	1754	424	1330	45	18	27
82	2349	1659	690	1787	471	1316	51	20	31
83	1792	1260	532	1620	445	1175	58	21	37
84	1449	1013	436	1421	428	993	57	22	35
85-89岁	**3157**	**2398**	**759**	**4714**	**1424**	**3290**	**210**	**95**	**115**
85	1006	720	286	1287	363	924	46	17	29
86	812	616	196	1130	322	808	53	26	27
87	594	455	139	931	287	644	50	21	29
88	430	347	83	787	261	526	35	15	20
89	315	260	55	579	191	388	26	16	10
90-94岁	**542**	**453**	**89**	**1438**	**481**	**957**	**71**	**36**	**35**
90	242	209	33	483	157	326	18	10	8
91	127	98	29	346	108	238	23	10	13
92	89	69	20	304	105	199	13	7	6
93	42	38	4	184	62	122	7	3	4
94	42	39	3	121	49	72	10	6	4
95-99岁	**44**	**37**	**7**	**281**	**110**	**171**	**11**	**5**	**6**
95	22	15	7	89	39	50	4	3	1
96	12	12		88	29	59	3	1	2
97	7	7		49	20	29	1		1
98	2	2		31	10	21	2	1	1
99	1	1		24	12	12	1		1
100岁及以上	**4**	**4**		**35**	**10**	**25**	**1**		**1**

8-11　续表 2

单位：人

年　龄	独居(无保姆)			养老机构			其　他		
	小计	男	女	小计	男	女	小计	男	女
总　计	**57643**	**21540**	**36103**	**3591**	**2132**	**1459**	**13388**	**7270**	**6118**
60-64岁	**12386**	**6218**	**6168**	**503**	**382**	**121**	**5516**	**3312**	**2204**
60	2520	1332	1188	93	67	26	1297	806	491
61	2215	1144	1071	76	59	17	1066	657	409
62	2443	1243	1200	130	99	31	1068	641	427
63	2637	1289	1348	107	79	28	1092	632	460
64	2571	1210	1361	97	78	19	993	576	417
65-69岁	**12982**	**5225**	**7757**	**619**	**460**	**159**	**3473**	**1958**	**1515**
65	2651	1159	1492	100	83	17	858	502	356
66	2732	1166	1566	147	100	47	816	477	339
67	2570	1021	1549	135	100	35	700	388	312
68	2572	1014	1558	124	88	36	596	323	273
69	2457	865	1592	113	89	24	503	268	235
70-74岁	**11108**	**3529**	**7579**	**552**	**341**	**211**	**1809**	**886**	**923**
70	2398	833	1565	117	81	36	460	235	225
71	2394	801	1593	107	66	41	412	212	200
72	1964	619	1345	101	65	36	343	159	184
73	2363	717	1646	105	65	40	340	168	172
74	1989	559	1430	122	64	58	254	112	142
75-79岁	**9205**	**2569**	**6636**	**615**	**312**	**303**	**1101**	**493**	**608**
75	1832	531	1301	120	64	56	239	112	127
76	2023	578	1445	112	64	48	250	107	143
77	1712	479	1233	129	62	67	224	99	125
78	1783	473	1310	125	61	64	201	87	114
79	1855	508	1347	129	61	68	187	88	99
80-84岁	**7534**	**2312**	**5222**	**719**	**348**	**371**	**854**	**349**	**505**
80	1791	496	1295	137	68	69	198	80	118
81	1619	485	1134	144	67	77	178	76	102
82	1483	474	1009	152	72	80	169	66	103
83	1343	436	907	146	70	76	169	68	101
84	1298	421	877	140	71	69	140	59	81
85-89岁	**3595**	**1329**	**2266**	**428**	**200**	**228**	**474**	**202**	**272**
85	1024	378	646	129	58	71	112	45	67
86	910	308	602	94	45	49	116	51	65
87	736	259	477	85	39	46	100	38	62
88	538	224	314	64	28	36	89	36	53
89	387	160	227	56	30	26	57	32	25
90-94岁	**724**	**308**	**416**	**130**	**75**	**55**	**133**	**64**	**69**
90	300	128	172	51	32	19	39	19	20
91	156	61	95	33	22	11	35	16	19
92	130	54	76	15	5	10	25	14	11
93	76	34	42	15	7	8	17	7	10
94	62	31	31	16	9	7	17	8	9
95-99岁	**103**	**47**	**56**	**21**	**13**	**8**	**27**	**6**	**21**
95	47	23	24	10	9	1	8	1	7
96	25	8	17	3	1	2	8	3	5
97	15	8	7	3	2	1	6	2	4
98	9	3	6	3		3	3		3
99	7	5	2	2	1	1	2		2
100岁及以上	**6**	**3**	**3**	**4**	**1**	**3**	**1**		**1**

8-11a 全区分年龄、性别、居住状况的60岁及以上老年人口(城市)

单位：人

年 龄	60岁及以上人口			与配偶和子女同住		
	合计	男	女	小计	男	女
总 计	**148513**	**69693**	**78820**	**20532**	**11212**	**9320**
60-64岁	**50975**	**25164**	**25811**	**9546**	**5164**	**4382**
60	11334	5582	5752	2334	1255	1079
61	9627	4822	4805	1910	1041	869
62	10090	5028	5062	1867	1035	832
63	10378	5163	5215	1848	1021	827
64	9546	4569	4977	1587	812	775
65-69岁	**38771**	**18397**	**20374**	**5776**	**3079**	**2697**
65	9110	4444	4666	1479	788	691
66	8891	4244	4647	1414	762	652
67	7545	3556	3989	1091	585	506
68	7005	3333	3672	991	517	474
69	6220	2820	3400	801	427	374
70-74岁	**23417**	**10420**	**12997**	**2560**	**1378**	**1182**
70	5685	2558	3127	660	355	305
71	5363	2425	2938	629	329	300
72	4360	1891	2469	463	243	220
73	4325	1909	2416	486	270	216
74	3684	1637	2047	322	181	141
75-79岁	**16676**	**7124**	**9552**	**1379**	**761**	**618**
75	3507	1477	2030	328	175	153
76	3521	1479	2042	302	165	137
77	3170	1395	1775	270	151	119
78	3269	1409	1860	242	127	115
79	3209	1364	1845	237	143	94
80-84岁	**12198**	**5504**	**6694**	**940**	**583**	**357**
80	3130	1371	1759	231	136	95
81	2572	1142	1430	202	119	83
82	2480	1133	1347	186	112	74
83	2101	961	1140	166	112	54
84	1915	897	1018	155	104	51
85-89岁	**4922**	**2275**	**2647**	**255**	**188**	**67**
85	1434	636	798	95	65	30
86	1200	539	661	60	42	18
87	981	464	517	45	40	5
88	731	345	386	32	26	6
89	576	291	285	23	15	8
90-94岁	**1331**	**691**	**640**	**67**	**51**	**16**
90	489	264	225	24	18	6
91	307	151	156	16	10	6
92	251	119	132	14	11	3
93	163	80	83	8	7	1
94	121	77	44	5	5	
95-99岁	**205**	**110**	**95**	**9**	**8**	**1**
95	83	47	36	5	4	1
96	60	25	35	1	1	
97	35	24	11	2	2	
98	16	7	9			
99	11	7	4	1	1	
100岁及以上	**18**	**8**	**10**			

8-11a　续表 1　　单位：人

年龄	与配偶同住			与子女同住			独居(有保姆)		
	小计	男	女	小计	男	女	小计	男	女
总　计	**85941**	**45856**	**40085**	**18681**	**4548**	**14133**	**507**	**199**	**308**
60-64岁	**31584**	**16281**	**15303**	**4328**	**1120**	**3208**	**23**	**7**	**16**
60	6929	3521	3408	890	239	651	4		4
61	5853	3040	2813	831	236	595	5	2	3
62	6256	3261	2995	877	211	666	3	1	2
63	6472	3381	3091	883	222	661	9	2	7
64	6074	3078	2996	847	212	635	2	2	
65-69岁	**24915**	**12718**	**12197**	**3526**	**882**	**2644**	**28**	**13**	**15**
65	5901	3060	2841	781	211	570	5	3	2
66	5703	2886	2817	768	200	568	6	4	2
67	4844	2436	2408	673	172	501	4	1	3
68	4511	2344	2167	674	159	515	7	3	4
69	3956	1992	1964	630	140	490	6	2	4
70-74岁	**14106**	**7402**	**6704**	**2895**	**617**	**2278**	**46**	**16**	**30**
70	3500	1801	1699	676	153	523	11	4	7
71	3325	1731	1594	603	141	462	7	3	4
72	2644	1353	1291	529	105	424	5	1	4
73	2470	1334	1136	572	105	467	14	5	9
74	2167	1183	984	515	113	402	9	3	6
75-79岁	**8748**	**4911**	**3837**	**2795**	**552**	**2243**	**85**	**27**	**58**
75	1960	1043	917	527	87	440	11	3	8
76	1931	1049	882	538	91	447	12	5	7
77	1642	953	689	531	113	418	12	2	10
78	1648	958	690	576	121	455	25	10	15
79	1567	908	659	623	140	483	25	7	18
80-84岁	**4874**	**3230**	**1644**	**2917**	**686**	**2231**	**144**	**52**	**92**
80	1377	860	517	687	160	527	19	6	13
81	1078	700	378	587	122	465	30	10	20
82	991	676	315	603	135	468	32	13	19
83	772	529	243	539	128	411	33	13	20
84	656	465	191	501	141	360	30	10	20
85-89岁	**1394**	**1040**	**354**	**1563**	**442**	**1121**	**123**	**53**	**70**
85	442	321	121	440	105	335	24	6	18
86	347	250	97	382	110	272	29	14	15
87	271	203	68	305	94	211	32	13	19
88	177	143	34	242	71	171	20	10	10
89	157	123	34	194	62	132	18	10	8
90-94岁	**295**	**252**	**43**	**536**	**194**	**342**	**50**	**27**	**23**
90	136	119	17	169	56	113	15	9	6
91	72	54	18	123	46	77	16	6	10
92	40	35	5	118	43	75	9	6	3
93	25	22	3	76	25	51	5	3	2
94	22	22		50	24	26	5	3	2
95-99岁	**25**	**22**	**3**	**106**	**49**	**57**	**8**	**4**	**4**
95	12	9	3	40	21	19	4	3	1
96	6	6		34	11	23	2	1	1
97	5	5		16	9	7	1		1
98	2	2		9	4	5	1		1
99				7	4	3			
100岁及以上				**15**	**6**	**9**			

8-11a 续表 2

单位：人

年龄	独居(无保姆)			养老机构			其他		
	小计	男	女	小计	男	女	小计	男	女
总计	**18013**	**5563**	**12450**	**1137**	**556**	**581**	**3702**	**1759**	**1943**
60—64岁	**3806**	**1673**	**2133**	**121**	**76**	**45**	**1567**	**843**	**724**
60	769	341	428	23	13	10	385	213	172
61	685	313	372	24	15	9	319	175	144
62	768	338	430	33	17	16	286	165	121
63	836	364	472	25	20	5	305	153	152
64	748	317	431	16	11	5	272	137	135
65—69岁	**3525**	**1179**	**2346**	**119**	**83**	**36**	**882**	**443**	**439**
65	711	261	450	19	14	5	214	107	107
66	764	266	498	32	19	13	204	107	97
67	713	241	472	24	17	7	196	104	92
68	638	216	422	18	12	6	166	82	84
69	699	195	504	26	21	5	102	43	59
70—74岁	**3208**	**743**	**2465**	**144**	**79**	**65**	**458**	**185**	**273**
70	692	180	512	22	13	9	124	52	72
71	679	165	514	27	15	12	93	41	52
72	603	140	463	28	18	10	88	31	57
73	674	148	526	31	16	15	78	31	47
74	560	110	450	36	17	19	75	30	45
75—79岁	**3166**	**677**	**2489**	**204**	**89**	**115**	**299**	**107**	**192**
75	586	128	458	36	17	19	59	24	35
76	644	126	518	34	19	15	60	24	36
77	601	138	463	44	11	33	70	27	43
78	666	150	516	49	23	26	63	20	43
79	669	135	534	41	19	22	47	12	35
80—84岁	**2749**	**743**	**2006**	**297**	**118**	**179**	**277**	**92**	**185**
80	695	163	532	46	19	27	75	27	48
81	568	157	411	56	17	39	51	17	34
82	545	155	390	66	24	42	57	18	39
83	473	135	338	63	26	37	55	18	37
84	468	133	335	66	32	34	39	12	27
85—89岁	**1255**	**421**	**834**	**176**	**69**	**107**	**156**	**62**	**94**
85	347	110	237	61	21	40	25	8	17
86	317	101	216	30	11	19	35	11	24
87	261	86	175	34	14	20	33	14	19
88	199	71	128	28	10	18	33	14	19
89	131	53	78	23	13	10	30	15	15
90—94岁	**270**	**108**	**162**	**63**	**35**	**28**	**50**	**24**	**26**
90	110	44	66	19	11	8	16	7	9
91	55	17	38	15	12	3	10	6	4
92	55	21	34	7	1	6	8	2	6
93	29	13	16	12	5	7	8	5	3
94	21	13	8	10	6	4	8	4	4
95—99岁	**33**	**18**	**15**	**11**	**6**	**5**	**13**	**3**	**10**
95	14	6	8	4	3	1	4	1	3
96	10	4	6	3	1	2	4	1	3
97	6	5	1	2	2		3	1	2
98	1	1		2		2	1		1
99	2	2					1		1
100岁及以上	**1**	**1**		**2**	**1**	**1**			

8-11b 全区分年龄、性别、居住状况的60岁及以上老年人口(镇)

单位：人

年 龄	60岁及以上人口			与配偶和子女同住		
	合计	男	女	小计	男	女
总 计	**107009**	**50548**	**56461**	**11919**	**6420**	**5499**
60-64岁	**37100**	**18286**	**18814**	**5461**	**2884**	**2577**
60	8145	4075	4070	1301	701	600
61	6939	3449	3490	1030	538	492
62	7401	3602	3799	1102	575	527
63	7708	3832	3876	1116	600	516
64	6907	3328	3579	912	470	442
65-69岁	**29614**	**13973**	**15641**	**3492**	**1844**	**1648**
65	7110	3440	3670	921	509	412
66	6653	3113	3540	844	424	420
67	5809	2680	3129	687	341	346
68	5331	2511	2820	553	301	252
69	4711	2229	2482	487	269	218
70-74岁	**17886**	**8103**	**9783**	**1599**	**838**	**761**
70	4407	2059	2348	450	229	221
71	4153	1902	2251	342	174	168
72	3300	1495	1805	298	156	142
73	3293	1470	1823	264	149	115
74	2733	1177	1556	245	130	115
75-79岁	**11145**	**5039**	**6106**	**790**	**478**	**312**
75	2437	1094	1343	185	103	82
76	2539	1181	1358	202	126	76
77	2157	955	1202	145	86	59
78	2006	892	1114	135	82	53
79	2006	917	1089	123	81	42
80-84岁	**7382**	**3322**	**4060**	**400**	**246**	**154**
80	1866	811	1055	91	51	40
81	1620	719	901	86	53	33
82	1505	712	793	96	59	37
83	1311	586	725	63	37	26
84	1080	494	586	64	46	18
85-89岁	**3037**	**1428**	**1609**	**142**	**100**	**42**
85	890	390	500	40	29	11
86	738	354	384	40	24	16
87	610	282	328	29	23	6
88	475	232	243	19	15	4
89	324	170	154	14	9	5
90-94岁	**714**	**343**	**371**	**31**	**26**	**5**
90	267	133	134	13	11	2
91	176	83	93	7	6	1
92	143	67	76	6	5	1
93	74	37	37	4	4	
94	54	23	31	1		1
95-99岁	**120**	**50**	**70**	**3**	**3**	
95	36	18	18			
96	36	14	22	2	2	
97	25	8	17			
98	12	4	8	1	1	
99	11	6	5			
100岁及以上	**11**	**4**	**7**	**1**	**1**	

8-11b 续表 1 单位：人

年龄	与配偶同住			与子女同住			独居(有保姆)		
	小计	男	女	小计	男	女	小计	男	女
总计	**63968**	**34182**	**29786**	**13372**	**3301**	**10071**	**273**	**118**	**155**
60-64岁	**24496**	**12538**	**11958**	**2849**	**765**	**2084**	**22**	**9**	**13**
60	5280	2707	2573	608	161	447	6	2	4
61	4627	2395	2232	512	137	375	1	1	
62	4893	2488	2405	576	146	430	5	1	4
63	5113	2634	2479	585	166	419	3	2	1
64	4583	2314	2269	568	155	413	7	3	4
65-69岁	**19463**	**9887**	**9576**	**2691**	**661**	**2030**	**22**	**14**	**8**
65	4756	2418	2338	590	147	443	6	3	3
66	4429	2209	2220	538	131	407	4	3	1
67	3782	1891	1891	536	130	406	4	3	1
68	3456	1759	1697	530	146	384	1	1	
69	3040	1610	1430	497	107	390	7	4	3
70-74岁	**10868**	**5867**	**5001**	**2272**	**451**	**1821**	**22**	**13**	**9**
70	2829	1495	1334	457	94	363	4	3	1
71	2601	1406	1195	509	100	409	6	4	2
72	1985	1081	904	454	89	365	2	1	1
73	1917	1056	861	449	90	359	6	4	2
74	1536	829	707	403	78	325	4	1	3
75-79岁	**5534**	**3350**	**2184**	**2056**	**423**	**1633**	**49**	**12**	**37**
75	1299	744	555	386	77	309	6		6
76	1285	768	517	424	87	337	8	2	6
77	1072	635	437	414	92	322	12	5	7
78	932	607	325	422	77	345	8	2	6
79	946	596	350	410	90	320	15	3	12
80-84岁	**2722**	**1850**	**872**	**1999**	**530**	**1469**	**83**	**37**	**46**
80	824	512	312	422	103	319	13	9	4
81	596	415	181	429	103	326	13	7	6
82	555	392	163	430	127	303	14	5	9
83	420	306	114	410	109	301	19	4	15
84	327	225	102	308	88	220	24	12	12
85-89岁	**748**	**579**	**169**	**1106**	**336**	**770**	**57**	**26**	**31**
85	233	157	76	311	88	223	12	5	7
86	194	155	39	243	75	168	17	8	9
87	141	118	23	224	66	158	15	8	7
88	113	89	24	192	60	132	9	2	7
89	67	60	7	136	47	89	4	3	1
90-94岁	**126**	**102**	**24**	**319**	**103**	**216**	**15**	**7**	**8**
90	51	43	8	114	36	78	1		1
91	31	26	5	79	22	57	5	4	1
92	28	18	10	69	24	45	4	1	3
93	12	12		30	11	19	2		2
94	4	3	1	27	10	17	3	2	1
95-99岁	**9**	**7**	**2**	**74**	**31**	**43**	**2**		**2**
95	3	1	2	19	10	9			
96	4	4		22	8	14	1		1
97	1	1		20	7	13			
98				9	3	6			
99	1	1		4	3	1	1		1
100岁及以上	**2**	**2**		**6**	**1**	**5**	**1**		**1**

8-11b　续表 2　　单位：人

年　龄	独居(无保姆)			养老机构			其　他		
	小计	男	女	小计	男	女	小计	男	女
总　计	**13196**	**4277**	**8919**	**1037**	**652**	**385**	**3244**	**1598**	**1646**
60-64岁	**2787**	**1247**	**1540**	**143**	**115**	**28**	**1342**	**728**	**614**
60	628	314	314	25	19	6	297	171	126
61	466	211	255	19	16	3	284	151	133
62	548	247	301	36	29	7	241	116	125
63	591	259	332	31	22	9	269	149	120
64	554	216	338	32	29	3	251	141	110
65-69岁	**2914**	**998**	**1916**	**197**	**145**	**52**	**835**	**424**	**411**
65	597	217	380	30	25	5	210	121	89
66	598	218	380	44	28	16	196	100	96
67	575	190	385	50	38	12	175	87	88
68	609	205	404	46	32	14	136	67	69
69	535	168	367	27	22	5	118	49	69
70-74岁	**2530**	**654**	**1876**	**158**	**99**	**59**	**437**	**181**	**256**
70	520	155	365	34	26	8	113	57	56
71	556	154	402	29	20	9	110	44	66
72	450	115	335	31	22	9	80	31	49
73	550	128	422	29	16	13	78	27	51
74	454	102	352	35	15	20	56	22	34
75-79岁	**2264**	**569**	**1695**	**176**	**95**	**81**	**276**	**112**	**164**
75	464	126	338	39	18	21	58	26	32
76	515	148	367	40	24	16	65	26	39
77	420	91	329	36	25	11	58	21	37
78	437	96	341	26	11	15	46	17	29
79	428	108	320	35	17	18	49	22	27
80-84岁	**1764**	**464**	**1300**	**211**	**108**	**103**	**203**	**87**	**116**
80	427	94	333	43	21	22	46	21	25
81	406	97	309	43	24	19	47	20	27
82	328	93	235	43	20	23	39	16	23
83	324	94	230	38	22	16	37	14	23
84	279	86	193	44	21	23	34	16	18
85-89岁	**746**	**266**	**480**	**124**	**71**	**53**	**114**	**50**	**64**
85	225	76	149	36	19	17	33	16	17
86	188	60	128	29	22	7	27	10	17
87	153	45	108	28	12	16	20	10	10
88	106	52	54	14	8	6	22	6	16
89	74	33	41	17	10	7	12	8	4
90-94岁	**166**	**73**	**93**	**24**	**16**	**8**	**33**	**16**	**17**
90	74	33	41	8	7	1	6	3	3
91	33	15	18	10	5	5	11	5	6
92	26	12	14	4	3	1	6	4	2
93	20	8	12	1	1		5	1	4
94	13	5	8	1		1	5	3	2
95-99岁	**24**	**6**	**18**	**4**	**3**	**1**	**4**		**4**
95	11	5	6	2	2		1		1
96	6		6				1		1
97	3		3				1		1
98	2		2						
99	2	1	1	2	1	1	1		1
100岁及以上	**1**		**1**						

8-11c 全区分年龄、性别、居住状况的60岁及以上老年人口(乡村)

单位：人

年龄	60岁及以上人口			与配偶和子女同住		
	合计	男	女	小计	男	女
总　计	**202983**	**102021**	**100962**	**21595**	**11701**	**9894**
60-64岁	**70306**	**35670**	**34636**	**9047**	**4740**	**4307**
60	15384	7996	7388	2102	1132	970
61	12975	6678	6297	1723	907	816
62	13362	6766	6596	1773	940	833
63	14875	7528	7347	1819	948	871
64	13710	6702	7008	1630	813	817
65-69岁	**61222**	**30881**	**30341**	**6834**	**3541**	**3293**
65	14194	7140	7054	1736	902	834
66	13338	6643	6695	1499	766	733
67	12138	6131	6007	1290	659	631
68	11609	5872	5737	1242	656	586
69	9943	5095	4848	1067	558	509
70-74岁	**34918**	**17885**	**17033**	**3303**	**1875**	**1428**
70	8970	4606	4364	875	477	398
71	8209	4247	3962	837	458	379
72	6192	3175	3017	594	335	259
73	6580	3386	3194	565	343	222
74	4967	2471	2496	432	262	170
75-79岁	**18279**	**9047**	**9232**	**1471**	**903**	**568**
75	4273	2199	2074	357	230	127
76	4334	2114	2220	375	227	148
77	3382	1676	1706	285	177	108
78	3061	1495	1566	215	124	91
79	3229	1563	1666	239	145	94
80-84岁	**11702**	**5574**	**6128**	**688**	**447**	**241**
80	2816	1355	1461	178	105	73
81	2587	1226	1361	173	112	61
82	2426	1172	1254	138	84	54
83	2057	985	1072	112	83	29
84	1816	836	980	87	63	24
85-89岁	**5228**	**2398**	**2830**	**212**	**165**	**47**
85	1492	710	782	77	61	16
86	1329	580	749	52	39	13
87	1019	447	572	40	31	9
88	821	399	422	33	24	9
89	567	262	305	10	10	
90-94岁	**1126**	**486**	**640**	**35**	**26**	**9**
90	434	200	234	20	13	7
91	265	102	163	5	5	
92	210	91	119	8	7	1
93	116	45	71			
94	101	48	53	2	1	1
95-99岁	**179**	**73**	**106**	**5**	**4**	**1**
95	67	30	37	1	1	
96	47	19	28	1	1	
97	24	10	14	1	1	
98	23	6	17			
99	18	8	10	2	1	1
100岁及以上	**23**	**7**	**16**			

8-11c 续表 1

单位：人

年 龄	与配偶同住			与子女同住			独居(有保姆)		
	小计	男	女	小计	男	女	小计	男	女
总 计	**122751**	**66592**	**56159**	**24179**	**7102**	**17077**	**165**	**89**	**76**
60—64岁	**48270**	**24304**	**23966**	**4325**	**1376**	**2949**	**25**	**20**	**5**
60	10678	5463	5215	817	265	552	4	2	2
61	8937	4549	4388	748	237	511	7	6	1
62	9039	4487	4552	820	267	553	1	1	
63	10306	5233	5073	963	307	656	8	7	1
64	9310	4572	4738	977	300	677	5	4	1
65—69岁	**40609**	**21387**	**19222**	**5140**	**1561**	**3579**	**37**	**21**	**16**
65	9638	4926	4712	989	310	679	3	3	
66	8904	4530	4374	1070	337	733	8	5	3
67	8184	4320	3864	980	313	667	12	7	5
68	7576	4088	3488	1105	315	790	7	2	5
69	6307	3523	2784	996	286	710	7	4	3
70—74岁	**20419**	**11888**	**8531**	**4640**	**1299**	**3341**	**22**	**8**	**14**
70	5660	3177	2483	961	285	676	4	1	3
71	4917	2825	2092	1031	323	708	5	1	4
72	3630	2122	1508	834	230	604	6	2	4
73	3649	2197	1452	993	259	734	5	3	2
74	2563	1567	996	821	202	619	2	1	1
75—79岁	**8483**	**5444**	**3039**	**3767**	**965**	**2802**	**22**	**10**	**12**
75	2239	1395	844	724	204	520	4	2	2
76	2092	1296	796	834	207	627	6	2	4
77	1525	999	526	734	172	562	2	1	1
78	1317	884	433	703	179	524	4	4	
79	1310	870	440	772	203	569	6	1	5
80—84岁	**3822**	**2681**	**1141**	**3564**	**1038**	**2526**	**22**	**11**	**11**
80	1049	724	325	789	223	566	6	4	2
81	904	618	286	738	199	539	2	1	1
82	803	591	212	754	209	545	5	2	3
83	600	425	175	671	208	463	6	4	2
84	466	323	143	612	199	413	3		3
85—89岁	**1015**	**779**	**236**	**2045**	**646**	**1399**	**30**	**16**	**14**
85	331	242	89	536	170	366	10	6	4
86	271	211	60	505	137	368	7	4	3
87	182	134	48	402	127	275	3		3
88	140	115	25	353	130	223	6	3	3
89	91	77	14	249	82	167	4	3	1
90—94岁	**121**	**99**	**22**	**583**	**184**	**399**	**6**	**2**	**4**
90	55	47	8	200	65	135	2	1	1
91	24	18	6	144	40	104	2		2
92	21	16	5	117	38	79			
93	5	4	1	78	26	52			
94	16	14	2	44	15	29	2	1	1
95—99岁	**10**	**8**	**2**	**101**	**30**	**71**	**1**	**1**	
95	7	5	2	30	8	22			
96	2	2		32	10	22			
97	1	1		13	4	9			
98				13	3	10	1	1	
99				13	5	8			
100岁及以上	**2**	**2**		**14**	**3**	**11**			

8-11c 续表 2　　单位：人

年龄	独居(无保姆)			养老机构			其他		
	小计	男	女	小计	男	女	小计	男	女
总计	**26434**	**11700**	**14734**	**1417**	**924**	**493**	**6442**	**3913**	**2529**
60-64岁	**5793**	**3298**	**2495**	**239**	**191**	**48**	**2607**	**1741**	**866**
60	1123	677	446	45	35	10	615	422	193
61	1064	620	444	33	28	5	463	331	132
62	1127	658	469	61	53	8	541	360	181
63	1210	666	544	51	37	14	518	330	188
64	1269	677	592	49	38	11	470	298	172
65-69岁	**6543**	**3048**	**3495**	**303**	**232**	**71**	**1756**	**1091**	**665**
65	1343	681	662	51	44	7	434	274	160
66	1370	682	688	71	53	18	416	270	146
67	1282	590	692	61	45	16	329	197	132
68	1325	593	732	60	44	16	294	174	120
69	1223	502	721	60	46	14	283	176	107
70-74岁	**5370**	**2132**	**3238**	**250**	**163**	**87**	**914**	**520**	**394**
70	1186	498	688	61	42	19	223	126	97
71	1159	482	677	51	31	20	209	127	82
72	911	364	547	42	25	17	175	97	78
73	1139	441	698	45	33	12	184	110	74
74	975	347	628	51	32	19	123	60	63
75-79岁	**3775**	**1323**	**2452**	**235**	**128**	**107**	**526**	**274**	**252**
75	782	277	505	45	29	16	122	62	60
76	864	304	560	38	21	17	125	57	68
77	691	250	441	49	26	23	96	51	45
78	680	227	453	50	27	23	92	50	42
79	758	265	493	53	25	28	91	54	37
80-84岁	**3021**	**1105**	**1916**	**211**	**122**	**89**	**374**	**170**	**204**
80	669	239	430	48	28	20	77	32	45
81	645	231	414	45	26	19	80	39	41
82	610	226	384	43	28	15	73	32	41
83	546	207	339	45	22	23	77	36	41
84	551	202	349	30	18	12	67	31	36
85-89岁	**1594**	**642**	**952**	**128**	**60**	**68**	**204**	**90**	**114**
85	452	192	260	32	18	14	54	21	33
86	405	147	258	35	12	23	54	30	24
87	322	128	194	23	13	10	47	14	33
88	233	101	132	22	10	12	34	16	18
89	182	74	108	16	7	9	15	9	6
90-94岁	**288**	**127**	**161**	**43**	**24**	**19**	**50**	**24**	**26**
90	116	51	65	24	14	10	17	9	8
91	68	29	39	8	5	3	14	5	9
92	49	21	28	4	1	3	11	8	3
93	27	13	14	2	1	1	4	1	3
94	28	13	15	5	3	2	4	1	3
95-99岁	**46**	**23**	**23**	**6**	**4**	**2**	**10**	**3**	**7**
95	22	12	10	4	4		3		3
96	9	4	5				3	2	1
97	6	3	3	1		1	2	1	1
98	6	2	4	1		1	2		2
99	3	2	1						
100岁及以上	**4**	**2**	**2**	**2**		**2**	**1**		**1**

8-12 全区分性别、婚姻状况、居住状况的60岁及以上老年人口

单位：人

居住状况	60岁及以上人口			未婚		
	合计	男	女	小计	男	女
总 计	**458505**	**222262**	**236243**	**7008**	**6589**	**419**
与配偶和子女同住	54046	29333	24713			
与配偶同住	272660	146630	126030			
与子女同住	56232	14951	41281	147	132	15
独居(有保姆)	945	406	539	41	35	6
独居(无保姆)	57643	21540	36103	3655	3508	147
养老机构	3591	2132	1459	931	882	49
其 他	13388	7270	6118	2234	2032	202

8-12 续表

单位：人

居住状况	有配偶			离婚			丧偶		
	小计	男	女	小计	男	女	小计	男	女
总 计	**349000**	**187940**	**161060**	**6413**	**3606**	**2807**	**96084**	**24127**	**71957**
与配偶和子女同住	54046	29333	24713						
与配偶同住	272660	146630	126030						
与子女同住	9880	4365	5515	1589	634	955	44616	9820	34796
独居(有保姆)	119	66	53	23	13	10	762	292	470
独居(无保姆)	6366	4012	2354	3734	2280	1454	43888	11740	32148
养老机构	638	351	287	121	102	19	1901	797	1104
其 他	5291	3183	2108	946	577	369	4917	1478	3439

8-12a 全区分性别、婚姻状况、居住状况的60岁及以上老年人口(城市)

单位：人

居住状况	60岁及以上人口			未婚		
	合计	男	女	小计	男	女
总计	**148513**	**69693**	**78820**	**816**	**628**	**188**
与配偶和子女同住	20532	11212	9320			
与配偶同住	85941	45856	40085			
与子女同住	18681	4548	14133	24	15	9
独居(有保姆)	507	199	308	7	5	2
独居(无保姆)	18013	5563	12450	376	301	75
养老机构	1137	556	581	98	86	12
其他	3702	1759	1943	311	221	90

8-12a 续表

单位：人

居住状况	有配偶			离婚			丧偶		
	小计	男	女	小计	男	女	小计	男	女
总计	**114562**	**61112**	**53450**	**3191**	**1468**	**1723**	**29944**	**6485**	**23459**
与配偶和子女同住	20532	11212	9320						
与配偶同住	85941	45856	40085						
与子女同住	4068	1636	2432	903	280	623	13686	2617	11069
独居(有保姆)	61	31	30	6	4	2	433	159	274
独居(无保姆)	2105	1297	808	1790	914	876	13742	3051	10691
养老机构	237	126	111	41	33	8	761	311	450
其他	1618	954	664	451	237	214	1322	347	975

8-12b 全区分性别、婚姻状况、居住状况的60岁及以上老年人口(镇)

单位：人

居住状况	60岁及以上人口			未婚		
	合计	男	女	小计	男	女
总计	**107009**	**50548**	**56461**	**1135**	**1031**	**104**
与配偶和子女同住	11919	6420	5499			
与配偶同住	63968	34182	29786			
与子女同住	13372	3301	10071	22	20	2
独居(有保姆)	273	118	155	9	8	1
独居(无保姆)	13196	4277	8919	443	410	33
养老机构	1037	652	385	295	279	16
其他	3244	1598	1646	366	314	52

8-12b 续表

单位：人

居住状况	有配偶			离婚			丧偶		
	小计	男	女	小计	男	女	小计	男	女
总计	**81288**	**43427**	**37861**	**1493**	**838**	**655**	**23093**	**5252**	**17841**
与配偶和子女同住	11919	6420	5499						
与配偶同住	63968	34182	29786						
与子女同住	2297	986	1311	371	156	215	10682	2139	8543
独居(有保姆)	34	20	14	10	5	5	220	85	135
独居(无保姆)	1481	896	585	882	524	358	10390	2447	7943
养老机构	162	93	69	39	33	6	541	247	294
其他	1427	830	597	191	120	71	1260	334	926

8-12c 全区分性别、婚姻状况、居住状况的60岁及以上老年人口(乡村)

单位：人

居住状况	60岁及以上人口			未婚		
	合计	男	女	小计	男	女
总 计	**202983**	**102021**	**100962**	**5057**	**4930**	**127**
与配偶和子女同住	21595	11701	9894			
与配偶同住	122751	66592	56159			
与子女同住	24179	7102	17077	101	97	4
独居(有保姆)	165	89	76	25	22	3
独居(无保姆)	26434	11700	14734	2836	2797	39
养老机构	1417	924	493	538	517	21
其 他	6442	3913	2529	1557	1497	60

8-12c 续表

单位：人

居住状况	有配偶			离婚			丧偶		
	小计	男	女	小计	男	女	小计	男	女
总 计	**153150**	**83401**	**69749**	**1729**	**1300**	**429**	**43047**	**12390**	**30657**
与配偶和子女同住	21595	11701	9894						
与配偶同住	122751	66592	56159						
与子女同住	3515	1743	1772	315	198	117	20248	5064	15184
独居(有保姆)	24	15	9	7	4	3	109	48	61
独居(无保姆)	2780	1819	961	1062	842	220	19756	6242	13514
养老机构	239	132	107	41	36	5	599	239	360
其 他	2246	1399	847	304	220	84	2335	797	1538

第二部分 长表数据资料

第九卷 住房

9-1 各地区按建筑层数、承重类型分的家庭户户数

单位：户

地区	合计	建筑层数				承重类型				
		平房	多层(7层及以下)	高层(8—33层)	超高层(34层及以上)	钢及钢筋混凝土结构	混合结构	砖木结构	竹草土坯结构	其他结构
内蒙古	**868558**	**361978**	**383742**	**122180**	**658**	**400062**	**202514**	**243694**	**13893**	**8395**
呼和浩特市	**120491**	**32122**	**56847**	**31189**	**333**	**63117**	**37089**	**16910**	**1778**	**1597**
新城区	23398	2849	12379	8164	6	15182	7691	397	33	95
回民区	15371	1628	10062	3610	71	7834	6591	899	37	10
玉泉区	18787	3158	8845	6782	2	12510	5552	631	49	45
赛罕区	28924	4308	13719	10643	254	19602	7249	1839	126	108
土默特左旗	10436	7331	2849	256		1869	2417	5337	745	68
托克托县	6573	4454	1994	125		1360	1773	2970	412	58
和林格尔县	5337	3343	1957	37		433	2150	2407	132	215
清水河县	3026	2066	833	127		705	1191	159	64	907
武川县	4140	2454	1676	10		1321	600	1974	167	78
呼和浩特经济技术开发区	4499	531	2533	1435		2301	1875	297	13	13
包头市	**108111**	**25528**	**60745**	**21766**	**72**	**59089**	**34004**	**13991**	**819**	**208**
东河区	19104	2854	12191	4059		12453	5091	1475	84	1
昆都仑区	30489	2796	19826	7837	30	19647	10421	399	8	14
青山区	20245	1381	14188	4636	40	11988	7966	252	2	37
石拐区	834	286	535	13		506	109	202	12	5
白云鄂博矿区	895	66	829			510	318	67		
九原区	8626	3276	3205	2144	1	3807	3688	1092	16	23
土默特右旗	10885	7674	2786	425		3682	1463	5064	594	82
固阳县	6827	4595	2167	65		2147	439	4173	38	30
达尔罕茂明安联合旗	2902	1431	1448	23		395	1760	672	63	12
包头稀土高新技术产业开发区	7304	1169	3570	2564	1	3954	2749	595	2	4
乌海市	**20298**	**3290**	**12449**	**4549**	**10**	**13349**	**4351**	**2543**	**23**	**32**
海勃湾区	12390	1689	6749	3942	10	8308	2848	1216	6	12
海南区	3247	753	2381	113		1756	959	506	14	12
乌达区	4661	848	3319	494		3285	544	821	3	8
赤峰市	**143923**	**78615**	**47278**	**18013**	**17**	**53186**	**26974**	**58747**	**3598**	**1418**
红山区	15575	1788	9591	4196		9601	4792	1147	28	7
元宝山区	10741	3630	5866	1245		4254	4159	2286	33	9
松山区	23407	8205	7980	7206	16	13960	2523	6024	740	160
阿鲁科尔沁旗	8914	5906	2389	619		2150	2046	4421	162	135
巴林左旗	11042	7012	3191	839		3867	968	5839	208	160
巴林右旗	5676	3192	1923	561		2553	304	2658	138	23
林西县	7588	4768	2458	362		1936	1402	3431	656	163
克什克腾旗	6817	3777	2339	701		2170	1501	2448	441	257
翁牛特旗	12975	9195	3081	699		3499	1265	7248	740	223
喀喇沁旗	9306	6602	2373	331		981	3753	4456	103	13
宁城县	15985	12554	2954	477		3766	2257	9649	176	137
敖汉旗	15897	11986	3133	777	1	4449	2004	9140	173	131

注：本表数据为居住在普通住宅的家庭户，下表同。

9-1 续表 1　　　　单位：户

地区	合计	建筑层数				承重类型				
		平房	多层(7层及以下)	高层(8–33层)	超高层(34层及以上)	钢及钢筋混凝土结构	混合结构	砖木结构	竹草土坯结构	其他结构
通辽市	**96024**	**58794**	**30080**	**6930**	**220**	**34387**	**16444**	**44341**	**417**	**435**
科尔沁区	24801	9888	11761	2932	220	11503	6506	6755	3	34
科尔沁左翼中旗	13197	10989	2043	165		1436	4703	6935	70	53
科尔沁左翼后旗	10568	8111	2226	231		2714	742	7082	11	19
开鲁县	10630	8237	2219	174		2189	671	7626	18	126
库伦旗	5110	3814	1287	9		1391	343	3358	1	17
奈曼旗	11896	9729	1787	380		2704	1204	7818	93	77
扎鲁特旗	8891	6353	2087	451		3223	1554	3791	220	103
通辽经济技术开发区	6394	1440	2725	2229		4954	616	823	1	
霍林郭勒市	4537	233	3945	359		4273	105	153		6
鄂尔多斯市	**70294**	**25477**	**28117**	**16697**	**3**	**39255**	**22702**	**7475**	**259**	**603**
东胜区	18424	2457	8550	7415	2	13002	4569	807	2	44
康巴什区	3341	7	1306	2028		2819	515	6		1
达拉特旗	11492	7009	3455	1028		3158	4934	3235	119	46
准格尔旗	12166	5125	5157	1884		6376	4535	935	37	283
鄂托克前旗	2984	1884	997	103		1085	1399	476	6	18
鄂托克旗	5240	2047	2938	255		3375	1512	334	2	17
杭锦旗	4162	2044	1565	553		2289	982	789	70	32
乌审旗	4783	2654	1778	351		2031	2157	495	16	84
伊金霍洛旗	7702	2250	2371	3080	1	5120	2099	398	7	78
呼伦贝尔市	**85390**	**30616**	**48787**	**5985**	**2**	**50711**	**11223**	**21558**	**871**	**1027**
海拉尔区	13594	420	8732	4441	1	11653	1592	335	2	12
扎赉诺尔区	3589	879	2669	41		2688	124	715	57	5
阿荣旗	9101	5129	3759	213		3605	1247	3792	110	347
莫力达瓦达斡尔族自治旗	8175	5300	2777	98		3269	1434	3213	152	107
鄂伦春自治旗	6767	3243	3423	101		2919	1291	2392	68	97
鄂温克族自治旗	5467	1098	4087	282		4289	160	981	17	20
陈巴尔虎旗	1950	854	1067	29		1111	74	696	20	49
新巴尔虎左旗	1327	673	654			679	105	432	63	48
新巴尔虎右旗	1175	413	749	13		747	70	297	16	45
满洲里市	5670	580	4777	312	1	4718	419	473	49	11
牙克石市	11377	3157	8068	152		7392	1403	2388	69	125
扎兰屯市	11228	6861	4068	299		4191	2553	4289	164	31
额尔古纳市	2756	1021	1734	1		1442	497	657	47	113
根河市	3214	988	2223	3		2008	254	898	37	17
巴彦淖尔市	**60188**	**31423**	**23207**	**5558**		**22767**	**9332**	**22986**	**4154**	**949**
临河区	21885	8899	8577	4409		10426	3190	6931	979	359
五原县	9138	5726	2998	414		2434	1764	3912	955	73
磴口县	3712	2206	1451	55		1277	345	1742	295	53
乌拉特前旗	10608	6259	4019	330		2825	2470	4596	571	146
乌拉特中旗	4394	2726	1625	43		1686	406	2075	214	13
乌拉特后旗	1955	841	1069	45		1034	173	548	186	14
杭锦后旗	8496	4766	3468	262		3085	984	3182	954	291

9-1 续表 2

单位：户

地区	合计	建筑层数				承重类型				
		平房	多层（7层及以下）	高层（8－33层）	超高层（34层及以上）	钢及钢筋混凝土结构	混合结构	砖木结构	竹草土坯结构	其他结构
乌兰察布市	**67776**	**33573**	**29479**	**4724**		**23114**	**13955**	**29175**	**1061**	**471**
集宁区	15308	1711	9578	4019		9450	4316	1494	34	14
卓资县	3620	2104	1338	178		1373	545	1525	152	25
化德县	3930	1994	1885	51		1449	495	1875	77	34
商都县	7224	4575	2617	32		632	2126	4385	41	40
兴和县	6791	4361	2309	121		2356	679	3636	74	46
凉城县	4881	3434	1371	76		960	1115	2558	172	76
察哈尔右翼前旗	5006	3235	1686	85		1042	861	2985	76	42
察哈尔右翼中旗	3901	2483	1408	10		410	1195	2064	195	37
察哈尔右翼后旗	4223	2381	1814	28		1339	720	2085	48	31
四子王旗	5376	3027	2316	33		1625	944	2719	60	28
丰镇市	7516	4268	3157	91		2478	959	3849	132	98
兴安盟	**48645**	**27471**	**16885**	**4288**	**1**	**18502**	**15355**	**13134**	**481**	**1173**
乌兰浩特市	12201	2526	7430	2245		8025	2478	1642	22	34
阿尔山市	1282	233	1049			45	1133	99	3	2
科尔沁右翼前旗	9717	6955	2177	585		1713	5914	1818	80	192
科尔沁右翼中旗	6800	4888	1637	275		1736	1610	3218	91	145
扎赉特旗	10931	7409	3128	393	1	4234	2220	4041	92	344
突泉县	7714	5460	1464	790		2749	2000	2316	193	456
锡林郭勒盟	**38598**	**12716**	**23872**	**2010**		**18557**	**8378**	**10853**	**374**	**436**
二连浩特市	2665	436	2198	31		1601	678	383		3
锡林浩特市	11968	930	9276	1762		8926	2227	767	6	42
阿巴嘎旗	1358	582	776			806	32	463	15	42
苏尼特左旗	1088	596	492				530	543	4	11
苏尼特右旗	2354	970	1382	2		186	1251	897	9	11
东乌珠穆沁旗	2150	920	1204	26		1092	262	774	6	16
西乌珠穆沁旗	2885	1040	1796	49		1826	152	867	14	26
太仆寺旗	4354	2881	1464	9		155	1432	2475	223	69
镶黄旗	982	377	584	21		392	246	330	3	11
正镶白旗	1697	1046	651			444	238	961	28	26
正蓝旗	2586	1196	1384	6		1106	358	1037	24	61
多伦县	3683	1590	1989	104		1348	953	1225	41	116
乌拉盖管委会	828	152	676			675	19	131	1	2
阿拉善盟	**8820**	**2353**	**5996**	**471**		**4028**	**2707**	**1981**	**58**	**46**
阿拉善左旗	6397	1846	4088	463		2911	1778	1654	34	20
阿拉善右旗	842	279	558	5		79	513	227	16	7
额济纳旗	834	182	649	3		392	331	84	8	19
内蒙古阿拉善经济开发区	747	46	701			646	85	16		

9−1a 各地区按建筑层数、承重类型分的家庭户户数(城市)

单位：户

地　区	合　计	建筑层数				承重类型				
		平房	多层(7层及以下)	高层(8−33层)	超高层(34层及以上)	钢及钢筋混凝土结构	混合结构	砖木结构	竹草土坯结构	其他结构
内蒙古	**336029**	**25742**	**217545**	**92091**	**651**	**234418**	**85827**	**15111**	**296**	**377**
呼和浩特市	**75847**	**4283**	**42558**	**28675**	**331**	**52094**	**22240**	**1343**	**64**	**106**
新城区	20596	886	11754	7950	6	14286	6133	133	4	40
回民区	14795	1414	9828	3482	71	7462	6513	776	37	7
玉泉区	16730	1748	8201	6779	2	11991	4363	322	23	31
赛罕区	23726	235	12775	10464	252	18355	5231	112		28
包头市	**72480**	**4831**	**49354**	**18224**	**71**	**46592**	**24408**	**1427**	**11**	**42**
东河区	16303	849	11796	3658		11524	4296	480	2	1
昆都仑区	29343	2040	19464	7809	30	19220	9846	265	2	10
青山区	19426	798	13985	4603	40	11667	7546	190	1	22
石拐区	579	77	490	12		470	52	52	2	3
白云鄂博矿区	895	66	829			510	318	67		
九原区	5934	1001	2790	2142	1	3201	2350	373	4	6
乌海市	**19003**	**2118**	**12327**	**4548**	**10**	**13221**	**4075**	**1676**	**9**	**22**
海勃湾区	11762	1150	6660	3942	10	8210	2708	827	5	12
海南区	2673	213	2348	112		1726	832	112	1	2
乌达区	4568	755	3319	494		3285	535	737	3	8
赤峰市	**34388**	**1892**	**21589**	**10892**	**15**	**23900**	**9140**	**1323**	**7**	**18**
红山区	14289	813	9377	4099		9194	4555	534	2	4
元宝山区	7138	655	5304	1179		3550	3224	359	5	
松山区	12961	424	6908	5614	15	11156	1361	430		14
通辽市	**19760**	**1096**	**15193**	**3251**	**220**	**14380**	**4403**	**954**		**23**
科尔沁区	15561	973	11436	2932	220	10341	4304	895		21
霍林郭勒市	4199	123	3757	319		4039	99	59		2
鄂尔多斯市	**21210**	**1932**	**9830**	**9446**	**2**	**15758**	**4726**	**708**		**18**
东胜区	17836	1901	8524	7409	2	12928	4202	689		17
康巴什区	3341	7	1306	2028		2819	515	6		1
鄂托克旗	33	24		9		11	9	13		
呼伦贝尔市	**36160**	**2954**	**27967**	**5237**	**2**	**30229**	**3549**	**2179**	**105**	**98**
海拉尔区	13132	89	8601	4441	1	11496	1565	66		5
扎赉诺尔区	3374	730	2603	41		2630	102	591	50	1
满洲里市	5493	410	4770	312	1	4708	404	380		1
牙克石市	5775	101	5534	140		5264	380	89	3	39
扎兰屯市	4881	1032	3550	299		3535	698	630	18	
额尔古纳市	1653	323	1329	1		1074	321	195	25	38
根河市	1852	269	1580	3		1522	79	228	9	14
巴彦淖尔市	**14639**	**2480**	**7800**	**4359**		**9722**	**2716**	**2124**	**73**	**4**
临河区	14639	2480	7800	4359		9722	2716	2124	73	4
乌兰察布市	**17812**	**2186**	**12149**	**3477**		**10872**	**4946**	**1971**	**15**	**8**
集宁区	13640	1108	9145	3387		8555	4113	955	10	7
丰镇市	4172	1078	3004	90		2317	833	1016	5	1
兴安盟	**10991**	**1273**	**7529**	**2189**		**7329**	**2794**	**851**	**12**	**5**
乌兰浩特市	10258	1250	6819	2189		7284	2127	831	11	5
阿尔山市	733	23	710			45	667	20	1	
锡林郭勒盟	**13739**	**697**	**11249**	**1793**		**10321**	**2830**	**555**		**33**
二连浩特市	2603	374	2198	31		1601	677	325		
锡林浩特市	11136	323	9051	1762		8720	2153	230		33

9-1b 各地区按建筑层数、承重类型分的家庭户户数(镇)

单位：户

地区	合计	建筑层数				承重类型				
		平房	多层(7层及以下)	高层(8—33层)	超高层(34层及以上)	钢及钢筋混凝土结构	混合结构	砖木结构	竹草土坯结构	其他结构
内蒙古	**238796**	**65227**	**146727**	**26838**	**4**	**132432**	**59394**	**43987**	**1900**	**1083**
呼和浩特市	**17036**	**4589**	**10503**	**1944**		**6159**	**7500**	**3022**	**202**	**153**
新城区	101	99	2			4	15	81	1	
回民区										
玉泉区										
赛罕区	88	88				2	3	76		7
土默特左旗	3828	1184	2405	239		1255	1744	774	52	3
托克托县	2778	1049	1631	98		728	1121	847	75	7
和林格尔县	2301	608	1657	36		245	1520	508	10	18
清水河县	1334	458	750	126		482	734	40	3	75
武川县	2107	572	1525	10		1142	488	399	48	30
呼和浩特经济技术开发区	4499	531	2533	1435		2301	1875	297	13	13
包头市	**16751**	**3950**	**9320**	**3480**	**1**	**9688**	**4637**	**2361**	**50**	**15**
东河区	883	321	165	397		549	101	222	11	
昆都仑区										
青山区	70		37	33		53	17			
石拐区	17	17				1		16		
白云鄂博矿区										
九原区	540	485	55			179	215	140	3	3
土默特右旗	4378	1425	2540	413		3023	322	1001	30	2
固阳县	2385	572	1763	50		1795	145	438	2	5
达尔罕茂明安联合旗	1455	233	1199	23		143	1176	132	3	1
包头稀土高新技术产业开发区	7023	897	3561	2564	1	3945	2661	412	1	4
乌海市	**499**	**447**	**51**	**1**		**21**	**77**	**394**	**6**	**1**
海勃湾区	126	106	20				20	106		
海南区	280	248	31	1		21	48	204	6	1
乌达区	93	93					9	84		
赤峰市	**39352**	**11244**	**22777**	**5330**	**1**	**22057**	**8913**	**7879**	**417**	**86**
红山区	781	474	210	97		329	177	268	5	2
元宝山区	1119	670	406	43		366	333	402	16	2
松山区	825	665	159	1		100	201	484	36	4
阿鲁科尔沁旗	3706	723	2372	611		1841	1420	434	10	1
巴林左旗	4143	808	2591	744		3044	466	615	6	12
巴林右旗	3316	853	1903	560		2475	71	748	16	6
林西县	4053	1327	2367	359		1777	1099	1036	133	8
克什克腾旗	3404	429	2275	700		2038	1017	270	67	12
翁牛特旗	4625	1095	2835	695		3030	674	836	71	14
喀喇沁旗	3598	1061	2229	308		686	2129	755	26	2
宁城县	4905	1625	2805	475		3045	713	1123	11	13
敖汉旗	4877	1514	2625	737	1	3326	613	908	20	10

9-1b 续表 1

单位：户

地区	合计	建筑层数				承重类型				
		平房	多层(7层及以下)	高层(8–33层)	超高层(34层及以上)	钢及钢筋混凝土结构	混合结构	砖木结构	竹草土坯结构	其他结构
通辽市	**28821**	**10772**	**14412**	**3637**		**16409**	**4098**	**8065**	**164**	**85**
科尔沁区	1477	1303	174			303	312	860	1	1
科尔沁左翼中旗	3974	1796	2014	164		642	1815	1464	45	8
科尔沁左翼后旗	3670	1260	2179	231		2386	201	1080		3
开鲁县	4083	1696	2213	174		2049	500	1525	2	7
库伦旗	2078	797	1272	9		1267	142	658	1	10
奈曼旗	4050	1911	1759	380		2210	439	1379	15	7
扎鲁特旗	4098	1566	2082	450		2673	462	818	100	45
通辽经济技术开发区	5376	428	2719	2229		4879	227	270		
霍林郭勒市	15	15						11		4
鄂尔多斯市	**32393**	**7937**	**17399**	**7056**	**1**	**20653**	**9477**	**2075**	**34**	**154**
东胜区	81	80	1			7	66	7		1
康巴什区										
达拉特旗	6501	2156	3320	1025		2821	2528	1133	10	9
准格尔旗	8569	2139	4697	1733		5326	2871	332	3	37
鄂托克前旗	1779	680	996	103		943	723	107	3	3
鄂托克旗	4253	1168	2870	215		3167	892	178	2	14
杭锦旗	2429	329	1549	551		1983	240	177	16	13
乌审旗	2899	812	1736	351		1673	1127	80		19
伊金霍洛旗	5882	573	2230	3078	1	4733	1030	61		58
呼伦贝尔市	**27324**	**8748**	**17850**	**726**		**16500**	**3684**	**6635**	**289**	**216**
海拉尔区	58	57	1			11	13	33		1
扎赉诺尔区	215	149	66			58	22	124	7	4
阿荣旗	4205	874	3123	208		2859	729	533	44	40
莫力达瓦达斡尔族自治旗	2765	794	1889	82		1818	431	477	22	17
鄂伦春自治旗	5001	1725	3175	101		2628	846	1471	27	29
鄂温克族自治旗	4145	366	3498	281		3717	98	309	14	7
陈巴尔虎旗	1385	345	1011	29		1018	40	316	4	7
新巴尔虎左旗	735	101	634			628	19	73	14	1
新巴尔虎右旗	876	122	741	13		731	49	89	2	5
满洲里市	177	170	7			10	15	93	49	10
牙克石市	4766	2306	2448	12		2021	896	1742	35	72
扎兰屯市	1157	810	347			337	226	555	38	1
额尔古纳市	490	219	271			178	128	160	5	19
根河市	1349	710	639			486	172	660	28	3
巴彦淖尔市	**19922**	**5402**	**13389**	**1131**		**11102**	**4203**	**4099**	**401**	**117**
临河区	520	448	72			66	36	317	56	45
五原县	4126	1127	2585	414		2236	989	801	88	12
磴口县	2079	582	1442	55		1259	262	524	23	11
乌拉特前旗	5269	1447	3504	318		2141	1887	1145	80	16
乌拉特中旗	2320	676	1601	43		1622	212	477	8	1
乌拉特后旗	1333	237	1051	45		1011	133	158	22	9
杭锦后旗	4275	885	3134	256		2767	684	677	124	23

9-1b 续表 2

单位：户

地区	合计	建筑层数				承重类型				
		平房	多层（7层及以下）	高层（8-33层）	超高层（34层及以上）	钢及钢筋混凝土结构	混合结构	砖木结构	竹草土坯结构	其他结构
乌兰察布市	**19663**	**4781**	**14128**	**754**		**9623**	**5795**	**4018**	**180**	**47**
集宁区	475	35	209	231		330	110	35		
卓资县	1500	462	929	109		911	202	365	17	5
化德县	2216	350	1815	51		1431	451	313	19	2
商都县	2993	762	2199	32		477	1790	723	3	
兴和县	2689	428	2140	121		2112	331	220	7	19
凉城县	1823	691	1077	55		647	563	574	36	3
察哈尔右翼前旗	2045	452	1508	85		914	674	443	2	12
察哈尔右翼中旗	1255	188	1057	10		286	797	122	49	1
察哈尔右翼后旗	2017	415	1575	27		1091	549	359	14	4
四子王旗	2375	726	1616	33		1421	327	602	25	
丰镇市	275	272	3			3	1	262	8	1
兴安盟	**15090**	**4134**	**8863**	**2092**	**1**	**8626**	**3551**	**2661**	**113**	**139**
乌兰浩特市	672	27	589	56		591	57	24		
阿尔山市	437	117	320				395	42		
科尔沁右翼前旗	2988	569	1834	585		1229	1495	234	19	11
科尔沁右翼中旗	3236	1339	1622	275		1412	754	976	44	50
扎赉特旗	4877	1413	3070	393	1	3458	465	897	19	38
突泉县	2880	669	1428	783		1936	385	488	31	40
锡林郭勒盟	**14508**	**2191**	**12100**	**217**		**7652**	**4842**	**1917**	**37**	**60**
二连浩特市	5	5					1	4		
锡林浩特市	54	24	30			9	23	22		
阿巴嘎旗	819	46	773			772	8	38	1	
苏尼特左旗	660	173	487				507	153		
苏尼特右旗	1801	420	1379	2		183	1227	379	4	8
东乌珠穆沁旗	1494	274	1194	26		1051	195	245	3	
西乌珠穆沁旗	2019	183	1787	49		1752	92	172	1	2
太仆寺旗	1748	357	1382	9		127	1268	339	11	3
镶黄旗	660	57	582	21		389	224	42		5
正镶白旗	869	223	646			429	232	189	7	12
正蓝旗	1387	91	1290	6		981	322	80	2	2
多伦县	2272	294	1874	104		1285	732	219	8	28
乌拉盖管委会	720	44	676			674	11	35		
阿拉善盟	**7437**	**1032**	**5935**	**470**		**3942**	**2617**	**861**	**7**	**10**
阿拉善左旗	5307	810	4035	462		2853	1722	730	1	1
阿拉善右旗	664	105	554	5		74	493	93	4	
额济纳旗	727	77	647	3		373	320	23	2	9
内蒙古阿拉善经济开发区	739	40	699			642	82	15		

9－1c 各地区按建筑层数、承重类型分的家庭户户数(乡村)

单位：户

地区	合计	建筑层数				承重类型				
		平房	多层(7层及以下)	高层(8－33层)	超高层(34层及以上)	钢及钢筋混凝土结构	混合结构	砖木结构	竹草土坯结构	其他结构
内蒙古	**293733**	**271009**	**19470**	**3251**	**3**	**33212**	**57293**	**184596**	**11697**	**6935**
呼和浩特市	**27608**	**23250**	**3786**	**570**	**2**	**4864**	**7349**	**12545**	**1512**	**1338**
新城区	2701	1864	623	214		892	1543	183	28	55
回民区	576	214	234	128		372	78	123		3
玉泉区	2057	1410	644	3		519	1189	309	26	14
赛罕区	5110	3985	944	179	2	1245	2015	1651	126	73
土默特左旗	6608	6147	444	17		614	673	4563	693	65
托克托县	3795	3405	363	27		632	652	2123	337	51
和林格尔县	3036	2735	300	1		188	630	1899	122	197
清水河县	1692	1608	83	1		223	457	119	61	832
武川县	2033	1882	151			179	112	1575	119	48
呼和浩特经济技术开发区										
包头市	**18880**	**16747**	**2071**	**62**		**2809**	**4959**	**10203**	**758**	**151**
东河区	1918	1684	230	4		380	694	773	71	
昆都仑区	1146	756	362	28		427	575	134	6	4
青山区	749	583	166			268	403	62	1	15
石拐区	238	192	45	1		35	57	134	10	2
白云鄂博矿区										
九原区	2152	1790	360	2		427	1123	579	9	14
土默特右旗	6507	6249	246	12		659	1141	4063	564	80
固阳县	4442	4023	404	15		352	294	3735	36	25
达尔罕茂明安联合旗	1447	1198	249			252	584	540	60	11
包头稀土高新技术产业开发区	281	272	9			9	88	183	1	
乌海市	**796**	**725**	**71**			**107**	**199**	**473**	**8**	**9**
海勃湾区	502	433	69			98	120	283	1	
海南区	294	292	2			9	79	190	7	9
乌达区										
赤峰市	**70183**	**65479**	**2912**	**1791**	**1**	**7229**	**8921**	**49545**	**3174**	**1314**
红山区	505	501	4			78	60	345	21	1
元宝山区	2484	2305	156	23		338	602	1525	12	7
松山区	9621	7116	913	1591	1	2704	961	5110	704	142
阿鲁科尔沁旗	5208	5183	17	8		309	626	3987	152	134
巴林左旗	6899	6204	600	95		823	502	5224	202	148
巴林右旗	2360	2339	20	1		78	233	1910	122	17
林西县	3535	3441	91	3		159	303	2395	523	155
克什克腾旗	3413	3348	64	1		132	484	2178	374	245
翁牛特旗	8350	8100	246	4		469	591	6412	669	209
喀喇沁旗	5708	5541	144	23		295	1624	3701	77	11
宁城县	11080	10929	149	2		721	1544	8526	165	124
敖汉旗	11020	10472	508	40		1123	1391	8232	153	121

9-1c 续表 1

单位：户

地 区	合 计	建筑层数				承重类型				
		平房	多层（7层及以下）	高层（8－33层）	超高层（34层及以上）	钢及钢筋混凝土结构	混合结构	砖木结构	竹草土坯结构	其他结构
通辽市	**47443**	**46926**	**475**	**42**		**3598**	**7943**	**35322**	**253**	**327**
科尔沁区	7763	7612	151			859	1890	5000	2	12
科尔沁左翼中旗	9223	9193	29	1		794	2888	5471	25	45
科尔沁左翼后旗	6898	6851	47			328	541	6002	11	16
开鲁县	6547	6541	6			140	171	6101	16	119
库伦旗	3032	3017	15			124	201	2700		7
奈曼旗	7846	7818	28			494	765	6439	78	70
扎鲁特旗	4793	4787	5	1		550	1092	2973	120	58
通辽经济技术开发区	1018	1012	6			75	389	553	1	
霍林郭勒市	323	95	188	40		234	6	83		
鄂尔多斯市	**16691**	**15608**	**888**	**195**		**2844**	**8499**	**4692**	**225**	**431**
东胜区	507	476	25	6		67	301	111	2	26
康巴什区										
达拉特旗	4991	4853	135	3		337	2406	2102	109	37
准格尔旗	3597	2986	460	151		1050	1664	603	34	246
鄂托克前旗	1205	1204	1			142	676	369	3	15
鄂托克旗	954	855	68	31		197	611	143		3
杭锦旗	1733	1715	16	2		306	742	612	54	19
乌审旗	1884	1842	42			358	1030	415	16	65
伊金霍洛旗	1820	1677	141	2		387	1069	337	7	20
呼伦贝尔市	**21906**	**18914**	**2970**	**22**		**3982**	**3990**	**12744**	**477**	**713**
海拉尔区	404	274	130			146	14	236	2	6
扎赉诺尔区										
阿荣旗	4896	4255	636	5		746	518	3259	66	307
莫力达瓦达斡尔族自治旗	5410	4506	888	16		1451	1003	2736	130	90
鄂伦春自治旗	1766	1518	248			291	445	921	41	68
鄂温克族自治旗	1322	732	589	1		572	62	672	3	13
陈巴尔虎旗	565	509	56			93	34	380	16	42
新巴尔虎左旗	592	572	20			51	86	359	49	47
新巴尔虎右旗	299	291	8			16	21	208	14	40
满洲里市										
牙克石市	836	750	86			107	127	557	31	14
扎兰屯市	5190	5019	171			319	1629	3104	108	30
额尔古纳市	613	479	134			190	48	302	17	56
根河市	13	9	4				3	10		
巴彦淖尔市	**25627**	**23541**	**2018**	**68**		**1943**	**2413**	**16763**	**3680**	**828**
临河区	6726	5971	705	50		638	438	4490	850	310
五原县	5012	4599	413			198	775	3111	867	61
磴口县	1633	1624	9			18	83	1218	272	42
乌拉特前旗	5339	4812	515	12		684	583	3451	491	130
乌拉特中旗	2074	2050	24			64	194	1598	206	12
乌拉特后旗	622	604	18			23	40	390	164	5
杭锦后旗	4221	3881	334	6		318	300	2505	830	268

9—1c 续表 2

单位：户

地区	合计	建筑层数				承重类型				
		平房	多层（7层及以下）	高层（8—33层）	超高层（34层及以上）	钢及钢筋混凝土结构	混合结构	砖木结构	竹草土坯结构	其他结构
乌兰察布市	**30301**	**26606**	**3202**	**493**		**2619**	**3214**	**23186**	**866**	**416**
集宁区	1193	568	224	401		565	93	504	24	7
卓资县	2120	1642	409	69		462	343	1160	135	20
化德县	1714	1644	70			18	44	1562	58	32
商都县	4231	3813	418			155	336	3662	38	40
兴和县	4102	3933	169			244	348	3416	67	27
凉城县	3058	2743	294	21		313	552	1984	136	73
察哈尔右翼前旗	2961	2783	178			128	187	2542	74	30
察哈尔右翼中旗	2646	2295	351			124	398	1942	146	36
察哈尔右翼后旗	2206	1966	239	1		248	171	1726	34	27
四子王旗	3001	2301	700			204	617	2117	35	28
丰镇市	3069	2918	150	1		158	125	2571	119	96
兴安盟	**22564**	**22064**	**493**	**7**		**2547**	**9010**	**9622**	**356**	**1029**
乌兰浩特市	1271	1249	22			150	294	787	11	29
阿尔山市	112	93	19				71	37	2	2
科尔沁右翼前旗	6729	6386	343			484	4419	1584	61	181
科尔沁右翼中旗	3564	3549	15			324	856	2242	47	95
扎赉特旗	6054	5996	58			776	1755	3144	73	306
突泉县	4834	4791	36	7		813	1615	1828	162	416
锡林郭勒盟	**10351**	**9828**	**523**			**584**	**706**	**8381**	**337**	**343**
二连浩特市	57	57						54		3
锡林浩特市	778	583	195			197	51	515	6	9
阿巴嘎旗	539	536	3			34	24	425	14	42
苏尼特左旗	428	423	5				23	390	4	11
苏尼特右旗	553	550	3			3	24	518	5	3
东乌珠穆沁旗	656	646	10			41	67	529	3	16
西乌珠穆沁旗	866	857	9			74	60	695	13	24
太仆寺旗	2606	2524	82			28	164	2136	212	66
镶黄旗	322	320	2			3	22	288	3	6
正镶白旗	828	823	5			15	6	772	21	14
正蓝旗	1199	1105	94			125	36	957	22	59
多伦县	1411	1296	115			63	221	1006	33	88
乌拉盖管委会	108	108				1	8	96	1	2
阿拉善盟	**1383**	**1321**	**61**	**1**		**86**	**90**	**1120**	**51**	**36**
阿拉善左旗	1090	1036	53	1		58	56	924	33	19
阿拉善右旗	178	174	4			5	20	134	12	7
额济纳旗	107	105	2			19	11	61	6	10
内蒙古阿拉善经济开发区	8	6	2			4	3	1		

9-2 各地区按住房建成时间分的家庭户住房状况

单位：户、间、平方米

地区	合计			1949年以前		
	户数	间数	面积	户数	间数	面积
内蒙古	**868558**	**1941829**	**72984564**	**561**	**1106**	**32514**
呼和浩特市	**120491**	**249387**	**10142259**	**169**	**307**	**8784**
新城区	23398	50929	2126134			
回民区	15371	30062	1219640	5	5	105
玉泉区	18787	36858	1503677	5	8	194
赛罕区	28924	67971	2906866	9	20	651
土默特左旗	10436	18653	693138	50	93	3762
托克托县	6573	11211	431313	20	22	594
和林格尔县	5337	10331	374413	12	24	490
清水河县	3026	6885	203414	60	123	2607
武川县	4140	6560	249052	7	10	293
呼和浩特经济技术开发区	4499	9927	434612	1	2	88
包头市	**108111**	**218175**	**8402238**	**54**	**82**	**2607**
东河区	19104	39178	1499080	16	21	594
昆都仑区	30489	64060	2497251	12	24	808
青山区	20245	42638	1677727	2	5	231
石拐区	834	1710	61230	5	8	227
白云鄂博矿区	895	1810	62823			
九原区	8626	17829	728474	1	1	67
土默特右旗	10885	18854	651586	13	17	483
固阳县	6827	11093	362808	3	3	95
达尔罕茂明安联合旗	2902	5335	200519	2	3	102
包头稀土高新技术产业开发区	7304	15668	660740			
乌海市	**20298**	**45837**	**1826364**	**1**	**3**	**127**
海勃湾区	12390	28544	1171845	1	3	127
海南区	3247	7057	267165			
乌达区	4661	10236	387354			
赤峰市	**143923**	**366292**	**12188186**	**76**	**186**	**4836**
红山区	15575	38129	1352551	2	5	130
元宝山区	10741	25168	916584	2	3	97
松山区	23407	58855	2148850	12	24	831
阿鲁科尔沁旗	8914	22028	735033	3	7	176
巴林左旗	11042	25938	852862	3	7	190
巴林右旗	5676	12552	464564			
林西县	7588	19759	560466	11	27	603
克什克腾旗	6817	15739	532419	7	13	370
翁牛特旗	12975	35751	1015418	6	17	356
喀喇沁旗	9306	21817	789141	10	20	580
宁城县	15985	46963	1461599	11	38	916
敖汉旗	15897	43593	1358699	9	25	587

9-2 续表 1

单位：户、间、平方米

地 区	合 计			1949年以前		
	户数	间数	面积	户数	间数	面积
通辽市	**96024**	**234202**	**8461752**	**29**	**63**	**1952**
科尔沁区	24801	61297	2144023	18	36	1012
科尔沁左翼中旗	13197	31671	1076349	4	11	472
科尔沁左翼后旗	10568	24029	879241	1	2	60
开鲁县	10630	27323	935795	3	3	129
库伦旗	5110	11127	447473			
奈曼旗	11896	33329	1173543	1	5	112
扎鲁特旗	8891	19472	758364	2	6	167
通辽经济技术开发区	6394	16366	678562			
霍林郭勒市	4537	9588	368402			
鄂尔多斯市	**70294**	**165453**	**7026272**	**11**	**24**	**776**
东胜区	18424	42162	1904941	1	1	20
康巴什区	3341	7866	383467			
达拉特旗	11492	26204	1085199			
准格尔旗	12166	27617	1060690	7	13	370
鄂托克前旗	2984	7765	338533	1	3	200
鄂托克旗	5240	12716	536669			
杭锦旗	4162	10213	386360			
乌审旗	4783	12089	485080			
伊金霍洛旗	7702	18821	845333	2	7	186
呼伦贝尔市	**85390**	**176586**	**6701845**	**111**	**217**	**6828**
海拉尔区	13594	29172	1192713			
扎赉诺尔区	3589	7437	273488	14	28	639
阿荣旗	9101	19608	745676	3	5	185
莫力达瓦达斡尔族自治旗	8175	16971	633850	2	5	170
鄂伦春自治旗	6767	13099	468122	10	20	608
鄂温克族自治旗	5467	12474	494895			
陈巴尔虎旗	1950	4380	167598			
新巴尔虎左旗	1327	2940	105938	1	3	170
新巴尔虎右旗	1175	2457	100095			
满洲里市	5670	11835	481601	37	69	2431
牙克石市	11377	22149	743173	22	51	1249
扎兰屯市	11228	22641	896688	19	29	1216
额尔古纳市	2756	5780	213329	3	7	160
根河市	3214	5643	184679			
巴彦淖尔市	**60188**	**137731**	**5266922**	**19**	**47**	**1644**
临河区	21885	51733	2027976	1	2	78
五原县	9138	19991	752518	1	3	93
磴口县	3712	8923	328930	1	1	35
乌拉特前旗	10608	22603	848517	7	17	504
乌拉特中旗	4394	9319	358887			
乌拉特后旗	1955	4372	169679			
杭锦后旗	8496	20790	780415	9	24	934

9-2 续表 2

单位：户、间、平方米

地区	合计			1949年以前		
	户数	间数	面积	户数	间数	面积
乌兰察布市	**67776**	**130674**	**4647836**	**55**	**99**	**2307**
集宁区	15308	31831	1344499	3	4	110
卓资县	3620	5838	213359	9	17	323
化德县	3930	7578	245635	3	8	165
商都县	7224	11527	417336	8	12	308
兴和县	6791	14183	444043	4	10	210
凉城县	4881	9602	312981	2	4	90
察哈尔右翼前旗	5006	9995	345466	5	8	250
察哈尔右翼中旗	3901	7512	233516			
察哈尔右翼后旗	4223	7908	269677			
四子王旗	5376	9819	331140			
丰镇市	7516	14881	490184	21	36	851
兴安盟	**48645**	**105445**	**4100881**	**23**	**46**	**1710**
乌兰浩特市	12201	25082	1039321	2	2	172
阿尔山市	1282	2345	87573			
科尔沁右翼前旗	9717	21428	875835	4	8	265
科尔沁右翼中旗	6800	15379	569552	3	5	182
扎赉特旗	10931	23533	883982	2	4	150
突泉县	7714	17678	644618	12	27	941
锡林郭勒盟	**38598**	**88796**	**3294628**	**11**	**24**	**730**
二连浩特市	2665	5649	238694			
锡林浩特市	11968	27149	1118590	1	1	50
阿巴嘎旗	1358	3147	111937			
苏尼特左旗	1088	2440	90386	2	7	190
苏尼特右旗	2354	4723	180191			
东乌珠穆沁旗	2150	4976	187135			
西乌珠穆沁旗	2885	6583	253750			
太仆寺旗	4354	11637	307088	1	1	20
镶黄旗	982	2222	82020			
正镶白旗	1697	3920	119503			
正蓝旗	2586	5892	210532	1	2	85
多伦县	3683	8621	314736	6	13	385
乌拉盖管委会	828	1837	80066			
阿拉善盟	**8820**	**23251**	**925381**	**2**	**8**	**213**
阿拉善左旗	6397	17211	683432	2	8	213
阿拉善右旗	842	2440	94130			
额济纳旗	834	2020	79854			
内蒙古阿拉善经济开发区	747	1580	67965			

9-2 续表 3 单位：户、间、平方米

地区	1949-1959年			1960-1969年		
	户数	间数	面积	户数	间数	面积
内蒙古	**1978**	**3768**	**105647**	**4921**	**9968**	**282068**
呼和浩特市	**275**	**476**	**12567**	**905**	**1545**	**41160**
新城区	21	47	1832	78	160	4996
回民区	43	57	1188	125	160	4210
玉泉区	17	23	640	37	59	1849
赛罕区	20	41	1273	102	215	6734
土默特左旗	58	79	2177	223	334	8690
托克托县	21	27	684	56	65	1879
和林格尔县	11	19	578	75	125	3308
清水河县	55	140	3074	145	337	7048
武川县	29	43	1121	53	66	1855
呼和浩特经济技术开发区				11	24	591
包头市	**688**	**1164**	**33621**	**554**	**896**	**25120**
东河区	56	98	3065	87	159	4348
昆都仑区	356	551	15585	93	165	4904
青山区	157	320	9984	121	215	6044
石拐区	16	24	586	11	21	521
白云鄂博矿区	35	65	1760	17	28	864
九原区	23	39	692	10	14	510
土默特右旗	31	44	1273	159	214	5861
固阳县	5	7	182	18	26	716
达尔罕茂明安联合旗	9	16	494	18	34	897
包头稀土高新技术产业开发区				20	20	455
乌海市	**101**	**174**	**3569**	**177**	**318**	**8534**
海勃湾区	62	100	1707	97	152	3901
海南区	33	63	1530	24	39	1087
乌达区	6	11	332	56	127	3546
赤峰市	**311**	**770**	**20218**	**1349**	**3284**	**88082**
红山区	12	26	684	46	118	3524
元宝山区	12	29	827	106	211	6880
松山区	55	107	3378	238	551	15469
阿鲁科尔沁旗	4	9	198	21	56	1747
巴林左旗	13	30	772	88	238	5885
巴林右旗	9	18	551	30	66	2134
林西县	35	99	2197	113	278	6818
克什克腾旗	23	50	1354	140	305	8056
翁牛特旗	35	110	2171	165	488	10434
喀喇沁旗	40	83	2573	150	295	9362
宁城县	50	134	3476	183	501	12670
敖汉旗	23	75	2037	69	177	5103

9-2 续表 4

单位：户、间、平方米

地区	1949—1959年			1960—1969年		
	户数	间数	面积	户数	间数	面积
通辽市	**107**	**219**	**5970**	**201**	**426**	**13211**
科尔沁区	80	149	3861	84	162	4260
科尔沁左翼中旗	3	7	175	27	70	2135
科尔沁左翼后旗	2	8	250	10	23	1005
开鲁县	5	13	410	11	28	878
库伦旗	1	2	90	6	11	344
奈曼旗	5	20	514	12	34	982
扎鲁特旗	9	16	538	46	88	3309
通辽经济技术开发区				2	4	124
霍林郭勒市	2	4	132	3	6	174
鄂尔多斯市	**36**	**72**	**2385**	**102**	**229**	**6990**
东胜区	9	14	448	4	6	159
康巴什区						
达拉特旗	7	12	535	31	58	2028
准格尔旗	15	33	958	41	100	2213
鄂托克前旗						
鄂托克旗	1	3	110	11	24	1280
杭锦旗	1	2	54	8	20	550
乌审旗	3	8	280	4	13	515
伊金霍洛旗				3	8	245
呼伦贝尔市	**144**	**276**	**8214**	**626**	**1207**	**38210**
海拉尔区	4	8	324	9	21	606
扎赉诺尔区	16	34	851	48	102	2534
阿荣旗	19	38	1313	67	141	4892
莫力达瓦达斡尔族自治旗	8	19	694	35	63	2566
鄂伦春自治旗	9	15	483	36	69	2099
鄂温克族自治旗	4	5	240	11	25	1153
陈巴尔虎旗				4	8	300
新巴尔虎左旗	1	5	85	15	28	974
新巴尔虎右旗				3	4	211
满洲里市	11	23	456	28	51	1234
牙克石市	37	67	1721	186	353	10479
扎兰屯市	26	46	1558	132	239	8211
额尔古纳市	6	12	361	23	53	1415
根河市	3	4	128	29	50	1536
巴彦淖尔市	**82**	**185**	**5046**	**329**	**718**	**22388**
临河区	9	13	552	56	116	4292
五原县	19	41	1151	69	142	4283
磴口县	5	10	306	59	129	4502
乌拉特前旗	40	98	2484	86	189	5553
乌拉特中旗	3	8	203	26	51	1366
乌拉特后旗	2	4	130	5	13	314
杭锦后旗	4	11	220	28	78	2078

9-2 续表 5 单位：户、间、平方米

地 区	1949-1959年			1960-1969年		
	户数	间数	面积	户数	间数	面积
乌兰察布市	**112**	**188**	**5466**	**304**	**531**	**13737**
集宁区	35	60	2030	64	109	2918
卓资县	9	14	363	36	52	1287
化德县	3	8	195	23	39	1319
商都县	11	13	476	30	46	1710
兴和县	6	13	362	24	51	1090
凉城县	7	10	250	15	35	805
察哈尔右翼前旗	3	7	190	17	38	848
察哈尔右翼中旗	12	21	533	29	44	1119
察哈尔右翼后旗	8	14	368	17	35	715
四子王旗	5	7	195	2	3	45
丰镇市	13	21	504	47	79	1881
兴安盟	**76**	**142**	**5802**	**204**	**446**	**14861**
乌兰浩特市	26	46	2203	20	47	1604
阿尔山市	2	2	86	8	15	400
科尔沁右翼前旗	15	26	922	46	93	3090
科尔沁右翼中旗	4	7	318	18	39	1398
扎赉特旗	3	5	256	41	80	2680
突泉县	26	56	2017	71	172	5689
锡林郭勒盟	**44**	**98**	**2489**	**166**	**352**	**9189**
二连浩特市				2	2	40
锡林浩特市	3	11	378	6	17	410
阿巴嘎旗	2	2	75	5	11	248
苏尼特左旗	3	7	209	6	9	355
苏尼特右旗	9	15	347	36	58	1382
东乌珠穆沁旗	2	3	60	9	16	659
西乌珠穆沁旗				6	23	510
太仆寺旗	7	20	370	32	74	1504
镶黄旗				2	6	155
正镶白旗	5	8	266	3	6	190
正蓝旗	5	12	305	20	47	1338
多伦县	8	20	479	36	79	2175
乌拉盖管委会				3	4	223
阿拉善盟	**2**	**4**	**300**	**4**	**16**	**586**
阿拉善左旗	2	4	300	3	13	448
阿拉善右旗						
额济纳旗				1	3	138
内蒙古阿拉善经济开发区						

9-2 续表 6

单位：户、间、平方米

地 区	1970—1979年			1980—1989年			1990—1999年		
	户数	间数	面积	户数	间数	面积	户数	间数	面积
内蒙古	**18999**	**39639**	**1145476**	**77172**	**167265**	**5107502**	**147486**	**333253**	**11047880**
呼和浩特市	**2648**	**4666**	**130679**	**10928**	**20984**	**642918**	**20028**	**39426**	**1384923**
新城区	253	478	13885	2437	5169	161776	4669	9821	360366
回民区	251	341	9274	1480	2664	79315	2400	4526	158686
玉泉区	118	192	5959	876	1613	49593	2381	4429	152921
赛罕区	284	644	20400	2128	4423	140554	4802	10333	369412
土默特左旗	571	886	25408	1377	2343	75837	2149	3739	132556
托克托县	270	371	10543	881	1333	42193	1556	2480	85824
和林格尔县	299	588	16028	635	1257	35330	812	1571	49606
清水河县	300	729	16621	537	1293	30620	506	1257	31386
武川县	263	348	10389	506	716	22139	575	857	29027
呼和浩特经济技术开发区	39	89	2172	71	173	5561	178	413	15139
包头市	**2053**	**3430**	**98308**	**9852**	**18078**	**541903**	**23582**	**45827**	**1532113**
东河区	347	602	17813	1787	3439	103375	4366	8812	300262
昆都仑区	293	541	14543	3032	5989	176189	7836	15901	535956
青山区	493	888	26656	1666	3136	99315	5658	11257	383875
石拐区	28	52	1361	88	169	4549	68	150	4794
白云鄂博矿区	11	25	474	152	309	8358	217	433	12622
九原区	56	97	2905	419	707	22232	1122	2130	76434
土默特右旗	633	893	25143	1775	2762	78294	2711	4505	135790
固阳县	112	185	4907	660	1037	30849	820	1328	38544
达尔罕茂明安联合旗	46	85	2411	98	179	5327	179	333	10298
包头稀土高新技术产业开发区	34	62	2095	175	351	13415	605	978	33538
乌海市	**401**	**780**	**21393**	**965**	**2034**	**62057**	**2293**	**5072**	**176767**
海勃湾区	195	332	8570	310	602	17631	1557	3417	118335
海南区	90	191	5310	218	448	13198	313	655	23266
乌达区	116	257	7513	437	984	31228	423	1000	35166
赤峰市	**5084**	**12530**	**331301**	**18212**	**45533**	**1302845**	**31765**	**83330**	**2558807**
红山区	260	555	14996	1915	4224	120268	3252	8001	255767
元宝山区	401	911	28380	2013	4510	147306	2857	6846	246289
松山区	729	1699	48779	2022	4936	148743	3685	9417	295280
阿鲁科尔沁旗	101	232	6923	675	1621	48287	1809	4492	142862
巴林左旗	222	507	13830	1092	2505	71482	2750	6557	196101
巴林右旗	108	204	6735	422	804	28910	1058	2271	80201
林西县	468	1269	27647	966	2693	58825	1580	4299	107066
克什克腾旗	386	901	23293	831	1964	54434	1071	2580	76174
翁牛特旗	735	2093	47195	1890	5536	129505	3295	9497	245567
喀喇沁旗	476	945	29863	1610	3385	116533	2216	5090	186323
宁城县	867	2342	60377	3248	9198	261239	4101	12599	386145
敖汉旗	331	872	23283	1528	4157	117313	4091	11681	341032

9-2 续表 7

单位：户、间、平方米

地　　区	1970-1979年			1980-1989年			1990-1999年		
	户数	间数	面积	户数	间数	面积	户数	间数	面积
通辽市	**970**	**2186**	**66086**	**6384**	**15143**	**474951**	**18373**	**46728**	**1566949**
科尔沁区	404	889	23446	2464	5936	168322	6206	16125	501977
科尔沁左翼中旗	122	282	9087	592	1426	46386	1893	4604	154158
科尔沁左翼后旗	90	209	6846	601	1429	48430	2021	4822	171257
开鲁县	66	149	5259	450	1084	34868	2521	6600	220711
库伦旗	32	70	2802	315	700	28506	1133	2565	101519
奈曼旗	141	345	10423	618	1663	56479	2244	6422	220216
扎鲁特旗	100	200	6943	530	1130	41501	1505	3382	125545
通辽经济技术开发区	11	33	1018	332	769	22580	472	1350	45550
霍林郭勒市	4	9	262	482	1006	27879	378	858	26016
鄂尔多斯市	**607**	**1214**	**40371**	**3309**	**7335**	**257493**	**8388**	**18103**	**647353**
东胜区	139	209	5727	504	830	25028	2097	3965	134669
康巴什区							2	6	230
达拉特旗	139	285	11214	1197	2623	96807	2103	4521	172380
准格尔旗	116	260	7947	498	1142	34573	1620	3597	115467
鄂托克前旗	11	25	1075	213	562	23618	348	874	38859
鄂托克旗	52	102	4164	196	482	17105	561	1248	48458
杭锦旗	62	168	4858	234	588	19527	478	1216	41087
乌审旗	30	67	2461	212	502	17273	693	1575	56048
伊金霍洛旗	58	98	2925	255	606	23562	486	1101	40155
呼伦贝尔市	**2445**	**4923**	**156348**	**8071**	**16126**	**508719**	**12104**	**25340**	**873910**
海拉尔区	57	120	4725	688	1425	45036	1718	3595	122791
扎赉诺尔区	193	434	11030	639	1329	39944	487	1037	33596
阿荣旗	303	667	22169	665	1482	49772	1121	2514	89118
莫力达瓦达斡尔族自治旗	152	300	10368	356	706	25601	1189	2581	93087
鄂伦春自治旗	244	469	15095	764	1472	46901	958	1959	67902
鄂温克族自治旗	82	165	5522	551	1169	37275	929	1983	65935
陈巴尔虎旗	17	31	1189	146	317	10961	331	743	27870
新巴尔虎左旗	37	82	2570	67	166	5355	149	340	11193
新巴尔虎右旗	9	18	675	27	59	2260	130	295	9446
满洲里市	53	103	3231	313	588	18121	808	1648	59587
牙克石市	482	1008	26916	1948	3799	104300	1629	3242	99025
扎兰屯市	547	1058	38757	1026	1960	72826	1846	3759	140410
额尔古纳市	53	105	3329	259	513	16144	461	1045	33145
根河市	216	363	10772	622	1141	34223	348	599	20805
巴彦淖尔市	**2002**	**4205**	**137734**	**9212**	**20320**	**675221**	**11732**	**27044**	**938951**
临河区	491	1052	37181	3129	6926	234071	4028	9403	324681
五原县	363	735	24166	1780	3866	127228	2105	4693	166236
磴口县	217	475	14818	538	1218	39743	828	2074	69984
乌拉特前旗	384	734	22566	1427	2917	92953	2256	4773	166071
乌拉特中旗	181	378	11451	697	1471	51548	872	1940	69826
乌拉特后旗	142	292	9773	199	443	14201	189	438	15371
杭锦后旗	224	539	17779	1442	3479	115477	1454	3723	126782

9-2 续表 8

单位：户、间、平方米

地区	1970—1979年			1980—1989年			1990—1999年		
	户数	间数	面积	户数	间数	面积	户数	间数	面积
乌兰察布市	**1346**	**2540**	**63784**	**4877**	**9603**	**253267**	**7792**	**15799**	**466361**
集宁区	149	249	7048	844	1551	45896	2025	3987	140815
卓资县	133	198	5173	389	599	17953	451	731	23354
化德县	52	116	3117	152	309	8212	328	680	19768
商都县	63	80	2994	256	388	12568	594	955	32653
兴和县	146	342	7716	446	1117	25028	706	1798	41062
凉城县	124	249	6200	501	1107	29220	636	1369	39516
察哈尔右翼前旗	103	203	5297	401	822	23605	584	1284	38146
察哈尔右翼中旗	168	318	7486	376	752	17330	373	779	19458
察哈尔右翼后旗	83	157	3638	185	356	8198	342	688	16874
四子王旗	87	146	4347	432	719	18765	588	956	27065
丰镇市	238	482	10768	895	1883	46492	1165	2572	67650
兴安盟	**827**	**1707**	**61352**	**2873**	**6130**	**214647**	**6245**	**14010**	**508916**
乌兰浩特市	176	338	12668	917	1779	64455	1782	3823	140130
阿尔山市	31	51	1621	126	237	7470	85	159	5483
科尔沁右翼前旗	132	273	10540	365	790	29567	1087	2379	90865
科尔沁右翼中旗	69	151	5849	422	916	31995	1148	2712	95223
扎赉特旗	180	318	12152	438	956	33461	1202	2662	97263
突泉县	239	576	18522	605	1452	47699	941	2275	79952
锡林郭勒盟	**573**	**1359**	**34696**	**2011**	**4750**	**129970**	**4353**	**10291**	**314010**
二连浩特市	7	10	364	70	98	3275	509	865	32301
锡林浩特市	27	53	1498	291	609	19986	1071	2412	82774
阿巴嘎旗	15	41	1248	57	157	4051	131	356	9788
苏尼特左旗	14	32	940	85	171	5359	123	268	10931
苏尼特右旗	22	42	1056	164	305	9048	338	706	22017
东乌珠穆沁旗	28	60	1620	150	337	11039	289	680	23082
西乌珠穆沁旗	27	69	2076	113	261	8376	280	751	24429
太仆寺旗	139	369	7555	428	1173	25141	644	1887	40548
镶黄旗	12	30	739	63	142	3878	85	205	6042
正镶白旗	32	74	1834	127	329	8091	237	561	15423
正蓝旗	68	160	4354	132	316	8718	241	570	17590
多伦县	179	415	11209	330	850	22948	381	984	27362
乌拉盖管委会	3	4	203	1	2	60	24	46	1723
阿拉善盟	**43**	**99**	**3424**	**478**	**1229**	**43511**	**831**	**2283**	**78820**
阿拉善左旗	26	73	2550	407	1036	36681	755	2045	70579
阿拉善右旗	9	15	527	62	173	6222	51	182	5994
额济纳旗	8	11	347	9	20	608	17	42	1807
内蒙古阿拉善经济开发区							8	14	440

9-2 续表 9

单位：户、间、平方米

地区	2000-2009年			2010-2014年			2015年以后		
	户数	间数	面积	户数	间数	面积	户数	间数	面积
内蒙古	**257571**	**587001**	**23091414**	**222900**	**498575**	**20653706**	**136970**	**301254**	**11518357**
呼和浩特市	**38778**	**81888**	**3544854**	**29419**	**63908**	**2848575**	**17341**	**36187**	**1527799**
新城区	7985	17387	786060	4752	10741	484095	3203	7126	313124
回民区	6594	12983	540251	2293	4690	212913	2180	4636	213698
玉泉区	6439	12377	509631	5231	10361	455978	3683	7796	326912
赛罕区	9950	24107	1097177	7615	18892	861915	4014	9296	408750
土默特左旗	2388	4316	174051	2545	4909	202142	1075	1954	68515
托克托县	1600	2947	120421	1237	2418	108631	932	1548	60544
和林格尔县	1443	2915	120362	1188	2340	95349	862	1492	53362
清水河县	365	804	23041	707	1522	65201	351	680	23816
武川县	884	1535	65210	1119	2070	89034	704	915	29984
呼和浩特经济技术开发区	1130	2517	108650	2732	5965	273317	337	744	29094
包头市	**35305**	**72297**	**2962197**	**22610**	**48867**	**2094672**	**13413**	**27534**	**1111697**
东河区	5721	12295	507604	3685	7509	307587	3039	6243	254432
昆都仑区	10478	21587	900043	5945	13863	608871	2444	5439	240352
青山区	7250	15327	637080	3151	7322	330567	1747	4168	183975
石拐区	34	78	2827	496	1002	37261	88	206	9104
白云鄂博矿区	244	500	20399	198	407	16863	21	43	1483
九原区	3261	6474	258313	2337	5107	225385	1397	3260	141936
土默特右旗	2589	4867	187310	2122	4180	172807	852	1372	44625
固阳县	1243	2151	80585	1904	3373	127626	2062	2983	79304
达尔罕茂明安联合旗	856	1539	61604	814	1541	63968	880	1605	55418
包头稀土高新技术产业开发区	3629	7479	306432	1958	4563	203737	883	2215	101068
乌海市	**8292**	**19119**	**779499**	**5564**	**12456**	**534232**	**2504**	**5881**	**240186**
海勃湾区	5387	12768	527688	3033	6990	313336	1748	4180	180550
海南区	810	1771	71960	1474	3208	125541	285	682	25273
乌达区	2095	4580	179851	1057	2258	95355	471	1019	34363
赤峰市	**38982**	**100774**	**3455086**	**28683**	**71187**	**2651673**	**19461**	**48698**	**1775338**
红山区	3847	9722	353132	3475	8619	330972	2766	6859	273078
元宝山区	2475	6010	226923	2116	4768	185781	759	1880	74101
松山区	6573	16426	611697	5448	13966	559478	4645	11729	465195
阿鲁科尔沁旗	2879	7005	231825	1814	4520	161383	1608	4086	141632
巴林左旗	3664	8735	285843	2119	4796	186997	1091	2563	91762
巴林右旗	1843	4291	156552	1451	3240	122630	755	1658	66851
林西县	2150	5427	175561	1436	3458	120079	829	2209	61670
克什克腾旗	1642	3669	131627	1388	3114	116451	1329	3143	120660
翁牛特旗	3010	8418	248282	2505	6235	226982	1334	3357	104926
喀喇沁旗	2277	5768	215100	1641	4191	151324	886	2040	77483
宁城县	3719	11335	377893	2198	6304	217870	1608	4512	141013
敖汉旗	4903	13968	440651	3092	7976	271726	1851	4662	156967

9-2　续表 10　　　　单位：户、间、平方米

地　　区	2000-2009年			2010-2014年			2015年以后		
	户数	间数	面积	户数	间数	面积	户数	间数	面积
通辽市	**29781**	**74662**	**2714324**	**25926**	**61181**	**2343879**	**14253**	**33594**	**1274430**
科尔沁区	8939	22353	822507	4055	9543	374566	2551	6104	244072
科尔沁左翼中旗	3400	8416	290317	4351	10357	363391	2805	6498	210228
科尔沁左翼后旗	3256	7463	279203	3341	7271	268980	1246	2802	103210
开鲁县	3805	10162	341670	2412	6086	212573	1357	3198	119297
库伦旗	1734	3927	154532	1241	2528	106472	648	1324	53208
奈曼旗	4003	11594	409421	3213	8961	325807	1659	4285	149589
扎鲁特旗	2292	5072	195701	2349	5057	202913	2058	4521	181747
通辽经济技术开发区	1283	3362	126278	2993	7356	327853	1301	3492	155159
霍林郭勒市	1069	2313	94695	1971	4022	161324	628	1370	57920
鄂尔多斯市	**27242**	**63251**	**2739582**	**22744**	**55737**	**2560439**	**7855**	**19488**	**770883**
东胜区	8450	19467	875967	6260	15402	754189	960	2268	108734
康巴什区	987	2706	132786	2115	4621	224354	237	533	26097
达拉特旗	3900	9176	402953	2497	5914	263505	1618	3615	135777
准格尔旗	5383	11689	463188	3294	7994	336145	1192	2789	99829
鄂托克前旗	876	2206	96430	976	2563	112323	559	1532	66028
鄂托克旗	2368	5477	236731	1422	3573	159150	629	1807	69671
杭锦旗	1380	3308	135803	1152	2765	116677	847	2146	67804
乌审旗	1652	4032	167258	1291	3384	145512	898	2508	95733
伊金霍洛旗	2246	5190	228466	3737	9521	448584	915	2290	101210
呼伦贝尔市	**21666**	**45844**	**1794853**	**25066**	**50640**	**2028979**	**15157**	**32013**	**1285784**
海拉尔区	3515	7613	312020	3963	8200	348969	3640	8190	358242
扎赉诺尔区	1067	2147	87439	1042	2147	89286	83	179	8169
阿荣旗	2166	4838	182215	3052	6329	254997	1705	3594	141015
莫力达瓦达斡尔族自治旗	2043	4298	157509	2526	5163	203015	1864	3836	140840
鄂伦春自治旗	1176	2450	88167	2006	3719	140150	1564	2926	106717
鄂温克族自治旗	1645	3808	156019	1465	3410	147061	780	1909	81690
陈巴尔虎旗	400	966	34657	671	1472	59354	381	843	33267
新巴尔虎左旗	286	647	24518	446	951	37246	325	718	23827
新巴尔虎右旗	374	802	34040	411	795	34072	221	484	19391
满洲里市	3165	6533	272933	746	1704	72231	509	1116	51377
牙克石市	2220	4336	159043	3336	6208	226580	1517	3085	113860
扎兰屯市	2434	5149	203490	3507	7009	290203	1691	3392	140017
额尔古纳市	517	1112	41010	850	1704	67299	584	1229	50466
根河市	658	1145	41793	1045	1829	58516	293	512	16906
巴彦淖尔市	**15325**	**36368**	**1435509**	**13682**	**30959**	**1312459**	**7805**	**17885**	**737970**
临河区	6308	15451	620327	4438	10469	449876	3425	8301	356918
五原县	1973	4442	175639	1874	4003	166250	954	2066	87472
磴口县	959	2392	91721	762	1794	73962	343	830	33859
乌拉特前旗	2429	5306	207093	2774	6096	260638	1205	2473	90655
乌拉特中旗	906	1991	79877	1121	2290	96947	588	1190	47669
乌拉特后旗	695	1602	63920	500	1060	44558	223	520	21412
杭锦后旗	2055	5184	196932	2213	5247	220228	1067	2505	99985

9-2 续表 11　　单位：户、间、平方米

地　区	2000—2009年			2010—2014年			2015年以后		
	户数	间数	面积	户数	间数	面积	户数	间数	面积
乌兰察布市	**14592**	**29313**	**1179856**	**18125**	**34710**	**1462377**	**20573**	**37891**	**1200681**
集宁区	4140	8599	376727	4707	9980	451003	3341	7292	317952
卓资县	581	1078	45533	821	1417	60570	1191	1732	58803
化德县	699	1436	55454	1252	2220	80370	1418	2762	77035
商都县	1256	2214	91166	1870	3274	142987	3136	4545	132474
兴和县	1408	2944	108732	1767	3299	137336	2284	4609	122507
凉城县	1031	2068	80025	886	1642	66212	1679	3118	90663
察哈尔右翼前旗	1015	2137	79232	1487	2854	113130	1391	2642	84768
察哈尔右翼中旗	534	1067	38803	924	1693	67778	1485	2838	81009
察哈尔右翼后旗	1022	1931	79241	1121	2082	88379	1445	2645	72264
四子王旗	961	1842	67264	1647	3173	127144	1654	2973	86315
丰镇市	1945	3997	157679	1643	3076	127468	1549	2735	76891
兴安盟	**12201**	**27019**	**1047786**	**14895**	**32088**	**1311601**	**11301**	**23857**	**934206**
乌兰浩特市	3316	7003	291798	3875	7815	333353	2087	4229	192938
阿尔山市	230	444	16133	591	1063	42082	209	374	14298
科尔沁右翼前旗	2275	5099	201059	3398	7641	332050	2395	5119	207477
科尔沁右翼中旗	1767	4085	150533	1793	4058	158024	1576	3406	126030
扎赉特旗	2784	6117	229990	3539	7661	296913	2742	5730	211117
突泉县	1829	4271	158273	1699	3850	149179	2292	4999	182346
锡林郭勒盟	**12273**	**28006**	**1095170**	**13142**	**29324**	**1188194**	**6025**	**14592**	**520180**
二连浩特市	1230	2786	117973	706	1531	68470	141	357	16271
锡林浩特市	4466	10022	414980	4364	9881	418185	1739	4143	180329
阿巴嘎旗	370	802	28746	488	1067	43650	290	711	24131
苏尼特左旗	266	629	22371	467	1025	40530	122	292	9501
苏尼特右旗	600	1273	51428	844	1632	70689	341	692	24224
东乌珠穆沁旗	643	1534	56706	718	1639	66669	311	707	27300
西乌珠穆沁旗	1124	2528	97754	974	2109	88908	361	842	31697
太仆寺旗	877	2260	67925	1170	2919	89637	1056	2934	74388
镶黄旗	292	699	29047	318	666	25713	210	474	16446
正镶白旗	424	986	33837	422	951	32599	447	1005	27263
正蓝旗	787	1764	65931	911	1987	78021	421	1034	34190
多伦县	996	2304	90663	1202	2659	108914	545	1297	50601
乌拉盖管委会	198	419	17809	558	1258	56209	41	104	3839
阿拉善盟	**3134**	**8460**	**342698**	**3044**	**7518**	**316626**	**1282**	**3634**	**139203**
阿拉善左旗	2381	6620	268749	1910	4904	206941	911	2508	96971
阿拉善右旗	219	615	24070	321	841	33932	180	614	23385
额济纳旗	299	730	29733	331	750	30399	169	464	16822
内蒙古阿拉善经济开发区	235	495	20146	482	1023	45354	22	48	2025

9-2a 各地区按住房建成时间分的家庭户住房状况(城市)

单位：户、间、平方米

地区	合计			1949年以前		
	户数	间数	面积	户数	间数	面积
内蒙古	**336029**	**734697**	**29786844**	**132**	**241**	**7955**
呼和浩特市	**75847**	**164717**	**6956199**	**12**	**20**	**666**
新城区	20596	46168	1928082			
回民区	14795	29007	1173040	5	5	105
玉泉区	16730	33081	1350654	3	6	140
赛罕区	23726	56461	2504423	4	9	421
包头市	**72480**	**153080**	**6007807**	**17**	**34**	**1169**
东河区	16303	33863	1305252	3	5	130
昆都仑区	29343	62048	2421823	12	24	808
青山区	19426	41160	1625920	2	5	231
石拐区	579	1179	43686			
白云鄂博矿区	895	1810	62823			
九原区	5934	13020	548303			
乌海市	**19003**	**42903**	**1722844**	**1**	**3**	**127**
海勃湾区	11762	27102	1120155	1	3	127
海南区	2673	5778	222498			
乌达区	4568	10023	380191			
赤峰市	**34388**	**82066**	**3042943**	**2**	**5**	**177**
红山区	14289	34028	1222520			
元宝山区	7138	16115	566120	1	2	57
松山区	12961	31923	1254303	1	3	120
通辽市	**19760**	**44398**	**1664626**	**17**	**34**	**926**
科尔沁区	15561	35634	1321410	17	34	926
霍林郭勒市	4199	8764	343216			
鄂尔多斯市	**21210**	**48643**	**2235721**			
东胜区	17836	40735	1849224			
康巴什区	3341	7866	383467			
鄂托克旗	33	42	3030			
呼伦贝尔市	**36160**	**74207**	**2972116**	**65**	**119**	**4048**
海拉尔区	13132	28156	1154753			
扎赉诺尔区	3374	6969	259846	14	28	639
满洲里市	5493	11492	470416	34	64	2286
牙克石市	5775	11363	432363	1	2	60
扎兰屯市	4881	9493	401300	14	20	943
额尔古纳市	1653	3442	139628	2	5	120
根河市	1852	3292	113810			
巴彦淖尔市	**14639**	**34936**	**1427088**			
临河区	14639	34936	1427088			
乌兰察布市	**17812**	**36646**	**1539568**	**15**	**23**	**620**
集宁区	13640	28298	1206007	2	3	100
丰镇市	4172	8348	333561	13	20	520
兴安盟	**10991**	**22456**	**924911**	**2**	**2**	**172**
乌兰浩特市	10258	21135	874590	2	2	172
阿尔山市	733	1321	50321			
锡林郭勒盟	**13739**	**30645**	**1293021**	**1**	**1**	**50**
二连浩特市	2603	5492	234201			
锡林浩特市	11136	25153	1058820	1	1	50

9-2a 续表 1

单位：户、间、平方米

地区	1949-1959年			1960-1969年		
	户数	间数	面积	户数	间数	面积
内蒙古	**989**	**1707**	**48913**	**1041**	**1842**	**53075**
呼和浩特市	**81**	**126**	**3686**	**226**	**342**	**10041**
新城区	20	42	1732	66	129	4141
回民区	42	55	1082	121	156	4009
玉泉区	12	16	380	26	38	1339
赛罕区	7	13	492	13	19	552
包头市	**604**	**1036**	**30494**	**265**	**471**	**13601**
东河区	39	75	2544	31	59	1588
昆都仑区	356	551	15585	89	156	4774
青山区	157	320	9984	118	210	5889
石拐区	14	22	541	6	13	316
白云鄂博矿区	35	65	1760	17	28	864
九原区	3	3	80	4	5	170
乌海市	**100**	**172**	**3494**	**172**	**310**	**8249**
海勃湾区	62	100	1707	97	152	3901
海南区	32	61	1455	19	31	802
乌达区	6	11	332	56	127	3546
赤峰市	**13**	**28**	**710**	**68**	**135**	**4321**
红山区	7	13	354	25	54	1881
元宝山区	6	15	356	41	77	2350
松山区				2	4	90
通辽市	**77**	**141**	**3602**	**61**	**111**	**2655**
科尔沁区	77	141	3602	60	109	2601
霍林郭勒市				1	2	54
鄂尔多斯市	**8**	**11**	**358**	**4**	**6**	**159**
东胜区	8	11	358	4	6	159
康巴什区						
鄂托克旗						
呼伦贝尔市	**33**	**65**	**1607**	**136**	**267**	**7938**
海拉尔区				6	12	386
扎赉诺尔区	10	22	609	41	88	2117
满洲里市	9	19	306	18	33	704
牙克石市	2	4	75	21	41	1550
扎兰屯市	8	11	348	34	56	2090
额尔古纳市	4	9	269	12	29	785
根河市				4	8	306
巴彦淖尔市	**4**	**5**	**209**	**25**	**50**	**1962**
临河区	4	5	209	25	50	1962
乌兰察布市	**39**	**65**	**2116**	**61**	**95**	**2475**
集宁区	33	57	1952	50	81	2157
丰镇市	6	8	164	11	14	318
兴安盟	**27**	**47**	**2259**	**17**	**40**	**1324**
乌兰浩特市	26	46	2203	16	38	1274
阿尔山市	1	1	56	1	2	50
锡林郭勒盟	**3**	**11**	**378**	**6**	**15**	**350**
二连浩特市				2	2	40
锡林浩特市	3	11	378	4	13	310

9-2a 续表 2

单位：户、间、平方米

地区	1970—1979年			1980—1989年			1990—1999年		
	户数	间数	面积	户数	间数	面积	户数	间数	面积
内蒙古	**3876**	**7179**	**208876**	**24864**	**49461**	**1503061**	**55779**	**116453**	**3980298**
呼和浩特市	**609**	**1018**	**28293**	**5961**	**11914**	**371174**	**12527**	**25576**	**920074**
新城区	215	406	11395	2319	4904	153538	4246	9146	335580
回民区	233	314	8304	1426	2599	76436	2360	4463	156248
玉泉区	74	111	3124	751	1374	41910	2118	3890	133665
赛罕区	87	187	5470	1465	3037	99290	3803	8077	294581
包头市	**960**	**1759**	**50103**	**6258**	**12173**	**363747**	**17942**	**36263**	**1232144**
东河区	154	286	8093	1319	2603	76944	3839	7828	267600
昆都仑区	280	519	13953	2922	5793	169756	7657	15594	525133
青山区	487	879	26396	1640	3093	97761	5565	11107	379631
石拐区	12	25	605	31	57	1596	35	64	2097
白云鄂博矿区	11	25	474	152	309	8358	217	433	12622
九原区	16	25	582	194	318	9332	629	1237	45061
乌海市	**332**	**633**	**16604**	**733**	**1547**	**46957**	**2028**	**4485**	**155660**
海勃湾区	165	278	6868	280	534	15125	1410	3098	106514
海南区	53	102	2326	48	98	2691	217	440	15796
乌达区	114	253	7410	405	915	29141	401	947	33350
赤峰市	**378**	**742**	**19404**	**3023**	**6213**	**176011**	**5644**	**12998**	**413014**
红山区	200	386	10035	1705	3562	100145	2977	7073	225826
元宝山区	144	305	8210	1033	2125	61721	1646	3650	117853
松山区	34	51	1159	285	526	14145	1021	2275	69335
通辽市	**268**	**536**	**12759**	**1912**	**4052**	**108832**	**3443**	**8029**	**248523**
科尔沁区	266	532	12647	1438	3064	81498	3092	7284	226150
霍林郭勒市	2	4	112	474	988	27334	351	745	22373
鄂尔多斯市	**127**	**181**	**4820**	**478**	**752**	**22308**	**2013**	**3725**	**125616**
东胜区	127	181	4820	473	746	21818	2004	3712	124826
康巴什区							2	6	230
鄂托克旗				5	6	490	7	7	560
呼伦贝尔市	**641**	**1255**	**39973**	**2671**	**5242**	**167101**	**4643**	**9490**	**332910**
海拉尔区	37	79	3315	618	1257	39320	1654	3447	117528
扎赉诺尔区	168	379	9514	543	1127	34006	412	867	28575
满洲里市	19	38	801	253	475	14396	763	1554	56780
牙克石市	24	53	1947	510	1002	30690	600	1208	41871
扎兰屯市	225	425	16409	465	848	32126	810	1594	59142
额尔古纳市	20	36	1128	98	201	6283	228	492	17388
根河市	148	245	6859	184	332	10280	176	328	11626
巴彦淖尔市	**218**	**459**	**17322**	**1489**	**3152**	**104737**	**2108**	**4800**	**164068**
临河区	218	459	17322	1489	3152	104737	2108	4800	164068
乌兰察布市	**155**	**253**	**6818**	**1147**	**2140**	**61713**	**2486**	**4999**	**169663**
集宁区	117	192	5417	771	1372	41161	1934	3800	134816
丰镇市	38	61	1401	376	768	20552	552	1199	34847
兴安盟	**159**	**295**	**11223**	**884**	**1685**	**60540**	**1518**	**3186**	**114479**
乌兰浩特市	157	292	11118	839	1595	57555	1495	3140	112868
阿尔山市	2	3	105	45	90	2985	23	46	1611
锡林郭勒盟	**29**	**48**	**1557**	**308**	**591**	**19941**	**1427**	**2902**	**104147**
二连浩特市	6	8	294	70	98	3275	507	862	32191
锡林浩特市	23	40	1263	238	493	16666	920	2040	71956

9-2a 续表 3

单位：户、间、平方米

地区	2000—2009年			2010—2014年			2015年以后		
	户数	间数	面积	户数	间数	面积	户数	间数	面积
内蒙古	**115725**	**257247**	**10814823**	**86424**	**193480**	**8509183**	**47199**	**107087**	**4660660**
呼和浩特市	**26944**	**59506**	**2635404**	**17584**	**39937**	**1828863**	**11903**	**26278**	**1157998**
新城区	6885	15672	710221	4003	9473	429349	2842	6396	282126
回民区	6451	12740	530124	2221	4568	207171	1936	4107	189561
玉泉区	5463	10670	438357	4713	9416	414531	3570	7560	317208
赛罕区	8145	20424	956702	6647	16480	777812	3555	8215	369103
包头市	**24308**	**51476**	**2145537**	**13989**	**31721**	**1387487**	**8137**	**18147**	**783525**
东河区	5088	11078	460725	3043	6196	253539	2787	5733	234089
昆都仑区	9930	20687	864790	5668	13312	587622	2429	5412	239402
青山区	6855	14639	613731	2948	6937	316557	1654	3970	175740
石拐区	8	19	768	435	893	33648	38	86	4115
白云鄂博矿区	244	500	20399	198	407	16863	21	43	1483
九原区	2183	4553	185124	1697	3976	179258	1208	2903	128696
乌海市	**7858**	**18158**	**743498**	**5446**	**12162**	**523041**	**2333**	**5433**	**225214**
海勃湾区	5054	12019	499942	3011	6933	311409	1682	3985	174562
海南区	728	1598	65348	1382	2981	116540	194	467	17540
乌达区	2076	4541	178208	1053	2248	95092	457	981	33112
赤峰市	**10231**	**24927**	**932524**	**9236**	**22670**	**910453**	**5793**	**14348**	**586329**
红山区	3565	8742	322004	3238	7903	306904	2572	6295	255371
元宝山区	1940	4685	171010	1794	3974	154586	533	1282	49977
松山区	4726	11500	439510	4204	10793	448963	2688	6771	280981
通辽市	**6973**	**16166**	**638427**	**4519**	**9553**	**401547**	**2490**	**5776**	**247355**
科尔沁区	5970	14034	549973	2774	6018	254192	1867	4418	189821
霍林郭勒市	1003	2132	88454	1745	3535	147355	623	1358	57534
鄂尔多斯市	**9196**	**21617**	**987631**	**8300**	**19837**	**971056**	**1084**	**2514**	**123773**
东胜区	8205	18906	854495	6173	15198	745532	842	1975	97216
康巴什区	987	2706	132786	2115	4621	224354	237	533	26097
鄂托克旗	4	5	350	12	18	1170	5	6	460
呼伦贝尔市	**11135**	**22943**	**939047**	**10502**	**20976**	**876706**	**6334**	**13850**	**602786**
海拉尔区	3435	7441	305454	3880	8017	342258	3502	7903	346492
扎赉诺尔区	1063	2136	87061	1042	2147	89286	81	175	8039
满洲里市	3152	6508	272210	742	1696	72013	503	1105	50920
牙克石市	1747	3463	132913	1920	3595	142399	950	1995	80858
扎兰屯市	988	1969	84791	1659	3126	138886	678	1444	66565
额尔古纳市	311	638	26154	601	1231	51959	377	801	35542
根河市	439	788	30464	658	1164	39905	243	427	14370
巴彦淖尔市	**4840**	**11981**	**495026**	**3170**	**7668**	**341592**	**2785**	**6821**	**302172**
临河区	4840	11981	495026	3170	7668	341592	2785	6821	302172
乌兰察布市	**5640**	**11645**	**508232**	**5356**	**11125**	**505906**	**2913**	**6301**	**282025**
集宁区	4042	8386	369502	4145	8790	398469	2546	5617	252433
丰镇市	1598	3259	138730	1211	2335	107437	367	684	29592
兴安盟	**3110**	**6505**	**269596**	**3534**	**7083**	**297782**	**1740**	**3613**	**167536**
乌兰浩特市	3009	6302	262159	3054	6235	264799	1660	3485	162442
阿尔山市	101	203	7437	480	848	32983	80	128	5094
锡林郭勒盟	**5490**	**12323**	**519901**	**4788**	**10748**	**464750**	**1687**	**4006**	**181947**
二连浩特市	1204	2720	116202	687	1481	66998	127	321	15201
锡林浩特市	4286	9603	403699	4101	9267	397752	1560	3685	166746

9-2b　各地区按住房建成时间分的家庭户住房状况(镇)

单位：户、间、平方米

地　　区	合　　计			1949年以前		
	户数	间数	面积	户数	间数	面积
内蒙古	**238796**	**524303**	**21113128**	**110**	**216**	**6677**
呼和浩特市	**17036**	**34396**	**1455735**	**12**	**21**	**602**
新城区	101	176	7462			
回民区						
玉泉区						
赛罕区	88	227	7797			
土默特左旗	3828	7487	318010	7	11	309
托克托县	2778	5279	223029	3	3	115
和林格尔县	2301	4740	198610	1	5	90
清水河县	1334	2763	106869			
武川县	2107	3797	159346			
呼和浩特经济技术开发区	4499	9927	434612	1	2	88
包头市	**16751**	**33913**	**1406494**	**8**	**11**	**332**
东河区	883	1774	70430			
昆都仑区						
青山区	70	150	6088			
石拐区	17	47	1120			
白云鄂博矿区						
九原区	540	933	34569	1	1	67
土默特右旗	4378	8750	356723	7	10	265
固阳县	2385	4365	178566			
达尔罕茂明安联合旗	1455	2779	119294			
包头稀土高新技术产业开发区	7023	15115	639704			
乌海市	**499**	**1065**	**35094**			
海勃湾区	126	305	10365			
海南区	280	547	17566			
乌达区	93	213	7163			
赤峰市	**39352**	**95426**	**3486996**	**19**	**42**	**1159**
红山区	781	2504	80669	1	3	60
元宝山区	1119	2642	92975	1	1	40
松山区	825	2349	74050	3	5	218
阿鲁科尔沁旗	3706	9034	334188			
巴林左旗	4143	9055	356634			
巴林右旗	3316	7567	297232			
林西县	4053	9585	336571	7	17	420
克什克腾旗	3404	7529	305165			
翁牛特旗	4625	10650	409653	3	6	140
喀喇沁旗	3598	9356	322369	1	2	50
宁城县	4905	12901	437392			
敖汉旗	4877	12254	440098	3	8	231

9-2b 续表 1

单位：户、间、平方米

地区	合计			1949年以前		
	户数	间数	面积	户数	间数	面积
通辽市	**28821**	**66692**	**2650823**	**6**	**10**	**377**
科尔沁区	1477	4070	137394	1	2	86
科尔沁左翼中旗	3974	9195	345412	1	3	102
科尔沁左翼后旗	3670	8241	319253	1	2	60
开鲁县	4083	9237	354384	3	3	129
库伦旗	2078	4485	188108			
奈曼旗	4050	10154	392390			
扎鲁特旗	4098	8142	344377			
通辽经济技术开发区	5376	13138	568573			
霍林郭勒市	15	30	932			
鄂尔多斯市	**32393**	**74134**	**3208438**	**2**	**4**	**220**
东胜区	81	215	7940			
康巴什区						
达拉特旗	6501	14519	644521			
准格尔旗	8569	19007	773420	1	1	20
鄂托克前旗	1779	4308	191957	1	3	200
鄂托克旗	4253	9767	421822			
杭锦旗	2429	5679	242319			
乌审旗	2899	6615	286548			
伊金霍洛旗	5882	14024	639911			
呼伦贝尔市	**27324**	**55244**	**2075464**	**34**	**71**	**1895**
海拉尔区	58	128	4466			
扎赉诺尔区	215	468	13642			
阿荣旗	4205	8638	363410	1	2	56
莫力达瓦达斡尔族自治旗	2765	5682	226283			
鄂伦春自治旗	5001	9593	344219	10	20	608
鄂温克族自治旗	4145	9618	392548			
陈巴尔虎旗	1385	3006	122586			
新巴尔虎左旗	735	1533	63181			
新巴尔虎右旗	876	1837	80537			
满洲里市	177	343	11185	3	5	145
牙克石市	4766	8914	264608	17	40	969
扎兰屯市	1157	2248	91026	3	4	117
额尔古纳市	490	910	27739			
根河市	1349	2326	70034			
巴彦淖尔市	**19922**	**44431**	**1834200**	**10**	**26**	**965**
临河区	520	1167	42275	1	2	78
五原县	4126	9060	376283			
磴口县	2079	4970	195552			
乌拉特前旗	5269	11509	473354	1	2	35
乌拉特中旗	2320	4798	207531			
乌拉特后旗	1333	2899	118744			
杭锦后旗	4275	10028	420461	8	22	852

9-2b 续表 2

单位：户、间、平方米

地 区	合 计			1949年以前		
	户数	间数	面积	户数	间数	面积
乌兰察布市	**19663**	**37458**	**1574945**	**8**	**13**	**340**
集宁区	475	957	43679			
卓资县	1500	2778	116752	1	1	35
化德县	2216	4190	169418			
商都县	2993	5529	241975	1	1	30
兴和县	2689	5015	224076	3	6	110
凉城县	1823	3565	148737	1	2	30
察哈尔右翼前旗	2045	4088	169325	2	3	135
察哈尔右翼中旗	1255	2388	99844			
察哈尔右翼后旗	2017	3896	166380			
四子王旗	2375	4455	180954			
丰镇市	275	597	13805			
兴安盟	**15090**	**31836**	**1320550**	**9**	**14**	**608**
乌兰浩特市	672	1046	45032			
阿尔山市	437	784	30405			
科尔沁右翼前旗	2988	6955	316505	1	2	60
科尔沁右翼中旗	3236	6985	271200	3	5	182
扎赉特旗	4877	10042	413651			
突泉县	2880	6024	243757	5	7	366
锡林郭勒盟	**14508**	**31114**	**1292729**	**1**	**1**	**70**
二连浩特市	5	5	76			
锡林浩特市	54	153	4086			
阿巴嘎旗	819	1701	74802			
苏尼特左旗	660	1345	58332			
苏尼特右旗	1801	3512	147637			
东乌珠穆沁旗	1494	3297	135767			
西乌珠穆沁旗	2019	4213	183747			
太仆寺旗	1748	4066	148757			
镶黄旗	660	1433	61779			
正镶白旗	869	1868	70019			
正蓝旗	1387	2944	123695			
多伦县	2272	4986	211951	1	1	70
乌拉盖管委会	720	1591	72081			
阿拉善盟	**7437**	**18594**	**771660**	**1**	**3**	**109**
阿拉善左旗	5307	13609	563886	1	3	109
阿拉善右旗	664	1713	70001			
额济纳旗	727	1712	70484			
内蒙古阿拉善经济开发区	739	1560	67289			

9-2b 续表 3

单位：户、间、平方米

地区	1949—1959年			1960—1969年		
	户数	间数	面积	户数	间数	面积
内蒙古	**245**	**474**	**14201**	**1074**	**2080**	**62248**
呼和浩特市	**33**	**50**	**1561**	**105**	**188**	**4967**
新城区				1	2	80
回民区						
玉泉区						
赛罕区				10	20	516
土默特左旗	9	15	569	20	27	932
托克托县	7	8	219	10	12	311
和林格尔县	3	8	290	12	22	547
清水河县	1	1	20	23	54	1233
武川县	13	18	463	18	27	757
呼和浩特经济技术开发区				11	24	591
包头市	**30**	**54**	**1196**	**69**	**97**	**2368**
东河区	8	12	216	11	19	493
昆都仑区						
青山区						
石拐区						
白云鄂博矿区						
九原区	17	32	540	1	1	45
土默特右旗	4	9	420	35	54	1240
固阳县						
达尔罕茂明安联合旗	1	1	20	3	4	155
包头稀土高新技术产业开发区				19	19	435
乌海市	**1**	**2**	**75**	**4**	**4**	**185**
海勃湾区						
海南区	1	2	75	4	4	185
乌达区						
赤峰市	**27**	**67**	**1920**	**257**	**566**	**16278**
红山区				7	26	640
元宝山区	2	4	131	24	54	1434
松山区	2	5	130	28	62	1832
阿鲁科尔沁旗	2	2	70	3	7	300
巴林左旗	1	3	65	30	62	1858
巴林右旗	3	6	215	9	23	727
林西县	10	26	729	59	125	3502
克什克腾旗	4	7	271	18	29	992
翁牛特旗	2	6	109	33	78	2019
喀喇沁旗				14	31	850
宁城县				18	41	1095
敖汉旗	1	8	200	14	28	1029

9-2b 续表 4

单位：户、间、平方米

地区	1949-1959年			1960-1969年		
	户数	间数	面积	户数	间数	面积
通辽市	**17**	**40**	**1246**	**68**	**142**	**4566**
科尔沁区				4	11	297
科尔沁左翼中旗	3	7	175	25	66	2018
科尔沁左翼后旗	2	8	250			
开鲁县	3	9	242	7	11	385
库伦旗				5	9	264
奈曼旗	2	4	234	3	7	185
扎鲁特旗	5	8	213	21	33	1262
通辽经济技术开发区				1	1	35
霍林郭勒市	2	4	132	2	4	120
鄂尔多斯市	**4**	**9**	**340**	**43**	**81**	**2942**
东胜区						
康巴什区						
达拉特旗				14	27	1017
准格尔旗	2	4	160	16	29	855
鄂托克前旗						
鄂托克旗	1	3	110	10	18	880
杭锦旗				2	5	120
乌审旗	1	2	70	1	2	70
伊金霍洛旗						
呼伦贝尔市	**40**	**78**	**2307**	**263**	**504**	**15842**
海拉尔区						
扎赉诺尔区	6	12	242	7	14	417
阿荣旗	7	14	443	19	36	1468
莫力达瓦达斡尔族自治旗	2	7	205	10	16	724
鄂伦春自治旗	7	11	361	36	69	2099
鄂温克族自治旗	2	2	100	9	20	853
陈巴尔虎旗				2	4	170
新巴尔虎左旗	1	5	85	1	2	86
新巴尔虎右旗				2	3	193
满洲里市	2	4	150	10	18	530
牙克石市	6	12	366	123	248	6939
扎兰屯市	4	7	227	18	30	1073
额尔古纳市				1	2	60
根河市	3	4	128	25	42	1230
巴彦淖尔市	**17**	**39**	**969**	**67**	**135**	**4068**
临河区				6	10	368
五原县	5	8	215	9	19	561
磴口县	2	4	95	14	25	834
乌拉特前旗	7	19	449	32	69	1979
乌拉特中旗	1	4	100	3	5	176
乌拉特后旗	1	2	70	2	6	100
杭锦后旗	1	2	40	1	1	50

9-2b 续表 5 单位：户、间、平方米

地　区	1949-1959年			1960-1969年		
	户数	间数	面积	户数	间数	面积
乌兰察布市	**22**	**42**	**1216**	**48**	**84**	**2288**
集宁区						
卓资县	5	8	237	17	27	582
化德县	1	3	80	11	15	725
商都县				1	2	96
兴和县	3	8	237	1	3	60
凉城县				3	10	220
察哈尔右翼前旗						
察哈尔右翼中旗	7	13	374	6	9	248
察哈尔右翼后旗	5	9	258	4	8	157
四子王旗	1	1	30			
丰镇市				5	10	200
兴安盟	**30**	**51**	**2121**	**74**	**141**	**4919**
乌兰浩特市						
阿尔山市	1	1	30	3	5	175
科尔沁右翼前旗	4	5	196	11	23	722
科尔沁右翼中旗	4	7	318	14	28	1018
扎赉特旗	2	2	168	27	48	1563
突泉县	19	36	1409	19	37	1441
锡林郭勒盟	**23**	**40**	**1050**	**75**	**135**	**3687**
二连浩特市						
锡林浩特市						
阿巴嘎旗	1	1	45	1	2	30
苏尼特左旗	1	2	55			
苏尼特右旗	9	15	347	36	58	1382
东乌珠穆沁旗	2	3	60	9	16	659
西乌珠穆沁旗				4	11	290
太仆寺旗	3	8	145	15	30	548
镶黄旗				1	4	110
正镶白旗	4	6	224	1	1	50
正蓝旗				1	2	140
多伦县	3	5	174	4	7	255
乌拉盖管委会				3	4	223
阿拉善盟	**1**	**2**	**200**	**1**	**3**	**138**
阿拉善左旗	1	2	200			
阿拉善右旗						
额济纳旗				1	3	138
内蒙古阿拉善经济开发区						

9-2b 续表 6

单位：户、间、平方米

地 区	1970—1979年			1980—1989年			1990—1999年		
	户数	间数	面积	户数	间数	面积	户数	间数	面积
内蒙古	**4331**	**8580**	**268318**	**16056**	**33675**	**1101966**	**28236**	**61533**	**2136150**
呼和浩特市	**478**	**840**	**24287**	**1029**	**1867**	**62767**	**1784**	**3365**	**123766**
新城区	4	5	180	20	36	1312	25	42	1821
回民区									
玉泉区									
赛罕区	6	11	405	15	32	1100	23	63	2021
土默特左旗	123	214	6675	235	456	18300	423	788	33991
托克托县	70	95	2639	242	362	11448	541	922	32020
和林格尔县	82	175	4775	148	300	9646	197	394	13611
清水河县	50	101	2909	124	255	7321	183	391	12047
武川县	104	150	4532	174	253	8079	214	352	13116
呼和浩特经济技术开发区	39	89	2172	71	173	5561	178	413	15139
包头市	**185**	**288**	**8779**	**711**	**1283**	**43779**	**1759**	**3127**	**104220**
东河区	33	60	1963	66	129	4477	96	180	5962
昆都仑区									
青山区									
石拐区				7	13	300	2	13	270
白云鄂博矿区									
九原区	11	15	352	42	82	2559	71	139	4454
土默特右旗	99	152	4602	303	503	15723	826	1551	52329
固阳县	12	21	754	186	328	12071	213	374	12887
达尔罕茂明安联合旗	12	20	588	9	14	450	58	104	3745
包头稀土高新技术产业开发区	18	20	520	98	214	8199	493	766	24573
乌海市	**24**	**51**	**1636**	**172**	**342**	**9843**	**63**	**128**	**4234**
海勃湾区							2	2	116
海南区	22	47	1533	140	273	7756	39	73	2302
乌达区	2	4	103	32	69	2087	22	53	1816
赤峰市	**829**	**1912**	**54675**	**3120**	**7373**	**229931**	**5924**	**14526**	**479247**
红山区	14	41	1320	87	280	8921	130	471	15185
元宝山区	73	172	5315	324	739	24774	286	683	25149
松山区	52	131	3863	134	348	11117	285	829	25668
阿鲁科尔沁旗	31	54	2046	167	365	10279	419	997	32170
巴林左旗	55	118	3342	248	485	15270	487	1055	35343
巴林右旗	43	76	2831	190	347	13239	572	1234	43834
林西县	162	400	10020	335	848	21429	622	1487	44291
克什克腾旗	79	186	4696	91	210	7186	329	722	25818
翁牛特旗	120	289	8010	330	819	24361	698	1695	55400
喀喇沁旗	49	97	3035	353	743	24427	593	1473	51139
宁城县	100	239	6617	569	1458	47026	826	2216	73185
敖汉旗	51	109	3580	292	731	21902	677	1664	52065

9-2b 续表 7

单位：户、间、平方米

地区	1970-1979年			1980-1989年			1990-1999年		
	户数	间数	面积	户数	间数	面积	户数	间数	面积
通辽市	**377**	**812**	**26277**	**2024**	**4588**	**158661**	**3858**	**9246**	**332392**
科尔沁区	36	98	2827	218	588	18139	482	1354	45090
科尔沁左翼中旗	88	196	6467	285	665	22572	544	1290	45655
科尔沁左翼后旗	63	141	4555	295	647	22937	433	1004	36328
开鲁县	34	62	2398	227	491	16185	723	1732	61108
库伦旗	21	40	1778	145	311	13232	278	616	25094
奈曼旗	72	157	4139	327	815	29644	674	1713	60285
扎鲁特旗	56	100	3545	236	444	17798	531	1035	41933
通辽经济技术开发区	5	13	418	285	615	17789	193	502	16899
霍林郭勒市	2	5	150	6	12	365			
鄂尔多斯市	**237**	**459**	**16654**	**1201**	**2565**	**94615**	**3674**	**7539**	**270366**
东胜区	2	5	180	2	9	220	10	23	714
康巴什区									
达拉特旗	60	111	5376	403	773	32464	1033	2060	79918
准格尔旗	48	104	3554	243	557	18703	1181	2462	80242
鄂托克前旗	5	10	482	144	363	15289	201	451	20285
鄂托克旗	47	90	3714	135	300	10438	439	895	33847
杭锦旗	23	64	1662	64	152	4871	164	402	14951
乌审旗	11	17	591	96	190	6310	411	805	27635
伊金霍洛旗	41	58	1095	114	221	6320	235	441	12774
呼伦贝尔市	**977**	**1906**	**60086**	**3498**	**6813**	**207861**	**4133**	**8450**	**284137**
海拉尔区				5	11	376	8	16	579
扎赉诺尔区	25	55	1516	96	202	5938	75	170	5021
阿荣旗	83	174	5917	194	401	14801	363	789	29862
莫力达瓦达斡尔族自治旗	43	84	3066	97	182	6502	447	983	35417
鄂伦春自治旗	218	406	13123	644	1218	38341	664	1326	46375
鄂温克族自治旗	71	147	4983	360	790	25213	749	1585	51485
陈巴尔虎旗	4	8	335	116	254	8851	199	426	16823
新巴尔虎左旗	7	16	444	19	45	1591	68	142	5165
新巴尔虎右旗	5	10	395	18	38	1350	85	181	6450
满洲里市	34	65	2430	60	113	3725	45	94	2807
牙克石市	333	665	18307	1203	2285	61132	934	1826	51062
扎兰屯市	83	152	5509	153	287	10299	241	480	18679
额尔古纳市	5	9	233	96	180	5849	84	162	5275
根河市	66	115	3828	437	807	23893	171	270	9137
巴彦淖尔市	**442**	**863**	**28729**	**1557**	**3289**	**115835**	**2581**	**5711**	**209424**
临河区	26	54	1949	113	244	8662	158	350	12748
五原县	76	148	5077	275	596	20315	662	1422	53648
磴口县	69	140	4334	211	452	15017	265	649	22119
乌拉特前旗	146	274	8949	355	747	25334	753	1616	58276
乌拉特中旗	21	40	1546	257	506	19935	278	573	22788
乌拉特后旗	56	106	3299	54	114	3418	68	139	4966
杭锦后旗	48	101	3575	292	630	23154	397	962	34879

9-2b 续表 8

单位：户、间、平方米

地区	1970—1979年			1980—1989年			1990—1999年		
	户数	间数	面积	户数	间数	面积	户数	间数	面积
乌兰察布市	**264**	**450**	**12314**	**911**	**1665**	**49243**	**1436**	**2624**	**86978**
集宁区	4	9	203	13	36	1063	12	25	819
卓资县	67	107	2623	139	235	7940	179	316	11543
化德县	16	27	1082	39	72	2637	147	270	9712
商都县	7	9	384	76	125	4233	247	417	15200
兴和县	17	40	1004	42	106	2473	36	91	2362
凉城县	32	50	1541	133	259	7884	211	403	14248
察哈尔右翼前旗	20	33	932	131	264	7560	109	239	7984
察哈尔右翼中旗	13	26	637	33	62	1508	57	119	3215
察哈尔右翼后旗	30	46	1324	66	110	3009	104	202	5569
四子王旗	26	33	1193	161	231	7071	272	400	13030
丰镇市	32	70	1391	78	165	3865	62	142	3296
兴安盟	**319**	**602**	**23126**	**849**	**1763**	**61428**	**1425**	**3148**	**114128**
乌兰浩特市	4	11	338	2	5	184	5	9	535
阿尔山市	20	33	1121	59	107	3405	51	90	3213
科尔沁右翼前旗	28	61	2121	80	173	5807	140	329	11802
科尔沁右翼中旗	54	110	4562	298	615	21326	507	1161	39983
扎赉特旗	130	212	8498	213	430	15302	484	1020	39050
突泉县	83	175	6486	197	433	15404	238	539	19545
锡林郭勒盟	**172**	**346**	**9857**	**651**	**1359**	**40663**	**999**	**2169**	**74631**
二连浩特市									
锡林浩特市	1	5	100	8	16	552	29	66	1892
阿巴嘎旗	7	17	474	13	31	917	29	60	2308
苏尼特左旗	7	13	416	67	127	3994	55	100	5207
苏尼特右旗	19	33	856	147	267	8033	231	463	15179
东乌珠穆沁旗	25	52	1395	98	189	6384	114	231	8578
西乌珠穆沁旗	15	24	988	48	90	3257	111	238	9959
太仆寺旗	45	105	2685	110	267	6749	115	299	7527
镶黄旗	2	3	66	8	15	523	36	76	2667
正镶白旗	14	24	761	60	152	3977	111	235	7915
正蓝旗	7	12	312	15	33	855	44	100	3587
多伦县	27	54	1601	77	172	5422	115	284	8948
乌拉盖管委会	3	4	203				9	17	864
阿拉善盟	**27**	**51**	**1898**	**333**	**768**	**27340**	**600**	**1500**	**52627**
阿拉善左旗	11	27	1049	284	644	23011	551	1347	47242
阿拉善右旗	8	13	502	43	114	3981	32	116	3863
额济纳旗	8	11	347	6	10	348	10	26	1202
内蒙古阿拉善经济开发区							7	11	320

9-2b 续表 9

单位：户、间、平方米

地区	2000-2009年			2010-2014年			2015年以后		
	户数	间数	面积	户数	间数	面积	户数	间数	面积
内蒙古	**72452**	**161248**	**6559181**	**85627**	**187286**	**8025255**	**30665**	**69211**	**2939132**
呼和浩特市	**4497**	**9189**	**405940**	**7619**	**15795**	**706794**	**1479**	**3081**	**125051**
新城区	31	54	2491	5	9	437	15	28	1141
回民区									
玉泉区									
赛罕区	7	17	780	22	70	2565	5	14	410
土默特左旗	990	1898	84719	1663	3307	143003	358	771	29512
托克托县	850	1709	76720	842	1727	79530	213	441	20027
和林格尔县	842	1754	80333	798	1620	69499	218	462	19819
清水河县	121	249	8369	592	1249	56561	240	463	18409
武川县	526	991	43878	965	1848	81882	93	158	6639
呼和浩特经济技术开发区	1130	2517	108650	2732	5965	273317	337	744	29094
包头市	**6634**	**13396**	**561134**	**5687**	**11981**	**526515**	**1668**	**3676**	**158171**
东河区	77	152	5158	455	927	39419	137	295	12742
昆都仑区									
青山区				10	20	500	60	130	5588
石拐区				4	11	270	4	10	280
白云鄂博矿区									
九原区	222	372	14360	145	234	9905	30	57	2287
土默特右旗	1553	3237	138006	1430	3006	134750	121	228	9388
固阳县	621	1202	54455	1148	2155	91071	205	285	7328
达尔罕茂明安联合旗	594	1091	47028	547	1085	47668	231	460	19640
包头稀土高新技术产业开发区	3567	7342	302127	1948	4543	202932	880	2211	100918
乌海市	**180**	**410**	**14579**	**23**	**53**	**1989**	**32**	**75**	**2553**
海勃湾区	124	303	10249						
海南区	37	68	2687	19	43	1726	18	37	1302
乌达区	19	39	1643	4	10	263	14	38	1251
赤峰市	**11835**	**28827**	**1053159**	**11792**	**28223**	**1091213**	**5549**	**13890**	**559414**
红山区	177	629	20179	194	561	19055	171	493	15309
元宝山区	178	434	15714	169	400	14999	62	155	5419
松山区	136	406	13955	155	477	14298	30	86	2969
阿鲁科尔沁旗	1105	2617	93126	1203	2960	113320	776	2032	82877
巴林左旗	1277	2779	104865	1532	3311	139939	513	1242	55952
巴林右旗	1140	2667	102962	963	2238	89383	396	976	44041
林西县	1394	3258	124973	1101	2499	97475	363	925	33732
克什克腾旗	1045	2202	89406	993	2136	87822	845	2037	88974
翁牛特旗	1116	2612	99123	1692	3821	164228	631	1324	56263
喀喇沁旗	1115	3061	103344	1108	2952	100111	365	997	39413
宁城县	1422	3812	129342	1398	3646	127021	572	1489	53106
敖汉旗	1730	4350	156170	1284	3222	123562	825	2134	81359

9-2b 续表 10

单位：户、间、平方米

地区	2000-2009年			2010-2014年			2015年以后		
	户数	间数	面积	户数	间数	面积	户数	间数	面积
通辽市	**7460**	**17278**	**665223**	**10433**	**23793**	**993328**	**4578**	**10783**	**468753**
科尔沁区	379	1072	37390	258	709	24814	99	236	8751
科尔沁左翼中旗	1007	2332	88574	1601	3648	142920	420	988	36929
科尔沁左翼后旗	1195	2703	103666	1200	2631	106057	481	1105	45400
开鲁县	1191	2819	105294	1184	2606	102128	711	1504	66515
库伦旗	612	1344	54055	729	1521	65169	288	644	28516
奈曼旗	1161	2955	112703	1241	3104	125555	570	1399	59645
扎鲁特旗	1063	2106	85286	1394	2746	117411	792	1670	76929
通辽经济技术开发区	850	1944	78145	2825	6826	309219	1217	3237	146068
霍林郭勒市	2	3	110	1	2	55			
鄂尔多斯市	**13890**	**30998**	**1335752**	**10847**	**26425**	**1220151**	**2495**	**6054**	**267398**
东胜区	39	107	4205	14	35	1384	14	36	1237
康巴什区									
达拉特旗	2732	6321	282357	1809	4210	197549	450	1017	45840
准格尔旗	4371	9231	378088	2176	5322	238039	531	1297	53759
鄂托克前旗	548	1281	57311	658	1599	70693	222	601	27697
鄂托克旗	2169	4867	212051	1179	2909	131021	273	685	29761
杭锦旗	1145	2680	115490	892	2074	92791	139	302	12434
乌审旗	1239	2827	123972	885	2191	102231	255	581	25669
伊金霍洛旗	1647	3684	162278	3234	8085	386443	611	1535	71001
呼伦贝尔市	**5435**	**11549**	**453594**	**9204**	**18011**	**724233**	**3740**	**7862**	**325509**
海拉尔区	11	25	827	13	32	998	21	44	1686
扎赉诺尔区	4	11	378				2	4	130
阿荣旗	966	2036	83641	1749	3399	146824	823	1787	80398
莫力达瓦达斡尔族自治旗	735	1523	59351	1053	2089	88091	378	798	32927
鄂伦春自治旗	886	1870	66488	1779	3235	122330	757	1438	54494
鄂温克族自治旗	1138	2705	116765	1241	2912	127991	575	1457	65158
陈巴尔虎旗	274	642	24419	529	1134	48247	261	538	23741
新巴尔虎左旗	180	391	15887	339	683	29121	120	249	10802
新巴尔虎右旗	327	702	30751	336	661	29830	103	242	11568
满洲里市	13	25	723	4	8	218	6	11	457
牙克石市	438	774	23355	1284	2270	75664	428	794	26814
扎兰屯市	192	385	16368	329	652	28275	134	251	10479
额尔古纳市	56	115	3664	161	271	8033	87	171	4625
根河市	215	345	10977	387	665	18611	45	78	2230
巴彦淖尔市	**5899**	**13664**	**561825**	**6990**	**15418**	**677989**	**2359**	**5286**	**234396**
临河区	88	201	7326	87	212	7483	41	94	3661
五原县	1313	2954	122101	1223	2676	116835	563	1237	57531
磴口县	634	1611	64641	630	1467	61608	254	622	26904
乌拉特前旗	1414	3126	129976	2068	4560	202198	493	1096	46158
乌拉特中旗	584	1291	54443	825	1674	76651	351	705	31892
乌拉特后旗	590	1334	54733	432	880	38074	130	318	14084
杭锦后旗	1276	3147	128605	1725	3949	175140	527	1214	54166

9-2b 续表 11 单位：户、间、平方米

地区	2000-2009年			2010-2014年			2015年以后		
	户数	间数	面积	户数	间数	面积	户数	间数	面积
乌兰察布市	**5632**	**10891**	**474581**	**8206**	**15670**	**694325**	**3136**	**6019**	**253660**
集宁区	22	45	2018	362	719	34019	62	123	5557
卓资县	421	846	37858	434	842	38686	237	396	17248
化德县	500	1008	44979	1028	1866	71763	474	929	38440
商都县	826	1552	68807	1344	2579	118901	491	844	34324
兴和县	832	1542	70717	1365	2484	116093	390	735	31020
凉城县	676	1356	58964	543	1029	45828	224	456	20022
察哈尔右翼前旗	553	1132	47138	977	1857	80602	253	560	24974
察哈尔右翼中旗	318	605	25828	514	968	42561	307	586	25473
察哈尔右翼后旗	779	1477	67062	778	1564	70335	251	480	18666
四子王旗	685	1287	50212	851	1749	75193	379	754	34225
丰镇市	20	41	998	10	13	344	68	156	3711
兴安盟	**3447**	**7296**	**293604**	**5791**	**12173**	**529941**	**3146**	**6648**	**290675**
乌兰浩特市	7	12	590	424	668	28747	230	341	14638
阿尔山市	119	213	8034	76	141	6484	108	194	7943
科尔沁右翼前旗	531	1185	51653	1520	3538	168070	673	1639	76074
科尔沁右翼中旗	806	1735	67919	1000	2173	90053	550	1151	45839
扎赉特旗	1174	2454	98746	1979	4063	168473	868	1813	81851
突泉县	810	1697	66662	792	1590	68114	717	1510	64330
锡林郭勒盟	**4657**	**10149**	**424111**	**6269**	**13154**	**573890**	**1661**	**3761**	**164770**
二连浩特市	5	5	76						
锡林浩特市	8	32	762				8	34	780
阿巴嘎旗	230	463	20069	403	830	37675	135	297	13284
苏尼特左旗	148	306	13183	346	716	31888	36	81	3589
苏尼特右旗	470	977	43016	707	1330	62589	182	369	16235
东乌珠穆沁旗	453	1031	41872	588	1326	57094	205	449	19725
西乌珠穆沁旗	879	1822	77490	829	1735	77639	133	293	14124
太仆寺旗	478	1110	42881	719	1586	60732	263	661	27490
镶黄旗	249	599	26408	252	500	21611	112	236	10394
正镶白旗	308	669	25896	269	557	22631	102	224	8565
正蓝旗	534	1157	47036	652	1332	57826	134	308	13939
多伦县	743	1654	70866	965	2032	89424	337	777	35191
乌拉盖管委会	152	324	14556	539	1210	54781	14	32	1454
阿拉善盟	**2886**	**7601**	**315679**	**2766**	**6590**	**284887**	**822**	**2076**	**88782**
阿拉善左旗	2172	5902	245955	1682	4158	181434	605	1526	64886
阿拉善右旗	190	498	20676	289	712	29240	102	260	11739
额济纳旗	290	709	28938	314	698	28899	98	255	10612
内蒙古阿拉善经济开发区	234	492	20110	481	1022	45314	17	35	1545

9–2c 各地区按住房建成时间分的家庭户住房状况(乡村)

单位：户、间、平方米

地区	合计			1949年以前		
	户数	间数	面积	户数	间数	面积
内蒙古	**293733**	**682829**	**22084592**	**319**	**649**	**17882**
呼和浩特市	**27608**	**50274**	**1730325**	**145**	**266**	**7516**
新城区	2701	4585	190590			
回民区	576	1055	46600			
玉泉区	2057	3777	153023	2	2	54
赛罕区	5110	11283	394646	5	11	230
土默特左旗	6608	11166	375128	43	82	3453
托克托县	3795	5932	208284	17	19	479
和林格尔县	3036	5591	175803	11	19	400
清水河县	1692	4122	96545	60	123	2607
武川县	2033	2763	89706	7	10	293
呼和浩特经济技术开发区						
包头市	**18880**	**31182**	**987937**	**29**	**37**	**1106**
东河区	1918	3541	123398	13	16	464
昆都仑区	1146	2012	75428			
青山区	749	1328	45719			
石拐区	238	484	16424	5	8	227
白云鄂博矿区						
九原区	2152	3876	145602			
土默特右旗	6507	10104	294863	6	7	218
固阳县	4442	6728	184242	3	3	95
达尔罕茂明安联合旗	1447	2556	81225	2	3	102
包头稀土高新技术产业开发区	281	553	21036			
乌海市	**796**	**1869**	**68426**			
海勃湾区	502	1137	41325			
海南区	294	732	27101			
乌达区						
赤峰市	**70183**	**188800**	**5658247**	**55**	**139**	**3500**
红山区	505	1597	49362	1	2	70
元宝山区	2484	6411	257489			
松山区	9621	24583	820497	8	16	493
阿鲁科尔沁旗	5208	12994	400845	3	7	176
巴林左旗	6899	16883	496228	3	7	190
巴林右旗	2360	4985	167332			
林西县	3535	10174	223895	4	10	183
克什克腾旗	3413	8210	227254	7	13	370
翁牛特旗	8350	25101	605765	3	11	216
喀喇沁旗	5708	12461	466772	9	18	530
宁城县	11080	34062	1024207	11	38	916
敖汉旗	11020	31339	918601	6	17	356

9－2c　续表 1　　　　单位：户、间、平方米

地　　区	合　　计			1949年以前		
	户数	间数	面积	户数	间数	面积
通辽市	**47443**	**123112**	**4146303**	**6**	**19**	**649**
科尔沁区	7763	21593	685219			
科尔沁左翼中旗	9223	22476	730937	3	8	370
科尔沁左翼后旗	6898	15788	559988			
开鲁县	6547	18086	581411			
库伦旗	3032	6642	259365			
奈曼旗	7846	23175	781153	1	5	112
扎鲁特旗	4793	11330	413987	2	6	167
通辽经济技术开发区	1018	3228	109989			
霍林郭勒市	323	794	24254			
鄂尔多斯市	**16691**	**42676**	**1582113**	**9**	**20**	**556**
东胜区	507	1212	47777	1	1	20
康巴什区						
达拉特旗	4991	11685	440678			
准格尔旗	3597	8610	287270	6	12	350
鄂托克前旗	1205	3457	146576			
鄂托克旗	954	2907	111817			
杭锦旗	1733	4534	144041			
乌审旗	1884	5474	198532			
伊金霍洛旗	1820	4797	205422	2	7	186
呼伦贝尔市	**21906**	**47135**	**1654265**	**12**	**27**	**885**
海拉尔区	404	888	33494			
扎赉诺尔区						
阿荣旗	4896	10970	382266	2	3	129
莫力达瓦达斡尔族自治旗	5410	11289	407567	2	5	170
鄂伦春自治旗	1766	3506	123903			
鄂温克族自治旗	1322	2856	102347			
陈巴尔虎旗	565	1374	45012			
新巴尔虎左旗	592	1407	42757	1	3	170
新巴尔虎右旗	299	620	19558			
满洲里市						
牙克石市	836	1872	46202	4	9	220
扎兰屯市	5190	10900	404362	2	5	156
额尔古纳市	613	1428	45962	1	2	40
根河市	13	25	835			
巴彦淖尔市	**25627**	**58364**	**2005634**	**9**	**21**	**679**
临河区	6726	15630	558613			
五原县	5012	10931	376235	1	3	93
磴口县	1633	3953	133378	1	1	35
乌拉特前旗	5339	11094	375163	6	15	469
乌拉特中旗	2074	4521	151356			
乌拉特后旗	622	1473	50935			
杭锦后旗	4221	10762	359954	1	2	82

9–2c 续表 2 单位：户、间、平方米

地区	合计			1949年以前		
	户数	间数	面积	户数	间数	面积
乌兰察布市	**30301**	**56570**	**1533323**	**32**	**63**	**1347**
集宁区	1193	2576	94813	1	1	10
卓资县	2120	3060	96607	8	16	288
化德县	1714	3388	76217	3	8	165
商都县	4231	5998	175361	7	11	278
兴和县	4102	9168	219967	1	4	100
凉城县	3058	6037	164244	1	2	60
察哈尔右翼前旗	2961	5907	176141	3	5	115
察哈尔右翼中旗	2646	5124	133672			
察哈尔右翼后旗	2206	4012	103297			
四子王旗	3001	5364	150186			
丰镇市	3069	5936	142818	8	16	331
兴安盟	**22564**	**51153**	**1855420**	**12**	**30**	**930**
乌兰浩特市	1271	2901	119699			
阿尔山市	112	240	6847			
科尔沁右翼前旗	6729	14473	559330	3	6	205
科尔沁右翼中旗	3564	8394	298352			
扎赉特旗	6054	13491	470331	2	4	150
突泉县	4834	11654	400861	7	20	575
锡林郭勒盟	**10351**	**27037**	**708878**	**9**	**22**	**610**
二连浩特市	57	152	4417			
锡林浩特市	778	1843	55684			
阿巴嘎旗	539	1446	37135			
苏尼特左旗	428	1095	32054	2	7	190
苏尼特右旗	553	1211	32554			
东乌珠穆沁旗	656	1679	51368			
西乌珠穆沁旗	866	2370	70003			
太仆寺旗	2606	7571	158331	1	1	20
镶黄旗	322	789	20241			
正镶白旗	828	2052	49484			
正蓝旗	1199	2948	86837	1	2	85
多伦县	1411	3635	102785	5	12	315
乌拉盖管委会	108	246	7985			
阿拉善盟	**1383**	**4657**	**153721**	**1**	**5**	**104**
阿拉善左旗	1090	3602	119546	1	5	104
阿拉善右旗	178	727	24129			
额济纳旗	107	308	9370			
内蒙古阿拉善经济开发区	8	20	676			

9-2c 续表 3

单位：户、间、平方米

地区	1949-1959年			1960-1969年		
	户数	间数	面积	户数	间数	面积
内蒙古	**744**	**1587**	**42533**	**2806**	**6046**	**166745**
呼和浩特市	**161**	**300**	**7320**	**574**	**1015**	**26152**
新城区	1	5	100	11	29	775
回民区	1	2	106	4	4	201
玉泉区	5	7	260	11	21	510
赛罕区	13	28	781	79	176	5666
土默特左旗	49	64	1608	203	307	7758
托克托县	14	19	465	46	53	1568
和林格尔县	8	11	288	63	103	2761
清水河县	54	139	3054	122	283	5815
武川县	16	25	658	35	39	1098
呼和浩特经济技术开发区						
包头市	**54**	**74**	**1931**	**220**	**328**	**9151**
东河区	9	11	305	45	81	2267
昆都仑区				4	9	130
青山区				3	5	155
石拐区	2	2	45	5	8	205
白云鄂博矿区						
九原区	3	4	72	5	8	295
土默特右旗	27	35	853	124	160	4621
固阳县	5	7	182	18	26	716
达尔罕茂明安联合旗	8	15	474	15	30	742
包头稀土高新技术产业开发区				1	1	20
乌海市				**1**	**4**	**100**
海勃湾区						
海南区				1	4	100
乌达区						
赤峰市	**271**	**675**	**17588**	**1024**	**2583**	**67483**
红山区	5	13	330	14	38	1003
元宝山区	4	10	340	41	80	3096
松山区	53	102	3248	208	485	13547
阿鲁科尔沁旗	2	7	128	18	49	1447
巴林左旗	12	27	707	58	176	4027
巴林右旗	6	12	336	21	43	1407
林西县	25	73	1468	54	153	3316
克什克腾旗	19	43	1083	122	276	7064
翁牛特旗	33	104	2062	132	410	8415
喀喇沁旗	40	83	2573	136	264	8512
宁城县	50	134	3476	165	460	11575
敖汉旗	22	67	1837	55	149	4074

9-2c　续表 4　　　　单位：户、间、平方米

地　　区	1949-1959年			1960-1969年		
	户数	间数	面积	户数	间数	面积
通辽市	**13**	**38**	**1122**	**72**	**173**	**5990**
科尔沁区	3	8	259	20	42	1362
科尔沁左翼中旗				2	4	117
科尔沁左翼后旗				10	23	1005
开鲁县	2	4	168	4	17	493
库伦旗	1	2	90	1	2	80
奈曼旗	3	16	280	9	27	797
扎鲁特旗	4	8	325	25	55	2047
通辽经济技术开发区				1	3	89
霍林郭勒市						
鄂尔多斯市	**24**	**52**	**1687**	**55**	**142**	**3889**
东胜区	1	3	90			
康巴什区						
达拉特旗	7	12	535	17	31	1011
准格尔旗	13	29	798	25	71	1358
鄂托克前旗						
鄂托克旗				1	6	400
杭锦旗	1	2	54	6	15	430
乌审旗	2	6	210	3	11	445
伊金霍洛旗				3	8	245
呼伦贝尔市	**71**	**133**	**4300**	**227**	**436**	**14430**
海拉尔区	4	8	324	3	9	220
扎赉诺尔区						
阿荣旗	12	24	870	48	105	3424
莫力达瓦达斡尔族自治旗	6	12	489	25	47	1842
鄂伦春自治旗	2	4	122			
鄂温克族自治旗	2	3	140	2	5	300
陈巴尔虎旗				2	4	130
新巴尔虎左旗				14	26	888
新巴尔虎右旗				1	1	18
满洲里市						
牙克石市	29	51	1280	42	64	1990
扎兰屯市	14	28	983	80	153	5048
额尔古纳市	2	3	92	10	22	570
根河市						
巴彦淖尔市	**61**	**141**	**3868**	**237**	**533**	**16358**
临河区	5	8	343	25	56	1962
五原县	14	33	936	60	123	3722
磴口县	3	6	211	45	104	3668
乌拉特前旗	33	79	2035	54	120	3574
乌拉特中旗	2	4	103	23	46	1190
乌拉特后旗	1	2	60	3	7	214
杭锦后旗	3	9	180	27	77	2028

9-2c 续表 5 单位：户、间、平方米

地区	1949-1959年			1960-1969年		
	户数	间数	面积	户数	间数	面积
乌兰察布市	**51**	**81**	**2134**	**195**	**352**	**8974**
集宁区	2	3	78	14	28	761
卓资县	4	6	126	19	25	705
化德县	2	5	115	12	24	594
商都县	11	13	476	29	44	1614
兴和县	3	5	125	23	48	1030
凉城县	7	10	250	12	25	585
察哈尔右翼前旗	3	7	190	17	38	848
察哈尔右翼中旗	5	8	159	23	35	871
察哈尔右翼后旗	3	5	110	13	27	558
四子王旗	4	6	165	2	3	45
丰镇市	7	13	340	31	55	1363
兴安盟	**19**	**44**	**1422**	**113**	**265**	**8618**
乌兰浩特市				4	9	330
阿尔山市				4	8	175
科尔沁右翼前旗	11	21	726	35	70	2368
科尔沁右翼中旗				4	11	380
扎赉特旗	1	3	88	14	32	1117
突泉县	7	20	608	52	135	4248
锡林郭勒盟	**18**	**47**	**1061**	**85**	**202**	**5152**
二连浩特市						
锡林浩特市				2	4	100
阿巴嘎旗	1	1	30	4	9	218
苏尼特左旗	2	5	154	6	9	355
苏尼特右旗						
东乌珠穆沁旗						
西乌珠穆沁旗				2	12	220
太仆寺旗	4	12	225	17	44	956
镶黄旗				1	2	45
正镶白旗	1	2	42	2	5	140
正蓝旗	5	12	305	19	45	1198
多伦县	5	15	305	32	72	1920
乌拉盖管委会						
阿拉善盟	**1**	**2**	**100**	**3**	**13**	**448**
阿拉善左旗	1	2	100	3	13	448
阿拉善右旗						
额济纳旗						
内蒙古阿拉善经济开发区						

9-2c　续表 6　　　　单位：户、间、平方米

地　区	1970—1979年			1980—1989年			1990—1999年		
	户数	间数	面积	户数	间数	面积	户数	间数	面积
内蒙古	**10792**	**23880**	**668282**	**36252**	**84129**	**2502475**	**63471**	**155267**	**4931432**
呼和浩特市	**1561**	**2808**	**78099**	**3938**	**7203**	**208977**	**5717**	**10485**	**341083**
新城区	34	67	2310	98	229	6926	398	633	22965
回民区	18	27	970	54	65	2879	40	63	2438
玉泉区	44	81	2835	125	239	7683	263	539	19256
赛罕区	191	446	14525	648	1354	40164	976	2193	72810
土默特左旗	448	672	18733	1142	1887	57537	1726	2951	98565
托克托县	200	276	7904	639	971	30745	1015	1558	53804
和林格尔县	217	413	11253	487	957	25684	615	1177	35995
清水河县	250	628	13712	413	1038	23299	323	866	19339
武川县	159	198	5857	332	463	14060	361	505	15911
呼和浩特经济技术开发区									
包头市	**908**	**1383**	**39426**	**2883**	**4622**	**134377**	**3881**	**6437**	**195749**
东河区	160	256	7757	402	707	21954	431	804	26700
昆都仑区	13	22	590	110	196	6433	179	307	10823
青山区	6	9	260	26	43	1554	93	150	4244
石拐区	16	27	756	50	99	2653	31	73	2427
白云鄂博矿区									
九原区	29	57	1971	183	307	10341	422	754	26919
土默特右旗	534	741	20541	1472	2259	62571	1885	2954	83461
固阳县	100	164	4153	474	709	18778	607	954	25657
达尔罕茂明安联合旗	34	65	1823	89	165	4877	121	229	6553
包头稀土高新技术产业开发区	16	42	1575	77	137	5216	112	212	8965
乌海市	**45**	**96**	**3153**	**60**	**145**	**5257**	**202**	**459**	**16873**
海勃湾区	30	54	1702	30	68	2506	145	317	11705
海南区	15	42	1451	30	77	2751	57	142	5168
乌达区									
赤峰市	**3877**	**9876**	**257222**	**12069**	**31947**	**896903**	**20197**	**55806**	**1666546**
红山区	46	128	3641	123	382	11202	145	457	14756
元宝山区	184	434	14855	656	1646	60811	925	2513	103287
松山区	643	1517	43757	1603	4062	123481	2379	6313	200277
阿鲁科尔沁旗	70	178	4877	508	1256	38008	1390	3495	110692
巴林左旗	167	389	10488	844	2020	56212	2263	5502	160758
巴林右旗	65	128	3904	232	457	15671	486	1037	36367
林西县	306	869	17627	631	1845	37396	958	2812	62775
克什克腾旗	307	715	18597	740	1754	47248	742	1858	50356
翁牛特旗	615	1804	39185	1560	4717	105144	2597	7802	190167
喀喇沁旗	427	848	26828	1257	2642	92106	1623	3617	135184
宁城县	767	2103	53760	2679	7740	214213	3275	10383	312960
敖汉旗	280	763	19703	1236	3426	95411	3414	10017	288967

9-2c 续表 7 单位：户、间、平方米

地区	1970—1979年			1980—1989年			1990—1999年		
	户数	间数	面积	户数	间数	面积	户数	间数	面积
通辽市	**325**	**838**	**27050**	**2448**	**6503**	**207458**	**11072**	**29453**	**986034**
科尔沁区	102	259	7972	808	2284	68685	2632	7487	230737
科尔沁左翼中旗	34	86	2620	307	761	23814	1349	3314	108503
科尔沁左翼后旗	27	68	2291	306	782	25493	1588	3818	134929
开鲁县	32	87	2861	223	593	18683	1798	4868	159603
库伦旗	11	30	1024	170	389	15274	855	1949	76425
奈曼旗	69	188	6284	291	848	26835	1570	4709	159931
扎鲁特旗	44	100	3398	294	686	23703	974	2347	83612
通辽经济技术开发区	6	20	600	47	154	4791	279	848	28651
霍林郭勒市				2	6	180	27	113	3643
鄂尔多斯市	**243**	**574**	**18897**	**1630**	**4018**	**140570**	**2701**	**6839**	**251371**
东胜区	10	23	727	29	75	2990	83	230	9129
康巴什区									
达拉特旗	79	174	5838	794	1850	64343	1070	2461	92462
准格尔旗	68	156	4393	255	585	15870	439	1135	35225
鄂托克前旗	6	15	593	69	199	8329	147	423	18574
鄂托克旗	5	12	450	56	176	6177	115	346	14051
杭锦旗	39	104	3196	170	436	14656	314	814	26136
乌审旗	19	50	1870	116	312	10963	282	770	28413
伊金霍洛旗	17	40	1830	141	385	17242	251	660	27381
呼伦贝尔市	**827**	**1762**	**56289**	**1902**	**4071**	**133757**	**3328**	**7400**	**256863**
海拉尔区	20	41	1410	65	157	5340	56	132	4684
扎赉诺尔区									
阿荣旗	220	493	16252	471	1081	34971	758	1725	59256
莫力达瓦达斡尔族自治旗	109	216	7302	259	524	19099	742	1598	57670
鄂伦春自治旗	26	63	1972	120	254	8560	294	633	21527
鄂温克族自治旗	11	18	539	191	379	12062	180	398	14450
陈巴尔虎旗	13	23	854	30	63	2110	132	317	11047
新巴尔虎左旗	30	66	2126	48	121	3764	81	198	6028
新巴尔虎右旗	4	8	280	9	21	910	45	114	2996
满洲里市									
牙克石市	125	290	6662	235	512	12478	95	208	6092
扎兰屯市	239	481	16839	408	825	30401	795	1685	62589
额尔古纳市	28	60	1968	65	132	4012	149	391	10482
根河市	2	3	85	1	2	50	1	1	42
巴彦淖尔市	**1342**	**2883**	**91683**	**6166**	**13879**	**454649**	**7043**	**16533**	**565459**
临河区	247	539	17910	1527	3530	120672	1762	4253	147865
五原县	287	587	19089	1505	3270	106913	1443	3271	112588
磴口县	148	335	10484	327	766	24726	563	1425	47865
乌拉特前旗	238	460	13617	1072	2170	67619	1503	3157	107795
乌拉特中旗	160	338	9905	440	965	31613	594	1367	47038
乌拉特后旗	86	186	6474	145	329	10783	121	299	10405
杭锦后旗	176	438	14204	1150	2849	92323	1057	2761	91903

9-2c 续表 8

单位：户、间、平方米

地 区	1970—1979年			1980—1989年			1990—1999年		
	户数	间数	面积	户数	间数	面积	户数	间数	面积
乌兰察布市	**927**	**1837**	**44652**	**2819**	**5798**	**142311**	**3870**	**8176**	**209720**
集宁区	28	48	1428	60	143	3672	79	162	5180
卓资县	66	91	2550	250	364	10013	272	415	11811
化德县	36	89	2035	113	237	5575	181	410	10056
商都县	56	71	2610	180	263	8335	347	538	17453
兴和县	129	302	6712	404	1011	22555	670	1707	38700
凉城县	92	199	4659	368	848	21336	425	966	25268
察哈尔右翼前旗	83	170	4365	270	558	16045	475	1045	30162
察哈尔右翼中旗	155	292	6849	343	690	15822	316	660	16243
察哈尔右翼后旗	53	111	2314	119	246	5189	238	486	11305
四子王旗	61	113	3154	271	488	11694	316	556	14035
丰镇市	168	351	7976	441	950	22075	551	1231	29507
兴安盟	**349**	**810**	**27003**	**1140**	**2682**	**92679**	**3302**	**7676**	**280309**
乌兰浩特市	15	35	1212	76	179	6716	282	674	26727
阿尔山市	9	15	395	22	40	1080	11	23	659
科尔沁右翼前旗	104	212	8419	285	617	23760	947	2050	79063
科尔沁右翼中旗	15	41	1287	124	301	10669	641	1551	55240
扎赉特旗	50	106	3654	225	526	18159	718	1642	58213
突泉县	156	401	12036	408	1019	32295	703	1736	60407
锡林郭勒盟	**372**	**965**	**23282**	**1052**	**2800**	**69366**	**1927**	**5220**	**135232**
二连浩特市	1	2	70				2	3	110
锡林浩特市	3	8	135	45	100	2768	122	306	8926
阿巴嘎旗	8	24	774	44	126	3134	102	296	7480
苏尼特左旗	7	19	524	18	44	1365	68	168	5724
苏尼特右旗	3	9	200	17	38	1015	107	243	6838
东乌珠穆沁旗	3	8	225	52	148	4655	175	449	14504
西乌珠穆沁旗	12	45	1088	65	171	5119	169	513	14470
太仆寺旗	94	264	4870	318	906	18392	529	1588	33021
镶黄旗	10	27	673	55	127	3355	49	129	3375
正镶白旗	18	50	1073	67	177	4114	126	326	7508
正蓝旗	61	148	4042	117	283	7863	197	470	14003
多伦县	152	361	9608	253	678	17526	266	700	18414
乌拉盖管委会				1	2	60	15	29	859
阿拉善盟	**16**	**48**	**1526**	**145**	**461**	**16171**	**231**	**783**	**26193**
阿拉善左旗	15	46	1501	123	392	13670	204	698	23337
阿拉善右旗	1	2	25	19	59	2241	19	66	2131
额济纳旗				3	10	260	7	16	605
内蒙古阿拉善经济开发区							1	3	120

9-2c 续表 9 单位：户、间、平方米

地区	2000-2009年			2010-2014年			2015年以后		
	户数	间数	面积	户数	间数	面积	户数	间数	面积
内蒙古	**69394**	**168506**	**5717410**	**50849**	**117809**	**4119268**	**59106**	**124956**	**3918565**
呼和浩特市	**7337**	**13193**	**503510**	**4216**	**8176**	**312918**	**3959**	**6828**	**244750**
新城区	1069	1661	73348	744	1259	54309	346	702	29857
回民区	143	243	10127	72	122	5742	244	529	24137
玉泉区	976	1707	71274	518	945	41447	113	236	9704
赛罕区	1798	3666	139695	946	2342	81538	454	1067	39237
土默特左旗	1398	2418	89332	882	1602	59139	717	1183	39003
托克托县	750	1238	43701	395	691	29101	719	1107	40517
和林格尔县	601	1161	40029	390	720	25850	644	1030	33543
清水河县	244	555	14672	115	273	8640	111	217	5407
武川县	358	544	21332	154	222	7152	611	757	23345
呼和浩特经济技术开发区									
包头市	**4363**	**7425**	**255526**	**2934**	**5165**	**180670**	**3608**	**5711**	**170001**
东河区	556	1065	41721	187	386	14629	115	215	7601
昆都仑区	548	900	35253	277	551	21249	15	27	950
青山区	395	688	23349	193	365	13510	33	68	2647
石拐区	26	59	2059	57	98	3343	46	110	4709
白云鄂博矿区									
九原区	856	1549	58829	495	897	36222	159	300	10953
土默特右旗	1036	1630	49304	692	1174	38057	731	1144	35237
固阳县	622	949	26130	756	1218	36555	1857	2698	71976
达尔罕茂明安联合旗	262	448	14576	267	456	16300	649	1145	35778
包头稀土高新技术产业开发区	62	137	4305	10	20	805	3	4	150
乌海市	**254**	**551**	**21422**	**95**	**241**	**9202**	**139**	**373**	**12419**
海勃湾区	209	446	17497	22	57	1927	66	195	5988
海南区	45	105	3925	73	184	7275	73	178	6431
乌达区									
赤峰市	**16916**	**47020**	**1469403**	**7655**	**20294**	**650007**	**8119**	**20460**	**629595**
红山区	105	351	10949	43	155	5013	23	71	2398
元宝山区	357	891	40199	153	394	16196	164	443	18705
松山区	1711	4520	158232	1089	2696	96217	1927	4872	181245
阿鲁科尔沁旗	1774	4388	138699	611	1560	48063	832	2054	58755
巴林左旗	2387	5956	180978	587	1485	47058	578	1321	35810
巴林右旗	703	1624	53590	488	1002	33247	359	682	22810
林西县	756	2169	50588	335	959	22604	466	1284	27938
克什克腾旗	597	1467	42221	395	978	28629	484	1106	31686
翁牛特旗	1894	5806	149159	813	2414	62754	703	2033	48663
喀喇沁旗	1162	2707	111756	533	1239	51213	521	1043	38070
宁城县	2297	7523	248551	800	2658	90849	1036	3023	87907
敖汉旗	3173	9618	284481	1808	4754	148164	1026	2528	75608

9-2c 续表 10

单位：户、间、平方米

地区	2000—2009年			2010—2014年			2015年以后		
	户数	间数	面积	户数	间数	面积	户数	间数	面积
通辽市	**15348**	**41218**	**1410674**	**10974**	**27835**	**949004**	**7185**	**17035**	**558322**
科尔沁区	2590	7247	235144	1023	2816	95560	585	1450	45500
科尔沁左翼中旗	2393	6084	201743	2750	6709	220471	2385	5510	173299
科尔沁左翼后旗	2061	4760	175537	2141	4640	162923	765	1697	57810
开鲁县	2614	7343	236376	1228	3480	110445	646	1694	52782
库伦旗	1122	2583	100477	512	1007	41303	360	680	24692
奈曼旗	2842	8639	296718	1972	5857	200252	1089	2886	89944
扎鲁特旗	1229	2966	110415	955	2311	85502	1266	2851	104818
通辽经济技术开发区	433	1418	48133	168	530	18634	84	255	9091
霍林郭勒市	64	178	6131	225	485	13914	5	12	386
鄂尔多斯市	**4156**	**10636**	**416199**	**3597**	**9475**	**369232**	**4276**	**10920**	**379712**
东胜区	206	454	17267	73	169	7273	104	257	10281
康巴什区									
达拉特旗	1168	2855	120596	688	1704	65956	1168	2598	89937
准格尔旗	1012	2458	85100	1118	2672	98106	661	1492	46070
鄂托克前旗	328	925	39119	318	964	41630	337	931	38331
鄂托克旗	195	605	24330	231	646	26959	351	1116	39450
杭锦旗	235	628	20313	260	691	23886	708	1844	55370
乌审旗	413	1205	43286	406	1193	43281	643	1927	70064
伊金霍洛旗	599	1506	66188	503	1436	62141	304	755	30209
呼伦贝尔市	**5096**	**11352**	**402212**	**5360**	**11653**	**428040**	**5083**	**10301**	**357489**
海拉尔区	69	147	5739	70	151	5713	117	243	10064
扎赉诺尔区									
阿荣旗	1200	2802	98574	1303	2930	108173	882	1807	60617
莫力达瓦达斡尔族自治旗	1308	2775	98158	1473	3074	114924	1486	3038	107913
鄂伦春自治旗	290	580	21679	227	484	17820	807	1488	52223
鄂温克族自治旗	507	1103	39254	224	498	19070	205	452	16532
陈巴尔虎旗	126	324	10238	142	338	11107	120	305	9526
新巴尔虎左旗	106	256	8631	107	268	8125	205	469	13025
新巴尔虎右旗	47	100	3289	75	134	4242	118	242	7823
满洲里市									
牙克石市	35	99	2775	132	343	8517	139	296	6188
扎兰屯市	1254	2795	102331	1519	3231	123042	879	1697	62973
额尔古纳市	150	359	11192	88	202	7307	120	257	10299
根河市	4	12	352				5	7	306
巴彦淖尔市	**4586**	**10723**	**378658**	**3522**	**7873**	**292878**	**2661**	**5778**	**201402**
临河区	1380	3269	117975	1181	2589	100801	599	1386	51085
五原县	660	1488	53538	651	1327	49415	391	829	29941
磴口县	325	781	27080	132	327	12354	89	208	6955
乌拉特前旗	1015	2180	77117	706	1536	58440	712	1377	44497
乌拉特中旗	322	700	25434	296	616	20296	237	485	15777
乌拉特后旗	105	268	9187	68	180	6484	93	202	7328
杭锦后旗	779	2037	68327	488	1298	45088	540	1291	45819

9-2c 续表 11 单位：户、间、平方米

地区	2000-2009年			2010-2014年			2015年以后		
	户数	间数	面积	户数	间数	面积	户数	间数	面积
乌兰察布市	**3320**	**6777**	**197043**	**4563**	**7915**	**262146**	**14524**	**25571**	**664996**
集宁区	76	168	5207	200	471	18515	733	1552	59962
卓资县	160	232	7675	387	575	21884	954	1336	41555
化德县	199	428	10475	224	354	8607	944	1833	38595
商都县	430	662	22359	526	695	24086	2645	3701	98150
兴和县	576	1402	38015	402	815	21243	1894	3874	91487
凉城县	355	712	21061	343	613	20384	1455	2662	70641
察哈尔右翼前旗	462	1005	32094	510	997	32528	1138	2082	59794
察哈尔右翼中旗	216	462	12975	410	725	25217	1178	2252	55536
察哈尔右翼后旗	243	454	12179	343	518	18044	1194	2165	53598
四子王旗	276	555	17052	796	1424	51951	1275	2219	52090
丰镇市	327	697	17951	422	728	19687	1114	1895	43588
兴安盟	**5644**	**13218**	**484586**	**5570**	**12832**	**483878**	**6415**	**13596**	**475995**
乌兰浩特市	300	689	29049	397	912	39807	197	403	15858
阿尔山市	10	28	662	35	74	2615	21	52	1261
科尔沁右翼前旗	1744	3914	149406	1878	4103	163980	1722	3480	131403
科尔沁右翼中旗	961	2350	82614	793	1885	67971	1026	2255	80191
扎赉特旗	1610	3663	131244	1560	3598	128440	1874	3917	129266
突泉县	1019	2574	91611	907	2260	81065	1575	3489	118016
锡林郭勒盟	**2126**	**5534**	**151158**	**2085**	**5422**	**149554**	**2677**	**6825**	**173463**
二连浩特市	21	61	1695	19	50	1472	14	36	1070
锡林浩特市	172	387	10519	263	614	20433	171	424	12803
阿巴嘎旗	140	339	8677	85	237	5975	155	414	10847
苏尼特左旗	118	323	9188	121	309	8642	86	211	5912
苏尼特右旗	130	296	8412	137	302	8100	159	323	7989
东乌珠穆沁旗	190	503	14834	130	313	9575	106	258	7575
西乌珠穆沁旗	245	706	20264	145	374	11269	228	549	17573
太仆寺旗	399	1150	25044	451	1333	28905	793	2273	46898
镶黄旗	43	100	2639	66	166	4102	98	238	6052
正镶白旗	116	317	7941	153	394	9968	345	781	18698
正蓝旗	253	607	18895	259	655	20195	287	726	20251
多伦县	253	650	19797	237	627	19490	208	520	15410
乌拉盖管委会	46	95	3253	19	48	1428	27	72	2385
阿拉善盟	**248**	**859**	**27019**	**278**	**928**	**31739**	**460**	**1558**	**50421**
阿拉善左旗	209	718	22794	228	746	25507	306	982	32085
阿拉善右旗	29	117	3394	32	129	4692	78	354	11646
额济纳旗	9	21	795	17	52	1500	71	209	6210
内蒙古阿拉善经济开发区	1	3	36	1	1	40	5	13	480

9-3 各地区按住房设施状况分的家庭户户数

单位：户

地 区	合 计	住房所在建筑有无电梯		主要炊事燃料				
		有	无	燃气	电	煤炭	柴草	其他
内蒙古	**868558**	**137915**	**730643**	**376608**	**195417**	**132218**	**154100**	**10215**
呼和浩特市	**120491**	**32888**	**87603**	**74912**	**21119**	**19520**	**4324**	**616**
新城区	23398	8593	14805	20301	1851	1166	7	73
回民区	15371	3782	11589	11685	2842	751	3	90
玉泉区	18787	7038	11749	11501	5904	1175	56	151
赛罕区	28924	11242	17682	22654	3209	2690	242	129
土默特左旗	10436	280	10156	1778	3261	4616	744	37
托克托县	6573	205	6368	1348	848	3674	684	19
和林格尔县	5337	73	5264	1335	803	1476	1711	12
清水河县	3026	144	2882	631	333	1315	741	6
武川县	4140	30	4110	382	1338	2340	57	23
呼和浩特经济技术开发区	4499	1501	2998	3297	730	317	79	76
包头市	**108111**	**22939**	**85172**	**73298**	**12790**	**17794**	**3358**	**871**
东河区	19104	4273	14831	13784	3151	2057	35	77
昆都仑区	30489	8187	22302	25731	2123	2243	30	362
青山区	20245	4981	15264	17378	2414	337	18	98
石拐区	834	22	812	466	104	259	1	4
白云鄂博矿区	895	2	893	331	496	19	3	46
九原区	8626	2222	6404	5166	1114	2156	119	71
土默特右旗	10885	476	10409	2896	827	4065	3079	18
固阳县	6827	92	6735	1498	626	4550	7	146
达尔罕茂明安联合旗	2902	48	2854	507	982	1373	14	26
包头稀土高新技术产业开发区	7304	2636	4668	5541	953	735	52	23
乌海市	**20298**	**4969**	**15329**	**15485**	**2487**	**2061**	**18**	**247**
海勃湾区	12390	4294	8096	9925	1511	828	10	116
海南区	3247	142	3105	2283	330	572	1	61
乌达区	4661	533	4128	3277	646	661	7	70
赤峰市	**143923**	**19966**	**123957**	**58060**	**15376**	**11517**	**57330**	**1640**
红山区	15575	4644	10931	13117	882	534	588	454
元宝山区	10741	1311	9430	6212	1281	2101	1113	34
松山区	23407	7739	15668	15082	1502	277	6363	183
阿鲁科尔沁旗	8914	775	8139	1223	2706	1340	3392	253
巴林左旗	11042	980	10062	3760	876	1019	5337	50
巴林右旗	5676	645	5031	2277	948	959	1462	30
林西县	7588	402	7186	2723	1326	281	3246	12
克什克腾旗	6817	760	6057	2177	1051	406	2870	313
翁牛特旗	12975	811	12164	2822	1797	1041	7063	252
喀喇沁旗	9306	429	8877	2234	1492	877	4687	16
宁城县	15985	513	15472	2901	803	2018	10229	34
敖汉旗	15897	957	14940	3532	712	664	10980	9

9-3 续表 1

单位：户

地区	合计	住房所在建筑有无电梯		主要炊事燃料				
		有	无	燃气	电	煤炭	柴草	其他
通辽市	**96024**	**8103**	**87921**	**27652**	**26319**	**5685**	**35297**	**1071**
科尔沁区	24801	3393	21408	14231	4833	920	4146	671
科尔沁左翼中旗	13197	208	12989	1795	4938	1498	4870	96
科尔沁左翼后旗	10568	274	10294	1292	3089	526	5592	69
开鲁县	10630	285	10345	1726	1966	454	6460	24
库伦旗	5110	121	4989	299	1568	227	2992	24
奈曼旗	11896	433	11463	1693	1524	170	8390	119
扎鲁特旗	8891	560	8331	627	4238	1466	2548	12
通辽经济技术开发区	6394	2450	3944	5159	619	288	286	42
霍林郭勒市	4537	379	4158	830	3544	136	13	14
鄂尔多斯市	**70294**	**19108**	**51186**	**37805**	**12890**	**14567**	**4481**	**551**
东胜区	18424	8454	9970	13986	2681	1608	33	116
康巴什区	3341	2295	1046	3049	281	4		7
达拉特旗	11492	1195	10297	4347	870	4633	1566	76
准格尔旗	12166	2034	10132	1324	6530	3559	659	94
鄂托克前旗	2984	217	2767	1868	211	364	495	46
鄂托克旗	5240	389	4851	3348	752	1005	58	77
杭锦旗	4162	692	3470	2101	309	1472	268	12
乌审旗	4783	515	4268	2679	384	612	1074	34
伊金霍洛旗	7702	3317	4385	5103	872	1310	328	89
呼伦贝尔市	**85390**	**8158**	**77232**	**39464**	**16425**	**11241**	**16526**	**1734**
海拉尔区	13594	5263	8331	9808	3273	332	20	161
扎赉诺尔区	3589	72	3517	2530	338	718	1	2
阿荣旗	9101	348	8753	2798	1190	255	4743	115
莫力达瓦达斡尔族自治旗	8175	224	7951	1944	1142	401	4463	225
鄂伦春自治旗	6767	207	6560	2500	1245	1513	1356	153
鄂温克族自治旗	5467	380	5087	2354	2177	776	30	130
陈巴尔虎旗	1950	157	1793	823	281	693	59	94
新巴尔虎左旗	1327	23	1304	616	68	364	65	214
新巴尔虎右旗	1175	66	1109	752	40	232	7	144
满洲里市	5670	460	5210	4696	412	498	10	54
牙克石市	11377	386	10991	5733	2497	2453	337	357
扎兰屯市	11228	485	10743	2331	2233	1620	5038	6
额尔古纳市	2756	68	2688	1301	490	779	141	45
根河市	3214	19	3195	1278	1039	607	256	34
巴彦淖尔市	**60188**	**7014**	**53174**	**25902**	**13385**	**8012**	**11665**	**1224**
临河区	21885	5001	16884	11620	5582	1032	3152	499
五原县	9138	539	8599	3664	1693	998	2682	101
磴口县	3712	128	3584	1401	800	858	619	34
乌拉特前旗	10608	638	9970	3184	2209	3028	2036	151
乌拉特中旗	4394	200	4194	1720	443	1087	1015	129
乌拉特后旗	1955	124	1831	879	450	264	307	55
杭锦后旗	8496	384	8112	3434	2208	745	1854	255

9-3 续表 2　　　　单位：户

地区	合计	住房所在建筑有无电梯		主要炊事燃料				
		有	无	燃气	电	煤炭	柴草	其他
乌兰察布市	**67776**	**5766**	**62010**	**3882**	**30979**	**29418**	**3252**	**245**
集宁区	15308	4233	11075	1663	12065	1555	7	18
卓资县	3620	202	3418	52	1520	1916	131	1
化德县	3930	61	3869	747	1227	1481	436	39
商都县	7224	84	7140	57	2643	4321	161	42
兴和县	6791	166	6625	477	2046	3636	601	31
凉城县	4881	88	4793	359	1070	2491	942	19
察哈尔右翼前旗	5006	143	4863	177	1638	3150	25	16
察哈尔右翼中旗	3901	193	3708	55	1382	2235	213	16
察哈尔右翼后旗	4223	110	4113	17	1861	2295	32	18
四子王旗	5376	221	5155	121	2269	2427	541	18
丰镇市	7516	265	7251	157	3258	3911	163	27
兴安盟	**48645**	**5425**	**43220**	**6179**	**21930**	**4636**	**15622**	**278**
乌兰浩特市	12201	2434	9767	1526	9329	655	654	37
阿尔山市	1282	10	1272	31	1042	104	102	3
科尔沁右翼前旗	9717	1125	8592	661	3966	914	4083	93
科尔沁右翼中旗	6800	361	6439	431	2840	2000	1480	49
扎赉特旗	10931	505	10426	2595	2232	368	5712	24
突泉县	7714	990	6724	935	2521	595	3591	72
锡林郭勒盟	**38598**	**2948**	**35650**	**9761**	**18432**	**6870**	**1997**	**1538**
二连浩特市	2665	145	2520	1300	1136	193		36
锡林浩特市	11968	2120	9848	4531	6609	693	3	132
阿巴嘎旗	1358	5	1353	78	734	367	11	168
苏尼特左旗	1088	19	1069	151	509	232	13	183
苏尼特右旗	2354	42	2312	179	1357	732	7	79
东乌珠穆沁旗	2150	52	2098	870	391	716	20	153
西乌珠穆沁旗	2885	75	2810	1198	699	774	41	173
太仆寺旗	4354	202	4152	70	1984	891	1362	47
镶黄旗	982	31	951	133	504	234	10	101
正镶白旗	1697	32	1665	57	792	573	168	107
正蓝旗	2586	74	2512	217	1434	459	187	289
多伦县	3683	147	3536	610	1950	895	171	57
乌拉盖管委会	828	4	824	367	333	111	4	13
阿拉善盟	**8820**	**631**	**8189**	**4208**	**3285**	**897**	**230**	**200**
阿拉善左旗	6397	561	5836	3552	1836	706	151	152
阿拉善右旗	842	45	797	112	555	140	26	9
额济纳旗	834	22	812	227	494	48	53	12
内蒙古阿拉善经济开发区	747	3	744	317	400	3		27

9−3 续表 3

单位：户

地区	住房内有无管道自来水		住房内有无厨房			住房内有无厕所	
	有	无	独立使用	与其他户合用	无	水冲式卫生厕所	水冲式非卫生厕所
内蒙古	**724896**	**143662**	**806148**	**9679**	**52731**	**539416**	**3494**
呼和浩特市	**112031**	**8460**	**107902**	**1368**	**11221**	**90415**	**613**
新城区	22948	450	22359	120	919	21203	167
回民区	14559	812	14108	89	1174	13618	30
玉泉区	15917	2870	16734	65	1988	15849	57
赛罕区	27608	1316	27399	271	1254	25149	112
土默特左旗	9219	1217	8058	222	2156	3324	114
托克托县	6133	440	5415	132	1026	2215	15
和林格尔县	4918	419	4266	221	850	2192	21
清水河县	2457	569	1621	170	1235	997	20
武川县	3913	227	3546	53	541	1812	8
呼和浩特经济技术开发区	4359	140	4396	25	78	4056	69
包头市	**102823**	**5288**	**99279**	**945**	**7887**	**83123**	**220**
东河区	18044	1060	18216	141	747	16492	23
昆都仑区	29269	1220	28776	66	1647	27022	83
青山区	18849	1396	18784	59	1402	19031	28
石拐区	661	173	701	32	101	573	
白云鄂博矿区	878	17	877	2	16	887	
九原区	8251	375	7780	198	648	5358	17
土默特右旗	10553	332	9066	266	1553	3660	45
固阳县	6605	222	6208	118	501	2361	13
达尔罕茂明安联合旗	2573	329	2614	28	260	1645	6
包头稀土高新技术产业开发区	7140	164	6257	35	1012	6094	5
乌海市	**19870**	**428**	**19091**	**193**	**1014**	**17666**	**29**
海勃湾区	12101	289	11628	76	686	11097	16
海南区	3167	80	3027	75	145	2688	13
乌达区	4602	59	4436	42	183	3881	
赤峰市	**111336**	**32587**	**137842**	**1148**	**4933**	**67705**	**392**
红山区	15007	568	15181	86	308	13803	21
元宝山区	10411	330	10652	12	77	7556	84
松山区	19866	3541	22836	138	433	15262	21
阿鲁科尔沁旗	6952	1962	8198	250	466	3248	22
巴林左旗	8426	2616	10707	93	242	4114	15
巴林右旗	3637	2039	5324	30	322	2614	30
林西县	5738	1850	5917	42	1629	3157	55
克什克腾旗	4526	2291	6484	36	297	3215	12
翁牛特旗	10861	2114	12440	158	377	3843	17
喀喇沁旗	7462	1844	9123	77	106	3309	70
宁城县	8767	7218	15300	189	496	3603	25
敖汉旗	9683	6214	15680	37	180	3981	20

9-3　续表 4　　　　单位：户

地　区	住房内有无管道自来水		住房内有无厨房			住房内有无厕所	
	有	无	独立使用	与其他户合用	无	水冲式卫生厕所	水冲式非卫生厕所
通辽市	**76975**	**19049**	**93425**	**918**	**1681**	**43095**	**577**
科尔沁区	23082	1719	24320	164	317	15498	116
科尔沁左翼中旗	11663	1534	12646	252	299	3617	142
科尔沁左翼后旗	4427	6141	10153	165	250	3039	75
开鲁县	9938	692	10548	39	43	3903	60
库伦旗	2196	2914	4916	89	105	1453	9
奈曼旗	10176	1720	11621	92	183	3309	62
扎鲁特旗	4894	3997	8400	89	402	2838	89
通辽经济技术开发区	6180	214	6359	15	20	5081	19
霍林郭勒市	4419	118	4462	13	62	4357	5
鄂尔多斯市	**63203**	**7091**	**62676**	**885**	**6733**	**51669**	**407**
东胜区	17486	938	16171	202	2051	16118	59
康巴什区	3325	16	3285	19	37	3327	3
达拉特旗	10558	934	10275	127	1090	6134	37
准格尔旗	9913	2253	9954	216	1996	7601	83
鄂托克前旗	2545	439	2889	39	56	2065	50
鄂托克旗	4386	854	4662	92	486	3919	40
杭锦旗	3551	611	3959	31	172	2828	25
乌审旗	4092	691	4447	97	239	3210	86
伊金霍洛旗	7347	355	7034	62	606	6467	24
呼伦贝尔市	**61955**	**23435**	**83215**	**506**	**1669**	**57055**	**144**
海拉尔区	13352	242	13441	79	74	13330	15
扎赉诺尔区	3266	323	3555	3	31	2961	2
阿荣旗	5104	3997	8884	70	147	4093	18
莫力达瓦达斡尔族自治旗	5543	2632	7890	111	174	3118	16
鄂伦春自治旗	4080	2687	6640	24	103	3727	18
鄂温克族自治旗	4536	931	5394	19	54	4537	25
陈巴尔虎旗	1353	597	1889	11	50	1181	3
新巴尔虎左旗	825	502	1234	15	78	710	5
新巴尔虎右旗	915	260	1091	18	66	824	2
满洲里市	5479	191	5482	35	153	5105	3
牙克石市	8425	2952	11126	21	230	8260	11
扎兰屯市	4970	6258	10758	75	395	5130	13
额尔古纳市	1787	969	2664	7	85	1800	5
根河市	2320	894	3167	18	29	2279	8
巴彦淖尔市	**56694**	**3494**	**57297**	**768**	**2123**	**36868**	**332**
临河区	20912	973	21126	201	558	14863	130
五原县	8555	583	8654	113	371	6003	41
磴口县	3227	485	3587	80	45	1931	42
乌拉特前旗	10166	442	9717	225	666	5368	42
乌拉特中旗	3819	575	3989	93	312	2731	27
乌拉特后旗	1713	242	1898	14	43	1293	17
杭锦后旗	8302	194	8326	42	128	4679	33

9-3 续表 5

单位：户

地　区	住房内有无管道自来水		住房内有无厨房			住房内有无厕所	
	有	无	独立使用	与其他户合用	无	水冲式卫生厕所	水冲式非卫生厕所
乌兰察布市	**55790**	**11986**	**56708**	**1559**	**9509**	**35761**	**184**
集宁区	14562	746	14687	91	530	13626	19
卓资县	2573	1047	2709	92	819	1555	7
化德县	3770	160	3645	57	228	1969	8
商都县	5629	1595	6373	177	674	3222	105
兴和县	5438	1353	5980	225	586	2500	4
凉城县	3241	1640	3492	174	1215	1714	16
察哈尔右翼前旗	4353	653	4439	115	452	1944	5
察哈尔右翼中旗	2802	1099	2685	80	1136	1484	4
察哈尔右翼后旗	2762	1461	2804	228	1191	1894	3
四子王旗	4920	456	4724	171	481	2585	8
丰镇市	5740	1776	5170	149	2197	3268	5
兴安盟	**25494**	**23151**	**47238**	**451**	**956**	**22408**	**338**
乌兰浩特市	10172	2029	12043	43	115	9688	92
阿尔山市	1021	261	1245	3	34	1052	2
科尔沁右翼前旗	2576	7141	9479	50	188	2980	85
科尔沁右翼中旗	2691	4109	6169	248	383	2357	108
扎赉特旗	5118	5813	10694	90	147	3654	19
突泉县	3916	3798	7608	17	89	2677	32
锡林郭勒盟	**30713**	**7885**	**33227**	**785**	**4586**	**26602**	**214**
二连浩特市	2529	136	2440	5	220	2283	3
锡林浩特市	11150	818	11443	79	446	11068	87
阿巴嘎旗	813	545	1126	13	219	784	21
苏尼特左旗	624	464	794	19	275	512	8
苏尼特右旗	1767	587	1927	65	362	1402	2
东乌珠穆沁旗	1443	707	1762	86	302	1245	2
西乌珠穆沁旗	1896	989	2490	89	306	1895	22
太仆寺旗	3226	1128	3004	156	1194	1585	16
镶黄旗	683	299	695	71	216	617	8
正镶白旗	1150	547	1319	76	302	738	9
正蓝旗	1639	947	2177	41	368	1490	26
多伦县	3118	565	3255	81	347	2303	9
乌拉盖管委会	675	153	795	4	29	680	1
阿拉善盟	**8012**	**808**	**8248**	**153**	**419**	**7049**	**44**
阿拉善左旗	5836	561	5998	110	289	4981	25
阿拉善右旗	712	130	784	27	31	658	10
额济纳旗	732	102	811	5	18	708	8
内蒙古阿拉善经济开发区	732	15	655	11	81	702	1

9-3　续表 6　　　　单位：户

地　区	住房内有无厕所			住房内有无洗澡设施			
	卫生旱厕	普通旱厕	无	统　一供热水	家庭自装热水器	其他	无
内蒙古	**39684**	**154327**	**131637**	**13314**	**535329**	**13894**	**306021**
呼和浩特市	**2135**	**9927**	**17401**	**2684**	**87094**	**620**	**30093**
新城区	198	345	1485	565	20182	120	2531
回民区	74	118	1531	465	12748	25	2133
玉泉区	139	167	2575	369	14906	25	3487
赛罕区	582	942	2139	911	24258	103	3652
土默特左旗	253	2961	3784	47	3900	216	6273
托克托县	360	3181	802	57	2309	5	4202
和林格尔县	198	695	2231	70	2211	28	3028
清水河县	169	965	875	26	1016	68	1916
武川县	157	398	1765	17	1712	12	2399
呼和浩特经济技术开发区	5	155	214	157	3852	18	472
包头市	**1677**	**8292**	**14799**	**1774**	**75859**	**839**	**29639**
东河区	130	944	1515	338	15039	57	3670
昆都仑区	248	1272	1864	687	24111	164	5527
青山区	17	298	871	259	16950	138	2898
石拐区	19	81	161	4	518	6	306
白云鄂博矿区		1	7	6	562	81	246
九原区	93	901	2257	71	5412	109	3034
土默特右旗	581	2431	4168	258	3925	107	6595
固阳县	521	1930	2002	35	2325	130	4337
达尔罕茂明安联合旗	60	59	1132	21	1536	24	1321
包头稀土高新技术产业开发区	8	375	822	95	5481	23	1705
乌海市	**55**	**283**	**2265**	**449**	**17201**	**186**	**2462**
海勃湾区	23	119	1135	320	10714	132	1224
海南区	27	66	453	71	2685	31	460
乌达区	5	98	677	58	3802	23	778
赤峰市	**12590**	**41532**	**21704**	**1313**	**70555**	**3366**	**68689**
红山区	497	769	485	251	12044	172	3108
元宝山区	1670	896	535	116	6623	356	3646
松山区	2171	4143	1810	183	15429	344	7451
阿鲁科尔沁旗	912	2963	1769	84	3757	268	4805
巴林左旗	212	6598	103	67	4271	451	6253
巴林右旗	292	1300	1440	77	2411	61	3127
林西县	501	1715	2160	88	2605	109	4786
克什克腾旗	173	376	3041	42	2893	81	3801
翁牛特旗	797	5304	3014	140	4772	521	7542
喀喇沁旗	1211	3816	900	56	3792	45	5413
宁城县	1393	6542	4422	135	5465	263	10122
敖汉旗	2761	7110	2025	74	6493	695	8635

9-3 续表 7

单位：户

地区	住房内有无厕所			住房内有无洗澡设施			
	卫生旱厕	普通旱厕	无	统一供热水	家庭自装热水器	其他	无
通辽市	**7885**	**33734**	**10733**	**1201**	**55796**	**4521**	**34506**
科尔沁区	1452	4783	2952	568	16518	784	6931
科尔沁左翼中旗	1388	6444	1606	77	6341	1207	5572
科尔沁左翼后旗	1330	4730	1394	115	4323	541	5589
开鲁县	1210	4144	1313	32	6551	743	3304
库伦旗	366	2889	393	14	2346	218	2532
奈曼旗	880	5334	2311	42	6932	688	4234
扎鲁特旗	1056	4459	449	23	4127	229	4512
通辽经济技术开发区	145	860	289	265	5021	58	1050
霍林郭勒市	58	91	26	65	3637	53	782
鄂尔多斯市	**1489**	**5391**	**11338**	**2199**	**49876**	**460**	**17759**
东胜区	65	270	1912	338	15113	53	2920
康巴什区		2	9	119	3186	4	32
达拉特旗	355	1686	3280	70	6199	67	5156
准格尔旗	362	1645	2475	931	6985	78	4172
鄂托克前旗	165	229	475	15	2352	78	539
鄂托克旗	131	217	933	90	4028	30	1092
杭锦旗	133	423	753	89	2799	51	1223
乌审旗	145	550	792	170	3400	24	1189
伊金霍洛旗	133	369	709	377	5814	75	1436
呼伦贝尔市	**2649**	**16990**	**8552**	**1869**	**49979**	**541**	**33001**
海拉尔区	40	166	43	159	11922	32	1481
扎赉诺尔区	28	168	430	13	2338	8	1230
阿荣旗	845	3143	1002	134	4002	221	4744
莫力达瓦达斡尔族自治旗	804	2401	1836	56	2989	157	4973
鄂伦春自治旗	284	2036	702	45	3543	35	3144
鄂温克族自治旗	62	667	176	888	3208	6	1365
陈巴尔虎旗	35	463	268	27	1055	10	858
新巴尔虎左旗	4	346	262	10	623	10	684
新巴尔虎右旗	8	109	232	13	669	4	489
满洲里市	18	70	474	96	4581	9	984
牙克石市	116	1701	1289	294	6925	25	4133
扎兰屯市	178	4743	1164	47	4517	10	6654
额尔古纳市	130	476	345	32	1674	7	1043
根河市	97	501	329	55	1933	7	1219
巴彦淖尔市	**3141**	**8707**	**11140**	**479**	**40148**	**881**	**18680**
临河区	892	1851	4149	154	16289	273	5169
五原县	162	1709	1223	13	5675	102	3348
磴口县	288	787	664	31	2468	42	1171
乌拉特前旗	922	1333	2943	75	6128	204	4201
乌拉特中旗	231	595	810	109	2543	50	1692
乌拉特后旗	69	230	346	5	1337	35	578
杭锦后旗	577	2202	1005	92	5708	175	2521

9-3　续表 8　　　　　单位：户

地　区	住房内有无厕所			住房内有无洗澡设施			
	卫生旱厕	普通旱厕	无	统一供热水	家庭自装热水器	其他	无
乌兰察布市	**3312**	**11364**	**17155**	**617**	**32814**	**626**	**33719**
集宁区	170	442	1051	189	12210	42	2867
卓资县	336	616	1106	60	1445	17	2098
化德县	271	530	1152	48	1896	23	1963
商都县	303	1448	2146	56	2639	127	4402
兴和县	676	1951	1660	61	2389	124	4217
凉城县	126	1153	1872	19	1654	53	3155
察哈尔右翼前旗	207	1567	1283	22	1862	63	3059
察哈尔右翼中旗	362	267	1784	10	1400	43	2448
察哈尔右翼后旗	196	816	1314	20	1817	18	2368
四子王旗	146	247	2390	82	2366	62	2866
丰镇市	519	2327	1397	50	3136	54	4276
兴安盟	**3634**	**14520**	**7745**	**339**	**23089**	**1569**	**23648**
乌兰浩特市	355	1043	1023	51	8380	849	2921
阿尔山市	17	170	41		946	5	331
科尔沁右翼前旗	1720	3570	1362	25	3847	58	5787
科尔沁右翼中旗	511	2317	1507	61	2567	185	3987
扎赉特旗	716	4142	2400	102	4054	270	6505
突泉县	315	3278	1412	100	3295	202	4117
锡林郭勒盟	**1032**	**3223**	**7527**	**290**	**25737**	**209**	**12362**
二连浩特市	95	4	280	14	2191	11	449
锡林浩特市	72	131	610	123	10789	9	1047
阿巴嘎旗	51	173	329	4	760	5	589
苏尼特左旗	24	63	481	2	516	1	569
苏尼特右旗	12	219	719	2	1352	6	994
东乌珠穆沁旗	50	270	583	26	1193	20	911
西乌珠穆沁旗	72	347	549	13	1747	8	1117
太仆寺旗	46	1035	1672		1552	14	2788
镶黄旗	6	55	296	2	598	4	378
正镶白旗	27	188	735	44	672	31	950
正蓝旗	30	242	798	28	1568	20	970
多伦县	516	448	407	16	2173	80	1414
乌拉盖管委会	31	48	68	16	626		186
阿拉善盟	**85**	**364**	**1278**	**100**	**7181**	**76**	**1463**
阿拉善左旗	52	271	1068	70	5173	62	1092
阿拉善右旗	23	22	129	5	638	4	195
额济纳旗	9	70	39	12	713	2	107
内蒙古阿拉善经济开发区	1	1	42	13	657	8	69

9-3a 各地区按住房设施状况分的家庭户户数(城市)

单位：户

地区	合计	住房所在建筑有无电梯		主要炊事燃料				
		有	无	燃气	电	煤炭	柴草	其他
内蒙古	**336029**	**100647**	**235382**	**244997**	**73808**	**13037**	**648**	**3539**
呼和浩特市	**75847**	**30080**	**45767**	**63787**	**10501**	**1235**	**22**	**302**
新城区	20596	8362	12234	19101	1239	206	3	47
回民区	14795	3652	11143	11578	2504	621	3	89
玉泉区	16730	7032	9698	11309	4930	359	12	120
赛罕区	23726	11034	12692	21799	1828	49	4	46
包头市	**72480**	**19181**	**53299**	**60917**	**8053**	**2834**	**51**	**625**
东河区	16303	3866	12437	13024	2744	454	4	77
昆都仑区	29343	8144	21199	25382	2058	1522	29	352
青山区	19426	4937	14489	17065	2069	188	7	97
石拐区	579	18	561	425	74	78		2
白云鄂博矿区	895	2	893	331	496	19	3	46
九原区	5934	2214	3720	4690	612	573	8	51
乌海市	**19003**	**4968**	**14035**	**15370**	**2194**	**1191**	**14**	**234**
海勃湾区	11762	4294	7468	9833	1287	523	9	110
海南区	2673	141	2532	2263	276	80		54
乌达区	4568	533	4035	3274	631	588	5	70
赤峰市	**34388**	**11879**	**22509**	**30634**	**2335**	**718**	**145**	**556**
红山区	14289	4537	9752	12733	756	287	84	429
元宝山区	7138	1235	5903	5549	1124	375	57	33
松山区	12961	6107	6854	12352	455	56	4	94
通辽市	**19760**	**3744**	**16016**	**12907**	**5820**	**357**	**72**	**604**
科尔沁区	15561	3387	12174	12088	2506	304	70	593
霍林郭勒市	4199	357	3842	819	3314	53	2	11
鄂尔多斯市	**21210**	**10748**	**10462**	**17022**	**2930**	**1117**	**19**	**122**
东胜区	17836	8444	9392	13961	2648	1094	18	115
康巴什区	3341	2295	1046	3049	281	4		7
鄂托克旗	33	9	24	12	1	19	1	
呼伦贝尔市	**36160**	**6685**	**29475**	**25232**	**7899**	**2418**	**97**	**514**
海拉尔区	13132	5233	7899	9699	3211	63	1	158
扎赉诺尔区	3374	72	3302	2465	313	594		2
满洲里市	5493	460	5033	4690	409	330	10	54
牙克石市	5775	351	5424	4362	1038	93	11	271
扎兰屯市	4881	485	4396	2040	1878	951	11	1
额尔古纳市	1653	65	1588	985	366	279	11	12
根河市	1852	19	1833	991	684	108	53	16
巴彦淖尔市	**14639**	**4890**	**9749**	**10154**	**3739**	**297**	**64**	**385**
临河区	14639	4890	9749	10154	3739	297	64	385
乌兰察布市	**17812**	**3838**	**13974**	**1802**	**13974**	**1996**	**3**	**37**
集宁区	13640	3583	10057	1652	10996	972	3	17
丰镇市	4172	255	3917	150	2978	1024		20
兴安盟	**10991**	**2371**	**8620**	**1454**	**8774**	**568**	**161**	**34**
乌兰浩特市	10258	2361	7897	1438	8078	559	149	34
阿尔山市	733	10	723	16	696	9	12	
锡林郭勒盟	**13739**	**2263**	**11476**	**5718**	**7589**	**306**		**126**
二连浩特市	2603	145	2458	1300	1135	133		35
锡林浩特市	11136	2118	9018	4418	6454	173		91

9-3a 续表 1

单位：户

地　　区	住房内有无管道自来水		住房内有无厨房			住房内有无厕所	
	有	无	独立使用	与其他户合用	无	水冲式卫生厕所	水冲式非卫生厕所
内蒙古	**324094**	**11935**	**322175**	**1587**	**12267**	**311814**	**693**
呼和浩特市	**73232**	**2615**	**72189**	**310**	**3348**	**71732**	**139**
新城区	20274	322	20082	39	475	19867	74
回民区	14120	675	13650	83	1062	13255	23
玉泉区	15344	1386	15092	51	1587	15158	13
赛罕区	23494	232	23365	137	224	23452	29
包头市	**69343**	**3137**	**68848**	**241**	**3391**	**67235**	**132**
东河区	15880	423	15953	39	311	15572	17
昆都仑区	28304	1039	27786	38	1519	26643	82
青山区	18053	1373	18235	43	1148	18724	25
石拐区	534	45	524	16	39	501	
白云鄂博矿区	878	17	877	2	16	887	
九原区	5694	240	5473	103	358	4908	8
乌海市	**18683**	**320**	**17949**	**143**	**911**	**17099**	**17**
海勃湾区	11558	204	11034	73	655	10769	16
海南区	2615	58	2560	29	84	2483	1
乌达区	4510	58	4355	41	172	3847	
赤峰市	**33889**	**499**	**33847**	**157**	**384**	**32614**	**37**
红山区	13967	322	13978	85	226	13467	18
元宝山区	7065	73	7089	6	43	6594	10
松山区	12857	104	12780	66	115	12553	9
通辽市	**19570**	**190**	**19496**	**94**	**170**	**18701**	**72**
科尔沁区	15404	157	15367	81	113	14584	67
霍林郭勒市	4166	33	4129	13	57	4117	5
鄂尔多斯市	**20550**	**660**	**19059**	**186**	**1965**	**19291**	**58**
东胜区	17192	644	15741	167	1928	15948	55
康巴什区	3325	16	3285	19	37	3327	3
鄂托克旗	33		33			16	
呼伦贝尔市	**33941**	**2219**	**35427**	**165**	**568**	**33551**	**31**
海拉尔区	12987	145	12986	79	67	13064	14
扎赉诺尔区	3137	237	3346	3	25	2870	2
满洲里市	5321	172	5307	35	151	5082	3
牙克石市	5567	208	5747	12	16	5671	6
扎兰屯市	3924	957	4605	12	264	3874	2
额尔古纳市	1340	313	1606	6	41	1355	1
根河市	1665	187	1830	18	4	1635	3
巴彦淖尔市	**14316**	**323**	**14170**	**66**	**403**	**13141**	**64**
临河区	14316	323	14170	66	403	13141	64
乌兰察布市	**17104**	**708**	**17070**	**124**	**618**	**15652**	**19**
集宁区	13333	307	13194	73	373	12556	14
丰镇市	3771	401	3876	51	245	3096	5
兴安盟	**10081**	**910**	**10859**	**37**	**95**	**9711**	**46**
乌兰浩特市	9384	874	10131	36	91	9005	46
阿尔山市	697	36	728	1	4	706	
锡林郭勒盟	**13385**	**354**	**13261**	**64**	**414**	**13087**	**78**
二连浩特市	2514	89	2395	5	203	2277	2
锡林浩特市	10871	265	10866	59	211	10810	76

9-3a 续表 2

单位：户

地　　区	住房内有无厕所			住房内有无洗澡设施			
	卫生旱厕	普通旱厕	无	统　一供热水	家庭自装热水器	其他	无
内蒙古	**1399**	**5361**	**16762**	**6764**	**285639**	**2606**	**41020**
呼和浩特市	**96**	**308**	**3572**	**2219**	**68024**	**107**	**5497**
新城区	33	145	477	511	19097	45	943
回民区	43	77	1397	465	12377	25	1928
玉泉区	13	29	1517	357	14221	20	2132
赛罕区	7	57	181	886	22329	17	494
包头市	**273**	**1562**	**3278**	**1327**	**60074**	**465**	**10614**
东河区	20	246	448	332	13909	57	2005
昆都仑区	207	956	1455	672	23754	123	4794
青山区	5	180	492	258	16663	138	2367
石拐区	1	6	71	4	445	2	128
白云鄂博矿区		1	7	6	562	81	246
九原区	40	173	805	55	4741	64	1074
乌海市	**32**	**190**	**1665**	**444**	**16506**	**171**	**1882**
海勃湾区	4	43	930	315	10334	127	986
海南区	25	51	113	71	2401	22	179
乌达区	3	96	622	58	3771	22	717
赤峰市	**350**	**670**	**717**	**523**	**28972**	**369**	**4524**
红山区	148	287	369	244	11581	122	2342
元宝山区	141	143	250	111	5558	182	1287
松山区	61	240	98	168	11833	65	895
通辽市	**86**	**299**	**602**	**622**	**16748**	**440**	**1950**
科尔沁区	68	265	577	557	13294	391	1319
霍林郭勒市	18	34	25	65	3454	49	631
鄂尔多斯市	**33**	**124**	**1704**	**455**	**18183**	**47**	**2525**
东胜区	33	119	1681	335	14978	43	2480
康巴什区		2	9	119	3186	4	32
鄂托克旗		3	14	1	19		13
呼伦贝尔市	**102**	**1151**	**1325**	**674**	**29387**	**71**	**6028**
海拉尔区	1	39	14	158	11714	32	1228
扎赉诺尔区	28	109	365	13	2327	8	1026
满洲里市	1	19	388	96	4562	8	827
牙克石市	5	58	35	287	4773	14	701
扎兰屯市	32	609	364	40	3260	1	1580
额尔古纳市	25	175	97	32	1271	3	347
根河市	10	142	62	48	1480	5	319
巴彦淖尔市	**37**	**59**	**1338**	**122**	**12628**	**112**	**1777**
临河区	37	59	1338	122	12628	112	1777
乌兰察布市	**84**	**530**	**1527**	**194**	**14203**	**69**	**3346**
集宁区	75	125	870	157	11229	42	2212
丰镇市	9	405	657	37	2974	27	1134
兴安盟	**204**	**447**	**583**	**50**	**8187**	**735**	**2019**
乌兰浩特市	202	426	579	50	7554	730	1924
阿尔山市	2	21	4		633	5	95
锡林郭勒盟	**102**	**21**	**451**	**134**	**12727**	**20**	**858**
二连浩特市	95	4	225	14	2188	11	390
锡林浩特市	7	17	226	120	10539	9	468

9–3b　各地区按住房设施状况分的家庭户户数(镇)

单位：户

地　区	合　计	住房所在建筑有无电梯		主要炊事燃料				
		有	无	燃气	电	煤炭	柴草	其他
内蒙古	**238796**	**33248**	**205548**	**108197**	**83488**	**30361**	**13735**	**3015**
呼和浩特市	**17036**	**2128**	**14908**	**8005**	**5179**	**3421**	**287**	**144**
新城区	101		101			101		
回民区								
玉泉区								
赛罕区	88		88			88		
土默特左旗	3828	257	3571	1511	1682	604	3	28
托克托县	2778	132	2646	1063	713	883	105	14
和林格尔县	2301	67	2234	1165	612	425	89	10
清水河县	1334	143	1191	618	255	447	10	4
武川县	2107	28	2079	351	1187	556	1	12
呼和浩特经济技术开发区	4499	1501	2998	3297	730	317	79	76
包头市	**16751**	**3638**	**13113**	**10507**	**3013**	**2873**	**167**	**191**
东河区	883	400	483	580	54	247	2	
昆都仑区								
青山区	70	44	26	70				
石拐区	17		17			17		
白云鄂博矿区								
九原区	540		540	49	125	335	19	12
土默特右旗	4378	449	3929	2702	582	988	95	11
固阳县	2385	62	2323	1182	514	549		140
达尔罕茂明安联合旗	1455	47	1408	393	811	242	3	6
包头稀土高新技术产业开发区	7023	2636	4387	5531	927	495	48	22
乌海市	**499**	**1**	**498**	**30**	**173**	**287**	**2**	**7**
海勃湾区	126		126	7	107	12		
海南区	280	1	279	20	51	202		7
乌达区	93		93	3	15	73	2	
赤峰市	**39352**	**6203**	**33149**	**21604**	**9286**	**3858**	**4220**	**384**
红山区	781	107	674	340	74	189	154	24
元宝山区	1119	52	1067	426	119	436	138	
松山区	825	2	823	183	189	62	391	
阿鲁科尔沁旗	3706	766	2940	1132	2070	269	148	87
巴林左旗	4143	869	3274	3105	479	206	351	2
巴林右旗	3316	644	2672	2207	684	251	174	
林西县	4053	396	3657	2536	924	179	409	5
克什克腾旗	3404	759	2645	2053	966	191	179	15
翁牛特旗	4625	803	3822	2238	1355	479	326	227
喀喇沁旗	3598	403	3195	1686	1202	267	427	16
宁城县	4905	504	4401	2764	676	911	549	5
敖汉旗	4877	898	3979	2934	548	418	974	3

9-3b 续表 1 单位：户

地区	合计	住房所在建筑有无电梯		主要炊事燃料				
		有	无	燃气	电	煤炭	柴草	其他
通辽市	**28821**	**4328**	**24493**	**11050**	**11413**	**2066**	**4035**	**257**
科尔沁区	1477		1477	381	489	160	439	8
科尔沁左翼中旗	3974	206	3768	996	1854	533	556	35
科尔沁左翼后旗	3670	274	3396	963	1868	306	485	48
开鲁县	4083	285	3798	1532	1469	276	786	20
库伦旗	2078	121	1957	281	1245	118	421	13
奈曼旗	4050	433	3617	1569	1171	132	1069	109
扎鲁特旗	4098	559	3539	579	2929	354	231	5
通辽经济技术开发区	5376	2450	2926	4749	388	182	38	19
霍林郭勒市	15		15			5	10	
鄂尔多斯市	**32393**	**8125**	**24268**	**19659**	**8543**	**3592**	**240**	**359**
东胜区	81		81	1		80		
康巴什区								
达拉特旗	6501	1191	5310	4241	719	1312	165	64
准格尔旗	8569	1860	6709	1229	5908	1347	10	75
鄂托克前旗	1779	217	1562	1584	106	40	10	39
鄂托克旗	4253	347	3906	3124	658	375	20	76
杭锦旗	2429	688	1741	1978	193	242	5	11
乌审旗	2899	513	2386	2549	247	60	24	19
伊金霍洛旗	5882	3309	2573	4953	712	136	6	75
呼伦贝尔市	**27324**	**1326**	**25998**	**12485**	**6417**	**5218**	**2568**	**636**
海拉尔区	58		58	3	1	37	17	
扎赉诺尔区	215		215	65	25	124	1	
阿荣旗	4205	333	3872	2406	888	167	642	102
莫力达瓦达斡尔族自治旗	2765	134	2631	1389	610	178	412	176
鄂伦春自治旗	5001	203	4798	2271	1070	1215	297	148
鄂温克族自治旗	4145	376	3769	2256	1602	234	24	29
陈巴尔虎旗	1385	155	1230	770	262	304	5	44
新巴尔虎左旗	735	23	712	573	67	81	7	7
新巴尔虎右旗	876	66	810	721	38	113	1	3
满洲里市	177		177	6	3	168		
牙克石市	4766	35	4731	1363	1212	1831	274	86
扎兰屯市	1157		1157	198	198	164	593	4
额尔古纳市	490	1	489	181	86	105	99	19
根河市	1349		1349	283	355	497	196	18
巴彦淖尔市	**19922**	**1922**	**18000**	**11482**	**5092**	**1947**	**846**	**555**
临河区	520		520	103	139	99	178	1
五原县	4126	537	3589	2662	913	306	181	64
磴口县	2079	128	1951	1250	527	231	37	34
乌拉特前旗	5269	561	4708	2678	1556	752	193	90
乌拉特中旗	2320	199	2121	1558	326	273	48	115
乌拉特后旗	1333	124	1209	803	367	89	22	52
杭锦后旗	4275	373	3902	2428	1264	197	187	199

9-3b 续表 2

单位：户

地区	合计	住房所在建筑有无电梯		主要炊事燃料				
		有	无	燃气	电	煤炭	柴草	其他
乌兰察布市	**19663**	**1257**	**18406**	**1909**	**13209**	**4322**	**139**	**84**
集宁区	475	235	240	5	435	35		
卓资县	1500	127	1373	37	1053	397	12	1
化德县	2216	61	2155	745	1142	297	14	18
商都县	2993	65	2928	41	2226	695		31
兴和县	2689	162	2527	474	1840	357	14	4
凉城县	1823	63	1760	300	821	684	3	15
察哈尔右翼前旗	2045	141	1904	141	1475	416		13
察哈尔右翼中旗	1255	107	1148	48	1032	163	12	
察哈尔右翼后旗	2017	84	1933	10	1609	397	1	
四子王旗	2375	212	2163	108	1575	662	28	2
丰镇市	275		275		1	219	55	
兴安盟	**15090**	**3024**	**12066**	**3749**	**8953**	**1152**	**1141**	**95**
乌兰浩特市	672	73	599	37	626		8	1
阿尔山市	437		437	15	326	62	34	
科尔沁右翼前旗	2988	1106	1882	364	2231	192	195	6
科尔沁右翼中旗	3236	361	2875	367	2158	541	133	37
扎赉特旗	4877	502	4375	2247	1816	149	656	9
突泉县	2880	982	1898	719	1796	208	115	42
锡林郭勒盟	**14508**	**666**	**13842**	**3795**	**9225**	**1286**	**77**	**125**
二连浩特市	5		5		1	3		1
锡林浩特市	54		54	30		24		
阿巴嘎旗	819	4	815	69	725	19		6
苏尼特左旗	660	19	641	103	483	73		1
苏尼特右旗	1801	42	1759	175	1284	341		1
东乌珠穆沁旗	1494	52	1442	852	381	248	10	3
西乌珠穆沁旗	2019	73	1946	1181	683	142	6	7
太仆寺旗	1748	202	1546	55	1500	132	50	11
镶黄旗	660	31	629	133	488	20		19
正镶白旗	869	32	837	56	715	89	5	4
正蓝旗	1387	60	1327	198	1115	54	2	18
多伦县	2272	147	2125	581	1525	110	3	53
乌拉盖管委会	720	4	716	362	325	31	1	1
阿拉善盟	**7437**	**630**	**6807**	**3922**	**2985**	**339**	**13**	**178**
阿拉善左旗	5307	560	4747	3294	1585	289	7	132
阿拉善右旗	664	45	619	97	530	28	1	8
额济纳旗	727	22	705	221	471	19	5	11
内蒙古阿拉善经济开发区	739	3	736	310	399	3		27

9-3b 续表 3

单位：户

地 区	住房内有无管道自来水		住房内有无厨房			住房内有无厕所	
	有	无	独立使用	与其他户合用	无	水冲式卫生厕所	水冲式非卫生厕所
内蒙古	**218217**	**20579**	**225952**	**1786**	**11058**	**180031**	**831**
呼和浩特市	**16179**	**857**	**15434**	**166**	**1436**	**12685**	**160**
新城区	100	1	100		1	8	
回民区							
玉泉区							
赛罕区	87	1	76		12	8	
土默特左旗	3543	285	3288	54	486	2684	66
托克托县	2642	136	2490	16	272	1760	3
和林格尔县	2145	156	2096	30	175	1720	2
清水河县	1258	76	1080	26	228	883	18
武川县	2045	62	1908	15	184	1566	2
呼和浩特经济技术开发区	4359	140	4396	25	78	4056	69
包头市	**16295**	**456**	**15089**	**109**	**1553**	**12840**	**23**
东河区	851	32	822	17	44	575	
昆都仑区							
青山区	70		70			70	
石拐区	17		16		1	4	
白云鄂博矿区							
九原区	482	58	471	1	68	29	3
土默特右旗	4278	100	3983	38	357	3007	2
固阳县	2351	34	2321	3	61	1823	10
达尔罕茂明安联合旗	1364	91	1359	16	80	1241	3
包头稀土高新技术产业开发区	6882	141	6047	34	942	6091	5
乌海市	**477**	**22**	**428**	**4**	**67**	**199**	
海勃湾区	125	1	126			102	
海南区	260	20	221	3	56	63	
乌达区	92	1	81	1	11	34	
赤峰市	**37042**	**2310**	**38335**	**165**	**852**	**28572**	**109**
红山区	657	124	752	1	28	330	
元宝山区	1094	25	1103	4	12	469	42
松山区	508	317	756	3	66	166	1
阿鲁科尔沁旗	3601	105	3552	81	73	3029	4
巴林左旗	3959	184	4065	28	50	3334	2
巴林右旗	3153	163	3266	7	43	2527	4
林西县	3852	201	3683	11	359	2851	20
克什克腾旗	3224	180	3350	11	43	3012	3
翁牛特旗	4497	128	4587	3	35	3545	6
喀喇沁旗	3549	49	3554	8	36	2647	15
宁城县	4406	499	4839	1	65	3285	6
敖汉旗	4542	335	4828	7	42	3377	6

9-3b　续表 4　　　　单位：户

地　区	住房内有无管道自来水		住房内有无厨房			住房内有无厕所	
	有	无	独立使用	与其他户合用	无	水冲式卫生厕所	水冲式非卫生厕所
通辽市	**25819**	**3002**	**28418**	**156**	**247**	**18945**	**133**
科尔沁区	1192	285	1458	5	14	257	21
科尔沁左翼中旗	3623	351	3929	11	34	2400	44
科尔沁左翼后旗	2950	720	3578	65	27	2519	16
开鲁县	3996	87	4050	16	17	2563	19
库伦旗	1557	521	2043	25	10	1317	2
奈曼旗	3948	102	4007	10	33	2264	5
扎鲁特旗	3248	850	3982	20	96	2649	21
通辽经济技术开发区	5305	71	5361	4	11	4975	5
霍林郭勒市		15	10		5	1	
鄂尔多斯市	**31010**	**1383**	**29005**	**299**	**3089**	**26099**	**114**
东胜区	60	21	77		4	26	1
康巴什区							
达拉特旗	6378	123	5930	20	551	4679	3
准格尔旗	7806	763	7060	129	1380	6497	48
鄂托克前旗	1749	30	1720	14	45	1475	25
鄂托克旗	4019	234	3750	55	448	3434	12
杭锦旗	2399	30	2309	16	104	2161	5
乌审旗	2825	74	2675	53	171	2401	12
伊金霍洛旗	5774	108	5484	12	386	5426	8
呼伦贝尔市	**20524**	**6800**	**26834**	**80**	**410**	**19104**	**31**
海拉尔区	34	24	58			22	1
扎赉诺尔区	129	86	209		6	91	
阿荣旗	3588	617	4132	28	45	3348	3
莫力达瓦达斡尔族自治旗	2492	273	2727	11	27	2074	5
鄂伦春自治旗	3525	1476	4951	8	42	3363	4
鄂温克族自治旗	3869	276	4123	7	15	3837	1
陈巴尔虎旗	1184	201	1362	5	18	1075	2
新巴尔虎左旗	658	77	725	4	6	643	3
新巴尔虎右旗	818	58	859	3	14	773	1
满洲里市	158	19	175		2	23	
牙克石市	2592	2174	4581	8	177	2476	4
扎兰屯市	539	618	1130	6	21	449	1
额尔古纳市	287	203	478		12	290	1
根河市	651	698	1324		25	640	5
巴彦淖尔市	**19290**	**632**	**19005**	**190**	**727**	**16084**	**51**
临河区	446	74	479	29	12	127	5
五原县	3943	183	3927	44	155	3410	6
磴口县	2005	74	2059	9	11	1701	5
乌拉特前旗	5102	167	4911	75	283	4075	7
乌拉特中旗	2235	85	2103	16	201	1980	8
乌拉特后旗	1312	21	1309		24	1138	14
杭锦后旗	4247	28	4217	17	41	3653	6

9-3b 续表 5

单位：户

地区	住房内有无管道自来水		住房内有无厨房			住房内有无厕所	
	有	无	独立使用	与其他户合用	无	水冲式卫生厕所	水冲式非卫生厕所
乌兰察布市	**18350**	**1313**	**18050**	**298**	**1315**	**15154**	**32**
集宁区	439	36	468		7	440	
卓资县	1384	116	1339	8	153	1038	3
化德县	2170	46	2128	14	74	1880	6
商都县	2846	147	2767	45	181	2291	16
兴和县	2575	114	2619	17	53	2305	3
凉城县	1673	150	1603	34	186	1236	2
察哈尔右翼前旗	1953	92	1941	29	75	1606	
察哈尔右翼中旗	1095	160	1135	7	113	1066	2
察哈尔右翼后旗	1742	275	1721	57	239	1611	
四子王旗	2299	76	2178	65	132	1669	
丰镇市	174	101	151	22	102	12	
兴安盟	**12273**	**2817**	**14859**	**68**	**163**	**11265**	**97**
乌兰浩特市	615	57	672			622	28
阿尔山市	303	134	420		17	325	2
科尔沁右翼前旗	2250	738	2975	2	11	2471	12
科尔沁右翼中旗	2355	881	3098	56	82	2049	40
扎赉特旗	4064	813	4824	8	45	3533	11
突泉县	2686	194	2870	2	8	2265	4
锡林郭勒盟	**13675**	**833**	**13399**	**196**	**913**	**12429**	**49**
二连浩特市	5		3		2		
锡林浩特市	46	8	50		4	40	
阿巴嘎旗	786	33	801		18	756	18
苏尼特左旗	615	45	603	1	56	505	5
苏尼特右旗	1722	79	1604	37	160	1390	1
东乌珠穆沁旗	1412	82	1370	28	96	1226	2
西乌珠穆沁旗	1862	157	1920	15	84	1847	3
太仆寺旗	1615	133	1538	19	191	1405	6
镶黄旗	638	22	587	35	38	604	4
正镶白旗	784	85	751	9	109	672	4
正蓝旗	1315	72	1310	5	72	1288	4
多伦县	2203	69	2159	43	70	2020	2
乌拉盖管委会	672	48	703	4	13	676	
阿拉善盟	**7283**	**154**	**7096**	**55**	**286**	**6655**	**32**
阿拉善左旗	5205	102	5088	39	180	4690	18
阿拉善右旗	653	11	651	2	11	604	7
额济纳旗	698	29	709	4	14	666	7
内蒙古阿拉善经济开发区	727	12	648	10	81	695	

9-3b　续表 6

单位：户

地　区	住房内有无厕所			住房内有无洗澡设施			
	卫生旱厕	普通旱厕	无	统　一供热水	家庭自装热水器	其他	无
内蒙古	**5849**	**25642**	**26443**	**5651**	**172896**	**2848**	**57401**
呼和浩特市	**167**	**1432**	**2592**	**320**	**12366**	**53**	**4297**
新城区		90	3		7		94
回民区							
玉泉区							
赛罕区	45	19	16		58		30
土默特左旗	7	160	911	36	2699	8	1085
托克托县	41	753	221	41	1723	1	1013
和林格尔县	25	46	508	58	1662	6	575
清水河县	17	173	243	11	877	18	428
武川县	27	36	476	17	1488	2	600
呼和浩特经济技术开发区	5	155	214	157	3852	18	472
包头市	**124**	**959**	**2805**	**307**	**12024**	**84**	**4336**
东河区	8	101	199	1	599		283
昆都仑区							
青山区					70		
石拐区	9	3	1		12	3	2
白云鄂博矿区							
九原区	13	120	375		103	27	410
土默特右旗	67	193	1109	175	2785	16	1402
固阳县	15	168	369	17	1808	2	558
达尔罕茂明安联合旗	5	5	201	19	1176	13	247
包头稀土高新技术产业开发区	7	369	551	95	5471	23	1434
乌海市	**9**	**20**	**271**		**211**	**6**	**282**
海勃湾区	7	16	1		103	5	18
海南区		2	215		77		203
乌达区	2	2	55		31	1	61
赤峰市	**2047**	**6001**	**2623**	**629**	**27235**	**754**	**10734**
红山区	117	222	112	6	373	31	371
元宝山区	289	225	94	4	425	11	679
松山区	158	363	137		326	28	471
阿鲁科尔沁旗	46	475	152	69	2967	24	646
巴林左旗	69	734	4	37	3229	125	752
巴林右旗	106	429	250	75	2320	25	896
林西县	148	375	659	77	2418	107	1451
克什克腾旗	33	51	305	34	2676	77	617
翁牛特旗	70	801	203	112	3090	115	1308
喀喇沁旗	172	578	186	52	2561	43	942
宁城县	498	885	231	107	3348	52	1398
敖汉旗	341	863	290	56	3502	116	1203

9－3b 续表 7 单位：户

地区	住房内有无厕所			住房内有无洗澡设施			
	卫生旱厕	普通旱厕	无	统一供热水	家庭自装热水器	其他	无
通辽市	**1494**	**6249**	**2000**	**513**	**20312**	**1042**	**6954**
科尔沁区	179	650	370	7	517	49	904
科尔沁左翼中旗	199	1151	180	61	2637	197	1079
科尔沁左翼后旗	304	687	144	107	2515	194	854
开鲁县	99	818	584	27	2903	235	918
库伦旗	45	672	42	14	1409	61	594
奈曼旗	188	1126	467	31	2854	180	985
扎鲁特旗	478	916	34	21	2793	99	1185
通辽经济技术开发区	2	216	178	245	4683	27	421
霍林郭勒市		13	1		1		14
鄂尔多斯市	**297**	**1033**	**4850**	**1625**	**24777**	**185**	**5806**
东胜区	3	10	41		27		54
康巴什区							
达拉特旗	40	227	1552	66	4773	48	1614
准格尔旗	95	544	1385	861	5753	28	1927
鄂托克前旗	6	1	272	12	1520	45	202
鄂托克旗	79	139	589	85	3386	24	758
杭锦旗	5	28	230	78	2050	19	282
乌审旗	41	36	409	160	2316	13	410
伊金霍洛旗	28	48	372	363	4952	8	559
呼伦贝尔市	**506**	**5518**	**2165**	**1133**	**16282**	**79**	**9830**
海拉尔区		34	1		13		45
扎赉诺尔区		59	65		11		204
阿荣旗	66	602	186	105	3132	20	948
莫力达瓦达斡尔族自治旗	112	379	195	43	1866	17	839
鄂伦春自治旗	98	1277	259	44	3176	12	1769
鄂温克族自治旗	12	220	75	878	2665	5	597
陈巴尔虎旗	5	203	100	25	983	8	369
新巴尔虎左旗	2	74	13	8	586		141
新巴尔虎右旗		49	53	13	658	3	202
满洲里市	17	51	86		19	1	157
牙克石市	95	1488	703	7	2048	10	2701
扎兰屯市	1	642	64	3	433		721
额尔古纳市	13	88	98		243	1	246
根河市	85	352	267	7	449	2	891
巴彦淖尔市	**308**	**920**	**2559**	**301**	**16191**	**95**	**3335**
临河区	53	128	207	3	280	5	232
五原县	23	189	498	10	3437	4	675
磴口县	23	75	275	29	1706	6	338
乌拉特前旗	147	284	756	62	4138	16	1053
乌拉特中旗	24	30	278	108	1797	25	390
乌拉特后旗		33	148	5	1142	13	173
杭锦后旗	38	181	397	84	3691	26	474

9-3b 续表 8

单位：户

地　区	住房内有无厕所			住房内有无洗澡设施			
	卫生旱厕	普通旱厕	无	统一供热水	家庭自装热水器	其他	无
乌兰察布市	**287**	**1019**	**3171**	**347**	**14441**	**131**	**4744**
集宁区		35		27	373		75
卓资县	42	77	340	56	960	8	476
化德县	23	46	261	48	1797	2	369
商都县	28	183	475	40	2195	44	714
兴和县	51	93	237	48	2201	2	438
凉城县	9	137	439	16	1152	26	629
察哈尔右翼前旗	14	163	262	11	1586	20	428
察哈尔右翼中旗	25	6	156	6	1019	4	226
察哈尔右翼后旗	2	95	309	19	1572	6	420
四子王旗	53	41	612	76	1583	19	697
丰镇市	40	143	80		3		272
兴安盟	**494**	**2086**	**1148**	**248**	**10610**	**295**	**3937**
乌兰浩特市		11	11		601	8	63
阿尔山市	15	75	20		288		149
科尔沁右翼前旗	180	250	75	22	2433	20	513
科尔沁右翼中旗	194	620	333	58	1944	68	1166
扎赉特旗	77	700	556	89	3249	147	1392
突泉县	28	430	153	79	2095	52	654
锡林郭勒盟	**91**	**311**	**1628**	**132**	**11892**	**60**	**2424**
二连浩特市			5				5
锡林浩特市		5	9		39		15
阿巴嘎旗		5	40	4	732		83
苏尼特左旗		2	148	2	496	1	161
苏尼特右旗	3	72	335	2	1333	4	462
东乌珠穆沁旗	25	34	207	19	1182	2	291
西乌珠穆沁旗	4	33	132	12	1703	3	301
太仆寺旗	9	28	300		1396	7	345
镶黄旗		5	47	1	587	3	69
正镶白旗	7	9	177	42	600	1	226
正蓝旗	1	18	76	19	1250		118
多伦县	35	81	134	15	1951	39	267
乌拉盖管委会	7	19	18	16	623		81
阿拉善盟	**25**	**94**	**631**	**96**	**6555**	**64**	**722**
阿拉善左旗	18	45	536	68	4648	51	540
阿拉善右旗	4	14	35	3	586	4	71
额济纳旗	2	34	18	12	671	2	42
内蒙古阿拉善经济开发区	1	1	42	13	650	7	69

9-3c 各地区按住房设施状况分的家庭户户数(乡村)

单位：户

地区	合计	住房所在建筑有无电梯		主要炊事燃料				
		有	无	燃气	电	煤炭	柴草	其他
内蒙古	**293733**	**4020**	**289713**	**23414**	**38121**	**88820**	**139717**	**3661**
呼和浩特市	**27608**	**680**	**26928**	**3120**	**5439**	**14864**	**4015**	**170**
新城区	2701	231	2470	1200	612	859	4	26
回民区	576	130	446	107	338	130		1
玉泉区	2057	6	2051	192	974	816	44	31
赛罕区	5110	208	4902	855	1381	2553	238	83
土默特左旗	6608	23	6585	267	1579	4012	741	9
托克托县	3795	73	3722	285	135	2791	579	5
和林格尔县	3036	6	3030	170	191	1051	1622	2
清水河县	1692	1	1691	13	78	868	731	2
武川县	2033	2	2031	31	151	1784	56	11
呼和浩特经济技术开发区								
包头市	**18880**	**120**	**18760**	**1874**	**1724**	**12087**	**3140**	**55**
东河区	1918	7	1911	180	353	1356	29	
昆都仑区	1146	43	1103	349	65	721	1	10
青山区	749		749	243	345	149	11	1
石拐区	238	4	234	41	30	164	1	2
白云鄂博矿区								
九原区	2152	8	2144	427	377	1248	92	8
土默特右旗	6507	27	6480	194	245	3077	2984	7
固阳县	4442	30	4412	316	112	4001	7	6
达尔罕茂明安联合旗	1447	1	1446	114	171	1131	11	20
包头稀土高新技术产业开发区	281		281	10	26	240	4	1
乌海市	**796**		**796**	**85**	**120**	**583**	**2**	**6**
海勃湾区	502		502	85	117	293	1	6
海南区	294		294		3	290	1	
乌达区								
赤峰市	**70183**	**1884**	**68299**	**5822**	**3755**	**6941**	**52965**	**700**
红山区	505		505	44	52	58	350	1
元宝山区	2484	24	2460	237	38	1290	918	1
松山区	9621	1630	7991	2547	858	159	5968	89
阿鲁科尔沁旗	5208	9	5199	91	636	1071	3244	166
巴林左旗	6899	111	6788	655	397	813	4986	48
巴林右旗	2360	1	2359	70	264	708	1288	30
林西县	3535	6	3529	187	402	102	2837	7
克什克腾旗	3413	1	3412	124	85	215	2691	298
翁牛特旗	8350	8	8342	584	442	562	6737	25
喀喇沁旗	5708	26	5682	548	290	610	4260	
宁城县	11080	9	11071	137	127	1107	9680	29
敖汉旗	11020	59	10961	598	164	246	10006	6

9-3c 续表 1

单位：户

地 区	合 计	住房所在建筑有无电梯		主要炊事燃料				
		有	无	燃气	电	煤炭	柴草	其他
通辽市	**47443**	**31**	**47412**	**3695**	**9086**	**3262**	**31190**	**210**
科尔沁区	7763	6	7757	1762	1838	456	3637	70
科尔沁左翼中旗	9223	2	9221	799	3084	965	4314	61
科尔沁左翼后旗	6898		6898	329	1221	220	5107	21
开鲁县	6547		6547	194	497	178	5674	4
库伦旗	3032		3032	18	323	109	2571	11
奈曼旗	7846		7846	124	353	38	7321	10
扎鲁特旗	4793	1	4792	48	1309	1112	2317	7
通辽经济技术开发区	1018		1018	410	231	106	248	23
霍林郭勒市	323	22	301	11	230	78	1	3
鄂尔多斯市	**16691**	**235**	**16456**	**1124**	**1417**	**9858**	**4222**	**70**
东胜区	507	10	497	24	33	434	15	1
康巴什区								
达拉特旗	4991	4	4987	106	151	3321	1401	12
准格尔旗	3597	174	3423	95	622	2212	649	19
鄂托克前旗	1205		1205	284	105	324	485	7
鄂托克旗	954	33	921	212	93	611	37	1
杭锦旗	1733	4	1729	123	116	1230	263	1
乌审旗	1884	2	1882	130	137	552	1050	15
伊金霍洛旗	1820	8	1812	150	160	1174	322	14
呼伦贝尔市	**21906**	**147**	**21759**	**1747**	**2109**	**3605**	**13861**	**584**
海拉尔区	404	30	374	106	61	232	2	3
扎赉诺尔区								
阿荣旗	4896	15	4881	392	302	88	4101	13
莫力达瓦达斡尔族自治旗	5410	90	5320	555	532	223	4051	49
鄂伦春自治旗	1766	4	1762	229	175	298	1059	5
鄂温克族自治旗	1322	4	1318	98	575	542	6	101
陈巴尔虎旗	565	2	563	53	19	389	54	50
新巴尔虎左旗	592		592	43	1	283	58	207
新巴尔虎右旗	299		299	31	2	119	6	141
满洲里市								
牙克石市	836		836	8	247	529	52	
扎兰屯市	5190		5190	93	157	505	4434	1
额尔古纳市	613	2	611	135	38	395	31	14
根河市	13		13	4		2	7	
巴彦淖尔市	**25627**	**202**	**25425**	**4266**	**4554**	**5768**	**10755**	**284**
临河区	6726	111	6615	1363	1704	636	2910	113
五原县	5012	2	5010	1002	780	692	2501	37
磴口县	1633		1633	151	273	627	582	
乌拉特前旗	5339	77	5262	506	653	2276	1843	61
乌拉特中旗	2074	1	2073	162	117	814	967	14
乌拉特后旗	622		622	76	83	175	285	3
杭锦后旗	4221	11	4210	1006	944	548	1667	56

9－3c 续表 2

单位：户

地区	合计	住房所在建筑有无电梯		主要炊事燃料				
		有	无	燃气	电	煤炭	柴草	其他
乌兰察布市	**30301**	**671**	**29630**	**171**	**3796**	**23100**	**3110**	**124**
集宁区	1193	415	778	6	634	548	4	1
卓资县	2120	75	2045	15	467	1519	119	
化德县	1714		1714	2	85	1184	422	21
商都县	4231	19	4212	16	417	3626	161	11
兴和县	4102	4	4098	3	206	3279	587	27
凉城县	3058	25	3033	59	249	1807	939	4
察哈尔右翼前旗	2961	2	2959	36	163	2734	25	3
察哈尔右翼中旗	2646	86	2560	7	350	2072	201	16
察哈尔右翼后旗	2206	26	2180	7	252	1898	31	18
四子王旗	3001	9	2992	13	694	1765	513	16
丰镇市	3069	10	3059	7	279	2668	108	7
兴安盟	**22564**	**30**	**22534**	**976**	**4203**	**2916**	**14320**	**149**
乌兰浩特市	1271		1271	51	625	96	497	2
阿尔山市	112		112		20	33	56	3
科尔沁右翼前旗	6729	19	6710	297	1735	722	3888	87
科尔沁右翼中旗	3564		3564	64	682	1459	1347	12
扎赉特旗	6054	3	6051	348	416	219	5056	15
突泉县	4834	8	4826	216	725	387	3476	30
锡林郭勒盟	**10351**	**19**	**10332**	**248**	**1618**	**5278**	**1920**	**1287**
二连浩特市	57		57			57		
锡林浩特市	778	2	776	83	155	496	3	41
阿巴嘎旗	539	1	538	9	9	348	11	162
苏尼特左旗	428		428	48	26	159	13	182
苏尼特右旗	553		553	4	73	391	7	78
东乌珠穆沁旗	656		656	18	10	468	10	150
西乌珠穆沁旗	866	2	864	17	16	632	35	166
太仆寺旗	2606		2606	15	484	759	1312	36
镶黄旗	322		322		16	214	10	82
正镶白旗	828		828	1	77	484	163	103
正蓝旗	1199	14	1185	19	319	405	185	271
多伦县	1411		1411	29	425	785	168	4
乌拉盖管委会	108		108	5	8	80	3	12
阿拉善盟	**1383**	**1**	**1382**	**286**	**300**	**558**	**217**	**22**
阿拉善左旗	1090	1	1089	258	251	417	144	20
阿拉善右旗	178		178	15	25	112	25	1
额济纳旗	107		107	6	23	29	48	1
内蒙古阿拉善经济开发区	8		8	7	1			

9−3c　续表 3　　　　单位：户

地　区	住房内有无管道自来水		住房内有无厨房			住房内有无厕所	
	有	无	独立使用	与其他户合用	无	水冲式卫生厕所	水冲式非卫生厕所
内蒙古	**182585**	**111148**	**258021**	**6306**	**29406**	**47571**	**1970**
呼和浩特市	**22620**	**4988**	**20279**	**892**	**6437**	**5998**	**314**
新城区	2574	127	2177	81	443	1328	93
回民区	439	137	458	6	112	363	7
玉泉区	573	1484	1642	14	401	691	44
赛罕区	4027	1083	3958	134	1018	1689	83
土默特左旗	5676	932	4770	168	1670	640	48
托克托县	3491	304	2925	116	754	455	12
和林格尔县	2773	263	2170	191	675	472	19
清水河县	1199	493	541	144	1007	114	2
武川县	1868	165	1638	38	357	246	6
呼和浩特经济技术开发区							
包头市	**17185**	**1695**	**15342**	**595**	**2943**	**3048**	**65**
东河区	1313	605	1441	85	392	345	6
昆都仑区	965	181	990	28	128	379	1
青山区	726	23	479	16	254	237	3
石拐区	110	128	161	16	61	68	
白云鄂博矿区							
九原区	2075	77	1836	94	222	421	6
土默特右旗	6275	232	5083	228	1196	653	43
固阳县	4254	188	3887	115	440	538	3
达尔罕茂明安联合旗	1209	238	1255	12	180	404	3
包头稀土高新技术产业开发区	258	23	210	1	70	3	
乌海市	**710**	**86**	**714**	**46**	**36**	**368**	**12**
海勃湾区	418	84	468	3	31	226	
海南区	292	2	246	43	5	142	12
乌达区							
赤峰市	**40405**	**29778**	**65660**	**826**	**3697**	**6519**	**246**
红山区	383	122	451		54	6	3
元宝山区	2252	232	2460	2	22	493	32
松山区	6501	3120	9300	69	252	2543	11
阿鲁科尔沁旗	3351	1857	4646	169	393	219	18
巴林左旗	4467	2432	6642	65	192	780	13
巴林右旗	484	1876	2058	23	279	87	26
林西县	1886	1649	2234	31	1270	306	35
克什克腾旗	1302	2111	3134	25	254	203	9
翁牛特旗	6364	1986	7853	155	342	298	11
喀喇沁旗	3913	1795	5569	69	70	662	55
宁城县	4361	6719	10461	188	431	318	19
敖汉旗	5141	5879	10852	30	138	604	14

9－3c 续表 4

单位：户

地区	住房内有无管道自来水		住房内有无厨房			住房内有无厕所	
	有	无	独立使用	与其他户合用	无	水冲式卫生厕所	水冲式非卫生厕所
通辽市	**31586**	**15857**	**45511**	**668**	**1264**	**5449**	**372**
科尔沁区	6486	1277	7495	78	190	657	28
科尔沁左翼中旗	8040	1183	8717	241	265	1217	98
科尔沁左翼后旗	1477	5421	6575	100	223	520	59
开鲁县	5942	605	6498	23	26	1340	41
库伦旗	639	2393	2873	64	95	136	7
奈曼旗	6228	1618	7614	82	150	1045	57
扎鲁特旗	1646	3147	4418	69	306	189	68
通辽经济技术开发区	875	143	998	11	9	106	14
霍林郭勒市	253	70	323			239	
鄂尔多斯市	**11643**	**5048**	**14612**	**400**	**1679**	**6279**	**235**
东胜区	234	273	353	35	119	144	3
康巴什区							
达拉特旗	4180	811	4345	107	539	1455	34
准格尔旗	2107	1490	2894	87	616	1104	35
鄂托克前旗	796	409	1169	25	11	590	25
鄂托克旗	334	620	879	37	38	469	28
杭锦旗	1152	581	1650	15	68	667	20
乌审旗	1267	617	1772	44	68	809	74
伊金霍洛旗	1573	247	1550	50	220	1041	16
呼伦贝尔市	**7490**	**14416**	**20954**	**261**	**691**	**4400**	**82**
海拉尔区	331	73	397		7	244	
扎赉诺尔区							
阿荣旗	1516	3380	4752	42	102	745	15
莫力达瓦达斡尔族自治旗	3051	2359	5163	100	147	1044	11
鄂伦春自治旗	555	1211	1689	16	61	364	14
鄂温克族自治旗	667	655	1271	12	39	700	24
陈巴尔虎旗	169	396	527	6	32	106	1
新巴尔虎左旗	167	425	509	11	72	67	2
新巴尔虎右旗	97	202	232	15	52	51	1
满洲里市							
牙克石市	266	570	798	1	37	113	1
扎兰屯市	507	4683	5023	57	110	807	10
额尔古纳市	160	453	580	1	32	155	3
根河市	4	9	13			4	
巴彦淖尔市	**23088**	**2539**	**24122**	**512**	**993**	**7643**	**217**
临河区	6150	576	6477	106	143	1595	61
五原县	4612	400	4727	69	216	2593	35
磴口县	1222	411	1528	71	34	230	37
乌拉特前旗	5064	275	4806	150	383	1293	35
乌拉特中旗	1584	490	1886	77	111	751	19
乌拉特后旗	401	221	589	14	19	155	3
杭锦后旗	4055	166	4109	25	87	1026	27

9-3c　续表 5　　　　单位：户

地　　区	住房内有无管道自来水		住房内有无厨房			住房内有无厕所	
	有	无	独立使用	与其他户合用	无	水冲式卫生厕所	水冲式非卫生厕所
乌兰察布市	**20336**	**9965**	**21588**	**1137**	**7576**	**4955**	**133**
集宁区	790	403	1025	18	150	630	5
卓资县	1189	931	1370	84	666	517	4
化德县	1600	114	1517	43	154	89	2
商都县	2783	1448	3606	132	493	931	89
兴和县	2863	1239	3361	208	533	195	1
凉城县	1568	1490	1889	140	1029	478	14
察哈尔右翼前旗	2400	561	2498	86	377	338	5
察哈尔右翼中旗	1707	939	1550	73	1023	418	2
察哈尔右翼后旗	1020	1186	1083	171	952	283	3
四子王旗	2621	380	2546	106	349	916	8
丰镇市	1795	1274	1143	76	1850	160	
兴安盟	**3140**	**19424**	**21520**	**346**	**698**	**1432**	**195**
乌兰浩特市	173	1098	1240	7	24	61	18
阿尔山市	21	91	97	2	13	21	
科尔沁右翼前旗	326	6403	6504	48	177	509	73
科尔沁右翼中旗	336	3228	3071	192	301	308	68
扎赉特旗	1054	5000	5870	82	102	121	8
突泉县	1230	3604	4738	15	81	412	28
锡林郭勒盟	**3653**	**6698**	**6567**	**525**	**3259**	**1086**	**87**
二连浩特市	10	47	42		15	6	1
锡林浩特市	233	545	527	20	231	218	11
阿巴嘎旗	27	512	325	13	201	28	3
苏尼特左旗	9	419	191	18	219	7	3
苏尼特右旗	45	508	323	28	202	12	1
东乌珠穆沁旗	31	625	392	58	206	19	
西乌珠穆沁旗	34	832	570	74	222	48	19
太仆寺旗	1611	995	1466	137	1003	180	10
镶黄旗	45	277	108	36	178	13	4
正镶白旗	366	462	568	67	193	66	5
正蓝旗	324	875	867	36	296	202	22
多伦县	915	496	1096	38	277	283	7
乌拉盖管委会	3	105	92		16	4	1
阿拉善盟	**729**	**654**	**1152**	**98**	**133**	**394**	**12**
阿拉善左旗	631	459	910	71	109	291	7
阿拉善右旗	59	119	133	25	20	54	3
额济纳旗	34	73	102	1	4	42	1
内蒙古阿拉善经济开发区	5	3	7	1		7	1

9－3c　续表 6　　　　单位：户

地　区	住房内有无厕所			住房内有无洗澡设施			
	卫生旱厕	普通旱厕	无	统一供热水	家庭自装热水器	其他	无
内蒙古	**32436**	**123324**	**88432**	**899**	**76794**	**8440**	**207600**
呼和浩特市	**1872**	**8187**	**11237**	**145**	**6704**	**460**	**20299**
新城区	165	110	1005	54	1078	75	1494
回民区	31	41	134		371		205
玉泉区	126	138	1058	12	685	5	1355
赛罕区	530	866	1942	25	1871	86	3128
土默特左旗	246	2801	2873	11	1201	208	5188
托克托县	319	2428	581	16	586	4	3189
和林格尔县	173	649	1723	12	549	22	2453
清水河县	152	792	632	15	139	50	1488
武川县	130	362	1289		224	10	1799
呼和浩特经济技术开发区							
包头市	**1280**	**5771**	**8716**	**140**	**3761**	**290**	**14689**
东河区	102	597	868	5	531		1382
昆都仑区	41	316	409	15	357	41	733
青山区	12	118	379	1	217		531
石拐区	9	72	89		61	1	176
白云鄂博矿区							
九原区	40	608	1077	16	568	18	1550
土默特右旗	514	2238	3059	83	1140	91	5193
固阳县	506	1762	1633	18	517	128	3779
达尔罕茂明安联合旗	55	54	931	2	360	11	1074
包头稀土高新技术产业开发区	1	6	271		10		271
乌海市	**14**	**73**	**329**	**5**	**484**	**9**	**298**
海勃湾区	12	60	204	5	277		220
海南区	2	13	125		207	9	78
乌达区							
赤峰市	**10193**	**34861**	**18364**	**161**	**14348**	**2243**	**53431**
红山区	232	260	4	1	90	19	395
元宝山区	1240	528	191	1	640	163	1680
松山区	1952	3540	1575	15	3270	251	6085
阿鲁科尔沁旗	866	2488	1617	15	790	244	4159
巴林左旗	143	5864	99	30	1042	326	5501
巴林右旗	186	871	1190	2	91	36	2231
林西县	353	1340	1501	11	187	2	3335
克什克腾旗	140	325	2736	8	217	4	3184
翁牛特旗	727	4503	2811	28	1682	406	6234
喀喇沁旗	1039	3238	714	4	1231	2	4471
宁城县	895	5657	4191	28	2117	211	8724
敖汉旗	2420	6247	1735	18	2991	579	7432

9-3c　续表 7　　　　单位：户

地　　区	住房内有无厕所			住房内有无洗澡设施			
	卫生旱厕	普通旱厕	无	统　一供热水	家庭自装热水器	其他	无
通辽市	**6305**	**27186**	**8131**	**66**	**18736**	**3039**	**25602**
科尔沁区	1205	3868	2005	4	2707	344	4708
科尔沁左翼中旗	1189	5293	1426	16	3704	1010	4493
科尔沁左翼后旗	1026	4043	1250	8	1808	347	4735
开鲁县	1111	3326	729	5	3648	508	2386
库伦旗	321	2217	351		937	157	1938
奈曼旗	692	4208	1844	11	4078	508	3249
扎鲁特旗	578	3543	415	2	1334	130	3327
通辽经济技术开发区	143	644	111	20	338	31	629
霍林郭勒市	40	44			182	4	137
鄂尔多斯市	**1159**	**4234**	**4784**	**119**	**6916**	**228**	**9428**
东胜区	29	141	190	3	108	10	386
康巴什区							
达拉特旗	315	1459	1728	4	1426	19	3542
准格尔旗	267	1101	1090	70	1232	50	2245
鄂托克前旗	159	228	203	3	832	33	337
鄂托克旗	52	75	330	4	623	6	321
杭锦旗	128	395	523	11	749	32	941
乌审旗	104	514	383	10	1084	11	779
伊金霍洛旗	105	321	337	14	862	67	877
呼伦贝尔市	**2041**	**10321**	**5062**	**62**	**4310**	**391**	**17143**
海拉尔区	39	93	28	1	195		208
扎赉诺尔区							
阿荣旗	779	2541	816	29	870	201	3796
莫力达瓦达斡尔族自治旗	692	2022	1641	13	1123	140	4134
鄂伦春自治旗	186	759	443	1	367	23	1375
鄂温克族自治旗	50	447	101	10	543	1	768
陈巴尔虎旗	30	260	168	2	72	2	489
新巴尔虎左旗	2	272	249	2	37	10	543
新巴尔虎右旗	8	60	179		11	1	287
满洲里市							
牙克石市	16	155	551		104	1	731
扎兰屯市	145	3492	736	4	824	9	4353
额尔古纳市	92	213	150		160	3	450
根河市	2	7			4		9
巴彦淖尔市	**2796**	**7728**	**7243**	**56**	**11329**	**674**	**13568**
临河区	802	1664	2604	29	3381	156	3160
五原县	139	1520	725	3	2238	98	2673
磴口县	265	712	389	2	762	36	833
乌拉特前旗	775	1049	2187	13	1990	188	3148
乌拉特中旗	207	565	532	1	746	25	1302
乌拉特后旗	69	197	198		195	22	405
杭锦后旗	539	2021	608	8	2017	149	2047

9-3c 续表 8 单位：户

地区	住房内有无厕所			住房内有无洗澡设施			
	卫生旱厕	普通旱厕	无	统一供热水	家庭自装热水器	其他	无
乌兰察布市	**2941**	**9815**	**12457**	**76**	**4170**	**426**	**25629**
集宁区	95	282	181	5	608		580
卓资县	294	539	766	4	485	9	1622
化德县	248	484	891		99	21	1594
商都县	275	1265	1671	16	444	83	3688
兴和县	625	1858	1423	13	188	122	3779
凉城县	117	1016	1433	3	502	27	2526
察哈尔右翼前旗	193	1404	1021	11	276	43	2631
察哈尔右翼中旗	337	261	1628	4	381	39	2222
察哈尔右翼后旗	194	721	1005	1	245	12	1948
四子王旗	93	206	1778	6	783	43	2169
丰镇市	470	1779	660	13	159	27	2870
兴安盟	**2936**	**11987**	**6014**	**41**	**4292**	**539**	**17692**
乌兰浩特市	153	606	433	1	225	111	934
阿尔山市		74	17		25		87
科尔沁右翼前旗	1540	3320	1287	3	1414	38	5274
科尔沁右翼中旗	317	1697	1174	3	623	117	2821
扎赉特旗	639	3442	1844	13	805	123	5113
突泉县	287	2848	1259	21	1200	150	3463
锡林郭勒盟	**839**	**2891**	**5448**	**24**	**1118**	**129**	**9080**
二连浩特市			50		3		54
锡林浩特市	65	109	375	3	211		564
阿巴嘎旗	51	168	289		28	5	506
苏尼特左旗	24	61	333		20		408
苏尼特右旗	9	147	384		19	2	532
东乌珠穆沁旗	25	236	376	7	11	18	620
西乌珠穆沁旗	68	314	417	1	44	5	816
太仆寺旗	37	1007	1372		156	7	2443
镶黄旗	6	50	249	1	11	1	309
正镶白旗	20	179	558	2	72	30	724
正蓝旗	29	224	722	9	318	20	852
多伦县	481	367	273	1	222	41	1147
乌拉盖管委会	24	29	50		3		105
阿拉善盟	**60**	**270**	**647**	**4**	**626**	**12**	**741**
阿拉善左旗	34	226	532	2	525	11	552
阿拉善右旗	19	8	94	2	52		124
额济纳旗	7	36	21		42		65
内蒙古阿拉善经济开发区					7	1	

9-4　各地区按住房来源分的家庭户户数

单位：户

地　　区	合　计	租赁廉租住房/公租房	租赁其他住房	购买新建商品房	购买二手房	购买原公有住房	购买经济适用房/两限房	自建住房	继承或赠予	其　他
内蒙古	**868558**	**16107**	**89821**	**251441**	**109393**	**39544**	**29698**	**280830**	**8131**	**43593**
呼和浩特市	**120491**	**3177**	**18498**	**43314**	**11226**	**8788**	**3730**	**22571**	**1308**	**7879**
新城区	23398	882	3976	7396	2823	3255	1189	1227	302	2348
回民区	15371	421	3422	5084	1668	1502	787	423	177	1887
玉泉区	18787	949	3911	8560	1772	602	481	1478	108	926
赛罕区	28924	688	4310	11992	3150	2955	773	3163	281	1612
土默特左旗	10436	81	610	2385	287	168	178	6423	124	180
托克托县	6573	58	664	1702	365	72	30	3414	106	162
和林格尔县	5337	39	353	1406	252	71	107	2844	35	230
清水河县	3026	17	345	643	212	33	50	1424	111	191
武川县	4140	30	403	1204	262	101	94	1730	55	261
呼和浩特经济技术开发区	4499	12	504	2942	435	29	41	445	9	82
包头市	**108111**	**1536**	**13968**	**34450**	**15175**	**12689**	**5171**	**18943**	**757**	**5422**
东河区	19104	138	1742	7690	2745	2029	1947	2150	133	530
昆都仑区	30489	415	4820	10003	5735	5522	991	1412	135	1456
青山区	20245	227	3504	6588	3711	4183	828	549	140	515
石拐区	834	63	56	27	84	8	328	209	22	37
白云鄂博矿区	895	31	50	200	105	378	74	4	21	32
九原区	8626	105	1263	2702	976	115	544	2268	48	605
土默特右旗	10885	140	613	2087	514	218	259	6712	121	221
固阳县	6827	110	240	1506	185	77	151	4134	33	391
达尔罕茂明安联合旗	2902	89	164	1078	164	86	42	1088	16	175
包头稀土高新技术产业开发区	7304	218	1516	2569	956	73	7	417	88	1460
乌海市	**20298**	**257**	**3083**	**7808**	**2911**	**1123**	**3060**	**1174**	**167**	**715**
海勃湾区	12390	140	2057	5970	1801	780	587	561	81	413
海南区	3247	50	468	791	538	60	810	370	10	150
乌达区	4661	67	558	1047	572	283	1663	243	76	152
赤峰市	**143923**	**1746**	**9931**	**35322**	**19208**	**2449**	**1302**	**69556**	**1016**	**3393**
红山区	15575	287	2073	6511	4465	569	115	1348	59	148
元宝山区	10741	122	622	3244	2448	739	207	3048	62	249
松山区	23407	413	2274	8464	3561	147	54	7400	109	985
阿鲁科尔沁旗	8914	47	551	1637	1028	160	74	5160	86	171
巴林左旗	11042	217	797	2227	1288	116	253	5859	56	229
巴林右旗	5676	47	540	1457	859	102	56	2462	27	126
林西县	7588	116	579	1538	1088	43	53	3828	128	215
克什克腾旗	6817	119	414	1547	1037	113	15	3182	42	348
翁牛特旗	12975	72	392	2284	1108	100	133	8422	111	353
喀喇沁旗	9306	50	300	1781	525	85	89	6375	58	43
宁城县	15985	130	690	2258	732	97	138	11547	183	210
敖汉旗	15897	126	699	2374	1069	178	115	10925	95	316

9—4 续表 1

单位：户

地　区	合　计	租赁廉租住房/公租房	租赁其他住房	购买新建商品房	购买二手房	购买原公有住房	购买经济适用房/两限房	自建住房	继承或赠予	其他
通辽市	**96024**	**1586**	**5994**	**18178**	**11224**	**2290**	**1920**	**52002**	**569**	**2261**
科尔沁区	24801	600	2208	5948	4712	1437	323	8593	134	846
科尔沁左翼中旗	13197	106	331	1257	714	69	289	10046	94	291
科尔沁左翼后旗	10568	123	369	1418	888	191	34	7245	81	219
开鲁县	10630	43	569	1018	773	60	469	7425	67	206
库伦旗	5110	25	126	657	467	72	127	3443	24	169
奈曼旗	11896	59	512	1185	725	142	184	8773	72	244
扎鲁特旗	8891	124	743	1471	878	74	181	5205	66	149
通辽经济技术开发区	6394	274	440	3118	1148	90	71	1152	22	79
霍林郭勒市	4537	232	696	2106	919	155	242	120	9	58
鄂尔多斯市	**70294**	**2471**	**12904**	**23200**	**7971**	**1571**	**1548**	**17155**	**452**	**3022**
东胜区	18424	368	4697	8800	2542	182	452	749	103	531
康巴什区	3341	691	401	1577	420	62	90	5	18	77
达拉特旗	11492	97	1521	2766	1212	158	151	5171	42	374
准格尔旗	12166	300	2394	3149	1494	493	283	3189	81	783
鄂托克前旗	2984	160	358	308	186	254	120	1537	19	42
鄂托克旗	5240	163	941	1958	600	64	91	1336	33	54
杭锦旗	4162	57	432	1246	403	54	77	1661	58	174
乌审旗	4783	86	760	1158	384	68	97	1983	40	207
伊金霍洛旗	7702	549	1400	2238	730	236	187	1524	58	780
呼伦贝尔市	**85390**	**1205**	**6774**	**24300**	**17604**	**5056**	**6285**	**18964**	**1196**	**4006**
海拉尔区	13594	168	1484	7284	2847	612	286	319	73	521
扎赉诺尔区	3589	100	148	1077	729	289	835	336	26	49
阿荣旗	9101	86	627	1895	1403	248	589	3903	148	202
莫力达瓦达斡尔族自治旗	8175	47	717	1211	859	103	418	4127	92	601
鄂伦春自治旗	6767	81	489	1017	1399	432	1241	1477	165	466
鄂温克族自治旗	5467	106	394	1596	1661	413	479	486	54	278
陈巴尔虎旗	1950	64	101	563	372	110	15	569	65	91
新巴尔虎左旗	1327	44	65	486	160	18	7	453	8	86
新巴尔虎右旗	1175	87	107	336	176	20	62	246	35	106
满洲里市	5670	125	892	2524	1406	176	181	139	28	199
牙克石市	11377	53	494	3267	3132	1671	1092	813	177	678
扎兰屯市	11228	136	1000	2121	1693	363	205	5464	94	152
额尔古纳市	2756	32	138	711	634	230	373	536	40	62
根河市	3214	76	118	212	1133	371	502	96	191	515
巴彦淖尔市	**60188**	**705**	**4992**	**16773**	**7575**	**1335**	**2068**	**24464**	**495**	**1781**
临河区	21885	293	2594	6991	3742	611	849	6244	118	443
五原县	9138	83	617	2268	771	49	242	4768	90	250
磴口县	3712	31	198	943	543	147	118	1478	56	198
乌拉特前旗	10608	70	683	2687	1002	315	96	5135	107	513
乌拉特中旗	4394	69	441	895	403	103	252	2121	27	83
乌拉特后旗	1955	102	147	472	363	37	211	557	10	56
杭锦后旗	8496	57	312	2517	751	73	300	4161	87	238

9-4　续表 2　　　　单位：户

地　　区	合　计	租赁廉租住房/公租房	租赁其他住房	购买新建商品房	购买二手房	购买原公有住房	购买经济适用房/两限房	自建住房	继承或赠予	其　他
乌兰察布市	**67776**	**1254**	**4977**	**18618**	**4928**	**1774**	**2479**	**21999**	**1125**	**10622**
集宁区	15308	618	1815	6019	2192	868	279	1089	374	2054
卓资县	3620	66	173	810	134	100	125	1561	66	585
化德县	3930	29	247	810	297	83	501	1215	101	647
商都县	7224	18	417	1547	279	123	228	1498	74	3040
兴和县	6791	91	357	1888	324	153	25	3574	71	308
凉城县	4881	15	322	982	193	52	81	2754	86	396
察哈尔右翼前旗	5006	69	331	1076	215	38	179	2197	58	843
察哈尔右翼中旗	3901	15	165	739	238	71	149	1469	90	965
察哈尔右翼后旗	4223	116	223	1247	241	72	89	1314	76	845
四子王旗	5376	96	532	1630	333	39	107	2301	39	299
丰镇市	7516	121	395	1870	482	175	716	3027	90	640
兴安盟	**48645**	**887**	**3543**	**10678**	**6338**	**1049**	**904**	**22722**	**507**	**2017**
乌兰浩特市	12201	253	1541	4583	2901	332	429	1801	79	282
阿尔山市	1282	51	95	638	251	92	16	82	10	47
科尔沁右翼前旗	9717	62	353	1612	1095	111	18	5729	114	623
科尔沁右翼中旗	6800	218	465	992	625	113	106	4062	38	181
扎赉特旗	10931	180	609	1897	808	291	241	6324	158	423
突泉县	7714	123	480	956	658	110	94	4724	108	461
锡林郭勒盟	**38598**	**1000**	**4306**	**14984**	**3931**	**1126**	**883**	**9876**	**476**	**2016**
二连浩特市	2665	89	531	1555	250	92	7	76	10	55
锡林浩特市	11968	209	1701	6220	1747	417	241	543	154	736
阿巴嘎旗	1358	44	60	289	97	83	69	493	45	178
苏尼特左旗	1088	62	115	341	116	10	12	408	11	13
苏尼特右旗	2354	96	198	877	216	145	49	638	24	111
东乌珠穆沁旗	2150	61	288	661	223	93	54	653	22	95
西乌珠穆沁旗	2885	119	326	1052	315	34	26	882	17	114
太仆寺旗	4354	2	279	1135	199	43	108	2486	27	75
镶黄旗	982	51	71	295	92	23	46	350	6	48
正镶白旗	1697	19	123	287	166	36	69	881	45	71
正蓝旗	2586	68	164	731	136	58	82	1017	27	303
多伦县	3683	115	343	1100	316	91	120	1314	84	200
乌拉盖管委会	828	65	107	441	58	1		135	4	17
阿拉善盟	**8820**	**283**	**851**	**3816**	**1302**	**294**	**348**	**1404**	**63**	**459**
阿拉善左旗	6397	158	589	2774	1000	212	184	1124	53	303
阿拉善右旗	842	24	39	331	108	41	102	159	2	36
额济纳旗	834	48	59	398	78	28	3	110	8	102
内蒙古阿拉善经济开发区	747	53	164	313	116	13	59	11		18

9-4a 各地区按住房来源分的家庭户户数(城市)

单位：户

地 区	合 计	租赁廉租住房/公租房	租赁其他住房	购买新建商品房	购买二手房	购买原公有住房	购买经济适用房/两限房	自建住房	继承或赠予	其 他
内蒙古	**336029**	**8028**	**49641**	**144308**	**61482**	**28554**	**16187**	**9576**	**2725**	**15528**
呼和浩特市	**75847**	**2901**	**13065**	**32422**	**8928**	**7980**	**3114**	**1147**	**791**	**5499**
新城区	20596	879	3105	7340	2622	3041	1122	320	294	1873
回民区	14795	408	3281	5000	1639	1502	787	313	167	1698
玉泉区	16730	942	3528	8297	1653	584	467	367	104	788
赛罕区	23726	672	3151	11785	3014	2853	738	147	226	1140
包头市	**72480**	**900**	**10066**	**26915**	**12834**	**12087**	**4270**	**2388**	**451**	**2569**
东河区	16303	126	1432	7597	2609	2024	1712	452	112	239
昆都仑区	29343	397	4441	9949	5642	5512	874	1023	129	1376
青山区	19426	213	3246	6527	3589	4064	828	353	136	470
石拐区	579	62	39	19	78	6	296	43	21	15
白云鄂博矿区	895	31	50	200	105	378	74	4	21	32
九原区	5934	71	858	2623	811	103	486	513	32	437
乌海市	**19003**	**255**	**2750**	**7770**	**2794**	**1044**	**3059**	**530**	**150**	**651**
海勃湾区	11762	140	1861	5939	1723	760	587	312	72	368
海南区	2673	49	339	784	502	18	809	26	7	139
乌达区	4568	66	550	1047	569	266	1663	192	71	144
赤峰市	**34388**	**739**	**4239**	**16069**	**9837**	**1355**	**320**	**845**	**110**	**874**
红山区	14289	268	1973	6299	4432	564	115	456	56	126
元宝山区	7138	113	515	2987	2224	681	153	315	35	115
松山区	12961	358	1751	6783	3181	110	52	74	19	633
通辽市	**19760**	**654**	**2782**	**7832**	**5026**	**1505**	**562**	**562**	**93**	**744**
科尔沁区	15561	590	2104	5781	4116	1353	320	521	84	692
霍林郭勒市	4199	64	678	2051	910	152	242	41	9	52
鄂尔多斯市	**21210**	**1058**	**4965**	**10367**	**2951**	**251**	**540**	**365**	**115**	**598**
东胜区	17836	366	4562	8790	2531	180	450	339	97	521
康巴什区	3341	691	401	1577	420	62	90	5	18	77
鄂托克旗	33	1	2			9		21		
呼伦贝尔市	**36160**	**622**	**3832**	**16204**	**8365**	**1894**	**2279**	**1047**	**380**	**1537**
海拉尔区	13132	165	1470	7146	2819	605	282	74	72	499
扎赉诺尔区	3374	100	134	1074	664	243	835	259	20	45
满洲里市	5493	116	887	2524	1371	170	179	33	23	190
牙克石市	5775	37	380	2682	1468	314	317	35	99	443
扎兰屯市	4881	107	750	1923	1147	202	172	480	41	59
额尔古纳市	1653	23	120	652	331	179	143	137	26	42
根河市	1852	74	91	203	565	181	351	29	99	259
巴彦淖尔市	**14639**	**218**	**2177**	**6554**	**3326**	**568**	**698**	**756**	**68**	**274**
临河区	14639	218	2177	6554	3326	568	698	756	68	274
乌兰察布市	**17812**	**252**	**2101**	**7724**	**2531**	**1020**	**868**	**1137**	**347**	**1832**
集宁区	13640	138	1742	5907	2169	857	272	508	323	1724
丰镇市	4172	114	359	1817	362	163	596	629	24	108
兴安盟	**10991**	**171**	**1546**	**4806**	**2935**	**345**	**229**	**673**	**69**	**217**
乌兰浩特市	10258	134	1478	4392	2787	326	215	662	65	199
阿尔山市	733	37	68	414	148	19	14	11	4	18
锡林郭勒盟	**13739**	**258**	**2118**	**7645**	**1955**	**505**	**248**	**126**	**151**	**733**
二连浩特市	2603	89	526	1555	250	92	7	36	5	43
锡林浩特市	11136	169	1592	6090	1705	413	241	90	146	690

9-4b 各地区按住房来源分的家庭户户数(镇)

单位：户

地区	合计	租赁廉租住房/公租房	租赁其他住房	购买新建商品房	购买二手房	购买原公有住房	购买经济适用房/两限房	自建住房	继承或赠予	其他
内蒙古	**238796**	**6630**	**29339**	**97735**	**35803**	**8682**	**11170**	**35281**	**2240**	**11916**
呼和浩特市	**17036**	**177**	**2177**	**9354**	**1343**	**390**	**434**	**2599**	**87**	**475**
新城区	101							101		
回民区										
玉泉区										
赛罕区	88					15		70		3
土默特左旗	3828	46	440	2094	180	118	173	688	22	67
托克托县	2778	42	438	1387	239	55	27	502	26	62
和林格尔县	2301	33	254	1236	133	61	100	393	7	84
清水河县	1334	16	215	605	135	21	46	203	11	82
武川县	2107	28	326	1090	221	91	47	197	12	95
呼和浩特经济技术开发区	4499	12	504	2942	435	29	41	445	9	82
包头市	**16751**	**503**	**2446**	**6877**	**1801**	**390**	**583**	**2149**	**123**	**1879**
东河区	883	9	106	83	21	2	235	251	9	167
昆都仑区										
青山区	70	10		60						
石拐区	17						3	14		
白云鄂博矿区										
九原区	540	25	94	31	90	9	4	269	1	17
土默特右旗	4378	135	556	1952	445	213	186	835	21	35
固阳县	2385	102	157	1218	145	76	120	392	4	171
达尔罕茂明安联合旗	1455	4	140	964	147	17	28	119	2	34
包头稀土高新技术产业开发区	7023	218	1393	2569	953	73	7	269	86	1455
乌海市	**499**	**2**	**186**	**5**	**62**	**65**		**141**	**6**	**32**
海勃湾区	126		56		34	6		9	1	20
海南区	280	1	122	5	25	42		81		4
乌达区	93	1	8		3	17		51	5	8
赤峰市	**39352**	**757**	**4303**	**16769**	**6866**	**880**	**910**	**7688**	**231**	**948**
红山区	781	18	93	210	28	5		408	2	17
元宝山区	1119	6	68	213	155	56	32	534	24	31
松山区	825	1	28	129	49	18		594	6	
阿鲁科尔沁旗	3706	41	490	1626	766	138	72	463	39	71
巴林左旗	4143	169	527	1933	636	90	237	479	9	63
巴林右旗	3316	45	498	1444	760	94	55	380	10	30
林西县	4053	112	509	1518	912	34	46	802	53	67
克什克腾旗	3404	119	355	1517	814	55	12	255	16	261
翁牛特旗	4625	55	317	2096	947	78	122	713	34	263
喀喇沁旗	3598	41	275	1726	443	81	87	904	15	26
宁城县	4905	127	591	2215	547	87	133	1141	12	52
敖汉旗	4877	23	552	2142	809	144	114	1015	11	67

9-4b 续表 1　　单位：户

地　区	合　计	租赁廉租住房/公租房	租赁其他住房	购买新建商品房	购买二手房	购买原公有住房	购买经济适用房/两限房	自建住房	继承或赠予	其　他
通辽市	**28821**	**736**	**2983**	**10193**	**4595**	**622**	**1318**	**7380**	**198**	**796**
科尔沁区	1477	2	56	105	182	17		1063	11	41
科尔沁左翼中旗	3974	99	306	1251	448	53	269	1346	49	153
科尔沁左翼后旗	3670	120	336	1415	667	167	34	780	36	115
开鲁县	4083	43	544	1014	589	57	466	1198	34	138
库伦旗	2078	22	114	639	381	60	125	618	15	104
奈曼旗	4050	58	490	1182	566	118	177	1336	16	107
扎鲁特旗	4098	118	715	1470	642	62	176	813	24	78
通辽经济技术开发区	5376	274	422	3117	1113	86	71	221	13	59
霍林郭勒市	15				7	2		5		1
鄂尔多斯市	**32393**	**1361**	**6726**	**12414**	**4466**	**1212**	**929**	**3254**	**233**	**1798**
东胜区	81		10		3			67		1
康巴什区										
达拉特旗	6501	88	1267	2637	950	141	148	1020	21	229
准格尔旗	8569	272	1957	2988	1399	427	227	753	52	494
鄂托克前旗	1779	160	338	308	173	253	118	382	12	35
鄂托克旗	4253	154	914	1894	576	55	82	499	30	49
杭锦旗	2429	57	408	1227	336	47	74	135	41	104
乌审旗	2899	85	705	1136	341	58	94	261	34	185
伊金霍洛旗	5882	545	1127	2224	688	231	186	137	43	701
呼伦贝尔市	**27324**	**515**	**2217**	**7015**	**6874**	**2649**	**3081**	**3147**	**485**	**1341**
海拉尔区	58				5		1	44		8
扎赉诺尔区	215		14	3	65	46		77	6	4
阿荣旗	4205	75	413	1672	836	145	430	485	72	77
莫力达瓦达斡尔族自治旗	2765	29	473	861	502	80	183	410	31	196
鄂伦春自治旗	5001	77	420	888	1199	406	1219	431	91	270
鄂温克族自治旗	4145	101	353	1544	1273	354	199	105	40	176
陈巴尔虎旗	1385	61	95	521	304	107	13	196	55	33
新巴尔虎左旗	735	44	58	471	85	15	6	42	3	11
新巴尔虎右旗	876	84	103	332	167	18	52	38	21	61
满洲里市	177	9	5		35	6	2	106	5	9
牙克石市	4766	15	98	561	1422	1219	650	537	56	208
扎兰屯市	1157	16	153	134	205	42	32	547	6	22
额尔古纳市	490	2	6	19	210	27	143	63	8	12
根河市	1349	2	26	9	566	184	151	66	91	254
巴彦淖尔市	**19922**	**359**	**1979**	**9090**	**2960**	**476**	**978**	**2996**	**227**	**857**
临河区	520		30	66	50	4		360	1	9
五原县	4126	40	507	2095	559	22	83	654	48	118
磴口县	2079	31	158	929	407	52	117	231	38	116
乌拉特前旗	5269	68	518	2376	733	258	74	860	55	327
乌拉特中旗	2320	67	410	878	337	60	245	255	11	57
乌拉特后旗	1333	98	117	471	304	29	203	61	4	46
杭锦后旗	4275	55	239	2275	570	51	256	575	70	184

9-4b　续表 2　　　　单位：户

地　　区	合　计	租赁廉租住房/公租房	租　赁其　他住　房	购　买新　建商品房	购　买二手房	购　买原公有住　房	购买经济适用房/两限房	自建住房	继承或赠　予	其　他
乌兰察布市	**19663**	**553**	**1943**	**9538**	**1406**	**539**	**1326**	**2412**	**215**	**1731**
集宁区	475	227	23	51	9	2	3	32	14	114
卓资县	1500	34	140	723	91	50	112	237	12	101
化德县	2216	28	191	784	210	75	501	255	47	125
商都县	2993	4	283	1450	183	98	177	285	35	478
兴和县	2689	85	237	1788	115	128	19	226	23	68
凉城县	1823	12	228	846	114	44	41	419	15	104
察哈尔右翼前旗	2045	32	213	983	141	25	177	268	16	190
察哈尔右翼中旗	1255	14	80	524	140	45	138	103	13	198
察哈尔右翼后旗	2017	106	144	1162	153	38	69	195	13	137
四子王旗	2375	11	403	1227	217	34	89	194	17	183
丰镇市	275		1		33			198	10	33
兴安盟	**15090**	**681**	**1668**	**5654**	**2511**	**625**	**666**	**2360**	**197**	**728**
乌兰浩特市	672	117	50	188	62	1	214	16	2	22
阿尔山市	437	11	25	207	83	49	1	34	3	24
科尔沁右翼前旗	2988	56	181	1453	728	94	12	352	28	84
科尔沁右翼中旗	3236	214	450	987	548	107	106	743	18	63
扎赉特旗	4877	171	576	1873	615	283	239	859	78	183
突泉县	2880	112	386	946	475	91	94	356	68	352
锡林郭勒盟	**14508**	**717**	**1897**	**7033**	**1682**	**556**	**614**	**900**	**190**	**919**
二连浩特市	5		4						1	
锡林浩特市	54	30	4		3			14	1	2
阿巴嘎旗	819	44	56	287	83	75	69	28	31	146
苏尼特左旗	660	62	113	335	108	9	10	11	4	8
苏尼特右旗	1801	96	196	877	212	145	47	111	23	94
东乌珠穆沁旗	1494	61	283	659	198	92	54	76	15	56
西乌珠穆沁旗	2019	116	324	1050	300	29	26	70	9	95
太仆寺旗	1748	1	185	1096	128	28	94	187	7	22
镶黄旗	660	51	70	295	88	22	45	43	5	41
正镶白旗	869	19	121	285	155	32	69	103	29	56
正蓝旗	1387	57	135	664	88	37	82	63	10	251
多伦县	2272	115	302	1045	261	86	118	157	51	137
乌拉盖管委会	720	65	104	440	58	1		37	4	11
阿拉善盟	**7437**	**269**	**814**	**3793**	**1237**	**278**	**331**	**255**	**48**	**412**
阿拉善左旗	5307	145	555	2754	937	198	180	230	38	270
阿拉善右旗	664	24	37	329	107	39	89	7	2	30
额济纳旗	727	48	58	397	77	28	3	13	8	95
内蒙古阿拉善经济开发区	739	52	164	313	116	13	59	5		17

9-4c 各地区按住房来源分的家庭户户数(乡村)

单位：户

地区	合计	租赁廉租住房/公租房	租赁其他住房	购买新建商品房	购买二手房	购买原公有住房	购买经济适用房/两限房	自建住房	继承或赠予	其他
内蒙古	**293733**	**1449**	**10841**	**9398**	**12108**	**2308**	**2341**	**235973**	**3166**	**16149**
呼和浩特市	**27608**	**99**	**3256**	**1538**	**955**	**418**	**182**	**18825**	**430**	**1905**
新城区	2701	3	871	56	201	214	67	806	8	475
回民区	576	13	141	84	29			110	10	189
玉泉区	2057	7	383	263	119	18	14	1111	4	138
赛罕区	5110	16	1159	207	136	87	35	2946	55	469
土默特左旗	6608	35	170	291	107	50	5	5735	102	113
托克托县	3795	16	226	315	126	17	3	2912	80	100
和林格尔县	3036	6	99	170	119	10	7	2451	28	146
清水河县	1692	1	130	38	77	12	4	1221	100	109
武川县	2033	2	77	114	41	10	47	1533	43	166
呼和浩特经济技术开发区										
包头市	**18880**	**133**	**1456**	**658**	**540**	**212**	**318**	**14406**	**183**	**974**
东河区	1918	3	204	10	115	3		1447	12	124
昆都仑区	1146	18	379	54	93	10	117	389	6	80
青山区	749	4	258	1	122	119		196	4	45
石拐区	238	1	17	8	6	2	29	152	1	22
白云鄂博矿区										
九原区	2152	9	311	48	75	3	54	1486	15	151
土默特右旗	6507	5	57	135	69	5	73	5877	100	186
固阳县	4442	8	83	288	40	1	31	3742	29	220
达尔罕茂明安联合旗	1447	85	24	114	17	69	14	969	14	141
包头稀土高新技术产业开发区	281		123		3			148	2	5
乌海市	**796**		**147**	**33**	**55**	**14**	**1**	**503**	**11**	**32**
海勃湾区	502		140	31	44	14		240	8	25
海南区	294		7	2	11		1	263	3	7
乌达区										
赤峰市	**70183**	**250**	**1389**	**2484**	**2505**	**214**	**72**	**61023**	**675**	**1571**
红山区	505	1	7	2	5			484	1	5
元宝山区	2484	3	39	44	69	2	22	2199	3	103
松山区	9621	54	495	1552	331	19	2	6732	84	352
阿鲁科尔沁旗	5208	6	61	11	262	22	2	4697	47	100
巴林左旗	6899	48	270	294	652	26	16	5380	47	166
巴林右旗	2360	2	42	13	99	8	1	2082	17	96
林西县	3535	4	70	20	176	9	7	3026	75	148
克什克腾旗	3413		59	30	223	58	3	2927	26	87
翁牛特旗	8350	17	75	188	161	22	11	7709	77	90
喀喇沁旗	5708	9	25	55	82	4	2	5471	43	17
宁城县	11080	3	99	43	185	10	5	10406	171	158
敖汉旗	11020	103	147	232	260	34	1	9910	84	249

9-4c　续表 1　　　　单位：户

地　　区	合　计	租赁廉租住房/公租房	租赁其他住房	购买新建商品房	购买二手房	购买原公有住房	购买经济适用房/两限房	自建住房	继承或赠予	其　他
通辽市	**47443**	**196**	**229**	**153**	**1603**	**163**	**40**	**44060**	**278**	**721**
科尔沁区	7763	8	48	62	414	67	3	7009	39	113
科尔沁左翼中旗	9223	7	25	6	266	16	20	8700	45	138
科尔沁左翼后旗	6898	3	33	3	221	24		6465	45	104
开鲁县	6547		25	4	184	3	3	6227	33	68
库伦旗	3032	3	12	18	86	12	2	2825	9	65
奈曼旗	7846	1	22	3	159	24	7	7437	56	137
扎鲁特旗	4793	6	28	1	236	12	5	4392	42	71
通辽经济技术开发区	1018		18	1	35	4		931	9	20
霍林郭勒市	323	168	18	55	2	1		74		5
鄂尔多斯市	**16691**	**52**	**1213**	**419**	**554**	**108**	**79**	**13536**	**104**	**626**
东胜区	507	2	125	10	8	2	2	343	6	9
康巴什区										
达拉特旗	4991	9	254	129	262	17	3	4151	21	145
准格尔旗	3597	28	437	161	95	66	56	2436	29	289
鄂托克前旗	1205		20		13	1	2	1155	7	7
鄂托克旗	954	8	25	64	24		9	816	3	5
杭锦旗	1733		24	19	67	7	3	1526	17	70
乌审旗	1884	1	55	22	43	10	3	1722	6	22
伊金霍洛旗	1820	4	273	14	42	5	1	1387	15	79
呼伦贝尔市	**21906**	**68**	**725**	**1081**	**2365**	**513**	**925**	**14770**	**331**	**1128**
海拉尔区	404	3	14	138	23	7	3	201	1	14
扎赉诺尔区										
阿荣旗	4896	11	214	223	567	103	159	3418	76	125
莫力达瓦达斡尔族自治旗	5410	18	244	350	357	23	235	3717	61	405
鄂伦春自治旗	1766	4	69	129	200	26	22	1046	74	196
鄂温克族自治旗	1322	5	41	52	388	59	280	381	14	102
陈巴尔虎旗	565	3	6	42	68	3	2	373	10	58
新巴尔虎左旗	592		7	15	75	3	1	411	5	75
新巴尔虎右旗	299	3	4	4	9	2	10	208	14	45
满洲里市										
牙克石市	836	1	16	24	242	138	125	241	22	27
扎兰屯市	5190	13	97	64	341	119	1	4437	47	71
额尔古纳市	613	7	12	40	93	24	87	336	6	8
根河市	13		1		2	6		1	1	2
巴彦淖尔市	**25627**	**128**	**836**	**1129**	**1289**	**291**	**392**	**20712**	**200**	**650**
临河区	6726	75	387	371	366	39	151	5128	49	160
五原县	5012	43	110	173	212	27	159	4114	42	132
磴口县	1633		40	14	136	95	1	1247	18	82
乌拉特前旗	5339	2	165	311	269	57	22	4275	52	186
乌拉特中旗	2074	2	31	17	66	43	7	1866	16	26
乌拉特后旗	622	4	30	1	59	8	8	496	6	10
杭锦后旗	4221	2	73	242	181	22	44	3586	17	54

9-4c 续表 2

单位：户

地区	合计	租赁廉租住房/公租房	租赁其他住房	购买新建商品房	购买二手房	购买原公有住房	购买经济适用房/两限房	自建住房	继承或赠予	其他
乌兰察布市	**30301**	**449**	**933**	**1356**	**991**	**215**	**285**	**18450**	**563**	**7059**
集宁区	1193	253	50	61	14	9	4	549	37	216
卓资县	2120	32	33	87	43	50	13	1324	54	484
化德县	1714	1	56	26	87	8		960	54	522
商都县	4231	14	134	97	96	25	51	1213	39	2562
兴和县	4102	6	120	100	209	25	6	3348	48	240
凉城县	3058	3	94	136	79	8	40	2335	71	292
察哈尔右翼前旗	2961	37	118	93	74	13	2	1929	42	653
察哈尔右翼中旗	2646	1	85	215	98	26	11	1366	77	767
察哈尔右翼后旗	2206	10	79	85	88	34	20	1119	63	708
四子王旗	3001	85	129	403	116	5	18	2107	22	116
丰镇市	3069	7	35	53	87	12	120	2200	56	499
兴安盟	**22564**	**35**	**329**	**218**	**892**	**79**	**9**	**19689**	**241**	**1072**
乌兰浩特市	1271	2	13	3	52	5		1123	12	61
阿尔山市	112	3	2	17	20	24	1	37	3	5
科尔沁右翼前旗	6729	6	172	159	367	17	6	5377	86	539
科尔沁右翼中旗	3564	4	15	5	77	6		3319	20	118
扎赉特旗	6054	9	33	24	193	8	2	5465	80	240
突泉县	4834	11	94	10	183	19		4368	40	109
锡林郭勒盟	**10351**	**25**	**291**	**306**	**294**	**65**	**21**	**8850**	**135**	**364**
二连浩特市	57		1					40	4	12
锡林浩特市	778	10	105	130	39	4		439	7	44
阿巴嘎旗	539		4	2	14	8		465	14	32
苏尼特左旗	428		2	6	8	1	2	397	7	5
苏尼特右旗	553		2		4		2	527	1	17
东乌珠穆沁旗	656		5	2	25	1		577	7	39
西乌珠穆沁旗	866	3	2	2	15	5		812	8	19
太仆寺旗	2606	1	94	39	71	15	14	2299	20	53
镶黄旗	322		1		4	1	1	307	1	7
正镶白旗	828		2	2	11	4		778	16	15
正蓝旗	1199	11	29	67	48	21		954	17	52
多伦县	1411		41	55	55	5	2	1157	33	63
乌拉盖管委会	108		3	1				98		6
阿拉善盟	**1383**	**14**	**37**	**23**	**65**	**16**	**17**	**1149**	**15**	**47**
阿拉善左旗	1090	13	34	20	63	14	4	894	15	33
阿拉善右旗	178		2	2	1	2	13	152		6
额济纳旗	107		1	1	1			97		7
内蒙古阿拉善经济开发区	8	1						6		1

9-5　各地区按月租房费用分的家庭户户数

单位：户

地　区	合　计	200元以下	200-499元	500-999元	1000-1999元
内蒙古	**105928**	**23169**	**27720**	**24600**	**24986**
呼和浩特市	**21675**	**3469**	**5475**	**3143**	**8106**
新城区	4858	495	1155	605	2111
回民区	3843	735	760	617	1608
玉泉区	4860	523	1832	701	1712
赛罕区	4998	463	773	716	2404
土默特左旗	691	293	211	102	63
托克托县	722	325	282	83	26
和林格尔县	392	166	103	80	35
清水河县	362	183	115	49	6
武川县	433	264	97	59	9
呼和浩特经济技术开发区	516	22	147	131	132
包头市	**15504**	**4613**	**3722**	**3549**	**3253**
东河区	1880	438	305	956	145
昆都仑区	5235	1695	951	1181	1275
青山区	3731	532	1023	826	1266
石拐区	119	73	27	13	1
白云鄂博矿区	81	32	27	18	3
九原区	1368	696	234	192	214
土默特右旗	753	379	225	109	31
固阳县	350	122	173	36	13
达尔罕茂明安联合旗	253	56	129	39	7
包头稀土高新技术产业开发区	1734	590	628	179	298
乌海市	**3340**	**622**	**858**	**969**	**769**
海勃湾区	2197	265	570	630	634
海南区	518	81	175	176	74
乌达区	625	276	113	163	61
赤峰市	**11677**	**1837**	**3151**	**2319**	**3509**
红山区	2360	184	394	469	1146
元宝山区	744	212	211	211	92
松山区	2687	122	508	435	1359
阿鲁科尔沁旗	598	118	196	94	125
巴林左旗	1014	164	441	124	139
巴林右旗	587	158	191	136	84
林西县	695	214	232	100	103
克什克腾旗	533	109	135	149	124
翁牛特旗	464	139	100	100	66
喀喇沁旗	350	84	120	110	27
宁城县	820	143	351	175	128
敖汉旗	825	190	272	216	116

9-5 续表 1

单位：户

地 区	合 计	200元以下	200-499元	500-999元	1000-1999元
通辽市	**7580**	**1696**	**1721**	**2078**	**1841**
科尔沁区	2808	571	268	777	1120
科尔沁左翼中旗	437	141	93	159	27
科尔沁左翼后旗	492	141	170	120	54
开鲁县	612	83	203	196	113
库伦旗	151	21	53	43	34
奈曼旗	571	118	258	109	54
扎鲁特旗	867	167	396	204	85
通辽经济技术开发区	714	251	120	66	261
霍林郭勒市	928	203	160	404	93
鄂尔多斯市	**15375**	**2838**	**5362**	**3399**	**3033**
东胜区	5065	709	1252	1312	1571
康巴什区	1092	20	657	76	176
达拉特旗	1618	554	612	269	135
准格尔旗	2694	763	859	541	428
鄂托克前旗	518	145	182	138	31
鄂托克旗	1104	232	463	277	97
杭锦旗	489	107	163	125	40
乌审旗	846	87	365	220	117
伊金霍洛旗	1949	221	809	441	438
呼伦贝尔市	**7979**	**1730**	**1508**	**2855**	**1350**
海拉尔区	1652	57	242	671	586
扎赉诺尔区	248	118	75	30	5
阿荣旗	713	182	135	266	77
莫力达瓦达斡尔族自治旗	764	160	98	325	104
鄂伦春自治旗	570	114	129	216	57
鄂温克族自治旗	500	101	162	106	89
陈巴尔虎旗	165	55	42	41	27
新巴尔虎左旗	109	40	19	25	21
新巴尔虎右旗	194	71	50	41	24
满洲里市	1017	297	189	424	44
牙克石市	547	91	73	241	101
扎兰屯市	1136	310	215	365	192
额尔古纳市	170	37	41	58	21
根河市	194	97	38	46	2
巴彦淖尔市	**5697**	**1352**	**1819**	**1504**	**780**
临河区	2887	463	896	792	639
五原县	700	173	253	210	37
磴口县	229	97	58	57	9
乌拉特前旗	753	266	272	131	38
乌拉特中旗	510	129	149	179	25
乌拉特后旗	249	126	65	36	14
杭锦后旗	369	98	126	99	18

9-5　续表 2　　　　单位：户

地　　区	合　计	200元以下	200–499元	500–999元	1000–1999元
乌兰察布市	**6231**	**2683**	**1409**	**1425**	**518**
集宁区	2433	574	688	814	313
卓资县	239	111	71	31	17
化德县	276	112	90	31	21
商都县	435	326	55	23	16
兴和县	448	229	123	62	20
凉城县	337	227	50	39	15
察哈尔右翼前旗	400	182	59	113	40
察哈尔右翼中旗	180	73	33	53	14
察哈尔右翼后旗	339	211	62	35	23
四子王旗	628	317	85	154	16
丰镇市	516	321	93	70	23
兴安盟	**4430**	**793**	**1219**	**1206**	**942**
乌兰浩特市	1794	228	327	539	603
阿尔山市	146	51	34	32	17
科尔沁右翼前旗	415	70	109	76	127
科尔沁右翼中旗	683	100	363	117	74
扎赉特旗	789	148	243	266	71
突泉县	603	196	143	176	50
锡林郭勒盟	**5306**	**1342**	**1084**	**1858**	**663**
二连浩特市	620	266	115	154	45
锡林浩特市	1910	209	309	951	333
阿巴嘎旗	104	29	27	35	10
苏尼特左旗	177	48	84	27	13
苏尼特右旗	294	181	41	43	19
东乌珠穆沁旗	349	113	43	91	67
西乌珠穆沁旗	445	81	136	160	26
太仆寺旗	281	151	22	65	26
镶黄旗	122	34	40	26	14
正镶白旗	142	40	28	37	19
正蓝旗	232	47	73	90	13
多伦县	458	111	92	138	60
乌拉盖管委会	172	32	74	41	18
阿拉善盟	**1134**	**194**	**392**	**295**	**222**
阿拉善左旗	747	152	236	155	177
阿拉善右旗	63	17	25	14	7
额济纳旗	107	4	31	47	24
内蒙古阿拉善经济开发区	217	21	100	79	14

9-5 续表 3 单位：户

地　　区	2000—2999元	3000—3999元	4000—5999元	6000—7999元	8000—9999元	10000元及以上
内蒙古	**2732**	**621**	**597**	**442**	**336**	**725**
呼和浩特市	**1133**	**145**	**71**	**24**	**21**	**88**
新城区	397	32	21	4	6	32
回民区	84	10	14	4	4	7
玉泉区	69	4	7	4	3	5
赛罕区	504	88	14	2	6	28
土默特左旗	7	5	2	2	1	5
托克托县	1	1	1	1		2
和林格尔县			2	5		1
清水河县			7	2		
武川县	2		2			
呼和浩特经济技术开发区	69	5	1		1	8
包头市	**251**	**44**	**23**	**13**	**9**	**27**
东河区	14	3	5	2	2	10
昆都仑区	104	19	4	3		3
青山区	70	10	1		1	2
石拐区	2	1				2
白云鄂博矿区			1			
九原区	18	2	5	1	3	3
土默特右旗	3	1	2	1	2	
固阳县	2				1	3
达尔罕茂明安联合旗	5	4	3	6		4
包头稀土高新技术产业开发区	33	4	2			
乌海市	**31**	**14**	**9**	**19**	**19**	**30**
海勃湾区	27	13	6	9	13	30
海南区	2	1	2	4	3	
乌达区	2		1	6	3	
赤峰市	**384**	**72**	**71**	**78**	**57**	**199**
红山区	91	13	7	6	10	40
元宝山区	1			5	7	5
松山区	175	22	8	10	5	43
阿鲁科尔沁旗	17	3	7	10	10	18
巴林左旗	21	6	28	20	12	59
巴林右旗	7	2		1	1	7
林西县	13	14	5	4	4	6
克什克腾旗	6	2	2	2	3	1
翁牛特旗	34	3	1	10	2	9
喀喇沁旗	1	2	3	1	2	
宁城县	9	4	4	1		5
敖汉旗	9	1	6	8	1	6

9-5　续表 4　　单位：户

地　区	2000—2999元	3000—3999元	4000—5999元	6000—7999元	8000—9999元	10000元及以上
通辽市	**106**	**26**	**41**	**12**	**26**	**33**
科尔沁区	57	9	2	2		2
科尔沁左翼中旗	5	1	4	2	3	2
科尔沁左翼后旗	5					2
开鲁县	2	4	4	1	2	4
库伦旗						
奈曼旗	9	4	4		3	12
扎鲁特旗	7	1	1		2	4
通辽经济技术开发区	12		3	1		
霍林郭勒市	9	7	23	6	16	7
鄂尔多斯市	**389**	**99**	**84**	**49**	**22**	**100**
东胜区	137	19	16	11	4	34
康巴什区	147	8	6			2
达拉特旗	17	5	5	4	1	16
准格尔旗	32	27	11	12	4	17
鄂托克前旗	3	4	9	5		1
鄂托克旗	9	10	3	1	4	8
杭锦旗	2	7	22	10	4	9
乌审旗	15	15	9	5	4	9
伊金霍洛旗	27	4	3	1	1	4
呼伦贝尔市	**114**	**65**	**102**	**116**	**54**	**85**
海拉尔区	28	17	11	16	7	17
扎赉诺尔区	3	4	11	1		1
阿荣旗	10	2	8	17	6	10
莫力达瓦达斡尔族自治旗	10	6	12	26	8	15
鄂伦春自治旗	8	7	9	13	8	9
鄂温克族自治旗	10	4	17	4	2	5
陈巴尔虎旗						
新巴尔虎左旗	1		1			2
新巴尔虎右旗	4		1			3
满洲里市	2	4	17	23	8	9
牙克石市	6	4	4	13	10	4
扎兰屯市	25	10	3	2	4	10
额尔古纳市	4	3	6			
根河市	3	4	2	1	1	
巴彦淖尔市	**82**	**28**	**40**	**30**	**33**	**29**
临河区	41	10	10	13	5	18
五原县	5	4	5	2	9	2
磴口县	1	1	2	2	1	1
乌拉特前旗	10	8	13	6	6	3
乌拉特中旗	14	5	4	2	2	1
乌拉特后旗	3			1	3	1
杭锦后旗	8		6	4	7	3

9-5 续表 5

单位：户

地 区	2000-2999元	3000-3999元	4000-5999元	6000-7999元	8000-9999元	10000元及以上
乌兰察布市	**50**	**48**	**28**	**17**	**19**	**34**
集宁区	14	4	8	3	5	10
卓资县	2		1	1	4	1
化德县	3	1	5	2	1	10
商都县	7	2		2	1	3
兴和县	6		6	1	1	
凉城县		1	2		1	2
察哈尔右翼前旗	2	1		1		2
察哈尔右翼中旗	1		2	1	1	2
察哈尔右翼后旗	1	2	1	2		2
四子王旗	11	36	2	1	5	1
丰镇市	3	1	1	3		1
兴安盟	**95**	**40**	**46**	**37**	**21**	**31**
乌兰浩特市	41	17	19	6	2	12
阿尔山市	4	4	3	1		
科尔沁右翼前旗	13	4	5	1	5	5
科尔沁右翼中旗	5		11	10	1	2
扎赉特旗	17	12	4	13	9	6
突泉县	15	3	4	6	4	6
锡林郭勒盟	**82**	**34**	**80**	**47**	**54**	**62**
二连浩特市	2	3	26	6	3	
锡林浩特市	11	7	10	19	34	27
阿巴嘎旗	1	1		1		
苏尼特左旗	4			1		
苏尼特右旗	4		5			1
东乌珠穆沁旗	18	5	2	1	2	7
西乌珠穆沁旗	9	3	10	9	5	6
太仆寺旗	7	2	1	1	1	5
镶黄旗	1	1	3	2		1
正镶白旗	7	1	3	4		3
正蓝旗	3	1	1	2	1	1
多伦县	13	8	18	1	6	11
乌拉盖管委会	2	2	1		2	
阿拉善盟	**15**	**6**	**2**		**1**	**7**
阿拉善左旗	13	6	1		1	6
阿拉善右旗						
额济纳旗						1
内蒙古阿拉善经济开发区	2		1			

9－5a　各地区按月租房费用分的家庭户户数(城市)

单位：户

地　　区	合　计	200元以下	200－499元	500－999元	1000－1999元
内蒙古	**57669**	**8321**	**12069**	**14822**	**19244**
呼和浩特市	**15966**	**1430**	**3204**	**2461**	**7608**
新城区	3984	206	729	580	2011
回民区	3689	688	713	591	1579
玉泉区	4470	423	1595	679	1683
赛罕区	3823	113	167	611	2335
包头市	**10966**	**2476**	**2318**	**3039**	**2862**
东河区	1558	272	245	877	137
昆都仑区	4838	1378	921	1151	1259
青山区	3459	363	942	810	1261
石拐区	101	56	27	13	1
白云鄂博矿区	81	32	27	18	3
九原区	929	375	156	170	201
乌海市	**3005**	**492**	**730**	**919**	**747**
海勃湾区	2001	182	509	600	615
海南区	388	42	109	156	71
乌达区	616	268	112	163	61
赤峰市	**4978**	**373**	**937**	**994**	**2265**
红山区	2241	176	337	445	1121
元宝山区	628	141	189	194	87
松山区	2109	56	411	355	1057
通辽市	**3436**	**586**	**374**	**1149**	**1195**
科尔沁区	2694	531	244	749	1104
霍林郭勒市	742	55	130	400	91
鄂尔多斯市	**6023**	**661**	**1872**	**1367**	**1739**
东胜区	4928	640	1214	1291	1563
康巴什区	1092	20	657	76	176
鄂托克旗	3	1	1		
呼伦贝尔市	**4454**	**770**	**721**	**1759**	**923**
海拉尔区	1635	54	238	665	583
扎赉诺尔区	234	117	63	30	5
满洲里市	1003	286	187	423	44
牙克石市	417	23	38	218	101
扎兰屯市	857	179	135	329	169
额尔古纳市	143	26	32	53	20
根河市	165	85	28	41	1
巴彦淖尔市	**2395**	**325**	**673**	**706**	**619**
临河区	2395	325	673	706	619
乌兰察布市	**2353**	**593**	**559**	**840**	**311**
集宁区	1880	304	468	772	293
丰镇市	473	289	91	68	18
兴安盟	**1717**	**187**	**302**	**521**	**610**
乌兰浩特市	1612	157	278	493	598
阿尔山市	105	30	24	28	12
锡林郭勒盟	**2376**	**428**	**379**	**1067**	**365**
二连浩特市	615	262	114	154	45
锡林浩特市	1761	166	265	913	320

9-5a 续表

单位：户

地　　区	2000-2999元	3000-3999元	4000-5999元	6000-7999元	8000-9999元	10000元及以上
内蒙古	**1997**	**321**	**241**	**177**	**152**	**325**
呼和浩特市	**1022**	**121**	**39**	**12**	**16**	**53**
新城区	389	28	12	3	5	21
回民区	81	9	13	4	4	7
玉泉区	69	4	6	3	3	5
赛罕区	483	80	8	2	4	20
包头市	**203**	**32**	**15**	**5**	**4**	**12**
东河区	13	3	5	1	1	4
昆都仑区	103	17	4	3		2
青山区	69	10	1		1	2
石拐区	2	1				1
白云鄂博矿区			1			
九原区	16	1	4	1	2	3
乌海市	**29**	**14**	**8**	**19**	**18**	**29**
海勃湾区	25	13	6	9	13	29
海南区	2	1	1	4	2	
乌达区	2		1	6	3	
赤峰市	**249**	**29**	**11**	**19**	**19**	**82**
红山区	91	10	6	6	9	40
元宝山区				5	7	5
松山区	158	19	5	8	3	37
通辽市	**61**	**14**	**24**	**8**	**16**	**9**
科尔沁区	52	8	2	2		2
霍林郭勒市	9	6	22	6	16	7
鄂尔多斯市	**285**	**27**	**21**	**11**	**4**	**36**
东胜区	137	19	15	11	4	34
康巴什区	147	8	6			2
鄂托克旗	1					
呼伦贝尔市	**63**	**41**	**52**	**56**	**30**	**39**
海拉尔区	28	16	11	16	7	17
扎赉诺尔区	2	4	11	1		1
满洲里市	2	4	17	23	8	9
牙克石市	5	3	3	13	10	3
扎兰屯市	19	9	2	2	4	9
额尔古纳市	4	2	6			
根河市	3	3	2	1	1	
巴彦淖尔市	**24**	**9**	**6**	**12**	**5**	**16**
临河区	24	9	6	12	5	16
乌兰察布市	**16**	**5**	**9**	**4**	**5**	**11**
集宁区	13	4	8	3	5	10
丰镇市	3	1	1	1		1
兴安盟	**35**	**20**	**22**	**7**	**2**	**11**
乌兰浩特市	32	16	19	6	2	11
阿尔山市	3	4	3	1		
锡林郭勒盟	**10**	**9**	**34**	**24**	**33**	**27**
二连浩特市	2	3	26	6	3	
锡林浩特市	8	6	8	18	30	27

9-5b 各地区按月租房费用分的家庭户户数(镇)

单位：户

地区	合计	200元以下	200-499元	500-999元	1000-1999元
内蒙古	**35969**	**9590**	**11685**	**8298**	**4690**
呼和浩特市	**2354**	**818**	**734**	**439**	**244**
新城区					
回民区					
玉泉区					
赛罕区					
土默特左旗	486	184	151	86	52
托克托县	480	190	206	61	18
和林格尔县	287	101	88	65	27
清水河县	231	94	77	46	6
武川县	354	227	65	50	9
呼和浩特经济技术开发区	516	22	147	131	132
包头市	**2949**	**1081**	**1047**	**407**	**346**
东河区	115	40	9	54	4
昆都仑区					
青山区	10	10			
石拐区					
白云鄂博矿区					
九原区	119	104	9	4	2
土默特右旗	691	343	209	105	29
固阳县	259	56	154	34	9
达尔罕茂明安联合旗	144	40	54	33	5
包头稀土高新技术产业开发区	1611	488	612	177	297
乌海市	**188**	**67**	**87**	**28**	**5**
海勃湾区	56	22	22	9	3
海南区	123	37	64	19	2
乌达区	9	8	1		
赤峰市	**5060**	**1067**	**1740**	**1076**	**850**
红山区	111	6	54	23	23
元宝山区	74	45	16	10	3
松山区	29	15	6	2	1
阿鲁科尔沁旗	531	99	167	83	122
巴林左旗	696	98	310	86	93
巴林右旗	543	144	178	121	82
林西县	621	189	209	83	99
克什克腾旗	474	72	124	142	120
翁牛特旗	372	117	74	94	54
喀喇沁旗	316	66	109	108	26
宁城县	718	114	300	170	125
敖汉旗	575	102	193	154	102

9-5b 续表 1

单位：户

地 区	合 计	200元以下	200-499元	500-999元	1000-1999元
通辽市	**3719**	**885**	**1250**	**880**	**616**
科尔沁区	58	26	9	13	8
科尔沁左翼中旗	405	129	84	155	20
科尔沁左翼后旗	456	123	163	111	53
开鲁县	587	74	199	190	111
库伦旗	136	15	49	42	30
奈曼旗	548	110	253	102	54
扎鲁特旗	833	159	383	201	83
通辽经济技术开发区	696	249	110	66	257
霍林郭勒市					
鄂尔多斯市	**8087**	**1676**	**3044**	**1864**	**1191**
东胜区	10	3	3	3	1
康巴什区					
达拉特旗	1355	376	549	259	130
准格尔旗	2229	605	724	455	361
鄂托克前旗	498	136	177	134	31
鄂托克旗	1068	217	452	270	96
杭锦旗	465	98	158	121	37
乌审旗	790	80	333	213	112
伊金霍洛旗	1672	161	648	409	423
呼伦贝尔市	**2732**	**667**	**612**	**875**	**368**
海拉尔区					
扎赉诺尔区	14	1	12		
阿荣旗	488	96	87	199	64
莫力达瓦达斡尔族自治旗	502	93	63	207	77
鄂伦春自治旗	497	87	109	205	48
鄂温克族自治旗	454	90	143	100	87
陈巴尔虎旗	156	53	38	38	27
新巴尔虎左旗	102	38	18	23	20
新巴尔虎右旗	187	69	47	40	23
满洲里市	14	11	2	1	
牙克石市	113	59	29	21	
扎兰屯市	169	57	51	33	21
额尔古纳市	8	1	3	4	
根河市	28	12	10	4	1
巴彦淖尔市	**2338**	**674**	**768**	**647**	**121**
临河区	30	19	4	3	2
五原县	547	113	190	188	36
磴口县	189	71	49	54	7
乌拉特前旗	586	186	218	113	28
乌拉特中旗	477	111	143	175	24
乌拉特后旗	215	106	58	33	11
杭锦后旗	294	68	106	81	13

9-5b 续表 2

单位：户

地 区	合 计	200元以下	200-499元	500-999元	1000-1999元
乌兰察布市	**2496**	**1191**	**621**	**433**	**167**
集宁区	250	108	120	19	3
卓资县	174	74	52	27	14
化德县	219	72	86	27	18
商都县	287	195	47	19	15
兴和县	322	140	99	54	17
凉城县	240	146	43	33	13
察哈尔右翼前旗	245	55	44	104	39
察哈尔右翼中旗	94	12	31	36	11
察哈尔右翼后旗	250	152	38	32	22
四子王旗	414	236	61	82	15
丰镇市	1	1			
兴安盟	**2349**	**496**	**774**	**631**	**296**
乌兰浩特市	167	68	42	42	4
阿尔山市	36	17	9	4	5
科尔沁右翼前旗	237	24	39	51	105
科尔沁右翼中旗	664	94	356	114	72
扎赉特旗	747	138	229	259	65
突泉县	498	155	99	161	45
锡林郭勒盟	**2614**	**790**	**628**	**728**	**271**
二连浩特市	4	4			
锡林浩特市	34	25	1	8	
阿巴嘎旗	100	28	25	35	10
苏尼特左旗	175	48	83	27	12
苏尼特右旗	292	179	41	43	19
东乌珠穆沁旗	344	111	43	90	66
西乌珠穆沁旗	440	81	135	160	26
太仆寺旗	186	77	16	54	22
镶黄旗	121	33	40	26	14
正镶白旗	140	40	27	37	19
正蓝旗	192	30	65	80	8
多伦县	417	102	79	127	58
乌拉盖管委会	169	32	73	41	17
阿拉善盟	**1083**	**178**	**380**	**290**	**215**
阿拉善左旗	700	138	225	151	170
阿拉善右旗	61	15	25	14	7
额济纳旗	106	4	31	46	24
内蒙古阿拉善经济开发区	216	21	99	79	14

9-5b 续表 3

单位：户

地 区	2000-2999元	3000-3999元	4000-5999元	6000-7999元	8000-9999元	10000元及以上
内蒙古	**519**	**204**	**273**	**229**	**148**	**333**
呼和浩特市	**74**	**10**	**12**	**9**	**1**	**13**
新城区						
回民区						
玉泉区						
赛罕区						
土默特左旗	4	4	1	2		2
托克托县		1	1	1		2
和林格尔县				5		1
清水河县			7	1		
武川县	1		2			
呼和浩特经济技术开发区	69	5	1		1	8
包头市	**37**	**4**	**4**	**7**	**3**	**13**
东河区	1				1	6
昆都仑区						
青山区						
石拐区						
白云鄂博矿区						
九原区						
土默特右旗	2		1	1	1	
固阳县	2				1	3
达尔罕茂明安联合旗		1	1	6		4
包头稀土高新技术产业开发区	32	3	2			
乌海市					**1**	
海勃湾区						
海南区					1	
乌达区						
赤峰市	**67**	**32**	**45**	**46**	**32**	**105**
红山区		3	1		1	
元宝山区						
松山区				2	1	2
阿鲁科尔沁旗	15	3	6	8	10	18
巴林左旗	8	4	21	13	7	56
巴林右旗	7	2		1	1	7
林西县	12	13	4	2	4	6
克什克腾旗	6	2	2	2	3	1
翁牛特旗	10	2	1	10	2	8
喀喇沁旗		2	3		2	
宁城县	3	1	3	1		1
敖汉旗	6		4	7	1	6

9-5b 续表 4

单位：户

地 区	2000—2999元	3000—3999元	4000—5999元	6000—7999元	8000—9999元	10000元及以上
通辽市	**35**	**8**	**12**	**4**	**9**	**20**
科尔沁区	1	1				
科尔沁左翼中旗	5	1	4	2	3	2
科尔沁左翼后旗	4					2
开鲁县	2	2	2	1	2	4
库伦旗						
奈曼旗	7	3	4		3	12
扎鲁特旗	5	1			1	
通辽经济技术开发区	11		2	1		
霍林郭勒市						
鄂尔多斯市	**85**	**64**	**55**	**33**	**17**	**58**
东胜区						
康巴什区						
达拉特旗	14	5	5	3	1	13
准格尔旗	25	24	8	9	3	15
鄂托克前旗	1	4	9	5		1
鄂托克旗	8	9	3	1	4	8
杭锦旗	1	7	21	10	4	8
乌审旗	14	12	8	5	4	9
伊金霍洛旗	22	3	1		1	4
呼伦贝尔市	**41**	**17**	**37**	**52**	**23**	**40**
海拉尔区						
扎赉诺尔区	1					
阿荣旗	9		4	15	6	8
莫力达瓦达斡尔族自治旗	7	5	8	20	7	15
鄂伦春自治旗	6	6	9	13	8	6
鄂温克族自治旗	7	3	13	4	2	5
陈巴尔虎旗						
新巴尔虎左旗	1		1			1
新巴尔虎右旗	4		1			3
满洲里市						
牙克石市	1	1	1			1
扎兰屯市	5	1				1
额尔古纳市						
根河市		1				
巴彦淖尔市	**37**	**15**	**27**	**16**	**23**	**10**
临河区	1		1			
五原县	5	3	5	1	5	1
磴口县	1	1	2	2	1	1
乌拉特前旗	9	7	10	6	6	3
乌拉特中旗	12	4	4	2	1	1
乌拉特后旗	2			1	3	1
杭锦后旗	7		5	4	7	3

9-5b 续表 5

单位：户

地 区	2000-2999元	3000-3999元	4000-5999元	6000-7999元	8000-9999元	10000元及以上
乌兰察布市	**26**	**7**	**14**	**11**	**10**	**16**
集宁区						
卓资县	1			1	4	1
化德县	3	1	3	2		7
商都县	7	1		2		1
兴和县	4		6	1	1	
凉城县			2		1	2
察哈尔右翼前旗				1		2
察哈尔右翼中旗	1		2	1		
察哈尔右翼后旗		2		2		2
四子王旗	10	3	1	1	4	1
丰镇市						
兴安盟	**48**	**20**	**23**	**29**	**14**	**18**
乌兰浩特市	9	1				1
阿尔山市	1					
科尔沁右翼前旗	5	4	4		1	4
科尔沁右翼中旗	5		11	10	1	1
扎赉特旗	13	12	4	13	8	6
突泉县	15	3	4	6	4	6
锡林郭勒盟	**64**	**22**	**42**	**22**	**14**	**33**
二连浩特市						
锡林浩特市						
阿巴嘎旗	1			1		
苏尼特左旗	4			1		
苏尼特右旗	4		5			1
东乌珠穆沁旗	18	5	2	1	2	6
西乌珠穆沁旗	7	2	9	9	5	6
太仆寺旗	7	2	1	1	1	5
镶黄旗	1	1	3	2		1
正镶白旗	7	1	3	4		2
正蓝旗	3	1	1	2	1	1
多伦县	10	8	17	1	4	11
乌拉盖管委会	2	2	1		1	
阿拉善盟	**5**	**5**	**2**		**1**	**7**
阿拉善左旗	3	5	1		1	6
阿拉善右旗						
额济纳旗						1
内蒙古阿拉善经济开发区	2		1			

9–5c　各地区按月租房费用分的家庭户户数(乡村)

单位：户

地　　区	合　计	200元以下	200–499元	500–999元	1000–1999元
内蒙古	**12290**	**5258**	**3966**	**1480**	**1052**
呼和浩特市	**3355**	**1221**	**1537**	**243**	**254**
新城区	874	289	426	25	100
回民区	154	47	47	26	29
玉泉区	390	100	237	22	29
赛罕区	1175	350	606	105	69
土默特左旗	205	109	60	16	11
托克托县	242	135	76	22	8
和林格尔县	105	65	15	15	8
清水河县	131	89	38	3	
武川县	79	37	32	9	
呼和浩特经济技术开发区					
包头市	**1589**	**1056**	**357**	**103**	**45**
东河区	207	126	51	25	4
昆都仑区	397	317	30	30	16
青山区	262	159	81	16	5
石拐区	18	17			
白云鄂博矿区					
九原区	320	217	69	18	11
土默特右旗	62	36	16	4	2
固阳县	91	66	19	2	4
达尔罕茂明安联合旗	109	16	75	6	2
包头稀土高新技术产业开发区	123	102	16	2	1
乌海市	**147**	**63**	**41**	**22**	**17**
海勃湾区	140	61	39	21	16
海南区	7	2	2	1	1
乌达区					
赤峰市	**1639**	**397**	**474**	**249**	**394**
红山区	8	2	3	1	2
元宝山区	42	26	6	7	2
松山区	549	51	91	78	301
阿鲁科尔沁旗	67	19	29	11	3
巴林左旗	318	66	131	38	46
巴林右旗	44	14	13	15	2
林西县	74	25	23	17	4
克什克腾旗	59	37	11	7	4
翁牛特旗	92	22	26	6	12
喀喇沁旗	34	18	11	2	1
宁城县	102	29	51	5	3
敖汉旗	250	88	79	62	14

9－5c　续表 1

单位：户

地　　区	合　计	200元以下	200－499元	500－999元	1000－1999元
通辽市	**425**	**225**	**97**	**49**	**30**
科尔沁区	56	14	15	15	8
科尔沁左翼中旗	32	12	9	4	7
科尔沁左翼后旗	36	18	7	9	1
开鲁县	25	9	4	6	2
库伦旗	15	6	4	1	4
奈曼旗	23	8	5	7	
扎鲁特旗	34	8	13	3	2
通辽经济技术开发区	18	2	10		4
霍林郭勒市	186	148	30	4	2
鄂尔多斯市	**1265**	**501**	**446**	**168**	**103**
东胜区	127	66	35	18	7
康巴什区					
达拉特旗	263	178	63	10	5
准格尔旗	465	158	135	86	67
鄂托克前旗	20	9	5	4	
鄂托克旗	33	14	10	7	1
杭锦旗	24	9	5	4	3
乌审旗	56	7	32	7	5
伊金霍洛旗	277	60	161	32	15
呼伦贝尔市	**793**	**293**	**175**	**221**	**59**
海拉尔区	17	3	4	6	3
扎赉诺尔区					
阿荣旗	225	86	48	67	13
莫力达瓦达斡尔族自治旗	262	67	35	118	27
鄂伦春自治旗	73	27	20	11	9
鄂温克族自治旗	46	11	19	6	2
陈巴尔虎旗	9	2	4	3	
新巴尔虎左旗	7	2	1	2	1
新巴尔虎右旗	7	2	3	1	1
满洲里市					
牙克石市	17	9	6	2	
扎兰屯市	110	74	29	3	2
额尔古纳市	19	10	6	1	1
根河市	1			1	
巴彦淖尔市	**964**	**353**	**378**	**151**	**40**
临河区	462	119	219	83	18
五原县	153	60	63	22	1
磴口县	40	26	9	3	2
乌拉特前旗	167	80	54	18	10
乌拉特中旗	33	18	6	4	1
乌拉特后旗	34	20	7	3	3
杭锦后旗	75	30	20	18	5

9-5c　续表 2

单位：户

地　　区	合　计	200元以下	200-499元	500-999元	1000-1999元
乌兰察布市	**1382**	**899**	**229**	**152**	**40**
集宁区	303	162	100	23	17
卓资县	65	37	19	4	3
化德县	57	40	4	4	3
商都县	148	131	8	4	1
兴和县	126	89	24	8	3
凉城县	97	81	7	6	2
察哈尔右翼前旗	155	127	15	9	1
察哈尔右翼中旗	86	61	2	17	3
察哈尔右翼后旗	89	59	24	3	1
四子王旗	214	81	24	72	1
丰镇市	42	31	2	2	5
兴安盟	**364**	**110**	**143**	**54**	**36**
乌兰浩特市	15	3	7	4	1
阿尔山市	5	4	1		
科尔沁右翼前旗	178	46	70	25	22
科尔沁右翼中旗	19	6	7	3	2
扎赉特旗	42	10	14	7	6
突泉县	105	41	44	15	5
锡林郭勒盟	**316**	**124**	**77**	**63**	**27**
二连浩特市	1		1		
锡林浩特市	115	18	43	30	13
阿巴嘎旗	4	1	2		
苏尼特左旗	2		1		1
苏尼特右旗	2	2			
东乌珠穆沁旗	5	2		1	1
西乌珠穆沁旗	5		1		
太仆寺旗	95	74	6	11	4
镶黄旗	1	1			
正镶白旗	2		1		
正蓝旗	40	17	8	10	5
多伦县	41	9	13	11	2
乌拉盖管委会	3		1		1
阿拉善盟	**51**	**16**	**12**	**5**	**7**
阿拉善左旗	47	14	11	4	7
阿拉善右旗	2	2			
额济纳旗	1			1	
内蒙古阿拉善经济开发区	1		1		

9-5c 续表 3

单位：户

地　　区	2000-2999元	3000-3999元	4000-5999元	6000-7999元	8000-9999元	10000元及以上
内蒙古	**216**	**96**	**83**	**36**	**36**	**67**
呼和浩特市	**37**	**14**	**20**	**3**	**4**	**22**
新城区	8	4	9	1	1	11
回民区	3	1	1			
玉泉区			1	1		
赛罕区	21	8	6		2	8
土默特左旗	3	1	1		1	3
托克托县	1					
和林格尔县			2			
清水河县				1		
武川县	1					
呼和浩特经济技术开发区						
包头市	**11**	**8**	**4**	**1**	**2**	**2**
东河区				1		
昆都仑区	1	2				1
青山区	1					
石拐区						1
白云鄂博矿区						
九原区	2	1	1		1	
土默特右旗	1	1	1		1	
固阳县						
达尔罕茂明安联合旗	5	3	2			
包头稀土高新技术产业开发区	1	1				
乌海市	**2**		**1**			**1**
海勃湾区	2					1
海南区			1			
乌达区						
赤峰市	**68**	**11**	**15**	**13**	**6**	**12**
红山区						
元宝山区	1					
松山区	17	3	3		1	4
阿鲁科尔沁旗	2		1	2		
巴林左旗	13	2	7	7	5	3
巴林右旗						
林西县	1	1	1	2		
克什克腾旗						
翁牛特旗	24	1				1
喀喇沁旗	1			1		
宁城县	6	3	1			4
敖汉旗	3	1	2	1		

9-5c 续表 4

单位：户

地 区	2000–2999元	3000–3999元	4000–5999元	6000–7999元	8000–9999元	10000元及以上
通辽市	**10**	**4**	**5**		**1**	**4**
科尔沁区	4					
科尔沁左翼中旗						
科尔沁左翼后旗	1					
开鲁县		2	2			
库伦旗						
奈曼旗	2	1				
扎鲁特旗	2		1		1	4
通辽经济技术开发区	1		1			
霍林郭勒市		1	1			
鄂尔多斯市	**19**	**8**	**8**	**5**	**1**	**6**
东胜区			1			
康巴什区						
达拉特旗	3			1		3
准格尔旗	7	3	3	3	1	2
鄂托克前旗	2					
鄂托克旗		1				
杭锦旗	1		1			1
乌审旗	1	3	1			
伊金霍洛旗	5	1	2	1		
呼伦贝尔市	**10**	**7**	**13**	**8**	**1**	**6**
海拉尔区		1				
扎赉诺尔区						
阿荣旗	1	2	4	2		2
莫力达瓦达斡尔族自治旗	3	1	4	6	1	
鄂伦春自治旗	2	1				3
鄂温克族自治旗	3	1	4			
陈巴尔虎旗						
新巴尔虎左旗						1
新巴尔虎右旗						
满洲里市						
牙克石市						
扎兰屯市	1		1			
额尔古纳市		1				
根河市						
巴彦淖尔市	**21**	**4**	**7**	**2**	**5**	**3**
临河区	16	1	3	1		2
五原县		1		1	4	1
磴口县						
乌拉特前旗	1	1	3			
乌拉特中旗	2	1			1	
乌拉特后旗	1					
杭锦后旗	1		1			

9-5c 续表 5 单位：户

地 区	2000-2999元	3000-3999元	4000-5999元	6000-7999元	8000-9999元	10000元及以上
乌兰察布市	**8**	**36**	**5**	**2**	**4**	**7**
集宁区	1					
卓资县	1		1			
化德县			2		1	3
商都县		1			1	2
兴和县	2					
凉城县		1				
察哈尔右翼前旗	2	1				
察哈尔右翼中旗					1	2
察哈尔右翼后旗	1		1			
四子王旗	1	33	1		1	
丰镇市				2		
兴安盟	**12**		**1**	**1**	**5**	**2**
乌兰浩特市						
阿尔山市						
科尔沁右翼前旗	8		1	1	4	1
科尔沁右翼中旗						1
扎赉特旗	4				1	
突泉县						
锡林郭勒盟	**8**	**3**	**4**	**1**	**7**	**2**
二连浩特市						
锡林浩特市	3	1	2	1	4	
阿巴嘎旗		1				
苏尼特左旗						
苏尼特右旗						
东乌珠穆沁旗						1
西乌珠穆沁旗	2	1	1			
太仆寺旗						
镶黄旗						
正镶白旗						1
正蓝旗						
多伦县	3		1		2	
乌拉盖管委会					1	
阿拉善盟	**10**	**1**				
阿拉善左旗	10	1				
阿拉善右旗						
额济纳旗						
内蒙古阿拉善经济开发区						

9-6 各地区按住房来源分的同时拥有厨房和厕所的家庭户户数

单位：户

地区	合计	租赁廉租住房/公租房	租赁其他住房	购买新建商品房	购买二手房	购买原公有住房	购买经济适用房/两限房	自建住房	继承或赠予	其他
内蒙古	**715243**	**15041**	**59665**	**249954**	**99911**	**36714**	**29231**	**183992**	**6074**	**34661**
呼和浩特市	**99323**	**3054**	**12033**	**42901**	**10451**	**8535**	**3658**	**10888**	**941**	**6862**
新城区	21698	856	2942	7390	2772	3241	1136	822	286	2253
回民区	13651	413	2145	5065	1649	1473	786	146	158	1816
玉泉区	15673	934	2256	8290	1645	578	477	597	95	801
赛罕区	26548	675	3220	11979	3118	2930	771	2190	237	1428
土默特左旗	5955	53	198	2368	140	96	172	2831	28	69
托克托县	4933	48	388	1683	303	58	30	2272	61	90
和林格尔县	2852	25	153	1388	134	33	107	848	13	151
清水河县	1456	16	95	635	104	12	46	394	43	111
武川县	2310	22	155	1169	155	85	92	511	13	108
呼和浩特经济技术开发区	4247	12	481	2934	431	29	41	277	7	35
包头市	**90071**	**1270**	**8137**	**34280**	**14420**	**12460**	**5115**	**9096**	**614**	**4679**
东河区	17385	129	1311	7681	2625	1988	1945	1077	116	513
昆都仑区	27857	308	3094	9964	5684	5488	979	880	131	1329
青山区	18516	223	2196	6573	3581	4171	827	397	130	418
石拐区	647	61	27	26	76	5	327	77	18	30
白云鄂博矿区	875	30	41	199	104	376	74	3	21	27
九原区	6236	65	506	2672	815	97	543	1006	35	497
土默特右旗	6245	118	224	2067	363	139	246	2963	42	83
固阳县	4702	105	83	1474	130	77	149	2343	30	311
达尔罕茂明安联合旗	1732	87	91	1064	140	49	19	219	6	57
包头稀土高新技术产业开发区	5876	144	564	2560	902	70	6	131	85	1414
乌海市	**17820**	**210**	**1844**	**7770**	**2665**	**912**	**3056**	**625**	**138**	**600**
海勃湾区	11097	123	1258	5941	1715	718	586	323	70	363
海南区	2760	42	291	788	483	23	809	209	6	109
乌达区	3963	45	295	1041	467	171	1661	93	62	128
赤峰市	**119795**	**1681**	**8318**	**35238**	**18166**	**2249**	**1290**	**49251**	**715**	**2887**
红山区	14893	277	1748	6495	4440	552	115	1078	57	131
元宝山区	10171	118	562	3236	2406	697	206	2643	59	244
松山区	21358	407	2035	8452	3508	132	54	5716	89	965
阿鲁科尔沁旗	6897	41	439	1636	915	154	74	3446	68	124
巴林左旗	10711	215	750	2226	1276	116	253	5607	53	215
巴林右旗	4147	46	393	1452	769	94	56	1253	16	68
林西县	4594	111	313	1526	911	38	48	1505	28	114
克什克腾旗	3740	119	285	1544	788	67	15	606	20	296
翁牛特旗	9773	62	349	2279	1022	77	133	5463	80	308
喀喇沁旗	8358	46	242	1775	494	66	89	5563	55	28
宁城县	11372	116	603	2256	641	87	137	7292	111	129
敖汉旗	13781	123	599	2361	996	169	110	9079	79	265

9-6 续表 1

单位：户

地 区	合 计	租赁廉租住房/公租房	租赁其他住房	购买新建商品房	购买二手房	购买原公有住房	购买经济适用房/两限房	自建住房	继承或赠予	其 他
通辽市	**84283**	**1543**	**5135**	**18143**	**10625**	**2113**	**1914**	**42347**	**482**	**1981**
科尔沁区	21723	591	1946	5930	4511	1341	319	6191	114	780
科尔沁左翼中旗	11421	99	314	1257	656	64	289	8418	80	244
科尔沁左翼后旗	9054	120	305	1416	832	179	34	5907	73	188
开鲁县	9287	38	381	1018	666	46	469	6430	61	178
库伦旗	4633	21	119	654	457	68	127	3007	22	158
奈曼旗	9492	57	372	1182	643	108	183	6707	48	192
扎鲁特旗	8117	124	694	1467	828	70	180	4575	57	122
通辽经济技术开发区	6096	265	355	3118	1117	84	71	999	18	69
霍林郭勒市	4460	228	649	2101	915	153	242	113	9	50
鄂尔多斯市	**56179**	**2273**	**6369**	**23002**	**7196**	**1479**	**1538**	**11453**	**361**	**2508**
东胜区	15674	292	2567	8747	2474	168	452	410	92	472
康巴什区	3301	690	372	1575	420	62	90	2	18	72
达拉特旗	7815	83	450	2714	920	135	151	3114	21	227
准格尔旗	8846	283	893	3109	1339	483	275	1782	54	628
鄂托克前旗	2498	159	179	308	153	247	120	1284	12	36
鄂托克旗	4181	139	434	1944	549	53	91	902	27	42
杭锦旗	3303	51	271	1228	319	50	75	1131	47	131
乌审旗	3876	75	444	1144	305	61	97	1556	37	157
伊金霍洛旗	6685	501	759	2233	717	220	187	1272	53	743
呼伦贝尔市	**75903**	**1112**	**5776**	**24216**	**15903**	**4340**	**6112**	**14057**	**1008**	**3379**
海拉尔区	13486	159	1441	7274	2842	612	286	287	72	513
扎赉诺尔区	3151	99	114	1074	569	236	834	173	14	38
阿荣旗	8023	78	582	1885	1286	220	578	3092	125	177
莫力达瓦达斡尔族自治旗	6252	40	603	1207	739	97	418	2671	65	412
鄂伦春自治旗	5992	70	433	1016	1230	410	1237	1071	146	379
鄂温克族自治旗	5247	106	361	1580	1617	412	449	411	51	260
陈巴尔虎旗	1657	62	90	562	320	106	15	377	60	65
新巴尔虎左旗	1046	44	58	485	138	17	7	256	6	35
新巴尔虎右旗	926	87	79	332	163	19	53	92	24	77
满洲里市	5137	122	553	2520	1343	136	180	77	22	184
牙克石市	9985	51	466	3257	2667	1274	999	459	170	642
扎兰屯市	9777	87	777	2113	1485	263	201	4655	80	116
额尔古纳市	2361	32	112	699	515	205	359	368	26	45
根河市	2863	75	107	212	989	333	496	68	147	436
巴彦淖尔市	**48013**	**643**	**2753**	**16658**	**6384**	**982**	**2048**	**16788**	**354**	**1403**
临河区	17561	273	1548	6955	3334	540	849	3634	82	346
五原县	7702	78	336	2250	647	24	242	3869	58	198
磴口县	3031	31	81	940	391	73	117	1176	50	172
乌拉特前旗	7330	51	331	2648	778	190	85	2796	65	386
乌拉特中旗	3368	62	180	889	316	82	247	1536	14	42
乌拉特后旗	1589	93	73	471	287	29	209	385	4	38
杭锦后旗	7432	55	204	2505	631	44	299	3392	81	221

9-6　续表 2

单位：户

地　区	合　计	租赁廉租住房/公租房	租赁其他住房	购买新建商品房	购买二手房	购买原公有住房	购买经济适用房/两限房	自建住房	继承或赠予	其　他
乌兰察布市	**46200**	**1205**	**2766**	**18427**	**3768**	**1559**	**2385**	**8787**	**672**	**6631**
集宁区	13986	612	1381	6000	2057	821	279	480	352	2004
卓资县	2178	60	65	799	64	75	124	524	43	424
化德县	2718	29	141	805	206	76	498	598	60	305
商都县	4856	10	133	1532	119	109	221	719	39	1974
兴和县	4837	88	215	1883	244	140	25	2042	37	163
凉城县	2473	12	83	972	83	31	79	1008	16	189
察哈尔右翼前旗	3517	63	229	1054	150	22	176	1272	38	513
察哈尔右翼中旗	1854	13	65	731	158	50	139	321	29	348
察哈尔右翼后旗	2397	105	88	1239	138	54	89	369	13	302
四子王旗	2894	93	177	1577	233	33	74	492	14	201
丰镇市	4490	120	189	1835	316	148	681	962	31	208
兴安盟	**40408**	**862**	**2979**	**10636**	**5808**	**863**	**895**	**16307**	**378**	**1680**
乌兰浩特市	11115	244	1281	4568	2792	299	428	1182	67	254
阿尔山市	1211	51	87	632	242	71	16	59	9	44
科尔沁右翼前旗	8226	58	315	1607	999	94	17	4571	70	495
科尔沁右翼中旗	5133	215	366	987	520	73	105	2709	30	128
扎赉特旗	8472	175	510	1886	680	229	237	4308	110	337
突泉县	6251	119	420	956	575	97	92	3478	92	422
锡林郭勒盟	**29844**	**952**	**3072**	**14883**	**3418**	**955**	**876**	**3677**	**357**	**1654**
二连浩特市	2347	81	310	1548	239	91	7	25	5	41
锡林浩特市	11210	206	1479	6204	1704	410	240	128	150	689
阿巴嘎旗	988	39	48	286	85	76	69	205	30	150
苏尼特左旗	574	62	45	310	64	6	10	71	2	4
苏尼特右旗	1563	91	94	869	148	73	49	156	14	69
东乌珠穆沁旗	1490	61	181	660	162	78	54	232	12	50
西乌珠穆沁旗	2215	113	238	1035	286	24	25	391	11	92
太仆寺旗	2352	2	99	1133	105	27	108	847	5	26
镶黄旗	657	47	56	293	79	22	45	72	4	39
正镶白旗	907	18	52	286	122	25	69	251	30	54
正蓝旗	1733	57	135	722	96	39	81	341	14	248
多伦县	3062	113	241	1097	272	83	119	882	76	179
乌拉盖管委会	746	62	94	440	56	1		76	4	13
阿拉善盟	**7404**	**236**	**483**	**3800**	**1107**	**267**	**344**	**716**	**54**	**397**
阿拉善左旗	5257	118	316	2763	820	187	184	553	44	272
阿拉善右旗	699	24	26	331	95	39	98	62	2	22
额济纳旗	788	48	48	398	77	28	3	91	8	87
内蒙古阿拉善经济开发区	660	46	93	308	115	13	59	10		16

9－6a　各地区按住房来源分的同时拥有厨房和厕所的家庭户户数(城市)

单位：户

地　区	合　计	租赁廉租住房/公租房	租赁其他住房	购买新建商品房	购买二手房	购买原公有住房	购买经济适用房/两限房	自建住房	继承或赠予	其　他
内蒙古	**314363**	**7614**	**36690**	**143668**	**59833**	**27764**	**16145**	**5418**	**2538**	**14693**
呼和浩特市	**71345**	**2851**	**9955**	**32121**	**8838**	**7911**	**3110**	**517**	**746**	**5296**
新城区	19956	854	2711	7334	2616	3028	1122	185	281	1825
回民区	13238	402	2094	4981	1620	1473	786	95	148	1639
玉泉区	14693	927	2197	8033	1591	560	464	111	93	717
赛罕区	23458	668	2953	11773	3011	2850	738	126	224	1115
包头市	**67441**	**777**	**6813**	**26852**	**12637**	**11986**	**4253**	**1353**	**429**	**2341**
东河区	15741	121	1214	7589	2555	1984	1710	235	107	226
昆都仑区	27162	304	2944	9915	5611	5478	862	668	125	1255
青山区	18099	211	2155	6512	3539	4052	827	265	129	409
石拐区	503	60	24	18	72	3	295	4	17	10
白云鄂博矿区	875	30	41	199	104	376	74	3	21	27
九原区	5061	51	435	2619	756	93	485	178	30	414
乌海市	**17139**	**210**	**1725**	**7735**	**2598**	**894**	**3055**	**231**	**131**	**560**
海勃湾区	10687	123	1148	5912	1661	705	586	158	64	330
海南区	2526	42	282	782	471	18	808	14	6	103
乌达区	3926	45	295	1041	466	171	1661	59	61	127
赤峰市	**33424**	**723**	**3719**	**16036**	**9779**	**1298**	**319**	**584**	**104**	**862**
红山区	13790	259	1667	6283	4411	547	115	336	54	118
元宝山区	6872	109	463	2980	2198	643	152	180	32	115
松山区	12762	355	1589	6773	3170	108	52	68	18	629
通辽市	**19067**	**641**	**2504**	**7810**	**4965**	**1432**	**561**	**365**	**83**	**706**
科尔沁区	14939	581	1873	5764	4057	1281	319	328	74	662
霍林郭勒市	4128	60	631	2046	908	151	242	37	9	44
鄂尔多斯市	**18694**	**981**	**2900**	**10312**	**2887**	**237**	**540**	**189**	**107**	**541**
东胜区	15374	290	2527	8737	2467	166	450	179	89	469
康巴什区	3301	690	372	1575	420	62	90	2	18	72
鄂托克旗	19	1	1			9		8		
呼伦贝尔市	**34460**	**562**	**3208**	**16175**	**7943**	**1727**	**2274**	**753**	**349**	**1469**
海拉尔区	13055	156	1430	7136	2816	605	282	67	71	492
扎赉诺尔区	3002	99	101	1071	518	204	834	130	9	36
满洲里市	5046	115	552	2520	1330	136	179	17	19	178
牙克石市	5732	37	372	2680	1458	313	317	22	98	435
扎兰屯市	4308	59	567	1916	984	131	168	400	38	45
额尔古纳市	1529	23	100	649	295	177	143	92	19	31
根河市	1788	73	86	203	542	161	351	25	95	252
巴彦淖尔市	**13191**	**211**	**1345**	**6531**	**3120**	**506**	**698**	**485**	**57**	**238**
临河区	13191	211	1345	6531	3120	506	698	485	57	238
乌兰察布市	**16073**	**246**	**1491**	**7684**	**2303**	**956**	**860**	**447**	**321**	**1765**
集宁区	12611	132	1312	5888	2036	810	272	177	303	1681
丰镇市	3462	114	179	1796	267	146	588	270	18	84
兴安盟	**10352**	**163**	**1286**	**4789**	**2846**	**317**	**228**	**455**	**61**	**207**
乌兰浩特市	9627	126	1222	4379	2698	298	214	444	57	189
阿尔山市	725	37	64	410	148	19	14	11	4	18
锡林郭勒盟	**13177**	**249**	**1744**	**7623**	**1917**	**500**	**247**	**39**	**150**	**708**
二连浩特市	2340	81	310	1548	239	91	7	24	5	35
锡林浩特市	10837	168	1434	6075	1678	409	240	15	145	673

9-6b　各地区按住房来源分的同时拥有厨房和厕所的家庭户户数(镇)

单位：户

地　区	合　计	租赁廉租住房/公租房	租赁其他住房	购买新建商品房	购买二手房	购买原公有住房	购买经济适用房/两限房	自建住房	继承或赠予	其　他
内蒙古	**207754**	**6166**	**18236**	**97117**	**31864**	**7368**	**11027**	**23674**	**1849**	**10453**
呼和浩特市	**13994**	**157**	**1215**	**9285**	**1039**	**260**	**426**	**1242**	**43**	**327**
新城区	97							97		
回民区										
玉泉区										
赛罕区	69					2		67		
土默特左旗	2866	41	163	2079	114	66	167	191	4	41
托克托县	2355	42	258	1370	199	45	27	360	17	37
和林格尔县	1764	25	123	1226	84	27	100	105	4	70
清水河县	989	16	74	599	85	6	44	87	6	72
武川县	1607	21	116	1077	126	85	47	58	5	72
呼和浩特经济技术开发区	4247	12	481	2934	431	29	41	277	7	35
包头市	**13220**	**389**	**963**	**6807**	**1501**	**300**	**558**	**824**	**108**	**1770**
东河区	679	7	59	82	7	2	235	113	8	166
昆都仑区										
青山区	70	10		60						
石拐区	15						3	12		
白云鄂博矿区										
九原区	150	8	11	6	21	3	4	94		3
土默特右旗	3202	117	193	1933	340	137	179	271	11	21
固阳县	2009	101	59	1215	104	76	118	185	4	147
达尔罕茂明安联合旗	1228	2	78	951	127	12	13	25	1	19
包头稀土高新技术产业开发区	5867	144	563	2560	902	70	6	124	84	1414
乌海市	**227**		**64**	**4**	**43**	**11**		**81**	**2**	**22**
海勃湾区	125		55		34	6		9	1	20
海南区	65		9	4	8	5		38		1
乌达区	37				1			34	1	1
赤峰市	**36179**	**729**	**3476**	**16739**	**6539**	**820**	**900**	**5940**	**178**	**858**
红山区	655	17	75	210	24	5		314	2	8
元宝山区	1015	6	62	212	144	52	32	455	24	28
松山区	669	1	27	128	43	10		457	3	
阿鲁科尔沁旗	3507	37	398	1625	754	137	72	379	36	69
巴林左旗	4092	169	485	1932	634	90	237	477	9	59
巴林右旗	3053	45	367	1443	723	91	55	293	10	26
林西县	3164	111	270	1506	831	30	41	321	14	40
克什克腾旗	3078	119	273	1515	755	49	12	82	15	258
翁牛特旗	4393	47	289	2093	915	71	122	572	32	252
喀喇沁旗	3381	41	221	1722	419	64	87	797	14	16
宁城县	4616	116	537	2215	525	80	133	956	9	45
敖汉旗	4556	20	472	2138	772	141	109	837	10	57

9-6b 续表 1 单位：户

地区	合计	租赁廉租住房/公租房	租赁其他住房	购买新建商品房	购买二手房	购买原公有住房	购买经济适用房/两限房	自建住房	继承或赠予	其他
通辽市	**26676**	**713**	**2443**	**10181**	**4330**	**562**	**1318**	**6198**	**183**	**748**
科尔沁区	1100	2	37	105	142	12		755	11	36
科尔沁左翼中旗	3783	95	292	1251	436	53	269	1189	48	150
科尔沁左翼后旗	3516	118	285	1413	640	158	34	722	34	112
开鲁县	3490	38	363	1014	503	43	466	912	29	122
库伦旗	2031	21	107	636	381	60	125	583	15	103
奈曼旗	3572	56	354	1179	518	93	177	1080	13	102
扎鲁特旗	3979	118	667	1466	622	62	176	780	21	67
通辽经济技术开发区	5196	265	338	3117	1083	80	71	175	12	55
霍林郭勒市	9				5	1		2		1
鄂尔多斯市	**26329**	**1248**	**3056**	**12300**	**4015**	**1151**	**927**	**1881**	**194**	**1557**
东胜区	38		3		2			33		
康巴什区										
达拉特旗	4794	80	390	2606	823	130	148	453	13	151
准格尔旗	6619	255	706	2950	1272	419	225	330	42	420
鄂托克前旗	1500	159	168	308	145	246	118	317	8	31
鄂托克旗	3544	130	420	1880	540	44	82	384	25	39
杭锦旗	2117	51	262	1210	277	45	74	78	33	87
乌审旗	2410	74	423	1127	275	52	94	186	32	147
伊金霍洛旗	5307	499	684	2219	681	215	186	100	41	682
呼伦贝尔市	**24909**	**497**	**1961**	**6973**	**6112**	**2281**	**3049**	**2457**	**408**	**1171**
海拉尔区	57				4		1	44		8
扎赉诺尔区	149		13	3	51	32		43	5	2
阿荣旗	3992	71	383	1667	802	143	426	363	62	75
莫力达瓦达斡尔族自治旗	2550	29	406	860	480	80	183	306	27	179
鄂伦春自治旗	4712	69	378	887	1074	393	1218	366	87	240
鄂温克族自治旗	4058	101	324	1528	1242	353	199	102	39	170
陈巴尔虎旗	1274	60	84	520	276	105	13	134	52	30
新巴尔虎左旗	718	44	52	470	83	14	6	36	3	10
新巴尔虎右旗	814	84	76	329	158	18	52	24	20	53
满洲里市	91	7	1		13		1	60	3	6
牙克石市	3968	13	87	557	1129	932	640	372	50	188
扎兰屯市	1075	15	131	133	193	31	32	514	6	20
额尔古纳市	389	2	6	10	162	14	133	51	3	8
根河市	1062	2	20	9	445	166	145	42	51	182
巴彦淖尔市	**16928**	**321**	**1007**	**9022**	**2496**	**322**	**967**	**1852**	**187**	**754**
临河区	310		6	62	25	2		213		2
五原县	3560	36	275	2080	500	9	83	437	36	104
磴口县	1802	31	73	927	318	31	117	160	35	110
乌拉特前旗	4340	51	268	2344	621	171	69	482	41	293
乌拉特中旗	1876	61	167	875	278	49	240	170	6	30
乌拉特后旗	1173	89	61	470	262	27	203	23	2	36
杭锦后旗	3867	53	157	2264	492	33	255	367	67	179

9-6b　续表 2　　　　单位：户

地　　区	合　计	租赁廉租住房/公租房	租赁其他住房	购买新建商品房	购买二手房	购买原公有住房	购买经济适用房/两限房	自建住房	继承或赠予	其　他
乌兰察布市	**16111**	**532**	**917**	**9423**	**996**	**465**	**1285**	**961**	**162**	**1370**
集宁区	468	227	23	51	9	2	3	25	14	114
卓资县	1128	31	53	712	39	36	112	65	9	71
化德县	1935	28	123	779	166	71	498	144	32	94
商都县	2469	3	100	1439	103	89	176	112	29	418
兴和县	2434	85	142	1786	109	123	19	90	16	64
凉城县	1326	9	70	840	55	26	39	219	11	57
察哈尔右翼前旗	1748	29	165	963	109	19	175	105	15	168
察哈尔右翼中旗	1087	13	46	523	121	42	138	31	12	161
察哈尔右翼后旗	1646	99	67	1155	121	26	69	32	9	68
四子王旗	1719	8	127	1175	139	31	56	35	10	138
丰镇市	151		1		25			103	5	17
兴安盟	**13852**	**670**	**1436**	**5635**	**2323**	**506**	**659**	**1749**	**180**	**694**
乌兰浩特市	661	117	48	188	60	1	214	9	2	22
阿尔山市	401	11	21	205	79	40	1	19	3	22
科尔沁右翼前旗	2904	55	169	1448	712	87	12	311	27	83
科尔沁右翼中旗	2861	211	361	986	479	68	105	585	17	49
扎赉特旗	4305	166	486	1862	546	222	235	552	65	171
突泉县	2720	110	351	946	447	88	92	273	66	347
锡林郭勒盟	**12647**	**683**	**1231**	**6967**	**1391**	**434**	**610**	**361**	**157**	**813**
二连浩特市										
锡林浩特市	43	30	2					9	1	1
阿巴嘎旗	776	39	47	285	80	75	69	8	29	144
苏尼特左旗	504	62	45	309	63	6	10	3	2	4
苏尼特右旗	1435	91	93	869	147	73	47	35	14	66
东乌珠穆沁旗	1265	61	179	658	158	77	54	22	12	44
西乌珠穆沁旗	1835	111	238	1033	284	21	25	30	8	85
太仆寺旗	1410	1	87	1094	80	19	94	19	3	13
镶黄旗	606	47	56	293	78	22	44	25	4	37
正镶白旗	674	18	52	285	119	23	69	33	25	50
正蓝旗	1289	48	119	660	81	36	81	29	8	227
多伦县	2116	113	220	1042	245	81	117	119	47	132
乌拉盖管委会	694	62	93	439	56	1		29	4	10
阿拉善盟	**6682**	**227**	**467**	**3781**	**1079**	**256**	**328**	**128**	**47**	**369**
阿拉善左旗	4708	110	302	2747	793	178	180	109	37	252
阿拉善右旗	620	24	25	329	95	37	86	4	2	18
额济纳旗	702	48	47	397	76	28	3	11	8	84
内蒙古阿拉善经济开发区	652	45	93	308	115	13	59	4		15

9-6c 各地区按住房来源分的同时拥有厨房和厕所的家庭户户数(乡村)

单位：户

地区	合计	租赁廉租住房/公租房	租赁其他住房	购买新建商品房	购买二手房	购买原公有住房	购买经济适用房/两限房	自建住房	继承或赠予	其他
内蒙古	**193126**	**1261**	**4739**	**9169**	**8214**	**1582**	**2059**	**154900**	**1687**	**9515**
呼和浩特市	**13984**	**46**	**863**	**1495**	**574**	**364**	**122**	**9129**	**152**	**1239**
新城区	1645	2	231	56	156	213	14	540	5	428
回民区	413	11	51	84	29			51	10	177
玉泉区	980	7	59	257	54	18	13	486	2	84
赛罕区	3021	7	267	206	107	78	33	1997	13	313
土默特左旗	3089	12	35	289	26	30	5	2640	24	28
托克托县	2578	6	130	313	104	13	3	1912	44	53
和林格尔县	1088		30	162	50	6	7	743	9	81
清水河县	467		21	36	19	6	2	307	37	39
武川县	703	1	39	92	29		45	453	8	36
呼和浩特经济技术开发区										
包头市	**9410**	**104**	**361**	**621**	**282**	**174**	**304**	**6919**	**77**	**568**
东河区	965	1	38	10	63	2		729	1	121
昆都仑区	695	4	150	49	73	10	117	212	6	74
青山区	347	2	41	1	42	119		132	1	9
石拐区	129	1	3	8	4	2	29	61	1	20
白云鄂博矿区										
九原区	1025	6	60	47	38	1	54	734	5	80
土默特右旗	3043	1	31	134	23	2	67	2692	31	62
固阳县	2693	4	24	259	26	1	31	2158	26	164
达尔罕茂明安联合旗	504	85	13	113	13	37	6	194	5	38
包头稀土高新技术产业开发区	9		1					7	1	
乌海市	**454**		**55**	**31**	**24**	**7**	**1**	**313**	**5**	**18**
海勃湾区	285		55	29	20	7		156	5	13
海南区	169			2	4		1	157		5
乌达区										
赤峰市	**50192**	**229**	**1123**	**2463**	**1848**	**131**	**71**	**42727**	**433**	**1167**
红山区	448	1	6	2	5			428	1	5
元宝山区	2284	3	37	44	64	2	22	2008	3	101
松山区	7927	51	419	1551	295	14	2	5191	68	336
阿鲁科尔沁旗	3390	4	41	11	161	17	2	3067	32	55
巴林左旗	6619	46	265	294	642	26	16	5130	44	156
巴林右旗	1094	1	26	9	46	3	1	960	6	42
林西县	1430		43	20	80	8	7	1184	14	74
克什克腾旗	662		12	29	33	18	3	524	5	38
翁牛特旗	5380	15	60	186	107	6	11	4891	48	56
喀喇沁旗	4977	5	21	53	75	2	2	4766	41	12
宁城县	6756		66	41	116	7	4	6336	102	84
敖汉旗	9225	103	127	223	224	28	1	8242	69	208

9-6c　续表 1

单位：户

地　　区	合　计	租赁廉租住房/公租房	租赁其他住房	购买新建商品房	购买二手房	购买原公有住房	购买经济适用房/两限房	自建住房	继承或赠予	其　他
通辽市	**38540**	**189**	**188**	**152**	**1330**	**119**	**35**	**35784**	**216**	**527**
科尔沁区	5684	8	36	61	312	48		5108	29	82
科尔沁左翼中旗	7638	4	22	6	220	11	20	7229	32	94
科尔沁左翼后旗	5538	2	20	3	192	21		5185	39	76
开鲁县	5797		18	4	163	3	3	5518	32	56
库伦旗	2602		12	18	76	8	2	2424	7	55
奈曼旗	5920	1	18	3	125	15	6	5627	35	90
扎鲁特旗	4138	6	27	1	206	8	4	3795	36	55
通辽经济技术开发区	900		17	1	34	4		824	6	14
霍林郭勒市	323	168	18	55	2	1		74		5
鄂尔多斯市	**11156**	**44**	**413**	**390**	**294**	**91**	**71**	**9383**	**60**	**410**
东胜区	262	2	37	10	5	2	2	198	3	3
康巴什区										
达拉特旗	3021	3	60	108	97	5	3	2661	8	76
准格尔旗	2227	28	187	159	67	64	50	1452	12	208
鄂托克前旗	998		11		8	1	2	967	4	5
鄂托克旗	618	8	13	64	9		9	510	2	3
杭锦旗	1186		9	18	42	5	1	1053	14	44
乌审旗	1466	1	21	17	30	9	3	1370	5	10
伊金霍洛旗	1378	2	75	14	36	5	1	1172	12	61
呼伦贝尔市	**16534**	**53**	**607**	**1068**	**1848**	**332**	**789**	**10847**	**251**	**739**
海拉尔区	374	3	11	138	22	7	3	176	1	13
扎赉诺尔区										
阿荣旗	4031	7	199	218	484	77	152	2729	63	102
莫力达瓦达斡尔族自治旗	3702	11	197	347	259	17	235	2365	38	233
鄂伦春自治旗	1280	1	55	129	156	17	19	705	59	139
鄂温克族自治旗	1189	5	37	52	375	59	250	309	12	90
陈巴尔虎旗	383	2	6	42	44	1	2	243	8	35
新巴尔虎左旗	328		6	15	55	3	1	220	3	25
新巴尔虎右旗	112	3	3	3	5	1	1	68	4	24
满洲里市										
牙克石市	285	1	7	20	80	29	42	65	22	19
扎兰屯市	4394	13	79	64	308	101	1	3741	36	51
额尔古纳市	443	7	6	40	58	14	83	225	4	6
根河市	13		1		2	6		1	1	2
巴彦淖尔市	**17894**	**111**	**401**	**1105**	**768**	**154**	**383**	**14451**	**110**	**411**
临河区	4060	62	197	362	189	32	151	2936	25	106
五原县	4142	42	61	170	147	15	159	3432	22	94
磴口县	1229		8	13	73	42		1016	15	62
乌拉特前旗	2990		63	304	157	19	16	2314	24	93
乌拉特中旗	1492	1	13	14	38	33	7	1366	8	12
乌拉特后旗	416	4	12	1	25	2	6	362	2	2
杭锦后旗	3565	2	47	241	139	11	44	3025	14	42

9-6c 续表 2

单位：户

地　　区	合　计	租赁廉租住房/公租房	租赁其他住房	购买新建商品房	购买二手房	购买原公有住房	购买经济适用房/两限房	自建住房	继承或赠予	其　他
乌兰察布市	**14016**	**427**	**358**	**1320**	**469**	**138**	**240**	**7379**	**189**	**3496**
集宁区	907	253	46	61	12	9	4	278	35	209
卓资县	1050	29	12	87	25	39	12	459	34	353
化德县	783	1	18	26	40	5		454	28	211
商都县	2387	7	33	93	16	20	45	607	10	1556
兴和县	2403	3	73	97	135	17	6	1952	21	99
凉城县	1147	3	13	132	28	5	40	789	5	132
察哈尔右翼前旗	1769	34	64	91	41	3	1	1167	23	345
察哈尔右翼中旗	767		19	208	37	8	1	290	17	187
察哈尔右翼后旗	751	6	21	84	17	28	20	337	4	234
四子王旗	1175	85	50	402	94	2	18	457	4	63
丰镇市	877	6	9	39	24	2	93	589	8	107
兴安盟	**16204**	**29**	**257**	**212**	**639**	**40**	**8**	**14103**	**137**	**779**
乌兰浩特市	827	1	11	1	34			729	8	43
阿尔山市	85	3	2	17	15	12	1	29	2	4
科尔沁右翼前旗	5322	3	146	159	287	7	5	4260	43	412
科尔沁右翼中旗	2272	4	5	1	41	5		2124	13	79
扎赉特旗	4167	9	24	24	134	7	2	3756	45	166
突泉县	3531	9	69	10	128	9		3205	26	75
锡林郭勒盟	**4020**	**20**	**97**	**293**	**110**	**21**	**19**	**3277**	**50**	**133**
二连浩特市	7							1		6
锡林浩特市	330	8	43	129	26	1		104	4	15
阿巴嘎旗	212		1	1	5	1		197	1	6
苏尼特左旗	70			1	1			68		
苏尼特右旗	128		1		1		2	121		3
东乌珠穆沁旗	225		2	2	4	1		210		6
西乌珠穆沁旗	380	2		2	2	3		361	3	7
太仆寺旗	942	1	12	39	25	8	14	828	2	13
镶黄旗	51				1		1	47		2
正镶白旗	233			1	3	2		218	5	4
正蓝旗	444	9	16	62	15	3		312	6	21
多伦县	946		21	55	27	2	2	763	29	47
乌拉盖管委会	52		1	1				47		3
阿拉善盟	**722**	**9**	**16**	**19**	**28**	**11**	**16**	**588**	**7**	**28**
阿拉善左旗	549	8	14	16	27	9	4	444	7	20
阿拉善右旗	79		1	2		2	12	58		4
额济纳旗	86		1	1	1			80		3
内蒙古阿拉善经济开发区	8	1						6		1

9-7 全区按户主的受教育程度、住房来源分的家庭户户数

单位：户

受教育程度	合 计	租赁廉租住房/公租房	租 赁其他住房	购买新建商品房	购 买二手房	购买原公有住房	购买经济适用房/两限房	自建住房	继承或赠 予	其 他
总 计	**850671**	**15967**	**88715**	**248207**	**107628**	**38340**	**29270**	**271661**	**7912**	**42971**
未上过学	26508	591	2215	2286	1604	676	762	14858	517	2999
学前教育	260	3	18	27	27	12	14	129	8	22
小 学	178099	3029	16783	19732	14185	5113	4244	101191	1960	11862
初 中	340857	6715	38053	77679	43573	13976	12790	128175	3231	16665
高 中	135023	3058	14179	52519	21303	9360	5582	21605	1201	6216
大学专科	93676	1464	9790	50382	14876	5328	3581	4502	603	3150
大学本科	70355	1046	7045	42138	11036	3536	2145	1158	367	1884
硕士研究生	5463	58	581	3234	932	297	143	39	19	160
博士研究生	430	3	51	210	92	42	9	4	6	13

9-7a 全区按户主的受教育程度、住房来源分的家庭户户数(城市)

单位：户

受教育程度	合 计	租赁廉租住房/公租房	租 赁其他住房	购买新建商品房	购 买二手房	购买原公有住房	购买经济适用房/两限房	自建住房	继承或赠 予	其 他
总 计	**330348**	**7968**	**49017**	**142181**	**60405**	**27509**	**15928**	**9391**	**2654**	**15295**
未上过学	4215	216	828	1100	515	365	364	356	84	387
学前教育	59	2	8	15	9	9	6	5	1	4
小 学	33102	1217	7239	9290	5152	3326	2004	2312	355	2207
初 中	113803	3335	19361	40908	21835	9224	6682	4938	1049	6471
高 中	71620	1666	9013	31327	13763	7438	3270	1295	609	3239
大学专科	56406	887	6922	29935	10152	3993	2117	324	330	1746
大学本科	46368	605	5142	26854	8098	2851	1359	147	206	1106
硕士研究生	4396	37	461	2571	796	262	118	13	16	122
博士研究生	379	3	43	181	85	41	8	1	4	13

9－7b 全区按户主的受教育程度、住房来源分的家庭户户数(镇)

单位：户

受教育程度	合 计	租赁廉租住房/公租房	租 赁其他住房	购买新建商品房	购 买二手房	购买原公有住房	购买经济适用房/两限房	自建住房	继承或赠 予	其 他
总 计	**235871**	**6571**	**29002**	**96851**	**35400**	**8564**	**11055**	**34437**	**2197**	**11794**
未上过学	5799	310	996	1040	698	222	293	1410	120	710
学前教育	62	1	6	8	14	3	7	12	3	8
小 学	38880	1451	6590	9122	5637	1296	1735	9758	469	2822
初 中	95794	2755	13217	32691	15552	3617	4985	17382	904	4691
高 中	41100	1137	4032	19593	6316	1595	1976	4222	368	1861
大学专科	31267	507	2390	19156	4278	1181	1308	1214	194	1039
大学本科	21925	389	1656	14572	2769	617	726	428	135	633
硕士研究生	996	21	107	641	129	32	24	10	2	30
博士研究生	48		8	28	7	1	1	1	2	

9－7c 全区按户主的受教育程度、住房来源分的家庭户户数(乡村)

单位：户

受教育程度	合 计	租赁廉租住房/公租房	租 赁其他住房	购买新建商品房	购 买二手房	购买原公有住房	购买经济适用房/两限房	自建住房	继承或赠 予	其 他
总 计	**284452**	**1428**	**10696**	**9175**	**11823**	**2267**	**2287**	**227833**	**3061**	**15882**
未上过学	16494	65	391	146	391	89	105	13092	313	1902
学前教育	139		4	4	4		1	112	4	10
小 学	106117	361	2954	1320	3396	491	505	89121	1136	6833
初 中	131260	625	5475	4080	6186	1135	1123	105855	1278	5503
高 中	22303	255	1134	1599	1224	327	336	16088	224	1116
大学专科	6003	70	478	1291	446	154	156	2964	79	365
大学本科	2062	52	247	712	169	68	60	583	26	145
硕士研究生	71		13	22	7	3	1	16	1	8
博士研究生	3			1				2		

9-8　全区按户主的受教育程度、月租房费用分的家庭户户数

单位：户

受教育程度	合　计	200元以下	200-499元	500-999元	1000-1999元
总　计	**104682**	**22998**	**27500**	**24280**	**24547**
未上过学	2806	1248	866	429	201
学前教育	21	9	8	3	1
小　学	19812	7360	6587	3349	1931
初　中	44768	11048	13654	10490	7605
高　中	17237	2499	3858	4683	5217
大学专科	11254	577	1613	3113	5079
大学本科	8091	247	874	2083	4110
硕士研究生	639	9	38	125	363
博士研究生	54	1	2	5	40

9-8　续表

单位：户

受教育程度	2000-2999元	3000-3999元	4000-5999元	6000-7999元	8000-9999元	10000元及以上
总　计	**2675**	**612**	**591**	**437**	**335**	**707**
未上过学	22	10	11	7	3	9
学前教育						
小　学	218	87	102	74	43	61
初　中	761	266	306	202	150	286
高　中	501	110	89	67	68	145
大学专科	543	66	48	54	44	117
大学本科	543	63	33	32	27	79
硕士研究生	82	10	1	1		10
博士研究生	5		1			

9-8a 全区按户主的受教育程度、月租房费用分的家庭户户数(城市)

单位：户

受教育程度	合 计	200元以下	200-499元	500-999元	1000-1999元
总 计	**56985**	**8268**	**11995**	**14661**	**18917**
未上过学	1044	388	311	189	139
学前教育	10	5	3	1	1
小 学	8456	2523	2651	1797	1285
初 中	22696	4058	5915	6308	5470
高 中	10679	984	1860	3020	4184
大学专科	7809	211	793	2011	4162
大学本科	5747	93	441	1261	3329
硕士研究生	498	5	19	72	311
博士研究生	46	1	2	2	36

9-8a 续表

单位：户

受教育程度	2000-2999元	3000-3999元	4000-5999元	6000-7999元	8000-9999元	10000元及以上
总 计	**1952**	**315**	**240**	**173**	**151**	**313**
未上过学	9	1	1			6
学前教育						
小 学	96	24	33	18	11	18
初 中	432	115	128	79	73	118
高 中	389	71	36	40	30	65
大学专科	454	46	21	27	24	60
大学本科	492	49	19	9	13	41
硕士研究生	76	9	1			5
博士研究生	4		1			

9-8b　全区按户主的受教育程度、月租房费用分的家庭户户数(镇)

单位：户

受教育程度	合　计	200元以下	200-499元	500-999元	1000-1999元
总　计	**35573**	**9511**	**11586**	**8180**	**4601**
未上过学	1306	555	457	202	57
学前教育	7	2	3	2	
小　学	8041	3039	2920	1295	506
初　中	15972	4460	5561	3484	1701
高　中	5169	1056	1560	1426	864
大学专科	2897	268	694	980	753
大学本科	2045	127	372	736	675
硕士研究生	128	4	19	52	41
博士研究生	8			3	4

9-8b　续表

单位：户

受教育程度	2000-2999元	3000-3999元	4000-5999元	6000-7999元	8000-9999元	10000元及以上
总　计	**515**	**203**	**269**	**229**	**148**	**331**
未上过学	8	5	10	6	3	3
学前教育						
小　学	83	40	55	47	25	31
初　中	222	105	134	105	57	143
高　中	79	24	40	24	31	65
大学专科	75	15	18	24	20	50
大学本科	42	13	12	22	12	34
硕士研究生	5	1		1		5
博士研究生	1					

9－8c　全区按户主的受教育程度、月租房费用分的家庭户户数(乡村)

单位：户

受教育程度	合　计	200元以下	200－499元	500－999元	1000－1999元
总　计	**12124**	**5219**	**3919**	**1439**	**1029**
未上过学	456	305	98	38	5
学前教育	4	2	2		
小　学	3315	1798	1016	257	140
初　中	6100	2530	2178	698	434
高　中	1389	459	438	237	169
大学专科	548	98	126	122	164
大学本科	299	27	61	86	106
硕士研究生	13			1	11
博士研究生					

9－8c　续表

单位：户

受教育程度	2000－2999元	3000－3999元	4000－5999元	6000－7999元	8000－9999元	10000元及以上
总　计	**208**	**94**	**82**	**35**	**36**	**63**
未上过学	5	4		1		
学前教育						
小　学	39	23	14	9	7	12
初　中	107	46	44	18	20	25
高　中	33	15	13	3	7	15
大学专科	14	5	9	3		7
大学本科	9	1	2	1	2	4
硕士研究生	1					
博士研究生						

9-9 全区按户主的职业、住房来源分的家庭户户数

单位：户

职业大类	合 计	租赁廉租住房/公租房	租 赁 其他住房	购买新建商品房	购 买 二手房
总 计	**517293**	**7670**	**62561**	**162550**	**68756**
党的机关、国家机关、群众团体和社会组织、企事业单位负责人	13644	132	1366	7783	2057
专业技术人员	50348	839	5753	26911	8348
办事人员和有关人员	50069	844	3743	29076	7090
社会生产服务和生活服务人员	162181	3737	31609	61027	28876
农、林、牧、渔业生产及辅助人员	149781	365	3261	6951	6934
生产制造及有关人员	89701	1723	16585	30196	15170
不便分类的其他从业人员	1569	30	244	606	281

9-9 续表

单位：户

职业大类	购买原公有住房	购买经济适用房/两限房	自建住房	继承或赠 予	其 他
总 计	**15176**	**15093**	**161647**	**3802**	**20038**
党的机关、国家机关、群众团体和社会组织、企事业单位负责人	462	371	1015	58	400
专业技术人员	2222	1632	2756	285	1602
办事人员和有关人员	2649	2111	2258	344	1954
社会生产服务和生活服务人员	5009	5865	17560	1207	7291
农、林、牧、渔业生产及辅助人员	1056	1223	123929	1255	4807
生产制造及有关人员	3711	3841	13910	639	3926
不便分类的其他从业人员	67	50	219	14	58

9-9a 全区按户主的职业、住房来源分的家庭户户数(城市)

单位：户

职业大类	合计	租赁廉租住房/公租房	租赁其他住房	购买新建商品房	购买二手房
总计	**200277**	**3847**	**35419**	**90004**	**39329**
党的机关、国家机关、群众团体和社会组织、企事业单位负责人	7901	76	941	4671	1464
专业技术人员	29787	473	3968	15899	5692
办事人员和有关人员	28132	414	2434	16321	4537
社会生产服务和生活服务人员	86712	1989	18694	34926	18149
农、林、牧、渔业生产及辅助人员	3587	52	468	1344	766
生产制造及有关人员	43648	834	8822	16628	8610
不便分类的其他从业人员	510	9	92	215	111

9-9a 续表

单位：户

职业大类	购买原公有住房	购买经济适用房/两限房	自建住房	继承或赠予	其他
总计	**9895**	**8195**	**4705**	**1183**	**7700**
党的机关、国家机关、群众团体和社会组织、企事业单位负责人	283	198	59	22	187
专业技术人员	1687	885	180	138	865
办事人员和有关人员	1844	1136	256	168	1022
社会生产服务和生活服务人员	3359	3265	2072	577	3681
农、林、牧、渔业生产及辅助人员	121	197	467	33	139
生产制造及有关人员	2562	2496	1659	243	1794
不便分类的其他从业人员	39	18	12	2	12

9-9b　全区按户主的职业、住房来源分的家庭户户数(镇)

单位：户

职业大类	合　计	租赁廉租住房/公租房	租　赁其他住房	购买新建商品房	购　买二手房
总　计	**145725**	**3119**	**19523**	**66208**	**21949**
党的机关、国家机关、群众团体和社会组织、企事业单位负责人	4578	44	347	2963	524
专业技术人员	16871	316	1476	10336	2360
办事人员和有关人员	19129	379	1110	12158	2357
社会生产服务和生活服务人员	54289	1432	9364	23788	8814
农、林、牧、渔业生产及辅助人员	20481	241	1759	4620	2642
生产制造及有关人员	29580	689	5345	11976	5119
不便分类的其他从业人员	797	18	122	367	133

9-9b　续表

单位：户

职业大类	购买原公有住房	购买经济适用房/两限房	自建住房	继承或赠　予	其　他
总　计	**4064**	**5699**	**18719**	**1021**	**5423**
党的机关、国家机关、群众团体和社会组织、企事业单位负责人	163	159	212	24	142
专业技术人员	454	669	669	109	482
办事人员和有关人员	716	887	702	140	680
社会生产服务和生活服务人员	1332	2182	4784	382	2211
农、林、牧、渔业生产及辅助人员	486	632	9303	141	657
生产制造及有关人员	888	1139	2978	219	1227
不便分类的其他从业人员	25	31	71	6	24

9-9c 全区按户主的职业、住房来源分的家庭户户数(乡村)

单位：户

职业大类	合 计	租赁廉租住房/公租房	租 赁 其他住房	购买新建商品房	购 买 二手房
总 计	**171291**	**704**	**7619**	**6338**	**7478**
党的机关、国家机关、群众团体和社会组织、企事业单位负责人	1165	12	78	149	69
专业技术人员	3690	50	309	676	296
办事人员和有关人员	2808	51	199	597	196
社会生产服务和生活服务人员	21180	316	3551	2313	1913
农、林、牧、渔业生产及辅助人员	125713	72	1034	987	3526
生产制造及有关人员	16473	200	2418	1592	1441
不便分类的其他从业人员	262	3	30	24	37

9-9c 续表

单位：户

职业大类	购买原公有住房	购买经济适用房/两限房	自建住房	继承或赠 予	其 他
总 计	**1217**	**1199**	**138223**	**1598**	**6915**
党的机关、国家机关、群众团体和社会组织、企事业单位负责人	16	14	744	12	71
专业技术人员	81	78	1907	38	255
办事人员和有关人员	89	88	1300	36	252
社会生产服务和生活服务人员	318	418	10704	248	1399
农、林、牧、渔业生产及辅助人员	449	394	114159	1081	4011
生产制造及有关人员	261	206	9273	177	905
不便分类的其他从业人员	3	1	136	6	22

9-10　全区按户主的职业、月租房费用分的家庭户户数

单位：户

职业大类	合　计	200元以下	200-499元	500-999元	1000-1999元
总　计	**70231**	**13028**	**18555**	**16646**	**17940**
党的机关、国家机关、群众团体和社会组织、企事业单位负责人	1498	49	131	325	774
专业技术人员	6592	407	978	1787	2896
办事人员和有关人员	4587	428	819	1145	1817
社会生产服务和生活服务人员	35346	6003	9045	8797	9293
农、林、牧、渔业生产及辅助人员	3626	1193	1150	752	374
生产制造及有关人员	18308	4874	6351	3782	2739
不便分类的其他从业人员	274	74	81	58	47

9-10　续表

单位：户

职业大类	2000-2999元	3000-3999元	4000-5999元	6000-7999元	8000-9999元	10000元及以上
总　计	**2058**	**478**	**429**	**311**	**231**	**555**
党的机关、国家机关、群众团体和社会组织、企事业单位负责人	143	21	17	9	8	21
专业技术人员	346	39	23	27	20	69
办事人员和有关人员	230	44	22	27	16	39
社会生产服务和生活服务人员	1075	292	255	160	116	310
农、林、牧、渔业生产及辅助人员	46	24	24	26	17	20
生产制造及有关人员	212	57	87	58	52	96
不便分类的其他从业人员	6	1	1	4	2	

9—10a 全区按户主的职业、月租房费用分的家庭户户数(城市)

单位：户

职业大类	合 计	200元以下	200—499元	500—999元	1000—1999元
总 计	**39266**	**4848**	**8177**	**10078**	**13763**
党的机关、国家机关、群众团体和社会组织、企事业单位负责人	1017	19	64	194	575
专业技术人员	4441	162	472	1067	2355
办事人员和有关人员	2848	152	396	621	1395
社会生产服务和生活服务人员	20683	2362	4244	5596	7233
农、林、牧、渔业生产及辅助人员	520	87	112	168	133
生产制造及有关人员	9656	2050	2869	2401	2041
不便分类的其他从业人员	101	16	20	31	31

9—10a 续表

单位：户

职业大类	2000—2999元	3000—3999元	4000—5999元	6000—7999元	8000—9999元	10000元及以上
总 计	**1482**	**256**	**182**	**128**	**108**	**244**
党的机关、国家机关、群众团体和社会组织、企事业单位负责人	115	16	13	5	5	11
专业技术人员	301	28	11	9	9	27
办事人员和有关人员	203	28	14	13	8	18
社会生产服务和生活服务人员	731	155	108	70	53	131
农、林、牧、渔业生产及辅助人员	9	3	2		2	4
生产制造及有关人员	120	26	34	31	31	53
不便分类的其他从业人员	3					

9-10b　全区按户主的职业、月租房费用分的家庭户户数(镇)

单位：户

职业大类	合　计	200元以下	200-499元	500-999元	1000-1999元
总　计	**22642**	**4940**	**7591**	**5496**	**3374**
党的机关、国家机关、群众团体和社会组织、企事业单位负责人	391	19	48	115	165
专业技术人员	1792	168	419	639	446
办事人员和有关人员	1489	208	358	471	375
社会生产服务和生活服务人员	10796	2270	3513	2640	1641
农、林、牧、渔业生产及辅助人员	2000	581	719	450	180
生产制造及有关人员	6034	1653	2485	1155	554
不便分类的其他从业人员	140	41	49	26	13

9-10b　续表

单位：户

职业大类	2000-2999元	3000-3999元	4000-5999元	6000-7999元	8000-9999元	10000元及以上
总　计	**398**	**158**	**179**	**155**	**92**	**259**
党的机关、国家机关、群众团体和社会组织、企事业单位负责人	22	4	3	3	2	10
专业技术人员	36	10	10	17	8	39
办事人员和有关人员	23	8	6	14	6	20
社会生产服务和生活服务人员	246	108	109	75	50	144
农、林、牧、渔业生产及辅助人员	15	8	11	19	8	9
生产制造及有关人员	53	19	39	23	16	37
不便分类的其他从业人员	3	1	1	4	2	

9−10c　全区按户主的职业、月租房费用分的家庭户户数(乡村)

单位：户

职业大类	合　计	200元以下	200−499元	500−999元	1000−1999元
总　计	**8323**	**3240**	**2787**	**1072**	**803**
党的机关、国家机关、群众团体和社会组织、企事业单位负责人	90	11	19	16	34
专业技术人员	359	77	87	81	95
办事人员和有关人员	250	68	65	53	47
社会生产服务和生活服务人员	3867	1371	1288	561	419
农、林、牧、渔业生产及辅助人员	1106	525	319	134	61
生产制造及有关人员	2618	1171	997	226	144
不便分类的其他从业人员	33	17	12	1	3

9−10c　续表

单位：户

职业大类	2000−2999元	3000−3999元	4000−5999元	6000−7999元	8000−9999元	10000元及以上
总　计	**178**	**64**	**68**	**28**	**31**	**52**
党的机关、国家机关、群众团体和社会组织、企事业单位负责人	6	1	1	1	1	
专业技术人员	9	1	2	1	3	3
办事人员和有关人员	4	8	2		2	1
社会生产服务和生活服务人员	98	29	38	15	13	35
农、林、牧、渔业生产及辅助人员	22	13	11	7	7	7
生产制造及有关人员	39	12	14	4	5	6
不便分类的其他从业人员						

9-11　全区按户主的职业分的家庭户住房状况

职业大类	户　数 (户)	人　数 (人)	平均每户住房间数 (间/户)	人均住房建筑面积 (平方米/人)	人均住房间　数 (间/人)
总　计	**517293**	**1387706**	**2.28**	**32.68**	**0.85**
党的机关、国家机关、群众团体和社会组织、企事业单位负责人	13644	37859	2.54	40.94	0.92
专业技术人员	50348	130360	2.35	38.67	0.91
办事人员和有关人员	50069	131340	2.42	40.39	0.92
社会生产服务和生活服务人员	162181	431767	2.15	32.33	0.81
农、林、牧、渔业生产及辅助人员	149781	406041	2.43	29.58	0.90
生产制造及有关人员	89701	246204	2.13	29.84	0.77
不便分类的其他从业人员	1569	4135	2.18	32.21	0.83

9-11a　全区按户主的职业分的家庭户住房状况(城市)

职业大类	户　数 (户)	人　数 (人)	平均每户住房间数 (间/户)	人均住房建筑面积 (平方米/人)	人均住房间　数 (间/人)
总　计	**200277**	**534949**	**2.21**	**34.19**	**0.83**
党的机关、国家机关、群众团体和社会组织、企事业单位负责人	7901	22356	2.52	40.33	0.89
专业技术人员	29787	77540	2.34	38.67	0.90
办事人员和有关人员	28132	74397	2.43	40.54	0.92
社会生产服务和生活服务人员	86712	229698	2.13	32.41	0.80
农、林、牧、渔业生产及辅助人员	3587	10187	2.22	31.33	0.78
生产制造及有关人员	43648	119396	2.09	29.87	0.76
不便分类的其他从业人员	510	1375	2.19	31.91	0.81

9-11b 全区按户主的职业分的家庭户住房状况(镇)

职业大类	户 数 (户)	人 数 (人)	平均每户住房间数 (间/户)	人均住房建筑面积 (平方米/人)	人均住房间 数 (间/人)
总 计	**145725**	**394026**	**2.26**	**34.25**	**0.83**
党的机关、国家机关、群众团体和社会组织、企事业单位负责人	4578	12511	2.56	43.17	0.94
专业技术人员	16871	43550	2.36	39.57	0.92
办事人员和有关人员	19129	49978	2.43	41.02	0.93
社会生产服务和生活服务人员	54289	147042	2.18	33.09	0.81
农、林、牧、渔业生产及辅助人员	20481	57166	2.31	30.28	0.83
生产制造及有关人员	29580	81667	2.14	30.80	0.78
不便分类的其他从业人员	797	2112	2.18	32.92	0.82

9-11c 全区按户主的职业分的家庭户住房状况(乡村)

职业大类	户 数 (户)	人 数 (人)	平均每户住房间数 (间/户)	人均住房建筑面积 (平方米/人)	人均住房间 数 (间/人)
总 计	**171291**	**458731**	**2.39**	**29.57**	**0.89**
党的机关、国家机关、群众团体和社会组织、企事业单位负责人	1165	2992	2.61	36.12	1.02
专业技术人员	3690	9270	2.39	34.41	0.95
办事人员和有关人员	2808	6965	2.31	34.27	0.93
社会生产服务和生活服务人员	21180	55027	2.18	29.97	0.84
农、林、牧、渔业生产及辅助人员	125713	338688	2.45	29.41	0.91
生产制造及有关人员	16473	45141	2.21	28.06	0.80
不便分类的其他从业人员	262	648	2.18	30.51	0.88

9-12 全区按户主的职业、人均住房建筑面积分的家庭户户数

单位：户

职业大类	合 计	人均住房建筑面积(平方米)			
		8及以下	9-12	13-16	17-19
总 计	**517293**	**6690**	**16252**	**31191**	**20762**
党的机关、国家机关、群众团体和社会组织、企事业单位负责人	13644	44	110	321	351
专业技术人员	50348	155	487	1342	1412
办事人员和有关人员	50069	163	472	1126	1167
社会生产服务和生活服务人员	162181	2527	5548	9327	7137
农、林、牧、渔业生产及辅助人员	149781	1879	5790	12637	6124
生产制造及有关人员	89701	1899	3799	6351	4502
不便分类的其他从业人员	1569	23	46	87	69

9-12 续表

单位：户

职业大类	人均住房建筑面积(平方米)					
	20-29	30-39	40-49	50-59	60-69	70及以上
总 计	**141316**	**116739**	**80822**	**34560**	**24166**	**44795**
党的机关、国家机关、群众团体和社会组织、企事业单位负责人	2674	3248	2540	1300	926	2130
专业技术人员	10560	11776	9603	4622	3313	7078
办事人员和有关人员	9609	11841	9927	5099	3473	7192
社会生产服务和生活服务人员	46285	36872	23212	10268	6658	14347
农、林、牧、渔业生产及辅助人员	43639	32260	23740	8499	6893	8320
生产制造及有关人员	28085	20397	11563	4672	2847	5586
不便分类的其他从业人员	464	345	237	100	56	142

9-12a 全区按户主的职业、人均住房建筑面积分的家庭户户数(城市)

单位：户

职业大类	合 计	人均住房建筑面积(平方米)			
		8及以下	9-12	13-16	17-19
总 计	**200277**	**2079**	**4805**	**9241**	**9071**
党的机关、国家机关、群众团体和社会组织、企事业单位负责人	7901	14	57	179	234
专业技术人员	29787	54	246	770	909
办事人员和有关人员	28132	68	217	585	746
社会生产服务和生活服务人员	86712	1078	2519	4538	4458
农、林、牧、渔业生产及辅助人员	3587	38	83	216	185
生产制造及有关人员	43648	822	1675	2924	2509
不便分类的其他从业人员	510	5	8	29	30

9-12a 续表

单位：户

职业大类	人均住房建筑面积(平方米)					
	20-29	30-39	40-49	50-59	60-69	70及以上
总 计	**54171**	**46755**	**30467**	**14014**	**9538**	**20136**
党的机关、国家机关、群众团体和社会组织、企事业单位负责人	1629	1962	1395	720	521	1190
专业技术人员	6386	7002	5519	2672	1980	4249
办事人员和有关人员	5448	6655	5498	2810	1987	4118
社会生产服务和生活服务人员	25301	20113	12055	5416	3580	7654
农、林、牧、渔业生产及辅助人员	1140	857	514	193	124	237
生产制造及有关人员	14102	10050	5425	2163	1332	2646
不便分类的其他从业人员	165	116	61	40	14	42

9-12b 全区按户主的职业、人均住房建筑面积分的家庭户户数(镇)

单位：户

职业大类	合 计	人均住房建筑面积(平方米)			
		8及以下	9-12	13-16	17-19
总 计	**145725**	**1896**	**3845**	**6837**	**4885**
党的机关、国家机关、群众团体和社会组织、企事业单位负责人	4578	15	19	82	79
专业技术人员	16871	62	131	343	372
办事人员和有关人员	19129	56	146	393	333
社会生产服务和生活服务人员	54289	813	1708	2763	1925
农、林、牧、渔业生产及辅助人员	20481	279	695	1436	889
生产制造及有关人员	29580	657	1121	1781	1260
不便分类的其他从业人员	797	14	25	39	27

9-12b 续表

单位：户

职业大类	人均住房建筑面积(平方米)					
	20-29	30-39	40-49	50-59	60-69	70及以上
总 计	**38196**	**34451**	**24158**	**10758**	**6534**	**14165**
党的机关、国家机关、群众团体和社会组织、企事业单位负责人	775	1050	951	494	322	791
专业技术人员	3347	3992	3453	1639	1132	2400
办事人员和有关人员	3479	4576	3991	2074	1314	2767
社会生产服务和生活服务人员	15120	12896	8454	3593	2069	4948
农、林、牧、渔业生产及辅助人员	6340	4611	3036	1237	756	1202
生产制造及有关人员	8913	7151	4136	1672	910	1979
不便分类的其他从业人员	222	175	137	49	31	78

9-12c 全区按户主的职业、人均住房建筑面积分的家庭户户数(乡村)

单位：户

职业大类	合 计	人均住房建筑面积(平方米)			
		8及以下	9-12	13-16	17-19
总 计	**171291**	**2715**	**7602**	**15113**	**6806**
党的机关、国家机关、群众团体和社会组织、企事业单位负责人	1165	15	34	60	38
专业技术人员	3690	39	110	229	131
办事人员和有关人员	2808	39	109	148	88
社会生产服务和生活服务人员	21180	636	1321	2026	754
农、林、牧、渔业生产及辅助人员	125713	1562	5012	10985	5050
生产制造及有关人员	16473	420	1003	1646	733
不便分类的其他从业人员	262	4	13	19	12

9-12c 续表

单位：户

职业大类	人均住房建筑面积(平方米)					
	20-29	30-39	40-49	50-59	60-69	70及以上
总 计	**48949**	**35533**	**26197**	**9788**	**8094**	**10494**
党的机关、国家机关、群众团体和社会组织、企事业单位负责人	270	236	194	86	83	149
专业技术人员	827	782	631	311	201	429
办事人员和有关人员	682	610	438	215	172	307
社会生产服务和生活服务人员	5864	3863	2703	1259	1009	1745
农、林、牧、渔业生产及辅助人员	36159	26792	20190	7069	6013	6881
生产制造及有关人员	5070	3196	2002	837	605	961
不便分类的其他从业人员	77	54	39	11	11	22

9-13　各地区按拥有全部家用汽车总价分的家庭户户数

单位：户

地　　区	合　计	不　满10万元	10万元以上，不满20万元	20万元以上，不满30万元	30万元以上，不满50万元	50万元以上，不满100万元	100万元及以上	没有汽车
内蒙古	**868558**	**198771**	**131110**	**33372**	**16074**	**5789**	**1391**	**482051**
呼和浩特市	**120491**	**28158**	**23589**	**6497**	**3060**	**1048**	**251**	**57888**
新城区	23398	4967	5854	1721	770	238	60	9788
回民区	15371	3511	2971	622	245	89	16	7917
玉泉区	18787	4792	3542	845	353	123	35	9097
赛罕区	28924	5670	7086	2619	1338	473	93	11645
土默特左旗	10436	2705	941	99	41	16	6	6628
托克托县	6573	1841	753	146	76	14	3	3740
和林格尔县	5337	1521	725	134	41	10	4	2902
清水河县	3026	569	268	41	12	2		2134
武川县	4140	942	464	62	24	2		2646
呼和浩特经济技术开发区	4499	1640	985	208	160	81	34	1391
包头市	**108111**	**24086**	**17549**	**3817**	**1458**	**578**	**151**	**60472**
东河区	19104	4146	2536	444	155	67	18	11738
昆都仑区	30489	6439	5817	1228	425	174	47	16359
青山区	20245	3927	3926	1034	443	168	39	10708
石拐区	834	176	51	8	3			596
白云鄂博矿区	895	234	214	18				429
九原区	8626	2366	1418	409	166	76	14	4177
土默特右旗	10885	2813	1113	162	54	15	10	6718
固阳县	6827	1641	471	45	6	4	3	4657
达尔罕茂明安联合旗	2902	746	383	69	22	4	1	1677
包头稀土高新技术产业开发区	7304	1598	1620	400	184	70	19	3413
乌海市	**20298**	**3970**	**4173**	**1059**	**481**	**222**	**53**	**10340**
海勃湾区	12390	2228	2790	880	423	198	44	5827
海南区	3247	762	575	74	24	17	4	1791
乌达区	4661	980	808	105	34	7	5	2722
赤峰市	**143923**	**32910**	**17188**	**3601**	**1751**	**578**	**168**	**87727**
红山区	15575	3350	2448	610	277	107	19	8764
元宝山区	10741	2414	1412	251	111	30	7	6516
松山区	23407	5161	3842	1115	576	225	90	12398
阿鲁科尔沁旗	8914	2409	861	165	79	14	1	5385
巴林左旗	11042	2469	1104	202	141	19	6	7101
巴林右旗	5676	1653	715	116	44	17	3	3128
林西县	7588	1348	858	160	56	19	5	5142
克什克腾旗	6817	1312	992	187	86	19	8	4213
翁牛特旗	12975	3294	1032	180	79	24	7	8359
喀喇沁旗	9306	2050	1088	156	55	27	3	5927
宁城县	15985	3381	1462	263	120	39	12	10708
敖汉旗	15897	4069	1374	196	127	38	7	10086

9-13 续表 1 单位：户

地　区	合　计	不　满 10万元	10万元以上，不满20万元	20万元以上，不满30万元	30万元以上，不满50万元	50万元以上，不满100万元	100万元及以上	没有汽车
通辽市	**96024**	**24532**	**12669**	**2629**	**1280**	**458**	**78**	**54378**
科尔沁区	24801	5496	3559	754	388	136	21	14447
科尔沁左翼中旗	13197	2825	1254	172	62	19	5	8860
科尔沁左翼后旗	10568	2872	1160	235	104	47	1	6149
开鲁县	10630	2960	1283	202	94	29	8	6054
库伦旗	5110	1874	546	118	39	10	3	2520
奈曼旗	11896	3433	1514	254	106	38	7	6544
扎鲁特旗	8891	2466	1018	199	80	31	6	5091
通辽经济技术开发区	6394	1686	1345	407	277	105	23	2551
霍林郭勒市	4537	920	990	288	130	43	4	2162
鄂尔多斯市	**70294**	**18787**	**15364**	**5824**	**3527**	**1537**	**391**	**24864**
东胜区	18424	4430	4392	1839	1167	548	180	5868
康巴什区	3341	539	937	542	451	212	48	612
达拉特旗	11492	3475	1978	614	337	136	34	4918
准格尔旗	12166	2952	2432	951	456	189	26	5160
鄂托克前旗	2984	1028	694	196	90	32	6	938
鄂托克旗	5240	1703	1269	336	161	61	10	1700
杭锦旗	4162	1360	764	205	84	27	2	1720
乌审旗	4783	1442	1184	348	208	63	15	1523
伊金霍洛旗	7702	1858	1714	793	573	269	70	2425
呼伦贝尔市	**85390**	**14852**	**9990**	**2448**	**1106**	**325**	**71**	**56598**
海拉尔区	13594	2080	2471	716	343	91	19	7874
扎赉诺尔区	3589	534	407	109	42	11	1	2485
阿荣旗	9101	2434	784	188	133	33	5	5524
莫力达瓦达斡尔族自治旗	8175	2003	736	117	56	28	6	5229
鄂伦春自治旗	6767	1006	476	118	29	11	6	5121
鄂温克族自治旗	5467	824	969	246	131	38	7	3252
陈巴尔虎旗	1950	456	325	60	18	6		1085
新巴尔虎左旗	1327	288	257	55	15	7	2	703
新巴尔虎右旗	1175	280	204	72	29	5		585
满洲里市	5670	841	945	281	122	44	13	3424
牙克石市	11377	1087	840	149	47	21	3	9230
扎兰屯市	11228	2149	1002	219	83	20	6	7749
额尔古纳市	2756	616	387	67	42	7	3	1634
根河市	3214	254	187	51	16	3		2703
巴彦淖尔市	**60188**	**15733**	**9100**	**1760**	**733**	**236**	**43**	**32583**
临河区	21885	5394	3934	797	351	111	23	11275
五原县	9138	2508	1108	172	67	29	5	5249
磴口县	3712	831	491	101	35	7	4	2243
乌拉特前旗	10608	2894	1232	271	106	37	2	6066
乌拉特中旗	4394	1293	622	115	46	19	5	2294
乌拉特后旗	1955	529	440	51	28	3	1	903
杭锦后旗	8496	2284	1273	253	100	30	3	4553

9-13 续表 2

单位：户

地 区	合 计	不 满 10万元	10万元以上，不满20万元	20万元以上，不满30万元	30万元以上，不满50万元	50万元以上，不满100万元	100万元及以上	没有汽车
乌兰察布市	**67776**	**10822**	**6845**	**1616**	**595**	**171**	**49**	**47678**
集宁区	15308	2836	2666	813	353	112	29	8499
卓资县	3620	430	276	31	9	2		2872
化德县	3930	630	328	73	24	4	1	2870
商都县	7224	969	483	112	42	16	2	5600
兴和县	6791	913	514	104	17	3	1	5239
凉城县	4881	528	386	87	18	4	3	3855
察哈尔右翼前旗	5006	879	389	51	26	1	4	3656
察哈尔右翼中旗	3901	507	291	72	21	5		3005
察哈尔右翼后旗	4223	624	428	71	15	11	4	3070
四子王旗	5376	1356	525	93	31	5	3	3363
丰镇市	7516	1150	559	109	39	8	2	5649
兴安盟	**48645**	**12193**	**5320**	**1353**	**716**	**225**	**62**	**28776**
乌兰浩特市	12201	2700	1820	570	311	123	30	6647
阿尔山市	1282	175	156	40	17	1	1	892
科尔沁右翼前旗	9717	2541	1040	232	155	59	18	5672
科尔沁右翼中旗	6800	2026	855	164	81	16	4	3654
扎赉特旗	10931	2849	911	233	70	14	4	6850
突泉县	7714	1902	538	114	82	12	5	5061
锡林郭勒盟	**38598**	**10563**	**7073**	**1973**	**900**	**250**	**46**	**17793**
二连浩特市	2665	531	558	204	92	24	11	1245
锡林浩特市	11968	3501	2558	732	374	120	18	4665
阿巴嘎旗	1358	441	297	90	37	3	1	489
苏尼特左旗	1088	319	269	76	34	10	1	379
苏尼特右旗	2354	578	375	95	25	9		1272
东乌珠穆沁旗	2150	696	484	141	51	18	3	757
西乌珠穆沁旗	2885	823	614	207	82	22	2	1135
太仆寺旗	4354	828	330	66	23	7	3	3097
镶黄旗	982	289	132	64	22	4		471
正镶白旗	1697	538	194	49	19	6	2	889
正蓝旗	2586	817	474	84	32	11	1	1167
多伦县	3683	994	612	123	86	12	1	1855
乌拉盖管委会	828	208	176	42	23	4	3	372
阿拉善盟	**8820**	**2165**	**2250**	**795**	**467**	**161**	**28**	**2954**
阿拉善左旗	6397	1595	1591	568	340	116	23	2164
阿拉善右旗	842	221	201	90	51	19	4	256
额济纳旗	834	156	209	92	60	22	1	294
内蒙古阿拉善经济开发区	747	193	249	45	16	4		240

9-13a　各地区按拥有全部家用汽车总价分的家庭户户数(城市)

单位：户

地　　区	合　计	不　满 10万元	10万元以上， 不满20万元	20万元以上， 不满30万元	30万元以上， 不满50万元	50万元以上， 不满100万元	100万元 及以上	没有汽车
内蒙古	**336029**	**68075**	**67550**	**19398**	**9369**	**3514**	**879**	**167244**
呼和浩特市	**75847**	**15589**	**18199**	**5591**	**2622**	**900**	**202**	**32744**
新城区	20596	4051	5507	1659	742	234	60	8343
回民区	14795	3325	2856	596	240	84	16	7678
玉泉区	16730	4117	3267	801	342	115	34	8054
赛罕区	23726	4096	6569	2535	1298	467	92	8669
包头市	**72480**	**15146**	**13276**	**3053**	**1161**	**474**	**116**	**39254**
东河区	16303	3410	2290	412	146	61	17	9967
昆都仑区	29343	6090	5716	1212	420	174	47	15684
青山区	19426	3711	3850	1026	439	164	39	10197
石拐区	579	125	40	7	3			404
白云鄂博矿区	895	234	214	18				429
九原区	5934	1576	1166	378	153	75	13	2573
乌海市	**19003**	**3660**	**4049**	**1044**	**474**	**217**	**52**	**9507**
海勃湾区	11762	2062	2725	870	417	196	43	5449
海南区	2673	632	526	69	24	14	4	1404
乌达区	4568	966	798	105	33	7	5	2654
赤峰市	**34388**	**7153**	**6417**	**1756**	**880**	**340**	**105**	**17737**
红山区	14289	2999	2349	564	270	104	19	7984
元宝山区	7138	1486	1177	223	98	27	4	4123
松山区	12961	2668	2891	969	512	209	82	5630
通辽市	**19760**	**3579**	**3776**	**981**	**490**	**158**	**24**	**10752**
科尔沁区	15561	2725	2817	699	363	115	20	8822
霍林郭勒市	4199	854	959	282	127	43	4	1930
鄂尔多斯市	**21210**	**4829**	**5259**	**2365**	**1603**	**756**	**227**	**6171**
东胜区	17836	4280	4316	1821	1152	544	179	5544
康巴什区	3341	539	937	542	451	212	48	612
鄂托克旗	33	10	6	2				15
呼伦贝尔市	**36160**	**5120**	**5386**	**1477**	**660**	**189**	**42**	**23286**
海拉尔区	13132	1953	2411	707	337	91	19	7614
扎赉诺尔区	3374	501	399	109	41	11	1	2312
满洲里市	5493	822	939	280	122	44	13	3273
牙克石市	5775	575	627	121	40	20	3	4389
扎兰屯市	4881	744	610	171	70	16	3	3267
额尔古纳市	1653	380	266	50	37	4	3	913
根河市	1852	145	134	39	13	3		1518
巴彦淖尔市	**14639**	**3624**	**3344**	**740**	**330**	**101**	**20**	**6480**
临河区	14639	3624	3344	740	330	101	20	6480
乌兰察布市	**17812**	**3401**	**3065**	**895**	**385**	**117**	**31**	**9918**
集宁区	13640	2584	2571	792	350	111	29	7203
丰镇市	4172	817	494	103	35	6	2	2715
兴安盟	**10991**	**2301**	**1813**	**587**	**310**	**120**	**31**	**5829**
乌兰浩特市	10258	2212	1717	554	297	119	30	5329
阿尔山市	733	89	96	33	13	1	1	500
锡林郭勒盟	**13739**	**3673**	**2966**	**909**	**454**	**142**	**29**	**5566**
二连浩特市	2603	502	549	203	92	24	11	1222
锡林浩特市	11136	3171	2417	706	362	118	18	4344

9-13b　各地区按拥有全部家用汽车总价分的家庭户户数(镇)

单位：户

地　　区	合　计	不　满 10万元	10万元以上， 不满20万元	20万元以上， 不满30万元	30万元以上， 不满50万元	50万元以上， 不满100万元	100万元 及以上	没有汽车
内蒙古	**238796**	**57572**	**41756**	**10984**	**5425**	**1843**	**406**	**120810**
呼和浩特市	**17036**	**5560**	**3002**	**560**	**277**	**113**	**42**	**7482**
新城区	101	26	6	5	1			63
回民区								
玉泉区								
赛罕区	88	21	9					58
土默特左旗	3828	1306	571	76	24	10	4	1837
托克托县	2778	857	470	97	38	12	1	1303
和林格尔县	2301	776	432	86	24	6	3	974
清水河县	1334	323	197	33	7	2		772
武川县	2107	611	332	55	23	2		1084
呼和浩特经济技术开发区	4499	1640	985	208	160	81	34	1391
包头市	**16751**	**4327**	**3125**	**612**	**246**	**84**	**24**	**8333**
东河区	883	270	118	15	7			473
昆都仑区								
青山区	70	21	15	4	1	1		28
石拐区	17	4						13
白云鄂博矿区								
九原区	540	148	57		1			334
土默特右旗	4378	1200	740	111	34	7	4	2282
固阳县	2385	716	295	31	3	2		1338
达尔罕茂明安联合旗	1455	434	297	54	16	4	1	649
包头稀土高新技术产业开发区	7023	1534	1603	397	184	70	19	3216
乌海市	**499**	**116**	**59**	**5**	**1**	**1**		**317**
海勃湾区	126	31	18	4		1		72
海南区	280	71	31	1				177
乌达区	93	14	10		1			68
赤峰市	**39352**	**9197**	**6291**	**1305**	**637**	**167**	**34**	**21721**
红山区	781	217	74	14	3	1		472
元宝山区	1119	249	82	10	4	2	3	769
松山区	825	202	97	9	5	2	2	508
阿鲁科尔沁旗	3706	921	582	114	68	7		2014
巴林左旗	4143	915	707	139	123	14	2	2243
巴林右旗	3316	929	566	105	40	13	3	1660
林西县	4053	821	686	148	54	18	5	2321
克什克腾旗	3404	641	688	158	65	19	5	1828
翁牛特旗	4625	1218	584	137	59	18	2	2607
喀喇沁旗	3598	753	671	110	38	16	2	2008
宁城县	4905	982	781	205	78	29	5	2825
敖汉旗	4877	1349	773	156	100	28	5	2466

9-13b 续表 1

单位：户

地　　区	合　计	不　满 10万元	10万元以上， 不满20万元	20万元以上， 不满30万元	30万元以上， 不满50万元	50万元以上， 不满100万元	100万元 及以上	没有汽车
通辽市	**28821**	**6909**	**4866**	**1282**	**662**	**242**	**43**	**14817**
科尔沁区	1477	361	141	15	3	3		954
科尔沁左翼中旗	3974	735	577	120	36	12	3	2491
科尔沁左翼后旗	3670	749	564	162	72	32		2091
开鲁县	4083	995	695	157	82	26	5	2123
库伦旗	2078	642	326	82	34	9	1	984
奈曼旗	4050	1054	714	190	90	32	5	1965
扎鲁特旗	4098	1045	619	161	70	25	6	2172
通辽经济技术开发区	5376	1326	1226	395	275	103	23	2028
霍林郭勒市	15	2	4					9
鄂尔多斯市	**32393**	**8731**	**8078**	**2954**	**1674**	**676**	**145**	**10135**
东胜区	81	23	7	1				50
康巴什区								
达拉特旗	6501	2059	1487	520	290	113	27	2005
准格尔旗	8569	2067	2022	854	416	170	25	3015
鄂托克前旗	1779	460	498	133	70	20	6	592
鄂托克旗	4253	1288	1075	290	143	55	9	1393
杭锦旗	2429	773	589	176	69	19	2	801
乌审旗	2899	748	893	249	153	54	12	790
伊金霍洛旗	5882	1313	1507	731	533	245	64	1489
呼伦贝尔市	**27324**	**4486**	**2969**	**769**	**355**	**106**	**22**	**18617**
海拉尔区	58	13	3		1			41
扎赉诺尔区	215	33	8		1			173
阿荣旗	4205	1087	518	157	104	30	4	2305
莫力达瓦达斡尔族自治旗	2765	610	331	81	44	18	5	1676
鄂伦春自治旗	5001	664	368	100	27	7	3	3832
鄂温克族自治旗	4145	576	807	229	123	37	7	2366
陈巴尔虎旗	1385	279	225	45	8	2		826
新巴尔虎左旗	735	132	150	37	8	2	2	404
新巴尔虎右旗	876	204	146	59	21	4		442
满洲里市	177	19	6	1				151
牙克石市	4766	426	191	19	5	1		4124
扎兰屯市	1157	287	125	24	8	3	1	709
额尔古纳市	490	48	38	5	2	2		395
根河市	1349	108	53	12	3			1173
巴彦淖尔市	**19922**	**5469**	**3789**	**793**	**327**	**97**	**11**	**9436**
临河区	520	117	47	7	5	2		342
五原县	4126	1286	775	145	56	18	1	1845
磴口县	2079	454	375	88	31	6	4	1121
乌拉特前旗	5269	1444	893	215	84	32	1	2600
乌拉特中旗	2320	590	448	97	44	16	3	1122
乌拉特后旗	1333	338	347	40	26	3	1	578
杭锦后旗	4275	1240	904	201	81	20	1	1828

9-13b 续表 2

单位：户

地　　区	合　计	不　满10万元	10万元以上，不满20万元	20万元以上，不满30万元	30万元以上，不满50万元	50万元以上，不满100万元	100万元及以上	没有汽车
乌兰察布市	**19663**	**4066**	**2841**	**613**	**164**	**41**	**14**	**11924**
集宁区	475	80	28	2	1			364
卓资县	1500	227	229	30	7	2		1005
化德县	2216	477	297	66	21	4	1	1350
商都县	2993	639	416	106	40	12		1780
兴和县	2689	584	454	101	13	3	1	1533
凉城县	1823	235	284	77	15	1	3	1208
察哈尔右翼前旗	2045	527	281	38	17		3	1179
察哈尔右翼中旗	1255	229	182	53	15	4		772
察哈尔右翼后旗	2017	427	344	67	12	11	3	1153
四子王旗	2375	615	317	73	23	4	3	1340
丰镇市	275	26	9					240
兴安盟	**15090**	**3563**	**2124**	**610**	**327**	**89**	**29**	**8348**
乌兰浩特市	672	128	42	5	5	1		491
阿尔山市	437	69	47	6	2			313
科尔沁右翼前旗	2988	736	614	184	128	53	18	1255
科尔沁右翼中旗	3236	856	499	135	69	14	4	1659
扎赉特旗	4877	1080	590	185	54	11	4	2953
突泉县	2880	694	332	95	69	10	3	1677
锡林郭勒盟	**14508**	**3459**	**2704**	**780**	**332**	**77**	**15**	**7141**
二连浩特市	5							5
锡林浩特市	54	15	17	3	1			18
阿巴嘎旗	819	195	155	46	16	1	1	405
苏尼特左旗	660	131	163	46	19	3		298
苏尼特右旗	1801	325	284	83	20	6		1083
东乌珠穆沁旗	1494	396	304	81	31	12	3	667
西乌珠穆沁旗	2019	418	400	158	63	18	2	960
太仆寺旗	1748	422	244	56	18	6	2	1000
镶黄旗	660	121	111	62	21	4		341
正镶白旗	869	227	141	41	18	5	2	435
正蓝旗	1387	354	283	59	25	8	1	657
多伦县	2272	677	455	108	79	12	1	940
乌拉盖管委会	720	178	147	37	21	2	3	332
阿拉善盟	**7437**	**1689**	**1908**	**701**	**423**	**150**	**27**	**2539**
阿拉善左旗	5307	1214	1332	512	314	111	22	1802
阿拉善右旗	664	154	158	62	41	17	4	228
额济纳旗	727	131	171	83	52	18	1	271
内蒙古阿拉善经济开发区	739	190	247	44	16	4		238

9-13c 各地区按拥有全部家用汽车总价分的家庭户户数(乡村)

单位：户

地 区	合 计	不 满 10万元	10万元以上，不满20万元	20万元以上，不满30万元	30万元以上，不满50万元	50万元以上，不满100万元	100万元及以上	没有汽车
内蒙古	**293733**	**73124**	**21804**	**2990**	**1280**	**432**	**106**	**193997**
呼和浩特市	**27608**	**7009**	**2388**	**346**	**161**	**35**	**7**	**17662**
新城区	2701	890	341	57	27	4		1382
回民区	576	186	115	26	5	5		239
玉泉区	2057	675	275	44	11	8	1	1043
赛罕区	5110	1553	508	84	40	6	1	2918
土默特左旗	6608	1399	370	23	17	6	2	4791
托克托县	3795	984	283	49	38	2	2	2437
和林格尔县	3036	745	293	48	17	4	1	1928
清水河县	1692	246	71	8	5			1362
武川县	2033	331	132	7	1			1562
呼和浩特经济技术开发区								
包头市	**18880**	**4613**	**1148**	**152**	**51**	**20**	**11**	**12885**
东河区	1918	466	128	17	2	6	1	1298
昆都仑区	1146	349	101	16	5			675
青山区	749	195	61	4	3	3		483
石拐区	238	47	11	1				179
白云鄂博矿区								
九原区	2152	642	195	31	12	1	1	1270
土默特右旗	6507	1613	373	51	20	8	6	4436
固阳县	4442	925	176	14	3	2	3	3319
达尔罕茂明安联合旗	1447	312	86	15	6			1028
包头稀土高新技术产业开发区	281	64	17	3				197
乌海市	**796**	**194**	**65**	**10**	**6**	**4**	**1**	**516**
海勃湾区	502	135	47	6	6	1	1	306
海南区	294	59	18	4		3		210
乌达区								
赤峰市	**70183**	**16560**	**4480**	**540**	**234**	**71**	**29**	**48269**
红山区	505	134	25	32	4	2		308
元宝山区	2484	679	153	18	9	1		1624
松山区	9621	2291	854	137	59	14	6	6260
阿鲁科尔沁旗	5208	1488	279	51	11	7	1	3371
巴林左旗	6899	1554	397	63	18	5	4	4858
巴林右旗	2360	724	149	11	4	4		1468
林西县	3535	527	172	12	2	1		2821
克什克腾旗	3413	671	304	29	21		3	2385
翁牛特旗	8350	2076	448	43	20	6	5	5752
喀喇沁旗	5708	1297	417	46	17	11	1	3919
宁城县	11080	2399	681	58	42	10	7	7883
敖汉旗	11020	2720	601	40	27	10	2	7620

9-13c 续表 1

单位：户

地 区	合 计	不 满 10万元	10万元以上，不满20万元	20万元以上，不满30万元	30万元以上，不满50万元	50万元以上，不满100万元	100万元及以上	没有汽车
通辽市	**47443**	**14044**	**4027**	**366**	**128**	**58**	**11**	**28809**
科尔沁区	7763	2410	601	40	22	18	1	4671
科尔沁左翼中旗	9223	2090	677	52	26	7	2	6369
科尔沁左翼后旗	6898	2123	596	73	32	15	1	4058
开鲁县	6547	1965	588	45	12	3	3	3931
库伦旗	3032	1232	220	36	5	1	2	1536
奈曼旗	7846	2379	800	64	16	6	2	4579
扎鲁特旗	4793	1421	399	38	10	6		2919
通辽经济技术开发区	1018	360	119	12	2	2		523
霍林郭勒市	323	64	27	6	3			223
鄂尔多斯市	**16691**	**5227**	**2027**	**505**	**250**	**105**	**19**	**8558**
东胜区	507	127	69	17	15	4	1	274
康巴什区								
达拉特旗	4991	1416	491	94	47	23	7	2913
准格尔旗	3597	885	410	97	40	19	1	2145
鄂托克前旗	1205	568	196	63	20	12		346
鄂托克旗	954	405	188	44	18	6	1	292
杭锦旗	1733	587	175	29	15	8		919
乌审旗	1884	694	291	99	55	9	3	733
伊金霍洛旗	1820	545	207	62	40	24	6	936
呼伦贝尔市	**21906**	**5246**	**1635**	**202**	**91**	**30**	**7**	**14695**
海拉尔区	404	114	57	9	5			219
扎赉诺尔区								
阿荣旗	4896	1347	266	31	29	3	1	3219
莫力达瓦达斡尔族自治旗	5410	1393	405	36	12	10	1	3553
鄂伦春自治旗	1766	342	108	18	2	4	3	1289
鄂温克族自治旗	1322	248	162	17	8	1		886
陈巴尔虎旗	565	177	100	15	10	4		259
新巴尔虎左旗	592	156	107	18	7	5		299
新巴尔虎右旗	299	76	58	13	8	1		143
满洲里市								
牙克石市	836	86	22	9	2			717
扎兰屯市	5190	1118	267	24	5	1	2	3773
额尔古纳市	613	188	83	12	3	1		326
根河市	13	1						12
巴彦淖尔市	**25627**	**6640**	**1967**	**227**	**76**	**38**	**12**	**16667**
临河区	6726	1653	543	50	16	8	3	4453
五原县	5012	1222	333	27	11	11	4	3404
磴口县	1633	377	116	13	4	1		1122
乌拉特前旗	5339	1450	339	56	22	5	1	3466
乌拉特中旗	2074	703	174	18	2	3	2	1172
乌拉特后旗	622	191	93	11	2			325
杭锦后旗	4221	1044	369	52	19	10	2	2725

9－13c 续表 2 单位：户

地 区	合 计	不 满 10万元	10万元以上，不满20万元	20万元以上，不满30万元	30万元以上，不满50万元	50万元以上，不满100万元	100万元及以上	没有汽车
乌兰察布市	**30301**	**3355**	**939**	**108**	**46**	**13**	**4**	**25836**
集宁区	1193	172	67	19	2	1		932
卓资县	2120	203	47	1	2			1867
化德县	1714	153	31	7	3			1520
商都县	4231	330	67	6	2	4	2	3820
兴和县	4102	329	60	3	4			3706
凉城县	3058	293	102	10	3	3		2647
察哈尔右翼前旗	2961	352	108	13	9	1	1	2477
察哈尔右翼中旗	2646	278	109	19	6	1		2233
察哈尔右翼后旗	2206	197	84	4	3		1	1917
四子王旗	3001	741	208	20	8	1		2023
丰镇市	3069	307	56	6	4	2		2694
兴安盟	**22564**	**6329**	**1383**	**156**	**79**	**16**	**2**	**14599**
乌兰浩特市	1271	360	61	11	9	3		827
阿尔山市	112	17	13	1	2			79
科尔沁右翼前旗	6729	1805	426	48	27	6		4417
科尔沁右翼中旗	3564	1170	356	29	12	2		1995
扎赉特旗	6054	1769	321	48	16	3		3897
突泉县	4834	1208	206	19	13	2	2	3384
锡林郭勒盟	**10351**	**3431**	**1403**	**284**	**114**	**31**	**2**	**5086**
二连浩特市	57	29	9	1				18
锡林浩特市	778	315	124	23	11	2		303
阿巴嘎旗	539	246	142	44	21	2		84
苏尼特左旗	428	188	106	30	15	7	1	81
苏尼特右旗	553	253	91	12	5	3		189
东乌珠穆沁旗	656	300	180	60	20	6		90
西乌珠穆沁旗	866	405	214	49	19	4		175
太仆寺旗	2606	406	86	10	5	1	1	2097
镶黄旗	322	168	21	2	1			130
正镶白旗	828	311	53	8	1	1		454
正蓝旗	1199	463	191	25	7	3		510
多伦县	1411	317	157	15	7			915
乌拉盖管委会	108	30	29	5	2	2		40
阿拉善盟	**1383**	**476**	**342**	**94**	**44**	**11**	**1**	**415**
阿拉善左旗	1090	381	259	56	26	5	1	362
阿拉善右旗	178	67	43	28	10	2		28
额济纳旗	107	25	38	9	8	4		23
内蒙古阿拉善经济开发区	8	3	2	1				2

第三部分 附录

附录1 内蒙古自治区第七次全国人口普查公报

内蒙古自治区第七次全国人口普查公报[1]（第一号）

——全区常住人口情况

内蒙古自治区统计局

内蒙古自治区第七次全国人口普查领导小组办公室

2021 年 5 月 20 日

根据第七次全国人口普查结果，现将 2020 年 11 月 1 日零时我区常住人口[2]的基本情况公布如下：

一、常住人口

全区常住人口为 24049155 人。

二、常住人口增长

全区常住人口与 2010 年第六次全国人口普查的 24706321 人相比，减少 657166 人，减少 2.66%，年平均增长率为−0.27%。

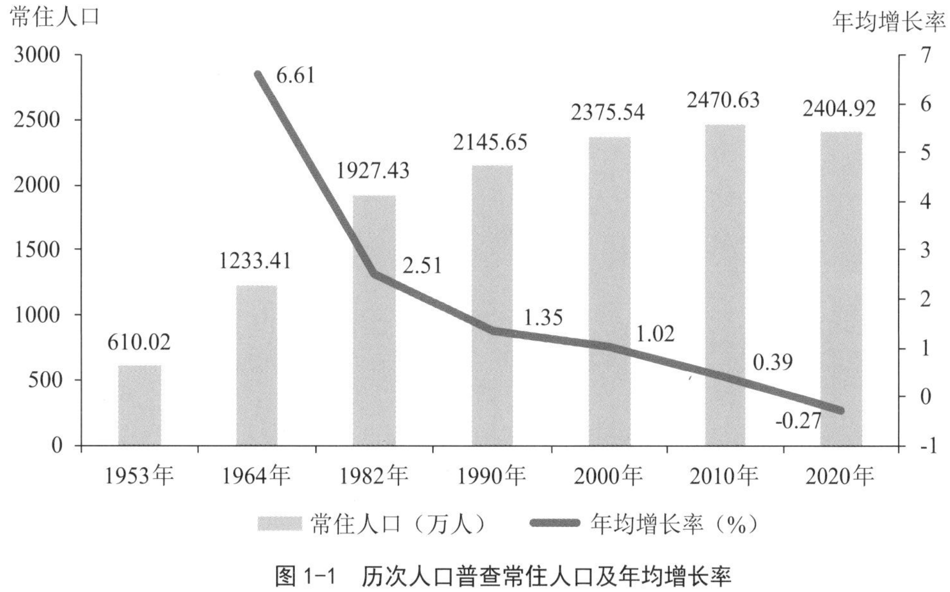

图 1-1　历次人口普查常住人口及年均增长率

三、户别人口

全区共有家庭户[3]9483957 户，集体户 490196 户，家庭户人口为 22296184 人，集体户人口为 1752971 人。平均每个家庭户的人口为 2.35 人，比 2010 年第六次全国人口普查减少 0.47 人。

四、民族人口

全区常住人口中，汉族人口为 18935537 人，占 78.74%；蒙古族人口为 4247815 人，占 17.66%；其他少数民族人口为 865803 人，占 3.60%。与 2010 年第六次全国人口普查相比，汉族人口减少 715150

人，减少 3.64%；蒙古族人口增加 21722 人，增长 0.51%，其他少数民族人口增加 36262 人，增长 4.37%。

注释：

[1] 本公报数据均为初步汇总数据。

[2] 常住人口包括：居住在本乡镇街道且户口在本乡镇街道或户口待定的人；居住在本乡镇街道且离开户口登记地所在的乡镇街道半年以上的人；户口在本乡镇街道且外出不满半年或在境外工作学习的人。

[3] 家庭户是指以家庭成员关系为主、居住一处共同生活的人组成的户。

内蒙古自治区第七次全国人口普查公报[1]（第二号）

——地区常住人口情况

内蒙古自治区统计局

内蒙古自治区第七次全国人口普查领导小组办公室

2021 年 5 月 20 日

根据第七次全国人口普查结果，现将 2020 年 11 月 1 日零时我区 12 个盟市的常住人口[2]有关数据公布如下：

一、盟市常住人口

12 个盟市中，常住人口超过 300 万人的盟市有 2 个，在 200 万人至 300 万人之间的盟市有 4 个，在 100 万人至 200 万人之间的盟市有 4 个，少于 100 万人的有 2 个。其中，常住人口居前 3 位的盟市常住人口占全区常住人口比重为 43.06%。

分区域[3]看，东部地区常住人口为 11676014 人，占 48.55%；中部地区常住人口为 10015444 人，占 41.65%；西部地区常住人口为 2357697 人，占 9.80%。

表 2-1　各盟市常住人口

单位：人、%

地　区	常住人口	比重[4][5]	
		2020 年	2010 年
内蒙古	**24049155**	**100.00**	**100.00**
呼和浩特市	3446100	14.33	11.60
包头市	2709378	11.27	10.73
呼伦贝尔市	2242875	9.33	10.32
兴安盟	1416929	5.89	6.53
通辽市	2873168	11.95	12.71
赤峰市	4035967	16.78	17.57
锡林郭勒盟	1107075	4.60	4.16
乌兰察布市	1706328	7.10	8.68
鄂尔多斯市	2153638	8.96	7.85
巴彦淖尔市	1538715	6.40	6.76
乌海市	556621	2.31	2.16
阿拉善盟	262361	1.09	0.94

二、盟市常住人口变化

与 2010 年第六次全国人口普查相比，12 个盟市中，有 6 个盟市常住人口增加。常住人口增加的 6 个盟市依次为：呼和浩特市、鄂尔多斯市、锡林郭勒盟、包头市、阿拉善盟、乌海市，分别增加579485人、212985人、79053人、59014人、31027人和23719人。

分区域看，与2010年第六次全国人口普查相比，东部地区常住人口所占比重降低了2.74个百分点，中部地区常住人口所占比重提高了2.79个百分点，西部地区常住人口所占比重降低了0.06个百分点。

注释：

[1]本公报数据均为初步汇总数据。

[2]常住人口包括：居住在本乡镇街道且户口在本乡镇街道或户口待定的人；居住在本乡镇街道且离开户口登记地所在的乡镇街道半年以上的人；户口在本乡镇街道且外出不满半年或在境外工作学习的人。

[3]东部地区是指呼伦贝尔市、兴安盟、通辽市、赤峰市和锡林郭勒盟5盟市；中部地区是指呼和浩特市、包头市、鄂尔多斯市和乌兰察布市4盟市；西部地区是指巴彦淖尔市、乌海市和阿拉善盟3盟市。

[4]指各盟市的常住人口占全区常住人口的比重。

[5]由于四舍五入原因，存在分项合计数与总数不等情况，未作调整（下同）。

内蒙古自治区第七次全国人口普查公报[1]（第三号）

——人口性别构成情况

内蒙古自治区统计局

内蒙古自治区第七次全国人口普查领导小组办公室

2021 年 5 月 20 日

根据第七次全国人口普查结果，现将 2020 年 11 月 1 日零时我区 12 个盟市常住人口[2]性别构成情况公布如下：

一、全区常住人口性别构成

全区常住人口中，男性人口为 12275274 人，占 51.04%；女性人口为 11773881 人，占 48.96%。常住人口性别比（以女性为 100，男性对女性的比例）为 104.26，与 2010 年第六次全国人口普查的 108.05 相比，下降 3.79。

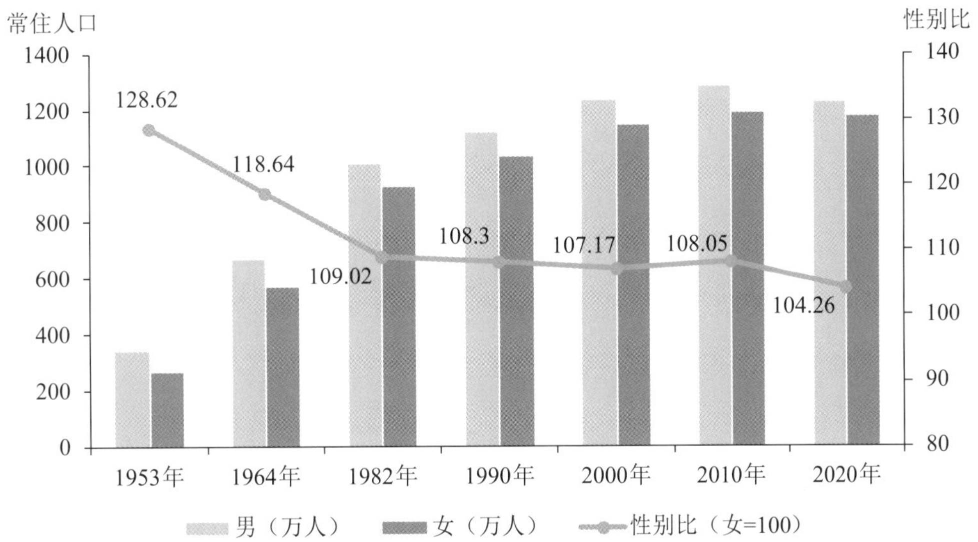

图 3-1 历次人口普查常住人口性别构成

二、盟市常住人口性别构成

12 个盟市中，常住人口性别比在 105 以下的盟市有 8 个，在 105 至 110 之间的盟市有 2 个，在 110 以上的盟市有 2 个。

表 3-1 各盟市常住人口性别构成

单位：%

地 区	占常住人口比重		性别比 （女性=100）
	男	女	
内蒙古	**51.04**	**48.96**	**104.26**
呼和浩特市	50.50	49.50	102.00
包头市	50.70	49.30	102.85
呼伦贝尔市	50.51	49.49	102.07
兴安盟	50.62	49.38	102.51
通辽市	50.44	49.56	101.77
赤峰市	50.78	49.22	103.18
锡林郭勒盟	51.61	48.39	106.66
乌兰察布市	50.98	49.02	103.99
鄂尔多斯市	53.63	46.37	115.65
巴彦淖尔市	51.06	48.94	104.35
乌海市	52.29	47.71	109.59
阿拉善盟	53.17	46.83	113.56

注释：

[1] 本公报数据均为初步汇总数据。

[2] 常住人口包括：居住在本乡镇街道且户口在本乡镇街道或户口待定的人；居住在本乡镇街道且离开户口登记地所在的乡镇街道半年以上的人；户口在本乡镇街道且外出不满半年或在境外工作学习的人。

内蒙古自治区第七次全国人口普查公报[1]（第四号）

——人口年龄构成情况

内蒙古自治区统计局

内蒙古自治区第七次全国人口普查领导小组办公室

2021 年 5 月 20 日

根据第七次全国人口普查结果，现将 2020 年 11 月 1 日零时我区 12 个盟市常住人口[2]年龄构成情况公布如下：

一、全区常住人口年龄构成

全区常住人口中，0−14 岁[3]人口为 3377673 人，占 14.04%；15−59 岁人口为 15914249 人，占 66.17%；60 岁及以上人口为 4757233 人，占 19.78%；其中 65 岁及以上人口为 3138918 人，占 13.05%。与 2010 年第六次全国人口普查相比，0−14 岁人口的比重下降了 0.03 个百分点，15−59 岁人口的比重下降了 8.28 个百分点，60 岁及以上人口的比重上升了 8.30 个百分点，65 岁及以上人口的比重上升了 5.49 个百分点。

表 4-1 全区常住人口年龄构成

单位：人、%

年 龄	常住人口数	比重
总 计	**24049155**	**100.00**
0-14 岁	3377673	14.04
15-59 岁	15914249	66.17
60 岁及以上	4757233	19.78
其中：65 岁及以上	3138918	13.05

二、盟市常住人口年龄构成

12 个盟市中，15−59 岁人口比重在 65%以上的盟市有 10 个，在 60%−65%之间的盟市有 1 个，在 60%以下的盟市有 1 个。

12 个盟市 65 岁及以上老年人口比重均超过 7%，其中，有 2 个盟市 65 岁及以上老年人口比重超过 14%。

表 4-2　各盟市常住人口年龄构成

单位：%

地　区	占常住人口比重			
	0-14 岁	15-59 岁	60 岁及以上	其中：65 岁及以上
内蒙古	**14.04**	**66.17**	**19.78**	**13.05**
呼和浩特市	13.91	68.06	18.03	11.96
包头市	13.11	66.70	20.19	13.70
呼伦贝尔市	11.68	67.81	20.51	13.72
兴安盟	14.49	67.50	18.01	11.53
通辽市	14.52	66.79	18.70	12.02
赤峰市	15.34	63.61	21.05	13.24
锡林郭勒盟	14.06	68.08	17.86	11.53
乌兰察布市	11.05	59.01	29.95	20.81
鄂尔多斯市	18.08	66.88	15.04	9.80
巴彦淖尔市	12.65	66.22	21.13	14.39
乌海市	13.43	70.13	16.44	11.48
阿拉善盟	14.04	71.59	14.37	9.83

注释：

[1]本公报数据均为初步汇总数据。

[2]常住人口包括：居住在本乡镇街道且户口在本乡镇街道或户口待定的人；居住在本乡镇街道且离开户口登记地所在的乡镇街道半年以上的人；户口在本乡镇街道且外出不满半年或在境外工作学习的人。

[3]0-15 岁人口为 3595203 人，16-59 岁人口为 15696719 人。

内蒙古自治区第七次全国人口普查公报[1]（第五号）

——人口受教育情况

内蒙古自治区统计局

内蒙古自治区第七次全国人口普查领导小组办公室

2021 年 5 月 20 日

根据第七次全国人口普查结果，现将 2020 年 11 月 1 日零时我区 12 个盟市常住人口[2]受教育基本情况公布如下：

一、受教育程度人口

全区常住人口中，拥有大学（指大专及以上）文化程度的人口为 4494308 人；拥有高中（含中专）文化程度的人口为 3562745 人；拥有初中文化程度的人口为 8143252 人；拥有小学文化程度的人口为 5682035 人（以上各种受教育程度的人包括各类学校的毕业生、肄业生和在校生）。与 2010 年第六次全国人口普查相比，每 10 万人中拥有大学文化程度的由 10208 人上升为 18688 人；拥有高中文化程度的由 15125 人下降为 14814 人；拥有初中文化程度的由 39218 人下降为 33861 人；拥有小学文化程度的由 25418 人下降为 23627 人。

表 5-1　各盟市每 10 万人口中拥有的各类受教育程度人数

单位：人/10 万人

地　　区	大学（大专及以上）	高中（含中专）	初中	小学
内蒙古	**18688**	**14814**	**33861**	**23627**
呼和浩特市	30415	15675	27198	17690
包头市	23318	17553	32485	18729
呼伦贝尔市	16604	14839	41899	20275
兴安盟	12688	12832	36198	30147
通辽市	12983	13832	40319	25291
赤峰市	13827	13844	34208	29133
锡林郭勒盟	18415	15157	32104	24901
乌兰察布市	14247	12925	32374	29368
鄂尔多斯市	21267	13905	28048	24530
巴彦淖尔市	15372	15754	36263	21412
乌海市	21862	17993	34056	17623
阿拉善盟	25893	17458	28484	18277

二、平均受教育年限[3]

与 2010 年第六次全国人口普查相比，全区常住人口中，15 岁及以上人口的平均受教育年限由 9.22 年提高至 10.08 年。

12 个盟市中，平均受教育年限在 10 年以上的盟市有 7 个，在 9 年至 10 年之间的盟市有 5 个。

表 5-2 各盟市 15 岁及以上人口平均受教育年限

单位：年

地　区	2020 年	2010 年
内蒙古	**10.08**	**9.22**
呼和浩特市	11.30	10.33
包头市	10.77	9.82
呼伦贝尔市	10.13	9.43
兴安盟	9.37	8.62
通辽市	9.65	9.00
赤峰市	9.52	8.83
锡林郭勒盟	10.01	9.24
乌兰察布市	9.03	8.31
鄂尔多斯市	10.22	9.21
巴彦淖尔市	9.63	8.90
乌海市	10.69	9.89
阿拉善盟	10.94	10.05

三、文盲人口

全区常住人口中，文盲人口（15 岁及以上不识字的人）为 793074 人，与 2010 年第六次全国人口普查相比，文盲人口减少 212028 人，文盲率[4]由 4.07% 下降为 3.30%，下降 0.77 个百分点。

注释：

[1] 本公报数据均为初步汇总数据。

[2] 常住人口包括：居住在本乡镇街道且户口在本乡镇街道或户口待定的人；居住在本乡镇街道且离开户口登记地所在的乡镇街道半年以上的人；户口在本乡镇街道且外出不满半年或在境外工作学习的人。

[3] 平均受教育年限是将各种受教育程度折算成受教育年限计算平均数得出的，具体的折算标准是：小学=6 年，初中=9 年，高中=12 年，大专及以上=16 年。

[4] 文盲率是指全区常住人口中 15 岁及以上不识字人口所占比例。

内蒙古自治区第七次全国人口普查公报[1]（第六号）

——城乡人口和流动人口情况

内蒙古自治区统计局
内蒙古自治区第七次全国人口普查领导小组办公室

2021年5月20日

根据第七次全国人口普查结果，现将2020年11月1日零时我区12个盟市的常住人口[2]城乡分布及流动情况公布如下：

一、城乡[3]人口

全区常住人口中，居住在城镇的人口为16227475人，占67.48%；居住在乡村的人口为7821680人，占32.52%。与2010年第六次全国人口普查相比，城镇人口增加2507301人，乡村人口减少3164437人，城镇人口比重上升11.95个百分点。

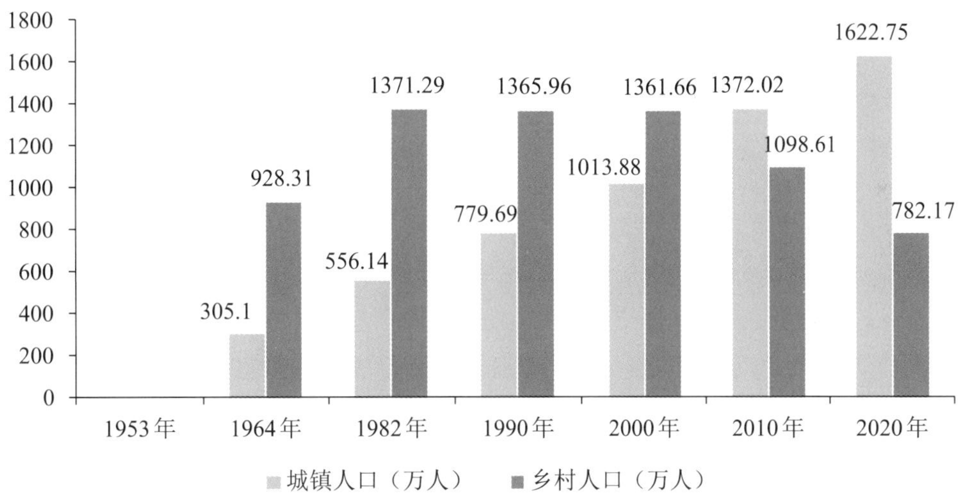

图6-1 历次人口普查城乡人口

二、流动人口[4]

全区常住人口中，人户分离人口[5]为11462961人，其中，市辖区内人户分离[6]人口为2394517人，流动人口为9068444人。流动人口中，跨自治区流入人口为1686420人，自治区内流动人口为7382024人。

与2010年第六次全国人口普查相比，人户分离人口增加了4292072人，增长59.85%；市辖区内人户分离人口增加了1352323人，增长129.76%；流动人口增加了2939749人，增长47.97%。

注释：

[1]本公报数据均为初步汇总数据。

[2]常住人口包括：居住在本乡镇街道且户口在本乡镇街道或户口待定的人；居住在本乡镇街道且离开户口登记地所在的乡镇街道半年以上的人；户口在本乡镇街道且外出不满半年或在境外工作学习的人。

[3]城镇、乡村是按国家统计局《统计上划分城乡的规定》划分的。

[4]流动人口是指人户分离人口中扣除市辖区内人户分离的人口。

[5]人户分离人口是指居住地与户口登记地所在的乡镇街道不一致且离开户口登记地半年以上的人口。

[6]市辖区内人户分离人口是指一个直辖市或地级市所辖的区内和区与区之间，居住地和户口登记地不在同一乡镇街道的人口。

第三部分　附录

附录 2　国务院关于开展第七次全国人口普查的通知

国务院关于开展第七次全国人口普查的通知

国发〔2019〕24号

各省、自治区、直辖市人民政府，国务院各部委、各直属机构：

根据《中华人民共和国统计法》和《全国人口普查条例》规定，国务院决定于2020年开展第七次全国人口普查。现将有关事项通知如下：

一、总体要求

（一）指导思想。以习近平新时代中国特色社会主义思想为指导，全面贯彻党的十九大和十九届二中、三中、四中全会精神，认真落实党中央、国务院关于统计改革发展的决策部署，坚持实事求是、改革创新，科学设计、精心组织，周密部署、依法实施，确保第七次全国人口普查数据真实准确，全面客观反映我国人口发展状况。

（二）普查目的。第七次全国人口普查是在中国特色社会主义进入新时代开展的重大国情国力调查，将全面查清我国人口数量、结构、分布、城乡住房等方面情况，为完善人口发展战略和政策体系，促进人口长期均衡发展，科学制定国民经济和社会发展规划，推动经济高质量发展，开启全面建设社会主义现代化国家新征程，向第二个百年奋斗目标进军，提供科学准确的统计信息支持。

二、普查对象、内容和时间

普查对象是普查标准时点在中华人民共和国境内的自然人以及在中华人民共和国境外但未定居的中国公民，不包括在中华人民共和国境内短期停留的境外人员。

普查主要调查人口和住户的基本情况，内容包括：姓名、公民身份号码、性别、年龄、民族、受教育程度、行业、职业、迁移流动、婚姻生育、死亡、住房情况等。

普查标准时点是2020年11月1日零时。

三、组织实施

第七次全国人口普查涉及范围广、参与部门多、技术要求高、工作难度大，各地区、各部门要按照“全国统一领导、部门分工协作、地方分级负责、各方共同参与”的原则，认真做好普查的宣传动员和组织实施工作。

为加强组织领导，国务院决定成立第七次全国人口普查领导小组，负责普查组织实施中重大问题的研究和决策。普查领导小组办公室设在国家统计局，具体负责普查的组织实施。各成员单位要按照职能分工，各负其责、通力协作、密切配合，共同做好普查工作。对普查工作中遇到的困难和问题，要及时采取措施予以解决。

地方各级人民政府要设立相应的普查领导小组及其办公室，认真做好本地区普查工作。要充分发挥街道办事处和乡镇政府、居民委员会和村民委员会的作用，广泛引导、动员和组织社会力量积极参与并认真配合做好普查工作。

地方普查机构可根据工作需要，招聘或者从有关单位借调符合条件的普查指导员和普查员。为稳定普查工作队伍，确保普查工作顺利进行，应及时支付招聘人员的劳动报酬，保证借调人员在原单位的工资、福利及其他待遇不变，并保留其原有工作岗位。

四、经费保障

第七次全国人口普查所需经费，由中央和地方各级人民政府共同负担，并列入相应年度的财政预算，按时拨付、确保到位。

五、工作要求

（一）坚持依法普查。各地区、各部门要按照《中华人民共和国统计法》、《中华人民共和国统计法实施条例》、《全国人口普查条例》等法律法规要求，认真做好普查各项工作。普查取得的数据，严格限定用于普查目的，不得作为任何部门和单位对各级行政管理工作实施考核、奖惩的依据。普查中获得的能够识别或者推断单个普查对象身份的资料，不得作为对普查对象实施处罚等具体行政行为的依据。

（二）确保数据质量。建立健全普查数据质量追溯和问责机制，各级人民政府统计机构要加大对普查工作中违纪违法行为的查处和通报曝光力度，坚决杜绝人为干扰普查工作的现象，确保普查工作顺利进行和普查数据真实准确。对普查中发现应当给予党纪政务处分或组织处理的统计违纪违法责任人，由统计机构按规定提出处分处理建议并及时移送任免机关、纪检监察机关或组织（人事）部门。

（三）提升信息化水平。采取电子化方式开展普查登记，探索使用智能手机采集数据。广泛应用部门行政记录，推进大数据在普查中的应用，提高普查数据采集处理效能。全流程加强对公民个人信息的保护，各级普查机构及其工作人员必须严格履行保密义务，严禁向任何机构、单位、个人泄露或出售公民个人信息。

（四）加强宣传工作。各级普查机构要会同宣传部门认真做好普查宣传的策划和组织工作。采用多种手段，广泛深入宣传第七次全国人口普查的重要意义和要求，引导广大普查对象依法配合普查，如实申报普查项目，为普查工作顺利实施创造良好舆论环境。

附件：国务院第七次全国人口普查领导小组组成人员名单（略）

国务院

2019 年 10 月 31 日

（此件公开发布）

第三部分 附录

附录3 内蒙古自治区人民政府关于做好第七次全国人口普查工作的通知

内蒙古自治区人民政府
关于做好第七次全国人口普查工作的通知

内政发〔2020〕2号

各盟行政公署、市人民政府，自治区各委、办、厅、局，各大企业、事业单位：

为全面贯彻落实《国务院关于开展第七次全国人口普查的通知》（国发〔2019〕24号）精神，认真做好我区第七次全国人口普查工作，现就有关事宜通知如下。

一、提高认识

第七次全国人口普查是在中国特色社会主义进入新时代开展的一项重大国情国力、区情区力调查。通过人口普查，能够摸清我区人口变化趋势性特征，查清我区人口数量、结构、分布、城乡住房等方面的情况，为进一步完善人口发展战略和政策体系、促进人口长期均衡发展、科学制定国民经济和社会发展规划提供科学准确有力的统计信息支持。同时，对于充分发挥统计监督职能作用、深化供给侧结构性改革、推动经济高质量发展、贯彻以人民为中心的发展思想、开启全面建设社会主义现代化国家新征程，具有重要意义。

二、普查对象、内容和时间

第七次全国人口普查对象是普查标准时点在中华人民共和国境内的自然人以及在中华人民共和国境外但未定居的中国公民，不包括在中华人民共和国境内短期停留的境外人员。

普查主要调查人口和住户的基本情况，内容包括：姓名、公民身份号码、性别、年龄、民族、受教育程度、行业、职业、迁移流动、婚姻生育、死亡、住房情况等。

普查标准时点为2020年11月1日零时。

三、组织实施

（一）加强组织领导。第七次全国人口普查涉及范围广、参与部门多、技术要求高、工作难度大，各地区、各部门要进一步提高政治站位，全力做好普查的宣传动员和组织实施各项工作。自治区成立第七次全国人口普查领导小组（见附件），负责全区普查工作组织实施中重大问题的研究和决策。普查领导小组办公室设在自治区统计局，具体负责普查工作的组织实施。各盟行政公署、市人民政府于2020年1月底前，各旗县（市、区）人民政府于2020年2月底前要成立相应的普查领导小组及其办公室，负责本地区人口普查的组织实施，对普查工作中遇到的困难和问题及时予以解决。各苏木乡镇（街道）于2020年4月底前成立普查领导小组及其办公室，嘎查村（居）委会于2020年5月底前成立人口普查小组，认真做好本辖区人口普查工作。要充分发挥街道办事处和苏木乡镇人民政府、嘎查村（居）委会的作用，广泛引导、动员和组织社会力量积极参与并认真配合做好人口普查工作。

（二）明确职责分工。自治区第七次人口普查领导小组各成员单位要按照职责分工，各负其责、通力协作、密切配合，合力做好普查工作。自治区统计局负责普查的具体组织实施；自治区党委宣传部负责普查的宣传，以及与新闻媒体的组织协调工作；自治区党委网信办负责协调普查大数据应用和互联网宣传工作；自治区发展改革委负责协调普查方案与国民经济社会发展总体规划及有关专项规划的衔接工作，负责涉及普查设备投资保障方面的事项；自治区教育厅负责协调对在校学生的普查宣传工作，以及大中专院校在校学生的普查登记工作；自治区公安厅负责户口整顿工作，协助开展普查登记信息与户籍行政记录的比对工作，配合普查登记阶段相关工作；自治区民政厅负责行政区划方面的协调配合工作，协助提供死亡人口殡葬相关行政记录；自治区财政厅负责普查经费的协调保障工作；自治区自然资源厅负责普查制图所需地理信息资料的协调保障工作；自治区住房城乡建设厅负责协调城管、物业等部门配合普查登记阶段相关工作；自治区卫生健康委负责制定有利于开展普查的相关政策，以及普查登记信息与卫生健康相关行政记录的比对工作，配合人口普查登记阶段相关工作。领导小组其他成员单位按照各自职责，配合做好相关政策协调、普查登记和宣传动员等工作。

（三）组建普查队伍。旗县级普查机构根据普查工作需要，招聘或从有关单位借调符合条件的普查指导员和普查员。每个普查区至少配备 1 名普查指导员，负责安排、指导、督促和检查普查员的工作。每个普查小区至少配备 1 名普查员，负责入户登记等普查工作。普查指导员和普查员可从国家机关、社会团体、企事业单位借调，也可从嘎查村（居）委会或社会招聘。普查指导员和普查员的借调和招聘工作由旗县级人民政府负责。

为稳定普查工作队伍，确保普查工作顺利开展，应及时支付招聘人员的劳动报酬，保证借调人员在原单位的工资、福利及其他待遇不变，并保留其原有工作岗位。招聘的普查指导员和普查员的劳动报酬，在人口普查经费中予以安排，由聘用单位支付。

四、经费保障

按照国发〔2019〕24 号文件要求，第七次全国人口普查所需经费由中央和地方各级人民政府共同负担。各级人民政府要将人口普查所需经费列入年度财政预算，足额拨付，确保到位。盟市、旗县（市、区）两级财政要重点落实好普查指导员、普查员劳动报酬，以及普查指导员、普查员使用个人智能手机进行数据采集的手机使用补贴。各地区不得因普查经费问题影响普查工作的开展和普查数据的质量。

五、工作要求

（一）坚持依法普查。各地区、各部门要按照《中华人民共和国统计法》《中华人民共和国统计法实施条例》《全国人口普查条例》等法律法规要求，认真做好普查各项工作。普查取得的数据严格限定用于普查目的，不得作为任何部门和单位对各级行政管理工作实施考核、奖惩的依据。普查中获得的能够识别或者推断单个普查对象身份的资料，不得作为对普查对象实施处罚等具体行政行为的依据。

（二）确保数据质量。建立健全普查数据质量追溯和问责机制，各级人民政府统计机构要加大对普查工作中违纪违法行为的查处和通报曝光力度，坚决杜绝人为干扰普查工作的现象发生，确保普查工作顺利进行和普查数据真实准确。对普查中发现应当给予党纪政务处分或组织处理的统计违纪违法责任人，由统计机构按规定提出处分处理建议并及时移送任免机关、纪检监察机关或组织（人事）部门。

（三）提升信息化水平。第七次全国人口普查采用电子化方式开展普查登记，使用电子采集设备（PAD）或普查员个人实名认证的智能手机登记普查对象信息并实时上报，或者由普查对象通过互联网自主填报等方式进行。每个普查区至少要保证有 1—2 台 PAD，用于绘制普查区域图等工作。要广泛运用部门行政记录，推进大数据在普查中的应用，提高普查数据采集处理效能。要加强对公民个人信息的全流程保护，各级普查机构及其工作人员必须严格履行保密义务，严禁向任何机构、单位、个人泄露或出售公民个人信息。

（四）加强宣传工作。各级普查机构要会同宣传部门认真做好普查宣传的策划和组织工作，采取多种手段，广泛深入宣传第七次全国人口普查的重要意义，引导广大普查对象依法配合普查，如实申报普查项目，为普查工作的顺利实施营造良好舆论环境。

附件：内蒙古自治区人民政府第七次全国人口普查领导小组组成人员名单（略）

内蒙古自治区人民政府

2020 年 1 月 10 日

第三部分 附录

附录4 全国人口普查条例

中华人民共和国国务院令

第 576 号

《全国人口普查条例》已经 2010 年 5 月 12 日国务院第 111 次常务会议通过，现予公布，自 2010 年 6 月 1 日起施行。

总理 温家宝

二○一○年五月二十四日

全国人口普查条例

第一章 总 则

第一条 为了科学、有效地组织实施全国人口普查，保障人口普查数据的真实性、准确性、完整性和及时性，根据《中华人民共和国统计法》，制定本条例。

第二条 人口普查的目的是全面掌握全国人口的基本情况，为研究制定人口政策和经济社会发展规划提供依据，为社会公众提供人口统计信息服务。

第三条 人口普查工作按照全国统一领导、部门分工协作、地方分级负责、各方共同参与的原则组织实施。

国务院统一领导全国人口普查工作，研究决定人口普查中的重大问题。地方各级人民政府按照国务院的统一规定和要求，领导本行政区域的人口普查工作。

在人口普查工作期间，各级人民政府设立由统计机构和有关部门组成的人口普查机构（以下简称普查机构），负责人口普查的组织实施工作。

村民委员会、居民委员会应当协助所在地人民政府动员和组织社会力量，做好本区域的人口普查工作。

国家机关、社会团体、企业事业单位应当按照《中华人民共和国统计法》和本条例的规定，参与并配合人口普查工作。

第四条 人口普查对象应当按照《中华人民共和国统计法》和本条例的规定，真实、准确、完整、及时地提供人口普查所需的资料。

人口普查对象提供的资料，应当依法予以保密。

第五条 普查机构和普查机构工作人员、普查指导员、普查员（以下统称普查人员）依法独立行使调查、报告、监督的职权，任何单位和个人不得干涉。

地方各级人民政府、各部门、各单位及其负责人，不得自行修改普查机构和普查人员依法搜集、整理的人口普查资料，不得以任何方式要求普查机构和普查人员及其他单位和个人伪造、篡改人口普查资料，不得对依法履行职责或者拒绝、抵制人口普查违法行为的普查人员打击报复。

第六条 各级人民政府应当利用报刊、广播、电视、互联网和户外广告等媒介，开展人口普查的宣传动员工作。

第七条 人口普查所需经费，由国务院和地方各级人民政府共同负担，并列入相应年度的财政预算，按时拨付，确保足额到位。

人口普查经费应当统一管理、专款专用，从严控制支出。

第八条 人口普查每 10 年进行一次，尾数逢 0 的年份为普查年度，标准时点为普查年度的 11 月 1 日零时。

第九条 国家统计局会同国务院有关部门制定全国人口普查方案（以下简称普查方案），报国务院批准。

人口普查应当按照普查方案的规定执行。

第十条 对认真执行本条例，忠于职守、坚持原则，做出显著成绩的单位和个人，按照国家有关规定给予表彰和奖励。

第二章 人口普查的对象、内容和方法

第十一条 人口普查对象是指普查标准时点在中华人民共和国境内的自然人以及在中华人民共和国境外但未定居的中国公民，不包括在中华人民共和国境内短期停留的境外人员。

第十二条 人口普查主要调查人口和住户的基本情况，内容包括姓名、性别、年龄、民族、国籍、受教育程度、行业、职业、迁移流动、社会保障、婚姻、生育、死亡、住房情况等。

第十三条 人口普查采用全面调查的方法，以户为单位进行登记。

第十四条 人口普查采用国家统计分类标准。

第三章 人口普查的组织实施

第十五条 人口普查登记前，公安机关应当按照普查方案的规定完成户口整顿工作，并将有关资料提交本级人口普查机构。

第十六条 人口普查登记前应当划分普查区，普查区以村民委员会、居民委员会所辖区域为基础划分，每个普查区划分为若干普查小区。

第十七条 每个普查小区应当至少有一名普查员，负责入户登记等普查工作。每个普查区应当至少有一名普查指导员，负责安排、指导、督促和检查普查员的工作，也可以直接进行入户登记。

第十八条 普查指导员和普查员应当具有初中以上文化水平，身体健康，责任心强。

第十九条 普查指导员和普查员可以从国家机关、社会团体、企业事业单位借调，也可以从村民委员会、居民委员会或者社会招聘。借调和招聘工作由县级人民政府负责。

国家鼓励符合条件的公民作为志愿者参与人口普查工作。

第二十条 借调的普查指导员和普查员的工资由原单位支付，其福利待遇保持不变，并保留其原有工作岗位。

招聘的普查指导员和普查员的劳动报酬，在人口普查经费中予以安排，由聘用单位支付。

第二十一条 普查机构应当对普查指导员和普查员进行业务培训，并对考核合格的人员颁发全国统一的普查指导员证或者普查员证。

普查指导员和普查员执行人口普查任务时，应当出示普查指导员证或者普查员证。

第二十二条 人口普查登记前，普查指导员、普查员应当绘制普查小区图，编制普查小区户主姓名底册。

第二十三条 普查指导员、普查员入户登记时，应当向人口普查对象说明人口普查的目的、法律依据以及人口普查对象的权利和义务。

第二十四条 人口普查对象应当按时提供人口普查所需的资料，如实回答相关问题，不得隐瞒有关情况，不得提供虚假信息，不得拒绝或者阻碍人口普查工作。

第二十五条 人口普查对象应当在普查表上签字或者盖章确认，并对其内容的真实性负责。

第二十六条 普查人员应当坚持实事求是，恪守职业道德，拒绝、抵制人口普查工作中的违法行为。

普查机构和普查人员不得伪造、篡改普查资料，不得以任何方式要求任何单位和个人提供虚假的普查资料。

第二十七条 人口普查实行质量控制岗位责任制，普查机构应当对人口普查实施中的每个环节实行质量控制和检查，对人口普查数据进行审核、复查和验收。

第二十八条 国家统计局统一组织人口普查数据的事后质量抽查工作。

第四章 人口普查资料的管理和公布

第二十九条 地方各级普查机构应当按照普查方案的规定进行数据处理，并按时上报人口普查资料。

第三十条 人口普查汇总资料，除依法应当保密的外，应当予以公布。

全国和各省、自治区、直辖市主要人口普查数据，由国家统计局以公报形式公布。

地方人民政府统计机构公布本行政区域主要人口普查数据，应当报经上一级人民政府统计机构核准。

第三十一条 各级人民政府统计机构应当做好人口普查资料的管理、开发和应用，为社会公众提供查询、咨询等服务。

第三十二条 人口普查中获得的原始普查资料，按照国家有关规定保存、销毁。

第三十三条 人口普查中获得的能够识别或者推断单个普查对象身份的资料，任何单位和个人不得对外提供、泄露，不得作为对人口普查对象作出具体行政行为的依据，不得用于人口普查以外的目的。

人口普查数据不得作为对地方人民政府进行政绩考核和责任追究的依据。

第五章 法律责任

第三十四条 地方人民政府、政府统计机构或者有关部门、单位的负责人有下列行为之一的，由任免机关或者监察机关依法给予处分，并由县级以上人民政府统计机构予以通报；构成犯罪的，依法追究刑事责任：

（一）自行修改人口普查资料、编造虚假人口普查数据的；

（二）要求有关单位和个人伪造、篡改人口普查资料的；

（三）不按照国家有关规定保存、销毁人口普查资料的；

（四）违法公布人口普查资料的；

（五）对依法履行职责或者拒绝、抵制人口普查违法行为的普查人员打击报复的；

（六）对本地方、本部门、本单位发生的严重人口普查违法行为失察的。

第三十五条 普查机构在组织实施人口普查活动中有下列违法行为之一的，由本级人民政府或者上级人民政府统计机构责令改正，予以通报；对直接负责的主管人员和其他直接责任人员，由任免机关或者监察机关依法给予处分：

（一）不执行普查方案的；

（二）伪造、篡改人口普查资料的；

（三）要求人口普查对象提供不真实的人口普查资料的；

（四）未按照普查方案的规定报送人口普查资料的；

（五）违反国家有关规定，造成人口普查资料毁损、灭失的；

（六）泄露或者向他人提供能够识别或者推断单个普查对象身份的资料的。

普查人员有前款所列行为之一的，责令其停止执行人口普查任务，予以通报，依法给予处分。

第三十六条 人口普查对象拒绝提供人口普查所需的资料，或者提供不真实、不完整的人口普查资料的，由县级以上人民政府统计机构责令改正，予以批评教育。

人口普查对象阻碍普查机构和普查人员依法开展人口普查工作，构成违反治安管理行为的，由公安机关依法给予处罚。

第三十七条 县级以上人民政府统计机构应当设立举报电话和信箱，接受社会各界对人口普查违法行为的检举和监督。

第六章 附 则

第三十八条 中国人民解放军现役军人、人民武装警察等人员的普查内容和方法，由国家统计局会同国务院有关部门、军队有关部门规定。

交通极为不便地区的人口普查登记的时间和方法，由国家统计局会同国务院有关部门规定。

第三十九条 香港特别行政区、澳门特别行政区的人口数，按照香港特别行政区政府、澳门特别行政区政府公布的资料计算。

台湾地区的人口数，按照台湾地区有关主管部门公布的资料计算。

第四十条 为及时掌握人口发展变化情况，在两次人口普查之间进行全国 1%人口抽样调查。全国 1%人口抽样调查参照本条例执行。

第四十一条 本条例自 2010 年 6 月 1 日起施行。

第三部分 附录

附录5 第七次全国人口普查方案

第七次全国人口普查方案

国家统计局

国务院第七次全国人口普查领导小组办公室

第一部分 总说明

根据《中华人民共和国统计法》《中华人民共和国统计法实施条例》《全国人口普查条例》和《国务院关于开展第七次全国人口普查的通知》，制定本方案。

一、普查目的

全面查清我国人口数量、结构、分布、城乡住房等方面情况，为完善人口发展战略和政策体系，促进人口长期均衡发展，科学制定国民经济和社会发展规划，推动经济高质量发展，开启全面建设社会主义现代化国家新征程，向第二个百年奋斗目标进军，提供科学准确的统计信息支持。

二、普查时点

普查的标准时点是 2020 年 11 月 1 日零时。

三、普查对象

普查对象是指普查标准时点在中华人民共和国境内的自然人以及在中华人民共和国境外但未定居的中国公民，不包括在中华人民共和国境内短期停留的境外人员。

四、普查内容和普查表

普查登记的主要内容包括：姓名、公民身份号码、性别、年龄、民族、受教育程度、行业、职业、迁移流动、婚姻生育、死亡、住房情况等。

根据不同的普查对象和普查内容，具体分为四种普查表。

（一）第七次全国人口普查短表

普查短表包括反映人口基本状况的项目，由全部住户（不包括港澳台居民和外籍人员）填报。

（二）第七次全国人口普查长表

普查长表包括所有短表项目和人口的经济活动、婚姻生育和住房等情况的项目，在全部住户中抽取 10%的户（不包括港澳台居民和外籍人员）填报。

（三）第七次全国人口普查港澳台居民和外籍人员普查表

港澳台居民和外籍人员普查表包括反映人口基本状况的项目以及入境目的、居住时间、身份或国籍、就业情况等项目，由在境内居住的港澳台居民和外籍人员填报。

（四）第七次全国人口普查死亡人口调查表

死亡人口调查表包括死亡人口的基本信息，由 2019 年 11 月 1 日至 2020 年 10 月 31 日期间有死亡人口的户填报。

五、普查方法

普查采用全面调查的方法，以户为单位进行登记。

普查采用按现住地登记的原则，每个人必须在现住地进行登记。普查对象不在户口登记地居住的，户口登记地要登记相应信息。

普查登记采用普查员入户询问、当场填报，或由普查对象自主填报等方式进行。

普查数据采集原则上采用电子化的方式。采取普查员使用电子采集设备（PAD或智能手机）登记普查对象信息并联网实时上报，或由普查对象通过互联网自主填报等方式进行。

普查员应按照工作要求，在户口整顿基础上对所负责普查小区进行全面摸底，掌握普查小区内的人口和居住情况，编制《户主姓名底册》，根据《户主姓名底册》进行入户登记工作，并参考部门行政记录等资料进行比对复查，确保普查登记真实准确、不重不漏。

六、普查数据处理

各级普查机构负责普查数据处理。国务院人口普查办公室统一编制数据采集、审核、编辑、汇总程序。

国务院人口普查办公室集中部署数据采集处理环境。各级普查机构应保障必要的数据处理办公环境和网络条件，采取必要的安全措施，确保数据处理工作安全、顺利地进行。

七、普查组织实施

（一）全国统一领导

国务院第七次全国人口普查领导小组负责普查组织实施中重大问题的研究和决策。普查领导小组办公室设在国家统计局，具体负责普查的组织实施。

（二）部门分工协作

领导小组各成员单位要按照职能分工，各负其责、通力协作、密切配合，共同做好普查工作。对普查工作中遇到的困难和问题，要及时采取措施予以解决。

（三）地方分级负责

地方各级人民政府设立相应的普查领导小组及其办公室，领导和组织实施本区域内的普查工作。村民委员会和居民委员会设立人口普查小组，协助街道办事处和乡镇政府动员和组织社会力量，做好本区域内的普查工作。

普查指导员和普查员可以从国家机关、社会团体、企业事业单位借调，也可以从村民委员会、居民委员会或者社会招聘。借调和招聘工作由县级人民政府负责。

（四）各方共同参与

国家机关、社会团体、企业事业单位应当按照《中华人民共和国统计法》《中华人民共和国统计法实施条例》和《全国人口普查条例》的规定，参与并配合普查工作。

八、普查质量控制

普查实行严格的质量控制制度，建立健全普查数据质量追溯和问责机制，确保普查数据可核查、可追溯、可问责。国务院人口普查办公室统一领导、统筹协调普查全过程质量控制的有关工作。地方各级普查机构主要负责人对本行政区域普查数据质量负总责，确保普查数据真实、准确、完整、及时。各级普查办公室必须严格执行各阶段工作要求，保证各阶段工作质量达到规定标准，确保普查工作质量与数据质量合格达标。

九、普查宣传

各级宣传部门和普查机构应制定宣传工作方案，深入开展普查宣传。

各级宣传部门应组织协调新闻媒体及有关部门，通过报刊、广播、电视、互联网、手机和户外广告等多种渠道，充分利用微博、微信、短视频等新媒体传播手段，宣传普查的重大意义、政策规定和工作要求，积极营造良好的普查氛围。

各级普查机构要组织开展形式多样的宣传活动，动员社会各界支持、参与普查。

十、普查法规与纪律要求

坚持依法普查，普查工作要严格按照《中华人民共和国统计法》《中华人民共和国统计法实施条例》《全国人口普查条例》《国务院关于开展第七次全国人口普查的通知》及相关规定组织开展。

普查对象应当依法履行普查义务，如实提供普查信息，不得虚报、瞒报、拒报。拒绝提供普查所需的资料，或者提供不真实、不完整的普查资料的，由县级以上人民政府统计机构责令改正，予以批评教育，情节严重的依法严肃处理。普查取得的数据，严格限定用于普查目的，不得作为任何部门和单位对各级行政管理工作实施考核、奖惩的依据。普查中获得的能够识别或者推断单个普查对象身份的资料，任何单位和个人不得对外提供、泄露，不得作为对普查对象实施处罚等具体行政行为的依据，不得用于普查以外的目的。各级普查机构及其工作人员，必须严格履行保密义务。

十一、普查主要工作阶段

普查工作分三个阶段进行：

一是准备阶段（2019 年 10 月—2020 年 10 月）。这一阶段的主要工作是：组建各级普查机构，制定普查方案和工作计划，进行普查试点，落实普查经费和物资，准备数据采集处理环境，开展普查宣传，选聘培训普查指导员和普查员，普查区域划分及绘图，进行户口整顿，开展摸底等。

二是普查登记阶段（2020 年 11 月—12 月）。这一阶段的主要工作是：普查员入户登记，进行比对复查，开展事后质量抽查等。

三是数据汇总和发布阶段（2020 年 12 月—2022 年 12 月）。这一阶段的主要工作是：数据处理、汇总、评估，发布主要数据公报，普查资料开发利用等。

十二、其他

（一）香港特别行政区、澳门特别行政区的人口数，按照香港特别行政区政府、澳门特别行政区政府公布的资料计算。

台湾地区的人口数，按照台湾地区有关主管部门公布的资料计算。

（二）因交通极为不便等特殊因素，需采用其他登记时间和方法的地区，须报请国务院人口普查办公室批准。

（三）对认真执行本方案，忠于职守，坚持原则，在普查工作中做出显著成绩的单位和个人，按照国家有关规定给予表彰奖励。

（四）本方案由国务院人口普查办公室负责解释。

第二部分　普查表式

第七次全国人口普查短表

经国务院批准进行第七次全国人口普查
人口普查的标准时点为2020年11月1日零时
人口普查的原始资料不向任何单位和个人提供，仅供汇总使用
公民应履行如实申报普查项目的义务

表　　号：R 6 0 1 表
制定机关：国 家 统 计 局
　　　　　国务院人口普查办公室
批准文号：国发（2019）24号
有效期至：2 0 2 1 年 3 月

地址：_____省（区、市）_____市（地、州、盟）_____县（市、区、旗）_____乡（镇、街道）_____普查区_____普查小区_____户编号

一、住户项目

H1．户别

1．家庭户
2．集体户

H2．本户应登记人数

2020年10月31日晚居住本户的人数_____人
户口在本户，2020年10月31日晚未住本户的人数_____人

H3．本户2019年11月1日至2020年10月31日期间的出生人口

男_____人 女_____人

H4．本户2019年11月1日至2020年10月31日期间的死亡人口

男_____人 女_____人

H5．住所类型

1．普通住宅
2．集体住所
3．工作地住所
4．其他住房
5．无住房
（选择2—5的，跳至个人项目。）

H6．本户现住房建筑面积

_____平方米

H7．本户现住房间数

_____间

二、个人项目

每个人都填报的项目

D1．姓名

____

D2．与户主关系

0．户主
1．配偶
2．子女
3．父母
4．岳父母或公婆
5．祖父母
6．媳婿
7．孙子女
8．兄弟姐妹
9．其他

D3．公民身份号码

□□□□□□□□□□□□□□□□□□

D4．性别

1．男
2．女

D5．出生年月

出生于：_______年_______月

D6．民族

_______族

D7．普查时点（2020 年 11 月 1 日零时）居住地

1．本普查小区
2．本村（居）委会其他普查小区
3．本乡（镇、街道）其他村（居）委会
4．本县（市、区、旗）其他乡（镇、街道）
5．其他县（市、区、旗），请在下面填写地址

_______省（区、市）
_______市（地、州、盟）
_______县（市、区、旗）
6．香港特别行政区、澳门特别行政区、台湾地区
7．国外

D8．户口登记地
1．本村（居）委会
2．本乡（镇、街道）其他村（居）委会
3．本县（市、区、旗）其他乡（镇、街道）
4．其他县（市、区、旗），请在下面填写地址
_______省（区、市）
_______市（地、州、盟）
_______县（市、区、旗）
5．户口待定→D11

D9．离开户口登记地时间
1．没有离开户口登记地→D11
2．不满半年
3．半年以上，不满一年
4．一年以上，不满二年
5．二年以上，不满三年
6．三年以上，不满四年
7．四年以上，不满五年
8．五年以上，不满十年
9．十年以上

D10．离开户口登记地原因
0．工作就业
1．学习培训
2．随同离开/投亲靠友
3．拆迁/搬家
4．寄挂户口
5．婚姻嫁娶
6．照料孙子女
7．为子女就学
8．养老/康养
9．其他

3 周岁及以上（2017 年 10 月 31 日以前出生）的人填报的项目
D11．受教育程度
1．未上过学

2．学前教育
3．小学
4．初中
5．高中
6．大学专科
7．大学本科
8．硕士研究生
9．博士研究生

15周岁及以上（2005年10月31日以前出生）的人填报的项目

D12．是否识字

1．是
2．否

第七次全国人口普查长表

经国务院批准进行第七次全国人口普查
人口普查的标准时点为2020年11月1日零时
人口普查的原始资料不向任何单位和个人提供，
仅供汇总使用
公民应履行如实申报普查项目的义务

表　　号：R 6 0 2 表
制定机关：国 家 统 计 局
国务院人口普查办公室
批准文号：国发（2019）24号
有效期至：2 0 2 1 年 3 月

地址：____省（区、市）____市（地、州、盟）____县（市、区、旗）____乡（镇、街道）____普查区____普查小区____户编号

一、住户项目

H1．户别

1．家庭户

2．集体户

H2．本户应登记人数

2020年10月31日晚居住本户的人数____人

户口在本户，2020年10月31日晚未住本户的人数____人

H3．本户2019年11月1日至2020年10月31日期间的出生人口

男____人　女____人

H4．本户2019年11月1日至2020年10月31日期间的死亡人口

男____人　女____人

H5．住所类型

1．普通住宅

2．集体住所

3．工作地住所

4．其他住房

5．无住房

（选择2—5的，跳至个人项目。）

H6．本户现住房建筑面积

____平方米

H7．本户现住房间数

____间

H8．住房所在建筑的总层数

1．平房

2．多层（7 层及以下）

3．高层（8—33 层）

4．超高层（34 层及以上）

H9．承重类型

1．钢及钢筋混凝土结构

2．混合结构

3．砖木结构

4．竹草土坯结构

5．其他结构

H10．住房建成年代

1．1949 年以前

2．1949—1959 年

3．1960—1969 年

4．1970—1979 年

5．1980—1989 年

6．1990—1999 年

7．2000—2009 年

8．2010—2014 年

9．2015 年以后

H11．住房所在建筑有无电梯

1．有

2．无

H12．主要炊事燃料

1．燃气

2．电

3．煤炭

4．柴草

5．其他

H13．住房内有无管道自来水

1．有

2．无

H14．住房内有无厨房

1．独立使用

2．与其他户合用

3．无

H15．住房内有无厕所

1．水冲式卫生厕所

2．水冲式非卫生厕所

3．卫生旱厕

4．普通旱厕

5．无

H16．住房内有无洗澡设施

1．统一供热水

2．家庭自装热水器

3．其他

4．无

H17．住房来源

1．租赁廉租房/公租房

2．租赁其他住房

3．购买新建商品房

4．购买二手房

5．购买原公有住房

6．购买经济适用房/两限房

7．自建住房

8．继承或赠予

9．其他

（选择3—9的，跳至H19。）

H18．月租房费用

0．200元以下

1．200—499元

2．500—999元

3．1000—1999元

4．2000—2999元

5．3000—3999元

6．4000—5999元

7．6000—7999元

8．8000—9999元

9．10000元以上

H19．拥有全部家用汽车的总价

1．不满10万元

2．10万元以上，不满20万元

3．20万元以上，不满30万元
4．30万元以上，不满50万元
5．50万元以上，不满100万元
6．100万元以上
7．没有汽车

二、个人项目

每个人都填报的项目

C1．姓名

______

C2．与户主关系

0．户主
1．配偶
2．子女
3．父母
4．岳父母或公婆
5．祖父母
6．媳婿
7．孙子女
8．兄弟姐妹
9．其他

C3．公民身份号码

□□□□□□□□□□□□□□□□□□

C4．性别

1．男
2．女

C5．出生年月

出生于：______年______月

C6．民族

______族

C7．普查时点（2020年11月1日零时）居住地

1．本普查小区
2．本村（居）委会其他普查小区
3．本乡（镇、街道）其他村（居）委会
4．本县（市、区、旗）其他乡（镇、街道）

5．其他县（市、区、旗），请在下面填写地址

________省（区、市）

________市（地、州、盟）

________县（市、区、旗）

6．香港特别行政区、澳门特别行政区、台湾地区

7．国外

C8．户口登记地

1．本村（居）委会

2．本乡（镇、街道）其他村（居）委会

3．本县（市、区、旗）其他乡（镇、街道）

4．其他县（市、区、旗），请在下面填写地址

________省（区、市）

________市（地、州、盟）

________县（市、区、旗）

5．户口待定→C12

C9．离开户口登记地时间

1．没有离开户口登记地→C12

2．不满半年

3．半年以上，不满一年

4．一年以上，不满二年

5．二年以上，不满三年

6．三年以上，不满四年

7．四年以上，不满五年

8．五年以上，不满十年

9．十年以上

C10．离开户口登记地原因

0．工作就业

1．学习培训

2．随同离开/投亲靠友

3．拆迁/搬家

4．寄挂户口

5．婚姻嫁娶

6．照料孙子女

7．为子女就学

8．养老/康养

9．其他

C11．户口登记地类型

1．乡

2．镇的村委会
3．镇的居委会
4．街道

C12．是否有农村土地承包经营权

1．有
2．无

C13．出生地

1．本县（市、区、旗）
2．本省其他县（市、区、旗）
3．省外：______省（区、市）

5 周岁及以上（2015 年 10 月 31 日以前出生）的人填报的项目

C14．五年前常住地

2015 年 11 月 1 日常住地：
1．本县（市、区、旗）
2．其他地区，请在下面填写地址
_____省（区、市）
_____市（地、州、盟）
_____县（市、区、旗）

3 周岁及以上（2017 年 10 月 31 日以前出生）的人填报的项目

C15．受教育程度

1．未上过学→C17
2．学前教育→C17
3．小学
4．初中
5．高中
6．大学专科
7．大学本科
8．硕士研究生
9．博士研究生

C16．学业完成情况

1．在校
2．毕业
3．肄业
4．辍学
5．其他

15 周岁及以上（2005 年 10 月 31 日以前出生）的人填报的项目

C17．是否识字

1．是

2．否

C18．工作情况

10 月 25—31 日是否为取得收入而工作了一小时以上（包括临时工、依托互联网平台灵活就业、家庭经营无酬帮工等）

1．是，上周工作时间_______小时

2．在职休假、在职学习培训、临时停工（保留工资）

3．未做任何工作→C22

C19．工作单位或生产经营活动所属类型

1．企业、事业、机关或社会团体等法人单位

2．个体经营户

3．经营农村家庭承包地（家庭农林牧渔生产经营活动）

4．自由职业/灵活就业

C20．行业

单位详细名称：____

主要产品或主要业务：______________________________________

C21．职业

本人从事的具体工作：______________________________________→C23

C22．未工作原因

1．在校学习

2．离退休

3．料理家务

4．丧失工作能力

5．其他

C23．主要生活来源

1．劳动收入

2．离退休金/养老金

3．最低生活保障金

4．失业保险金

5．财产性收入

6．家庭其他成员供养

7．其他

C24．婚姻状况
1．未婚→C28
2．有配偶
3．离婚
4．丧偶

C25．初婚年月
______年______月

15至64周岁（1955年11月1日—2005年10月31日出生）的妇女填报的项目
C26．生育子女数
1．未生育→C28
2．有生育（请填报生育的子女数）
生过几个孩子：
男______人
女______人
其中现在存活几个孩子：
男______人
女______人

15至50周岁（1969年11月1日—2005年10月31日出生）的妇女填报的项目
C27．过去一年（2019年11月1日—2020年10月31日）的生育状况
1．一年内未生育（结束）
2．一年内有生育（请填报生育时间和孩子性别）
生育时间：
____月

婴儿性别：
1．男
2．女
一年内生育两个以上孩子的，请填报第二个孩子的状况。
生育时间：
____月

婴儿性别：
1．男
2．女

60周岁及以上（1960年10月31日以前出生）的人填报的项目
C28．居住状况
1．与配偶和子女同住
2．与配偶同住

3．与子女同住
4．独居（有保姆）
5．独居（无保姆）
6．养老机构
7．其他

C29．身体健康状况

1．健康
2．基本健康
3．不健康，但生活能自理
4．不健康，生活不能自理

第七次全国人口普查港澳台居民和外籍人员普查表

The Seventh National Population Census Form for Residents from Hong Kong, Macao, Taiwan and from Foreign Countries

中国政府决定进行第七次全国人口普查人口普查标准时点为2020年11月1日零时我们将对您在普查表中填写的信息给予保密，敬请合作。

The Government of China has decided to conduct the 7th National Population Census, with zero hour on 1 November 2020 as the reference time.
Information provided will be kept confidential.
Your cooperation is highly appreciated.

表　　号：R603表
制定机关：国家统计局
国务院人口普查办公室
批准文号：国发（2019）24号
有效期至：2021年3月
Form number: R603
Form issued by: National Bureau of Statistics
Office of the State Council for the Seventh National Population Census
Approval number: （2019）24
Valid until: March 2021

地址 Address：

_____省（区、市）**Province**

_____市（地、州、盟）**City (prefecture)**

_____县（市、区、旗）**County (city, district)**

_____乡（镇、街道）**Town (township, street)**

_____普查区 **Enumeration area (village/community committee)**

_____普查小区 **Enumeration block**

_____户编号 **Household number**

一、住户项目

Household Information

F1. 户别

Type of household

1. 家庭户 Family household
2. 集体户 Collective household

F2. 住所类型

Type of dwelling

1. 普通住宅 Conventional dwellings
2. 集体住所 Collective living quarters
3. 工作地住所 Living in work places
4. 其他住房 Other dwellings
5. 无住房 With no dwellings

（选择2—5的，跳至个人项目。）

(If the answer is 2-5, then skip to ‘Individual Information’.)

F3. 本户现住房建筑面积

Floor space for this household

_____平方米 m^2

F4. 本户现住房间数

Number of rooms for this household

_____间 rooms

二、个人项目

Individual Information

R1. 姓名 Full name

____

R2. 与户主关系

Relationship with head of household

0. 户主 Head of household
1. 配偶 Spouse
2. 子女 Son or daughter
3. 父母 Parent
4. 岳父母或公婆 Parent-in-law
5. 祖父母 Grandparent
6. 媳婿 Son-in-law or daughter-in-law
7. 孙子女 Grandchild
8. 兄弟姐妹 Brother or sister
9. 其他 Other relationship

R3. 性别

Sex

1. 男 Male
2. 女 Female

R4. 出生年月

Date of birth

出生于 Born in：_______年 year_______月 month

R5. 来内地（大陆）或来华目的

Purpose for stay in the mainland of China

1. 商务 Business
2. 就业 Work
3. 学习 Study
4. 定居 Residence
5. 探亲 Visiting relatives

6. 其他 Others

R6. 已在内地（大陆）或在华居住时间

Duration of stay in the mainland of China

1. 不满三个月 Less than 3 months
2. 三个月以上，不满半年 3 months to less than 6 months
3. 半年以上，不满一年 6 months to less than 12 months
4. 一年以上，不满二年 1 year to less than 2 years
5. 二年以上，不满五年 2 years to less than 5 years
6. 五年以上 5 years or more

R7. 受教育程度

3 周岁及以上（2017 年 10 月 31 日以前出生）的人填报

Educational attainment

For persons aged 3 and over（Born before 31st Oct. 2017）

1. 未上过学 No schooling
2. 学前教育 Pre-primary education
3. 小学 Primary education
4. 初中 Junior secondary education
5. 高中 Senior secondary education
6. 大学专科 College
7. 大学本科 University
8. 硕士研究生 Master
9. 博士研究生 Doctor

R8. 身份或国籍

Citizenship

1. 香港特别行政区居民 Hong Kong SAR resident
2. 澳门特别行政区居民 Macao SAR resident
3. 台湾地区居民 Taiwan resident
4. 外国人 Foreigner：国籍 Country_______ （结束）(End)

15 周岁及以上（2005 年 10 月 31 日以前出生）港澳台居民填报的项目

For persons aged 15 and over (Born before 31st Oct. 2005) from Hong Kong, Macao and Taiwan

R9. 工作情况

10 月 25—31 日是否为取得收入而工作了一小时以上

1．是
2．在职休假、在职学习培训、临时停工（保留工资）
3．未做任何工作→R12

R10．行业

1．农、林、牧、渔业

2．采矿业
3．制造业
4．电力、热力、燃气及水生产和供应业
5．建筑业
6．批发和零售业
7．交通运输、仓储和邮政业
8．住宿和餐饮业
9．信息传输、软件和信息技术服务业
10．金融业
11．房地产业
12．租赁和商务服务业
13．科学研究和技术服务业
14．水利、环境和公共设施管理业
15．居民服务、修理和其他服务业
16．教育
17．卫生和社会工作
18．文化、体育和娱乐业
19．公共管理、社会保障和社会组织
20．国际组织

R11．职业

1．党的机关、国家机关、群众团体和社会组织、企事业单位负责人
2．专业技术人员
3．办事人员和有关人员
4．社会生产服务和生活服务人员
5．农、林、牧、渔业生产及辅助人员
6．生产制造及有关人员
7．不便分类的其他从业人员

R12．婚姻状况

1．未婚
2．有配偶
3．离婚
4．丧偶

第七次全国人口普查死亡人口调查表

（2019 年 11 月 1 日至 2020 年 10 月 31 日死亡的人口登记）

经国务院批准进行第七次全国人口普查
人口普查的标准时点为 2020 年 11 月 1 日零时
人口普查的原始资料不向任何单位和个人提供，
仅供汇总使用
公民应履行如实申报普查项目的义务

表　　号：R　6　0　4　表
制定机关：国　家　统　计　局
国务院人口普查办公室
批准文号：国发（2019）24 号
有效期至：2 0 2 1　年　3　月

地址：_____省（区、市）_____市（地、州、盟）_____县（市、区、旗）_____乡（镇、街道）_____普查区_____普查小区_____户编号

每个死亡人口都登记的项目

S1．姓名

____

S2．公民身份号码

□□□□□□□□□□□□□□□□□□

S3．性别

1．男
2．女

S4．出生年月

出生于：_______年_______月

S5．死亡时间

死亡于：_______月

S6．民族

_______族

死亡时满 3 周岁的人登记的项目

S7．受教育程度

1．未上过学
2．学前教育
3．小学
4．初中
5．高中
6．大学专科
7．大学本科

8．硕士研究生

9．博士研究生

死亡时满15周岁的人登记的项目

S8．婚姻状况

1．未婚

2．有配偶

3．离婚

4．丧偶

第三部分 普查表填写说明

一、普查表的种类

第七次全国人口普查表分为《第七次全国人口普查短表》《第七次全国人口普查长表》《第七次全国人口普查港澳台居民和外籍人员普查表》和《第七次全国人口普查死亡人口调查表》四种表。

二、标准时点

第七次全国人口普查的标准时点为2020年11月1日零时。

普查员在掌握普查标准时点时，应注意以下两点：

（一）2020年11月1日零时以后出生的人不登记；2020年11月1日零时以后死亡的人仍要在普查短表中登记。

（二）2020年11月1日零时以后居住地发生变化的人，仍在原居住地登记。

三、普查对象

普查对象是指普查标准时点在中华人民共和国境内的自然人以及在中华人民共和国境外但未定居的中国公民，不包括在中华人民共和国境内短期停留的境外人员。

（一）普查短表和普查长表的普查对象具体是指2020年10月31日晚住本普查小区的人，以及户口登记在本普查小区但2020年10月31日晚未住本普查小区的人。

1.2020年10月31日晚住本普查小区的人，无论其户口登记在何处。

2.户口登记在本普查小区，但2020年10月31日晚未住本普查小区的人，无论其外出时间长短、外出原因如何。

（二）港澳台居民和外籍人员普查表的普查对象具体是指2020年10月31日晚住本普查小区的港澳台居民和外籍人员。

（三）死亡人口调查表的登记对象具体是指2019年11月1日至2020年10月31日期间本普查小区的死亡人口。

四、登记原则

人口普查采用按现住地登记的原则，每个人必须在现住地进行登记。普查对象不在户口登记地居住的，户口登记地要登记相应信息。

人口普查以户为单位进行登记，户分为家庭户和集体户。集体户以一个住房单元为一户进行普查登记。

为便于理解登记对象，并考虑到普查中可能遇到的特殊情况，普查员在入户登记时可采取以下方式询问住户：

应在您家普查登记的人包括：

•2020年10月31日晚住在您家里的人。

•经常居住在您家，由于临时出差、探亲、旅游或值夜班等原因，2020年10月31日晚未住在您家的人（视为2020年10月31日晚住在您家）。

•幼儿园全托孩子，小学、初中住校生（视为2020年10月31日晚住在您家）。

•户口登记在现住房地址的其他人。

不包括：

•现役军人和武警。

•由于临时出差、探亲、旅游等原因，2020 年 10 月 31 日晚暂住在您家的人。

•2020 年 11 月 1 日零时以后出生的人。

五、普查项目

（一）普查短表

按户填报的项目有：户别、本户应登记人数、本户 2019 年 11 月 1 日至 2020 年 10 月 31 日期间的出生人口、本户 2019 年 11 月 1 日至 2020 年 10 月 31 日期间的死亡人口、住所类型、本户现住房建筑面积、本户现住房间数。

按人填报的项目有：姓名、与户主关系、公民身份号码、性别、出生年月、民族、普查时点（2020 年 11 月 1 日零时）居住地、户口登记地、离开户口登记地时间、离开户口登记地原因、受教育程度、是否识字。

（二）普查长表

按户填报的项目有：户别、本户应登记人数、本户 2019 年 11 月 1 日至 2020 年 10 月 31 日期间的出生人口、本户 2019 年 11 月 1 日至 2020 年 10 月 31 日期间的死亡人口、住所类型、本户现住房建筑面积、本户现住房间数、住房所在建筑的总层数、承重类型、住房建成年代、住房所在建筑有无电梯、主要炊事燃料、住房内有无管道自来水、住房内有无厨房、住房内有无厕所、住房内有无洗澡设施、住房来源、月租房费用、拥有全部家用汽车的总价。

按人填报的项目有：姓名、与户主关系、公民身份号码、性别、出生年月、民族、普查时点（2020 年 11 月 1 日零时）居住地、户口登记地、离开户口登记地时间、离开户口登记地原因、户口登记地类型、是否有农村土地承包经营权、出生地、五年前常住地、受教育程度、学业完成情况、是否识字、工作情况、经常工作单位或生产经营活动所属类型、行业、职业、未工作原因、主要生活来源、婚姻状况、初婚年月、生育子女数、过去一年（2019 年 11 月 1 日—2020 年 10 月 31 日）的生育状况、居住状况、身体健康状况。

（三）港澳台居民和外籍人员普查表

按户填报的项目有：户别、住所类型、本户现住房建筑面积、本户现住房间数。

按人填报的项目有：姓名、与户主关系、性别、出生年月、来内地（大陆）或来华目的、已在内地（大陆）或在华居住时间、受教育程度、身份或国籍、工作情况、行业、职业、婚姻状况。

（四）死亡人口调查表

填报的项目有：姓名、公民身份号码、性别、出生年月、死亡时间、民族、受教育程度、婚姻状况。

六、普查表的填写方法

（一）普查表以户为单位进行登记。普查短表、死亡人口调查表采用普查员入户询问、当场填报，或由普查对象通过互联网自主填报等方式进行。普查长表、港澳台居民和外籍人员普查表采用普查指导员和普查员入户询问、当场填报的登记方式。

（二）普查小区中的每一户有且只有一个户编号，为“001”开始的 3 位顺序码，在《户主姓名底册》编制完成后自动生成，普查表上的户编号与其一致，不可修改。

（三）普查表的填写顺序：先填写住户项目，再逐人填写个人项目。

普查员填写普查短表时，填写按人登记的项目时，表内第一人应填户主，然后依次填户主的配偶和其他关系的人。全户死亡的户，只填写“H4.本户 2019 年 11 月 1 日至 2020 年 10 月 31 日期间的死亡人口”，其他住户项目和个人项目均不再登记。

普查员填写普查长表时，与普查短表相同的项目直接代入短表信息，经向普查对象核实确认后，再填报其他项目。

（四）普查表每户最多可以填写 20 人。对于超过 20 人的大集体户，可酌情分成若干集体户填写。

（五）有标准选项的项目，根据实际情况选填，并且每个问题只能选择一个标准选项。民族、普查时点（2020 年 11 月 1 日零时）居住地、户口登记地、出生地、五年前常住地等项目可根据列表栏进行选择。没有标准选项的项目，用文字或阿拉伯数字据情填报。

（六）如果填写错误或发生逻辑关系异常，数据采集程序会给出审核提示。审核类型分为强制性审核和确认性审核，若为强制性审核错误，必须根据提示信息对错误项目进行修改；若为确认性审核提示，应根据提示信息对异常项目进行核实，确认无误后，继续进行填报。

（七）普查员每填完一户，应即刻进行审核，将通过审核的信息向申报人当面宣读，核对无误后，由申报人签字确认。

第四部分　指标解释

一、普查短表

（一）住户项目

H1.户别——按家庭户、集体户的类别填报。

1.家庭户：以家庭成员关系为主，居住一处共同生活的人口，作为一个家庭户。单身居住独自生活的，也作为一个家庭户。

2.集体户：相互之间没有家庭成员关系，集体居住共同生活的人口作为一个集体户。

H2.本户应登记人数——包括两个部分。一部分是2020年10月31日晚居住本户的人数，既包括户口在本户、2020年10月31日晚居住本户的人数，也包括户口不在本户、2020年10月31日晚居住本户的人数，填写H2的第一项；另一部分是户口在本户，2020年10月31日晚未居住本户的人数，填写H2的第二项。

H3.本户2019年11月1日至2020年10月31日期间的出生人口——填写本户在2019年11月1日至2020年10月31日期间出生的人数。分别填写男、女的合计数。若本户在此期间没有出生人口，请填写“0”。

H4.本户2019年11月1日至2020年10月31日期间的死亡人口——填写本户在2019年11月1日至2020年10月31日期间死亡的人数。分别填写男、女的合计数。若本户在此期间没有死亡人口，请填写“0”。

填写H3、H4时应注意：

不要漏掉出生时有某种生命现象（如在胎儿脱离母体时，有呼吸或心跳，脐带搏动、随意肌收缩等）不久即死亡的婴儿，既要填写出生人数，也要填写死亡人数。

H5.住所类型——按居住的住所类型填报。

1.普通住宅：指人工建造的，有墙、顶、门、窗等结构，具有独立入口，专门供人居住的房屋或场所。如单元房、平房、四合院、独栋别墅、筒子楼、窑洞等传统意义上的住宅。

2.集体住所：指学生宿舍、职工宿舍、工棚、养老院、福利院、宗教场所等。

3.工作地住所：指居住在办公楼、发廊、商铺、餐馆等工作场所。

4.其他住房：指居住在上述场所以外的其他房屋或场所。

5.无住房：指本户没有住房，居无定所（如流动人口中那些睡在桥下、公园、车站或睡在运载货物、商品车辆上的人等）。

H6.本户现住房建筑面积——本户现住房的建筑面积以房屋所有权证（不动产权证）或租赁凭证上的相关信息为准。

若只知道使用面积的，可用使用面积乘以1.33，换算成建筑面积。填写本项目时应注意：

1.在租借房屋居住的户，按租借住房的实际情况填写其住房建筑面积。

2.合住在同一所住房里的住户，其建筑面积为各户所独立使用的房间面积加上公共使用面积（包括厨房、厕所、门厅、阳台等）的分摊部分：两户合住的，各按二分之一计算；三户合住的，各按三分之一计算，依此类推。

3.建筑面积应填写整数，不为整数时四舍五入获得。

H7.本户现住房间数——指除厨房、厕所、过道和厅以外的所有自然间数（包括扩建的房间）。填写本项目时应注意：

1.在租借房屋居住的户，按租借住房的实际居住情况填写其住房间数。

2.合住同一所住房的，在填写住房间数时，填写其独立使用的房间数。

（二）个人项目

D1.姓名——填写被登记人的正式姓名。没有正式姓名的可填小名或某某氏，但不能填笔名、代号等。婴儿未起名的，可填“未取名”。

D2.与户主关系——指被登记人与本户户主的关系。申报人不是户主的，不要将被登记人与申报人的关系错填为与户主的关系。

0.户主：按家庭日常生活习惯确定户主。

1.配偶：指户主的妻子或丈夫。

2.子女：指户主的子女。

3.父母：指户主的父母或继父母、养父母。

4.岳父母或公婆：指户主配偶的父母或继父母、养父母。

5.祖父母：指户主或配偶的祖父母、外祖父母、曾祖父母、外曾祖父母。

6.媳婿：指户主子女的配偶。

7.孙子女：指户主的孙子女、外孙子女、孙媳婿、外孙媳婿、重孙子女、重孙媳婿、重外孙子女、重外孙媳婿。

8.兄弟姐妹：指户主及其配偶的兄弟姐妹以及他们的配偶。

9.其他：指以上九种人以外的成员。

在登记家庭户时，户主应登记为第一人，选填“0.户主”。如果户主的配偶也在本户登记，应登记为第二人，选填“1.配偶”，然后再登记该户的其他成员；如果户主没有配偶，或户主配偶不在本户登记，第二人登记本户其他成员。

在登记集体户时，任选一人登记为户主，选填“0.户主”，本户其他成员与户主关系一律登记为其他，选填“9.其他”。

D3.公民身份号码——指18位公民身份号码。无公民身份号码的填写18位0。

D4.性别——指被登记人的性别。

D5.出生年月——指被登记人的出生年、月。

出生年月按公历填写，只知道农历的，要换算成公历。按照一般的规律，农历的月份与公历的月份相差一个月左右，换算时农历的月份加1即可作为公历的月份，但要注意农历的12月应当是公历下一年的1月。

D6.民族——指被登记人的民族。

外国人加入中国籍，其民族和我国的某一民族相同的，就选填某一民族；没有相同民族的，按外国人加入中国籍填写，选填“入籍”。

D7.普查时点（2020年11月1日零时）居住地——指被登记人在普查标准时点居住的地址。

1.本普查小区：指普查时点居住在本普查小区的人。如果本户在本普查小区拥有一套以上的住房，可确定其中一处进行登记。

2.本村（居）委会其他普查小区：指户口登记地在本普查小区，普查时点居住在本村（居）委会其他普查小区的人。

3.本乡（镇、街道）其他村（居）委会：指户口登记地在本普查小区，普查时点居住在本乡（镇、街道）其他村（居）委会的人。

4.本县（市、区、旗）其他乡（镇、街道）：指户口登记地在本普查小区，普查时点居住在本县（市、区、旗）的其他乡（镇、街道）的人。

5.其他县（市、区、旗）：指户口登记地在本普查小区，普查时点居住在本县（市、区、旗）以外地区的人。填报本选项的人还需选填普查时点居住地所在省（区、市）、市（地、州、盟）、县（市、区、旗）

的具体名称。

6.香港特别行政区、澳门特别行政区、台湾地区：指户口登记地在本户，普查时点居住在香港特别行政区、澳门特别行政区、台湾地区的人。

7.国外：指户口登记地在本户，普查时点居住在国外的人。

D8.户口登记地——指被登记人的居民户口簿上的地址。

1.本村（居）委会：指户口登记地在本村（居）委会的人。

2.本乡（镇、街道）其他村（居）委会：指普查时点居住本普查小区，户口登记地在本乡（镇、街道）其他村（居）委会的人。

3.本县（市、区、旗）其他乡（镇、街道）：指普查时点居住本普查小区，户口登记地在本县（市、区、旗）的其他乡（镇、街道）的人。

4.其他县（市、区、旗）：指普查时点居住本普查小区，户口登记地在本县（市、区、旗）以外地区的人。填报本选项的人还需填写户口登记地所在省（区、市）、市（地、州、盟）、县（市、区、旗）的具体名称。

5.户口待定：指普查时点居住本普查小区，在任何地方都没有登记户口的人。包括手持户口迁移证、出生证、退伍证等情况。

D9.离开户口登记地时间——指到普查标准时点为止，被登记人离开户口登记地（居住地与户口登记地不一致）的时间。

没有离开户口登记地是指户口登记地在本村（居）委会，普查标准时点居住在本普查小区或本村（居）委会其他普查小区。

若常年外出的人由于农忙、节假日等原因偶尔回家的，或回家后因疫情原因推迟外出的，还应该从第一次离开户口登记地的时间开始计算。

D10.离开户口登记地原因——指被登记人离开户口登记地（居住地与户口登记地不一致）的原因。

0.工作就业：指十五周岁及以上因务工经商、工作招聘、调动等原因离开户口登记地的人。

1.学习培训：指六周岁及以上因考入各级各类学校或参加各种学习班、培训班而离开户口登记地的人。

2.随同离开/投亲靠友：指因跟随亲属、投亲靠友而离开户口登记地的人。

3.拆迁/搬家：指因房屋拆迁、改造或者搬家而离开户口登记地的人。

4.寄挂户口：指户口落在集体户或没有在户口登记地居住过、只落户口的人。

5.婚姻嫁娶：指十五周岁及以上因结婚而离开户口登记地的人。

6.照料孙子女：指为照料孙子女而离开户口登记地的人。

7.为子女就学：指为子女就学而离开户口登记地的人。

8.养老/康养：指因旅游（度假）养老/康养、候鸟式养老/康养、回籍贯地养老/康养、居住在养老院而离开户口登记地的人，不包括跟随子女养老。

9.其他：指上述几种以外的原因。

凡具有两种以上原因的，按其主要的原因选填一个标准选项。

D11.受教育程度——指按照国家教育体制，被登记人接受教育的情况。通过自学或成人学历教育经国家统一考试合格的，分别归入相应的受教育程度。

1.未上过学：指从未接受过各级各类学校教育。包括参加过各种扫盲班或成人识字班学习，且以后再没有接受过各级各类学校教育的人。

2.学前教育：指仅接受过或正在接受专门学前教育机构教育，即在幼儿园或附设幼儿班接受保育和教育。

3.小学：指接受的最高一级教育为小学，无论其是否在校、毕业、肄业或辍学。

4.初中：指接受的最高一级教育为初中，无论其是否在校、毕业、肄业或辍学。

5.高中：指接受的最高一级教育为普通高中、成人高中和中等职业学校，无论其是否在校、毕业、肄业或辍学。

6.大学专科：指接受的最高一级教育为大学专科。在普通高等学校学习大学专科的，无论其是否在校、毕业、肄业或辍学，都填报此项。

凡国家授权承认学历的开放大学、广播电视大学、职工大学等成人高校和普通高等学校举办的函授大学、夜大学和其他形式的大学，按教育部颁布的大学专科教学大纲进行授课的，其毕业生选填此项；其肄业生、在校生按原有受教育程度填报。含成人专科和网络专科。

通过自学，经国家统一举办的自学考试合格，并取得大学专科毕业证书的，也选填此项。

7.大学本科：指接受的最高一级教育为大学本科。在普通高等学校学习大学本科的，无论其是否在校、毕业、肄业或辍学，都填报此项。

凡国家授权承认学历的开放大学、广播电视大学、职工大学等成人高校和普通高等学校举办的函授大学、夜大学和其他形式的大学，按教育部颁布的大学本科教学大纲进行授课的，其毕业生选填此项；其肄业生、在校生按原有受教育程度填报。含成人本科和网络本科。

通过自学和进修大学课程，经考试合格，并取得大学本科毕业证书的，也选填此项。

8.硕士研究生：指接受的最高一级教育为硕士研究生，无论其是否在校、毕业、肄业或辍学。含 2016 年 12 月 1 日以后录取的非全日制硕士研究生。

在职接受硕士研究生教育的，其毕业生选填此项；肄业生和在校生按原有受教育程度填报。

9.博士研究生：指接受的最高一级教育为博士研究生，无论其是否在校、毕业、肄业或辍学。含 2016 年 12 月 1 日以后录取的非全日制博士研究生。

在职接受博士研究生教育的，其毕业生选填此项；肄业生和在校生按原有受教育程度填报。

凡是没有按教育部的教学大纲培养或只学单科的人，不能填报“大学专科”“大学本科”“硕士研究生”或“博士研究生”，一律按原有受教育程度填报。

D12.是否识字：指被登记人是否达到国家规定的脱盲标准（城镇居民和企、事业单位职工识字 2000 个，农村居民识字 1500 个）。登记时可询问，日常生活中是否能读懂简单的书信或书写简短的句子。如果能阅读通俗书报、能写便条就认为具有识字能力。

二、普查长表

（一）住户项目

H1.户别——与短表 H1 相同。

H2.本户应登记人数——与短表 H2 相同。

H3.本户 2019 年 11 月 1 日至 2020 年 10 月 31 日期间的出生人口——与短表 H3 相同。

H4.本户 2019 年 11 月 1 日至 2020 年 10 月 31 日期间的死亡人口——与短表 H4 相同。

H5.住所类型——与短表 H5 相同。

H6.本户现住房建筑面积——与短表 H6 相同。

H7.本户现住房间数——与短表 H7 相同。

H8.住房所在建筑的总层数——层数是指建筑物的自然层数，一般按室内地坪以上计算。

采光窗在室外地坪以上的半地下室，其室内层高在 2.20m 以上（不含 2.20m）的，计算自然层数；假层、附层（夹层）、插层、阁楼（暗楼）、装饰性塔楼，以及突出屋面的楼梯间、水箱间不计层数。

其中，平房是指只有一层的房子。

H9.承重类型——指在房屋建筑中，由各种构件（屋架、梁、板、柱等）组成的能够承受各种作用的体系。

1.钢及钢筋混凝土结构：指承重的主要构件是用钢及钢筋混凝土建造的。它包括“钢结构”“钢、钢筋混凝土”和“钢筋混凝土”三种结构类型。

钢结构：承重的主要构件是钢材料建成的，包括悬索结构。

钢、钢筋混凝土结构：承重的主要构件是用钢、钢筋混凝土建造的。如一幢房屋一部分梁柱采用钢、钢筋混凝土构架建成。

钢筋混凝土结构：承重的主要构件是用钢筋混凝土建造的。包括薄壳结构、大模板现浇结构及使用滑模、升板等建造的钢筋混凝土结构的建筑物。

2.混合结构：指承重的主要构件是用钢筋混凝土和砖木建造的。如一幢房屋的梁是用钢筋混凝土制成，以砖墙为承重墙，或者梁是用木材建造，柱是用钢筋混凝土建造。

3.砖木结构：指承重的主要构件是用砖、木材建造的。如一幢房屋是木制房架、砖墙、木柱建成的。

4.竹草土坯结构：指承重的主要构件是用竹、草、土坯等建造的。如竹楼、土窑洞等。

5.其他结构：指不属于上述类型的结构。

H10.住房建成年代——指本户住房所属建筑物的建成年份。

本户住房所属建筑物翻修过的，按翻修时的年份选填。经过改建的，如改建面积大于原面积的，按改建时的年份选填；如改建面积小于原面积的，按原建成年份选填。

H11.住房所在建筑有无电梯——指本户住房所属建筑物内部、外部是否安装电梯。

H12.主要炊事燃料——指本户用于炊事的主要燃料。

如果本户用于炊事的燃料有两种以上，选填主要的一种。

H13.住房内有无管道自来水——指本户住房内是否有经过公用设施净化处理的管道输送水。

在院子里自己打的机井不能算作有自来水。

H14.住房内有无厨房——指本户住房内是否有专供做饭使用的房间，无论是否装有上下水道及固定灶具。

在公用过道、客堂等处烧饭的和在庭院、路边搭建的、临时简陋设施中做饭的都不算有厨房。

H15.住房内有无厕所——指本户住房内是否有厕所。

1.水冲式卫生厕所：指有上下水系统，或厕间有备水桶（瓢冲），坐便或蹲便器有水封或无水封的厕所，且粪便及污水冲入到下水道、化粪池和厕坑，无蝇，不会造成环境污染。

2.水冲式非卫生厕所：指虽然是水冲式厕所，但是粪便被冲到开放的水渠、沟塘等开放水体或者不确定冲到何处，会污染环境。

3.卫生旱厕：指有固定盖板的厕所，粪便基本无暴露，保持无蝇。比如通风改良厕所、堆肥厕所、双坑交替厕所、粪尿分集厕所、阁楼厕所、深坑防冻厕所等。

4.普通旱厕：包括无盖板的敞开式旱厕，有或无防渗处理。通常粪便暴露、有蛆蝇。

5.无：指没有厕所。

H16.住房内有无洗澡设施——指住房内是否有固定浴缸（浴盆）或淋浴龙头等能使用的洗浴设施。

1.统一供热水：指本户洗浴用热水由社区、物业管理部门或其他公共设施统一供应。

2.家庭自装热水器：指本户洗浴用热水是由自己安装的各种热水器，如电热水器、燃气（罐装、管道）热水器等。

3.其他：指上述两种以外的洗浴设施。

4.无：指住房内没有洗浴设施。

H17.住房来源——指本户获取现住房的方式。

1.租赁廉租房/公租房：指向政府相关部门申请并租住廉租房、公租房。

2.租赁其他住房：指通过私人、单位或房屋中介等渠道租住住房。

3.购买新建商品房：指按市场价购买的新建商品房。

4.购买二手房：指购买那些进入房屋市场进行交易，第二次及以上进行产权登记的住房，包括二手商品房、允许上市交易的已售公房、经济适用房等。

5.购买原公有住房：指个人以成本价或优惠价购买的、原作为福利分配给本单位职工的住房。

6.购买经济适用房/两限房：指向政府相关部门申请并购买经济适用房、两限房。

7.自建住房：指个人建造的住房，其产权属于个人所有。

8.继承或赠予：指从亲属处继承而来或者受他人赠予而获取住房。

9.其他：指上述几种住房来源以外的情况。

H18.月租房费用——指最近用于交纳房租的单月金额，不包括水电费、物业费、取暖费等附加费用。月租房费用不为整数时，按四舍五入计算。

若多人合租作一户登记时，则需将每人月租费加总计算。

H19.拥有全部家用汽车的总价——是指住户拥有的全部供家庭生活使用的汽车价格之和。

汽车价格按汽车实际购买价格（含税）的方式计算。

若住户有多辆家用汽车，则按全部家用汽车的价格总和选填。

（二）个人项目

C1.姓名——与短表 D1 相同。

C2.与户主关系——与短表 D2 相同。

C3.公民身份号码——与短表 D3 相同。

C4.性别——与短表 D4 相同。

C5.出生年月——与短表 D5 相同。

C6.民族——与短表 D6 相同。

C7.普查时点（2020 年 11 月 1 日零时）居住地——与短表 D7 相同。

C8.户口登记地——与短表 D8 相同。

C9.离开户口登记地时间——与短表 D9 相同。

C10.离开户口登记地原因——与短表 D10 相同。

C11.户口登记地类型——指离开户口登记地（居住地与户口登记地不一致）时的户口登记地类型。

若离开时户口登记地的类型是“乡”，而现在已改成“镇”，应选填“1.乡”，不要填报“2.镇的村委会”或“3.镇的居委会”。

C12.是否有农村土地承包经营权——指被登记人户口所在的户是否有农村土地承包经营权。

户口所在的户应以被登记人的户口簿为准。拥有农村土地承包经营权是指被登记人户口登记地在农村地区或以前的农村地区，目前户口所在的户与集体经济组织签订了农村土地承包合同。

拥有农村土地承包经营权的户，目前可能实际经营承包地，也可能因各种原因不再经营承包地，包括以转包、出租、入股、托管等方式流转所承包土地经营权。

C13.出生地——指被登记人的出生地点。

1.本县（市、区、旗）：指出生在本县、县级市、区、旗。

2.本省其他县（市、区、旗）：指出生在本省的其他县、县级市、区、旗。

3.省外：指出生在本省（区、市）以外其他地区，并选填出生地所在省（区、市）的名称。在港、澳、台或国外出生的，根据实际情况选填 “香港特别行政区”“澳门特别行政区”“台湾地区”或“国外”。

C14.五年前常住地——指被登记人在普查标准时点的五年前，即 2015 年 11 月 1 日零时的常住地。

五年前居住在本县（市、区、旗）以外其他地区的人，还需选填五年前常住地的地址。

五年前居住在港、澳、台或国外的，根据实际情况选填“香港特别行政区”“澳门特别行政区”“台湾地区”或“国外”。

C15.受教育程度——与短表 D11 项相同。

C16.学业完成情况——指受教育程度为小学及以上的人完成学业的情况。

1.在校：正在接受各级各类学校教育并有学籍。

2.毕业：已修完全部课程，并经过考试鉴定合格。

3.肄业：修完全部课程，但考试不及格或因种种原因未取得毕业资格。

4.辍学：未能修完所规定的全部课程，中途退学。

5.其他：私塾、自学等其他方式。

C17.是否识字——与短表 D12 项相同。

C18.工作情况——指被登记人在 10 月 25—31 日期间，即普查标准时点前一周，是否为取得收入而工作了 1 小时以上，包括临时工、互联网灵活就业、家庭经营无酬帮工。

工作是指为获取工资、实物报酬或经营收入而从事的各种生产、经营或服务性活动，其目的是为了取得收入，无论实际是否取得。不包括义务劳动和公益性劳动。

1.是：指在 10 月 25—31 日期间，为取得收入而干过固定的、临时的或兼职的工作，并且工作时间超过 1 小时。在校学生利用课余或假期以及退休人员为取得收入而从事了工作，也选填此项。

家庭成员在自家或亲属经营的公司、企业、商铺或网店工作，即使本人没有劳动报酬，也选填此项。

选填“1.是”的人，还需填写工作时间。工作时间按在 10 月 25—31 日期间实际的工作时间填写，而不是按国家或企业规定的制度工作时间填写。

计算工作时间，要注意把握以下几种情况：

（1）从事一种以上有收入工作的，几项工作时间相加计算。

（2）在规定的工作时间以外加班工作的，加班时间一并计算在内。

（3）农村既干家务又从事农业或其他有收入工作的人，家务劳动时间除外。

2.在职休假、在职学习培训、临时停工（保留工资）：

在职休假是指在 10 月 25—31 日期间，因各种休假或请假临时未工作，包括公休假、年休假、空勤人员、船员、火车乘务人员的轮休假、病假、工伤假、产假、事假、探亲假、婚丧假等。个人档案、人事关系已在某单位，但因各种原因尚未到新单位报到上班，如军人转业或工作调动等，也视为休假。

在职学习培训是指有工作单位，在 10 月 25—31 日期间参加脱产学习或培训。

临时停工（保留工资）是指在 10 月 25—31 日期间，由于机械或电力故障、原料或燃料短缺、天气或其他灾害等原因导致的暂时未工作，但仍可以有工资收入。

打零工、计件工等临时就业或灵活就业的人，因为上述原因停工并且没有收入，不填此项，应填“3.未做任何工作”。

3.未做任何工作：指在 10 月 25—31 日期间，没有工作单位，也未从事过任何可以有收入的工作。

对于下岗、内退人员，如果未与原单位解除劳动合同，仍有工资性收入的，选填“2.在职休假、在职学习培训、临时停工”；如果没有工资性收入，选填“3.未做任何工作”。对于承包土地的农民，在 10 月 25—31 日期间，如果干农活或其他有收入的工作超过 1 小时，选填“1.是”；如果外出打工，未从事任何工作，选填“3.未做任何工作”；如果正处于农业生产季节，没有外出打工，期间临时没有干农活，选填“2.在职休假、在职学习培训、临时停工”。

对于从事季节性生产经营的人，如果生产经营仍在进行中，只是在 10 月 25—31 日期间没有工作，选填“2.在职休假、在职学习培训、临时停工”；如果正处于季节性歇业，选填“3.未做任何工作”。

C19.工作单位或生产经营活动所属类型——指普查标准时点前一周的主要工作单位或生产经营活动类型。

1.企业、事业、机关或社会团体等法人单位：法人单位指依法成立，有自己的名称、组织机构和场所，能够独立承担民事责任，独立拥有和使用（或授权使用）资产承担负债，有权与其他单位签订合同，会计上独立核算，能够编制资产负债表的单位。包括企业、事业、机关、社会团体、民办非企业单位、基金会、居委会、村委会、农民专业合作社、农村集体经济组织和其他组织机构。

2.个体经营户：指资产归个人所有，以个体劳动为基础，劳动成果归劳动者个人占有和支配的一种经济组织。既包括在各级工商行政管理机关登记注册、领取《营业执照》的个体工商户，也包括没有领取《营业执照》，但实际从事个体经营活动的人。

3.经营农村家庭承包地（家庭农林牧渔生产经营活动）：指在自家承包的耕地、林地、草地、池塘以及其他合法用于农业的土地上，从事农林牧渔业生产经营活动，也包括家庭在转包和租用他人农业用地上从事农林牧渔业生产经营活动，所从事的农业生产活动以自营劳动为主，不雇佣长期雇工，但可能雇佣临时短工。

农业生产季节在承包土地上从事农业生产，但上周未做任何工作的人，也选填此项。

普查标准时点前一周未在自家承包土地上工作而从事其他生产经营活动的人，或外出务工经商的人不填此项，选填上周实际工作单位或生产经营活动。

4.自由职业/灵活就业：指除个体经营户以外的自雇就业或自主型的个体就业。包括律师、自由撰稿人、歌手、模特等自主就业人员，也包括家庭自雇家政服务、街头小贩、其他类型打零工的临时就业人员，还包括依赖平台承接工作任务、不隶属于任何雇主的劳动者。

C20.行业——指普查标准时点前一周主要工作所在单位的生产经营活动。如果前一周从事两项不同工作，按工作时间长短确定主要工作；如果工作时间相同，再按报酬高低确定主要工作。

行业是按照经济活动的同一性进行分类的，不是按其所属的行政管理系统来分的。产业活动单位是划分行业的分类标准。产业活动单位是指：（1）具有一个场所、从事一种或主要从事一种经济活动；（2）单独组织生产、经营或业务活动；（3）掌握收入和支出的会计核算资料。

填写行业时要注意以下情况：

有工作单位的，既要填写单位名称，也要填写单位的主要产品或从事的主要业务。单位名称要具体到分厂、分公司或营业部，即产业活动单位，不能笼统地只填写总厂名称。最重要的是单位的主要产品或主要业务要详细填写，要用动宾词组表达，如“生产服装”或“销售服装”，不能简写为“服装”。保密单位，填写其公开使用的名称和公开的主要产品或主要业务。

没有工作单位的，只填写主要产品或主要业务，如“送外卖”“当滴滴司机”。务农人员不能笼统地填写“农业”，要根据其具体的农业生产活动或农户具体从事的主要业务填写。如“种粮食”“养猪”等。

C21.职业——指普查标准时点前一周主要工作具体是干什么。如果前一周从事两项不同工作，按工作时间长短确定主要工作；如果工作时间相同，再按报酬高低确定主要工作。

职业分类是以工作性质的同一性为基本原则。所谓“同一性”，是指不论其所在工作单位是什么经济类型，不论用工形式是固定工还是临时工，也不论其隶属于哪个行业，凡是从事同一性质工作的人都划分为同一类。

填写职业时应注意以下情况：

填写职业要具体、详细。不能笼统地写“工人”“农民”“公务员”“工程师”等，而应具体填写其实际工作种类，如“铸轧工”“捕鱼”“统计人员”“通信工程技术员”等。具有专业技术职称的行政领导人员，应按行政领导职务填写其职业；同时担任两个以上职务的领导干部，应按主要职务填写其职业。工种尚未确定，暂时又无具体工作岗位的，要填写“工种未定”。

C22.未工作原因——指被登记人在普查标准时点前一周没有工作的主要原因。

1.在校学习：指在各级各类学校学习，并有正式学籍的人员。不包括有工作单位，脱产学习的人员。

2.离退休：指已办理离休、退休手续，定期领取离退休生活费，且未从事任何有收入劳动的人。

3.料理家务：指主要在自己家里从事家务劳动，且没有劳动收入的人。离、退休人员从事家务劳动的，选填“2.离退休”。为自家经营的摊位、商店、门市部、工厂工作的人，农村中既料理家务又务农或从事家庭副业的人，在别人家干家务活的临时工或小时工，均属于有工作的人，不选填此项。

4.丧失工作能力：指经专门机构鉴定或虽未鉴定但本人或其法定监护人认为，其因生理或心理疾患已丧失了从事劳动的能力。包括年老体弱生活不能自理的人员，但不包括离休、退休人员，这些人不论是身体残疾还是年老体弱生活不能自理，均选填“2.离退休”。

5.其他：指上述几种以外的原因。

C23.主要生活来源——指被登记人主要依靠什么生活。

如果被登记人同时有几种生活来源，选填其认为最主要的一项。

1.劳动收入：指主要依靠劳动报酬、经营利润或家庭收益（包括现金和实物收入）生活。

2.离退休金/养老金：指办理了离休、退休或退职手续，主要依靠从原工作单位或社会保险经办机构领取的离退休金（包括退职费）生活。

3.最低生活保障金：指建立最低生活保障制度的地区，家庭人均收入低于当地规定的最低生活保障线，主要依靠从政府有关部门或集体领取最低生活保障金生活，以及依靠民政部门发放的烈军属、五保户、残疾人等的生活抚恤金生活。

4.失业保险金：指失业保险经办机构依法支付给符合条件的失业人员的基本生活费用，是对失业人员在失业期间失去工资收入的一种临时补偿。

5.财产性收入：指以资金储蓄、借贷入股以及财产运营、房屋租赁等所取得的利息、股息、红利、租金等收入。

6.家庭其他成员供养：指主要依靠家庭其他成员或亲属的供养和资助生活。

7.其他：指上述几种以外的情况。

C24.婚姻状况——指被登记人在普查标准时点的实际婚姻状况。

1.未婚：指从未结过婚。

2.有配偶：指有配偶，处于婚姻中。

3.离婚：指曾经结过婚，但已办理了离婚手续且没有再婚，或正在办理离婚手续。

4.丧偶：指配偶已去世，且没有再婚。

人口普查的婚姻是指事实婚姻，不是单指法律意义上的婚姻，对不到法定结婚年龄，或未办理结婚手续而同居、实际结婚的人，应根据其在普查标准时点的实际情况，按照被登记人的申报选填。

C25.初婚年月——指被登记人第一次结婚时的年、月。

C26.生育子女数——指截止到普查标准时点，15至64周岁妇女的生育状况。

1.未生育：指被登记妇女没有生育过子女。

2.有生育：指被登记妇女生育过子女，需分别填写生过和存活的子女数。

生过几个孩子：指生育的活产男孩和女孩数，包括产后不久就死亡的婴儿。胎儿脱离母体时（不管孕期长短），凡有过呼吸或心跳、脐带搏动、随意肌收缩等生命现象的，都视为“活产”。这里所说的“子女”是指该妇女的亲生子女，不包括丈夫前妻的子女和领养的子女，但鉴于有些家庭不愿公开领养关系，可尊重申报人的意愿，按亲生子女填报。

其中现在存活几个孩子：指活产子女中，仍然存活的男孩和女孩数，无论是否与父母一起居住。在普查标准时点前已死亡的孩子不包括在内。无存活子女的填写“0”。

C27.过去一年(2019年11月1日—2020年10月31日)的生育状况——指普查标准时点前12个月内，15至50周岁被登记妇女的生育状况。

1.一年内未生育：指过去一年内没有生育过子女。

2.一年内有生育：指过去一年内生育过子女，需选填生育时间和孩子性别。

一年内生育两个以上孩子的，包括两次生育或生育多胞胎，还需填报第二个孩子的状况，第三个或以上的孩子不用填报。

C28.居住状况——指普查标准时点前一个月，60周岁及以上被登记人的主要居住状况。

1.与配偶和子女同住：指与配偶和子女住在一起。

2.与配偶同住：指子女不在身边，与配偶住在一起。

3.与子女同住：指配偶不在身边，与子女住在一起。

4.独居（有保姆）：指本户中只有老人和保姆。

5.独居（无保姆）：指独身一人居住。

6.养老机构：指在提供养老服务的场所，包括敬老院、老年公寓等居住的情况。凡在养老机构居住的老年人，不论与谁同住。

7.其他：指上述几种以外的状况。

C29.身体健康状况——指60周岁及以上被登记人根据自身健康状况，对普查标准时点前一个月能否保证正常生活做出的自我判断。

1.健康：指过去一个月健康状况良好，完全可以保证日常的生活。

2.基本健康：指过去一个月健康状况一般，可以保证日常的生活。

3.不健康，但生活能自理：指普查标准时点前一个月健康状况不是太好，但可以基本保证正常的生活。

4.不健康，生活不能自理：指普查标准时点前一个月健康状况较差，不能照顾自己日常的生活起居，如吃饭、穿衣、自行走动等。

三、港澳台居民和外籍人员普查表

（一）住户项目

F1.户别——与短表H1相同。

F2.住所类型——与短表H5相同。

F3.本户现住房建筑面积——与短表H6相同。

F4.本户现住房间数——与短表H7相同。

（二）个人项目

R1.姓名——填写被登记人的正式姓名。婴儿未起名的，可填“未取名”。外籍人员的姓名最好用中文填写，也可以用其它文字填写。

R2.与户主关系——与短表D2相同。

R3.性别——与短表D4相同。

R4.出生年月——与短表D5相同。

R5.来内地（大陆）或来华目的——指被登记人来中华人民共和国境内居住的原因。

1.商务：指进行各种商务活动的人。

2.就业：指已有工作或正在寻找工作的人。

3.学习：指已经或准备在各类学校学习的人。

4.定居：指在中华人民共和国境内定居但没有工作或上学的人。包括在中华人民共和国境内工作人士的家属。

5.探亲：指探望亲戚或朋友的人。

6.其他：指上述以外的其他原因。

R6.已在内地（大陆）或在华居住时间——指到普查标准时点为止，被登记人在中华人民共和国境内居住的时间。

R7.受教育程度——指被登记人接受教育情况。按照被登记人的申报选填。

R8.身份或国籍——指被登记人是香港特别行政区居民、澳门特别行政区居民还是台湾地区居民。如果是外国人，还应填写国籍。

R9.工作情况——参照长表C18。

R10.行业——指被登记人的工作单位主要生产的产品或提供的服务类别，参照《国民经济行业分类（GB/T4754—2017）》，按标准选项据情选填。

R11.职业——指被登记人所从事的工作类别，按标准选项据情选填。

1.党的机关、国家机关、群众团体和社会组织、企事业单位负责人：指在中国共产党机关，国家机关，民主党派和工商联，人民团体和群众团体、社会组织及其工作机构，基层群众自治组织，企业、事业单位中担任领导职务并具有决策、管理权的人员。

2.专业技术人员：指从事科学研究和专业技术工作的人员。

3.办事人员和有关人员：指在公共管理和社会组织机构中从事行政业务、行政事务、行政执法和仲裁、安全保卫、消防和应急救援等工作的人员。

4.社会生产服务和生活服务人员：指从事商品批发零售、交通运输、仓储、邮政和快递、信息传输、软件和信息技术、住宿和餐饮以及金融、房地产、租赁和商务技术辅助、生态保护、文化、体育和娱乐等社会生产服务与生活服务工作的人员。

5.农、林、牧、渔业生产及辅助人员：指从事农、林、牧、渔业生产活动及辅助生产的人员。

6.生产制造及有关人员：指从事产品生产及设备制造，矿产开采，工程施工和运输设备操作的人员及有关人员。

7.不便分类的其他从业人员。

R12.婚姻状况——参照长表 C24。

四、死亡人口调查表

凡在普查短表户记录 H4 中，登记了 2019 年 11 月 1 日至 2020 年 10 月 31 日期间有死亡人口的户，还要登记死亡人口的具体情况。

S1.姓名——与短表 D1 相同。

S2.公民身份号码——与短表 D3 相同。

S3.性别——与短表 D4 相同。

S4.出生年月——与短表 D5 相同。

S5.死亡时间——指死亡人口死亡时的月份。

S6.民族——与短表 D6 相同。

S7.受教育程度——与短表 D11 相同。

S8.婚姻状况——与长表 C24 相同。

为保证死亡人口的登记质量，普查员在入户登记时应注意以下几点：

1.登记死亡人口时，一般以死亡前的常住地为登记地，而不以死亡发生时的地点（如医院等）为登记地。

2.本户常住人口中有死亡的，不论其与该户有无亲属关系，都应作为该户死亡人口予以登记。

3.对于无法确定死亡人口常住地，或登记时与死亡人口常住地联系不上的，如孤寡老人、流动人口等，一律在死亡发生地登记。